KB091403

표기법 찾아보기

σ_s	산란 계수	810
$T_r(p \rightarrow p')$	광선 투과율	811
$\tau(p \rightarrow p')$	광학 두께	812
$p(\omega \rightarrow \omega')$	위상 함수	813
$L_s(p, \omega)$	근원 항	813
$S_r(x)$	1D BSSRDF 프로필 항	830
$S_p(p_i)$	BSSRDF 프로필 항	830
$S_\omega(\omega_i)$	BSSRDF 방향성 항	830
σ_t	감쇠(흡수) 계수	833
ρ	알베도	833
ρ_{eff}	실질적 알베도	835
X, Y	무작위 변수	890
$P(x)$	누적 분포 함수(CDF)	891
ξ	고전적 균일 무작위 변수	891
$p(x)$	확률 밀도 함수(PDF)	892
$E_p[f(x)]$	분포 p에 대한 함수의 기댓값	893
$E[f(x)]$	균일 분포에 대한 함수의 기댓값	893
$V[f(x)]$	분산	893
$T(X \rightarrow X')$	전환 함수	908
$a(X \rightarrow X')$	채택 확률	908
J_T	다차원 함수의 쟈코비안	918
$p(y\|x)$	조건 밀도 함수	920
$\epsilon[F]$	몬테카를로 예측기의 효율성	935
$t(p, \omega)$	광선 사출 함수	1024
$L(p' \rightarrow p)$	p′에서 p로의 방출 방사	1027
$f(p'' \rightarrow p' \rightarrow p)$	BSDF의 3점 형태	1027
$G(p \leftrightarrow p')$	기하학적 연결 항	1028
$V(p \leftrightarrow p')$	시야 항	1028
$P(\bar{p}_i)$	i + 1 정점 경로의 기여	1029
$T(\bar{p}_i)$	i + 1 정점 경로의 배출	1030
β	경로 투과량 가중치	1039
$\hat{P}(\bar{p}_i)$	일반화된 경로 기여 함수	1056
$\hat{T}(\bar{p}_i)$	일반화된 경로 투과량 함수	1056
$\hat{f}(p_{i+1} \rightarrow p_i \rightarrow p_{i-1})$	일반화된 산란 분포 함수	1057
$\hat{G}(p \leftrightarrow p')$	일반화된 기하 연결 항	1057
σ'_s	감소된 산란 계수	1088
σ'_t	감소된 소멸 계수	1088
ρ'	감소된 알베도	1088
$\phi(p)$	유속	1091
$E(p)$	벡터 방사 조도	1092
D	고전적 확산 계수	1093
Q_i	i번째 매질 방출의 모멘트	1094
D_G	그로쟝의 확산 계수	1096
$L_{ss}(p_1 \rightarrow p_0)$	매질에서 단일 산란된 방사 조도	1103
$E_{ss}(p)$	점에서 단일 산란된 방사	1104
W_e	중요도 함수	1126
$f^*(\omega_0, \omega_i)$	인접 BSDF	1139
$p \rightarrow (x_i)$	중요도 전송을 위한 표본화 확률	1200
$p \leftarrow (x_i)$	방사 전송을 위한 표본화 확률	1200
$N(x, \sigma)$	정규 분포	1222

PHYSICALLY BASED RENDERING

From Theory to Implementation

Third Edition

물리 기반 렌더링 3/e

고급 그래픽스를 위한 이론, CG 영화에서 게임 엔진 렌더러까지

매트 파르 · 웬젤 제이콥 · 그렉 험프리스 지음 이상우 옮김

에이콘

에이콘출판의 기틀을 마련하신 故 정완재 선생님 (1935-2004)

신혼여행 길에도 원고를 가져가는 걸 허락해준 디어드리에게

매트 파르

내가 가장 좋아하는 책이 컴퓨터 프로그램이라는 것을

귀엽게 생각하는 올레시아에게

웬젤 제이콥

내가 만난 중 가장 놀라운 두 사람 이사벨과 레일라에게,

너희의 픽셀이 그저 작은 정사각형만은 아니길

그렉 험프리스

추천의 글

대단한 책이다. 이 책은 기묘한 수학, 매혹적인 물리, 실용적인 소프트웨어 공학, 최첨단 실사 렌더러를 작성하는 데 필요한 기술을 모두 다룬다. 이 모든 주제를 깔끔하고 교육적인 구성으로, 중요한 모든 세부 사항을 생략하지 않고 상세히 설명한다.

pbrt는 단지 레이트레이서ray tracer의 '장난감' 구현에 그치지 않고, 안정적이며 완전한 전역 조명 렌더러다. pbrt는 수행 시간을 줄이고 복잡한 장면의 메모리 소모량을 줄이기 위한 중요한 최적화를 포함한다. 게다가 pbrt는 기타 렌더링 알고리즘 변종과 함께 쉽게 확장할 수 있다.

이 책은 학생을 위한 교과서일 뿐만 아니라, 실제 분야의 전문가를 위한 유용한 참고서다. 개정판은 메트로폴리스 빛 전송, 표면 밑 산란, 사전 계산 빛 전송 등으로 확장해 다루고 있다.

페르 크리스텐센(Per Christensen)

픽사 애니메이션 스튜디오 렌더맨 프로덕션, 선임 소프트웨어 개발자

연구나 최고급 렌더링 분야에서 직업을 찾고 있는가? 기초 교육을 받았다면 이제 이 책의 이론과 실전 예제, 즉 실제 코드로 자신의 프로젝트를 시작하라.

개정판에서 매트 파르와 그렉 험프리스는 메트로폴리스 빛 전송이나 의사 몬테카를로 방식 같은 가장 발전된 렌더링 기술에도 쉽게 접근할 수 있도록 돕는다. 게다가 기반 작업을 통해 렌더러에 자료를 넣고 추출할 때의 고통을 겪지 않게 돕는다.

거시적 접근 방식의 문학적 프로그래밍은 읽기 쉬운 문장의 깔끔한 로직으로 나타난다. 그래픽을 진지하게 생각한다면 최신 기술을 다룬 이 독창적이고도 가치 있는 책을 반드시 읽기 바란다.

알렉산더 켈러(Alexander Keller)

멘탈 이미지스(Mental Images) 수석 과학자

지은이 소개

매트 파르 Matt Pharr

구글의 소프트웨어 엔지니어다. 인텔이 인수한 네옵티카Neoptica와 엔비디아NVIDIA가 인수한 엑스루나Exluna의 공동 설립자다. 예일대학교를 졸업하고, 스탠포드대학교의 그래픽스 랩에서 팻 한라한의 지도하에 박사 학위를 받았다.

웬젤 제이콥 Wenzel Jakob

로잔 연방 공과대학교EPFL, École Polytechnique Fédérale de Lausanne 컴퓨터 통신과학부의 조교수다. 재질 표현 모델화, 렌더링 알고리즘, 빛의 경로의 고차원 기하 구조를 중심으로 연구한다. 스티브 마슈너Steve Marschner의 지도 아래서 코넬대학교에서 박사 학위를 받았으며, 올가 소르킨 헤르눙Olga Sorkine Hornun의 지도 아래 박사 후 과정 연구를 위해 ETH 취리히에 합류했다. 또한 연구 지향 렌더링 시스템인 미츠바 렌더러Mitsuba renderer의 리드 개발자다.

그렉 험프리스 Greg Humphreys

판듀얼FanDuel의 엔지니어링 디렉터며, 구글의 크롬 그래픽 팀과 엔비디아의 옵틱스 GPU 레이트레이싱 엔진에서 일했었다. 버지니아대학교 컴퓨터 과학과의 교수였으며, 고성능과 물리 기반 컴퓨터 그래픽스에서 연구를 수행했으며, 컴퓨터 아키텍처와 비쥬얼라이제이션도 연구했다. 프린스턴대학교를 졸업하고 팻 한라한의 지도하에 스탠포드대학교에서 컴퓨터 과학 박사 학위를 받았다. 광선을 추적하지 않을 때 보통은 브리지 토너먼트를 즐긴다.

감사의 말

팻 한라한Pat Hanrahan은 우리가 더 이상 감사할 수 없을 정도로 이 책에 기여했다. 끊임없이 시스템 전반에 걸친 깔끔한 인터페이스와 정확한 추상화를 추구하고, 렌더링에 대한 이해도와 접근 방식은 시스템 디자인에 지대한 영향을 끼쳤다. 스탠포드의 렌더링 수업에 pbrt와 이 원고를 사용해, 특히 원고가 다듬어지지 않은 초기에 많은 도움이 됐다. 수업을 통한 그의 피드백은 원고가 현재 상태로 다듬어지는 데 결정적인 영향을 미쳤다. 그리고 팻이 스탠포드 그래픽 연구실에 불러 모은 사람들과 함께 조성한 열린 환경은 흥미롭고 풍족한 환경을 구성했다. 우리가 거기 있었음을 크나큰 영광으로 생각한다.

1999년에서 2004년까지의 스탠포드와 버지니아대학교에서 이 책의 초기 초안을 사용한 많은 학생에게 감사를 표한다. 그들은 이 책과 pbrt에 대해 엄청난 양의 피드백을 제공했다. 이 수업의 조교들인 스탠포드의 팀 퍼셀Tim Purcell, 마이크 카마라노Mike Cammarano, 이안 벅Ian Buck, 렌 응Ren Ng, 버지니아의 놀란 굿나잇Nolan Goodnight에게 특히 감사한다. 또한 소중한 피드백과 버그 리포트와 버그 픽스를 제공한 많은 학생 중에서 특별히 이반 파커Evan Parker와 필 비티Phil Beatty에게 감사를 전한다. 이 책의 원고 초안은 텍사스 대학의 빌 마크Bill Mark와 돈 퍼셀Don Fussell, 오하이오 주립대학의 라구 마치라주Raghu Machiraju가 강의한 수업에서 사용됐다. 매우 소중한 피드백과 계속 수정하고 교정하는 동안 시스템을 강의에 사용한 그들의 대담함에 감사한다.

매트 파르Matt Pharr는 렌더링 작업을 같이하며 많은 가르침과 렌더러 개발 과정에 큰 영향을 주고, 분야에 대한 이해도를 높여준 동료들에게 감사를 전한다. 특히 매트의 초기 컴퓨터 그래픽스 학습에 주춧돌이 된 공개된 rayshade 레이트레이싱 시스템의 소스코드를 제공한 크레익 콜Craig Kolb과 시간과 전문 기술을 관대하게 제공해준 에릭 비치Eric Veach에게 감사한다. 또한 고등학교와 대학교 과정에서 수학과 컴퓨터 과학의 기초 수업을 가르친 더그 슐트Doug Shult와 스탠 아이젠스탯Stan Eisenstat, 그리고 교육 기회와 여정에 있어 격려해주신 부모님께 가장 깊은 감사를 드린다. 마지막으로, 초판을 위해 이해와 지원을 아끼지 않은 닉 트리안토스Nick Triantos, 제얀트 콜Jayant Kolhe, 그리고 엔비디아NVIDIA 사에 감사를 전한다.

그렉 험프리스Greg Humphreys는 프린스턴Princeton 학부 과정 중 그를 견뎌준 모든 교수님과 수업 조교에게 감사를 표한다. 그래픽스에 대한 관심을 이끈 많은 사람, 특히 마이클 코헨Michael Cohen, 데이빗 돕킨David Dobkin, 아담 핀클스타인Adam Finkelstein, 마이클 콕스Michael Cox, 고든 스톨Gordon Stoll, 패트릭 민Patrick Min과 다양한 쓸데없는 개별 연구 주제를 비웃지 않고 지도해 준 댄 월라치Dan Wallach, 더그 클락Doug Clark, 스티브 라이언Steve Lyon, 앤디 울프Andy Wolfe에게 감사드린다. 언젠가 스티브 라이언이 일 년짜리 로보틱스 프로젝트의 그룹 미팅에서 흥분해서 소리친 "왜 안 되는지 설명하지 말고 어떻게 할지 생각해!"라는 즉흥적인 교훈은 잊을 수 없다. 에릭 리스타드Eric Ristad가 그렉의 1년차 직후 여름이 시작되기도 전에 여름 연구 조교에서 자른 후에 의심 없는 팻 한라한에게 맡긴 뒤 시작된 사제 관계는 10년간 미국 동서부 해안을 오가며 지속됐다. 마지막으로 데이브 핸슨Dave Hanson은 훌륭한 방식인 문학적 프로그래밍과 컴퓨터 프로그래밍의 아름다움과 예술성을 알려줬다.

웬젤 제이콥Wenzel Jakob은 2004년 학부 시절 pbrt의 초판이 우편함에 도착했을 때 매우 기뻐했다. 말할 필요도 없이 이는 그의 경력에 지속적인 영향을 줬다. 그러므로 웬젤은 이 책의 3판의 일부가 될 수 있도록 초대한 공저자들에게 먼저 감사로 시작하고 싶다. 웬젤은 코넬 대학에서의 5년 동안 박사 과정 지도교수였던 스티브 마슈너Steve Marschner에게 엄청나게 많은 빚을 졌다. 스티브는 그를 연구의 세계로 데려오고 지속적인 영감의 원천으로 남았다. 웬젤은 또한 카비타 발라Kavita Bala, 더그 제임스Doug James, 브루스 월터Bruce Walter 같은 다른 그래픽스 그룹 소속원들의 지도와 자극을 주는 연구 환경에 감사한다. 웬젤은 기하 구조 처리를 소개해준 올가 솔킨 호눙Olga Sorkine Hornung과 함께 훌륭한 박사후 과정을 보냈다. 웬젤이 이 책에 참여하는 데 대한 올가의 지원에 깊이 감사드린다.

초판에 대해서 돈 미첼Don Mitchell의 표본화sampling와 복원Reconstruction에 관한 세부 지식, 토마스 콜릭Thomas Kollig과 알렉산더 켈러Alexander Keller의 저불일치 표본화low-discrepancy sampling에 대한 전문 지식에 감사드린다. 크리스터 에릭슨Christer Ericson은 kd-트리 구현 개선에 대해 많은 제안을 해줬다. 2판에 대해서 크리스토프 헤리Christophe Hery와 유진 데옹에게 표면 밑 산란의 미묘한 차이를 이해하는 데 도움을 준 것을 감사한다.

3판에 대해서 우리는 특히 레오 그룬슈로프Leo Grünschloß에게 '표본화' 장을 검토해준 것을 감사드린다. 알렉산더 켈러Alexander Keller는 '표본화' 장의 주제에 대한 제안을 해줬다. 에릭 하이츠Eric Heitz는 미세 표면에 대한 방대한 도움(또한 해당 주제에 대한 검토)을 줬다. 티아고 이제Thiago Ize는 부동소수점 오류에 대해 철저한 검토를 해줬다. 탐 반 버셀Tom van Bussel은 BSSRDF 코드의 수많은 오류를 보고해 줬다. 랄프 하벨Ralf Habel은 BSSRDF 문서를 검토해 줬으며, 토시야 하치스카Toshiya Hachisuka와 안톤 카플라냔Anton Kaplanyan은 '빛 전송' 장에 대한 방대한 검토와 조언을 해줬다. 에릭 비치Eric Veach의 부동소수점 반올림 오류와 광선 추적에 대한 토론은 이 주제에 대한 방식의 개발에 엄청나게 도움이 됐다. 또한 페르 크리스텐센Per Christensen, 더그 엡스Doug Epps, 루카 패시오네Luca Fascione, 마르코스 파자도Marcos Fajardo, 크리스티프 헤리Christiphe Hery, 존 "스파이크" 휴John "pike"Hughes, 앤드류 켄슬러Andrew Kensler, 앨런 킹Alan King, 크리스 쿨라Chris Kulla, 모건 맥과이어Morgan McGuire, 앤디 셀Andy Selle, 인고 월드Ingo Wald는 유용한 논의, 제안, 연구에 대한 방향을 제시했다.

또한 원고의 진행 과정 동안 통찰력 있고 발전적인 피드백을 제공해 준 감수자들에게 감사를 전한다. 특히 이 책의 초판과 2판에 대해 모두 피드백을 준 이안 애쉬다운Ian Ashdown, 페르 크리스텐슨Per Christensen, 더그 엡스Doug Epps, 댄 골드먼Dan Goldman, 에릭 하인스Eric Haines, 에릭 레인하드Erik Reinhard, 피트 셜리Pete Shirley, 피터파이크 슬론Peter-Pike Sloan, 그렉 워드Greg Ward, 수많은 익명의 감수자에게 감사를 드린다. 2판에 대해 제인 콘트카넨Janne Kontkanen, 넬슨 맥스Nelson Max, 빌 마크Bill Mark, 에릭 타벨리온Eric Tabellion은 방대한 제안을 해줬다.

많은 사람이 버그 보고서, 패치, 더 나은 구현 방식에 대한 제안을 통해서 pbrt뿐 아니라 우리의 더 나은 렌더링에 대한 이해에 기여했다. 몇 가지는 특히 몇 년에 걸쳐서 엄청난 기여를 만들어냈다. 특히 솔로몬 보로스Solomon Boulos, 스테펀 첸니Stephen Chenney, 존 댕크스John Danks, 케빈 에간Kevin Egan, 보로드미르 카츄로프스키Volodymyr Kachurovskyi, 케 쥬Ke Xu 등에게 감사하고 싶다.

추가적으로 라치트 아그라월Rachit Agrawal, 프레드릭 아칼린Frederick Akalin, 마크 볼스타드Mark Bolstad, 토마스 데 보트Thomas de Bodt, 브라이언 버지Brian Budge, 마크 콜버트Mark Colbert, 유지안 딩Yunjian Ding, 타오 듀Tao Du, 샤오후아 판Shaohua Fan, 에티넨 페리에Etienne Ferrier, 니겔 피셔Nigel Fisher, 제프 리벌 프리스바드Jeppe Revall Frisvad, 로버트 그라프Robert G. Graf, 애스본 하이드Asbjørn Heid, 케이스 제프리Keith Jeffery, 그렉 존슨Greg Johnson, 아론 카프Aaron Karp, 도날드 크누스Donald Knuth, 마틴 크라우스Martin Kraus, 무라트 커트Murat Kurt, 래리 라이Larry Lai, 크레익 맥노톤CraigMcNaughton, 스어미나선 나라야난Swaminathan Narayanan, 앤더스 닐슨Anders Nilsson, 젠스 올슨Jens Olsson, 빈센트 페고라로Vincent Pegoraro, 스리나스 라비찬디란Srinath Ravichandiran, 세바스티앙 스피어러Sébastien Speierer, 닐스 서레이Nils Thuerey, 샹 웨이Xiong Wei, 웨이-웨이 쥬Wei-Wei Xu, 아렉 짐니Arek Zimny, 매티아스 즈위커Matthias Zwicker의 제안과 버그 제보에 대해 감사한다. 마지막으로 럭스렌더LuxRender 개발진과 커뮤니티, 특히 터렌스 버가우엔Terrence Vergauwen, 진-필리페 그리말디Jean-Philippe Grimaldi, 아스본 하이드Asbjørn Heid에게 감사를 전한다. pbrt를 기반으로 그들이 개발한 렌더링 시스템을 보는 것은 정말 즐거운 일이었으며, 새 렌더링 알고리즘의

구현과 소스코드를 읽으면서 많은 것을 배울 수 있었다.

그라비티Gravity(워너브라더스Warner Bros.와 프레임스터오Framestore의 이미지 제공)의 한 프레임을 사용하는 것을 가능하게 해준 프레임스토어의 마틴 프리스톤Martin Preston과 스티브 브루닝Steph Bruning, "호빗: 다섯 군대 전투"(© 2014 Warner Bros. Entertainment Inc. and Metro-Goldwyn-Mayer Pictures Inc. (US, Canada & New Line Foreign Territories), © 2014 Metro-Goldwyn-Mayer Pictures Inc. and Warner Bros. Entertainment Inc. (all other territories). All Rights Reserved.)의 프레임을 도와준 웨타 디지털Weta Digital의 조 레터리Joe Letteri, 데이브 고지Dave Gouge, 루카 파시오네Luca Fascione에게 감사를 드린다.

출판

초판의 출판을 위해 평범하지 않은 프로젝트를 맡아 힘든 과정을 훌륭하게 인내하면서 지휘한 수석 에디터 팀 콕스Tim Cox에게 또한 감사한다. 복잡한 프로젝트를 관리하고 일정에 맞추는 능력을 통해 최종 결과의 질적 향상에 크나큰 영향력을 미친, 더할 수 없이 훌륭히 진행해준 프로젝트 매니저 엘리자베스 벨러Elisabeth Beller와 수많은 기여를 한 편집 보조 릭 캠프Rick Camp에게 감사를 드린다. 윈드폴 소프트웨어Windfall Software의 폴 아나노스토폴로스Paul Anagnostopoulos와 재퀴 스칼롯Jacqui Scarlott의 조판술은 저자 스스로 제작한 문학적 프로그래밍 파일 포맷file format을 요청한 복합적이고 특이한 인덱싱 종류를 고품질 결과물로 완성시켰다. 교열 담당자 켈 델라펜타Ken DellaPenta와 교정자 제니퍼 맥클레인Jennifer McClain, 원고와 표지 디자이너인 첸 디자인Chen Design의 맥스 스펙터Max Spector, 색인 작업자 스티브 라스Steve Rath에게도 감사한다.

더 나은 2판을 위해 내용을 보완하고 개선하도록 도움을 준 그렉 찰슨Greg Chalson에게 감사를 전한다. 그렉은 또한 윈드폴 소프트웨어의 폴 아낙노스토폴로스가 다시 책의 조판을 맡게 해줬다. 책의 복잡한 출판 과정에 대한 폴의 노고에 감사한다. 마지막으로 엘스비어Elsevier의 토드 그린Todd Green, 폴 가트러Paul Gottehrer, 헤더 슈어러Heather Scherer에게 감사를 드린다.

3판에 대해서 이 복잡함을 관장한 엘세비어Elsevier의 토드 그린Todd Green과 그 과정에서 열차를 레일 위로 유지한 애미 인버니치Amy Invernizzi에게 감사한다. 이 3번째 과정에서 윈드폴 소프트웨어Windfall Software의 폴 아낙노스토폴로스Paul Anagnostopoulos와 일한 것에 매우 기뻤다. 그의 노력은 우리에게 매우 중요한 책의 높은 출판 품질에 필수적이었다.

장면과 모델

이 책과 pbrt 배포를 위한 장면과 모델은 많은 조직과 사람들이 아낌 없이 제공해줬다. 본문의 흥미로운 예제 이미지를 만드는 데 더할 수 없는 도움이 됐다.

토끼, 부처, 용 모델은 스탠포드 컴퓨터 그래픽 연구실의 3D 스캐닝 저장소인 graphics.stanford.edu/data/ 3Dscanrep/의 허가를 받아 사용됐다. 킬러루killeroo 모델은 필 덴치Phil Dench와 마틴 레자드Martin Rezard의 허락을 받았으며, 레자드가 헤더스headus 3D 스캔과 디지털 표현, 디자인, 점토 조소를 제작했다. 8장과 9장에 사용된 용 모델은 크리스천 슐러Christian Schüller의 기여로, 7장과 12장에 사용된 스포츠 카는 야스토시 모리Yasutoshi Mori의 덕이다. 그림 16.9와 16.11의 코스틱을 묘사하는 데 사용된 잔은 사이몬 웬드쉐Simon Wendsche의 기여로, 물리적으로 정확한 연기 데이터셋data set은 덕 누엔Duc Nguyen과 론 페드코Ron Fedkiw가 제작했다.

표면 밑 산란을 묘사하는 데 사용된 머리 모델은 인파이나이트 리얼리티 Inc의 Creative Commons Attribution 3.0 라이선스에서 가용하다. 그림 16.8에 사용된 아침 테이블 장면은 'Wig42'의 덕이고, 그림 15.5의 커피 쏟는 장면은 'guismo'의 덕이다. 둘 다 Creative Commons Attribution 3.0 라이선스하에서 blendswap.com에 기재했다.

사실적인 채광창 모델과 환경 맵은 놀런 굿나잇Nolan Goodnight이 창작했으며, 폴 데브벡Paul Debevec은 수많은 고명암비HDR, High-Dynamic-Range 환경 맵environment map을 제공했다. 마크 엘렌스Marc Ellens는 다양한 빛의 분광 데이터를, 엑스 라이트X-Lite의 탐 리안자Tom Lianza는 다양한 디스플레이의 분광 RGB 측정 데이터를 제공했다.

특히 2판의 표지와 많은 삽화에 사용된 산 미구엘San Miguel 장면을 모델링하고 렌더링한 에볼루션 비주얼Evolución Visual(www.evvisual.com)의 기예르모 M. 릴 라구노Guillermo M. Leal Llaguno에게 감사를 표한다. 또한 스폰자 아트리움Sponza atrium, 시베니크 대성당Sibenik cathedral, 아우디 TT 자동차 등의 훌륭한 모델과 장면을 제공해 준 마르코 다브로빅Marko Dabrovic(www.3lhd.com)과 RNA Studios(www.rna.hr)의 미호빌 오닥Mihovil Odak에게 감사를 표한다. 또한 16장의 일부 이미지에 사용된 현대식 집 장면을 제공한 플로렌트 보이어Florent Boyer(www.florentboyer.com)에 많은 감사를 전한다.

옮긴이 소개

이상우(leejswo@hotmail.com)

과학에 흥미가 많았던 과학도로서 과학고를 조기 졸업하고 KAIST에 입학해 전산학과를 수석으로 졸업했다. 컴퓨터로 표현할 수 있는 가상 세계에 흥미가 많아 엔씨소프트에서 게임 개발을 시작했다. 게임 그래픽을 통해 오프라인 렌더러 기반의 이론에 관심을 갖게 됐고, 컴퓨터 그래픽 이론을 연구하고자 UNC-CH의 그래픽 랩으로 유학을 가서 학위를 받았다. 에픽 게임즈에서 최고의 실시간 렌더러를 가진 게임 엔진인 언리얼 엔진 3/4를 개발하다가 엔씨소프트로 돌아와 AAA 퀄리티의 그래픽을 위해 파이프라인 전반에 대한 포괄적인 기술을 개발 중이다.

옮긴이의 말

컴퓨터로 표현할 수 있는 수많은 가상 세계에 가장 직관적으로 접근하는 방법은 렌더링이다. 인간의 감각 중 뇌의 성능을 가장 많이 사용하고, 세계를 인지하는 가장 큰 부분이 시각이기에, 인간의 뇌는 시각 처리에 많은 부분을 할애하고 있다. 그러하기에 컴퓨터 그래픽스는 수많은 분야에서 사용되며, 이제는 모든 미디어에 자연스럽게 녹아 들어있다.

수많은 컴퓨터 그래픽스의 연구 결과 중에서 가장 기본이 되는 핵심 이론이 레이트레이싱을 통한 빛 반사의 시뮬레이션이다. 알고리즘의 엄청난 비용에도 최적화와 비용 대비 퀄리티 향상을 위한 끊임없는 연구로 인해, 실시간 렌더링에서도 실물과 상당히 유사한 퀄리티를 보여준다. 특히나 2018년에 발표한 엔비디아의 RTX 발표와 마이크로소프트의 DirectX 12의 DXR 도입은 이제 모든 그래픽스 관계자가 염원하던 시대의 시작을 알리는 효시가 될 것이다.

대학교 학부 시절에는 그래픽스에 관심이 없었기에 이론적인 토대가 별로 없는 상태에서 게임 그래픽스를 통해 귀납적으로 학습하고 있었다. 그러던 중 보게 된 GDC와 SIGGRAPH 같은 해외 콘퍼런스의 내용은 심히 흥미로웠다. 그때 지적 갈증을 해결해준 책이 바로 이 책의 초판이었으며, 이를 통해 그래픽스 분야로 유학을 가게 됐기에 이 책은 유학길에 들고 간 유일한 책이었다. 심도 깊은 내용과 풍부한 레퍼런스는 부족했던 기반 지식을 채워주기 충분했고, 고급 실시간 렌더러와 언리얼 엔진의 개발 연구 과정에서의 렌더링 이론 이해에도 매우 큰 도움이 됐다.

2판에서는 전통적인 오프라인 렌더러의 기법뿐만이 아니라, 이를 응용하거나 비슷한 결과를 내는 당시 최신 실시간 렌더러의 기술과 근래의 GPGPU까지 소개돼 있어 최신 기술에 대한 이해도를 높일 수 있었다.

꽤 오랜 시간이 흐른 후에 나온 3판에서는 그동안의 레이트레이싱 기술의 발전과 변화된 기술 기반에 대한 상세한 설명을 더했다. 또한 조금 산발적이던 이론과 기술을 재분류하고 재정리해 2판보다 접근성 있는 설명력을 갖췄으므로, 처음 보는 독자에게 좀 더 이해하기 쉬운 구성이 됐다고 믿는다.

이제 영화 제작과 실시간 그래픽 애플리케이션에서 물리 기반 렌더링이 보편적으로 사용되기 시작한 이후에 3판이 나온 만큼, 기존 제작 파이프라인과 물리 기반 렌더링이 도입된 이후의 제작 파이프라인과의 차이와 결과에 대한 예를 통해 이해를 도울 수 있다.

번역 의뢰를 받았을 때 바쁜 일정과 방대한 양으로 인해 주저했지만, 끝까지 진행할 수 있었던 것은 이 책에 대한 나의 존경의 발로일 것이다. 컴퓨터 그래픽스 분야는 여전히 한글 용어가 제대로 확립되지 않았기에 최대한 이해하기 쉽게 풀어보려고 했지만, 미흡한 부분이 많아 아쉬움이 남는다. 그럼에도 이 책을 통해 좀 더 많은 사용자가 핵심 그래픽 이론에 대해 이해할 수 있기를 바란다.

마지막으로 2판 번역에 이어 다시금 에이콘 관계자 여러분과 사랑하는 가족들에게 감사를 드린다. 특히 항상 다시 보고 싶은 하늘에 계신 어머니께 이 책을 헌정한다.

이상우

차례

※ 제목 왼쪽에 *로 표시돼 있는 절은 고급 주제를 다루고 있으므로 처음 읽을 때는 건너뛰어도 좋다.

6 카메라 모델 451

7 표본 추출과 재구성 503

10 텍스처 721

들어가며

배우고 싶은 이들을 위해 제공되는 다른 정보처럼 프로그램 소스코드는 프로그래머가 선배들의 예술을 배울 수 있는 유일한 방법이다. 극작가가 자신의 연극을 관람하며 대사를 받아 적고 메모하는 다른 극작가의 출입을 금하는 것은 상상할 수 없는 일이다. 마찬가지로 글쓰기를 배우는 모든 아이가 글쓰기보다 글을 읽는 데 몇백 배 많은 시간을 투자하듯이 훌륭한 작가는 많이 읽는다. 하지만 훌륭한 프로그래머가 되려면 마치 긴 소설을 집필하기 위해 필요한 알파벳을 직접 발명하고 스스로 깨우쳐 글을 써나갈 수 있어야 하는 상황이다. 이전 세대의 프로그래머들이 모은 지식과 정보에 접근할 수 없다면 다음 세대의 프로그래머들은 프로그래밍을 배우고 프로그래밍을 발전시킬 수 없을 것이다. — 에릭 나굼(Erik Naggum)

렌더링rendering은 컴퓨터 그래픽스의 근본적인 요소다. 고도로 추상화해 설명하자면 렌더링은 3차원 장면의 묘사를 이미지로 변환하는 과정이라 할 수 있다. 애니메이션, 기하학적 모델링, 텍스처링Texturing을 비롯한 여타 수많은 컴퓨터 그래픽스의 알고리즘은 결과를 이미지로 보여주려면 특정 렌더링 과정을 거쳐야 한다. 렌더링은 이제 어디서나 볼 수 있으며, 영화에서 게임에 이르기까지, 더 나아가 창조적인 표현 기법과 엔터테인먼트, 시각화를 위한 새로운 지평을 열었다.

초기 렌더링에 대한 연구는 주어진 시점에서 어떤 물체를 보여줄 것인지와 같은 근본적인 문제를 해결하는 데 주안점을 뒀다. 이런 문제들에 대한 효율적인 해결책을 찾아냄으로써 그래픽스의 여러 분야에서 지속적인 발전이 이어진 덕분에 좀 더 풍부하고 현실적인 장면을 묘사할 수 있게 됐다. 현대 렌더링은 물리학, 천체물리학, 천문학, 생물학, 심리학과 인지 연구, 순수 수학과 응용 수학 같은 다양한 학문 분야의 아이디어를 수용할 수 있을 정도로 성장했다. 이렇듯 여러 학문 분야가 관련돼 있다는 점이 렌더링 연구의 매력이다.

이 책은 완전한 렌더링 시스템을 위해 작성된 소스코드를 이용해 현대 렌더링에서 선정한 알고리즘을 설명한다. 표지 이미지를 비롯한 이 책의 모든 이미지는 이런 소프트웨어를 이용해 렌더링한 결과물이다. 이 책은 이런 이미지들을 생성하는 데 쓰인 알고리즘들도 모두 수록했다. 렌더링 시스템인 pbrt는 산문적인 시스템에 대한 묘사와 구현하는 소스코드를 혼합하는 문학적 프로그래밍literate programming이라는 프로그래밍 방법론으로 개발됐다. 우리는 문학적 프로그래밍 접근법이 컴퓨터 그래픽스와 컴퓨터 과학 전반에 걸친 아이디어를 도입하는 데 가치 있는 방법이라고 믿는다. 흔히 알고리즘의 세부적인 부분들은 구현하기 전에는 명확하지 않거나 보이지 않으므로, 실제 구현된 코드를 읽는 것은 알고리즘의 세부적인 부분을 확실히 이해할 수 있는 방법이다. 피상적으로 이해한 많은 알고리즘보다는 이렇게 구현된 코드를 통해 제대로 이해할 수 있게 엄선된 소수의 알고리즘이 컴퓨터 그래픽스를 연구하는 데 더 큰 도움이 될 것이다.

또한 실제적으로 알고리즘이 어떻게 구현되는지 명확히 하고, 더불어 완전하고 비중 있는 소프트웨어 시스템의 알고리즘을 살펴보면서 중규모의 렌더링 시스템에 대한 디자인과 구현에 관한 이슈도 알아본다. 렌더링 시스템의 기본적인 추상화와 인터페이스 디자인은 구현의 우아함과 확장성에 대해 중대한 영향력을 갖고 있지만, 각각의 디자인에 대한 득실은 제대로 알려진 바가 없다.

pbrt와 이 책에서 다루는 내용은 극사실적 렌더링photorealistic rendering에 중점을 둔다. 극사실적 렌더링은 다양하게 정의할 수 있으며, 주로 카메라로 찍은 사진과 구분이 불가능한 이미지를 생성하는 작업이나, 인간이 실제 장면을 보는 것과 같은 반응을 일으키는 작업으로 정의된다. 극사실주의photorealism에 집중하는 데는 다양한 이유가 있다. 극사실적 이미지는 영화 특수효과 업계에서 매우 중요한데, 컴퓨터로 제작한 이미지는 현실의 화면과 부드럽게 이어지도록 자주 합성되기 때문이다. 모든 이미지가 인공적으로 제작되는 엔터테인먼트에서 극사실주의는 관객이 실제로는 존재하지 않는 것을 보고 있다는 사실을 잊게 해주는 효과적인 방법이다. 마지막으로 극사실주의는 렌더링 시스템의 결과물 품질에 대한 합리적으로 잘 정의된 평가 방법을 제공한다.

우리의 접근 방식으로 인해 이 책의 내용과 설명하는 시스템에서 최첨단 렌더링 기술을 빠짐없이 다루지는 못했다. 많은 극사실적 렌더링의 재미있는 주제를 소개하지는 않았는데, 우리의 소프트웨어 아키텍처에 잘 부합하지 않거나(예, 유한 요소 라디오시티 알고리즘finite-element radiosity algorithm) 구현의 복잡도에 비해 알고리즘 설명의 교육학적 가치가 낮기 때문이다. 대신 소개하지 않은 주제에 관심 있는 독자를 위해 관련 정보를 찾을 수 있는 시작점을 제공한다. 인터랙티브 렌더링interactive rendering, 시각화visualization, 펜과 잉크 스타일의 회화적 렌더링 등 여타 많은 렌더링의 분야도 다루지 않았다. 그럼에도 이 시스템의 많은 알고리즘과 아이디어(예, 텍스처 맵 안티에일리어싱 알고리즘texture map antialiasing)는 다른 다양한 렌더링 스타일에 적용할 수 있다.

이 책의 대상 독자

이 책의 대상 독자층은 크게 세 종류로 나뉜다. 첫 번째는 대학원생 혹은 학부 고학년 컴퓨터 그래픽스 강의를 들을 수 있는 수준의 학생들이다. 이 책은 독자가 대학 입문 수준의 컴퓨터 그래픽스 지식을 기본적으로 갖췄다고 가정하지만, 벡터 기하학이나 변환 같은 특정 중요 개념은 설명한다. 몇 만 줄 이상의 프로그램을 경험해보지 못한 학생들에게 문학적 프로그래밍 방식은 이해하기 쉬운 바람직한 소개가 될 것이다. 독자들에게 시스템이 왜 이런 방식으로 구성됐는지 알려주기 위해 시스템의 핵심 인터페이스와 추상화를 설명하는 데 특별히 신경을 썼다.

두 번째 독자층은 컴퓨터 그래픽 분야의 전문적인 대학원생과 연구자다. 렌더링을 연구하는 연구자에게 이 책은 해당 분야에 대한 폭넓은 내용을 전할 것이며, pbrt 소스코드는 추가 개발하기에 유용한 기반을 제공한다(혹은 최소한 소스코드의 일부라도 사용할 수 있다). 다른 분야의 연구자인 경우 렌더링을 깊이 있게 이해하는 것은 앞으로의 연구에 유용할 것이라 믿는다.

세 번째 대상 독자층은 소프트웨어 개발 종사자다. 이 책의 많은 내용이 소프트웨어 개발자에게는 익숙하겠지만, 알고리즘들의 문학적 방식의 설명은 새로운 관점을 제공할 것이다. pbrt는 표면 세분화subdivision surfaces, 몬테카를로 빛 전송Monte Carlo light transport과 메트로폴리스 표본화Metropolis sampling같이 고도화된 구현이 어려운 알고리즘들과 테크닉들의 구현을 포함한다. 이 내용은 경험 있는 렌더링 현업자가 특히 관심 있는 분야일 것이다. 하나의 완전하고 비중 있는 렌더링 시스템의 구조를 파헤침으로써 독자들의 관심을 이끌어내기를 기대한다.

이 책의 목표

pbrt는 레이트레이싱ray-tracing 알고리즘에 기반하고 있다. 레이트레이싱은 우아한 테크닉으로, 렌즈 제작에 기반을 두고 있다. 칼 프레드리히 가우스Carl Friedrich Gauss는 19세기에 손으로 만든 렌즈를 통해 광선을 추적했다. 컴퓨터상의 레이트레이싱 알고리즘은 무한소의 광선이 장면을 지나 표면에서 만날 때까지 경로를 따라간다. 이 방식은 특정한 위치와 방향에서 봤을 때 가장 먼저 보이는 물체를 찾는 간단한 방법으로, 많은 렌더링 알고리즘의 기초가 된다.

pbrt는 완전하고, 묘사적이며, 물리적인 기반을 둬야 한다는 세 가지 목표를 염두에 두고 디자인됐다.

완전성은 시스템이 고품질 상용 렌더링 시스템의 핵심 기능을 탑재했다는 의미다. 특히 안티에일리어싱antialiasing, 안정성, 그리고 복잡한 장면을 효율적으로 렌더링하는 능력 같은 실질적으로 중요한 사안들을 빠짐없이 다뤄야 한다. 이런 사안들은 시스템 디자인의 시작에서부터 다루는 것이 중요한데, 이런 기능들은 시스템의 모든 구성 요소에 미묘한 영향을 미치므로 구현의 후반부에 새로 구현해 넣기가 매우 어렵기 때문이다.

두 번째 목표는 알고리즘, 자료 구조, 렌더링 테크닉을 선택할 때 신중하게, 그리고 가독성과 명료성에 중점을 두고 선택한다는 점이다. 이런 구현이 다른 렌더링 시스템보다 더 많은 독자에 의해 검토될 것을 알기에 우리는 알고 있는 한 가장 우아한 알고리즘을 선택해 구현하려 노력했다. 이 목표에는 한 사람이 완벽하게 이해하기에 어려움이 없을 만큼 시스템이 충분히 작아야 하는 점도 포함된다. 우리는 확장성 있는 아키텍처를 사용해 pbrt를 구현했기에 시스템의 핵심 부분은 신중히 디자인한 추상 기본 클래스abstract base class로 구성돼 있으며, 또한 이런 기본 클래스의 구현에 가능한 한 많은 기능을 포함시켰다. 결과적으로 기본 시스템의 구조를 이해하기 위해 모든 세세한 구현을 이해할 필요가 없어졌다. 이로 인해 전체적인 시스템이 어떻게 조화되는지에 대한 시야를 잃지 않으면서도 관심 있는 분야만 탐구하고 다른 부분은 건너뛸 수 있다.

이 두 가지 목표, 완전함과 묘사적인 것은 상충하는 부분이 있다. 모든 유용한 테크닉을 구현하고 서술하면 책의 내용이 엄청나게 길어지며, 대부분의 독자에게 엄두가 나지 않을 만큼 시스템을 복잡하게 만든다. pbrt가 몇 가지 유용한 기능을 포함하지 않을 경우에 대비해 전체적인 시스템 디자인을 변경하지 않고 기능을 추가할 수 있도록 아키텍처를 디자인하려 노력했다.

물리 기반 렌더링physically based rendering의 기반은 물리 법칙과 수학적 표현이다. pbrt의 알고리즘 구현과 계산에는 정확한 물리 단위와 개념을 사용한다. 정확히 설정하면 pbrt는 물리적으로 정확하게, 즉 현실 장면의 조명lighting을 정확하게 반영해 이미지를 계산할 수 있다. 물리적 기준을 사용하면 프로그램의 정확도에 확실한 기준이 있다는 장점이 있다. 한정된 수학 공식으로 표현 가능한 현실의 단순한 장면에 대해 pbrt가 같은 결과를 내지 못한다면 프로그램 구현에 버그가 있다고 확인할 수 있다. 마찬가지로 pbrt의 물리 기반 조명 알고리즘들이 같은 장면에 대해 각각 다른 결과를 내거나, pbrt가 다른 물리 기반 렌더러와 같은 결과를 얻지 못한다면 분명히 버그가 존재한다는 것을 알 수 있다. 마지막으로, 물리적 기반은 엄격하기에 가치가 있다. 특정 계산이 어떻게 이뤄지는지 확실하지 않을 때 물리학이 일관된 결과를 낸다는 것을 보장한다.

효율성은 3가지 목표 중 우선순위가 가장 낮다. 렌더링 시스템이 이미지 생성을 위해 보통 몇 분에서 몇 시간을 사용하기 때문에 효율성도 물론 중요하다. 하지만 로우레벨 코드의 최적화는 알고리즘의 효율성으로 한정했다. 대부분의 계산이 일어나는 부분에 최적화 노력을 했지만, 가끔 잘 구성된 코드를 위해 세부적 최적화를 하지 않은 경우도 있다.

pbrt를 선보이고 구현에 대해 토론하는 과정에서 몇 년간의 렌더링 연구와 개발을 통해 힘들게 얻은 교훈을 전달하고자 한다. 좋은 렌더러를 개발하는 것은 단순히 빠른 알고리즘을 연결하는 것뿐 아니라 시스템을 유연하고 안정적으로 만드는 어려운 작업이다. 시스템의 성능은 기하 구조^geometry^나 광원, 다른 복잡도가 올라갈 경우 우아하게 점감돼야 한다. 수학적 안정성을 조심해서 유지해야 하며, 부동소수점^floating-point^ 정밀도를 한계까지 사용하는 알고리즘이 중요하다.

앞서 기술한 모든 사안을 고려한 시스템의 개발 결과는 매우 보람차다. 새로운 렌더러를 개발하거나 기존 렌더러에 새로운 기능을 추가하고 이용해, 기존에는 생성할 수 없던 이미지를 생성하는 과정은 정말 즐겁다. 이 기회를 많은 사람에게 전하고 싶은 것이 이 책의 가장 큰 기본 목표다. 책을 읽는 과정에서 배포된 pbrt 시스템을 이용해 예시 장면을 렌더하길 권장한다. 각 장의 연습문제는 내부 동작을 명확히 이해하고 더 복잡한 프로젝트를 위해 새로운 기능을 추가하도록 제시한다.

이 책의 웹 사이트는 www.pbrt.org다. 최신 pbrt 소스코드, 책의 정오표와 버그 수정, 렌더를 위한 추가 장면들과 부수적인 지원 프로그램이 제공된다. 웹 사이트에 기재되지 않은 pbrt의 버그나 책의 오류는 bugs@pbrt.org로 제보할 수 있다. 여러분의 피드백은 매우 소중하다!

초판과 2판의 차이점

초판이 2004년에 발행되고 2010년에 2판이 발행될 때까지 6년이 지났다. 그동안 수천 권이 팔렸으며, 웹 사이트에서 수천 번의 pbrt 다운로드가 있었다. pbrt 사용자들의 수많은 피드백과 격려가 있었으며, 시스템에 대한 우리의 경험을 바탕으로 초판의 pbrt 버전과 2판의 업데이트된 버전의 변화에 대한 많은 결정을 내렸다.

- **플러그인plugin 아키텍처 제거:** 초기 버전 pbrt는 실행 중run-time 플러그인 아키텍처를 통해 장면을 렌더하기 위한 기하 모양shape, 광원, 적분기integrator, 카메라 등의 물체object를 동적으로 불러왔다. 사용자들은 렌더링 시스템을 다시 컴파일할 필요 없이 새로운 물체 종류(예, 새로운 기하 모양)를 추가해 확장할 수 있었다. 이 방식은 초기에 우아하게 보였지만, 복잡한 멀티플랫폼의 지원과 어려운 디버깅을 야기했다. 유일하게 사용 가능한 시나리오(바이너리binary pbrt 배포본 혹은 바이너리 플러그인)는 우리의 교육적 오픈소스 목표에 반하므로 2판에서 제외했다.
- **이미지 처리 파이프라인image processing pipeline 제거:** 초기 버전에서는 톤 매핑tone-mapping 인터페이스를 통해 고명암비HDR, High Dynamic Range 부동소수점 결과 이미지를 직접 저명암비low dynamic range TIFF로 전환해 보여줬다. 이 기능은 HDR 이미지가 드물던 2004년 기준으로 만들어졌다. 하지만 2010년에는 디지털 사진술photography의 발달로 HDR 이미지가 흔해졌다. 톤 매핑의 이론과 실습은 우아하고 배울 가치가 있지만, 새 버전에선 이미지 형성formation 과정에 집중하고, 이미지 디스플레이display를 제외하기로 했다. 관심 있는 독자들은 레인하드Reinhard 등(2005)의 철저한 최신 HDR 이미지 디스플레이를 위한 처리에 관련된 책을 읽어보라.
- **작업 병렬화:** 멀티코어 아키텍처는 이제 도처에 존재하며, pbrt 역시 유저들의 사용 가능한 코어의 개수대로 성능을 확장할 수 있어야 의미 있다. 이 책의 병렬 프로그래밍 구현에 관한 세부 사항(예, 적절한 작업 크기나 뮤텍스mutex 종류)이 그래픽 프로그래머가 아직도 어렵고 잘 가르쳐주지 않는 확장 가능한 병렬 코드 개발의 세부 사항과 복잡성을 이해하는 데 도움이 되길 바란다.
- **프로덕션 렌더링에의 적합성:** 초기 버전은 순수하게 교육용 툴과 렌더링 연구의 디딤돌로서 제작됐다. 초기 버전은 제한된 이미지 기반 라이팅image-based lighting, 모션 블러motion blur 미지원, 복잡한 라이팅에서의 광자 매핑photon mapping 구현의 불안정성 등 프로덕션 환경에서의 사용이 어려운 점이 많았다. 초기 버전보다 훨씬 발전된 기능의 지원과 표면 밑 산란subsurface scattering, 메트로폴리스 빛 전송Metropolis light transport 기능의 지원으로 2판의 경우 pbrt는 복잡한 환경의 초고품질 이미지 렌더링에 훨씬 적합해졌다.

2판과 3판의 차이점

2판이 나온 후 6년이 지나 책과 pbrt 시스템을 갱신하고 확장할 시간이 됐다. 다루기에 가장 유용한 주제가 어떤 것인지 독자에게서 배웠다. 더욱이 렌더링 연구는 계속 빨라지고 있다. 현재 최고의 사용 예를 반영해 책의 많은 부분을 갱신하고 개선했다.

- **양방향 빛 전송:** pbrt의 3판에서는 완전한 기능의 양방향 경로 추적기를 포함하며, 입체 빛 전송과 경로를 가중시키기 위한 다중 중요도 표본화를 지원한다. 완전히 새로운 메트로폴리스 빛 전송 적분기는 양방향 경로 추적기의 요소를 사용하며, 특히 해당 알고리즘의 간결한 구현을 허용한다. 이 알고리즘의 기반은 대략 15년 전에 성립됐다. 이를 pbrt에서 완전히 지원하는 것은 이미 예전에 이뤄졌어야 했던 부분이다.
- **표면 밑 산란:** 많은 물체(특히 피부와 반투명 물체)의 모습은 표면 밑 빛 전송의 결과다. 2판에서의 표면 밑 산란 구현은 초기 2000년대의 최신 기술을 반영했다. 그 후 10년의 연구 진행을 반영하기 위해 BSSRDF 모형과 표면 밑 빛 전송 알고리즘을 철저히 검토했다. 이제 광선 추적 기반 표본화 기술과 함께 더 정확한 방사diffusion 방정식을 사용해 2판에서 사용된 비용이 큰 재처리 과정의 필요성을 제거했다.
- **수치적으로 안정적인 교차점:** 기하학적 광선 교차점 계산에서 부동소수점의 반올림 오류는 광선 추적의 오래된 도전이었다. 이는 이미지에 작은 오류를 유발할 수 있다. 이 사안에 집중하고 이 오류에 대한 보수적인(하지만 밀접한) 경계를 유도했으며, 이는 이전 렌더링보다 이 사안에 대한 구현을 더욱 안정적이게 한다.
- **반투명 물질의 표현:** 시스템에서 산란 매질이 설명되고 표현되는 방식을 개선했다. 이는 중첩된 산란 매질에 대해 더 정확한 결과를 얻게 한다. 새 표본화 기술에 따르면 균일 매질의 편향되지 않은 렌더링이 가능해 시스템의 다른 부분과 깔끔하게 통합된다.
- **측정된 재질:** 3판에서는 측정된 재질을 간헐 주파수 공간 기반을 사용해서 표현하고 계산하는 새 기술을 포함했다. 이 방식은 2판에서 사용된 표현으로는 불가능한 정확한 중요도 표본화를 가능하게 해서 편리하다.
- **포톤 매핑:** 포톤 매핑 알고리즘의 획기적인 발전이 메모리에 모든 포톤을 저장할 필요가 없는 변종의 개발로 이뤄졌다. pbrt의 포톤 매핑 알고리즘을 많은 어려운 빛 전송 효과를 효율적으로 렌더링하는 확률적 진행 포톤 매핑에 기반을 둔 구현으로 대체했다.
- **표본 생성 알고리즘:** 렌더링 알고리즘의 수치적인 적분에 사용되는 표본 값의 분포는 최종 결과의 품질에 큰 영향을 미친다. 이 주제에 대한 처리를 철저히 갱신했으며, 이전보다 더 깊이 새로운 방식과 효율적인 구현 기술을 다뤘다.

시스템의 다른 많은 부분은 해당 분야의 진행을 반영하기 위해 개선되고 갱신됐다. 미세 표면 반사 모형은 훨씬 나은 표본화 기술과 함께 더 깊이 다뤘다. 털과 다른 세밀한 기하 구조를 위해 새 '곡선' 모양을 추가했다. 이제 현실적인 렌즈 시스템을 모사하는 새 카메라 모형도 사용할 수 있다. 이 책에서의 다양하고도 작은 변화를 통해 pbrt 같은 물리 기반 렌더링 시스템의 핵심 개념을 더 명확히 설명하고 묘사했다.

표지 이미지

표지에 사용된 '전원 지역' 장면은 로브워크Laubwerk(www.laubwerk,.com)의 얀-월터 슈리프Jan-Walter Schliep, 부락 카라만Burak Kahraman, 팀 대퍼Timm Dapper가 제작했다. 장면은 23,241개의 개별 식물을 가지며, 총합 31억 삼각형을 가진다(물체 인스턴싱 덕에, 단지 2400만 삼각형만이 메모리에 저장된다). 장면 기하를 설명하는 pbrt 파일은 1.1GB의 저장 공간을 필요로 한다. 전체 528MB의 텍스처 자료를 표현하는 192 텍스처 맵을 가진다. 이 장면은 pbrt 웹 사이트에서 가용한 예제 장면 중 하나다.

더 읽을거리

도널드 커누스의 『Literate Programming문학적 프로그래밍』(커누스 1984)은 그의 웹 프로그래밍 환경과 함께 문학적 프로그래밍의 기본 생각을 설명한다. 독창적인 TEX 조판 시스템은 웹으로 쓰여졌으며, 그에 관해 일련의 책들이 쓰여졌다(크누스 1986, 크누스 1993a). 그 후 크누스는 그래프 알고리즘을 문학적 형식으로 작성한 『The Stanford GraphBase』(크누스 1993b)를 출판했다. 책을 통해 프로그램들의 훌륭한 각 알고리즘의 표현을 즐겁게 읽을 수 있다. 웹 사이트 www.literateprogramming.com은 문학적 프로그래밍, 문학적 프로그램 다운로드 링크, 다양한 문학적 프로그래밍 시스템에 관한 많은 기사 링크를 제공한다. 초기 크누스의 개발 구상 이후 훨씬 많은 세분화가 이뤄졌다.

유일하게 출판된 다른 문학적 프로그램 도서로는 크리스토퍼 프레이저Christopher Fraser와 데이비드 핸슨David Hanson의 『A Retargetable C Compiler: Design and Implementation재사용 가능한 C 컴파일러: 디자인과 구현』(프레이저와 핸슨 1995)의 lcc 컴파일러 구현, 마틴 루커트Martin Ruckert의 MP3 음악 포맷에 관한 책인 『Understanding MP3MP3의 이해』(루커트 2005)가 있다.

CHAPTER ONE

01 서론

렌더링은 3D 장면의 묘사를 2D 이미지로 생성해내는 과정이다. 매우 광범위한 작업이며, 많은 접근 방식이 있다. 물리 기반 기술은 물리학 법칙을 사용해 빛과 물질이 어떻게 상호 작용하는지 모델링해 현실을 시뮬레이션하는 방법이다. 물리 기반 방식이 렌더링에 접근하는 가장 명백한 방식으로 보이지만, 실제로 이 방식이 널리 적용된 것은 지난 10여년 정도다. 1장 끝의 1.7절은 물리 기반 렌더링의 간략한 역사를 소개하고, 영화를 위한 오프라인 렌더링과 게임을 위한 실시간 렌더링에의 최신 적용을 알려준다.

이 책은 pbrt, 즉 레이트레이싱 알고리즘을 기반으로 한 물리 기반 렌더링 시스템을 설명한다. 많은 컴퓨터 그래픽 책은 알고리즘과 이론을 종종 짧은 코드와 함께 제시한다. 그와 달리 이 책은 몇 가지 이론과 함께 그에 관련된 완벽히 작동하는 렌더링 시스템을 완전한 구현과 함께 설명한다. 시스템의 소스코드와 예제 장면 및 렌더링을 위한 데이터 모음은 pbrt 웹 사이트의 다운로드 페이지인 pbrt.org/downloads.php에서 찾을 수 있다.

1.1 문학적 프로그래밍

TEX 조판 시스템을 작성하면서 도날드 커누스는 프로그램을 컴퓨터의 사용보다 사람의 사용을 위해 개발해야 한다는 간단하지만 혁신적인 아이디어를 바탕으로 새로운 프로그램 개발 방법론을 개발하고, 문학적 프로그래밍literate programming이라 명명했다. 지금 읽고 있는 1장을 비롯한 이 책의 모든 내용은 긴 문학적 프로그램이다. 이 책을 읽는 동안 pbrt 렌더링 시스템의 단순히 추상적 묘사만 아는 것이 아니라 모든 구현을 읽게 되는 것이다.

문학적 프로그램은 문서 서식 언어(예, TEX나 HTML)와 프로그래밍 언어(예, C++)를 복합한 메타언어metalanguage로 작성된다. 방직기weaver 프로그램은 문학적 프로그램을 조판에 적합한 문서로 변환하고, 끈 묶기tangler 프로그램은 컴파일에 적합한 소스코드를 제작한다. 이 문학적 프로그램은 직접 작성했지만, 노먼 램시Norman Ramsey의 noweb 시스템에 영향을 받았다.

문학적 프로그래밍 메타언어는 2가지 중요한 기능을 제공한다. 첫째는 산문과 소스코드를 복합하는 기능이다. 이 기능은 프로그램의 설명도 실제 소스코드만큼 중요하게 만들어 신중한 디자인과 문서화를 독려한다. 둘째로 실제 컴파일러에 제공되는 순서와는 완전히 다르게 프로그램 코드를 보여줄 수 있다. 각각의 이름을 가진 코드 덩어리는 코드 조각fragment이라고 불리며, 다른 코드 조각을 참조할 때 이름으로 참조하게 된다.

간단한 예로 모든 전역 변수를 초기화하는 `InitGlobals()`라는 함수function를 살펴보자.[1]

```
void InitGlobals() {
    nMarbles = 25.7;
    shoeSize = 13;
    dielectric = true;
}
```

이 코드는 매우 간결하지만, 아무 문맥 없이 이해하긴 어렵다. 예를 들어 변수 `nMarbles`는 왜 부동소수점 값을 갖는가? 단지 이 코드를 보기 위해 전체 프로그램에 대해서 각 변수의 의도와 의미를 이해하기 위해 어디에 선언되고 어떻게 사용되는지 찾아야 한다. 이런 시스템의 구조는 컴파일러에겐 적합하지만, 인간인 독자는 실제로 해당 변수들이 사용되는 코드 근처에 초기화 코드가 있는 편이 훨씬 이해하기 편하다.

문학적 프로그램에서 `InitGlobals()`는 다음과 같이 작성할 수 있다.

```
<Function Definitions> ≡
    void InitGlobals() {
        <Initialize Global Variables 47>
}
```

이 코드는 `InitGlobals()` 함수의 정의를 포함한 <*Function Definitions*>라는 코드 조각을 정의한다. `InitGlobals()` 함수는 <*Initialize Global Variables*>라는 코드 조각을 참조한다. 이 초기화 코드 조각은 아직 정의되지 않았으므로 전역 변수 할당을 포함하는 코드라는 점 이외에는 알 수 없을 것이다. 어떤 변수도 선언되지 않았으므로 현재로서는 적절한 추상화 단계다. 추후 전역 변수 `shoeSize`를 도입할 때 다음과 같이 작성할 수 있다.

1. 이 절의 예제 코드는 단순히 묘사하는 것으로 pbrt의 일부분은 아니다.

```
<Initialize Global Variables> ≡                                        46
    shoeSize = 13;
```

이제 <*Initialize Global Variables*>의 내용을 작성하기 시작했다. 나중에 컴파일을 위한 소스코드로 묶을 때 문학적 프로그래밍 시스템은 `InitGlobals()` 함수의 정의에서 이 코드를 `shoeSize = 13;`으로 대치한다. 나중에 다른 전역 변수 `dielectiric`을 정의할 때 코드 조각에 초기화를 추가할 수 있다.

```
<Initialize Global Variables> +≡                                       46
    dielectric = true;
```

이 +≡는 기존 정의된 코드 조각에 추가한다는 것을 의미한다. 이 3 코드 조각을 묶은 결과는 다음과 같다.

```
void InitGlobals() {
    shoeSize = 13;
    dielectric = true;
}
```

이 방법으로 복잡한 함수를 논리적으로 구별된 부분으로 훨씬 이해하기 쉽게 분리할 수 있다. 예를 들어 복잡한 함수를 다음과 같이 코드 조각 여러 개로 작성할 수 있다.

```
<Function Definitions> +≡
    void complexFunc(int x, int y, double *values) {
        <Check validity of arguments>
        if (x < y) {
            <Swap parameter values>
        }
        <Do precomputation before loop>
        <Loop through and update values array>
    }
```

마찬가지로 각 코드 조각은 컴파일을 위해 `complexFunc()`에서 치환된다. 본문에서는 각 코드 조각과 그 구현을 차례로 도입한다. 이렇게 분리된 구성은 한 번에 몇 줄의 코드만 보여줌으로써 이해를 훨씬 쉽게 해준다. 이런 방식의 프로그래밍의 또 다른 장점은 함수를 각각의 잘 설명된 목적을 가진 논리적 코드 조각으로 독립 작성하고, 검증하고 읽을 수 있다는 점이다. 일반적으로 각 코드 조각이 10줄이 넘지 않게 작성했다.

보기에 따라 문학적 프로그래밍 시스템은 단순히 프로그램 소스코드를 재배열하는 발전된 매크로 치환 패키지에 불과하다. 사소한 변화 같지만 문학적 프로그래밍은 다른 소프트웨어 시스템을 구성하는 방법과 매우 다르다.

1.1.1 색인과 상호 참조

이 기능은 텍스트를 쉽게 돌아다닐 수 있게 해준다. 페이지 여백의 색인은 페이지에서 사용된 함수와 변수, 메서드methods가 정의된 페이지 번호를 제공한다. 책 마지막의 색인은 모든 식별자를 모아 이름으로 정의를 검색할 수 있게 해준다. 부록 C, 코드 조각 찾아보기는 각 코드 조각이 정의되고 사용된 페이지 번호를 제공한다. 본문에서 코드 조각 이름은 해당 코드 조각이 사용된 페이지 번호 목록과 같이 나온다. 예를 들어 이런 가상의 코드 조각을 살펴보자.

```
<A fascinating fragment> ≡                                    184, 690
    nMarbles += .001;
```

이 코드 조각은 184와 690 페이지에서 사용됐다는 것을 알려준다. 종종 단순 기반 코드이거나 대부분이 다른 코드 조각과 같을 경우 책에서 코드 조각을 생략하는 경우가 있다. 이런 코드 조각이 사용될 경우에는 페이지 번호를 기재하지 않는다.

코드 조각이 다른 코드 조각 안에서 사용된다면 최초로 정의된 페이지 번호가 코드 조각 이름 바로 뒤에 표시된다. 예를 들어 다음과 같다.

```
<Do something interesting> +≡                                 500
    InitializeSomethingInteresting( );
    <Do something else interesting 486>
    CleanUp( );
```

<Do something else interesting> 코드 조각은 486페이지에 정의됐다는 것을 알려준다. 코드 조각 정의가 책에 포함되지 않았다면 페이지 번호는 표시되지 않는다.

1.2 극사실적 렌더링과 레이트레이싱 알고리즘

극사실적 렌더링의 목표는 사진과 구분할 수 없는 3D 장면의 이미지를 생성하는 것이다. 렌더링 과정을 설명하기 전에 이 문맥에서 '구분할 수 없는'이라는 단어는 인간 관찰자의 기준으로, 다른 관찰자는 같은 이미지를 다르게 인식할 수 있기 때문에 부정확하다는 것을 이해해야 한다. 몇 가지 인식 문제를 이 책에서 다루지만 정해진 관찰자의 정확한 특성을 설명하는 것은 매우 어렵고 해결되지 않는 문제다. 대부분의 경우 좋은 이미지를 관찰자에게 보여주는 디스플레이 기술에 의존하며, 물리적 빛과 물질의 상호작용이 가능한 가장 정확한 시뮬레이션으로 만족한다.

거의 대부분의 극사실적 렌더링 시스템은 레이트레이싱ray-tracing 알고리즘에 의존한다. 레이트레이싱은 사실 매우 단순한 알고리즘이다. 환경에 있는 물체와 간섭하고 반사되는 장면을 지나는 광선의 경로를 추적하는 방법이다. 레이트레이싱을 작성하는 데는 많은 방법이 있지만, 모든 시스템은 최소한 다음과 같은 물체와 현상을 시뮬레이션한다.

- **카메라**: 카메라 모델은 장면의 이미지가 어떻게 센서에 저장되는가를 포함해 어디서 어떻게 장면을 보여줄 것인가를 결정한다. 많은 렌더링 시스템에서 시야 광선은 카메라에서 시작해서 장면 안으로 추적을 시작한다.
- **광선-물체 교차점**: 광선이 주어진 기하학 물체를 정확히 어떤 지점에서 뚫는지, 그리고 교차점에서 물체의 표면 법선surface normal이나 재질material 같은 기하학적 특성을 특정할 수 있어야 한다. 또한 대부분의 레이트레이서는 여러 물체와의 교차점을 테스트할 수 있으며, 보통 광선에서 가장 가까운 교차점을 반환한다.
- **광원**: 조명이 없으면 장면을 렌더링하는 데 의미가 거의 없다. 레이트레이서는 반드시 장면에 대한 빛의 분포를 모델링해야 하며, 빛 자체의 위치뿐 아니라 이들의 에너지가 공간에 분포되는 방식 또한 포함해야 한다.
- **가시성Visibility**: 빛이 표면의 지점에서 에너지를 축적하는지 알기 위해 차단되지 않은 지점에서 광원까지의 경로를 알아야 한다. 다행히 레이트레이서에서는 표면에서 광원을 향한 광선을 만들어 가장 가까운 광선-물체 교차점을 찾아서 광원과의 거리와 비교하면 매우 간단히 알 수 있다.
- **표면 밑 산란**: 각각의 물체는 외관에 대한 설명, 빛이 표면에서 어떻게 반응하는지에 대해 재방사 혹은 산란된 빛의 속성 등의 정보를 제공해야 한다. 표면 산란 모델은 보통 매개변수화parameterized돼 다양한 모습을 시뮬레이션할 수 있다.
- **간접 빛 전송**: 빛이 다른 표면을 통해 반사되거나 투과된 뒤에 표면에 도달할 수 있으므로, 일반적으로 이 효과를 완전히 포착하려면 표면에서 시작되는 추가적인 광선을 추적해야 할 필요가 있다.
- **광선 전파Ray propagation**: 공간을 지나는 빛이 광선을 따라 진행할 때 어떻게 되는지 알아야 한다. 진공의 장면을 렌더링한다면 빛 에너지는 항상 일정하다. 진정한 진공은 지구

상에서 드물지만, 많은 환경에 대해 합리적인 근사다. 좀 더 복잡한 모델은 안개, 연기, 지구의 대기 등에서 광선의 전파를 추적할 수 있다.

이 절에서는 각각의 시뮬레이션 작업을 간단히 알아봤다. 다음 절에서는 기반이 된 시뮬레이션 요소에 대한 pbrt의 고수준 인터페이스를 보여주고, 주 렌더링 반복 작업에서 하나의 광선이 진행하는 경로를 따라가 본다. 또한 터너 휘티드Turner Whitted의 레이트레이싱 알고리즘을 기반으로 한 표면 산란 모델을 구현한다.

1.2.1 카메라

대부분의 사람들이 카메라를 사용하고 기본 기능에 익숙하다. 세상의 이미지를 기록하고 싶을 때 (일반적으로 버튼을 누르거나 화면을 터치해) 세상의 이미지를 저장하고 싶다는 욕구를 알려주고, 한 조각의 필름이나 전자 센서에 이미지를 기록한다. 세상에서 사진을 찍는 가장 간단한 장치는 핀홀 카메라pinhole camera다. 핀홀 카메라는 한쪽 면에 작은 구멍이 뚫린 빛이 새지 않는 박스로 구성돼 있다(그림 1.1). 구멍이 열려 있을 때 빛이 이 구멍으로 들어와서 다른 면에 부착된 사진 원지에 조사된다. 단순하지만 이런 종류의 카메라는 현재도 여전히 사용되며, 주로 예술적인 용도로 사용된다. 이미지가 필름에 형성되는 데 충분한 광량을 위해 매우 긴 노출 시간이 필요하다.

많은 카메라가 대개 핀홀 카메라보다 복잡하지만, 시뮬레이션의 시작점으로 핀홀 카메라가 매우 편리하다. 카메라의 가장 중요한 기능은 장면 중 어떤 부분을 필름에 기록할지 정의하는 것이다. 그림 1.1에서는 구멍에서 필름을 모서리에 연결하면 장면으로 확장되는 2개의 피라미드를 생성하는 것을 볼 수 있다. 실제 카메라는 피라미드보다 복잡한 모양을 저장하므로, 이미지로 필름에 저장될 수 있는 공간의 영역을 시야 입체viewing volume라 부른다.

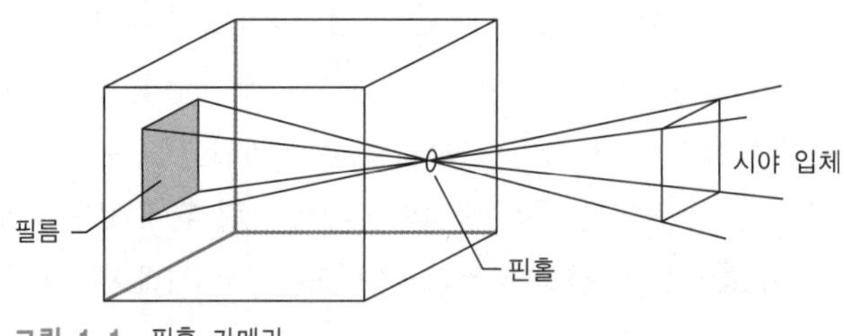

그림 1.1 핀홀 카메라

핀홀 카메라를 보는 다른 방법은 필름을 홀 앞의 같은 거리에 놓는 방법이다(그림 1.2). 홀과 필름을 연결하면 기존과 똑같은 시야 입체를 가진다. 물론 실제 카메라를 만들기에는 현실적인 방법은 아니지만, 시뮬레이션 용도로 간편한 추상화다. 필름(혹은 이미지) 면이 구멍 앞에 있을 때 구멍은 보통 눈이라고 불린다.

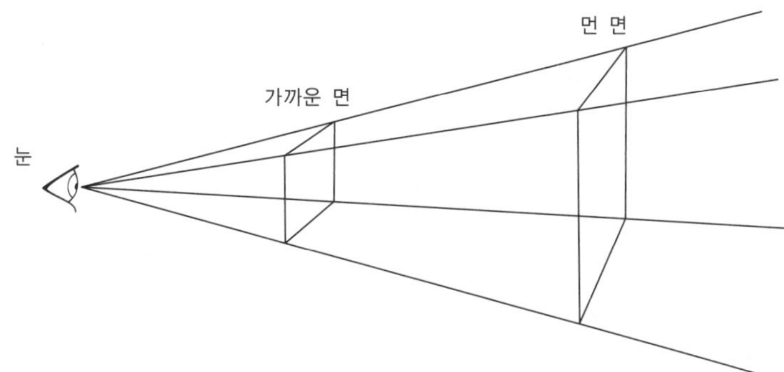

그림 1.2 핀홀 카메라를 시뮬레이션할 때 필름을 홀 앞의 가까운 면(near plane)에 놓고 구멍은 눈으로 개칭한다.

이제 렌더링의 중대한 이슈인 이미지의 각 점에서 어떤 색 값을 카메라가 저장한 것인지가 대두된다. 핀홀 카메라를 생각해보면 필름의 위치에 영향을 주는 광선은 구멍에서 나와 해당 위치로 가는 벡터를 따라가는 광선뿐이다. 필름 면이 눈앞에 있는 시뮬레이션 카메라의 경우 이미지 위치에서 눈으로 오는 빛의 양이 중요하다.

그러므로 카메라 시뮬레이터의 중요한 작업은 이미지의 한 지점을 잡아 해당 이미지 위치에 영향을 주는 입사광에 대해 광선을 생성하는 것이다. 광선은 원점과 방향 벡터direction vector로 구성돼 있어 특히 그림 1.2의 핀홀 모델에 적용하기 쉽다. 구멍을 원점으로 벡터는 구멍에서 가까운 면으로 광선의 방향으로 향하면 된다. 여러 개의 렌즈를 사용하는 복잡한 카메라 모델의 경우 이미지의 위치에 대응하는 광선의 계산은 더욱 복잡하다(6.4절은 이런 모델의 구현을 설명한다).

이미지 위치를 광선으로 변환하는 과정이 카메라 모듈에 완전히 감춰져 있으면 렌더링 시스템의 다른 부분은 광선을 이용해 라이팅을 계산하는 것에 집중할 수 있으며, 다양한 카메라 모델을 사용할 수 있다. pbrt의 카메라 추상화는 6장에 자세히 설명한다.

1.2.2 광선-물체 교차점

카메라가 광선을 생성할 때마다 렌더러의 첫 작업은 어떤 물체가 광선에 가장 먼저 닿으며, 교차가 어디서 일어나는지 알아내는 것이다. 이 교차점은 광선을 따라 보이는 위치며, 빛과 물체의 상호작용을 이 지점에서 시뮬레이션한다. 교차점을 찾기 위해 장면의 모든 물체에 대해 광선과 교차점을 찾고 가장 처음 만나는 위치를 찾는다. 광선 r에 대해 매개변수화 형태로 다음과 같이 기술할 수 있다.

$$r(t) = \mathrm{o} + t\mathbf{d}$$

o는 광선의 원점, **d**는 방향 벡터, t는 $[0, \infty)$의 범위를 갖는 매개변수다. 특정 t에 대해 이 식을 계산하면 위치를 얻을 수 있다.

광선 r과 표면을 정의하는 음함수implicit function $F(x, y, z) = 0$와의 교차점을 구하는 것은 쉽다. 광선의 방정식을 음함수 안에 치환해 t만 매개변수로 갖는 새 함수를 생성했다. 해당 방정식의 가장 작은 양의 근을 광선 방정식에 대입하면 원하는 위치를 구할 수 있다. 예를 들어 원점에 중심을 둔 반지름 r인 구의 음함수는 다음과 같다.

$$x^2 + y^2 + z^2 - r^2 = 0$$

광선 방정식을 여기에 치환하면 다음과 같다.

$$(\mathrm{o}_x + t\mathbf{d}_x)^2 + (\mathrm{o}_y + t\mathbf{d}_y)^2 + (\mathrm{o}_z + t\mathbf{d}_z)^2 - r^2 = 0$$

t를 제외한 모든 값을 알고 있으므로 t의 2차 방정식을 쉽게 풀 수 있다. 실근이 존재하지 않는다면 광선은 구를 만나지 않는다. 근이 존재한다면 가장 작은 양의 근을 선택해서 교차점을 찾을 수 있다.

레이트레이서는 교차점만이 아닌 표면의 특정 성질을 알아야 한다. 첫째, 해당 지점의 재질이 확인되고 레이트레이싱 알고리즘의 나중 단계까지 전달돼야 한다. 둘째, 교차점에 대한 추가적인 기하학적 정보가 음영shade을 위해 필요하다. 예를 들어 표면 법선 n은 언제나 필요하다. 많은 레이트레이서가 단지 n만 사용하지만, pbrt 같은 복잡한 렌더링 시스템은 표면의 지역적 매개변수화에 대해 위치와 표면 법선의 편미분 값 등 다양한 정보가 필요하다.

물론 대부분 장면의 경우 많은 물체로 구성돼 있다. 단순 무식하게brute-force 교차점 찾는 방법은 매번 각각의 물체에 가장 가까운 교차점을 찾기 위해 가장 작은 양의 t 값을 찾아야 한다. 이 방식은 정확하지만 적당한 복잡도를 가진 장면에 대해서도 매우 느리다. 더 나은 방식은 교차점을 찾는 과정에서 필요 없는 물체의 그룹을 빨리 제거하는 가속 구조acceleration structure를 추가하는 것이다. 무관한 기하 구조를 빨리 제거할 수 있으면 레이트레이싱은 보통 $O(I \log N)$의 시간 복잡도(I는 이미지의 픽셀의 수, N은 장면의 물체 수)로 실행된다(하지만

가속 구조 자체를 만드는 데 최소한 $O(N)$의 시간 복잡도가 필요하다).[2]

pbrt의 기하학적 인터페이스와 다양한 모양에 대한 구현은 3장에서 설명하며, 가속 인터페이스와 구현은 4장에서 다룬다.

1.2.3 빛 분포

광선-물체 교차점 단계는 음영을 그릴 위치와 그에 대한 지역적인 기하학적 정보를 제공한다. 우리의 최종적인 목표는 해당 위치에서 카메라 방향으로 나오는 빛의 양을 알아내는 것이다. 이를 위해 기하학적 분포와 빛의 방사 분석radiometric 분포를 비롯해서 위치에 도달하는 빛의 양이 얼마나 많은지 알아야 한다. 아주 단순한 광원(예, 점광point light)의 경우 빛의 기하학적 분포는 빛의 위치만으로도 충분하다. 하지만 현실에선 점광원은 존재하지 않으므로 물리 기반 라이팅의 경우 영역 광원area light source에 기반을 둔다. 이 경우 광원은 표면에서 조명을 방출하는 기하학적 물체로 표현된다. 하지만 이 절에서 빛 분포의 요소를 묘사하기 위해 점광원을 사용한다. 엄정한 빛의 측정과 분포는 5장과 12장의 주제다.

자주 필요한 정보는 교차점을 둘러싼 미분 영역에 쌓이는 빛 동력power의 양이다(그림 1.3). 점광원point light source이 파워 Φ 매개변수와 연결돼 있으며, 빛을 모든 방향으로 같은 양으로 방사한다. 이는 빛을 둘러싼 단위 구의 위에서 면적당 동력이 $\Phi/(4\pi)$라는 것을 의미한다(이 측정 방식은 5.4절에서 설명하고 공식화한다).

2개의 구를 생각했을 때(그림 1.4) 같은 동력이 더 넓은 영역에 분포됐으므로 큰 구에 있는 점의 면적당 동력이 작은 구에 있는 점의 면적당 동력보다 작을 것이다. 반지름 r을 갖는 구의 위에 있는 점에 도달하는 동력의 양은 $1/r^2$에 비례할 것이다. 또한 작은 표면 조각 $\mathrm{d}A$가 표면 점에서 빛을 향한 벡터로부터 각도 θ로 기울어졌을 경우 $\mathrm{d}A$에 누적되는 동력의 양은 $\cos\theta$에 비례한다. 모두 종합하면 $\mathrm{d}A$에 쌓이는 전체 동력 $\mathrm{d}E$(미분 방사 조도differential irradiance)는 다음과 같다.

$$\mathrm{d}E = \frac{\Phi \cos\theta}{4\pi r^2}$$

2. 레이트레이싱 알고리즘이 대수(logarithm)적 복잡도를 갖지만, 이 복잡도는 보통 평균에 한정된다. 계산 기하학 문헌들의 여러 레이트레이싱 알고리즘은 대수적 실행 시간을 보장하지만, 이 알고리즘은 오직 특정 종류의 장면에 한정되며, 매우 오랜 전처리 시간과 많은 저장 용량을 필요로 한다. 시르메이-칼로스(Szirmay–Kalos)와 마톤(Má rton)이 관련된 문헌에 대한 지시점을 제공한다(시르메이-칼로스, 마톤 1998). 이 책에서 설명하는 광선 교차점 알고리즘은 실제 작업에서 주로 사용되진 않지만, 오랜 전처리 시간과 많은 메모리 사용량이 필요 없다. 레이트레이싱이 O(IN)의 시간 복잡도로 실행되는 최악의 장면을 구성하는 것은 항상 가능하다.

컴퓨터 그래픽의 기본 라이팅 공식에 익숙한 독자들은 2개의 익숙한 법칙을 이 방정식에서 찾을 수 있을 것이다. 기울어진 표면에 대한 코사인적인 감소와 거리에 따른 $1/r^2$의 감소다.

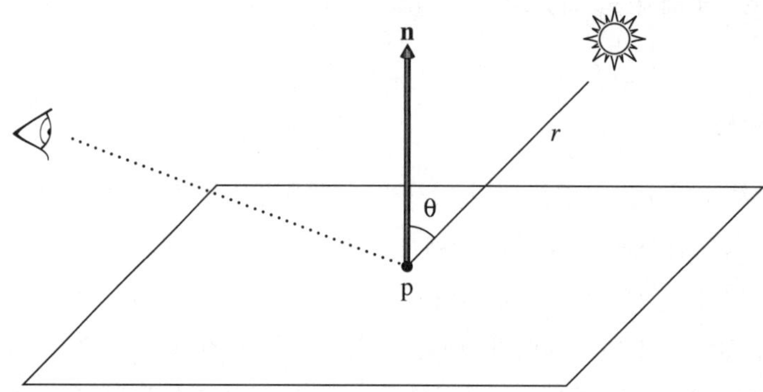

그림 1.3 점광원으로 인한 지점의 면적당 동력을 계산하기 위한 기하학적 구성. 광원과의 거리가 r로 표기됐다.

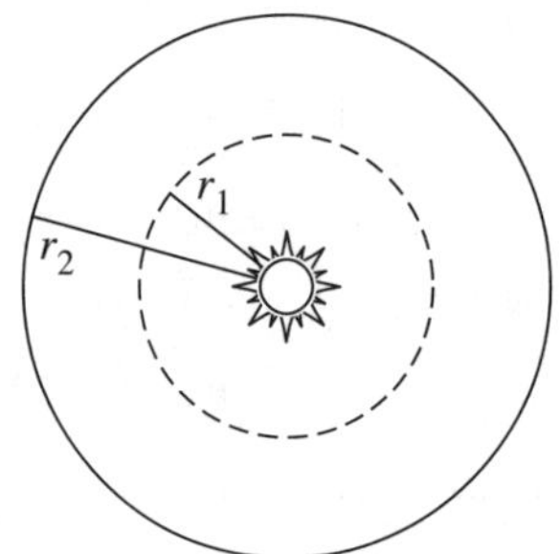

그림 1.4 점광원은 빛을 모든 방향으로 균일하게 방사하므로, 중심을 빛에 둔 모든 구에 같은 에너지 총량이 누적된다.

조명은 1차적이기에 많은 빛을 가진 장면도 쉽게 처리 가능하다. 각 빛의 영향은 따로 계산해서 모든 영향을 계산할 때 합하면 된다.

1.2.4 가시성

앞 절에서 빛 분포는 매우 중요한 요소인 그림자를 간과하고 있다. 각 광원에 따른 조명의 영향은 빛의 위치로부터 지점까지 경로가 막히지 않을 경우에만 그려진다(그림 1.5).

다행히 레이트레이서의 경우 빛이 그려지는 지점에서 보이는지 판단을 쉽게 할 수 있다. 단순히 원점이 표면 지점이고 방향이 빛을 향한 광선을 생성하면 된다. 이 광선을 그림자 광선shadow ray이라고 부른다. 환경을 통해 이 광선을 추적해 광선의 원점과 광원 사이의 교차점이 있는지를 광원까지의 매개변수 t 값보다 작은 t 값을 가진 교차점이 있는지 비교해 찾을 수 있다. 광원과 표면 사이에 어떤 막는 물체도 없다면 빛의 영향이 적용된다.

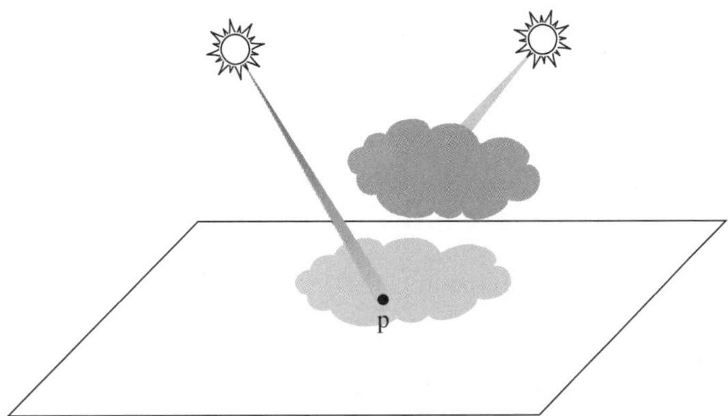

그림 1.5 빛을 받는 지점에서 광원이 보일 경우에만 표면에 에너지를 누적한다. 왼쪽 광원은 p를 조명하지만, 오른쪽은 빛을 비추지 않는다.

1.2.5 표면 산란

이제 한 지점의 적절한 음영을 위한 필수적인 두 가지 정보인 위치와 입사광을 계산할 수 있게 됐다.[3] 이제는 입사광이 어떻게 표면에서 산란되는지 알아야 한다. 특히 카메라로 향하는 교차점을 추적한 광선의 반대 방향으로 산란되는 빛의 에너지양이 중요하다(그림 1.6).

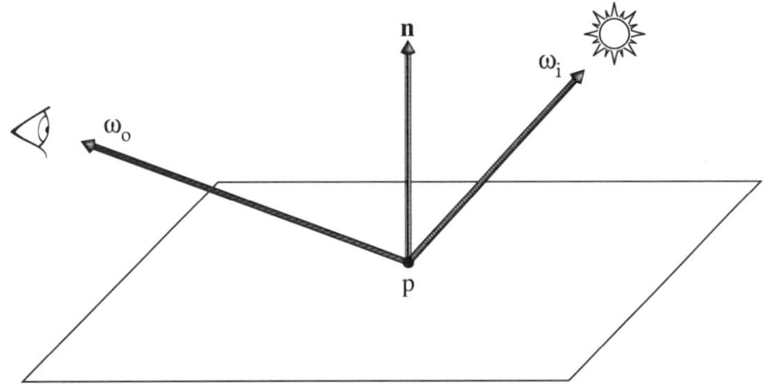

그림 1.6 표면 산란의 기하 구조. 입사광은 ω_i 방향으로 도달해 표면의 지점 p와 상호작용하고, 산란돼 다시 카메라 방향인 ω_o 방향으로 돌아간다. 카메라로 산란돼 돌아가는 빛의 양은 입사광의 에너지와 BRDF의 곱이다.

3. 이미 렌더링에 익숙한 독자라면 이 절의 설명이 직접 조명만 고려한다고 이의를 제기할 것 같다. 이후 내용에서 pbrt가 전역 조명을 지원할 것을 보장하겠다.

장면의 각 물체는 표면에서 각 지점의 외관 특성을 설명하는 재질을 갖고 있다. 이 설명은 양방향 반사 분포 함수BRDF, Bidirectional Reflectance Distribution Function로 표현된다. 이 함수는 얼마나 많은 에너지가 주어진 입사 방향 ω_i에서 반사 방향 ω_o로 반사되는지 기술한다. 지점 p에서의 BRDF를 $f_r(\mathrm{p}, \omega_o, \omega_i)$로 표현한다. 이제 카메라로 다시 산란돼 돌아오는 빛 L의 양의 계산은 명확하다.

```
for each light:
    if light is not blocked:
        incident_light = light.L(point)
        amount_reflected =
            surface.BRDF(hit_point, camera_vector, light_vector)
        L += amount_reflected * incident_light
```

여기서 L은 빛으로, 이전에 사용한 dE와는 약간 다른 단위다. L은 방사radiance를 표현하며, 빛을 측정하는 데 사용하는 단위로 이후에 많이 사용될 것이다.

BRDF의 개념을 투과광transmitted light(BTDF 획득)이나 표면의 양쪽 면에 대해 도달하는 일반적인 산란을 설명하는 양방향 산란 분포 함수BSDF, Bidirectional Scattering Distribution Function로 일반화하는 것은 쉽다. pbrt는 물리 기반이나 현상 기반의 BSDF 모델의 다양성을 지원하며, 8장에 기술돼 있다. 더 복잡한 함수는 양방향 표면 밑 산란 반사 분포 함수BSSRDF, Bidirectional Subsurface Scattering Reflectance Distribution Function로, 이는 표면에 들어온 점과 다른 점에서 빛이 나가는 것을 모델링한다. BSSRDF는 5.6.2, 11.4, 15.5절에서 설명한다.

1.2.6 간접 빛 전송

터너 휘티드의 레이트레이싱 논문(1980)은 재귀적인 본성을 강조하며, 이는 렌더링된 이미지에 간접 광택 반사와 전달을 포함하는 것을 가능하게 한다. 예를 들어 카메라에서 나온 광선이 거울 같이 반짝이는 물체에 부딪히면 교차점에서 표면 법선에 대해 광선을 반사하고, 거울의 지점에 도달하는 빛에 대해서 재귀적으로 레이트레이싱을 수행한 뒤 원래의 카메라 광선에 영향을 추가할 수 있다. 같은 방법이 투명한 물체와 교차한 투과된 광선에도 사용될 수 있다. 오랫동안 대부분의 초기 레이트레이싱 예제는 거울과 유리 공(그림 1.7)을 보여줬는데, 다른 렌더링 기술로는 이 효과들을 표현하기 어려웠기 때문이다.

그림 1.7 모범적인 초기 레이트레이싱의 예. 알고리즘이 거울과 유리 물체를 다룰 수 있다는 능력을 강조한다.

일반적으로 물체의 한 지점에서 카메라로 오는 빛의 양은 물체가 방출한 빛(광원일 경우)과 반사된 빛의 양의 합이다. 이 아이디어는 빛 전송 방정식light transport equation, 혹은 **렌더링 방정식**rendering equation으로 알려진 방정식으로 공식화됐으며, 지점 p에서 방향 ω_o로 향하는 방사radiance $L_o(p, \omega_o)$는 그 방향을 향해 방출된 방사 $L_e(p, \omega_o)$와 입사된 p 주위의 구 $\mathbb{S}^2$에서 모든 방향에 대한 방사를 BSDF와 코사인으로 곱한 값의 합이라는 공식이다.

$$L_o(p, \omega_o) = L_e(p, \omega_o) + \int_{\mathbb{S}^2} f(p, \omega_o, \omega_i)\, L_i(p, \omega_i)\, |\cos\theta_i|\, d\omega_i. \quad [1.1]$$

5.6.1절과 14.4절에서 이 공식에 대한 좀 더 완전한 유도를 보여줄 것이다. 해석학적으로 이 적분 식을 풀어내는 것은 간단한 장면 이외엔 불가능하기에 가정을 단순화하거나 수치 해석적 적분 방식을 사용해야 한다.

휘티드의 알고리즘은 대부분의 방향에서의 입사광을 무시하고 오직 광원을 향한 방향과 완벽한 반사와 굴절에 관한 방향에 대해서만 $L_i(p, \omega_i)$를 계산해 이 적분을 단순화했다. 다르게 표현하면 적분을 적은 수의 방향에 대한 합으로 변환했다.

휘티드의 방법은 단순히 완벽한 거울과 유리 외에 다양한 효과로 확장할 수 있다. 예를 들어 거울 반사 방향 근처의 많은 재귀적 광선을 추적해 영향을 평균화해 광택 반사glossy reflection를 근사할 수 있다. 사실 물체에 부딪힐 때마다 재귀적으로 광선을 추적할 수 있다. 예를 들어 무작위로 반사 방향 ω_i를 정하고 새로 생성한 광선에 대해 BRDF $f_r(p, \omega_o, \omega_i)$를 계산해 영향에 가중치를 줄 수 있다. 단순하지만 강력한 아이디어를 통해 모든 빛의 상호 반사를 표현해서 굉장히 사실적인 이미지를 생성할 수 있다. 물론 언제 재귀를 끝낼 것인지가 중요하며, 완벽한 무작위 방향을 고르는 것은 렌더링 알고리즘이 의미 있는 결과로 수렴하는 걸 느리게 할 수 있다. 이 이슈들은 13장과 16장의 주제다.

이런 방법으로 재귀적으로 광선을 추적할 때 이미지 위치마다 카메라로부터의 광선을 루트[root]로 하는 광선의 **트리**[tree]를 구성하게 되며, 각 광선은 **가중치**[weight]를 갖게 된다. 가중치를 통해 입사광을 100% 반사하지 않는 번쩍이는 표면을 모델링할 수 있다.

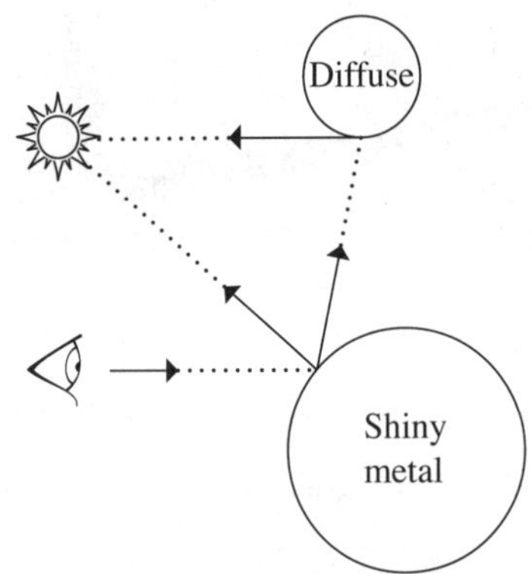

그림 1.8 재귀적 레이트레이싱은 각 이미지 위치에 대한 광선의 트리를 구성한다.

1.2.7 광선 전파

앞에서는 광선이 진공을 지난다고 가정했다. 예를 들어 점광원으로 빛의 분포를 표현할 경우 광원을 중심으로 한 구의 표면에 에너지가 전달되는 동안 줄지 않고 균일하게 분포된다고 가정했다. 연기나 안개, 먼지 같은 **반투명 매질**[participating media]이 존재하면 가정은 성립하지 않는다. 많은 레이트레이서가 매우 기능 제한적이지만, 이 현상을 무시한다. 연기로 가득 찬 방을 렌더링하지 않더라도 거의 모든 야외 장면은 반투명 매질에 상당히 영향을 받는다. 예를 들어 지구의 대기는 물체가 멀리 있을수록 색이 희미하게 보인다(그림 1.9).

반투명 매질이 빛의 전파에 영향을 주는 데는 두 가지 방식이 있다. 첫 번째는 매질이 빛을 흡수하거나 다른 방향으로 산란시켜 없애거나 또는 약화시키는 경우다. 이 현상은 광선의 원점과 교차점 사이의 **투과율**[transmittance] T를 계산해 표현이 가능하다. 투과율은 교차점에서 얼마나 많은 빛이 다시 광선의 원점으로 산란해서 돌아갈 수 있는지를 나타낸다.

그림 1.9 지구의 대기가 거리에 따라 색 순도(Saturation)를 감소시킨다. 위의 장면은 이 현상을 시뮬레이션하지 않고, 아래 장면은 대기 모델을 포함했다. 이런 대기 희석 효과는 실제 장면을 볼 때 중요한 깊이의 단서가 되며, 아래쪽의 렌더링에 규모에 대한 감을 보태준다.

반투명 매질은 광선에 빛을 추가할 수도 있다. 물질이 빛을 방출하거나(불꽃) 다른 방향의 빛을 광선의 방향으로 산란하는 경우다(그림 1.10). 추가된 빛의 양은 수학적으로 입체 빛 전송 방정식volume light transport equation으로 계산할 수 있으며, 표면에 반사된 빛의 양을 찾는 데 계산한 빛 전송 방정식을 계산하는 것과 같은 방법이다. 반투명 매질과 입체 렌더링

volume rendering에 대한 설명은 11장과 15장에서 다룬다. 현재로선 반투명 매질의 효과를 계산하고 광선이 전달하는 빛의 양에 효과를 포함할 수 있다는 것으로 충분하다.

그림 1.10 스포트라이트(Spotlight)가 안개를 통해 구에서 빛나고 있다. 스포트라이트는 빛의 분포 모양과 구의 그림자가 반투명 매질의 추가적인 산란으로 더욱 선명하게 보인다.

1.3 pbrt: 시스템 개요

pbrt는 표준 객체지향object-oriented 기술을 사용한다. 추상 기본 클래스는 중요한 속성entity을 정의한다. 예를 들어 Shape 추상 기본 클래스는 모든 기하학 모양이 무조건 구현해야 하는 인터페이스를 정의하고, Light 추상 기본 클래스는 빛들의 유사한 행동을 정의한다. 시스템 대부분은 추상 기본 클래스가 제공하는 인터페이스로 구현했다. 일례로 빛과 음영을 계산하는 지점 사이의 가리는 물체를 확인하는 코드는 Shape의 교차점 메서드intersection method를 사용하며, 장면에 있는 특정 모양의 종류를 고려할 필요가 없다. 이 방법은 새로운 모양을 추가할 때 Shape 인터페이스를 구현한 클래스를 시스템에 링크하면 되므로, 시스템의 확장이 매우 용이하다.

pbrt는 표 1.1에 정리된 10가지 핵심 추상 기본 클래스를 사용해 구현됐다. 이 종류 중에 새로운 구현을 시스템에 추가하는 것은 직관적이다. 구현은 반드시 적절한 기본 클래스를 상속받아 컴파일하고 실행 파일^executable^에 링크돼야 하며, 부록 B의 물체 생성 루틴^routines^은 장면 묘사 파일을 분석하며 필요한 물체를 생성하는 데 맞게 수정돼야 한다. B.4절에서는 시스템 확장을 좀 더 자세히 다룬다.

표 1.1 주된 인터페이스 종류. pbrt 대부분은 여기 있는 13가지 핵심 추상 기본 클래스로 구현됐다. 각각의 구현은 시스템 기능 확장을 위해 쉽게 추가될 수 있다.

기본 클래스	디렉터리	관련 절
Shape	shapes/	3.1
Aggregate	accelerators/	4.2
Camera	cameras/	6.1
Sampler	samplers/	7.2
Filter	filters/	7.8
Material	materials/	9.2
Texture	textures/	10.3
Medium	media/	11.3
Light	lights/	12.2
Integrator	integrators/	1.3.3

pbrt의 소스코드는 pbrt.org에서 사용할 수 있다. pbrt core의 모든 코드는 src/core/에 포함돼 있고, main() 함수는 짧은 파일인 src/main/pbrt.cpp에 포함돼 있다. 추상 기본 클래스의 다양한 구현은 각각의 디렉터리에 포함돼 있다. src/shapes/에는 Shape 기본 클래스를 상속받은 구현이 들어있고, src/materials/은 Material의 구현이 들어있다.

이 절의 많은 이미지는 pbrt의 확장 버전으로 렌더링됐다. 그중 그림 1.11에서 1.14까지는 시각적으로 인상적일 뿐 아니라 둘 다 렌더링 수업을 들은 한 학생이 기말 프로젝트로 재미있는 이미지를 만들기 위해 pbrt에 새로운 기능을 추가해 제작한 결과물이다. 이 이미지들은 수업 결과 중 최고였다.

그림 1.11 길라우메 폰신(Guillaume Poncin)과 프라모드 샤르마(Pramod Sharma)는 pbrt를 복잡한 렌더링 알고리즘 구현해 이 스탠포드 cs348b 렌더링 대회 수상 이미지를 만들기 위해 다양한 방법을 확장했다. 나무는 L-systems를 통해 절차적으로 모델링됐으며, 글로(glow) 이미지 필터를 통해 나무에서 광원의 사실성을 향상시켰다. 눈은 메타볼(meatball)을 통해 절차적으로 모델링했으며, 표면 밑 산란 알고리즘은 빛이 눈 아래에서 다시 눈 밖으로 나올 때까지 일정 거리를 지나가는 효과를 통해 현실적인 묘사를 높여줬다.

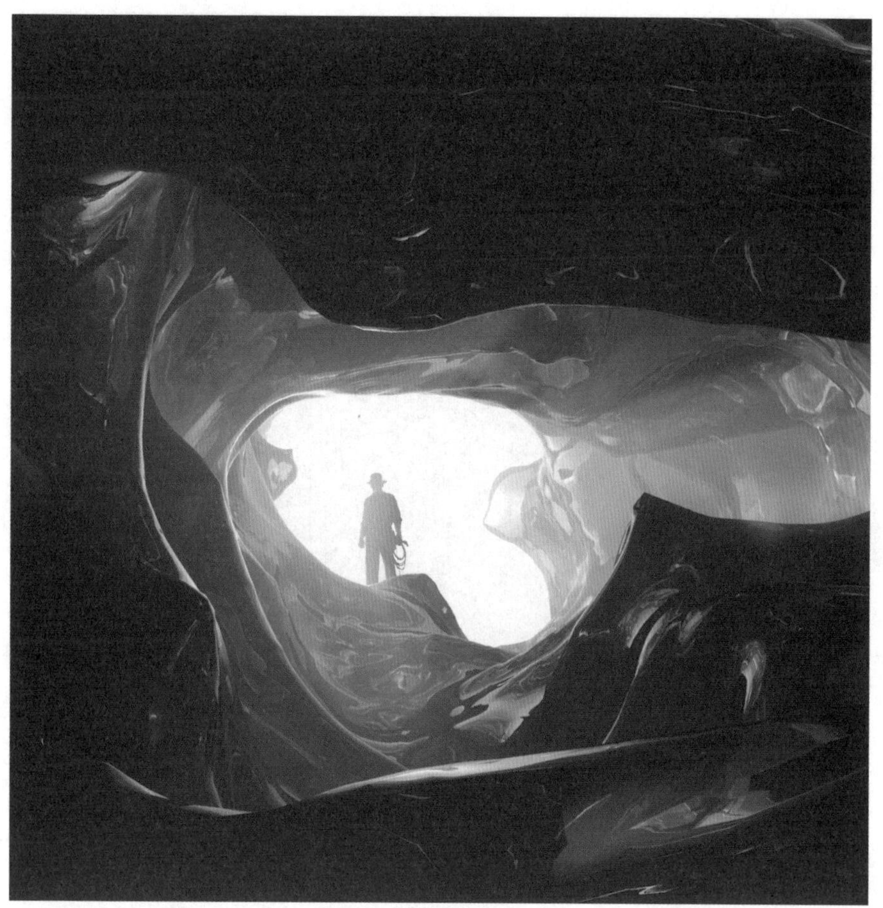

그림 1.12 애비 데이비스(Abe Davis), 데이빗 제이콥스(David Jacobs), 백종민은 얼음 동굴의 멋진 이미지로 2009 스탠포드 CS348b 렌더링 대회에서 대상을 받았다. 우선 눈이 내리고 녹고 다시 어는 과정을 몇 년간 반복해 얼음층이 중층되는 빙하 형성 과정을 물리적 시뮬레이션으로 구현했다. 그 후 얼음의 기하학적 모델 생성 전에 녹은 물이 흘러서 발생하는 침식 작용을 시뮬레이션했다. 얼음 덩어리 내부에서 빛의 산란은 볼루메트릭 포톤 매핑(volumetric photon mapping)으로 시뮬레이션됐다. 얼음의 푸른빛은 전적으로 파장에 따른 얼음 덩어리의 빛의 흡수에 따른 것이다.

그림 1.13 링펭 양(Lingfeng Yang)은 천의 모양을 표현하기 위해 양방향 텍스처 함수를 구현하고 분석적 자기 그림자 모델(analytic self-shadowing model)을 추가해 2009년 스탠포드 CS348b 렌더링 대회에서 1등상을 수상했다.

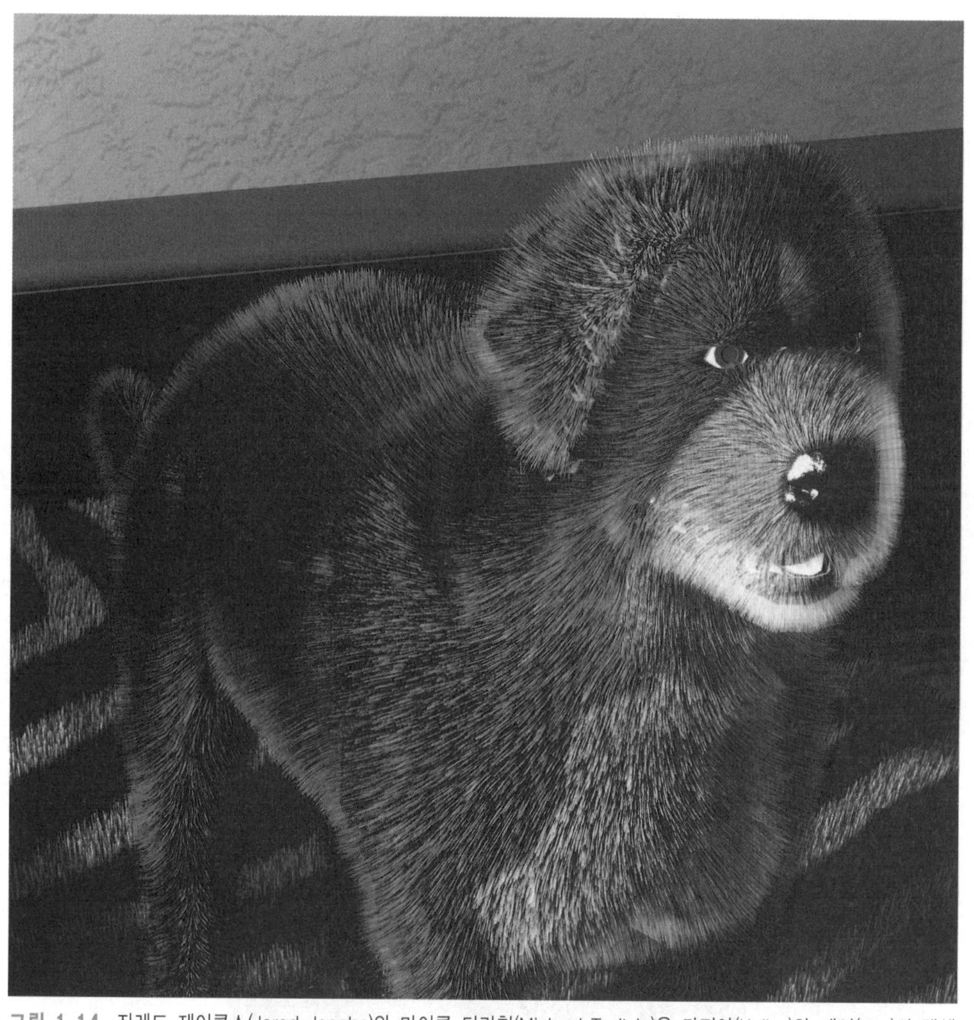

그림 1.14 자레드 제이콥스(Jared Jacobs)와 마이클 터리친(Michael Turitzin)은 카지야(Kajiya)와 케이(Kay)의 텍셀(texel) 기반 모피 렌더링 알고리즘(카지야와 케이 1989)를 구현해 이미지의 개와 털 카펫의 렌더링에 사용했다.

그림 1.15와 1.16은 초판의 pbrt 소스코드를 기반으로 한 GPL 라이선스 렌더링 시스템인 LuxRender로 렌더링했다(www.luxrender.net에서 더 많은 정보를 얻을 수 있다).

그림 1.15 이 최신 실내 장면은 플로렌트 보이어(Florent Boyer, www.florentboyer.com)가 모델링하고 렌더링했다. pbrt를 기반으로 한 GPL 라이선스 물리 기반 렌더링 시스템 LuxRender로 렌더링했고, Blender로 모델링과 텍스처링했다.

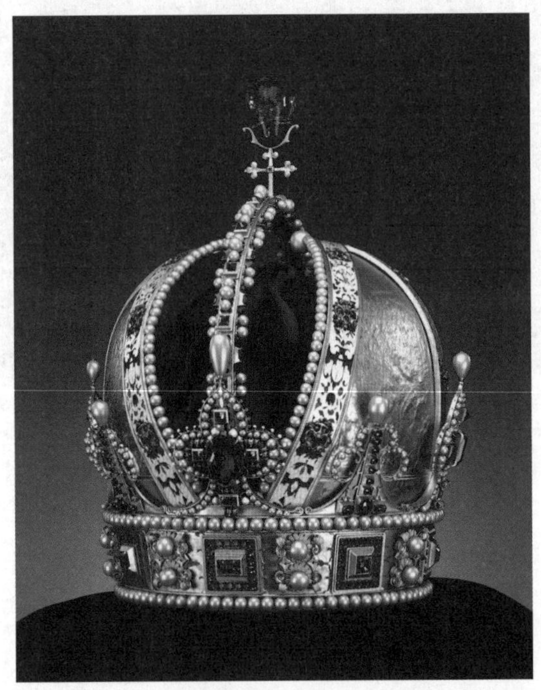

그림 1.16 마틴 루비치(Martin Lubich)는 이 오스트리아 왕관 장면을 모델링하고 LuxRender로 렌더링했다. Blender로 모델링했고 약 180만 정점(vertex)으로 구성됐다. 현실 광원의 방출 스펙트럼(emission spectra) 기반 측정 데이터를 기초로 한 6개의 영역 광원을 조명돼 픽셀당 1280 표본을 통해 쿼드코어 CPU에서 73시간 계산으로 렌더링했다. 마틴의 웹 사이트인 www.loramel.net에서 많은 정보와 Blender 장면 파일을 받을 수 있다.

1.3.1 실행 단계

pbrt는 개념적으로 실행 단계를 2단계로 나눌 수 있다. 첫 단계에서는 사용자가 원하는 장면의 묘사 파일을 파싱parse한다. 장면 묘사 파일은 장면을 구성하는 기하학적 모양과 재질의 특성, 모양을 비추는 빛, 가상 카메라의 장면에서의 위치, 시스템 전반에서 각각의 알고리즘이 필요한 매개변수들이 담긴 텍스트 파일이다. 입력 파일의 표현식statement은 부록 B에 있는 루틴에 직접 대응한다. 이 루틴들은 pbrt에게 장면을 묘사하는 절차적 인터페이스procedural interface로 구성돼 있다. 많은 예제 장면이 pbrt 배포본의 scenes/ 디렉터리에 제공된다. 장면 파일 포맷은 pbrt 웹 사이트 pbrt.org에 설명돼 있다.

파싱 단계의 최종 결과는 Scene 클래스의 인스턴스instance와 Renderer 클래스의 인스턴스다. Scene은 장면의 내용물(기하학 물체, 빛 등)의 표현을 포함하며, Integrator는 이를 렌더링하는 알고리즘을 구현한다. 적분기는 주된 작업이 방정식(1.1)의 적분을 계산하는 것이기에 그렇게 명명됐다.

한 번 장면이 구체화된 후 2번째 실행 단계가 시작되고 렌더링 루프loop가 실행된다. 이 단계에서 pbrt의 대부분 실행 시간이 사용되며, 이 책의 대부분은 이 단계에서 실행되는 코드에 대한 설명이다. 렌더링 루프는 Intergrator::Render() 메서드로 구현되며, 1.3.4절의 주안점이다.

이 절은 SampleIntegrator라고 명명된 특정 Integrator 하위 클래스를 설명하며, 이의 Render() 메서드는 이미지 형성 과정을 모델링하기 위해 많은 광선에 대해 가상 필름 면에 도달하는 빛을 결정한다. 이 필름 표본sample들의 영향이 계산된 뒤 최종 이미지가 디스크에 저장된다. 메모리에 있는 장면 묘사 데이터는 지워지고, 렌더러는 다시 장면 묘사 파일의 표현식의 처리를 더 남은 표현식이 없을 때까지 재개하며, 필요할 때 사용자가 다른 장면을 렌더링하라고 지시할 수 있다.

1.3.2 장면 표현

pbrt의 main() 함수는 main/pbrt.cpp 파일에서 찾을 수 있다. 이 함수는 매우 단순하다. 우선 커맨드라인command-line 인수arguments인 argv로 options 구조체의 값을 초기화하고 인수에서 파일명을 저장한다. pbrt를 -help 커맨드라인 인수로 실행하면 모든 커맨드라인으로 설정 가능한 옵션이 출력된다. 커맨드라인 인수를 파싱하는 코드 조각 *<Process command-line arguments>*는 단순해 이 책에 수록하지 않았다.

옵션 구조체는 시스템 전역적 초기화를 하는 pbrtInit() 함수로 넘겨진다. main() 함수는 그 후 장면 묘사를 파싱하며, 모든 모양, 빛 등의 요소element를 표현하는 Scene 물체를 생성한다. 입력 파일이 여러 장면을 렌더링할 수 있으므로, 렌더링은 적절한 입력 지시가 파싱됐을 때 바로 시작된다. 모든 렌더링이 끝나면 pbrtCleanup()이 시스템 종료 전 마지막 정리를 한다.

prbtInit()과 pbrtCleanup() 함수는 페이지 여백의 간이 색인에 정의된 페이지와 함께 제공된다. 간이 색인은 각 페이지에 참조되는 거의 모든 함수, 클래스, 메서드, 멤버 변수에 대한 위치를 제공한다.

<Main program> ≡

```
int main(int argc, char *argv[]) {
    Options options;
    std::vector<std::string> filenames;
    <Process command-line arguments>
    pbrtInit(options);
    <Process scene description 68>
    pbrtCleanup();
    return 0;
}
```

pbrt가 입력 파일명 없이 실행되면 장면 묘사는 표준 입력standard input에서 읽게 된다. 입력 파일명이 여러 개라면 각각을 순서대로 진행한다.

<Process scene description> ≡ 68

```
if (filenames.size() == 0) {
    <Parse scene from standard input 69>
} else {
    <Parse scene from input files 69>
}
```

ParseFile() 함수는 장면 묘사 파일을 표준 입력 혹은 디스크의 파일에서 읽어 파싱한다. 파일을 읽을 수 없을 경우 false를 반환한다. 장면 묘사 파일을 파싱하는 기법은 책에서 설명하지 않는다. 파싱 구현은 core/pbrtlex.ll lex 파일과 core/pbrtparse.yy yacc 파일에서 찾을 수 있다. 파싱 시스템을 알고 싶지만 lex와 yacc에 익숙하지 않은 독자들은 레빈Levine, 메이슨Mason, 브라운Brown(1992)를 참조하자. 표준 입력은 유닉스에서 관용으로 쓰이는 "-" 파일명으로 사용한다.

<Parse scene from standard input> ≡ 68

```
ParseFile("-");
```

특정 입력 파일이 열리지 않으면 Error() 루틴이 에러에 관한 정보를 알려준다. Error()는 같은 printf()와 같은 포맷 문자열 시맨틱스[semantics]를 사용한다.

<Parse scene from input files> ≡ 68

```
for (const std::string &f : filenames)
    if (!ParseFile(f))
        Error("Couldn't open scene file \"%s\"", f.c_str());
```

장면 파일이 파싱되면 빛과 기하학 기본체[geometric primitive]를 표현하는 물체가 생성된다. 이들은 모두 부록 B의 B.3.7절에서 RenderOptions::MakeScene()로 생성되는 Scene 객체에 저장된다. Scene 클래스는 core/scene.h에 선언되고 core/scene.cpp에 구현됐다.

<Scene Declarations> ≡

```
class Scene {
public:
    <Scene Public Methods 69>
    <Scene Public Data 70>
private:
    <Scene Private Data 70>
};
```

<Scene Public Methods> ≡ 69

```
Scene(std::shared_ptr<Primitive> aggregate,
        const std::vector<std::shared_ptr<Light>> &lights)
    : lights(lights), aggregate(aggregate) {
    <Scene Constructor Implementation 70>
}
```

각 광원은 Light 객체로 표현되며, 빛의 모양과 방출하는 에너지의 분포를 기술한다. Scene은 모든 빛을 C++ 표준 라이브러리에서 vector의 shared_ptr 인스턴스를 사용해서 저장한다. pbrt는 공유 포인터[shared pointer]를 물체들이 다른 인스턴스에서 얼마나 많이 참조됐는지를 추적하기 위해 사용한다. 참조를 가진 마지막 인스턴스(이 경우 Scene)가 소멸되면 참조 수는 0이 되며, Light는 안전하게 해제가 가능하므로 해당 지점에서 자동으로 처리된다.

일부 렌더러가 기하학 물체별로 분리된 빛의 목록을 지원해서 빛이 장면의 특정 물체들만 조명하는 기능을 지원하지만, 이렇게 하면 pbrt의 물리적인 접근 방법과 맞지 않기에 장면 별 빛의 목록만 지원한다. 시스템의 많은 부분에서 빛에 접근이 필요하므로, Scene은 이를 퍼블릭 멤버 변수로 선언한다.

<Scene Public Data> ≡ 69

```
std::vector<std::shared_ptr<Light>> lights;
```

장면의 각 기하학적 물체는 기하학 구조인 Shape와 외관을 표현하는 Material(예, 물체의 색깔이 희미한지 번쩍이는지)의 두 가지로 구성된 Primitive로 표현된다. 모든 기하학적 기본체는 하나의 Scene 멤버 변수인 Scene::aggregate로 합쳐진다. 이 집합체[aggregate]는 특별한 기본체로 다른 많은 기본체를 참조한다. Primitive 인터페이스로 구현됐기 때문에 시스템에서 볼 때 하나의 기본체와 차이가 없이 간주할 수 있다. 집합체의 실제 구현은 기본체의 광선 교차 테스트를 효율적으로 할 수 있게 주어진 광선에서 멀리 떨어진 기본체에 대한 필요 없는 광선 교차 테스트를 하지 않도록 모든 장면의 기본체를 가속 자료 구조에 저장하고 있다.

<Scene Private Data> ≡ 69

```
std::shared_ptr<Primitive> aggregate;
```

생성자는 장면 기하 구조의 경계 상자를 worldBound 멤버 변수에 캐싱한다.

<Scene Constructor Implementation> ≡ 69

```
worldBound = aggregate->WorldBound();
```

<Scene Private Data> +≡ 69

```
Bounds3f worldBound;
```

이 경계는 WorldBound() 메서드를 통해 사용할 수 있다.

<Scene Public Methods> +≡ 69

```
const Bounds3f &WorldBound() const { return worldBound; }
```

일부 Light 구현은 장면이 정의된 뒤에 렌더링의 시작 전에 일부 추가적인 초기화를 처리하는 것이 유용하다. Scene 생성자는 이들의 Preprocess() 메서드를 호출해 이를 가능하게 한다.

<Scene Constructor Implementation> +≡ 69

```
for (const auto &light : lights)
    light->Preprocess(*this);
```

Scene 클래스는 광선-기본체 교차점에 관련된 두 메서드를 제공한다. Intersect() 메서드는 주어진 광선을 장면 안에서 추적해 광선이 기본체와 교차했는지 알려주는 불리언 값을 반환한다. 교차했다면 제공된 SurfaceInteraction 구조체를 광선에 대해 가장 가까운 교차점에 대한 정보로 채운다. SurfaceInteraction 구조체는 4.1절에 정의돼 있다.

<Scene Method Definitions> ≡

```
bool Scene::Intersect(const Ray &ray, SurfaceInteraction *isect) const {
    return aggregate->Intersect(ray, isect);
}
```

비슷한 메서드인 Scene::IntersectP()는 교차점의 존재를 확인하지만, 교차점에 대한 정보는 주지 않는다. 이 메서드는 가장 가까운 교차점을 찾거나 교차점에 대한 추가적인 정보를 계산할 필요가 없기에 Scene::Intersect()보다 일반적으로 효율적이며, 그림자 광선에 사용된다.

<Scene Method Definitions> +≡

```
bool Scene::IntersectP(const Ray &ray) const {
    return aggregate->IntersectP(ray);
}
```

1.3.3 적분기 인터페이스와 SamplerIntegrator

장면의 이미지를 렌더링하는 것은 Integrator 인터페이스를 구현한 클래스 인스턴스다. Integrator는 추상 기초 클래스로, 모든 적분기가 제공해야 할 Render() 메서드를 정의한다. 이 절에서 하나의 Integrator 구현인 SamplerIntegrator를 정의한다. 기본 적분기 인터페이스는 core/integrator.h에 선언되고 core/integrator.cpp에 구현됐다. 다양한 적분기의 구현은 integrators 디렉터리에 있다.

<Integrator Declarations> ≡

```
class Integrator {
public:
    <Integrator Interface 71>
};
```

Integrator가 반드시 구현해야 할 메서드는 Render()다. 이는 Scene의 참조를 받아 장면의 이미지, 혹은 더 일반적으로 말해 장면 조명을 측정하기 위한 측정 방법들을 계산한다. 이 인터페이스는 다양한 범위의 구현을 허용하기 위해 의도적으로 매우 일반적으로 유지된다. 예를 들어 일반 2D 이미지를 생성하지 않고 장면에 분포된 특정한 위치들의 집합에서의 측정값을 계산하는 Integrator를 구현할 수 있다.

<Integrator Interface> ≡ 71

```
virtual void Render(const Scene &scene) = 0;
```

1장에서는 Integrator의 세부 클래스인 SamplerIntegrator와 SamplerIntegrator 인터페이스를 구현하는 WhittedIntegrator에 집중한다(다른 SamplerIntegrators의 구현은 14장과 15장에 소개한다. 16장의 적분기는 직접 Integrator를 상속받는다). SamplerIntegrator의 이름은 렌더링 과정이 Sampler에서 오는 표본의 흐름으로 주도된다는 사실에서 유래했다. 이런 각 표본은 이미지를 생성하기 위해서 도달하는 빛을 계산해야 하는 이미지 위의 지점들을 확인해준다.

<SamplerIntegrator Declarations> ≡

```
class SamplerIntegrator : public Integrator {
public:
    <SamplerIntegrator Public Methods 73>
protected:
    <SamplerIntegrator Protected Data 73>
private:
    <SamplerIntegrator Private Data 72>
};
```

SamplerIntegrator는 Sampler에 대한 포인터를 저장한다. 표본기의 역할은 미묘하지만, 그 구현은 시스템이 생성하는 이미지의 품질에 중대한 영향을 줄 수 있다. 첫째로 표본기는 광선을 추적하려고 하는 이미지 면 위의 점을 선택해야 한다. 둘째로 방정식(1.1)의 빈 전송 적분의 값을 예측하기 위해 적분기가 사용하는 표본 위치를 제공해야 한다. 예를 들어 일부 적분기는 영역 광에서의 조명을 계산하기 위해서 광원 위의 무작위 점을 선택해야 한다. 이 표본에 대해 좋은 분포를 생성하는 것은 전체 효율성에 엄청나게 영향을 줄 수 있는 렌더링 과정의 중요한 부분이다. 이 주제는 7장에서 집중적으로 다룬다.

<SamplerIntegrator Private Data> ≡ 72

```
std::shared_ptr<Sampler> sampler;
```

Camera 객체는 조망[viewing]과 렌즈 매개변수인 위치, 방향, 초점, 시야 등을 조절한다. Film 멤버 변수는 이미지 저장을 관리한다. Camera 클래스는 6장에서 설명하고, Film은 7.8절에 설명한다. Film은 최종 이미지를 디스크에 저장하고 계산 과정 동안 화면에 디스플레이한다.

<SamplerIntegrator Protected Data> ≡ 72

```
std::shared_ptr<const Camera> camera;
```

SamplerIntegrator 생성자는 단지 이 객체들의 포인터를 멤버 변수로 저장한다. SamplerIntegrator는 pbrtWorldEnd()에서 입력 파일 파서가 장면 파일 파싱을 마치고 장면을 렌더링할 준비가 됐을 때 불리는 RenderOptions::MakeIntegrator() 메서드에서 생성된다.

<SamplerIntegrator Public Methods> ≡ 72

```
SamplerIntegrator(std::shared_ptr<const Camera> camera,
        std::shared_ptr<Sampler> sampler)
    : camera(camera), sampler(sampler) { }
```

SamplerIntegrator 구현은 선택적으로 Preprocess() 메서드를 구현할 수 있다. 이는 Scene이 완전히 초기화된 뒤에 호출되며, 적분기에게 장면에서 빛의 수에 의존하는 추가적인 자료 구조의 할당이나, 장면에서 방사 분포의 대략적인 표현을 미리 계산하는 등의 장면 의존적인 계산을 처리할 기회를 준다. 여기서 어떤 것도 하지 않는 구현의 경우 구현하지 않은 채로 놔두면 된다.

<SamplerIntegrator Public Methods> +≡ 72

```
virtual void Preprocess(const Scene &scene, Sampler &sampler) { }
```

1.3.4 주 렌더링 반복문

Scene과 Renderer가 할당되고 초기화된 후 Integrator::Render() 메서드가 불리고, pbrt 실행의 2단계인 렌더링 반복문이 시작된다. SamplerIntegrator에선 각 이미지 면에서의 위치에 대해 Camera와 Sampler를 통해 광선을 생성하고, Li() 메서드로 얼마나 많은 빛이 그 광선을 따라 도착하는지 결정한다. 이 값은 빛의 영향을 저장하는 Film에 전달된다. 그림 1.17은 이 메서드의 주요 클래스와 데이터의 흐름을 요약한다.

<SamplerIntegrator Method Definitions> ≡

```
void SamplerIntegrator::Render(const Scene &scene) {
    Preprocess(scene, *sampler);
    <Render image tiles in parallel 74>
    <Save final image after rendering 80>
}
```

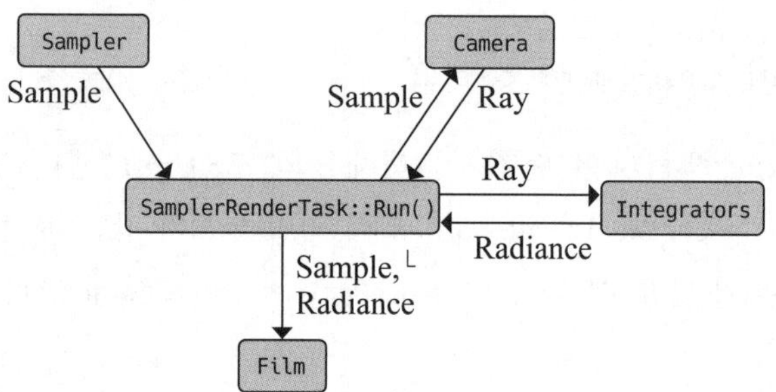

그림 1.17 renderers/integrator.cpp의 `SamplerIntegrator::Render()`의 렌더링 루프에서 클래스의 관계도. `Sampler`는 각 이미지 표본에 대해 연속된 표본(Sample) 값을 제공한다. `Camera`는 표본을 필름 면에 대응하는 광선(Ray)으로 변환하고, `Li()` 메서드는 광선에 따른 방사량(Radiance)을 계산한다. 표본과 방사량은 그 영향을 이미지에 저장하는 `Film`에 전달된다. 이 과정은 `Sampler`가 최종 이미지를 생성하기 위해 필요한 표본을 제공할 때까지 계속된다.

렌더링은 멀티프로세스 코어에서 병렬적으로 실행이 가능하므로, 이미지는 픽셀의 작은 조각으로 분리된다. 각 조각은 독립적이고 병렬적으로 처리 가능하다. A.6절에서 더 자세히 다룰 `ParallelFor()` 함수는 병렬 `for` 반복문을 구현하며, 여러 반복이 병렬로 처리 가능한 곳이다. C++ 람다 표현식은 반복문 몸체를 제공한다. 여기서 2D 영역에 대해 이미지 조각에 대해 반복하는 데 `ParallelFor()`의 변종이 사용된다.

```
<Render image tiles in parallel> ≡                                          73
    <Compute number of tiles, nTiles, to use for parallel rendering 75>
    ParallelFor2D(
        [&](Point2i tile) {
            <Render section of image corresponding to tile 76>
        }, nTiles);
```

이미지 조각을 얼마나 크게 만들지 결정하는 데는 2가지 요인이 있다. 부하 균형[load-balancing]과 조각별 추가 부하다. 한편으로는 우리는 시스템의 프로세서보다 훨씬 많은 조각을 갖고 싶다. 4 코어 컴퓨터가 4개의 조각을 실행하는 것을 생각해보라. 보통 일부 조각은 다른 것에 비해 처리 시간이 적게 걸린다. 다른 것보다 이미지의 단순한 부분을 맡은 조각은 복잡한 부분을 맡은 조각보다 빨리 처리될 것이다. 그러므로 조각의 수가 프로세서의 수와 같다면 일부 조각은 다른 것보다 일찍 끝나서 제일 긴 처리 기간을 가진 조각이 끝날 때까지 놀고 있을 것이다. 그림 1.18은 이런 이슈를 묘사하며, 그림 1.7의 빛나는 구 장면 렌더링에서 조각의 실행 시간 분포를 보여준다. 제일 오래 걸리는 조각은 가장 빠른 조각에 비해 151배 느린 속도를 나타낸다.

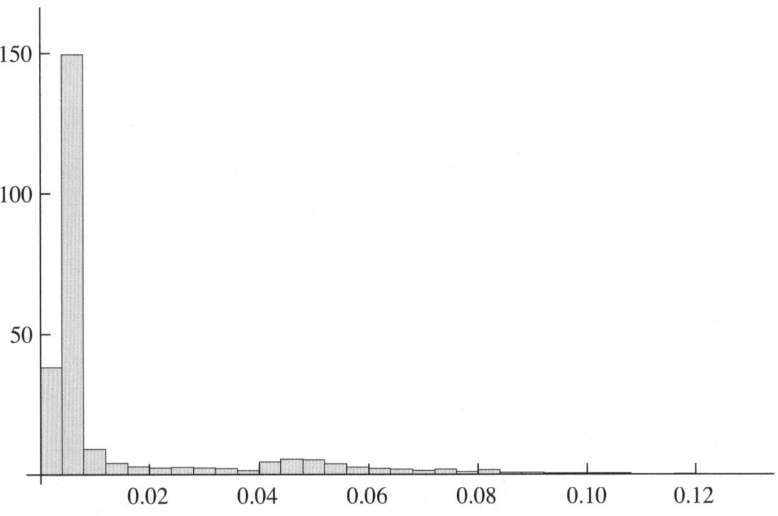

그림 1.18 그림 1.7의 장면에서 각 SamplerRendererTask의 수행 시간 히스토그램. 수평축은 초 단위로 시간을 나타낸다. 태스크 수행 시간의 넓은 다양성이 이미지의 다른 부분이 엄청나게 다른 계산량을 요구한다는 것을 보여준다.

반면에 너무 많은 조각을 가져도 비효율적이다. 어떤 반복문이 다음에 실행할지 결정하는데 프로세싱 코어에 대한 고정된 작은 추가 부하가 있다. 조각이 많으면 많을수록 더 많은 추가 부하가 소요된다.

단순성을 위해서 pbrt는 항상 16 × 16을 사용한다. 이 크기는 아주 낮은 해상도를 제외한 거의 대부분 이미지에 잘 작동한다. 우리는 작은 이미지의 경우 최대 효율성으로 렌더링하는 것이 특별히 중요하지 않다고 암묵적으로 가정했다. Flim의 GetSampleBounds() 메서드는 렌더링되는 이미지에 대해 표본이 반드시 생성돼야 하는 픽셀의 범위를 반환한다. nTiles의 계산에 tileSize-1을 더하면 한 축에 대한 표본 경계가 정확히 16으로 나눠지지 않을 때 다음으로 높은 정수 값으로 반올림된다. 이는 ParallelFor()로 발동된 람다 함수가 반드시 일부 사용하지 않는 픽셀을 포함한 일부 조각을 다룰 수 있어야 하는 것을 의미한다.

<*Compute number of tiles,* nTiles*, to use for parallel rendering*> ≡ 74

```
Bounds2i sampleBounds = camera->film->GetSampleBounds();
Vector2i sampleExtent = sampleBounds.Diagonal();
const int tileSize = 16;
Point2i nTiles((sampleExtent.x + tileSize - 1) / tileSize,
               (sampleExtent.y + tileSize - 1) / tileSize);
```

부록 A.6.4절에 정의된 병렬 for 반복문 구현이 특정 처리 장치에 반복문을 수행하도록 결정했으면 람다가 조각의 좌표에 대해 호출된다. 이는 약간의 설정 작업으로 시작하며, 필름 면의 어떤 부분을 처리해야 하는지 확인하고 Sampler를 사용해서 이미지 표본을 만들고 Camera로 필름 면을 떠나는 대응하는 광선을 결정하고, Li() 메서드로 해당 광선을 따라 필름에 도달하는 방사를 계산하기 전에 일부 임시 자료를 위해 할당한다.

```
<Render section of image corresponding to tile> ≡                                74
    <Allocate MemoryArena for tile 76>
    <Get sampler instance for tile 77>
    <Compute sample bounds for tile 77>
    <Get FilmTile for tile 77>
    <Loop over pixels in tile to render them 77>
    <Merge image tile into Film 80>
```

Li() 메서드의 구현은 일반적으로 각 방사 계산에 대해서 작은 양의 메모리를 임시로 할당할 필요가 있다. 많은 수의 할당은 쉽게 시스템의 일반 메모리 할당 루틴(예, malloc()이나 new)을 쉽게 잠식하는 결과를 낳을 수 있으므로, 처리 장치 간에 해제 메모리 영역의 집합을 추적하는 내부 자료 구조를 반드시 유지하고 정교히 동기화해야 한다. 단순한 구현은 잠재적으로 계산 시간의 상당히 큰 부분을 메모리 할당자에서 사용하게 된다.

이 이슈를 다루기 위해 MemoryArena 클래스의 인스턴스를 Li() 메서드에 전달한다. MemoryArena 인스턴스는 메모리 풀을 관리해 일반 라이브러리 루틴에서 가능한 것보다도 더 높은 성능의 할당을 가능하게 한다.

메모리 풀은 항상 전체가 해제되며, 복잡한 내부 자료 구조의 필요성을 제거한다. 이 클래스의 인스턴스는 오직 단일 스레드에서만 사용되므로, 추가적인 동기화 없는 동시 접근은 허용되지 않는다. 각 반복문의 반복에 대해 직접 사용될 수 있는 고유한 MemoryArena를 생성하며, 이를 통해 단일 스레드에서만 접근되는 것을 보장한다.

```
<Allocate MemoryArena for tile> ≡                                                 76
MemoryArena arena;
```

대부분의 Sampler 구현은 현재 표본화되는 픽셀의 좌표 같은 일부 상태를 유지하는 것이 유용하다. 이는 다중 처리 스레드가 단일 Sampler를 동시에 사용하는 것이 불가능한 것을 의미한다. 그러므로 Sampler는 Clone() 메서드를 제공해 주어진 Sampler의 새 인스턴스 생성을 가능하게 한다. 이는 일부 구현이 사용하기 위한 의사 난수 생성을 위한 시드seed 값을 받아서 모든 조각에서 같은 난수 시퀀스가 생성되지 않게 한다(모든 Sampler가 의사 난수를 사용하지 않는 것을 기억하자. 이 경우 단지 시드 값을 무시한다).

<Get sampler instance for tile> ≡ 76

```
int seed = tile.y * nTiles.x + tile.x;
std::unique_ptr<Sampler> tileSampler = sampler->Clone(seed);
```

다음으로 이 반복문의 픽셀 범위가 조각 색인에 기반을 두고 결정된다. 이 계산에 고려해야 할 두 가지 이슈가 있다. 첫째, 표본화되는 전체 픽셀의 경계가 전체 이미지 해상도와 같지 않을 수 있다. 예를 들어 사용자가 '자르기 윈도우crop window'를 단지 표본화할 픽셀의 부분집합으로 설정할 수 있다. 둘째, 이미지 해상도도 정확히 16의 배수가 아니면 오른쪽과 아래쪽의 이미지는 완전한 16 × 16이 되지 않는다.

<Compute sample bounds for tile> ≡ 76

```
int x0 = sampleBounds.pMin.x + tile.x * tileSize;
int x1 = std::min(x0 + tileSize, sampleBounds.pMax.x);
int y0 = sampleBounds.pMin.y + tile.y * tileSize;
int y1 = std::min(y0 + tileSize, sampleBounds.pMax.y);
Bounds2i tileBounds(Point2i(x0, y0), Point2i(x1, y1));
```

마지막으로 FilmTile을 Film에서 얻어온다. 이 클래스는 메모리의 작은 버퍼를 제공해 현재 조각에 대한 픽셀 값을 저장한다. 이 저장소는 반복문에서만 접근 가능하므로, 픽셀 값은 다른 스레드가 동시에 현재 픽셀을 변경할 걱정 없이 갱신할 수 있다. 조각은 한 번 렌더링이 끝나면 필름의 저장소에 합쳐진다. 이미지에 대한 동시 갱신의 일렬화는 그 후에 처리한다.

<Get FilmTile *for tile>* ≡ 76

```
std::unique_ptr<FilmTile> filmTile =
        camera->film->GetFilmTile(tileBounds);
```

렌더링이 이제 진행 가능하다. 구현은 조각의 모든 픽셀에 대해서 Bounds2 클래스가 제공하는 반복자를 자동으로 사용하는 범위 기반 for 반복문을 사용한다. 복제된 Sampler는 동시 픽셀에 대해 표본을 생성해야 하는 것을 알게 되고, 표본은 StartNextSample()이 false를 반환할 때까지 차례로 진행된다(7장에서 봤듯이 픽셀별로 다중 표본을 받는 것은 최종 이미지 품질을 크게 향상시킨다).

<Loop over pixels in tile to render them> ≡ 76

```
for (Point2i pixel : tileBounds) {
    tileSampler->StartPixel(pixel);
```

```
        do {
            <Initialize CameraSample for current sample 78>
            <Generate camera ray for current sample 78>
            <Evaluate radiance along camera ray 79>
            <Add camera ray's contribution to image 80>
            <Free MemoryArena memory from computing image sample value 80>
        } while (tileSampler->StartNextSample());
    }
```

CameraSample 구조체는 카메라가 대응하는 광선을 생성하기 위한 필름 위의 위치를 저장한다. 이는 또한 시간과 렌즈 위치 표본 값을 저장하며, 이는 각각 움직이는 물체가 있는 장면을 렌더링할 때와 핀홀이 아닌 구경aperture을 가진 카메라 모델을 시뮬레이션할 때 사용된다.

```
<Initialize CameraSample for current sample> ≡                                   78
    CameraSample cameraSample = tileSampler->GetCameraSample(pixel);
```

Camera 인터페이스는 광선을 생성하는 두 가지 메서드를 제공한다. Camera::GenerateRay()는 정해진 이미지 표본 위치의 광선을 반환하며, Camera::GenerateRayDifferential()은 이미지 면에서 x와 y 방향으로 한 픽셀씩 떨어진 표본에 대한 광선의 정보를 가진 광선 미분ray differential 정보를 반환한다. 광선 미분은 10장에 정의된 텍스처 함수에서 더 좋은 결과를 얻기 위해 사용되며, 텍스처 안티앨리어싱의 핵심인 텍스처가 픽셀 거리에 따라 얼마나 빨리 변하는지를 계산하는 것을 가능하게 한다.

광선 미분이 반환된 뒤에 ScaleDifferentials() 메서드는 픽셀당 다중 표본을 받는 경우에 대해 미분 광선을 필름 면 실제 거리를 고려해 크기를 조절한다.

카메라는 또한 광선에 연관된 부동소수점 가중치를 반환한다. 단순한 카메라 모델의 경우 각 광선은 같은 가중치를 갖지만, 좀 더 복잡한 Camera의 경우 렌즈 시스템을 통한 이미지 형성 과정을 더욱 정교하게 모델링하기에 특정 광선들은 다른 광선보다 영향이 더 클 수 있다. 이런 카메라 모델은 필름 면의 중심보다 적은 양의 빛이 가장자리에 도달하는 비네팅vignetting이라는 효과를 시뮬레이션한다. 반환된 가중치는 광선의 이미지에 대한 영향에 대한 비율을 계산할 때 사용한다.

```
<Generate camera ray for current sample> ≡                                       78
    RayDifferential ray;
    Float rayWeight = camera->GenerateRayDifferential(cameraSample, &ray);
    ray.ScaleDifferentials(1 / std::sqrt(tileSampler->samplesPerPixel));
```

대문자 부동소수점형 `Float`를 참고하자. `pbrt`의 컴파일 플래그에 따라 이는 `float`이나 `double`의 별칭이 된다. A.1절에서 이 디자인 선택에 대해 더 자세히 알아본다.

주어진 광선에 대해 다음 작업은 광선을 따라 이미지 면에 도달하는 방사를 계산해야 한다. `Li()` 메서드가 이 작업을 처리한다.

<Evaluate radiance along camera ray> ≡ 78

```
Spectrum L(0.f);
if (rayWeight > 0)
    L = Li(ray, scene, *tileSampler, arena);
<Issue warning if unexpected radiance value is returned>
```

`Li()`는 순수한 가상 메서드로, 주어진 광선의 원점에서 입사 방사를 반환한다. 각 `SamplerIntegrator`의 하위 클래스는 이 메서드의 구현을 반드시 제공해야 한다. `Li()`의 매개변수는 다음과 같다.

- **ray**: 입사 방사를 계산해야 하는 광선
- **scene**: 렌더링되는 `Scene`. 구현은 장면에 대해 빛과 기하 구조 등의 정보를 질의한다.
- **sampler**: 몬테카를로 적분을 통해 빛 전송 방정식의 해를 구하는 표본 생성기
- **arena**: 적분기의 효율적인 임시 메모리 할당을 위한 `MemoryArena`. 적분기는 아레나가 할당한 메모리가 `Li()` 메서드의 반환 이후에 짧은 시간 내에 해제된다고 가정해야 하므로 현재 광선에 필요한 것 이후에 지속되는 어떤 메모리를 할당하는 데도 사용하지 않아야 한다.
- **depth**: 현재 `Li()` 호출 이전까지 카메라에서의 광선이 반사된 횟수

이 메서드는 광선의 원점에 도달하는 입사 방사를 표현하는 `Spectrum`을 반환한다.

<SamplerIntegrator Public Methods> +≡ 72

```
virtual Spectrum Li(const RayDifferential &ray, const Scene &scene,
        Sampler &sampler, MemoryArena &arena, int depth = 0) const = 0;
```

렌더링 과정에서 버그의 흔한 부작용은 불가능한 방사 값이 계산되는 것이다. 예를 들어 방사 값에서 0으로 나눈 값이 나타나면 IEEE 부동소수점의 무한대나 비숫자NaN(숫자가 아님) 값을 가진다. 렌더러는 0으로 나누는 경우나 음의 분포를 가진 스펙트럼의 경우를 찾아서 에러 메시지를 출력한다. 우리는 이 에러 메시지를 출력하는 코드 조각인 *<Issue warning if unexpected radiance value returned>*를 책에 포함하지 않았다. 궁금하다면 core/integrator.cpp의 구현을 살펴보자.

광선의 원점에 도달하는 방사를 계산하면 이미지를 갱신할 수 있다. Film::AddSample() 메서드는 표본에서 얻어진 결과를 통해 조각의 이미지 안에 있는 픽셀을 갱신한다. 어떻게 표본 값이 필름에 저장되는지는 7.8절과 7.9절에 설명돼 있다.

<Add camera ray's contribution to image> ≡ 78

```
filmTile->AddSample(cameraSample.pFilm, L, rayWeight);
```

표본을 처리한 후 MemoryArena가 할당한 메모리 전부를 MemoryArena::Reset()의 호출 시 해제한다(MemoryArena가 교차점에서 BSDF를 표현하기 위한 메모리를 어떻게 할당하는지를 설명한 9.1.1절을 참고하자).

<Free MemoryArena *memory from computing image sample value>* ≡ 78

```
arena.Reset();
```

한 번 조각 안의 모든 표본에 대한 방사 값이 계산되면 FilmTile이 Film의 MergeFilmTile() 메서드로 전달되며, 이는 최종 이미지에 대한 조각에서 픽셀의 기여를 처리한다. unique_ptr의 소유권을 MergeFilmTile()로 전달하기 위해 std::move() 함수가 사용된 것을 참고하자.

<Merge image tile into Film> ≡ 76

```
camera->film->MergeFilmTile(std::move(filmTile));
```

모든 반복문이 끝나면 SamplerIntegrator의 Render() 메서드가 Film의 WriteImage() 메서드를 호출해서 이미지를 파일에 저장한다.

<Save final image after rendering> ≡ 73

```
camera->film->WriteImage();
```

1.3.5 휘티드 레이트레이싱의 적분기

14장과 15장은 정확도 단계를 다르게 한 여러 알고리즘에 기반을 둔 구현을 포함한다. 여기서는 휘티드Whitted의 레이트레이싱 알고리즘에 기반을 둔 표면 적분기를 설명한다. 이 적분기는 유리, 거울, 물 같은 반사면specular surface에서 반사되고 투과된 빛을 계산하지만, 벽에서 반사된 빛이 방을 조명하는 등의 다른 종류의 간접 광 효과는 고려하지 않는다. 책 후반에 소개될 더 복잡한 적분기들은 휘티드 적분기에 좀 더 복잡한 빛 전송 알고리즘을 사용해서 구현됐다. WhittedIntegrator 클래스는 pbrt 배포판의 integrators/whitted.h와 integrators/whitted.cpp 파일에서 찾을 수 있다.

<WhittedIntegrator Declarations> ≡

```
class WhittedIntegrator : public SamplerIntegrator {
public:
    <WhittedIntegrator Public Methods 81>
private:
    <WhittedIntegrator Private Data 81>
};
```

<WhittedIntegrator Public Methods> ≡ 81

```
WhittedIntegrator(int maxDepth, std::shared_ptr<const Camera> camera,
        std::shared_ptr<Sampler> sampler)
    : SamplerIntegrator(camera, sampler), maxDepth(maxDepth) { }
```

휘티드 적분기는 광선 방향을 따라 반사되고 굴절된 방사량을 재귀적으로 계산한다. 미리 정해진 최대 깊이[depth]인 `WhittedIntegrator::maxDepth`에서 재귀 호출을 중단하며, 기본값은 5다. 이 종료 조건 없이는 재귀가 절대 끝나지 않을 수 있다(거울이 가득한 복도 장면을 생각해보라). 이 멤버 변수는 `WhittedIntegrator` 생성자의 장면 묘사 파일에 있는 매개변수 집합에 기반을 두고 초기화되며, 여기엔 적지 않겠다.

<WhittedIntegrator Private Data> ≡ 81

```
const int maxDepth;
```

`SamplerIntegrator` 구현으로, `WhittedIntegrator`는 반드시 `Li()` 메서드의 구현을 제공해야 하며, 이는 주어진 광선의 원점에 도달하는 방사를 반환한다. 그림 1.19는 표면에서의 적분 중에 주 클래스 사이의 자료 흐름을 요약한다.

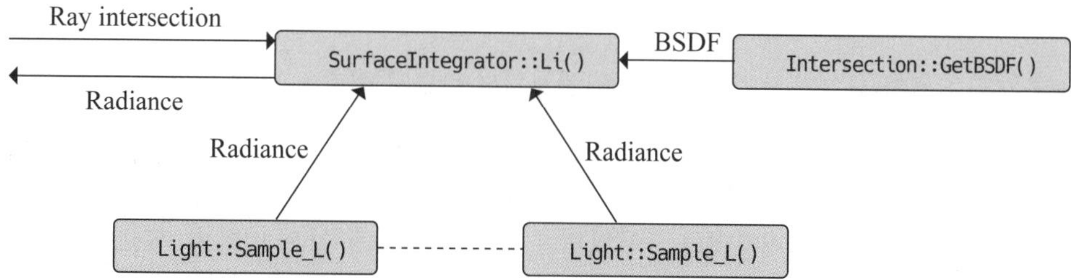

그림 1.19 표면 적분에 관한 클래스 관계도. `SampleIntegrator` 안의 주 렌더링 반복문은 카메라 광선을 계산해 `Li()` 메서드에 전달하고, 이는 광선의 원점에 도달한 빛의 방사를 얻어낸다. 가장 가까운 교차점을 찾아낸 후 교차점의 재질 특성을 계산하며, 이를 BSDF의 형식으로 표현한다. 그 후 `Scene`의 `Light`들을 사용해 조명을 계산한다. 이 모두 합쳐져서 교차점에서의 광선을 따라 반사된 방사를 계산할 수 있는 정보를 제공한다.

<WhittedIntegrator Method Definitions> ≡

```
Spectrum WhittedIntegrator::Li(const RayDifferential &ray,
        const Scene &scene, Sampler &sampler, MemoryArena &arena,
        int depth) const {
    Spectrum L(0.);
    <Find closest ray intersection or return background radiance 82>
    <Compute emitted and reflected light at ray intersection point 82>
    return L;
}
```

첫 단계는 광선의 장면 안에 있는 모양들에 대한 첫 교차점을 찾는 것이다. `Scene::Intersect()` 메서드는 광선을 받아 모양에 교차하는지를 알려주는 불리언 값을 반환한다. 교차점을 찾은 광선에 대해서 제공된 `SurfaceInteraction`을 교차점에 대한 기하 정보로 초기화한다.

교차점을 찾지 못했다면 연결된 기하 구조를 갖지 않는 광원에 의해 광선을 따라 전달된 방사일 수 있다. 이런 빛의 예로는 `InfiniteAreaLight`를 들 수 있고, 이는 하늘로부터의 조명을 표현한다. `Light::Le()`는 이런 빛에 대한 방사를 주어진 광선에 대해 반환하는 것을 가능하게 한다.

<Find closest ray intersection or return background radiance> ≡ 82

```
SurfaceInteraction isect;
if (!scene.Intersect(ray, &isect)) {
    for (const auto &light : scene.lights)
        L += light->Le(ray);
    return L;
}
```

아닐 경우 유효한 교차점을 찾을 수 있다. 적분기는 반드시 어떻게 빛이 교차점에서 표면의 모양에 따라 산란되는지 결정하고, 얼마나 많은 조명이 광원으로부터 해당 지점에 도달하는지 결정한 뒤에 얼마나 많은 빛이 시야 방향으로 표면에서 떠나는지를 계산하기 위해서 방정식(1.1)의 근사치를 적용한다. 이 적분기가 연기나 안개 같은 반투명 매질의 효과를 무시하므로, 교차점을 떠나는 방사는 광선의 원점에 도달하는 방사와 동일하다.

<Compute emitted and reflected light at ray intersection point> ≡ 82

```
<Initialize common variables for Whitted integrator 83>
<Compute scattering functions for surface interaction 83>
<Compute emitted light if ray hit an area light source 84>
<Add contribution of each light source 85>
```

```
if (depth + 1 < maxDepth) {
    <Trace rays for specular reflection and refraction 85>
}
```

그림 1.20은 코드 조각에서 자주 사용되는 몇 가지 수치를 보여준다. n은 교차점의 표면 법선이며, 교차점에서 광선의 원점으로 향하는 정규화된 방향은 wo에 저장된다. Camera가 생성된 광선에 대한 정규화 작업을 맡고 있기에 다시 정규화할 필요는 없다. 정규화된 방향은 ω 부호로 표현되며, pbrt 코드에서는 산란광이 나가는 방향인 ω_o를 wo로 표현한다.

```
<Initialize common variables for Whitted integrator> ≡                82
    Normal3f n = isect.shading.n;
    Vector3f wo = isect.wo;
```

교차점을 찾았다면 표면의 재질이 빛을 어떻게 산란하는지 결정할 필요가 있다. ComputeScatteringFunctions()는 이 작업을 처리하며, 표면 특성을 결정하는 텍스처 함수를 계산하고, 그 후 해당 지점의 BSDF(혹은 BSSRDF일 수도 있다)의 표현을 초기화한다. 이 메서드는 일반적으로 이 표현을 구성하는 물체에 대한 메모리를 할당할 필요가 있다. 이 메모리가 오직 현재 광선에 대해서만 가용할 필요가 있기에 MemoryArena가 할당을 위해 제공된다.

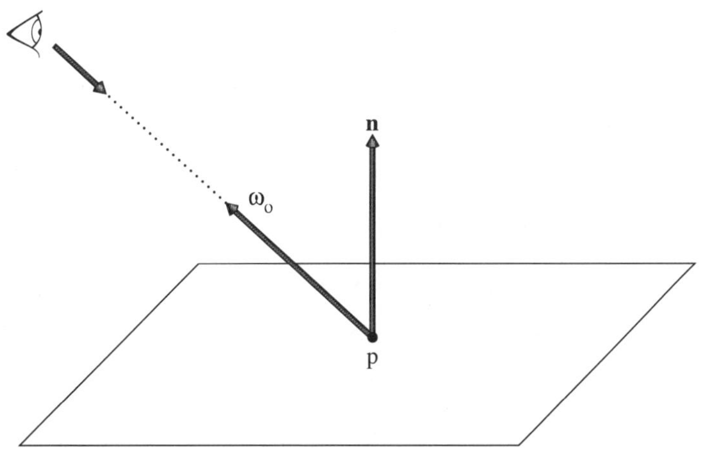

그림 1.20 휘티드 적분기의 기하학적 설정. P는 광선 교차점, n은 교차점의 표면 법선이다. 우리가 반사된 방사량을 계산하려는 방향은 ω_o로 입사광선의 반대 방향을 가리키는 벡터다.

```
<Compute scattering functions for surface interaction> ≡                82
    isect.ComputeScatteringFunctions(ray, arena);
```

광선이 충돌한 기하 구조가 영역 광원처럼 방출성emissive이면 적분기는 방출된 방사량을 SurfaceInteraction::Le() 메서드를 통해 계산한다. 이것은 방정식(1.1)인 빛 전송 방정식의 첫 번째 항이다. 물체가 방사성이 아니라면 메서드는 검은 스펙트럼을 반환한다.

<Compute emitted light if ray hit an area light source> ≡ 82

```
L += isect.Le(wo);
```

각 광원에 대해 적분기는 Light::Sample_L() 메서드를 호출해 음영을 측정할 표면 지점에 해당 광원의 방사량을 계산한다. 이 메서드는 또한 음영 지점에서 광원을 향하는 방향 벡터를 반환하며, wi 변수에 저장(입사 방향인 ω_i)된다.[4]

이 메서드가 반환하는 스펙트럼은 다른 모양이 빛을 막아 음영 지점에 빛이 도달하는 것을 막는 것을 고려하지 않는다. 대신 광원을 차단하는 기본체가 있는지 판단하기 위한 VisibilityTester 객체를 반환한다. 빛을 막는지 여부는 음영 지점과 빛 사이의 그림자 광선을 추적해 경로에 장애물이 없는지 여부로 판단한다. 이렇게 pbrt의 코드는 필요할 때만 그림자 광선을 추적하게 구성돼 있다. 빛이 막혀있지 않을 경우에 표면에 떨어지는 빛이 ω_o 방향으로 산란할 수 있는지를 먼저 판단해 필요 없는 그림자 레이트레이싱을 피할 수 있다. 예를 들어 표면이 투과성transmissive이 아닐 경우 표면의 뒷면에 도달하는 빛은 반사광에 전혀 영향을 주지 않는다.

Sample_Li() 메서드는 pdf 변수에서 방향 wi를 표본화하기 위한 확률 밀도probability density를 반환한다. 이 값은 몬테카를로 적분에서 복잡한 영역 광원으로 빛이 여러 방향에서 도달하는 경우 한 방향만 표본화하기 위해 사용된다. 점 광 같이 단순한 빛은 pdf가 1이다. 확률 밀도가 어떻게 계산되고 렌더링에서 사용되는지는 13장과 15장의 주제다. 최종적으로 빛의 영향은 pdf로 나눠지도록 구현돼 있다.

도달하는 방사가 0이 아니고 BSDF로 ω_i 방향으로 입사하는 빛이 나가는 방향 ω_o로 산란되는 것을 확인하면 적분기는 방사 값 L_i를 BSDF의 값 f와 코사인 항으로 곱한다. 코사인 항은 AbsDot() 함수를 사용해서 계산되며, 이는 두 벡터 사이의 내적의 절댓값을 반환한다. 벡터가 여기서의 wi나 n과 같이 정규화돼 있으면 이는 둘 사이 각도의 코사인 값의 절댓값과 동일하다(2.2.1절).

4. 표면 위치에서의 빛 산란을 고려할 때 pbrt는 wi가 표면에 적분기가 도달한 방향 대신, 항상 관심 있는 양(이 경우에는 방사)이 도달하는 방향을 참조한다.

이 곱은 빛 전송 방정식(방정식 1.1)에서 빛의 영향이며, 전체 반사 방사 L에 추가된다. 모든 빛에 대해 고려한 후 적분기는 방출성 물체에서 직접 표면에 도달하는 빛인 직접 광[direct lighting](지점에 도달하기 전에 장면의 다른 물체들에 반사돼 오는 빛의 반대되는 개념)의 영향을 계산한다.

<Add contribution of each light source> ≡ 83

```
for (const auto &light : scene.lights) {
    Vector3f wi;
    Float pdf;
    VisibilityTester visibility;
    Spectrum Li = light->Sample_Li(isect, sampler.Get2D(), &wi,
                                  &pdf, &visibility);
    if (Li.IsBlack() || pdf == 0) continue;
    Spectrum f = isect.bsdf->f(wo, wi);
    if (!f.IsBlack() && visibility.Unoccluded(scene))
        L += f * Li * AbsDot(wi, n) / pdf;
}
```

이 적분기는 또한 거울이나 유리 같이 완벽한 반사면에 산란되는 빛도 처리한다. 거울의 특성상 반사되는 방향을 찾는 것은 매우 간단하며(그림 1.21), 스넬의 법칙으로 투과 방향을 찾을 수 있다(8.2절). 적분기는 재귀적으로 새 방향의 적절한 광선을 따라가 그 영향을 카메라에서 본 원래 지점의 반사된 방사에 추가한다. 거울 반사[specular reflection]와 투과는 다른 유틸리티 함수로 처리돼 다른 SamplerIntegrator 구현들에 의해 쉽게 재사용이 가능하다.

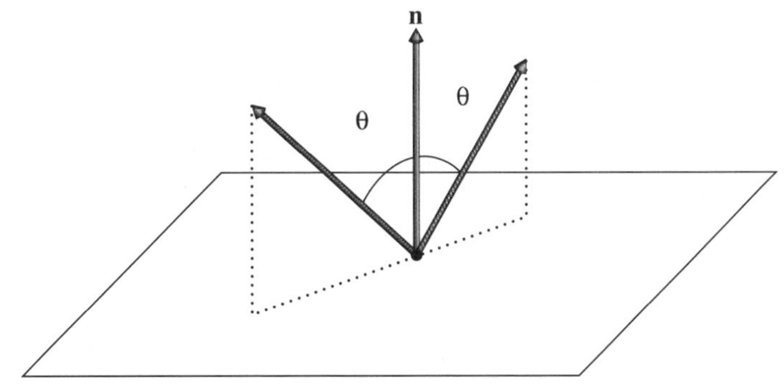

그림 1.21 완벽한 거울 반사로 인한 반사광선은 표면 법선에 대해서 입사광선과 같은 각을 이룬다.

<Trace rays for specular reflection and refraction> ≡ 83

```
L += SpecularReflect(ray, isect, scene, sampler, arena, depth);
L += SpecularTransmit(ray, isect, scene, sampler, arena, depth);
```

```
<SamplerIntegrator Method Definitions> +≡
    Spectrum SamplerIntegrator::SpecularReflect(const RayDifferential &ray,
            const SurfaceInteraction &isect, const Scene &scene,
            Sampler &sampler, MemoryArena &arena, int depth) const {
        <Compute specular reflection direction wi and BSDF value 86>
        <Return contribution of specular reflection 86>
    }
```

SpecularReflect()와 SpecularTransmit() 함수에서 BSDF::Samplef() 메서드는 주어진 나가는 방향에 대한 입사광선 방향과 빛의 산란 방식을 반환한다. 이 메서드는 이 책의 마지막 몇 장의 주제인 몬테카를로 빛 전송 알고리즘의 중요한 기초다. 여기서는 완벽한 거울 반사나 굴절에 대해 떠나는 방향을 찾기 위해 사용하기에 BSDF::Sample_f()를 호출할 때 다른 종류의 반사를 무시하라는 플래그[flag]을 사용한다. BSDF::Sample_f()가 확률적 적분 probabilistic integration 알고리즘을 위해 표면을 떠나는 무작위 방향만을 추출할 수도 있으나 무작위성은 BSDF의 산란 특성과 일치하게 제한된다. 완전한 거울 반사나 굴절의 경우 하나의 방향만이 가능하기에 무작위성은 전혀 없다.

이 함수들의 BSDF::Sample_f()의 호출은 선택한 방향에 대한 wi를 초기화하며, (ω_o, ω_i) 방향에 대한 BSDF의 값을 반환한다. BSDF의 값이 0이 아니라면 적분기는 SamplerIntegrator::Li() 메서드를 사용해 wi 방향으로 들어오는 방사를 얻으며, 이 경우는 WhittedIntegrator::Li() 메서드로 호출된다.

```
<Compute specular reflection direction wi and BSDF value> ≡                    86
    Vector3f wo = isect.wo, wi;
    Float pdf;
    BxDFType type = BxDFType(BSDF_REFLECTION | BSDF_SPECULAR);
    Spectrum f = isect.bsdf->Sample_f(wo, &wi, sampler.Get2D(), &pdf, type);
```

광선 미분을 사용해 반사와 굴절에서 사용되는 텍스처를 안티앨리어싱하기 위해서 반사와 투과가 화면 공간의 광선의 자취에 얼마나 영향을 미치는지 알아야 한다. 이 광선들의 광선 미분을 계산하기 위한 코드 조각은 10.1.3절에서 정의한다. 주어진 완전히 초기화된 광선 미분으로 Li()에 대한 재귀적인 호출은 입사 방사를 제공하며, 이는 방정식(1.1)에서 BSDF의 값, 코사인 항으로 곱해지고 PDF로 나눠진다.

```
<Return contribution of specular reflection> ≡                                  86
    const Normal3f &ns = isect.shading.n;
    if (pdf > 0 && !f.IsBlack() && AbsDot(wi, ns) != 0) {
```

```
        <Compute ray differential rd for specular reflection 732>
        return f * Li(rd, scene, sampler, arena, depth + 1) * AbsDot(wi, ns) /
                pdf;
    }
    else
        return Spectrum(0.f);
```

SpecularTransmit() 메서드는 본질적으로 SpecularReflect()와 같지만 SpecularReflect()의 BSDF_REFLECTION 요소 대신 BSDF의 반사 요소인 BSDF_TRANSMISSION을 사용한다는 점만 다르다. 그러므로 이 책의 본문에 수록하지 않았다.

1.4 pbrt의 병렬화

이제 오늘날 하나의 프로세싱 코어를 가진 노트북이나 데스크톱 컴퓨터를 구입하는 것은 거의 불가능한 일이다(이는 심지어 스마트폰에서도 그렇다). 현대 컴퓨터 시스템은 좀 더 많은 다수의 프로세싱 코어를 CPU와 고수준의 병렬 처리 프로세서인 GPU에서 제공한다. 동시에 각 코어의 계산 능력은 느리게 발전하고 있다. 그러므로 성능의 상당한 개선은 이제 많은 스레드가 동시에 다중 코어에서 계산을 처리할 수 있도록 병렬로 실행이 가능한 프로그램을 제작해야만 가능하다.

병렬 프로그램은 직렬 프로그램의 작성에 비해 더 어렵다. 프로그래머가 독립적으로 동시에 실행이 가능하다고 생각하는 2가지 계산이 예상치 못하게 간섭하며, 프로그램은 비정상 종료crash하거나 예상치 못한 결과를 생성한다. 하지만 이런 버그는 다음 실행 때는 나타나지 않는 경우가 많은데, 보통 특정 계산이 다음 실행에서 동시에 실행되지 않기 때문이다. 다행히도 이런 종류의 간섭을 찾기 위한 좋은 도구들이 점점 늘어나고 있다.[5]

병렬 프로그램이 많은 수의 프로세서에 확장이 가능하기 위해선 엄청난 양의 독립적인 계산을 시스템에 제공해야 한다. 하지만 이전 계산에 의존적인 계산은 이전 계산과 동시에 실행할 수 없다. 다행히도 대부분의 렌더링 알고리즘은 풍부한 병렬성을 가진 레이트레이싱에 기반을 둔다. SamplerIntegrator에 대해 각 이미지 표본은 다른 모든 표본과 독립적이며, 수백만의 표본이 고품질의 이미지를 위해 사용된다.

5. 오픈소스 도구인 valgrind의 일부분인 helgrind가 pbrt 구현을 개발하면서 버그를 찾는 데 도움을 줬다. "Thread sanitizer" 역시 고려할 만한 선택지다.

병렬 레이트레이싱에 대한 한 가지 가장 큰 도전은 계산의 비병렬 단계의 영향이다. 예를 들어 장면이 생성되는 동안 많은 가속 구조를 생성하는 것을 효과적으로 병렬화하는 것은 렌더링을 병렬화하는 것처럼 쉽지 않다. 이는 작은 이슈로 보일 수 있지만, 암달의 법칙 Amdahl's law은 직렬과 병렬 단계를 동시에 가진 작업 처리의 속도 향상에 대해 도전할 부분을 알려준다. 주어진 n 코어가 계산을 수행할 때 전체 계산의 s 비율만큼이 본질적으로 직렬인 작업량에 대해 최대 가능한 속도 향상은 다음과 같다.

$$\frac{1}{s + \frac{1}{n}(1 - s)}$$

그러므로 무한대의 코어가 있더라도 최대 속도 향상은 $1/s$이다. 예를 들어 별 문제없어 보이는 5%의 실행 시간이 장면 파일을 파싱하고 가속 구조를 생성하는 직렬 단계에 사용된다면 가능한 최대 속도 증가는 병렬 단계가 얼마나 빨리 실행되는지와 관계없이 1/0.05 = 20×가 된다.

1.4.1 자료 경쟁과 조정

pbrt에서는 프로세서에서 실행되는 계산이 일관적 공유 메모리 coherent shared memory에서 실행된다고 가정한다. 일관적 공유 메모리의 주된 개념은, 모든 스레드는 보편적인 메모리 위치를 읽고 쓰기가 가능하며, 어떤 스레드가 메모리를 변경할 경우 다른 스레드가 결과적으로 그것을 볼 수 있다는 것이다. 이 특성은 코어 간에 따로 자료를 교환할 필요를 없애서 시스템의 구현을 매우 단순화시켜준다(일관적 공유 메모리는 현대 CPU에서 일반적으로 가용하며, 미래의 CPU에서도 계속 지원될 예정이다. 반면 하나가 계산을 클러스터 안의 다중 컴퓨터에서 실행할 경우 일관적 공유 메모리는 일반적으로 가용하지 않다).

일관적 공유 메모리가 분리된 스레드에 대해서 명시적 자료 통신의 필요를 없애줬지만 공유 자료에 대한 접근을 조정해야 한다. 공유 메모리의 위험성은 자료 경쟁이다. 두 실행 스레드가 같은 메모리 위치를 서로 조정 없이 변경한다면 프로그램은 확실히 잘못된 결과를 내거나 비정상 종료를 할 것이다. 두 프로세서가 동시에 다음의 무해해 보이는 코드를 실행하는 경우를 생각해보자. globalCounter는 2로 시작한다.

```
extern int globalCounter;
if (--globalCounter == 0)
    printf("done!\n");
```

두 스레드가 globalCounter의 읽고 쓰기를 조정하지 않는다면 'done'이라는 출력이 0번, 1번 혹은 2번이 출력될 수 있다. 컴퓨터가 생성한 어셈블리assembly 코드는 다음과 같은 과정을 거친다.

```
extern int globalCounter;
int temp = globalCounter;
temp = temp - 1;
globalCounter = temp;
if (globalCounter == 0)
   printf("done!\n");
```

이제 이 코드가 2개의 프로세서에서 실행되는 경우를 생각해보자. 예를 들어 두 번째 프로세서는 첫 번째 프로세서보다 약간 뒤에 실행을 시작하지만, 첫 번째가 초반 몇 개의 명령문을 실행한 후 몇 사이클을 쉴 수 있다.

```
Thread A                          Thread B
int temp = globalCounter;
temp = temp - 1;                  (idle)
globalCounter = temp;
                                  int temp = globalCounter;
// (idle)                         temp = temp - 1;
                                  globalCounter = temp;
if (globalCounter == 0)           if (globalCounter == 0)
   printf("done!\n");                 printf("done!\n");
```

(스레드에 대한 OS 인터럽트interrupting에서 캐시 미스cache miss까지 예상치 못한 많은 이벤트가 이런 실행 혼란을 유발할 수 있다) 이 실행 순서에서 두 스레드가 globalCounter의 값을 0으로 읽고 둘 다 printf()를 실행할 수 있다. 이 경우 에러는 심각하진 않지만 시스템이 if 구문에서 시스템 자원resource를 해제할 경우 같은 자원에 대해 두 번 해제를 시도하게 돼서 비정상 종료의 가능성이 높아진다. 다음의 실행 순서를 생각해보자.

```
Thread A                          Thread B
int temp = globalCounter;         int temp = globalCounter;
temp = temp - 1;                  temp = temp - 1;
globalCounter = temp;             // (idle)
// (idle)                         globalCounter = temp;
if (globalCounter == 0)           if (globalCounter == 0)
   printf("done!\n");                 printf("done!\n");
```

이 경우 globalCounter는 1의 값으로 끝나며, 두 스레드 모두 if 구문을 실행하지 않는다.

이 예시들을 보면 알 수 있듯이 여러 스레드가 공유 변경 메모리에 접근할 때 접근에 대해서 반드시 동기화를 해야 한다.

두 개의 주된 메커니즘, 상호 배제mutual exclusion와 원자 명령문atomic operation이 이런 종류의 동기화를 위해서 사용 가능하다. 상호 배제의 경우 pbrt에서 std::mutex로 구현됐다. std::mutex는 어떤 자원에 대한 접근을 보호하는 데 사용할 수 있으며, 단지 하나의 스레드만이 한 번에 접근 가능하다. 이전 계산의 갱신된 버전인 다음을 살펴보자. 여기서는 std::lock_guard 객체가 뮤텍스의 잠금을 얻고, 이를 마지막 괄호에서 영역을 벗어날 때 해제한다.

```
extern int globalCounter;
extern std::mutex globalCounterMutex;
{   std::lock_guard<std::mutex> lock(globalCounterMutex);
    int temp = globalCounter;
    temp = temp - 1;
    globalCounter = temp;
    if (globalCounter == 0)
        printf("done!\n");
}
```

두 스레드가 이 코드를 실행하고 뮤텍스를 동시에 얻으려고 시도한다면 뮤텍스는 그중 하나에게만 실행하게 허락하고, 다른 하나는 std::lock_guard 생성자에서 기다리게 한다. 첫 스레드가 계산을 마치고 std::lock_guard가 실행 영역을 나간 후 잠금을 해제해야만 두 번째 스레드가 뮤텍스를 얻어 계산을 진행할 수 있다.

```
Thread A                                Thread B
{ std::lock_guard<std::mutex> lock(     { std::lock_guard<std::mutex> lock(
      globalCounterMutex);                    globalCounterMutex);
  int temp = globalCounter;               // (stalled by mutex)
  .
  .
  .
} // (mutex released)
                                          // (mutex acquired)
                                          int temp = globalCounter;
                                          .
                                          .
                                          .
                                        } // (mutex released)
```

정확한 상호 배제를 통해 두 스레드가 어떤 순서로 실행되든지 printf()는 한 번만 실행된다.

원자 메모리 명령문Atomic memory operations은 여러 스레드를 통한 메모리 갱신이 정확하게 실행되기 위한 다른 옵션이다. 원자 명령문은 각각의 메모리 갱신이 한 번의 처리로 실행되는 것을 보장하는 기계어 명령이다(원자는 여기서 메모리 갱신이 나눌 수 없다는 의미로 쓰인다). pbrt의 원자 명령문 구현은 C++11 표준 라이브러리에서 왔으며, 부록 A.6.2절에서 좀 더 다룬다. 원자 명령문을 사용하면 앞의 코드는 다음과 같이 더하기, 빼기, 증가, 감소 연산을 가진 std::atomic<int>형을 사용해서 구현할 수 있다.

```
extern std::atomic<int> globalCounter;
if (--globalCounter == 0)
   printf("done!\n");
```

std::atomic -- 연산자는 주어진 변수(globalCounter)에서 1을 빼고 변수의 이전 값을 반환한다. 원자 명령문을 사용해서 두 스레드가 동시에 변수를 갱신하려고 할 때 변수의 최종 값이 원하는 값이며, 각각의 갱신 이후에 값을 반환하는 것을 보장한다. 이 예제의 경우 globalCounter는 예상한 대로 0으로 끝나며, 하나의 스레드는 원자 빼기의 결과로 1을 받고 다른 하나가 0을 받는 것이 보장된다.

추가적인 선택지인 트랜잭션 메모리transactional memory도 현재 작성 시점의 CPU에서 가용해지고 있다. 트랜잭션 메모리를 사용하면 메모리의 집합이 트랜잭션으로 한 번에 쓸 수 있게 된다. 다른 스레드가 트랜잭션이 실행되는 동안 해당 메모리 위치를 접근하게 되면 모든 쓰기는 단일 원자 연산으로 제출된다. 그렇지 않으면 이는 롤백돼 어떤 쓰기도 메모리에 도달하지 않고, 그러므로 계산은 어떤 효과도 없게 돼 트랜잭션을 그 후 반드시 다시 시도해야 한다. 트랜잭션 메모리는 세밀한 원자 연산과 고비용의 뮤텍스 사이를 조율해준다. 하지만 이는 현재 널리 가용하지 않으므로 pbrt에서는 트랜잭션 메모리를 현재 사용하지 않는다.

부록 A의 A.6절에는 병렬 프로그램에 대한 추가적인 성능 이슈와 위험 및 pbrt의 병렬 구현을 위한 다양한 루틴을 소개한다.

1.4.2 pbrt의 관습

대부분의 레이트레이서와 마찬가지로 pbrt의 렌더링 시간에서 거대한 데이터의 대부분은 읽기 전용(예를 들어 장면 묘사와 텍스처 맵)이다. 거의 대부분 장면 파일의 파싱과 메모리의 장면 묘사 생성은 하나의 실행 스레드로 실행돼 실행 중 동기화 문제가 없다. 렌더링 과정에서 여러 스레드에서의 동시적인 읽기 접근은 문제없이 작동한다. 오직 메모리의 데이터가 변경되는 경우만 신경을 쓰면 된다.

pbrt에 새로운 코드를 추가할 때 적절한 동기화 없이 공유 데이터를 변경하는 코드를 무심코 추가하지 않아야 한다. 이런 추가는 보통 부주의하게 일어나게 된다. 예를 들어 보통 새로운 Shape 구현에서 Shape는 생성 후 멤버 변수의 읽기 접근만 허용한다. 하지만 종종 공유 데이터가 무심코 추가될 수 있다. 단일 스레드 코드에서 종종 볼 수 있는 다음의 코드 관용구를 살펴보자.

```
static bool firstCall = true;
if (firstCall) {
    .
    .    additional initialization
    .
    firstCall = false;
}
```

이 코드는 다중 스레드 실행 시 여러 스레드가 firstCall의 값을 true로 보고 모두 초기화 코드를 실행할 수 있기에 안전하지 않다. 안전하게 구현하기 위해선 원자 명령문이나 뮤텍스가 필요하다(이 경우는 또한 안전하게 std::call_once() 함수를 사용해서 구현할 수 있다).

1.4.3 pbrt의 스레드 안전 기대치

pbrt의 많은 클래스 메서드는 다중 스레드가 동시에 실행하는 것에 안전해야 한다. 이 메서드들은 공유 전역 데이터를 변경하지 않아 본질적으로 안전하거나 갱신이 필요한 부분에서 뮤텍스나 원자 명령문을 사용해서 안전하게 갱신을 한다.

기본적으로 시스템의 저수준 클래스와 구조체는 재진입이 불가능하다. 예를 들어 3D 공간에서의 지점을 표현하기 위해 3개의 float 값을 저장하는 Point3f 클래스는 여러 스레드가 동시에 변경하는 메서드를 부르기에 안전하지 않다(물론 여러 스레드가 Point3f를 읽기 전용 데이터로는 동시에 사용할 수 있다). Point3f를 스레드 안전[thread-safe] 실행 시간 추가 부담은 중대한 성능에 악영향을 미치며, 얻는 이득은 적다.

Vector3f, Normal3f, Spectrum, Transform, Quaternion, SurfaceInteraction 등의 클래스들에도 해당된다. 이 클래스들은 보통 장면 생성 시 생성되고, 읽기 전용 데이터로 사용되거나 한 스레드에서만 사용되도록 렌더링 과정에서 스택에 할당된다.

유틸리티 클래스 MemoryArena(고성능 임시 메모리 할당용)와 RNG(의사 무작위 숫자 생성기) 역시 다중 스레드가 사용하기에 안전하지 않다. 해당 클래스들은 자신의 메서드를 호출할 때 변경되는 상태를 저장하며, 상태에 대한 변경을 상호 배타적으로 보호하기엔 너무 많은 계산량 때문에 부하가 너무 크다. 따라서 SamplerIntegrator::Render( ) 메서드는 이 클래스들을 스레드별로 생성해서 스택에 할당해 사용하도록 구현돼 있다.

두 가지 예외를 제외하고 표 1.1에 수록된 좀 더 고수준 추상 기본 클래스의 구현은 모두 다중 스레드에서 동시에 사용하기에 안전하다. 이 기본 클래스의 특정 인스턴스의 구현들은 메서드의 공유 상태를 변경하지 않도록 쉽게 작성할 수 있다.

첫 번째 예외는 SamplerIntegrator와 Light Preprocess( ) 메서드다. 장면 생성 시 시스템에서 불리며, 구현상 일반적으로 장면의 조명 분포를 표현하는 자료 구조를 생성하는 등 보통 Integrator 구현의 공유 상태를 변경한다. 그러므로 단지 하나의 스레드가 이 메서드를 호출한다고 가정하는 것이 구현에 도움이 된다(이것은 이 메서드의 극심한 계산량으로 인해 다중 태스크로 병렬 계산으로 처리하게 하기 위해 ParallelFor( )를 사용하는 구현과는 다른 고려 사안이다).

두 번째 예외는 Sampler며, 이들의 메서드는 역시 스레드 안전하지 않다. 이 역시 스레드 안전하게 만들기 위해 엄청난 성능과 확장성을 희생해야 하는 경우다. 여러 스레드가 동시에 하나의 Sampler에서 표본을 받는 것은 시스템의 전체 성능을 제한한다. 1.3.4절에서 살펴봤듯 각 이미지 조각에 대해 고유한 Sampler가 Sampler::Clone( )을 호출해서 생성된다. 이 표본기는 하나의 조각에서만 사용되므로 상호 배타적 부하가 없다.

모든 pbrt의 독립된[stand-alone] 함수는 여러 스레드 사이에서 같은 데이터의 포인터를 넘기지 않는 한 스레드 안전하다.

1.5 이 책을 읽는 방법

이 책은 기본적으로 처음부터 끝까지 순서대로 읽는다고 가정하고 작성했다. 최대한 소개되지 않은 개념이나 인터페이스의 선행 참조forward references를 줄이고 개념이나 인터페이스에 대해 독자가 이전 내용에서 인지했다고 가정한다. 하지만 발전된 주제를 깊이 다루는 일부 절들은 독자들이 (처음 읽을 때 특히) 그냥 넘기고 싶을 수 있다. 각 고급 주제에 대한 절은 제목에 별표로 구별된다.

시스템이 모듈화돼 있기 때문에 독자가 주로 익혀야 할 것은 저수준 클래스인 Point3f, Ray, Spectrum 등이지만, 표 1.1에 표기된 추상 기본 클래스로 정의된 인터페이스, SamplerIntegrator::Render()의 주 렌더링 루프에 익숙해져야 한다는 것이다. 해당 정보를 통해 원근 투영perspective projection 행렬에 기반을 두고 CameraSample과 광선을 연결하는 카메라 모델이 어떻게 동작하는지 자세히 알고 싶지 않다면 카메라의 구현을 건너뛰고 Camera::GenerateRayDifferential()이 CameraSample을 RayDifferential로 변환한다는 것만 기억하면 된다.

이 책의 나중 부분은 일부 장으로 이뤄진 4개의 주요 부분으로 이뤄져 있다. 첫 부분은 2장에서 4장까지 시스템의 주요 기하학 기능을 정의한다. 2장은 Point3f, Ray, Bound3f 같은 저수준 클래스를 포함한다. 3장은 다양한 모양의 구현을 제공하는 Shape 인터페이스를 정의하고 광선 모양 교차 테스트가 어떻게 처리되는지 보여준다. 4장은 광선이 교차할리 없는 기본체와의 충돌을 검사하지 않게 함으로써 레이트레이싱을 가속하는 구조의 구현을 설명한다.

두 번째 부분은 이미지 생성 과정을 다룬다. 5장은 빛을 측정하기 위한 물리적 단위와 파장에 따라 변하는 분포(예, 색깔)를 표현하는 Spectrum 클래스를 소개한다. 6장은 Camera 인터페이스를 정의하고 몇 가지 다른 카메라 구현을 설명한다. 이미지 면의 표본을 추출하는 Sampler 클래스는 7장의 주제며, 전체적인 필름의 방사 값을 디스플레이에 적합한 이미지로 변환하는 과정은 7.9절에서 설명한다.

세 번째 부분은 빛과 빛이 표면과 반투명 매질에서 어떻게 산란하는지를 다룬다. 8장은 다양한 종류의 표면 반사를 정의하는 구성 요소 클래스를 설명한다. 9장은 재질과 플라스틱, 유리, 금속 같은 여러 가지 표면 재질을 표현하기 위해 반사 함수를 사용한다. 10장은 표면에서의 재질 특성(색, 거칠기roughness 등)의 변화를 표현하기 위한 텍스처를 소개하고, 11장은 빛이 반투명 매질에 어떻게 산란하고 흡수되는지 설명하는 개념을 설명한다. 12장은 광원의 인터페이스와 여러 구현에 대해 기술한다.

마지막 부분은 다양한 흥미로운 빛 전송 알고리즘을 구현하기 위해 책의 다른 부분들의 모든 개념을 사용한다. 13장은 복잡한 적분 값을 추정하기 위한 통계적 기술인 몬테카를로 적분의 이론을 소개하고, 몬테카를로를 조명과 빛의 산란에 적용하기 위한 저수준 루틴을 기술한다. 14, 15, 16장에서 표면과 입체 적분기는 WhittedIntegrator보다 정확한 빛 전송 방정식의 추정치를 계산하기 위해 몬테카를로 적분을 경로 추적path tracing, 양방향 경로 추적, 메트로폴리스 빛 전송, 포톤 매핑 등의 기술에서 사용한다.

이 책의 마지막 장인 17장은 간략한 복습과 연습문제에 있는 것보다 파급 효과가 큰 프로젝트를 통해 시스템 디자인에 대한 결정을 토론해본다. 부록은 유틸리티 함수와 장면 묘사가 입력 파일을 파싱하면서 어떻게 생성되는지 자세히 설명한다.

1.5.1 연습문제

각 장의 마지막에는 해당 장에서 다룬 내용과 관련된 연습문제가 수록돼 있다. 각 연습문제는 3가지 난이도로 나뉜다.

❶ 한 두 시간밖에 안 걸리는 연습문제
❷ 읽기 혹은 구현하는 데 10시간에서 20시간이 걸리는 수업 과제로 좋은 문제
❸ 40시간 이상 걸리는 기말 프로젝트로 적합한 문제

1.6 코드의 사용과 이해

pbrt는 C++로 작성했지만, C++ 전문가가 아닌 사람들의 가독성에 집중해 언어의 난해한 기능의 사용을 제한했다. 핵심 언어 기능에만 집중한 것은 또한 시스템의 이식성portability에 도움을 준다. 특히 다중 상속이나 실행 시간 예외 처리run-time exception handling 등이나 과도한 C++11이나 C++14의 기능의 사용을 피했다. 또한 단지 C++의 표준 라이브러리에서 일부분만 사용했다.

pbrt의 소스코드 일부분은 이 책에서 종종 생략된다. 예를 들어 처리가 필요한 여러 경우가 거의 동일한 코드로 이뤄져 있다면 한 가지 경우만 표시하고 다른 경우는 생략한다. 물론 pbrt 배포본에는 생략된 코드가 모두 들어있다.

1.6.1 포인터 혹은 참조?

C++는 자료 구조의 주소를 함수에 전달하는 데 포인터Pointer와 참조Reference의 두 가지 방식을 사용한다. 함수 인자가 출력 변수가 아니라면 어느 방식을 사용해도 전체 자료 구조를 스택에 넘기는 부하를 없앨 수 있다. 관례적으로 pbrt는 함수 인자가 변경되는 경우 포인터를 사용하고, 변경되지 않을 때 const 참조를 사용한다. 이 법칙의 중요한 예외는 매개변수가 제공되지 않거나 사용되지 않는 경우를 나타내기 위해서 NULL을 넘기기 위한 경우는 항상 포인터를 사용한다.

1.6.2 추상화와 효율성

소프트웨어 시스템을 위한 인터페이스를 디자인할 때의 한 가지 주된 갈등은 추상화와 효율성 사이의 합리적인 교환 관계다. 예를 들어 많은 프로그래머가 신앙적으로 모든 클래스의 모든 자료를 private로 하고 해당 자료 항목을 획득하거나 값을 변경하는 메서드를 제공한다. 단순한 클래스(예, Vector3f)에 대해 이런 방식이 쓸데없이 합리적으로 절대 바뀌지 않는다고 가정할 수 있는 구현의 기본 속성(클래스가 3개의 부동소수점 좌표를 가진다는)을 숨긴다고 믿는다. 물론 정보를 숨기지 않고 모든 클래스의 세부 내용까지 노출하는 것은 코드 관리의 악몽을 불러올 수 있다. 하지만 아직은 신중하게 기본 디자인 결정을 시스템에 노출하는 것으로 인해 잘못된 것이 없다고 믿는다. 예를 들어 Ray가 점, 벡터, 그리고 범위, 시간, 재귀 깊이에 대한 값으로 표현되는 결정은 추상화 계층 아래 숨길 필요가 없다. 이런 세부 사항을 노출하면 다른 곳의 코드는 더 짧고 이해하기 쉬워진다.

소프트웨어 시스템을 작성하고 이런 종류의 교환 조건을 만드는 것에서 기억할 한 가지 중요한 점은 시스템의 최종 크기다. pbrt의 코어(특정 모양, 빛, 등의 구현을 제외한)는 모든 기본 인터페이스, 추상화, 정책 결정이 정의됐을 때 20,000줄 이하의 코드다. 추가적인 기능을 시스템에 추가하는 것은 일반적으로 다양한 기본 클래스의 구현에서 코드의 양을 증가시킬 뿐이다. pbrt는 결코 수백만 줄의 코드로 증가하지 않는다. 이런 사실은 시스템에 사용된 정보의 양을 숨긴 부분을 반영한다. 이 복잡도 수준의 시스템을 수용하는 인터페이스를 디자인하는 것은 프로그래머의 시간의 낭비(또한 소스의 실행 시간이 비효율적)이다.

1.6.3 코드 최적화

우리는 pbrt의 구현 일부에 대한 미세 최적화보다는 잘 선택한 알고리즘을 통한 효율성을 추구해 시스템이 좀 더 쉽게 이해될 수 있게 했다. 하지만 pbrt의 실행 시간 대부분을 차지하는 부분에 대해서는 코드가 너무 이해하기 어려운 경우에만 부분적인 최적화를 했다. 코드를 통해 사용한 두 가지 주요 부분 최적화는 다음과 같다.

- 현대 CPU 아키텍처에선 가장 느린 수학 연산이 나누기 연산, 제곱근, 삼각 함수다. 또한 빼기 연산, 곱하기 연산의 경우 이 연산들보다 10배에서 50배 정도 빠르다. 느린 수학 연산의 수를 줄이는 것은 성능 향상에 크나큰 도움이 된다. 예를 들어 반복적으로 어떤 값 v로 나누는 것 대신, 역수인 $1/v$를 종종 미리 계산해 곱하는 것이 훨씬 빠르다.
- CPU의 속도는 메인 메모리에서 CPU로 데이터를 불러오는 속도보다 훨씬 빨리 발전하고 있다. 즉, 메모리에서 값을 불러오기를 기다리는 것이 성능의 중대한 한계가 되는 것이다. 알고리즘과 자료 구조를 메모리 캐시가 좋은 성능을 발휘하게 구성하는 것이 전체 명령문을 줄이는 것보다 프로그램 실행 속도를 훨씬 향상시킨다. 부록 A의 A.5절에서 메모리 효율적인 프로그래밍에 대한 기본적인 원칙을 다룬다. 이 개념들은 4장의 광선 교차 가속 구조와 10.4.3절의 이미지 맵 표현image map representation에 대부분 적용됐으며, 시스템의 전체적인 디자인 결정에도 영향을 줬다.

1.6.4 이 책의 웹 사이트

이 책의 동반 웹 사이트인 pbrt.org는 시스템의 소스코드, 문서, pbrt로 렌더링한 이미지, 예제 장면 오류 모음, 그리고 버그 보고 시스템에 대한 링크를 포함하고 있다. 웹 사이트에 방문해서 pbrt 메일링 리스트에 가입하는 것을 권장한다.

1.6.5 시스템의 확장

이 책을 집필하고 pbrt 시스템을 작성하면서 염두에 둔 중요한 목표는 개발자와 연구자가 렌더링의 새로운 아이디어를 실험하기 쉽게 만드는 점이다. 컴퓨터 그래픽스로 새로운 소프트웨어를 작성하는 가장 큰 즐거움은 새로운 이미지를 생성하는 것이다. 시스템의 작은 변화만으로도 실험하기에 즐거울 수 있다. 책의 연습문제들은 작은 변경tweak에서 중요한 자유 연구 주제 프로젝트까지 시스템을 다양하게 바꿀 것을 제안한다. 부록 B의 B.4절은 표 1.1의 목록에 있는 추상 기반 클래스의 새 구현을 추가하는 메커니즘에 대한 더 많은 정보를 제공한다.

1.6.6 버그

광범위한 테스트를 통해 pbrt가 최대한 정확하도록 최선을 다했지만 버그가 일부 존재하는 것은 피할 수 없다.

시스템의 버그를 발견했다면 다음의 절차를 따르라.

1. 변경 없는 최신 pbrt에서 버그를 재현한다.
2. pbrt.org의 온라인 토론 포럼과 버그 추적 시스템을 확인한다. 문제는 알려진 버그이거나 혹은 기능을 잘못 이해해서일 수도 있다.
3. 버그를 실증하는 가장 단순한 테스트 케이스를 찾아본다. 많은 버그가 단지 몇 줄짜리 장면 설명 파일로 재현이 가능하며, 복잡한 장면보다 간단한 장면의 디버깅이 훨씬 용이하다.
4. 자세한 버그 리포트를 온라인 버그 추적 시스템에 제출하라. 버그를 입증하는 짧은 장면 파일과 왜 pbrt가 장면에 대해 정확하게 동작하지 않는지에 관한 자세한 설명을 반드시 첨부해야 한다. 버그 수정 코드를 제공한다면 더욱 좋다.

주기적으로 pbrt의 버그 수정과 작은 확장을 구현한 갱신 버전을 공개한다(버그 리포트를 살펴보기 전에 종종 몇 달 동안 버그 리포트를 누적하는 것을 주의하자. 이를 우리가 가치 없이 생각한다고 받아들이지 말기를!). 하지만 갱신된 pbrt 소스코드에는 중대한 변경을 제공하지 않을 것이므로, 이 책에 설명된 시스템은 새 버전과 큰 차이는 없을 것이다.

1.7 간단한 물리 기반 렌더링에 대한 역사

1970년대 컴퓨터 그래픽의 초기 시절을 통해 가시성 알고리즘이나 기하 구조 표현 등의 근원적인 이슈들을 해결하는 것이 가장 중요한 문제였다. 메가바이트의 RAM이 귀하고 비싼 사치품이었고, 초당 백만 부동소수점 연산이 가능한 컴퓨터가 수십만 달러였으며, 컴퓨터 그래픽에서 가능한 것에 대한 복잡도는 제한돼 있었고, 렌더링에서 정확히 물리학을 시뮬레이션하는 시도는 실현 불가능했다.

컴퓨터가 점점 유능해지고 덜 비싸지면서 렌더링을 위해 더 많은 계산이 요구되는 방식들이 가능해졌으며, 결과적으로 물리적으로 기반을 둔 방식들이 실현 가능해졌다. 이 진보는 블린의 법칙으로 깔끔하게 설명할 수 있다. "기술이 발전해도 렌더링 시간은 여전히 고정된다."

짐 블린Jim Blinn의 단순한 문구는 중요한 제한을 포착한다. 반드시 렌더링돼야 하는 주어진 일정한 수의 이미지(이는 연구 논문을 위한 적은 수이거나 영화를 위한 수십만 장일 수도 있다)에 대해 오직 가능한 것은 각각에 대해서 정해진 처리 시간을 소모하는 것만이 가능하다는 것이다. 하나는 정해진 양의 가용한 계산량을 가지며, 다른 하나는 렌더링이 반드시 끝나야 하는 일정량의 정해진 시간을 가지므로, 이미지당 최대 계산은 제한될 수밖에 없다.

또한 블린의 법칙은 사람들이 렌더링하고 싶은 이미지와 렌더링할 수 있는 이미지 사이의 간극이 있다는 관찰을 표현한다. 컴퓨터가 빨라질수록 콘텐츠 제작자는 예전과 같은 장면을 더 빨리 렌더링하기보다는 더 복잡한 장면을 더 고도화된 렌더링 알고리즘으로 렌더링해 계산 용량을 증가시킨다. 렌더링은 계속 가용한 모든 계산 용량을 소모하게 된다.

1.7.1 연구

렌더링을 물리 기반 방식으로 하는 것은 1980년대의 그래픽 연구자들에 의해 심각하게 논의됐다. 휘티드의 논문(1980)은 레이트레이싱을 전역 조명 효과에 사용하는 개념을 소개했고, 장면의 빛 분포를 정확하게 시뮬레이션하는 시작을 열었다. 그의 방식으로 생성된 렌더링된 이미지는 이전에 본 것과 현저하게 달랐으며, 이 방식에 대한 열광에 박차를 가했다.

물리 기반 렌더링에서 또 다른 언급해야 하는 초기 발전은 쿡Cook과 토랜스Torrance의 반사 모델(1981, 1982)이며, 이는 미세 표면 반사 모델을 그래픽에 도입했다. 다른 기여 사이에서도 이들은 금속 표면을 정확히 렌더링하는 것이 가능한 한 미세 표면 반사를 정확하게 모델링하는 것을 보여줬다. 금속은 앞선 방식에서 제대로 렌더링되지 않았다.

조금 이후에 고랄 등(Goral et al. 1984)은 열 전도 논문과 렌더링 사이에 연결을 생성했으며, 어떻게 전역 확산광 효과를 물리 기반 근사를 사용해서 통합할 수 있는지를 보여줬다. 이 방식은 유한 요소 방식finite-element method에 기반을 두고 장면의 표면 영역에서 다른 곳과 에너지를 교환하는 방식으로 계산했다. 이 방식은 관련된 물리 단위에서 따와서 '라디오시티radiosity'로 참조됐다. 이후의 코헨과 그린버그(Cohen and Greenberg, 1985)나 니시타와 나카마에(Nishita and Nakamae, 1985)는 중요한 개선 사항을 도입했다. 한 번 더 물리 기반 방식은 이전의 렌더링한 이미지에서 볼 수 없었던 조명 효과를 보여줬으며, 이 분야에서 많은 연구자가 개선을 추구하게 유도했다.

라디오시티 방식이 물리 단위와 에너지 보존 법칙에 강하게 기반을 두고 있으므로 그 당시에는 실행 가능한 렌더링 알고리즘으로 이어지지 못하는 것이 명백해졌다. 점근적 계산 복잡도는 관리하기 어려운 $O(n^2)$이었으며, 좋은 결과를 위해 그림자 경계를 따라서 기하 모델을 다시 할 수 있어야 했다. 연구자들은 이런 목적을 위한 안정적이고 효율적인 테셀레이션 알고리즘을 개발하는 데 어려움을 겪었으며, 라디오시티의 실제 도입은 제한됐다.

라디오시티 시절 동안 작은 연구자 모임이 레이트레이싱과 몬테카를로 적분에 기반을 둔 물리 기반 렌더링 방식을 추구했다. 이 당시에 많은 사람이 그들의 작업을 회의적으로 봤다. 몬테카를로 적분으로 인한 불쾌한 잡음은 피할 수 없어 보였고, 반면 라디오시티 기반 방식은 적어도 상대적으로 간단한 장면들에서는 시각적으로 만족스러운 결과를 빨리 낼 수 있었다.

1984년에 쿡, 포터, 카펜터(Cook, Porter, Carpenter)는 분산 레이트레이싱을 도입했으며, 이는 휘티드의 알고리즘을 모션 블러와 카메라의 비초점 블러, 광택 표면에서의 흐릿한 반사, 영역 광원에서의 조명을 계산할 수 있도록 일반화한 것으로(Cook et al. 1984), 레이트레이싱이 다수의 중요한 조명 효과를 생성하는 것이 가능한 것을 보여줬다.

조금 뒤에 카지야(Kajiya, 1986)가 경로 추적을 도입했다. 그는 렌더링 문제에 대한 엄밀한 공식화를 준비했으며(빛 전송 적분 방정식), 이를 어떻게 몬테카를로 적분에 적용해서 해를 구할 수 있는지 보여줬다. 이 작업은 엄청난 양의 계산이 필요했다. 두 개의 구의 256 × 256픽셀의 이미지를 경로 추적으로 렌더링하기 위해서는 처음 발매 가격으로 대략 $280,000의 IBM 4341 컴퓨터에서 7시간의 계산이 필요했다(Farmer 1981). 폰 게르체(von Herzen), 카지야는 또한 입체 렌더링 방정식을 그래픽스에 도입했다(Kajiya와 von Herzen 1984). 이 방정식은 반투명 매질 안에서 빛의 산란을 엄밀하게 설명했다.

쿡 등(Cook et al.)과 카지야의 작업은 다시 한 번 이전과 다른 이미지로 이끌었으며, 물리 기반 방식의 가치를 보여줬다. 이후의 사실적인 이미지 합성을 위한 몬테카를로의 중요한 작업은 논문 Arvo와 Kirk(1990) 및 Kirk와 Arvo(1991)에 설명돼 있다. 셜리(Shirley)의 박사 학위 논문(1990)과 이후 작업인 셜리 등(Shirley et al., 1996)은 몬테카를로 기반 작업의 중요한 기여다. 홀의 책 컴퓨터 생성 이미지에서의 조명과 색(1989)은 물리 기반의 렌더링을 보여준 초기 책 중 하나며, 앤드류 글래스너의 디지털 이미지 합성의 원칙(Andrew Glassner, 1995)은 분야의 기반을 엄밀하게 제공했다. 워드(Ward)의 Radiance 렌더링 시스템은 초기 오픈소스 물리 기반 렌더링 시스템이었으며, 조명 디자인에 중점을 뒀고(Ward 1994), 슬루살렉(Slusallek)의 Vision 렌더러는 물리 기반 방식과 널리 사용되지만 물리 기반이 아니던 RenderMan 인터페이스를 연결하도록 디자인됐다(Slusallek 1996).

토랜스와 쿡(Torrance and Cook)의 이후 작업에서 코넬 대학의 컴퓨터 그래픽스 과정에서 물리 기반 방식에 대한 많은 연구가 이뤄졌다. 이 작업의 동기는 그린버드 등(Greenberg et al., 1997)에 요약돼 있으며, 그는 물리적으로 정확한 렌더링에 대해 실세계 물체의 재질 특성에 대한 측정과 인간 시각 시스템의 깊은 이해를 기반으로 강력한 주장을 했다.

물리 기반 렌더링에서 중대한 진전은 비치(Veach)의 작업이며, 그의 학위 논문(Veach 1997)에 자세히 설명돼 있다. 비치는 몬테카를로 렌더링의 핵심 이론적 기반을 발전시키면서, 또한 효율성을 크게 증가시키는 다중 중요도 표본화, 양방향 경로 추적, 메트로폴리스 빛 전송 등을 개발했다. 블린의 법칙을 생각하면 효율성의 이 상당한 진전은 이 방식을 실제로 적용하는 데에 매우 중대하다고 믿는다.

이 시기에 컴퓨터가 점점 빨라지고 더욱 병렬화되면서 많은 수의 연구자가 실시간 레이트레이싱을 시작했다. 왈드, 슬루살렉, 벤씬(Wald, Slusallek, Benthin)은 이전의 레이트레이서보다 훨씬 효율적인 고도로 최적화된 레이트레이서를 설명하는 영향력 있는 논문(Wald et al. 2001b)을 작성했다. 많은 이후의 논문은 점점 더 효율적인 레이트레이싱 알고리즘을 도입했다. 물리 기반 렌더링이 일반적으로 레이트레이싱을 상당히 사용하기에 이 작업은 결과적으로 컴퓨터가 빨라지는 것만큼 효과를 보게 돼 더 복잡한 장면을 물리적인 방식으로 렌더링하는 것을 가능하게 한다.

이 시점에서 물리 기반 렌더링 연구 진행의 핵심 단계에 대한 요약을 끝내지만 훨씬 많은 것들이 이뤄졌다. 이후 모든 장의 '더 읽을거리' 절에서 이 작업들에 대해 더 자세히 다룬다.

1.7.2 제작

1980년대의 더 능력 있는 컴퓨터들로 컴퓨터 그래픽스는 애니메이션과 영화 제작에 사용됐다. 짐 블린의 1981년 토성을 지나가는 보이저 2호의 렌더링이나 스타 트렉 2: 칸의 분노(1982), 트론(1982), 마지막 스타파이터(1984) 등이 초기 예제들이다.

컴퓨터 생성 이미지의 초기 제작 사용은 래스터라이제이션 기반 렌더링(보통 레이스 알고리즘Reyes algorithm(Cook et al. 1987)으로 알려진)이 유일하게 실현 가능했다. 한 가지 이유는 복잡한 반사 모델이나 전역 조명 효과 같이 물리 기반 레이트레이싱이 제공할 수 있는 기능에 필요한 충분한 계산량이 없었다. 더 중요하게는 래스터라이제이션은 전체 장면 표현을 주 메모리에 올릴 필요가 없었다.

RAM이 훨씬 풍족하지 않던 시절에는 거의 대부분 흥미로운 장면들은 주 메모리에 올리기엔 너무 컸다. 래스터라이제이션 기반 알고리즘은 전체 장면 표현의 작은 부분집합만을 가진 상황에서 장면을 렌더링하는 것이 가능했다. 전역 조명 효과는 전체 장면이 주 메모리에 올라가지 않을 경우 성취하기 어렵다. 많은 시간동안 제한된 컴퓨터 시스템으로 인해 콘텐츠 제작자는 기하학적 복잡도와 텍스처 복잡도가 조명 복잡도(결과적으로 물리적 정확도)보다 시각적 사실성에 더 중요하다고 결정했다.

또한 이 시절의 많은 전문가는 물리 기반 방식이 제작에 필요하지 않다고 여겼다. 컴퓨터 그래픽의 한 가지 위대한 점은 요구되는 예술적인 효과를 얻기 위해서 현실을 아무 문제없이 조작할 수 있다는 것이다. 예를 들어 일반 영화의 조명 디자이너는 종종 카메라에 보이지 않는 조명을 배치하거나 배경에서 너무 많은 빛이 빛나지 않으면서 배우를 조명하게 빛을 배치하는 데 많은 노력을 들인다. 컴퓨터 그래픽스는, 예를 들면 배경 물체보다 캐릭터에 두 배로 많이 빛나는 광원 모델을 상당히 일반적인 방식으로 구현할 수 있다. 많은 시간동안 이 기능이 물리적 정확성보다 훨씬 더 유용해보였다.

렌더링 이미지를 필름이 찍은 실세계 환경에 맞추려는 특정 필요가 있던 시각적 효과 전문가들은 실세계 조명과 음영 효과를 포착하는 길을 개척했고, 물리 기반 방식을 1990년대 후반과 2000대 초반에 일찍 도입했다(예를 들어 이 분야의 ILM의 초기 작업의 역사를 보기 위해 Snow(2010)를 보자).

이 시기에 블루 스카이 스튜디오는 물리 기반 파이프라인을 그들의 초기 시절부터 적용했다(Ohmer 1997). 그들의 브라운 면도기를 위한 1992년의 극사실주의 광고는 많은 이의 주목을 받았으며, 그들은 단편인 1998년의 버니(Bunny)는 제작에서 몬테카를로 전역 조명을 사용한 초기 예다. 그 시각적 효과는 레이스로 렌더링한 영화나 단편들과 확연히 달랐으며, 널리 인용됐다. 이어진 블루 스카이의 장편 영화 역시 이 방식을 따랐다. 불행히도 블루 스카이는 그들의 방식에 대해 중요한 기술적 세부 사항을 공개하지 않았으며, 더 넓은 영향을 제한했다.

초기 2000년대 동안 멘탈 레이^mental ray^ 레이트레이싱 시스템이 여러 스튜디오에서 주로 시각효과를 위해 사용됐다. 이는 복잡한 전역 조명 알고리즘 구현을 가진 아주 효율적인 레이트레이서다. 개발자들의 주된 관심은 컴퓨터 이용 설계computer-aided design와 생산 설계 응용 프로그램이었기에 영화 제작에서 요구되는 극도로 복잡한 장면과 엄청난 양의 텍스처 맵을 다루는 능력은 없었다.

버니 이후 2001년에 새로운 분수령이 됐으며, 이는 마르코스 파카르도(Marcos Fajardo)가 SIGGRAPH에 그의 아놀드Arnold 렌더러의 초기 버전을 갖고 왔을 때다. 그는 몬테카를로 이미지 합성 강좌에서 복잡한 기하 구조, 텍스처, 전역 조명 등을 가진 이미지를 보여줬는데, 심지어 이 이미지들이 몇 십 분 만에 렌더링된 것이었다. 이 장면들이 그 당시엔 영화 제작에 필요한 정도의 복잡도를 갖지는 못했지만, 그의 결과는 복잡한 장면에서의 전역 조명으로부터 많은 창의적인 기회를 보여줬다.

파카르도는 아놀드를 소니 픽처스 이미지웍스에 가져갔으며, 거기서 아놀드를 영화 제작이 가능한 물리 기반 렌더링 시스템으로 변환하기 시작했다. 효율적인 모션 블러, 프로그램 가능한 음영, 엄청나게 복잡한 장면과 장면 기하 구조의 지연 부르기, 그리고 단지 장면의 텍스처 중에 작은 부분집합만 메모리에 유지할 수 있는 텍스처 캐싱에 대한 지원을 제작했으며, 이는 모두 언급할 만한 중요한 영역이다. 아놀드는 영화 몬스터 하우스에서 처음 사용됐으며, 이제 일반적으로 상품으로 사용이 가능하다.

2000년대 중반에 픽사의 렌더맨RenderMan 렌더러는 레스터라이제이션과 레이트레이싱 알고리즘의 혼합을 지원하고 복잡한 장면에서의 전역 조명 해를 계산하기 위한 획기적인 알고리즘을 포함했다. 렌더맨은 최근 물리 기반 레이트레이싱으로 새로 쓰여졌으며, pbrt의 일반 시스템 아키텍처를 따랐다(Christensen 2015).

영화 제작에서 렌더링에 있어 물리 기반 몬테카를로 방식이 성공적이던 한 가지 주된 이유는 결과적으로 아티스트들의 생산성을 향상시키기 때문이다.

일부 중요한 인자들은 다음과 같다.

- 포함된 알고리즘이 본질적으로 단지 단일 품질 조절, 즉 픽셀당 얼마나 많은 표본을 추출할지만을 가진다. 이는 아티스트에게 극도로 도움이 된다. 또한 레이트레이싱 알고리즘은 점진적인 개선과 픽셀당 적은 수의 표본만을 추출해서 대략적인 미리 보기를 빨리 계산하는 데 적합하다. 래스터라이제이션 기반 렌더러는 동일한 능력을 지니고 있지 않다.
- 물리 기반 반사 모델을 적용하는 것이 표면 재질을 설계하는 것을 쉽게 한다. 앞서 반사 모델이 사용된 에너지를 보존할 필요가 없는 경우 표면 반사 매개변수를 조절하

면서 물체는 단일 조명 환경에 배치된다. 물체는 해당 환경에서는 훌륭하게 보이지만 다른 조명 환경으로 옮겨졌을 때 종종 완전히 이상하게 되며, 이는 표면이 너무 적거나 너무 많은 에너지를 반사하기 때문이다. 표면 속성이 비정상적인 값으로 설정됐기 때문이다.

- 레이트레이싱으로 생성한 그림자의 품질이 래스터라이제이션으로 생성한 것보다 훨씬 훌륭하다. 그림자 맵 해상도, 편향, 다른 매개변수가 제거되면서 조명 아티스트에게 불편한 작업이 제거됐다. 더욱이 물리 기반 메서드는 예술적으로 조정된 수동 과정이 아닌 메서드 자체에서 반사광과 다른 부드러운 조명 효과를 자체로 갖고 있다.

이 책을 집필하는 현재 상황에서 물리 기반 렌더링은 영화에서 컴퓨터 생성 이미지를 위해서 널리 사용되고 있다. 그림 1.22와 1.23은 두 최신 영화에서 물리 기반 방식을 사용한 이미지를 보여준다.

그림 1.22 〈그라비티〉(2013)는 입체 산란과 방대한 비등방성 금속 표면을 가진 현실적인 우주 공간을 환상적인 컴퓨터 생성 이미지로 표현했다. 이미지는 전역 조명을 고려한 물리 기반 렌더링 시스템인 아놀드로 생성됐다(워너브라더스와 프레임스토어 이미지 제공).

그림 1.23 〈호빗: 다섯 군대의 전투〉(2014) 또한 물리 기반 렌더링 시스템을 사용해서 렌더링됐다. 캐릭터들은 비균일 표면 밑 산란과 엄청난 양의 기하 구조 세부를 가진다(웨타 디지털, 워너브라더스, 메트로-골드윈-메이어 이미지 제공).

더 읽을거리

초기의 중요한 1968년 논문에서 아서 아펠Arthur Appel은 숨겨진 표면 문제와 다각형polygon 장면에서 그림자를 계산하기 위해 레이트레이싱의 기본 아이디어를 설명했다. 골드슈타인Goldstein과 네이글Nagel의 1971년 논문에서 어떻게 레이트레이싱이 2차 곡면quadric surfaces을 렌더링하는 데 사용될 수 있는지 보여줬다. 케이Kay와 그린버그Greenburg의 1979년 논문은 반투명을 렌더링하기 위한 레이트레이싱 방법을 설명했고, 휘티드의 핵심적인 CACM 기사는 1장에서 구현된 정확히 반사면에서의 반사와 굴절, 그리고 점광원에서의 그림자를 시뮬레이션하는 일반적인 재귀적 레이트레이싱 알고리즘을 설명했다(Whitted 1980). Heckbert (1987)는 사막의 사실적인 렌더링을 시도했다.

물리 기반 렌더링과 이미지 합성synthesis의 주목할 만한 책으로는 코헨Cohen과 왈라스Wallace의 라디오시티와 사실적 이미지 합성Radiosity and Realistic Image Synthesis(1993), 실리온Sillion과 푸에크Puech의 라디오시티와 전역 조명Radiosity and Global Illumination(1994), 애쉬다운Ashdown의 라디오시티: 프로그래머의 관점Radiosity: A Programmer's Perspective 등으로, 모두 주로 유한 요소finite-element 라디오시티 방법을 다루고 있다.

레이트레이싱 시스템 설계 논문에서 커크Kirk와 아르보Arvo의 1988년 논문은 렌더러 디자인의 대표적인 원론을 제안했다. 그들의 렌더러는 기본 렌더링 알고리즘을 감싸고 기본체와 상호작용하는 핵심 커널kernel과 신중하게 생성한 객체지향 인터페이스를 통해 구현한 음영

shading 루틴으로 이뤄져 있다. 이 방식은 시스템을 새로운 기본체와 가속 메서드를 통해 확장하기 쉬운 형태다. pbrt의 디자인도 이 개념에 기반을 둔다.

레이트레이싱 설계의 다른 좋은 참조 예는 레이트레이싱 소개Introduction to Ray Tracing(Glassner 1989a)로 당시 최신식 레이트레이싱을 설명하고 기본 레이트레이서를 스케치한 헥버트의 장을 포함한다. 더 최근으로 셜리Shirley와 몰리Morley의 사실적 레이트레이싱Realistic Ray Tracing(2003)은 이해하기 쉬운 레이트레이싱의 개요와 기본 레이트레이서의 완전한 소스코드를 포함한다(셜리와 몰리 2008). 서펀Suffern의 책(2007)도 무난하게 레이트레이싱을 소개한다.

코넬 대학의 연구자들은 렌더링 테스트 베드를 다년간 개발해왔다. 디자인과 전체적 구조는 트럼보어Trumbore, 리틀Lytle, 그린버그Greenberg의 1993년 논문에 설명됐다. 그 전신은 홀과 그린버그(1983)가 소개했다. 이 시스템은 여러 모듈과 라이브러리를 느슨하게 연결해서 각각 하나의 태스크(광선-물체 교차 가속, 이미지 저장 등)를 처리하게 디자인됐고, 새로운 렌더링 알고리즘을 개발하고 연구하기 위해 적절한 모듈들을 결합하기 쉽게 만들어졌다. 렌더링 테스트 베드는 매우 성공적이었으며, 코넬에서 이뤄진 대부분의 렌더링 연구의 기반으로 사용됐다.

래디언스Radiance는 물리적 양에 근본적으로 기반을 둔 처음으로 널리 사용 가능한 오픈소스 렌더러다. 이는 아키텍처 설계를 위한 정확한 조명 시뮬레이션을 수행하게 디자인됐다. 워드는 논문과 책에서 이의 설계와 역사를 설명했다(Ward 1994, Larson과 Shakespeare 1998). 래디언스Radiance는 각각이 렌더링 과정의 다른 부분을 처리하는 상호작용 프로그램들의 집합으로 유닉스 스타일로 설계됐다. 이 일반적인 렌더링 아키텍처의 형태는 더프(Duff, 1985)가 처음 설명했다.

글래스너(Glassner, 1993)의 스펙트럼Spectrum 렌더링 아키텍처 역시 물리 기반 렌더링에 집중했으며, 문제에 대해 신호 처리 기반 공식화를 통해서 접근했다. 이 확장 가능한 시스템은 플러그인 아키텍처로 생성됐다. pbrt의 주요 추상 인터페이스의 구현을 초기화하기 위한 매개변수와 값의 목록을 사용하는 방식은 이와 유사하다. 스펙트럼의 주목할 만한 기능은 장면을 설명하는 모든 매개변수가 시간의 함수로 서술할 수 있다는 것이다.

슬루살렉과 세이델(Seidel, 1995, 1996; Slusallek 1996)은 비전Vision 렌더링 시스템을 설명했으며, 이 또한 물리 기반이며 다양한 빛 전송 알고리즘을 지원하게 설계됐다. 특히 몬테카를로와 유한 요소 기반 빛 전송 알고리즘을 둘 다 지원하는 야심찬 목표를 가졌다.

오락과 예술적 응용을 위한 여러 렌더링 시스템의 구현과 디자인을 설명한 많은 논문이 있다. 픽사Pixar의 렌더맨RenderMan® 렌더러의 기초를 이루는 레이어스Reyes 아키텍처는 쿡Cook, 카펜터Carpenter, 캐멀Catmull의 1987년 논문에서 처음 소개됐고, 초기 알고리즘의 다양한 개선은 아포다카Apodaca와 그리츠Gritz의 2000년 논문에서 정리됐다. 그리츠와 한(Gritz and Hahn, 1996)은 BMRT 레이트레이서를 설명하고 있다. 마야Maya 모델링과 애니메이션 시스템의 렌더러는 성Sung 등의 1998년 논문에서 설명됐고, 멘탈 레이mental ray 렌더러의 내부적 구조는 드라이마이어Driemeyer와 허켄Herken의 책에서 API로 설명됐다(Driemeyer와 Herken 2002). 고성능 만타Manta 상호작용 레이트레이서의 디자인은 비글러Bigler 등의 2006년 논문에 설명됐다.

pbrt의 소스코드는 BSD 라이선스하에 배포된다. 이 라이선스를 통해 다른 개발자들이 pbrt를 기초로 개선이 가능하다. www.luxrender.net에서 접근 가능한 럭스렌더LuxRender는 pbrt를 시작점으로 한 물리 기반 렌더러다. 다양한 추가 기능과 모델링 시스템을 위한 풍부한 장면 추출export 플러그인을 제공한다.

레이 트레이싱 뉴스Ray Tracing News는 에릭 하인즈(Eric Haines)가 1987년까지 모은 전자 뉴스레터로 종종 여전히 발간된다. 이는 일반 레이트레이싱 정보에 대한 좋은 자료며, 특히 교차점 가속 방식, 구현 이슈, 교환 조건을 위한 기술 등에 대한 유용한 논의가 있다. 더 최근에는 ompf2.com의 포럼에서 빈번하게 많은 경험 있는 레이트레이서 개발자들이 논의하고 있다.

pbrt를 구성하는 데 사용된 객체지향 방식은 시스템을 더 쉽게 이해할 수 있게 하지만 렌더링 시스템을 구성하는 유일한 방법은 아니다. 중요한 객체지향 방식의 대항마는 자료 지향 디자인DoD, Data-oriented Design으로, 많은 게임 개발자(퍼포먼스가 매우 중요한)들에 의해서 현저히 지지된다. DoD의 중요한 교리는 전통적인 객체지향 디자인의 많은 원칙이 고성능 소프트웨어 시스템에서 메모리의 자료 배치가 캐시 비효율적이 되므로 호환 가능하지 않기 때문이다. 대신 이 방식의 지지자들은 메모리에서의 자료 배치에 대해 우선적으로 고려한 뒤에 이 자료가 어떻게 프로그램으로 변환할지 고민하는 방식을 선호한다. 예를 들면 마이크 액톤(Mike Acton)의 C++ Conference에서의 키노트(Acton 2014)를 참고하자.

연습문제

❶ 1.1 pbrt를 이해하기 위한 좋은 방법으로 하나의 광선에 대해 방사 값의 계산 과정을 디버거debugger로 따라 가보는 것이다. 디버깅 심볼debugging symbol을 포함한 pbrt 버전을 생성하고 pbrt에서 scenes/ 디렉터리에 있는 killeroo-simple.pbrt 장면을 실행하자. `SamplerIntegrato::Render()` 메서드에 중지점breakpoint을 설정하고, 어떻게 광선이 생성되고 어떻게 방사 값이 계산되고 어떻게 광선의 영향이 이미지에 더해지는지를 추적해보자. 처음에 이것을 시도할 때 실행 스레드를 하나만 생성하기 위해 `--nthreads 1`를 커맨드라인 인수로 pbrt에 제공한다. 이를 통해 모든 계산이 주 처리 스레드에서 처리돼 어떤 일이 일어나는지 이해하기 훨씬 쉬워지며, 쉬워지는 정도는 디버거가 얼마나 쉽게 여러 스레드에서 실행되는 프로그램의 처리 단계를 따라가기 쉽게 해주는지에 따라 다르다.

이 책의 뒷부분을 통해 시스템의 세부 사항에 대한 이해가 깊어질수록 이 과정을 반복해 시스템의 특정한 부분을 더욱 신중히 추적하자.

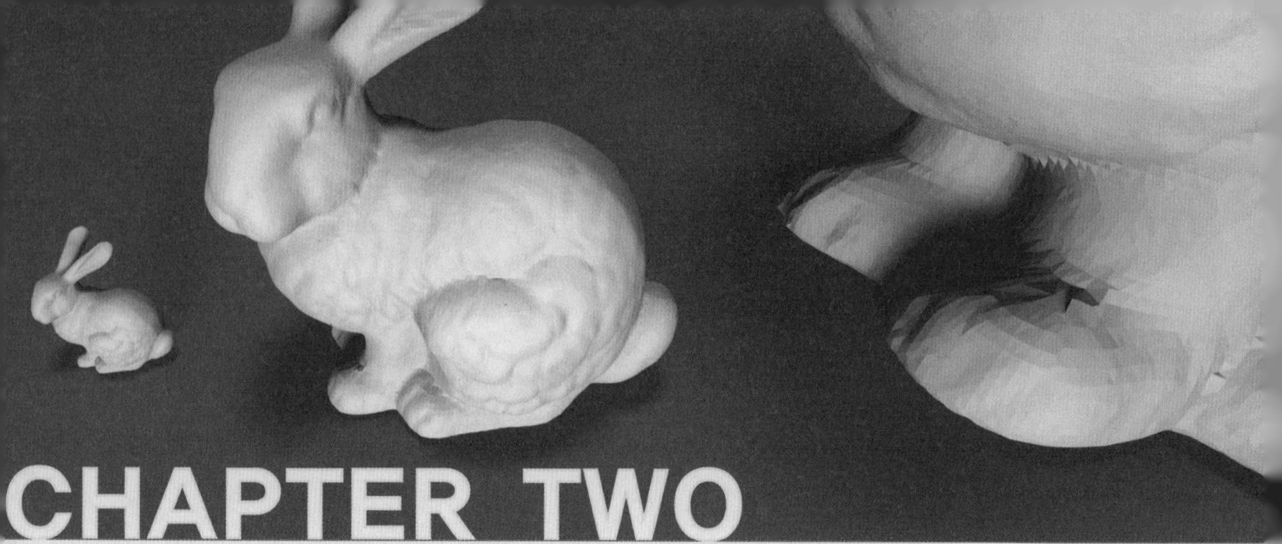

CHAPTER TWO

02 기하 구조와 변환

거의 대부분의 그래픽 프로그램은 기하학 클래스를 기반으로 생성된다. 기하학 클래스들은 점, 벡터, 광선과 같은 수학적 구조를 표현한다. 이 클래스들은 시스템 전반에 걸쳐 사용되므로 좋은 추상화와 효율적인 구현이 매우 중요하다. 2장에서는 pbrt의 기하학적 기반에 대한 인터페이스와 구현을 알아본다. 2장에서 다루는 클래스는 삼각형, 구 같은 실질적인 장면 기하 구조를 표현하는 클래스가 아니며, 해당 장면 기하 구조는 3장의 주제로 다룬다.

2장의 기하학적 클래스는 pbrt 배포본의 core/geometry.h에 정의되고 core/geometry.cpp에서 구현됐으며, 변환 행렬transformation matrices(2.7절)은 core/transform.h와 core/transform.cpp 파일에서 구현됐다.

2.1 좌표계

컴퓨터 그래픽의 전통적인 방식대로 pbrt는 3차원 점, 벡터, 법선 벡터를 3개의 부동소수점 좌표 값 (x, y, z)으로 표현한다. 물론 이 값은 공간의 원점과 x, y, z축을 표현하는 일차 독립linearly independent적인 벡터들을 정의하는 **좌표계**coordinate system 없이는 의미를 갖지 못한다. 원점과 3개의 벡터를 합쳐서 좌표계를 정의하는 프레임frame이라고 부른다. 3D에서 임의의 위치나 방향의 (x, y, z) 좌표 값은 그것과 프레임과의 관계에 따라 의미가 달라진다. 그림 2.1은 이 개념을 2D에서 보여주는 예다.

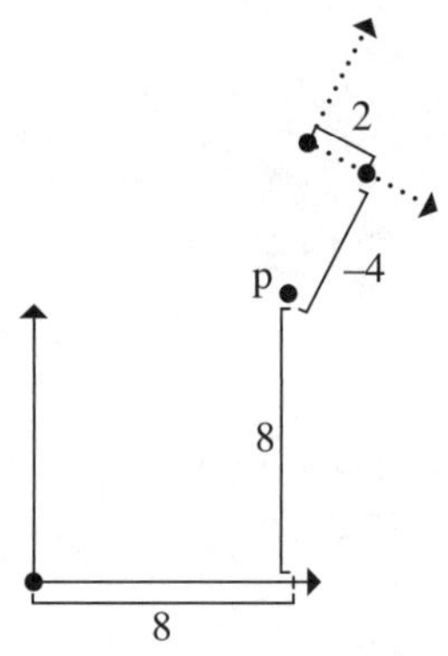

그림 2.1 2D에서 점 p에 대한 x, y 좌표는 특정한 2D 좌표계와 점과의 관계로 정의된다. 여기에서는 두 가지 좌표계를 볼 수 있다. 좌표축이 실선으로 그려진 좌표계에 대해선 (8, 8)로 표현될 수 있지만, 점선에 대해서는 (2, −4)로 표현할 수 있다. 두 가지 경우 모두 2D 점 p는 공간에서 같은 절대 위치를 가진다.

일반적인 n차원의 경우 프레임의 원점 p_0와 n개의 일차 독립 기저basis 벡터들은 n차원의 아핀 공간affine space을 정의한다. 공간의 모든 벡터 $\mathbf{v}$는 기저 벡터들의 일차적 조합으로 표현할 수 있다. 벡터 $\mathbf{v}$와 기저 벡터들인 $\mathbf{v}_i$에 대해 유일한 스칼라scalar 값의 모음인 다음과 같은 s_i 값이 존재한다.

$$\mathbf{v} = s_1\mathbf{v}_1 + \cdots + s_n\mathbf{v}_n$$

스칼라 값 s_i는 $\mathbf{v}$를 기저 $\{\mathbf{v}_1, \mathbf{v}_2, \ldots, \mathbf{v}_n\}$에 대해 표현한 것이며 벡터로 저장한 좌표 값이다. 또한 모든 점 p는 원점 p_o와 기저 벡터들에 대해 유일한 스칼라 s_i에 대해서 다음과 같이 표현할 수 있다.

$$p = p_o + s_1\mathbf{v}_1 + \cdots + s_n\mathbf{v}_n$$

점과 벡터 둘 다 3D에서 x, y, z 좌표로 표현이 가능하지만, 둘은 구분된 수학적 실체entity로 자유롭게 상호 변환 가능하지 않다.

점과 벡터의 좌표계에서의 정의는 역설적이다. 프레임을 정의하기 위해선 점과 벡터의 집합이 필요하지만, 점과 벡터는 특정 프레임에서만 의미를 가진다. 그러므로 3차원에서 우리는 표준 프레임standard frame으로 원점 (0, 0, 0), 기저 벡터 (1, 0, 0), (0, 1, 0), (0, 0, 1)을 정의한다. 다른 모든 프레임은 월드 공간world space이라 불리는 고전적인 좌표계를 고려해서 정의된다.

2.1.1 좌표계의 손 방향

세 개의 좌표축을 배치하는 2가지 다른 방법을 그림 2.2에서 볼 수 있다. 특정 x, y 좌표축에 대해 z축은 두 방향에서 한 가지 방향을 가리킨다. 이 두 가지 배치를 왼손잡이와 오른손잡이라고 부른다. 두 가지 중의 선택은 임의적이지만, 시스템을 통해 구현되는 일부 기하학적 연산에 대해 다양한 영향을 끼친다. pbrt는 왼손 좌표계를 사용한다.

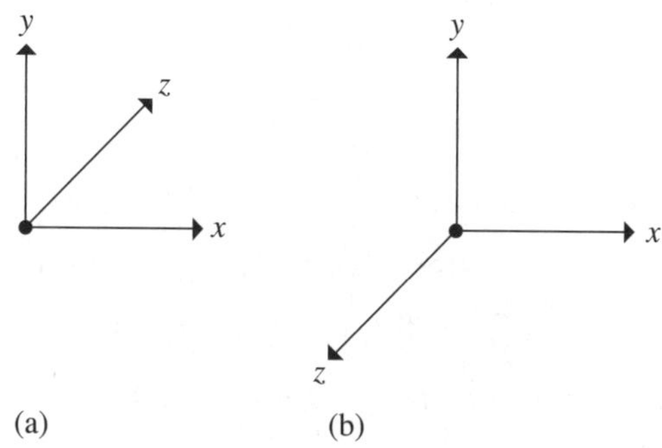

그림 2.2 (a) 왼손 좌표계에서 x축이 오른쪽을 향하고 y축이 위를 향할 때 z축은 지면 속으로 향하게 된다. (b) 오른손 좌표계에서 z축은 지면 밖을 향하게 된다.

2.2 벡터

pbrt는 2D와 3D 벡터 클래스를 둘 다 제공한다. 둘 다 기반을 두는 벡터의 요소형으로 매개변수화돼서 정수와 부동소수점형의 벡터를 초기화하는 것을 쉽게 한다.

```
<Vector Declarations> ≡
    template <typename T> class Vector2 {
    public:
        <Vector2 Public Methods>
        <Vector2 Public Data 114>
    };
```

```
<Vector Declarations> +≡
    template <typename T> class Vector3 {
    public:
        <Vector3 Public Methods 114>
        <Vector3 Public Data 114>
    };
```

이후에 우리는 일반적으로 Vector3 메서드의 구현만 포함한다. 모든 것이 Vector2에 대한 버전을 갖고 있으며, 단순한 구현 차이만 있을 뿐이다.

벡터는 정의된 공간의 x, y, z축(3D에서)을 기반으로 해서 3개의 요소 항으로 표현된다. 3D 벡터 **v**의 각 요소는 $\mathbf{v}_x$, $\mathbf{v}_y$, $\mathbf{v}_z$로 표기된다.

```
<Vector2 Public Data> ≡                                                113
    T x, y;
```

```
<Vector3 Public Data> ≡                                                113
    T x, y, z;
```

다른 방식의 구현은 단지 정수의 차원만을 매개변수화하는 단일 템플릿 클래스를 갖고, 많은 T 값을 갖는 배열로 표현하는 것이다. 이 방식은 상당한 양의 코드를 줄일 수 있으며, 벡터의 개별 요소는 v.x 등으로 접근할 수 없다. 벡터 구현에서의 좀 더 많은 코드가 요소에 대한 더 투명한 접근을 제공하기에 가치가 있다고 믿는다.

하지만 일부 루틴은 쉽게 벡터의 요소를 반복할 수 있는 것이 유용하다. 또한 벡터 클래스는 요소를 색인할 수 있는 C++ 연산자를 제공해서 주어진 벡터 v에 대해서 v[0] == v.x가 된다.

```
<Vector3 Public Methods> ≡                                             113
    T operator[](int i) const {
        Assert(i >= 0 && i <= 2);
        if (i == 0) return x;
        if (i == 1) return y;
        return z;
    }
    T &operator[](int i) {
        Assert(i >= 0 && i <= 2);
        if (i == 0) return x;
        if (i == 1) return y;
        return z;
    }
```

편의를 위해 널리 사용되는 벡터의 형은 typedef로 선언하며, 다른 곳의 코드보다 더 간편한 이름을 가진다.

```
<Vector Declarations> +≡
    typedef Vector2<Float> Vector2f;
```

```
typedef Vector2<int>   Vector2i;
typedef Vector3<Float> Vector3f;
typedef Vector3<int>   Vector3i;
```

객체지향 디자인을 알고 있는 독자들은 Vector의 요소를 공개public 접근이 가능하게 한 결정에 반대할지 모른다. 보통 데이터 멤버 변수는 클래스 내부에서만 접근이 가능하고, 외부 코드가 클래스의 내용에 접근이나 변경을 원할 경우 선택자selector와 변경자mutator의 엄밀히 정의된 API를 통해서만 가능하다. 디자인 원칙에 보편적으로 동의하더라도(1장의 '더 읽을거리' 절에서의 객체지향 디자인 부분을 보자) 여기에선 적합하지 않다. 선택자와 변경자 함수들은 클래스의 내부 구현 세부 사항을 감춘다. 벡터의 경우 디자인의 기본 부분을 감추는 것은 이득 없이 클래스를 사용하는 코드에 부담만 준다.

기본적으로 (*x*, *y*, *z*) 값은 0으로 설정되며, 클래스 사용자가 추가적으로 각 요소에 대해 값을 제공해서 설정할 수 있다. 사용자가 값을 제공할 경우 값이 비숫자NaN인지 Assert() 매크로를 통해 점검한다. 최적화된 모드로 컴파일할 때 매크로는 컴파일 코드에서 제거돼 확인하는 비용을 없애준다. 비숫자는 거의 확실히 시스템의 버그가 있다는 것을 알려준다. 비숫자가 특정 계산에 의해 생성된다면 가능한 한 빨리 찾아 해당 소스코드를 분리해내야 한다(3.9.1절에서 비숫자 값에 대한 더 많은 내용을 다룬다).

<Vector3 Public Methods> +≡ 113

```
Vector3() { x = y = z = 0; }
Vector3(T x, T y, T z)
    : x(x), y(y), z(z) {
    Assert(!HasNaNs());
}
```

비숫자를 확인하는 코드는 std::isnan() 함수를 *x*, *y*, *z* 요소에 대해 각각 호출한다.

<Vector3 Public Methods> +≡ 113

```
bool HasNaNs() const {
    return std::isnan(x) || std::isnan(y) || std::isnan(z);
}
```

벡터의 더하기와 빼기 연산은 요소별로 처리된다. 통상적인 기하학적 벡터의 더하기와 빼기는 그림 2.3과 2.4에서 표현돼 있다.

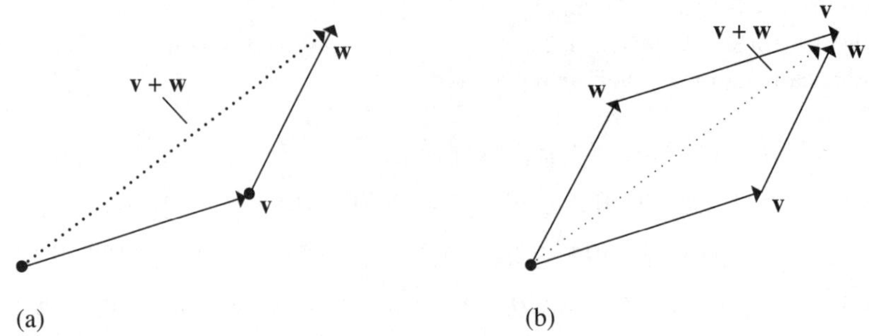

그림 2.3 (a) 벡터 더하기: v+w. (b) 합 v+w는 v와 w로 형성되는 평행사변형의 대각선을 형성하며, 벡터 더하기 연산의 교환 가능함을 보여준다. v+w=w+v.

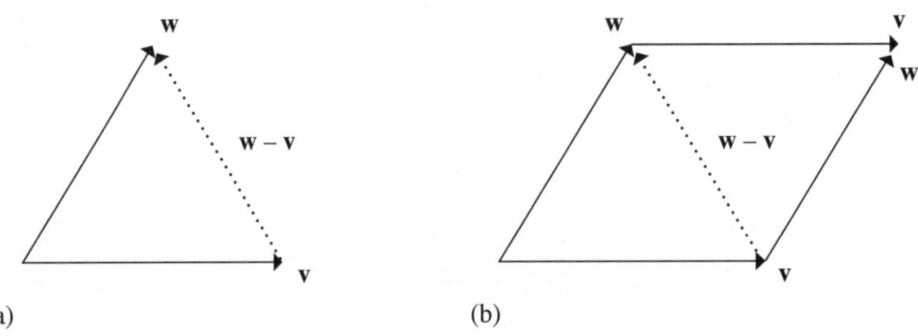

그림 2.4 (a) 벡터 빼기. 차 v−w는 v와 w로 생성한 평행사변형의 다른 대각선을 형성한다.

<Vector3 Public Methods> +≡ 113

```
Vector3<T> operator+(const Vector3<T> &v) const {
    return Vector3(x + v.x, y + v.y, z + v.z);
}
Vector3<T>& operator+=(const Vector3<T> &v) {
    x += v.x; y += v.y; z += v.z;
    return *this;
}
```

두 벡터를 빼는 것도 비슷해 여기에는 다루지 않는다.

벡터는 요소별로 스칼라 값을 곱하는 것으로 길이를 변경할 수 있다. 소스코드에서 사용되는 연산의 모든 방식을 처리하기 위해서는 3가지 함수가 필요하다(예, v*s, s*v, v*=s).

<Vector3 Public Methods> +≡ 113

```
Vector3<T> operator*(T s) const { return Vector3<T>(s*x, s*y, s*z); }
Vector3<T> &operator*=(T s) {
    x *= s; y *= s; z *= s;
    return *this;
```

```
}
```

<Geometry Inline Functions> ≡

```
template <typename T> inline Vector3<T>
operator*(T s, const Vector3<T> &v) { return v * s; }
```

같은 방식으로 벡터는 스칼라 값으로 요소별로 나눌 수 있다. 스칼라 나누기는 스칼라 곱하기와 비슷하지만 스칼라로 벡터를 나누는 것은 제대로 정의되지 않으므로 허용되지 않는다.

메서드의 구현에서는 스칼라의 역수reciprocal를 구하기 위해 한 번의 나누기 연산과 3개의 요소별 곱하기 연산으로 처리한다. 현대 CPU에서 곱하기 연산보다 훨씬 느린 나누기 연산을 피하기 위한 유용한 기술이다.[1]

`Assert()`를 통해 입력된 크기scale가 0이 아니란 것을 보장한다. 절대 일어나선 안 되며, 시스템의 다른 곳에서 버그가 있다는 것을 알려주는 경우다.

<Vector3 Public Methods> +≡ 113

```
Vector3<T> operator/(T f) const {
    Assert(f != 0);
    Float inv = (Float)1 / f;
    return Vector3<T>(x * inv, y * inv, z * inv);
}ㅋ

Vector3<T> &operator/=(T f) {
    Assert(f != 0);
    Float inv = (Float)1 / f;
    x *= inv; y *= inv; z *= inv;
return *this;
}
```

`Vector3` 클래스는 또한 원래 벡터의 반대 방향을 가리키는 새로운 벡터를 반환하는 단항 부정 연산자unary negation operator도 제공한다.

<Vector3 Public Methods> +≡ 113

```
Vector3<T> operator-() const { return Vector3<T>(-x, -y, -z); }
```

---

1. 일반적으로 컴파일러가 필요한 분석을 처리하기 때문에 이런 종류의 최적화가 필요 없다는 오해가 있다. 컴파일러는 일반적으로 이런 종류의 많은 변환을 하기에 자주 제약이 걸린다. 나누기 연산에 대해서 IEEE는 x/x가 모든 x에 대해 1이지만 우리가 1/x를 계산하고 변수에 저장한 뒤 x와 그 값을 곱할 경우 결과가 1이라는 것은 보장하지 않는다. 이런 경우 우리는 높은 성능을 위해 정확도를 포기했다. 3.9절에서 이 이슈를 더 자세히 다룬다.

마지막으로 Abs()는 요소에 절댓값 연산을 적용한 벡터를 반환한다.

<Geometry Inline Functions> +≡
```
template <typename T> Vector3<T> Abs(const Vector3<T> &v) {
    return Vector3<T>(std::abs(v.x), std::abs(v.y), std::abs(v.z));
}
```

2.2.1 내적과 외적

벡터에서 유용한 두 개의 연산자는 내적(혹은 스칼라 곱)과 외적이 있다. 두 벡터 $\mathbf{v}$, $\mathbf{w}$에 대해 내적dot product $(\mathbf{v} \cdot \mathbf{w})$는 다음과 같이 정의된다.

$$\mathbf{v}_x\mathbf{w}_x + \mathbf{v}_y\mathbf{w}_y + \mathbf{v}_z\mathbf{w}_z$$

<Geometry Inline Functions> +≡
```
template <typename T> inline T
Dot(const Vector3<T> &v1, const Vector3<T> &v2) {
    return v1.x * v2.x + v1.y * v2.y + v1.z * v2.z;
}
```

내적은 두 벡터 간의 각도와 단순한 관계를 갖고 있다.

$$(\mathbf{v} \cdot \mathbf{w}) = \|\mathbf{v}\| \, \|\mathbf{w}\| \cos\theta, \tag{2.1}$$

위 식에서 θ는 $\mathbf{v}$와 $\mathbf{w}$ 사이의 각도, $\|\mathbf{v}\|$는 $\mathbf{v}$의 길이를 나타낸다. $\mathbf{v}$나 $\mathbf{w}$가 퇴화degenerate되지 않은, 즉 (0, 0, 0)이 아닐 경우에는 $(\mathbf{v} \cdot \mathbf{w})$가 0이어야만 $\mathbf{v}$와 $\mathbf{w}$가 직각을 이룬다. 두 개 이상의 상호 수직한 벡터들의 집합을 직교orthogonal한다고 한다. 단위 벡터의 직교 집합을 정규 직교orthonormal라고 한다.

$\mathbf{v}$와 $\mathbf{w}$가 단위 벡터라면 방정식(2.1)에서 둘의 내적은 정확히 둘 사이 각도의 코사인 값이다. 두 벡터 사이 각도의 코사인 값은 렌더링에서 자주 필요로 하는 값이므로, 이 특성을 자주 이용하게 된다.

일부 기본적인 속성은 정의를 직접 따른다. 예를 들어 벡터 $\mathbf{u}$, $\mathbf{v}$, $\mathbf{w}$와 스칼라 값 s에 대해서 다음 관계가 성립한다.

$$(\mathbf{u} \cdot \mathbf{v}) = (\mathbf{v} \cdot \mathbf{u})$$
$$(s\mathbf{u} \cdot \mathbf{v}) = s(\mathbf{v} \cdot \mathbf{u})$$
$$(\mathbf{u} \cdot (\mathbf{v} + \mathbf{w})) = (\mathbf{u} \cdot \mathbf{v}) + (\mathbf{u} \cdot \mathbf{w})$$

내적의 절댓값 계산 역시 자주 필요하다. AbsDot() 함수가 std::abs()의 호출 없이 해당 연산을 가능하게 해준다.

<Geometry Inline Functions> +≡

```
template <typename T>
inline T AbsDot(const Vector3<T> &v1, const Vector3<T> &v2) {
    return std::abs(Dot(v1, v2));
}
```

외적cross product은 또 다른 유용한 3D 벡터 연산이다. 3D의 두 벡터에 대해 외적 $\mathbf{v}\times\mathbf{w}$는 두 벡터 모두에 수직한 벡터다. 이 결과 벡터는 두 방향 중 하나의 방향을 가지며, 좌표계의 손 방향에 따라 어느 쪽이 적합한지 결정된다. 직교하는 벡터 $\mathbf{v}$와 $\mathbf{w}$에 대해서 $\mathbf{v}\times\mathbf{w}$는 ($\mathbf{v}$, $\mathbf{w}$, $\mathbf{v}\times\mathbf{w}$)가 적합한 손 방향을 따르는 좌표계를 형성하는 벡터로 정의된다.

왼손 좌표계의 경우 외적은 다음과 같이 정의된다.

$$
\begin{aligned}
(\mathbf{v}\times\mathbf{w})_x &= \mathbf{v}_y\mathbf{w}_z - \mathbf{v}_z\mathbf{w}_y \\
(\mathbf{v}\times\mathbf{w})_y &= \mathbf{v}_z\mathbf{w}_x - \mathbf{v}_x\mathbf{w}_z \\
(\mathbf{v}\times\mathbf{w})_z &= \mathbf{v}_x\mathbf{w}_y - \mathbf{v}_y\mathbf{w}_x
\end{aligned}
$$

이를 쉽게 기억하는 한 가지 방법은 다음 행렬의 행렬식determinant을 계산하는 것이다.

$$
\mathbf{v}\times\mathbf{w} = \begin{vmatrix} i & j & k \\ \mathbf{v}_x & \mathbf{v}_y & \mathbf{v}_z \\ \mathbf{w}_x & \mathbf{w}_y & \mathbf{w}_z \end{vmatrix}
$$

여기서 i, j, k는 축 (1, 0, 0), (0, 1, 0), (0, 0, 1)을 나타낸다. 이 방정식은 단순히 기억을 위한 것으로, 행렬의 요소가 스칼라와 벡터가 섞여 있기에 엄격히 수학적으로 생성되지 않았다.

여기서의 구현에서 벡터 요소는 Cross() 함수 안의 빼기 이전에 배정밀도double-precision로 변환(Float의 형과 관계없이)된다. 여기서 추가적인 32비트 부동소수점 값의 정밀도를 사용하는 것이 재앙적인 무효화의 오류에서 보호해주며, 이 부동소수점의 오류는 아주 근사한 두 값을 뺄 때 일어날 수 있다. 이는 이론적인 우려가 아니다. 이런 변경은 이 문제로 인해 이전에 일어났던 버그를 고치기 위함이다. 3.9절에서 부동소수점 반올림 오류에 대해서 더 자세히 알아본다.

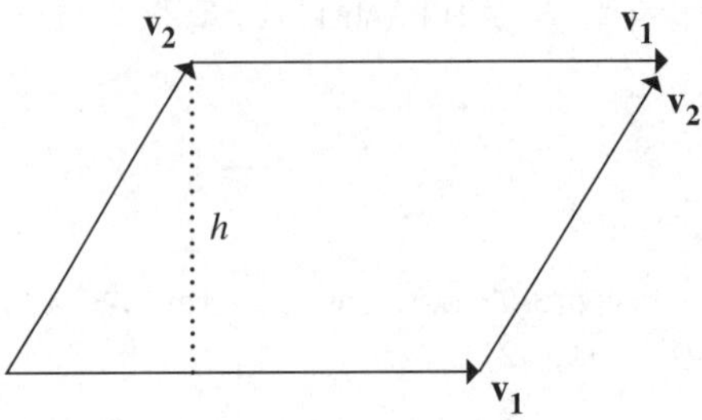

그림 2.5 v_1과 v_2의 벡터를 변으로 갖는 평행사변형의 면적은 v_1h와 같다. 방정식(2.2)에서 v_1과 v_2의 외적 길이는 두 벡터의 길이와 두 벡터 사이의 각도 사인 값 곱, 즉 평형 사변형의 면적이다.

<Geometry Inline Functions> +≡

```
template <typename T> inline Vector3<T>
Cross(const Vector3<T> &v1, const Vector3<T> &v2) {
    double v1x = v1.x, v1y = v1.y, v1z = v1.z;
    double v2x = v2.x, v2y = v2.y, v2z = v2.z;
    return Vector3<T>((v1y * v2z) - (v1z * v2y),
                      (v1z * v2x) - (v1x * v2z),
                      (v1x * v2y) - (v1y * v2x));
}
```

외적의 정의에서 다음 식을 유도할 수 있다.

$$\|\mathbf{v} \times \mathbf{w}\| = \|\mathbf{v}\| \, \|\mathbf{w}\| \sin\theta, \tag{2.2}$$

θ는 $\mathbf{v}$와 $\mathbf{w}$ 사이의 각도다. 이 식의 중요한 점은 두 수직한 단위 벡터의 외적은 단위 벡터라는 점이다. $\mathbf{v}$와 $\mathbf{w}$가 평행하다면 외적은 퇴화 벡터다.

또한 평행사변형의 면적을 계산하는 편한 방법을 제공한다. 평행사변형의 두 변이 벡터 $\mathbf{v}_1$과 $\mathbf{v}_2$로 주어지고 높이가 h일 경우 면적은 $\|\mathbf{v}_1\|h$다. $h = \sin\theta\|\mathbf{v}_2\|$이므로, 방정식(2.2)를 사용해서 면적은 $\|\mathbf{v}_1 \times \mathbf{v}_2\|$라는 것을 알 수 있다.

2.2.2 정규화

한 벡터와 같은 방향의 단위 길이를 가진 벡터를 계산하는 정규화normalization는 자주 필요하다. 정규화된 벡터는 단위 벡터로 불린다. 코드상에서 `Vector::Normalize()` 함수를 통해 가능하다. 책의 표기법에선 $\hat{\mathbf{v}}$는 $\mathbf{v}$의 정규화된 버전이다. 벡터를 정규화하려면 먼저 길이를 계산할 수 있어야 한다.

<*Vector3 Public Methods*> +≡ 113

```
Float LengthSquared( ) const { return x * x + y * y + z * z; }
Float Length( ) const { return std::sqrt(LengthSquared( )); }
```

Normalize( )는 벡터를 정규화한다. 이는 벡터의 길이 ||v||로 각 요소를 나눈다. Normalize( )는 기존 벡터를 치환하지 않고 새로운 벡터를 반환한다.

<*Geometry Inline Functions*> +≡

```
template <typename T> inline Vector3<T>
Normalize(const Vector3<T> &v) { return v / v.Length( ); }
```

2.2.3 다양한 연산

벡터와 동작하는 유용한 추가적인 몇 개의 연산이 있다. MinComponent( )와 MaxComponent( ) 메서드는 좌표계의 가장 작은 좌표 값과 가장 큰 좌표 값을 각각 반환한다.

<*Geometry Inline Functions*> +≡

```
template <typename T> T
MinComponent(const Vector3<T> &v) {
    return std::min(v.x, std::min(v.y, v.z));
}
template <typename T> T
MaxComponent(const Vector3<T> &v) {
    return std::max(v.x, std::max(v.y, v.z));
}
```

연관된 MaxDimension( )은 가장 큰 값을 가진 요소의 색인을 반환한다.

<*Geometry Inline Functions*> +≡

```
template <typename T> int
MaxDimension(const Vector3<T> &v) {
    return (v.x > v.y) ? ((v.x > v.z) ? 0 : 2) :
           ((v.y > v.z) ? 1 : 2);
}
```

요소별 최소와 최대 연산 역시 가용하다.

<*Geometry Inline Functions*> +≡

```
template <typename T> Vector3<T>
Min(const Vector3<T> &p1, const Vector3<T> &p2) {
    return Vector3<T>(std::min(p1.x, p2.x), std::min(p1.y, p2.y),
```

```
                        std::min(p1.z, p2.z));
    }
    template <typename T> Vector3<T>
    Max(const Vector3<T> &p1, const Vector3<T> &p2) {
        return Vector3<T>(std::max(p1.x, p2.x), std::max(p1.y, p2.y),
                        std::max(p1.z, p2.z));
}
```

마지막으로 Permute( )는 제공된 색인 값에 대한 좌표 값의 순서를 변환한다.

<Geometry Inline Functions> +≡

```
    template <typename T> Vector3<T>
    Permute(const Vector3<T> &v, int x, int y, int z) {
        return Vector3<T>(v[x], v[y], v[z]);
    }
```

2.2.4 한 벡터로부터의 좌표계

종종 단일 3D 벡터만을 제공하는 지역 좌표계를 생성하고 싶을 때가 있다. 두 벡터의 외적 값은 두 벡터와 직교하므로 두 번의 외적으로 세 개의 직교하는 벡터를 얻을 수 있기에 종종 하나의 벡터에서 지역 좌표계를 생성하고 싶을 때가 있다. 이렇게 얻어진 두 벡터는 주어진 벡터를 축으로 하는 회전에 대해서만 유일하다.

이 함수의 구현은 넘겨진 벡터 $\mathbf{v}_1$가 이미 정규화됐다고 가정한다. 우선 원래 벡터의 한 요소를 0으로 만든 뒤 남은 두 요소를 교환하고, 그중 하나의 부호를 변경해 수직한 벡터를 얻어낸다. 코드의 두 가지 경우는 $\mathbf{v}_2$가 정규화되고 내적 $(\mathbf{v}_1 \cdot \mathbf{v}_2)$가 0인 것을 보장한다. 이제 이 두 수직한 벡터의 외적으로 두 벡터와 수직한 세 번째 벡터를 얻을 수 있다.

<Geometry Inline Functions> +≡

```
    template <typename T> inline void
    CoordinateSystem(const Vector3<T> &v1, Vector3<T> *v2, Vector3<T> *v3) {
        if (std::abs(v1.x) > std::abs(v1.y))
            *v2 = Vector3<T>(-v1.z, 0, v1.x) /
                      std::sqrt(v1.x * v1.x + v1.z * v1.z);
        else
            *v2 = Vector3<T>(0, v1.z, -v1.y) /
                      std::sqrt(v1.y * v1.y + v1.z * v1.z);
        *v3 = Cross(v1, *v2);
    }
```

2.3 점

점은 0차원의 2차원이나 3차원 공간상의 장소다. pbrt의 Point2와 Point3 클래스는 점을 해당 좌표계에 맞는 *x*, *y*, *z* 좌표로 표현한다. 벡터에서도 같은 *x*, *y*, *z*(3차원에서) 표현을 사용하긴 하지만, 점은 위치를 나타내고 벡터는 방향을 나타내므로 처리되는 방식에 중요한 차이점이 있다. 점은 코드에서 p로 표현한다.

이 절에서는 오직 Point3 클래스의 3D 점 메서드의 구현을 포함하는 접근만을 다룬다.

```
<Point Declarations> ≡
    template <typename T> class Point2 {
    public:
        <Point2 Public Methods 124>
        <Point2 Public Data 123>
    };
```

```
<Point Declarations> +≡
    template <typename T> class Point3 {
    public:
        <Point3 Public Methods 124>
        <Point3 Public Data 123>
    };
```

벡터처럼 자주 사용되는 점형에 대한 짧은 형 이름을 갖는 것이 유용하다.

```
<Point Declarations> +≡
    typedef Point2<Float>  Point2f;
    typedef Point2<int>    Point2i;
    typedef Point3<Float>  Point3f;
    typedef Point3<int>    Point3i;
```

```
<Point2 Public Data> ≡                                                123
    T x, y;
```

```
<Point3 Public Data> ≡                                                123
    T x, y, z;
```

또한 벡터와 생성자 같이 Point 생성자 역시 *x*, *y*, *z* 좌표 값을 설정하기 위한 추가적인 매개변수를 받는다.

<*Point3 Public Methods*> ≡ 123

```
Point3() { x = y = z = 0; }
Point3(T x, T y, T z) : x(x), y(y), z(z) {
    Assert(!HasNaNs());
}
```

Point3에서 *z* 요소를 없애서 Point2로 변환하는 것은 유용하다. 생성자는 이 변환에 explicit 한정자qualifier를 주어 명시적인 형 변환이 없는 한 일어나지 않게 함으로써 이 변환이 의도하지 않게 일어나는 것을 막았다.

<*Point2 Public Methods*> ≡ 123

```
explicit Point2(const Point3<T> &p) : x(p.x), y(p.y) {
    Assert(!HasNaNs());
}
```

또한 한 요소 형의 점(예, Point3f)에서 다른 점(예, Point3i)으로 변환하는 것과 함께 점을 다른 기반 요소형을 가진 벡터로 변환할 수 있으면 유용하다. 이후의 생성자와 변환 연산자는 이런 변환을 제공한다. 둘 다 역시 명시적 형 변환을 요구하며, 이는 사용되는 곳의 소스코드를 명시화한다.

<*Point3 Public Methods*> +≡ 123

```
template <typename U> explicit Point3(const Point3<U> &p)
    : x((T)p.x), y((T)p.y), z((T)p.z) {
    Assert(!HasNaNs());
}
template <typename U> explicit operator Vector3<U>() const {
    return Vector3<U>(x, y, z);
}
```

몇 가지 Point3 메서드는 Vector3를 반환하거나 받는다. 예를 들어 벡터와 점을 더하는 경우 점을 주어진 방향으로 이동해 새로운 점을 얻는다.

<*Point3 Public Methods*> +≡ 123

```
Point3<T> operator+(const Vector3<T> &v) const {
    return Point3<T>(x + v.x, y + v.y, z + v.z);
}
Point3<T> &operator+=(const Vector3<T> &v) {
    x += v.x; y += v.y; z += v.z;
    return *this;
}
```

반대로 한 점에서 다른 점을 빼는 경우 그림 2.6에서 보듯 두 점 사이의 벡터를 얻는다.

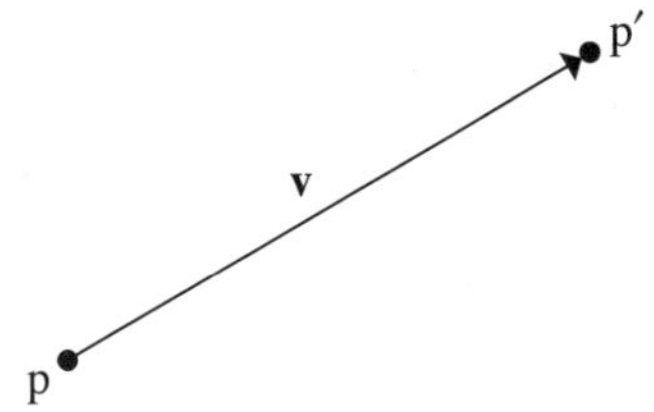

그림 2.6 두 점 간의 벡터 얻기. 벡터 p'−p는 점 p'와 p의 요소별 빼기 연산으로 얻어진다.

<Point3 Public Methods> +≡ 123

```
Vector3<T> operator-(const Point3<T> &p) const {
    return Vector3<T>(x - p.x, y - p.y, z - p.z);
}
Point3<T> operator-(const Vector3<T> &v) const {
    return Point3<T>(x - v.x, y - v.y, z - v.z);
}
```

점에서 벡터를 빼면 새 점을 제공한다.

<Point3 Public Methods> +≡ 123

```
Point3<T> &operator-=(const Vector3<T> &v) {
    x -= v.x; y -= v.y; z -= v.z;
    return *this;
}
```

두 점 사이의 거리는 둘 사이를 빼서 얻어지는 벡터를 구한 뒤 해당 벡터의 길이를 구하면 된다.

<Geometry Inline Functions> +≡

```
template <typename T> inline Float
Distance(const Point3<T> &p1, const Point3<T> &p2) {
    return (p1 - p2).Length();
}
template <typename T> inline Float
DistanceSquared(const Point3<T> &p1, const Point3<T> &p2) {
    return (p1 - p2).LengthSquared();
}
```

수학적으로는 점을 스칼라로 곱하거나 두 점을 더하는 것이 의미를 갖지 못할지라도 `Point` 클래스는 가중치의 합이 1일 경우 수학적으로 의미를 갖게 되는 점들의 가중 합weighted sums

을 계산하기 위해서 이 연산을 허용한다. Point의 스칼라 곱 연산과 더하기 연산은 Vector의 것과 같아 수록하지 않는다.

관련된 내용으로 두 점 사이를 선형적으로 보간할 수 있으면 유용하다. Lerp()는 p0를 t==0에서 반환하고, p1을 t==1에서 반환하며, 다른 t의 값이면 둘 사이를 선형 보간한다. t<0이거나 t>1이면 Lerp()는 외삽extrapolate한다.

<Geometry Inline Functions> +≡

```
template <typename T> Point3<T>
Lerp(Float t, const Point3<T> &p0, const Point3<T> &p1) {
    return (1 - t) * p0 + t * p1;
}
```

Min()과 Max() 함수는 두 주어진 점의 요소별 최솟값과 최댓값을 표현하는 점을 반환한다.

<Geometry Inline Functions> +≡

```
template <typename T> Point3<T>
Min(const Point3<T> &p1, const Point3<T> &p2) {
    return Point3<T>(std::min(p1.x, p2.x), std::min(p1.y, p2.y),
                     std::min(p1.z, p2.z));
}
template <typename T> Point3<T>
Max(const Point3<T> &p1, const Point3<T> &p2) {
    return Point3<T>(std::max(p1.x, p2.x), std::max(p1.y, p2.y),
                     std::max(p1.z, p2.z));
}
```

Floor(), Ceil(), Abs()는 주어진 점의 요소별로 대응하는 연산을 적용한다.

<Geometry Inline Functions> +≡

```
template <typename T> Point3<T> Floor(const Point3<T> &p) {
    return Point3<T>(std::floor(p.x), std::floor(p.y), std::floor(p.z));
}
template <typename T> Point3<T> Ceil(const Point3<T> &p) {
    return Point3<T>(std::ceil(p.x), std::ceil(p.y), std::ceil(p.z));
}
template <typename T> Point3<T> Abs(const Point3<T> &p) {
    return Point3<T>(std::abs(p.x), std::abs(p.y), std::abs(p.z));
}
```

마지막으로 Permute()는 제공된 순서에 따라서 좌표 값을 순서 변환한다.

<Geometry Inline Functions> +≡

```
template <typename T> Point3<T>
Permute(const Point3<T> &p, int x, int y, int z) {
    return Point3<T>(p[x], p[y], p[z]);
}
```

2.4 법선

표면 법선(혹은 법선)은 특정 지점에서 표면에 수직한 벡터다. 법선은 평행하지 않은 표면 지점에서 두 접선 벡터의 외적으로 정의된다. 법선이 표면적으로 벡터와 비슷할지라도 둘을 구분하는 것은 중요하다. 법선은 특정 표면에 의해 정의돼 일부 상황, 특히 변환을 적용할 때 벡터와 다르게 행동한다. 이 차이점은 2.8절에서 다룬다.

<Normal Declarations> ≡

```
template <typename T> class Normal3 {
public:
    <Normal3 Public Methods 127>
    <Normal3 Public Data>
};
```

<Normal Declarations> +≡

```
typedef Normal3<Float> Normal3f;
```

Normal3과 Vector3의 구현은 매우 비슷하다. 벡터처럼 법선은 세 개의 요소 x, y, z로 표현되며, 새로운 법선의 계산을 위해 더하거나 빼고, 크기를 변경하거나 정규화할 수 있다. 하지만 법선은 점에 더할 수 없으며, 두 법선의 외적을 계산할 수 없다. 용어와는 달리 법선은 꼭 정규화돼 있지는 않다.

Normal3은 Vector3으로부터 Normal3을 초기화하는 추가적인 생성자를 제공한다. Normal3과 Vector3이 부분적으로 차이가 있지만, 오직 적합한 때에 의도됐을 때만 이런 변환이 가능하길 원하기에 C++의 explicit 예약어가 여기서 다시 사용된다. Vector3 역시 변환을 위한 생성자를 제공한다. 그러므로 주어진 Vector3f v와 Norma3f n의 선언에 대해 대입문 n=v는 허용되지 않으며, 명시적으로 벡터를 변환하는 n=Normal3(v)만 가능하다.

<Normal3 Public Methods> ≡ 127

```
explicit Normal3<T>(const Vector3<T> &v) : x(v.x), y(v.y), z(v.z) {
    Assert(!v.HasNaNs());
```

```
}
```

<Geometry Inline Functions> +≡

```
template <typename T> inline
Vector3<T>::Vector3(const Normal3<T> &n) : x(n.x), y(n.y), z(n.z) {
    Assert(!n.HasNaNs());
}
```

Dot()와 AbsDot() 함수 역시 다양한 가능한 법선과 벡터의 내적을 계산하기 위해 오버로딩[overload]됐다. 해당 코드는 여기 포함하지 않는다. 벡터와 비슷한 다른 Normal3이 메서드의 구현도 포함하지 않는다.

하나의 새로운 연산이 종종 주어진 벡터와 같은 반구에 있는 법선을 얻기 위해 표면 법선을 뒤집을 필요가 있기에 구현된다. 예를 들어 나가는 광선과 같은 반구에 있는 표면 법선은 자주 필요하다. Faceforward() 유틸리티 함수는 뒤집는 간단한 계산을 캡슐화한다. pbrt는 또한 이 함수의 3가지의 다른 Normal3과 Vector3의 매개변수 조합을 지원하지만, 항상 순서를 주의해야 한다. 두 Vector3을 받는 버전의 경우 첫 매개변수가 반환될 값이며, 두 번째는 주어진 벡터다. 순서가 뒤바뀔 경우 예상할 수 없는 결과가 나온다.

<Geometry Inline Functions> +≡

```
template <typename T> inline Normal3<T>
Faceforward(const Normal3<T> &n, const Vector3<T> &v) {
    return (Dot(n, v) < 0.f) ? -n : n;
}
```

2.5 광선

광선은 원점과 방향이 지정된 반무한의 선이다. pbrt는 Ray를 원점 Point3f와 방향 Vector3f로 표현한다. 부동소수점 원점과 방향을 가진 광선만이 필요하므로, Ray는 점, 벡터, 법선처럼 템플릿 클래스로 매개변수화되지 않는다. 광선은 r로 표기되며, 그림 2.7에 나오듯 원점 o와 방향 d를 가진다.

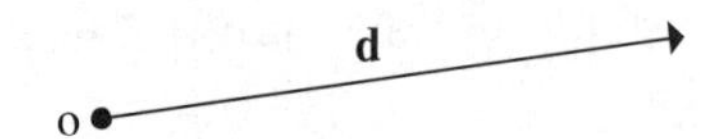

그림 2.7 광선은 원점 o와 방향 벡터 d를 가진 반무한 선이다.

```
<Ray Declarations> ≡
    class Ray {
    public:
        <Ray Public Methods 130>
        <Ray Public Data 129>
    };
```

이 변수들은 코드에서 자주 참조되기에 Ray의 원점과 방향 멤버 변수도 간결하게 o와 d로 이름 지어졌다. 또한 편의를 위해 데이터를 공개 접근이 가능하다.

```
<Ray Public Data> ≡                                                    129
    Point3f o;
    Vector3f d;
```

광선의 매개변수 방정식parametric form 표현은 스칼라 값 t의 함수로, 광선이 지나가는 점의 집합이며, 다음과 같이 표현된다.

$$\mathrm{r}(t) = \mathrm{o} + t\mathbf{d} \quad 0 < t < \infty. \tag{2.3}$$

Ray는 또한 광선의 특정 선분을 한정하는 멤버 변수를 갖고 있다. 이 항목 tMax는 광선을 $[\mathrm{o}, \mathrm{r}(t_{\mathrm{max}})]$의 선분으로 제한할 수 있다.

해당 항목은 mutable, 즉 Ray 구조체를 const로 갖고 있다고 해도 변할 수 있는 값이다. 그러므로 const Ray &를 받는 메서드에 광선이 전달되면 이 메서드는 원점이나 방향을 바꿀 수는 없지만 범위는 바꿀 수 있다. 이 변환은 시스템에서 광선이 사용되는 대부분의 경우인 광선-물체 교차 테스트 루틴에서 가장 가까운 교차점을 tMax로 기록할 수 있게 한다.

```
<Ray Public Data> +≡                                                   129
    mutable Float tMax;
```

마지막으로 각 광선은 광선의 원점을 포함하는 매질을 저장한다. 11.3절에서 소개할 Medium 클래스는 안개 낀 대기, 우유나 샴푸 같은 산란 액체 등의 매질 속성(잠재적으로 공간적으로 변화하는)을 요약한다. 이 정보를 광선과 합치면 다른 시스템의 부분에 있는 한 매질에서 다른 매질로 전달되는 광선의 효과를 정확하게 고려할 수 있다.

```
<Ray Public Data> +≡                                                   129
    const Medium *medium;
```

Ray를 생성하는 것은 매우 간단하다. 기본 생성자는 Point3f와 Vector3f 생성자를 통해 원점과 방향을 (0, 0, 0)으로 설정한다. 또한 특정 원점과 방향을 설정할 수도 있다. 원점과 방향이 제공되면 tMax, 광선의 시간, 매질을 위한 값을 허용한다.

<Ray Public Methods> ≡ 129

```
Ray() : tMax(Infinity), time(0.f), medium(nullptr) { }
Ray(const Point3f &o, const Vector3f &d, Float tMax = Infinity,
    Float time = 0.f, const Medium *medium = nullptr)
    : o(o), d(d), tMax(tMax), time(time), medium(medium) { }
```

광선 위의 위치는 단일 매개변수 t의 함수로 생각할 수 있으므로, Ray 클래스는 광선의 함수 적용 연산자[function application operator]를 오버로딩한다. 이 방식으로 광선 위의 특정 위치의 점을 찾을 필요가 있을 때 코드를 다음과 같이 작성할 수 있다.

```
Ray r(Point3f(0, 0, 0), Vector3f(1, 2, 3));
Point3f p = r(1.7);
```

<Ray Public Methods> +≡ 129

```
Point3f operator()(Float t) const { return o + d * t; }
```

2.5.1 광선 미분

10장에 정의된 텍스처 함수의 더 나은 안티앨리어싱을 위해 pbrt는 광선에 대해 추가적인 정보를 유지한다. 10.1절에서 Texture 클래스가 장면의 작은 부분의 이미지 면에 투영된 영역을 예상하기 위해 사용하는 값을 계산하기 위해 해당 정보를 사용한다. 이를 통해 Texture는 해당 영역에서 텍스처의 평균값을 계산할 수 있으므로 최종 이미지의 품질이 향상된다.

RayDifferential은 Ray의 하위 클래스로, 두 개의 추가적인 광선에 대한 정보를 갖고 있다. 이 광선들은 필름 면의 주광선에서 x와 y 방향으로 1 표본만큼씩 떨어진 카메라 광선을 표현한다. 음영을 계산하는 물체에 투영된 세 광선의 면적을 결정해 Texture는 적절한 안티앨리어싱을 위해 평균을 내는 영역을 추측할 수 있다.

RayDifferential 클래스가 Ray를 상속받았기에 const Ray & 매개변수를 받도록 정의된 시스템의 기하학적 인터페이스는 Ray 혹은 RayDifferential 클래스를 받을 수 있다. 안티앨리어싱이나 텍스처링을 고려해야 하는 루틴만 RayDifferential 매개변수를 요청한다.

<Ray Declarations> +≡

```
class RayDifferential : public Ray {
public:
    <RayDifferential Public Methods 131>
    <RayDifferential Public Data 131>
};
```

RayDifferential 생성자는 Ray 생성자를 반영한다.

<RayDifferential Public Methods> ≡ 131

```
RayDifferential() { hasDifferentials = false; }
RayDifferential(const Point3f &o, const Vector3f &d,
        Float tMax = Infinity, Float time = 0.f,
        const Medium *medium = nullptr)
    : Ray(o, d, tMax, time, medium) {
    hasDifferentials = false;
}
```

<RayDifferential Public Data> ≡ 131

```
bool hasDifferentials;
Point3f rxOrigin, ryOrigin;
Vector3f rxDirection, ryDirection;
```

Ray를 통해 RayDifferential을 생성하는 생성자는 explicit 예약어를 사용해 실수로 Ray를 RayDifferential로 변환하는 것을 방지한다. 생성자는 이웃 광선들을 알 수 없기에 우선 hasDifferentials를 false로 초기화한다.

<RayDifferential Public Methods> +≡ 131

```
RayDifferential(const Ray &ray) : Ray(ray) {
    hasDifferentials = false;
}
```

pbrt의 Camera 구현은 카메라를 떠나는 광선들이 한 픽셀씩 떨어져 있다는 가정하에 광선들의 미분을 계산한다. SamplerIntegrator 같은 적분기는 픽셀당 여러 카메라 광선을 생성할 수 있으며, 이 경우 실제 표본 간의 거리가 더 작다. 1장의 코드 조각 *<Generate camera ray for current sample>*은 예측된 표본 거리 s에 대해 실제 표본 거리인 s로 미분 광선을 갱신하기 위해 ScaleDifferentials() 메서드를 호출한다.

<RayDifferential Public Methods> +≡ 131

```
void ScaleDifferentials(Float s) {
    rxOrigin = o + (rxOrigin - o) * s;
```

```
        ryOrigin = o + (ryOrigin - o) * s;
        rxDirection = d + (rxDirection - d) * s;
        ryDirection = d + (ryDirection - d) * s;
    }
```

2.6 3차원 경계 상자

시스템의 많은 부분이 공간의 축 정렬 영역에서 처리된다. 예를 들어 pbrt의 멀티스레딩은 이미지를 독립적으로 처리될 수 있는 사각형 조각으로 나누고, 4.3절의 경계 입체 계층 구조는 3D 상자로 장면의 기하 구조 기본체를 경계한다. Bounds2와 Bounds3 템플릿 클래스는 이 종류의 영역 범위를 표현한다. 둘 다 T형으로 범위의 좌표를 표현한다.

<Bounds Declarations> ≡

```
template <typename T> class Bounds2 {
public:
    <Bounds2 Public Methods>
    <Bounds2 Public Data>
};
```

<Bounds Declarations> +≡

```
template <typename T> class Bounds3 {
public:
    <Bounds3 Public Methods 133>
    <Bounds3 Public Data 133>
};
```

<Bounds Declarations> +≡

```
typedef Bounds2<Float> Bounds2f;
typedef Bounds2<int> Bounds2i;
typedef Bounds3<Float> Bounds3f;
typedef Bounds3<int> Bounds3i;
```

이런 종류의 경계 상자를 표현하는 데는 몇 가지 선택지가 있다. pbrt는 축 정렬 경계 상자AABB, Axis-Aligned Bounding Box를 사용하며, 이는 상자의 모서리가 상호적으로 수직하며 좌표계의 축과 정렬돼 있다. 다른 선택지는 지향성 경계 상자OBB, Oriented Bounding Box로, 다른 면의 상자 모서리는 여전히 각각에 대해 서로 수직하지만 좌표계와 정렬될 필요는 없다. 3D AABB는 정점들 중 하나와 x, y, z축 방향으로 늘어난 세 개의 길이로 표현된다. 혹은 두 대각선 반대 방향의 정점들로 표현할 수 있으며, pbrt는 Bounds2와 Bounds3 클래스에 대해 이를 선택했다. 이는 가장 작은 좌표 값을 가진 정점과 가장 큰 좌표 값을 가진 정점으로 표현한다. 경계 상자의 2D 도해와 표현은 그림 2.8에 나와 있다.

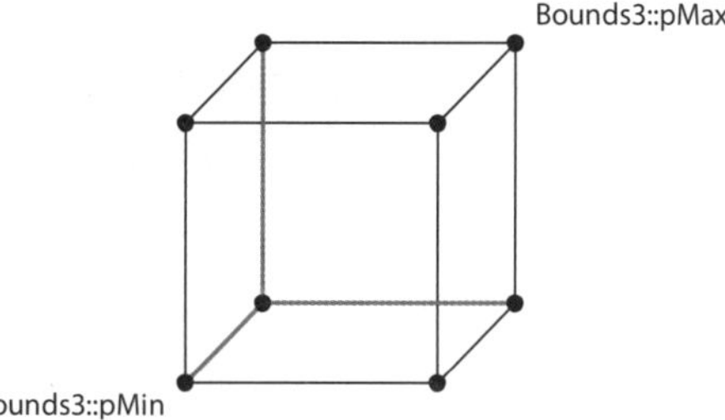

그림 2.8 축 정렬 경계 상자의 예. Bound2와 Bound3 클래스는 상자에서 좌표의 최소/최대 좌표 값을 갖는 점만 저장한다. 다른 상자의 모서리는 내포돼 있다.

기본 생성자는 빈 상자 범위를 pMin.x <= pMax.x(다른 차원에 대해서도 비슷하게)이라는 불변항을 *x*, *y*, *z* 각 축에 대해 위반하는 유효하지 않은 설정 값으로 설정해 생성한다. 두 모서리 점을 표현 가능한 가장 작은 수와 가장 큰 수로 설정하면 빈 상자를 포함한 연산(예, Union())이 정확한 결과로 이어진다.

<Bounds3 Public Methods> ≡ 132

```
Bounds3() {
    T minNum = std::numeric_limits<T>::lowest();
    T maxNum = std::numeric_limits<T>::max();
    pMin = Point3<T>(maxNum, maxNum, maxNum);
    pMax = Point3<T>(minNum, minNum, minNum);
}
```

<Bounds3 Public Data> ≡ 132

```
Point3<T> pMin, pMax;
```

한 점을 포함하는 Bounds3으로 초기화하는 것도 유용하다.

<Bounds3 Public Methods> +≡ 132

```
Bounds3(const Point3<T> &p) : pMin(p), pMax(p) { }
```

호출자가 상자를 정의하기 위해 두 꼭짓점 (p1, p2)를 넘길 경우 p1과 p2가 p1.x <= p2.x가 꼭 성립하지 않으므로, 생성자는 각 요소별 최소/최댓값을 찾아야 한다.

<Bounds3 Public Methods> +≡ 132

```
Bounds3(const Point3<T> &p1, const Point3<T> &p2)
    : pMin(std::min(p1.x, p2.x), std::min(p1.y, p2.y),
```

```
            std::min(p1.z, p2.z)),
        pMax(std::max(p1.x, p2.x), std::max(p1.y, p2.y),
            std::max(p1.z, p2.z)) {
}
```

일부의 경우 상자 모서리의 두 점 사이를 선택하기 위해 배열의 색인을 사용하는 것도 유용하다. 이 메서드의 구현은 i의 값에 기반을 두고 pMin과 pMax 중 하나를 선택한다.

<Bounds3 Public Methods> +≡ 132

```
const Point3<T> &operator[](int i) const;
Point3<T> &operator[](int i);
```

Corner() 메서드는 경계 상자의 8개 모서리 중 하나의 좌표를 반환한다.

<Bounds3 Public Methods> +≡ 132

```
Point3<T> Corner(int corner) const {
    return Point3<T>((*this)[(corner & 1)].x,
                     (*this)[(corner & 2) ? 1 : 0].y,
                     (*this)[(corner & 4) ? 1 : 0].z);
}
```

경계 상자와 점이 주어졌을 때 Union() 함수는 기존 상자의 공간과 해당 점을 포함하는 새 경계 상자를 계산해 반환한다.

<Geometry Inline Functions> +≡

```
template <typename T> Bounds3 <T>
Union(const Bounds3<T> &b, const Point3<T> &p) {
    return Bounds3<T>(Point3<T>(std::min(b.pMin.x, p.x),
                                std::min(b.pMin.y, p.y),
                                std::min(b.pMin.z, p.z)),
                      Point3<T>(std::max(b.pMax.x, p.x),
                                std::max(b.pMax.y, p.y),
                                std::max(b.pMax.z, p.z)));
}
```

비슷하게 두 경계 상자의 공간을 포함하는 새 상자를 생성하는 것도 가능하다. 함수의 정의는 Point3f를 받는 Union() 메서드와 비슷하다. 차이점은 std::min()과 std::max() 검사를 위해 두 번째 상자의 pMin과 pMax가 사용된다는 점이다.

<Geometry Inline Functions> +≡

```
template <typename T> Bounds3<T>
Union(const Bounds3<T> &b1, const Bounds3<T> &b2) {
```

```
        return Bounds3<T>(Point3<T>(std::min(b1.pMin.x, b2.pMin.x),
                                    std::min(b1.pMin.y, b2.pMin.y),
                                    std::min(b1.pMin.z, b2.pMin.z)),
                          Point3<T>(std::max(b1.pMax.x, b2.pMax.x),
                                    std::max(b1.pMax.y, b2.pMax.y),
                                    std::max(b1.pMax.z, b2.pMax.z)));
    }
```

두 상자가 교차되는지는 각 최소 좌표의 최댓값과 최대 좌표의 최솟값을 계산해 얻을 수 있다(그림 2.9 참고).

<Geometry Inline Functions> +≡

```
    template <typename T> Bounds3<T>
    Intersect(const Bounds3<T> &b1, const Bounds3<T> &b2) {
        return Bounds3<T>(Point3<T>(std::max(b1.pMin.x, b2.pMin.x),
                                    std::max(b1.pMin.y, b2.pMin.y),
                                    std::max(b1.pMin.z, b2.pMin.z)),
                          Point3<T>(std::min(b1.pMax.x, b2.pMax.x),
                                    std::min(b1.pMax.y, b2.pMax.y),
                                    std::min(b1.pMax.z, b2.pMax.z)));
    }
```

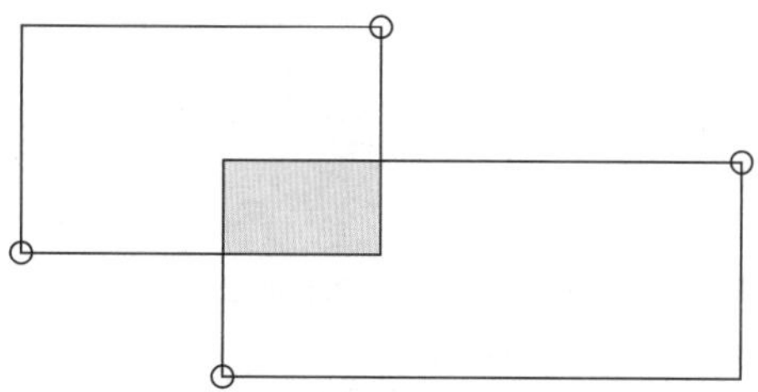

그림 2.9 두 경계 상자의 교차. 하얀 원으로 표시된 pMin과 pMax로 주어진 두 경계 상자에 대해 이들의 교차 영역(그림자 영역)은 좌표의 최소 점은 두 상자에서 각 차원의 최소 점에 대한 좌표의 최댓값으로 주어진다. 비슷하게 최대 점은 상자들의 최대 좌표들의 최솟값으로 주어진다.

두 경계 상자가 x, y, z에서 범위가 모두 겹치면 둘이 겹치는 것을 알 수 있다.

<Geometry Inline Functions> +≡

```
    template <typename T>
    bool Overlaps(const Bounds3<T> &b1, const Bounds3<T> &b2) {
        bool x = (b1.pMax.x >= b2.pMin.x) && (b1.pMin.x <= b2.pMax.x);
        bool y = (b1.pMax.y >= b2.pMin.y) && (b1.pMin.y <= b2.pMax.y);
        bool z = (b1.pMax.z >= b2.pMin.z) && (b1.pMin.z <= b2.pMax.z);
```

```
        return (x && y && z);
    }
```

한 점이 상자 안에 있는지 여부는 세 개의 간단한 1D 포함 검사로 알 수 있다.

<Geometry Inline Functions> +≡

```
    template <typename T>
    bool Inside(const Point3<T> &p, const Bounds3<T> &b) {
        return (p.x >= b.pMin.x && p.x <= b.pMax.x &&
        p.y >= b.pMin.y && p.y <= b.pMax.y &&
        p.z >= b.pMin.z && p.z <= b.pMax.z);
    }
```

`Inside()`의 변형인 `InsideExclusive()`는 최대 경계의 점들을 경계 안에 있다고 판단하지 않는다. 이는 정수형 경계에 대해 주로 유용하다.

<Geometry Inline Functions> +≡

```
    template <typename T>
    bool InsideExclusive(const Point3<T> &p, const Bounds3<T> &b) {
        return (p.x >= b.pMin.x && p.x < b.pMax.x &&
                p.y >= b.pMin.y && p.y < b.pMax.y &&
                p.z >= b.pMin.z && p.z < b.pMax.z);
    }
```

`Expand()` 함수는 최대와 최소 모두에 상수 값으로 확장한다.

<Geometry Inline Functions> +≡

```
    template <typename T, typename U> inline Bounds3<T>
    Expand(const Bounds3<T> &b, U delta) {
        return Bounds3<T>(b.pMin - Vector3<T>(delta, delta, delta),
                          b.pMax + Vector3<T>(delta, delta, delta));
}
```

`Diagonal()`은 상자의 최소 점에서 최대 점으로의 대각선 벡터를 반환한다.

<Bounds3 Public Methods> +≡ 132

```
    Vector3<T> Diagonal() const { return pMax - pMin; }
```

상자의 6면의 표면적과 부피를 계산하는 메서드 역시 종종 유용하다.

<Bounds3 Public Methods> +≡ 132

```
    T SurfaceArea() const {
        Vector3<T> d = Diagonal();
```

```
        return 2 * (d.x * d.y + d.x * d.z + d.y * d.z);
    }
```

<Bounds3 Public Methods> +≡ 132

```
    T Volume() const {
        Vector3<T> d = Diagonal();
        return d.x * d.y * d.z;
    }
```

Bounds3::MaximumExtent() 메서드는 가장 긴축에 대한 색인을 호출자에게 반환한다. 이 메서드는 일부 광선 교차 가속 구조를 생성할 때 어떤 축에 대해 나눠야 할지 결정할 때 등의 상황에 유용하다.

<Bounds3 Public Methods> +≡ 132

```
    int MaximumExtent() const {
        Vector3<T> d = Diagonal();
        if (d.x > d.y && d.x > d.z)
            return 0;
        else if (d.y > d.z)
            return 1;
        else
            return 2;
    }
```

Lerp() 메서드는 상자의 꼭짓점 사이를 주어진 값으로 각 차원에 대해 선형 보간한다.

<Bounds3 Public Methods> +≡ 132

```
    Point3<T> Lerp(const Point3f &t) const {
        return Point3<T>(::Lerp(t.x, pMin.x, pMax.x),
                         ::Lerp(t.y, pMin.y, pMax.y),
                         ::Lerp(t.z, pMin.z, pMax.z));
    }
```

Offset()은 주어진 점의 꼭짓점에 대한 상대적인 연속적인 위치를 반환하며, 최소 꼭짓점을 (0, 0, 0), 최대 꼭짓점을 (1, 1, 1)로 해서 표현한 오프셋[offset]을 알려준다.

<Bounds3 Public Methods> +≡ 132

```
    Vector3<T> Offset(const Point3<T> &p) const {
        Vector3<T> o = p - pMin;
        if (pMax.x > pMin.x) o.x /= pMax.x - pMin.x;
        if (pMax.y > pMin.y) o.y /= pMax.y - pMin.y;
        if (pMax.z > pMin.z) o.z /= pMax.z - pMin.z;
```

```
        return o;
    }
```

Bounds3은 또한 경계 상자를 감싸는 구의 중심점과 반지름을 반환하는 메서드를 제공한다. 일반적으로 Bounds3이 포함한 원래 내용물을 직접 감싸는 구보다 훨씬 느슨한 결과를 생성하지만 유용하다.

<Bounds3 Public Methods> +≡ 132

```
    void BoundingSphere(Point3<T> *center, Float *radius) const {
        *center = (pMin + pMax) / 2;
        *radius = Inside(*center, *this) ? Distance(*center, pMax) : 0;
    }
```

마지막으로 정수 경계에 대해 C++ 전진 반복자forward iterator(즉 전진만 가능한)의 요구 조건을 만족하는 반복자 클래스가 존재한다. 세부 사항은 살짝 지루하며 특별히 흥미롭지 않으므로, 코드는 여기 수록하지 않는다. 이 정의를 통해 범위 기반 for 반복문에 대해 경계 상자의 정수 좌표를 반복하는 코드를 작성하는 것이 가능하다.

```
    Bounds2i b = ...;
    for (Point2i p : b) {
        ...
    }
```

구현한 대로 반복문은 계속 진행하지만 각 차원의 최대 범위와 같은 점은 방문하지 않는다.

2.7 변환

일반적으로 **변환**transformation T는 점을 점으로, 벡터를 벡터로 변환하는 함수다.

$$p' = T(p) \qquad v' = T(v)$$

변환 T는 임의의 함수일 수 있으며, 2장에서 가능한 모든 변환에서 일부분만 고려한다. 특히 해당 변환들은 다음의 특성을 만족한다.

- **일차**: T가 임의의 일차 변환이고 s가 임의의 스칼라 값이면 $T(sv) = sT(v)$와 $T(v_1 + v_2) = T(v_1) + T(v_2)$가 성립한다. 이 두 특성은 변환의 추론을 매우 단순화시킬 수 있다.
- **연속성**: 간략히 말하면 T는 p와 v의 이웃들을 p′와 v′의 이웃들로 변환한다.

- **일대일, 가역성:** 각 p에 대해 T는 p를 하나의 유일한 p′로 변환한다. 또한 p′를 p로 변환하는 역변환인 T^{-1}이 존재한다.

종종 한 좌표 프레임에 대해 정의된 점, 벡터, 법선을 받아 다른 프레임에 대한 좌표 값을 찾게 된다. 기본 선형 대수의 특성을 사용해서 4 × 4 행렬은 점과 벡터를 한 프레임에서 다른 프레임으로의 선형 변환을 표현할 수 있다. 또한 4 × 4 행렬은 고정된 프레임 안에서의 점과 벡터의 공간에서 이동^translation^이나 점 주변의 회전 등 모든 선형 변환을 표현하기에 충분하다. 그러므로 행렬이 해석되는 호환되지 않는 두 가지 다른 방법들(또한 호환되지 않는다!)이 존재한다.

- **프레임 안의 변환:** 주어진 점에 대해 행렬은 같은 프레임에서의 새로운 점을 계산하는 변환(예, 특정 방향으로의 이동)을 표현할 수 있다.
- **프레임에서 프레임으로의 변환:** 행렬은 원래 프레임의 좌표를 기준으로 점이나 벡터의 새로운 프레임에서의 좌표를 표현할 수 있다.

pbrt에서 대부분 변환의 사용은 한 프레임에서 다른 프레임으로의 변환이다.

일반적으로 변환을 통해 가장 간편한 좌표 공간에서 작업을 할 수 있다. 예를 들어 카메라가 원점에 위치하고, *z*축을 향해 바라보며 *y*축이 위 방향을 가리키고 *x*축이 오른쪽을 가리키는 가상 카메라를 정의하는 루틴을 작성할 수 있다. 위의 가정은 카메라 구현을 매우 간략하게 만든다. 그 후 카메라를 장면의 어느 지점에서 어느 방향을 바라보든지 점을 장면의 좌표계에서 카메라 좌표계로의 변환을 생성하면 된다(6.1.1절에서 pbrt의 카메라 좌표 공간에 대한 자세한 정보를 살펴보라).

2.7.1 동차 좌표계

$(\mathrm{p}, \mathbf{v}_1, \mathbf{v}_2, \mathbf{v}_3)$로 정의된 프레임에 대해 점 $(\mathrm{p}_x, \mathrm{p}_y, \mathrm{p}_z)$와 벡터 $(\mathbf{v}_x, \mathbf{v}_y, \mathbf{v}_z)$를 같은 (x, y, z) 좌표로 표현하는 데 있어 모호함이 있다. 2장 초반에 도입된 점과 벡터의 표현을 사용해서 우리는 점을 내적 $[s_1\ s_2\ s_3\ 1][\mathbf{v}_1\ \mathbf{v}_2\ \mathbf{v}_3\ \mathrm{p}_o]^T$으로 표현하고, 벡터를 내적 $[s'_1\ s'_2\ s'_3\ 0][\mathbf{v}_1\ \mathbf{v}_2\ \mathbf{v}_3\ \mathrm{p}_o]^T$로 표현한다. 3개의 s_i 값과 0나 1을 가진 이 4 요소 벡터는 점과 벡터의 동차^homogeneous^ 표현이라고 한다. 동차 표현의 4번째 좌표는 종종 가중치^weight^라고 불린다. 점에 대해 값은 0을 제외한 어떤 스칼라 값도 가능하다. 동차 점 [1, 3, −2, 1]과 [−2, −6, 4, −2]는 같은 카테시안^Cartesian^ 점인 (1, 3, −2)를 표현한다. 동차 점을 일반 점으로 변환하는

것은 첫 3개의 요소를 가중치로 나누는 것으로 가능하다.

$$(x, y, z, w) = \left(\frac{x}{w}, \frac{y}{w}, \frac{z}{w}\right)$$

이 사실을 이용해 변환 행렬이 어떻게 점과 벡터를 한 프레임에서 다른 프레임으로 변환하는지를 표현하는지 알아보자. 행렬 **M**은 한 좌표계에서 다른 좌표계로 변환을 표현한다.

$$\mathbf{M} = \begin{pmatrix} m_{0,0} & m_{0,1} & m_{0,2} & m_{0,3} \\ m_{1,0} & m_{1,1} & m_{1,2} & m_{1,3} \\ m_{2,0} & m_{2,1} & m_{2,2} & m_{2,3} \\ m_{3,0} & m_{3,1} & m_{3,2} & m_{3,3} \end{pmatrix}$$

(이 책에서 행렬 요소의 인자는 0에서 시작해 소스코드와 일치한다) 그리고 **M**으로 표현된 변환이 x축 벡터 (1, 0, 0)에 적용될 경우 다음과 같다.

$$\mathbf{Mx} = \mathbf{M}[1\,0\,0\,0]^T = [m_{0,0}\, m_{1,0}\, m_{2,0}\, m_{3,0}]^T$$

그러므로 행렬의 열에서 현재 좌표계의 각 기저 벡터와 원점이 어떻게 변환되는지 알아낼 수 있다.

$$\mathbf{My} = [m_{0,1}\, m_{1,1}\, m_{2,1}\, m_{3,1}]^T$$
$$\mathbf{Mz} = [m_{0,2}\, m_{1,2}\, m_{2,2}\, m_{3,2}]^T$$
$$\mathbf{Mp} = [m_{0,3}\, m_{1,3}\, m_{2,3}\, m_{3,3}]^T.$$

일반적으로 기저들이 어떻게 변환되는지 특정지어 기저들에 기반을 둔 어떤 점이나 벡터가 어떻게 변환되는지 알 수 있다. 현 좌표계의 점과 벡터가 현 좌표계의 프레임으로 표현되므로 이들에 직접 변환을 적용하는 것은 현 좌표계의 기저에 변환을 적용한 뒤 변환된 기저에서의 점과 벡터의 좌표를 찾는 것과 동일하다.

여기서 동차 좌표를 명시적으로 코드에 적용하진 않아 `pbrt`에 `Homogeneous` 클래스는 존재하지 않는다. 하지만 다음 절의 다양한 변환 루틴은 암시적으로 점, 벡터, 법선을 동차 표현으로 전환해 변환을 적용하고, 반환 전에 다시 원래 형태로 전환한다. 따라서 변환에 구현에 있어서 동차 좌표의 세부 사항을 알 필요 없이 처리된다.

<Transform Declarations> ≡

```
class Transform {
public:
    <Transform Public Methods 142>
private:
    <Transform Private Data 141>
};
```

변환은 Matrix4x4 객체인 행렬 m의 요소들로 표현된다. 저수준 Matrix4x4 클래스는 A.5.3절에 정의돼 있다. 행렬 m은 행 우선row-major 순서로 저장됐기에 m[i][j]는 $m_{i,j}$에 대응하며, i는 행 번호, j는 열 번호다. 편의를 위해 Transform은 pbrt의 필요를 위해 행렬 m의 역행렬도 Transform::mInv 멤버로 갖고 있다. 반복적으로 역행렬을 계산하기보단 미리 계산해서 갖고 있는 것이 유리하다.

이 변환의 표현법은 상대적으로 메모리가 부족한 형태다. Float 값을 4바이트로 가정할 때 Transform은 128바이트의 저장 공간이 필요하다. 단순하게 사용할 때 매우 비효율적이다. 장면이 몇 백만 개의 모양을 갖고 있으나 단지 몇 천개의 고유한 변환만을 갖고 있다면 같은 변환을 중복해서 메모리에 갖고 있을 이유가 없다. 그러므로 pbrt의 Shape는 Transform의 포인터를 갖고 있으며, B.3.5절의 장면 설명specification 코드는 TransformCache를 사용해서 같은 변환을 사용하는 모든 모양이 하나의 변환 인스턴스를 가리키게 한다.

변환을 공유하는 선택은 유연성을 희생하게 된다. 장면의 여러 물체에 의해 공유되는 Transform의 요소들은 생성 이후 변경을 할 수 없으며, 물체들도 변환이 변경되지 않는다고 예상한다. 이 제약은 장면의 변환이 보통 pbrt가 장면 묘사 파일을 파싱한 뒤 생성되고 렌더링할 때 변경할 필요가 없으므로, 실질적으로 문제가 되지 않는다.

<Transform Private Data> ≡ 141

```
Matrix4x4 m, mInv;
```

2.7.2 기본 연산

새 Transform이 생성될 때 단위 변환identity transformation, 즉 각 점과 벡터를 그 자체로 매핑하는 변환으로 초기화된다. 이 변환은 단위행렬로 표현된다.

$$
\mathbf{I} = \begin{pmatrix} 1 & 0 & 0 & 0 \\ 0 & 1 & 0 & 0 \\ 0 & 0 & 1 & 0 \\ 0 & 0 & 0 & 1 \end{pmatrix}
$$

Matrix4x4 기본 생성자의 구현은 m과 mInv를 단위행렬로 설정한다.

<Transform Public Methods> ≡ 141

```
Transform() { }
```

Transform은 주어진 행렬에서 생성된다. 이 경우 해당 행렬은 명시적으로 역행렬을 계산해야 한다.

<Transform Public Methods> +≡ 141

```
Transform(const Float mat[4][4]) {
    m = Matrix4x4(mat[0][0], mat[0][1], mat[0][2], mat[0][3],
                  mat[1][0], mat[1][1], mat[1][2], mat[1][3],
                  mat[2][0], mat[2][1], mat[2][2], mat[2][3],
                  mat[3][0], mat[3][1], mat[3][2], mat[3][3]);
    mInv = Inverse(m);
}
```

<Transform Public Methods> +≡ 141

```
Transform(const Matrix4x4 &m) : m(m), mInv(Inverse(m)) { }
```

가장 일반적으로 사용되는 생성자는 변환 행렬과 함께 역행렬의 참조를 받는 생성자다. 생성자에서 직접 역행렬을 계산하는 경우보다 훨씬 나은데, 많은 기하학적 변환이 매우 간단한 역을 가지며, 일반적인 4×4 행렬의 역행렬 계산 비용과 잠재적인 수치적 정밀도의 손실을 피할 수 있기 때문이다. 물론 이 경우 호출자가 제공하는 역행렬이 정확하다는 보장이 있어야 한다.

<Transform Public Methods> +≡ 141

```
Transform(const Matrix4x4 &mat, const Matrix4x4 &minv)
    : m(mat), mInv(minv) {
}
```

Transform의 역은 단지 mInv와 m을 교환해 반환하면 된다.

<Transform Public Methods> +≡ 141

```
friend Transform Inverse(const Transform &t) {
```

```
        return Transform(t.mInv, t.m);
    }
```

새 변환을 계산하기 위해 두 행렬을 변환에서 전치[transpose]하는 것 또한 유용하다.

<*Transform Public Methods*> +≡ 141

```
    friend Transform Transpose(const Transform &t) {
        return Transform(Transpose(t.m), Transpose(t.mInv));
    }
```

`Transform`은 동일과 비동일 검사 메서드를 제공하며, 구현이 매우 단순하기에 포함시키지 않았다. `Transform`은 또한 해당 변환이 단위 변환인지 알아보는 `IsIdentity()` 메서드도 제공한다.

2.7.3 이동

가장 간단한 변환은 이동 변환인 $T(\Delta x, \Delta y, \Delta z)$다. 점 p를 적용할 때 그림 2.10에 나온 것처럼 p의 좌표를 Δx, Δy, Δz만큼 이동시킨다. 예를 들면 $T(2, 2, 1)(x, y, z) = (x + 2, y + 2, z + 1)$이다.

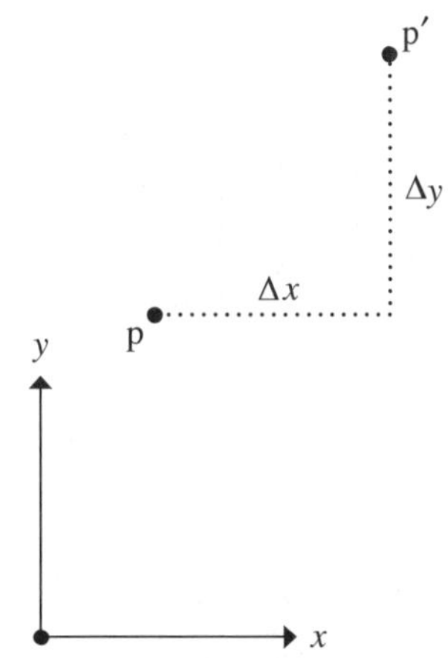

그림 2.10 2D 이동. 오프셋 Δx, Δy만큼 점의 좌표에 더해 대응하는 공간상 위치를 이동시킨다.

이동은 다음과 같은 몇 가지 단순한 특성이 있다.

$$
\begin{aligned}
\mathrm{T}(0, 0, 0) &= \mathrm{I} \\
\mathrm{T}(x_1, y_1, z_1)\mathrm{T}(x_2, y_2, z_2) &= \mathrm{T}(x_1 + x_2, y_1 + y_2, z_1 + z_2) \\
\mathrm{T}(x_1, y_1, z_1)\mathrm{T}(x_2, y_2, z_2) &= \mathrm{T}(x_2, y_2, z_2)\mathrm{T}(x_1, y_1, z_1) \\
\mathrm{T}^{-1}(x, y, z) &= \mathrm{T}(-x, -y, -z).
\end{aligned}
$$

이동은 점에만 영향을 미치며, 벡터는 변화시키지 않는다. 행렬 형식에서는 이동 변환은 이동 행렬의 점에 대한 연산을 고려할 때 동차 좌표로 볼 수 있다.

$$
\mathrm{T}(\Delta x, \Delta y, \Delta z) = \begin{pmatrix} 1 & 0 & 0 & \Delta x \\ 0 & 1 & 0 & \Delta y \\ 0 & 0 & 1 & \Delta z \\ 0 & 0 & 0 & 1 \end{pmatrix}
$$

예를 들어 T(Δx, Δy, Δz)에서 점 p의 동차 좌표로 표현한 [x y z 1]과의 곱을 살펴보자.

$$
\begin{pmatrix} 1 & 0 & 0 & \Delta x \\ 0 & 1 & 0 & \Delta y \\ 0 & 0 & 1 & \Delta z \\ 0 & 0 & 0 & 1 \end{pmatrix} \begin{pmatrix} x \\ y \\ z \\ 1 \end{pmatrix} = \begin{pmatrix} x + \Delta x \\ y + \Delta y \\ z + \Delta z \\ 1 \end{pmatrix}
$$

예상한 대로 오프셋 (Δx, Δy, Δz)만큼 이동한 새로운 좌표를 계산한다. 하지만 T를 다음과 같이 벡터 v에 적용할 때

$$
\begin{pmatrix} 1 & 0 & 0 & \Delta x \\ 0 & 1 & 0 & \Delta y \\ 0 & 0 & 1 & \Delta z \\ 0 & 0 & 0 & 1 \end{pmatrix} \begin{pmatrix} x \\ y \\ z \\ 0 \end{pmatrix} = \begin{pmatrix} x \\ y \\ z \\ 0 \end{pmatrix}
$$

결과는 같은 벡터 v가 된다. 벡터는 방향을 표현하기에 이동이 벡터를 변화시킬 수 없는 것은 당연하다.

주어진 이동을 표현하는 새 `Transform` 행렬을 생성하는 루틴은 간단하게 이동 행렬 방정식을 직접 적용하면 된다. 이 루틴은 `Transform`을 행렬과 역행렬로 완전히 초기화한다.

<Transform Method Definitions> ≡

```
Transform Translate(const Vector &delta) {
    Matrix4x4 m(1, 0, 0, delta.x,
                0, 1, 0, delta.y,
                0, 0, 1, delta.z,
```

```
                0, 0, 0,        1);
    Matrix4x4 minv(1, 0, 0, -delta.x,
                   0, 1, 0, -delta.y,
                   0, 0, 1, -delta.z,
                   0, 0, 0,        1);
    return Transform(m, minv);
}
```

2.7.4 크기 변경

다른 기본 변환은 크기 변환인 $\mathbf{S}(s_x, s_y, s_z)$다. 점이나 벡터에 대해 각각의 요소들을 x, y, z의 크기 인자로 곱한다. 예를 들면 $\mathbf{S}(2, 2, 1)(x, y, z) = (2x, 2y, z)$가 된다. 크기 변환은 다음의 기본적인 특성을 가진다.

$$\mathbf{S}(1, 1, 1) = \mathbf{I}$$

$$\mathbf{S}(x_1, y_1, z_1)\mathbf{S}(x_2, y_2, z_2) = \mathbf{S}(x_1x_2, y_1y_2, z_1z_2)$$

$$\mathbf{S}^{-1}(x, y, z) = \mathbf{S}\left(\frac{1}{x}, \frac{1}{y}, \frac{1}{z}\right).$$

크기 변경은 모든 세 개의 크기 인자가 같은 균일 크기 변경uniform scaling과 세 인자가 다른 값인 비균일 크기 변경nonuniform scaling이 있다. 일반적인 크기 변경 행렬은 다음과 같이 변환에 크기 변경 인자가 있는지 검사하는 것은 유용하다.

$$\mathbf{S}(x, y, z) = \begin{pmatrix} x & 0 & 0 & 0 \\ 0 & y & 0 & 0 \\ 0 & 0 & z & 0 \\ 0 & 0 & 0 & 1 \end{pmatrix}$$

<Transform Method Definitions> +≡

```
Transform Scale(float x, float y, float z) {
    Matrix4x4 m(x, 0, 0, 0,
                0, y, 0, 0,
                0, 0, z, 0,
                0, 0, 0, 1);
    Matrix4x4 minv(1.f/x, 0, 0, 0,
                   0, 1.f/y, 0, 0,
                   0, 0, 1.f/z, 0,
                   0, 0, 0, 1);
```

```
        return Transform(m, minv);
    }
```

간단한 방법은 각 세 좌표축을 변환한 뒤 각각의 크기가 1과 다른지 알아보는 것이다.

<Transform Public Methods> +≡ 141

```
    bool HasScale() const {
        Float la2 = (*this)(Vector3f(1, 0, 0)).LengthSquared();
        Float lb2 = (*this)(Vector3f(0, 1, 0)).LengthSquared();
        Float lc2 = (*this)(Vector3f(0, 0, 1)).LengthSquared();
    #define NOT_ONE(x) ((x) < .999f || (x) > 1.001f)
        return (NOT_ONE(la2) || NOT_ONE(lb2) || NOT_ONE(lc2));
    #undef NOT_ONE
    }
```

2.7.5 x, y, z축 회전

다른 유용한 변환은 회전 변환 R이다. 이는 일반적으로 원점에서 어떤 방향으로 임의의 축을 정의한 뒤 그 축에 대해서 특정 각도로 돌리는 것을 의미한다. 가장 일반적인 회전은 *x*, *y*, *z*축을 기준으로 회전하는 것이다. 해당 회전에 대해 $R_x(\theta)$, $R_y(\theta)$ 등으로 기술한다. 임의의 축 (x, y, z)에 대한 회전은 $R(x, y, z)(\theta)$로 기술한다.

회전은 다음과 같은 기본적인 특성을 가진다.

$$
\begin{aligned}
R_a(0) &= I \\
R_a(\theta_1)R_a(\theta_2) &= R_a(\theta_1 + \theta_2) \\
R_a(\theta_1)R_a(\theta_2) &= R_a(\theta_2)R_a(\theta_1) \\
R_a^{-1}(\theta) &= R_a(-\theta) = R_a^T(\theta)
\end{aligned}
$$

R^T는 R의 전치 행렬matrix transpose이다. 마지막 특성인 R의 역이 전치와 같다는 특성은 R이 직교 행렬, 즉 왼쪽 상위 3 × 3 요소들이 각자 상호 간에 직교한다는 것에 기인한다.

왼손 좌표계에 대해 *x*축에 대한 회전 행렬은 다음과 같다.

$$
R_x(\theta) = \begin{pmatrix} 1 & 0 & 0 & 0 \\ 0 & \cos\theta & -\sin\theta & 0 \\ 0 & \sin\theta & \cos\theta & 0 \\ 0 & 0 & 0 & 1 \end{pmatrix}
$$

그림 2.11은 이 행렬이 어떻게 작동하는지 직관을 제공한다. 해당 회전이 *x*축을 변화시키지 않는지 확인하는 것은 쉽다.

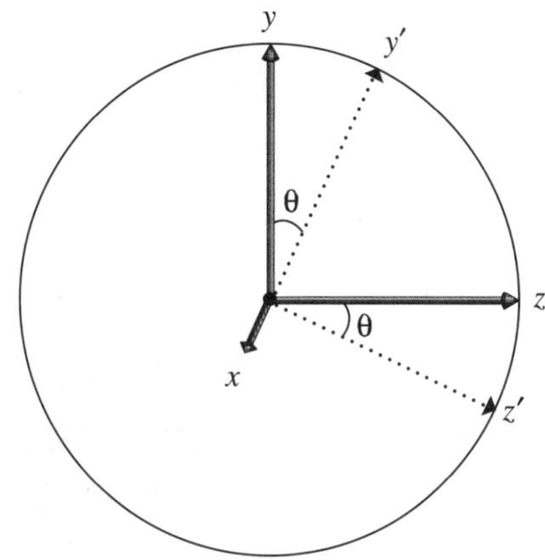

그림 2.11 x축에 대해서 각도 θ만큼 회전은 x 좌표를 변화시키지 않는다. y, z축은 점선으로 표시된 벡터로 변환되며, y, z 좌표는 그에 맞게 변화한다.

$$\mathbf{R}_x(\theta)[1\,0\,0\,0]^T = [1\,0\,0\,0]^T$$

회전은 *y*축 (0, 1, 0)을 (0, cos *θ*, sin *θ*)로, *z*축을 (0, −sin *θ*, cos *θ*)로 변환한다. *y*와 *z*축은 *x*축에 수직한 같은 면에 남아있지만 주어진 각도로 회전된다. 공간의 임의의 점에 대해서도 비슷하게 *x*축에 대해 회전되면서 원래 있던 *yz* 평면에 머무른다.

RotateX( ) 함수의 구현은 매우 단순하다.

```
<Transform Method Definitions> +≡
    Transform RotateX(float angle) {
        float sin_t = sinf(Radians(angle));
        float cos_t = cosf(Radians(angle));
        Matrix4x4 m( 1,      0,      0,    0,
                     0,  cos_t, -sin_t,    0,
                     0,  sin_t,  cos_t,    0,
                     0,      0,      0,    1);
        return Transform(m, Transpose(m));
    }
```

비슷하게 *y*와 *z*에 대한 회전은 다음과 같다.

$$\mathbf{R}_y(\theta) = \begin{pmatrix} \cos\theta & 0 & \sin\theta & 0 \\ 0 & 1 & 0 & 0 \\ -\sin\theta & 0 & \cos\theta & 0 \\ 0 & 0 & 0 & 1 \end{pmatrix} \qquad \mathbf{R}_z(\theta) = \begin{pmatrix} \cos\theta & -\sin\theta & 0 & 0 \\ \sin\theta & \cos\theta & 0 & 0 \\ 0 & 0 & 1 & 0 \\ 0 & 0 & 0 & 1 \end{pmatrix}$$

`RotateY()`와 `RotateZ()`의 구현은 위의 행렬식을 그대로 구현하므로 여기에 수록하지 않는다.

2.7.6 임의의 축에 대한 회전

또한 임의의 축에 대한 회전을 표현하는 변환을 계산하는 루틴도 제공한다. 보통 이런 행렬의 유도는 주어진 축을 특정 고정 축(예, z축)으로 전환한 뒤 회전을 거기서 실행한 뒤 원래의 축으로 고정 축을 돌리는 것에 기반을 둔다. 좀 더 우아한 유도는 벡터 대수로 생성된다.

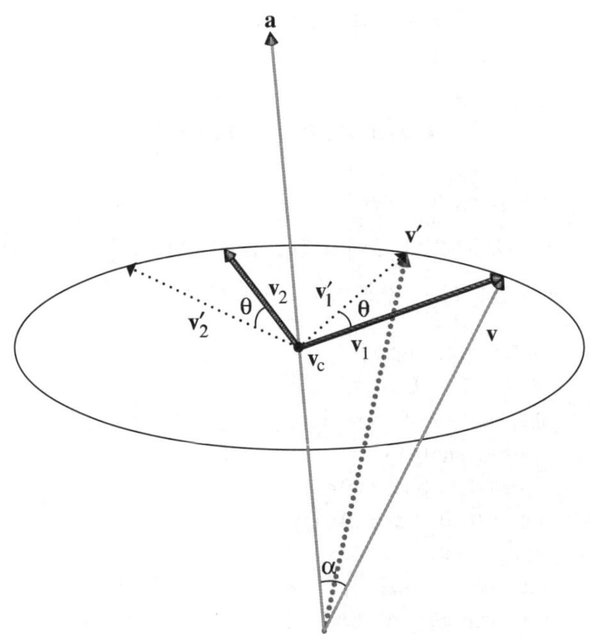

그림 2.12 벡터 v는 임의의 축 a에 대해 v의 끝점을 지나고 축에 수직한 평면에서 좌표계 (vc, v1, v2)를 생성해 vc에 대해서 v1과 v2를 회전시켜 축에 대해 회전할 수 있다. 이 회전을 좌표계의 각 축인 (1, 0, 0), (0, 1, 0), (0, 0, 1)에 적용하면 일반적인 회전 행렬을 얻을 수 있다.

그림 2.12의 각도 θ로 기준 축인 회전할 정규화된 방향 벡터 $\mathbf{a}$와 회전할 벡터 $\mathbf{v}$를 생각해보자. 우선 축 $\mathbf{a}$을 따라 축 $\mathbf{a}$에 평행하고 $\mathbf{v}$의 끝점을 지나는 평면 위에 위치하는 벡터 $\mathbf{v}_c$

를 계산한다. $\mathbf{v}$와 $\mathbf{a}$가 각도 α를 이룬다고 가정할 때 다음과 같다.

$$\mathbf{v}_\mathrm{c} = \mathbf{a}\,\|\mathbf{v}\|\cos\alpha = \mathbf{a}(\mathbf{v}\cdot\mathbf{a})$$

이제 이 평면에 대한 두 기저 벡터인 $\mathbf{v}_1$, $\mathbf{v}_2$를 계산한다. 명백하게 그 중 하나는 다음과 같다.

$$\mathbf{v}_1 = \mathbf{v} - \mathbf{v}_\mathrm{c}$$

다른 하나는 외적을 통해 계산 할 수 있다.

$$\mathbf{v}_2 = (\mathbf{v}_1 \times \mathbf{a})$$

$\mathbf{a}$가 정규화돼 있기에 $\mathbf{v}_1$과 $\mathbf{v}_2$는 둘 다 $\mathbf{v}$와 $\mathbf{v}_\mathrm{c}$ 사이의 벡터의 길이와 같은 길이를 가진다. 이제 회전 평면에 대한 $\mathbf{v}_\mathrm{c}$에 대한 각도 θ로 회전을 계산할 때 이전의 회전 공식으로 다음과 같이 얻는다.

$$\mathbf{v}' = \mathbf{v}_\mathrm{c} + \mathbf{v}_1\cos\theta + \mathbf{v}_2\sin\theta$$

이제 회전 행렬로 변환하기 위해 기저 벡터 (1, 0, 0), (0, 1, 0), (0, 0, 1)로 행렬에서 행의 값을 얻을 수 있다. 이 모든 과정의 결과는 다음의 함수에 담겨있다. 다른 회전 행렬과 같이 역은 전치 행렬과 같다.

<Transform Method Definitions> +≡

```
Transform Rotate(Float theta, const Vector3f &axis) {
    Vector3f a = Normalize(axis);
    Float sinTheta = std::sin(Radians(theta));
    Float cosTheta = std::cos(Radians(theta));
    Matrix4x4 m;
    <Compute rotation of first basis vector 149>
    <Compute rotations of second and third basis vectors>
    return Transform(m, Transpose(m));
}
```

<Compute rotation of first basis vector> ≡ 149

```
m.m[0][0] = a.x * a.x + (1 - a.x * a.x) * cosTheta;
m.m[0][1] = a.x * a.y * (1 - cosTheta) - a.z * sinTheta;
m.m[0][2] = a.x * a.z * (1 - cosTheta) + a.y * sinTheta;
m.m[0][3] = 0;
```

다른 두 기저 벡터를 위한 코드는 비슷하기에 여기에 수록하지 않았다.

2.7.7 보는 방향 변환

보는 방향 변환look-at transformation은 장면에 카메라를 놓을 때 특히 유용하다. 호출자는 원하는 카메라의 위치, 카메라가 바라보는 점의 두 매개변수로 암시적으로 정해지는 보는 방향을 따라 카메라를 어느 방향으로 세울지 결정하는 '위' 벡터를 명시해야 한다. 이 모든 값은 월드 공간 좌표world space coordinates로 표현된다. 보는 방향 생성은 카메라 공간과 월드 공간 사이를 전환하는 변환을 생성한다(그림 2.13).

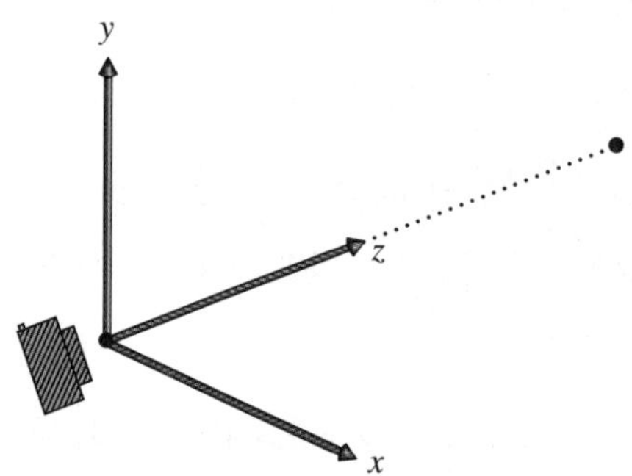

그림 2.13 카메라 위치와 카메라에서 바라보는 위치, '위(up)' 방향이 주어질 때 보는 방향 변환(look-at transformation)은 카메라가 원점에서 +z축으로 바라보고, +y축이 위 방향으로 표현되는 왼손 시야 좌표계에서의 변환을 표현한다.

보는 방향 변환 행렬의 내용을 찾기 위해 이 절의 앞에서 설명한 원리를 사용한다. 변환 행렬의 열들은 좌표계의 기저를 변환하는 효과를 생성한다.

<Transform Method Definitions> +≡

```
Transform LookAt(const Point3f &pos, const Point3f &look,
        const Vector3f &up) {
    Matrix4x4 cameraToWorld;
    <Initialize fourth column of viewing matrix 150>
    <Initialize first three columns of viewing matrix 151>
    return Transform(Inverse(cameraToWorld), cameraToWorld);
}
```

가장 간단한 열은 4번째 열로, 카메라 공간의 원점인 $[0\ 0\ 0\ 1]^T$을 월드 공간으로 전환하는 부분이다. 그 값은 당연히도 사용자가 제공한 카메라 위치다.

<Initialize fourth column of viewing matrix> ≡ 150

```
cameraToWorld.m[0][3] = pos.x;
cameraToWorld.m[1][3] = pos.y;
cameraToWorld.m[2][3] = pos.z;
```

```
cameraToWorld.m[3][3] = 1;
```

다른 세 개의 열도 그리 어렵지 않다. 우선 Lookat()이 카메라 위치에서 보는 지점으로 향하는 정규화된 방향 벡터를 계산한다. 이것은 *z*축이 매핑할 벡터 좌표이기에 행렬의 3번째 열이 된다(왼손 좌표계에서 카메라 공간은 보는 방향이 +*z*축으로 정의된다). 카메라 공간의 +*x*축이 월드 공간 방향으로 매핑될 첫 번째 열은 사용자가 제공한 '위' 벡터를 최근에 계산한 시선 방향 벡터와 외적을 계산해 얻을 수 있다. 마지막으로 '위' 벡터를 시선 방향 벡터와 변환된 *x*축 벡터의 외적으로 재계산해 *y*와 *x*축이 수직하다는 것을 보증하고, 정규 직교하는 시야 좌표계를 얻는다.

<Initialize first three columns of viewing matrix> ≡ 150

```
Vector3f dir = Normalize(look - pos);
Vector3f left = Normalize(Cross(Normalize(up), dir));
Vector3f newUp = Cross(dir, left);
cameraToWorld.m[0][0] = left.x;
cameraToWorld.m[1][0] = left.y;
cameraToWorld.m[2][0] = left.z;
cameraToWorld.m[3][0] = 0.;
cameraToWorld.m[0][1] = newUp.x;
cameraToWorld.m[1][1] = newUp.y;
cameraToWorld.m[2][1] = newUp.z;
cameraToWorld.m[3][1] = 0.;
cameraToWorld.m[0][2] = dir.x;
cameraToWorld.m[1][2] = dir.y;
cameraToWorld.m[2][2] = dir.z;
cameraToWorld.m[3][2] = 0.;
```

2.8 변환의 적용

이제 점과 벡터를 변환하는 적합한 행렬 곱을 정의할 수 있다. 우리는 함수 적용 연산자를 오버로딩해서 변환을 표현함으로써 이렇게 코드를 작성할 수 있게 했다.

```
Point3f p = ...;
Transform T = ...;
Point3f pNew = T(p);
```

2.8.1 점

점 변환 루틴은 점 (x, y, z)를 받아 암시적으로 동차 열벡터 $[x\ y\ z\ 1]^T$로 표현한다. 이 열벡터를 변환 행렬에 좌측 곱premultiplying을 해서 점을 변환한다. 마지막으로 w로 나눠서 다시 비동차 점 표현으로 전환한다. 효율을 위해 이 메서드는 pbrt에서 사용되는 대부분의 변환이 그러하듯 동차 가중치 w가 1일 때 나누는 것을 생략한다. 6장의 투영projective 변환만이 이런 나누기 연산이 필요하다.

<Transform Inline Functions> ≡

```
    template <typename T> inline Point3<T>

    Transform::operator()(const Point3<T> &p) const {
        T x = p.x, y = p.y, z = p.z;
        T xp = m.m[0][0]*x + m.m[0][1]*y + m.m[0][2]*z + m.m[0][3];
        T yp = m.m[1][0]*x + m.m[1][1]*y + m.m[1][2]*z + m.m[1][3];
        T zp = m.m[2][0]*x + m.m[2][1]*y + m.m[2][2]*z + m.m[2][3];
        T wp = m.m[3][0]*x + m.m[3][1]*y + m.m[3][2]*z + m.m[3][3];
        if (wp == 1)  return Point3<T>(xp, yp, zp);
        else          return Point3<T>(xp, yp, zp) / wp;
    }
```

2.8.2 벡터

벡터의 변환은 같은 방법으로 처리한다. 하지만 암시적인 w 좌표가 0이므로 행렬과 열벡터의 곱을 단순화시킬 수 있다.

<Transform Inline Functions> +≡

```
    template <typename T> inline Vector3<T>
    Transform::operator()(const Vector3<T> &v) const {
        T x = v.x, y = v.y, z = v.z;
        return Vector3<T>(m.m[0][0]*x + m.m[0][1]*y + m.m[0][2]*z,
                          m.m[1][0]*x + m.m[1][1]*y + m.m[1][2]*z,
                          m.m[2][0]*x + m.m[2][1]*y + m.m[2][2]*z);
}
```

2.8.3 법선

법선은 그림 2.14처럼 벡터와 같은 방식으로 변환되지 않는다. 접선 벡터가 똑같은 방식으로 변환되더라도 법선은 특별한 처리가 필요하다. 법선 벡터 *n*과 표면의 접선 벡터 *t*가 생성 시 직교할 경우 다음이 성립한다.

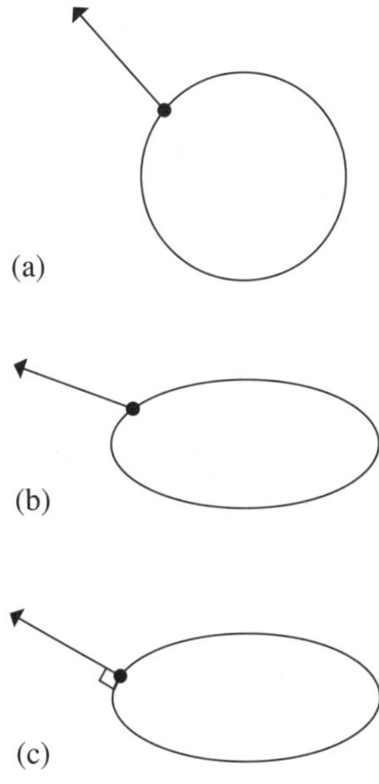

그림 2.14 표면 법선의 변환: (a) 원래 원. (b) y축으로 반만큼 크기 변경을 할 경우 법선을 방향과 같은 방식으로 처리하면 법선이 더 이상 표면과 수직하지 않으므로 잘못된 결과를 얻는다. (c) 적절히 변환된 법선

$$\mathbf{n} \cdot \mathbf{t} = \mathbf{n}^T \mathbf{t} = 0$$

표면의 점을 어떤 행렬 **M**으로 변환할 때 변환된 점의 새로운 법선 벡터 **t'**는 **Mt**다. 변환된 법선 **n'**는 특정 4 × 4 행렬 **S**에 대해서는 **Sn**과 같다. 직교성orthogonality을 유지하기 위해 다음이 성립돼야 한다.

$$\begin{aligned} 0 &= (\mathbf{n}')^T \mathbf{t}' \\ &= (\mathbf{Sn})^T \mathbf{Mt} \\ &= (\mathbf{n})^T \mathbf{S}^T \mathbf{Mt} \end{aligned}$$

이 조건은 $\mathbf{S}^T\mathbf{M} = \mathbf{I}$가 성립해야 한다. 그럴 경우 $\mathbf{S}^T = \mathbf{M}^{-1}$이므로, $\mathbf{S} = (\mathbf{M}^{-1})^T$가 성립하기에 법선은 반드시 변환 행렬의 역전치 행렬로 변환돼야 한다. 이 세부 사항 역시 `Transform`이

역행렬을 갖고 있는 중요한 이유 중 하나다.

이 메서드가 명시적으로 법선을 변환할 때 역행렬의 전치 행렬을 계산하지 않는다. 단지 역행렬의 인자를 다른 순서로 적용한다(Vector3fs의 변환 코드와 비교해보자).

<Transform Inline Functions> +≡

```
template <typename T> inline Normal3<T>
Transform::operator()(const Normal3<T> &n) const {
    T x = n.x, y = n.y, z = n.z;
    return Normal3<T>(mInv.m[0][0]*x + mInv.m[1][0]*y + mInv.m[2][0]*z,
                      mInv.m[0][1]*x + mInv.m[1][1]*y + mInv.m[2][1]*z,
                      mInv.m[0][2]*x + mInv.m[1][2]*y + mInv.m[2][2]*z);
}
```

2.8.4 광선

광선을 변환하는 것은 개념적으로는 단순하다. 이는 광선의 구성 원점과 방향을 변환하고 다른 데이터 멤버를 복사하는 문제다(pbrt는 또한 RayDifferential에도 비슷한 메서드를 제공한다).

pbrt에 사용된 부동소수점 반올림 오류를 처리하는 방식은 광선 원점을 변환하는 작은 조정을 필요로 하는 일부 세부 요소를 도입하는 것이다. *<Offset ray origin to edge of error bounds>* 코드 조각은 이 세부 사항을 처리한다. 이는 3.94절에 정의돼 있으며, 반올림 오류와 pbrt가 이를 어떻게 처리하는지 다룬다.

<Transform Inline Functions> +≡

```
inline Ray Transform::operator()(const Ray &r) const {
    Vector3f oError;
    Point3f o = (*this)(r.o, &oError);
    Vector3f d = (*this)(r.d);
    <Offset ray origin to edge of error bounds and compute tMax 233>
    return Ray(o, d, tMax, r.time, r.medium);
}
```

2.8.5 경계 상자

축 정렬 경계 상자를 변환하는 쉬운 방법은 여덟 개의 모든 모서리 정점을 변환하고 그 점들을 포함하는 새 경계 상자를 계산하는 것이다. 이 방식의 구현은 다음에 수록돼 있다.

2장의 연습문제 중 하나는 이 구현을 좀 더 효율적으로 하는 방법을 찾는 것이다.

<*Transform Method Definitions*> +≡

```
Bounds3f Transform::operator()(const Bounds3f &b) const {
    const Transform &M = *this;
    Bounds3f ret(M(Point3f(b.pMin.x, b.pMin.y, b.pMin.z)));
    ret = Union(ret, M(Point3f(b.pMax.x, b.pMin.y, b.pMin.z)));
    ret = Union(ret, M(Point3f(b.pMin.x, b.pMax.y, b.pMin.z)));
    ret = Union(ret, M(Point3f(b.pMin.x, b.pMin.y, b.pMax.z)));
    ret = Union(ret, M(Point3f(b.pMin.x, b.pMax.y, b.pMax.z)));
    ret = Union(ret, M(Point3f(b.pMax.x, b.pMax.y, b.pMin.z)));
    ret = Union(ret, M(Point3f(b.pMax.x, b.pMin.y, b.pMax.z)));
    ret = Union(ret, M(Point3f(b.pMax.x, b.pMax.y, b.pMax.z)));
    return ret;
}
```

2.8.6 변환의 조합

각 변환의 종류에 따라 어떻게 변환을 표현하는 행렬을 생성하는지 정의했으므로, 이제 각 변환을 종합해 생성되는 하나의 변환을 고려하자. 이를 통해 행렬로 표현되는 변환의 진짜 값을 볼 수 있다.

변환의 연속인 ABC에 대해 생각해보자. 우리의 목표는 새 변환 T를 계산하는 것으로, T는 적용했을 때 각 A, B, C를 역순으로 적용했을 때와 같은 결과를 낳는 변환으로 A(B(C(p))) = T(p)가 성립한다. 해당 T는 변환 A, B, C의 행렬을 곱해서 계산할 수 있다. pbrt에서 이렇게 작성할 수 있다.

```
Transform T = A * B * C;
```

그 후 각 변환을 각각 적용하는 `Point3f pp = A(B(C(p)))` 같은 방식보다 일반적인 방식으로 T를 `Point3f p`에 `Point3f pp = T(p)`와 같이 적용할 수 있다.

C++ `*` 연산자는 하나의 변환을 다른 변환 `t2`에 대해 우측 곱[postmultiply]을 해서 새 변환을 계산하는 데 사용한다. 행렬 곱에 있어서 결과 행렬의 (i, j)번째 요소는 첫 행렬의 i번째 줄과 두 번째 행렬의 j번째 열과의 내적이다.

결과 변환의 역은 `t2.mInv * mInv`의 곱과 같다. 이 특성은 다음과 같은 행렬 등식의 결과다.

$$(AB)^{-1} = B^{-1}A^{-1}$$

<*Transform Method Definitions*> +≡

```
Transform Transform::operator*(const Transform &t2) const {
    return Transform(Matrix4x4::Mul(m, t2.m),
                     Matrix4x4::Mul(t2.mInv, mInv));
}
```

2.8.7 변환과 좌표계의 손 방향

어떤 변환들은 왼손 좌표계를 오른손 좌표계로 변환하거나 반대로 변환한다. 일부 루틴은 원래 좌표계의 손 방향이 결과의 손 방향과 다른지 알아야 한다. 특히 표면 법선이 항상 표면의 밖을 가리키게 보장하고 싶은 루틴의 경우 손 방향이 바뀐다면 법선의 방향을 뒤집어야 한다.

다행히도 손 방향이 변환으로 바뀌었는지 알기는 쉽다. 왼쪽 상위 3×3 부분 행렬의 행렬식이 음일 때만 바뀐다.

<*Transform Method Definitions*> +≡

```
bool Transform::SwapsHandedness() const {
    Float det =
        m.m[0][0] * (m.m[1][1] * m.m[2][2] - m.m[1][2] * m.m[2][1]) -
        m.m[0][1] * (m.m[1][0] * m.m[2][2] - m.m[1][2] * m.m[2][0]) +
        m.m[0][2] * (m.m[1][0] * m.m[2][1] - m.m[1][1] * m.m[2][0]);
    return det < 0;
}
```

*2.9 애니메이션 변환

pbrt는 카메라와 장면의 기하 구조체에 대해 키프레임keyframe 행렬 애니메이션Animation을 지원한다. 대응하는 물체를 장면 안에 배치하는 하나의 변환을 제공하는 것에 추가해, 사용자는 각각의 특정 시간대의 지점에 관련된 키프레임 변환을 제공할 수 있다. 이를 통해 모사된 카메라의 셔터shutter가 열린 시간 동안 카메라와 장면의 물체가 움직일 수 있다. 그림 2.15는 pbrt에서 키프레임 행렬 애니메이션을 사용해 움직이는 세 개의 구를 보여준다.

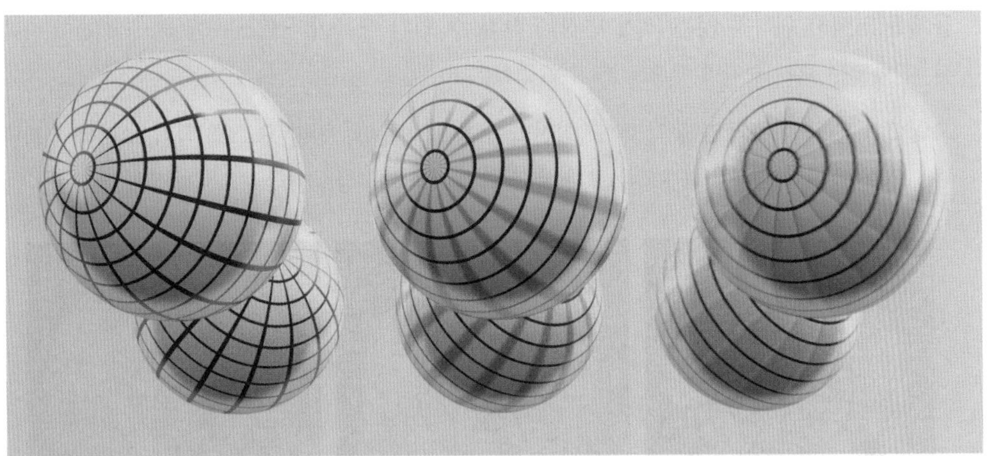

그림 2.15 회전하는 구: 이 절에서 구현된 변환 애니메이션 코드를 사용해 서로 다른 속도로 도는 세 개의 구다. 구의 반사와 구 자체가 흐릿한 것을 확인하자.

일반적으로 키프레임 행렬 사이의 보간 문제는 제대로 정의돼 있지 않다. 예를 들어 *x*축의 179도 회전 이후에 다시 181도 회전이 이뤄질 경우 이를 2도의 작은 회전으로 봐야 할지 -358도의 큰 회전으로 봐야 하는지 모호하다. 다른 예로 한 행렬이 단위행렬이고 다른 행렬이 *z*축에 대해 180도 회전인 두 행렬을 생각해보자. 한 방향에서 다른 방향으로 가는 방법은 무한대로 많다.

키프레임 행렬 보간은 컴퓨터 애니메이션에서 매우 중요한 문제로 여러 가지 다양한 시도가 개발됐다. 다행히도 렌더러의 행렬 보간은 애니메이션 시스템의 보간보다 두 가지 이유에서 보통 더 쉬운 편이다.

첫째, `pbrt` 같은 렌더러에서 카메라 셔터가 열린 시각과 닫힌 시간의 키프레임 행렬을 갖고 있으며, 한 장의 이미지를 위해서 둘 사이의 보간만 필요하다. 애니메이션 시스템에서 행렬은 보통 더 낮은 시간 빈도로 제공되므로 두 키프레임 행렬 사이에 많은 프레임을 갖게 돼 보간의 결점을 알아챌 확률이 높아진다.

둘째, 물리 기반 렌더러에서 보간하려는 한 쌍의 행렬 사이 시간이 길수록 가상 카메라 셔터가 열리는 시간도 길어지므로 최종 이미지에서 모션 블러가 더 많이 일어난다. 일반적으로 모션 블러가 많아질수록 보간의 문제점을 종종 더 많이 감추게 된다.

키프레임 행렬로 정의된 변환 사이의 보간을 가장 단순하게 구현하는 방법은 직접 두 행렬의 각 요소를 직접 보간하는 것으로, 예상할 수 없고 원하는 결과를 얻을 수 없어 좋지 않다. 예를 들어 각 변환들이 다른 회전을 적용하면 강체rigid-body 운동임에도 중간 행렬이 물체를 명백히 원하지 않는 크기 변경을 시킬 수 있기 때문이다(둘 사이에 180도 회전이 이뤄질 때 물체는 보간 중간에 점으로 크기가 줄어든다!).

그림 2.16은 구가 프레임 동안 90도 회전한 구를 보여준다. 행렬 요소를 직접 보간하면(오른쪽) 2장에서 구현한 방식(가운데)보다 부정확한 결과를 생성한다.

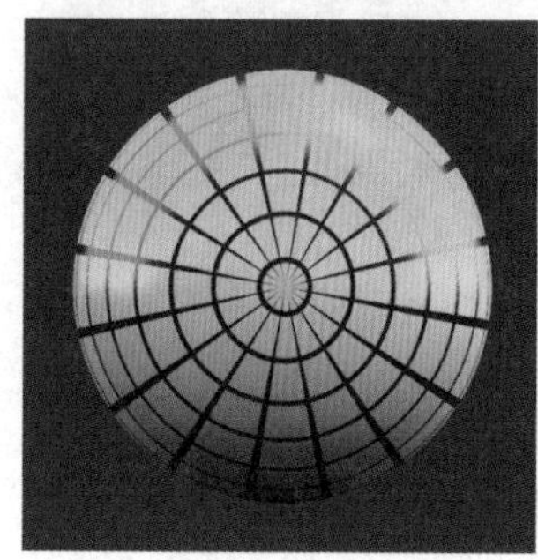

그림 2.16 (왼쪽) 텍스처로 격자 선을 가진 회전하지 않는 구. (중앙) 2장에서 구현한 변환 보간 방법을 사용한 프레임 도중 90도로 회전하는 구. (오른쪽) 변환 행렬 요소를 직접 보간한 90도로 회전하는 구. 이 경우 움직이는 구가 부정확하게 커진다. 또한 회전 방향의 선들이 선명하게 남지 않고 부정확하게 흐릿해졌다.

pbrt에서 변환 보간으로 사용된 방식은 행렬 분해matrix decomposition에 기반을 둔다. 임의의 변환 행렬 **M**에 대해 크기 변경 **S**, 회전 **R**, 이동 **T** 변환의 연쇄로 분해한다.

$$\mathbf{M} = \mathbf{SRT}$$

각 요소들이 독립적으로 보간되고 조합된 보간 행렬은 세 개의 보간된 행렬을 같이 곱해서 얻어진다.

이동과 크기 변경의 보간은 각 행렬의 요소를 선형 보간함으로써 쉽고 정확하게 얻을 수 있다. 하지만 회전의 보간은 어렵다. pbrt의 행렬 분해 구현을 설명하기 전에 먼저 회전을 보간하기 위한 효과적인 방법의 구현을 위한 사원수quaternion을 설명한다.

2.9.1 사원수

사원수는 윌리엄 로완 해밀턴William Rowan Hamilton 경이 1843년 복소수complex number에 대한 일반화로 개발했다. 2차원 (x, y)에서 복소수는 실수와 허수의 합인 $x + yi$로 정의되며, $i^2 = -1$일 때 이것은 4차원으로 사원수로 일반화가 가능하다.

사원수는 4항four-tuple으로 다음과 같다.

$$\mathbf{q} = (x, y, z, w) = w + x\mathrm{i} + y\mathrm{j} + z\mathrm{k}, \tag{2.4}$$

i, j, k는 $i^2 = j^2 = k^2 = ijk = -1$이 성립하는 것으로 정의된다.[2] 요소 간의 다른 중요한 관계는 ij = k, ji = −k다. 이는 사원수의 곱은 교환commutative이 일반적으로 성립하지 않는다는 것을 암시한다.

사원수는 4항 $\mathbf{q} = (\mathbf{q}_x, \mathbf{q}_y, \mathbf{q}_z, \mathbf{q}_w)$나 $\mathbf{q} = (\mathbf{q}_{xyz}, \mathbf{q}_w)$로 표현되며, $\mathbf{q}_{xyz}$는 허수 3항 벡터이고 $\mathbf{q}_w$는 실수부다. 이 절에서는 두 가지 표현을 교대로 사용하겠다.

두 임의의 사원수의 곱 표현은 이들의 정의를 실수와 허수 요소로 확장해서 얻을 수 있다.

$$\mathbf{q}\mathbf{q}' = (\mathbf{q}_w + \mathbf{q}_x\mathrm{i} + \mathbf{q}_y\mathrm{j} + \mathbf{q}_z\mathrm{k})(\mathbf{q}'_w + \mathbf{q}'_x\mathrm{i} + \mathbf{q}'_y\mathrm{j} + \mathbf{q}'_z\mathrm{k})$$

위에서 정리한 특성을 이용해 ($i^2 = -1$ 같은) 항을 정리하면 결과를 벡터의 내적과 외적으로 간단하게 표현할 수 있다.

$$\begin{aligned}(\mathbf{q}\mathbf{q}')_{xyz} &= \mathbf{q}_{xyz} \times \mathbf{q}'_{xyz} + \mathbf{q}_w\mathbf{q}'_{xyz} + \mathbf{q}'_w\mathbf{q}_{xyz} \\ (\mathbf{q}\mathbf{q}')_w &= \mathbf{q}_w\mathbf{q}'_w - (\mathbf{q}_{xyz} \cdot \mathbf{q}'_{xyz}).\end{aligned} \tag{2.5}$$

단위 사원수 ($x^2 + y^2 + z^2 + w^2 = 1$일 때)와 $\mathbb{R}^3$ 공간에서의 회전은 유용한 관계를 가진다. 구체적으로는 단위 축 $\mathbf{q}_{xyz}$ 주변으로 각도 2θ만큼의 회전은 단위 사원수 ($\mathbf{q}_{xyz} \sin\theta$, $\cos\theta$)로 연결되며, 이는 다음의 사원수 곱이 동차 좌표계로 표현된 점 p에 대한 회전을 적용하는 것과 같다.

$$\mathrm{p}' = \mathbf{q}\mathrm{p}\mathbf{q}^{-1}$$

더욱이 여러 회전 사원수의 곱은 연속적인 회전을 적용한 것과 동일한 다른 사원수를 생성한다.

pbrt의 `Quaternion` 클래스의 구현은 core/quaternion.h와 core/quaternion.cpp 파일에 들어있다. 기본 생성자는 단위 사원수로 초기화한다.

2. 해밀턴은 이 요소들의 관계가 떠올랐을 때 지나가던 다리 위에 칼로 공식을 새길 정도였다.

<Quaternion Public Methods> ≡

```
Quaternion() { v = Vector(0., 0., 0.); w = 1.f; }
```

사원수의 *xyz* 요소를 표현하기 위해 Vector3f를 사용한다. 이를 통해 다음과 같은 일부 메서드의 구현 시 이미 구현된 Vector3f의 다양한 메서드들을 사용할 수 있게 된다.

<Quaternion Public Data> ≡

```
Vector3f v;
Float w;
```

사원수의 더하기와 빼기 연산은 요소별로 수행된다. 이는 방정식(2.4)의 정의를 그대로 따른다. 예를 들어 다음과 같다.

$$\begin{aligned} \mathbf{q} + \mathbf{q}' &= w + x\mathrm{i} + y\mathrm{j} + z\mathrm{k} + w' + x'\mathrm{i} + y'\mathrm{j} + z'\mathrm{k} \\ &= (w + w') + (x + x')\mathrm{i} + (y + y')\mathrm{j} + (z + z')\mathrm{k} \end{aligned}$$

다른 수학적 메서드(빼기, 곱하기, 스칼라로 나누기)는 비슷하게 구현되므로 여기 수록하지 않는다.

<uaternion Public Methods> +≡

```
Quaternion &operator+=(const Quaternion &q) {
    v += q.v;
    w += q.w;
    return *this;
}
```

두 사원수의 내적은 Dot() 메서드로 구현되며, 사원수는 길이로 나누는 것으로 정규화된다.

<Quaternion Inline Functions> ≡

```
inline float Dot(const Quaternion &q1, const Quaternion &q2) {
    return Dot(q1.v, q2.v) + q1.w * q2.w;
}
```

<Quaternion Inline Functions> +≡

```
inline Quaternion Normalize(const Quaternion &q) {
    return q / sqrtf(Dot(q, q));
}
```

사원수와 같은 회전 변환을 표현하는 변환 행렬을 계산하면 유용하다. 특히 AnimatedTransform 클래스에서 회전을 사원수로 보간한 후 보간한 회전을 다시 변환 행렬로 변환해서 최종 조합된 보간 변환을 계산한다.

사원수에 대한 회전 행렬을 유도하기 위해선 사원수에 의한 점의 변환이 $p' = qpq^{-1}$임을 상기해야 한다. 행렬 $\mathbf{M}$이 같은 변환을 해야 하므로 $p' = \mathbf{M}p$가 성립해야 한다. 사원수 곱인 qpq^{-1}를 방정식(2.5)를 전개해서 사원수의 기반 동일성을 이용해서 단순화한 뒤 항을 정리하고 결과를 행렬로 나타내면 다음의 3 × 3 행렬로 같은 변환을 표현할 수 있다.

$$\mathbf{M} = \begin{pmatrix} 1-2(\mathbf{q}_y^2+\mathbf{q}_z^2) & 2(\mathbf{q}_x\mathbf{q}_y+\mathbf{q}_z\mathbf{q}_w) & 2\mathbf{q}_x\mathbf{q}_z-\mathbf{q}_y\mathbf{q}_w) \\ 2(\mathbf{q}_x\mathbf{q}_y-\mathbf{q}_z\mathbf{q}_w) & 1-2(\mathbf{q}_x^2+\mathbf{q}_z^2) & 2(\mathbf{q}_y\mathbf{q}_z+\mathbf{q}_x\mathbf{q}_w) \\ 2(\mathbf{q}_x\mathbf{q}_z+\mathbf{q}_y\mathbf{q}_w) & 2(\mathbf{q}_y\mathbf{q}_z-\mathbf{q}_x\mathbf{q}_w) & 1-2(\mathbf{q}_x^2+\mathbf{q}_y^2) \end{pmatrix}. \qquad [2.6]$$

이 계산은 `Quaternion::ToTransform()` 메서드에 구현돼 있다. 이는 방정식(2.6)의 직접 구현이므로 여기에 구현을 수록하지 않는다.

```
<Quaternion Public Methods> +≡
    Transform ToTransform() const;
```

또한 단위 사원수 ($\mathbf{q}_{xyz}$ sin θ, cos θ)가 단위 축 $\mathbf{q}_{xyz}$ 주변으로 각도 2θ만큼의 회전을 나타내는 사실을 회전 행렬을 계산하는 데 사용할 수 있다. 우선 회전의 각도인 $\theta = 2 \arccos \mathbf{q}_w$를 계산하고, 기존에 정의된 `Rotate()` 함수를 사용해서 거기에 축 $\mathbf{q}_{xyz}$와 회전 각 θ를 전달한다. 하지만 이 방법은 많은 삼각 함수의 호출이 필요하기에 부동소수점 더하기, 빼기, 곱하기만 필요한 여기에 구현된 방법에 비해 본질적으로 덜 효율적이다.

반대로 회전 행렬에서 사원수를 생성하는 것도 유용하다. 이를 위해 `Quaternion`은 `Transform`을 받는 생성자를 제공한다. 적절한 사원수는 방정식(2.6)에서 회전 행렬의 요소 간 관계를 이용해 계산할 수 있다. 예를 들어 이 행렬이 전치 행렬을 행렬 자체에서 뺀다면 (0, 1) 요소의 값은 $-4\mathbf{q}_w\mathbf{q}_z$가 된다. 그러므로 알고 있는 값의 회전 행렬에 대해 행렬 값과 사원수 요소들의 이런 관계를 사용해서 사원수의 요소를 계산하기 위한 방정식 시스템을 생성할 수 있다.

본문에는 실제 구현을 유도하는 세부 사항은 포함하지 않는다. 수학적 안정성^robustness^을 포함한 유도 과정을 알고 싶으면 Shoemake(1991)을 참조하라.

```
<Quaternion Public Methods> +≡
    Quaternion(const Transform &t);
```

2.9.2 사원수 보간

마지막 사원수 함수는 `Slerp()`로 두 사원수 간에 구형 선형 보간spherical linear interpolation을 사용해서 보간된다. 구형 선형 보간은 구면에서 대원great circle의 호를 따라 일정한 속도의 움직임을 표현해 2가지 원하는 회전 보간의 특성을 갖게 된다.

- 보간 회전 경로가 회전력torque을 최소화한다. 두 회전의 경로는 회전 공간에서 가장 짧은 경로다.
- 보간이 등각 속도constant angular velocity를 가진다. 애니메이션 매개변수 t의 변화와 결과 회전의 변화는 보간 과정 동안 일정하다. 다르게 말하면 보간 범위 내에서 보간 속도는 일정하다.

더욱 엄격하게 좋은 회전 보간이 가져야 할 특성에 대해 2장 마지막의 '더 읽을거리' 절의 참고 문헌을 참조하자.

사원수를 위한 구형 선형 보간은 Shoemake(1985)에서 다음과 같이 소개됐다. 두 사원수 $\mathbf{q}_1$과 $\mathbf{q}_2$ 둘 사이를 보간하기 위한 매개변수 $t \in [0, 1]$로 주어진다.

$$slerp(\mathbf{q}_1, \mathbf{q}_2, t) = \frac{\mathbf{q}_1 \sin((1-t)\theta) + \mathbf{q}_2 \sin(t\theta)}{\sin\theta}$$

`Slerp()`를 이해하는 직관적인 방법은 블로우(Blow, 2004)에 기술돼 있다. 주어진 사원수 $\mathbf{q}_1$과 $\mathbf{q}_2$ 사이의 각도를 θ로 표기하자. 매개변수 $t \in [0, 1]$에 대해 $\mathbf{q}_1$에서 $\mathbf{q}_2$로의 경로에서 $\mathbf{q}_1$과의 각도가 $\theta' = \theta t$를 만족하는 중간 사원수 $\mathbf{q}'$를 찾는다.

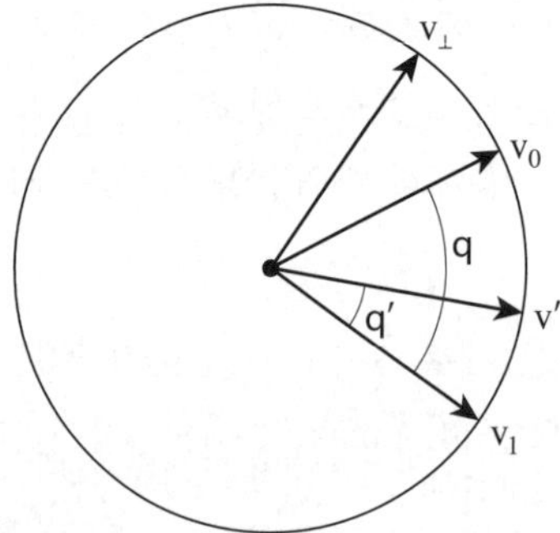

그림 2.17 사원수 구형 선형 보간을 이해하기 위해 단위원 위에 있는 두 2D 벡터 v_0, v_1, 사이의 각도가 θ인 경우를 고려하자. 여기서 각도 θ'를 갖고 둘 사이에 보간된 벡터를 생각해보자. 이를 위해 v_1에 수직한 벡터 $v_\perp$를 구하고 삼각 함수를 이용하면 $v' = v_1 \cos\theta' + v_\perp \sin\theta$가 성립한다.

q′를 계산하는 쉬운 방법은 q_1과 그에 수직한 q_1과 q_2를 포함하는 기저를 생성하는 사원수를 통해 사원수 공간에서 직교 좌표계를 계산하는 것이다. 이 좌표계에서 q_1에 기반을 두고 회전을 계산한다(그림 2.17이 2D에서 이 개념을 묘사한다). 직교 벡터 $q_\perp$은 q_1을 q_2에 투사한 뒤 q_2에서 직교 투사를 빼서 얻어진다. 결과는 q_1에 직교하도록 보장된다.

$$\mathbf{q}_\perp = \mathbf{q}_2 - (\mathbf{q}_1 \cdot \mathbf{q}_2)\mathbf{q}_1. \tag{2.7}$$

해당 좌표계에서는 이동 경로에서 사원수는 다음과 같이 계산된다.

$$\mathbf{q}' = \mathbf{q}_1 \cos(\theta t) + \mathbf{q}_\perp \sin(\theta t). \tag{2.8}$$

Slerp() 함수의 구현은 두 사원수가 거의 평행할 경우 수치적 불안정성을 피하기 위해 사원수의 요소들에 대해 일반 선형 보간을 사용한다. 그 외에는 수직한 사원수 qperp를 방정식(2.7)을 사용해서 계산한 뒤 보간된 사원수를 방정식(2.8)로 계산한다.

<Quaternion Method Definitions> ≡

```
Quaternion Slerp(float t, const Quaternion &q1,
                 const Quaternion &q2) {
    float cosTheta = Dot(q1, q2);
    if (cosTheta > .9995f)
        return Normalize((1.f - t) * q1 + t * q2);
    else {
        float theta = acosf(Clamp(cosTheta, -1.f, 1.f));
        float thetap = theta * t;
        Quaternion qperp = Normalize(q2 - q1 * cosTheta);
        return q1 * cosf(thetap) + qperp * sinf(thetap);
    }
}
```

2.9.3 AnimatedTransform 구현

사원수 기초에 기반을 두고 pbrt에서 키프레임 변환 보간을 구현하는 AnimatedTransform 클래스를 구현할 수 있다. 생성자는 두 변환과 시간 값을 받는다.

앞서 언급한 대로 AnimatedTransform은 조합 변환 행렬을 크기 변경, 회전, 이동 요소로 분해한다. 분해는 AnimatedTransform::Decompose() 메서드에서 처리한다.

<*AnimatedTransform Method Definitions*> ≡

```
AnimatedTransform::AnimatedTransform(const Transform *startTransform,
        Float startTime, const Transform *endTransform, Float endTime)
        : startTransform(startTransform), endTransform(endTransform),
        startTime(startTime), endTime(endTime),
        actuallyAnimated(*startTransform != *endTransform) {
    Decompose(startTransform->m, &T[0], &R[0], &S[0]);
    Decompose(endTransform->m, &T[1], &R[1], &S[1]);
    <Flip R[1] if needed to select shortest path 166>
    hasRotation = Dot(R[0], R[1]) < 0.9995f;
    <Compute terms of motion derivative function>
}
```

<*AnimatedTransform Private Data*> ≡

```
const Transform *startTransform, *endTransform;
const Float startTime, endTime;
const bool actuallyAnimated;
Vector3f T[2];
Quaternion R[2];
Matrix4x4 S[2];
bool hasRotation;
```

변환에 대한 조합 행렬에 대해 이를 계산하기 위한 각각의 변환에 대한 정보는 사라진다. 예를 들어 이동 후 크기 변경의 곱으로 생성된 행렬은 다른 값으로 크기 변경 후 이동하는 행렬과 같은 행렬을 생성한다. 그러므로 분해를 위한 변환의 기본canonical 순서를 선택해야 한다. 이런 용도를 위해 특정한 순서의 결정은 크게 중요하지 않다(예를 들어 애니메이션 시스템에서 각각의 분해된 요소를 변경함으로써 수정 가능하게 만들기 위해 조합 변환을 분해하는 경우에는 더 중요하다).

여기서는 렌더링 시스템에서 카메라와 기하 구조를 움직이기 위한 아핀 변환만 처리한다. 원근 투영 변환은 일반적으로 이런 물체들의 애니메이션과 관계없다.

이용할 변환 분해는 다음과 같다.

$$M = TRS, \tag{2.9}$$

M은 주어진 변환, T는 이동, R은 회전, S는 크기 변경이다. S는 어떤 좌표계에서 크기 변경을 의미하는 일반적인 크기 변경(Shoemake와 Duff는 당기기stretch라고 호칭)으로 현재 좌표계에서의 크기 변경만을 의미하지 않는다. 어떤 경우에는 항상 요소들의 보간을 통해 정확하게 보간된다. Decompose() 메서드는 주어진 Matrix4x4의 분해를 계산한다.

<AnimatedTransform Method Definitions> +≡

```
void AnimatedTransform::Decompose(const Matrix4x4 &m, Vector3f *T,
        Quaternion *Rquat, Matrix4x4 *S) {
    <Extract translation T from transformation matrix 165>
    <Compute new transformation matrix M without translation 165>
    <Extract rotation R from transformation matrix 166>
    <Compute scale S using rotation and original matrix 166>
}
```

이동 T를 추출하는 것은 쉽다. 4 × 4 변환 행렬의 적절한 요소들에서 직접 찾을 수 있다.

<Extract translation T *from transformation matrix>* ≡ 165

```
T->x = m.m[0][3];
T->y = m.m[1][3];
T->z = m.m[2][3];
```

아핀 변환(투영 요소가 없는)을 가정했으므로 이동을 제거한 뒤의 3 × 3 행렬은 크기와 회전을 함께 표현한다. 행렬은 앞으로의 처리를 위해 새 행렬 M으로 복사된다.

<Compute new transformation matrix M *without translation>* ≡ 165

```
Matrix4x4 M = m;
for (int i = 0; i < 3; ++i)
M.m[i][3] = M.m[3][i] = 0.f;
M.m[3][3] = 1.f;
```

다음엔 M에서 순수 회전 요소를 추출하기 위해 극 분해polar decomposition라고 불리는 기술을 사용한다. 극 분해를 통해 행렬 M을 회전 R과 크기 변경 S로 분해하는 것은 M_i = R인 점에 수렴할 때까지 연속적인 M과 그 역전치 행렬의 평균을 내는 것이다.

$$M_{i+1} = \frac{1}{2}\left(M_i + (M_i^T)^{-1}\right) \tag{2.10}$$

(M이 순수 회전이라면 역과 전치가 같기에 역전치 행렬과 평균을 내는 것은 같은 결과를 낸다. '더 읽을거리' 절에서 왜 이 급수series가 원래 변환의 회전 요소로 수렴하는지 의논하기 위한 더 많은 참고 문헌을 소개한다) 슈메이커와 더프(Shoemake and Duff, 1992)는 결과 행렬이 M에 가장 가까운 수직 행렬이라는 것을 증명했다.

이 급수를 계산하기 위해 방정식(2.10)를 적용 후 연속적인 항의 차이가 작거나 일정 횟수 이상 반복될 때까지 반복한다. 실질적으로 이 급수는 빨리 수렴한다.

<*Extract rotation* R *from transformation matrix*> ≡ 165

```
float norm;
int count = 0;
Matrix4x4 R = M;
do {
    <Compute next matrix Rnext in series 166>
    <Compute norm of difference between R and Rnext 166>
    R = Rnext;
} while (++count < 100 && norm > .0001f);
*Rquat = Quaternion(R);
```

<*Compute next matrix* Rnext *in series*> ≡ 166

```
Matrix4x4 Rnext;
Matrix4x4 Rit = Inverse(Transpose(R));
for (int i = 0; i < 4; ++i)
    for (int j = 0; j < 4; ++j)
        Rnext.m[i][j] = 0.5f * (R.m[i][j] + Rit.m[i][j]);
```

<*Compute norm of difference between* R *and* Rnext> ≡ 166

```
norm = 0.f;
for (int i = 0; i < 3; ++i) {
    float n = fabsf(R.m[i][0] - Rnext.m[i][0]) +
    fabsf(R.m[i][1] - Rnext.m[i][1]) +
    fabsf(R.m[i][2] - Rnext.m[i][2]);
    norm = max(norm, n);
}
```

M에서 회전을 추출한 뒤엔 크기 변경만이 남는다. $M = RS$를 만족하는 행렬 S를 찾아야 하는데, 이미 R과 M을 아는 상황이기에 $S = R^{-1}M$만 계산하면 된다.

<*Compute scale* S *using rotation and original matrix*> ≡ 165

```
*S = Matrix4x4::Mul(Inverse(R), M);
```

모든 회전 행렬에 대해 부호만 다른 두 단위 사원수가 존재한다. 두 회전의 내적이 음수로 나온다면 둘 사이의 회전 보간은 대응하는 두 회전의 가장 짧은 경로를 반환하지 않는다. 그중 하나를 음수화(여기서 두 번째는 임의로 선택)하면 대신 가장 짧은 경로를 선택하게 된다.

<*Flip* R[1] *if needed to select shortest path*> ≡ 164

```
if (Dot(R[0], R[1]) < 0)
    R[1] = -R[1];
```

Interpolate() 메서드는 특정 시각에 보간된 변환 행렬을 계산한다. 행렬은 기존에 추출된 이동, 회전, 크기 변경을 보간한 뒤 다시 결과를 모두 곱해서 3가지 변환을 함께 표현하는 조합 행렬로 얻을 수 있다.

<AnimatedTransform Method Definitions> +≡

```
void AnimatedTransform::Interpolate(float time, Transform *t) const {
    <Handle boundary conditions for matrix interpolation 167>
    float dt = (time - startTime) / (endTime - startTime);
    <Interpolate translation at dt 167>
    <Interpolate rotation at dt 168>
    <Interpolate scale at dt 168>
    <Compute interpolated matrix as product of interpolated components 168>
}
```

주어진 시각 값이 AnimatedTransform에 저장된 두 변환의 시간 범위 밖이면 시작 시각이나 끝 시각의 변환이 반환된다. AnimatedTransform 생성자는 또한 저장된 두 Transform이 같은지 검사하고, 같을 경우 보간이 필요 없다. pbrt의 모든 클래스는 변환을 저장함에 있어 Transform인지 AnimatedTransform인지 고민하지 않고 항상 AnimatedTransform을 저장해 애니메이션을 지원한다. 이로 인해 구현이 간단해지지만, 쓸데없이 같은 두 변환에 대한 보간을 계산하는 경우는 여기서 방지한다.

<Handle boundary conditions for matrix interpolation> ≡ 167

```
if (!actuallyAnimated || time <= startTime) {
    *t = *startTransform;
    return;
}
if (time >= endTime) {
    *t = *endTransform;
    return;
}
```

변수 dt는 startTime과 endTime의 범위에서 오프셋을 저장한다. startTime에서는 0, endTime에서는 1이다. 주어진 dt에 대해 이동의 보간은 명백하다.

<Interpolate translation at dt*>* ≡ 167

```
Vector trans = (1.f - dt) * T[0] + dt * T[1];
```

시작과 끝 사이의 회전 보간은 Slerp() 루틴(2.9.2절)을 이용한다.

<*Interpolate rotation at* dt> ≡ 167

```
Quaternion rotate = Slerp(dt, R[0], R[1]);
```

보간된 크기 변경 행렬은 시작과 끝 크기 변경 행렬의 각 요소를 직접 보간해서 계산한다. Matrix4x4의 생성자는 단위행렬로 설정하므로 다른 요소를 초기화할 필요는 없다.

<*Interpolate scale at* dt> ≡ 167

```
Matrix4x4 scale;
for (int i = 0; i < 3; ++i)
    for (int j = 0; j < 3; ++j)
        scale.m[i][j] = Lerp(dt, S[0].m[i][j], S[1].m[i][j]);
```

각각의 3가지 보간된 결과 행렬의 곱이 최종 결과다.

<*Compute interpolated matrix as product of interpolated components*> ≡ 167

```
*t = Translate(trans) * rotate.ToTransform() * Transform(scale);
```

또한 AnimatedTransform은 제공된 시각을 이용해 보간된 행렬에 직접 적용되는 Point3f와 Vector3f, Ray::time을 위한 여러 개의 메서드를 제공한다. 이 메서드들은 AnimatedTransform::Interpolate()를 호출해서 결과 행렬을 이용하는 것보다 실제 애니메이션이 없을 경우 변환 행렬의 복사본을 생성할 필요가 없어 그런 경우에 더 효율적이다.

<*AnimatedTransform Public Methods*> ≡

```
Ray operator()(const Ray &r) const;
RayDifferential operator()(const RayDifferential &r) const;
Point3f operator()(Float time, const Point3f &p) const;
Vector3f operator()(Float time, const Vector3f &v) const;
```

2.9.4 움직이는 경계 상자의 경계

주어진 애니메이션 변환으로 변환된 Bounds3f에 대해서, 모든 애니메이션 시간 동안 움직임을 포함하는 경계 상자를 계산할 수 있는 기능이 필요하다. 예를 들어 애니메이션되는 기하 기본체의 움직임 경계를 생성할 수 있으며, 그 후 광선의 시간에 대해 해당 교차점을 찾기 위해 기본체의 경계를 보간하는 비용을 발생시키기 전에 광선이 실제로 물체와 교차할지를 결정하기 위해 이 경계를 광선과 교차할 수 있다. AnimatedTransform::MotionBounds() 메서드는 이 계산을 수행하며, 경계 상자를 받아 AnimatedTransform에서 시간 범위 동안의 경계 상자를 반환한다.

여기엔 두 가지 쉬운 경우가 있다. 첫째, 키프레임 행렬이 동일하면 임의로 시작 변환으로 전체 경계만을 계산하기 위해 적용할 수 있다. 둘째, 변환이 크기 혹은 이동, 혹은 오직 둘만 포함하면 그 후 경계 상자는 경계 상자의 시작 시각과 끝 시각에서 변환된 위치를 포함하는 경계 상자가 모든 움직임 동안 이를 포함한다. 왜 이렇게 되는지 보기 위해 변환된 점 p를 시간의 함수로 고려하자. 이 함수를 두 행렬, 점, 시간을 받는 $a(\mathbf{M}_0, \mathbf{M}_1, \mathrm{p}, t)$로 표기한다.

이 경우 회전 요소의 분해가 단위행렬이기에 행렬 분해로 다음을 얻을 수 있다.

$$a(\mathbf{M_0}, \mathbf{M_1}, \mathrm{p}, t) = \mathrm{T}(t)\mathrm{S}(t)\mathrm{p}$$

이동과 크기 조절은 둘 다 시간의 함수다. 단순함을 위해 $\mathrm{S}(t)$가 균일 크기 조절regular scale이라고 가정하면 $a(\mathbf{M}_0, \mathbf{M}_1, \mathrm{p}, t)$의 요소 표현을 찾을 수 있다. 예를 들어 x 요소에 대해 다음을 가진다.

$$\begin{aligned} a(\mathbf{M_0}, \mathbf{M_1}, \mathrm{p}, t)_x &= [(1-t)s_{0,0} + t s'_{0,0}]\mathrm{p}_x + (1-t)d_{0,3} + t d'_{0,3} \\ &= [s_{0,0}\mathrm{p}_x + d_{0,3}] + [-s_{0,0}\mathrm{p}_x + s'_{0,0}\mathrm{p}_x - d_{0,3} + d'_{0,3}]t \end{aligned}$$

$S_{0,0}$는 크기 조절 행렬 $\mathbf{M}_0$의 대응하는 요소이며, $s'_{0,0}$은 $\mathbf{M}_1$에 대한 동일 크기 행렬 요소며, 이동 행렬 요소는 비슷하게 d로 표기된다(시간에 대해 이미 t로 선언했기에 여기서 d를 '델타'로 선택했다). t의 선형 함수로, 이 함수의 극값은 시작과 끝 시각이다. 다른 좌표와 일반화된 크기 조절의 경우도 비슷하다.

<AnimatedTransform Method Definitions> +≡

```
Bounds3f AnimatedTransform::MotionBounds(const Bounds3f &b) const {
    if (!actuallyAnimated)
        return (*startTransform)(b);
    if (hasRotation == false)
        return Union((*startTransform)(b), (*endTransform)(b));
    <Return motion bounds accounting for animated rotation 170>
}
```

일반적으로 애니메이션되는 회전에 대해 움직임 함수는 극값을 시간 범위의 중간에 가진다. 많은 렌더러는 이 사인을 시간 범위에서 많은 수의 시각을 표본화하고, 각각의 보간된 변환을 계산하고, 모든 대응하는 변환된 경계 상자의 합으로 처리한다. 여기서는 이런 움직임 경계에 대해 더 안정적으로 계산이 가능한 더 좋은 기반을 가진 방법을 개발할 것이다.

경계 상자에서 각 8개의 모서리 움직임을 개별적으로 계산하고 이 경계의 합 계산을 수반하는 살짝 더 단순한 보수적인 경계를 사용할 것이다.

<Return motion bounds accounting for animated rotation> ≡ 169

```
Bounds3f bounds;
for (int corner = 0; corner < 8; ++corner)
    bounds = Union(bounds, BoundPointMotion(b.Corner(corner)));
return bounds;
```

각 경계 상자 모서리 p에 대해 애니메이션 시간 범위에 대한 a의 극값을 찾아야 한다. 연속 함수의 일부 정의역에 대한 극값은 정의역의 경계점이나 함수의 1차 미분이 0인 점에서 생긴다는 미적분학의 내용을 기억하자. 그러므로 전체 경계는 움직임의 시작과 끝, 그리고 극의 위치 합으로 주어진다.

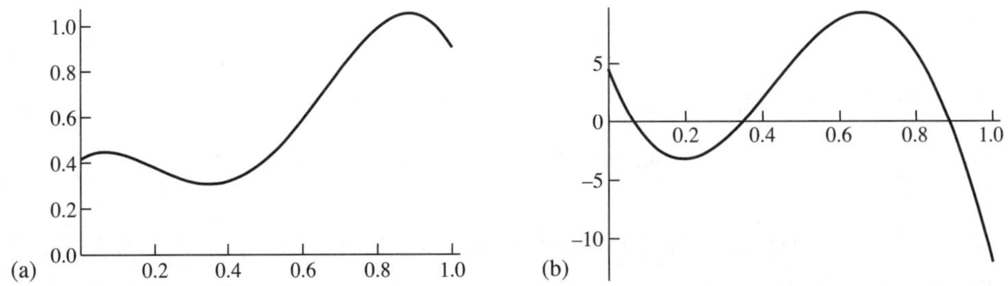

그림 2.18 (a) 점 p에서 x 좌표의 시간 함수로의 움직임, 2개의 키프레임 행렬로 결정. (b) 움직임 함수의 미분, 방정식 (2.12). 주어진 시간 범위에서 움직임 함수의 극값이 미분의 0 값과 일치하는 것을 주목하자.

그림 2.18은 움직임 함수에서 한 좌표의 그래프를 보여주며, 한 점의 관심 움직임 경로에 대한 미분을 보여준다. 함수의 시간 범위에 대한 최댓값은 미분이 0인 점에서 도달한다.

단일 점에서의 움직임 경계를 만들기 위해 회전이 없는 경우에 대한 방법을 따라 미분을 시작하며, 방정식(2.9)의 **T**, **R**, **S**의 요소에 대해 시간의 함수로 확장하고 이들의 곱을 구해 다음을 얻었다.

$$a(\mathbf{M_0}, \mathbf{M_1}, \mathrm{p}, t) = \mathbf{T}(t)\mathbf{R}(t)\mathbf{S}(t)\mathrm{p}. \quad [2.11]$$

결과는 확장했을 때 매우 복잡하며, 대부분은 회전 보간과 결과 사원수를 행렬로 변환하기 때문이다. 이 함수를 사용하기 위해서는 컴퓨터 대수 시스템이 필요하다.

미분 $\partial a(\mathbf{M_0}, \mathbf{M_1}, \mathrm{p}, t)/\partial t$는 또한 역시 매우 복잡하다. 완전한 대수적인 아름다움을 위해 2,000개 이상의 연산이 분해된 행렬에서 주어진 쌍의 값을 계산하기 위해 필요하다. 하지만 주어진 특정 변환 행렬과 특정 점에서 a는 매우 단순화된다. 이 특화된 t의 함수를 단독으로 $a_{\mathrm{M,p}}(t)$로 표기한다. 이 미분을 계산하는 것은 각 좌표에 대해 대략 10개의 부동소수점 연산, 사인, 코사인 계산이 필요하다.

$$\frac{\mathrm{d}a_{\mathrm{M,p}}(t)}{\mathrm{d}t} = c_1 + (c_2 + c_3\, t)\cos(2\theta\, t) + (c_4 + c_5\, t)\sin(2\theta\, t), \tag{2.12}$$

θ가 두 사원수의 내적에 대한 아크코사인이고, 5개의 계수 c_i는 두 행렬과 위치 p에 의존하는 3 벡터다. 이런 특화는 주어진 점에서 많은 횟수로 함수를 계산해야 할 필요가 있기에 잘 작동한다.

이제 두 가지 일이 남았다. 첫째, 주어진 키프레임 행렬의 쌍과 점 p에 대해 효율적으로 계수 c_i를 계산할 수 있어야 한다. 그 후 주어진 상대적으로 단순한 c_i와 θ로 정의된 함수에 대해 움직임 극값의 발생 횟수를 나타낼 수 있는 방정식(2.12)의 0을 찾아야 한다.

첫 번째 작업으로, 우선 점 p에 의존하는 계수에서 키프레임 행렬에 의존하는 계수에 대한 기여를 제외하며, 이는 여러 점의 움직임에 대한 경계 상자가 키프레임 행렬의 각 쌍에서 계산할 될 것이라고 가정(여기서의 경우)하기 때문이다. 결과는 다행히 아주 단순하다. c_i 벡터는 점 x, y, z 요소에 대한 선형 함수다.

$$c_i(\mathrm{p}) = k_{i,\mathrm{c}} + k_{i,x}\mathrm{p}_x + k_{i,y}\mathrm{p}_y + k_{i,z}\mathrm{p}_z$$

그러므로 주어진 k_i 계수와 특정 점 p에 대해 움직임을 경계하길 바라며, 방정식(2.12)에서 미분 함수의 계수 c_i를 효율적으로 계산할 수 있다. DerivativeTerm 구조체는 이 계수와 계산을 내포한다.

<AnimatedTransform Private Data> +≡

```
struct DerivativeTerm {
    DerivativeTerm(Float c, Float x, Float y, Float z)
        : kc(c), kx(x), ky(y), kz(z) { }
    Float kc, kx, ky, kz;
    Float Eval(const Point3f &p) const {
        return kc + kx * p.x + ky * p.y + kz * p.z;
    }
};
```

특성 c1-c5는 방정식(2.12)의 5개 항에 대응하는 미분 정보를 저장한다. 3개의 배열 요소는 공간의 3차원에 대응한다.

<AnimatedTransform Private Data> +≡

```
DerivativeTerm c1[3], c2[3], c3[3], c4[3], c5[3];
```

AnimatedTransform 생성자의 코드 조각 *<Compute terms of motion derivative function>*은 여기 포함되지 않지만, 자동으로 생성된 코드를 통해 다른 항을 초기화한다. 몇 천 개의 부동소수점 연산이 요구되며, 이 작업을 한 번하고 여러 경계 상자 모서리에 대해 재사용하는 것이 유용하다. k_i 계수는 정규 시간 범위 [0, 1]을 가정하면 더 쉽게 계산할 수 있다. 이후에, 움직임 함수에서 0의 t 값을 실제 조리개 시간 범위로 변환해야 한다.

키프레임 행렬에 기반을 둔 주어진 계수 k_i에 대해 BoundPointMotion()은 안정적인 p의 움직임 경계를 계산한다.

<AnimatedTransform Method Definitions> +≡

```
Bounds3f AnimatedTransform::BoundPointMotion(const Point3f &p) const {
    Bounds3f bounds((*startTransform)(p), (*endTransform)(p));
    Float cosTheta = Dot(R[0], R[1]);
    Float theta = std::acos(Clamp(cosTheta, -1, 1));
    for (int c = 0; c < 3; ++c) {
        <Find any motion derivative zeros for the component c 172>
        <Expand bounding box for any motion derivative zeros found 173>
    }
    return bounds;
}
```

금방 소개할 IntervalFindZeros() 함수는 수치적으로 방정식(2.12)의 0을 찾으며, 4개까지 가능하다.

<Find any motion derivative zeros for the component c*>* ≡ 172

```
Float zeros[4];
int nZeros = 0;
IntervalFindZeros(c1[c].Eval(p), c2[c].Eval(p), c3[c].Eval(p),
                  c4[c].Eval(p), c5[c].Eval(p), theta,
                  Interval(0., 1.), zeros, &nZeros);
```

0은 $t \in [0, 1]$에서 찾으므로, 대응하는 시각에 있는 점을 변환하기 위한 메서드의 호출 전에 시간 범위로 보간해야 한다. 또한 극값이 단지 x, y, z 차원에서 하나씩 밖에 없으므로,

경계는 해당 한 차원에 대해서만 갱신돼야 한다. 편의를 위해 다른 두 차원은 무시되지만 모든 차원에 대해 고려하는 `Union()` 함수를 사용한다.

<Expand bounding box for any motion derivative zeros found> ≡ 172

```
for (int i = 0; i < nZeros; ++i) {
    Point3f pz = (*this)(Lerp(zeros[i], startTime, endTime), p);
    bounds = Union(bounds, pz);
}
```

움직임 미분 함수 방정식(2.12)의 0을 찾는 데 있어서, 이는 대수적으로 처리가 불가능하며 수치적인 방법이 필요하다. 다행히 이 함수는 상당히 부드럽고 제한된 수의 0을 갖고 있다 (비정상적으로 복잡한 표현을 가진 그림 2.18의 그래프를 상기하자).

이분법 기반 검색이나 뉴턴의 방식을 사용할 수 있지만, 함수가 오직 잠시 축을 교차하는 경우의 0을 놓칠 수 있다. 그러므로 연산의 확장이 값의 범위에 대한 함수의 행태에 대한 통찰을 주는 구간 연산[interval arithmetic]을 사용하며, 이는 함수의 0을 더욱 안정적으로 구할 수 있다.

구간 연산의 기본 개념을 이해하기 위해서, 예를 들어 함수 $f(x) = 2x$에 대해 생각해보자. 값의 구간 $[a, b] \in \mathbb{R}$을 가지면 그 구간에 대해 f의 범위가 $[2a, 2b]$라는 것을 볼 수 있다. 다른 말로는 $f([a, b]) \subset [2a, 2b]$가 된다.

더 일반적으로는 모든 기본 연산이 구간에서 어떻게 동작하는지를 설명하는 구간 확장을 가진다. 예를 들어 주어진 두 구간 $[a, b]$와 $[c, d]$에 대해서는 다음과 같다.

$$[a, b] + [c, d] \subset [a + c, b + d]$$

다른 말로는 하나가 범위 $[a, b]$ 안에 있고 다른 하나가 범위 $[c, d]$ 안이라면 둘을 더한 결과는 반드시범위 $[a + c, b + d]$ 안이어야 한다.

구간 연산은 결과 구간이 보존적[conservative]이라는 중요한 특성을 지닌다. 특히, $f([a, b]) \subset [c, d]$이고 $c > 0$이면 확실히 $[a, b]$의 어떤 값도 f를 음수로 만들지 않는다는 것을 알 수 있다. 이후에 어떻게 방정식(2.12)를 구간에 대해 계산하고 계산된 구간의 보존성 경계를 이용해서 일반 근 계산 방식을 확실히 사용할 수 있는 곳에서 효율적으로 0을 교차하는 작은 간격을 찾는 방법을 보여줄 것이다.

우선 실수의 간격을 표현하는 `Interval`을 정의한다.

<Interval Definitions> ≡

```
class Interval {
public:
    <Interval Public Methods 174>
    Float low, high;
};
```

간격은 단일 값으로 초기화될 수 있으며, 이는 실수 선 위의 단일 점을 나타내거나, 0이 아닌 너비를 가진 간격을 설정하는 두 값으로 초기화할 수 있다.

<Interval Public Methods> ≡ 174

```
Interval(Float v) : low(v), high(v) { }
Interval(Float v0, Float v1)
    : low(std::min(v0, v1)), high(std::max(v0, v1)) { }
```

이 클래스는 또한 기본 산수 연산의 오버로딩을 제공한다. 빼기의 경우 두 번째 간격의 높은 값은 처음의 낮은 값에서 빼게 된다.[3]

<Interval Public Methods> +≡ 174

```
Interval operator+(const Interval &i) const {
    return Interval(low + i.low, high + i.high);
}
Interval operator-(const Interval &i) const {
    return Interval(low - i.high, high - i.low);
}
```

곱하기에 대해 각 간격의 면은 각각의 부호에 따라 결과 간격의 최대/최솟값을 결정한다. 다양한 가능성을 곱하고 전체의 최소/최대를 구하는 것이 어떤 것을 사용할지 결정하고 곱하는 것보다 더 쉽다.

<Interval Public Methods> +≡ 174

```
Interval operator*(const Interval &i) const {
    return Interval(std::min(std::min(low * i.low, high * i.low),
                             std::min(low * i.high, high * i.high)),
                    std::max(std::max(low * i.low, high * i.low),
```

3. 3.9절을 이미 읽었거나 이미 부동소수점 반올림 오류에 익숙한 독자들은 안정성 주장에 결함이 있다는 것을 눈치 챘을 것이다. 간격 경계 값 중 하나의 부동소수점 값이 계산될 때 결과는 가장 가까운 부동소수점 값으로 반올림되며, 이는 완전 정밀도 결과보다 크거나 작다. 완전히 안정적이기 위해선 부동소수점 반올림 방식이 반드시 범위의 낮은 값에 대해서는 내림으로, 높은 값에 대해서는 올림이 돼야 한다. 반올림 방식을 변경하는 것은 현대 CPU에서 엄청나게 비싸고, 이 응용에서는 사소한 문제다. 그러므로 구현은 반올림 방식을 변경하지 않는다.

```
                                    std::max(low * i.high, high * i.high)));
}
```

또한 Interval에 대해 Sin()과 Cos()를 구현한다. 구현은 이 함수에 대한 우리의 사용 방식인 주어진 간격이 [0, 2π] 안에 있음을 가정한다. 여기서는 Sin()의 구현만 포함했으며, Cos()는 기본 구조에서 매우 유사하다.

```
<Interval Definitions> +≡
   inline Interval Sin(const Interval &i) {
        Float sinLow = std::sin(i.low), sinHigh = std::sin(i.high);
        if (sinLow > sinHigh)
            std::swap(sinLow, sinHigh);
        if (i.low < Pi / 2 && i.high > Pi / 2)
            sinHigh = 1.;
        if (i.low < (3.f / 2.f) * Pi && i.high > (3.f / 2.f) * Pi)
            sinLow = -1.;
        return Interval(sinLow, sinHigh);
   }
```

주어진 간격 도구로, 이제 주어진 간격 tIntervaldp 대해 0을 교차하는 t 값을 찾는 IntervalFindZeros() 함수를 구현할 수 있다.

```
<Interval Definitions> +≡
   void IntervalFindZeros(Float c1, Float c2, Float c3, Float c4,
            Float c5, Float theta, Interval tInterval, Float *zeros,
            int *zeroCount, int depth = 8) {
        <Evaluate motion derivative in interval form, return if no zeros 175>
        if (depth > 0) {
            <Split tInterval and check both resulting intervals 176>
        } else {
            <Use Newton's method to refine zero 176>
        }
   }
```

함수는 tInterval에 대한 간격 범위를 계산하는 것으로 시작한다. 범위가 0을 포함하지 않으면 tInterval 범위에 대해 함수는 0이 없으므로 함수를 반환할 수 있다.

```
<Evaluate motion derivative in interval form, return if no zeros> ≡        175
   Interval range = Interval(c1) +
        (Interval(c2) + Interval(c3) * tInterval) *
            Cos(Interval(2 * theta) * tInterval) +
```

```
        (Interval(c4) + Interval(c5) * tInterval) *
            Sin(Interval(2 * theta) * tInterval);
    if (range.low > 0. || range.high < 0. || range.low == range.high)
        return;
```

간격 range가 0을 포함하면 간격 tInterval 안에서 1개 이상의 0을 가질 수 있지만, 간격 경계가 보수적이더라도 충분히 밀접하지 않기에 실제로 없을 수 있다. 함수는 tInterval을 두 부분으로 나누고 부분 간격에 대해 재귀적으로 호출된다. 간격 정의역의 크기를 줄이는 것은 일반적으로 간격 구간의 범위를 감소시키며, 이는 하나 이상의 새 간격 안에 0이 없는 것을 판별할 수 있게 한다.

<*Split* tInterval *and check both resulting intervals*> ≡ 175

```
Float mid = (tInterval.low + tInterval.high) * 0.5f;
IntervalFindZeros(c1, c2, c3, c4, c5, theta,
    Interval(tInterval.low, mid), zeros, zeroCount, depth - 1);
IntervalFindZeros(c1, c2, c3, c4, c5, theta,
    Interval(mid, tInterval.high), zeros, zeroCount, depth - 1);
```

한 번 움직임 미분 함수가 0을 포함하는 간격을 찾으면 구현은 뉴턴의 방법으로 간격의 중간점에서 시작해 몇 번 반복해 0을 찾도록 변경된다. 뉴턴의 방법은 함수의 미분을 요구하는데, 움직임 미분 함수의 0을 찾아야 하므로 방정식(2.11)의 2차 미분이다.

$$\frac{\mathrm{d}^2 a_{\mathrm{M,p}}(t)_x}{\mathrm{d}t^2} = c_{3,x} + 2\theta(c_{4,x} + c_{5,x}t)\cos(2\theta\, t) + c_{5,x} - 2\theta(c_{2,x} + c_{3,x}t)\sin(2\theta\, t)$$

<*Use Newton's method to refine zero*> ≡ 175

```
Float tNewton = (tInterval.low + tInterval.high) * 0.5f;
for (int i = 0; i < 4; ++i) {
    Float fNewton = c1 +
        (c2 + c3 * tNewton) * std::cos(2.f * theta * tNewton) +
        (c4 + c5 * tNewton) * std::sin(2.f * theta * tNewton);
    Float fPrimeNewton =
        (c3 + 2 * (c4 + c5 * tNewton) * theta) *
        std::cos(2.f * tNewton * theta) +
        (c5 - 2 * (c2 + c3 * tNewton) * theta) *
        std::sin(2.f * tNewton * theta);
    if (fNewton == 0 || fPrimeNewton == 0)
        break;
    tNewton = tNewton - fNewton / fPrimeNewton;
}
```

```
zeros[*zeroCount] = tNewton;
(*zeroCount)++;
```

뉴턴의 방법을 사용했을 때 함수의 tInterval 안에 여러 0이 존재하면 여기서 하나만 찾게 되는 것을 기억하자. 하지만 간격이 이 지점에서는 아주 작기에 이 오류의 영향은 미미해진다. 어떤 경우에도 이 이슈가 실제 문제가 되는 경우를 발견하지 못했다.

2.10 상호작용

2장의 마지막 추상화인 SurfaceInteraction은 2D 표면 위의 점에 대한 지역 정보를 표현한다. 예를 들어 3장의 광선-모양 교차 루틴은 SurfaceInteraction 안의 교차점에 대한 지역 미분기하 구조에 대한 정보를 반환한다. 이후에 10장의 텍스처링 코드는 SurfaceInteraction으로 표현된 표면 위에 주어진 점의 재질 특성을 계산한다. 밀접하게 관련된 MediumInteraction 클래스는 연기나 구름 같은 반투명 매질 안에서 빛의 산란하는 지점들을 표현하는 데 사용된다. 이는 11.3절에서 추가적으로 소개할 예비 사항 이후에 정의된다. 이 클래스의 구현은 core/interaction.h와 core/interaction.cpp 파일에 있다.

SurfaceInteraction과 MediumInteraction은 둘 다 공용 멤버 변수와 메서드를 제공하는 일반적인 Interaction 클래스에서 상속받는다. 시스템의 일부분(특히 광원 구현)은 Interaction에 대해 동작하며, 이는 표면과 매질 상호작용 사이의 차이가 문제가 되지 않기 때문이다.

```
<Interaction Declarations> ≡
    struct Interaction {
        <Interaction Public Methods 177>
        <Interaction Public Data 178>
    };
```

여러 Interaction 생성자가 사용 가능하다. 어떤 종료의 상호작용에서 기반하고 어떤 종류의 정보가 관련돼 있는지에 따라 대응하는 매개변수의 집합이 받아들여진다. 이는 그중에서 가장 일반적인 경우다.

```
<Interaction Public Methods> ≡                                            177
    Interaction(const Point3f &p, const Normal3f &n, const Vector3f &pError,
            const Vector3f &wo, Float time,
            const MediumInterface &mediumInterface)
```

```
        : p(p), time(time), pError(pError), wo(wo), n(n),
            mediumInterface(mediumInterface) { }
```

모든 상호작용은 반드시 점 p 및 이와 연결된 시간을 가진다.

<Interaction Public Data> ≡ 177

```
    Point3f p;
    Float time;
```

점 p가 광선 교차로 계산되는 상호작용에 대해 일반적으로 p 값에 일부 부동소수점 오류가 존재한다. pError는 이 오류에 대한 보존적인 경계를 제공하며, 반투명 매질 안의 점에 대해서는 (0, 0, 0)이다. 3.9절에서 pbrt가 부동소수점 오류를 관리하는 방법과 특히 3.9.4절에서 이 경계가 어떻게 다양한 모양에 대해 계산되는지 알아본다.

<Interaction Public Data> +≡ 177

```
    Vector3f pError;
```

광선(광선-모양 교차에서나 혹은 반투명 매질을 지나는 광선)을 따라 존재하는 상호작용에 대해 ω_o에 대응하는 음의 광선 방향이 wo에 저장되며, 이를 점에서 빛을 계산할 때 나가는 방향으로 사용한다. 나가는 방향이 존재하지 않는 다른 종류의 상호작용 점(예, 모양의 표면 위에서 임의로 표본화 점을 찾는 경우)에서 wo는 (0, 0, 0)을 가진다.

<Interaction Public Data> +≡ 177

```
    Vector3f wo;
```

표면 위의 상호작용에 대해 n은 점에서 표면 법선을 저장한다.

<Interaction Public Data> +≡ 177

```
    Normal3f n;
```

<Interaction Public Methods> +≡ 177

```
    bool IsSurfaceInteraction() const {
        return n != Normal3f();
    }
```

상호작용은 또한 해당 점에서 산란 매질(존재할 경우)을 저장한다. 이는 11.3.1절에 정의된 MediumInterface 클래스의 인스턴스로 처리된다.

<Interaction Public Data> +≡ 177

```
    MediumInterface mediumInterface;
```

2.10.1 표면 상호작용

표면의 특정 점(특히 광선 교차점)의 기하 구조는 SurfaceInteraction으로 표현된다. 이 추상화로 인해 대부분의 시스템이 점이 위치하는 기하 모양의 특정 종류에 대해 고려할 필요가 없다. SurfaceInteraction은 표면 점에 대해 음영과 pbrt의 나머지 부분에서 구현할 일반적인 기하학적 연산을 처리하기에 충분한 정보를 제공한다.

<SurfaceInteraction Declarations> ≡

```
class SurfaceInteraction : public Interaction {
public:
    <SurfaceInteraction Public Methods>
    <SurfaceInteraction Public Data 179>
};
```

Interaction 기본 클래스에서의 점 p와 표면 법선 n에 추가해 SurfaceInteraction은 또한 표면의 매개변수화한 (u, v) 좌표와 점의 편미분인 $\partial p/\partial u$와 $\partial p/\partial v$를 저장한다. 그림 2.19을 통해 다음 값의 묘사를 살펴보자. 또한 점이 위치한 Shape(Shape 클래스는 3장에 소개된다)의 포인터와 표면 법선의 편미분을 갖는 것도 유용하다

<SurfaceInteraction Public Data> ≡ 179

```
Point2f uv;
Vector3f dpdu, dpdv;
Normal3f dndu, dndv;
const Shape *shape = nullptr;
```

이 표현은 암시적으로 모양이 매개변수적 표현을 가진다고 가정한다. 특정 범위의 (u, v) 값에 대해 표면의 점은 $p = f(u, v)$인 일정 함수 f로 주어진다. 모든 모양에 대해 성립하진 않더라도 pbrt가 지원하는 모든 모양은 적어도 지역적인 매개변수적 표현을 지원하므로, 모양이 매개변수적 표현을 가진다는 이 유용한 가정을 계속 유지한다(예, 10장에서 텍스처의 안티앨리어싱 참조).

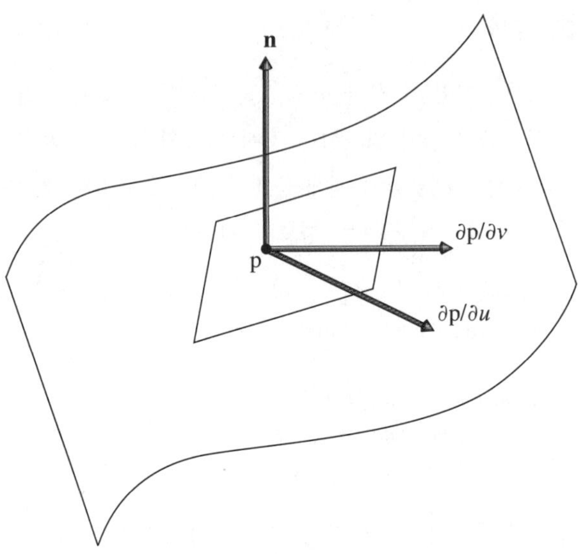

그림 2.19 점 p 주위의 지역 미분 기하 구조. 표면의 매개변수 편미분 ∂p/∂u와 ∂p/∂v는 접선 면에 위치하지만 반드시 수직하진 않다. 표면 법선 n은 ∂p/∂u와 ∂p/∂v의 외적으로 계산된다. 벡터 ∂p/∂u와 ∂p/∂v는 표면을 따라 u와 v로 움직일 때 표면 법선의 미분 변화를 기록한다.

SurfaceInteraction 생성자는 이 모든 값을 설정하는 매개변수를 받는다. 이는 편미분의 외적으로 법선을 계산한다.

<SurfaceInteraction Method Definitions> ≡

```
SurfaceInteraction::SurfaceInteraction(const Point3f &p,
        const Vector3f &pError, const Point2f &uv, const Vector3f &wo,
        const Vector3f &dpdu, const Vector3f &dpdv,
        const Normal3f &dndu, const Normal3f &dndv,
        Float time, const Shape *shape)
    : Interaction(p, Normal3f(Normalize(Cross(dpdu, dpdv))), pError, wo,
                  time, nullptr),
        uv(uv), dpdu(dpdu), dpdv(dpdv), dndu(dndu), dndv(dndv),
        shape(shape) {
    <Initialize shading geometry from true geometry 181>
    <Adjust normal based on orientation and handedness 182>
}
```

SurfaceInteraction은 표면 법선의 두 번째 인스턴스를 저장하고, 또한 범프 매핑이나 삼각형의 보간된 정점 법선으로 생성된 변경됐을 수 있는 값을 표현하는 다양한 편미분을 저장한다. 시스템의 일부분은 이 음영 기하 구조를 사용하며, 다른 곳에서는 원래의 값을 사용한다.

<SurfaceInteraction Public Data> +≡ 179

```
struct {
    Normal3f n;
    Vector3f dpdu, dpdv;
    Normal3f dndu, dndv;
} shading;
```

음영 기하 구조 값은 생성자에서 원래 표면 기하 구조와 일치하게 초기화된다. 음영 기하 구조가 존재하면 이는 일반적으로 SurfaceInteraction 생성자가 수행되고 일정 시간이 지나기 전까지 계산되지 않는다. 바로 정의할 SetShadingGeometry()는 음영 기하 구조를 갱신한다.

<Initialize shading geometry from true geometry> ≡ 180

```
shading.n = n;
shading.dpdu = dpdu;
shading.dpdv = dpdv;
shading.dndu = dndu;
shading.dndv = dndv;
```

표면 법선은 닫힌 모양에 대해 법선은 모양의 바깥쪽을 향한다고 가정하는 pbrt에서 특별한 의미를 지닌다. 예를 들어 광선이 모양으로 닫힌 입체에 들어가는지 혹은 나가는지를 결정할 때 이 가정이 사용된다. 더욱이 지역 광원에 사용되는 기하 구조에서 빛은 표면의 법선이 향하는 방향으로만 발산되며, 다른 쪽은 검은 색이다. 법선이 이런 특별한 의미를 지니기에 pbrt는 사용자가 법선의 방향을 뒤집는 방법을 제공한다. pbrt에서 입력 파일의 ReverseOrientation은 법선을 기본값이 아닌 반대 방향으로 향하게 뒤집을지 알려준다. 그러므로 주어진 모양이 해당 플래그가 설정돼 있는지 확인해서 설정될 경우 여기서 법선의 방향을 바꾼다.

하지만 법선의 방향에 관해 영향을 미쳐 여기서 반드시 언급해야 하는 다른 요인이 있다. Shape의 변환 행렬이 물체 좌표계에서 pbrt의 기본 왼손 좌표계를 오른손 좌표계로 손 방향을 변경할 경우에도 법선의 방향을 바꿔야 한다. 왜 이런지 확인하고 싶다면 크기 변경 행렬 S(1, 1, -1)을 생각해보자. 이 크기 변경이 자연히 법선의 방향을 바꾸는 것을 기대하겠지만, 법선 계산 시 $\mathbf{n} = \partial \mathrm{p}/\partial u \times \partial \mathrm{p}/\partial v$와 같이 계산하기에 다음과 같음을 알 수 있다.

$$\mathbf{S}(1, 1, -1)\frac{\partial \mathrm{p}}{\partial u} \times \mathbf{S}(1, 1, -1)\frac{\partial \mathrm{p}}{\partial v} = \mathbf{S}(-1, -1, 1)\frac{\partial \mathrm{p}}{\partial u} \times \frac{\partial \mathrm{p}}{\partial v}$$
$$= \mathbf{S}(-1, -1, 1)\mathbf{n}$$
$$\neq \mathbf{S}(1, 1, -1)\mathbf{n}.$$

법선 방향의 뒤집어짐이 법선의 방향을 외적으로 사용해서 계산할 때 반영되지 않으므로, 변환이 좌표계의 손 방향을 바꿀 경우 직접 법선의 방향을 바꿔줘야 한다.

법선의 방향은 위의 두 가지 조건이 하나만 맞을 경우 변경된다. 두 조건에 다 해당될 경우 효과는 상쇄된다. 배타 논리합[exclusive-OR]은 다음의 조건을 검사한다.

<Adjust normal based on orientation and handedness> ≡ 180

```
if (shape && (shape->reverseOrientation ^
              shape->transformSwapsHandedness)) {
    n *= -1;
    shading.n *= -1;
}
```

음영 좌표계가 계산될 때 SurfaceInteraction은 SetShadingGeometry() 메서드를 통해 갱신된다.

<SurfaceInteraction Method Definitions> +≡

```
void SurfaceInteraction::SetShadingGeometry(const Vector3f &dpdus,
        const Vector3f &dpdvs, const Normal3f &dndus,
        const Normal3f &dndvs, bool orientationIsAuthoritative) {
    <Compute shading.n for SurfaceInteraction 182>
    <Initialize shading partial derivative values 183>
}
```

동일 외적(그리고 아마도 법선 방향의 뒤집기)을 수행한 이후 초기 음영 법선을 계산하기 이전에 그 후 표면 법선이나 실제 기하 법선을 반구 안에 존재하도록 필요하면 뒤집는다. 음영 법선이 일반적으로 상대적으로 작은 기하 법선의 변동을 표현하기에 이 둘은 항상 같은 반구에 있어야 한다. 문맥에 따라 기하 법선이나 음영 법선 중 하나가 더 확실한 표면의 바깥을 향하게 되면 호출자는 필요할 경우 어떤 것을 뒤집을지 결정하는 불리언 값을 전달한다.

<Compute shading.n *for* SurfaceInteraction> ≡ 182

```
shading.n = Normalize((Normal3f)Cross(dpdus, dpdvs));
if (shape && (shape->reverseOrientation ^
```

```
            shape->transformSwapsHandedness))
        shading.n = -shading.n;
    if (orientationIsAuthoritative)
        n = Faceforward(n, shading.n);
    else
        shading.n = Faceforward(shading.n, n);
```

<*Initialize* shading *partial derivative values*> ≡ 182

```
    shading.dpdu = dpdus;
    shading.dpdv = dpdvs;
    shading.dndu = dndus;
    shading.dndv = dndvs;
```

Transform을 SurfaceInteraction으로 변환하는 메서드를 추가한다. 대부분의 구성 요소는 적절할 경우 직접 변형하거나 복사하지만, pbrt가 계산된 교차점에서 부동소수점 오류의 경계를 위해 사용하는 주어진 방식으로 인해 p와 pError 멤버 변수의 변환에 특별한 처리가 필요하다. 이를 처리하는 코드 조각 <*Transform* p *and* pError *in* SurfaceInteraction>은 부동소수점 오류를 소개하는 3.9절에 정의돼 있다.

<*Transform Method Definitions*> +≡

```
    SurfaceInteraction
    Transform::operator()(const SurfaceInteraction &si) const {
        SurfaceInteraction ret;
        <Transform p and pError in SurfaceInteraction 309>
        <Transform remaining members of SurfaceInteraction>
        return ret;
    }
```

더 읽을거리

드로즈(DeRose), 골드만(Goldman)과 공동 연구자들은 그래픽스를 위한 벡터 기하학에서 우아한 좌표 없는[coordinate-free] 접근법을 통해 위치와 방향이 특정 좌표계에서 똑같이 (*x*, *y*, *z*) 좌표로 표현되는 사실을 완화하고, 점과 벡터 자체가 그들이 표현되는 좌표계를 나타내게 했다(Goldman 1985; DeRose 1989; Mann, Litke, DeRose 1997). 이를 통해 소프트웨어 단에서 자주 일어나는 한 좌표계의 벡터와 다른 좌표계의 점을 더하는 등의 실수가 암묵적으로 공통 좌표계로 먼저 변환된 뒤 처리됨으로써 문제없이 명료하게 처리되도록 했다. pbrt에서는 이를 따르지 않았지만, 이 접근법의 원칙은 컴퓨터 그래픽스에서 좌표계에 대해 작업할 때 이해하고 마음에 새겨둘 가치가 있다.

슈나이더(Schneider)와 에벌리(Eberly)의 Geometric Tools for Computer Graphics는 좌표 없는 접근법에 영향을 받았으며, 2장에서 다루는 주제에 대해 훨씬 깊이 다루며(Schneider and Eberly 2003), 그래픽스에서 유용한 기하 알고리즘으로 가득하다. 2장의 주제에서 고전적이고 전통적인 소개는 로저스(Rogers)와 아담스(Adams)의 Mathematical Elements for Computer Graphics(1990)에서 다뤄진다. 이 책은 점과 벡터를 표현할 때 행 벡터 표현 방법을 사용했기에 그 체계에서 본서의 행렬을 표현할 때 전치돼야 하며, 변환을 위해 행렬에 여기서 다루듯 점과 벡터를 곱하는 것이 아닌(Mp), 점과 벡터에 행렬을 곱한다(pM). 동차 좌표계는 간략히 소개돼 있지만 사영 기하학projective geometry의 기저이자 많은 우아한 알고리즘의 기반이 된다. 스톨피Stofi의 책은 이에 대한 훌륭한 소개다(Stolfi 1991).

선형 대수와 벡터 기하학에 대한 좋은 책이 많다. Lang(1986)과 Buck(1978)은 각각에 대한 좋은 참고 서적이다. 아케닌-묄러Akenine-Möller 등의 Real-Time Rendering(2008) 책은 선형 대수에 대한 탄탄한 그래픽 기반의 입문서다.

법선 벡터의 변환에 대한 미묘함이 그래픽 공동체에서 널리 알려진 것은 Wallis(1990)와 Turkowski(1990b)의 기고 덕이다.

Shoemake(1985)는 그래픽에 사원수를 도입하고 회전 움직임에 그 사용법을 소개했다. 변환 이동을 위해 극 행렬 분해를 사용하는 것은 Shoemake와 Duff(1992)가 설명했다. Higham(1986)은 회전과 크기 변경이 조합된 행렬에서 역전치 행렬을 계속 더함으로써 회전만을 추출하는 알고리즘을 개발했다. Graphics Gems(1991, 1994, 1994)에서 슈메이크가 기고한 문서들은 행렬에서 사원수로의 변환 유도와 극 행렬 분해의 구현에 대해 자세히 다루고 있다.

2장에서는 블로우(Blow, 2004)의 구형 선형 보간의 유도에 따라 설명했다. Bloom et al.(2004)은 컴퓨터 그래픽스의 애니메이션을 위한 회전의 보간이 필요한 특성들에 대해 토의하고, 어떤 방법들이 이 특성을 만족하는지 소개했다. 다항식과 연관된 삼각 함수의 근사에 기반을 둔 더 효율적인 `Slerp()` 함수의 구현은 Eberly(2011)를 참고하자.

좀 더 복잡한 회전 보간 방법을 알고 싶다면 Ramamoorthi 및 Barr(1997)와 Buss 및 Fillmore(2001)를 참고하자. 한 벡터를 다른 벡터로 회전하는 행렬을 효율적으로 계산하는 다른 방법은 Akenine-Möller와 Hughes(1999)에서 볼 수 있다.

구간 연산은 렌더링에서 종종 유용하게 사용되는 도구다. 잘 작성된 소개는 무어의 책

(Moore, 1966)을 참고하자.

연습문제

❶2.1 대칭성을 이용해 축 정렬 경계 상자를 변환하는 좀 더 효율적인 방법을 찾아보자. 8개의 꼭짓점은 세 개의 축 정렬 기저 벡터와 한 꼭짓점의 선형 조합이므로, 변환된 경계 상자는 여기서 소개한 방법보다 훨씬 효율적으로 찾을 수 있다(Arvo 1990).

❷2.2 상자 대신 많은 수직하지 않는 조각의 교차점을 이용해서 물체 주변에 좀 더 달라붙은tighter 경계를 계산할 수 있다. 사용자에게 임의의 조각들로 구성된 경계를 명시할 수 있도록 `pbrt`의 경계 상자 클래스를 확장하라.

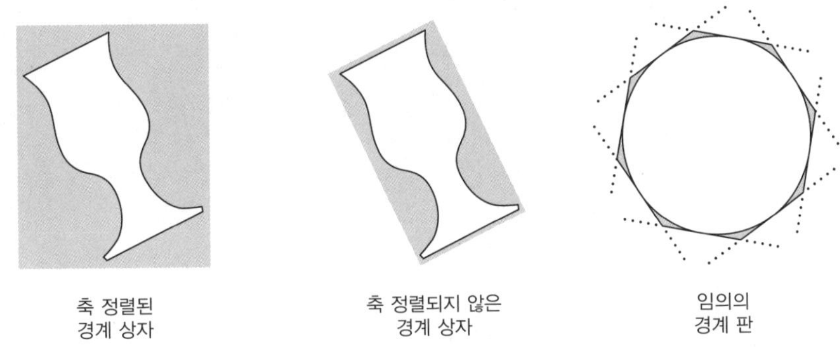

❸2.3 `Normal3f`를 `Vector3f`처럼 변환하도록 `pbrt`를 변경한 뒤 해당 버그로 인한 잘못된 결과를 명확히 보여주는 장면을 생성하라(끝난 뒤에 소스코드의 변경을 제거하는 것을 잊지 마라!).

❹2.4 예를 들어 변환의 이동 요소만 시간에 따라 변할 경우 `AnimatedTransform`의 구현은 같은 두 회전 간의 필요 없는 보간을 계산하게 된다. `AnimatedTransform`의 구현을 현재 구현의 범용성이 필요 없을 경우 이런 필요 없는 계산을 회피하도록 변경하라. 최적화로 지원되는 장면에 대해 성능이 얼마나 많이 향상됐는가?

CHAPTER THREE

03 모양

3장에서는 원이나 삼각형 같은 기하학 기본체에서 pbrt의 추상화를 설명한다. 레이트레이서에서 기하학 모양의 신중한 추상화는 깔끔한 시스템 디자인과 객체지향적 접근을 위한 이상적인 방법이다. 모든 기하학 기본체는 공통의 인터페이스를 구현하고, 렌더러의 다른 부분에서는 기저의 실제 모양[shape]에 대해 어떤 세부 사항도 알 필요 없이 이 인터페이스를 통해 사용할 수 있다. 이를 통해 pbrt의 기하학 하위 시스템과 음영 하위 시스템을 분리할 수 있다. 이런 분리 없이는 시스템에 새로운 모양을 추가하는 것이 쓸데없이 어렵고 오류에 취약해진다.

pbrt는 2단계의 추상화를 통해 기본체의 세부 사항을 숨긴다. Shape 클래스는 표면 면적이나 경계 상자 같은 가공되지 않은 기본체의 기하학 특성에 접근할 수 있게 하며, 광선 교차점 계산 루틴을 제공한다. Primitive 클래스는 재질같이 기본체의 추가적인 기하학과 관계없는 정보를 요약한다. 렌더러의 다른 부분에서는 추상 Primitive 인터페이스만을 이용할 수 있다. 3장에서는 Shape 클래스의 기하학적 부분만 중점을 둔다. Primitive 인터페이스는 4장의 핵심 주제다.

3.1 기본 모양 인터페이스

Shape 인터페이스는 소스 파일 core/shape.h에 포함돼 있으며, 일반적인 Shape 메서드의 정의는 core/shape.cpp에서 찾을 수 있다. Shape 기반 클래스는 일반적인 Shape 인터페이스를 정의한다. 또한 모든 Shape 구현에서 유용한 몇 가지 공개 자료 구성원을 노출한다.

```
<Shape Declarations> ≡
    class Shape {
    public:
        <Shape Interface 189>
        <Shape Public Data 189>
    };
```

모든 모양은 물체의 좌표 공간에서 정의된다. 예를 들어 모든 구는 구의 중심이 원점인 좌표계에서 정의된다. 장면의 다른 위치에 구를 놓기 위해 물체 공간에서 월드 공간으로의 변환이 필요하다. Shape 클래스는 이 변환과 역을 모두 저장한다.

또한 불리언[Boolean] 매개변수 reverseOrientation을 받아 표면 법선 방향이 기본 방향에서 뒤집어져야 하는지 알려준다. 표면 법선의 방향은 모양의 어느 면이 밖인지 결정하는 데 사용하기에 이 기능은 유용하다. 예를 들어 빛을 발산하는 모양은 표면 법선이 향한 방향의 면에만 빛을 방사한다. 매개변수의 값은 pbrt 입력 파일의 ReverseOrientation 구문을 통해 관리된다.

모양은 또한 물체에서 월드의 변환에 대한 Transform::SwapsHandedness() 호출의 반환값을 저장한다. 이 값은 광선의 교차점을 찾을 때마다 호출되는 SurfaceInteraction의 생성자에서 사용되므로 Shape 생성자는 한 번 계산해서 저장한다.

```
<Shape Method Definitions> ≡
    Shape::Shape(const Transform *ObjectToWorld,
            const Transform *WorldToObject, bool reverseOrientation)
        : ObjectToWorld(ObjectToWorld), WorldToObject(WorldToObject),
            reverseOrientation(reverseOrientation),
            transformSwapsHandedness(ObjectToWorld->SwapsHandedness()) {
    }
```

중요한 세부 사항은 모양이 Transform 객체를 직접 저장하지 않고 변환에 대한 포인터를 저장한다는 점이다. 2.7절의 Transform 객체가 전체 32 float 값으로 표현돼 128바이트의 메모리를 사용한다는 점을 기억하라. 장면의 여러 모양에 자주 같은 변환이 적용되므로, pbrt는 Transform의 풀[pool]을 유지해 재사용이 가능하게 하고 모양 간에 공유되는 Transform에 대한 포인터를 전달한다. 그러므로 Shape 소멸자는 Transform의 포인터를 delete하지 않고 Transform 관리 코드가 메모리를 대신 관리하게 한다.

<*Shape Public Data*> ≡ 188

```
const Transform *ObjectToWorld, *WorldToObject;
const bool ReverseOrientation, TransformSwapsHandedness;
```

3.1.1 경계

pbrt가 렌더링하는 장면들은 종종 처리하는 데 계산적으로 비용이 많이 드는 객체를 포함한다. 많은 연산에서 물체를 포함하는 3D 경계 입체를 갖는 것은 유용한다. 예를 들어 광선이 특정 경계 입체를 지나지 않으면 pbrt는 해당 광선에 대해 입체 안에 있는 모든 물체의 처리를 회피한다.

축 정렬 경계 상자는 편리한 경계 입체로, 이는 단지 6개의 부동소수점 값으로 저장되며 많은 모양에 잘 맞기 때문이다. 더욱이 광선의 교차를 축 정렬 경계 상자에 대해 테스트하는 것은 상당히 저비용이다. 그러므로 각 Shape 구현은 반드시 Bounds3f로 표현되는 축 정렬 상자로 자신을 포함할 수 있어야 한다. 두 가지 다른 감싸는 메서드가 있다. 첫 번째는 ObjectBound()로, 모양의 물체 공간에서 경계 상자를 반환한다.

<*Shape Interface*> ≡ 188

```
virtual Bounds3f ObjectBound() const = 0;
```

두 번째 경계 메서드는 월드 공간에서 경계 상자를 반환하는 WorldBound()다. pbrt는 물체 공간을 월드 공간으로 변환하는 메서드의 기본 구현을 제공한다. 하지만 더 밀접한 월드 공간 경계를 쉽게 계산할 수 있는 모양은 이 메서드를 오버라이딩override해야 한다. 이런 모양의 한 예는 삼각형(그림 3.1)이다.

<*Shape Method Definitions*> +≡

```
Bounds3f Shape::WorldBound() const {
    return (*ObjectToWorld)(ObjectBound());
}
```

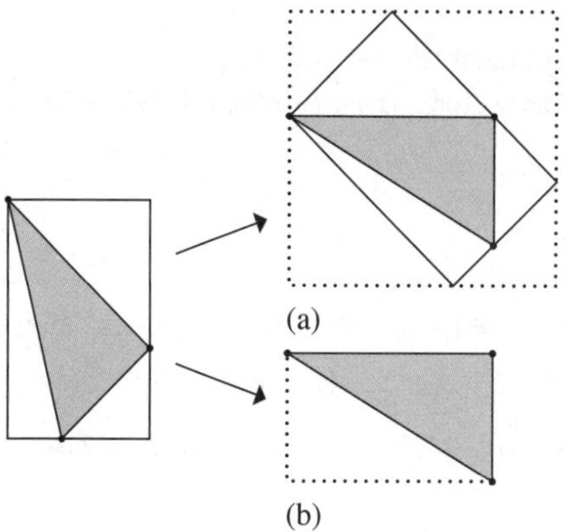

그림 3.1 삼각형의 월드 공간 경계 상자는 물체 공간의 경계 상자를 월드 공간으로 변환한 뒤 그 결과를 감싸는 경계 상자를 찾아 계산한다. 엉성한 경계가 생성될 수 있다. (a) 하지만 삼각형의 정점을 먼저 물체 공간에서 월드 공간으로 변환한 뒤 경계를 계산하면 (b) 경계 상자는 훨씬 나은 결과를 생성한다.

3.1.2 광선-경계 교차

모양을 경계하는 데 주어진 `Bounds3f` 인스턴스를 사용하기 위해 광선-상자 교차를 확인하고, 교차점이 있으면 해당 교차점의 두 매개변수 t 값을 반환하는 `bounds3` 메서드 `Bounds3::IntersectP()`를 추가한다.

경계 상자를 생각하는 한 가지 방법은 3개 판의 교차로 생각하는 것으로, 한 판은 두 평형면 사이의 공간 영역을 의미한다. 광선을 상자에 대해 교차하기 위해 광선을 상자의 3개 판에 각각 교차한다. 판들이 3개의 좌표축과 정렬돼 있기 때문에 광선-판 테스트에서 여러 최적화가 가능하다.

기본 광선-경계 상자 교차 알고리즘은 다음과 같이 작동한다. 우선 교차점을 찾으려고 하는 광선을 따라가는 위치 t의 범위를 포함하는 매개변수 간격으로 시작한다. 보통 이는 $(0, \infty)$이다. 그 후 연속적으로 각 축 정렬 판과 광선이 교차하는 두 매개변수 t 위치를 계산한다. 판당 교차점집합의 간격을 현재 교차점 간격과 계산해서 결과 간격이 퇴화됐다면 실패를 반환한다. 모든 3개의 판을 확인한 뒤에도 간격이 퇴화되지 않았다면 상자 안에서 광선의 매개변수 범위를 갖게 된다. 그림 3.2는 이 과정을 묘사했고, 그림 3.3은 광선과 판의 기본 기하 구조를 보여준다.

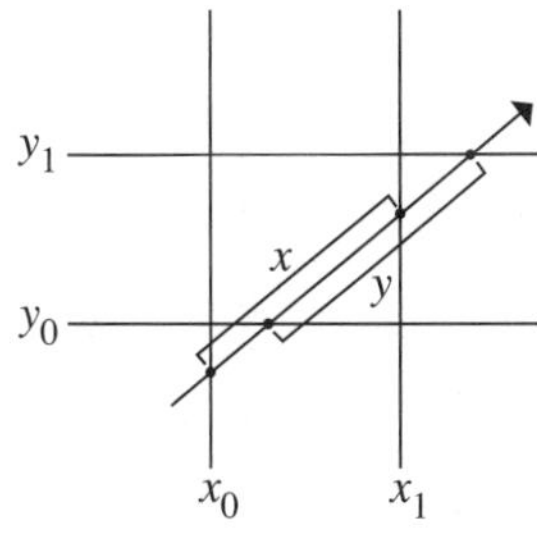

그림 3.2 축 정렬 경계 상자와 광선의 교차. 각 판과의 교차점을 각각 계산하고, 점진적으로 매개변수 범위를 좁혀간다. 2D에서 광선을 따른 x와 y 범위의 교차가 광선이 상자 안에 있는 범위를 제공한다.

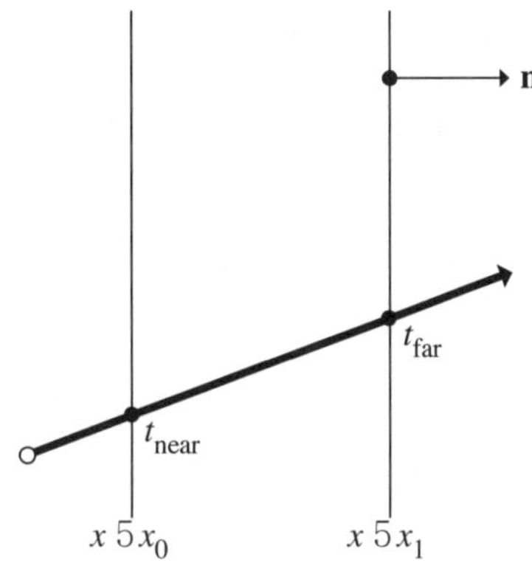

그림 3.3 광선의 축-정렬 판과의 교차. 여기서의 두 면은 상수 c의 x = c로 표현된다. 각 면의 법선은 (1, 0, 0)이다. 광선이 면에 평형하지 않으면 이는 판에서 매개변수 위치 t_{near}와 t_{far}에서 두 번 교차하게 된다.

Bounds3::IntersectP()가 true를 반환하면 교차점의 매개변수 범위는 추가 인자인 hitt0과 hitt1에 반환된다. 광선의 (0, Ray::tMax) 범위 밖의 교차점은 무시된다. 광선의 원점이 상자 안에 있으면 hitt0는 0이 반환된다.

```
<Geometry Inline Functions> +≡
    template <typename T>
    inline bool Bounds3<T>::IntersectP(const Ray &ray, Float *hitt0,
            Float *hitt1) const {
        Float t0 = 0, t1 = ray.tMax;
        for (int i = 0; i < 3; ++i) {
            <Update interval for ith bounding box slab 192>
        }
        if (hitt0) *hitt0 = t0;
        if (hitt1) *hitt1 = t1;
```

```
        return true;
    }
```

각 면의 쌍에 대해 이 루틴은 두 광선-면 교차점을 계산해야 한다. 예를 들어 x축에 수직한 두 면으로 설정되는 판은 $(x_1, 0, 0)$과 $(x_2, 0, 0)$의 점을 지나는 면으로 설정될 수 있으며, 각각의 법선은 (1, 0, 0)이다. 면 교차점의 첫 t 값인 t_1을 고려해보자. 원점 o와 방향 **d**를 가진 광선과 평면 $ax + by + cz + d = 0$의 교차점 매개변수 t 값은 광선 방정식을 평면 방정식에 치환해 찾을 수 있다.

$$\begin{aligned} 0 &= a(\mathrm{o}_x + t\mathbf{d}_x) + b(\mathrm{o}_y + t\mathbf{d}_y) + c(\mathrm{o}_z + t\mathbf{d}_z) + d \\ &= (a, b, c) \cdot \mathrm{o} + t(a, b, c) \cdot \mathbf{d} + d. \end{aligned}$$

이를 t에 대해 해를 구하면 다음과 같다.

$$t = \frac{-d - ((a, b, c) \cdot \mathrm{o})}{((a, b, c) \cdot \mathbf{d})}$$

평면의 법선 x와 z 요소가 0이기에 b와 c는 0이며, a는 2다. 평면의 d 계수는 x_1이다. 이 정보와 곱 연산의 정의를 사용하며 계산을 상당히 간략화할 수 있다.

$$t_1 = \frac{x_1 - \mathrm{o}_x}{\mathbf{d}_x}$$

판 교차점의 t 값을 계산하는 코드는 광선 방향의 대응하는 요소의 역수를 계산하는 것으로 시작하며, 이는 여러 번의 나누기 대신 이 인자로 곱하기 위함이다. 이 요소로 나누더라도 0이 아닌 것을 확인할 필요는 없다. 0이면 `invRayDir`이 $-\infty$이나 ∞인 무한 값을 가지며, 알고리즘의 나머지는 여전히 정확히 작동한다.[1]

<Update interval for `i`*th bounding box slab>* ≡ 191

```
    Float invRayDir = 1 / ray.d[i];
    Float tNear = (pMin[i] - ray.o[i]) * invRayDir;
    Float tFar = (pMax[i] - ray.o[i]) * invRayDir;
    <Update parametric interval from slab intersection t values 193>
```

1. 이는 사용되는 아키텍처가 IEEE 부동소수점 연산(Institute of Electrical and Electronic Engineers 1985)을 지원한다는 것을 가정하며, 이는 현재 시스템에서 보편적이다. 관련된 IEE 부동소수점 연산의 특성은 모든 $v > 0$, $v/0 = \infty$이고 모든 $w < 0$, $w/0 = -\infty$가 성립하는 것으로, ∞는 어떤 양수가 ∞에 곱해져도 ∞가 되며, 어떤 음수가 ∞에 곱해져도 $-\infty$가 되는 특별한 값이다. 3.9.1절에서 부동소수점 연산에 대한 더 많은 정보를 알아보자.

두 거리는 tNear가 가까운 교차를 갖고, tFar가 먼 교차를 갖게 순서를 바꾼다. 이는 매개변수 범위 [tNear, tFar]를 제공하며, 현재 범위 [t0, t1]와의 교차를 계산해 새로운 범위를 계산한다. 새 범위가 비었다면(예, t0 > t1) 코드는 즉시 실패를 반환한다.

또 다른 부동소수점 관련 세부 사항이 여기 있다. 광선 원점이 경계 상자 판에서 하나의 평면 안에 있고, 광선이 그 평면에 존재하면 tNear와 tFar가 0/0의 표현으로 계산되며, 이는 IEEE 부동소수점 '비숫자[NaN]' 값이 된다. 무한 값과 같이 NaN은 잘 정의된 의미를 가진다. 예를 들어 NaN을 포함한 어떤 논리 비교도 항상 거짓으로 계산된다. 그러므로 t0와 t1의 값을 갱신하는 코드는 tNear나 tFar가 NaN이면 t0나 t1이 결코 NaN 값을 받지 않고 변화하지 않은 상태로 유지하도록 신중하게 작성해야 한다.

```
<Update parametric interval from slab intersection t values> ≡                192
    if (tNear > tFar) std::swap(tNear, tFar);
    <Update tFar to ensure robust ray-bounds intersection 299>
    t0 = tNear > t0 ? tNear : t0;
    t1 = tFar < t1 ? tFar : t1;
    if (t0 > t1) return false;
```

Bounds3는 또한 광선에서 방향의 역을 추가 매개변수로 받는 특별한 IntersectP() 메서드를 제공해서 IntersectP()가 호출될 때마다 3개의 역수를 계산할 필요가 없게 한다.

이 버전은 또한 각 방향의 요소가 음수인지 알려주는 미리 계산된 값을 받으며, 이는 원래 함수에서 tNear와 tFar의 비교를 제거하고, 직접 각각의 가까운 값과 먼 값만을 계산할 수 있다. 원래 코드에서 이 값을 낮은 것에서 높은 것으로 순서를 만드는 것은 계산된 값에 의존하기에 값의 계산이 비교가 일어나기 전에 완전히 완료돼야 하므로 프로세서가 수행하는 데 비효율적이다.

이 함수는 광선 선분이 완전히 경계 상자 안에 있을 때 true를 반환하며, 심지어 교차점이 광선의 범위 (0, tMax) 안에 없어도 그렇다.

```
<Geometry Inline Functions> +≡
    template <typename T>
    inline bool Bounds3<T>::IntersectP(const Ray &ray, const Vector3f &invDir,
            const int dirIsNeg[3]) const {
        const Bounds3f &bounds = *this;
        <Check for ray intersection against x and y slabs 194>
        <Check for ray intersection against z slab>
```

```
        return (tMin < ray.tMax) && (tMax > 0);
    }
```

방향 벡터가 음이라면 판과의 '가까운' 매개변수 교차점은 두 경계 값 중 큰 값을 가진 것이 되며, 먼 교차점은 작은 값을 가진 것이 된다. 이 관찰을 사용해서 구현은 각 방향의 가깝고 먼 매개변수 값을 직접 계산할 수 있다.

<Check for ray intersection against x and y slabs> ≡ 193

```
Float tMin = (bounds[ dirIsNeg[0]].x - ray.o.x) * invDir.x;
Float tMax = (bounds[1-dirIsNeg[0]].x - ray.o.x) * invDir.x;
Float tyMin = (bounds[ dirIsNeg[1]].y - ray.o.y) * invDir.y;
Float tyMax = (bounds[1-dirIsNeg[1]].y - ray.o.y) * invDir.y;
<Update tMax and tyMax to ensure robust bounds intersection>
if (tMin > tyMax || tyMin > tMax)
    return false;
if (tyMin > tMin) tMin = tyMin;
if (tyMax < tMax) tMax = tyMax;
```

코드 조각 *<Check for ray intersection against z slab>*은 유사해서 수록하지 않았다.

이 교차 테스트는 4.3절에 소개하는 BVHAccel 가속 구조 횡단[traverse]의 핵심이다. BVH 트리를 횡단하는 동안 많은 광선-경계 상자 교차 테스트가 시행되므로, 이 최적화된 메서드가 미리 계산된 방향 역수와 부호를 받지 않는 Bounds3::IntersectP()를 사용했을 때에 비해서 전체 렌더링 시간에서 대략 15%의 향상을 제공하는 것을 확인했다.

3.1.3 교차 테스트

Shape 구현은 반드시 해당 모양에 대한 광선 교차를 위한 테스트 중 하나(혹은 둘)의 메서드 구현을 제공해야 한다. 첫 번째는 Shape::Intersect()이며, 광선의 (0, tMax) 매개변수 범위 안에 첫 번째 교차점이 존재할 경우 대응하는 단일 광선-모양 교차점을 반환한다.

<Shape Interface> +≡ 188

```
virtual bool Intersect(const Ray &ray, Float *tHit,
        SurfaceInteraction *isect, bool testAlphaTexture = true) const = 0;
```

교차점 루틴을 읽고 작성할 때 고려해야 할 몇 가지 중요한 점은 다음과 같다.

- Ray 구조체는 광선 선분의 끝점을 정의하는 변수 Ray::tMax를 포함한다. 교차점 루틴은 반드시 이 끝점 바깥의 어떤 교차점도 무시해야 한다.

- 교차점을 찾으면 광선에서의 매개변수 거리는 교차점 루틴에 전달되는 포인터 tHit에 저장해야 한다. 여러 교차점이 존재할 경우 가장 가까운 점을 알려준다.
- 교차점에 대한 정보는 표면의 지역 기하학적 특성을 완벽히 포착하는 SurfaceInteraction 구조체에 저장된다. 이 클래스는 pbrt에서 굉장히 많이 사용되며, 레이트레이서의 기하학적 부분을 음영과 조명 부분에서 깔끔하게 분리하는 것을 도와준다. SurfaceInteraction 클래스는 2.10절에 정의됐다.[2]
- 교차점 루틴에 넘겨지는 광선은 월드 공간에 존재하므로, 교차 테스트를 할 때 모양이 물체 공간으로 변환해야 한다. 교차점 정보 역시 월드 공간으로 반환돼야 한다.

일부 모양 구현은 텍스처를 사용해서 표면의 일부를 잘라내는 것을 지원한다.

testAlphaTexture 매개변수는 현재 교차 테스트에 대해 해당 연산을 수행해야 하는지를 가리킨다.

두 번째 교차 테스트 메서드 Shape::IntersectP()는 교차점 자체에 대한 어떤 세부 사항도 없이 교차가 일어나는지 아닌지만 알려주는 술어 함수predicate function다. Shape 클래스는 Shape::Intersect()를 호출하고 교차점에 대해 계산된 추가 정보를 무시하는 기본 IntersectP() 메서드 구현만을 제공한다. 이는 상당히 낭비가 될 수 있기에 pbrt의 대부분 모양 구현은 모든 세부 사항을 계산하지 않고 교차점의 존재 여부를 확인할 수 있는 IntersectP()의 더 효율적인 구현을 제공한다.

<Shape Interface> +≡ 188

```
virtual bool IntersectP(const Ray &ray,
        bool testAlphaTexture = true) const {
    Float tHit = ray.tMax;
    SurfaceInteraction isect;
    return Intersect(ray, &tHit, &isect, testAlphaTexture);
}
```

2. 거의 모든 레이트레이서가 모양과의 교차점에 대한 기하 정보를 반환하는 이 일반적인 방법을 사용한다. 최적화로서 많은 경우 교차점이 발견됐을 때 교차 정보의 일부분만 초기화하고 필요한 정보만 저장해서 나머지 값이 실제로 필요할 때 계산할 수 있게 한다. 이 방법은 다른 모양에서 더 가까운 교차점이 나중에 발견 될 때 계산량을 줄인다. 경험적으로, 모든 정보를 계산하기 위한 추가적인 계산은 많은 양이 아니며, 복잡한 장면 데이터 관리 알고리즘(예, 주 메모리가 부족할 때 주 메모리에서 기하 구조를 제거하고 디스크에 쓰는)을 가진 렌더러의 경우 유예하는 방식은 모양이 메모리에 더 이상 존재하지 않아 실패할 수 있다.

3.1.4 표면 면적

Shape를 지역 광원으로 적절하게 사용하기 위해선 모양의 표면 면적을 물체 공간에서 계산할 필요가 있다. 교차 메서드처럼 이 메서드는 교차 가능한 모양에서만 호출 가능하다.

<Shape Interface> +≡ 188

```
virtual Float Area( ) const = 0;
```

3.1.5 방향성

많은 렌더링 시스템, 특히 스캔 라인scan line이나 Z 버퍼z-buffer 알고리즘에 기반을 둔 시스템들은 모양이 한 면만 가지므로 앞에서 보면 보이지만 뒤에서 볼 때는 사라지는 개념을 가진다. 특히 기하학적 물체가 닫혔고 항상 밖에서 관찰될 경우 뒤를 향하는 부분은 결과 이미지를 변경하지 않고 버려질 수 있다. 이 최적화를 통해 숨겨진 표면 제거 알고리즘의 상당한 속도 향상을 이를 수 있다. 레이트레이싱과 같이 이 기술을 사용할 경우 자주 뒤를 향하는 부분을 표면 법선으로 판별하기 전에 광선-물체 교차를 처리해야 하므로 성능 향상의 폭이 줄어든다. 또한 한 방향 물체가 실제로 닫혀있지 않을 경우 물리적으로 불일치하는 장면 묘사로 이어질 수 있다. 예를 들어 표면은 그림자 광선이 광원에서 다른 표면의 지점으로 추적될 경우 빛을 차단할 수 있지만, 다른 방향으로 추적될 경우 차단하지 않을 수 있다. 이런 이유들로 인해 pbrt는 이 기능을 지원하지 않는다.

3.2 구

구는 2차 곡면quadrics이라 불리는 x, y, z의 2차 다항식으로 묘사 가능한 표면의 특별한 경우다. 곡면의 가장 단순한 형태로서 레이트레이서에게 유용하며, 일반적인 광선 교차 루틴의 좋은 시작점이다. pbrt는 구, 원뿔, 원반(원뿔의 특수한 경우), 원기둥, 쌍곡면, 포물면이라는 6가지 타입의 2차 곡면을 지원한다.

많은 표면은 음함수 형식implicit form과 매개변수 형식의 두 가지 방법 중 하나로 묘사된다. 음함수는 3D 표면을 다음과 같이 표현한다.

$$f(x, y, z) = 0$$

모든 점 (x, y, z)는 표면을 정의하는 이 조건을 만족한다. 원점에 있는 단위원에 대해 친숙한 음함수는 $x^2 + y^2 + z^2 - 1 = 0$이다. 원점에서 단위 1만큼 떨어진 점들만이 이 제약 조건을 만족해 단위원의 표면을 생성한다.

또한 많은 표면은 2D 점을 표면의 3D 점으로 매핑하는 함수를 통해 매개변수 형태로 묘사된다. 예를 들어 반지름 r의 구는 2D 구좌표spherical coordinates (θ, ϕ)로 묘사되며, θ는 0에서 π까지, ϕ는 0에서 2π까지의 범위를 가진다(그림 3.4).

$$x = r \sin\theta \cos\phi$$
$$y = r \sin\theta \sin\phi$$
$$z = r \cos\theta.$$

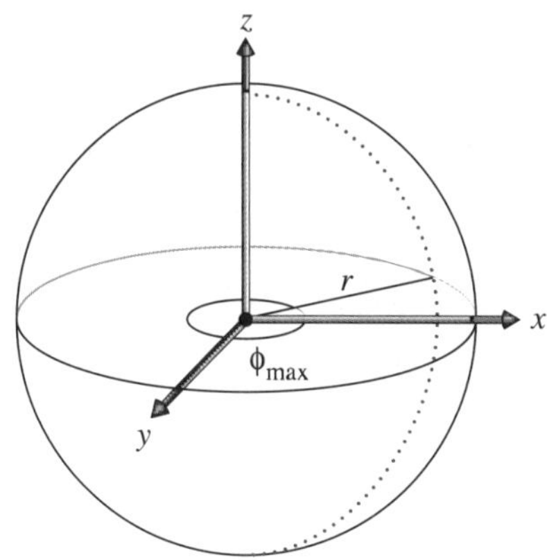

그림 3.4 구 모양의 기본 설정. 반지름 r과 물체 공간 원점에 중심을 갖고 있다. 부분적인 구는 최댓값 ϕ으로 묘사할 수 있다.

이 함수 (θ, ϕ)를 함수 $f(u, v)$로 범위 $[0, 1]^2$에서 변환할 수 있으며, 조금 변경함으로써 일반화된 $\theta \in [\theta_{min}, \theta_{max}]$와 $\phi \in [0, \phi_{max}]$를 만족시키는 부분적인 구를 생성할 수 있다.

$$\phi = u\,\phi_{max}$$
$$\theta = \theta_{min} + v(\theta_{max} - \theta_{min})$$

이 형태는 특히 $[0, 1]^2$에서 정의된 텍스처를 구로 전사하는 텍스처 매핑 시 유용하다. 그림 3.5는 두 구의 이미지를 보여준다. 격자 이미지 맵이 (u, v) 매개변수화를 보여주기 위해 사용됐다.

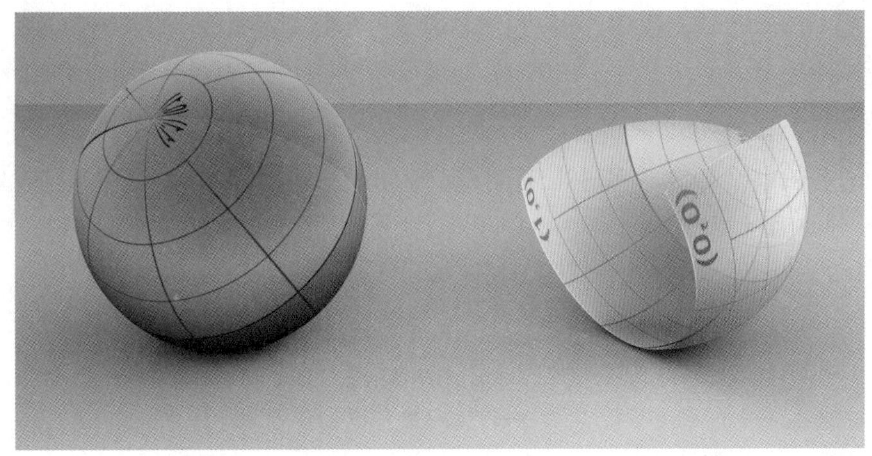

그림 3.5 두 구. 왼쪽은 완전한 구, 오른쪽은 부분적인 구(z_{max} 〈 r, ϕ_{max} 〈 2π)다. 텍스처 맵은 (u, v) 매개변수화를 보여주기 위해 사용됐다. 한쪽 극의 특이점(singularity)이 완전한 구에서 보인다.

구 모양의 구현을 설명할 때 특정 문제에 대해서 어떻게 접근할 지에 따라 좀더 자연스러운 방법으로 모양의 음함수와 매개변수 묘사를 사용한다.

Sphere 클래스는 물체 공간의 원점에 중심을 가진 구를 표현한다. 구현은 shapes/sphere.h와 shapes/sphere.cpp에 구현돼 있다.

```
<Sphere Declarations> ≡
    class Sphere : public Shape {
    public:
        <Sphere Public Methods 199>
    private:
        <Sphere Private Data 199>
    };
```

장면의 다른 곳에 배치하려면 사용자는 입력 파일에 구를 특정할 때 적절한 변환을 적용해야 한다. 물체에서 월드 변환이나 월드에서 물체 변환을 둘 다 생성자에서 매개변수로 받아 Shape의 생성자로 넘긴다.

구의 반지름은 임의의 양의 값을 가질 수 있으며, 구의 범위는 두 가지 다른 방법으로 잘릴 수 있다. 첫째, 최소와 최대 z 값을 설정해 해당 평면의 위와 아래가 각각 잘려나간다. 둘째, 구의 매개변수화를 사용할 때 구좌표에 대해 최대 ϕ 값이 설정된다. 구는 ϕ 값을 0에서 ϕ_{max}로 한정해 잘려나간다.

<Sphere Public Methods> ≡ 198

```
Sphere(const Transform *ObjectToWorld, const Transform *WorldToObject,
        bool reverseOrientation, Float radius, Float zMin, Float zMax,
        Float phiMax)
    : Shape(ObjectToWorld, WorldToObject, reverseOrientation),
        radius(radius), zMin(Clamp(std::min(zMin, zMax), -radius, radius)),
        zMax(Clamp(std::max(zMin, zMax), -radius, radius)),
        thetaMin(std::acos(Clamp(zMin / radius, -1, 1))),
        thetaMax(std::acos(Clamp(zMax / radius, -1, 1))),
        phiMax(Radians(Clamp(phiMax, 0, 360))) { }
```

<Sphere Private Data> ≡ 198

```
const Float radius;
const Float zMin, zMax;
const Float thetaMin, thetaMax, phiMax;
```

3.2.1 경계

구의 물체 공간 경계 상자를 계산하는 것은 매우 단순하다. 여기의 구현은 전체 구보다 작은 범위로 경계를 줄이고 싶을 경우 사용자가 제공한 $z_{\min}$과 $z_{\max}$ 값을 사용한다. 하지만 여기서는 $\phi_{\max}$를 참조해 $\phi_{\max}$가 2π보다 작을 경우 경계 상자를 더 작게 계산할 수 있는 부분을 구현하지 않았다. 이 개선은 연습문제로 남겨둔다.

<Sphere Method Definitions> ≡

```
Bounds3f Sphere::ObjectBound() const {
    return Bounds3f(Point3f(-radius, -radius, zMin),
                    Point3f( radius, radius, zMax));
}
```

3.2.2 교차 테스트

광선-구 교차 테스트의 유도 작업은 구의 중심이 원점에 있다는 사실로 간략화될 수 있다. 하지만 구가 월드 공간의 다른 위치로 변환됐을 경우 구에 광선이 교차하는지 여부를 판단하기 전에 월드에서 물체 변환을 사용해 광선을 물체 공간으로 변환하는 것이 필요하다. 물체 공간으로 변환된 광선에 대해 교차 계산을 물체 공간에서 처리할 수 있다.[3]

3. 그래픽스의 고전적인 주제다. 문제를 특정한 제한된 경우로 변환할 경우 교차 테스트가 쉽고 효율적으로 처리가 가능하다. 구의 원점이 (0, 0, 0)이 돼 많은 방정식의 항이 상쇄되기 때문이다. 다른 위치의 구에 대해 광선에 적절한 변환이 적용됐기에 전체적인 일반성은 유지된다.

다음의 코드 조각은 전체 교차 메서드를 보여준다.

<Sphere Method Definitions> +≡

```
bool Sphere::Intersect(const Ray &r, Float *tHit,
        SurfaceInteraction *isect, bool testAlphaTexture) const {
    Float phi;
    Point3f pHit;
    <Transform Ray to object space 200>
    <Compute quadratic sphere coefficients 201>
    <Solve quadratic equation for t values 201>
    <Compute sphere hit position and φ 203>
    <Test sphere intersection against clipping parameters 203>
    <Find parametric representation of sphere hit 204>
    <Compute error bounds for sphere intersection 304>
    <Initialize SurfaceInteraction from parametric information 207>
    <Update tHit for quadric intersection 207>
    return true;
}
```

우선 주어진 월드 공간 광선은 구의 물체 공간으로 변환된다. 교차 테스트에서 다음 부분은 해당 좌표계에서 처리된다.

<Transform Ray *to object space>* ≡ 200, 208, 212, 217, 246

```
Vector3f oErr, dErr;
Ray ray = (*WorldToObject)(r, &oErr, &dErr);
```

구가 원점에 중심이 있고 반지름이 r이라면 음함수 표현은 다음과 같다.

$$x^2 + y^2 + z^2 - r^2 = 0$$

방정식(2.3)을 통해 음함수 구 방정식을 광선의 매개변수 표현으로 치환하면 다음을 얻을 수 있다.

$$\left(\mathrm{o}_x + t\mathbf{d}_x\right)^2 + \left(\mathrm{o}_y + t\mathbf{d}_y\right)^2 + \left(\mathrm{o}_z + t\mathbf{d}_z\right)^2 = r^2$$

이 방정식의 모든 t를 제외한 모든 요소의 값이 알려져 있다. 값 t는 구의 음함수 방정식이 갖는 매개변수 위치와 광선 위의 구와 교차하는 위치가 같이 성립하는 값이다. 이 방정식을

확장해 계수를 t에 대해 모아 일반화된 2차 방정식으로 변환하면 다음과 같다.[4]

$$at^2 + bt + c = 0$$

여기서 각 항목은 다음과 같다.

$$\begin{aligned} a &= \mathbf{d}_x^2 + \mathbf{d}_y^2 + \mathbf{d}_z^2 \\ b &= 2(\mathbf{d}_x \mathrm{o}_x + \mathbf{d}_y \mathrm{o}_y + \mathbf{d}_z \mathrm{o}_z) \\ c &= \mathrm{o}_x^2 + \mathrm{o}_y^2 + \mathrm{o}_z^2 - r^2. \end{aligned}$$

이는 소스코드의 코드 조각으로 바로 변환할 수 있다. 이 코드 안에서 `Float`가 아닌 `EFloat` 클래스의 인스턴스가 부동소수점 값을 표현하는 데 사용됐다. `EFloat`은 누적된 부동소수점 반올림 오차를 추적한다. 3.9절에서 사용법을 설명한다. 지금은 단지 `Float`과 동일하다고 간주한다.

```
<Compute quadratic sphere coefficients> ≡                                    200, 208
    <Initialize EFloat ray coordinate values 201>
    EFloat a = dx * dx + dy * dy + dz * dz;
    EFloat b = 2 * (dx * ox + dy * oy + dz * oz);
    EFloat c = ox * ox + oy * oy + oz * oz - EFloat(radius) * EFloat(radius);
```

교차 테스트에 사용된 광선 원점과 방향 값은 광선을 물체 공간으로 변환할 때의 부동소수점 오차 경계로 초기화된다.

```
<Initialize EFloat ray coordinate values> ≡                                  201, 212
    EFloat ox(ray.o.x, oErr.x), oy(ray.o.y, oErr.y), oz(ray.o.z, oErr.z);
    EFloat dx(ray.d.x, dErr.x), dy(ray.d.y, dErr.y), dz(ray.d.z, dErr.z);
```

이 2차 방정식에는 두 가지 가능한 해가 존재하며, 구에 교차하는 광선이 위치하는 0~2개의 비허수 t 값이다.

```
<Solve quadratic equation for t values> ≡                                    200, 208, 212
    EFloat t0, t1;
    if (!Quadratic(a, b, c, &t0, &t1))
```

4. 일부 레이트레이서는 광선의 방향 벡터가 정규화돼야 하며, a=1을 의미한다. 이 경우 호출자가 광선 방향을 정규화하는 것을 잊을 경우 작은 오류가 생길 수 있다. 물론 광선 생성자에서 방향을 정규화함으로써 회피할 수 있지만, 제공된 방향이 이미 정규화됐을 경우 낭비된다. 필요 없는 복잡도를 없애고자 pbrt는 교차 루틴에서 벡터 정규화를 요구하지 않는다. 광선을 물체 공간으로 변환할 때 정규화가 필요 없어 계산량을 줄이기에 특히 유용하다.

```
        return false;
    <Check quadric shape t0 and t1 for nearest intersection 202>
```

Quadratic() 함수는 2차 방정식을 풀어서 실수해가 없을 경우 false를 반환하고, 해가 존재할 경우 t0와 t1의 값을 설정해 true를 반환한다. 이는 어떻게 부동소수점 연산을 사용해 안정적으로 이를 구현할지 설명할 3.9.4절에서 정의할 것이다.

계산된 매개변수 거리 t0와 t1은 원래 광선 매개변수 안의 오차와 Quadratic() 안에서 발생한 오차로 인한 불확실성을 추적한다. 최저와 최대 불확실성 간격의 범위는 LowerBound()와 EFloat::UpperBound() 메서드를 사용해서 질의할 수 있다.

코드 조각 <*Check quadric shape* t0 *and* t1 *for nearest intersection*>는 두 교차점 t 값을 받아 어느 쪽이 가장 가까운 유효한 교차점인지 결정한다. 교차점이 유효하려면 t 값은 반드시 0보다 크고 ray.tMax보다 작아야 한다. 다음의 코드는 EFloat 클래스가 제공하는 오차 간격을 사용해 (0, tMax) 범위 안에 명백히 존재하는 교차점만을 수락한다.

t_0가 t_1보다 작거나 같은(또한 0이 tMax보다 작은) 것이 보장되기 때문에 그 후 t_0가 tMax보다 크거나 t_1이 0보다 작으면 두 교차점 모두 관심 범위 밖이라는 것이 확실하다. 그렇지 않으면 t_0는 잠정적인 t 값이다. 이는 하지만 0보다 작을 수 있으며, 이 경우 무시하고 t_1을 시도한다. 이 또한 범위 밖이면 유효한 교차점이 없다. 교차점이 있으면 tShapeHit가 교차점에 대한 매개변수 t 값을 갖도록 초기화된다.

```
<Check quadric shape t0 and t1 for nearest intersection> ≡                202
    if (t0.UpperBound() > ray.tMax || t1.LowerBound() <= 0)
        return false;
    EFloat tShapeHit = t0;
    if (tShapeHit.LowerBound() <= 0) {
        tShapeHit = t1;
        if (tShapeHit.UpperBound() > ray.tMax)
            return false;
    }
```

주어진 광선을 따라 완전한 구와의 교차점까지의 매개변수 거리에 대해 교차점 pHit은 이를 광선에 대한 오프셋으로 처리해 계산할 수 있다.

다음으로 잘린 z나 ϕ의 범위에 대해 부분적인 구를 처리하는 것이 필요하다. 잘린 영역의 교차점은 무시해야 한다. 구현은 충돌점의 ϕ 값을 계산하는 것에서 시작한다. 구의 매개변수적 표현을 사용하면 다음과 같다.

$$\frac{y}{x} = \frac{r\ \sin\theta\ \sin\phi}{r\sin\theta\cos\phi} = \tan\phi$$

그러므로 ϕ = arctan y/x다. C 표준 라이브러리 `std::atan()` 함수의 결과를 구의 원래 정의와 일치시키기 위해 0에서 2π까지 범위로 재배치해야 한다.

<Compute sphere hit position and ϕ> ≡ 200, 203, 208

```
pHit = ray((Float)tShapeHit);
<Refine sphere intersection point 304>
if (pHit.x == 0 && pHit.y == 0) pHit.x = 1e-5f * radius;
phi = std::atan2(pHit.y, pHit.x);
if (phi < 0) phi += 2 * Pi;
```

부동소수점 정밀도 한계로 인해 계산된 교차점 pHit는 실제 구 표면의 한 면으로, 약간 떨어져 있을 수 있다. 3.9.4절에 정의된 *<Refine sphere intersection point>* 코드 조각이 이 값의 정밀도를 개선한다.

충돌점은 이제 명시된 z와 ϕ의 최솟값과 최솟값에 대해 범위 안에 있는지 점검해야 한다. 한 가지 중요한 점은 전체 구를 포함하는 z 범위의 경우 z 검사를 건너뛰는 것이다. 계산된 *pHit.z* 값은 부동소수점 반올림에 의해 z 범위에서 약간 벗어날 수 있기 때문에 사용자가 구가 부분적일 거라고 기대하는 경우에만 이 검사를 수행한다. t_0 교차점이 실제로 유효하지 않을 경우 루틴은 t_1에 대해 다시 시도한다.

<Test sphere intersection against clipping parameters> ≡ 200, 208

```
if ((zMin > -radius && pHit.z < zMin) ||
        (zMax < radius && pHit.z > zMax) || phi > phiMax) {
    if (tShapeHit == t1) return false;
    if (t1.UpperBound() > ray.tMax) return false;
    tShapeHit = t1;
    <Compute sphere hit position and φ 203>
    if ((zMin > -radius && pHit.z < zMin) ||
            (zMax < radius && pHit.z > zMax) || phi > phiMax)
        return false;
}
```

루틴에서 여기까지 왔을 때 광선이 구와 교차하는 것은 확실하다. 메서드는 다음으로 기존에 계산한 ϕ 값을 0과 1 사이로 크기 변경하고, 주어진 θ 값의 범위에 대해 θ 값을 0과 1로 계산해 u와 v 값을 계산한다. 그 후 매개변수적 위치의 편미분인 $\partial \mathrm{p}/\partial u$, $\partial p/\partial c$, 표면 법선 $\partial \mathbf{n}/\partial u$, $\partial \mathbf{n}/\partial v$를 찾는다.

<*Find parametric representation of sphere hit*> ≡ 200

```
float u = phi / phiMax;
float theta = acosf(Clamp(phit.z / radius, -1.f, 1.f));
float v = (theta - thetaMin) / (thetaMax - thetaMin);
<Compute sphere ∂p/∂u and ∂p/∂v 205>
<Compute sphere ∂n/∂u and ∂n/∂v 206>
```

구의 지점에 대한 편미분을 계산하는 것은 대수의 간단한 연습문제다. 여기서는 $\partial \mathrm{p}/\partial u$의 x 요소인 $\partial \mathrm{p}x/\partial u$가 어떻게 계산되는지 알아보자. 다른 요소들도 비슷하게 계산할 수 있다. 구의 매개변수적 정의를 이용하면 다음을 얻을 수 있다.

$$
\begin{aligned}
x &= r \sin\theta \cos\phi \\
\frac{\partial \mathrm{p}_x}{\partial u} &= \frac{\partial}{\partial u}(r \sin\theta \cos\phi) \\
&= r \sin\theta \frac{\partial}{\partial u}(\cos\phi) \\
&= r \sin\theta(-\phi_{\max} \sin\phi)
\end{aligned}
$$

구에서 y 좌표의 매개변수적 정의에 기반을 두고 치환하면 다음과 같이 단순화할 수 있다.

$$\frac{\partial \mathrm{p}_x}{\partial u} = -\phi_{\max} y$$

비슷하게 다음과 같이 할 수 있고,

$$\frac{\partial \mathrm{p}_y}{\partial u} = \phi_{\max} x$$

다음을 얻을 수 있다.

$$\frac{\partial \mathrm{p}_z}{\partial u} = 0.$$

비슷한 과정으로 $\partial \mathrm{p}/\partial v$를 얻으면 최종 결과는 다음과 같다.

$$
\begin{aligned}
\frac{\partial \mathrm{p}}{\partial u} &= (-\phi_{\max} y, \phi_{\max} x, 0) \\
\frac{\partial \mathrm{p}}{\partial v} &= (\theta_{\max} - \theta_{\min})(z \cos\phi, z \sin\phi, -r \sin\theta)
\end{aligned}
$$

<*Compute sphere ∂p/∂u and ∂p/∂v*> ≡ 204

```
Float zRadius = std::sqrt(pHit.x * pHit.x + pHit.y * pHit.y);
Float invZRadius = 1 / zRadius;
Float cosPhi = pHit.x * invZRadius;
Float sinPhi = pHit.y * invZRadius;
Vector3f dpdu(-phiMax * pHit.y, phiMax * pHit.x, 0);
Vector3f dpdv = (thetaMax - thetaMin) *
    Vector3f(pHit.z * cosPhi, pHit.z * sinPhi,
        -radius * std::sin(theta));
```

*3.2.3 법선 벡터의 편미분

표면의 u와 v 방향에 따라 움직일 때 법선이 어떻게 변하는지 알아내는 것 역시 유용하다. 예를 들어 10장의 안티앨리어싱antialiasing 기술은 물체의 곡면에서 반사돼 보이는 텍스처의 앨리어싱을 제거하기 위해 이 정보를 사용한다. 법선의 미분 변화인 $\partial\mathbf{n}/\partial u$와 $\partial\mathbf{n}/\partial v$는 미분 기하학에서 바인가르텐Weingarten 방정식으로 얻을 수 있다.

$$\frac{\partial \mathbf{n}}{\partial u} = \frac{fF - eG}{EG - F^2}\frac{\partial \mathrm{p}}{\partial u} + \frac{eF - fE}{EG - F^2}\frac{\partial \mathrm{p}}{\partial v}$$
$$\frac{\partial \mathbf{n}}{\partial v} = \frac{gF - fG}{EG - F^2}\frac{\partial \mathrm{p}}{\partial u} + \frac{fF - gE}{EG - F^2}\frac{\partial \mathrm{p}}{\partial v}$$

E, F, G는 제일 기본형first fundamental form의 계수로 다음과 같다.

$$E = \left|\frac{\partial \mathrm{p}}{\partial u}\right|^2$$
$$F = \left(\frac{\partial \mathrm{p}}{\partial u} \cdot \frac{\partial \mathrm{p}}{\partial v}\right)$$
$$G = \left|\frac{\partial \mathrm{p}}{\partial v}\right|^2.$$

이는 앞에서 구한 $\partial\mathrm{p}/\partial u$와 $\partial\mathrm{p}/\partial v$로 계산해 쉽게 얻을 수 있다. 제이 기본형second fundamental form의 계수인 e, f, g는 다음과 같다.

$$e = \left(\mathbf{n} \cdot \frac{\partial^2 \mathrm{p}}{\partial u^2} \right)$$

$$f = \left(\mathbf{n} \cdot \frac{\partial^2 \mathrm{p}}{\partial u \partial v} \right)$$

$$g = \left(\mathbf{n} \cdot \frac{\partial^2 \mathrm{p}}{\partial v^2} \right).$$

이 두 가지 기본형은 표면의 거리, 각도 곡률을 포함한 기본 측정 특성을 포착한다. Gray(1993) 같은 미분 기하학 교과서를 참고하자. 계수 e, f, g를 찾기 위해서는 2차 편미분인 $\partial^2 \mathrm{p}/\partial u^2$ 등을 계산해야 한다.

구에 대해서는 약간 대수적 처리로 2차 미분을 얻을 수 있다.

$$\frac{\partial^2 \mathrm{p}}{\partial u^2} = -\phi_{\max}^2 (x, y, 0)$$

$$\frac{\partial^2 \mathrm{p}}{\partial u \partial v} = (\theta_{\max} - \theta_{\min})\, z\, \phi_{\max} (-\sin\phi, \cos\phi, 0)$$

$$\frac{\partial^2 \mathrm{p}}{\partial v^2} = -(\theta_{\max} - \theta_{\min})^2 (x, y, z).$$

<*Compute sphere ∂n/∂u and ∂ⁿ/∂v*> ≡ 204

```
Vector d2Pduu = -phiMax * phiMax * Vector(phit.x, phit.y, 0);
Vector d2Pduv = (thetaMax - thetaMin) * phit.z * phiMax *
                Vector(-sinphi, cosphi, 0.);
Vector d2Pdvv = -(thetaMax - thetaMin) * (thetaMax - thetaMin) *
                Vector(phit.x, phit.y, phit.z);
<Compute coefficients for fundamental forms 206>
<Compute ∂n/∂u and ∂n/∂v from fundamental form coefficients 207>
```

<*Compute coefficients for fundamental forms*> ≡ 206, 214

```
float E = Dot(dpdu, dpdu);
float F = Dot(dpdu, dpdv);
float G = Dot(dpdv, dpdv);
Vector N = Normalize(Cross(dpdu, dpdv));
float e = Dot(N, d2Pduu);
float f = Dot(N, d2Pduv);
float g = Dot(N, d2Pdvv);
```

<*Compute* ∂n/∂u *and* ∂n/∂v *from fundamental form coefficients*> ≡ 206, 214

```
float invEGF2 = 1.f / (E*G - F*F);
Normal dndu = Normal((f*F - e*G) * invEGF2 * dpdu +
                     (e*F - f*E) * invEGF2 * dpdv);
Normal dndv = Normal((g*F - f*G) * invEGF2 * dpdu +
                     (f*F - g*E) * invEGF2 * dpdv);
```

3.2.4 SurfaceInteraction 초기화

계산된 표면 매개변수화와 모든 관련된 편미분에 대해 SurfaceInteraction 구조를 교차점의 기하학적 정보에 대해 초기화할 수 있다. SurfaceInteraction 생성자에 전달된 pError 값은 계산된 pHit 점 안의 반올림 오차 범위를 알려준다. 이는 3.9.4절에 정의할 코드 조각 <*Compute error bounds for sphere intersection*>에서 초기화된다.

<*Initialize* SurfaceInteraction *from parametric information*> ≡ 200, 213, 217

```
*isect = (*ObjectToWorld)(
    SurfaceInteraction(pHit, pError, Point2f(u, v), -ray.d, dpdu, dpdv,
                       dndu, dndv, ray.time, this));
```

교차점이 있으므로 Intersect() 메서드의 tHit 매개변수는 tShapeHit에 저장된 광선의 충돌 거리로 갱신된다. *tHit의 갱신은 차후 교차 테스트에 대해 잠재적 충돌 거리가 현재 교차점보다 멀 경우 일찍 끝내는 것을 가능하게 해준다.

<*Update* tHit *for quadric intersection*> ≡ 200, 213, 217

```
*tHit = (Float)tShapeHit;
```

여기서 자연스럽게 나오는 질문은 "반환할 정확한 매개변수적 거리에 대해 월드에서 물체 변환이 어떤 효과를 미치는가?"다. 교차 메서드는 교차점의 매개변수적 거리를 물체 공간 광선에서 계산하기에 이동, 회전, 크기 변화 등이 월드 공간에서 변환돼 올 때 이미 적용됐다. 하지만 물체 공간에서 교차점의 매개변수적 거리는 월드 공간에서 교차점을 계산한 것과 같기 때문에 tHit는 직접 초기화될 수 있다. 물체 공간 광선의 방향이 변환 이후에 정규화됐을 경우 이는 성립하지 않기에 교정을 위한 정규화되지 않은 광선의 길이에 관련된 인자가 필요하다. 이는 변환 이후 물체 공간에서 광선의 방향 벡터를 정규화하지 않는 또 하나의 요인이다.

Sphere::IntersectP() 루틴은 Sphere::Intersect()과 거의 같으나 SurfaceInteraction 구조를 채우지 않는다. Intersect()와 IntersectP() 메서드는 항상 매우 밀접히 관련돼 있으

므로, 이후에 다른 모양에 대해서도 intersectP()의 구현을 보여주지 않는다.

```
<Sphere Method Definitions> +≡
  bool Sphere::IntersectP(const Ray &r, bool testAlphaTexture) const {
      Float phi;
      Point3f pHit;
      <Transform Ray to object space 200>
      <Compute quadratic sphere coefficients 201>
      <Solve quadratic equation for t values 201>
      <Compute sphere hit position and φ 203>
      <Test sphere intersection against clipping parameters 203>
      return true;
  }
```

3.2.5 표면 면적

2차 곡면의 표면 면적을 계산하기 위해 적분학의 표준 공식을 사용한다. 곡선 $y = f(x)$가 $y = a$에서 $y = b$ 까지 x축에 대해 회전할 경우 지나가는 표면의 표면 면적은 다음과 같다.

$$2\pi \int_a^b f(x)\sqrt{1 + \left(f'(x)\right)^2}\, \mathrm{d}x$$

$f'(x)$는 미분 $\mathrm{d}f/\mathrm{d}x$를 의미한다.[5] 대부분의 회전 표면은 축 주위를 부분적인 각도 영역만 지나가므로, 해당 식은 다음과 같다.

$$\phi_{\max} \int_a^b f(x)\sqrt{1 + \left(f'(x)\right)^2}\, \mathrm{d}x$$

구는 원호의 회전으로 만들어진 표면이다. 구의 z축에 대한 곡선을 정의하는 함수는 다음과 같고,

$$f(z) = \sqrt{r^2 - z^2}$$

그의 미분은 다음과 같다.

5. 유도 과정은 Anton, Bivens, Davis(2001)을 참조하라.

$$f'(z) = -\frac{z}{\sqrt{r^2 - z^2}}$$

구는 $z_{\min}$과 $z_{\max}$로 잘린다는 것을 기억하자. 그러므로 표면 면적은 다음과 같다.

$$\begin{aligned} A &= \phi_{\max} \int_{z_{\min}}^{z_{\max}} \sqrt{r^2 - z^2} \sqrt{1 + \frac{z^2}{r^2 - z^2}}\, \mathrm{d}z \\ &= \phi_{\max} \int_{z_{\min}}^{z_{\max}} \sqrt{r^2 - z^2 + z^2}\, \mathrm{d}z \\ &= \phi_{\max} \int_{z_{\min}}^{z_{\max}} r\, \mathrm{d}z \\ &= \phi_{\max}\, r\, (z_{\max} - z_{\min}). \end{aligned}$$

전체 구의 경우 $\phi_{\max} = 2\pi$, $z_{\min} = -r$, $z_{\max} = r$이므로, 표준 공식 $A = 4\pi r^2$을 얻을 수 있다.

<Sphere Method Definitions> +≡

```
Float Sphere::Area() const {
    return phiMax * radius * (zMax - zMin);
}
```

3.3 원기둥

<Cylinder Declarations> ≡

```
class Cylinder : public Shape {
public:
    <Cylinder Public Methods 211>
protected:
    <Cylinder Private Data 211>
};
```

또 다른 유용한 2차 곡면은 원기둥이다. pbrt는 z축을 중심으로 하는 원기둥 Shape를 제공한다. 구현은 shapes/cylinder.h와 shapes/cylinder.cpp 파일에 수록돼 있다. 사용자는 원기둥에 대한 최소/최대 z 값과 반지름, 최대 ϕ 값을 제공한다(그림 3.6).

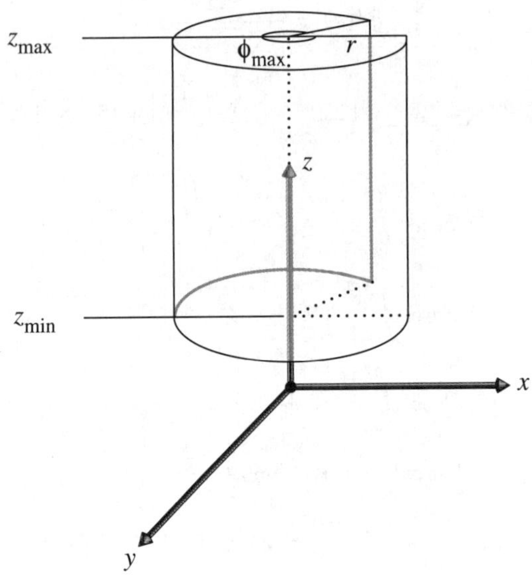

그림 3.6 원기둥 모양의 기본 설정. 반지름 r과 z축을 따라 범위를 가진다. 부분 원기둥은 최대 ϕ 값을 설정해 표현할 수 있다.

매개변수 형식에서 원기둥은 다음의 방정식으로 묘사된다.

$$
\begin{aligned}
\phi &= u\,\phi_{\max} \\
x &= r\cos\phi \\
y &= r\sin\phi \\
z &= z_{\min} + v(z_{\max} - z_{\min})
\end{aligned}
$$

그림 3.7은 두 개의 원기둥을 렌더링한 이미지다. 구 이미지와 같이 왼쪽 원기둥은 완전한 원기둥이며, 오른쪽은 2π보다 작은 ϕ_{max} 값을 가진 부분 원기둥이다.

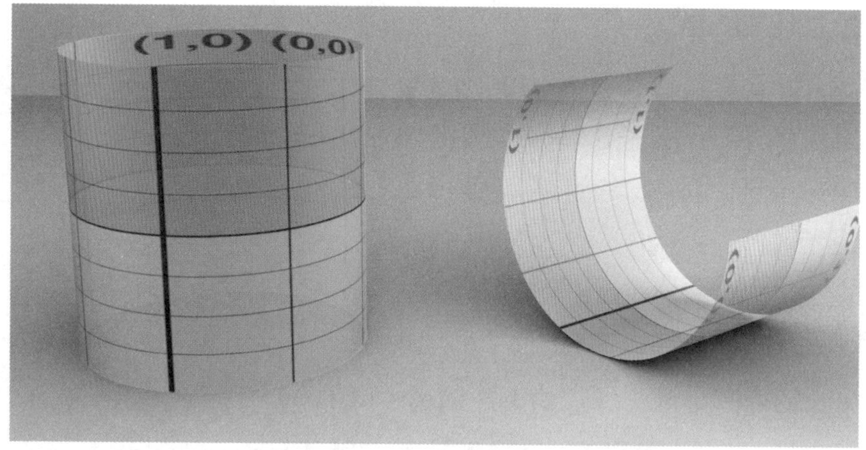

그림 3.7 두 원기둥. 완전한 원기둥이 왼쪽이고, 부분 원기둥이 오른쪽이다.

<Cylinder Public Methods> ≡ 209

```
Cylinder(const Transform *ObjectToWorld, const Transform *WorldToObject,
        bool reverseOrientation, Float radius, Float zMin, Float zMax,
        Float phiMax)
    : Shape(ObjectToWorld, WorldToObject, reverseOrientation),
          radius(radius), zMin(std::min(zMin, zMax)),
          zMax(std::max(zMin, zMax)),
          phiMax(Radians(Clamp(phiMax, 0, 360))) { }
```

<Cylinder Private Data> ≡ 209

```
const Float radius, zMin, zMax, phiMax;
```

3.3.1 경계

구에서 처리했듯이 원기둥의 경계 생성 메서드는 최대 ϕ 값은 고려하지 않고 z 범위를 이용해서 보존적인 경계 상자를 계산한다.

<Cylinder Method Definitions> +≡

```
BBox Cylinder::ObjectBound() const {
    Point p1 = Point(-radius, -radius, zmin);
    Point p2 = Point( radius, radius, zmax);
    return BBox(p1, p2);
}
```

3.3.2 교차 테스트

광선-원기둥 교차 공식은 구와 비슷하게 광선 방정식을 원기둥의 음함수 방정식에 치환해 넣어 얻을 수 있다. z축을 중심으로 한 반지름 r의 무한대로 기다란 원기둥의 음함수 방정식은 다음과 같다.

$$x^2 + y^2 - r^2 = 0$$

광선 방정식인 방정식(2.3)으로 치환할 경우 다음을 얻을 수 있다.

$$\left(\mathrm{o}_x + t\mathbf{d}_x\right)^2 + \left(\mathrm{o}_y + t\mathbf{d}_y\right)^2 = r^2$$

이것을 전개해 2차 방정식 $at^2 + bt + c$의 계수를 찾으면 다음과 같다.

$$\begin{aligned} a &= \mathbf{d}_x^2 + \mathbf{d}_y^2 \\ b &= 2(\mathbf{d}_x \mathrm{o}_x + \mathbf{d}_y \mathrm{o}_y) \\ c &= \mathrm{o}_x^2 + \mathrm{o}_y^2 - r^2. \end{aligned}$$

```
<Compute quadratic cylinder coefficients> ≡                                212
    <Initialize EFloat ray coordinate values 201>
    EFloat a = dx * dx + dy * dy;
    EFloat b = 2 * (dx * ox + dy * oy);
    EFloat c = ox * ox + oy * oy - EFloat(radius) * EFloat(radius);
```

2차 방정식의 풀이 과정은 다른 모든 2차 모양과 비슷하므로 `Sphere` 교차 메서드의 코드 조각은 다음 메서드에서 재사용된다.

```
<Cylinder Method Definitions> +≡
    bool Cylinder::Intersect(const Ray &r, Float *tHit,
            SurfaceInteraction *isect, bool testAlphaTexture) const {
        Float phi;
        Point3f pHit;
        <Transform Ray to object space 200>
        <Compute quadratic cylinder coefficients 212>
        <Solve quadratic equation for t values 201>
        <Compute cylinder hit point and φ 213>
        <Test cylinder intersection against clipping parameters 213>
        <Find parametric representation of cylinder hit 213>
        <Compute error bounds for cylinder intersection 304>
```

```
        <Initialize SurfaceInteraction from parametric information 207>
        <Update tHit for quadric intersection 207>
        return true;
    }
```

구와 같이 여기의 구현은 광선 방정식으로 계산된 점 안의 누적된 반올림 오차의 효과를 개선하기 위해 계산된 교차점을 개선한다. 3.9.4절에서 살펴보자. 이후 ϕ 값을 계산하기 위해 원기둥의 매개변수 표현을 x, y 매개변수 방정식으로 도치할 수 있다. 사실 이 결과는 구와 같다.

<Compute cylinder hit point and ϕ> ≡ 212, 213

```
    pHit = ray((Float)tShapeHit);
    <Refine cylinder intersection point 304>
    phi = std::atan2(pHit.y, pHit.x);
    if (phi < 0) phi += 2 * Pi;
```

이어 교차 메서드의 다음 부분은 충돌이 제시한 z 범위 안에 있는지 확인한 뒤 ϕ가 유효한지 검사한다. 유효하지 않을 경우 t_1에 대해 다시 시도해보며, 이는 `Sphere::Intersect()`의 논리와 유시하다.

<Test cylinder intersection against clipping parameters> ≡ 212

```
    if (pHit.z < zMin || pHit.z > zMax || phi > phiMax) {
        if (tShapeHit == t1) return false;
        tShapeHit = t1;
        if (t1.UpperBound() > ray.tMax) return false;
        <Compute cylinder hit point and φ 213>
        if (pHit.z < zMin || pHit.z > zMax || phi > phiMax)
        return false;
    }
```

다시 u 값은 ϕ를 0과 1 사이로 크기 변경함으로써 계산할 수 있다. 간단한 매개변수 방정식에서 원기둥의 z 값에 대한 도치는 v 매개변수를 계산한다.

<Find parametric representation of cylinder hit> ≡ 212

```
    Float u = phi / phiMax;
    Float v = (pHit.z - zMin) / (zMax - zMin);
    <Compute cylinder ∂p/∂u and ∂p/∂v 214>
    <Compute cylinder ∂n/∂u and ∂n/∂v 214>
```

원기둥의 편미분은 유도하기 쉽다.

$$\frac{\partial \mathrm{p}}{\partial u} = (-\phi_{\max} y,\ \phi_{\max} x,\ 0)$$

$$\frac{\partial \mathrm{p}}{\partial v} = (0,\ 0,\ z_{\max} - z_{\min}).$$

<Compute cylinder ∂p/∂u and ∂p/∂v> ≡ 213

```
Vector3f dpdu(-phiMax * pHit.y, phiMax * pHit.x, 0);
Vector3f dpdv(0, 0, zMax - zMin);
```

다시 바인가르텐 방정식을 사용해 원기둥 법선의 매개변수적 편미분 변화를 계산한다. 적절한 편미분은 다음과 같다.

$$\frac{\partial^2 \mathrm{p}}{\partial u^2} = -\phi_{\max}^2(x, y, 0)$$

$$\frac{\partial^2 \mathrm{p}}{\partial u \partial v} = (0, 0, 0)$$

$$\frac{\partial^2 \mathrm{p}}{\partial v^2} = (0, 0, 0).$$

<Compute cylinder **∂n**/*∂u and* **∂n**/*∂v>* ≡ 213

```
Vector3f d2Pduu = -phiMax * phiMax * Vector3f(pHit.x, pHit.y, 0);
Vector3f d2Pduv(0, 0, 0), d2Pdvv(0, 0, 0);
<Compute coefficients for fundamental forms 206>
<Compute ∂n/∂u and ∂n/∂v from fundamental form coefficients 207>
```

3.3.3 표면 면적

원기둥은 돌려진 사각형이다. 사각형을 풀면 높이는 $z_{\max} - z_{\min}$, 너비는 $r\phi_{\max}$가 된다.

<Cylinder Method Definitions> +≡

```
float Cylinder::Area() const {
    return (zmax-zmin) * phiMax * radius;
}
```

3.4 원반

<Disk Declarations> ≡

```
class Disk : public Shape {
public:
    <Disk Public Methods 216>
private:
    <Disk Private Data 216>
};
```

원반은 특히 2차 방정식을 풀 필요 없이 직접적인 교차 루틴을 얻을 수 있기에 흥미로운 2차 곡면이다. pbrt에서 Disk는 반지름 r의 z축으로 높이 h를 가진 원반이다. 구현은 shapes/disk.h와 shapes/disk.cpp 파일에 수록됐다.

부분 원반을 설정하기 위해 사용자는 잘려나가지 않은 최대 ϕ 값을 제공할 수 있다(그림 3.8). 원반은 또한 내부 반지름 r_i를 설정함으로써 고리로 일반화할 수 있다. 매개변수 형식에선 다음과 같이 표현한다.

$$
\begin{aligned}
\phi &= u\,\phi_{\max} \\
x &= ((1-v)r_{\mathrm{i}} + vr)\cos\phi \\
y &= ((1-v)r_{\mathrm{i}} + vr)\sin\phi \\
z &= h.
\end{aligned}
$$

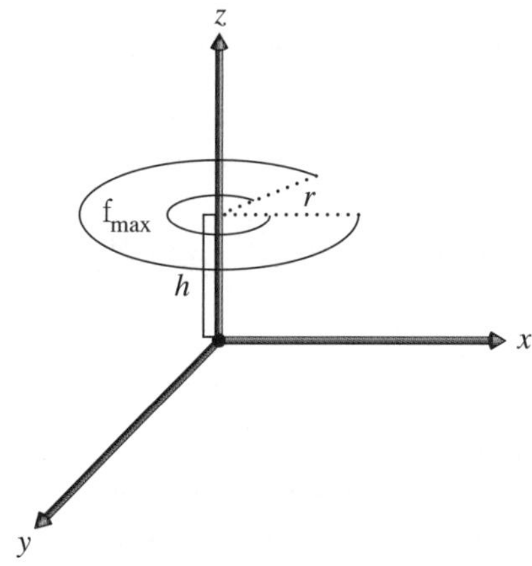

그림 3.8 원반 모양의 기본 설정. 원반은 반지름 r을 갖고 z축의 높이 h에 위치한다. 부분 원반은 최대 ϕ 값과 내부 반지름 r_i로 표현할 수 있다.

그림 3.9는 두 원반을 렌더링한 이미지다.

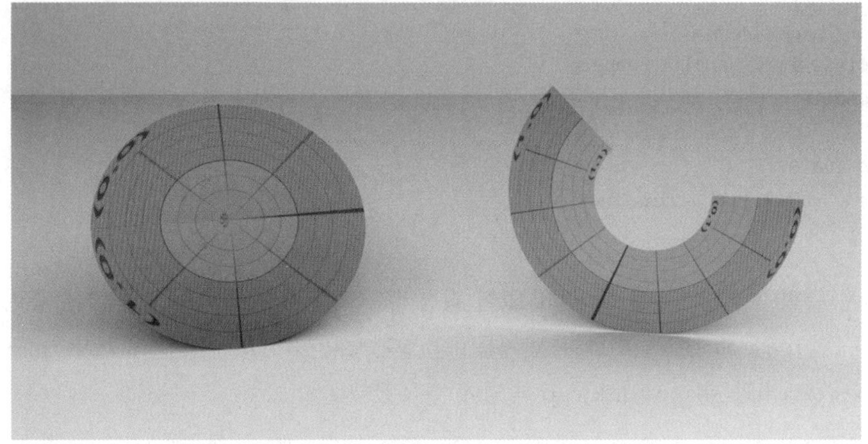

그림 3.9 두 원반. 완전한 원반은 왼쪽이고, 부분 원반은 오른쪽이다.

<Disk Public Methods> ≡ 215

```
Disk(const Transform *ObjectToWorld, const Transform *WorldToObject,
        bool reverseOrientation, Float height, Float radius,
        Float innerRadius, Float phiMax)
    : Shape(ObjectToWorld, WorldToObject, reverseOrientation),
        height(height), radius(radius), innerRadius(innerRadius),
        phiMax(Radians(Clamp(phiMax, 0, 360))) { }
```

<Disk Private Data> ≡ 215

```
const Float height, radius, innerRadius, phiMax;
```

3.4.1 경계

경계 생성 메서드는 매우 간단하다. x, y 방향의 radius만큼 z축을 따라 원반의 높이를 중심으로 경계 상자를 계산한다.

<Disk Method Definitions> ≡

```
Bounds3f Disk::ObjectBound( ) const {
    return Bounds3f(Point3f(-radius, -radius, height),
                    Point3f( radius, radius, height));
}
```

3.4.2 교차 테스트

원반과 광선의 교차 계산 역시 매우 용이하다. 광선과 원반이 위치하는 $z = h$ 평면과의 교차점을 찾은 뒤 교차점이 원반 안에 있는지 확인하면 된다.

```
<Disk Method Definitions> +≡
    bool Disk::Intersect(const Ray &r, Float *tHit,
            SurfaceInteraction *isect, bool testAlphaTexture) const {
        <Transform Ray to object space 200>
        <Compute plane intersection for disk 217>
        <See if hit point is inside disk radii and φmax 218>
        <Find parametric representation of disk hit 218>
        <Refine disk intersection point 304>
        <Compute error bounds for disk intersection 305>
        <Initialize SurfaceInteraction from parametric information 207>
        <Update tHit for quadric intersection 207>
        return true;
    }
```

매개변수 t를 계산하는 첫 단계는 원반이 위치하는 평면에 광선이 교차하는지 확인하는 것이다. 광선 위치의 z 요소가 원반의 높이랑 같아지는 t를 찾아야 한다. 그러므로 다음과 같다.

$$h = o_z + t\mathbf{d}_z$$

$$t = \frac{h - o_z}{\mathbf{d}_z}$$

교차 메서드는 t 값을 계산하고 이가 적법한 범위인 (0, tMax) 안에 있는지 확인한다. 그렇지 않으면 루틴은 false를 반환한다.

```
<Compute plane intersection for disk> ≡                                    217
    <Reject disk intersections for rays parallel to the disk's plane 218>
    Float tShapeHit = (height - ray.o.z) / ray.d.z;
    if (tShapeHit <= 0 || tShapeHit >= ray.tMax)
        return false;
```

광선이 원반의 평면에 평행하다면(예, 방향의 z 요소가 0) 교차점은 존재하지 않는다. 광선이 원반의 평면과 평행하고 해당 평면 위에 있을 경우 원반의 가장자리에서 교차하는 것을 "교차하지 않는다"라고 정의하는 것이 가장 합리적이다. 이 경우는 반드시 명시적으로 처리해 다음의 코드에서 NaN이 생성되지 않게 해야 한다.

<Reject disk intersections for rays parallel to the disk's plane> ≡ 217

```
if (ray.d.z == 0)
    return false;
```

이제 교차 메서드는 광선이 평면과 교차하는 위치 pHit를 계산할 수 있다. 평면 교차점을 알아내면 원반의 중심과 충돌 지점의 거리가 Disk::radius보다 크거나 Disk::innerRadius보다 작을 때 false를 반환한다. 이 과정은 중심점 (0, 0, height)의 x, y 좌표가 0인 것과 pHit의 z 좌표가 height와 같다는 점을 이용해 중심과 거리의 제곱을 계산하는 것으로 최적화할 수 있다.

<See if hit point is inside disk radii and ϕ_{max}> ≡ 217

```
Point3f pHit = ray(tShapeHit);
Float dist2 = pHit.x * pHit.x + pHit.y * pHit.y;
if (dist2 > radius * radius || dist2 < innerRadius * innerRadius)
    return false;
<Test disk ϕ value against ϕmax 218>
```

거리 검사를 통과했다면 최종 검사는 충돌 지점의 ϕ 값이 0과 호출자가 제공한 ϕ_{max} 사이임을 확인하는 것이다. 원반 매개변수를 도치하면 다른 2차 곡면 모양과 같은 ϕ에 대한 표현을 얻을 수 있다.

<Test disk φ value against ϕ_{max}> ≡ 218

```
Float phi = std::atan2(pHit.y, pHit.x);
if (phi < 0) phi += 2 * Pi;
if (phi > phiMax)
    return false;
```

여기까지 왔다면 원반과 교차점이 존재한다. 매개변수 u는 ϕ_{max}로 설정된 부분 원반을 반영해서 크기를 조절하며, v는 매개변수 방정식을 도치해서 계산한다. 충돌 지점의 편미분을 위한 방정식은 기존 2차 곡면과 같이 유도할 수 있다. 원반의 법선이 어디서나 같으므로, 편미분 $\partial \mathbf{n}/\partial u$, $\partial \mathbf{n}/\partial v$는 명백히 (0, 0, 0)이다.

<Find parametric representation of disk hit> ≡ 217

```
Float u = phi / phiMax;
Float rHit = std::sqrt(dist2);
Float oneMinusV = ((rHit - innerRadius) /
                   (radius - innerRadius));
```

```
Float v = 1 - oneMinusV;
Vector3f dpdu(-phiMax * pHit.y, phiMax * pHit.x, 0);
Vector3f dpdv = Vector3f(pHit.x, pHit.y, 0.) * (innerRadius - radius) /
        rHit;
Normal3f dndu(0, 0, 0), dndv(0, 0, 0);
```

3.4.3 표면 면적

원반의 표면 면적은 고리의 일부분이므로 쉽게 계산할 수 있다.

$$A = \frac{\phi_{\max}}{2}(r^2 - r_i^2)$$

<Disk Method Definitions> +≡

```
float Disk::Area() const {
    return phiMax * 0.5f * (radius * radius - innerRadius * innerRadius);
}
```

3.5 기타 2차 곡면

pbrt는 2차 곡면 원뿔, 쌍곡면 포물면의 세 가지를 더 지원한다. 구현은 각각 shapes/cone.h, shapes/cone.cpp, shapes/paraboloid.h, shapes/paraboloid.cpp, shapes/hyperboloid.h, shapes/hyperboloid.cpp에 구현돼 있다. 2차 곡면의 교차 계수, 매개변수 좌표, 편미분을 유도하는 과정은 이미 익숙할 것이므로 여기에 전체 구현을 수록하지는 않는다. 하지만 간단히 음함수와 매개변수 형태를 요약한다. 렌더링된 이미지는 그림 3.10에 있다.

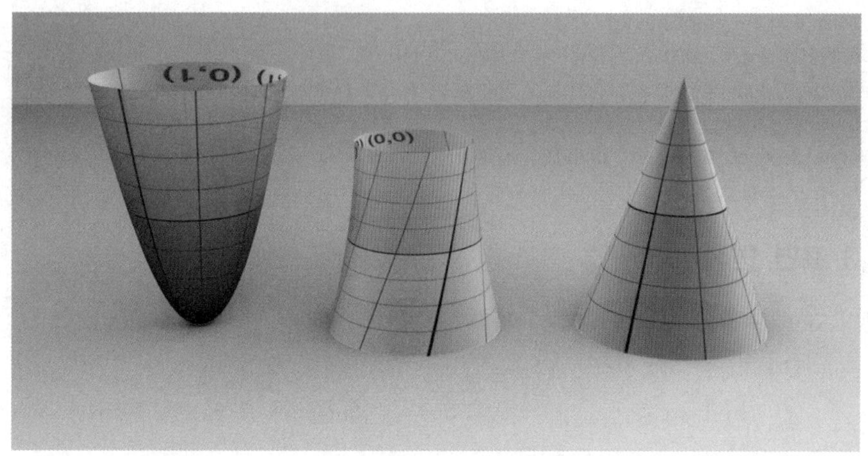

그림 3.10 남은 2차 곡면 모양. 왼쪽부터 쌍곡면 포물면 원뿔이다.

3.5.1 원뿔

z축을 중심으로 하고 반지름 r과 높이 h를 가진 원뿔의 음함수 방정식은 다음과 같다.

$$\left(\frac{hx}{r}\right)^2 + \left(\frac{hy}{r}\right)^2 - (z-h)^2 = 0$$

원뿔은 또한 다음과 같이 매개변수화한다.

$$\begin{aligned}
\phi &= u\, \phi_{\max} \\
x &= r(1-v)\cos\phi \\
y &= r(1-v)\sin\phi \\
z &= vh.
\end{aligned}$$

원뿔에서 한 지점의 편미분은 다음과 같다.

$$\begin{aligned}
\frac{\partial \mathrm{p}}{\partial u} &= (-\phi_{\max} y, \phi_{\max} x, 0) \\
\frac{\partial \mathrm{p}}{\partial v} &= \left(-\frac{x}{1-v}, -\frac{y}{1-v}, h\right)
\end{aligned}$$

2차 편미분은 다음과 같다.

$$\frac{\partial^2 \mathrm{p}}{\partial u^2} = -\phi_{\max}^2(x, y, 0)$$

$$\frac{\partial^2 \mathrm{p}}{\partial u \partial v} = \frac{\phi_{\max}}{1-v}(y, -x, 0)$$

$$\frac{\partial^2 \mathrm{p}}{\partial v^2} = (0, 0, 0).$$

3.5.2 쌍곡면

z축을 중심으로 한 반지름 r과 높이 h를 갖는 쌍곡면의 음함수 방정식은 다음과 같다.

$$\frac{hx^2}{r^2} + \frac{hy^2}{r^2} - z = 0$$

매개변수 형식은 다음과 같다.

$$\phi = u\,\phi_{\max}$$

$$z = v(z_{\max} - z_{\min})$$

$$r = r_{\max}\sqrt{\frac{z}{z_{\max}}}$$

$$x = r\cos\phi$$

$$y = r\sin\phi.$$

편미분은 다음과 같다.

$$\frac{\partial \mathrm{p}}{\partial u} = (-\phi_{\max} y, \phi_{\max} x, 0)$$

$$\frac{\partial \mathrm{p}}{\partial v} = (z_{\max} - z_{\min})\left(\frac{x}{2z}, \frac{y}{2z}, 1\right)$$

$$\frac{\partial^2 \mathrm{p}}{\partial u^2} = -\phi_{\max}^2(x, y, 0)$$

$$\frac{\partial^2 \mathrm{p}}{\partial u \partial v} = \phi_{\max}(z_{\max} - z_{\min})\left(-\frac{y}{2z}, \frac{x}{2z}, 0\right)$$

$$\frac{\partial^2 \mathrm{p}}{\partial v^2} = -(z_{\max} - z_{\min})^2\left(\frac{x}{4z^2}, \frac{y}{4z^2}, 0\right).$$

3.5.3 포물면

마지막으로 포물면의 음함수 형식은 다음과 같다.

$$x^2 + y^2 - z^2 = -1$$

매개변수 형식은 다음과 같다.

$$\begin{aligned}
\phi &= u\,\phi_{\max} \\
x_r &= (1-v)x_1 + v\,x_2 \\
y_r &= (1-v)y_1 + v\,y_2 \\
x &= x_r \cos\phi - y_r \sin\phi \\
y &= x_r \sin\phi + y_r \cos\phi \\
z &= (1-v)z_1 + v\,z_2.
\end{aligned}$$

편미분은 다음과 같다.

$$\frac{\partial \mathrm{p}}{\partial u} = (-\phi_{\max} y, \phi_{\max} x, 0)$$

$$\frac{\partial \mathrm{p}}{\partial v} = ((x_2 - x_1)\cos\phi - (y_2 - y_1)\sin\phi, (x_2 - x_1)\sin\phi + (y_2 - y_1)\cos\phi, z_2 - z_1)$$

$$\begin{aligned}
\frac{\partial^2 \mathrm{p}}{\partial u^2} &= -\phi_{\max}^2 (x, y, 0) \\
\frac{\partial^2 \mathrm{p}}{\partial u \partial v} &= \phi_{\max}\left(-\frac{\partial \mathrm{p}_y}{\partial v}, \frac{\partial \mathrm{p}_x}{\partial v}, 0\right) \\
\frac{\partial^2 \mathrm{p}}{\partial v^2} &= (0, 0, 0).
\end{aligned}$$

3.6 삼각형 메시

삼각형은 컴퓨터 그래픽스에서 가장 자주 사용되는 모양이다. 복잡한 장면은 훌륭한 세부 마감을 성취하기 위해서 수백만의 삼각형을 사용해서 모델링된다(그림 3.11은 4백만 삼각형 이상의 복잡한 삼각형 메시의 이미지를 보여준다). `Triangle` 모양 구현의 자연스런 표현은 각 삼각형이 3개 정점의 위치를 저장하는 것이지만, 더 메모리 효율적인 표현은 전체 삼각형 메시를 정점의 배열로 저장해 각 개별 삼각형이 단지 해당 3개의 정점에 대한 배열의 3개

오프셋만 저장하는 것이다.

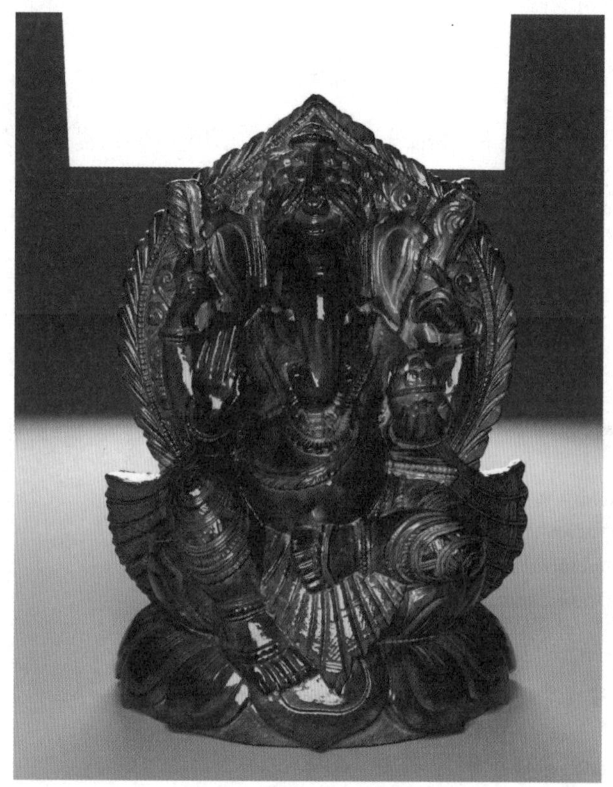

그림 3.11 가네샤 모델. 이 삼각형 메시는 4백만 이상의 개별 삼각형을 포함한다. 이는 실제 석상에 물체의 모양을 특정하기 위해 구조화된 빛을 사용하는 3D 스캐너를 사용해 생성됐다.

왜 그런지 보기 위해 닫힌 개별 메시에서 정점의 수 V, 모서리 E, 면 F에 대한 유명한 오일러-푸앵카레 공식을 살펴보자.

$$V - E + F = 2(1 - g)$$

$g \in \mathbb{N}$은 메시의 종수genus다. 종수는 보통 작은 수로, 메시의 '손잡이'의 수로 해석된다(컵의 손잡이의 비유). 삼각형 메시에서 모서리와 정점의 수는 다음과 같이 연관된다.

$$E = \frac{3}{2}F$$

이는 두 개의 인접한 삼각형으로 이뤄진 두 부분의 각 모서리로 나누는 것으로 볼 수 있다. 이런 반 모서리가 $3F$개 있으며, 모든 동일 위치 쌍이 E개의 메시 모서리를 형성한다. 더 큰 닫힌 삼각형 메시에 대해서 종수의 전체 효과는 보통 무시할 수 있으며, 이전 두 방정식을 ($g = 0$으로) 합쳐 다음을 얻는다.

$$V \approx 2F$$

다른 말로 대략 면 수의 두 배 정점이 존재한다. 각 면이 3개의 정점을 참조하므로, 모든 정점은 (평균적으로) 6번 참조된다. 그러므로 정점이 공유될 때 삼각형당 전체 균등 저장 공간은 오프셋(3개의 32비트 정수 오프셋)의 12바이트 메모리를 더하기 한 정점의 저장소의 절반(정점 위치를 4바이트 부동소수점 3개로 저장한다고 가정했을 때)인 6바이트로 전체 18바이트가 된다. 이는 직접 3개의 위치를 저장하는 삼각형당 36바이트보다 훨씬 좋다. 상대적인 저장 공간 절약은 정점당 표면 법선이나 텍스처 좌표가 메시에 있을 때 더욱 좋아진다.

pbrt는 TriangleMesh 구조체를 사용해서 삼각형 메시에 대한 공유된 정보를 저장한다.

```
<Triangle Declarations> ≡
    struct TriangleMesh {
        <TriangleMesh Public Methods>
        <TriangleMesh Data 225>
    };
```

TriangleMesh의 생성자의 인수는 다음과 같다.

- **ObjectToWorld:** 메시의 물체-월드 변환
- **nTriangles:** 메시 안의 전체 삼각형 개수
- **vertexIndices:** 정점 색인의 배열에 대한 포인터. i번째 삼각형에 대해 3개의 정점 위치는 P[vertexIndices[3*i]], P[vertexIndices[3*i+1]], P[vertexIndices[3*i+2]]이다.
- **nVertices:** 메시 안의 전체 정점 개수
- **P:** nVertices개의 정점 위치 배열
- **S:** 메시의 각 정점별 접선 벡터의 추가적인 배열. 존재할 경우 음영 접선을 계산하기 위해 사용한다.
- **N:** 메시의 각 정점별 법선 벡터의 추가적인 배열. 존재할 경우 음영 미분 기하 구조를 계산하기 위해 삼각형 면 사이로 보간된다.
- **UV:** 각 정점별 매개변수 (u, v) 값의 추가적인 배열
- **alphaMask:** 삼각형 표면의 일부를 잘라내기 위한 추가적인 알파 마스크[alpha mask] 텍스처

삼각형은 pbrt의 모양들 사이에서 두 가지 역할을 한다. 단지 직접 장면 설명 파일에 빈번히 설정되는 것뿐 아니라 다른 모양이 종종 쪼개져서 삼각형 메시가 된다. 예를 들어 세분된subdivision 표면들은 매끈한 표면을 근사하는 삼각형 메시를 생성한다. 광선 교차는 세분된 표면이 아닌 이 삼각형들에 대해 처리된다(3.8.2절을 참고하자).

이 두 번째 역할 때문에 삼각형 메시를 생성하는 코드는 삼각형의 매개변수화를 명시할 수 있어야 한다. 삼각형을 매개변수화된 표면의 3개의 특정 (u, v) 좌표 값의 위치 값을 찾아 생성한다면 해당 (u, v) 값은 삼각형 내부에서 광선 교차점의 (u, v) 값을 계산하게 보간돼야 한다. 명시적으로 설정한 (u, v) 값은 또한 외부 프로그램에서 생성한 삼각형 메시에 (u, v) 좌표를 지정해 텍스처 맵을 지정해 메시 표면에 원하는 대로 색깔을 설정하기 위한 텍스처 매핑에 유용하다.

TriangleMesh 생성자는 관련된 정보를 복사하고 이를 멤버 변수에 저장한다. 특히 호출자가 데이터 소유권을 유지하는 vertexIndices, P, N, S, UV에 대해서는 따로 복사본을 남겨둔다.

```
<Triangle Method Definitions> ≡
  TriangleMesh::TriangleMesh(const Transform &ObjectToWorld,
          int nTriangles, const int *vertexIndices, int nVertices,
          const Point3f *P, const Vector3f *S, const Normal3f *N,
          const Point2f *UV,
          const std::shared_ptr<Texture<Float>> &alphaMask)
      : nTriangles(nTriangles), nVertices(nVertices),
          vertexIndices(vertexIndices, vertexIndices + 3 * nTriangles),
          alphaMask(alphaMask) {
      <Transform mesh vertices to world space 226>
      <Copy UV, N, and S vertex data, if present>
  }
```

```
<TriangleMesh Data> ≡                                              224
  const int nTriangles, nVertices;
  std::vector<int> vertexIndices;
  std::unique_ptr<Point3f[]> p;
  std::unique_ptr<Normal3f[]> n;
  std::unique_ptr<Vector3f[]> s;
  std::unique_ptr<Point2f[]> uv;
  std::shared_ptr<Texture<Float>> alphaMask;
```

모양 묘사를 물체 공간에 두고 뒤에 입사하는 광선을 월드 공간에서 물체 공간으로 변환하는 다른 모양들과 달리 삼각형 메시는 모양을 월드 공간으로 변환하기에 입사광선을 물체 공간에서 변환하는 일과 교차점의 기하학적 표현을 월드 공간으로 변환하는 일을 생략할 수 있다. 이 과정은 시작에서만 실행하므로 광선을 렌더링 과정 동안 자주 변환하는 것을 방지할 수 있기에 좋은 아이디어다. 이 작업을 2차 곡면에 대해 실행하는 것은 더 복잡하다. 연습문제 3.1에서 더 많은 정보를 확인하자. 음영 기하 구조를 위한 법선과 접선 벡터는 Shape에 저장되지 않을 수 있는 GetShadingGeometry( ) 메서드에서 받은 행렬을 통해 월드 공간으로 변환해야 하므로 물체 공간에 남겨진다.

<Transform mesh vertices to world space> ≡ 225

```
p.reset(new Point3f[nVertices]);
for (int i = 0; i < nVertices; ++i)
    p[i] = ObjectToWorld(P[i]);
```

코드 조각 *<Copy* uv, N, *and* S *vertex data, if present>*는 단지 적절한 양의 공간을 할당해 값을 복사할 뿐이다. 존재할 경우 법선과 접선 벡터 역시 물체 공간으로 변환된다. 이 코드 조각의 구현은 여기에 수록하지 않는다.

3.6.1 삼각형

Triangle 클래스는 실제적으로 Shape 인터페이스를 구현한다. 이는 단일 삼각형을 나타낸다.

<Triangle Declarations> +≡

```
class Triangle : public Shape {
public:
    <Triangle Public Methods 226>
private:
    <Triangle Private Methods 236>
    <Triangle Private Data 227>
};
```

Triangle은 자신의 출생지인 부모 TraingleMesh의 포인터와 메시에서 3개 정점 색인의 포인터만을 갖고 있다.

<Triangle Public Methods> ≡ 226

```
Triangle(const Transform *ObjectToWorld, const Transform *WorldToObject,
        bool reverseOrientation,
        const std::shared_ptr<TriangleMesh> &mesh, int triNumber)
    : Shape(ObjectToWorld, WorldToObject, reverseOrientation),
```

```
        mesh(mesh) {
            v = &mesh->vertexIndices[3 * triNumber];
    }
```

구현에선 세 정점의 포인터를 저장하는 대신 첫 정점 색인의 포인터를 저장한다. 이는 각 Triangle에 필요한 저장량을 다른 역참조 단계의 비용을 통해 줄인다.

<Triangle Private Data> ≡ 226

```
    std::shared_ptr<TriangleMesh> mesh;
    const int *v;
```

pbrt의 다른 모양 표현이 삼각형 메시로 변환되기에 유틸리티 함수 CreateTriangleMesh()는 기반을 둔 TriangleMesh의 생성과 마찬가지로 메시의 각 삼각형에 대한 Triangle의 생성도 처리해야 한다. 이는 삼각형 모양의 표준 라이브러리 벡터를 반환한다.

<Triangle Method Definitions> +≡

```
    std::vector<std::shared_ptr<Shape>> CreateTriangleMesh(
            const Transform *ObjectToWorld, const Transform *WorldToObject,
            bool reverseOrientation, int nTriangles,
            const int *vertexIndices, int nVertices, const Point3f *p,
            const Vector3f *s, const Normal3f *n, const Point2f *uv,
            const std::shared_ptr<Texture<Float>> &alphaMask) {
        std::shared_ptr<TriangleMesh> mesh = std::make_shared<TriangleMesh>(
            *ObjectToWorld, nTriangles, vertexIndices, nVertices, p, s, n, uv,
                alphaMask);
        std::vector<std::shared_ptr<Shape>> tris;
        for (int i = 0; i < nTriangles; ++i)
            tris.push_back(std::make_shared<Triangle>(ObjectToWorld,
                WorldToObject, reverseOrientation, mesh, i));
        return tris;
    }
```

삼각형의 물체 공간 경계는 전체 3개의 정점을 감싸는 경계 상자를 계산해 쉽게 찾을 수 있다. 정점 위치 p가 생성자에서 월드 공간으로 변환되기에 여기서의 구현은 경계를 계산하기 이전에 이를 물체 공간으로 변환해야만 한다.

<Triangle Method Definitions> +≡

```
    Bounds3f Triangle::ObjectBound() const {
        <Get triangle vertices in p0, p1, and p2 228>
        return Union(Bounds3f((*WorldToObject)(p0), (*WorldToObject)(p1)),
                (*WorldToObject)(p2));
```

```
}
```

<Get triangle vertices in `p0`*,* `p1`*, and* `p2`*>* ≡ 227, 228, 240, 998

```
const Point3f &p0 = mesh->p[v[0]];
const Point3f &p1 = mesh->p[v[1]];
const Point3f &p2 = mesh->p[v[2]];
```

`Triangle` 모양은 물체 공간 경계 상자를 월드 공간으로 변환해 더 좋은 월드 공간 경계를 계산할 수 있는 모양 중 하나다. 월드 공간 경계는 직접 월드 공간 정점에서 계산할 수 있다.

<Triangle Method Definitions> +≡

```
Bounds3f Triangle::WorldBound() const {
    <Get triangle vertices in p0, p1, and p2 228>
    return Union(Bounds3f(p0, p1), p2);
}
```

3.6.2 삼각형 교차점

삼각형 모양에서 `Intersect()` 메서드의 구조체는 앞선 교차 테스트 메서드의 형태를 따른다. 적용되는 기하 구조 테스트는 교차점이 있는지 알아보는 데 사용되며, 존재할 경우 주어진 `SurfaceInteraction`에 돌려주기 위한 교차점에 대한 더 많은 정보를 계산한다.

<Triangle Method Definitions> +≡

```
bool Triangle::Intersect(const Ray &ray, Float *tHit,
        SurfaceInteraction *isect, bool testAlphaTexture) const {
    <Get triangle vertices in p0, p1, and p2 228>
    <Perform ray-triangle intersection test 229>
    <Compute triangle partial derivatives 235>
    <Compute error bounds for triangle intersection 306>
    <Interpolate (u, v) parametric coordinates and hit point 236>
    <Test intersection against alpha texture, if present 237>
    <Fill in SurfaceInteraction from triangle hit 237>
    *tHit = t;
    return true;
}
```

`pbrt`의 광선-삼각형 교차 테스트는 우선 광선의 원점이 변환된 좌표계에서 (0, 0, 0)이고 방향이 +*z*축인 아핀 변환을 계산하는 것으로 시작된다. 삼각형 정점 또한 교차 테스트 수행

이전에 이 좌표계로 변환된다. 다음으로 이 좌표계 변환을 적용하는 것이 교차 논리를 단순화시키는 것을 보여줄 것인데, 예를 들어 모든 교차점의 x, y 좌표가 0이 된다. 이후 3.9.3절에서 이 변환이 삼각형의 모서리에 충돌하는 것 같은 까다로운 광선이 결코 맞지 않았다고 잘못 처리하지 않게 하는 빈틈없는 광선-삼각형 교차 알고리즘을 가능하게 하는 것을 볼 것이다.

<Perform ray-triangle intersection test> ≡ 228

    <Transform triangle vertices to ray coordinate space 229>
    <Compute edge function coefficients `e0`*,* `e1`*, and* `e2` *233>*
    <Fall back to double-precision test at triangle edges>
    <Perform triangle edge and determinant tests 233>
    <Compute scaled hit distance to triangle and test against ray t range 234>
    <Compute barycentric coordinates and t value for triangle intersection 234>
    <Ensure that computed triangle t is conservatively greater than zero 314>

월드 공간에서 광선-삼각형 교차 좌표 공간으로의 변환을 계산하기 위한 3가지 단계가 있다. 이동 T, 좌표 재배열 P, 크기 S다. 이들 각각의 명시적인 변환 행렬을 계산하고 이를 합친 변환 M = SPT로 이를 사용해서 정점에서 좌표 공간으로 변환을 하기보다는 다음의 구현을 변환의 각 단계에서 직접 적용해 결과적으로 더 효율적인 방식으로 처리한다.

<Transform triangle vertices to ray coordinate space> ≡ 229

    <Translate vertices based on ray origin 229>
    <Permute components of triangle vertices and ray direction 230>
    <Apply shear transformation to translated vertex positions 230>

좌표계의 원점으로 광선 원점의 이동은 다음과 같다.

$$\mathrm{T} = \begin{pmatrix} 1 & 0 & 0 & -\mathrm{o}_x \\ 0 & 1 & 0 & -\mathrm{o}_y \\ 0 & 0 & 1 & -\mathrm{o}_z \\ 0 & 0 & 0 & 1 \end{pmatrix}$$

이 변환은 명시적으로 광선 원점에 적용될 필요가 없지만, 이를 3개의 삼각형 정점에 적용한다.

<Translate vertices based on ray origin> ≡ 229

```
Point3f p0t = p0 - Vector3f(ray.o);
Point3f p1t = p1 - Vector3f(ray.o);
Point3f p2t = p2 - Vector3f(ray.o);
```

다음으로 공간의 3차원 좌표는 순서를 재배치해 z차원이 광선의 방향이 가장 큰 절댓값을 갖는 축이 되게 한다. x, y 차원은 다른 두 차원에 임의로 할당된다. 이 단계는 예를 들어 원래 광선의 z 방향이 0이면 0이 아닌 차원이 $+z$에 대응되게 한다.

예를 들어 광선의 방향이 x에서 가장 큰 값을 가지면 재배치는 다음과 같다.

$$\mathbf{T} = \begin{pmatrix} 0 & 1 & 0 & 0 \\ 0 & 0 & 1 & 0 \\ 1 & 0 & 0 & 0 \\ 0 & 0 & 0 & 1 \end{pmatrix}$$

이전과 같이 광선 방향의 차원을 단순히 재배치하고 삼각형 정점을 직접 변환하는 것이 가장 쉽다.

<Permute components of triangle vertices and ray direction> ≡ 229

```
int kz = MaxDimension(Abs(ray.d));
int kx = kz + 1; if (kx == 3) kx = 0;
int ky = kx + 1; if (ky == 3) ky = 0;
Vector3f d = Permute(ray.d, kx, ky, kz);
p0t = Permute(p0t, kx, ky, kz);
p1t = Permute(p1t, kx, ky, kz);
p2t = Permute(p2t, kx, ky, kz);
```

마지막으로 크기 변환은 광선 방향을 $+z$축에 정렬한다.

$$\mathbf{S} = \begin{pmatrix} 1 & 0 & -\mathbf{d}_x/\mathbf{d}_z & 0 \\ 0 & 1 & -\mathbf{d}_y/\mathbf{d}_z & 0 \\ 0 & 0 & 1/\mathbf{d}_z & 0 \\ 0 & 0 & 0 & 1 \end{pmatrix}$$

이 변환이 작동하는 것을 보려면 광선 방향 벡터 $[\mathbf{d}_x\ \mathbf{d}_y\ \mathbf{d}_z\ 0]^T$의 연산을 고려하자.

지금은 x, y 차원만이 크기 조절된다. 이후 광선이 실제로 삼각형에 교차할 때만 z차원을 크기 조절한다.

<Apply shear transformation to translated vertex positions> ≡ 229

```
Float Sx = -d.x / d.z;
Float Sy = -d.y / d.z;
Float Sz = 1.f / d.z;
p0t.x += Sx * p0t.z;
p0t.y += Sy * p0t.z;
```

```
p1t.x += Sx * p1t.z;
p1t.y += Sy * p1t.z;
p2t.x += Sx * p2t.z;
p2t.y += Sy * p2t.z;
```

좌표 재배치를 위한 계산과 크기 조절 계수는 주어진 광선에만 의존한다. 이는 삼각형과 무관하다. 고성능 레이트레이서에서 이 값을 한 번 계산하고 이를 Ray 클래스에 저장해서 광선이 교차하는 각각의 삼각형에서 재계산하지 않게 한다.

삼각형 정점이 이 좌표계로 변환되면 이제 원점에서 시작하는 광선이 +*z*축을 따라 횡단할 때 변환된 삼각형에 교차하는지를 찾으면 된다. 좌표계가 생성된 방식으로 인해 이 문제는 *x*, *y* 좌표 (0, 0)이 삼각형의 *x*, *y* 투영 안에 있는지 결정하는 2D 문제와 동일하다(그림 3.12).

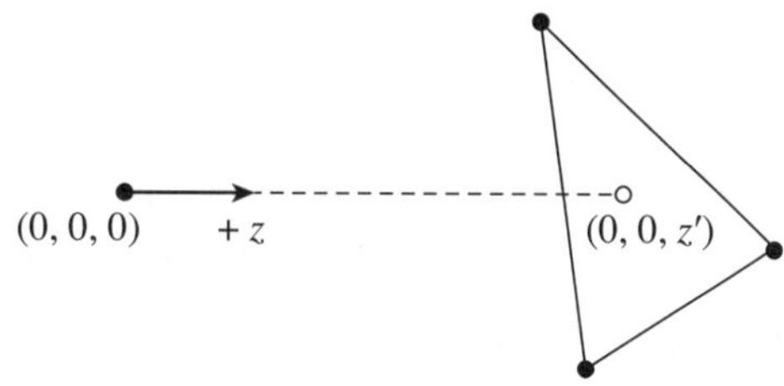

그림 3.12 광선-삼각형 교차점 좌표계에서 광선은 원점에서 시작해서 +z축으로 향한다. 교차 테스트는 광선과 삼각형 정점의 xy 투사만 고려해서 수행될 수 있으며, 이는 2D 점 (0, 0)이 삼각형 안에 있는지 확인하는 것으로 단순화된다.

교차 알고리즘이 어떻게 작동하는지 알기 위해 그림 2.5에서 두 벡터의 외적이 이들이 형성하는 평행사변형의 면적과 같다는 것을 기억하자. 2D에서 벡터 **a**, **b**에 대해서 면적은 다음과 같다.

$$\mathbf{a}_x\mathbf{b}_y - \mathbf{b}_x\mathbf{a}_y$$

이 면적의 반이 형성하는 삼각형의 면적이다. 이를 2D에서 볼 수 있으며, 정점 p_0, p_1, p_2을 가진 삼각형의 면적은 다음과 같다.

$$\frac{1}{2}(\mathrm{p}_{1x} - \mathrm{p}_{0x})(\mathrm{p}_{2y} - \mathrm{p}_{0y}) - (\mathrm{p}_{2x} - \mathrm{p}_{0x})(\mathrm{p}_{1y} - \mathrm{p}_{0y})$$

그림 3.13은 다음을 기하학적으로 시각화한다.

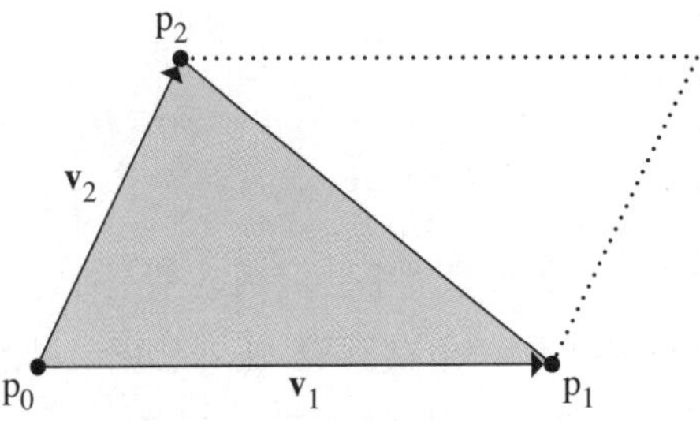

그림 3.13 벡터 v_1과 v_2로 주어진 두 모서리로 주어진 삼각형의 면적은 여기 보이는 평행사변형의 면적의 반이다. 평행사변형 면적은 v_1과 v_2의 외적 길이와 같다.

이 삼각형 면적의 표현을 부호화된 모서리 함수를 정의하는 데 사용한다. 주어진 두 삼각형 정점 p_0와 p_1에 대해 새로 주어진 3번째 점 p에 대한 삼각형의 면적을 제공하는 함수로서 지향성 모서리 함수 e를 정의한다.

$$e(\mathrm{p}) = (\mathrm{p}_{1x} - \mathrm{p}_{0x})(\mathrm{p}_y - \mathrm{p}_{0y}) - (\mathrm{p}_x - \mathrm{p}_{0x})(\mathrm{p}_{1y} - \mathrm{p}_{0y}). \tag{3.1}$$

(그림 3.14 참고). 모서리 함수는 선의 왼쪽에 있는 점들에 대해 양의 값을 제공하며, 오른쪽의 점에 대해 음의 값을 제공한다. 그러므로 점이 삼각형에서 모든 3개의 모서리에 대해서 같은 부호를 가진다면 반드시 모두 3개의 모서리에서 같은 면에 있으며, 반드시 삼각형의 안에 있게 된다.

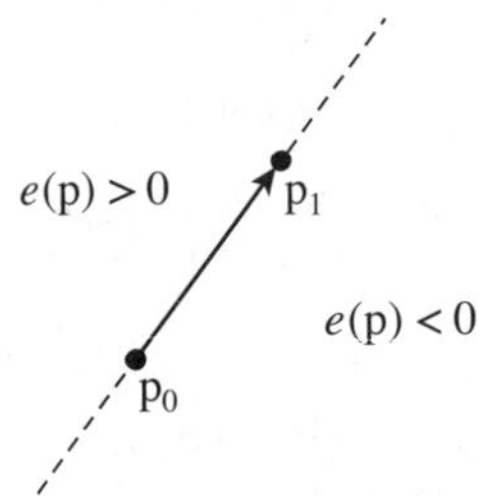

그림 3.14 모서리 함수 e(p)는 두 점 p_0와 p_1 사이의 지향성 선에 대한 점들을 특정한다. 모서리 함수의 값이 양인 점 p는 선의 왼쪽에 있고, 0은 선 위에 있으며, 음인 점들은 오른쪽에 있다. 광선-삼각형 교차 알고리즘은 3개의 점으로 형성된 삼각형의 부호화된 면적의 두 배인 모서리 함수를 사용한다.

좌표계 변환 덕분에 검사하는 점 p는 (0, 0)이다. 이는 모서리 함수 표현을 단순화시킨다. 예를 들어 p_1에서 p_2로의 모서리 e_0에 대해 다음을 얻는다.

$$
\begin{aligned}
e_0(\mathrm{p}) &= (\mathrm{p}_{2x} - \mathrm{p}_{1x})(\mathrm{p}_y - \mathrm{p}_{1y}) - (\mathrm{p}_x - \mathrm{p}_{1x})(\mathrm{p}_{2y} - \mathrm{p}_{1y}) \\
&= (\mathrm{p}_{2x} - \mathrm{p}_{1x})(-\mathrm{p}_{1y}) - (-\mathrm{p}_{1x})(\mathrm{p}_{2y} - \mathrm{p}_{1y}) \\
&= \mathrm{p}_{1x}\,\mathrm{p}_{2y} - \mathrm{p}_{2x}\,\mathrm{p}_{1y}.
\end{aligned} \tag{3.2}
$$

다음에서 모서리 함수 e_i가 p_i에서 $\mathrm{p}_{(i+1) \bmod 3}$으로의 지향성 모서리에 대응하는 색인 규칙을 사용한다.

<*Compute edge function coefficients* `e0`, `e1`, *and* `e2`> ≡ 229

```
Float e0 = p1t.x * p2t.y - p1t.y * p2t.x;
Float e1 = p2t.x * p0t.y - p2t.y * p0t.x;
Float e2 = p0t.x * p1t.y - p0t.y * p1t.x;
```

어떤 모서리 함수 값이 정확히 0인 희귀한 경우에 광선이 삼각형에 맞았는지 여부가 확실하지 않으며, 모서리 방정식은 배정밀도 부동소수점 연산을 사용해서 다시 계산한다(3.9.3절에서 이 단계의 필요에 대해 더 자세히 확인한다). 이 계산을 구현한 코드 조각 <*Fall back to doubleprecision test at triangle edges*>는 단순히 <*Compute edge function coefficients* `e0`, `e1`, *and* `e2`>의 구현에서 `double`을 사용한 재구현이므로 여기에 수록하지 않는다.

주어진 3개의 모서리 함수 값에 대해 교차가 없는 것을 결정하는 첫 두 가지 기회가 존재한다. 첫째는 모서리 함수에서 값의 부호가 다르면 점 (0, 0)은 3개의 모서리에서 같은 면에 존재하지 않으므로 삼각형 밖에 있게 된다. 둘째로 3개의 모서리 함수에서 값의 합이 0이면 광선은 삼각형의 모서리에 맞으며, 이는 교차가 없다고 보고한다(닫힌 삼각형 메시에 대해서 광선은 인근 삼각형을 대신 충돌한다).

<*Perform triangle edge and determinant tests*> ≡ 229

```
if ((e0 < 0 || e1 < 0 || e2 < 0) && (e0 > 0 || e1 > 0 || e2 > 0))
    return false;
Float det = e0 + e1 + e2;
if (det == 0)
    return false;
```

원점에서 광선이 시작하고 단위 길이를 가지며 +z축을 따라가므로, 교차점의 z 좌표는 교차의 매개변수 t 값과 같다. 이 z 값을 계산하기 위해 우선 삼각형 정점에 대해서 z 좌표에 대한 크기 변환을 적용해야 한다. 주어진 이 z 값에 대해 교차점에서 삼각형의 무게중심 좌표가 삼각형에서 보간하는 데 사용된다. 이는 각 모서리 함수 값을 모서리 함수 값의 합으로 나눠서 얻을 수 있다.

$$b_i = \frac{e_i}{e_0 + e_1 + e_2}$$

그러므로 b_i의 합은 1이 된다.

보간된 z 값은 다음으로 주어지며

$$z = b_0 z_0 + b_1 z_1 + b_2 z_2$$

z_i는 광선-삼각형 교차점 좌표계 안에서 3개 정점의 좌표다.

최종 t 값이 유효한 t 값 범위 밖인 경우에 b_i의 계산을 위한 부동소수점 나누기의 비용을 줄이기 위해 여기서의 구현은 우선 t는 z_i를 e_i로 보간해(다른 말로 아직 $d = e_0 + e_1 + e_2$로 나누지 않는다) 계산한다. d의 부호와 보간된 t의 부호가 다르면 최종 t 값은 반드시 음수이므로 유효한 교차가 아니다.

비슷한 방식으로, 다음과 같다.

$$t < t_{\max} = \begin{cases} \sum_i e_i z_i < t_{\max}(e_0 + e_1 + e_2) & \text{If } e_0 + e_1 + e_2 > 0 \\ \sum_i e_i z_i > t_{\max}(e_0 + e_1 + e_2) & \text{otherwise.} \end{cases}$$

<Compute scaled hit distance to triangle and test against ray t range> ≡ 229

```
p0t.z *= Sz;
p1t.z *= Sz;
p2t.z *= Sz;
Float tScaled = e0 * p0t.z + e1 * p1t.z + e2 * p2t.z;
if (det < 0 && (tScaled >= 0 || tScaled < ray.tMax * det))
    return false;
else if (det > 0 && (tScaled <= 0 || tScaled > ray.tMax * det))
    return false;
```

이제 유효한 교차점이 있는 걸 알기에 실제 무게중심 좌표와 함께 교차를 위한 실제 t 값을 계산하기 위한 부동소수점 나누기를 처리한다.

<Compute barycentric coordinates and t value for triangle intersection> ≡ 229

```
Float invDet = 1 / det;
Float b0 = e0 * invDet;
Float b1 = e1 * invDet;
Float b2 = e2 * invDet;
Float t = tScaled * invDet;
```

삼각형 메시에 대해 일관된 접선 벡터를 생성하기 위해선 삼각형 정점의 매개변수 (u, v) 값을 이용해 편미분 $\partial p/\partial u$, $\partial p/\partial v$을 계산해야 한다. 편미분이 삼각형의 모든 지점에서 같기는 하지만, 여기선 각각을 교차점이 발견할 때마다 재계산한다. 이 계산 결과가 중복되지만 큰 삼각형 메시에선 저장 공간을 많이 아낄 수 있다.

삼각형은 다음을 만족하는 점의 집합으로 설정할 수 있다.

$$p_o + u\frac{\partial p}{\partial u} + v\frac{\partial p}{\partial v}$$

p_0에 대해 u, v가 삼각형의 매개변수 좌표다. 또한 세 정점 위치 p_i, $i = 0, 1, 2$와 각 정점의 텍스처 좌표 (u_i, v_i)를 알고 있다. 이를 통해 편미분 p는 다음을 만족한다.

$$p_i = p_o + u_i\frac{\partial p}{\partial u} + v_i\frac{\partial p}{\partial v}$$

다르게 표현하면 2D (u, v) 공간에서 삼각형 점으로의 고유한 아핀 매핑affine mapping이 존재한다. 삼각형이 3D 공간에 있더라도 삼각형은 평면에 있기 때문에 이 매핑은 존재한다. $\partial p/\partial u$, $\partial p/\partial v$를 계산하기 위해 $p_0 - p_2$, $p_1 - p_2$를 계산하는 것으로 시작한다.

$$\begin{pmatrix} u_0 - u_2 & v_0 - v_2 \\ u_1 - u_2 & v_1 - v_2 \end{pmatrix} \begin{pmatrix} \partial p/\partial u \\ \partial p/\partial v \end{pmatrix} = \begin{pmatrix} p_0 - p_2 \\ p_1 - p_2 \end{pmatrix}$$

그러므로 다음과 같다.

$$\begin{pmatrix} \partial p/\partial u \\ \partial p/\partial v \end{pmatrix} = \begin{pmatrix} u_0 - u_2 & v_0 - v_2 \\ u_1 - u_2 & v_1 - v_2 \end{pmatrix}^{-1} \begin{pmatrix} p_0 - p_2 \\ p_1 - p_2 \end{pmatrix}$$

2 × 2 행렬을 역변환하는 것은 쉽다. (u, v) 값에서 차 행렬의 역은 다음과 같다.

$$\frac{1}{(u_0 - u_2)(v_1 - v_2) - (v_0 - v_2)(u_1 - u_2)} \begin{pmatrix} v_1 - v_2 & -(v_0 - v_2) \\ -(u_1 - u_2) & u_0 - u_2 \end{pmatrix}$$

<Compute triangle partial derivatives> ≡ 228

```
Vector3f dpdu, dpdv;
Point2f uv[3];
GetUVs(uv);
<Compute deltas for triangle partial derivatives 236>
Float determinant = duv02[0] * duv12[1] - duv02[1] * duv12[0];
```

```
    if (determinant == 0) {
        <Handle zero determinant for triangle partial derivative matrix 236>
    } else {
        Float invdet = 1 / determinant;
        dpdu = ( duv12[1] * dp02 - duv02[1] * dp12) * invdet;
        dpdv = (-duv12[0] * dp02 + duv02[0] * dp12) * invdet;
    }
```

<Compute deltas for triangle partial derivatives> ≡ 235

```
    Vector2f duv02 = uv[0] - uv[2], duv12 = uv[1] - uv[2];
    Vector3f dp02 = p0 - p2, dp12 = p1 - p2;
```

마지막으로 행렬이 역행렬이 존재하지 않는 특이 행렬[singular matrix]일 경우를 처리해야 한다. 사용자가 제공한 정점별 매개변수화 값이 퇴화된 경우에만 발생한다. 이 경우 `Triangle`은 단지 임의의 좌표계를 삼각형의 표면 법선에 대해서 선택해 확실히 정규 직교임을 보장해야 한다.

<Handle zero determinant for triangle partial derivative matrix> ≡ 236

```
    CoordinateSystem(Normalize(Cross(p2 - p0, p1 - p0)), &dpdu, &dpdv);
```

교차점과 충돌점의 (u, v) 매개변수 좌표계를 계산하기 위해 무게중심 좌표계 보간 공식을 정점의 위치와 (u, v) 매개변수 좌표계에 적용한다. 3.9.4절에서 보듯이 이는 t를 사용해서 매개변수 광선 방정식을 계산하는 것보다 교차점에 대해 더 정확한 결과를 제공한다.

<Interpolate (u, v) parametric coordinates and hit point> ≡ 228

```
    Point3f pHit = b0 * p0 + b1 * p1 + b2 * p2;
    Point2f uvHit = b0 * uv[0] + b1 * uv[1] + b2 * uv[2];
```

유틸리티 루틴 `GetUVs()`는 삼각형에서 세 정점의 (u, v) 좌표를 반환하며, (u, v) 값이 `Triangle`에 존재하지 않을 경우 기본값을 반환한다.

<Triangle Private Methods> ≡ 226

```
    void GetUVs(Point2f uv[3]) const {
        if (mesh->uv) {
            uv[0] = mesh->uv[v[0]];
            uv[1] = mesh->uv[v[1]];
            uv[2] = mesh->uv[v[2]];
        } else {
            uv[0] = Point2f(0, 0);
            uv[1] = Point2f(1, 0);
            uv[2] = Point2f(1, 1);
```

```
        }
    }
```

교차점을 성공적으로 찾았음을 알리기 전에 교차점이 모양에 할당된 알파 마스크alpha mask 텍스처가 있을 경우 그에 대해 검사한다. 이 텍스처는 삼각형 표면에 대해 1D 함수로 생각할 수 있으며, 어떤 지점에서 값이 0일 경우 교차점을 무시하면서 삼각형에 해당 지점이 존재하지 않는 효과를 나타낸다(10장에서 텍스처 인터페이스를 정의하고 그 구현을 좀 더 자세히 설명한다). 알파 마스크는 잎사귀 같은 물체에 유용하다. 한 장의 잎사귀는 하나의 삼각형으로 모델링할 수 있으며, 알파 마스크를 통해 잎사귀 모양이 남게 가장자리를 잘라낼 수 있다. 이 기능은 다른 모양에 대해선 별로 유용하지 않으므로 pbrt는 삼각형에 대해서만 지원한다.

<Test intersection against alpha texture, if present> ≡ 228

```
if (testAlphaTexture && mesh->alphaMask) {
    SurfaceInteraction isectLocal(pHit, Vector3f(0,0,0), uvHit,
        Vector3f(0,0,0), dpdu, dpdv, Normal3f(0,0,0), Normal3f(0,0,0),
        ray.time, this);
    if (mesh->alphaMask->Evaluate(isectLocal) == 0)
        return false;
}
```

이제 확실히 유효한 교차점이 있으므로 교차점 루틴으로 넘겨진 포인터가 가리키는 값들을 업데이트한다. 다른 모양의 구현과 달리 여기서 SurfaceInteraction 구조를 초기화하는 코드는 삼각형의 정점이 이미 월드 공간으로 변환됐기에 편미분을 월드 공간으로 변환할 필요가 없다. 원반같이 평평하기에 삼각형에서 법선의 편미분은 둘 다 (0, 0, 0)이다.

<Fill in SurfaceInteraction from triangle hit> ≡ 228

```
*isect = SurfaceInteraction(pHit, pError, uvHit, -ray.d, dpdu, dpdv,
        Normal3f(0, 0, 0), Normal3f(0, 0, 0), ray.time, this);
<Override surface normal in isect for triangle 238>
if (mesh->n || mesh->s) {
    <Initialize Triangle shading geometry 238>
}
<Ensure correct orientation of the geometric normal 238>
```

SurfaceInteraction 생성자는 기하학적 법선 n을 dpdu와 dpdv의 외적 정규화로 초기화한다. 이는 대부분의 모양에 대해 잘 동작하지만, 삼각형 메시의 경우 기반 텍스처 좌표에 의존하지 않는 초기화가 더 적합하다. 메시의 방향성을 보존하지 않는 잘못된 매개변수를 가진 메시를 만나는 것이 흔하므로, 이 경우 기하학적 법선은 잘못된 방향을 갖게 된다. 그러므로 기하학적 법선을 모서리 벡터 dp02와 dp12의 외적 정규화로 초기화하며, 이는 삼각형 정점의 정확한 순서에 의존하는 잠재적 부호 차이(또한 삼각형의 감는 방향winding order으로 알려져 있다)만 같다면 같은 법선으로 이어진다. 3D 모델링 패키지는 일반적으로 메시 안의 삼각형이 일관된 감는 방향을 갖도록 보장하므로 이는 이 방식을 더 안정적으로 한다.

<Override surface normal in isect for triangle> ≡ 237

```
isect->n = isect->shading.n = Normal3f(Normalize(Cross(dp02, dp12)));
```

보간된 법선이 가용할 때 이제 방향성 정보에 대한 더 확실한 원천을 고려해야 한다. 이 경우 보간된 법선과 isect->n 사이의 각도가 180도 이상이면 isect->n의 방향을 반전한다.

<Ensure correct orientation of the geometric normal> ≡ 237

```
if (mesh->n)
    isect->n = Faceforward(isect->n, isect->shading.n);
else if (reverseOrientation ^ transformSwapsHandedness)
    isect->n = isect->shading.n = -isect->n;
```

3.6.3 음영 기하 구조

Triangle로 사용자가 메시의 정점에서의 법선과 접선 벡터를 제공해 삼각형의 면에서 이를 보간할 수 있다. 보간된 법선을 가진 음영 기하 구조는 이 경우 실제 기하 구조보다 더 부드럽게 보일 수 있다. 음영 법선이나 접선이 제공되면 이를 사용해서 SurfaceInteraction에서 음영 기하 구조를 초기화한다.

<Initialize Triangle shading geometry> ≡ 237

```
<Compute shading normal ns for triangle 238>
<Compute shading tangent ss for triangle 239>
<Compute shading bitangent ts for triangle and adjust ss 239>
<Compute ∂n/∂u and ∂n/∂v for triangle shading geometry>
isect->SetShadingGeometry(ss, ts, dndu, dndv, true);
```

주어진 교차점의 무게중심 좌표에 대해 존재할 경우 적절한 정점 법선 사이를 보간해 음영 법선을 계산하는 것은 간단하다.

<Compute shading normal ns for triangle> ≡ 238

```
Normal3f ns;
```

```
    if (mesh->n) ns = Normalize(b0 * mesh->n[v[0]] +
                                b1 * mesh->n[v[1]] +
                                b2 * mesh->n[v[2]]);
    else
        ns = isect->n;
```

음영 접선은 비슷하게 계산된다.

<*Compute shading tangent* `ss` *for triangle*> ≡ 238

```
    Vector3f ss;
    if (mesh->s) ss = Normalize(b0 * mesh->s[v[0]] +
                                b1 * mesh->s[v[1]] +
                                b2 * mesh->s[v[2]]);
    else
        ss = Normalize(isect->dpdu);
```

이중 접선 벡터 ts는 ss와 ns의 외적으로 계산할 수 있으며, 이 둘과 수직한 벡터를 제공한다. 다음으로 ss는 ns와 ss의 외적으로 덮어써진다. 이는 ss와 ts의 외적이 ns임을 보장한다. 정점당 n과 s가 제공되고 보간된 n과 s 값이 완전히 직교하지 않을 경우 n은 보존되고 s는 변경돼 좌표계가 직교하게 한다.

<*Compute shading bitangent* `ts` *for triangle and adjust* `ss`> ≡ 238

```
    Vector3f ts = Cross(ss, ns);
    if (ts.LengthSquared() > 0.f) {
        ts = Normalize(ts);
        ss = Cross(ts, ns);
    }
    else
        CoordinateSystem((Vector3f)ns, &ss, &ts);
```

음영 법선의 편미분 $\partial n/\partial u$와 $\partial n/\partial v$를 계산하는 코드는 $\partial p/\partial u$와 $\partial p/\partial v$의 계산 코드와 거의 동일하기에 여기서는 생략한다.

3.6.4 표면 면적

평행사변형의 면적이 변에서 두 벡터의 외적 길이와 같다는 사실을 이용해 Area() 메서드는 삼각형 면적을 모서리 벡터 둘로 생성된 평행사변형의 면적의 반으로 계산한다(그림 3.13).

<Triangle Method Definitions> +≡

```
Float Triangle::Area() const {
    <Get triangle vertices in p0, p1, and p2 228>
    return 0.5 * Cross(p1 - p0, p2 - p0).Length();
}
```

*3.7 곡선

삼각형을 머리카락, 털, 풀 등의 세밀한 기하 구조를 가진 얇은 모양을 표현하는 데 사용할 수 있으나. 이런 종류의 물체를 효율적으로 렌더링하기 위한 특별한 Shape를 갖는 것은 가치가 있는데, 많은 개별 인스턴스들을 종종 갖기 때문이다. 이 절에서 소개할 Curve 모양은 3차 베지어 스플라인을 사용해 얇은 기하 구조의 모델링을 표현하며, 이는 4개의 조절점 p_0, p_1, p_2, p_3로 정의된다. 베지어 스플라인은 처음과 끝 조절점을 통과한다. 중간점들은 다음의 다항식으로 표현된다.

$$p(u) = (1-u)^3 p_0 + 3(1-u)^2 u p_1 + 3(1-u) u^2 p_2 + u^3 p_3. \quad [3.3]$$

(그림 3.15 참고). 허마이트Hermite 스플라인 같이 다른 3차 기반에서 설정된 곡선을 베지어 기반으로 변환하는 것은 충분히 쉬우므로, 여기서의 구현은 이를 사용자의 몫으로 남겨둔다. 이 기능은 자주 필요할 경우 쉽게 추가할 수 있다.

Curve 모양은 너비를 가진 1D 베지어 곡선으로 정의되며, 시작과 끝의 너비가 범위에 따라서 선형적으로 보간된다. 이를 통해 2D 표면을 정의한다(그림 3.16).[6] 이를 쪼개지 않고 이 표현에 직접 광선을 교차하는 것이 가능하며, 이는 너무 많은 저장 공간이 필요 없이 부드러운 곡선을 효율적으로 렌더링하는 것을 가능하게 한다. 그림 3.17은 백만 이상의 Curve를 가진 털이 있는 토끼 모델을 보여준다.

---

6. 용어 남용을 주의하라. 곡선이 1D 수학적 개체이지만 Curve는 2D 표면을 표현한다. 이후 일반적으로 Shape를 곡선으로 참조한다. 1D 개체는 구분이 확실하지 않을 경우 이름 '베지어 곡선'으로 구분된다.

그림 3.15 4개의 조절점으로 정의된 3차 베지어 곡선. 방정식(3.3)에서 정의된 곡선 p(u)은 u = 0와 u = 1에서 처음과 끝 조절점을 각각 지나간다.

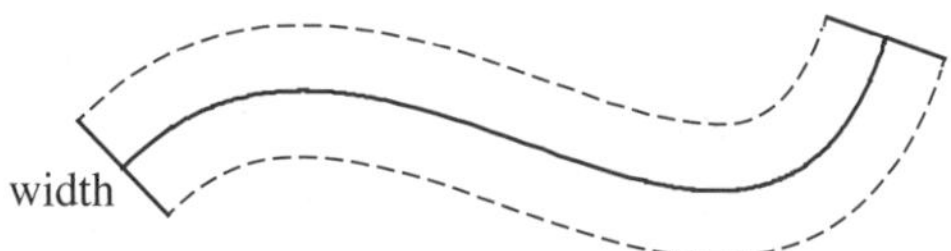

그림 3.16 Curve 모양의 기본 기하 구조. 1D 베지어 곡선은 특정 너비의 반으로 곡선의 각 점에 직교하는 양방향으로 오프셋된다. 결과 영역은 곡선의 표면을 표현한다.

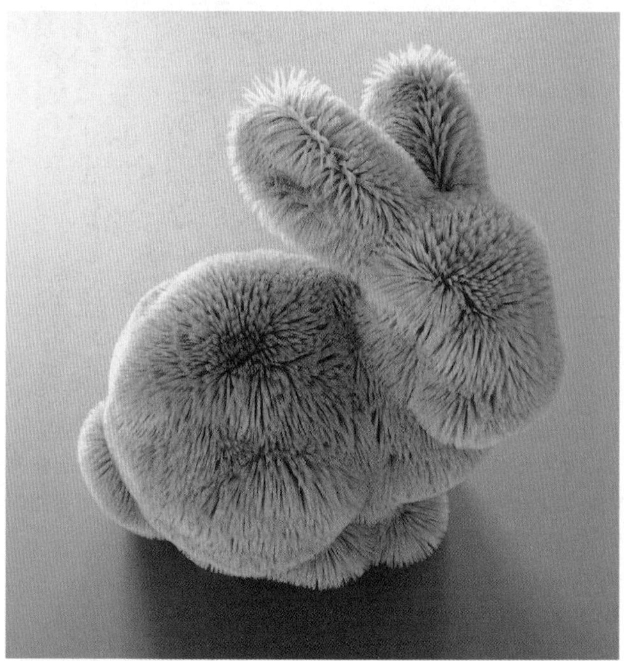

그림 3.17 털복숭이 토끼. 토끼 모델은 백만 Curve 모양을 털을 모델링하기 위해 사용했다. 여기서는 Curve의 능력을 보여주기 위해 비정상적으로 긴 곡선을 사용했다.

```
<Curve Declarations> ≡
    class Curve : public Shape {
    public:
        <Curve Public Methods 243>
    private:
        <Curve Private Methods>
        <Curve Private Data 243>
    };
```

Curve 모양이 표현할 수 있는 곡선에서는 그림 3.18에서처럼 3가지 종류가 있다.

- **평면**: 이 표현의 곡선은 언제나 면을 교차하는 광선의 방향을 향한다. 이는 머리카락이나 털같이 얇은 원기둥 모양을 모델링하는 데 유용하다.
- **원기둥**: 화면 위의 몇 픽셀에 걸치는 곡선(너무 멀지 않게 보는 스파게티 등)을 표현하기 위해 Curve 모양은 음영 법선을 실제로 원기둥처럼 보이게 계산한다.
- **띠**Ribbon: 이 변형은 실제로 원기둥 단면이 없는 (풀잎 같은) 모양을 모델링하는 데 유용하다.

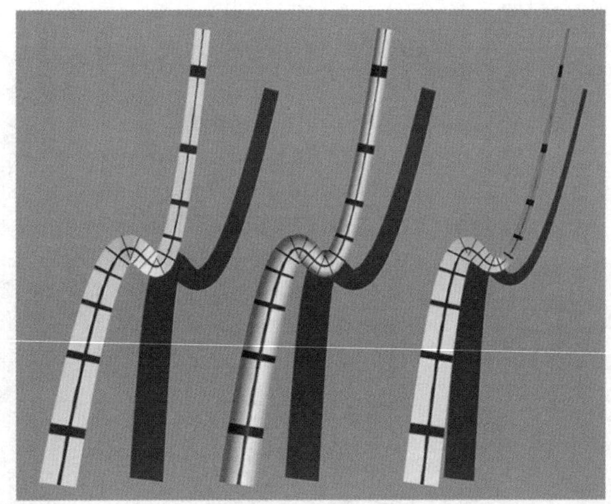

그림 3.18 Curve가 표현할 수 있는 3가지 종류의 곡선. 왼쪽은 평면 곡선으로 언제나 도달한 광선에 수직하게 방향을 가진다. 가운데는 음영 법선이 원기둥처럼 보이게 하는 곡선이다. 오른쪽은 끈으로, 시작과 끝점에서 고정된 방향을 가진다. 중간 방향을 둘 사이를 부드럽게 보간한다.

CurveType 열거형은 주어진 Curve 인스턴스 모델을 기록한다.

평면과 원기둥 곡선 변형은 변형된 원기둥의 편리한 근사로 사용되도록 의도했다. 이에 대해 찾은 교차는 물리적으로 실재하는 3D 모양과 대응하지 않으며, 잠재적으로 진짜 원기둥을 참조한 장면을 찍을 때와 작은 불일치가 있을 수 있다.

<CurveType Declarations> ≡

```
enum class CurveType { Flat, Cylinder, Ribbon };
```

pbrt 장면 설명 파일에 주어진 곡선에 대해 이를 몇 개의 선분으로 쪼개서 각각이 곡선에서 u 매개변수 범위의 일부로 처리하게 하는 것은 효과적이다(한 가지 이유는 축 정렬 경계 상자가 구불구불한 곡선을 엄밀히 경계를 만들지 못하기 때문이며, 베지어 스플라인을 세분하면 다항식 스플라인의 변화 감소 특성으로 인해 덜 구불구불해진다). 그러므로 Curve 생성자는 u의 매개변수 범위 $[u_{\mathrm{min}}, u_{\mathrm{max}}]$와 곡선의 조절점과 선분 사이에 공유하는 곡선의 다른 정보를 가진 CurveCommon 구조체의 포인터를 받는다. 이 방식으로 개별 곡선 선분의 메모리는 최소화되며, 이를 메모리에 유지하기 쉽게 한다.

<Curve Public Methods> ≡ 242

```
Curve(const Transform *ObjectToWorld, const Transform *WorldToObject,
        bool reverseOrientation, const std::shared_ptr<CurveCommon> &common,
        Float uMin, Float uMax)
    : Shape(ObjectToWorld, WorldToObject, reverseOrientation),
        common(common), uMin(uMin), uMax(uMax) { }
```

<Curve Private Data> ≡ 242

```
const std::shared_ptr<CurveCommon> common;
const Float uMin, uMax;
```

CurveCommon 생성자는 대부분 조절점, 곡선 너비 등의 전달된 값으로, 멤버 변수만을 초기화한다. 제공되는 조절점은 곡선의 물체 공간이어야 한다.

Ribbon 곡선에 대해 CurveCommon은 각 끝점에서 곡선의 방향을 위해 표면 법선을 저장한다. 생성자는 두 법선 벡터 사이의 각도와 각도의 사인 값을 미리 계산한다. 이 값은 범위에서 임의의 점에서의 곡선 방향을 계산하는 데 유용하다.

<Curve Method Definitions> ≡

```
CurveCommon::CurveCommon(const Point3f c[4], Float width0, Float width1,
        CurveType type, const Normal3f *norm)
    : type(type), cpObj{c[0], c[1], c[2], c[3]},
        width{width0, width1} {
    if (norm) {
        n[0] = Normalize(norm[0]);
        n[1] = Normalize(norm[1]);
        normalAngle = std::acos(Clamp(Dot(n[0], n[1]), 0, 1));
```

```
            invSinNormalAngle = 1 / std::sin(normalAngle);
        }
    }
```

<CurveCommon Declarations> ≡

```
    struct CurveCommon {
        const CurveType type;
        const Point3f cpObj[4];
        const Float width[2];
        Normal3f n[2];
        Float normalAngle, invSinNormalAngle;
    };
```

Curve의 경계 상자는 최소 볼록 집합convex hull 특성을 이용해서 계산할 수 있는데, 이는 베지어 곡선이 반드시 조절점의 최소 볼록 집합 안에 있다는 특성이다. 그러므로 조절점의 경계 상자는 기반 곡선의 보존적인 경계를 제공한다. ObjectBound() 메서드는 우선 1D 베지어 선분에서 조절점의 경계 상자를 계산해 곡선 중심의 스플라인을 경계한다. 이 경계는 매개변수 범위 내에서의 최대 너비의 반으로 확장돼 Curve가 표현하는 Shape의 3D 경계를 얻는다.

<Curve Method Definitions> +≡

```
    Bounds3f Curve::ObjectBound() const {
        <Compute object-space control points for curve segment, cpObj 245>
        Bounds3f b = Union(Bounds3f(cpObj[0], cpObj[1]),
                 Bounds3f(cpObj[2], cpObj[3]));
        Float width[2] = { Lerp(uMin, common->width[0], common->width[1]),
                 Lerp(uMax, common->width[0], common->width[1]) };
        return Expand(b, std::max(width[0], width[1]) * 0.5f);
}
```

CurveCommon 클래스는 완전한 곡선의 조절점을 저장하지만, Curve 인스턴스를 일반적으로 u 범위에 대한 베지어 곡선을 표현하는 4개의 조절점을 필요로 한다. 이 조절점은 봉우리화blossoming로 불리는 기술로 계산된다. 3차 베지어 스플라인의 봉우리 $p(u_0, u_1, u_2)$는 선형 보간의 3개 단계로 정의되며, 원래의 조절점에서 시작한다.

$$\begin{aligned} a_i &= (1-u_0)p_i + u_0\, p_{i+1} \quad i \in [0, 1, 2] \\ b_j &= (1-u_1)a_j + u_1\, a_{j+1} \quad j \in [0, 1] \\ c &= (1-u_2)b_0 + u_2\, b_1 \end{aligned} \tag{3.4}$$

봉우리 $p(u, u, u)$는 곡선의 위치 u에서의 값을 제공한다(직접 검증하기 위해 방정식(3.4)를 $u_i = u$를 사용해서 확장하고 간략화해 방정식(3.3)과 비교하라).

BlossomBezier()는 이 계산을 구현한다.

<Curve Utility Functions> ≡
```
static Point3f BlossomBezier(const Point3f p[4], Float u0, Float u1,
        Float u2) {
    Point3f a[3] = { Lerp(u0, p[0], p[1]),
                     Lerp(u0, p[1], p[2]),
                     Lerp(u0, p[2], p[3]) };
    Point3f b[2] = { Lerp(u1, a[0], a[1]), Lerp(u1, a[1], a[2]) };
    return Lerp(u2, b[0], b[1]);
}
```

곡선 선분 범위 u_{min}에서 u_{max}까지 4개의 조절점은 봉우리로 주어진다.

$$
\begin{aligned}
p_0 &= p(u_{min}, u_{min}, u_{min}) \\
p_1 &= p(u_{min}, u_{min}, u_{max}) \\
p_2 &= p(u_{min}, u_{max}, u_{max}) \\
p_3 &= p(u_{max}, u_{max}, u_{max})
\end{aligned}
\tag{3.5}
$$

(그림 3.19 참고)

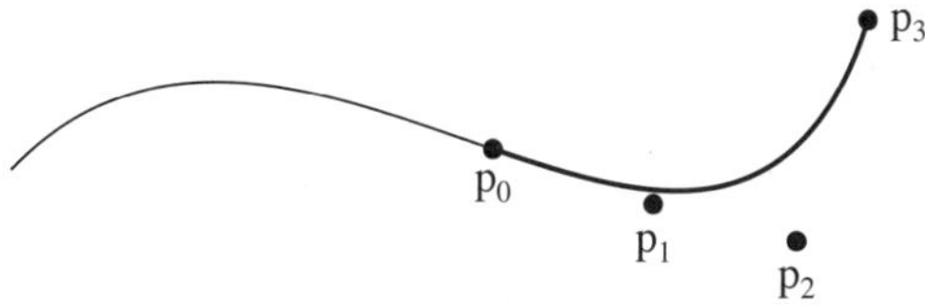

그림 3.19 베지어 곡선의 선분에 대한 조절점을 찾기 위한 봉우리화. 방정식(3.5)의 4개 봉우리는 u_{min}에서 u_{max}까지의 곡선에 대한 조절점을 제공한다. 봉우리화는 전체 곡선의 부분집합을 표현하는 곡선의 베지어 조절점을 계산하는 우아한 방법을 제공한다.

주어진 이 방식으로 Curve에 대응한 곡선 선분의 4개 조절점을 계산하는 것은 명백하다.

<Compute object-space control points for curve segment, cpObj*>* ≡ 244, 246
```
Point3f cpObj[4];
cpObj[0] = BlossomBezier(common->cpObj, uMin, uMin, uMin);
cpObj[1] = BlossomBezier(common->cpObj, uMin, uMin, uMax);
cpObj[2] = BlossomBezier(common->cpObj, uMin, uMax, uMax);
cpObj[3] = BlossomBezier(common->cpObj, uMax, uMax, uMax);
```

Curve 교차 알고리즘은 광선이 명백히 교차하지 않을 것을 가능한 한 빨리 확인해 교차하지 않을 경우 곡선의 선분을 버리고, 교차할 경우 재귀적으로 곡선을 반으로 쪼개면서 두 개의 더 작은 선분을 생성하는 것에 기반을 뒀다. 결과적으로 곡선은 선형적으로 더 효율적인 교차 테스트에 근사하게 된다. 준비 이후에 recursiveIntersect()는 이 과정을 Curve가 표현하는 전체 선분에 대해 시작한다.

<Curve Method Definitions> +≡

```
bool Curve::Intersect(const Ray &r, Float *tHit,
SurfaceInteraction *isect, bool testAlphaTexture) const {
    <Transform Ray to object space 200>
    <Compute object-space control points for curve segment, cpObj 245>
    <Project curve control points to plane perpendicular to ray 246>
    <Compute refinement depth for curve, maxDepth>
    return recursiveIntersect(ray, tHit, isect, cp, Inverse(objectToRay),
    uMin, uMax, maxDepth);
}
```

3.6.2절의 광선-삼각형 교차 알고리즘처럼 광선-곡선 교차 테스트는 곡선을 광선의 원점이 좌표계의 원점에 있고 광선의 방향이 +z축에 정렬되게 변환하는 것에 기반을 둔다. 이 변환을 시작점에서 처리하면 교차 테스트를 위해 반드시 수행해야 할 연산의 수를 상당히 줄일 수 있다.

Curve 모양은 명시적인 변환의 표현이 필요하며, 그러므로 LookAt() 함수가 이를 생성하기 위해 사용된다. 원점은 광선의 원점이며, '보는' 점은 원점에서 광선의 방향으로 오프셋된 점이며, '위' 방향은 광선 방향에 직교한 임의의 방향이다.

<Project curve control points to plane perpendicular to ray> ≡ 246

```
Vector3f dx, dy;
CoordinateSystem(ray.d, &dx, &dy);
Transform objectToRay = LookAt(ray.o, ray.o + ray.d, dx);
Point3f cp[4] = { objectToRay(cpObj[0]), objectToRay(cpObj[1]),
                  objectToRay(cpObj[2]), objectToRay(cpObj[3]) };
```

곡선의 세분 최대 횟수는 세분 단계의 마지막에서 실질적으로 선형화된 곡선에서의 최대 거리가 작은 고정 거리보다 작게 제한되도록 계산된다. 이 계산의 세부 사항을 더 알아보진 않을 것이며, 이는 코드 조각 *<Compute refinement depth for curve,* maxDepth>에 구현돼 있다.

recursiveIntersect() 메서드는 그 후 주어진 광선이 주어진 곡선 선분에 대해 주어진 매개변수 범위 $[u_0, u_1]$에서 교차하는지를 테스트한다.

```
<Curve Method Definitions> +≡
    bool Curve::recursiveIntersect(const Ray &ray, Float *tHit,
            SurfaceInteraction *isect, const Point3f cp[4],
            const Transform &rayToObject, Float u0, Float u1,
            int depth) const {
        <Try to cull curve segment versus ray 247>
        if (depth > 0) {
            <Split curve segment into sub-segments and test for intersection 248>
        } else {
            <Intersect ray with curve segment 249>
        }
    }
```

메서드는 광선이 곡선 선분의 경계 상자에 교차하는지 확인하는 것에서 시작한다. 없으면 교차가 없으므로 바로 반환할 수 있다.

```
<Try to cull curve segment versus ray> ≡                                    247
    <Compute bounding box of curve segment, curveBounds 247>
    <Compute bounding box of ray, rayBounds 248>
    if (Overlaps(curveBounds, rayBounds) == false)
        return false;
```

Curve::ObjectBound() 안의 구현과 같은 맥락으로, 선분에 대한 보존적인 경계 상자는 곡선에서 조절점의 경계를 받아 이를 곡선의 고려되는 u 범위 안의 최대 너비로 확장해 계산할 수 있다.

```
<Compute bounding box of curve segment, curveBounds> ≡                      247
    Bounds3f curveBounds =
    Union(Bounds3f(cp[0], cp[1]), Bounds3f(cp[2], cp[3]));
    Float maxWidth = std::max(Lerp(u0, common->width[0], common->width[1]),
                              Lerp(u1, common->width[0], common->width[1]));
    curveBounds = Expand(curveBounds, 0.5 * maxWidth);
```

교차 공간에서 광선의 원점이 (0, 0, 0)이고 방향이 $+z$축과 정렬됐기에 경계 상자는 원점을 x, y에서 포함하는지만 확인하면 된다(그림 3.20). z 너비는 매개변수 범위가 감싸는 z 범위로 주어진다.

<*Compute bounding box of ray,* rayBounds> ≡ 247

```
Float rayLength = ray.d.Length();
Float zMax = rayLength * ray.tMax;
Bounds3f rayBounds(Point3f(0, 0, 0), Point3f(0, 0, zMax));
```

광선이 곡선의 경계 상자에 교차하고 재귀적인 분할이 끝나지 않았다면 곡선은 매개변수 u 범위에서 반으로 분할된다. `SubdivideBezier()`는 7개의 조절점을 계산한다. 첫 4개는 첫 분할 곡선에서 반쪽의 조절점이며, 마지막 4개(첫 반쪽의 마지막 조절점에서 시작)는 두 번째 반쪽의 조절점에 대응한다. 두 세부 선분을 테스트하기 위해 `recursiveIntersect()`가 두 번 호출된다.

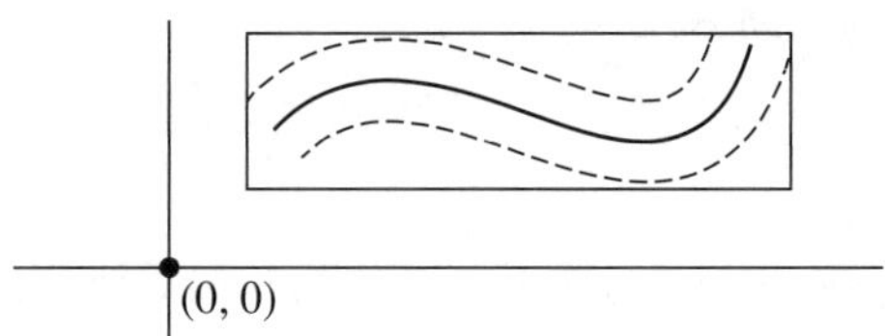

그림 3.20 광선-곡선 경계 테스트. 광선 좌표계 안에서, 광선의 원점은 (0, 0, 0)에 있고 방향은 +z축에 정렬된다. 그러므로 2D 점 (x, y) = (0, 0)이 곡선 선분의 xy 경계 상자 밖이면 광선이 곡선을 교차하는 것은 불가능하다.

<*Split curve segment into sub-segments and test for intersection*> ≡ 247

```
Float uMid = 0.5f * (u0 + u1);
Point3f cpSplit[7];
SubdivideBezier(cp, cpSplit);
return (recursiveIntersect(ray, tHit, isect, &cpSplit[0], rayToObject,
                           u0, uMid, depth - 1) ||
        recursiveIntersect(ray, tHit, isect, &cpSplit[3], rayToObject,
                           uMid, u1, depth - 1));
```

세분된 곡선의 조절점을 계산하기 위해 `BlossomBezier()` 함수를 사용할 수 있기에 항상 매개변수의 범위 가운데에서 정확히 곡선을 분할하는 사실을 이용해서 더 효율적으로 계산할 수 있다. 이 계산은 `SubdivideBezier()` 함수에서 구현됐다. 7개의 조절점은 방정식(3.4)에서의 봉우리에서 (0, 0, 0), (0, 0, 1/2), (0, 1/2, 1/2), (1/2, 1/2, 1/2), (1/2, 1/2, 1), (1/2, 1, 1), (1, 1, 1)을 사용해 계산했다.

<*Curve Utility Functions*> +≡

```
inline void SubdivideBezier(const Point3f cp[4], Point3f cpSplit[7]) {
    cpSplit[0] = cp[0];
    cpSplit[1] = (cp[0] + cp[1]) / 2;
    cpSplit[2] = (cp[0] + 2 * cp[1] + cp[2]) / 4;
```

```
        cpSplit[3] = (cp[0] + 3 * cp[1] + 3 * cp[2] + cp[3]) / 8;
        cpSplit[4] = (cp[1] + 2 * cp[2] + cp[3]) / 4;
        cpSplit[5] = (cp[2] + cp[3]) / 2;
        cpSplit[6] = cp[3];
    }
```

세분 이후에 교차 테스트가 수행된다. 이 테스트의 일부는 곡선의 선형 근사를 사용해서 더 효율적으로 처리된다. 변위 감소 특성은 이 근사가 너무 많은 오차를 생성하지 않고 사용할 수 있게 한다.

<Intersect ray with curve segment> ≡ 247

<Test ray against segment endpoint boundaries 249*>*
<Compute line w that gives minimum distance to sample point 252*>*
<Compute u coordinate of curve intersection point and `hitWidth` 252*>*
<Test intersection point against curve width 253*>*
<Compute v coordinate of curve intersection point 254*>*
<Compute hit `t` *and partial derivatives for curve intersection* 254*>*
`return true;`

교차 테스트가 Curve에서 표면 위의 현재 고려되는 u 선분에 대한 교차만 허용하는 것이 중요하다. 그러므로 교차 테스트의 첫 단계는 곡선의 시작과 끝점에 수직한 선에 대한 모서리 함수를 계산해 잠재적인 교차점을 분류하는 것이다(그림 3.21).

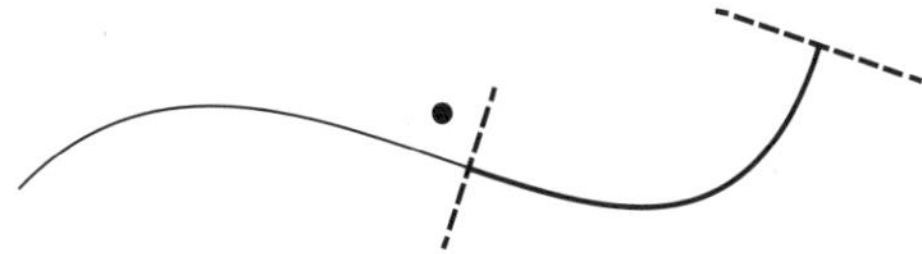

그림 3.21 곡선 선분 가장자리. 더 큰 곡선의 선분에 대한 교차 테스트는 선분의 끝점에 수직한 선(점선)에 대한 모서리 함수를 계산한다. 잠재적 교차점(검은 점)이 선분에 대해 모서리의 다른 면에 있을 때는 거부된다. 다른 곡선 선분(해당 면에 존재할 경우)이 이런 교차를 대신 고려한다.

<Test ray against segment endpoint boundaries> ≡ 249

<Test sample point against tangent perpendicular at curve start 250*>*
<Test sample point against tangent perpendicular at curve end>

곡선 조절점을 광선 좌표계로 투영하는 것은 이 테스트를 두 가지 이유에서 더 효율적으로 한다. 첫째, 광선의 방향이 $+z$축으로 향해 있기에 문제는 x와 y에서의 2D 테스트로 축약된다. 둘째, 광선 원점이 좌표계의 원점에 있기에 분류가 필요한 점은 (0, 0)이며, 이는 광선-삼각형 교차 테스트처럼 모서리 함수의 계산을 단순화한다.

모서리 함수는 방정식(3.1)의 광선-삼각형 교차 테스트에서 도입됐다. 그림 3.14를 보자. 모서리 함수를 정의하기 위해 시작점을 지나는 곡선에 대해 수직한 선 위의 임의의 두 점이 필요하다. 첫 조절점 p_0는 첫 점에 대한 좋은 선택이다. 두 번째 점에 대해 곡선의 접선에 수직한 벡터를 계산해 조절점에 해당 방향의 오프셋을 추가한다.

방정식(3.3)의 미분은 첫 조절점 p_0에서의 곡선에 대한 접선이 $3(p_1 - p_0)$임을 보여준다. 크기 조절 인자는 여기서 문제되지 않으므로, $t = p_1 - p_0$를 사용한다. 접선에 수직한 벡터를 2D에서 계산하는 것은 쉽다. 단지 x와 y 좌표를 바꾸고 그중 하나의 부호를 바꾸면 된다(이가 작동하는 것을 보기 위해서 내적 $(x, y) \cdot (y, -x) = xy + -yx = 0$인 것을 고려하자. 두 벡터 사이에서 각도의 코사인이 0이므로, 반드시 수직하게 된다). 그러므로 모서리의 두 번째 점은 다음과 같다.

$$p_0 + (p_{1y} - p_{0y}, -(p_{1x} - p_{0x})) = p_0 + (p_{1y} - p_{0y}, p_{0x} - p_{1x})$$

이 두 점을 방정식(3.1)의 모서리 함수의 정의에 넣고 단순화하면 다음과 같다.

$$e(p) = (p_{1y} - p_{0y})(p_y - p_{0y}) - (p_x - p_{0x})(p_{0x} - p_{1x})$$

마지막으로 $p = (0, 0)$을 대입하면 최종 테스트할 표현이 나온다.

$$e((0, 0)) = (p_{1y} - p_{0y})(-p_{0y}) + p_{0x}(p_{0x} - p_{1x})$$

<Test sample point against tangent perpendicular at curve start> ≡ 249

```
Float edge = (cp[1].y - cp[0].y) * -cp[0].y +
             cp[0].x * (cp[0].x - cp[1].x);
if (edge < 0)
    return false;
```

<Test sample point against tangent perpendicular at curve end> 코드 조각은 여기서 포함하지 않으며, 곡선의 마지막에서 같은 테스트를 처리한다.

테스트의 다음 단계는 u 값을 (0, 0)에서 가장 가까운 곡선 선분에 따라 확인하는 것이다. 이는 해당 지점에서 중심으로부터 곡선의 너비보다 멀지 않으면 교차점이 된다. 이 거리를 3차 베지어 곡선을 위해 확인하는 것은 효율적이지 않으므로, 대신 이 교차 방식은 곡선을 직선 선분으로 근사해 u 값을 계산한다.

베지어 곡선을 시작점 p_0에서 끝점 p_3까지 w로 매개변수화해 선분으로 근사한다. 이 경우 p_0의 위치는 $w = 0$이 되고, p_3은 $w = 1$이 된다(그림 3.22). 이제 처리할 것은 점 p에 가장 가까운 선 p′ 위의 점에 대응하는 w의 값을 계산하는 것이다. 핵심 개념은 p′ 위의 p에 가장 가까운 점에서 p까지의 벡터는 선에 대해 수직하다는 것이다(그림 3.23(a)).

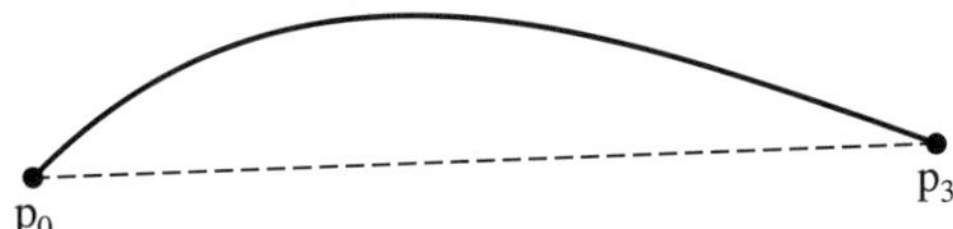

그림 3.22 직선 선분으로 근사한 3차 베지어 곡선. 광선-곡선 교차 테스트의 일부로, 베지어를 시작과 끝점을 지나는 선분(점선)으로 근사한다(실제로는 세분 이후이기에 곡선은 이미 거의 선에 가깝고, 이 그림이 보여주는 오차보다 더 적다).

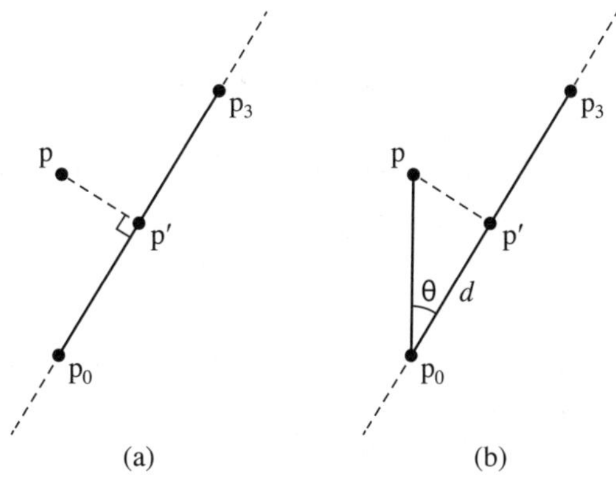

그림 3.23 (a) 주어진 무한 선과 점 p에 대해서 선에 가장 가까운 점에서의 벡터는 선과 수직한다. (b) 이 벡터가 수직하므로 선의 첫 점에서와 가장 가까운 점 p까지의 거리를 d = ||p − p0 || cos θ로 계산할 수 있다

방정식(2.1)은 두 벡터의 내적, 길이, 둘 사이에서 각도의 코사인 간 관계를 보여준다. 특히 이는 p_0에서 p로의 벡터와 p_0에서 p_3로의 벡터 사이 각도의 코사인을 어떻게 계산하는지 보여준다.

$$\cos\theta = \frac{(p - p_0)\cdot(p_3 - p_0)}{\|p - p_0\|\|p_3 - p_0\|}$$

p′에서 p로의 벡터는 선에 수직하며(그림 3.23(b)), 그러므로 p_0에서 p′의 선에 따른 거리를 다음과 같이 계산할 수 있다.

$$d = \|p - p_0\| \cos\theta = \frac{(p - p_0)\cdot(p_3 - p_0)}{\|p_3 - p_0\|}$$

마지막으로 선에 대한 매개변수 오프셋 w는 선의 길이에 대한 d의 비율이다.

$$w = \frac{d}{\|\mathrm{p}_3 - \mathrm{p}_0\|} = \frac{(\mathrm{p} - \mathrm{p}_0) \cdot (\mathrm{p}_3 - \mathrm{p}_0)}{\|\mathrm{p}_3 - \mathrm{p}_0\|^2}$$

w 값의 계산은 살짝 더 단순화되는데, 이는 교차 좌표계에서 $\mathrm{p} = (0, 0)$가 교차 좌표계에 있기 때문이다.

<*Compute line w that gives minimum distance to sample point*> ≡ 249

```
Vector2f segmentDirection = Point2f(cp[3]) - Point2f(cp[0]);
Float denom = segmentDirection.LengthSquared();
if (denom == 0)
    return false;
Float w = Dot(-Vector2f(cp[0]), segmentDirection) / denom;
```

베지어 곡선 위의 가장 가까운 점(으로 추정되는)에 대한 후보 교차점의 매개변수 u 좌표는 선분의 u 범위를 따라 선형 보간으로 계산할 수 있다. 이 u 값으로 그 점에서 곡선의 너비를 계산할 수 있다.

<*Compute u coordinate of curve intersection point and* `hitWidth`> ≡ 249

```
Float u = Clamp(Lerp(w, u0, u1), u0, u1);
Float hitWidth = Lerp(u, common->width[0], common->width[1]);
Normal3f nHit;
if (common->type == CurveType::Ribbon) {
    <Scale hitWidth based on ribbon orientation 252>
}
```

`Ribbon` 곡선에 대해 곡선은 항상 광선을 향하지 않는다. 그보다는 방향성이 각 끝점에서 두 표면 법선의 보간이 된다. 여기서 구면 선형 보간을 u에서의 법선을 보간하는 데 사용한다(2.9.2절을 기억하자). 곡선의 너비는 그 후 정규화된 광선 방향과 띠의 방향 사이의 코사인으로 크기 조절돼 주어진 방향에 대한 곡선의 보이는 너비를 반영한다.

<*Scale* `hitWidth` *based on ribbon orientation*> ≡ 252

```
Float sin0 = std::sin((1 - u) * common->normalAngle) *
        common->invSinNormalAngle;
Float sin1 = std::sin(u * common->normalAngle) *
        common->invSinNormalAngle;
nHit = sin0 * common->n[0] + sin1 * common->n[1];
hitWidth *= AbsDot(nHit, ray.d) / rayLength;
```

최종적으로 잠재적인 교차가 맞았는지 여부를 판단하기 위해 베지어 곡선은 반드시 u에서 EvalBezier() 함수를 사용해 계산해야 한다(조절점 cp가 현재 고려하는 곡선의 선분을 표현하기에 함수 호출에서 u 대신 범위가 [0, 1]인 w를 사용하는 것이 중요하다). 이 점에서 곡선의 미분은 바로 사용할 것이므로 여기에 저장한다.

p에서 곡선 pc 위의 점에 대한 거리가 곡선 너비의 반보다 적은지 테스트한다. p = (0, 0)이기에 pc에서 원점까지의 거리가 너비의 반보다 작은지 테스트하는 것과 동일하게 제곱된 거리가 너비의 제곱의 1/4과 같은지 테스트할 수 있다. 이 테스트가 통과되면 마지막으로 확인할 것은 광선의 매개변수 t 범위 안에 교차점이 있는지 여부다.

<Test intersection point against curve width> ≡ 249

```
Vector3f dpcdw;
Point3f pc = EvalBezier(cp, Clamp(w, 0, 1), &dpcdw);
Float ptCurveDist2 = pc.x * pc.x + pc.y * pc.y;
if (ptCurveDist2 > hitWidth * hitWidth * .25)
    return false;
if (pc.z < 0 || pc.z > zMax)
    return false;
```

EvalBezier()는 봉우리 p(u, u, u)를 계산해 베지어 스플라인 위의 점을 계산한다. 또한 이는 추가적으로 해당 점에서의 미분을 반환한다.

<Curve Utility Functions> +≡

```
static Point3f EvalBezier(const Point3f cp[4], Float u,
        Vector3f *deriv = nullptr) {
    Point3f cp1[3] = { Lerp(u, cp[0], cp[1]), Lerp(u, cp[1], cp[2]),
                       Lerp(u, cp[2], cp[3]) };
    Point3f cp2[2] = { Lerp(u, cp1[0], cp1[1]), Lerp(u, cp1[1], cp1[2]) };
    if (deriv)
        *deriv = (Float)3 * (cp2[1] - cp2[0]);
    return Lerp(u, cp2[0], cp2[1]);
}
```

앞선 테스트가 모두 통과되면 유효한 교차점을 찾게 되며, 교차점의 v 좌표를 이제 계산할 수 있다. 0에서 1까지가 곡선의 v 좌표 범위이므로, 0.5의 값은 곡선의 중앙이다. 여기서 교차점 (0, 0)을 곡선 위의 점 pc와 그의 미분에 대한 점을 지나는 모서리 함수에 대해 교차점의 중심이 어느 면에 있는지 확인해 어떻게 v를 계산할지 분류한다.

<*Compute v coordinate of curve intersection point*> ≡ 249

```
Float ptCurveDist = std::sqrt(ptCurveDist2);
Float edgeFunc = dpcdw.x * -pc.y + pc.x * dpcdw.y;
Float v = (edgeFunc > 0) ? 0.5f + ptCurveDist / hitWidth :
                           0.5f - ptCurveDist / hitWidth;
```

마지막으로 편미분이 계산되며, 교차점의 `SurfaceInteraction`이 초기화된다.

<*Compute hit* t *and partial derivatives for curve intersection*> ≡ 249

```
if (tHit != nullptr) {
    *tHit = pc.z / rayLength;
    <Compute error bounds for curve intersection 307>
    <Compute ∂p/∂u and ∂p/∂v for curve intersection 254>
    *isect = (*ObjectToWorld)(SurfaceInteraction(
        ray(pc.z), pError, Point2f(u, v), -ray.d, dpdu, dpdv,
        Normal3f(0, 0, 0), Normal3f(0, 0, 0), ray.time, this));
}
```

편미분 $\partial \mathrm{p}/\partial u$는 베지어 곡선의 미분으로 직접 계산할 수 있다. 2차 편미분 $\partial \mathrm{p}/\partial v$는 곡선의 종류에 기반을 두고 다른 방식으로 계산한다. 띠에 대해 $\partial \mathrm{p}/\partial u$와 표면 법선이 있으므로, $\partial \mathrm{p}/\partial v$는 반드시 $\partial \mathrm{p}/\partial u \times \partial \mathrm{p}/\partial v = \mathbf{n}$이 성립하는 벡터이며, 길이가 곡선의 너비와 동일하다.

<*Compute ∂p/∂u and ∂p/∂v for curve intersection*> ≡ 254

```
Vector3f dpdu, dpdv;
EvalBezier(common->cpObj, u, &dpdu);
if (common->type == CurveType::Ribbon)
    dpdv = Normalize(Cross(nHit, dpdu)) * hitWidth;
else {
    <Compute curve ∂p/∂v for flat and cylinder curves 254>
}
```

평면과 원기둥 곡선에 대해 $\partial \mathrm{p}/\partial u$를 교차 좌표계로 변환한다. 평면 곡선에 대해서 $\partial \mathrm{p}/\partial v$가 xy 평면에 있는 것을 알고, 이는 $\partial \mathrm{p}/\partial u$에 수직하며, `hitWidth`와 같은 길이를 가진다. 2D 수직 벡터를 수직 곡선 선분 가장자리 모서리에 사용한 것과 같은 방식으로 계산할 수 있다.

<*Compute curve ∂p/∂v for flat and cylinder curves*> ≡ 254

```
Vector3f dpduPlane = (Inverse(rayToObject))(dpdu);
Vector3f dpdvPlane = Normalize(Vector3f(-dpduPlane.y, dpduPlane.x, 0)) *
                     hitWidth;
if (common->type == CurveType::Cylinder) {
```

```
        <Rotate dpdvPlane to give cylindrical appearance 255>
    }
    dpdv = rayToObject(dpdvPlane);
```

원기둥 곡선을 위한 $\partial p/\partial v$ 벡터는 dpduPlane 축을 주위로 돌며, 그 모습은 원기둥 단면을 닮았다.

```
<Rotate dpdvPlane to give cylindrical appearance> ≡                     255
    Float theta = Lerp(v, -90., 90.);
    Transform rot = Rotate(-theta, dpduPlane);
    dpdvPlane = rot(dpdvPlane);
```

Curve::Area() 메서드는 여기에 수록하지 않으며, 우선 곡선의 길이를 최소 조절 집합의 길이로 근사한다. 그 후 이 길이를 범위에 대한 평균 곡선 너비로 곱해 전체 표면 면적을 근사한다.

*3.8 세분 표면

3장에서 마지막으로 정의할 모양 표현은 세분 표면을 구현하며, 특히 복잡한 매끄러운 모양을 특히 잘 묘사하는 표현이다. 특정 메시의 세분 표면은 반복적으로 메시의 면을 더 작은 면으로 세분하는 것으로 정의되며, 그 후 기존 정점 위치의 가중된 조합으로 새 정점 위치를 찾는다.

적절히 선택한 세분 법칙에 대해 이 과정은 세분 단계가 무한으로 갈 때 매끈한 한계 표면으로 수렴한다. 실제 사용에선 단지 몇 단계의 세분으로 한계 표면의 근사치를 제공하기에 충분하다. 그림 3.24는 세분의 단순한 예를 보여주며, 4면체가 0, 1, 2, 6번 세분된 모습을 보여준다. 그림 3.25는 킬러루Killeroo 모델에 세분을 적용했을 때 효과를 보여준다. 위는 원래 제어 메시, 아래는 제어 메시가 표현하는 세분 표면이다.

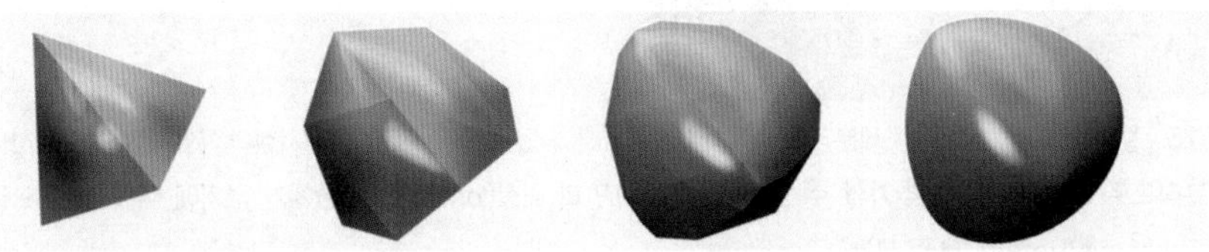

그림 3.24 4면체의 세분. 왼쪽부터 오른쪽까지 0, 1, 2, 6번의 세분 단계가 사용됐다(0단계에서 정점은 단지 한계 표면 위에 가도록 이동한다). 더 많은 세분이 이뤄질수록 메시는 원래 메시가 표현하는 매끈한 표면인 한계 표면에 접근한다. 많은 세분 단계를 거칠수록 반사광 하이라이트가 점점 정교해지고 윤곽선이 더욱 부드러워진다.

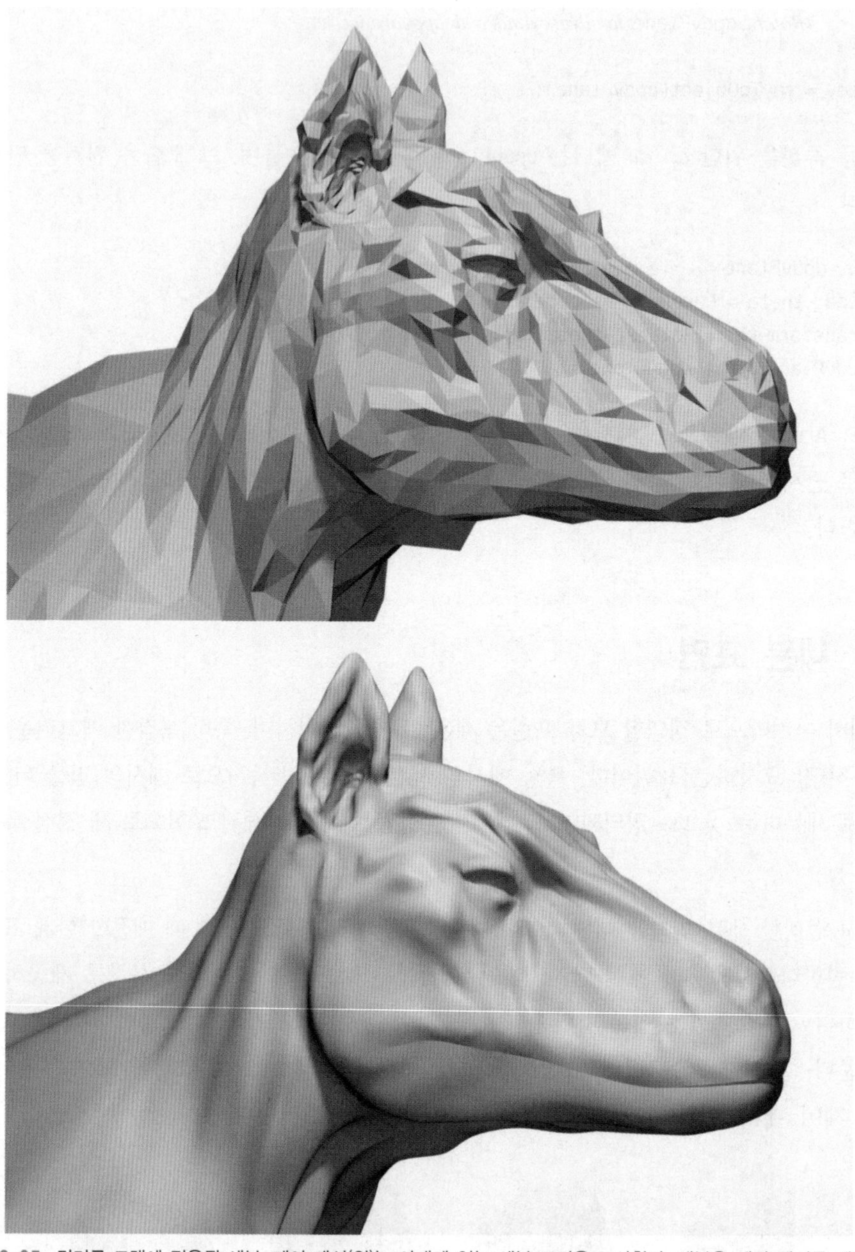

그림 3.25 킬러루 모델에 적용된 세분. 제어 메시(위)는 아래에 있는 세분 표면을 묘사한다. 세분은 제어 메시를 세분해서 쉽게 부분적으로 세부적 묘사를 추가할 수 있으며, 최종 표면의 위상(topology)에 한계가 없기에 이와 같은 모델링 모양에 잘 맞는다(headus/Rezard 제공 모델).

1970년대에 처음 개발되기는 했지만 세분 표면은 중요한 표면의 다각형과 스플라인spline 기반 표면 표현의 발전으로 인해 최근에서야 컴퓨터 그래픽스의 많은 관심을 받고 있다. 세분의 장점은 다음과 같다.

- 세분 표면은 아무리 세밀하게 모델링해도 가까이 보면 깎여 보이는 다각형 메시와는 달리 매끈하다.
- 현존하는 모델링 시스템의 대다수에 세분을 재설정할 수 있다. 고전 다각형 메시 모델링 기능들은 세분 제어 메시의 모델링에 적용할 수 있다.
- 세분 표면은 제어 메시를 임의의(다양체manifold) 위상으로 시작할 수 있기에 복잡한 위상을 가진 물체를 묘사하는 데 적합하다. 매개변수 표면 모델은 일반적으로 복잡한 위상을 잘 처리하지 못한다.
- 세분 메서드는 자주 스플라인 기반 표면 표현의 일반화이므로, 스플라인 표면은 일반적 세분 표면 렌더러를 통해 처리될 수 있다.
- 세분 표면의 부분 지역에 세부 사항을 추가하는 것은 제어 메시의 적절한 부분에 면을 추가하는 것으로 쉽게 처리된다. 스플라인 표현에선 훨씬 어려운 일이다.

여기선 루프 세분 표면Loop subdivision surface[7]의 구현을 소개한다. 루프 세분 법칙은 제어 메시의 삼각형 표면에 기반을 둔다. 먼저 삼각형이 아닌 다각형 면은 삼각형으로 쪼개진다. 각 세분 단계에서 모든 표면은 4개의 자식 면으로 쪼개진다(그림 3.26). 새 정점은 원래 메시의 변에 추가되며, 이웃 정점의 가중 평균을 사용해 위치를 계산한다. 또한 원래 정점도 새로운 이웃 정점들의 위치에 기반을 두고 가중 평균으로 위치를 갱신한다. 여기서 사용된 가중치 설정은 Hoppe et al.(1994)의 루프 메서드 구현에 기반을 둔다. 여기서는 어떻게 가중치가 유도됐는지는 소개하지 않는다. 한계 표면이 원하는 매끄러운 특성을 갖기 위해 신중히 선택되며, 실제 특성을 가졌는지는 간단한 수학으로 증명할 수 있다.

pbrt에서 Shape로 구현하기보다는 세분 표면은 함수 LoopSubdivide( )로 생성되며, 이는 세분 법칙을 정점의 집합으로 표현되는 메시와 정점 색인에 적용해 최종 세분 메시를 표현하는 Triangles의 벡터를 반환한다.

<LoopSubdiv Function Definitions> ≡

```
std::vector<std::shared_ptr<Shape>> LoopSubdivide(
        const Transform *ObjectToWorld, const Transform *WorldToObject,
```

7. 발명자 찰스 루프(Charles Loop)의 이름을 땄다.

```
        bool reverseOrientation, int nLevels, int nIndices,
        const int *vertexIndices, int nVertices, const Point3f *p) {
    std::vector<SDVertex *> vertices;
    std::vector<SDFace *> faces;
    <Allocate LoopSubdiv vertices and faces 258>
    <Set face to vertex pointers 261>
    <Set neighbor pointers in faces 263>
    <Finish vertex initialization 264>
    <Refine subdivision mesh into triangles 268>
}
```

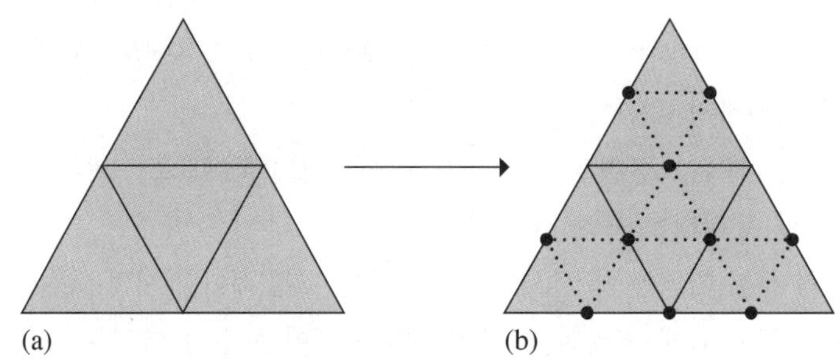

그림 3.26 루프(Loop) 세분을 위한 기본 세분 과정. (a) 세분 전의 제어 메시. (b) 세분 단계 후의 새 메시. 각 메시의 삼각 면은 각 변이 나뉘고 새 정점을 새 변으로 이어줌으로써 4개의 새 면으로 나뉘어진다.

3.8.1 메시 표현

LoopSubdiv 생성자를 위한 매개변수는 TriangleMesh 생성자(3.6절)에서 사용한 형식과 같은 형식으로 삼각형 메시를 묘사한다. 각 면은 3개의 정수 정점 색인으로 표현되며, 면에서 세 정점의 정점 배열 P에서의 오프셋을 제공한다. 어떤 면이 각각 붙어있는지, 어떤 면이 어떤 정점과 붙어있는지 등을 세분 알고리즘으로 구현하기 위해 이 자료를 처리해야 한다.

간단히 세분 메시의 정점과 면에 대한 자료를 갖는 SDVertex와 SDFace 구조체를 정의한다. LoopSubdivide( )는 SDVertex 클래스의 인스턴스를 메시의 각 정점에 대해 할당하고, SDFace를 각 면에 대해 할당한다. 아직은 거의 초기화되지 않는다.

<*Allocate LoopSubdiv vertices and faces*> ≡ 258

```
std::unique_ptr<SDVertex[]> verts(new SDVertex[nVertices]);
for (int i = 0; i < nVertices; ++i) {
    verts[i] = SDVertex(p[i]);
```

```
        vertices.push_back(&verts[i]);
    }
    int nFaces = nIndices / 3;
    std::unique_ptr<SDFace[]> fs(new SDFace[nFaces]);
    for (int i = 0; i < nFaces; ++i)
        faces.push_back(&fs[i]);
```

루프 세분 방법에선 다른 대부분의 세분 방법처럼 제어 메시가 세 면 이상이 같은 변을 공유하지 않는 다양체라고 가정한다. 이런 메시는 닫힐 수도 열릴 수도 있다. 닫힌 메시는 경계가 없으며, 모든 면은 각각의 변에 대해 근접한 면을 갖고 있다. 열린 메시는 특정 면이 세 변에 대해 이웃을 갖지 않을 수 있다. 여기의 구현은 닫힌 메시나 열린 메시 모두를 지원한다.

삼각형 메시의 내부에서 대부분의 정점은 6개의 면과 닿아 있고, 6개의 이웃 정점과 직접 변으로 연결돼 있다. 열린 메시의 가장자리에선 대부분의 정점은 3개의 면과 4개의 정점과 닿아있다. 정점에 직접 연결된 정점의 개수를 정점의 **차수**[valence]라고 한다. 내부 정점들 중 차수가 6이 아닌 경우나 가장자리 정점의 차수가 4가 아닌 경우를 **특이 정점**[extraordinary vertices]이라고 부른다. 그 이외의 정점은 **정규**[regular][8] 정점이라고 부른다. 루프 세분 표면은 특이 정점을 제외한 모든 곳에서 매끄럽다.

각 SDVertex는 그 위치 p와 특이 정점인지 정규 정점인지 표시하는 불리언 값, 메시의 가장자리에 있는지 기록하는 불리언 값을 갖고 있다. 또한 인접한 면에 대한 포인터를 갖고 있으며, 이 포인터가 모든 인접한 면을 찾는 데 시작점으로 사용된다. 마지막으로 다음 단계의 세분에 대응하는 SDVertex가 있을 경우 그에 대한 포인터를 갖고 있다.

```
<LoopSubdiv Local Structures> ≡
    struct SDVertex {
        <SDVertex Constructor 259>
        <SDVertex Methods>
        Point3f p;
        SDFace *startFace = nullptr;
        SDVertex *child = nullptr;
        bool regular = false, boundary = false;
    };
```

```
<SDVertex Constructor> ≡                                                259
    SDVertex(const Point3f &p = Point3f(0, 0, 0)) : p(p) { }
```

8. 비정규와 정규, 혹은 특이와 보통이 더 직관적이지만 이 항은 모델링 논문에서 자주 사용된다.

SDFace 구조체는 메시의 대부분 위상 정보를 갖고 있다. 모든 면이 삼각형이기 때문에 면은 항상 3개의 정점과 세 변에 인접한 면에 대한 포인터를 저장하고 있다. 열린 메시의 가장자리라서 대응하는 면이 없을 경우 포인터는 nullptr이다.

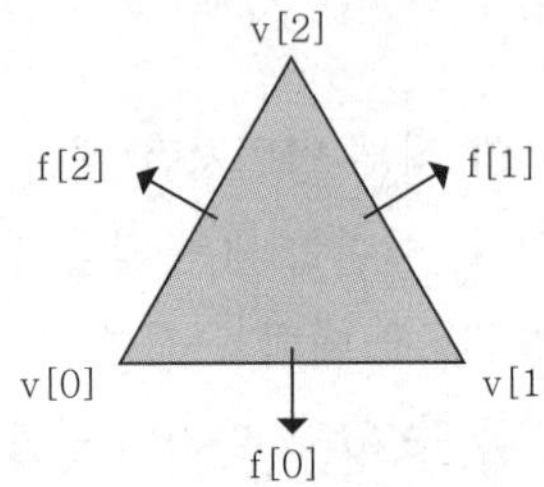

그림 3.27 각 삼각형 면은 SDVertex 객체에 대한 포인터 v[i]와 인접한 면에 대한 포인터 f[i]를 가진다. i번째 변은 v[i]에서 v[(i+1)%3]까지의 변이며, 이 변에 인접한 면은 f[i]다.

인접 면 포인터는 v[i]에서 v[(i+1)%3]까지의 변을 i번째 변이라고 할 때 이 변과 인접한 면을 f[i]에 저장한다(그림 3.27). 이 표기법은 중요하니 기억하자. 새로 세분된 메시의 위상을 갱신하려고 할 때 이 방법을 통해 메시를 돌아다니게 된다. 또한 SDVertex 클래스와 비슷하게 SDFace는 다음 단계 세분에 있는 자식 면에 대한 포인터를 저장한다.

```
<LoopSubdiv Local Structures> +≡
    struct SDFace {
        <SDFace Constructor>
        <SDFace Methods 266>
        SDVertex *v[3];
        SDFace *f[3];
        SDFace *children[4];
    };
```

SDFace 생성자는 단순히 다양한 포인터를 nullptr로 한다.

SDFace 자료 구조를 탐색하는 것을 단순화하기 위해 특정 색인의 전과 후의 정점 혹은 면의 색인을 찾기 쉽게 하는 매크로를 제공한다. 이 매크로는 적절한 오프셋을 더하고 결과를 3의 나머지를 통해 색인이 순환하게 한다. 기존 색인을 찾기 위해 1을 빼지 않고 2를 더해서 나머지가 음수가 되는 걸 방지한다.

```
<LoopSubdiv Macros> ≡
    #define NEXT(i) (((i) + 1) % 3)
    #define PREV(i) (((i) + 2) % 3)
```

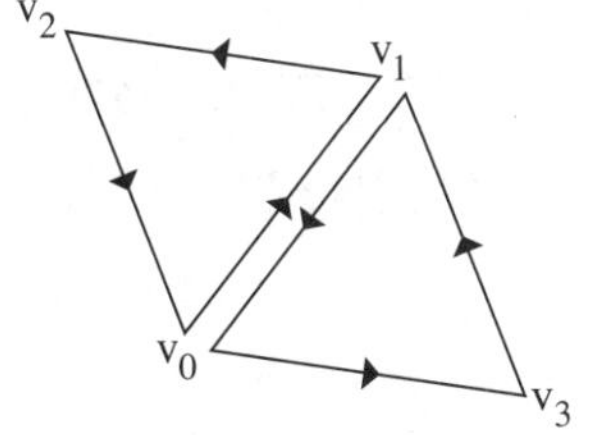

그림 3.28 입력 메시의 모든 면은 반드시 공유되는 각 변이 각 방향에 대해 한 번 이상 나오지 않게 명시돼야 한다. v_0에서 v_1까지의 변은 한 면에서는 v_0에서 v_1으로 지나고, 다른 면에선 v_1에서 v_0으로 지난다. 이것을 다른 방식으로 보면 면의 방향으로 생각할 수 있다. 모든 면의 정점은 메시의 외부에서 볼 때 시계 방향 아니면 반시계 방향으로 일관돼야 한다.

세분 코드는 제어 메시가 사용자에 의해 일관되게 순서를 갖기 바란다. 메시의 각 방향성이 있는 변은 한 번만 명시해야 한다. 두 면에 의해 공유되는 변은 각 면에서 다른 방향으로 명시돼야 한다. 두 정점 v_0, v_1 사이의 변을 생각해보자. 이 변을 가진 삼각형 면 중 하나는 v_0에서 v_1으로 명시하고, 다른 면에서는 v_1에서 v_0으로 명시한다(그림 3.28). 뫼비우스의 띠 Möbius strip은 한 표면이 일관되게 순서를 가질 수 없는 한 예지만, 이런 표면은 렌더링에서 거의 나타나지 않으므로 이 제약은 문제가 되지 않는다. 다른 프로그램에서 제대로 설정되지 않은 메시 자료가 일관된 순서로 메시를 생성하지 못할 경우는 문제가 된다.

입력 자료의 이 가정을 통해 `LoopSubdivide()`는 이 메시의 위상적 자료 구조를 초기화할 수 있다. 우선 모든 면을 돌면서 `v` 포인터가 세 정점을 가리키게 초기화한다. 또한 각 정점의 `SDVertex::startFace` 포인터가 정점의 이웃면을 가리키게 한다. 어떤 인접 면을 사용해도 상관없으므로 구현에서는 정점이 다른 면을 만날 때마다 매번 새로 지정을 해서 결과적으로 반복문이 끝날 때는 `nullptr`이 아닌 면 포인터를 갖게 된다.

<*Set face to vertex pointers*> ≡ 258

```
const int *vp = vertexIndices;
for (int i = 0; i < nFaces; ++i, vp += 3) {
    SDFace *f = faces[i];
    for (int j = 0; j < 3; ++j) {
        SDVertex *v = vertices[vp[j]];
        f->v[j] = v;
        v->startFace = f;
    }
}
```

이제 각 면의 f 포인터가 이웃면을 가리키게 해야 한다. LoopSubdivide()에 전달된 자료에서 직접 면의 근접 정보를 명시하지 않으므로 약간 까다롭다. 생성자는 면들을 돌아다니며 세 변에 대해 SDEdge 객체를 생성한다. 같은 변을 공유하는 다른 면을 만났을 때 두 면의 이웃 포인터를 갱신한다.

```
<LoopSubdiv Local Structures> +≡
    struct SDEdge {
        <SDEdge Constructor 262>
        <SDEdge Comparison Function 262>
        SDVertex *v[2];
        SDFace *f[2];
        int f0edgeNum;
    };
```

SDEdge 생성자는 각 변의 끝에 있는 두 정점의 포인터를 받는다. 메모리에 먼저 있는 정점이 v[0]가 되도록 내부적으로 정렬한다. 이 코드는 이상해 보일 수 있으나, 단지 C++의 포인터를 사실 정수형과 같이 조작할 수 있으며,[9] 변에서 정점의 순서가 임의라는 것을 이용한 것이다. 두 정점을 이들 포인터의 주소에 기준해 정렬하는 것으로 변 (v_a, v_b)가 변 (v_b, v_a)와 정점의 순서와 상관없이 같은 변으로 인식된다.

```
<SDEdge Constructor> ≡                                                    262
    SDEdge(SDVertex *v0 = nullptr, SDVertex *v1 = nullptr) {
        v[0] = std::min(v0, v1);
        v[1] = std::max(v0, v1);
        f[0] = f[1] = nullptr;
        f0edgeNum = -1;
    }
```

클래스는 또한 SDEdge 객체의 순서 연산을 다른 자료 구조에 저장할 때 사용할 수 있게 정의한다.

```
<SDEdge Comparison Function> ≡                                            262
    bool operator<(const SDEdge &e2) const {
        if (v[0] == e2.v[0]) return v[1] < e2.v[1];
        return v[0] < e2.v[0];
    }
```

9. 세그먼트 아키텍처에도 불구하고 이것이 가능하다.

이제 LoopSubdivide() 함수가 모든 면의 변을 돌아다니면서 이웃 포인터를 갱신할 수 있게 됐다. set을 이용해서 하나의 인접 면만 갖도록 변을 저장한다. 또한 set은 특정 변을 찾을 때 $O(\log n)$ 시간에 찾는 것을 가능하게 한다.

```
<Set neighbor pointers in faces> ≡                                        258
    set<SDEdge> edges;
    for (i = 0; i < nfaces; ++i) {
        SDFace *f = faces[i];
        for (int edgeNum = 0; edgeNum < 3; ++edgeNum) {
            <Update neighbor pointer for edgeNum 263>
        }
    }
```

각 면의 각 변에 대해 반복문의 내부는 변 객체를 생성해 같은 변을 이전에 처리했는지 판단한다. 그럴 경우 변에 인접한 두 면의 이웃 포인터를 초기화한다. 아닐 경우 변을 집합에 추가한다. 변 끝의 두 정점 v0, v1의 색인은 변 색인, 변 색인+1과 같다.

```
<Update neighbor pointer for edgeNum> ≡                                   263
    int v0 = edgeNum, v1 = NEXT(edgeNum);
    SDEdge e(f->v[v0], f->v[v1]);
    if (edges.find(e) == edges.end()) {
        <Handle new edge 263>
    }
    else {
        <Handle previously seen edge 264>
    }
```

변이 이전에 만난 변이 아니라면 현재 면의 포인터는 변 객체의 f[0]에 저장된다. 입력 메시가 다양체로 가정됐으므로, 이 변을 공유하는 면은 많아야 한 개다. 그런 면이 발견됐을 때 이웃면 영역을 초기화하는 데 사용한다. 현재 면에서 이 변의 변 숫자를 저장함으로써 이웃면이 연관된 이웃 변 포인터를 초기화할 수 있다.

```
<Handle new edge> ≡                                                       263
    e.f[0] = f;
    e.f0edgeNum = edgeNum;
    edges.insert(e);
```

변의 두 번째 면이 발견되면 각 두 면의 이웃 포인터를 설정한다. 오직 두 면에서만 변이 공유되므로 변은 이제 변 집합에서 제거된다.

<*Handle previously seen edge*> ≡ 263

```
e = *edges.find(e);
e.f[0]->f[e.f0edgeNum] = f;
f->f[edgeNum] = e.f[0];
edges.erase(e);
```

적절한 이웃 포인터를 갖고 있는 모든 면은 각 정점의 boundary와 regular를 설정할 수 있다. 정점이 경계 정점인지 결정하려면 정점 주변에서 면의 순서를 정의해야 한다(그림 3.29). 면 f의 정점 v[i]에 대해 정점의 다음 면을 v[i]에서 v[NEXT(i)]로의 변을 지나는 면으로 정의하고, 이전 면을 v[PREV(i)]에서 v[i]로의 변을 지나는 면으로 정의한다.

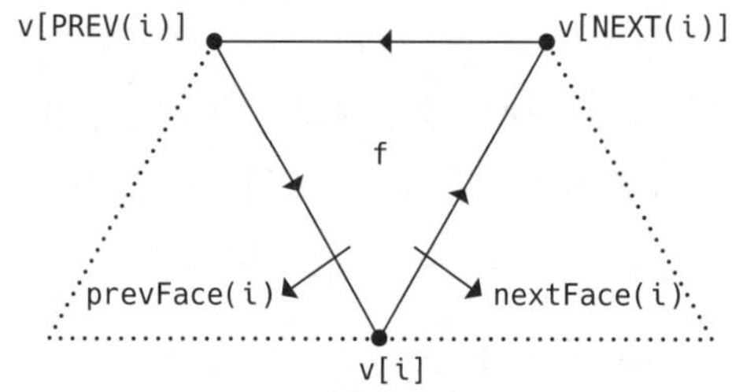

그림 3.29 v[i]와 그에 인접한 면 f에 대해 다음 면을 v[i]에서 v[NEXT(i)]로의 변에 인접한 면으로 정의한다. 이전 면도 같은 방식으로 정의한다.

v 주변의 다음 면을 연속적으로 지날 경우 그에 인접한 면을 반복할 수 있다. 시작한 면으로 다시 돌아오게 된다면 현재 정점은 내부 정점이다. 이웃 포인터로 nullptr을 가진 변에 도달한다면 현재 정점은 가장자리 정점이다(그림 3.30). 초기화 루틴이 가장자리 정점임을 판별하면 정점의 차수를 계산해 내부 정점의 차수가 6이거나 가장자리 정점의 차수가 4일 경우 regular 표시 값을 설정하고, 그 외의 경우 특이 정점이다.

<*Finish vertex initialization*> ≡ 258

```
for (int i = 0; i < nVertices; ++i) {
    SDVertex *v = vertices[i];
    SDFace *f = v->startFace;
    do {
        f = f->nextFace(v);
        } while (f && f != v->startFace);
    v->boundary = (f == nullptr);
    if (!v->boundary && v->valence() == 6)
        v->regular = true;
    else if (v->boundary && v->valence() == 4)
        v->regular = true;
```

```
        else
            v->regular = false;
    }
```

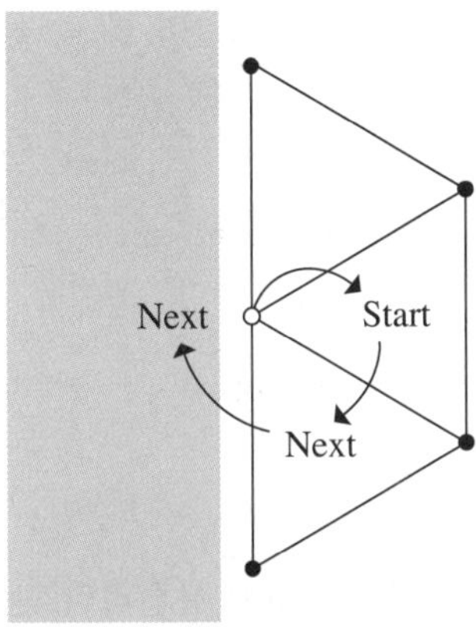

그림 3.30 startFace에서 시작하는 인접 면들과 그 다음 면 포인터를 통해 정점이 가장자리 정점인지를 결정할 수 있다. 다음 이웃면이 없는 면을 만나면 정점이 가장자리에 있는 것이다. startFace에 돌아올 경우 내부 정점이다.

정점의 차수는 자주 이용되므로 SDVertex::valence() 메서드를 제공한다.

<LoopSubdiv Inline Functions> ≡

```
inline int SDVertex::valence() {
    SDFace *f = startFace;
    if (!boundary) {
        <Compute valence of interior vertex 265>
    } else {
        <Compute valence of boundary vertex 266>
    }
}
```

가장자리가 아닌 정점의 차수를 계산하기 위해 이 메서드는 인접 면의 수를 정점 주변에서 각 면의 이웃 포인터를 시작 면을 만날 때까지 따라간다. 차수는 이 과정에서 만난 면의 수와 같다.

<Compute valence of interior vertex> ≡ 265

```
int nf = 1;
while ((f = f->nextFace(this)) != startFace)
    ++nf;
return nf;
```

가장자리 정점에 대해 같은 방식을 이용하지만, 차수는 인접 면 개수보다 하나 많다. 인접 면을 돌아다니는 것은 좀 더 복잡하다. 가장자리에 다다를 때까지 정점 주변의 다음 면에 대한 포인터를 따라가며 만난 면의 숫자를 센다. 그 후 startFace에서 다시 시작해 가장자리를 다른 방향으로 만날 때까지 이전 면 포인터를 따라간다.

<*Compute valence of boundary vertex*> ≡ 265

```
int nf = 1;
while ((f = f->nextFace(this)) != nullptr)
    ++nf;
f = startFace;
while ((f = f->prevFace(this)) != nullptr)
    ++nf;
return nf + 1;
```

SDFace::vnum()은 정점 포인터의 색인을 찾는 유틸리티 함수다. 현재 면에 포함되지 않은 정점의 포인터를 넘기는 것은 정말 치명적인 문제로 세분 코드의 다른 부분에서 버그가 발생한다.

<*SDFace Methods*> ≡ 260

```
int vnum(SDVertex *vert) const {
    for (int i = 0; i < 3; ++i)
        if (v[i] == vert) return i;
    Severe("Basic logic error in SDFace::vnum()");
    return -1;
}
```

면 f의 정점 v[i]의 다음 면은 i번째 변(그림 3.27에서 변의 이웃 포인터 설정을 기억하자)에 닿아 있으므로, vnum()이 찾아주는 색인 i에 대해 적절한 면의 이웃 포인터를 찾을 수 있다. 변의 이전 면은 PREV(i)에서 i로의 변에 닿아 있으므로, 메서드는 f[PREV(i)]를 반환한다.

<*SDFace Methods*> +≡ 260

```
SDFace *nextFace(SDVertex *vert) {
    return f[vnum(vert)];
}
```

<*SDFace Methods*> +≡ 260

```
SDFace *prevFace(SDVertex *vert) {
    return f[PREV(vnum(vert))];
}
```

또한 임의의 정점에서 시작해서 면을 둘러싸는 다음 혹은 이전 정점을 얻는 것도 유용하다. SDFace::nextVert()와 SDFace::prevVert() 메서드에서 얻을 수 있다(그림 3.31).

<SDFace Methods> +≡ 260

```
SDVertex *nextVert(SDVertex *vert) {
    return v[NEXT(vnum(vert))];
}
```

<SDFace Methods> +≡ 260

```
SDVertex *prevVert(SDVertex *vert) {
    return v[PREV(vnum(vert))];
}
```

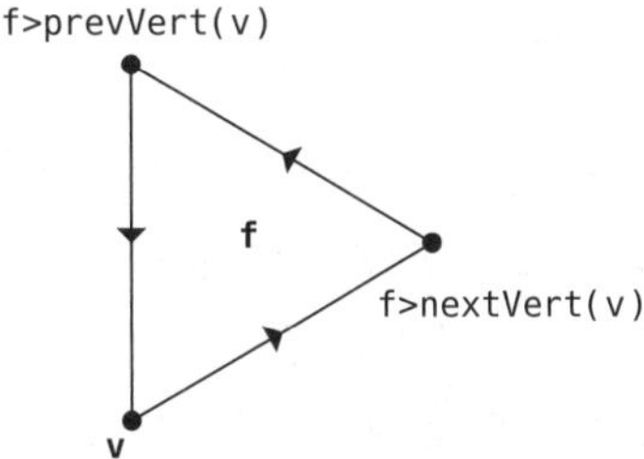

그림 3.31 면 f의 정점 v에서 메서드 f->pervert(v)는 면을 둘러싼 이전 정점을 반환하고 f->nextVert(v)는 다음 정점을 반환한다. 이전과 다음은 면을 정의할 때 정해진 정점의 원 순서로 정의된다.

3.8.2 세분

이제 변형된 루프 법칙을 따라 세분이 어떻게 처리되는지 알아보자. LoopSubdiv 모양은 직접적인 교차를 지원하지 않지만, 정해진 숫자의 세분을 적용해 렌더링을 위한 TriangleMesh를 생성한다. 연습문제 3.11에서 특정 영역은 너무 세분하고 동시에 다른 곳은 덜 세분하는 경우가 생기는 정해진 숫자의 세분이 아닌, 각 원본 면이 충분히 세분돼 결과가 특정 시점에서 매끄럽게 보이도록 하는 적응적adaptive 세분에 대해 알아본다.

<Refine subdivision mesh into triangles> 코드 조각은 반복적으로 세분 룰을 메시에 적용해서 새로 생성된 메시를 다음 단계를 위한 입력으로 처리한다. 각 세분 단계가 끝나고 Refine() 메서드의 f와 v 배열이 세분 단계에서 계산한 면과 정점을 가리키도록 갱신한다. 세분을 내면 표면의 삼각형 메시 표현을 생성해서 반환한다.

MemoryArena 클래스의 인스턴스가 이 과정에서 임시 저장소를 할당하는 데 사용된다. 이 클리스는 A.4.3절에 정의됐으며, 메모리를 빨리 할당하고 유효 범위[scope]를 벗어났을 때 자동으로 지우는 특화된 메모리 할당 메서드를 제공한다.

<Refine subdivision mesh into triangles> ≡ 258

```
std::vector<SDFace *> f = faces;
std::vector<SDVertex *> v = vertices;
MemoryArena arena;
for (int i = 0; i < nLevels; ++i) {
    <Update f and v for next level of subdivision 268>
}
<Push vertices to limit surface 279>
<Compute vertex tangents on limit surface 279>
<Create triangle mesh from subdivision mesh>
```

세분 단계의 반복 구문은 다음과 같다. 현재 세분 단계의 모든 정점과 면에 대한 vector를 생성하고 새로운 정점 위치를 계산한 뒤 세분된 메시의 위상학적 표현을 갱신한다. 그림 3.32는 메시에 있는 면에 대한 기본적인 세분 법칙을 보여준다. 각 면은 4개의 자식 면으로 나눠지며, i번째 자식 면이 입력 면의 i번째 정점의 다음에 있고, 최종 면은 중앙에 있다. 그 후 원본 면을 분리하는 변의 세 개의 새로운 정점을 계산한다.

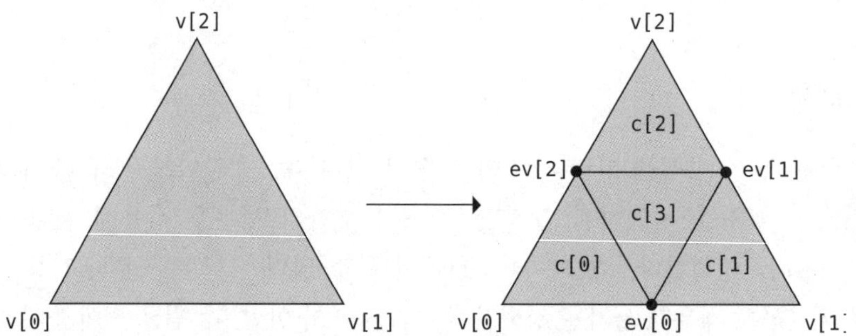

그림 3.32 하나의 삼각형 면의 기본 세분. 4개의 자식 면이 생성됐을 때 원본 면의 i번째 정점에 인접한 면이 i번째 자식 면이며, 4번째 면은 세분 면의 중앙에 위치한다. 세 변의 정점은 계산해야 하며 i번째 변의 정점이 원본 면의 i번째 변에 위치하도록 숫자를 매긴다.

<Update f and v for next level of subdivision> ≡ 268

```
std::vector<SDFace *> newFaces;
std::vector<SDVertex *> newVertices;
<Allocate next level of children in mesh tree 269>
<Update vertex positions and create new edge vertices 269>
```

```
<Update new mesh topology 276>
<Prepare for next level of subdivision 278>
```

우선 정점의 갱신된 값에 대한 공간은 이미 입력 메시에 할당돼 있다. 메서드는 또한 자식 면에 대해 공간을 할당한다. 아직 새로운 정점과 면에 대해 regular와 boundary 표시 값을 설정한 것 이외에 초기화는 하지 않으며, 세분은 가장자리 정점과 내부 정점이 여전히 가장자리 정점과 내부 정점으로 남아있게 하며, 메시의 정점 차수를 변경하지 않는다.

<Allocate next level of children in mesh tree> ≡ 268

```
for (SDVertex *vertex : v) {
    vertex->child = arena.Alloc<SDVertex>();
    vertex->child->regular = vertex->regular;
    vertex->child->boundary = vertex->boundary;
    newVertices.push_back(vertex->child);
}
for (SDFace *face : f) {
    for (int k = 0; k < 4; ++k) {
        face->children[k] = arena.Alloc<SDFace>();
        newFaces.push_back(face->children[k]);
    }
}
```

새 정점 위치의 계산

세분된 메시의 위상을 초기화하기 전에 세분 메서드는 메시에서 모든 정점의 위치를 계산한다. 우선 메시에 이미 존재하는 정점에 대한 갱신된 위치 계산의 문제를 생각하자. 이 정점을 짝 정점^even vertex^이라고 부른다. 그 후 쪼개진 변에 위치한 새 정점을 계산하며, 이를 홀 정점^odd vertex^이라고 부른다.

<Update vertex positions and create new edge vertices> ≡ 268

```
<Update vertex positions for even vertices 269>
<Compute new odd edge vertices 274>
```

짝 정점이 정규인지 특이 정점인지, 가장자리인지 내부인지에 따라 갱신된 위치를 계산하는 데 다른 기술이 필요하다. 모두 4가지 경우가 존재한다.

<Update vertex positions for even vertices> ≡ 269

```
for (SDVertex *vertex : v) {
    if (!vertex->boundary) {
        <Apply one-ring rule for even vertex 271>
```

```
        } else {
            <Apply boundary rule for even vertex 273>
        }
    }
```

내부 정점의 두 가지 종류에 대해 각 정점에 인접한 정점의 집합(이웃이 고리 모양을 이루므로 고리one-ring라고 불린다)을 받아 각 이웃 정점을 가중치 β를 설정한다(그림 3.33). 가운데 있는 갱신하는 정점은 가중치 $1 - n\beta$(n은 정점의 차수)를 설정한다. 그러므로 정점 v의 새로운 위치 v'는 다음과 같다.

$$\mathrm{v}' = (1 - n\beta)\mathrm{v} + \sum_{i=1}^{N} \beta \mathrm{v}_i$$

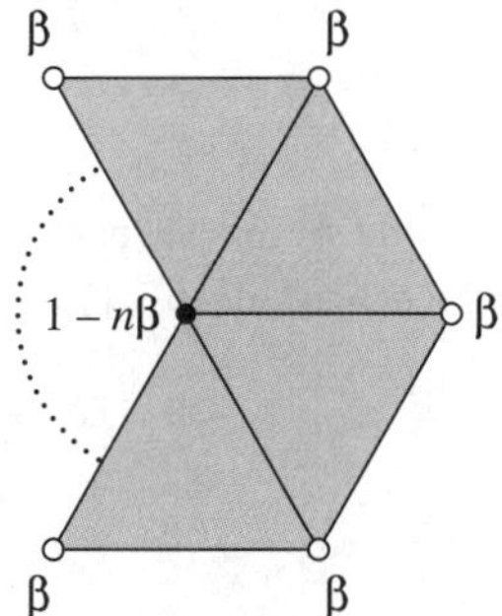

그림 3.33 정점 v의 새 위치 v'는 인접 정점 v_i를 β로 가중하고 v를 $(1 - n\beta)$로 가중해(n은 v의 차수)를 얻을 수 있다. 인접 정점 v_i는 v 주변의 고지라고 호칭한다.

이 공식은 반드시 가중치의 합을 1로 해서 루프 세분 표면의 최소 볼록 집합 특성을 보장하며, 이는 최종 메시가 조절 메시의 최소 볼록 집합 안에 포함되는 것을 보장한다. 갱신되는 정점 위치는 주변에 있는 정점에만 영향을 받고 이를 지역 지지local support라고 한다. 루프 세분은 이 특성을 모두 갖고 있어서 특히 효율적이다.

이 단계에서 사용하는 특정 가중치 β는 세분 방법의 핵심 요소로서 여러 가지 요구되는 특성들 중에서, 특히 한계 표면의 매끄러움을 보장하기 위해 신중하게 선택해야 한다.[10] beta( ) 함수에서 매끄러움을 보장하는 정점의 차수에 기반을 두고 β를 계산한다. 정규 내부 정점에 대해 beta( ) 함수는 1/16을 반환한다. 이는 가장 일반적인 경우이므로, 구현은 매번 beta( )를 호출하기보다 1/16을 직접 사용한다.

10. 이 절의 앞부분과 '더 읽을거리' 절에는 참조된 논문에서 β 값을 어떻게 유도하는지에 관한 정보가 있다.

<Apply one-ring rule for even vertex> ≡ 269

```
if (vertex->regular)
    vertex->child->p = weightOneRing(vertex, 1.f / 16.f);
else
    vertex->child->p = weightOneRing(vertex, beta(vertex->valence()));
```

<LoopSubdiv Inline Functions> +≡

```
inline Float beta(int valence) {
    if (valence == 3) return 3.f / 16.f;
    else return 3.f / (8.f * valence);
}
```

`weightOneRing()` 함수는 고리를 따라 인접 정점을 돌며 새 정점 위치를 계산하기 위해 가중치를 적용한다. 정점 `vert` 주변의 정점 위치를 반환하는 `SDVertex::oneRing()` 메서드를 사용한다.

<LoopSubdiv Function Definitions> +≡

```
static Point3f weightOneRing(SDVertex *vert, Float beta) {
    <Put vert one-ring in pRing 271>
    Point3f p = (1 - valence * beta) * vert->p;
    for (int i = 0; i < valence; ++i)
        p += beta * pRing[i];
    return p;
}
```

고리에 있는 정점의 개수는 변하므로, `ALLOCA()` 매크로를 통해 효율적으로 위치를 위한 저장 공간을 할당한다.

<Put vert one-ring in `pRing`*>* ≡ 271, 273

```
int valence = vert->valence();
Point *Pring = ALLOCA(Point, valence);
vert->oneRing(Pring);
```

`oneRing()` 메서드는 넘겨진 포인터가 고리 주변의 정점을 저장하기에 충분한 메모리 영역을 갖고 있다고 가정한다.

<LoopSubdiv Method Definitions> +≡

```
void SDVertex::oneRing(Point *P) {
    if (!boundary) {
        <Get one-ring vertices for interior vertex 272>
    }
```

```
        else {
            <Get one-ring vertices for boundary vertex 272>
        }
    }
```

내부 정점의 고리를 정점에 인접한 면을 돌면서 얻고, 중앙 정점 이외에 각 면이 포함하는 정점을 얻는 것은 상대적으로 쉽다(연필과 종이에 스케치를 간단히 해보는 것으로 이 과정이 고리의 모든 정점을 반환하는 것을 확인할 수 있다).

<Get one-ring vertices for interior vertex> ≡ 271

```
    SDFace *face = startFace;
    do {
        *p++ = face->nextVert(this)->p;
        face = face->nextFace(this);
    } while (face != startFace);
```

가장자리 정점 주변의 고리는 좀 더 복잡하다. 여기서 구현은 주어진 `Point3f` 배열에 고리를 저장할 때 처음과 마지막 내용이 가장자리를 따라 인접한 두 개의 정점이 되도록 신중하게 저장해야 한다. 이런 순서는 중요한데, 인접한 가장자리 정점은 메시의 내부에 있는 인접한 정점들과 자주 다르게 가중치를 두기 때문이다. 이를 위해 우선 이웃면들을 처음에는 가장자리에 있는 면에 도달할 때까지 돌고 난 뒤 반대 방향으로 돌면서 정점을 하나씩 저장한다.

<Get one-ring vertices for boundary vertex> ≡ 272

```
    SDFace *face = startFace, *f2;
    while ((f2 = face->nextFace(this)) != nullptr)
        face = f2;
    *p++ = face->nextVert(this)->p;
    do {
        *p++ = face->prevVert(this)->p;
        face = face->prevFace(this);
    } while (face != nullptr);
```

가장자리의 정점에 대해 새로운 정점의 위치는 두 이웃 가장자리 정점에만 기반을 둔다(그림 3.34). 내부 정점에 영향 받지 않기에 가장자리에서 같은 정점을 공유하는 두 인접한 표면은 인접한 한계 표면을 가진다. `weightBoundary()` 유틸리티 함수는 두 이웃 정점 v_1과 v_2에 주어진 가중치를 적용해서 새로운 위치 v'를 다음과 같이 계산한다.

$$v' = (1 - 2\beta)v + \beta v_1 + \beta v_2$$

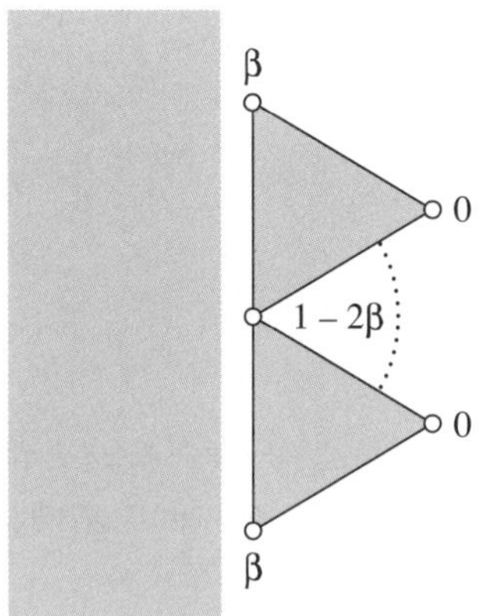

그림 3.34 가장자리 변의 세분. 가운데 정점의 새로운 위치는 위에 주어진 가중치로 그 정점과 두 이웃 정점을 가중해서 계산한다.

정규 정점이나 특이 정점 모두 같은 가중치를 사용한다.

<Apply boundary rule for even vertex> ≡ 270

```
vertex->child->p = weightBoundary(vertex, 1.f / 8.f);
```

weightBoundary() 함수는 주어진 가중치를 가장자리 정점에 적용한다. SDVertex::oneRing() 함수는 가장자리 정점에서 고리의 순서를 처음과 끝이 서로 이웃하게 생성하며, 구현은 다음과 같이 명백하다.

<LoopSubdiv Function Definitions> +≡

```
static Point3f weightBoundary(SDVertex *vert, Float beta) {
    <Put vert one-ring in pRing 271>
    Point3f p = (1 - 2 * beta) * vert->p;
    p += beta * pRing[0];
    p += beta * pRing[valence - 1];
    return p;
}
```

이제 세분 메서드가 나눠진 변에 위치한 새로운 정점인 홀 정점의 위치를 계산한다. 메시에서 각 면의 각 변에 대해 변을 분리하는 새로운 정점을 계산한다(그림 3.35). 내부 변의 경우 새 정점은 변에서 끝의 두 정점과 인접한 면에 위치한 변을 지나는 두 정점의 가중치로 계산할 수 있다. 메서드는 각 면의 모든 세 변에 대해 반복하며, 이전에 보지 않은 변에 도달했을 때 edgeVerts 연관 배열associate array에 대응하는 변에 새로운 홀 정점을 저장한다.

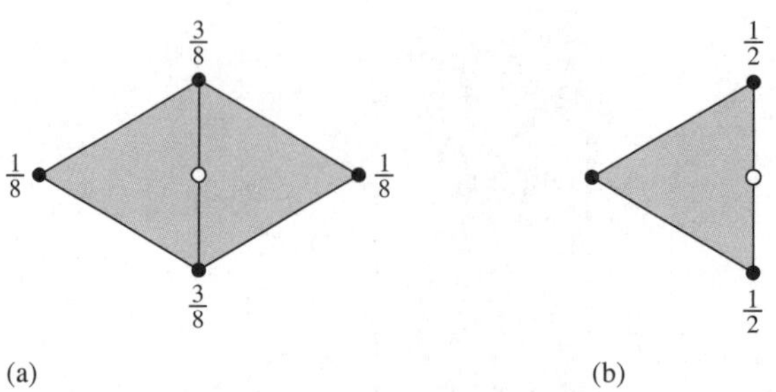

그림 3.35 변 분리를 위한 세분 법칙. 하얀 원으로 표시된 새로운 홀 정점의 위치는 변의 끝과 인접 삼각형에서 마주보는 두 정점의 가중치로 계산할 수 있다. (a) 내부 정점의 가중치; (b) 가장자리 정점의 가중치

```
<Compute new odd edge vertices> ≡                                  269
    std::map<SDEdge, SDVertex *> edgeVerts;
    for (SDFace *face : f) {
        for (int k = 0; k < 3; ++k) {
            <Compute odd vertex on kth edge 274>
        }
    }
```

원래 메시에 있는 면 이웃 포인터의 설정이 끝났으므로, 변에 대한 SDEdge 객체가 생성되고 변의 집합에 존재하는 이미 방문한 변이 아닌지 확인한다. 이전에 방문한 변이 아니라면 새 정점이 계산되고 효율적인 검색이 가능한 map이라는 연관 배열에 저장한다.

```
<Compute odd vertex on kth edge> ≡                                 274
    SDEdge edge(face->v[k], face->v[NEXT(k)]);
    SDVertex *vert = edgeVerts[edge];
    if (!vert) {
        <Create and initialize new odd vertex 275>
        <Apply edge rules to compute new vertex position 275>
        edgeVerts[edge] = vert;
    }
```

루프 세분에서 세분으로 추가되는 새 정점은 항상 정규 정점이다(이는 정규 정점에 대한 특이 정점의 비율은 세분 단계가 늘어날 때마다 감소함을 의미한다). 그러므로 새 정점의 regular 멤버 변수는 바로 true로 설정할 수 있다. boundary 멤버 변수 역시 나눠지는 변에 대한 이웃면이 있는지를 확인해서 쉽게 초기화할 수 있다. 마지막으로 새 정점의 startFace 포인터도 여기서 설정할 수 있다. 모든 면에서 변 위의 홀 정점에 대해 중심 자식(자식 면 번호 3번)은 새 정점에 인접하게 보장된다.

<Create and initialize new odd vertex> ≡ 274

```
vert = arena.Alloc<SDVertex>();
newVertices.push_back(vert);
vert->regular = true;
vert->boundary = (face->f[k] == NULL);
vert->startFace = face->children[3];
```

홀 가장자리 정점의 경우 새 정점은 단지 두 인접 정점의 평균이다. 홀 내부 정점의 경우 변의 양 끝에 있는 두 정점의 가중치는 3/8, 변에 마주보는 두 정점의 가중치는 1/8이다(그림 3.35). 변에 마주보는 두 정점은 `SDFace::otherVert()` 함수를 통해 구할 수 있다.

<Apply edge rules to compute new vertex position> ≡ 274

```
if (vert->boundary) {
    vert->P = 0.5f * edge.v[0]->P;
    vert->P += 0.5f * edge.v[1]->P;
}
else {
    vert->P = 3.f/8.f * edge.v[0]->P;
    vert->P += 3.f/8.f * edge.v[1]->P;
    vert->P += 1.f/8.f * face->otherVert(edge.v[0], edge.v[1])->P;
    vert->P += 1.f/8.f *
            face->f[k]->otherVert(edge.v[0], edge.v[1])->P;
}
```

`SDFace::otherVert()` 메서드는 명백하다.

<SDFace Methods> +≡ 260

```
SDVertex *otherVert(SDVertex *v0, SDVertex *v1) {
    for (int i = 0; i < 3; ++i)
    if (v[i] != v0 && v[i] != v1)
        return v[i];
    Severe("Basic logic error in SDVertex::otherVert()");
    return nullptr;
}
```

메시 위상의 갱신

위상 갱신의 세부 사항을 유지하기 위해 세분된 면과 그 정점에 대한 번호를 붙이는 방식을 신중하게 선택해야 한다(그림 3.36). 그림 3.36을 자세히 살펴보면 이후 내용에 대한 핵심적인 규약을 볼 수 있다.

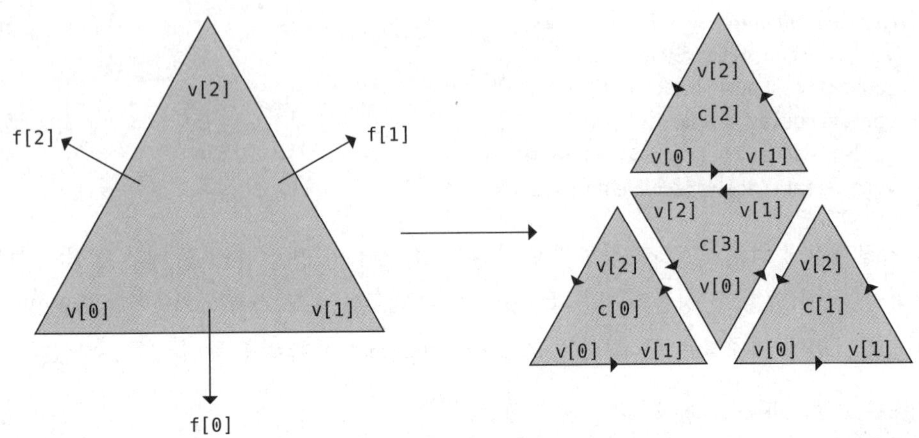

그림 3.36 각 면은 4개의 자식 면으로 나눠지며, i번째 자식은 원래 면의 i번째 정점에 인접하고, i번째 자식 면의 i번째 정점은 원래 면의 i번째 정점의 자식이다. 중심 자식의 정점은 I번째 정점이 부모 면의 i번째 변에 위치한 홀 정점이 되도록 설정한다.

세분된 메시의 위상적 포인터를 갱신하기 위해선 다음의 4가지 주요 작업이 필요하다.

1. 홀 정점의 SDVertex::startFace 포인터가 인접 면에서 하나의 포인터를 저장해야 한다.
2. 짝 정점의 SDVertex::startFace 포인터도 설정돼야 한다.
3. 새 면의 이웃 f[i] 포인터는 이웃면을 가리키게 설정돼야 한다.
4. 새 면 v[i] 포인터는 적절한 정점을 가리켜야 한다.

홀 정점의 startFace 포인터는 생성될 때 이미 초기화됐다. 그러므로 그 후의 3가지 작업을 다뤄보자.

<Update new mesh topology> ≡ 269

<Update even vertex face pointers 276>
<Update face neighbor pointers 277>
<Update face vertex pointers 278>

정점이 startFace의 i번째 정점이라면 startFace의 i번째 자식 면에 인접하도록 보장된다. 그러므로 메시의 모든 부모 정점에 대해 반복하며, startFace에 있는 정점의 색인을 찾으면 된다. 이 색인은 새 짝 정점에 인접한 자식 면을 찾는 데 사용된다.

<Update even vertex face pointers> ≡ 276

```
for (SDVertex *vertex : v) {
    int vertNum = vertex->startFace->vnum(vertex);
```

```
        vertex->child->startFace =
            vertex->startFace->children[vertNum];
    }
```

그다음에는 새로 생성된 면의 면 이웃 포인터가 갱신된다. 같은 부모의 자식 사이 이웃을 갱신하고, 다른 부모의 자식 이웃을 갱신하는 두 단계로 진행된다. 이는 까다로운 포인터 조작이 필요하다.

<Update face neighbor pointers> ≡ 277

```
    for (SDFace *face : f) {
        for (int j = 0; j < 3; ++j) {
            <Update children f pointers for siblings 277>
            <Update children f pointers for neighbor children 277>
        }
    }
```

내부 자식 면은 항상 children[3]에 저장되는 것을 기억하자. 또한 k+1번째 자식 면(k = 0, 1, 2)은 내부 면의 k번째 변의 반대편이며, 내부 면은 k번째 면의 k+1번째 변을 마주한다.

<Update children f pointers for siblings> ≡ 277

```
    face->children[3]->f[k] = face->children[NEXT(k)];
    face->children[k]->f[NEXT(k)] = face->children[3];
```

이제 다른 부모의 자식을 가리키는 자식의 면 이웃 포인터를 갱신하자. 처음 세 자식들만 설명하겠다. 내부 자식의 이웃 포인터는 항상 초기화돼 있다. 그림 3.36을 보면 i번째 자식의 k번째와 PREV(k)번째 변은 설정해야 함을 알 수 있다. k번째 자식의 k번째 변을 설정하려면 부모 면의 k번째 변을 찾은 후 그 변을 마주하는 이웃 부모 f2를 찾는다. f2가 존재한다면 가장자리가 아니라는 의미로, 정점 v[k]에 대한 이웃 부모 색인이다. 이 색인은 우리가 찾는 이웃 자식의 색인과 같다. 이 과정을 PREV(k) 변을 마주하는 자식을 찾기 위해 반복한다.

<Update children f pointers for neighbor children> ≡ 277

```
    SDFace *f2 = face->f[j];
    face->children[j]->f[j] =
            f2 ? f2->children[f2->vnum(face->v[j])] : nullptr;
    f2 = face->f[PREV(j)];
    face->children[j]->f[PREV(j)] =
            f2 ? f2->children[f2->vnum(face->v[j])] : nullptr;
```

마지막으로 위상 갱신의 4번째 단계인 자식 면의 정점 포인터를 설정하는 과정을 알아보자.

<Update face vertex pointers> ≡ **276**

```
for (SDFace *face : f) {
    for (int j = 0; j < 3; ++j) {
        <Update child vertex pointer to new even vertex 278>
        <Update child vertex pointer to new odd vertex 278>
    }
}
```

k번째 자식 면(k = 0, 1, 2)에 대해 k번째 정점은 자식 면에 인접한 짝 정점에 대응한다. 내부가 아닌 자식 면에 대해 하나의 짝 정점과 두 개의 홀 정점이 존재한다. 내부 자식 면의 경우 3개의 홀 정점이 존재한다. 이 정점은 자식 면에 저장된 부모 정점의 자식 포인터를 따라가서 찾을 수 있다.

<Update child vertex pointer to new even vertex> ≡ **278**

```
face->children[k]->v[k] = face->v[k]->child;
```

나머지 정점 포인터를 갱신하기 위해 `edgeVerts` 연관 배열을 사용해 부모 면의 각 잘린 변에 대한 홀 정점을 찾는다. 세 자식 면은 해당 정점을 입사[incident] 정점으로 한다. 세 면에 대한 정점 색인은 그림 3.36에서 설정한 번호 매기는 방식으로 쉽게 찾을 수 있다.

<Update child vertex pointer to new odd vertex> ≡ **278**

```
SDVertex *vert = edgeVerts[SDEdge(face->v[k], face->v[NEXT(k)])];
face->children[k]->v[NEXT(k)] = vert;
face->children[NEXT(k)]->v[k] = vert;
face->children[3]->v[k] = vert;
```

세분 단계를 위한 기하학적, 위상적 작업이 끝나면 새로 생성된 정점과 면을 `v`와 `f` 배열로 이동한다.

<Prepare for next level of subdivision> ≡ **269**

```
f = newFaces;
v = newVertices;
```

한계 표면과 결과

세분 표면의 놀라운 특성 중 하나는 세분을 영원히 계속할 경우 얻을 수 있는 메시의 정점 위치를 계산하는 특별한 세분 법칙이 있다는 점이다. 이 법칙을 적용해서 한계 표면의 위치

배열인 pLimit을 초기화한다. 중요한 점은 계산이 계속 진행되는 동안 정점이 아닌 어딘가에 한계 표면의 위치를 임시로 저장해야 한다는 것이다. 한계 표면에서 각 정점의 위치는 주변 정점의 원래 위치에 의존하므로, 모든 정점의 원래 위치는 계산이 끝나기 전까지 변화 없이 유지돼야 한다.

가장자리 정점의 한계 법칙은 두 이웃 정점을 1/5, 중심 정점을 3/5로 가중치를 준다. 내부 정점의 경우 정점의 차수에 기반을 둔 적절한 정점의 가중치를 계산하는 loopGamma() 함수를 사용한다.

<Push vertices to limit surface> ≡ 268

```
std::unique_ptr<Point3f[]> pLimit(new Point3f[v.size()]);
for (size_t i = 0; i < v.size(); ++i) {
    if (v[i]->boundary)
        pLimit[i] = weightBoundary(v[i], 1.f / 5.f);
    else
        pLimit[i] = weightOneRing(v[i], loopGamma(v[i]->valence()));
}
for (size_t i = 0; i < v.size(); ++i)
    v[i]->p = pLimit[i];
```

<LoopSubdiv Inline Functions> +≡

```
inline Float loopGamma(int valence) {
    return 1.f / (valence + 3.f / (8.f * beta(valence)));
}
```

정점 표면 법선을 가진 매끄러운 삼각형 메시를 생성하기 위해 한계 표면에 대한 평행하지 않은 한 쌍의 접선 벡터가 계산된다. 위치에 대한 한계 법칙과 함께 해석적 계산으로 실제 한계 표면에 대한 정확한 접선 벡터를 계산할 수 있다.

<Compute vertex tangents on limit surface> ≡ 268

```
std::vector<Normal3f> Ns;
Ns.reserve(v.size());
std::vector<Point3f> pRing(16, Point3f());
for (SDVertex *vertex : v) {
    Vector3f S(0,0,0), T(0,0,0);
    int valence = vertex->valence();
    if (valence > (int)pRing.size())
        pRing.resize(valence);
    vertex->oneRing(&pRing[0]);
    if (!vertex->boundary) {
```

```
        <Compute tangents of interior face 280>
    } else {
        <Compute tangents of boundary face 282>
    }
    Ns.push_back(Normal3f(Cross(S, T)));
}
```

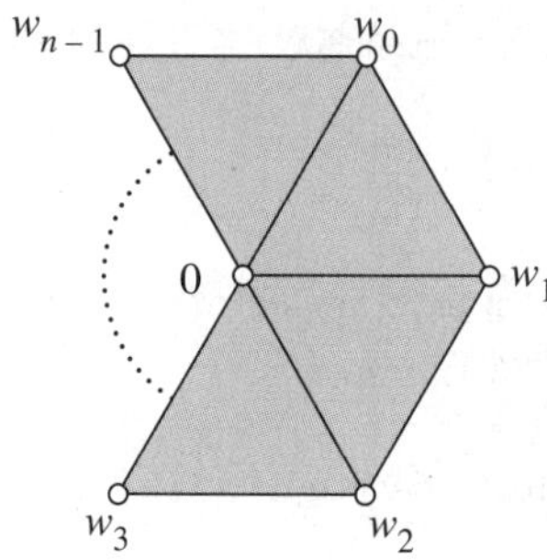

그림 3.37 내부 정점에 대한 접선을 계산하기 위해 고리 정점은 w_i의 가중치를 갖게 된다. 접선이 계산되는 중심 정점은 항상 0의 가중치를 가진다.

그림 3.37은 메시 내부에서 접선을 계산하기 위한 설정을 보여준다. 중심 정점은 가중치 0, 이웃들은 가중치 w_i를 가진다. 첫 접선 벡터 **s**를 계산하기 위한 가중치는 다음과 같다.

$$w_i = \cos\left(\frac{2\pi i}{n}\right)$$

n은 정점의 차수다. 두 번째 접선 t는 다음의 가중치로 계산한다.

$$w_i = \sin\left(\frac{2\pi i}{n}\right)$$

```
<Compute tangents of interior face> ≡                                    280
    for (int k = 0; k < valence; ++k) {
        S += cosf(2.f*M_PI*k/valence) * Vector(Pring[k]);
        T += sinf(2.f*M_PI*k/valence) * Vector(Pring[k]);
    }
```

가장자리 정점의 접선은 좀 더 복잡하다. 그림 3.38은 고리의 정점 순서를 보여준다.

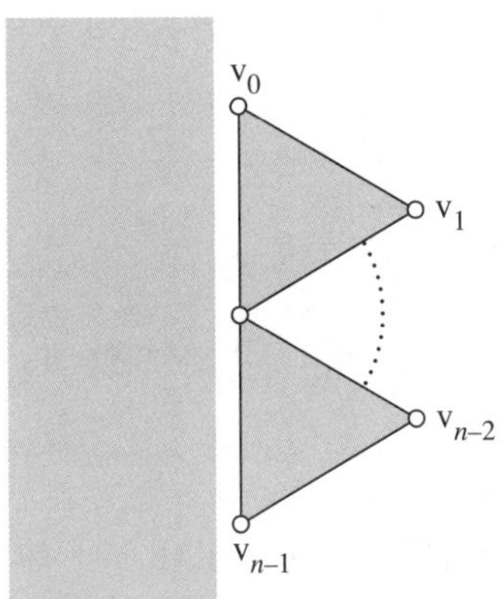

그림 3.38 가장자리 정점의 접선은 인접 정점의 가중 평균으로 계산한다. 하지만 특정 가장자리 접선 법칙은 중심 정점의 값을 포함한다.

종 접선across tangent이라고 불리는 첫 접선은 두 이웃 가장자리 정점 사이의 접선으로 계산된다.

$$\mathbf{s} = \mathbf{v}_{n-1} - \mathbf{v}_0$$

횡 접선transverse tangent이라고 불리는 두 번째 접선은 정점의 차수에 기반을 두고 계산한다. 중심 정점은 가중치 w_c, 고리 정점은 벡터 $(w_0, w_1, \ldots, w_{n-1})$로 가중치를 갖는다. 횡 접선의 경우 다음의 가중치를 사용한다.

차수	w_c	w_i
2	−2	(1, 1)
3	−1	(0, 1, 0)
4(regular)	−2	(−1, 2, 2, −1)

차수 5와 그 이상의 경우 $w_c = 0$이며,

$$w_0 = w_{n-1} = \sin\theta$$
$$w_i = (2\cos\theta - 2)\ \sin(\theta i)$$

여기서 θ는 다음과 같다.

$$\theta = \frac{\pi}{n-1}$$

여기서 증명하지는 않겠지만 모든 i에 대한 이 가중치의 합은 0으로 가중 합이 접선 벡터임을 보장한다.

<*Compute tangents of boundary face*> ≡ 280

```
S = pRing[valence - 1] - pRing[0];
if (valence == 2)
    T = Vector3f(pRing[0] + pRing[1] - 2 * vertex->p);
else if (valence == 3)
    T = pRing[1] - vertex->p;
else if (valence == 4) // regular
    T = Vector3f(-1 * pRing[0] + 2 * pRing[1] + 2 * pRing[2] +
                 -1 * pRing[3] + -2 * vertex->p);
else {
    Float theta = Pi / float(valence - 1);
    T = Vector3f(std::sin(theta) * (pRing[0] + pRing[valence - 1]));
    for (int k = 1; k < valence - 1; ++k) {
        Float wt = (2 * std::cos(theta) - 2) * std::sin((k) * theta);
        T += Vector3f(wt * pRing[k]);
    }
    T = -T;
}
```

마지막으로 코드 조각 <*Create triangle mesh from subdivision mesh*>는 한계 표면의 삼각형화에 대응하는 Triangle의 벡터를 초기화한다. 단지 세분된 메시를 색인화된 삼각형 메시로 변환하는 과정이기에 여기에 수록하지 않는다.

*3.9 반올림 오차 관리

지금까지 광선-모양 교차 알고리즘을 순수하게 실수에 기반을 둔 이상적인 산술 연산에 대해 논의했다. 컴퓨터가 단지 한정된 양을 표현 가능하고, 그러므로 실제로 모든 실수를 표현하지 못하는 사실이 중요하지만 여기까지 오게 한 방식이다. 실수 대신에 컴퓨터는 부동소수점 수를 사용하며, 이는 한정된 저장 요구치를 가진다. 하지만, 오차는 매번 부동소수점 연산이 수행될 때마다 생성되며, 그러므로 결과는 지정된 양의 메모리 안에서 표현 가능하지 못할 수 있다.

이 오차의 누적은 교차 테스트의 정확성에 대해 몇 가지 암시를 가진다. 첫째, 유효한 교차가 완전히 벗어날 수 있다. 예를 들어 계산된 교차점의 t 값이 실제로 정확한 값이 양수라도 음수일 수 있다. 더욱이 계산된 광선-모양 교차점이 실제 모양의 표면의 위이거나 아래일 수 있다. 이는 계산된 교차점에서 그림자 광선이나 반사광선을 위해 새 광선이 시작되면 광선 원점이 실제 표면 아래라면 이는 표면에 다시 교차하게 된다. 반대로 원점이 표면에서 너무 멀리 있으면 그림자와 반사는 분리된 것으로 보인다(그림 3.39를 보자).

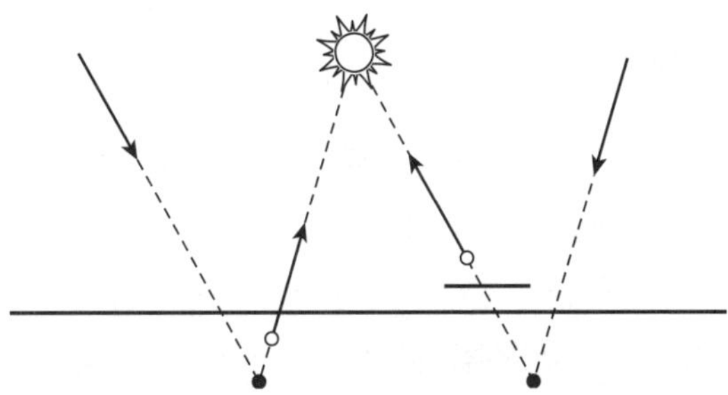

그림 3.39 이미지에서 시각적인 오류를 유발할 수 있는 반올림 오차의 기하학적 설정. 왼쪽의 입사광선은 표면에 교차한다. 왼쪽에서 계산된 교차점(검은 원)은 살짝 표면의 아래며 너무 작은 '입실론'으로 그림자 광선의 원점을 오프셋 할 경우 잘못된 자가 교차가 일어나며, 그림자 광선 원점(흰 원)이 여전히 표면 아래에 있게 되기 때문에 빛이 부적절하게 가려지게 된다. 오른쪽의 너무 큰 입실론은 광선의 원점이 차폐 표면을 지나기 때문에 유효한 교차를 놓치게 된다.

레이트레이싱에서 이 문제를 처리하는 일반적인 방식은 생성된 광선을 고정된 '광선 입실론epsilon' 값으로 오프셋하며, 광선 p + td에 대해 일부 $t_{\min}$ 값보다 가까운 교차를 무시한다. 그림 3.40은 왜 이 방식이 효율적으로 작동하려면 상당히 높은 $t_{\min}$ 값을 요구하는지 보여준다. 생성된 광선이 상당히 표면에 비스듬하면 잘못된 광선 교차가 광선 원점에서 상당히 먼 거리에서 일어나게 된다. 불행히도 큰 $t_{\min}$ 값은 광선 원점이 상대적으로 원래 교차점에서 멀어지게 하며, 이는 유효한 근접 교차를 놓치게 해서 그림자와 반사의 세부 정밀도를 떨어뜨린다.

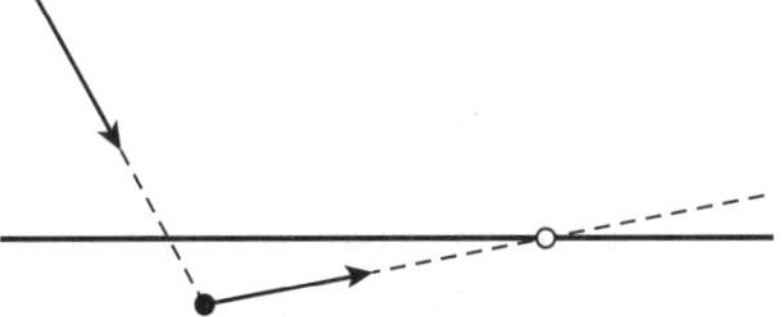

그림 3.40 계산된 교차점(검은 원)이 표면의 아래이고, 생성된 광선이 비스듬하면 부정확한 재교차가 광선 원점(흰 원)에서 일정 거리에서 일어나게 된다. 광선의 최소 t 값으로 근처 교차를 버리면 상대적으로 큰 $t_{\min}$이 비스듬한 광선을 처리하기 위해 필요하다.

이 절에서 기저 부동소수점 산술의 개념을 소개하고 부동소수점 계산 안의 오차를 분석하는 기술을 설명한다. 그 후 이 메서드를 앞서 소개한 광선-모양 알고리즘에 적용해 어떻게 광선 교차점을 제한된 오차로 계산하는지 보여준다. 이는 보수적으로 광선 원점을 위치하게 해서 잘못된 자가 교차self-intersections가 결코 일어나지 않으며, 또한 광선 원점이 극도로 실제 교차점과 근접해서 잘못된 교차 누락을 최소화한다. 그러므로 '광선 입실론' 값이 추가적으로 필요하지 않게 된다.

3.9.1 부동소수점 산술

계산은 반드시 한정된 양의 메모리에 들어가는 수의 한정된 표현에서 처리돼야 한다. 무한의 실수 집합은 컴퓨터에서 표현할 수 없다. 이런 제한된 표현 중 하나는 고정 소수점으로, 주어진 16비트 정수에서 예를 들어 양의 실수를 256으로 나눠 대응할 수 있다. 이는 범위 [0, 65535/256] = [0, 255 + 255/256]을 값 사이의 균일 간격 1/256로 표현하게 해준다. 고정소수점 수는 정수 산술 연산을 이용해서 효율적으로 구현할 수 있으나(이는 부동소수점 계산을 지원하지 않는 초기 PC에서 인기 있던 특성이다), 여러 가지 단점이 있다. 표현할 수 있는 최대 수가 제한되며, 또한 0에 가까운 아주 작은 수도 정확히 표현할 수 없다.

컴퓨터에서 실수의 다른 표현은 부동소수점 수다. 이는 부호, 유효수significand[11], 그리고 지수exponent로 표현한다. 본질적으로 과학적 표기로서 동일한 표현을 고정된 수에서 숫자의 유효수와 지수로 표현하는 것이다(또한 오직 2진수만으로 가정한다). 이 표현은 고정된 양의 저장 공간을 사용하면서 넓은 범위에서 수의 계산을 수행 가능하게 했다.

부동소수점 산술을 사용하는 프로그래머들은 일반적으로 부동소수점이 부정확하다는 사실을 인지한다. 이 이해는 부동소수점 산술이 예측 불가능하다는 믿음으로 종종 이해한다. 이 절에서는 부동소수점 산술이 신중하게 설계된 기반을 갖고 있으며 특정 계산에서 도입되는 오차에 대해 보존적인 경계를 계산하는 것을 가능하게 한다. 광선-추적 계산에 대해서 이 오차는 종종 놀라울 정도로 작다.

현재 CPU와 GPU는 거의 보편적으로 부동소수점 산술을 전기와 전자 엔지니어 협회가 공표한 표준(1985, 2008)에 기반을 둔다(이후 `float`을 참조할 때 이는 IEE 754에서 설정한 32비트 부동소수점 수를 참조한다). IEE 754 기술 표준은 메모리에서 부동소수점 수의 형식과 정밀도와 부동소수점 계산의 반올림에 대한 특정 법칙을 설명한다. 이 법칙은 주어진 부동소수점 값에 존재하는 오차에 대해 엄격히 추론하는 것을 가능하게 한다.

11. 가수(mantissa)는 종종 유효수 대신 사용되지만, 부동소수점 순수 이론가들이 가수는 로그의 문맥에서 다른 의미를 갖기에 유효수를 선호한다. 여기서는 이를 사용한다.

부동소수점 표현

IEEE 표준은 32비트 `float`을 부호 비트, 지수에 8비트, 유효수에 23비트로 표현한다. 8비트로 지수 e_b는 0에서 255까지의 범위다. 실제 사용되는 지수 e_b는 e를 편향해서 사용한다.

$$e_b = e - 127$$

유효수는 정규화된 부동소수점 값이 저장될 때 실제로 24비트의 정밀도를 가진다. 유효수와 지수로 표현된 수가 정규화되면 유효수에서 앞의 0들이 없어진다. 이는 유효수에서 앞의 수가 반드시 1이라는 것을 의미한다. 그러므로 이 값을 명시적으로 저장할 필요가 없다. 그래서 암시된 앞의 1과 23개의 수가 유효수의 소수 부분을 부호화해 전체 24비트의 정밀도를 가진다.

주어진 부호 $s = \pm 1$, 유효수 m, 지수 e에 대해 대응하는 부동소수점 값은 다음과 같다.

$$s \times 1.m \times 2^{e-127}$$

예를 들어 정규화된 유효수로 부동소수점 수 6.5는 $1.101_2 \times 2^2$으로 쓰이며, 아래 첨자 2는 2진수 값을 표기한다(2진 소수점이 즉시 직관적이지 않으면 소수점 오른쪽의 첫 수가 $2^{-1} = 1/2$로 기여하는 것을 기억하자). 그러므로 다음을 가진다.

$$(1 \times 2^0 + 1 \times 2^{-1} + 0 \times 2^{-2} + 1 \times 2^{-3}) \times 2^2 = 1.625 \times 2^2 = 6.5$$

$e_b = 2$이므로 $e = 129 = 10000001_2$이고, $m = 10100000000000000000000_2$다.

float는 메모리에서 32비트 값의 최상위 비트에 부호 비트가 있고(음수가 1비트로 부호화), 그 후 지수, 그리고 유효수로 배치된다. 그러므로 값 6.5의 메모리 표현은 다음과 같다.

$$0\ 10000001\ 10100000000000000000000 = 40d00000_{16}$$

비슷하게 부동소수점 값 1.0은 $m = 0...0_2$이고 $e_b = 0$이므로, $e = 127 = 01111111_2$이며 2진수 표현은 다음과 같다.

$$0\ 01111111\ 00000000000000000000000 = 3f800000_{16}$$

이 16진수는 기억할 만하며, 디버깅 시 메모리 덤프에서 종종 표시된다.

이 표현의 내재된 정보는 두 근접한 2의 승수 안의 표현 가능한 인접한 float 사이의 간격은 범위에서 균일하다는 것이다(이는 유효수 비트를 1 증가시키는 것에 대응한다). $[2^e, 2^{e+1})$의 범위에서 공간은 다음과 같다.

$$2^{e-23}. \tag{3.6}$$

그러므로 1과 2 사이의 부동소수점 값에 대해서 $e = 0$이고, 부동소수점 값 사이의 간격은 $2^{-23} \approx 1.19209 \ldots \times 10^{-7}$이다. 이 간격은 또한 마지막 단위ulp, unit in last place의 크기로 또한 참조된다. ulp의 크기는 부동소수점 값에 대해 결정된다. ulp는 큰 수에 대해 작은 크기의 수에 비해서 크다.

이제까지 설명된 표현으론 부동소수점 수 0을 정확히 표현하는 것이 불가능하다. 이는 용납할 수 없는 상황인데, 그래서 $e = 0$, $e_b = -127$의 경우를 특별한 처리로 남겨뒀다. 이 지수를 가지면 부동소수점 값은 암시적인 시작 1비트를 유효수에 갖지 않으며, 이는 모두 0비트를 가진 유효수는 다음과 같게 된다.

$$s \times 0.0 \cdots 0_2 \times 2^{-127} = 0$$

시작 1 유효수 비트를 제거하면 또한 비정규화된 수의 표현이 가능하다. 시작 1이 항상 존재하면 가장 작은 32비트 float은 다음과 같게 된다.

$$1.0 \cdots 0_2 \times 2^{-127} \approx 5.8774718 \times 10^{-39}$$

시작 1비트가 없으면 가장 작은 값은 다음과 같다.

$$0.00 \cdots 1_2 \times 2^{-126} = 2^{-126} \times 2^{-23} \approx 1.4012985 \times 10^{-45}$$

이 작은 값을 표현할 수 있는 능력을 제공하는 것은 아주 작은 값이 0으로 반내림되는 것을 막을 수 있다.

이 표현에서 양의 0과 음의 0이 둘 다 존재하는 것을 참고하자. 이 세부 사항은 대부분 프로그래머들에게는 보이지 않는다. 예를 들어 표현은 `-0.0 == 0.0`이 참임을 보장하지만 이 두 값의 메모리 표현은 다르다.

최대 지수 $e = 255$는 특별 처리를 위해 예비됐다. 그러므로 표현할 수 있는 가장 큰 정규 부동소수점 값은 $e = 254$($e_b = 127$)이며, 대략 다음과 같다.

$$3.402823 \ldots \times 10^{38}$$

e_b = 255일 때 유효수 비트가 모두 0이면 이는 부호 비트에 따라 양과 음의 무한대로 간주된다. 무한 값은 부동소수점에서 1/0 같은 계산을 수행할 때 생겨난다. 무한대와의 산술 연산은 무한대가 된다. 비교 연산에서 양의 무한대는 어떤 비무한대 값보다 크고, 비슷하게 음의 무한대는 어떤 비무한대 값보다 작다.

MaxFloat와 Infinity 상수는 표현 가능한 가장 큰 값과 '무한' 부동소수점 값으로 각각 초기화된다. 분리된 상수에서 이를 사용 가능하게 해서 값을 사용하는 코드가 이 값을 불러오기 위해 기다란 C++ 표준 라이브러리를 호출할 필요를 없게 한다.

```
<Global Constants> ≡
    static constexpr Float MaxFloat = std::numeric_limits<Float>::max();
    static constexpr Float Infinity = std::numeric_limits<Float>::infinity();
```

e_b = 255에서 0이 아닌 유효수 비트는 특별한 NaN을 가지며, 이는 음수의 제곱근이나 0/0을 계산할 때 발생한다. NaN은 계산에 따라 전달된다. 그러므로 NaN이 긴 계산 체인에서 나타나면 과정에서 뭔가 잘못된 것을 알 수 있다. 디버그 빌드에서 pbrt는 NaN을 체크하는 많은 Assert()를 갖고 있으며, 이는 규칙적인 사건의 과정에서 거의 결코 발생을 예측하지 않기 때문이다. NaN과의 어떤 비교도 항상 거짓이다. 그러므로 !(x == x)의 확인은 값이 비숫자인지를 확인한다.[12] 명료성을 위해서는 비숫자 값의 확인에 C++ 표준 라이브러리 함수 std::isnan()를 사용한다.

유틸리티 루틴

특정 저수준 연산에서 부동소수점 값을 구성 비트로 해석해서 이가 표현하는 부동소수점 값을 실제 float나 double로 변환하는 것이 유용하다.

한 가지 이런 방식은 값의 포인터를 받아 이를 다른 형의 포인터로 형 변환하는 것이다.

```
float f = ...;
uint32_t bits = *((uint32_t *)&f);
```

하지만 현대 C++ 버전은 한 가지 형 float을 다른 형 uint32_t로 변환하는 것이 불법이다 (이 제한은 컴파일러가 두 포인터가 같은 메모리 공간을 가리킬 때 레지스터에 값을 저장하는 것을 금지하는 더 적극적인 최적화를 가능하게 한다).

12. 이는 컴파일러가 보기에 명백하고 안전한 대수 단순화를 부동소수점 값을 가진 표현에서 수행해선 안 되는 몇 가지 예다. 이 특정 비교는 결코 false로 단순화돼선 안 된다. 컴파일러의 '빠른 수학'이나 '안전하지 않은 수학 최적화' 플래그는 이 최적화를 수행하게 한다. 결국 pbrt에 오류 행동이 생겨난다.

다른 일반적인 방식은 두 형의 요소를 가진 union을 사용하는 것으로, 한 가지 형을 할당하고 다른 형으로 읽는 것이다.

```
union FloatBits {
    float f;
    uint32_t ui;
};
FloatBits fb;
fb.f = ...;
uint32_t bits = fb.ui;
```

이 역시 불법이다. C++ 표준은 공용체[union]의 한 요소를 이전에 할당된 것과 다르게 읽는 것을 정의되지 않은 행동으로 정의한다.

이 변환은 memcpy()를 사용해 원본 포인터에서 대상 포인터로 복사해 적절히 처리된다.

```
<Global Inline Functions> ≡
inline uint32_t FloatToBits(float f) {
    uint32_t ui;
    memcpy(&ui, &f, sizeof(float));
    return ui;
}
```

```
<Global Inline Functions> +≡
    inline float BitsToFloat(uint32_t ui) {
        float f;
        memcpy(&f, &ui, sizeof(uint32_t));
        return f;
    }
```

memcpy() 함수의 호출은 이 문제를 회피하기에 쓸데없이 비싸다고 생각하지만, 실제로 좋은 컴파일러는 이를 연산 없이 만들어 단지 레지스터가 메모리의 내용을 다른 형으로 재해석한다(이 함수의 double과 uint64_t 사이의 변환 버전도 pbrt에 가용하지만 역시 여기에 수록하지 않는다).

이 변환은 부동소수점 값을 다음의 더 크거나 작은 표현 가능한 부동소수점 값으로 옮기는 함수의 구현에 사용된다.[13] 이는 코드에서 따라가야 하는 일부 보존적인 반올림 연산에 유용하다. float의 메모리 표현 특성으로 인해 이 연산은 매우 효율적이다.

---

13. 이 함수는 std::nextafter(v, Infinity)와 std::nextafter(v, -Infinity)와 동일하지만, 이들은 NaN 값이나 부동소수점 예외를 처리하려 하지 않기에 더 효율적이다.

<Global Inline Functions> +≡

```
inline float NextFloatUp(float v) {
    <Handle infinity and negative zero for NextFloatUp() 289>
    <Advance v to next higher float 289>
}
```

두 가지 중요한 특별 경우가 있다. v가 양의 무한대라면 이 함수는 단지 v를 변화하지 않고 반환한다. 음의 0은 코드에서 유효수를 진행하기 전에 양의 0으로 건너뛴다. 이 단계는 반드시 명시적으로 처리해야 하는데, 이는 -0.0과 0.0의 비트 형태가 인접하지 않기 때문이다.

<Handle infinity and negative zero for NextFloatUp()*>* ≡ 289

```
if (std::isinf(v) && v > 0.)
    return v;
if (v == -0.f)
    v = 0.f;
```

개념적으로 주어진 부동소수점 값에 대해 유효수를 1 증가시키며, 결과가 오버플로우[overflow] 되면 유효수는 0으로 재설정되고 지수가 1 증가한다. 우연히 메모리 정수 표현의 1을 더하는 것이 이를 가능하게 한다. 지수가 유효수보다 높은 비트에 있으므로, 1을 더하는 것은 유효수의 유호수가 모두 1일 때는 1이 지수까지 올라가서 지수를 1 증가시키고, 그렇지 않을 경우 현재 지수에서 다음으로 높은 유효수로 진행하게 된다. 또한 표현 가능한 한정된 부동소수점 값의 비트 표현의 최대에서 증가할 때 비트 패턴은 양의 부동소수점 무한대가 된다.

음수 값에 대해 1을 비트 표현에서 빼는 것 역시 비슷하게 다음 값으로 진행된다.

<Advance v *to next higher float>* ≡ 289

```
uint32_t ui = FloatToBits(v);
if (v >= 0) ++ui;
else        --ui;
return BitsToFloat(ui);
```

NextFloatDown() 함수는 같은 논리를 역으로 적용하며, 여기엔 수록하지 않는다. 또한 pbrt는 double에 대한 이런 함수들을 제공한다.

산술 연산

IEEE 754는 부동소수점 산술 특성의 중요한 점을 보장한다. 특히 이는 더하기, 빼기, 곱하기, 나누기, 제곱근의 결과가 같은 입력에 대해 같은 결과를 보장하며, 이 결과는 부동소수점 수에서는 무한 정밀도 연산에서 처리된 기반 계산의 결과가 가장 가까운 값으로 나타난다.[14] 이것이 한정적 정밀도를 가진 디지털 컴퓨터에서 가능한 것은 놀라운 일이다. IEEE 754의 한 가지 성취는 하드웨어에서 이 수준의 정밀도가 효율적으로 구현 가능하다는 것을 보여준 것이다.

원 연산자를 사용해 부동소수점 산술 연산을 표기하고 sqrt로 부동소수점 제곱근을 표현하면 이 정밀도 보장을 다음과 같이 작성할 수 있다.

$$\begin{aligned} a \oplus b &= \text{round}(a+b) \\ a \ominus b &= \text{round}(a-b) \\ a \otimes b &= \text{round}(a*b) \\ a \oslash b &= \text{round}(a/b) \\ \texttt{sqrt(a)} &= \text{round}(\sqrt{a}) \end{aligned} \tag{3.7}$$

round(x)는 실수를 가장 가까운 부동소수점 값으로 반올림하는 결과를 나타낸다.

이 반올림 오차의 경계는 또한 실수의 간격으로 표현될 수 있다. 예를 들어 더하기의 경우 반올림 결과는 특정 e에 대해 다음의 간격 안에 있다.

$$\begin{aligned} a \oplus b = \text{round}(a+b) &\subset (a+b)(1\pm\epsilon) \\ &= [(a+b)(1-\epsilon), (a+b)(1+\epsilon)] \end{aligned} \tag{3.8}$$

이 반올림으로 생겨난 오차의 양은 $a + b$에서의 부동소수점 간격의 반보다 클 수 없다. 부동소수점 간격의 반보다 크다면 이는 더 적은 오차를 가진 다른 부동소수점 값으로 반올림된다(그림 3.41).

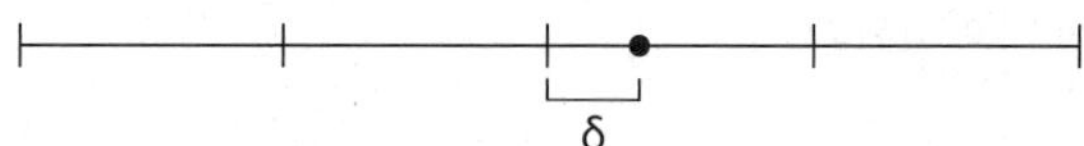

그림 3.41 IEEE 표준은 부동소수점 계산이 반드시 무한대 정밀도 실수에서 처리된 결과가 가장 가까운 표현 가능한 float으로 반올림되도록 구현됐다. 여기서는 실수에서 무한대 정밀도 결과를 검은 점으로 나타내고, 그 주변의 표현 가능한 float을 숫자 선의 간격으로 나타내었다. 가장 가까운 float δ로 반올림되면서 생긴 오류는 float 사이 간격의 반보다 클 수 없다.

32비트 float에 대해 $a + b$에서의 부동소수점 간격은 방정식(3.6)(해당 값에서 ulp)을 사용해서 $(a + b)2^{-23}$으로 제한할 수 있으며, 간격의 반은 $(a + b)2^{-24}$가 되므로 $|\epsilon| \leq 2^{-24}$이

14. IEEE float은 사용자가 반올림 방식 중 하나를 선택하게 하지만, 여기서는 기본 설정인 가장 가까운 값으로 반올림한다.

된다. 이 경계는 기계 입실론machine epsilon[15]이다. 32비트 float에 대해 $m = 2^{-24} \approx 5.960464 \ldots \times 10^{-8}$이다.

<Global Constants> +≡

```
static constexpr Float MachineEpsilon =
std::numeric_limits<Float>::epsilon() * 0.5;
```

그러므로 다음이 된다.

$$\begin{aligned} a \oplus b &= \text{round}(a+b) \subset (a+b)(1 \pm \epsilon_{\text{m}}) \\ &= [(a+b)(1-\epsilon_{\text{m}}), (a+b)(1+\epsilon_{\text{m}})] \end{aligned}$$

다른 산술 연산자와 제곱근 연산에 대해서도 비슷한 관계가 성립한다.[16]

방정식(3.7)에서 직접 유용한 여러 특성이 생긴다. 부동소수점 수 x에 대해 다음과 같다.

- $1 \otimes x = x$
- $x \oslash x = 1$
- $x \oplus 0 = x$
- $x \ominus x = 0$
- $2 \otimes x$와 $x \oslash 2$는 동일하다. 최종 계산 결과에 반올림이 적용되지 않는다. 더 일반적으로 어떤 곱하기나 나누기가 2의 승수로 이뤄지면 정확한 값을 얻는다(오버플로우나 언더플로우가 없다는 가정).
- 2^i가 오버플로우하지 않을 경우 모든 정수 i에 대해 $x \oslash 2^i = x \otimes 2^{-i}$이다.

이 모든 특성은 실제 결과에 가장 가까운 부동소수점 값이어야 한다는 것에서 나온다. 결과가 정확히 표현 가능할 때 정확한 결과가 계산돼야 한다.

오차 전달

IEEE 부동소수점 산술의 보장을 사용하면 주어진 부동소수점 계산에서 오차를 분석하도록 한정짓는 방법의 개발이 가능하다. 이 주제에 대한 더 자세한 내용은 윌킨스(Wilkinson, 1963)의 고전과 함께 하이암(Higham, 2002)의 훌륭한 책을 참고하자.

---

15. C와 C++ 표준은 불행히도 기계 입실론을 고유의 특별한 방식으로 정의하며, 이는 숫자 1에서 ulp의 하나 위의 크기가 된다. 32비트 float의 경우 이 값은 2^{-23}이 되며, 이는 수치 해석에서 사용하는 기계 입실론의 2배가 된다.

16. 이 경계는 오버플로우나 언더플로우가 계산에서 일어나지 않는 것을 가정한다. 이 경우는 쉽게 처리되지만(Higham 2002, p. 56), 여기서는 일반적으로 중요하지 않다.

오차의 두 가지 측정인 절대와 상대가 이에 유용하다. 일부 부동소수점 계산을 처리하고 반올림된 결과 $\tilde{a}$를 얻으면 $\tilde{a}$와 실수 계산 사이의 차이 크기를 절대 오차 δ_a라고 한다.

$$\delta_{\mathrm{a}} = |\tilde{a} - a|$$

상대 오차 δ_r은 정확한 결과에 대한 절대 오차의 비율이다. a가 0이 아니면 다음과 같다.

$$\delta_{\mathrm{r}} = \left|\frac{\tilde{a} - a}{a}\right| = \left|\frac{\delta_{\mathrm{a}}}{a}\right|, \tag{3.9}$$

상대 오차의 정의를 사용해서 계산된 값 $\tilde{a}$를 정확한 결과 a의 변동으로 작성할 수 있다.

$$\tilde{a} = a \pm \delta_{\mathrm{a}} = a(1 \pm \delta_{\mathrm{r}})$$

이 개념의 첫 번째 사용으로, float으로 표현된 4개의 값 a, b, c, d의 합 계산을 고려해보자. 이 값을 `r = (((a + b) + c) + d)`처럼 계산하면 방정식(3.8)로 다음을 얻는다.

$$\begin{aligned}(((a \oplus b) \oplus c) \oplus d) &\subset ((((a + b)(1 \pm \epsilon_{\mathrm{m}})) + c)(1 \pm \epsilon_{\mathrm{m}}) + d)(1 \pm \epsilon_{\mathrm{m}}) \\ &= (a + b)(1 \pm \epsilon_{\mathrm{m}})^3 + c(1 \pm \epsilon_{\mathrm{m}})^2 + d(1 \pm \epsilon_{\mathrm{m}}).\end{aligned}$$

ϵ_m이 작기에 ϵ_m의 더 높은 승은 추가적인 ϵ_m으로 한정되며, 그러므로 $(1 \pm \epsilon_m)^n$ 항을 다음과 같이 한정할 수 있다.

$$(1 \pm \epsilon_{\mathrm{m}})^n \leq (1 \pm (n + 1)\epsilon_{\mathrm{m}})$$

실제로는 $(1 \pm n\epsilon_m)$가 이 항을 거의 한정하는데, 이는 ϵ_m의 더 높은 승수가 매우 빨리 매우 작아지기 때문이다. 하지만 위의 항이 완벽히 보수적인 경계가 된다.

이 경계는 더하기의 결과를 다음과 같이 단순화한다.

$$\begin{aligned}&(a + b)(1 \pm 4\epsilon_{\mathrm{m}}) + c(1 \pm 3\epsilon_{\mathrm{m}}) + d(1 \pm 2\epsilon_{\mathrm{m}}) = \\ &\qquad a + b + c + d + [\pm 4\epsilon_{\mathrm{m}}(a + b) \pm 3\epsilon_{\mathrm{m}}c \pm 2\epsilon_{\mathrm{m}}d]\end{aligned}$$

각괄호 안의 항은 절대 오차를 제공한다. 이 크기는 다음으로 한정된다.

$$4\epsilon_{\mathrm{m}}|a + b| + 3\epsilon_{\mathrm{m}}|c| + 2\epsilon_{\mathrm{m}}|d|. \tag{3.10}$$

그러므로 위의 괄호대로 4개의 부동소수점 값을 모두 합치면 최종 반올림 결과와 무한 정밀도 실수에서 얻은 결과의 차이가 방정식(3.10)으로 한정되는 것이 확실하다. 이 오차 경계는 주어진 *a*, *b*, *c*, *d*의 값에서 쉽게 계산할 수 있다.

이는 매우 흥미로운 결과다. *a* + *b*의 크기가 *d*에 비해 상대적으로 오차 경계에 큰 기여를 하는 것을 볼 수 있다(이 결과는 큰 부동소수점 수를 더할 때 이를 작은 것에서 큰 것으로 정렬하는 것이 임의 순서보다 일반적으로 더 적은 최종 오차를 제공하는 이유를 알게 한다).

여기서의 분석은 암시적으로 컴파일러가 합을 정의하는 데 사용한 표현에 따라 명령어를 생성하는 것을 가정한다. 컴파일러는 주어진 부동소수점 표현 형태의 순서를 따라서 반올림 오차를 최소화하도록 고안한 신중히 설계된 계산을 깨지 않아야 한다. 여기도 또한 정수의 표현에 대해 유효한 특정 변환에 float이 포함될 경우 안전하게 적용될 수 없는 경우다.

표현을 대수적으로 동일한 `float r = (a + b) + (c + d)`로 변경하면 어떻게 될까? 이는 다음 부동소수점 계산에 대응한다.

$$((a \oplus b) \oplus (c \oplus d))$$

동일한 과정으로 방정식(3.8)을 적용해 항을 확장하고 고차 항 $(1 \pm \epsilon_m)^n$을 $(1 \pm (n + 1)\epsilon_m)$으로 변환하면 절대 오차 경계 다음을 얻는다.

$$3\epsilon_m|a + b| + 3\epsilon_m|c + d|$$

이는 $|a + b|$가 상대적으로 크면 더 낮지만, 반대로 $|d|$가 상대적으로 크면 커진다.

오차를 계산하는 이 방식을 순방향 오차 분석forward error analysis이라고 한다. 주어진 계산의 입력에 대해 결과에서 보존적인 경계를 제공하는 아주 기계적인 과정을 적용한다. 결과에서 유도된 경계는 실제 오차를 과장할 수 있다. 실제로 오차의 부호가 종종 섞여서 더해질 경우 종종 상쇄된다.[17] 다른 방식은 역방향 오차 분석backward error analysis으로, 이는 계산된 결과를 정확하다고 가정하고 같은 결과를 제공하는 입력의 변동에 대한 경계를 제공한다. 이 방식은 수치 알고리즘의 안정성 분석에 더 유용하지만, 여기서 관심 있는 기하 구조 계산에서의 보존적 오류 경계 유도에는 적용이 어렵다.

$(1 \pm \epsilon_m)^n$의 보존적 경계인 $(1 \pm (n + 1)\epsilon_m)$은 일부분 불만족스러운데, 이는 전체 ϵ_m 항을 단순히 다양한 고차 ϵ_m의 합의 보존 경계에 더하기 때문이다. Higham(2002, 3.1절)은 $(1 \pm \epsilon_m)^n$의 오차 항에서 더 밀접한 경계 결과의 방식을 제공한다. $(1 \pm \epsilon_m)^n$이 있을 때 이

---

17. 일부 수치 해석자들은 중간 결과에서의 오차 상쇄로 인해 오차의 ulp 수가 실제로 경계 수의 ulp 제곱에 가깝다는 법칙을 사용한다.

값은 1+ θ_n으로 한정되며, θ_n은 $n\epsilon_m$ < 1이기만 하면(이는 고려하는 계산에 대해서 확실히 성립한다) 다음과 같다.

$$|\theta_n| \le \frac{n\,\epsilon_m}{1 - n\,\epsilon_m}, \qquad [3.11]$$

이 표현의 분모는 합리적인 n 값에 대해 1보다 작기에 $n\epsilon_m$을 증가하면 보존적 경계를 얻을 수 있다.

이 경계를 γ_n으로 작성할 수 있다.

$$\gamma_n = \frac{n\,\epsilon_m}{1 - n\,\epsilon_m}$$

이 값을 계산하는 함수는 constexpr로 선언돼 컴파일 시간의 상수로의 호출이 일반적으로 대응하는 부동소수점 반환값으로 변경된다.

<Global Inline Functions> +≡

```
inline constexpr Float gamma(int n) {
    return (n * MachineEpsilon) / (1 - n * MachineEpsilon);
}
```

γ 표기를 사용해서 4개 값의 합 오차에서 경계는 다음과 같다.

$$|a+b|\gamma_3 + |c|\gamma_2 + |d|\gamma_1$$

이 방식의 장점은 $(1 \pm \epsilon_m)^n$ 항의 몫이 γ로 한정될 수 있다는 것이다.

다음과 같이 주어진 값에 대해 간격은 $(1 \pm \gamma_{m+n})$으로 한정된다.

$$\frac{(1 \pm \epsilon_m)^m}{(1 \pm \epsilon_m)^n}$$

그러므로 γ는 등식의 양변에서 ϵ_m 항을 모아서 한쪽으로 나누는 데 사용할 수 있다. 이는 다음의 유도에서 유용하다. $(1 \pm \epsilon_m)$ 항이 간격을 표현하기에 상쇄하는 것은 부정확하며, 대신 γ_{m+n}을 사용해야 한다.

$$\frac{(1 \pm \epsilon_m)^m}{(1 \pm \epsilon_m)^n} \ne (1 \pm \epsilon_m)^{m-n}$$

일부 계산에 대해 주어진 입력 자체도 일정량의 오차를 가진다. 이 오차가 기본 산술 연산으로 전달되는 것을 보는 것은 유용하다. 주어진 두 값 $a(1 \pm \gamma_i)$와 $b(1 \pm \gamma_j)$는 각각 앞선 연산의 누적된 오차를 가지며, 이들의 곱을 생각해보자. ⊗의 정의를 이용해서 결과는 다음의 간격 안에 있으며,

$$a(1 \pm \gamma_i) \otimes b(1 \pm \gamma_j) \subset ab(1 \pm \gamma_{i+j+1})$$

방정식(3.11)에서 직접 도출되는 $(1 \pm \gamma_i)(1 \pm \gamma_j) \subset (1 \pm \gamma_{i+j})$의 관계를 사용했다.

이 결과의 상대 오차는 다음으로 한정된다.

$$\left|\frac{ab\,\gamma_{i+j+1}}{ab}\right| = \gamma_{i+j+1}$$

그러므로 최종 오차는 대략 곱의 값에서 $(i + j + 1)/2$ ulp이며, 주어진 오차가 곱에 들어가리라 기대한 정도로 좋다(나누기의 경우도 매우 유사하게 좋다).

불행히도 더하기와 빼기의 경우 상대 오차가 상당히 증가할 수 있다. 연산하는 값의 같은 정의에 대해서 다음과 같은 경우 간격 $a(1 \pm \gamma_{i+1}) + b(1 \pm \gamma_{j+1})$에 들어가므로, 절대 오차는 $|a|\gamma_{i+1} + |b|\gamma_{j+1}$로 한정된다.

$$a(1 \pm \gamma_i) \oplus b(1 \pm \gamma_j)$$

a와 b의 부호가 같으면 절대 오차는 $|a + b|\gamma_{i+j+1}$로 한정되며, 상대 오차는 계산된 값 주변의 $(i + j + 1)/2$ ulp가 된다.

하지만 a와 b의 부호가 다르면(혹은 동일하게 같지만 빼기가 수행되면) 상대 오차는 상당히 커질 수 있다. $a \approx -b$인 경우를 생각해보자. 상대 오차는 다음과 같다.

$$\frac{|a|\gamma_{i+1} + |b|\gamma_{j+1}}{a+b} \approx \frac{2|a|\gamma_{i+j+1}}{a+b}$$

분자의 크기는 아주 작은 수로 나눈 원래 값 $|a|$에 비례하며, 그러므로 상대 오차는 상당히 크다. 이 상당한 상대 오차의 증가는 **재앙적 상쇄**catastrophic cancellation로 불린다. 동일하게 절대 오차가 원래 $|a|$의 항으로 표현되지만, 이제 a보다 훨씬 작은 값과의 관계로 표현된다는 것으로 이 문제를 인지할 수 있다.

실행 시간 오차 분석

대수적으로 오차 경계를 처리하는 것에 더해 이 작업을 일부 연산이 수행될 때 컴퓨터가 처리하게 할 수 있다. 이 방식은 실행 시간 오차 분석Running Error Analysis으로 알려져 있다. 개념은 단순하다. 부동소수점 연산이 수행될 때마다 방정식(3.7)에 기반을 둔 간격을 계산해 이제까지 누적된 오차의 실행 시간 경계를 계산하는 것이다. 이 방식이 경계를 표현에서 직접 유도하는 것보다 더 높은 실시간 부하를 갖지만, 유도가 너무 길어질 때 편리하다.

pbrt는 단순한 EFloat 클래스를 제공하며, 이는 대부분 float과 동일하게 동작하지만 연산자 오버로딩을 사용해서 float의 모든 정규 산술 연산자가 이 오차 경계를 계산하게 한다.

2장의 Interval 클래스와 유사하게 EFloat은 관심 값의 불확실성을 묘사하는 간격을 추적한다. Interval과 달리 EFloat의 간격은 입력 매개변수의 불확실성보다 중간 부동소수점 산술 안의 오차로 인해 증가한다.

<EFloat Public Methods> ≡

```
EFloat() { }
EFloat(float v, float err = 0.f) : v(v), err(err) {
    <Store high-precision reference value in EFloat 296>
}
```

EFloat는 계산된 값 v와 절대 오차 경계 err을 유지한다.

<EFloat Private Data> ≡

```
float v;
float err;
```

디버그 빌드에서 EFloat는 또한 v의 더 정밀한 버전을 가져 상대 오차의 정확한 근사를 계산할 때 참조 값으로 사용할 수 있다. 최적화된 빌드에서 일반적으로 이 추가 값을 계산하는 부하를 지불하지 않는다.

<Store high-precision reference value in EFloat> ≡ 296

```
#ifndef NDEBUG
ld = v;
#endif // NDEBUG
```

<EFloat Private Data> +≡

```
#ifndef NDEBUG
long double ld;
#endif // NDEBUG
```

이 클래스의 더하기 연산의 구현은 본질적으로 관련된 정의의 구현이다.

$$\begin{aligned}(a \pm \delta_a) \oplus (b \pm \delta_b) &= ((a \pm \delta_a) + (b \pm \delta_b))(1 \pm \gamma_1) \\ &= a + b + [\pm\delta_a \pm \delta_b \pm (a+b)\gamma_1 \pm \gamma_1\delta_a \pm \gamma_1\delta_b]\end{aligned}$$

절대 오차(대괄호 안의)는 다음으로 한정된다.

$$\delta_a + \delta_b + \gamma_1(|a+b| + \delta_a + \delta_b)$$

<EFloat Public Methods> +≡

```
EFloat operator+(EFloat f) const {
    EFloat r;
    r.v = v + f.v;
#ifndef NDEBUG
    r.ld = ld + f.ld;
#endif // DEBUG
    r.err = err + f.err +
            gamma(1) * (std::abs(v + f.v) + err + f.err);
    return r;
}
```

EFloat의 다른 산술 연산에 대한 구현도 비슷하다.

이 구현이 오차 자체의 계산 결과에서 반올림 오차를 무시하는 것을 기억하자. 이것이 문제가 되면 부동소수점 반올림 방식을 변경해 항상 오차 경계를 반올림하게 할 수 있으나, 이는 현재 프로세서에서 전체 파이프라인을 배출하게 하기에 상당히 비싼 연산이 된다. 여기서는 기본 반올림 방식을 사용한다. 이후 이 문제를 고려해서 오차 경계를 사용 시 1 ulp만큼 오차 경계를 확장한다.

EFloat의 float 값이 형 변환 연산자로 사용 가능하다. 이는 explicit 한정자를 가져 호출자가 명시적 (float) 형 변환으로 부동소수점 값을 추출하게 돼 있다. 명시적 형 변환을 통해 의도하지 않은 EFloat에서 Float 사이의 변환 위험을 감소시켜 누적 오차 경계가 누락을 막는다.

<EFloat Public Methods> +≡

```
explicit operator float() const { return v; }
```

일련의 계산을 float형 변수가 아닌 EFloat를 사용해 수행한 후에 계산의 특정 시점에서 GetAbsoluteError()를 호출하면 계산된 값에서 절대 오차의 경계를 찾을 수 있다.

<EFloat Public Methods> +≡

```
float GetAbsoluteError() const { return err; }
```

오차 간격의 경계는 UpperBound()와 LowerBound() 메서드를 통해 가능하다. 이 구현은 NextFloatUp()과 NextFloatDown()을 사용해 반환된 값을 1 ulp만큼 각각 확장해 간격이 보존적인 것을 보장한다.

<EFloat Public Methods> +≡

```
float UpperBound() const { return NextFloatUp(v + err); }
float LowerBound() const { return NextFloatDown(v - err); }
```

디버그 빌드에서 메서드는 상대 오차와 함께 ld에 보존된 정확한 값을 얻는 것이 가능하다.

<EFloat Public Methods> +≡

```
#ifndef NDEBUG
float GetRelativeError() const { return std::abs((ld - v)/ld); }
long double PreciseValue() const { return ld; }
#endif
```

pbrt는 또한 Quadratic() 함수의 변종을 제공해 오차를 가질 수 있는 계수의 연산에서 t0와 t1 값으로 오차 경계를 반환한다. 구현은 정규 Quadratic()와 동일하며, 단지 EFloat를 사용한다.

<EFloat Inline Functions> ≡

```
inline bool Quadratic(EFloat A, EFloat B, EFloat C,
EFloat *t0, EFloat *t1);
```

부동소수점 오차의 근간을 갖고 이제 이 도구들을 사용해서 안정적인 교차 연산을 만들어 보자.

3.9.2 보존적 광선-경계 교차

부동소수점 반올림 오차는 광선-경계 상자 교차 테스트가 광선이 실제로 상자에 교차했지만 놓치는 경우를 생성한다. 광선-상자 교차 테스트에서 종종 긍정 오류[false positive]를 얻는 것은 허용되지만, 결코 실제 교차를 놓쳐선 안 된다. 이를 바르게 얻는 것이 유효한 광선-모양 교차를 놓치지 않기에 4.3절의 BVHAccel 가속 자료 구조체의 정확도에 중요하다.

3.1.2절의 광선-경계 상자 테스트는 연속된 광선-판 교차를 계산해 광선이 경계 상자에 들어가는 곳의 매개변수 t_{min}과 나가는 곳의 t_{max}를 찾는 데 기반을 둔다. $t_{min} < t_{max}$면 광선은

상자를 지나가며, 그렇지 않으면 지나가지 않는다. 부동소수점 산술로 t값의 계산에 오류가 있을 수 있다. 계산된 t_{min} 값이 t_{max}보다 순수하게 반올림 오류로 인해 크다면 교차 테스트는 잘못된 부정 결과를 반환한다.

점 x에서 x축에 수직한 평면에 대한 광선 교차의 t값을 찾는 계산이 $t = (x - o_x)/\mathbf{d}_x$임을 기억하자. 부동소수점 계산으로 표현해 방정식(3.7)을 적용하면 다음을 얻는다.

$$t = (x \ominus o_x) \otimes (1 \oslash \mathbf{d}_x) \subset \frac{x - o_x}{\mathbf{d}_x}(1 \pm \epsilon)^3$$

또한 따라서 다음을 얻는다.

$$t(1 \pm \gamma_3) = \frac{x - o_x}{\mathbf{d}_x}$$

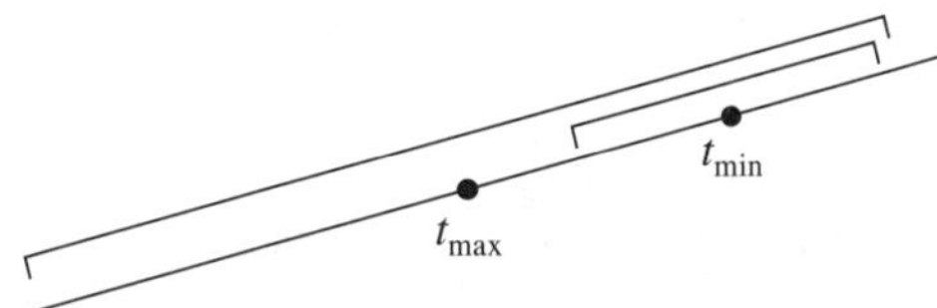

그림 3.42 계산된 t_{min}과 t_{max}의 오차 경계가 중첩하면 t_{min} 〈 t_{max}의 비교는 실제로 광선이 경계 상자에 교차하는지 나타내지 못한다. 이 경우에 실제 교차를 놓치지 않기 위해 보존적으로 참을 반환하는 것이 옳다. t_{max}를 오차 경계의 두 배로 확장하는 것은 이 비교가 보존적임을 보장한다.

계산된 결과 t와 정확한 결과 사이의 차이는 $\gamma_3|t|$로 한정된다.

계산된 t값 주변의 완전히 정확한 t값을 한정하는 간격을 고려하면 간격이 중첩하는 경우가 문제다. 중첩하지 않으면 계산된 값의 비교는 정확한 결과를 준다(그림 3.42). 간격이 중첩하면 실제 t값의 순서를 아는 것이 불가능해진다. 이 경우 비교를 수행하기 전에 t_{max}를 오차 경계의 두 배인 $2\gamma_3 t_{max}$로 증가시키면 이 경우 보존적으로 참을 반환하는 것이 보장된다.

이제 이 조절이 들어간 3.1.2절의 광선-경계 상자 교차 테스트에 대한 코드 조각을 정의하면 다음과 같다.

<Update `tFar` *to ensure robust ray-bounds intersection>* ≡ 193

```
tFar *= 1 + 2 * gamma(3);
```

`Bounds3::IntersectP()` 메서드에 대한 코드 조각 <*Update* `tMax` *and* `tyMax` *to ensure robust bounds intersection*>과 <*Update* `tzMax` *to ensure robust bounds intersection*>은 비슷하기에 여기에 수록하지 않는다.

3.9.3 안정적 삼각형 교차

3.6.2절의 광선-삼각형 교차 알고리즘의 세부 사항은 신중하게 고안돼 광선이 부정확하게 두 개의 인접 삼각형의 공유되는 모서리나 정점에 교차를 생성하지 않고 지나가는 경우가 없게 했다. 이 보장이 있는 교차 알고리즘을 밀폐됐다[watertight]고 한다.

이 알고리즘은 광선의 원점이 원점이고 광선의 방향이 $+z$축에 정렬된 좌표계로 삼각형 정점을 변환하다는 점을 기억하자. 반올림 오차가 정점 위치를 이 좌표계로 변환하면서 생겨나지만 이 오차는 교차 테스트의 밀폐성에 영향을 주지 않는데, 모든 삼각형에 대해 같은 변환이 적용되기 때문이다(더욱이 이 오차는 매우 작아서 계산된 교차점의 정밀도에 크게 영향을 주지 않는다).

이 좌표계 안의 주어진 정점에 대해 방정식(3.1)에 정의된 3개의 모서리 함수가 점 (0, 0)에서 계산된다. 이에 대응하는 표현인 방정식(3.2)는 매우 명백하다. 이 알고리즘에서 안정성의 핵심은 모서리 함수 계산이 부동소수점 산술로 올바른 부호를 가진다고 보장됐기 때문이다. 일반적으로 다음이 성립한다.

$$(a \otimes b) \ominus (c \otimes d). \tag{3.12}$$

첫째로 $ab = cd$이면 방정식(3.12)는 부동소수점임에도 정확히 0으로 계산된다. 그러므로 $ab > cd$면 $(a \otimes b) \ominus (c \otimes d)$는 결코 음수가 되지 않는다. $ab > cd$면 $(a \otimes b)$는 반드시 $(c \otimes d)$보다 크거나 같다. 같은 방식으로 이 차이는 반드시 0보다 크거나 같아야 한다(이 특성은 둘 다 부동소수점 산술 연산이 모두 가장 가까운 표현 가능한 부동소수점 값으로 반올림되는 사실에 기반을 둔다).

모서리 함수가 0이면 실제로 정확히 0인지 아니면 작은 양수나 음수가 0이 됐는지 알 수 없다. 이 경우 <*Fall back to double-precision test at triangle edges*>는 모서리 함수를 배정밀도로 다시 계산한다. 이는 주어진 32비트 float 입력에 대해 충분히 이런 경우를 정확히 구분할 수 있는 정밀도라는 것을 보여줄 수 있다.

이 추가적인 안정장치의 부하는 최소화된다. 8,800만 개의 광선 교차 테스트에서의 벤치마크에서 배정밀도 처리는 0.0000023% 이하의 경우 사용됐다.

3.9.4 교차점 오차 경계

이제 이 반올림 오차를 분석하는 기계 장치를 적용해 계산된 광선-모양 교차점 안의 절대 오차에 대한 보존적 경계를 유도해서 실제 표면 위의 교차점 포함이 보장된 경계 상자를 생성하는 것을 가능하게 할 수 있다(그림 3.43). 이 경계 상자는 3.9.5절에 소개될 광선 원점 생성 알고리즘의 기반이 된다.

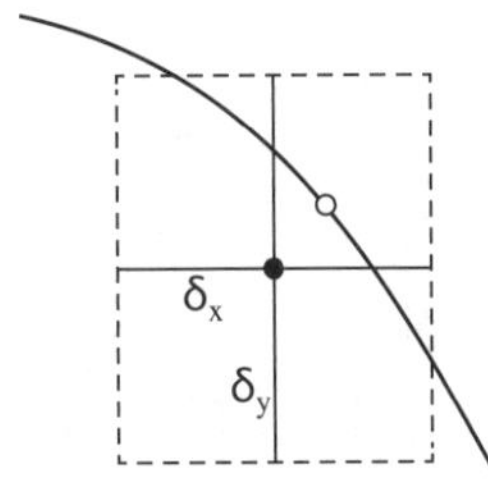

그림 3.43 pbrt의 모양 교차 알고리즘은 교차점을 계산하며, 여기서는 검은 점으로 2D 표현된다. 이 점의 절대 오차는 δ_x와 δ_y로 경계되며, 점 주변의 작은 상자를 제공한다. 이 경계가 보존적이기에 표면 위의 실제 교차점(흰 점)은 반드시 상자 안의 어딘가에 있어야 한다.

교차점을 계산하는 전통적인 방식에서 오차의 원인을 보는 것에서 시작하는 것이 유용하다. 레이트레이싱에서 3D 교차점을 찾을 때 광선의 매개변수 방정식 $\mathrm{o} + t\mathbf{d}$를 풀어서 표면에 광선이 교차하는 곳의 t_{hit} 값을 얻어 충돌점 p를 $\mathrm{p} = \mathrm{o} + t_{\mathrm{hit}}\mathbf{d}$로 계산하는 것이 일반적이다. t_{hit}가 오차 δt를 가지면 계산된 교차점 안의 오차를 한정할 수 있다. 예를 들어 x 좌표에 대해 생각해보면 다음과 같다.

$$
\begin{aligned}
x &= \mathrm{o}_x \oplus (t_{\mathrm{hit}} \pm \delta_t) \otimes \mathbf{d}_x \\
&\subset \mathrm{o}_x \oplus (t_{\mathrm{hit}} \pm \delta_t)\mathbf{d}_x(1 \pm \gamma_1) \\
&\subset \mathrm{o}_x(1 \pm \gamma_1) + (t_{\mathrm{hit}} \pm \delta_t)\mathbf{d}_x(1 \pm \gamma_2) \\
&= \mathrm{o}_x + t_{\mathrm{hit}}\mathbf{d}_x + [\pm \mathrm{o}_x\gamma_1 \pm \delta_t\mathbf{d}_x \pm t_{\mathrm{hit}}\mathbf{d}_x\gamma_2 \pm \delta_t\mathbf{d}_x\gamma_2]
\end{aligned}
$$

오차 항(각괄호 안의)은 다음으로 한정된다.

$$\gamma_1|\mathrm{o}_x| + \delta_t(1 \pm \gamma_2)|\mathbf{d}_x| + \gamma_2|t_{\mathrm{hit}}\mathbf{d}_x|. \tag{3.13}$$

방정식(3.13)에서 두 가지를 알 수 있다. 첫째, 계산된 교차점 (o*x*, d*x*, $t_{hit}$$d_x$)에서의 오차에 기여하는 항의 크기는 교차점의 크기와 매우 다를 수 있다. 그러므로 교차점 계산 값에서 재앙적 상쇄가 일어날 수 있다. 둘째, 광선 교차 알고리즘이 일반적으로 *t*값을 계산하기 위해 수십 부동소수점 연산을 일반적으로 수행하며, 이는 δt가 최소한 $\gamma_n t$의 크기일 거라 예상하게 되며, *n*은 수십(혹은 재앙적 상쇄로 인해서 훨씬 더 많이) 이상이 된다. 이 항의 각각은 계산된 점 *x*의 크기에 대해 상당히 중요할 수 있다.

이 인자들은 다 함께 계산된 교차점 안에서 상대적으로 큰 오차로 이어질 수 있다. 더 나은 방식을 바로 알아보자.

재투영: 2차 곡면

표면 위의 교차점을 매개변수 광선 방정식으로 계산한 교차점이 수백 ulp 오차를 갖는 것보다 단지 몇 ulp 오차로 믿을 만하게 계산하고 싶다. 이전에 우 등(Woo et al., 1996)은 광선-다각형 교차에 대해 계산된 첫 교차점을 두 번째 광선-평면 교차의 시작점으로 사용하는 것을 제안했다. 방정식(3.13) 안의 경계에서 왜 두 번째 교차점이 첫 번째보다 훨씬 더 가까운지 볼 수 있다. 두 번째 광선의 t_{hit} 값은 거의 0에 근접하므로, t_{hit} 안의 절대 오류 크기는 매우 작아 이 값을 매개변수 광선 방정식에 사용하면 표면에 매우 가까운 점을 찾을 수 있다(그림 3.44). 더욱이 광선 원점은 교차점과 비슷한 크기를 가지므로, $\gamma_1|o_x|$ 항은 추가적인 오차를 거의 생성하지 않는다.

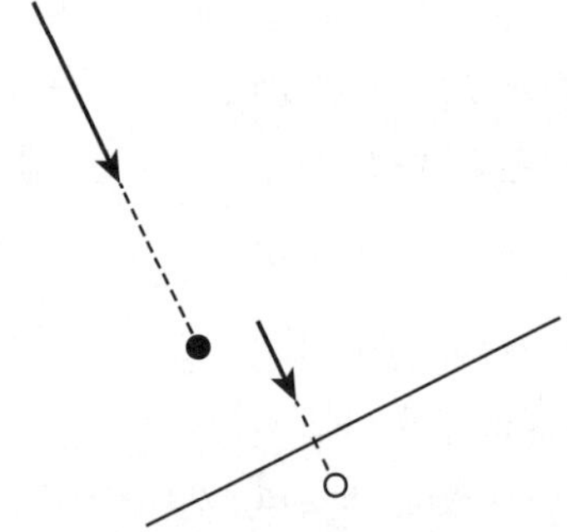

그림 3.44 계산된 교차점의 정밀도를 개선하기 위한 재교차. 주어진 광선과 표면에서 초기 교차점은 광선 방정식으로 계산된다(검은 원). 이 점은 반올림 오차로 인해 상당히 부정확할 수 있지만, 두 번째 광선-모양 교차를 위한 원점으로 사용할 수 있다. 이 두 번째 교차점(흰 원)에서 계산된 교차점은 첫 번째 계산된 교차점에서의 오차로 인해 실제 교차점에서 이동됐을 수 있지만, 표면에 훨씬 더 가깝다.

이 방식으로 계산된 두 번째 교차점이 표면의 평면에 훨씬 더 가깝지만, 여전히 처음 계산된 교차점의 오차로 인한 오프셋으로 인해 오차를 갖게 된다. 광선 원점이 교차점에서 멀면 멀수록(그러므로 더 큰 절대 오류가 t_{hit}에 생성된다), 이 오차는 더욱 커진다. 이 오차에도 불구하고 이 방식은 장점이 있다. 가능한 가장 정확한 교차점에 비해 오프셋이 있지만, 표면에 대해 일정 거리 위나 아래로 떨어진 점(또한 가장 정확한 교차점에서 멀리 떨어져있을 가능성이 높은)보다 실제 표면에 매우 가깝게 계산된 교차점이 일반적으로 더 낫다.

계산적으로 비용이 들고 또한 계산된 t 값에서 여전히 오차가 있는 완전한 재교차 계산의 처리보다 효과적인 방식은 계산된 교차점을 다시 표면에 재투영해서 개선하는 것이다. 이 재투영된 점의 오차 범위는 종종 놀라울 만큼 작다.

이 재투영 오차가 원래 교차점 p에 존재하는 접선의 오차를 포착하지 않는다는 점을 기억하자. 여기서의 주된 관심은 재투영된 점 p′가 표면 밑으로 떨어지게 할 수 있는 오차를 인식하는 것이다.

광선-구 교차를 고려하자. 주어진 원점에 있는 반지름 r의 구에 대한 계산된 교차점(예, 광선 방정식에서) p에 대해 이 점을 계산된 점의 원점에서의 거리에 대한 구의 반경 비율로 크기 조절해서 구 표면에 제투영해 새로운 점 p′ = (x', y', z')를 다음과 같이 얻을 수 있다.

$$x' = x\frac{r}{\sqrt{x^2 + y^2 + z^2}}$$

부동소수점 계산은 다음과 같다.

$$\begin{aligned} x' &= x \otimes r \oslash \mathtt{sqrt}((\mathtt{x} \otimes \mathtt{x}) \oplus (\mathtt{y} \otimes \mathtt{y}) \oplus (\mathtt{z} \otimes \mathtt{z})) \\ &\subset \frac{xr(1 \pm \epsilon_m)^2}{\sqrt{x^2(1 \pm \epsilon_m)^3 + y^2(1 \pm \epsilon_m)^3 + z^2(1 \pm \epsilon_m)^2}(1 \pm \epsilon_m)} \\ &\subset \frac{xr(1 \pm \gamma_2)}{\sqrt{x^2(1 \pm \gamma_3) + y^2(1 \pm \gamma_3) + z^2(1 \pm \gamma_2)}(1 \pm \gamma_1)} \end{aligned}$$

x^2, y^2, z^2가 모두 양수여서 제곱근의 항은 같은 γ 항을 공유할 수 있으므로, 다음을 얻을 수 있다.

$$
\begin{aligned}
x' &\subset \frac{xr(1 \pm \gamma_2)}{\sqrt{(x^2+y^2+z^2)(1\pm\gamma_4)}(1\pm\gamma_1)} \\
&= \frac{xr(1 \pm \gamma_2)}{\sqrt{(x^2+y^2+z^2)}\sqrt{(1\pm\gamma_4)}(1\pm\gamma_1)} \\
&\subset \frac{xr}{\sqrt{(x^2+y^2+z^2)}}(1\pm\gamma_5) \\
&= x'(1\pm\gamma_5).
\end{aligned}
\tag{3.14}
$$

그러므로 재투영된 x 좌표의 절대 오차는 $\gamma_5|x|$로 한정되며(y', z'도 비슷하다), 그러므로 구 표면 위에 있는 점의 각 차원에 대해 2.5 ulp 이하가 된다.

Sphere 모양에 대해 교차점을 재투영하는 코드 조각을 살펴보자.

<Refine sphere intersection point> ≡ 203

```
pHit *= radius / Distance(pHit, Point3f(0, 0, 0));
```

방정식(3.14)로 오차가 다음과 같이 한정된다.

<Compute error bounds for sphere intersection> ≡ 200

```
Vector3f pError = gamma(5) * Abs((Vector3f)pHit);
```

다른 2차 곡면에 대한 재투영 알고리즘과 오차 한정은 비슷하게 정의할 수 있다. 예를 들어 z축을 따르는 원기둥에 대해 x, y 좌표만이 재투영될 필요가 있으며, x, y 안의 오차는 그 크기의 γ_3배로만 한정된다.

<Refine cylinder intersection point> ≡ 213

```
Float hitRad = std::sqrt(pHit.x * pHit.x + pHit.y * pHit.y);
pHit.x *= radius / hitRad;
pHit.y *= radius / hitRad;
```

<Compute error bounds for cylinder intersection> ≡ 212

```
Vector3f pError = gamma(3) * Abs(Vector3f(pHit.x, pHit.y, 0));
```

원반 모양은 특히 쉽다. 단지 점의 z 좌표를 설정하면 원반의 평면 위에 올릴 수 있다.

<Refine disk intersection point> ≡ 217

```
pHit.z = height;
```

이로써 오차가 0인 점을 갖게 된다. 이는 원반의 표면에 정확하게 위치한다.

<Compute error bounds for disk intersection> ≡ 217

```
Vector3f pError(0, 0, 0);
```

매개변수 계산: 삼각형

다른 정확한 교차점을 계산하는 효과적인 방식은 모양의 매개변수 표현을 사용해서 정확한 교차점을 계산하는 것이다. 예를 들어 3.6.2절의 삼각형 교차 알고리즘은 3개의 모서리 함수 값 e_0, e_1, e_2을 계산해 모든 3개가 동일 부호를 가지면 교차를 보고한다. 이 값은 다음의 무게중심 좌표를 찾는 데 사용할 수 있다.

$$b_i = \frac{e_i}{e_0 + e_1 + e_2}$$

삼각형 정점에서의 특성 v_i(정점 위치 포함)는 삼각형의 면에서 다음과 같이 보간될 수 있다.

$$v' = b_0 v_0 + b_1 v_1 + b_2 v_2$$

이 방식에서 정점 위치의 보간이 삼각형의 표면에 매우 가까운 점을 제공하는 것을 보여줄 수 있다. 우선 미리 계산된 e_i의 합에 대한 역수를 고려하자.

$$\begin{aligned} d &= 1 \oslash (e_0 \oplus e_1 \oplus e_2) \\ &\subset \frac{1}{(e_0 + e_1)(1 \pm \epsilon_m)^2 + e_2(1 \pm \epsilon_m)}(1 \pm \epsilon_m) \end{aligned}$$

교차가 있으면 모든 e_i가 같은 부호를 갖게 되므로 e_i 항을 모아 d를 보존적으로 한정할 수 있다.

$$\begin{aligned} d &\subset \frac{1}{(e_0 + e_1 + e_2)(1 \pm \epsilon_m)^2}(1 \pm \epsilon_m) \\ &\subset \frac{1}{e_0 + e_1 + e_2}(1 \pm \gamma_3). \end{aligned}$$

이제 삼각형 안에서 모서리 함수 값에 대응하는 위치에 있는 x 좌표의 보간을 고려하면 다음 식을 얻는다.

$$\begin{aligned} x' &= ((e_0 \otimes x_0) \oplus (e_1 \otimes x_1) \oplus (e_2 \otimes x_2)) \otimes d \\ &\subset (e_0 x_0 (1 \pm \epsilon_m)^3 + e_1 x_1 (1 \pm \epsilon_m)^3 + e_2 x_2 (1 \pm \epsilon_m)^2) d (1 \pm \epsilon_m) \\ &\subset (e_0 x_0 (1 \pm \gamma_4) + e_1 x_1 (1 \pm \gamma_4) + e_2 x_2 (1 \pm \gamma_3)) d. \end{aligned}$$

d의 경계를 사용해서 다음과 같이 구할 수 있다.

$$\begin{aligned} x \subset & \frac{e_0 x_0(1 \pm \gamma_7) + e_1 x_1(1 \pm \gamma_7) + e_2 x_2(1 \pm \gamma_6)}{e_0 + e_1 + e_2} \\ & = b_0 x_0(1 \pm \gamma_7) + b_1 x_1(1 \pm \gamma_7) + b_2 x_2(1 \pm \gamma_6) \end{aligned}$$

그러므로 최종적으로 계산된 x' 값의 절대 오차는 다음의 간격 안이다.

$$\pm b_0 x_0 \gamma_7 \pm b_1 x_1 \gamma_7 \pm b_2 x_2 \gamma_7$$

이는 다음으로 한정된다.

$$\gamma_7(|b_0 x_0| + |b_1 x_1| + |b_2 x_2|). \tag{3.15}$$

b_2x_2 항이 γ_7가 아닌 γ_6를 가질 수 있지만, 둘의 차이는 매우 작아 최종 표현에서 더 단순한 선택을 했다. 동일한 경계가 y'와 z'에서 적용된다.

방정식(3.15)는 `Triangle::Intersect()`에서 계산된 보간 점 안의 오차를 한정한다.

<*Compute error bounds for triangle intersection*> ≡ 228

```
Float xAbsSum = (std::abs(b0 * p0.x) + std::abs(b1 * p1.x) +
                 std::abs(b2 * p2.x));
Float yAbsSum = (std::abs(b0 * p0.y) + std::abs(b1 * p1.y) +
                 std::abs(b2 * p2.y));
Float zAbsSum = (std::abs(b0 * p0.z) + std::abs(b1 * p1.z) +
                 std::abs(b2 * p2.z));
Vector3f pError = gamma(7) * Vector3f(xAbsSum, yAbsSum, zAbsSum);
```

다른 모양

재투영 방식을 유도하지 않고 밀접한 오차 범위를 갖고 싶은 모양에 대해 실행 시간 오차 분석이 매우 유용할 수 있다. 모든 교차점 계산에 `Float` 대신 `EFloat`을 사용하고, t_{hit} 값을 계산해 매개변수 광선 방정식에서 충돌점을 계산하는 데 사용한다. 그 후 계산된 교차점에서 오차의 보존적 경계를 `EFloat GetAbsoluteError()` 메서드로 얻을 수 있다.

<*Compute error bounds for intersection computed with ray equation*> ≡ 307

```
EFloat px = ox + tShapeHit * dx;
EFloat py = oy + tShapeHit * dy;
EFloat pz = oz + tShapeHit * dz;
```

```
Vector3f pError = Vector3f(px.GetAbsoluteError(), py.GetAbsoluteError(),
                           pz.GetAbsoluteError());
```

이 방식은 pbrt의 원뿔, 쌍곡면, 포물면에서 사용한다.

<Compute error bounds for cone intersection> ≡
  <Compute error bounds for intersection computed with ray equation 306*>*

Curve 모양이 입사광선의 방향을 향하기에 이를 떠나는 광선은 반드시 곡선 너비의 두 배로 오프셋해서 방향이 재조정될 때 부정확하게 재교차하지 않도록 해야 한다.

<Compute error bounds for curve intersection> ≡ 254

```
Vector3f pError(2 * hitWidth, 2 * hitWidth, 2 * hitWidth);
```

변환의 효과

계산된 교차점의 오차를 한정하기 위해 마지막으로 신경써야 하는 세부 사항은 변환의 효과로, 이는 계산된 교차점에 적용될 때 추가적인 반올림 오차를 생성한다.

pbrt에서의 2차 곡면 Shape는 광선-모양 교차 수행 이전에 월드 공간 광선을 물체 공간으로 변환하고, 계산된 교차점을 다시 월드 공간으로 돌린다. 이 변환의 단계는 교차점 주변의 월드 공간 경계를 안정적으로 유지하기 위해 고려해야 할 반올림 오차를 생성한다.

가능하면 광선의 좌표계 변환을 피하고 교차점을 찾는 것이 최선이다. 예를 들어 삼각형 정점을 월드 공간으로 변환하고 월드 공간 광선을 이와 교차하는 것이 광선을 물체 공간으로 변환하고, 그 후 교차점을 월드 공간으로 변환하는 것보다 낫다.[18] 2차 곡면이나 물체 인스턴싱 등에 대해 변환은 여전히 유용하므로, 어떻게 변환이 생성한 오차를 한정하는지를 보여줄 것이다.

우선 정확한(누적된 오차가 없는) 점 (x, y, z)를 변환하면서 생성되는 오차를 고려하자. 주어진 4 x 4의 요소를 $m_{i,j}$로 표기하는 비투영 변환 행렬과 변환된 점 x'는 다음과 같다.

$$
\begin{aligned}
x' &= ((m_{0,0} \otimes x) \oplus (m_{0,1} \otimes y)) \oplus ((m_{0,2} \otimes z) \oplus m_{0,3}) \\
&\subset m_{0,0}x(1 \pm \epsilon_{\mathrm{m}})^3 + m_{0,1}y(1 \pm \epsilon_{\mathrm{m}})^3 + m_{0,2}z(1 \pm \epsilon_{\mathrm{m}})^3 + m_{0,3}(1 \pm \epsilon_{\mathrm{m}})^2 \\
&\subset (m_{0,0}x + m_{0,1}y + m_{0,2}z + m_{0,3}) + \gamma_3(\pm m_{0,0}x \pm m_{0,1}y \pm m_{0,2}z \pm m_{0,3})
\end{aligned}
$$

18. 반올림 오차가 삼각형 정점을 월드 공간(예를 들어)으로 변환할 때 생겨나도 이 오차는 교차점의 계산에서 처리해야 할 오차를 추가하지 않는다. 다른 말로 변환된 정점은 장면의 변동된 표현을 표현할 수 있지만, 주어진 변환에 대해 가장 정확한 표현이다.

$$\subset (m_{0,0}x + m_{0,1}y + m_{0,2}z + m_{0,3}) \pm \gamma_3(|m_{0,0}x| + |m_{0,1}y| + |m_{0,2}z| + |m_{0,3}|)$$

그러므로 결과의 절대 오차는 다음으로 한정된다.

$$\gamma_3(|m_{0,0}x| + |m_{0,1}y| + |m_{0,2}z| + |m_{0,3}|). \qquad [3.16]$$

비슷한 경계가 변환된 y'와 z' 좌표에 적용된다.

이 결과로 변환을 적용함으로써 생겨난 절대 오차를 변환된 점에서 반환하는 메서드를 Transform 클래스에 추가하자.

```
<Transform Inline Functions> +≡
    template <typename T> inline Point3<T>
    Transform::operator()(const Point3<T> &p, Vector3<T> *pError) const {
        T x = p.x, y = p.y, z = p.z;
        <Compute transformed coordinates from point pt>
        <Compute absolute error for transformed point 307>
        if (wp == 1)   return Point3<T>(xp, yp, zp);
        else           return Point3<T>(xp, yp, zp) / wp;
}
```

코드 조각 <*Compute transformed coordinates from point* pt>는 여기 수록하지 않으며, 2.8절과 같은 행렬/점 곱하기를 구현한다.

오차 범위를 계산하는 코드가 행렬이 투영적이고 투영된 점의 동차 w 좌표가 1이 아닐 때 문제가 있다는 것을 기억하자. 이 사소한 점은 현재 pbrt의 사용에서 문제가 되지 않는다.

```
<Compute absolute error for transformed point> ≡                                   307
    T xAbsSum = (std::abs(m.m[0][0] * x) + std::abs(m.m[0][1] * y) +
                 std::abs(m.m[0][2] * z) + std::abs(m.m[0][3]));
    T yAbsSum = (std::abs(m.m[1][0] * x) + std::abs(m.m[1][1] * y) +
                 std::abs(m.m[1][2] * z) + std::abs(m.m[1][3]));
    T zAbsSum = (std::abs(m.m[2][0] * x) + std::abs(m.m[2][1] * y) +
                 std::abs(m.m[2][2] * z) + std::abs(m.m[2][3]));
    *pError = gamma(3) * Vector3<T>(xAbsSum, yAbsSum, zAbsSum);
```

방정식(3.16)의 결과는 변환되는 점이 정확하다고 가정한다. 점 자체가 δ_x, δ_y, δ_z로 한정되는 오차를 가지면 변환된 x 좌표는 다음과 같이 주어진다.

$$x' = (m_{0,0} \otimes (x \pm \delta_x) \oplus m_{0,1} \otimes (y \pm \delta_y)) \oplus (m_{0,2} \otimes (z \pm \delta_z) \oplus m_{0,3})$$

부동소수점 더하기와 곱하기 오차 범위의 정의를 적용하면 다음을 얻는다.

$$\begin{aligned} x' = m_{0,0}(x \pm \delta_x)(1 \pm \epsilon_{\mathrm{m}})^3 + m_{0,1}(y \pm \delta_y)(1 \pm \epsilon_{\mathrm{m}})^3 + \\ m_{0,2}(z \pm \delta_z)(1 \pm \epsilon_{\mathrm{m}})^3 + m_{0,3}(1 \pm \epsilon_{\mathrm{m}})^2. \end{aligned}$$

γ를 사용해서 변환하면 다음으로 한정된 절대 오차 항을 얻을 수 있다.

$$\begin{aligned} (\gamma_3 + 1)(|m_{0,0}|\delta_x + |m_{0,1}|\delta_y + |m_{0,2}|\delta_z) + \\ \gamma_3(|m_{0,0}x| + |m_{0,1}y| + |m_{0,2}z| + |m_{0,3}|). \end{aligned} \tag{3.17}$$

Transform 클래스는 또한 점과 자체의 절대 오차를 받아 방정식(3.17)을 적용해 결과의 절대 오차를 반환하는 operator()를 제공한다. 정의는 명백하므로 여기에 수록하지 않는다.

<Transform Public Methods> +≡ 141

```
template <typename T> inline Point3<T>
operator()(const Point3<T> &p, const Vector3<T> &pError,
           Vector3<T> *pTransError) const;
```

Transform 클래스는 또한 벡터와 광선을 변환하는 메서드를 제공하며, 결과 오차를 반환한다. 벡터 오차 범위 유도(그리고 구현)는 점과 매우 유사하므로 여기에 수록하지 않는다.

<Transform Public Methods> +≡ 141

```
template <typename T> inline Vector3<T>
operator()(const Vector3<T> &v, Vector3<T> *vTransError) const;
template <typename T> inline Vector3<T>
operator()(const Vector3<T> &v, const Vector3<T> &vError,
           Vector3<T> *vTransError) const;
```

이 메서드는 교차점을 변환하고 SurfaceInteraction에서의 Transform::operator() 메서드 안의 오차를 한정하는 데 사용된다.

<Transform p *and* pError *in* SurfaceInteraction*>* ≡ 183

```
ret.p = (*this)(si.p, si.pError, &ret.pError);
```

3.9.5 안정적으로 생성한 광선 원점

계산된 교차점과 오차 범위는 공간의 영역을 경계하는 작은 3D 상자를 제공한다. 정확한 교차점이 반드시 상자 안에 있으며, 그러므로 표면은 반드시 상자를 지나가는 것을 알 수 있다(최소한 교차점이 있는 점을 표현하기에 충분한). 그림 3.43을 기억하자. 이 상자가 있으면 표면을 떠나는 광선의 원점 위치가 항상 표면의 옳은 면에 있어서 부정확하게 재교차하지 않게 할 수 있다. 교차점 p에서 떠나는 생성된 광선을 추적할 때 원점을 반드시 오차 상자의 가장자리를 지나게 충분히 원점을 오프셋해서 표면과 잘못 재교차하지 않게 한다.

생성된 광선 원점이 표면의 옳은 면에 확실히 있는 것을 보장하기 위해서 법선 방향으로 충분히 멀리 움직여 법선에 수직한 평면이 오차 경계 상자 밖에 있게 한다. 이를 어떻게 하는지 보기 위해 원점에서 계산된 교차점에 대해서 교차점을 나가는 평면 방정식이 다음과 같은 점을 고려하자.

$$f(x, y, z) = \mathbf{n}_x x + \mathbf{n}_y y + \mathbf{n}_z z$$

평면은 암시적으로 $f(x, y, z) = 0$로 정의되며, 법선은 $(\mathbf{n}_x, \mathbf{n}_y, \mathbf{n}_z)$다.

평면 위에 있지 않은 점에 대해 평면 방정식 $f(x, y, z)$의 값은 평면이 해당 점을 지나게 하는 법선에 대한 오프셋을 준다. 오차 경계 상자의 8개 모서리에 대해 $f(x, y, z)$의 최댓값을 찾으려 한다. 평면을 이 오프셋만큼 더하고 빼면 오차 상자와 교차하지 않는 (지역적으로) 최소한 법선을 따라 계산된 교차점 오프셋에서 표면의 반대 방향에 위치하는 두 평면을 얻게 된다(그림 3.45).

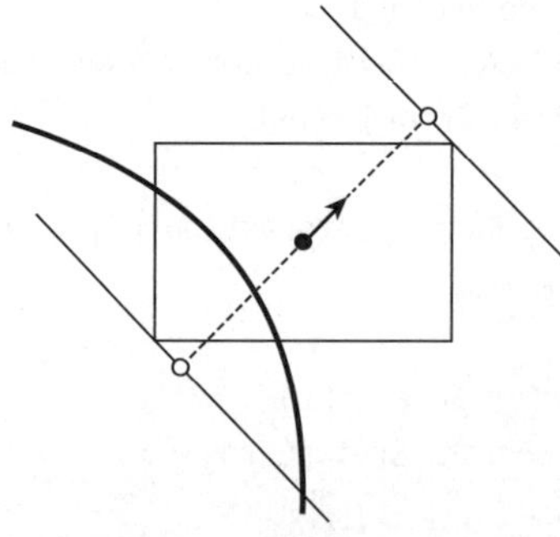

그림 3.45 주어진 계산된 교차점(검은 점)과 표면 법선(화살표)은 두 평면의 법선에 대한 오프셋을 계산해 주어진 오차 경계(사각형)에 교차하지 않을 만큼만 이동시킨다. 계산된 교차점에서 법선을 따라가는 이 평면 위의 점은 생성된 광선의 원점을 제공한다(흰 점). 둘 중 하나가 광선의 방향에 따라 광선이 오차 경계 상자를 지나가지 않게 선택된다. 이런 광선은 실제 표면(굵은 선)과 잘못 재교차할 수 없다.

오차 경계 상자가 ($\pm\delta_x$, $\pm\delta_y$, $\pm\delta_z$)로 주어지면 $f(x, y, z)$의 최댓값은 쉽게 계산할 수 있다.

$$d = |\mathbf{n}_x|\delta_x + |\mathbf{n}_y|\delta_y + |\mathbf{n}_z|\delta_z$$

생성된 광선 원점을 표면 법선을 따라 이 방식으로 오프셋해서 계산하는 것은 몇 가지 장점이 있다. 표면이 지역적으로 평면(교차점의 오차 경계의 매우 작은 크기에서는 특히 합리적인 가정이다)이면 법선을 따라 이동하는 것은 표면의 한 면에서 다른 면으로 최소 거리로 이동하게 된다. 일반적으로 광선 원점의 오프셋 거리를 최소화하는 것이 그림자와 반사 세부를 유지하기 위해 바람직하다.

<Geometry Inline Functions> +≡

```
inline Point3f OffsetRayOrigin(const Point3f &p, const Vector3f &pError,
                               const Normal3f &n, const Vector3f &w) {
    Float d = Dot(Abs(n), pError);
    Vector3f offset = d * Vector3f(n);
    if (Dot(w, n) < 0)
        offset = -offset;
    Point3f po = p + offset;
    <Round offset point po away from p 312>
    return po;
}
```

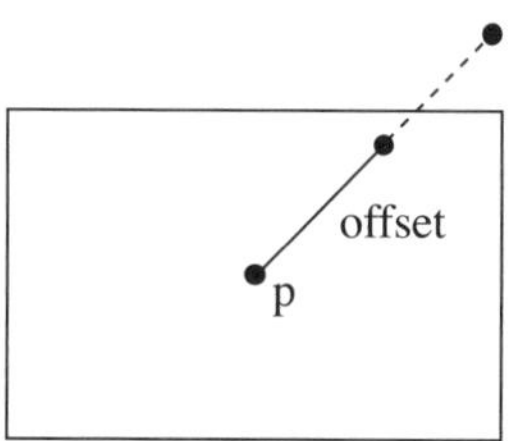

그림 3.46 오프셋 점 p+offset의 OffsetRayOrigin()에서 계산된 반올림된 값이 오차 상자의 경계가 아닌 안에 있을 수 있으며, 이는 반올림된 값이 표면의 잘못된 면에 있으면 잘못된 자가 교차를 생성할 수 있다. 계산된 점의 각 좌표를 최소 한 단위 부동소수점 값만큼 p에서 떨어뜨리면 오차 상자의 밖으로 가는 것이 보장된다.

또한 오프셋 점을 계산할 때 반드시 반올림 오차를 처리해야 한다. offset이 p에 추가될 때 결과는 일반적으로 가장 가까운 부동소수점 값으로 반올림된다. 그러므로 이는 p를 향해 반내림돼서 결과 점이 오차 상자의 경계가 아닌 안에 있을 수 있다(그림 3.46). 그러므로 오프셋 점은 p로부터 올림돼 상자의 안에 있지 않도록 해야 한다.[19]

19. 주의 깊은 독자는 이제 이 함수에 전달되는 오차 경계를 계산할 때의 반올림 오차에 대해 궁금할 것이다. 사실 이 경계 또한 양의 무한대를 향해 올림된다. 이 문제는 추가적인 1 ulp의 오프셋으로 충분히 이런 오차가 처리된다는 가정으로 무시한다.

대안으로 부동소수점 반올림 방식을 양의 무한이나 음의 무한(값의 부호에 기반을 두고)으로 올림하게 설정할 수 있다. 반올림 방식의 변경은 상당히 비싸므로, 여기서는 단지 1 ulp만큼 부동소수점 값을 올린다. 이는 종종 이미 오차 상자 밖에 있는 값이 살짝 더 밖으로 나가게 하지만, 부동소수점 간격이 작기에 실제로는 문제가 되지 않는다.

<Round offset point po away from p> ≡ 311

```
for (int i = 0; i < 3; ++i) {
    if (offset[i] > 0)      po[i] = NextFloatUp(po[i]);
    else if (offset[i] < 0) po[i] = NextFloatDown(po[i]);
}
```

주어진 `OffsetRayOrigin()` 함수에 대해 이제 교차점을 나가는 광선을 생성하는 `Interaction` 메서드를 구현할 수 있다.

<Interaction Public Methods> +≡ 177

```
Ray SpawnRay(const Vector3f &d) const {
    Point3f o = OffsetRayOrigin(p, pError, n, d);
    return Ray(o, d, Infinity, time, GetMedium(d));
}
```

이제까지 개발한 방식은 표면을 떠나는 광선의 원점에서 부동소수점 오차의 효과에 대해 처리했다. 관련된 문제가 영역 광원에 대한 그림자 광선에서 존재한다. 모양과의 어떤 교차도 광원에 매우 가까워서 실재로 이를 차폐하길 원하면서, 또한 광원의 표면과 잘못된 교차를 피해야 한다. 불행히 현재의 구현은 이 문제를 처리할 수 없으며, 그러므로 그림자 광선의 `tMax` 값을 1단계 낮춰 광원의 표면 이전에 멈추도록 설정한다.

<Interaction Public Methods> +≡ 177

```
Ray SpawnRayTo(const Point3f &p2) const {
    Point3f origin = OffsetRayOrigin(p, pError, n, p2 - p);
    Vector3f d = p2 - origin;
    return Ray(origin, d, 1 - ShadowEpsilon, time, GetMedium(d));
}
```

<Global Constants> +≡

```
const Float ShadowEpsilon = 0.0001f;
```

`Interaction`을 받는 다른 변형인 `SpawnRayTo()`는 유사하다.

생성된 광선 원점을 안정적으로 유지하기 위해 반드시 다뤄야 하는 마지막 이슈는 변환을 수행하면서 생긴 오차다. 주어진 광선을 하나의 좌표계에서 특정 표면의 적절한 면 위에 있도록 신중히 계산한 원점에 대해서 이 광선을 다른 좌표계로 변화하면 변환 원점에서 원점이 더 이상 표면의 올바른 면에 있지 않을 수 있는 오차를 생성한다.

그러므로 광선을 `Transform::operator()`의 `Ray` 변형(2.8.4절에 구현)으로 변형할 때마다 원점을 경계의 모서리로 변환함으로써 생성된 오차에 대해 진행시킨다. 이는 원점이 표면에 대해 올바른 면에 유지되도록 보장한다.

3.9.6 광선 원점 뒤의 교차의 회피

계산된 교차점의 오차를 한정함으로써 무한 정밀도의 광선이 떠나는 표면에 잘못 교차하지 않도록 하려고 표면 위의 올바른 측에 있게 보장하는 광선 원점을 계산하는 것이 가능해졌다. 하지만 두 번째 반올림 오차의 근원 역시 반드시 처리돼야 한다. 광선-모양 교차에 대해 계산한 매개변수 t 값의 오차다. 반올림 오차는 교차 알고리즘이 실제 교차점의 t 값이 음수(그래서 무시해야 하는)인 경우에 $t > 0$의 값을 계산하게 할 수 있다.

일부 교차 테스트 알고리즘이 항상 정확한 부호의 t 값을 반환하는 것을 보여주는 것이 가능하다. 이는 최고의 경우로 계산된 t 값 안의 실제 오차를 한정하기 위해 추가 계산이 필요 없다. 예를 들어 광선과 축정렬 판의 계산을 생각해보자. $t = (x \ominus o_x) \oslash \mathbf{d}_x$이며, IEEE는 $a > b$이면 $a \ominus b \geq 0$(또한 $a < b$이면 $a \ominus b \leq 0$)임을 보장한다. 왜 이러한지 보기 위해 $a > b$이면 실수 $a - b$는 반드시 0보다 커야 한다. 부동소수점 수로 반올림했을 때 결과는 반드시 0이나 양의 float이어야 한다. 음의 부동소수점 수가 가장 가까운 부동소수점 수일 수는 없다. 두 번째로, 부동소수점 나누기는 올바른 부호를 반환한다. 이 두 가지를 합쳐서 계산된 t 값의 부호가 옳음을 보장한다(혹은 $t = 0$의 경우지만 이 경우는 교차 테스트가 $t > 0$이도록 신중히 교차를 선택했기에 문제없다).

`EFloat`를 사용하는 모양 교차 루틴에 대해 계산된 t 값이 결국에 관련된 오차 경계를 가지며, 이 테스트의 수행을 위해 더 이상의 계산이 필요 없다. 3.2.2절의 코드 조각 <*Check quadric shape* `t0` *and* `t1` *for nearest intersection*>을 참고하자.

삼각형

`EFloat`는 효율적인 교차 코드가 더 중요한 공통으로 사용하는 모양에 대해 피하고 싶은 계산적 부하를 추가한다. 이런 모양에 대해는 계산 효율적인 보존적 경계를 계산된 t 값의 오차에 대해 유도한다. 3.6.2절의 광선-삼각형 교차 알고리즘은 최종 t 값을 3개의 모서리

함수 값 e_i를 계산해 계산하고, 이를 사용해서 변환된 z 좌표 z_i의 무게중심 가중 합을 계산할 수 있다.

$$t = \frac{e_0 z_0 + e_1 z_1 + e_2 z_2}{e_0 + e_1 + e_2} \tag{3.18}$$

연속적으로 이 항들의 오차를 한정하고 그 후 최종 t 값에서 보존적으로 양수인지 확인할 수 있다.

<Ensure that computed triangle t is conservatively greater than zero> ≡ 229

    <Compute δ_z term for triangle t error bounds 314*>*
    <Compute δ_x and δy terms for triangle t error bounds 315*>*
    <Compute δ_e term for triangle t error bounds 315*>*
    <Compute δ_t term for triangle t error bounds and check `t` 315*>*

주어진 광선 r이 원점 o, 방향 **d**, 삼각형 정점 p를 가지면 투영된 z 좌표는 다음과 같다.

$$z = (1 \oslash \mathbf{d}_z) \otimes (\mathrm{p}_z \ominus \mathrm{o}_z)$$

일반적인 방법을 적용해서 삼각형 p_i에서 3개의 각 정점에 대한 z_i 안의 최대 오차가 $\gamma_3|z_i|$로 한정되는 것을 찾을 수 있으며, 그러므로 이 오차의 최댓값을 취해 모든 z의 위치에서 보존적 오차의 최대 한도를 찾을 수 있다.

$$\delta_z = \gamma_3 \max_i |z_i|$$

<Compute δ_z term for triangle t error bounds> ≡ 314

```
Float maxZt = MaxComponent(Abs(Vector3f(p0t.z, p1t.z, p2t.z)));
Float deltaZ = gamma(3) * maxZt;
```

모서리 함수 값은 변환된 x와 y 정점 위치에서 두 곱의 차이로 계산할 수 있다.

$$e_0 = (x_1 \otimes y_2) \ominus (y_1 \otimes x_2)$$
$$e_1 = (x_2 \otimes y_0) \ominus (y_2 \otimes x_0)$$
$$e_2 = (x_0 \otimes y_1) \ominus (y_0 \otimes x_1)$$

변환된 위치 x_i와 y_i의 오차 경계는 다음과 같다.

$$\delta_x = \gamma_5(\max_i |x_i| + \max_i |z_i|)$$
$$\delta_y = \gamma_5(\max_i |y_i| + \max_i |z_i|)$$

<*Compute* δ_x *and* δ_y *terms for triangle t error bounds*> ≡ 314

```
Float maxXt = MaxComponent(Abs(Vector3f(p0t.x, p1t.x, p2t.x)));
Float maxYt = MaxComponent(Abs(Vector3f(p0t.y, p1t.y, p2t.y)));
Float deltaX = gamma(5) * (maxXt + maxZt);
Float deltaY = gamma(5) * (maxYt + maxZt);
```

모든 3개의 정점에 대한 최대 오차를 받으면 모서리 함수 안의 $x_i \otimes y_j$ 곱은 다음으로 한정된다.

$$\left(\max_i |x_i| + \delta_x\right)\left(\max_i |y_i| + \delta_y\right)(1 \pm \epsilon_\mathrm{m})$$

절대 오차 경계는 다음과 같다.

$$\delta_{xy} = \gamma_2 \max_i |x_i| \max_i |y_i| + \delta_y \max_i |x_i| + \delta_x \max_i |y_i| + \cdots$$

γ와 δ의 무시할 수 있는 고차 항 곱을 제거하면 모서리 함수의 두 x, y 항의 차이 오차는 다음으로 한정된다.

$$\delta_e = 2\left(\gamma_2 \max_i |x_i| \max_i |y_i| + \delta_y \max_i |x_i| + \delta_x \max_i |y_i|\right)$$

<*Compute* δ_e *term for triangle t error bounds*> ≡ 314

```
Float deltaE = 2 * (gamma(2) * maxXt * maxYt + deltaY * maxXt +
                    deltaX * maxYt);
```

다시 오차를 모든 e_i 항에 대한 최대 오차를 구해서 한정하면 방정식(3.18)에서 분자의 계산된 값 오차 경계는 다음과 같다.

$$\delta_t = 3\left(\gamma_3 \max_i |e_i| \max_i |z_i| + \delta_e \max_i |z_i| + \delta_z \max_i |e_i|\right)$$

계산된 t 값(e_i의 합으로 정규화되기 전)은 유효한 교차로 허용되기 위해 반드시 이 값보다 커야 한다면 이는 반드시 양의 t 값을 가진다.

<*Compute* δ_t *term for triangle t error bounds and check* `t`> ≡ 314

```
Float maxE = MaxComponent(Abs(Vector3f(e0, e1, e2)));
Float deltaT = 3 * (gamma(3) * maxE * maxZt + deltaE * maxZt +
                    deltaZ * maxE) * std::abs(invDet);
if (t <= deltaT)
    return false;
```

효율성의 측면에서 느슨한 경계를 계산하기 위해 여러 선택을 할 수 있는 듯 보이지만, 실제로는 t의 오차 경계는 극도로 작다. 경계 상자가 각 차원에 대략 ±10를 갖는 정규 장면에 대해 광선 근처의 t 오차는 일반적으로 10^{-7} 근방이다.

3.9.7 토론

다른 기하학적 계산(표면 위치의 편미분, 보간된 텍스처 좌표 등)에서 수치적 오차를 최소화하고 한정하는 것은 광선 교차의 위치에 대한 것보다 훨씬 덜 중요하다. 비슷한 맥락으로 물리 기반 렌더링의 색과 빛에 관련된 계산은 일반적으로 반올림 오차에 관한 문제를 보이지 않는다. 이는 양수의 곱의 합을 포함하며(일반적으로 합리적으로 비슷한 크기로), 그러므로 재앙적 상쇄가 일반적으로 일어나지 않는다. 더욱이 이 합은 누적된 오차가 작을 만큼 충분히 적은 항이다. 몬테카를로 알고리즘에 내재한 분산이 이를 사용해 계산하면서 생기는 어떤 부동소수점 오차도 사소하게 만든다.

충분히 흥미롭게도 이전 버전 `pbrt`의 오래된 임시 방식을 이 절에서 설명한 잘못된 자가 교차를 피하기 위한 방식으로 대체한 뒤에 전체적인 레이트레이싱 실행 시간이 대략 20% 정도 증가했다(비교 대상으로 배정밀도 부동소수점은 대략 30%의 렌더링 시간의 증가를 생성한다). 프로파일링은 오차 경계를 찾기 위한 추가 계산으로 인한 추가 시간이 매우 적은 것을 보여준다. 이는 놀랍지 않은데, 새 방식의 증가된 계산이 매우 제한적이기 때문이다. 대부분의 오차 경계는 이미 계산된 항의 절댓값의 크기 조절 합일 뿐이다.

이 속도 저하의 대부분은 실제로는 증가된 광선-물체 교차 테스트로 인해서다. 이 교차 테스트의 증가 이유는 바흐터(Wächter, 2008, p. 30)가 먼저 확인했다. 광선 원점이 모양 표면과 매우 가까우면 생성된 광선을 추적할 때 전체적으로 느슨한 오프셋을 사용한 것보다 교차 가속 계층의 더 많은 노드를 반드시 방문해야 한다. 그러므로 더 많은 교차 테스트가 광선 원점 근처에서 수행된다.

성능의 저하는 아쉬운 일이지만, 실제로는 방식의 더 높은 정확도로 인해 생기는 당연한 결과다. 이는 유효한 근처 교차의 더 정밀한 해상도를 위해 지불해야 할 비용이다.

더 읽을거리

『An Introduction to Ray Tracing』은 광선-모양 교차 알고리즘에 대한 대대적인 조사 결과를 포함한다(Glassner 1989a). Goldstein과 Nagel(1971)은 광선-2차 곡면 교차에 대해 설명하고, Heckbert(1984)는 2차 곡면의 그래픽 응용에 대한 수학 이론에 대해 많은 수학과 다른 분야의 참고 문헌과 함께 설명한다. Hanrahan(1983)은 음함수 다항식으로 정의된 표면에 대한 광선 교차 루틴을 유도하는 자동화된 시스템을 설명한다. 시스템은 주어진 방정식으로 표현되는 표면에 대한 교차 테스트와 법선 계산을 수행하는 C 소스코드를 생성한다. Mitchell(1990)은 다항식으로 표현할 수 없어서 정확하게 교차점을 계산하기 어려운 음함수 표면에 대해 구간 연산interval arithmetic으로 확실하게 교차점을 계산할 수 있는 것을 보여줬다. 이 분야의 최신 작업은 Knoll et al.(2009)에서 이뤄졌다. 무어의 책(Moore, 1966)에서 구간 연산 개론을 다룬다.

광선-모양 교차에 대한 다른 언급할 만한 초기 논문은 회전하는 표면과 절차적procedurally으로 생성된 프랙탈fractal 지형terrain에 대한 교차점을 계산하는 Kajiya(1983)의 논문이다. Fournier et al.(1982)의 절차적 확률stochastic 모델의 렌더링에 관한 논문과 Hart et al.(1989)의 프랙탈 교차점을 찾는 논문은 레이트레이싱 알고리즘에서 사용할 수 있는 광범위한 모양 표현에 대해 설명한다.

Kajiya(1982)는 매개변수적 패치patch에 대한 교차점을 계산하기 위한 첫 알고리즘을 개발했다. 패치와 직접적인 광선 교차점에 대한 좀 더 효율적인 기법에 대한 그다음 작업은 Stürzlinger(1998), Martin et al.(2000), Roth et al.(2001)에 수록돼 있다. Benthin et al.(2004)은 이전 작업에 대한 추가적인 참고 문헌을 포함한 좀 더 최신 결과를 설명한다. Ramsey(2004)는 이중 선형 패치와의 교차를 계산하는 더 효율적인 알고리즘을 설명했으며, Ogaki와 Tokuyoshi(2011)는 정점당 법선을 사용한 삼각형 메시에서 생성된 매끄러운 표면에 직접 교차하는 기법을 소개했다.

미분 기하 구조에 대한 훌륭한 소개는 Gray(1993)가 작성했다. 이 책의 14.3절에서 Weingarten 방정식이 소개됐다.

3.6절의 광선-삼각형 교차 테스트는 Woop et al.(2013)이 개발했다. 다른 널리 사용되는 광선-삼각형 교차 알고리즘은 Möller와 Trumbore(1997)를 참고하자. 광선-사각형 교차 루틴은 Lagae와 Dutré(2005)에서 개발했다. Shevtsov et al.(2007a)은 최신 CPU 아키텍처에 굉장히 최적화된 광선-삼각형 교차 루틴과 다른 많은 최신 접근법에 대한 참고 문헌을

제공한다. 빠른 광선 삼각형 교차를 위한 재밌는 접근 방식은 Kensler와 Shirley(2006)가 도입했다. 광선-삼각형 테스트와 수학적으로 동일한 공간에서 검색한 후 자동으로 다양한 소프트웨어 구현을 생성하고 이들을 벤치마킹하는 프로그램을 구현했다. 최종적으로 이전에 사용된 광선-삼각형 루틴보다 더 효율적인 루틴을 찾아냈다. Phong과 Crow(1975)는 폴리곤 메시에 부드러운 표면의 모습을 제공하려고 정점당 음영 법선을 보간하는 개념을 처음 소개했다.

메모리에서 삼각형 메시의 배치[layout]는 많은 상황에서 성능에 측정 가능한 영향을 준다. 일반적으로 3D 공간에서 가까운 삼각형이 메모리에서 가깝다면 캐시 적중률이 높아지며, 시스템 성능이 향상된다. 캐시-친화적인 메시의 메모리 배치를 생성하는 알고리즘은 Yoon et al.(2005), Yoon과 Lindstrom(2006)에서 참조하자.

3.7절의 곡선 교차 알고리즘은 Nakamaru와 Ohno(2002)가 개발한 방법에 기반을 뒀다. 일반화된 원기둥에 광선 교차를 계산하는 앞선 방식은 훨씬 덜 효율적이지만 또한 곡선 렌더링에 적용 가능하다(Bronsvoort와 Klok 1985; de Voogt, van der Helm, Bronsvoort 2000). Farin(2001)의 책은 스플라인에 대한 훌륭한 일반 소개를 제공하며, 3.7절에 사용된 봉우리 방식은 Ramshaw(1987)가 소개했다.

머리카락이나 털 같이 얇은 기하 구조를 렌더링하는 데 한 가지 도전은 얇은 기하 구조가 정확히 처리하기 위해 많은 픽셀 표본을 요구한다는 것으로, 이는 렌더링 시간의 증가를 유발한다. van Swaaij(2006)는 미리 계산한 복셀 격자로 머리와 털을 표현하는 시스템을 설명했으며, 더 효율적인 렌더링을 위해 좁은 공간 영역의 여러 머리카락에 대한 종합 정보를 저장했다. 더 최근에는 Qin et al.(2014)이 털을 렌더링하기 위해서 원뿔 추적에 기반을 둔 방식을 설명했으며, 좁은 원뿔을 광선 대신 추적한다. 차례차례 원뿔에 교차하는 모든 곡선이 원뿔의 기여를 계산하는 데 고려되며, 픽셀당 적은 수의 원뿔로 높은 품질의 렌더링을 가능하게 했다.

세분 표면은 Doo와 Sabin(1978), Catmull와 Clark(1978)에 의해 개발됐다. 루프 세분 방법은 Charles Loop(1987)가 원래 개발했으나, pbrt에서 사용한 구현은 Hoppe et al.(1994)이 개발한 가장자리 변에 대해 발전된 세분과 접선 계산 법칙을 사용한다. 추후 세분 표면에 의한 대대적인 연구가 있었다. SIGGRAPH 강의 내용은 2000년의 최첨단 기법의 좋은 요약과 대규모 참고 문헌을 제공한다(Zorin et al. 2000). 워렌의 책(Warren 2002)과 Müller et al.(2003)은 교차 테스트하는 광선에 대해 필요에 의한 세분 표면을 생성하는 접근법을 설명한다. Benthin et al.(2007)도 비슷한 접근 방식을 제공한다.

표면에 있는 임의의 점에 대한 세분 계산에 대한 연구는 굉장히 흥미진진하다(Stam 1998). 3장에 설명한 것과 같은 세분 표면 구현은 보통 상대적으로 비효율적이며, 세분 법칙을 적용하는 만큼의 시간을 포인터 역참조[derefencing]에 사용한다. 스탬(Stam)의 접근 방식은 이 비효율을 회피한다. Bolz와 Schröder(2002)는 최종 메시를 매우 효율적으로 계산할 수 있도록 많은 양을 미리 계산하는 개선된 구현 방식을 제안한다. 좀 더 최근에는 Patney et al.(2009)이 자료-병렬 처리 프로세서에서 굉장히 효율적으로 쪼개진 세분 표면을 생성하는 방법을 고안했다.

부동소수점 계산에 대한 하이암의 책(Higham, 2002)은 훌륭하며, 3.9절에 사용한 γ_n 표기 또한 개발했다. 이 주제에 대한 다른 좋은 참조는 Wilkinson(1994)과 Goldberg(1991)가 있다. 부동소수점 오류 경계를 수작업으로 유도했지만 자동으로 부동소수점 계산에 대한 전방향 오차 경계를 유도하는 도구를 보기 위해 Daumas와 Melquiond(2010)의 갓파[Gappa] 시스템을 살펴보자.

부정확한 자가 교차 문제는 광선-추적 전문가들에게 오랜 시간 알려진 문제다(Haines 1989; Amanatides와 Mitchell 1990). 광선을 그 원점에서 '입실론'만큼 오프셋하는 것에 추가해 이전에 교차된 물체의 교차를 무시하는 것을 포함한 방식인 '뿌리 다듬기[root polishing]'가 제안됐으며(Haines 1989; Woo et al. 1996), 이는 계산된 교차점을 수치적으로 더 정확하게 개선하고 더 높은 정밀도의 부동소수점 표현을 사용한다(예, `float` 대신 `double`).

Kalra 및 Barr(1989)와 Dammertz 및 Keller(2006)는 수치적으로 재귀적으로 물체 경계 상자를 세분하는 데 기반을 두고 안정적인 교차점을 찾는 알고리즘을 개발했으며, 물체의 표면을 지나지 않는 상자를 버리고, 광선을 지나지 않는 상자를 버린다. 이 방식의 둘 다 전통적인 광선-물체 교차 알고리즘과 3.9절에 소개된 기법보다 훨씬 비효율적이다.

Salesin et al.(1989)은 계산 기하학을 위한 부동소수점 반올림 오차를 고려한 안정적인 기본체 연산을 소개했으며, 이즈(ize)는 수치적으로 안정적인 광선-경계 상자 교차를 어떻게 수행하는 지 보여줬다(Ize 2013). 그의 방식은 3.9.2절에 구현됐다(더 신중한 유도에서는 책에서 유도한 $2\gamma_3$가 아닌 크기 인자 $2\gamma_2$으로 `tMax`를 실제로 증가시킬 수 있다는 것을 보여줬다). Wächter(2008)는 자가 교차 이슈에 대해 석사 논문에서 논의했다. 초기 교차점에서 시작해 교차점을 재계산(뿌리 다듬기)과 생성된 광선을 교차점의 크기에 대한 고정된 적은 비율로 법선 방향으로 오프셋하는 것을 제안했다. 3장에서 구현된 방식은 그의 광선 원점을 법선에 따라 오프셋하는 부분을 사용했으나 계산된 교차점 안에 존재하는 수치적 오차에 기반을 둔 보존적 경계에 기반을 두고 오프셋했다(나중에 책의 경계가 일반적으로 바흐처[Wächter]의 오프셋보다 더 밀접하며, 또한 더 보존적일 가능성이 높다고 밝혀졌다).

연습문제

❷ 3.1 삼각형 메시나 세분 표면 같은 메시 기반 모양의 좋은 특성 중 하나는 모양의 정점이 월드 공간으로 변환할 수 있으므로 광선을 교차 테스트를 위해 물체 공간으로 변환할 필요가 없다는 것이다. 흥미롭게도 이것이 광선-2차 곡면 교차에서도 가능하다.

3장에서 2차 곡면의 음함수 형식은 모두 다음의 형식을 가진다(일부 상수 A~G는 0일 때).

$$Ax^2 + Bxy + Cxz + Dy^2 + Eyz + Fz^2 + G = 0.$$

더욱 일반적으로 2차 곡면 표면은 다음의 방정식으로 정의할 수 있다.

$$Ax^2 + By^2 + Cz^2 + 2Dxy + 2Eyz + 2Fxz + 2Gz + 2Hy + 2Iz + J = 0.$$

여기서 대부분의 매개변수 A~J는 이전의 A~G와 직접 연관되지 않는다. 이 형식에서 2차 곡면은 4 × 4 대칭 행렬 Q로 표현할 수 있다.

$$[x \quad y \quad z \quad 1]\begin{pmatrix} A & D & F & G \\ D & B & E & H \\ F & E & C & I \\ G & H & I & J \end{pmatrix}\begin{bmatrix} x \\ y \\ z \\ 1 \end{bmatrix} = \mathrm{p}^T\mathbf{Q}\mathrm{p} = 0$$

이 표현에서 M에 의해 변환된 2차 곡면을 표현하는 행렬 Q′는 다음과 같음을 보여라.

$$\mathbf{Q}' = (\mathbf{M}^T)^{-1}\mathbf{Q}\mathbf{M}^{-1}$$

이를 위해 $\mathrm{p}^T\mathrm{Q}\mathrm{p} = 0$인 어떤 점 p에 대해 변환 M을 p에 적용하고 p′ = Mp를 계산한 후 $(\mathrm{p}')^T\mathrm{Q}'\mathrm{p}' = 0$가 성립하는 Q′를 찾으면 된다.

다음으로 광선 방정식을 이전의 좀 더 일반적인 2차 곡면 방정식에 치환해 $at^2 + bt + c = 0$에 대한 `Quadratic()` 함수에 전달하기 위한 계수를 행렬 Q의 항목에 대해 계산하라.

이제 이 접근 방법을 pbrt에 구현하고 이를 이용해 원래 2차 곡면 교차 루틴 대신 사용하자. θ_{max}가 2π가 아닐 경우 등에는 여전히 결과 월드 공간 충돌점을 물체 공간으로 변환해서 θ_{max}에 대해 확인해야 한다. 원래 구현에 비해 성능은 어떠한가?

❶ 3.2 물체 공간 경계 상자 루틴을 2차 곡면에 대해 발전시켜 $\varphi_{max} < 2\pi$에 대해 적절히 처리하고, 가능하다면 좀 더 꽉 끼는 경계 상자를 계산한다. 부분 2차 곡면 모양에 대해 렌더링할 때 얼마나 성능이 향상됐는가?

❷ 3.3 pbrt의 다양한 2차 곡면 기본체에 대한 구현에 다양한 방법으로 최적화할 부분이 많이 남아있다. 예를 들어 완전한 구에 대해서는 교차 루틴에서 부분 구에 대한 여러 가지 테스트 부분은 필요가 없다. 더욱이 2차 곡면 일부는 특정 기본체의 기하 구조에 대한 통찰력을 바탕으로 삼각 함수 부분을 좀 더 단순한 표현으로 대체할 수 있다. 이 메서드들의 성능을 향상시킬 방법들을 연구해보자. 2차 곡선을 포함한 장면을 렌더링할 때 pbrt의 전체적인 실행 시간이 얼마나 향상됐는가?

❶ 3.4 현재 pbrt는 각 삼각형에 대해 상수인 편미분 $\partial p/\partial u$, $\partial p/\partial v$를 필요할 때마다 재계산한다. 이 벡터들을 미리 계산하고 특히 거대한 삼각형 메시에 대해 속도와 저장 공간의 상호 교환을 분석하자. 장면의 깊이 복잡도와 이미지에서의 삼각형의 크기가 이 상호 교환에 어떤 영향을 주는가?

❷ 3.5 임의의 수의 정점과 볼록 다각형[convex polygon]이나 오목 다각형[concave polygon]을 지원하는 범용적인 다각형 기본체를 pbrt의 새로운 Shape로 구현하라. 올바른 다각형이 제공되고 모든 다각형의 정점은 같은 평면에 위치한다고 가정할 수 있으며, 그렇지 않을 경우 경고할 수도 있다.

광선-다각형 교차를 계산하는 효율적인 기술은 다각형의 면 방정식을 법선과 면의 한 점을 통해 찾는 것이다. 그 후 광선과 그 면의 교차점을 찾은 뒤 교차점과 다각형 정점을 2D로 투영한다. 그리고 나서 2D 포인트가 다각형 안에 있는지 확인한다. 이를 처리하는 효율적인 방법은 2D 레이트레이싱 계산을 한 뒤 광선을 각 변에 교차한 뒤 얼마나 많이 지나는지 찾는다. 교차 횟수가 홀수라면 점은 다각형 안에 있으므로 교차점이 존재한다. 그림 3.47에서 이 개념을 볼 수 있다.

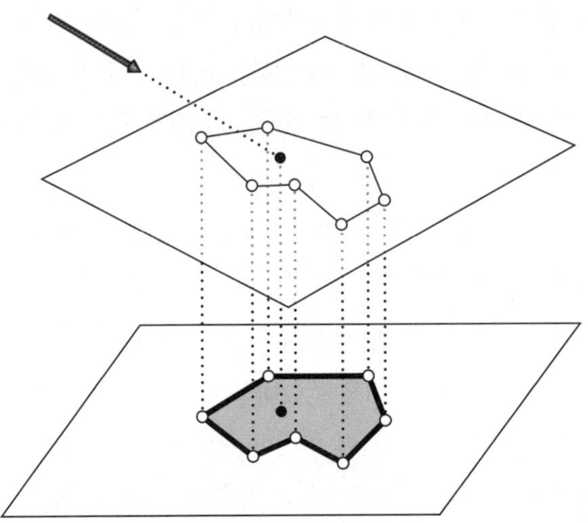

그림 3.47 광선-다각형 교차 테스트는 광선이 다각형의 면에서 어떤 점에 교차하는지는 찾아서 처리할 수 있으며, 이는 충돌점과 다각형 정점을 축 정렬 면에 투영해 2D 포인트와 다각형 테스트를 투영면에서 처리할 수 있다.

효율적인 다각형 안의 지점 판별을 위한 다양한 접근법을 조사한 하인즈(Haines, 1994)가 도움이 될 것이다. 몇 가지 기재된 기술은 이 테스트를 최적화하는 데 도움이 된다. 또한 13.3.3절의 Schneider와 Eberly(2003)는 2D 광선이 정확히 변에 일치하거나 다각형의 정점을 지나는 특이 경우를 제대로 처리하는 방법에 대해 토론한다.

❷ 3.6 구조적 입체 기하학CSG, Constructive Solid Geometry은 고전적인 입체 모델링 기술로, 복잡한 모양이 더욱 단순한 기본 모양의 합, 교차, 차를 통해 생성할 수 있다. 예를 들어 원기둥에 구멍을 만들 때 원기둥과 부분적으로 겹치는 구의 집합과의 차를 통해 모델링할 수 있다. Hoffmann(1989)에서 CSG에 대해 더욱 자세히 알아보자.

`pbrt`에 CSG를 추가하고 CSG를 사용해 렌더링할 수 있는 재밌는 모양을 보여주는 이미지를 렌더링하라. CSG를 통해 묘사된 모델을 어떻게 레이트레이싱을 통해 렌더링하는지 처음 설명한 Roth(1982)와 CSG 레이트레이싱의 정밀도 관련된 문제에 대한 Amanatides와 Mitchell(1990)을 읽어보자.

❷ 3.7 절차적으로 묘사된 매개변수 표면을 구현하라. 일반적인 수학적 표현식 $f(u, v) \rightarrow (x, y, z)$를 통해 (u, v)의 함수로 표현되는 매개변수 표면을 생성하는 `Shape`를 작성하라. `Shape::Refine()` 메서드가 호출될 때 격자 (u, v) 위치에

대해 해당 함수를 계산하고 해당 표면을 근사하는 삼각형 메시를 생성하라.

❷ 3.8 절차적 곡선 개선을 구현하라. Curve 모양과의 교차에 사용되는 재귀적인 개선의 단계 수를 화면에서 덮는 면적에 기반을 두고 조절하자. 한 가지 방법은 해당 광선이 표현하는 이미지 공간 면적을 표현하는 RayDifferential 클래스를 이용하는 것이다(하지만 현재 오직 Ray(RayDifferentials이 아닌)만 Shape::Intersect() 메서드에 전달되므로, 시스템의 다른 부분을 수정해 광선 미분이 가용하게 해야 한다). 다른 방법으론 월드 공간에서 점 사이의 벡터 이미지 면에 투영된 길이에 대한 정보를 제공하도록 Camera를 수정하고 Curve 생성 동안 카메라를 가용하게 만드는 것이다.

❸ 3.9 세분 표면의 거의 모든 메서드는 삼각형 메시나 사각형 메시를 세분한다. 렌더링 시스템이 한 종류의 메시만 지원할 경우 다른 종류는 전처리 단계에서 원하는 종류의 면을 만들기 위해 쪼개진다. 하지만 이는 최종 세분 표면에서 결함[artifact]을 생성한다. 사각형과 삼각형 메시를 둘 다 지원하는 혼성 세분 방법에 관한 스탬과 루프의 논문을 읽어보고(Stam과 Loop 2003) 이 메서드에 기반을 두고 Shape를 구현하자. pbrt의 현재 세분 구현에서는 결함이 생기지만 새로운 구현이 생성한 세분 표면은 결함이 없는 경우를 보여라.

❷ 3.10 세분 표면이 항상 매끄러울 필요는 없다. 세분 제어 메시의 일부 변을 '구김'으로 표시하고 다른 세분 방식을 적용해 날카로운 모서리를 보존할 수 있다. 3장의 세분 표면 구현을 확장해 일부 변은 구김을 표기해서 이 변에 대해서는 정점의 위치를 계산할 때 가장자리 세분 법칙을 적용하라. 이 변화를 표현하는 이미지를 렌더링하라.

❸ 3.11 적응적 세분을 구현하라. 3.8절에서 기본 구현의 약점은 각 면이 항상 고정된 횟수로 세분된다는 점이다. 이는 일부 면은 덜 세분해 삼각형 메시에서 깎인 면이 보이게 하며, 일부 면은 너무 세분해 과도한 메모리와 렌더링 시간을 사용하게 한다. 적응적 세분을 통해 개별 면은 특정 오류 한계점에 도달하면 더 이상 세분하지 않는다.

쉽게 구현할 수 있는 오류 한계점은 각 면과 직접 인접한 면의 법선을 계산하는 것이다. 서로가 충분히 가깝다면(예, 내적으로 테스트할 수 있다) 해당 면의 한계 표면은 충분히 평평하므로 더 이상 세분은 최종 표면에 작은 차이만을 가져오게 된다. 다른 방법으로는 세분 면이 이미지 면에서 차지하는 영역을 근사해 영역이 충분히 작아질 때까지 계속 세분할 수 있다. 이 근사치는 광선 미분을 통해 계산 가능하다. 10.1.1절의 광선 미분이 화면 공간과 어떻게 연관돼 있는지에 대한 설명을 읽어보자.

이 연습문제의 가장 어려운 부분은 평면도 테스트를 통해 더 이상 세분이 필요 없는 일부 주변 면이 자신의 정점 고리를 얻기 위해 세분해야 할 필요가 있는 경우다. 특히 인접 면은 세분 단계가 1단계 이상 차이 날 수 없다. 최신 논문인 Patney et al.(2009), Fisher et al.(2009)을 통해 적응적 세분 메시에서 균열[crack]을 피하는 방법을 알아보자.

❸ 3.12 레이트레이싱 점 표본화한 기하 구조를 구현하라. 점 표본의 모음으로 표현된 복잡한 모델(Levoy와 Whitted1985; Pfister et al. 2000; Rusinkiewicz와 Levoy 2000)의 렌더링을 위해 메서드를 확장하라. Schaufler와 Jensen(2000)에서 공간의 지향성 점 표본의 모음에 대해 광선 교차 메서드를 설명했다. 여기서 광선이 충분한 지역 점 표본 밀도에 도달했을 때 확률적으로 교차점이 존재하는지 판단해서 표면 법선을 부근 표본들의 가중 합을 통해 계산한다. 논문을 읽고 `pbrt`를 점 표본화한 기하 구조 모양을 지원하도록 확장하라. 이런 모양을 지원하기 위해 `pbrt`의 기본 인터페이스가 확장되거나 일반화해야 할 필요가 있는가?

❸ 3.13 변형[deformation] 모션 블러[motion blur]를 구현하라. 4.1.2절의 `TransformedPrimitive`는 시간에 따라 변하는 기본체의 변환을 통해 움직이는 모양을 지원한다. 하지만 이런 종류의 애니메이션은 각 정점이 시작과 끝에서 다른 위치를 갖는 삼각형 메시를 지원하기엔 부족하다. 이런 종류의 애니메이션은 몸의 다른 부분이 다른 방식으로 움직이는 달리는 캐릭터 모델을 표현할 수 있다. 시작과 끝 프레임의 정점 위치를 명시하고, 교차 메서드에 전달된 광선 시간에 기반을 두고 보간하는 좀 더 일반화된 `Triangle` 모양을 구현하라. 경계 루틴을 적절히 갱신하는 것을 잊지 마라.

많은 움직임을 가진 삼각형 메시는 삼각형이 매우 거대한 경계 상자를 지나가기에 충돌하지 않는 많은 광선-삼각형 교차가 일어나서 성능이 매우 낮다. 이 문제의 영향을 줄일 수 있는 접근법을 찾을 수 있겠는가?

❷ 3.14 음함수를 구현하라. 2차 곡면 모양의 음함수 정의는 광선 교차 알고리즘을 유도하기 위한 좋은 시작점이며, 더 복잡한 음함수는 흥미로운 모양을 정의하는 데 사용할 수 있다. 특히 모델링이 어려운 유기organic 모양, 물방울 등의 음함수 표면으로 표현하기 쉽다. Blinn(1982a)은 음함수 표면을 직접 렌더링하는 개념을 설명하고, Wyvill과 Wyvill(1989)은 Blinn의 것에 비해 몇 가지 장점을 가진 음함수 표면의 기반 함수를 설명한다.

일반적인 음함수 표면과 광선 교차점을 찾는 메서드를 구현하고 `pbrt`에 추가하라. 레이트레이싱하는 데 필요한 메서드를 위해 Kalra 및 Barr(1989)와 Hart(1996)를 읽어보자. 미쉘의 음함수 표면과의 견고한 광선 교차점 알고리즘은 구간 연산을 이용한 다른 효율적인 메서드를 제공하며(Mitchell 1990), 최근에는 Knoll et al.(2009)이 이를 더 개선했다. 이런 방법 중에서 다른 것보다 좀 더 쉬운 구현 방법을 찾아보자. 무어의 구간 연산에 관한 책을 참고하자(Moore 1966).

❸ 3.15 L 시스템을 구현하라. 그래픽에서 초목을 절차적으로 모델링하는 데 굉장히 성공적인 기술은 Alvy Ray Smith(1984)가 가지 치는 초목 구조를 모델링하기 위해 린덴메이어Lindenmayer 시스템(L 시스템)을 적용해서 시작했다. 프루신키비크츠Prusinkiewicz와 동료들은 좀 더 다양한 종류의 초목과 그 모습을 결정하는 효과를 포함해 이를 일반화했다(Prusinkiewicz 1986; Prusinkiewicz, James, Mech 1994; Deussen et al. 1998; Prusinkiewicz et al. 2001). L 시스템은 이런 종류 모양의 가지 치는 구조를 문법으로 표현한다. 문법은 초목의 위상적 표현을 묘사하는 표현식을 평가하고, 기하학적 표현으로 변환할 수 있다. 문법을 입력으로 받아 렌더링 시간에 필요할 때 묘사된 모양을 생성하는 L 시스템 기본체를 `pbrt`에 추가하라.

❶ 3.16 주어진 임의 점 (x, y, z)에 대해서 (2, 1, 4)의 크기 변환을 적용했을 때 방정식 (3.16)으로 주어지는 오차의 경계는 어떻게 되는 것인가? 얼마나 많은 오차가 실제로 생성되는가?

❷ 3.17 2차 곡면 모양은 교차 테스트에서 계산된 t 값 안의 오차를 한정해 광선 원점 뒤의 교차가 실제 교차로 잘못 보고되지 않게 하기 위해 모두 `EFloat` 클래스를 사용한다. 첫째, 일반 `Float`를 사용해 하나 이상의 2차 곡면을 포함한 장면을 렌더링할 때의 성능 차이를 측정하라. 다음으로 수동으로 3.9.6절 안의 삼각형

에서 처리한 것처럼 해당 모양에 대해 계산된 t 값에 대한 보존적 오차 경계를 유도하라. 이 방식으로 구현하라. 유도가 옳은지 경험적으로 테스트하기 위해 EFloat 클래스를 사용하는 것이 유용할 것이다. 구현의 성능 차이를 측정하자.

❷ 3.18 현재 Triangle 모양 구현의 밀폐성을 무산시키는 한 가지 세부 사항이 있다. 삼각형 정점의 이동과 크기 조절은 반올림 오차를 생성해서 삼각형의 경계 상자의 범위에 고려돼야 한다. Woop et al.(2013)의 3.3절에서 논의(와 해법)를 보자. 이 단점을 해결하는 해법을 포함해 pbrt를 수정하자. 이 수정으로 인해 생기는 작은 이미지 오류가 제거되는 장면을 찾을 수 있는가?

❸ 3.19 카메라 공간에서 렌더링하라. 부동소수점 산술이 원점에 가까울수록 더 많은 정밀도를 제공하기에 장면을 카메라가 원점에 있는 좌표계로 변화하는 것은 부동소수점 정밀도의 부족으로 인한 오차의 영향을 줄여준다(예를 들어 월드 공간에서 카메라가 2 단위 떨어진 단위원을 바라보는 장면의 렌더링에서 카메라가 (100000, 100000, 100000)에 위치한 것과 원점에 위치한 것의 차이를 생각해보자. 후자의 경우가 교차점을 표현하기에 더 많은 정밀도 비트가 가용하다).

pbrt를 현재처럼 월드 공간이 아닌 카메라 공간에서 렌더링 계산을 수행하도록 수정하자. Camera 구현이 카메라 공간 광선을 반환하도록 수정하고, 광선을 카메라 공간에서 물체 공간으로 변환하도록 모양들을 수정해야 한다. TriangleMeshe의 정점을 모두 카메라 공간에서 변환해야 할 것이다. 구현의 성능을 pbrt의 수정하지 않은 버전과 비교해보고 다양한 장면에 대해 두 시스템으로 렌더링해 보자(특히 카메라가 월드 공간의 원점에서 먼 장면을 렌더링하자). 어떤 종류의 이미지 차이를 볼 수 있는가?

CHAPTER FOUR

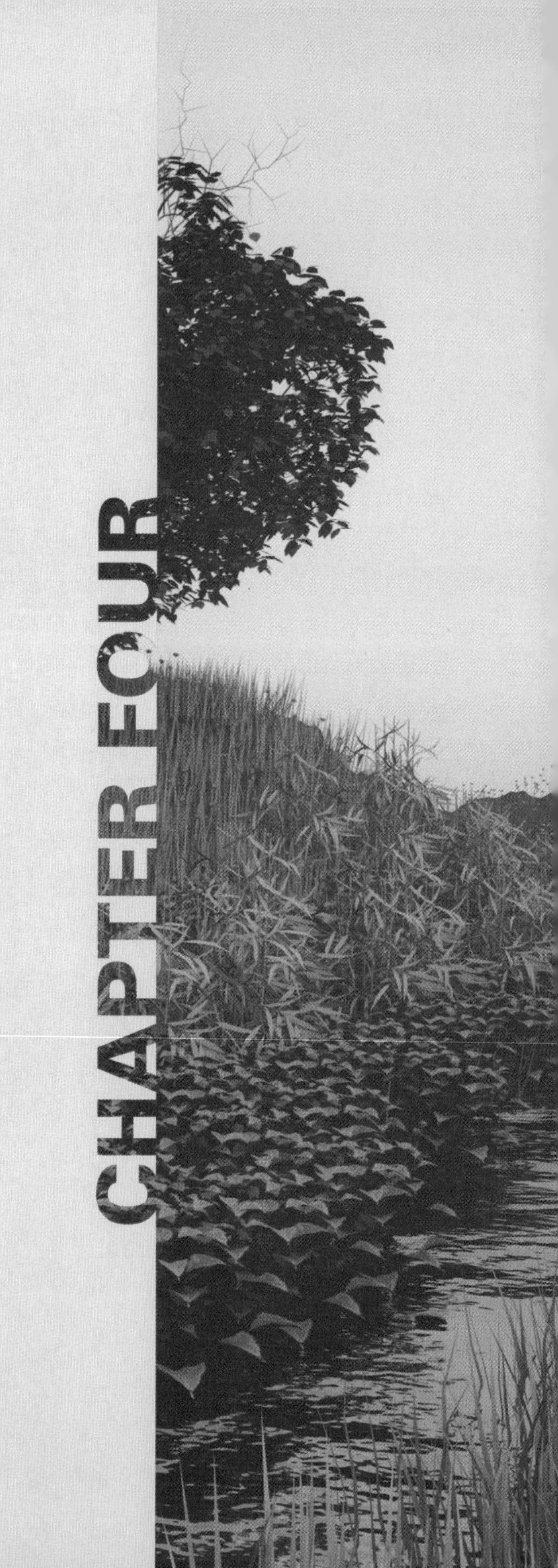

04 기본체와 교차 가속

3장에서 설명한 클래스는 3D 물체의 기하학적 특성을 표현하는 데에만 집중했다. Shape 클래스가 교차나 경계 같은 기하학적 연산에 대해 쉬운 추상화를 제공하지만, 장면에서 물체를 완전히 표현하기엔 정보가 부족하다. 예를 들어 각 모양의 외관을 표현하기 위해 재질 특성을 연결해야 한다. 이를 위해 4장에서는 Primitive 추상 기반 클래스와 다양한 구현을 소개한다.

직접 렌더링되는 모양은 GeometricPrimitive 클래스로 표현된다. 이 클래스는 Shape와 외관 특성의 설명을 연결한다. 이를 통해 pbrt의 기하학적 부분과 음영적 부분은 깨끗하게 분리되며, 외관 특성은 Material 클래스에서 9장의 설명처럼 캡슐화된다.

TransformedPrimitive 클래스는 장면에서 Shape의 추가적인 두 가지 일반적 사용인 움직이는 변환 행렬과 물체 인스턴싱을 다루며, 이는 같은 기하 구조를 가진 다른 위치에 있는 인스턴스들을 포함한 장면(그림 4.1 같은)의 메모리 요구량을 크게 줄일 수 있다. 이 기능들을 구현하는 것은 기본적으로 Shape의 월드 공간과 실제 장면 월드 공간 사이의 추가적인 변환 행렬을 삽입할 필요가 있다. 그러므로 둘 다 하나의 클래스에서 다룬다.

4장에서는 또한 많은 Primitive를 담아둘 수 있는 Aggregate 기본 클래스를 도입한다. pbrt는 장면에서 모든 n개의 물체에 대해서 광선에 대한 교차의 $O(n)$ 복잡도를 더 줄일 수 있는 자료 구조인 가속 구조의 기반으로 이 클래스를 사용한다. 대부분의 광선은 몇 개의 기본체[Primitive]와 교차하고, 다른 것들은 큰 거리로 교차하지 않는다. 교차 가속 기법이 기본체의 묶음을 한 번에 제거할 수 있다면 각 기본체를 매번 각 광선에 대해 테스트하는 것에 비해 본질적인 성능 향상이 이뤄진다. Primitive 인터페이스를 재사용하는 장점은 pbrt가 한 종류의 가속기가 다른 종류의 가속기를 가지는 혼합적인 방법을 쉽게 지원할 수 있다는 점이다.

그림 4.1 이 야외 장면은 장면 묘사를 압축하기 위한 기법으로 인스턴싱을 많이 사용했다. 단지 2400만 개의 고유한 삼각형이 장면에 존재하지만, 인스턴싱을 통해 물체를 재사용해서 전체 기하학적 복잡도는 31억 삼각형이다.

4장에서는 장면의 물체를 감싸는 계층적 경계 상자에 기반을 둔 BVHAccel, 그리고 적응적 재귀 공간 세분에 기반을 둔 KdTreeAccel의 2가지 가속기를 설명한다. 다른 많은 가속 구조가 제안됐지만, 현재 대부분의 레이트레이서는 이 둘 중 하나를 사용한다. 4장의 끝의 '더 읽을거리' 절에서 다른 가능성에 대한 확장된 참조를 찾아보자.

4.1 기본체 인터페이스와 기하학적 기본체

추상 Primitive 기본 클래스는 pbrt의 기하 구조 처리와 음영 하부 시스템을 연결한다.

```
<Primitive Declarations> ≡
class Primitive {
public:
    <Primitive Interface 331>
};
```

Primitive 인터페이스는 Shape에 비슷하게 대응되는 다양한 기하학적 루틴을 가진다. 먼저 Primitive::WorldBound()는 기본체의 기하 구조를 월드 공간에서 감싸는 상자를 반환한다. 이런 경계에 대한 여러 가지 사용법이 있다. 가장 중요한 것은 Primitive를 가속 자료 구조에 넣는 것이다.

<Primitive Interface> ≡ 330

```
virtual Bounds3f WorldBound() const = 0;
```

다음의 두 메서드는 광선 교차 테스트를 제공한다. 두 기반 클래스 사이의 한 가지 차이점은 Shape::Intersect()가 교차점에 대한 광선을 따른 매개변수 거리를 Float * 출력 변수에 반환하지만, Primitive::Intersect()는 교차점을 찾으면 Ray::tMax를 이 값으로 갱신한다.

<Primitive Interface> +≡ 330

```
virtual bool Intersect(const Ray &r, SurfaceInteraction *) const = 0;
virtual bool IntersectP(const Ray &r) const = 0;
```

교차점을 찾는 것과 함께 Primitive의 Intersect() 메서드는 추가 SurfaceInteraction 멤버 변수를 초기화하며, 광선에 충돌하는 Primitive의 포인터도 초기화한다.

<SurfaceInteraction Public Data> +≡ 179

```
const Primitive *primitive = nullptr;
```

Primitive 객체는 비기하학적 특성에 관련된 몇 가지 메서드 또한 갖고 있다. 우선 Primitive::GetAreaLight()는 기본체 자체가 광원이면 AreaLight에 기본체의 방출 분포를 설명하는 포인터를 가진다. 기본체가 방출하지 않으면 이 메서드는 nullptr을 반환해야 한다.

<Primitive Interface> +≡ 248

```
virtual const AreaLight *GetAreaLight() const = 0;
```

GetMaterial()은 기본체에 할당된 재질 인스턴스에 대한 포인터를 반환한다. nullptr이 반환되면 기본체에 대한 광선 교차는 무시된다. 기본체는 이 경우 반투명 매질에 대한 공간의 입체를 설명하는 데만 사용된다. 이 메서드는 또한 두 광선이 같은 물체에 교차했는지 확인할 때 Material 포인터를 비교해 확인하는 데 사용된다.

<Primitive Interface> +≡ 330

```
virtual const Material *GetMaterial() const = 0;
```

3번째 재질 관련 메서드 ComputeScatteringFunctions()는 표면 위 교차점에서 재질의 빛 산란 특성의 표현을 초기화한다. BSDF 객체(9.2절에서 소개)는 교차점에서의 지역 빛 산란 특성을 설명한다. 또한 적용 가능하면 이 메서드는 BSSRDF를 초기화하며, 이는 기본체 안에서 표면 밑 산란, 즉 표면의 들어간 점에서 멀리 떨어진 곳으로 나오는 빛을 설명한다. 표면 밑 빛 전송이 금속, 천, 플라스틱 같은 물체의 표현에 거의 영향을 주지 않지만, 이는 피부 같은 생물학적 제질, 우유 같은 탁한 액체 등에 대한 주요한 빛 산란 메커니즘이다. BSSRDF는 15절에서 다루는 경로 추적 알고리즘의 확장으로서 지원된다.

BSSDF나 BSSRDF를 위한 메모리를 할당하기 위한 MemoryArena에 추가로, 이 메서드는 이 교차점을 찾은 광선 경로가 카메라에서 시작했는지 광원에서 시작했는지 표기하는 TransportMode 열거형을 받는다. 이는 16.1절에서 더 자세히 다루며, 재질 모델의 일부분이 어떻게 계산되는지에 중요한 영향을 미친다. allowMultipleLobes 매개변수는 어떻게 BRDF의 일부 형이 표현되는지를 조절한다. 이는 9.2절에서 더 자세히 다룬다. 9.1.1.절은 BSDF 메모리 할당을 위한 MemoryArena의 사용에 대해 더 자세히 다룬다.

<Primitive Interface> +≡ 330

```
virtual void ComputeScatteringFunctions(SurfaceInteraction *isect,
    MemoryArena &arena, TransportMode mode,
    bool allowMultipleLobes) const = 0;
```

점에 대한 BSDF와 BSSRDF 포인터는 ComputeScatteringFunctions()에 전달된 SurfaceInteraction에 저장된다.

<SurfaceInteraction Public Data> +≡ 179

```
BSDF *bsdf = nullptr;
BSSRDF *bssrdf = nullptr;
```

4.1.1 기하학적 기본체

GeometricPrimitive 클래스는 장면에서 구와 같은 하나의 모양을 나타낸다. 하나의 GeometricPrimitive는 사용자가 제공한 장면 묘사에 있는 각 모양에 대해 할당된다. 이 클래스는 core/primitive.h와 core/primitive.cpp에 구현돼 있다.

<GeometricPrimitive Declarations> ≡

```
class GeometricPrimitive : public Primitive {
public:
    <GeometricPrimitive Public Methods>
private:
    <GeometricPrimitive Private Data 333>
};
```

각 GeometricPrimitive는 Shape와 Material에 대한 참조를 가진다. 게다가 pbrt의 기본체는 광원일 수 있기에 방사 특성에 관한 정보를 가진 AreaLight에 대한 포인터를 저장한다

(기본체가 빛을 방사하지 않으면 포인터는 NULL이다). 마지막으로 MediumInterface 특성은 기본체 안팎에서의 반투명 매질에 대한 정보를 부호화한다.

<GeometricPrimitive Private Data> ≡ 332

```
std::shared_ptr<Shape> shape;
std::shared_ptr<Material> material;
std::shared_ptr<AreaLight> areaLight;
MediumInterface mediumInterface;
```

GeometricPrimitive 생성자는 단지 매개변수를 통해 이 변수들을 초기화한다. 그 과정은 명백하기에 여기에 수록하지 않는다.

Intersect()는 실제 기하학적 교차 테스트를 위해 갖고 있는 Shape의 Shape::Intersect()를 호출하고, 교차점이 존재하면 그에 대한 Intersection 객체를 초기화한다. 또한 Ray::tMax 멤버를 갱신하기 위해 반환된 매개변수적 충돌 거리를 사용한다. 가장 가까운 충돌 거리를 Ray::tMax에 저장하는 주된 이점은 광선에서 이미 발견된 교차점보다 먼 기본체에 대해 교차 테스트를 회피하기 쉽다는 점이다.

<GeometricPrimitive Method Definitions> ≡

```
bool GeometricPrimitive::Intersect(const Ray &r,
        SurfaceInteraction *isect) const {
    Float tHit;
    if (!shape->Intersect(r, &tHit, isect))
        return false;
    r.tMax = tHit;
    isect->primitive = this;
    <Initialize SurfaceInteraction::mediumInterface after Shape intersection 820>
    return true;
}
```

여기에 GeometricPrimitive의 WorldBound(), IntersectP(), CanIntersect(), Refine() 메서드의 구현은 기록하지 않는다. 이 메서드는 요청을 Shape에 전달하기만 한다. 비슷하게 GetAreaLight()는 GeometricPrimitive::areaLight를 반환하기만 한다.

마지막으로 ComputeScatteringFunctions() 메서드는 요청을 Material에 전달한다.

<GeometricPrimitive Method Definitions> +≡

```
void GeometricPrimitive::ComputeScatteringFunctions(
        SurfaceInteraction *isect, MemoryArena &arena, TransportMode mode,
    bool allowMultipleLobes) const {
```

```
        if (material)
            material->ComputeScatteringFunctions(isect, arena, mode,
                    allowMultipleLobes);
    }
```

4.1.2 TransformedPrimitive 물체 인스턴싱과 애니메이션 기본체

TransformedPrimitive는 하나의 Primitive와 함께 내부 기본체와 장면에서의 표현 사이에 본질적으로 삽입되는 AnimatedTransform을 포함한다. 이 추가적인 변환은 물체 인스턴싱과 이동하는 변환을 가진 기본체라는 두 가지 유용한 기능을 가능하게 한다.

물체 인스턴싱은 렌더링의 고전적인 기법으로, 하나의 기하 구조 묶음의 변환된 복사본을 장면의 여러 위치에서 재사용한다. 예를 들어 수천 개의 동일한 좌석이 있는 콘서트 홀 모델에서 장면 묘사 파일은 한 좌석의 공유하는 기하학적 표현을 모든 좌석이 참조하면 엄청나게 압축할 수 있다. 그림 4.1의 생태계 장면은 23,341개의 다양한 종류의 개별 초목을 갖고 있지만, 31가지의 고유한 초목 모델만이 존재한다. 각 초목 모델은 각각 다른 변환을 사용해서 인스턴싱되기에 완전한 장면은 전체 31억 개의 삼각형을 갖지만, 2,400만 삼각형만 메모리에 저장된다. 이 장면을 렌더링할 때 물체 인스턴싱을 사용할 경우 pbrt는 대략 7GB의 메모리를 사용하지만(1.7GB BVH, 2.3GB 삼각형 메시, 3GB 텍스처 맵), 인스턴싱을 사용하지 않으면 516GB로 메모리 사용이 증가한다.

애니메이션 변환은 AnimatedTransform 클래스를 이용해 장면에서 기본체의 강체rigid-body 애니메이션을 가능하게 한다. 애니메이션 변환에 의한 모션 블러를 보여주는 그림 2.15를 살펴보자.

3장의 Shape는 장면에서 자신을 위치시키기 위해 물체에서 월드 변환을 갖고 있다는 것을 기억하자. TransformedPrimitive가 가진 모양이라면 그의 월드 공간에 대한 개념은 실제 장면 월드 공간이 아니다. TransformedPrimitive의 변환이 적용된 뒤에야 모양은 실제로 월드 공간에 존재한다. 여기서 사용할 때 모양은 적용되는 추가 변환에 대해 알지 못한다. 움직이는 모양에 대해 애니메이션 변환의 모든 처리를 한 클래스로 분리하는 것이 모든 Shape가 AnimatedTransform을 지원하게 하는 것보다 간단하다. 비슷하게 인스턴싱된 기본체의 경우 Shape가 모든 인스턴스 변환에 대해 알게 하는 것은 제한적이다. TriangleMesh가 각 인스턴스 변환에 대해 정점 위치의 복사본을 갖고 그들을 월드 공간으로 변환하게 된다면 물체 인스턴싱의 메모리 절약이 사라진다.

<TransformedPrimitive Declarations> ≡

```
class TransformedPrimitive : public Primitive {
public:
    <TransformedPrimitive Public Methods 335>
private:
    <TransformedPrimitive Private Data 335>
};
```

TransformedPrimitive 생성자는 모델을 표현하는 Primitive와 장면에서 이것을 위치시키는 변환을 받는다. 기하 구조가 여러 개의 Primitive로 묘사될 경우 호출하는 코드가 Aggregate 클래스에 이를 넣어서 하나의 Primiitive로 넘긴다. 필요한 집합체aggregate를 생성하는 코드는, 기본체 인스턴스에 대해서는 부록 B.3.6절의 pbrtObjectInstance() 함수를 참고하고, 움직이는 모양에 대해서는 B.3.5절의 pbrtShape() 함수를 참고하자.

<TransformedPrimitive Public Methods> ≡ 335

```
TransformedPrimitive(std::shared_ptr<Primitive> &primitive,
        const AnimatedTransform &PrimitiveToWorld)
    : primitive(primitive), PrimitiveToWorld(PrimitiveToWorld) { }
```

<TransformedPrimitive Private Data> ≡ 335

```
std::shared_ptr<Primitive> primitive;
const AnimatedTransform PrimitiveToWorld;
```

TransformedPrimitive의 핵심적인 역할은 구현한 Primitive 인터페이스와 실제 기본체의 포인터를 가진 Primitive를 추가적인 변환 행렬의 효과를 고려해서 연결해주는 것이다. TransformedPrimitive의 PrimitiveToWorld 변환은 월드 공간에서 이 특정 기하 구조 인스턴스의 좌표계로의 변환을 정의한다. primitive 멤버가 자체 변환을 갖고 있으면 이는 물체 공간에서 TransformedPrimitive 좌표계로의 변환으로 간주된다. 월드 공간으로의 완전한 변환은 이 두 변환이 둘 다 필요하다.

그러므로 TransformedPrimitive::Intersect() 메서드는 주어진 광선을 기본체의 좌표계로 변환해 변환된 광선을 기본체의 Intersect() 루틴에 전달한다. 충돌이 확인되면 변환된 광선의 tMax 값을 Intersect()에 전달된 원래 광선 r에 복사한다.

<TransformedPrimitive Method Definitions> ≡

```
bool TransformedPrimitive::Intersect(const Ray &r,
        SurfaceInteraction *isect) const {
    <Compute ray after transformation by PrimitiveToWorld 336>
    if (!primitive->Intersect(ray, isect))
```

```
        return false;
    r.tMax = ray.tMax;
    <Transform instance's intersection data to world space 336>
    return true;
}
```

광선을 변환하기 위해 광선의 시간에 기반을 두고 변환을 보간해야 한다. 광선 r을 월드 공간에서 기본체 공간으로 변환하고 싶더라도 여기서 실제로 PrimitiveToWorld를 보간해서 결과 Transform의 역을 취하면 해당 변환을 얻게 된다. 이 놀라운 방식은 2.9.3절에서 극좌표 분해 기반 변환 보관 알고리즘이 동작하는 방식이기도 하다. 보간된 PrimitiveToWorld의 역은 종종 그 역을 보간한 것, 즉 직접 움직이는 세계에서 기본체 변환을 보간한 것과 같은 결과를 주지 않는다. Primitive::WorldBound()가 PrimitiveToWorld를 기본체 경계 상자를 계산하는 데 사용하기에 여기서 PrimitiveToWorld 역시 일관성을 위해 보간해야 한다.

```
<Compute ray after transformation by PrimitiveToWorld> ≡                    335
    Transform InterpolatedPrimToWorld;
    PrimitiveToWorld.Interpolate(r.time, &InterpolatedPrimToWorld);
    Ray ray = Inverse(InterpolatedPrimToWorld)(r);
```

마지막으로, 교차점의 SurfaceInteraction도 월드 공간으로 변환돼야 한다. Primitive의 교차 멤버는 이미 월드 공간 개념에서 변환된 SurfaceInteraction을 갖고 있으므로, 여기서는 추가 변환의 효과를 적용하는 것으로 충분하다.

```
<Transform instance's intersection data to world space> ≡                   336
    if (!InterpolatedPrimToWorld.IsIdentity())
        *isect = InterpolatedPrimToWorld(*isect);
```

나머지 기하학적 Primitive 메서드는 TransformedPrimitive의 변환으로 비슷하게 변환된 결과와 함께 공유 인스턴스로 전달됐다.

```
<TransformedPrimitive Public Methods> +≡                                    335
    Bounds3f WorldBound() const {
        return PrimitiveToWorld.MotionBounds(primitive->WorldBound());
    }
```

TransformedPrimitive의 GetAreaLight(), GetMaterial(), ComputeScattering() 메서드는 결코 호출되지 않는다. 대신 광선이 실제로 충돌하는 기본체의 대응하는 메서드가 직접 호출된다. 그러므로 이 메서드에 대한 TransformedPrimitive의 구현을 호출하면(여기 수록하지 않는다) 실행 시간 오류가 발생한다.

4.2 집합체

가속 구조는 모든 레이트레이서의 핵심적인 요소다. 필요 없는 광선 교차 테스트의 수를 줄이지 않고서는 장면을 통해 하나의 광선을 추적하는 것은 모든 기본체에 대해 한 번씩 가장 가까운 교차점을 테스트해야 하므로, 장면에 있는 모든 기본체의 수에 선형 비례하는 시간이 걸린다. 하지만 이렇게 처리하는 것은 대부분의 장면에 대해 광선이 방대한 기본체 대부분의 근처도 지나지 않으므로 엄청나게 낭비적이다. 가속 구조의 목표는 빠르고, 동시적인 기본체의 집단을 제거하고, 검색 과정에서 가까운 교차점을 먼저 발견해 멀리 있는 교차점을 잠재적으로 무시하게 순서를 배치하는 것이다.

광선-물체 교차는 레이트레이서의 실행 시간 대부분을 차지하므로, 광선 교차 가속 알고리즘에 대한 상당한 양의 연구가 이뤄졌다. 모든 연구 작업을 탐색하진 않겠지만, 관심 있는 독자를 위해 4장 끝의 '더 읽을거리' 절에서 참고 문헌과 특히 레이트레이싱 가속에 대한 다양한 접근법의 분류 체계를 도입한 『An Introduction to Ray Tracing』(Glassner 1989a)의 아르포와 커크(Arvo and Kirk)의 장을 소개한다.

광범위하게 말하면 이 문제에 대해 공간 세분과 물체 세분이라는 두 가지 핵심 접근법이 있다. 공간 세분 알고리즘은 3D 공간을 영역으로 분해해(예, 장면의 축 정렬 격자를 겹쳐서) 어떤 기본체가 어떤 영역에 겹치는지 저장한다. 일부 알고리즘에선 영역도 겹쳐진 기본체의 수에 기반을 두고 적응적으로 세분된다. 광선 교차점을 찾아야 할 때 광선이 지나가는 일련의 영역들이 계산돼 이 영역에 위치하는 기본체가 교차점을 위해 테스트된다.

반대로 물체 세분은 장면의 물체를 계속적으로 구성 물체의 더 작은 집합으로 쪼개는 방법에 기반을 둔다. 예를 들어 방 모델은 4개의 벽과 천장, 의자로 쪼개질 수 있다. 광선이 방의 경계 상자에 교차하지 않는다면 모든 기본체를 제외할 수 있다. 그렇지 않을 경우 광선은 각각에 대해 교차 테스트를 수행한다. 의자의 경계 상자에서 충돌한다면 다시 의자의 각 다리, 좌석, 등받이에 대해 테스트하고, 아니면 의자를 제외한다.

이 두 가지 접근법은 일반적인 광선 교차 계산 요구 사항을 해결하는 데 굉장히 성공이었으며, 하나를 선호할 만한 근본적인 이유는 없다. `GridAccel`과 `KdTreeAccel`은 공간적 세분 방법에 기반을 두고, `BVHAccel`은 물체 세분에 기반을 둔다.

Aggregate 클래스는 Primitive 객체를 묶기 위한 인터페이스를 제공한다. Aggregate 자신이 Primitive 인터페이스를 구현하므로 pbrt의 다른 부분에서 교차 가속을 위한 특별한 지원은 필요 없다. Integrator는 장면에 단지 하나의 Primitive가 있는 것으로 간주하고, 교차점을 확인할 때 실제로 어떻게 찾는지 걱정할 필요가 없다. 더욱이 가속을 이런 식으로 구현하는 것으로, 새로운 가속 기법을 실험할 때 새로운 Aggregate 기본체를 pbrt에 추가하기만 하면 된다.

```
<Aggregate Declarations> ≡
    class Aggregate : public Primitive {
    public:
        <Aggregate Public Methods>
    };
```

TransformedPrimitives와 마찬가지로 Aggregate 교차 루틴은 Intersection::primitive 포인터를 기본체를 가진 집합체가 아닌, 실제로 광선이 충돌한 기본체로 설정한다. pbrt가 이 포인터에 충돌하는 기본체의 정보를 얻기 위해 사용하므로(반사, 방출 특성), Aggregate의 GetAreaLight(), GetMaterial(), ComputeScatteringFunctions() 메서드는 결코 호출되지 않으며, 구현(여기 포함하지 않는다)은 실행 시간 오류를 발생시킨다.

4.3 경계 입체 계층

경계 입체 계층[BVH, Bounding Volume Hierarchies]은 기본체 세분에 기반을 둔 광선 교차 가속 방법으로, 기본체가 분해된 집합의 계층으로 나눠진다(반대로 공간 세분은 보통 공간을 분해된 집합의 계층으로 공간을 나눈다). 그림 4.2는 단순한 장면의 경계 입체 계층을 보여준다. 기본체는 잎[leaf]에 저장돼 있으며, 각 노드[node]는 그 아래 노드에 있는 기본체의 경계 상자를 저장한다. 그러므로 광선이 트리[tree]를 횡단할 때 노드의 경계를 교차하지 않을 경우 그 노드 아래의 서브트리는 생략할 수 있다.

기본체 세분의 한 가지 특성은, 각 기본체는 모든 계층에서 한 번만 보인다는 점이다. 반대로 기본체는 공간 분할의 다중 공간 영역에 중첩될 수 있으며, 광선이 지나가는 동안 여러 번 테스트될 수 있다.[1] 이 특성은 또한 기본체 분할 계층을 나타내는 메모리의 사용량이

1. 우편함(mailboxing) 방식을 사용하면 공간 세분을 이용하는 가속기의 이런 여러 번의 교차를 막을 수 있지만, 멀티스레딩 때문에 구현은 복잡하다. 우편함에 대한 더 많은 정보는 '더 읽을거리' 절을 참조하자.

한정된다는 것을 암시한다. 이진 BVH는 각 잎에 하나의 기본체를 저장하며, 전체 노드의 수는 n이 기본체의 수일 때 $2n-1$이며, n 잎 노드와 $n-1$ 내부 노드가 존재한다. 잎이 기본체 여러 개를 저장하면 더 적은 노드로 충분하다.

BVH는 일반적으로 kd 트리를 생성하는 것보다 더 효율적이며, kd 트리는 일반적으로 BVH보다 약간 빠른 교차 계산을 제공하지만 생성하는 시간이 훨씬 길다. 반면 BVH는 수치적으로 좀 더 안정적이며, kd 트리보다 미묘한 반올림 오류로 인한 교차점 손실에 좀 더 안전하다.

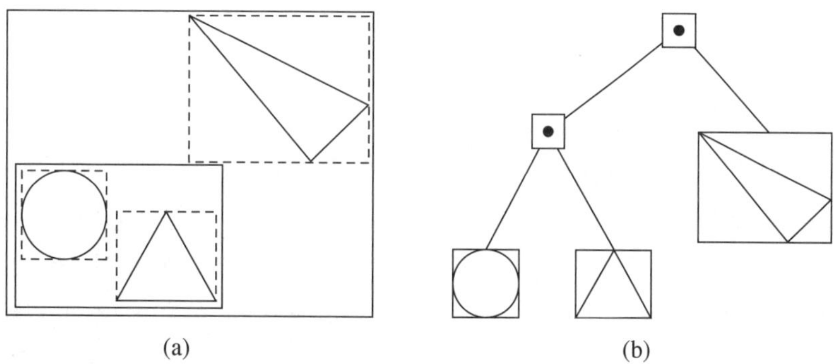

그림 4.2 단순한 장면에 대한 경계 입체 계층. (a) 기본체의 작은 모임으로, 경계 상자는 점선으로 보여진다. 기본체는 근접성에 기반을 두고 묶인다. 구와 정삼각형은 전체 장면을 감싸는 경계 상자로 감싸지기 전에 다른 경계 상자로 묶인다(둘 다 실선으로 표시). (b) 대응하는 경계 입체 계층. 뿌리 노드는 전체 장면의 경계를 유지한다. 두 자식 중 하나는 구와 정삼각형을 감싸는 경계 상자를 저장하고(각각을 자식으로 가진다), 다른 하나는 날씬한 삼각형을 갖고 있다.

BVH 가속기인 `BVHAccel`은 accelerators/bvh.h와 accelerators/bvh.cpp에 정의돼 있다. 저장될 기본체와 잎 노드에 존재 가능한 기본체의 최대 수와 함께 트리를 생성하기 위해 기본체를 나눌 때 사용할 네 가지 알고리즘 중에 어떤 알고리즘을 사용할지 결정하는 열거형을 받는다. 기본값인 SAH는 '표면 면적 휴리스틱'(4.3.2절에서 다룬다)에 기반을 둔 알고리즘을 사용한다. 또 다른 방식인 HLBVH는 4.3.3절에서 다루며 더 효율적으로(또 더 쉽게 병렬화해) 생성할 수 있지만, SAH만큼 효율적으로 트리를 생성할 수는 없다. 남은 다른 두 방식은 트리를 생성할 때 좀 더 적은 계산을 필요로 하지만, 상당히 비효율적인 트리를 생성한다.

<BVHAccel Public Types> ≡

```
enum class SplitMethod { SAH, HLBVH, Middle, EqualCounts };
```

<BVHAccel Method Definitions> ≡

```
BVHAccel::BVHAccel(const std::vector<std::shared_ptr<Primitive>> &p,
        int maxPrimsInNode, SplitMethod splitMethod)
    : maxPrimsInNode(std::min(255, maxPrimsInNode)), primitives(p),
```

```
        splitMethod(splitMethod) {
    if (primitives.size() == 0)
        return;
    <Build BVH from primitives 340>
}
```

<BVHAccel Private Data> ≡

```
const int maxPrimsInNode;
const SplitMethod splitMethod;
std::vector<std::shared_ptr<Primitive>> primitives;
```

4.3.1 BVH 생성

여기의 구현에서 BVH 생성에는 세 가지 단계가 있다. 먼저 각 기본체에 대한 경계 정보가 계산되고 트리 생성 동안 사용될 배열에 저장된다. 다음으로 트리를 splitMethod에 선택된 알고리즘을 사용해서 생성한다. 결과는 각 내부 노드가 자식에 대한 포인터를 갖고 각 잎 노드가 하나 이상의 기본체에 대한 참조를 갖는 이진 트리다. 마지막으로 트리는 렌더링 과정에서 사용할 좀 더 간편한 (그리고 좀 더 효율적인) 포인터 없는 표현으로 변환된다(구현은 포인터 없는 표현을 생성 과정 동안 직접 생성하는 것보다 이 방식이 좀 더 단순하다).

<Build BVH from primitives*>* ≡ 340

```
<Initialize primitiveInfo array for primitives 340>
<Build BVH tree for primitives using primitiveInfo 341>
<Compute representation of depth-first traversal of BVH tree 367>
```

BVH에 저장할 각 기본체에 대해 경계 상자의 중심점을 저장하고, 완전한 경계 상자와 BVHPrimitiveInfo 구조 인스턴스의 primitives 배열의 색인을 가진다. 트리를 생성하는 동안 buildData는 재귀적으로 정렬되고, 기본체를 공간적으로 가까운 것끼리 모은 클러스터로 나누기 위해 분리한다.

<Initialize primitiveInfo *array for primitives>* ≡ 340

```
std::vector<BVHPrimitiveInfo> primitiveInfo(primitives.size());
for (size_t i = 0; i < primitives.size(); ++i)
    primitiveInfo[i] = { i, primitives[i]->WorldBound() };
```

<BVHAccel Local Declarations> ≡

```
struct BVHPrimitiveInfo {
    BVHPrimitiveInfo(size_t primitiveNumber, const Bounds3f &bounds)
        : primitiveNumber(primitiveNumber), bounds(bounds),
```

```
        centroid(.5f * bounds.pMin + .5f * bounds.pMax) { }
    size_t primitiveNumber;
    Bounds3f bounds;
    Point3f centroid;
};
```

이제 계층적 생성이 가능하다. HLBVH 생성 알고리즘이 선택됐다면 HLBVHBuild()가 트리를 생성하기 위해 호출된다. 다른 3가지 생성 알고리즘은 모두 recursiveBuild()에서 호출된다. 이 함수들의 첫 호출은 트리에 저장된 모든 기본체에 대해 진행되며, BVHBuildNode 구조체인 트리의 뿌리를 반환한다. 할당되는 트리 노드는 MemoryArena를 이용해 할당되며, 생성된 전체 수는 *totalNodes에 저장된다.

트리 구조 과정의 중요한 부작용은 orderedPrims 매개변수를 통해 새로운 기본체의 포인터 배열이 반환되는 것이다. 이 배열은 잎 노드의 기본체가 연속된 범위로 갖게 하도록 정렬된 순서대로 갖고 있다. 원래 primitives 배열을 트리 생성 후 이 배열로 교체한다.

<Build BVH tree for primitives using primitiveInfo*>* ≡ 340

```
MemoryArena arena(1024 * 1024);
int totalNodes = 0;
std::vector<std::shared_ptr<Primitive>> orderedPrims;
BVHBuildNode *root;
if (splitMethod == SplitMethod::HLBVH)
    root = HLBVHBuild(arena, primitiveInfo, &totalNodes, orderedPrims);
else
    root = recursiveBuild(arena, primitiveInfo, 0, primitives.size(),
                          &totalNodes, orderedPrims);
primitives.swap(orderedPrims);
```

각 BVHBuildNode는 BVH의 노드를 나타낸다. 모든 노드는 노드 아래에 있는 모든 자식의 경계를 저장한 BBox를 갖고 있다., 각 내부 노드는 두 자식의 포인터를 children에 갖고 있다. 내부 노드는 두 자식 노드에 분포시키기 위해 분할에 사용한 좌표축도 저장한다. 이 정보는 횡단 알고리즘의 성능 향상을 위해 사용된다. 잎 노드는 어떤 기본체가 자신에게 저장됐는지 기록해야 한다. BVHAccel::primitives 배열의 firstPrimOffset부터 firstPrimOffset+nPrimitives-1까지의 요소가 잎에 저장된 기본체다(이런 방식을 이용하기 위해 기본체 배열의 재정렬이 필요하며, 각 잎 노드의 가변 크기의 기본체 배열을 저장하는 것 같은 방식을 사용할 수 없다).

```
<BVHAccel Local Declarations> +≡
    struct BVHBuildNode {
        <BVHBuildNode Public Methods 342>
        Bounds3f bounds;
        BVHBuildNode *children[2];
        int splitAxis, firstPrimOffset, nPrimitives;
    };
```

자식 노드가 nullptr인지 아닌지에 따라 잎 노드인지 내부 노드인지 판별한다.

```
<BVHBuildNode Public Methods> ≡                                         342
    void InitLeaf(int first, int n, const Bounds3f &b) {
        firstPrimOffset = first;
        nPrimitives = n;
        bounds = b;
        children[0] = children[1] = nullptr;
    }
```

InitInterior() 메서드는 두 자식 노드의 포인터가 넘겨지므로 이미 생성돼 있어야 하며, 이로 인해 바로 자식의 경계를 알 수 있으므로 내부 노드의 경계를 계산하기 쉽게 한다.

```
<BVHBuildNode Public Methods> +≡                                        342
    void InitInterior(int axis, BVHBuildNode *c0, BVHBuildNode *c1) {
        children[0] = c0;
        children[1] = c1;
        bounds = Union(c0->bounds, c1->bounds);
        splitAxis = axis;
        nPrimitives = 0;
    }
```

recursiveBuild()는 노드 할당에 사용되는 MemoryArena와 BVHPrimitiveInfo 구조체의 배열에 추가해서 범위 [start, end)를 매개변수로 받는다. 이 메서드는 primitiveInfo[start]에서 primitiveInfo[end-1]까지 기본체의 부분집합을 나타내는 BVH를 반환한다. 이 범위가 하나의 기본체만 포함한다면 재귀 호출은 끝나고 잎 노드가 생성된다. 그렇지 않을 경우 배열의 요소를 몇 가지 분할 알고리즘의 하나를 사용해 배열의 요소를 범위로 분할하고 나눠진 부분집합의 범위 [start, mid)와 [mid, end)에 맞게 재정렬한다. 분할이 성공적이면 두 기본체 집합은 각각 재귀 호출로 넘겨지고 그 반환값을 현재 노드의 두 자식으로 설정한다.

totalNodes는 생성된 BVH 노드의 전체 수를 기록한다. 이 숫자는 나중에 좀 더 조밀한 LinearBVHNode를 할당하기 위해 사용된다. 최종적으로 orderedPrims 배열은 트리의 잎 노드에 저장된 기본체 참조를 저장한다. 이 배열은 초기에 비어있으며, 잎 노드가 생성될 때 recursiveBuild()가 거기에 중첩된 기본체를 배열의 끝에 추가해 잎 노드가 이 배열의 오프셋과 중첩된 기본체의 개수만 저장하게 한다. 트리 생성이 끝날 때 BVHAccel::primitives는 여기서 생성된 정렬된 기본체 배열로 교체된다.

```
<BVHAccel Method Definitions> +≡
    BVHBuildNode *BVHAccel::recursiveBuild(MemoryArena &arena,
            std::vector<BVHPrimitiveInfo> &primitiveInfo, int start,
            int end, int *totalNodes,
            std::vector<std::shared_ptr<Primitive>> &orderedPrims) {
        BVHBuildNode *node = arena.Alloc<BVHBuildNode>();
        (*totalNodes)++;
        <Compute bounds of all primitives in BVH node 343>
        int nPrimitives = end - start;
        if (nPrimitives == 1) {
            <Create leaf BVHBuildNode 343>
        } else {
            <Compute bound of primitive centroids, choose split dimension dim 344>
            <Partition primitives into two sets and build children 345>
        }
        return node;
    }
```

```
<Compute bounds of all primitives in BVH node> ≡                          343
    Bounds3f bounds;
    for (int i = start; i < end; ++i)
        bounds = Union(bounds, primitiveInfo[i].bounds);
```

잎 노드에 중첩하는 기본체는 orderedPrims 배열에 덧붙여지며, 잎 노드 객체가 초기화된다.

```
<Create leaf BVHBuildNode> ≡                                    343, 345, 352
    int firstPrimOffset = orderedPrims.size();
    for (int i = start; i < end; ++i) {
        int primNum = primitiveInfo[i].primitiveNumber;
        orderedPrims.push_back(primitives[primNum]);
    }
    node->InitLeaf(firstPrimOffset, nPrimitives, bounds);
    return node;
```

내부 노드의 경우 기본체 모음이 두 자식 서브트리로 나눠져야 한다. n개의 기본체에 대해서 일반적으로 $2n-2$가지의 비어있지 않은 두 집합으로 분할하는 방법이 있다. BVH를 생성할 때 일반적으로 하나의 좌표축을 따라 나누게 되므로, $6n$가지의 분할 방법이 존재한다(각 축마다 각 기본체가 첫 번째 혹은 두 번째 분할 집합에 들어가게 된다).

여기서 기본체를 분할하는 데 사용하는 좌표축을 3개 중에서 하나만 선택해야 한다. 우리는 현재 기본체 집합에 대해 경계 상자 중심에서 가장 큰 편차를 가진 축을 선택한다(다른 방법은 모든 세 개의 축을 시도하고 가장 좋은 결과를 얻는 축을 선택하는 것이지만, 우리의 방식도 실질적으로 잘 동작한다). 이 방식은 실제로 잘 동작한다. 그림 4.3이 이 전략을 보여준다.

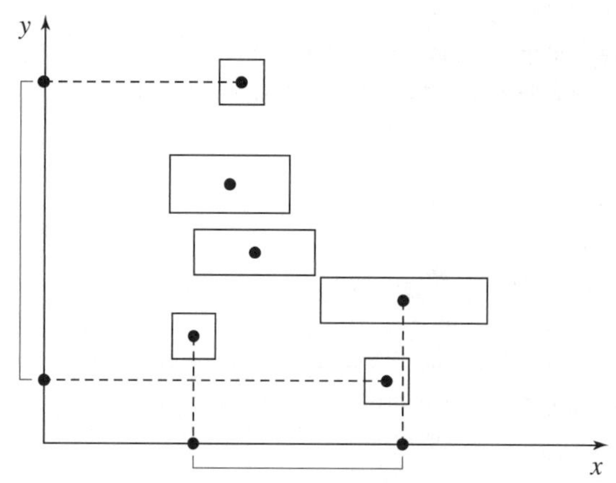

그림 4.3 기본체를 분할하기 위한 축의 선택. BVHAccel은 기본체의 경계 상자의 중심에 대해 가장 넓은 범위를 가진 축을 선택해 기본체 분할에 사용한다. 여기 2차원에서는 y축에 대해 가장 범위가 크므로(축 위의 점들을 보라), 기본체는 y에 대해 분할된다.

여기서 분할의 일반적인 목표는 두 결과 기본체 집합의 경계 상자가 너무 많이 겹치지 않게 하는 것이다. 중대한 중첩이 있을 경우 트리 횡단 동안 두 자식 서브트리를 둘 다 자주 횡단해야 하므로, 기본체의 집합을 잘 가지치기해낸 경우보다 계산량이 많아진다. 효과적인 기본체 분할을 찾는 이 방식은 표면 면적 휴리스틱에서 좀 더 엄격히 다룬다.

<*Compute bound of primitive centroids, choose split dimension* dim> ≡ 343

```
Bounds3f centroidBounds;
for (int i = start; i < end; ++i)
    centroidBounds = Union(centroidBounds, primitiveInfo[i].centroid);
int dim = centroidBounds.MaximumExtent();
```

모든 중심점이 같은 위치(예, 중심 경계가 용적이 0)인 경우 재귀는 중단되고 잎 노드가 생성된다. 이 경우 모든 분할 메서드가 의미 없게 된다. 그렇지 않은 일반적인 경우 기본체는 선택된 분할 방식을 통해서 분할된 후 두 개의 재귀 recursiveBuild( ) 호출로 넘겨진다.

<Partition primitives into two sets and build children> ≡ 343

```
int mid = (start + end) / 2;
if (centroidBounds.pMax[dim] == centroidBounds.pMin[dim]) {
    <Create leaf BVHBuildNode 343>
} else {
    <Partition primitives based on splitMethod>
    node->InitInterior(dim,
                   recursiveBuild(arena, primitiveInfo, start, mid,
                                  totalNodes, orderedPrims),
                   recursiveBuild(arena, primitiveInfo, mid, end,
                                  totalNodes, orderedPrims));
}
```

코드 조각 *<Partition primitives based on* splitMethod>는 BVHAccel::splitMethod의 값만을 이용해서 어떤 기본체 분할 방법을 사용할지 결정하기에 여기에 수록하지 않는다. 세 가지 방식은 바로 이후에 설명하겠다.

단순한 splitMethod는 Middle이며, 분할하는 축에 대한 기본체들에서 중심점의 중간 지점을 먼저 계산하는 방법이다. 이 메서드는 코드 조각 *<Partition primitives through node's midpoint>*에 구현돼 있다. 기본체는 중심이 중간 지점의 위인지 아래인지에 따라 두 집합으로 구분된다. 이 분할은 비교 함수와 배열의 요소들의 범위를 받아 주어진 판단 함수 predicate function에 대해 true를 반환하는 요소들이 false를 반환하는 요소들보다 먼저 나오게 배열을 정렬해주는 std::partition( ) C++ 표준 라이브러리 함수를 이용해서 쉽게 처리된다.[2] 함수는 판단 함수에 대해 false를 반환하는 첫 요소에 대한 포인터를 반환하며, primitiveInfo 배열의 오프셋으로 변환돼 재귀 함수 호출에 사용할 수 있다. 그림 4.4는 이 방식이 잘 작동하는 경우와 그렇지 않은 경우를 보여준다.

2. std::partition( )의 호출에서 primitiveInfo 배열을 색인하는 특별한 표현인 &primitiveInfo[end-1]+1을 사용한다. 코드는 잘 알려지지 않은 이유로 인해 이렇게 작성된다. C와 C++ 프로그래밍 언어에선 배열 요소에 대한 반복이 현재 포인터가 끝 포인터와 같기 전까지 유지하기 위해 배열의 끝 요소에서 한 요소를 넘어간 포인터를 계산하는 것이 가능하다. 그 끝 위치를 단지 & primitiveInfo [end]로 표현하고 싶지만, primitiveInfo는 C++ vector로 할당돼 있으며, 특정 vector 구현에서는 [] 연산자가 배열의 끝을 지나간 오프셋을 요청할 경우 실행 시간 오류를 발생시킨다. 배열의 끝을 하나 넘어간 지점에 대해서 값의 참조를 원하는 것이 아니라 주소를 얻고 싶은 것이므로, 이 연산은 사실상 안전하다. 그러므로 우리는 같은 주소를 여기서 사용한 표현식으로 계산해 vector 오류를 생성하지 않는다.

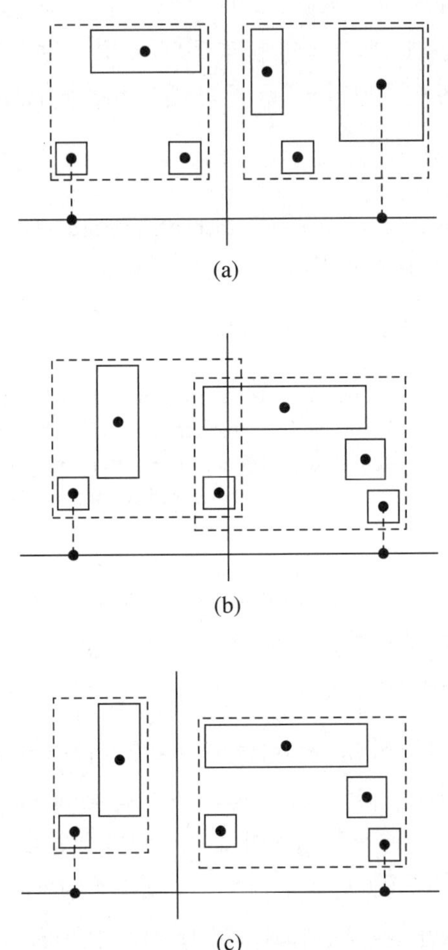

그림 4.4 축의 중심점의 중간 지점에 기반을 둔 기본체 분할. (a) 위에 보여준 것과 같은 기본체의 어떤 분포에서 중심점의 중간 지점을 기반으로 분할하는 것은 잘 작동한다(두 결과 기본체 집합의 경계 상자는 점선으로 표시된다). (b) 이와 같은 분포에서 중간 지점은 차선책이다. 두 결과 경계 상자는 제법 겹쳐진다. (c) (b)에서의 같은 기본체 집합이 여기서 선택된 선을 따라 분할되면 결과 경계 상자는 더 작아서 겹치지 않으며, 렌더링 시 더 좋은 성능을 이끌어 낼 수 있다.

기본체가 모두 넓은 중첩 경계 상자를 가지면 이 분리 메서드는 두 집합으로 기본체를 분리하는 데 실패할 것이다. 이 경우 실행은 SplitMethod::EqualCounts 횟수만큼만 시도하고 실패할 것이다.

<Partition primitives through node's midpoint> ≡

```
Float pmid = (centroidBounds.pMin[dim] + centroidBounds.pMax[dim]) / 2;
BVHPrimitiveInfo *midPtr =
```

```
        std::partition(&primitiveInfo[start], &primitiveInfo[end-1]+1,
            [dim, pmid](const BVHPrimitiveInfo &pi) {
                return pi.centroid[dim] < pmid;
            });
    mid = midPtr - &primitiveInfo[0];
    if (mid != start && mid != end)
        break;
```

splitMethod가 SplitMethod::EqualCounts이면 *<Partition primitives into equallysized subsets>* 코드 조각이 실행된다. 기본체를 두 개의 같은 크기를 가진 부분집합으로 나눠 *n*개의 첫 번째 절반이 선택된 축의 중심점 좌표 값이 작은 *n*/2개로 구성되고, 두 번째 절반이 큰 좌표 값을 가진 *n*/2로 구성되게 한다. 이 접근 방식이 가끔 동작을 잘하지만 그림 4.4(b)는 이 메서드도 제대로 동작하지 않는 경우다.

이 방식 역시 표준 라이브러리 호출인 std::nth_element()를 통해 쉽게 구현할 수 있다. 이는 시작, 중간, 끝 포인터와 비교 함수를 받는다. 함수는 전체 배열이 정렬됐을 때 중간 포인터의 요소가 그 위치에 놓일 요소가 되게 하며, 가운데 값보다 작은 값은 모두 가운데 요소보다 이전에 배치하고, 큰 값은 그 이후에 나오게 배치한다. 이 순서 배치는 *n*개의 요소에 대해 $O(n)$ 시간에 가능하며, 전체 배열을 정렬하는 $O(n \log n)$보다 효율적이다.

<Partition primitives into equally-sized subsets> ≡ 349

```
    mid = (start + end) / 2;
    std::nth_element(&primitiveInfo[start], &primitiveInfo[mid],
                     &primitiveInfo[end-1]+1,
        [dim](const BVHPrimitiveInfo &a, const BVHPrimitiveInfo &b) {
            return a.centroid[dim] < b.centroid[dim];
        });
```

4.3.2 표면 면적 휴리스틱

이전의 두 기본체 분할 방식은 특정 기본체 분포에서는 잘 동작하지만, 실제 상황에서 나쁜 성능을 보여주는 분할을 자쥬 선택해 광선이 방문하는 트리의 노드 수를 늘려 렌더링 시간의 광선-기본체 교차 계산 계산을 쓸데없이 비효율적으로 만들게 된다. 대부분 현존 최고의 레이트레이싱 가속 구조 생성 알고리즘은 "어떤 수의 기본체의 분할이 더 나은 광선-기본체 교차 테스트를 위한 BVH를 생성하는가?", 혹은 "공간 세분 방식에서 어떤 가능한 공간을 나누는 위치들이 더 나은 가속 구조를 생성하는가?" 같은 질문에 대해 잘 기반을 둔 비용 모델을 제공하는 '표면 면적 휴리스틱[SAH]'에 기반을 두고 있다.

SAH 모델은 광선 교차 테스트의 계산 비용을 트리의 노드를 횡단하는 데 사용하는 시간이나 특정 기본체 분할에 대한 광선-기본체 교차 테스트에 사용되는 시간을 포함해 추산한다. 그러면 가속 구조를 생성하는 알고리즘은 전체 비용을 최소화하도록 목표를 설정할 수 있다. 일반적으로 그리디 알고리즘greedy algorithm을 사용해 계층적으로 각각 생성되는 하나의 노드에 대한 비용을 최소화한다.

SAH 비용 모델의 기반이 되는 개념은 단순하다. 적응적 가속 구조(기본체 세분 혹은 공간 세분)를 생성하는 어떤 지점에서도 현재 영역과 기하 구조에 대한 잎 노드를 생성할 수 있다. 이 경우 이 영역을 지나는 어떤 광선도 중첩하는 모든 기본체에 대해 검사하게 될 것이며, 그러므로 발생하는 비용은 다음과 같다.

$$\sum_{i=1}^{N} t_{\text{isect}}(i)$$

N은 기본체의 수, $t_{\text{isect}}(i)$는 i번째 기본체에 대한 광선-물체 교차를 계산하는 시간이다.

다른 선택지는 영역을 나누는 것이다. 이 경우 광선이 발생하는 비용은 다음과 같다.

$$c(A, B) = t_{\text{trav}} + p_A \sum_{i=1}^{N_A} t_{\text{isect}}(a_i) + p_B \sum_{i=1}^{N_B} t_{\text{isect}}(b_i), \tag{4.1}$$

t_{trav}는 내부 노드를 횡단하고 어떤 자식이 광선을 지나가는지 결정하는 데 걸린 시간이며, p_A, p_B는 광선이 각 자식 노드를 지나는 확률(이진 분할을 가정)이며, a_i, b_i는 각 자식 노드의 기본체의 색인, N_A, N_B는 각 자식 노드의 영역에 중첩되는 기본체의 수다. 어떻게 기본체를 분할할지의 선택은 두 확률 값과 각 분할의 기본체 집합에 영향을 미친다.

pbrt에선 단순한 계산을 위해 모든 기본체에 대해 $t_{\text{isect}}(i)$가 같다고 가정한다. 이 가정은 사실 현실과 크게 벗어나지 않으며, 그로 인한 오류도 가속의 성능에 크게 영향을 주지 않는다. 다른 가능성은 Primitive의 교차 테스트에 필요한 CPU 사이클의 추정치를 반환하는 메서드를 추가하는 것이다.

확률 p_A, p_B는 기하학적 확률의 개념에서 계산할 수 있다. 다른 볼록 입체 B 안에 들어있는 볼록 입체 A에 대해 B를 지나는 균일하게 분포된 임의의 광선이 A 또한 지날 조건부 확률은 둘의 표면 면적 s_A, s_B에 대해 다음과 같다.

$$p(A|B) = \frac{s_A}{s_B}$$

노드를 지나는 광선의 비용에 관심이 있으므로, 이 결과를 직접 사용할 수 있다. 그러므로 공간 영역 *A*를 경계 *B*와 *C*라는 두 개의 새 부분 영역으로 세분할 때(그림 4.5) *A*를 지나는 광선이 부분 영역 중 하나를 지날 확률은 쉽게 계산할 수 있다.

`splitMethod`가 `SplitMethod::SAH`를 갖고 있을 때 SAH는 BVH를 생성하는 데 사용되며, 선택한 축에 대해 여러 후보 분할 중 SAH 비용 추산을 최소화하는 기본체의 분할을 선택한다. 이런 방식이 기본이며, 렌더링에 필요한 가장 효율적인 트리를 생성한다. 하지만 적은 수의 기본체로 이미 한 번 세분한 뒤에 구현은 같은 크기의 부분집합으로 분할하도록 변경된다. 이 시점에서 점진적으로 계산하는 SAH 비용 계산은 의미가 없다.

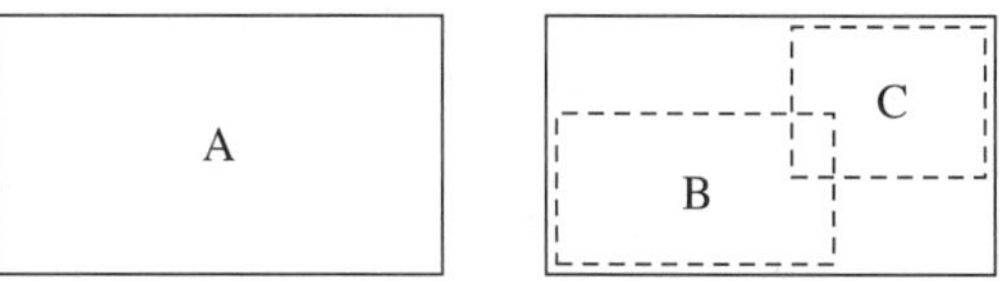

그림 4.5 표면 면적 s_A를 가진 경계 계층 구조의 노드가 표면 면적 s_B, s_C를 가진 두 자식으로 분할되면 A를 지나는 광선이 B, C를 지나는 확률은 각각 s_B/s_A, s_C/s_A다. 둘 중 하나가 비어있지 않은 한 $s_B + s_C > s_A$가 성립한다.

```
<Partition primitives using approximate SAH> ≡
    if (nPrimitives <= 4) {
        <Partition primitives into equally-sized subsets 347>
    }
    else {
        <Allocate BucketInfo for SAH partition buckets 350>
        <Initialize BucketInfo for SAH partition buckets 350>
        <Compute costs for splitting after each bucket 351>
        <Find bucket to split at that minimizes SAH metric 351>
        <Either create leaf or split primitives at selected SAH bucket 352>
    }
```

축에 대한 2*n*개의 가능한 분할에 대해 SAH를 모두 계산해 최적 값을 구하는 대신, 여기서의 구현은 축을 따라 같은 크기의 범위를 가진 적은 수의 버킷[bucket]으로 나눈 뒤 버킷 경계에서의 분할만 고려한다. 이 방식은 모든 분할을 고려하는 것보다 효율적이면서도 거의 비슷하게 효과적인 분할을 생성한다. 그림 4.6에서 이 개념을 보여준다.

<*Allocate* `BucketInfo` *for SAH partition buckets*> ≡ 349

```
constexpr int nBuckets = 12;
struct BucketInfo {
    int count = 0;
    Bounds3f bounds;
};
BucketInfo buckets[nBuckets];
```

범위의 각 기본체에 대해서 중심점이 위치한 버킷을 결정한 뒤 버킷의 경계를 기본체의 경계를 포함하도록 갱신한다.

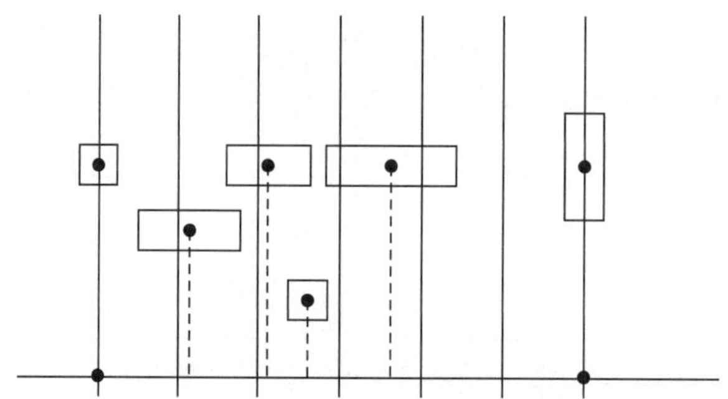

그림 4.6 BVH의 표면 면적 휴리스틱에서의 분할 면 선택. 투사된 기본체에서 경계 중심점의 크기는 선택한 분할 축에 투사된다. 각 기본체는 중심점을 기준으로 버킷에 위치한다. 그 후 각 버킷의 경계(실선)에 대한 면을 따라 기본체 분할 비용을 추산한다. 표면 면적 휴리스틱의 최소 비용을 주는 값이 선택된다.

<*Initialize* `BucketInfo` *for SAH partition buckets*> ≡ 349

```
for (int i = start; i < end; ++i) {
    int b = nBuckets *
            centroidBounds.Offset(primitiveInfo[i].centroid)[dim];
    if (b == nBuckets) b = nBuckets - 1;
    buckets[b].count++;
    buckets[b].bounds = Union(buckets[b].bounds, primitiveInfo[i].bounds);
}
```

각 버킷에 대해서 기본체의 수와 모든 경계 상자의 경계를 갖게 된다. SAH를 사용해 각 버킷 경계에서 나누는 비용을 추산한다. 다음의 코드 조각은 모든 버킷에 대해 반복하며 `cost[i]` 배열을 초기화해 `i`번째 버킷에 대해 분할 후 SAH 비용을 저장한다(마지막 버킷 이후의 분할은 기본체를 분할하지 않으므로 고려할 필요가 없다).

임의로 예상된 교차 비용을 1로 설정하고, 추정 횡단 비용을 1/8로 한다(어느 쪽을 1로 설정해도 상관없으며, 이는 절대적이지 않고 상대적인 값이므로 단지 횡단과 교차에 대한 비용에 대한 척도다). 노드 횡단(광선-경계 상자 교차)을 위한 절대적인 계산량이 모양에 대한 광선의 교차 계산량보다 약간 적지만, pbrt의 광선-기본체 교차 테스트는 두 가상 함수 호출을 통해 상당한 추가 비용을 발생시키므로, 광선-상자 교차보다 8배의 비용을 가진다고 추산한다.

이 계산은 버킷 수 n에 대해 $O(n^2)$ 복잡도를 지니지만, 버킷에 대해 한 방향으로 살피고 다시 반대 방향으로 살피면서 경계와 수를 점진적으로 계산하고 저장하는 선형 시간 구현도 가능하다. 작은 n에 대해 성능 영향은 일반적으로 크게 의미 없으나, 더욱 최적화된 렌더러의 경우 이 비효율성을 처리하는 것이 가치가 있다.

<Compute costs for splitting after each bucket> ≡ 349

```
Float cost[nBuckets - 1];
for (int i = 0; i < nBuckets - 1; ++i) {
    Bounds3f b0, b1;
    int count0 = 0, count1 = 0;
    for (int j = 0; j <= i; ++j) {
        b0 = Union(b0, buckets[j].bounds);
        count0 += buckets[j].count;
    }
    for (int j = i+1; j < nBuckets; ++j) {
        b1 = Union(b1, buckets[j].bounds);
        count1 += buckets[j].count;
    }
    cost[i] = .125f + (count0 * b0.SurfaceArea() +
                       count1 * b1.SurfaceArea()) / bounds.SurfaceArea();
}
```

모든 비용에 대해서 cost 배열에 대한 선형 탐색으로 최소 비용의 분할을 찾는다.

<Find bucket to split at that minimizes SAH metric> ≡ 349

```
Float minCost = cost[0];
int minCostSplitBucket = 0;
for (int i = 1; i < nBuckets - 1; ++i) {
    if (cost[i] < minCost) {
        minCost = cost[i];
        minCostSplitBucket = i;
    }
}
```

찾아낸 분할을 위해 선택된 버킷 경계가 현재 있는 기본체로 노드를 생성하는 것보다 낮은 추산 비용을 갖거나 노드에게 허용된 기본체의 최대 수를 넘었을 경우 std::partition()

함수를 사용해서 primitiveInfo 배열의 노드를 재배치한다. 이 표준 함수는 판단 함수에 대해 true인 요소들이 false보다 먼저 나오는 것을 보장하고, false를 반환하는 최초 요소의 포인터를 반환한다. 우리는 교차 비용에 대한 추산 비용을 1로 임의로 설정했으므로, 잎 노드를 생성하는 데 드는 비용은 기본체의 수인 nPrimitives와 같다.

<Either create leaf or split primitives at selected SAH bucket> ≡ 349

```
Float leafCost = nPrimitives;
if (nPrimitives > maxPrimsInNode || minCost < leafCost) {
    BVHPrimitiveInfo *pmid = std::partition(&primitiveInfo[start],
            &primitiveInfo[end-1]+1,
            [=](const BVHPrimitiveInfo &pi) {
        int b = nBuckets * centroidBounds.Offset(pi.centroid)[dim];
        if (b == nBuckets) b = nBuckets - 1;
        return b <= minCostSplitBucket;
    });
    mid = pmid - &primitiveInfo[0];
} else {
    <Create leaf BVHBuildNode 343>
}
```

4.3.3 선형 경계 입체 계층

경계 입체 계층을 생성할 때 표면 면적 휴리스틱을 사용하면 매우 좋은 결과를 얻지만, 이 방식은 두 가지 단점이 있다. 첫째, 모든 트리의 단계에 대해 SAH 비용을 계산하기 위해서 장면 기본체에 대해 많은 반복이 필요하다. 둘째, 위에서 아래로의 BVH 생성은 병렬화가 어렵다. 가장 명백한 병렬화 방식인 개별 하위 트리의 생성을 병렬로 처리하는 것은 트리의 상위 몇 단계가 생성되기 전까지 제한된 독립 작업만이 가능해서 이는 결과적으로 병렬 확장성을 억제한다(두 번째 이슈는 특히 대규모 병렬화가 가용하지 않을 경우 느리게 동작하는 GPU에서 문제가 된다).

선형 경계 입체 계층LBVH, Linear Bounding Volume Hierarchies는 이 이슈를 처리하기 위해 개발됐다. LBVH의 경우 트리는 기본체에 대한 작은 수의 가벼운 반복으로 생성된다. 트리 생성 시간은 기본체의 수에 선형적이다. 더욱이 알고리즘은 빠르게 개별적으로 처리 가능한 클러스터로 기본체를 분할한다. 이 처리는 또한 상당히 쉽게 병렬화 가능해 GPU 구현에 적합하다.

LBVH의 핵심 개념은 BVH 생성을 정렬 문제로 변환하는 것이다. 다차원 자료를 정렬하는 데 단일 순서 함수가 없으므로 LBVH는 모톤 코드Morton code에 기반을 두며, 이는 n차원의 점을 명백한 순서 함수가 있는 1D 선 위에 있는 근처의 점으로 연결한다. 기본체가 정렬된 뒤에 공간적으로 근처인 기본체의 클러스터는 정렬된 배열에서 연속된 선분 안에 있다.

모톤 코드는 단순한 변환에 기반을 둔다. 주어진 n차원 정수 좌표 값에 대해서 해당 모콘 코드 표현은 2진수에서 떨어진 비트로 표현된다. 예를 들어 x와 y의 비트가 x_i, y_i로 표기되는 2D 좌표 (x, y)를 생각해보자. 대응하는 모톤 코드 값은 다음과 같다.

$$\cdots y_3\, x_3\, y_2\, x_2\, y_1\, x_1\, y_0\, x_0$$

그림 4.7은 모톤 순서의 2D 점의 그래프를 보여준다. 이들은 역 'Z' 모양을 따른 경로를 방문하는 것을 확인하자(모톤 경로는 이런 이유로 종종 'z 순서'로 불린다). 2D에서 가까운 위치에 있는 좌표의 점들이 일반적으로 모톤 곡선을 따라서 가까이 있는 것을 볼 수 있다.[3]

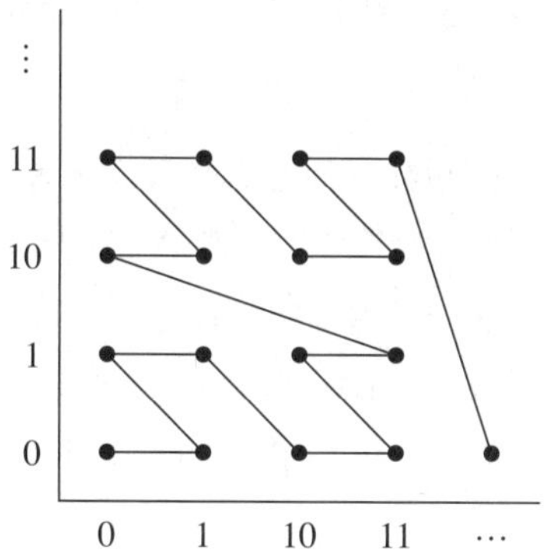

그림 4.7 모톤 곡선을 따라 방문하는 점의 순서. X와 y축의 좌표 값은 2진수로 표기된다. 모톤 색인의 순서대로 정수 좌표 점을 연결하면 계층적 'Z' 모양의 경로를 따라 모톤 곡선이 점을 방문하는 것을 볼 수 있다.

모톤 부호화된 값은 또한 표현하는 점의 위치에 대한 유용한 정보를 부호화한다. 2D에서 4비트 좌표를 생각해보자. x와 y 좌표가 정수로 [0, 15]에 있고, 모톤 코드는 $y_3\, x_3\, y_2\, x_2\, y_1\, x_1\, y_0\, x_0$로 8비트를 가진다. 부호화에 대한 다양한 특성이 있으며, 이에 대한 몇 가지 예제도 포함했다.

- 상위 비트 y_3가 설정된 8비트의 모톤 부호화된 값에 대해서 근본적인 y 좌표의 상위 비트가 설정됐다는 것을 알 수 있으므로 $y \geq 8$가 된다(그림 4.8(a)).

3. 많은 GPU가 텍스처 맵을 메모리에서 모톤 배치를 사용해 저장한다. 이를 통한 한 가지 장점은 4개의 텍셀 값 사이에서 이중 선형 보간을 수행하면 이 값은 텍스처가 스캔라인 순서로 배치된 것보다 메모리에서 더 가깝게 있게 된다는 점이다. 결과적으로 텍스처 캐시 성능이 향상된다.

- 다음 비트 값 x_3는 x축을 중간에서 나눈다(그림 4.8(b)). y_3가 설정되고 x_3가 설정되지 않으면 대응하는 점은 반드시 그림 4.8(c)의 그림자 영역 안에 있게 된다. 일반적으로 일치하는 여러 상위 비트를 가진 점은 2의 승수 크기 안에 존재하며, 정렬된 공간의 영역은 일치하는 비트 값으로 결정된다.
- y_2의 값은 y축을 4개 영역으로 나눈다(그림 4.8(d)).

이 비트 기반 특성을 모톤 코드 값으로 해석하는 다른 방법이 있다. 예를 들어 그림 4.8(a)는 범위 [128, 255] 안의 색인에 대응하며, 그림 4.8(c)는 [128, 191]에 대응한다. 이로써 정렬된 모톤 색인의 집합에 대해, 배열에서의 각 끝점을 이진 검색해서 그림 4.8(c)와 같은 영역에 대응하는 점의 범위를 찾을 수 있다.

LBVH는 공간의 각 영역의 중심점에서 면을 분할하는 방식으로 기본체를 분할(앞서 정의한 SplitMethod::Middle와 동일)해서 생성된 BVH다. 분할은 앞서 설명한 모톤 부호의 특성에 기반을 두므로 엄청나게 효율적이다.

단지 middle을 다른 방식으로 재구현하는 것은 특별히 흥미롭지 않으므로, 여기서의 구현은 계층적 선형 경계 입체 계층HLBVH, Hierarchical Linear Bounding Volume Hierarchy를 생성한다. 이 방식으로 모톤 곡선 기반 클러스터링은 계층의 낮은 단계에 대한 트리를 처음 생성하는 데 사용되며(이후에 '조각 트리treelet'로 참조), 그 후 표면 면적 휴리스틱을 사용해서 트리의 상위 단계를 생성한다. HLBVHBuild() 메서드는 이 방식을 구현해 결과 트리의 뿌리 노드를 반환한다.

```
<BVHAccel Method Definitions> +≡
   BVHBuildNode *BVHAccel::HLBVHBuild(MemoryArena &arena,
           const std::vector<BVHPrimitiveInfo> &primitiveInfo,
           int *totalNodes,
           std::vector<std::shared_ptr<Primitive>> &orderedPrims) const {
       <Compute bounding box of all primitive centroids 356>
       <Compute Morton indices of primitives 356>
       <Radix sort primitive Morton indices 358>
       <Create LBVH treelets at bottom of BVH 360>
       <Create and return SAH BVH from LBVH treelets 365>
   }
```

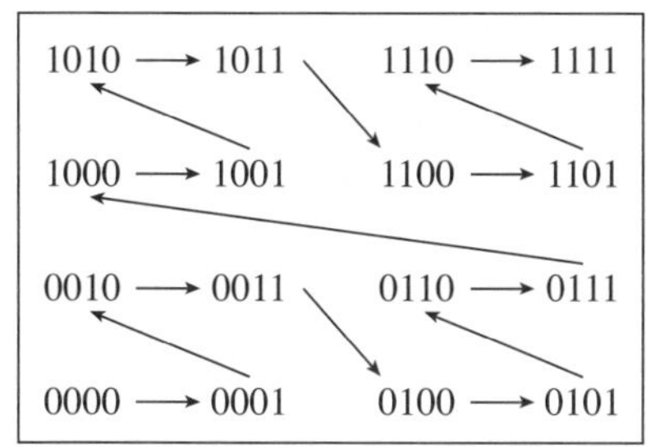

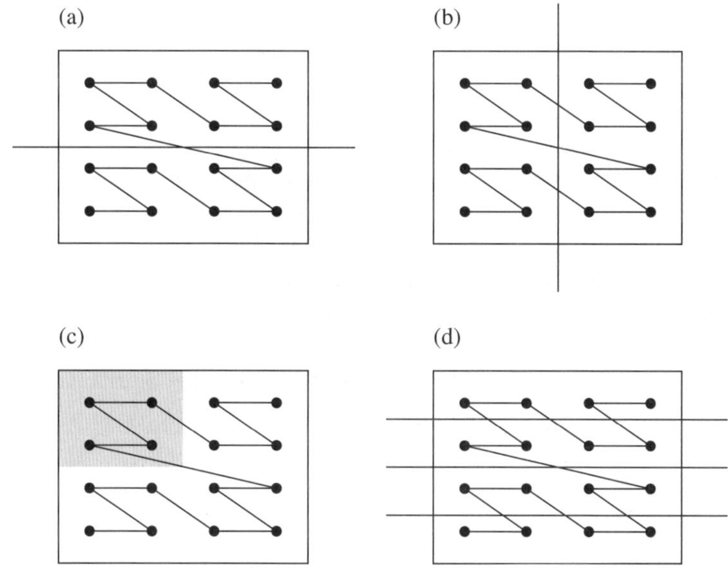

그림 4.8 모톤 부호화의 영향. 모톤 값의 다양한 비트 값이 대응하는 좌표가 위치하는 공간의 영역을 알려준다. (a) 2D에서 점의 좌표에 대한 모톤 코드 값의 상위 비트는 y축의 중심에 대해 분할 평면을 정의한다. 상위 비트가 설정되면 점은 해당 평면 위에 있다. (b) 비슷하게 모톤 코드의 두 번째 상위 비트는 x축을 가운데서 분할한다. (c) 상위 y비트가 1이고 상위 x비트가 0이면 점은 반드시 음영된 영역에 있다. (d) 두 번째 상위 y비트는 y축을 4개의 영역으로 나눈다.

BVH는 단지 기본체 경계 상자의 중심점을 정렬에 사용해서 생성한다. 이는 각 기본체의 실제 공간 범위를 고려하지 않는다. 이런 단순화는 HLBVH의 성능에 매우 중요하지만, 또한 큰 범위로 펼쳐진 기본체를 가진 장면에 대해 생성되는 트리는 이런 차이점을 SAH 기반 트리처럼 고려하지 않는다는 것을 의미한다.

모톤 부호화가 정수 좌표에서 동작할지라도 전체 경계에 대한 무게중심 위치를 양자화할 수 있도록 모든 기본체의 중심점을 경계해야 한다.

<*Compute bounding box of all primitive centroids*> ≡ 354

```
Bounds3f bounds;
for (const BVHPrimitiveInfo &pi : primitiveInfo)
    bounds = Union(bounds, pi.centroid);
```

주어진 전체 경계에 대해 이제 각 기본체에 대한 모톤 코드를 계산할 수 있다. 이는 상당히 가벼운 계산이지만, 기본 수백만 개가 존재하기에 병렬화할 가치가 있다. 512 크기의 반복문이 아래의 `ParallelFor()`에 전달되는 것을 기억하자. 이는 작업 스레드가 기본일 때 한 번에 하나씩 처리하기보다는 주어진 512 기본체의 집합에 대해 처리하게 한다. 기본체당 모톤 코드를 계산하는 작업이 상대적으로 작으므로 이 입상도는 작업 스레드에 작업을 분산하는 부하를 더 잘 상쇄한다.

<*Compute Morton indices of primitives*> ≡ 354

```
std::vector<MortonPrimitive> mortonPrims(primitiveInfo.size());
ParallelFor(
    [&](int i) {
        <Initialize mortonPrims[i] for ith primitive 356>
    }, primitiveInfo.size(), 512);
```

`MortonPrimitive` 인스턴스는 각 기본체에 대해 생성된다. 이는 `primitiveInfo` 배열 안에 있는 기본체의 색인과 모톤 코드를 저장한다.

<*BVHAccel Local Declarations*> +≡

```
struct MortonPrimitive {
    int primitiveIndex;
    uint32_t mortonCode;
};
```

각 x, y, z차원에 대해 10비트를 사용하며, 모톤 코드에 대해 전체 30비트를 사용하게 된다. 이 입상도는 단일 32비트 변수에 잘 들어가는 값이다. 경계 상자 안의 부동소수점 중심점 오프셋은 [0, 1]의 범위이므로, 이를 2^{10}으로 크기 조절해 10비트 안에 맞는 정수 좌표를 얻는다(오프셋이 정확히 1인 경우 범위 밖 양자 값인 1024가 생성될 수 있다. 이 경우는 이후의 `EncodeMorton3()` 함수에서 처리한다).

<*Initialize* `mortonPrims[i]` *for ith primitive*> ≡ 356

```
constexpr int mortonBits = 10;
constexpr int mortonScale = 1 << mortonBits;
mortonPrims[i].primitiveIndex = primitiveInfo[i].primitiveNumber;
Vector3f centroidOffset = bounds.Offset(primitiveInfo[i].centroid);
```

```
mortonPrims[i].mortonCode = EncodeMorton3(centroidOffset * mortonScale);
```

3D 모톤 코드를 계산하기 위해서 우선 도우미 함수 `LeftShift3()`를 정의한다. `LeftShift3()`는 32비트 값을 받아 결과적으로 *i*번째 비트를 3*i*번째 비트로 이동시키며, 다른 비트에는 모두 0을 설정한다. 그림 4.9가 이 연산을 보여준다.

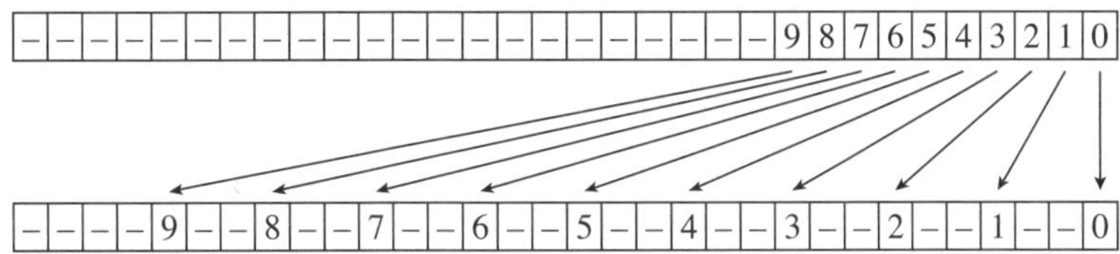

그림 4.9 3D 모톤 코드를 계산하기 위한 비트 이동. `LeftShift3()`는 32비트 정수 값을 받아서 아래쪽 10비트에 대해 i번째 비트가 3i에 위치하게 처리하며, 달리 말하면 이들은 왼쪽으로 2i만큼 이동시킨다. 다른 비트는 모두 0으로 설정된다.

이 연산을 구현하는 가장 명백한 방식은 각 비트 값을 개별적으로 이동시키는 것으로, 그다지 효율적이지 않다(이 경우 9번의 이동과 최종 값을 계산하기 위한 논리 OR이 필요하다). 대신 각 비트의 이동을 2의 승수 크기로 다중 이동함으로써 최종 위치로 비트의 값을 이동하도록 분해할 수 있다. `LeftShift3()`는 이 계산을 구현했으며, 그림 4.10은 어떻게 동작하는지 보여준다.

-	-	-	-	-	-	-	-	-	-	-	-	-	-	-	-	-	-	-	-	-	-	9	8	7	6	5	4	3	2	1	0
-	-	-	-	-	-	9	8	-	-	-	-	-	-	-	-	-	-	-	-	-	-	-	-	7	6	5	4	3	2	1	0
-	-	-	-	-	-	9	8	-	-	-	-	-	-	-	-	7	6	5	4	-	-	-	-	-	-	-	-	3	2	1	0
-	-	-	-	-	-	9	8	-	-	-	-	7	6	-	-	-	-	5	4	-	-	-	-	3	2	-	-	-	-	1	0
-	-	-	-	9	-	-	8	-	-	7	-	-	6	-	-	5	-	-	4	-	-	3	-	-	2	-	-	1	-	-	0

그림 4.10 모톤 비트 이동의 2의 승수 분해. 각 3D 좌표에 대한 모톤 코드 계산을 위한 비트 이동은 2의 승수 크기의 이동을 연속으로 처리한다. 첫째, 8과 9비트가 왼쪽으로 16비트 이동한다. 이는 비트 8을 최종 위치에 위치시킨다. 다음의 비트 4에서 7은 8비트 이동한다. 4를 2비트 이동하면(각 비트가 최종적으로 올바른 위치로 이동되기 위한 적절한 마스킹과 함께) 모든 비트가 적절한 위치에 있게 된다. 계산은 `LeftShift3()` 함수로 구현된다.

<BVHAccel Utility Functions> ≡

```
inline uint32_t LeftShift3(uint32_t x) {
    if (x == (1 << 10)) --x;
    x = (x | (x << 16)) & 0b00000011000000000000000011111111;
    x = (x | (x << 8)) & 0b00000011000000001111000000001111;
    x = (x | (x << 4)) & 0b00000011000011000011000011000011;
```

```
        x = (x | (x << 2)) & 0b00001001001001001001001001001001;
        return x;
    }
```

EncodeMorton3()는 각 요소가 부동소수점 값 0와 2^{10} 사이의 값을 갖는 3D 좌표 값을 받는다. 이 값을 정수로 변환해 3개의 10비트 양자화 값을 확장해서 i번째 비트가 $3i$의 위치에 있게 한 뒤 y를 1비트 이동하고, z는 2비트 이동해 OR 연산시켜 모톤 코드를 계산한다(그림 4.11).

–	–	–	–	x_9	–	–	x_8	–	–	x_7	–	–	x_6	–	–	x_5	–	–	x_4	–	–	x_3	–	–	x_2	–	–	x_1	–	–	x_0
–	–	–	y_9	–	–	y_8	–	–	y_7	–	–	y_6	–	–	y_5	–	–	y_4	–	–	y_3	–	–	y_2	–	–	y_1	–	–	y_0	–
–	–	z_9	–	–	z_8	–	–	z_7	–	–	z_6	–	–	z_5	–	–	z_4	–	–	z_3	–	–	z_2	–	–	z_1	–	–	z_0	–	–
–	–	z_9	y_9	x_9	z_8	y_8	x_8	z_7	y_7	x_7	z_6	y_6	x_6	z_5	y_5	x_5	z_4	y_4	x_4	z_3	y_3	x_3	z_2	y_2	x_2	z_1	y_1	x_1	z_0	y_0	x_0

그림 4.11 좌표 값의 최종 간격. 주어진 LeftShift3()로 계산된 x, y, z에 대한 간격 값에 대해서 최종 모톤 부호화 값은 y와 z를 각각 1비트와 2비트로 이동하고, 그 후 결과를 OR한다.

<BVHAccel Utility Functions> +≡

```
    inline uint32_t EncodeMorton3(const Vector3f &v) {
        return (LeftShift3(v.z) << 2) | (LeftShift3(v.y) << 1) |
               LeftShift3(v.x);
    }
```

한 번 모톤 색인이 계산되면 mortonPrims를 모톤 색인 값을 사용해서 기수 정렬radix sort한다. BVH 생성을 위해 기수 정렬 구현은 표준 라이브러리 std::sort()를 (퀵 정렬과 삽입 정렬의 혼합) 사용하는 것보다 상당히 빠르다.

<Radix sort primitive Morton indices> ≡ 354

```
    RadixSort(&mortonPrims);
```

기수 정렬이 대부분의 정렬 알고리즘과 달리 값의 쌍을 비교하는 데 기반을 두지 않고 어떤 키 값에 기반을 두고 항목을 버킷 분류bucketing하는 것에 기반을 두는 것을 기억하자. 기수 정렬은 정수 값을 한 번에 한 숫자에 대해 정렬해서 가장 오른쪽 숫자에서 왼쪽으로 진행한다. 특히 2진 값의 경우는 한 번에 여러 숫자를 정렬할 수 있다. 이는 자료에 대해 처리해야 할 전체 단계 횟수를 감소시킨다. 여기서의 구현에서 bitsPerPass는 단계당 처리 비트 수를 설정한다. 6의 값으로 30비트를 정렬하는 데 5번의 반복을 가진다.

```
<BVHAccel Utility Functions> +≡
    static void RadixSort(std::vector<MortonPrimitive> *v) {
        std::vector<MortonPrimitive> tempVector(v->size());
        constexpr int bitsPerPass = 6;
        constexpr int nBits = 30;
        constexpr int nPasses = nBits / bitsPerPass;
        for (int pass = 0; pass < nPasses; ++pass) {
            <Perform one pass of radix sort, sorting bitsPerPass bits 359>
        }
        <Copy final result from tempVector, if needed 360>
    }
```

현재 단계는 lowBit에서 시작해 bitsPerPass 비트만큼 정렬한다.

```
<Perform one pass of radix sort, sorting bitsPerPass bits> ≡                359
    int lowBit = pass * bitsPerPass;
    <Set in and out vector pointers for radix sort pass 359>
    <Count number of zero bits in array for current radix sort bit 359>
    <Compute starting index in output array for each bucket 360>
    <Store sorted values in output array 360>
```

in과 out 참조는 각각 정렬할 값과 정렬될 값이 들어갈 벡터를 참조한다. 반복을 통한 각 단계는 입력 벡터 *v와 임시 벡터 사이에서 이를 교환한다.

```
<Set in and out vector pointers for radix sort pass> ≡                      359
    std::vector<MortonPrimitive> &in = (pass & 1) ? tempVector : *v;
    std::vector<MortonPrimitive> &out = (pass & 1) ? *v : tempVector;
```

n비트를 반복당 정렬하면 각 값이 들어가는 2^n 버킷이 생긴다. 우선 얼마나 많은 수가 각 버킷에 들어가는지 세어본다. 이는 출력 배열 안에 정렬된 값을 어디에 저장할지 결정할 수 있게 한다. 현재 값의 버킷 색인을 계산하기 위해 구현은 색인을 이동시켜서 색인 lowBit의 비트가 비트 0에 가도록 하고 하위 bitsPerPass 비트를 제거한다.

```
<Count number of zero bits in array for current radix sort bit> ≡           359
    constexpr int nBuckets = 1 << bitsPerPass;
    int bucketCount[nBuckets] = { 0 };
    constexpr int bitMask = (1 << bitsPerPass) - 1;
    for (const MortonPrimitive &mp : in) {
        int bucket = (mp.mortonCode >> lowBit) & bitMask;
        ++bucketCount[bucket];
    }
```

각 버킷에 들어가는 수로 출력 배열에서 각 버킷의 값이 시작하는 오프셋을 계산할 수 있다. 이는 이전 버킷 안의 수의 합이다.

<Compute starting index in output array for each bucket> ≡ 359

```
int outIndex[nBuckets];
outIndex[0] = 0;
for (int i = 1; i < nBuckets; ++i)
    outIndex[i] = outIndex[i - 1] + bucketCount[i - 1];
```

이제 각 버킷에 대해 어디서 값을 저장할 수 있는지 알기에 기본체에 대해 각각이 들어갈 버킷을 재계산하고, 출력 배열에 MortonPrimitives를 저장하기 위해 다음 단계를 실행할 수 있다. 이로서 현재 비트의 집합에 대해 정렬 단계를 완료한다.

<Store sorted values in output array> ≡ 359

```
for (const MortonPrimitive &mp : in) {
    int bucket = (mp.mortonCode >> lowBit) & bitMask;
    out[outIndex[bucket]++] = mp;
}
```

정렬이 완료될 때 기수 정렬 단계가 홀수에 대해 수행되면 최종 정렬된 값이 임시 벡터에서 원래 RadixSort()에 전달된 출력 벡터로 복사돼야 한다.

<Copy final result from tempVector*, if needed>* ≡ 359

```
if (nPasses & 1)
    std::swap(*v, tempVector);
```

주어진 기본체의 정렬된 배열에서 중심점이 근처인 기본체의 클러스터를 찾아 각 클러스터 안의 기본체에 대해 LBVH를 생성한다. 이 단계는 일반적으로 많은 덩어리가 있을 때 각각을 독립적으로 처리할 수 있기에 병렬화하기 좋다.

<Create LBVH treelets at bottom of BVH> ≡ 354

```
<Find intervals of primitives for each treelet 361>
<Create LBVHs for treelets in parallel 362>
```

각 기본체 클러스터는 LBVHTreelet로 표현된다. 이는 클러스터에서 첫 기본체의 mortonPrims 안에 있는 색인과 다른 기본체의 수를 부호화한다(그림 4.12 참고).

<BVHAccel Local Declarations> +≡

```
struct LBVHTreelet {
    int startIndex, nPrimitives;
```

```
    BVHBuildNode *buildNodes;
};
```

그림 4.8에서 모톤 코드의 점의 집합이 이의 상위 비트 값에 일치하는 2의 승수로 정렬된 크기를 가진 원래 입체의 부분집합 안에 들어가는 것을 기억하자. 이미 mortonPrims 배열을 모톤 코드 값을 정렬했기에 일치하는 상위 비트 값을 갖는 기본체는 이미 배열의 연속된 구간에 있다.

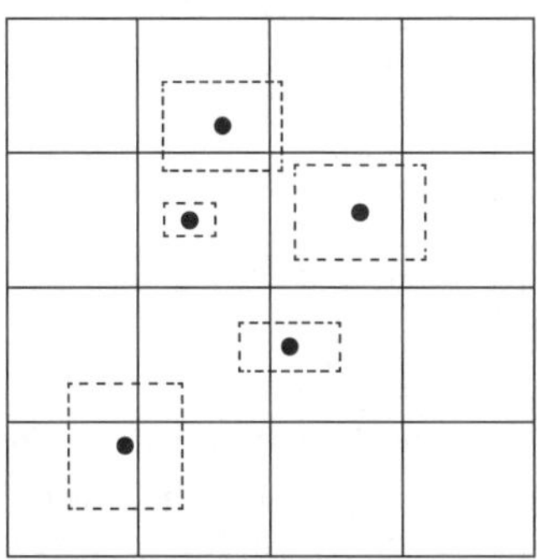

그림 4.12 LBVH 조각 트리에 대한 기본체 클러스터. 기본체 중심점은 경계에 대해 균일한 격자 안에 클러스터화된다. LBVH는 정렬된 모톤 색인 값의 연속된 부분 안에서 격자 안의 각 기본체 클러스터에 대해 생성된다.

여기서 30비트 모톤 코드의 상위 12비트에 대해 같은 값을 갖는 기본체의 집합을 찾을 수 있다. 클러스터는 mortonPrims 배열을 통한 선형적인 단계와 상위 12비트가 변하는 곳의 오프셋 또한 찾는 것으로 찾을 수 있다. 이는 각 차원에 $2^4 = 16$ 방을 가진 전체 $2^{12} = 4096$ 정규 격자 안에 기본체를 클러스터화하는 것에 대응한다. 실제로, 많은 독립적인 클러스터를 찾을 수 있다고 기대하지만, 많은 격자 셀cell은 비어있다.

<Find intervals of primitives for each treelet> ≡ 360

```
std::vector<LBVHTreelet> treeletsToBuild;
for (int start = 0, end = 1; end <= (int)mortonPrims.size(); ++end) {
    uint32_t mask = 0b00111111111111000000000000000000;
    if (end == (int)mortonPrims.size() ||
            ((mortonPrims[start].mortonCode & mask) !=
            (mortonPrims[end].mortonCode & mask))) {
        <Add entry to treeletsToBuild for this treelet 362>
        start = end;
    }
}
```

조각 트리에 대한 기본체의 클러스터를 찾으면 BVHBuildNodes는 즉시 이를 할당한다(BVH 안의 노드 수가 잎 노드 수의 두 배로 제한되고, 또한 기본체의 수로 제한되는 것을 기억하자). 이 메모리를 미리 할당하는 것은 실행의 연속된 단계에서 LBVH의 병렬 생성에서 처리하는 것이 더 간단하다.

여기서 한 가지 중요한 세부 사항은 false 값이 MemoryArena::Alloc()에 전달되는 것이다. 이는 할당되는 기반 객체의 생성자가 실행되는 않아야 하는 것을 지시한다. 놀랍게도 BVHBuildNode 생성자는 상당한 부하를 생성해 전체 HLBVH 생성 성능을 상당히 감소시킨다. 모든 BVHBuildNode의 구성원이 다음의 코드에서 초기화되기에 여기서는 생성자의 초기화가 필요 없다.

<*Add entry to* treeletsToBuild *for this treelet*> ≡ 361

```
int nPrimitives = end - start;
int maxBVHNodes = 2 * nPrimitives;
BVHBuildNode *nodes = arena.Alloc<BVHBuildNode>(maxBVHNodes, false);
treeletsToBuild.push_back({start, nPrimitives, nodes});
```

각 조각 트리의 기본체가 한 번 확인되면 이를 병렬로 LBVH를 생성할 수 있다. 생성이 완료되면 각 LBVHTreelet의 buildNodes 포인터는 대응하는 LBVH의 뿌리를 가리키게 된다.

LBVH를 생성하는 데 작업 스레드가 반드시 다른 스레드와 일치해야 하는 두 장소가 있다. 첫 번째로는 모든 LVBH의 노드의 수를 계산해 HLBVHBuild()에 전달된 totalNodes 포인터를 통해 전달하는 곳이다. 두 번째는 잎 노드가 LBVH로 생성될 때 orderedPrims 배열의 연속된 구간이 잎 노드에서의 기본체 색인을 저장하기 위해 필요하다. 구현은 두 경우에 대해 원자 변수를 사용한다. atomicTotal은 노드의 수를 추적하고, orderedPrimsOffset은 orderedPrims에서 다음으로 가용한 항목에 대한 색인이다.

<*Create LBVHs for treelets in parallel*> ≡ 360

```
std::atomic<int> atomicTotal(0), orderedPrimsOffset(0);
orderedPrims.resize(primitives.size());
ParallelFor(
    [&](int i) {
        <Generate ith LBVH treelet 363>
    }, treeletsToBuild.size());
*totalNodes = atomicTotal;
```

조각 트리 생성 작업은 emitLBVH()로 수행되며, 이 함수는 공간의 일부 영역에 중심을 가진 기본체를 받은 후 영역의 중심을 따라가는 평면으로 3축 중 하나를 따라 현재 공간 영역을 둘로 연속해서 나눈다. 생성된 노드의 수를 세기 위해 원자 변수 atomicTotal에 대해 포인터를 받는 대신에 emitLBVH()는 비원자 지역 변수를 갱신한다. 여기서의 코드 조각은 각 조각 트리가 완료되면 조각 트리당 한 번만 atomicTotal을 갱신한다. 이 방식은 다른 방식, 즉 작업 스레드가 수행에 대해 빈번히 atomicTotal을 변경하는 것보다 측정 가능한 수준으로 더 나은 성능을 보여준다(부록 A.6.1에서 다중 코어 메모리 일관성 모델의 부하에 대한 논의를 살펴보자).

<Generate ith LBVH treelet> ≡ 362

```
int nodesCreated = 0;
const int firstBitIndex = 29 - 12;
LBVHTreelet &tr = treeletsToBuild[i];
tr.buildNodes =
        emitLBVH(tr.buildNodes, primitiveInfo, &mortonPrims[tr.startIndex],
        tr.nPrimitives, &nodesCreated, orderedPrims,
        &orderedPrimsOffset, firstBitIndex);
atomicTotal += nodesCreated;
```

모톤 부호화 덕에 공간의 현재 영역은 emitLBVH()에서 명시적으로 표현될 필요가 없다. 정렬된 MortonPrims는 상위 비트에서 일부분 일치하게 되며, 이는 결국 공간적 경계에 대응한다. 모톤 코드 안의 남은 비트에 대해서 이 함수는 기본체를 비트 bitIndex에 대응하는 평면을 따라 기본체를 나누려 시도하고(그림 4.8(d) 를 기억하자), 그 후 재귀적으로 자신을 호출한다. 분할하려는 다음 비트의 색인은 함수의 마지막 인자로 넘겨진다. 초기에는 29 - 12이며, 29가 0 기반 색인에서 30번째 비트의 색인이고, 이전에 상위 12비트 모톤 코드 값으로 기본체를 클러스터화하는 데 사용했기 때문이다. 그러므로 해당 비트는 반드시 클러스터에 일치해야만 한다.

<BVHAccel Method Definitions> +≡

```
BVHBuildNode *BVHAccel::emitLBVH(BVHBuildNode *&buildNodes,
        const std::vector<BVHPrimitiveInfo> &primitiveInfo,
        MortonPrimitive *mortonPrims, int nPrimitives, int *totalNodes,
        std::vector<std::shared_ptr<Primitive>> &orderedPrims,
        std::atomic<int> *orderedPrimsOffset, int bitIndex) const {
    if (bitIndex == -1 || nPrimitives < maxPrimsInNode) {
        <Create and return leaf node of LBVH treelet 364>
    } else {
        int mask = 1 << bitIndex;
        <Advance to next subtree level if there's no LBVH split for this bit 364>
        <Find LBVH split point for this dimension 365>
        <Create and return interior LBVH node 365>
    }
}
```

emitLBVH()가 기본체를 최하위 비트로 분할하면 더 이상 분할이 불가능하기에 잎 노드가 생성된다. 혹은 기본체가 작은 수로 쪼개질 경우에도 멈추고 잎 노드를 생성할 수 있다.

orderedPrimsOffset이 orderedPrims 배열 안에서 다음 가용한 요소에 대한 오프셋이라는 것을 기억하자. 여기서는 fetch_add()에 대한 호출은 원자적으로 nPrimitives의 수를 orderedPrimsOffset에 더하고 합산 이에 이전 값을 반환한다. 이 연산이 원자적이기에 여러 LBVH 생성 스레드는 자료 경쟁 없이 동시에 orderedPrims 배열 안의 공간을 잘라낼 수 있다. 배열 안의 주어진 공간에 대해 잎 생성은 앞서 <*Create leaf* BVHBuildNode>에서 구현된 방식과 유사하다.

<*Create and return leaf node of LBVH treelet*> ≡ 363

```
(*totalNodes)++;
BVHBuildNode *node = buildNodes++;
Bounds3f bounds;
int firstPrimOffset = orderedPrimsOffset->fetch_add(nPrimitives);
for (int i = 0; i < nPrimitives; ++i) {
    int primitiveIndex = mortonPrims[i].primitiveIndex;
    orderedPrims[firstPrimOffset + i] = primitives[primitiveIndex];
    bounds = Union(bounds, primitiveInfo[primitiveIndex].bounds);
}
node->InitLeaf(firstPrimOffset, nPrimitives, bounds);
return node;
```

모든 기본체가 분할 면의 같은 쪽에 있는 것이 가능하다. 기본체가 모톤 색인으로 정렬됐기에 이 경우는 범위의 처음과 끝 기본체가 해당 평면에 대해 같은 비트 값을 갖는지 봐서 효율적으로 확인이 가능하다. 이 경우 emitLBVH()는 불필요하게 노드를 생성하지 않고 다음 비트로 진행할 수 있다.

<*Advance to next subtree level if there's no LBVH split for this bit*> ≡ 363

```
if ((mortonPrims[0].mortonCode & mask) ==
        (mortonPrims[nPrimitives - 1].mortonCode & mask))
    return emitLBVH(buildNodes, primitiveInfo, mortonPrims, nPrimitives,
              totalNodes, orderedPrims, orderedPrimsOffset,
              bitIndex - 1);
```

분할 면의 양쪽 면에 기본체가 존재하면 이진 검색을 통해 효율적으로 현재 기본체의 집합에서 bitIndexth 비트가 0에서 1로 변환되는 분할점을 찾을 수 있다.

<*Find LBVH split point for this dimension*> ≡ 363

```
int searchStart = 0, searchEnd = nPrimitives - 1;
while (searchStart + 1 != searchEnd) {
    int mid = (searchStart + searchEnd) / 2;
    if ((mortonPrims[searchStart].mortonCode & mask) ==
            (mortonPrims[mid].mortonCode & mask))
        searchStart = mid;
    else
        searchEnd = mid;
}
int splitOffset = searchEnd;
```

주어진 분할 오프셋에서 메서드는 이제 노드를 내부 노드로 사용한다고 규정하고 기본체의 분할된 양쪽 집합에 대해 재귀적으로 LBVH를 생성할 수 있다. 여기서 모톤 부호화로 인한 추가적인 효율성이 있다. mortonPrims 배열 안의 항목은 분할을 위해 복사되거나 재순서화될 필요가 없다. 모톤 코드 값으로 모두 정렬되고 상위에서 하위 비트로 처리해가기 때문에 기본체의 두 범위는 이미 분할 면의 적절한 쪽에 있게 된다.

<*Create and return interior LBVH node*> ≡ 363

```
(*totalNodes)++;
BVHBuildNode *node = buildNodes++;
BVHBuildNode *lbvh[2] = {
    emitLBVH(buildNodes, primitiveInfo, mortonPrims, splitOffset,
             totalNodes, orderedPrims, orderedPrimsOffset, bitIndex - 1),
    emitLBVH(buildNodes, primitiveInfo, &mortonPrims[splitOffset],
             nPrimitives - splitOffset, totalNodes, orderedPrims,
             orderedPrimsOffset, bitIndex - 1)
};
int axis = bitIndex % 3;
node->InitInterior(axis, lbvh[0], lbvh[1]);
return node;
```

모든 LBVH 조각 트리가 한 번 생성되면 buildUpperSAH( )는 모든 조각 트리의 BVH를 생성한다. 일반적으로 수십 혹은 수백 개가 존재하기에(어떤 경우에도 4096보다 많을 순 없다) 이 단계는 시간이 아주 적게 걸린다.

<*Create and return SAH BVH from LBVH treelets*> ≡ 354

```
std::vector<BVHBuildNode *> finishedTreelets;
for (LBVHTreelet &treelet : treeletsToBuild)
    finishedTreelets.push_back(treelet.buildNodes);
```

```
return buildUpperSAH(arena, finishedTreelets, 0,
                     finishedTreelets.size(), totalNodes);
```

이 메서드의 구현은 완전히 SAH 기반 BVH 생성과 동일한 방식이며, 단지 조각 트리 뿌리 노드를 장면 기본체 대신 사용하므로 여기에 포함하지 않는다.

<BVHAccel Private Methods> ≡

```
BVHBuildNode *buildUpperSAH(MemoryArena &arena,
        std::vector<BVHBuildNode *> &treeletRoots, int start, int end,
        int *totalNodes) const;
```

4.3.4 횡단을 위한 간편한 BVH

BVH 트리가 한 번 생성되면 마지막 단계는 캐시, 메모리를 향상시켜 전체적인 시스템 성능을 향상시키는 조밀한 표현으로 변환하는 것이다. 마지막 BVH는 메모리의 선형 배열에 저장된다. 원래 트리의 노드는 깊이 우선[depth first] 순서로 배치해 각 내부 노드의 처음 자식이 메모리에서 바로 다음에 나오게 한다. 이 경우 각 내부 노드의 두 번째 자식에 대한 오프셋만이 명시적으로 저장돼야 한다. 그림 4.13은 트리 위상과 메모리의 노드 순서 간의 관계를 묘사한다.

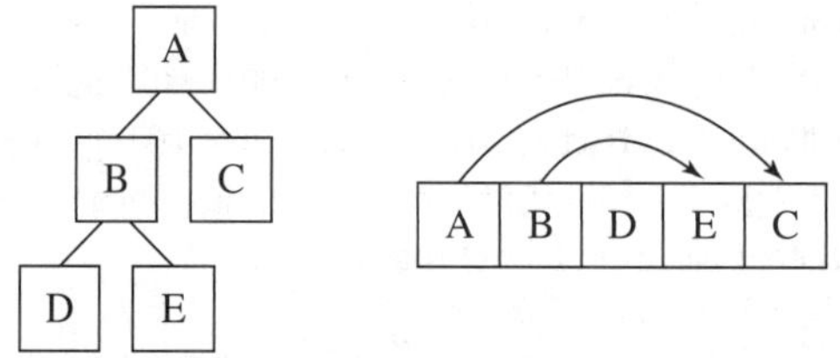

그림 4.13 BVH의 메모리에서 선형 배치. BVH의 노드(왼쪽)는 메모리에 깊이 우선 순서(오른쪽)로 저장된다. 그러므로 모든 내부 노드(여기서 A, B)의 첫 번째 자식은 메모리에서 부모 노드의 바로 다음에 위치한다. 두 번째 자식은 오프셋 포인터를 통해 찾을 수 있으며, 여기서 화살표로 표현된다. 트리의 잎 노드(D, E, C)는 자식이 없다.

`LinearBVHNode` 구조는 BVH를 횡단하기 위한 정보를 저장한다. 각 노드의 경계 상자와 잎 노드의 경우는 오프셋과 기본체의 숫자를 저장한다. 내부 노드의 경우 두 번째 자식에 대한 오프셋과 계층 구조가 생성될 때 분할한 기본체의 좌표축을 저장한다. 이 정보는 아래의 횡단 루틴이 광선을 따라 앞에서 뒤 순서로 노드를 방문할 때 사용된다.

<BVHAccel Local Declarations> +≡

```
struct LinearBVHNode {
```

```
    BBox bounds;
    union {
        uint32_t primitivesOffset;      // 잎
        uint32_t secondChildOffset;     // 내부
    };
    uint8_t nPrimitives;    // 0 -> 내부 노드
    uint8_t axis;           // 내부 노드
    uint8_t pad[2];         // 전체 크기를 32바이트로 보장
};
```

이 구조체는 32바이트에 맞게 덧붙여진다. 이를 통해 노드들은 첫 노드가 캐시 라인에 맞게 정렬될 경우 어떤 후속 노드도 개시 라인에 걸쳐지지 않게 보장된다(캐시 라인 크기가 최소한 32바이트일 경우에 한하며, 현대 CPU 아키텍처에서는 항상 보장된다).

생성 트리는 flattenBVHTree( ) 메서드를 통해 LinearBVHNode 표현으로 변환되며, 이 메서드는 깊이 우선 횡단 후 메모리에 선형 순서로 노드를 저장한다.

<Compute representation of depth-first traversal of BVH tree> ≡ 340

```
nodes = AllocAligned<LinearBVHNode>(totalNodes);
int offset = 0;
flattenBVHTree(root, &offset);
```

LinearBVHNodes의 배열에 대한 포인터는 BVHAccel 멤버 변수에 저장되며, BVHAccel 소멸자에서 해제된다.

<BVHAccel Private Data> +≡

```
LinearBVHNode *nodes = nullptr;
```

트리를 선형 표현으로 펼치는 것은 간단하다. *offset 매개변수는 BVHAccel::nodes 배열에 대한 현재 오프셋을 가져온다. 현재 노드가 내부 노드일 경우 자식에 대해 처리하는 재귀 함수 호출 전에 배열에 추가된다.

<BVHAccel Method Definitions> +≡

```
int BVHAccel::flattenBVHTree(BVHBuildNode *node, int *offset) {
    LinearBVHNode *linearNode = &nodes[*offset];
    linearNode->bounds = node->bounds;
    int myOffset = (*offset)++;
    if (node->nPrimitives > 0) {
        linearNode->primitivesOffset = node->firstPrimOffset;
        linearNode->nPrimitives = node->nPrimitives;
    } else {
```

```
            <Create interior flattened BVH node 368>
        }
        return myOffset;
    }
```

내부 노드에서 재귀 함수 호출은 두 서브트리를 펼치게 된다. 처음 호출은 배열의 현재 노드 바로 뒤에 놓이며, 두 번째 서브트리의 오프셋은 flattenBVHTree() 재귀 호출이 끝나고 나서 secondChildOffset에 저장된다.

<Create interior flattened BVH node> ≡ 368

```
    linearNode->axis = node->splitAxis;
    linearNode->nPrimitives = 0;
    flattenBVHTree(node->children[0], offset);
    linearNode->secondChildOffset =
            flattenBVHTree(node->children[1], offset);
```

4.3.5 횡단

BVH 횡단 코드는 굉장히 간단하다. 재귀 함수가 필요 없으며, 현재 횡단의 상태를 저장하기 위한 아주 작은 양의 데이터만 유지한다. Intersect() 메서드는 반복적으로 사용되는 광선에 관련된 몇 가지 값을 미리 계산한다.

<BVHAccel Method Definitions> +≡

```
    bool BVHAccel::Intersect(const Ray &ray,
            SurfaceInteraction *isect) const {
        bool hit = false;
        Vector3f invDir(1 / ray.d.x, 1 / ray.d.y, 1 / ray.d.z);
        int dirIsNeg[3] = { invDir.x < 0, invDir.y < 0, invDir.z < 0 };
        <Follow ray through BVH nodes to find primitive intersections 368>
        return hit;
    }
```

Intersect()의 while 반복문이 시작될 때마다 currentNodeIndex는 방문할 노드에 대한 nodes 배열에 대한 오프셋을 저장한다. 이 값은 0에서 시작하며, 트리의 뿌리를 나타낸다. 앞으로 더 방문해야 할 노드는 nodesToVisit[] 배열에 저장돼 있으며, 스택[stack]처럼 동작한다. toVisitOffset은 스택의 다음 가용 요소에 대한 오프셋을 가진다.

<Follow ray through BVH nodes to find primitive intersections> ≡ 368

```
    int toVisitOffset = 0, currentNodeIndex = 0;
```

```
int nodesToVisit[64];
while (true) {
    const LinearBVHNode *node = &nodes[currentNodeIndex];
    <Check ray against BVH node 369>
}
```

각 노드에서 우리는 광선이 노드의 경계 상자에 교차하는지 혹은 내부에서 시작하는지 확인한다. 그럴 경우 노드를 방문해 잎 노드일 경우 기본체와 교차하는지, 내부 노드일 경우 자식들과 교차하는지 테스트한다. 교차점이 발견되지 않을 경우 다음에 방문할 노드에 대한 오프셋을 odesToVisit[]에서 찾고, 스택이 비었다면 횡단을 완료한다.

<Check ray against BVH node> ≡ 369

```
if (node->bounds.IntersectP(ray, invDir, dirIsNeg)) {
    if (node->nPrimitives > 0) {
        <Intersect ray with primitives in leaf BVH node 369>
    } else {
        <Put far BVH node on nodesToVisit stack, advance to near node 370>
    }
} else {
    if (toVisitOffset == 0) break;
    currentNodeIndex = nodesToVisit[--toVisitOffset];
}
```

현재 노드가 잎이라면 광선은 내부의 기본체에 대해 교차점을 테스트해야 한다. 다음에 방문할 노드는 nodesToVisit 스택에서 찾을 수 있다. 현재 노드에서 교차점을 찾았다고 할지라도 남은 노드가 더 가까운 교차점을 갖고 있을 수 있으므로 방문해야 한다. 하지만 교차점을 찾을 경우 광선의 tMax 값을 교차점의 거리로 갱신해야 한다. 이는 남은 노드 중에 교차점보다 더 먼 것들을 효율적으로 제거 가능하게 한다.

<Intersect ray with primitives in leaf BVH node> ≡ 369

```
for (int i = 0; i < node->nPrimitives; ++i)
    if (primitives[node->primitivesOffset + i]->Intersect(ray, isect))
        hit = true;
if (toVisitOffset == 0) break;
currentNodeIndex = nodesToVisit[--toVisitOffset];
```

광선이 충돌하는 내부 노드에 대해서 자식들 모두를 방문하는 것이 필요하다. 앞에서 묘사한 대로 광선이 두 번째 자식을 방문하기 전에 첫 번째 자식을 방문하는 것이 필요한데, 기본체에 대해서 광선이 첫 번째 자식과 교차할 경우 광선의 tMax 값을 갱신해 광선의 범위를 줄여서 경계 상자가 교차하는 노드의 수를 줄일 수 있다.

앞에서 뒤로의 횡단을 수행하는 데 광선이 두 자식 노드와 교차를 수행하고 거리를 비교하는 비용 없이 효율적으로 수행하는 방법은 광선의 방향 벡터의 기본체가 현재 노드에서 분할되는 좌표축에 대한 부호를 사용하는 것이다. 부호가 음수일 경우 두 번째 자식의 서브트리가 갖는 기본체는 분할점의 윗쪽에 위치하기에 두 번째 자식을 첫 번째 자식 이전에 방문해야 하며, 양수일 경우에는 반대로 된다. 처음에 방문한 노드의 오프셋은 currentNodeIndex에 복사되고 다른 노드의 오프셋은 nodesToVisit 스택에 추가된다. 깊이 우선 노드의 메모리 배치를 통해 첫 자식이 현재 노드의 바로 뒤에 위치한다는 것을 상기하자.

```
<Put far BVH node on nodesToVisit stack, advance to near node> ≡                369
    if (dirIsNeg[node->axis]) {
        nodesToVisit[toVisitOffset++] = currentNodeIndex + 1;
        currentNodeIndex = node->secondChildOffset;
    } else {
        nodesToVisit[toVisitOffset++] = node->secondChildOffset;
        currentNodeIndex = currentNodeIndex + 1;
    }
```

BVHAccel::IntersectP() 메서드는 근본적으로 정규 교차 메서드와 같지만, Primitive의 Intersect() 대신 IntersectP() 메서드가 호출되며, 횡단이 교차점이 발견될 때 바로 멈춘다는 점이 다르다.

4.4 kd-트리 가속기

이진 공간 분할(BSP, Binary Space Partitioning) 트리는 공간을 평면으로 적응적으로 세분한다. BSP 트리는 전체 장면을 아우르는 경계 상자로 시작한다. 상자 안의 기본체 수가 일정 한계치보다 많으면 상자는 한 면을 반으로 나뉘게 된다. 기본체는 그 후 자신과 겹치는 반쪽과 연결되며, 둘 다 겹치는 기본체의 경우 양쪽 다 연결된다. 이는 분할 이후 하나의 하위 집단에만 할당되는 BVH와 다르다.

분할 과정은 결과 트리가 충분히 작은 수의 기본체를 가지거나 최대 깊이에 도달할 때까지 각 잎 영역에 대해 재귀적으로 반복된다. 분할 면이 전체 경계 안에서 임의의 위치를 갖고 3D 공간의 다른 부분이 다른 정도로 세분이 가능하므로, BSP 트리는 불균일한 기하 구조의 분포를 쉽게 처리할 수 있다.

BSP 트리의 두 가지 종류로는 kd-트리와 팔방 트리[octree]가 있다. kd-트리는 단순히 분할면을 각 좌표축에 수직하도록 제한한다. 이는 공간이 어떻게 세분되는지에 대한 유연성을 희생해 횡단과 트리의 생성을 더 효율적으로 해준다. 팔방 트리는 3개의 축에 수직한 면을 사용해 상자를 각 단계별로 동시에 8개의 영역으로 나눈다(보통 각 방향의 범위의 중심을 사용해서 분할한다). 이 절에서는 광선 교차 가속에 대한 kd-트리를 KdTreeAccel 클래스에 구현한다. 이 클래스의 소스코드는 accelerators/kdtreeaccel.h와 accelerators/kdtreeaccel.cpp에서 찾을 수 있다.

```
<KdTreeAccel Declarations> ≡
    class KdTreeAccel : public Aggregate {
    public:
        <KdTreeAccel Public Methods 390>
    private:
        <KdTreeAccel Private Methods>
        <KdTreeAccel Private Data 371>
    };
```

기본체에 저장하는 것에 더불어 KdTreeAccel 생성자는 트리를 생성할 때 결정을 하는 데 사용하는 몇 가지 매개변수를 받는다. 이 매개변수는 추후 사용을 위해서 멤버 변수에 저장된다(isectCost, traversalCost, maxPrims, maxDepth, emptyBonus). 그림 4.14는 트리가 생성되는 방식의 개요를 보여준다.

```
<KdTreeAccel Method Definitions> ≡
    KdTreeAccel::KdTreeAccel(
        const std::vector<std::shared_ptr<Primitive>> &p,
                int isectCost, int traversalCost, Float emptyBonus,
                int maxPrims, int maxDepth)
        : isectCost(isectCost), traversalCost(traversalCost),
                maxPrims(maxPrims), emptyBonus(emptyBonus), primitives(p) {
        <Build kd-tree for accelerator 375>
    }
```

```
<KdTreeAccel Private Data> ≡                                                371
    const int isectCost, traversalCost, maxPrims;
    const Float emptyBonus;
    std::vector<std::shared_ptr<Primitive>> primitives;
```

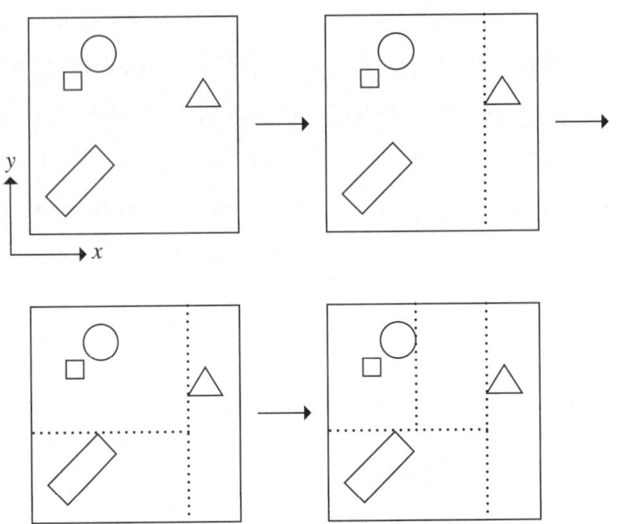

그림 4.14 kd-트리는 재귀적으로 좌표축의 하나에 대해 장면 기하 구조 경계 상자를 분할한다. 여기서 첫 분할은 x축에 대해 이뤄진다. 삼각형이 정확히 홀로 오른쪽 영역에 위치하고 나머지 기본체가 왼쪽 영역에 위치하도로 나눠졌다. 왼쪽 영역은 축 정렬된 분할 면에 대해 좀 더 세분된다. 각 단계별 어떤 축을 사용해서 분할할 것인지, 어떤 위치에 면을 놓을 것인지, 어떤 시점에서 세분을 중지할 것인지 등에 관한 세분 기준의 세부 사항은 실제 트리의 성능에 크게 영향을 준다.

4.4.1 트리 표현

kd-트리는 이진 트리로, 각 내부 노드는 항상 두 자식을 갖고 잎 노드는 그와 겹치는 기본체를 저장한다. 각 내부 노드는 항상 3가지 정보를 제공한다.

- **분할 축:** 이 노드에서 x, y, z 중 어느 축에 대해 분할됐는지
- **분할 위치:** 축에 대한 분할 면의 위치
- **자식:** 두 자식 노드에 접근하는 정보

각 잎 노드는 자신과 겹치는 기본체만 저장하면 된다.

모든 내부 노드와 많은 잎 노드는 8바이트의 메모리(4바이트 Float와 포인터를 가정했을 때)만을 사용하게 해야 하는데, 64바이트 캐시 라인에 8개의 노드를 맞추기 위해서다. 트리에 많은 노드가 있고 일반적으로 각 광선에 대해 많은 노드가 접근되므로, 노드의 크기를 줄이면 캐시 성능이 매우 향상된다. 우리의 초기 구현은 16바이트 노드 표현이었으나, 8바이트로 줄인 뒤 거의 20%의 속도 향상을 얻었다.

잎과 내부 노드는 다음의 KdAccelNode 구조체로 표현된다. 각 union 멤버 뒤의 주석은 각 특정 영역이 내부 노드, 잎 노드, 혹은 둘 다에 쓰이는지 설명한다.

```
<KdTreeAccel Local Declarations> ≡
    struct KdAccelNode {
        <KdAccelNode Methods 375>
        union {
            Float split;                    // 내부
            int onePrimitive;               // 잎
            int primitiveIndicesOffset;     // 잎
        };
        union {
            int flags;          // 양쪽 모두
            int nPrims;         // 잎
            int aboveChild;     // 내부
        };
    };
```

KdAccelNode::flags 변수에서 2개의 낮은 자리 비트는 내부 노드가 *x*, *y*, *z*의 어느 쪽으로 분할(이 경우 비트는 각각 0, 1, 2 값을 갖고 있다)됐는지 혹은 잎 노드(이 경우 비트는 3을 갖고 있다)인지 구분해야 한다. 잎 노드를 8바이트에 저장하는 것은 상대적으로 쉽다. KdAccelNode::flags의 낮은 자리 2비트는 잎인지 알려주기 위해 사용되며, KdAccelNode::nPrims의 상위 30비트는 얼마나 많은 기본체가 겹치고 있는지 저장한다. 그러므로 하나의 기본체만 KdAccelNode 잎에 겹치면 KdTreeAccel::primitives 배열의 부호 없는 정수형 unsigned integer 색인으로 Primitive를 확인할 수 있다. 하나 이상의 기본체가 겹치면 그 색인이 KdTreeAccel::primitiveIndices에 저장된다. 잎의 첫 색인에 대한 오프셋은 KdAccelNode::primitiveIndicesOffset에 저장되며, 나머지의 색인이 바로 이어진다.

```
<KdTreeAccel Private Data> +≡                                          371
    std::vector<int> primitiveIndices;
```

잎 노드는 쉽게 초기화할 수 있지만, flags와 nPrims가 같은 메모리 공간을 공유하므로 하나를 초기화하는 동안 다른 것의 데이터를 날리지 않도록 주의해야 한다. 더욱이 KdAccelNode::flags의 낮은 자리 2비트가 잎 노드인 것을 표시하기 위해 1로 설정되므로 기본체의 수는 저장 전에 왼쪽으로 2비트 이동해야 한다.

```
<KdTreeAccel Method Definitions> +≡
    void KdAccelNode::InitLeaf(int *primNums, int np,
```

```
        std::vector<int> *primitiveIndices) {
    flags = 3;
    nPrims |= (np << 2);
    <Store primitive ids for leaf node 374>
}
```

하나 이하의 중첩된 기본체를 가진 잎 노드들은 KdAccelNode::onePrimitive 덕분에 추가적인 메모리 할당이 필요하지 않다. 그 이상의 기본체가 중첩될 경우 primitiveIndices 배열 안에 저장소가 할당된다.

<Store primitive ids for leaf node> ≡ 374

```
if (np == 0)
    onePrimitive = 0;
else if (np == 1)
    onePrimitive = primNums[0];
else {
    primitiveIndicesOffset = primitiveIndices->size();
    for (int i = 0; i < np; ++i)
        primitiveIndices->push_back(primNums[i]);
}
```

내부 노드를 8바이트까지 줄이는 것도 상당히 간단하다. 하나의 Float(Float이 float으로 정의될 경우 32비트 크기)이 선택한 분할 축에서 노드가 공간을 분할하는 위치를 저장하고, KdAccelNode::flags의 낮은 자리 2비트는 어떤 축에 대해 노드가 나눠졌는지 저장하는 데 사용한다. 남은 것은 트리를 횡단할 때 노드의 두 자식을 찾기 위한 정보다.

두 포인터나 오프셋을 저장하는 대신 하나의 자식 포인터만 저장하도록 노드를 배치한다. 모든 노드는 하나의 연속된 메모리 블록에 할당되며, 내부 노드의 자식 중 분할 면 바로 아래 공간에 위치하는 자식은 배열에서 부모 바로 뒤에 저장된다(이 배치는 또한 적어도 하나의 자식을 메모리에서 부모 근처에 위치시켜 캐시 성능을 향상시킨다). 분할 면 위에 위치하는 다른 자식은 배열의 다른 곳에 위치하므로, 정수 오프셋 KdAccelNode::aboveChild가 노드 배열에서 위치를 저장한다. 이 표현은 4.4.3절의 BVH 노드에 사용된 것과 유사하다.

이 규약을 통해 내부 노드를 초기화하는 것은 명확하다. InitLeaf() 메서드에서처럼 aboveChild를 설정하기 전에 flags의 값을 설정하는 것과, flags에 저장된 비트와 충돌하지 않게 시프트한 위 공간 자식 값의 논리합을 계산하는 것이 중요하다.

```
<KdAccelNode Methods> ≡                                                   373
    void InitInterior(int axis, int ac, Float s) {
        split = s;
        flags = axis;
        aboveChild |= (ac << 2);
    }
```

마지막으로 노드의 다양한 값을 추출하는 데 필요한 몇 가지 메서드를 제공해 호출자가 메모리상의 세밀한 표현을 알 필요 없게 한다.

```
<KdAccelNode Methods> +≡                                                  373
    Float SplitPos() const { return split; }
    int nPrimitives() const { return nPrims >> 2; }
    int SplitAxis() const { return flags & 3; }
    bool IsLeaf() const { return (flags & 3) == 3; }
    int AboveChild() const { return aboveChild >> 2; }
```

4.4.2 트리 생성

kd-트리는 재귀적으로 탑다운 방식 알고리즘으로 생성된다. 각 단계에서 축에 정렬된 공간 영역과 영역에 겹치는 기본체의 집합을 갖게 된다. 영역이 두 하위 영역으로 나눠지고 내부 노드가 되거나, 잎 노드가 겹치는 기본체와 함께 생성되면 재귀를 중단한다.

KdAccelNodes에 대한 토론에서 언급했듯이 모든 트리 노드는 연속된 배열에 저장된다. KdTreeAccel::nextFreeNode는 이 배열에서 다음에 가용한 노드를 저장하고, KdTreeAccel::nAllocedNode는 할당된 전체 수를 저장한다. 둘 다 0으로 하고 아무 노드도 시작 시 할당하지 않으며, 구현을 통해 트리의 첫 노드가 초기화될 때 바로 할당이 처리되는 것을 보장한다.

또한 생성자가 최대 트리의 깊이를 제공하지 않을 경우 그 값을 결정할 필요가 있다. 트리 생성이 보통 합리적인 깊이에서 중단될지라도 트리가 사용하는 메모리가 심각한 상황에서도 제한 없이 증가하는 것을 막기 위해 최대 깊이로 제한하는 것이 중요하다. 우리는 다양한 장면에서 $8 + 1.3 \log(N)$이 합리적인 최대 깊이를 제공하는 것으로 판단한다.

```
<Build kd-tree for accelerator> ≡                                         371
    nextFreeNode = nAllocedNodes = 0;
    if (maxDepth <= 0)
        maxDepth = std::round(8 + 1.3f * Log2Int(primitives.size()));
    <Compute bounds for kd-tree construction 376>
    <Allocate working memory for kd-tree construction 380>
```

```
    <Initialize primNums for kd-tree construction 376>
    <Start recursive construction of kd-tree 376>
```

<KdTreeAccel Private Data> +≡ 371

```
KdAccelNode *nodes;
int nAllocedNodes, nextFreeNode;
```

생성 루틴이 기본체의 경계 상자를 반복적으로 사용하기 때문에 트리 생성이 시작되기 전에 vector에 저장해서 잠재적으로 느린 `Primitive::WorldBound()` 메서드를 반복적으로 부르지 않게 한다.

<Compute bounds for kd-tree construction> ≡ 375

```
std::vector<Bounds3f> primBounds;
for (const std::shared_ptr<Primitive> &prim : primitives) {
    Bounds3f b = prim->WorldBound();
    bounds = Union(bounds, b);
    primBounds.push_back(b);
}
```

<KdTreeAccel Private Data> +≡ 371

```
Bounds3f bounds;
```

트리 생성 루틴의 매개변수 중 하나는 어떤 기본체가 현재 노드에 겹치는지 알려주는 기본체의 배열 색인이다. 모든 기본체가 뿌리 노드(재귀가 시작될 때)에 중첩되므로, 배열은 0에서 `primitives.size() - 1`까지의 범위 값으로 초기화된다.

<Initialize primNums *for kd-tree construction>* ≡ 376

```
std::unique_ptr<int[]> primNums(new int[primitives.size()]);
for (size_t i = 0; i < primitives.size(); ++i)
    primNums[i] = i;
```

`KdTreeAccel::buildTree()`는 각 트리 노드마다 호출된다. 이 메서드는 노드가 내부 노드인지 잎 노드인지 결정해서 자료 구조를 적절히 갱신한다. 마지막 3개의 매개변수인 `edges`, `prims0`, `prims1`은 다음 몇 장에서 정의하고 설명할 *<Allocate working memory for kd-tree construction>* 코드 조각으로 할당된 자료에 대한 포인터다.

<Start recursive construction of kd-tree> ≡ 376

```
buildTree(0, bounds, primBounds, primNums.get(), primitives.size(),
          maxDepth, edges, prims0.get(), prims1.get());
```

KdTreeAccel::buildTree()의 핵심 매개변수는 생성되는 노드가 사용할 KdAccelNodes의 배열에 대한 오프셋인 nodeNum, 노드가 덮는 공간의 영역을 표시하는 경계 상자 nodeBounds, 겹치는 기본체의 색인들인 primNums다. 매개변수의 나머지는 사용되는 위치에 맞춰 나중에 설명한다.

<KdTreeAccel Method Definitions> +≡

```
void KdTreeAccel::buildTree(int nodeNum, const Bounds3f &nodeBounds,
        const std::vector<Bounds3f> &allPrimBounds, int *primNums,
        int nPrimitives, int depth,
        const std::unique_ptr<BoundEdge[]> edges[3],
        int *prims0, int *prims1, int badRefines) {
    <Get next free node from nodes array 377>
    <Initialize leaf node if termination criteria met 377>
    <Initialize interior node and continue recursion 378>
}
```

모든 할당된 노드가 사용되면 노드 메모리는 두 배 크기로 재할당되고 예전의 값이 복사된다. KdTreeAccel::buildTree()가 처음 호출될 때 KdTreeAccel::nAllocedNodessms는 0으로 초기 트리 노드의 블록이 할당된다.

<Get next free node from nodes array> ≡ 377

```
if (nextFreeNode == nAllocedNodes) {
    int nNewAllocNodes = std::max(2 * nAllocedNodes, 512);
    KdAccelNode *n = AllocAligned<KdAccelNode>(nNewAllocNodes);
    if (nAllocedNodes > 0) {
        memcpy(n, nodes, nAllocedNodes * sizeof(KdAccelNode));
        FreeAligned(nodes);
    }
    nodes = n;
    nAllocedNodes = nNewAllocNodes;
}
++nextFreeNode;
```

잎 노드는 충분히 작은 수의 기본체가 영역 안에 있거나 최대 깊이에 도달했을 때 생성되며, 재귀가 중단된다. depth 매개변수는 트리의 최대 깊이로 시작돼 각 깊이 단계에서 감소한다.

<Initialize leaf node if termination criteria met> ≡ 377

```
if (nPrimitives <= maxPrims || depth == 0) {
    nodes[nodeNum].InitLeaf(primNums, nPrimitives, &primitiveIndices);
```

```
        return;
    }
```

내부 노드의 경우 분할 면을 선택해서 그 면에 대해 기본체를 판별해서 재귀 호출을 하게 된다.

<Initialize interior node and continue recursion> ≡ 377

<Choose split axis position for interior node 380*>*
<Create leaf if no good splits were found 383*>*
<Classify primitives with respect to split 384*>*
<Recursively initialize children nodes 384*>*

구현은 4.3.2절에 소개된 표면 면적 휴리스틱[SAH]을 사용해서 분할을 선택한다. SAH는 kd-트리와 BVH 트리에 사용 가능하다. 노드의 후보 분할 면들에 대해 추정된 비용을 계산해 최저 비용을 선택한다.

여기서의 구현에서 교차 비용 t_{usect}와 횡단 비용 t_{trav}는 사용자에 의해 설정 가능하며, 기본값은 각각 80과 1이다. 궁극적으로 이 두 값의 비율이 트리 생성 알고리즘의 행태를 결정한다.[4] BVH 트리에 비해 높은 비율이 사용되며, 이는 kd-트리 노드를 방문하는 것이 BVH 트리 노드를 방문하는 것보다 저렴하다는 사실을 반영한다.

kd-트리를 위해 BVH 트리에 사용된 SAH에 대해 변경한 점은 하나의 자식이 겹치는 기본체가 하나도 없는 분할을 좀 더 선호하는 것이며, 이는 광선이 이 영역을 지날 때 광선-기본체 교차 테스트를 하지 않고 다음 kd-트리 노드로 바로 진행할 수 있기 때문이다. 그러므로 변경된 비분할/분할 영역의 비용은 각각 다음과 같다.

$$t_{\mathrm{isect}} N \text{와} \;\; t_{\mathrm{trav}} + (1 - b_{\mathrm{e}})(p_B N_B t_{\mathrm{isect}} + p_A N_A t_{\mathrm{isect}})$$

b_{e}는 두 영역 중 하나가 완전히 비었을 경우에는 0에서 1 사이의 값을 받으며, 그 외에는 0인 보너스 값이다.

비용 모델을 위한 확률을 계산하는 방법에서 한 가지 짚고 넘어갈 점은 후보 분할 위치를 어떻게 생성하는가에 관한 점이다. 이 모델을 통한 최소 비용은 기본체 경계 상자의 한

4. 이런 방식의 다른 많은 접근 방법은 이 두 값이 매우 근사한 값을 사용하며, 심지어는 같은 값을 사용한다(예, Hurley et al. 2002)). 여기서 사용된 값은 pbrt의 테스트 장면에서 최고의 성능을 보여준다. 우리는 이 불일치점을 pbrt의 광선-기본체 교차 테스트가 실제 교차 테스트의 수행 비용에 더해 두 개의 가상 함수 호출과 광선의 세계에서 물체 공간 변환이 필요하기 때문이라고 판단한다. 고도로 최적화된 삼각형 기본체만 지원하는 레이트레이서는 이런 추가 비용이 없다. 17.1.1절에서 이 디자인의 득과 실을 좀 더 알아본다.

면과 일치하는 분할에서 얻을 수 있으며, 중간 위치에 대한 분할은 고려할 필요가 없다(확신을 갖고 싶다면 면들의 변 사이 비용 함수의 행동을 생각해보라). 여기서 영역 안의 모든 경계 상자의 한 면이나 그 이상의 좌표축을 고려한다.

이 모든 후보를 확인하는 비용은 신중하게 구성한 알고리즘으로 상대적으로 낮게 유지할 수 있다. 이 비용을 계산하기 위해 경계 상자를 각 축에 대해서 쓸고 지나가서 최고 낮은 비용을 추적(그림 4.15)한다. 각 경계 상자는 BoundEdge 구조체의 인스턴스로 표시된다. 이 구조체는 축에 대한 모서리의 위치, 모서리가 경계 상자의 시작인지 끝인지(축에서 낮은 값인지 높인 값인지에 따라), 그리고 연관된 기본체를 기록한다.

<KdTreeAccel Local Declarations> +≡

```
enum class EdgeType { Start, End };
```

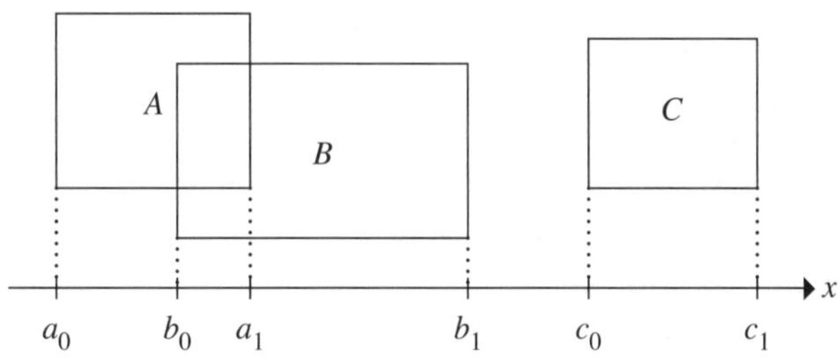

그림 4.15 분할을 고려하고 싶은 축에 대해서 기본체의 경계 상자를 축에 투영하면 얼마나 많은 기본체가 특정 분할 면의 각 면에 있는지 추적하는 효율적인 알고리즘을 얻을 수 있다. 예를 들어 a_1에서의 분할은 A를 모두 분할 면 아래에 위치시키며, B는 걸치고, C는 모두 위에 위치시킨다. 축의 각 점 a_0, a_1, b_0, b_1, c_0, c_1은 BoundEdge 구조체의 인스턴스를 표현한다. 이 구조체는 축 위의 변의 위치를 축에서 낮은 곳에서 높은 곳으로 기록하며, 위치가 어떤 기본체의 변의 위치인지 기록한다.

<KdTreeAccel Local Declarations> +≡

```
struct BoundEdge {
    <BoundEdge Public Methods 379>
    Float t;
    int primNum;
    EdgeType type;
};
```

<BoundEdge Public Methods> ≡ 379

```
BoundEdge(Float t, int primNum, bool starting)
    : t(t), primNum(primNum) {
    type = starting ? EdgeType::Start : EdgeType::End;
}
```

최대의 경우 2 * primitives.size() BoundEdge가 트리의 노드에 대한 비용을 계산하기 위해 필요하며, 모든 세 축에 대한 변의 메모리는 한 번 할당되고, 생성된 각 노드별로 재사용된다.

```
<Allocate working memory for kd-tree construction> ≡                    375
    std::unique_ptr<BoundEdge[]> edges[3];
    for (int i = 0; i < 3; ++i)
        edges[i].reset(new BoundEdge[2 * primitives.size()]);
```

잎을 생성하는 추산 비용을 결정한 이후에 KdTreeAccel::buildTree()는 분할할 축을 선택하고 각 후보 분할에 대해 비용 함수를 계산한다. bestAxis와 bestOffset은 축을 기록하고 지금까지 최저 비용인 bestCost를 주는 경계 상자의 변 색인을 기록한다. invTotalSA는 노드 표면 면적의 역수로 초기화된다. 이 값은 광선이 각 후보 자식 노드를 지나갈 확률을 계산할 때 사용된다.

```
<Choose split axis position for interior node> ≡                        378
    int bestAxis = -1, bestOffset = -1;
    Float bestCost = Infinity;
    Float oldCost = isectCost * Float(nPrimitives);
    Float totalSA = nodeBounds.SurfaceArea();
    Float invTotalSA = 1 / totalSA;
    Vector3f d = nodeBounds.pMax - nodeBounds.pMin;
    <Choose which axis to split along 380>
    int retries = 0;
    retrySplit:
    <Initialize edges for axis 380>
    <Compute cost of all splits for axis to find best 381>
```

이 메서드는 우선 가장 큰 공간 범위를 가진 축에 대한 분할을 시도한다. 성공할 경우, 이 선택은 정사각형 모양을 향한 공간의 영역을 도와준다. 직관적이고 실용적인 방법이다. 축에 대한 좋은 분할을 찾지 못할 경우, 다시 돌아가 다른 축에 대해 각각 시도한다.

```
<Choose which axis to split along> ≡                                    380
    int axis = nodeBounds.MaximumExtent();
```

우선 edges 배열이 겹친 기본체의 경계 상자를 이용해 초기화된다. 배열은 그 후 상자 변에 대해 처음에서 끝으로 쓸고 지나갈 수 있도록 축에 대해 오름차순으로 정렬된다.

```
<Initialize edges for axis> ≡                                           380
    for (int i = 0; i < nPrimitives; ++i) {
        int pn = primNums[i];
```

```
        const Bounds3f &bounds = allPrimBounds[pn];
        edges[axis][2 * i] = BoundEdge(bounds.pMin[axis], pn, true);
        edges[axis][2 * i + 1] = BoundEdge(bounds.pMax[axis], pn, false);
    }
    <Sort edges for axis 381>
```

C++ 표준 라이브러리 루틴 sort()는 정렬을 위한 순서를 정의해야 한다. 이는 BoundEdge::t 값을 사용해 처리된다. 하지만 BoundEdge::t 값이 일치할 경우 노드의 종류를 통해 순서를 정한다. 이는 a<b와 b<a가 모두 false일 경우가 a==b라는 사실에 sort()가 의존하기에 필요하다.

```
<Sort edges for axis> ≡                                                    381
    std::sort(&edges[axis][0], &edges[axis][2*nPrimitives],
            [](const BoundEdge &e0, const BoundEdge &e1) -> bool {
        if (e0.t == e1.t)
            return (int)e0.type < (int)e1.type;
        else return e0.t < e1.t;
    });
```

변의 정렬된 배열에 대해서 각각에 대한 분할의 비용 함수를 빨리 계산해야 한다. 각 자식 노드를 지나는 광선이 지나는 확률은 표면 면적을 위해 쉽게 계산할 수 있으며, 각 분할 면의 기본체 수는 nBelow와 nAbove 변수로 추적한다. 이 변수를 계속 갱신함으로써 반복문에서의 특정 경로에 있는 edgeT에서의 분할을 선택할 때 nBelow가 분할 면 아래에 있는 기본체의 수를 나타내고 nAbove는 그 위의 수를 나타내게 한다.[5]

첫 변에서는 정의에 따라 모든 기본체는 반드시 그 변의 위에 있으므로 nAbove는 nPrimitive로 초기화하고, nBelow는 0으로 초기화한다. 반복문이 경계 상자 범위 끝의 분할을 처리할 때 이 시점에서 이전에 항상 분할 면의 위에 있던 해당 상자가 위에 있지 않게 되므로 nAbove는 감소해야 한다. 마찬가지로 분할 비용을 계산한 뒤에 분할 후보가 경계 상자에서 범위의 시작에 위치하면 상자는 모든 추후 분할에 대해 아래에 위치하게 된다. 반복문의 시작과 끝의 테스트가 두 경우의 기본체 수를 갱신한다.

```
<Compute cost of all splits for axis to find best> ≡                       380
    int nBelow = 0, nAbove = nPrimitives;
    for (int i = 0; i < 2 * nPrimitives; ++i) {
```

5. 여러 개의 경계 상자 면이 축의 같은 점에 투영될 경우 이 시점에서 이 조건은 성립하지 않는다. 하지만 여기서 구현한 대로 하면 수를 과대평가하며 각 점에 대한 반복문에서 여러 번 중 한 번은 정확한 값을 가지므로, 알고리즘은 최종적으로 정확하다.

```
        if (edges[axis][i].type == EdgeType::End) --nAbove;
        Float edgeT = edges[axis][i].t;
        if (edgeT > nodeBounds.pMin[axis] &&
                edgeT < nodeBounds.pMax[axis]) {
            <Compute cost for split at ith edge 382>
        }
        if (edges[axis][i].type == EdgeType::Start) ++nBelow;
    }
```

belowSA와 aboveSA는 두 후보 자식 경계의 표면 면적을 가진다. 이는 6면의 면적을 합해서 쉽게 계산할 수 있다.

<*Compute child surface areas for split at* edgeT> ≡ 382

```
    int otherAxis0 = (axis + 1) % 3, otherAxis1 = (axis + 2) % 3;
    Float belowSA = 2 * (d[otherAxis0] * d[otherAxis1] +
                         (edgeT - nodeBounds.pMin[axis]) *
                         (d[otherAxis0] + d[otherAxis1]));
    Float aboveSA = 2 * (d[otherAxis0] * d[otherAxis1] +
                         (nodeBounds.pMax[axis] - edgeT) *
                         (d[otherAxis0] + d[otherAxis1]));
```

주어진 모든 조건에서 특정 분할 비용을 계산할 수 있다.

<*Compute cost for split at* i*th edge*> ≡ 382

```
    <Compute child surface areas for split at edgeT 382>
    Float pBelow = belowSA * invTotalSA;
    Float pAbove = aboveSA * invTotalSA;
    Float eb = (nAbove == 0 || nBelow == 0) ? emptyBonus : 0;
    Float cost = traversalCost +
                 isectCost * (1 - eb) * (pBelow * nBelow + pAbove * nAbove);
    <Update best split if this is lowest cost so far 382>
```

이 후보 분할의 비용이 이제까지 최적이라면 분할의 세부 사항이 저장된다.

<*Update best split if this is lowest cost so far*> ≡ 382

```
    if (cost < bestCost) {
        bestCost = cost;
        bestAxis = axis;
        bestOffset = i;
    }
```

이전 테스트에서 분할이 가능하지 않을 수 있다(그림 4.16은 이런 경우를 보여준다). 이 경우 현재 축에 대해 분할 후보 위치가 존재하지 않으며, 다른 두 축에 대해 분할을 시도한다. 둘 다 모두 분할을 찾을 수 없다면(retries가 2라면) 두 자식이 여전히 같은 수의 중첩 기본체를 가지므로 이 노드를 세분할 좋은 방법이 존재하지 않는다. 이 경우 포기하고 바로 잎 노드를 생성할 수밖에 없다.

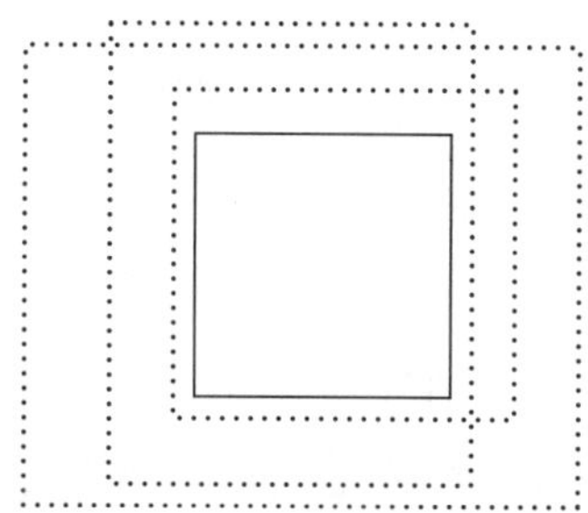

그림 4.16 그림에서 보이는 대로 여러 경계 상자(점선)가 kd-트리 노드(실선)에 겹치면 모든 기본체를 양쪽 면에 갖는 것보다 더 좋은 분할 위치가 존재하지 않는다.

또한 최적의 분할이 노드를 분할하지 않는 것보다 비용이 더 높을 수도 있다. 이 비용이 상당히 더 높고 그다지 많지 않은 기본체가 존재할 경우 잎 노드가 즉시 생성된다. 그렇지 않을 경우 badRefines가 트리의 현재 트리 위에서 얼마나 많은 안 좋은 분할이 생성됐는지 기록한다. 가끔 조금 부족한 세분을 허용하는 것은 추후 분할이 고려할 더 작은 기본체 부분집합에서 더 나은 결과를 찾을 수 있기에 가치가 있다.

<Create leaf if no good splits were found> ≡ 378

```
if (bestAxis == -1 && retries < 2) {
    ++retries;
    axis = (axis + 1) % 3;
    goto retrySplit;
}
if (bestCost > oldCost) ++badRefines;
if ((bestCost > 4 * oldCost && nPrimitives < 16) ||
        bestAxis == -1 || badRefines == 3) {
    nodes[nodeNum].InitLeaf(primNums, nPrimitives, &primitiveIndices);
    return;
}
```

선택한 분할 위치에서 경계 상자의 변은 이 코드에서 nBelow와 nAbove를 추적하기 위해 사용한 것과 같은 방법으로, 기본체가 분할의 위, 아래, 혹은 양쪽 면에 있는지 분별하는 데 사용할 수 있다. 여기서 배열의 bestOffset 항목은 아래 반복문에서 건너뛴다는 것을 알 수 있으며, 이는 경계 상자의 변이 분할에 사용된 기본체가 부정확하게 분할의 양쪽 면에 위치한다고 판별하지 않게 하려고 사용된다.

<Classify primitives with respect to split> ≡ 378

```
int n0 = 0, n1 = 0;
for (int i = 0; i < bestOffset; ++i)
    if (edges[bestAxis][i].type == EdgeType::Start)
        prims0[n0++] = edges[bestAxis][i].primNum;
for (int i = bestOffset + 1; i < 2 * nPrimitives; ++i)
    if (edges[bestAxis][i].type == EdgeType::End)
        prims1[n1++] = edges[bestAxis][i].primNum;
```

kd-트리 노드 배열에서 이 노드 아래의 자식 노드 수는 현재 노드 수에 1을 더한 것과 같다는 것을 기억하라. 재귀문이 트리의 한 면에서 반환된 뒤 nextFreeNode 오프셋이 위 자식을 위해 사용된다. 다른 중요한 점은 prims0 메모리가 양쪽 자식에게 재사용되기 위해 직접 전달되지만, prims1 포인터는 먼저 앞으로 한 번 진행한다는 점이다. 이는 현재 KdTreeAccel::buildTree()의 호출이 첫 KdTreeAccel::buildTree()의 재귀 호출에서 보존된 prims1에 의존하므로 두 번째 호출에서 매개변수로 반드시 넘겨줘야 한다. 하지만 edges 값을 보존하거나 prims0를 첫 재귀 호출에서 보존할 필요는 없다.

<Recursively initialize children nodes> ≡ 378

```
Float tSplit = edges[bestAxis][bestOffset].t;
Bounds3f bounds0 = nodeBounds, bounds1 = nodeBounds;
bounds0.pMax[bestAxis] = bounds1.pMin[bestAxis] = tSplit;
buildTree(nodeNum + 1, bounds0, allPrimBounds, prims0, n0,
          depth - 1, edges, prims0, prims1 + nPrimitives, badRefines);
int aboveChild = nextFreeNode;
nodes[nodeNum].InitInterior(bestAxis, aboveChild, tSplit);
buildTree(aboveChild, bounds1, allPrimBounds, prims1, n1,
          depth - 1, edges, prims0, prims1 + nPrimitives, badRefines);
```

따라서 prims1 정수 배열은 최악의 중첩되는 기본체 수를 저장해야 하므로, 한 번에 하나의 단계만 처리하는 prim0 배열에 비해 훨씬 많은 공간이 필요하다.

<Allocate working memory for kd-tree construction> +≡ 375

```
std::unique_ptr<int[]> prims0(new int[primitives.size()]);
std::unique_ptr<int[]> prims1(new int[(maxDepth+1) * primitives.size()]);
```

4.4.3 횡단

그림 4.17은 트리에서 광선 횡단의 기본 과정을 보여준다. 트리의 전체적인 경계와 광선의 교차는 초기 `tMin`과 `tMax` 값을 제공하며, 그림의 점으로 표시된다. 4장의 `BVHAccel`처럼 전체 기본체 경계를 광선이 벗어나면 이 메서드는 바로 `false`를 반환한다. 그렇지 않다면 뿌리에서부터 트리를 타고 내려오기 시작한다. 각 내부 노드에 대해 광선이 두 자식 중 어떤 자식에게 먼저 들어가는지 결정한 후 양쪽 자식을 순서대로 처리한다. 횡단은 광선이 트리를 나가거나 가장 가까운 교차점을 찾으면 중단된다.

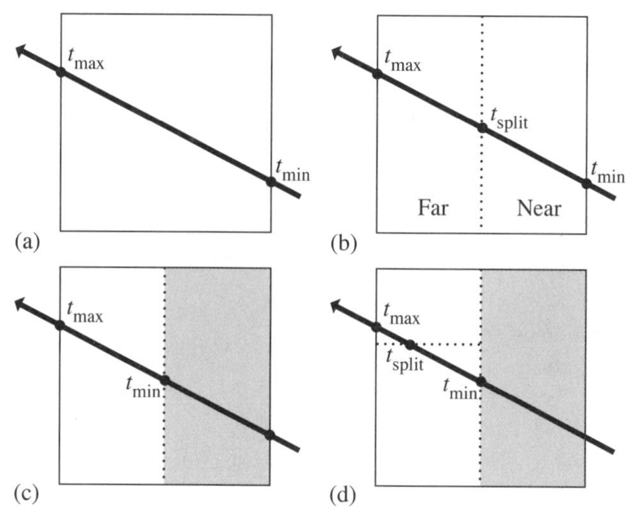

그림 4.17 kd-트리의 광선의 횡단. (a) 트리의 경계에 교차하는 광선은 초기 매개변수 범위 [t_{min}, t_{max}]를 반환한다. (b) 이 범위가 비어있지 않으므로, 뿌리 노드의 두 자식을 고려해야 한다. 광선은 우선 오른쪽 자식에 진입해 '가까운'으로 표기하며, 그 매개변수 범위는 [t_{min}, t_{split}]이다. 가까운 노드가 기본체를 가진 잎이라면 광선-기본체 교차 테스트가 수행된다. 그렇지 않을 경우 자식 노드가 처리된다. (c) 노드에 어떤 충돌점도 찾지 못하거나, 충돌점이 [t_{min}, t_{split}]를 넘어 발견되면 왼쪽의 먼 노드가 처리된다. (d) 이 순서는 깊이 우선, 앞에서 뒤로 횡단으로 처리되며, 가장 가까운 교차점을 찾거나 광선이 트리를 나갈 때까지 수행된다.

```
<KdTreeAccel Method Definitions> +≡
    bool KdTreeAccel::Intersect(const Ray &ray,
            SurfaceInteraction *isect) const {
        <Compute initial parametric range of ray inside kd-tree extent 386>
        <Prepare to traverse kd-tree for ray 386>
        <Traverse kd-tree nodes in order for ray 386>
    }
```

알고리즘은 우선 광선이 트리와 겹치는 전체적인 매개변수 범위 [tmin, tmax]를 찾으며, 트리와 겹치지 않다면 바로 중단된다.

<Compute initial parametric range of ray inside kd-tree extent> ≡ 385

```
Float tMin, tMax;
if (!bounds.IntersectP(ray, &tMin, &tMax))
    return false;
```

KdToDo 구조체의 배열은 광선에 대해 처리되지 않은 노드를 기록하는 데 사용한다. 이 배열은 마지막 활성 항목이 다음에 처리될 노드로 순서화된다. 이 배열에 필요한 최대 항목 수는 kd-트리의 최대 깊이다. 다음의 배열 크기는 실질적으로 충분하고도 남는다.

<Prepare to traverse kd-tree for ray> ≡ 385

```
Vector3f invDir(1 / ray.d.x, 1 / ray.d.y, 1 / ray.d.z);
constexpr int maxTodo = 64;
KdToDo todo[maxTodo];
int todoPos = 0;
```

<KdTreeAccel Declarations> +≡

```
struct KdToDo {
    const KdAccelNode *node;
    Float tMin, tMax;
};
```

횡단은 노드를 통해 계속 수행되고, 한 번에 하나의 잎이나 내부 노드를 반복문으로 처리한다. 값 tMin과 tMax는 항상 현재 노드와 중첩된 광선의 매개변수 범위를 저장한다.

<Traverse kd-tree nodes in order for ray> ≡ 385

```
bool hit = false;
const KdAccelNode *node = &nodes[0];
while (node != nullptr) {
    <Bail out if we found a hit closer than the current node 387>
    if (!node->IsLeaf()) {
        <Process kd-tree interior node 387>
    } else {
        <Check for intersections inside leaf node 389>
        <Grab next node to process from todo list 390>
    }
}
return hit;
```

기존에 찾은 교차점은 여러 노드에 중첩된 기본체 안에서 발견할 수도 있다. 교차점이 처음 발견된 것이 현재 노드의 밖이라면 tMin이 교차점 너머에 있는 노드에 도달할 때까지 트리를 계속 횡단해야 한다. 그 후에 비로소 더 가까운 교차점이 존재하지 않다는 것이 확실해진다.

<Bail out if we found a hit closer than the current node> ≡ 386

```
if (ray.tMax < tMin) break;
```

내부 트리 노드에 대해 처음으로 할 일은 노드의 분할 면과 광선을 교차하는 것이다. 이 교차점에서 하나 혹은 양쪽 모두의 자식 노드를 처리해야 할지, 광선이 어떤 순서로 이를 지나가는지 판단할 수 있다.

<Process kd-tree interior node> ≡ 386

```
<Compute parametric distance along ray to split plane 387>
<Get node children pointers for ray 388>
<Advance to next child node, possibly enqueue other child 389>
```

분할 면에 대한 매개변수 거리는 광선-경계 상자 테스트에서 광선과 축 정렬 면과의 교차점을 계산하는 것과 같은 방법으로 계산된다. 우리는 미리 계산한 invDir 값을 반복문에서 나누기를 줄이기 위해 사용한다.

<Compute parametric distance along ray to split plane> ≡ 387

```
int axis = node->SplitAxis();
Float tPlane = (node->SplitPos() - ray.o[axis]) * invDir[axis];
```

이제 광선이 자식 노드들에 맞닥뜨리는 순서를 판별할 필요가 있으며, 광선을 따라 앞에서 뒤 순서로 트리를 횡단한다. 그림 4.18은 이 계산의 기하 구조를 보여준다. 분할 면에 대한 광선의 원점 위치는 두 경우를 구분하는 데 사용할 수 있으며, 지금은 광선이 둘 중 하나의 노드를 지나지 않는 경우는 무시한다. 광선의 원점이 분할 면에 위치하는 드문 경우는 두 경우를 구분하기 위해서 그 방향을 사용해야 하므로 특별히 조심해서 처리해야 한다.

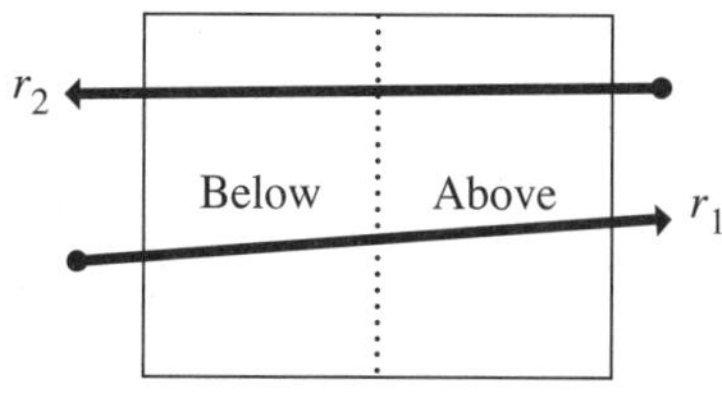

그림 4.18 분할 면에 대한 광선의 원점 위치는 어느 노드의 자식을 먼저 처리해야 하는지 결정하는 데 사용할 수 있다. 광선 r_1의 원점이 분할 면의 아래에 위치하면 아래 자식을 위 자식보다 먼저 처리해야 하며, 반대의 경우도 마찬가지다.

<*Get node children pointers for ray*> ≡ 387

```
const KdAccelNode *firstChild, *secondChild;
int belowFirst = (ray.o[axis] < node->SplitPos()) ||
        (ray.o[axis] == node->SplitPos() && ray.d[axis] <= 0);
if (belowFirst) {
    firstChild = node + 1;
    secondChild = &nodes[node->AboveChild()];
} else {
    firstChild = &nodes[node->AboveChild()];
    secondChild = node + 1;
}
```

이 노드의 두 자식을 모두 처리할 필요가 없을 수 있다. 그림 4.19는 광선이 자식 중 하나만 지나는 경우를 보여준다. 광선은 둘 중 하나의 자식은 반드시 충돌하며, 그렇지 않을 경우 현재 내부 노드는 방문하지 않는다.

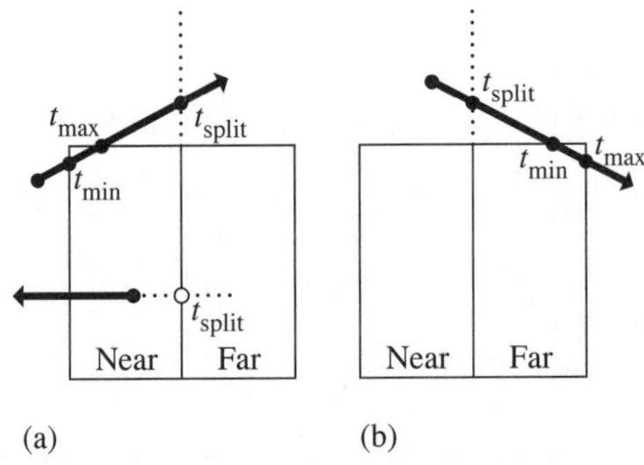

그림 4.19 광선이 둘 중 하나에 중첩되지 않아서 노드의 두 자식을 모두 처리할 필요가 없는 두 경우다. (a) 위 광선은 분할 면에 광선의 t_{max} 위치를 지나서 충돌하며, 그러므로 먼 자식에 충돌하지 않는다. 아래 광선은 분할 면에 대해서 멀어지는 방향이며, 음수 t_{split} 값으로 표현된다. (b) 광선의 t_{min} 값 이전에 분할 면에 교차하는 광선이며, 가까운 자식은 처리할 필요가 없다.

다음 코드의 처음 `if` 테스트문은 그림 4.19(a)에 대응된다. 광선이 먼 노드와 반대 방향으로 가거나 $t_{split} > t_{max}$라서 먼 노드에 중첩되지 않을 경우 가까운 노드만 처리하면 된다. 그림 4.19(b)는 두 번째 `if` 테스트에 비슷한 경우를 테스트하는 것을 보여준다. 가까운 노드는 광선이 중첩하지 않을 경우 처리하지 않는다. 그렇지 않을 경우 `else` 구문이 두 자식을 모두 처리하는 경우를 담당한다. 가까운 노드가 다음에 처리되며, 먼 노드는 `todo` 리스트에 들어간다.

```
<Advance to next child node, possibly enqueue other child> ≡                387
    if (tPlane > tMax || tPlane <= 0)
        node = firstChild;
    else if (tPlane < tMin)
        node = secondChild;
    else {
        <Enqueue secondChild in todo list 389>
        node = firstChild;
        tMax = tPlane;
    }
```

```
<Enqueue secondChild in todo list> ≡                389
    todo[todoPos].node = secondChild;
    todo[todoPos].tMin = tPlane;
    todo[todoPos].tMax = tMax;
    ++todoPos;
```

현재 노드가 잎이라면 교차 테스트는 잎의 기본체에 대해 수행된다.

```
<Check for intersections inside leaf node> ≡                386
    int nPrimitives = node->nPrimitives();
    if (nPrimitives == 1) {
        const std::shared_ptr<Primitive> &p = primitives[node->onePrimitive];
        <Check one primitive inside leaf node 389>
    } else {
        for (int i = 0; i < nPrimitives; ++i) {
            int index = primitiveIndices[node->primitiveIndicesOffset + i];
            const std::shared_ptr<Primitive> &p = primitives[index];
            <Check one primitive inside leaf node 389>
        }
    }
```

개별 기본체를 처리하는 것은 기본체의 교차 요청을 전달하는 것뿐이다.

```
<Check one primitive inside leaf node> ≡                389
    if (p->Intersect(ray, isect))
        hit = true;
```

교차 테스트를 잎 노드에서 처리한 후 다음에 처리할 노드를 todo 배열에서 꺼내온다. 남은 노드가 없다면 광선은 아무것도 충돌하지 않고 트리를 통해 빠져 나온다.

<Grab next node to process from todo list> ≡ 386

```
if (todoPos > 0) {
    --todoPos;
    node = todo[todoPos].node;
    tMin = todo[todoPos].tMin;
    tMax = todo[todoPos].tMax;
}
else
    break;
```

GridAccel과 BVHAccel처럼 KdTreeAccel은 여기 수록하지 않은 그림자 광선을 위한 특별한 교차 메서드를 가진다. 이는 KdTreeAccel::Intersect() 메서드와 비슷하며, 단지 Primitive::IntersectP() 메서드를 호출해 가장 가까운 교차점을 찾을 필요 없이 어떤 교차점을 찾아도 바로 true를 반환한다.

<KdTreeAccel Public Methods> ≡ 371

```
bool IntersectP(const Ray &ray) const;
```

더 읽을거리

레이트레이싱 알고리즘이 도입된 이후 속도를 높이기 위한 엄청나게 많은 연구가 진행됐으며, 주로 발전된 레이트레이싱 가속 구조를 개발하는 연구가 수행됐다. 『An Introduction to Ray Tracing』(Glassner 1989a)에서 아르보와 커크의 장은 1989년의 최신 연구를 요약했으며, 여전히 광선 교차 가속 방법에 대한 훌륭한 분류 체계를 제공한다. Ray Tracing News (www.acm.org/tog/resources/RTNews/)는 일반적인 레이트레이싱 정보에 대한 매우 훌륭한 자료며, 특히 교차 가속 방법, 구현 이슈, 균형을 위한 기술을 제공한다.

Kirk와 Arvo(1988)는 메타 계층에 대한 통합 원칙을 도입했다. 장면의 기본체에 사용되는 것과 같은 인터페이스로 가속 자료 구조를 구현하는 것으로 여러 가지 교차 가속 계획을 혼합하고 일치시키는 것이 쉬워지는 것을 보여준다. pbrt는 이 모델을 따라 Aggregate가 Primitive를 기반 클래스로 상속받았다.

격자

Fujimoto, Tanaka, Iwata(1986)는 장면의 경계를 균일한 크기의 격자 셀으로 분해하는 공간 분할 방식인 균일 격자를 소개했다. 더 효율적인 격자 횡단 메서드는 Amanatides와

Woo(1987) 및 Cleary와 Wyvill(1988)이 소개했다. Snyder와 Barr(1987)는 이 방식의 몇 가지 핵심적인 개선점을 묘사하고 엄청나게 복잡한 장면을 렌더링하기 위한 격자의 사용을 보여줬다. 격자 셀이 많은 기본체로 돼 있고 그 자체가 격자로 세분되는 구조적 격자는 Jevans와 Wyvill(1989)이 처음 소개했다. 구조적 격자에 대한 더 복잡한 기술은 Cazals, Drettakis, Puech(1995)와 Klimaszewski 및 Sederberg(1997)가 개발했다. 4장에 사용된 격자 횡단 메서드는 본질적으로 Cleary와 Wyvill(1988)이 묘사한 것이다.

Ize et al.(2006)은 격자의 병렬 생성을 위한 효율적인 알고리즘을 개발했다. 이들의 재밌는 발견 중 하나는 격자 생성 성능이 처리하는 코어의 수가 증가하면서 가용한 메모리 대역폭으로 금세 제한된다는 점이다.

최적의 격자 해상도를 선택하는 것은 격자로 좋은 성능을 얻기 위해 중요하다. 이 분야의 좋은 논문 중 하나는 Ize et al.(2007)이며, 최적 격자 해상도를 선택하는 것과 계층적 격자를 사용할 경우 언제 하위 격자를 계층적 격자를 사용해서 세분할지 결정하는 완전히 자동화된 견고한 기반을 제공한다. 여러 개의 단순화를 위한 가정을 사용해 이론적인 결과를 유도하고 실세계 장면을 렌더링하는 데 그 결과를 응용하는 것을 보여줬다. 이 논문은 또한 이 분야의 기존 작업에 대한 엄선된 참조를 제공했다.

Lagae와 Dutré(2008a)는 각 기본체가 격자 셀에 하나의 색인을 갖는 것뿐 아니라, 각 격자 셀이 하나의 기본체 색인만을 갖는 획기적인 균일 격자 표현 방법을 설명했다. 이 표현법은 매우 적은 메모리를 사용하면서 여전히 효율적이다. Hunt와 Mark(2008a)는 격자를 투영의 중심을 카메라나 광원으로 한 투영 공간에서 생성해서 광선을 카메라나 빛에서 추적하는 것을 훨씬 효율적으로 만들었다. 이 방식이 여러 가속 구조를 필요로 할지라고 다른 광선 종류에 대해 특화된 여러 구조체로 인한 성능 이득이 상당하다. 이 방식은 또한 래스터라이제이션과 레이트레이싱의 일종의 타협점이라고 할 수 있다.

경계 입체 계층 구조

Clark(1976)는 표준화된 보이는 표면 결정 알고리즘을 위해 경계 입체를 사용해서 물체들을 걸러내는 방식을 제안했다. 이 작업을 기반으로 Rubin과 Whitted(1980)는 최초의 빠른 레이트레이싱의 장면 표현을 위한 계층적 자료 구조를 개발했으나, 이 메서드는 사용자가 계층을 정의하게 해서 사용자 의존적이었다. Kay와 Kajiya(1986)는 판의 모음으로 물체의 경계를 나타내는 데 기반을 두고 최초의 실제적 물체 세분 방식 중 하나를 구현했다. Goldsmith와 Salmon(1987)은 자동으로 경계 입체 계층을 계산하는 첫 알고리즘을 설명했다. 이 알고리즘이 입체의 표면 면적에 기반을 두고 경계 입체에 광선이 교차할 확률을 추산하는 데 기반을 두더라도 이는 현대 SAH BAH 방식에 비해 훨씬 비효율적이다.

4장의 BVHAccel 구현은 Wald(2007)와 Gunther et al.(2007)이 묘사한 생성 알고리즘에 기반을 둔다. 경계 상자 시험은 Williams et al.(2005)이 도입한 방법이다. 더 효율적인 경계 상자 시험은 Eisemann et al.(2007)이 개발한 추가적인 사전 계산을 통해 같은 광선이 많은 경계 상자에 대해 교차 시험될 때 높은 성능을 얻는 방법이다. 이 메서드의 구현은 연습문제로 남겨둔다.

pbrt에서 사용한 BVH 횡단 알고리즘은 여러 연구진에 의해 동시에 개발됐다. Boulos와 Haines(2006)는 좀 더 자세한 세부 사항과 배경을 보여준다. 트리 횡단의 다른 방식은 Kay와 Kajiya(1986)가 광선 거리로 정렬한 노드의 힙heap을 유지한다. GPU는 상대적으로 제한된 양의 온칩 메모리를 갖고 있기 때문에 각 광선에 대해서 방문할 스택을 유지하는 것은 허용 불가한 메모리 비용이 발생한다. Foley와 Sugerman(2005)은 '스택 없는' kd-트리 횡단 알고리즘을 소개했으며, 이는 명시적으로 방문할 모든 노드를 저장하지 않고 주기적으로 역추적해 트리의 뿌리에서 방문할 다음 노드를 검색한다. Laine(2010)은 이 방식의 여러 개선 방법을 제공했으며, 트리 뿌리에서 재횡단의 빈도를 줄이고 BVH에 그 방식을 적용했다.

여러 연구자가 생성 이후 BVH의 질을 향상하기 위한 기술을 개발했다. Yoon et al.(2007)과 Kensler(2008)는 BVH에 지역 조정을 적용하는 알고리즘을 소개했으며, Kopta et al.(2012)은 BVH를 애니메이션의 여러 프레임에 재사용했고, 움직이는 물체를 경계하는 부분을 갱신해 퀄리티를 유지했다. 이 분야의 최신 작업은 Bittner et al.(2013), Karras와 Aila(2013), Bittner et al.(2014)을 참고하자.

대부분 BVH 생성의 최신 방식은 트리의 위에서 아래로 생성에 기반을 두며, 우선 뿌리 노드를 생성한 뒤 재귀적으로 기본체들을 자식으로 분할한다. 다른 방식은 Walter et al.(2008)이 소개한 아래에서 위로의 생성으로, 잎을 우선 생성하고 이를 합쳐서 부모 노드로 보내는 가용한 다른 선택지다. Gu et al.(2013b)은 이 방식의 훨씬 더 효율적인 구현을 개발했으며, 병렬 구현에 대한 적합성을 보여줬다.

BVH의 단점 중 하나는 경계 상자가 겹치는 상대적으로 큰 적은 수의 기본체가 심각하게 효율성을 낮출 수 있다는 것이다. 단지 잎에서의 기하 구조의 경계 상자가 겹치기 때문에 트리의 많은 노드는 중첩된다. Ernst와 Greiner(2007)는 '분할 발췌'를 이 문제의 해결책으로 제안했다. 각 기본체는 트리에서 한 번만 출현하며, 큰 입력 기본체의 경계 상자는 좀 더 조밀한 하위 경계의 집합으로 세분돼 트리 생성에 사용된다. 이는 트리 생성 과정 중에만 일어나며, 트리의 표현이나 렌더링 알고리즘에 영향을 주지 않는다. Dammertz와 Keller(2008a)는 문제를 일으키는 기본체는 표면 면적에 비해 상대적으로 경계 상자 안에 많은 양의 빈 공간을 가졌다는 것을 관찰해서 대부분의 문제 있는 삼각형을 세분해 본질적인 성능 향상을 이뤘다. Stich et al.(2009)은 전처리가 아닌 BVH 생성 도중에 기본체를 분할해서 SAH 비용이 줄어들 경우에만 기본체를 분할하는 것을 가능하게 했다. 또한 Popov et al.(2009)은 이론적으로 가능한 최고로 최적화된 BVH 분할 알고리즘과 이전 방식과의 관계를 살펴볼 수 있으며, Karras와 Aila(2013)는 언제 삼각형을 분할할지 결정하는 개선된 규약을 제공한다. Woop et al.(2014)은 BVH를 머리나 털같이 길고 가는 기하 구조에 대해서 생성하는 방식을 개발했다. 이런 종류의 기하 구조는 경계 상자의 부피에 비해 상당히 얇기 때문에 대부분의 가속 구조에서 보통 나쁜 성능을 보여준다.

BVH의 메모리 요구 사항은 상당하다. 우리의 구현에서 각 노드는 32바이트다. 최대 2개의 BVH 트리 노드가 장면의 기본체별로 필요하므로, 전체 부하는 기본체별로 약 64바이트라고 할 수 있다. Cline et al.(2006)은 BVH 노드에서 약간의 효율성을 희생한 좀 더 조밀한 표현을 제안했다. 우선 각 노드에 저장된 경계 상자를 전체 트리의 경계 상자에 대해 8 혹은 16바이트 오프셋을 사용해 양자화한다. 다음으로 암시적 색인화를 사용해서 노드 *i*의 자식은 노드 배열에서 위치 2*i*와 2*i*+1(2*x* 분기 인자 가정)이라고 알 수 있다. 이를 통해 약간의 성능 영향을 통해 엄청난 메모리 절약을 이뤄냈다. Bauszat et al.(2010)은 다른 공간 효율적 BVH 표현을 개발했다. Segovia와 Ernst(2010)에서 BVH 노드와 삼각형 메시의 조밀한 표현을 알아보자.

Yoon과 Manocha(2006)는 캐시 효율적인 BVH와 kd-트리의 레이아웃을 위한 알고리즘을 설명하고 이를 통한 성능 향상을 시연했다. Ericson's book(2004)에서 이 주제에 관한 광범위한 토론을 살펴보자.

선형 BVH는 Lauterbach et al.(2009)이 소개했다. Pantaleoni와 Luebke(2010)는 HLBVH 일반화를 개발했으며, SAH를 트리의 상위 단계에 사용했다. 또한 모톤 코드 값의 상위 비트를 사용해 효율적으로 기본체를 클러스터화할 수 있다는 것을 설명했다. 이 두 개념 모두 HLBVH 구현에서 사용했다. Garanzha et al.(2011)은 추가적인 HLBVH의 개선을 소개했으며, 대부분이 GPU 구현을 대상으로 했다.

HLBVH 경로 이외에 `BVHAccel`의 BVH 생성 구현은 병렬화되지 않는다. Wald(2012)가 제안한 SAH을 통한 고성능 병렬 BVH 생성 방식을 살펴보자.

kd-트리

Glassner(1984)는 광선 교차 가속에 대해 팔방 트리의 사용을 도입했다. 이 방식은 기하 구조의 불균일한 분포를 가진 장면에 대해서 격자보다 더 안정적이다. kd-트리의 레이트레이싱에서의 최초 사용은 Kaplan(1985)에서 묘사됐다. 카플란의 트리 생성 알고리즘은 언제나 노드를 그들의 중간으로 분할했다. MacDonald와 Booth(1990)는 SAH 방식을 도입해서 상대적인 표면 면적을 사용한 광선-노드 횡단 확률을 추정했다. Naylor(1993) 또한 좋은 kd-트리를 생성하는 일반적인 이슈를 제시했다. Havran과 Bittner(2002)는 이런 이슈에 대해 재논의하고 유용한 개선점을 도입했다. 책에서의 구현처럼 완전히 빈 트리 노드에 대한 SAH의 추가 인자를 더하는 것은 Hurley et al.(2002)에서 제안됐다. Havran's Ph.D. 논문(2000)에서 고성능 kd 생성과 횡단 알고리즘에 대한 훌륭한 개요를 살펴보자.

Jansen(1986)은 kd-트리에 대한 효율적인 광선 횡단 알고리즘을 최초로 개발했다. Arvo (1988) 역시 이 문제를 연구해 이를 레이트레이싱 뉴스Ray Tracing News에 기록했다. Sung과 Shirley(1992)는 BSP-트리 가속기에 대한 광선 횡단 알고리즘의 구현을 묘사했다. 우리의 `KdTreeAccel` 횡단 코드는 대략 이에 기반을 두고 있다.

`pbrt`에서 kd-트리 생성 알고리즘의 점근적 복잡도는 O(*n* log2 *n*)이다. Wald와 Havran (2006)은 kd-트리를 추가적인 구현 복잡도를 이용해 (*n* log *n*) 시간에 생성 가능한 것을 보여줬으며, 일반적인 장면에 대해 2에서 3배의 생성 속도 향상을 보여줬다.

레이트레이싱을 위한 최고의 kd-트리는 '완벽 분할'을 이용해 생성되며, 트리에 삽입되는 기본체는 각 단계에서 현재 노드의 경계에 맞게 잘려진다. 이는 물체의 경계 상자가 노드의 경계 상자에 교차해 저장되지만, 물체 그 자체는 노드의 경계 상자와 교차하지 않는 문제점들을 제거한다. 이 방식은 Havran과 Bittner(2002)에서 소개됐으며, Hurley et al.(2002)과 Wald와 Havran(2006)에서 좀 더 토론됐다. Soupikov et al.(2008)도 참고하자. 완벽한 분할에도 불구하고, 많은 기본체가 여전히 많은 kd-트리 잎에 저장된다. Choi et al.(2013)은 이 문제를 해결하기 위해서 일부 기본체를 내부 노드에 저장하는 것을 건의했다.

kd-트리 생성은 BVH 생성보다 보통 훨씬 느리며(특히 '완벽 분할'이 사용될 경우), 병렬 생성 알고리즘이 특히 관심 대상이다. 이 분야의 최신 작업은 Shevtsov et al.(2007b), Choi et al.(2010)에 포함돼 있으며, 다중 프로세서로 쉽게 확장 가능한 효율적인 병렬 kd-트리 생성 알고리즘을 제공한다.

표면 면적 휴리스틱

많은 연구자가 MacDonald와 Booth(1990)에서 레이트레이싱이 처음 도입된 이후 SAH에 대한 연구와 개선을 연구해왔다. Fabianowski et al.(2009)은 광선이 공간에 균일하게 분포됐다는 가정을 광선의 원점이 장면의 경계 상자 안에서 균일하게 분포됐다는 가정으로 대체한 버전을 유도했다. Hunt와 Mark(2008b)는 광선이 일반적으로 균일하게 분포되지 않고 많은 광선이 단일 위치나 근처 지점의 집합(각각 카메라와 광원)에서 시작한다는 사실을 이용한 새로운 SAH를 소개했다. Hunt(2008)는 SAH를 '우편함mailboxing' 최적화를 사용해 수정하는 방법을 보여주며, Vinkler et al.(2012)은 기본체의 시야성에 대한 가정을 사용해서 SAH 비용을 조절했다. Ize와 Hansen(2011)은 '광선 종료 표면 영역 휴리스틱RTSAH'을 유도했으며, 이를 사용해서 그림자 광선의 BVH 횡단 순서를 조절해 더 빠르게 차폐물과의 교차를 찾게 했다. Moulinet al.(2015)에서 kd-트리 횡단 과정에서 차폐되는 그림자 광선을 고려한 SAH를 살펴보자.

SAH를 평가하는 것은 상당한 비용이 들며, 특히 여러 다른 분할이나 기본체 분할을 고려할 때 더욱 그렇다. 이 문제에 대한 하나의 해결책은 후보 점의 부분집합에서 계산하는 것이다. 예를 들어 `pbrt`의 `BVHAccel`에서 사용한 선을 따라 버킷으로 분류하는 방식 등이 있다. Hurley et al.(2002)은 kd-트리를 생성하는 데 이 방식을 제안했고, Popov et al.(2006)이 이를 더 자세히 논의했다. Shevtsov et al.(2007b)은 삼각형의 중심이 아닌 모든 범위를 사용해서 버킷에 넣는 방식으로 향상시켰다.

Hunt et al.(2006)은 한 점에서만 SAH를 계산하려면 기본체를 정렬할 필요 없이 선형으로 살피며, 해당 점에 대해 기본체의 수와 경계 상자를 계산하기만 하면 된다는 것을 알려줬다. SAH를 일정 수의 위치에 대해 각각 부분적인 2차로 근사해 효과적인 트리를 생성하는 좋은 분할을 만드는 데 사용할 수 있다는 것을 보여줬다. 비슷한 근사 방법이 Popov et al.(2006)에 의해 사용됐다.

SAH가 매우 효율적인 kd-트리와 BVH를 가능하게 하지만 완벽하지 않다는 것은 명백하다. 여러 연구자가 더 높은 SAH 예측 비용을 가진 kd-트리나 BVH가 더 낮은 예측 비용을 가진 것보다 더 좋은 성능을 내는 경우를 만나는 것이 그리 특별하지 않는 경우라고 언급했다. Aila et al.(2013)은 이 결과의 일부를 조사하고 이를 처리하는 데 도움이 되는 두 가지 추가적인 휴리스틱을 제안했다. 한 가지는 광선 원점이 실제로 장면에서 임의로 분포되지 않기 때문에 대부분의 광선이 표면에서 시작하는 사실을 고려했다. 다른 한 가지는 여러 광선이 계층 구조를 횡단할 때의 SIMD 발산을 고려했다. 이 새로운 휴리스틱이 왜 주어진 트리가 해당 성능을 내는지 설명하는 데 효과적이지만, 여전히 어떻게 이를 트리 생성 알고리즘에 포함할지가 명확하지 않다.

가속 구조에 관한 다른 주제

Weghorst, Hooper, Greenberg(1984)는 경계 입체의 다양한 모양을 사용해 화면에 물체를 투영하는 방법과 Z-버퍼 렌더링을 사용해 카메라 광선에 대한 교차점을 찾는 방법에 대한 균형trade-off을 토론했다.

몇 명의 연구자들은 k 분할 면이 축에 정렬될 필요가 없을 때의 일반적인 BSP 트리의 응용성에 대해 kd-트리와 함께 연구했다. Kammaje와 Mora(2007)는 BSP 트리를 미리 선택한 후보 분할 면을 사용해서 생성했고, Budge et al.(2008)은 이에 대한 개선점을 개발했지만 더 느린 생성 단계와 횡단 속도로 실제로 kd-트리 성능에 근접하는 정도에 그쳤다. Ize et al.(2008)은 BSP 구현이 최신 kd-트리보다 빠르게 장면을 렌더링하는 것을 보여줬으나, 엄청나게 긴 생성 과정을 필요로 했다.

광선 여러 묶음이 가속 구조를 하나씩이 아니고 함께 횡단하는 많은 기술이 존재한다. 이 방식('패킷 트레이싱packet tracing')은 고성능 레이트레이싱의 중요한 요소다. 17.2.2절에서 좀 더 깊게 토론하자.

애니메이션되는 기본체는 레이트레이서에게 두 가지 도전을 제공한다. 첫째는 렌더러가 애니메이션의 여러 프레임에 대해 가속 구조를 재사용하려고 할 때 물체가 움직이면 반드시 가속 구조를 갱신해야 하는 것이다. Wald et al.(2007a)은 어떻게 BVH를 이 경우 점진적으로 갱신하는지를 보여줬으며, Garanzha(2009)는 근처 기본체의 무리를 생성해 해당 무리의 BVH를 생성(그러므로 BVH 생성 알고리즘의 부하를 줄이는)하는 방식을 제안했다. 두 번째 문제는 빠르게 움직이는 기본체에 대해서 이들의 프레임 시간에 대한 전체 움직임 경계 상가는 엄청나게 커져서 필요 없는 수많은 광선-기본체 교차 테스트로 이어지게 된다. 이 문제에 대한 놀라운 작업은 Glassner(1988)를 포함하며, 이는 레이트레이싱(가속을 위한 팔방트리 또한)에 시간을 추가해 4차원에 대해 일반화했다. 더 최근에는 Grünschloß et al.(2011)이 움직이는 기본체에 대한 BVH의 개선을 개발했다. 레이트레이싱 애니메이션되는 장면에 대한 Wald et al.(2007b)의 연구 논문을 살펴보자.

Arvo와 Kirk(1987)가 제안한 가속 구조에 대한 획기적인 방법은 3D 공간과 2D 광선 방향에 기반을 두고 나눠진 5D 자료 구조다. 삼각형 메시로 표현된 장면에 대한 또 다른 재밌는 방법은 Lagae와 Dutré(2008b)가 개발한 방법으로, 제한된 사면체화tetrahedralization를 계산해 모든 삼각항 면이 사면체로 표현되게 했다. 광선은 사면체를 통해 장면 묘사에서의 삼각형에 교차할 때까지 진행한다. 이 방식은 여전히 최신 kd-트리와 BVH보다 몇 배 느리지만 문제에 접근하는 재밌는 새로운 방법이다.

kd-트리와 BVH 사이에 존재하는 재미있는 중간 지점은 트리 노드가 하나의 분할 면이 아닌 각 자식의 분할 면을 갖고 있는 것이다. 예를 들어 이 세분은 kd-트리 같은 가속 구조에서 각 기본체를 단지 하나의 하위 트리에 넣고 하위 트리가 중첩되는 것을 허용해 물체 세분을 가능하게 하며, 여전히 kd-트리 횡단의 많은 장점을 유지한다. Ooi et al.(1987)은 이 세분을 공간 자료를 저장하려고 처음 kd-트리에 도입했으며, 이를 '공간 kd-트리skd-tree'라고 명했다. Skd-트리는 여러 연구자에 의해 레이트레이싱에 최근 적용되고 있으며, Zachmann(2002), Woop et al.(2006), Wächter와 Keller(2006), Havran et al.(2006), Zuniga와 Uhlmann(2006) 등을 볼 수 있다.

격자나 kd-트리 같은 공간 세분이 사용될 때 기본체는 구조체의 여러 개 노드에 중첩될 수 있으며, 광선은 구조체를 지나는 동안 같은 기본체에 대해 여러 번 교차를 테스트할 수 있다. Arnaldi, Priol, Bouatouch(1987)와 Amanatides 및 Woo(1987)는 '우편함' 기술을 개발해 이 문제를 해결했다. 각 광선은 고유한 정수 식별자를 갖고 있으며, 각 기본체는 자신과 테스트한 마지막 광선의 식별자를 저장한다. 식별자가 일치하면 교차 테스트는 필요 없기에 생략한다.

여전히 효과적이지만 이 방식은 다중 스레드 레이트레이서에서 잘 동작하지 않는다. 이 문제를 해결하기 위해서 Benthin(2006)은 광선별 작은 해시 테이블을 저장해서 최근에 교차한 기본체의 id를 저장한다. Shevtsov et al.(2007a)은 마지막 *n*개의 교차한 기본체 id의 작은 수의 배열을 유지하고 교차 테스트 수행 전에 이를 선형적으로 검색한다. 이 두 방식 모두에 대해서 일부 기본체를 여러 번 확인할 수 있더라도 일반적으로 대부분의 중복된 테스트를 제거한다.

연습문제

❷ 4.1 pbrt의 2가지 가속 구조들에 대해 어떤 종류의 장면들이 최악의 시나리오인가?(각 방식이 잘 처리할 수 없는 특정한 기하학적 설정을 고려하라) 이 특성을 가진 장면을 생성해 pbrt의 성능을 기본체를 추가하면서 측정하라. 하나의 가속 구조에 최악인 장면은 다른 것과 렌더링될 때 어떻게 동작하는가?

❷ 4.2 과도한 수의 기본체가 중첩된 셀에 대해서 기하 구조를 저장하기 위해 더 작은 하위 격자를 유지하는 것 대신 세분하는 계층적 격자 가속기를 구현하라(이 문제에 대한 Jevans와 Wyvill(1989)의 방법이나 언제 세분이 의미 있는지 결정하는 데 효과적인 방식을 위해 Ize et al.(2007)을 참고하라). 두 가속기 생성 성능을 비교하고, 렌더링 성능을 비계층적 격자와 4장의 가속기와 비교하라.

❷ 4.3 가속기를 생성하는 데 더 영리한 중첩 테스트를 구현하라. 물체의 경계 상자를 사용해 중첩되는 어떤 격자 칸과 kd-트리 분할의 어떤 면에서 필요 없는 교차 테스트로 인한 성능 저하가 일어나는지 알아보라. 그 후 `bool Shape::Overlaps(const BBox &) const` 메서드를 모양 인터페이스에 추가해 월드 공간 경계 상자를 받아서 물체가 진정 주어진 경계와 중첩하는지 결정하라.

기본 구현은 모양에서 월드 변환을 받아 테스트에 사용하고, 자주 사용되는 모양에 대해 특화된 버전을 구현할 수도 있다. Sphere와 Triangle에 대해서 이 메서드를 구현하고 KdTreeAccel이 이를 호출하도록 변경하라. Akenine-Möller의 빠른 삼각형-상자 중첩 테스트 논문(Akenine-Möller 2001)을 읽으면 도움이 될 것이다. 이 변경에 대한 pbrt의 전체적인 성능 차이를 측정하고, 가속 구조 생성에 증가한 시간과 더 적은 교차로 인한 광선-물체 교차 시간의 감소를 따로 측정하라. 이렇게 개선하면 다양한 장면에 대한 교차 테스트가 얼마나 줄었는지 생각해보자.

❷ 4.4 pbrt의 BVH 구현의 '분할 발췌'를 구현하라. Ernst와 Greiner(2007), Dammertz와 Keller(2008a), Stich et al.(2009), Karras와 Aila(2013)의 논문을 읽고 트리 생성을 위해서 표면 면적에 비해 상대적으로 큰 경계 상자를 가진 기본체를 여러 하위 기본체로 분할하는 방식 중 하나를 구현하라(이를 위해 Shape 인터페이스의 변경이 필요할 수 있다. 특정 모양에 대해서 분할이 불가능하다는 것을 알려줄 수 있는 새로운 인터페이스의 디자인이 필요할 수 있다. 예를 들어 삼각형에 대해서만

이 메서드를 구현하면 할 수 있다). 실제 장면을 렌더링하는 데의 개선점을 측정하라. 실험을 위해 이 자료를 모을 때 주목하지 않을 수 없는 흥미로운 방법은 다머츠Dammertz와 켈러Keller가 애니메이션의 프레임에 대해서 점진적으로 한 축에 대해 회전하는 장면에 대해 수행한 실험이다. 보통 원래 축에 정렬된 많은 삼각형은 회전하면 할수록 매우 느슨한 경계 상자를 갖게 되며, 분할 발췌가 사용되지 않을 경우 이는 심각한 성능 저하를 가져온다.

❷ 4.5 BVHAccel의 HLBVH 생성을 위한 30비트 모톤 코드는 거대한 장면에 대해서 부족할 수 있다(단지 각 차원별로 2^{10} = 1024 단계만 표현 가능한 것을 기억하자). BVHAccel을 63비트 모톤 코드를 HLBVH에 사용하기 위해 64비트 정수를 사용하도록 변경하자. 다양한 장면들에 대해서 원래의 것과 성능을 비교해보자. 성능이 상당히 개선된 장면들이 있는가? 성능의 손실이 있는 곳이 있는가?

❷ 4.6 BVH나 kd-트리 생성에 사용하는 다른 SAH 비용 함수를 조사하라. 형편없는 비용 함수가 성능에 얼마나 영향을 줄 것인가? 현재에 비해 얼마나 개선될 것인가?('더 읽을거리'에서 SAH의 향상 아이디어에 대한 연구를 참고하자).

❸ 4.7 BVHAccel과 특히 KdTreeAccel의 생성 시간은 전체 렌더링 시간의 상당한 부분을 차지하지만, 4장의 구현은 HLBVH를 제외하고 가속 구조 생성을 병렬화하지 않았다. Wald(2007)와 Shevtsov et al.(2007b) 등의 가속기의 병렬 생성 기술을 조사하고 그중 하나를 pbrt에 구현하라. 가속 생성에서 얼마나 많은 성능 향상이 이뤄지는가? 추가 프로세서로 인한 성능 향상 규모는 어떻게 확대되는가? 전체적인 렌더링에서 얼마나 많은 성능 향상이 이뤄졌는지 측정하라. 어떤 종류의 장면에서 구현이 가장 큰 효과를 발휘하는가?

❸ 4.8 광선 교차 가속에 공간 자료 구조를 사용하는 아이디어는 공간 자료 구조를 기본체가 아닌 그 자신이 다른 공간 자료 구조를 가질 수 있게 일반화할 수 있다. 단지 많은 기본체를 가진 격자 안에 하위 격자를 갖는 것(부분적으로 적응적 세분 문제를 해결한다)에 더해서 장면을 계층적 경계 입체로 구성해 잎 노드가 공간적으로 가까운 기본체의 더 작은 모음을 갖게 할 수 있다. 이런 혼성hybrid 기술은 다양한 공간 자료 구조 기반 광선 교차 가속 방법 중 최고의 성능을 가질 수 있다. pbrt에서 기하학적 기본체와 교차 가속기가 둘 다 Primitive 기반 클래스에서 상속받았으므로 같은 인터페이스를 제공하기 때문에 이 방식으로 쉽게 혼합할 수 있다.

pbrt가 혼성 가속 구조를 생성하게 수정하라. 예를 들어 BVH를 사용해서 장면 기하 구조를 대충 정렬한 다음 트리의 잎에서 격자를 균일하게 배치해 밀도가 높고 공간적으로 로컬인 기하 구조의 모음을 갖게 한다. 이 메서드를 이용한 렌더링에서 실행 시간과 메모리 사용을 현재 가속기와 비교하라.

❷ 4.9 Eisemann et al.(2007)은 BVHAccel보다 더욱 효율적인 광선-상자 교차 테스트 방법을 보여준다. 각 광선의 시작에 좀 더 많은 계산을 하지만, 각 경계 상자에 테스트를 할 때 더 적은 계산으로 만회한다. 이 메서드를 pbrt에 구현하고 다양한 장면에 대한 렌더링 시간의 변화를 측정하라. 추가 선행 계산이 효과적이지 않은 단순한 장면이 존재하는가? 단순한 장면에 비해 매우 복잡한 장면에 대한 성능 향상은 어떤가?

❷ 4.10 Segovia와 Ernst(2010)의 메모리 효율적인 BVH에 대한 논문을 읽고, 이 방식을 pbrt에서 구현하라. BVHAccel에 대해 비교했을 때 이 방식의 메모리 사용은 어떠한가? 이 방식을 pbrt의 현재 렌더링 성능과 비교하라. 논문에서 보고한 결과와 자신의 결과를 비교해 어떤지 논의하라.

❷ 4.11 '우편함' 최적화를 KdTreeAccel에 사용하도록 pbrt를 수정해 다중 kd-트리 노드와 중첩하는 기본체와의 중복된 교차를 회피하라. pbrt가 다중 스레드이기에 Benthin(2006)이 제안한 해싱된 우편함 방식을 고려하거나 Shevtsov et al.(2007a)의 역우편함 알고리즘을 사용하는 것이 아마도 최선일 것이다. 현재 구현과의 성능 변화를 다양한 장면에서 측정하라. 보고된 광선-기본체 교차 테스트의 수에 대한 통계에서의 변화가 실행 시간의 변화와 어떻게 관련됐는가?

❸ 4.12 매우 복잡한 기하 구조(예를 들어 트리의 가지와 잎사귀)의 그림자의 계산에 일종의 근사를 도입하는 것이 종종 가능하다. Lacewell et al.(2008)은 미리 걸러낸 방향적으로 변하는 공간 영역의 폐쇄^{occlusion}로 가속 구조를 강화하는 방법을 제안했다. 그림자 광선이 이 영역을 지나면서 단지 보이느냐 보이지 않느냐 대신 근사 시계^{visibility} 확률이 반환되며, 트리 횡단과 물체 교차 테스트의 비용이 줄어든다. pbrt에 이 방법을 구현하고 그 성능을 현재 구현과 비교하라. 렌더링된 이미지에서 어떤 차이를 볼 수 있는가?

CHAPTER FIVE

05 색과 방사 분석

이미지를 계산하기 위해 빛이 어떻게 표현되고 어떻게 표본을 뽑는지 정확하게 묘사하기 위해 방사 분석, 즉 환경에서 전자기 방사의 전파에 대한 연구의 기본 배경 지식을 먼저 확고히 해야 한다. 렌더링에서 특히 관심 있는 전자기 방사의 파장(λ)은 약 380nm에서 780nm 사이로, 인간에게 보이는 빛에 해당한다.[1] 낮은 파장(λ≈400nm)은 파란색이며, 중간 파장(λ≈550nm)은 녹색, 높은 파장(λ≈650nm)은 빨간색이다.

5장에서는 전자기 방사를 묘사하는 네 가지 핵심 양인 유속flux, 강도intensity, 방사 조도irradiance, 방사radiance를 도입한다. 이 방사 분석양은 각각 각 파장에서의 빛의 양을 묘사하는 분포 함수인 분광 분포SPD, Spectral Power Distribution로 묘사된다. 5.1절에 정의된 `Spectrum` 클래스는 `pbrt`에서 SPD를 표현하는 데 사용된다.

5.1 분광 표현

실세계 물체의 SPD는 매우 복잡할 수 있다. 그림 5.1은 형광 빛의 발광과 레몬 껍질의 반사율에 대한 분광 분포의 그래프를 보여준다. SPD로 계산을 하는 렌더러는 이런 함수를 표현하기 위한 간편하고 효율적이며 정확한 방법이 필요하다. 실사용에선 품질에 대한 타협이 필요하다.

1. 인지 가능한 파장의 완전한 범위는 이 구간을 살짝 넘어섰지만, 이 파장에서 눈의 민감도는 엄청난 자릿수로 낮다. 360~830nm가 분광 곡선을 도표화할 때의 보존적 경계로 종종 사용된다.

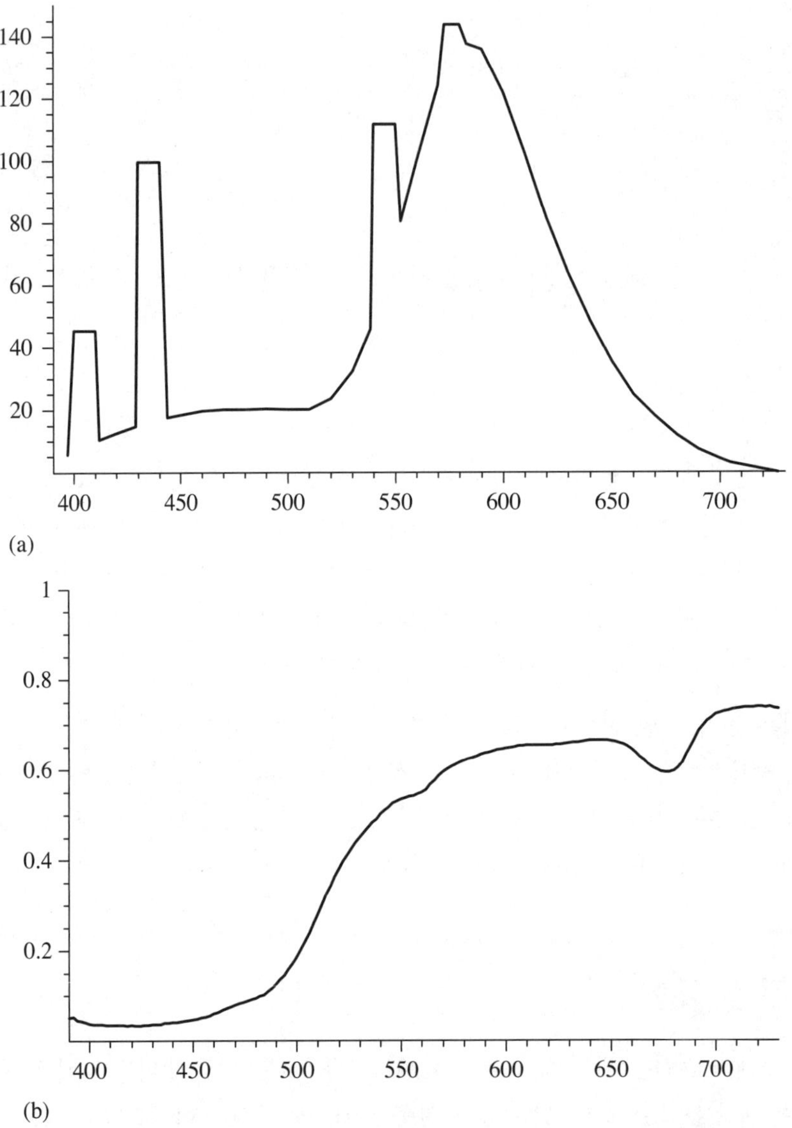

그림 5.1 (a) 형광 발광의 분광 분포와 (b) 레몬 껍질 반사의 분광 분포. 400nm 근처의 파장은 파란색이며, 녹색과 노란색은 파장의 중간 파장, 빨간색은 700nm 주변이다. 형광 빛의 SPD는 10nm 범위로 분할될 경우 여기 보이는 것보다 더욱 뾰족하다. 실제로 대부분의 조명을 한 주파수에서 발산한다.

이 이슈를 조사하는 일반적인 기반 구조는 SPD를 표현하기 위한 좋은 기저 함수를 찾는 문제에 기반을 두고 개발할 수 있다. 기저 함수는 가능한 SPD 함수에 대한 무한 차원의 공간을 계수 $c_i \in \mathbb{R}$의 낮은 차원 공간으로 대응시키는 것이다. 예를 들어 명백한 기저 함수는 상수 함수 $B(\lambda) = 1$이다. 이 기저 함수로 표현된 임의의 SPD는 평균값인 하나의 계수 c로 표현돼 $cB(\lambda) = c$로 표현될 것이다. 이는 명백히 좋지 않은 근사 방식이므로, 대부분의 SPD는 정확하게 표현하기 위한 하나의 기저 함수보다 더 복잡하다.

분광 분포를 위한 다른 많은 기저 함수가 컴퓨터 그래픽스에서 연구됐다. '더 읽을거리' 절에서는 이 분야에 대한 많은 논문과 자료를 인용한다. 다른 기저 함수의 집합은 임의의 SPD를 계수의 집합(기저로 투영)으로 하는 등이지만, 기저에서 표현된 SPD의 곱으로 얻어지는 SPD의 계수를 계산하는 등 핵심 연산의 복잡도에서 여러 가지 다른 타협점을 갖게 된다. 5장에서는 pbrt: RGBSpectrum에서 사용된 일반적인 컴퓨터 그래픽스에서 SPD를 빨강, 녹색, 파랑의 혼합 계수로 표현하는 방법과 SampledSpectrum에서 사용된 파장의 영역에서 SPD의 점 표본 집합으로 표현하는 두 가지 표현법을 소개한다.

5.1.1 Spectrum형

pbrt에서 SPD를 포함한 모든 계산의 구현을 Spectrum형을 사용해서 내장 연산(덧셈, 곱셈 등)의 특정 집합으로 구현한다. Spectrum형은 특정 분산 표현의 세부 사항을 숨기므로 시스템의 세부 사항을 바꾸는 것은 Spectrum 구현을 바꾸기만 하면 된다. Spectrum형의 구현은 core/spectrum.h와 core/spectrum.cpp에 있다. Spectrum형에서 어떤 분광 표현을 사용할지 pbrt에서 선택하는 것은 core/pbrt.h의 typedef로 설정된다. 기본적으로 pbrt는 더 효율적이지만 덜 정확한 RGB 표현을 사용한다.

<Global Forward Declarations> ≡

```
typedef RGBSpectrum Spectrum;
// typedef SampledSpectrum Spectrum;
```

시스템은 Spectrum 구현이 실행 시간에 다른 표현으로 변경 가능하게 구현되지는 않았기에 구현이 변경될 경우 전체 시스템은 반드시 재컴파일돼야 한다. 이 디자인의 한 가지 장점은 많은 다양한 Spectrum 메서드가 느린 가상 메서드 호출이 필요 없이 컴파일러에서 인라인화될 수 있는 짧은 함수로 구현될 수 있다는 것이다. 이렇게 짧은 함수에 대한 인라인화는 성능을 엄청나게 향상시킨다. 시스템의 두 번째 장점은 Spectrum형의 인스턴스를 실시간에 분광 표현에 기반을 두고 동적으로 할당하기보다는 직접 인스턴스를 유지할 수 있다는 점이다.

5.1.2 CoefficientSpectrum 구현

5장에 구현된 두 표현은 모두 SPD의 고정된 표본수를 저장하는 것에 기반을 둔다. 그러므로 우리는 특정 수의 표본수를 템플릿 매개변수 nSpectrumSamples로 받는 CoefficientSpectrum 템플릿 클래스를 정의하는 것으로 시작한다. RGBSpectrum과 SampledSpectrum 모두 CoefficientSpectrum를 상속하게 구현됐다.

<Spectrum Declarations> ≡

```
template <int nSpectrumSamples> class CoefficientSpectrum {
public:
    <CoefficientSpectrum Public Methods 406>
    <CoefficientSpectrum Public Data 408>
protected:
    <CoefficientSpectrum Protected Data 406>
};
```

하나의 CoefficientSpectrum 생성자가 제공되며, 모든 파장에 대해 상수로 분광을 초기화한다.

<CoefficientSpectrum Public Methods> ≡ 406

```
CoefficientSpectrum(Float v = 0.f) {
    for (int i = 0; i < nSpectrumSamples; ++i)
    c[i] = v;
}
```

<CoefficientSpectrum Protected Data> ≡ 406

```
Float c[nSpectrumSamples];
```

Spectrum 객체에 대한 다양한 수리 연산이 필요하다. CoefficientSpectrum의 구현은 모두 명확하다. 우선 분광 분포의 쌍을 더하는 연산들을 정의한다. 표본화된 표현에서 각 표면 값의 합이 두 SPD의 각 표본 값의 합이라는 것을 보여주기는 매우 쉽다.

<CoefficientSpectrum Public Methods> +≡ 406

```
CoefficientSpectrum &operator+=(const CoefficientSpectrum &s2) {
    for (int i = 0; i < nSpectrumSamples; ++i)
    c[i] += s2.c[i];
    return *this;
}
```

<CoefficientSpectrum Public Methods> +≡ 406

```
CoefficientSpectrum operator+(const CoefficientSpectrum &s2) const {
```

```
        CoefficientSpectrum ret = *this;
        for (int i = 0; i < nSpectrumSamples; ++i)
            ret.c[i] += s2.c[i];
        return ret;
    }
```

비슷하게, 뺄셈, 곱셈, 나눗셈, 단항 부정 연산 역시 요소별로 정의된다. 이 메서드들은 이미 보여준 것과 매우 유사하므로 여기에 수록하지 않는다. 또한 pbrt는 동일, 비동일 테스트를 제공하지만 여기에 수록하지 않는다.

종종 분광이 모든 곳에 0 값을 갖는 SPD를 표현하는지 아는 것은 유용한다. 예를 들어 어떤 표면이 반사 0 값을 가진다면 빛의 전달 루틴은 결국 0으로 곱해져서 추적할 필요가 없는 반사광선을 생성하는 계산 비용을 피할 수 있다.

<CoefficientSpectrum Public Methods> +≡ 406

```
    bool IsBlack() const {
        for (int i = 0; i < nSpectrumSamples; ++i)
            if (c[i] != 0.) return false;
        return true;
    }
```

Spectrum 구현(그리고 CoefficientSpectrum 구현)은 분광의 제곱근이나 Spectrum의 요소를 SPD의 제곱근을 받거나 주어진 거듭 곱으로 증가시키는 등의 좀 더 복잡한 메서드를 제공해야 한다. 이 계산의 일부는 8장의 Fresnel 클래스로 계산된다. Sqrt()의 구현은 각 요소의 제곱근으로 SPD의 제곱근을 생성한다. Pow()와 Exp()의 구현 역시 비슷하기에 수록하지 않는다.

<CoefficientSpectrum Public Methods> +≡ 316

```
    friend CoefficientSpectrum Sqrt(const CoefficientSpectrum &s) {
        CoefficientSpectrum ret;
        for (int i = 0; i < nSpectrumSamples; ++i)
            ret.c[i] = std::sqrt(s.c[i]);
        return ret;
    }
```

선형적으로 두 SPD를 매개변수 t로 보간하는 것은 자주 유용하다.

<Spectrum Inline Functions> ≡

```
    inline Spectrum Lerp(Float t, const Spectrum &s1, const Spectrum &s2) {
```

```
        return (1 - t) * s1 + t * s2;
    }
```

이미지 처리 파이프라인의 일부분은 분광을 허용 범위로 잘라낼 필요가 있다.

<CoefficientSpectrum Public Methods> +≡ 406

```
    CoefficientSpectrum Clamp(Float low = 0, Float high = Infinity) const {
        CoefficientSpectrum ret;
        for (int i = 0; i < nSpectrumSamples; ++i)
            ret.c[i] = ::Clamp(c[i], low, high);
        return ret;
    }
```

마지막으로 SPD의 표본 값이 비숫자(NaN 부동소수점 값)가 아닌지 확인하는 디버깅 루틴을 제공한다. 이 상황은 우연히 0으로 나눌 때 일어날 수 있다. 시스템 전반에 걸쳐 Assert()는 이를 사용해서 이런 상황이 일어난 곳 근처에서 찾아낸다.

<CoefficientSpectrum Public Methods> +≡ 406

```
    bool HasNaNs() const {
        for (int i = 0; i < nSpectrumSamples; ++i)
            if (std::isnan(c[i])) return true;
        return false;
    }
```

pbrt에서 대부분의 분광 계산은 이제까지 정의한 기본 연산을 사용해서 구현할 수 있다. 하지만 일부의 경우 SPD를 표현하는 분광 표본의 집합에 대해 반복할 수 있어야 할 필요가 있다. 예를 들어 분광 표본 기반 표 검색이나 파장에 대한 구간 함수 계산 등이다. pbrt에서 이 기능이 필요한 클래스는 표면 밑 산란에 사용되는 TabulatedBSSRDF, HomogeneousMedium, GridDensityMedium 클래스를 포함한다.

이런 사용에 대해서 CoefficientSpectrum은 공용 상수 nSamples를 제공하며, 이는 SPD를 표현하는 데 사용된 표본의 수를 제공하고, operator[]는 개별 표면 값에 접근할 수 있게 한다.

<CoefficientSpectrum Public Data> ≡ 406

```
    static const int nSamples = nSpectrumSamples;
```

<CoefficientSpectrum Public Methods> +≡ 406

```
    Float &operator[](int i) {
        return c[i];
    }
```

이 표본 접근자의 존재가 분광 표현이 고정된 기저 함수의 집합을 선형적으로 크기 조절하는 계수의 집합이라는 암시적인 가정을 강제한다는 점을 기억하자. 예를 들어 `Spectrum` 구현이 SPD를 가우시안의 합으로 계수 c_i가 대신 가우시안의 크기를 조절해 그 너비를 설정하게 되면 다음과 같이 된다.

$$S(\lambda) = \sum_{i}^{N} c_{2i} \, e^{-c_{2i+1}}$$

현재 이 접근자를 사용하는 코드는 선형계수의 집합을 변환된 SPD의 버전에 대해 연산하도록 변경돼야 할 것이다. `Spectrum` 추상화 안의 이 결함이 이상적이지는 않지만, 현재 시스템의 다른 부분을 단순화하고 이 가정이 맞지 않는 분광 표현을 새로 추가할 때 처리하기 그렇게 어렵지 않다.

5.2 SampledSpectrum 클래스

`SampledSpectrum`은 `CoefficientSpectrum`이 SPD를 나타내는 기저 구조를 사용해서 시작과 끝 파장 사이의 균일한 공간으로 표본 추출해 표현한다. 파장 영역은 400nm에서 700nm까지 범위, 즉 인간 시각계가 가장 민감한 시각 분광 범위를 처리한다. 표본수 60은 일반적으로 렌더링에 필요한 복잡한 SPD를 정확히 표현하는 데 충분하다(SPD의 표본화율 요구 사항에 대한 배경 지식을 위해 '더 읽을거리' 절을 참조하자). 그러므로 첫 표본은 [400, 405)를 표현하며, 두 번째는 [405, 410)을 나타내게 된다. 이 값은 필요할 때마다 쉽게 변경할 수 있다.

```
<Spectrum Utility Declarations> ≡
    static const int sampledLambdaStart = 400;
    static const int sampledLambdaEnd = 700;
    static const int nSpectralSamples = 60;

<Spectrum Declarations> +≡
    class SampledSpectrum : public CoefficientSpectrum<nSpectralSamples> {
    public:
        <SampledSpectrum Public Methods 410>
    private:
        <SampledSpectrum Private Data 415>
    };
```

CoefficientSpectrum 클래스에서 상속받아서 SampledSpectrum은 자동으로 앞서 정의한 모든 기본 분광 산술 연산을 가진다. 정의를 위해 남은 기본 메서드는 분광 자료에서 이를 초기화하고 SPD를 다른 분광 표현(RGB 같은)으로 변환하는 것이다. 상수 SPD로 초기화하는 생성자는 매우 명확하다.

<SampledSpectrum Public Methods> ≡ 409

```
SampledSpectrum(Float v = 0.f) : CoefficientSpectrum(v) { }
```

종종 (λ_i, v_i) 표본의 집합으로 분광 자료를 제공하며, i번째 표본이 파장 λ_i에서 값 v_i를 갖는 것을 의미한다. 일반적으로 불규칙한 공간을 갖는 표본들은 SampledSpectrum이 저장하는 것보다 많거나 적은 표본을 저장할 수 있다(pbrt 분포의 scenes/spds 디렉터리를 보면 pbrt에서 사용하는 다양한 SPD가 있으며, 그중 다수가 불균일한 표본 간격을 보여준다. docs/fileformat.pdf는 pbrt의 장면 묘사 파일에 있는 측정된 분광 자료를 어떻게 사용하는지 설명한다).

FromSampled() 메서드는 정해진 파장 lambda에서 SPD 표본 값 v의 배열을 받아서 부분적으로 선형적인 함수로 SPD를 표현한다. SampledSpectrum의 각 SPD 표본에 대해서 다음에 설명한 AverageSpectrumSamples() 유틸리티 함수를 사용해 각 SPD 표본이 대응하는 파장의 범위에 부분적으로 선형 함수의 평균을 계산한다.

<SampledSpectrum Public Methods> +≡ 409

```
static SampledSpectrum FromSampled(const Float *lambda,
                                   const Float *v, int n) {
    <Sort samples if unordered, use sorted for returned spectrum 411>
    SampledSpectrum r;
    for (int i = 0; i < nSpectralSamples; ++i) {
        <Compute average value of given SPD over ith sample's range 411>
    }
    return r;
}
```

AverageSpectrumSamples() 함수는 (λ_i, v_i) 값이 파장으로 정렬된 것을 필요로 한다. SpectrumSamplesSorted() 함수가 정렬됐는지 확인한다. 그렇지 않으면 SpectrumSamplesSorted()가 정렬한다. 정렬된 표본에 새로운 저장소를 할당하고 호출자가 전달한 값을 변경하지 않는다는 점을 기억하자. 일반적으로, 전달한 값을 변경하는 것은 이 함수의 사용자(특정 구현의 요구 사항에 대해 걱정할 필요가 없는)에게 예상하지 못한 행태를 보여준다. 이 두 함수의 구현은 명백하므로 여기에 포함하지 않는다.

<*Sort samples if unordered, use sorted for returned spectrum*> ≡ 410, 425

```
if (!SpectrumSamplesSorted(lambda, v, n)) {
    std::vector<Float> slambda(&lambda[0], &lambda[n]);
    std::vector<Float> sv(&v[0], &v[n]);
    SortSpectrumSamples(&slambda[0], &sv[0], n);
    return FromSampled(&slambda[0], &sv[0], n);
}
```

*i*번째 분광 표본의 값을 계산하기 위해서는 파장의 범위를 계산해(`lambda0`에서 `lambda1`) `AverageSpectrumSamples()` 함수로 주어진 부분 선형 SPD에 대한 그 범위의 평균값을 계산한다. 이는 1D 표본과 재생성의 인스턴스로, 7장에서 세부 사항에 대해 알아본다.

<*Compute average value of given SPD over ith sample's range*> ≡ 410

```
Float lambda0 = Lerp(Float(i) / Float(nSpectralSamples),
                     sampledLambdaStart, sampledLambdaEnd);
Float lambda1 = Lerp(Float(i + 1) / Float(nSpectralSamples),
                     sampledLambdaStart, sampledLambdaEnd);
r.c[i] = AverageSpectrumSamples(lambda, v, n, lambda0, lambda1);
```

그림 5.2는 `AverageSpectrumSamples()`의 기본 접근 방식을 보여준다. 파장 범위인 `lambdaStart`에서 `lambdaEnd`까지의 부분 혹은 전체가 포함된 표본 사이의 선분에 대해서 반복한다. 각 선분에 대해 범위의 평균값을 계산해서 평균을 선분이 덮는 파장 범위로 확대한 뒤 이의 합을 누적한다. 최종 평균값은 이 합을 전체 파장 범위로 나누는 것이다.

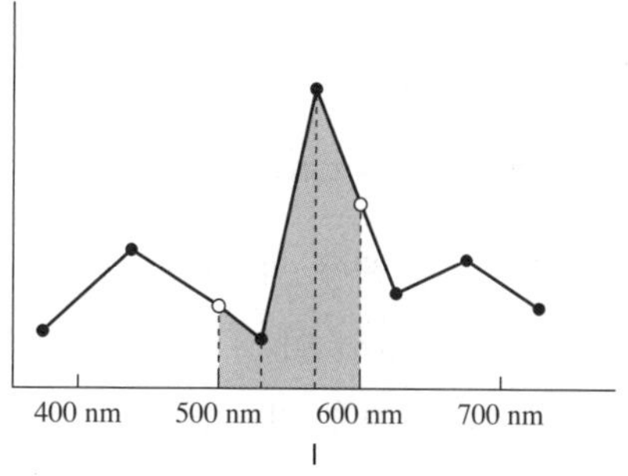

그림 5.2 불균일적으로 정의된 SPD를 재표본화할 때 SPD 표본으로 정의된 부분 선형 함수의 평균값을 계산할 필요가 있다. 여기서 우리는 500nm에서 600nm의 값(그래프 아래의 어두운 부분)을 평균한다. `FromSampled()` 함수는 점선으로 표현된 각 영역의 면적을 계산해 이를 계산한다.

<*Spectrum Method Definitions*> ≡

```
Float AverageSpectrumSamples(const Float *lambda, const Float *vals,
        int n, Float lambdaStart, Float lambdaEnd) {
```

```
        <Handle cases with out-of-bounds range or single sample only 412>
        Float sum = 0;
        <Add contributions of constant segments before/after samples 412>
        <Advance to first relevant wavelength segment 412>
        <Loop over wavelength sample segments and add contributions 413>
        return sum / (lambdaEnd - lambdaStart);
    }
```

함수는 파장의 범위의 경계일 경우, 즉 주어진 파장 범위의 밖이거나 하나의 표본만 있는 경우(평균값은 바로 계산 가능)인지 확인하고 처리하는 것으로 시작한다. 우리는 SPD가 표본 범위 밖의 경우 상수 값(양 끝점의 값)이라고 가정한다. 이것이 특정 자료 집합에서 합리적인 가정이 아니라면 각 끝점에서 명시적인 값(예로 0)을 제공해야 한다.

<Handle cases with out-of-bounds range or single sample only> ≡ 412

```
if (lambdaEnd <= lambda[0]) return vals[0];

if (lambdaStart >= lambda[n - 1]) return vals[n - 1];
if (n == 1) return vals[0];
```

이 경우를 처리한 다음 단계는 평균을 내야 하는 범위의 부분이 처음 혹은 마지막 표본 값을 넘어가는지 확인하는 것이다. 그렇다면 상수 선분에 대해서 분포를 누적해 범위 밖의 파장 범위로 확장한다.

<Add contributions of constant segments before/after samples> ≡ 412

```
if (lambdaStart < lambda[0])
    sum += vals[0] * (lambda[0] - lambdaStart);
if (lambdaEnd > lambda[n-1])
    sum += vals[n - 1] * (lambdaEnd - lambda[n - 1]);
```

이제 보간 범위 $\lambda_i \sim \lambda_{i+1}$의 시작 파장인 첫 색인 i로 진행한다. 더 효율적인 구현은 선형 검색 대신 이진 검색을 사용하는 것이다.[2] 하지만 이 코드는 현재 장면 초기화 시간에서만 호출되므로, 이 최적화가 없어도 렌더링 성능에 영향을 주지 않는다.

<Advance to first relevant wavelength segment> ≡ 412

```
int i = 0;
while (lambdaStart > lambda[i + 1]) ++i;
```

---

2. 더 효율적인 구현은 호출 코드가 일반적으로 보간 값에 근접한 파장 범위에 대해서 요청하게 되므로, 모든 범위를 한 번에 받을 수 있게 된다. 그 후 점진적으로 기존 구간의 끝에서 다음 보간 시작 색인을 찾게 된다.

아래의 반복문은 각 선분에 대해 반복적으로 겹치는 범위의 평균을 계산한다. 각각에 대해서 평균값을 파장 범위 segLambdaStart에서 segLambdaEnd까지 두 점에서 함수 값의 평균으로 계산한다. 값은 주어진 파장에서 두 끝점 사이의 선형을 보간하는 람다 함수인 interp( )로 계산된다.

다음의 std::min( )과 std::max( ) 호출은 파장의 범위를 선분의 범위에 대해 계산한다. 이는 자연스럽게 lambdaStart, lambdaEnd, 혹은 현재 선분에 둘 다 포함된 경우에 대해 처리한다.

<Loop over wavelength sample segments and add contributions> ≡ 412

```
auto interp = [lambda, vals](Float w, int i) {
    return Lerp((w - lambda[i]) / (lambda[i + 1] - lambda[i]),
            vals[i], vals[i + 1]);
};
for (; i+1 < n && lambdaEnd >= lambda[i]; ++i) {
    Float segLambdaStart = std::max(lambdaStart, lambda[i]);
    Float segLambdaEnd = std::min(lambdaEnd, lambda[i + 1]);
    sum += 0.5 * (interp(segLambdaStart, i) + interp(segLambdaEnd, i)) *
            (segLambdaEnd - segLambdaStart);
}
```

5.2.1 XYZ 색

인간 시각계의 놀라운 특성은 인간의 인지를 위한 색을 표현하는 데 단지 세 개의 부동소수점 수로 가능하다는 것이다. 색 인지의 삼중 자극tristimulus 이론은 모든 보이는 SPD는 세 개의 값 x_λ, y_λ, z_λ으로 인간 관찰자에게 정확하게 표현된다는 것이다. 주어진 SPD $S(\lambda)$에서 이 값은 분광 일치 곡선 $X(\lambda)$, $Y(\lambda)$, $Z(\lambda)$와의 곱을 적분해 계산할 수 있다.

$$
\begin{aligned}
x_\lambda &= \frac{1}{\int Y(\lambda)\mathrm{d}\lambda} \int_\lambda S(\lambda)\, X(\lambda)\, \mathrm{d}\lambda \\
y_\lambda &= \frac{1}{\int Y(\lambda)\mathrm{d}\lambda} \int_\lambda S(\lambda)\, Y(\lambda)\, \mathrm{d}\lambda \\
z_\lambda &= \frac{1}{\int Y(\lambda)\mathrm{d}\lambda} \int_\lambda S(\lambda)\, Z(\lambda)\, \mathrm{d}\lambda.
\end{aligned}
\tag{5.1}
$$

이 곡선은 국제조명위원회CIE, Commission Internationale de l'Éclairage에서 인간 테스트 주체의 연속된 실험으로 결정한 표준 값으로, 그림 5.3에 그래프로 표현됐다. 일치 곡선이 일반적으로 인간 망막에서 세 가지 종류의 색 인식 추상체color-sensitive cone의 반응과 유사하다고 알려져 있다.

특히 본질적으로 다른 분포의 SPD는 매우 유사한 x_λ, y_λ, z_λ 값을 가질 수 있다. 인간 관찰자에게 그런 SPD는 시각적으로 같아 보인다. 그런 분광의 쌍은 동위색metamer이라고 한다.

이로 인해 분광 분포 표현에 대한 미묘한 부분에 도달하게 된다. 대부분의 색 공간은 색을 인간에게 보이도록 설계하며, 그러므로 색 인지의 삼중 자극 이론을 이용해서 오직 3개의 계수를 사용하게 된다. XYZ가 인간 관찰자에 시각적으로 보여주는 주어진 SPD를 표현하는 데 잘 동작하더라도 분광 계산을 위해 특별히 좋은 기저 함수의 모음은 아니다. 예를 들어 XYZ 값은 인지된 레몬 껍질의 색이나 형광 빛의 색(그림 5.1)을 각각 표현하는 데 잘 작동할지라도 각각의 XYZ 값의 곱은 SPD의 더욱 정확한 표현의 곱으로 계산한 XYZ와 눈에 띄게 다른 XYZ 색을 보여준다.

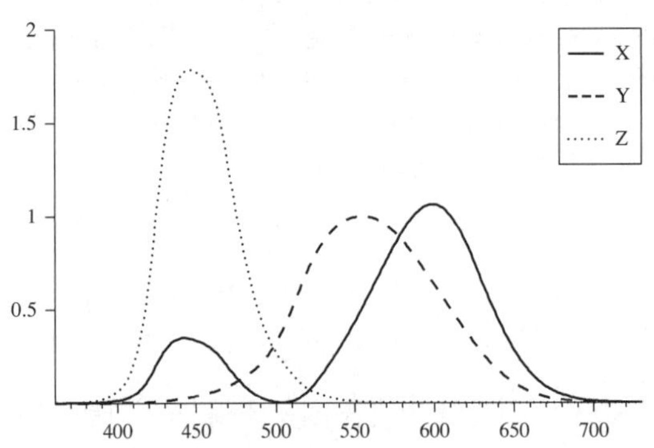

그림 5.3 XYZ 값을 임의의 SPD에 대해 계산하는 방법. SPD는 세 개의 일치 곡선을 각각 x_λ, y_λ, z_λ의 값을 계산하기 위해 방정식(5.1)을 사용해서 얽게 된다(convolve).

`pbrt`는 360nm부터 830nm까지 1nm 간격의 표본으로 반응 곡선 값을 표준 $X(\lambda)$, $Y(\lambda)$, $Z(\lambda)$ 값을 제공한다. 다음 배열에서 i번째 표본의 파장은 `CIE_lambda`의 i번째 요소로 주어진다. 이렇게 표본의 파장을 명시적으로 표현하면 XYZ 표본을 `AverageSpectrumSamples()` 같이 파장의 배열을 매개변수로 받는 함수에 전달하기 쉬워진다.

<Spectral Data Declarations> ≡

```
static const int nCIESamples = 471;
extern const Float CIE_X[nCIESamples];
extern const Float CIE_Y[nCIESamples];
extern const Float CIE_Z[nCIESamples];
extern const Float CIE_lambda[nCIESamples];
```

`SampledSpectrum`은 이 표본을 사용해 XYZ 일치 곡선을 분광 표현(예, `SampledSpectrum` 그 자체)에서 계산한다.

```
<SampledSpectrum Private Data> ≡                                    409
    static SampledSpectrum X, Y, Z;
```

SampledSpectrum XYZ 일치 곡선은 SampledSpectrum::Init() 메서드에서 계산되며, 이는 시스템 시작 시 호출되는 B.2절에 정의된 pbrtInit() 함수에서 호출된다.

```
<SampledSpectrum Public Methods> +≡                                 409
    static void Init() {
        <Compute XYZ matching functions for SampledSpectrum 415>
        <Compute RGB to spectrum functions for SampledSpectrum>
    }
```

```
<General pbrt Initialization> ≡                                     1313
    SampledSpectrum::Init();
```

주어진 파장 범위와 SampledSpectrum의 표본수에 대해서 각 표본에 대한 일치 함수의 값을 계산하는 것은 표본의 파장 범위와 AverageSpectrumSamples() 루틴을 사용해서 쉽게 할 수 있다.

```
<Compute XYZ matching functions for SampledSpectrum> ≡              415
    for (int i = 0; i < nSpectralSamples; ++i) {
        Float wl0 = Lerp(Float(i) / Float(nSpectralSamples),
                sampledLambdaStart, sampledLambdaEnd);
        Float wl1 = Lerp(Float(i + 1) / Float(nSpectralSamples),
                sampledLambdaStart, sampledLambdaEnd);
        X.c[i] = AverageSpectrumSamples(CIE_lambda, CIE_X, nCIESamples,
                wl0, wl1);
        Y.c[i] = AverageSpectrumSamples(CIE_lambda, CIE_Y, nCIESamples,
                wl0, wl1);
        Z.c[i] = AverageSpectrumSamples(CIE_lambda, CIE_Z, nCIESamples,
                wl0, wl1);
    }
```

모든 pbrt의 Spectrum 구현은 반드시 SPD를 $(x_\lambda, y_\lambda, z_\lambda)$ 계수로 변환하는 메서드를 제공해야 한다. 예를 들어 이 메서드는 이미지의 픽셀을 갱신하는 과정에서 호출된다. 카메라에서의 광선을 따라 전달되는 빛을 표현하는 Spectrum이 Film에 제공될 때 Film은 최종적으로 이를 저장과 표시에 사용할 RGB 값으로 변경하는 과정의 첫 단계로 SPD를 XYZ 계수로 변환한다.

XYZ 계수를 계산하기 위해서 SampledSpectrum의 구현은 방정식(5.1)의 적분을 리만 적분을 이용해 다음과 같이 계산한다.

$$x_\lambda \approx \frac{1}{\int Y(\lambda)\mathrm{d}\lambda} \frac{\lambda_{\text{end}} - \lambda_{\text{start}}}{N} \sum_{i=0}^{N-1} X_i c_i$$

<SampledSpectrum Public Methods> +≡ 409

```
void ToXYZ(Float xyz[3]) const {
    xyz[0] = xyz[1] = xyz[2] = 0.f;
    for (int i = 0; i < nSpectralSamples; ++i) {
        xyz[0] += X.c[i] * c[i];
        xyz[1] += Y.c[i] * c[i];
        xyz[2] += Z.c[i] * c[i];
    }
    Float scale = Float(sampledLambdaEnd - sampledLambdaStart) /
            Float(CIE_Y_integral * nSpectralSamples);
    xyz[0] *= scale;
    xyz[1] *= scale;
    xyz[2] *= scale;
}
```

적분 값 $\int Y(\lambda)\mathrm{d}\lambda$는 이런 여러 계산에서 사용된다. 그러므로 이 값을 직접 `CIE_Y_integral` 상수를 이용해 접근할 수 있는 것이 유용하다.

<Spectral Data Declarations> +≡

```
static const Float CIE_Y_integral = 106.856895;
```

XYZ 색의 y 계수는 빛의 인지 밝기를 측정하는 휘도[luminance]와 밀접한 관계가 있다. 휘도는 5.4.3절에서 자세히 다룬다. 분광의 휘도만 자주 요구되기에 우리는 y를 따로 계산하는 메서드를 제공한다(예를 들어 14~16장의 일부 빛 전달 알고리즘은 휘도를 장면의 빛을 전달하는 경로의 상대적인 중요도의 측정으로 사용한다).

<SampledSpectrum Public Methods> +≡ 409

```
Float y() const {
    Float yy = 0.f;
    for (int i = 0; i < nSpectralSamples; ++i)
        yy += Y.c[i] * c[i];
    return yy * Float(sampledLambdaEnd - sampledLambdaStart) /
            Float(CIE_Y_integral * nSpectralSamples);
}
```

5.2.2 RGB 색

디스플레이에 RGB 색을 표시할 때 표시되는 분광은 기본적으로 각각 디스플레이의 인광 물질phosphor, 즉 LED나 LCD 인자, 플라즈마 셀이 방출하는 빨강, 초록, 파랑에 해당되는 3가지 분광 반응 곡선의 가중 합으로 결정된다.[3] 그림 5.4는 LED와 LCD 디스플레이가 발생하는 빨강, 초록, 파랑의 분포를 그리고 있다. 서로 매우 다르다는 점을 참고하자.

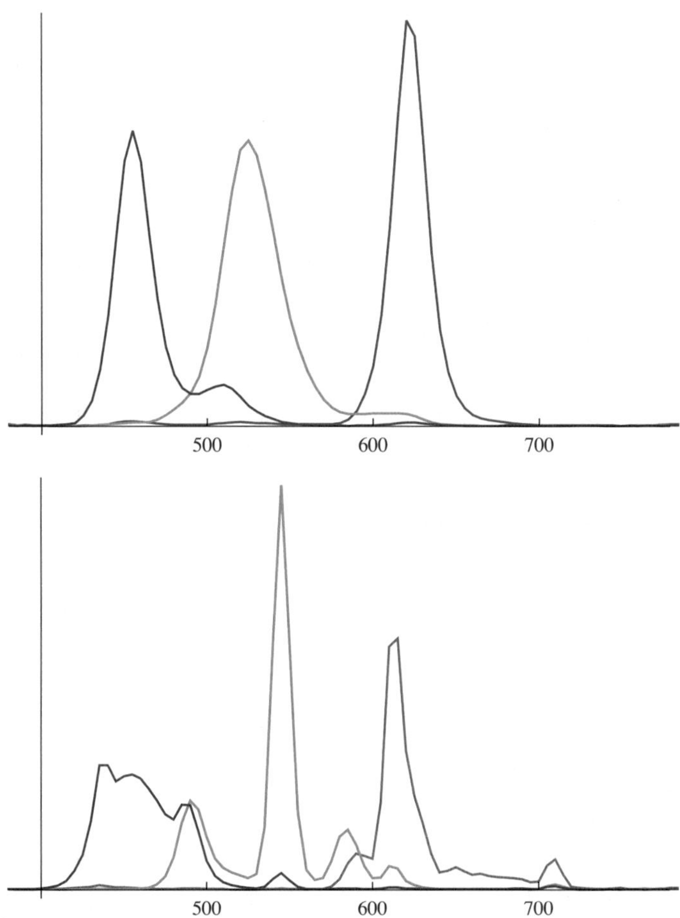

그림 5.4 LCD와 LED 디스플레이의 빨강, 초록, 파랑 방사 곡선. 위 그래프는 LCD 디스플레이의 곡선을 보여주며, 아래 그래프는 LED를 보여준다. 이 두 디스플레이는 매우 다른 방사 윤곽을 갖고 있다(자료는 X-Rite의 허가를 받았음).

3. 이 모델은 디스플레이의 추가적인 처리를 무시해 단순화한다. 특히 많은 디스플레이는 표시 값의 비선형 재매핑(remapping)을 수행한다.

그림 5.5는 이 디스플레이에서 RGB 값(0.6, 0.3, 0.2)을 표시할 때 생성된 SPD를 보여준다. 당연히 결과 SPD 역시 매우 다르다. 이 예제는 사용자가 제공한 RGB 값을 특정한 색을 묘사하는 데 사용하는 것은 사실상 해당 RGB 값을 선택했을 때의 디스플레이 특성에 대해 알고 있을 때만 의미가 있는 것을 보여준다.

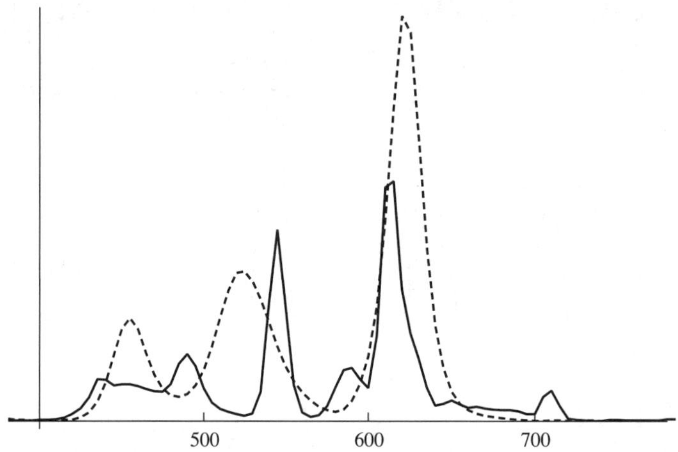

그림 5.5 RGB 색(0.6, 0.3, 0.2)을 LED와 LCD 디스플레이에서 표시할 때의 SPD. 방사된 결과 SPD는 같은 RGB 값에 대해서도 매우 다르며, 이는 그림 5.4에 묘사된 방사 곡선의 차이에서 비롯된다.

SPD의 $(x_\lambda, y_\lambda, z_\lambda)$ 표현이 주어지면 이를 관심 있는 디스플레이에 대해 빨강, 초록, 파랑을 정의하는 특정 SPD 집합을 선택해 해당 RGB 계수로 변환할 수 있다. 주어진 특정 디스플레이에 대한 분광 반응 곡선 $R(\lambda)$, $G(\lambda)$, $B(\lambda)$의 RGB 계수는 SPD $S(\lambda)$로 반응 곡선을 적분해 계산할 수 있다.

$$\begin{aligned} r &= \int R(\lambda)S(\lambda)\mathrm{d}\lambda = \int R(\lambda)(x_\lambda X(\lambda) + y_\lambda Y(\lambda) + z_\lambda Z(\lambda))\,\mathrm{d}\lambda \\ &= x_\lambda \int R(\lambda)X(\lambda)\,\mathrm{d}\lambda + y_\lambda \int R(\lambda)Y(\lambda)\,\mathrm{d}\lambda + z_\lambda \int R(\lambda)Z(\lambda)\,\mathrm{d}\lambda \end{aligned}$$

$R(\lambda)X(\lambda)$의 적분 등은 주어진 반응 곡선에 대해 미리 계산할 수 있으며, 전체 변환을 행렬로 표현하는 것을 가능하게 한다.

$$\begin{bmatrix} r \\ g \\ b \end{bmatrix} = \begin{pmatrix} \int R(\lambda)X(\lambda)\mathrm{d}\lambda & \int R(\lambda)Y(\lambda)\mathrm{d}\lambda & \int R(\lambda)Z(\lambda)\mathrm{d}\lambda \\ \int G(\lambda)X(\lambda)\mathrm{d}\lambda & \int G(\lambda)Y(\lambda)\mathrm{d}\lambda & \int G(\lambda)Z(\lambda)\mathrm{d}\lambda \\ \int B(\lambda)X(\lambda)\mathrm{d}\lambda & \int B(\lambda)Y(\lambda)\mathrm{d}\lambda & \int B(\lambda)Z(\lambda)\mathrm{d}\lambda \end{pmatrix} \begin{bmatrix} x_\lambda \\ y_\lambda \\ z_\lambda \end{bmatrix}$$

pbrt에 구현된 변환 루틴은 HD TV를 위해 정의된 RGB 분광의 표준 집합에 기반을 둔다.

<*Spectrum Utility Declarations*> +≡

```
inline void XYZToRGB(const Float xyz[3], Float rgb[3]) {
    rgb[0] = 3.240479f*xyz[0] - 1.537150f*xyz[1] - 0.498535f*xyz[2];
    rgb[1] = -0.969256f*xyz[0] + 1.875991f*xyz[1] + 0.041556f*xyz[2];
    rgb[2] = 0.055648f*xyz[0] - 0.204043f*xyz[1] + 1.057311f*xyz[2];
}
```

이 행렬의 역은 특정 RGB 반응 곡선으로 표현한 주어진 RGB 값을 (x_λ, y_λ, z_λ) 계수로 변환하는 계수를 제공한다.

<*Spectrum Utility Declarations*> +≡

```
inline void RGBToXYZ(const Float rgb[3], Float xyz[3]) {
    xyz[0] = 0.412453f*rgb[0] + 0.357580f*rgb[1] + 0.180423f*rgb[2];
    xyz[1] = 0.212671f*rgb[0] + 0.715160f*rgb[1] + 0.072169f*rgb[2];
    xyz[2] = 0.019334f*rgb[0] + 0.119193f*rgb[1] + 0.950227f*rgb[2];
}
```

주어진 함수에서 SampledSpectrum이 우선 XYZ로 변환한 뒤 XYZToRGB() 유틸리티 함수를 사용해 RGB 계수로 변환할 수 있다.

<*SampledSpectrum Public Methods*> +≡ 409

```
void ToRGB(Float rgb[3]) const {
    Float xyz[3];
    ToXYZ(xyz);
    XYZToRGB(xyz, rgb);
}
```

RGBSpectrum 역시 ToRGB() 메서드를 사용해 쉽게 생성할 수 있다.

<*SampledSpectrum Public Methods*> +≡ 409

```
RGBSpectrum ToRGBSpectrum() const;
```

한편 RGB나 XYZ 값에서 SPD로 변환하는 것은 쉽지 않다. 문제가 제대로 제한돼 있지 않기 때문이다. 무한하게 다른 많은 SPD가 같은 (x_λ, y_λ, z_λ) 계수(또는 RGB)를 가질 수 있다는 것을 기억하자. 그러므로 주어진 RGB나 (x_λ, y_λ, z_λ) 값에 대해서 무한히 많은 가능한 SPD가 선택될 수 있다. 여기서 변환 함수에게 요구되는 기준은 다음과 같다.

- 모든 RGB 계수가 같은 값을 가지면 결과 SPD는 상수여야 한다.
- 일반적으로, 계산된 SPD가 매끈해야 한다. 대부분의 실세계 물체는 상대적으로 매끈한 분광을 갖고 있다(뾰족한 분광의 핵심 근원은 광원이며, 특히 형광이다. 다행히 실제 분광

자료는 보통 일반적으로 반사에 관한 것보다 발광에 관해 이용 가능한 자료가 많다).

매끄러움에 대한 목표는 SPD를 디스플레이의 $R(\lambda)$, $G(\lambda)$, $B(\lambda)$ SPD의 가중 합으로 생성하는 것이 좋은 해결책이 아닌 이유 중 하나다. 그림 5.4에서 보듯 이 함수들은 일반적으로 불규칙하고 뾰족하므로, 이들의 가중 합은 매끄러운 SPD가 될 수 없다. 결과가 주어진 RGB 값의 동위색이 될지라도 실제 물체에 대한 SPD의 정확한 표현이 되지 못한다.

여기서 구현한 RGB를 SPD로 변환하는 메서드는 스미츠(Smits, 1999)가 제안한 방법으로, 이런 목표를 달성하기 위해 시도한 방법이다. 이 방법은 매끄러운 빨강, 초록, 파랑에 대한 개별적인 SPD를 계산한 뒤 이의 가중 합을 주어진 RGB 계수에 대해 계산하고, 다시 RGB로 변환하면 원래 RGB 계수와 비슷한 값을 얻을 수 있다는 관찰에서 시작했다. 그는 이런 분광을 수치적 최적화 과정을 통해 찾아냈다.

스미츠는 이 기본 접근에 대해 두 가지 추가적인 개선점을 관찰했다. 첫 번째는 상수 분광을 빨강, 초록, 파랑 SPD의 합으로 계산해 표현하는 것(실제로 정확히 상수가 아니다)보다 상수 분광을 상수 SPD로 표현하는 것이 좋다는 것이다. 두 번째는 노랑(빨강과 초록의 혼합) 같이 2가지 원색의 혼합색은 미리 계산한 매끄러운 SPD로 표현하는 것이 대응하는 원색의 SPD의 합으로 표현하는 것보다 낫다는 점이다.

다음의 배열은 `RGB2SpectLambda[]` 표본의 파장에 대해 이 규약을 만족시키는 SPD를 저장하며, 자료는 칼 폼 베르지[Karl vom Berge]가 생성했다.

<Spectral Data Declarations> +≡
```
static const int nRGB2SpectSamples = 32;
extern const Float RGB2SpectLambda[nRGB2SpectSamples];
extern const Float RGBRefl2SpectWhite[nRGB2SpectSamples];
extern const Float RGBRefl2SpectCyan[nRGB2SpectSamples];
extern const Float RGBRefl2SpectMagenta[nRGB2SpectSamples];
extern const Float RGBRefl2SpectYellow[nRGB2SpectSamples];
extern const Float RGBRefl2SpectRed[nRGB2SpectSamples];
extern const Float RGBRefl2SpectGreen[nRGB2SpectSamples];
extern const Float RGBRefl2SpectBlue[nRGB2SpectSamples];
```

주어진 RGB 색이 광원의 조명을 묘사하면 위에서 반사율을 계산할 때 사용한 상수 분광을 사용하는 것보다 분광 분포를 사용해서 조명의 '하얀' 빛에 대해 변환 표를 계산하는 것이 더 나은 결과를 얻을 수 있다. `RGBIllum2Spect` 배열은 CIE가 표준화한 한낮의 태양광을 표현하는 D65 분광 분포를 사용한다(D65 발광원[illuminant]은 12.1.2절에서 더 자세히 다룬다).

<Spectral Data Declarations> +≡
```
extern const Float RGBIllum2SpectWhite[nRGB2SpectSamples];
extern const Float RGBIllum2SpectCyan[nRGB2SpectSamples];
extern const Float RGBIllum2SpectMagenta[nRGB2SpectSamples];
extern const Float RGBIllum2SpectYellow[nRGB2SpectSamples];
extern const Float RGBIllum2SpectRed[nRGB2SpectSamples];
extern const Float RGBIllum2SpectGreen[nRGB2SpectSamples];
extern const Float RGBIllum2SpectBlue[nRGB2SpectSamples];
```

SampledSpectrum::Init()에서 호출되는 코드 조각 *<Compute RGB to spectrum functions for* SampledSpectrum*>*은 여기 포함하지 않는다. 이 함수는 다음의 SampledSpectrum 값을 RGBRefl2Spect와 RGBIllum2Spect 분포에 대해 AverageSpectrumSamples()를 사용해 재표본화해 초기화한다.

<SampledSpectrum Private Data> +≡ 409
```
static SampledSpectrum rgbRefl2SpectWhite, rgbRefl2SpectCyan;
static SampledSpectrum rgbRefl2SpectMagenta, rgbRefl2SpectYellow;
static SampledSpectrum rgbRefl2SpectRed, rgbRefl2SpectGreen;
static SampledSpectrum rgbRefl2SpectBlue;
```

<SampledSpectrum Private Data> +≡ 409
```
static SampledSpectrum rgbIllum2SpectWhite, rgbIllum2SpectCyan;
static SampledSpectrum rgbIllum2SpectMagenta, rgbIllum2SpectYellow;
static SampledSpectrum rgbIllum2SpectRed, rgbIllum2SpectGreen;
static SampledSpectrum rgbIllum2SpectBlue;
```

SampledSpectrum::FromRGB() 메서드는 주어진 RGB 값을 전체 SPD로 변환한다. 이 메서드는 RGB 값과, RGB 값이 표면 반사를 표현하는지 조명을 표현하는지 알려주는 열거형 값을 받는다. 대응하는 rgbIllum2Spect나 rgbRefl2Spect 값이 변환에 사용된다.

<Spectrum Utility Declarations> +≡
```
enum class SpectrumType { Reflectance, Illuminant };
```

<Spectrum Method Definitions> +≡
```
SampledSpectrum SampledSpectrum::FromRGB(const Float rgb[3],
        SpectrumType type) {
    SampledSpectrum r;
    if (type == SpectrumType::Reflectance) {
        <Convert reflectance spectrum to RGB 422>
    } else {
        <Convert illuminant spectrum to RGB>
    }
```

```
        return r.Clamp();
    }
```

여기에서는 반사에 대한 변환 과정을 보여준다. 조명에 대한 계산은 같으며, 단지 다른 변환 값을 사용한다. 먼저 구현은 빨강, 초록, 파랑 채널 중에 어떤 것이 가장 작은지 결정한다.

```
<Convert reflectance spectrum to RGB> ≡                                              421
    if (rgb[0] <= rgb[1] && rgb[0] <= rgb[2]) {
        <Compute reflectance SampledSpectrum with rgb[0] as minimum 422>
    } else if (rgb[1] <= rgb[0] && rgb[1] <= rgb[2]) {
        <Compute reflectance SampledSpectrum with rgb[1] as minimum>
    } else {
        <Compute reflectance SampledSpectrum with rgb[2] as minimum>
    }
```

이 코드는 빨강 요소가 가장 작은 경우다. 초록이나 파랑에 대한 경우는 유사해서 수록하지 않았다. 빨강이 가장 작을 경우 우리는 초록과 파랑은 빨강보다 더 큰 값을 가진다고 알 수 있다. 그러므로 최종 SPD를 빨강 요소 값에 `rgbRefl2SpectWhite`의 하얀 분광 값을 곱해서 할당할 수 있다. 이를 통해 처리해야 할 남은 RGB 값은 (0, g − r, b − r)이다. 코드는 남은 두 요소 중 어떤 것이 작은지 결정한다. 이 값에 청록색[cyan] 분광을 곱해서 결과에 더한 후 남은 것은 (0, g − b, 0) 혹은 (0, 0, b − g)다. 초록이나 파랑 중 어떤 채널이 0이 아닌가에 기반을 두고 초록이나 파랑 SPD는 나머지로 크기 조절되며 변환이 완료된다.

```
<Compute reflectance SampledSpectrum with rgb[0] as minimum> ≡                      422
    r += rgb[0] * rgbRefl2SpectWhite;
    if (rgb[1] <= rgb[2]) {
        r += (rgb[1] - rgb[0]) * rgbRefl2SpectCyan;
        r += (rgb[2] - rgb[1]) * rgbRefl2SpectBlue;
    } else {
        r += (rgb[2] - rgb[0]) * rgbRefl2SpectCyan;
        r += (rgb[1] - rgb[2]) * rgbRefl2SpectGreen;
    }
```

주어진 메서드가 RGB에서 변환을 하므로, XYZ 색에서의 변환은 쉽다. 우선 XYZ를 RGB로 변환하고 `FromRGB()` 메서드를 사용하면 된다.

<*SampledSpectrum Public Methods*> +≡ 409

```
static SampledSpectrum FromXYZ(const Float xyz[3],
        SpectrumType type = SpectrumType::Reflectance) {
    Float rgb[3];
    XYZToRGB(xyz, rgb);
    return FromRGB(rgb, type);
}
```

마지막으로 RGBSpectrum 클래스의 인스턴스에서 변환하는 생성자를 제공하며, 앞의 기반 구조를 이용한다.

<*Spectrum Method Definitions*> +≡

```
SampledSpectrum::SampledSpectrum(const RGBSpectrum &r, SpectrumType t) {
    Float rgb[3];
    r.ToRGB(rgb);
    *this = SampledSpectrum::FromRGB(rgb, t);
}
```

5.3 RGBSpectrum 구현

RGBSpectrum 구현은 SPD를 빨강, 초록, 파랑 구성 요소의 가중 합으로 표현한다. 이 표현이 제대로 정의되지 않았다는 것을 기억하자. 주어진 다른 컴퓨터 디스플레이 2가지에 대해서 같은 RGB 값을 표시하는 것은 같은 SPD를 방출하지 않는다. 그러므로 실제 SPD를 명시하기 위한 RGB 값의 집합을 위해 모니터의 원색이 어떻게 정의됐는지 반드시 알아야 한다. 이 정보는 보통 RGB 값을 제공하지 않는다.

RGB 표현은 그럼에도 불구하고 편리하다. 거의 모든 3D 모델링과 디자인 툴은 RGB 색을 사용하며, 대부분 3D 콘텐트는 RGB로 명시돼 있다. 더욱이 이는 단지 3개의 부동소수점 값만 필요하기에 계산적으로나 저장 공간적으로 효율적이다. 우리의 RGBSpectrum 구현은 CoefficientSpectrum에서 상속받으며, 이는 저장할 3가지 요소를 명시한다. 그러므로 앞서 정의된 모든 산술 연산은 자동으로 RGBSpectrum에 유효하다.

<*Spectrum Declarations*> +≡

```
class RGBSpectrum : public CoefficientSpectrum<3> {
public:
    <RGBSpectrum Public Methods 424>
};
```

<*RGBSpectrum Public Methods*> ≡ 423

```
RGBSpectrum(Float v = 0.f) : CoefficientSpectrum<3>(v) { }
RGBSpectrum(const CoefficientSpectrum<3> &v)
    : CoefficientSpectrum<3>(v) { }
```

기본 산술 연산을 이상으로 RGBSpectrum은 XYZ와 RGB 표현 사이의 변환을 제공해야 한다. RGBSpectrum에 대해 이는 명백하다. FromRGB()가 SampledSpectrum 인스턴스의 메서드처럼 SpectrumType의 매개변수를 받는 것을 기억하자. 여기서 사용하지 않더라도 두 클래스의 FromRGB() 메서드는 반드시 일치하는 특징을 지녀 나머지 시스템에 어떤 분광 표현이 사용됐는지 관계없이 일관되게 호출할 수 있어야 한다.

<*RGBSpectrum Public Methods*> +≡ 423

```
static RGBSpectrum FromRGB(const Float rgb[3],
SpectrumType type = SpectrumType::Reflectance) {
    RGBSpectrum s;
    s.c[0] = rgb[0];
    s.c[1] = rgb[1];
    s.c[2] = rgb[2];
    return s;
}
```

비슷하게 분광 표현은 반드시 이들을 RGB 값으로 변경할 수 있어야 한다. RGBSpectrum에 대해서 구현은 어떤 특정 RGB 원색이 분광 분포를 표현하기 위해 사용됐는지 알 필요 없이 원색들이 색을 표현하는 데 사용된 것과 같다고 가정하고 RGB 계수를 직접 반환할 수 있다.

<*RGBSpectrum Public Methods*> +≡ 423

```
void ToRGB(Float *rgb) const {
    rgb[0] = c[0];
    rgb[1] = c[1];
    rgb[2] = c[2];
}
```

또한 모든 분광 표현은 반드시 RGBSpectrum 객체로 변환이 가능해야 한다. 이 구현 역시 명백하다.

<*RGBSpectrum Public Methods*> +≡ 423

```
const RGBSpectrum &ToRGBSpectrum() const {
    return *this;
}
```

RGBSpectrum::ToXYZ(), RGBSpectrum::FromXYZ(), RGBSpectrum::y() 메서드의 구현은 앞에 정의된 RGBToXYZ()와 XYZToRGB() 함수에 기반을 두므로 여기 수록하지 않는다.

RGB 분광을 무작위 표본화 SPD에서 생성하기 위해서 FromSampled()는 분광을 XYZ로 변환한 뒤 RGB로 변환한다. 이는 1nm 간격으로 표본화한 부분적으로 선형적인 분광을 CIE 일치 함수에 값이 있는 파장에서 InterpolateSpectrumSamples() 유틸리티 함수를 이용해 측정한다. 그 후 이 값을 사용해 리만 합을 계산해 XYZ의 적분 값을 근사한다.

<RGBSpectrum Public Methods> +≡ 423

```
static RGBSpectrum FromSampled(const Float *lambda, const Float *v,
        int n) {
    <Sort samples if unordered, use sorted for returned spectrum 411>
    Float xyz[3] = { 0, 0, 0 };
    for (int i = 0; i < nCIESamples; ++i) {
        Float val = InterpolateSpectrumSamples(lambda, v, n,
                CIE_lambda[i]);
        xyz[0] += val * CIE_X[i];
        xyz[1] += val * CIE_Y[i];
        xyz[2] += val * CIE_Z[i];
    }
    Float scale = Float(CIE_lambda[nCIESamples-1] - CIE_lambda[0]) /
            Float(CIE_Y_integral * nCIESamples);
    xyz[0] *= scale;
    xyz[1] *= scale;
    xyz[2] *= scale;
    return FromXYZ(xyz);
}
```

InterpolateSpectrumSamples()는 불규칙적으로 표본화된 파장과 SPD 값 (λ_i, v_i)의 집합을 받을 수 있으며, 주어진 파장 λ에서의 SPD 값을 구간 λ의 두 표본 값 사이에서 선형적으로 보간해 반환한다. 부록 A 안에 정의된 FindInterval() 함수는 정렬된 배열 lambda에서 l을 포함한 구간을 찾고자 이진 검색을 수행한다.

<Spectrum Method Definitions> +≡

```
Float InterpolateSpectrumSamples(const Float *lambda, const Float *vals,
        int n, Float l) {
    if (l <= lambda[0]) return vals[0];
    if (l >= lambda[n - 1]) return vals[n - 1];
    int offset = FindInterval(n,
            [&](int index) { return lambda[index] <= l; });
```

```
        Float t = (l - lambda[offset]) / (lambda[offset+1] - lambda[offset]);
        return Lerp(t, vals[offset], vals[offset + 1]);
    }
```

5.4 기본 방사 분석

방사 분석은 빛의 전파와 반사를 묘사하기 위한 개념과 수학적 장치를 제공한다. 이는 이 책의 나머지 부분에서 사용할 렌더링 알고리즘 기원의 기저를 형성한다. 충분히 흥미롭게도 방사 분석은 원래 빛의 물리학을 사용해 첫 번째 원칙에서 유도하지 않았으며, 공간을 흐르는 입자로 빛을 추상화해 생성했다. 방사 분석에게 물리적으로 견고한 기저를 제공하기 위해 맥스웰 방정식과의 연결이 계속 생성됐더라도 빛의 편광과 같은 현상은 이 체계에 자연스럽게 일치하지 않는다.

방사 전달Radiative transfer은 방사 에너지의 전달에 대한 현상학적인 연구다. 이는 방사적 원칙에 기반을 두며 빛이 파장보다 훨씬 큰 물체와 어떻게 상호작용하는지 묘사하기에 충분한 기하학적 광학 단계에서 실행된다. 빛의 파동 광학 모델의 현상을 포함하는 것은 드물지 않으나, 결과는 방사 전달의 기본 추상화로 표현돼야 한다.[4] 이런 방식에서 빛과 빛의 파장과 비슷한 크기의 물체와의 상호작용을 묘사하는 것이 가능하며, 그렇게 함으로써 확산이나 간섭 같은 모델 효과의 묘사도 가능하다. 좀 더 정밀한 관점에선 양자 역학이 빛과 원자 간의 상호 간섭을 묘사하기 위해 필요하다. 다행히도 직접적인 양자 역학 원칙의 시뮬레이션은 컴퓨터 그래픽의 렌더링 문제를 해결하는 데 필요하지 않기에 이런 접근 방식의 다루기 힘든 점을 회피할 수 있다.

pbrt에선 기하학적 광학이 빛과 빛의 분산을 묘사하기 위한 적합한 모델이라고 가정한다. 이로 인해 시스템에서 함축적으로 사용되는 빛의 습성에 대한 몇 가지 기본 가정이 생성된다.

- **선형성:** 광학 시스템에서 두 입력의 합쳐진 효과는 언제나 각각의 입력 효과를 따로 처리해서 합한 것과 같다.
- **에너지 보존:** 빛이 표면이나 반투명 물질에서 산란될 때 결코 시작할 때 갖고 있던 에너지보다 더 많은 에너지를 생성하지 않는다.

4. Preisendorfer(1965)는 방사 전달 이론을 전자기장을 표현하는 맥스웰의 고전 방정식에 연결했다. 그의 체계는 이 둘의 동일성과 하나의 세계의 관점에서 다른 관점으로 결과를 적용하는 것이 쉬워지는 것을 보여줬다. 이 분야의 최근 연구는 Fante(1981)가 진행했다.

- **편광 없음:** 전자기장의 편광을 무시한다. 그러므로 오직 관련된 빛의 특성은 파장(동일하게 주파수)에 따른 분포다.
- **형광이나 인광 없음:** 한 파장의 빛의 행태는 다른 파장이나 시간의 빛의 행태와 완전히 독립적이다. 편광을 고려하면 이 효과를 포함하는 것이 그렇게 어렵지는 않으나 시스템에 상대적으로 작은 실제 값을 추가한다.
- **안정된 상태:** 환경의 빛은 평형 상태에 도달했다고 가정하므로 방사 조도 분포는 시간에 따라 변하지 않는다. 이는 실제 장면에서의 빛에서는 순간적으로 일어나므로 사실상 제한이 아니다. 인광은 안정된 상태 가정 또한 위반한다.

기하학적 광학 모델을 채택해서 생겨나는 가장 큰 손실은 회절diffraction과 간섭 효과가 쉽게 다루기 어려워지는 것이다. Preisendorfer(1965)에서 기술했듯이 이는 수정하기 어려운 문제다. 예를 들어 이 효과를 고려하면 두 영역의 전체 유속은 각 영역의 유속의 합과 다르다.

5.4.1 기본 양

렌더링에 중심이 되는 기본적인 네 가지 방사량은 유속, 방사 조도/방사 발산도radiant exitance, 강도, 방사다. 이들은 에너지(줄joule로 측정되는)에 시간, 면적, 방향에 대한 극한을 취해 유도된다. 이 모든 방사량은 일반적으로 파장에 의존적이다. 5장의 남은 부분에서 이 의존성을 명시적으로 보여주지는 않지만, 기억해야 될 중요한 특성이다.

에너지

시작점은 에너지로 줄(J)로 측정된다. 광원에서 방출되는 조명 발산 광자 각각이 특정 파장에서 특정 양의 에너지를 운반한다. 모든 기본 방사량은 광자를 다른 방식으로 효과적으로 측정한다. 광자가 파장 λ에서 에너지 Q는 다음과 같이 운반한다.

$$Q = \frac{hc}{\lambda}$$

여기서 c는 빛의 속도 299,472,458m/s이며, h는 플랑크 상수 h $\approx$ 6.626 × 10^{-34}m^{2}kg/s다.

유속

에너지는 일정 시간 동안의 작업을 측정하지만, 렌더링에서 일반적으로 사용되는 정적 상태 가정에서는 대부분 순간의 빛을 측정하는 데 관심이 있다. 방사속, 혹은 광력은 표면이나 공간의 영역을 지나는 전체 에너지의 양이다. 방사속은 미분 시간당 미분 에너지의 극한을 취해서 얻을 수 있다.

$$\Phi = \lim_{\Delta t \to 0} \frac{\Delta Q}{\Delta t} = \frac{\mathrm{d}Q}{\mathrm{d}t}$$

단위는 줄/초(J/s), 좀 더 일반적으로 와트(W)다.

예를 들어 주어진 빛이 한 시간 동안 Q = 200,000J을 방출하며 그 시간 동안 계속 같은 양의 에너지를 방출했다면 광원의 유속은 다음과 같다.

$$\Phi = 200{,}000\,\mathrm{J}/3600\,\mathrm{s} \approx 55.6\,\mathrm{W}$$

반대로 유속이 시간의 함수로 주어지면 전체 에너지를 계산하기 위해서 시간의 범위에 대해 적분할 수 있다.

$$Q = \int_{t_0}^{t_1} \Phi(t)\,\mathrm{d}t$$

여기서의 표기는 살짝 약식이다. 다른 문제들 중에서도 광자가 실제로는 구분된 양자이기에 미분 시간을 0으로 극한을 취하는 것이 실제로 의미가 있지는 않다. 렌더링의 용도로서는 관심 있는 측정에 대해 광자의 수가 엄청나기에 이 세부 사항은 실제로 문제되지 않는다.

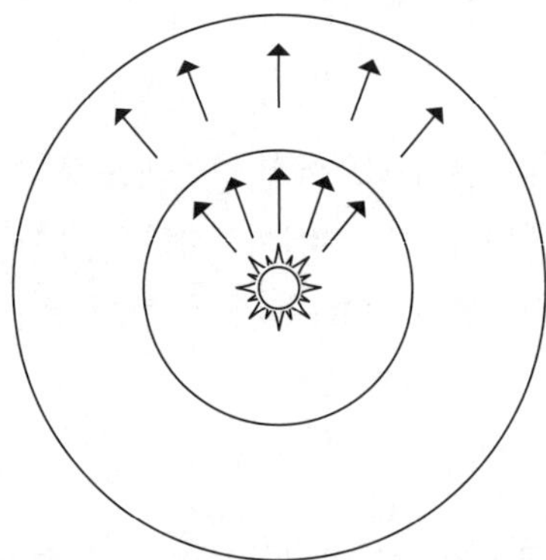

그림 5.6 방사속 Φ는 표면이나 공간을 지나는 에너지를 측정한다. 여기서 점광원에서의 유속은 빛을 감싸는 구에서 측정된다.

광원으로부터 전체 방출은 일반적으로 유속으로 표현한다. 그림 5.6은 빛 주위의 가상의 구를 지나는 전체 에너지의 양으로 측정한 점광원으로부터의 유속을 보여준다. 그림 5.6에 있는 두 구의 어떤 쪽에서 전체 유속을 계산해도 같다. 큰 구의 일부분에서는 작은 구보다 적은 에너지가 지나갈지라도 큰 구의 면적이 더 넓으므로 전체 유속은 같다.

방사 조도와 방사 발산도

유속의 측정은 시간당 광자가 측정될 수 있는 영역을 필요로 한다. 주어진 한정된 영역 A에서 영역당 평균 광력의 밀도를 $E = \Phi/A$로 정의한다. 이 양은 유속의 표면에 도달하는 영역 밀도인 방사 조도(E)이거나, 표면을 떠나는 유속의 영역 밀도인 방사 발산도(M)다. 이 두 측정량은 단위 W/m^2을 가진다(방사 조도는 가끔은 표면을 떠나는 유속을 표현하는 데 사용하기도 하지만 명확함을 위해 두 경우에 다른 용어를 사용한다).

그림 5.6의 점광원 예를 보면 바깥 구의 한 점에서의 방사 조도는 안쪽 구의 한 점에서의 방사 조도보다 작으며, 이는 바깥 구의 면적이 넓음에 기인한다. 특히 점광원이 모든 방향에 대해 같은 양의 조명을 비추고 있다면 이 설정의 반지름 r을 가진 구에 대해 다음이 성립한다.

$$E = \frac{\Phi}{4\pi r^2}$$

이 사실은 왜 빛에서 받는 에너지의 양이 광원의 거리의 제곱근에 따라 작아지는 것인지 설명한다.

더 일반적으로 방사 조도와 방사 발산도를 점 p에서 미분 영역당 미분 광력에 극한을 취해서 정의할 수 있다.

$$E(\mathrm{p}) = \lim_{\Delta A \to 0} \frac{\Delta\Phi(\mathrm{p})}{\Delta A} = \frac{\mathrm{d}\Phi(\mathrm{p})}{\mathrm{d}A}$$

또한 이제 광력을 찾기 위해 방사 조도를 영역에 대해서 적분할 수 있다.

$$\Phi = \int_A E(\mathrm{p})\,\mathrm{d}A$$

방사 조도 방정식은 표면에 도달하는 빛의 양은 빛의 방향과 표면 법선 사이의 각도의 코사인에 비례한다는 램버트 법칙의 근원을 이해하는 데 도움을 준다(그림 5.7). 면적이 A이고 유속이 Φ인 광원이 표면을 조명하고 있다. 빛이 표면에서 직접 빛나면(그림의 왼쪽과 같이) 표면에서 빛 A_1을 받는 영역은 A와 같다. A_1 안의 모든 위치에서 방사 조도는 다음과 같다.

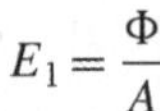

$$E_1 = \frac{\Phi}{A}$$

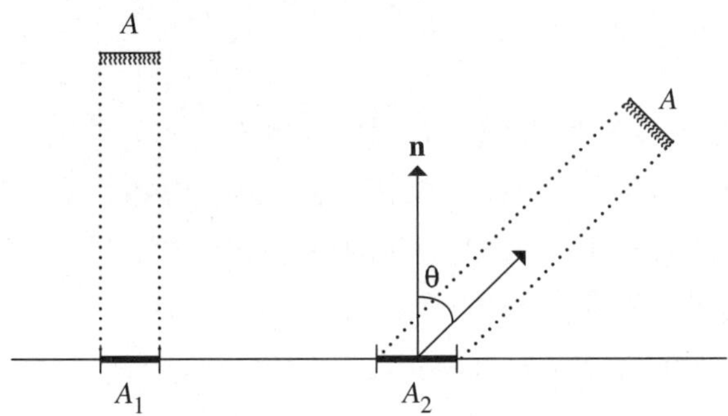

그림 5.7 램버트 법칙. 표면에 도달하는 방사 조도(E)는 조명의 입사각의 코사인에 따라 변하며, 더 넓은 영역에 걸친 조명이 더 작은 입사각을 갖기 때문이다.

하지만 빛이 표면에 대해 각도를 갖고 있다면 표면의 빛을 받는 영역은 넓어진다. A가 작으면 유속을 받는 영역 A_2는 대략 $A/\cos\theta$가 된다. A_2 안의 모든 위치에서 방사 조도는 다음과 같다.

$$E_2 = \frac{\Phi \cos\theta}{A}$$

입체각과 강도

강도를 정의하기 위해서는 우선 입체각solid angle을 정의해야 한다. 입체각은 단지 평면에서의 2D의 각을 구에서의 각으로 확장한 것이다. 평면각은 어떤 위치에서의 어떤 물체에 대한 전체 원호각이다(그림 5.8). 점 p 주위의 단위원을 고려하자. 그림자가 진 물체를 원에 투영하면 원 s의 일정 부분이 투영으로 덮이게 된다. s의 원호의 길이(각도 θ와 같다)는 물체에 대한 원호각이다. 평면각은 라디안으로 측정된다.

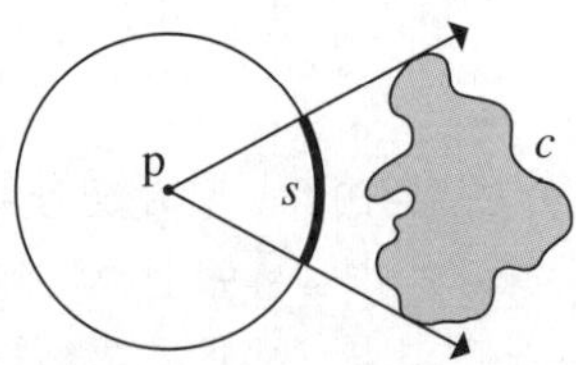

그림 5.8 평면각 p에서 보는 물체 c의 평면각은 p에서 이를 덮는 각도와 같으며, 또한 단위원의 원호 s와 길이가 같다.

입체각은 2D 단위원을 3D 단위 구로 확장한다(그림 5.9). 전체 면적 s는 물체에 대하는 입체각과 같다. 입체각은 스테라디안[steradians](sr)으로 측정된다. 전체 구는 4π sr를 덮으며, 반구는 2π sr를 덮는다.

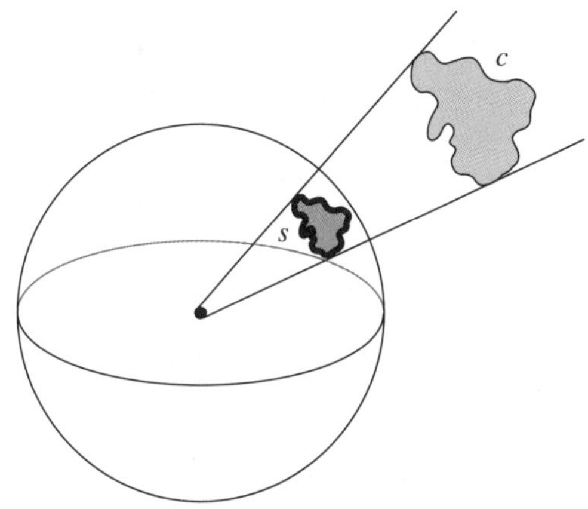

그림 5.9 물체 c를 3차원에서 덮는 입체각 s는 c를 단위 구에 투영해 그 투영의 면적으로 계산한다.

p를 중심으로 하는 단위 구 위에서 위치의 집합은 p에 고정된 벡터로 표현된다. 보통 ω를 이 방향을 나타내는 데 사용하며, 또한 이는 정규화된 벡터로 관습적으로 사용한다.

이제 무한소 광원이 광자를 방출하는 것을 고려해보자. 이 광원을 단위 구의 중앙에 위치시키면 방출된 광력의 각밀도를 계산할 수 있다. 이것의 양인 강도[Intensity]는 I로 표기되며, W/sr의 단위를 가진다. 방향의 전체 구에 대해서는 다음이 성립한다.

$$I = \frac{\Phi}{4\pi}$$

하지만 더 일반적으로 방향의 미분 원뿔의 극한을 취하는 데 관심이 있다.

$$I = \lim_{\Delta\omega \to 0} \frac{\Delta\Phi}{\Delta\omega} = \frac{\mathrm{d}\Phi}{\mathrm{d}\omega}$$

평상시처럼 강도를 적분하면 광력으로 돌아갈 수 있다. 주어진 방향 $I(\omega)$에 대한 강도의 함수로 한정된 방향의 집합 Ω에 대해 적분해서 강도를 얻을 수 있다.

$$\Phi = \int_{\Omega} I(\omega)\, \mathrm{d}\omega$$

강도는 빛의 방향에 대한 분포를 묘사하지만, 점광원에 대해서만 의미가 있다.

방사

마지막으로 가장 중요한 방사량은 방사 L이다. 방사 조도와 방사 발산도는 점 p에서 미분 면적당 미분 광력을 제공하지만, 광력의 방향 분포를 구분하지 않는다. 방사는 이 마지막 단계로서 입체각에 대한 방사 조도나 방사 발산도를 측정한다. 이는 다음과 같이 정의된다.

$$L(\mathrm{p}, \omega) = \lim_{\Delta\omega \to 0} \frac{\Delta E_\omega(\mathrm{p})}{\Delta\omega} = \frac{\mathrm{d}E_\omega(\mathrm{p})}{\mathrm{d}\omega}$$

E_ω는 방향 ω에 수직한 표면에서의 방사 조도를 표기한다. 다른 말로는, 방사는 위치한 표면 p에서의 방사 조도 입사에 대해 측정되지 않는다. 사실상 이 측정 면적의 변경은 방사의 정의 안의 램버트 법칙에서의 $\cos\theta$를 제거한다.

방사는 단위 면적과 단위 입체각에 대한 유속 밀도다. 유속으로 표현하면 다음과 같이 정의된다.

$$L = \frac{\mathrm{d}\Phi}{\mathrm{d}\omega\, \mathrm{d}A^{\perp}}, \tag{5.2}$$

$\mathrm{d}A^{\perp}$는 $\mathrm{d}A$의 ω에 수직하는 가상의 표면에 투영된 면적이다(그림 5.10). 이는 표면의 입사광 측정의 한계며, 관심 영역인 $\mathrm{d}\omega$의 입사 방향의 원뿔이 매우 작아지고 표면에서의 지역 관심 면적 $\mathrm{d}A$ 역시 매우 작아지게 되기 때문이다.

이 모든 방사량에 대해 방사는 이 책의 나머지 부분에서 가장 자주 사용된다. 직관적인 이유로는 모든 방사량 중 가장 근원적인 방사량이라는 것이다. 방사가 주어지면 다른 모든 값은 면적과 방향에 대한 방사의 적분으로 계산할 수 있다. 또 다른 좋은 특성은 빈 공간을 지나는 광선에 대해서 상수로 유지된다는 것이다. 그러므로 레이트레이싱에서 계산하기에 자연스러운 방사량이다.

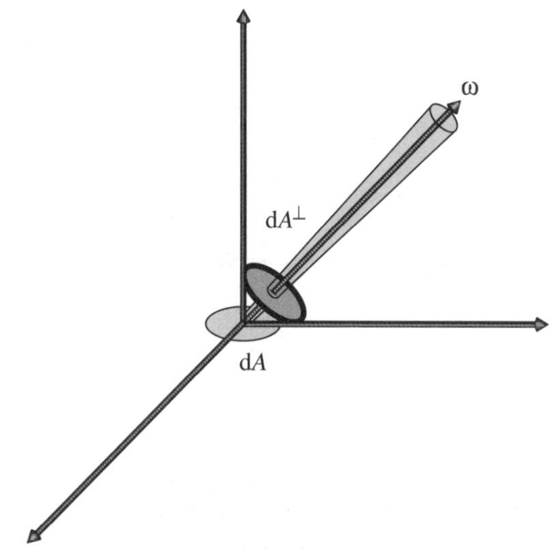

그림 5.10 방사 조도 L은 단위 입체각 dω에 단위 투영면적 dA⊥에 대한 유속으로 정의된다.

5.4.2 입사와 출사 방사 함수

빛이 장면 안의 표면과 상호작용할 때 방사 함수 L은 일반적으로 표면 경계에서 연속적이 아니다. 가장 극단적인 경우는 완전히 불투명한 표면(예, 거울)으로, 표면의 살짝 위의 방사 함수와 바로 아래의 방사 함수가 완전히 관계없다.

그러므로 바로 위와 바로 아래의 방사 함수를 구분하기 위해 불연속성에서 한쪽 방향의 극한을 취하는 것이 의미가 있다.

$$\begin{aligned} L^{+}(\mathrm{p}, \omega) &= \lim_{t \to 0^{+}} L(\mathrm{p} + t\,\mathbf{n}_{\mathrm{p}}, \omega), \\ L^{-}(\mathrm{p}, \omega) &= \lim_{t \to 0^{-}} L(\mathrm{p} + t\,\mathbf{n}_{\mathrm{p}}, \omega), \end{aligned} \qquad (5.3)$$

$\mathbf{n}_{\mathrm{p}}$는 p에서의 표면 법선이다. 하지만 한 면의 극한을 본문에서 계속 추적하는 것은 불필요하게 복잡하다.

이 모호성을 해결하기 위해 점에 도착하는 방사(예를 들면 광원에서의 조명에 의한)와 그 점을 떠나는 방사(예를 들어 표면에서의 반사로 인한)를 구분하는 것이 중요하다.

물체 표면의 점 p를 생각해보자. 이 지점에 도달하는 수학적인 위치와 방향에 따른 수학적 함수로 표현이 가능한 방사의 분포가 존재한다. 이 함수는 $L_i(\mathrm{p}, \omega)$(그림 5.11)로 표기한다. 표면의 지점에서 반사돼 나가는 방사를 묘사하는 함수는 $L_o(\mathrm{p}, \omega)$로 표기한다. 두 경우 모두 방향 벡터 ω는 점 p에서 나가는 방향을 갖지만, 일부 저자는 L_i에 대해 반대로 뒤집어서 p를 향한 방향을 사용하는 것을 주의하라.

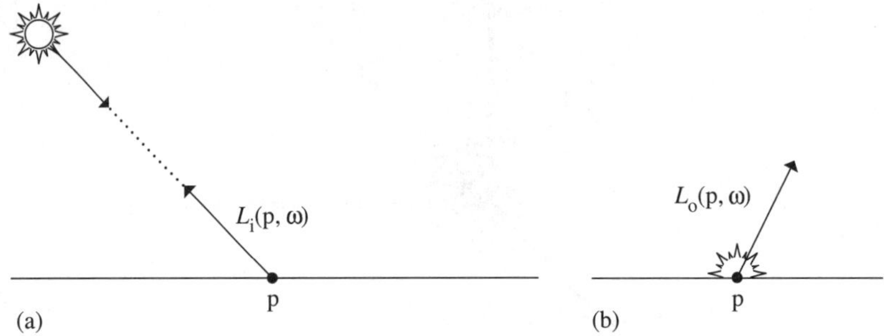

그림 5.11 (a) 입사 방사 함수 $L_i(p, \omega)$는 도달하는 방사의 분포를 위치와 방향의 함수로 표현한다. (b) 출사 방사 함수 $L_o(p, \omega)$는 표면을 떠나는 방사의 분포를 표현한다. 이 두 함수에서 ω는 표면을 떠나는 방향을 향하며, 그러므로 $L_i(p, -\omega)$는 표면에서 ω가 위치한 면의 다른 면에 도달하는 방사를 의미한다.

이런 더 직관적인 입사와 출사 방사 함수, 그리고 방정식(5.3)에서 한 면의 극한 사이에 단순한 관계가 있다.

$$L_i(p, \omega) = \begin{cases} L^+(p, -\omega), & \omega \cdot \mathbf{n}_p > 0 \\ L^-(p, -\omega), & \omega \cdot \mathbf{n}_p < 0 \end{cases}$$

$$L_o(p, \omega) = \begin{cases} L^+(p, \omega), & \omega \cdot \mathbf{n}_p > 0 \\ L^-(p, \omega), & \omega \cdot \mathbf{n}_p < 0 \end{cases}$$

이 책을 통해 경계에서의 방사 함수의 모호성을 해결하기 위해 입사와 출사 방사의 개념을 사용할 것이다.

기억해야 할 다른 중요한 특성은 공간 안의 한 점에서 표면이 없을 경우(예, 자유 공간) L은 연속적이며, $L^+ = L^-$가 성립하므로, 이는 다음을 의미한다.

$$L_o(p, \omega) = L_i(p, -\omega) = L(p, \omega)$$

다른 말로 L_i와 L_o는 단지 방향이 역인 것만 다르다.

5.4.3 휘도와 측광

유속, 방사 같은 방사 측정 모두는 대응하는 측광photometry 측정을 갖고 있다. 측광은 인간의 시각 시스템에 의한 인지를 통한 가시 전자기장 방사에 대한 연구다. 각 분광 방사량은 대응하는 측광량으로, 인간 눈의 다양한 파장에 대한 상대적인 민감성을 표현하는 분광 반응 곡선 $V(\lambda)$에 대해서 적분해 변환할 수 있다.[5]

휘도Luminance는 분광 분포가 인간 관찰자에게 얼마나 밝게 보이는지를 측정한다. 예를 들어 휘도는 초록 파장에 가진 SPD가 같은 에너지를 파란 파장에 가진 SPD보다 사람에게 훨씬 밝게 보이는 사실을 반영한다.

여기선 휘도를 Y로 표기하며 분광 방사 분포 $L(\lambda)$에 연관돼 있다.

$$Y = \int_\lambda L(\lambda)\ V(\lambda)\ \mathrm{d}\lambda$$

휘도와 분광 반응 곡선 $V(\lambda)$은 색의 XYZ 표현과 밀접하게 관련돼 있다(5.2.1절). CIE $Y(\lambda)$ 삼자극 곡선은 $V(\lambda)$에 비례하게 선택됐으며, 다음과 같다.

$$Y = 683 \int_\lambda L(\lambda)\ Y(\lambda)\ \mathrm{d}\lambda$$

휘도의 단위는 제곱미터당 칸델라(cd/m^2)며, 칸델라는 방사 강도의 측광당량photometric equivalent이다. 양 cd/m^2은 자주 니트nit로 표기된다. 몇 가지 대표 휘도 값은 표 5.1에서 제공한다.

표 5.1 여러 조명 상황에 대한 대표 휘도 값

상황	휘도(cd/m^2 또는 nit)
지평선의 태양	600,000
60와트 전구	120,000
깨끗한 하늘	8,000
일반적인 사무실	100–1,000
일반적인 컴퓨터 디스플레이	1–100
거리 조명	1–10
구름 낀 달빛	0.25

5. 분광 반응 곡선 모델은 실내 환경의 보통 조명 상태에서 시행된 실험에 기반을 둔다. 어두운 환경에서의 색 민감도는 감소하므로, 모든 조명 환경에서 인간 시각 시스템의 반응을 모델링하지 않는다. 이는 그럼에도 휘도의 정의와 다른 관련된 측광 특성의 기반을 형성한다.

5장에 소개된 모든 다른 방사량은 광학적 동일형을 갖고 있다. 이는 표 5.2에서 요약돼 있다.[6]

표 5.2 방사적(Radiometric) 값과 광학적(Photometric) 동일형

방사적	단위	광학적	단위
방사 에너지	줄(Q)	광 에너지	탈봇(T)
방사속	와트(W)	광속	루멘(lm)
방사 강도	W/sr	광도	lm/sr = 칸델라 (cd)
방사 조도	W/m^2	조도(Illuminance)	lm/m^2 = 럭스 (lx)
방사	$W/(m^2sr)$	휘도(Luminance)	$lm/(m^2sr)$ = cd/m^2 = nit

5.5 방사 측정 적분

렌더링에서 가장 자주 이뤄지는 작업 중 하나는 방사량의 적분 계산이다. 이 절에서는 이 작업을 쉽게 하는 몇 가지 기술을 보여준다. 이 기술의 사용을 묘사하기 위해 한 점에서의 방사 조도의 계산을 예로 들겠다. 표면 법선 **n**을 가진 점 p에서의 방사 조도는 방향의 집합에 대한 방사 조도로 인해 생성되며 이는 다음과 같다.

$$E(\mathrm{p}, \mathbf{n}) = \int_{\Omega} L_{\mathrm{i}}(\mathrm{p}, \omega)\, |\cos\theta|\, \mathrm{d}\omega, \qquad [5.4]$$

$L_{\mathrm{i}}(\mathrm{p}, \omega)$는 입사 방사 함수(그림 5.12) cos θ는 방사의 정의에서의 $\mathrm{d}A^{\perp}$에 기인한다. θ는 ω와 표면 법선 **n**과의 각으로 측정한다. 방사 조도는 보통 주어진 표면 법선 **n**에 대한 반구 $\mathcal{H}^2(\mathbf{n})$을 계산한다.

6. 다양한 광학량은 상당히 특이한 이름을 갖고 있다. 이런 혼란스러운 상황은 Jim Kajiya가 다음과 같이 잘 요약했다. "그러므로 1니트가 스테라디안당 1럭스며, 제곱미터당 1칸델라며, 스테라디안당 제곱미터당 1루멘이다."

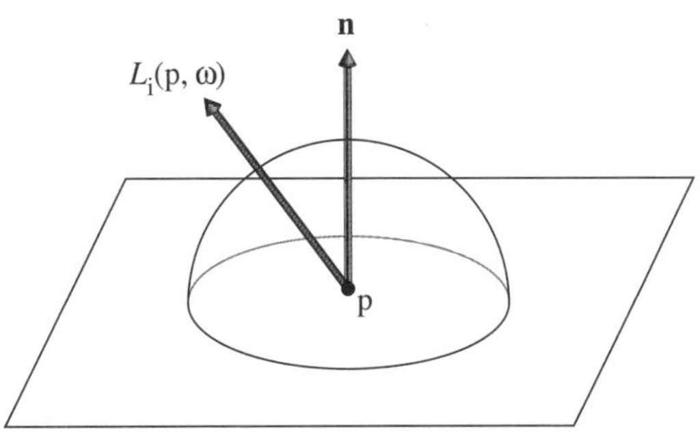

그림 5.12 점 p에서 방사 조도와 입사 방향에 대한 코사인의 곱을 지점 위의 전체 상반구에 대해 적분해서 얻을 수 있다.

5.5.1 투영된 입체각에 대한 적분

방사량의 적분에 대한 다양한 코사인 항은 자주 적분으로 표현되는 것에 집중하기 어렵게 한다. 이 문제는 입체각 대신 투영 입체각을 사용해 적분하고 있는 물체를 접한 면적을 측정하는 것으로 피할 수 있다. 물체를 접하는 투영 입체각은 물체를 단위 구에 투영한 뒤 결과 모양을 다시 표면 법선에 수직한 단위 원반에 투영한다(그림 5.13). 반구를 덮는 코사인을 곱한 입체각에 대한 적분은 투영된 입체각에 대한 적분을 다시 작성할 수 있다.

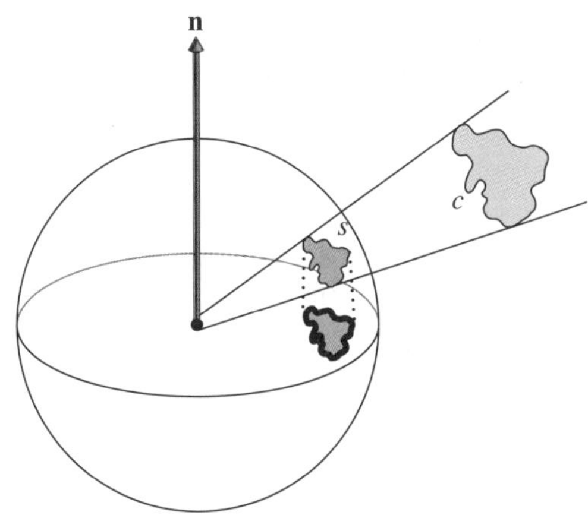

그림 5.13 물체 c를 감싸는 투영된 입체각은 입체각에 접한 코사인을 곱한 값이다. 이는 물체의 입체각 s를 찾아 이를 표면 법선에 수직한 면에 투영해 거기에서의 면적을 계산해 구할 수 있다. 그러므로 투영면이 법선을 향하므로 투영된 입체각은 표면 법선이 측정된 위치에 따라 달라진다.

다음과 같이 투영된 입체각 측정은 입체각 측정에 관련돼 있다.

$$d\omega^{\perp} = |\cos\theta|\, d\omega$$

그러므로 반구에 대한 방사로부터의 방사 조도 적분은 더욱 단순하게 다음과 같이 작성할 수 있다.

$$E(\mathrm{p}, \mathbf{n}) = \int_{\mathcal{H}^2(\mathbf{n})} L_{\mathrm{i}}(\mathrm{p}, \omega)\, d\omega^{\perp}$$

이 책의 나머지 부분에서 투영 입체각 대신 입체각으로 여러 방향에 대한 적분을 작성한다. 다른 문서들에서 투영 입체각은 일반적이며, 항상 피적분 함수의 실제 측정에 주의하는 것이 중요하다.

방사 조도를 입사 방사로 찾았으므로, 어떤 물체로부터 방출되는 법선을 둘러싸는 반구에 대한 전체 유속을 물체의 표면 면적 A에 대해서 적분해서 계산할 수도 있다.

$$\begin{aligned}\Phi &= \int_A \int_{\mathcal{H}^2(\mathbf{n})} L_{\mathrm{o}}(\mathrm{p}, \omega)\; \cos\theta\, d\omega\, dA \\ &= \int_A \int_{\mathcal{H}^2(\mathbf{n})} L_{\mathrm{o}}(\mathrm{p}, \omega)\, d\omega^{\perp}\, dA.\end{aligned}$$

5.5.2 구좌표에 대한 적분

종종 입체각에 대한 적분을 구좌표 (θ, ϕ)에 대한 적분으로 변환하는 것이 편리하다. (x, y, z) 방향 벡터를 구의 각으로 표현할 수 있음을 기억하자(그림 5.14).

$$\begin{aligned}x &= \sin\theta\; \cos\phi \\ y &= \sin\theta\; \sin\phi \\ z &= \cos\theta.\end{aligned}$$

입체각에 대한 적분을 (θ, ϕ)에 대한 적분으로 변환하려면 방향 집합의 미분 면적 $d\omega$와 (θ, ϕ)의 미분 면적 사이 관계를 표현할 수 있어야 한다(그림 5.15). 미분 면적 $d\omega$은 양변의 미분 길이인 $\sin\theta\, d\phi$와 $d\theta$의 곱이다. 그러므로 다음과 같다.

$$d\omega = \sin\theta\, d\theta\, d\phi$$

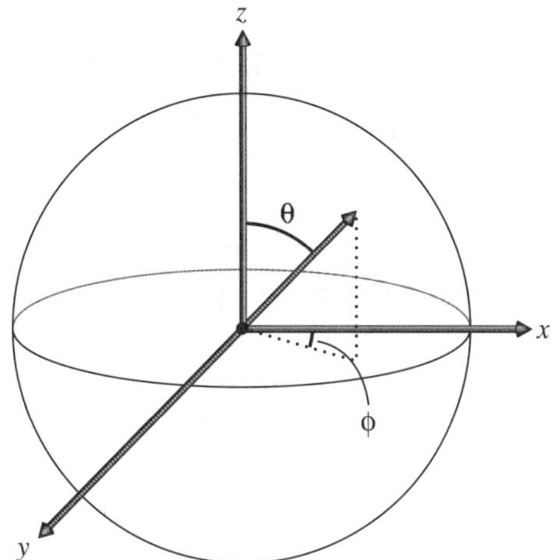

그림 5.14 방향 벡터는 x, y, z 기저 벡터가 주어질 경우 구좌표 (θ, ϕ)로 기술할 수 있다. 구 각도 공식은 두 표현 사이에서의 변환을 쉽게 한다.

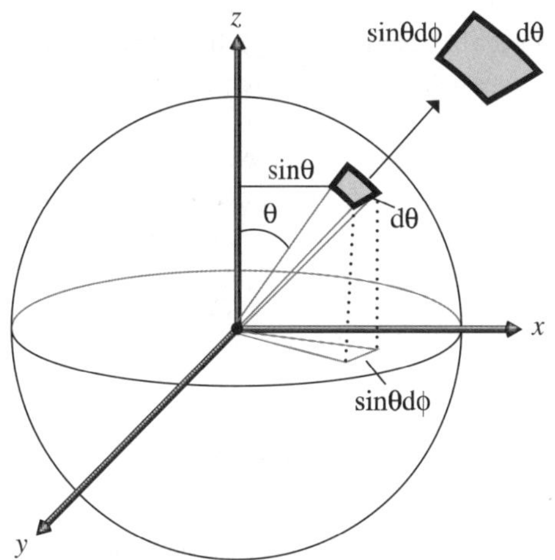

그림 5.15 미분 입체각에 대하는 미분 면적 dA는 두 변의 미분 길이인 sin θ dϕ와 dθ의 곱이다. 결과적으로 dω = sin θ dθ dϕ이며, 이는 입체각에 대한 적분을 구의 각도에 대한 적분으로 변환하는 데 핵심적인 역할을 한다.

그러므로 반구에 대한 방사 조도 적분이 방정식(5.4)를 $\Omega = \mathcal{H}^2(\mathbf{n})$와 함께 작성하면 다음과 같다.

$$E(\mathrm{p}, \mathbf{n}) = \int_0^{2\pi} \int_0^{\pi/2} L_{\mathrm{i}}(\mathrm{p}, \theta, \phi) \cos\theta \ \sin\theta \ \mathrm{d}\theta \, \mathrm{d}\phi$$

방사 조도가 모든 방향에서 같다면 방정식은 $E = \pi L_{\mathrm{i}}$로 단순화된다.

편의를 위해 θ와 ϕ를 (x, y, z) 방향 벡터로 변환하는 두 함수를 정의한다. 첫 번째 함수는 앞의 방정식을 직접 적용하는 것이다. 이 함수는 θ를 직접 받기보단 θ의 사인과 코사인 값을 받는다. 이는 θ의 사인과 코사인 값을 보통 호출자가 알고 있기 때문이다. 이는 ϕ에는 해당되지 않으므로 ϕ는 직접 전달한다.

<Geometry Inline Functions> +≡

```
inline Vector3f SphericalDirection(Float sinTheta,
        Float cosTheta, Float phi) {
    return Vector3f(sinTheta * std::cos(phi),
                    sinTheta * std::sin(phi),
                    cosTheta);
}
```

두 번째 함수는 x, y, z를 나타내는 세 개의 기저 벡터를 받아서 이로 정의되는 좌표계에 맞는 좌표계로 적절한 방향 벡터를 반환한다.

<Geometry Inline Functions> +≡

```
inline Vector3f SphericalDirection(Float sinTheta, Float cosTheta,
        Float phi, const Vector3f &x, const Vector3f &y,
        const Vector3f &z) {
    return sinTheta * std::cos(phi) * x +
           sinTheta * std::sin(phi) * y + cosTheta * z;
}
```

방향 (x, y, z)를 구 각도로 변환하는 것은 다음과 같다.

$$\theta = \arccos z$$
$$\phi = \arctan \frac{y}{x}$$

대응하는 함수는 다음과 같다. `SphericalTheta()`는 벡터 `v`가 정규화됐다고 가정한다. 클램프는 단순히 `|v.z|`가 부동소수점 반올림 오차로 인해 1보다 약간 클 때 `std::acos()`에서의 오류를 회피하기 위함이다.

<Geometry Inline Functions> +≡

```
inline Float SphericalTheta(const Vector3f &v) {
    return std::acos(Clamp(v.z, -1, 1));
}
```

<Geometry Inline Functions> +≡

```
inline Float SphericalPhi(const Vector3f &v) {
```

```
        Float p = std::atan2(v.y, v.x);
        return (p < 0) ? (p + 2 * Pi) : p;
    }
```

5.5.3 면적에 대한 적분

마지막으로 남은 계산을 단순히 하기 위한 적분의 변환은 방향에 대한 적분을 면적에 대한 적분으로 변환하는 것이다. 방정식(5.3)의 방사 조도 적분에 대해서 일정하게 방출되는 방사를 가진 사변형이 있고 결과 방사 조도를 점 p에서 계산하고 싶다고 생각해보자. 이 값을 방향에 대해서 적분하는 것은 주어진 특정 방향이 그 방향에 대해서 사변형이 보이는지 결정하기에는 자명하지 않기에 직관적이지 않다. 사변형의 면적에 대해 적분을 계산해서 방사 조도를 계산하는 것이 훨씬 쉽다.

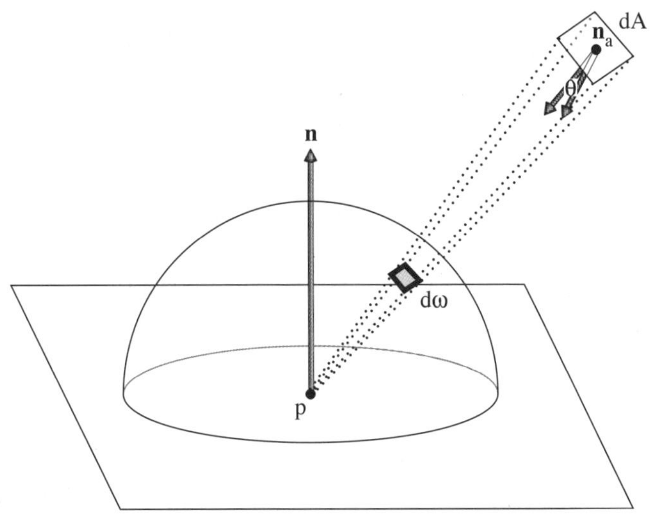

그림 5.16 미분 면적 dA에 대하는 미분 입체각은 dA cos θ/r^2과 같으며 θ는 dA의 표면 법선과 점 p를 향한 벡터 사이의 각도며, r은 p에서 dA까지의 거리다.

미분 면적은 다음과 같이 미분 입체각(p에서 바라본)과 관련돼 있다.

$$d\omega = \frac{dA \cos\theta}{r^2}, \quad (5.6)$$

θ는 dA의 표면 법선과 p에 대한 벡터 사이의 각도며, r은 p에서 dA까지의 거리다(그림 5.16). 여기서 결과를 유도하지 않겠지만 직관적으로 이해할 수 있다. dA가 p로부터 거리

1이고 dω에 수직하게 정렬돼 있으면 dω = dA, θ = 0이며, 방정식(5.6)이 성립한다. dA가 p로부터 멀어지게 움직이거나 dω에 정렬되지 않게 회전할수록 r^2와 θ 항이 dω를 감소시켜 적절히 보정한다.

그러므로 사변형 근원에서의 방사 조도 적분을 다음과 같이 작성할 수 있다.

$$E(\mathrm{p}, \mathbf{n}) = \int_A L \cos\theta_\mathrm{i} \frac{\cos\theta_\mathrm{o}\, \mathrm{d}A}{r^2}$$

L은 사변형 표면에서의 방출된 방사며, θ_i는 p에서의 표면 법선과 p에서 빛 위의 점 p'로의 방향 사이의 각도며, θ_o는 p'의 표면 법선과 p'에서 p로의 방향 사이의 각도다(그림 5.17).

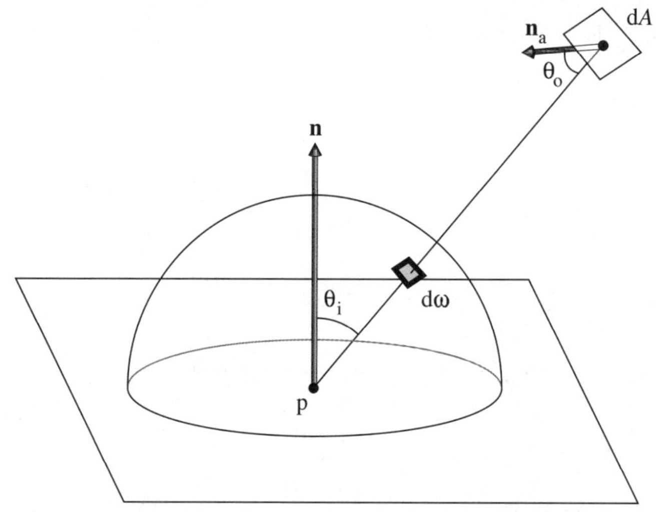

그림 5.17 사변형 광원에서의 점 p에서 방사 조도를 계산하려면 광원의 표면 면적에 대해 적분하는 것이 불규칙적인 여러 방향에 대해 적분하는 것보다 쉽다. 방정식(5.5)에서 주어진 입체각과 면적에 대한 관계는 두 방식에 대해 변환이 가능하게 한다.

5.6 표면 반사

빛이 표면에 입사할 때 표면은 빛을 산란하며, 반사된 일부는 환경으로 돌아온다. 이 반사를 모델링하기 위한 두 가지 중요 효과는 반사된 빛의 분광 분포와 방향 분포다. 예를 들어 레몬 껍질은 대부분 파란 파장의 빛을 흡수하며, 빨간 파장과 초록 파장의 빛 대부분을 반사한다(그림 5.1에서 레몬 껍질의 SPD를 기억하라). 그러므로 백색광에 조명될 때 색은 노란

색이 된다. 껍질은 어떤 방향에 관찰해도 거의 똑같은 색을 갖지만, 일부 방향에서 하이라이트(노란색보단 하얀색인 더 밝은 영역)가 보인다. 반대로 거울의 한 점에서 반사된 빛은 거의 대부분이 보는 방향에 의존적이다. 거울은 고정된 지점에서 보는 방향이 변하면 거울에 반사되는 물체는 그에 따라 변화한다.

반투명한 표면의 반사는 더욱 어렵다. 피부나 잎에서부터 표면 아래 빛의 전송이 일어나는 밀랍과 끈적끈적한 액체까지 다양한 재질이 존재한다(예를 들어 입 안의 손전등이 볼을 빛나게 하는 것은 볼 안에 빛이 들어가서 피부를 뚫고 얼굴로 나오는 것이다).

빛 반사에 대한 기제를 묘사하기 위해 두 가지 간략화가 사용되며, 각각 5.6.1절과 5.6.2절에 도입된 BRDF와 BSSRDF다. BRDF는 표면 반사에서 표면 아래 빛의 전달 효과를 무시하는 것이다. 이 표면 아래 전달이 두드러진 효과를 보이지 않는 재질의 경우 이런 단순화는 매우 작은 오류를 생성하며, 렌더링 알고리즘의 구현을 훨씬 효과적으로 만든다. BSSRDF는 BRDF를 일반화한 것으로 반투명 재질 같은 빛 반사의 좀 더 일반적인 설정을 묘사한다.

5.6.1 BRDF

양방향 반사 분포 함수BRDF, Bidirectional Reflectance Distribution Function는 표면의 반사를 묘사하는 데 사용되는 형식을 제공한다. 그림 5.18의 설정을 생각해보자. 방향 ω_i로 들어오는 입사 방사 $L_i(\mathrm{p}, \omega_i)$의 결과로 얼마나 많은 방사가 표면에서 관찰자를 향해 ω_o 방향으로 나가는지 $L_o(\mathrm{p}, \omega_o)$를 알아내는 것이다.

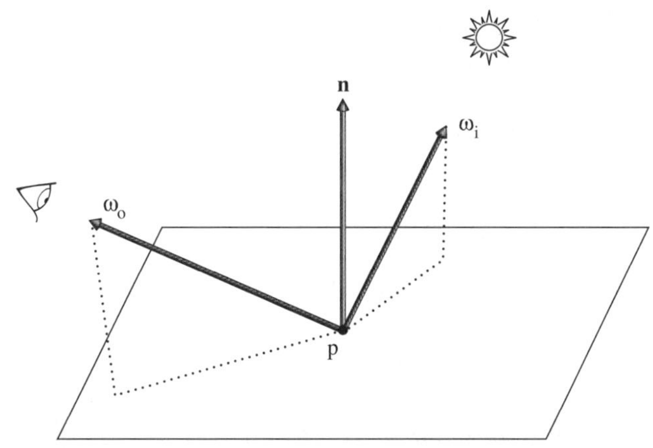

그림 5.18 BRDF. 양방향 반사 분포 함수는 4D 함수로 방향 ω_i, ω_o의 쌍에 대한 함수로서 얼마나 많은 입사광이 ω_i로 들어가서 표면에서 산란돼 ω_o 방향으로 나오는지 묘사한다.

방향 ω_i가 미분 방향의 원뿔로 간주되면 p에서의 미분 방사 조도는 다음과 같다.

$$\mathrm{d}E(\mathrm{p}, \omega_\mathrm{i}) = L_\mathrm{i}(\mathrm{p}, \omega_\mathrm{i}) \cos\theta_\mathrm{i} \, \mathrm{d}\omega_\mathrm{i}. \tag{5.7}$$

방사의 미분량은 방사 조도로 인한 방향 ω_o로 반사되는 값이다. 기하학적 광학의 선형성 가정으로 인해 반사된 미분 방사는 다음 방사 조도에 비례한다.

$$\mathrm{d}L_\mathrm{o}(\mathrm{p}, \omega_\mathrm{o}) \propto \mathrm{d}E(\mathrm{p}, \omega_\mathrm{i})$$

비례식의 상수는 표면의 BRDF를 특정 방향 ω_i와 ω_o에 대해 정의한다.

$$f_\mathrm{r}(\mathrm{p}, \omega_\mathrm{o}, \omega_\mathrm{i}) = \frac{\mathrm{d}L_\mathrm{o}(\mathrm{p}, \omega_\mathrm{o})}{\mathrm{d}E(\mathrm{p}, \omega_\mathrm{i})} = \frac{\mathrm{d}L_\mathrm{o}(\mathrm{p}, \omega_\mathrm{o})}{L_\mathrm{i}(\mathrm{p}, \omega_\mathrm{i}) \cos\theta_\mathrm{i} \, \mathrm{d}\omega_\mathrm{i}}. \tag{5.8}$$

물리 기반 BRDF는 다음과 같은 두 가지 중요한 특성을 가진다.

1. **상호성:** 모든 방향의 쌍 ω_i와 ω_o에 대해 $f_r(\mathrm{p}, \omega_i, \omega_o) = f_r(\mathrm{p}, \omega_o, \omega_i)$가 성립한다.
2. **에너지 보존:** 반사된 빛의 전체 에너지는 입사광의 에너지와 같거나 작다. 모든 방향 ω_o에 대해 다음과 같다.

$$\int_{\mathcal{H}^2(\mathbf{n})} f_\mathrm{r}(\mathrm{p}, \omega_\mathrm{o}, \omega') \cos\theta' \, \mathrm{d}\omega' \le 1$$

표면의 양방향 투과 분포 함수BTDF, Bidirectional Transmittance Distribution Function는 투과된 빛의 분포를 표현하며, BRDF와 같은 방식으로 정의할 수 있다. BTDF는 $f_t(\mathrm{p}, \omega_o, \omega_i)$로 표현되며, ω_i와 ω_o는 p 주변 반구에서 반대편이다. 주목해야 하는 점은 BTDF는 앞에서 정의한 상호성을 따르지 않는다는 것이다. 이 이슈는 8.2절과 16.1.3절에서 자세히 다룬다.

방정식에서의 편의를 위해 BRDF와 BTDF를 표기할 때 $f(\mathrm{p}, \omega_o, \omega_i)$로 같이 처리한다. 이를 양방향 산란 분포 함수BSDF, Bidirectional Scattering Distribution Function라고 부른다. 8장 전반에 걸쳐 렌더링에서 사용할 수 있는 다양한 BSDF를 설명한다.

BSDF의 정의를 사용해서 우리는 다음과 같이 얻을 수 있다.

$$\mathrm{d}L_\mathrm{o}(\mathrm{p}, \omega_\mathrm{o}) = f(\mathrm{p}, \omega_\mathrm{o}, \omega_\mathrm{i}) \, L_\mathrm{i}(\mathrm{p}, \omega_\mathrm{i}) \, |\cos\theta_\mathrm{i}| \, \mathrm{d}\omega_\mathrm{i}$$

여기에 절댓값이 $\cos\theta_i$ 항으로 추가됐다. 이는 pbrt에서 표면의 법선이 ω_i처럼 표면과 같은 면에 위치하게 재방향화하지 않았기에 처리된다(다른 많은 렌더링 시스템이 이를 처리하지만,

우리는 Shape 등에서 원래의 방향을 갖고 있는 것이 더 유용하다고 판단했다). 이렇게 함으로써 "표면 법선은 표면 밖을 향한다"라는 규약을 일관적으로 쉽게 적용할 수 있게 된다. 그러므로 이처럼 절댓값을 cos θ 항에 적용하는 것은 원하는 양을 실제로 계산하는 것을 보장한다.

이 방정식을 p에 대한 모든 방향에 대한 입사 조명으로 인한 방향 ω_o에 대해 나가는 방사를 계산하기 위해 p 주변의 입사 방향의 구에 대해 적분할 수 있다.

$$L_o(p, \omega_o) = \int_{\mathcal{S}^2} f(p, \omega_o, \omega_i)\, L_i(p, \omega_i)\, |\cos\theta_i|\, d\omega_i. \tag{5.9}$$

이는 렌더링에서 근본적인 방정식이다. 이는 한 점에서 입사광의 분포가 나가는 분포로 어떻게 변환되는지를 표면의 산란 특성에 기반을 두고 설명한다. 이는 종종 영역이 여기처럼 구 $\mathcal{S}^2$일 경우에 산란 방정식으로 불리거나, 적분되는 영역이 상위 반구 $\mathcal{H}^2(\mathbf{n})$일 경우 반사 방정식으로 불린다. 14와 16장에서 적분 루틴의 핵심 작업은 이 적분을 장면에 있는 표면의 점에서 계산하는 것이다.

5.6.2 BSSRDF

양방향 산란 표면 반사 분포 함수BSSRDF, Bidirectional Scattering-Surface Reflectance Distribution Function는 상당한 양의 표면 밑 빛 전송을 보여주는 재질에서의 산란을 설명하기 위한 형식이다. 분산 함수 $S(p_o, \omega_o, p_i, \omega_i)$는 점 p_o에서 방향 ω_o로 방출 미분 방사와 p_i에서 방향 ω_i로 입사 미분 방사속의 비율을 설명한다(그림 5.19).

$$S(p_o, \omega_o, p_i, \omega_i) = \frac{dL_o(p_o, \omega_o)}{d\Phi(p_i, \omega_i)}. \tag{5.10}$$

BSSRDF를 위한 산란 방정식의 일반화는 표면 면적과 입사 방향에 대한 적분이 필요하며, 방정식(5.8)의 2D 산란 방정식을 4D 적분으로 변환한다. 적분을 위한 2개의 추가적인 차원으로 인해 렌더링 알고리즘에서 사용하기에 상당히 더 복잡하다.

$$L_o(p_o, \omega_o) = \int_A \int_{\mathcal{H}^2(\mathbf{n})} S(p_o, \omega_o, p_i, \omega_i)\, L_i(p_i, \omega_i)\, |\cos\theta_i|\, d\omega_i\, dA. \tag{5.11}$$

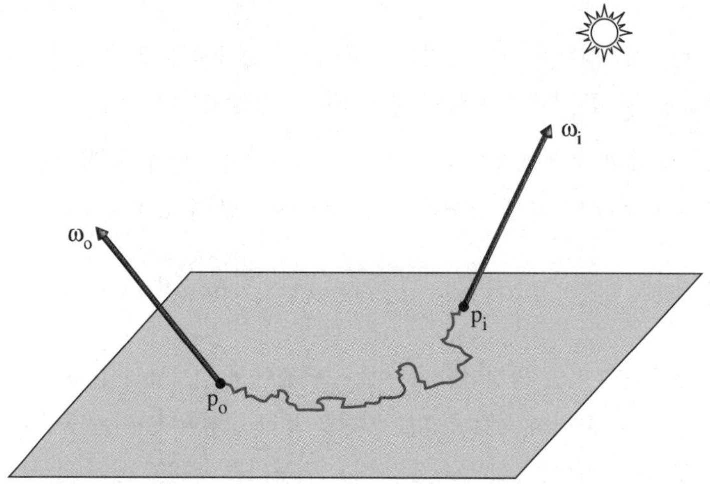

그림 5.19 양방향 산란 표면 반사 분포 함수는 BSDF를 일반화해 한 점에서 입사한 곳 이외의 표면 위치에서 나가는 빛을 고려한다. 이는 종종 BSDF보다 계산하기 더 어렵지만, 표면 밑 빛의 전달은 많은 경우 실세계 물체의 모습에 상당한 영향을 준다.

표면 밑 빛 전송은 반투명 물질 안의 입체 빛 전송volume light transport과 같은 원리로 설명할 수 있으며, 15.1절에 소개되는 전송 방정식으로 묘사된다. 표면 밑 산란은 구름이나 연기 안에서 빛의 산란을 같은 효과에 기반을 두고 더 작은 규모로 처리한다.

더 읽을거리

마이어Meyer는 그래픽에서 분광 표현을 세밀히 조사한 첫 연구자 중 한 명이다(Meyer와 Greenberg 1980; Meyer et al. 1986). Hall(1989)은 최신 분광 표현의 1989까지의 연구를 요약했으며, 글래스너의 『Principles of Digital Image Synthesis』(1995)는 1990년대 중반까지의 주제를 다룬다. 조사 논문 Hall(1999), Johnson과 Fairchild(1999), Delvin et al.(2002)은 이 주제에 대한 좋은 자료다.

Borges(1991)는 삼중 자극 표현을 분광 계산에 사용할 때 이로 인한 오류를 분석했다. 분광의 다항식 표현은 Raso와 Fournier(1991)가 제안했다. Peercy(1993)는 장면 의존적인 방식으로 기저 함수를 선택하는 기법을 개발했다. 빛의 SPD와 장면의 반사하는 물체를 살펴보면 고유 벡터 분석characteristic vector analysis을 사용해서 찾아낸 적은 수의 분광 기저 함수가 정확하게 장면의 SPD을 표현할 수 있다. Rougeron과 Péroche(1997)는 모든 장면의 SPD를 계층적 기저 함수(하 웨이블릿Harr wavelet으로 투영해서 이 적응적 표현이 원하는 오류 범위에서 사용할 수 있다는 것을 보여줬다. Ward와 Eydelberg-Vileshin(2002)은 일반적인 RGB만을 사용한 렌더링 시스템에서 색 값을 렌더링 이전에 신중하게 조절해 분광 결과를 개선하는 방법을 개발했다.

분광 표현의 다른 방법은 Sun et al.(2001)에서 연구됐으며, SPD를 분할해 매끄러운 기본 SPD와 첨단 점spike의 집합으로 표현했다. 각 부분은 자신의 분포에 잘 작동하는 기저 함수를 사용해 다르게 표현했다. Drew와 Finlayson(2003)은 적응적이지만 기저의 두 함수의 곱을 계산할 때 다른 많은 기저 표현과 달리 전체 행렬 곱이 필요 없는 '날카로운sharp' 기저를 적용했다.

점 표본 표현을 사용할 때(SampledSpectrum 같은) 얼마나 많은 표본이 정확한 결과에 필요한지 아는 것은 어려울 수 있다. Lehtonen et al.(2006)은 이 문제를 연구해 5nm 표본 간격이 실세계 SPD에 충분하다고 확인했다.

Evans와 McCool(1999)은 계층화stratified 웨이블릿 클러스터cluster를 도입했다. 이 개념은 각 분광 계산이 표현하는 파장에서 광원의 분광 분포에 따라 선택한 작은 고정 수의 표본을 사용한다. 이후의 계산은 다른 파장을 사용하며, 각각의 계산이 상대적으로 효율적(작은 수의 표본을 사용하기에)이지만 많은 수의 계산을 통합해 전체 파장의 범위를 잘 대응한다. 이 접근법에 관련된 것은 단지 하나의 파장을 각 계산에서 처리하고 결과를 함께 평균을 내는 개념이다. 이는 Walter et al.(1997)과 Morley et al.(2006)이 사용한 방법으로, 이들은 이 방식이 상대적으로 빨리 수렴한다는 것을 보여줬다.

Radziszewski et al.(2009)은 빛 운송 경로를 단일 파장에 대해 생성하는 기술을 제안했으며, 또한 그 기여를 여러 추가적인 파장에 대해 효율적인 SIMD 연산을 사용해서 추적했다. 이 기여를 다중 중요도 표본화를 사용해서 합치면 거친 굴절 경계를 통한 확산을 모사할 때의 분산을 감소시킬 수 있다. Wilkie et al.(2014)은 파장 영역의 균일 간격 점 표본을 사용해서 이 방식을 또한 광자 매핑이나 반투명 매질의 렌더링에서 어떻게 사용할 수 있다는 것을 보여줬다.

Glassner(1989b)는 RGB 값(예, 디스플레이에서 사용자가 선택한)을 SPD로 변환하는 데 있어 제약 부족의 문제에 대해 논문을 작성했다. Smits(1999)는 5.2.2절에 구현한 개선된 방식을 개발했다. 이 분야의 최신 작업과 이 변환을 정확하게 처리하는 데 관련된 복잡도의 토의를 위해 Meng et al.(2015)을 참고하자.

McCluney의 방사 분석에 대한 책은 이 주제의 매우 훌륭한 소개가 됐다. Preisendorfer(1965)는 또한 접근 가능한 방식으로 방사 분석을 다루고 방사 분석과 광학 간의 관계를 조사했다. Nicodemus et al.(1977)은 여기서 유도되는 BRDF, BSSRDF, 여러 가지 양을 신중하게 정의했다. Moon과 Spencer(1936, 1948), Gershun(1939)에서 고전적인 초기 방사 분석을 참고하자. 마지막으로 Lambert의 측광에 관한 18세기 중반의 중대한 초기 원고는 디로라DiLaura가 영어로 번역했다(Lambert 1760).

정확하게 방사적 계산을 구현하는 것은 까다로울 수 있다. 코사인 항을 빼먹거나 완전히 다른 양을 계산할 수 있다. 이런 종류의 문제를 디버깅하는 것 역시 매우 시간 소모적이다. Ou와 Pellacini(2010)는 C++형 시스템을 사용해서 이런 종류의 계산에서 각 항과 단위를 어떻게 연결하는지 보여줬으며, 예를 들면 방사 조도를 표현하는 다른 값에 대한 방사 값을 더하는 경우 컴파일 시간 오류를 생성하게 한다.

연습문제

❶ 5.1 1초당 얼마나 많은 광자가 단일 파장 λ = 600nm에서 50W 전구에서 방출되는가?

❷ 5.2 pbrt에서 새로운 분광 기저 함수의 표현을 구현하라. 이미지 품질과 렌더링 시간을 5장에 구현된 RGBSpectrum 및 SampledSpectrum과 비교하라. 형광fluorescent과 같은 까다로운 상황을 확실히 포함시켜라.

❶ 5.3 법선 위로 *h*만큼 떨어진 나가는 방사가 10W/m^{2}sr로 일정한 단위 반지름 원반으로 인한 한 점에서의 방사 조도를 계산하라. 한 번은 입체각을 통한 적분으로 계산하고, 다른 한 번은 면적에 대한 적분으로 계산하라(힌트: 결과가 처음에 일치하지 않는다면 13.6.2절을 보라).

❶ 5.4 비슷하게 한 변의 길이가 1이고 1 단위만큼 점의 법선 방향 위에 위치한 나가는 방사를 일정하게 10W/m^{2}sr로 가진 정사각형으로 인한 한 점에서의 방사 조도를 계산하라.

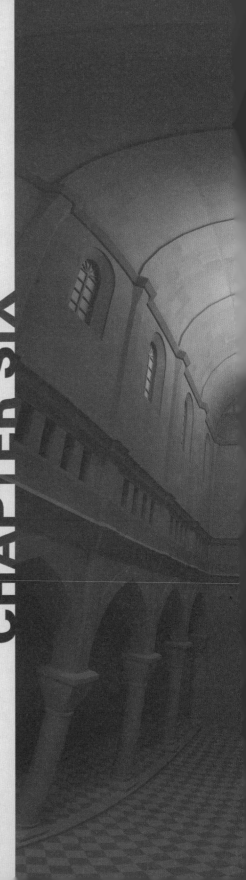

CHAPTER SIX

06 카메라 모델

1장에서 컴퓨터 그래픽스에서 일반적으로 사용하는 핀홀 카메라에 대해 설명했다. 핀홀 카메라는 쉽게 묘사하고 시뮬레이션할 수 있지만, 실제 카메라에서 일어나는 렌즈에서 빛이 지나갈 때의 중요한 효과를 무시한다. 예를 들어 핀홀 카메라로 렌더링된 모든 것은 선명한 초점을 갖게 되며, 실제 렌즈 시스템에선 현재 불가능하다. 이런 이미지는 컴퓨터가 생성한 듯이 보이게 한다. 더 일반적으로 렌즈 시스템을 떠나는 방사의 분포는 들어오는 분포와 매우 다르다. 이 렌즈의 효과를 모델링하는 것은 이미지 형성의 방사 분석을 정확히 모사하는 데 중요하다.

카메라 렌즈 시스템은 또한 생성하는 이미지에 영향을 주는 다양한 수차aberration를 생성한다. 예를 들어 원축 오차vignetting는 이미지의 가장자리로 갈수록 어둡게 하는데, 이는 필름이나 센서의 가운데에 비해 가장자리를 지나는 빛이 더 적기 때문이다. 렌즈는 또한 핀쿠션pincushion이나 배럴barrel 왜곡을 생성하는데, 이는 이미지에서 직선으로 나타나야 하는 부분이 곡선으로 나타나게 한다. 렌즈 디자이너들이 이런 수차를 최소화하지만, 이미지에서 여전히 의미 있는 효과를 가질 수 있다.

3장의 Shape처럼 pbrt의 카메라는 추상 기본 클래스로 표현된다. 6장에서는 Camera 클래스를 설명하고 두 개의 핵심 메서드인 Camera::GenerateRay()와 Camera::GenerateRayDifferential()을 설명한다. 첫 번째 메서드는 필름 면의 표본화 위치에 대응하는 월드 공간의 광선을 계산한다. 이 광선들을 다양한 이미지 생성 모델에 기반을 두고 다양한 방법으로 생성해서 pbrt의 카메라는 같은 3D 장면에서 많은 종류의 이미지를 생성할 수 있다. 두 번째 메서드는 광선을 생성하는 것뿐 아니라 광선이 표본화하는 이미지 영역에 대한 정보를 계산한다. 이 정보는 10장의 안티앨리어싱 등의 경우를 위해 사용된다. 16.1.1절에서 양방향 빛 전송 알고리즘을 지원하기 위해 추가적인 `Camera` 메서드가 도입될 것이다.

6장에서는 `Camera` 인터페이스의 몇 가지 구현을 소개하고, 일부 일반화를 가진 이상적인 핀홀 모델을 구현하는 것부터 시작해서 실세계 카메라와 같이 이미지를 형성하기 위해 유리 렌즈 요소 모음을 지나가나는 빛을 시뮬레이션하는 상당히 사실적인 모델까지 보여 준다.

6.1 카메라 모델

추상 `Camera` 기본 클래스는 일반적인 카메라 옵션을 갖고 모든 카메라 구현이 반드시 제공해야 하는 인터페이스를 정의한다. 이는 core/camera.h와 core/camera.cpp에 정의돼 있다.

```
<Camera Declarations> ≡
    class Camera {
    public:
        <Camera Interface 453>
        <Camera Public Data 453>
    };
```

기본 `Camera` 생성자는 모든 카메라 종류에 적합한 몇 가지 매개변수를 받는다. 가장 중요한 것 하나는 장면에서 카메라를 위치하는 변환으로, `CameraToWorld` 멤버 변수에 저장된다. `Camera`는 일반적인 `Transform`이 아닌 `AnimatedTransform`을 장면에 자신을 위치하기 위해 저장해서 시간에 따라 카메라가 움직일 수 있게 한다.

실세계 카메라는 필름을 짧은 기간 동안 빛에 노출하기 위해 열리는 셔터를 가진다. 이 짧은 노출 시간의 결과 한 가지는 필름 노출 시간 동안 카메라에 대해 상대적으로 움직이는 물체가 흐릿해지는 모션 블러다. 셔터가 열리는 시각과 셔터가 닫히는 시각 사이의 시간 값이 각 광선에 연관됐다면 모션 블러를 보여주는 이미지를 계산할 수 있다. 그러므로 모든 `Camera`는 셔터의 열리고 닫힌 시각을 저장하고 장면을 표본화한 시각을 설정한 광선을 생성한다. 주어진 적절한 셔터 열리는 시각과 닫히는 시각 사이의 광선 시각 분포로 모션 블러를 보여주는 이미지를 계산하는 것이 가능하다.

`Camera`는 또한 마지막 이미지를 계산하기 위해서 `Film` 클래스의 인스턴스에 대한 포인터를 가지며(`Film`은 7.9장에서 다룬다), 카메라가 위치한 산란 매질을 표현하는 `Medium` 인스턴스에 대한 포인터를 가진다(`Medium`은 11.3절에서 다룬다).

카메라 구현은 반드시 Camera 생성자의 이런 값을 설정할 매개변수를 전달해야 한다. 구현이 단지 대응하는 멤버 변수로 매개변수를 복사하는 것이므로 여기선 원형만을 보여줄 것이다.

<Camera Interface> ≡ 452

```
Camera(const AnimatedTransform &CameraToWorld, Float shutterOpen,
        Float shutterClose, Film *film, const Medium *medium);
```

<Camera Public Data> ≡ 452

```
AnimatedTransform CameraToWorld;
const Float shutterOpen, shutterClose;
Film *film;
const Medium *medium;
```

카메라 하위 클래스가 구현해야 할 첫 번째 메서드는 Camera::GenerateRay()로, 주어진 이미지 표본에 대한 광선을 계산한다. 반환된 광선의 방향 요소가 정규화된 것이 중요하며, 시스템의 다른 부분들이 이에 의존한다.

<Camera Interface> +≡ 452

```
virtual Float GenerateRay(const CameraSample &sample,
        Ray *ray) const = 0;
```

CameraSample 구조체는 카메라로 광선을 설정하는 데 필요한 모든 표본 값을 가진다. pFilm 멤버는 필름 위에 생성된 광선이 방사를 운송하는 지점을 제공한다. 광선이 렌즈를 지나가는 점은 pLens에(렌즈의 개념을 포함하는 카메라에 대해서), CameraSample::time은 광선이 장면을 언제 표본화한지에 대한 시각을 제공한다. 구현은 이 값을 shutterOpen-shutterClose 시간 범위 안에 대해 선형 보간하는 데 사용한다(이 다양한 표본 값을 신중하게 선택하는 것은 최종 이미지의 질을 엄청나게 향상시킨다. 이는 7장의 대부분의 주제다).

또한 GenerateRay()는 생성된 광선을 따라 얼마나 많은 방사가 필름 면에 도달하는지를 결정하는 값을 부동소수점으로 반환한다. 단순한 카메라 모델은 항상 1을 반환하지만, 6.4절에서처럼 실제 물리 렌즈 시스템을 시뮬레이션하는 카메라는 렌즈의 광학적 특성에 기반을 두고 렌즈를 통해 얼마나 많은 빛이 광선을 따라 운송되는지 알려주는 값으로 설정한다(6.4.7절과 13.6.6절에서 이 가중치를 정확히 계산하고 사용하는 방법에 대한 더 많은 정보를 알아볼 수 있다).

<Camera Declarations> +≡

```
struct CameraSample {
```

```
    Point2f pFilm;
    Point2f pLens;
    Float time;
};
```

GenerateRayDifferential() 메서드는 핵심 광선을 GenerateRay()처럼 생성하지만, 또한 필름 면의 *x*, *y* 방향으로 한 픽셀씩 이동한 픽셀에 대응하는 광선을 계산한다. 카메라 광선이 필름 위의 위치에 대한 함수로 어떻게 변화하는지에 대한 정보는 시스템의 나머지 부분에 대해 얼마나 많은 필름 영역을 특정 카메라 광선의 표본이 표현하는지 알려주며, 이는 특히 텍스처 맵 색인을 안티앨리어싱하는 데 유용하다.

<Camera Method Definitions> ≡

```
Float Camera::GenerateRayDifferential(const CameraSample &sample,
        RayDifferential *rd) const {
    Float wt = GenerateRay(sample, rd);
    <Find camera ray after shifting one pixel in the x direction 454>
    <Find camera ray after shifting one pixel in the y direction>
    rd->hasDifferentials = true;
    return wt;
}
```

*x*에서 한 픽셀 너머의 광선을 찾는 것은 새 CameraSample을 초기화하고 GenerateRay()로 반환된 적절한 값을 RayDifferential 구조체에 복사하기만 하면 된다. 코드 조각 *<Find ray after shifting one pixel in the y direction>*의 구현도 비슷해 여기 수록하지 않는다.

<Find camera ray after shifting one pixel in the x direction> ≡ 454

```
CameraSample sshift = sample;
sshift.pFilm.x++;
Ray rx;
Float wtx = GenerateRay(sshift, &rx);
if (wtx == 0) return 0;
rd->rxOrigin = rx.o;
rd->rxDirection = rx.d;
```

6.1.1 카메라 좌표 공간

우리는 이미 두 가지 중요한 모델링 좌표 공간인 물체 공간과 월드 공간을 사용했다. 이제 카메라를 원점에 갖는 추가적인 좌표 공간인 카메라 공간을 소개한다. 다음의 좌표 공간이 있다.

- **물체 공간**: 기하학적 기본체가 정의된 좌표계다. 예를 들어 pbrt의 구는 그 물체 공간의 원점을 중심으로 정의된다.
- **월드 공간**: 각 기본체가 각각의 물체 공간을 가질 때 장면의 모든 물체는 하나의 월드 공간에 연관돼 위치한다. 각 기본체는 월드 공간에서 어디에 위치하는지 결정하는 물체에서 월드 변환을 가진다. 월드 공간은 모든 다른 공간이 기반으로 정의되는 표준 프레임[frame]이다.
- **카메라 공간**: 장면에 가상 카메라가 특정 월드 공간 위치에서 특정의 보는 방향과 자신의 방향으로 놓여있다. 이 카메라는 자신의 위치를 원점으로 한 새로운 좌표계를 정의한다. 이 좌표계의 z축은 보는 방향에 대응하며, y축은 위 방향에 대응한다. 이는 카메라에 물체가 잠재적으로 보이는 편리한 공간이다. 예를 들어 물체의 카메라 공간 경계 상자가 전부 $z = 0$면의 뒤에 있고, 카메라의 시야각이 180도를 넘지 않을 때 물체는 카메라에 보이지 않는다.

6.2 투영 카메라 모델

3D 컴퓨터 그래픽의 근본적인 이슈 중 하나는 3D로 보는 문제다. 3D의 장면을 디스플레이하기 위해 2D의 이미지로 어떻게 투영하는지다. 대부분의 고전적인 방식은 4×4 투영 변환 행렬로 표현된다. 그러므로 투영 행렬 카메라 클래스 ProjectiveCamera를 도입한 후 그에 기반을 둔 2개의 카메라 모델을 정의한다. 전자는 정사영 투영[orthographic projection]을 구현하고, 다른 것은 원근 투영을 구현하며, 이 두 가지는 널리 사용되는 투영 방법이다.

```
<Camera Declarations> +≡
    class ProjectiveCamera : public Camera {
    public:
        <ProjectiveCamera Public Methods 456>
    protected:
        <ProjectiveCamera Protected Data 457>
    };
```

3개의 추가 좌표계(그림 6.1에 요약)는 투영 카메라를 정의하고 논의하는 데 유용하다.

- **화면 공간**[screen space]: 화면 공간은 필름 면으로 정의된다. 카메라는 물체를 카메라 공간에서 필름 면으로 투사한다. 안에서 보이는 화면 윈도우[window] 안의 부분은 생성되는 이미지에서 보인다. 화면 공간의 깊이 z 값은 0에서 1까지 값을 가지며, 각각 가까운

절개 면과 먼 절개 면에 대응한다. 화면 공간이라고 불리기는 하지만, 여전히 3D 좌표계이기에 *z* 값은 의미가 있다.

- **정규화된 장치 좌표**NDC **공간:** 실제 렌더링되는 이미지에 대한 좌표계다. 이 공간은 *x*, *y*에서는 (0, 0)에서 (1, 1)까지의 범위를 가지며, (0, 0)이 이미지의 왼쪽 위 모서리에 위치한다. 깊이 값은 화면 공간과 같으며, 선형 변환으로 화면 공간에서 NDC 공간으로 변환한다.
- **래스터 공간**Raster space**:** NDC 공간과 거의 같지만, *x*, *y* 좌표가 (0, 0)에서 (`resolution.x`, `resolution.y`)까지의 범위를 가진다.

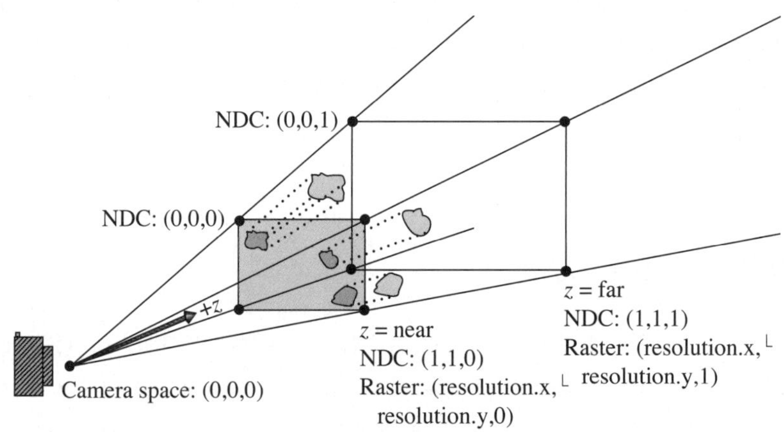

그림 6.1 공통적으로 사용되는 Camera의 구현을 단순화하는 데 도움을 주는 몇 가지 카메라 관련 좌표 공간이다. 카메라 클래스는 이 사이의 변환을 갖고 있다. 월드 공간의 장면 물체는 카메라 공간의 원점에 위치하고 +z축을 바라보는 카메라를 통해 보여준다. 이쪽과 저쪽 면 사이의 물체는 카메라 공간의 z = hither에서 필름 면으로 투영된다. 래스터 공간의 z = 0에 필름 면이 위치하며, x와 y 범위는 (0, 0)에서 (resolution.x, resolution.y)까지다. 정규화된 장치 좌표(NDC) 공간은 래스터 공간을 정규화해 x, y 범위가 (0, 0)에서 (1, 1)이 되도록 한다.

투영 카메라는 4 × 4 행렬로 필요한 모든 공간 사이에서 변환이 가능하지만, 일반적이지 않은 이미징 특성을 가진 카메라는 이 모든 변환을 행렬로 표현하지 못할 수도 있다.

`Camera` 기반 클래스에 필요한 매개변수에 추가로 `ProjectiveCamera`는 투영 변환 행렬, 화면 공간 이미지 범위, 그리고 피사계 심도에 관련된 추가적인 매개변수를 받는다. 피사계 심도는 이 절의 끝에서 설명하고 구현하며, 이는 실제 렌즈 시스템에서 초점 밖 물체의 흐릿함을 모사한다.

<ProjectiveCamera Public Methods> ≡ 455

```
ProjectiveCamera(const AnimatedTransform &CameraToWorld,
```

```
        const Transform &CameraToScreen, const Bounds2f &screenWindow,
        Float shutterOpen, Float shutterClose, Float lensr, Float focald,
        Film *film, const Medium *medium)
    : Camera(CameraToWorld, shutterOpen, shutterClose, film, medium),
        CameraToScreen(CameraToScreen) {
    <Initialize depth of field parameters 472>
    <Compute projective camera transformations 457>
}
```

ProjectiveCamera 구현은 투영 변환을 기반 클래스의 생성자까지 전달한다. 이 변환은 카메라에서 화면까지의 투영을 제공하며, 이것으로 생성자는 레스터 공간에서 카메라 공간까지의 필요한 다른 변환을 쉽게 계산할 수 있다.

```
<Compute projective camera transformations> ≡                                457
    <Compute projective camera screen transformations 457>
    RasterToCamera = Inverse(CameraToScreen) * RasterToScreen;
```

```
<ProjectiveCamera Protected Data> ≡                                          455
    Transform CameraToScreen, RasterToCamera;
```

유일하게 생성자에서 계산하기에 명시적이지 않은 변환은 화면에서 래스터[raster]로의 투영이다. 다음의 코드에서 변환의 조합이 이뤄지는 곳에서(아래에서 위로 읽는 순으로), 화면 공간의 한 점에서 시작해서 화면의 왼쪽 상단을 원점으로 변환한 후 화면의 너비와 높이의 역수로 크기 변환하면 0에서 1 사이의 x, y 좌표를 가진 점을 반환한다(NDC 좌표). 마지막으로 래스터의 해상도로 크기 변환을 해 (0, 0)에서 래스터 해상도까지의 전체 해상도를 덮는 좌표를 얻는다. 중요한 세부 사항은 y 좌표가 이 변환으로 반전된다는 점이다. 이는 화면 좌표에서 y 값이 증가하는 것이 윗방향이지만, 래스터 좌표에서는 아래쪽이기 때문이다.

```
<Compute projective camera screen transformations> ≡                         457
    ScreenToRaster = Scale(film->fullResolution.x,
                           film->fullResolution.y, 1) *
               Scale(1 / (screenWindow.pMax.x - screenWindow.pMin.x),
                     1 / (screenWindow.pMin.y - screenWindow.pMax.y), 1) *
               Translate(Vector3f(-screenWindow.pMin.x, -screenWindow.pMax.y, 0));
    RasterToScreen = Inverse(ScreenToRaster);
```

```
<ProjectiveCamera Protected Data> +≡                                         455
    Transform ScreenToRaster, RasterToScreen;
```

6.2.1 정사영 카메라

```
<OrthographicCamera Declarations> ≡
    class OrthographicCamera : public ProjectiveCamera {
    public:
        <OrthographicCamera Public Methods 458>
    private:
        <OrthographicCamera Private Data 460>
    };
```

정사영 카메라는 cameras/orthographic.h와 cameras/orthographic.cpp에 정의돼 있으며, 정사영 투영 변환에 기반을 두고 있다. 정사영 변환은 장면의 직사각형 영역을 받아 영역을 정의하는 상자의 앞면에 투영하는 것이다. 이는 물체가 멀어질수록 이미지 면에서 작아지는 단축 효과[foreshortening]를 생성하지 않지만, 평행한 선들을 평행하게 유지하며 물체들의 상대적인 거리를 유지한다. 그림 6.2는 이 직사각형 체적이 어떻게 장면의 보이는 영역을 정의하는지 보여준다. 그림 6.3은 렌더링을 위해 정사영 투영을 사용한 결과와 다음 절에서 정의한 원근 투영을 사용한 결과를 비교한다.

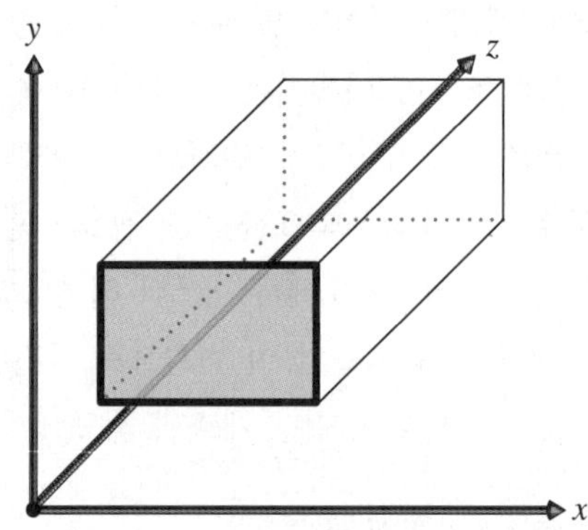

그림 6.2 정사영 시야 체적은 카메라 공간에서 축 정렬 상자며, 이 영역 안의 물체가 z가 상자의 가까운 면으로 투영되는 것으로 정의된다.

이 정사영 카메라 생성자는 정사영 변환 행렬을 바로 정의할 `Orthographic()` 함수로 생성한다.

```
<OrthographicCamera Public Methods> ≡                                    458
    OrthographicCamera(const AnimatedTransform &CameraToWorld,
            const Bounds2f &screenWindow, Float shutterOpen,
            Float shutterClose, Float lensRadius, Float focalDistance,
```

```
    Film *film, const Medium *medium)
: ProjectiveCamera(CameraToWorld, Orthographic(0, 1),
    screenWindow, shutterOpen, shutterClose,
    lensRadius, focalDistance, film, medium) {
<Compute differential changes in origin for orthographic camera rays 460>
}
```

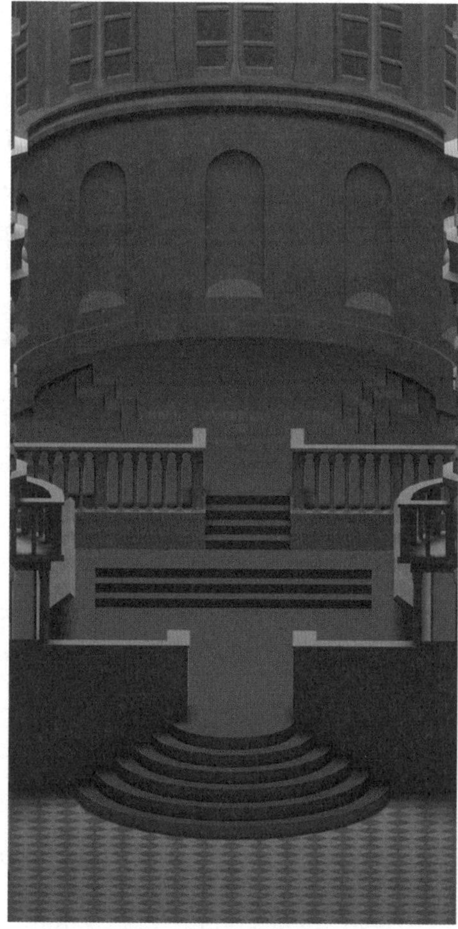

그림 6.3 교회 모델의 이미지. (왼쪽)은 정사영으로, (오른쪽)은 원근 카메라로 렌더링됐다. 계단이나 바닥, 뒤쪽 창문 같은 특징점들이 두 모델에서 매우 다르게 렌더링된 것을 확인할 수 있다. 단축 효과가 없으므로 정사영 시야는 깊이가 덜해 보이지만, 평행선을 유지하는 유용한 특징을 갖고 있다.

정사영 시야 변환은 x, y 좌표를 변환하지 않고 유지하지만, 가까운 면에서의 z 값을 0으로, 먼 면의 z 값을 1로 변환한다. 이를 위해 장면은 우선 z축을 따라서 가까운 면이 $z = 0$에 정렬되게 변환된다. 그 후 장면은 먼 면이 $z = 1$이 되게 크기 변환된다. 이 두 가지 변환의 조합이 전체 변환이다(pbrt 같은 레이트레이서의 경우 가까운 면이 0이 돼야 카메라의 위치를 지나는 광선이 면에 시작하게 된다. 먼 면의 오프셋은 특별히 문제되지 않는다).

<Transform Method Definitions> +≡

```
Transform Orthographic(Float zNear, Float zFar) {
    return Scale(1, 1, 1 / (zFar - zNear)) *
    Translate(Vector3f(0, 0, -zNear));
}
```

정사영 투영의 단순성 덕분에 GenerateRayDifferential()에서 x, y 방향의 미분 광선을 직접 계산하는 것이 간단하다. 미분 광선의 방향들은 주광선(정사영 카메라에서 생성되는 모든 광선과 같이)과 같으며, 원점에서의 차이는 모든 광선에 대해 같다. 그러므로 여기의 생성자는 이미지 공간에서 x, y 방향으로 한 픽셀을 이동할 때 광선의 원점이 카메라 공간 좌표에서 얼마나 많이 이동하는지 미리 계산한다.

<Compute differential changes in origin for orthographic camera rays> ≡ 459

```
dxCamera = RasterToCamera(Vector3f(1, 0, 0));
dyCamera = RasterToCamera(Vector3f(0, 1, 0));
```

<OrthographicCamera Private Data> ≡ 458

```
Vector3f dxCamera, dyCamera;
```

이제 한 래스터 공간에서 하나의 표본점을 받아 카메라 광선을 변환하는 코드를 살펴볼 수 있다. 이 과정은 그림 6.4에 요약돼 있다. 우선 래스터 공간 표본 지점은 카메라 공간의 점으로 변환되며, 이는 가까운 면에 위치한 카메라 광선의 원점이다. 카메라 공간의 시선 방향이 z축의 아래쪽이므로 카메라 공간 광선 방향은 (0, 0, 1)이다.

피사계 심도depth of field가 이 장면에서 활성화됐다면 광선의 원점과 방향은 피사계 심도를 모사하기 위해 수정된다. 피사계 심도는 이 절의 뒷부분에서 설명한다. 광선의 시간 값은 셔터가 열리고 닫히는 시간 사이에서 CameraSample::time의 오프셋(범위는 [0, 1))을 사용해 선형 보간돼 설정된다. 마지막으로 광선은 월드 공간으로 변환돼 반환된다.

<OrthographicCamera Definitions> ≡

```
Float OrthographicCamera::GenerateRay(const CameraSample &sample,
        Ray *ray) const {
    <Compute raster and camera sample positions 461>
    *ray = Ray(pCamera, Vector3f(0, 0, 1));
    <Modify ray for depth of field 472>
    ray->time = Lerp(sample.time, shutterOpen, shutterClose);
```

```
        ray->medium = medium;
        *ray = CameraToWorld(*ray);
        return 1;
    }
```

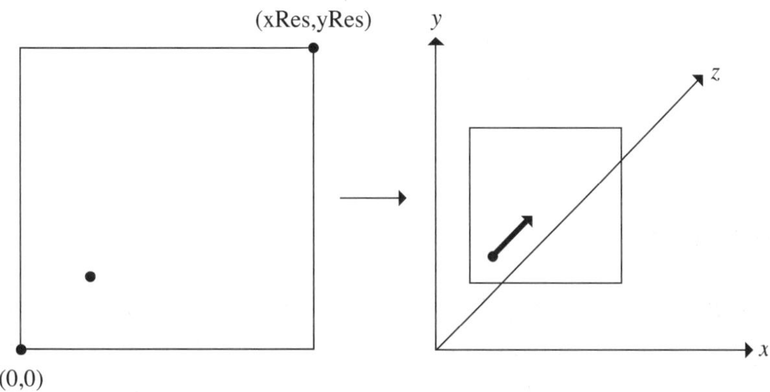

그림 6.4 정사영 카메라로 광선을 생성하기 위해선 필름 면의 래스터 공간 위치가 카메라 공간으로 변환돼야 하며, 이는 가까운 면의 광선의 원점을 제공한다. 카메라 공간의 광선의 방향은 (0, 0, 1)이며 z축의 아래쪽이다.

한 번 모든 변환 행렬이 설정되고 나면 래스터 공간의 표본점을 설정하고 이를 카메라 공간으로 변환하는 것이 용이하다.

<Compute raster and camera sample positions> ≡ 460, 465

```
    Point3f pFilm = Point3f(sample.pFilm.x, sample.pFilm.y, 0);
    Point3f pCamera = RasterToCamera(pFilm);
```

`GenerateRayDifferential()`의 구현은 주 카메라 광선을 생성하는 것과 같은 계산으로 처리된다. 미분 광선 원점은 `OrthographicCamera` 생성자에서 계산한 오프셋을 사용해서 찾아져 전체 광선 미분은 월드 공간으로 변환된다.

<OrthographicCamera Definitions> +≡

```
    Float OrthographicCamera::GenerateRayDifferential(
            const CameraSample &sample, RayDifferential *ray) const {
        <Compute main orthographic viewing ray>
        <Compute ray differentials for OrthographicCamera 462>
        ray->time = Lerp(sample.time, shutterOpen, shutterClose);
        ray->hasDifferentials = true;
        ray->medium = medium;
        *ray = CameraToWorld(*ray);
        return 1;
```

```
}
```

<*Compute ray differentials for* OrthographicCamera> ≡ 461

```
if (lensRadius > 0) {
    <Compute OrthographicCamera ray differentials accounting for lens>
} else {
    ray->rxOrigin = ray->o + dxCamera;
    ray->ryOrigin = ray->o + dyCamera;
    ray->rxDirection = ray->ryDirection = ray->d;
}
```

6.2.2 원근 카메라

원근 투영은 공간의 체적을 2D 필름 면에 투영하는 것이 정사영 투영과 비슷하다. 하지만 단축 효과를 갖고 있다는 점이 다르다. 정사영 투영과 달리 원근 투영은 거리나 각도를 유지하지 않으며, 평행선은 평행함을 유지하지 못한다. 원근 투영은 실제 눈이나 카메라 렌즈가 3D 월드의 이미지를 생성하는 방법과 상당히 유사하다. 원근 카메라는 cameras/perspective.h와 cameras/perspective.cpp에 구현돼 있다.

<*PerspectiveCamera Declarations*> ≡

```
class PerspectiveCamera : public ProjectiveCamera {
public:
    <PerspectiveCamera Public Methods 465>
private:
    <PerspectiveCamera Private Data 464>
};
```

<*PerspectiveCamera Method Definitions*> ≡

```
PerspectiveCamera::PerspectiveCamera(
        const AnimatedTransform &CameraToWorld,
        const Bounds2f &screenWindow, Float shutterOpen,
        Float shutterClose, Float lensRadius, Float focalDistance,
        Float fov, Film *film, const Medium *medium)
    : ProjectiveCamera(CameraToWorld, Perspective(fov, 1e-2f, 1000.f),
        screenWindow, shutterOpen, shutterClose,
        lensRadius, focalDistance, film, medium) {
    <Compute differential changes in origin for perspective camera rays 464>
    <Compute image plane bounds at z = 1 for PerspectiveCamera 1128>
}
```

원근 투영은 장면의 원근 시야를 묘사한다. 장면의 점들은 z축에 수직한 시야 면에 투영된다. Perspective() 함수는 이 변환을 계산한다. 이 함수는 시야각인 fov와, 가까운 z면과 먼 z면의 거리를 받는다. 원근 투영 이후에 가까운 z면의 점들은 $z = 0$이 되도록 변환되며, 먼 면의 점들은 $z = 1$이 된다(그림 6.5). 래스터라이제이션에 기반을 둔 렌더링 시스템에서 이 면들의 위치를 신중하게 정하는 것은 매우 중요하다. 이는 렌더링되는 장면의 z 범위를 결정하며, 너무 크게 설정할 경우 수치 정밀도 오류를 일으킬 수 있다. pbrt 같은 레이트레이서의 경우 이 값은 여기에서처럼 임의로 정할 수 있다.

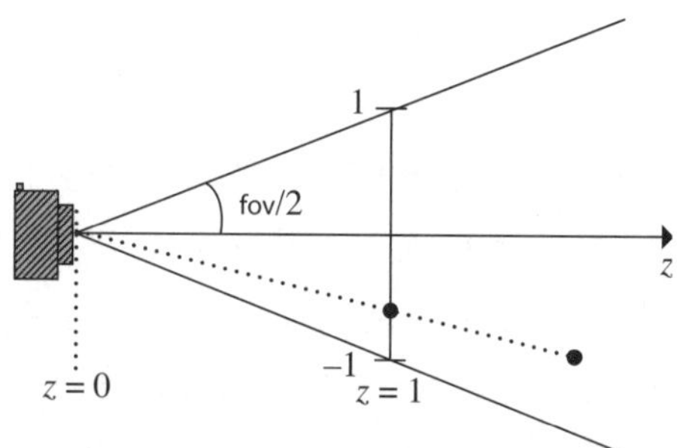

그림 6.5 원근 변환 행렬은 카메라 공간의 점을 아미지 면에 투영한다. 투영된 점의 x'와 y' 좌표는 투영하지 않은 x, y 좌표를 z로 나눈 것과 같다. 투영된 z' 좌표는 가까운 면이 z' = 0를 갖고 먼 면이 z' = 1을 갖는 값을 가진다.

<Transform Method Definitions> +≡

```
Transform Perspective(Float fov, Float n, Float f) {
    <Perform projective divide for perspective projection 464>
    <Scale canonical perspective view to specified field of view 464>
}
```

이 변환은 다음과 같은 두 단계로 쉽게 이해할 수 있다.

1. 카메라 공간의 점 p는 시야 면에 투영된다. 시야 면에 투영된 x', y' 좌표는 x, y를 z 좌표 값으로 나눠서 얻을 수 있다는 것을 대수적으로 쉽게 증명할 수 있다. 투영된 z 깊이는 가까운 면의 z 값이 0이고 먼 면의 z 값이 0이 되도록 재조정된다. 이를 위한 계산은 다음과 같다.

$$x' = x/z$$
$$y' = y/z$$
$$z' = \frac{f(z-n)}{z(f-n)}$$

이 계산은 모든 부분은 동차 좌표를 통해 4 × 4 행렬에 암호화할 수 있다.

$$\begin{bmatrix} 1 & 0 & 0 & 0 \\ 0 & 1 & 0 & 0 \\ 0 & 0 & \frac{f}{f-n} & -\frac{fn}{f-n} \\ 0 & 0 & 1 & 0 \end{bmatrix}$$

<Perform projective divide for perspective projection> ≡ 463

```
Matrix4x4 persp(1, 0,           0,            0,
                0, 1,           0,            0,
                0, 0,  f / (f - n), -f*n / (f - n),
                0, 0,           1,            0);
```

2. 사용자가 정의한 시야각(fov)은 투영면의 (x, y) 값을 시야의 점이 투영된 좌표가 [-1, 1]이 되도록 크기 조절하기 위한 것으로 간주된다. 정사각 이미지에 대해서는 x, y 좌표 둘 다 화면 공간 [-1, 1] 사이가 된다. 그렇지 않을 경우 이미지에서 좁은 방향이 [-1, 1]의 범위를 갖고, 넓은 방향은 크기에 비례해 화면 공간 값을 갖게 된다. 탄젠트 값이 직각 삼각형의 높이와 밑변[adjacent side]의 비율과 같다는 것을 기억하자. 여기서 밑변이 길이가 1이므로, 높이의 길이는 tan(fov/2)가 된다. 이 길이의 역수로 크기 변환을 하면 시야를 [-1, 1]의 범위로 변환할 수 있다.

<Scale canonical perspective view to specified field of view> ≡ 463

```
Float invTanAng = 1 / std::tan(Radians(fov) / 2);
return Scale(invTanAng, invTanAng, 1) * Transform(persp);
```

OrthographicCamera와 비슷하게 필름 면에서 픽셀을 이동할 때 PerspectiveCamera에서 생성되는 카메라 광선이 어떻게 변하는지를 미리 생성자에서 계산할 수 있다. 여기서 우리는 픽셀 위치의 이동에 대한 카메라 공간에서 가까운 투영면의 위치 변화를 계산한다.

<Compute differential changes in origin for perspective camera rays> ≡ 462

```
dxCamera = (RasterToCamera(Point3f(1, 0, 0)) -
            RasterToCamera(Point3f(0, 0, 0)));
dyCamera = (RasterToCamera(Point3f(0, 1, 0)) -
            RasterToCamera(Point3f(0, 0, 0)));
```

<PerspectiveCamera Private Data> ≡ 462

```
Vector3f dxCamera, dyCamera;
```

원근 투영을 통해 모든 광선은 카메라 공간의 원점 (0, 0, 0)에서 시작한다. 광선의 방향은 원점에서 제공된 CameraSample의 pFilm 위치에 대응하는 가까운 면 위에 있는 pCamera의 점으로의 벡터로 주어진다. 다른 말로, 광선의 방향 벡터는 요소별로 이 점의 위치와 같으므로, 방향을 계산하기 위해 필요 없는 감산 연산 없이 직접 점 pCamera에서 방향을 초기화할 수 있다.

```
<PerspectiveCamera Method Definitions> +≡
    Float PerspectiveCamera::GenerateRay(const CameraSample &sample,
            Ray *ray) const {
        <Compute raster and camera sample positions 461>
        *ray = Ray(Point3f(0, 0, 0), Normalize(Vector3f(pCamera)));
        <Modify ray for depth of field 472>
        ray->time = Lerp(sample.time, shutterOpen, shutterClose);
        ray->medium = medium;
        *ray = CameraToWorld(*ray);
        return 1;
    }
```

GenerateRayDifferential() 메서드는 GenerateRay()의 구현을 따르지만, 미분 광선을 계산하는 코드 조각이 추가된다.

```
<PerspectiveCamera Public Methods> ≡                                    462
    Float GenerateRayDifferential(const CameraSample &sample,
            RayDifferential *ray) const;
```

```
<Compute offset rays for PerspectiveCamera ray differentials> ≡
    if (lensRadius > 0) {
        <Compute PerspectiveCamera ray differentials accounting for lens>
    } else {
        ray->rxOrigin = ray->ryOrigin = ray->o;
        ray->rxDirection = Normalize(Vector3f(pCamera) + dxCamera);
        ray->ryDirection = Normalize(Vector3f(pCamera) + dyCamera);
    }
```

6.2.3 얇은 렌즈 모델과 피사계 심도

단일 점을 지나서 필름에 도달하는 광선만 허용하는 이상적인 핀홀 카메라는 물리적으로 실체화가 불가능하다. 이런 행태를 위해 극도로 작은 구경을 가진 카메라를 만드는 것이 가능하지만, 작은 구경은 상대적으로 필름 센서에 적은 빛만을 허용한다. 작은 구경으로는 이미지를 정확히 포착하기 위한 충분한 광자를 포착하기 위해 긴 노출 시간이 필요해서 결국 카메라 셔터가 열린 기간 동안 장면에서 움직이는 물체에서의 흐릿함으로 이어진다.

렌즈 시스템을 가진 실제 카메라는 한정된 크기의 구경aperture을 통해 빛을 필름 면에 집중한다. 카메라 디자이너(또한 조절 가능한 구경을 가진 카메라를 사용하는 사진작가)는 균형trade-off 조절에 처하게 된다. 구경이 클수록 더 많은 빛이 필름에 도달하고 더 짧은 노출 시간이 필요하다. 하지만 렌즈는 오직 단일 면(초점면)에만 초점을 맞출 수 있으며, 장면에서는 이 면에서 더 멀어질수록 더 흐릿해진다. 구경이 클수록 이 효과는 더 확연하다. 렌즈 시스템이 초점이 맞는 물체와 다른 깊이를 가진 물체는 구경이 커질수록 더 흐릿해진다.

6.4절의 카메라 모델은 실제 카메라 렌즈 시스템을 상당히 정확하게 모사한다. 이제까지 소개된 단순 카메라 모델에 대해 광학에서의 고전적인 간략화인 얇은 렌즈 근사thin lens approximation를 적용해서 기존 컴퓨터 그래픽스 투영 모델의 한정된 구경의 효과를 모델링한다. 얇은 렌즈 근사는 구형 윤곽을 가진 단일 렌즈로서 광학 시스템을 모델링하며, 렌즈의 두께는 렌즈의 곡률 반경에 상대적으로 작다(더 일반적인 두꺼운 렌즈 근사에서는 렌즈 두께를 무시한다고 가정하지 않으며, 6.4.3절에서 소개한다).

얇은 렌즈 근사에서 렌즈를 지나가는 평행 입사광선은 렌즈 뒤의 초점에 초점이 맞게 된다. 렌즈 뒤의 초점에 대한 거리 f는 렌즈의 초점 거리다. 필름 면이 렌즈 뒤의 초점 거리와 같은 거리에 위치하면 무한대로 떨어진 물체가 초점이 맞게 되며, 필름의 단일 점으로 이미지화된다.

그림 6.6은 기본 설정을 묘사한다. 여기서 일반적인 렌즈 좌표계 규약인 렌즈를 z축에 수직하게 $z = 0$에 놓고 장면을 $-z$로 향하게 한다(이는 보는 방향이 $+z$인 카메라 공간과 다른 좌표계인 것을 참고하자). 렌즈의 장면 측의 거리는 변수 z로 표기하며, 렌즈의 필름 측 거리(양의 z)는 z'로 표기한다.

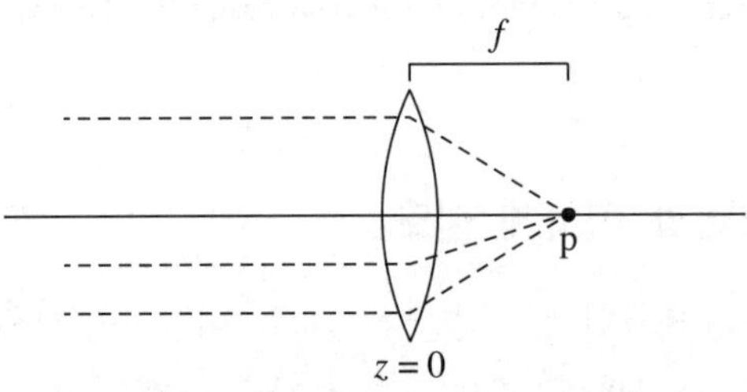

그림 6.6 얇은 렌즈는 $z = 0$에 z축에 따라서 위치한다. 얇은 렌즈를 지나가는 모든 평행 입사광선(점선)은 초점인 점 p를 지나간다. 렌즈와 초점 f와의 거리는 렌즈의 초점 거리다.

장면에서 깊이 z에 위치한 점에 대해 초점 거리 f를 가진 얇은 렌즈에서 가우스 렌즈 방정식은 물체에서 렌즈까지의 거리와 렌즈에서 점의 이미지까지의 거리의 관계를 보여준다.

$$\frac{1}{z'} - \frac{1}{z} = \frac{1}{f}$$

예상했듯이 $z = -\infty$, $z' = f$인 것을 참고하자.

가우스 렌즈 방정식을 사용해서 렌즈와 필름 사이에서 초점면을 설정하는 특정 z 초점 거리를 계산할 수 있다(그림 6.7).

$$z' = \frac{fz}{f + z}$$

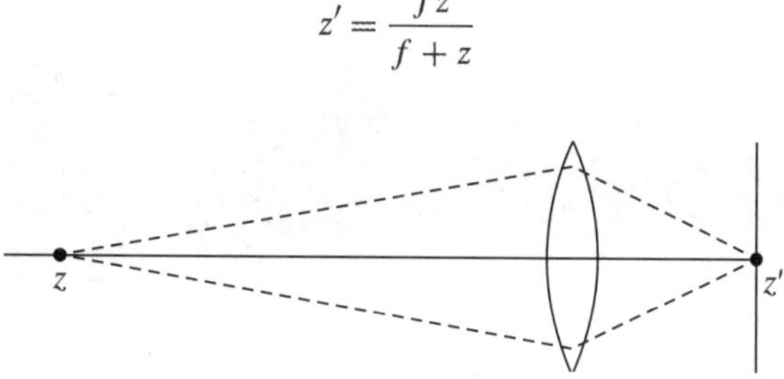

그림 6.7 장면 안의 깊이 z에서 얇은 렌즈의 초점을 맞추려면 방정식(6.2)는 z에 위치한 점이 초점이 맞는 렌즈의 필름 측 거리 z'를 계산하는 데 사용할 수 있다. 초점은 렌즈와 필름 면 사이의 거리를 조절해 처리된다.

초점면에 위치하지 않는 점은 필름 면에서 단일 점이 아닌 원반으로 이미지화된다. 이 원반의 경계는 착란원circle of confusion이라고 불린다. 착란원의 크기는 광선이 지나가는 구경의 직경과 초점 거리, 물체와 렌즈 사이의 거리에 영향을 받는다. 그림 6.8과 6.9는 연속된 용 모델들이 있는 장면에서 피사계 심도라는 이런 효과를 보여준다. 그림 6.8(a)는 무한소의 구경을 통해 렌더링돼 피사계 심도 효과가 존재하지 않는다. 그림 6.8(b)와 6.9는 렌즈 구경의 크기가 증가할수록 흐릿함이 증가하는 것을 보여준다. 오른쪽 두 번째 용의 초점면이 그 깊이에 있기에 모든 이미지에서 초점이 맞는 것을 확인할 수 있다. 그림 6.10은 피사계 심도가 풍경 장면을 렌더링할 때 사용되는 것을 보여준다. 효과가 관찰자의 눈에서 초점이 맞는 풀을 이미지 가운데에 그리는지 확인하자.

실제로 선명한 초점으로 나오기 위해 물체가 정확히 초점면에 있어야 할 필요는 없다. 착란원이 픽셀보다 작기만 하면 물체는 초점이 맞는 것으로 보인다. 물체가 초점이 맞게 보이는 렌즈로부터의 거리 범위를 렌즈의 피사계 심도라고 한다.

그림 6.8 (a) 피사계 심도 효과 없이 렌더링된 장면과 (b) 상대적으로 작은 렌즈 구경에 의한 피사계 심도로 렌더링된 장면으로, 초점이 맞지 않는 영역의 흐릿함이 작다.

가우스 렌즈 방정식은 또한 착란원의 크기를 계산할 수 있게 한다. 주어진 초점 거리 f를 가진 렌즈가 거리 z_f에서 초점이 맞을 때 필름 면은 z'_f에 위치한다. 주어진 깊이 z에서 다른 점으로 가우스 렌즈 방정식은 렌즈가 초점이 맞는 거리 z'를 제공한다. 이 점은 필름 면 앞이거나 뒤일 수 있다. 그림 6.11(a)는 뒤에 있는 경우를 보여준다.

착란원의 직경은 z'와 렌즈 사이에서 원뿔의 필름 면과의 교차로 주어진다. 렌즈 d_l의 직경을 안다면 비슷한 삼각형을 사용해서 착란원의 직경 d_c를 얻을 수 있다(그림 6.11(b)).

$$\frac{d_l}{z'} = \frac{d_c}{|z' - z'_f|}$$

d_c를 다음과 같이 얻을 수 있다.

$$d_c = \left| \frac{d_l \,(z' - z'_f)}{z'} \right|$$

그림 6.9 렌즈 구경의 크기가 커질수록 초점 밖 영역의 착란원 크기가 커지면서 필름 면 위에 더 큰 흐릿함이 생긴다.

그림 6.10 피사계 심도는 풍경 장면의 깊이와 크기에 대한 감각을 제공한다.

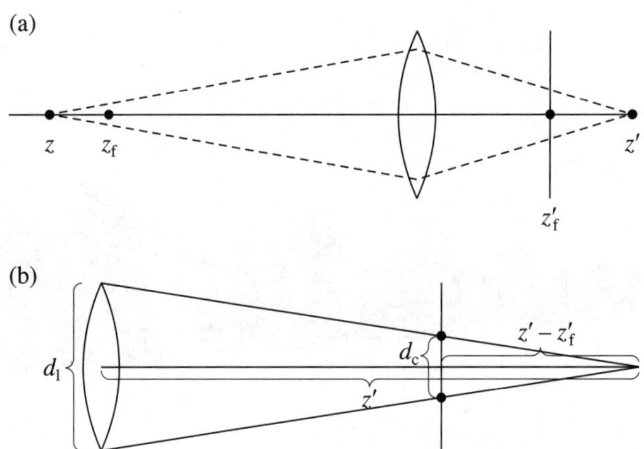

그림 6.11 (a) 초점 거리 f를 가진 얇은 렌즈가 특정 깊이 z_f에서 초점이 맞으면 가우스 렌즈 공식에 따라서 렌즈로부터의 필름 면 거리는 $z'f$가 된다. 장면 안의 한 점이 깊이 $z! = z_f$에 위치하면 이는 필름 면 위에 원으로 이미지화된다. 여기서 z는 z'에서 초점이 맞으며, 이는 필름 면 뒤다. (b) 착란원의 직경을 계산하기 위해 비슷한 삼각형을 적용할 수 있다. 렌즈의 직경 d_1의 z'에 대한 비율은 착란원의 직경 d_c와 $z' - z'f$의 비율과 같다.

가우스 렌즈 방정식을 장면 깊이의 항으로 결과를 표현하는 데 적용하면 다음과 같이 된다.

$$d_c = \left| \frac{d_l f (z - z_f)}{z(f + z_f)} \right|$$

착란원의 직경은 렌즈의 직영에 비례한다. 렌즈 직경은 종종 렌즈의 f-수 n으로 표현되며, 이는 직경을 초점 거리의 비율로 표현해 $d_l = f/n$이다.

그림 6.12는 이 함수에서 50mm 초점 거리의 25mm구경 렌즈가 z_f = 1m에 초점이 맞았을 때의 그래프를 보여준다. 흐릿함이 초점면 주변에서 흐릿하며 초점면 뒤에 있는 것보다 초점면 앞의 물체가 더 빨리 커지는 것을 알 수 있다.

얇은 렌즈를 레이트레이서에서 모델링하는 것은 명료하다. 필요한 것은 렌즈 위의 한 점을 선택해 해당 점에서 시작해 초점면 안의 물체가 필름에서 초점면에 있게 하는 적절한 광선을 찾는 것이다.

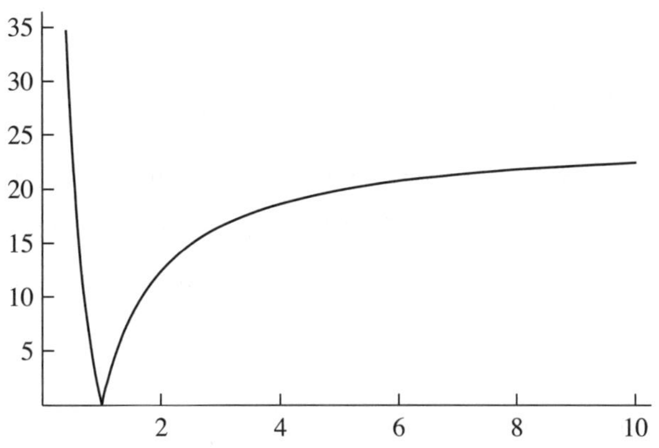

그림 6.12 50mm 초점 거리 25mm 구경 렌즈가 1m에 초점을 맞추고 있을 때 착란원의 직경의 함수

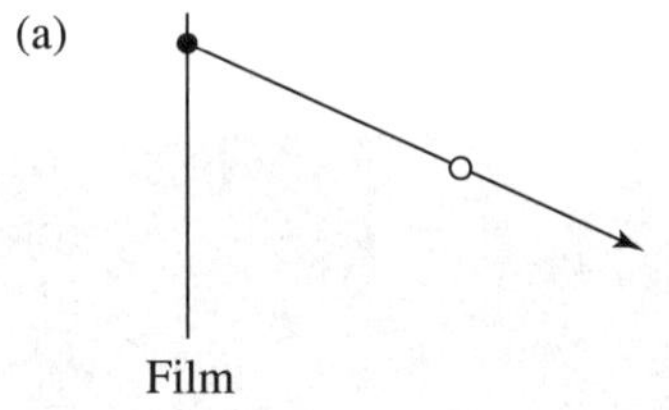

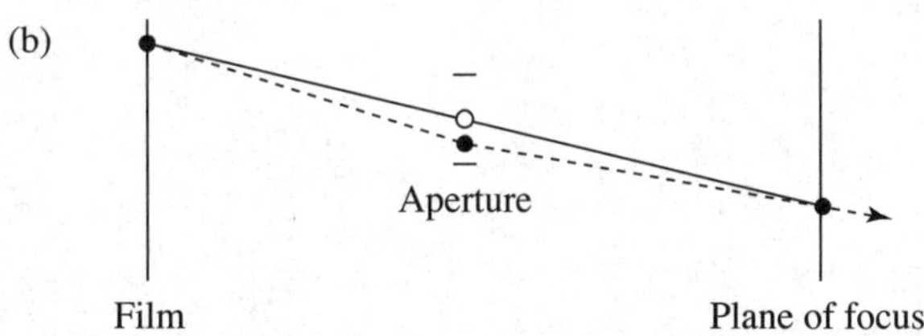

그림 6.13 (a) 핀홀 카메라 모델에서 카메라 광선은 필름 면의 각 점(까만 원)에 대응하며, 광선은 핀홀 렌즈의 한 점(하얀 원)을 지나간다. (b) 한정된 구경을 가진 카메라 모델에선 각 광선에 대해 하나의 표본점(까만 원)을 원반 모양의 렌즈에서 고른다. 우리는 또한 렌즈의 중심(핀홀 모델에 대응하는) 및 초점면과 교차하는 점을 지나는 광선(직선)을 계산할 수 있다. 우리는 렌즈의 표본 위치와 상관없이 초점면의 모든 물체가 반드시 초점이 맞는다는 것을 알고 있다. 그러므로 렌즈 위치 표본에 대응하는 광선(점선)은 렌즈 표본점에서 시작해 계산된 초점면의 교차점을 지나는 광선이다.

그러므로 투영 카메라는 2개의 추가 매개변수를 피사계 심도를 위해서 받는다. 하나는 렌즈 구경의 크기를 설정하고, 다른 하나는 초점 거리를 설정한다.

<ProjectiveCamera Protected Data> +≡ 455

```
Float lensRadius, focalDistance;
```

```
<Initialize depth of field parameters> ≡                                    457
    lensRadius = lensr;
    focalDistance = focald;
```

일반적으로 부드러운 피사계 조도 효과를 얻기 위해선 각 이미지 픽셀에 대해 충분한 수의 표본을 뽑기 위해 많은 수의 광선을 추적해야 한다. 그림 6.14는 그림 6.10의 풍경 장면을 픽셀별 4개의 표본만으로 렌더링한 결과를 보여준다(그림 6.9는 픽셀당 128개의 표본을 가진다).

```
<Modify ray for depth of field> ≡                                      460, 465
    if (lensRadius > 0) {
        <Sample point on lens 473>
        <Compute point on plane of focus 473>
        <Update ray for effect of lens 473>
    }
```

그림 6.14 픽셀당 4개의 표본만 사용한 피사계 심도 효과를 포함한 풍경 장면이다. 피사계 심도 효과의 표본이 부족해 이미지가 선명하지 못하다.

13장에 정의된 `ConcentricSampleDisk()` 함수는 $[0, 1)^2$의 (u, v) 표본 위치를 받아서 원점에 중심을 둔 2D 단위 원반으로 변환한다. 이를 렌즈 위의 점으로 변환하기 위해 이 좌표를 렌즈의 반지름으로 크기 변환한다. `cameraSample` 클래스는 (u, v) 렌즈 표본 매개변수를 `pLens` 멤버 변수에서 제공한다.

<*Sample point on lens*> ≡ 472

```
Point2f pLens = lensRadius * ConcentricSampleDisk(sample.pLens);
```

광선의 원점은 렌즈의 이 지점이다. 이제 새 광선의 적절한 방향을 결정해야 한다. 렌즈를 통해 주어진 이미지 표본의 모든 광선은 초점면의 같은 지점에서 수렴해야 한다. 또한 광선이 방향을 바꾸지 않고 렌즈의 중심을 통과한다는 것을 알고 있으므로 적절한 수렴 지점을 찾는 것은 핀홀 모델에서의 변화되지 않은 광선을 초점면과 교차시킨 후 새로운 광선의 방향을 설정하는 것이다. 렌즈의 지점에서 교차점으로의 벡터가 된다.

이 단순한 모델을 통해 초점면은 z축에 수직하고 광선은 원점에서 시작하므로, 렌즈 중심을 지나는 광선과 초점면의 교차점을 찾는 것은 매우 명확하다. 교차점의 t 값은 다음과 같다.

$$t = \frac{focalDistance}{\mathbf{d}_z}$$

<*Compute point on plane of focus*> ≡ 472

```
float ft = focalDistance / ray->d.z;
Point3f pFocus = (*ray)(ft);
```

이제 광선이 초기화됐다. 원점은 렌즈의 표본점으로 설정하고 방향은 광선이 초점면의 점 pFocus를 지나게 방향을 설정한다.

<*Update ray for effect of lens*> ≡ 472

```
ray->o = Point3f(pLens.x, pLens.y, 0);
ray->d = Normalize(pFocus - ray->o);
```

얇은 렌즈의 광선 미분을 계산하기 위해 코드 조각 <*Update ray for effect of lens*>에서 사용한 방식은 필름 면 위의 x, y 방향으로 1픽셀씩 광선을 오프셋한 것이다. 이를 구현하는 코드 조각 <*Compute* OrthographicCamera *ray differentials accounting for lens*>와 <*Compute* PerspectiveCamera *ray differentials accounting for lens*>는 여기에 수록하지 않았다.

6.3 환경 카메라

스캔라인이나 래스터라이제이션 기반 렌더링 방법에 비해 레이트레이싱이 갖는 장점 중 하나는 특이한 이미지 투영을 사용하기 쉽다는 점이다. 렌더링 알고리즘이 장면의 직선이 이미지에서도 직선으로 유지되는 등의 특성에 의존하지 않으므로, 이미지 표본점이 어떻게 광선 방향으로 적용되는지 자유롭게 처리할 수 있다.

이 절에서는 장면에 있는 한 점 주변의 모든 방향의 광선을 추적해 한 점에서 보이는 모든 것을 2D 시점으로 제공하는 카메라 모델을 설명한다. 장면의 카메라 위치 주변의 구를 생각하자. 광선을 추적하기 위해 구 위의 점을 선택하자. 구좌표로 구를 매개변수화하면 구의 각 점은 (θ, ϕ)로 정의되며, $\theta \in [0, \pi]$, $\phi \in [0, 2\pi]$의 범위를 가진다(5.5.2절에서 구좌표계의 세부 사항을 확인하자). 이런 종류의 이미지는 특별히 장면에서 한 점에 들어오는 모든 빛을 표현하기에 매우 유용하다. 이의 한 가지 중요한 사용법은 환경 조명(장면의 빛을 이미지 기반으로 사용하는 렌더링 기법)이다. 그림 6.15는 이 카메라가 산 미구엘 모델에서 동작하는 것을 보여준다. θ 값은 이미지의 위에서 0, 아래쪽에서 π이며, ϕ 값은 0에서 2π까지의 범위로, 이미지의 왼쪽에서 오른쪽으로 증가한다.[1]

그림 6.15 EnvironmentCamera로 렌더링된 산 미구엘 모델로, 카메라 위치에서 모든 방향으로 빛을 추적한 결과다. 결과 이미지는 장면의 한 점에 도달하는 모든 빛을 표현하며, 12장과 14장에서 설명할 이미지 기반 조명 기법에 사용할 수 있다.

1. 지도학에 익숙한 독자들은 이 방식이 정방형 투영임을 알 수 있을 것이다.

<EnvironmentCamera Declarations> ≡

```
class EnvironmentCamera : public Camera {
public:
    <EnvironmentCamera Public Methods 475>
};
```

EnvironmentCamera는 ProjectiveCamera가 아닌 Camera 클래스를 직접 상속한다. 이는 환경 투영이 비선형적이어서 하나의 4 × 4 행렬로 담을 수 없기 때문이다. 이 카메라는 cameras/environment.h와 cameras/environment.cpp에 정의돼 있다.

<EnvironmentCamera Public Methods> ≡ 475

```
EnvironmentCamera(const AnimatedTransform &CameraToWorld,
        Float shutterOpen, Float shutterClose, Film *film,
        const Medium *medium)
    : Camera(CameraToWorld, shutterOpen, shutterClose, film, medium) {
}
```

<EnvironmentCamera Method Definitions> ≡

```
Float EnvironmentCamera::GenerateRay(const CameraSample &sample,
        Ray *ray) const {
    <Compute environment camera ray direction 475>
    *ray = Ray(Point3f(0, 0, 0), dir, Infinity,
            Lerp(sample.time, shutterOpen, shutterClose));
    ray->medium = medium;
    *ray = CameraToWorld(*ray);
    return 1;
}
```

이 광선의 (θ, ϕ) 좌표를 계산하기 위해 NDC 좌표가 래스터 이미지 표본 위치에서 계산돼 (θ, ϕ) 범위로 크기 조절된다. 그 후 구좌표 공식이 광선의 방향을 계산하기 위해 사용되며, 마지막으로 방향은 월드 공간으로 변환된다(카메라 공간에서 y 방향이 위쪽이기에 구좌표 공식에서의 x, y 좌표는 시스템의 다른 곳의 사용과 달리 교환돼 있다).

<Compute environment camera ray direction> ≡ 475

```
Float theta = Pi * sample.pFilm.y / film->fullResolution.y;
Float phi = 2 * Pi * sample.pFilm.x / film->fullResolution.x;
Vector3f dir(std::sin(theta) * std::cos(phi), std::cos(theta),
        std::sin(theta) * std::sin(phi));
```

*6.4 사실적 카메라

얇은 렌즈 모델은 피사계 심도로 인한 흐릿함을 가진 이미지를 렌더링하는 것을 가능하게 하지만, 이는 일련의 다중 렌즈 요소로 구성돼 각각이 이를 지나가는 방사의 분포를 변경하는 실제 카메라 렌즈 시스템에 비해 상당히 거친 간략화를 보여준다(그림 6.16은 8개의 요소를 가진 22mm 초점 거리 광각 렌즈의 단면도다). 심지어 기본적인 핸드폰 카메라도 보통 5개의 개별 렌즈 요소를 갖고 있으며, SDLR 렌즈는 10개 이상이다. 일반적으로 더 많은 수의 렌즈 요소를 가진 더 복잡한 렌즈 시스템이 단순한 렌즈 시스템보다 더 높은 품질을 생성한다.

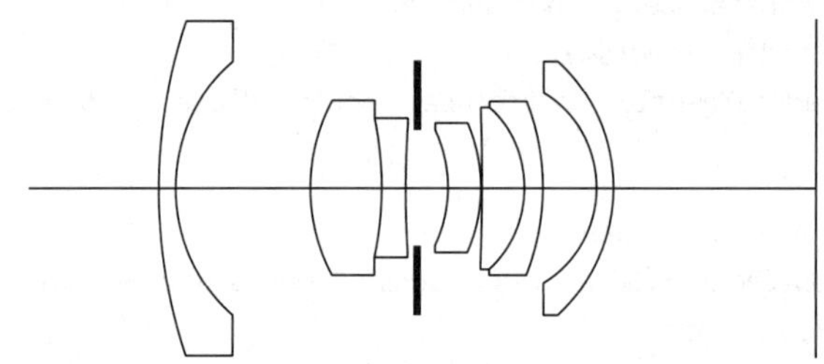

그림 6.16 광각 렌즈 시스템(pbrt 배포본의 scenes/lenses/wide.22.dat)의 단면. 렌즈 좌표계는 z축에 수직하는 z = 0에 위치한 필름 면을 가진다. 렌즈는 음의 z를 따라 왼쪽을 향하며, 그 후에 장면이 렌즈의 왼쪽에 위치한다. 구경 조리개는 렌즈 시스템에서 가운데의 검은 선으로 표시되며, 충돌하는 광선을 막는다. 많은 렌즈 시스템에서 구경 조리개의 크기는 짧은 노출 시간(더 큰 구경)과 더 많은 피사계 심도(더 작은 구경) 사이의 균형으로 조절된다.

이 절은 그림 6.17 같은 이미지를 렌더링하기 위해 그림 6.16에 있는 것 같은 렌즈 시스템을 통한 빛의 초점을 모사하는 `RealisticCamera`의 구현을 다룬다. 구현은 레이트레이싱에 기반을 두며, 카메라는 렌즈 요소를 통한 광선 경로를 다른 굴절률을 가진 매질(공기, 다른 종류의 유리) 사이의 접점에서의 굴절을 고려해서 광선 경로가 광학 시스템을 떠나거나 구경 조리개aperture stop나 렌즈 덮개에 흡수될 때까지 따라간다. 전방 렌즈 요소를 떠나는 광선은 카메라의 반응 특성을 표현하는 표본을 표현하며, 임의의 광선을 따라 들어오는 방사를 예측하는 `SamplerIntegrator` 같은 적분기와 함께 사용할 수 있다. `RealisticCamera` 구현은 cameras/realistic.h와 cameras/realistic.cpp 안에 있다.

그림 6.17 굉장히 넓은 시야각을 가진 어안 렌즈를 사용해 렌더링한 이미지. 모서리의 어두운 부분은 이미지 방사 분석의 정확한 시뮬레이션으로 인하며(6.4.7절), 직선이 곡선이 되는 왜곡은 많은 광각 렌즈의 특색이지만 렌즈 투영 모델을 표현하기 위해 투영 행렬을 사용할 때 고려되지 않았다.

<RealisticCamera Declarations> ≡

```
class RealisticCamera : public Camera {
public:
    <RealisticCamera Public Methods>
private:
    <RealisticCamera Private Declarations 480>
    <RealisticCamera Private Data 478>
    <RealisticCamera Private Methods 480>
};
```

장면에 카메라를 배치하는 일반적인 변환, `Film`, 셔터의 열리고 닫히는 시각에 추가해서 `RealisticCamera` 생성자는 렌즈 시스템 설명 파일의 파일명, 원하는 초점면에의 거리, 구경 조리개의 직경을 받는다. `simpleWeighting` 매개변수의 효과는 이후 13.6.6절에서 설명하며, 이는 13장의 몬테카를로 적분에 관련된 서두와 6.4.7절의 이미지 형성의 방사 분석 이후다.

<RealisticCamera Method Definitions> ≡

```
RealisticCamera::RealisticCamera(const AnimatedTransform &CameraToWorld,
        Float shutterOpen, Float shutterClose, Float apertureDiameter,
        Float focusDistance, bool simpleWeighting, const char *lensFile,
        Film *film, const Medium *medium)
```

```
    : Camera(CameraToWorld, shutterOpen, shutterClose, film, medium),
          simpleWeighting(simpleWeighting) {
      <Load element data from lens description file>
      <Compute lens-film distance for given focus distance 489>
      <Compute exit pupil bounds at sampled points on the film 491>
}
```

<RealisticCamera Private Data> ≡ 477

```
const bool simpleWeighting;
```

렌즈 설명 파일을 디스크에서 읽은 뒤에 생성자는 렌즈와 필름 사이의 간격이 초점면이 원하는 깊이인 focusDistance에 위치하게 조절하고, 그 후 장면에서 필름으로 빛을 운송할 때 필름 면 위의 다양한 점에서 봤을 경우 렌즈 요소의 어떤 영역이 필름에 가장 가까운지에 대한 정보를 계산한다. 배경 재질이 소개된 뒤에 코드 조각 〈*Compute lens-film distance for given focus distance*>와 <*Compute exit pupil bounds at sampled points on the film*>가 각각 6.4.4절과 6.4.5절에서 정의된다.

6.4.1 렌즈 시스템 표현

렌즈 시스템은 일련의 렌즈 요소로 생성되며, 각 요소는 일반적으로 유리의 어떤 형태다. 렌즈 시스템 디자이너의 도전 목표는 공간(예, 모바일폰 카메라의 두께는 핸드폰을 얇게 유지하기 위해 매우 제한된다), 가격, 생산 용이성의 제한이 있는 상황에서 필름이나 센서에서의 고품질 이미지를 형성하는 여러 요소를 디자인하는 것이다.

생산하기 가장 쉬운 렌즈는 단면이 구인 렌즈며, 렌즈 시스템은 일반적으로 z로 표기하는 규약을 가진 광학축 주변에서 대칭이다. 이 두 특성 모두 이 절의 나머지에서 가정한다. 6.2.3절에서처럼 렌즈 시스템은 필름이 $z = 0$ 면에 정렬되고, 렌즈가 필름의 왼쪽에 $-z$축을 향한 좌표계를 사용해서 정의한다.

렌즈 시스템은 일반적으로 각 요소의 명시적인 표현을 갖기보다 개별 렌즈 요소(혹은 공기) 사이에서 일련의 접점으로 표현한다. 표 6.1은 각 접점을 정의하는 양을 보여준다. 표의 마지막 항목은 가장 오른쪽의 접점을 정의하며, 이는 그림 6.18에서 볼 수 있고, 곡률 반경과 같은 반경을 가진 구의 일부다. 요소의 두께는 z를 따라 다음 요소의 오른쪽(혹은 필름 면 쪽)과의 거리며, 굴절률은 접점의 오른쪽 매질이다. 요소의 z축 위와 아래의 범위는 구경의 직경으로 설정된다.

LensElementInterface 구조체는 단일 렌즈 요소 접점을 표현한다.

표 6.1 그림 6.16 렌즈 시스템의 표 설명. 각 줄이 두 렌즈 요소 사이, 요소와 공기 혹은 구경 조리개 사이의 접점을 설명한다. 반경 0의 요소가 구경 조리개에 대응한다. 거리는 mm로 측정했다.

곡률 반경	두께	굴절률	구경 직경
35.98738	1.21638	1.54	23.716
11.69718	9.9957	1	17.996
13.08714	5.12622	1.772	12.364
−.22.63294	1.76924	1.617	9.812
71.05802	0.8184	1	9.152
0	2.27766	0	8.756
−.9.58584	2.43254	1.617	8.184
−.11.28864	0.11506	1	9.152
−.166.7765	3.09606	1.713	10.648
−.7.5911	1.32682	1.805	11.44
−.16.7662	3.98068	1	12.276
−.7.70286	1.21638	1.617	13.42
−.11.97328	(초점에 따라 다름)	1	17.996

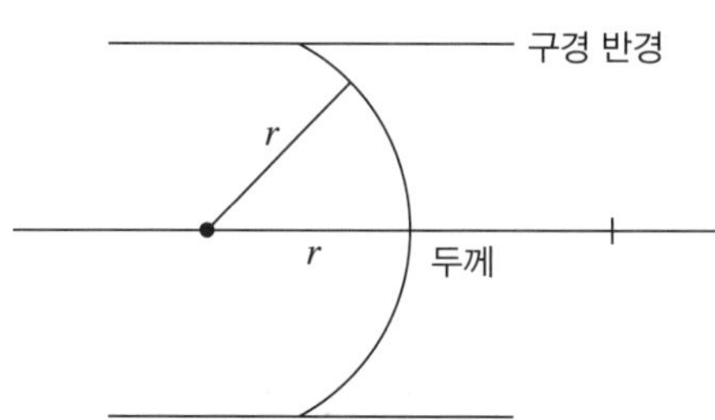

그림 6.18 위치 z에서 광학축과 교차하는 렌즈 접점(실곡선). 접점 기하 구조는 접점의 구경 반경으로 설명되며, 이는 광학축의 위와 아래의 범위와 요소의 곡률 반경 r을 설명한다. 요소가 구형 단면을 갖고 있으면 그 특성은 광학축 위에서 구의 중심이 거리 r만큼 떨어진 구로 주어지며, 구 역시 z를 지나간다. r이 음수면 요소 접점은 여기의 장면에서 보듯이 오목(concave)하게 되며, 그렇지 않을 경우 볼록하게 된다. 렌즈의 두께는 오른쪽의 다음 접점에 대한 거리로 주어지거나, 가장 마지막 접점에 대해서는 필름 면으로의 거리가 된다.

<*RealisticCamera Private Declarations*> ≡ 477

```
struct LensElementInterface {
    Float curvatureRadius;
    Float thickness;
    Float eta;
    Float apertureRadius;
};
```

코드 조각 <*Load element data from lens description file*>은 여기 포함하지 않았으며, 렌즈 요소를 읽고 RealisticCamera::elementInterfaces 배열을 초기화한다. 소스코드의 주석으로 표 6.1의 구조와 유사한 파일 형식의 세부 사항을 참고하고, pbrt 배포본의 scenes/lenses 디렉터리에서 여러 예제 렌즈 사양을 살펴보자.

파일에서부터 읽은 값에 대해 두 가지 조정이 처리된다. 첫 번째로 렌즈 시스템은 전통적으로 밀리미터 단위로 설명되지만, pbrt는 장면을 미터로 측정한다. 그러므로 굴절률을 제외한 항목들은 모두 1/1000로 크기 조절된다. 두 번째로 요소의 직경이 2로 나눠진다. 반경이 이후의 코드에서 처리하기에 더 편리한 양이다.

<*RealisticCamera Private Data*> +≡ 477

```
std::vector<LensElementInterface> elementInterfaces;
```

한 번 요소 접점 서술이 읽어질 경우 렌즈 시스템에 관련된 몇 가지 값을 쉽게 얻어두면 유용하다. LensRearZ()와 LensFrontZ()는 렌즈 시스템의 뒤와 앞 요소의 깊이를 각각 반환한다. 반환된 z 깊이는 카메라 공간으로, 렌즈 공간이 아니기에 양의 값이라는 것을 확인하자.

<*RealisticCamera Private Methods*> ≡ 477

```
Float LensRearZ() const {
    return elementInterfaces.back().thickness;
}
```

앞 요소의 z 위치를 찾는 것은 모든 요소의 두께를 더하는 것이 필요하다(그림 6.19를 보자). 이 값은 성능에 민감한 시스템 부분의 어떤 코드에서 필요하지 않으므로, 재계산해도 문제가 없다. 이 메서드의 성능이 염려되면 이 값을 RealisticCamera에 캐싱하는 것이 더 낫다.

<*RealisticCamera Private Methods*> +≡ 477

```
Float LensFrontZ() const {
    Float zSum = 0;
    for (const LensElementInterface &element : elementInterfaces)
        zSum += element.thickness;
```

```
        return zSum;
    }
```

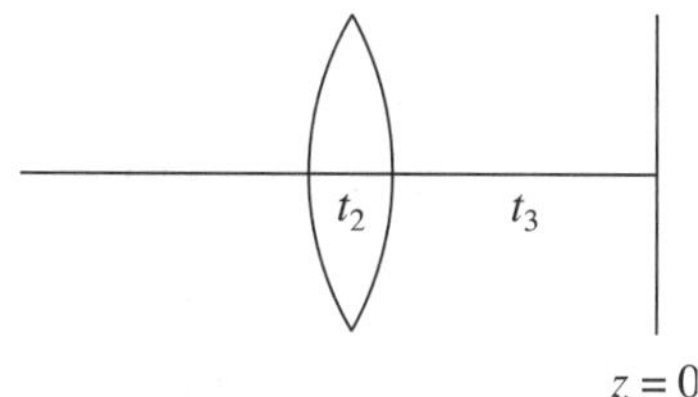

그림 6.19 요소의 두께와 광학축 위의 위치 사이 관계. 필름 면이 z = 0에 있고, 뒤 요소의 두께 t_3는 필름에서의 접점 거리를 제공한다. 뒤 접점은 $z = -t_3$에서 축과 교차한다. 다음 요소는 두께 t_2를 갖고 $z = -t_3 - t_2$에 위치하며, 그렇게 계속된다. 앞 요소는 z축과 $\sum_i -t_i$에서 교차한다.

RearElementRadius()는 뒤 요소의 구경 반경을 미터 단위로 반환한다.

<RealisticCamera Private Methods> +≡ 477

```
    Float RearElementRadius() const {
        return elementInterfaces.back().apertureRadius;
    }
```

6.4.2 렌즈를 지나는 광선의 추적

렌즈 시스템의 필름 면에서 시작하는 광선이 주어질 때 TraceLensesFromFilm()은 각 요소와의 교차점을 차례로 계산하고, 렌즈 시스템을 지나면서 경로가 막히는 경우 광선을 종료하고 false를 반환한다. 그렇지 않을 경우 true를 반환하고 *rOut를 카메라 공간에서 나가는 광선으로 초기화한다. 횡단하는 동안 elementZ는 현재 렌즈 요소의 z 절편[intercept]을 추적한다. 광선이 필름에서 시작하기에 렌즈는 elementInterfaces에 저장된 순서의 반대로 횡단된다.

<RealisticCamera Method Definitions> +≡

```
    bool RealisticCamera::TraceLensesFromFilm(const Ray &rCamera,
            Ray *rOut) const {
        Float elementZ = 0;
        <Transform rCamera from camera to lens system space 482>
        for (int i = elementInterfaces.size() - 1; i >= 0; --i) {
            const LensElementInterface &element = elementInterfaces[i];
            <Update ray from film accounting for interaction with element 482>
        }
```

```
        <Transform rLens from lens system space back to camera space 485>
        return true;
    }
```

카메라가 pbrt의 카메라 공간에서 +z축의 아래로 바라보지만 렌즈는 -z를 따라 있으므로 원점의 z 요소와 광선의 방향을 뒤집어야 한다. 이는 단순한 변환으로 직접 적용할 수 있지만, 의도를 명확하기 위해 명시적인 Transform을 사용한다.

```
<Transform rCamera from camera to lens system space> ≡                481
    static const Transform CameraToLens = Scale(1, 1, -1);
    Ray rLens = CameraToLens(rCamera);
```

그림 6.19가 요소의 z 절편을 계산하는 것을 기억하자. 요소를 뒤에서 앞으로 방문하므로 요소의 두께는 요소 상호작용을 고려하기 전에 반드시 elementZ에서 빼서 z 절편을 계산해야 한다.

```
<Update ray from film accounting for interaction with element> ≡      481
    elementZ -= element.thickness;
    <Compute intersection of ray with lens element 482>
    <Test intersection point against element aperture 484>
    <Update ray path for element interface interaction 484>
```

주어진 요소의 z축 절편에 대해서 다음 단계는 광선을 따라 요소 접점(혹은 구경 조리개의 면)과 교차하는 매개변수 t 값을 계산하는 것이다. 구경 조리개에 대해서 광선-평면 테스트(3.1.2절에 이어서)가 사용된다. 구형 접점에 대해서 IntersectSphericalElement()는 이 테스트를 수행해 교차점을 찾으면 표면 법선 또한 반환한다. 법선은 굴절된 광선 방향을 계산하는 데 필요하다.

```
<Compute intersection of ray with lens element> ≡                    482
    Float t;
    Normal3f n;
    bool isStop = (element.curvatureRadius == 0);
    if (isStop)
        t = (elementZ - rLens.o.z) / rLens.d.z;
    else {
        Float radius = element.curvatureRadius;
        Float zCenter = elementZ + element.curvatureRadius;
        if (!IntersectSphericalElement(radius, zCenter, rLens, &t, &n))
            return false;
    }
```

IntersectSphericalElement() 메서드는 일반적으로 Sphere::Intersect()와 비슷하지만, 요소의 중심이 z축 위에 있다는 사실(그러므로 중심의 x, y 요소는 0)을 사용해서 특화돼 있다. 코드 조각 <*Compute* t0 *and* t1 *for ray-element intersection*>과 <*Compute surface normal of element at ray intersection point*>는 Sphere::Intersect()와 유사하기에 여기 수록하지 않는다.

<*RealisticCamera Method Definitions*> +≡

```
bool RealisticCamera::IntersectSphericalElement(Float radius,
        Float zCenter, const Ray &ray, Float *t, Normal3f *n) {
    <Compute t0 and t1 for ray-element intersection>
    <Select intersection t based on ray direction and element curvature 483>
    <Compute surface normal of element at ray intersection point>
    return true;
}
```

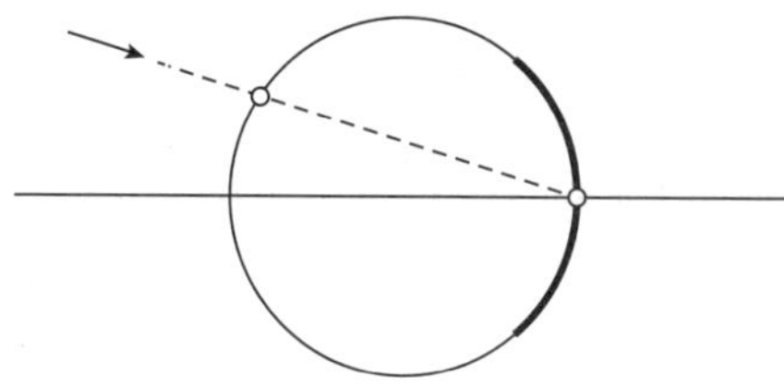

그림 6.20 광선의 구형 렌즈 요소와의 교차점을 계산할 때 완전한 구와 광선의 첫 교차가 원하는 것이 아닐 수 있다. 여기서 두 번째 교차가 실제 요소 접점(굵은 선)과의 교차이므로 첫 번째는 무시한다.

하지만 어떤 교차점을 반환하는지 선택하는 데에 미묘함이 있다. $t > 0$을 가진 가장 가까운 교차가 꼭 요소 접점 위에 있지 않을 수 있다. 그림 6.20을 보자.[2] 예를 들어 장면에서의 다가오는 광선이 오목 렌즈(음의 굴절 반경을 가진)와 교차할 때 가까운 쪽이 $t > 0$을 가졌더라도 두 교차점 중 먼 쪽을 반환해야 한다. 다행히 광선 방향과 곡률 반경에 기반을 둔 단순한 논리가 어떤 t 값을 사용할지 알려준다.

<*Select intersection t based on ray direction and element curvature*> ≡ 483

```
bool useCloserT = (ray.d.z > 0) ^ (radius < 0);
*t = useCloserT ? std::min(t0, t1) : std::max(t0, t1);
if (*t < 0)
    return false;
```

2. 평소처럼 '미묘함'은 "작가가 이를 디버깅하는 데 수 시간을 사용했다"를 의미한다.

각 렌즈 요소는 광학축 주변에 일부 반경으로 확장된다. 요소와의 교차점이 이 반경 밖이면 광선은 실제로 렌즈 덮개와 교차해 종료한다. 비슷한 방식으로 광선이 구경 조리개에 교차해도 종료된다. 그러므로 여기서는 현재 요소에 적합한 제한에 대해서 교차점을 테스트해 보고, 광선을 종료할 것인지 아니면 원점을 현재 교차점으로 갱신할지를 처리한다.

<Test intersection point against element aperture> ≡ 482

```
Point3f pHit = rLens(t);
Float r2 = pHit.x * pHit.x + pHit.y * pHit.y;
if (r2 > element.apertureRadius * element.apertureRadius)
    return false;
rLens.o = pHit;
```

현재 요소가 구경이면 광선의 경로는 요소의 접점을 통해 진행하는 데 영향 받지 않는다. 유리(혹은 플라스틱) 렌즈 요소에 대해 광선의 방향은 접점에서 어떤 굴절률을 가진 매질에서 다른 굴절률을 가진 매질로 가면서 변화한다(광선은 공기에서 유리, 유리에서 공기, 혹은 유리에서 다른 굴절률을 가진 다른 종류의 유리를 지날 수 있다).

8.2절은 두 매질 사이 경계에서의 굴절률 변화가 광선의 방향과 광선이 운송하는 방사의 양을 변화시키는지를 다룬다(이 경우 방사의 변화를 무시하는데, 이는 광선이 같은 매질에서 시작해서 렌즈 시스템을 빠져 나갈 때 같은 매질일 경우 상쇄되기 때문으로, 여기서는 공기에서 공기가 돼 해당된다). Refract() 함수는 8.2.3절에 정의됐다. 이는 입사 방향이 표면 밖을 향한다고 가정하기에 광선 방향을 전달하기 전에 반대로 해야 한다. 이 함수는 전 반사[total internal reflection]의 경우 false를 반환하며, 이 경우 광선 경로가 종료되기 때문이다. 그렇지 않을 경우 굴절된 방향은 w에 반환된다.

일반적으로 일부 빛이 이런 접점을 지나서 전송되고 일부가 반사된다. 여기서는 반사를 무시하고 완전 전송을 가정한다. 이 가정은 합리적이다. 렌즈는 일반적으로 반사를 광선이 운송하는 방사의 0.25%만 반사하게 하는 코딩을 씌워서 생산한다(하지만 이 작은 양의 반사를 모델링하는 것은 렌즈 플레어 같은 효과를 포착하는 데 있어서 중요하다).

<Update ray path for element interface interaction> ≡ 482

```
if (!isStop) {
    Vector3f w;
    Float etaI = element.eta;
    Float etaT = (i > 0 && elementInterfaces[i - 1].eta != 0) ?
             elementInterfaces[i - 1].eta : 1;
    if (!Refract(Normalize(-rLens.d), n, etaI / etaT, &w))
```

```
            return false;
        rLens.d = w;
    }
```

광선이 성공적으로 앞 렌즈 요소까지 가면 이제 단순히 렌즈 공간에서 카메라 공간으로 변환하면 된다.

<*Transform* rLens *from lens system space back to camera space*> ≡ 482

```
    if (rOut != nullptr) {
        static const Transform LensToCamera = Scale(1, 1, -1);
        *rOut = LensToCamera(rLens);
    }
```

TraceLensesFromScene() 메서드는 TraceLensesFromFilm()과 매우 유사해서 여기에 수록하지 않는다. 주요 차이점은 요소의 뒤에서 앞이 아닌 앞에서 뒤로 횡단한다. 이 메서드가 전달되는 광선이 이미 카메라 공간에 있다고 가정하는 것을 주목하자. 광선이 월드 공간에서 시작할 경우 호출자가 변환을 처리해야 한다. 반환된 광선은 카메라 공간에 있으며, 뒤 렌즈 요소에서 필름을 향하게 떠난다.

<*RealisticCamera Private Methods*> +≡ 477

```
    bool TraceLensesFromScene(const Ray &rCamera, Ray *rOut) const;
```

6.4.3 두꺼운 렌즈 근사

6.2.3절에 사용된 얇은 렌즈 근사는 렌즈 시스템이 광학축에 대해 두께 0을 가진다는 단순화 가정에 기반을 둔다. 렌즈 시스템의 두꺼운 렌즈 가정은 렌즈 시스템의 z 너비를 고려하기에 좀 더 정확하다. 두꺼운 렌즈의 기본 개념을 여기서 소개한 후 6.4.4절에서 원하는 초점 거리에 초점을 맞추고자 렌즈 시스템을 필름에서 얼마나 멀리 높아야 하는지 결정하는 데 두꺼운 렌즈 근사를 사용한다.

두꺼운 렌즈 근사는 광학축에 대한 두 쌍의 거리인 초점과 주평면의 깊이로 렌즈 시스템을 표현한다. 이는 렌즈 시스템의 기본점cardinal points이다. 광학축에 평행한 광선을 이상적인 렌즈 시스템을 통해 추적할 때 모든 광선이 동일점에서 광학축과 교차하며, 이를 초점focal point이라고 한다(실제 렌즈 시스템은 완벽하게 이상적이지 않기에 입사광선은 광학축과 작은 범위의 z 값에서 다른 높이로 교차한다. 이를 구면 수차spherical aberration라고 한다). 주어진 특정 렌즈 시스템에서는 양 측면에서 시작하는 광학축과 평행한 광선을 추적해 이의 z축과의 교차점을 찾아 초점을 찾는다(그림 6.21을 보자).

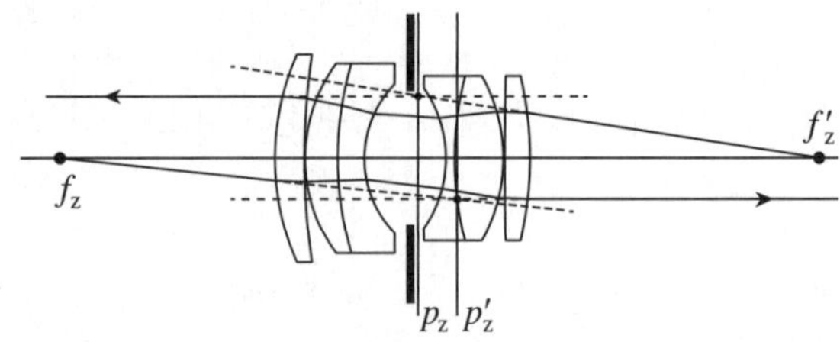

그림 6.21 렌즈 시스템의 중심점 계산. lenses/dgauss.dat에서 서술하는 렌즈 시스템과 장면에서의 입사광선이 광학축에 평행하게(축의 위) 들어오고, 필름에서의 광선이 광학축에 평행하다(축의 아래). 이 입사광선들로 인한 렌즈 시스템을 떠나는 광선과 광학축과의 교차는 두 개의 초점 f'_z(필름 측)과 f_z(장면 측)을 제공한다. 주평면 $z = p_z$와 $z = p'_z$는 각각의 원래 광선을 입사와 방출 광선 쌍의 확장의 교차로 주어지며, 여기서는 축에 직교하는 평면으로 보여준다.

각 주평면은 광학축과 평행한 입사광선과 렌즈를 떠나는 광선을 둘이 교차할 때까지 확장해 찾을 수 있다. 교차점의 z 깊이는 대응하는 주평면의 깊이를 제공한다. 그림 6.21은 초점 f_z와 f'_z, 주평면을 z 값 p_z와 p'_z에 깆는 렌즈 시스템을 보여준다(6.2.3절에서처럼 ′로 표기된 변수는 렌즈 시스템의 필름 측에 있는 점을 나타내며, ′가 없는 변수는 장면에서 이미지되는 점을 표현한다).

렌즈를 떠나는 주어진 광선에서 초점을 찾는 것은 우선 t_f 값을 광선이 x, y 요소가 0인 곳에서 찾는 것이다. 들어오는 광선이 광학축에 대해서 단지 x에 대해서만 오프셋을 가지면 t_f는 $o_x + t_f\mathbf{d}_x = 0$이 성립한다. 그러므로 다음과 같다.

$$t_\mathrm{f} = -\mathrm{o}_x / \mathbf{d}_x$$

비슷한 방식으로, 렌즈를 떠나는 광선이 원래 광선과 같은 x 높이를 가지면 주평면에 대해서 t_p를 찾는 것은 $o_x + t_\mathrm{p}\mathbf{d}_x = x$가 성립하기에 다음과 같다.

$$t_\mathrm{p} = (x - \mathrm{o}_x) / \mathbf{d}_x$$

이 두 t 값이 한 번 계산되면 광선 방정식은 대응한 점의 z 좌표를 찾기 위해 사용할 수 있다.

`ComputeCardinalPoints()` 메서드는 초점의 z 깊이와 주어진 광선에 대한 주평면을 계산한다. 이 메서드가 광선이 카메라 공간에 있는 것을 가정하지만 렌즈 스페이스 안의 광학축을 따라서 z 값을 반환하는 것을 기억하자.

<RealisticCamera Method Definitions> +≡

```
void RealisticCamera::ComputeCardinalPoints(const Ray &rIn,
        const Ray &rOut, Float *pz, Float *fz) {
    Float tf = -rOut.o.x / rOut.d.x;
    *fz = -rOut(tf).z;
    Float tp = (rIn.o.x - rOut.o.x) / rOut.d.x;
    *pz = -rOut(tp).z;
}
```

ComputeThickLensApproximation() 메서드는 렌즈 시스템에서 기본점의 두 쌍을 계산한다.

<RealisticCamera Method Definitions> +≡

```
void RealisticCamera::ComputeThickLensApproximation(Float pz[2],
        Float fz[2]) const {
    <Find height x from optical axis for parallel rays 487>
    <Compute cardinal points for film side of lens system 487>
    <Compute cardinal points for scene side of lens system 487>
}
```

첫째로 추적할 광선에 대한 x축을 따라서 높이를 선택해야만 한다. 이는 $x = 0$에서 충분히 멀어서 렌즈 시스템을 떠나는 광선이 z축의 교차를 정확히 계산할 수 있게 충분한 수치적 정밀도를 가져야 하지만, 렌즈 시스템을 지나는 광선이 구경 조리개에 충돌할 정도로 x축에서 너무 높이 올라가지 않아야 한다. 여기서 필름의 대각 범위에 대한 낮은 비율을 사용한다. 이는 구경 조리개가 극도로 작기 전에는 잘 작동한다.

<Find height x from optical axis for parallel rays> ≡ 487

```
Float x = .001 * film->diagonal;
```

장면에서 렌즈 시스템으로 들어오는 광선 rScene을 생성하기 위해 렌즈의 앞에서 살짝 오프셋한다(TraceLensesFromScene()에 전달되는 광선이 카메라 공간에 있어야 한다는 것을 기억하자).

<Compute cardinal points for film side of lens system> ≡ 487

```
Ray rScene(Point3f(x, 0, LensFrontZ() + 1), Vector3f(0, 0, -1));
Ray rFilm;
TraceLensesFromScene(rScene, &rFilm);
ComputeCardinalPoints(rScene, rFilm, &pz[0], &fz[0]);
```

렌즈 시스템의 필름 측에서 시작하는 동일 과정은 다른 두 기본점을 제공한다.

<Compute cardinal points for scene side of lens system> ≡ 487

```
rFilm = Ray(Point3f(x, 0, LensRearZ() - 1), Vector3f(0, 0, 1));
TraceLensesFromFilm(rFilm, &rScene);
ComputeCardinalPoints(rFilm, rScene, &pz[1], &fz[1]);
```

6.4.4 초점 조정

렌즈 시스템은 장면의 주어진 깊이에 초점이 맞게 하기 위해 시스템을 필름에 상대적으로 이동시켜 원하는 초점 거리 이미지가 필름 면 위의 점에 초점이 맞게 한다. 가우스 렌즈 방정식(6.3)은 두꺼운 렌즈의 초점을 맞추는 관계를 제공한다.

두꺼운 렌즈에 대해 가우스 렌즈 방정식은 장면 안의 z에 있는 점에서의 거리와 z'에서의 이 점의 초점에 대해 다음과 같은 관계를 가진다고 보여준다.

$$\frac{1}{z'-p'_z} - \frac{1}{z-p_z} = \frac{1}{f}. \tag{6.3}$$

얇은 렌즈에 대해서 $p_z = p'_z = 0$이며, 방정식(6.1)을 따른다.

주평면의 p_z와 p'_z의 위치를 알고, 렌즈 f의 초점 거리를 알면서 광학축을 따른 일정 거리 z에서 초점을 맞추고 싶을 때 다음이 성립하도록 이 시스템을 얼마나 멀리 이동하는지에 대한 δ를 결정해야 한다.

$$\frac{1}{z'-p'_z+\delta} - \frac{1}{z-p_z+\delta} = \frac{1}{f}$$

필름 쪽의 초점은 필름 위에 있어야 하므로, $z' = 0$이고 z는 주어진 초점 거리 z_f다. 모르는 변수는 δ이며, 일부 대수적 변형은 다음을 제공한다.

$$\delta = \frac{1}{2}\left(p_z - z_f + p'_z - \sqrt{(p_z - z_f - z')(z - z_f - 4f - p'_z)}\right). \tag{6.4}$$

(실제론 두 가지 해가 있지만, 이 해가 둘 중 더 가까워서 더 작은 렌즈 위치 조정을 제공하기에 적합하다)

FocusThickLens()는 렌즈 시스템을 이 간략화를 사용해서 초점을 맞춘다. δ의 계산 이후 필름에서부터 z축에 따라 렌즈 시스템이 위치해야 하는 오프셋을 반환한다.

<RealisticCamera Method Definitions> +≡

```
Float RealisticCamera::FocusThickLens(Float focusDistance) {
```

```
    Float pz[2], fz[2];
    ComputeThickLensApproximation(pz, fz);
    <Compute translation of lens, delta, to focus at focusDistance 489>
    return elementInterfaces.back( ).thickness + delta;
}
```

방정식(6.4)는 δ 오프셋을 제공한다. 렌즈 f의 초점 거리는 기본점 사이의 거리다. 초점 거리의 음수는 z를 위해 사용되는데, 이는 광학축이 음의 축을 향하기 때문이다.

```
<Compute translation of lens, delta, to focus at focusDistance> ≡                489
    Float f = fz[0] - pz[0];
    Float z = -focusDistance;
    Float delta = 0.5f * (pz[1] - z + pz[0] -
    std::sqrt((pz[1] - z - pz[0]) * (pz[1] - z - 4 * f - pz[0])));
```

이제 최종적으로 RealisticCamera 생성자 안에서 렌즈 시스템의 초점을 맞추는 코드 조각을 구현할 수 있다(가장 뒤쪽의 요소 접점의 두께는 접점에서 필름 사이의 거리다).

```
<Compute lens-film distance for given focus distance> ≡                          478
    elementInterfaces.back( ).thickness = FocusThickLens(focusDistance);
```

6.4.5 출사동

주어진 필름 면 위의 점에 대해서 후방 렌즈 요소를 향하는 모든 광선이 성공적으로 렌즈 시스템을 빠져나가지 못한다. 일부는 구경 조리개에서 막히거나 렌즈 시스템 마개에 교차한다. 그러므로 후방 렌즈 요소의 모든 점이 플림 위의 점에 방사를 전송하지 못한다. 렌즈 시스템을 통해 빛을 전송하는 후방 요소 위에 있는 점의 집합을 출사동exit pupil이라고 한다. 그 크기와 위치는 필름 면 위의 시점에 따라 변한다(비슷하게 입사동entrance pupil은 전방 렌즈 요소에서 장면의 주어진 점에서의 광선이 필름에 도달하는 영역이다).

그림 6.22는 출사동을 광각 렌즈의 필름 면 위의 두 점에서 보는 것을 보여준다. 출사동은 필름 면의 모서리로 갈수록 작아진다. 이 축소의 영향이 원축 오차다.

레이트레이싱이 필름에서 시작될 때 렌즈 시스템을 통과하지 못하는 너무 많은 광선에 대한 추적을 피하고 싶다. 그러므로 후방 렌즈 요소의 전체 영역을 표본화하는 것보다는 출사동 자체에 대한 표본화로 제한을 둘 필요가 있다.

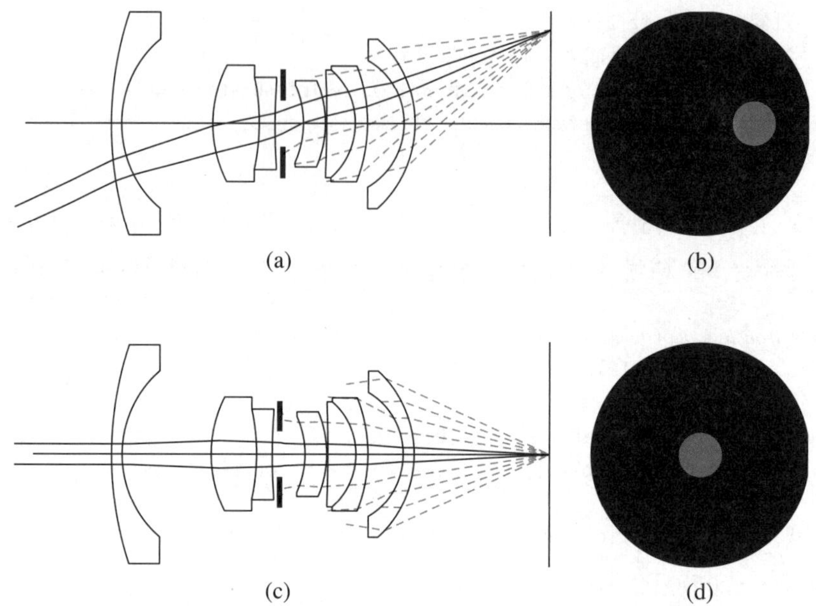

그림 6.22 5.5mm구경 22mm 광각 렌즈(f/4)에 대한 출사동. (a) 필름 면 모서리에 있는 점에서의 광선이 다양한 점에서 후방 렌즈 시스템에 들어간다. 점선으로 표시된 광선은 막혀서 렌즈 시스템을 나가지 못한다. (b) (a)의 적합점(vantage point)에서 본 출사동의 이미지. 후방 렌즈 요소는 검은 색이며, 출사동은 회색이다. (c) 필름의 중앙에서 출사동의 다른 영역은 나가는 광선을 장면 안에 들어가게 한다. (d) 필름의 중앙에서 본 출사동이다.

레이트레이싱 이전에 필름 면 위의 각 점에 대한 출사동을 계산하는 것은 허용 불가할 정도로 비쌌다. `RealisticCamera` 구현은 대신 필름 면 위의 선분에 대해서만 출사동을 미리 계산한다. 렌즈 시스템이 광학축 주변으로 방사형으로 대칭적이면 출사동의 경계 역시 방사형으로 대칭적이며, 필름 면 위의 임의의 점도 이런 선분을 적절히 회전해서 찾을 수 있다(그림 6.23). 이 경계는 특정 필름 표본 위치에 대해서 그 후 효율적으로 출사동을 찾는 데 사용할 수 있다.

한 가지 주의해야 할 중요한 세부 사항은 렌즈 시스템을 광학축에 대해 이동해 초점을 맞추기에 렌즈 시스템의 초점이 조절되면 출사동의 모양과 위치가 변한다는 것이다. 그러므로 이 경계를 초점 조정 이후에 계산하는 것이 매우 중요하다.[3]

3. 각주 2를 참조

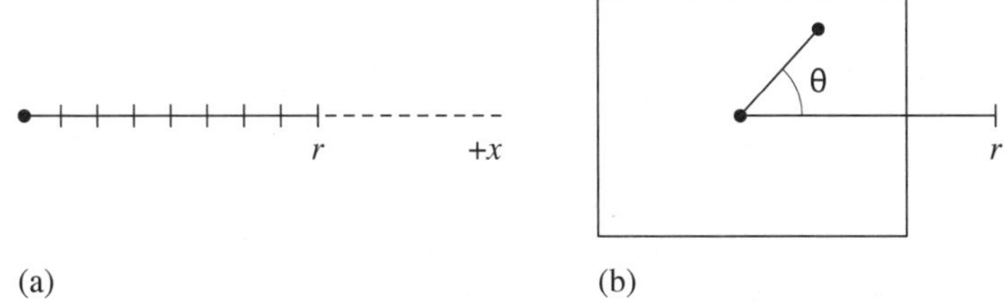

그림 6.23 출사동 경계 사전 계산. (a) RealisticCamera는 출사동의 경계를 필름 면의 x축을 따라 연속된 선분에서 계산하며, 필름의 중앙에서 모서리까지의 거리 r까지다. (b) 방사형 대칭의 가정으로 인해서 필름 위의 임의의 점(검은 점)에 대한 출사동을 x축과 점 사이의 각도 θ를 계산해 찾을 수 있다. 점이 원래 출사동 경계 안에서 표본화되고 그 후 $-\theta$로 회전하면 원점에서의 출사동 경계 안의 점을 얻는다.

<Compute exit pupil bounds at sampled points on the film> ≡ 478

```
int nSamples = 64;
exitPupilBounds.resize(nSamples);
ParallelFor(
        [&](int i) {
    Float r0 = (Float)i / nSamples * film->diagonal / 2;
    Float r1 = (Float)(i + 1) / nSamples * film->diagonal / 2;
    exitPupilBounds[i] = BoundExitPupil(r0, r1);
}, nSamples);
```

<RealisticCamera Private Data> +≡ 477

```
std::vector<Bounds2f> exitPupilBounds;
```

BoundExitPupil() 메서드는 필름 면에 있는 선분 위의 점에서 본 2D 경계 상자를 계산한다. 후방 렌즈 요소에 접하는 면 위에 있는 점들의 집합에서 렌즈 시스템을 통해 광선을 추적하는 것으로 경계 상자를 계산한다. 렌즈 시스템을 지나가는 광선의 경계는 출사동 위의 적절한 경계를 제공한다. 그림 6.24를 보자.

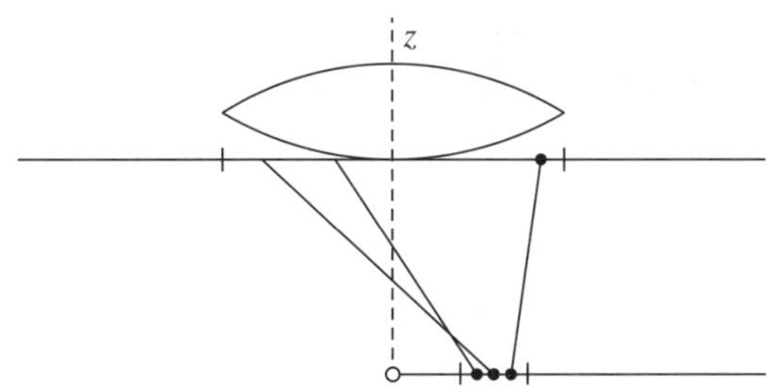

그림 6.24 어떻게 출사동 경계가 계산되는지에 대한 2D 묘사. BoundExitPupil()은 필름 면 위의 x축을 따라 간격을 받는다. 이는 간격을 따라 연속된 점을 표본화한다(그림의 아래쪽). 각 점에서 후방의 접면 위에 있는 후방 렌즈 요소의 범위에 대한 경계 상자 위의 점을 표본화한다. 이는 간격 안의 점들에서 렌즈 시스템을 통하는 모든 광선의 접면 위의 경계 상자를 계산한다.

<RealisticCamera Method Definitions> +≡

```
Bounds2f RealisticCamera::BoundExitPupil(Float pFilmX0,
        Float pFilmX1) const {
    Bounds2f pupilBounds;
    <Sample a collection of points on the rear lens to find exit pupil 492>
    <Return entire element bounds if no rays made it through the lens system 493>
    <Expand bounds to account for sample spacing 493>
    return pupilBounds;
}
```

구현은 출사동을 상당히 밀도 있게(각 선분당 전체 1024^2 점에서) 표본화한다. 이 표본화율이 실제로 좋은 출사동 경계를 제공하는 것을 확인했다.

<Sample a collection of points on the rear lens to find exit pupil> ≡ 492

```
const int nSamples = 1024 * 1024;
int nExitingRays = 0;
<Compute bounding box of projection of rear element on sampling plane 492>
for (int i = 0; i < nSamples; ++i) {
    <Find location of sample points on x segment and rear lens element 493>
    <Expand pupil bounds if ray makes it through the lens system 493>
}
```

면에 수직한 후방 요소의 경계 상자는 해당 면 위에서 출사동 투영의 보수적인 경계로 충분하지 않다. 이는 요소가 일반적으로 곡면이기에 면 바깥을 지나는 광선은 후방 렌즈 요소의 유효한 범위와 교차한다. 정확한 경계를 계산하기보다 경계를 상당히 증가시킨다. 결과적으로 출사동을 계산하기 위해 추출된 많은 표본이 낭비된다. 실제로는 그다지 큰 비용이 아닌데, 이 표본들이 일반적으로 렌즈 광선-추적 단계 동안 빨리 종료되기 때문이다.

<Compute bounding box of projection of rear element on sampling plane> ≡ 492

```
Float rearRadius = RearElementRadius();
Bounds2f projRearBounds(Point2f(-1.5f * rearRadius, -1.5f * rearRadius),
                        Point2f( 1.5f * rearRadius, 1.5f * rearRadius));
```

필름 위의 x 표본점은 x 간격 말단점 사이를 선형 보간해 얻을 수 있다. 출사동 경계 상자 안의 보간 오프셋을 계산하는 데 사용되는 RadicalInverse() 함수는 이후 7.4.1절에서 정의된다. 여기서 구현된 표본화 전략은 3D에서의 해머슬리 지점을 사용한 것에 대응한다. 결과 점집합은 전체 3D 영역에서의 범위 안의 간극을 최소화하며, 결과적으로 정확한 출사동 경계 예측을 보장한다.

<Find location of sample points on x segment and rear lens element> ≡ 492

```
Point3f pFilm(Lerp((i + 0.5f) / nSamples, pFilmX0, pFilmX1), 0, 0);
Float u[2] = { RadicalInverse(0, i), RadicalInverse(1, i) };
Point3f pRear(Lerp(u[0], projRearBounds.pMin.x, projRearBounds.pMax.x),
              Lerp(u[1], projRearBounds.pMin.y, projRearBounds.pMax.y),
              LensRearZ());
```

pFilm에서 pRear로의 광선을 생성할 수 있으며, 또한 이 광선이 렌즈 시스템의 전방에서 나가는 것으로 봤을 때 출사동 안에 있는지 확인할 수 있다. 그럴 경우 출사동 경계는 이 점을 포함하게 확장된다. 표본화된 점이 이미 출사동의 경계 상자 안에 있다면 필요 없는 작업을 생략하기 위해서 레이트레이싱 단계를 넘길 수 있다.

<Expand pupil bounds if ray makes it through the lens system> ≡ 492

```
if (Inside(Point2f(pRear.x, pRear.y), pupilBounds) ||
        TraceLensesFromFilm(Ray(pFilm, pRear - pFilm), nullptr)) {
    pupilBounds = Union(pupilBounds, Point2f(pRear.x, pRear.y));
    ++nExitingRays;
}
```

표본 광선 중 어떤 것도 렌즈 시스템을 지나지 않을 수 있다. 일부 초광각 렌즈에서 필름 영역의 모서리에서 출사동이 소멸하는 경우 등에서 이런 현상이 정상적으로 일어날 수 있다. 이 경우에 경계는 의미가 없고 BoundExitPupil()은 전체 후방 렌즈 요소를 지나는 경계를 반환한다.

<Return entire element bounds if no rays made it through the lens system> ≡ 492

```
if (nExitingRays == 0)
    return projRearBounds;
```

한 표본이 렌즈 시스템을 지나가 주변 표본 중 하나가 지나지 않을 경우 주변에 매우 가까운 다른 표본이 생성된다. 그러므로 최종 경계는 이 불확실성을 고려하기 위해서 각 차원의 표본 사이에서의 표본 사이 간격으로 대략 확장된다.

<Expand bounds to account for sample spacing> ≡ 492

```
pupilBounds = Expand(pupilBounds,
        2 * projRearBounds.Diagonal().Length() /
        std::sqrt(nSamples));
```

사전 계산된 경계가 RealisticCamera::exitPupilBounds 안에 저장되면 SampleExitPupil() 메서드는 상당히 효율적으로 필름 면 위의 주어진 점에 대한 출사동 위의 경계를 찾을 수 있다. 그 후 이 경계 상자 안의 필름에서 지나가는 점을 표본화한다. 이미지 형성의 방사 분석을 정확하게 모델링하려면 이 경계 상자를 알기 위해 다음의 코드가 필요하며, 이는 sampleBoundsArea을 통해 반환된다.

```
<RealisticCamera Method Definitions> +≡
   Point3f RealisticCamera::SampleExitPupil(const Point2f &pFilm,
           const Point2f &lensSample, Float *sampleBoundsArea) const {
       <Find exit pupil bound for sample distance from film center 494>
       <Generate sample point inside exit pupil bound 494>
       <Return sample point rotated by angle of pFilm with +x axis 494>
   }
```

```
<Find exit pupil bound for sample distance from film center> ≡          494
   Float rFilm = std::sqrt(pFilm.x * pFilm.x + pFilm.y * pFilm.y);
   int rIndex = rFilm / (film->diagonal / 2) * exitPupilBounds.size();
   rIndex = std::min((int)exitPupilBounds.size() - 1, rIndex);
   Bounds2f pupilBounds = exitPupilBounds[rIndex];
   if (sampleBoundsArea) *sampleBoundsArea = pupilBounds.Area();
```

주어진 출사동의 경계 상자에서 그 안의 한 점이 제공된 lensSample 값으로 선형적으로 보간돼 표본화되며, 이는 $[0, 1)^2$ 범위 안이다.

```
<Generate sample point inside exit pupil bound> ≡          494
   Point2f pLens = pupilBounds.Lerp(lensSample);
```

출사동 경계가 +z축을 따라 필름 위의 한 점에서 계산되지만, pFilm 점은 필름 위의 임의의 점이기에 출사동 경계 안의 표본점은 반드시 pFilm을 +z축 위에 있게 하는 각도로 회전시켜야 한다.

```
<Return sample point rotated by angle of pFilm with +x axis> ≡          494
   Float sinTheta = (rFilm != 0) ? pFilm.y / rFilm : 0;
   Float cosTheta = (rFilm != 0) ? pFilm.x / rFilm : 1;
   return Point3f(cosTheta * pLens.x - sinTheta * pLens.y,
                  sinTheta * pLens.x + cosTheta * pLens.y,
                  LensRearZ());
```

6.4.6 광선 생성

이제 렌즈 시스템을 통한 레이트레이싱의 방식과 필름 면 위의 점에서 출사동 안의 점을 표본화하는 메커니즘이 있기에 CameraSample을 광선이 카메라를 떠나게 변환하는 것은 상당히 단순하다. 필름 면 위의 표본 위치를 계산하고 이 점에서 후방 렌즈 요소로의 광선을 생성하고, 이는 렌즈 시스템을 통해 추적된다.

```
<RealisticCamera Method Definitions> +≡
    Float RealisticCamera::GenerateRay(const CameraSample &sample,
            Ray *ray) const {
        <Find point on film, pFilm, corresponding to sample.pFilm 495>
        <Trace ray from pFilm through lens system 495>
        <Finish initialization of RealisticCamera ray 496>
        <Return weighting for RealisticCamera ray 931>
    }
```

CameraSample::pFilm 값은 이미지의 픽셀 단위로 전체 해상도다. 여기서 센서의 물리적 모델로 작동하면 $[0, 1)^2$ 안의 표본으로 변환해 시작한다. 다음으로 필름 위의 대응하는 점은 면적에 대해 이 표본점에 대한 선형 보간으로 찾을 수 있다.

```
<Find point on film, pFilm, corresponding to sample.pFilm> ≡                    495
    Point2f s(sample.pFilm.x / film->fullResolution.x,
            sample.pFilm.y / film->fullResolution.y);
    Point2f pFilm2 = film->GetPhysicalExtent().Lerp(s);
    Point3f pFilm(-pFilm2.x, pFilm2.y, 0);
```

SampleExitPupil()은 후방 렌즈 요소에 대한 접면 위의 점을 제공하며, 이는 광선의 방향을 결정하게 해준다. 결과적으로 이 광선을 렌즈 시스템을 통해 추적할 수 있다. 광선이 구경 조리개나 렌즈 시스템을 통해 차단되면 GenerateRay()는 0 가중치를 반환한다(호출자는 이 경우를 확실히 해야 한다).

```
<Trace ray from pFilm through lens system> ≡                                   495
    Float exitPupilBoundsArea;
    Point3f pRear = SampleExitPupil(Point2f(pFilm.x, pFilm.y), sample.pLens,
            &exitPupilBoundsArea);
    Ray rFilm(pFilm, pRear - pFilm, Infinity,
            Lerp(sample.time, shutterOpen, shutterClose));
    if (!TraceLensesFromFilm(rFilm, ray))
        return 0;
```

광선이 성공적으로 렌즈 시스템을 빠져나가면 그 후 초기화를 마무리하기 위해 일반적인 세부 처리가 필요하다.

<*Finish initialization of* `RealisticCamera` *ray*> ≡ 495

```
*ray = CameraToWorld(*ray);
ray->d = Normalize(ray->d);
ray->medium = medium;
```

코드 조각 <*Return weighting for* `RealisticCamera` *ray*>는 몬테카를로 적분에서 일부 필요한 배경 설명 이후에 13.6.6절에서 정의한다.

6.4.7 카메라 측정 방정식

주어진 실제 이미지 형성 과정의 더 정밀한 시뮬레이션을 통해서 필름이나 카메라 센서로 측정되는 방사 분석을 더 신중하게 정의할 필요가 있다. 필름에 대한 출사동에서의 광선은 장면에서의 방사를 운반한다. 필름 면 위의 점을 고려할 때 방사가 입사하는 방향의 집합이 존재한다. 출사동을 떠나는 방사의 분포는 필름 위의 점에서 볼 수 있는 초점이 맞지 않은 흐릿함의 양에 영향을 준다. 그림 6.25는 필름 위의 두 점에서 본 출사동 방사의 두 렌더링을 보여준다.

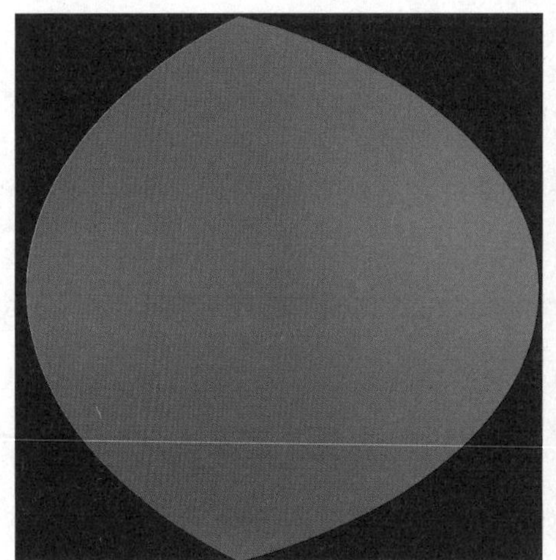
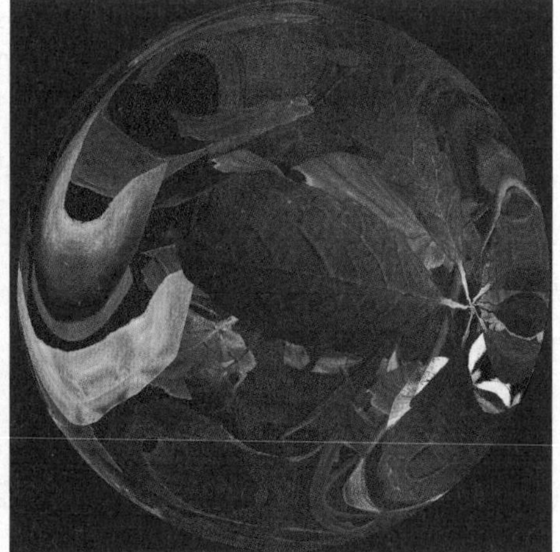

그림 6.25 그림 6.17 안의 필름 면 위의 두 점에서 본 출사동. (a) 선명한 초점 안에 있는 장면의 점에서 본 출사동으로, 입사 방사는 영역에 대해 사실상 상수다. (b) 초점 밖의 영역에서 본 픽셀로, 출사동은 장면의 작은 이미지며, 잠재적으로 빠르게 변화하는 방사를 가진다.

주어진 입사 방사 함수에서 필름 면에 있는 점에서의 방사 조도를 정의할 수 있다. 방사 조도의 정의를 방사의 항으로 방정식(5.4)에서 정리하면 방정식(5.6)을 사용해 입체각에 대한 적분을 면적에 대한 적분(이 경우 출사동을 경계하는 후방 렌즈 요소에 대한 면의 면적 A_e)으로 변환할 수 있다.

$$E(\mathrm{p}) = \int_{A_e} L_i(\mathrm{p}, \mathrm{p}') \frac{|\cos\theta \cos\theta'|}{||\mathrm{p}' - \mathrm{p}||^2} \, \mathrm{d}A_e$$

그림 6.26은 상황의 기하 구조를 보여준다. 필름 면이 출사동 면에 수직하므로, $\theta = \theta'$다. 또한 p와 p′ 사이의 거리가 필름 면과 출사동의 축 거리(여기서 z로 표기)와 cos θ의 곱과 같다는 점을 이용할 수 있다. 이를 모두 합쳐 다음을 얻는다.

$$E(\mathrm{p}) = \frac{1}{z^2} \int_{A_e} L_i(\mathrm{p}, \mathrm{p}') \, |\cos^4\theta| \, \mathrm{d}A_e. \tag{6.5}$$

필름의 범위가 상대적으로 거리 z에 대해 먼 카메라에 대해서 $\cos^4\theta$ 항은 입사 방사 조도를 의미 있게 감소시킬 수 있다. 또한 이 인자는 원축 오차에도 기여한다. 대부분의 현대 디지털 카메라는 이 효과를 미리 설정한 교정 인자로 보정해 센서의 가장자리로 갈수록 픽셀 값을 증가시킨다.

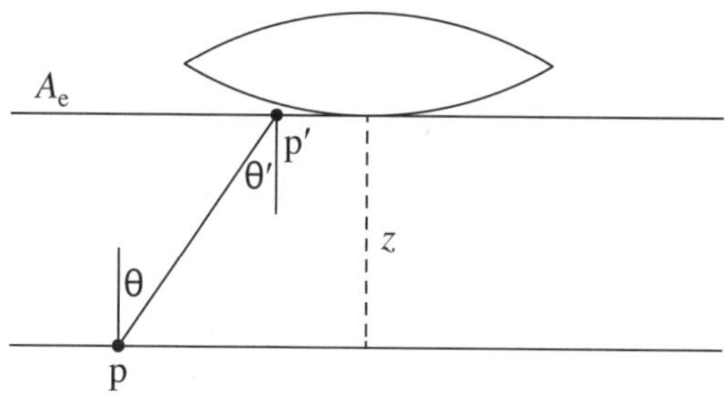

그림 6.26 방사 조도 측정 방정식(6.5)에 대한 기하 설정. 방사는 후방 렌즈 요소에 대한 접면 위의 점 p'를 지나서 필름 면 위의 점 p를 지나는 것으로 측정할 수 있다. z는 필름 면에서 후방 요소 법선 면에 대한 축 거리 RealisticCamera::LensRearZ( )며, θ는 p'에서 p 사이의 벡터와 광학축 사이의 각이다.

셔터가 열린 시간에 대한 필름 위에서 방사 조도의 적분은 선속fluence을 제공하며, 이는 단위 면적당 에너지에 대한 방사 분석 단위로서 J/m^{2}이다.

$$H(\mathrm{p}) = \frac{1}{z^2} \int_{t_0}^{t_1} \int_{A_e} L_i(\mathrm{p}, \mathrm{p}', t') \, |\cos^4\theta| \, \mathrm{d}A_e \, \mathrm{d}t'. \tag{6.6}$$

필름 면 위에 도달하는 에너지의 양을 포착하는 점에서의 선속을 측정하는 것은 부분적으로 카메라 셔터가 열린 시간의 길이에 관련돼 있다.

사진 필름(혹은 디지털 카메라의 CCD나 CMOS 센서)은 작은 영역에 대한 방사 에너지를 측정한다.[4] 방정식(6.6)을 받아 센서 픽셀 영역 A_p에 대해 적분하면 다음을 얻는다.

$$J = \frac{1}{z^2} \int_{A_\mathrm{p}} \int_{t_0}^{t_1} \int_{A_\mathrm{e}} L_\mathrm{i}(\mathrm{p}, \mathrm{p}', t')\, |\cos^4 \theta| \, \mathrm{d}A_\mathrm{e} \, \mathrm{d}t' \, \mathrm{d}A_\mathrm{p}, \tag{6.7}$$

이는 픽셀에 도달하는 줄[Joule] 값이다.

13.2절에서 몬테카를로가 이 다양한 적분의 값을 예측하는 데 어떻게 적용되는지 살펴보자. 13.6.6절에서 코드 조각 <*Return weightingfor* `RealisticCamera` *ray*>를 `RealisticCamera::GenerateRay()`에서 정의한다. 다양한 접근 방식으로 가중치를 계산함으로써 이 양의 각각을 계산할 수 있다. 16.1.1절은 카메라 모델의 중요도 함수를 정의하며, 이는 다른 광선을 따라 도달하는 입사 조명의 민감도를 특징짓는다.

더 읽을거리

Sutherland(1963)는 그의 독창적인 스케치패드 시스템에서, 컴퓨터 그래픽을 위한 투영 행렬을 최초로 사용했다. Akenine-Möller, Haines, Hoffman(2008)은 실시간 렌더링에서 정사영 투영과 원근 투영 행렬의 유도 과정을 매우 훌륭히 설명했다. 다른 투영에 대한 좋은 참고 문헌은 Rogers와 Adams의 『Mathematical Elements for Computer Graphics』(1990), Watt와 Watt(1992), Foley et al.(1990), Eberly의 게임 엔진 디자인에 관한 책(Eberly 2001) 등이다.

한 가지 특별한 투영 방식은 Greene와 Heckbert(1986)가 Omnimax® 극장의 이미지를 생성하기 위해 사용한 방법이다. 6장의 `EnvironmentCamera`는 Musgrave(1992)가 설명한 카메라 모델과 유사하다.

Potmesil과 Chakravarty(1981, 1982, 1983)는 컴퓨터 그래픽스에서의 피사계 심도와 모션 블러에 대한 초기 작업을 처리했다. 쿡과 공동 연구자들은 이 효과에 대해 분산 레이트레이싱에 기반을 둔 좀 더 정확한 모델을 얇은 렌즈 모델을 기반으로 개발했다. 이 방식은 6.2.3절의 피사계 심도 계산에 사용된 방법이다(Cook, Porter, Carpenter 1984; Cook 1986). 핀홀 구경이 아닌 카메라로 얻을 수 있는 방사 측정의 종류에 대해 광범위한 분석을 위해서 Adams와

4. 2015년경의 디지털 카메라에서 보통 크기는 면당 1.5마이크론이다.

Levoy(2007)를 살펴보자.

Kolb, Mitchell, Hanrahan(1995)는 실제 카메라의 이미지 효과를 모델링하기 위해 복잡한 카메라 렌즈 시스템을 레이트레이싱으로 어떻게 모사하는지 보여줬다. 6.4절 안의 RealisticCamera는 이 방식에 기반을 뒀다. Steinert et al.(2011)은 이 시뮬레이션의 다양한 세부 사항을 개선해서 파장 의존적 효과를 조합하고 회절[diffraction]과 표면 반사[glare]를 둘 다 고려했다. 6.4.5절 안의 출사동의 근사를 위한 방식은 이와 유사하다. Hecht(2002)와 Smith(2007)에서 광학과 렌즈 시스템에 대한 훌륭한 소개를 보자.

Hullin et al.(2012)은 다항식을 사용해 광선이 지나가는 렌즈의 효과를 모델링했다. 이는 개별 렌즈의 다항식 근사에서 전체 렌즈 시스템을 근사하는 다항식을 생성할 수 있게 했다. 이 방식은 렌즈를 통한 광선의 추적 비용을 절약하게 하지만, 복잡한 장면에 대해서는 나머지 렌더링 계산에 대해 보통 상대적으로 무시 가능한 비용이다. Hanika와 Dachsbacher (2014)는 이 방식의 정확도를 개선해서 이 방식을 어떻게 양방향 경로 추적에서 합치는지를 보여줬다.

Chen et al.(2009)은 디지털 카메라의 상당히 완전한 시뮬레이션의 구현을 설명했으며, 이는 아날로그에서 디지털 변환과 이 과정에서 내재된 측정 픽셀 값 안의 잡음을 포함한다.

연습문제

❷ 6.1 일부 카메라 형식들은 필름을 가로질러 직사각형 틈새[slit]을 미끄러뜨리는 방식으로 필름을 노출한다. 이는 노출 틈새와 다른 방향으로 움직이는 물체에 재미있는 효과를 발생시킨다(Glassner 1999; Stephenson 2006). 더욱이 대부분의 디지털 카메라는 수 밀리초에 걸쳐서 연속으로 스캔라인에서 픽셀 값을 읽어온다. 이는 회전 셔터[rolling shutter] 오류로 이어지며, 비슷한 시각적 특징을 보여준다. 6장의 하나 이상의 카메라 구현에서 생성되는 시간 표본을 변경해 이런 효과를 모델링해보자. 이런 이슈에 대한 효과를 확실히 보여주는 움직이는 물체에 대한 이미지를 렌더링하라.

❷ 6.2 EnvironmentCamera로 렌더링된 이미지를 읽어오는 애플리케이션을 작성하고, 상호작용적으로 볼 수 있는 시점에 중심을 둔 구에 이를 적용하자. 사용자는 시야 방향을 자유롭게 움직일 수 있어야 한다. 정확한 텍스처 매핑 함수가 구

위에서 텍스처 좌표를 생성하는 데 사용되면 애플리케이션에서 생성되는 이미지는 보는 사람이 렌더링하는 장면 안의 카메라 위치에서 보는 것과 같이 생성되며, 이는 사용자가 장면을 상호작용적으로 볼 수 있게 한다.

❷ 6.3 RealisticCamera에서 모델링된 구경 조리개는 완전한 구로 모델링된다. 조절 가능한 구경을 가진 카메라는 일반적으로 움직일 수 있는 직선 모서리를 가진 날로 형성되므로 n각형이다. RealisticCamera가 더 사실적인 구경 모양을 모델링하도록 수정하고 차이를 보여주는 이미지를 렌더링하라. 작고 밝은 초점 밖 물체를 가진 장면을 렌더링하는 것(예, 반사 하이라이트)이 차이를 보여주는 데 유용할 것이다.

❷ 6.4 컴퓨터 그래픽스의 피사계 심도를 위한 표준 모형에서는 장면의 한 점을 균일한 강도를 갖는 원반에 이미지화하는 것으로 착란원을 모델링한다. 하지만 실제 많은 렌즈는 가우시안 분포 같은 비선형 변화를 가진 착란원을 생성한다. 이 효과는 보케[Bokeh](Buhler와 Wexler 2002)로 알려져 있다. 예를 들어 반사 굴절(거울) 렌즈는 작은 광점이 초점 밖에서 보일 때 도넛 모양의 하이라이트를 생성한다. RealisticCamera에서의 피사계 심도 구현을 이런 효과를 가진 이미지를 생성하도록 수정하라(예를 들어 렌즈 표본 위치의 분포를 편향한다). 이 모델과 표준 모델 사이의 차이를 보여주는 이미지를 렌더링하라.

❷ 6.5 **초점 다발 렌더링**[Focal stack rendering]: 초점 다발은 각 이미지의 다양한 거리에 초점을 맞춘 카메라로 생성한 고정된 장면의 연속적인 이미지다. Hasinoff와 Kutulakos(2011) 및 Jacobs et al.(2012)은 초점 다발의 여러 응용을 소개했고, 이는 사용자가 임의의 초점 거리를 설정할 수 있는 자유형 피사계 심도를 포함하며, 기존 광학에서 불가능한 효과를 얻을 수 있게 한다. pbrt로 초점 다발을 렌더링하고 이를 사용해 초점 효과를 조절할 수 있는 상호작용 툴을 작성하자.

❸ 6.6 **라이트 필드**[light field] **카메라**: Ng et al.(2005)은 기존 카메라가 하는 것처럼 각 픽셀에서 전체 출사동에 대한 방사를 평균하지 않고, 필름 전체에 대한 출사동의 작은 이미지를 포착하는 카메라에 대한 물리적인 디자인과 응용을 논의했다. 이런 카메라는 광학 장의 표현, 즉 카메라 센서에 도달하는 공간적으로 방향적으로 변화하는 방사의 분포를 포착한다. 빛 영역을 포착하는 것으로 다양한 흥미로운 연산이 가능하고, 이는 사진을 추출한 이후에 재초점을 맞추는 것을 포함한다. Ng et al.(2015)의 논문을 읽고 pbrt에서 장면의 빛 영역을 포착

하는 Camera를 구현하라. 사용자가 빛 영역을 재초점 조정을 실시간으로 할 수 있는 도구를 작성하라.

❸ 6.7 RealisticCamera 구현은 필름을 중심에 두고 광학축에 대해 수직하게 한다. 이것이 실제 카메라의 대부분 설정이지만, 렌즈 시스템에 대한 필름의 배치를 조절하는 것으로 얻을 수 있는 재밌는 효과들이 있다.

예를 들어 현재 구현의 초점면은 항상 광학축과 수직한다. 필름 면(혹은 렌즈 시스템)이 기울어져서 필름이 광학축에 수직하지 않으면 초점면은 더 이상 광학축에 수직하지 않는다(예를 들어 풍경 사진에 유용하며, 초점면을 지면과 정렬해 심지어 더 큰 구경으로 더 깊은 피사계 심도를 가능하게 한다). 그렇지 않으면 필름 면이 광학축에 중심이 있지 않도록 이동하는 것이다. 이 이동은 예를 들어 매우 높은 물체와 초점면을 정렬하는 데 사용할 수 있다.

RealisticCamera를 수정해 한 번 혹은 두 번의 조정을 허용하고 결과를 보여주는 이미지를 렌더링하라. 현재 구현의 여러 곳(예, 출사동 계산)에서 이 변화로 가정이 위반돼 처리해야 하는 것을 기억하라.

CHAPTER SEVEN

07 표본 추출과 재구성

pbrt 같은 렌더러의 최종 결과가 2D의 색을 가진 픽셀의 격자이지만, 입력 방사는 사실상 필름 면에 대해 정의된 연속된 함수다. 이 연속된 함수에서 분리된 픽셀 값이 계산되는 방식은 렌더러가 생성한 최종 이미지의 질에 현저한 영향을 준다. 이 과정이 제대로 처리되지 않을 경우 인공 결함artifact이 보이게 된다. 반대로 잘 처리한다면 이 단계에서 상대적으로 작은 양의 추가적인 계산으로 렌더링된 이미지의 질을 현저하게 향상시킬 수 있다.

7장은 표본화 정리sampling theory(연속된 영역에 대해 정의된 함수에서 분리된 표본 값을 뽑아내고, 이 표본을 이용해 원래 함수와 유사한 새 함수를 재구성하는 정리)를 소개하는 것으로 시작한다. 표본화 정리와 함께 특정 형태의 잘 분포된 표본점인 저불일치 점집합에서의 개념에 기반을 두고 7장의 `Sampler`는 다양한 방법[1]으로 n차원의 표본 벡터를 생성한다. 표본화 문제에 대한 다양한 방식을 포함하는 다섯 가지 `Sampler` 구현을 7장에서 다룬다.

7장은 `Filter` 클래스와 `Film` 클래스로 마무리한다. `Filter`는 각 픽셀 주변에서 얼마나 많은 표본을 함께 혼합해 최종 픽셀 값을 계산하는지 결정하는 데 사용되며, `Film` 클래스 구현은 이미지 표본 분포를 이미지의 픽셀에 누적한다.

7.1 표본화 정리

디지털 이미지는 픽셀 값의 집합으로 표현되며, 보통 직사각형 격자에 정렬돼 있다. 디지털 이미지가 물리 장치에 표현될 때 이 값은 디스플레이 위의 픽셀이 방출하는 분광 출력을

1. 6장의 `Camera`가 필름 면 위, 렌즈 위, 특정 시각에 점을 위치시키는 데 `CameraSample`을 사용하는 것을 기억하자. `CameraSample` 값은 이 표본 벡터의 첫 몇 개의 차원을 받아 설정한다.

결정하는 데 사용된다. 디지털 이미지에 대해 생각할 때 특정 표본 위치에서의 함수 값을 나타내는 이미지 픽셀과 특정 분포로 빛을 발산하는 디스플레이 픽셀을 구분하는 것이 중요하다(예를 들어 LCD 디스플레이에서 색과 밝기는 비스듬한 각도에서 봤을 때 상당히 변화된다). 디스플레이는 이미지 픽셀 값을 디스플레이 표면에서 새로운 이미지 함수를 생성하는 데 사용한다. 이 함수는 단지 디지털 이미지 픽셀의 무한소 지점만이 아닌 디스플레이의 모든 점에 대해 정의돼 있다. 표본 값의 집합을 받는 과정과 이를 다시 연속된 함수로 변환하는 것을 재구성reconstruction이라고 한다.

디지털 이미지에서 구분된 픽셀 값을 계산하기 위해서는 원래 연속하도록 정의된 이미지 함수를 표본 추출하는 것이 필요하다. pbrt에서는 다른 대부분의 레이트레이싱 렌더러처럼 이미지 함수에 대해 정보를 얻는 것은 광선을 추적해 표본을 추출하는 방법밖에 없다. 예를 들어 필름 면의 두 점 사이에 대한 이미지 함수의 변화 경계를 계산하는 일반적인 방법은 없다. 이미지를 픽셀 위치에서 정확히 표본을 추출해서 생성할 수 있는 것보다 다른 위치에서 좀 더 많은 표본을 얻어 이미지 함수에 대한 추가적인 정보를 결합해 최종 픽셀 값을 계산해서 더 좋은 결과를 얻을 수 있다. 사실 최고의 결과를 위해서는 디스플레이 장치에서 재구성된 이미지가 가상 카메라에서 필름 면의 원래 이미지와 가능한 한 가깝게 픽셀 값을 계산해야 한다. 이는 디스플레이의 픽셀이 그 위치에서 이미지 함수의 실제 값을 얻는 것과는 조금 다른 목표다. 이런 차이점을 다루는 것이 7장의 알고리즘의 주요 목표다.[2]

표본 추출과 재구성 과정은 근사화를 포함하고 있어 앨리어싱aliasing이라고 불리는 오류를 생성하며, 이는 들쭉날쭉한 모서리나 애니메이션의 깜빡임 등 다양한 방식으로 나타난다. 이 오류는 표본 추출 과정이 연속적으로 정의된 이미지 함수에서 모든 정보를 전부 수집하지 못해서 생성된다.

이에 대한 예로 1D 함수(신호로 통용할) $f(x)$에 대해 우리는 함수 영역의 원하는 지점 x'에서 $f(x')$를 계산할 수 있다. 각 x'를 표본 위치라 부르며, $f(x')$의 값을 표본 값이라 부른다. 그림 7.1은 1차원의 매끄러운 함수의 표본 집합을 보여주며, 재구성된 신호 $\tilde{f}$가 원 함수 f를 근사한다. 이 예시에서 $\tilde{f}$는 구간 선형 함수로 f를 이웃하는 표본 값으로 선형 보간해서 근사한다(표본화 정리에 익숙한 독자들은 이 재구성은 hat 함수로 재구성했다는 것을 인지할 것이

2. 이 책에서는 물리적 디스플레이 픽셀의 특성과 관련된 작은 문제점들을 무시하고 디스플레이는 이 절의 나중에 다루는 이상적인 재구성 과정을 처리한다고 가정한다. 이 가정은 실제 디스플레이의 작동과 명백히 상충하지만, 불필요한 복잡함을 피할 수 있다. 3장의 Glassner(1995)는 이상적이지 않은 디스플레이 장치에 대한 좋은 처리 방법 및 이미지 표본 추출과 재구성 과정의 영향을 설명한다.

다). f에 대해서 가용한 유일한 정보는 위치 x'의 표본 값이며, 표본 사이에 f의 행태에 대한 정보가 없기에 $\tilde{f}$는 f에 완벽히 일치할 수 없다.

푸리에 분석을 재구성된 함수와 원 함수의 일치를 판별하는 데 사용할 수 있다. 이 절은 푸리에 분석의 핵심을 표본화와 재구성 과정의 일부분을 통해 세부 사항까지 충분히 소개하지만, 많은 특성에 대한 증명과 pbrt에서 사용한 표본화 알고리즘과 관계없는 부분은 생략한다. '더 읽을거리' 절에서 이 주제에 관한 좀 더 자세한 정보를 가진 문헌을 소개한다.

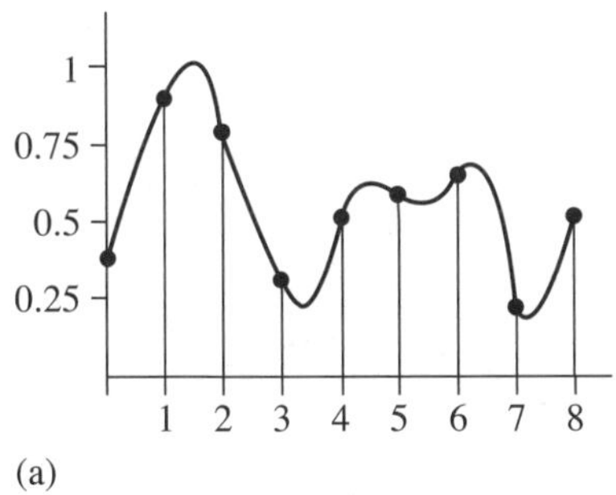

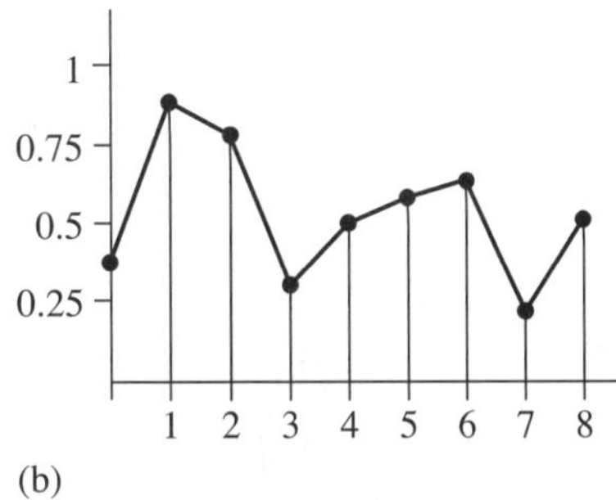

그림 7.1 (a) $f(x)$의 점 표본 집합(까만 점)을 받아서 이 위치에 대한 함수 값을 결정한다. (b) 표본 값은 $f(x)$의 근사인 $\tilde{f}(x)$를 재구성하는 데 사용된다. 7.1.3절에 소개된 표본화 정리는 $f(x)$에 대한 조건, 표본의 수, $\tilde{f}(x)$가 $f(x)$와 정확히 같을 때 사용한 재구성 기술에 대한 정확한 기술을 제공한다. 원 함수가 점 표본만으로 가끔 정확히 재구성될 수 있다는 점은 주목할 만하다.

7.1.1 주파수 영역과 푸리에 변환

푸리에 분석의 기반 중 하나는 푸리에 변환으로, 함수를 주파수 영역에서 표현한다(함수는 보통 공간 영역에서 표현된다). 그림 7.2에 그래프로 그려진 두 함수를 생각해보자. 그림 7.2(a)의 함수는 x에 대한 함수로 상대적으로 느리게 변화하며, 그림 7.2(b)의 함수는 훨씬 빨리 변화한다. 더 느리게 변화하는 함수는 낮은 주파수 성분을 갖고 있다고 말한다. 그림 7.3은 이 두 함수의 주파수 공간 표현이다. 저주파 함수는 고주파 함수에 비해 0으로 빨리 변화한다.

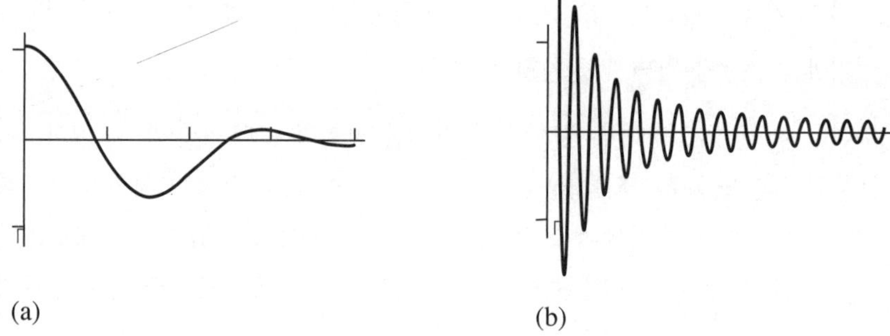

그림 7.2 (a) 저주파 함수, (b) 고주파 함수. 간단히 말하면 함수가 고주파일수록 주어진 영역에서 더 빨리 변화한다.

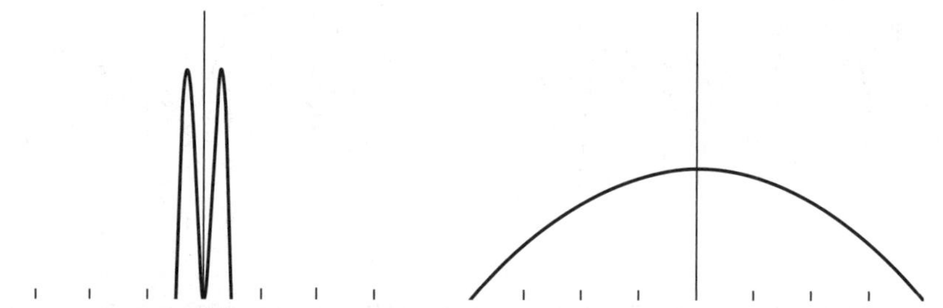

그림 7.3 그림 7.2의 함수들의 주파수 공간 표현. 그래프는 각 주파수 ω에 대한 각 함수의 공간 영역에서의 영향을 보여준다.

대부분의 함수는 이동된 사인 함수의 가중 합으로 분해될 수 있다. 이 중요한 사실은 조셉 푸리에가 처음으로 설명했으며, 푸리에 변환이 함수를 이 표현으로 변환한다. 이 함수의 주파수 공간 표현은 그 특성으로 몇 가지 통찰력을 제공한다. 사인 함수에서의 주파수 분포는 원 함수의 주파수 분포에 대응한다. 이 형태를 이용해 푸리에 분석을 표본화와 재구성 과정에서 생기는 오류에 대한 통찰을 얻고 어떻게 이 오류의 지각적 영향을 줄일지에 사용할 수 있다.

1D 함수 $f(x)$의 이 푸리에 변환[3]은 다음과 같다.

$$F(\omega) = \int_{-\infty}^{\infty} f(x)\, \mathrm{e}^{-\mathrm{i}2\pi\omega x} \mathrm{d}x. \tag{7.1}$$

($e^{ix} = \cos x + i \sin x$, 여기서 $i = \sqrt{-1}$). 단순함을 위해 우리는 우함수[even function] $f(-x) = f(x)$만 고려하며. 이 경우 f의 푸리에 변환은 허수 항을 갖지 않는다. 새 함수 F는 주파수 ω의

3. 이 적분 앞의 상수가 다른 분야에서 항상 같지 않다는 것을 염두에 둬야 한다. 예를 들어 일부 저자(많은 물리학자들을 포함해)는 두 적분을 모두 $1/\sqrt{2\pi}$로 곱하는 것을 선호한다.

함수다.[4] 우리는 푸리에 변환 연산자를 $\mathcal{F}$로 표기하며, $\mathcal{F}\{f(x)\} = \mathcal{F}(\omega)$다. $\mathcal{F}$는 명백히 선형 연산자며, 어떤 스칼라 a에 대해서도 $\mathcal{F}\{af(x)\} = a\mathcal{F}\{f(x)\}$며, $\mathcal{F}\{f(x) + g(x)\} = \mathcal{F}\{f(x)\} + \mathcal{F}\{g(x)\}$다.

방정식(7.1)은 푸리에 분석 방정식으로 불리며, 혹은 때때로 푸리에 변환으로 불린다. 우리는 또한 푸리에 합성, 혹은 푸리에 역변환을 사용해 주파수 영역에서 다시 공간 영역으로 변환할 수 있다.

$$f(x) = \int_{-\infty}^{\infty} F(\omega)\, \mathrm{e}^{\mathrm{i}2\pi\omega x}\, \mathrm{d}\omega. \tag{7.2}$$

표 7.1은 몇 가지 중요한 함수를 보여주고 그의 주파수 공간의 표현을 보여준다. 이 함수들의 많은 수는 $\int \delta(x)\mathrm{d}x = 1$이며, 0이 아닌 모든 x에 대해서 $\delta(x) = 0$인 특별히 정의된 함수인 디렉Dirac 델타 분포에 기반하고 있다. 이 특성들이 중요한 결과는 다음과 같다.

$$\int f(x)\, \delta(x)\, \mathrm{d}x = f(0)$$

표 7.1 푸리에 쌍. 공간 영역의 함수와 그의 주파수 공간 표현이다. 푸리에 변환의 대칭성으로 인해 왼쪽 열이 대신 주파수 공간으로 고려될 때는 오른쪽 열은 이 함수의 공간적 대응이 된다.

공간 영역	주파수 공간 표현
Box: $f(x) = 1$ if $\lvert x\rvert < 1/2$, 0 otherwise	Sinc: $f(\omega) = \mathrm{sinc}(\omega) = \sin(\pi\omega)/(\pi\omega)$
Gaussian: $f(x) = \mathrm{e}^{-\pi x^2}$	Gaussian: $f(\omega) = \mathrm{e}^{-\pi\omega^2}$
Constant: $f(x) = 1$	Delta: $f(\omega) = \delta(\omega)$
Sinusoid: $f(x) = \cos x$	Translated delta: $f(\omega) = \pi(\delta(1 - 2\pi\omega) + \delta(1 + 2\pi\omega))$
Shah: $f(x) = Ш_T(x) = T\sum_i \delta(x - Ti)$	Shah: $f(\omega) = Ш_{1/T}(\omega) = (1/T)\sum_i \delta(\omega - i/T)$

델타 분포는 표준 수학 함수로 표현될 수 없으나, 일반적으로 원점에 위치한 너비가 0에 수렴하는 단위 면적 상자 함수의 극한으로 생각할 수 있다.

4. 7장에서는 ω를 주파수로 사용하다. 책의 나머지 부분에서 ω는 정규화된 방향 벡터다. 이 중복된 표기는 이 상징들이 사용된 문맥상 결코 혼동되지 않는다. 비슷하게 함수의 분광을 얘기할 때 주파수 공간 표현에서 주파수들의 분포를 지칭하는 것이며, 전혀 색과 관련되지 않는다.

7.1.2 이상적인 표본화와 재구성

주파수 공간 분석을 사용해서 이제 표본화의 특성을 공식으로 분석할 수 있다. 표본화 과정은 균일한 간격의 표본 위치의 집합을 선택하고 각 포지션의 함수 값을 계산하는 것이라는 것을 기억하자. 이는 공식으로 함수에 균일 간격 델타 함수의 무한 합인 샤^{shah} 혹은 임펄스 열$^{\text{impulse train}}$ 함수를 곱하는 것에 대응한다. 샤 $Ш_T(x)$는 다음과 같이 정의된다.

$$Ш_T(x) = T \sum_{i=-\infty}^{\infty} \delta(x - iT)$$

여기서 T는 주기 혹은 표본화율$^{\text{sampling rate}}$을 정의한다. 이 표본화의 정식 정의는 그림 7.4에 묘사돼 있다. 곱 연산은 균일 간격 점에서 함수 합의 무한 수열을 생산한다.

$$Ш_T(x) f(x) = T \sum_i \delta(x - iT) f(iT)$$

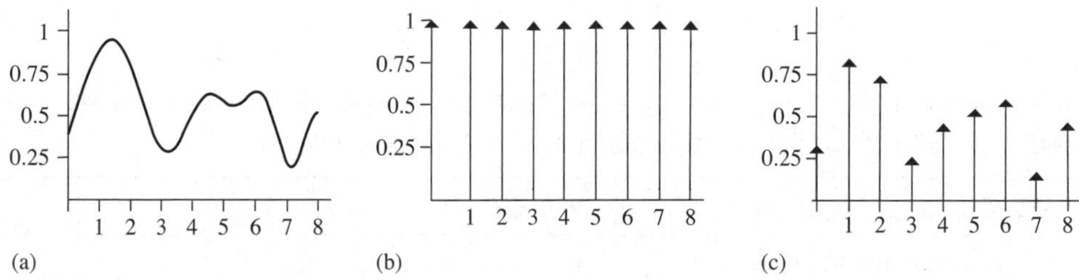

그림 7.4 표본화 과정 공식화. (a) 함수 $f(x)$는 (b) 샤 함수 $Ш_T(x)$로 곱해져 (c) 각 표본점에서의 값을 표현하는 크기 조절된 델타 함수의 무한 수열을 생성한다.

이 표본 값은 재구성 필터 함수 $r(x)$을 선택하고 콘볼루션^{convolution}을 계산해서 재구성 함수 $\tilde{f}$를 정의하는데 사용된다.

$$\big(Ш_T(x) f(x)\big) \otimes r(x)$$

콘볼루션 연산자 ⊗는 다음과 같이 정의된다.

$$f(x) \otimes g(x) = \int_{-\infty}^{\infty} f(x')\, g(x - x')\, \mathrm{d}x'$$

재구성을 위해서 콘볼루션은 표본점을 중심으로 한 크기 변화된 재구성 필터의 가중 합을 계산한다.

$$\tilde{f}(x) = T \sum_{i=-\infty}^{\infty} f(iT)\, r(x - iT)$$

예를 들어 그림 7.1에서는 삼각 재구성 필터 $f(x) = \max(0, 1 - |x|)$ 가 사용됐다. 그림 7.5는 그에 대해 크기 변화된 삼각 함수를 사용한 결과를 보여준다.

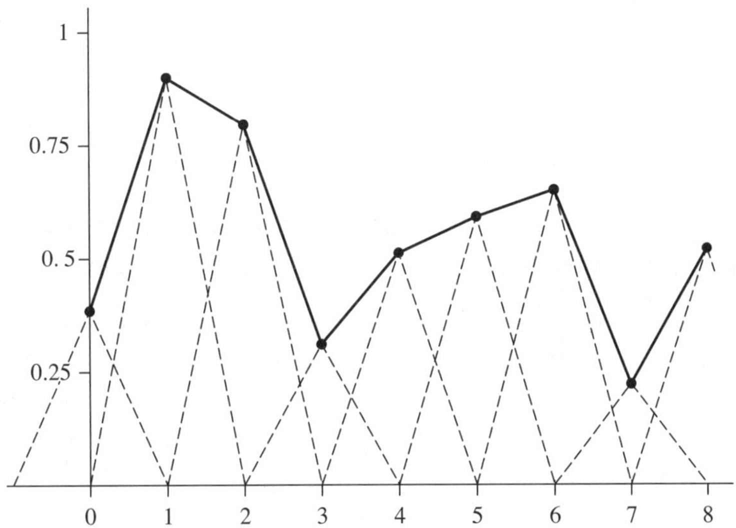

그림 7.5 점선으로 표시된 삼각 재구성 필터들의 합은 재구성된 원 함수의 근사치(실선)를 생성한다.

직관적인 결과를 얻어내고자 불필요하게 복잡해 보이는 과정을 살펴봤다. 재구성된 함수 $\tilde{f}(x)$는 표본 사이를 특정 방법으로 보간하는 것으로 얻을 수 있다. 이 배경 지식을 조심스럽게 설정함으로써 푸리에 분석을 이 과정에 적용하기가 더 쉬워진다.

표본을 얻은 함수를 주파수 영역에서 분석함으로써 표본화 과정을 좀 더 깊이 있게 이해할 수 있다. 특히 이를 통해 원래 함수가 표본 위치의 값을 통해 정확히 복구될 수 있는 조건을 알 수 있다. 이를 통해 함수 $f(x)$가 대역 제한band limited, 즉 특정 주파수 ω_0보다 큰 주파수를 갖지 않는다고 가정할 수 있다. 정의에 의해 대역 제한 함수는 주파수 공간의 표현을 모든 주파수 $|\omega| > \omega_0$에 대해 $F(\omega) = 0$와 같이 간단히 표현할 수 있다. 그림 7.3의 두 스펙트럼은 모드 대역 제한이다.

푸리에 분석에서 사용하는 중요한 개념은 두 함수의 곱의 푸리에 변환 $\mathcal{F}\{f(x)g(x)\}$는 각각의 푸리에 변환 $F(\omega)$와 $G(\omega)$의 콘볼루션으로 나타낼 수 있다는 것이다.

$$\mathcal{F}\{f(x)g(x)\} = F(\omega) \otimes G(\omega)$$

이는 공간 영역에서의 콘볼루션이 주파수 영역의 곱과 같은 것과 유사하다.

$$\mathcal{F}\{f(x) \otimes g(x)\} = F(\omega)G(\omega)$$

이 특성은 푸리에 분석의 표준 문서에서 유도돼 있다. 이 개념을 통해 샤 함수와 원 함수 $f(x)$를 찾을 수 있는 공간 영역의 원본 표본화 단계는 주파수 공간의 다른 샤 함수와 $F(\omega)$의 콘볼루션으로 동일하게 표현할 수 있다.

우리는 또한 표 7.1의 샤 함수 $Ш_T(x)$의 스펙트럼을 알 수 있다. 주기 T 샤 함수의 푸리에 함수는 주기 $1/T$의 샤 함수다. 이 주기 간의 상호 관계를 기억하자. 이는 표본이 공간 영역에서 더 떨어져 있다면 주파수 영역에서 더 가깝다는 의미다.

그러므로 표본화된 신호의 주파수 영역 표현은 $F(\omega)$와 이 새 샤 함수의 콘볼루션으로 표현할 수 있다. 함수를 델타 함수로 콘볼루션하는 것은 함수의 복제를 만드는 것이므로, 샤 함수로 콘볼루션하는 것은 샤 함수의 주기와 같은 간격으로 원 함수의 무한 수열 복제를 생성한다(그림 7.6). 이는 표본들의 주파수 공간의 표현이다.

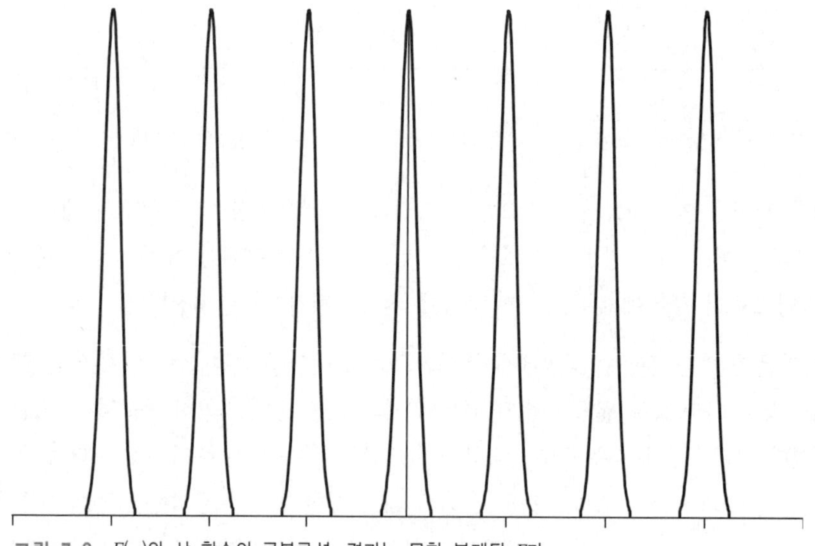

그림 7.6 $F(\omega)$와 샤 함수의 콘볼루션. 결과는 무한 복제된 F다.

이 함수의 스펙트럼에 대한 무한 복제 집합을 통해 원 함수를 어떻게 재구성할 수 있을까? 그림 7.6을 보면 답은 명백하다. 원점에 위치한 것을 제외한 모든 스펙트럼의 복제를 제거하면 원 함수 $F(\omega)$를 얻을 수 있다. 스펙트럼의 중심 복제를 제외한 나머지를 제거하려면 적절한 너비의 상자 함수로 곱한다(그림 7.7). 너비 T의 상자 함수 $\Pi_T(x)$는 이렇게 정의된다.

$$\Pi_T(x) = \begin{cases} 1/(2T) & |x| < T \\ 0 & \text{otherwise} \end{cases}$$

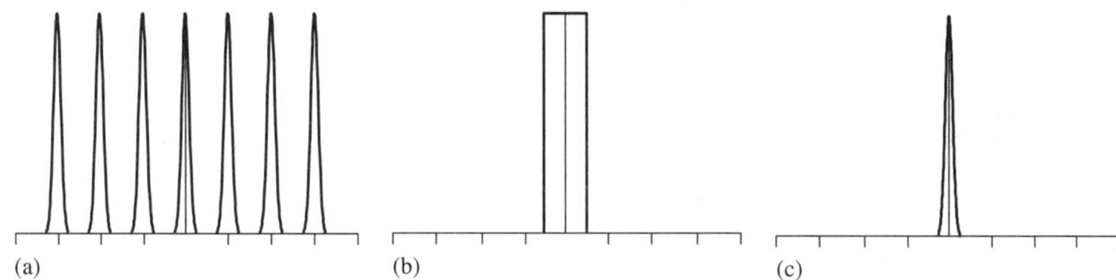

그림 7.7 (a) $F(\omega)$에서 일련의 복제와 (b) 적절한 상자 함수의 곱은 (c) 원래 스펙트럼이다.

곱하는 단계는 공간 영역에서 재구성 필터로 콘볼루션하는 것과 대응된다. 이는 이상적인 표본화와 재구성 과정이다. 정리하면 다음과 같다.

$$\tilde{F} = \left(F(\omega) \otimes Ш_{1/T}(\omega)\right) \Pi_T(\omega)$$

놀라운 결과다. 우리는 단지 일정 간격의 점에서 표본화를 통해 $f(x)$의 정확한 주파수 공간 표현을 정의할 수 있었다. 함수가 대역 제한이라는 것을 아는 것 외에는 함수의 다른 추가적인 정보는 필요하지 않았다.

같은 과정을 공간 영역에 적용하면 똑같이 $f(x)$를 복구할 수 있다. 상자 함수의 푸리에 역변환은 싱크sinc 함수로, 이상적인 공간 영역의 재구성은 다음과 같은 두 가지 형태로 얻어낼 수 있다.

$$\tilde{f} = \left(f(x) Ш_T(x)\right) \otimes \mathrm{sinc}(x)$$

또는

$$\tilde{f}(x) = \sum_{i=-\infty}^{\infty} \mathrm{sinc}(x - i) f(i)$$

안타깝게도 싱크 함수는 무한대의 크기를 지녔기에 모든 표본 값 $f(i)$가 공간 영역의 $\tilde{f}(x)$의 특정 값을 계산하기 위해 필요하다. 한정된 크기의 필터가 원 함수를 완벽히 재구성할 수 없지만 실제 구현에서 선호된다.

그래픽스에서 자주 사용되는 대체법은 재구성을 위해 상자 함수를 사용하는 것으로, 결과적으로 x 주변에서 일정 영역의 표본 값을 평균하는 것이다. 이는 매우 형편없는 선택으로,

상자 필터의 주파수 영역에서의 행태를 고려하면 알 수 있다. 이 기법은 함수에서 스펙트럼의 중심 복제를 분리하기 위해 싱크를 곱하는 것으로, 함수에서 스펙트럼의 중심 복제를 잘못 선택하는 것뿐만 아니라, 다른 복제들의 고주파수 정보까지 포함한다.

7.1.3 앨리어싱

싱크 함수의 무한대 크기를 넘어서 이상적인 표본화와 재구성 방식의 더 심각한 현실적인 문제는 신호가 대역 제한이라는 것이다. 대역 제한이 아닌 신호에 대해서나 주파수 내용에 비해 충분히 높은 표본화 주기를 이용하지 않은 신호에 대해서 원 신호와 다른 함수를 재구성한다.

성공적인 재구성을 위한 핵심은 표본화된 스펙트럼을 적절한 크기의 상자 함수와 곱해서 원 스펙트럼 $F(\omega)$를 복구하는 능력이다. 그림 7.6에서 보면 신호에서 스펙트럼의 복제들은 빈 공간으로 분리돼 있으므로 완벽한 재구성이 가능하다. 원 함수가 낮은 표본화율로 표본화됐을 때 어떤 일이 일어나는지 알아보자. 주기 T의 샤 함수 $Ш_T$의 푸리에 변환은 주기 $1/T$의 새로운 샤 함수라는 것을 상기하자. 이는 공간 영역에서 표본 사이의 공간이 증가하면 주파수 영역의 표본 간격이 감소하는 것을 의미하며, 스펙트럼 $F(\omega)$의 복제를 더욱 가깝게 한다. 복제들이 너무 가까워지면 겹치기 시작한다.

복제들이 같이 합쳐지기에 결과 스펙트럼은 더 이상 원본의 많은 복제로 보이지 않는다(그림 7.8). 이 새로운 스펙트럼이 상자 함수와 곱해지면 결과는 원 $F(\omega)$와 비슷하지만 같지 않은 스펙트럼이 된다. 원본 신호의 고주파수 세부 내용은 재구성된 신호의 더 낮은 주파수 영역으로 스며들게 된다. 이 새로운 저주파수 결함을 고주파수가 저주파수로 위장하기 때문에 앨리어싱^aliase^이라고 부르며, 결과 신호를 앨리어싱됐다고 말한다. 그림 7.9는 과소표집^undersampling^으로 인한 앨리어싱의 효과를 보여주며, 재구성된 1D 함수는 $f(x) = 1 + \cos(4x^2)$이다.

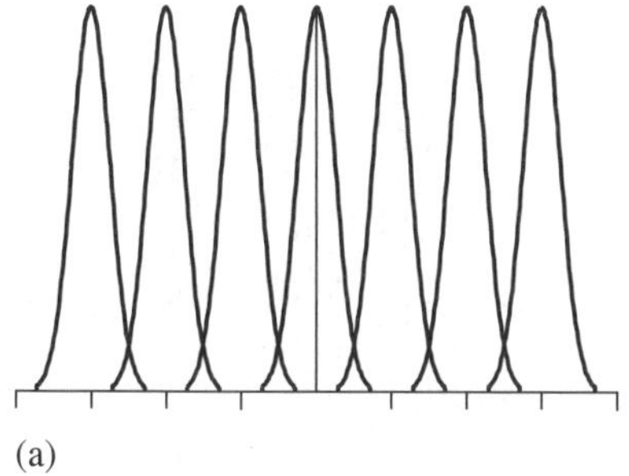
(a)

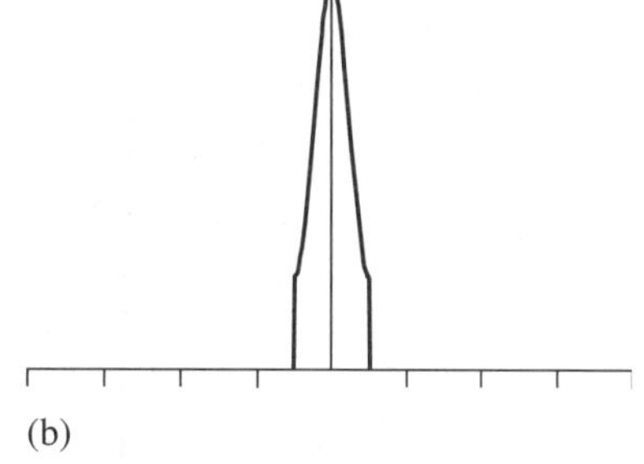
(b)

그림 7.8 (a) 표본화율이 너무 낮으면 함수의 스펙트럼의 복제들이 중첩돼 (b) 재구성 시 앨리어싱이 일어난다.

중첩된 스펙트럼에 대한 해결책은 단순히 스펙트럼의 복제들이 충분히 떨어져 중첩하지 않아 앨리어싱을 완전히 제거할 때까지 표본화율을 증가시키는 것이다. 사실 표본화 정리는 정확히 어떤 표본화율이 필요한지 알려준다. 이 정리는 균일한 표본점 ω_s의 주파수가 신호 ω_0의 최고 주파수의 두 배보다 높을 경우 원래 신호를 표본으로부터 완벽하게 재구성할 수 있다고 알려준다. 이 최소 표본화율을 나이키스트 주파수Nyquist frequency라고 부른다.

대역 제한이 없는 신호($\omega_0 = \infty$)에 대해선 완벽한 재구성을 수행하기 위해 충분히 높은 표본을 얻는 것이 불가능하다. 대역 비제한 신호는 무한대의 스펙트럼을 갖고 있으므로, 아무리 이 스펙트럼이 멀리 떨어져도(아무리 표본화율이 높아도) 항상 중첩이 존재한다. 불행히도, 컴퓨터 그래픽스에서 흥미로운 함수 중 대역 제한인 함수는 거의 없다. 특히 비연속을 포함한 어떤 함수도 대역 제한이 될 수 없으므로, 완벽한 표본 추출 및 재구성이 불가능하다. 이는 함수의 불연속 부분이 항상 두 표본 사이에 존재하므로 표본들이 불연속 위치에 대한 정보를 제공하지 못한다는 점에서 이치에 맞는다. 그러므로 앨리어싱이 렌더러의 결과에 생성하는 오류에 대처하기 위해 단순히 표본화율을 증가하는 것 말고 다른 방법을 적용할 필요가 있다.

7.1.4 안티앨리어싱 기술

표본 추출과 재구성에 신중하지 않다면 무궁무진한 결함이 최종 이미지에 나타날 수 있다. 가끔은 표본 추출로 인한 결함과 재구성으로 인한 결함을 구분하는 것이 유용하다. 좀 더 정확히 구분할 때 표본 추출 결함을 프리앨리어싱prealiasing이라고 하고 재구성 결함을 포스트앨리어싱postaliasing이라 한다. 이 절에서는 단지 모든 곳에서 표본화율을 높이는 것을 넘어선 다양한 안티앨리어싱 기술을 검토한다.

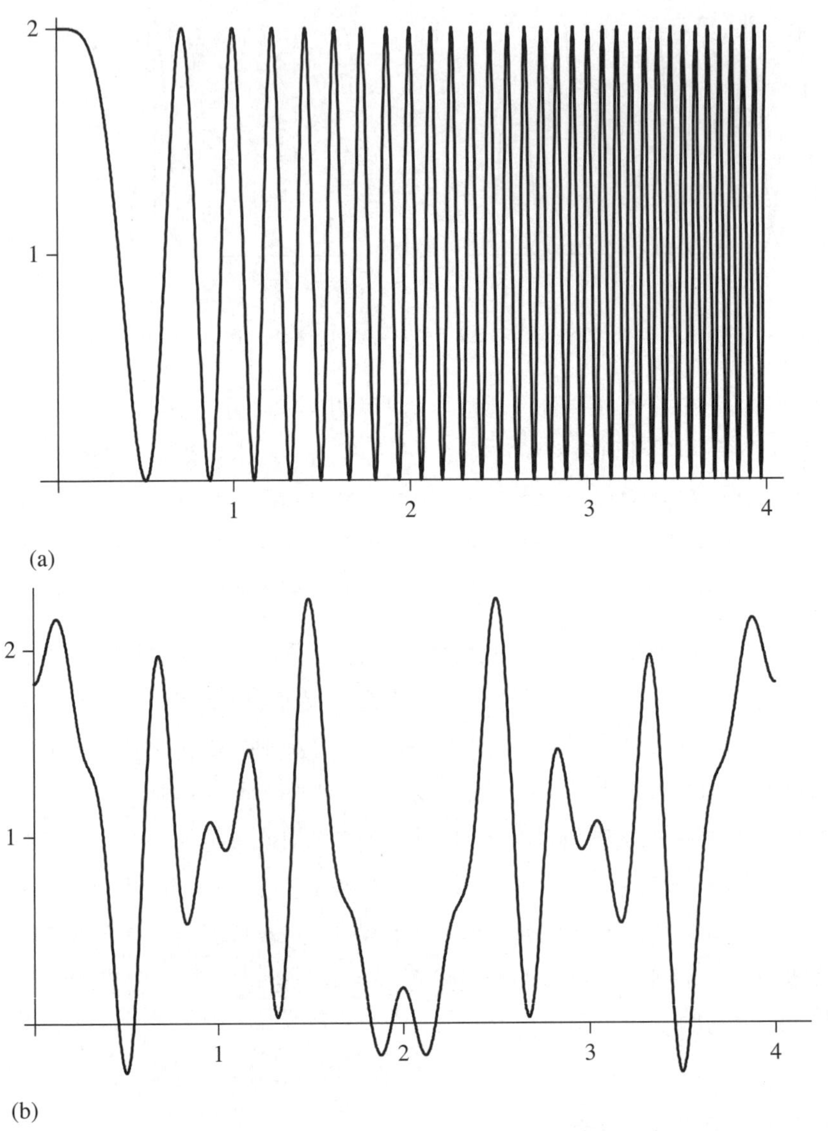

그림 7.9 함수 $1+\cos(4x^2)$의 점 표본으로 인한 앨리어싱. (a) 함수. (b) 0.125 단위로 떨어진 표본을 sinc 필터를 통해 완벽히 재구성한 함수. 앨리어싱은 원래 함수에서의 고주파수 정보를 없애고 더 저주파 오류로 나타난다.

비균일 표본화

표본 추출할 이미지 함수가 무한대 주파수 요소를 갖고 있어 완벽히 재구성을 점 표본으로 할 수 없다는 것을 알고 있더라도 표본의 간격을 비균일하게 변화시킴으로써 앨리어싱의 시각적 영향을 줄이는 것이 가능하다. ξ이 0과 1 사이의 임의의 수를 표시한다면 임펄스

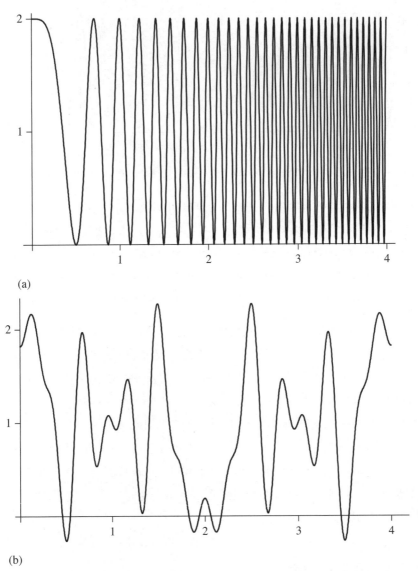

열impulse train에 기반을 둔 비균일 표본 집합은 다음과 같다.

$$\sum_{i=-\infty}^{\infty} \delta\left(x-\left(i+\frac{1}{2}-\xi\right)T\right)$$

함수를 수집하기에 충분하지 않은 고정된 표본화율에 대해서 균일과 비균일 표본 추출은 둘 다 부정확한 재구성 신호를 생성한다. 하지만 비균일 표본화는 규칙적인 앨리어싱을 잡음으로 변환하며, 이는 인간의 시각계를 덜 방해한다. 주파수 공간에서 표본화된 신호의 복제 역시 임의로 이동돼서 재구성이 수행될 때 결과는 일관된 앨리어싱이 아닌 임의의 오류로 나타난다.

적응적 표본화

앨리어싱과의 전투를 위한 또 다른 방법은 적응적 초표본화adaptive supersampling다. 나이키스트 한계보다 높은 주파수를 가진 신호의 영역을 판별할 수 있다면 모든 곳의 표본화율을 증가하는 계산 비용을 발생시키지 않고 추가적인 표본을 이 영역에서 추출할 수 있다. 이 방법을 실제로 잘 동작시키는 것은 초표본화가 필요한 모든 곳을 찾기가 어렵기에 사실 난해하다. 이를 위한 대부분의 방법은 인접한 표본 값을 검사해 두 값이 확연히 변하는 곳을 찾는 방식에 기반을 둔다. 여기서의 가정은 신호가 해당 영역에서 고주파수를 가진다는 것이다.

일반적으로 인접한 표본 값은 그 사이에서 실제로 무엇이 일어나는지 알려주지 못한다. 값이 같더라도 함수는 그 사이에서 엄청난 변화를 가질 수 있다. 그렇지 않으면 인접한 표본은 어떤 앨리어싱이 실제로 나타나지 않는 본질적으로 다른 값을 가질 수 있다. 예를 들어 10장의 텍스처 필터링 알고리즘은 장면 표면의 이미지 맵과 절차적procedural 텍스처로 인한 앨리어싱을 없애기 위해 노력한다. 텍스처 값이 빠르게 변화하지만 실제로 과하게 고주파수가 존재하지 않는 영역에 적응적 표본화 방법이 필요 없이 추가적으로 표본을 추출하는 것을 원하지 않는다.

사전 필터링

앨리어싱을 제거하기 위해 표본화 이론이 제시하는 다른 방법은 원 함수를 필터(예를 들어 블러blur) 처리해 사용하는 표본화율에서 정확히 잡아낼 수 없는 고주파수를 제거하는 방법이다. 이 방식은 10장의 텍스처 함수에서 적용된다. 이 기술이 표본화되는 함수의 특성을 정보를 제거함으로써 변화시키지만, 일반적으로 흐릿함이 앨리어싱에 비해 덜 불쾌하다.

원 함수의 스펙트럼을 나이키스트 한계를 넘은 주파수를 제거하기 위한 너비의 상자 필터로 곱했던 것을 기억하자. 공간 영역에서 이는 원 함수를 싱크 필터로 얽는 것에 대응한다.

$$f(x) \otimes \mathrm{sinc}(2\omega_s x)$$

실제로는 잘 작동하는 한정된 범위의 필터를 사용할 수 있다. 이 필터의 주파수 공간 표현은 이상적인 싱크 필터의 행태를 얼마나 잘 모사하는지를 명백히 하는 것에 도움이 된다.

그림 7.10은 함수 $1 + \cos(4x^2)$을 7.7절에서 소개할 한정된 범위의 싱크의 변종과 얽은 것을 보여준다. 고주파수 세부는 제거된 것을 알 수 있다. 이 함수는 그림 7.9에 사용된 표본화율로 앨리어싱 없이 추출하고 재구성된다.

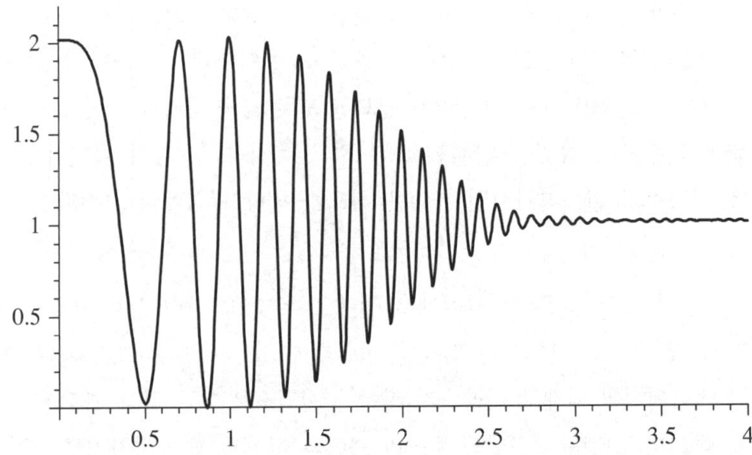

그림 7.10 함수 $1 + \cos(4x^2)$을 표본화율 $T = 0.125$의 나이키스트 한계를 넘은 주파수를 제거하기 위한 필터로 얽은 그래프. 고주파수 세부 사항은 함수에서 제거돼 새 함수는 앨리어싱 없이 표본화 후 재구성이 가능하다.

7.1.5 이미지 합성에 활용

이 개념들의 2D의 표본화와 렌더링된 장면 이미지의 재구성 활용은 간단하다. 이미지를 2D (x, y) 이미지 위치에서 방사 값 L로의 함수로 생각할 수 있다.

$$f(x, y) \rightarrow L$$

좋은 소식은 레이트레이서로 어떤 (x, y) 점을 선택해도 이 함수를 알아낼 수 있다는 것이다. 나쁜 소식은 일반적으로 사전 필터 f가 표본화 이전에 고주파수를 이 함수로부터 제거할 수 없다는 점이다. 그러므로 7장의 표본 추출기는 표본화율을 최종 이미지의 기본 픽셀 간격을 넘어서 증가시키면서 비균일 표본 분포로 앨리어싱을 잡음으로 변화시킨다.

장면 함수의 정의를 시간 t와 표본 추출한 (u, v) 렌즈 위치에 연결된 더 높은 차원의 함수로 일반화하는 것은 유용하다. 카메라로부터의 광선이 이 5가지 양에 기반을 두기 때문에 그중 어떤 것을 변화시켜도 다른 광선이 되므로 잠재적으로 f의 다른 값이 된다. 특정 이미지 위치에 대해 이 점에서의 방사는 일반적으로 시간(장면에 움직이는 물체가 있다면)과 렌즈의 위치(카메라가 한정된 구경 렌즈를 가지면) 둘 다에 대해서 변화한다.

더욱 일반적으로 14~16장의 많은 적분기가 주어진 광선에 따른 방사를 추정하기 위해 통계적 기술을 사용하기 때문에 같은 광선을 반복적으로 줬을 때 다른 방사 값을 반환할 수 있다. 장면 방사 함수를 적분기가 사용한 표본 값(조명 계산을 위해 영역 광원의 점을 선택하는 데 사용하는 값)을 포함해 확장하면 더욱 고차원 이미지 함수를 얻게 된다.

$$f(x, y, t, u, v, i_1, i_2, \ldots) \rightarrow L$$

이 차원들에 대해 표본을 적절히 추출하는 것은 고품질 이미지를 효율적으로 생성하는 데 중요한 부분이다. 예를 들어 근접한 이미지의 (x, y) 위치가 상이한 렌즈의 (u, v) 위치를 갖도록 보장할 수 있다면 결과 렌더링 이미지는 각 표본이 장면에 대한 주변 표본이 갖지 못한 정보를 더 갖게 되므로, 결과적으로 더 적은 오류를 갖게 된다. 다음 절의 `Sampler` 클래스는 이 모든 차원에서의 표본화를 효과적으로 처리하는 문제에 대해 가능한 한 많은 것을 짚어본다.

7.1.6 렌더링에서 앨리어싱의 근원

기하 구조는 렌더링 이미지에서 앨리어싱을 유발하는 가장 흔한 원인 중 하나다. 이미지 면으로 투영할 때 물체의 가장자리는 계단 함수[step function], 즉 이미지 함수의 값이 순간적으로 한 값에서 다른 값으로 크게 변하게 된다. 계단 함수는 앞서 언급한 무한 주파수의 내용을 갖고 있을 뿐 아니라, 완전한 재구성 필터를 앨리어싱된 표본에 적용했을 때 깁스 현상[Gibbs phenomenon]이라고 알려져 있는 효과인 물결 결함[ringing artifact]이 발생한다. 그림 7.11은 이런 효과를 보여주는 1D 함수의 예를 보여준다. 앨리어싱에 불구하고 효과적인 재구성 필터를 고르는 것은 7장의 뒤에서 보듯 과학, 예술, 개인적 취향의 혼합이 필요하다.

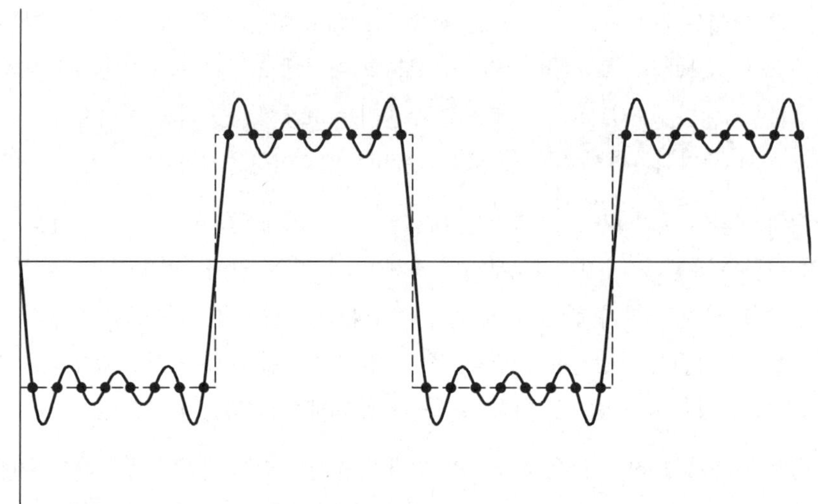

그림 7.11 깁슨 현상의 묘사. 함수가 나이키스트 표본화율로 표본화되지 않고 앨리어싱된 표본을 sinc 필터로 재구성했을 때 재구성된 함수는 실제 함수의 주변에서 진동하는 물결 결함을 갖게 된다. 여기 있는 1D 계단 함수(점선)는 0.125 표본 간격으로 표본화됐다. sinc으로 재구성했을 때 물결이 나타난다(실선).

장면에서 매우 작은 물체 역시 기하학적 앨리어싱을 유발한다. 기하 구조가 너무 작아 이미지 면의 표본 사이에 위치하게 되면 이는 애니메이션의 여러 프레임에서 예상치 못하게 사라졌다가 다시 나타나게 된다.

다른 앨리어싱의 근원은 물체의 텍스처와 재질에서 나타난다. 음영 앨리어싱은 텍스처 맵이 제대로 필터링되지 않았을 때(이 문제는 10장의 주제에서 다룬다)나 반짝이는 표면의 많은 작은 하이라이트에서 일어난다. 표본화율이 이런 특징을 표본화하기에 충분히 높지 않다면 앨리어싱이 발생한다. 더욱이 물체가 드리우는 날카로운 그림자 역시 또 다른 계단 함수를 최종 이미지에서 생성한다. 이미지 면의 기하학적 모서리로부터 계단 함수의 위치를 확인하는 것이 가능하지만, 그림자 가장자리로부터 계단 함수를 발견하는 것은 더욱 어렵다.

렌더링된 이미지에서의 앨리어싱에 대한 핵심적인 이해는 결코 모든 근원을 제거할 수 없으므로, 최종 이미지에 미치는 질적 영향을 완화시키는 기술을 개발해야 한다는 것이다.

7.1.7 픽셀에 대한 이해

7장을 읽을 때 유념해야 하는 픽셀에 관한 두 가지 중요한 개념이 있다. 첫째, 이미지를 구성하는 픽셀은 이미지 면에서 분리된 점들에서의 이미지 함수의 점 표본이다. 픽셀에는 연결된 면적이 없다. Alvy Ray Smith(1995)에서 강조하며 지적했듯 픽셀을 한정된 면적을 가진 작은 정사각형으로 생각하는 것은 연속된 오류를 생성할 수 있는 잘못된 심적 모델이다. 7장의 신호 처리 방식을 통해 좀 더 정확한 심적 모델의 토대를 마련하려 한다.

둘째, 최종 이미지의 픽셀은 픽셀 격자에서 비연속적 정수 (x, y) 좌표로 자연스럽게 정의되지만, 7장의 `Sampler`는 이미지 표본을 연속된 부동소수점 (x, y) 위치로 생성한다. 이 두 영역을 자연스럽게 연결하는 것은 연속된 좌표를 가장 가까운 정수 좌표로 반올림하는 것이다. 이는 정수 부분에서 같은 값을 갖는 연속된 좌표들을 그 값의 정수 좌표계로 연결하므로 매력적이다. 하지만 결과는 주어진 비연속 좌표 영역 $[x_0, x_1]$이 연속적 좌표계에서 $[x_0 - 1/2, x_1 + 1/2)$ 영역에 해당된다. 그러므로 연속된 표본 위치를 주어진 비연속 좌표계에서 생성하면 1/2 오프셋만큼 어긋나게 된다. 이는 작은 오류로 이어지며, 잊기 쉬운 부분이다.

대신 연속적 좌표 c를 비연속적 좌표 d로 다음과 같이 잘라낸다.

$$d = \lfloor c \rfloor$$

그리고 비연속 좌표에서 연속으로 다음과 같이 변환한다.

$$c = d + 1/2$$

그러며 비연속 좌표 영역 $[x_0, x_1]$에 대한 연속 좌표계의 좌표는 자연스럽게 $[x_0, x_1 + 1)$이 되며, 결과 코드는 훨씬 간단해진다. 이 전환을 `pbrt`에서 사용하며, 그림 7.12에서 도표로 표현돼 있다.

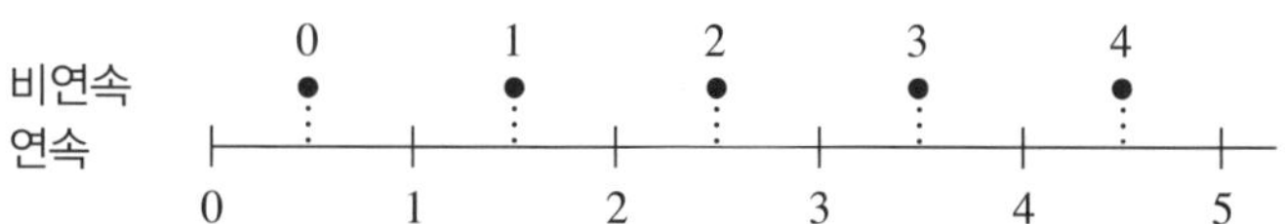

그림 7.12 이미지의 픽셀은 비연속 혹은 연속 좌표로 표현된다. 비연속 이미지 5픽셀 너비는 연속 픽셀 영역 [0, 5)가 된다. 특정 비연속 픽셀 d에 대한 좌표의 연속 표현은 d + 1/2이 된다.

7.2 이미지 표본 인터페이스

7.1.5절에서 처음 소개했듯이 `pbrt`에 구현된 렌더링 방법은 이미지 면 위의 2D 점을 넘은 추가적인 차원에서의 표본점을 선택하는 것을 포함한다. 다양한 알고리즘이 이 점을 생성

하는 데 사용되지만, 이 모든 구현은 인터페이스를 정의하는 추상 `Sampler` 클래스를 상속한다. 핵심 표본화 선언과 함수는 core/sampler.h와 core/sampler.cpp 파일 안에 있다. 각 표본 생성 구현은 samplers/ 디렉터리의 각 소스 파일에 들어있다.

`Sampler`의 작업은 $[0, 1)^n$ 안의 n차원에서 일련의 표본을 생성하는 것으로, 하나의 해당 표준 벡터가 각 이미지 표본에 대해 생성되며 각 표본의 차원 n의 수가 빛 전송 알고리즘으로 처리되는 계산에 기반을 두고 변화할 수 있다(그림 7.13을 보자).

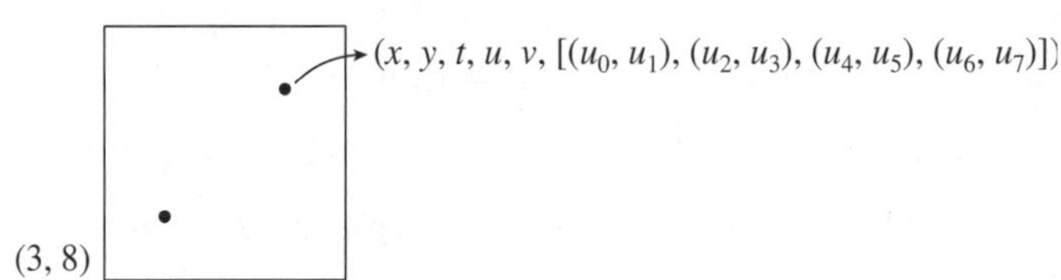

그림 7.13 표본기는 n차원 표본 벡터를 최종 이미지를 생성하기 위해 추출되는 이미지 표본의 각각에 대해 생성한다. 여기서 픽셀 (3, 8)이 표본화되며, 해당 픽셀 영역에 두 이미지 표본이 있다. 표본 벡터의 첫 두 차원인 픽셀 안에서 표본의 (x, y) 오프셋을 제공하며, 다음 3개의 차원은 시각과 카메라 광선에 대응하는 렌즈 위치를 결정한다. 이후 차원은 14, 15, 16장의 몬테카를로 빛 전송 알고리즘에서 사용한다. 여기서 빛 전송 알고리즘은 표본 벡터 안에서 4개의 표본을 가진 2D 배열을 요청한다. 이 값은 예를 들어 영역 광원 위 4개의 점을 선택해 이미지 표본의 방사를 계산하는 데 사용한다.

표본 값이 반드시 엄격히 1보다 작아야 하므로, 1보다 작을 수 있는 가장 큰 표현 가능한 부동소수점 상수를 나타내는 상수 `OneMinusEpsilon`을 정의하는 것이 유용하다. 이후 표본 벡터 값을 이 값보다 더 크지 않게 잘라낸다.

<Random Number Declarations> ≡

```
#ifdef PBRT_FLOAT_IS_DOUBLE
static const Float OneMinusEpsilon = 0x1.fffffffffffffp-1;
#else
static const Float OneMinusEpsilon = 0x1.fffffep-1;
#endif
```

가능한 가장 단순한 `Sampler`의 구현은 단지 [0, 1) 안의 균일한 난수 값을 반환하는 것으로, 매번 표본 벡터의 추가적인 요소가 필요하다. 이런 표본기는 정확한 이미지를 생성할 수 있지만, 더 복잡한 표본기로 성취 가능한 것과 같은 품질의 이미지를 생성하기 위해 훨씬 더 많은 표본(그러므로 훨씬 더 많은 추적할 광선과 더 많은 시간)을 필요로 한다. 더 나은 표본화 방식의 실행 시간 비용은 균일 난수와 같은 더 낮은 품질의 방식과 거의 동일하다. 각 이미지 표본의 방사를 처리하는 것이 표본의 요소 값을 계산하는 것보다 훨씬 더 비싸기 때문에 이 작업은 큰 이득을 제공한다(그림 7.14).

(a)

(b)

그림 7.14 (a) 상대적으로 비효율적인 표본기, (b) 신중히 설계한 표본기를 이용해 같은 표본수로 렌더링한 장면이다. 화질, 하이라이트의 모서리에서 광택 반사의 질까지 눈에 띄게 향상됐다.

이런 표본 벡터의 몇 가지 특징이 다음에 가정돼 있다.

- Sampler가 생성한 첫 5개의 차원은 일반적으로 Camera에서 사용된다. 이 경우 첫 두 차원은 현재 픽셀 영역 안의 이미지에서의 점을 선택하는 데 특별히 사용되며, 3번째는 표본을 추출할 시각을 계산하는 데 사용된다. 4번째와 5번째 차원은 피사계 심도를 위한 (u, v) 렌즈 위치를 제공한다.
- 일부 표본화 알고리즘은 다른 것보다 표본 벡터의 일부 차원에 대해 더 나은 표본을 생성한다. 시스템의 다른 곳에서 일반적으로 더 앞선 차원이 가장 잘 배치된 표본 값을 가진다고 가정한다.

또한 Sampler가 생성한 n차원 표본이 일반적으로 명시적으로 표현되지 않거나 전체를 저장하지만, 종종 빛 전송 알고리즘이 필요할 때마다 점진적으로 생성된다(하지만 전체 표본 벡터를 저장하고 요소에 점진적인 변경을 생성하는 것은 16.4.4절에서의 MLTSampler의 기반이며, 이는 16.4.5절의 MLTIntegrator가 사용한다).

*7.2.1 표본 패턴 평가: 불일치

푸리에 분석이 2D 표본 패턴의 품질을 평가하는 한 가지 방법을 제공하지만, 표현 가능한 대역 제한 주파수에 대해 더 많은 균일 간격 표본보다 얼마나 개선되는지만 수량화할 수 있다. 이미지에서의 경계에서 주어진 무한 주파수 내용의 존재와 몬테카를로 빛 전송 알고리즘에 대한 $(n > 2)$차원 표본 벡터의 필요에 대해서 푸리에 분석만으로는 충분하지 않다.

주어진 렌더러와 표본을 배치하는 후보 알고리즘에 대해서 알고리즘의 효율성을 평가하는 한 가지 방법은 표본화 방법을 이미지 렌더링에 사용하고 많은 수의 표본을 사용해서 렌더링한 표준 이미지와 비교해 오차를 계산하는 것이다. 7장의 이후에 표본화 알고리즘을 비교하는 데 이 방식을 사용할 것이지만, 이는 한 가지 특정 장면에서 얼마나 잘 처리하는지를 말해줄 뿐이며, 또한 렌더링 과정을 살펴보지 않고서는 표본점 품질의 의미를 알려주지 않는다.

푸리에 분석 이외에 수학자들은 표본 위치에서 패턴의 질을 평가하기 위해 불일치^discrepancy^라는 개념을 도입해 n차원 표본 위치의 패턴 품질을 수치적으로 표현할 수 있는 방법을 개발했다. 잘 분포된 패턴은 (짧게 형식화하기 위해) 저불일치 값을 가지며, 그러므로 표본 패턴 생성 문제는 적절한 점들의 저불일치 패턴을 찾는 것이라고 생각할 수 있다.[5] 여러

5. 물론 불일치를 이런 방식으로 사용하는 것은 내재적으로 불일치를 계산하는 계량법이 이미지 표본의 패턴의 질과 좋은 상관관계를 갖고 있다는 것을 가정하고 있으며, 이는 처리 과정에서 살짝 다른 부분, 특히 인간 시각계의 개입을 염두에 두고 있다.

가지 결정적 기술이 고차원 공간에서도 저불일치 점집합을 생성하기 위해서 개발됐다(7장의 이후에 사용할 대부분의 표본화 알고리즘은 이 기술을 사용한다).

불일치의 기본 개념은 n차원 공간 $[0, 1)^n$에서 점집합의 질은 $[0, 1)^n$의 공간 영역을 살펴봐서 각 영역 안에서 점의 수를 계산해 각 영역의 부피와 안에서 표본점의 수와 비교해 계산할 수 있다. 일반적으로 주어진 부피의 일부분은 대체적으로 그 안의 표본점에서 같은 비율의 부분을 가진다. 항상 이렇게 되는 것은 불가능하지만, 패턴을 사용해 실제 부피와 점으로 추정한 부피(불일치)의 차이를 줄일 수 있다. 그림 7.15는 2차원에서 이 개념의 예를 보여준다.

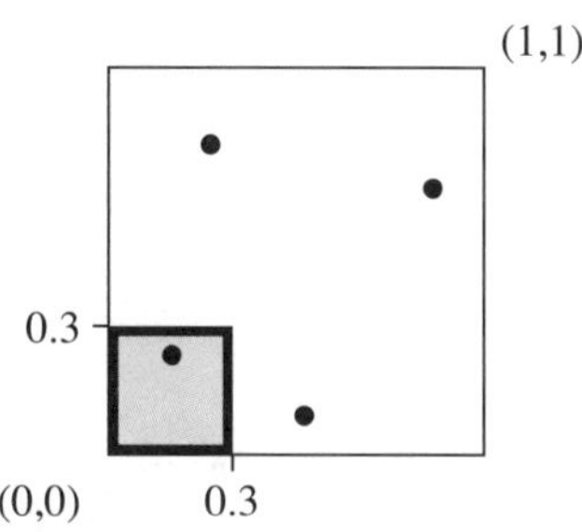

그림 7.15 주어진 $[0, 1)^2$의 2D 표본점의 상자(음영이 있는)의 불일치. 4개의 표본점 중 하나는 상자 안에 있으며, 그러므로 이 점들의 집합은 상자 영역의 1/4로 예측할 수 있다. 실제 상자의 면적은 .3 × .3 = .09이므로, 이 상자의 불일치는 .25 − .09 = .16이다. 일반적으로 불일치를 계산하기 위해선 모든 가능한 상자(혹은 다른 모양)에 대해 최대의 불일치를 계산한다.

점집합의 불일치를 계산하기 위해, $[0, 1)^n$의 부분집합인 모양 B의 계열을 선택한다. 예를 들어 한쪽 모서리가 원점인 상자가 자주 사용된다. 이는 다음과 같다.

$$B = \{[0, v_1] \times [0, v_2] \times \cdots \times [0, v_n]\}$$

여기서 $0 \leq v_i < 1$이다. 주어진 일련의 표본점 $P = x_1, \ldots, x_N$에 대해서 P의 B에 대한 불일치[6]는 다음과 같다.

$$D_N(B, P) = \sup_{b \in B} \left| \frac{\sharp\{x_i \in b\}}{N} - V(b) \right|, \tag{7.4}$$

여기서 $\sharp\{x_i \in b\}$는 b의 점 개수이며, $V(b)$는 b의 부피다.

6. sup 연산자는 비연속적인 max 연산자의 연속적인 유사 항이다. 그러므로 sup $f(x)$는 $f(x)$가 가질 수 있는 최댓값을 갖는 x에 대한 상수 값 함수다.

방정식(7.4)가 합리적인 질의 측정 방식인 이유에 대한 직관적인 해석은 값 $\sharp\{x_i \in b\}/N$이 상자 b의 부피에 대한 주어진 특정 점집합 P로 계산한 근사치라는 것이다. 그러므로 불일치는 이 방식으로 계산한 모든 가능한 상자에 대해 최악의 오류인 것이다. 모양의 집합인 B가 한 모서리가 원점에 있는 상자일 때 이를 별 불일치^star discrepancy^라고 하며, $D_N^*(P)$다. 다른 B에 대한 인기 있는 방식은 모두 축 정렬된 상자의 집합으로, 한쪽 모서리가 원점이어야 하는 제한이 없다.

일부 특정 점집합에 대한 불일치는 해석학적으로 계산할 수 있다. 예를 들어 1차원에서 다음과 같은 표본점을 고려해보자.

$$x_i = \frac{i}{N}$$

x_i의 별 불일치는 다음과 같다.

$$D_N^*(x_1, \ldots, x_n) = \frac{1}{N}$$

예를 들어 구간 $b = [0, 1/N)$을 가져오자. 그러면 $V(b) = 1/N$이지만, $\sharp\{x_i \in b\} = 0$이 된다. 이 구간(그리고 다른 구간 $[0, 2/N)$ 등등)은 부피와 부피 안에서 점들의 부분이 가장 크게 차이 나는 구간이다.

이 시퀀스에서 별의 불일치는 약간 수정해 개선할 수 있다.

$$x_i = \frac{i - \frac{1}{2}}{N}. \tag{7.5}$$

그러면 다음과 같다.

$$D_N^*(x_i) = \frac{1}{2N}$$

일차원 점의 시퀀스에 대한 별의 불일치 범위는 다음과 같다.

$$D_N^*(x_i) = \frac{1}{2N} + \max_{1 \le i \le N} \left| x_i - \frac{2i-1}{2N} \right|$$

그러므로 앞서 수정된 방정식(7.5)의 연속 항은 1D의 가능한 모든 시퀀스에 대한 가장 낮은 불일치를 가진다. 일반적으로 1D의 시퀀스에 대해 불일치의 범위를 분석하고 계산하는 것이 고차원에서 계산하는 것보다 훨씬 쉽다. 덜 단순하게 생성된 점 시퀀스에 대해서, 또는 고차원의 시퀀스나 상자보다 더 불규칙한 모양에 대한 불일치는 수치적으로 많은 수의 모양 b을 생성해 그에 대해 불일치를 계산해 얻어진 최댓값을 보고해야 한다.

기민한 독자는 저불일치 측정에 따라 이 1D에서의 균일 시퀀스가 최적이기 때문에 알 수 있겠지만, 7장의 앞서 설명에 따르면 2D에서 이미지 표본화를 위한 불규칙한 지터링 패턴이 균일한 패턴보다 앨리어싱 오류를 잡음으로 변환하기에 인지적으로 우월하다는 것을 알 수 있다. 이를 토대로 균일한 표본은 명백히 최적이 아니다. 다행히 고차원의 저불일치 패턴은 1차원보다 훨씬 덜 균일하며, 그러므로 실제적으로 표본 패턴으로 꽤나 잘 동작한다. 그럼에도 불구하고 이의 내재적인 균일성은 저불일치가 진정한 의사 임의 변형의 패턴에 비해 앨리어싱에 약한 것에 대한 이유일 것이다.

불일치 단독으로는 좋은 척도가 될 수 없다. 일부 저불일치 점집합은 표본의 덩어리를 보이며, 이는 두 개 이상의 표본이 매우 근접하게 붙어있게 된다. 7.7절의 Sobol′ 표본기는 특히 이 문제에 취약하다. 첫 두 차원의 그래프를 보여주는 그림 7.36을 보자. 직관적으로 너무 가까이 붙은 두 표본은 표본화되는 함수에 대해 유용한 새 정보를 제공하기 어렵다. 그러므로 점집합의 두 표본 사이 최소 거리를 계산하는 것은 표본 패턴 품질에서 또한 유용한 척도로 증명됐다. 최소 거리가 멀수록 더 좋다.

이 척도로 좋은 점수를 얻는 푸아송 원반^Poisson disk 표본화 패턴을 생성하는 다양한 알고리즘이 있다. 생성 시에 푸아송 원반 패턴 안의 어떠한 두 점도 특정 거리 d보다 가까울 수 없다. 연구들은 눈의 간상체^rods와 추상체^cones가 비슷한 방식으로 분포됐다는 것을 보여주며, 이는 이 분포가 이미지화에 좋은 것을 입증해준다. 실제로 2D 이미지 표본화에 대해서 푸아송 원반 패턴이 매우 잘 작동하는 것을 발견했지만, 더 복잡한 렌더링 상황에서 더 높은 차원 표본화를 위해 사용했을 때 더 좋은 저불일치 패턴에 비해 덜 효과적이다. '더 읽을거리' 절에서 더 많은 정보를 알아보자.

7.2.2 기본 Sampler 인터페이스

`Sampler` 기본 클래스는 단지 표본기에 대한 인터페이스를 제공하는 것뿐 아니라 `Sampler` 구현이 사용하는 일부 공통 기능을 제공한다.

<Sampler Declarations> ≡

```
class Sampler {
```

```
public:
    <Sampler Interface 526>
    <Sampler Public Data 526>
protected:
    <Sampler Protected Data 530>
private:
    <Sampler Private Data 531>
};
```

모든 Sampler 구현은 반드시 생성자에게 최종 이미지에서 각 픽셀에 대해 생성할 표본의 수를 제공해야 한다. 희귀한 경우에 단일 픽셀이 전체 시야 영역을 처리하는 필름을 모델링하는 시스템에 대해 유용할 수 있다(이 픽셀의 정의의 중복은 조금 무리지만, 특정 구현의 측면을 단순화하기 위해 허용한다). 이 '픽셀'이 잠재적으로 수십억의 표본일 수 있으므로, 표본수를 64비트 정밀도의 변수를 사용해 저장한다.

```
<Sampler Method Definitions> ≡
    Sampler::Sampler(int64_t samplesPerPixel)
        : samplesPerPixel(samplesPerPixel) { }
```

```
<Sampler Public Data> ≡                                          526
    const int64_t samplesPerPixel;
```

렌더링 알고리즘이 주어진 픽셀 위에서 시작할 준비가 됐다면 이는 StartPixel()의 호출로 시작되며, 이미지 안에서 픽셀의 좌표를 제공한다. 일부 Sampler 구현은 픽셀에 대해서 생성하는 표본의 전체적인 분포를 개선하기 위해 어떤 픽셀이 현재 표본화되고 있는지에 대한 정보를 사용하지만, 다른 경우는 이 정보를 무시한다.

```
<Sampler Interface> ≡                                            526
    virtual void StartPixel(const Point2i &p);
```

Get1D() 메서드는 현재 표본 벡터에서 다음 차원의 표본 값을 반환하며, Get2D()는 다음 두 차원에 대한 표본 값을 반환한다. 2D 표본 값이 Get1D()의 쌍 호출로 반환된 값으로 구성할 수 있지만, 일부 표본기는 두 차원이 같이 사용된다는 것을 알면 더 나은 점 분포를 생성할 수 있다.

```
<Sampler Interface> +≡                                           526
    virtual Float Get1D() = 0;
    virtual Point2f Get2D() = 0;
```

pbrt의 표본기에서 3D나 더 고차원 표본의 요청을 지원하지 않는 것은 여기서 구현된 렌더링 알고리즘의 형식에서 일반적으로 필요 없기 때문이다. 필요하면 더 낮은 차원의 요소에서 다중 값이 더 높은 차원의 표본점을 생성하는 데 사용될 수 있다.

이 인터페이스의 위험한 점은 표본 값을 사용하는 코드는 반드시 항상 표본 차원을 같은 순서로 요청하도록 신중하게 작성해야 한다는 것이다. 다음의 코드를 고려해보자.

```
sampler->StartPixel(p);
do {
    Float v = a(sampler->Get1D());
    if (v > 0)
        v += b(sampler->Get1D());
    v += c(sampler->Get1D());
} while (sampler->StartNextSample());
```

이 경우 표본 벡터의 첫 차원이 항상 함수 a()에 전달된다. b()를 호출하는 코드 경로가 실행되면 b()는 두 번째 차원을 받게 된다.

하지만 if 테스트가 항상 참이나 거짓이 아니면 c()는 종종 표본 벡터의 두 번째 차원을 받거나 세 번째 차원을 받게 된다. 그러므로 표본기가 각 차원에서 잘 분포된 표본점을 제공하려는 노력이 실패한다. Sampler를 사용하는 코드는 그러므로 신중하게 작성해서 일관적으로 표본 벡터의 차원을 흡수해 이 문제를 회피해야 한다.

편의를 위해 Sampler 기본 클래스는 주어진 픽셀에 대한 CameraSample을 초기화하는 메서드를 제공한다.

<Sampler Method Definitions> +≡

```
CameraSample Sampler::GetCameraSample(const Point2i &pRaster) {
    CameraSample cs;
    cs.pFilm = (Point2f)pRaster + Get2D();
    cs.time = Get1D();
    cs.pLens = Get2D();
    return cs;
}
```

일부 렌더링 알고리즘은 표본화하는 차원의 일부에 대한 표본 값의 배열을 사용한다. 대부분의 표본 생성 알고리즘은 일련의 개별 표본보다 더 높은 품질의 표본 배열을 생성할 수 있는데, 이는 배열의 모든 요소에 대한 표본 값의 분포와 픽셀 안의 표본들에 대한 분포를 고려해서 생성할 수 있기 때문이다.

표본의 배열이 필요하면 렌더링이 시작하기 전에 요청해야만 한다. Request[12]DArray() 메서드는 렌더링이 시작하기 전에 각 차원의 배열에 대해 호출돼야 한다. 예를 들어 SamplerIntegrator::Preprocess()를 오버라이드하는 메서드가 있을 수 있다. 예를 들어 두 영역 광원을 가진 장면 안에서 적분기가 4개의 그림자 광선을 첫 광원에 대해 추적하고 두 번째에 대해 8개를 추적할 때 적분기는 각 이미지 표본에 대해 각각 4개와 8개의 표본을 가진 2개의 2D 표본 배열을 요청하게 된다(빛의 표면을 매개변수화하기 위해 2D 배열이 필요하다). 13.7절에서 몬테카를로 기술인 '분리[splitting]'를 사용해서 빛 전송 적분의 일부 차원에 대해 더 밀도 있는 표본화에 대응하는 표본의 배열을 사용하는지를 볼 수 있다.

<Sampler Interface> +≡ 526

```
void Request1DArray(int n);
void Request2DArray(int n);
```

대부분의 Sampler는 이 배열의 특정 크기를 생성하는 데 더 잘 처리할 수 있다. 예를 들어 ZeroTwoSequenceSampler에서의 표본은 양적으로 2의 승수의 경우보다 훨씬 더 잘 분포돼 있다. Sampler::RoundCount() 메서드는 이 정보를 교류하는 데 도움을 준다. 표본의 배열이 필요한 코드는 이 메서드를 추출하고 싶은 원하는 표본수로 호출해서 Sampler에게 더 나은 숫자로 조정할 수 있는 기회를 준다. 반환된 값은 그 후에 실제로 Sampler에게 요청할 표본의 수로 사용된다. 기본 구현은 주어진 수를 변경하지 않는다.

<Sampler Interface> +≡ 526

```
virtual int RoundCount(int n) const {
    return n;
}
```

렌더링 과정에서 Get[12]DArray() 메서드는 기존에 요청된 표본에서 배열의 시작 포인터를 받아서 호출할 수 있다. Get1D()와 Get2D()처럼 이는 크기가 초기화 과정 중에 Request[12]DArray()에 매개변수 n으로 호출된 값인 표본의 배열 포인터를 반환한다. 또한 호출자는 반드시 Get 메서드에 대해 배열의 크기를 제공해 반환된 버퍼의 크기가 예상한 크기인지 검증하는 데 사용할 수 있도록 해야 한다.

<Sampler Interface> +≡ 526

```
const Float *Get1DArray(int n);
const Point2f *Get2DArray(int n);
```

하나의 표본 작업이 완료되면 적분기는 StartNextSample()을 호출한다. 이 호출은 Sampler

가 표본 요소에 대한 이후 요청이 현재 픽셀에서 다음 표본의 첫 차원에서 시작하는 값을 반환해야 한다고 알려준다. 이 메서드는 원래 픽셀당 요청된 표본의 수가 생성될 때까지(호출자가 다른 픽셀에 대해서 시작하거나 더 많은 표본을 사용하는 시도를 멈출 때에) true를 반환한다.

<Sampler Interface> +≡ 526

```
virtual bool StartNextSample();
```

Sampler 구현은 현재 표본에 대한 다양한 상태를 저장한다. 어떤 픽셀이 표본화되는지, 얼마나 많은 표본의 차원이 사용됐는지 등이다. 그러므로 단일 Sampler를 동시에 여러 스레드에서 사용하는 것은 안전하지 않다. Clone() 메서드는 렌더링 스레드에서 사용하는 초기 Sampler의 새 인스턴스를 생성한다. 이는 표본기의 난수 생성기(존재한다면)를 위한 시드 값을 받으므로 다른 스레드는 다른 난수열을 보게 된다. 같은 의사 난수열을 여러 이미지 조각에서 재사용하는 것은 반복되는 잡음 패턴 같은 작은 이미지 결함으로 이어진다.

다양한 Clone() 메서드의 구현은 일반적으로 흥미롭지 않으므로 여기에 수록하지 않는다.

<Sampler Interface> +≡ 526

```
virtual std::unique_ptr<Sampler> Clone(int seed) = 0;
```

일부 빛 전송 알고리즘(특히 16.2절에서의 확률적 점진적 광자 매핑의 경우)은 픽셀 안의 모든 표본을 사용하지 않고 다음 픽셀로 진행하며, 대신 픽셀 사이를 뛰어다니며 각각에 대해 한 번에 한 표본을 취한다. SetSampleNumber() 메서드는 적분기가 다음을 생성하기 위해 현재 픽셀 안의 표본의 색인을 설정하는 것을 허용한다. 이 메서드는 sampleNum이 원래 픽셀당 요청한 표본의 수와 같거나 크면 false를 반환한다.

<Sampler Interface> +≡ 526

```
virtual bool SetSampleNumber(int64_t sampleNum);
```

7.2.3 표본기 구현

Sampler 기본 클래스는 인터페이스에서 일부 메서드의 구현을 제공한다. 첫째, StartPixel() 메서드 구현은 표본화되는 현재 픽셀의 좌표를 저장하고 현재 생성되는 픽셀 안의 표본수인 currentPixelSampleIndex를 0으로 재설정한다. 이것이 구현을 가진 가상 메서드이므로, 이를 오버라이드한 하위 클래스는 Sampler::StartPixel()을 명시적으로 호출해야 하는 것을 기억하자.

```
<Sampler Method Definitions> +≡
    void Sampler::StartPixel(const Point2i &p) {
        currentPixel = p;
        currentPixelSampleIndex = 0;
        <Reset array offsets for next pixel sample 531>
    }
```

현재 픽셀 좌표와 픽셀 안의 표본수가 Sampler 하위 클래스에서 가용하지만, 이를 읽기 전용 값으로 간주해야 한다.

```
<Sampler Protected Data> ≡                                                    526
    Point2i currentPixel;
    int64_t currentPixelSampleIndex;
```

픽셀 표본이 진행하거나 명시적으로 설정되면 currentPixelSampleIndex도 적절히 갱신돼야 한다. StartPixel()처럼 StartNextSample()과 SetSampleNumber()는 둘 다 가상 구현이다. 이 구현 역시 오버라이드 구현한 Sampler 하위 클래스에서 명시적으로 호출해야 한다.

```
<Sampler Method Definitions> +≡
    bool Sampler::StartNextSample() {
        <Reset array offsets for next pixel sample 531>
        return ++currentPixelSampleIndex < samplesPerPixel;
    }
```

```
<Sampler Method Definitions> +≡
    bool Sampler::SetSampleNumber(int64_t sampleNum) {
        <Reset array offsets for next pixel sample 531>
        currentPixelSampleIndex = sampleNum;
        return currentPixelSampleIndex < samplesPerPixel;
    }
```

또한 기본 Sampler 구현은 표본 요소의 배열에 대한 요청의 저장과 해당 값을 위한 저장 공간 할당을 처리한다. 요청된 표본 배열의 크기는 samples1DArraySizes와 samples2DArraySizes에 저장되며, 전체 픽셀의 배열 표본에 대한 메모리는 sampleArray1D와 sampleArray2D에 할당된다. 각 할당의 첫 n 값은 픽셀 안의 첫 표본에 대해 대응하는 배열에 사용된다.

```
<Sampler Method Definitions> +≡
    void Sampler::Request1DArray(int n) {
        samples1DArraySizes.push_back(n);
        sampleArray1D.push_back(std::vector<Float>(n * samplesPerPixel));
    }
```

<Sampler Method Definitions> +≡

```
void Sampler::Request2DArray(int n) {
    samples2DArraySizes.push_back(n);
    sampleArray2D.push_back(std::vector<Point2f>(n * samplesPerPixel));
}
```

<Sampler Protected Data> +≡ 526

```
std::vector<int> samples1DArraySizes, samples2DArraySizes;
std::vector<std::vector<Float>> sampleArray1D;
std::vector<std::vector<Point2f>> sampleArray2D;
```

현재 표본 안의 배열이 Get[12]DArray() 메서드로 접근되므로, array1DOffset과 array2DOffset은 표본 벡터를 위해 반환할 다음 배열의 색인을 갖도록 갱신된다.

<Sampler Private Data> ≡ 526

```
size_t array1DOffset, array2DOffset;
```

새 픽셀이 시작되거나 현재 픽셀의 표본수가 변경되면 이 배열 오프셋은 반드시 0으로 재설정돼야 한다.

<Reset array offsets for next pixel sample> ≡ 530

```
array1DOffset = array2DOffset = 0;
```

적절한 배열 포인터를 반환하는 것은 우선 현재 표본 벡터에서 얼마나 많이 소모됐는지에 기반을 두고 적절한 배열을 선택하고, 그 후 현재 픽셀 표본 색인에 기반을 두고 이의 적절한 인스턴스를 반환하는 것이다.

<Sampler Method Definitions> +≡

```
const Float *Sampler::Get1DArray(int n) {
    if (array1DOffset == sampleArray1D.size())
        return nullptr;
    return &sampleArray1D[array1DOffset++][currentPixelSampleIndex * n];
}
```

<Sampler Method Definitions> +≡

```
const Point2f *Sampler::Get2DArray(int n) {
    if (array2DOffset == sampleArray2D.size())
        return nullptr;
    return &sampleArray2D[array2DOffset++][currentPixelSampleIndex * n];
}
```

7.2.4 픽셀 표본기

일부 표본화 알고리즘은 쉽게 점진적으로 각 표본 벡터의 요소를 생성할 수 있지만, 다른 경우는 픽셀에 대한 모든 표본 벡터에 대한 차원의 표본 값을 보통 한 번에 생성한다. PixelSampler 클래스는 이런 종류의 표본기 구현에 유용한 일부 기능을 구현한다.

<Sampler Declarations> +≡

```
class PixelSampler : public Sampler {
public:
    <PixelSampler Public Methods>
protected:
    <PixelSampler Protected Data 533>
};
```

렌더링 알고리즘에 사용되는 표본 벡터의 차원수는 미리 알 수 없다(사실은 Get1D()와 Get2D()의 호출 수와 요청한 배열로 암시적으로만 결정된다). 그러므로 PixelSampler 생성자는 Sampler가 계산할 비배열 표본 값에 대한 최대 차원의 수를 받는다. 이 모든 요소의 차원이 소모되면 PixelSampler는 추가적인 차원에 대해서 균일 난수 값만을 반환한다.

각각의 사전 계산된 차원에 대해서 생성자는 표본 값을 저장하기 위해 vector를 할당하며, 픽셀의 각 표본당 하나의 표본 값을 저장한다. 이 벡터는 sample1D[dim][pixelSample]와 같이 색인된다. 이 색인의 순서를 바꾸는 것이 더 합리적으로 보이지만, 메모리에서 주어진 차원에 대해 모든 표본 요소 값이 연속적인 이 메모리 배치가 코드가 값을 생성하는 데 더 편리하다.

<Sampler Method Definitions> +≡

```
PixelSampler::PixelSampler(int64_t samplesPerPixel,
        int nSampledDimensions)
    : Sampler(samplesPerPixel) {
    for (int i = 0; i < nSampledDimensions; ++i) {
        samples1D.push_back(std::vector<Float>(samplesPerPixel));
        samples2D.push_back(std::vector<Point2f>(samplesPerPixel));
    }
}
```

그 후 PixelSampler에서 상속한 Sampler 구현의 핵심은 StartPixel() 메서드에서 samples1D와 samples2D 배열(sampleArray1D와 sampleArray2D에 추가로)을 채우는 것이다.

current1DDimension과 current2DDimension은 현재 픽셀 표본에 대해 각각의 배열에 대한 오프셋을 저장한다. 이는 새로운 각 표본의 시작에서 반드시 0으로 재설정돼야 한다.

<PixelSampler Protected Data> ≡ 532

```
std::vector<std::vector<Float>> samples1D;
std::vector<std::vector<Point2f>> samples2D;
int current1DDimension = 0, current2DDimension = 0;
```

<Sampler Method Definitions> +≡

```
bool PixelSampler::StartNextSample() {
    current1DDimension = current2DDimension = 0;
    return Sampler::StartNextSample();
}
```

<Sampler Method Definitions> +≡

```
bool PixelSampler::SetSampleNumber(int64_t sampleNum) {
    current1DDimension = current2DDimension = 0;
    return Sampler::SetSampleNumber(sampleNum);
}
```

PixelSampler 하위 클래스가 계산한 주어진 배열 안의 표본 값으로 인해 Get1D()의 구현은 모든 계산된 차원이 소모될 때까지만 연속적인 차원에 대한 값을 반환하는 것이 되며, 이후에는 균일 무작위 값을 반환하는 것이다.

<Sampler Method Definitions> +≡

```
Float PixelSampler::Get1D() {
    if (current1DDimension < samples1D.size())
        return samples1D[current1DDimension++][currentPixelSampleIndex];
    else
        return rng.UniformFloat();
}
```

PixelSampler::Get2D()는 비슷하므로 여기에 수록하지 않는다.

PixelSampler가 사용하는 난수 생성기는 private이 아닌 protected다. 이는 samples1D와 samples2D를 초기화하는 난수를 필요로 하는 일부 하위 클래스에 대한 편의다.

<PixelSampler Protected Data> +≡ 532

```
RNG rng;
```

7.2.5 전역 표본기

표본을 생성하는 다른 알고리즘은 픽셀 기반이 아니라 자연스럽게 전체 이미지에 대해서 퍼져있는 연속된 표본을 생성하며, 완전히 다른 픽셀을 연속적으로 방문한다(이런 많은 표본기는 효율적으로 n차원 표본 공간에서 가장 큰 구멍을 채우는 추가적인 각 표본을 배치하며, 이는 자연적으로 연속된 표본들이 다른 픽셀 안에 있게 한다). 이런 표본화 알고리즘은 이제까지 설명한 Sampler 인터페이스와 일부 문제가 있다. 예를 들어 표본기가 표 7.2 안에서 가운데 열에 있는 일련의 표본 값을 첫 두 차원에 대해 생성했다고 고려해보자. 이 표본 값은 이미지 면에서의 표본 위치를 얻기 위해 각 차원의 이미지 해상도에 대해서 배로 곱해진다(여기서는 단순화를 위해 2 × 3 이미지를 생각해보자). 여기의 표본기에 대해서(실제로는 HaltonSampler) 각 픽셀은 각 6번째 표본에 의해 방문된다. 픽셀당 3개의 표본을 가진 이미지를 렌더링하게 되면 그 후 픽셀 (0, 0)에 대해 모든 표본을 생성하기 위해서 색인 0, 6, 12로 이어지는 표본을 생성해야 한다.

표 7.2 HaltonSampler는 첫 두 차원에 대해 가운데 열의 좌표를 생성한다. 이것이 GlobalSampler이므로 색인을 표본화하기 위해서 반드시 픽셀 좌표에서 역매핑을 정의해야 한다. 여기서는 표본을 2x3 픽셀 이미지에 배치하기 위해서 첫 좌표를 2로 크기 조절하고 두 번째 좌표를 3으로 크기 조절해 오른쪽 열의 픽셀 표본 좌표를 얻는다.

표본 색인	$[0, 1)^2$ 표본 좌표	픽셀 표본 좌표
0	(0.000000, 0.000000)	(0.000000, 0.000000)
1	(0.500000, 0.333333)	(1.000000, 1.000000)
2	(0.250000, 0.666667)	(0.500000, 2.000000)
3	(0.750000, 0.111111)	(1.500000, 0.333333)
4	(0.125000, 0.444444)	(0.250000, 1.333333)
5	(0.625000, 0.777778)	(1.250000, 2.333333)
6	(0.375000, 0.222222)	(0.750000, 0.666667)
7	(0.875000, 0.555556)	(1.750000, 1.666667)
8	(0.062500, 0.888889)	(0.125000, 2.666667)
9	(0.562500, 0.037037)	(1.125000, 0.111111)
10	(0.312500, 0.370370)	(0.625000, 1.111111)
11	(0.812500, 0.703704)	(1.625000, 2.111111)

(이어짐)

표본 색인	$[0, 1)^2$ 표본 좌표	픽셀 표본 좌표
12	(0.187500, 0.148148)	(0.375000, 0.444444)
...		

이런 표본기의 존재로 인해서 Sampler 인터페이스가 각 표본에 대해 렌더링되는 픽셀을 설정할 수 있게 정의해야 할 수도 있다(예, Sampler에게 어떤 픽셀을 렌더링할지 얘기한다).

하지만 현재 디자인을 적용한 좋은 이유가 있다. 이 방식은 필름을 작은 아미지 조각으로 쪼개 멀티스레딩 렌더링을 적용할 수 있으며, 각 스레드가 픽셀을 최종 이미지에 효율적으로 합쳐질 수 있는 지역 영역에서 계산하게 된다. 그러므로 반드시 이런 표본기가 표본을 순서에 맞지 않게 생성할 수 있도록 해야 하며, 그래서 각 픽셀의 모든 표본을 연속으로 생성할 수 있어야 한다.

GlobalSampler는 Sampler 인터페이스의 기대와 이런 종류의 표본기에서 자연 연산 사이를 연결하는 데 도움을 준다. 이는 모든 순수 가상 Sampler 메서드의 구현을 제공하며, 하위 클래스가 대신 구현해야 할 3가지 새로운 순수 가상 메서드를 제공한다.

```
<Sampler Declarations> +≡
    class GlobalSampler : public Sampler {
    public:
        <GlobalSampler Public Methods 535>
    private:
        <GlobalSampler Private Data 536>
    };
```

```
<GlobalSampler Public Methods> ≡                                        535
    GlobalSampler(int64_t samplesPerPixel) : Sampler(samplesPerPixel) { }
```

구현이 반드시 제공해야 하는 두 메서드가 있다. 첫 번째는 GetIndexForSample()로, 현재 픽셀에서의 역매핑을 처리하며 주어진 표본 색인을 표본 벡터의 전체적 집합에 대한 전역 색인으로 변경한다. 예를 들어 표 7.2의 값을 생성하는 Sampler에 대해 currentPixel이 (0, 2)라면 GetIndexForSample(0)는 2를 반환하며, 이는 표본 색인 2에 대응하는 픽셀 표본 좌표 (0.25, 0.666667)이 픽셀 영역 안에서 들어가는 첫째 표본에 대응하기 때문이다.

```
<GlobalSampler Public Methods> +≡                                       535
    virtual int64_t GetIndexForSample(int64_t sampleNum) const = 0;
```

밀접히 연관된 SampleDimension()은 시퀀스 안의 index번째 표본 벡터에서 주어진 차원의 표본 값을 반환한다. 첫 두 차원이 현재 픽셀의 오프셋으로 사용되므로, 이는 특별히 처리돼야 한다. 이 메서드의 구현으로 반환되는 값은 원래 $[0, 1)^2$ 표본 값이 아닌 현재 픽셀 안의 표본 오프셋이어야 한다. 표 7.2의 예에서 SampleDimension(4,1)은 0.333333을 반환하며, 이는 색인 4의 표본에서 두 번째 차원이 픽셀 (0, 1)로 오프셋되기 때문이다.

<GlobalSampler Public Methods> +≡ 535

```
virtual Float SampleDimension(int64_t index, int dimension) const = 0;
```

픽셀에 대한 표본을 생성해야 할 시간에 표본의 차원을 재설정하고 픽셀의 첫 표본 색인을 찾을 필요가 있다. 모든 표본에 대해 표본 배열에 대한 값은 모두 다음에 생성된다.

<Sampler Method Definitions> +≡

```
void GlobalSampler::StartPixel(const Point2i &p) {
    Sampler::StartPixel(p);
    dimension = 0;
    intervalSampleIndex = GetIndexForSample(0);
    <Compute arrayEndDim for dimensions used for array samples 537>
    <Compute 1D array samples for GlobalSampler 537>
    <Compute 2D array samples for GlobalSampler>
}
```

dimension 멤버 변수는 표본 구현이 표본 값을 생성하라고 물어볼 다음 차원을 추적한다. 이는 Get1D()와 Get2D()가 호출되면서 증가한다. intervalSampleIndex는 현재 픽셀 안의 현재 표본 s_i에 대응하는 표본의 색인을 저장한다.

<GlobalSampler Private Data> ≡ 535

```
int dimension;
int64_t intervalSampleIndex;
```

배열 표본을 위해서 표본 벡터의 어떤 차원을 사용할지 결정할 필요가 있다. 이전 차원이 이후 차원보다 더 나은 품질을 갖고 있다는 가정하에서 첫 몇 개의 차원을 CameraSample에 설정하는 것이 중요한데, 이는 해당 표본 값이 종종 최종 이미지 품질에 큰 영향을 주기 때문이다.

그러므로 arrayStartDim까지의 첫 차원은 일반 1D와 2D 표본에 할당돼 있으므로, 이후 차원들이 첫 1D와 2D 배열 표본에 할당된다. 최종적으로 arrayEndDim에서 시작하는 더 높은 차원들은 비배열 1D와 2D 표본에 사용된다. arrayEndDim을 GlobalSampler 생성자 실행 시 계산하는 것이 불가능한데, 이는 배열 표본이 적분기에서 아직 요청되지 않았기 때문이다. 그러므로 이 값은 `StartPixel()` 메서드에서 (반복적으로 그리고 중복적으로) 계산된다.

<*GlobalSampler Private Data*> +≡ 535

```
static const int arrayStartDim = 5;
int arrayEndDim;
```

모든 픽셀 표본에 대한 배열 표본의 전체 수는 픽셀 표본의 수와 요청된 표본 배열 크기의 곱으로 얻을 수 있다.

<*Compute* `arrayEndDim` *for dimensions used for array samples*> ≡ 536

```
arrayEndDim = arrayStartDim +
              sampleArray1D.size() + 2 * sampleArray2D.size();
```

실제로 배열 표본을 생성하는 것은 단지 현재 표본 차원에서의 필요한 값의 수를 계산하는 문제다.

<*Compute 1D array samples for* `GlobalSampler`> ≡ 536

```
for (size_t i = 0; i < samples1DArraySizes.size(); ++i) {
    int nSamples = samples1DArraySizes[i] * samplesPerPixel;
    for (int j = 0; j < nSamples; ++j) {
        int64_t index = GetIndexForSample(j);
        sampleArray1D[i][j] =
                SampleDimension(index, arrayStartDim + i);
    }
}
```

2D 표본 배열 역시 비슷하게 생성되므로 <*Compute 2D array samples for* `GlobalSampler`> 코드 조각은 여기에 수록하지 않는다.

픽셀 표본이 변경될 때 현재 표본 차원 계수기를 재설정하고 픽셀 안의 다음 표본에 대한 표본 색인을 계산할 필요가 있다.

<*Sampler Method Definitions*> +≡

```
bool GlobalSampler::StartNextSample() {
    dimension = 0;
    intervalSampleIndex = GetIndexForSample(currentPixelSampleIndex + 1);
    return Sampler::StartNextSample();
}
```

<*Sampler Method Definitions*> +≡

```
bool GlobalSampler::SetSampleNumber(int64_t sampleNum) {
    dimension = 0;
    intervalSampleIndex = GetIndexForSample(sampleNum);
    return Sampler::SetSampleNumber(sampleNum);
}
```

주어진 이 메커니즘에서 정규 1D 표본 값을 얻는 것은 단순히 배열 표본에 대해 할당된 차원을 넘기고 현재 표본 색인과 차원을 구현의 SampleDimension() 메서드에 전달하는 것이다.

<*Sampler Method Definitions*> +≡

```
Float GlobalSampler::Get1D() {
    if (dimension >= arrayStartDim && dimension < arrayEndDim)
        dimension = arrayEndDim;
    return SampleDimension(intervalSampleIndex, dimension++);
}
```

2D 표본은 다음과 같다.

<*Sampler Method Definitions*> +≡

```
Point2f GlobalSampler::Get2D() {
    if (dimension + 1 >= arrayStartDim && dimension < arrayEndDim)
        dimension = arrayEndDim;
    Point2f p(SampleDimension(intervalSampleIndex, dimension),
              SampleDimension(intervalSampleIndex, dimension + 1));
    dimension += 2;
    return p;
}
```

7.3 층별 표본화

소개한 첫 Sampler 구현은 픽셀 영역을 사각형 영역으로 세분해 각 영역에 하나의 표본을 생성했다. 이 영역은 보통 계층[strata]이라고 불리며, 표본기는 StratifiedSampler라고 한다. 계층화의 핵심 개념은 표본화 영역을 겹치지 않는 영역으로 나눈 후 각각의 영역에서 하나의 표본을 가져오는 것으로, 이 경우 표본들이 가까이 있지 않으므로 이미지 전체의 중요한 특징을 놓치기 어렵게 된다. 다른 방식으로 말하면 많은 표본이 표본 공간에서 근방의 지점들에 추출되면 각 새로운 표본이 이미지 함수의 행태에 대해 새로운 정보를 추가하지 못하므로, 좋은 결과를 주지 못한다. 신호 처리 관점에서 보면 우리는 암묵적으로 전체적인 표본화율을 정의할 때 계층이 작을수록 표본을 더 많이 얻게 되므로, 이를 더 높은 표본화율로 정의한다.

층별 표본기는 계층의 중심점을 지터링jittering, 즉 계층의 너비와 높이의 반만큼 범위에서 무작위로 움직여서 각 계층 안의 무작위 지점에 각 표본을 배치한다. 이 지터링을 통한 불균일성은 앨리어싱을 7.1절에서 설명한 대로 잡음으로 변환한다. 또한 표본기는 비지터링 방식을 제공하며, 이는 계층 안에서 균일한 표본을 제공한다. 이 모드는 고품질 이미지 렌더링이 아닌 대부분 다른 표본화 기술 간의 비교에 유용하다.

계층화의 고차원 표본화에 대한 직접적인 응용은 다루기 어려울 정도의 표본수로 이어진다. 예를 들어 우리가 5D 이미지, 렌즈, 시각 표본 공간을 4개의 계층으로 각 차원에서 나눈다면 표본의 픽셀별 전체 숫자는 $4^5 = 1024$가 된다. 이 영향을 일부 차원에서는 적은 수의 표본을 사용해 (혹은 일부 차원을 계층화하지 않고, 실질적으로 하나의 층만 사용) 줄일 수 있으나, 해당 차원에 대해 잘 계층화된 표본에 대한 이득을 얻을 수 없다. 계층화의 이런 문제는 차원의 저주curse of dimensionality로 알려져 있다.

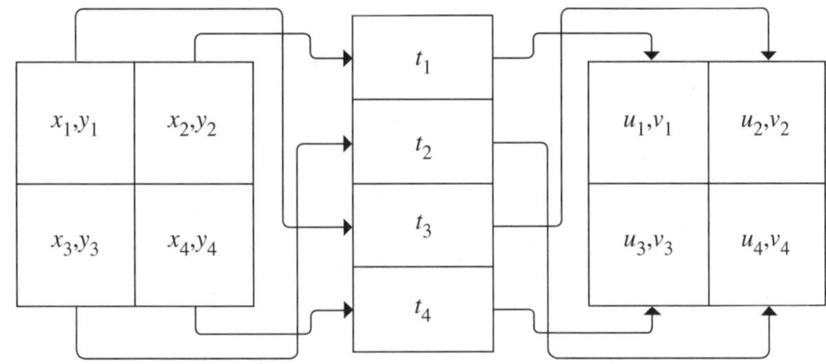

그림 7.16 모든 표본화 차원을 동시에 계층화하지 않고 계층화의 이득을 얻어 좋은 표본 패턴을 생성할 수 있다. 여기서 (x, y) 이미지 위치, 시간 t, (u, v) 렌즈 위치를 각각 4개의 영역을 가진 독립적인 계층으로 나눈다. 각각은 독립적으로 표본화하며, 시간 표본과 렌즈 표본은 각 이미지 표본과 무작위로 연결된다. 계층화의 이득을 각각의 개별 차원에서 유지하면서 전체 표본수의 기하급수적 증가를 막는다.

영역의 차원의 일부에 대해서 저차원의 계층화 패턴을 계산하고 각 차원의 집합에서 임의로 표본을 연결해 엄청난 전체 표본화의 비용 없이 계층화의 장점 대부분을 얻을 수 있다(이를 패딩padding이라고 종종 부른다). 그림 7.16이 기본 개념을 보여준다. 픽셀별로 4개의 표본을 얻고 싶으나 여전히 모든 차원에 대해 계층화되길 원한다. 독립적으로 4개의 2D 계층화 이미지 표본, 4개의 1D 계층화 시간 표본, 4개의 2D 계층화 렌즈 표본을 생성한다. 그 후에 우리는 임의로 시간과 렌즈 표본 값을 각 이미지 표본과 연결한다. 결과는 각 픽셀이 표본 공간에 대해 좋은 범위를 갖게 된다. 그림 7.17은 계층화 렌즈 표본과 비계층화 무작위 표본을 사용했을 때 피사계 심도를 렌더링한 결과의 이미지 질의 향상을 보여준다.

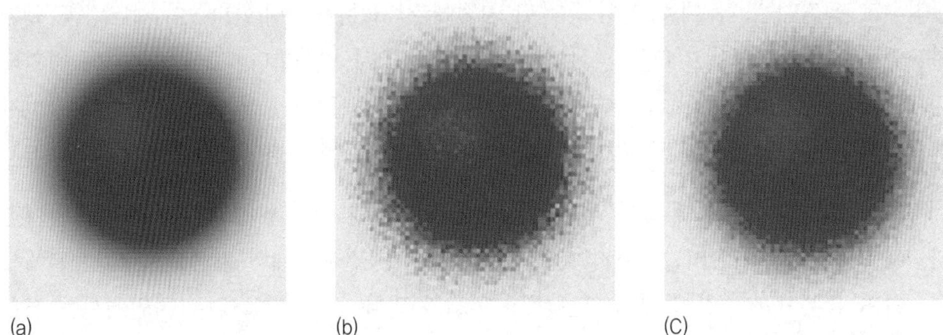

(a) (b) (C)

그림 7.17 보라색 구 이미지의 피사계 심도 렌더링의 표본 패턴의 효과. (a) 구의 가장자리가 흐려진 고화질 기준 이미지. (b) 각 픽셀별 계층화 없이 무작위 표본으로 생성된 이미지. (c) 같은 수의 표본이지만 StratifiedSampler로 이미지와 렌즈 표본을 계층화한 결과. 여기서는 렌즈 표본의 계층화가 더욱 중요하다. 계층화는 이 상황에서 엄청나게 향상시킨다.

그림 7.18은 몇 가지 표본화 패턴을 비교한다. 첫 번째는 완전히 무작위 표본화 패턴이다. 계층을 사용하지 않고 완전히 무작위로 표본을 생성한다. 결과는 끔찍한 표본 패턴이다. 어떤 영역은 적은 표본을 가지며 어떤 지역은 많은 표본이 뭉쳐있다. 두 번째는 균일한 층별 패턴이다. 마지막은 균일한 패턴을 지터링해 각 표본의 위치에서 임의의 오프셋을 더한 결과다. 이는 전체적으로 완전한 무작위 패턴보다 나으며 계층화의 장점도 유지하고 있지만, 여전히 일부 표본의 무더기가 있으며 일부 지역은 표본이 부족하다. 남은 단점을 개선할 수 있는 좀 더 복잡한 이미지 표본화 방법을 다음 두 절에서 제공할 것이다. 그림 7.19는 StratifiedSampler를 사용해서 렌더링한 이미지를 보여주며, 어떻게 지터링된 표본 위치가 앨리어싱 결함을 덜 불쾌한 잡음으로 변화시켰는지 보여준다.

<StratifiedSampler Declarations> ≡

```
class StratifiedSampler : public PixelSampler {
public:
    <StratifiedSampler Public Methods 540>
private:
    <StratifiedSampler Private Data 541>
};
```

<StratifiedSampler Public Methods> ≡ 540

```
StratifiedSampler(int xPixelSamples, int yPixelSamples,
```

```
        bool jitterSamples, int nSampledDimensions)
    : PixelSampler(xPixelSamples * yPixelSamples, nSampledDimensions),
        xPixelSamples(xPixelSamples), yPixelSamples(yPixelSamples),
        jitterSamples(jitterSamples) { }
```

<StratifiedSampler Private Data> ≡ 540

```
const int xPixelSamples, yPixelSamples;
const bool jitterSamples;
```

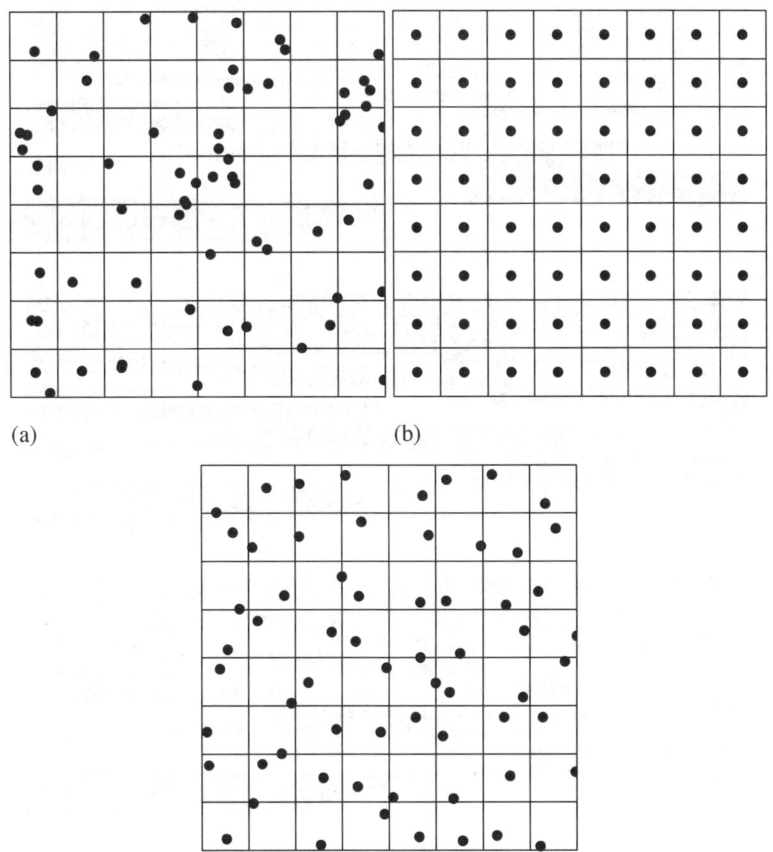

그림 7.18 3개의 2D 표본 패턴. (a) 무작위 패턴은 가장 비효율적인 패턴으로 많은 표본의 무더기와 이미지의 많은 영역을 제대로 표본화되지 않도록 남겨둔다. (b) 균일한 층별 패턴은 더 잘 분포돼 있으나 앨리어싱 결함을 악화시킬 수 있다. (c) 층별 지터링 패턴은 앨리어싱을 균일한 패턴에서 고주파수 잡음으로 변화시키며 여전히 계층화의 장점도 유지한다.

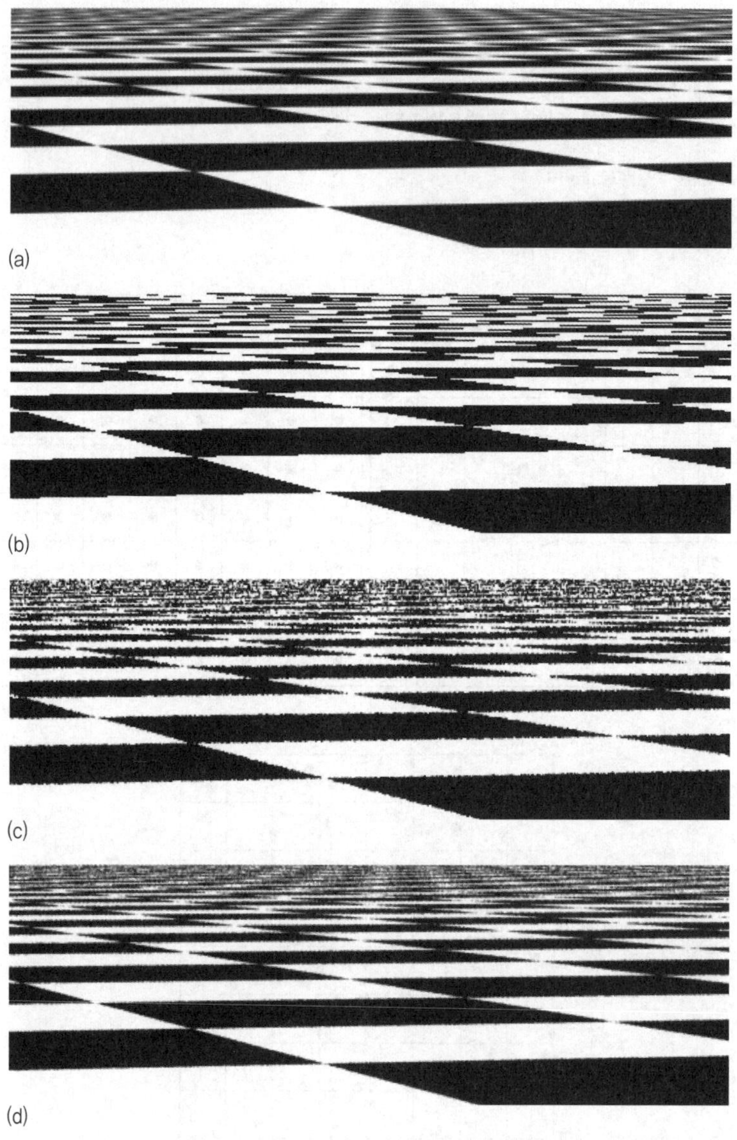

그림 7.19 체커보드 텍스처로 비교한 이미지 표본화 방법. 체커보드의 주파수가 픽셀 간격에 대해 수평선으로 다가갈수록 무한대로 발산하기에 제대로 렌더링하기 매우 어려운 이미지다. (a) 기준 이미지로 픽셀별 256 표본으로 렌더링됐으며, 이상적인 결과에 가깝다. (b) 지터링하지 않은 픽셀별 1개 표본으로 렌더링한 이미지. 체커 가장자리의 들쑥날쑥한 결함을 보자. 또한 멀리 있는 체커 함수가 표본 사이로 많은 순환을 해서 생기는 결함을 보자. 신호 처리 이론에서 예상됐듯이 세부 사항이 저주파수 앨리어싱으로 잘못된 결과로 다시 나타나게 된다. (c) 지터링된 이미지 표본의 결과로, 여전히 픽셀당 하나의 표본이다. 두 번째 이미지의 규칙적인 앨리어싱이 덜 불쾌한 잡음으로 대체됐다. (d) 픽셀별 4개의 지터링된 표본의 결과로, 여전히 기준 이미지보단 못하지만 기존 결과에 비해 대단히 나아졌다.

PixelSampler 하위 클래스처럼 StartPixel()의 구현은 반드시 PixelSampler 생성자에 전달된 차원의 수 nSampledDimensions만큼의 1D와 2D 표본과 요청된 배열에 대한 표본을 생성해야 한다.

```
<StratifiedSampler Method Definitions> ≡
    void StratifiedSampler::StartPixel(const Point2i &p) {
        <Generate single stratified samples for the pixel 543>
        <Generate arrays of stratified samples for the pixel 547>
        PixelSampler::StartPixel(p);
    }
```

초기 계층화 표본이 생성된 뒤에 이를 무작위로 섞는다. 이는 앞 절에서 설명한 패딩 방식이다. 이 섞기가 완료되지 않았다면 표본 차원의 값은 이미지에서 오류로 이어지는 방향으로 연관된다. 예를 들어 필름 위치를 선택하는 데 사용한 첫 2D 표본과 첫 2D 렌즈 표본은 항상 원점에 근접한 왼쪽 하단 층에 둘 다 위치하게 된다.

```
<Generate single stratified samples for the pixel> ≡                          543
    for (size_t i = 0; i < samples1D.size(); ++i) {
        StratifiedSample1D(&samples1D[i][0], xPixelSamples * yPixelSamples,
                           rng, jitterSamples);
        Shuffle(&samples1D[i][0], xPixelSamples * yPixelSamples, 1, rng);
    }
    for (size_t i = 0; i < samples2D.size(); ++i) {
        StratifiedSample2D(&samples2D[i][0], xPixelSamples, yPixelSamples,
                           rng, jitterSamples);
        Shuffle(&samples2D[i][0], xPixelSamples * yPixelSamples, 1, rng);
    }
```

1D와 2D 계층화 표본 루틴은 유틸리티 함수로 구현됐다. 둘 다 주어진 수의 계층을 범위에서 순환하면서 각 표본점을 배치한다.

```
<Sampling Function Definitions> ≡
    void StratifiedSample1D(Float *samp, int nSamples, RNG &rng,
            bool jitter) {
        Float invNSamples = (Float)1 / nSamples;
        for (int i = 0; i < nSamples; ++i) {
            Float delta = jitter ? rng.UniformFloat() : 0.5f;
            samp[i] = std::min((i + delta) * invNSamples, OneMinusEpsilon);
        }
    }
```

StratifiedSample2D()는 비슷하게 범위 $[0, 1)^2$ 안의 표본을 생성한다.

<Sampling Function Definitions> +≡

```
void StratifiedSample2D(Point2f *samp, int nx, int ny, RNG &rng,
        bool jitter) {
    Float dx = (Float)1 / nx, dy = (Float)1 / ny;
    for (int y = 0; y < ny; ++y)
    for (int x = 0; x < nx; ++x) {
        Float jx = jitter ? rng.UniformFloat() : 0.5f;
        Float jy = jitter ? rng.UniformFloat() : 0.5f;
        samp->x = std::min((x + jx) * dx, OneMinusEpsilon);
        samp->y = std::min((y + jy) * dy, OneMinusEpsilon);
        ++samp;
    }
}
```

Shuffle() 유틸리티 함수는 임의로 count의 nDimensions 차원을 가진 표본 값의 배열 순서를 변경한다(다른 말로는 nDimensions 크기의 값 덩어리가 순서 변경됐다).

<Sampling Inline Functions> ≡

```
template <typename T>
void Shuffle(T *samp, int count, int nDimensions, RNG &rng) {
    for (int i = 0; i < count; ++i) {
        int other = i + rng.UniformUInt32(count - i);
        for (int j = 0; j < nDimensions; ++j)
            std::swap(samp[nDimensions * i + j],
                      samp[nDimensions * other + j]);
    }
}
```

표본의 배열은 우리를 진퇴양난에 빠뜨린다. 적분기가 64개의 2D 표본 값을 픽셀 안의 각 이미지 표본에 대해 요청한다면 표본기는 2개의 다른 목표를 만족시켜야 한다.

1. 배열 안의 각 표본이 2D에서 잘 분포돼야 할 필요가 있다(예를 들어 8 × 8 계층 격자를 이용). 계층화는 개별 표본 벡터에 대한 계산된 결과를 향상시킨다.
2. 한 이미지 표본에 대한 배열 안의 각 표본이 주변 이미지 표본에 대한 표본 값과 너무 유사하지 않아야 한다. 대신 점들이 한 픽셀의 영역 주변에서 인접 표본에 대해서 잘 분포돼야 하며, 전체 표본 공간을 잘 포착해야 한다.

이 문제를 동시에 풀기보다 StratifiedSampler는 첫 번째만 처리한다. 7장의 다른 표본기는 이 문제를 더욱 복잡한 기술로 재논의해 두 문제 모두를 동시에 다양한 수준으로 처리한다.

두 번째 복잡성은 각 이미지 포본에 대해 호출자가 임의의 수의 표본을 요청할 수 있다는 점으로, 계층화를 쉽게 적용하기 어렵다(예를 들어 7개의 표본에 대해서 하나의 2D 패턴을 어떻게 생성할 것인가?). $n \times 1$이나 $1 \times n$ 계층화 패턴을 생성할 수도 있지만, 이는 계층화의 이득이 1차원으로 제한되며, 다른 차원에 대해 좋은 패턴을 보장할 수 없다. `StratifiedSampler::RoundSize()` 메서드로 정수의 제곱으로 반올림할 수도 있지만, 여기선 어떤 차원의 어떤 표본수에 대해서도 충분히 좋은 분포를 생성할 수 있는 라틴 하이퍼 큐브 표본화(LHS, Latin Hypercube Sampling)를 사용한다.

LHS는 그림 7.20의 왼쪽처럼 각 차원의 축을 균일하게 n 영역으로 나눈 후 대각선에 대한 각 n 영역의 지터링된 표본을 생성한다. 이 표본은 각 차원에 임의로 재배치되며 좋은 분포의 패턴을 생성한다. LHS의 장점은 표본 차원의 어느 한 축으로 투영했을 때도 표본의 뭉침을 최소화한다는 것이다. 이와 달리 층별 표본화는 2D 패턴의 경우 $n \times n$의 $2n$개는 본질적으로 각 축의 같은 점에 투영될 수 있다. 그림 7.21은 층별 표본화 패턴에 대한 최악의 경우를 보여준다.

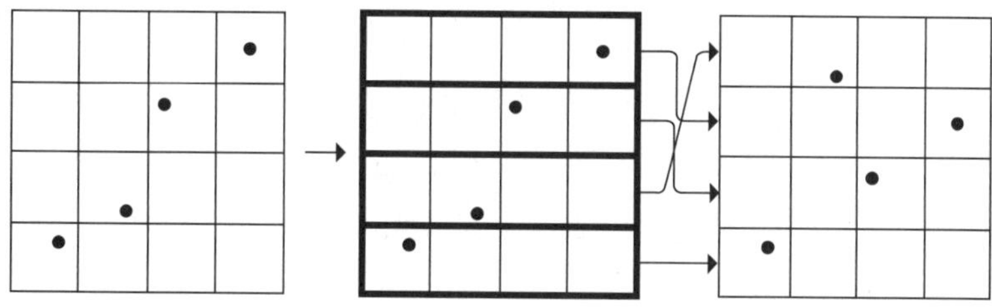

그림 7.20 라틴 하이퍼 큐브 표본화(n-rooks 표본화로 종종 불린다)는 하나의 표본만이 격자의 각 열과 각 행에 존재하게 선택한다. 이는 대각선으로 각 칸에 무작위 표본을 생성한 후 표를 재배치하므로 가능하다. LHS의 장점은 계층화 패턴처럼 m × n의 표본이 아닌 어떤 수의 표본도 좋은 분포로 생성할 수 있다는 점이다.

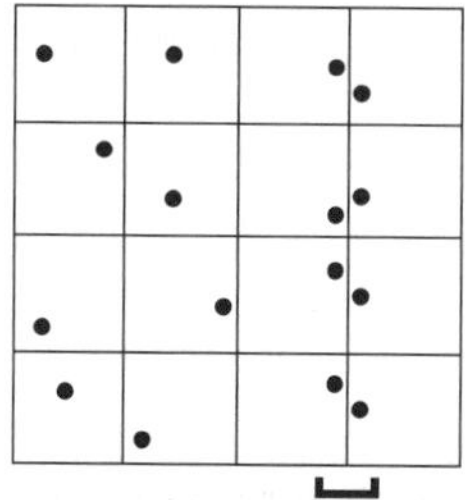

그림 7.21 층별 표본화의 최악의 경우. n×n 2D 패턴에서 최대 2n까지의 점은 본질적으로 한 축의 같은 점으로 투영될 수 있다. 이런 '불운한' 패턴이 생성되면 이로 계산한 결과는 보통 질적 저하를 겪는다.

뭉치는 문제를 처리함에도 불구하고 LHS는 층별 표본화의 개선이 반드시 되진 않는다. 표본 위치가 본질적으로 일직선상이며, 표본화 영역의 많은 범위가 근처에 표본이 없는 경우를 생성하기 쉽다(예를 들어 원래 표본의 재배치를 동일한 것으로 해서 원래 위치에 둔다면). 특히 n이 증가하면 라틴 하이퍼큐브 패턴은 층별 표본화에 비해 점점 더 효율이 떨어진다.[7]

범용 `LatinHypercube()` 함수는 임의의 수의 LHS 표본을 임의의 차원에서 생성한다. 그러므로 `samples` 배열에서 요소의 수는 `nSamples*nDim`이 된다.

<Sampling Function Definitions> +≡

```
void LatinHypercube(Float *samples, int nSamples, int nDim, RNG &rng) {
    <Generate LHS samples along diagonal 546>
    <Permute LHS samples in each dimension 546>
}
```

<Generate LHS samples along diagonal> ≡ 546

```
Float invNSamples = (Float)1 / nSamples;
for (int i = 0; i < nSamples; ++i)
    for (int j = 0; j < nDim; ++j) {
        Float sj = (i + (rng.UniformFloat())) * invNSamples;
        samples[nDim * i + j] = std::min(sj, OneMinusEpsilon);
    }
```

재배치를 위해서 이 함수는 표본에 대해 순환하며, 임의로 한 번에 한 차원의 표본점을 재배치한다. 이는 앞서 `Shuffle()` 루틴의 재배치와 다르다. 해당 루틴은 한 번의 재배치만 하며, 각 표본 안의 모든 `nDim`의 표본점을 유지하지만, 여기서는 한 번에 `nDim`개의 각 차원별로 재배치를 처리한다(그림 7.22).[8]

<Permute LHS samples in each dimension> ≡ 546

```
for (int i = 0; i < nDim; ++i) {
    for (int j = 0; j < nSamples; ++j) {
        int other = j + rng.UniformUInt32(nSamples - j);
        std::swap(samples[nDim * j + i], samples[nDim * other + i]);
    }
}
```

---

7. 이 문제는 라틴 하이퍼큐브 패턴에서 동시에 계층화와 함께 분포될 수 있는 표본 패턴을 논의하는 다음 절에서 다시 다룬다.

8. LHS 패턴의 첫 차원을 재배치할 필요가 없지만, 여기 구현은 어쨌든 처리하고 있다. 첫 차원의 요소를 임의로 재배치하는 것은 해당 LHS 패턴이 표본점들의 상관관계의 위험성을 고려하지 않고 다른 출처의 표본 패턴과 합쳐서 사용할 수 있기 때문이다.

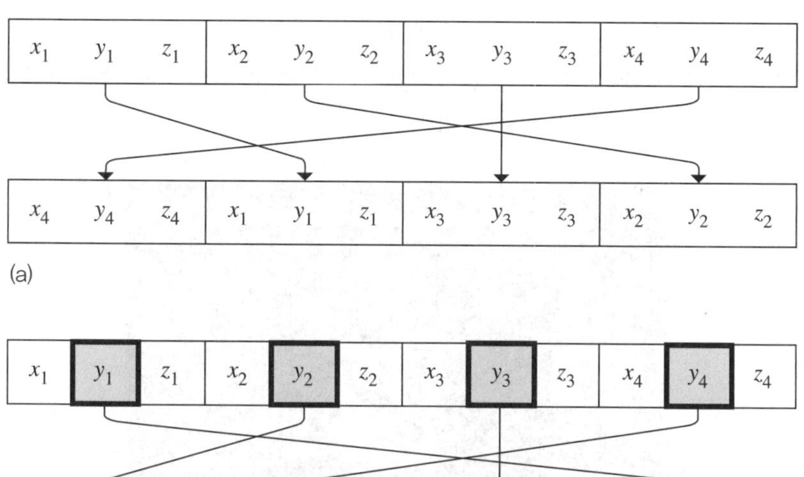

그림 7.22 (a) `Shuffle()` 루틴의 재배치는 전체 `nDims` 요소의 구역별로 이동한다. (b) 라틴 하이퍼큐브 표본화는 각 차원의 표본을 개별적으로 재배치한다. 여기서는 3차원의 4개 요소 패턴에서 두 번째 차원의 표본 재배치를 보여준다.

주어진 `LatinHypercube()` 함수에서 이제 현재 픽셀에 대한 표본 배열을 계산하는 코드를 작성할 수 있다. 1D 표본은 계층화된 뒤에 임의로 섞이며, 2D 표본은 라틴 하이퍼큐브 표본화를 사용해서 생성된다.

<Generate arrays of stratified samples for the pixel> ≡ 543

```
for (size_t i = 0; i < samples1DArraySizes.size(); ++i)
    for (int64_t j = 0; j < samplesPerPixel; ++j) {
        int count = samples1DArraySizes[i];
        StratifiedSample1D(&sampleArray1D[i][j * count], count, rng,
                           jitterSamples);
        Shuffle(&sampleArray1D[i][j * count], count, 1, rng);
    }
    for (size_t i = 0; i < samples2DArraySizes.size(); ++i)
        for (int64_t j = 0; j < samplesPerPixel; ++j) {
            int count = samples2DArraySizes[i];
            LatinHypercube(&sampleArray2D[i][j * count].x, count, 2, rng);
        }
```

그림 7.23와 7.24의 장면은 `DirectLightingIntegrator`의 좋은 표본의 개선을 보여준다. 이미지 (a)는 픽셀별 1개의 이미지 표본으로 계산했고, 각각 16개의 그림자 표본을 가지며,

(b)는 픽셀별 16개의 이미지 표본으로 계산했고, 각각 1개의 그림자 표본을 가진다. 첫 번째 경우 `StratifiedSampler`가 좋은 LHS 패턴을 생성할 수 있으므로, 같은 그림자 표본수를 사용했지만 그림자의 질은 훨씬 좋다.

그림 7.23 영역 광 표본 예제 장면

그림 7.24 층별 표본화의 표본으로 표본화한 영역 광. (a)는 픽셀별 1개의 이미지 표본과 각각 16개의 그림자 표본의 결과, (b)는 16개의 이미지 표본과 각각 1개의 그림자 표본을 사용한 결과다. 두 경우 전체 그림자 표본의 수는 같지만, 이미지 표본당 16개 표본을 사용한 경우 LHS 패턴을 사용할 수 있으므로 픽셀 영역의 그림자 표본이 잘 분포됐으나, 두 번째 이미지의 구현은 나쁜 분포를 막을 방법이 없다. 차이는 현저하다.

*7.4 핼톤 표본기

StratifiedSampler의 근본적인 목표는 잘 분포됐지만 균일하지 않은 표본점들을 생성하는 것으로, 두 개의 표본이 너무 가깝게 붙어있지 않고 표본 공간의 지나치게 넓은 영역이 표본이 없지 않는 것이다. 그림 7.14에서 볼 수 있듯 지터링 패턴이 무작위 패턴보다 잘 처리하지만, 인접 계층의 표본들이 두 계층의 가장자리에서 가까워져 질적 저하가 일어날 수 있다.

이 절에서는 HaltonSampler를 소개하며, 이는 직접 저불일치 점집합을 생성하는 알고리즘에 기반을 뒀다. StratifiedSampler가 생성한 점과 달리 HaltonSampler는 단지 점이 너무 가깝게 뭉치는 것을 보장할 뿐 아니라, 또한 동시에 한 번에 하나나 두 차원에 대해서만 보장하는 StratifiedSampler와 달리 표본 벡터의 모든 차원에 대해 잘 분포되는 것을 보장한다.

7.4.1 해머슬리와 핼톤 시퀀스

핼톤Hammersley과 해머슬리Halton 시퀀스는 밀접하게 관련된 두 저불일치 점집합이다. 둘 다 근역radical inverse이라 불리는 생성에 기반하며, 이는 양의 정수 n은 b진수로 숫자의 시퀀스 $d_m(a) \ldots d_2(a)d_1(a)$로 고유하게 다음과 같이 결정할 수 있다는 사실에 기반을 둔다.

$$a = \sum_{i=1}^{m} d_i(a) b^{i-1}, \tag{7.6}$$

여기서 모든 숫자 $d_i(a)$는 0과 $b - 1$ 사이이다.

b진수의 근역 함수 Φ_b는 음이 아닌 정수 a을 [0, 1) 범위의 소수점 값으로 해당 숫자를 기수점으로 반영해 변환한다.

$$\Phi_b(a) = 0.d_1(a)d_2(a) \ldots d_m(a). \tag{7.7}$$

그러므로 수 $d_i(a)$의 근역에 대한 기여도는 $d_i(a)/b^i$이 된다.

가장 단순한 저불일치 시퀀스 중 하나는 반 데르 코르풋van der Corput 시퀀스로, 2진수의 근역으로 생성된 1차원 시퀀스다.

$$x_a = \Phi_2(a)$$

표 7.3은 반 데르 코르풋 시퀀스의 처음 값을 일부 보여준다. 1D 선의 구간을 재귀적으로 나누고 각 간격의 중앙을 표본점으로 생성하는지 확인하자. 이 시퀀스의 불일치는 다음과 같다.

$$D_N^*(P) = O\left(\frac{\log N}{N}\right)$$

이는 n차원의 무한 시퀀스에서 이룰 수 있는 최고의 불일치와 일치한다.

$$D_N^*(P) = O\left(\frac{(\log N)^n}{N}\right)$$

n차원 핼톤 시퀀스를 생성하기 위해 b진수의 근역을 사용하며, 각 차원의 패턴마다 다른 진수를 사용한다. 진수들은 각각 서로에 대해 상대적으로 소수여야 하며, 그러므로 자연스럽게 처음 n개의 소수 (p_1, …, p_n)를 사용해 다음과 같이 구한다.

$$x_a = (\Phi_2(a), \Phi_3(a), \Phi_5(a), \ldots, \Phi_{p_n}(a))$$

표 7.3 근역 $\Phi_2(a)$의 2진수로 계산한 처음 음이 아닌 정수다. $\Phi_2(n)$의 다음 값이 이전 $\Phi_2(n)$의 값과 가깝지 않는지 확인하자. 좀 더 많은 값이 시퀀스에 대해 생성될수록 표본은 이전 값과 가까워질 수밖에 없지만, 최소 거리는 충분히 좋은 것이 보장된다.

a	Base 2	$\Phi_2(a)$
0	0	0
1	1	0.1 = 1/2
2	10	0.01 = 1/4
3	11	0.11 = 3/4
4	100	0.001 = 1/8
5	101	0.101 = 5/8
…		

핼톤 시퀀스의 가장 유용한 특징은 필요한 전체 표본수를 미리 알지 않아도 된다는 점이다. 시퀀스의 모든 선행 시퀀스는 잘 분포돼 있으며, 그러므로 추가적인 표본이 추가돼도 저불일치는 유지된다(하지만 분포는 표본의 전체 수가 진수 $\Pi(p_i)^{k_i}$의 지수 k_i에 대한 승수의 곱일 때 가장 좋다).

n차원의 핼톤 시퀀스의 불일치는 다음과 같다.

$$D_N^*(x_a) = O\left(\frac{(\log N)^n}{N}\right)$$

이는 점근적으로 최적이다.

표본수 N이 고정이면 해머슬리 점집합을 사용할 수 있으며, 좀 더 낮은 불일치를 제공한다. 해머슬리 점집합은 다음과 같이 정의된다.

$$x_a = \left(\frac{a}{N}, \Phi_{b_1}(a), \Phi_{b_2}(a), \ldots, \Phi_{b_n}(a)\right)$$

여기서 N은 얻은 표본의 전체 수이며, 이전과 마찬가지로 모든 진수 b_i는 상대적으로 소수다. 그림 7.25(a)는 2D 핼톤 시퀀스에서 처음 216개의 그래프를 보여준다. 그림 7.25(b)는 해머슬리 시퀀스에서 초기 256개의 점을 보여준다.

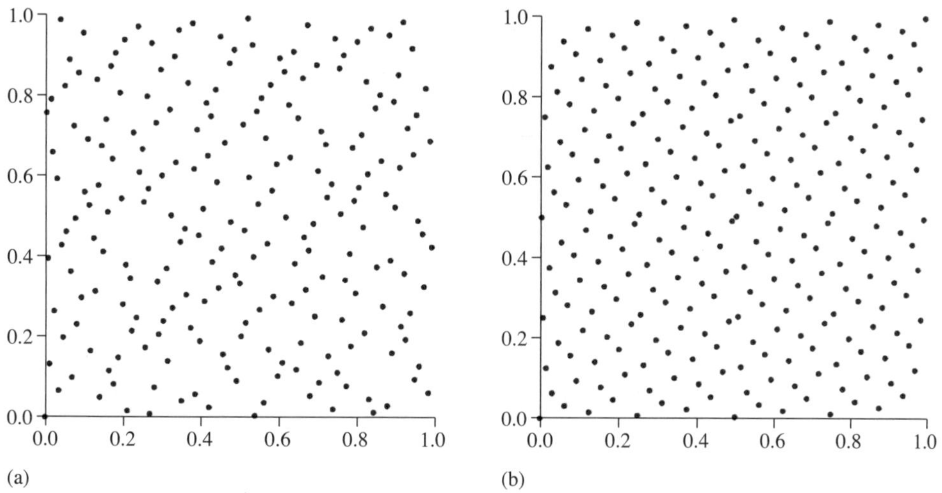

그림 7.25 2D에서 두 개의 저불일치 시퀀스의 초기점. (a) Halton(216), (b) Hammersley(256)

함수 `RadicalInverse()`는 `baseIndex`번째 소수를 진수로 사용해서 주어진 수 `a`의 근역을 계산한다. 함수는 엄청난 `switch` 문장으로 구현됐으며, `baseIndex`가 적절한 소수로 연결되고 그 후 분리된 `RadicalInverseSpecialized()` 템플릿 함수가 실제로 근역을 계산한다(궁금한 `Switch` 기반 구조체는 다음에 설명한다).

```
<Low Discrepancy Function Definitions> ≡
    Float RadicalInverse(int baseIndex, uint64_t a) {
        switch (baseIndex) {
            case 0:
                <Compute base-2 radical inverse 553>
            case 1: return RadicalInverseSpecialized<3>(a);
            case 2: return RadicalInverseSpecialized<5>(a);
            case 3: return RadicalInverseSpecialized<7>(a);
            <Remainder of cases for RadicalInverse()>
        }
    }
```

2진수 근역에 대해 디지털 컴퓨터 안의 수가 이미 2진수로 표시돼 있어서 근역을 계산하는 것이 더 효율적이라는 사실을 이용한다. 64비트 값 a에 대해 방정식(7.6)을 얻는다.

$$a = \sum_{i=1}^{64} d_i(a) 2^{i-1}$$

우선 a의 비트를 반전하는 결과를 고려하고, 여전히 정수 값임을 고려하면 다음을 얻는다.

$$\sum_{i=1}^{64} d_i(a) 2^{64-i}$$

이 값을 2^{64}으로 나누면 다음을 얻는다.

$$\sum_{i=1}^{64} d_i(a) 2^{-i}$$

이는 $\Phi_2(a)$다. 그러므로 2진수 근역은 비트 반전과 2의 승수 나누기로 동일하게 계산 가능하다.

정수의 비트는 일련의 논리 비트 연산자로 효율적으로 뒤집을 수 있다. 32비트 정수를 뒤집는 `ReverseBits32()`의 첫 줄은 하위 16비트를 상위 16비트와 바꾸는 부분이다. 다음 줄은 동시에 첫 8비트를 2번째 8비트와 교환하고, 3번째 8비트를 4번째 8비트와 교환한다. 이 과정은 인접 비트를 교환하는 마지막 줄까지 계속된다. 이 코드를 이해하려면 다양한 16진수 상수의 2진수를 써보는 것이 효과적이다. 예를 들어 `0xff00ff00`은 2진수로 `11111111000000001111111100000000`이다. 이 값으로 비트 OR하는 것이 첫 번째와 세 번째 8비트 값을 남기는 것을 알기 쉽다.

<*Low Discrepancy Inline Functions*> ≡

```
inline uint32_t ReverseBits32(uint32_t n) {
    n = (n << 16) | (n >> 16);
    n = ((n & 0x00ff00ff) << 8) | ((n & 0xff00ff00) >> 8);
    n = ((n & 0x0f0f0f0f) << 4) | ((n & 0xf0f0f0f0) >> 4);
    n = ((n & 0x33333333) << 2) | ((n & 0xcccccccc) >> 2);
    n = ((n & 0x55555555) << 1) | ((n & 0xaaaaaaaa) >> 1);
    return n;
}
```

64비트 값의 비트는 두 32비트 요소를 개별적으로 반전한 후에 이를 교환하면 된다.

<*Low Discrepancy Inline Functions*> +≡

```
inline uint64_t ReverseBits64(uint64_t n) {
    uint64_t n0 = ReverseBits32((uint32_t)n);
    uint64_t n1 = ReverseBits32((uint32_t)(n >> 32));
    return (n0 << 32) | n1;
}
```

2진수 근역을 계산하기 위해 비트를 반전하고 $1/2^{64}$을 곱하면 되는데, 16진수 부동소수점 상수 `0x1p-64`를 값 2^{-64} 값을 위해 사용한다. 3.9.1절에서 설명했듯이 2의 승수 나누기 구현을 대응하는 2의 승수 곱하기로 처리하는 것은 IEEE 부동소수점 값에서 같은 결과를 얻는다(또한 부동소수점 곱하기는 일반적으로 나누기보다 더 효율적이다).

<*Compute base-2 radical inverse*> ≡ 552

```
return ReverseBits64(a) * 0x1p-64;
```

다른 진수에 대해 `RadicalInverseSpecialized()` 템플릿 함수가 근역을 계산하며, 숫자 d_i를 d_1에서 시작해서 계산하고 v_i의 연속을 $v_1 = d_1$, $v_2 = bd_1 + d_2$으로 계산해서 다음과 같이 구한다.

$$v_n = b^{n-1}d_1 + b^{n-2}d_2 + \cdots + d_n$$

(예를 들어 10진수에서 값 1234를 4321로 변환한다) 이 값은 정수 연산을 사용해서 어떤 반올림 오차의 누적 없이 완전히 계산할 수 있다.

근역의 최종 값은 이후 $1/b^n$을 곱해서 부동소수점으로 변환해 찾을 수 있으며, n은 값에서의 10진수이며, 그렇게 해서 방정식(7.7)의 값을 얻을 수 있다. 이 곱의 항은 숫자가 처리되면서 `invBaseN`에서 생성된다.

<*Low Discrepancy Static Functions*> ≡

```
template <int base>
static Float RadicalInverseSpecialized(uint64_t a) {
    const Float invBase = (Float)1 / (Float)base;
    uint64_t reversedDigits = 0;
    Float invBaseN = 1;
    while (a) {
        uint64_t next = a / base;
        uint64_t digit = a - next * base;
        reversedDigits = reversedDigits * base + digit;
        invBaseN *= invBase;
        a = next;
    }
    return std::min(reversedDigits * invBaseN, OneMinusEpsilon);
}
```

물어봐야 할 자연스러운 질문은 왜 템플릿 함수가 여기서 사용된 진수로 매개변수화됐는지다(일반 함수 호출은 진수를 매개변수로 받아서 각각의 진수에 대해 분리된 코드 경로를 생성하는 것을 피할 수 있다). 그 이유는 정수 나누기가 현대 CPU에서 놀랄 정도로 느리기 때문이며, 따라서 컴파일 시간 상수로 나눌 경우에 훨씬 더 효율적인 방법이 가능하다.

예를 들어 32비트 값을 3으로 정수 나누기를 하는 것은 이 값을 정확히 2863311531로 곱해서 64비트 중간 값을 얻은 뒤에 결과를 33비트 오른쪽으로 이동하는 것으로 처리할 수 있다. 이는 둘 다 매우 효율적인 연산이다(비슷한 방식이 64비트 값을 3으로 나눌 때 사용가능하지만, 마법 상수가 훨씬 커진다. Warren(2006)에서 이 기술에 대해 더 알아보자). 그러므로 여기서 템플릿 함수를 사용하게 되면 `while` 반복문 안의 `next` 값을 계산하기 위한 나누기가 실제로는 상수로 나누는 것이므로 컴파일러에게 최적화를 적용할 수 있는 기회가 생긴다. 이 최적화를 가진 코드는 2015년도 노트북에서의 정수 나누기 연산 기반 구현보다 5.9배 빠르다.

다른 최적화는 진수의 역에 곱한 반전된 숫자를 계속 합하는 계산을 회피하는 것이다. 대신 이 곱을 반복문이 끝날 때 처리하게 미룬다. 여기서의 주된 이슈는 현재 프로세서에서의 부동소수점과 정수 처리 장치가 각각 매우 독립적으로 연산하기 때문이다. 빡빡한 반복문에서 부동소수점 계산 안에서 정수 변수의 참조는 파이프라인에 변환과 값을 하나의 장치에서 다른 장치로 이동시키는 데 필요한 시간에 관련된 거품을 생성한다.

근역 함수의 역을 계산하는 것이 가능하다면 유용하다. `InverseRadicalInverse()` 함수는 일부 진수에서 반전된 정수 숫자를 받아서 대응하는 value를 RadicalInverseSpecialized() 템플릿 함수에서 $1/b^n$으로 곱해서 부동소수점 값 [0, 1)로 변환하기 전에 즉시 처리한다. 역을 정확히 계산할 수 있기 위해서 원래 값의 전체 숫자 개수를 반드시 알아야 한다. 예를 들어 1234와 123400은 근역 알고리즘의 정수 전용 부분 이후에 둘 다 4321로 변환된다. 뒤따르는 0은 앞선 0으로 변환돼 사라진다.

<Low Discrepancy Inline Functions> +≡

```
template <int base> inline uint64_t
InverseRadicalInverse(uint64_t inverse, int nDigits) {
    uint64_t index = 0;
    for (int i = 0; i < nDigits; ++i) {
        uint64_t digit = inverse % base;
        inverse /= base;
        index = index * base + digit;
    }
    return index;
}
```

해머슬리와 핼톤 시퀀스는 진수 b가 증가할수록 표본 값이 놀라울 정도로 균일한 패턴을 보인다는 단점을 가진다. 이 문제는 휘젓기한 핼톤과 해머슬리 시퀀스로 처리되며, 이는 재배치가 근역을 계산할 때 숫자에 적용된다.

$$\Psi_b(a) = 0.p(d_1(a))p(d_2(a)) \ldots p(d_m(a)), \tag{7.8}$$

p는 숫자 (0, 1, ..., b - 1)의 재배치다. 동일 재배치가 각 숫자에 사용되며, 또한 동일 재배치가 주어진 진수 b의 모든 표본점을 생성하는 데 사용하는 것을 참고하자. 그림 7.26은 핼톤 시퀀스에서 휘젓기의 효과를 보여준다. 이후에 특정 재배치의 생성이 약간 나은 결과를 제공하더라도 무작위 재배치를 사용한다. 더 자세한 내용을 위해 '더 읽을거리' 절을 참고하자.

ComputeRadicalInversePermutations() 함수는 이 무작위 재배치 표를 계산한다. 이는 모든 재배치 방법의 단일 연속 배열을 초기화하며, 첫 두 값은 b = 2일 때 정수 0과 1의 재배치며, 다음 3개의 값은 b = 3일 때의 0, 1, 2의 재배치로, 이후의 소수 진수에 대해 계속 진행된다. 아래의 for 반복문의 시작에서 p는 현재 진수 기반을 위해 재배치 배열의 시작을 가리키게 초기화된다.

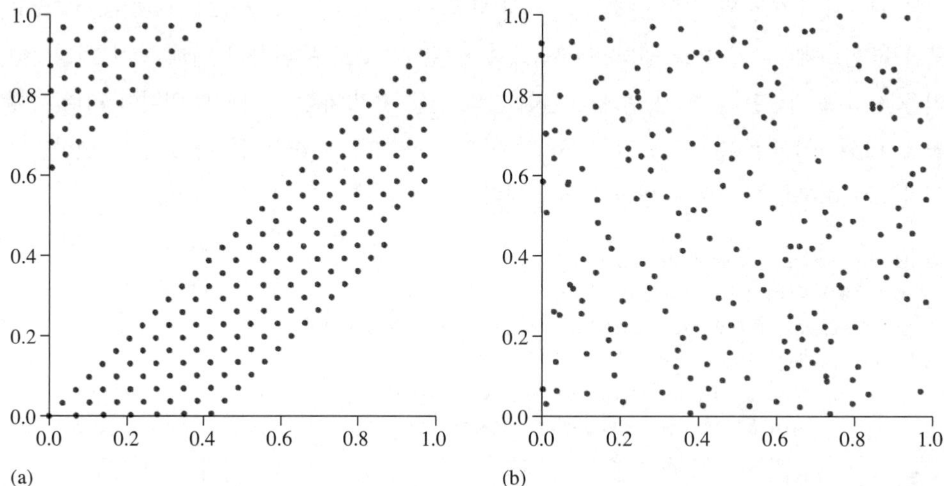

그림 7.26 휘젓기한 핼톤과 휘젓지 않은 핼톤 표본 값의 그래프. (a) 표본 벡터의 더 높은 차원에서 표본 값의 매핑은 균일 구조체를 보여주기 시작한다. 여기서는 차원 ($\Phi_{29}(a)$, $\Phi_{31}(a)$)를 보여준다. (b) 휘저은 시퀀스로, 방정식(7.8)로 표본 색인의 숫자를 임의로 재배치하는 것으로 이 구조체를 분해한다.

```
<Low Discrepancy Function Definitions> +≡
    std::vector<uint16_t> ComputeRadicalInversePermutations(RNG &rng) {
        std::vector<uint16_t> perms;
        <Allocate space in perms for radical inverse permutations 556>
        uint16_t *p = &perms[0];
        for (int i = 0; i < PrimeTableSize; ++i) {
            <Generate random permutation for ith prime base 557>
            p += Primes[i];
        }
        return perms;
    }
```

재배치 배열의 전체 크기는 사전 계산된 소수표에서 끝까지의 소수 합으로 주어진다.

```
<Allocate space in perms for radical inverse permutations> ≡                556
    int permArraySize = 0;
    for (int i = 0; i < PrimeTableSize; ++i)
        permArraySize += Primes[i];
        perms.resize(permArraySize);
```

```
<Low Discrepancy Declarations> ≡
    static constexpr int PrimeTableSize = 1000;
    extern const int Primes[PrimeTableSize];
```

<*Low Discrepancy Data Definitions*> ≡

```
const int Primes[PrimeTableSize] = {
    2, 3, 5, 7, 11,
    <Subsequent prime numbers>
};
```

각 재배치의 생성은 쉽다. p를 현재 소수 길이와 동일한 재배치로 초기화하고 그 후에 값을 임의로 섞기만 하면 된다.

<*Generate random permutation for ith prime base*> ≡ 556

```
for (int j = 0; j < Primes[i]; ++j)
    p[j] = j;
Shuffle(p, Primes[i], 1, rng);
```

ScrambledRadicalInverse() 함수는 본질적으로 RadicalInverse()와 동일하며, 다만 주어진 진수에 대한 재배치 표에 각 숫자를 넣는 것만 다르다. 다음의 RadicalInverse()에서 2진수의 경우에 대한 더 효율적인 구현은 연습문제 7.1에서 알아보자.

<*Low Discrepancy Function Definitions*> +≡

```
Float ScrambledRadicalInverse(int baseIndex, uint64_t a,
        const uint16_t *perm) {
    switch (baseIndex) {
        case 0: return ScrambledRadicalInverseSpecialized<2>(perm, a);
        case 1: return ScrambledRadicalInverseSpecialized<3>(perm, a);
        case 2: return ScrambledRadicalInverseSpecialized<5>(perm, a);
        case 3: return ScrambledRadicalInverseSpecialized<7>(perm, a);
        <Remainder of cases for ScrambledRadicalInverse()>
    }
}
```

다음의 구현 역시 perm이 숫자 0을 0이 아닌 값으로 매핑할 때 일어나는 특별한 경우를 고려한다. 이 경우 반복이 a가 0에 도달하면 초기에 중지돼 perm[0]의 값을 가진 무한대로 긴 접미사가 잘못 누락된다. 다행히도 이는 단순한 해석 해를 가진 기하급수로, 해당 값은 마지막 줄에 추가된다.

<*Low Discrepancy Static Functions*> +≡

```
template <int base>
static Float ScrambledRadicalInverseSpecialized(const uint16_t *perm,
        uint64_t a) {
    const Float invBase = (Float)1 / (Float)base;
    uint64_t reversedDigits = 0;
```

```
        Float invBaseN = 1;
        while (a) {
            uint64_t next = a / base;
            uint64_t digit = a - next * base;
            reversedDigits = reversedDigits * base + perm[digit];
            invBaseN *= invBase;
            a = next;
        }
        return std::min(invBaseN * (reversedDigits +
                invBase * perm[0] / (1 - invBase)), OneMinusEpsilon);
    }
```

7.4.2 핼톤 표본기 구현

HaltonSampler는 핼톤 시퀀스를 통해 표본 벡터를 생성한다. StratifiedSampler와는 달리 이는 완전히 결정적이다. 연산에서 의사 난수를 사용하지 않기 때문이다. 하지만 핼톤 표본은 이미지가 충분히 잘 표본화되지 않을 경우 결함으로 이어진다. 그림 7.27은 체스판 텍스처를 핼톤 기반 표본기로 표본화한 결과와 층별 표본기를 사용한 결과를 비교한다. 전면과 지평선을 향해 가장자리를 따라서 불쾌한 패턴이 있는 것을 확인하자.

```
<HaltonSampler Declarations> ≡
    class HaltonSampler : public GlobalSampler {
    public:
        <HaltonSampler Public Methods>
    private:
        <HaltonSampler Private Data 559>
        <HaltonSampler Private Methods 560>
    };
```

```
<HaltonSampler Method Definitions> ≡
    HaltonSampler::HaltonSampler(int samplesPerPixel,
            const Bounds2i &sampleBounds)
        : GlobalSampler(samplesPerPixel) {
        <Generate random digit permutations for Halton sampler 559>
        <Find radical inverse base scales and exponents that cover sampling area 560>
        <Compute stride in samples for visiting each pixel area 561>
        <Compute multiplicative inverses for baseScales>
    }
```

(a)

(b)

그림 7.27 층별 표본기와 이미지 면에 대한 핼톤 점에 기반을 둔 저불일치 표본기의 비교. (a) 픽셀별 하나의 표본을 얻는 지터링된 층별 표본기. (b) 픽셀당 하나의 표본을 얻는 HaltonSampler 표본기. 핼톤 패턴이 체커 패턴을 수평선을 향해 좀 더 멀리 재현 가능하더라도 저불일치 패턴에서 시각적으로 거슬리는 규칙적인 구조가 있는 것을 확인하자. 지터링 방식과 달리 앨리어싱을 덜 불쾌한 잡음으로 변환하지 않기 때문이다.

휘저은 근역에 대한 순열 표는 모든 HaltonSampler 인스턴스 사이에서 공유되며, 생성자가 수행될 때 처음에 계산된다. pbrt의 요구에 대해 이 방식은 잘 작동한다. 현재 구현은 이미지의 다른 조각에 대해서 다른 표본기 인스턴스만을 사용하므로, 같은 순열을 항상 사용하고 싶다. 다른 용도의 경우 다른 순열을 사용할 때 더 많은 제어 권한을 갖는 것이 좋다.

<Generate random digit permutations for Halton sampler> ≡ 558

```
if (radicalInversePermutations.size() == 0) {
    RNG rng;
    radicalInversePermutations = ComputeRadicalInversePermutations(rng);
}
```

<HaltonSampler Private Data> ≡ 558

```
static std::vector<uint16_t> radicalInversePermutations;
```

유틸리티 메서드 PermutationForDimension()은 주어진 차원에 대해서 순열 배열의 시작 포인터를 반환한다.

<HaltonSampler Private Methods> ≡ 558

```
const uint16_t *PermutationForDimension(int dim) const {
    if (dim >= PrimeTableSize)
        Severe("HaltonSampler can only sample %d dimensions.",
               PrimeTableSize);
    return &radicalInversePermutations[PrimeSums[dim]];
}
```

주어진 차원에 대해 오프셋을 빨리 찾을 수 있으려면 각 소수마다 선행하는 소수의 합을 갖는 것이 유용하다.

<Low Discrepancy Data Definitions> +≡

```
const int PrimeSums[PrimeTableSize] = {
    0, 2, 5, 10, 17,
    <Subsequent prime sums>
};
```

표본의 첫 두 차원을 $[0, 1)^2$에서 픽셀 좌표로 매핑하기 위해 HaltonSampler는 각 차원에서 이미지 해상도와 kMaxResolution 중 더 작은 것보다 큰 크기 조절 인자 중 가장 작은 인자 $(2^j, 3^k)$를 찾는다(이 크기의 특별한 선택이 어떻게 어떤 픽셀에 표본이 위치하는지 보기 쉽게 하는지를 바로 알아볼 것이다). 크기 조절 이후에 이미지 너비 밖의 어떤 표본도 단순히 무시된다.

하나나 둘 차원에서 kMaxResolution보다 큰 해상도를 가진 이미지에 대해 헬톤 점의 조각이 이미지 사이에서 반복된다. 이 해상도 제한은 계산된 표본 값에서 충분한 부동소수점 정밀도를 유지하도록 도와준다.

<Find radical inverse base scales and exponents that cover sampling area> ≡ 558

```
Vector2i res = sampleBounds.pMax - sampleBounds.pMin;
for (int i = 0; i < 2; ++i) {
    int base = (i == 0) ? 2 : 3;
    int scale = 1, exp = 0;
    while (scale < std::min(res[i], kMaxResolution)) {
        scale *= base;
        ++exp;
    }
    baseScales[i] = scale;
```

```
        baseExponents[i] = exp;
    }
```

각 차원에 대해 baseScales는 크기 조절 인자 2^j이나 3^k를 가지며, baseExponents는 지수 j와 k를 가진다.

<*HaltonSampler Private Data*> +≡ 558

```
    Point2i baseScales, baseExponents;
```

<*HaltonSampler Local Constants*> ≡

```
    static constexpr int kMaxResolution = 128;
```

HaltonSampler가 이 방식으로 표본을 픽셀 좌표로 매핑하는 이유를 알기 위해서 근역 b진수로 계산한 값을 b^n으로 크기 조절한 효과를 생각해보자. a의 숫자가 b진수와 $d_i(a)$로 표현되면 근역이 b진수에서 $0.d_1(a)d_2(a)$ ...의 값인 것을 기억하자. 이 값을 b^2으로 곱하면 $d_1(a)d_2(a).d_3(a)$ ...를 얻는다. 첫 두 숫자가 기수점의 왼쪽으로 옮겨지며, 값의 분수 요소가 $d_3(a)$로 시작한다.

이 b^n으로 크기 조절하는 연산은 어떤 픽셀에 어떤 표본 색인이 위치하는지 결정할 수 있게 하는 핵심이다. 앞의 예제에서 첫 두 숫자를 고려하면 크기 조절 값의 정수 요소가 0에서 $b^2 - 1$까지의 범위를 가지며, a가 증가할수록 a의 b진수의 마지막 두 숫자가 이 범위의 모든 b^2개의 값을 한 번씩 갖게 된다.

주어진 값 $x(0 \le x \le b^2 - 1)$에 대해 정수 요소에서 값 x를 갖는 첫 값 a를 찾을 수 있다. 정의에 의해 b진수 x의 숫자는 $d_2(x)d_1(x)$가 된다. 그러므로 $d_1(a) = d_2(x)$이고 $d_2(a) = d_1(x)$면 크기 조절된 a의 근역은 정수 요소가 x와 동일하게 된다.'

픽셀 표본을 위해 HaltonSampler에서 사용된 진수 $b = 2$와 $b = 3$이 서로소이므로, 표본 값이 일부 $(2^j, 3^k)$로 크기 조절되면 범위 $(0, 0) \to (2^j - 1, 3^k - 1)$ 안의 특정 픽셀을 매 2^j3^k 표본마다 방문하게 된다. 이 곱은 sampleStride에 저장된다.

<*Compute stride in samples for visiting each pixel area*> ≡ 558

```
    sampleStride = baseScales[0] * baseScales[1];
```

<*HaltonSampler Private Data*> +≡ 558

```
    int sampleStride;
```

currentPixel에 위치하는 첫 헬톤 표본에 대한 표본 색인은 offsetForCurrentPixel에 저장된다. 이 오프셋이 현재 픽셀 안에서 첫 표본에 대해 계산되면 픽셀 안의 이후 표본은 헬톤 시퀀스 안에서 sampleStride만큼 건너뛰어 찾을 수 있다.

<HaltonSampler Method Definitions> +≡

```
int64_t HaltonSampler::GetIndexForSample(int64_t sampleNum) const {
    if (currentPixel != pixelForOffset) {
        <Compute Halton sample offset for currentPixel>
        pixelForOffset = currentPixel;
    }
    return offsetForCurrentPixel + sampleNum * sampleStride;
}
```

<HaltonSampler Private Data> +≡ 558

```
mutable Point2i pixelForOffset = Point2i(std::numeric_limits<int>::max(),
                                         std::numeric_limits<int>::max());
mutable int64_t offsetForCurrentPixel;
```

표본들이 $(2^j, 3^k)$으로 크기 조절된 주어진 픽셀 (x, y) 안에서 첫 표본의 색인을 계산하는 것은 x의 2진수에서 마지막 j 숫자(x_r로 표기)와 y의 3진수에서 마지막 k 숫자(y_r로 표기)의 근역의 역을 계산하는 것을 포함한다. 이는 방정식의 시스템에서 다음과 같이 주어진다.

$$x_r \equiv (i \bmod 2^j)$$
$$y_r \equiv (i \bmod 3^k)$$

이 방정식을 만족하는 색인 i가 현재 픽셀 안에 위치하는 표본의 색인이다. 여기에 i를 계산하는 코드 조각 *<Compute Halton sample offset for* currentPixel*>*은 포함하지 않는다. i를 찾는 데 사용되는 알고리즘에 대한 세부 사항은 Grünschloß et al.(2012)를 참조하자.

표본 오프셋의 계산은 무작위 숫자 순열을 고려하지 않으므로, 여기서 계산된 표본 값에 포함되지 않는다. 또한 첫 두 차원의 하위 baseExponents[i] 숫자가 어떤 픽셀이 표본화될지 선택할 때 사용되므로, 이 숫자는 반드시 표본 벡터의 첫 두 차원에 대한 근역을 계산하기 전에 버려야 하며, 이는 SampleDimension() 메서드가 현재 표본화되는 픽셀 안에 소수점 오프셋을 반환하게 돼 있기 때문이다. 더 높은 차원은 단지 임의 순열을 포함해 직접 표본화한다.

<HaltonSampler Method Definitions> +≡

```
Float HaltonSampler::SampleDimension(int64_t index, int dim) const {
    if (dim == 0)
        return RadicalInverse(dim, index >> baseExponents[0]);
    else if (dim == 1)
```

```
            return RadicalInverse(dim, index / baseScales[1]);
        else
            return ScrambledRadicalInverse(dim, index,
                    PermutationForDimension(dim));
    }
```

*7.5 (0, 2)-시퀀스 표본기

고품질 표본을 생성하기 위한 다른 방식으로 표본의 원하는 두 가지 특성을 모두 만족시키는(StratifiedSampler는 하나만 만족한다) 특정 저불일치 시퀀스의 주목할 만한 특성을 이용할 수 있다. 이를 통해 이미지 표본의 표본 값이 각 픽셀 표본에 대해 잘 분포됐고, 동시에 해당 픽셀 안의 모든 픽셀 표본에 대한 표본 값의 집합이 전체적으로 잘 분포되는 표본 벡터를 생성할 수 있다.

이 시퀀스는 소볼'SoBol'[9]이 유도한 저불일치 시퀀스의 첫 두 차원을 사용한다. 이 시퀀스는 (0, 2)-시퀀스로 알려진 저불일치 시퀀스의 특별한 유형이다. (0, 2)-시퀀스는 매우 일반적인 방법으로 계층화됐다. 예를 들어 (0, 2)-시퀀스의 첫 16 표본은 7.3절에서 다룬 계층 표본화의 제약을 만족하며, 이는 각각의 한 표본이 범위 $(\frac{1}{4}, \frac{1}{4})$의 상자 안에 들어가 있는 것이다. 또한 라틴 하이퍼큐브 제약도 만족하며, 표본 중 하나만이 범위 $(\frac{1}{16}, \frac{1}{16})$과 $(1, \frac{1}{16})$의 상자에 각각 들어있다. 더욱이 각각의 범위 $(\frac{1}{2}, \frac{1}{8})$ 상자에 대해 오직 하나의 표본만이 존재한다. 그림 7.28은 정의역을 (0, 2)-시퀀스의 첫 16개 표본이 계층화 특성을 만족하는 지역으로 나눌 때의 모든 가능성을 보여준다. 이 패턴에서 연속된 각 16 표본 역시 이 분포 특성을 만족한다.

일반적으로 (0, 2)-시퀀스의 길이 $2^{l_1+l_2}$의 어떤 시퀀스(l_i는 음수가 아닌 정수)는 이 일반적 계층화 제약을 만족한다. 2진수 기반의 2차원에서의 기본 간격은 다음과 같이 정의된다.

$$E = \left\{ \left[\frac{a_1}{2^{l_1}}, \frac{a_1+1}{2^{l_1}} \right) \times \left[\frac{a_2}{2^{l_2}}, \frac{a_2+1}{2^{l_2}} \right) \right\}$$

여기서 정수 $a_i = 0, 1, 2, 4, \ldots, 2^{l_i} - 1$이다. 시퀀스에서 각각의 처음 $2^{l_1+l_2}$ 값에서 하나의

9. 7.7절의 SobolSampler는 Sobol' 시퀀스의 모든 차원을 사용한다.

표본은 각 기본 간격에 존재한다. 더욱이 같은 특성이 각 $2^{l_1+l_2}$ 값의 다음 집합에 대해서도 참이다.

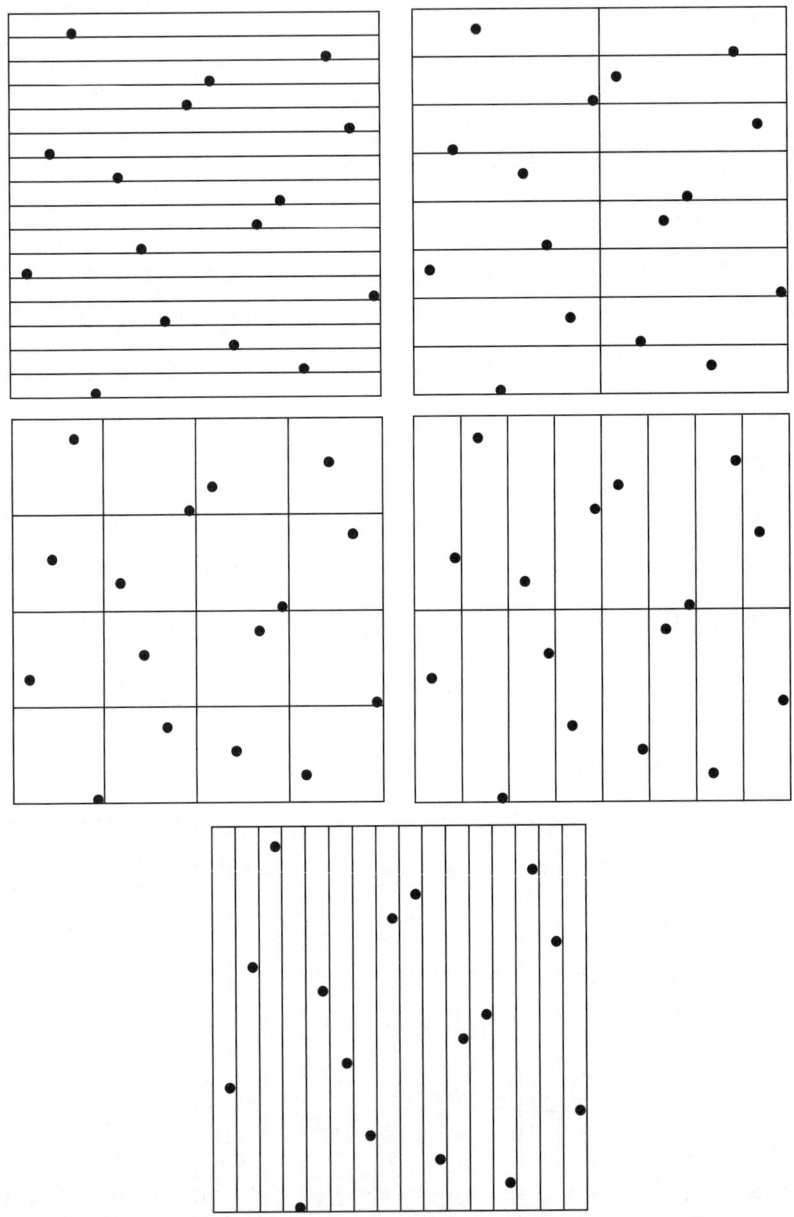

그림 7.28 모든 2진수 기본 간격에서 하나의 표본을 갖는 표본화 패턴. 이는 4x4 계층화와 라틴 하이퍼큐브 제약을 보여준 다른 두 제약처럼 만족한다.

(0, 2)-시퀀스가 어떻게 적분기를 위한 2D 표본을 생성하는 데 적용되는지 이해하기 위해 각 4 × 4 2D 표본의 배열을 각각 가진 2 × 2 이미지 표본의 픽셀을 생각해보자. (0, 2)-시퀀스의 처음 (2 × 2) × (4 × 4) = 2^6 값은 대응하는 기본 간격 집합에 대해 서로 잘 분포돼 있다. 더욱이 첫 4 × 4 = 2^4 표본은 역시 대응하는 기본 간격에 대해 잘 분포돼 있으며, 다음 2^4개도 마찬가지고, 또 그다음도 마찬가지며, 계속 반복된다. 그러므로 한 픽셀의 첫 이미지 표본을 위한 4 × 4 배열의 표본을 위해 첫 16개의 (0, 2)-시퀀스 표본을 사용할 수 있으며, 그다음 16개 이미지 표본을 사용할 수 있고, 계속 가능하다. 결과는 극도로 잘 분포된 표본점의 집합이다.

7.5.1 생성 행렬로 표본화

소볼' 시퀀스는 `HaltonSampler`가 표본점을 생성할 때 여러 차원에서 근역을 사용하는 것과 다른 메커니즘에 기반을 둔다. 근역 함수에서는 정수의 나누기가 곱하기와 비트 시프트로 변환되지만, 고품질 고해상도 렌더링을 위해 필요한 수십억의 표본에 대해서 필요한 양의 계산은 여전히 엄청나다. 대부분의 계산 비용은 본질적으로 2진수로 연산하는 컴퓨터에서 2진수가 아닌 계산을 처리할 때 생기는 비용이다(*<Compute base-2 radical inverse>* 코드 조각과 `RadicalInverseSpecialized()` 템플릿 함수의 차이를 고려해보자).

비2진수 연산의 높은 비용에 따라 완전히 2진수에서 연산하는 표본 생성 알고리즘을 개발하려는 시도는 자연스럽다. 이런 방법 중 효과적인 한 가지 방법은 모든 연산을 같은 진수에서 처리할 수 있게 하는 **생성 행렬**generator matrices을 사용하는 것이다. 각 표본화된 차원에 대해 잘 선택한 행렬로 매우 좋은 비불일치 점의 분포를 생성하는 것이 가능하다. 예를 들어 (0, 2)-시퀀스는 2진수 안에서 2개의 특정 생성 행렬을 사용해 정의할 수 있다.

생성 행렬이 어떻게 사용되는지 보기 위해 b진수의 n개 숫자를 가진 수 a를 고려해보자. a의 i번째 숫자가 $d_i(a)$이며, n × n 생성 행렬 C를 가진다. 그러면 다음의 대응하는 표본점 $x_a \in [0, 1)$은 다음과 같이 정의된다.

$$x_a = [b^{-1}\, b^{-2}\, \cdots\, b^{n}] \begin{bmatrix} c_{1,1} & c_{1,2} & \cdots & c_{1,n} \\ c_{2,1} & \ddots & & c_{2,n} \\ \vdots & & \ddots & \vdots \\ c_{n,1} & \cdots & \cdots & c_{n,n} \end{bmatrix} \begin{bmatrix} d_1(a) \\ d_2(a) \\ \vdots \\ d_n(a) \end{bmatrix}, \qquad (7.9)$$

처리되는 모든 연산은 환ring $\mathbb{Z}_b$다(다른 말로 모든 연산이 b의 나머지로 처리된다). 이 생성은

a가 0에서 b^n - 1의 범위이므로 전체 b^n개의 점을 생성한다. 생성 행렬이 단위행렬이면 이 정의는 b진수의 정규 근역에 대응한다(계속 하기 전에 잠시 방정식(7.7)과 (7.9) 사이의 이 연결을 확실히 이해했는지 알아보자).

이 절에서 b = 2와 n = 32의 경우만 독점적으로 사용하자. 표본 생성 알고리즘에 32 × 32 행렬을 도입하는 것이 더 나은 성능을 위한 것으로 보이지 않지만, 결과적으로 표본화 코드가 극도로 효율적인 방식으로 이 계산을 수행하는 적은 수의 연산을 사용하는 구현으로 이어지는 것을 볼 것이다.

고성능을 향한 첫 단계는 2진수에서 작동하는 것이다. 모든 C의 항목은 0 아니면 1이며, 그러므로 행렬의 각 행이나 열을 단일 부호 없는 32비트 정수로 표현할 수 있다. 여기서 행렬의 열을 `uint32t_t`로 표현한다. 이 선택은 d_i 열벡터를 C로 곱하는 매우 효율적인 알고리즘으로 이어진다.

이제 $C[d_i(a)]^T$ 행렬-벡터 곱의 계산을 고려해보자. 행렬-벡터 곱의 정의를 사용하면 다음을 얻는다.

$$\begin{bmatrix} c_{1,1} & c_{1,2} & \cdots & c_{1,n} \\ c_{2,1} & \ddots & & c_{2,n} \\ \vdots & & \ddots & \vdots \\ c_{n,1} & \cdots & \cdots & c_{n,n} \end{bmatrix} \begin{bmatrix} d_1(a) \\ d_2(a) \\ \vdots \\ d_n(a) \end{bmatrix} = d_1 \begin{bmatrix} c_{1,1} \\ c_{2,1} \\ \vdots \\ c_{n,1} \end{bmatrix} + \cdots + d_n \begin{bmatrix} c_{1,n} \\ c_{2,n} \\ \vdots \\ c_{n,n} \end{bmatrix}. \tag{7.10}$$

다른 말로 1의 값을 가진 각 d_i의 수에 대해 대응하는 C의 열을 더해야 한다. 이 덧셈은 $\mathbb{Z}_2$에서 매우 효율적으로 수행할 수 있다. 이 설정에서 더하기는 배타 논리합[XOR] 연산에 대응한다(두 개의 가능한 피연산 값 (0, 1)의 조합과 더한 결과를 2로 나눈 나머지와, 이를 같은 피연산자 값을 XOR해서 계산한 값과 비교해보자). 그러므로 $C[d_i(a)]^T$의 곱셈은 단순히 $d_i(a)$가 1인 곳의 C의 i열을 XOR하는 것과 같다. 이 계산은 `MultiplyGenerator()` 함수 안에서 구현된다.

<Low Discrepancy Inline Functions> +≡

```
inline uint32_t MultiplyGenerator(const uint32_t *C, uint32_t a) {
    uint32_t v = 0;
    for (int i = 0; a != 0; ++i, a >>= 1)
        if (a & 1)
            v ^= C[i];
    return v;
}
```

방정식(7.9)로 돌아가면 곱 $v = C[d_i(a)]^T$을 열벡터로 표기하면 이제 벡터 곱은 다음과 같다.

$$x_a = \begin{bmatrix} 2^{-1} \, 2^{-2} \, \cdots \, 2^{-n} \end{bmatrix} \begin{bmatrix} v_1 \\ v_2 \\ \vdots \\ v_n \end{bmatrix} = \sum_{i=1}^{32} 2^{-i} v_i. \tag{7.11}$$

v의 항목이 단일 uint32_t에 저장되면 이 값은 다음과 같이 uint32_t로 해석된다.

$$v = v_1 + 2v_2 + \cdots = \sum_{i=1}^{32} 2^{i-1} v_i$$

uint32_t 안의 비트 순서를 반전하면 다음의 값을 얻는다.

$$v' = \sum_{i=1}^{32} 2^{32-i} v_i$$

이는 더 유용한 값이다. 이 값을 2^{32}으로 나누면 방정식(7. 11)을 얻으며, 이는 계산하려는 값 x_a다.

그러므로 MultiplyGenerator() 함수의 결과를 받아 비트의 순서를 반전하고(예, ReverseBits32()를 사용), 그 후 정수 값을 [0, 1) 안의 부동소수점 값으로 계산하기 위해 2^{32}으로 나누면 표본 값을 계산할 수 있다.

비트의 반전에 사용되는 작은 비용을 아끼기 위해 행렬 C를 MultiplyGenerator()에 넘기기 전에 생성 행렬의 모든 열의 비트를 동일하게 반전시킨다. 다음에서 이 관습을 사용할 것이다.

실제로 (0, 2)-시퀀스가 유용하기 위해 각 이미지 표본에 대해서 여러 개의 다른 2D 표본 집합을 생성할 수 있어야 하며, 각 픽셀의 주변 영역에 대해서는 다른 표본 값을 생성해야 한다. 이 문제에 대한 한 가지 접근법은 각 픽셀에 대해 신중하게 선택한 중첩되지 않는 (0, 2)-시퀀스를 사용하는 것이다.[10] 다른 방식은 pbrt에서 사용하는 것으로 (0, 2)-시퀀스를 임의로 휘젓는 방식으로, 원래 시퀀스의 b진법 숫자를 임의로 순서를 바꿔 새로운 (0, 2)-시퀀스를 생성한다.

여기서 사용할 휘젓는 방식은 Kollig와 Keller(2002)의 방식이다. 단위 정사각형 $[0, 1)^2$을 반복적으로 나누고 섞는다. 각 2개의 차원에 대해 우선 정사각형을 반으로 나누고, 50%

10. 7.7절의 소볼 표본기에서 취한 방식이다.

확률로 두 개를 바꾼다. 그 후 각 [0, 0.5)와 [0.5, 1)의 구간을 각각 다시 반으로 나누고 임의로 나눠진 둘을 교환한다. 이 과정은 2진수 표현의 모든 비트가 처리될 때까지 재귀적으로 계속한다. 이 과정은 집합의 점들이 저불균일 특성을 유지하도록 신중하게 고안됐다. 그렇지 않으면 (0, 2)-시퀀스의 장점이 휘젓는 동안 사라지게 된다. 그림 7.29는 섞지 않은 (0, 2)-시퀀스와 두 개의 임의로 섞은 변형을 보여준다.

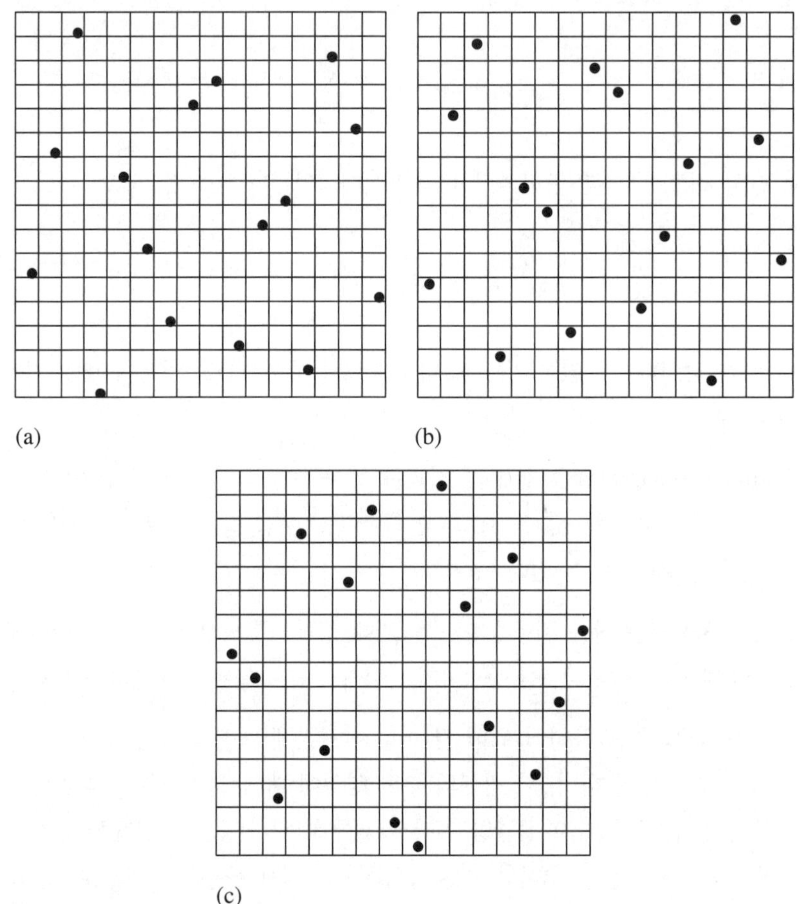

그림 7.29 (a) 저불일치 (0, 2)-시퀀스 기반 표본 패턴과 (b, c) 두 개를 임의로 휘저은 변형. 저불일치 패턴의 임의 휘젓기는 우리가 같은 표본 패턴을 모든 픽셀에 사용할 때 생성될 이미지에 생성될 결점을 제거하는 효율적인 방법으로, 점집합의 저불일치 특성을 유지할 수 있다.

휘젓는 과정을 효율적으로 하는 두 가지 요소가 있다. 첫째, 2진수의 2개 시퀀스를 휘젓고 있으므로, 모든 시퀀스의 숫자는 0 아니면 1이며, 시퀀스의 특정 숫자 d_i를 휘젓는 것은

0이나 1로 XOR하는 것과 같다. 둘째, 각 단계 l의 재귀적 휘젓기에 대해 각 2^{l-1}의 부분 구간을 교환할지 말지에 대해 같은 결정을 하므로 단순화시킬 수 있다. 이 두 가지 고안 방식은 휘젓기를 `uint32_t`의 비트 집합으로 암호화해서 원래 숫자에 XOR 연산으로 적용할 수 있게 한다.

`SampleGeneratorMatrix()` 함수는 이 조각들을 하나로 합쳐서 표본 값을 생성한다.

<Low Discrepancy Inline Functions> +≡

```
inline Float SampleGeneratorMatrix(const uint32_t *C, uint32_t a,
        uint32_t scramble = 0) {
    return (MultiplyGenerator(C, a) ^ scramble) * 0x1p-32f;
}
```

`SampleGeneratorMatrix()` 함수는 이미 매우 효율적이며, `MultiplyGenerator()` 안의 반복문을 통해 매번 조금의 산술 연산을 수행하며, 이 반복문은 값 a의 밑이 2인 로그와 같은 반복만 수행한다. 놀랍게도 생성된 표본의 순서를 그레이 코드Gray code 순서로 바꿔서 더 좋게 하는 것이 가능하다.

그레이 코드에서 연속적인 2진수는 1비트만 다르다. 표 7.4의 3번째 열은 그레이 코드 순서에서 첫 8개의 정수를 보여준다. 두 쌍의 값 사이에서 단일 비트만 변화하는 것뿐 아니라, 어떤 2의 승수 크기의 값 n이 0에서 시작할 때 그레이 코드가 0에서 n - 1까지의 모든 값을 열거하며, 순서만 다르다.

n번째 그레이 코드 값을 계산하는 것 역시 매우 효율적으로 할 수 있다.

<Low Discrepancy Inline Functions> +≡

```
inline uint32_t GrayCode(uint32_t n) {
    return (n >> 1) ^ n;
}
```

그레이 코드 순서로 표본을 열거하는 것으로, 연속된 표본 사이에서 $g(n)$개의 단일 비트 변화만 있다는 훌륭한 이득을 얻을 수 있다. 특정 색인 a에 대해 계산된 곱 $\mathbf{C}[d_i(a)]^T = v$를 갖고 있다고 가정해보자. 다른 값 a'가 a에서 1비트만 다르다면 v에서 $\mathbf{C}$의 한 열만 더하거나 빼서 $v = \mathbf{C}[d_i(a)]^T$을 얻을 수 있다(방정식(7.10)을 기억하자). 더 좋은 것은 2의 나머지에서 더하기와 빼기 둘 다 XOR로 처리 가능하므로 어떤 연산이 필요한지 알 필요가 없다는 점이다. 어떤 비트가 바뀌는지만 알면 된다. 표 7.4에서 볼 수 있듯이 $g(i)$에서 $g(i + 1)$로 변경될 비트의 색인은 i + 1의 이진 표현 안에서 뒤따르는 0의 숫자로 주어진다.

대부분의 CPU 연산 집합은 단일 연산에서 뒤따르는 0을 셀 수 있다.

표 7.4 그레이 코드 순서에서 첫 8개의 정수. 각 그레이 코드 값 $g(n)$은 기존 값 $g(n-1)$에서 1비트만 다르다. 변경되는 비트의 색인은 2진수 n의 뒤따르는 0의 수로 주어진다. 0에서 시작하는 2의 승수인 n개의 값 집합 안에서 0과 $n-1$ 사이의 모든 정수가 표현되며, 순서만 다르다.

n(base 10)	n(binary)	g(n)	변경된 비트 색인
0	000	000	n/a
1	001	001	0
2	010	011	1
3	011	010	0
4	100	110	2
5	101	111	0
6	110	101	1
7	111	100	0

이를 모두 합치면 그레이 코드 순서로 생성 행렬을 사용해서 매우 효율적으로 일련의 표본을 생성할 수 있다. GrayCodeSample( )은 생성 행렬 C, 생성할 표본의 수 n을 받아 메모리에서 대응하는 표본을 p가 가리키는 위치에 저장한다.

<Low Discrepancy Inline Functions> +≡

```
inline void GrayCodeSample(const uint32_t *C, uint32_t n,
        uint32_t scramble, Float *p) {
    uint32_t v = scramble;
    for (uint32_t i = 0; i < n; ++i) {
        p[i] = v * 0x1p-32f; /* 1/2^32 */
        v ^= C[CountTrailingZeros(i + 1)];
    }
}
```

x86 어셈블리 코드는 내부 반복문의 핵심(반복문 제어 논리는 생략)을 매우 간략히 보여준다.

```
xorps       %xmm1, %xmm1
cvtsi2ssq   %rax, %xmm1
mulss       %xmm0, %xmm1
movss       %xmm1, (%rcx,%rdx,4)
incq        %rdx
```

```
bsfl        %edx, %eax
xorl        $31, %eax
xorl        (%rdi,%rax,4), %esi
```

x86 어셈블리 언어 마니아가 아니더라도 각 표본 값을 생성하는 데 놀랍게도 짧은 명령어의 시퀀스라는 점에 감사할 것이다.

2D 표본을 생성하는 GrayCodeSample( )의 두 번째 버전이 있다(여기에 수록하지 않았다). 이는 각 차원에 대해 생성 행렬을 받아서 표본을 가진 Point2f 값의 배열을 채운다.

7.5.2 표본기 구현

ZeroTwoSequenceSampler는 필름 면에서 렌즈 위의 위치 표본과 다른 2D 표본을 휘저은 (0, 2)-시퀀스를 사용하고, 1D 표본을 휘저은 반 데르 코르풋 시퀀스를 사용해 생성한다. 그림 7.30은 피사계 심도를 위해 (0, 2)-시퀀스를 사용해 렌즈에 대해서 표본화한 결과를 계층화 패턴을 이용한 것과 비교하고 있다.

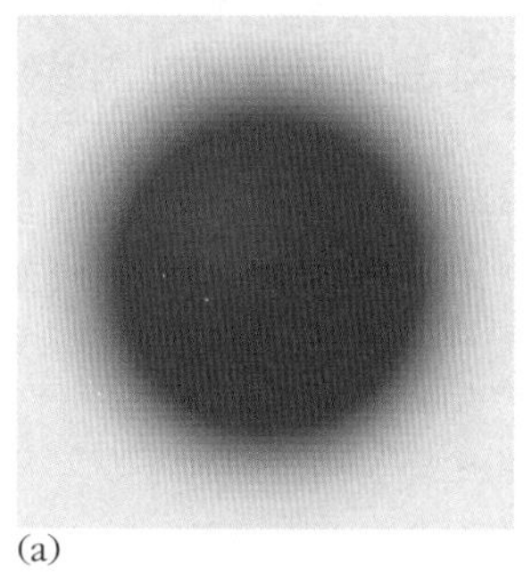
(a)

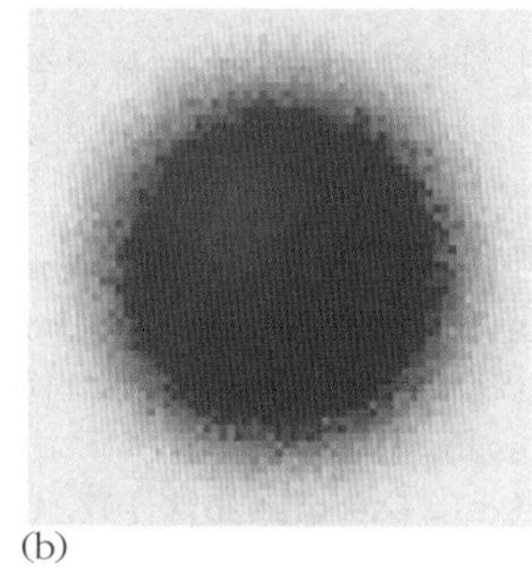
(b)

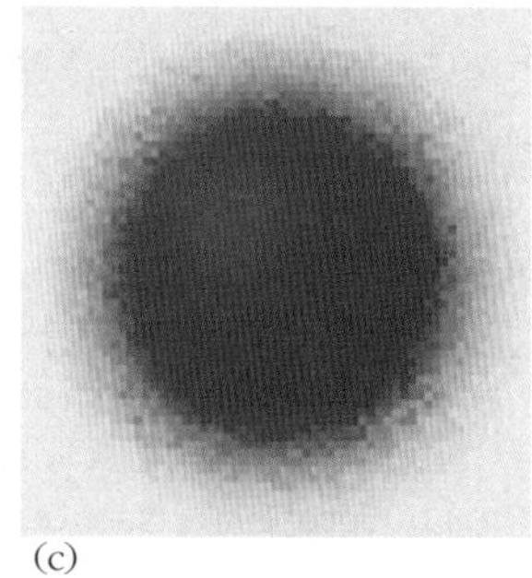
(c)

그림 7.30 피사계 심도를 렌더링하는 데의 계층화와 (0, 2)-시퀀스 표본기의 비교. (a) 기준 이미지의 초점에 맞지 않은 구의 흐려진 가장자리. (b) StratifiedSampler를 이용한 이미지. (c) ZeroTwoSequenceSampler를 사용한 이미지. ZeroTwoSequenceSampler의 결과가 계층화 이미지보다 낫지만, 계층화와 무작위 표본화의 차이에 비해 훨씬 차이는 적다.

```
<ZeroTwoSequenceSampler Declarations> ≡
    class ZeroTwoSequenceSampler : public PixelSampler {
    public:
        <ZeroTwoSequenceSampler Public Methods 572>
    };
```

생성자는 (0, 2)-시퀀스의 부분집합이 2의 승수가 아닐 경우 $[0, 1)^2$에 대해 훨씬 좋지 않게 분포되므로 필요할 경우 픽셀별 표본의 수를 2의 승수로 반올림한다.

<ZeroTwoSequenceSampler Method Definitions> ≡

```
ZeroTwoSequenceSampler::ZeroTwoSequenceSampler(int64_t samplesPerPixel,
        int nSampledDimensions)
    : PixelSampler(RoundUpPow2(samplesPerPixel), nSampledDimensions) {
}
```

<ZeroTwoSequenceSampler Public Methods> ≡ 571

```
int RoundCount(int count) const { return RoundUpPow2(count); }
```

ZeroTwoSequenceSampler가 PixelSampler이기에 StartPixel() 메서드는 반드시 픽셀 안의 표본에 대한 배열 표본 값을 생성할 뿐 아니라 비배열 표본에 대한 몇 차원의 표본을 생성해야 한다.

<ZeroTwoSequenceSampler Method Definitions> +≡

```
void ZeroTwoSequenceSampler::StartPixel(const Point2i &p) {
    <Generate 1D and 2D pixel sample components using (0, 2)-sequence 572>
    <Generate 1D and 2D array samples using (0, 2)-sequence 572>
    PixelSampler::StartPixel(p);
}
```

PixelSampler가 기대하는 비배열 차원에 대한 표본은 적절한 수의 표본 값을 가진 적절한 벡터 안을 채우는 문제다.

<Generate 1D and 2D pixel sample components using (0, 2)-sequence> ≡ 572

```
for (size_t i = 0; i < samples1D.size(); ++i)
    VanDerCorput(1, samplesPerPixel, &samples1D[i][0], rng);
for (size_t i = 0; i < samples2D.size(); ++i)
    Sobol2D(1, samplesPerPixel, &samples2D[i][0], rng);
```

배열 표본을 가진 표본 벡터 차원도 비슷하지만, 각 차원에 여러 표본 값을 가진다.

<Generate 1D and 2D array samples using (0, 2)-sequence> ≡ 572

```
for (size_t i = 0; i < samples1DArraySizes.size(); ++i)
    VanDerCorput(samples1DArraySizes[i], samplesPerPixel,
                 &sampleArray1D[i][0], rng);
for (size_t i = 0; i < samples2DArraySizes.size(); ++i)
    Sobol2D(samples2DArraySizes[i], samplesPerPixel,
            &sampleArray2D[i][0], rng);
```

VanDerCorput() 함수는 그레이 코드 기반 표본화 장치를 사용해서 휘저은 1D 표본 값을 생성한다. 이 함수의 특화된 구현을 단위행렬의 구조를 사용해 작성할 수 있더라도, 이미

충분히 효율적인 기존 그레이 코드 구현을 사용했다.

```
<Low Discrepancy Inline Functions> +≡
    inline void VanDerCorput(int nSamplesPerPixelSample, int nPixelSamples,
            Float *samples, RNG &rng) {
        uint32_t scramble = rng.UniformUInt32();
        <Define CVanDerCorput Generator Matrix 573>
        int totalSamples = nSamplesPerPixelSample * nPixelSamples;
        GrayCodeSample(CVanDerCorput, totalSamples, scramble, samples);
        <Randomly shuffle 1D sample points 574>
    }
```

1D 반 데르 코르풋 시퀀스에 대한 생성 행렬은 단위행렬이지만 앞서 규약처럼 각 열의 비트가 반전돼 있다.

```
<Define CVanDerCorput Generator Matrix> ≡                                  573
    const uint32_t CVanDerCorput[] = {
        0b10000000000000000000000000000000,
        0b1000000000000000000000000000000,
        0b100000000000000000000000000000,
        0b10000000000000000000000000000,
        <Remainder of Van Der Corput generator matrix entries>
    };
```

실제로 휘저은 (0, 2)-시퀀스를 사용할 때 반드시 고려해야 할 미묘한 구현 세부 사항이 있다.[11] 종종 적분기는 표본기가 특정 적분의 값을 계산하는 과정에서 생성한 하나 이상의 표본화 패턴의 표본을 사용한다. 예를 들어 1D 패턴의 표본을 장면에서 *N* 광원의 하나를 조명을 표본화하기 위해 사용할 수 있으며, 그 후에 광원이 영역 광원일 경우 2D 패턴을 광원의 표본점을 선택하기 위해 사용할 수 있다.

이 두 개의 패턴이 다른 휘젓기 값으로 임의로 휘저어져 계산됐다고 하더라도 두 패턴의 요소 사이에 여전히 연관성이 남아 있으며, 1D 패턴의 *i*번째 요소가 2D 패턴의 *i*번째 요소와 연관돼 있다. 그러므로 앞서 말한 영역 광원의 예에서 각 광원의 표본점 분포는 이 연관성으로 인해 전체 광원을 충분히 포괄하지 못하며, 이상한 렌더링 오류로 이어진다.

이 문제는 다양한 차원을 생성한 뒤에 임의로 섞는 방식으로 충분히 쉽게 해결할 수 있다. 먼저 1차원의 휘저은 저불일치 표본화 패턴을 생성하고, 이 픽셀에 대한 제공된 전체적으로

11. 사실 이 쟁점의 중요성은 저자들이 이 표본기를 사용한 렌더링된 이미지에서 예상하지 못한 잡음 패턴을 디버깅하는 과정을 겪기 전까지 알지 못했다.

잘 분포된 표본 집합을 이 함수는 두 가지 방식으로 섞는다. 예를 들어 한 픽셀이 8개의 이미지 표본이 있을 때 각각 4개의 적분기를 위한 1D 표본을 갖는 경우를 고려하자(전체 32개의 적분기 표본). 먼저 각 4 표본의 8개 그룹 안에서 표본을 섞고, 각 4개의 집합을 임의로 배치한다. 다음으로 각 4 표본의 8 그룹을 한 블록으로 묶어 다른 4 표본 블록에 대해 섞는다.

<*Randomly shuffle 1D sample points*> ≡ 573

```
for (int i = 0; i < nPixelSamples; ++i)
    Shuffle(samples + i * nSamplesPerPixelSample,
            nSamplesPerPixelSample, 1, rng);
Shuffle(samples, nPixelSamples, nSamplesPerPixelSample, rng);
```

Sobol2D() 함수는 VanDerCorput()와 비슷한 구조체를 따라가지만 소볼' 점의 첫 두 차원을 생성하기 위해 두 생성 행렬을 사용한다. 구현은 여기에 포함하지 않는다.

<*Low Discrepancy Declarations*> +≡

```
inline void Sobol2D(int nSamplesPerPixelSample, int nPixelSamples,
        Point2f *samples, RNG &rng);
```

(a)

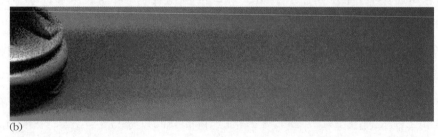

(b)

그림 7.31 ZeroTwoSequenceSampler가 영역 광 예제의 표본화에 사용될 경우, (a) 하나의 이미지 표본과 16개 광원 표본을 사용한 경우, (b) 16 이미지 표본과 1개의 광원 표본을 사용한 경우, (0, 2)-시퀀스 표본화 패턴이 픽셀 영역에 대해 두 경우 모두 좋은 분포를 확실히 제공하므로 모두 비슷한 결과가 생성된다. 이 이미지를 계층화 패턴으로 1개의 광원 표본이 각 16개 이미지 표본에서 추출돼 훨씬 못한 광원 표본을 집합을 생성한 그림 7.23과 비교하라.

그림 7.31은 (0, 2)-시퀀스를 영역 광 예제 장면에 사용한 결과를 보여준다. 계층화 패턴에 비해 시각적으로 더 나은 이미지를 생성할 뿐 아니라, 계층화 표본기와 달리 이미지 표본당 하나의 광원 표본을 사용했을 경우에도 좋은 결과를 보여주는 것에 주목하자.

*7.6 최소거리 최대화 표본기

(0, 2)-시퀀스 표본기는 모든 기본 간격에 대해 계층화돼 있기에 계층화 표본기보다 더 효율적이지만 여전히 종종 더 근접한 표본점을 생성한다. 대안은 (0, 2)-시퀀스만 생성하는 것이 아니라 특별히 표본 사이의 거리를 최대화하도록 고안 된 다른 생성 행렬 쌍을 사용하는 것이다. 이 방식은 `MaxMinDistSampler`에 구현돼 있다(이 생성 행렬의 원점에 대해 더 자세한 것은 '더 읽을거리' 절에서 찾아보자).

```
<MaxMinDistSampler Declarations> ≡
    class MaxMinDistSampler : public PixelSampler {
    public:
        <MaxMinDistSampler Public Methods 575>
    private:
        <MaxMinDistSampler Private Data 575>
    };
```

이런 17가지 특화된 행렬이 있으며, 각 2의 승수 표본에 대해 하나씩 대응해 2^{17} 표본까지 존재한다. 적절한 것에 대한 포인터는 생성자의 `Cpixel`에 저장된다.

```
<MaxMinDistSampler Public Methods> ≡                                          575
    MaxMinDistSampler(int64_t samplesPerPixel, int nSampledDimensions)
            : PixelSampler(RoundUpPow2(samplesPerPixel), nSampledDimensions) {
        CPixel = CMaxMinDist[Log2Int(samplesPerPixel)];
    }
```

```
<MaxMinDistSampler Private Data> ≡                                            575
    const uint32_t *CPixel;
```

그림 7.32는 이 행렬의 일부를 보여주며, 그림 7.33은 그중 하나가 생성한 점을 보여준다. 동일한 표본화 패턴이 각 2 × 2 픽셀에서 사용되는 것을 기억하자. 행렬이 발견되면 표본점 사이의 거리는 고품질 표본화 타일링을 허용하기 위해 원환형 위상toroidal topology(마치 단위 정사각형을 원환체로 말아버린 것처럼)을 사용해서 계산된다.

<*Low Discrepancy Declarations*> +≡

```
extern uint32_t CMaxMinDist[17][32];
```

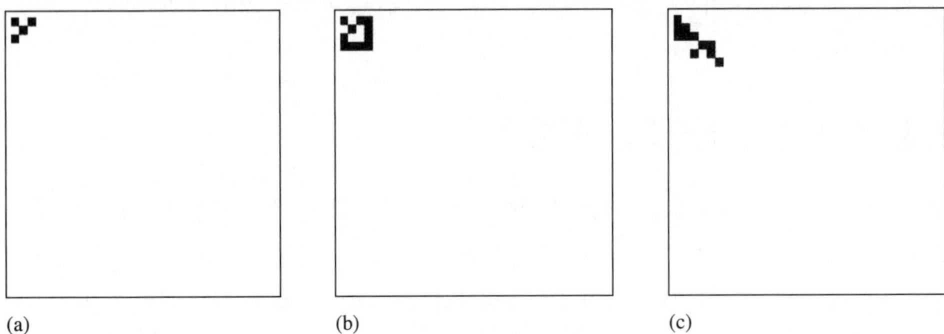

(a) (b) (c)

그림 7.32 MaxMinDistSampler를 위한 n = 8, 16, 64 표본 패턴 생성 행렬. 예전처럼 모든 행렬 요소는 0이나 1이며, 1인 요소는 검은색으로 그려졌다.

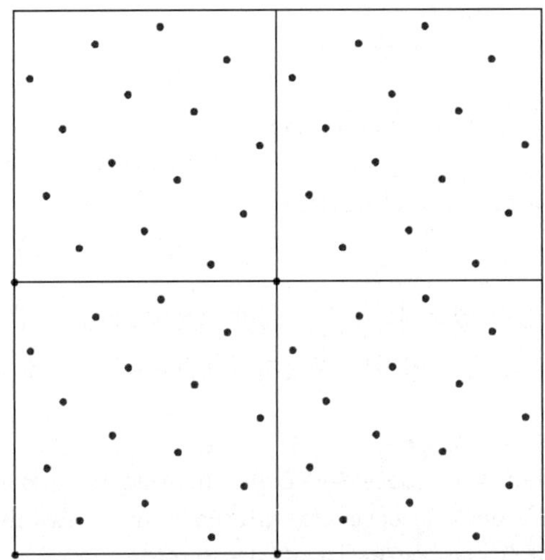

그림 7.33 2x2 픽셀의 격자로, 각각이 MaxMinDistSampler에서 16 표본으로 표본화됐다. 각 픽셀에서 동일 표본점이 사용됐더라도 이들의 배치는 각 픽셀 안에서 잘 분포된 것뿐 아니라, 픽셀 사이에 타일링될 때의 표본점 또한 인접 픽셀 안에서 너무 근접하지 않게 한다.

MaxMinDistSampler는 픽셀 표본을 계산하기 위해 생성 행렬을 사용한다. 첫 2D 표본 차원의 값은 첫 차원에서 균일 간격으로 설정되며, 두 번째는 생성 행렬에서 온다.

<*MaxMinDistSampler Method Definitions*> ≡

```
void MaxMinDistSampler::StartPixel(const Point2i &p) {
    Float invSPP = (Float)1 / samplesPerPixel;
```

```
    for (int i = 0; i < samplesPerPixel; ++i)
        samples2D[0][i] = Point2f(i * invSPP,
                                  SampleGeneratorMatrix(CPixel, i));
    Shuffle(&samples2D[0][0], samplesPerPixel, 1, rng);
    <Generate remaining samples for MaxMinDistSampler>
    PixelSampler::StartPixel(p);
}
```

남은 차원은 ZeroTwoSequenceSampler처럼 처음 두 개의 소볼' 행렬을 사용해서 표본화된다. 이 방식으로 표본 벡터의 이미지 차원이 아닌 표본에 대해 좀 더 나은 결과를 얻을 수 있었다(CMaxMinDist 행렬을 사용했을 때보다). 그러므로 대응하는 코드 조각 <*Generate remaining samples for* MaxMinDistSampler>은 여기에 포함하지 않는다.

*7.7 소볼' 표본기

7장의 마지막 Sampler는 소볼'에서 기인한 일련의 생성 행렬에 기반을 둔다. 이 행렬이 생성하는 시퀀스에서의 표본은 둘 다 구현하기에 매우 효율적이며, 이는 완전히 2진수 계산에 기반을 뒀기 때문이다. 또한 표본 벡터의 모든 n차원에서 극도로 잘 분포됐다. 그림 7.34는 첫 몇 개의 소볼' 생성 행렬을 보여주며, 그림 7.35는 피사계 심도 장면에서 이를 계층화 및 핼톤 점과 비교했다.

소볼' 점의 단점은 수렴 이전에 구조적인 격자 결함에 취약하다는 점이다. 이미지에서의 이 문제에 대한 감각은 그림 7.36과 7.37에서 보여준다. 이 약점과 교환으로 소볼' 시퀀스는 표본 벡터의 전에 n차원에 대해서 극도로 잘 분포된다.

```
<SobolSampler Declarations> ≡
class SobolSampler : public GlobalSampler {
public:
    <SobolSampler Public Methods 579>
private:
    <SobolSampler Private Data 580>
};
```

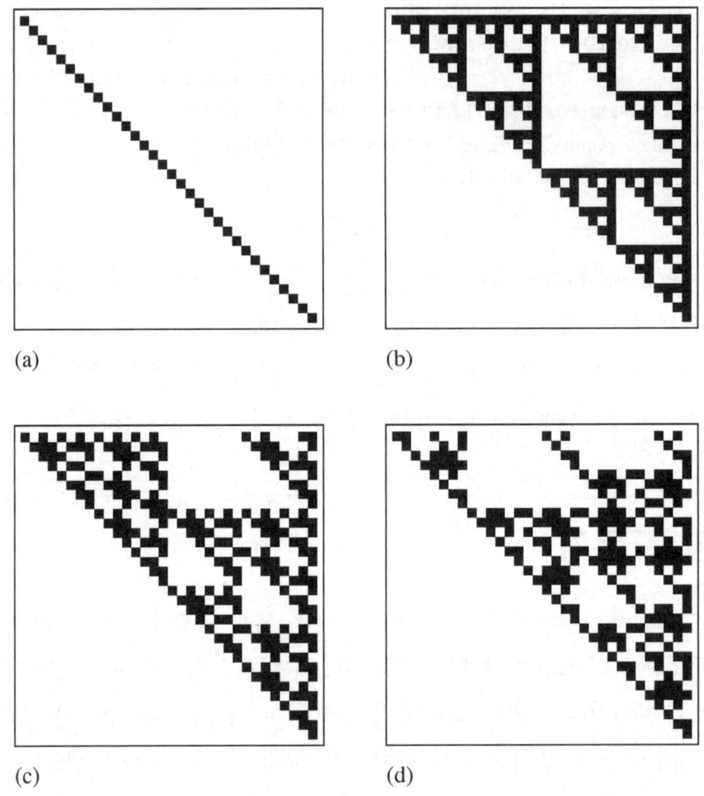

그림 7.34 소볼'시퀀스에서 첫 4개 차원의 생성 행렬. 이 균일 구조체를 주목하자.

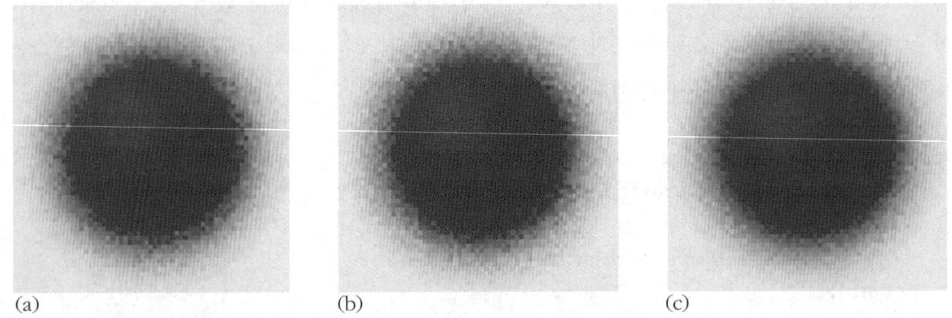

그림 7.35 피사계 심도를 렌더링하는 데 계층화, 핼톤, 소볼'표본기의 비교. (a) `StratifiedSampler`를 사용해서 렌더링한 이미지, (b) `HaltonSampler`를 사용해서 렌더링한 이미지, (c) `SobolSampler`를 사용한 이미지. 두 저불일치 표본기가 계층화 표본기보다 낫다. 이 `SobolSampler`로 과소 표본된 이미지가 구조화된 격자 결함이 보이지만, 소볼'시퀀스는 종종 핼톤 시퀀스보다 더 빠른 수렴률을 보인다.

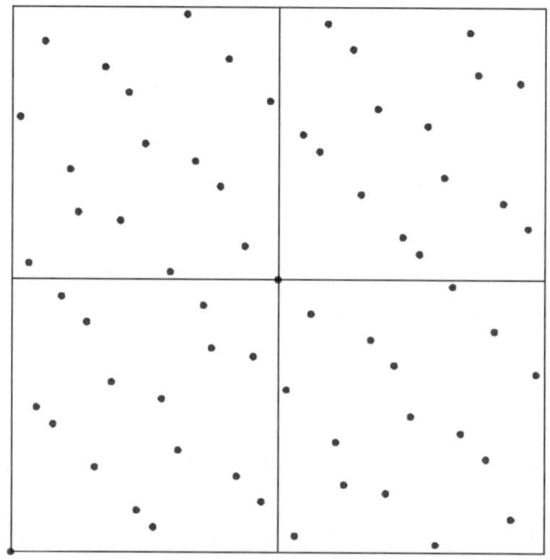

그림 7.36 각 16 소벨' 표본으로 표본화한 2 x 2 픽셀의 격자. 상당한 양의 구조체와 함께 많은 표본이 다른 것과 근접해 있다. 표본 벡터의 모든 *n*차원에 대해 매우 좋은 분산 특성은 일반적으로 이 단점을 보충한다.

그림 7.37 (a) 핼톤 표본기, (b) 소볼' 표본기로 렌더링한 과소 표본된 이미지. 시각적으로 다른 특성을 보이더라도 둘 다 보이는 구조체를 보인다. 소볼' 시퀀스는 특히 선명하게 보이는 체스판 구조체를 보여준다.

SobolSampler는 균일하게 첫 두 차원을 $[0, 1)^2$ 표본 정의역이 표본화되는 이미지 영역을 덮는 가장 작은 2의 승수로 크기 조절된다. HaltonSampler와 같이 특화된 크기 조절 범위는 픽셀 좌표에서 각 픽셀에 위치하는 표본 색인으로의 역매핑을 계산하기 쉽게 하기 위해 선택됐다.

<SobolSampler Public Methods> ≡ 577

```
SobolSampler(int64_t samplesPerPixel, const Bounds2i &sampleBounds)
    : GlobalSampler(RoundUpPow2(samplesPerPixel)),
      sampleBounds(sampleBounds) {
    resolution = RoundUpPow2(std::max(sampleBounds.Diagonal().x,
                                      sampleBounds.Diagonal().y));
```

```
        log2Resolution = Log2Int(resolution);
    }
```

<*SobolSampler Private Data*> ≡ 577

```
    const Bounds2i sampleBounds;
    int resolution, log2Resolution;
```

SobolIntervalToIndex() 함수는 $[0, 1)^2$ 표본화 정의역이 픽셀 표본화 영역을 덮을 수 있게 $2^{\text{log2Resolution}}$으로 크기 조절을 한 픽셀 p의 sampleNum번째 색인을 반환한다.

<*Low Discrepancy Declarations*> +≡

```
    inline uint64_t SobolIntervalToIndex(const uint32_t log2Resolution,
            uint64_t sampleNum, const Point2i &p);
```

구현하는 알고리즘을 유도하기 데 사용되는 일반적인 방식은 GetIndexForSample() 메서드에서 핼톤 표본기에 의해 사용하는 것과 유사하다. 여기서 2의 승수로 크기 조절하는 것은 크기의 밑 2인 로그를 취하면 크기 조절된 표본의 정수 부분을 형성하는 $C[d_i(a)]^T$의 10진수를 제공한다. 크기 조절 이후의 특정 정수 값을 갖는 a의 값을 찾기 위해 C의 역을 계산할 수 있다. v가 다음과 같이 주어진다면

$$v = \mathrm{C}[d_i(a)]^T$$

다음이 성립한다.

$$\mathrm{C}^{-1}v = [d_i(a)]^T$$

이 메서드의 구현을 여기에 포함하지 않겠다.

<*SobolSampler Method Definitions*> ≡

```
    int64_t SobolSampler::GetIndexForSample(int64_t sampleNum) const {
        return SobolIntervalToIndex(log2Resolution, sampleNum,
                Point2i(currentPixel - sampleBounds.pMin));
    }
```

주어진 표본 색인과 차원에 대한 표본 값의 계산은 명시적이며, SobolSample() 함수에서 주어진다.

<*SobolSampler Method Definitions*> +≡

```
    Float SobolSampler::SampleDimension(int64_t index, int dim) const {
        Float s = SobolSample(index, dim);
```

```
    <Remap Sobol' dimensions used for pixel samples 582>
    return s;
}
```

소볼' 표본 값을 계산하는 코드는 32비트와 64비트 부동소수점 값에 대해 다른 경로를 취한다. 다른 생성 행렬이 두 경우에 사용되며, 64비트에 대해 배정밀도를 사용해서 더 많은 비트를 사용한다.

```
<Low Discrepancy Inline Functions> +≡
inline Float SobolSample(int64_t index, int dimension,
                         uint64_t scramble = 0) {
#ifdef PBRT_FLOAT_AS_DOUBLE
    return SobolSampleDouble(index, dimension, scramble);
#else
    return SobolSampleFloat(index, dimension, scramble);
#endif
}
```

SobolSampleFloat() 함수의 구현은 MultiplyGenerator()와 비슷하며, 차이점은 64비트 색인을 받아 32 × 52 행렬을 사용하는 것이다. 더 큰 행렬은 기존에 사용된 32 × 32 행렬에서의 $2^{32} - 1$이 아닌, $a = 2^{52} - 1$까지 구분된 표본 값을 제공한다.

```
<Low Discrepancy Inline Functions> +≡
inline float SobolSampleFloat(int64_t a, int dimension,
        uint32_t scramble) {
    uint32_t v = scramble;
    for (int i = dimension * SobolMatrixSize; a != 0; a >>= 1, ++i)
        if (a & 1)
            v ^= SobolMatrices32[i];
    return v * 0x1p-32f; /* 1/2^32 */
}
```

```
<Sobol Matrix Declarations> ≡
static constexpr int NumSobolDimensions = 1024;
static constexpr int SobolMatrixSize = 52;
extern const uint32_t SobolMatrices32[NumSobolDimensions *
                                      SobolMatrixSize];
```

SobolSampleDouble() 함수는 비슷하며, 단지 64비트 소볼' 행렬을 사용한다. 여기에는 수록하지 않는다.

SobolSampler가 GlobalSampler이므로, 첫 두 차원에 반환된 값은 현재 픽셀에서의 오프셋이 되도록 조정돼야 한다. 여기서 표본 값은 계산된 2의 승수 크기로 생성자에서 크기 조절된 후에 표본 경계의 대응하는 래스터 표본 위치를 찾도록 아래쪽 모서리로 오프셋된다. 현재 정수 픽셀 좌표는 [0, 1)에서 결과를 얻도록 뺀다.

<Remap Sobol' dimensions used for pixel samples> ≡ 581

```
if (dim == 0 || dim == 1) {
    s = s * resolution + sampleBounds.pMin[dim];
    s = Clamp(s - currentPixel[dim], (Float)0, OneMinusEpsilon);
}
```

7.8 이미지 재구성

신중하게 선택한 이미지 표본에 대해 화면에 표시하거나 저장하기 위해 표본과 계산된 방사 값을 픽셀 값으로 변환해야 한다. 신호 처리 이론에 따르면 결과 이미지의 각 픽셀에 대해 최종 값을 계산하기 위해 다음과 같은 3가지 일을 해야 한다.

1. 연속적인 이미지 함수 $\tilde{L}$을 이미지 표본의 집합에서 재구성한다.
2. 함수 $\tilde{L}$을 픽셀 간격에 대한 나이키스트 한계를 넘는 주파수를 제거하기 위해 미리 필터링한다.
3. $\tilde{L}$을 픽셀 위치에서 표본화해 최종 픽셀 값을 계산한다.

함수 $\tilde{L}$을 픽셀 위치에서만 재표본화할 것을 알기 때문에 함수의 명시적인 표현을 생성할 필요는 없다. 대신 첫 두 단계를 하나의 필터 함수로 합칠 수 있다.

원래 함수를 나이키스트 주파수보다 높은 주파수로 균일하게 표본화한 후 sinc 필터로 재구성할 때 첫 단계에서 재구성된 함수는 원래 이미지 함수와 완벽히 일치하는 것을 기억하자. 점 표본만 갖고 있기에 대단한 성과다. 하지만 이미지 함수가 거의 항상 표본화율보다 더 높은 주파수를 갖고 있기에(가장자리 등 때문에) 우리는 이를 비균일하게 표본화하며, 이를 통해 앨리어싱을 잡음으로 교환한다.

이상적인 재구성 이면의 이론은 균일 간격의 표본에 기반을 둔다. 비균일 표본화에 대해 이 이론을 확장하려는 많은 시도가 있었지만, 아직 이 문제에 대해 인정된 방식은 없다. 더욱이 함수를 포착하기에 표본화율이 부족하다고 알려져 있기에 완전한 재구성은 불가능하다. 최근 표본화 이론 분야의 연구는 재구성 문제에서 완전한 재구성이 일반적으로 실제 상황에서 달성하기가 불가능하다는 아이디어를 전제로 재논의 중에 있다. 이 관점에 대한 약간의 변화가 강력하고 새로운 재구성 기술을 이끌어냈다. 예를 들어 이 개발에 대한 조사인 Unser(2000)를 살펴보자. 특히 재구성 이론의 연구 목표가 완전한 재구성에서 재구성 함수와 원래 함수의 차이를 원래 함수가 대역 제한인지 아닌지 상관없이 최소화하는 것으로 변경됐다.

pbrt에서 사용한 재구성 기술이 이 새로운 방식으로 직접 생성한 것은 아니지만, 완전한 재구성 기술을 이미지 합성을 위해 추출한 표본에 적용할 때 일반적으로 최고 화질 이미지로 나타나지 않는 실제 작업자들의 경험을 설명해준다.

픽셀 값을 재구성하기 위해 우리는 특정 픽셀 근처의 표본을 보간하려는 문제를 고려해야 한다. 픽셀 $I(x, y)$의 최종 값을 계산하기 위해 보간 결과는 가중 합의 평균을 계산해서 나타난다.

$$I(x, y) = \frac{\sum_i f(x - x_i, y - y_i)\, w(x_i, y_i)\, L(x_i, y_i)}{\sum_i f(x - x_i, y - y_i)}, \tag{7.12}$$

- $L(x_i, y_i)$는 (x_i, y_i)에 위치한 i번째 표본의 방사 값이다.
- $w(x_i, y_i)$는 Camera가 반환하는 표본 분포 가중치다. 6.4.7절과 13.6.6절에서 설명했듯이 이 가중치를 계산하는 방식에 따라 필름이 어떤 방사량을 측정하는지 결정한다.
- f는 필터 함수다.

그림 7.38은 너비가 x 방향으로 radius.x이고 y 방향으로 radius.y인 픽셀 필터를 가진 (x, y) 위치의 픽셀을 보여준다. 필터 범위로 주어진 상자 안의 모든 표본은 필터 함수의 값 $f(x - x_i, y - y_i)$에 따라 픽셀의 값에 기여할 수 있다.

sinc 필터는 여기서 적합한 선택이 아니다. 이상적인 sinc 필터는 기반 함수가 나이키스트 한계를 넘어선 주파수를 가질 때 물결 결함에 취약하다는 것을 기억하면(깁스 현상) 이미지의 가장자리가 근처 픽셀에서 가장자리의 희미한 복제를 갖게 되는 것을 의미한다. 더욱이 sinc 필터는 무한 영향infinite support을 가진다. 중심에서 한정된 거리에서는 0으로 떨어지지 않으므로, 모든 이미지 표본이 각 결과 픽셀마다 필터링돼야 한다. 현실적으론 하나의 최적 필터 함수는 존재하지 않는다. 특정 장면에 대해 최고의 필터를 고르는 것은 양적 평가와 질적 판단의 복합이다.

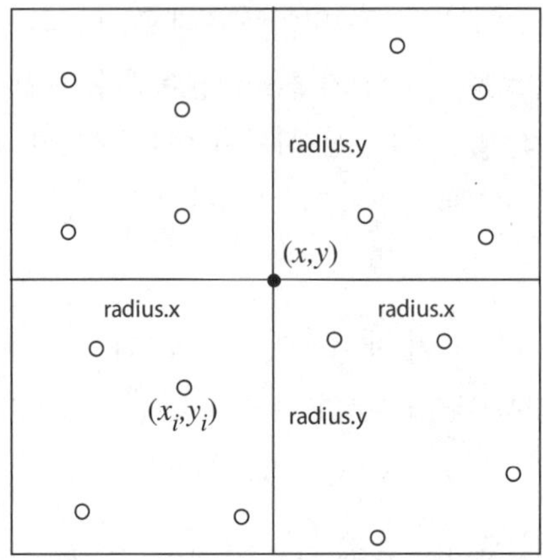

그림 7.38 2D 이미지 필터링. (x, y)에 위치한 검은 원으로 표시된 픽셀에 대해 필터링된 픽셀 값을 계산하기 위해서 (x, y) 주변의 `radius.x`, `radius.y` 크기 상자 안의 모든 이미지 표본을 고려해야 한다. 각 이미지 표본 (x_i, y_i)는 하얀 원으로 표시돼 있으며, 2D 필터 함수 $f(x - x_i, y - y_i)$로 가중치를 뒀다. 모든 표본의 가중 평균이 최종 픽셀 값이다.

7.8.1 필터 함수

pbrt의 모든 필터 구현은 추상 `Filter` 클래스에서 상속되며, 이는 필터링에 사용하는 $f(x, y)$ 함수에 대한 인터페이스를 제공한다. 방정식(7. 12)를 확인하자. `Film` 클래스(7.9절에 설명한)는 `Filter`에 대한 포인터를 갖고 이를 이미지 표본 분포를 최종 이미지에 누적하기 전에 필터링하는 데 사용한다. 그림 7.39은 이 절의 다양한 필터를 사용해 픽셀 값을 재구성한 렌더링된 이미지의 확대된 영역을 비교해서 보여준다. `Filter` 기본 클래스는 core/filter.h와 core/filter.cpp에 정의돼 있다.

(a)

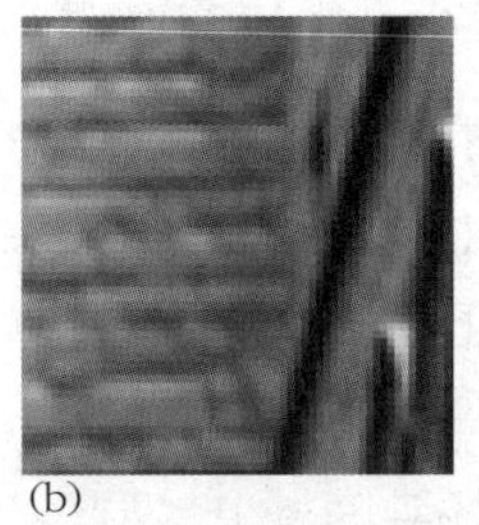
(b)

(c)

그림 7.39 이미지 표본을 픽셀 값으로 변환하는 데 사용하는 픽셀 재구성 필터는 최종 이미지의 특성에 주목할 만한 효과를 준다. 여기서 스폰자 아트리움 장면에서 벽돌 벽의 영역을 확대한 장면을 보고 있으며, 각각 (a) 상자 필터, (b) 가우시안, (c) 미첼-네트라발리(Mitchell-Netravali) 필터로 필터링됐다. 미첼 필터가 가장 선명한 이미지를 제공하며, 가우시안이 뭉개준 것을 볼 수 있다. 상자 필터는 가장 원하지 않는 결과로, 고주파수 앨리어싱이 최종 이미지에 흘러나오는 것을 허용하기 때문이다(아치의 상단 가장자리의 결함을 보자).

<Filter Declarations> ≡

```
class Filter {
public:
    <Filter Interface 585>
    <Filter Public Data 585>
};
```

모든 필터는 원점 (0, 0)에 중심을 두고 그 너머에서 0의 값을 갖는 반경을 정의한다. 이 너비는 *x*, *y* 방향이 각각 다를 수 있다. 생성자는 반경 값을 받아 역수로 저장해 필터 구현에서 사용한다. 필터에서 각 방향의 전체 영역(필터의 영향)은 대응하는 반경의 두 배가 된다(그림 7.40).

<Filter Interface> ≡ 585

```
Filter(const Vector2f &radius)
    : radius(radius),
    invRadius(Vector2f(1 / radius.x, 1 / radius.y)) { }
```

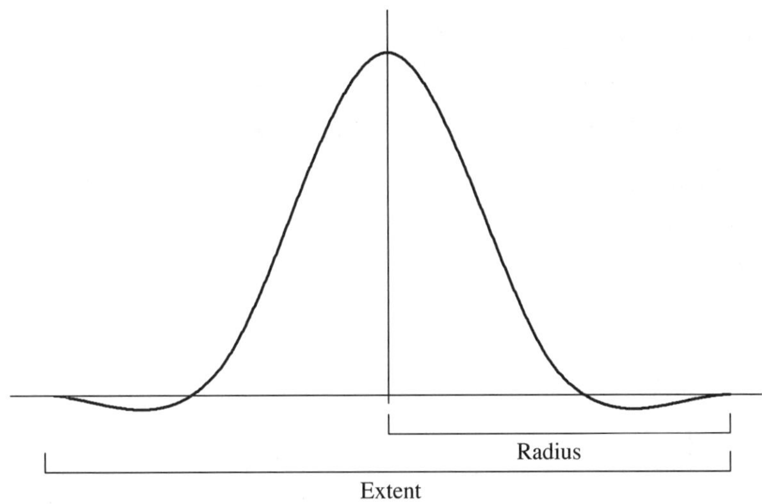

그림 7.40 필터의 영역은 pbrt에서 원점에서 절단점까지의 반경으로 정의된다. 필터의 영향은 전체 0이 아닌 영역으로 반경의 두 배와 같다.

<Filter Public Data> ≡ 585

```
const Vector2f radius, invRadius;
```

Filter 구현이 제공해야 할 유일한 메서드는 Evaluate()다. 이는 필터의 중심에 대한 표본 점의 상대 위치를 제공하는 2D 점을 매개변수로 받는다. 해당 점의 필터의 값이 반환된다.

시스템의 다른 코드들은 필터의 영역 밖에 있는 점에서 절대 필터 함수를 호출하지 않으므로, 이 경우를 체크하지 않는다.

<Filter Interface> +≡ 585

```
virtual Float Evaluate(const Point2f &p) const = 0;
```

상자 필터

그래픽스에서 가장 자주 사용되는 필터 중 하나는 상자 필터다(사실 필터링과 재구성이 명백히 정의되지 않은 경우 상자 필터가 사실상의 결과다). 상자 필터는 이미지의 정사각형 영역에서 모든 표본을 같은 가중치로 계산한다. 계산적으로 효율적이더라도 이는 가능한 필터 중 최악의 필터다. 상자 필터가 고주파수 표본 자료를 재구성 값에 녹여낸다는 7.1절의 설명을 기억해보자. 이는 사후 앨리어싱을 일으켜 원래 표본 값들이 앨리어싱을 피하기에 충분히 고주파수이더라도 오류가 나쁜 필터링을 통해 생성된다.

그림 7.41(a)는 상자 필터의 그래프를 보여주며, 그림 7.42는 상자 필터를 두 개의 1D 함수를 재구성하는 데 사용한 결과를 보여준다. 깁슨 현상을 묘사하기 위해 예전에 사용했던 계단 함수에 대해 상자는 상당히 잘 해준다. 하지만 결과는 *x*축에 대해 주파수가 증가하는 사인 함수에 대해 매우 좋지 않은 결과를 보여준다. 상자 필터는 낮은 주파수에서 함수를 재구성할 때 원 함수가 연속적이더라도 불연속적인 결과를 보여주어 좋지 않을 뿐만 아니라, 또한 함수의 주파수가 나이키스트 한계에 다가가거나 넘어갈 때 심각하게 열악한 결과를 보여준다.

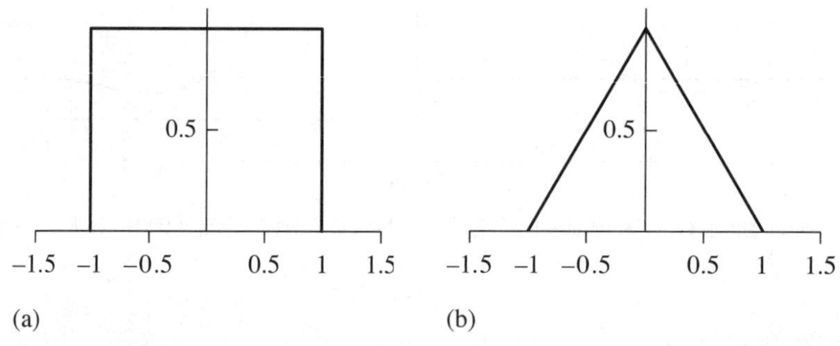

그림 7.41 (a) 상자 필터와 (b) 삼각형 필터의 그래프. 둘 다 특별히 좋은 필터가 아니더라도 둘 다 계산적으로 효율적이며, 쉽게 구현할 수 있고, 다른 필터를 평가하는 데 좋은 기준점이 된다.

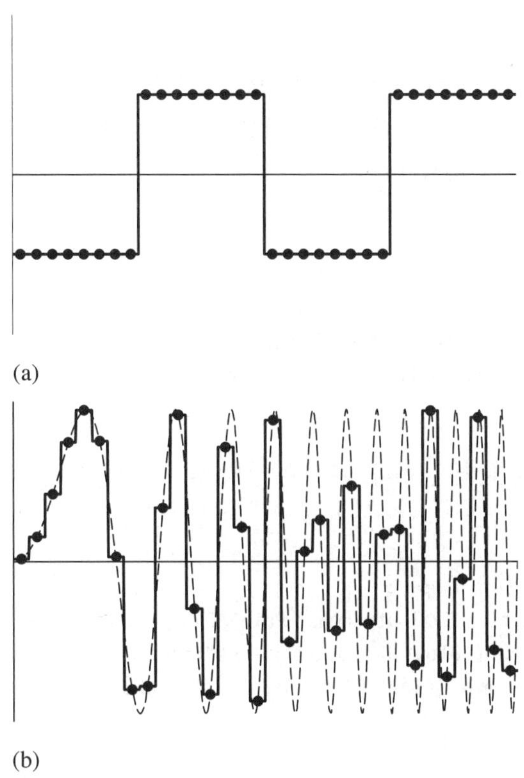

그림 7.42 상자 함수로 재구성한 (a) 계단 함수와 (b) x가 증가함에 따라 주파수가 늘어나는 사인 함수. 이 필터는 예상한 대로 계단 함수에 대해 잘 처리하지만, 사인 함수에 대해 심각하게 열악한 작동을 보여준다.

<BoxFilter Declarations> ≡
```
class BoxFilter : public Filter {
public:
    BoxFilter(const Vector2f &radius) : Filter(radius) { }
    Float Evaluate(const Point2f &p) const;
};
```

평가 함수가 필터의 영역을 넘은 (x, y) 값에 대해 호출되지 않으므로, 필터 함수의 값으로 항상 1을 반환한다.

<BoxFilter Method Definitions> ≡
```
Float BoxFilter::Evaluate(const Point2f &p) const {
    return 1.;
}
```

삼각형 필터

삼각형 필터는 상자보다 조금 나은 결과를 보여준다. 필터 중앙의 표본은 1의 가중치를 가지며, 가중치가 선형적으로 필터의 정사각형 영역에 대해 감소한다. 그림 7.41(b)에서 삼각형 필터의 그래프를 살펴보자.

<TriangleFilter Declarations> ≡

```
class TriangleFilter : public Filter {
public:
    TriangleFilter(const Vector2f &radius) : Filter(radius) { }
    Float Evaluate(const Point2f &p) const;
};
```

삼각형 필터를 계산하는 것은 쉽다. 구현은 단지 필터의 *x*, *y* 방향의 너비에 따라서 선형 함수를 계산한다.

<TriangleFilter Method Definitions> ≡

```
Float TriangleFilter::Evaluate(const Point2f &p) const {
    return std::max((Float)0, radius.x - std::abs(p.x)) *
           std::max((Float)0, radius.y - std::abs(p.y));
}
```

가우시안 필터

상자나 삼각형 필터와 달리 가우시안 필터는 실질적으로 상당히 좋은 결과를 보여준다. 이 필터는 가운데가 픽셀의 위치고, 그 주변으로 방사상으로 대칭적인 가우시안 범프Gaussian bump를 적용한다. 영역 끝의 가우시안 값은 한계에서 0으로 가기 위해 필터 값에서 뺀다(그림 7.43). 가우시안은 최종 이미지를 다른 필터에 비해 살짝 뭉개주는 효과가 있지만, 이 뭉개짐이 실제로 이미지에 남은 앨리어싱을 제거하는 데 도움을 준다.

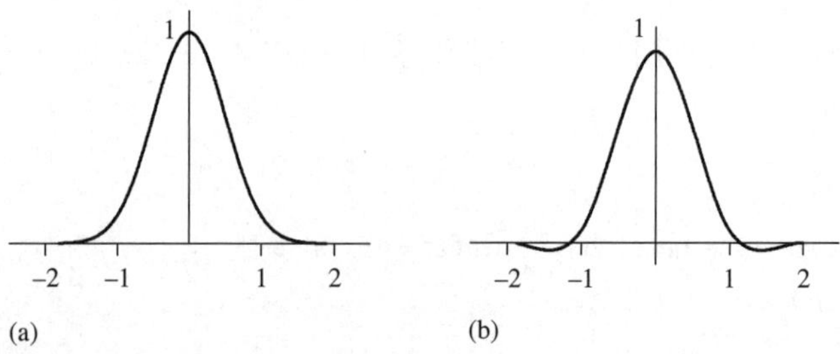

그림 7.43 (a) 가우시안 필터와 (b) B =1/3, C = 1/3인 미첼 필터의 그래프로, 둘 다 너비가 2다. 가우시안은 살짝 뭉개진 이미지를 제공하며, 미첼 필터의 음수 곡선은 최종 이미지에서 경계선을 강조하고 날카롭게 하는 데 도움을 준다.

<GaussianFilter Declarations> ≡

```
class GaussianFilter : public Filter {
public:
    <GaussianFilter Public Methods 589>
private:
    <GaussianFilter Private Data 589>
    <GaussianFilter Utility Functions 589>
};
```

반경 r의 1D 가우시안 필터는 다음과 같다.

$$f(x) = \mathrm{e}^{-\alpha x^2} - \mathrm{e}^{-\alpha r^2}$$

여기서 α가 필터의 점감률을 조절한다. 작은 값은 느린 점감으로 더 흐릿한 이미지를 제공한다. 두 번째 항은 가우시안이 영역의 끝에서 갑작스런 절벽 대신 0의 값을 갖게 보장한다. 효율을 위해서 생성자는 각 방향에 대한 $\mathrm{e}^{-\alpha r^2}$의 상수 항을 미리 계산한다.

<GaussianFilter Public Methods> ≡ 589

```
GaussianFilter(const Vector2f &radius, Float alpha)
    : Filter(radius), alpha(alpha),
    expX(std::exp(-alpha * radius.x * radius.x)),
    expY(std::exp(-alpha * radius.y * radius.y)) { }
```

<GaussianFilter Private Data> ≡ 589

```
const Float alpha;
const Float expX, expY;
```

2D 가우시안 함수가 2개의 1D 가우시안의 곱으로 분리가 가능하므로, 구현은 `Gaussian()` 함수를 두 번 호출해서 결과에 곱한다.

<GaussianFilter Method Definitions> ≡

```
Float GaussianFilter::Evaluate(const Point2f &p) const {
    return Gaussian(p.x, expX) * Gaussian(p.y, expY);
}
```

<GaussianFilter Utility Functions> ≡ 589

```
Float Gaussian(Float d, Float expv) const {
    return std::max((Float)0, Float(std::exp(-alpha * d * d) - expv));
}
```

미첼 필터

필터 디자인은 어렵기로 악명이 높으며, 수학적 분석과 인지적 실험을 혼합해야 한다. Mitchell과 Netravali(1988)는 이 공간을 체계적인 방법으로 탐사하기 위해 매개변수화된 필터 함수군을 개발했다. 다양한 매개변수로 필터링한 이미지에 대한 테스트 주체의 주관적인 반응을 분석한 후 물결 현상(이미지의 실제 경계선에 붙은 유령 경계선)과 흐려짐(심각하게 뭉개진 결과)이라는 열악한 재구성 필터에서 일어나는 두 개의 일반적인 결함 사이에서 좋은 균형을 잡는 필터를 개발했다.

그림 7.43(b)의 그래프에서 이 필터 함수가 가장자리에서 음수 값을 갖는 것을 알 수 있다. 이를 음수 곡선^negative lobe^이라 한다. 실제로 이 음수 영역이 경계선의 선명도를 증진시키며, 좀 더 산뜻한 이미지(흐릿함을 줄인)를 제공한다. 이들이 너무 커지면 물결 효과가 이미지에서 시작된다. 또한 최종 픽셀 값이 음수가 될 수 있으므로, 정상적인 결과 범위로 잘라내야 한다.

그림 7.44는 이 필터가 두 개의 테스트 함수를 재구성하는 것을 보여준다. 두 함수에 대해 매우 좋은 결과를 보여준다. 계단 함수에서 대해 최소한의 물결 효과를 보여주며, 사인 함수에 대해서도 표본화율이 함수의 세부 사항을 포착하므로 부족한 시점 전까지 매우 좋은 결과를 보여준다.

<MitchellFilter Declarations> ≡

```
class MitchellFilter : public Filter {
public:
    <MitchellFilter Public Methods 590>
private:
    const Float B, C;
};
```

미첼 필터는 B와 C라는 두 개의 매개변수를 갖고 있다. 어떤 값이든 매개변수에 사용할 수 있더라도 미첼과 네트라밸리는 $B + 2C = 1$의 직선에 위치하는 값을 추천한다.

<MitchellFilter Public Methods> ≡ 590

```
MitchellFilter(const Vector2f &radius, Float B, Float C)
    : Filter(radius), B(B), C(C) {
}
```

미첼-네트라밸리 필터는 x와 y 방향의 1D 필터 함수의 곱이어서 가우시안 함수처럼 분리 가능하다(사실 pbrt가 제공하는 모든 필터는 분리 가능하다). 그럼에도 불구하고, `Filter::`

`Evaluate()` 인터페이스는 이를 강요하지 않으며, 미래에 새로운 필터의 구현에 유연성을 제공한다.

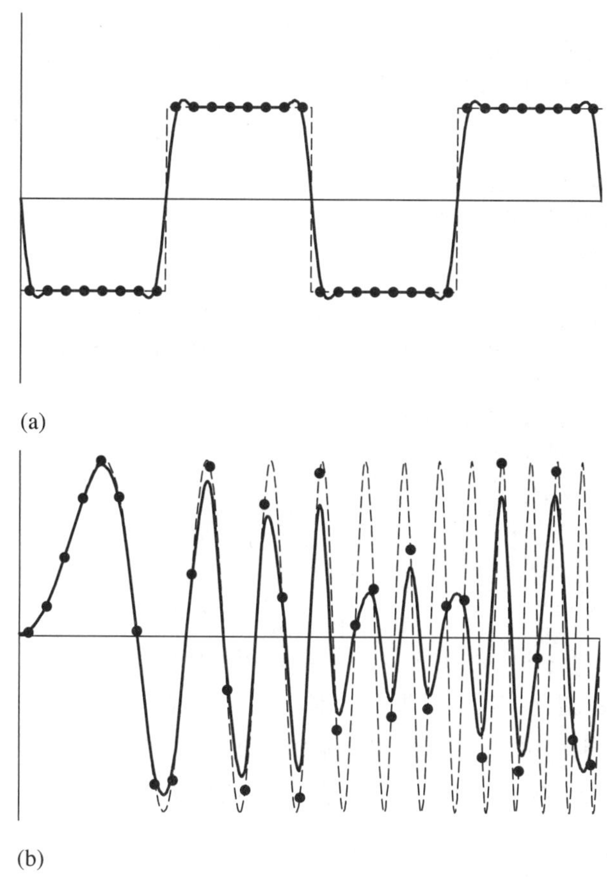

그림 7.44 미첼-네트라밸리 필터로 재구성한 예제 함수. 두 함수에 대해 좋은 결과를 보여주며, (a) 최소한의 물결 효과를 계단 함수에 대해 보여주고, (b) 과소 표본화의 앨리어싱이 지배하기 전까지 정밀하게 사인 함수를 표현한다.

<*MitchellFilter Method Definitions*> ≡

```
Float MitchellFilter::Evaluate(const Point2f &p) const {
    return Mitchell1D(p.x * invRadius.x) * Mitchell1D(p.y * invRadius.y);
}
```

미첼 필터에서 사용한 1D 함수는 우함수even function로 [-2, 2]에서 정의된다. 이 함수는 [0, 1]에서 정의된 3차 다항식과 [1, 2]에서 정의된 다른 다항식을 합쳐서 정의된다. 이 혼합된 다항식은 또한 $x = 0$ 면에 대해 반사돼 완전한 함수를 제공한다. 두 다항식은 B와 C의 매개변수로 조절되며, C^0과 C^1 연속을 $x = 0$, $x = 1$, $x = 2$에서 보장하도록 선택했다.

다항식은 다음과 같다.

$$f(x) = \frac{1}{6}\begin{cases} (12-9B-6C)|x|^3 + (-18+12B+6C)|x|^2 + (6-2B) & |x| < 1 \\ (-B-6C)|x|^3 + (6B+30C)|x|^2 + (-12B-48C)|x| & 1 \le |x| < 2 \\ \quad + (8B+24C) & \\ 0 & \text{otherwise.} \end{cases}$$

<MitchellFilter Public Methods> +≡ 590

```
Float Mitchell1D(Float x) const {
    x = std::abs(2 * x);
    if (x > 1)
        return ((-B - 6*C) * x*x*x + (6*B + 30*C) * x*x +
                (-12*B - 48*C) * x + (8*B + 24*C)) * (1.f/6.f);
    else
        return ((12 - 9*B - 6*C) * x*x*x +
                (-18 + 12*B + 6*C) * x*x +
                (6 - 2*B)) * (1.f/6.f);
}
```

윈도우 싱크 필터

마지막으로 LanczosSincFilter 클래스는 싱크 함수에 기반을 둔 필터를 구현한다. 실제로 싱크 필터Sinc Filter는 일정 거리 이상에서 0으로 가는 다른 함수로 종종 곱해진다. 이는 필터 함수가 합리적인 성능을 가진 구현을 위해 필요한 한정된 영역을 갖게 한다. 추가 매개변수 τ는 얼마나 많은 주기를 싱크 함수가 0으로 잘릴 때까지 갖는지 조절한다. 그림 7.45는 3 주기를 가진 싱크 함수의 그래프며, 란초스Lanczos 윈도우 함수의 그래프와 함께 있다. 란초스 윈도우는 단지 싱크 함수의 중앙 곡선으로 τ 주기를 포함하도록 크기 변경된다.

$$w(x) = \frac{\sin \pi x/\tau}{\pi x/\tau}$$

그림 7.45 또한 여기서 구현한 필터를 보여주며, 싱크 함수와 윈도우 함수의 곱이다.

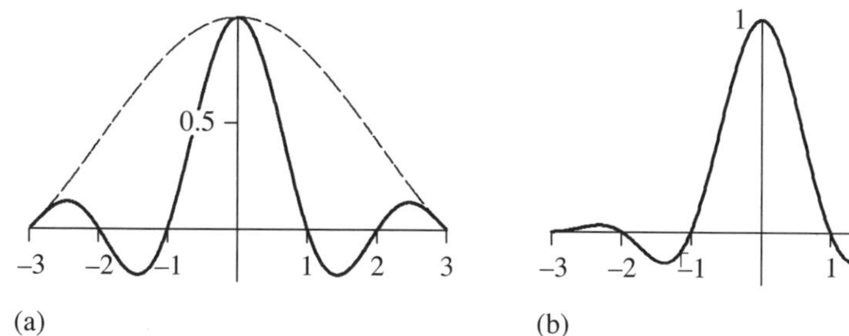

그림 7.45 싱크 필터의 그래프. (a) 3 주기 이후에 잘려진 싱크 함수(실선)와 란초스 윈도우 함수(점선). (b) 두 함수의 곱으로 LanczosSincFilter에 구현됐다.

그림 7.46은 균일한 1D 표본에 대한 윈도우 싱크의 재구성 결과를 보여준다. 윈도우의 덕분으로 재구성된 계단 함수는 무한 영역의 싱크 함수를 사용한 재구성에 비해 훨씬 적은 물결 효과를 보여준다(그림 7.11과 비교하자). 윈도우 싱크 필터 또한 사인 함수를 사전 앨리어싱이 나타나기 전까지 극도로 좋게 재구성한다.

<Sinc Filter Declarations> ≡

```
class LanczosSincFilter : public Filter {
public:
    <LanczosSincFilter Public Methods 593>
private:
    const Float tau;
};
```

<LanczosSincFilter Public Methods> ≡ 593

```
LanczosSincFilter(const Vector2f &radius, Float tau)
        : Filter(radius), tau(tau) { }
```

<Sinc Filter Method Definitions> ≡

```
Float LanczosSincFilter::Evaluate(const Point2f &p) const {
    return WindowedSinc(p.x, radius.x) * WindowedSinc(p.y, radius.y);
}
```

구현은 싱크 함수의 값을 계산한 뒤 란초스 윈도우 함수와 곱한다.

<LanczosSincFilter Public Methods> +≡ 593

```
Float Sinc(Float x) const {
    x = std::abs(x);
    if (x < 1e-5) return 1;
    return std::sin(Pi * x) / (Pi * x);
}
```

<LanczosSincFilter Public Methods> +≡ 593

```
Float WindowedSinc(Float x, Float radius) const {
    x = std::abs(x);
    if (x > radius) return 0;
    Float lanczos = Sinc(x / tau);
    return Sinc(x) * lanczos;
}
```

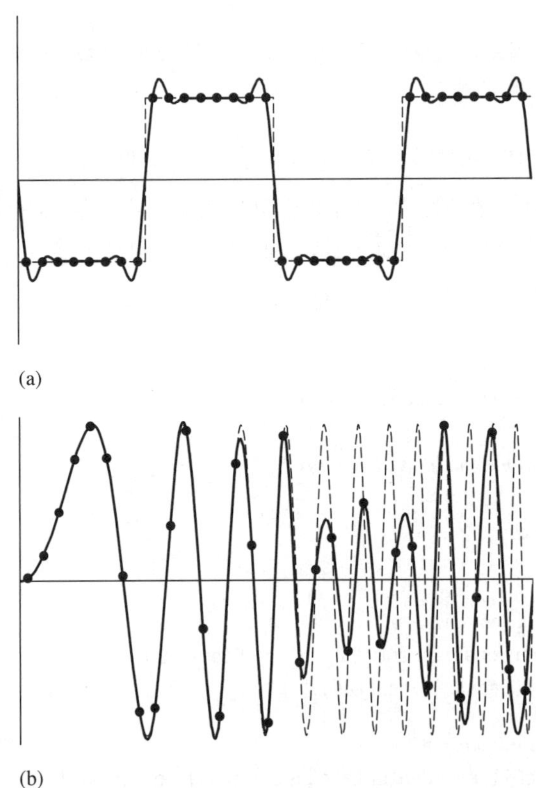

그림 7.46 윈도우 싱크 필터로 예제 함수를 재구성한 결과. 여기서 τ = 3이다. (a) 무한 싱크처럼 계단 함수에 대해 물결 효과가 나타나지만, 윈도우 함수는 훨씬 적은 물결 효과를 보여준다. (b) 사인 함수에서는 매우 좋은 결과를 보여준다.

7.9 필름과 이미지화 파이프라인

카메라의 필름이나 센서의 종류는 입사광이 이미지의 색으로 변환되는 방식에 대해 극적인 효과를 제공한다. pbrt에서 `Film` 클래스는 모사된 카메라의 센서 장치를 모델링한다. 각 카메라 광선에 대한 방사를 찾은 후 `Film` 구현은 카메라 광선이 시작하는 필름 면 위에서 점 주변의 픽셀에 대한 표본의 기여를 결정하고, 이미지에서의 표현을 갱신한다. 주 렌더링 반복문이 끝날 때 Film은 보통 디스크의 파일로 최종 이미지를 저장한다.

현실적인 카메라 모델에 대해 6.4.7절은 측정 방정식을 도입하고, 이는 카메라 안의 센서가 어떻게 일정 시간 동안 센서 영역에 도달하는 에너지의 양을 측정하는지를 설명한다. 더 단순한 카메라 모델에서 센서가 일정 시간 동안 작은 영역에 대한 평균 방사를 측정하는 것을 고려할 수 있다. 어떤 측정을 취할지에 대한 선택의 효과는 Camera::GenerateRayDifferential()에서 반환하는 광선에 대한 가중치에 포착돼 있다. 그러므로 Flim 구현은 이 가중치에 의해 제공된 방사를 크기 조절하면 이 변화를 고려할 필요 없이 진행할 수 있게 된다.

이 절은 최종 픽셀 값을 계산하기 위해 픽셀 재구성 방정식을 적용하는 하나의 Film 구현만 제공한다. 물리 기반 렌더러의 경우 일반적으로 부동소수점 이미지 형식으로 결과 이미지를 저장하는 것이 최선이다. 이를 통해 전통적인 8비트 부호 없는 정수 값을 사용한 이미지 형식을 사용하는 것보다 결과의 사용에 더 많은 유연성을 제공한다. 부동소수점 형식은 이미지를 8비트로 양자화할 때의 상당한 정보 손실을 피할 수 있다.

하지만 이런 이미지를 현대 디스플레이 장치에 표현하기 위해서는 이 부동소수점 픽셀 값을 디스플레이를 위한 구분된 값으로 매핑할 필요가 있다. 예를 들어 컴퓨터 모니터는 일반적으로 각 픽셀의 값이 임의의 분광 에너지 분포가 아닌 RGB 삼원색으로 설명되길 기대한다. 그러므로 일반 기저 함수 계수로 설명되는 분광은 반드시 디스플레이 이전에 RGB 표현으로 변환돼야 한다. 연관된 문제는 디스플레이가 실세계 장면에 존재하는 범위보다 훨씬 좁은 표현 가능한 방사 값을 갖고 있다는 점이다. 그러므로 이런 제한이 없는 이상적인 디스플레이에서 표현될 방식과 가능한 한 가깝게 최종 이미지가 표현될 수 있는 표현 가능한 범위로 픽셀 값이 반드시 매핑돼야 한다. 이 이슈는 톤 매핑tone mapping이라는 연구에서 다뤄진다. '더 읽을거리' 절에서 이 주제에 관한 더 많은 정보를 알아보자

7.9.1 필름 클래스

Film은 core/film.h와 core/film.cpp 파일에 정의돼 있다.

<Film Declarations> ≡

```
class Film {
public:
    <Film Public Methods>
```

```
    <Film Public Data 596>
private:
    <Film Private Data 597>
    <Film Private Methods 606>
};
```

여러 개의 값이 생성자에 전달되는데, 픽셀 단위 이미지의 전체 해상도, 이미지에서 렌더링할 부분집합을 설정하는 크롭 윈도우crop window, 필름에서 물리적 영역의 대각선 길이(생성자에 밀리미터도 설정되지만 여기서는 미터로 변환), 필터 함수, 출력 이미지 파일명과 파일에 이미지 픽셀 값을 어떻게 저장할지 조절하는 매개변수 등이다.

```
<Film Method Definitions> ≡
Film::Film(const Point2i &resolution, const Bounds2f &cropWindow,
        std::unique_ptr<Filter> filt, Float diagonal,
        const std::string &filename, Float scale)
    : fullResolution(resolution), diagonal(diagonal * .001),
        filter(std::move(filt)), filename(filename), scale(scale) {
    <Compute film image bounds 596>
    <Allocate film image storage 597>
    <Precompute filter weight table 598>
}
```

```
<Film Public Data> ≡                                                596
const Point2i fullResolution;
const Float diagonal;
std::unique_ptr<Filter> filter;
const std::string filename;
```

전체 이미지 해상도와 함께 크롭crop 윈도우는 실제로 픽셀이 저장되고 써지는 영역의 경계를 제공한다. 크롭 윈도우는 디버깅이나 거대한 이미지를 작은 조각으로 나눠 다른 컴퓨터에서 렌더링한 후 나중에 재조립하는 데 유용하다. 크롭 윈도우는 NDC 공간에서 정의되며, 각 좌표가 0에서 1까지 범위를 가진다(그림 7.47). `Film::croppedPixelBounds`는 크롭 윈도우의 왼쪽 위 모서리에서 오른쪽 아래 모서리까지의 픽셀 경계를 저장한다. 소수점 픽셀 좌표는 반올림된다. 이는 이미지가 인접한 크롭 윈도우의 조각으로 렌더링됐을 때 각 최종 픽셀이 반드시 하나의 부분 이미지에만 존재하도록 보장한다.

```
<Compute film image bounds> ≡                                        596
croppedPixelBounds =
Bounds2i(Point2i(std::ceil(fullResolution.x * cropWindow.pMin.x),
        std::ceil(fullResolution.y * cropWindow.pMin.y)),
```

```
    Point2i(std::ceil(fullResolution.x * cropWindow.pMax.x),
    std::ceil(fullResolution.y * cropWindow.pMax.y)));
```

<Film Public Data> +≡ 596

```
Bounds2i croppedPixelBounds;
```

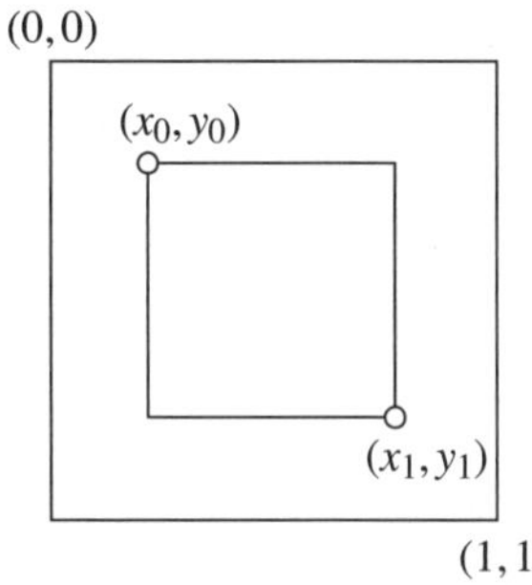

그림 7.47 렌더링될 이미지의 부분집합을 명시하는 이미지를 자르는 영역. NDC 공간에서 주어지며, 좌표는 (0, 0)에서 (1, 1)이다. Film 클래스는 크롭 윈도우 안의 영역에만 공간을 할당하고 픽셀 값을 저장한다.

주어진 이미지의 픽셀 해상도(크롭된 해상도일 수도 있는), 생성자는 각 픽셀당 하나씩 Pixel 구조체의 배열을 할당한다. 진행되는 분광 픽셀 방사 기여의 가중 합은 XYZ 색(5.2.1절)으로 표현되며, xyz 멤버 변수에 저장된다. filterWeightSum은 픽셀의 표본 분포에 대한 필터의 가중 값을 가진다. splatXYZ는 (가중되지 않은) 표본 스플랫의 합을 가진다. pad 멤버는 사용되지 않는다. 유일한 목적은 오직 Pixel 구조체가 28바이트가 아닌 32바이트 크기가 되도록 보장하는 것이다(4바이트 Float라 가정하며, 그렇지 않을 경우 64비트 구조체다). 이 패딩은 Pixel이 캐시 라인에서 중간에 걸치지 않게 해서 Pixel에 접근할 때 최대 1번의 캐시 미스만이 일어나게 한다(배열에서 첫 Pixel이 캐시 라인의 시작에 위치한다면).

<Film Private Data> ≡ 596

```
struct Pixel {
    Float xyz[3] = { 0, 0, 0 };
    Float filterWeightSum = 0;
    AtomicFloat splatXYZ[3];
    Float pad;
};
std::unique_ptr<Pixel[]> pixels;
```

<Allocate film image storage> ≡ 596

```
pixels = std::unique_ptr<Pixel[]>(new Pixel[croppedPixelBounds.Area()]);
```

XYZ 색으로 픽셀 값을 저장하는 방식의 두 가지 자연스러운 대체제는 Spectrum 값을 사용하거나, RGB 색을 저장하는 것이다. 심지어 여기서는 완전한 스펙트럼 렌더링을 진행하더라도 완전한 Spectrum 값을 저장할 필요가 없다. 출력 파일에 저장되는 최종 색이 Spectrum 표본의 전체 집합을 포함하지 않으며, 여기서 삼중 자극 값으로 변환해도 Spectrum을 저장한 후 이미지 출력에서 삼중 자극으로 변환하는 것과 비교해서 정보의 손실이 없기 때문이다. 이 경우 완전한 Spectrum 값을 저장하지 않으므로 Spectrum이 많은 표본을 가질 때 상당한 양의 메모리를 아낄 수 있다(pbrt가 SampledSpectrum 값을 파일에 저장하도록 지원한다면 이 설계 선택은 다시 살펴봐야 할 수 있다).

여기선 RGB 대신 XYZ 색을 사용했는데, XYZ는 디스플레이와 무관한 색의 표현이지만, RGB는 특정 디스플레이 반응 곡선(5.2.2절)을 가정해야 하기 때문이다(결과적으로는 XYZ 색을 저장하는 이미지 파일 포맷이 거의 없으므로 RGB로 변환해야 한다).

일반적인 필터 설정에선 모든 이미지 표본이 16개 이상의 최종 이미지에 영향을 준다. 특히 간단한 장면에서는 광선 교차 테스트나 음영 계산에 상대적으로 적은 시간이 사용되므로, 이미지의 각 표본을 갱신하는 시간이 상당한 영향을 준다. 그러므로 Film은 필터 값의 표를 미리 계산해 가상 함수 Filter::Evaluate() 호출 비용을 회피하고, 또한 필터를 계산하지 않고 필터링의 값을 표에서 가져와서 사용해 비용을 줄인다. 각 표본의 정확한 위치에서 필터를 계산하지 않아서 생기는 오류는 실제로는 거의 알아챌 수 없다.

여기서의 구현은 필터가 $f(x, y) = f(|x|, |y|)$처럼 정의됐다는 합리적인 가정을 하고 있으므로, 표는 필터 오프셋의 양수 사분면만 갖고 있다. 이 가정은 pbrt에서 현재 사용할 수 있는 모든 Filter에서 참이며, 실제로 사용되는 대부분의 필터에서도 참이다. 이는 표를 1/4 크기로 만들 수 있게 해서 메모리 접근 일관성을 향상시켜 더 나은 캐시 성능을 보여준다.[12]

<Precompute filter weight table> ≡ 596

```
int offset = 0;
for (int y = 0; y < filterTableWidth; ++y) {
    for (int x = 0; x < filterTableWidth; ++x, ++offset) {
        Point2f p;
        p.x = (x + 0.5f) * filter->radius.x / filterTableWidth;
        p.y = (y + 0.5f) * filter->radius.y / filterTableWidth;
        filterTable[offset] = filter->Evaluate(p);
    }
```

12. 여기서의 구현은 더 나아가 pbrt의 필터가 분리 가능한 것을 이용해 두 개의 1D 표만 할당한다. 하지만 다른 필터 함수를 더 쉽게 추가하기 위해 분리성을 가정하지 않았다.

```
}
```

<Film Private Data> +≡ 596

```
static constexpr int filterTableWidth = 16;
Float filterTable[filterTableWidth * filterTableWidth];
```

Flim 구현은 Sampler가 표본을 생성해야 하는 정수 픽셀 값의 범위를 결정할 필요가 있다. 표본화할 영역은 GetSampleBounds() 메서드가 반환한다. 픽셀 재구성 필터가 일반적으로 여러 픽셀에 분포되므로, Sampler는 반드시 이미지 표본을 실제로 출력할 픽셀 범위의 약간 밖에도 생성해야 한다. 이 방식으로 이미지 가장자리의 픽셀 또한 모든 방향에 대해 주변에 같은 표본 밀도를 갖고 있게 돼서 이미지 안쪽의 값에 치우쳐지지 않는다. 이는 또한 크롭 윈도우로 이미지를 조각으로 렌더링할 때 부분 이미지의 가장자리에서의 결함을 제거하므로 중요하다.

표본 경계를 계산하는 것은 구분된 픽셀 좌표에서 연속된 픽셀 좌표로 변환할 때 반픽셀 half-pixel 오프셋을 고려하고, 필터 반경을 확장하고, 밖으로 반올림하는 것을 포함한다.

<Film Method Definitions> +≡

```
Bounds2i Film::GetSampleBounds() const {
    Bounds2f floatBounds(
            Floor(Point2f(croppedPixelBounds.pMin) + Vector2f(0.5f, 0.5f) -
                  filter->radius),
            Ceil( Point2f(croppedPixelBounds.pMax) - Vector2f(0.5f, 0.5f) +
                  filter->radius));
    return (Bounds2i)floatBounds;
}
```

GetPhysicalExtent()는 장면에서 실제 필름의 너비를 반환한다. 이러한 정보는 특별히 RealisticCamera에서 필요하다. 주어진 필름 대각선의 길이와 이미지의 종횡비로 x, y 방향의 센서 크기를 계산할 수 있다. 대각 길이를 d로 필름 센서의 너비와 높이를 x와 y로 표기하면 $x^2 + y^2 = d^2$이라는 것을 알 수 있다. 이미지의 종횡비 a를 $a = y/x$로 정의하므로, $y = ax$이며, $x^2 + (a^2x^2) = d^2$이다. x에 대해서 풀면 다음과 같다.

$$x = \sqrt{\frac{d^2}{1 + a^2}}$$

GetPhysicalExtent()의 구현은 바로 다음과 같다. 반환된 영역은 (0, 0)에 중심을 가진다.

<*Film Method Definitions*> +≡

```
Bounds2f Film::GetPhysicalExtent() const {
    Float aspect = (Float)fullResolution.y / (Float)fullResolution.x;
    Float x = std::sqrt(diagonal * diagonal / (1 + aspect * aspect));
    Float y = aspect * x;
    return Bounds2f(Point2f(-x / 2, -y / 2), Point2f(x / 2, y / 2));
}
```

7.9.2 픽셀 값을 필름에 공급

표본의 기여를 필름에 제공하는 3가지 방법이 있다. 첫째는 Sampler가 이미지의 조각에 대해 생성한 표본으로 처리되는 것이다. 가장 단순한 인터페이스는 렌더러가 필름 픽셀 위치를 제공하고, 대응하는 광선의 기여를 가진 Spectrum을 직접 Film에 적용하는 것으로, 멀티스레딩 상황에서 이 방식은 고성능 구현이 어려운데, 여러 스레드가 이미지의 같은 부분을 동시에 갱신하려 시도하게 되기 때문이다.

그러므로 Film은 스레드가 전체 이미지에 대해 일정 범위의 픽셀 안에서 표본을 생성하게 설정할 수 있는 인터페이스를 정의한다. 주어진 표본 경계에서 GetFilmTile()은 이미지의 대응하는 영역 안에 있는 픽셀에 대한 기여를 저장하는 FilmTile 객체에 대한 포인터를 반환한다. FilmTile의 소유권과 자료는 호출자에게만 독점적으로 저장되므로, 스레드는 다른 스레드와의 문제없이 표본 값을 FilmTile에 제공할 수 있다. 해당 조각에서 작업이 종료되면 스레드는 완료된 조각을 Film에 다시 돌려주고, 최종 이미지에 안전하게 합쳐진다.

<*Film Method Definitions*> +≡

```
std::unique_ptr<FilmTile> Film::GetFilmTile(
        const Bounds2i &sampleBounds) {
    <Bound image pixels that samples in sampleBounds contribute to 601>
    return std::unique_ptr<FilmTile>(new FilmTile(tilePixelBounds,
            filter->radius, filterTable, filterTableWidth));
}
```

표본이 안에서 생성되는 주어진 픽셀 영역의 경계 상자에 대해 표본 값이 기여하는 이미지 픽셀의 경계 상자를 계산하는 두 단계가 있다. 첫 번째로 구분에서 연속 픽셀 좌표 변화의 효과와 필터의 반경이 반드시 고려돼야 한다. 두 번째로 결과 경계는 반드시 전체 이미지 픽셀 경계로 잘라내져야 한다. 이미지 밖의 픽셀은 정의에 의해 고려할 필요가 없다.

<Bound image pixels that samples in `sampleBounds` *contribute to>* ≡ 600

```
Vector2f halfPixel = Vector2f(0.5f, 0.5f);
Bounds2f floatBounds = (Bounds2f)sampleBounds;
Point2i p0 = (Point2i)Ceil(floatBounds.pMin - halfPixel -
        filter->radius);
Point2i p1 = (Point2i)Floor(floatBounds.pMax - halfPixel +
        filter->radius) + Point2i(1, 1);
Bounds2i tilePixelBounds =
        Intersect(Bounds2i(p0, p1), croppedPixelBounds);
```

<Film Declarations> +≡

```
class FilmTile {
public:
    <FilmTile Public Methods 601>
private:
    <FilmTile Private Data 601>
};
```

`FilmTile` 생성자는 최종 이미지에서 저장 공간과 재구성 필터가 사용될 때 추가적인 정보를 제공해야만 하는 픽셀의 경계를 제공하는 2D 경계 상자와 *<Precompute filter weight table>* 안의 도표화된 필터 함수 값에 대한 포인터를 받는다.

<FilmTile Public Methods> ≡ 601

```
FilmTile(const Bounds2i &pixelBounds, const Vector2f &filterRadius,
        const Float *filterTable, int filterTableSize)
    : pixelBounds(pixelBounds), filterRadius(filterRadius),
        invFilterRadius(1 / filterRadius.x, 1 / filterRadius.y),
        filterTable(filterTable), filterTableSize(filterTableSize) {
    pixels = std::vector<FilmTilePixel>(std::max(0, pixelBounds.Area()));
}
```

<FilmTile Private Data> ≡ 601

```
const Bounds2i pixelBounds;
const Vector2f filterRadius, invFilterRadius;
const Float *filterTable;
const int filterTableSize;
std::vector<FilmTilePixel> pixels;
```

각 픽셀에 대해 픽셀 표본에서의 가중된 기여 합(재구성 필터 가중치에 따라서)과 필터 가중치의 합이 둘 다 유지된다.

<FilmTilePixel Declarations> ≡

```
struct FilmTilePixel {
    Spectrum contribSum = 0.f;
    Float filterWeightSum = 0.f;
};
```

한 번 표본에 대해 광선으로 전달된 방사가 계산되면 Integrator는 FilmTile::AddSample()을 호출한다. 이는 표본과 대응하는 방사 값과 함께 원래 Camera::GenerateRayDifferential()에서 반환된 표본의 기여에 대한 가중치를 받는다. 이는 저장된 이미지를 픽셀 필터링 방정식의 재구성 필터를 사용해서 갱신한다.

<FilmTile Public Methods> +≡ 601

```
void AddSample(const Point2f &pFilm, const Spectrum &L,
        Float sampleWeight = 1.) {
    <Compute sample's raster bounds 603>
    <Loop over filter support and add sample to pixel arrays 603>
}
```

FilmTile::AddSample()의 작동을 이해하기 위해서 픽셀 필터링 방정식을 상기하자.

$$I(x, y) = \frac{\sum_i f(x - x_i, y - y_i)\, w(x_i, y_i)\, L(x_i, y_i)}{\sum_i f(x - x_i, y - y_i)}$$

각 픽셀의 값 $I(x, y)$는 인접 표본에서 방사 값의 가중 합으로, 필터 함수 f와 Camera가 반환한 표본 가중치 $w(x_i, y_i)$를 둘 다 사용해 최종 픽셀 값에 대한 방사 값의 기여를 계산한다. pbrt의 모든 Filter가 한정된 범위를 가지므로, 이 메서드는 어떤 픽셀이 현재 표본에 영향을 받는지를 계산하는 것으로 시작한다. 그 후 픽셀 필터링 방정식을 반대로 돌려 표본에 영향을 받는 각 픽셀 (x, y)에서 두 개의 진행되는 합을 갱신한다. 하나의 합은 픽셀 필터링 방정식의 분자를 누적하고 다른 하나는 분모를 누적한다. 렌더링의 끝에서 최종 픽셀 값을 나누기로 계산한다.

표본이 잠재적으로 영향을 주는 픽셀을 찾기 위해 FilmTile::AddSample()이 연속된 표본 좌표를 x와 y에서 0.5씩 빼서 비연속적인 좌표로 변경한다. 이 후 이 값을 각 방향에 대해 필터 반경만큼의 오프셋을 주어(그림 7.48) 찾은 후 이를 조각 좌표 공간으로 변환하고, 영역 밖의 픽셀은 표본에 영향을 받지 않으므로 최소 좌표와 최대 좌표로 잘라낸다. 마지막으로 픽셀 경계는 조각 안에서 픽셀의 경계로 잘라진다. 표본이 조각 밖의 픽셀에 대해 이론적으로 기여할 수 있을 때 이런 픽셀은 반드시 이미지 범위 밖에 있어야 한다.

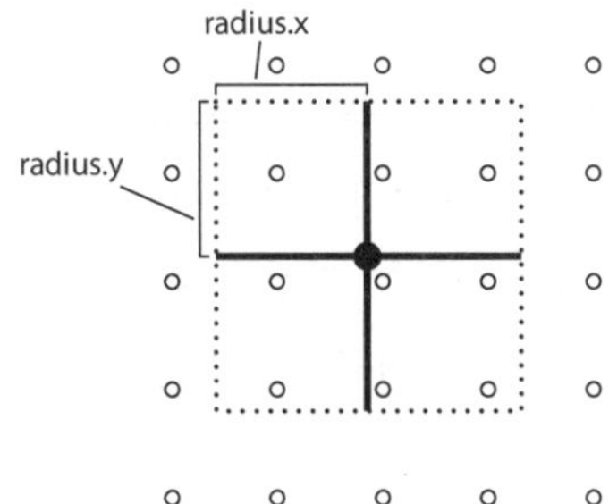

그림 7.48 이미지 면에서 주어진 일부 위치의 이미지 표본(검은 점)에서 대해 어떤 픽셀 값(하얀 점)이 표본의 영향을 받는지 결정할 필요가 있다. 이는 x와 y 방향의 오프셋을 픽셀 재구성 필터의 너비(실선)에 대해 받아서 이 영역 안의 픽셀을 찾아 처리할 수 있다.

```
<Compute sample's raster bounds> ≡                                                601
    Point2f pFilmDiscrete = pFilm - Vector2f(0.5f, 0.5f);
    Point2i p0 = (Point2i)Ceil(pFilmDiscrete - filterRadius);
    Point2i p1 = (Point2i)Floor(pFilmDiscrete + filterRadius) + Point2i(1, 1);
    p0 = Max(p0, pixelBounds.pMin);
    p1 = Min(p1, pixelBounds.pMax);
```

이 표본으로 영향 받는 주어진 픽셀의 경계에서 이 픽셀들에 대해 모두 반복하면서 각각의 필터된 표본 가중치를 누적한다.

```
<Loop over filter support and add sample to pixel arrays> ≡                       601
    <Precompute x and y filter table offsets 604>
    for (int y = p0.y; y < p1.y; ++y) {
        for (int x = p0.x; x < p1.x; ++x) {
            <Evaluate filter value at (x, y) pixel 604>
            <Update pixel values with filtered sample contribution 604>
        }
    }
```

각 비연속 정수 픽셀 (x, y)는 이를 중심으로 한 필터 함수의 인스턴스를 가진다. 특정 표본에 대해 필터 가중치를 계산하려면 픽셀에서부터 표본의 위치까지의 비연속 좌표의 오프셋을 찾아서 필터 함수를 계산해야 한다. 필터를 명시적으로 계산하려면 적절한 계산은 다음과 같다.

```
filterWeight = filter->Evaluate(Point2i(x - pFilmDiscrete.x,
                                        y - pFilmDiscrete.y));
```

대신 구현은 표에서 적절한 필터 가중치를 받아야 한다.

주어진 표본 위치 (x, y)에 대한 픽셀 (x', y')의 필터 가중치를 찾기 위해 이 루틴은 오프셋 $(x' - x, y' - y)$를 계산해서 이를 필터 가중치 탐색 표[look up table]에 대한 좌표로 변경한다. 이는 표본 오프셋의 각 인자를 직접 해당 방향의 필터 반경으로 나눠 계산해 0에서 1 사이의 값을 얻은 후 표의 크기로 곱한다. 이 과정은 픽셀의 x 방향에 있는 각 행에 대해 y 오프셋이 필터 표에서 상수라는 것을 이용해 더 최적화할 수 있다. 유사하게 각 열에 대해 x 오프셋은 상수다. 그러므로 여기서 픽셀에 대해 반복하기 전에 색인을 미리 계산하고 이를 두 개의 1D 배열에 저장하는 것이 가능해 반복문에서 중복 작업을 제거한다.

<Precompute x and y filter table offsets> ≡ 603

```
int *ifx = ALLOCA(int, p1.x - p0.x);
for (int x = p0.x; x < p1.x; ++x) {
    Float fx = std::abs((x - pFilmDiscrete.x) *
                        invFilterRadius.x * filterTableSize);
    ifx[x - p0.x] = std::min((int)std::floor(fx), filterTableSize - 1);
}
int *ify = ALLOCA(int, p1.y - p0.y);
for (int y = p0.y; y < p1.y; ++y) {
    Float fy = std::abs((y - pFilmDiscrete.y) *
                        invFilterRadius.y * filterTableSize);
    ify[y - p0.y] = std::min((int)std::floor(fy), filterTableSize - 1);
}
```

이제 각 픽셀에 대해 x와 y 오프셋을 필터 표에서 찾을 수 있으므로, 오프셋을 배열에 색인으로 사용해서 필터 값을 얻을 수 있다.

<Evaluate filter value at (x, y) pixel> ≡ 603

```
int offset = ify[y - p0.y] * filterTableSize + ifx[x - p0.x];
Float filterWeight = filterTable[offset];
```

영향 받는 각 픽셀에 대해 이제 가중한 분광 기여와 필터 가중치를 `pixels` 배열의 적절한 값에 더할 수 있다.

<Update pixel values with filtered sample contribution> ≡ 603

```
FilmTilePixel &pixel = GetPixel(Point2i(x, y));
pixel.contribSum += L * sampleWeight * filterWeight;
pixel.filterWeightSum += filterWeight;
```

`GetPixel()` 메서드는 전체 이미지에 대한 픽셀 좌표를 받아서 이를 `piexles` 배열 안으로 색인하기 전에 필름 조각 안의 좌표로 변환한다. 여기서의 버전에 추가해 `const`

FilmTilePixel &를 반환하는 const 변종이 존재한다.

```
<FilmTile Public Methods> +≡                                                601
    FilmTilePixel &GetPixel(const Point2i &p) {
        int width = pixelBounds.pMax.x - pixelBounds.pMin.x;
        int offset = (p.x - pixelBounds.pMin.x) +
                     (p.y - pixelBounds.pMin.y) * width;
        return pixels[offset];
    }
```

렌더링 스레드는 FilmTiles가 Film에 저장된 이미지로 병합되도록 MergeFilmTile() 메서드를 사용한다. 구현은 다중 스레드가 동시에 이미지 픽셀 값을 바꾸지 못하게 보장하기 위해서 뮤텍스의 잠금을 얻는 것으로 시작한다. MergeFilmTile()이 조각에 대한 std::unique_ptr을 받기에 조각의 메모리 소유권이 이 메서드가 호출될 때 옮겨진다. 그러므로 코드 호출은 이 메서드가 호출된 뒤에 더 이상 조각에 대해 기여를 추가하는 시도를 하지 않는다. FilmTile에 대한 저장 공간은 tile 매개변수가 유효 범위를 벗어나는 MergeFilmTile()의 실행 부분 끝에서 자동으로 해제된다.

```
<Film Method Definitions> +≡
    void Film::MergeFilmTile(std::unique_ptr<FilmTile> tile) {
        std::lock_guard<std::mutex> lock(mutex);
        for (Point2i pixel : tile->GetPixelBounds()) {
            <Merge pixel into Film::pixels 605>
        }
    }
```

```
<Film Private Data> +≡                                                      601
    std::mutex mutex;
```

최종 이미지 안에서 조각의 기여를 합칠 때 조각이 기여하는 픽셀의 경계를 찾을 수 있는 코드를 호출할 필요가 있다.

```
<FilmTile Public Methods> +≡                                                601
    Bounds2i GetPixelBounds() const { return pixelBounds; }
```

조각 안의 각 픽셀에 대해 Film::pixels 안에 저장된 값으로 기여를 병합하기만 하면 된다.

```
<Merge pixel into Film::pixels> ≡                                           605
    const FilmTilePixel &tilePixel = tile->GetPixel(pixel);
    Pixel &mergePixel = GetPixel(pixel);
```

```
Float xyz[3];
tilePixel.contribSum.ToXYZ(xyz);
for (int i = 0; i < 3; ++i)
    mergePixel.xyz[i] += xyz[i];
mergePixel.filterWeightSum += tilePixel.filterWeightSum;
```

<Film Private Methods> ≡ 596

```
Pixel &GetPixel(const Point2i &p) {
    int width = croppedPixelBounds.pMax.x - croppedPixelBounds.pMin.x;
    int offset = (p.x - croppedPixelBounds.pMin.x) +
                 (p.y - croppedPixelBounds.pMin.y) * width;
    return pixels[offset];
}
```

일부 Integrator 구현에 대해 전체 이미지의 모든 픽셀에 대한 값을 한 번에 제공할 수 있다는 점이 유용하다. SetImage() 메서드는 연산의 이런 동작 방식을 허용한다. image 매개변수가 가리키는 배열 안의 요소 수가 croppedPixelBounds.Area()와 같아야 한다는 것을 기억하자. SetImage()의 구현은 주어진 값을 XYZ 색으로 변환한 후 복사하기만 하면 된다.

<Film Method Definitions> +≡

```
void Film::SetImage(const Spectrum *img) const {
    int nPixels = croppedPixelBounds.Area();
    for (int i = 0; i < nPixels; ++i) {
        Pixel &p = pixels[i];
        img[i].ToXYZ(p.xyz);
        p.filterWeightSum = 1;
        p.splatXYZ[0] = p.splatXYZ[1] = p.splatXYZ[2] = 0;
    }
}
```

일부 빛 전송 알고리즘(16.3절에서 소개하는 특히 양방향 경로 추적의 경우)는 임의의 픽셀에 기여를 '스플랫splat'할 수 있는 기능이 필요하다. 최종 픽셀의 값을 기여하는 스플랫의 가중합으로 계산하기보다는 스플랫을 단순히 더한다. 일반적으로 주어진 픽셀 주변에 더 많은 스플랫이 있으면 픽셀이 더 밝아진다. Pixel::splatXYZ 멤버 변수는 AtomicFloat형으로 선언되며, 이는 다중 스레드가 동시에 AddSplat() 메서드를 통해 추가적인 동기화 없이 픽셀 값을 갱신할 수 있게 한다.

<Film Method Definitions> +≡

```
void Film::AddSplat(const Point2f &p, const Spectrum &v) {
```

```
    if (!InsideExclusive((Point2i)p, croppedPixelBounds))
        return;
    Float xyz[3];
    v.ToXYZ(xyz);
    Pixel &pixel = GetPixel((Point2i)p);
    for (int i = 0; i < 3; ++i)
        pixel.splatXYZ[i].Add(xyz[i]);
}
```

7.9.3 이미지 결과

주 렌더링 반복문이 끝나면 Integrator의 Render() 메서드가 일반적으로 Film::WriteImage()를 호출해서 직접 필름에 최종 이미지를 생성하는 데 필요한 처리 후 파일에 저장한다. 이 메서드는 AddSplat() 메서드에 제공된 표본에 적용할 크기 조절 인자를 받는다(16.4.5절의 끝에서 MLTIntegrator를 가진 이 크기 조절 인자에 대해 추가 설명을 살펴보자).

```
<Film Method Definitions> +≡
void Film::WriteImage(Float splatScale) {
    <Convert image to RGB and compute final pixel values 607>
    <Write RGB image 609>
}
```

이 메서드는 최종 RGB 픽셀 값을 저장하는 배열을 할당하는 것으로 시작한다. 그 후 이 배열을 채우기 위해서 이미지의 모든 픽셀에 대해 반복한다.

```
<Convert image to RGB and compute final pixel values> ≡                    607
std::unique_ptr<Float[]> rgb(new Float[3 * croppedPixelBounds.Area()]);
int offset = 0;
for (Point2i p : croppedPixelBounds) {
    <Convert pixel XYZ color to RGB 608>
    <Normalize pixel with weight sum 608>
    <Add splat value at pixel 608>
    <Scale pixel value by scale 609>
    ++offset;
}
```

사용하는 디스플레이 장치의 반응 특성에 대한 정보에 대해 픽셀 값은 디바이스 비종속적인 XYZ 삼중 자극 값에서 디바이스 종속적인 RGB 값으로 변환된다. 이 변환은 스펙트럼 기저의 또 다른 변환으로, 새 기저는 디스플레이 장치의 빨강, 초록, 파랑 인자들의 스펙트럼 반응 곡선으로 결정된다. 여기서 XYZ에서 장치 RGB로 변환한 가중치는 sRGB 원색 primaries에 기반을 두고 사용했다. sRGB는 실질적으로 모든 2015년도 디스플레이와 프린터에서 지원되는 표준화된 색 공간이다.

<Convert pixel XYZ color to RGB> ≡ 607

```
Pixel &pixel = GetPixel(p);
XYZToRGB(pixel.xyz, &rgb[3 * offset]);
```

RGB 결과 값이 초기화됐으므로 픽셀 필터링 방정식에서 각 픽셀 표본 값을 `Pixel::filterWeightSum`으로 나눈 최종 값이 계산된다. 이 변환은 RGB 값의 일부 인자를 음수로 만들 수 있다. 이는 개멋gamut을 벗어난 색으로 선택한 디스플레이의 기본값들로 표현할 수 없다. 이 문제를 해결하기 위한 다양한 방법이 있으며, 단순히 0에서 잘라내는 것에서부터 모든 인자를 개멋에 들어가도록 오프셋을 주거나, 이미지의 전체 픽셀에 기반을 둔 광역 최적화를 수행하기도 한다. 개멋 색을 벗어난 색에 더해서 재구성된 픽셀 또한 재구성 필터 함수의 음수 곡선으로 인해 음의 값을 갖게 된다. 이 두 경우를 처리하기 위해 색 요소들을 여기서 0으로 잘라낸다.

<Normalize pixel with weight sum> ≡ 607

```
Float filterWeightSum = pixel.filterWeightSum;
if (filterWeightSum != 0) {
    Float invWt = (Float)1 / filterWeightSum;
    rgb[3 * offset ] = std::max((Float)0, rgb[3 * offset ] * invWt);
    rgb[3 * offset+1] = std::max((Float)0, rgb[3 * offset + 1] * invWt);
    rgb[3 * offset+2] = std::max((Float)0, rgb[3 * offset + 2] * invWt);
}
```

또한 이 픽셀에 대해 스플랫 된 값의 기여를 최종 값에 더해야 한다.

<Add splat value at pixel> ≡ 607

```
Float splatRGB[3];
Float splatXYZ[3] = { pixel.splatXYZ[0], pixel.splatXYZ[1],
                      pixel.splatXYZ[2] };
XYZToRGB(splatXYZ, splatRGB);
rgb[3 * offset    ] += splatScale * splatRGB[0];
rgb[3 * offset + 1] += splatScale * splatRGB[1];
rgb[3 * offset + 2] += splatScale * splatRGB[2];
```

최종 픽셀 값은 사용자가 제공한 크기 조절 인자(혹은 설정하지 않을 경우 1)로 크기 조절한다. 이는 이미지를 8비트 정수 이미지 형식으로 저장할 때 대부분의 제한된 동적 범위로 넣는 데 유용하다.

<*Scale pixel value by* scale> ≡ 607

```
rgb[3 * offset ] *= scale;
rgb[3 * offset + 1] *= scale;
rgb[3 * offset + 2] *= scale;
```

<*Film Private Data*> +≡ 596

```
const Float scale;
```

WriteImage() 함수는 A.2절에 정의돼 있으며, 파일에 이미지를 저장하는 세부 사항을 처리한다. 8비트 정수 형식에 저장할 때 이를 정수로 변환하기 전에 sRGB 표준에 대해 부동소수점 픽셀 값에 감마 보정을 적용한다(10장 끝의 '더 읽을거리' 절에서 감마 보정에 대한 더 많은 정보를 알아보자).

<*Write RGB image*> ≡ 607

```
::WriteImage(filename, &rgb[0], croppedPixelBounds, fullResolution);
```

더 읽을거리

표본화 이론과 앨리어싱

신호 처리, 표본화, 재구성, 푸리에 변환에 대한 최고의 책 중 하나는 브라스웰의 『The Fourier Transform and Its Applications』(Bracewell 2000)다. 글래스너의 『Principles of Digital Image Synthesis』(Glassner 1995)는 균일과 불균일 표본화 및 재구성의 이론과 컴퓨터 그래픽스에서의 활용 예를 다룬 여러 장이 있다. 표본 데이터의 보간과 표본화 이론에 대한 역사와 기술에 대한 연구는 Meijering(2002)을 참조하자. Unser(2000) 역시 대역 제한 함수에 집중하던 것에서 멀어져 가는 최근 움직임을 포함한 표본화와 재구성 이론의 최신 개발을 연구했다. 이 분야에 대한 더 많은 최신 연구는 Eldar와 Michaeli(2009)를 참고하자.

Crow(1977)는 처음으로 앨리어싱을 컴퓨터가 생성한 이미지의 주요 결함 원인으로 판별했다. 비균일 표본화로 앨리어싱을 잡음으로 바꾸는 것은 Cook(1986)과 Dippé 및 Wold(1985)에서 도입됐다. 이들의 작업은 Yellot(1983)의 실험에 기반을 뒀으며, 그는 원숭이 눈에 있는 광수용체의 분포를 연구했다. Dippé와 Wold는 또한 픽셀 필터링 방정식을 그래픽스에 처음 도입하고 표본 사이의 최소 거리를 가진 푸아송 표본 패턴을 개발했다. Lee, Redner, Uselton(1985)은 주어진 오류 허용에 대해 이미지를 계산하는 통계적 테스트에 기반을 둔 적응적 표본화를 위한 기술을 개발했다. Mitchell은 레이트레이싱에 대한 표본화 패턴에 대해 광범위하게 조사했다. 이 주제에 대한 그의 1987년과 1991년 SIGGRAPH 논문은 많은 핵심 통찰력을 제공한다.

Heckbert(1990a)는 부동소수점 좌표를 픽셀에 대해 사용할 때 발생 가능한 위험에 대한 설명과 여기서 사용한 규약을 개발한 문서를 작성했다.

Mitchell(1996b)은 계층화된 표본화 패턴이 무작위 패턴보다 실제로 얼마나 좋은지를 조사했다. 일반적으로 표본화되는 함수가 매끄러울수록 더 효과적이다. 매우 빠르게 변화하는 함수(예, 복잡한 기하 구조와 중첩된 픽셀 영역)에 대해 복잡한 계층화된 패턴은 비계층화된 무작위 패턴보다 좋지 않다. 그러므로 고차원 이미지 함수에서 복잡한 변이를 가진 장면에 대해 근사한 표본화 방식이 단순한 계층화된 패턴에 비해 갖는 장점은 감소한다.

Chiu, Shirley, Wang(1994)은 계층화와 라틴 하이퍼큐브 방식의 특성을 합친 고전 지터링 패턴의 *x*, *y* 좌표를 임의로 섞는 것에 기반을 둔 다중 지터링 2D 표본화 기술을 제안했다. 더 최근에는 Kensler(2013)가 이 메서드에서 두 차원에 대해 동일한 순열을 사용하면 독립적인 순열의 사용보다 훨씬 더 나은 결과가 나온다는 것을 보여줬다. 그는 이 방식이 소볼′ 패턴보다 더 낮은 불일치를 제공하면서 또한 지터링 표본을 사용하기에 앨리어싱을 잡음으로 변환하는 인지적 장점을 유지했다.

Lagae와 Dutré(2008c)는 푸아송 원반 표본 패턴 생성에서 최신 기술을 조사하고 다양한 알고리즘으로 생성한 점의 질을 비교했다. 이 분야의 최신 작업에서 특히 Jones(2005), Dunbar와 Humphreys(2006), Wei(2008), Li et al.(2010), Ebeida et al.(2011, 2012)을 참고하자. 하지만 Mitchell(1991)의 관찰에서 중요한 점은 *n*차원 푸아송 원반 분포가 그래픽스에서의 일반적인 적분 문제에 대해 이상적이지 않다는 것이다. 푸아송 원반 특성을 갖고 이미지 면에 첫 두 차원을 투영하는 것은 유용하지만, 다른 차원들이 푸아송 원반 품질이 단독으로 보장하는 것보다 더 널리 분포되는 것이 중요하다. 최근에는 Reinert et al.(2015)이 *n*차원 푸아송 원반 표본의 생성에서 특징적인 표본 분리를 유지하면서 낮은 차원의 부분집합으로 투영하는 방법을 제안했다.

`pbrt`는 큰 변화를 가진 이미지의 부분에 더 많은 표본을 추출하는 적응적 표본화를 처리하는 표본기를 포함하지 않는다. 적응적 표본화가 활발한 연구 분야더라도 결과 알고리즘의 경험으로서는 대부분 일부 경우에만 잘 동작하고, 여러 가지 장면에 대해 안정적인 경우가 드물다. 적응적 표본화의 초기 작업인 Lee et al.(1985), Kajiya(1986), Purgathofer(1987) 이

후로 여러 가지 복잡하고 효과적인 적응적 표본화 메서드가 최근 개발됐다. 주목할 만한 작업은 Hachisuka et al.(2008a)이며, 이미지 위치에 대해서만이 아니라 이는 이미지 위치, 시간, 렌즈 위치의 5D 영역에서 적응적으로 표본화하며, 또한 참신한 다중 차원 필터링 방법을 소개했다. Shinya(1993)와 Egan et al.(2009)은 모션 블러 렌더링에 중점을 둔 적응적 표본화와 재구성 메서드를 개발했다. Overbeck et al.(2009)은 이미지 재구성에 대한 웨블릿에 기반을 둔 적응적 표본화 알고리즘을 개발했다. 최근에는 Belcour et al.(2013)이 5D 이미지(이미지, 시각, 렌즈 비초점)의 공분산을 계산하고 적응적 표본화와 고품질 재구성을 적용했고, Moon et al.(2014)은 이 문제에 대한 지역 회귀 이론을 적용했다.

Kirk와 Arvo(1991)는 적응적 표본화 알고리즘의 미묘한 문제점을 식별했다. 간단히 말하면 표본의 집합이 더 많은 표본을 얻기로 결정하는 데 사용하고 다시 이미지에 또 추가될 경우 최종 결과는 편향돼 한계에서 정확한 결과로 수렴하지 않는다. Mitchell(1987)은 표본 이미지 재구성 기술이 적응적 표본화의 경우 실패하는 것을 관찰했다. 필터의 일부분에 조밀한 표본의 덩어리 분포는 단지 그 영역에서 추출한 표본의 수로 인해 최종 값에 잘못된 큰 영향을 줄 수 있다. 그는 다단계 상자 필터로 이 문제를 해결했다.

압축 감지는 신호의 주파수 내용이 아닌 희소성에 의존하는 표본화율이 요구될 때 표본화하는 최근 방식이다. Sen과 Darabi(2011)는 압축 감지를 렌더링에 적용해 매우 낮은 표본화율에서 고품질 이미지를 생성했다.

저불일치 표본화

Shirley(1991)는 컴퓨터 그래픽스에서 표본 패턴의 질을 평가하는 데 불일치를 처음으로 사용했다. 이는 Mitchell(1992), Dobkin과 Mitchell(1993), Dobkin, Eppstein, Mitchell (1996)에 기반을 뒀다. Dobkin 등의 논문에서 중요한 관찰은 7장이나 다른 곳에서 사용한 상자 불일치 측정법으로 픽셀 표본화 패턴에 불일치를 적용했을 때 무작위 방향을 가진 픽셀을 지나는 모서리에 대해 표본화 패턴의 정확도를 측정하는 데 적합하지 않다는 것이며, 대신 무작위 모서리에 기반을 둔 불일치 방식을 사용해야 한다는 것이다. 이 관찰은 일부 이론적으로 좋은 저불일치 패턴이 이미지 표본화에 사용했을 때 기대한 만큼 잘 동작하지 않는 이유를 설명해준다.

미첼의 불일치에 대한 첫 논문은 표본화를 위해 결정적 저불일치 시퀀스의 개념을 소개했으며, 저불일치를 위해 모든 임의성을 제거했다(Mitchell 1992). 이런 의사 임의quasi-random 연속은 의사 몬테카를로 메서드의 기반이며, 13장에서 설명한다. 의사 무작위 표본화와 저불일치 패턴 생성을 위한 알고리즘에 대한 책은 Niederreiter(1992)다. 더 최신 처리를 위해서는 Dick과 Pillichshammer(2010)의 훌륭한 책을 참고하자.

Faure(1992)는 휘저은 근역에 대한 순열을 계산하기 위한 결정적 방식을 설명했다. 7장의 `ComputeRadicalInversePermutations()` 함수는 무작위 순열을 사용하며, 이는 구현이 더 단순하고 실제로 거의 비슷하게 잘 동작한다. 7.4절과 7.7절의 주어진 픽셀 안에서 표본 색인을 계산하는 데 사용한 알고리즘은 Grünschloß et al.(2012)이 소개했다.

켈러와 공동 연구자는 의사 무작위 표본화 패턴을 그래픽의 다양한 응용에 대해 조사했다 (Keller 1996, 1997, 2001). `ZeroTwoSequenceSampler`에서 사용한 (0, 2)-시퀀스 표본화 기술은 Kollig과 Keller(2002)의 논문을 참조했다. (0, 2)-시퀀스는 (*t*, *s*)-시퀀스와 (*t*, *m*, *s*)-네트로 알려진 일반적인 저불일치 시퀀스의 일종이다. 이는 Niederreiter(1992)와 Dick 및 Pillichshammer (2010)에서 좀 더 자세히 다뤘다. Kollig과 Keller의 기술 중 일부는 Friedel과 Keller(2000)가 개발한 알고리즘에 기반을 두고 있다. Wong, Luk, Heng(1997)은 다양한 저불일치 표본화 방식의 수치적 오류를 비교했다. Keller(2001, 2006)는 저불일치 패턴이 다른 패턴보다 좀 더 빨리 수렴하기에 고화질 이미지를 생성하는 데 가장 효율적인 표본화 방식이라고 주장했다.

7.6절의 `MaxMinDistSampler`는 Grünschloß와 collaborators(2008, 2009)가 발견한 생성 행렬에 기반을 둔다. Sobol'(1967)은 7.7절에 사용된 생성 행렬의 계열을 소개했다. Wächter의 박사 학위 논문은 2진수 생성 행렬 연산의 고성능 구현을 논의했다(Wächter 2008). 구현이 사용한 소볼' 생성 행렬은 Joe와 Kuo(2008)가 개선한 버전이다.

필터링과 재구성

Cook(1986)은 가우시안 필터를 그래픽에 최초로 도입했다. Mitchell과 Netravali(1988)는 인간 관찰자를 이용한 실험으로 가장 효과적인 필터를 찾기 위해 필터 계열을 연구했다. 그들이 뽑은 최고의 필터는 7장의 `MitchellFilter`였다. Kajiya와 Ullner(1981)는 CRT에서 픽셀에 대한 가우시안 점감의 재구성 특성 효과를 고려한 이미지 필터링 방식을 연구했으며, 좀 더 최근에는 Betrisey et al.(2000)이 LCD 디스플레이에 문자를 표시하기 위한 마이크로소프트의 클리어타입 기술을 설명했다. Alim(2013)은 최근에 재구성된 이미지와 원래 연속 이미지 사이의 오차를 비연속이 존재하더라도 최소화하려는 재구성 기술을 적용했다.

이미지 재표본화 응용을 위한 재구성 필터에 대한 많은 연구가 있었다. 이 응용 방식이 이미지 합성을 위해 비균일 표본을 재구성하는 것과 다르더라도 대부분의 경험은 적용 가능하다. Turkowski(1990a)는 란코즈 윈도우 싱크 필터가 이미지 재표본화에 대한 다양한 필터 중에서 가장 좋은 결과를 보여준다고 보고했다. Meijering et al.(1999)은 완벽한 재표본화가 이뤄진다면 최종 이미지가 원본과 같아지는 일련의 변환을 사용해 이미지 재표본화를 위한 다양한 필터를 테스트해봤다. 란코즈 윈도우 필터가 역시 잘 동작하고(몇 개의 다른 것과 마찬가지로) 싱크 함수를 윈도우 없이 짧게 한 경우 최악의 결과를 가져준다는 것을 발견했다. 이 분야의 다른 성과는 Möller et al.(1997)과 Machiraju 및 Yagel(1996) 등이 있다.

고정 표본화율에서도 영리한 재구성 알고리즘은 이미지 품질 향상에 효과가 있다. 예를 들어 Reshetov(2009)는 이미지 경사도를 사용해서 다중 픽셀 사이의 모서리를 찾아 안티앨리어싱에 대한 픽셀 범위를 예상했고, Guertinet al.(2014)은 모션 블러를 위한 필터링 방식을 개발했다.

Lee와 Redner(1990)는 처음으로 잡음 제거 기술로 중간 값 필터를 제안했으며, 이는 각 픽셀의 값을 찾는 데 표본 집합의 중간 값을 사용한다. 더 최근에는 Lehtinen et al.(2011, 2012), Kalantari와 Sen(2013), Rousselle et al.(2012, 2013), Delbracio et al.(2014), Munkberg et al.(2014), Bauszat et al.(2015)이 몬테카를로 알고리즘을 사용해 렌더링한 이미지의 잡음을 감소시키는 필터링 기술을 개발했다. Kalantari et al.(2015)은 효과적인 잡음 제거 필터를 찾는 데 머신 러닝[machine learning]을 적용했으며, 인상적인 결과를 보여줬다.

Jensen과 Christensen(1995)은 조명의 종류에 기반을 두고 픽셀 값의 영향을 분리하는 것이 더 효과적이라는 것을 관찰했다. 저주파수 간접 조명은 고주파수 직접 조명과 다르게 필터링할 수 있으며, 이를 통해 최종 이미지의 잡음이 줄어든다. 이 관찰을 기반으로 한 효과적인 필터링 기술을 개발했다. 이 방식의 개선은 켈러와 공동 연구자가 불연속 버퍼(Keller 1998; Wald et al. 2002)로 개발했다. 간접 조명처럼 천천히 변하는 값을 표면 반사처럼 빠르게 변화하는 값과 따로 필터링하는 것에 더해 불연속 버퍼는 인접 픽셀의 표본 법선 같은 기하학적 성분을 사용해 현재 픽셀에 대응하는 값을 포함할지를 결정한다. Kontkanen et al.(2004)은 이 방식을 기반으로 방사 조도 캐싱 알고리즘(15.5절)을 사용할 때 간접 조명에 대한 필터링 방식을 생성했다.

Lessig et al.(2014)은 확률적 레이트레이싱, 구면 조화 함수 투영, 표면에 의한 산란 같은 특정 적분 문제에 맞춰진 구적법 규칙[quadrature rules]의 생성을 위한 일반적인 프레임워크를 제안했다. 대역 제한 함수를 목표로 할 때 이 방식은 7장의 주파수 공간 방식을 포괄한다. 커널 기반 재생성의 기반 이론에 대한 훌륭한 튜토리얼은 기사의 보충 자료에서 제공된다.

인지적 문제

개멋을 벗어난 색상을 디스플레이 가능한 범위로 매핑하기 위한 여러 가지 방식이 개발됐다. 루게론과 페로쉬의 연구 문서와 다양한 방식의 참고 문헌을 확인하자(Rougeron과 Péroche 1998). 이 주제는 Hall(1989)에서도 다룬다.

광역 동적 범위 이미지를 협역 동적 범위 디스플레이 기기에서 보여주기 위한 색조 재생성은 Tumblin과 Rushmeier(1993)의 작업을 시작으로 활발한 연구 분야가 됐다. Chiu et al.(1993)과 Ward(1994a)가 새로운 방식으로 따라갔다. Devlin et al.(2002)의 연구 문서는 이 분야에 대한 2002년까지의 대부분 작업을 요약했으며, 원 논문의 참조를 제공한다. Reinhard et al.(2010)의 광역 동적 범위 이미지에 대한 책은 이 주제에 대한 2010년까지의 중요한 범위를 포함한다. 더 최근에는 Reinhard et al.(2012)에서 정확한 밝기와 색 재현을 동시에 고려하면서, 또한 디스플레이와 보는 환경을 고려한 색조 재생성 알고리즘을 개발했다.

인간 시각계는 일반적으로 조명 분광에 관계없이 표면이 표면 밑의 색을 가진다고 인지한다. 예를 들어 하얀 종이는 노란 백열전구 조명 아래서도 하얀색으로 인지된다. 사진을 처리할 때 백색 밸런싱white balancing으로 광원 색에 의한 기색을 제거하려는 여러 가지 방법들이 개발됐다. Gijenij et al.(2011)의 연구를 살펴보자. 백색 밸런싱은 알고리즘에 제공되는 정보가 오직 최종 픽셀 값의 밖에 없기에 어려운 문제다. 렌더러에서는 광원과 표면 반사 특성 정보가 직접 가용하기에 문제는 쉬워진다. Wilkie와 Weidlich(2009)는 렌더러에서 제한된 계산 부하만 갖고 정확한 백색 밸런싱을 처리하는 효율적인 메서드를 개발했다.

인간 시각계의 특성에 대한 배경 지식에 대해 Wandell의 시각에 대한 책은 훌륭한 시작점이다(Wandell 1995). Ferwerda(2001)는 그래픽스의 응용을 위한 인간 시각계의 개요를 제공하며, Malacara(2002)는 색 이론의 간결한 개요와 인간 시각계가 색을 처리하는 데 대한 기본 특성을 설명한다.

연습문제

❷ 7.1 RadicalInverse()와 같은 방식으로 ScrambledRadicalInverse()의 2진수 기반의 특화된 버전의 구현이 가능하며, 임의 숫자 순열을 단일 비트 연산으로 어떻게 치환하는지 결정하고 이 방식을 구현하라. 현재 구현으로 생성된 값과 비교해 새 메서드가 정확한지 보장하고 작은 벤치마크 프로그램을 작성해 얼마나 빨라졌는지 측정하라.

❷ 7.2 현재 각 표본 벡터의 3번째에서 5번째 차원은 시각과 렌즈 표본을 위해서 소모되지만, 모든 장면이 이 표본 값을 필요로 하지 않는다. 표본 벡터의 더 낮은 차원이 이후 차원보다 종종 더 잘 분포돼 있기에 이는 이미지 품질의 필요 없는 감소를 발생시킬 수 있다.

pbrt를 카메라가 표본 요구치를 보고하고 이 정보를 사용해서 표본기가 CameraSample을 초기화하도록 변경하라. GlobalSampler::arrayStartDim의 값을 갱신하는 것을 잊지 마라. 이미지를 DirectLightingIntegrator로 렌더링하고 결과를 현재 구현과 비교하라. 개선이 보이는가? 다른 표본기에 대해 결과가 어떻게 다른가? 표본기 사이의 보이는 차이점을 어떻게 설명할 것인가?

❷ 7.3 Kensler(2013)가 개선된 다중 지터링 표본화 방식을 pbrt에 새 Sampler로 구현하라. 이미지 품질과 렌더링 시간을 StratifiedSampler, HaltonSampler, SobolSampler와 비교하라.

❷ 7.4 Keller(2004)와 Dammertz 및 Keller(2008b)는 이미지 합성에서 계수-1 격자 rank-1 lattices의 적용법을 설명했다. 계수-1 격자는 표본점의 고품질 저불일치 시퀀스를 효율적으로 생성하는 다른 방법이다. 논문을 읽고 이 방식에 기반을 둔 Sampler를 구현하라. 결과를 pbrt의 다른 표본기와 비교하라.

❷ 7.5 pbrt의 현재 FilmTile 구현으로 이미지의 픽셀 값은 이미지가 다시 렌더링될 때 작은 양으로 변화하며, 이는 스레드들이 조각들을 다른 순서로 계산 종료할 수 있기 때문이다. 예를 들어 한 픽셀이 3개의 다른 이미지 표본 조각에서 표본을 얻어 최종 값 $v_1 + v_2 + v_3$을 생성할 때 그 값은 어떤 때는 $(v_1 + v_2) + v_3$일 수도 있고 $(v_3 + v_1) + v_2$로 계산될 수 있다. 부동소수점 반내림으로 인해서 이 두 값은 일반적으로 다르다. 이 차이가 보통은 문제가 되지 않지만, 시스템에 실제로 무해한 변화인지를 확인하기 위해 자동화된 테스트 스크립트가 렌더

링된 이미지를 비교할 때 큰 문제를 일으킨다.

`Film::MergeFilmTile()`을 변경해 최종 픽셀 값이 이 불일관성을 겪지 않도록 일관된 순서로 조각을 병합하게 하라(예를 들어 구현은 `FilmTile` 버퍼를 만들어서 위와 왼쪽의 주변 조각이 모두 병합됐을 때만 병합하게). 구현이 어떤 의미 있는 성능 저하를 일으키지 않는 것을 보장하라. 더 오래 생존하는 `FilmTile`로 인한 추가 메모리 사용을 측정하라. 전체 메모리 사용량에서 얼마나 관련돼 있는가?

❷ 7.6 7.9절에서 언급했듯이 `Film::AddSplat()` 메서드는 필터 함수를 사용하지 않고 단지 표본을 가장 가까운 단일 픽셀에 스플랫하며, 상자 필터를 사용한 것과 같은 효과를 얻는다. 임의의 필터를 적용하기 위해서 필터는 반드시 영역 안에 대해 1로 적분되도록 정규화돼야 한다. 이 제한은 `pbrt`의 `Filter`에 현재 요구되지 않는다. `Film` 생성자에서 `filterTable`의 계산을 수정해 도표화된 함수는 정규화하라(정규화 인자를 계산할 때 표가 함수 범위의 1/4만 저장하는 것을 기억하자). 그 후 `AddSplat()` 메서드의 구현이 이 필터를 사용하도록 변경하자. 결과 수행 시간과 이미지 품질 차이를 조사하라.

❶ 7.7 `pbrt`를 각 카메라 광선에 대해서 `Film` 안에 저장된 값이 광선의 방사를 계산하는 데 사용된 시간에 비례하도록 이미지를 생성하게 변경하라(1픽셀 너비 상자 필터는 이 연습문제에서 가장 유용한 필터다). 다양한 장면의 이미지를 이 기술로 렌더링하라. 결과 이미지에 가져오는 시스템의 성능에 대한 어떤 통찰이 있는가? 의미 있는 변화를 보기 위해 픽셀 값을 크기 조절하거나 이들의 로그를 취해야 한다.

❷ 7.8 방사 측정술radiometry에서 선형성 가정의 장점 중 하나는 장면의 최종 이미지는 각 광원에서 개별 영향의 합과 같다는 점이다(부동소수점 이미지 파일 포맷이 사용돼 픽셀의 방사 값이 잘리지 않는다고 가정하자). 이 특성의 영향은 렌더러가 각 광원에 대해 분리된 이미지를 생성했을 때 처음부터 렌더러가 필요 없이 빠르게 장면에서 개별 광원의 영향을 크기 조절하는 즉각적으로 반응하는 조명 디자인 툴을 작성할 수 있다는 것이다. 대신 빛의 개별적인 이미지가 크기 조절돼 최종 이미지는 모든 빛의 이미지를 다시 합쳐 재생된다(이 기술은 Dorsey, Sillion, Greenberg(1991)가 디자인한 오페라의 라이팅 디자인에 사용됐다). `pbrt`를 장면의 각 광원에 대해서 따로 결과 이미지를 출력해 이를 이용하는 상호작용하는 툴을 작성하자.

❸ 7.9 Mitchell과 Netravali(1988)는 함수의 값과 미분 값을 둘 다 이용해 함수의 값만 알려진 경우보다 훨씬 나은 재구성을 하는 재구성 필터의 계열이 있다고 했다. 더욱이 이들은 램버트와 퐁 반사 모델의 스크린 공간의 미분 값을 닫힌 형태의 표현으로 유도할 수 있다고 했지만, 논문에 이 표현식을 포함하지 않았다. 미분 기반 재구성을 조사해 이 기술을 지원하게 `pbrt`를 확장하자. 일반적인 모양과 BSDF 모델에 대해서 스크린 공간 미분 표현을 유도하는 것은 어렵기 때문에 유한 차에 기반을 둔 근사치를 연구하라. 10.1절의 광선 미분 기술의 뒤에 숨겨진 개념이 이 노력에 도움이 될 것이다.

❸ 7.10 이미지 기반 렌더링은 1개 이상의 장면 이미지를 이용해서 원래와는 다른 시점의 새로운 이미지를 합성하는 기술의 일반적인 이름이다. 이런 방식 중 하나는 광학 장 렌더링으로, 조밀하게 위치한 위치의 집합 이미지가 사용된다(Levoy와 Hanrahan 1996; Gortler et al. 1996). 광학 장에 대한 두 논문을 읽고 `pbrt`가 직접 렌더러가 여러 번 실행되지 않고 각 카메라 위치에서 한 번씩 장면의 광학 장을 생성하도록 변경하라. 이를 위해 `Camera`, `Sampler`, `Film`을 특별히 작성해야 할 수 있다. 또한 구현으로 생성한 광학 장을 불러와서 장면의 새로운 시야를 생성하는 상호작용적인 광학 장 뷰어를 작성하라.

❸ 7.11 단지 이미지의 스펙트럼 값을 저장하기보다 각 픽셀에서 보이는 장면의 물체에 대한 추가적인 정보를 저장하는 것이 종종 유용하다. 예를 들어 SIGGRAPH 논문인 Perlin(1985a)과 Saito 및 Takahashi(1990)를 보자. 예를 들어 각 픽셀의 3D 위치, 표면 법선, 물체의 BRDF를 저장하면 장면은 광원을 움직인 이후에 효율적으로 렌더링될 수 있다(Gershbein과 Hanrahan 2000). 달리 말하면 각 표본이 카메라 광선에서 보이는 첫 물체만이 아닌 모든 물체에 대한 정보를 저장한다면 이동한 시점에서의 새 이미지를 다시 렌더링할 수 있다(Shade et al. 1998). 깊은 프레임 버퍼 표현과 이를 이용하는 알고리즘을 연구하라. `pbrt`를 이와 같은 이미지의 생성을 지원하도록 확장하고 이를 사용하는 툴을 생성하라.

❷ 7.12 중간 값 필터를 이미지 재구성을 위해 구현하라. 각 픽셀에 대해 필터 영역 안에 있는 모든 표본의 중간 값을 저장한다. 이 작업은 현재 `Film` 구현이 선형적이어야 하기에 복잡하다. 필터 함수는 픽셀 위치에 상대적인 표본 위치만으로 결정되며, 표본의 값은 필터 함수의 값에는 영향을 주지 않아야 하기 때문이

다. 구현이 필터가 선형적이라고 가정했고, 이미지에 표본 값을 더한 뒤에는 저장하지 않으므로, 중간 값 필터를 구현하려면 Film을 일반화하거나 새로운 Film 구현이 필요하다.

일반적인 이미지 필터에 대해 불쾌할 수 있는 이미지 잡음을 가진 PathIntegrator 같은 적분기를 사용해서 이미지를 렌더랑하라. 중간 값 필터가 얼마나 성공적으로 잡음을 감소시켰는가? 중간 값 필터의 사용으로 생긴 시각적인 단점이 있는가? 이 방식을 최종 픽셀 값을 계산하기 전에 모든 이미지 표본 값을 저장하지 않고 구현할 수 있겠는가?

❷ 7.13 중간 값의 변형으로는 픽셀의 필터 영역에서 가장 작은 영향과 가장 큰 영향을 가진 표본을 버리는 방법이 있다. 이 방식은 표본화하는 동안 수집한 정보를 더 많이 사용한다. 이 방식을 구현하고 결과를 중간 값 필터와 비교하라.

❸ 7.14 불연속 버퍼를 켈러와 공동연구자들이 설명한 대로(Keller 1998; Wald et al. 2002) 구현하라. Film 인터페이스를 바꿔서 교차점의 기하학적 정보가 Film::AddSample()에 전달되고 Integrator에 대한 인터페이스를 바꿔서 직접 조명과 간접 조명을 따로 반환한 후 Film에 개별적으로 전달하도록 변경해야 할 것이다. 간접 조명을 가진 이미지를 렌더링할 때 효과적임을 보여주는 이미지를 렌더링하라.

❸ 7.15 Hachisuka et al.(2008a), Egan et al.(2009), Overbeck et al.(2009), Moon et al.(2014)의 최근 적응적 표본화와 재구성 기술 중 하나를 구현하라. 균일한 고표본화율의 표본화와 비교해 얼마나 효율적으로 같은 이미지를 생성하는가? AdaptiveSampler에 비해 얼마나 효율적인가? 적응적 표본화가 필요하지 않은 단순한 장면에서 실행 시간에 얼마나 영향을 주는가?

❸ 7.16 색조 재생성에서의 현재 연구를 조사하고(예를 들어 Reinhardet al. 2010, 2012), 하나 이상의 알고리즘을 구현하라. 이 구현을 pbrt의 다양한 장면에서 사용하고, 색조 재생성 없는 이미지와 비교해 개선점에 대해 논의하라.

CHAPTER EIGHT

08 반사 모델

8장에서는 표본에서 빛의 산란 방식을 묘사하는 클래스를 정의한다. 5.6.1절에서는 양방향 반사 분포 함수BRDF 개념을 도입해 표면에서 빛의 반사를 표현했고, BTDF로 표면의 투과를 표현하고, BSDF로 이 두 가지 효과를 포함했다. 8장에서는 표면 반사와 투과에 대한 일반적인 인터페이스를 정의하는 것으로 시작한다.

다양한 표면에서의 산란은 종종 공간적으로 변화하는 여러 BRDF와 BTDF의 복합으로 가장 잘 표현된다. 9장에서는 BSDF를 도입해 여러 BRDF와 BTDF를 합쳐 전체적인 표면의 산란을 표현한다. 8장에선 표면에 따라 변화하는 반사와 투과 특성에 대한 문제는 다루지 않는다. 10장의 텍스처 클래스에서 이런 문제를 다룬다. BRDF와 BTDF는 명시적으로 단일 점에서 표면에 들어오고 나가는 빛에서의 산란만을 모델링한다. 의미 있는 표면 밑 빛 전송을 보이는 표면에 대해 표면 밑 산란을 모델링하는 BSSRDF 클래스를 소개하며, 이를 표현하는 클래스는 11장에서 관련된 이론을 소개한 후 11.4절에서 소개한다.

표면 반사 모델은 다음과 같은 다양한 근원에서 기인한다.

1. **측정 데이터:** 많은 실세계 표면의 반사 분포 특성은 연구실에서 측정됐다. 이런 데이터는 직접 표 형식으로 사용되거나 기저 함수의 계수를 계산하기 위해 사용된다.
2. **현상학적 모델:** 실세계 표면의 정량 특성을 표현하려는 방정식은 놀랍게도 효율적으로 표면을 모방할 수 있다. 이런 BSDF 종류는 행태를 변경하는 직관적인 매개변수를 갖기 쉽기에 특히 사용이 쉽다(예, 거칠기). 컴퓨터 그래픽스에서 사용하는 많은 반사 함수가 이 항목에 해당한다.
3. **시뮬레이션:** 종종 표면의 구성에 대한 저수준 정보를 알 수 있다. 예를 들어 우리는 페인트가 매질에 떠있는 평균 크기의 색 입자로 구성돼 있다는 것을 알 수 있고, 특정

섬유가 알려진 반사 특성을 가진 두 가지 종류의 실로 구성돼 있다는 것을 알 수 있다. 이 경우에는 마이크로 기하 구조에서의 빛 산란을 시뮬레이션해서 반사 데이터를 생성할 수 있다. 이 시뮬레이션은 렌더링 도중에 사용하기 위한 기저 함수 집합에 맞춘 후 렌더링 도중에 처리하거나 전처리할 수 있다.

4. **물리적(파동) 광학:** 일부 반사 모델은 빛을 파동으로 처리해 맥스웰 방정식의 해를 계산함으로써 알려진 특성의 표면에 대해 어떻게 산란하는지를 찾는 방식의 세밀한 빛의 모델에서 유도된다. 이 모델은 계산적으로 고비용이며, 렌더링 애플리케이션에서 보통은 기하 광학에 기반을 둔 모델보다 눈에 띄는 정확도를 보여주지 않는다.
5. **기하 광학:** 시뮬레이션 방식처럼 표면의 저수준 산란과 기하학적 특성이 알려져 있다면 이 서술에서 직접 폐형 반사 모델을 유도할 수 있다. 기하 광학은 편광 등의 복잡한 파동 효과를 무시할 수 있기에 표면과 빛의 상호작용의 모델링을 더욱 다루기 쉽게 한다.

8장 끝의 '더 읽을거리' 절에서 이런 다양한 반사 모델에 대한 지침을 제공한다.

관련된 인터페이스를 정의하기 전에 전체 시스템에 어떻게 적용되는지를 간단히 살펴보자. `SamplerIntegrator`가 사용되는 일반적인 경우 `SamplerIntegrator::Li()` 메서드 구현은 각 광선에 대해 호출된다. 가장 가까운 기하 기본체와의 교차점을 찾은 후에 기본체와 연결된 표면 셰이더를 호출한다. 표면 셰이더는 `Material` 하위 클래스의 메서드로 구현되며, 표면의 특정 위치에서 어떤 BSDF를 사용할지 결정한다. 이 함수는 해당 위치의 산란을 표현하기 위해 할당하고 초기화한 BRDF와 BTDF를 가진 BSDF를 반환한다. 그 후 적분기는 장면의 한 점에서 입사하는 조명에 기반을 두고 BSDF를 사용해 해당 지점에서 빛의 산란을 계산한다(`SamplerIntegrator` 대신 `BDPTIntegrator`, `MLTIntegrator`, `SPPMIntegrator`를 사용한 과정은 대략 비슷하다).

기본 용어

다른 반사 모델의 시각적 표현을 비교하기 위해서 표면의 반사를 기술하기 위한 기본 용어를 소개한다.

표면의 반사는 넓게 4가지 항목으로 나눌 수 있다. 확산광[diffuse], 광택 반사광[glossy specular], 완벽 반사광[perfect specular], 역반사[retro-reflective]다(그림 8.1). 대부분의 실제 표면은 이 4가지 종류가 혼합된 반사를 보여준다. 확산 표면 산란광은 모든 방향에 동일하다. 완벽히 확산하는 표면은 물리적으로 실재하지 않더라도 확산 표면에 가까운 예는 칙칙한 칠판이나 무광 페인트

등이 있다. 플라스틱이나 고광택 페인트 등의 광택 반사 표면은 특정 방향 집합에 대해 우선적으로 빛을 산란한다. 이들은 다른 물체에 대한 흐릿한 반사를 보여준다. 완벽 반사 표면은 입사광을 하나의 반사 방향으로 산란한다. 거울과 유리는 완벽 반사 표면의 예다. 마지막으로 벨벳이나 달 같은 역반사 표면은 주로 빛을 다시 입사 방향으로 산란한다. 8장의 이미지는 렌더링된 장면에서 사용된 다양한 종류의 반사의 차이점을 보여줄 것이다.

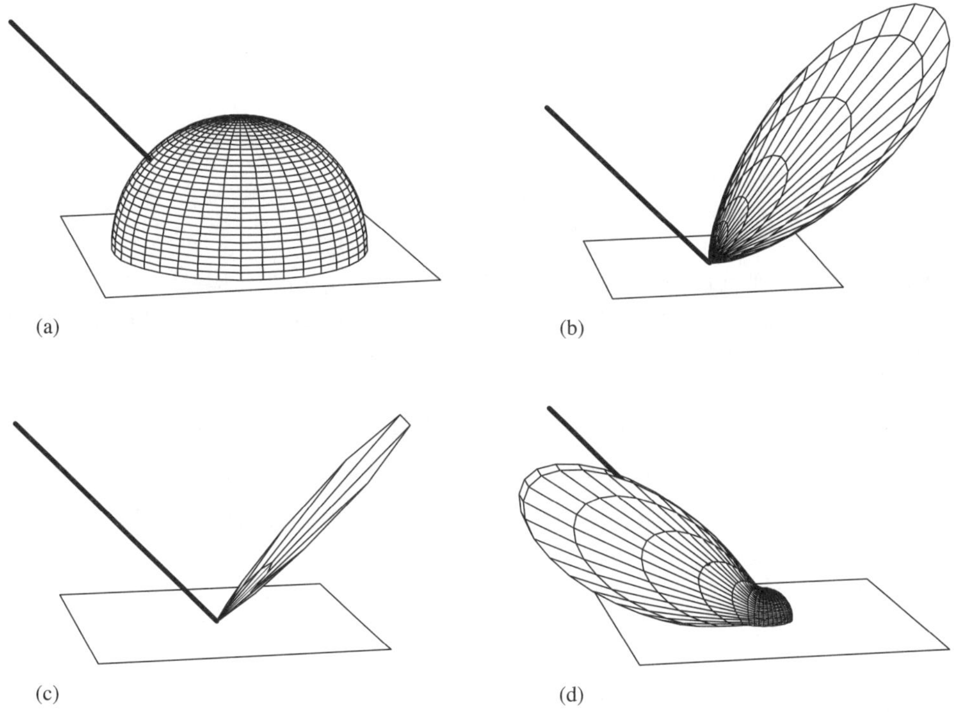

그림 8.1 입사 방향에서 반사된 빛의 분포로 일반적으로 분류할 수 있는 표면의 반사(굵은 선). (a) 확산, (b) 광택 반사, (c) 완벽 반사, (d) 역반사 분포

특정 범주의 반사에 대해서 반사 분포 함수는 등방성^isotropic^일 수도 있고 비등방성^anisotropic^일 수도 있다. 대부분의 물체는 등방성이다. 표면의 어떤 위치를 선택해 그 위치의 법선축으로 돌렸을 때 반사되는 빛의 양이 변하지 않는다. 반대로 비등방성 재질은 이런 방식으로 돌렸을 때 다른 양의 빛을 반사한다. 비등방성 표면의 예로는 연마된 금속^brushed metal^, 많은 종류의 옷, 컴팩트 디스크^CD^ 등이 있다.

기하 설정

pbrt의 반사 계산은 음영점에서 2개의 접선 벡터와 법선 벡터가 각각 x, y, z에 정렬된 반사 좌표계(그림 8.2)에서 계산된다. BRDF와 BTDF 루틴에 넘기고 넘겨받는 모든 방향 벡터는 이 좌표계에 대응해서 정의된다. 8장의 BRDF와 BTDF의 구현을 이해하기 위해 이 좌표계를 이해하는 것이 중요하다.

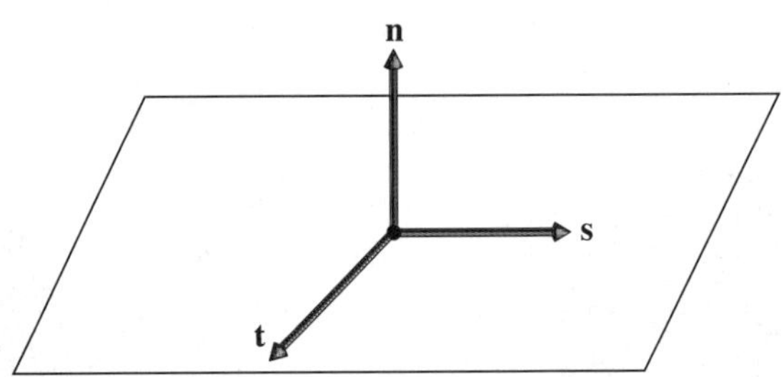

그림 8.2 기본 BSDF 인터페이스 설정. 음영 좌표계는 정규 직교 기저 벡터 (s, t, n)으로 정의된다. 우리는 이 벡터들이 좌표계의 x, y, z에 대응하게 한다. 월드 공간의 방향 벡터 ω는 BRDF나 BTDF 메서드를 호출하기 전에 음영 좌표계로 변환된다.

음영 좌표계는 또한 구좌표계 (θ, ϕ)로 방향을 표현하는 프레임을 제공한다. θ 각도는 주어진 방향과 z 축 사이의 각도며, ϕ는 xy 면으로 주어진 방향의 투영과 x축 사이의 각도다. 이 좌표계에서 주어진 방향 벡터 ω는 법선 방향과 이루는 각의 코사인 값 등의 값을 계산하기 쉽다.

$$\cos\theta = (\mathbf{n} \cdot \omega) = ((0, 0, 1) \cdot \omega) = \omega_z$$

이 값과 일부 다양한 변형을 계산하기 위해 유틸리티 함수를 제공한다. 이를 사용하면 BRDF와 BTDF의 구현을 좀 더 명확하게 할 수 있다.

<BSDF Inline Functions> ≡

```
inline Float CosTheta(const Vector3f &w) { return w.z; }
inline Float Cos2Theta(const Vector3f &w) { return w.z * w.z; }
inline Float AbsCosTheta(const Vector3f &w) { return std::abs(w.z); }
```

$\sin^2\theta$의 값은 삼각함수 등식인 $\sin^2\theta + \cos^2\theta = 1$을 사용해서 계산할 수 있는데, `1 - Cos2Theta(w)`가 부동소수점 반올림 오류로 인해 음수가 되는 경우에 제곱근을 취하지 않도록 조심해야 한다.

<*BSDF Inline Functions*> +≡
```
inline Float Sin2Theta(const Vector3f &w) {
    return std::max((Float)0, (Float)1 - Cos2Theta(w));
}
inline Float SinTheta(const Vector3f &w) {
    return std::sqrt(Sin2Theta(w));
}
```

각 θ의 탄젠트 값은 $\tan\theta = \sin\theta/\cos\theta$로 계산할 수 있다.

<*BSDF Inline Functions*> +≡
```
inline Float TanTheta(const Vector3f &w) {
    return SinTheta(w) / CosTheta(w);
}
inline Float Tan2Theta(const Vector3f &w) {
    return Sin2Theta(w) / Cos2Theta(w);
}
```

비슷하게 음영 좌표계를 ϕ의 사인과 코사인 값의 계산을 단순화하기 위해 사용할 수 있다(그림 8.3). 음영이 되는 점의 면에서 벡터 ω는 좌표 (x, y)를 가지며, 이는 각각 $r\cos\phi$와 $r\sin\phi$로 주어진다. 반경 r은 $\sin\theta$이므로 다음과 같다.

$$\cos\phi = \frac{x}{r} = \frac{x}{\sin\theta}$$
$$\sin\phi = \frac{y}{r} = \frac{y}{\sin\theta}$$

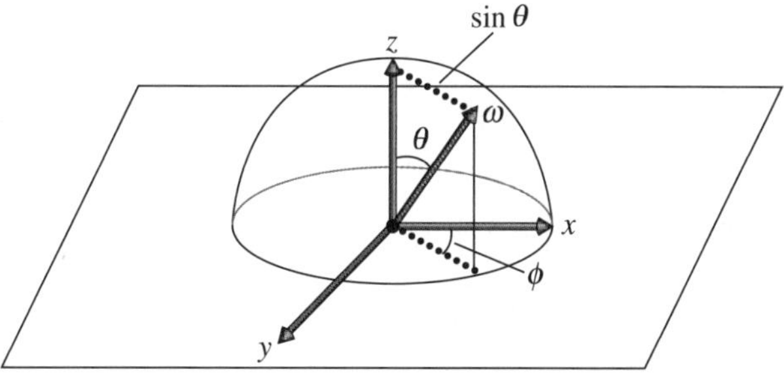

그림 8.3 sin ϕ와 cos ϕ의 값은 극좌표 방정식 $x = r\cos\phi$와 $y = r\sin\phi$로 얻을 수 있으며, 점선의 길이인 r은 sin θ와 같다.

<*BSDF Inline Functions*> +≡
```
inline Float CosPhi(const Vector3f &w) {
    Float sinTheta = SinTheta(w);
```

```
        return (sinTheta == 0) ? 1 : Clamp(w.x / sinTheta, -1, 1);
    }
    inline Float SinPhi(const Vector3f &w) {
        Float sinTheta = SinTheta(w);
        return (sinTheta == 0) ? 0 : Clamp(w.y / sinTheta, -1, 1);
    }
```

<BSDF Inline Functions> +≡

```
    inline Float Cos2Phi(const Vector3f &w) {
        return CosPhi(w) * CosPhi(w);
    }
    inline Float Sin2Phi(const Vector3f &w) {
        return SinPhi(w) * SinPhi(w);
    }
```

음영 좌표계 안에서 두 벡터 사이의 각 ϕ의 코사인은 두 벡터의 z 좌표를 0으로 해서 2D 벡터를 얻어 이를 정규화해서 얻을 수 있다. 이 두 벡터의 내적이 그 사이 각의 코사인 값을 제공한다. 다음의 구현은 단일 제곱근 연산만 수행되도록 좀 더 효율적으로 변경했다.

<BSDF Inline Functions> +≡

```
    inline Float CosDPhi(const Vector3f &wa, const Vector3f &wb) {
        return Clamp((wa.x * wb.x + wa.y * wb.y) /
                     std::sqrt((wa.x * wa.x + wa.y * wa.y) *
                               (wb.x * wb.x + wb.y * wb.y)), -1, 1);
    }
```

pbrt에 BRDF와 BTDF를 추가할 때 8장의 코드를 읽고 기억해야 할 중요한 관례와 구현 세부 사항들은 다음과 같다.

- 입사광의 방향 ω_i와 나가는 보는 방향 ω_o이 모두 정규화됐으며, 표면의 지역 좌표계로 변환된 후 바깥을 향한다는 점이다.
- pbrt의 관례에 의해 표면 법선 **n**은 항상 물체의 바깥을 향하고 있으며, 이는 빛이 투과되는 물체로 들어오는지 혹은 나가는지를 쉽게 결정할 수 있다. 입사광 방향 ω_i가 **n**과 같은 반구에 있다면 빛이 들어오는 것이고, 아니면 나가는 것이다. 그러므로 기억해야 할 한 가지는 법선이 ω_i나 ω_o, 혹은 둘에 대해 표면의 반대편에 위치할 수 있다는 것이다. 다른 많은 렌더러와 달리 pbrt는 법선을 ω_o와 같은 편에 있게 뒤집지 않는다. 그러므로 BRDF와 BTDF는 이를 고려해서 구현하는 것이 중요하다.
- 음영에 사용하는 지역 좌표계는 3장의 Shape::Intersect()에서 반환하는 좌표계와 정

확히 같지 않을 수 있다. 음영 좌표계의 경우 범프 매핑 같은 효과를 얻기 위해 교차 좌표계에서 변경될 수 있다. 이런 종류의 변경을 보려면 9장의 예제를 살펴보자.

- 마지막으로 BRDF와 BTDF의 구현이 ω_i와 ω_o가 항상 같은 반구에 위치하지 않을 수 있게 구현해야 하는 것이다. 예를 들어 반사 BRDF가 원칙적으로는 입사 방향이 표면 위이고 나가는 방향이 표면 아래의 경우 항상 반사가 없는 것으로 반환하게 돼 있더라도 여기서 우리는 둘이 같은 반구에 있지 않아도 이를 무시하고, 반사 함수가 그들의 반사 모델에 적절한 공식을 사용해 반사된 빛의 양을 계산해 반환하기를 기대한다. pbrt의 좀 더 고수준 코드가 이에 적합한 반사나 투과 산란 루틴의 경우에만 계산하도록 보장한다. 이 관례의 값은 9.1절에서 설명한다.

8.1 기본 인터페이스

우리는 우선 각 BRDF와 BTDF 함수의 인터페이스를 정의한다. BRDF와 BTDF는 같은 기본 클래스 BxDF를 공유한다. 둘이 정확하게 같은 인터페이스를 가지므로, 같은 기본 클래스를 공유하는 것이 중복된 코드를 줄이고 BxDF와 작업하는 시스템의 일부가 일반적으로 BRDF와 BTDF를 구분하지 않도록 허용한다.

```
<BxDF Declarations> ≡
    class BxDF {
    public:
        <BxDF Interface 628>
        <BxDF Public Data 628>
    };
```

9.1절에서 소개할 BSDF 클래스는 표면의 점에서의 산란을 표현하는 BxDF 객체의 모음이다. BxDF의 구현 세부 사항을 반사와 투과에 대한 공통 인터페이스로 숨기더라도 14~16장의 빛 전달 알고리즘은 이 두 가지 종류를 구분한다. 그러므로 모든 BxDF는 BxDF::type 멤버를 가지며, 이는 BxDFType 플래그를 갖는다. 각 BxDF에서 플래그는 반드시 최소한 REFLECTION이나 BSDF_TRANSMISSION의 값 중 하나는 설정돼야 하며, 또한 확산, 광택 반사, 완벽 반사 플래그 중 하나가 설정돼야 한다. 여기서 역반사가 없는 것을 주의하자. 역반사는 이 분류에서 광택 반사로 취급한다.

```
<BSDF Declarations> ≡
    enum BxDFType {
```

```
        BSDF_REFLECTION   = 1 << 0,
        BSDF_TRANSMISSION = 1 << 1,
        BSDF_DIFFUSE      = 1 << 2,
        BSDF_GLOSSY       = 1 << 3,
        BSDF_SPECULAR     = 1 << 4,
        BSDF_ALL          = BSDF_DIFFUSE | BSDF_GLOSSY | BSDF_SPECULAR |
                            BSDF_REFLECTION | BSDF_TRANSMISSION,
    };
```

<BxDF Interface> ≡ 627

```
    BxDF(BxDFType type) : type(type) { }
```

<BxDF Public Data> ≡ 627

```
    const BxDFType type;
```

MatchesFlags() 유틸리티 메서드는 사용자가 제공한 플래그와 BxDF가 일치하는지 결정한다.

<BxDF Interface> +≡ 627

```
    bool MatchesFlags(BxDFType t) const {
        return (type & t) == type;
    }
```

BxDF가 제공하는 핵심 메서드는 BxDF::f()다. 이는 주어진 방향의 쌍에 대한 분포 함수의 값을 반환한다. 이 인터페이스는 암묵적으로 다른 파장의 빛은 분리된다고 가정한다. 즉, 한 파장의 에너지는 다른 파장으로 반사되지 않는다. 이 가정을 통해 반사 함수의 효과는 직접 Spectrum으로 표현할 수 있다. 이 가정이 참이 아닌 형광 물질을 지원하기 위해서 이 메서드는 스펙트럼 표본 사이 에너지의 투과가 암호화된 $n \times n$의 행렬을 반환한다(n은 Spectrum 표현의 표본수다).

<BxDF Interface> +≡ 627

```
    virtual Spectrum f(const Vector3f &wo, const Vector3f &wi) const = 0;
```

모든 BxDF가 f() 메서드로 계산되지 않는다. 예를 들어 거울, 유리, 물 같이 완벽히 반사되는 물체는 하나의 입사 방향에 대해 하나의 나가는 방향으로만 빛을 산란한다. 이런 BxDF는 빛이 산란되는 한 방향에서만 값을 갖고, 다른 곳은 0인 델타 분포로 제일 잘 표현된다. 이 BxDF는 pbrt에서 특별한 처리가 필요하므로, 우리는 BxDF::Sample_f() 메서드를 제공한다. 이 메서드는 델타 분포로 표현되는 산란의 처리와 빛을 여러 방향으로 산란하는 BxDF에서 무작위로 표본화한 경우 둘 다 사용한다. 두 번째 활용은 14.1절의 몬테카를로 BSDF 표본화의 논의에서 설명한다.

BxDF::Sample_f()는 주어진 나가는 방향 ω_o에 대해 입사광의 방향 ω_i를 계산하고 두 방향의 쌍에 대한 BxDF의 값을 반환한다. 델타 분포의 경우 호출자가 적절한 ω_i 방향을 생성할 수 없기에[1] BxDF가 이 방식으로 입사광 방향을 선택하는 것이 필요하다. sample, pdf 매개변수는 델타 분포 BxDF에 필요하지 않으며, 이는 나중에 비완전 반사 함수에 대한 이 메서드의 구현을 제공하는 14.1절에서 설명한다.

<BxDF Interface> +≡ 627

```
virtual Spectrum Sample_f(const Vector3f &wo, Vector3f *wi,
        const Point2f &sample, Float *pdf,
        BxDFType *sampledType = nullptr) const;
```

8.1.1 반사

방향의 쌍으로 정의된 함수인 4D BRDF나 BTDF의 동작을 묶어서 한 방향에 대한 2D 함수나 하나의 상수 값으로 전체적인 산란 동작을 단순화하면 유용하다.

반구 방향 반사[hemispherical-directional reflectance]는 2D 함수로 전체 반구에 상수 조명으로 인한 주어진 방향에 대한 전체 반사를 반환하거나, 동일하게 주어진 방향에 의한 반구에 대한 전체 반사를 반환한다.[2] 이는 다음으로 정의된다.

$$\rho_{\mathrm{hd}}(\omega_o) = \int_{\mathcal{H}^2(\mathbf{n})} f_r(\mathrm{p}, \omega_o, \omega_i)\, |\cos\theta_i|\, \mathrm{d}\omega_i. \tag{8.1}$$

BxDF::rho() 메서드는 반사 함수 ρ_{hd}를 계산한다. 일부 BxDF는 이 값을 폐형으로 계산할 수 있지만, 대부분은 몬테카를로 적분을 통해 이의 근삿값을 계산한다. 이런 BxDF에 대해서 몬테카를로 알고리즘 구현에 사용되는 nSamples와 samples 매개변수를 제공한다. 이는 14.5.5절에 설명돼 있다.

<BxDF Interface> +≡ 627

```
virtual Spectrum rho(const Vector3f &wo, int nSamples,
        const Point2f *samples) const;
```

1. 반사 함수의 델타 분포는 빛의 전달 알고리즘에 대한 추가적인 미묘한 영향을 갖고 있다. 14.1.3절과 14.4.5절에서 이 문제를 좀 더 자세히 다룬다.

2. 이 두 가지 값이 같은 이유는 실세계 반사 함수의 가역성 때문이다. BTDF는 일반적으로 가역적이 않다. 16.1.3절을 참고하자.

표면의 반구 반구 반사는 ρ_{hh}로 표기하며, 입사광이 모든 방향에 대해 동일할 때 표면에 반사된 입사광의 일부인 상수 스펙트럼 값이다. 이는 다음과 같다.

$$\rho_{hh} = \frac{1}{\pi} \int_{\mathcal{H}^2(n)} \int_{\mathcal{H}^2(n)} f_r(p, \omega_o, \omega_i) \, |\cos\theta_o \cos\theta_i| \, d\omega_o \, d\omega_i$$

BxDF::rho()는 방향 ω_o가 제공되지 않으면 ρ_{hh}를 계산한다. 남은 매개변수는 필요하면 ρ_{hh}의 값에 대한 몬테카를로 추정치를 계산하는 데 사용된다.

<BxDF Interface> +≡ 627

```
virtual Spectrum rho(int nSamples, const Point2f *samples1,
        const Point2f *samples2) const;
```

8.1.2 BxDF 크기변환 어댑터

또한 주어진 BxDF에 대해 Spectrum 값에 대한 기여치를 크기 변환하는 것도 유용하다. ScaledBxDF는 BxDF*와 Spectrum으로 이 기능을 구현한다. 이 클래스는 MixMaterial(9.2.3절에 정의)에 사용되며, 이는 BSDF를 두 가지 다른 재질의 가중 합으로 생성한다.

<BxDF Declarations> +≡

```
class ScaledBxDF : public BxDF {
public:
    <ScaledBxDF Public Methods 630>
private:
    BxDF *bxdf;
    Spectrum scale;
};
```

<ScaledBxDF Public Methods> ≡ 630

```
ScaledBxDF(BxDF *bxdf, const Spectrum &scale)
    : BxDF(BxDFType(bxdf->type)), bxdf(bxdf), scale(scale) {
}
```

ScaledBxDF의 구현은 명백하므로 여기서 f()만 포함한다.

<BxDF Method Definitions> ≡

```
Spectrum ScaledBxDF::f(const Vector3f &wo, const Vector3f &wi) const {
    return scale * bxdf->f(wo, wi);
}
```

8.2 거울 반사와 투과

완벽히 매끈한 표면에서 빛의 동작은 물리적, 기하학적 광학 모델을 사용해 상대적으로 쉽게 분석적으로 특징화할 수 있다. 이 표면은 완벽 거울 반사와 투과를 입사광에 대해 보여준다. 주어진 ω_i 방향에 대해 모든 빛은 하나의 나가는 방향 ω_o으로 산란된다. 거울 반사에 대해 이 방향은 들어온 방향과 법선에 대해 같은 각도를 갖는 나가는 방향이며, $\phi_o = \phi_i + \pi$다.

$$\theta_i = \theta_o$$

투과에 대해서도 $\phi_o = \phi_i + \pi$며, 나가는 방향은 스넬의 법칙을 따르고, 이는 투과된 방향과 표면 법선 n 간의 각도 θ_t와 입사광선과 표면 법선 n 간의 각도인 θ_i와 관련된다(8장 마지막의 연습문제 중 하나는 광학에서의 페르마 원리를 사용해 스넬의 법칙을 유도하는 것이다). 스넬의 법칙은 입사광선이 들어가기 전에 진행하는 매질에 대한 굴절률index of refraction과 들어간 매질에 대한 굴절률에 기반을 둔다. 굴절률은 특정 매질 안에서 진공보다 얼마나 빛이 늦게 진행하는지를 설명한다. 에타라고 발음하는 그리스 문자 η로 굴절률을 표기한다. 스넬의 법칙은 다음과 같다.

$$\eta_i \sin\theta_i = \eta_t \sin\theta_t. \tag{8.2}$$

일반적으로 굴절률은 빛의 파장에 따라 변화한다. 그러므로 입사광은 일반적으로 두 개의 다른 매질의 경계에서 다양한 방향으로 산란하며, 이는 확산dispersion이라는 효과다. 이 효과는 입사 백색광이 프리즘에 의해 스펙트럼 요소로 분리되는 것으로 볼 수 있다. 그래픽스에서는 일반적으로 파장 의존성을 무시하는데, 이 효과가 일반적으로 시각적 정밀성에 중대하지 않으며, 이를 무시함으로써 빛의 투과 계산을 상당히 단순화할 수 있기 때문이다. 대신 빛의 여러 줄기beam 경로(예, 구분된 일련의 여러 파장)를 확산시키는 물체가 발견된 환경을 통해 추적할 수 있다. 14장 마지막의 '더 읽을거리' 절에서 이 문제에 대한 더 많은 정보를 가진 참고 문헌을 제공한다.

그림 8.4는 완벽 거울 반사와 투과의 효과를 보여준다.

(a)

(b)

그림 8.4 (a) 완벽 거울 반사 (b) 완벽 반사광 굴절로 렌더링한 용 모델. 이미지 (b)는 외부와 내부 반사의 효과를 제거했다. 결과적인 에너지 손실이 눈에 띄는 어두운 영역을 생성했다.

8.2.1 프레넬 반사

반사와 투과 방향에 추가해서 입사광에 대한 반사나 투과의 비율을 계산하는 것이 필요하다. 단순한 레이트레이서의 경우 비율은 보통 반사성 혹은 투과성 값으로만 주어지며, 이는 전체 표면에 대해 균일하다. 하지만 물리적인 반사와 굴절에 대해 이 용어는 방향 종속적이며, 표면에 대해 균일한 크기의 범위로 포착할 수 없다. 프레넬 방정식은 표면에서 반사되는 빛의 양을 설명한다. 이는 매끈한 표면에 대한 맥스웰 방정식의 해다.

주어진 굴절률과 표면 법선에 대한 입사광선의 각에 대해 프레넬 방정식은 입사 조명의 두 가지 다른 편광 상태의 대응하는 반사도를 설정한다. 대부분의 환경에서 편광의 시각적 효과는 제한되지만, pbrt에선 빛이 편광되지 않았다고 가정한다. 이 경우 빛은 빛의 파장에 대해 무작위 방향으로 진동한다. 이 단순화된 가정으로 프레넬 반사율은 평행한 편광 항과 수직한 편광 항의 제곱의 평균이 된다.

이 지점에서 재질의 몇 가지 중요한 종류 사이를 구분지을 필요가 있다.

1. 첫 종류는 유전체dielectric로 전기를 전도하지 않는 재질이다. 이는 실수 굴절률 값을 가지며(보통 1~3 범위), 입사 조명의 일부를 투과한다.[3] 유전체의 종류는 유리, 광물성 기름, 물, 공기 등이 있다.

---

3. 유전체가 대부분 혹은 모든 투과되는 빛을 흡수하는 입자로 채워질 수 있는 것을 기억하자(예, 석유). 물 같은 유전체는 또한 이온을 추가해 전해질 용액으로 변화돼 전기를 전도할 수 있다. 이런 두 가지 측면은 재질의 본질적인 유전체인지 전도체인지의 구분에 관련이 없다.

2. 두 번째 종류는 전도체(금속 같은)를 위한 것이다. 원자가 전자[Valence electrons]는 원자 격자 안에서 자유로이 움직일 수 있으며, 이는 전류가 한 지점에서 다른 지점으로 흐르게 한다. 이 기반 원자 특성은 전도체가 가시광선 같은 전자기 방사에 노출되면 매우 다른 행태로 이어진다. 재질은 불투명하며, 조명의 대부분을 반사한다.

   빛의 일부는 또한 전도체의 내부로 투과되며, 이는 빠르게 흡수된다. 전체 흡수는 보통 재질의 상단 0.1μm에서 일어나며, 그러므로 매우 얇은 금속 필름도 눈에 띄는 양의 투과를 가능하게 한다. 이 효과를 pbrt에서는 무시하며, 전도체의 반사 요소만 모델링한다.

   유전체와 달리 전도체는 복소수 값의 굴절률 $\bar{\eta} = \eta + ik$를 가진다.

3. 실리콘이나 게르마늄 같은 반도체가 3번째 종류이며, 이 책에서는 고려하지 않는다.

전도체와 유전체 모두 같은 종류의 프레넬 방정식의 집합을 따른다. 이에 불구하고 유전체에 대한 특별한 계산 함수를 생성해서 굴절률이 실수로 보장될 때 특히 이 방정식의 단순한 형태를 사용해 이득을 얻는다.

두 유전체의 접점에서의 프레넬 반사율을 계산하려면 두 매질의 굴절률을 알아야 한다. 표 8.1은 여러 유전 재질의 굴절률을 보여준다. 유전체에 대한 프레넬 반사율의 매우 가까운 근사치는 다음과 같다.

$$r_{\parallel} = \frac{\eta_t \cos\theta_i - \eta_i \cos\theta_t}{\eta_t \cos\theta_i + \eta_i \cos\theta_t}$$
$$r_{\perp} = \frac{\eta_i \cos\theta_i - \eta_t \cos\theta_t}{\eta_i \cos\theta_i + \eta_t \cos\theta_t}$$

여기서 r은 평행 편광된 빛의 프레넬 반사고, $r_{\perp}$는 수직 편광된 빛의 반사율이다. η_i와 η_t는 입사하는 매질과 투과하는 매질의 굴절률이며, ω_i와 ω_t는 입사하는 매질과 투과하는 매질의 방향이고, ω_t는 스넬의 법칙으로 계산할 수 있다(8.2.3절을 보자).

코사인 항은 모두 0보다 크거나 같다. 이 값을 계산하기 위해 cos θ_i와 $\cos_t$를 계산할 때 기하학적 법선은 각각 ω_i와 ω_t에 같은 면이 되도록 각각 뒤집혀야 한다.

편광되지 않은 빛에 대해 프레넬 반사율은 다음과 같다.

$$F_r = \frac{1}{2}(r_{\parallel}^2 + r_{\perp}^2)$$

에너지 보존으로 인해 유전체에 전송되는 에너지는 1 - F_r이다.

표 8.1 다양한 물체의 굴절률로, 진공에서 빛의 속도 대비 매질에서 빛의 속도에 대한 비율. 이는 일반적으로 파장 종속적인 양이다. 여기의 값은 가시광선 영역에 대한 평균값이다.

매질	글절률 η
진공	1.0
해수면에서의 공기	1.00029
얼음	1.31
물(20℃)	1.333
석영 유리	1.46
유리	1.5–1.6
사파이어	1.77
다이아몬드	2.42

함수 FrDiel()은 유전 재질과 원형 편광된 빛에 대한 프레넬 반사율을 계산한다. cos θ_i와 cos θ_t의 값이 $\cos_i$와 $\cos_t$로 전달된다.

```
<BxDF Utility Functions> ≡
    Float FrDielectric(Float cosThetaI, Float etaI, Float etaT) {
        cosThetaI = Clamp(cosThetaI, -1, 1);
        <Potentially swap indices of refraction 635>
        <Compute cosThetaT using Snell's law 635>
        Float Rparl = ((etaT * cosThetaI) - (etaI * cosThetaT)) /
                      ((etaT * cosThetaI) + (etaI * cosThetaT));
        Float Rperp = ((etaI * cosThetaI) - (etaT * cosThetaT)) /
                      ((etaI * cosThetaI) + (etaT * cosThetaT));
        return (Rparl * Rparl + Rperp * Rperp) / 2;
    }
```

투과된 각 cosThetaT의 코사인을 찾으려면 우선 입사 방향이 매질의 밖인지 안인지를 결정해야 두 굴절률이 적절히 해석될 수 있다.

입사각에서 코사인의 부호는 매질의 어떤 면에 입사광선이 위치하는지를 가르쳐준다(그림 8.5). 코사인이 0과 1 사이면 광선은 밖에 있어야 하며, 코사인이 -1과 0 사이면 광선은 안에 있게 된다. 매개변수 etaI와 etaT는 etaI가 입사 매질의 굴절률을 갖게 해 cosThetaI

가 음수가 아니도록 보장하게 조정된다.

<Potentially swap indices of refraction> ≡ 634

```
bool entering = cosThetaI > 0.f;
if (!entering) {
    std::swap(etaI, etaT);
    cosThetaI = std::abs(cosThetaI);
}
```

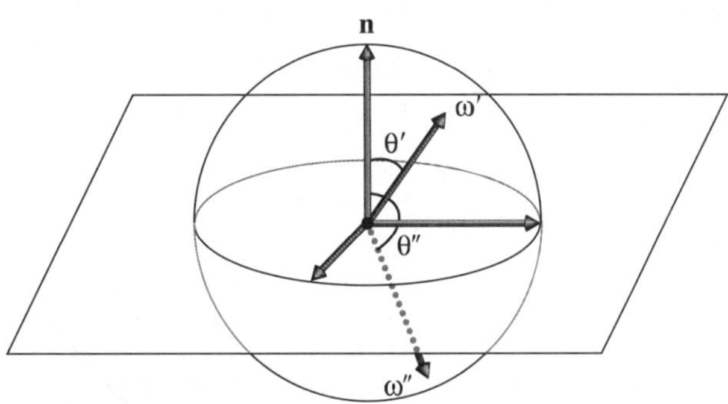

그림 8.5 방향 ω와 기하학적 표면 법선 사이의 각 θ의 코사인은 방향이 표면의 밖(법선과 같은 쪽의 반구)인지 안인지 표시한다. 표준 반사 좌표계에서 이 테스트는 방향 벡터의 z 요소만 확인하면 된다. 여기서 ω'는 위쪽 반구에 있으며, 양의 값의 코사인을 갖고 ω''는 아래쪽 반구에 있다.

한 번 굴절률이 결정되면 투과된 방향과 표면 법선 사이의 각의 사인 값을 스넬의 법칙(방정식 8.2)으로 계산할 수 있다. 마지막으로 이 각도의 코사인은 $\sin^2\theta + \cos^2\theta = 1$로 계산할 수 있다.

<Compute `cosThetaT` *using Snell's law>* ≡ 634

```
Float sinThetaI = std::sqrt(std::max((Float)0,
                                     1 - cosThetaI * cosThetaI));
Float sinThetaT = etaI / etaT * sinThetaI;
<Handle total internal reflection 636>
Float cosThetaT = std::sqrt(std::max((Float)0,
                                     1 - sinThetaT * sinThetaT));
```

빛이 한 매질에서 더 낮은 굴절률을 가진 다른 매질로 진행할 경우 스치듯 들어오는 입사각의 빛은 다른 매질로 전달되지 않는다. 이 현상이 일어나는 최대 각도를 임계각^critical angle^이라고 한다. θ_i가 임계각보다 클 경우 전체 내부 반사^total internal reflection^가 일어나며, 모든 빛이 반사된다. 이 경우는 $\sin\theta_t$가 1보다 큰 값을 갖는 것으로 발견할 수 있다. 이 경우 프레넬 방정식은 불필요하다.

```
<Handle total internal reflection> ≡                                      635
    if (sinThetaT >= 1)
        return 1;
```

이제 입사광의 일부는 재질에 흡수돼 열로 변할 때의 복소수 굴절률 $\bar{\eta} = \eta + ik$의 일반적인 경우에 집중하자. 실수 부분에 추가해서 일반 프레넬 공식은 이제 흡수 계수에 대응하는 허수 부분 k에도 의존한다.

그림 8.6은 금의 굴절률과 흡수 계수의 그래프를 보여준다. 둘 다 파장에 따라 변하는 값이다. `pbrt` 배포의 디렉터리 scenes/spds/metals는 다양한 종류의 금속의 η과 k의 파장 의존적 데이터를 갖고 있다. 9장의 그림 9.4는 금속 재질로 렌더링한 모델을 보여준다.

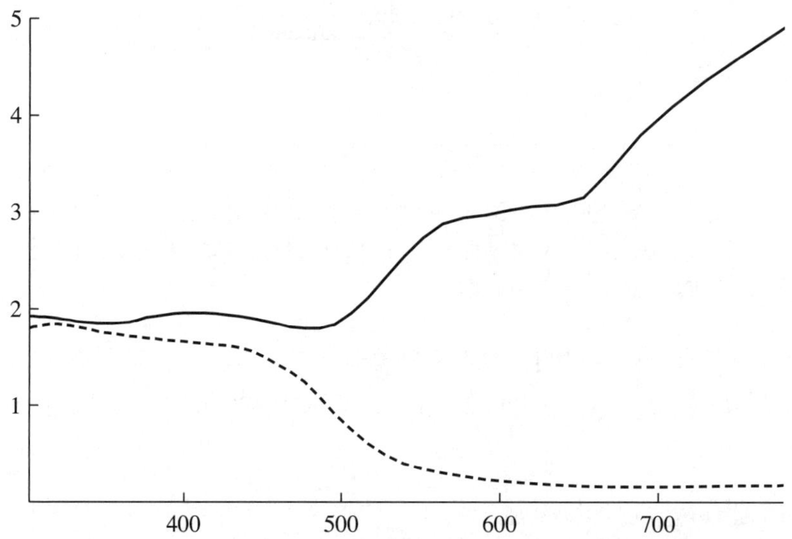

그림 8.6 금의 흡수 계수와 굴절률. 이 그래프는 금의 스펙트럼으로 변화하는 흡수 계수 k(직선)와 굴절률 η(점선)를 보여주며, 수평축은 nm 단위의 파장이다.

전도체와 유전 매질 사이의 경계에서 프레넬 반사율은 다음과 같다.

$$r_\perp = \frac{a^2 + b^2 - 2a\cos\theta + \cos^2\theta}{a^2 + b^2 + 2a\cos\theta + \cos^2\theta}, \tag{8.3}$$

$$r_\parallel = r_\perp \frac{\cos^2\theta(a^2 + b^2) - 2a\cos\theta\sin^2\theta + \sin^4\theta}{\cos^2\theta(a^2 + b^2) + 2a\cos\theta\sin^2\theta + \sin^4\theta}, \tag{8.4}$$

여기서 $a^2 + b^2$은 다음과 같다.

$$a^2 + b^2 = \sqrt{(\eta^2 - k^2 - \sin^2\theta)^2 + 4\eta^2 k^2}$$

$\eta + ik = \bar{\eta}_t/\bar{\eta}_i$는 복소수 나누기 연산을 사용해서 계산된 상대 굴절률이다. 하지만 일반적으로 $\bar{\eta}_i$가 유전체가 되므로 일반 실수 나누기를 대신 사용할 수 있다.

이 계산은 FrConductor() 함수[4]에서 구현되며, 구현은 직접 방정식(8.3)과 (8.4)에 대응하므로 여기에 수록하지 않는다.

<Reflection Declarations> ≡

```
Spectrum FrConductor(Float cosThetaI, const Spectrum &etaI,
        const Spectrum &etaT, const Spectrum &k);
```

편의를 위해 프레넬 반사 계수를 계산하는 인터페이스를 제공하는 추상 Fresnel 클래스를 정의한다. 이 인터페이스 구현의 사용은 이후 BRDF들의 구현에 대한 두 가지 형태의 지원을 간략화하는 데 도움을 준다.

<BxDF Declarations> +≡

```
class Fresnel {
public:
    <Fresnel Interface 637>
};
```

Fresnel 인터페이스가 제공하는 유일한 메서드는 Fresnel::Evaluate()다. 주어진 입사 방향과 표면 법선 사이에서 각의 코사인 값에 대해 표면에서 반사되는 빛의 양을 반환한다.

<Fresnel Interface> ≡ 637

```
virtual Spectrum Evaluate(Float cosI) const = 0;
```

프레넬 전도체

FresnelConductor는 전도체에 대해 이 인터페이스를 구현한다.

<BxDF Declarations> +≡

```
class FresnelConductor : public Fresnel {
public:
    <FresnelConductor Public Methods 638>
private:
```

4. 이는 살짝 부적절한 내용으로, 함수가 기술적으로 k = 0인 유전체 경우를 포함하기 때문이다. 이 이름은 함수가 단지 전도체를 처리할 때만 사용하라고 선택했으며, 이는 FrDielectric()에서 계산이 훨씬 비싸기 때문이다.

```
    Spectrum etaI, etaT, k;
};
```

생성자는 주어진 굴절률 η와 흡수 계수 k를 저장한다.

<FresnelConductor Public Methods> ≡ 637

```
FresnelConductor(const Spectrum &etaI, const Spectrum &etaT,
        const Spectrum &k) : etaI(etaI), etaT(etaT), k(k) { }
```

FresnelConductor의 계산 루틴은 간단하다. 예전에 정의된 FrConductor() 함수를 호출하는 것뿐이다. FrConductor() 호출 전에 cosThetaI의 절댓값으로 처리하는 것을 볼 수 있는데, 이는 FrConductor()가 코사인 값의 측정을 ω_i처럼 법선에 대해 표면의 같은 면에 있다고 가정하거나, $\cos\theta_i$의 절댓값을 사용해야 한다고 기대하기 때문이다.

<BxDF Method Definitions> +≡

```
Spectrum FresnelConductor::Evaluate(Float cosThetaI) const {
    return FrConductor(std::abs(cosThetaI), etaI, etaT, k);
}
```

프레넬 유전체

FresnelDielectric도 비슷하게 Fresnel 인터페이스를 유전 재질에 대해 구현한다.

<BxDF Declarations> +≡

```
class FresnelDielectric : public Fresnel {
public:
    <FresnelDielectric Public Methods 638>
private:
    Float etaI, etaT;
};
```

생성자는 굴절률을 표면의 외부면과 내부면에 대해 저장한다.

<FresnelDielectric Public Methods> ≡ 638

```
FresnelDielectric(Float etaI, Float etaT) : etaI(etaI), etaT(etaT) { }}
```

FresnelDielectric에 대한 계산 루틴은 FrDielectric()을 호출한다.

<BxDF Method Definitions> +≡

```
Spectrum FresnelDielectric::Evaluate(Float cosThetaI) const {
```

```
        return FrDielectric(cosThetaI, etaI, etaT);
    }
```

특수 프레넬 인터페이스

Fresnel 인터페이스의 FresnelNoOp 구현은 모든 입사 방향에 대해 100% 반사를 반환한다. 이것이 물리적으로 타당하지 않게 보이더라도, 갖고 있으면 편한 기능이다.

```
<BxDF Declarations> +≡
    class FresnelNoOp : public Fresnel {
    public:
        Spectrum Evaluate(Float) const { return Spectrum(1.); }
    };
```

8.2.2 거울 반사

이제 물리적으로 타당한 거울 반사를 표현하는 SpecularReflection 클래스를 반사되는 빛의 일부를 계산하는 프레넬 인터페이스를 통해 구현할 수 있다. 먼저 거울 반사를 묘사하는 BRDF를 유도한다. 프레넬 방정식이 반사된 빛의 일부 $F_r(\omega_i)$를 제공하므로, 우리는 이런 BRDF가 필요하다.

$$L_o(\omega_o) = \int f_r(\omega_o, \omega_i)\, L_i(\omega_i)\, |\cos\theta_i|\, d\omega_i = F_r(\omega_r)\, L_i(\omega_r)$$

$\omega_r = R(\omega_o, \mathbf{n})$는 ω_o의 표면 법선 $\mathbf{n}$에 대해 반사된 거울 반사 벡터다(거울 반사는 $\theta_i = \theta_o$이므로, $F_r(\omega_o) = F_r(\omega_i)$이다).

이런 BRDF는 디랙[Dirac] 델타 분포를 사용해서 생성할 수 있다. 7.1절에서 델타 분포가 다음의 유용한 특성을 갖는 것을 기억하자.

$$\int f(x)\, \delta(x - x_0)\, dx = f(x_0). \tag{8.5}$$

델타 분포는 표준 함수에 비해 특별한 처리가 필요하다. 특히, 델타 분포의 적분의 수치적 적분 시 델타 분포를 명백히 고려해서 계산해야 한다. 그렇지 않을 경우 이 값들은 적절히 계산할 수 없다. 예를 들어 방정식(8.5)의 적분을 고려하자. 사다리꼴 법칙을 적용하거나 다른 수치적 적분 기술을 사용해서 계산할 경우 정의에 의해 델타 분포는 어떤 평가 지점 x_i에서도 0이 아닌 값 $\delta(x_i)$를 가질 확률이 0이 된다. 그보다는 델타 분포 자체가 평가 지점을 결정하게 해야 한다. 델타 분포를 빛 투과 적분에서 반사 BxDF와 12장의 일부 광원에서 확인할 수 있다.

직관적으로 BRDF가 거울 반사 방향을 제외한 곳에서는 0이길 바라므로 델타 분포를 사용하게 된다. 첫 번째 추측은 델타 함수를 입사 방향에서 거울 반사 방향 ω_r까지 제한하는 것이다. 이는 다음의 BRDF를 산출한다.

$$f_r(\omega_o, \omega_i) = \delta(\omega_i - \omega_r) F_r(\omega_i)$$

이것이 매력적으로 보이더라도 산란 방정식(방정식 5.9)에 넣을 경우 문제가 발견된다.

$$\begin{aligned} L_o(\omega_o) &= \int \delta(\omega_i - \omega_r) F_r(\omega_i) L_i(\omega_i) |\cos\theta_i| \, d\omega_i \\ &= F_r(\omega_r) L_i(\omega_r) |\cos\theta_r|. \end{aligned}$$

이는 추가적인 인자인 $\cos\theta_r$를 포함하기에 정확하지 않다. 하지만 우리는 이 인자를 나눠서 완벽 거울 반사에 대한 정확한 BRDF를 찾는 데 사용할 수 있다.

$$f_r(p, \omega_o, \omega_i) = F_r(\omega_r) \frac{\delta(\omega_i - \omega_r)}{|\cos\theta_r|}$$

<BxDF Declarations> +≡
```
class SpecularReflection : public BxDF {
public:
    <SpecularReflection Public Methods 640>
private:
    <SpecularReflection Private Data 640>
};
```

`SpecularReflection` 생성자는 반사된 색의 크기 조절을 위한 추가적인 `Spectrum` 객체와 유전체나 전도체의 프레넬 특성을 묘사하는 `Fresnel` 객체를 받는다.

<SpecularReflection Public Methods> ≡ 640
```
SpecularReflection(const Spectrum &R, Fresnel *fresnel)
    : BxDF(BxDFType(BSDF_REFLECTION | BSDF_SPECULAR)), R(R),
      fresnel(fresnel) { }
```

<SpecularReflection Private Data> ≡ 640
```
const Spectrum R;
const Fresnel *fresnel;
```

구현의 나머지 부분은 명료하다. 임의의 방향의 쌍에 대해 델타 함수가 산란을 반환하지 않기에 `SpecularReflection::f()`에서도 산란 값을 반환하지 않는다.[5]

<*SpecularReflection Public Methods*> +≡ 640

```
Spectrum f(const Vector3f &wo, const Vector3f &wi) const {
    return Spectrum(0.f);
}
```

하지만 델타 분포에 대한 적절한 방향을 선택하기 위해 `Sample_f()` 메서드를 구현해야 한다. 이는 출력 변수 `wi`가 제공된 방향 `wo`의 표면 법선에 대한 반사가 되게 한다. `*pdf` 값은 1이 되도록 설정되며, 이는 몬테카를로 표본화를 사용하지 않기에 적절한 값이다.

14.1.3절에서 이 값의 한 가지 표현의 수학적 양에 대한 일부 세부 사항을 다룬다.

<*BxDF Method Definitions*> +≡

```
Spectrum SpecularReflection::Sample_f(const Vector3f &wo,
        Vector3f *wi, const Point2f &sample, Float *pdf,
        BxDFType *sampledType) const {
    <Compute perfect specular reflection direction 642>
    *pdf = 1;
    return fresnel->Evaluate(CosTheta(*wi)) * R / AbsCosTheta(*wi);
}
```

원하는 입사 방향은 표면 법선에 대한 ω_o의 반사 방향 $R(\omega_o, \mathbf{n})$이다. 이 방향은 벡터 기하학을 사용해서 상당히 쉽게 계산할 수 있다. 첫째로 입사 방향, 반사 방향, 그리고 표면 법선이 모두 같은 평면 위에 있어야 한다. 평면에 위치한 벡터 ω를 두 요소의 합으로 분해할 수 있다. $\mathbf{n}$에 평행한 요소를 $\omega_{\|}$으로, 수직한 것을 $\omega_{\perp}$으로 처리한다.

이 벡터는 쉽게 계산할 수 있다. $\mathbf{n}$과 ω가 정규화되지 않으면 $\omega_{\|}$은 $(\cos\theta)\mathbf{n} = (\mathbf{n} \cdot \omega)\mathbf{n}$이다(그림 8.7). $\omega_{\|} + \omega_{\perp} = \omega$이므로 다음과 같다.

$$\omega_{\perp} = \omega - \omega_{\|} = \omega - (\mathbf{n} \cdot \omega)\mathbf{n}$$

그림 8.8은 반사 방향 ω_r을 계산하는 설정을 보여준다. 두 벡터가 같은 $\omega_{\|}$ 요소며, $\omega_{r\perp}$의 값이 $\omega_{o\perp}$의 역임을 알 수 있다. 그러므로 다음과 같다.

---

5. 호출자가 벡터와 완벽 거울 반사 방향을 전달해도 이 함수는 0d을 반환한다. 이는 반사 함수들에 대해 조금 혼란스러운 인터페이스이더라도 델타 분포에 대한 특이점을 포함한 반사 함수들이 빛 전달 루틴으로 특별한 처리를 거치므로(15장 참고) 결과적으로 정확한 결과를 얻는다.

$$\omega_r = \omega_{r\perp} + \omega_{r\parallel} = -\omega_{o\perp} + \omega_{o\parallel}$$
$$= -(\omega_o - (\mathbf{n} \cdot \omega_o)\mathbf{n}) + (\mathbf{n} \cdot \omega_o)\mathbf{n} \quad [8.6]$$
$$= -\omega_o + 2(\mathbf{n} \cdot \omega_o)\mathbf{n}.$$

Reflect() 함수는 이 계산을 구현한다.

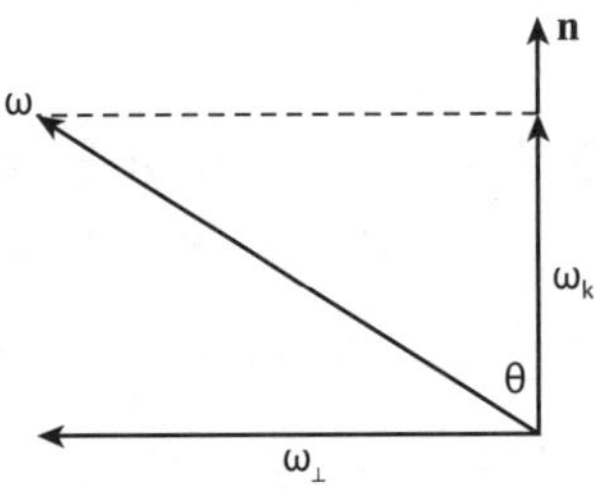

그림 8.7 법선 n 위에 대한 벡터 ω의 평행 투영은 ω = (cos θ)n = (n · ω)n으로 주어진다. 수직 요소는 $\omega_\perp$ = (sin θ)n으로 주어지지만 $\omega_\perp = \omega - \omega_\parallel$으로 더 쉽게 계산할 수 있다.

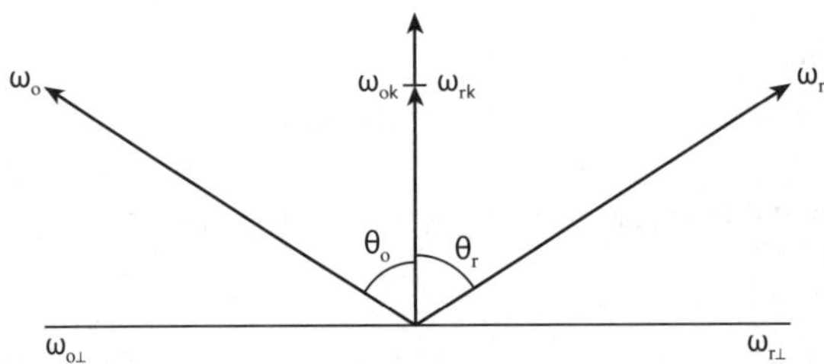

그림 8.8 각 θ_o와 θ_r가 같으면 완벽 반사 방향 ω_r의 평행 요소가 입사 방향과 같다. $\omega_r = \omega_o$. 수직 요소는 단지 입사 방향의 수직 요소의 역이다.

<BSDF Inline Functions> +≡

```
inline Vector3f Reflect(const Vector3f &wo, const Vector3f &n) {
    return -wo + 2 * Dot(wo, n) * n;
}
```

BRDF 좌표계에서 n = (0, 0, 1)이기에 이 표현은 매우 단순해진다.

<Compute perfect specular reflection direction> ≡ 641, 971

```
*wi = Vector3f(-wo.x, -wo.y, wo.z);
```

8.2.3 반사광 투과

이제 반사광 투과specular transmission에 대한 BTDF를 유도하자. 스넬의 법칙이 투과된 광선의 방향을 주는 것뿐 아니라 광선이 다른 굴절률의 매질 사이를 지날 때 방사가 어떻게 변하는지 보여준다.

입사하는 매질과 나가는 매질의 굴절률이 η_i와 η_o인 두 매질의 경계에 도달하는 입사 방사를 생각해보자(그림 8.9). 입사 에너지 중 방출 방향으로 투과된 일부를 τ라고 하면 프레넬 방정식에 의해 $\tau = 1 - F_r(\omega_i)$가 된다. 투과된 미분 유속은 다음과 같다.

$$\mathrm{d}\Phi_o = \tau\, \mathrm{d}\Phi_i$$

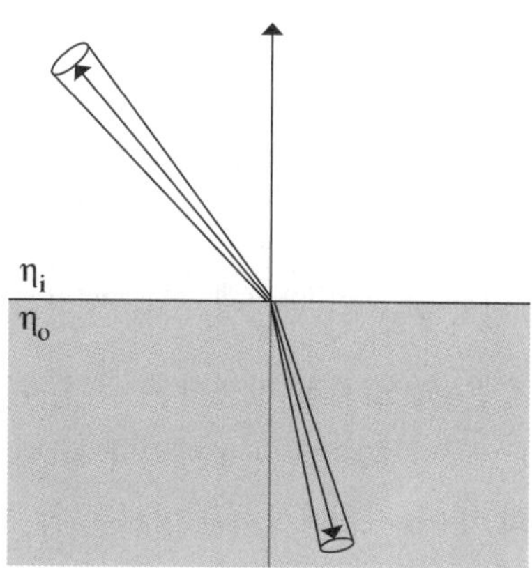

그림 8.9 다른 굴절률을 가진 매질 사이 경계의 투과된 방사량은 두 굴절률의 비의 제곱으로 크기 변환된다. 직관적으로는 방사의 미분 입체각이 투과의 결과로 압축되거나 확장된다고 이해할 수 있다.

방정식(5.2)의 방사의 정의를 자용하면 다음을 얻을 수 있다.

$$L_o \cos\theta_o\, \mathrm{d}A\, \mathrm{d}\omega_o = \tau\,(L_i \cos\theta_i\, \mathrm{d}A\, \mathrm{d}\omega_i)$$

입체각을 구면각으로 확장하면 다음을 얻는다.

$$L_o \cos\theta_o\, \mathrm{d}A \sin\theta_o\, \mathrm{d}\theta_o\, \mathrm{d}\phi_o = \tau L_i \cos\theta_i\, \mathrm{d}A \sin\theta_i\, \mathrm{d}\theta_i\, \mathrm{d}\phi_i. \tag{8.7}$$

이제 스넬의 법칙에 따라 θ에 대해 미분할 수 있으며, 이는 다음이 된다.

$$\eta_o \cos\theta_o\, \mathrm{d}\theta_o = \eta_i \cos\theta_i\, \mathrm{d}\theta_i$$

항을 재배치하면 다음이 된다.

$$\frac{\cos\theta_o\, \mathrm{d}\theta_o}{\cos\theta_i\, \mathrm{d}\theta_i} = \frac{\eta_i}{\eta_o}$$

이것과 스넬의 법칙을 방정식(8.7)에 치환해 단순화하면 다음을 얻는다.

$$L_o\,\eta_i^2\,d\phi_o = \tau L_i\,\eta_o^2\,d\phi_i$$

$\phi_i = \phi_o + \pi$이기 때문에 $d\phi_i = d\phi_o$이며, 이는 최종 방정식을 제공한다.

$$L_o = \tau L_i \frac{\eta_o^2}{\eta_i^2}. \tag{8.8}$$

거울 반사에 대한 BRDF와 함께 반사광 투과에 대한 올바른 BTDF를 얻기 위해서 $\cos\theta_i$ 항을 나눠야 한다.

$$f_r(\omega_o, \omega_i) = \frac{\eta_o^2}{\eta_i^2}(1 - F_r(\omega_i))\frac{\delta(\omega_i - T(\omega_o, \mathbf{n}))}{|\cos\theta_i|}$$

$T(\omega_o, \mathbf{n})$는 표면 법선 $\mathbf{n}$에 대한 ω_o로의 반사광 투과 벡터다.

이 방정식에서 $1 - F_r(\omega_i)$ 항은 쉽게 관찰 가능한 투과가 수직에 가까운 각도에서 강한 효과에 대응한다. 예를 들어 깨끗한 호수를 바로 내려다 볼 때 물 속을 멀리 볼 수 있지만, 스치는 각도에서는 대부분의 빛이 거울에서처럼 반사된다.

`SpecularTransmission` 클래스는 표본화한 방향이 완벽 반사 투과에 대한 방향에 대응하는 것을 제외하면 `SpecularReflection`과 동일하다. 그림 8.10는 용 모델을 유리에 대한 거울 반사 및 투과 BRDF와 BTDF를 사용해서 렌더링한 이미지를 보여준다.

그림 8.10 거울 반사에 대한 BRDF와 반사 투과에 대한 BTDF를 유전체에 대한 프레넬 공식으로 조절할 때 현실적인 각도에 따라 변화하는 반사의 양과 투과로, 시각적으로 더 정확한 유리를 표현한다.

```
<BxDF Declarations> +≡
    class SpecularTransmission : public BxDF {
    public:
        <SpecularTransmission Public Methods 645>
    private:
        <SpecularTransmission Private Data 645>
    };
```

SpecularTransmission 생성자는 표면 양쪽의 굴절률을 etaA는 표면 위의 굴절(표면 법선의 방향이 위), etaB는 표면 밑의 굴절률로 저장하며, 또한 투과 크기 인자 T을 저장한다. TransportMode 매개변수는 입사광선이 교차한 점에서 BxDF가 광원에서 시작했는지, 카메라에서 시작됐는지 계산한다. 이 구분은 어떻게 BxDF의 기여가 계산되는 지에 대한 영향을 가진다.

```
<SpecularTransmission Public Methods> ≡                                    645
    SpecularTransmission(const Spectrum &T, Float etaA, Float etaB,
            TransportMode mode)
        : BxDF(BxDFType(BSDF_TRANSMISSION | BSDF_SPECULAR)), T(T), etaA(etaA),
            etaB(etaB), fresnel(etaA, etaB), mode(mode) {
    }
```

전도체가 빛을 투과하지 않기에 항상 FresnelDielectric이 프레넬 계산을 위해 사용된다.

```
<SpecularTransmission Private Data> ≡                                      645
    const Spectrum T;
    const Float etaA, etaB;
    const FresnelDielectric fresnel;
    const TransportMode mode;
```

SpecularReflection처럼 BTDF가 크기 변환된 델타 분포이므로, SpecularTransmission::f()는 언제나 0을 반환한다.

```
<SpecularTransmission Public Methods> +≡                                   645
    Spectrum f(const Vector3f &wo, const Vector3f &wi) const {
        return Spectrum(0.f);
    }
```

방정식(8.8)은 광선이 한 매질에서 다른 매질을 지나갈 때 어떻게 방사가 변화는지를 설명한다. 하지만 이 크기 조절이 광원에서 시작하는 광선에 적용돼야 하며, 카메라에서 시작하는 광선에는 적용해서는 안 되는 것이 밝혀졌다. 이는 16.1절에서 더 자세히 다룰 주제며,

이 크기 조절을 적용하는 코드 조각 *<Account for non-symmetry with transmission to different medium>* 역시 16.1절에서 정의한다.

<BxDF Method Definitions> +≡

```
Spectrum SpecularTransmission::Sample_f(const Vector3f &wo,
        Vector3f *wi, const Point2f &sample, Float *pdf,
        BxDFType *sampledType) const {
    <Figure out which η is incident and which is transmitted 646>
    <Compute ray direction for specular transmission 646>
    *pdf = 1;
    Spectrum ft = T * (Spectrum(1.) - fresnel.Evaluate(CosTheta(*wi)));
    <Account for non-symmetry with transmission to different medium 1140>
    return ft / AbsCosTheta(*wi);
}
```

메서드는 우선 입사광이 굴절 매질에 들어오는지 나가는지를 결정한다. pbrt는 표면 법선, 즉 지역 반사 공간에서 (0, 0, 1) 방향이 물체의 바깥으로 향하는 규약을 사용한다. 그러므로 ω_o 방향의 z 요소가 0보다 크면 입사광은 물체의 바깥에서 오는 것이다.

<Figure out which η is incident and which is transmitted> ≡ 646, 971

```
bool entering = CosTheta(wo) > 0;
Float etaI = entering ? etaA : etaB;
Float etaT = entering ? etaB : etaA;
```

<Compute ray direction for specular transmission> ≡ 646, 971

```
if (!Refract(wo, Faceforward(Normal3f(0, 0, 1), wo), etaI / etaT, wi))
    return 0;
```

투과된 방향 벡터를 제공하는 표현을 유도하기 위해 앞서 거울 반사에서 사용한 것과 비슷한 방식을 따라한다. 그림 8.11은 이 설정을 보여준다. 하지만 이번에는 수직 요소에서 시작한다. 입사 벡터가 정규화돼서 수직 요소 $\omega_{i\perp}$를 가지면 삼각법과 $\omega_\perp$의 정의에서 $\omega_{i\perp}$의 길이가 $\sin\theta_i$와 같다는 것을 알 수 있다. 스넬의 법칙은 $\sin\theta_t = \eta_i/\eta_t \sin\theta_i$라 알려준다. $\omega_{i\perp}$의 방향을 반대로 하고, 길이를 적절히 조절하면 다음을 얻는다.

$$\omega_{t\perp} = \frac{\eta_i}{\eta_t}(-\omega_{i\perp})$$

동일하게 $\omega_\perp = \omega - \omega_\parallel$이기에 다음과 같다.

$$\omega_{t\perp} = \frac{\eta_i}{\eta_t}\left(-\omega_i + (\omega_i \cdot \mathbf{n})\mathbf{n}\right)$$

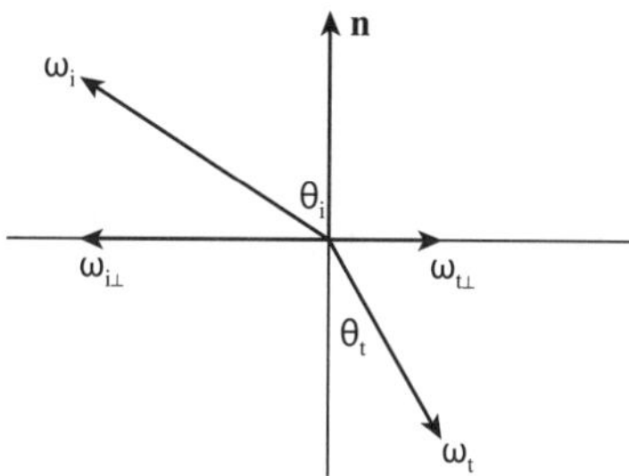

그림 8.11 반사광 투과의 기하 구조. 주어진 입사 방향 ω와 표면 법선 n은 서로 각 θ를 가지며, 반사광으로 투과된 방향은 표면 법선과 각 θ_t를 이룬다. 이 방향 ω_t는 스넬을 법칙을 사용해 수직 요소 $\omega_{t\perp}$를 계산하고 난 후 ω_t를 계산해 정규화된 결과 ω_t를 얻는다.

이제 ω_t에 대해 **n**에 평행하지만 반대 방향을 향한다는 것을 알고 있으며, 또한 ω_t가 정규화돼야 한다는 것을 알고 있다. 이를 합치면 다음과 같다.

$$\omega_{t\parallel} = -\left(\sqrt{1 - \|\omega_{t\perp}\|^2}\right)\mathbf{n}$$

전체 벡터 ω_t는 다음과 같다.

$$\omega_t = \omega_{t\perp} + \omega_{t\parallel} = \frac{\eta_i}{\eta_t}(-\omega_i) + \left[\frac{\eta_i}{\eta_t}(\omega_i \cdot \mathbf{n}) - \sqrt{1 - \|\omega_{t\perp}\|^2}\right]\mathbf{n}$$

$\omega_{t\perp}$ = sin θ_t이기에 제곱근 아래의 항은 1 - $\sin^2\theta_t$ = $\cos^2\theta_t$이며, 다음의 최종 결과를 얻는다.

$$\omega_t = \frac{\eta_i}{\eta_t}(-\omega_i) + \left[\frac{\eta_i}{\eta_t}(\omega_i \cdot \mathbf{n}) - \cos\theta_t\right]\mathbf{n}. \qquad (8.9)$$

Refract() 함수는 굴절 방향 wt를 주어진 방향 wi, wi와 같은 반구에 있는 표면 법선, 입사와 투과 매질 각각의 굴절률 eta를 받아 계산한다. 불리언 반환값은 *wt에 유효한 굴절 광선이 반환됐는지 표시한다. 이는 전체 내부 굴절의 경우에 false다.

```
<BSDF Inline Functions> +≡
    inline bool Refract(const Vector3f &wi, const Normal3f &n, Float eta,
            Vector3f *wt) {
        <Compute cos θt using Snell's law 648>
```

```
        *wt = eta * -wi + (eta * cosThetaI - cosThetaT) * Vector3f(n);
        return true;
    }
```

스넬의 법칙의 양쪽에 제곱근을 취하면 cos θ_t를 계산할 수 있다.

$$\eta_i^2 \sin^2\theta_i = \eta_t^2 \sin^2\theta_t \qquad \sin^2\theta_t = \frac{\eta_i^2}{\eta_t^2}\sin^2\theta_i$$

$$1 - \cos^2\theta_t = \frac{\eta_i^2}{\eta_t^2}\sin^2\theta_i \qquad \cos\theta_t = \sqrt{1 - \frac{\eta_i^2}{\eta_t^2}\sin^2\theta_i}$$

<Compute cos θ_t using Snell's law> ≡ 647

```
Float cosThetaI = Dot(n, wi);
Float sin2ThetaI = std::max(0.f, 1.f - cosThetaI * cosThetaI);
Float sin2ThetaT = eta * eta * sin2ThetaI;
<Handle total internal reflection for transmission 648>
Float cosThetaT = std::sqrt(1 - sin2ThetaT);
```

전체 내부 반사의 경우를 여기서 처리해야 한다. sin θ_t의 제곱 값이 1보다 크거나 같다면 전체 내부 반사가 일어나며, `false`가 반환된다.[6]

<Handle total internal reflection for transmission> ≡ 648

```
if (sin2ThetaT >= 1) return false;
```

8.2.4 프레넬 조절 거울 반사와 투과

14~16장의 몬테카를로 빛 전송 알고리즘 안에서 더 높은 효율을 위해 거울 반사와 반사광 투과를 함께 표현하는 단일 BxDF가 있으면 유용하며, 산란 종류의 상대적인 가중치를 유전체 프레넬 방정식으로 조절한다. 이런 BxDF는 `FresnelSpecular`에서 제공한다.

<BxDF Declarations> +≡

```
class FresnelSpecular : public BxDF {
public:
    <FresnelSpecular Public Methods 649>
private:
    <FresnelSpecular Private Data 649>
```

6. pbrt의 초기 버전에선 test >= 1 대신 > 1를 사용했다. 둘의 차이가 무해해 보이더라도 이 차이가 ω_i의 z 요소가 0(표면의 접선면에서)이라서 종종 생기는 비숫자 값을 0으로 처리하게 함으로써 1/ cos θ 항이 무한으로 가게 된다.

```
};
```

<FresnelSpecular Public Methods> ≡ 648

```
FresnelSpecular(const Spectrum &R, const Spectrum &T, Float etaA,
        Float etaB, TransportMode mode)
    : BxDF(BxDFType(BSDF_REFLECTION | BSDF_TRANSMISSION | BSDF_SPECULAR)),
        R(R), T(T), etaA(etaA), etaB(etaB), fresnel(etaA, etaB),
        mode(mode) { }
```

유전체 경우에만 집중하기에 `FresnelDielectric` 객체는 항상 프레넬 계산을 위해서 사용된다.

<FresnelSpecular Private Data> ≡ 648

```
const Spectrum R, T;
const Float etaA, etaB;
const FresnelDielectric fresnel;
const TransportMode mode;
```

<FresnelSpecular Public Methods> +≡ 648

```
Spectrum f(const Vector3f &wo, const Vector3f &wi) const {
    return Spectrum(0.f);
}
```

일부 구현이 13, 14장에서 소개할 몬테카를로 적분 원리에 의존하기에 `Sample_f()` 메서드의 구현은 14.1.3절에 있다.

8.3 램버트 반사

가장 단순한 BRDF 중 하나는 램버트 모델Lambertian model이다. 이는 입사 조명을 균일하게 모든 방향으로 산란하는 완벽한 확산 표면을 재현한다. 이 반사 모델이 물리적으로 그럴듯하지 않더라도 무광 페인트 같이 많은 현실 세계 표면의 합리적인 근사가 된다.

<BxDF Declarations> +≡

```
class LambertianReflection : public BxDF {
public:
    <LambertianReflection Public Methods 650>
private:
    <LambertianReflection Private Data 650>
};
```

`LambertianReflection` 생성자는 입사광의 산란되는 부분을 제공하는 반사 분광 R을 받는다.

<LambertianReflection Public Methods> ≡ 649

```
LambertianReflection(const Spectrum &R)
        : BxDF(BxDFType(BSDF_REFLECTION | BSDF_DIFFUSE)), R(R) { }
```

<LambertianReflection Private Data> ≡ 649

```
const Spectrum R;
```

LambertianReflection의 반사 분포는 값이 상수이므로 매우 단순하다. 하지만 생성자에 전달된 R 대신 R/π 값이 반드시 반환돼야 한다. 이는 ρ_{hd}를 정의하는 방정식(8.1)을 R에 대해 세우고, BRDF 값을 얻어내서 확인할 수 있다.

<BxDF Method Definitions> +≡

```
Spectrum LambertianReflection::f(const Vector3f &wo,
        const Vector3f &wi) const {
    return R * InvPi;
}
```

램버트 BRDF의 반구 방향 반사와 반구 반구 반사 값은 해석학적으로 계산하기 명백해서 유도는 본문에서 생략했다.

<LambertianReflection Public Methods> +≡ 649

```
Spectrum rho(const Vector3f &, int, const Point2f *) const { return R; }
Spectrum rho(int, const Point2f *, const Point2f *) const { return R; }
```

이는 또한 표면을 통한 완벽 램버트 투과를 표현할 수 있어서 유용하다. BTDF는 LambertianTransmission에 정의돼 있다. 구현은 LambertianReflection을 밀접하게 따르므로 여기에 수록하지 않는다.

8.4 미세면 모델

많은 기하 광학 기반 방식이 표면 반사와 투과를 모사하는 것은 거친 표면이 작은 미세면 microfacet의 집합이라고 모사하는 개념에 기반을 둔다. 미세면으로 표현된 표면은 미세면의 방향 분포가 통계적으로 표현된 높이 장heightfield으로 종종 모델링된다. 그림 8.12는 상대적으로 거친 표면과 훨씬 매끈한 미세면 표면이 교차하는 구간을 보여준다. 구분이 명확하지 않을 때는 미세 표면microsurface을 미세면을 표현하는 데 사용하고, 거대 표면macrosurface을 아래의 매끄러운 표면을 표현하는 데 사용한다(예, Shape로 표현된).

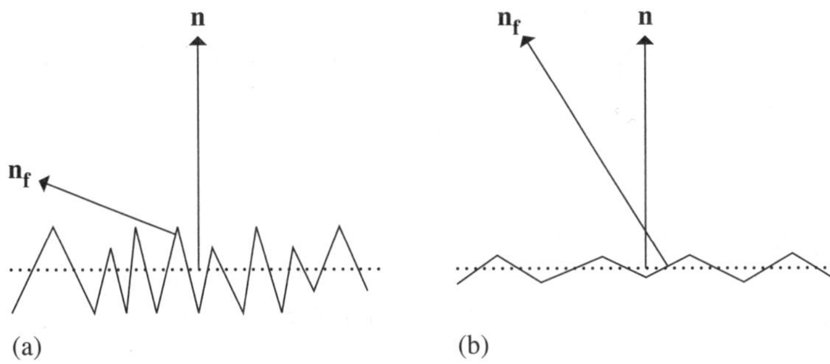

그림 8.12 미세면 표면은 종종 표면 법선 n에 대한 미세면 법선 n_f의 분포 함수로 묘사된다. (a) 미세면 법선의 변화가 클 때 표면은 더 거칠다. (b) 매끄러운 표면은 상대적으로 작은 미세면 법선의 변화를 가진다.

미세면 기반 BRDF 모델은 통계적으로 미세면의 거대한 집합에서의 빛의 산란을 모사한다. 각 미세면의 크기에 비해 상대적으로 큰 미분 영역 dA가 빛을 비출 때 많은 미세면이 빛나며, 이의 집합적인 행태가 관찰되는 산란을 결정한다.

미세면 모델의 두 가지 주요소는 미세면의 분포의 표현과 각각의 미세면이 빛을 어떻게 산란하는지 묘사하는 것이다. 이를 통해 작업은 해당 표면에 대한 산란을 묘사하는 BRDF로 닫힌 형태의 표현으로 유도하는 것이다. 완벽 거울 반사가 대부분의 경우 미세면 BRDF를 위해 사용되지만 많은 반투명 재질을 모델링하는 데 반사광 투과가 유용하며, 다음 절에 소개할 오렌-네이어Oren-Nayer 모델에서는 미세면을 램버트 반사체로 간주한다.

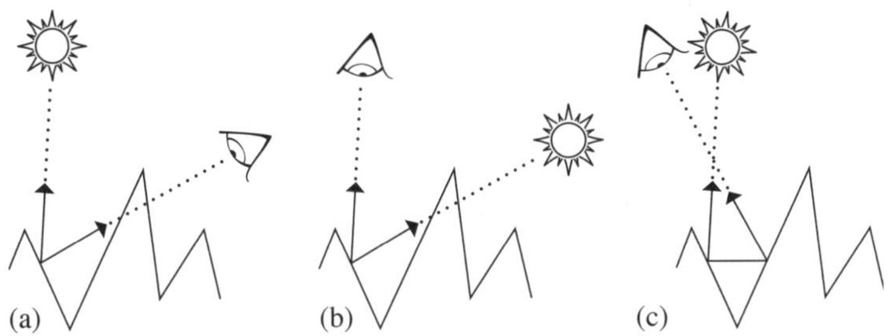

그림 8.13 미세면 반사 모델에서 고려한 세 가지 중요 기하학적 효과. (a) 차폐(Masking): 대상 미세면이 관찰자에게 다른 미세면이 가려 보이지 않는다. (b) 그림자(shadowing): 유사하게 빛이 미세면에 도달하지 않는다. (c) 내부 반사(Interreflection): 빛이 관찰자에 도달하기 전에 미세면 사이에서 반사된다.

해당 모델에서 반사를 계산하기 위해 미세면 단계에서 지역 광 효과가 고려돼야 한다(그림 8.13). 미세면은 다른 미세면에 대해 가려질 수 있으며, 이웃한 미세면의 그림자에 있을 수 있고, 내부 반사로 인해 미세면이 직접 광고 저수준 미세면 BRDF가 계산한 예측치보다 많은 빛을 반사할 수도 있다. 특정 미세면 기반 BRDF 모델은 이 효과들을 각각 변하는 정확도로 고려한다. 일반적인 접근법은 쉽게 계산 가능한 표현을 얻으면서 가능한 한 최대한의 근사를 만드는 것이다.

8.4.1 오렌-네이어 확산 반사

오렌과 네이어(Oren과 Nayar 1994)는 실세계 물체가 완벽한 램버트 반사를 보여주지 않는 경향이 있다는 것을 관찰했다. 구체적으로는 거친 표면이 일반적으로 조명 방향이 시야 방향에 다가갈수록 더 밝게 보이는 것이다. 이들은 거친 표면을 미세면 방향각의 표준 편차인 단일 매개변수 σ의 구형 가우시안 분포를 가진 V 모양 미세면으로 설명하는 반사 모델을 개발했다.

V 모양 가정하에서 내부 반사는 인근 미세면에 대해서만 고려할 수 있다. 오렌과 네이어는 이를 이용해 홈grooves의 집합적 반사를 모델링하는 BRDF를 유도했다.

미세면 사이의 그림자, 차폐, 내부 반사를 고려하는 결과로서 나온 모델은 닫힌 해를 갖지 않기에 잘 맞는 다음의 근사치를 찾아냈다.

$$f_{\mathrm{r}}(\omega_{\mathrm{i}}, \omega_{\mathrm{o}}) = \frac{R}{\pi}\left(A + B \max(0, \cos(\phi_{\mathrm{i}} - \phi_{\mathrm{o}})) \sin\alpha \tan\beta\right)$$

σ가 라디안일 때 다음과 같다.

$$\begin{aligned} A &= 1 - \frac{\sigma^2}{2(\sigma^2 + 0.33)} \\ B &= \frac{0.45\sigma^2}{\sigma^2 + 0.09} \\ \alpha &= \max(\theta_{\mathrm{i}}, \theta_{\mathrm{o}}) \\ \beta &= \min(\theta_{\mathrm{i}}, \theta_{\mathrm{o}}). \end{aligned}$$

여기의 구현은 A와 B 매개변수를 추후 BRDF 계산 시 작업을 줄이기 위해 생성자에서 미리 계산해 저장한다. 그림 8.14는 이상적인 확산 반사와 오렌-네이어 모델의 렌더링 차이를 비교한다.

<OrenNayar Public Methods> ≡

```
OrenNayar(const Spectrum &R, Float sigma)
        : BxDF(BxDFType(BSDF_REFLECTION | BSDF_DIFFUSE)), R(R) {
    sigma = Radians(sigma);
```

```
        Float sigma2 = sigma * sigma;
        A = 1.f - (sigma2 / (2.f * (sigma2 + 0.33f)));
        B = 0.45f * sigma2 / (sigma2 + 0.09f);
    }
```

<OrenNayar Private Data> ≡

```
    const Spectrum R;
    Float A, B;
```

(a)

(b)

그림 8.14 용 모델을 (a) LambertianReflection 모델을 사용한 표준 확산 반사로, (b) OrenNayar 모델을 σ 매개변수 20도로 계산해 렌더링한 결과. 오렌-네이어 모델에서 외곽 경계의 반사의 증가와 일반적으로 명암 경계의 전환이 부드러워진 것을 볼 수 있다.

삼각 항등식의 적용으로 기반 방정식의 직접적인 구현에 비해 계산의 효율성을 상당히 개선할 수 있다. 구현은 $\sin\theta_i$와 $\sin\theta_o$의 값을 계산하는 것에서 시작한다.

<BxDF Method Definitions> +≡

```
    Spectrum OrenNayar::f(const Vector3f &wo, const Vector3f &wi) const {
        Float sinThetaI = SinTheta(wi);
        Float sinThetaO = SinTheta(wo);
        <Compute cosine term of Oren-Nayar model 654>
        <Compute sine and tangent terms of Oren-Nayar model 654>
        return R * InvPi * (A + B * maxCos * sinAlpha * tanBeta);
    }
```

이제 $\max(0, \cos(\phi_i - \phi_o))$ 항을 계산하기 위해 삼각항등식에 의해 다음과 같다.

$$\cos(a - b) = \cos a \cos b + \sin a \sin b$$

그러므로 ϕ_i와 ϕ_o의 코사인만 계산하면 된다.

<Compute cosine term of Oren-Nayar model> ≡ 653

```
Float maxCos = 0;
if (sinThetaI > 1e-4 && sinThetaO > 1e-4) {
    Float sinPhiI = SinPhi(wi), cosPhiI = CosPhi(wi);
    Float sinPhiO = SinPhi(wo), cosPhiO = CosPhi(wo);
    Float dCos = cosPhiI * cosPhiO + sinPhiI * sinPhiO;
    maxCos = std::max((Float)0, dCos);
}
```

마지막으로 $\sin \alpha$와 $\tan \beta$ 항을 찾을 수 있다. ω_i나 ω_o 중 하나가 $\cos \theta$보다 큰 쪽(예, 더 큰 z 요소)이 작은 θ를 가진다. 우리는 $\sin \alpha$를 메서드의 처음에서 적절한 사인 값을 이용해서 설정할 수 있다. 탄젠트 값은 $\tan a = \sin a/ \cos a$로 계산하면 된다.

<Compute sine and tangent terms of Oren-Nayar model> ≡ 653

```
Float sinAlpha, tanBeta;
if (AbsCosTheta(wi) > AbsCosTheta(wo)) {
    sinAlpha = sinThetaO;
    tanBeta = sinThetaI / AbsCosTheta(wi);
} else {
    sinAlpha = sinThetaI;
    tanBeta = sinThetaO / AbsCosTheta(wo);
}
```

8.4.2 미세면 분포 함수

완벽 거울 반사와 투과를 보여주는 미세면 기반 반사 모델은 금속, 플라스틱, 불투명 유리 frosted glass 등의 다양한 광택 재질의 빛 산란을 모델링하는 데 효과적이었다. 이 모델의 방사 측정적 세부 사항을 논의하기 전에 먼저 이의 기하학적 특성을 축약하는 개념을 먼저 소개하겠다. 여기의 코드는 두 가지 널리 사용되는 미세면 모델의 구현을 포함한다. 이 모든 코드는 core/microfacet.h와 core/microfacet.cpp 파일에 있다.

MicrofacetDistribution은 미세면 구현이 제공하는 인터페이스와 일부 공통 기능을 정의한다.

<MicrofacetDistribution Declarations> ≡

```
class MicrofacetDistribution {
public:
```

```
    <MicrofacetDistribution Public Methods 655>
protected:
    <MicrofacetDistribution Protected Methods 960>
    <MicrofacetDistribution Protected Data 960>
};
```

분포 함수 $D(\omega_h)$로 표현되는 미세면 표면의 한 가지 중요한 특징인 표면 법선 ω_h의 미세면의 미분 영역(그림 8.12에서 표면 거칠기와 미세면 법선 분포 함수가 관련돼 있는지를 보여준 것을 기억하자)을 제공한다. pbrt에서 미세면 분포 함수는 BxDF와 같은 BSDF 좌표계로 정의된다. 완벽히 매끄러운 표면은 델타 분포로 표현 가능하며, 단지 ω_h가 표면 법선과 같을 때만 0이 아니다. $D(\omega_h) = \delta(\omega_h - (0, 0, 1))$.

미세면 분포 함수는 물리적으로 타당해보이려면 반드시 정규화해야 한다. 직관적으로 법선 방향 **n**에 대한 미세 표면 위의 입사광선을 고려할 때 각 광선은 반드시 미세면 표면과 정확히 한 번 교차해야만 한다. 더 엄격하게는 주어진 미세 표면의 미분 영역 dA에 대해 해당 영역에서 미세면의 투영된 영역이 반드시 dA와 동일해야 한다(그림 8.15). 수학적으로 이는 다음의 요구 사항과 대응한다.[7]

$$\int_{\mathcal{H}^2(\mathbf{n})} D(\omega_\mathrm{h}) \cos\theta_\mathrm{h} \, \mathrm{d}\omega_\mathrm{h} = 1$$

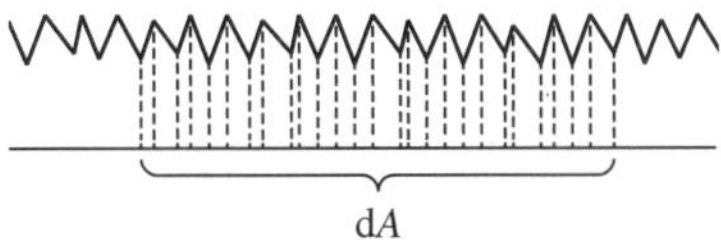

그림 8.15 주어진 표면 위의 미분 영역 dA에 대해 미세면 법선 분포 함수 $D(\omega_h)$는 반드시 정규화돼 미세면 위에 투영된 영역이 dA와 같아져야 한다.

이 `MicrofacetDistribution::D()` 메서드는 함수 $D(\omega_h)$와 대응한다. 구현은 해당 법선 벡터 ω를 향한 미세면 미분 영역을 반환한다.

```
<MicrofacetDistribution Public Methods> ≡                                655
    virtual Float D(const Vector3f &wh) const = 0;
```

미세면 경사의 가우스 분포에 기반을 둔 널리 사용되는 미세면 분포 함수는 벡맨과 스피찌치노(Beckmann과 Spizzichino 1963)에서 기인한다. 구현은 `BeckmannDistribution` 클래스에

7. 미세면 분포를 정규화할 때의 잦은 실수는 투영된 입체각 대신 입체각에 대해 적분을 취하는 것으로(예, cos θ_h 항 제외), 올바른 분포의 높이 장의 존재를 보장하지 않게 된다.

존재한다.

<*MicrofacetDistribution Declarations*> +≡

```
class BeckmannDistribution : public MicrofacetDistribution {
public:
    <BeckmannDistribution Public Methods>
private:
    <BeckmannDistribution Private Methods>
    <BeckmannDistribution Private Data 656>
};
```

전통적인 벡맨-스피찌치노 모델은 다음과 같다.

$$D(\omega_\mathrm{h}) = \frac{\mathrm{e}^{-\tan^2\theta_\mathrm{h}/\alpha^2}}{\pi\alpha^2\cos^4\theta_\mathrm{h}}, \tag{8.10}$$

σ가 미세면의 RMS[Root Mean Square, 제곱 평균] 경사일 때 $\alpha = \sqrt{2}\sigma$다.

법선 분포 또한 ω_h의 방위각 방향에 의해 변화하는 비등방성 분포를 정의하는 것이 유용하다. 예를 들어 주어진 x축에 수직한 미세면에 대한 α_x와 y축에 수직한 α_y에 대해 α는 이 값들에 대해 타원을 생성해서 보간한 중간 방향에 대한 값이 된다.

대응하는 비등방성 미세면 분포 함수는 다음과 같다.

$$D(\omega_\mathrm{h}) = \frac{\mathrm{e}^{-\tan^2\theta_\mathrm{h}(\cos^2\phi_\mathrm{h}/\alpha_x^2+\sin^2\phi_\mathrm{h}/\alpha_y^2)}}{\pi\alpha_x\alpha_y\cos^4\theta_\mathrm{h}}. \tag{8.11}$$

벡맨-스피찌치노 모델의 원래 등방성 버전이 $\alpha_x = \alpha_y$일 때의 경우임을 알 수 있다.

BeckmannDistribution 생성자 안에서 alphax와 alphay 멤버 변수가 설정되며, 이는 명백해 여기에 수록하지 않는다.

<*BeckmannDistribution Private Data*> ≡ 656

```
const Float alphax, alphay;
```

BeckmannDistribution::D() 메서드는 방정식(8.11)의 직접 구현이다. 유일한 추가적인 구현 세부 사항은 $\tan^2\theta$의 무한대 값이 특별히 처리되는 것이다. 이 경우는 실제로 유효하며, 완벽히 스치는 접선 방향일 때 일어난다. 이 경우 코드는 0/0을 계산하게 되므로, 결과가 비숫자(NaN) 값이 돼서 결과적으로 현재 픽셀 표본 방사를 NaN 값으로 만든다. 그러므로

0을 이 경우에 명시적으로 반환하며, 이는 tan θ_h가 무한대로 갈 때 $D(\omega_h)$가 수렴하는 값이다.

<MicrofacetDistribution Method Definitions> ≡

```
Float BeckmannDistribution::D(const Vector3f &wh) const {
    Float tan2Theta = Tan2Theta(wh);
    if (std::isinf(tan2Theta)) return 0.;
    Float cos4Theta = Cos2Theta(wh) * Cos2Theta(wh);
    return std::exp(-tan2Theta * (Cos2Phi(wh) / (alphax * alphax) +
                                  Sin2Phi(wh) / (alphay * alphay))) /
        (Pi * alphax * alphay * cos4Theta);
}
```

또 다른 유용한 미세면 분포 함수는 트롬브릿지와 라이츠(Trowbridge과 Reitz 1975)에서 기인한다.[8] 이것의 비등방성 버전은 다음과 같다.

$$D(\omega_h) = \frac{1}{\pi\alpha_x\alpha_y \cos^4\theta_h \left(1 + \tan^2\theta_h(\cos^2\phi_h/\alpha_x^2 + \sin^2\phi_h/\alpha_y^2)\right)^2}. \qquad [8.12]$$

벡맨-스피찌치노 모델과 비교해서 트로브릿지-라이츠는 더 긴 꼬리를 가진다. 이는 표면 법선에서 더 멀리 떨어진 방향에 대해 더 천천히 0으로 수렴한다. 이 특성은 많은 실세계 표면과 잘 맞는 특성이다. 그림 8.16은 두 미세면 분포 함수의 그래프를 보여준다.

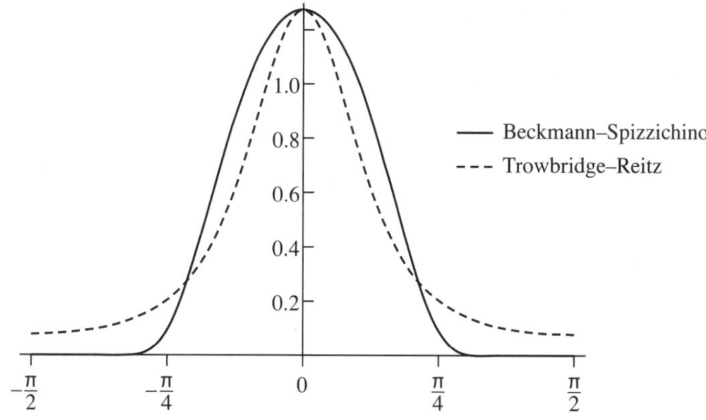

그림 8.16 등방성 벡맨-스피찌치노와 트로브릿지-라이츠 미세면 분포 함수의 α = 0.5에 대한 θ의 함수로서의 그래프. 트로브릿지-라이츠가 θ의 먼 꼬리에 대해 더 높은 크기를 가진다.

8. 이 모델은 Walter et al.(2007)이 독립적으로 유도했으며, 'GGX'라 불린다.

<MicrofacetDistribution Declarations> +≡

```
class TrowbridgeReitzDistribution : public MicrofacetDistribution {
public:
    <TrowbridgeReitzDistribution Public Methods 658>
private:
    <TrowbridgeReitzDistribution Private Methods>
    <TrowbridgeReitzDistribution Private Data 658>
};
```

α 값을 직접 설정하는 것보다 [0, 1] 안의 스칼라 매개변수로 BRDF의 거칠기를 설정하는 것이 편리하며, 값이 0에 가까울 경우 거의 완벽 거울 반사에 대응하게 된다. RoughnessToAlpha() 메서드는 여기 수록하지 않으며, 이런 거칠기 값을 α 값에 대응하는 매핑을 수행한다.

<TrowbridgeReitzDistribution Public Methods> ≡ 658

```
static inline Float RoughnessToAlpha(Float roughness);
```

<TrowbridgeReitzDistribution Private Data> ≡ 658

```
const Float alphax, alphay;
```

D() 메서드는 방정식(8.12)의 상당히 직접적인 구현이다.

<MicrofacetDistribution Method Definitions> +≡

```
Float TrowbridgeReitzDistribution::D(const Vector3f &wh) const {
    Float tan2Theta = Tan2Theta(wh);
    if (std::isinf(tan2Theta)) return 0.;
    const Float cos4Theta = Cos2Theta(wh) * Cos2Theta(wh);
    Float e = (Cos2Phi(wh) / (alphax * alphax) +
               Sin2Phi(wh) / (alphay * alphay)) * tan2Theta;
    return 1 / (Pi * alphax * alphay * cos4Theta * (1 + e) * (1 + e));
}
```

8.4.3 차폐와 그림자

미세면 법선의 분포만으로는 렌더링을 위한 미세 표면을 완전히 특징화할 수 없다. 일부 미세면이 주어진 방향이나 조명 방향에서 역방향이거나(그러므로 다른 미세면이 그 앞에 있게 된다), 일부 정방향 미세면 영역이 역방향 미세면의 그림자로 가려져서 보이지 않는 점을 고려하는 것이 중요하다. 이 효과는 스미스의 차폐-그림자 함수 $G_1(\omega, \omega_h)$에서 고려되며, 이는 방향 ω에서 보이는 법선 ω_h를 가진 미세면의 일부를 제공한다($0 \leq G_1(\omega, \omega_h) \leq 1$을 기억하자). 일반적인 경우 미세면이 보이는 확률은 그 방향 ω_h와 독립적이며, 이 함수를

$G_1(\omega)$으로 작성할 수 있다.

그림 8.17에서 보듯 표면 위의 미분 영역 dA는 표면 법선과 각도 θ를 이루는 방향 ω에서 봤을 때 면적 dA cos θ를 가진다. 이 방향에서 보이는 미세면의 면적은 반드시 dA cos θ와 같아야 하며, 이는 G_1에 대한 정규화 제약으로 이어진다.

$$\cos\theta = \int_{\mathcal{H}^2(\mathbf{n})} G_1(\omega, \omega_\mathrm{h}) \max(0, \omega \cdot \omega_\mathrm{h})\, D(\omega_\mathrm{h})\, \mathrm{d}\omega_\mathrm{h}. \tag{8.13}$$

다른 말로 주어진 방향 ω에 대해 보이는 미세면의 투영된 면적은 반드시 거대 표면 dA의 미분 면적 dA의 $(\omega \cdot \mathbf{n})$ = cos θ배와 같아야 한다.

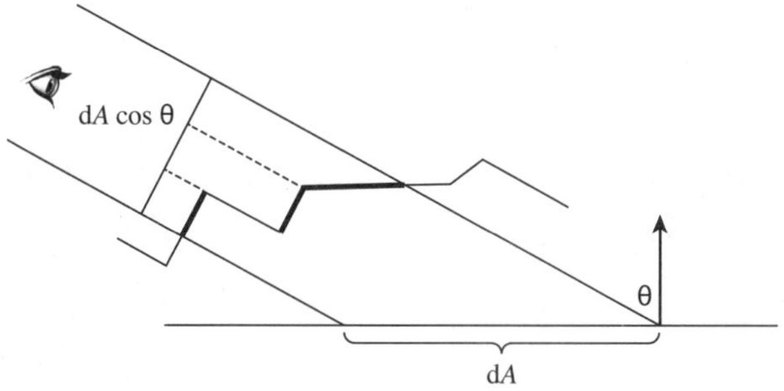

그림 8.17 관찰자에서나 광원에서 봤을 때 표면 위의 미분 영역은 면적 dA cos θ를 가지며, cos θ는 표면 법선의 입사 방향의 각도다. 보이는 미세면(굵은 선)의 투영된 표면 영역은 반드시 dA cos θ와 같아야 한다. 차폐-그림자 함수 G_1은 주어진 방향에서 보이는 dA의 전체 미세면 면적의 부분을 제공한다.

미세면이 높이 장을 형성하기에 방향 ω에서 모든 역방향 미세면은 정방향 미세면과 동일 투영 면적을 가진다. $A^+(\omega)$가 방향 ω에서 본 정방향 미세면의 투영 면적이고 $A^-(\omega)$가 방정식(8.13)의 역방향 미세면의 투영 면적이면 cos θ = $A^+(\omega)$ - $A^-(\omega)$이다. 그러므로 차폐-그림자 함수를 전체 정방향 미세면 면적에 대한 보이는 미세면 면적의 비율로 다르게 작성할 수 있다.

$$G_1(\omega) = \frac{A^+(\omega) - A^-(\omega)}{A^+(\omega)}$$

그림자-차폐 함수는 전통적으로 보조 함수 $\Lambda(\omega)$로 표현되며, 이는 보이는 미세면 면적당 보이지 않는 차폐된 미세면 면적을 측정한다.

$$\Lambda(\omega) = \frac{A^-(\omega)}{A^+(\omega) - A^-(\omega)} = \frac{A^-(\omega)}{\cos\theta}. \tag{8.14}$$

Lambda() 메서드는 이 함수를 계산한다. 구현은 각 미세면 분포에 특화된다.

<MicrofacetDistribution Public Methods> +≡ 655

```
virtual Float Lambda(const Vector3f &w) const = 0;
```

일부 대수학이 $G_1(\omega)$를 $\Lambda(\omega)$의 항으로 표현 가능하게 한다.

$$G_1(\omega) = \frac{1}{1 + \Lambda(\omega)}$$

그러므로 G1() 메서드를 Lambda()의 항으로 제공 가능하다.

<MicrofacetDistribution Public Methods> +≡ 655

```
Float G1(const Vector3f &w) const {
    return 1 / (1 + Lambda(w));
}
```

미세면 분포만으론 특정 $\Lambda(\omega)$ 함수를 함축하기에 충분한 조건을 갖추지 못했다. 많은 함수는 방정식(8.13) 안의 제한을 충족시킬 수 있다. 미세 표면 위에서 근접 점의 높이 사이에 어떤 상관관계가 없다면 주어진 $D(\omega_h)$에 대한 고유한 $\Lambda(\omega)$를 찾을 수 있다(많은 미세면 모델에 대해 닫힌 형의 표현을 찾을 수 있다). 기반 가정이 실제로는 사실이 아니더라도(실제 미세 표면에서 한 점의 높이는 일반적으로 인접 점의 높이와 가깝다), 결과 $\Lambda(\omega)$ 함수는 실제 표면의 측정된 반사와 비교했을 때 상당히 정확하다고 밝혀졌다.

인접 점의 높이와 어떤 상관관계가 없다는 가정하에 등방 벡맨-스피찌치노 분포에 대한 $\Lambda(\omega)$는 다음과 같다.

$$\Lambda(\omega) = \frac{1}{2}\left(\mathrm{erf}(a) - 1 + \frac{\mathrm{e}^{-a^2}}{a\sqrt{\pi}}\right), \qquad [8.15]$$

$a = 1/(\alpha \tan\theta)$며 오차 함수 erf는 $\mathrm{erf}(x) = 2/\sqrt{\pi}\int_0^x \mathrm{e}^{-x'^2}\mathrm{d}x'$다.

pbrt의 벡맨-스피찌치노 $\Lambda(\omega)$ 함수의 계산은 방정식(8.15)의 유리 다항 근사에 기반을 두고 계산하며, 이는 엄청나게 비싼 std::erf()와 std::exp()의 호출을 회피할 수 있기에 훨씬 더 효율적이다.

<MicrofacetDistribution Method Definitions> +≡

```
Float BeckmannDistribution::Lambda(const Vector3f &w) const {
    Float absTanTheta = std::abs(TanTheta(w));
```

```
    if (std::isinf(absTanTheta)) return 0.;
    <Compute alpha for direction w 661>
    Float a = 1 / (alpha * absTanTheta);
    if (a >= 1.6f)
        return 0;
    return (1 - 1.259f * a + 0.396f * a * a) /
            (3.535f * a + 2.181f * a * a);
}
```

비등방성 분포에 대한 차폐-그림자 함수는 대부분 대응하는 등방성 함수로 계산하고 기반 미세 표면을 α_x와 α_y 값에 대해 늘려서 쉽게 얻을 수 있다. 동일하게 보간된 α 값을 흥미 있는 방향에 대해 계산할 수 있으며, 이를 등방성 함수에 사용할 수 있다. 8장 끝의 '더 읽을거리' 절에서 더 자세한 내용을 살펴보자.

```
<Compute alpha for direction w> ≡                                          661
    Float alpha = std::sqrt(Cos2Phi(w) * alphax * alphax +
                            Sin2Phi(w) * alphay * alphay);
```

비상관된 높이 가정하에서 트로브릿지-라이츠 분포의 $\Lambda(\omega)$의 형식은 매우 단순하다.

$$\Lambda(\omega) = \frac{-1 + \sqrt{1 + \alpha^2 \tan^2 \theta}}{2}$$

```
<MicrofacetDistribution Method Definitions> +≡
    Float TrowbridgeReitzDistribution::Lambda(const Vector3f &w) const {
        Float absTanTheta = std::abs(TanTheta(w));
        if (std::isinf(absTanTheta)) return 0.;
        <Compute alpha for direction w 661>
        Float alpha2Tan2Theta = (alpha * absTanTheta) * (alpha * absTanTheta);
        return (-1 + std::sqrt(1.f + alpha2Tan2Theta)) / 2;
    }
```

그림 8.18은 몇 가지 α 값에 대한 트로브릿지-라이츠 $G_1(\omega)$ 함수의 그래프를 보여준다. 함수는 정의역의 대부분에서 1에 가깝지만 접선 각도에서 0으로 떨어진다. 표면 거칠기가 증가할수록(예, α 값의 증가) 더 빨리 떨어지게 된다.

미세면 분포의 기하 특성과 관련된 마지막 유용한 함수는 $G(\omega_o, \omega_i)$로, 이는 두 방향 ω_o와 ω_i에서 보이는 미분 면적 안에서 미세면의 비율을 제공한다. G의 정의는 추가적인 가정을 필요로 한다. 시작을 위해 $G_1(\omega_o)$이 방향 ω_o에서 보이는 미세면의 비율을 제공하며, $G_1(\omega_i)$가 방향 ω_i에 대해서다. 양방향에서 보이는 미세면의 확률이 각 방향에 대해 독립적이라고 가정하면 다음을 얻는다.

$$G(\omega_o, \omega_i) = G_1(\omega_o)\, G_1(\omega_i)$$

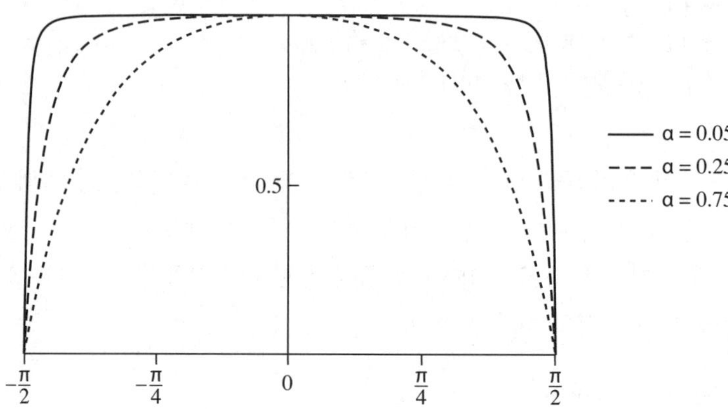

그림 8.18 트로브릿지-라이츠 분포에 대한 차폐-그림자 함수 $G_1(\omega)$. 표면 거칠기가 증가할수록(α 값 증가), 함수가 0으로 더 빨리 떨어진다.

하지만 실제로는 확률은 독립적이지 않으며, 이 공식은 G를 과소 예측한다. 왜 이런지 알기 위해 $\omega_o = \omega_i$인 경우를 고려하자. 이 경우 ω_o에서 보이는 어떤 미세면도 또한 ω_i에서 보이므로, $G(\omega_o, \omega_i) = G_1(\omega_o) = G_1(\omega_i)$다. $G_1(\omega) \leq 1$이므로, 이 곱은 이 경우 $G(\omega_o, \omega_i)$를 너무 작게($\omega = (0, 0, 1)$일 때처럼 $G_1(\omega) = 1$이 아닌 경우 참이 아니다) 계산한다. 더 일반적으로 두 방향이 더 가까울수록 $G_1(\omega_o)$와 $G_1(\omega_i)$ 사이의 더 많은 상관관계가 존재한다.

미세면 위의 주어진 점의 미세면 가시성을 더 높이는 것을 가정해서 더 정확한 모델을 유도할 수 있다. 이 가정은 다음의 모델로 이어진다.

$$G(\omega_o, \omega_i) = \frac{1}{1 + \Lambda(\omega_o) + \Lambda(\omega_i)}$$

이 가정은 실제로 상당히 정확하며, pbrt에서 사용한다. 8장 끝의 '더 읽을거리' 절에서 이 함수의 유도와 함수 $G(\omega_o, \omega_i)$를 정의하는 더 복잡한 방식에 대한 참조를 알아보자.

<MicrofacetDistribution Public Methods> +≡ 655

```
Float G(const Vector3f &wo, const Vector3f &wi) const {
    return 1 / (1 + Lambda(wo) + Lambda(wi));
}
```

8.4.4 토랜스-스패로우 모델

컴퓨터 그래픽스의 초기 미세면 모델 중 하나는 토랜스와 스패로우(Torrance와 Sparrow 1967)가 금속면을 모델링하기 위해 개발했다. 이들은 표면을 완벽히 매끈한 거울 미세면의 집합으로 모델링했다.

미세면이 완벽 반사이므로, 반각half-angle 벡터는 다음과 같다.

$$\omega_h = \widehat{\omega_i + \omega_o}$$

여기서 ω_i에서 ω_o로 완벽 거울 반사를 한다(그림 8.19).

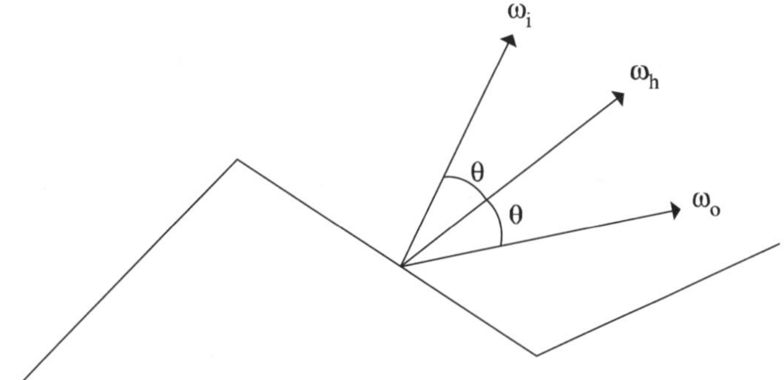

그림 8.19 완벽한 반사 미세면과 주어진 방향 ω_i와 ω_o에 대해서, 법선 $\omega_h = \widehat{\omega_i + \omega_o}$를 가진 미세면들만 ω_i에서 들어온 빛을 ω_o로 반사한다.

토랜스-스패로 모델의 유도는 여러 개의 흥미로운 단계를 거친다. 여기서 자세히 알아보자. 첫째로 방향 ω_i와 ω_o에 대한 반각 ω_h를 향한 미세면에 입사하는 미분 유속 $d\Phi_h$를 고려하자. 방사 조도의 정의인 방정식(5.2)으로부터 다음과 같다.

$$d\Phi_h = L_i(\omega_i)\, d\omega\, dA^{\perp}(\omega_h) = L_i(\omega_i)\, d\omega\, \cos\theta_h\, dA(\omega_h)$$

$dA(\omega_h)$는 방향 ω_h에 대한 미세면의 면적 측정이며, $\cos\theta_h$는 ω_i와 ω_h 사이의 각의 코사인이다(그림 8.20).

방향 ω_h를 가진 미세면의 미분 면적은 다음과 같다.

$$dA(\omega_h) = D(\omega_h)\, d\omega_h\, dA$$

이 곱의 첫 두 항은 적절한 방향을 가진 각 단위 면적 미세면의 미분 면적을 묘사하며, dA 항은 이를 미분 면적으로 변환한다.

그러므로 다음과 같다.

$$d\Phi_h = L_i(\omega_i)\, d\omega \;\cos\theta_h\, D(\omega_h)\, d\omega_h\, dA. \tag{8.16}$$

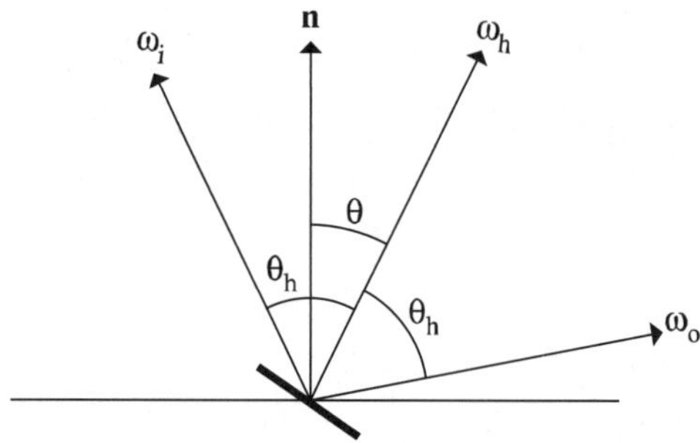

그림 8.20 토랜스-스패로우 모델의 유도를 위한 설정. 방향 ω_i와 ω_o에 대해 오직 법선 ω_h를 가진 미세면이 빛을 반사한다. ω_h와 n의 각은 θ로, ω_h와 ω_o 사이의 각은 θ_h로 표기한다(ω_h와 ω_i의 각도 자연히 θ_h가 된다).

미세면이 각 빛을 프레넬 법칙으로 반사한다고 가정하면 출력 유속은 다음과 같다.

$$d\Phi_o = F_r(\omega_o)\, d\Phi_h. \tag{8.17}$$

다시 방사 조도의 정의를 사용하면 출력 방사 조도는 다음과 같다.

$$L(\omega_o) = \frac{d\Phi_o}{d\omega_o \;\cos\theta_o\, dA}$$

방정식(8.17)을 이로 치환하고 방정식(8.16)을 결과에 대입하면 다음과 같다.

$$L(\omega_o) = \frac{F_r(\omega_o)\, L_i(\omega_i)\, d\omega_i\, D(\omega_h)\, d\omega_h\, dA \;\cos\theta_h}{d\omega_o\, dA \;\cos\theta_o}$$

14.1.1절에서는 거울 반사에서 $d\omega_h$와 $d\omega_o$의 중요한 관계를 유도할 것이다.

$$d\omega_h = \frac{d\omega_o}{4\cos\theta_h}. \tag{8.18}$$

이 관계를 기존 방정식에 치환해 단순화하면 다음과 같다.

$$L(\omega_o) = \frac{F_r(\omega_o)\, L_i(\omega_i)\, D(\omega_h)\, d\omega_i}{4 \;\cos\theta_o}$$

이제 방정식(5.8)의 BRDF 정의를 적용하고 기하학적 누적 항 $G(\omega_o, \omega_i)$를 추가하면 토랜스-스패로우 BRDF를 제공한다.

$$f_r(\omega_o, \omega_i) = \frac{D(\omega_h)\, G(\omega_o, \omega_i)\, F_r(\omega_o)}{4 \cos\theta_o \cos\theta_i}. \qquad [8.19]$$

토랜스-스패로우 모델은 또한 기하학적 감쇠geometric attenuation 항을 포함하며, 이는 ω_i와 ω_o의 방향에 대한 차폐되거나 그림자 안의 미세면의 일부를 묘사한다. 이 G 항은 단지 앞서의 프레넬 항처럼 유도에 포함될 수 있다. 하지만 유도에 사용된 $d\omega_h$와 $d\omega_o$ 사이의 관계가 미세면에서 거울 반사의 가정에 의존한다.

`MicrofacetReflection`은 토랜스-스패로우 모델을 사용해서 일반적인 미세면 기반 BRDF를 구현한다.

```
<BxDF Declarations> +≡
    class MicrofacetReflection : public BxDF {
    public:
        <MicrofacetReflection Public Methods 665>
    private:
        <MicrofacetReflection Private Data 665>
    };
```

생성자는 반사율, `MicrofacetDistribution` 구현의 포인터, 프레넬 함수를 받는다.

```
<MicrofacetReflection Public Methods> ≡                                   665
    MicrofacetReflection(const Spectrum &R,
            MicrofacetDistribution *distribution, Fresnel *fresnel)
        : BxDF(BxDFType(BSDF_REFLECTION | BSDF_GLOSSY)), R(R),
          distribution(distribution), fresnel(fresnel) { }
```

```
<MicrofacetReflection Private Data> ≡                                     665
    const Spectrum R;
    const MicrofacetDistribution *distribution;
    const Fresnel *fresnel;
```

토랜스-스패로우 BRDF의 항을 계산하는 것은 단순하다. 프레넬 항에 대해 주어진 거울 반사의 경우 θ_h 각은 ω_h와 ω_i 사이이든 ω_h와 ω_o 사이와 같으며, 그러므로 코사인 θ_h를 계산하는 데 어떤 것으로 계산해도 상관없다. 여기서 임의로 ω_i를 사용한다.

<BxDF Method Definitions> +≡

```
Spectrum MicrofacetReflection::f(const Vector3f &wo,
        const Vector3f &wi) const {
    Float cosThetaO = AbsCosTheta(wo), cosThetaI = AbsCosTheta(wi);
    Vector3f wh = wi + wo;
    <Handle degenerate cases for microfacet reflection 666>
    wh = Normalize(wh);
    Spectrum F = fresnel->Evaluate(Dot(wi, wh));
    return R * distribution->D(wh) * distribution->G(wo, wi) * F /
            (4 * cosThetaI * cosThetaO);
}
```

입사와 방출 방향에 대해 접선 각도에서 NaN 값이 BRDF 계산에서 생성되는 것을 회피하기 위해 명시적으로 처리해야 하는 두 경계 경우가 있다.

<Handle degenerate cases for microfacet reflection> ≡ 666

```
if (cosThetaI == 0 || cosThetaO == 0) return Spectrum(0.);
if (wh.x == 0 && wh.y == 0 && wh.z == 0) return Spectrum(0.);
```

또한 투과를 위해 미세면을 통해서 완벽 반사광 투과를 보이는 BTDF를 정의할 수 있다. 이 설정에서 굴절률 η_i의 매질에서 굴절률 η_t의 매질로의 투과에서 $d\omega_h$와 $d\omega_o$는 다음과 같이 관련돼 있다.

$$d\omega_h = \frac{\eta_o^2 \, |\omega_o \cdot \omega_h| \, d\omega_o}{(\eta_i(\omega_i \cdot \omega_h) + \eta_o(\omega_o \cdot \omega_h))^2}$$

이 관계는 토랜스-스패로우 BRDF의 유도에서 방정식(8.18)로 사용할 수 있다. 결과는 다음과 같다.

$$f_r(\omega_o, \omega_i) = \frac{\eta^2 D(\omega_h) \, G(\omega_o, \omega_i) \, (1 - F_r(\omega_o))}{((\omega_o \cdot \omega_h) + \eta(\omega_i \cdot \omega_h))^2} \frac{|\omega_i \cdot \omega_h||\omega_o \cdot \omega_h|}{\cos\theta_o \, \cos\theta_i}, \tag{8.20}$$

여기서 $\eta = \eta_i/\eta_o$이다. 반사광 투과에 대해 반각 벡터는 다음과 같다.

$$\omega_h = \omega_o + \eta\omega_i$$

(이 법선 벡터가 ω_o가 ω_i의 방향으로 굴절되는 것을 방정식(8.9)를 통해 확인할 수 있다)

`MicrofacetTransmission` 클래스는 이 BTDF를 구현한다.

<*BxDF Declarations*> +≡

```
class MicrofacetTransmission : public BxDF {
public:
    <MicrofacetTransmission Public Methods 667>
private:
    <MicrofacetTransmission Private Data 667>
};
```

<*MicrofacetTransmission Public Methods*> ≡ 667

```
MicrofacetTransmission(const Spectrum &T,
        MicrofacetDistribution *distribution, Float etaA, Float etaB,
        TransportMode mode)
    : BxDF(BxDFType(BSDF_TRANSMISSION | BSDF_GLOSSY)),
        T(T), distribution(distribution), etaA(etaA), etaB(etaB),
        fresnel(etaA, etaB), mode(mode) { }
```

<*MicrofacetTransmission Private Data*> ≡ 667

```
const Spectrum T;
const MicrofacetDistribution *distribution;
const Float etaA, etaB;
const FresnelDielectric fresnel;
const TransportMode mode;
```

f() 메서드는 방정식(8.20)의 직접 구현이므로 여기에 포함하지 않는다.

<*MicrofacetTransmission Public Methods*> +≡ 667

```
Spectrum f(const Vector3f &wo, const Vector3f &wi) const;
```

(a)

(b)

그림 8.21 토랜스-스패로우 미세면 모델로 반사(a)와 투과(b)를 렌더링한 용 모델

그림 8.21은 반사와 투과 모두 토랜스-스패로우 모델로 렌더링한 용을 보여주며, 그림 8.22는 등방성과 비등방성 미세면 모델이 멀리 떨어진 환경을 모사하는 광원으로 조명될 때 두 구의 모습을 비교했다.

그림 8.22 등방성 미세면 분포로 렌더링한 구(왼쪽)와 비등방성 분포로 렌더링한 구체(오른쪽). 비등방성 모델에서는 다른 반사 하이라이트 모양이 나타나는 것을 볼 수 있다. 여기서는 용 대신 구체를 사용했는데, 이런 비등방성 모델은 합리적인 방법으로 비등방성의 방향을 계산하기 위해 전역적으로 일관된 표면 위에서 접선 벡터 집합에 기준하기 때문이다.

8.5 프레넬 입사 효과

그래픽스에서 많은 BRDF 모델이 층위 물체의 하단에 도달하는 빛의 양을 줄이기 위해 프레넬 반사의 효과를 고려하지 않는다. 윤택이 나는 나무 테이블과 번쩍이는 페인트를 칠한 벽을 생각해보자. 표면을 정면에서 본다면 주로 나무나 페인트의 색소를 보게 된다. 비스듬한 각도로 시점을 옮길수록 프레넬 효과로 인해 증가된 광택 반사가 그 밑의 색을 압도한다.

이 절에서는 광택 반사 표면과 그 아래 확산을 모델링한 애식민과 셜리(Ashikhmin과 Shirley 2000, 2002)가 개발한 BRDF를 구현한다. 확산 표면에서의 반사 효과는 프레넬 효과를 고려한 후 남은 에너지의 양으로 조절된다. 그림 8.23이 이런 개념을 보여준다. 입사 방향이 법선에 가까울 때 대부분의 빛이 확산 층으로 전달되며, 확산 항이 대부분을 차지한다. 입사 방향이 비스듬한 방향에 가까우면 광택 반사가 반사의 주된 유형이 된다. 그림 12.19와 12.20의 자동차 모델은 페인트를 위해 이 BRDF를 사용한다.

<*BxDF Declarations*> +≡
```
class FresnelBlend : public BxDF {
public:
    <FresnelBlend Public Methods 670>
private:
    <FresnelBlend Private Data 669>
};
```

모델은 확산과 광택 반사를 표현하는 두 개의 스펙트럼과 광택 층의 미세면 분포를 받는다.

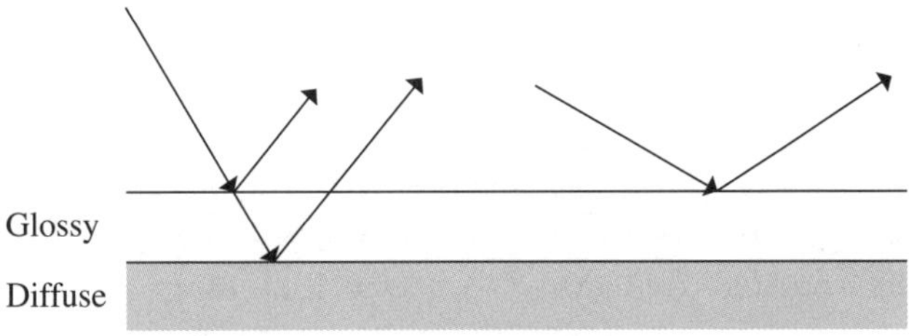

그림 8.23 FresnelBlend BRDF는 확산 기질 위의 광택 층을 모델링한다. ω_i와 ω_o의 입사각이 비스듬해질 때(오른쪽), 확산 기질에 도달하는 빛의 양은 프레넬 효과로 줄어들며 확산 층이 시각적으로 덜 보이게 된다.

<*BxDF Method Definitions*> +≡
```
FresnelBlend::FresnelBlend(const Spectrum &Rd, const Spectrum &Rs,
        MicrofacetDistribution *distribution)
    : BxDF(BxDFType(BSDF_REFLECTION | BSDF_GLOSSY)),
        Rd(Rd), Rs(Rs), distribution(distribution) { }
```

<*FresnelBlend Private Data*> ≡ 669
```
const Spectrum Rd, Rs;
MicrofacetDistribution *distribution;
```

이 모델은 광택 반사 항과 확산 항의 가중치 합에 기반을 둔다. 가역성과 에너지 보존을 고려하면 광택 반사 항은 다음과 같이 유도된다.

$$f_r(\mathrm{p}, \omega_o, \omega_i) = \frac{D(\omega_h)F(\omega_o)}{4(\omega_h \cdot \omega_i)(\max((\mathbf{n} \cdot \omega_o), (\mathbf{n} \cdot \omega_i)))}$$

여기에서 $D(\omega_h)$는 미세면 분포 항이고 $F(\omega_o)$는 프레넬 반사를 나타낸다. 이는 토랜스-스패로우 모델과 매우 유사하다.

애식민과 셜리 모델의 핵심은 확산 항의 유도에서 모델이 가역성과 에너지 보존을 따른다는 점이다. 이 유도는 프레넬 반사 공식에 대한 슈릭(Schlick 1993)의 근사며, 다음과 같다.

$$F_r(\cos\theta) = R + (1 - R)(1 - \cos\theta)^5$$

여기에서 R은 법선 입사에 대한 표면의 반사다.

주어진 프레넬 항에 대해 확산 항은 다음의 방정식을 이용해 성공적으로 프레넬 기반 확산 반사 감소를 물리적으로 그럴듯한 방식으로 모델링한다.

$$f_r(\mathrm{p}, \omega_i, \omega_o) = \frac{28R_d}{23\pi}(1 - R_s)\left(1 - \left(1 - \frac{(\mathbf{n}\cdot\omega_i)}{2}\right)^5\right)\left(1 - \left(1 - \frac{(\mathbf{n}\cdot\omega_o)}{2}\right)^5\right)$$

이 결과의 유도는 여기 포함하지 않는다.

<FresnelBlend Public Methods> ≡ 669

```
Spectrum SchlickFresnel(Float cosTheta) const {
    auto pow5 = [](Float v) { return (v * v) * (v * v) * v; };
    return Rs + pow5(1 - cosTheta) * (Spectrum(1.) - Rs);
}
```

<BxDF Method Definitions> +≡

```
Spectrum FresnelBlend::f(const Vector3f &wo, const Vector3f &wi) const {
    auto pow5 = [](Float v) { return (v * v) * (v * v) * v; };
    Spectrum diffuse = (28.f/(23.f*Pi)) * Rd *
            (Spectrum(1.f) - Rs) *
            (1 - pow5(1 - .5f * AbsCosTheta(wi))) *
            (1 - pow5(1 - .5f * AbsCosTheta(wo)));
    Vector3f wh = wi + wo;
    if (wh.x == 0 && wh.y == 0 && wh.z == 0) return Spectrum(0);
    wh = Normalize(wh);
    Spectrum specular = distribution->D(wh) /
            (4 * AbsDot(wi, wh) *
    std::max(AbsCosTheta(wi), AbsCosTheta(wo))) *
            SchlickFresnel(Dot(wi, wh));
    return diffuse + specular;
}
```

8.6 푸리에 기반 BSDF

토랜스-스패로우나 오렌-네이어 같은 반사 모델은 많은 재질을 정확하게 표현하지만, 일부 재질은 이 모델에 잘 맞지 않는 BRDF 모양을 가진다(매끈하거나 거친 도금을 가진 금속이나 섬유 등이 예이며, 이는 종종 부분적으로 역반사다). 이런 재질에 대한 한 가지 방법은 BSDF

값은 거대한 3D나 4D 검색표에 저장하는 것이지만, 이는 허용 불가능한 저장 공간을 요구할 수 있다. 예를 들어 ω_i와 ω_o가 1도 간격의 구형으로 표본화될 때 대응하는 비등방성 BSDF를 4D 검색표의 형태로 표현하기 위해 10억 이상의 표본점이 필요하다.

그러므로 BSDF를 정확하게 표현하면서도 더 간결한 표현을 가질 필요가 있다. 이 절에서는 FourierBSDF를 소개하며, 이는 SBDF를 푸리에 기저를 사용해 크기 조절된 코사인 항의 합으로 표현한다. 이 표현은 정확하고 공간 효율적이며, 몬테카를로 적분과 함께 잘 동작한다(14.1.4절 참고). 그림 8.24는 이 표현을 사용한 용 모델의 두 인스턴스를 보여준다.

그림 8.24 FourierBSDF 모델을 사용해 렌더링한 용 모델. 왼쪽 용의 표면은 거친 금의 모습을 모델링한 BSDF를 가진다. 오른쪽은 코딩된 구리다.

여기서는 어떻게 BSDF를 이 표현으로 변환하는지 설명하지 않으며, 렌더링에서의 사용에 중점을 둔다. 8장 끝의 '더 읽을거리' 절에서 이 주제에 대한 더 많은 세부 사항을 참고하고 pbrt 배포의 scenes/brdfs 디렉터리에서 이 형식으로 표현된 다양한 BSDF를 참고하자.

FourierBSDF는 BSDF를 입사와 방출 방향에 대한 구좌표의 쌍으로 매개변수화한 등방성 BSDF를 표현하며, μ_i와 μ_o가 각각 입사와 방출 천정각이며, ϕ_i와 ϕ_o가 방위각이다.

$$f(\omega_i, \omega_o) = f(\mu_i, \phi_i, \mu_o, \phi_o)$$

등방성의 가정은 이 함수를 천정각과 방위각의 차이 각 $\phi = \phi_i - \phi_o$에 대한 더 단순한 의존으로 재작성할 수 있게 한다.

$$f(\omega_i, \omega_o) = f(\mu_i, \mu_o, \phi_i - \phi_o) = f(\mu_i, \mu_o, \phi)$$

또한 등방성 BSDF는 일반적으로 방위각 차의 우함수다.

$$f(\mu_\mathrm{i}, \mu_\mathrm{o}, \phi) = f(\mu_\mathrm{i}, \mu_\mathrm{o}, -\phi)$$

주어진 특성에 대해 BSDF와 코사인 감소의 곱은 방위각 차의 푸리에 급수로 표현할 수 있다.

$$f(\mu_\mathrm{i}, \mu_\mathrm{o}, \phi_\mathrm{i} - \phi_\mathrm{o})\,|\mu_\mathrm{i}| = \sum_{k=0}^{m-1} a_k(\mu_\mathrm{i}, \mu_\mathrm{o}) \cos(k\,(\phi_\mathrm{i} - \phi_\mathrm{o})) \qquad [8.22]$$

방정식(8.21)에서 코사인 항만 있고 사인 항이 필요 없다는 것을 참고하자. 함수 계산 $a_0(\mu_\mathrm{i}, \mu_\mathrm{o})$, …, $a_{m-1}(\mu_\mathrm{i}, \mu_\mathrm{o})$는 특정 방위각 코사인의 쌍에 대한 푸리에 계수를 나타낸다.

다음으로 함수 a_k는 입력 인자에 대해 구분된다. 방위각 코사인 집합 $\bar{\mu} = \{\mu_0, \ldots, \mu_{n-1}\}$을 선택하고 $a_k(\mu_i, \mu_j)$의 값을 $0 \le i, j < n$의 모든 쌍에 대해 저장한다. 그러므로 각 a_k를 $n \times n$ 행렬로 생각할 수 있으며, 전체 BRDF 표현은 이런 행렬의 m개 집합으로 이뤄진다. 각각이 입사 조명에 대한 재질의 반응에서의 다른 방위각 진동 주파수를 설명한다.

방정식(8.22)를 정확도를 만족시키면서 계산하기 위한 최대 차수 m은 변한다. 이는 특정 천정각에 의존하므로, 여러 계수 a_k를 주어진 방향 쌍의 BSDF의 복잡도에 맞게 조정할 필요성이 있다. 이 처리는 표현의 간결성을 위해 매우 중요하다.

계수의 수가 변화할 수 있는 값을 보기 위해 거의 완벽 거울 반사를 고려해보자. $\mu_\mathrm{i} \approx \mu_\mathrm{o}$일 때 반사광 타원을 정확하게 표현하기 위해 많은 계수가 필요하며, 이는 거의 모든 방위각 차 $\phi = \phi_\mathrm{i} - \phi_\mathrm{o}$에 대해 0이며, $\phi = \pi$ 근처의 작은 방향의 집합에서 매우 크며, 입사와 방출 방향이 거의 반대다. μ_i와 μ_o가 정렬되지 않으면 BSDF가 0(혹은 거의 무시할 수 있는 값)을 표현하기 위해 단일 항만 필요하다.[9]

더 매끈한 BSDF를 위해서 대부분 혹은 모든 μ_i와 μ_o 각의 쌍은 ϕ 분포를 정확히 표현하기 위해 다중 계수 a_k를 필요로 하지만, 이 매끈함은 일반적으로 각 a_k에 대해 너무 많은 계수가 필요하지 않다는 것을 의미한다. `FourierBSDF` 표현은 이 특성을 이용해 원하는 정확도를 얻기 위해서 필요한 간헐적인 계수의 집합만을 저장한다. 그러므로 대부분의 현실적인 BSDF 자료에 대해 방정식(8.22)는 매우 간결하며, 몇 메가 정도밖에 되지 않는다.

---

9. Jakob et al.(2014a)은 이 적응성이 벡맨 거칠기 $\alpha = 0.01$의 반짝이는 거울을 1% 상대 L^2 오차를 51MiB로 표현할 수 있다는 것을 보여줬으며, 동일한 오차를 얻기 위해 최대 차수 m을 모든 방향의 쌍에 대해 사용할 경우 28GiB가 필요하다.

FourierBSDFTable은 이 방식으로 표현되는 BSDF의 모든 자료를 갖는 도움 구조체다. 이는 대부분 단순한 struct로, 코드 호출로 직접 접근 가능한 자료를 모았지만 몇 가지 유틸리티 메서드를 제공한다.

```
<BSDF Declarations> +≡
    struct FourierBSDFTable {
        <FourierBSDFTable Public Data 673>
        <FourierBSDFTable Public Methods 673>
    };
```

Read() 메서드는 주어진 파일 안에 저장된 BSDF에 대한 구조체를 초기화한다. 이는 성공 시 true를 반환하고, 파일을 읽을 때 오류가 발생하면 false를 반환한다.

```
<FourierBSDFTable Public Methods> ≡                                    673
    static bool Read(const std::string &filename, FourierBSDFTable *table);
```

BSDF가 두 개의 다른 매질 사이의 경계에서 산란을 표현하면 FourierBSDFTable::eta 멤버 변수는 표면 경계에 대한 상대 굴절률을 제공한다(8.2.3절). mMax는 모든 μ_i, μ_o 방향 쌍에 대한 최대 차수 m을 제공한다. 이 한계는 예를 들어 a_k 계수를 저장하기 위한 임의의 버퍼를 할당하는 데 도움을 준다.

```
<FourierBSDFTable Public Data> ≡                                       673
    Float eta;
    int mMax;
```

nChannels는 가용한 분광 채널의 수를 제공한다. 이 구현에서는 단색 BSDF를 표현하는 1이거나 RGB 색의 BSDF를 표현하는 3이다. 여기서는 3 채널 변종이 실제로는 적색, 녹색, 청색이 아닌 휘도, 적색, 청색을 저장한다. 휘도를 직접 표현하는 것은 14.1.4절에 정의된 몬테카를로 표본화 루틴에서 유용하다고 알려져 있으며, 이는 전체 색 채널에 대한 함수의 집합적 정보를 제공하기 때문이다. 대응하는 녹색은 쉽게 휘도, 적색, 청색으로 얻을 수 있다는 것을 간단히 살펴볼 것이다.

```
<FourierBSDFTable Public Data> +≡                                      673
    int nChannels;
```

천정각은 nMu 방향으로 구분화되며, 이는 mu 배열에 저장된다. mu는 낮은 곳에서 높은 곳으로 정렬돼 주어진 μ_i와 μ_o 각에 대해 가장 가까운 항목을 찾을 때 이진 검색을 사용할 수 있게 한다.

<*FourierBSDFTable Public Data*> +≡ 673

```
int nMu;
Float *mu;
```

방정식(8.22)를 계산하기 위해 대상 푸리에 차수 m과 모든 계수 a_0, ..., a_{m-1}에 대응하는 방향 ω_i와 ω_o에 대해 알아야 한다. 단순성을 위해 기본 개념을 오직 μ_i 및 μ_o와 같거나 작은 가장 가까운 mu 방향에 대한 계수만을 사용한다고 가정하지만, 구현은 방향 주변의 다중 mu 값에서의 계수 사이를 보간한다.

푸리에 표현의 차수 m은 항상 mMax로 제한되지만 입사와 방사 천정각 코사인 μ_i와 μ_o에 대해 변한다. 얼마나 많은 차수가 필요할지는 nMu × nMu 정수 행렬 m을 찾아 결정할 수 있다.

<*FourierBSDFTable Public Data*> +≡ 673

```
int *m;
```

특정 각의 집합에 대해 m을 찾을 때 우선 구분된 방향 mu에서 오프셋 oi와 oo를 찾기 위해서 다음과 같은 두 번의 이진 검색을 수행한다.

$$\text{mu[oi]} \leq \mu_i < \text{mu[oi+ 1]}$$

$$\text{mu[oo]} \leq \mu_o < \text{mu[oo + 1]}$$

이런 색인을 사용해서 요구되는 차수는 m[oo * nMu + oi]에서 얻을 수 있다.

구분된 방향 mu의 모든 쌍에 대한 모든 a_k 계수는 a 배열에 저장된다. 최대 차수(그리고 계수의 수)는 변화하므로 주어진 방향의 쌍에 대해 BSDF의 특성에 따라 심지어 0이 될 수 있기에 a 배열의 오프셋을 찾는 것은 두 단계 과정이다.

1. 우선 오프셋 oi와 oo를 a의 오프셋을 얻기 위해 aOffset 배열의 색인으로 사용한다. offset = aOffset[oo * nMu + oi]. (aOffset 배열은 그러므로 nMu * nMu 항목을 가진다)
2. 다음으로 a[offset]에서 시작한 m 계수는 대응하는 방향의 쌍에 대한 a_k 값을 제공한다. 3가지 색 채널 경우에 대해 a[offset] 뒤의 첫 m 계수는 휘도를 위해 다음 m개가 적색 채널, 그 후가 청색이다.

<*FourierBSDFTable Public Data*> +≡ 673

```
int *aOffset;
Float *a;
```

GetAk()는 작은 편리한 메서드며, 입사와 방출 방향 코사인을 위한 mu 배열에 대한 오프셋을 제공하며, 방향에 대한 계수의 차수 m과 계수에 대한 포인터를 제공한다.

<FourierBSDFTable Public Methods> +≡ 673

```
const Float *GetAk(int offsetI, int offsetO, int *mptr) const {
    *mptr = m[offsetO * nMu + offsetI];
    return a + aOffset[offsetO * nMu + offsetI];
}
```

FourierBSDF 클래스가 FourierBSDFTable 표현과 BxDF 인터페이스 사이의 다리를 제공한다. 이 클래스의 인스턴스는 FourierMaterial 클래스로 생성된다.

<BxDF Declarations> +≡

```
class FourierBSDF : public BxDF {
public:
    <FourierBSDF Public Methods 675>
private:
    <FourierBSDF Private Data 675>
};
```

<FourierBSDF Public Methods> ≡ 675

```
FourierBSDF(const FourierBSDFTable &bsdfTable, TransportMode mode)
    : BxDF(BxDFType(BSDF_REFLECTION | BSDF_TRANSMISSION | BSDF_GLOSSY)),
      bsdfTable(bsdfTable), mode(mode) { }
```

FourierBSDF 클래스는 표에 대한 const 참조만 저장한다. 이 표는 각 FourierBSDF 인스턴스에 대해 개별 복사본을 절대 만들고 싶지 않을 정도로 크다. 읽기 접근만 여기서 필요하므로 이 방식은 어떤 문제도 일으키지 않는다(FourierMaterial은 FourierBSDFTable 저장소에 대한 책임이 있다).

<FourierBSDF Private Data> ≡ 675

```
const FourierBSDFTable &bsdfTable;
const TransportMode mode;
```

BSDF를 계산하는 것은 μ_i와 μ_o의 코사인을 계산하고, 대응하는 계수 a_k와 최대 차수를 찾은 후 방정식(8.22)를 계산하는 것이다.

<BxDF Method Definitions> +≡

```
Spectrum FourierBSDF::f(const Vector3f &wo, const Vector3f &wi) const {
    <Find the zenith angle cosines and azimuth difference angle 676>
    <Compute Fourier coefficients a_k for (μi, μo) 676>
```

<*Evaluate Fourier expansion for angle* ϕ 678>
```
}
```

FourierBSDF 안에서 방향이 어떻게 표현되는지에 대한 중요한 규약의 차이가 있다. 입사 방향 ω_i는 pbrt의 일반 방식과 비교해 반대다. 이 차이는 이런 표현을 사용해서 층 재질 layered materials에 대한 BSDF를 계산할 때 도움을 준다.[10]

<*Find the zenith angle cosines and azimuth difference angle*> ≡ 675, 976
```
Float muI = CosTheta(-wi), muO = CosTheta(wo);
Float cosPhi = CosDPhi(-wi, wo);
```

재구성된 BSDF가 상당히 매끄럽기에 여기의 구현은 a_k 계수를 4개의 μ_i를 감싸는 양자화된 4개의 mu 방향과 μ_o의 4개 방향 사이의 곱에 대해 보간한다. 보간은 텐서곱 스플라인 tensor-product spline으로 처리되며, 표본된 함수 값은 각 매개변수별로 개별적으로 계산된 후 함께 곱해진다. 그러므로 각 최종 푸리에 계수 a_k는 다음과 같이 계산된다.

$$a_k = \sum_{a=0}^{3}\sum_{b=0}^{3} a_k(o_\mathrm{i}+a, o_\mathrm{o}+b)\, w_\mathrm{i}(a)\, w_\mathrm{o}(b), \tag{8.23}$$

여기에서 $a_k(i, j)$가 양자화된 방향 μ_i, μ_j에 대한 k번째 푸리에 계수를 제공하고 w_i와 w_o가 스플라인 가중치를 제공한다. 이 보간은 μ_i 방향의 구분화가 상대적으로 거칠게 됐을 때에도 충분한 매끄러움을 보장한다. 이 가중치가 어떻게 계산되는지에 대한 세부 사항은 다음의 몇 페이지에 걸쳐 설명할 것이다.

<*Compute Fourier coefficients* a_k *for* (μ_i, μ_o)> ≡ 675, 973
<*Determine offsets and weights for* μ_i *and* μ_o 676>
<*Allocate storage to accumulate* ak *coefficients* 677>
<*Accumulate weighted sums of nearby* a_k *coefficients* 677>

각 방향 μ_i와 μ_o에 대해 GetWeightsAndOffset()은 첫 4개의 mu 값에 대해 보간해야 하는 오프셋과 4개의 부동소수점 가중치의 배열을 반환한다.

<*Determine offsets and weights for* μ_i *and* μ_o> ≡ 676
```
int offsetI, offsetO;
Float weightsI[4], weightsO[4];
```

10. 예를 들어 이 규약은 빛이 매질을 지나면서 변하지 않는다는 암묵적인 규약이 있으며, $a_k(\mu_i, \mu_o)$를 행렬로 처리하면 모든 $\phi \neq 0$에 대해 0인 델타 분포에 대응하는 푸리에 계수가 0이 아닌 항목인 대각행렬을 얻는다. 이 특성은 이런 종류의 계산을 표기하기 편하게 해준다.

```
if (!bsdfTable.GetWeightsAndOffset(muI, &offsetI, weightsI) ||
        !bsdfTable.GetWeightsAndOffset(muO, &offsetO, weightsO))
    return Spectrum(0.f);
```

4 × 4 범위의 방향에 대한 다양한 a_k 벡터가 다른 차수 m으로 보간될 수 있다. 그러므로 여기의 구현은 a_k 값의 저장 공간을 할당하기 위해 최대 가능한 차수 m을 채널의 수로 곱한 것을 크기로 사용한다. 다중 채널의 경우 여기서 할당된 a_k 배열의 첫 bsdfTable.mMax 항목이 첫 채널에 사용되며, 다음 mMax가 두 번째 채널에 사용되는 식으로 계속된다(그러므로 일반적으로 보통의 경우 a_k 배열에 일부 사용하지 않은 공간이 있으며, 이는 16 방향에 대해 최대 차수가 mMax보다 작을 경우다). 이 모든 저장 공간은 0으로 초기화되며, 그러므로 다음 코드는 방정식(8.23)의 항을 a_k의 직접 대응하는 항목에 추가한다.

<Allocate storage to accumulate ak *coefficients>* ≡ 676

```
Float *ak = ALLOCA(Float, bsdfTable.mMax * bsdfTable.nChannels);
memset(ak, 0, bsdfTable.mMax * bsdfTable.nChannels * sizeof(Float));
```

주어진 가중치, 오프셋, 결과를 위한 저장 공간에 대해 보간을 수행할 수 있다.

<Accumulate weighted sums of nearby a_k coefficients> ≡ 676

```
int mMax = 0;
for (int b = 0; b < 4; ++b) {
    for (int a = 0; a < 4; ++a) {
        <Add contribution of (a, b) to ak values 677>
    }
}
```

주어진 가중치와 시작 오프셋에 대해서 방정식(8.23)에 합의 각 항을 더하는 것은 오프셋에 대한 표에서 대응하는 계수를 얻어 이를 ak의 진행 합에 추가하는 것이다.

<Add contribution of (a, b) *to a_k values>* ≡ 677

```
Float weight = weightsI[a] * weightsO[b];
if (weight != 0) {
    int m;
    const Float *ap = bsdfTable.GetAk(offsetI + a, offsetO + b, &m);
    mMax = std::max(mMax, m);
    for (int c = 0; c < bsdfTable.nChannels; ++c)
        for (int k = 0; k < m; ++k)
            ak[c * bsdfTable.mMax + k] += weight * ap[c * m + k];
}
```

ak의 주어진 최종 가중된 계수에 대해 Fourier() 호출은 첫 색 채널에 대한 BSDF 값을 계산한다. 푸리에 재구성 안의 오차는 자체적으로 음수로 표시되므로, 반환된 값은 반드시 0으로 잘라내야 한다.

방정식(8.22)에서 a_k 계수가 코사인 가중된 BSDF를 표현하는 것을 기억하자. 이 코사인 인자는 반드시 f() 메서드에서 반환된 값에서 제거돼야 한다. scale 항은 이 인자를 부호화한다.

<*Evaluate Fourier expansion for angle* ϕ> ≡ 676

```
Float Y = std::max((Float)0, Fourier(ak, mMax, cosPhi));
Float scale = muI != 0 ? (1 / std::abs(muI)) : (Float)0;
<Update scale to account for adjoint light transport 1140>
if (bsdfTable.nChannels == 1)
    return Spectrum(Y * scale);
else {
    <Compute and return RGB colors for tabulated BSDF 678>
}
```

반사광 투과와 함께 방사는 하나의 굴절률을 가진 매질에서 다른 것을 전달하면서 크기 조절되지만, 이 크기 조절은 카메라에서 시작하는 광선에선 적용되지 않는다. 이 조정을 처리하는 코드 조각 <*Update* scale *to account for adjoint light transport*>의 정의와 논의는 16.1절에서 제공한다.

앞서 언급한 것과 같이 3개의 색 채널이 있을 때 첫 채널은 휘도를 부호화하고 다음 둘은 적색과 청색을 각각 부호화한다. 녹색 채널 값을 어떻게 계산하는지 보기 위해 sRGB 표준에서 원색으로 간주되는 적색, 녹색, 청색 요소에서 y_λ를 계산하는 다음의 방정식을 사용하는 함수 RGBToXYZ()의 구현을 고려하자.

$$y_\lambda = 0.212671\, r + 0.715160\, g + 0.072169\, b$$

이 경우 y_λ, r, b를 알고 있다. g에 대해서 해를 찾으면 다음을 얻는다.

$$g = 1.39829\, y_\lambda - 0.100913\, b - 0.297375\, r$$

예전과 같이 푸리에 재구성에서의 오차로 인한 어떤 음의 색 계수도 0으로 잘라내야 한다.

<*Compute and return RGB colors for tabulated BSDF*> ≡ 678

```
Float R = Fourier(ak + 1 * bsdfTable.mMax, mMax, cosPhi);
Float B = Fourier(ak + 2 * bsdfTable.mMax, mMax, cosPhi);
```

```
    Float G = 1.39829f * Y - 0.100913f * B - 0.297375f * R;
    Float rgb[3] = { R * scale, G * scale, B * scale };
    return Spectrum::FromRGB(rgb).Clamp();
```

이제 a_k 계수의 배열, 최대 차수 m, 각 ϕ의 코사인을 받는 `Fourier()` 함수를 정의한다. 이는 방정식(8.22)에서 코사인의 가중 합을 계산하며, 이제 알고 있는 a_k의 더 단순한 형태로 작성할 수 있다.

$$f(\phi) = \sum_{k=0}^{m-1} a_k \cos(k\,\phi). \tag{8.24}$$

이 함수의 구현은 합을 계산하는 데 있어서 부동소수점 반올림 오차의 효과를 최소화하기 위해 합의 항에 배정밀도를 사용한다.

<Fourier Interpolation Definitions> ≡

```
    Float Fourier(const Float *a, int m, double cosPhi) {
        double value = 0.0;
        <Initialize cosine iterates 680>
        for (int k = 0; k < m; ++k) {
            <Add the current summand and update the cosine iterates 680>
        }
        return value;
    }
```

계수의 수가 증가하면서 방정식(8.24)의 순수한 계산은 그에 대응해 많은 수의 삼각함수 호출을 필요로 한다. 이는 심각한 성능 문제로 이어질 수 있다. 현재 CPU 아키텍처는 단일 `std::cos()`의 호출에 수백 프로세서 사이클을 필요로 한다. 그러므로 코사인의 배각 공식 multiple angle formula을 사용한다.

$$\cos(k\,\phi) = (2\cos\phi)\cos((k-1)\phi) - \cos((k-2)\phi) \tag{8.25}$$

이 표현은 방정식(8.24)에서 피가수 k의 코사인을 피가수 k−1과 k−2를 사용한 항으로 표현한다.

구현은 현재와 이전의 코사인 변수에 대한 두 변수의 선언으로 시작되며, 이는 색인 $k = -1$과 $k = 0$에 대응하는 값이다. 여기서도 $\cos(k\phi)$ 값을 사용하기 위해 배정밀도를 사용하는 것이 중요하다. 한 번 m이 수천의 값을 가지면 32비트 `float`의 누적된 부동소수점 반올림 오차는 배각 공식을 사용할 때 뚜렷해진다.

<*Initialize cosine iterates*> ≡ 679

```
double cosKMinusOnePhi = cosPhi;
double cosKPhi = 1;
```

반복문은 그 후 현재 계수와 코사인 값의 곱을 진행 합에 추가하고, 다음 반복을 위한 코사인 값을 계산한다.

<*Add the current summand and update the cosine iterates*> ≡ 679

```
value += a[k] * cosKPhi;
double cosKPlusOnePhi = 2 * cosPhi * cosKPhi - cosKMinusOnePhi;
cosKMinusOnePhi = cosKPhi;
cosKPhi = cosKPlusOnePhi;
```

8.6.1 스플라인 보간

설명할 마지막 세부 사항은 a_k 계수를 재구성하는 데 어떻게 스플라인 기반 보간이 작동하는지다. 여기서의 구현은 캐멀-롬Catmull-Rom 스플라인을 사용하며, 이는 4개의 제어점에 대한 가중 합 1D로 표현되고, 가중치와 사용된 특정 제어점은 값이 계산되는 곡선의 경로에 따른 매개변수 위치에 따라 정해진다. 스플라인은 주어진 제어점을 통해 전달되며, 상당히 매끄러운 곡선을 따라 움직인다.

이 가중치가 어떻게 계산되는지 이해하기 위해 먼저 주어진 함수 f의 값 집합과 그 미분인 f'를 위치 $x_0, x_1, \ldots, x_k$에 대해 계산한다. 각 구간 $[x_i, x_{i+1}]$에 대해 삼차 다항식을 사용해서 함수를 근사한다.

$$p_i(x) = ax^3 + bx^2 + cx + d, \quad (8.26)$$

이는 표본 위치에서 함수와 미분에 맞게 선택되며, $p_i(x_i) = f(x_i)$, $p_i(x_{i+1}) = f(x_{i+1})$, $p'_i(x_i) = f'(x_i)$, $p'_i(x_{i+1}) = f'(x_{i+1})$이다. 단순성을 위해 첫 간격에만 집중하고 그러므로 $[x_0, x_1] = [0, 1]$임을 가정한다. 계수 a, b, c, d를 계산하면 다음과 같다.

$$\begin{aligned}
a &= f'(x_0) + f'(x_1) + 2f(x_0) - 2f(x_1), \\
b &= 3f(x_1) - 3f(x_0) - 2f'(x_0) - f'(x_1), \\
c &= f'(x_0), \\
d &= f(x_0).
\end{aligned}$$

함수 안과 미분 값의 모든 계수가 선형인 점을 감안하면 이는 방정식(8.26)을 다시 이렇게 작성할 수 있다.

$$\begin{aligned} p(x) = &(2x^3 - 3x^2 + 1) f(x_0) \\ &+ (-2x^3 + 3x^2) f(x_1) \\ &+ (x^3 - 2x^2 + x) f'(x_0) \\ &+ (x^3 - x^2) f'(x_1). \end{aligned} \tag{8.27}$$

이 종류의 보간자는 편리하지만 불행히도 여전히 너무 제한적인데, 이는 일반적으로 미분 정보가 가용하지 않기 때문이다. 반사도 모델의 해석적 미분은 자주 복잡하며, 측정된 자료는 전혀 이를 제공하지 않는다. 그러므로 각 $f(x_i)$에서의 미분을 두 인접 함수 값 $f(x_{i-1})$과 $f(x_{i+1})$의 중심 차이를 사용해서 예측한다. 예측된 미분은 다음과 같다.

$$f'(x_0) \approx \frac{f(x_1) - f(x_{-1})}{x_1 - x_{-1}} = \frac{f(x_1) - f(x_{-1})}{1 - x_{-1}}$$

비슷하게 $f(x_1)$에서의 미분은 두 인접 함수 값을 사용해서 예측된다.

$$f'(x_1) \approx \frac{f(x_2) - f(x_0)}{x_2 - x_0} = \frac{f(x_2) - f(x_0)}{x_2}$$

이 두 표현을 방정식(8.27)에 치환하고 다시 f 항을 모으면 다음을 얻는다.

$$\begin{aligned} p(x) = &\frac{x^3 - 2x^2 + x}{x_{-1} - 1} f(x_{-1}) \\ &+ \left(2x^3 - 3x^2 + 1 - \frac{x^3 - x^2}{x_2}\right) f(x_0) \\ &+ \left(-2x^3 + 3x^2 + \frac{x^3 - 2x^2 + x}{1 - x_{-1}}\right) f(x_1) \\ &+ \frac{x^3 - x^2}{x_2} f(x_2), \end{aligned}$$

가중치가 함수 값에 독립적인 것을 기억하자. 그러므로 이 보간을 다음과 같이 표현할 수도 있다.

$$p(x) = w_0 f(x_{-1}) + w_1 f(x_0) + w_2 f(x_1) + w_3 f(x_2), \tag{8.28}$$

$$
\begin{aligned}
w_0 &= \frac{x^3 - 2x^2 + x}{x_{-1} - 1} \\
w_1 &= 2x^3 - 3x^2 + 1 - \frac{x^3 - x^2}{x_2} = \left(2x^3 - 3x^2 + 1\right) - w_3 \\
w_2 &= -2x^3 + 3x^2 + \frac{x^3 - 2x^2 + x}{1 - x_{-1}} = \left(-2x^3 + 3x^2\right) + w_0 \\
w_3 &= \frac{x^3 - x^2}{x_2}.
\end{aligned}
\tag{8.29}
$$

CatmullRomWeights() 함수는 변수 x와 보간 노드의 수와 위치를 인자로 받는다. 함수 값을 사용하지 않는 대신에 색인 offset과 방정식(8.29) 안의 표현에 대응하는 4개 가중치의 배열을 계산한다.

이 가중치를 계산하는 코드는 BSDF 재구성 작업 이외에도 유용하기에 core/interpolation.h 파일과 core/interpolation.cpp 파일에 정의돼 있다.

```
<Spline Interpolation Definitions> ≡
    bool CatmullRomWeights(int size, const Float *nodes, Float x,
            int *offset, Float *weights) {
        <Return false if x is out of bounds 682>
        <Search for the interval idx containing x 683>
        <Compute the t parameter and powers 683>
        <Compute initial node weights w1 and w2 683>
        <Compute first node weight w0 683>
        <Compute last node weight w3>
        return true;
    }
```

첫 구문은 x가 함수의 정의역을 벗어날 때 실패를 반환한다. 부정형 안의 조건 논리를 작성하는 이상한 형식임을 기억하자. 이 방식으로 NaN 인자를 잡을 수 있으며, 이는 규약에 의해 비교 계산이 false가 되게 한다.

```
<Return false if x is out of bounds> ≡                                682
    if (!(x >= nodes[0] && x <= nodes[size-1]))
        return false;
```

FindInterval() 도우미 함수는 효율적으로 x를 포함한 간격의 인자를 이진 검색으로 찾아낸다. 이 결과로 이제 *offset 반환값을 노드 x_{i-1}의 색인으로 설정할 수 있으며, 변수 x0와 x1을 대응하는 스플라인 구간 영역의 범위로 설정할 수 있다.

이 오프셋이 방정식(8.28)을 계산할 때 배열의 경계 밖에 접근하게 할 수 있다(특히 이 경우는 오프셋이 nodes 배열의 시작보다 한 요소 이전일 때인 idx == 0이거나 idx가 배열의 크기 -1과 동일할 때 일어난다). 이 경우 대응하는 보간 가중치는 모든 경계 밖 항목에 대해 0으로 설정해야 한다. 그러므로 이 가중치를 pbrt에서 사용하는 코드는 가중치가 0인 어떤 색인에 대해서도 함수 값 배열에 접근하지 않도록 신중하게 작성해야 한다.

<*Search for the interval* idx *containing* x> ≡ 682

```
int idx = FindInterval(size, [&](int i) { return nodes[i] <= x; });
*offset = idx - 1;
Float x0 = nodes[idx], x1 = nodes[idx+1];
```

스플라인의 유도가 단위 간격을 가정했기에 이 코드에서 범위 [0, 1]인 크기 조절 변수 t를 정의한다. 이는 또한 t의 일부 정수 승수를 사전 계산하는 데 유용하다.

<*Compute the t parameter and powers*> ≡ 682

```
Float t = (x - x0) / (x1 - x0), t2 = t * t, t3 = t2 * t;
```

구현은 방정식(8.29)에서의 결과를 사용해서 2번째와 3번째 가중치 w_1과 w_2를 초기화하는 것으로 시작한다. 우선 괄호 안의 항만을 포함한다.

<*Compute initial node weights w_1 and w_2*> ≡ 682

```
weights[1] = 2 * t3 - 3 * t2 + 1;
weights[2] = -2 * t3 + 3 * t2;
```

방정식(8.29)에서 가중치 w_0과 w_3을 계산하는 데 중요한 두 가지 세부 사항이 있다. 첫째로 x1 - x0의 크기 조절 인자를 도입해야 하며, 이는 이 코드에서 사용된 t 값이 단위 간격을 크기 재조절을 포함하는 사실을 보정하며, 실제로 함수의 원래 매개변수화에 대해 미분을 원하기 때문이다.

두 번째로 경계 조건을 처리할 필요가 있다. 일반적인 경우는 idx > 0과 이전 인접이 존재하는 경우다. 이 경우 weights[0]은 직접 초기화 가능하며, w_0 항은 weights[2]에 추가돼 초기화를 완료한다. 어떤 이전 인접도 존재하지 않으면 미분 $f'(x_0)$가 $f(x_1) - f(x_0)$로 대신 근사된다. 이 경우 비슷한 대수적 처리 과정을 방정식(8.29) 안의 가중치를 찾을 때 따라갈 수 있다. 결과는 다음과 같이 사용된다.

<*Compute first node weight w_0*> ≡ 682

```
if (idx > 0) {
    Float w0 = (t3 - 2 * t2 + t) * (x1 - x0) / (x1 - nodes[idx - 1]);
```

```
        weights[0] = -w0;
        weights[2] += w0;
    } else {
        Float w0 = t3 - 2 * t2 + t;
        weights[0] = 0;
        weights[1] -= w0;
        weights[2] += w0;
    }
```

w_3에 대한 계산은 비슷하게 이어지며, 그러므로 함수의 이 부분을 구현한 코드 조각 <*Compute last node weight* w_3>은 여기에 수록하지 않는다.

주어진 메커니즘을 사용해서 이제 `FourierBDFTable::GetWeightsAndOffsets()` 메서드의 구현을 정의할 수 있으며, 이는 단지 표본화된 `mu` 배열을 전달해 `CatmullRomWeights()`를 호출한다.

<*BxDF Method Definitions*> +≡

```
    bool FourierBSDFTable::GetWeightsAndOffset(Float cosTheta, int *offset,
            Float weights[4]) const {
        return CatmullRomWeights(nMu, mu, cosTheta, offset, weights);
    }
```

더 읽을거리

Phong(1975)는 컴퓨터 그래픽스에서 광택 표면에 대한 초기 경험적 반사 모델을 개발했다. 가역적이지 않고 에너지 보존이 되진 않더라도 비램버트 물체에 대한 첫 합성 이미지의 주춧돌이다. 토랜스-스패로우 미세면 모델은 Torrance와 Sparrow(1967)에서 찾을 수 있다. 그래픽스에는 Blinn(1977)에 최초로 도입됐으며, 이것의 변형이 Cook과 Torrance(1981, 1982)에서 사용됐다. 오렌-네이어 램버트 모델은 1994 SIGGRAPH 논문(Oren과 Nayar 1994)에서 찾을 수 있다.

홀의 책은 그래픽스의 물리 기반 표면 반사 모델에 대한 1989년의 최신 기술을 모아서 설명했다. 이는 영향력이 큰 참고 도서로 남아있다(Hall 1989). 이는 표면 반사의 물리학을 자세히 다루며, 원 논문에 대한 많은 포인터와 실제 표면에 대한 많은 유용한 측정 자료의 표를 갖고 있다. Burley(2012)의 더 최신 논문은 컴퓨터 그래픽스를 위한 반사 모델에 대한 더 최신 작업에 신중하게 주석을 단 참고 문헌을 포함한다.

Heitz의 그림자-차폐 함수에 대한 논문(2014a)은 일반적인 미세면 BSDF 모델에 대한 아주 잘 작성된 도입을 제공하며, 많은 유용한 그림과 주제의 세부 사항에 대한 설명을 포함한다. Beckmann 및 Spizzichino(1963)와 Trowbridge 및 Reitz(1975)를 각각의 미세면 분포 함수의 소개를 위해 참고하자. Kurt et al.(2010)는 비등방성 벡맨-스피찌치노 분포 함수를 개발했다. Heitz(2014a)에서 다른 많은 미세면 분포 함수의 비등방성 버전을 참고하자. 컴퓨터 그래픽스의 초기 비등방성 BRDF 모델는 Kajiya(1985)와 Poulin 및 Fournier(1990)가 개발했다.

방정식(8.15) 안의 미세면 차폐-그림자 함수는 Smith(1967)가 도입했으며, 이는 결과를 유도하기 위해 미세 표면의 높이 사이에 근처 지점과의 어떤 상관관계도 없다는 가정을 사용했다. 스미스는 또한 방정식(8.13) 안의 정규화 제한을 처음 유도했다(이 결과는 독립적으로 Ashikhmin, Premoze, Shirley(2000)가 유도했다). Heitz(2014a)에서 이 함수의 유도에 대한 추가 논의를 살펴보자. 가우스 미세면 표면에 대한 두 방향 사이의 상관관계 효과를 더 잘 고려한 더 정확한 $G(\omega_i, \omega_o)$는 Heitz et al.(2013)이 개발했으며, 8장에서 사용한 벡맨-스피찌치노 $\Lambda(\omega)$ 함수의 유리 근사는 Heitz(2014a)에서 기인하며, 이는 Walter et al.(2007)이 개발한 근사에서 유도한 것이다. 여기의 $\Lambda(\omega)$ 함수의 유도, 방정식(8.14) 또한 Heitz(2015)에서 기인한다.

Stam(2001)은 또한 투과에 대한 쿡-토랜스 모델의 일반화를 유도했으며, 더 최근에는 Walter et al.(2007)이 이런 문제를 재고했다. Weyrich et al.(2009)은 측정되거나 원하는 반사 분포에 일치하는 미세면 분포를 추론하는 방법을 개발했다. 놀랍게도 원하는 반사 분포에 상당히 정확하게 일치하는 실제 물리 표면의 생성이 가능함을 보여줬다. Simonot(2009)는 오렌-네이어와 토랜스-스패로우를 포함하는 모델을 개발했다. 미세면은 완벽하게 투과하는 것에서 완벽하게 거울 반사체까지의 범위를 갖는 층을 가진 램버트 반사체로 모델링했다. 하지만 이 모델은 차폐-그림자 효과를 고려하지 않기에 닫힌 형으로 계산할 수 없다.

8장의 미세면 반사 모델은 모두 픽셀 안에서 많은 미세면이 보이기에 이들의 집합 통계적 행태로 정확하게 설명될 수 있다는 가정에 기반을 둔다. 이 가정은 많은 실세계 표면에서 사실이 아니며, 상대적으로 작은 수의 미세면이 각 픽셀에서 보일 수 있다. 이런 표면의 예로는 자동차 페인트와 번쩍이는 플라스틱 등이다. Yan et al.(2014)과 Jakob et al.(2014b)은 이 경우를 잘 모델링하는 기술을 개발했다.

층 재질에 대한 BSDF를 찾을 수 있는 것은 유용하며, 이는 녹으로 침색된 금속 기반 표면이나 니스 칠을 한 나무 등이다. Hanrahan과 Krueger(1993)는 각 층에서 단일 산란만 고려한 피부 층을 모델링했으며, Dorsey와 Hanrahan(1996)은 층 재질을 쿠벨카-멍크Kubelka-Munk 이론을 사용해서 렌더링했으며, 이는 층에서 다중 산란을 고려하지만 방사 분포가 방향의 함수로 변화하지 않는다고 가정한다.

Pharr와 Hanrahan(2000)은 층 재질의 BSDF를 효율적으로 계산하기 위해 가산 방정식adding equation을 푸는 데 몬테카를로 적분을 사용할 수 있다는 것을 보여줬다. 가산 방정식은 적분 방정식으로 층 매질 안의 다중 산란 효과를 정확하게 설명하는 방정식으로, van De Hulst(1980)와 Twomey et al.(1966)이 유도했다. Weidlich와 Wilkie(2007)는 여러 단순화 가정으로 층 재질을 더 효율적으로 렌더링하며, Jakob et al.(2014a)은 층 재질의 산란을 여기서 구현된 FourierBSDF와 같이 푸리에 기저 표현을 사용해서 효율적으로 계산한다.

많은 연구자가 반사 표면의 작은 크기의 기하학적 특성에 기반을 둔 BRDF를 연구했다. 이 작업은 Cabral, Max, Springmeyer(1987)의 범프 맵에서 BRDF 계산, Fournier의 법선 분포 함수(Fournier 1992), 몬테카를로 레이트레이싱을 미세 기하에서 통계적으로 모델링한 반사를 적용해 결과 BRDF를 구면 조화 함수spherical harmonics로 표현한 Westin, Arvo, Torrance(1992) 등이 있다. 더 최근에는 Wu et al.(2011)이 미세 기하 구조를 모델링하고 기반 BRDF를 설정할 수 있으며, 결과 거시 크기 BRDF를 상호작용적으로 미리 볼 수 있는 시스템을 개발했다.

자료 획득 기술의 개선은 측정된 자세한 실세계 BRDF의 양의 증가로 이어지며, 공간적으로 변화하는 (종종 양방향 텍스처 함수BTF, Bidirectional Texture Functions로 불리는) BRDF도 포함한다(Dana et al. 1999). Matusik et al.(2003a, 2003b)은 2005년까지의 측정된 등방성 BRDF 자료의 거대한 데이터베이스를 수집했다. Sun et al.(2007)은 시간에 따라 변화하는 BRDF(예를 들어 페인트가 건조하거나, 젖은 표면이 마르거나, 먼지가 쌓이는)를 측정했다. 대부분의 BRDF 측정이 주어진 입사 방사 조도의 양에 대해 반사된 방사를 측정하는 데 기반을 뒀지만, Zhao et al.(2011)은 섬유 구조의 CT 이미지가 매우 정확한 반사 모델로 이어지는 것을 보여줬다.

측정 BRDF 자료에 매개변수 반사 모델을 맞추는 것은 어려운 문제다. Rusinkiewicz(1998)는 재매개변수화된 측정 자료가 모델에 맞추거나 압축하는 것을 상당히 쉽게 해준다는 것을 유력하게 관찰을 했다. 이 주제는 Stark et al.(2005)과 Marscher의 박사 학위 논문(1998)이 좀 더 조사했다. Ngan et al.(2005)은 측정 자료 적합fitting에 대한 다양한 BRDF 모델의 효과를 분석했으며, 반각 벡터에 기반을 둔 모델이 반사 벡터에 기반을 둔 모델보다 더 효과적임을 보여줬다. Edwards et al.(2005)에서 이 주제에 대해 더 살펴보자.

Zickler et al.(2005)은 BRDF를 방사 기반 함수RBF, Radial Basis Functions에 기반을 두고 표현하는 방법을 개발했다. 이들은 이 함수에 기반을 두고 비균일적으로 표본화된 5D 공간에서 변화하는 BRDF를 보간했다. 좀 더 최근에 Weistroffer et al.(2007)은 RBF로 표현된 산란된 반사 자료를 균일 간격으로 재표본화하지 않고 어떻게 효과적으로 표현할지를 보여주며, Wang et al.(2008)은 공간에서 변화하는 비등방성 BRDF를 얻는 데 성공적인 접근법을 보여줬다. Pacanowski et al.(2012)은 측정되고 보정된 자료 사이에서 주어진 오차 범위를 보장했으며, Bagher et al.(2012)은 색 채널당 6개의 계수만을 사용해서 반사 함수 분포의 다양한 변화를 정확하게 보정하는 매개변수 BRDF를 소개했다. 더 최근에는 Brady et al.(2014)이 유전 프로그래밍을 사용해서 측정된 BRDF로 보정하는 새로운 해석적 BRDF 모델을 찾아냈다. Dupuy et al.(2015)은 측정된 BRDF를 고유 벡터를 계산하기 위한 승수 반복의 사용에 기반을 둔 미세면 분포에 보정시키는 효율적이고 쉽게 구현 가능한 방법을 개발했다.

Kajiya와 Kay(1989)는 머리카락을 위해 각각의 머리카락 가닥을 확산과 광택 반사 특성을 가진 원통으로 모델링하는 데 기반을 둔 초기 반사 모델을 개발했다. 이들의 모델은 이 원통 들에 대한 전체적인 반사를 결정하며, 원통을 따른 반구에 대해 표면 법선이 변화하는 효과를 고려했다. 관련된 작업에 대해 머리카락 같은 1D 기본체를 위한 음영 모델을 논한 Banks(1994)의 논문도 참고하자. Goldman(1997)은 짧은 머리카락 모음의 반사를 모델링한 확률적 음영 모델을 개발했고, Marschner et al.(2003)은 인간 머리카락 가닥이 내부 굴절 사건의 수에 기반을 두고 구분된 지향성 특성을 가진 3개의 요소로 반사된 빛을 분리하는 것에 기반을 둔 정확한 빛의 산란을 개발했다. Sadeghi et al.(2010)은 물리 기반 반사 모델에 대해 원하는 시각적 모습을 얻기 더 쉽게 하는 직관적인 제어 방법을 개발했다. 머리카락 산란 모델의 이후 발전은 d'Eon et al.(2011)이 도입했다. 최종적으로 Ward et al.'s survey(2007)는 머리카락의 모델링, 애니메이션, 렌더링에서의 광범위한 연구를 다뤘다.

표면의 다양한 특정 종류에 대한 반사 모델링도 연구자들의 관심을 끌었으며, 특화된 반사 모델이 개발됐다. Marschner et al.(2005)의 나무에 대한 렌더링이나, Günther et al.(2005)의 자동차 페인트에 대한 연구, Papas et al.(2014)의 종이에 대한 모델이 있다.

Nayar, Ikeuchi, Kanade(1991)는 물리(파동) 광학에 기반을 둔 일부 반사 모델이 기하 광학에 기반을 둔 모델과 상당히 비슷한 특징을 보인다는 점을 알려줬다. 기하 광학 근사들은 매우 매끈한 표면을 제외하고는 실제로 너무 많은 오류를 유발하는 것처럼 보이진 않았다.

이는 유용한 결과로, 일반적으로 생각되는 파동 광학 모델은 계산 비용에 비해 컴퓨터 그래픽스 응용에선 그다지 가치가 없다는 점의 실험적인 기저를 제공했다.

빛의 편광 효과는 특정 장면에서는 중요한 효과임에도 pbrt에서 모델링하지 않았다. 예를 들어 Tannenbaum, Tannenbaum, Wozny(1994)의 논문은 이 효과를 고려하기 위해 어떻게 렌더러를 확장할지에 대한 정보를 제공한다. 비슷하게 실세계 물체의 굴절률이 보통 파장의 함수로 변화하는 점도 여기선 모델링되지 않았다. 이 이슈에 대한 정보와 기존 작업에 대한 참고 자료를 11.8절의 Glassner의 책(1995)과 Devlin et al.(2002)의 연구 문서에서 다룬다. 반사된 빛이 입사 조명과 다른 파장을 갖는 형광 발광 역시 pbrt에 모델링돼 있지 않다. 이 주제에 대해 더 많은 정보는 Glassner(1994)와 Wilkie et al.(2006)을 참고하자.

Moravec(1981)는 파동 광학 모델을 그래픽스에 최초로 도입했다. 이 분야는 또한 Bahar 및 Chakrabarti(1987)와 회절 효과를 모델링하기 위해 파동 광학을 적용한 Stam(1999)이 연구했다. 이 분야의 더 최신 작업을 위해 Cuypers et al.(2012)과 Musbach et al.(2013)을 참고하라. 이는 또한 이 주제의 기존 작업에 대한 방대한 참고 문헌을 제공한다.

연습문제

❶ 8.1 광학에서 페르마의 정리 결과는 빛이 굴절률 η_1을 가진 매질 안의 점 p_1에서 굴절률 η_2를 가진 매질로 이동할 때 첫 번째 점과 두 번째 점까지 가는 시간을 최소 시간으로 하기 위한 경로를 따른다는 것이다. 스넬의 법칙이 이 결과를 따른다는 것을 직접 보여줄 수 있다.

평면 경계로 분리된 두 점 p_1과 p_2 사이를 지나가는 빛을 생각해보자. 빛은 잠재적으로 p_1에서 p_2로 진행할 때 가장자리의 어떤 점도 지나갈 수 있다(그림 8.25는 두 가지 가능한 점 p'와 p''를 보여준다). 빛이 상수 굴절률을 가진 매질의 두 점을 진행하는 시간은 거리 곱하기 굴절률과 같다는 것을 고려하자. 이 사실을 사용해서 가장자리의 p'가 $\eta_1 \sin \theta_1 = \eta_2 \sin \theta_2$ p_1인 위치에서 p_2로 가는 데 전체 시간을 최소화한다는 것을 증명하라.

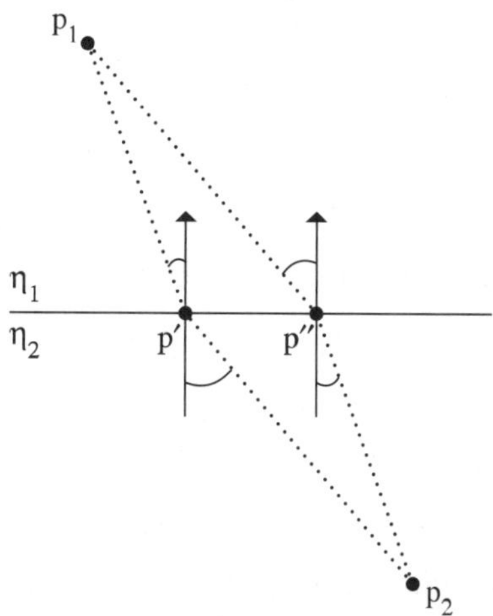

그림 8.25 스넬의 법칙의 유도. 스넬의 법칙은 빛이 두 점을 지나는 최소의 시간이 걸리는 경로를 따른다는 페르마의 정리를 사용해서 유도할 수 있다. 그러므로 두 매질의 경계선에서의 굴절각 θ는 p_1에서 경계선의 점 p로 가는 시간 더하기 p에서 p_2로 이동하는 시간을 최소화하는 값이라는 것을 보여줄 수 있다.

❸ 8.2 Wolff 및 Kurlander(1990)와 Tannenbaum, Tannenbaum, Wozny(1994)를 읽고 설명된 기술의 일부를 적용해서 pbrt가 빛의 편광 효과를 모델링할 수 있도록 변경하라. 편광이 정확히 모델링될 때 상당한 차이를 보여주는 장면을 설정해 렌더링하라.

❸ 8.3 많은 수의 거울 미세면을 가진 거친 면의 실제 기하학적 모델로 이뤄진 장면을 생성해 지역 광원으로 조명하라.[11] 장면에 카메라를 매우 많은 수의 미세면이 각 픽셀의 영역에 위치하게 배치하고, 이 장면을 몇 백 혹은 몇 천 개의 픽셀 표본으로 렌더링하라. 결과를 미세면 기반 BRDF 모델을 가진 평평한 표면과 비교하라. 미세면 BRDF의 매개변수를 조정할 때 얼마나 두 접근법의 결과를 가깝게 맞출 수 있는가? 진짜 미세면으로 렌더링한 이미지가 더 나은 차폐, 자기 그림자, 미세면 간 상호 반사의 효과에서 더 나은 모델링으로 인해 시각적으로 더욱 사실적으로 보이는 예제를 만들 수 있는가?

❸ 8.4 pbrt를 나무(Marschner et al. 2005), 옷(Sattler et al. 2003), 자동차차 페인트(Günther et al. 2005) 같이 흥미로운 표면을 좀 더 정확히 렌더링가능하게 pbrt

11. 점이나 방향 광이 아닌 영역 광이 필요한 이유는 빛이 반사 표면에서 어떻게 보이는지에 대한 세부 사항이다. pbrt에서 사용한 빛 전달 알고리즘으로는, 극소의 점광원은 거울 표면에서 절대 보이지 않는다. 이는 전형적인 광선-추적 렌더러의 한계며, 실사용 시엔 보통 방해되진 않는다.

를 확장하라. 이 효과를 위해 pbrt의 존재하는 반사 함수를 사용한 것보다 시각적으로 더 나은 결과를 보여주는 이미지를 렌더링하라.

❸ 8.5 Westin, Arvo, Torrance(1992)가 설명한 것 같은 복잡한 미세 표면에서의 반사를 모델링하기 위한 시뮬레이션 기반 접근법을 구현하라. pbrt를 복잡한 표면(옷, 벨벳 등)에 대한 미세 기하학의 설명을 제공하고, 다양한 입사각에서 광선을 기하 구조에 발사해서 표면을 나가는 광선의 분포와 투과량을 저장하도록 변경하라(나가는 빛의 분포를 결정하기 위해 14장의 PathIntegrator를 변경해야 할 것이다). 표면이 등방성일 경우 3D 표에, 비등방성일 경우 4D 표에 분포를 저장하고, 표를 이용해 BRDF 값을 계산해 이미지를 렌더링하라. 이 방식을 사용해 복잡한 표면에서의 흥미로운 반사 효과를 실증하라. 표의 크기와 표의 항을 계산하기 위해 사용된 표본의 수가 최종 결과의 정확도에 어떻게 영향을 미치는지 연구하라.

❷ 8.6 pbrt가 Curve 모양으로 광선과 매개변수 곡선(3.7절) 사이의 상당히 효율적인 교차 테스트를 제공하지만, 머리카락 반사 모델을 제공하지 않는다. '더 읽을거리' 절에 설명된 Marschner et al.'s(2003)나 d'Eon et al.'s(2011) 등의 모델 중 하나를 선택해 이를 pbrt에서 구현하라. 머리카락의 기하학적 모델을 찾거나 머리카락을 절차적으로 생성하고, 구현을 사용해서 이미지를 렌더링하라.

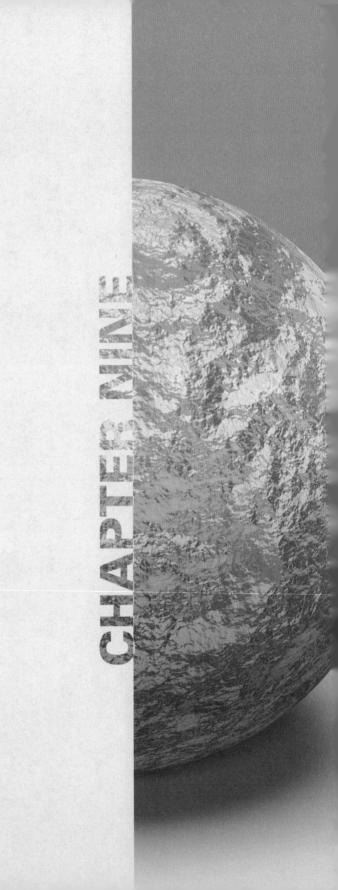

CHAPTER NINE

09 재질

8장에서 도입한 저수준 BRDF와 BTDF는 표면이 빛을 어떻게 산란하는지를 묘사하는 부분만 언급했다. 표면의 특정 점에서 빛이 어떻게 산란하는지 설명하지만, 렌더러는 어떤 BRDF와 BTDF가 표면 위의 점에서 표현되고 매개변수는 어떤지 결정해야 한다. 9장에서는 이런 내용을 처리하는 절차적 음영 동작 원리를 설명한다.

pbrt 방식 이면의 기본 개념은 표면 셰이더surface shader가 장면의 각 기본체에 묶여있는 것이다. 표면 셰이더는 Material 인터페이스 클래스의 인스턴스로 표현되며, 표면 위의 음영을 위한 점을 받아 BSDF 객체(또한 BSSRDF도)를 생성하는 메서드를 갖고 있다. BSDF 클래스는 기여가 전체 산란 함수로 합쳐지는 BxDF의 집합을 가진다. Material은 차례차례 Texture 클래스(10장에 정의될)의 인스턴스를 사용해 표면에서 특정 점의 재질 특성을 결정한다. 예를 들어 ImageTexture는 표면의 산란 반사의 색을 조절하기 위해 사용된다. 이는 다른 많은 렌더링 시스템이 사용하는 음영 패러다임과 좀 다르다. 보통 사용법은 표면 셰이더와 빛의 적분기를 합친 함수(14장)를 하나의 모듈에 넣어 셰이더가 그 점의 반사광의 색을 반환하게 한다. 하지만 이 두 요소를 분리해서 Material이 BSDF를 반환하기에 pbrt는 다양한 빛 전달 알고리즘을 더 잘 다룰 수 있다.

9.1 BSDF

BSDF 클래스는 BRDF와 BTDF의 집합을 표현한다. 이런 방식으로 묶는 것은 시스템의 나머지가 기존에 생성한 다른 모든 요소를 고려하지 않고 복합 BSDF와 직접 작업할 수 있게 한다. 동시에 BSDF 클래스는 음영 법선의 세부 사항 일부를 시스템의 다른 부분으로부터 숨긴다. 음영 법선은 삼각형 메시의 정점vertex별 법선이나 범프 매핑에서 얻어오며, 렌더링된 장면의 시각적인 풍부함을 상당히 향상시키지만, 즉흥적인 구조이기에 물리 기반 렌더러에 포함하기는 어렵다. 이는 BSDF 구현에서 처리된다.

```
<BSDF Declarations> +≡
    class BSDF {
    public:
        <BSDF Public Methods 695>
        <BSDF Public Data 695>
    private:
        <BSDF Private Methods 699>
        <BSDF Private Data 695>
    };
```

BSDF 생성자는 표면의 점에서 미분 기하 구조에 대한 정보와 경계에 대한 상대 굴절률을 제공하는 매개변수 eta를 포함하는 SurfaceInteraction 객체를 갖는다. 불투명 표면에 대해서 eta는 사용되지 않으며, 호출자가 제공하는 값은 1이어야 한다(eta의 기본값이 1인 경우는 이 때뿐이다). 생성자는 음영 법선을 축의 하나로 하는 정규 직교 좌표계를 계산한다. 이 좌표계는 그림 8.2에서 설명한 BxDF의 좌표계에서 혹은 BxDF 좌표계로 방향을 변환할 때 유용하다. 이 절에서는 음영 법선을 $\mathbf{n}_s$로, 기하 법선을 $\mathbf{n}_g$로 표기한다(그림 9.1).

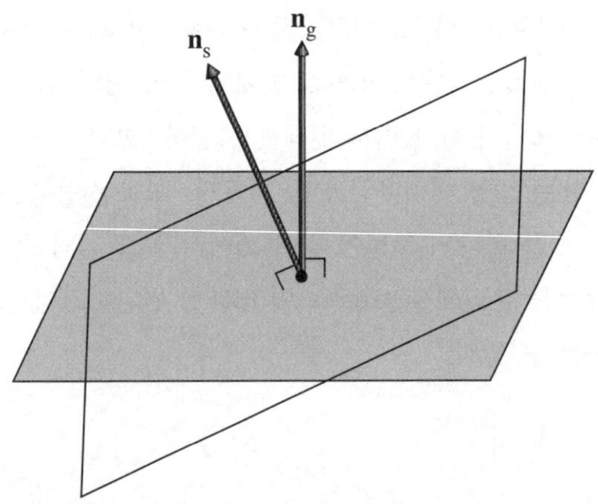

그림 9.1 표면 기하 구조로 정의되며, 기하 법선 $\mathbf{n}_g$와 정점별 법선과 범프 매핑으로 제공되는 음영 법선 $\mathbf{n}_s$는 일반적으로 입사 조명을 적분하기 위해 표면 반사를 계산하는 다른 반구를 정의한다. 이 불일치를 신중하게 다루지 않으면 이미지에 결함이 생기므로 주의해야 한다.

<*BSDF Public Methods*> ≡ 694

```
BSDF(const SurfaceInteraction &si, Float eta = 1)
    : eta(eta), ns(si.shading.n), ng(si.n),
      ss(Normalize(si.shading.dpdu)), ts(Cross(ns, ss)) { }
```

<*BSDF Public Data*> ≡ 694

```
const Float eta;
```

<*BSDF Private Data*> ≡ 694

```
const Normal3f ns, ng;
const Vector3f ss, ts;
```

BSDF 구현은 한정된 수의 개별 BxDF 요소들만을 저장한다. 더 많은 요소가 주어질 경우 더 많은 공간을 할당해 쉽게 확장할 수 있지만, pbrt의 Material 구현 중 어떤 것도 아직 필요하지는 않으며, 현재 한계인 8이면 거의 모든 실제 응용에서 충분하다.

<*BSDF Public Methods*> +≡ 694

```
void Add(BxDF *b) {
    Assert(nBxDFs < MaxBxDFs);
    bxdfs[nBxDFs++] = b;
}
```

<*BSDF Private Data*> +≡ 694

```
int nBxDFs = 0;
static constexpr int MaxBxDFs = 8;
BxDF *bxdfs[MaxBxDFs];
```

시스템의 다른 부분에서 특정 BRDF와 BTDF가 존재할 경우 추가적인 정보가 필요하며, 메서드는 BSDF가 저장한 특정 BxDFType 플래그와 일치하는 BxDF를 반환한다.

<*BSDF Public Methods*> +≡ 694

```
int NumComponents(BxDFType flags = BSDF_ALL) const;
```

BSDF는 또한 BxDF가 사용하는 지역 좌표계 간의 변환을 수행하는 메서드를 갖고 있다. 이 좌표계에서 표면 법선은 z축 (0, 0, 1)을 따라 있으며, 주 접선은 (1, 0, 0)이고, 두 번째 접선은 (0, 1, 0)이다. 음영 공간으로의 방향 변환은 8장에서의 많은 BxDF 구현을 간략화한다. 주어진 3개의 정규 직교 벡터 **s**, **t**, **n**이 월드 좌표에서 주어질 때 월드 공간에서 지역 반사 공간으로 변환하는 행렬 **M**은 다음과 같다.

$$\mathbf{M} = \begin{pmatrix} \mathbf{s}_x & \mathbf{s}_y & \mathbf{s}_z \\ \mathbf{t}_x & \mathbf{t}_y & \mathbf{t}_z \\ \mathbf{n}_x & \mathbf{n}_y & \mathbf{n}_z \end{pmatrix} = \begin{pmatrix} \mathbf{s} \\ \mathbf{t} \\ \mathbf{n} \end{pmatrix}$$

이를 확인하기 위한 예로 표면 법선의 M배 값인 Mn = (s · n, t · n, n · n)을 생각해보자. s, t, n은 정규 직교하므로, Mn의 x, y 요소는 0이다. n이 정규화됐으므로 n · n = 1이다. 그러므로 예상한 대로 Mn = (0, 0, 1)이다.

이 경우 우리는 법선을 변환하고자 M의 역전치 행렬을 계산할 필요가 없다(법선을 변환하는 2.8.3절의 설명을 기억하자). M이 직교 행렬이므로(행과 열이 상호 직교한다) 이의 역은 전치와 같으며, 따라서 자신의 역전치와 자신이 이미 같기 때문이다.

<BSDF Public Methods> +≡ 694

```
Vector3f WorldToLocal(const Vector3f &v) const {
    return Vector3f(Dot(v, ss), Dot(v, ts), Dot(v, ns));
}
```

지역 공간에서 월드 공간으로 다시 벡터를 돌리는 메서드는 적절한 내적 곱을 하기 전에 역을 찾기 위해 M을 전치한다.

<BSDF Public Methods> +≡ 694

```
Vector3f LocalToWorld(const Vector3f &v) const {
    return Vector3f(ss.x * v.x + ts.x * v.y + ns.x * v.z,
                    ss.y * v.x + ts.y * v.y + ns.y * v.z,
                    ss.z * v.x + ts.z * v.y + ns.z * v.z);
}
```

음영 법선은 실제 사용 시 다양한 종류의 원하지 않는 결함을 일으킨다(그림 9.2). 그림 9.2(a)는 빛샘 현상을 보여준다. 기하 법선은 ω_i와 ω_o가 표면의 다른 면에 위치함을 알려주므로 표면이 투과하는 경우가 아니면 빛은 어떤 기여도 하지 못한다. 하지만 우리가 직접 산란 방정식(방정식(5.9))을 음영 법선 주변에 중심을 둔 반구에 대해 계산하면 ω_i로부터의 빛을 잘못 포함하게 된다. 이 경우는 렌더링 계산에서 n_g를 n_s로 치환 불가능함을 보여준다.

그림 9.2(b)는 비슷하게 까다로운 경우를 보여준다. 음영 법선은 조명과 동일한 반구에 있지 않으므로 어떤 빛도 관찰자로 반사되지 않는다고 알려주지만, 기하 법선은 같은 반구에 있음을 알려준다. 이 상황이 일어날 경우 n_s의 직접적인 사용은 흉측한 표면의 검은 점을 유발한다.

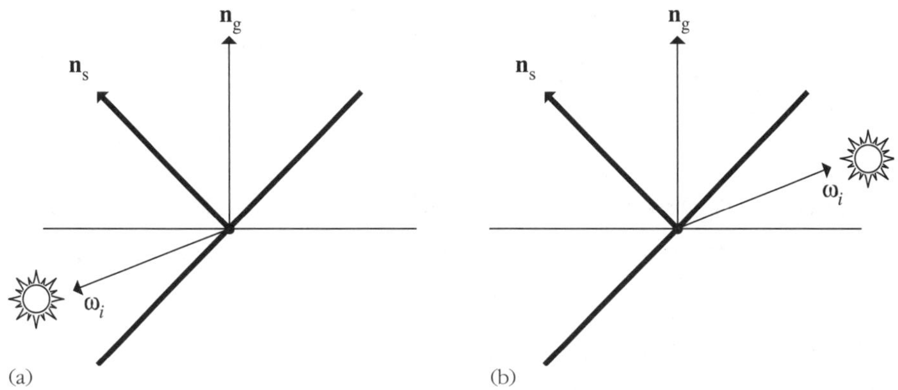

그림 9.2 음영 법선을 사용할 때의 두 가지 오류 결과. (a) 빛샘: 기하 법선은 빛이 표면의 뒤에 있다고 알려주지만, 음영 법선은 빛이 보인다고 알려준다(반사 표면이고 투과하지 않는 표면이라고 가정한다). (b) 검은 점: 기하 법선은 표면이 조명된다고 알려주지만, 음영 법선은 관찰자가 표면의 빛나는 면의 뒤에 있다고 알려준다.

다행히 이런 문제의 우아한 해결책이 있다. BSDF를 계산할 때 반사인지 투과인지를 계산해야 할 경우 기하 법선을 사용할 수 있다. ω_i와 ω_o가 $\mathbf{n}_g$에 대해 같은 반구에 위치하면 BRDF를 계산하며, 아니면 BTDF를 계산한다. 하지만 산란 방정식을 계산할 때는 법선의 내적과 입사 방향은 여전히 기하 법선이 아닌 음영 법선에서 가져온다.

이제 pbrt가 ω_i와 ω_o가 같은 반구에 있든 다른 반구에 있든 값을 계산하기 위해 BxDF가 필요함이 명백하다. 이 규약은 BTDF를 그림 9.2(a)의 경우에만 계산하므로 빛샘을 피하고, 순수 반사 표면에 어떤 반사도 주지 않음을 의미한다. 비슷하게 그림 9.2(b)의 상황에서 BRDF를 계산하므로, 음영 법선의 방향이 다른 반구에 위치하더라도 검은 점을 피할 수 있다.

정해진 규약에 따라 주어진 방향에 대한 BSDF를 계산하는 방식은 명료하다. 먼저 방향 벡터를 지역 BSDF 공간으로 변환하면서 시작하며, 그 후 BRDF를 사용할지 BTDF를 사용할지를 결정한다. 그런 다음 적절한 집합에 대해 그들의 기여도 합을 반복 계산한다.

<BSDF Method Definitions> ≡

```
Spectrum BSDF::f(const Vector3f &woW, const Vector3f &wiW,
        BxDFType flags) const {
    Vector3f wi = WorldToLocal(wiW), wo = WorldToLocal(woW);
    bool reflect = Dot(wiW, ng) * Dot(woW, ng) > 0;
    Spectrum f(0.f);
    for (int i = 0; i < nBxDFs; ++i)
        if (bxdfs[i]->MatchesFlags(flags) &&
```

```
                ((reflect && (bxdfs[i]->type & BSDF_REFLECTION)) ||
                 (!reflect && (bxdfs[i]->type & BSDF_TRANSMISSION))))
            f += bxdfs[i]->f(wo, wi);
    return f;
}
```

또한 pbrt는 각 BSDF의 반사도를 반환하는 BSDF 메서드를 제공한다(8.1.1절의 반사도의 정의를 기억하자). 대응하는 두 메서드는 BxDF에 대해서만 반복해 적절한 BxDF::rho() 메서드가 반환한 값을 더하므로 여기에 수록하지 않는다. 이 메서드는 몬테카를로 표본화 알고리즘에 필요한 경우 사용하기 위해서 BxDF에 대한 표본의 배열을 받는다(이런 표본을 받는 다른 예인 8.1.1절에 정의된 BxDF::rho() 인터페이스를 생각해보자).

<BSDF Public Methods> += 694

```
Spectrum rho(int nSamples, const Point2f *samples1,
        const Point2f *samples2, BxDFType flags = BSDF_ALL) const;
Spectrum rho(const Vector3f &wo, int nSamples, const Point2f *samples,
        BxDFType flags = BSDF_ALL) const;
```

9.1.1 BSDF 메모리 관리

장면의 기하 구조에 교차하는 각 카메라 광선에 대해 광선을 따라 전달되는 방사를 계산하는 과정에서 하나 이상의 BSDF 객체를 Integrator가 생성한다(Integrator는 빛의 다중 내부 반사를 고려하기에 일반적으로 과정상 여러 개의 BSDF를 생성한다). 각 BSDF는 내부의 교차점에서 Material에 의해 생성된 여러 개의 BxDF를 저장하고 있다.

이 과정의 단순한 구현은 BSDF와 거기에 포함된 BxDF 저장 공간을 new와 delete를 사용해 동적으로 할당하는 것이다. 불행히도 이런 방식은 허용할 수 없을 정도로 비효율적이다. 작은 메모리를 연속으로 할당하는 동적 메모리 관리에 너무 많은 시간이 사용된다. 대신 여기서의 구현은 부록 A.4.3절에 설명된 MemoryArena 클래스에 기반을 둔 특별한 할당 방식을 사용한다.[1] MemoryArena는 BSDF를 위한 메모리를 할당하는 메서드에 전달된다. 예를 들어 SamplerIntegrator::Render() 메서드는 각 이미지 조각에 대해 MemoryArena를 생성하고 이를 적분기에 전달하며, 결과적으로 Material에 전달된다.

1. MemoryArena는 메모리의 큰 덩어리를 할당해 MemoryArena::Alloc() 호출을 통한 메모리 요청을 해당 덩어리의 연속적인 구역을 반환해서 대응한다. 각 개별 할당의 해제를 지원하진 않지만, 대신 MemoryArena::FreeAll()가 호출될 때 전체를 동시에 해제한다. 이 방식의 결과로 메모리의 할당과 해제가 아주 효율적으로 수행된다.

BSDF와 BxDF를 할당하는 코드의 편의를 위해서(예, 이 절의 Material) 메모리 풀 방식의 귀찮음을 숨기는 매크로가 있다. 이런 객체를 할당하는 코드에서 new 연산자 대신 사용할 수 있다.

```
BSDF *b = new BSDF;
BxDF *lam = new LambertianReflection(Spectrum(0.5f));
```

ARENA_ALLOC() 매크로를 통해 코드를 다음과 같이 적어야 한다.

```
BSDF *b = ARENA_ALLOC(arena, BSDF);
BxDF *lam = ARENA_ALLOC(arena, LambertianReflection)(Spectrum(0.5f));
```

여기서 arena는 MemoryArena다.

ARENA_ALLOC() 매크로는 new 배치 연산자로 메모리 위치에 있는 객체의 생성자를 호출한다.

<Memory Declarations> ≡

```
#define ARENA_ALLOC(arena, Type) new (arena.Alloc(sizeof(Type))) Type
```

BSDF 소멸자는 BSDF를 delete하는 것처럼 무심코 호출하지 않기 위한 private 메서드다. 소멸자를 private으로 지정하면 소멸자가 호출될 때 컴파일 에러가 반드시 발생한다. MemoryArena로 할당된 메모리를 delete하는 것은 MemoryArena가 관리하는 메모리의 중간에 대한 포인터를 시스템의 동적 메모리 해제 루틴에 넘기므로 에러나 크래시로 이어진다.

결과적으로 여기의 할당 방식에 따른 추가적인 영향은 BSDF와 BxDF의 소멸자가 결코 수행되지 않는 것이다. 하지만 현재 시스템에서 구현된 것에는 문제가 없다.

<BSDF Private Methods> ≡ 694

```
~BSDF() { }
```

9.2 재질 인터페이스와 구현

추상 Material 클래스는 재질 구현에서 반드시 제공하는 인터페이스를 정의한다. core/material.h와 core/material.cpp 파일에 Material 클래스가 정의돼 있다.

<Material Declarations> ≡

```
class Material {
public:
```

```
    <Material Interface 700>
};
```

Materials: ComputeScatteringFunctions()로 단일 메서드가 반드시 구현돼야 한다. 이 메서드는 모양의 표면 위에 있는 교차점에서의 기하학적 특성을 포함하는 SurfaceInteraction 객체를 제공한다. 메서드의 구현은 해당 지점의 반사적 특성을 정의하고 SurfaceInteraction::bsdf 멤버 변수를 대응하는 BSDF 클래스 인스턴스로 초기화한다. 재질이 표면 밑 산란을 포함하면 SurfaceInteraction::bssrdf 멤버도 초기화돼야 한다(그렇지 않은 경우 기본값인 nullptr 값으로 유지돼야 한다). 표면 밑 산란 함수를 표현하는 BSSRDF 클래스는 입체 산란 volumetric scattering의 기반이 소개된 이후에 11.4절에서 정의된다.

아래 3개의 추가적인 매개변수가 이 메서드에 전달된다.

- BSDF와 BSSRDF를 위한 메모리를 할당하는 데 사용되는 MemoryArena
- 표면 교차점이 카메라에서 시작된 경로인지 광원에서 시작된 경로인지 알려주는 TransportMode 매개변수. 이 세부 사항은 어떻게 BSDF와 BSSRDF가 계산되는지 암묵적으로 알려준다. 16.1절을 참고하자.
- 최종적으로 allowMultipleLobes 매개변수는 재질이 BxDF를 사용해서 여러 종류의 산란을 합쳐 가능한 경우 하나의 BxDF로 사용할지 여부다(예를 들어 FresnelSpecular 같은 BxDF의 경우 반사광과 투과를 모두 포함한다). 이 BxDF는 몬테카를로 빛 전송 알고리즘에서 사용된 최종 결과의 품질을 개선할 수 있지만 DirectLightingIntegrator와 WhittedIntegrator에서 사용될 때 이미지에 잡음을 유발할 수 있다. 그러므로 Integrator는 이 매개변수를 이용해 사용된 BxDF를 조절할 수 있다.

```
<Material Interface> ≡                                                   700
    virtual void ComputeScatteringFunctions(SurfaceInteraction *si,
            MemoryArena &arena, TransportMode mode,
            bool allowMultipleLobes) const = 0;
```

Integrator가 사용하는 교차점에 대한 일반적인 인터페이스는 SurfaceInteraction 클래스의 인스턴스를 통해 이뤄지므로, ComputeScatteringFunctions()라는 편의 메서드를 추가한다. 이 메서드의 구현은 우선 Interaction의 ComputeDifferentials() 메서드를 호출해서 텍스처 안티앨리어싱에 사용하기 위한 이미지 면의 교차점 주변에서 표면 면적의 투영 크기 정보를 계산한다. 다음으로 Primitive에 요청을 넘겨 그것의 Material에 대응하는 ComputeScatteringFunctions() 메서드를 호출한다(예를 들어 GeometricPrimitive::

ComputeScatteringFunctions() 구현을 보자).

```
<SurfaceInteraction Method Definitions> +≡
    void SurfaceInteraction::ComputeScatteringFunctions(
            const RayDifferential &ray, MemoryArena &arena,
            bool allowMultipleLobes, TransportMode mode) {
        ComputeDifferentials(ray);
        primitive->ComputeScatteringFunctions(this, arena, mode,
                allowMultipleLobes);
    }
```

9.2.1 무광 재질

MatteMaterial 재질은 materials/matte.h와 materials/matte.cpp 파일에 정의돼 있다. 이는 pbrt에서 가장 단순한 재질로, 순수 확산 표면을 표현한다.

```
<MatteMaterial Declarations> ≡
    class MatteMaterial : public Material {
    public:
        <MatteMaterial Public Methods 701>
    private:
        <MatteMaterial Private Data 701>
    };
```

이 재질은 분광 확산 반사 값 Kd와 스칼라 거칠기 값 sigma로 매개변수화된다. sigma가 표면의 점에서 0의 값을 가지면 MatteMaterial은 LambertianReflection BRDF를 반환한다. 그렇지 않으면 OrenNayar 모델을 사용한다. 9장의 다른 모든 Material의 구현처럼 표면에 대한 오프셋 함수를 정의하는 추가 스칼라 텍스처를 받는다. 값이 nullptr이 아닌 경우 이 텍스처는 각 점의 음영 법선을 정의된 함수에 기반을 두고 계산한다(9.3절은 이 계산의 구현을 다룬다). 8장의 그림 8.14는 MatteMaterial 재질로 렌더링한 용 모델을 보여준다.

```
<MatteMaterial Public Methods> ≡                                        701
    MatteMaterial(const std::shared_ptr<Texture<Spectrum>> &Kd,
            const std::shared_ptr<Texture<Float>> &sigma,
            const std::shared_ptr<Texture<Float>> &bumpMap)
        : Kd(Kd), sigma(sigma), bumpMap(bumpMap) { }
```

```
<MatteMaterial Private Data> ≡                                          701
    std::shared_ptr<Texture<Spectrum>> Kd;
    std::shared_ptr<Texture<Float>> sigma, bumpMap;
```

ComputeScatteringFunctions() 메서드는 이를 하나로 묶어서 음영 기하 구조에서 범프 맵의 효과를 정의하고, 텍스처를 계산하고, BSDF를 할당하고 반환한다.

```
<MatteMaterial Method Definitions> ≡
    void MatteMaterial::ComputeScatteringFunctions(SurfaceInteraction *si,
            MemoryArena &arena, TransportMode mode,
            bool allowMultipleLobes) const {
        <Perform bump mapping with bumpMap, if present 702>
        <Evaluate textures for MatteMaterial material and allocate BRDF 702>
    }
```

범프 맵이 MatteMaterial 생성자에 제공되면 Material::Bump() 메서드는 점의 음영 법선을 계산하기 위해 호출된다. 이 메서드는 다음 절에 정의한다.

```
<Perform bump mapping with bumpMap, if present> ≡                    702, 704, 707, 838
    if (bumpMap)
        Bump(bumpMap, si);
```

다음으로 확산 반사 분광과 거칠기의 값을 주는 Texture를 계산한다. 텍스처 구현은 상수 값을 반환하거나, 이미지 맵의 검색 값, 혹은 값을 계산하기 위해 복잡한 절차적 음영 계산을 할 수도 있다(텍스처 계산 절차는 10장의 주제다). 주어진 값으로 BSDF를 할당한 후 적절한 종류의 램버트 BRDF를 할당하고, 이를 BSDF에 제공한다. Texture가 음수 값이나 예상된 범위 밖의 값을 반환할 수 있으므로, 이 값은 BRDF 생성자에 넘겨지기 전에 유효한 범위로 재조정한다.

```
<Evaluate textures for MatteMaterial material and allocate BRDF> ≡                    702
    si->bsdf = ARENA_ALLOC(arena, BSDF)(*si);
    Spectrum r = Kd->Evaluate(*si).Clamp();
    Float sig = Clamp(sigma->Evaluate(*si), 0, 90);
    if (!r.IsBlack()) {
        if (sig == 0)
            si->bsdf->Add(ARENA_ALLOC(arena, LambertianReflection)(r));
        else
            si->bsdf->Add(ARENA_ALLOC(arena, OrenNayar)(r, sig));
    }
```

9.2.2 플라스틱 재질

플라스틱은 특정 색과 반사광 하이라이트 크기를 조절하는 매개변수를 가진 확산과 광택 산란 함수의 조합으로 모델링된다. PlasticMaterial의 매개변수는 두 반사 Kd와 Ks며, 각각 확산 반사와 광택 반사의 양을 조절한다.

다음은 반사 하이라이트의 크기를 결정하는 거칠기 매개변수(0에서 1 사이의 범위)다. 이는 두 가지 방식으로 설정된다. 첫째는 remapRoughness 매개변수가 true이면 주어진 거칠기는 0에서 1로 변화하며, 더 높은 거칠기 값일수록 더 넓은 하이라이트를 보여준다(이 변종은 사용자 친화적이도록 의도됐다). 다른 방식으로는 매개변수가 false이면 거칠기는 미세면 분포의 α 매개변수를 직접 초기화하는 데 사용된다(8.4.2절을 기억하자).

그림 9.3은 플라스틱 용을 보여준다. PlasticMaterial은 materials/plastic.h와 materials/plastic.cpp 파일에 정의돼 있다.

그림 9.3 플라스틱 재질로 렌더링한 용. 확산과 광택 반사의 조합을 주시하라.

<PlasticMaterial Declarations> ≡

```
class PlasticMaterial : public Material {
public:
    <PlasticMaterial Public Methods 703>
private:
    <PlasticMaterial Private Data 704>
};
```

<PlasticMaterial Public Methods> ≡ 703

```
PlasticMaterial(const std::shared_ptr<Texture<Spectrum>> &Kd,
        const std::shared_ptr<Texture<Spectrum>> &Ks,
        const std::shared_ptr<Texture<Float>> &roughness,
```

```
            const std::shared_ptr<Texture<Float>> &bumpMap,
            bool remapRoughness)
        : Kd(Kd), Ks(Ks), roughness(roughness), bumpMap(bumpMap),
            remapRoughness(remapRoughness) { }
```

<PlasticMaterial Private Data> ≡ 703

```
    std::shared_ptr<Texture<Spectrum>> Kd, Ks;
    std::shared_ptr<Texture<Float>> roughness, bumpMap;
    const bool remapRoughness;
```

`PlasticMaterial::ComputeScatteringFunctions()` 메서드는 범프 매핑 함수를 호출하고, 텍스처를 계산한 후 BxDF를 할당하고 BSDF를 초기화하는 `MatteMaterial::ComputeScatteringFunctions()`와 같은 기본 구조를 따른다.

<PlasticMaterial Method Definitions> ≡

```
    void PlasticMaterial::ComputeScatteringFunctions(
            SurfaceInteraction *si, MemoryArena &arena, TransportMode mode,
            bool allowMultipleLobes) const {
        <Perform bump mapping with bumpMap, if present 702>
        si->bsdf = ARENA_ALLOC(arena, BSDF)(*si);
        <Initialize diffuse component of plastic material 704>
        <Initialize specular component of plastic material 704>
    }
```

`Material` 구현에서 해당 점에서의 산란에 기여하지 않는 BxDF 요소의 생성을 생략하는 것은 의미가 있다. 이렇게 해서 나중에 해당 점에서의 반사된 방사를 계산할 때 필요 없는 작업을 렌더러가 하지 않게 해준다. 그러므로 램버트 요소는 kd가 0이 아닐 때만 생성된다.

<Initialize diffuse component of plastic material> ≡ 704

```
    Spectrum kd = Kd->Evaluate(*si).Clamp();
    if (!kd.IsBlack())
        si->bsdf->Add(ARENA_ALLOC(arena, LambertianReflection)(kd));
```

확산 요소에서 광택 반사광 요소는 전체 BSDF에 기여하지 않으므로 생략한다.

<Initialize specular component of plastic material> ≡ 704

```
    Spectrum ks = Ks->Evaluate(*si).Clamp();
    if (!ks.IsBlack()) {
        Fresnel *fresnel = ARENA_ALLOC(arena, FresnelDielectric)(1.f, 1.5f);
        <Create microfacet distribution distrib for plastic material 705>
        BxDF *spec =
                ARENA_ALLOC(arena, MicrofacetReflection)(ks, distrib, fresnel);
```

```
        si->bsdf->Add(spec);
    }
```

<*Create microfacet distribution* `distrib` *for plastic material*> ≡ 704

```
    Float rough = roughness->Evaluate(*si);
    if (remapRoughness)
        rough = TrowbridgeReitzDistribution::RoughnessToAlpha(rough);
    MicrofacetDistribution *distrib =
            ARENA_ALLOC(arena, TrowbridgeReitzDistribution)(rough, rough);
```

9.2.3 혼합 재질

두 Material을 변화하는 가중치로 합치는 것이 가능하다면 유용하다. MixMaterial은 두 개의 다른 Material과 spectrum 값 텍스처를 받아서 음영이 되는 점의 두 재질 사이를 어떻게 섞을지를 위해 텍스처가 반환한 Spectrum을 사용한다. 이는 materials/mixmat.h와 materials/mixmat.cpp 파일에 정의돼 있다.

<*MixMaterial Declarations*> ≡

```
    class MixMaterial : public Material {
    public:
        <MixMaterial Public Methods 705>
    private:
        <MixMaterial Private Data 705>
    };
```

<*MixMaterial Public Methods*> ≡ 705

```
    MixMaterial(const std::shared_ptr<Material> &m1,
            const std::shared_ptr<Material> &m2,
            const std::shared_ptr<Texture<Spectrum>> &scale)
        : m1(m1), m2(m2), scale(scale) { }
```

<*MixMaterial Private Data*> ≡ 705

```
    std::shared_ptr<Material> m1, m2;
    std::shared_ptr<Texture<Spectrum>> scale;
```

<*MixMaterial Method Definitions*> ≡

```
    void MixMaterial::ComputeScatteringFunctions(SurfaceInteraction *si,
            MemoryArena &arena, TransportMode mode,
            bool allowMultipleLobes) const {
        <Compute weights and original BxDFs for mix material 706>
        <Initialize si->bsdf with weighted mixture of BxDFs 706>
    }
```

MixMaterial::ComputeScatteringFunctions()는 두 구성 재질을 각각의 BSDF로 초기화하는 것으로 시작한다.

<*Compute weights and original* BxDF*s for mix material*> ≡ 705

```
Spectrum s1 = scale->Evaluate(*si).Clamp();
Spectrum s2 = (Spectrum(1.f) - s1).Clamp();
SurfaceInteraction si2 = *si;
m1->ComputeScatteringFunctions(si, arena, mode, allowMultipleLobes);
m2->ComputeScatteringFunctions(&si2, arena, mode, allowMultipleLobes);
```

그 후 첫 번째 재질 b1의 BSDF에서 BxDF를 ScaledBxDF 어댑터 클래스로 크기 변환하고, 두 번째 BSDF에서 BxDF를 크기 변환해 모든 BxDF 요소를 si->bsdf에 더한다.

여기서 숨어있는 메모리 누수가 있는 것처럼 보이는데, b1->bxdf의 BxDF*가 새로 할당된 ScaledBxDF로 덮어쓰게 된다. 하지만 이 BxDF는 여기의 새로운 것처럼 MemoryArena를 통해 할당됐으므로 MemoryArena가 전체 메모리 덩어리를 해제할 때 그 메모리는 해제된다.

<*Initialize* si->bsdf *with weighted mixture of* BxDF*s*> ≡ 705

```
int n1 = si->bsdf->NumComponents(), n2 = si2.bsdf->NumComponents();
for (int i = 0; i < n1; ++i)
    si->bsdf->bxdfs[i] =
            ARENA_ALLOC(arena, ScaledBxDF)(si->bsdf->bxdfs[i], s1);
for (int i = 0; i < n2; ++i)
    si->bsdf->Add(ARENA_ALLOC(arena, ScaledBxDF)(si2.bsdf->bxdfs[i], s2));
```

MixMaterial::ComputeScatteringFunctions()의 구현은 BSDF 클래스의 멤버 변수 bxdf에 대한 직접 접근이 필요하다. 이 접근이 필요한 유일한 클래스이므로, 접근자와 설정자 메서드를 추가하는 것보다는 MixMaterial을 BSDF의 친구로 만든다.

<*BSDF Private Data*> +≡ 694

```
friend class MixMaterial;
```

9.2.4 푸리에 재질

FourierMaterial 클래스는 8.6절에서 소개된 방향성을 기반으로 표식화된 측정되거나 합성된 BSDF 데이터를 지원한다. 이는 materials/fourier.h와 materials/fourier.cpp에 정의돼 있다.

<*FourierMaterial Declarations*> ≡

```
class FourierMaterial : public Material {
```

```
public:
    <FourierMaterial Public Methods>
private:
    <FourierMaterial Private Data 707>
};
```

생성자는 BSDF를 파일에서 읽고 FourierBSDFTable을 초기화한다.

<FourierMaterial Method Definitions> ≡

```
FourierMaterial::FourierMaterial(const std::string &filename,
        const std::shared_ptr<Texture<Float>> &bumpMap)
    : bumpMap(bumpMap) {
    FourierBSDFTable::Read(filename, &bsdfTable);
}
```

<FourierMaterial Private Data> ≡ 707

```
FourierBSDFTable bsdfTable;
std::shared_ptr<Texture<Float>> bumpMap;
```

자료가 메모리에 있을 때 ComputeScatteringFunctions() 메서드의 작업은 명확하다. 일반적인 범프 매핑 계산이 끝난 후 FourierBSDF를 할당하고 표의 자료에 접근 권한을 제공한다.

<FourierMaterial Method Definitions> +≡

```
void FourierMaterial::ComputeScatteringFunctions(SurfaceInteraction *si,
        MemoryArena &arena, TransportMode mode,
        bool allowMultipleLobes) const {
    <Perform bump mapping with bumpMap, if present 702>
    si->bsdf = ARENA_ALLOC(arena, BSDF)(*si);
    si->bsdf->Add(ARENA_ALLOC(arena, FourierBSDF)(bsdfTable, mode));
}
```

9.2.5 추가 재질

기본 재질들 외에도 pbrt에는 8개의 가용한 Material 구현이 materials/ 디렉터리에 모두 들어있다. 이들은 재질 구현의 기본 주제를 변형한 것에 불과하므로 여기서 모든 구현을 보여주진 않겠다. 모두 산란 매개변수를 정의한 Texture를 받으며, 이 텍스처는 재질 각각의 ComputeScatteringFunctions() 메서드를 계산해서 적절한 BxDF를 생성하고 BSDF를 반환한다. 이 재질이 받는 매개변수에 대한 요약은 docs/fileformat.pdf에서 pbrt의 파일 형식에 대한 문서를 보자.

이 재질들은 다음과 같다.

- **GlassMaterial:** 정확한 각도 종속적인 변화에 따른 프레넬 항으로 가중된 완벽 반사 혹은 광택 반사와 투과
- **MetalMaterial:** 금속, 전도체의 프레넬 공식과 토랜스-스패로우 모델에 기반을 둔다. 플라스틱과 달리 금속은 확산 요소를 포함하지 않는다. 다양한 종류의 금속 굴절률 η와 흡수 계수 k에 대한 측정 분광 자료를 디렉터리 scenes/spds/metals/에서 보자.
- **MirrorMaterial:** 완벽한 거울 반사로 모델링된 단순 거울
- **SubstrateMaterial:** 시야각에 따라 광택 반사와 확산 반사 사이에서 변하는 층이 있는 모델(FresnelBlend BRDF에 기반)
- **SubsurfaceMaterial**와 **KdSubsurfaceMaterial:** 내부 표면 산란을 보이는 재질을 표현하는 BSSRDF를 반환하는 재질
- **TranslucentMaterial:** 확산과 광택 반사와 표면의 투과를 표현하는 재질
- **UberMaterial:** 이전의 많은 재질의 결합을 표현하는 만능 재질. 다른 파일 형식을 pbrt로 변환할 때 특히 유용한 고도로 매개변수화된 재질

그림 8.10은 8장에서 용 모델이 유리로 렌더링된 것을 보여주며, 그림 9.4는 MetalMaterial로 렌더링된 것을 보여준다. 그림 9.5는 KdSubsurfaceMaterial을 보여준다.

그림 9.4 사실적으로 측정된 금의 산란 자료를 기반으로 한 MetalMaterial로 렌더링한 용

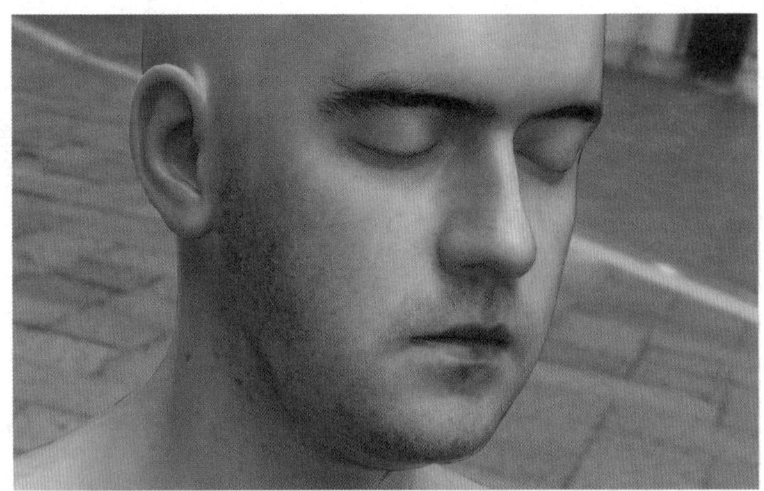

그림 9.5 내부 표면 산란을 모델링한 KdSubsurfaceMaterial로 렌더링한 머리 모델(15.5절의 내부 표면 산란 빛 전송 기술과 결합)

9.3 범프 매핑

앞 절에 정의된 모든 Material은 표면에서 각 지점의 변위displacement를 정의한 추가 부동소수점 텍스처 맵을 받는다. 각 점 p는 연관된 변위 점 p'를 갖고 있으며, $p' = p + d(p)\mathbf{n}(p)$로 정의하며, $d(p)$는 p의 변위 텍스처가 반환하는 오프셋, $\mathbf{n}(p)$는 p에서 표면 법선이다(그림 9.6). 우리는 이 텍스처를 음영 법선의 계산에 사용해 실제 기하 구조를 변화하지 않고 표면이 실제로 변위 함수에 의해서 오프셋 이동한 것처럼 보이게 한다. 이 과정을 범프 매핑bump mapping이라고 한다. 상대적으로 작은 변위 함수에서 범프 매핑의 시각적인 효과는 상당히 설득력이 있다. 이 개념과 음영 법선을 실제 변위된 표면처럼 그럴듯한 모습으로 보이는 방법을 계산하는 상세한 기술은 Blinn(1978)이 개발했다.

그림 9.7은 선 격자의 이미지 맵으로 정의된 범프 매핑을 구에 적용한 효과를 보여준다. 더 복잡한 예제는 그림 9.8에서 볼 수 있으며, 장면을 범프 매핑을 한 것과 하지 않고 렌더링한 결과를 보여준다. 범프 맵은 기하 구조에 없는 상당한 양의 세부 사항을 벽과 마루에 제공한다. 그림 9.9는 그림 9.8에서 범프 함수를 정의하려고 사용한 이미지 맵의 하나를 보여준다.

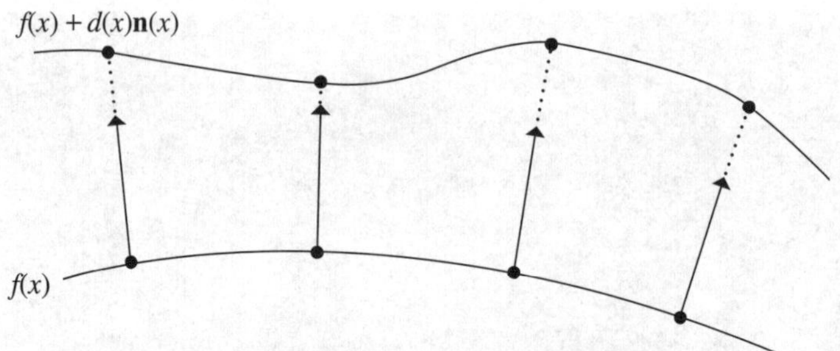

그림 9.6 예전 표면에 기반을 둔 새 표면을 정의하는 재질과 연관된 변위 함수로, 각 점의 법선을 따라 변위량으로 오프셋했다. pbrt는 이 변위 표면의 기하학적 표현을 계산하지 않지만, 대신 음영 법선을 범프 매핑을 위해 계산한다.

그림 9.7 구에 대한 음영 법선을 범프 매핑으로 계산하면 실제 존재하는 것보다 훨씬 많은 기하학적 세부 사항을 가진 모습을 제공한다.

Material::Bump()는 Material 구현이 사용하는 유틸리티 함수다. 이는 주어진 특정 변위 Texture에 대해 음영이 되는 점에서 범프 매핑의 효과를 계산해야 한다. 그러므로 미래 Material 구현은 이 특정 메커니즘(혹은 전부)으로 범프 매핑을 지원할 필요가 없으며, 이 메서드를 하드 코딩된 재질 계산 파이프라인의 밖에 놓고 특정 재질 구현이 추가적으로 호출할 수 있는 함수로 남겨둔다.

(a)

(b)

그림 9.8 스폰자 아트리움 모델을 (a) 범프 매핑 없이 렌더링한 것과 (b) 범프 매핑으로 렌더링한 결과. 범프 매핑은 보여주는 모델의 기하학적 복잡도를 상당히 증가시키며, 같은 양의 미세 단위 세부 사항을 가진 기하학적 표현에서 도출되는 증가된 렌더링 시간이나 메모리 사용의 증가가 필요 없다.

그림 9.9 그림 9.8의 스폰자 아트리움을 렌더링하기 위해 범프 맵으로 사용한 이미지 맵의 하나

`Material::Bump()`의 구현은 변위된 표면의 편미분 $\partial \mathrm{p}/\partial u$와 $\partial \mathrm{p}/\partial v$의 근사를 찾아 이를 이용해서 표면의 실제 편미분을 대체해 음영 법선을 계산하는 것이다(표면 법선이 이 두 벡터의 외적으로 주어짐 $\mathbf{n} = \partial \mathrm{p}/\partial u \times \partial \mathrm{p}/\partial v$를 기억하라). 원본 표면이 매개변수 함수 $p(u, v)$로, 범프 오프셋 함수가 스칼라 함수 $d(u, v)$로 정의된다고 가정하자. 그러면 변위된 표면은 다음과 같다.

$$p'(u, v) = p(u, v) + d(u, v)\mathbf{n}(u, v)$$

여기에서 $\mathbf{n}(u, v)$는 (u, v)에서의 표면 법선이다.

이 함수의 편미분은 연쇄 법칙을 사용해 찾을 수 있다. 예를 들어 u의 편미분은 다음과 같다.

$$\frac{\partial p'}{\partial u} = \frac{\partial p(u, v)}{\partial u} + \frac{\partial d(u, v)}{\partial u}\mathbf{n}(u, v) + d(u, v)\frac{\partial \mathbf{n}(u, v)}{\partial u}. \tag{9.1}$$

이미 $\partial p(u, v)/\partial u$의 값을 계산했다. $\partial p/\partial u$는 표면 법선 $\mathbf{n}(u, v)$와 편미분 $\partial \mathbf{n}(u, v)/\partial u = \partial \mathbf{n}/\partial u$를 저장하는 `SurfaceInteraction` 구조체에서 사용할 수 있다. 변위 함수 $d(u, v)$는 필요할 때 계산할 수 있으며, $\partial d(u, v)/\partial u$만이 유일하게 남은 항이다.

$\partial d(u, v)/\partial u$와 $\partial d(u, v)/\partial v$의 값을 찾는 두 가지 가능한 접근 방식이 있다. 하나는 `Texture` 인터페이스를 기저 텍스처 함수의 편미분을 계산하는 메서드를 추가해 증강하는 것이다. 예를 들어 표면에 직접 (u, v) 매개변수화를 이용해 매핑한 이미지 맵 텍스처에 대해 이의 편미분은 u와 v 방향의 인근 텍셀을 빼서 계산할 수 있다. 하지만 이 방식은 10장에서 정의하는 복잡한 절차적 텍스처에 대해 확장하기 어렵다. 그러므로 `pbrt`는 직접 이 값을 전향 차분forward difference으로 `Material::Bump()`에서 계산하며, `Texture` 인터페이스를 변경하지 않는다.

편미분의 정의를 다시 살펴보자.

$$\frac{\partial d(u, v)}{\partial u} = \lim_{\Delta_u \to 0} \frac{d(u + \Delta_u, v) - d(u, v)}{\Delta_u}$$

전향 차분은 값을 u의 유한 체적finite value 값을 이용해서 근사하고 $d(u, v)$를 두 위치에서 계산한다. 그러므로 최종 $\partial p'/\partial u$의 표현은 다음과 같다(단순화를 위해 다른 항의 (u, v)에 대한 명시적 종속을 생략했다).

$$\frac{\partial p'}{\partial u} \approx \frac{\partial p}{\partial u} + \frac{d(u + \Delta_u, v) - d(u, v)}{\Delta_u}\mathbf{n} + d(u, v)\frac{\partial \mathbf{n}}{\partial u}$$

아주 흥미롭게도 대부분의 범프 매핑 구현은 최종 항을 $d(u, v)$가 상대적으로 작다는 가정을 통해 무시한다(범프 매핑이 대부분 작은 섭동perturbation을 근사하는 데 유용하므로, 이는 합리적인 가정이다). 많은 렌더러가 $\partial \mathbf{n}/\partial u$와 $\partial \mathbf{n}/\partial v$의 값을 계산하지 않는 것도 이 단순화에 따라 처리할 부분이다. 최종 항을 무시해 생기는 영향은 변위 함수의 크기가 범프 매핑된 편미분에 영향을 주지 않는 것이다. 상수 값을 더하면 최종 결과에 전역적으로 영향을 주지 않는데, 이는 범프 함수의 차이만이 영향을 미치기 때문이다. $\partial \mathbf{n}/\partial u$와 $\partial \mathbf{n}/\partial v$는 이미 가용하므로 pbrt는 3가지 항을 모두 계산하지만, 실제로 이 최종 항은 거의 시각적인 차이를 보여주지 않는다.

Bump( )의 정의에서 중요 세부 사항은 d 매개변수가 shared_ptr<Texture<Float>>형이 아닌 const shared_ptr<Texture<Float>> &형으로 정의된다는 점이다. 이 차이는 미묘한 이유에서 성능에 매우 중요하다. C++ 참조형을 여기서 사용하지 않으면 shared_ptr 구현은 메서드에 전달하는 임시 값에 대한 참조 수를 증가시키며, 참조 수는 메서드가 끝날 때 줄어들어야 한다. 이는 일렬 코드에선 효율적인 연산이지만, 여러 스레드의 실행에서는 다른 렌더링 작업들이 이 방식으로 넘긴 같은 변위 텍스처를 사용할 때 여러 프로세싱 코어가 같은 메모리 위치를 변경하게 된다. 이는 A.6.1절에 설명한 부하가 큰 '소유를 위한' 읽기 연산으로 이어진다.[2]

```
<Material Method Definitions> ≡
    void Material::Bump(const std::shared_ptr<Texture<Float>> &d,
            SurfaceInteraction *si) {
        <Compute offset positions and evaluate displacement texture 713>
        <Compute bump-mapped differential geometry 714>
    }
```

```
<Compute offset positions and evaluate displacement texture> ≡        713
    SurfaceInteraction siEval = *si;
    <Shift siEval du in the u direction 714>
    Float uDisplace = d->Evaluate(siEval);
    <Shift siEval dv in the v direction>
    Float vDisplace = d->Evaluate(siEval);
```

2. 이런 많은 설명은 필자들이 아주 힘들게 배운 교훈이다. 멀티스레딩 pbrt와 이 책의 2판을 작업하는 동안 틀린 것을 알았다. 이 문제는 개발한 지 몇 개월이 지난 후 Bump( )가 엄청난 양의 시간을 사용하는 시스템을 프로파일링했을 때에 밝혀졌다.

```
Float displace = d->Evaluate(*si);
```

한 가지 남은 문제는 전향 차분에서 어떻게 오프셋 Δ_u와 Δ_v를 선택하는가이다. 이들은 $d(u, v)$의 작은 변화를 포착할 정도로 충분히 작아야 하지만, 부동소수점 정밀도가 좋은 결과를 주기에 충분히 커야 한다. 여기서는 우리는 Δ_u와 Δ_v 값을 이미지 공간 픽셀 표본 간격의 반 정도로 오프셋을 설정해 SurfaceInteraction의 적절한 멤버 변수를 오프셋 위치로의 이동을 반영하도록 업데이트를 하는 데 사용한다(이미지 공간 거리를 계산하는 방법은 10.1.1절을 참고하자).

다음의 코드에서 다른 세부 사항을 알아보자. si->shading.n을 직접 사용하지 않고 $\partial p/\partial u$와 $\partial p/\partial v$의 외적으로 표면 법선 **n**을 재계산했다. 이에 대한 이유는 **n**의 방향이 뒤집어질 수 있기 때문이다(2.10.1절의 코드 조각 <*Adjust normal based on orientation and handedness*>를 참고하자). 하지만 원래 법선도 여기서 필요하다. 이후에 계산 결과가 SurfaceInteraction::SetShadingGeometry()에 전달될 때 필요할 경우 계산한 법선을 뒤집어야 한다.

<*Shift* siEval du *in the u direction*> ≡ 713

```
Float du = .5f * (std::abs(si->dudx) + std::abs(si->dudy));
if (du == 0) du = .01f;
siEval.p = si->p + du * si->shading.dpdu;
siEval.uv = si->uv + Vector2f(du, 0.f);
siEval.n = Normalize((Normal3f)Cross(si->shading.dpdu,
                                     si->shading.dpdv) +
                     du * si->dndu);
```

코드 조각 <*Shift* siEval dv *in the v direction*>은 du를 이동하는 코드 조각과 거의 동일하므로 여기에 수록하지 않는다.

주어진 새 위치와 변위 텍스처의 값에 대해 편미분은 방정식(9.1)을 사용해서 직접 계산할 수 있다.

<*Compute bump-mapped differential geometry*> ≡ 713

```
Vector3f dpdu = si->shading.dpdu +
        (uDisplace - displace) / du * Vector3f(si->shading.n) +
        displace * Vector3f(si->shading.dndu);
Vector3f dpdv = si->shading.dpdv +
        (vDisplace - displace) / dv * Vector3f(si->shading.n) +
        displace * Vector3f(si->shading.dndv);
si->SetShadingGeometry(dpdu, dpdv, si->shading.dndu, si->shading.dndv,
        false);
```

더 읽을거리

디즈니에서 장편 영화를 위해 개발한 재질 모델에 대한 Burley의 논문(2012)은 훌륭한 읽을거리다. 이는 Matusik et al.'s(2003b)의 100가지 BRDF의 측정값에서 볼 수 있는 실세계 반사의 특징에 대해 광범위하게 논의하고 이 특징들이 기존 BRDF 모델에 잘 맞거나 맞지 않는 방식에 대해 분석했다. 이 고찰은 그 후 광범위한 표면 외형을 표현할 수 있는 '아티스트 친화'적인 재질 모델을 개발하는 데 사용됐다. 이 모델은 단일 색과 값이 [0, 1] 사이인 10개의 스칼라 매개변수로 반사를 설명하고, 결과 재질의 모습에서 매우 예측 가능한 효과를 가진다.

Blinn(1978)이 범프 매핑 기술을 발명했다. Kajiya(1985)는 법선을 범프 매핑하는 개념을, 표면의 주접선 벡터 역시 섭동시켜 비등방성 반사 모형의 모습을 조절하는 데 유용한 프레임 매핑으로 일반화했다. Mikkelsen(2008)의 논문은 신중하게 범프 매핑의 기저에 깔린 다양한 가정을 조사하고, 일반화를 제안한 후 실시간 렌더링의 응용에 대한 많은 세부 사항을 제시했다.

Snyder와 Barr(1987)는 정점 단위 음영 법선에서의 빛샘 문제를 언급하고 다양한 회피책을 제안했다. 9장에서 사용한 방법은 Veach의 논문(Veach 1997)의 5.3절에서 나온다. 이는 Snyder와 Barr보다는 좀 더 안정적인 해결책이다.

음영 법선은 9장에서 언급하지 않은 물리 기반 빛 전송 알고리즘의 다양하고 미묘한 문제들을 제공한다. 예를 들어 쉽게 표면이 조사되는 것보다 많은 에너지를 반사하게 할 수 있으며, 에너지 보존 법칙에 기반을 둔 빛 전송 알고리즘을 박살낼 수 있다. Veach(1996)는 이런 내용을 심도 있게 다루고 다양한 해결책을 개발했다. 16.1절에서 이 내용을 다시 다룬다.

범프 매핑의 시각적인 단점 중 하나는 범프가 투영하는 표면의 그림자가 근처 지점에 빛이 도달하지 못하게 하는 자기 그림자를 본질적으로 고려하지 않는다는 점이다. 이 그림자는 거친 표면의 모습에 상당한 인상을 남길 수 있다. Max(1988)는 수평선 매핑 기술을 개발했는데, 이는 이미지 맵에 저장된 범프 맵을 전처리해서 이 효과를 고려한 항을 계산하는 것이다. 하지만 이 방식은 절차적 텍스처에는 직접 적용이 불가능하다. Dana et al.(1999)은 실세계 표면의 공간에서 변화하는 반사 특성을 자기 그림자 효과를 포함해서 측정했다. 이들은 정확한 이미지 합성을 위한 이 효과의 중요성을 설득력 있게 보여줬다.

범프 매핑에 관련된 다른 어려운 문제는 이미지에 표현될 수 있는 것보다 높은 주파수의 세부 사항을 가진 범프 맵을 안티앨리어싱하는 것이 매우 어렵다는 점이다. 특히 범프 맵

함수에서 고주파수 세부 사항을 제거하는 것으로 충분하지 않으며, 일반적으로 BSDF가 이 세부 사항을 고려해서 변경돼야 한다. Fournier(1992)는 이 문제에 정규 분포 함수를 적용해서 표면 법선이 법선 방향의 분포를 나타내도록 일반화했다. Becker와 Max(1993)는 범프 맵과 더 높은 주파수 세부를 표현하는 BRDF 사이를 섞는 알고리즘을 개발했다. Schilling(1997, 2001)은 이 주제를 특히 그래픽스 하드웨어에 응용하기 위해 연구했다. 좀 더 최근에는 범프 맵을 필터링하는 효과적인 방식이 Toksvig(2005)와 Han et al.(2007), Olano와 Baker(2010)에 의해 개발됐다. Dupuy et al.(2013)과 Hery et al.(2014)의 최근 작업은 변위를 비등방석 벡맨 미세면의 분포로 변환하는 기술을 개발해 이런 내용을 처리했다.

범프 매핑의 또 다른 대안으로는 변위 매핑이 있으며, 범프 함수가 실제로 표면 기하 구조를 변경하는 데 비해 법선만 변경하는 것이다(Cook 1984; Cook, Carpenter, Catmull 1987). 변위 매핑은 물체 윤곽선의 기하학적 세부 사항과 자기 그림자 효과를 고려할 수 있는 장점이 있다. 패터슨과 동료들은 레이트레이싱에서 변위 매핑을 사용할 때 기하 구조는 변경 없지만 광선의 방향이 변위된 기하 구조로 찾는 것과 같은 교차점을 찾도록 변경하는 혁신적인 알고리즘을 설명했다(Patterson, Hoggar, Logie 1991; Logie와 Patterson 1994). Heidrich와 Seidel(1998)은 절차적으로 정의된 변위 함수에 대한 직접 교차점을 계산하는 기술을 개발했다.

컴퓨터가 더 빨라지면서 변위 매핑에 대한 다른 실행 가능한 방식은 변위된 표면을 정의하는 음함수를 사용해 음함수와 영점 교차를 찾을 때까지 광선을 따라가는 방식이다. 이 시점에서 교차점을 찾을 수 있다. 이 방식은 Hart(1996)가 처음 소개했다. GPU에서의 변위 매핑을 위해 이 방식을 사용한 것에 대한 정보를 Donnelly(2005)에서 살펴보자. 이 방식은 최근에 Quilez가 셰이더토이 웹 사이트에서 유행시켰다(Quilez 2015).

컴퓨터의 증가된 메모리와 캐싱 알고리즘 덕분에 레이트레이싱을 위해 세밀하게 테셀레이션된 기하 구조와 이의 정점을 변위하는 것이 선택적으로 가능해졌다. Pharr와 Hanrahan(1996)은 이런 문제에 대한 접근법을 기하 구조 캐싱으로 설명했고, Wang et al.(2000)은 메모리 요구량을 줄이는 적응 테셀레이션 알고리즘을 설명했다. Smits, Shirley, Stark(2000)는 각 삼각형에 대해 지연 테셀레이션해서 상당한 양의 메모리를 아꼈다.

실제 표면의 미세 크기 표면 기하 구조를 측정해 범프나 변위 맵을 얻는 것은 어렵다. Johnson et al.(2011)은 이 용도로 쓰기에 충분하고도 남는 몇 미크론의 세부까지 측정 가능한 참신한 휴대용 시스템을 개발했다.

연습문제

❷ 9.1 같은 Texture가 하나 이상의 Material 요소(예를 들어 PlasticMaterial::Kd와 PlasticMaterial::Ks의 둘 다)에 엮여 있을 경우 텍스처는 두 번 계산하게 된다. 이는 불필요한 중복 작업으로, Texture의 계산 부하가 클 경우 렌더링 시간의 현저한 증가를 불러온다. 이 문제를 제거하기 위해 pbrt의 재질을 변경하라. 일반적인 장면과 중복이 있는 장면에 대해 시스템 성능에서의 차이를 측정하라.

❷ 9.2 Burley(2012)가 설명한 아티스트 친화적인 '디즈니 BRDF'를 구현하라. 새 Material 구현과 몇 가지 새로운 BxDF가 필요할 것이다. 이 구현을 사용해서 다양한 장면을 렌더링하라. 기존 pbrt 장면에서 Material을 이것으로 변경했을 때 시각적 표현을 일치시키는 것이 얼마나 쉬운가? 이 재질의 매개변수에서 주어진 원하는 표현을 얻기 위해 얼마나 빨리 조절 가능한가?

❸ 9.3 pbrt에서 제거하려 하지 않는 앨리어싱의 종류 중 하나는 반사 하이라이트 앨리어싱이다. 높은 반사 지수를 가진 광택 반사 표면, 특히 높은 곡률을 가진 경우 입사 방향이나 표면 위치(그러므로 표면 법선)의 작은 변화가 앨리어싱될 정도로 민감해서 하이라이트의 기여도를 상당히 변화시킬 수 있다. 이 주제에 관한 Amanatides의 논문(1992)을 읽고 반사 앨리어싱을 줄이도록 그의 기술을 사용하던지 자신의 것을 개발해 pbrt를 확장하라. 적절한 계산을 위한 대부분의 값들은 SurfaceInteraction의 $\partial \mathbf{n}/\partial x$와 $\partial \mathbf{n}/\partial y$ 등과 같이 이미 사용할 수 있지만, BxDF 인터페이스를 가진 모든 MicrofacetDistribution의 거칠기에 관한 더 많은 정보를 제공하도록 확장해야 한다.

❷ 9.4 반사 하이라이트 앨리어싱을 처리하는 다른 접근법은 BSDF를 초표본화 supersample, 즉 음영점 주변을 여러 번 계산하는 방법이다. 10.1절의 텍스처 함수의 초표본화에 대한 논의를 읽고 난 후 BSDF::f() 메서드를 BSDF 계산 루틴이 호출됐을 때 교차점 주변의 위치 집합을 교차점 주변의 픽셀 표본화율 안에서 이동시켜 BSDF를 각각에 대해 계산하도록 변경하라. 이 접근법이 얼마나 효과적으로 반사 하이라이트 앨리어싱에 대응할 수 있는가?

❸ 9.5 9장의 '더 읽을거리' 절에서 참조된 범프 맵의 필터링에 관한 논문을 읽고, 그중 하나의 기술을 선택해 pbrt에 구현하라. 범프 맵 앨리어싱으로 인한 시각적 오류를 구현한 기술이 없는 경우와 함께 얼마나 구현을 잘 처리하는지 보여주

는 예제를 제시하라.

❸ 9.6 Neyret(1996, 1998), Heitz와 Neyret(2012), Heitz et al.(2015)은 자동으로 복잡한 모양에 대한 설명과 이의 반사 특성을 받아 각각 제한된 주파수 내용에 대해서 다른 해상도의 일반화된 반사 모델로 변환하는 알고리즘을 개발했다. 이 표현의 장점은 물체에 대한 적절한 세부 모사 단계를 화면의 크기에 따라 선택하기 쉽다는 것으로, 이로 인해 앨리어싱을 줄일 수 있다. 이 논문들을 읽고 pbrt에 설명된 알고리즘을 구현하라. 이것을 세부적인 기하 구조로부터의 기하 앨리어싱을 줄이는 데 사용하고 범프 맵 앨리어싱에 사용하기 위해 확장하라.

❸ 9.7 3.8절의 루프 세분 표면 구현에서 삼각형 면 세분 기반 구조를 pbrt에서 변위 매핑을 구현하는 데 사용하라. 일반적인 변위 매핑에 대한 접근법은 기하학적 모양을 잘게 테셀레이션해 변위 함수를 정점에서 계산하고, 각 정점을 법선을 따라 주어진 거리로 이동하는 것이다. 변위 매핑이 모양을 크게 만들 수 있으므로 비변위된 모양의 경계 상자는 특정 변위 함수가 생성할 수 있는 최대 변위 거리로 확장돼야 한다.

메시의 각 면을 이미지에 투영할 때 픽셀 사이의 분리 크기에 대략 맞을 정도가 될 때까지 세분하라. 이를 위해 화면에 투영될 때의 장면에서 모서리의 이미지 픽셀 기반 거리를 예측할 수 있어야 한다. 10장의 텍스처링 기반 구조를 변위 함수를 계산하는 데 사용하라. Patney et al.(2009)과 Fisher et al.(2009)을 적응적 테셀레이션으로 인한 메시의 균열을 피하는 데 관련된 이슈에 대해 알아보는 데 참고하라.

CHAPTER TEN

10 텍스처

이제 텍스처texture를 재질 모델에 포함시키기 위한 인터페이스와 클래스를 설명한다. 9장의 재질이 모두 자신의 특성(확산 반사, 광택도 등)을 설명하는 다양한 매개변수에 기반을 두는 것을 기억하라. 실세계 재질 특성이 보통 표면에서 변화하기 때문에 이 공간적 변화를 표현할 수 있어야 할 필요가 있다. pbrt에서는 텍스처 추상화가 이런 용도를 도와준다. 재질 구현에서 패턴 생성 메서드 및 반사 모델 구현과 분리되는 방식으로 정의돼 있으므로 이를 임의의 방식으로 결합하기 쉬우며, 겉모습의 다양한 변화를 생성하기 쉽다.

pbrt에서 텍스처는 매우 일반적인 개념이다. 특정 정의역(예, 표면의 (u, v) 매개변수 공간이나 (x, y, z) 물체 공간)에서 점을 다른 공역(예, 분광이나 실수)의 값으로 매핑하는 함수다. 텍스처 클래스의 다양한 구현을 시스템에서 사용할 수 있다. 예를 들어 pbrt는 모든 곳에서 같은 매개변수 값을 가진 표면을 제공하기 위해 0차원의 함수로 표현되는 상수를 반환하는 텍스처를 가진다. 이미지 맵 텍스처는 (s, t) 매개변수의 2차원 함수로, 픽셀의 2D 배열 값을 사용해 특정 지점의 텍스처 값을 계산한다(이는 10.4절에서 설명한다). 심지어 다른 텍스처 함수에서 계산한 값을 기반으로 값을 계산하는 함수도 있다.

텍스처는 최종 이미지에서 고주파수 변화의 원천이 될 수 있다. 그림 10.1은 텍스처로 인한 심각한 앨리어싱을 가진 이미지를 보여준다. 이 앨리어싱의 시각적인 충격은 7장의 비균일 표본화 기술로 감소할 수 있더라도, 이 문제에 대한 더 나은 해결책은 텍스처 함수가 주파수 내용을 표본화되는 비율에 기반을 두고 조절하는 것이다. 다른 많은 텍스처 함수에 대해 주파수 내용에 대한 합리적인 근삿값을 계산하고 이 방식으로 안티앨리어싱하는 것은 그리 어렵지 않으며, 이미지 표본화율을 증가시켜서 앨리어싱을 줄이는 것보다 훨씬 더 효율적이다.

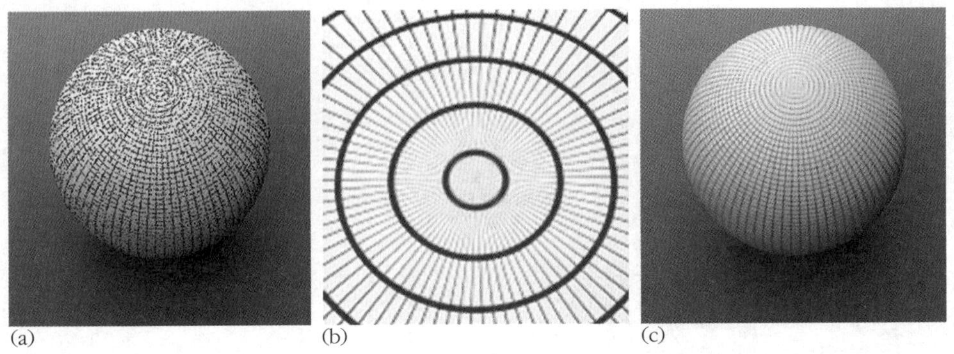

그림 10.1 텍스처 앨리어싱. (a) 구에서의 격자 텍스처를 픽셀당 하나의 표본으로 렌더링한 이미지는 심각한 앨리어싱 결함이 있다. (b) 구의 상단 근처에서 근접한 영역은 얼마나 많은 고주파수 세부 사항이 인근 픽셀 표본 위치 사이에 존재하는지에 대한 감을 제공한다. (c) 텍스처 함수는 이미지 표본화율을 고려해 함수를 미리 필터링해서 고주파수 세부 사항을 제거해 픽셀당 하나의 표본으로도 안티앨리어싱된 이미지를 제공한다.

10장의 첫 절은 텍스처 앨리어싱의 문제와 일반적인 해결책을 다룬다. 그 후 기본 텍스처 인터페이스와 몇 개의 단순한 텍스처 함수에서의 사용을 설명한다. 10장의 나머지에서는 더 복잡한 다양한 텍스처 구현을 보여주고, 그에 따른 다른 텍스처 안티앨리어싱 기술의 사용을 시연한다.

10.1 표본화와 안티앨리어싱

7장의 표본화 작업은 처음부터 앨리어싱 문제가 해결 불가능하다고 알려졌기에 좌절스러웠다. 기하학적 모서리의 무한 주파수 내용과 선명한 그림자는 최종 이미지에서 아무리 높은 이미지 표본화율을 적용해도 앨리어싱을 확정한다(그나마 다행히도 남은 앨리어싱의 시각적인 충격은 충분한 수의 잘 위치한 표본으로 나무랄 데 없는 수준으로 줄일 수 있다).

다행히 텍스처의 경우에는 처음부터 이렇게 어렵지는 않다. 종종 텍스처 함수의 간편한 분석적 형태를 사용할 수 있어서 표본화 전에 과하게 높은 주파수를 제거 가능하거나, 또는 함수를 계산할 때 처음부터 높은 주파수가 생성되지 않도록 신중하게 할 수 있다. 이 문제는 텍스처 구현에서 10장의 나머지에서처럼 신중하게 고려돼야 하며, 텍스처 앨리어싱 없이 이미지를 렌더링하려면 보통 픽셀당 한 표본 이상은 필요 없다.

텍스처 함수에서 앨리어싱을 제거하려면 두 가지 문제를 반드시 고려해야 한다.

1. 텍스처 공간의 표본화율을 반드시 계산해야 한다. 화면 공간 표본화율은 이미지 해상

도와 픽셀 표본화율로 알려져 있으나, 텍스처 함수가 표본화되는 비율을 찾기 위해 장면에서의 표면 결과 표본화율을 결정해야 한다.

2. 주어진 텍스처 표본화율에 대해 텍스처 값의 계산을 유도하기 위해 표본화율보다 높은 주파수의 변화를 표현할 수 없다는 표본화 이론을 반드시 적용해야 한다(예, 텍스처 함수에서 나이키스트 한계를 넘은 과도한 주파수를 제거).

10.1.1 텍스처 표본화율 찾기

장면의 표면에 정의된 위치의 함수 $T(\mathrm{p})$인 임의의 텍스처 함수에 대해 생각해보자. 가시성 이슈, 즉 다른 물체가 근처 이미지 표본을 가리거나 표면이 이미지 면의 제한된 영역을 가질 경우로 인한 복잡성을 무시한다면 이 텍스처 함수는 이미지 면이나 점 (x, y)에 대해 $f(x, y)$가 이미지 점에서 표면의 점으로 매핑할 때 함수 $T(f(x, y))$로도 표현할 수 있다. 그러므로 $T(f(x, y))$는 이미지 위치 (x, y)에서 보이는 텍스처 함수의 값을 제공한다.

이 개념의 간단한 예로, 2D 텍스처 함수 $T(s, t)$를 x축에 수직하고 월드 공간 점 (0, 0, 0), (1, 0, 0), (1, 1, 0), (0, 1, 0)에 꼭짓점을 가진 사각형에 적용해보자. 사각형이 정확하게 이미지 면을 채우도록 z축으로 내려다보게 정사영 카메라를 위치시키고, 사각형의 점 p가 2D (s, t) 텍스처 좌표로 매핑되도록 다음과 같이 지정했다고 하자.

$$s = \mathrm{p}_x \qquad t = \mathrm{p}_y$$

(s, t)와 화면 (x, y) 픽셀 사이의 관계는 다음과 같이 명확하다.

$$s = \frac{x}{x_\mathrm{r}} \qquad t = \frac{y}{y_\mathrm{r}}$$

전체 이미지 해상도는 (x_r, y_r)이다(그림 10.2). 그러므로 주어진 이미지 면에서 한 픽셀의 표본 간격에 대해 텍스처 매개변수 공간 (s, t)의 표본 간격은 $(1/x_r, 1/y_r)$이며, 텍스처 함수는 표본화율로 표현될 수 있는 것보다 반드시 더 높은 주파수의 세부 사항을 제거해야만 한다.

픽셀 좌표와 텍스처 좌표 사이의 이런 관계와 그의 표본화율 사이의 관계가 텍스처 함수에서 허용되는 최대 주파수 내용을 결정하는 핵심 정보다. 좀 더 복잡한 예로는 정점에서 (s, t) 텍스처 좌표를 갖고 원근 투영으로 바라본 삼각형에 대해 이미지 면의 표본점을 거친 s와 t의 차이를 분석적으로 찾을 수 있다. 이는 특화된 그래픽 프로세서에서의 기본 텍스처 맵 안티앨리어싱의 기저다.

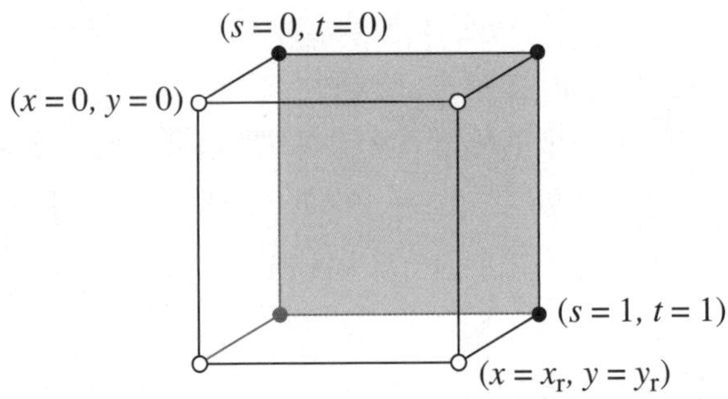

그림 10.2 정사영 투영으로 봤을 때의 사변형이 정확하게 이미지 면을 채우도록 보이는 시점이라면 (x, y) 픽셀 좌표에서의 표본율과 텍스처 표본율 사이의 관계를 계산하기 쉽다.

더 복잡한 장면 기하 구조와 카메라 투영, 텍스처 좌표에의 매핑에 대해 이미지 위치와 텍스처 매개변수 값 사이의 관계를 정확히 결정하는 것은 훨씬 어렵다. 다행히 텍스처 안티앨리어싱에 대해 우리는 임의의 (x, y)에 대한 $f(x, y)$ 값을 계산할 필요 없이 이미지의 특정 위치에 대해 픽셀 표본 위치의 변화와 텍스처 표본 위치에서 결과적 변화의 관계만 찾을 수 있으면 된다. 이 관계는 이 함수의 편미분 $\partial f/\partial x$와 $\partial f/\partial y$로 주어진다. 예를 들어 f의 값에 대한 1차 근사를 찾는 데 다음 식을 사용할 수 있다.

$$f(x', y') \approx f(x, y) + (x' - x)\frac{\partial f}{\partial x} + (y' - y)\frac{\partial f}{\partial y}$$

이 편미분이 $x' - x$와 $y' - y$의 거리에 대해 천천히 변화하면 이는 합리적인 근사다. 더욱 중요하게 이 편미분의 값은 각각 x와 y 방향으로 1픽셀의 이동에 대한 텍스처 표본 위치의 변화에 대한 근사를 제공하며, 그러므로 직접 텍스처 표본화율을 산출한다. 예를 들어 기존의 사각형 예에서 $\partial s/\partial x = 1/xr$, $\partial s/\partial y = 0$, $\partial t/\partial x = 0$, $\partial t/\partial y = 1/y_r$이다.

일반적인 경우에 이 편미분의 값을 찾는 핵심은 2.5.1절에 정의된 `RayDifferential` 구조체에 담겨있다. 이 구조체는 각 카메라 광선을 `Camera::GenerateRayDifferential()` 메서드로 초기화한다. 이는 장면을 통해 실제로 추적되는 광선뿐 아니라 카메라 광선에서 수평과 수직으로 한 픽셀 표본으로 떨어진 두 개의 추가 광선을 갖고 있다. 기하학적 광선 교차 루틴의 모두가 계산을 위해 주 카메라 광선만 사용한다. 보조의 광선은 무시된다(이는 `RayDifferential`이 `Ray`의 자식 클래스라서 쉽게 할 수 있다).

여기서 오프셋 광선을 이미지 위치에서 월드 공간 위치로 매핑하는 $p(x, y)$의 편미분과 (x, y)에서 (u, v) 매개변수 좌표계로 매핑하는 $u(x, y)$와 $v(x, y)$의 편미분을 예상하는 데 사용해서 월드 공간 위치의 편미분 $\partial p/\partial x$와 $\partial p/\partial y$, 그리고 (u, v) 매개변수 좌표의 편미분 $\partial u/\partial x$, $\partial v/\partial x$, $\partial u/\partial y$, $\partial v/\partial y$를 제공한다. 10.2절에서는 p나 (u, v)에 기반을 둔 임의의 양의 화면 공간 미분을 계산하고 결과적으로 이 양의 표본화율을 계산하는 데 이것들을 어떻게 사용하는지 보여준다. 교차점의 이 편미분의 값은 `SurfaceInteraction` 구조체에 저장돼 있다. 이는 해당 객체의 `const` 인스턴스를 받아 설정하므로 `mutable`로 정의돼 있다.

<SurfaceInteraction Public Data> +≡ 179

```
mutable Vector3f dpdx, dpdy;
mutable Float dudx = 0, dvdx = 0, dudy = 0, dvdy = 0;
```

`SurfaceInteraction::ComputeDifferentials()` 메서드는 이 값을 계산하고 `SurfaceInteraction::ComputeScatteringFunctions()`에서 `Material ComputeScatteringFunctions()`의 이전에 호출돼 재질에서 호출되는 어떤 텍스처 계산 루틴에도 이 값을 사용할 수 있게 한다. 광선 미분이 시스템에서 추적하는 모든 광선에 대해 가용하지 않기 때문이다(예, 포톤 매핑을 위해 추적한 광원에서 시작된 광선이나 양방향 경로 추적). `RayDifferential`의 `hasDifferentials` 항은 반드시 이 계산을 수행하기 전에 체크돼야 한다. 차분이 존재하지 않으면 미분은 모두 0으로 설정한다(결과적으로 필터링되지 않은 텍스처의 점 표본화로 이어진다).

<SurfaceInteraction Method Definitions> +≡

```
void SurfaceInteraction::ComputeDifferentials(
        const RayDifferential &ray) const {
    if (ray.hasDifferentials) {
        <Estimate screen space change in p and (u, v) 726>
    } else {
        dudx = dvdx = 0;
        dudy = dvdy = 0;
        dpdx = dpdy = Vector3f(0, 0, 0);
    }
}
```

이 예상치를 계산하는 핵심은 표면이 음영되는 점에서 표본화율에 대해 지역적으로 평평하다는 점이다. 이는 실제로 합리적인 가정이며, 더 좋게 하기는 어렵다. 레이트레이싱은 점 표본화 기술로, 장면에 대해 우리가 추적하는 광선에 대한 추가적인 정보가 없기 때문이다. 심하게 구부러진 표면이나 윤곽 가장자리에 대해 이 가정은 성립하지 않지만, 실제로 눈에 띄는 오류의 원인은 거의 되지 않는다.

이 근사에 대해 주광선이 교차하는 곳의 표면에 접선인 면이 필요하다. 이 면은 다음과 같은 음함수 방정식으로 주어진다.

$$ax + by + cz + d = 0$$

여기에서 $a = \mathbf{n}_x$, $b = \mathbf{n}_y$, $c = \mathbf{n}_z$, $d = -(\mathbf{n} \cdot \mathrm{p})$다. 이제 추가 광선 r_x 및 r_y와 이 면 사이의 교차점을 계산할 수 있다(그림 10.3). 이 새로운 점은 표면의 위치에 대해 전향 차분을 기반으로 한 편미분 $\partial \mathrm{p}/\partial x$와 $\partial \mathrm{p}/\partial y$의 근사로 주어지며, 전향 차분에 기반을 둔다.

$$\frac{\partial \mathrm{p}}{\partial x} \approx \mathrm{p}_x - \mathrm{p}, \qquad \frac{\partial \mathrm{p}}{\partial y} \approx \mathrm{p}_y - \mathrm{p}$$

차분 광선이 각 방향에 대해 한 픽셀 표본씩 오프셋되므로 $\Delta = 1$이라서 차이를 Δ 값으로 나눌 필요가 없다.

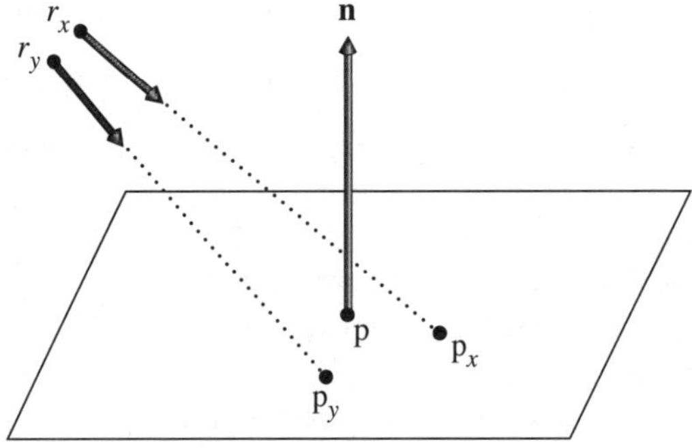

그림 10.3 p를 지나는 접선면의 교차점에서 지역 표면 기하 구조를 근사해 추가 광선 r_x, r_y가 표면에서 교차하는 점에 대한 근사를 접선면 p_x와 p_y와의 교차점을 찾아 얻을 수 있다.

```
<Estimate screen space change in p and (u, v)> ≡                725
    <Compute auxiliary intersection points with plane 727>
    dpdx = px - p;
    dpdy = py - p;
    <Compute (u, v) offsets at auxiliary points 728>
```

3.1.2절에 설명된 광선-면 교차 알고리즘은 원점 o와 방향 **d**로 표현되는 광선이 $ax + by + cz + d = 0$으로 표현되는 면에 교차할 때 다음과 같다.

$$t = \frac{-((a, b, c) \cdot \mathrm{o}) - d}{(a, b, c) \cdot \mathbf{d}}$$

이 값을 두 추가 광선에 대해 계산하려면 면의 d 계수를 먼저 계산해야 한다. 계수 a, b, c는 n에서 이용 가능하기 때문에 계산할 필요가 없다. 그 후 공식을 직접 적용할 수 있다.

<Compute auxiliary intersection points with plane> ≡ 726

```
Float d = Dot(n, Vector3f(p.x, p.y, p.z));
Float tx = -(Dot(n, Vector3f(ray.rxOrigin)) - d) /
        Dot(n, ray.rxDirection);
Point3f px = ray.rxOrigin + tx * ray.rxDirection;
Float ty = -(Dot(n, Vector3f(ray.ryOrigin)) - d) /
        Dot(n, ray.ryDirection);
Point3f py = ray.ryOrigin + ty * ray.ryDirection;
```

위치 p_x와 p_y를 사용해서 각각의 (u, v) 좌표에 대한 근사는 표면의 편미분 $\partial p/\partial u$와 $\partial p/\partial v$가 (직교할 필요는 없다) 면 위의 좌표계를 형성하고, 이 좌표계에서 추가 교차점의 좌표가 (u, v) 매개변수화에 대한 좌표라는 점이다(그림 10.4). 면 위의 주어진 위치 p′에 대한 좌표계에서의 위치를 다음과 같이 계산할 수 있다.

$$p' = p + \Delta_u \frac{\partial p}{\partial u} + \Delta_v \frac{\partial p}{\partial v}$$

혹은 동일하게 다음과 같이 계산한다.

$$\begin{pmatrix} p'_x - p_x \\ p'_y - p_y \\ p'_z - p_z \end{pmatrix} = \begin{pmatrix} \partial p_x/\partial u & \partial p_x/\partial v \\ \partial p_y/\partial u & \partial p_y/\partial v \\ \partial p_z/\partial u & \partial p_z/\partial v \end{pmatrix} \begin{pmatrix} \Delta_u \\ \Delta_v \end{pmatrix}$$

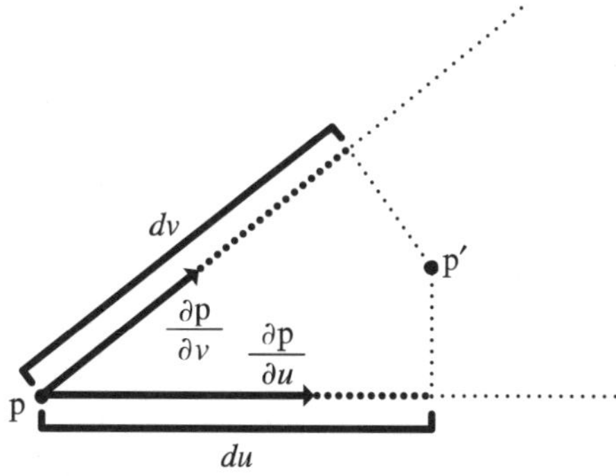

그림 10.4 p에서 p′까지의 (u, v) 매개변수 좌표에서 차이의 예측은 p′의 좌표를 p, $\partial p/\partial u$, $\partial p/\partial v$로 정의된 좌표계에서 찾아서 얻을 수 있다.

이 방정식의 선형계에 대한 추가 점 p′ = p_x나 p′ = p_y에 대한 해는 대응하는 화면 공간 편미분 ($\partial u/\partial x$, $\partial v/\partial x$)나 ($\partial u/\partial y$, $\partial v/\partial y$)를 각각 제공한다.

2개의 미지 항을 가진 3개의 방정식을 가진 선형계는 과다 제한이다. 방정식 중 하나가 퇴화될 수 있기에 주의해야 한다. 예를 들어 ∂p/∂u와 ∂p/∂v가 xy 면에서 z 요소가 둘 다 0이면 3번째 방정식은 퇴화된다. 그러므로 이 방정식계의 해를 구하기 위해 퇴화되지 않는 계로 가는 두 개의 방정식을 사용해야 한다. 이를 위한 쉬운 방법은 ∂p/∂u와 ∂p/∂v의 외적을 계산해 결과의 좌표에서 가장 큰 크기를 제외한 다른 두 개를 사용하는 것이다. 이의 외적은 이미 n에 있으므로, 이 방식은 명료하다. 하지만 최종적으로 선형계에 해가 없을 수 있다(보통 편미분으로 이해 면에서 좌표계를 형성하지 못하는 경우다). 이 경우 임의의 값을 반환할 수밖에 없다.

<Compute (u, v) offsets at auxiliary points> ≡ 726

```
<Choose two dimensions to use for ray offset computation 728>
<Initialize A, Bx, and By matrices for offset computation 728>
if (!SolveLinearSystem2x2(A, Bx, &dudx, &dvdx))
    dudx = dvdx = 0;
if (!SolveLinearSystem2x2(A, By, &dudy, &dvdy))
    dudy = dvdy = 0;
```

Float 1062
Interaction::n 116
Interaction::p 115
MatteMaterial 578
SurfaceInteraction::dpdu 116
SurfaceInteraction::dpdv 116
604 TEXTURE CHAPTER 10

<Choose two dimensions to use for ray offset computation> ≡ 728

```
int dim[2];
if (std::abs(n.x) > std::abs(n.y) && std::abs(n.x) > std::abs(n.z)) {
    dim[0] = 1; dim[1] = 2;
} else if (std::abs(n.y) > std::abs(n.z)) {
    dim[0] = 0; dim[1] = 2;
} else {
    dim[0] = 0; dim[1] = 1;
}
```

<Initialize A, Bx, and By matrices for offset computation> ≡ 728

```
Float A[2][2] = { { dpdu[dim[0]], dpdv[dim[0]] },
{ dpdu[dim[1]], dpdv[dim[1]] } };
```

```
Float Bx[2] = { px[dim[0]] - p[dim[0]], px[dim[1]] - p[dim[1]] };
Float By[2] = { py[dim[0]] - p[dim[0]], py[dim[1]] - p[dim[1]] };
```

10.1.2 텍스처 함수를 필터링하는 방법

텍스처 함수에서 주파수를 제거할 필요가 있는 경우는 텍스처 표본화율의 나이키스트 한계를 넘었을 때다. 목표는 가능한 한 적은 근사로 이상적인 텍스처 재표본화 과정의 결과를 계산하는 것이며, 이는 앨리어싱 없이 $T(f(x, y))$를 계산하려면 먼저 반드시 대역을 제한해서 나이키스트 한계를 넘는 주파수를 싱크 필터로 얽어서 제거해야 한다.

$$T_b'(x, y) = \int_{-\infty}^{\infty}\int_{-\infty}^{\infty} \mathrm{sinc}(x')\,\mathrm{sinc}(y')\,T'\left(f(x + x', y + y')\right) \mathrm{d}x'\,\mathrm{d}y'$$

그 후 텍스처 함수를 계산하고 싶은 화면의 (x, y)점에 중심을 둔 픽셀 필터 $g(x, y)$로 대역 제한된 함수를 얽어야 한다.

$$T_f'(x, y) = \int_{-\mathrm{yWidth}/2}^{\mathrm{yWidth}/2}\int_{-\mathrm{xWidth}/2}^{\mathrm{xWidth}/2} g(x', y')\,T_b'(x + x', y + y')\,\mathrm{d}x'\,\mathrm{d}y'$$

이는 이론적으로 화면에 투영된 텍스처에 대한 완벽한 값을 제공한다.[1]

실제로는 이 과정에서 작은 시각적 품질의 희생으로 많은 단순화가 가능하다. 예를 들어 대역 제한 단계를 위해 상자 필터를 사용할 수 있으며, 두 번째 단계를 완벽히 무시해서 효과적으로 픽셀 필터가 상자 필터인 것처럼 동작할 수 있다. 안티앨리어싱 작업을 완벽히 텍스처 공간에서 처리할 수 있게 해서 구현을 상당히 단순화하는 것이 가능하다. 10.4.5절의 EWA 필터링 알고리즘은 가우스 픽셀 필터를 가정하는 주목할 만한 예외다.

상자 필터는 특히 사용이 쉬운데, 적절한 영역에 대해 텍스처 함수의 평균을 계산해서 분석적으로 적용할 수 있기 때문이다. 사실 10장의 나머지에서는 상자 필터를 사용해 표본 사이의 텍스처 함수 값을 평균하고, 비공식적으로 평균하는 영역을 설명하기 위해 필터 영역^filter region^이라는 항을 사용한다. 이는 텍스처 함수를 필터링할 때 가장 흔한 접근법이다.

---

1. 이 이상적 필터링 과정에서 한 가지 간략화된 부분은 텍스처 함수가 이미지의 주파수 내용에 대한 선형 기여를 만든다는 내포된 가정이며, 그러므로 고주파수를 필터링하면 이미지에서 고주파수가 제거된다. 이는 많은 텍스처의 사용에서 성립한다. 예를 들어 `MatteMaterial`의 확산 항을 조율하기 위해 이미지 맵이 사용되는 경우다. 하지만 예를 들어 텍스처가 광택 반사 물체의 거칠기를 결정하기 위해 사용될 경우 거칠기 값의 선형 변화는 미세 표면 BRDF에서 반사된 방사에서의 비선형적 효과를 갖게 되므로 이 선형 가정이 부정확하다. 이 이슈를 여기서는 일반적으로 해결하기 어렵고, 보통 심각한 오류를 일으키지 않으므로 무시한다. '더 읽을거리' 절에서 이 이슈를 추가적으로 다룬다.

상자 필터는 많은 단점에도 불구하고 많은 경우에 수긍할 만한 텍스처링의 결과를 제공한다. 이를 돕는 한 가지 사실은 여러 표본이 보통 각 픽셀에서 추출된다는 점이다. 그러므로 각각에서 사용된 필터된 텍스처 값이 차선이더라도 한 번 픽셀 재구성 필터로 필터링되면 최종 결과는 일반적으로 심하게 나쁘지는 않다.

텍스처 함수를 필터링하기 위해 상자 필터를 사용하는 방법의 대안으로는 이상적 싱크 필터의 효과가 나이키스트 한계 이하의 주파수 요소만 변함없이 유지하고, 한계를 넘는 주파수를 제거하는 효과를 사용하는 것이다. 그러므로 텍스처 함수의 주파수 내용을 알 경우(예, 각각의 주파수가 알려진 항들의 합이라면) 고주파수 항을 평균값으로 대체했을 때 싱크 전필터 prefilter의 작업을 효과적으로 수행하는 것이다. 이 방식은 클램핑clamping으로 알려져 있으며, 10.6절의 잡음 함수에 기반을 둔 텍스처의 안티앨리어싱 기반이다.

마지막으로 이 기술들 중 어떤 것도 쉽게 적용이 불가능한 텍스처 함수에 대해 최종적인 선택지는 초표본화다. 함수를 주 계산점 근처의 여러 계산점에서 계산하고 필터링해 텍스처 공간에서 표본화율을 증가시킨다. 이 표본 값을 필터링하는 데 상자 필터를 사용할 경우 이는 함수의 값을 평균하는 것과 같으며, 앨리어싱을 제거하기 위해 아주 많은 수의 표본 이미지 표본화가 필요할 수 있다. 이는 단순 무식한 해결책이더라도 장면을 통한 광선의 추적 비용을 초래하지 않기에 이미지 표본화율의 증가보다 여전히 효율적이다.

*10.1.3 거울 반사와 투과를 위한 광선 차분

카메라 광선의 텍스처 안티앨리어싱을 위한 필터 영역을 찾는 데 광선 차분이 효과적이기 때문에 이 방식을 확장해서 거울 반사나 굴절로 간접적으로 보이는 물체의 텍스처 공간 표본화율을 결정할 수 있도록 하는 것이 유용하다. 예를 들어 거울에 비치는 물체의 경우 직접 보이는 물체보다 더 많은 텍스처 앨리어싱을 가져선 안 된다. Igehy(1999)는 거울 반사와 굴절을 위한 적절한 차분 광선을 찾는 문제에 대한 우아한 해결책을 개발했으며, 이는 pbrt에서 사용한 방식이다.[2]

그림 10.5는 광택 반사와 투과의 적절한 텍스처 필터링이 만들어내는 차이를 보여준다. 그림 10.5(a)는 고주파수 요소를 가진 텍스처로 매핑된 면 위의 유리 공과 거울 공을 보여준

2. Igehy의 공식은 여기와 살짝 다르다. 그는 효과적으로 주광선과 오프셋 광선 사이의 차이를 추적했으며, 우리는 오프셋 광선을 명시적으로 저장했다. 결과적으로 수학적인 작업은 같다. 우리는 이 대안이 카메라 광선의 알고리즘 작동을 이해하기 쉽게 만든다고 생각해서 사용했다.

다. 광선 차분은 공의 반사나 굴절을 통해 보이는 텍스처 이미지가 앨리어싱 결함이 없다는 것을 보여준다. 유리 공 반사의 근접 시야를 그림 10.5(b)와 (c)에서 볼 수 있다. 그림 10.5(b)는 반사와 투과된 광선에 대해 광선 차분 없이 렌더링했으며, (c)는 광선 차분으로 렌더링했다(모든 이미지는 픽셀당 하나의 표본으로 렌더링했다). 왼쪽 이미지의 앨리어싱 오류가 오른 쪽에서 과도한 텍스처의 뭉개짐 없이 제거됨을 볼 수 있다.

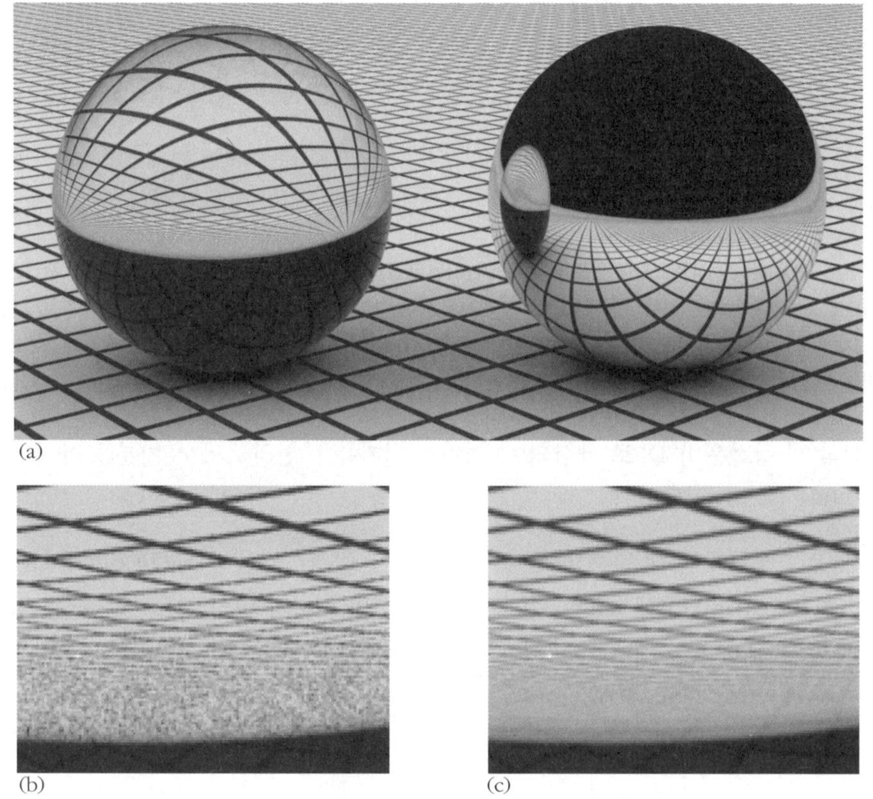

그림 10.5 (a) 반사와 굴절된 광선의 광선 차분을 추적하는 것은 공에 보이는 이미지 텍스처 맵이 앨리어싱을 필터링하도록 보증한다. 왼쪽 유리 공은 반사와 굴절을 보여주며, 오른쪽 공은 거울로 반사만 보여준다. 두 공에서 모두 텍스처가 잘 필터링됨을 볼 수 있다. (b)와 (c)는 유리 공의 확대된 부분을 보여준다. (b)는 광선 차분을 사용하지 않을 때 생기는 앨리어싱 결함을 보여주고, (c)는 광선 차분을 사용할 때의 결과다.

표면 교차점에서 반사나 투과된 광선 차분을 계산하기 위해 광선 차분에서 표면과 충돌한 광선의 두 오프셋 광선에 대한 근사를 해야 한다(그림 10.6).

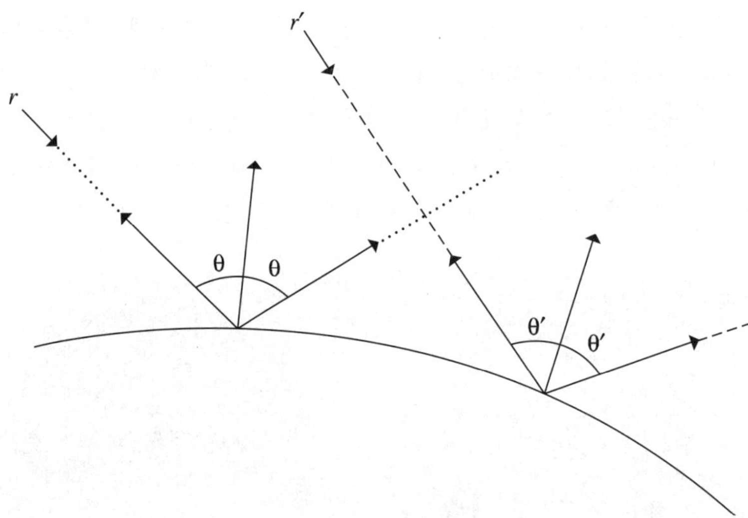

그림 10.6 거울 반사 공식은 표면에 있는 한 점에서 반사된 광선의 방향을 제공한다. 광선 차분의 오프셋 광선(점선)은 일반적으로 표면에 있는 다른 점에 교차해서 다른 방향으로 반사된다. 새 방향은 위치의 다른 표면 법선과 오프셋 광선의 다른 입사 방향에 영향을 받는다. 오프셋 광선의 반사 방향을 pbrt에서 계산하는 것은 이미지 공간 위치의 함수로 반사 방향의 변화를 추정하며, 주광선의 방향에 예측된 방향의 변화를 추가해 광선 차분의 방향을 근사한다.

주광선의 새 광선은 BSDF로 계산되며, 여기서 나가는 광선의 r_x와 r_y 차분을 계산하기만 하면 된다.

방사와 굴절 모두에서 각 차분 광선의 원점은 쉽게 찾을 수 있다. `SurfaceInteraction::ComputeDifferentials()` 메서드는 표면 위치의 변화가 이미지 면의 (x, y) 위치에서 얼마나 변화하는지에 대한 $\partial \mathrm{p}/\partial x$와 $\partial \mathrm{p}/\partial y$의 근사를 이전에 계산했다. 주광선의 교차점에 대해 이 오프셋을 추가하는 것은 새 광선의 원점을 근사한다. 입사광선이 차분을 갖지 않는다면 반사 광선 차분을 계산하는 것이 불가능하므로 이 단계는 생략된다.

```
<Compute ray differential rd for specular reflection> ≡                87
    RayDifferential rd = isect.SpawnRay(wi);
    if (ray.hasDifferentials) {
        rd.hasDifferentials = true;
        rd.rxOrigin = isect.p + isect.dpdx;
        rd.ryOrigin = isect.p + isect.dpdy;
        <Compute differential reflected directions 733>
    }
```

이 광선의 방향을 찾는 것은 좀 더 까다롭다. Igehy(1999)는 반사 방향 ω_i가 이미지 면의 x, y 방향에서 한 픽셀 표본의 이동에 대해 얼마나 변화하는지 알 수 있다면 이 정보로 오프셋 광선의 방향을 근사할 수 있음을 관찰했다. 예를 들어 x에서의 광선 오프셋은 다음과 같다.

$$\omega \approx \omega_{\mathrm{i}} + \frac{\partial \omega_{\mathrm{i}}}{\partial x}$$

방정식(8.6)에서 일반적인 월드 공간 표면 법선과 나가는 방향에 대해 완벽 거울 반사의 방향은 다음과 같다.

$$\omega_{\mathrm{i}} = -\omega_{\mathrm{o}} + 2(\omega_{\mathrm{o}} \cdot \mathbf{n})\mathbf{n}$$

다행히 이 표현의 편미분은 쉽게 계산할 수 있다.

$$\begin{aligned}\frac{\partial \omega_{\mathrm{i}}}{\partial x} &= \frac{\partial}{\partial x}\left(-\omega_{\mathrm{o}} + 2(\omega_{\mathrm{o}} \cdot \mathbf{n})\mathbf{n}\right) \\ &= -\frac{\partial \omega_{\mathrm{o}}}{\partial x} + 2\left((\omega_{\mathrm{o}} \cdot \mathbf{n})\frac{\partial \mathbf{n}}{\partial x} + \frac{\partial(\omega_{\mathrm{o}} \cdot \mathbf{n})}{\partial x}\mathbf{n}\right)\end{aligned}$$

내적의 특성을 이용하면 다음과 같이 보여줄 수 있다.

$$\frac{\partial(\omega_{\mathrm{o}} \cdot \mathbf{n})}{\partial x} = \frac{\partial \omega_{\mathrm{o}}}{\partial x} \cdot \mathbf{n} + \omega_{\mathrm{o}} \cdot \frac{\partial \mathbf{n}}{\partial x}$$

$\partial\omega_{\mathrm{o}}/\partial x$의 값은 광선 차분의 주광선 방향과 r_x 오프셋 광선 방향 사이의 차이로 찾을 수 있으며, 다른 필요한 값들은 이미 SurfaceInteraction에 가용하므로, x, y의 편미분을 위한 이 계산은 명백하다.

<*Compute differential reflected directions*> ≡ 732

```
Normal3f dndx = isect.shading.dndu * isect.dudx +
                isect.shading.dndv * isect.dvdx;
Normal3f dndy = isect.shading.dndu * isect.dudy +
                isect.shading.dndv * isect.dvdy;
Vector3f dwodx = -ray.rxDirection - wo, dwody = -ray.ryDirection - wo;
Float dDNdx = Dot(dwodx, ns) + Dot(wo, dndx);
Float dDNdy = Dot(dwody, ns) + Dot(wo, dndy);
rd.rxDirection = wi - dwodx +
         2.f * Vector3f(Dot(wo, ns) * dndx + dDNdx * ns);
rd.ryDirection = wi - dwody +
         2.f * Vector3f(Dot(wo, ns) * dndy + dDNdy * ns);
```

이 방정식의 광택 투과된 광선의 방향에 대한 미분의 비슷한 방정식(방정식 8.9)이 투과 방향에 대한 미분 변화를 찾을 수 있게 한다. 여기서 구현의 유도를 포함하진 않지만, 관심 있는 독자를 위해 원 논문과 pbrt 소스코드를 각각 제공한다.

10.2 텍스처 좌표 생성

10장의 거의 모든 텍스처는 2D나 3D 좌표를 받아 텍스처 값을 반환하는 함수다. 가끔 텍스처 좌표를 선택하는 명백한 방법이 있다. 3장의 곡면처럼 매개변수화된 표면에 대해 표면의 타고난 2D (u, v) 매개변수화가 존재하며, 모든 표면에 대해 음영점 p는 3차원 좌표의 타고난 선택이다.

다른 경우에 타고난 매개변수화가 없거나 타고난 매개가 바람직하지 않을 수 있다. 예를 들어 구의 극점 근처 (u, v) 값은 심각하게 왜곡된다. 또한 임의의 세분 표면에 대해서 텍스처 값을 전체 $[0, 1]^2$ 공간을 연속적이고 왜곡 없이 덮는 단순하고 일반적인 방법이 존재하지 않는다. 사실 복잡한 메시를 적은 왜곡으로 매끄럽게 매개변수화하는 것은 컴퓨터 그래픽스의 활발한 연구 분야다.

이 절은 2D와 3D 텍스처 좌표를 계산하는 인터페이스를 제공하는 두 가지 추상 기본 클래스 TextureMapping2D와 TextureMapping3D를 도입한다. 그러고 나서 이 인터페이스를 이용한 여러 가지 표준 매핑을 구현한다(그림 10.7은 몇 가지를 보여준다). 그러므로 모든 Texture의 구현을 바꾸지 않고 새로운 매핑을 추가하기 쉬우며, 같은 표면에 연결된 다른 텍스처들에 다른 매핑을 사용할 수 있다. pbrt에서 2D 텍스처 좌표는 (s, t)로 적혀있다. 이는 표면에 내재된 (u, v) 매개변수와 명백한 구분을 만드는 데 도움을 주며, (아마도 다른) 좌표 값을 텍스처링에 사용할 수 있다.

그림 10.7 체커보드 텍스처를 다른 텍스처 좌표 일반화 기술을 사용한 쌍곡선에 적용한 결과. 왼쪽에서 오른쪽으로, (u, v) 매핑, 구형 매핑, 원통 매핑, 평면 매핑이다.

TextureMapping2D 기본 클래스는 하나의 메서드 TextureMapping2D::Map( )을 갖고 있으며, 이는 음영점에서의 SurfaceInteraction을 받아 Point2f를 통해 (*s*, *t*) 텍스처 좌표를 반환한다. 또한 픽셀 *x*, *y* 좌표에 대한 *s*, *t*의 텍스처 좌표 변화를 dstdx, dstdy 매개변수에 갖고 있으며, 그래서 매핑을 사용하는 텍스처가 (*s*, *t*) 표본화율을 결정해 적절히 필터링이 가능하게 한다.

<Texture Declarations> ≡

```
class TextureMapping2D {
public:
    <TextureMapping2D Interface 735>
};
```

<TextureMapping2D Interface> ≡ 735

```
virtual Point2f Map(const SurfaceInteraction &si,
Vector2f *dstdx, Vector2f *dstdy) const = 0;
```

10.2.1 2D (u, v) 매핑

가장 단순한 매핑은 SurfaceInteraction의 2D 매개변수 (*u*, *v*) 좌표를 사용해 텍스처 좌표를 계산하는 것이다. 이 값들은 오프셋되거나 각 차원에 대해 사용자가 제공한 값으로 크기 조절할 수 있다.

<Texture Declarations> +≡

```
class UVMapping2D : public TextureMapping2D {
public:
    <UVMapping2D Public Methods>
private:
    const Float su, sv, du, dv;
};
```

<Texture Method Definitions> ≡

```
UVMapping2D::UVMapping2D(Float su, Float sv, Float du, Float dv)
    : su(su), sv(sv), du(du), dv(dv) { }
```

(*s*, *t*) 좌표의 크기 조절 후 이동 계산은 명백하다.

<Texture Method Definitions> +≡

```
Point2f UVMapping2D::Map(const SurfaceInteraction &si,
                         Vector2f *dstdx, Vector2f *dstdy) const {
    <Compute texture differentials for 2D (u, v) mapping 736>
```

```
    return Point2f(su * si.uv[0] + du,
                   sv * si.uv[1] + dv);
}
```

원래 u, v의 변화에 대한 s와 t의 미분 변화를 계산하고 크기 조절하는 것도 쉽다. 연쇄 법칙을 통해 다음과 같으며, 3개의 다른 편미분에 대해 비슷하게 적용된다.

$$\frac{\partial s}{\partial x} = \frac{\partial u}{\partial x}\frac{\partial s}{\partial u} + \frac{\partial v}{\partial x}\frac{\partial s}{\partial v}$$

매핑 메서드에서 다음과 같다고 하자.

$$s = s_u u + d_u$$

따라서 다음과 같다.

$$\frac{\partial s}{\partial u} = s_u, \qquad \frac{\partial s}{\partial v} = 0$$

그러므로 다음과 같다.

$$\frac{\partial s}{\partial x} = s_u \frac{\partial u}{\partial x}$$

<Compute texture differentials for 2D (u, v) mapping> ≡ 735

```
*dstdx = Vector2f(su * si.dudx, sv * si.dvdx);
*dstdy = Vector2f(su * si.dudy, sv * si.dvdy);
```

10.2.2 구면 매핑

다른 유용한 매핑은 물체를 둘러싼 구로 효과적으로 감싸는 것이다. 각 점은 구의 중심에서 점을 지나는 벡터를 따라 구의 표면으로 투영된다. 여기서 구 모양에 대한 (u, v) 매핑이 사용된다. SphericalMapping2D는 이 매핑을 수행하기 전에 적용된 변환을 저장한다. 이는 효과적으로 매핑 구가 물체에 대해 임의로 위치하고 방향을 가질 수 있게 한다.

<Texture Declarations> +≡

```
class SphericalMapping2D : public TextureMapping2D {
public:
    <SphericalMapping2D Public Methods>
private:
```

```
    Point2f sphere(const Point3f &p) const;
    const Transform WorldToTexture;
};
```

<*Texture Method Definitions*> +≡

```
Point2f SphericalMapping2D::Map(const SurfaceInteraction &si,
        Vector2f *dstdx, Vector2f *dstdy) const {
    Point2f st = sphere(si.p);
    <Compute texture coordinate differentials for sphere (u, v) mapping 737>
    <Handle sphere mapping discontinuity for coordinate differentials 738>
    return st;
}
```

짧은 유틸리티 함수는 한 점의 매핑을 계산한다. 이는 텍스처 좌표 미분 계산과 이 계산을 분리하는 데 유용하다.

<*Texture Method Definitions*> +≡

```
Point2f SphericalMapping2D::sphere(const Point3f &p) const {
    Vector3f vec = Normalize(WorldToTexture(p) - Point3f(0,0,0));
    Float theta = SphericalTheta(vec), phi = SphericalPhi(vec);
    return Point2f(theta * InvPi, phi * Inv2Pi);
}
```

여기서 연쇄 법칙을 다시 사용해서 텍스처 좌표의 미분을 계산할 수 있지만, 더 복잡한 매핑 함수에 유용한 이 값을 계산하는 다른 방식을 보여주기 위해 전향 차분 근사를 대신 사용한다. SurfaceInteraction이 이미지 표본 위치의 변화에 대한 함수로 위치의 변화를 제공하는 화면 공간 편미분 $\partial \mathrm{p}/\partial x$와 $\partial \mathrm{p}/\partial y$를 저장하는 것을 기억하라. 그러므로 s 좌표가 어떤 함수 $f_s(\mathrm{p})$로 계산되면 이런 근사를 계산하는 것이 쉬워진다.

$$\frac{\partial s}{\partial x} \approx \frac{f_s(\mathrm{p} + \Delta \partial \mathrm{p}/\partial x) - f_s(\mathrm{p})}{\Delta}$$

거리 Δ가 0에 접근할 때 이는 p의 실제 편미분을 제공한다.

<*Compute texture coordinate differentials for sphere (u, v) mapping*> ≡ 737

```
const Float delta = .1f;
Point2f stDeltaX = sphere(si.p + delta * si.dpdx);
*dstdx = (stDeltaX - st) / delta;
Point2f stDeltaY = sphere(si.p + delta * si.dpdy);
*dstdy = (stDeltaY - st) / delta;
```

한 가지 다른 세부 사항은 구면 매핑이 매핑 공식에서 불연속이라는 점이다. t = 1에서 t 텍스처 좌표가 비연속적으로 0으로 값이 뛴다. 이 값을 전향 차분으로 계산할 경우 전향 차분으로 계산된 예상 미분의 절댓값이 0.5보다 크면 이를 적절하게 조절한다.

<Handle sphere mapping discontinuity for coordinate differentials> ≡ 737

```
if ((*dstdx)[1] > .5)         (*dstdx)[1] = 1 - (*dstdx)[1];
else if ((*dstdx)[1] < -.5f) (*dstdx)[1] = -((*dstdx)[1] + 1);
if ((*dstdy)[1] > .5)         (*dstdy)[1] = 1 - (*dstdy)[1];
else if ((*dstdy)[1] < -.5f) (*dstdy)[1] = -((*dstdy)[1] + 1);
```

10.2.3 원통 매핑

원통 매핑은 효율적으로 물체 주변을 원통으로 감싼다. 또한 매핑 원통의 방향 전환을 지원한다.

<Texture Declarations> +≡

```
class CylindricalMapping2D : public TextureMapping2D {
public:
    <CylindricalMapping2D Public Methods>
private:
    <CylindricalMapping2D Private Methods 738>
    const Transform WorldToTexture;
};
```

원통 매핑은 구면 매핑과 같은 기본 구조체를 가진다. 매핑 함수만이 다르다. 따라서 구면 버전과 본질적으로 같으므로, 텍스처 좌표의 미분을 계산하는 코드 조각을 생략한다.

<Texture Method Definitions> +≡

```
Point2f CylindricalMapping2D::Map(const SurfaceInteraction &si,
        Vector2f *dstdx, Vector2f *dstdy) const {
    Point2f st = cylinder(si.p);
    <Compute texture coordinate differentials for cylinder (u, v) mapping>
    return st;
}
```

<CylindricalMapping2D Private Methods> ≡ 738

```
Point2f cylinder(const Point3f &p) const {
    Vector3f vec = Normalize(WorldToTexture(p) - Point3f(0,0,0));
    return Point2f((Pi + std::atan2(vec.y, vec.x)) * Inv2Pi,
                   vec.z);
}
```

10.2.4 평면 매핑

다른 고전 매핑 방법은 평면 매핑이다. 점은 효과적으로 면에 투영된다. 그 후 면의 2D 매개변수화는 점의 텍스처 좌표를 제공한다. 예를 들어 점 p는 $z = 0$ 면에 투영될 수 있으며, 이는 텍스처 좌표 $s = p_x$와 $t = p_y$로 산출된다.

일반적으로 두 개의 평행하지 않은 벡터 v_s와 v_t, 오프셋 d_s와 d_t로 면의 좌표계에 대해 매개변수화된 면을 정의할 수 있으며, 이는 점에서 원점으로의 벡터와 각 벡터 v_s와 v_t, 그리고 오프셋을 더함으로써 계산할 수 있다. 앞 단락의 예에서 $v_s = (1, 0, 0)$, $v_t = (0, 1, 0)$, $d_s = d_t = 0$이다.

<Texture Declarations> +≡

```
class PlanarMapping2D : public TextureMapping2D {
public:
    <PlanarMapping2D Public Methods 739>
private:
    const Vector3f vs, vt;
    const Float ds, dt;
};
```

<PlanarMapping2D Public Methods> ≡ 739

```
PlanarMapping2D(const Vector3f &vs, const Vector3f &vt,
        Float ds = 0, Float dt = 0)
    : vs(vs), vt(vt), ds(ds), dt(dt) { }
```

면 매핑 미분은 텍스처 좌표 공간에서 점 p의 미분을 직접 계산해 찾을 수 있다.

<Texture Method Definitions> +≡

```
Point2f PlanarMapping2D::Map(const SurfaceInteraction &si,
        Vector2f *dstdx, Vector2f *dstdy) const {
    Vector3f vec(si.p);
    *dstdx = Vector2f(Dot(si.dpdx, vs), Dot(si.dpdx, vt));
    *dstdy = Vector2f(Dot(si.dpdy, vs), Dot(si.dpdy, vt));
    return Point2f(ds + Dot(vec, vs), dt + Dot(vec, vt));
}
```

10.2.5 3D 매핑

또한 3차원 텍스처 좌표를 생성하는 인터페이스를 정의하는 `TextureMapping3D` 클래스를 정의한다.

<Texture Declarations> +≡

```
class TextureMapping3D {
public:
    <TextureMapping3D Interface 740>
};
```

<TextureMapping3D Interface> ≡ 740

```
virtual Point3f Map(const SurfaceInteraction &si,
        Vector3f *dpdx, Vector3f *dpdy) const = 0;
```

자연스런 3D 매핑은 점의 월드 좌표를 받아 선형 변환을 적용하는 것뿐이다. 이는 종종 기본체의 물체 공간으로 점을 되돌리는 변환이다.

<Texture Declarations> +≡

```
class TransformMapping3D : public TextureMapping3D {
public:
    <TransformMapping3D Public Methods>
private:
    const Transform WorldToTexture;
};
```

선형 매핑이 사용됐기 때문에 텍스처 좌표의 미분 변화는 같은 매핑을 위치의 편미분에 적용해 찾을 수 있다.

<Texture Method Definitions> +≡

```
Point3f TransformMapping3D::Map(const SurfaceInteraction &si,
        Vector3f *dpdx, Vector3f *dpdy) const {
    *dpdx = WorldToTexture(si.dpdx);
    *dpdy = WorldToTexture(si.dpdy);
    return WorldToTexture(si.p);
}
```

10.3 텍스처 인터페이스와 기본 텍스처

Texture는 계산 함수의 반환형으로 매개변수화된 템플릿 클래스다. 이 디자인은 다른 형을 반환하는 텍스처들 간에 거의 대부분 텍스처링 코드를 재사용하는 것을 가능하게 한다.

<Texture Declarations> +≡

```
template <typename T> class Texture {
public:
```

```
    <Texture Interface 741>
};
```

Texture 인터페이스의 핵심은 계산 함수다. 이는 템플릿형 T의 값을 반환한다. 값을 계산하기 위해 접근해야 할 유일한 정보는 음영이 되는 점에서의 SurfaceInteraction이다. 10장의 다른 텍스처는 이 구조체의 미분 부분을 사용해서 계산을 유도한다.

<Texture Interface> ≡ 741

```
virtual T Evaluate(const SurfaceInteraction &) const = 0;
```

10.3.1 상수 텍스처

ConstantTexture는 어디서 계산하든 항상 같은 값을 반환한다. 상수 함수를 표현하기 때문에 이는 어떤 표본화율에서도 정확하게 재구성되므로 안티앨리어싱이 필요 없다. 이 텍스처는 사소하지만 사실 상당히 유용하다. 이 클래스를 제공함으로써 모든 Material의 모든 매개변수가 공간에 대해 변화하든 하지 않든 Texture로 표현될 수 있다. 예를 들어 빨간 확산 물체는 재질의 확산 색으로 언제나 붉은 색을 반환하는 ConstantTexture를 가진다. 이 방식으로 음영계는 언제나 점의 표면 특성을 얻기 위해 텍스처를 계산해서 재질이 텍스처된 것과 되지 않은 버전을 구분할 필요 없게 한다. 이 재질의 구현은 textures/ constant.h와 textures/constant.cpp 파일에 있다.

<ConstantTexture Declarations> ≡

```
template <typename T> class ConstantTexture : public Texture<T> {
public:
    <ConstantTexture Public Methods 741>
private:
    T value;
};
```

<ConstantTexture Public Methods> ≡ 741

```
ConstantTexture(const T &value) : value(value) { }
T Evaluate(const SurfaceInteraction &) const {
    return value;
}
```

10.3.2 텍스처 크기 변화

이전에 한 텍스처 함수의 출력을 다른 것을 계산할 때 쉽게 하는 식으로 텍스처 인터페이스를 정의했다. 이는 다른 텍스처형을 사용하는 일반적인 텍스처 연산을 정의할 수 있으므로 유용하다. ScaleTexture는 두 텍스처를 받아 그들의 값의 곱을 계산해서 반환한다. 이는 textures/scale.h와 textures/scale.cpp 파일에 있다.

<ScaleTexture Declarations> ≡

```
template <typename T1, typename T2>
class ScaleTexture : public Texture<T2> {
public:
    <ScaleTexture Public Methods 742>
private:
    <ScaleTexture Private Data 742>
};
```

주의 깊은 독자는 생성자의 shared_ptr 매개변수가 멤버 변수에 저장되는 것을 눈치 채고 이 방식이 Bump() 메서드가 9.3절에서 설명한 방식에서의 성능 문제가 있을지 의문이 들 것이다. 이 경우에는 문제없다. Texture는 장면 생성 시에만 생성되며, 각 광선의 렌더링 시간에 생성되지 않는다. 그러므로 각 shared_ptr의 참조 수를 저장하는 메모리 위치에서의 다툼이 없다.

<ScaleTexture Public Methods> ≡ 742

```
ScaleTexture(const std::shared_ptr<Texture<T1>> &tex1,
        const std::shared_ptr<Texture<T2>> &tex2)
    : tex1(tex1), tex2(tex2) { }
```

두 텍스처의 반환형이 다를 수 있다는 것을 주의하자. 여기서의 구현은 값을 함께 곱하는 것이 가능하기만 하면 된다. 그러므로 Float 텍스처를 Spectrum 텍스처의 크기 조절에 사용할 수 있다.

<ScaleTexture Private Data> ≡ 742

```
std::shared_ptr<Texture<T1>> tex1;
std::shared_ptr<Texture<T2>> tex2;
```

ScaleTexture는 안티앨리어싱을 무시하며, 각각의 두 하위 텍스처가 안티앨리어싱을 하도록 두고 그 곱에 대해 안티앨리어싱을 시도하지 않는다. 두 대역 제한 함수의 곱도 역시 대역 제한임을 보이는 것이 쉽지만, 곱의 최대 주파수는 두 항의 각 최대보다 클 수 있다.

그러므로 크기 변환과 값 텍스처가 완벽히 안티앨리어싱이 돼 있더라도 결과는 그렇지 않을 수 있다. 다행히 가장 흔한 사용 방식에서의 다른 텍스처를 크기 조절하는 텍스처는 상수이므로, 이 경우 다른 텍스처의 안티앨리어싱으로 충분하다.

<ScaleTexture Public Methods> +≡ 742

```
T2 Evaluate(const SurfaceInteraction &si) const {
    return tex1->Evaluate(si) * tex2->Evaluate(si);
}
```

10.3.3 텍스처 혼합

MixTexture 클래스는 ScaleTexture의 좀 더 일반적인 변형이다. 이는 3개의 텍스처를 입력으로 받는다. 두 개는 어떤 단일 형이나 가능하며, 3번째는 반드시 부동소수점 값을 반환해야 한다. 부동소수점 텍스처는 다른 두 텍스처 사이를 선형 보간하는 데 사용된다. ConstantTexture가 균일 혼합을 위해 부동소수점 값으로 사용될 수 있으며, 더 복잡한 Texture가 공간적으로 비균일한 방법의 혼합을 위해 사용될 수 있다. 이 텍스처는 textures/mix.h와 textures/mix.cpp 파일에 정의돼 있다.

<MixTexture Declarations> ≡

```
template <typename T> class MixTexture : public Texture<T> {
public:
    <MixTexture Public Methods 743>
private:
    std::shared_ptr<Texture<T>> tex1, tex2;
    std::shared_ptr<Texture<Float>> amount;
};
```

<MixTexture Public Methods> ≡ 743

```
MixTexture(const std::shared_ptr<Texture<T>> &tex1,
           const std::shared_ptr<Texture<T>> &tex2,
           const std::shared_ptr<Texture<Float>> &amount)
    : tex1(tex1), tex2(tex2), amount(amount) { }
```

혼합을 평가하기 위해 3개의 텍스처를 평가하고 두 값을 부동소수점 값을 이용해서 선형 보간 한다. 혼합 양 amt가 0이면 첫 텍스처 값이 반환되며, 1이면 두 번째 값이 반환된다. 일반적으로 amt가 0에서 1 사이라고 가정하지만, 강요된 행태가 아니기에 외삽법도 마찬가지로 가능하다. ScaleTexture의 경우 안티앨리어싱은 무시되며, 여기서 앨리어싱이 발생할 가능성이 있다.

<*MixTexture Public Methods*> +≡ 743

```
T Evaluate(const SurfaceInteraction &si) const {
    T t1 = tex1->Evaluate(si), t2 = tex2->Evaluate(si);
    Float amt = amount->Evaluate(si);
    return (1 - amt) * t1 + amt * t2;
}
```

10.3.4 이중 선형 보간

<*BilerpTexture Declarations*> ≡

```
template <typename T> class BilerpTexture : public Texture<T> {
public:
    <BilerpTexture Public Methods 744>
private:
    <BilerpTexture Private Data 744>
};
```

BilerpTexture 클래스는 4개의 상수 값 사이에서 이중 선형 보간을 제공한다. 값은 (s, t) 매개변수 공간에서 (0, 0), (1, 0), (0, 1), (1, 1)로 정의돼 있다. 특정 (s, t) 위치의 값을 보간으로 찾을 수 있다. 이는 textures/bilerp.h와 textures/bilerp.cpp 파일에 정의돼 있다.

<*BilerpTexture Public Methods*> ≡ 744

```
BilerpTexture(std::unique_ptr<TextureMapping2D> mapping, const T &v00,
        const T &v01, const T &v10, const T &v11)
    : mapping(std::move(mapping)), v00(v00), v01(v01), v10(v10),
        v11(v11) { }
```

<*BilerpTexture Private Data*> ≡ 744

```
std::unique_ptr<TextureMapping2D> mapping;
const T v00, v01, v10, v11;
```

(s, t) 위치에서 4개 값의 보간 값은 3개의 선형 보간을 통해 계산할 수 있다. 예를 들어 우선 s를 (0, 0)과 (1, 0) 사이에서 보간하는 데 사용하고, 이를 임시 tmp1에 저장한다. 그 후에 (0, 1)과 (1, 1)에서 같은 작업으로 tmp2에 결과를 저장한다. 마지막으로 tmp1과 tmp2를 보간해 최종 결과를 얻는 데 t를 사용한다. 수학적으로 이는 다음과 같다.

$$
\begin{aligned}
\mathrm{tmp}_1 &= (1-s)\mathrm{v}_{00} + s\,\mathrm{v}_{10} \\
\mathrm{tmp}_2 &= (1-s)\mathrm{v}_{01} + s\,\mathrm{v}_{11} \\
\mathrm{result} &= (1-t)\mathrm{tmp}_1 + t\,\mathrm{tmp}_2
\end{aligned}
$$

중간 값을 명시적으로 저장하는 것보다 일부 대수적 재배치를 실행해서 4개 모서리 값의 적절한 가중 평균에서 동일한 결과를 얻을 수 있다.

$$\text{result} = (1-s)(1-t)\text{v}_{00} + (1-s)t\,\text{v}_{01} + s(1-t)\text{v}_{10} + s\,t\,\text{v}_{11}$$

<BilerpTexture Public Methods> +≡ 744

```
T Evaluate(const SurfaceInteraction &si) const {
    Vector2f dstdx, dstdy;
    Point2f st = mapping->Map(si, &dstdx, &dstdy);
    return (1-st[0]) * (1-st[1]) * v00 + (1-st[0]) * (st[1]) * v01 +
           ( st[0]) * (1-st[1]) * v10 + ( st[0]) * (st[1]) * v11;
}
```

10.4 이미지 텍스처

ImageTexture 클래스는 텍스처 함수의 점 표본에 대한 2D 배열을 저장한다. 이는 이 표본으로 임의의 (*s*, *t*) 위치에서 계산할 수 있는 연속적인 이미지 함수를 재구성한다. 이 표본 값들은 텍셀[texel]이라 불리며, 이는 이미지의 픽셀과 유사하지만 텍스처의 맥락으로 사용된다. 이미지 텍스처는 컴퓨터 그래픽에서 가장 널리 사용되는 텍스처의 형태다. 디지털 사진이나 스캔한 원화, 이미지 편집 프로그램으로 생성한 이미지, 렌더러가 생성한 이미지가 모두 이 특정 텍스처 표현에 매우 유용한 자료의 근원이다(그림 10.8). 텍스처 맵이라는 항은 종종 이 종류의 텍스처를 언급하는 데 사용돼 텍스처 좌표를 계산하는 매핑과 텍스처 함수 자체 간의 구분을 희석시킨다. 이 텍스처의 구현은 textures/imagemap.h와 textures/imagemap.cpp 파일에 있다.

ImageTexture 클래스는 시스템의 다른 텍스처와 달리 메모리에 저장된 텍셀의 자료형과 반환되는 자료형으로 매개변수화된다. 이 구분을 생성하도록 허용하는 것은 예를 들어 ImageTexture가 RGBSpectrum 값을 메모리에 저장하지만, 항상 Spectrum 값을 반환하는 경우다. 이 방식으로 시스템이 전체 분광 렌더링이 가능하게 컴파일될 경우 원래 RGB 요소만 갖는 원본 이미지에 대해 전체 SampledSpectrum 텍셀을 저장하는 메모리 비용을 지불할 필요가 없다.

<ImageTexture Declarations> ≡

```
template <typename Tmemory, typename Treturn>
class ImageTexture : public Texture<Treturn> {
```

```
public:
    <ImageTexture Public Methods 750>
private:
    <ImageTexture Private Methods 750>
    <ImageTexture Private Data 747>
};
```

그림 10.8 이미지 텍스처의 예. 산 미구엘 장면에서 이미지 텍스처를 사용해서 공간적으로 변화하는 표면 모습 특성을 표현한다. (왼쪽) 이미지 텍스처로 렌더링한 장면 (오른쪽) 각 이미지 텍스처가 평균값으로 치환된 장면. 얼마나 많은 시각적 풍부함이 상실됐는지 살펴보자.

호출자는 이미지 맵의 파일명, 안티앨리어싱을 위한 필터링을 조절하는 매개변수, 텍스처 값의 크기 조절과 감마 보정을 위한 매개변수를 ImageTexture에 제공한다. 크기 조절 매개변수는 이 절의 뒷부분에서 설명하며, 텍스처 필터링 매개변수는 10.4.2절에서 설명한다. 파일의 내용은 텍셀을 메모리에 저장해 안티앨리어싱을 줄이기 위한 재구성과 필터링의 세부 사항을 처리하는 MIPMap 클래스의 인스턴스를 생성하는 데 사용한다.

RGBSpectrum을 메모리에 저장하는 ImageTexture에 대해 MIPMap은 각 표본의 3개 부동소수점 값을 사용해 이미지 자료를 저장한다. 하나의 이미지 맵이 몇 백만 개의 텍셀로 이뤄져 있으며, 각각의 RGB 값을 저장하는 데 float의 전체 32비트 정밀도를 필요로 하지 않으므로 좀 낭비가 있는 표현일 수 있다. 10장 끝의 연습문제 10.1에서 이 사안을 좀 더 다룬다.

<*ImageTexture Method Definitions*> ≡

```
template <typename Tmemory, typename Treturn>
ImageTexture<Tmemory, Treturn>::ImageTexture(
        std::unique_ptr<TextureMapping2D> mapping,
        const std::string &filename, bool doTrilinear, Float maxAniso,
        ImageWrap wrapMode, Float scale, bool gamma)
    : mapping(std::move(mapping)) {
    mipmap = GetTexture(filename, doTrilinear, maxAniso,
                        wrapMode, scale, gamma);
}
```

<*ImageTexture Private Data*> ≡ 746

```
std::unique_ptr<TextureMapping2D> mapping;
MIPMap<Tmemory> *mipmap;
```

10.4.1 텍스처 메모리 관리

각 이미지 맵은 의미 있는 양의 메모리를 필요로 하며, 복잡한 장면은 수천 개의 이미지 맵을 가질 수 있다. 각 이미지 텍스처는 장면에서 여러 번 사용할 수 있기에 pbrt는 이제껏 불러온 이미지 맵의 표를 유지해서 하나 이상의 ImageTexture에서 사용되더라도 한 번만 불러오게 한다. ImageTexture 생성자는 static ImageTexture::GetTexture( ) 메서드를 호출해서 원하는 텍스처의 MIPMap 표현을 얻는다.

<*ImageTexture Method Definitions*> +≡

```
template <typename Tmemory, typename Treturn> MIPMap<Tmemory> *
ImageTexture<Tmemory, Treturn>::GetTexture(const std::string &filename,
        bool doTrilinear, Float maxAniso, ImageWrap wrap, Float scale,
        bool gamma) {
    <Return MIPMap from texture cache if present 747>
    <Create MIPMap for filename 748>
    return mipmap;
}
```

TexInfo는 이미지 맵의 파일명과 필터링 매개변수를 유지하는 단순한 구조체다. 다른 ImageTexture에서 사용되기 위해 이 모두는 반드시 한 MIPMap에 대해 일치해야 한다. 정의는 명백하므로(각 멤버는 정확히 GetTexture( ) 메서드의 매개변수에 대응한다) 여기에 포함하지 않는다.

<*ImageTexture Private Data*> +≡ 746

```
static std::map<TexInfo, std::unique_ptr<MIPMap<Tmemory>>> textures;
```

<*Return* MIPMap *from texture cache if present*> ≡ 748

```
TexInfo texInfo(filename, doTrilinear, maxAniso, wrap, scale, gamma);
if (textures.find(texInfo) != textures.end())
    return textures[texInfo].get();
```

텍스처가 아직 불려오지 않았으면 ReadImage()의 호출이 이미지 내용을 넘겨준다.

<*Create* MIPMap *for* filename> ≡ 748

```
Point2i resolution;
std::unique_ptr<RGBSpectrum[]> texels = ReadImage(filename, &resolution);
MIPMap<Tmemory> *mipmap = nullptr;
if (texels) {
    <Convert texels to type Tmemory and create MIPMap 748>
} else {
    <Create one-valued MIPMap 750>
}
textures[texInfo].reset(mipmap);
```

ReadImage()가 텍셀에 대한 RGBSpectrum 값의 배열을 반환하므로, Tmemory가 RGBSpectrum이 아닐 경우 이 값을 MIPMap이 저장된 텍셀의 특정 형의 Tmemory로 변환해야 한다(예, Float). 텍셀당 변환은 유틸리티 루틴 ImageTexture::convertIn()에서 처리된다.

<*Convert texels to type* Tmemory *and create* MIPMap> ≡ 748

```
std::unique_ptr<Tmemory[]> convertedTexels(new Tmemory[resolution.x *
                                                      resolution.y]);
for (int i = 0; i < resolution.x * resolution.y; ++i)
    convertIn(texels[i], &convertedTexels[i], scale, gamma);
mipmap = new MIPMap<Tmemory>(resolution, convertedTexels.get(),
                             doTrilinear, maxAniso, wrap);
```

텍셀당 변환은 C++ 함수 오버로딩을 사용해서 처리된다. 이 값들을 변환할 수 있는 모든 형에 대해 분리된 ImageTexture::convertIn() 함수가 제공돼야 한다. 텍셀에 대한 이전 반복에서 C++의 함수 오버로딩 메커니즘은 목적형에 기반을 둔 적절한 ImageTexture::convertIn()의 인스턴스를 선택한다. 불행히도 C++는 반환형의 오버로딩을 지원하지 않으므로 함수에서 변환된 값을 반환하는 것이 불가능하다.

형의 변환에 추가해서 이 함수들은 추가적으로 텍셀 값을 원하는 범위로 크기 변환과 감마 보정을 매핑한다. 감마 보정은 특히 조심스럽게 다뤄야 하므로 중요하다. 컴퓨터 디스플레이는 일반적으로 보여주는 픽셀 값과 방출하는 방사 사이에서 선형 관계를 보이지 않는다.

그러므로 아티스트는 텍스처 맵을 LCD 디스플레이에서 보이는 대로 생성할 때 이미지의 한 부분이 다른 부분보다 두 배로 밝게 보이도록 생성한다. 하지만 대응되는 픽셀 값은 2:1 관계가 아니다(역으로 픽셀의 값이 2:1 관계를 가지면 픽셀이 2:1 밝기 비율을 갖지 않는다). 이 간극은 이미지를 텍스처 맵으로 사용하는 렌더러에게 문제가 되는데, 렌더러는 보통 텍셀 값과 표현하는 양이 선형 관계를 갖기를 기대하기 때문이다.

pbrt는 sRGB 표준을 따르며, 이는 일반적인 CRT 디스플레이의 전형적인 행태에 맞춘 특정 변환 곡선을 규정한다. 이 표준은 2015년대 장치에서 널리 지원된다. LCD처럼 다른 (비 CRT) 장치나 잉크젯 프린터는 일반적으로 sRGB 감마 보간 값을 입력으로 사용한 후 이를 내부적으로 장치 특화 행태에 맞춘다.

sRGB 감마 곡선은 부분 함수로 낮은 값에서 선형 항을 갖고 중간에서 큰 값에 대해 승수 항을 가진다.

$$\gamma(x) = \begin{cases} 12.92x, & x \le 0.0031308 \\ (1.055)x^{1/2.4} - 0.055, & x > 0.0031308 \end{cases}$$

<Global Inline Functions> +≡
```
inline Float GammaCorrect(Float value) {
    if (value <= 0.0031308f)
        return 12.92f * value;
    return 1.055f * std::pow(value, (Float)(1.f / 2.4f)) - 0.055f;
}
```

`GammaCorrect()`는 sRGB 호환 8비트 이미지 파일을 `WriteImage()`에서 쓸 때 사용한다. pbrt로 텍스처를 가져오려면 반대 방향에 관심을 가져야 한다. 기존 감마 보정을 제거해 밝기와 픽셀 값 사이의 선형 관계를 재설정해야 한다.

<Global Inline Functions> +≡
```
inline Float InverseGammaCorrect(Float value) {
    if (value <= 0.04045f)
        return value * 1.f / 12.92f;
    return std::pow((value + 0.055f) * 1.f / 1.055f, (Float)2.4f);
}
```

'더 읽을거리' 절에서 더 자세한 감마 보정의 논의를 알아보자.

`InverseGammaCorrect()`는 `convertIn()`의 `gamma` 인자를 통해 설정될 때만 적용된다. 기본적으로 이는 입력 이미지가 8비트 색 깊이를 가질 경우다.

<*ImageTexture Private Methods*> ≡ 746

```
static void convertIn(const RGBSpectrum &from, RGBSpectrum *to,
        Float scale, bool gamma) {
    for (int i = 0; i < RGBSpectrum::nSamples; ++i)
        (*to)[i] = scale * (gamma ? InverseGammaCorrect(from[i])
                                  : from[i]);
}
static void convertIn(const RGBSpectrum &from, Float *to,
        Float scale, bool gamma) {
    *to = scale * (gamma ? InverseGammaCorrect(from.y())
                         : from.y());
}
```

텍스처 파일이 발견되지 않거나 읽기 어려우면 1의 값을 가진 하나의 표본으로 된 이미지 맵이 생성돼 렌더러가 수행을 멈추지 않고 장면의 이미지를 생성하도록 유지될 수 있다. ReadImage() 함수는 이 경우 경고 메시지를 발동한다.

<*Create one-valued* MIPMap> ≡ 748

```
Tmemory oneVal = scale;
mipmap = new MIPMap<Tmemory>(Point2i(1, 1), &oneVal);
```

이미지가 렌더링되고 시스템이 정리될 때 ClearCache() 메서드가 텍스처 캐시의 항목을 해제하기 위해 호출된다.

<*ImageTexture Public Methods*> ≡ 746

```
static void ClearCache() {
    textures.erase(textures.begin(), textures.end());
}
```

10.4.2 ImageTexture 계산

ImageTexture::Evaluate() 루틴은 일반적인 텍스처 좌표 계산을 수행하고 MIPMap에 대한 이미지 맵 검색을 처리해 안티앨리어싱을 위한 이미지 필터링을 처리한다. 반환된 값은 여전히 Tmemory형이다. 반환값을 Treturn으로 변환하기 위해 ImageTexture::convertIn()과 비슷한 변환 단계가 필요하다.

<*ImageTexture Public Methods*> +≡ 746

```
Treturn Evaluate(const SurfaceInteraction &si) const {
    Vector2f dstdx, dstdy;
    Point2f st = mapping->Map(si, &dstdx, &dstdy);
```

```
        Tmemory mem = mipmap->Lookup(st, dstdx, dstdy);
        Treturn ret;
        convertOut(mem, &ret);
        return ret;
    }
```

<*ImageTexture Private Methods*> +≡ 746

```
    static void convertOut(const RGBSpectrum &from, Spectrum *to) {
        Float rgb[3];
        from.ToRGB(rgb);
        *to = Spectrum::FromRGB(rgb);
    }
    static void convertOut(Float from, Float *to) {
        *to = from;
    }
```

10.4.3 밉맵

언제나처럼 이미지 함수가 텍스처 표본화율로 표현할 수 있는 것보다 높은 주파수 세부 사항을 갖고 있다면 최종 이미지의 앨리어싱으로 표현된다. 나이키스트 한계보다 높은 주파수는 함수를 계산하기 전에 전필터링해서 제거해야만 한다. 그림 10.9는 우리가 겪는 기본 문제를 보여준다. 이미지 텍스처는 고정된 주파수에서 어떤 이미지 함수의 표본인 텍셀을 갖고 있다. 검색에 대한 필터 영역은 (s, t) 중심점과 주변 이미지 표본에 대한 추정된 텍스처 좌표 위치에 대한 오프셋으로 제공된다. 이 오프셋이 텍스처 표본화율의 추정이므로 나이키스트 기준을 만족하기 위해 인근 표본 거리의 두 배 이상인 주파수를 모두 제거한다.

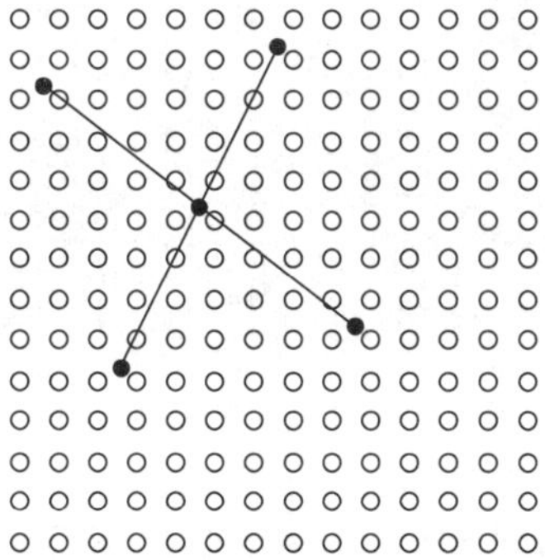

그림 10.9 이미지 맵을 수행하는 점의 위치(중앙의 까만 점으로 표현)와 텍스처 공간 표본화율 추정(주변 검은 점)에 대해 이미지 맵에서 많은 수의 텍셀에 대한 기여(하얀 점)를 필터링할 필요가 있다.

텍스처 표본화와 재구성 과정은 7장에서 다룬 이미지 표본화 과정과 몇 가지 핵심적인 차이가 있다. 이 차이로 인해 좀 더 효율적이고 계산적으로 부하가 적은 기술로 안티앨리어싱을 다룰 수 있다. 예를 들어 표본 값을 얻는 것은 비용이 저렴하다. 단지 배열 검색이 필요하다(방사를 계산하기 위해서 여러 광선을 추적해야 할 필요가 없다). 더욱이 텍스처 이미지 함수는 표본의 집합을 완벽히 정의했으며, 가장 높은 주파수가 무엇인지에 대한 의문이 없으므로 표본 간의 함수 행태에 대한 불확실성이 없다. 이 차이는 텍스처를 표본화하기 전에 세부 사항을 제거할 수 있게 하므로 앨리어싱이 제거된다.

하지만 텍스처 표본화율은 보통 픽셀에 따라 변화한다. 표본화율은 장면 기하 구조와 방향, 텍스처 좌표 매핑 함수, 카메라 투영, 이미지 표본화율에 따라 결정된다. 표본화율이 고정돼 있지 않으므로 텍스처 필터링 알고리즘은 텍스처 표본을 효율적으로 임의의 영역에 대해 필터링할 수 있게 해야 한다.

MIPMap 클래스는 공간적으로 변화하는 필터 너비로 효율적인 텍스처 필터링의 두 메서드를 구현한다. 첫 번째로 삼중 선형 보간은 빠르고 쉽게 구현할 수 있으며, 초기 그래픽 하드웨어에서 널리 사용되는 텍스처 필터링 방식이다. 두 번째는 타원형 가중 평균[EWA]으로, 더 느리고 좀 더 복잡하지만, 아주 고품질의 결과를 제공한다. 그림 10.1은 텍스처 필터링을 무시하고 이미지 맵의 가장 세분된 단계에서 이중 선형 보간 텍셀을 이용해 생긴 앨리어싱 오류만 보여준다. 그림 10.10은 삼각 필터와 EWA 알고리즘을 이용한 개선을 보여준다.

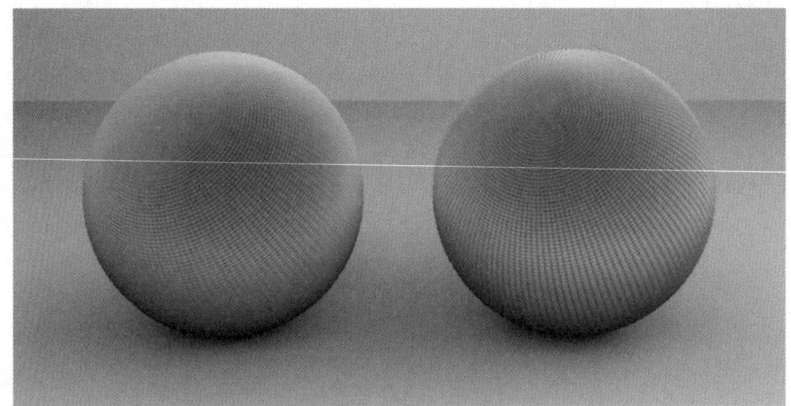

그림 10.10 이미지 맵을 적절히 필터링하는 것은 이미지를 엄청나게 향상시킨다. 왼쪽은 삼중 선형 보간이 사용됐다. 오른쪽은 EWA 알고리즘이다. 두 가지 방식 모두 그림 10.1의 필터링되지 않은 이미지 맵보다 훨씬 나은 결과를 보여준다. 삼중 선형 보간은 EWA보다 강한 비등방성 필터 흔적을 처리하는 데 약점을 보이며, 이로 인해 왼쪽 구의 가장자리가 균일한 회색이며(텍스처의 전체적인 평균값), 오른쪽에서 가장자리는 회색으로 변하기 전까지 구의 가장자리를 따라 이미지 맵의 세부 사항이 더 멀리 보인다.

접근해야 하는 텍셀의 잠재적인 수를 제한하려고 두 필터링이 모두 이 과정의 가속을 위해 원래 이미지를 점진적으로 낮은 해상도로 전필터링한 버전인 이미지 피라미드를 사용한다.[3] 원래 이미지 텍셀은 피라미드의 바닥 단계며, 각 단계의 이미지는 예전 단계의 반에 해당하는 해상도를 갖고, 원래 이미지의 전체 텍셀의 평균을 표현하는 하나의 텍셀을 가진 최상 단계까지 계속 이어진다. 이 이미지의 집합은 가장 높은 세부 단계만 저장하는 것보다 최대 1/3의 메모리를 더 사용하며, 원래 이미지의 넓은 영역에 걸쳐 빠르게 필터링된 값을 찾을 수 있다. 피라미드 이면의 기본 개념은 텍셀의 넓은 영역이 필터링될 필요가 있을 때 합리적인 근사는 피라미드의 높은 단계를 사용해서 같은 영역에 대해 필터링을 하는 것으로, 훨씬 적은 텍셀에 접근하게 된다.

```
<MIPMap Declarations> ≡
    template <typename T> class MIPMap {
    public:
        <MIPMap Public Methods 759>
    private:
        <MIPMap Private Methods 756>
        <MIPMap Private Data 754>
    };
```

생성자에서 호출자가 제공한 MIPMap은 이미지 자료를 복사해 각 방향에 2의 지수인 해상도를 보증해야 하면 이미지를 크기 조절하고, 10.4.5절의 타원형 가중 평균 필터링 방식을 위해 사용하는 검색표를 초기화한다. 또한 적법한 범위 밖에 있는 텍스처 좌표를 위한 원하는 처리 방식을 wrapmode에 저장한다.

```
<MIPMap Method Definitions> ≡
    template <typename T>
    MIPMap<T>::MIPMap(const Point2i &res, const T *img, bool doTrilinear,
            Float maxAnisotropy, ImageWrap wrapMode)
        : doTrilinear(doTrilinear), maxAnisotropy(maxAnisotropy),
            wrapMode(wrapMode), resolution(res) {
        std::unique_ptr<T[]> resampledImage = nullptr;
        if (!IsPowerOf2(resolution[0]) || !IsPowerOf2(resolution[1])) {
            <Resample image to power-of-two resolution 755>
        }
        <Initialize levels of MIPMap from image 759>
        <Initialize EWA filter weights if needed 769>
```

3. MIP map이라는 이름은 라틴어의 multum in parvo에서 나왔으며, 작으나 내용이 풍부함을 의미하고, 이미지 피라미드에 대응한다.

```
}
```

<MIPMap Private Data> ≡ 753

```
const bool doTrilinear;
const Float maxAnisotropy;
const ImageWrap wrapMode;
Point2i resolution;
```

MIPMap은 템플릿 클래스며, 이미지 텍셀의 자료형으로 매개변수화된다. pbrt는 MIPMap을 RGBSpectrum과 Float 이미지에 대해 둘 다 생성한다. Float 밉맵은 예를 들어 측각goniometric 광원(12.3.3절)으로부터 강도의 방향 분포를 표현하는 데 사용된다. MIPMap 구현은 T형에 대해 합과 스칼라 곱을 포함한 몇 가지 기본 연산만 지원하도록 요구한다.

ImageWrap의 열거형은 MIPMap 생성자로 전달되며, 텍스처 좌표가 합법적인 [0, 1] 범위에 있지 않을 때 원하는 행태를 명시한다.

<MIPMap Helper Declarations> ≡

```
enum class ImageWrap { Repeat, Black, Clamp };
```

이미지 피라미드의 구현은 원래 이미지의 해상도가 각 방향에 대해 정확히 2의 승수면 훨씬 쉬워진다. 이는 피라미드의 단계와 단계에서 텍셀 수의 관계를 명확하게 한다. 사용자가 하나 이상의 차원에서 2의 승수가 아닌 해상도를 가진 이미지를 제공하면 MIPMap 생성자는 피라미드 생성 전에 이미지를 원래 해상도보다 큰 다음 2의 승수 해상도로 크기를 조절한다. 10장 마지막의 연습문제 10.5는 2의 승수 해상도가 아닌 이미지 피라미드를 묘사하는 접근법을 설명한다.

여기서의 이미지 크기 조절은 7장의 표본화와 재구성 이론의 더 많은 응용을 포함하고 있다. 우리는 하나의 표본화율로 표본화된 이미지 함수를 갖고 있으며, 원래 표본에서 연속적인 함수를 재구축해 새로운 표본 위치의 집합에서 재표본화해야 한다. 이는 원래 표본화율보다 표본화율이 높아지므로 이 단계에서 고주파수 요소에 대해 과소 표집으로 인한 앨리어싱의 생성을 걱정하지 않아도 된다. 재구성후 새 함수에 대해 직접 재표본화만 하면 된다. 그림 10.11은 이 작업을 1D에서 보여준다.

MIPMap은 분리 가능한 재구성 필터를 사용한다. 7.8절에서 분리 가능한 필터가 1D 필터의 곱으로 계산될 수 있음을 기억하자. $f(x, y) = f(x)f(y)$다. 분리 가능한 필터의 장점 하나는 한 이미지를 해상도 (s, t)에서 다른 해상도 (s', t')로 이미지를 재표본화할 때 사용할 경우 재표본화를 두 개의 1D 재표본화 단계로 구현할 수 있다는 점이다. 우선 s에서 표본화를 해서 (s', t) 해상도의 이미지를 생성하고 그 후에 그 이미지를 최종 해상도 (s', t')의 이미지로 재표본화한다. 두 번의 1D 단계로 이미지를 재표본화하는 것은 구현을 단순하게 하며 최종 이미지의 각 텍셀이 접근하는 텍셀의 수를 필터의 너비에 대해 제곱이 아닌 선형적인 함수로 만든다.

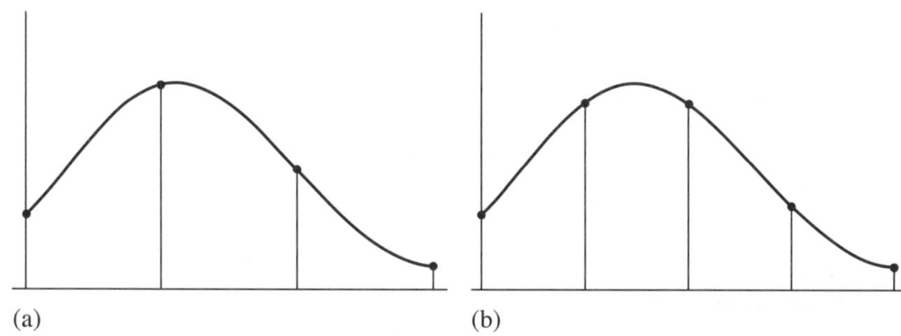

그림 10.11 이미지 해상도가 2의 승수가 되도록 증가시키기 위해 MIPMap은 2개의 1D 재표본화 과정을 분리 가능한 재구성 필터로 수행한다. (a) 4개의 표본으로 재구성된 1D 함수로서 점으로 표기했다. (b) 더 많은 표본을 가진 같은 이미지 함수를 표현하기 위해 연속적인 함수를 재구성해 새 위치에서 계산하기만 하면 된다.

```
<Resample image to power-of-two resolution> ≡                                753
    Point2i resPow2(RoundUpPow2(resolution[0]), RoundUpPow2(resolution[1]));
    <Resample image in s direction 756>
    <Resample image in t direction>
    resolution = resPow2;
```

원래 이미지 함수를 재구성하고 이를 새 텍셀의 위치에서 표본화하는 것은 수학적으로 원래 이미지에서 재구성 필터 커널을 새 텍셀의 위치에 놓고 주변 텍셀의 적절한 가중 합을 구하는 것과 같다. 그러므로 각 새 텍셀은 원래 이미지에서 적은 수의 텍셀의 가중 평균이 된다.

`MIPMap::resampleWeights()` 메서드는 각 새 텍셀에서 어떤 원 텍셀이 기여하는지와 각 새로운 텍셀에 대해 기여 가중의 값을 결정한다. 이는 모든 텍셀에 대한 이미지의 1D 행이나 열로 `ResampleWeight` 구조체의 배열에 값을 넣어 반환한다. 이 정보가 s에 대해 재표본화할 때 이미지의 모든 행에 대해 같고, t에서 재표본화할 때 모든 열에 대해 같으므로 두 번의 과정에서 각각 한 번씩 하고 나중에 재활용하는 것이 더 효율적이다. 주어진 이 가중치에 따라 이미지는 우선 s 방향에 대해 확대되고, 원래 이미지의 해상도 `resolution`에서 해상도 `(resPow2[0], resolution[1])`의 이미지로 변환해 `resampledImage`에 저장된다. 여기서의 구현은 `resampledImage`에 최종 확대된 `(resPow2[0], resPow2[1])`의 해상도 이미지에 충분한

공간을 할당해서 두 번의 큰 할당을 피한다.

<Resample image in s direction> ≡ 755

```
std::unique_ptr<ResampleWeight[]> sWeights =
        resampleWeights(resolution[0], resPow2[0]);
resampledImage.reset(new T[resPow2[0] * resPow2[1]]);
<Apply sWeights to zoom in s direction 758>
```

여기서 사용한 재구성 필터를 위해 확대 후 각 새로운 텍셀에 대해 4개 초과의 원 텍셀이 사용되지 않으므로, ResampleWeight는 4개의 가중치만 저장하면 된다. 4개의 텍셀이 인접하므로 첫 번째에 대한 오프셋만 저장한다.

<MIPMap Helper Declarations> +≡

```
struct ResampleWeight {
    int firstTexel;
    Float weight[4];
};
```

<MIPMap Private Methods> ≡ 753

```
std::unique_ptr<ResampleWeight[]> resampleWeights(int oldRes,
        int newRes) {
    Assert(newRes >= oldRes);
    std::unique_ptr<ResampleWeight[]> wt(new ResampleWeight[newRes]);
    Float filterwidth = 2.f;
    for (int i = 0; i < newRes; ++i) {
        <Compute image resampling weights for ith texel 757>
    }
    return wt;
}
```

7장의 비연속적인 픽셀과 연속적인 픽셀 좌표 사이를 구분하는 것이 중요하므로, 텍셀 좌표에서도 같은 이슈를 다뤄야 한다. 7.1.7절에 설명된 것과 같은 규약을 사용한다. 새로운 각 텍셀에 대해 이 함수는 예전 텍셀 좌표의 항으로 연속적인 좌표를 계산하는 것으로 시작한다. 이 값은 center에 저장돼 있으며, 이는 새로운 텍셀에 대한 재구성 필터의 중심이기 때문이다. 다음으로 새 텍셀에 기여하는 첫 텍셀에 대한 오프셋을 찾을 필요가 있다. 이는 약간 복잡한 계산이다. 필터의 0이 아닌 범위를 찾기 위해 필터 너비를 빼고 나면 비연속적인 좌표를 찾기 위해 바닥으로 변환하기 전에 추가적인 0.5 오프셋을 연속 좌표에 더해야 한다. 그림 10.12는 이 오프셋이 필요한 이유를 보여준다.

첫 기여하는 텍셀에서 시작해서 이 함수는 4개의 텍셀에 반복하며, 각 필터 커널의 중앙에서의 오프셋과 대응하는 필터 가중치를 계산한다.

<Compute image resampling weights for ith texel> ≡ 756

```
Float center = (i + .5f) * oldRes / newRes;
wt[i].firstTexel = std::floor((center - filterwidth) + 0.5f);
for (int j = 0; j < 4; ++j) {
    Float pos = wt[i].firstTexel + j + .5f;
    wt[i].weight[j] = Lanczos((pos - center) / filterwidth);
}
<Normalize filter weights for texel resampling 757>
```

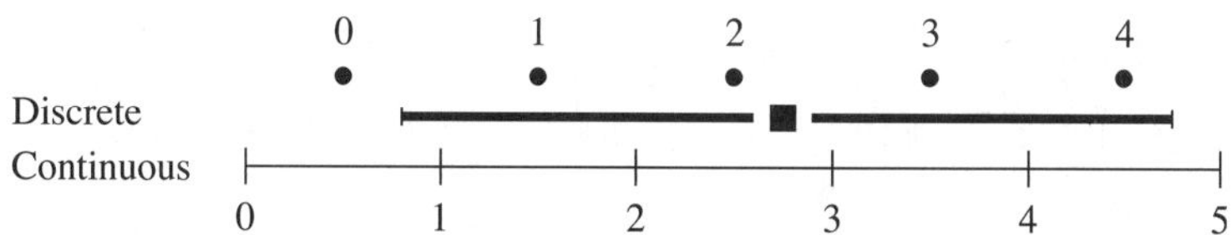

그림 10.12 재구성 필터의 지원 안에 있는 첫 텍셀을 찾는 계산은 살짝 복잡하다. 여기서 보이는 연속된 좌표 2.75 주변을 중심으로 한 너비 2인 필터의 경우를 고려해보자. 필터의 지원이 범위 [0.75, 4.75]를 처리하고, 이는 필터의 지원 밖에 텍셀 0이 있게 된다. 비연속적 텍셀을 찾기 위해 바닥으로 변환하기 전에 낮은 말단에 0.5를 더하면 정확한 시작 텍셀인 1을 얻을 수 있다.

재구성 필터 함수 `Lanczos()`는 가중치를 계산하기 위해 사용되며, 이는 `LanczosSincFilter::Sinc1D()`에서 사용된 것과 같다.

<Texture Declarations> +≡

```
Float Lanczos(Float, Float tau = 2);
```

필터 함수를 사용했을 때 4개의 필터 가중치의 합은 1이 아닐 수 있다. 그러므로 재표본화된 이미지가 원래 이미지보다 더 밝거나 어둡지 않은 것을 보장하기 위해 가중치를 여기서 정규화한다.

<Normalize filter weights for texel resampling> ≡ 757

```
Float invSumWts = 1 / (wt[i].weight[0] + wt[i].weight[1] +
                       wt[i].weight[2] + wt[i].weight[3]);
for (int j = 0; j < 4; ++j)
    wt[i].weight[j] *= invSumWts;
```

가중치를 한 번 계산하면 확대한 텍셀을 계산하기 위해 적용하는 것은 쉽다. 원래 이미지의 각 `resolution[1]` 수평 스캔 선에 대해 s로 확대된 이미지의 `resPow2[0]` 텍셀에 대해서 미리 계산한 가중치를 사용해 이 값을 계산하는 데 사용한다. 각 텍셀에 대한 계산이 모든 텍셀에 대해 완전히 개별적이기 때문에, 또한 이 계산이 일부 처리를 요구하므로 이미지를 구획으로 나누고 이를 여러 스레드에서 병렬로 작업하는 것은 의미가 있다.

```
<Apply sWeights to zoom in s direction> ≡                                    756
    ParallelFor(
        [&](int t) {
            for (int s = 0; s < resPow2[0]; ++s) {
                <Compute texel (s, t) in s-zoomed image 758>
            }
        }, resolution[1], 16);
```

MIPMap 생성자의 ImageWrap 매개변수는 텍셀 좌표 밖에 대해 어떤 규약을 사용할지 결정한다. 이는 나머지나 클램프 계산으로 유효한 값을 재매핑하거나 검은 텍셀 값을 사용한다.

```
<Compute texel (s, t) in s-zoomed image> ≡                                   758
    resampledImage[t * resPow2[0] + s] = 0.f;
    for (int j = 0; j < 4; ++j) {
        int origS = sWeights[s].firstTexel + j;
        if (wrapMode == ImageWrap::Repeat)
            origS = Mod(origS, resolution[0]);
        else if (wrapMode == ImageWrap::Clamp)
            origS = Clamp(origS, 0, resolution[0] - 1);
        if (origS >= 0 && origS < (int)resolution[0])
            resampledImage[t * resPow2[0] + s] +=
                    sWeights[s].weight[j] * img[t * resolution[0] + origS];
    }
```

t 방향에서 재표본화하는 과정은 *s*에 대해 거의 같으므로 여기에 포함하지 않는다.

한 번 2의 승수인 해상도의 이미지를 갖게 되면 바닥(가장 자세한) 단계에서부터 밉맵의 단계들이 초기화될 수 있다. 각각의 더 높은 단계는 이전 단계의 텍셀을 필터링해서 얻을 수 있다.

이미지 맵이 상당한 양의 메모리를 사용하고, 또한 필터링된 값을 찾기 위해 이미지 텍스처 검색당 8~20의 텍셀이 보통 사용되므로, 텍스처 맵에 접근할 때 캐시 미스를 줄이면 눈에 띄게 렌더러의 성능을 향상시킬 수 있어서 텍셀이 어떻게 메모리에 배치되는지 신중히 고려해야 한다. 이 절에서 구현된 두 텍스처 필터링 방식이 검색이 수행될 때마다 이미지 맵의 사각형 영역에서 텍셀의 집합에 접근하므로 MIPMap은 텍셀 값의 2D 배열을 저장하기 위해 표준 C++ 배열이 아닌 BlockedArray 템플릿 클래스를 사용한다. BlockedArray는 이런 종류의 사각형 형태로 값에 접근할 때 캐시 일관성을 증가하도록 메모리의 배열 값을 재배치한다. 이는 부록 A의 A.4.4절에 설명돼 있다.

<Initialize levels of MIPMap from image> ≡ 753

```
int nLevels = 1 + Log2Int(std::max(resolution[0], resolution[1]));
pyramid.resize(nLevels);
<Initialize most detailed level of MIPMap 759>
for (int i = 1; i < nLevels; ++i) {
    <Initialize ith MIPMap level from i - 1st level 760>
}
```

<MIPMap Private Data> +≡ 753

```
std::vector<std::unique_ptr<BlockedArray<T>>> pyramid;
```

<MIPMap Public Methods> ≡ 753

```
int Width() const { return resolution[0]; }
int Height() const { return resolution[1]; }
int Levels() const { return pyramid.size(); }
```

원래 자료(원래 2의 승수 해상도가 아닐 경우 재표본화된 자료)를 가진 밉맵의 기본 단계가 BlockedArray 기본 생성자로 초기화된다.

<Initialize most detailed level of MIPMap> ≡ 759

```
pyramid[0].reset(new BlockedArray<T>(resolution[0], resolution[1],
        resampledImage ? resampledImage.get() : img));
```

나머지 단계가 어떻게 초기화되는지 보여주기 전에 먼저 이 과정에서 사용할 텍셀의 접근 함수를 정의한다. MIPMap::Texel()은 주어진 비연속 정수 값 텍셀 위치에 대한 텍셀 값의 참조를 반환한다. 앞에서 설명했듯이 범위 밖의 텍셀 좌표가 들어올 경우 이 메서드는 텍스처 크기에 대한 나머지 연산을 wrapMode의 값에 기반을 두고 처리해 전체 2D 텍스처 좌표 영역에서 효과적으로 텍스처를 반복하거나 유효한 범위로 좌표를 클램프해서 경계 픽셀을 사용하거나 범위 밖 좌표에 대해 검은 텍셀을 사용한다.

<MIPMap Method Definitions> +≡

```
template <typename T>
const T &MIPMap<T>::Texel(int level, int s, int t) const {
    const BlockedArray<T> &l = *pyramid[level];
    <Compute texel (s, t) accounting for boundary conditions 760>
    return l(s, t);
```

```
    }
```

<*Compute texel (s, t) accounting for boundary conditions*> ≡ 759

```
    switch (wrapMode) {
        case ImageWrap::Repeat:
            s = Mod(s, l.uSize());
            t = Mod(t, l.vSize());
            break;
        case ImageWrap::Clamp:
            s = Clamp(s, 0, l.uSize() - 1);
            t = Clamp(t, 0, l.vSize() - 1);
            break;
        case ImageWrap::Black: {
            static const T black = 0.f;
            if (s < 0 || s >= (int)l.uSize() ||
                    t < 0 || t >= (int)l.vSize())
                return black;
            break;
        }
    }
```

정사각형이 아닌 이미지를 위해 두 해상도 중 큰 해상도에 대해 여전히 감소 표본화를 할 필요가 있으면 한 방향의 해상도는 반드시 이미지 피라미드의 윗 단계로 클램프돼야 한다. 이는 다음의 max() 호출로 처리된다.

<*Initialize ith MIPMap level from i - 1st level*> ≡ 759

```
    int sRes = std::max(1, pyramid[i - 1]->uSize() / 2);
    int tRes = std::max(1, pyramid[i - 1]->vSize() / 2);
    pyramid[i].reset(new BlockedArray<T>(sRes, tRes));
    <Filter four texels from finer level of pyramid 760>
```

MIPMap은 현재 텍셀의 값을 찾기 위해 단순 상자 필터를 사용해서 이전 단계의 4개 텍셀을 평균한다. 란초스 필터를 사용하면 이 계산에서 좀 더 나은 결과를 보여주지만, 이 변경은 10장 마지막의 연습문제 10.4로 남겨둔다. 재표본화를 2의 승수 해상도로 할 때 하향 필터링을 일반 for 반복문을 사용하는 것보다 다중 스레드를 이용하는 것이 여기에서 의미가 있다.

<*Filter four texels from finer level of pyramid*> ≡ 760

```
    ParallelFor(
        [&](int t) {
            for (int s = 0; s < sRes; ++s)
```

```
            (*pyramid[i])(s, t) = .25f *
                (Texel(i-1, 2*s, 2*t) + Texel(i-1, 2*s+1, 2*t) +
                 Texel(i-1, 2*s, 2*t+1) + Texel(i-1, 2*s+1, 2*t+1));
    }, tRes, 16);
```

10.4.4 등방성 삼각 필터

두 MIPMap::Lookup( ) 메서드의 첫 번째는 텍스처 표본에 대해 삼각 필터를 사용해 고주파를 제거한다. 이 필터 함수가 고품질 결과를 주진 않더라도 매우 효율적으로 구현할 수 있다. 계산점의 (s, t) 좌표에 더해 호출자는 이 메서드에 검색을 위한 필터 너비를 전달해서 텍스처가 필터를 적용하는 영역의 범위를 제공한다. 이 메서드는 텍스처 공간의 정사각형 영역에 대해 필터링하므로, 너비는 s와 t 방향 모두에서 앨리어싱이 없도록 보수적으로 선택해야 한다. 비정사각형이나 비축 정렬인 필터 범위를 지원하지 않는 이와 같은 필터링 기술은 등방성이라고 알려져 있다. 등방성 필터링 알고리즘의 주된 단점은 텍스처를 비스듬한 각도로 볼 때 흐리게 나타나는 것이며, 이는 한 축에 대한 요구 표본화율이 다른 축에 대한 표본화율과 매우 다르기 때문에 생기는 문제다. 넓은 필터 너비에 대해 많은 텍셀을 필터링하는 것이 비효율적이므로, 이 메서드는 필터의 영역이 4개의 텍셀에 포함되는 밉맵 단계를 피라미드에서 선택한다.

그림 10.13은 이 개념을 보여준다.

<MIPMap Method Definitions> +≡
```
    template <typename T>
    T MIPMap<T>::Lookup(const Point2f &st, Float width) const {
        <Compute MIPMap level for trilinear filtering 762>
        <Perform trilinear interpolation at appropriate MIPMap level 762>
    }
```

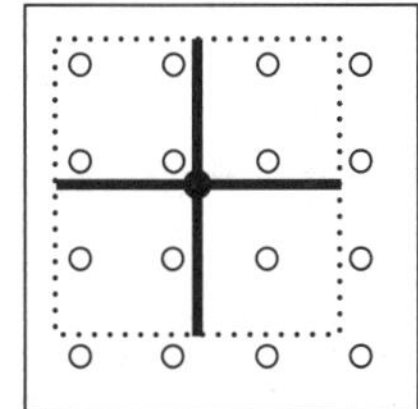
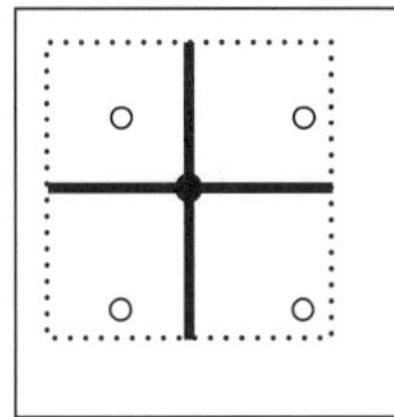
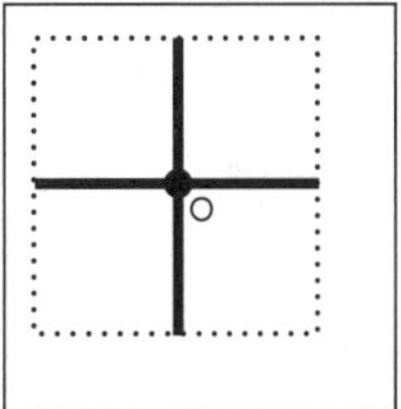

그림 10.13 삼각 필터에 대해 밉맵 단계를 선택하는 것. MIPMap을 필터가 4개의 텍셀을 덮는 단계를 선택한다.

피라미드 단계의 해상도가 모두 2의 승수이므로, l단계의 해상도는 $2^{\text{nLevels}-1-l}$이다. 그러므로 텍셀 간격 너비 w의 단계를 찾는 것은 l에 대해 다음을 풀어야 한다.

$$\frac{1}{w} = 2^{\text{nLevels}-1-l}$$

일반적으로 이는 두 밉맵 단계 사이의 부동소수점 값이 된다.

<Compute MIPMap level for trilinear filtering> ≡ 761

```
Float level = Levels() - 1 + Log2(std::max(width, (Float)1e-8));
```

그림 10.13에서 보듯 표본점 주변의 4개 텍셀에 삼각 필터를 적용하는 것은 너무 작은 영역이나 너무 넓은 영역(아주 신중하게 선택된 필터 너비를 제외하면)을 필터링하게 된다. 여기서의 구현은 두 단계에 대해 삼각 필터를 적용해 `level`이 각각에 얼마나 가까운지에 따라 섞는 것이다. 이는 최종 이미지의 근처 픽셀에 있는 하나의 밉맵 단계에서 다음으로의 이행을 숨긴다. 두 단계에서 4개의 텍셀에 삼각 필터를 이런 식으로 적용하는 것은 원래 최고 높은 해상도의 텍셀에 대해 적용하는 것과 정확히 같은 결과를 주진 않지만, 그 차이는 실제로 그렇게 나쁘지 않으며, 이 방식의 효율성은 이런 불이익을 감수할 만하다. 어떤 경우든 텍스처의 품질이 중요할 경우 다음 절의 타원형 가중 평균 필터링을 사용해야 한다.

<Perform trilinear interpolation at appropriate MIPMap level> ≡ 761

```
if (level < 0)
    return triangle(0, st);
else if (level >= Levels() - 1)
    return Texel(Levels() - 1, 0, 0);
else {
    int iLevel = std::floor(level);
    Float delta = level - iLevel;
    return Lerp(delta, triangle(iLevel, st), triangle(iLevel + 1, st));
}
```

주어진 부동소수점 텍스처 좌표 $[0, 1]^2$에서 `MIPMap::triangle()` 루틴은 삼각 필터를 사용해서 표본점을 둘러싸는 4개의 텍셀 사이를 그림 10.14에 보이는 것처럼 보간한다. 이 방식은 우선 좌표를 각 방향의 주어진 밉맵 단계에서 크기 조절해 연속된 텍셀 좌표로 변환한다. 이는 연속된 좌표지만 이미지 맵의 텍셀은 비연속적 텍스처 좌표로 정의돼 있으므로, 이를 일반적인 표현으로 신중히 변환하는 것이 중요하다. 여기서는 모든 작업을 비연속적 좌표로 처리하며, 연속 텍스처 좌표를 비연속 공간으로 매핑한다.

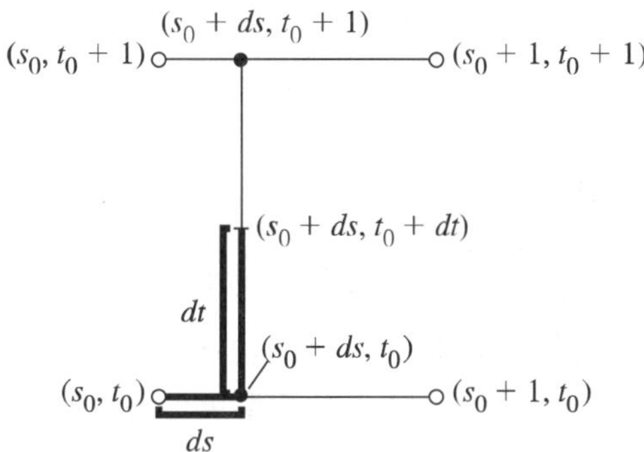

그림 10.14 임의의 위치 (s, t)에서 이미지 텍스처 함수의 값을 계산하기 위해 `MIPMap::triangle()`은 (s, t) 주변의 4개 텍셀을 찾아 (s, t)에서의 거리에 기반을 두고 삼각 필터에 가중치를 준다. 이를 구현하는 한 가지 방법은 여기에서 보이는 것처럼 일련의 선형 보간이다. 우선 (s, t) 아래의 두 텍셀이 (s, 0)의 값을 찾기 위해 선형 보간되며, 그 후에 (s, 1)을 찾기 위해 두 텍셀에 대해 보간한다. 그 후 (s, 0)와 (s, 1)은 다시 (s, t)를 찾기 위해 선형 보간된다.

예를 들어 연속된 텍스처 좌표 2.4의 1D 경우를 살펴보자. 이 좌표는 텍셀 좌표 2(연속 좌표의 2.5에 대응하는) 아래의 거리 0.1 아래며, 비연속 좌표 1(연속 좌표 1.5)의 0.9 위다. 그러므로 0.5를 연속된 좌표 2.4에서 빼면 1.9를 얻으며, 이를 통해 좌표를 뺌으로써 비연속 좌표 1과 2에 대한 정확한 거리를 계산할 수 있다.

주어진 좌표의 왼쪽 아래에 있는 텍셀의 s와 t에서의 거리 d_s, d_t를 계산한 후 `MIPMap::triangle()`은 4개 텍셀의 가중치를 결정해 필터링된 값을 결정한다. 삼각 필터가 다음과 같음을 기억하라.

$$f(x, y) = (1 - |x|)(1 - |y|)$$

적절한 가중치는 직접 따라온다. 이 계산과 `BilerpTexture::Evaluate()` 사이의 유사성을 인지하자.

```
<MIPMap Method Definitions> +≡
    template <typename T>
    T MIPMap<T>::triangle(int level, const Point2f &st) const {
        level = Clamp(level, 0, Levels() - 1);
        Float s = st[0] * pyramid[level]->uSize() - 0.5f;
        Float t = st[1] * pyramid[level]->vSize() - 0.5f;
        int s0 = std::floor(s), t0 = std::floor(t);
        Float ds = s - s0, dt = t - t0;
        return (1 - ds) * (1 - dt) * Texel(level, s0, t0) +
               (1 - ds) * dt * Texel(level, s0, t0+1) +
               ds * (1 - dt) * Texel(level, s0+1, t0) +
```

```
                ds * dt * Texel(level, s0+1, t0+1);
}
```

*10.4.5 타원형 가중 평균

타원형 가중 평균EWA 알고리즘은 텍스처 좌표의 미분으로 주어진 텍스처 공간의 두 축을 타원에 맞춘 후 텍스처를 가우시안 필터로 필터링한다(그림 10.15). 이는 그래픽스에서 최고의 텍스처 필터링 알고리즘의 하나로 널리 알려져 있으며, 표본화 이론의 기본 원론에서 신중히 유도해냈다. 앞 절의 삼각 필터와는 달리 임의의 방향의 텍스처 영역에 대해 필터링이 가능하며, 다른 방향에 대해 다른 필터 범위를 갖는 유연성을 가진다. 이 종류의 필터는 비등방성으로 알려져 있다. 이 능력은 두 이미지 축에 대해 다른 표본화율을 적절히 조정할 수 있어 결과의 질을 엄청나게 향상시킨다.

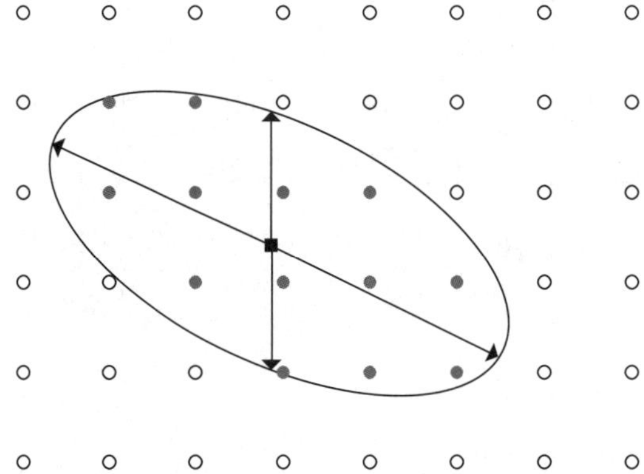

그림 10.15 EWA 필터는 가우시안 필터를 계산 점 주변에 있는 타원 영역의 텍셀에 대해 적용한다. 타원의 범위는 텍스처 좌표 편미분으로 인한 인접 텍스처 표본의 위치를 가장자리가 지나도록 정해진다.

여기서는 이 필터의 전체 유도를 보여주진 않지만, 통합 재표본화 필터로 구분해서 명명한다. 이는 동시에 이미지 공간에서 가우스 재구성 필터로 얽은 가우스 필터링된 텍스처 함수의 결과를 계산한다. 이는 이미지 공간 필터의 효과를 무시하거나 상자로 가정한 것과 동일한 다른 많은 텍스처 필터링 메서드와 대비된다. 가우스가 렌더링된 이미지의 표본을 필터링하는 데 사용되지 않더라도 이미지 필터에서 공간적 변화의 일부 고려는 결과를 향상시키며, 미첼이나 윈도우 싱크 필터처럼 가우스 필터의 모양과 유사하게 사용한다고 가정한다.

<MIPMap Method Definitions> +≡
```
template <typename T>
```

```
T MIPMap<T>::Lookup(const Point2f &st, Vector2f dst0,
        Vector2f dst1) const {
    if (doTrilinear) {
        Float width = std::max(std::max(std::abs(dst0[0]),
                std::abs(dst0[1])),
                std::max(std::abs(dst1[0]),
                std::abs(dst1[1])));
        return Lookup(st, 2 * width);
    }
    <Compute ellipse minor and major axes 765>
    <Clamp ellipse eccentricity if too large 765>
    <Choose level of detail for EWA lookup and perform EWA filtering 766>
}
```

텍스처 좌표의 화면 공간 편미분은 타원의 축을 정의한다. 장축(둘 중 긴축)과 단축을 결정하는 것으로 검색 메서드가 시작되며, (ds0, dt0)가 장축이 되도록 필요하면 교환한다. 단축의 길이는 밉맵 단계를 결정하는 데 금방 사용된다.

<Compute ellipse minor and major axes> ≡ 765

```
if (dst0.LengthSquared() < dst1.LengthSquared())
    std::swap(dst0, dst1);
Float majorLength = dst0.Length();
Float minorLength = dst1.Length();
```

다음으로 타원의 이심률eccentricity, 즉 장축과 단축의 길이 비율을 계산한다. 큰 이심률은 길고 가는 타원을 의미한다. 이 메서드가 밉맵 단계에서 텍셀을 단축의 길이에 기반을 두고 필터링하므로, 높게 이심된 타원은 많은 텍셀의 필터링이 필요하다는 걸 의미한다. 이 비용을 피하기 위해(그리고 EWA 검색을 한정된 시간의 양으로 보장하기 위해) 단축의 길이는 이심률을 제한하기 위해 증가할 수 있다. 결과는 좀 더 흐릿해지겠지만, 이 효과는 보통 실제로 거의 눈에 띄지 않는다.

<Clamp ellipse eccentricity if too large> ≡ 765

```
if (minorLength * maxAnisotropy < majorLength && minorLength > 0) {
    Float scale = majorLength / (minorLength * maxAnisotropy);
    dst1 *= scale;
    minorLength *= scale;
}
if (minorLength == 0)
    return triangle(0, st);
```

삼각 필터처럼 EWA 필터는 이미지 피라미드를 사용해서 특정 텍스처 검색에 대한 텍셀의 수를 줄이고, 단축의 길이에 기반을 두고 밉맵 단계를 선택한다. 위에서의 클램핑으로 제한된 타원의 이심률로 인해 전체 사용되는 텍셀의 수는 제한된다. 주어진 단축의 길이에 대해 적절한 피라미드 단계를 찾는 것은 삼각 필터에서 사용된 것과 같다. 비슷하게 여기의 구현도 계산된 세부 단계에서 주변 두 단계의 필터링된 결과 사이를 섞어 한 단계에서 다른 단계로 이행할 때의 앨리어싱을 줄인다.

<Choose level of detail for EWA lookup and perform EWA filtering> ≡ 765

```
Float lod = std::max((Float)0, Levels() - (Float)1 + Log2(minorLength));
int ilod = std::floor(lod);
return Lerp(lod - ilod, EWA(ilod, st, dst0, dst1),
                        EWA(ilod + 1, st, dst0, dst1));
```

MIPMap::EWA() 메서드는 특정 단계에서 실제로 필터를 적용한다.

<MIPMap Method Definitions> +≡

```
template <typename T>
T MIPMap<T>::EWA(int level, Point2f st, Vector2f dst0,
            Vector2f dst1) const {
    if (level >= Levels()) return Texel(Levels() - 1, 0, 0);
    <Convert EWA coordinates to appropriate scale for level 766>
    <Compute ellipse coefficients to bound EWA filter region 767>
    <Compute the ellipse's (s, t) bounding box in texture space 767>
    <Scan over ellipse bound and compute quadratic equation 768>
}
```

이 메서드는 우선 [0, 1]에서의 텍스처 좌표를 선택한 밉맵 단계에서 해상도의 좌표와 미분항으로 변환한다. 이는 또한 연속된 위치 좌표에서 0.5를 빼서 표본점을 비연속 텍셀 좌표에 정렬하며, MIPMap::triangle()에서 수행된다.

<Convert EWA coordinates to appropriate scale for level> ≡ 766

```
st[0] = st[0] * pyramid[level]->uSize() - 0.5f;
st[1] = st[1] * pyramid[level]->vSize() - 0.5f;
dst0[0] *= pyramid[level]->uSize();
dst0[1] *= pyramid[level]->vSize();
dst1[0] *= pyramid[level]->uSize();
dst1[1] *= pyramid[level]->vSize();
```

다음으로 축 (ds0, dt0)와 (ds1, dt1), 원점에 중심이 있는 타원을 위한 음함수 방정식의 계수를 계산한다. 타원을 (s, t)가 아닌 원점에 위치시키는 것은 음함수 방정식과 계수의 계산을 단순화하고, 방정식을 나중에 계산할 때 쉽게 교정할 수 있다. 해당 타원 안의 음함수 방정식의 모든 점 (s, t)의 일반형은 다음과 같다.

$$e(s, t) = As^2 + Bst + Ct^2 < F$$

이는 F로 나누는 게 계산적으로 더 효율적이며, 다음과 같이 표현된다.

$$e(s, t) = \frac{A}{F}s^2 + \frac{B}{F}st + \frac{C}{F}t^2 = A's^2 + B'st + C't^2 < 1$$

이 계수의 값을 주는 방정식을 유도하지는 않겠지만, 흥미 있는 독자들은 그 정확성을 쉽게 검증할 수 있다.[4]

<Compute ellipse coefficients to bound EWA filter region> ≡ **766**

```
Float A = dst0[1] * dst0[1] + dst1[1] * dst1[1] + 1;
Float B = -2 * (dst0[0] * dst0[1] + dst1[0] * dst1[1]);
Float C = dst0[0] * dst0[0] + dst1[0] * dst1[0] + 1;
Float invF = 1 / (A * C - B * B * 0.25f);
A *= invF;
B *= invF;
C *= invF;
```

다음 단계는 잠재적으로 타원 안에 있는 비연속 정수 텍셀 좌표의 축 정렬 경계 상자를 찾는 것이다. EWA 알고리즘은 이 모든 후보 텍셀에 대해 반복하며, 실제로 타원 안에 있는 것들의 기여를 필터링한다. 경계 상자는 s와 t 방향으로 타원의 최소와 최댓값을 결정해 찾을 수 있다. 이 극대값은 편미분 $\partial e/\partial s$와 $\partial e/\partial t$를 찾아 계산할 수 있으며, $s = 0$과 $t = 0$의 해를 찾고 타원 중앙에서 오프셋을 추가한다. 간략성을 위해 이 표현의 유도를 포함하지 않는다.

<Compute the ellipse's (s, t) bounding box in texture space> ≡ **766**

```
Float det = -B * B + 4 * A * C;
Float invDet = 1 / det;
Float uSqrt = std::sqrt(det * C), vSqrt = std::sqrt(A * det);
int s0 = std::ceil (st[0] - 2 * invDet * uSqrt);
int s1 = std::floor(st[0] + 2 * invDet * uSqrt);
int t0 = std::ceil (st[1] - 2 * invDet * vSqrt);
int t1 = std::floor(st[1] + 2 * invDet * vSqrt);
```

4. Heckbert의 논문이 원 유도를 갖고 있다(Heckbert 1989, p. 80). A와 C는 1을 더한 추가 항을 가지며, 타원이 최소 하나의 텍셀 분리 너비를 갖게 된다. 이는 타원이 가장 자세한 단계로 확대될 때 텍셀 사이에 떨어지지 않는 것을 보증한다.

경계 상자를 알게 되면 EWA 알고리즘은 텍셀에 대해 반복하며, 각각을 텍스처 검색 점 (s, t)이 원점에 있는 좌표계로 변환해 이동한다. 이는 그 후 타원 방정식을 계산해 텍셀이 타원 안에 있는지 판단하고(그림 10.16), 안에 있을 경우 텍셀에 대한 필터 가중치를 계산한다. 최종 필터된 값은 타원 안의 텍셀 (s', t')의 가중 합을 반환하며, f는 가우스 필터 함수다.

$$\frac{\sum f(s'-s, t'-t)t(s', t')}{\sum f(s'-s, t'-t)}$$

<Scan over ellipse bound and compute quadratic equation> ≡ 766

```
T sum(0.f);
Float sumWts = 0;
for (int it = t0; it <= t1; ++it) {
    Float tt = it - st[1];
    for (int is = s0; is <= s1; ++is) {
        Float ss = is - st[0];
        <Compute squared radius and filter texel if inside ellipse 768>
    }
}
return sum / sumWts;
```

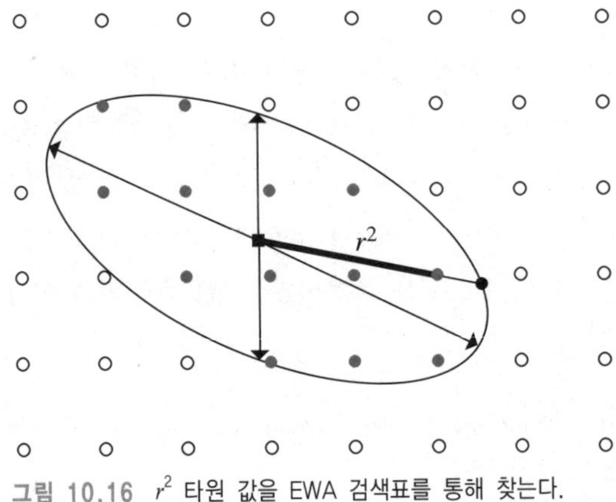

그림 10.16 r^2 타원 값을 EWA 검색표를 통해 찾는다.

음함수 방정식 $e(s, t)$의 좋은 특징은 특정 텍셀의 값이 타원 중심에서의 거리와 타원의 중심에서 텍셀을 지나는 선을 따른 타원에서 가장자리까지의 거리의 제곱의 비라는 것이다(그림 10.16). 이 값은 가우스 필터 함수 값의 사전 계산한 검색표의 색인으로 사용할 수 있다.

<Compute squared radius and filter texel if inside ellipse> ≡ 768

```
Float r2 = A * ss * ss + B * ss * tt + C * tt * tt;
```

```
    if (r2 < 1) {
        int index = std::min((int)(r2 * WeightLUTSize),
                             WeightLUTSize - 1);
        Float weight = weightLut[index];
        sum += Texel(level, is, it) * weight;
        sumWts += weight;
    }
```

검색표는 처음에 MIPMap이 생성될 때 초기화된다. 이는 필터 중심에서의 거리의 제곱 r^2으로 색인되므로 각 항은 값 $e^{-\alpha r^2}$ 대신 $e^{-\alpha r}$을 저장한다.

<MIPMap Private Data> +≡ 753

```
    static constexpr int WeightLUTSize = 128;
    static Float weightLut[WeightLUTSize];
```

그러므로 필터 함수는 범위의 끝에서 갑작스런 변화 대신 0으로 가며, std::exp(-alpha)를 필터 값에서 뺀다.

<Initialize EWA filter weights if needed> ≡ 753

```
    if (weightLut[0] == 0). {
        for (int i = 0; i < WeightLUTSize; ++i) {
            Float alpha = 2;
            Float r2 = Float(i) / Float(WeightLUTSize - 1);
            weightLut[i] = std::exp(-alpha * r2) - std::exp(-alpha);
        }
    }
```

10.5 입체와 절차적 텍스처링

2D 텍스처 함수가 사용하는 (s, t) 텍스처 좌표를 표면의 매개변수 좌표가 아닌 임의의 함수로 계산하는 양이라고 한 번 생각하게 되면 단지 2D (s, t)보다 3D 영역(종종 입체 텍스처 solid texture)에서 정의된 텍스처 함수로 일반화하는 것이 자연스럽다. 입체 텍스처가 특히 편한 이유 중 하나는, 모든 물체가 자연스러운 3D 텍스처 매핑인 물체 공간 위치를 가진다는 것이다. 이는 물체를 텍스처링하는 데 자연스러운 2D 매개변수화를 갖지 못한 물체(예, 삼각형 메시와 음함수 표면)나 왜곡된 매개변수를 가진 물체(예, 구의 극 근처)를 텍스처링하는 데 대해 상당한 장점이다. 이 개념의 준비로, 10.2.5절은 3D 텍스처 좌표를 계산하기 위한 일반적인 TextureMapping3D 인터페이스와 TransformMapping3D 구현을 정의한다.

하지만 입체 텍스처는 새로운 문제를 제공하는데, 텍스처 표현이다. 3D 이미지 맵은 상당한 저장 공간을 차지하며, 사진이나 아티스트가 그려서 얻는 2D 텍스처 맵보다 훨씬 얻기 어렵다. 그러므로 장면에서 표면의 임의의 위치에서 텍스처 값을 생성하기 위해 프로그램을 수행할 수 있다는 개념인 절차적 텍스처링이 입체 텍스처링과 동시에 개발됐다. 절차적 텍스처링의 간단한 예는 절차적 사인파procedural sine wave다. 사인파를 범프 매핑에 사용하기 원한다면(예를 들어 물의 파동을 흉내 내기 위해) 미리 함수의 값을 점의 격자에서 계산해 이를 이미지 맵에 저장하는 것은 비효율적이고 잠재적으로 부정확하다. 대신 표면에서 필요한 점에서 `sin()` 함수를 계산하는 것이 훨씬 합리적이다.

입체 나무 덩어리에서 결의 색을 설명하는 3D 함수를 찾을 수 있다면 나무를 깎아서 만드는 것처럼 보이는 복잡한 물체의 이미지를 생성할 수 있다. 많은 시간 동안 절차적 텍스처링은 응용에서 절차적으로 더더욱 복잡한 표면을 설명하기 위해 개발된 기술로서 상당히 성장했다.

절차적 텍스처링은 많은 흥미로운 영향을 가진다. 우선 크고 고해상도를 갖는 텍스처 맵의 저장 필요성을 줄이므로 렌더링에 필요한 메모리 요구치를 감소시킨다. 추가적으로 절차적 음영은 잠재적으로 무한한 세부 사항을 약속한다. 관찰자가 물체에 가까이 다가올 경우 텍스처 함수가 음영이 되는 점에서 계산되면 자연스럽게 적절한 양의 세부 사항이 보이게 된다. 반대로 이미지 맵은 관찰자가 너무 가까이 오면 흐릿해진다. 다른 면으로는 절차적 텍스처에서 외견의 작은 세부 사항들은 이미지 맵을 사용할 때보다 훨씬 조절하기 어렵다.

절차적 텍스처의 다른 도전은 안티앨리어싱이다. 절차적 텍스처는 종종 계산하는 데 비용이 크며, 행태를 완전히 표현할 수 있는 점 표본의 집합은 이미지 맵과 달리 가용하지 않다. 표본을 얻기 전에 텍스처 함수에서 고주파수 정보를 제거해야 하므로, 과정에서 다양한 단계의 주파수 내용을 주시해 고주파수의 생성을 피해야 한다. 이는 벅차 보이더라도 다양한 기술이 이 문제를 잘 처리한다.

10.5.1 UV 텍스처

첫 절차적 텍스처는 표면의 (u, v) 좌표를 `Spectrum`(그림 10.17)의 빨간색과 초록색의 요소로 변화하는 것이다. 예를 들어 새로운 `Shape`의 매개변수화를 디버깅하는 데 유용하다. 이는 textures/uv.h와 textures/uv.cpp 파일에 정의돼 있다.

<UVTexture Declarations> ≡
```
class UVTexture : public Texture<Spectrum> {
```

```
public:
    <UVTexture Public Methods 771>
private:
    std::unique_ptr<TextureMapping2D> mapping;
};
```

```
<UVTexture Public Methods> ≡                                                771
    Spectrum Evaluate(const SurfaceInteraction &si) const {
        Vector2f dstdx, dstdy;
        Point2f st = mapping->Map(si, &dstdx, &dstdy);
        Float rgb[3] =
            { st[0] - std::floor(st[0]), st[1] - std::floor(st[1]), 0 };
        return Spectrum::FromRGB(rgb);
    }
```

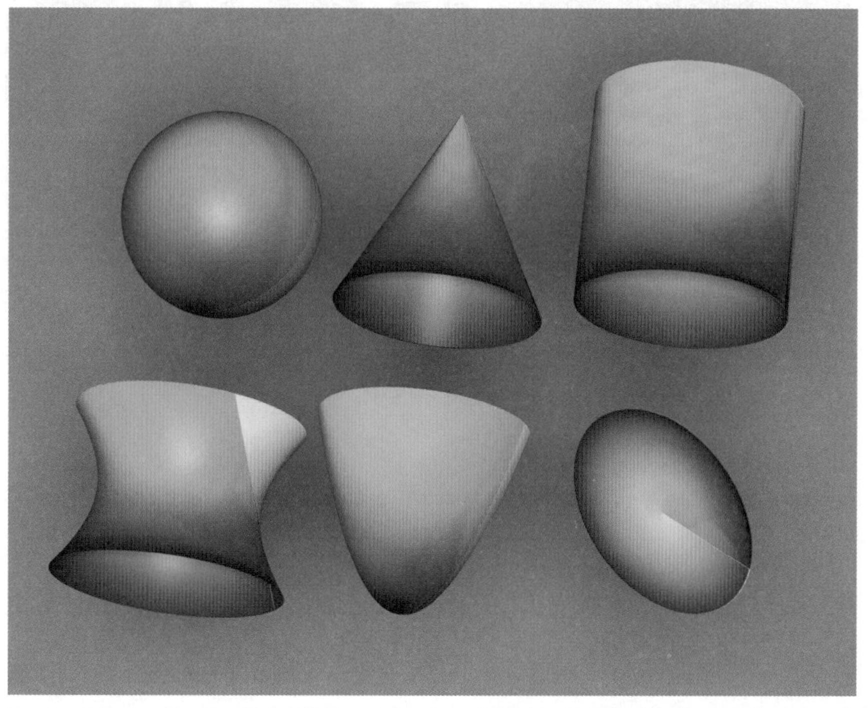

그림 10.17 모든 pbrt의 2차 모양에 적용한 UV 텍스처. u 매개변수는 빨간색 채널, v는 초록색 채널로 매핑된다.

10.5.2 체커보드

체커보드는 고전적인 절차적 텍스처다(그림 10.18). (s, t) 텍스처 좌표가 매개변수 공간을 변하는 패턴으로 음영된 정사각형으로 분리하는 데 사용된다. 두 개의 고정된 색 사이에 전환되는 체커보드를 지원하는 것뿐 아니라, 여기의 구현은 변하는 영역의 색을 위해 두 개의 텍스처를 넘길 수 있다. 전통적인 흑백 체커보드는 두 ConstantTexture를 넘기는 것으로 얻을 수 있다. 구현은 textures/checkerboard.h와 textures/checkerboard.cpp 파일에 있다.

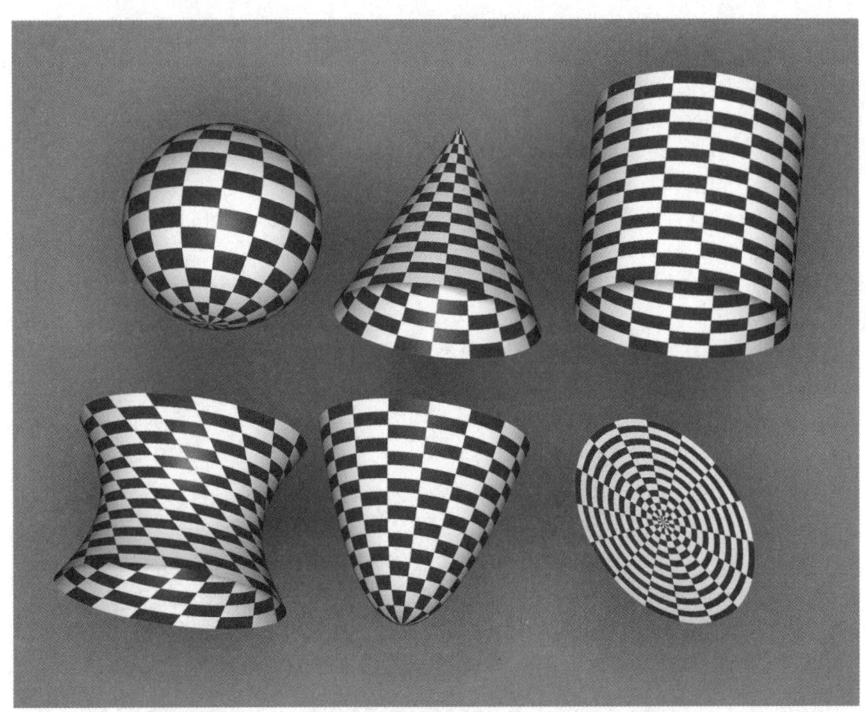

그림 10.18 모든 pbrt의 2차 모양에 적용한 체커보드 텍스처

<CheckerboardTexture Declarations> ≡

```
template <typename T> class Checkerboard2DTexture : public Texture<T> {
public:
    <Checkerboard2DTexture Public Methods 772>
private:
    <Checkerboard2DTexture Private Data 773>
};
```

단순성을 위해 (s, t) 공간에서 체크 함수의 주파수는 1이다. 각 방향에 대해 체크는 1 단위 너비다. 영향을 주는 주파수는 TextureMapping2D 클래스를 적절하게 (s, t) 좌표에 대해 크기를 조절해서 변경할 수 있다.

<Checkerboard2DTexture Public Methods> ≡ 772

```
Checkerboard2DTexture(std::unique_ptr<TextureMapping2D> mapping,
```

```
        const std::shared_ptr<Texture<T>> &tex1,
        const std::shared_ptr<Texture<T>> &tex2, AAMethod aaMethod)
    : mapping(std::move(mapping)), tex1(tex1), tex2(tex2),
        aaMethod(aaMethod) { }
```

<*Checkerboard2DTexture Private Data*> ≡ 772

```
std::unique_ptr<TextureMapping2D> mapping;
const std::shared_ptr<Texture<T>> tex1, tex2;
const AAMethod aaMethod;
```

체커보드는 절차적 텍스처에 대한 다양한 안티앨리어싱 접근법의 장단점을 보여주기에 좋다. 여기서의 구현은 단순 점 표본화(안티앨리어싱 없이)나 닫힌 형의 상자 필터를 필터 영역에서 계산하는 것을 지원한다. 이 절 끝의 그림 10.23에서 이미지 시퀀스는 이 접근법의 결과를 보여준다. `aaMethod` 열거형이 어떤 접근법을 사용했는지 선택한다.

<*AAMethod Declaration*> ≡

```
enum class AAMethod { None, ClosedForm };
```

계산 루틴은 일반적인 텍스처 좌표와 미분을 계산하고, 안티앨리어싱된(점 표본화가 선택되면 안티앨리어싱되지 않은) 체커보드 값을 계산하기 위해 적절한 코드 조각을 사용한다.

<*Checkerboard2DTexture Public Methods*> +≡ 772

```
T Evaluate(const SurfaceInteraction &si) const {
    Vector2f dstdx, dstdy;
    Point2f st = mapping->Map(si, &dstdx, &dstdy);
    if (aaMethod == AAMethod::None) {
        <Point sample Checkerboard2DTexture 773>
    } else {
        <Compute closed-form box-filtered Checkerboard2DTexture value 774>
    }
}
```

가장 단순한 경우는 안티앨리어싱을 무시하고 점에 대해 체커보드 텍스처를 점 표본화하는 것뿐이다. 이 경우 `TextureMapping2D`에서 (s, t) 텍스처 좌표를 얻은 후 (s, t) 위치의 정수 체커보드 좌표가 계산되며, 함께 더한 후 두 텍스처 중 어느 것을 계산할지를 홀수 혹은 짝수 패리티로 확인한다.

<*Point sample* Checkerboard2DTexture> ≡ 773, 774

```
if (((int)std::floor(st[0]) + (int)std::floor(st[1])) % 2 == 0)
    return tex1->Evaluate(si);
return tex2->Evaluate(si);
```

주어진 점 표본된 체커보드 텍스처가 얼마나 나쁜 앨리어싱이 일어나는지 알려면 적절히 안티앨리어싱을 하기 위한 노력을 투자해야 한다. 가장 단순한 경우는 전체 필터 영역이 하나의 체크(그림 10.19) 안에 있는 경우다. 이 경우 단순히 어떤 체크형 안에 있는지 알고 그걸 계산만 하면 된다. 체크 안의 `Texture` 안에서 적절하게 안티앨리어싱돼 있다면 이 경우의 결과는 적절히 안티앨리어싱이 된다.

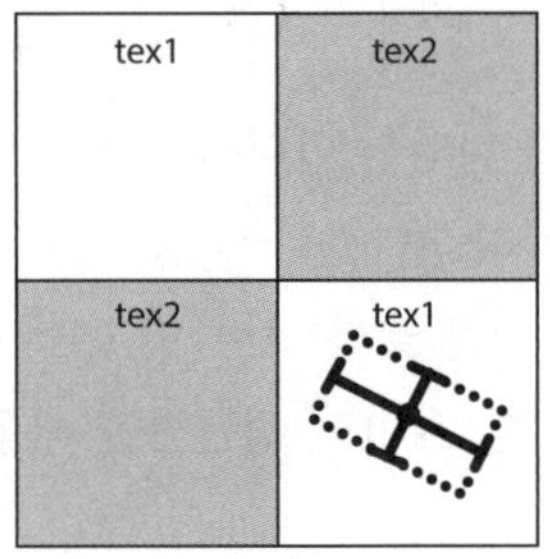

그림 10.19 체커보드를 필터링하기 위한 쉬운 경우 검색 점의 필터 영역 전체가 한 체크에 들어 있다면 체커보드 텍스처는 안티앨리어싱을 걱정할 필요 없이 해당 체크의 텍스처를 계산하기만 하면 된다.

```
<Compute closed-form box-filtered Checkerboard2DTexture value> ≡                773
    <Evaluate single check if filter is entirely inside one of them 774>
    <Apply box filter to checkerboard region 776>
```

전체 필터 영역이 하나의 체크 안에 있는지 확인하는 것은 경계 상자를 계산해서 그 범위가 같은 체크 안에 있는 것을 계산하면 되기에 명백하다. 이 절의 나머지에서는 EWA 필터가 했던 것처럼 편미분으로 정의된 타원에 대해 필터링하기보다는 편미분 $\partial s/\partial x$, $\partial s/\partial y$로 주어지는 필터 영역의 축 정렬 경계 상자를 필터링되는 영역으로 사용한다(그림 10.20). 이는 여기의 구현을 단순화하지만, 필터링된 값의 흐릿함을 증가시킨다. 변수 `ds`와 `dt`는 각 방향의 필터 너비의 반을 갖고 있으며, 전체 필터링되는 범위는 `(s-ds, t-dt)`에서 `(s+ds, t+dt)`다.

```
<Evaluate single check if filter is entirely inside one of them> ≡              774
    Float ds = std::max(std::abs(dstdx[0]), std::abs(dstdy[0]));
    Float dt = std::max(std::abs(dstdx[1]), std::abs(dstdy[1]));
    Float s0 = st[0] - ds, s1 = st[0] + ds;
    Float t0 = st[1] - dt, t1 = st[1] + dt;
    if (std::floor(s0) == std::floor(s1) &&
            std::floor(t0) == std::floor(t1)) {
        <Point sample Checkerboard2DTexture 773>
    }
```

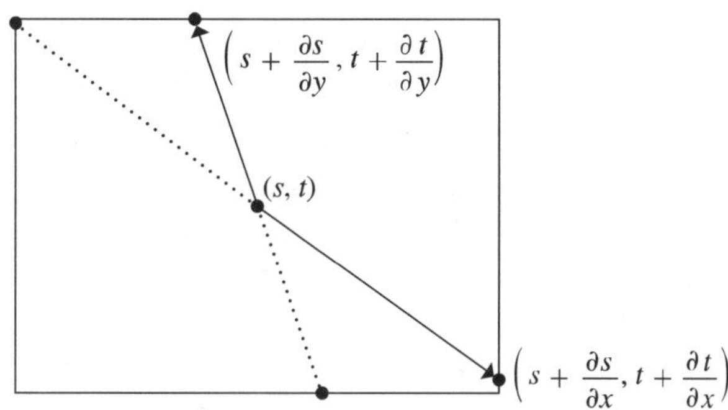

그림 10.20 텍스처 계산점 주변의 축 정렬 경계 상자를 사용해 그 편미분의 오프셋을 필터링되는 영역에 사용하는 것이 종종 편리하다. 여기서는 상자의 축 길이가 2 max($|\partial s/\partial x|$, $|\partial s/\partial y|$)와 2 max($|\partial t/\partial x|$, $|\partial t/\partial y|$)임을 쉽게 볼 수 있다.

아니면 검색 메서드는 필터링된 값을 두 체크형의 각 필터 영역을 덮는 일부의 부동소수점 값을 계산해 근사한다. 이는 필터 영역에서 tex1에 있을 때 값이 0이고 tex2에 있을 때 값이 1인 2D 단계 함수의 평균을 계산하는 것과 같다. 그림 10.21(a)는 체커보드 함수 $c(x)$의 그래프를 보여준다.

$$c(x) = \begin{cases} 0 & \lfloor x \rfloor \text{가 짝수인 경우} \\ 1 & \text{다른 경우} \end{cases}$$

주어진 평균값으로 두 세부 텍스처 사이를 섞을 수 있으며, 필터 영역에서 각각의 보이는 비율에 따른다.

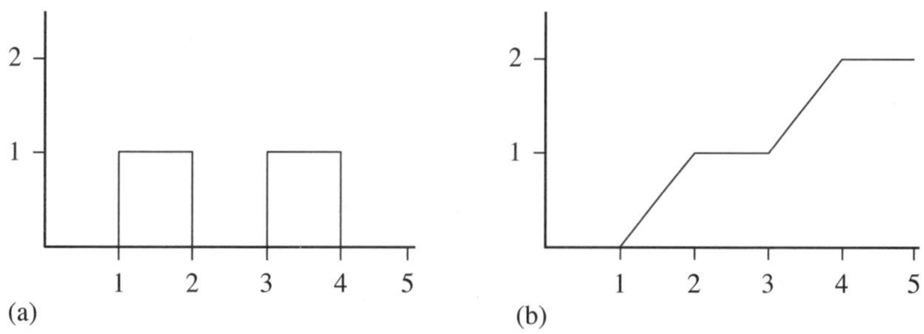

그림 10.21 체커보드 단계 함수의 적분. (a) 체커보드 텍스처 함수를 정의하는 1D 단계 함수. (b) 적분 $\int_0^x c(x)\mathrm{d}x$의 값의 그래프

1D 체커보드 함수 $c(x)$의 적분은 일정 범위의 함수 평균값을 계산하는 데 사용할 수도 있다. 이 그래프의 조사로 다음을 알아낼 수 있다.

$$\int_0^x c(x)\,\mathrm{d}x = \lfloor x/2 \rfloor + 2\max(x/2 - \lfloor x/2 \rfloor - .5, 0)$$

단계 함수의 평균값을 2차원에서 계산하려고 체커보드의 적분을 각각의 1D 방향으로 분리해 계산함으로써 필터 영역에 대한 평균값을 계산한다.

<Apply box filter to checkerboard region> ≡ 774

```
auto bumpInt = [](Float x) {
    return (int)std::floor(x / 2) +
           2 * std::max(x / 2 - (int)std::floor(x / 2) - (Float)0.5,
                        (Float)0); };
Float sint = (bumpInt(s1) - bumpInt(s0)) / (2 * ds);
Float tint = (bumpInt(t1) - bumpInt(t0)) / (2 * dt);
Float area2 = sint + tint - 2 * sint * tint;
if (ds > 1 || dt > 1)
    area2 = .5f;
return (1 - area2) * tex1->Evaluate(si) +
       area2 * tex2->Evaluate(si);
```

10.5.3 입체 체커보드

앞 절의 Checkerboard2DTexture 클래스는 매개변수 공간에서 물체 주변을 체커보드 패턴으로 감싼다. 또한 입체 체커보드 패턴을 3D 텍스처 좌표 기반으로 정의해 물체가 3D 체커 정육면체에서 깎은 것처럼 보이게 할 수 있다(그림 10.22). 2D 변형처럼 이 구현은 검색 위치에 기반을 둔 텍스처 함수 사이에 선택한다. 이 두 텍스처는 자체로 입체 텍스처일 필요는 없다. Checkerboard3DTexture는 단순히 점의 3D 위치에 기반을 두고 선택한다.

<CheckerboardTexture Declarations> +≡

```
template <typename T> class Checkerboard3DTexture : public Texture<T> {
public:
    <Checkerboard3DTexture Public Methods 776>
private:
    <Checkerboard3DTexture Private Data 777>
};
```

<Checkerboard3DTexture Public Methods> ≡ 776

```
Checkerboard3DTexture(std::unique_ptr<TextureMapping3D> mapping,
        const std::shared_ptr<Texture<T>> &tex1,
        const std::shared_ptr<Texture<T>> &tex2)
```

```
        : mapping(std::move(mapping)), tex1(tex1), tex2(tex2) { }
```

<Checkerboard3DTexture Private Data> ≡ 776

```
std::unique_ptr<TextureMapping3D> mapping;
std::shared_ptr<Texture<T>> tex1, tex2;
```

그림 10.22 Checkerboard3DTexture 절차적 텍스처로 텍스처링한 용 모델. 표면에 체커보드를 붙인 것과 달리 어떻게 모델이 3D 체크를 깍은 것처럼 보이는지 살펴보자.

안티앨리어싱을 무시하면 점이 3D 체커 영역 안에 있는 것을 확인하는 기본 계산은 다음과 같다.

$$(\lfloor \mathrm{p}_x \rfloor + \lfloor \mathrm{p}_y \rfloor + \lfloor \mathrm{p}_z \rfloor) \bmod 2 = 0$$

Checkerboard3DTexture는 내장된 안티앨리어싱 지원이 없으므로, 구현은 매우 짧다.

<Checkerboard3DTexture Public Methods> +≡ 776

```
T Evaluate(const SurfaceInteraction &si) const {
    Vector3f dpdx, dpdy;
    Point3f p = mapping->Map(si, &dpdx, &dpdy);
    if (((int)std::floor(p.x) + (int)std::floor(p.y) +
            (int)std::floor(p.z)) % 2 == 0)
        return tex1->Evaluate(si);
    else
        return tex2->Evaluate(si);
}
```

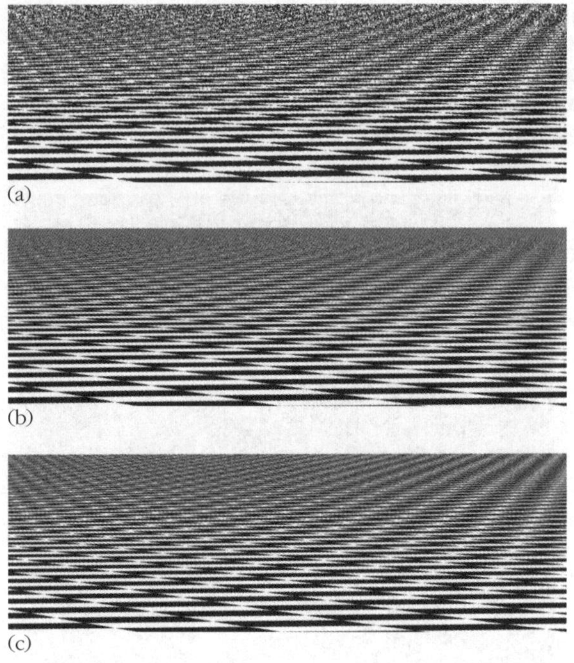

그림 10.23 체커보드 텍스처를 적용한 절차적 텍스처에 대한 3가지 방식의 안티앨리어싱 비교. (a) 텍스처 함수에서 고주파수 변화를 제거하기 위해 아무것도 안 한 경우로, 이미지에 여러 결함이 있으며 픽셀당 한 표본으로 렌더링했다. (b) 이미지는 필터 영역의 텍스처 공간에서의 계산에 기반을 두고 해당 영역에 텍스처 함수를 평균한 것으로, 역시 픽셀당 한 표본으로 렌더링했다. (c) 여기서 체커보드 함수를 효과적으로 픽셀당 16표본으로 초표본화한 후 텍스처에 대해 점 표본화했다. 영역 평균과 초표본화 방식이 둘 다 처음 방식보다 훨씬 나은 결과를 보여준다. 이 예제에서 초표본화는 최고의 결과를 보여주는데, 평균 방식은 필터 영역을 축 정렬 상자로 근사하므로 체커보드 패턴이 원하는 것보다 빨리 흐릿해진다.

10.6 잡음

복잡한 표면 모습을 설명하는 입체 텍스처를 쓰기 위해 과정에서의 일부 조절된 변화를 도입하는 것이 가능하면 유용하다. 널빤지의 조합으로 구성된 나무 바닥을 고려해보자. 각 널빤지의 색은 다른 것과 살짝 다르기 쉽다. 혹은 바람이 몰아치는 호수의 경우 전체 호수에 대해 비슷한 진폭의 물결을 갖고 싶지만, 호수의 모든 부분에 대해 똑같기를(예를 들어 사인파의 합으로 구성되는 경우처럼) 원하지 않는다. 텍스처에서 이런 종류의 변화를 모델링하는 것은 최종 결과를 좀 더 현실적으로 보이게 한다.

이런 텍스처를 개발하는 데 한 가지 어려움은 렌더러가 표면 텍스처 함수를 비균일하게 분포된 점의 집합에서 계산하므로 각 계산이 완전히 다른 것과 분리된다는 점이다. 절차적 텍스처는 반드시 모든 점에 대해 패턴의 값이 어떤지에 대한 질의에 답을 해서 함축적으로 복잡한 패턴을 정의해야 한다. 반대로 명시적인 패턴 묘사는 PostScript® 언어로 구현돼 있으며, 예를 들어 한 장의 그래픽을 연속된 그리기 명령으로 설명하는 것이다. 함축적 접근법의 한 가지 어려움은 텍스처가 각 점에서 `RNG::UniformFloat()`를 호출해 무작위성을 추가해서는 안 된다는 것뿐이다. 각 점이 주위와 완전히 다른 무작위의 값을 가져야 하므로 생성된 패턴에 어떤 일관성도 없어야 한다.

이 사안을 조절된 임의성을 도입해 우아하게 처리하는 방법은 그래픽의 절차적 텍스처에 잡음 함수로 알려진 것의 응용이다. 일반적으로 그래픽에 사용되는 잡음 함수는 $\mathbb{R}^n \rightarrow [-1, 1]$을 받아 매끄럽게 변화하는 함수가 최소한 $n = 1, 2, 3$에 대해 명백한 반복을 보이지 않는 것이다. 실용 잡음 함수의 가장 중대한 특성은 알려진 최대 주파수에 대해 대역 제한이어야 하는 것이다. 이는 잡음 함수로 인해 텍스처에 추가하는 주파수 내용을 조절해 나이키스트 한계를 넘는 주파수가 도입되지 않도록 하는 것을 가능하게 한다.

이제까지 개발된 많은 잡음 함수가 $\mathbb{R}^3$에 걸친 정수 격자의 개념에 기반을 둔다. 우선 공간에서 정수 (x, y, z) 위치에 각각 값이 연결된다. 그 후에 공간에서 주어진 임의의 위치에 대해 8개의 주변 격자 값을 찾는다. 이 격자 값은 특정 점의 잡음 값을 계산하기 위해 보간된다. 이 개념은 일반화되거나 더 많거나 혹은 적은 차원 d에 대해 제한될 수 있으며, 이 경우 격자점의 개수는 2^d이다. 이 방식의 단순한 예제는 값 잡음으로 -1과 1 사이의 의사 난수가 각 격자점에 연결되며, 실제 잡음 값은 삼중 선형 보간이지만, 한 격자 방에서 다른 곳으로 움직일 때의 미분 비연속을 피해 더 매끄러운 결과를 제공하는 더 복잡한 스플라인 보간으로 계산된다.

이런 잡음 함수는 주어진 (x, y, z) 격자점에 대해 각 격자점이 항상 같은 값을 갖는 방식으로 효율적으로 매개변수를 계산할 수 있어야 한다. 모든 가능한 (x, y, z) 점에 대해 값을 저장하는 것이 불가능하므로 좀 더 조밀한 표현이 필요하다. 한 가지 방법은 해시 함수를 사용하는 것으로, 좌표가 해시돼 미리 계산된 의사 난수 매개변수 값의 고정 크기 표에서 매개변수를 찾을 수 있도록 사용된다.

10.6.1 펄린 잡음

`pbrt`에서 Ken Perlin(1985a, 2002)이 도입한 잡음 함수를 구현한다. 이는 펄린 잡음Perlin noise으로 알려져 있다. 이는 모든 (x, y, z) 정수 격자점에서 0의 값을 가진다. 그 변화는 점들에

서 매끈한 함수의 보간을 유도하는 각 격자점의 경사도gradient 벡터에서 나온다(그림 10.24). 이 잡음 함수는 앞에서 설명한 잡음 함수의 원하는 특성을 많이 갖고 있으며, 계산이 효율적이고 쉽게 구현 가능하다. 그림 10.25는 이 값을 구에서 계산한 것을 보여준다.

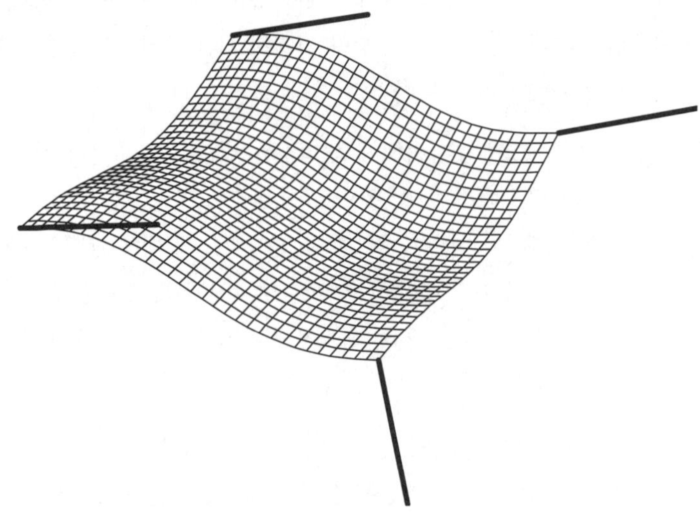

그림 10.24 펄린 잡음 함수는 정수 격자점을 제외하면 미분이 0인 매끄러운 함수를 생성해 계산된다. 미분은 부드럽게 보간하는 표면을 계산하는 데 사용된다. 여기서는 4개의 경사도 벡터를 가진 2D 잡음 함수를 보여준다.

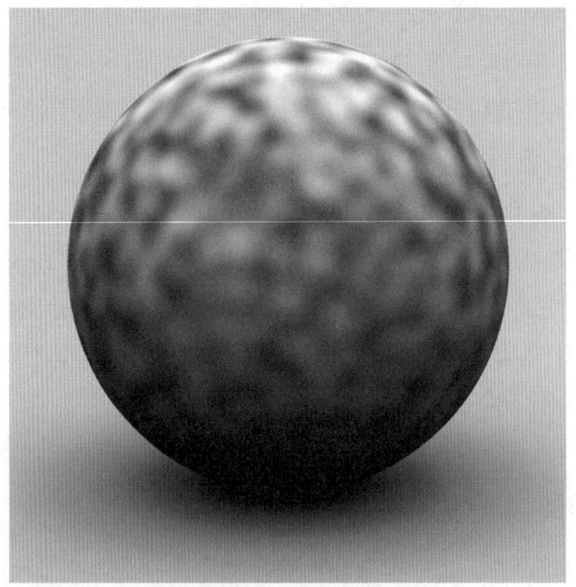

그림 10.25 펄린 잡음 함수로 조정한 구의 확산 색

```
<Texture Method Definitions> +≡
    Float Noise(Float x, Float y, Float z) {
        <Compute noise cell coordinates and offsets 781>
        <Compute gradient weights 781>
        <Compute trilinear interpolation of weights 783>
    }
```

편의를 위해 Point3f를 직접 받는 Noise( )의 변종은 다음과 같다.

```
<Texture Method Definitions> +≡
    Float Noise(const Point3f &p) { return Noise(p.x, p.y, p.z); }
```

구현은 우선 주어진 점을 포함하는 셀의 정수 좌표와 낮은 셀 모서리에서 점의 분수 오프셋을 계산한다.

```
<Compute noise cell coordinates and offsets> ≡                                781
    int ix = std::floor(x), iy = std::floor(y), iz = std::floor(z);
    Float dx = x - ix, dy = y - iy, dz = z - iz;
```

다음으로 Grad( )를 호출해 점이 안에 들어있는 셀의 각 모서리에서 8개의 가중 값을 계산한다. Grad( )는 셀 색인을 표의 색인으로 사용한다. 효율성을 위해 여기서 표의 범위 안에서 모든 색인은 표의 크기를 넘어가는 경우 상위 비트를 0으로 한다(표 크기는 반드시 2의 승수여야 한다. 그렇지 않을 경우 비싼 정수 나머지 연산이 비트 연산 'and' 대신 필요하다).

```
<Compute gradient weights> ≡                                                  781
    ix &= NoisePermSize - 1;
    iy &= NoisePermSize - 1;
    iz &= NoisePermSize - 1;
    Float w000 = Grad(ix,   iy,   iz,   dx,   dy,   dz);
    Float w100 = Grad(ix+1, iy,   iz,   dx-1, dy,   dz);
    Float w010 = Grad(ix,   iy+1, iz,   dx,   dy-1, dz);
    Float w110 = Grad(ix+1, iy+1, iz,   dx-1, dy-1, dz);
    Float w001 = Grad(ix,   iy,   iz+1, dx,   dy,   dz-1);
    Float w101 = Grad(ix+1, iy,   iz+1, dx-1, dy,   dz-1);
    Float w011 = Grad(ix,   iy+1, iz+1, dx,   dy-1, dz-1);
    Float w111 = Grad(ix+1, iy+1, iz+1, dx-1, dy-1, dz-1);
```

각 정수 격자점은 연결된 경사도 벡터를 가진다. 셀 안에 있는 어떤 점에서 경사도 벡터의 영향은 검색 점에서 경사도의 모서리와 경사도 벡터의 내적을 계산해 얻을 수 있다(그림 10.26). 이는 Grad( ) 함수로 처리된다. 낮은 왼쪽 모서리를 제외한 모서리에 대해 벡터에 기반을 두고 점진적으로 쉽게 계산할 수 있다.

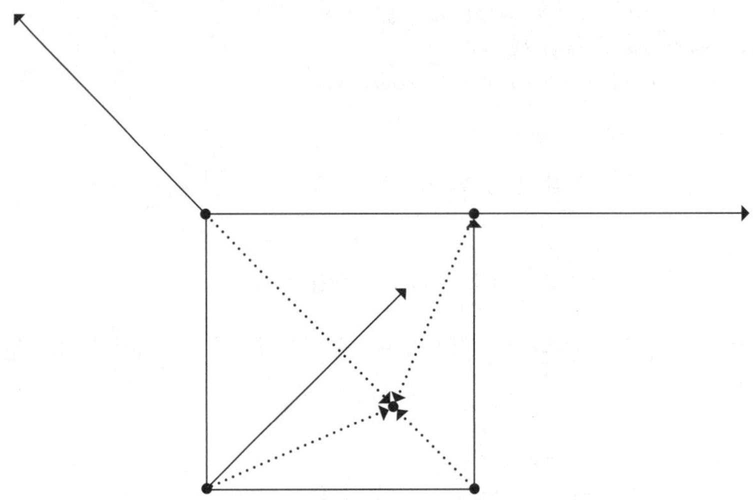

그림 10.26 셀의 모서리에서 검색 점으로의 벡터(점선)와 각각의 경사도 벡터(실선)의 내적은 각 점에서의 잡음 값에 대한 경사도 각각에 영향을 준다.

특정 정수 격자점의 경사도 벡터는 사전 계산된 정수 값의 표로 색인(NoisePerm)된다. 격자점에서 표의 값에 대한 4개의 낮은 자리 비트는 연결된 16개의 경사도 벡터 중 어떤 것에 연결됐는지 결정한다. 전처리 단계에서 NoisePermSize 크기의 표는 0에서 NoisePermSize-1의 수로 채워진 후 무작위로 배치된다. 이 값은 그 후 복사돼 표를 두 번 연속으로 가진 크기 2*NoisePermSize의 배열을 생성한다. 표의 두 번째 복사는 다음 코드의 검색을 좀 더 효율적으로 한다.

주어진 특정 (ix, iy, iz)의 격자점에 대해 일련의 난수표 검색은 값을 제공한다.

```
NoisePerm[NoisePerm[NoisePerm[ix]+iy]+iz];
```

NoisePerm[ix+iy+iz]가 아닌 이런 방식의 3번 중첩된 순열을 통해 최종 결과는 더 비균일해진다. 첫 번째 접근법은 ix와 iy가 교환되면 같은 값을 반환하지 않지만, 두 번째 접근법은 같은 값을 반환한다. 더욱이 표가 원래 길이의 두 배로 복제될 때 앞에 묘사된 방식으로 검색이 가능하며, 코드에서 다음과 같은 나머지 연산의 필요를 제거한다.

```
(NoisePerm[ix]+iy) % NoisePermSize
```

경사도 수를 결정하는 주어진 순열표의 최종 값에 대해 대응하는 경사도 벡터와의 내적이 반드시 계산돼야 한다. 하지만 경사도 벡터는 명시적으로 표현될 필요는 없다. 모든 경사도는 좌표에서 -1, 0, 1만을 사용한다. 그러므로 내적은 벡터의 일부 요소(음이 될 수 있는)의 합으로 줄어든다.[5] 최종 구현은 다음과 같다.

<Texture Method Definitions> +≡

```
inline Float Grad(int x, int y, int z, Float dx, Float dy, Float dz) {
    int h = NoisePerm[NoisePerm[NoisePerm[x] + y] + z];
    h &= 15;
    Float u = h < 8 || h == 12 || h == 13 ? dx : dy;
    Float v = h < 4 || h == 12 || h == 13 ? dy : dz;
    return ((h & 1) ? -u : u) + ((h & 2) ? -v : v);
}
```

<Perlin Noise Data> ≡

```
static constexpr int NoisePermSize = 256;
static int NoisePerm[2 * NoisePermSize] = {
    151, 160, 137, 91, 90, 15, 131, 13, 201, 95, 96,
    53, 194, 233, 7, 225, 140, 36, 103, 30, 69, 142,
    <Remainder of the noise permutation table>
};
```

주어진 경사도에서의 이 8개의 기여에 의해 다음 단계는 점에서의 삼중 선형 보간이다. dx, dy, dz로 직접 보간하는 것보다 각 값을 다듬는 함수에 넘긴다. 이는 잡음 함수가 격자 셀 사이에서 이동할 때 1차와 2차 미분 연속성을 갖는 것을 보장한다.

<Texture Method Definitions> +≡

```
inline Float NoiseWeight(Float t) {
    Float t3 = t * t * t;
    Float t4 = t3 * t;
    return 6 * t4 * t - 15 * t4 + 10 * t3;
}
```

<Compute trilinear interpolation of weights> ≡ 781

```
Float wx = NoiseWeight(dx), wy = NoiseWeight(dy), wz = NoiseWeight(dz);
Float x00 = Lerp(wx, w000, w100);
Float x10 = Lerp(wx, w010, w110);
Float x01 = Lerp(wx, w001, w101);
Float x11 = Lerp(wx, w011, w111);
Float y0 = Lerp(wy, x00, x10);
```

5. 펄린 잡음의 원래 공식은 미리 계산된 의사 난수 경사도 방향 또한 가졌으나 펄린이 더 최근에 순열표의 무작위성이 잡음 함수의 균일성을 제거하는 데 충분하다고 제안했다.

```
    Float y1 = Lerp(wy, x01, x11);
    return Lerp(wz, y0, y1);
```

10.6.2 무작위 물방울무늬

잡음 함수의 기본 사용은 (s, t) 텍스처 공간을 사각형 셀로 나누는 물방울 텍스처의 부분으로의 사용이다(그림 10.27). 각 셀은 점을 안에 가질 50%의 확률을 가지며, 각 물방울은 그 셀에서 무작위로 위치한다. DotsTexture는 일반적인 2D 매핑 함수를 받고, 물방울 밖의 표면 영역에 대한 텍스처와 영역 안의 텍스처인 두 개의 Texture를 받는다. 이는 textures/ots.h와 textures/dots.cpp 파일에 정의돼 있다.

그림 10.27 pbrt의 모든 2차 모양에 적용된 물방울무늬 텍스처

```
<DotsTexture Declarations> ≡
    template <typename T> class DotsTexture : public Texture<T> {
    public:
        <DotsTexture Public Methods 785>
    private:
        <DotsTexture Private Data 785>
```

```
    };
```

<DotsTexture Public Methods> ≡ 784

```
    DotsTexture(std::unique_ptr<TextureMapping2D> mapping,
            const std::shared_ptr<Texture<T>> &outsideDot,
            const std::shared_ptr<Texture<T>> &insideDot)
        : mapping(std::move(mapping)), outsideDot(outsideDot),
            insideDot(insideDot) { }
```

<DotsTexture Private Data> ≡ 784

```
    std::unique_ptr<TextureMapping2D> mapping;
    std::shared_ptr<Texture<T>> outsideDot, insideDot;
```

계산 함수는 (s, t) 텍스처 좌표를 받아 정수 sCell과 TCell 값을 계산하는 것으로 시작하며, 이들이 포함된 셀의 좌표를 제공한다. 물방울 텍스처의 안티앨리어싱은 여기서 고려하지 않는다. 10장 마지막의 연습문제는 이것이 어떻게 처리되는지 대략적으로 알려준다.

<DotsTexture Public Methods> +≡ 784

```
    T Evaluate(const SurfaceInteraction &si) const {
        <Compute cell indices for dots 785>
        <Return insideDot result if point is inside dot 786>
        return outsideDot->Evaluate(si);
    }
```

<Compute cell indices for dots> ≡ 785

```
Vector2f dstdx, dstdy;
Point2f st = mapping->Map(si, &dstdx, &dstdy);
int sCell = std::floor(st[0] + .5f), tCell = std::floor(st[1] + .5f);
```

셀 좌표를 알게 되면 셀에 물방울이 있는지 결정해야 한다. 이 계산은 이 루틴이 특정 셀의 점에 대해 수행될 때마다 같은 결과로 일관성이 있어야 한다. 또한 결과가 완전히 규칙적이지 않아야 한다(예, 셀마다 물방울이 교차하는 경우). 잡음은 이 문제를 한 위치에 대해 셀 안의 모든 점 (sCell+.5, tCell+.5)가 같은 값을 갖는 잡음 함수를 계산해서 비균일적으로 변하지만 각 셀에 대해 일관된 값을 계산할 수 있다.[6] 값이 0보다 크면 물방울이 셀에 있는 것이다.

셀에 점이 있다면 잡음 함수는 셀 안에 있는 점의 중심을 임의로 이동하는 데 다시 사용된다. 중앙의 이동을 위한 잡음 함수를 계산하는 점은 임의의 정수 값으로 오프셋되고 다른

---

6. 잡음 함수는 정수 (x, y, z) 좌표에 대해 항상 0을 반환하는 것을 기억할 경우 (sCell, tCell)에서 이를 계산하면 안 된다. 3D 잡음 함수가 실제로 잡음을 sCell, tCell, .5에서 계산하지만, 잡음을 정수 값으로 어떤 좌표에 대해 잘라내는 것은 정수의 오프셋으로 하는 것보다 잘 분포되지 않는다.

잡음 셀이 사용돼 처음에 물방울의 존재를 결정하는 데 사용한 잡음 값과의 상호관계의 원천을 제거한다(반드시 물방울의 반경이 이동 후에 셀의 경계에서 넘치지 않도록 충분히 작아야 한다는 것을 기억하자. 이 경우 텍스처 값이 계산된 점이 주변 셀에 기반을 둔 물방울 또한 잠재적으로 이 값에 영향을 미치므로 고려할 필요가 있다).

주어진 물방울의 중심과 반경에 대해 텍스처는 (s, t) 좌표가 이동된 중심의 반경 안에 있는지 결정해야 한다. 이는 중심에서 제곱한 거리를 제곱한 반경과 비교해 계산한다.

<Return insideDot result if point is inside dot> ≡ 785

```
if (Noise(sCell + .5f, tCell + .5f) > 0) {
    Float radius = .35f;
    Float maxShift = 0.5f - radius;
    Float sCenter = sCell +
            maxShift * Noise(sCell + 1.5f, tCell + 2.8f);
    Float tCenter = tCell +
            maxShift * Noise(sCell + 4.5f, tCell + 9.8f);
    Vector2f dst = st - Point2f(sCenter, tCenter);
    if (dst.LengthSquared() < radius*radius)
        return insideDot->Evaluate(si);
}
```

10.6.3 잡음 관용구와 분광 합성

잡음이 대역 제한 함수라는 사실은 주파수 내용이 계산하는 영역의 크기를 조절할 수 있다는 것이다. 예를 들어 `Noise(p)`가 어떤 알려진 주파수 내용을 가진다면 `Noise(2*p)`의 주파수 내용은 두 배로 높을 것이다. 이는 $\sin(x)$와 $\sin(2x)$의 주파수 내용 사이의 관계와 유사하다. 이 기술은 원하는 변화율을 가진 잡음 함수를 만드는 데 사용할 수 있다.

절차적 텍스처링의 많은 응용에서 다양한 크기에 대한 변화를 갖는 것이 유용하다. 예를 들어 기본 잡음 함수에서 더 세밀한 변화를 추가할 수 있다. 잡음에 이를 수행하는 한 가지 효과적인 방식은 복잡한 함수 $f_s(s)$가 다른 함수 $f(x)$의 기여도의 합으로 정의되는 분광 합성을 통한 패턴을 계산하는 것이다.

$$f_s(x) = \sum_i w_i f(s_i x)$$

가중 값 w_i의 집합과 매개변수 크기 값 s_i다. 기본 함수 $f(x)$가 잘 정의된 주파수 내용(예, 사인이나 코사인 함수, 혹은 잡음 함수)을 가지면 각 항 $f(s_i x)$ 또한 앞서 잘 정의된 주파수 내용을 가진다. 합의 각 항이 가중 값 w_i로 가중되므로, 결과는 다양한 주파수의 기여도 합이며, 다양한 주파수가 다르게 가중된 결과다.

보통 크기 s_i는 기하학적 진행인 $s_i = 2s_{i-1}$로 선택되고 가중치는 $w_i = w_{i-1}/2$이다. 결과는 높은 주파수 변화가 함수에 추가될수록 전체 $f_s(x)$의 모양에 상대적으로 적은 영향을 가진다. 각 추가 항은 잡음의 옥타브라고 불리며, 이는 주파수 내용이 이전의 두 배가 되기 때문이다. 이 형식을 펄린 잡음에 사용할 때 비슷한 방식으로 변화하는 특정 난수 과정 이후의 결과는 종종 '부분 브라운 운동fBm, fractional Brownian motion'으로 불린다.

부분 브라운 운동은 절차적 텍스처에 유용한 생성 덩어리인데, 이는 단순 잡음보다 더 복잡한 변화의 함수를 제공하며, 여전히 계산하기 쉽고 잘 정의된 주파수 내용을 갖기 때문이다. 유틸리티 함수 `FBm()`은 부분 브라운 운동 함수를 구현한다. 그림 10.28은 이의 두 그래프를 보여준다.

함수를 계산하는 위치와 그곳에서의 함수 편미분에 추가로 0에서 1까지의 범위로 고주파수의 기여도 감쇠를 조절해 패턴의 매끈함에 영향을 주는 `omega` 매개변수를 받으며(0.5 주변 값이 잘 동작한다), `maxOctaves`는 합을 계산하는 데 사용하는 잡음의 최대 옥타브 수를 제공한다.

```
<Texture Method Definitions> +≡
   Float FBm(const Point3f &p, const Vector3f &dpdx, const Vector3f &dpdy,
           Float omega, int maxOctaves) {
       <Compute number of octaves for antialiased FBm 789>
       <Compute sum of octaves of noise for FBm 789>
       return sum;
   }
```

여기서 사용한 `fBm` 함수를 안티앨리어싱하는 구현은 클램핑(Norton, Rockwood, Skolmoski 1982)이라는 기술에 기반을 둔다. 개념은 각 알려진 주파수 내용으로 요소의 합에 기반을 두고 값을 계산할 때 나이키스트 주파수를 넘는 주파수를 가질 때 요소에 추가를 멈추고 대신 그의 평균값을 합에 더하는 것이다. `Noise()`의 평균값이 0이므로, 필요한 것은 과하게 높은 주파수를 가진 항을 갖지 않은 여러 옥타브를 계산하고 잡음 함수를 더 높은 옥타브에 대해 계산하지 않는 것이다.

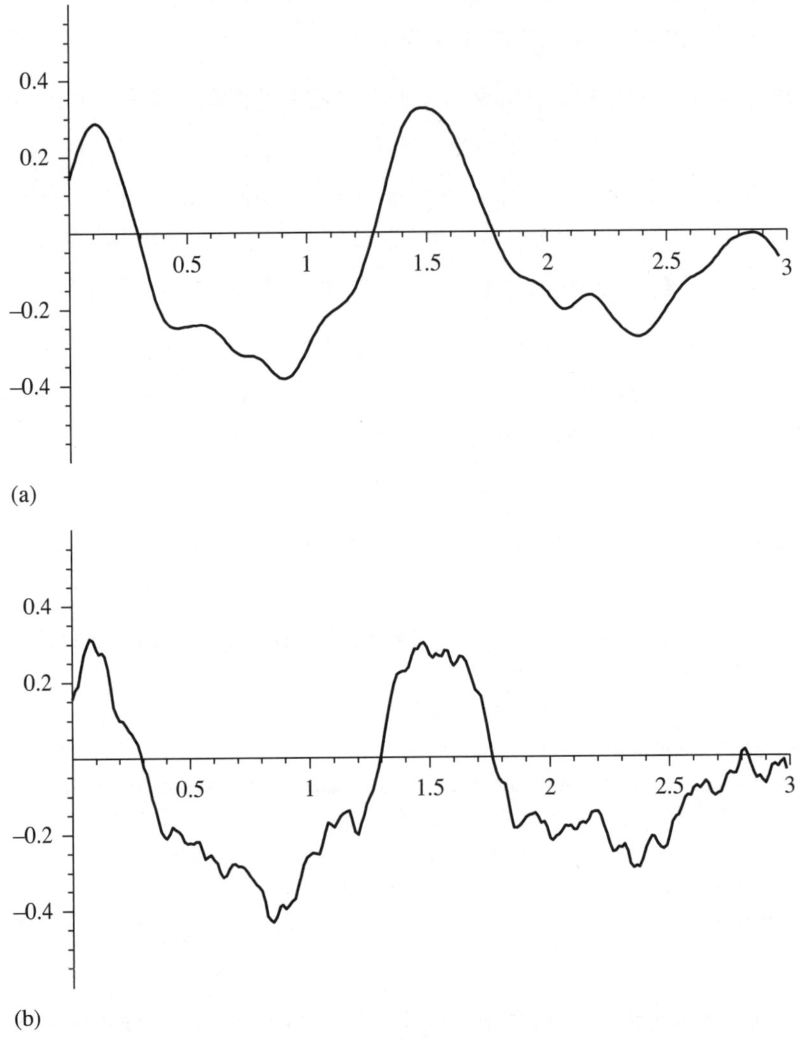

그림 10.28 FBm( ) 함수의 그래프. (a) 2와 (b) 6 잡음 옥타브. 더 많은 단계의 잡음이 추가될 때마다 그래프는 점진적으로 더 많은 세부 사항을 가지며, 전체적인 모양은 대체적으로 같다.

`Noise( )`(그리고 $f_s(x)$의 첫 항 역시)는 대략 w =1의 최대 주파수 내용을 가진다. 각 다음 항은 주파수 내용의 두 배를 표현한다. 그러므로 잡음 공간의 표본화율이 s일 때 적절한 항의 수 n을 찾아야 하므로 다음과 같다.

$$\frac{s}{2^n} = 2$$

이 조건은 나이키스트 주파수까지의 주파수는 있지만 이보다 높게 표현되는 주파수가 없다는 것을 보증한다. 이는 다음과 같다.

$$
\begin{aligned}
2^{n+1} &= s \\
n + 1 &= \log_2 s \\
n &= -1 + \log_2 s \\
n &= -1 + \frac{1}{2} \log_2 s^2
\end{aligned}
$$

여기서 마지막 표현을 다음에 더 편리한 형태로 작성하기 위해 $\log_2 x = 1/n \log_2 x_n$ 유사성을 사용했다.

제곱된 표본화율 s^2은 편미분 $\partial p/\partial x$와 $\partial p/\partial y$의 최대 제곱된 길이를 찾아 계산할 수 있으며, l^2으로 표기한다. 이를 로그의 음으로 도치하면 다음과 같이 작성할 수 있다.

$$
n = -1 - \frac{1}{2} \log_2 l^2
$$

<*Compute number of octaves for antialiased FBm*> ≡ 787, 790

```
Float len2 = std::max(dpdx.LengthSquared(), dpdy.LengthSquared());
Float n = Clamp(-1 - .5f * Log2(len2), 0, maxOctaves);
int nInt = std::floor(n);
```

마지막으로 나이키스트 한계까지 옥타브의 적분이 더해져 마지막 옥타브는 n의 분수 부분으로 인해 점차 뚜렷해진다. 이는 잡음의 연속적인 옥타브가 점진적으로 추가되는 것을 가능하게 하며, 갑자기 나타나 전환되는 부분에서 시각적으로 눈에 띄는 결함을 생성하지 않는다. 이 구현은 실제로 옥타브 사이의 주파수를 2가 아닌 1.99로 증가시키며, 정수 격자점에서 잡음 함수가 0인 사실의 영향을 줄이기 위해서다. 이는 잡음에서 옥타브 합의 균일성을 파괴하지만, 작은 시각적 결함으로 이어진다.

<*Compute sum of octaves of noise for FBm*> ≡ 787

```
Float sum = 0, lambda = 1, o = 1;
for (int i = 0; i < nInt; ++i) {
    sum += o * Noise(lambda * p);
    lambda *= 1.99f;
    o *= omega;
}
Float nPartial = n - nInt;
```

```
sum += o * SmoothStep(.3f, .7f, nPartial) * Noise(lambda * p);
```

SmoothStep() 함수는 최소와 최댓값, 그리고 매끈한 보간 함수를 계산할 점을 받는다. 최저의 점은 0이 반환되고, 최고 이상의 점은 1이 반환된다. 그 외에는 매끈하게 0에서 1 사이를 입체 허마이트 스플라인cubic Hermite spline으로 보간한다.

<Texture Inline Functions> ≡

```
inline Float SmoothStep(Float min, Float max, Float value) {
    Float v = Clamp((value - min) / (max - min), 0, 1);
    return v * v * (-2 * v + 3);
}
```

FBm() 함수와 밀접하게 관련된 것은 Turbulence() 함수다. 이는 또한 잡음 함수 항의 합으로 계산되지만, 각각의 절댓값을 받는다.

$$f_s(x) = \sum_i w_i |f(s_i x)|$$

절댓값을 받는 것으로 1차 미분 비연속이 합성 함수에서 생겨나며, 그러므로 난류 함수turbulence functions는 무한 주파수 내용을 가진다. 그럼에도 불구하고 이 함수의 시각적 특성은 절차적 텍스처에 매우 유용하다. 그림 10.29는 난류 함수 2개의 그래프를 보여준다.

여기의 Turbulence() 구현은 자체로 FBm()이 한 방식으로 안티앨리어싱을 시도한다. 하지만 앞서 설명한 것처럼 1차 미분 비연속은 무한 고주파 내용을 도입해서 이 시도는 완벽히 성공적이지는 않다. Turbulence() 안티앨리어싱은 최소한 가장 심각한 결함의 일부를 제거한다. 그렇지 않으면 픽셀 표본화율의 증가가 최후의 보루다. 실사용에서 이 함수는 절차적 텍스처에 사용 시 심각하게 앨리어싱하지 않으며, 특히 기하학적이나 그림자 경계에서 생기는 무한 고주파의 앨리어싱에 비교할 때 훨씬 양호하다.

<Texture Method Definitions> +≡

```
Float Turbulence(const Point3f &p, const Vector3f &dpdx,
        const Vector3f &dpdy, Float omega, int maxOctaves) {
    <Compute number of octaves for antialiased FBm 789>
    <Compute sum of octaves of noise for turbulence 790>
    <Account for contributions of clamped octaves in turbulence 792>
    return sum;
}
```

<Compute sum of octaves of noise for turbulence> ≡ 790

```
Float sum = 0, lambda = 1, o = 1;
for (int i = 0; i < nInt; ++i) {
    sum += o * std::abs(Noise(lambda * p));
    lambda *= 1.99f;
    o *= omega;
}
```

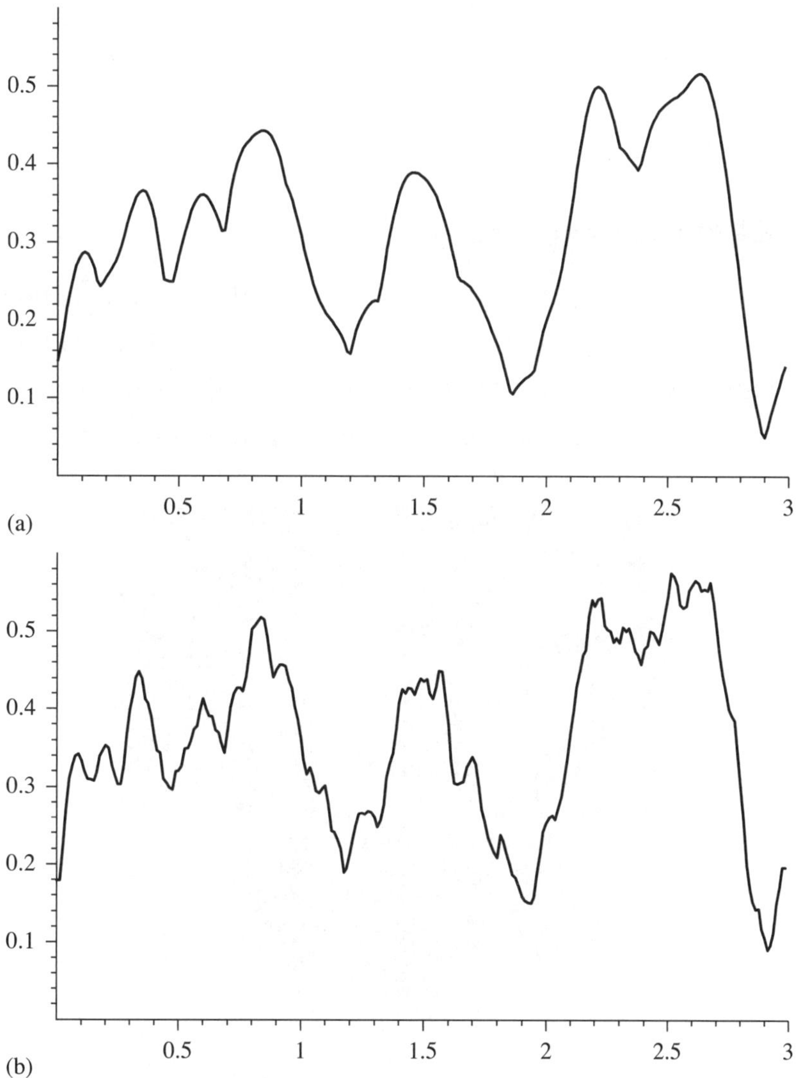

그림 10.29 Turbulence() 함수의 그래프. (a) 2, (b) 6 옥타브 잡음. 잡음 함수의 절댓값을 받아 생긴 1차 미분 비연속은 이 함수를 FBm에 비해 상당히 거칠게 만든다.

잡음 함수의 절댓값 평균은 대략 0.2이다. 이 값은 잡음 함수의 예측된 주파수가 표본화율보다 높을 경우에 옥타브의 합에 더해져야 한다.

<*Account for contributions of clamped octaves in turbulence*> ≡ 790

```
Float nPartial = n - nInt;
sum += o * Lerp(SmoothStep(.3f, .7f, nPartial),
        0.2, std::abs(Noise(lambda * p)));
for (int i = nInt; i < maxOctaves; ++i) {
    sum += o * 0.2f;
    o *= omega;
}
```

10.6.4 울퉁불퉁하고 주름진 텍스처

fBm과 난류 함수는 특히 범프 매핑을 위한 난수 변화의 원천으로 유용하다. FBmTexture는 FBm()을 사용해 오프셋을 계산한 Float 값 텍스처며, WrinkledTexture는 Turbulence()를 사용한 텍스처다. 이는 그림 10.30과 10.31에 모사돼 있으며, textures/fbm.h, textures/fbm.cpp, textures/wrinkled.h, textures/wrinkled.cpp 파일에 구현돼 있다.

그림 10.30 FBmTexture를 범프 매핑에 사용한 구

<*FBmTexture Declarations*> ≡

```
template <typename T> class FBmTexture : public Texture<T> {
public:
    <FBmTexture Public Methods 793>
private:
    std::unique_ptr<TextureMapping3D> mapping;
    const Float omega;
    const int octaves;
};
```

그림 10.31 WrinkledTexture를 범프 매핑에 사용한 구

<FBmTexture Public Methods> ≡ 792

```
FBmTexture(std::unique_ptr<TextureMapping3D> mapping, int octaves,
        Float omega)
    : mapping(std::move(mapping)), omega(omega), octaves(octaves) { }
```

<FBmTexture Public Methods> +≡ 792

```
T Evaluate(const SurfaceInteraction &si) const {
    Vector3f dpdx, dpdy;
    Point3f P = mapping->Map(si, &dpdx, &dpdy);
    return FBm(P, dpdx, dpdy, omega, octaves);
}
```

WrinkledTexture의 구현은 거의 FBmTexture와 같으며, FBm()의 호출을 Turbulence()로 바꾸기만 한 것이므로 여기 수록하지 않는다.

10.6.5 풍랑

fBm의 응용은 물결에 대해 충분히 실감나는 표현을 제공한다(Ebert et al. 2003). 그림 1.11, 4.1, 7.36은 장면의 물을 위해 이 텍스처를 사용했다. 이 Texture는 두 가지 관찰에 기반을 둔다. 먼저 (예를 들어) 바람이 몰아치는 호수의 표면에 대해 일부 영역은 상대적으로 매끈하고 일부는 좀 더 물결이 일렁인다. 이 효과는 바람의 강도가 영역별로 자연스럽게 다르기 때문에 생긴다. 두 번째로 표면에서 각 물결의 전체적인 모습은 fBm 기반 물결 패턴을 바람의 강도로 크기 조절해서 잘 설명할 수 있다. 이 텍스처는 textures/windy.h와 textures/windy.cpp 파일에 구현돼 있다.

<WindyTexture Declarations> ≡

```
template <typename T> class WindyTexture : public Texture<T> {
public:
    <WindyTexture Public Methods 794>
private:
    std::unique_ptr<TextureMapping3D> mapping;
};
```

<WindyTexture Public Methods> ≡ 794

```
WindyTexture(std::unique_ptr<TextureMapping3D> mapping)
    : mapping(std::move(mapping)) { }
```

계산 함수는 FBm() 함수의 두 호출을 사용한다. 첫 번째는 점 P를 10의 인수로 축소한다. 결과적으로 FBm()의 첫 호출은 음영이 되는 물체의 표면에서 상대적으로 낮은 주파수 변화를 반환한다. 이 값은 바람의 지역 강도를 결정하는 데 사용된다. 두 번째 호출은 바람의 양과 관계없이 특정 점에서 물결의 진폭을 결정한다. 두 값의 곱은 특정 지점에서 물결의 오프셋을 제공한다.

<WindyTexture Public Methods> +≡ 794

```
T Evaluate(const SurfaceInteraction &si) const {
    Vector3f dpdx, dpdy;
    Point3f P = mapping->Map(si, &dpdx, &dpdy);
    Float windStrength = FBm(.1f * P, .1f * dpdx, .1f * dpdy, .5, 3);
    Float waveHeight = FBm(P, dpdx, dpdy, .5, 6);
    return std::abs(windStrength) * waveHeight;
}
```

10.6.6 대리석

잡음 함수의 다른 전통적인 용도는 다른 텍스처나 검색표를 사용하기 전에 텍스처 좌표를 섭동시키는 것이다. 예를 들어 대리석의 복제는 대리석 재질을 연속된 층의 겹으로 대리석 재질을 모델링한 뒤 층간의 값을 찾는 데 사용하는 좌표를 섭동시키기 위해 잡음을 사용하는 것이다. 이 절의 `MarbleTexture`는 이 방식을 구현했다. 그림 10.32는 이 텍스처 이면의 개념을 묘사한다. 왼쪽에 있는 대리석의 층은 직접 구에서 점의 y 좌표를 이용해 색인한다. 오른쪽은 fBm이 y 값을 섭동시키는 데 사용돼 변화를 도입했다. 이 텍스처는 textures/marble.h와 textures/marble.cpp 파일에 구현돼 있다.

그림 10.32 대리석. MarbleTexture는 FBm을 사용한 1차원 색의 표를 색인하기 위한 좌표를 섭동시키며, 그럴듯한 대리석 모양을 생성한다.

```
<MarbleTexture Declarations> ≡
    class MarbleTexture : public Texture<Spectrum> {
    public:
        <MarbleTexture Public Methods 795>
    private:
        <MarbleTexture Private Data 796>
    };
```

텍스처는 검색을 위한 좌표를 섭동시키는 데 사용하는 `FBm()` 함수를 조절하기 위한 일반적인 매개변수의 집합을 받는다. `Variation` 매개변수는 섭동의 강도를 조절한다.

```
<MarbleTexture Public Methods> ≡                                        795
    MarbleTexture(std::unique_ptr<TextureMapping3D> mapping, int octaves,
```

```
        Float omega, Float scale, Float variation)
    : mapping(std::move(mapping)), octaves(octaves), omega(omega),
        scale(scale), variation(variation) { }
```

<MarbleTexture Private Data> ≡ 795

```
std::unique_ptr<TextureMapping3D> mapping;
const int octaves;
const Float omega, scale, variation;
```

대리석 층의 오프셋은 점의 *y* 요소에 변화를 추가하고 사인 함수를 사용해 값을 [0, 1] 범위로 재매핑해 계산한다. *<Evaluate marble spline at t>* 코드 조각은 *t* 값을 실제 대리석과 일련의 유사한 색을 지나는 입체 스플라인의 계산점으로 사용한다.

<MarbleTexture Public Methods> +≡ 795

```
Spectrum Evaluate(const SurfaceInteraction &si) const {
    Vector3f dpdx, dpdy;
    Point3f p = mapping->Map(si, &dpdx, &dpdy);
    p *= scale;
    Float marble = p.y + variation *
            FBm(p, scale * dpdx, scale * dpdy, omega, octaves);
    Float t = .5f + .5f * std::sin(marble);
    <Evaluate marble spline at t>
}
```

더 읽을거리

Amanatides(1984)의 원뿔 추적 방식은 레이트레이싱을 위한 필터의 공간을 자동으로 예측하는 초기 기술 중 하나다. Heckbert와 Hanrahan(1984)의 빛줄기 추적은 레이트레이싱을 극소 광선이 아닌 각 이미지 표본에 연결된 영역과 연결하는 초기 확장의 다른 하나다. Shinya, Takahashi, Naito(1987)의 연필 추적 방식 또한 이 문제의 다른 접근법이다. 이 주제의 다른 영역이나 광선의 공간은 Mitchell과 Hanrahan의 코스틱caustic을 렌더링하는 논문(1992)과 Turkowski의 기술 논문(Turkowski 1993)이 있다.

Collins(1994)는 광선 공간을 주어진 카메라 광선에서 추적된 모든 광선의 트리를 유지해 같은 단계와 위치에 대응하는 광선들을 테스트했다. 또한 Texturing과 Modeling(Ebert et al. 2003)의 Worley의 장은 우리와 비슷한 방식으로 필터 영역의 미분을 계산하는 내용이다. pbrt의 광선 미분은 Igehy(1999) 공식에 기반하며, 이는 Suykens와 Willems(2001)가 완벽 거울 반사에 추가해 광택 반사를 처리하도록 확장했다. Texturing과 Modeling(Ebert et al. 2003)에서 Worley의 필터 영역에 대한 미분 계산에 대한 장은 여기서 사용한 것과 유사한 방식을 표현한다. Elek et al.(2014)에서 전체 분광 렌더링에서의 결과를 개선하는 파장을 포함한 광선 미분의 확장을 살펴보자.

2차원 텍스처 매핑은 그래픽스에 Blinn과 Newell(1976)이 추가했다. 처음 Crow(1977)가 앨리어싱이 그래픽스의 이미지에서 나타나는 많은 오류의 근원이라는 것을 밝혀낸 이후 엄청나게 많은 작업이 이미지 맵을 안티앨리어싱하는 효율적이고 효과적인 방법을 찾기 위해 수행됐다. Dungan, Stenger, Sutty(1978)는 처음으로 미리 필터링된 텍스처 이미지의 피라미드를 생성하는 것을 제안했다. 이들은 텍스처 값을 찾을 때 적절한 단계에서 가장 가까운 텍스처 표본을 사용했으며, 결과를 안티앨리어싱하기 위해 화면 공간에서 초표본화를 수행했다. Feibush, Levoy, Cook(1980)는 단순한 상자 필터가 아닌 공간적으로 변화하는 함수를 연구했다(블린과 뉴웰은 크로우의 결과를 알고 텍스처에 상자 필터를 사용했다).

Williams(1983)는 밉맵 이미지 피라미드를 텍스처 필터링에 삼중 선형 보간으로 사용했다. 바로 그 후에 Crow(1984)가 영역 합 표[summed area table]를 도입해서 텍스처 공간의 축 정렬된 사각형 영역에 대해 효율적으로 필터링이 가능하게 했다. 영역 합 표는 비등방성을 윌리엄의 방식보다 더 잘 처리했지만, 주축 정렬 필터에 대해서만 가능했다. Heckbert(1986)는 1980년대 중반까지 텍스처 매핑 알고리즘에 대한 훌륭한 일반 설문조사를 작성했다.

Greene과 Heckbert(1986)는 원래 타원 가중 평균 기술을 개발했으며, 헥버트의 석사 논문은 이 방식을 단단한 이론적 기반에 올려놓았다(Heckbert 1989). Fournier와 Fiume(1988)는 검색당 제한된 양의 계산을 사용하는 데 중점을 둔, 심지어 더 높은 품질의 텍스처 필터링 방식을 개발했다. 그럼에도 불구하고 이 방식은 전체적으로 EWA에 비해 비효율적으로 보인다. 랜스데일[Lansdale]의 석사 학위 논문은 EWA와 푸르니에와 피우메의 방식에 대한 확장적 설명을 자세한 구현과 함께 포함했다(Lansdale 1991).

더 최근에는 많은 연구자들이 윌리엄의 원래 방식을 연속된 삼중 선형 밉맵 표본을 통해 일반화해서 일반 EWA 알고리즘의 비용 없이 품질을 향상시키려 연구했다. 밉맵에서 여러 표본을 얻어 비등방성이 계산 효율을 유지하면서 잘 처리된다. 예로는 Barkans(1997)의 탈리스만 건축물의 텍스처 필터링 설명과 McCormack et al.(1999)의 펠라인[Feline] 방식, Cant와 Shrubsole(2000) 기술 등이 있다. Chen et al.(2004)은 텍스처 필터링의 최신 기술을 요약하고 현존 기술의 단점 일부를 다루는 기술을 소개했다. Manson과 Schaefer(2013, 2014)는 최근에 다양한 필터 함수를 고정된 작은 수의 이중 선형 보간 표본 값을 사용해서 어떻게 정확하게 근사할 수 있는지를 보여줬다. 이 방식은 특히 하드웨어 가속 이중 선형 보간이 가능한 GPU에서 유용하다.

감마 보정은 컴퓨터 그래픽에서 긴 역사를 가진다. Poynton(2002a, 2002b)은 색 표현과 감마 보정에 관련된 이슈에 대한 포괄적인 FAQ를 작성했다. 대부분의 현대 디스플레이가 sRGB 색 공간에 기반하며 이는 대략 2.2의 감마값을 가진다(International Electrotechnical Commission (IEC) 1999). Gritz와 d'Eon(2008)의 렌더링을 위한 감마 보정의 영향에 대한 자세한 논의를 보고 렌더링 시스템에서 어떻게 정확히 고려하는지를 알아보자.

Smith(2002)의 음향 재표본화에 대한 웹 사이트와 문서는 1차원에서 신호 재표본화의 좋은 개요다. Heckbert(1989a)의 zoom 소스코드는 이미지 재표본화의 고전적인 참고 문헌이다. 그의 구현은 되먹임을 신중히 피하기 위해 10장에서의 구현과 달리 외부 저장장치를 사용하지 않으며, 추가 임시 버퍼 공간을 할당한다.

3차원의 입체 텍스처링은 원래 Gardner(1984, 1985), Perlin(1985a), Peachey(1985)가 개발했다. Norton, Rockwood, Skolmoski(1982)는 입체 텍스처링에 기반을 둔 텍스처를 안티앨리어싱하는 데 널리 사용하는 클램핑 방식을 개발했다. 절차적 텍스처링의 일반적인 개념은 Cook(1984), Perlin(1985a), Peachey(1985)가 도입했다.

Texturing과 Modeling(Ebert et al. 2003)에서 피치의 장은 잡음 함수에 대한 접근법의 빈틈없는 요약이다. 펄린의 원래 잡음 함수 이후 Lewis(1989)와 van Wijk(1991)가 다른 시간/품질 균형을 생성하는 대체 안을 개발했다. Worley(1996)는 세포와 유기적 패턴에 잘 맞는 절차적 텍스처링을 위해 매우 다른 잡음 함수를 개발했다. Perlin(2002)은 잡음 함수의 여러 작은 단점을 수정했다.

잡음 함수는 최근 연구 공동체에서 추가적인 관심을 받았다. Lagae et al.(2010)은 그때까지의 좋은 조사 자료를 가진다. 펄린 잡음 함수의 각 대역이 실제로 상당히 넓은 주파수 내용을 갖고 있다는 루이스의 관찰에 기반해(Lewis 1989), Cook과 DeRose(2005)는 3D 잡음 함수가 대역 제한이라고 하더라도 3D 잡음 함수의 2D 장이 일반적으로 대역 제한적이지 않다는 문제를 확인했다. 이들은 이 두 가지 이슈를 처리하는 새로운 잡음 함수를 제안했다. Goldberg et al.(2008)은 효율적인 비등방성 필터링을 가능하게 해서 안티앨리어싱에 단지 클램핑 방식을 적용하는 것보다 높은 품질의 결과를 생성하는 잡음 함수를 개발했다. 이 방식은 프로그래밍 가능한 그래픽 하드웨어에도 잘 맞는다. Kensler et al.(2008)은 펄린의 개선된 잡음 함수에 대한 다양한 개선을 제안했다.

Lagae et al.(2009)은 좋은 주파수 조절과 표면 매개변수화가 없는 표면에도 잘 매핑되는 잡음 함수를 개발했다. Lagae와 Drettakis(2011)는 어떻게 이 잡음 함수의 고품질 비등방성 필터링된 값을 계산하는지 보여줬다. 더 최근에 Galerne et al.(2012)은 자동으로 이 잡음 함수의 매개변수를 결과가 예제 이미지에 일치하도록 어떻게 결정하는지를 보여줬다. 이 주제에 대한 더 많은 작업은 Du et al.(2013)과 Gilet et al.(2014)에서 처리한다.

사용자가 제공하는 절차적 셰이더의 개념을 지원하는 첫 언어와 시스템은 Cook(1984)과 Perlin(1985a)이 개발했다(10장의 텍스처 조합 모델은 쿡의 셰이더 트리와 비슷하다). 렌더맨 셰이딩 언어는 Hanrahan과 Lawson(1990)의 논문에 설명돼 있으며, 그래픽스의 고전 셰이딩 언어로 남아있지만 더 현대적인 셰이딩 언어가 Open Shading Language[OSL](Gritz et al. 2010)에 사용 가능하며, 이는 오픈소스로 점차 제작 렌더링에서 사용하고 있다. 이는 9장에서 소개한 방식처럼 최종 색 값보다 재질의 표현을 반환하는 셰이더의 모델을 따른다. 또한 고성능과 다중 렌더링 시스템(pbrt를 포함한) 사이에서의 이식성을 위해 고안한 AnySL 셰이딩 언어를 소개한 Karrenberg et al.(2010)을 참고하자. Ebert et al.(2003)과 Apodaca와 Gritz(2000)에서 절차적 셰이더를 작성하는 기술을 살펴보자. 둘 다 절차적 셰이더에서의 안티앨리어싱 문제에 대한 훌륭한 논의를 포함한다.

9장의 '더 읽을거리' 절은 안티앨리어싱 범프 맵을 위한 방법을 설명했다. 여러 연구자가 표면 반사 함수의 안티앨리어싱과 밀접히 관련된 이슈에 대해 살펴봤다. Van Horn과 Turk(2008)가 안티앨리어싱을 위해 자동으로 한정된 영역에 대한 셰이더의 특징을 나타내는 반사 함수의 밉맵을 자동으로 생성하는 방법을 개발했다. Bruneton과 Neyret(2012)는 이 분야의 최신 기술을 조사했고, Jarabo et al.(2014b) 또한 이 함수의 필터 입력에 관련된 인지적 사안을 고려했다. 또한 이 주제의 최신 작업을 위해 Heitz et al.(2014)을 참고하자.

표면의 텍스처를 계산하는 많은 창의적인 방식이 개발됐다. 표본화에는 반응 확산을 포함하며, 이는 표면의 화학적 상호작용의 모델을 기반으로 한 성장 과정을 모사하는 것으로, Turk(1991)와 Witkin 및 Kass(1991)가 동시에 도입했다. 심[Sims]의 유전 알고리즘 기반 접근법은 사용자가 선호를 선택해 임의의 돌연변이에서 흥미로운 텍스처를 생성하는 프로그램을 찾는 것이다(Sims 1991). Fleischer et al.(1995)에서 세포 방식 텍스처링 알고리즘은 표면에 기하학적으로 정확한 크기와 못을 생성한다. Dorsey et al.(1996)의 유속 시뮬레이션은 빌딩의 풍화 효과를 모델링해 상대적 습도, 불결함 등의 구조체에 있는 표면의 점에 대한 결과를 이미지 맵에서 저장한다. Porumbescuet al.(2005)은 셸 맵을 개발했으며, 이는 기하 물체를 텍스처 매핑의 방식으로 표면에 매핑하는 것을 가능하게 한다.

다양한 텍스처 합성 알고리즘이 지난 10년간 개발됐다. 이 방식들은 예제 텍스처 이미지를 받아서 원래 텍스처와 비슷하게 보이지만 완전히 같지는 않은 더 큰 텍스처 맵을 합성한다. Wei et al.(2009)의 연구 문헌은 이제까지 개발된 주된 접근법과 함께 이 분야의 2009년까지의 연구를 설명한다. 이 분야의 더 최신 작업을 위해 텍스처의 대칭성을 찾는 데 기반을 둔 효과적인 방식을 개발한 Kim et al.(2012)과 빌딩 숲을 위한 텍스처를 합성하는 특별한 (하지만 유용한) 문제에 도전한 Lefebvre et al.(2010)을 참고하자.

연습문제

❷ 10.1 많은 이미지 파일 포맷이 부동소수점 색 값을 저장하지 않고 대신 각 색 요소별로 [0, 1] 범위에 값을 매핑해서 8비트를 사용한다(예를 들어 ReadImage()에서 지원하는 TGA 형식이 이런 형식이다). 이 포맷으로 원래 저장된 이미지에 대해 ImageTexture는 RGBSpectrum 객체에 이 값을 저장하기 위해 float을 사용하는 데 엄격히 필요한 것보다 4배나 많은 메모리를 사용한다. 이미지 읽기 루틴을 그런 파일에서 이미지를 읽을 때 직접 8비트 값을 반환하도록 변경하라.

그 후 ImageTexture가 그런 텍스처를 8비트 표현으로 유지하고 MIPMap을 변경해서 이 포맷으로 저장된 자료를 필터링할 수 있도록 변경하라. 텍스처가 많은 장면에서 얼마나 많은 메모리를 절약할 수 있는가? pbrt의 성능이 어떻게 영향받는가? 성능 차이의 원인을 설명할 수 있는가?

❷ 10.2 많은 이미지 텍스처로 이뤄진 장면에 대해서 이를 모두 동시에 메모리에 읽는 것은 엄두도 못 낼 정도의 메모리 비용이 필요하며, 효과적인 방식은 이미지 맵에 대해 고정된 양의 메모리를 할당해(텍스처 캐시) 메모리를 필요할 때 불러오고, 메모리가 가득 찼을 때 최근에 접근하지 않은 이미지 맵을 버리는 것이다(Peachey 1990). 작은 텍스처 캐시에 대해 좋은 성능을 가능하게 하기 위해 이미지 맵은 타일링된 포맷을 저장해서 각각이 독립적으로 텍스처의 작은 정사각형 영역을 불러오는 것이 가능하게 해야 한다. 이런 타일링 기술은 그래픽 하드웨어에서 텍스처 메모리 캐시의 성능을 향상시키기 위해 사용된다(Hakura와 Gupta 1997; Igehy et al. 1998; Igehy et al. 1999). 텍스처 캐시를 pbrt에서 구현하라. 다른 포맷의 이미지를 타일 포맷으로 변환하는 변환 프로그램을 작성하라(OpenEXR의 타일 이미지 지원을 연구하길 원할 수 있다). 여전히 좋은 성능을 내면

서 텍스처 캐시를 얼마나 작게 할 수 있는가?

❷ 10.3 Manson과 Schaefer(2013, 2014)의 밉맵과 적은 수의 이중 선형 표본에 대해 고품질 필터를 근사하는 논문을 읽어보라. 현재 pbrt의 EWA 구현을 대신해서 이 방식을 사용하는 선택지를 추가하라. 텍스처를 사용하는 여러 장면에서 이미지의 품질을 비교하라. 실행 시간을 비교할 때 어떠한가? 또한 두 방식의 각 텍스처 필터링 코드에서 실행 시간을 비교하는 데 프로파일러를 사용하는 것이 유용할 것이다.

❷ 10.4 밉맵 단계를 초기화하기 위해 이미지 맵을 재표본화하는 데 사용하는 필터링 알고리즘을 상자 필터가 아닌 란초스 필터를 사용해 개선하라. scenes/sphere-ewa-vs-trilerp.pbrt 파일의 구 테스트 이미지와 그림 10.10의 개선 이후 어떻게 바뀌었는가?

❷ 10.5 밉맵을 2의 승수가 아닌 해상도의 텍스처에 대해 사용하는 것이 가능하다. 세부 사항은 Guthe와 Heckbert(2005)에 설명돼 있다. 이 방식을 구현하는 것은 상당한 양의 메모리를 절약할 수 있다. 최악의 경우 pbrt의 MIPMap 구현이 처리하는 재표본화는 메모리 요구치를 4배로 증가시킬 수 있다(513 × 513 텍스처가 1024 × 1024로 재표본화되는 경우를 고려하라). 이 방식을 pbrt에 구현해서 다양한 텍스처 부하가 큰 장면에 대해 텍스처 자료를 저장하는 데 사용되는 메모리의 양을 비교하라.

❷ 10.6 14~16장의 빛 전달 알고리즘의 일부는 좋은 결과를 위해 픽셀당 많은 수의 표본 추출을 필요로 한다(이런 알고리즘의 예로 PathIntegrator가 구현하는 경로 추적이 있다). 각 픽셀당 수백 수천의 표본이 추출되면 고품질 텍스처 필터링의 계산량은 가치 없다. 높은 픽셀 표본화율이 이미 텍스처 함수를 잘 안티앨리어싱한다. MIPMap 구현을 변경해 필터 공간이 제공돼도 선택적으로 피라미드 최상 단계의 이중 선형 보간 값만을 반환할 수 있게 하라. 이 방식의 렌더링 시간과 이미지 품질을 픽셀당 많은 표본을 사용하고 낮은 픽셀 표본화율에서 앨리어싱이 보이는 이미지 맵에서 장면의 이미지를 렌더링할 때 비교하라.

❷ 10.7 적절히 안티앨리어싱된 이미지 맵 검색의 추가적인 장점은 캐시 성능을 향상시키는 것이다. 예를 들어 고해상도 이미지 맵이 저표본화된 상황을 고려하자. 화면의 주변 표면은 이미지 맵의 넓게 분리된 부분에 접근해 한 번의 텍스처

검색으로 주 메모리에서 읽어온 텍셀이 이미 주변 픽셀 표본의 텍스처 검색으로 인해 캐시에 있을 확률이 낮다. 항상 이미지 텍스처 검색을 MIPMap의 최고 세밀한 단계에서 하도록 pbrt를 변경하고, 여전히 같은 수의 텍셀에 접근하게 신중히 보장하라. 성능이 어떻게 바뀌었는가? 캐시 프로파일링 툴에서 전체적인 CPU 캐시의 효과 변화를 어떻게 보고하는가?

❷ 10.8 펄린 잡음과 상당히 다른 시각적 특성을 가진 새 잡음 함수를 설명하는 월리의 논문(Worley 1996)을 읽어라. 이 세포 잡음 함수를 구현하고 이에 기반을 둔 Texture를 pbrt에 추가하라.

❷ 10.9 Cook과 DeRose(2005), Goldberg et al.(2008), Lagae et al.(2009) 등의 개선된 잡음 함수 중 하나를 구현하라. 현재 pbrt의 구현에서 잡음 함수를 풍부하게 사용한 장면의 이미지 품질과 렌더링 시간을 비교하라.

❷ 10.10 10장의 DotsTexture 텍스처 구현은 계산한 결과에서의 앨리어싱을 피하기 위한 어떤 노력도 하지 않는다. 이 텍스처를 어떤 형태의 안티앨리어싱을 하도록 변경하라. Checkerboard2DTexture가 어떻게 처리할 것인지 지표를 제안할 것이지만 이 경우가 더 복잡한데, 물방울이 매 격자 셀에 있지 않으며, 또한 비정규적으로 위치하기 때문이다.

필터 영역의 두 극단에서 둘 다 한 셀 안에 있거나 필터 영역이 많은 수의 셀에 걸쳐 있을 때 이 작업은 더 쉽다. 필터 전체가 하나의 셀에 들어있고 그 셀의 물방울(존재할 경우)이 완전히 안과 밖에 있을 때는 두 하부 텍스처 중 하나를 적절히 계산하기만 하면 된다. 필터가 하나의 셀 안에 있지만 물방울과 기본 텍스처에 둘 다 겹치면 얼마나 많은 필터 영역이 물방울 안과 밖에서 있는지 계산해 둘 사이를 섞을 수 있다. 다른 극단에서는 필터 영역이 극단적으로 크다면 전체적으로 얼마나 많은 영역이 물방울에 덮이고 얼마나 많은 영역이 덮이지 않았는지에 대한 평균을 계산해 두 텍스처 사이를 섞을 수 있다(이 접근법이 잠재적으로 체커보드에서 생긴 것과 같은 오류를 생성할 수 있는데, 하부 텍스처가 그들의 영역 일부에서 다른 텍스처로 차폐된 경우다. 이 연습문제에선 이 이슈를 무시하라).

이 접근법을 구현해 필터 영역이 작은 수의 셀을 덮는 중간 경우를 고려해보자. 이 경우를 안티앨리어싱하기 위해 어떤 접근법이 잘 동작하겠는가?

❷ 10.11 다른 텍스처의 참조를 저장하고 계산 메서드가 호출될 때 해당 텍스처를 초표본화하는 범용 Texture를 작성해서 초표본화를 어떤 Texture에도 적용 가능하게 하라. 이 구현을 다양한 절차적 텍스처에 대해 내장 안티앨리어싱의 처리 효율성과 품질을 비교하라. 또한 실행 시간 텍스처 초표본화와 증가된 픽셀 표본의 효율성을 비교하라.

❸ 10.12 텍스처 값을 계산하기 위해 사용자가 작성한 프로그램이 가능하면 셰이딩 언어를 지원하도록 pbrt를 변경하라. 자체 컴파일러 작성에도 관심이 있지 않다면 OSL(Gritz et al. 2010)이 좋은 선택이 될 것이다.

CHAPTER ELEVEN

11 입체 산란

지금까지는 장면이 진공에서의 표면들의 집합으로 이뤄져 있다고 가정했으며, 이는 방사가 광선과 표면 사이에서 일정하다는 것을 의미한다. 하지만 많은 실세계 상황이 이 가정을 부정확하게 한다. 안개와 연기는 빛을 감쇠와 산란시키며 대기 중의 입자 산란은 하늘을 파랗게 하고 석양을 붉게 한다. 11장에서는 빛이 반투명 매질, 즉 3D 공간의 영역에서 분포된 많은 수의 매우 작은 입자들을 지날 때 어떻게 영향을 받는지 설명하는 수학을 도입한다. 입체 산란 모델은 매우 많은 입자가 있어 산란을 직접 입자의 개별적인 상호작용을 고려하기 보다는 확률적 과정으로 가장 잘 모델링된다는 가정에 기반을 둔다. 반투명 매질의 효과를 모사하면 대기의 아지랑이, 구름을 지나는 빛줄기, 탁한 물을 지나는 빛, 빛이 고체에서 입사한 위치와 다른 곳에서 나가는 표면 밑 산란 등을 렌더링할 수 있다.

11장에서는 우선 광선이 반투명 물질을 지나는 광선을 따른 방사에 영향을 주는 기본 물리적 과정을 설명한다. 그 후 공간 영역 안의 반투명 매질을 설명하는 인터페이스를 제공하는 Medium 기본 클래스를 소개한다. Medium 구현은 범위 안의 점에 대한 산란 특성의 정보를 반환하며, 이는 공간 안의 점에서 빛이 어떻게 산란되는지 특징짓는 위상 함수를 포함한다(표면 위의 점에서의 산란을 설명하는 BSDF의 입체적 유사체다). 장면 안의 방사 분포에서 반투명 매질의 효과를 결정하기 위해 입체 효과를 처리하는 Integrators가 필요하다. 이는 15장의 주제다.

고도로 산란하는 반투명 매질 안에서 빛은 에너지의 뚜렷한 감소 없는 많은 산란 현상을 겪을 수 있다. Integrator에서 빛의 경로를 찾는 비용은 일반적으로 길이에 비례하며, 수백 수천의 산란 상호작용을 추적하는 것은 금방 비현실적이 된다. 이런 경우 내재된 산란 과정의 전체 효과를 집합적으로 빛이 매질에 들어오고 나가는 점 사이의 산란에 관계된 함수로 표현하는 것이 더 나은 방법이다. 그러므로 11장은 이런 형태의 방법을 구현할 수 있는 추상화인 BSSRDF 기본 클래스로 마감된다. BSSRDF 구현은 굴절 표면으로 감싸진 매질 안의 내부 산란을 설명한다.

11.1 입체 산란 과정

반투명 물질이 있는 환경의 방사 분포에 영향을 미치는 주된 세 개의 과정이 있다.

- **흡수:** 빛이 열 같은 다른 형태의 에너지로 변화해서 일어나는 방사의 감소
- **발산:** 발광 입자로부터 환경에 추가되는 에너지
- **산란:** 한 방향을 향한 방사가 입자와의 충돌로 인해 어떻게 다른 방향으로 산란되는 지

이 모든 특성의 특징은 동질이거나 이질적이다. 동질적인 특성은 주어진 공간 영역에서 고정이며, 이질적인 특성은 공간을 통해 변화할 수 있다. 그림 11.1은 입체 산란의 단순한 예를 보여주며, 스포트라이트가 반투명 물질을 통해 매질 안의 입자를 빛나게 하고 입체 그림자를 투사한다.

그림 11.1 안개를 지나는 스포트라이트. 매질의 입자에서 산란돼 카메라로 향하는 빛이 스포트라이트의 조명을 반사하는 보이는 표면이 없음에도 보이게 한다. 구는 빛을 차폐해서 그 아래 영역에 입체 그림자를 투사한다.

11.1.1 흡수

불의 두꺼운 검은 연기를 고려하자. 연기는 뒤의 물체를 가리는데, 이는 그 입자들이 물체에서 관찰자로 오는 빛을 흡수하기 때문이다. 연기가 두꺼울수록 더 많은 빛이 흡수된다. 그림 11.2는 정확한 연기 형성의 물리 시뮬레이션으로 생성한 흡수의 공간 분포로 인한 효과를 보여준다. 바닥의 그림자를 보자. 불투명 물질은 광원과 바닥 면 사이의 빛 또한 흡수해 그림자를 투사한다.

그림 11.2 반투명 매질이 주가 되도록 이를 지나는 빛을 흡수하면 이는 여기에서처럼 어둡고 자욱한 외견을 보인다(연기 시뮬레이션 자료는 Duc Nguyen and Ron Fedkiw에서).

흡수는 매질의 흡수 단면적absorption cross section σ_a로 설명되며, 이는 빛이 이 매질에서 단위 거리를 이동할 때 흡수되는 확률 밀도다. 일반적으로 흡수 단면적은 위치 p와 방향 ω에 대해 변화하며, 일반적으로는 위치의 함수일 뿐이다. 또한 보통 분광적으로 변화하는 양이다. σ_a의 단위는 거리의 역(m^{-1})이다. 이는 σ_a가 어떤 양의 값도 받을 수 있다는 것을 의미한다. 예를 들어 0에서 1 사이일 필요가 없다.

그림 11.3은 매우 짧은 광선의 부분에 따른 흡수의 효과를 보여준다. 일부 방사량 $L_i(p, -\omega)$는 점 p에 도달하고, 우리는 미분 입체의 흡수 후 나가는 방사 $L_o(p, \omega)$를 찾아야 한다. 이 길이 dt의 미분 광선을 따른 방사의 변화는 다음의 미분 방정식으로 설명된다.

$$L_o(p, \omega) - L_i(p, -\omega) = dL_o(p, \omega) = -\sigma_a(p, \omega)\, L_i(p, -\omega)\, dt$$

이는 빛줄기를 따른 미분 방사 감소가 초기 방사의 선형 함수라는 것을 말해준다.[1]

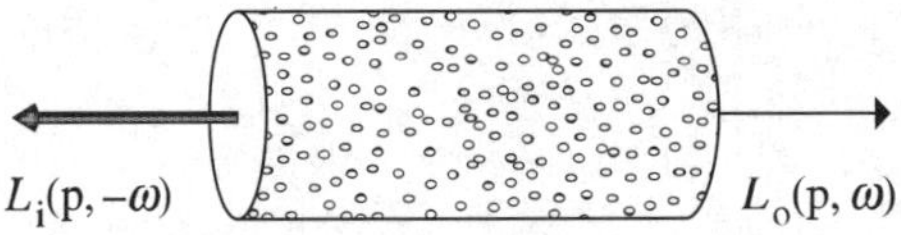

그림 11.3 흡수는 반투명 물질을 지나는 광선의 방사량을 줄인다. 방향 $-\omega$에서 점 p에 입사하는 방사를 운반하는 광선을 생각해보자. 광선이 흡수하는 입자로 차있는 미분 원통을 지나면 해당 입자들의 흡수로 인한 방사의 변화는 $dL_o(p, \omega) = -\sigma_a(p, \omega)L_i(p, -\omega)dt$다.

이 미분 방정식은 광선의 전체 흡수된 부분을 설명하는 적분 방정식을 제공해서 해를 구할 수 있다. 광선이 거리 d를 방향 ω로 점 p에서 시작해 매질을 지날 때 원래 방사의 남은 부분은 다음으로 주어진다.

$$e^{-\int_0^d \sigma_a(p+t\omega, \omega)\, dt}$$

11.1.2 방출

광선이 매질을 통과할 동안 흡수가 방사량을 줄일 때 방출은 화학적, 열적, 원자력적 과정이 에너지를 보이는 빛으로 변경해 증가시킨다. 그림 11.4는 미분 입체 안의 방출을 보여주며, 점 p에서 방향 ω로 단위 거리당 광선에 추가된 방출된 방사를 $L_e(p, \omega)$로 표기한다. 그림 11.5는 연기 자료 집합의 방출 효과를 보여준다. 그림에서 흡수 계수는 그림 11.2보다 훨씬 낮으며, 매우 다른 외견을 보여준다.

1. 이는 방사 측정술의 또 다른 선형 가정이다. 빛의 흡수되는 비율은 광선의 방사에 기반을 두고 변하지 않고 항상 고정된 비율이다.

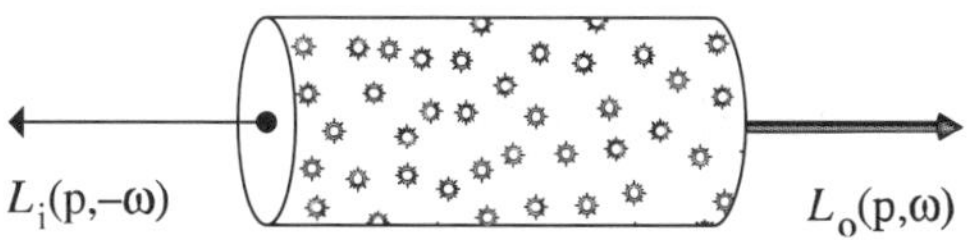

그림 11.4 입체 방출 함수 $L_e(p, \omega)$는 광선이 방출 입자의 미분 입체를 지나면서 생기는 방사의 변화를 제공한다. 미분 거리당 방사의 변화는 $dL = L_e dt$다.

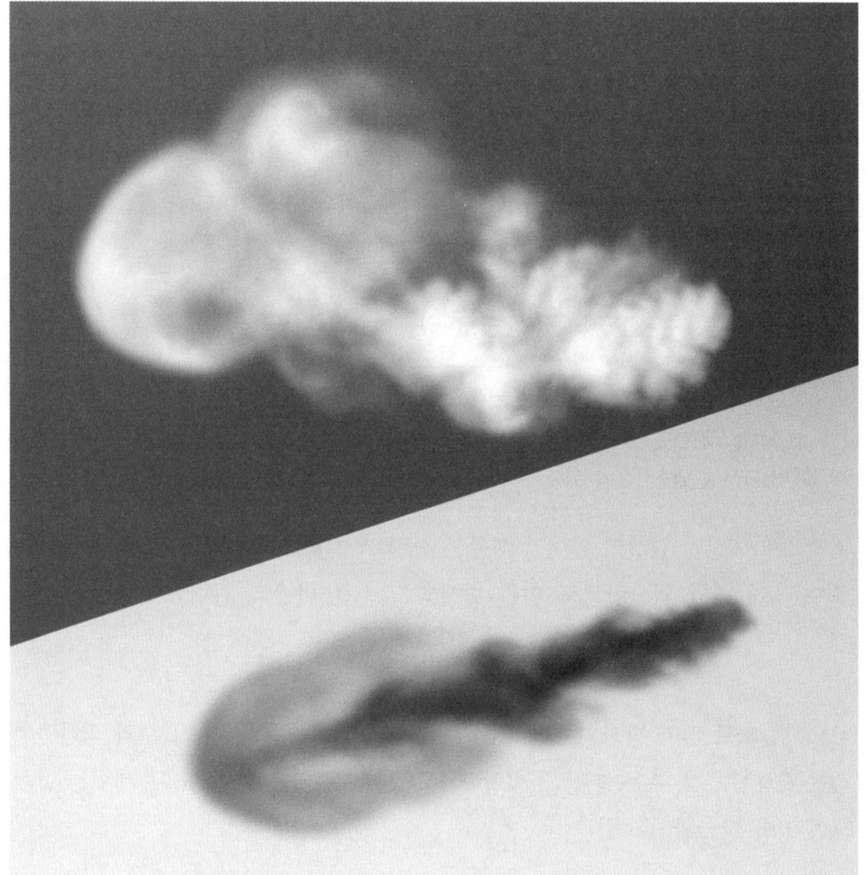

그림 11.5 지배적인 입체 효과가 방출인 반투명 매질. 매질이 여전히 빛을 흡수하고 바닥에 그림자를 드리우고 그 후의 벽을 막더라도 입체에서 방출이 그를 지나는 광선의 방사를 증가시키며 구름을 그 후 벽보다 밝게 한다.

방출로 인한 방사의 변화는 다음의 미분 방정식으로 주어진다.

$$dL_o(p, \omega) = L_e(p, \omega)\, dt$$

이 방정식은 방출된 빛 L_e가 입사광 L_i에 종속적이지 않다는 가정에 기반하고 있다. 이는 pbrt가 기반으로 한 선형 광학 가정에서는 항상 참이다.

11.1.3 외산란과 감쇠

불투명 물질 안에서 3번째 기본 빛의 상호작용은 산란이다. 광선이 매질을 지나면서 입자와 충돌해 다른 방향으로 산란한다. 이는 광선이 갖는 전체 방사의 2가지 효과를 가지는데, 방사의 일부가 다른 방향으로 굴절되므로 빛줄기의 미분 영역을 나가는 방사를 줄인다. 이 효과는 외산란(그림 11.6)이라고 부르는 이 절의 주제다. 하지만 다른 광선에서의 방사가 현재 광선의 경로에 산란돼 들어올 수 있다. 이는 다음 절의 주제인 내산란 과정이다.

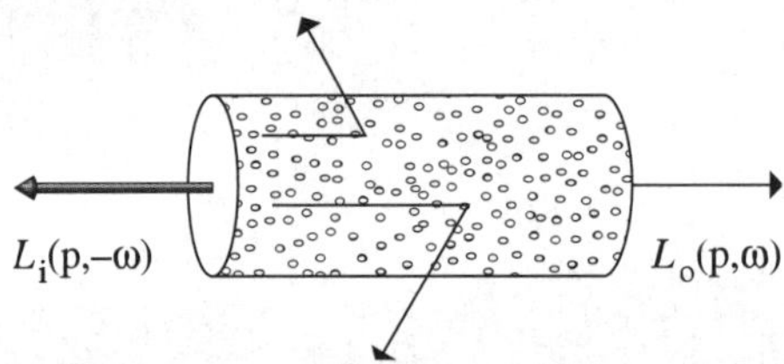

그림 11.6 흡수처럼 외산란도 광선의 방사를 감소시킨다. 입자에 충돌하는 빛은 다른 방향으로 산란돼 영역에서 원래 방향을 빠져나가는 방사를 감소시킬 수 있다.

단일 거리에서 외산란 현상이 일어날 확률은 산란 계수 σ_s로 주어진다. 흡수와 함께 방사의 미분 길이 d_t에 대한 외산란으로 인한 방사의 감소는 다음과 같다.

$$dL_o(p, \omega) = -\sigma_s(p, \omega)\, L_i(p, -\omega)\, dt$$

흡수와 외산란으로 인한 방사의 전체 감소는 합 $\sigma_a + \sigma_s$로 주어진다. 흡수와 외산란의 합쳐진 효과는 감쇠[attenuation] 혹은 흡광[extinction]이라고 불린다. 편의를 위해 이 두 계수는 감쇠 계수 σ_t로 표현되며, 다음과 같다.

$$\sigma_t(p, \omega) = \sigma_a(p, \omega) + \sigma_s(p, \omega)$$

다음의 감쇠 계수와 관련된 두 값은 유용하다. 첫 번째는 알베도[albedo]로서 다음과 같이 정의된다.

$$\rho = \frac{\sigma_s}{\sigma_t}$$

알베도는 항상 0과 1 사이다. 이는 산란 현상에서 산란(흡수에 대비한)의 확률을 설명한다. 두 번째는 평균 자유 경로 $1/\sigma_t$로서 입자와 상호작용하기 이전에 매질에서 광선이 여행하는 평균 거리를 제공한다.

주어진 감쇠 계수 σ_t에 대해 전체 감쇠를 설명하는 미분 방정식은 다음과 같다.

$$\frac{\mathrm{d}L_o(\mathrm{p}, \omega)}{\mathrm{d}t} = -\sigma_t(\mathrm{p}, \omega)\, L_i(\mathrm{p}, -\omega)$$

이는 광선의 두 점 사이에서 투과되는 방사의 일부인 광 투과beam transmittance를 찾기 위해 해를 구할 수 있으며, 다음과 같다.

$$T_r(\mathrm{p} \to \mathrm{p}') = \mathrm{e}^{-\int_0^d \sigma_t(\mathrm{p}+t\omega, \omega)\, \mathrm{d}t} \tag{11.1}$$

d = ||p - p'||는 p와 p'의 거리며, ω는 둘 사이의 정규화된 방향 벡터이고, T_r은 p와 p' 사이의 광 투과를 나타낸다. 투과가 언제나 0과 1 사이임을 인지하자. 그러므로 표면 위의 점 p에서 주어진 방향 ω로 나가는 방사가 흡광을 고려해 $L_o(\mathrm{p}, \omega)$라면 다른 점 p'에서 방향 $-\omega$로 들어오는 방사는 다음과 같다.

$$T_r(\mathrm{p} \to \mathrm{p}')\, L_o(\mathrm{p}, \omega)$$

이 개념은 그림 11.7에서 보여준다.

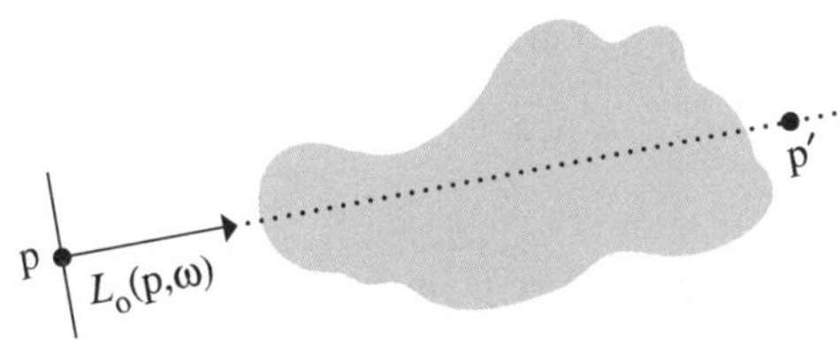

그림 11.7 광 투과 $T_r(\mathrm{p} \to \mathrm{p}')$는 한 점에서 다른 점으로 투과되는 빛의 일부를 주며, 흡수와 외산란을 고려하지만, 방출과 내산란을 무시한다. 주어진 점 p에서 방향 ω의 나가는 방사(예, 표면에서 반사된 방사)에 대해 다른 점 p'에서 광선에 대해 보이는 방사는 $T_r(\mathrm{p} \to \mathrm{p}')L_o(\mathrm{p}, \omega)$다.

두 가지 유용한 광 투과의 특성은 점에서 그 자신으로의 광 투과가 1이며($T_r(\mathrm{p} \to \mathrm{p}) = 1$), 진공 $\sigma_t = 0$에서는 모든 p'에 대해 $T_r(\mathrm{p} \to \mathrm{p}') = 1$이라는 점이다. 더욱이 감쇠 계수가 방향 대칭 $\sigma_t(\omega) = \sigma_t(-\omega)$을 만족하거나 방향 ω에 대해 변하지 않고 위치의 함수로만 변화한다면(이것이 일반적인 경우다) 두 점 사이의 투과는 두 방향에 대해 동일하다.

$$T_r(\mathrm{p} \rightarrow \mathrm{p}') = T_r(\mathrm{p}' \rightarrow \mathrm{p})$$

이 특성은 방정식(11.1)을 직접 따른다.

모든 매질에 대해 성립하는 다른 중요한 특성은 투과가 광선을 따른 점에 대해 곱으로 증가하는 것이다.

$$T_r(\mathrm{p} \rightarrow \mathrm{p}'') = T_r(\mathrm{p} \rightarrow \mathrm{p}')\, T_r(\mathrm{p}' \rightarrow \mathrm{p}''), \tag{11.2}$$

이는 p와 p″ 사이의 모든 점 p′에 대해 성립한다(그림 11.8). 이 특성은 입체 산란 구현에서 유용한데, 광선 위에 있는 여러 점의 투과를 계산할 때 각각의 기존 계산된 투과를 다음 선분의 투과와의 곱으로 점진적으로 계산할 수 있게 되기 때문이다. 원점에서 한 점에 대한 투과 $T_r(\mathrm{o} \rightarrow \mathrm{p})$는 이전 점까지의 투과 $T_r(\mathrm{o} \rightarrow \mathrm{p}')$와 이전 점과 현재 점 사이 선분의 투과 $T_r(\mathrm{p}' \rightarrow \mathrm{p})$의 곱으로 계산할 수 있다.

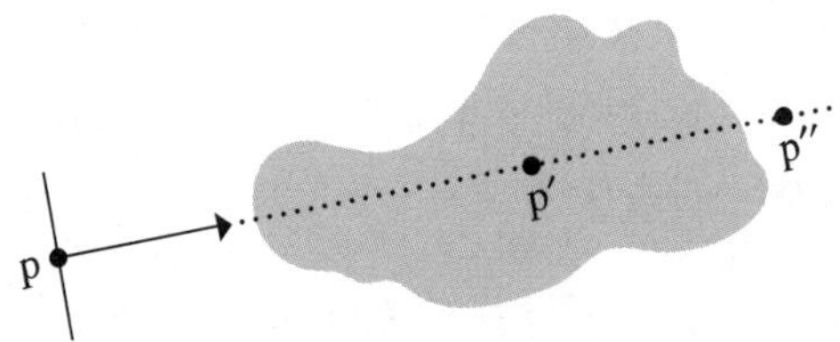

그림 11.8 광 투과의 유용한 특성은 곱 연산이라는 점이다. 여기서 보는 광선 위의 점 p와 p″ 사이의 투과는 p에서 p′까지의 투과 곱하기 p′에서 p″까지의 투과와 같다.

방정식(11.1) 안의 T_r의 정의에서 음수화된 지수는 두 점 사이의 광학 두께로 불린다. 이는 부호 τ로 표기한다.

$$\tau(\mathrm{p} \rightarrow \mathrm{p}') = \int_0^d \sigma_t(\mathrm{p} + t\omega, -\omega)\, \mathrm{d}t$$

균일한 매질에서 σ_t는 상수이므로, τ를 정의하는 적분은 비어의 법칙을 통해 쉽게 계산할 수 있다.

$$T_r(\mathrm{p} \rightarrow \mathrm{p}') = \mathrm{e}^{-\sigma_t d}. \tag{11.3}$$

11.1.4 내산란

외산란이 광선을 따라오는 방사를 다른 방향의 산란으로 줄인다면 내산란은 다른 방향에서의 산란으로 증가된 방사를 고려한다(그림 11.9). 그림 11.10은 연기 자료 집합의 내산란 효과를 보여준다. 주된 입체 효과가 흡수나 방출일 경우 연기가 훨씬 두꺼워 보임을 주지하자.

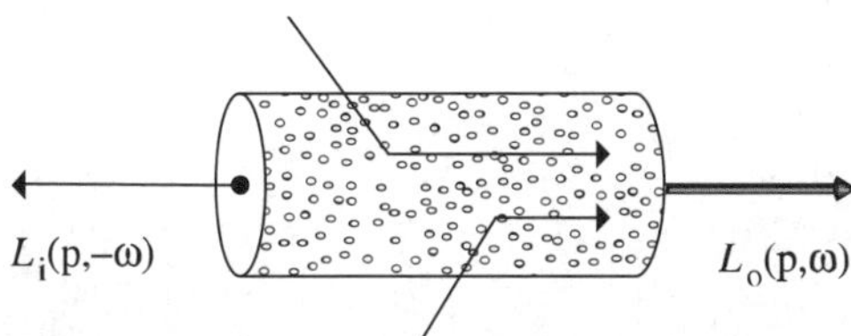

그림 11.9 내산란은 다른 방향에서 산란된 빛으로 인한 광선의 방사 증가를 고려한다. 미분 입체 바깥에서의 방사는 광선 방향으로 산란돼 들어오는 방사에 추가된다.

최소 반경의 몇 배 거리에 있는 입자 사이의 분리를 가정하면 특정 위치의 산란을 설명할 때 내부 입사 상호작용을 무시할 수 있다. 이 가정에서 위상 함수 $p(\omega \rightarrow \omega')$는 점에서 산란된 방사의 각분포를 설명한다. 이는 BSDF의 입체 유사체다. BSDF 비유는 사실 정확하지는 않다. 위상 함수는 정규화 제한을 가진다. 모든 ω에 대해 다음 조건이 반드시 성립해야 한다.

$$\int_{\mathcal{S}^2} p(\omega, \omega')\, \mathrm{d}\omega' = 1 \tag{11.4}$$

이 제한은 위상 함수가 실제로 특정 방향에 대한 산란의 확률 분포를 정의하는 것을 의미한다.

내산란으로 전체 단위 거리당 추가된 방사는 방사선원 항source term L_s로 주어진다.

$$\mathrm{d}L_\mathrm{o}(\mathrm{p}, \omega) = L_\mathrm{s}(\mathrm{p}, \omega)\, \mathrm{d}t$$

이는 입체 방출과 내산란을 둘 다 고려한다.

$$L_\mathrm{s}(\mathrm{p}, \omega) = L_\mathrm{e}(\mathrm{p}, \omega) + \sigma_\mathrm{s}(\mathrm{p}, \omega) \int_{\mathcal{S}^2} p(\mathrm{p}, \omega_\mathrm{i}, \omega)\, L_\mathrm{i}(\mathrm{p}, \omega_\mathrm{i})\, \mathrm{d}\omega_\mathrm{i}$$

방사선원 항의 내산란 부분은 단위 거리당 산란 확률 σ_s와, 입사 방사와 위상 함수의 곱의 구형 적분으로 주어지는 점에 추가된 방사의 양의 곱이다. 방사선원 항이 산란 방정식(5.

8)과 매우 유사하다는 것을 주목하자. 주된 차이는 위상 함수가 미분 방사 조도가 아닌 방사에 작동해 코사인 항이 없는 것이다.

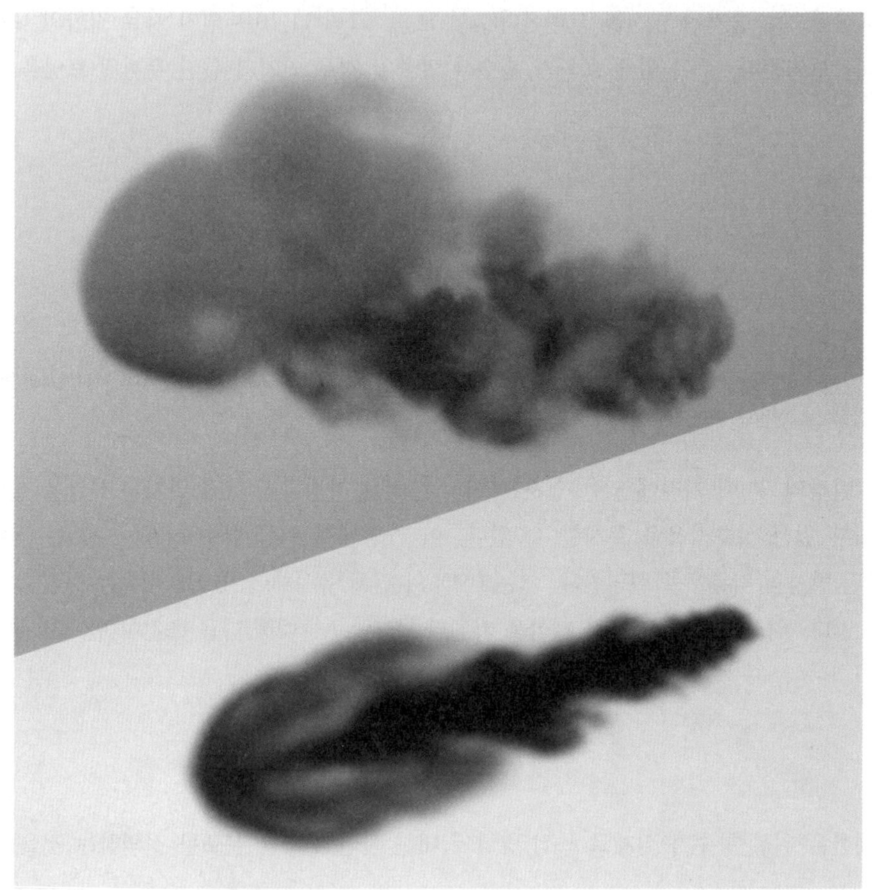

그림 11.10 연기 자료 집합의 내산란. 다른 2개의 연기 이미지와 비교해서 현저히 다른 표현을 보여준다.

11.2 위상 함수

표면의 산란을 표현하기 위한 폭넓은 다양성의 BSDF 모델이 있는 것처럼 많은 위상 함수 또한 개발됐다. 이는 매개변수화된 모델(소수의 매개변수를 가진 함수를 측정된 데이터에 맞추는 데 사용할 수 있는)에서부터 알려진 모양과 재질의 입자(예, 구형 물방울)에서 얻은 결과의 산란된 방사 분포를 유도하는 데 기반을 둔 분석적 모형까지 다양하다.

대부분의 자연적으로 생기는 매질에서 위상 함수는 두 방향 ω와 ω' 사이의 각 θ의 1D

함수다. 이 위상 함수는 종종 p(cos θ)라고 표기한다. 이런 형의 위상 함수를 등방성이라고 하며, 이는 입사 조명에 대한 (지역적인) 반응이 회전에 대해 변화하지 않기 때문이다. 정규화되는 것에 더해 자연적으로 생기는 위상 함수의 중요한 특성은 상호적이라는 것이다. 두 방향은 교환이 가능하며, 위상 변수의 값은 변하지 않은 채 유지된다. 등방성 위상 함수가 $\cos(-\theta) = \cos(\theta)$이므로 명백히 상호적이라는 것을 기억하자.

응집 구조^coherent structure^ 안에 배열된 입자로 구성된 비등방성 매질 안에서 위상 함수는 두 방향의 4D 함수가 될 수 있으며, 이는 더 복잡한 종류의 상호성 관계를 만족한다. 이의 예는 수정이나 일관된 방향성의 섬유로 만들어진 매질이다. 이런 종류의 매질에 대해서는 '더 읽을거리' 절에서 알아본다.

용어 정의에서 살짝 헷갈리는 중복이 있지만, 위상 함수들은 그 자체가 등방성이거나 비등방성일 수 있다. 그러므로 등방성 매질 안에서 비등방성 위상 함수를 가질 수도 있다. 등방성 위상 함수는 모든 방향에서 같은 산란을 설명하므로, 두 방향에 대해 영향을 받지 않는다. 위상 함수가 정규화됐으므로 그런 함수가 오직 하나 있으며, 이는 다음과 같다.

$$p(\omega_o, \omega_i) = \frac{1}{4\pi}$$

PhaseFunction 추상 클래스가 pbrt에서 위상 함수의 인터페이스를 정의한다.

```
<Media Declarations> ≡
    class PhaseFunction {
    public:
        <PhaseFunction Interface 816>
    };
```

P( ) 메서드는 주어진 방향 쌍에 대한 위상 함수의 값을 반환한다. BSDF처럼 pbrt는 두 방향이 모두 산란이 일어나는 점에서 멀어지는 방향인 규약을 사용한다. 이는 보통 산란 문헌에서 사용되는 것과 다른 규약이다(그림 11.1).

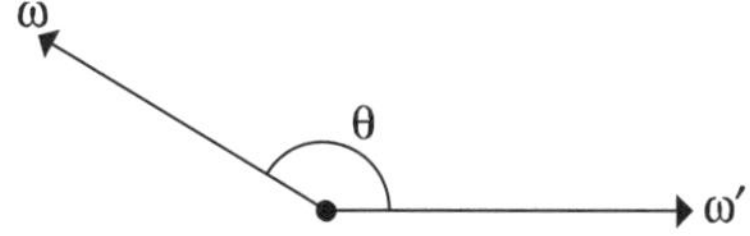

그림 11.11 pbrt의 위상 함수는 입사 방향이 산란이 일어나는 점을 향하고 방사 방향 ω'은 그에서 멀어지는 방향이라는 규약으로 작성된다. 이는 pbrt에서 BSDF를 위해 사용된 규약과 동일하지만, 일반적으로 입사 방향이 산란 점을 향하는 산란 문헌에서의 규약과 다르다. 둘 사이의 각은 θ로 적는다.

<*PhaseFunction Interface*> ≡ 815

```
virtual Float p(const Vector3f &wo, const Vector3f &wi) const = 0;
```

널리 사용되는 위상 함수 중 하나는 헤니에이[Henyey]와 그린슈타인[Greenstein](1941)이 개발했다. 이 위상 함수는 측정 산란 자료에 쉽게 맞출 수 있게 특별히 고안됐다. 하나의 매개변수 g(비대칭 매개변수라고 부른다)가 산란된 빛의 분포를 조절한다.[2]

$$p_{\mathrm{HG}}(\cos\theta) = \frac{1}{4\pi}\frac{1-g^2}{(1+g^2+2g(\cos\theta))^{3/2}}$$

PhaseHG( ) 함수는 이 계산을 구현한다.

<*Media Inline Functions*> ≡

```
inline Float PhaseHG(Float cosTheta, Float g) {
    Float denom = 1 + g * g + 2 * g * cosTheta;
    return Inv4Pi * (1 - g * g) / (denom * std::sqrt(denom));
}
```

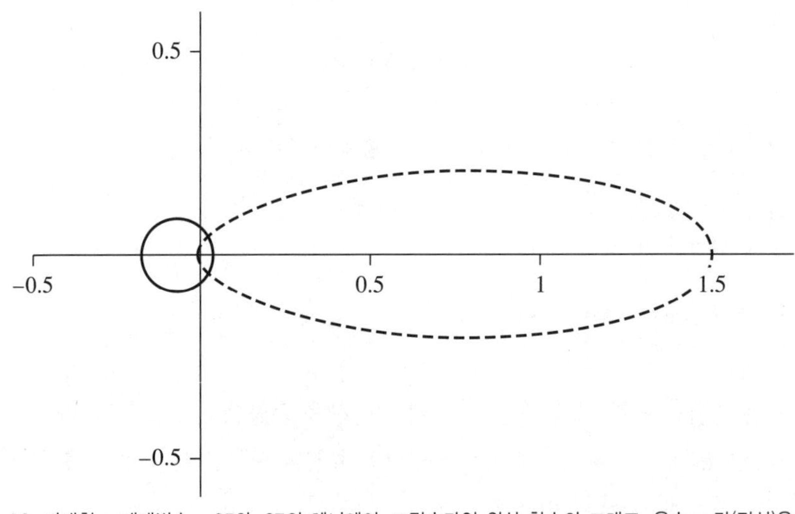

그림 11.12 비대칭 g 매개변수 −.35와 .67의 헤니에이-그린슈타인 위상 함수의 그래프. 음수 g 값(직선)은 주로 입사 방향으로 빛이 산란하는 위상 함수를 설명하고, 양수 g 값(점선)은 주로 이미 진행하는 방향으로 빛이 산란하는 위상 함수를 설명한다.

2. 분모의 2g(cos θ) 항의 부호가 산란 문헌에서 사용되는 것과 반대임을 주의하자. 이 차이는 BSDF와 위상 함수에서 같은 방향 규약을 사용한 데 기인한다.

그림 11.12는 변하는 비대칭 매개변수의 헤니에이-그린슈타인Henyey-Greenstein 위상의 그래프를 보여준다. 이 모델의 값 g는 반드시 (-1, 1)의 범위에 있어야 한다. 역산란에 대응하는 값은 음수의 g며, 빛이 대부분 입사 방향으로 산란되는 경우고, 정산란에 대응하는 값은 양수다. g의 크기가 클수록 더 많은 산란이 $-\omega$와 ω 방향에 가깝게 일어난다(각각 역산란과 정산란). 그림 11.13에서 정산란과 역산란의 효과를 비교하자.

그림 11.13 산란 매질로 채워진 물체를 강한 역산란(g=-0.7)으로 렌더링한 것(왼쪽)과 강한 정산란(g=0.7)로 렌더링한 결과(오른쪽). 관찰자의 시점에서 광원이 물체 뒤에 위치하므로 정산란은 이 경우 더 많은 빛을 카메라에 보낸다.

HenyeyGreenstein은 헤니에이-그린슈타인 모델의 PhaseFunction 구현을 제공한다.

<HenyeyGreenstein Declarations> ≡
```
class HenyeyGreenstein : public PhaseFunction {
public:
    <HenyeyGreenstein Public Methods 817>
private:
    const Float g;
};
```

<HenyeyGreenstein Public Methods> ≡ 817
```
HenyeyGreenstein(Float g) : g(g) { }
```

<HenyeyGreenstein Method Definitions> ≡
```
Float HenyeyGreenstein::p(const Vector3f &wo, const Vector3f &wi) const {
    return PhaseHG(Dot(wo, wi), g);
}
```

헤니에이-그린슈타인 모델의 비대칭 매개변수 g는 정확한 의미를 가진다. 이는 근사되는 위상 함수와 -ω와 ω 사이 코사인의 곱의 평균값이다. 주어진 임의의 위상 함수 p에서 g의 값은 다음과 같이 계산할 수 있다.[3]

$$g = \int_{S^2} p(-\omega, \omega')(\omega \cdot \omega')\, d\omega' = 2\pi \int_0^{\pi} p(-\cos\theta)\ \cos\theta\ \sin\theta\, d\theta. \qquad [11.5]$$

그러므로 예상한 대로 등방성 위상 함수는 g = 0을 제공한다.

위상 함수의 어떤 수도 이 방정식을 만족할 수 있다. g 값 단독으로는 산란 분포를 고유하게 설명하기에 부족하다. 그럼에도 불구하고, 쉽게 복잡한 산란 분포를 단순한 매개변수 모델로 변환하는 것은 이 잠재적인 정확도의 희생보다 자주 더 중요하다.

하나의 비대칭 매개변수로 설명하기 어려운 더 복잡한 위상 함수는 헤니에이-그린슈타인 같은 위상 함수들의 가중 합으로 모델링되며, 각각이 다른 매개변수 값을 가진다.

$$p(\omega, \omega') = \sum_{i=1}^{n} w_i\ p_i(\omega \to \omega')$$

가중치 w_i는 정규화를 유지하기 위해 합이 1이 된다. 이 일반화는 pbrt에서 제공하지 않지만 쉽게 추가할 수 있다.

11.3 매질

Medium 기본 클래스의 구현은 공간 영역 안의 다양한 입체 산란 특성 표현을 제공한다. 복잡한 장면에서 다중 Medium 인스턴스가 존재할 수 있으며, 각각이 다른 산란 효과를 표현한다. 예를 들어 야외 호수 장면은 대기 산란을 표현하는 하나의 Medium을 갖고, 호수에서 올라오는 안개를 모델링하는 다른 매질과 호수의 물 안에 멈춰있는 입자를 모델링하는 세 번째 매질을 가질 수 있다.

```
<Medium Declarations> ≡
    class Medium {
    public:
        <Medium Interface 819>
};
```

3. 다시 한 번 방사선 전송 문헌과의 부호 차이가 있다. P의 첫 인자는 BSDF와 위상 함수의 같은 방향 규약 사용으로 인해 음수화된다.

반드시 수행해야 하는 Medium 구현의 핵심 처리는 Tr() 메서드로 전달된 주어진 광선을 따라 지나가는 빛줄기 투과 계산의 방정식(11.1)의 계산이다. 특히 메서드는 광선 원점과 원점에서 Ray::tMax 거리에 떨어진 점 사이 구간에서 투과의 예측을 반환해야 한다.

이 인터페이스를 사용해 매질을 인지한 Integrator는 Medium의 공간 범위와 함께 장면 안에서 표면의 상호작용을 고려해야 한다. Tr() 메서드에 전달되는 광선이 차폐되지 않고, 또한 완전히 현재 Medium 안에 있다고 가정한다. 이 메서드의 일부 구현은 투과를 계산하기 위해서 몬테카를로 적분을 사용한다. 이 경우 Sampler가 제공된다(15.2절을 참고하자).

<Medium Interface> ≡ 818

```
virtual Spectrum Tr(const Ray &ray, Sampler &sampler) const = 0;
```

장면에서 매질의 공간적 분포와 범위는 장면의 카메라, 빛, 기본체와 연관된 Medium 인스턴스로 정의된다. 예를 들어 Camera는 카메라를 떠나는 광선에 대한 Medium 포인터를 저장하며, Light도 비슷하다.

pbrt에서 산란 매질의 두 가지 다른 종류 사이 경계는 항상 GeometricPrimitive의 표면으로 표현된다. 빛이나 카메라처럼 단일 Medium 포인터를 저장하는 대신 GeometricPrimitive는 MediumInterface를 가지며, 이는 기본체 내부에 대해 한 Medium에 대한 포인터를 갖고, 외부에 대해 다른 하나를 가진다. 이런 모든 경우에 대해 nullptr은 진공을 가리키기 위해 사용된다(입체 산란이 일어나지 않는다).

<MediumInterface Declarations> ≡

```
struct MediumInterface {
    <MediumInterface Public Methods 820>
    const Medium *inside, *outside;
};
```

반투명 매질의 범위를 설정하는 이 방식은 사용자가 불가능하거나 일관되지 않은 설정을 가능하게 한다. 예를 들어 기본체는 외부에 하나의 매질을 갖고, 카메라는 기본체의 표면과 카메라 사이에 MediumInterface 없이 다른 매질을 설정할 수 있다. 이 경우 기본체를 떠나서 카메라를 향하는 광선은 카메라에서 기본체로 향하는 광선과 다른 매질 안에 있다고 간주된다. 그러므로 빛 전송 알고리즘이 일관된 결과를 계산하는 것이 불가능해진다. pbrt의 목적을 위해 사용자가 장면 안에서 매질의 일관된 구성을 설정하는 것이 가능하다고 기대하는 것이 합리적이기에 이를 확인해 코드의 복잡도를 추가하는 것은 가치 없다고 판단했다.

MediumInterface는 하나나 두 개의 Medium 포인터로 초기화할 수 있다. 하나만 제공되면 양쪽에 동일한 매질을 갖는 접점을 표현한다.

<MediumInterface Public Methods> ≡ 819

```
MediumInterface(const Medium *medium)
    : inside(medium), outside(medium) { }
MediumInterface(const Medium *inside, const Medium *outside)
    : inside(inside), outside(outside) { }
```

함수 MediumInterface::IsMediumTransition()은 특정 MediumInterface 인스턴스가 두 개의 구별된 매질 사이 전송인지를 확인한다.

<MediumInterface Public Methods> +≡ 819

```
bool IsMediumTransition() const { return inside != outside; }
```

이제 GeometricPrimitive::Intersect() 메서드의 구현에서 빠진 부분을 제공할 수 있다. 이 코드 조각의 코드는 기하학적 기본체와의 교차가 발견될 때마다 수행된다. 작업은 교차점에서 매질 접점을 설정한다.

단순히 GeometricPrimitive::mediumInterface 항목의 값을 복사하는 대신 살짝 다른 접근법을 따라 이 정보를 MediumInterface가 반투명 매질 사이의 적절한 전송을 설정할 때에만 사용한다. 그렇지 않은 경우 Ray::medium 항목이 우선한다.

SurfaceInteraction의 mediumInterface 항목을 이 방식으로 설정하는 것은 매질을 포함한 장면의 설정을 매우 단순화시킨다. 특히 매질과 접한 모든 장면 표면을 표기할 필요가 없다. 대신 불투명하지 않은 표면 중 각각의 면이 다른 매질을 가진 경우만 명시적인 매질 참조를 GeometricPrimitive::mediumInterface 항목에서 필요로 한다. 불투명 물체를 포함한 장면이 반투명 매질(안개 등)로 채워진 가장 단순한 경우에는 카메라와 광원만 표기하면 된다.

<Initialize SurfaceInteraction::mediumInterface *after* Shape *intersection>* ≡ 333

```
if (mediumInterface.IsMediumTransition())
    isect->mediumInterface = mediumInterface;
else
    isect->mediumInterface = MediumInterface(r.medium);
```

매질의 경계를 표현하는 모양과 연관된 Primitive는 일반적으로 연관된 Material을 가진다. 예를 들어 호수의 표면은 호수 표면의 산란을 표현하기 위해 GlassMaterial을 사용할 수 있으며, 또한 피어오르는 안개의 Medium과 호수 물의 Medium 사이 경계로 행동한다. 하지만 종종 반투명 매질 경계를 설정하기 위해 제공되는 경계 표면의 모양만 필요하고 표면 자체는 알 필요가 없다. 예를 들어 구름을 표현하는 매질은 삼각형으로 구성된 상자로 경계를 가지며, 삼각형은 단지 구름의 범위를 한정짓기 위함으로 이를 지나가는 빛에 영향을 주지 않아야 한다.

사라지고 광선 경로에 영향을 주지 않는 이런 표면을 완벽히 정확하게 양면에 동일한 굴절률을 갖는 완벽 반사광 투과로 표현할 수 있지만, 이런 표면을 배치하는 것은 Integrator에 추가적인 부담을 준다(또한 모든 적분기가 이런 종류의 광택 빛 전송을 처리할 수 없다). 그러므로 pbrt는 이런 표면이 Material *가 nullptr을 갖게 하며, 지나가는 광선에 영향을 주지 않는 것을 표시한다. 결과적으로 SurfaceInteraction::bsdf 또한 nullptr이 되므로, 빛 전송 루틴은 이런 표면에서의 빛 산란을 걱정할 필요가 없고 현재 매질 안에서의 변화만 고려하면 된다. 그림 11.14는 산란 매질로 채워진 용 모델의 두 인스턴스를 보여준다. 하나는 경계에서 산란하는 표면을 갖고 다른 것은 그렇지 않다.

그림 11.14 용 안의 산란 매질. 두 용 모델이 동일한 균일 산란 매질을 그 안에 가진다. 왼쪽에서 용의 표면은 유리 재질이다. 오른쪽에서 용의 Material*는 nullptr로, 이는 표면이 광선에서 무시돼야 하며 반투명 매질의 범위를 묘사하는 데만 사용된다.

어떻게 Medium 구현이 공간의 영역을 지나가는 광선에 연관되는지에 대한 주어진 규약으로 Scene::IntersectTr() 메서드를 구현하며, 이는 Scene::Intersect()의 일반화로서 주어진 광선을 따라 빛 산란 표면과의 첫 교차를 반환하고, 또한 해당 지점까지의 빛줄기 투과를 반환한다(교차가 없다면 이 메서드는 false를 반환하며 제공된 SurfaceInteraction을 초기화하지 않는다).

<*Scene Method Definitions*> +≡

```
bool Scene::IntersectTr(Ray ray, Sampler &sampler,
        SurfaceInteraction *isect, Spectrum *Tr) const {
    *Tr = Spectrum(1.f);
    while (true) {
        bool hitSurface = Intersect(ray, isect);
        <Accumulate beam transmittance for ray segment 822>
        <Initialize next ray segment or terminate transmittance computation 822>
    }
}
```

매 반복마다 광선에 따른 투과율은 전체 빛줄기 투과율 `*Tr`에 누적된다. `Scene::Intersect()`이 광선의 `tMax` 멤버 변수를 표면과 교차할 경우 교차점을 갱신하는 것을 기억하자. `Tr()` 구현은 투과율을 계산할 선분을 찾는 데 이 값을 사용한다.

<*Accumulate beam transmittance for ray segment*> ≡ 822

```
if (ray.medium)
    *Tr *= ray.medium->Tr(ray, sampler);
```

반복문은 교차점이 없거나 산란 표면과 교차될 때 종료된다. `bsdf`가 `nullptr`인 광학적으로 비활성화된 표면과 교차할 경우 교차점에서 동일한 방향의 새 광선이 생성되며, 이는 교차점의 `MediumInterface` 항목에 따라 잠재적으로 다른 매질 안에 있을 수 있다.[4]

<*Initialize next ray segment or terminate transmittance computation*> ≡ 822

```
if (!hitSurface)
    return false;
if (isect->primitive->GetMaterial() != nullptr)
    return true;
ray = isect->SpawnRay(ray.d);
```

11.3.1 매질 상호작용

일반적인 `Interaction` 클래스와 표면에서의 상호작용을 표현하는 `SurfaceInteraction` 특수화를 2.10절에서 소개했다. 이제 입체 안에서의 산란을 설명하는 일부 메커니즘을 가졌으므로 이 표현을 일반화할 가치가 있다. 먼저 산란 매질 안의 지점에서의 상호작용을 위한 두 개의 추가 `Interaction` 생성자를 추가할 것이다.

---

4. 현재 매질이 변화하지 않으면 이전과 동일한 굴절률을 가져야 한다. 그렇지 않으면 광선의 방향에 대한 굴절의 효과를 설명하는 BTDF를 가진 `Material`이 있어야 한다. 하지만 여기서의 구현은 두 굴절률이 일치하는지 확인하지 않는다.

<Interaction Public Methods> +≡ 177

```
Interaction(const Point3f &p, const Vector3f &wo, Float time,
        const MediumInterface &mediumInterface)
    : p(p), time(time), wo(wo), mediumInterface(mediumInterface) { }
```

<Interaction Public Methods> +≡ 177

```
Interaction(const Point3f &p, Float time,
        const MediumInterface &mediumInterface)
    : p(p), time(time), mediumInterface(mediumInterface) { }
```

<Interaction Public Methods> +≡ 177

```
bool IsMediumInteraction() const { return !IsSurfaceInteraction(); }
```

Interaction::n이 설정된 표면 상호작용에 대해 방향 w로 표면을 떠나는 광선에 대한 Medium *가 GetMedium() 메서드로 반환된다.

<Interaction Public Methods> +≡ 177

```
const Medium *GetMedium(const Vector3f &w) const {
    return Dot(w, n) > 0 ? mediumInterface.outside :
            mediumInterface.inside;
}
```

반투명 매질 안에 있다고 알려진 상호작용에 대해 다른 GetMedium() 변종은 나가는 방향 벡터는 필요 없으므로 받지 않고 Medium *를 반환한다.

<Interaction Public Methods> +≡ 177

```
const Medium *GetMedium() const {
    Assert(mediumInterface.inside == mediumInterface.outside);
    return mediumInterface.inside;
}
```

SurfaceInteraction 클래스가 광선을 장면 기하 구조와 교차해 얻어진 상호작용을 표현하듯이 MediumInteraction은 비슷한 종류의 연산을 사용해서 얻어진 산란 매질 안의 지점에서의 상호작용을 표현한다.

<Interaction Declarations> +≡

```
class MediumInteraction : public Interaction {
public:
    <MediumInteraction Public Methods 824>
    <MediumInteraction Public Data 824>
};
```

<MediumInteraction Public Methods> ≡ 823

```
MediumInteraction(const Point3f &p, const Vector3f &wo, Float time,
        const Medium *medium, const PhaseFunction *phase)
    : Interaction(p, wo, time, medium), phase(phase) { }
```

MediumInteraction은 새로운 PhaseFunction 멤버 변수를 추가해서 이 위치와 연관된 위상 함수를 저장한다.

<MediumInteraction Public Data> ≡ 823

```
const PhaseFunction *phase;
```

11.3.2 균일 매질

HomogeneousMedium은 가능한 가장 단순한 매질이다. 이는 범위에 대해 상수 σ_a와 σ_s로 공간의 영역을 표현한다. 이는 헤니에이-그린슈타인 위상 함수를 사용해서 상수 g 값으로 매질 안의 산란을 표현한다. 이 매질은 그림 11.13과 11.14 안의 이미지에 사용됐다.

<HomogeneousMedium Declarations> ≡

```
class HomogeneousMedium : public Medium {
public:
    <HomogeneousMedium Public Methods 824>
private:
    <HomogeneousMedium Private Data 824>
};
```

<HomogeneousMedium Public Methods> ≡ 824

```
HomogeneousMedium(const Spectrum &sigma_a, const Spectrum &sigma_s,
        Float g)
    : sigma_a(sigma_a), sigma_s(sigma_s), sigma_t(sigma_s + sigma_a),
        g(g) { }
```

<HomogeneousMedium Private Data> ≡ 824

```
const Spectrum sigma_a, sigma_s, sigma_t;
const Float g;
```

σ_t가 매질에 대해 상수이므로 비어의 법칙 방정식(11.3)을 광선에 대한 투과율을 계산하는 데 사용할 수 있다. 하지만 Tr() 메서드의 구현은 일부 부동소수점 산술의 미묘함으로 인해 복잡해진다. 3.9.1절에서 다뤘듯이 IEEE 부동소수점은 무한대의 표현을 제공한다. pbrt에서 이 값 Infinity는 카메라와 빛을 떠나는 광선에 대해 Ray::tMax를 초기화하는 데 사용되며, 이는 광선-교차 테스트에서 유용한데, 어떤 실제 교차에 대해 아무리 광선에서 멀리

떨어져도 이 값을 갖지 않으며, 그러므로 이 값을 가지면 광선에 대해 아직 어떤 것도 교차하지 않았다는 것을 확인할 수 있게 해주기 때문이다.

하지만 Ray::tMax에서 Infinity를 사용하는 것은 비어의 법칙을 적용할 때 작은 문제를 생성한다. 이론적으로 광선의 범위인 매개변수 t 범위를 계산하고, 광선 방향의 길이로 곱하고, 그 후 σ_t로 곱하면 된다.

```
Float d = ray.tMax * ray.Length( );
Spectrum tau = sigma_t * d;
return Exp(-tau);
```

문제는 Infinity를 0으로 곱하면 부동소수점에서 '비숫자[NaN]' 값을 생성하며, 사용하는 모든 계산에 전달된다. 광선이 매질을 주어진 분광 채널에 대해 0의 흡수를 가지면서 무한대로 멀리 지나갈 때 앞의 코드는 0 * Infinity 곱을 수행해 예측된 투과율이 0이 아닌 NaN을 생성한다. 여기서의 구현은 광선 선분 길이를 표현 가능한 비무한대 부동소수점 값으로 잘라내 이런 문제를 처리한다.

<HomogeneousMedium Method Definitions> ≡

```
Spectrum HomogeneousMedium::Tr(const Ray &ray, Sampler &sampler) const {
    return Exp(-sigma_t * std::min(ray.tMax * ray.d.Length( ), MaxFloat));
}
```

11.3.3 3D 격자

GridDensityMedium 클래스는 ImageTexture가 2D 표본 격자로 이미지를 표현하는 것처럼 균일 3D 위치 격자에서 매질 밀도를 저장한다. 이 표본은 표본점 사이의 밀도를 계산하기 위해 보간된다. GridDensityMedium의 구현은 media/grid.h와 media/grid.cpp 파일에 있다.

<GridDensityMedium Declarations> ≡

```
class GridDensityMedium : public Medium {
public:
    <GridDensityMedium Public Methods 826>
private:
    <GridDensityMedium Private Data 826>
};
```

생성자는 사용자가 제공한 밀도 값의 3D 배열을 받으며, 다양한 자료원을 가능하게 한다(물리 시뮬레이션, CT 스캔 등). 그림 11.2 11.5, 11.10에 렌더링된 연기 자료 집합은

GridDensityMedium으로 표현됐다. 사용자는 또한 σ_a, σ_s, g의 기준 값을 생성자에 제공해서 기본 산란 특성의 일반적인 초기화를 처리하고 밀도 값의 지역 복제를 생성한다.

<GridDensityMedium Public Methods> ≡ 825

```
GridDensityMedium(const Spectrum &sigma_a, const Spectrum &sigma_s,
        Float g, int nx, int ny, int nz, const Transform &mediumToWorld,
        const Float *d)
    : sigma_a(sigma_a), sigma_s(sigma_s), g(g), nx(nx), ny(ny), nz(nz),
        WorldToMedium(Inverse(mediumToWorld)),
        density(new Float[nx * ny * nz]) {
    memcpy((Float *)density.get(), d, sizeof(Float) * nx * ny * nz);
    <Precompute values for Monte Carlo sampling of GridDensityMedium 1063>
}
```

<GridDensityMedium Private Data> ≡ 825

```
const Spectrum sigma_a, sigma_s;
const Float g;
const int nx, ny, nz;
const Transform WorldToMedium;
std::unique_ptr<Float[]> density;
```

GridDensityMedium의 Density() 메서드는 GridDensityMedium::Tr()에서 호출된다. 또한 WorldToMedium을 통해 지역 좌표로 이미 변환된 주어진 점의 입체 밀도 함수를 제공된 표본을 사용해 재구성한다. 결과적으로 σ_a와 σ_s는 해당 점에서의 보간된 밀도로 크기 조절된다.

<GridDensityMedium Method Definitions> ≡

```
Float GridDensityMedium::Density(const Point3f &p) const {
    <Compute voxel coordinates and offsets for p 826>
    <Trilinearly interpolate density values to compute local density 827>
}
```

격자 표본은 고전적 $[0, 1]^3$ 영역에 있다고 가정한다(WorldToMedium 변환이 장면 안에 GridDensityMedium을 배치하는 데 사용돼야 한다). 한 점 주변의 표본들을 보간하기 위해 Density() 메서드는 우선 해당 점에서의 좌표를 표본 좌표에 대해 계산하고, 점에서 표본까지의 거리를 계산한다(Film과 MIPMap 안에서 처리된 것과 유사하다. 7.1.7절을 참고하자).

<Compute voxel coordinates and offsets for p> ≡ 826

```
Point3f pSamples(p.x * nx - .5f, p.y * ny - .5f, p.z * nz - .5f);
Point3i pi = (Point3i)Floor(pSamples);
Vector3f d = pSamples - (Point3f)pi;
```

거리 d는 직접 Lerp()의 연속된 호출에 사용돼 표본점에서의 밀도를 삼중 선형 보간한다.

<*Trilinearly interpolate density values to compute local density*> ≡ 826

```
Float d00 = Lerp(d.x,                        D(pi), D(pi+Vector3i(1,0,0)));
Float d10 = Lerp(d.x, D(pi+Vector3i(0,1,0)), D(pi+Vector3i(1,1,0)));
Float d01 = Lerp(d.x, D(pi+Vector3i(0,0,1)), D(pi+Vector3i(1,0,1)));
Float d11 = Lerp(d.x, D(pi+Vector3i(0,1,1)), D(pi+Vector3i(1,1,1)));
Float d0 = Lerp(d.y, d00, d10);
Float d1 = Lerp(d.y, d01, d11);
return Lerp(d.z, d0, d1);
```

D() 유틸리티 메서드는 주어진 정수 표본 위치의 밀도를 반환한다. 이는 경계 밖 표본 위치를 클램핑으로 처리하고 적절한 배열 오프셋을 주어진 표본에 대해 계산하는 것뿐이다. 경계 밖의 좌표에서 다양한 행태가 유용한 MIPMap과 달리 여기서는 항상 0의 밀도를 반환하는 것이 합리적이다. 밀도는 특정 영역에 대해 정의되며, 그러므로 이 범위 밖의 점에 대해 0의 밀도를 갖는 것이 합리적이다.

<*GridDensityMedium Public Methods*> +≡ 825

```
Float D(const Point3i &p) const {
    Bounds3i sampleBounds(Point3i(0, 0, 0), Point3i(nx, ny, nz));
    if (!InsideExclusive(p, sampleBounds))
        return 0;
    return density[(p.z * ny + p.y) * nx + p.x];
}
```

11.4 BSSRDF

양방향 산란 표면 반사 분포 함수[BSSRDF]는 5.6.2절에 소개됐다. 이는 표면 위의 점 $\mathrm{p_o}$에서 방출되는 방사를 주어진 다른 점 $\mathrm{p_i}$에 입사 미분 방사 조도에 대해 반환한다. $S(\mathrm{p_o}, \omega_o, \mathrm{p_i}, \omega_i)$. 정확하게 반투명 표면을 표면 밑 산란으로 렌더링하는 것은 면적(렌더링되는 물체의 표면 위의 점들)에 대한 적분과 입사 방향, BSSRDF를 계산하고, 표면 밑 산란 방정식으로 반사를 계산할 필요가 있다.

$$L_o(\mathrm{p_o}, \omega_o) = \int_A \int_{\mathcal{H}^2(\mathbf{n})} S(\mathrm{p_o}, \omega_o, \mathrm{p_i}, \omega_i)\, L_i(\mathrm{p_i}, \omega_i) |\cos\theta_i|\, \mathrm{d}\omega_i\, \mathrm{d}A$$

표면 밑 빛 전송은 11.1절과 11.2절에 소개된 입체 산란 과정과 15.1절에 소개될 입체 빛 전송 방정식으로 설명된다. BSSRDF *S*는 경계에서의 주어진 점과 방향의 쌍 사이에서 산란 과정의 결과를 모델링하는 요약된 표현이다.

다양한 BSSRDF 모델은 표면 밑 반사를 모델링하기 위해 개발됐다. 일반적으로 산란 과정을 다루기 쉽게 하기 위해 내재된 일부 단순화를 포함한다. 이런 모델 중 하나가 15.5절에 소개된다. 여기서는 BSDF와 유사한 매우 추상화된 인터페이스를 설정하는 것으로 시작한다. BSSRDF와 관련된 모든 코드는 core/bssrdf.h와 core/bssrdf.cpp 파일에 있다.

```
<BSSRDF Declarations> ≡
    class BSSRDF {
    public:
        <BSSRDF Public Methods 828>
        <BSSRDF Interface 828>
    protected:
        <BSSRDF Protected Data 828>
    };
```

BSSRDF 구현은 반드시 현재 (나가는) 표면 상호작용과 함께 기본 클래스 생성자에 산란 매질의 굴절률을 전달해야 한다. 그러므로 여기에는 매질에 대해 굴절률이 상수라는 내재된 가정이 있으며, 이는 BSSRDF 모델에서 널리 사용되는 가정이다.

```
<BSSRDF Public Methods> ≡                                                  828
    BSSRDF(const SurfaceInteraction &po, Float eta)
        : po(po), eta(eta) { }
```

```
<BSSRDF Protected Data> ≡                                                  828
    const SurfaceInteraction &po;
    Float eta;
```

BSSRDF 구현이 반드시 제공해야 하는 핵심 메서드는 8차원 분포 함수를 계산하는 S()로, 점 p_i에서 방향 w_i로 들어오는 입사 미분 방사속에 대해 점 p_o에서의 방향 w_o에 대한 미분 방사 비율을 수량화한다(5.6.2절). p_o와 w_o의 인자는 이미 BSSRDF::po와 Interaction::wo 항목에서 사용할 수 있으므로, 이 메서드 원형에 포함하지 않는다.

```
<BSSRDF Interface> ≡                                                       828
    virtual Spectrum S(const SurfaceInteraction &pi, const Vector3f &wi) = 0;
```

BSDF처럼 BSSRDF 인터페이스는 또한 분포를 표본화하고 구현된 표본화 방식의 확률 밀도를 계산하는 함수를 정의한다. 인터페이스에서 이 부분의 특징은 15.4절에서 다룬다.

음영 과정 동안 현재 Material의 ComputeScatteringFunctions() 메서드는 재질이 표면 밑 산란을 가질 경우 SurfaceInteraction::bssrdf 멤버 변수를 적절한 BSSRDF로 초기화한다 (11.4.3절은 표면 밑 산란을 위한 두 재질을 정의한다).

11.4.1 분리 가능한 BSSRDF

앞에서 정의한 BSSRDF 인터페이스의 한 가지 문제는 극도로 일반화됐다는 점이다. 표면 밑 빛 전송에 대한 해법을 찾는 것은 단순한 평면이나 구형 기하 구조에서도 이미 상당히 어려운 문제며, BSSRDF 구현이 임의의 상당히 더 복잡한 Shape에 부착 가능하다는 것은 실행 불가능하도록 복잡하게 된다. 일반적인 Shape를 지원하는 능력을 유지하기 위해 더 단순한 BSSRDF 표현을 SeparableBSSRDF에서 소개한다.

```
<BSSRDF Declarations> +≡
    class SeparableBSSRDF : public BSSRDF {
    public:
        <SeparableBSSRDF Public Methods 829>
        <SeparableBSSRDF Interface 832>
    private:
        <SeparableBSSRDF Private Data 829>
    };
```

SeparableBSSRDF의 생성자는 ss, ts, ns로 정의되는 지역 좌표계를 초기화하고, 현재 빛 전송 방식 mode를 저장하고, 내재된 Material에 대한 포인터를 유지한다. 이 값의 필요성은 15.2절에서 명료화된다.

```
<SeparableBSSRDF Public Methods> ≡                                          829
    SeparableBSSRDF(const SurfaceInteraction &po, Float eta,
            const Material *material, TransportMode mode)
        : BSSRDF(po, eta), ns(po.shading.n), ss(Normalize(po.shading.dpdu)),
            ts(Cross(ns, ss)), material(material), mode(mode) { }
```

```
<SeparableBSSRDF Private Data> ≡                                            829
    const Normal3f ns;
    const Vector3f ss, ts;
    const Material *material;
    const TransportMode mode;
```

단순화된 SeparableBSSRDF 인터페이스는 BSSRDF를 3개의 독립된 요소(하나의 공간과 두 개의 방향성)으로 분리된 형태로 변환한다.

$$S(\mathrm{p_o}, \omega_\mathrm{o}, \mathrm{p_i}, \omega_\mathrm{i}) \approx (1 - F_\mathrm{r}(\cos\theta_\mathrm{o}))\, S_\mathrm{p}(\mathrm{p_o}, \mathrm{p_i})\, S_\omega(\omega_\mathrm{i}). \tag{11.6}$$

처음에 프레넬 항은 재질을 나간 뒤에 방향 ω_o로 투과되는 빛의 일부를 모델링한다. $S_\omega(\omega_i)$에 포함된 두 번째 프레넬 항은 방향 ω_i에서 물체에 들어오는 빛의 방향 분포에 대한 경계의 영향을 고려한다. 특징 항 S_p는 재질을 들어온 뒤에 빛이 얼마나 멀리 이동하는지를 특징화하는 공간 분포다.

높은 알베도를 가진 매질에 대해 산란된 방사 분포는 일반적으로 상당히 등방성이며, 프레넬 투과는 최종 방향성 분포를 정의하는 가장 중요한 인자다. 하지만 방향성 변화는 낮은 알베도 매질에 대해서도 의미가 있을 수 있다. 이 경우 이 근사는 덜 정확하다.

<SeparableBSSRDF Public Methods> +≡ 829

```
Spectrum S(const SurfaceInteraction &pi, const Vector3f &wi) {
    Float Ft = 1 - FrDielectric(Dot(po.wo, po.shading.n), 1, eta);
    return Ft * Sp(pi) * Sw(wi);
}
```

방정식(11.6)의 주어진 분리 가능한 표현에 대해 표면 밑 산란으로 인한 나가는 조명을 결정하기 위한 적분(15.5절)은 다음 식으로 간략화된다.

$$\begin{aligned} L_\mathrm{o}(\mathrm{p_o}, \omega_\mathrm{o}) &= \int_A \int_{\mathcal{H}^2(\mathbf{n})} S(\mathrm{p_o}, \omega_\mathrm{o}, \mathrm{p_i}, \omega_\mathrm{i})\, L_\mathrm{i}(\mathrm{p_i}, \omega_\mathrm{i})\, |\cos\theta_\mathrm{i}|\, \mathrm{d}\omega_\mathrm{i}\, \mathrm{d}A(\mathrm{p_i}) \\ &= (1 - F_\mathrm{r}(\cos\theta_o)) \int_A S_\mathrm{p}(\mathrm{p_o}, \mathrm{p_i}) \int_{\mathcal{H}^2(\mathbf{n})} S_\omega(\omega_\mathrm{i})\, L_\mathrm{i}(\mathrm{p_i}, \omega_\mathrm{i})\, |\cos\theta_\mathrm{i}|\, \mathrm{d}\omega_\mathrm{i}\, \mathrm{d}A(\mathrm{p_i}) \end{aligned}$$

방향성 항 $S_\omega(\omega_i)$는 프레넬 투과의 크기 조절 버전이다(8.2절).

$$S_\omega(\omega_\mathrm{i}) = \frac{1 - F_\mathrm{r}(\cos\theta_\mathrm{i})}{c\,\pi}. \tag{11.7}$$

정규화 인자 c는 S_ω가 코사인 가중된 반구에 대해 적분할 때 1이 되도록 선택된다.

$$\int_{\mathcal{H}^2} S_\omega(\omega)\cos\theta\, \mathrm{d}\omega = 1$$

다른 표현으로는 다음과 같다.

$$c = \int_0^{2\pi} \int_0^{\frac{\pi}{2}} \frac{1 - F_r(\eta, \cos\theta)}{\pi} \sin\theta \cos\theta \, d\theta \, d\phi$$
$$= 1 - 2 \int_0^{\frac{\pi}{2}} F_r(\eta, \cos\theta) \sin\theta \cos\theta \, d\theta.$$

이 적분은 프레넬 반사 함수의 일차 모멘트first moment 함수로 참조된다. 고차 코사인을 포함한 다른 모멘트 또한 존재하며, 표면 밑 산란과 관련된 계산에서 빈번히 나타난다. 일반적인 i번째 프레넬 모멘트의 정의는 다음과 같다.

$$\bar{F}_{r,i}(\eta) = \int_0^{\frac{\pi}{2}} F_r(\eta, \cos\theta) \sin\theta \cos^i \theta \, d\theta \qquad [11.8]$$

pbrt는 FresnelMoment1()과 FresnelMoment2()의 두 함수를 제공하며, 이는 이 함수에 일치하는 다항식에 기반을 둔 대응하는 모멘트를 계산한다(이 책에서는 구현을 수록하지 않는다). 한 가지 세부 사항은 이 함수가 앞의 정의와 살짝 다른 규약을 따른다는 것이다. 실제로 η의 역수로 호출된다. 이는 15.5절에서의 주된 사용으로 인함이며, 빛이 상대 굴절률 $1/\eta$을 가진 내부 경계에서의 반사로 인해 재질 안으로 반사돼 들어오는 효과를 고려하는 부분이다.

<BSSRDF Utility Declarations> ≡

```
Float FresnelMoment1(Float invEta);
Float FresnelMoment2(Float invEta);
```

FresnelMoment1()을 사용하면 방정식(11.7)에 기반을 둔 SeparableBSSRDF::Sw()의 정의는 쉽게 구현할 수 있다.

<SeparableBSSRDF Public Methods> +≡ 829

```
Spectrum Sw(const Vector3f &w) const {
    Float c = 1 - 2 * FresnelMoment1(1 / eta);
    return (1 - FrDielectric(CosTheta(w), 1, eta)) / (c * Pi);
}
```

공간과 방향 인자를 분리하는 것은 S의 차원을 상당히 줄여주지만, 일반적인 Shape 구현을 지원하는 것으로 인한 근본적인 어려움을 해결하지 않는다. 여기서 두 번째 근사를 도입하는데, 이는 표면이 지역적으로 평면일 뿐 아니라 실제 위치가 아닌 점 사이의 거리가 BSSRDF의 값에 영향을 준다고 가정한다. 이는 S_p를 두 점 p_o와 p_i의 거리만 포함한 함수 S_r로 축소시킨다.

$$S_p(p_o, p_i) \approx S_r(\|p_o - p_i\|). \qquad [11.9]$$

이전과 같이 공간 항 S_p의 실제 구현은 p_o를 인자로 받지 않으며, 이는 이미 BSSRDF::po에 있기 때문이다.

<SeparableBSSRDF Public Methods> +≡ 829

```
Spectrum Sp(const SurfaceInteraction &pi) const {
    return Sr(Distance(po.p, pi.p));
}
```

SeparableBSSRDF::Sr() 메서드는 가상 함수다. 이는 특정 1D 표면 밑 산란 특성을 구현하는 하위 클래스에서 오버라이드한다. 거리에 대한 의존성은 산란 매질이 상대적으로 균일하며, 위치의 함수에 대해 크게 변화하지 않는다. 즉, 어떤 변화도 평균 자유 경로 거리보다 커야 한다는 내재된 가정을 추가한다.

<SeparableBSSRDF Interface> ≡ 829

```
virtual Spectrum Sr(Float d) const = 0;
```

BSSRDF 모델은 보통 함수 Sr()을 균일한 판 안에서 빛 전송의 세심한 분석으로 유도해 모델링한다. 이는 SeparableBSSRDF 같은 모델이 평면 설정에서 좋은 근사가 되지만, 기반을 둔 기하 구조가 이 가정을 벗어날수록 오차가 증가하는 것을 의미한다.

11.4.2 도표화된 BSSRDF

<BSSRDF Declarations> +≡

```
class TabulatedBSSRDF : public SeparableBSSRDF {
public:
    <TabulatedBSSRDF Public Methods 834>
private:
    <TabulatedBSSRDF Private Data 834>
};
```

pbrt에서 SeparableBSSRDF 인터페이스의 단일 현재 구현은 TabulatedBSSRDF 클래스다. 이는 측정된 실세계 BSSRDF를 포함한 광범위한 산란 특성을 처리할 수 있는 도표화된 BSSRDF 표현에 대한 접근을 제공한다. TabulatedBSSRDF는 FourierBSDF 반사 모델(8.6절)에서 사용한 동일한 형식의 적응적 스플라인 기반 보간 방법을 사용한다. 이 경우 방정식 (11.9)의 거리 의존적 산란 특성 함수 S_r을 보간한다. FourierBSDF의 푸리에 급수를 사용한 방향성 변화를 포착하는 두 번째 단계는 필요 없다. 그림 11.15는 TabulatedBSSRDF를 사용해서 렌더링한 구를 보여준다.

그림 11.15 다양하게 측정된 BSSRDF를 사용한 TabulatedBSSRDF로 렌더링한 물체들. 왼쪽에서 오른쪽으로 콜라, 사과, 피부, 케찹이다.

방사형 특성 S_r은 단지 1D 함수로서 모든 BSSRDF 재질 특성이 고정될 때라는 점을 기억하는 것이 중요하다. 더 일반적으로는 4개의 추가 매개변수에 의존한다. 굴절률 η, 산란 비등방성 g, 알베도 ρ, 감쇠 계수 σ_t일 때 완전한 함수 원형 $S_r(\eta, g, \rho, \sigma_t, r)$은 불행히 이산화하기에는 너무 고차원이다. 그러므로 일부 매개변수를 제거하거나 고정시켜야 한다.

유일한 물리 단위를 가진 매개변수(r을 제외하고)는 σ_t다. 이 매개변수는 단위 거리당 산란이나 흡수 상호작용의 비율을 수치화한다. σ_t의 효과는 단순하다. BSSRDF 특성의 공간적 크기를 조절할 뿐이다. 필요한 표의 차원을 감소시키기 위해 $\sigma_t = 1$로 고정하고 BSSRDF의 단위 없는 버전을 도표화한다.

주어진 흡광 계수 σ_t와 반경 r에 대한 검색이 실시간에 일어나면 대응하는 단위 없는 광학 반경 $r_{\text{optical}} = \sigma_t r$을 찾아 더 낮은 차원의 도표화를 다음과 같이 계산한다.

$$S_r(\eta, g, \rho, \sigma_t, r) = \sigma_t^2 \, S_r\left(\eta, g, \rho, 1, r_{\text{optical}}\right) \tag{11.10}$$

S_r이 극좌표 (r, ϕ)에서 2D 밀도 함수이므로, σ_t^2에 대응하는 크기 조절 인자가 변수의 이 변화를 고려해야 한다(13.5.2절을 또한 참조하자).

또한 굴절률 η과 산란 비등방성 매개변수 g를 고정한다. 실제로 이는 물체가 사용하는 재질이 TabulatedBSSRDF일 경우 이 매개변수가 텍스처링될 수 없다는 것을 의미한다. 이 단순화는 상당히 관리 용이한 알베도 ρ와 광학 반경 r에 대해서만 이산화하는 2D 함수로 이어진다.

TabulatedBSSRDF 생성자는 BSSRDF 생성자의 모든 매개변수를 받고 추가적으로는 분광적으로 변화하는 흡수와 산란 계수 σ_a와 σ_s를 받는다. 흡광 계수 $\sigma_t = \sigma_a + \sigma_s$와 알베도 $\rho = \sigma_s/\sigma_t$를 현재 표면 위치에 대해 미리 계산해 주어진 분광 채널에 대한 흡광이 없을 때 0으로 나누기가 일어나지 않도록 한다.

<TabulatedBSSRDF Public Methods> ≡ 832

```
TabulatedBSSRDF(const SurfaceInteraction &po,
        const Material *material, TransportMode mode, Float eta,
        const Spectrum &sigma_a, const Spectrum &sigma_s,
        const BSSRDFTable &table)
    : SeparableBSSRDF(po, eta, material, mode), table(table) {
    sigma_t = sigma_a + sigma_s;
    for (int c = 0; c < Spectrum::nSamples; ++c)
        rho[c] = sigma_t[c] != 0 ? (sigma_s[c] / sigma_t[c]) : 0;
}
```

<TabulatedBSSRDF Private Data> ≡ 832

```
const BSSRDFTable &table;
Spectrum sigma_t, rho;
```

산란 특성 S_r에 대한 세부 정보는 *table* 매개변수를 통해 전달되며, 이는 BSSRDFTable 자료구조의 인스턴스다.

<BSSRDF Declarations> +≡

```
struct BSSRDFTable {
    <BSSRDFTable Public Data 835>
    <BSSRDFTable Public Methods 835>
};
```

BSSRDFTable의 인스턴스는 S_r의 표본을 단일 산란 알베도 $(\rho_1, \rho_2, \ldots, \rho_n)$과 반경 $(r_1, r_2, \ldots, r_m)$에 대해 추출한다. 반경과 알베도 표본 간의 간격은 내재 함수를 더 정확히 표현하기 위해 일반적으로 비균일하다. 15.5.8절은 특정 BSSRDF 모델에 대해 BSSRDFTable을 어떻게 초기화하는지 보여준다.

생성자 구현을 생략했는데, 이는 원하는 해상도를 받아 표현을 위한 메모리를 할당한다.

<BSSRDFTable Public Methods> ≡ 834

```
BSSRDFTable(int nRhoSamples, int nRadiusSamples);
```

표본 위치와 수는 공개 멤버 변수로 노출된다.

<BSSRDFTable Public Data> ≡ 834

```
const int nRhoSamples, nRadiusSamples;
std::unique_ptr<Float[]> rhoSamples, radiusSamples;
```

각 $m \times n$ 쌍 (ρ_i, r_j)에 대응하는 하나의 표본 값이 profile 멤버 변수 안에 저장된다.

<BSSRDFTable Public Data> +≡ 834

```
std::unique_ptr<Float[]> profile;
```

TabulatedBSSRDF::rho 멤버 변수는 단일 산란 현상 이후 에너지를 감소시킨다. 이는 모든 종류의 산란을 고려하는 재질의 전체 알베도와 다르다. 차이를 강조하기 위해 이 알베도의 다른 형태를 단일 산란 알베도 ρ와 실질적 알베도 ρ_{eff}로 나눈다.

실질적 알베도를 다음의 S_{r} 극좌표에서의 적분으로 정의한다.

$$\rho_{\mathrm{eff}} = \int_0^{2\pi} \int_0^{\infty} r\, S_{\mathrm{r}}(r)\, \mathrm{d}r\, \mathrm{d}\phi = 2\pi \int_0^{\infty} r\, S_{\mathrm{r}}(r)\, \mathrm{d}r. \quad [11.11]$$

ρ_{eff} 값은 특성 표본화 코드와 KdSubsurfaceMaterial에서 동시에 빈번히 접근된다. 길이 BSSRDFTable::nRho Sample의 배열 rhoEff는 모든 알베도 표본에 대응하는 실질적 알베도로 매핑한다.

<BSSRDFTable Public Data> +≡ 834

```
std::unique_ptr<Float[]> rhoEff;
```

ρ_{eff}의 계산은 15.5절에서 다룬다. 지금은 단지 이것이 비선형이며 단일 산란 알베도 ρ의 엄격한 단순 증가 함수인 것만 기억하자.

주어진 반경 값 r과 단일 산란 알베도에 대해 함수 Sr()은 도표화된 특성의 스플라인 보간 검색을 구현한다. 알베도 매개변수는 TabulatedBSSRDF::rho 값이 되도록 추출된다. 이는 알베도가 $\mathrm{p_o}$를 중심으로 BSSRDF의 특성 범위에서 변하지 않는다는 암묵적인 가정이다.

알베도가 Spectrum형이므로 함수는 각 분광 채널에 대해 분리된 특성 검색을 처리하며, Spectrum을 결과로 반환한다. 반환값은 보간이 살짝 음의 수를 생성하는 경우 반드시 잘라내야 한다.

```
<BSSRDF Method Definitions> ≡
    Spectrum TabulatedBSSRDF::Sr(Float r) const {
        Spectrum Sr(0.f);
        for (int ch = 0; ch < Spectrum::nSamples; ++ch) {
            <Convert r into unitless optical radius r_optical 836>
            <Compute spline weights to interpolate BSSRDF on channel ch 836>
            <Set BSSRDF value Sr[ch] using tensor spline interpolation 836>
        }
        <Transform BSSRDF value into world space units 837>
        return Sr.Clamp();
    }
```

반복문의 첫 줄은 방정식(11.10)에서의 크기 조절 동일성을 적용해서 현재 채널 ch에 대한 광학 반경을 얻는다.

```
<Convert r into unitless optical radius r_optical> ≡                    836, 1084
    Float rOptical = r * sigma_t[ch];
```

보정된 반경 rOptical과 위치 BSSRDF::po에서 주어진 알베도 TabulatedBSSRDF::rho[ch]에 대해 다음으로 CatmullRomWeights()를 호출해 오프셋과 특성 값을 보간하기 위한 삼차 스플라인 가중치를 얻는다. 이 단계는 8.6절의 FourierBSDF 보간과 동일하다.

```
<Compute spline weights to interpolate BSSRDF on channel ch> ≡          836
    int rhoOffset, radiusOffset;
    Float rhoWeights[4], radiusWeights[4];
    if (!CatmullRomWeights(table.nRhoSamples, table.rhoSamples.get(),
            rho[ch], &rhoOffset, rhoWeights) ||
        !CatmullRomWeights(table.nRadiusSamples, table.radiusSamples.get(),
            rOptical, &radiusOffset, radiusWeights))
        continue;
```

이제 스플라인 가중치와 특성 값의 곱의 합을 구한다.

```
<Set BSSRDF value Sr[ch] using tensor spline interpolation> ≡           836
    Float sr = 0;
    for (int i = 0; i < 4; ++i) {
        for (int j = 0; j < 4; ++j) {
            Float weight = rhoWeights[i] * radiusWeights[j];
        if (weight != 0)
            sr += weight * table.EvalProfile(rhoOffset + i,
                    radiusOffset + j);
        }
```

```
    }
    <Cancel marginal PDF factor from tabulated BSSRDF profile 837>
    Sr[ch] = sr;
```

BSSRDFTable의 간편한 메서드가 특성 값을 찾는 데 도움을 준다.

<BSSRDFTable Public Methods> +≡ 834

```
inline Float EvalProfile(int rhoIndex, int radiusIndex) const {
    return profile[rhoIndex * nRadiusSamples + radiusIndex];
}
```

방정식(11.11)에 관련된 BSSRDFTable::profile의 항목에서 오는 $2\pi\ r_{\text{optical}}$ 곱 인자를 상쇄할 필요가 있다. 이 인자는 도표화된 값에서 중요도 표본화(15.4절에서 더 알아본다)를 용이하게 하기 위해 존재한다. 이는 BSSRDF의 정의에 포함되지 않으므로, 이 항은 여기서 반드시 제거해야 한다.

<Cancel marginal PDF factor from tabulated BSSRDF profile> ≡ 837, 1084

```
if (rOptical != 0)
    sr /= 2 * Pi * rOptical;
```

마지막으로 방정식(11.10)에서의 변수 인자 변화를 적용해 S_r 안의 보간된 단위 없는 BSSRDF 값을 월드 공간 단위로 변환한다.

<Transform BSSRDF value into world space units> ≡ 836

```
Sr *= sigma_t * sigma_t;
```

11.4.3 표면 밑 산란 재질

반투명 물체에 대한 두 개의 Material이 있다. SubsurfaceMaterial은 materials/subsurface.h와 materials/subsurface.cpp 파일에 정의돼 있으며, KdSubsurfaceMaterial은 materials/kdsubsurface.h와 materials/kdsubsurface.cpp 파일에 정의돼 있다. 두 재질 사이의 유일한 차이점은 매질의 산란 특성이 어떻게 명시되는지이다.

<SubsurfaceMaterial Declarations> ≡

```
class SubsurfaceMaterial : public Material {
public:
    <SubsurfaceMaterial Public Methods>
private:
```

```
        <SubsurfaceMaterial Private Data 838>
    };
```

SubsurfaceMaterial은 표면의 위치에 대해 산란 특성이 어떻게 변화하는지 함수로서의 텍스처를 저장한다. 이는 산란 매질 안에서 3D의 함수로 변화하는 산란 특성과 다르지만, 일부 비균일 매질에 대해서도 합리적인 근사가 될 수 있다(하지만 공간적으로 변화하는 텍스처를 사용할 경우 이 기능은 BSSRDF의 상호성을 파괴하는데, 이 텍스처가 두 산란 점 중 하나에서만 계산되므로 이를 교환하는 것은 일반적으로 텍스처에 따라 다른 값을 얻기 때문이다).[5]

입체 산란 특성에 추가로 여러 텍스처가 사용자에게 표면에서의 완벽 반사나 광택 반사와 투과를 표현하는 BSDF의 계수를 설정할 수 있게 한다.

```
<SubsurfaceMaterial Private Data> ≡                                          838
    const Float scale;
    std::shared_ptr<Texture<Spectrum>> Kr, Kt, sigma_a, sigma_s;
    std::shared_ptr<Texture<Float>> uRoughness, vRoughness;
    std::shared_ptr<Texture<Float>> bumpMap;
    const Float eta;
    const bool remapRoughness;
    BSSRDFTable table;
```

ComputeScatteringFunctions() 메서드는 점에서의 산란 특성 값을 계산하기 위해 텍스처를 사용한다. 흡수와 감소된 산란 계수는 scale 멤버 변수로 크기 조절되며, 이는 산란 특성의 단위를 바꾸는 쉬운 방법이다(이들이 역미터로 지정될 것으로 예상됨을 고려하자). 마지막으로 메서드는 매개변수로 TabulatedBSSRDF를 생성한다.

```
<SubsurfaceMaterial Method Definitions> ≡
    void SubsurfaceMaterial::ComputeScatteringFunctions(
            SurfaceInteraction *si, MemoryArena &arena, TransportMode mode,
            bool allowMultipleLobes) const {
        <Perform bump mapping with bumpMap, if present 702>
        <Initialize BSDF for SubsurfaceMaterial>
        Spectrum sig_a = scale * sigma_a->Evaluate(*si).Clamp();
        Spectrum sig_s = scale * sigma_s->Evaluate(*si).Clamp();
        si->bssrdf = ARENA_ALLOC(arena, TabulatedBSSRDF)(
                *si, this, mode, eta, sig_a, sig_s, table);
    }
```

5. 이 방식의 상호적인 버전은 p_i와 p_o의 알베도를 평균해서 얻을 수 있지만, 이는 현재 사용되는 표본화 방식과 호환 가능하지 않다.

코드 조각 <*Initialize BSDF for* SubsurfaceMaterial>은 여기에 포함하지 않는다. 이는 이제 익숙한 어떤 텍스처가 0이 아닌 SPD를 가졌는지에 따라 BSDF를 위한 적절한 BxDF 요소를 할당하는 방식을 따른다.

직접 흡수와 감소 산란 계수를 설정해서 원하는 시각적 모습을 얻는 것은 어렵다. 매개변수는 비선형적이며, 결과에서 즉흥적이지 않은 효과를 나타낸다. KdSubsurfaceMaterial은 사용자에게 표면 밑 산란을 표면의 확산 반사와 산란 전의 매질에서 빛이 여행하는 평균 거리인 평균 자유 경로 $1/\sigma_t$의 항으로 표현할 수 있게 한다. 그 후 15.5절에 정의된 SubsurfaceFromDiffuse() 유틸리티 함수를 사용해서, 대응하는 고유한 산란 특성을 계산한다.

이 방식으로 반투명 재질을 명시하는 것은 특히 확산 반사의 산란 특성을 정의하는 데 사용될 수 있는 표준 텍스처 맵을 사용할 수 있게 하므로 유용하다(표면의 변화하는 특성이 매질에서의 변화하는 특성에 적절히 대응하지 않는 것을 다시 상기하자).

KdSubsurfaceMaterial의 정의를 여기 포함하지 않으며, 이는 구현이 확산 반사와 평균 자유 경로 값을 계산하기 위해 Texture를 계산하고, BSSRDF에서 필요한 확산 특성을 계산하기 위해 SubsurfaceFromDiffuse()를 호출한다.

마지막으로 GetMediumScatteringProperties()는 반투명 재질에 대해 측정된 산란 자료의 작은 자료 창고를 갖는 유틸리티 함수다. 이는 주어진 이름에 대한 항목이 있을 때 대응하는 산란 특성을 반환한다(가용한 이름의 목록에 대해 core/volume.cpp의 구현을 보자). 이 함수가 제공하는 자료는 Jensen et al.(2001b)과 Narasimhan et al.(2006)의 논문에서 제공된다.

<*Media Declarations*> +≡
```
bool GetMediumScatteringProperties(const std::string &name,
        Spectrum *sigma_a, Spectrum *sigma_s);
```

더 읽을거리

van de Hulst(1980)와 Preisendorfer(1965, 1976)가 작성한 책은 훌륭한 입체 빛 전송의 안내서다. 중요한 책인 Chandrasekhar(1960)는 또 다른 훌륭한 자료지만, 이는 수학적으로 난해하다. 15장의 '더 읽을거리' 절에서 이 주제에 대한 추가 참고 문헌을 찾아보자.

헤니에이-그린슈타인[Henyey-Greenstein] 위상 함수는 원래 Henyey와 Greenstein(1941)이 설명했다. 산란과 위상 함수에 대한 자세한 논의가 독립적인 구, 원기둥, 다른 단순한 모델들에서의 산란을 설명하는 위상 함수의 유도와 함께 van de Hulst의 책(1981)에 수록돼 있다. 미에[Mie]와 레일리[Rayleigh] 산란 모델에 대한 대규모의 논의도 또한 여기에 수록돼 있다. Hansen과 Travis의 연구 문헌 또한 공통으로 자주 사용되는 다양한 위상 함수에 대한 좋은 소개다(Hansen과 Travis 1974).

헤니에이-그린슈타인 모델이 주로 잘 동작하지만, 이것이 정확하게 표현할 수 없는 많은 재질이 있다. Gkioulekas et al.(2013b)은 헤니에이-그린슈타인과 von Mises-Fisher 로브의 합이 헤니에이-그린슈타인을 단독으로 사용한 것보다 많은 재질에 대해 더 정확하다는 것을 보여줬고, 직관적으로 반투명 모습을 조절할 수 있는 2D 매개변수 공간을 유도했다.

음영 표면에 대해 텍스처의 절차적 모델링이 효과적인 기술인 것처럼 입체 밀도의 절차적 모델링은 구름이나 연기 같은 입체적 물체의 사실적인 모습을 묘사한다. Perlin과 Hoffert(1989)는 이 분야의 초기 작업을 설명했으며, Ebert et al.(2003)의 책은 이 주제에 많은 장을 할애했다. 더 최근에는 연기와 불의 정확한 물리적 역학 시뮬레이션이 극도로 사실적인 입체 자료를 생성했으며, 11장에서 사용한 것도 있다. 예를 들어 Fedkiw, Stam, Jensen(2001)을 참고하자. Wrenninge(2012)의 책을 보고 반투명 매질을 모델링하는 더 많은 정보를 알아보고, 특히 현대 장편 영화 제작에서 사용되는 기술에 대해 집중해보자.

11장에서는 표본화와 3D 격자의 표본으로 표현되는 입체 밀도 함수의 안티앨리어싱에 관한 문제를 무시했지만 이 문제를 고려해야 하며, 특히 화면의 몇 픽셀만 차지하는 입체에 대해 필요하다. 더욱이 우리는 중간 위치에서 밀도를 재구성하는 데 단순 삼각 필터를 사용했으며, 이는 삼각 필터가 고품질 이미지 재구성 필터가 아닌 것과 같은 이유로 차선책이다. Marschner와 Lobb(1994)는 3D 자료의 표본화 및 재구성 이론과 실제를 보여줬으며, 7장의 개념과 비슷한 개념을 적용했다. 또한 Theußl, Hauser, Gröller(2000)의 논문을 `sinc` 함수로 입체를 재구성할 때 다양한 윈도우 함수의 다양성 비교와 입체 재구성 필터 함수의 최적 매개변수를 어떻게 유도하는지에 대한 논의를 위해 살펴보자.

실세계 물체의 입체적 산란 특성을 얻는 것은 특히 어려우며, 측정된 결과로 이끌어가는 값을 결정하는 문제의 역을 풀어야 한다. Jensen et al.(2001b), Goesele et al.(2004), Narasimhan et al.(2006), Peers et al.(2006)의 표면 밑 산란의 산란 특성을 얻는 것의 최근 작업을 보자. 더 최근에는 Gkioulekas et al.(2013a)이 다양한 매질에 대한 정확한 측정을 생성했다. Hawkins et al.(2005)은 연기 같은 매질의 특성을 실시간으로 측정하는 기술을 개발했다. 이 문제에 대한 다른 흥미로운 접근법은 Frisvad et al.(2007)이 도입한 것으로, 매질에서 산란 특성의 저수준 특성에서 이 특성을 계산하는 방식을 개발했다.

반투명 매질의 입체 밀도를 얻는 것 역시 어려운 일이다. Fuchs et al.(2007), Atcheson et al.(2008), Gu et al.(2013a)의 작업을 통해 이 문제에 대한 다양한 접근법을 알아보고, 이는 일반적으로 여러 시점에서 사진을 찍는 동안 특정한 방식으로 매질을 조명하는 데 기반을 둔다.

`GridDensityMedium`이 사용한 매질 표현은 기반 매질의 지역적 세부 양이 변하더라도 공간 표본화율을 조정하지 않는다. 더욱이 저장 표현 측면에서 텍스트로 저장된 상당히 비효율적인 부동소수점 값의 문자열이다. Wrenninge(2015)가 설명한 Museth의 VDB 형식(2013)이나 Field3D 시스템을 보고 산업 특화된 입체 표현 형식과 라이브러리를 살펴보자.

연습문제

❷ 11.1 임의의 높이 함수 $f(h)$로 주어진 1D 입체 밀도에 대해 어떤 두 3D 점 사이의 광학적 거리는 적분 $\int_0^{h'} f(h)\, dh$가 미리 계산돼 있고 h' 값에 대해 표로 저장돼 있을 경우 매우 효율적으로 계산할 수 있다(Perlin 1985b; Max 1986; Legakis 1998). 이 방식의 유도를 수학적으로 보여주고, `pbrt`에서 임의의 함수나 밀도 값에 대한 1D 표를 받는 새로운 `Medium`을 구현하라. 몬테카를로 적분을 사용하는 기본 `Medium::Tr()`의 구현을 사용하는 데 비해 이 방식의 효율성과 정확도는 어떠한가?

❷ 11.2 `GridDensityMedium` 클래스는 상대적으로 거대한 양의 메모리를 복잡한 입체 밀도에 대해 사용한다. 11장의 연기 이미지에서 사용한 메모리 사용량을 알아내고 메모리 사용을 줄이도록 구현을 변경하라. 한 가지 방식은 공간에서 팔방트리[octree] 자료 구조를 사용해 밀도 값이 상수인(혹은 상대적으로 상수) 영역을 찾아내 팔방 트리를 밀도가 변화하는 영역에 대해서만 세분하자. 더 작은 메모리를 사용하는 다른 방식은 각 밀도 값을 최소와 최댓값을 계산해 밀도 값별 8이나 16비트를 사용해서 저장해 그 사이를 보간하게 하는 방식이다. 이 두 방식을 너무 심하게 사용할 때 어떤 종류의 오류가 생겨날 수 있는가?

❸ 11.3 매질 안의 점에서 산란 밀도를 절차적으로 계산하는 새 `Medium`을 구현하라. 예를 들어 10.6절에서 다룬 절차적 잡음 함수를 사용할 수 있다. 또한

Wrenninge의 책(2012)에서 절차적으로 입체 모델 기본체를 위한 유용한 영감을 얻을 수 있을 것이다.

❸ 11.4 연습문제 11.3에서처럼 완전히 절차적인 `Medium`의 단점은 매질의 절차적 함수를 반복적으로 계산하는 비효율성일 수 있다. 예를 들어 공간의 영역에 대한 작은 정규 복셀 격자를 유지하는 등의 절차적 매질에 대한 캐싱 층을 추가하라. 밀도 색인이 수행되면 우선 캐시를 확인해 값이 격자 중 하나에서 보간됐는지를 살펴본다. 그렇지 않으면 캐시를 갱신해 색인 점을 포함하는 공간의 영역에 대해 밀도 함수를 저장한다. 얼마나 많은 캐시 항목(또한 얼마나 많은 메모리가 결과적으로 필요한지)이 좋은 성능을 위해 필요한지 연구하라. 캐시 크기 요구사항이 입체 경로 추적에서 직접 조명만 고려할 때와 전체 전역 조명을 고려할 때 어떻게 변화하는가? 이 차이를 어떻게 설명할 수 있는가?

CHAPTER TWELVE

12 광원

장면에 있는 물체가 보이기 위해서는 반드시 결과적으로 빛의 일부가 카메라로 반사돼 들어가는 조명의 근원이 있어야 한다. 12장은 우선 광자 방출로 이어지는 다른 물리적 과정을 설명하고, 그 후 pbrt에서의 광원에 사용되는 추상 Light 클래스를 도입한다. 그 후에 유용한 다양한 광원을 구현한다. 신중하게 설계한 인터페이스 뒤에 다른 종류의 빛의 구현을 숨겨뒀으므로 가속 구조가 다른 종류의 기본체의 집합을 실제 표현의 세부 사항을 모르고 가질 수 있는 것과 비슷하게, 14, 15, 16장에서의 빛 전송 루틴이 장면에 어떤 특정 종류의 빛이 있는지 알지 않고도 작동할 수 있다.

12장은 소개되는 모든 종류의 빛에 대한 모든 Light 메서드의 구현을 포함하지 않는다. 복잡한 광원에 관련된 많은 양이 닫힌 형으로 계산할 수 없기 때문에 몬테카를로 적분이 필요하다. 그러므로 나머지 Light 메서드는 몬테카를로 방법이 소개되는 14.2절에서 구현된다.

광원 모델의 넓은 변종이 12장에서 소개되지만, 다양성은 pbrt의 물리 기반 설계로 인해 살짝 제한된다. 많은 비물리적 광원 모델이 컴퓨터 그래픽스에서 개발됐으며, 이는 거리에 따라 어떤 비율로 감쇠하는 등의 특성을 조절하는 기능을 포함해서 어떤 물체가 빛에 조명되고, 어떤 물체가 빛에서 그림자를 드리우는지 등을 조절할 수 있다. 이런 종류의 조절들은 예술적 효과에 상당히 유용하지만 대다수가 물리 기반 빛 전송 알고리즘과 호환되지 않기 때문에 여기의 모델에 제공될 수 없다. 이런 빛 조절이 제기하는 문제에 대한 예로 빛이 그림자를 드리우지 않는 경우를 생각해보자. 장면에서 표면에 도달하는 전체 에너지가 표면이 증가함에 따라 제한 없이 증가하게 된다. 빛 주변의 중심이 같은 많은 구를 생각해보자. 차폐가 무시되면 각 껍질은 전체의 받는 에너지를 증가시킨다. 이는 직접적으로 빛에 대해 조명되는 표면에 도달하는 전체 에너지가 빛에서 방출된 전체 에너지보다 클 수 없다는 원칙을 위배한다.

12.1 빛 방출

절대 영도 위의 온도를 가진 모든 물체는 움직이는 원자를 가진다. 그러므로 맥스웰 방정식의 설명대로 전하를 가진 원자적 입자의 움직임은 물체가 일정 파장 범위의 전자기적 방사선을 방출하게 된다. 바로 살펴보듯이 방 온도에서 물체 대부분의 방출은 적외선 주파수다. 물체는 가시 주파수에서 의미 있는 양의 전자기적 방사선을 방출하기 위해 훨씬 뜨거워야 한다.

에너지를 방출되는 전자기적 방사선으로 변환하기 위해 다른 많은 종류의 광원이 발명됐다. 일부 물리적 과정을 이해하는 것은 렌더링을 위한 광원을 정확히 모델링하는 데 도움을 준다. 오늘날 사용되는 것은 다음과 같다.

- 백열(텅스텐) 램프는 작은 텅스텐 필라멘트를 가진다. 필라멘트를 흐르는 전류가 이를 데우고, 결과적으로 필라멘트의 온도에 의존하는 파장의 분포를 가진 전자기 방사선을 방출한다. 불투명 유리 껍질이 종종 원하는 SPD를 얻으려고 생성된 파장의 일부를 흡수하기 위해 사용된다. 백열광에서 방출된 전자기 방사선의 SPD에서 많은 에너지가 원적외선 범위에 있으며, 결과적으로 빛이 소모한 대부분의 에너지가 빛보다 열로 변환된다는 것을 의미한다.
- 할로겐 램프 또한 텅스텐 필라멘트를 갖지만, 이를 감싸는 껍질은 할로겐 가스로 채워진다. 시간이 지나면서 백열광의 필라멘트 일부가 뜨거워질 때 증발한다. 할로겐 가스는 이 증발된 텅스텐이 다시 필라멘트로 돌아가게 함으로써 빛의 생명을 늘린다. 필라멘트로 돌아감에 따라 증발된 텅스텐이 전구 표면에 붙지 않으며(일반 백열전구에서는 그렇다), 또한 전구가 어두워지는 것을 막아준다.
- 가스 방출 램프는 수소, 네온, 아르곤, 혹은 기화된 금속 가스를 통해 전류를 흘리며, 이는 빛이 가스 안의 특정 원자에 의존하는 특정 파장에서 빛이 방출되게 한다(원자는 전자기 방사선의 상대적으로 적은 양을 유용하지 않은 원적외선 주파수에서 방출하는 것으로 선택된다). 파장의 더 넓은 분광이 선택된 원자가 직접 생성하는 것보다 보통 더 시각적으로 원하는 것이므로 전구의 내부에 형광 코팅이 종종 사용돼 방출된 주파수를 더 넓은 범위로 변환하는 데 사용된다(형광 코팅은 또한 자외선 파장을 가시 파장으로 변환하는 데 도움을 준다).

- LED 조명은 전장발광electroluminescence에 기반을 둔다. 전류가 지날 때 광자를 방출하는 재질을 사용한다.

이런 모든 광원에 대해 기반을 두는 물리적 과정은 원자와 전자가 충돌해 외곽 전자를 더 높은 에너지 준위로 올리는 것이다. 이런 전자가 더 낮은 에너지 준위로 돌아올 때 광자가 방출된다. 다른 많은 흥미로운 과정이 빛을 생성하며, 이는 화학 발광chemoluminescence(야광봉에서 볼 수 있다)과 생물 발광bioluminescence(반딧불이에서 볼 수 있는 화학 발광의 형태)을 포함한다. 각각 흥미롭지만, 여기서는 이 메커니즘을 더 고려하지 않는다.

발광 효율Luminous efficacy은 광원이 에너지를 가시 조명으로 얼마나 효율적으로 변환하는지 측정하며, 인간 관찰자를 고려해 비가시 파장에서의 방출에 거의 가치를 두지 않는다. 충분히 흥미롭게도 이는 광학적 양(방출된 광속)과 방사적 양(사용한 전체 동력이나 전체 파장에 대해서 방출한 전체 동력으로, 방사속으로 측정된다)의 비율이다.

$$\frac{\int \Phi_e(\lambda)V(\lambda)\,d\lambda}{\int \Phi_i(\lambda)\,d\lambda}$$

$V(\lambda)$는 5.4.2절에서 소개된 분광 반응 곡선이다.

발광 효율은 와트당 루멘의 단위를 가진다. Φ_i가 광원이 소모한 동력이면(방출된 동력이 아닌) 발광 효율은 또한 어떻게 효과적으로 광원이 동력을 전자기 방사선으로 변환하는지를 측정하는 방법을 포함한다. 발광 효율은 또한 광속 발산도luminous exitance(방사 발산도의 광학적인 동등)와 표면의 한 점에서의 방사 조도와 비율이거나, 방출 휘도와 특정 방향으로의 표면의 한 점에서의 방사와 비율이다.

백열 텅스텐 전구에 대한 발광 효율의 특정 값은 대략 15 lm/W다. 가질 수 있는 가장 높은 값은 683으로, 이는 완벽히 효율적인 광원이 모든 빛을 $V(\lambda)$ 함수의 최고점인 λ = 555 nm에서 방출하는 경우다(이런 빛이 높은 효율을 갖지만, 이는 관찰자가 보는 한 쾌적하다는 보장은 없다).

12.1.1 흑체 방출체

흑체는 완벽한 방출체다. 이는 동력을 전자기 방사선으로 물리적으로 가능한 가장 효율적으로 변환한다. 실제 흑체는 물리적으로 존재하지 않지만, 일부 방사체는 흑체에 근사한 행태를 나타낸다. 흑체는 또한 온도와 파장의 함수로서 방출을 유용한 닫힌 형의 표현을 가지며, 이는 비흑체 방출체를 모델링하는 데 유용하다.

흑체는 모든 입사 동력을 완벽히 흡수하고 아무것도 반사하지 않기 때문에 흑체라고 이름 지어졌다. 그러므로 실제 흑체는 아무리 많은 조명이 있더라도 완벽히 검은색으로 보일 것이다. 직관적으로 완벽한 흡수체가 또한 완벽한 방출체인 것은 흡수가 방출의 역과정인 사실에서 기인한다. 그러므로 시간을 역으로 돌리면 완벽히 흡수된 모든 동력은 완벽히 효율적으로 재방출될 것이다.

플랑크 법칙은 흑체가 방출하는 방사를 파장 λ와 켈빈 단위의 온도 T의 함수로 제공한다.

$$L_e(\lambda, T) = \frac{2hc^2}{\lambda^5\left(e^{hc/\lambda k_b T} - 1\right)}, \tag{12.1}$$

c는 매질에서의 빛의 속도(진공에서 299,792,458 m/s), h는 플랑크 상수 $6.62606957 \times 10^{-34}$ Js, k_b는 볼츠만 상수 $1.3806488 \times 10^{-23}$ J/K, K는 켈빈 단위의 온도다. 흑체 방출체는 완벽히 확산한다. 이는 방사를 모든 방향에 동일하게 방출한다.

그림 12.1는 다양한 온도에서 흑체로부터 방출된 방사 그래프다.

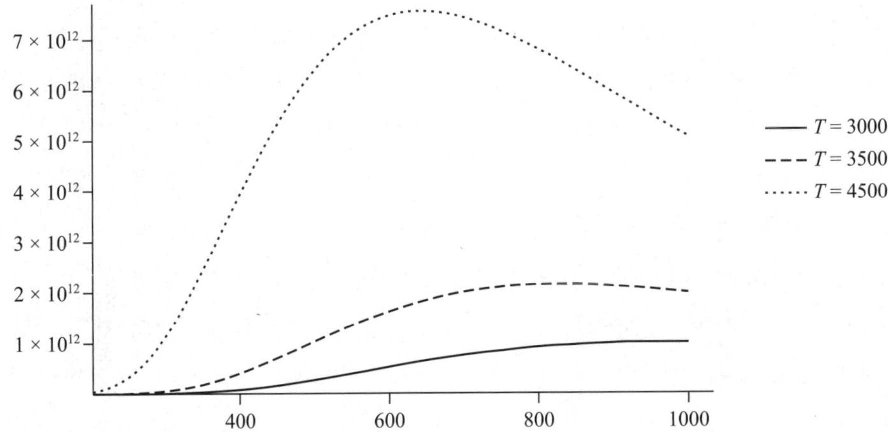

그림 12.1 방정식(12.1)로 주어지는 몇 가지 온도에서 흑체 방출체의 파장에 대한 함수로써 방출된 방사 그래프. 온도가 증가할수록 가시 주파수(대략 370nm~730nm)에서 더 많은 빛이 방출되며, 분광 분포는 붉은색에서 푸른색으로 이동한다. 전체 방출된 에너지의 양은 온도가 증가할수록 빠르게 증가하며, 이는 방정식(12.2)의 스테판-볼츠만 법칙에서 설명한 대로다.

`Blackbody()` 함수는 주어진 켈빈 단위 온도 `T`의 방출된 방사를 `lambda`에서 `n` 파장에 대해 계산한다.

<Spectrum Method Definitions> +≡

```
void Blackbody(const Float *lambda, int n, Float T, Float *Le) {
    const Float c = 299792458;
    const Float h = 6.62606957e-34;
    const Float kb = 1.3806488e-23;
    for (int i = 0; i < n; ++i) {
        <Compute emitted radiance for blackbody at wavelength lambda[i] 849>
    }
}
```

Blackbody( ) 함수는 nm 단위로 파장을 받지만, 방정식(12.1)은 미터 단위다. 그러므로 먼저 파장에 10^{-9}을 곱해 미터로 변환해야 한다.

<Compute emitted radiance for blackbody at wavelength lambda[i]> ≡ 849

```
Float l = lambda[i] * 1e-9;
Float lambda5 = (l * l) * (l * l) * l;
Le[i] = (2 * h * c * c) /
(lambda5 * (std::exp((h * c) / (l * kb * T)) - 1));
```

스테판-볼츠만 법칙은 점 p에서 흑체 방출체의 방사 발산도(이는 나가는 방사 조도임을 기억하자)를 제공한다.

$$M(\mathrm{p}) = \sigma T^4, \tag{12.2}$$

σ는 스테판 볼츠만 상수 $5.67032 \times 10^{-8}\mathrm{Wm}^{-2}\mathrm{K}^{-4}$다. 모든 주파수에 대한 전체 방출이 매우 빠르게 T^4의 속도로 증가하는 것을 기억하자. 그러므로 흑체 방출체의 온도를 두 배로 하면 전체 방출되는 에너지를 16배로 증가시킨다.

흑체가 방출하는 동력이 온도와 함께 빠르게 증가하므로, 어떤 파장에서도 SPD의 최댓값이 1인 정규화된 흑체에 대한 SPD를 계산하는 것이 유용하다. 이는 쉽게 비인의 변위법Wien's displacement law으로 얻을 수 있으며, 주어진 온도에서 흑체의 방출이 최대인 파장을 제공한다.

$$\lambda_{\max} = \frac{b}{T}, \tag{12.3}$$

b는 비인의 변위 상수로 $2.8977721 \times 10^{-3}\mathrm{mK}$다.

<Spectrum Method Definitions> +≡

```
void BlackbodyNormalized(const Float *lambda, int n, Float T,
        Float *Le) {
    Blackbody(lambda, n, T, Le);
```

```
    <Normalize Le values based on maximum blackbody radiance 850>
}
```

비인의 변위법은 방출된 방사가 최대인 파장을 미터 단위로 제공한다. Blackbody()를 호출해 대응하는 방사 값을 얻기 전에 이 값을 반드시 nm 단위로 변환해야 한다.

```
<Normalize Le values based on maximum blackbody radiance> ≡                850
    Float lambdaMax = 2.8977721e-3 / T * 1e9;
    Float maxL;
    Blackbody(&lambdaMax, 1, T, &maxL);
    for (int i = 0; i < n; ++i)
        Le[i] /= maxL;
```

비흑체의 방출 행태는 키르히호프의 법칙Kirchoff's law으로 설명되며, 어떤 주파수에서 방출된 방사 분포는 해당 주파수에서의 흑체 방사 곱하기 물체가 흡수한 해당 주파수에서 입사 방사의 비율로 얻을 수 있다(이 관계는 물체가 열평형 상태라고 가정해 얻어진다). 흡수된 방사의 비율은 1 빼기 반사된 양과 같으므로, 방출된 방사는 다음과 같다.

$$L'_{\mathrm{e}}(T, \omega, \lambda) = L_{\mathrm{e}}(T, \lambda)(1 - \rho_{\mathrm{hd}}(\omega)), \tag{12.4}$$

$L_{\mathrm{e}}(T, \lambda)$는 방정식(12.1)의 플랑크 법칙으로 주어진 방출된 방사이며, $\rho_{\mathrm{hd}}(\omega)$는 방정식(8.1)의 반구 방향 반사다.

흑체 방출 분포는 색 온도의 개념을 통해 비흑체 방출체의 방출 특성을 설명하는 데 유용한 척도를 제공한다. 방출체의 SPD 모양이 특정 온도의 흑체 분포와 유사하면 방출체가 대응하는 색 온도를 가진다고 말할 수 있다. 색 온도를 찾는 한 가지 방법은 빛의 방출이 가장 높은 파장을 찾아 대응하는 온도를 방정식(12.3)으로 찾는 것이다.

백열 텅스텐 램프는 일반적으로 2700K 부근의 색 온도를 가지며, 텅스텐 할로겐 램프는 3000K다. 형광 조명은 2700K에서 6400K 범위 안에 있다. 일반적으로 5000K 이상의 색 온도는 "시원하다"라고 표현되며, 2700~3000K는 "따뜻하다"라고 표현한다.

12.1.2 표준 광원

빛 방출 분포를 분류하는 다른 유용한 방법은 여러 '표준 광원'이며, 이는 국제 조명 위원회CIE, Commission Internationale de l'É clairage가 정한 것으로, 여기서 5.2.1절의 XYZ 일치 곡선 역시 설정했다.

표준 광원 A는 1931에 도입됐으며 평균적인 백열광을 표현하려 했다. 이는 2856K의 흑체 방사체에 대응한다(원래 2850K의 흑체로 정의됐으나, 플랑크 법칙에서 사용된 상수의 정밀도가 이후 증가했다. 그러므로 1931 상수의 항으로 설정이 갱신돼 조명이 변화하지 않게 했다). 그림 12.2는 A 광원의 SPD 그래프를 보여준다.

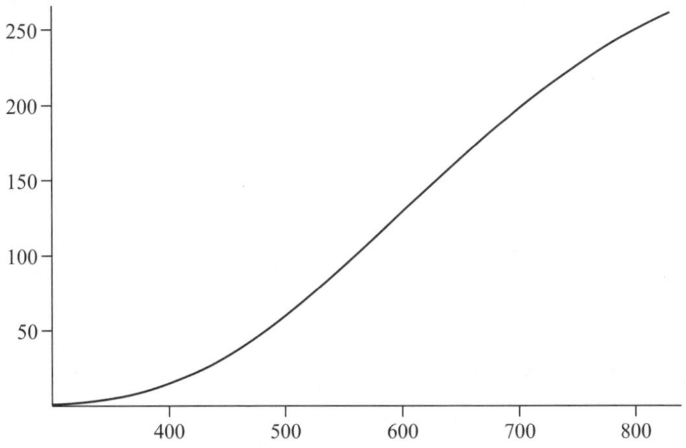

그림 12.2 CIE 표준 광원 A의 SPD에서 nm 단위의 파장에 대한 함수 그래프. 이 광원은 백열 광원을 표현하며, 2856K의 흑체와 근접한다.

B와 C 광원은 일광을 하루의 두 번으로 모델링하려 했고, A 조명과 특정 필터의 조합으로 생성됐다. 이는 더 이상 사용되지 않는다. E 광원은 상수 값 SPD로 정의되며, 다른 조명과의 비교에서만 사용된다.

D 광원은 다양한 일광의 단계를 설명한다. 이는 다양한 일광 SPD의 특징적 벡터 분석에 기반을 두고 정의됐고, 일광을 3개 항의 선형 조합(하나는 고정, 두 개는 가중된)으로 표현할 수 있게 했으며, 하나는 본질적으로 구름의 양에 기인한 노랑-파랑색 변화에 대응하고, 다른 하나는 대기 중의 물로 인한 분홍-녹색 변화(연무 등)에 대응한다. D65는 대략 6504K 색 온도(6500K가 아니며, 역시 플랑크 법칙에서 상수 값의 변화로 인함이다)이며, 유럽에서 한낮의 태양광에 대응한다(그림 12.3을 보자). CIE는 특별한 이유가 없는 한 광원을 일광으로 사용하도록 추천한다.

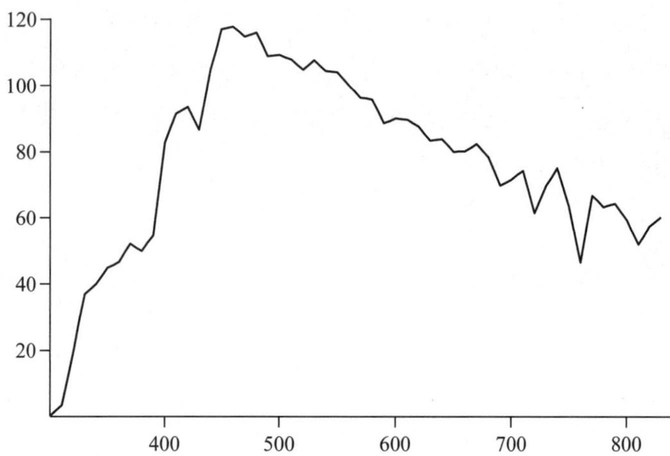

그림 12.3 CIE 표준 광원 D의 SPD에서 nm 단위의 파장에 대한 함수 그래프. 이 광원은 유럽 위도의 정오 시간 일광을 표현한다.

마지막으로 광원의 F 시리즈는 형광을 표현한다. 이는 실제 여러 형광 조명의 측정에 기반을 둔다. 그림 12.4는 그중 2개의 SPD를 보여준다.

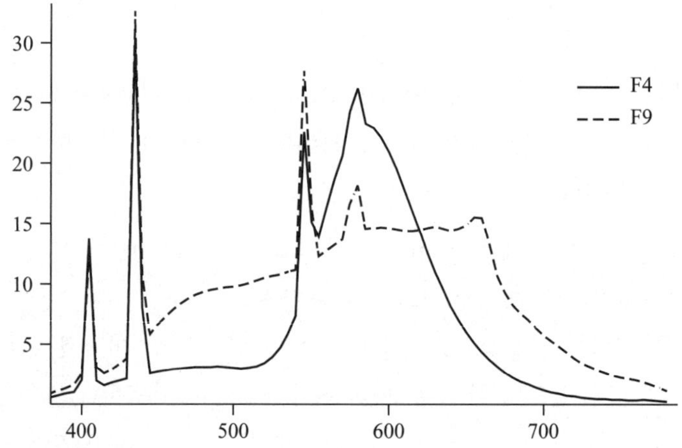

그림 12.4 CIE 표준 광원 F4와 F9의 SPD에서 nm 단위의 파장에 대한 함수 그래프. 이는 두 형광 광원을 표현한다. SPD가 매우 다른 것에 주의하자. 원자에서 직접 방출된 파장에 대응하는 분포에서 스파이크가 있으며, 다른 파장은 전구의 형광 코팅으로 생성됐다. F9 광원은 광대역 방출체로 더 균일한 분광 분포를 얻기 위해 다중 형광체를 사용한다.

pbrt 배포판의 scenes/spds 디렉터리에 있는 cie.stdillum.*라는 이름의 파일들은 표준 광원으로, 300nm에서 830nm까지 5nm 단위로 측정됐다.

12.2 빛 인터페이스

핵심 조명 루틴과 인터페이스는 core/light.h와 core/light.cpp 파일에 있다. 특정 빛의 구현은 lights/ 디렉터리에 있는 각각의 소스 파일에 담겨 있다.

```
<Light Declarations> ≡
    class Light {
    public:
        <Light Interface 854>
        <Light Public Data 854>
    protected:
        <Light Protected Data 854>
    };
```

모든 빛은 다음과 같은 4개의 공통 매개변수를 공유한다.

1. Flags 매개변수는 기반 광원 형을 가리킨다. 예를 들어 빛이 델타 분포로 설명되는지 여부다(이런 빛의 예는 점광원으로, 단일 점에서 조명을 방출하며 지향 광원은 모든 빛이 동일한 방향에서 도달한다). 광원에서 조명을 표본화해야 하는 몬테카를로 알고리즘은 어떤 빛이 델타 분포로 설명되는지 주의해야 하며, 이는 일부 계산에 영향을 주기 때문이다.
2. 월드 공간에서 빛 좌표계를 정의하는 변환이다. 모양과 같이 종종 특정 좌표계에서 빛을 구현하는 것이 가능하면 편리하다(예, 스포트라이트가 항상 빛 공간의 원점에 위치하고, +z 축을 따라 내리쬔다). 빛에서 월드 변환은 장면에 이런 빛을 특정 위치와 방향으로 위치할 수 있게 한다.
3. MediumInterface는 광원 안과 밖의 반투명 매질을 설명한다. 안과 밖이 없는 빛에 대해(예, 점광원) 동일한 Medium이 양측에 사용된다(nullptr을 양쪽 Medium에 사용하는 것은 진공을 나타낸다).
4. 다중 그림자 광선을 빛에 대해 추적해서 부드러운 그림자를 계산하는 것이 필요한 영역 광원에는 nSamples 매개변수가 사용된다. 이는 사용자가 각 빛별 기저에서 추출하는 표본의 수를 더 세밀하게 조절하는 것을 가능하게 한다. 광원 표본 추출의 기본 값은 1이다. 그러므로 다중 표본을 추출하는 빛 구현만이 Light 생성자에 명시적 값을 전달할 필요가 있다. 모든 Integrator가 이 값에 주목할 필요는 없다.

생성자가 하는 다른 유일한 작업은 빛에서 월드 변환이 크기 조절 인자를 가질 때 경고하는 것이다. 많은 Light 메서드는 이 경우 잘못된 결과를 반환한다.[1]

<Light Interface> ≡ 853

```
Light(int flags, const Transform &LightToWorld,
        const MediumInterface &mediumInterface, int nSamples = 1)
    : flags(flags), nSamples(std::max(1, nSamples)),
        mediumInterface(mediumInterface), LightToWorld(LightToWorld),
        WorldToLight(Inverse(LightToWorld)) {
    <Warn if light has transformation with non-uniform scale>
}
```

flags, nSamples, mediumInterface 멤버변수는 Light 구현 밖에서 널리 사용되므로 이를 공용 멤버로 가용하게 만들 필요가 있다.

<Light Public Data> ≡ 853

```
const int flags;
const int nSamples;
const MediumInterface mediumInterface;
```

LightFlags 열거형은 다양한 광원의 종류를 특징짓는 flags 마스크 항목에 대한 플래그를 표현한다. 12장의 나머지에서 이에 대한 예를 살펴본다.

<LightFlags Declarations> ≡

```
enum class LightFlags : int {
    DeltaPosition = 1, DeltaDirection = 2, Area = 4, Infinite = 8
};
```

<LightFlags Declarations> +≡

```
inline bool IsDeltaLight(int flags) {
    return flags & (int)LightFlags::DeltaPosition ||
            flags & (int)LightFlags::DeltaDirection;
}
```

빛에서 월드로의 변환과 월드에서 빛으로의 변환을 둘 다 저장하는 것은 중복되지만, 둘 다 가용하게 되면 Inverse() 호출의 필요성을 제거하게 돼 코드를 단순화한다.

<Light Protected Data> ≡ 853

```
const Transform LightToWorld, WorldToLight;
```

---

1. 예를 들어 영역 광의 표면 영역이 변환되지 않은 기하 구조에서 계산되므로, 변환에서의 크기 조절 인자가 있는 것은 제보된 영역과 실제 장면에서 빛의 영역이 비일관적이라는 것을 의미한다.

빛이 구현하는 핵심 메서드는 Sample_L()이다. 호출자가 장면에서 점의 월드 공간 위치와 연관된 시각을 제공하는 Interaction을 전달하고, 빛은 그 위치에서 그 시점에 그 빛으로 인한 방사를 둘 사이에 차폐 물체가 없다는 가정하에 반환한다(그림 12.5). pbrt에서의 Light 구현은 현재 자체적으로 애니메이션을 지원하지 않는다. 장면에서 빛은 고정된 위치에 있다(이 한계의 처리는 과제로 남겨둔다). 하지만 Interaction의 시각 값은 추적된 시야 광선에서 설정된 시간 매개변수 값으로 설정돼 움직이는 물체가 존재할 때의 빛의 가시성이 정확히 처리되게 해야 한다.

<Light Interface> +≡ 853

```
virtual Spectrum Sample_Li(const Interaction &ref, const Point2f &u,
        Vector3f *wi, Float *pdf, VisibilityTester *vis) const = 0;
```

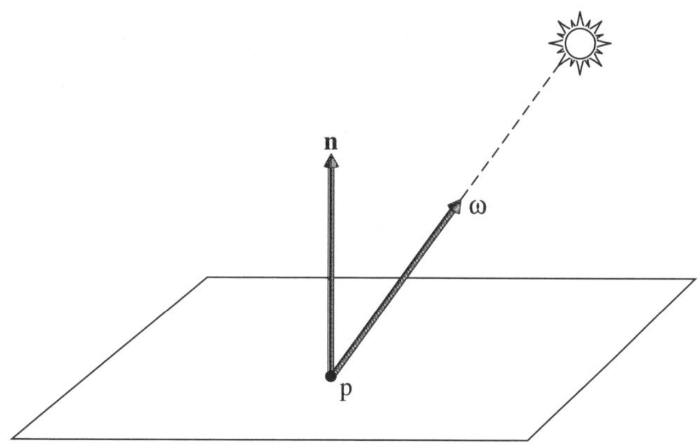

그림 12.5 Light::Sample_L() 메서드는 점 p에서 빛에서의 입사 방사를 반환하고, 또한 방사가 도달하는 방향 벡터 ω를 반환한다.

Light 구현은 또한 광원에 대한 입사 방향 ω_i와 빛과 참조점 사이에 차폐 물체가 없다는 것을 검증하기 위해 반드시 추적해야 하는 그림자 광선에 대한 정보를 갖고 있는 VisibilityTester 물체의 초기화를 담당해야 한다. VisibilityTester는 12.2.1절에 설명돼 있으며, 반환된 방사 값이 검은색이면 초기화할 필요가 없다. 예를 들어 참조점이 스포트라이트에서 조명 원뿔의 밖에 있을 경우다. 가시성은 이 경우 무관하다.

빛의 일부 형에 대해 빛은 하나의 방향에서만 도달하는 점광원의 경우와 달리 많은 방향에서 참조점에 도달할 수 있다. 이런 광원의 종류에 대해 Sample_Li() 메서드는 반드시 임의로 광원에서 표면 위의 점을 표본화해야 하며, 빛의 조명으로 인해 해당 점에서 반사된 빛을 찾기 위해 몬테카를로 적분을 사용할 수 있게 한다. 그런 빛에 대한 Sample_Li()의 구현은 14.2절에서 소개한다. Point2f u 매개변수가 이 메서드에서 사용되며, pdf 출력 매개변수는 빛 추출 표본의 확률 밀도를 저장한다. 12장의 모든 구현에 대해 표본 값은 무시되고 pdf는 1로 설정한다. 몬테카를로 표본화의 맥락에서 pdf 값의 역할은 14.2절에서 다룬다.

또한 모든 빛은 반드시 그들의 전체 방출 에너지를 반환해야 한다. 이 양은 가장 큰 기여를 생성하는 장면의 빛에 추가적인 계산적 자원을 제공하고 싶은 빛 전송 알고리즘에 유용하다. 방출된 에너지의 정확한 값은 시스템의 다른 곳에서 필요하지 않으므로 12장의 뒷부분에 있는 이 메서드에 대한 많은 구현은 정확한 값을 찾기 위해 계산적인 노력을 쏟기보다는 이 값의 근사를 계산한다.

<Light Interface> +≡ 853

```
virtual Spectrum Power() const = 0;
```

마지막으로 Light 인터페이스는 렌더링 이전에 호출되는 Preprocess() 메서드를 포함한다. 이는 Scene을 인자로 포함해서 광원이 렌더링 시작 전에 장면의 특성을 결정할 수 있게 한다. 기본 구현은 비어있으나 일부 구현(예, DistantLight)은 이를 장면 범위의 경계를 저장하기 위해 사용한다.

<Light Interface> +≡ 853

```
virtual void Preprocess(const Scene &scene) { }
```

12.2.1 시야 테스트

VisibilityTester는 작은 양의 자료를 캡슐화하고 일부 계산이 처리되지 않은 객체인 클로저[closure]다. 이는 빛이 광원과 참조점 사이가 상호적으로 보인다는 가정하에 방사 값을 반환 가능하게 한다. 적분기는 그 후 그림자 광선을 추적하는 비용이 발생하기 전에 입사 방향의 조명이 관련 있는지를 결정한다. 예를 들어 반투명이 아닌 표면 뒷면에서 들어오는 빛은 다른 면의 반사에 전혀 기여하지 않는다. 실제로 도달하는 조명의 양이 필요하다면 시야 테스터의 메서드 중 하나를 호출해 필요한 그림자 광선을 추적한다.

<Light Declarations> +≡

```
class VisibilityTester {
public:
    <VisibilityTester Public Methods 857>
private:
    Interaction p0, p1;
};
```

VisibilityTester는 두 개의 Interaction 객체를 제공해서 생성되며, 각각이 추적되는 그림자 광선의 끝점이다. Interaction이 여기서 사용되므로 표면 위의 참조점과 반투명 매질 안에 있는 참조점 사이의 가시성을 특별히 계산할 필요가 없다.

<VisibilityTester Public Methods> ≡ 856

```
VisibilityTester(const Interaction &p0, const Interaction &p1)
    : p0(p0), p1(p1) { }
```

일부 빛 전송 루틴은 두 끝점을 초기화된 VisibilityTester에서 받을 수 있으면 유용하다.

<VisibilityTester Public Methods> +≡ 856

```
const Interaction &P0() const { return p0; }
const Interaction &P1() const { return p1; }
```

두 점 사이의 가시성을 결정하기 위한 두 메서드가 있다. 첫 번째 Unoccluded()는 둘 사이의 그림자 광선을 추적하고 불리언 결과를 반환한다. 일부 레이트레이서는 일부가 투명한 물체에서 색깔 있는 그림자를 투사하는 기능을 갖고 있으며, 이런 메서드에서 분광을 반환한다. 하지만 pbrt는 이 기능을 명시적으로 포함하지 않는데, 이 기능은 일반적으로 비물리적인 꼼수가 필요하기 때문이다. 조명이 반투명 물체를 지나가는 장면의 경우 이런 효과를 지원하는 적분기로 렌더링해야 하며, 16장에서의 양방향 적분기 중 하나면 좋은 선택이다.

<Light Method Definitions> ≡

```
bool VisibilityTester::Unoccluded(const Scene &scene) const {
    return !scene.IntersectP(p0.SpawnRayTo(p1));
}
```

또한 불리언 값만을 반환하기 때문에 Unoccluded()는 광선이 산란 매질을 지나갈 때 운반하는 방사에 대한 효과를 무시한다. Integrator가 이런 효과를 고려할 필요가 있을 때는 대신 VisibilityTester의 Tr() 메서드를 사용해야 한다. VisibilityTester::Tr()은 방정식(11.1)의 빛줄기 투과율을 계산하며, 두 점 사이의 선분을 따라 투과되는 방사의 일부를 계산한다. 이는 반투명 매질 안의 감쇠와 함께 광선을 완전히 차단하는 표면을 고려한다.

<Light Method Definitions> +≡

```
Spectrum VisibilityTester::Tr(const Scene &scene,
        Sampler &sampler) const {
    Ray ray(p0.SpawnRayTo(p1));
    Spectrum Tr(1.f);
    while (true) {
        SurfaceInteraction isect;
```

```
        bool hitSurface = scene.Intersect(ray, &isect);
        <Handle opaque surface along ray's path 858>
        <Update transmittance for current ray segment 858>
        <Generate next ray segment or return final transmittance 858>
    }
    return Tr;
}
```

교차가 광선 선분을 따라 발견되고 충돌 표면이 불투명하면 광선은 차단되고 투과도는 0이 된다. 여기서 작업은 종료된다(11.3절에서 nullprt 재질 포인터를 갖는 표면의 경우 반투명 재질의 범위 경계를 한정하기 위해 사용하므로 광선 가시성 테스트에서 무시돼야 하는 것을 기억하자).

<Handle opaque surface along ray's path> ≡ 858

```
if (hitSurface && isect.primitive->GetMaterial() != nullptr)
    return Spectrum(0.0f);
```

그렇지 않으면 Tr() 메서드는 광선의 투과율을 표면 교차점까지나 종료점 p1까지 누적한다(비불투명 표면과의 교차가 있다면 Ray::tMax 값은 적절히 갱신된다. 그렇지 않을 경우 p1에 대응한다). 두 경우 모두 Medium::Tr()은 빛줄기 투과율을 Ray::tMax까지 방정식(11.2)에서 빛줄기 투과율의 배수 특성을 이용해 계산한다.

<Update transmittance for current ray segment> ≡ 858

```
if (ray.medium)
    Tr *= ray.medium->Tr(ray, sampler);
```

교차점을 찾지 못하면 p1까지 계산해서 완전한 투과율을 누적한다. 그렇지 않을 경우 보이지 않는 표면과 광선이 교차한 것이며, 반복문을 다시 수행하고 광선을 교차점에서 p1을 향해 추적한다.

<Generate next ray segment or return final transmittance> ≡ 858

```
if (!hitSurface)
    break;
ray = isect.SpawnRayTo(p1);
```

12.3 점광원

공간에서 한 점에서의 방출과 나가는 빛의 각도별로 일부 변화하는 분포로 다양한 흥미로운 빛을 설명할 수 있다. 이 절은 그중 하나의 구현에 대한 설명으로 시작하며, 모든 방향에 같은 양의 빛을 방출하는 등방성 점광원 PointLight로 시작한다. 이는 lights/point.h와 lights/point.cpp 파일에 정의돼 있다. 그림 12.6은 점광원으로 렌더링된 장면을 보여준다. 이를 바탕으로 점광원에 기반을 둔 다양하고 복잡한 빛이 도입되며, 스포트라이트와 장면에 이미지를 투영하는 빛을 포함한다.

그림 12.6 점광원으로 렌더링한 장면. 빛의 종류로 인한 선명한 그림자 경계를 참고하자.

<PointLight Declarations> ≡

```
class PointLight : public Light {
public:
    <PointLight Public Methods 860>
private:
    <PointLight Private Data 860>
};
```

PointLight는 빛 공간의 원점에 위치한다. 이를 다른 곳에 위치시키려면 빛에서 월드 변환을 적절히 설정해야 한다. 이 변환을 사용하면 생성자에서 빛의 월드 공간 위치 (0, 0, 0)을 빛 공간에서 월드 공간으로 변환해 미리 계산해서 캐싱할 수 있다.

생성자는 또한 광원의 강도를 저장하며, 이는 단위 입체각당 에너지의 양이다. 광원이 등방성이므로 이는 상수다. 최종적으로 점광원이 단일 위치에서 빛만 방출하는 특이점을 나타내므로 `Light::flags`는 `LightFlags::DeltaPosition`으로 초기화돼야 한다.

<PointLight Public Methods> ≡ 859

```
PointLight(const Transform &LightToWorld,
        const MediumInterface &mediumInterface, const Spectrum &I)
    : Light((int)LightFlags::DeltaPosition, LightToWorld,
        mediumInterface),
        pLight(LightToWorld(Point3f(0, 0, 0))), I(I) { }
```

<PointLight Private Data> ≡ 859

```
const Point3f pLight;
const Spectrum I;
```

엄밀히 말해 방사의 단위를 사용해 점광원에서 점에 도착하는 빛을 설명하는 것은 부정확하다. 방사 강도는 대신 5.4절에서 설명한 것처럼 점광원에서의 방출을 설명하는 적절한 단위를 사용해야 한다. 여기의 광원 인터페이스에서는 용어를 남용해 `Sample_L()` 메서드를 모든 종류의 광원에 대해 점에 도달하는 조명을 알려주도록 사용하고, 방사 강도를 점 p에서 제곱된 거리로 나눠 단위를 변환한다. 14.2절은 델타 분포가 산란 방정식의 적분 계산에 어떻게 영향을 미치는지에 대한 문제의 세부 사항을 재조명한다. 결과적으로 계산의 정확성은 이 조작에 의해 영향 받지 않으며, 이는 빛 전달 알고리즘의 구현을 다른 종류의 빛에 대해 다른 인터페이스를 요구하지 않도록 해 더 명백하게 한다.

<PointLight Method Definitions> ≡

```
Spectrum PointLight::Sample_Li(const Interaction &ref,
        const Point2f &u, Vector3f *wi, Float *pdf,
        VisibilityTester *vis) const {
    *wi = Normalize(pLight - ref.p);
    *pdf = 1.f;
    *vis = VisibilityTester(ref, Interaction(pLight, ref.time,
            mediumInterface));
    return I / DistanceSquared(pLight, ref.p);
}
```

광원에서 방출된 전체 에너지는 전체 방향의 구에 대해 강도를 적분해 얻을 수 있다.

$$\Phi = \int_{\mathbb{S}^2} I \, \mathrm{d}\omega = I \int_{\mathbb{S}^2} \mathrm{d}\omega = 4\pi I$$

<PointLight Method Definitions> +≡

```
Spectrum PointLight::Power( ) const {
    return 4 * Pi * I;
}
```

12.3.1 스포트라이트

스포트라이트는 점광원에서 손쉬운 변종이다. 모든 방향에 조명으로 빛을 내는 대신 빛을 그의 위치에서 방향의 원뿔로 방출한다. 단순성을 위해 빛 좌표계에서 스포트라이트가 항상 위치 (0, 0, 0)과 +z축으로 내려 보는 것으로 정의한다. 장면에서 다른 곳에 위치하거나 방향을 바꿀 경우 `Light::WorldToLight` 변환이 적절히 설정돼야 한다. 그림 12.7은 그림 12.6과 같은 장면의 렌더링으로, 단지 점광원 대신 스포트라이트를 사용했다. `SpotLight` 클래스는 lights/spot.h와 lights/spot.cpp 파일에 있다.

그림 12.7 스포트라이트 장면 렌더링. 스포트라이트의 원뿔은 빛의 중심축에서 사용자가 지정한 각도를 넘어가는 조명을 부드럽게 잘라낸다.

<SpotLight Declarations> ≡

```
class SpotLight : public Light {
```

```
public:
    <SpotLight Public Methods>
private:
    <SpotLight Private Data 862>
};
```

생성자에 넘겨진 두 각도는 SpotLight의 원뿔 범위를 설정하는 데 사용된다. 원뿔의 전체 각도 너비와 감쇠가 시작하는 각도(그림 12.8)다. 생성자는 SpotLight의 메서드에 사용하기 위해 이 각도의 코사인을 미리 계산해 저장한다.

<SpotLight Method Definitions> ≡

```
SpotLight::SpotLight(const Transform &LightToWorld,
        const MediumInterface &mediumInterface, const Spectrum &I,
        Float totalWidth, Float falloffStart)
    : Light((int)LightFlags::DeltaPosition, LightToWorld,
        mediumInterface),
        pLight(LightToWorld(Point3f(0, 0, 0))), I(I),
        cosTotalWidth(std::cos(Radians(totalWidth))),
        cosFalloffStart(std::cos(Radians(falloffStart))) { }
```

<SpotLight Private Data> ≡ 862

```
const Point3f pLight;
const Spectrum I;
const Float cosTotalWidth, cosFalloffStart;
```

SpotLight::Sample_Li() 메서드는 거의 PointLight::Sample_Li()와 동일하며, 스포트라이트 원뿔에서 빛의 기여를 계산하기 위한 Falloff() 메서드를 호출하는 것만 다르다. 이 계산은 다른 SpotLight 메서드 또한 동작시킬 필요가 있기 때문에 다른 메서드에 캡슐화된다.

<SpotLight Method Definitions> +≡

```
Spectrum SpotLight::Sample_Li(const Interaction &ref,
        const Point2f &u, Vector3f *wi, Float *pdf,
        VisibilityTester *vis) const {
    *wi = Normalize(pLight - ref.p);
    *pdf = 1.f;
    *vis = VisibilityTester(ref, Interaction(pLight, ref.time,
            mediumInterface));
    return I * Falloff(-*wi) / DistanceSquared(pLight, ref.p);
}
```

수신점 p에 대한 스포트라이트의 강도를 계산하기 위해 첫 단계는 스포트라이트 원점에서 p와 스포트라이트 원뿔의 중심을 따른 벡터 사이 각도의 코사인을 계산하는 것이다. 점 p에 대한 오프셋 각도의 코사인을 다음과 같이 계산하고, 이는 그림 12.8에서 보여준다.

$$\begin{aligned}\cos\theta &= \left(\widehat{\mathrm{p} - (0,0,0)}\right)\cdot(0,0,1)\\ &= \mathrm{p}_z/\|\mathrm{p}\|.\end{aligned}$$

이 값은 점이 스포트라이트 원뿔에 대해 어디에 있는지 알아보기 위해 감쇠의 코사인과 전체 너비 각도를 비교한다. 쉽게 감쇠 각도의 코사인보다 큰 코사인 값을 가진 점은 원뿔 안에서 전체 조명을 받으며, 너비 각의 코사인보다 작은 코사인을 가진 점은 완전히 원뿔의 밖에 있음을 알 수 있다(계산이 특이한 것은 $\theta \in [0, 2\pi]$의 경우 $\theta > \theta'$면 $\cos\theta < \cos\theta'$이기 때문이다).

<SpotLight Method Definitions> +≡

```
Float SpotLight::Falloff(const Vector3f &w) const {
    Vector3f wl = Normalize(WorldToLight(w));
    Float cosTheta = wl.z;
    if (cosTheta < cosTotalWidth)    return 0;
    if (cosTheta > cosFalloffStart) return 1;
    <Compute falloff inside spotlight cone 864>
}
```

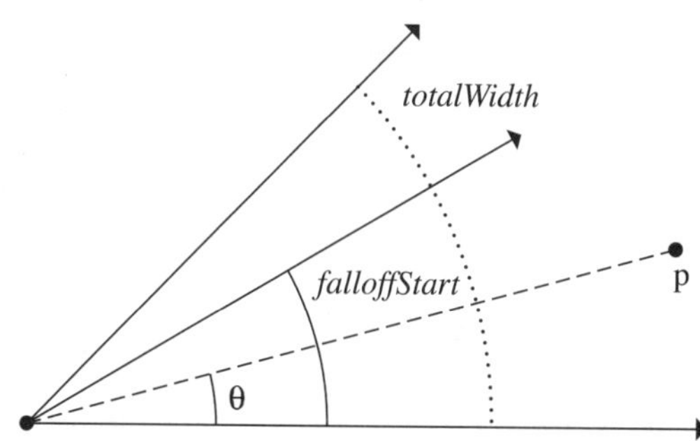

그림 12.8 스포트라이트는 두 개의 각도 falloffStart와 totalWidth로 정의된다. 안쪽 원뿔각 안의 물체에서 falloffStart까지는 빛에 의해 완전히 조명된다. falloffStart와 totalWidth 사이의 방향은 전환 지역으로, 전체 조명에서 조명 없는 곳으로 감소하며 totalWidth 원뿔 밖의 점은 아예 조명되지 않는다. 점 p에서 스포트라이트 축 사이의 각 θ의 코사인은 내적으로 쉽게 계산할 수 있다.

완전히 조명되는 곳에서 원뿔 바깥까지의 전환 범위 안의 점은 강도가 부드럽게 완전 조명에서 어둠으로 감쇠한다.[2]

<Compute falloff inside spotlight cone> ≡ 863

```
Float delta = (cosTheta - cosTotalWidth) /
              (cosFalloffStart - cosTotalWidth);
return (delta * delta) * (delta * delta);
```

너비 각 θ를 가진 원뿔에 대한 입체각은 $2\pi(1 - \cos\theta)$다. 그러므로 방사 강도로 에너지를 주는 구의 방향에 대한 적분은 원뿔에서 조명을 방출하는 빛의 전체 에너지를 계산해 풀 수 있다. 스포트라이트에 대해 너비 각 코사인이 `width`와 `fall`의 중간인 원뿔이 덮는 방향의 입체각을 계산해 합리적으로 빛의 에너지를 근사할 수 있다.

<SpotLight Method Definitions> +≡

```
Spectrum SpotLight::Power() const {
    return I * 2 * Pi * (1 - .5f * (cosFalloffStart + cosTotalWidth));
}
```

12.3.2 텍스처 투영 빛

다른 유용한 광원은 슬라이드 프로젝터처럼 작동하는 것이다. 이는 이미지 맵을 받아 이미지를 장면에 투영한다. `ProjectionLight` 클래스는 투영 변환을 사용해 장면의 점을 생성자에서 제공한 시야각에 기반을 둔 빛의 투영면에 투사한다(그림 12.9). 이 구현은 lights/projection.h와 lights/projection.cpp 파일에 있다. 조명 예제 장면에서 이 빛의 사용은 그림 12.10에 있다.

<ProjectionLight Declarations> ≡

```
class ProjectionLight : public Light {
public:
    <ProjectionLight Public Methods>
private:
    <ProjectionLight Private Data 866>
};
```

2. `delta`를 4승하는 것의 괄호에 대해 주의하자. 이는 컴파일러가 괄호가 없을 때 필요한 3개의 연산보다 2개의 연산을 생성하도록 허용한다. 왜 괄호가 필요한지 알기 위해 3.9.1절에서의 IEEE 부동소수점 논의를 살펴보자.

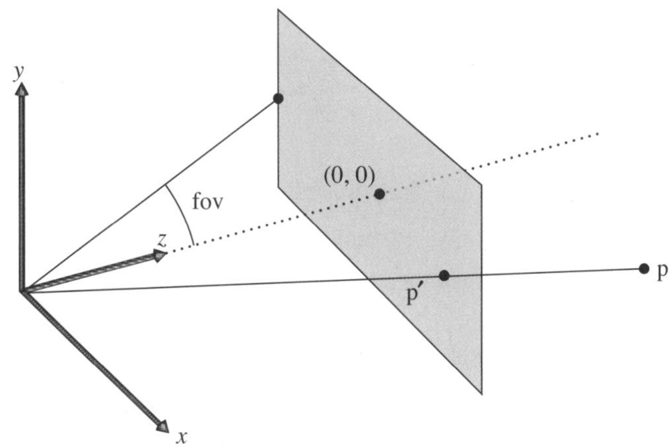

그림 12.9 광원 투영의 기본 설정. 빛의 좌표계에서 점 p는 빛의 투영 행렬을 사용해 이미지 면에 투영된다.

그림 12.10 격자 텍스처 맵을 사용해 투영 광을 렌더링한 장면. 슬라이드 프로젝터처럼 작동하는 빛으로 이미지를 장면의 물체에 투영한다.

<ProjectionLight Method Definitions> ≡

```
ProjectionLight::ProjectionLight(const Transform &LightToWorld,
        const MediumInterface &mediumInterface, const Spectrum &I,
        const std::string &texname, Float fov)
    : Light((int)LightFlags::DeltaPosition, LightToWorld,
        mediumInterface),
        pLight(LightToWorld(Point3f(0, 0, 0))), I(I) {
```

```
    <Create ProjectionLight MIP map 866>
    <Initialize ProjectionLight projection matrix 866>
    <Compute cosine of cone surrounding projection directions 867>
}
```

이 빛은 Texture를 사용해 빛 투영 분포를 표현하므로 절차적 투영 패턴을 사용할 수 있다. 하지만 투영 함수의 정확한 표현을 갖는 것은 MIPMap의 이미지를 사용하는 것이 가능하므로 몬테카를로 기술을 사용해 투영 분포를 표본화할 수 있어 유용하며, 여기의 구현에 이 표현을 사용한다.

투영된 이미지가 전체 파장에 대해 렌더링을 해도 명시적으로 RGBSpectrum에 저장된 것을 주시하자. 이미지 맵이 전체 파장 자료를 갖고 사용한다고 해도 이 경우의 전체 SampledSpectrum 값을 저장하는 것은 메모리의 낭비일 뿐이다. RGB 칼라가 MIPMap이 생성되기 전이나 MIPMap이 Lookup() 루틴으로 값을 반환한 후에 SampledSpectrum으로 변환되며, 두 경우는 같은 결과를 제공한다.

```
<Create ProjectionLight MIP map> ≡                                              866
    Point2i resolution;
    std::unique_ptr<RGBSpectrum[]> texels = ReadImage(texname, &resolution);
    if (texels)
        projectionMap.reset(new MIPMap<RGBSpectrum>(resolution,
                texels.get()));
```

```
<ProjectionLight Private Data> ≡                                                864
    std::unique_ptr<MIPMap<RGBSpectrum>> projectionMap;
    const Point3f pLight;
    const Spectrum I;
```

PerspectiveCamera와 비슷하게 ProjectionLight 생성자는 투영 행렬과 투영의 화면 공간 영역을 계산한다.

```
<Initialize ProjectionLight projection matrix> ≡                                866
    Float aspect = projectionMap ?
            (Float(resolution.x) / Float(resolution.y)) : 1;
    if (aspect > 1)
        screenBounds = Bounds2f(Point2f(-aspect, -1), Point2f(aspect, 1));
    else
        screenBounds = Bounds2f(Point2f(-1, -1/aspect), Point2f(1, 1/aspect));
    near = 1e-3f;
    far = 1e30f;
    lightProjection = Perspective(fov, near, far);
```

<ProjectionLight Private Data> +≡ 864

```
Transform lightProjection;
Float near, far;
Bounds2f screenBounds;
```

마지막으로 생성자는 +*z*축과 화면 모서리의 벡터 사이 각도의 코사인을 찾는다. 이 값은 다른 곳에서 빛이 투영되는 방향의 집합을 포함하는 방향의 최소 원뿔을 정의하는 데 사용된다. 이 원뿔은 임의로 광원에서 나오는 광선을 표본화해야 하는 포톤 매핑 같은 알고리즘에 유용하다(16장에서 설명한다). 이 계산을 여기서 유도하지 않는다. 이는 명백한 삼각법에 기반을 둔다.

<Compute cosine of cone surrounding projection directions> ≡ 866

```
Float opposite = std::tan(Radians(fov) / 2.f);
Float tanDiag = opposite * std::sqrt(1 + 1 / (aspect * aspect));
cosTotalWidth = std::cos(std::atan(tanDiag));
```

<ProjectionLight Private Data> +≡ 864

```
Float cosTotalWidth;
```

스포트라이트의 버전과 비슷하게 `ProjectionLight::Sample_Li()`는 얼마나 많은 빛이 주어진 방향에 투영되는지 결정하기 위해 유틸리티 메서드 `ProjectionLight::Projection()`을 호출한다. 그러므로 `Sample_Li()`의 구현을 여기에 포함하지 않는다.

<ProjectionLight Method Definitions> +≡

```
Spectrum ProjectionLight::Projection(const Vector3f &w) const {
    Vector3f wl = WorldToLight(w);
    <Discard directions behind projection light 867>
    <Project point onto projection plane and compute light 868>
}
```

투영 변환이 투영 중심 뒤의 점을 앞의 점으로 투영하는 특성을 갖고 있으므로, 이는 음의 *z* 값을 갖는 점을 제거하기 위해 유용하다. 그러므로 투영 코드는 투영에 대한 가까운 면의 뒤에 있는 투영 점에 대해 즉각적으로 조명이 없음을 반환한다. 이 확인이 처리되지 않으면 투영된 점이 원래 빛의 뒤에 있거나(그래서 조명되지 않는다) 앞에 있는 경우를 아는 것이 불가능하다.

<Discard directions behind projection light> ≡ 867

```
if (wl.z < near) return 0;
```

투영면에 투영된 후에 화면 윈도우 밖의 좌표 값은 버려진다. 이 테스트를 통과한 점들은 $[0, 1]^2$ 안의 (s, t) 좌표계로 변환돼 투영 이미지 맵의 검색에 사용한다. 명시적으로 Spectrum 생성자로 넘겨진 RGBSpectrum 값이 발광의 SPD를 표현하고 반사의 SPD는 표현하지 않는다는 점을 알아두자(5.2.2절의 설명에 따르면 RGB에서 SPD로 변환할 때 발광과 반사에 대해 다른 일치 함수를 사용한다는 것을 상기하자).

<Project point onto projection plane and compute light> ≡ 867

```
Point3f p = lightProjection(Point3f(wl.x, wl.y, wl.z));
if (!Inside(Point2f(p.x, p.y), screenBounds)) return 0.f;
if (!projectionMap) return 1;
Point2f st = Point2f(screenBounds.Offset(Point2f(p.x, p.y)));
return Spectrum(projectionMap->Lookup(st), SpectrumType::Illuminant);
```

이 빛의 전체 에너지는 스포트라이트가 투영된 이미지의 대각선에 대해 같은 각도로 대각하는 것으로 근사돼 이미지 맵의 평균 강도로 크기 조절된다. 이 근사는 투영된 이미지의 종횡비가 예를 들어 덜 정사각형일 경우 점점 더 부정확해지며, 이는 원근 투영으로 투영된 이미지 맵의 가장자리를 향하는 텍셀이 가운데 텍셀에 비해 더 넓은 입체각에 대한다는 것을 고려하지 않는다. 그럼에도 불구하고, 이는 합리적인 일차 근사다.

<ProjectionLight Method Definitions> +≡

```
Spectrum ProjectionLight::Power() const {
    return (projectionMap ?
            Spectrum(projectionMap->Lookup(Point2f(.5f, .5f), .5f),
        SpectrumType::Illuminant) : Spectrum(1.f)) *
            I * 2 * Pi * (1.f - cosTotalWidth);
}
```

12.3.3 각광도계 다이어그램 빛

각광도계 다이어그램^goniophotometric diagram^은 한 점광원에서 조명의 각 분포를 설명한다. 이는 빛을 특징짓기 위해 조명 공학에서 널리 사용된다. 그림 12.11은 2차원의 각광도계 다이어그램의 예를 보여준다. 이 절에서는 빛의 방사 분포를 설명하기 위해 2D 이미지 맵으로 부호화한 각광도계 다이어그램을 사용하는 광원을 구현한다. 구현은 앞 절에 정의한 점광원과 매우 유사하다. 이는 나가는 방향에 기반을 둔 강도를 각광도계 값에 기반을 두고 크기 조절한다. 그림 12.12는 이미지 맵으로 부호화한 몇 가지 각광도계 다이어그램을 보여주며, 그림 12.13은 이 이미지 중 하나를 사용해 조절하는 광원으로 조명의 방향 분포를 렌더링한 장면을 보여준다.

<GonioPhotometricLight Declarations> ≡

```
class GonioPhotometricLight : public Light {
public:
    <GonioPhotometricLight Public Methods 869>
private:
    <GonioPhotometricLight Private Data 870>
};
```

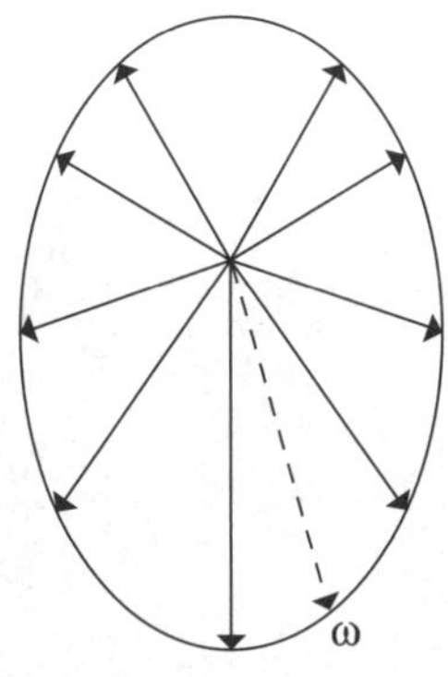

그림 12.11 점광원에서의 나가는 빛의 분포를 설명하는 각광도계 다이어그램의 2D 예. 방출된 강도는 고정된 방향의 집합에 대해 단위원에 정의되며, 주어진 나가는 방향 ω에 대한 강도는 인접한 표본의 강도를 보간해 찾을 수 있다.

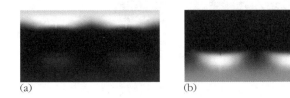

(a)

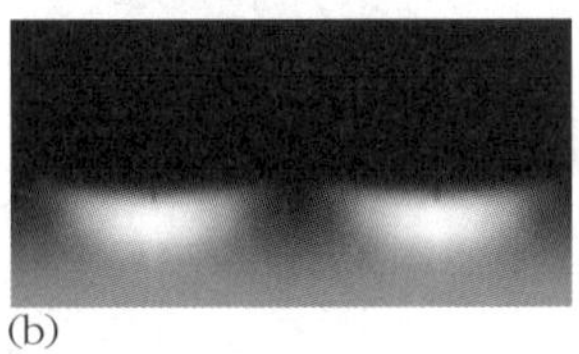
(b)

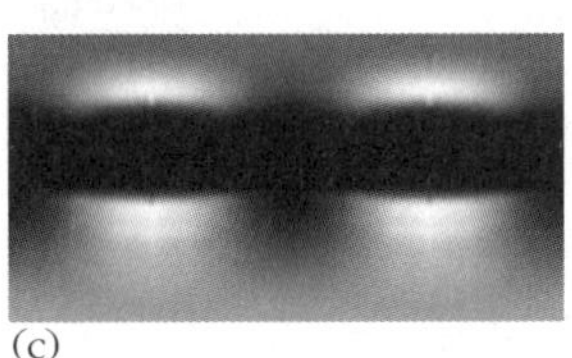
(c)

그림 12.12 구좌표계에 기반을 둔 매개변수화로 부호화한 이미지 맵으로 표현한 실세계 광원에 대한 각광도계 다이어그램. (a) 대부분 위 방향으로 조명되며, 조명의 작은 부분만 아래 방향으로 향하는 빛. (b) 대부분이 아래 방향으로 향하는 빛. (c) 조명은 위와 아래에 같이 투사하는 빛이다.

GonioPhotometricLight 생성자는 기본 강도와 빛의 각 분포에 기반을 둔 강도를 크기 조절하는 이미지 맵을 받는다.

<GonioPhotometricLight Public Methods> ≡ 869

```
GonioPhotometricLight(const Transform &LightToWorld,
        const MediumInterface &mediumInterface, const Spectrum &I,
        const std::string &texname)
    : Light((int)LightFlags::DeltaPosition, LightToWorld,
```

```
            mediumInterface),
            pLight(LightToWorld(Point3f(0, 0, 0))), I(I) {
        <Create mipmap for GonioPhotometricLight 870>
    }
```

<GonioPhotometricLight Private Data> ≡ 869

```
    const Point3f pLight;
    const Spectrum I;
    std::unique_ptr<MIPMap<RGBSpectrum>> mipmap;
```

ProjectionLight처럼 GonioPhotometricLight는 분포 이미지 맵의 MIPMap을 생성하고, 또한 항상 RGBSpectrum 값을 반환한다.

그림 12.13 그림 12.12의 각광도계 다이어그램을 사용해 렌더링한 장면. 점광원이 이 빛의 기반이더라도 현실적인 빛의 방향 변화를 포함해 렌더링된 이미지의 시각적인 사실성을 증가시킨다.

<Create mipmap for GonioPhotometricLight> ≡ 870

```
    Point2i resolution;
    std::unique_ptr<RGBSpectrum[]> texels = ReadImage(texname, &resolution);
    if (texels)
        mipmap.reset(new MIPMap<RGBSpectrum>(resolution, texels.get()));
```

GonioPhotometricLight::Sample_Li() 메서드는 여기에 수록하지 않는다. 이는 근본적으로 방사양의 크기를 조절하는 도우미 함수를 사용하는 SpotLight::Sample_Li() 및 ProjectionLight::

Sample_Li()와 동일하다. 이는 크기 조절 텍스처가 구면 좌표를 사용해서 부호화돼 있다고 가정하며, 그러므로 주어진 방향은 텍스처에 색인으로 찾는데, 사용 전에 θ와 ϕ 값으로 변환되고 [0, 1] 사이로 크기 조절돼야 한다. 각광도계 다이어그램은 보통 y축이 위인 좌표계에 정의돼 있으며, pbrt의 구면 좌표 유틸리티 루틴은 z가 위로 가정하므로 y와 z를 변환 전에 바꿔야 한다.

<GonioPhotometricLight Public Methods> +≡ 869

```
Spectrum Scale(const Vector3f &w) const {
    Vector3f wp = Normalize(WorldToLight(w));
    std::swap(wp.y, wp.z);
    Float theta   = SphericalTheta(wp);
    Float phi     = SphericalPhi(wp);
    Point2f st(phi * Inv2Pi, theta * InvPi);
    return !mipmap ? RGBSpectrum(1.f) :
            Spectrum(mipmap->Lookup(st), SpectrumType::Illuminant);
}
```

Power() 메서드의 계산은 동력을 계산하기 위해 이미지에 대해 평균 강도를 사용한다. 이 계산은 방향의 구좌표 매개변수화가 다양한 왜곡을 갖고, 특히 $+z$와 $-z$ 방향 근처에서 왜곡이 있으므로 부정확하다. 하지만 이 오류는 pbrt의 이 메서드 사용에 용인된다.

<GonioPhotometricLight Method Definitions> ≡

```
Spectrum GonioPhotometricLight::Power() const {
    return 4 * Pi * I *
    Spectrum(mipmap ? mipmap->Lookup(Point2f(.5f, .5f), .5f) :
            Spectrum(1.f), SpectrumType::Illuminant);
}
```

12.4 원거리 광

다른 유용한 광원형은 원거리 광(distant light)으로, 방향 광(directional light)으로도 알려져 있다. 이는 공간의 모든 점에 같은 방향에서 조명이 되는 방출자를 설명한다. 또한 이런 빛은 무한에 위치한 점광원이라고 불리는데, 점광원이 계속해서 멀어질 경우 점점 더 방향 광처럼 행동하기 때문이다. 예를 들어 태양(지구에서 고려했을 때)은 방향 광원으로 생각할 수 있다. 이는 실제로는 영역 광원이더라도 지구에 도달하는 조명이 너무 멀기에 현상적으로는 평행한 광선으로 도달한다. DistantLight는 lights/distant.h와 lights/distant.cpp 파일에 구현돼 있으며, 방향 광원을 구현한다.

```
<DistantLight Declarations> ≡
    class DistantLight : public Light {
    public:
        <DistantLight Public Methods 872>
    private:
        <DistantLight Private Data 872>
    };
```

DistantLight 생성자가 MediumInterface 매개변수를 갖지 않는 것을 기억하자. 원거리 광에 대한 유일한 유의미한 재질은 진공이다. 빛이 어떤 빛이라도 흡수하는 재질 안에 있었다면 무한대로 멀리 떨어져있다고 모델링됐기에 모든 방출이 흡수될 것이다.

```
<DistantLight Method Definitions> ≡
    DistantLight::DistantLight(const Transform &LightToWorld,
            const Spectrum &L, const Vector3f &wLight)
        : Light((int)LightFlags::DeltaDirection, LightToWorld,
            MediumInterface()),
            L(L), wLight(Normalize(LightToWorld(wLight))) { }
```

```
<DistantLight Private Data> ≡                                    872
    const Spectrum L;
    const Vector3f wLight;
```

일부 DistantLight 메서드는 장면의 경계를 알아야 한다. 빛이 장면 기하 구조 이전에 생성되므로 이 경계는 DistantLight 생성자가 실행될 때 가용하지 않다. 그러므로 DistantLight는 추가적인 Preprocess() 메서드를 통해 경계를 얻는다(이는 Scene 생성자의 끝에서 호출된다).

```
<DistantLight Public Methods> ≡                                  872
    void Preprocess(const Scene &scene) {
        scene.WorldBound().BoundingSphere(&worldCenter, &worldRadius);
    }
```

```
<DistantLight Private Data> +≡                                   872
    Point3f worldCenter;
    Float worldRadius;
```

Sample_Li() 메서드의 구현 대부분은 명백하다. 원거리 광에 대해 입사 방향과 방사는 항상 동일하다. 오직 관심 있는 비트는 VisibilityTester의 초기화다. 여기서 그림자 광선의 두 번째 점은 원거리 광의 입사 방향을 따라 장면 경계 구 반경의 2배 거리로 설정되며,

이 두 번째 점은 장면 경계의 밖이라는 것이 보장된다(그림 12.14).

<DistantLight Method Definitions> +≡
```
Spectrum DistantLight::Sample_Li(const Interaction &ref,
        const Point2f &u, Vector3f *wi, Float *pdf,
        VisibilityTester *vis) const {
    *wi = wLight;
    *pdf = 1;
    Point3f pOutside = ref.p + wLight * (2 * worldRadius);
    *vis = VisibilityTester(ref, Interaction(pOutside, ref.time,
            mediumInterface));
    return L;
}
```

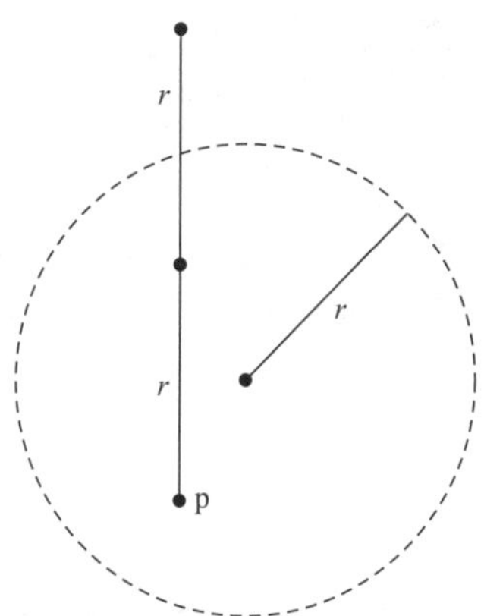

그림 12.14 DistantLight 그림자 광선에 대해 두 번째 점을 계산. 주어진 장면을 감싸는 구(점선)의 반경 r과 주어진 장면 안의 일부 점 p에 대해 p에서 어떤 벡터를 따라 거리 $2r$을 이동할 때 이동된 점은 반드시 장면의 경계 밖에 있게 된다. 이런 점에 대한 그림자 광선이 차폐되지 않으면 점 p가 벡터의 방향을 따라 원거리 광에서의 조명을 받는다고 확신할 수 있다.

원거리 광은 방출하는 에너지의 양이 장면의 공간 범위에 관련돼 있어서 일반적이지 않다. 사실 이는 빛의 받는 장면 면적에 비례한다. 이것이 왜 그런지 알아보기 위해 원반의 면적 A가 방출된 방사 L을 가진 원거리 광으로 조명돼 빛의 입사각이 원반의 법선 방향을 따라 도달하는 경우를 고려해보자. 원반에 도달하는 전체 에너지는 $\Phi = AL$이 된다. 빛을 받는 표면의 크기가 변화하므로 에너지도 비례적으로 변화한다.

DistantLight가 방출하는 에너지를 찾기 위해 빛에서 보이는 물체의 전체 표면적을 계산하는 것은 비현실적이다. 대신 이 면적을 빛의 방향을 향한 장면의 경계 구 안에 있는 원반으로 근사할 것이다(그림 12.15). 이는 실제 면적을 항상 과대 예측하지만, 시스템의 다른 곳에서의 사용에는 충분하다.

<DistantLight Method Definitions> +≡
```
Spectrum DistantLight::Power( ) const {
    return L * Pi * worldRadius * worldRadius;
}
```

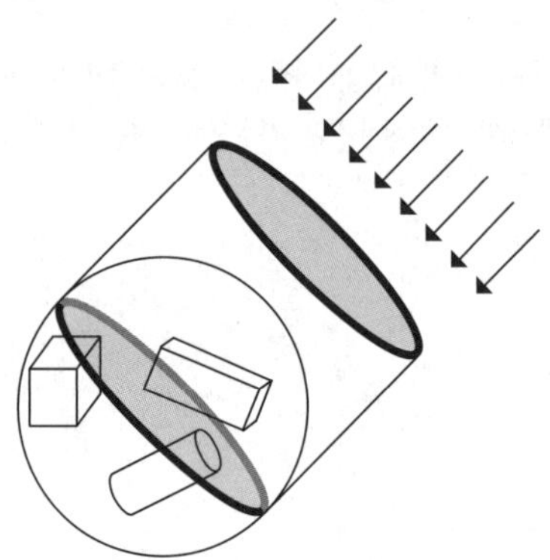

그림 12.15 주어진 장면에 들어오는 원거리 광에서 방출된 에너지의 근사는 장면을 감싸는 구를 찾아 내접 원반의 면적을 계산하고, 해당 원반의 표면에 도달하는 에너지를 계산해 구할 수 있다.

12.5 영역 광

영역 광은 하나 이상의 표면에서 빛을 방출하는 Shape로 정의되며, 표면의 각 점에서 일부가 방사의 방향 분포를 가진다. 일반적으로 영역 광에 관계된 방사양을 계산하는 것은 빛의 표면에 대해 적분을 계산하는 것으로, 대부분의 경우 닫힌 형으로 계산할 수 없다. 이 주제는 14.2절의 몬테카를로 적분 기술에서 다룬다. 이 복잡도의 보상(그리고 계산 비용)은 부드러운 그림자와 더 현실적인 조명 효과로, 점광원에서 오는 선명한 그림자 및 삭막한 조명과는 다르다(그림 12.16을 보자. 또한 그림 12.17과 12.6를 비교해보자).

AreaLight 클래스는 추상 기본 클래스로 Light에서 상속한다. 영역 광의 구현은 다음에서 상속해야 한다.

<Light Declarations> +≡
```
class AreaLight : public Light {
public:
    <AreaLight Interface 875>
};
```

그림 12.16 조명 예제 장면의 더 넓은 시야. 용은 바로 위에 있는 원반 영역 광원에 의해 조명된다.

AreaLight는 Light 인터페이스에 하나의 새 메서드인 AreaLight::L()을 추가한다. 구현은 빛의 표면에 주어진 점과 표면 법선에 대해 주어진 나가는 방향에 대해 영역 광의 방출된 방사 L을 계산해야 한다.

<AreaLight Interface> ≡ 874

```
virtual Spectrum L(const Interaction &intr, const Vector3f &w) const = 0;
```

편의를 위해 Intersection 클래스에서 광선이 교차하는 표면 점에서 방출된 방사를 계산하는 것을 쉽게 하는 메서드가 있다.

<SurfaceInteraction Method Definitions> +≡

```
Spectrum SurfaceInteraction::Le(const Vector3f &w) const {
    const AreaLight *area = primitive->GetAreaLight();
    return area ? area->L(*this, w) : Spectrum(0.f);
}
```

(a)

(b)

그림 12.17 원반 영역 광으로 조명된 용 모델. (a) 원반의 범위는 상대적으로 작다. 그림자는 부드러운 반그림자를 가지며, 그렇지 않다면 점광원으로 렌더링한 것과 비슷한 이미지가 나온다. (b) 더 큰 원반을 사용한 효과는 전체 그림자 안에 있는 영역을 거의 제거한 점에 대해 반그림자가 더 넓어지는 것뿐 아니라 용의 목과 턱 같은 영역이 더 넓은 범위의 방향에서 조명이 돼 눈에 띄게 어떻게 다른 모습을 보여주는지 알 수 있다.

DiffuseAreaLight는 공간과 방향의 방사 분포가 균일한 기본 영역 광원을 구현한다. 이는 표면 법선에 나가는 방향의 표면에 있는 면에서만 빛을 방출한다. 다른 면에서의 방출은 없다(Shape::reverse Orientation 값은 빛이 표면의 현재 면과 다른 면에서 대신 방출하게 하기 위해 true로 설정할 수 있다). DiffuseAreaLight는 lights/diffuse.h와 lights/diffuse.cpp 파일에 정의돼 있다.

```
<DiffuseAreaLight Declarations> ≡
    class DiffuseAreaLight : public AreaLight {
    public:
        <DiffuseAreaLight Public Methods 877>
    protected:
        <DiffuseAreaLight Protected Data 877>
    };
```

```
<DiffuseAreaLight Method Definitions> ≡
    DiffuseAreaLight::DiffuseAreaLight(const Transform &LightToWorld,
            const MediumInterface &mediumInterface, const Spectrum &Lemit,
            int nSamples, const std::shared_ptr<Shape> &shape)
        : AreaLight(LightToWorld, mediumInterface, nSamples), Lemit(Lemit),
            shape(shape), area(shape->Area()) { }
```

```
<DiffuseAreaLight Protected Data> ≡                                        877
    const Spectrum Lemit;
    std::shared_ptr<Shape> shape;
    const Float area;
```

이 영역 광 구현이 빛을 모양의 표면에 있는 한 면에서만 빛을 방출하므로, L() 메서드는 나가는 방향이 법선과 같은 반구에 위치하는지만 보장하면 된다.

```
<DiffuseAreaLight Public Methods> ≡                                        877
    Spectrum L(const Interaction &intr, const Vector3f &w) const {
        return Dot(intr.n, w) > 0.f ? Lemit : Spectrum(0.f);
    }
```

DiffuseAreaLight::Sample_Li() 메서드는 이제까지 설명한 다른 광원처럼 명백하지 않다. 특히 장면의 각 점에서 영역 광에서의 방사는 많은 방향에서 입사할 수 있으며, 다른 빛처럼 하나의 방향에서만 오지 않는다(그림 12.18). 이는 어떤 방향을 이 메서드에 대해 선택해야 하는지에 대한 질문으로 이어진다. 이 질문의 답과 이 메서드 구현의 제공을 몬테카를로 적분이 도입된 14.2절까지 미룬다.

표면에 대해 균일한 방출된 방사를 갖는 영역 광에서 방출된 에너지는 닫힌 형으로 직접 계산할 수 있다.

<*DiffuseAreaLight Method Definitions*> +≡
```
Spectrum DiffuseAreaLight::Power( ) const {
    return Lemit * area * Pi;
}
```

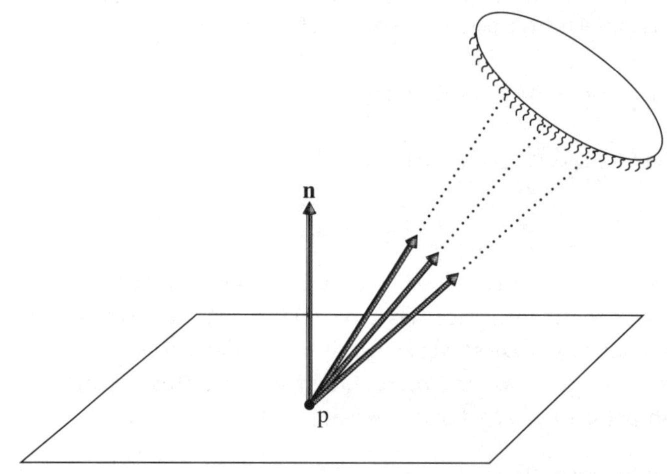

그림 12.18 영역 광이 하나가 아닌 많은 방향에 대해 입사 조명을 투사한다.

12.6 무한 영역 광

다른 유용한 빛의 종류는 전체 장면을 감싸는 무한히 떨어진 영역 광원인 무한 영역 광이다. 이 빛을 시각화하는 방법 하나는 모든 방향에서 장면으로 빛을 투사하는 거대한 구다. 한 가지 중요한 무한 영역 광의 사용은 환경 광으로, 어떤 환경 안에 있는 합성 물체를 조명하기 위해 환경의 조명을 표현하는 이미지를 사용하는 것이다. 그림 12.19와 12.20은 자동차 모델을 표준 영역 광으로 조명한 것과 하루의 여러 다른 시간에서의 조명을 흉내 내기 위해 환경 맵으로 조명한 것을 비교한다(여기서 사용한 조명 맵은 그림 12.21에 있다). 사실성의 증가는 현저하다. `InfiniteAreaLight`는 lights/infinite.h와 lights/infinite.cpp 파일에 구현돼 있다.

이 응용에 대한 빛에 대해 널리 사용되는 표현은 경도-위도 방사 맵이다(이 표현은 또한 정방형 투영equirectangular projection으로 알려져 있다). `EnvironmentCamera`를 빛에 대해서 이미지 맵을 생성하는데 사용하거나, 혹은 더 읽을거리 절에서 이 조명 자료를 실세계 환경에서 포착하는데 사용하는 기술에 대한 정보를 알아보자.

(a)

(b)

그림 12.19 자동차 모델 (a)는 영역 광으로 조명됐고, (b)는 환경 맵에서 아침의 천공광으로 조명됐다. 조명의 사실적인 분포를 사용하면 이미지가 훨씬 더 시각적으로 흥미진진해진다. 특히 모든 방향에 도달하는 조명에 대해 페인트의 광택 반사 특성은 시각적으로 훨씬 유사하다. (a)는 반사하는 것이 없으므로 페인트가 부정확하게 밋밋한 무광이다.

```
<InfiniteAreaLight Declarations> ≡
    class InfiniteAreaLight : public Light {
    public:
        <InfiniteAreaLight Public Methods 882>
    private:
        <InfiniteAreaLight Private Data 881>
    };
```

다른 빛처럼 `InfiniteAreaLight`는 변환 행렬을 받아 이미지 맵을 돌리는 데 사용한다. 이는 구체 좌표를 구 위의 방향에서 (θ, ϕ) 방향으로 매핑하는 데 사용했다. 그러므로 제공된 변환은 어떤 방향이 위인지 결정할 수 있다.

(a)

(b)

그림 12.20 조명에 사용된 환경 맵만 변경해도 매우 다른 최종 이미지 결과를 얻을 수 있다. (a) 한낮의 천공광 분포를 사용한 결과. (b) 석양의 환경 맵 사용 결과

생성자가 이미지 자료를 디스크에서 읽고 `MIPMap`을 생성해서 저장한다. 자료를 읽는 코드 조각 <*Read texel data from* `texmap` *and initialize* `Lmap`>은 명백하므로 여기에 수록하지 않는다. 생성자의 다른 코드 조각은 <*Initialize sampling PDFs for infinite area light*>며, 이는 `InfiniteAreaLight`의 몬테카를로 표본화와 관련돼 있어 14.2.4절에서 나중에 정의한다.

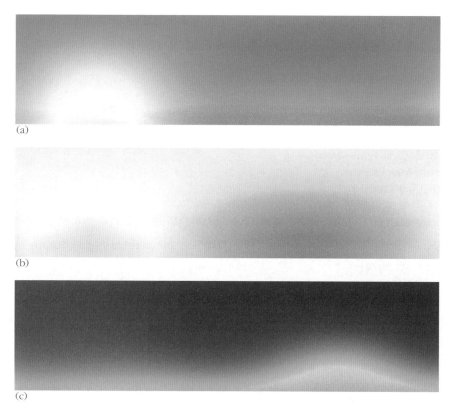

그림 12.21 그림 12.19와 12.20에서 사용한 환경 맵. (a) 아침, (b) 한낮, (c) 석양 하늘(이 맵의 아래 반쪽은 흑색뿐이라 여기서 보여주지 않는다)

DistantLight와 같이 빛은 무한히 멀리 떨어진 것으로 정의됐으므로 무한 영역 광에 대한 MediumInterface는 Medium*에 대해 nullptr 값을 가져서 진공에 대응해야 한다.

<InfiniteAreaLight Method Definitions> ≡

```
InfiniteAreaLight::InfiniteAreaLight(const Transform &LightToWorld,
        const Spectrum &L, int nSamples, const std::string &texmap)
    : Light((int)LightFlags::Infinite, LightToWorld,
        MediumInterface(), nSamples) {
    <Read texel data from texmap and initialize Lmap>
    <Initialize sampling PDFs for infinite area light 1005>
}
```

<InfiniteAreaLight Private Data> ≡ 879

```
std::unique_ptr<MIPMap<RGBSpectrum>> Lmap;
```

DistantLight처럼 InfiniteAreaLight는 또한 장면 경계가 필요하다. 여기서도 Preprocess() 메서드가 모든 장면 기하 구조가 생성된 뒤에 장면 경계를 찾는다.

<InfiniteAreaLight Public Methods> ≡ 879

```
void Preprocess(const Scene &scene) {
    scene.WorldBound().BoundingSphere(&worldCenter, &worldRadius);
}
```

<InfiniteAreaLight Private Data> +≡ 879

```
Point3f worldCenter;
Float worldRadius;
```

InfiniteAreaLight가 모든 방향에 대해 빛을 투사하므로 조명에 의해 반사된 빛을 계산하는 것도 몬테카를로 적분을 사용해야 한다. 그러므로 InfiniteAreaLight::Sample_Li()는 14.2절에 정의돼 있다.

방향 광처럼 무한 영역 광에서의 전체 동력은 장면의 표면 면적에 관련돼 있다. 12장의 다른 많은 빛처럼 여기에서 계산된 동력은 근삿값이다. 모든 텍셀이 동일 가중치를 가지며, 이는 정방형 투사로 인해 각 픽셀이 θ 값에 따라 대하는 미분 입체각이 다르다는 사실을 무시한다.

<InfiniteAreaLight Method Definitions> +≡

```
Spectrum InfiniteAreaLight::Power() const {
    return Pi * worldRadius * worldRadius *
           Spectrum(Lmap->Lookup(Point2f(.5f, .5f), .5f),
           SpectrumType::Illuminant);
}
```

장면의 어떤 기하 구조도 충돌하지 않는 광선에 대해 무한 영역 광이 방사에 기여하는 것이 가능해야 하므로 기본 Light 클래스에 장면의 어떤 것과도 충돌하지 않은 광선에 따른 빛으로 인한 방출된 방사를 반환하는 메서드를 추가한다(다른 빛에 대한 기본 구현은 방사를 반환하지 않는다). 이 광선에 대해 이 메서드를 호출하는 것은 적분기의 책임이다.

<Light Method Definitions> +≡

```
Spectrum Light::Le(const RayDifferential &ray) const {
    return Spectrum(0.f);
}
```

<InfiniteAreaLight Method Definitions> +≡

```
Spectrum InfiniteAreaLight::Le(const RayDifferential &ray) const {
```

```
    Vector3f w = Normalize(WorldToLight(ray.d));
    Point2f st(SphericalPhi(w) * Inv2Pi,
               SphericalTheta(w) * InvPi);
    return Spectrum(Lmap->Lookup(st), SpectrumType::Illuminant);
}
```

더 읽을거리

McCluney(1994)와 Malacara(2002)의 책은 흑체 방출체에 대해 논의하고, 표준 광원에 대해 자세히 논의한다. Wilkie와 Weidlich(2011)는 렌더링에서 방정식(12.4)의 키르히호프의 법칙이 더 정확함에도 방정식(12.1)의 흑체 분포로 빛 방출을 모델링하기 위해 사용한 공통적인 사용법을 알려준다. 또한 물체가 뜨거워지면 BRDF는 종종 변화하기 때문에 키르히호프의 법칙을 적용하기 어렵게 하며, 특히 온도 변화에 따른 BRDF의 효과가 일반적으로 모델에서 가용하지 않기 때문임을 지적했다.

표준 발광원은 CIE 기술 보고서(2004)에 정의돼 있다. Judd et al.(1964)은 D 표준 발광원을 정의하는 데 사용한 방식을 개발했다.

Warn(1983)은 비등방성 방사 분포를 가진 광원의 초기 모델을 개발했으며, 12장에 사용된 스포트라이트 모델도 포함됐다. 또한 Verbeck과 Greenberg(1984)는 광원을 모델링하는 다양한 기술을 설명했고 이는 빛 모델링 도구상자의 고전적인 부분이다. 더 최근에는 Barzel(1997)이 고도로 매개변수화된 광원의 모델을 설명했으며, 감쇠율의 조정에 대한 많은 조절과 조명되는 공간의 영역 등을 포함한다. Bjorke(2001)는 조명을 예술적 효과를 위해 조절하는 추가적인 여러 조절치를 설명했다(하지만 Barzel과 Bjorke의 접근법은 대부분 물리적으로 정확하지 않다).

측각 광원 근사는 조명 공학의 분야에서 영역 광원을 근사하는 데 널리 사용된다. 가장 중요한 법칙은 참조점이 한 번 영역 광원 반경의 5배 멀어지면 점광원 근사가 대부분의 응용에서 충분한 정확도를 가진다는 것이다. 파일 포맷 표준은 이런 응용을 위해 각광도계 다이어그램을 부호화하는 데 개발됐다(북미 조명 공학 협회IES, Illuminating Engineering Society of North America 2002). 많은 조명 생성자는 이 형식으로 웹 페이지에 자료를 제공한다.

Ashdown(1993)은 측광도goniometric 다이어그램보다 더 복잡한 광원을 제안했다. 방출된 방사의 방향적 분포를 광원 주변의 많은 점에서 측정하고, 결과인 4D 표로 다른 점에서 받는 방사 분포를 계산하는 데 어떻게 사용하는지 설명했다. 또 다른 측광도 빛의 일반화는

Heidrich et al.(1998)이 제안했으며, 광원을 본질적으로 위치와 방향에 대한 함수인 4D 방출 라이트 필드light field로 표현하고, 이 표현을 렌더링에 어떻게 사용하는지 보여줬다. 이 분야의 추가적인 작업은 Goesele et al.(2003)로, 광원의 측정 문제를 더 깊이 연구했고, Mas et al.(2008)은 더 공간 효율적인 표현을 도입하고 렌더링 효율을 증가시켰다.

실세계 광원은 종종 매우 복잡하며, 이는 광원이 방출하는 빛의 분포 모양을 만들어내는 신중하게 디자인된 거울과 렌즈의 시스템을 포함한다(예를 들어 자동차의 헤드라이트를 고려하면 도로의 표면에 균일하게 조명하는 것이 중요하며, 또한 다가오는 운전자의 눈에 너무 많은 빛이 빛나지 않아야 한다). 16장에서 볼 수 있듯이 이 거울 반사와 반사광 투과는 모두 빛 전송 알고리즘에서 도전적인 과제다. 그러므로 이 모든 산란 후에 광원의 최종 방출 분포를 표현하기 위해 사전 계산을 하고 렌더링에서 광원 모델로 사용하는 것은 가치가 있다. 이 방면에 대해 Kniep et al.(2009)은 빛의 필라멘트를 떠나는 광자의 경로를 빛 주변의 경계 표면에 충돌할 때까지 추적하는 것을 제안했다. 그 후 나가는 광자의 위치와 방향을 기록하고 장면의 점에서 조명을 계산할 때 이 정보를 사용했다. Velázquez-Armendáriz et al.(2015)은 방향적으로 복잡한 광원에서 방출된 방사를 모델링하기 위한 변화하는 방출 분포로 점 광원의 집합을 어떻게 계산하는지 보여줬다. 그 후 구면 조화를 사용해 조명 내부에서의 방사 분포를 근사했다.

Blinn과 Newell(1976)은 조명을 흉내 내기 위해 환경 맵의 개념과 사용을 도입했지만, 광택 물체의 조명만 고려했다. Greene(1986)은 이 아이디어를 세분해서 환경 맵의 안티앨리어싱과 다른 표현을 고려했다. Nishita와 Nakamae(1986)는 반구 천공광으로 조명되는 물체를 효율적으로 렌더링하는 알고리즘을 개발했으며, 독특한 광원 효과를 보여주는 이미지의 일부를 생성했다. Miller와 Hoffman(1984)은 확산광과 광택 BRDF로 물체를 조명하기 위해 임의의 환경 맵을 사용하는 것을 처음으로 고려했다. Debevec(1998)은 나중에 이 작업을 확장해 실환경의 이미지를 추출하는 데 관련된 사안을 조사했다.

태양과 하늘에서의 조명을 표현하는 것은 무한 광원에서 특히 중요한 사용 예다. 15장에서의 '더 읽을거리' 절은 천공광 산란을 모사하는 데 관련된 여러 참고 문헌을 포함한다. 하늘의 조명을 직접 측정하는 방법 역시 정확한 천공광 조명을 찾는 데 효과적인 방법이다. Kider et al.(2014)에서 이를 위해 개발한 시스템의 세부 사항을 살펴보자(관련 웹 사이트는 다운로드 가능한 측정된 많은 천공광 자료를 가진다).

pbrt의 무한 영역 광원 모델은 빛에서 입사 방사를 순수한 방향의 함수로 모델링한다. 특히 집안 장면에 대해 위치도 중요하므로 이런 가정은 매우 부정확할 수 있다. Unger et al.

(2003)은 입사 방사를 실세계 장면에서 다른 많은 위치에서의 함수로 포착해 렌더링에 사용했다. Unger et al.(2008)은 이 작업을 개선해서 너무 많은 오차를 생성하지 않고 표본을 제거해 저장 장소 요구 사항을 감소시키는지 보여줬다.

3장에서 설명한 것처럼 그림자 광선을 추적하는 데 사용한 시간을 줄이는 한 가지 방법은 교차점의 기하학적 정보를 계산하는 데 신경 쓰지 않고 광선에 대해 차폐만 확인하는 `Shape::IntersectP()`와 `Primitive::IntersectP()` 같은 메서드를 갖는 것이다. 그림자 광선에 대해 레이트레이싱을 최적화하는 다른 방법은 그림자 캐시를 갖는 것으로, 각 빛이 그림자 광선이 빛으로 가는 것을 차폐한 마지막 기본체의 포인터를 저장해 광선이 가속 구조를 지나치기 전에 차후 그림자 광선을 차폐하는지 확인하기 위해 해당 기본체를 먼저 확인하는 것이다(Haines와 Greenberg 1986). Pearce(1991)는 그림자 캐시가 장면이 잘게 세분된 기하 구조일 경우 제대로 작동하지 않는 점을 지적했다. 이 경우 마지막 차폐체를 갖는 BVH의 복셀을 캐시하는 것이 나을 수 있다(그림자 캐시는 여러 단계의 반사와 굴절이 있을 때나 몬테카를로 광선 추적 기술을 사용할 경우에도 역시 문제가 있다). Hart, Dutré, Greenberg (1999)는 그림자 캐시의 일반화를 개발해 어떤 물체가 특정 광원에서의 빛을 막고 광원 기하 구조에 대해서 기하 구조를 잘라내 그림자 광선을 확실히 차폐된 빛의 부분에 대해 추적할 필요가 없게 한다.

Haines와 Greenberg(1986)가 설명한 관련 기술은 점광원에 대한 빛의 버퍼로, 빛이 그 주변의 방향을 비연속적으로 해서 어떤 물체가 각 방향의 집합에서 보이는지(또 그러므로 그림자 광선에 대해 잠재적으로 차폐할 물체인지) 저장하는 것이다. 다른 효과적인 최적화는 줄기[shaft] 선별로, 비슷한 방향의 집합에 대해 추적한 광선 집합의 일관성에 대한 장점을 이용하는 것이다(예, 한 점에서 영역 광원 점으로의 그림자 광선). 줄기 선별을 이용하면 광선의 집합을 묶는 줄기가 계산돼 줄기가 뚫는 장면의 물체를 찾는다. 줄기에 있는 모든 광선에 대해 줄기와 교차하는 물체에 대해서만 교차점을 찾아 각 광선별 광선 교차점 가속 구조의 순회를 피한다(Haines와 Wallace 1994).

Woo와 Amanatides(1990)는 장면의 다른 부분에서 어떤 빛이 보이는지와 안 보이는지, 부분적으로 보이는지를 분류해서 이 정보를 복셀 기반 3D 자료 구조에 저장함으로써 이 정보를 그림자 광선 테스트를 절약하는 데 사용한다. Fernandez, Bala, Greenberg(2002)는 공간 분해에 기반을 둔 비슷한 방식을 개발했으며, 이는 각 복셀의 중요한 차폐물 참조를 저장하며, 검토처럼 애플리케이션이 필요할 때 이 정보를 생성한다.

복잡한 모델에 대해서는 기하 구조의 단순화된 버전을 사용해서 그림자 광선 교차에 사용할 수 있다. 예를 들어 Cohen et al.(1996)이 설명한 단순화 봉투는 주어진 메시를 안과 밖에서 둘 다 감싸는 단순화된 메시를 생성한다. 광선이 밖에서 복잡한 모델을 감싸는 메시와 충돌하지 않거나, 안쪽을 감싸는 메시와 교차하면 더 이상의 그림자 처리는 필요 없다. 남은 불확실한 경우는 전체 기하 구조와 교차할 필요가 있다. 관련된 기술은 Lukaszewski (2001)가 설명한 것으로, 민코스키 합을 사용해서 효과적으로 장면의 기본체(혹은 기본체의 경계)를 확장해 한 광선이 이 기본체 중 하나와 교차하는 것으로, 광선의 묶음 중 하나가 실제 기본체와 교차할 수 있는 것을 판단할 수 있다.

연습문제

❷ 12.1 그림자 매핑은 점광원과 원거리 광원에서의 그림자를 렌더링하는 기술로, 광원의 관점에서 이미지의 각 픽셀에 깊이를 저장해 점을 그림자 맵에 투영해서 그 깊이와 빛에서 그 방향으로 봤을 때 처음으로 보이는 물체의 깊이를 비교한다. 이 메서드는 Williams(1978)가 처음 설명했고, Reeves, Salesin, Cook(1987)이 다양한 핵심을 개선했다. 이미지의 깊이 맵을 파일에 렌더링하도록 `pbrt`를 변경하고, 이를 사용해서 그림자 광선을 추적하는 데 빛의 그림자 테스트를 이용하라. 얼마나 빨라지는가? 두 방식의 장점과 단점을 토의하라.

❶ 12.2 생성자에서 추가적인 하나의 값을 대수적인 변경과 미리 계산해야 하지만, `SpotLight::Falloff()` 메서드는 제곱근 계산과 나머지를 사용하지 않으면 (`Vector3::Normalize()` 메서드가 제곱근과 나머지를 사용하는 것을 기억하자) 정확히 같은 결과(부동소수점 차이의 나머지)를 얻게 재작성할 수 있다. 이 최적화를 유도하고 구현하라. 스포트라이트가 많은 장면에서 수행 시간이 얼마나 개선되는가?

❶ 12.3 `SpotLight`의 기능성은 `ProjectionLight`를 적절한 이미지를 사용해서 모사할 수 있다. 이 특정 기능성을 `SpotLight` 클래스와 분리해서 제공하는 장점과 단점을 설명하라.

❸ 12.4 현재 광원의 구현은 애니메이션 변환을 지원하지 않는다. `pbrt`가 이 기능을 포함하도록 변경하고 빛의 위치를 애니메이션하는 효과를 보여주는 이미지를 렌더링하라.

❷ 12.5 직교 투영을 지원하도록 ProjectionLight를 변경하라. 이 변화는 이미지 맵이 없을 때도 사용자가 정의한 범위의 빛줄기를 가진 방향 광원을 제공하므로 특히 유용하다.

❷ 12.6 DiffuseAreaLight가 공간적으로나 방향적으로 변화하는 방출된 방사를 이미지 맵이나 Texture로 명시하도록 지원하게 해서 AreaLight 구현을 개선하라. 이를 텔레비전이 어두운 방을 조명하는 효과나 스테인드글라스 창문이 뒤에서 빛나는 효과를 렌더링하는 데 사용하라.

❷ 12.7 많은 Light::Power() 메서드 구현은 빛에서 실제 방출된 동력의 근사치만 계산한다. 특히 이미지를 사용하는 모든 빛(ProjectionLight, GonioPhotometricLight, Infinite AreaLight)은 각각의 픽셀이 다른 입체각에 대응하기 때문에 방출되는 동력에 다르게 기여한다는 사실을 무시한다. 이런 광원의 방출된 동력에 대한 정확한 모델을 유도하고, 이를 pbrt에서 구현하라. 현재의 구현을 일부 pbrt 예제 장면에서 사용했을 때 얼마나 많은 오류가 발생하는가? 현재 구현에서 생성된 최대 오차를 보여주는 고안된 장면을 생성할 수 있는가?

❷ 12.8 참고 문헌의 일부 논문을 읽고 그림자 캐시에 대해 논의한 후 이 최적화를 pbrt에 추가하라. 다양한 장면에 대해 얼마나 시스템이 빨라지는지 측정하라. 여러 반사 단계가 있을 때 더 잘 동작하기 위한 어떤 기술을 찾아낼 것인가?

❸ 12.9 줄기 선별 알고리즘(Haines와 Wallace 1994)을 지원하도록 pbrt를 변경하라. 영역 광원이 있는 장면에 대해 성능 차이를 측정하라. 구현이 굉장히 큰 광원(반구 천공광)에도 여전히 잘 작동하게 하라.

❸ 12.10 Velázquez-Armendáriz et al.(2015)의 논문을 읽고 복잡한 광원을 가진 장면을 효율적으로 렌더링하는 방법을 구현하라. 몇 가지 복잡한 조명의 모델을 생성하거나 찾고, 거울 반사와 반사광 투과를 보여주는 많은 모양을 포함하라. 렌더링에 이를 사용한 결과와 16장의 양방향 적분기(이런 경우를 처리하는 데 가장 잘 맞는다)를 1개 이상 사용한 결과와 비교하라. 이런 장면을 렌더링하기 위해 pbrt에서 현재 구현의 최대 적분기 경로 길이를 매우 길게 설정해야 할 수도 있다.

내장된 적분기에 비해 구현이 이런 종류의 빛으로 조명되는 장면의 이미지를 렌더링하는 데 얼마나 더 효율적인가? 두 방식의 결과는 일치하는가?

CHAPTER THIRTEEN

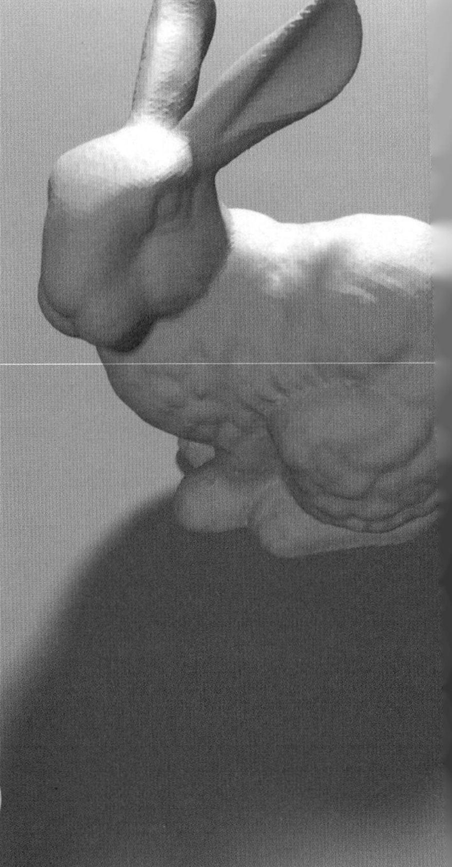

13 몬테카를로 적분

빛과 카메라 사이의 광선 경로를 따라 도착하는 방사를 계산하는 Integrator를 소개하기 전에 먼저 빛의 산란을 설명하는 적분 방정식의 해를 계산하는 데 사용하는 기술에 관한 기반 작업을 설명한다. 이 적분 방정식은 일반적으로 분석적인 해를 갖지 않으므로, 수치적인 방법으로 전환해야만 한다. 표준 수치 적분 기술인 사다리꼴 적분이나 가우스 구적법 Gaussian quadrature은 저차원의 매끄러운 적분을 해결하는 데 매우 효과적이더라도 렌더링에서 흔한 더 높은 차원과 비연속적 적분에서의 수렴률은 좋지 않다.

몬테카를로 수치적 적분 방식은 이 문제에 대한 한 가지 해결책을 제공한다. 이는 무작위성을 사용해서 수렴률이 피적분 함수의 차원에 관계하지 않게 한다. 13장에서는 확률론에서 중요한 개념을 살펴보고, 렌더링의 핵심 적분을 계산하는 몬테카를로 기술의 기반을 구축한다.

무작위성의 신중한 사용은 알고리즘 설계 분야에서 혁신을 일으켰다. 무작위 알고리즘은 크게 두 클래스로 나뉘는데, 라스베이거스 Las Vegas와 몬테카를로 Monte Carlo다. 라스베이거스 알고리즘은 무작위성을 사용하지만 결과적으로 항상 같은 결과를 얻는다(예, 퀵 정렬에서 중심점을 배열의 무작위 항으로 선택하는 것). 몬테카를로 알고리즘은 그와 달리 계속 사용되는 특정 난수에 의존해 다른 결과를 내지만, 평균적으로 맞는 답을 낸다. 그러므로 여러 번의 몬테카를로 알고리즘 결과의 평균으로(같은 입력의) 통계적으로 실제 답에 매우 근사한 결과를 얻을 수 있다. Motwani와 Raghavan(1995)은 무작위화된 알고리즘 분야에 훌륭한 소개를 작성했다.

몬테카를로 적분[1]은 적분의 값을 추정하는 데 무작위 표본화를 사용하는 방법이다. 몬테카

1. 간편하게 몬테카를로 적분을 몬테카를로라고 부르자.

를로의 굉장히 유용한 한 가지 특징은 적분 $\int f(x)dx$의 값을 예측하기 위해 정의역의 임의의 점에서 피적분 함수 $f(x)$를 계산할 수만 있으면 되는 것이다. 이 특성은 몬테카를로의 구현을 쉽게 하는 것뿐 아니라 비연속성을 가진 함수를 포함한 다양한 범위의 피적분 함수에 대해 적용할 수 있게 한다.

렌더링에서 생겨나는 많은 적분은 직접 계산하기에 어렵거나 불가능하다. 예를 들어 표면의 한 점에서 반사된 빛의 양을 계산하는 방정식(5.9)는 입사 방사와 BSDF의 곱을 단위 구에 대해 적분해야만 한다. 어떻게 처리하는지는 단순하지 않다. 현실적인 장면에서는 복잡하고 예측이 어려운 물체의 시야성으로 인해 입사 방사 함수를 닫힌 형으로 얻는 것이 거의 불가능하다.

입사 방사 함수가 닫힌 형으로 가용하더라도 적분을 분석적으로 하는 것은 일반적으로 불가능하다. 몬테카를로는 구에 대한 여러 방향의 집합을 선택해 반사된 방사를 추정하고, 이를 따라 입사 방사를 계산하고, 이 방향에 대해 BSDF 값을 곱한 후 가중 항을 적용해 분석적인 적분을 가능하게 한다. 임의의 BSDF, 광원 설명, 장면 기하 구조가 쉽게 처리될 수 있다. 이 함수의 임의의 점에서 각각의 계산만 필요하다.

몬테카를로의 주된 단점은 적분을 예측하기 위해 n 표본을 사용할 때 알고리즘이 정확한 결과로 $O(n^{-1/2})$의 비율로 수렴하는 것이다. 달리 말하면 오류를 반으로 줄이기 위해서는 4배나 많은 표본을 계산해야 한다. 렌더링에서 각 표본에 대해 피적분 함수의 값을 계산하려면 일반적으로 하나 이상의 광선이 추적돼야 하므로, 이미지 합성에 몬테카를로를 사용하면 계산적으로 견디기 힘들만큼 비싼 비용이 든다. 이미지에서 몬테카를로 표본화의 오류는 잡음으로 나타난다. 픽셀이 임의로 너무 밝거나 너무 어두운 경우다. 컴퓨터 그래픽스를 위한 몬테카를로에서 현재 연구의 대부분은 반드시 얻어야 하는 추가되는 표본의 수를 최소화하면서 이 오류를 최대한 줄이는 것이다.

13.1 배경 지식과 확률의 검토

일부 항을 정의하고 확률의 기본 개념을 검토하는 것으로 시작한다. 여기서는 독자가 이미 기본 확률 개념에 대해 익숙하다고 가정한다. 이 주제에 대한 더 완전한 소개를 원하면 Sheldon Ross의 『Introduction to Probability Models』(2002) 같은 교과서를 참고하자.

무작위 변수 X가 어떤 무작위 과정으로 선택됐다. 일반적으로 무작위 변수를 표기할 때 대문자를 사용하며, 특별한 무작위 변수에 대해서는 예외적으로 일부 그리스 부호를 사용한다. 무작위 변수는 항상 일부 정의역에서 그려지며, 비연속적이거나(고정된 확률의 집합) 연속적(예, 실수 $\mathbb{R}$)일 수 있다. 무작위 변수 X에 함수 f를 적용하면 새 무작위 변수 $Y = f(X)$가 된다.

예를 들어 주사위를 굴린 결과는 $X_i = \{1, 2, 3, 4, 5, 6\}$의 이벤트 집합에서 표본화한 비연속적 무작위 변수다. 각 이벤트는 확률 $p_i = 1/6$을 갖고, 확률의 합 $\sum p_i$는 1이어야 한다. 연속적이고 균일한 분포의 무작위 변수 $\xi \in [0, 1)$를 받아 비연속 무작위 변수로 매핑하고, 다음과 같을 때 X_i를 선택한다.

$$\sum_{j=1}^{i-1} p_j < \xi \leq \sum_{j=1}^{i} p_j$$

조명에 적용하려면 장면에서 각 빛에 대한 조명 표본화의 확률을 모든 원의 전체 에너지에 상대적인 각 광원의 에너지 Φ_i에 기반을 두고 정의하길 원한다.

$$p_i = \frac{\Phi_i}{\sum_j \Phi_j}$$

이 p_i도 역시 합은 1이다.

무작위 변수의 누적 분포 함수CDF, Cumulative Distribution Function $P(x)$는 어떤 값 x보다 작거나 같은 값을 가진 변수의 분포 확률이다.

$$P(x) = Pr\{X \leq x\}$$

주사위로 예를 들면 $P(2) = 1/3$인데, 2보다 작거나 같은 경우는 6가지 경우 중 2가지 경우가 해당되기 때문이다.

13.1.1 연속 무작위 변수

렌더링에서 비연속 무작위 변수는 연속된 정의역의 범위에 대한 값을 받는 연속 무작위 변수(예, 실수, 단위 구에서 방향, 장면 안의 모양의 표면)보다 흔하지 않다.

특별히 중요한 무작위 변수는 고전적 균일 무작위 변수로서 ξ로 표기한다. 이 변수는 정의역 [0, 1)에서 모든 값을 같은 확률로 받는다. 이 특정 변수는 두 가지 이유에서 중요하다.

첫째, 이 분포로 소프트웨어에서 변수를 생성하는 것이 쉽다. 대부분의 실시간 라이브러리는 이를 위해 의사 난수 생성기를 가진다.[2] 둘째, 나중에 보여주듯이 무작위 분포에서 고전 균일 무작위 변수로 시작해서 적절한 변환을 해 표본을 생성할 수 있기 때문이다. 기존에 설명한 ξ에서 주사위의 육면으로 매핑하는 기술은 이 변환 기술의 비연속의 경우를 보여준다.

연속 무작위 변수의 다른 예로는 0과 2 사이의 실수로, 어떤 특정 값 x의 확률은 $2 - x$의 값에 비례한다. 이는 이 무작위 변수가 0 주변에서의 값을 받을 때 1 주변의 값을 받은 때의 두 배로 확률이 높다는 것이다. 확률 밀도 함수PDF, Probability Density Function는 이 개념을 공식화한다. 이는 특정 값을 받을 때 무작위 변수의 상대적인 확률을 설명한다. PDF $p(x)$는 무작위 변수의 CDF의 미분이며, 다음과 같이 구한다.

$$p(x) = \frac{\mathrm{d}P(x)}{\mathrm{d}x}$$

균일 무작위 변수에 대해서는 $p(x)$가 상수다. 이는 균일성의 직접적인 결과다. ξ에 대해 다음과 같은 값을 갖는다.

$$p(x) = \begin{cases} 1 & x \in [0, 1) \\ 0 & \text{otherwise.} \end{cases}$$

PDF는 음수가 아니어야 하며, 정의역에 대해 적분하면 항상 1이다. 주어진 정의역의 임의의 구간 $[a, b]$에 대해 PDF의 적분은 구간 안에 무작위 변수가 있을 확률을 제공한다.

$$P(x \in [a, b]) = \int_a^b p(x)\,\mathrm{d}x$$

이는 미적분학의 첫 번째 기본 정리와 PDF의 정의에서 직접 도출된다.

13.1.2 기댓값과 분산

기댓값 f의 함수 $E_p[f(x)]$는 정의역에 대한 일부 값의 분포 $p(x)$에 대해 평균 함수의 값으로 정의한다. 다음 절에서는 몬테카를로가 임의의 적분에 대한 기댓값을 어떻게 계산하는지

2. 몬테카를로 이론이 진정한 난수를 사용하는 데 기반을 두지만, 실제로는 잘 작성된 의사 난수 생성기(PRNG)로 충분하다. pbrt는 특히 고품질 PRNG를 사용하며, 이는 진정한 난수와 실질적으로 같은 의사 난수 값의 시퀀스를 반환한다(많은 PRNG는 잘 구현되지 않아 생성된 수의 시퀀스에서 판독 가능한 패턴을 보여준다). 진정한 난수는 원자 붕괴나 대기 잡음 같은 임의의 현상을 측정해 찾을 수 있으며, PRNG가 용인되지 않으면 www.random.org 같은 곳에서 자료를 이용할 수 있다.

보여줄 것이다. 정의역 D에 대한 기댓값은 다음으로 정의된다.

$$E_p[f(x)] = \int_D f(x)\, p(x)\, \mathrm{d}x. \tag{13.1}$$

예를 들어 p가 균일할 때 코사인 함수의 0에서 π 사이의 기댓값을 찾는 문제를 생각해보자.[3] PDF $p(x)$를 정의역에 대해 적분하면 반드시 1이 되므로 $p(x) = 1/\pi$이며, 그러므로 다음과 같다.

$$E[\cos x] = \int_0^{\pi} \frac{\cos x}{\pi}\, \mathrm{d}x = \frac{1}{\pi}(-\sin \pi + \sin 0) = 0$$

이는 정확히 기대했던 결과다($\cos x$의 $[0, \pi]$에서의 그래프를 생각하고 왜 이런지 알아보자).

함수의 분산variance은 기댓값에서 예상되는 편차의 제곱이다. 분산은 몬테카를로 알고리즘으로 예상되는 값에서의 오류를 정량화하는 근본적인 개념이다. 이는 이 오류를 정량화하고 최종 결과에서 오류를 줄이기 위한 몬테카를로 알고리즘에의 개선을 측정하는 정확한 방법이다. 14장의 대부분은 분산을 줄여 pbrt가 계산하는 결과를 개선하는 데 필요한 기술에 초점을 맞췄다. 함수 f의 분산은 다음과 같이 정의된다.

$$V[f(x)] = E\left[\left(f(x) - E[f(x)]\right)^2\right]$$

기댓값과 분산은 각각의 정의에서 바로 따라오는 몇 가지 중요한 특성을 갖고 있다.

$$\begin{gathered} E[af(x)] = aE[f(x)] \\ E\left[\sum_i f(X_i)\right] = \sum_i E[f(X_i)] \\ V[af(x)] = a^2 V[f(x)]. \end{gathered}$$

이 특성과 일부 단순한 대수 처리는 분산에 대한 다른 확장된 표현을 유도할 수 있다.

$$V[f(x)] = E\left[(f(x))^2\right] - E[f(x)]^2. \tag{13.2}$$

그러므로 분산은 제곱의 기댓값에서 기댓값의 제곱을 뺀 것이다. 독립적으로 주어진 무작위 변수에 대해 분산은 또한 분산의 합이 합의 분산과 같다는 특성을 가진다.

---

3. 기댓값을 균일 분포에 대해 계산할 때 E_p에서 첨자 p를 뺀다.

$$\sum_i V[f(X_i)] = V\left[\sum_i f(X_i)\right]$$

13.2 몬테카를로 예측기

이제는 기본 몬테카를로 예측기를 정의할 수 있으며, 이는 임의의 적분의 값을 추정한다. 이는 14장, 15장, 16장에서 빛 전송 알고리즘의 기반이다.

1D 적분 $\int_a^b f(x)\,\mathrm{d}x$을 계산하고 싶다고 가정하자. 주어진 균일 무작위 변수 $X_i \in [a, b]$의 공급에 대해 몬테카를로 예측기의 기댓값은 다음과 같다.

$$F_N = \frac{b-a}{N}\sum_{i=1}^{N} f(X_i)$$

$E[F_N]$은 적분과 사실상 동일하다.[4] 이 사실은 몇 단계만으로 보여줄 수 있다. 우선 무작위 변수 X_i에 대한 PDF $p(x)$는 반드시 $1/(b - a)$인데, 이는 p가 상수이고 정의역 $[a, b]$에서 1로 적분되기 때문이다. 대수적 처리는 다음을 보여준다.

$$\begin{aligned}
E[F_N] &= E\left[\frac{b-a}{N}\sum_{i=1}^{N} f(X_i)\right] \\
&= \frac{b-a}{N}\sum_{i=1}^{N} E\left[f(X_i)\right] \\
&= \frac{b-a}{N}\sum_{i=1}^{N}\int_a^b f(x)\,p(x)\,\mathrm{d}x \\
&= \frac{1}{N}\sum_{i=1}^{N}\int_a^b f(x)\,\mathrm{d}x \\
&= \int_a^b f(x)\,\mathrm{d}x.
\end{aligned}$$

균일 무작위 변수에 대한 제한은 작은 일반화로 완화될 수 있다. 이는 극도로 중요한 단계며, 어떤 표본을 뽑을지 PDF를 선택하는 것이 몬테카를로에서 분산을 줄이는 중요한 기술이기 때문이다(13.10절). 무작위 변수 X_i가 일부 임의의 PDF $p(x)$에서 뽑아낼 때 예측기는

4. 예를 들어 표본 X_i는 `Lerp(rng.UniformFloat(), a, b)`의 구현으로 계산할 수 있다.

대신 적분을 예측하는 데 사용할 수 있다.

$$F_N = \frac{1}{N} \sum_{i=1}^{N} \frac{f(X_i)}{p(X_i)} \tag{13.3}$$

$p(x)$의 유일한 한계는 모든 x에 대해 $|f(x) > 0$인 곳에서 반드시 0이 아니어야 하는 것이다. 이 예측기의 기댓값이 f의 바람직한 적분임을 알기는 어렵지 않다.

$$\begin{aligned} E[F_N] &= E\left[\frac{1}{N} \sum_{i=1}^{N} \frac{f(X_i)}{p(X_i)}\right] \\ &= \frac{1}{N} \sum_{i=1}^{N} \int_a^b \frac{f(x)}{p(x)} p(x)\, \mathrm{d}x \\ &= \frac{1}{N} \sum_{i=1}^{N} \int_a^b f(x)\, \mathrm{d}x \\ &= \int_a^b f(x)\, \mathrm{d}x. \end{aligned}$$

이 예측기를 다차원이나 복잡한 적분 정의역에 대해 확장하는 것은 명백하다. N개의 표본 X_i를 다차원(혹은 합동) PDF에서 뽑고, 예측기를 같은 방식으로 적용하면 된다. 예를 들어 3D 적분은 다음과 같음을 고려하자.

$$\int_{x_0}^{x_1} \int_{y_0}^{y_1} \int_{z_0}^{z_1} f(x, y, z)\, \mathrm{d}x\, \mathrm{d}y\, \mathrm{d}z$$

표본 $X_i = (x_i, y_i, z_i)$를 상자 (x_0, y_0, z_0)에서 (x_1, y_1, z_1)까지 균일하게 선택하면 PDF $p(X)$는 다음과 같은 상수 값을 가진다.

$$\frac{1}{(x_1 - x_0)} \frac{1}{(y_1 - y_0)} \frac{1}{(z_1 - z_0)}$$

그리고 예측기는 다음과 같다.

$$\frac{(x_1 - x_0)(y_1 - y_0)(z_1 - z_0)}{N} \sum_i f(X_i)$$

임의로 표본수 N을 피적분 함수의 차원에 무관하게 선택할 수 있다는 점을 기억하자. 이는 전통적인 결정적 구적법 기술에 대한 몬테카를로의 다른 중요한 장점이다. 몬테카를로에서 추출하는 표본의 수는 적분의 차원수와 완전히 무관하며, 표준 수치적 구적분 기술은 차원에 대해 추출하는 표본의 수가 기하급수적으로 증가한다.

몬테카를로 예측기가 옳은 답으로 수렴하는 것을 보여주는 것은 그 사용을 정당화하기엔 부족하다. 좋은 수렴률도 역시 중요하다. 우리가 수렴률을 유도하진 않지만, 몬테카를로 예측기의 오류는 추출한 표본 수의 $O(\sqrt{N})$의 비율로 감소한다. 이 주제의 접근 가능한 처리는 Veach의 논문(Veach 1997, p. 39)에서 볼 수 있다. 표준 구적분 기술이 1차원에서 $O(\sqrt{N})$보다 빠르게 수렴하지만, 그 성능은 피적분 함수의 차원수가 증가하면 기하급수적으로 증가하고, 몬테카를로의 수렴률은 차원에 무관해 몬테카를로가 고차원 적분에 유일한 현실적인 수치적 적분 알고리즘이 되게 한다. 우리는 이미 여러 고차원 적분을 대면했으며, 15장에서 빛 전송 방정식의 경로 추적 공식은 무한 차원 적분이라는 것을 볼 것이다!

13.3 무작위 변수의 기본 표본화

방정식(13.3)의 몬테카를로 예측기를 계산하려면 정해진 확률 분포에서 무작위 표본을 뽑는 것이 가능해야 한다. 이 절은 이 과정의 기본을 소개하고 일부 명백한 예제로 이를 시연한다. 다음 두 절에서는 13.6절에서 일반 다차원 경우에 대한 방식을 개발하기 전에 표본화에 더 복잡한 접근법을 도입한다. 14, 15, 16장에서 이 기술을 사용해서 BSDF, 광원, 카메라, 산란 매질로 정의된 분포에서 표본을 어떻게 생성하는지 보여준다.

13.3.1 역방식

역방식은 하나 이상의 균일 무작위 변수를 사용해 원하는 분포의 무작위 변수로 매핑한다. 일반적으로 이 과정이 어떻게 작동하는지 설명하기 위해 단순한 비연속 예로 시작하자. 4개의 가능한 결과를 가진 과정을 갖고 있다고 가정하자. 4가지 결과의 각 확률은 각각 p_1, p_2, p_3, p_4로 주어지며, $\sum_{i=1}^{4} p_i = 1$이 성립해야 한다. 대응하는 PDF는 그림 13.1에서 볼 수 있다.

이 분포에서 표본을 뽑으려면 우선 CDF $P(x)$를 찾아야 한다. 연속적인 경우 P는 p의 부정적분이다. 개별적인 경우 각각의 막대기를 왼쪽부터 쌓아서 직접 CDF를 구성할 수 있다. 이 개념은 그림 13.2에서 볼 수 있다. 가장 오른쪽의 막대는 모든 확률의 합이 1이어야 하는 요구 사항으로 1이어야 한다.

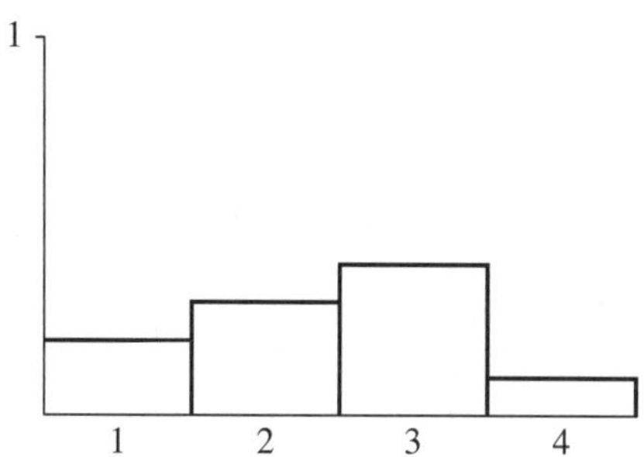

그림 13.1 각각 확률 p_i를 가진 4가지 현상의 비연속 PDF. 이의 합인 $\sum_i p_i$는 1이어야 한다.

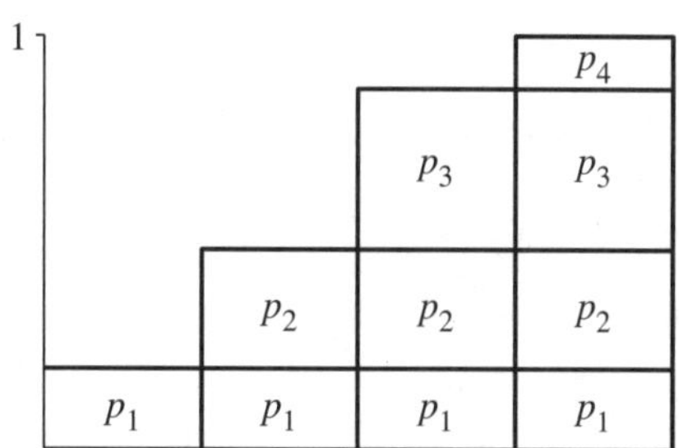

그림 13.2 비연속 CDF. 그림 13.1에 대응하는 PDF. 각 기둥의 높이는 기존 현상의 PDF 합과 현재 사건의 PDF 합으로 주어지며, $P_i = \sum_{j=1}^{i} p_i$다.

분포에서 표본을 뽑을 때 균일 난수 ξ를 받아 CDF를 이용해 가능한 하나의 결과를 선택하고, 이는 특정 결과의 확률이 그 결과 자체의 확률과 같도록 선택한다. 이 개념은 그림 13.3에 있으며, 현상의 확률은 수직축에 투사되고 무작위 변수 ξ를 그중에서 선택한다. 이 방식이 정확한 분포, 즉 균일 표본이 어느 특정 막대와 충돌할 확률이 정확히 해당 막대의 높이와 같은 분포에서 표본을 뽑는 것은 명백하다. 이 기술을 연속적인 분포에 대해 일반화하려면 비연속 확률 방식의 수가 무한인 경우를 생각해보자. 그림 13.1에서 PDF는 부드러운 곡선이 되고, 그림 13.2의 CDF는 적분이 된다. 이 매핑 방식은 여전히 같으며, 함수가 연속적이더라도 매핑은 편한 수학적 해석을 갖고 있다. 이는 CDF의 역을 취해 ξ에서 역을 계산하는 것이다. 그러므로 이를 역방식이라고 부른다.

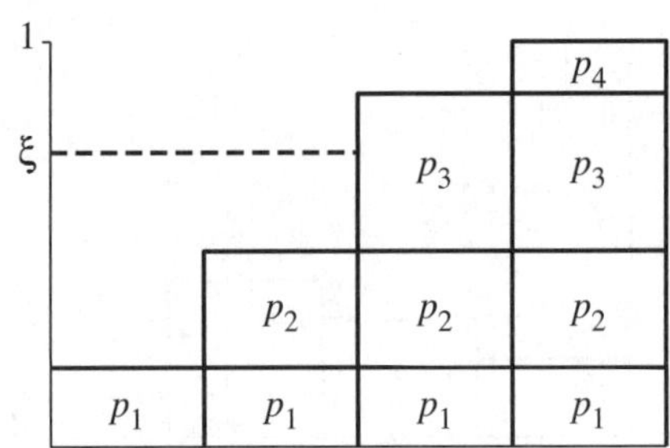

그림 13.3 그림 13.1의 PDF로 설명되는 분포에서 표본을 뽑을 때 역방식을 사용하려면 고전적인 균일 무작위 변수를 수직축에 그린다. 생성에 의해 ξ의 수평 확장은 확률 p_i를 가진 i번째의 결과를 표현하는 상자와 교차한다. 대응하는 현상이 무작위 변수 ξ의 집합에서 선택하면 현상의 결과 분포는 PDF에 대응하게 분포될 것이다.

더 정확히는 표본 X_i를 임의의 PDF $p(x)$에서 다음과 같은 단계로 뽑을 수 있다.

1. CDF[5] $P(x) = \int_0^x p(x')dx'$를 계산한다.
2. 역인 $P^{-1}(x)$를 계산한다.
3. 균일하게 분포된 난수 ξ를 얻는다.
4. $X_i = P^{-1}(\xi)$를 계산한다.

예: 승수 분포

이 과정이 어떻게 동작하는지에 대한 예에서 승수 분포 $p(x) \propto x^n$에서 표본을 뽑는 작업을 고려하자. 승수 분포의 PDF는 일부 상수 c에 대해 다음과 같다.

$$p(x) = cx^n$$

상수 c는 PDF를 정규화한다. 처리할 첫 작업은 함수에 대해 PDF를 찾는 것이다. 대부분의 경우 이는 비례 상수 c의 값을 계산하는 것이 포함되며, 이는 $\int p(x)\mathrm{d}x = 1$의 제한을 사용해서 찾을 수 있다.

$$\int_0^1 cx^n \,\mathrm{d}x = 1$$

$$c\left.\frac{x^{n+1}}{n+1}\right|_0^1 = 1$$

$$\frac{c}{n+1} = 1$$

5. 일반적으로 적분의 시작은 $-\infty$이어야 하지만, $x < 0$에 대해 $p(x) = 0$인 경우 방정식은 동일하다.

$$c = n + 1$$

그러므로 $p(x) = (n+1)x^n$이다. CDF를 얻기 위해 위 식을 적분할 수 있다.

$$P(x) = \int_0^x p(x')\,\mathrm{d}x' = x^{n+1}$$

그리고 역은 단순하게 $P^{-1}(x) = \sqrt[n+1]{x}$.이다. 그러므로 주어진 균일 무작위 변수 ξ에 대해 표본은 승수 분포에서 다음과 같이 뽑을 수 있다.

$$X = \sqrt[n+1]{\xi}. \tag{13.4}$$

다른 접근법은 승수 분포에만 작동하는 표본화 기술을 사용해서 $X = \max(\xi_1, \xi_2, \ldots, \xi_{n+1})$로 선택하는 것이다. 이 무작위 변수는 승수 분포에 따라 잘 분포됐다. 이 무작위 변수는 승수 분포에 대응해 분산됐다. 그 이유를 알려면 $Pr\{X < x\}$가 모든 $\xi_i < x$에 대한 확률임을 기억하자. 하지만 ξ_i가 독립적이므로 다음과 같다.

$$Pr\{X < x\} = \prod_{i=1}^{n+1} Pr\left\{\xi_i < x\right\} = x^{n+1}$$

이는 정확히 원하는 CDF다. 난수 생성기의 속도에 따라 이 기술은 n의 작은 값에 대해 역방식보다 빠를 수 있다.

예: 기하급수 분포

반투명 매질로 이미지를 렌더링할 때 $p(x) \propto \mathrm{e}^{-ax}$ 분포에서 표본을 뽑는 것이 종종 유용하다. 예전과 같이 첫 단계는 이 분포를 정규화해 1로 적분되도록 하는 것이다. 이 경우 지금은 생성된 표본을 포함하는 x의 범위는 $[0, 1]$이 아닌 $[0, \infty)$이라고 가정하며, 그러므로 다음과 같다.

$$\int_0^\infty c\mathrm{e}^{-ax}\,\mathrm{d}x = -\left.\frac{c}{a}\mathrm{e}^{-ax}\right|_0^\infty = \frac{c}{a} = 1$$

그러므로 $c = a$임을 알고 있으며, PDF는 $p(x) = a\mathrm{e}^{-ax}$이다. 이제 $P(x)$를 찾기 위해 다음과 같이 구한다.

$$P(x) = \int_0^x a\mathrm{e}^{-ax'}\,\mathrm{d}x' = 1 - \mathrm{e}^{-ax}$$

이 함수는 역을 취하기 쉽다.

$$P^{-1}(x) = -\frac{\ln(1-x)}{a}$$

그러므로 표본을 다음과 같이 뽑는다.

$$X = -\frac{\ln(1-\xi)}{a}$$

$\xi \in [0, 1)$이므로 로그 항을 $\ln(1 - \xi)$에서 $\ln \xi$로 단순화해도 결과적으로 같기에 이를 단순화해서 뺄셈을 아끼고 싶을 것이다. 이 개념의 문제점은 ξ는 0의 값을 가질 수 있지만 결코 1의 값을 가질 수 없다는 것이다. 단순화에서 0의 로그를 취하려 할 수 있으며, 이는 정의되지 않는다. 이 위험은 첫 공식에서 회피할 수 있다.[6] ξ의 값이 0인 경우가 매우 드문 것을 보이지만, 이는 일어난다(특히 실수보다 부동소수점 연산에서 잘 일어난다). 7장의 일부 저불일치 표본화 방식은 특히 0의 값을 생성하기 쉽다.

예: 구분별 상수 1D 함수

1D 구분별 상수 함수(단계 함수)에서 어떻게 표본화하는지는 흥미로운 연습문제다. 일반화를 잃지 않고, [0, 1]에 대해 구분별 상수 함수만을 고려할 것이다.

1D 함수의 정의역이 N개의 크기 $\Delta = 1/N$의 동일 크기 조각으로 쪼개진다고 가정하자. 이 영역은 점 $x_i = i\Delta$에서 시작되고 끝나며, i는 0에서 N까지 양단을 포함한다. 각 영역에 대해 함수 $f(x)$의 값은 상수다(그림 13.4(a)). $f(x)$의 값은 다음과 같다.

$$f(x) = \begin{cases} v_0 & x_0 \le x < x_1 \\ v_1 & x_1 \le x < x_2 \\ \vdots & \end{cases}$$

적분 $\int f(x)\mathrm{d}x$는 다음과 같다.

$$c = \int_0^1 f(x)\,\mathrm{d}x = \sum_{i=0}^{N-1} \Delta v_i = \sum_{i=0}^{N-1} \frac{v_i}{N}, \qquad (13.5)$$

이는 쉽게 $f(x)$에 대한 PDF $p(x)$를 $f(x)/c$로 생성할 수 있다.

---

6. 다시 한 번 말하지만 필자들은 이전의 두 판에서 이를 인지하지 못했다.

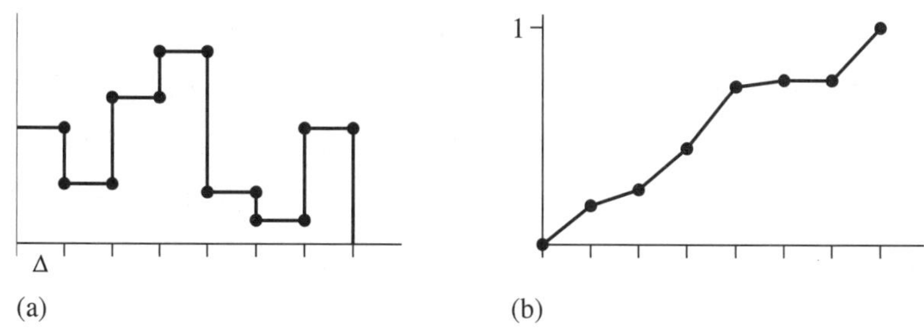

그림 13.4 (a) 구분별 상수 1D 함수의 확률 밀도 함수, (b) 이 PDF로 정의된 누적 분포 함수

관련된 공식의 직접 적용으로 CDF $P(x)$는 각점 x_i에 대해 구분별 선형 함수로 다음과 같이 정의된다.

$$
\begin{aligned}
P(x_0) &= 0 \\
P(x_1) &= \int_{x_0}^{x_1} p(x)\,\mathrm{d}x = \frac{v_0}{Nc} = P(x_0) + \frac{v_0}{Nc} \\
P(x_2) &= \int_{x_0}^{x_2} p(x)\,\mathrm{d}x = \int_{x_0}^{x_1} p(x)\,\mathrm{d}x + \int_{x_1}^{x_2} p(x)\,\mathrm{d}x = P(x_1) + \frac{v_1}{Nc} \\
P(x_i) &= P(x_{i-1}) + \frac{v_{i-1}}{Nc}.
\end{aligned}
$$

두 점 x_i와 x_{i+1} 사이에서 CDF는 선형적으로 v_i/c의 경사로 증가한다.

$f(x)$를 표본화하려면 CDF를 역을 취해 다음이 성립하는 x를 찾아야 한다.

$$
\xi = \int_0^x p(x')\,\mathrm{d}x' = P(x)
$$

CDF가 점증적으로 증가하므로 x의 값은 반드시 $P(x_i) \le \xi$, $\xi \le P(x_{i+1})$인 x_i와 x_{i+1} 사이에 있어야 한다. 주어진 CDF 값의 배열에 대해 이 $P(x_i)$의 쌍 값은 이진 검색으로 효율적으로 찾을 수 있다.

`Distribution1D`는 작은 유틸리티 함수 클래스로 구분별 상수 1D 함수의 PDF와 CDF를 표현하고 이 표본화를 효과적으로 수행하는 메서드를 제공한다.

```
<Sampling Declarations> ≡
    struct Distribution1D {
        <Distribution1D Public Methods 902>
        <Distribution1D Public Data 902>
    };
```

Distribution1D 생성자는 구분별 상수 함수 f의 n 값을 받는다. 이는 자신의 함수 값 복사를 만들고, 함수의 CDF를 계산하고, 또한 함수의 적분을 funcInt에 저장한다. 생성자가 cdf 배열에 대해 n+1개의 부동소수점을 할당하는데, 이는 $f(x)$가 N개의 단계 값이 있어서 CDF를 각각의 $N+1$개의 x_i에 대해 저장해야 하기 때문이다. 배열 마지막의 CDF 값 1을 저장하는 것은 중복이지만 표본화 코드를 나중에 단순화한다.

<Distribution1D Public Methods> ≡ 901

```
Distribution1D(const Float *f, int n)
    : func(f, f + n), cdf(n + 1) {
    <Compute integral of step function at xi 902>
    <Transform step function integral into CDF 902>
}
```

<Distribution1D Public Data> ≡ 901

```
std::vector<Float> func, cdf;
Float funcInt;
```

<Distribution1D Public Methods> +≡ 901

```
int Count() const { return func.size(); }
```

이 생성자는 방정식(13.5)를 사용해서 $f(x)$의 적분을 계산한다. 이는 결과를 cdf 배열에 우선 저장해서 추후에 추가적으로 임시 공간을 할당할 필요가 없게 한다.

<Compute integral of step function at x_i> ≡ 902

```
cdf[0] = 0;
for (int i = 1; i < n + 1; ++i)
    cdf[i] = cdf[i - 1] + func[i - 1] / n;
```

이제 [0, 1]의 적분 값이 cdf[n]에 저장됐으며, 이 값은 funcInt에 복사돼 CDF가 나중에 모든 항목을 이로 나눠서 정규화되도록 한다.

<Transform step function integral into CDF> ≡ 902

```
funcInt = cdf[n];
if (funcInt == 0) {
    for (int i = 1; i < n + 1; ++i)
        cdf[i] = Float(i) / Float(n);
} else {
    for (int i = 1; i < n + 1; ++i)
        cdf[i] /= funcInt;
}
```

Distribution1D::SampleContinuous() 메서드는 주어진 무작위 표본 u를 사용해 분포에서 표본화를 한다. 이는 대응하는 값 $x \in [0, 1)$과 PDF $p(x)$의 값을 반환한다. 추가적인 off 매개변수가 nullptr이 아니면 이는 CDF가 u와 같거나 작은 함수 값 배열의 최대 색인을 반환한다(다른 표현으로는 cdf[*off] <= u < cdf[*off+1]이다).

<Distribution1D Public Methods> += 901

```
Float SampleContinuous(Float u, Float *pdf, int *off = nullptr) const {
    <Find surrounding CDF segments and offset 903>
    if (off) *off = offset;
    <Compute offset along CDF segment 903>
    <Compute PDF for sampled offset 903>
    <Return x ∈ [0, 1) corresponding to sample 904>
}
```

위의 기준에 맞는 구간을 u와 매핑하는 것은 FindInterval()에서 효율적인 이진 검색으로 구현된다(부록 A에서 자세한 내용을 참고하자).

<Find surrounding CDF segments and offset*>* ≡ 903, 904

```
int offset = FindInterval(cdf.size(),
        [&](int index) { return cdf[index] <= u; });
```

주어진 u에 걸친 CDF 값의 쌍에 대해 x를 계산할 수 있다. 우선 u가 cdf[offset]와 cdf [offset+1] 사이에서 얼마나 떨어져 있는지 du를 결정하고, du는 u == cdf[offset]이면 0이고 u == cdf[offset+1]이면 1이다. CDF는 구분적으로 선형이므로 표본 값 x는 x_i와 x_{i+1} 사이에서 같은 오프셋을 가진다(그림 13.4(b)).

<Compute offset along CDF segment> ≡ 903

```
Float du = u - cdf[offset];
if ((cdf[offset + 1] - cdf[offset]) > 0)
    du /= (cdf[offset + 1] - cdf[offset]);
```

이 표본 $p(x)$의 PDF는 함수의 적분 funcInt를 갖고 있으므로 쉽게 계산할 수 있다(CDF 배열의 오프셋 offset은 이미 계산됐으므로 func[offset]는 표본이 위치한 CDF 범위 안의 함수 값을 제공한다).

<Compute PDF for sampled offset> ≡ 903

```
if (pdf) *pdf = func[offset] / funcInt;
```

마지막으로 적절한 x의 값을 계산하고 반환한다.

<Return x ∈ [0, 1) corresponding to sample> ≡ 903

```
return (offset + du) / Count();
```

의미의 작은 중복으로 `Distribution1D`는 n개의 통과 각각의 일부 가중치를 가진 비연속 1D 확률 분포에 사용할 수 있으며, 우리는 각 통을 각각의 상대 가중치에 비례하는 확률로 표본화하려 한다. 이 기능이 사용되면 예를 들어 장면에서 광원의 비연속 분포를 빛의 에너지에 기반을 둔 가중치로 계산하는 15장의 `Integrator`의 일부 등에서 사용된다. 이 비연속 분포에서의 표본화는 어떤 CDF 값의 쌍 사이에 표본 값이 있는지 알아보기 위한 것이다. PDF는 대응하는 통의 표본화의 비연속적 확률로 계산된다.

<Distribution1D Public Methods> +≡ 901

```
int SampleDiscrete(Float u, Float *pdf = nullptr,
        Float *uRemapped = nullptr) const {
    <Find surrounding CDF segments and offset 903>
    if (pdf) *pdf = func[offset] / (funcInt * Count());
    if (uRemapped)
        *uRemapped = (u - cdf[offset]) / (cdf[offset + 1] - cdf[offset]);
    return offset;
}
```

또한 불연속 PDF에서의 주어진 값을 표본화하기 위해 PDF를 계산할 수 있으면 유용하다.

<Distribution1D Public Methods> +≡ 901

```
Float DiscretePDF(int index) const {
    return func[index] / (funcInt * Count());
}
```

13.3.2 배제 방식

일부 함수 $f(x)$에서는 PDF를 찾기 위해 적분을 하는 것이 불가능하거나, CDF를 분석적으로 역을 취하는 것이 불가능할 수 있다. 배제 방식[rejection method]은 이런 단계 없이 함수의 분포에 따라 표본을 생성할 수 있는 기술이다. 이는 근본적으로 다트 던지기 방식이다. 그런 함수 $f(x)$에 대해 표본을 뽑고 싶지만 어떤 스칼라 상수 c에 대해서 $f(x) < c\,p(x)$를 만족하는 PDF $p(x)$를 갖고 있고, p에서 어떻게 표본을 얻는지 알고 있다고 가정하자. 그렇다면 배제 방식은 다음과 같다.

```
loop forever:
    sample X from p's distribution
    if ξ < f (X)/(c p(X)) then
        return X
```

이 과정은 무작위 변수의 쌍 (X, ξ)를 선택할 때까지 반복적으로 진행된다. 점 $(X, \xi\, c\, p(X))$가 $f(X)$ 아래에 위치하면 표본 X가 선택된다. 그렇지 않으면 이는 배제되고 새 표본 쌍이 선택된다. 이 개념은 그림 13.5에 묘사돼 있다. 너무 자세히 들어가지 않고도 이 계획의 효율성은 $c\, p(x)$가 $f(x)$를 얼마나 잘 묶는지에 있음이 명백하다. 이 기술은 어떤 수의 차원에 대해서든 작동한다.

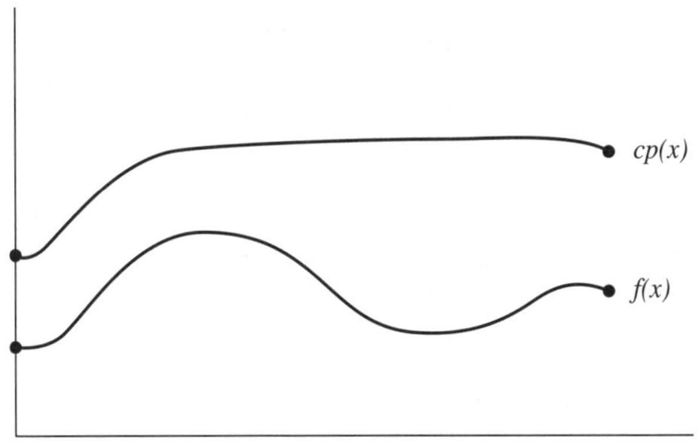

그림 13.5 배제 표본화는 f의 PDF가 알려져 있지 않거나 CDF가 역을 취할 수 없더라도 임의의 함수 $f(x)$의 분포에 기반을 두고 표본을 생성한다. 어떤 분포 $p(x)$와 스칼라 상수 c가 $f(x) < cp(x)$라고 알려져 있다면 표본은 $p(x)$에서 추출해 배제 방식을 이용해 무작위로 채택할 수 있다. $cp(x)$가 $f(x)$에 가깝게 붙을수록 이 과정은 더 효율적이다.

현실적으로 배제 표본화는 pbrt에서 현재 구현된 몬테카를로 알고리즘 중 어디에도 사용하지 않는다. 우리는 일반적으로 직접 표본화할 수 있는 $f(x)$와 유사한 분포를 찾는 것을 선호하며, 그 이유는 14장에서 설명한다. 그럼에도 불구하고 배제 표본화는 알고 있어야 하는 중요한 기술이고, 특히 몬테카를로 구현을 디버깅할 때 중요하다. 예를 들어 누군가 역방식을 사용해 어떤 분포에서 표본을 뽑는 코드에 버그가 있다는 의심이 든다면 배제 방식에 기반을 둔 명백한 구현으로 이를 대체해 몬테카를로 예측기가 같은 결과를 내는지 확인할 수 있다. 물론 이런 경우 예측의 분산이 오류를 가리지 않을 많은 표본이 필요하다.

예: 단위원의 배제 표본화

단위원의 안에 있는 균일하게 분포된 점을 선택하고 싶다고 가정하자. 배제 방식을 사용해서는 외접 정사각형 안에 있는 임의의 (x, y) 위치를 선택하고 원 안에 있으면 반환하기만 하면 된다. 이 과정은 그림 13.6에 설명돼 있다.

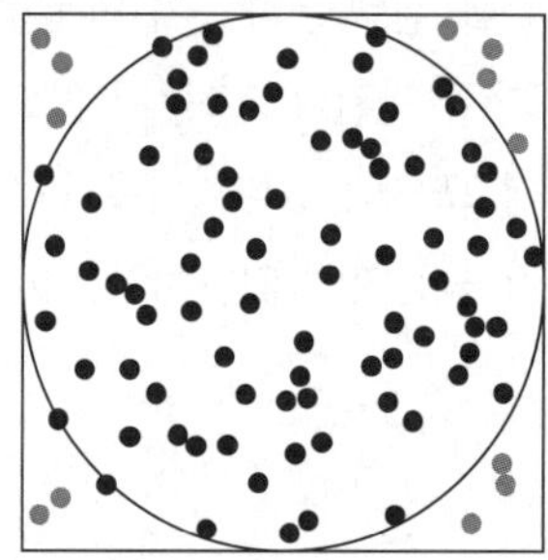

그림 13.6 원을 배제 표본화한다. 단위원에서 균일점을 찾는 방식 중 하나는 단위 정사각형에서 균일하게 무작위 점을 추출해서 원 밖에 있는 모든 것을 배제하는 것이다. 남은 점은 원 안에서 균일하게 분포한다.

`RejectionSampleDisk()` 함수는 이 알고리즘을 구현한다. 비슷한 방식으로 안과 밖의 테스트가 가능하기만 하면 어떤 복잡한 물체의 안에서든 균일하게 분포된 표본을 생성할 수 있다.

<Sampling Function Definitions> +≡

```
Point2f RejectionSampleDisk(RNG &rng) {
    Point2f p;
    do {
        p.x = 1 - 2 * rng.UniformFloat();
        p.y = 1 - 2 * rng.UniformFloat();
    } while (p.x * p.x + p.y * p.y > 1);
    return p;
}
```

일반적으로 배제 표본화의 효율은 배제되는 표본의 비율에 기반을 둔다. 2D에서 균일점을 찾는 경우는 계산이 쉽다. 이는 구의 면적을 정사각형의 면적으로 나눈 $\pi/4 \approx 78.5\%$다. 이 방식이 일반 n차원의 초구^hypersphere^의 경우에 적용된다면 n차원 초구의 부피는 n이 증가하면서 0에 수렴하며, 결국 이 방식은 점점 비효율적이 된다.

*13.4 메트로폴리스 표본화

메트로폴리스 표본화는 어떤 비음수 함수 f에서든 f의 값에 비례해 분포된 표본 집합을 생성할 수 있는 놀라운 특성을 갖고 있다(Metropolis et al. 1953).[7] 놀랍게도 이를 위해 f를 계산할 수 있는 능력 이외에 어떤 것도 필요 없다. f를 적분하거나 적분을 정규화하고 결과 CDF의 역을 취하는 등의 과정이 필요 없다. 더욱이 모든 반복이 함수의 PDF에서 유용한 표본을 생성한다. 메트로폴리스 표본화는 다음 표본을 얻기 위한 반복의 수가 한정되지 않는 배제 표본화의 단점을 공유하지 않는다. 그러므로 앞 절에서 소개된 기술들에 비해 효율적으로 더 넓은 다양성의 표본을 생성할 수 있다. 이는 16.4절의 메트로폴리스 빛 전송 알고리즘의 기반을 형성한다.

메트로폴리스 표본화도 몇 가지 단점이 있다. 시퀀스에서 잇따른 표본들은 종종 통계적으로 연관되며, 이는 메트로폴리스로 생성된 작은 수의 표본이 정의역에서 잘 분포됐다고 보장할 수 없다. 이는 정의역을 덮을 만큼 많은 수의 표본에 대해서만 한정돼 있다. 그러므로 계층 표본화(13.8.1절) 같은 기술의 분산 축약 개선은 일반적으로 메트로폴리스 표본화를 사용할 때 가용하지 않다.

13.4.1 기본 알고리즘

더 구체적으로 메트로폴리스 알고리즘은 표본 집합을 함수 f에서 X_i만큼 생성하며, 이는 임의의 차원 상태 공간(자주 $\Omega = \mathbb{R}^n$이다)에 정의되며, 실수 값을 반환해 $f: \Omega \rightarrow \mathbb{R}$이다. 첫 표본 $X_0 \in \Omega$가 선택된 후 차후의 각 표본 X_i는 X_{i-1}에 무작위 변형을 사용해서 제안된 표본 X'를 계산한다. 변형은 채택되거나 배제될 수 있으며, X_i는 그에 따라 X'나 X_{i-1}로 설정된다. 한 상태에서 다른 상태로의 이런 전환은 몇 가지 요구 조건(짧게 설명돼야 하는)에 따라 선택되며, X_i 값의 분포는 평형 분포에 도달한다. 이 분산은 정체 분포stationary distribution라고 한다. 제한에서 표본 집합의 분포 $X_i \in \Omega$는 $f(x)$의 확률 밀도 함수 $p(x) = f(x)/\int_\Omega f(x)\mathrm{d}\Omega$에 비례한다.

표본의 정확한 분포를 생성하기 위해 제안된 변형을 생성해서 일부 제한에 대해 변형을 채택하거나 배제한다. 주어진 상태 X를 새 상태 X'(이는 X를 특정 방식으로 교란하거나 아예

---

7. 우리는 몬테카를로 표본화 알고리즘을 메트로폴리스 알고리즘이라고 인용한다. 다른 이들은 공통적으로 이를 $M(RT)^2$이라고 원래 논문의 저자 머리글자를 따서 축약해 사용하며, 메트로폴리스-헤이스팅스라고 부르는 경우 이 기술을 일반화한 헤이스팅스(Fishman 1996)를 기리는 이름이다. 마르코프 체인 몬테카를로는 메트로폴리스 표본화와 유도된 기술에 대한 유의어다.

완전히 새로운 값을 생성한다)로 변화시키는 제안된 변형 방식이 있다고 가정하자. 반드시 주어진 현재 상태 X에서 제안된 X'로의 전환에 대한 확률 밀도 기술을 제공하는 잠정적인 전환 함수 $T(X \to X')$를 계산할 수 있어야 한다(13.4.2절은 전환 함수의 설계에 대한 고려를 다룬다).

주어진 전환 함수에 대해 채택 확률acceptance probability $a(X \to X')$를 정의할 수 있으며, 이는 표본의 분포가 $f(x)$에 비례하는 것을 보증하는 방식으로 X에서 X'로의 제안된 변형이 채택된 확률을 제공한다. 분포가 이미 평형 상태라면 두 상태의 전환 밀도는 반드시 같아야 한다.[8]

$$f(X)\,T(X \to X')\,a(X \to X') = f(X')\,T(X' \to X)\,a(X' \to X). \tag{13.6}$$

이 특성은 미세 평형detailed balance이라고 한다.

f와 T가 설정됐으므로 방정식(13.6)은 a를 반드시 어떻게 정의해야 하는지 알려준다. 특히 어떤 평형이 도달하는 속도를 최대화하는 a의 정의는 다음과 같다.

$$a(X \to X') = \min\left(1, \frac{f(X')\,T(X' \to X)}{f(X)\,T(X \to X')}\right). \tag{13.7}$$

방정식(13.7)에서 바로 알 수 있는 한 가지는 전환 확률 밀도가 양방향에 대해 같다면 채택 확률은 다음으로 단순화된다는 점이다.

$$a(X \to X') = \min\left(1, \frac{f(X')}{f(X)}\right). \tag{13.8}$$

이를 모두 모아 기본 메트로폴리스 표본화 알고리즘을 의사 코드로 써보면 다음과 같다.

```
X = X0
for i = 1 to n
    X'= mutate(X)
    a = accept(X, X'
    if (random( ) < a)
         X = X'=
    record(X)
```

이 코드는 기존 표본을 변형하고 방정식(13.7)의 채택 확률을 계산해 n개의 표본을 생성한

8. 엄정한 유도를 보기 위해 Kalos와 Whitlock(1986)이나 Veach의 학위 논문(1997)을 보자.

다. 각 표본 X_i는 자료 구조에 저장되거나 적분을 위한 표본으로 사용된다.

메트로폴리스 알고리즘이 자연스럽게 $f(x)$의 값이 상대적으로 낮은 Ω의 부분을 회피하므로 작은 수의 표본들이 여기에 누적된다. 그러면 영역의 $f(x)$ 행태에 대한 정보를 얻는 데 기본 메트로폴리스 알고리즘을 개선하기 위해 기댓값 기술을 사용할 수 있다. 이 경우에 여전히 어떤 상태에서 전처럼 전환해갈지 결정해야 하지만, 각각의 X와 X'에서 표본을 저장해 채용 규약에 따라 어떤 것이 선택돼도 상관없게 한다. 이들의 각 표본은 관련된 가중치가 있으며, 가중치는 X에 대해 확률 $(1 - a)$와 X'에 대해 a를 가지며, a는 채택 확률이다. 기댓값은 다음 단계에서 X나 X' 중 어떤 상태를 선택하는지의 방식을 바꾸지 않는다. 계산하는 부분은 여전히 동일하게 남아있다.

최신 의사 코드는 이런 개념을 보여준다.

```
X = X0
for i = 1 to n
    X' = mutate(X)
    a = accept(X, X')
    record(X, (1-a) * weight)
    record(X', a * weight)
    if (random( ) < a)
        X = X'
```

의사 코드의 두 부분을 비교하면 한계에서 같은 가중치 분포가 X와 X'에 대해 누적되는 것을 볼 수 있다. 기댓값은 더 빨리 부드러운 결과를 보여주며 $f(x)$가 기본 알고리즘보다 낮은 영역에 대해 더 많은 정보를 제공한다.

13.4.2 변형 선택 전략

일반적으로 잠정적인 전환 밀도 $T(X \to X')$를 계산할 수 있는 조건만 충족하면 변형을 선택하는 데 있어 매우 자유롭다. 방정식(13.8)에서 전환 밀도가 대칭적이면 메트로폴리스 표본화 알고리즘을 적용하기 위해 이를 계산할 수 있는 조건조차 필요 없다. 다양한 변형 전략을 적용하는 것은 쉬우며, 그러므로 특정 상황에서만 효과적인 일부에 대해서는 여러 접근법의 하나로 사용하는 데 문제가 없다.

일반적으로 변형은 현재 표본에 대해 작은 것보단 큰 변화를 제안한다. 이는 표본기가 작은 영역에 갇혀있지 않고 좀 더 빨리 상태 공간을 탐사할 수 있게 한다. 하지만 함수의 값

$f(X)$는 상대적으로 현재 표본 X에서 크고, 많은 제안된 변형이 배제될 가능성이 높아진다(방정식 13.8에서 $f(X) \gg f(X')$인 경우를 고려하자. $a(i \rightarrow X')$가 굉장히 작아진다). 여기서 연속해서 많은 표본이 같은 경우를 피해야 하고, 또한 상태 공간의 새 부분에 대해 더 나은 탐사를 가능하게 한다. 연속적인 많은 표본에 대해 같은 상태에 머무르는 것은 분산을 증가시킨다. 직관적으로 Ω 주변을 더 탐험할 때 전체 결과가 더 나아진다. 이 경우 작은 변형은 표본 X'는 f가 여전히 상대적으로 큰 곳을 제안하고, 더 높은 채택 특성으로 이어진다.

그러므로 유용한 변형 접근법은 무작위 교란을 현재 표본 X에 적용하는 것이다. 표본 X가 실수의 벡터 $(x_0, x_1, \ldots)$로 표현되면 표본 차원 xi의 일부나 전체가 교란될 수 있다. 한 가지 가능성은 특정 크기 조절 인자 s로 크기 조절된 무작위 변수를 더하거나 빼는 것으로 교란하고 나머지 연산자를 씌워 결과의 경계를 [0, 1)로 유지시키는 것이다.

$$x_i' = (x_i \pm s\, \xi) \bmod 1$$

이 방법은 대칭이므로 메트로폴리스 표본화와 함께 사용할 때 전환 밀도 $T(X \rightarrow X')$를 계산할 필요가 없다.

연관된 변형 접근법은 현재 표본을 모두 버리고 균일 난수로 새로 생성하는 것이다.

$$x_i = \xi$$

이 또한 대칭 방식임을 기억하자. 종종 완전히 새로운 표본을 이 방식으로 생성할 수 있는 것이 매우 중요하며, 이는 상태 공간의 한 부분에 갇혀 나머지를 표본화하지 않는 경우를 피할 수 있기 때문이다. 일반적으로 0이 아닌 확률을 가진 $f(X) > 0$에 대해 모든 상태 $X \in \Omega$에 도달하는 것이 가능해야 한다(이 특성은 에르고드성[ergodicity]이라고 한다). 특히 에르고드성을 확증하기 위해 $f(X) > 0$이고 $f(X') > 0$인 모든 X와 X'에 대해 $T(X \rightarrow X') > 0$가 성립해야 한다.

다른 접근법은 PDF를 사용해서 표본 추출 함수의 일부분을 맞추는 것이다. f의 일부 요소와 비슷한 PDF $p(x)$를 갖고 있다면 새 표본 $X \sim p$를 뽑을 때 이를 변형 전략을 유도하는 데 사용할 수 있다. 이 경우 전환 함수는 명백하다.

$$T(X \rightarrow X') = p(X')$$

달리 말해 현재 상태 X는 전환 밀도를 계산하는 데 관계가 없다. 여기서는 상태 X'로의 전환을 새로 제안한 상태 X'에만 의존하고 현재 상태에 전혀 관련 없는 밀도로 제안한다.

13.4.3 초기 편향

이제까지 회피한 한 가지 문제는 초기 표본 X_0를 어떻게 계산하는가이다. 앞서 설명한 전환과 채택 방식은 새 표본 X_{i+1}을 어떻게 생성하는지 알려주지만, 모두 현재 표본 X_i가 이미 f에 비례하는 확률로 미리 표본화됐다고 가정한다. f의 분포를 사용하지 않은 표본으로 생기는 문제를 초기 편향start-up bias이라고 한다.

이 문제의 흔한 해결책은 메트로폴리스 표본화 알고리즘을 임의의 시작 상태에서 일정 횟수의 반복을 수행해서 생성된 표본을 버리고 다시 과정을 실제로 수행해서 적절히 표본화된 X 값으로 이어진다고 가정하는 것이다. 이는 두 가지 이유에서 불만족스럽다. 첫째로는 버려질 표본을 얻는 비용이 클 수 있으며, 둘째로는 초기 편향을 제거하기 위해 얼마나 많은 초기 표본을 얻어야 하는지 추측할 수밖에 없다는 점이다.

다른 표본화 방식이 사용 가능하면 대안 방식을 사용할 수 있다. 초깃값 X_0는 어떤 밀도 함수 $X_0 \sim p(x)$를 사용해서 표본화한다. 우리는 마르코프 체인을 상태 X_0에서 시작하지만, 우리가 생성하는 모든 표본에 대해서 기여도에 다음의 가중치를 적용한다.

$$w = \frac{f(X_0)}{p(X_0)}$$

이 메서드는 초기 편향을 완전히 제거하고, 이를 예상 가능한 방식으로 처리한다.

유일한 잠재적인 문제는 선택한 X_0에 대해 $f(X_0) = 0$인 경우다. 이 경우 모든 표본은 0의 가중치를 가진다. 하지만 이는 알고리즘이 편향됐다는 것을 의미하지는 않는다. 결과의 기댓값은 여전히 정확한 분포로 수렴한다(Veach(1997)에서 추가 토의와 정확도의 증거를 보자). 분산을 줄이고 이 위험을 회피하려면 대신 각각 다음의 가중치를 가진 N개의 후보 표본 값 $Y_1, \cdots, Y_N$의 집합을 표본화한다.

$$w_i = \frac{f(Y_i)}{p(Y_i)}$$

메트로폴리스 알고리즘을 위해 시작 X_0 표본을 Y_i에서 각각의 상대 가중치에 비례하는 확률로 선택해서 모든 w_i 가중치의 평균으로 표본 가중치를 계산한다. 메트로폴리스 알고리즘이 생성하는 모든 차후 표본 X_i가 그 후 표본 가중치 w로 가중된다.

13.4.4 1차원 설정

이 절의 일부 개념을 묘사하기 위해 메트로폴리스 표본화가 어떻게 Ω = [0, 1]에서 정의되고 다른 곳에서 0인 단순한 1D 함수를 표본화하는 데 사용되는지 보여줄 것이다(그림 13.7).

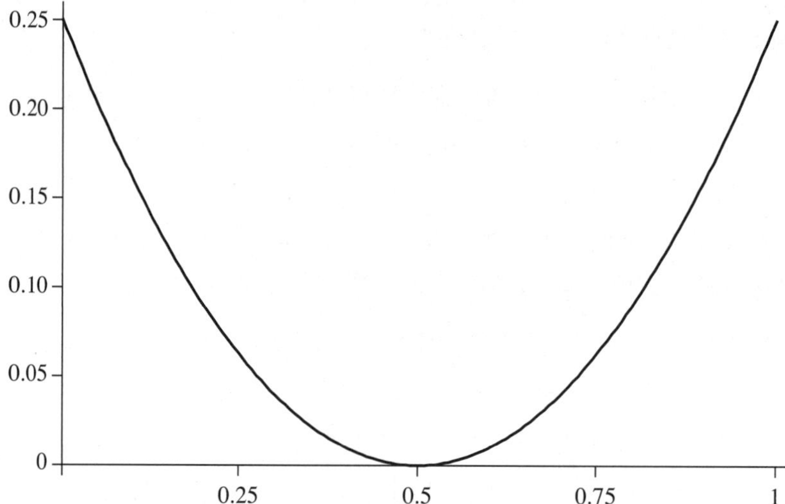

그림 13.7 이 절의 메트로폴리스 표본화를 묘사하기 위해 사용된 함수 $f(x)$의 그래프

$$f(x) = \begin{cases} (x - 0.5)^2 & 0 \le x \le 1 \\ 0 & \text{otherwise.} \end{cases} \tag{13.9}$$

이 예제의 경우 실제로 f의 정확한 형태를 모른다. 이는 특정 x 값만을 계산할 수 있는 블랙박스다(명백히 f가 방정식(13.9)임을 안다면 분포에서 표본을 뽑기 위해 메트로폴리스를 사용할 필요가 없다!).

13.4.2절에 도입된 아이디어를 바탕으로 두 변형 전략을 정의하고, 변형이 제안될 때마다 각각의 빈도를 원하는 분포에 따라 무작위로 선택한다.

첫 번째 전략 mutate_1은 현재 표본 X를 버리고 균일하고 새로운 X'을 전체 상태 공간 [0, 1]에서 표본화한다. 이 변형에 대한 전환 함수는 명백하다. mutate_1에 대해 [0, 1]에서 균일하게 표본화했기 때문에 확률 밀도는 전체 정의역에서 균일하다. 이 경우 밀도는 모든 곳에서 1이다. 따라서 다음과 같은 값을 가진다.

$$\text{mutate}_1(X) \to \xi$$
$$T_1(X \to X') = 1$$

두 번째 변형은 현재 표본 X에 대해 ±0.05 사이의 무작위 오프셋을 더해 전체 분포에서 높은 기여를 하는 f의 부분을 반복적으로 표본화하려는 노력을 하는 것이다. 전환 확률 밀도는 X와 X'가 충분히 멀어서 mutate_2가 서로에 대해 결코 변형하지 않는 경우에 0이다. 그렇지 않으면 밀도는 상수다. 밀도를 정규화해 정의역에 대해 1로 적분하게 하면 값 1/0.1을 제공한다. 이와 mutate_1은 둘 다 대칭적이다. 그래서 전환 밀도는 표본화 알고리즘을 구현할 필요가 없다.

$$
\begin{aligned}
\text{mutate}_2(X) &\to X + 0.1(\xi - 0.5) \\
T_2(X \to X') &= \begin{cases} \frac{1}{0.1} & |X - X'| \le 0.05 \\ 0 & \text{otherwise.} \end{cases}
\end{aligned}
$$

초기 표본을 찾기 위해서는 Ω에 대해 균일 PDF로 하나의 표본만 추출하면 되는데, 이는 표본화의 확률이 0인 Ω의 한 점을 제외하면 $f(x) > 0$이기 때문이다.

$$
X_0 = \xi
$$

그러므로 표본 가중치 w는 $f(X_0)$가 된다.

이제 메트로폴리스 알고리즘을 수행해 f의 표본 X_i를 생성한다. 각각의 전환에서는 저장을 위한 두 가중 표본을 가진다(13.4.1절에서의 기댓값 의사 코드를 기억하자). f의 확률 분포에 대한 근사를 재구성하기 위한 단순한 방식은 균일 너비를 가진 통의 집합에 대한 가중치의 합을 저장해두는 것이다. 각 표본은 하나에 통에 들어가고 거기에 기여한다. 그림 13.8은 일부 결과를 보여준다. 두 그래프에 대해 10000 변형이 잇따르고, 표본 가중치가 [0, 1]에 대한 50개의 통에 누적된다.

위쪽 그래프에서는 mutate_1만 사용된다. 이것 자체로는 그다지 효과적인 변형이 아닌데, 이는 f가 상대적으로 큰 값을 가진 영역 Ω의 주변에서 추가적인 표본을 생성하기 위해 표본을 찾을 때의 장점을 얻지 못하기 때문이다. 하지만 그래프는 알고리즘이 정확한 분포로 수렴한다는 것을 제안한다.

아래쪽에서는 mutate_1과 mutate_2 중 하나는 무작위로 선택되며, 예를 들어 각각 10%, 90%의 확률로 선택될 수 있다. 같은 수의 표본을 얻을 때 더 적은 분산의 f 분포로 수렴하는 것을 볼 것이다. 이는 알고리즘이 f가 큰 영역에 작업을 효율적으로 집중해 f 값이 낮은 상태 공간의 부분에서 더 적은 변형을 일으키기 때문이다. 예를 들어 $X = .8$이고 두 번째 변형이 $X' = .75$를 제안할 경우 이는 $f(.75)/f(.8) \approx 69\%$의 확률로 채택되며, .75에서 .8

사이의 변형은 min(1, 1.44) = 100%로 채용된다. 그러므로 알고리즘이 자연적으로 곡선 중심의 패인 곳 주변에 표본화를 위한 시간 사용을 어떻게 회피하려는지 볼 수 있다.

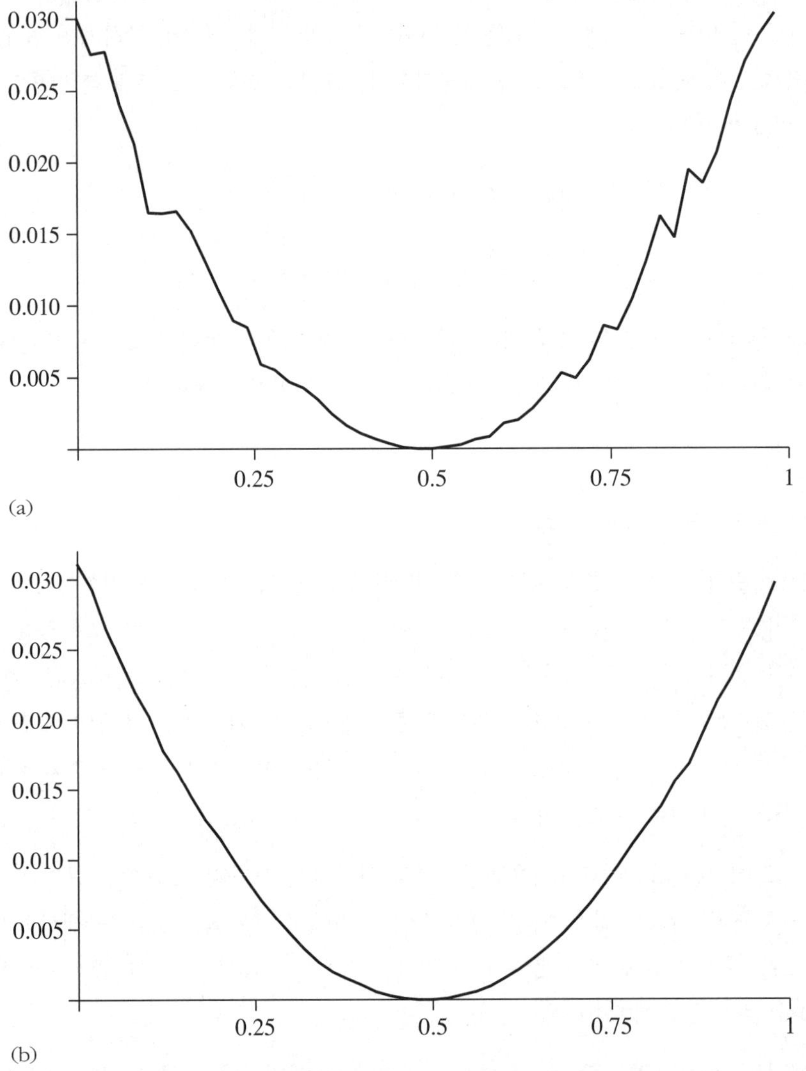

그림 13.8 메트로폴리스 포본화 전략의 비교. (a) $mutate_1$만을 사용하면 완전히 새로운 값을 각 단계에서 무작위로 선택한다. (b) $mutate_1$과 $mutate_2$가 둘 다 1:9의 비율로 사용됐다. 같은 수의 표본에 대해 분산은 상당히 낮아지며, $mutate_2$가 제안한 변환의 더 높은 채택률로 인한 것이다.

이 그래프에 대해 한 가지 중요한 점은 *y*축이 *f*의 그래프가 있는 그림 13.7의 것과 다른 단위를 갖고 있다는 점이다. 메트로폴리스 표본화가 *f*의 확률 밀도에 대해 분포된 표본을 제공하는 것을 기억하라. 그러므로 예를 들어 다른 함수 $g = 2f$에 대해 같은 표본 분포를 얻을 수 있다. f를 직접 메트로폴리스 표본에서 근사를 재구성하고 싶다면 우선 정규화 인자를 계산해서 PDF를 크기 조절하는 데 사용해야 한다.

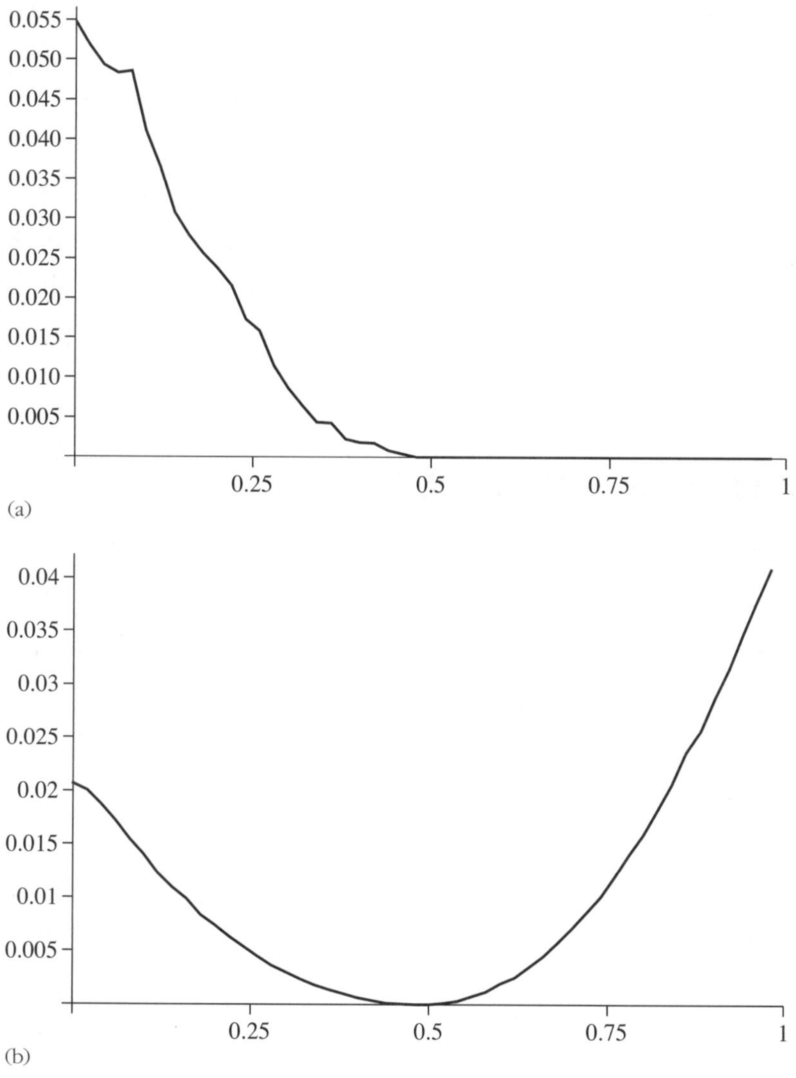

그림 13.9 메트로폴리스 표본화에서 주기적으로 완전히 새로운 표본 값을 선택하는 것이 중요한 이유. (a) $mutate_2$만 사용해 10,000번의 반복으로 계산했을 때, (b) 300,000 반복. 이는 일련의 변형이 곡선의 한쪽 면에서 .5를 넘어 다른 쪽으로 넘어가기 아주 어렵다는 것을 보여주며, 이는 f 값이 낮은 곳으로 움직이는 변형은 보통 제거 당하기 때문이다. 그렇기에 이렇게 많은 수의 반복에 대해서도 결과가 부정확하다(한계에서는 정확하다는 것이 작은 위안이다).

그림 13.9는 표본 값을 제공하는 데 mutate_2만 사용하는 놀라운 결과를 보여준다. 왼쪽에서 10,000개의 표본이 해당 변형만을 사용해서 추출됐다. 명백히 많은 것이 엉망이다. $X_i > .5$에서는 표본이 생성되지 않았으며, 결과는 f에 대해 크게 유사하지 않다.

채택 확률에 대해 다시 생각해보면 각각이 낮은 채택률을 가진 많은 수의 변형을 수행해 X_i를 .5에 더 가까이 해서 mutate_2의 짧은 간격이 다른 면으로 넘어가기 충분하게 한다. 메트로폴리스 알고리즘이 f의 더 낮은 값 영역에서 멀어지려는 경향이 있으므로(.8에서 .75로 이동하는 확률과 .75에서 .8로 이동하는 확률을 기억하라), 이는 아주 드물게 일어난다. 그림 13.9의 오른쪽은 300,000 표본을 추출했을 때 일어나는 현상을 보여준다. 이는 .5의 한쪽 면에서 다른 쪽으로 몇 번 뛰어 넘어가기에 충분하지만, 정확한 분포에 다가가기엔 충분하지 않다. 그러므로 mutate_2만 사용하는 것은 수학적으로 정확하지 않고 비효율적이다. 이는 어떤 상태에서 다른 상태로 전환을 제안하는 0이 아닌 확률을 가진다(여러 전환의 연쇄를 통해).

13.4.5 메트로폴리스 표본화로 적분 예측

우리는 메트로폴리스 알고리즘을 $\int f(x)g(x)\mathrm{d}\Omega$ 같은 적분을 예상하는 데 적용한다. 이는 16.4절에 구현된 메트로폴리스 빛 전송 알고리즘의 기반이다.

메트로폴리스 표본화에서 어떻게 표본을 이 방식으로 사용하는지 보기 위해 방정식(13.3)의 표준 몬테카를로 예측기가 이와 같음을 기억하자.

$$\int_\Omega f(x)g(x)\,\mathrm{d}\Omega \approx \frac{1}{N}\sum_{i=1}^{N}\frac{f(X_i)g(X_i)}{p(X_i)}$$

여기서 X_i는 밀도 함수 $p(x)$에서 표본화했다. 그러므로 메트로폴리스 표본화와 $f(x)$에 비례하는 밀도 함수로 표본의 집합 $X_1, \cdots, X_N$을 생성하면 이 적분을 다음과 같이 예측할 수 있다.

$$\int_\Omega f(x)g(x)\,\mathrm{d}\Omega \approx \left[\frac{1}{N}\sum_{i=1}^{N} g(X_i)\right]\cdot\int_\Omega f(x)\,\mathrm{d}\Omega. \tag{13.10}$$

13.5 분포 사이에서 변환

역방식의 설명에서 표본을 특정 방식으로 고전적 균일 무작위 변수를 변환한 어떤 분포에 맞춰 표본을 생성하는 기술을 소개했다. 여기서는 더 일반적인 질문인 함수 f의 어떤 분포가 임의의 분포에서 어떤 다른 분포로 변환되는지 알아본다.

이미 어떤 PDF $p_x(x)$에서 뽑은 주어진 무작위 변수 X_i가 있다고 가정하자. 이제 $Y_i = y(X_i)$를 계산하면 새로운 무작위 변수 Y_i의 분포를 찾고 싶다. 이는 심오한 문제처럼 보이지만, 이런 종류의 변환을 이해하는 것이 다차원 분포 함수에서 표본을 뽑는 데 결정적이라는 것을 볼 것이다.

함수 $y(x)$는 반드시 일대일 변환을 가진다. 여러 개의 x 값이 같은 y 값으로 매핑되면 특정 y 값에 대해 확률 밀도를 명료하게 설명하는 것이 불가능하다. y가 일대일인 것의 직접적인 결과는 그 미분이 반드시 0보다 엄밀히 크거나 엄밀히 작고, 이는 다음을 암시한다.

$$Pr\{Y \le y(x)\} = Pr\{X \le x\}$$

그러므로 다음과 같다.

$$P_y(y) = P_y(y(x)) = P_x(x)$$

CDF 간의 관계는 이의 PDF 간의 관계와 직접 관련된다. y의 미분이 0보다 크다는 것을 가정하면 미분은 다음과 같이 주어진다.

$$p_y(y)\frac{\mathrm{d}y}{\mathrm{d}x} = p_x(x)$$

그러므로 다음과 같다.

$$p_y(y) = \left(\frac{\mathrm{d}y}{\mathrm{d}x}\right)^{-1} p_x(x)$$

일반적으로 y의 미분은 절대적으로 양수거나 절대적으로 음수여야 하고, 밀도 사이의 관계는 다음과 같다.

$$p_y(y) = \left|\frac{\mathrm{d}y}{\mathrm{d}x}\right|^{-1} p_x(x)$$

이 공식을 어떻게 사용할 수 있을까? 정의역 [0, 1]에 대해 $p_x(x)$ = $2x$라고 가정하고, Y = sin X라고 하자. 무작위 변수 Y의 PDF는 무엇일까? dy/dx = cos x임을 알고 있으므로 다음과 같다.

$$p_y(y) = \frac{p_x(x)}{|\cos x|} = \frac{2x}{\cos x} = \frac{2 \arcsin y}{\sqrt{1-y^2}}$$

이 과정은 역으로 보일 수 있다. 보통은 표본을 추출하고 싶은 일부 PDF를 가지며, 변환이 주어지지 않는다. 예를 들어 어떤 $p_x(x)$에서 X를 뽑을 수 있고, Y를 어떤 분포 $p_y(y)$에서 계산할 수 있다. 어떤 변환을 사용해야 할 것인가? CDF에 대해 필요한 것은 같거나 혹은 $P_y(y)$ = $P_x(x)$인 것이며, 이는 바로 다음의 변환을 제공한다.

$$y(x) = P_y^{-1}\left(P_x(x)\right)$$

이는 역방식의 일반화며, X가 [0, 1]에 대해 균일하게 분포하면 $P_x(x)$ = x이고, 기존에 소개한 것과 같은 과정을 가진다.

13.5.1 다중 차원에서 변환

일반적인 n차원 경우에 비슷한 유도는 다른 밀도 사이에 관계에 대한 유사 관계를 제공한다. 이는 1D의 경우와 같은 형태를 따르기 때문에 유도를 여기서 보여주진 않는다. 밀도 함수 $p_x(x)$를 가진 n차원 무작위 변수 X가 있다고 가정하자. 이제 T가 전단사[bijection]일 경우 Y = $T(X)$라고 하자. 이 경우 밀도는 다음과 관련된다.

$$p_y(y) = p_y(T(x)) = \frac{p_x(x)}{|J_T(x)|}$$

$|J_T|$는 T의 자코비안 행렬의 계수의 절댓값으로, 이는 다음과 같다.

$$\begin{pmatrix} \partial T_1/\partial x_1 & \cdots & \partial T_1/\partial x_n \\ \vdots & \ddots & \vdots \\ \partial T_n/\partial x_1 & \cdots & \partial T_n/\partial x_n \end{pmatrix}$$

여기서 T_i는 $T(x)$ = $(T_1(x), \ldots, T_n(x))$로 정의된다.

13.5.2 극좌표계

극 변환은 다음과 같이 주어진다.

$$x = r\cos\theta$$
$$y = r\sin\theta$$

어떤 밀도 $p(r, \theta)$에서 표본을 뽑는다고 가정하자. 대응하는 밀도 $p(x, y)$는 무엇일까? 이 변환의 자코비안은 다음과 같다.

$$J_T = \begin{pmatrix} \frac{\partial x}{\partial r} & \frac{\partial x}{\partial \theta} \\ \frac{\partial y}{\partial r} & \frac{\partial y}{\partial \theta} \end{pmatrix} = \begin{pmatrix} \cos\theta & -r\sin\theta \\ \sin\theta & r\cos\theta \end{pmatrix}$$

계수는 $r(\cos^2\theta + \sin^2\theta) = r$이다. 그러므로 $p(x, y) = p(r, \theta)/r$이다. 물론 이는 우리가 원하는 것에서 역순이다. 보통 카테시안 좌표계에서 표본화를 시작해 이를 극좌표계로 변환하고 싶어 한다. 이 경우 다음을 가진다.

$$p(r, \theta) = r\, p(x, y)$$

13.5.3 구좌표계

주어진 방향의 구좌표 표현에 대해 다음과 같다.

$$x = r\sin\theta\cos\phi$$
$$y = r\sin\theta\sin\phi$$
$$z = r\cos\theta,$$

이 변환의 자코비안은 계수 $|J_T| = r^2\sin\theta$를 가지므로, 대응하는 밀도 함수는 다음과 같다.

$$p(r, \theta, \phi) = r^2\sin\theta\, p(x, y, z)$$

이 변환은 단위 구 위의 점 (x, y, z)의 방향을 표현하는 데 도움을 주므로 중요하다. 입체각이 단위 구에서 점집합의 영역으로 정의되는 것을 기억하자. 구좌표계에서는 기존처럼 다음을 유도한다.

$$d\omega = \sin\theta\, \mathrm{d}\theta\, \mathrm{d}\phi$$

그러므로 입체각 Ω에 정의된 밀도 함수를 가지면 이는 다음과 같다.

$$Pr\left\{\omega \in \Omega\right\} = \int_{\Omega} p(\omega)\, \mathrm{d}\omega$$

그러므로 θ와 ϕ에 대한 밀도를 유도할 수 있다.

$$\begin{aligned} p(\theta, \phi)\, \mathrm{d}\theta\, \mathrm{d}\phi &= p(\omega)\, \mathrm{d}\omega \\ p(\theta, \phi) &= \sin\theta\ p(\omega) \end{aligned}$$

13.6 다차원 변환의 2D 표본화

표본 (X, Y)를 뽑으려 하는 2D 연합 밀도 함수 $p(x, y)$를 갖고 있다고 가정하자. 가끔 다차원 밀도는 분리돼 1D 밀도의 곱으로 표현할 수 있고, 예를 들면 어떤 p_x와 p_y에 대해 다음과 같다.

$$p(x, y) = p_x(x)p_y(y)$$

이 경우 무작위 변수 (X, Y)는 X를 p_x에서 Y를 p_y에서 독립적으로 찾는 데 사용할 수 있다. 많은 유용한 밀도는 분리 가능하지 않지만, 여기서는 일반적인 경우에 다차원 분포에서 어떻게 표본을 얻는지에 대한 이론을 소개한다.

주어진 2D 밀도 함수에 대해 한계 밀도 함수marginal density function $p(x)$는 차원 중 하나를 적분해 얻는다.

$$p(x) = \int p(x, y)\, \mathrm{d}y. \qquad (13.11)$$

이는 X에 대해서만 밀도 함수로 다시 생각할 수 있다. 더 정확하게는 모든 가능한 y 값에 대한 특정 x의 평균 밀도다.

조건 밀도 함수conditional density function $p(y|x)$는 어떤 특정 x를 선택했을 때 y에 대한 밀도 함수다 (주어진 x에 대한 y의 확률로 읽는다).

$$p(y|x) = \frac{p(x, y)}{p(x)}. \qquad (13.12)$$

연합 분포에서 2D 표본화의 기본 개념은 우선 한계 밀도를 계산해 하나의 특정 변수를 분리하고, 밀도에서 표준 1D 기술을 사용해서 표본을 추출하는 것이다. 한 번 표본이 추출되면 어떤 이는 주어진 값에 대해 조건 밀도 함수를 계산하고 해당 분포에서 표본을 추출하며, 표준 1D 표본화 기술을 다시 사용한다.

13.6.1 반구의 균일 표본화

예를 들어 입체각에 대해 균일하게 반구의 방향을 고르는 작업을 고려해보자. 균일 분포는 밀도 함수가 상수일 때를 의미하며, 그러므로 $p(\omega) = c$임을 알 수 있다. 밀도 함수가 반드시 정의역에 대해 적분하면 1이 되는 것에 대한 사실과 합치면 다음을 얻는다.

$$\int_{\mathcal{H}^2} p(\omega)\, \mathrm{d}\omega = 1 \Rightarrow c \int_{\mathcal{H}^2} \mathrm{d}\omega = 1 \Rightarrow c = \frac{1}{2\pi}$$

이는 $p(\omega) = 1/(2\pi)$이거나 $p(\theta, \phi) = \sin\theta/(2\pi)$임을 말해준다(기존 구좌표계 예의 결과를 사용한다). 이 밀도 함수는 분리 가능하다. 그럼에도 불구하고 다차원 표본화 기술을 묘사하기 위해 한계와 조건 밀도를 사용할 것이다.

θ의 표본화를 고려하자. 이를 위해 θ의 한계 밀도 함수 $p(\theta)$가 필요하다.

$$p(\theta) = \int_0^{2\pi} p(\theta, \phi)\, \mathrm{d}\phi = \int_0^{2\pi} \frac{\sin\theta}{2\pi}\, \mathrm{d}\phi = \sin\theta$$

이제 ϕ에 대한 조건 밀도를 계산하면 다음과 같다.

$$p(\phi|\theta) = \frac{p(\theta, \phi)}{p(\theta)} = \frac{1}{2\pi}$$

ϕ의 밀도 함수가 균일하다는 것을 기억하자. 이는 주어진 반구의 대칭성으로 인해 직관적이다. 이제 1D 역전환 기술을 사용해서 이 PDF들을 차례로 표본화한다.

$$P(\theta) = \int_0^{\theta} \sin\theta'\, \mathrm{d}\theta' = 1 - \cos\theta$$

$$P(\phi|\theta) = \int_0^{\phi} \frac{1}{2\pi}\, \mathrm{d}\phi' = \frac{\phi}{2\pi}.$$

이 함수들의 역은 쉽게 구할 수 있다. 여기서 안전하게 $1 - \xi$를 ξ로 변경할 수 있고, 다음 식을 얻는다.

$$\theta = \cos^{-1} \xi_1$$
$$\phi = 2\pi \xi_2.$$

이를 다시 카테시안 좌표계로 변환하면 최종 표본화 공식을 얻는다.

$$x = \sin\theta \cos\phi = \cos\left(2\pi\xi_2\right)\sqrt{1-\xi_1^2}$$
$$y = \sin\theta \sin\phi = \sin\left(2\pi\xi_2\right)\sqrt{1-\xi_1^2}$$
$$z = \cos\theta = \xi_1.$$

이 표본화 전략은 다음의 코드에서 구현됐다. 두 개의 균일 난수가 u로 제공되며, 반구 위의 벡터가 반환된다.

<Sampling Function Definitions> +≡

```
Vector3f UniformSampleHemisphere(const Point2f &u) {
    Float z = u[0];
    Float r = std::sqrt(std::max((Float)0, (Float)1. - z * z));
    Float phi = 2 * Pi * u[1];
    return Vector3f(r * std::cos(phi), r * std::sin(phi), z);
}
```

pbrt에서 이런 각각의 표본화 루틴을 위해 특정 표본에 대한 PDF의 값을 반환하는 대응 함수가 있다. 이런 함수에 대해 어떤 PDF를 계산해야 하는지 확실하게 하는 것이 중요하다. 예를 들어 반구 위의 방향에 대해 이미 이 밀도를 입체각의 항과 (θ, ϕ)의 항으로 다르게 표현하는 것을 봤다. 반구에 대해(또 모든 다른 방향 표본화에 대해) 이 함수는 입체각에 대한 값을 반환한다. 반구에 대해 입체각 PDF는 상수 $p(\omega) = 1/(2\pi)$다.

<Sampling Function Definitions> +≡

```
Float UniformHemispherePdf() {
    return Inv2Pi;
}
```

전체 구를 영역 전체에 걸쳐 균일하게 표본화하는 것은 거의 정확히 같은 유도를 따르며, 여기서 생략했다. 결과는 다음과 같다.

$$x = \cos(2\pi\xi_2)\sqrt{1-z^2} = \cos(2\pi\xi_2)2\sqrt{\xi_1(1-\xi_1)}$$
$$y = \sin(2\pi\xi_2)\sqrt{1-z^2} = \sin(2\pi\xi_2)2\sqrt{\xi_1(1-\xi_1)}$$
$$z = 1 - 2\xi_1.$$

<*Sampling Function Definitions*> +≡

```
Vector3f UniformSampleSphere(const Point2f &u) {
    Float z = 1 - 2 * u[0];
    Float r = std::sqrt(std::max((Float)0, (Float)1 - z * z));
    Float phi = 2 * Pi * u[1];
    return Vector3f(r * std::cos(phi), r * std::sin(phi), z);
}
```

<*Sampling Function Definitions*> +≡

```
Float UniformSpherePdf() {
    return Inv4Pi;
}
```

13.6.2 단위 원반의 표본화

원반이 반구보다 더 단순한 모양을 표본화하는 것으로 보이지만, 이를 균일하게 표본화하는 것은 부정확한 직관적인 해를 갖고 있어서 까다롭다. 잘못된 방식은 명백해 보인다. $r = \xi_1$, $\theta = 2\pi\xi_2$다. 결과 점은 무작위이고 원 안에 있더라도 이는 균일하게 분포되지 않았다. 이는 실제로 원의 중심 근처에서 표본을 뭉치게 한다. 그림 13.10(a)는 균일 무작위 표본 (ξ_1, ξ_2) 집합에 대해 이 매핑을 사용했을 때 단위 원반 위에 있는 표본의 그래프를 보여준다. 그림 13.10(b)는 이어진 정확한 접근법으로 나온 균일하게 분포된 표본을 보여준다.

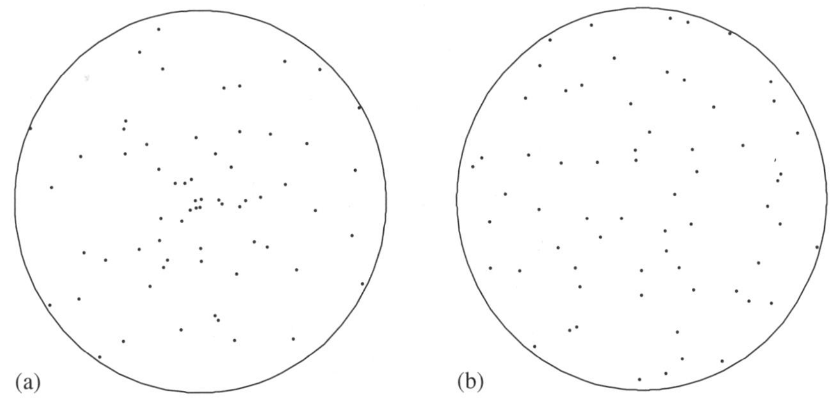

그림 13.10 (a) 명백하지만 정확하지 않은 균일 무작위 변수에서 원반 위에 있는 점의 매핑을 사용했을 때 결과 분포는 균일하지 않으며, 표본은 원반 중앙에 모이게 된다. (b) 정확한 매핑은 점의 균일 분포를 제공한다.

면적에 대해 균일하게 표본화를 할 것이기 때문에 PDF $p(x, y)$는 반드시 상수여야 한다. 정규화 제한으로 인해 $p(x, y) = 1/\pi$다. 극좌표계(13.5.2절의 예를 보자)로 변환하면 $p(r, \theta)$

= r/π를 가진다. 이제 한계와 조건 밀도를 예전처럼 계산할 수 있다.

$$p(r) = \int_0^{2\pi} p(r,\theta)\, \mathrm{d}\theta = 2r$$

$$p(\theta|r) = \frac{p(r,\theta)}{p(r)} = \frac{1}{2\pi}.$$

반구의 경우처럼 $p(\theta|r)$이 상수인 것은 원의 대칭성으로 인해 이해가 된다. $P(r)$, $P^{-1}(r)$, $P(\theta)$, $P^{-1}(\theta)$를 구하기 위해 적분하고 역을 구하면 원반 위에서 균일하게 분포된 표본을 생성하기 위한 정확한 해를 찾을 수 있다.

$$r = \sqrt{\xi_1}$$

$$\theta = 2\pi\xi_2$$

ξ_1의 제곱근을 취하면 표본을 원반의 끝으로 밀어내고, 이전의 뭉침을 중화한다.

<Sampling Function Definitions> +≡

```
Point2f UniformSampleDisk(const Point2f &u) {
    Float r = std::sqrt(u[0]);
    Float theta = 2 * Pi * u[1];
    return Point2f(r * std::cos(theta), r * std::sin(theta));
}
```

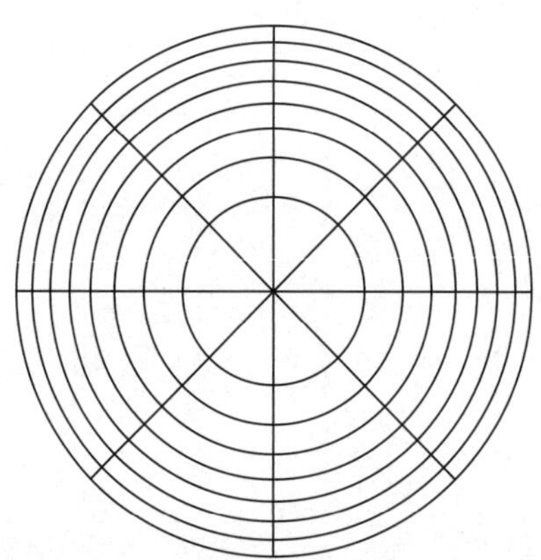

그림 13.11 UniformSampleDisk()에서 2D 무작위 표본을 원반 위의 점으로 매핑하면 면적을 심각하게 왜곡한다. 원반의 각 구역은 각 방향의 균일 무작위 표본의 1/8 단위 정사각형과 같은 면적을 가진다. 일반적으로 원반 근처의 점에 대한 (ξ_1, ξ_2) 값의 매핑에 대해 더 나은 작업을 원한다.

이 매핑이 이 문제를 바로 해결하더라도 원반에서의 면적을 왜곡한다. 단위 정사각형의 면적은 원반에 매핑되면서 늘어나거나 압축된다(그림 13.11)(13.8.3절에서 이 왜곡이 단점인 이유를 좀 더 자세히 다룬다). 더 나은 방식은 단위 정사각형에서 단위원으로의 동심원 매핑을 개발해 이 문제를 회피하는 것이다. 동심 매핑은 정사각형 $[-1, 1]^2$의 점을 받아 동심 정사각형을 동심원으로 균일하게 매핑한다(그림 13.12).

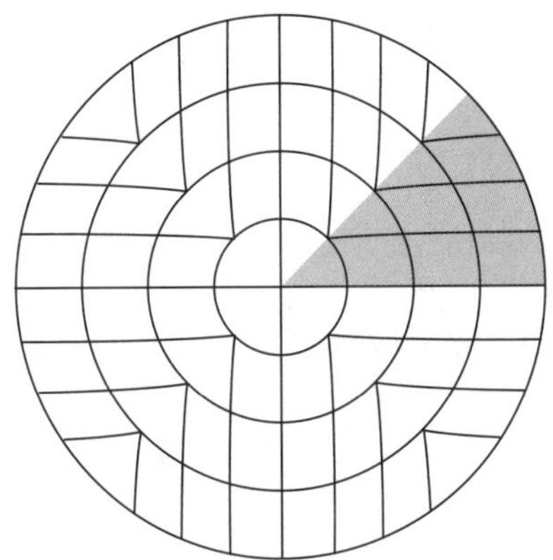

그림 13.12 동심 매핑은 정사각형을 원으로 매핑하고, 단위 원반 위에 있는 점의 균일 표본화를 위한 첫 방식에서 보여준 것보다 덜 왜곡된 매핑을 준다.

매핑은 정사각형의 쐐기를 원반의 조각으로 변환한다. 예를 들어 그림 13.12에서 정사각형의 어두운 지역은 (r, θ)로 다음과 같이 매핑된다.

$$r = x$$
$$\theta = \frac{y}{x}\frac{\pi}{4}$$

그림 13.13을 보자. 다른 2개의 사분원호는 유사하게 처리된다.

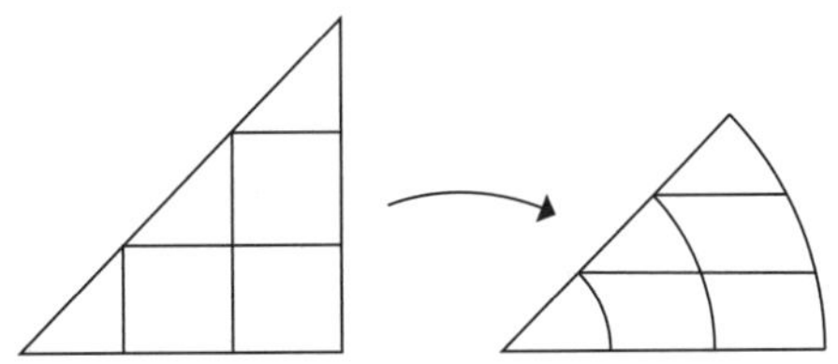

그림 13.13 정사각형의 삼각 쐐기는 파이 모양의 원의 조각으로 (r, θ) 쌍으로 매핑된다.

```
<Sampling Function Definitions> +≡
    Point2f ConcentricSampleDisk(const Point2f &u) {
        <Map uniform random numbers to [-1, 1]^2 926>
        <Handle degeneracy at the origin 926>
```

```
        <Apply concentric mapping to point 926>
    }
```

<*Map uniform random numbers to* [-1, 1]^2> ≡ 925

```
    Point2f uOffset = 2.f * u - Vector2f(1, 1);
```

<*Handle degeneracy at the origin*> ≡ 925

```
    if (uOffset.x == 0 && uOffset.y == 0)
        return Point2f(0, 0);
```

<*Apply concentric mapping to point*> ≡ 926

```
    Float theta, r;
    if (std::abs(uOffset.x) > std::abs(uOffset.y)) {
        r = uOffset.x;
        theta = PiOver4 * (uOffset.y / uOffset.x);
    } else {
        r = uOffset.y;
        theta = PiOver2 - PiOver4 * (uOffset.x / uOffset.y);
    }
    return r * Point2f(std::cos(theta), std::sin(theta));
```

13.6.3 코사인 가중 반구 표본화

나중에 13.10절에서 보는 것 같이 예상되는 피적분 함수와 비슷한 모양의 분포에서 표본화하는 것이 종종 유용할 때가 있다. 예를 들어 산란 방정식이 BSDF와 입사 방사의 곱을 코사인 항으로 가중하면 코사인 항이 작은 바닥보다는 코사인 항이 큰 값을 갖는 반구 꼭대기에 좀 더 가까운 방향을 생성하는 방식을 사용하는 것이 유용하다.

수학적으로 이는 방향 ω를 PDF $p(\omega) \propto \cos\theta$ 에서 표본화하고 싶다는 것을 의미한다. 이를 평소처럼 정규화하면 다음과 같다.

$$\int_{\mathcal{H}^2} p(\omega)\,\mathrm{d}\omega = 1$$

$$\int_0^{2\pi} \int_0^{\frac{\pi}{2}} c \cos\theta \sin\theta \,\mathrm{d}\theta\,\mathrm{d}\phi = 1$$

$$c\,2\pi \int_0^{\pi/2} \cos\theta \sin\theta\,\mathrm{d}\theta = 1$$

$$c = \frac{1}{\pi}$$

그러므로 다음과 같다.

$$p(\theta, \phi) = \frac{1}{\pi} \cos\theta \sin\theta$$

한계와 조건 밀도를 예전처럼 계산할 수 있지만, 대신 코사인 가중된 점을 생성하기 위해 맬리의 방식Malley's method이라고 알려진 기술을 사용한다. 맬리의 방식 이면의 개념은 단위 원반에서 균일하게 점을 선택해 이를 원반 위의 반구로 투사해 방향을 생성하면 결과 방향의 분포는 코사인 분포가 된다는 것이다(그림 13.14).

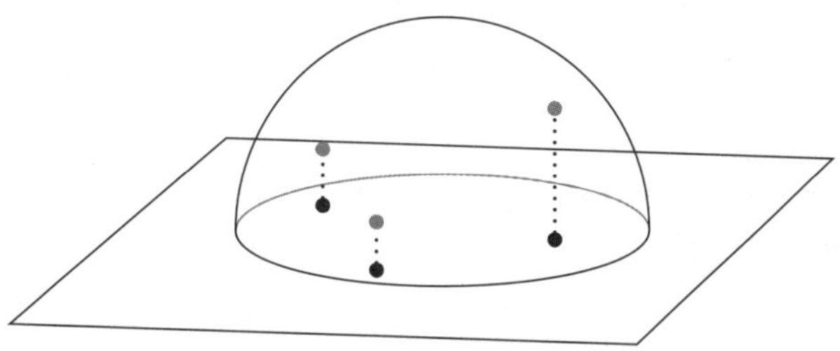

그림 13.14 맬리의 방식. 코사인 가중된 분포에서 방향 벡터를 표본화하기 위해 원반 위의 점을 균일하게 표본화해서 이를 단위 구에 위로 투사한다.

이것이 왜 작동하는가? (r, ϕ)를 원반에서 선택한 극좌표계의 점이라고 해보자(보통의 θ와 달리 ϕ을 쓰는 것을 고려하자). 이전의 계산에서는 연합 밀도 $p(r, \phi) = r/\pi$가 원반에서 표본화된 밀도를 제공하는 것을 알고 있다.

이제 이를 반구에 매핑한다. 수직 투영은 $\sin\theta = r$을 제공하며, 이는 그림 13.14에서 쉽게 볼 수 있다. $(r, \phi) \rightarrow (\sin\theta, \phi)$ 변환을 완성하기 위한 다음과 같은 자코비안의 계수가 필요하다.

$$|J_T| = \begin{vmatrix} \cos\theta & 0 \\ 0 & 1 \end{vmatrix} = \cos\theta$$

그러므로 다음과 같다.

$$p(\theta, \phi) = |J_T| p(r, \phi) = \cos\theta \frac{r}{\pi} = (\cos\theta \sin\theta)/\pi$$

이는 정확히 우리가 원한 것이다. 여기서 맬리의 방식이 코사인 가중 분포로 방향을 생성하는 것을 증명하기 위해 변환 방식을 사용했다. 이 기술이 원에서 점을 표본화하는 데 사용했던 방식과 상관없이 작동하는 것을 기억하면 앞선 동심원 매핑을 더 단순한 $(r, \theta) = (\sqrt{\xi_1}, 2\pi\xi_2)$ 방식처럼 사용할 수 있다.

<Sampling Inline Functions> +≡

```
inline Vector3f CosineSampleHemisphere(const Point2f &u) {
    Point2f d = ConcentricSampleDisk(u);
    Float z = std::sqrt(std::max((Float)0, 1 - d.x * d.x - d.y * d.y));
    return Vector3f(d.x, d.y, z);
}
```

pbrt의 모든 지향성 PDF 계산 루틴은 구좌표계가 아닌 입체각에 대해 정의돼 있음을 기억하면 PDF 함수는 가중치 $\cos\theta/\pi$를 반환한다.

<Sampling Inline Functions> +≡

```
inline Float CosineHemispherePdf(Float cosTheta) {
    return cosTheta * InvPi;
}
```

13.6.4 원뿔 표본화

Sphere에 기반을 둔 영역 광원이나 SpotList의 경우 원뿔 방향으로 광선을 균일하게 표본화할 수 있으면 유용하다. 이런 분포는 (θ, ϕ)에서 분리 가능하고, $p(\phi) = 1/(2\pi)$이므로 방향 θ를 방향의 원뿔에 대해 중심 방향에서 광선의 최대 각 θ_{max}까지 균일하게 표본화할 필요가 있다. 방정식(5.5)에 따라 단위 구의 측정값에서 $\sin\theta$ 항과 결합하면 다음과 같다.

$$
\begin{aligned}
1 &= c \int_0^{\theta_{max}} \sin\theta \, d\theta \\
&= c(1 - \cos\theta_{max}).
\end{aligned}
$$

그러므로 $p(\theta) = \sin\theta/(1 - \cos\theta_{max})$며 $p(\omega) = 1/(2\pi(1 - \cos\theta_{max}))$다.

<Sampling Function Definitions> +≡

```
Float UniformConePdf(Float cosThetaMax) {
    return 1 / (2 * Pi * (1 - cosThetaMax));
}
```

PDF는 CDF를 찾기 위해 적분할 수 있으며, 표본화 기술은 다음과 같다.

$$\cos\theta = (1 - \xi) + \xi \cos\theta_{max}$$

이 표본화 기술을 구현한 두 `UniformSampleCone()` 함수가 있다. 첫 번째는 (0, 0, 1) 축에 대해 표본화하고, 두 번째는 좌표계를 위한 3개의 기저 벡터를 받아 이를 사용해서 주어진 좌표계의 *z*축에 대해 표본을 추출한다(여기서 보여주지 않는다).

<Sampling Function Definitions> +≡

```
Vector3f UniformSampleCone(const Point2f &u, Float cosThetaMax) {
    Float cosTheta = ((Float)1 - u[0]) + u[0] * cosThetaMax;
    Float sinTheta = std::sqrt((Float)1 - cosTheta * cosTheta);
    Float phi = u[1] * 2 * Pi;
    return Vector3f(std::cos(phi) * sinTheta, std::sin(phi) * sinTheta,
            cosTheta);
}
```

13.6.5 삼각형 표본화

삼각형의 균일 표본화가 단순한 일로 보이더라도 이제까지 살펴본 것들보다 더 복잡함을 알게 될 것이다.[9] 문제를 단순화하기 위해 면적 1/2의 직각 이등변을 표본화한다고 가정한다. 유도한 표본화 루틴의 결과는 무게중심 좌표이지만, 이 단순화에도 불구하고 어떤 삼각형에 대해서든 이 기술은 실제로 작동한다. 그림 13.15는 표본화하는 모양을 보여준다.

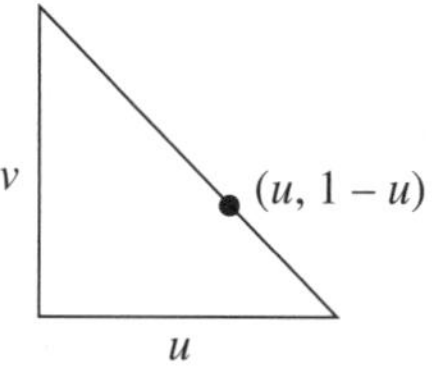

그림 13.15 직각 이등변 삼각형의 표본화. 빗변의 방정식은 $v = 1 - u$다.

두 무게중심 좌표 (u, v)를 여기에 표시할 것이다. 면적에 대해 표본화하므로 PDF $p(u, v)$가 반드시 모양의 면적 1/2의 역수와 같아야 함을 알고 있기 때문에 $p(u, v) = 2$다. 먼저 한계 밀도 $p(u)$를 찾는다.

9. 삼각형의 정확한 분포를 생성하는 것은, 외합 평행사변형을 표본화해 잘못된 측의 표본을 대각선으로 반사해 삼각형으로 돌려보내서 생성하는 것으로 가능하다. 이 기술이 여기서 보여주는 것보다 단순하더라도 사실상 2D 균일 무작위 표본을 다른 쪽으로 접는 것이므로 원하지 않는 결과를 가져온다. 매우 멀리 떨어진(예, (.01, .01)과 (.99, .99)) 두 표본이 삼각형의 같은 점에 매핑될 수 있기 때문이다. 이는 잘 분포된 (ξ 1, ξ 2) 표본 집합을 생성해 표본화하는 물체 위의 잘 분포된 점으로 매핑되는 것을 예상하는 계층 표본화 같은 분산 감소 기술을 좌절시킨다. 14.2.1절에 더 많은 논의를 살펴보자.

$$p(u) = \int_0^{1-u} p(u, v)\, \mathrm{d}v = 2 \int_0^{1-u} \mathrm{d}v = 2(1-u)$$

그리고 조건 밀도 $p(v|u)$는 다음과 같다.

$$p(v|u) = \frac{p(u, v)}{p(u)} = \frac{2}{2(1-u)} = \frac{1}{1-u}$$

CDF는 언제나처럼 적분으로 찾을 수 있다.

$$P(u) = \int_0^u p(u')\, \mathrm{d}u' = 2u - u^2$$
$$P(v) = \int_0^v p(v'|u)\, \mathrm{d}v' = \frac{v}{1-u}$$

이 함수의 역을 취해 균일 무작위 변수를 할당하는 것이 최종 표본화 전략을 제공한다.

$$u = 1 - \sqrt{\xi_1}$$
$$v = \xi_2 \sqrt{\xi_1}.$$

이 경우 두 변수가 독립적이지 않다는 것을 주의하라.

<Sampling Function Definitions> +≡

```
Point2f UniformSampleTriangle(const Point2f &u) {
    Float su0 = std::sqrt(u[0]);
    return Point2f(1 - su0, u[1] * su0);
}
```

적절한 값이 삼각형의 면적에 의존하므로 이 표본화 전략에 대한 PDF 계산 함수를 제공하지 않는다.

*13.6.6 카메라 표본화

6.4.7절은 사실적인 카메라에서의 필름에서 처리되는 측정의 방사 분석을 설명한다. 참고를 위해 센서의 면적에 대해서 도달하는 줄joule을 제공하는 방정식(6.7)은 다음과 같다.

$$J = \frac{1}{z^2} \int_{A_\mathrm{p}} \int_{t_0}^{t_1} \int_{A_\mathrm{e}} L_\mathrm{i}(\mathrm{p}, \mathrm{p}', t')\, |\cos^4 \theta|\, \mathrm{d}A_\mathrm{e}\, \mathrm{d}t'\, \mathrm{d}A_\mathrm{p}$$

면적은 필름 위에 있는 픽셀의 면적 A_p와 렌즈의 출사동을 한정하는 후방 렌즈 요소 위의 면적 A_e에 대해 적분된다. 필름 위의 픽셀에 대한 적분은 `Integrator`와 `Sampler`가 처리하며, 그러므로 필름 면 위의 고정 점 p에 대해 다음의 예측을 고려한다.

$$\frac{1}{z^2}\int_{t_0}^{t_1}\int_{A_e} L_i(\mathrm{p}, \mathrm{p}', t')\,|\cos^4\theta|\,\mathrm{d}A_e\,\mathrm{d}t'$$

주어진 시각을 표본화하기 위한 PDF와 출사동 위의 점 $p(A_e)$를 표본화하기 위한 PDF로 다음의 예측기를 가진다.

$$\frac{1}{z^2}\frac{L_i(\mathrm{p}, \mathrm{p}', t)\,|\cos^4\theta|}{p(t)\,p(A_e)}$$

6.4.5절에서 출사동 위의 점이 2D 경계 상자 안에서 균일하게 표본화되는 것을 기억하자. 그러므로 $p(A_e)$를 계산하기 위해 이 경계 상자의 영역에 하나만 있으면 된다. 편리하게 `RealisticCamera::SampleExitPupil()`가 이 값을 반환하며, 이는 `exitPupilBoundsArea`에 `GenerateRay()`가 저장한 것이다.

이 가중치의 계산은 <*Return weighting for* `RealisticCamera` *ray*>에서 구현한다. 이제 `simpleWeighting` 멤버 변수가 참이면 `RealisticCamera`는 이 항의 $\cos^4\theta$ 항만 고려하는 변경된 버전을 계산한다. 계산하는 값이 유용한 물리량이 아니지만, 이 선택 사항은 장면 방사(원축 오차를 가진)에 밀접하게 관련된 픽셀 값을 가진 이미지를 제공하고, 이는 종종 편리하다.

<*Return weighting for* `RealisticCamera` *ray*> ≡ 495

```
Float cosTheta = Normalize(rFilm.d).z;
Float cos4Theta = (cosTheta * cosTheta) * (cosTheta * cosTheta);
if (simpleWeighting)
    return cos4Theta;
else
    return (shutterClose - shutterOpen) *
           (cos4Theta * exitPupilBoundsArea) / (LensRearZ() * LensRearZ());
```

13.6.7 부분 상수 2D 분포

마지막 예는 비연속적 2D 분포에서 어떻게 표본화하는지를 보여준다. 2D 배열 $n_u \times n_v$의 표본 값으로 $(u, v) \in [0, 1]^2$에 대해 정의된 2D 함수의 경우를 고려할 것이다. 이 경우는 특히 텍스처 맵이나 환경 맵으로 정의된 분포에서 표본을 생성하는 데 유용하다.

$n_u \times n_v$의 값의 집합 $f[u_i, v_j]$로 정의된 2D 함수 $f(u, v)$를 고려해보자. $u_i \in [0, 1, \ldots, n_u - 1]$, $v_i \in [0, 1, \ldots, n_v - 1]$이며, $f[u_i, v_j]$는 범위 $[i/n_u, (i+1)/n_u) \times [j/n_v, (j+1)/n_v)$에 대해 f의 상수 값을 제공한다. 주어진 연속 값 (u, v)에 대해 대응하는 비연속 색인 (u_i, v_j)를 $(\tilde{u}, \tilde{v})$로 표기하며, $\tilde{u} = \lfloor n_u u \rfloor$와 $\tilde{v} = \lfloor n_v v \rfloor$ 따라서 $f(u, v) = f[\tilde{u}, \tilde{v}]$다.

f의 적분은 $f[u_i, v_j]$ 값의 단순 합이며, 예를 들어 f의 정의역에 대한 적분은 다음과 같다.

$$I_f = \iint f(u, v)\, \mathrm{d}u\, \mathrm{d}v = \frac{1}{n_u n_v} \sum_{i=0}^{n_u-1} \sum_{j=0}^{n_v-1} f[u_i, v_j]$$

PDF의 정의와 f의 적분을 사용해서 f의 PDF를 찾을 수 있다.

$$p(u, v) = \frac{f(u, v)}{\iint f(u, v)\, \mathrm{d}u\, \mathrm{d}v} = \frac{f[\tilde{u}, \tilde{v}]}{1/(n_u n_v) \sum_i \sum_j f[u_i, v_j]}$$

방정식(13.11)를 기억하면 한계 밀도 $p(v)$는 $f[u_i, v_j]$의 합으로 계산할 수 있다.

$$p(v) = \int p(u, v)\, \mathrm{d}u = \frac{(1/n_u) \sum_i f[u_i, \tilde{v}]}{I_f}. \qquad (13.13)$$

이 함수가 $\tilde{v}$에만 기반을 두므로 그 자체로 부분 상수 1D 함수 $p[\tilde{v}]$며, n_v 값으로 정의된다. 13.3.1절에서 1D 표본화 기계는 분포에서 표본화를 적용할 수 있다.

주어진 v 표본에서 조건 밀도 $p(u|v)$는 다음과 같다.

$$p(u|v) = \frac{p(u, v)}{p(v)} = \frac{f[\tilde{u}, \tilde{v}]/I_f}{p[\tilde{v}]}. \qquad (13.14)$$

주어진 $\tilde{v}$의 특정 값에서 $p[\tilde{u}|\tilde{v}]$는 $\tilde{u}$의 부분 상수 1D 함수며, 이는 일반적인 1D 방식으로 표본화할 수 있다. n_v개의 각 가능한 $\tilde{v}$에 대해 구분된 1D 조건 밀도가 있다.

이를 모두 합해 `Distribution2D` 구조체는 `Distribution1D`와 부분 상수 2D 분포에서 표본을 생성하는 것을 제외하곤 비슷한 기능을 제공한다.

```
<Sampling Declarations> +≡
    class Distribution2D {
    public:
        <Distribution2D Public Methods 935>
```

```
private:
    <Distribution2D Private Data 933>
};
```

생성자는 두 개의 작업이 있다. 첫 번째로 각 $\tilde{v}$ 값에 대해 방정식(13.14)를 사용해 1D 조건 표본화 밀도 $p[\tilde{u}|\tilde{v}]$를 계산한다. 그 후 한계 표본화 밀도 $p[\tilde{v}]$를 방정식(13.13)으로 계산한다.

<Sampling Function Definitions> +≡

```
Distribution2D::Distribution2D(const Float *func, int nu, int nv) {
    for (int v = 0; v < nv; ++v) {
        <Compute conditional sampling distribution for ṽ 933>
    }
    <Compute marginal sampling distribution p[ṽ] 933>
}
```

Distribution1D는 $p[\tilde{u}|\tilde{v}]$ 분포를 직접 n_u 함수 값들의 각 n_v 행에 대한 포인터를 주어 계산하고, 이는 이들이 메모리에서 선형적으로 위치하기 때문이다. 방정식(13.14)에서의 I_f와 $p[\tilde{v}]$는 Distribution1D에 전달된 값을 포함할 필요가 없으며, 이는 모든 n_u 값에 대해 같은 값이므로 상수 크기만을 조절하는 것은 Distribution1D가 계산한 정규화 분포에 영향을 미치지 않기 때문이다.

<Compute conditional sampling distribution for $\tilde{v}$> ≡ 933

```
pConditionalV.emplace_back(new Distribution1D(&func[v * nu], nu));
```

<Distribution2D Private Data> ≡ 933

```
std::vector<std::unique_ptr<Distribution1D>> pConditionalV;
```

주어진 각 $\tilde{v}$ 값에 대한 조건 밀도에 대해 각 $\tilde{v}$ 값을 표본화하기 위해 1D 한계 밀도 $p[\tilde{v}]$를 찾을 수 있다. Distribution1D 클래스는 부분 상수 함수의 적분을 저장하고 funcInt 멤버 변수에서 표현하므로 Distribution1D 생성자를 위해 메모리에 선형적으로 저장돼 있으므로 이 값을 marginalFunc 버퍼에 복사하기만 하면 된다.

<Compute marginal sampling distribution $p[\tilde{v}]$> ≡ 933

```
std::vector<Float> marginalFunc;
for (int v = 0; v < nv; ++v)
    marginalFunc.push_back(pConditionalV[v]->funcInt);
pMarginal.reset(new Distribution1D(&marginalFunc[0], nv));
```

```
<Distribution2D Private Data> +≡   933
    std::unique_ptr<Distribution1D> pMarginal;
```

기존에 설명한 것처럼 2D 분포에서 표본화하고자 우선 표본의 v 좌표를 찾기 위해서 한 표본을 $p[\tilde{v}]$ 한계 분포에서 뽑는다. 표본된 함수의 오프셋 값은 $\tilde{v}$ 정수 값을 제공해 u 값을 표본화하는 경우 어떤 미리 계산된 조건 분포를 사용해야 하는지 결정하는 데 사용된다. 그림 13.16은 이 개념을 예제처럼 저해상도 이미지를 사용해 묘사한다.

(a)

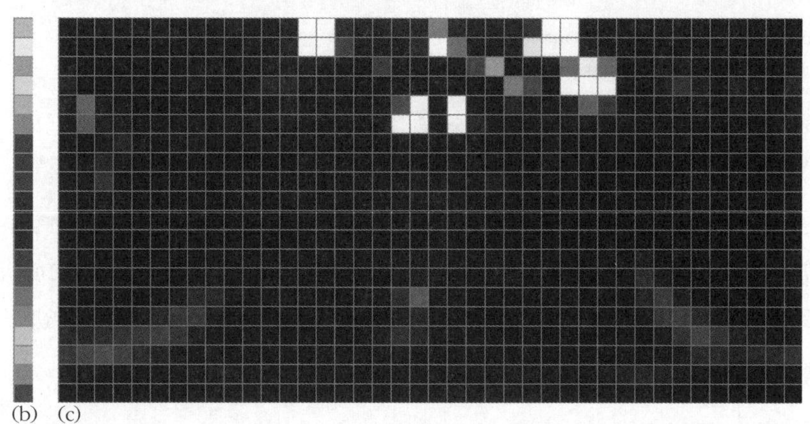

(b) (c)

그림 13.16 고명암비(HDR, High-Dynamic-Range) 환경 맵을 위한 부분 상수 표본화 분포 표본화. (a) 원 환경 맵, (b) 저해상도 한계 밀도 함수 $p[\tilde{v}]$, (c) 이미지의 행에 대한 조건 분포. 첫 번째로 한계 1D 분포 (b)를 v 값을 선택하는 데 사용하고, 표본화하는 이미지의 행을 준다. 밝은 행은 좀 더 표본화된다. 그 후 주어진 행에서 u 값이 행의 1D 분포에서 표본화된다.

<*Distribution2D Public Methods*> ≡ 932

```
Point2f SampleContinuous(const Point2f &u, Float *pdf) const {
    Float pdfs[2];
    int v;
    Float d1 = pMarginal->SampleContinuous(u[1], &pdfs[1], &v);
    Float d0 = pConditionalV[v]->SampleContinuous(u[0], &pdfs[0]);
    *pdf = pdfs[0] * pdfs[1];
    return Point2f(d0, d1);
}
```

주어진 표본 값을 위한 PDF의 값은 분포에서 표본화할 때의 조건과 한계 PDF의 곱으로 계산한다.

<*Distribution2D Public Methods*> +≡ 932

```
Float Pdf(const Point2f &p) const {
    int iu = Clamp(int(p[0] * pConditionalV[0]->Count()),
               0, pConditionalV[0]->Count() - 1);
    int iv = Clamp(int(p[1] * pMarginal->Count()),
               0, pMarginal->Count() - 1);
    return pConditionalV[iv]->func[iu] / pMarginal->funcInt;
}
```

13.7 러시안 룰렛과 분리

예측기 F의 효율성은 다음으로 정의된다.

$$\epsilon[F] = \frac{1}{V[F]T[F]}$$

$V[F]$는 분산이고 $T[F]$는 값을 계산하는 실행 시간이다. 이 측정에 의해 예측기 F_1은 F_2보다 같은 분산을 적은 시간에 계산하거나, 같은 양의 시간에 적은 분산을 생성하면 더 효율적이다. 다음의 몇 절은 몬테카를로의 효율성을 증가시키는 다양한 기술을 설명한다.

러시안 룰렛과 분리는 몬테카를로 예측을 각 표본이 결과에 상당한 기여를 하는 가능성을 증가시켜 효율성을 계산하는 데 관련된 두 기술이다. 러시안 룰렛은 계산하기 비싸지만 최종 결과에 작은 기여를 하는 표본의 문제를 처리하며, 분리는 피적분 함수의 중요한 차원에 더 많은 표본을 배치하는 것을 가능하게 하는 기술이다.

러시안 룰렛의 동기를 위한 예로 점에서 장면의 광원으로 인한 직접 광으로 인한 반사 방사

L_d를 제공하는 직접 광의 적분을 예측하는 문제를 고려하자.

$$L_o(p, \omega_o) = \int_{S^2} f_r(p, \omega_o, \omega_i)\, L_d(p, \omega_i)\, |\cos\theta_i|\, d\omega_i$$

어떤 분포 $p(\omega)$에서 예측기를 계산하기 위해 $N = 2$의 표본을 추출하기로 결정했다고 가정하자.

$$\frac{1}{2}\sum_{i=1}^{2} \frac{f_r(p, \omega_o, \omega_i)\, L_d(p, \omega_i)\, |\cos\theta_i|}{p(\omega_i)}$$

합의 각 항을 평가하는 계산 비용의 대부분은 점 p에서 그림자 광선을 추적해 p에서 봤을 때 광원이 가려지는지 아닌지 여부를 확인하는 데 있다.

해당 방향에서 $f_r(p, \omega_o, \omega_i)$가 0이기 때문에 피적분 함수 값이 명백히 0인 모든 방향 ω_i에 대해 그림자 광선의 추적을 생략할 수 있으며, 이는 추적이 최종 계산 값을 변화시키지 않기 때문이다. 러시안 룰렛은 또한 피적분 함수의 값이 매우 작지만 반드시 0은 아니어도 되는 경우에 레이트레이싱을 생략하는데, 여전히 평균적으로 정확한 값을 계산한다. 예를 들어 $f_r(p, \omega_o, \omega_i)$가 작을 경우나 ω_i가 수평에 가까워서 $|\cos\theta_i|$가 작을 경우 레이트레이싱을 회피하고 싶다. 물론 이 표본은 완전히 무시될 수만은 없고, 그렇지 않으면 예측기가 일관적으로 정확한 결과를 과소평가하기 때문이다.

러시안 룰렛을 적용하기 위해 어떤 종단 확률 q를 선택한다. 이 값은 거의 모든 방법으로 선택할 수 있다. 예를 들어 피적분 함수의 선택한 특정 표본 예측 값에 기반을 둘 수 있으며, 피적분 함수의 값이 작아지면 커진다. 확률 q로 피적분 함수는 특정 표본에 대해 계산하지 않고, 어떤 상수 값 c가 대신한다($c = 0$을 종종 사용한다). 확률 $1 - q$로 피적분 함수는 여전히 계산되지만 $1/(1 - q)$ 항으로 가중되고, 이는 실제적으로 생략한 모든 표본을 고려하게 된다.

$$F' = \begin{cases} \frac{F-qc}{1-q} & \xi > q \\ c & \text{otherwise} \end{cases}$$

결과 예측기의 기댓값은 원래 예측기의 기댓값과 같다.

$$E[F'] = (1-q)\left(\frac{E[F]-qc}{1-q}\right) + qc = E[F]$$

러시안 룰렛은 결과 분산을 감소시키지 않는다. 사실은 우연히 $c = F$가 아닌 이상 항상 분산을 증가시킨다. 하지만 이는 최종 결과에 작은 기여를 할 가능성이 높은 표본을 생략하도록 확률을 선택하면 효율성을 증가시킬 수 있다.

한 가지 위험은 좋지 않게 선택한 러시안 룰렛 가중치는 분산을 심각하게 증가시킬 수 있다는 것이다. 러시안 룰렛을 모든 카메라 광선에 .99의 종단 확률로 적용했다고 가정하라. 1%의 카메라 광선만 추적되고, 각각이 $1/.01 = 100$으로 가중된다. 결과 이미지는 엄밀히 수학적인 개념으로는 정확하지만, 시각적인 결과는 끔찍하다. 대부분이 검은 픽셀에 아주 밝은 일부 픽셀만 존재할 것이다. 13장 마지막의 연습문제 중 하나는 이 문제를 좀 더 논의하고 효율성 최적화 러시안 룰렛이라고 불리는 분산의 증가를 최적화하는 방식으로 러시안 룰렛 가중치를 설정하는 기술을 설명한다.

13.7.1 분리

러시안 룰렛이 중요하지 않은 표본에 대한 노력을 감소시키지만, 분리는 효율성의 증대를 위해 추출되는 표본의 수를 증가시킨다. 직접 조명에 대해서만 반사를 계산하는 문제를 다시 고려해보자. 픽셀 필터링을 무시하면 이 문제는 표면의 보이는 점에서 각 (x, y) 픽셀 위치에서 픽셀 A가 영역과 방향의 구 $\mathcal{S}^2$에 대해 이중 적분으로 작성할 수 있으며, $L_d(x, y, \omega)$는 이미지의 위치 (x, y)에서 보이는 물체에서 방향 ω에 입사하는 방사로 인해 방출하는 방사를 나타낸다.

$$\int_A \int_{\mathcal{S}^2} L_\mathrm{d}(x, y, \omega)\, \mathrm{d}x\, \mathrm{d}y\, \mathrm{d}\omega$$

적분을 예측하는 자연스러운 방식은 N 표본을 생성하고 몬테카를로 예측기를 적용하는 것으로, 각 표본이 (x, y) 이미지 위치와 광원을 향한 ω 방향으로 구성돼 있다. 많은 광원이 장면에 있거나 부드러운 그림자를 투사하는 영역 광이 있다면 수십 수백의 표본이 수용할 만한 분산 수준의 결과를 계산하고자 필요할 수 있다. 불행히도 각 표본은 장면에 대해 두 번의 레이트레이싱이 필요하다. 하나는 이미지 면 위의 위치 (x, y)에서 첫 번째 보이는 표면을 계산하기 위해서고, 다른 하나인 그림자 광선은 ω를 따라 광원으로 간다.

이 접근법의 문제점은 $N = 100$ 표본이 이 적분을 예측하기 위해 추출되면 200 광선이 추적되는 것이다. 100 카메라 광선과 100개의 그림자 광선이다. 그리고 100 카메라 광선은 좋은 픽셀 안티앨리어싱을 위해 훨씬 더 많이 필요할 수 있고, 그러므로 최종 결과의 분산 감소에 상대적으로 작은 기여를 하게 된다. 분리는 이 문제를 다른 차원에서 추출되는 각 표본에 대해 적분 차원의 일부에서 다중 표본을 추출하는 방식으로 공식화했다.

분리를 사용하면 이 적분의 예측기는 이미지 표본당 N개의 이미지 표본과 M개의 빛 표본을 추출할 수 있다.

$$\frac{1}{N}\frac{1}{M}\sum_{i=1}^{N}\sum_{j=1}^{M}\frac{L(x_i, y_i, \omega_{i,j})}{p(x_i, y_i)\, p(\omega_{i,j})}$$

그러므로 5개의 이미지 표본만을 추출할 수 있지만, 20개의 빛 표본을 이미지 표본별로 받아 200개 아닌 전체 105개 광선을 추적하게 되며, 여전히 고품질의 부드러운 그림자를 계산하기 위해 100개의 영역 광 표본을 추출한다.

이제 7.2.2절에 정의된 `Sampler::Request1DArray()`와 `Sampler::Request2DArray()`의 목적은 `Sampler`의 사용자들에게 피적분 함수의 일부 차원에 대한 분리를 적용하는 것으로 볼 수 있다.

13.8 신중한 표본 배치

분산 감소를 위한 고전적이고 효율적인 기술의 계열은 피적분 함수의 중요한 특징을 더 잘 포착하기 위한(좀 더 정확하게는 중요한 특징을 덜 놓치기 위해) 신중한 표본의 배치에 기반을 둔다. 이 기술은 중요도 표본화 같은 기술과 상호 보완적으로 pbrt에서 광범위하게 사용된다. 실제로 7장에서 `Sampler`의 작업 중 하나는 잘 분포된 표본을 이런 이유를 위한 적분기에서 사용하기 위함이었으며, 그때는 이것이 왜 가치 있는지 직관적인 느낌만 제공했었다. 여기서는 이 추가 작업을 몬테카를로 통합의 맥락에서 정당화할 것이다.

13.8.1 계층 표본화

계층 표본화는 7.3절에서 처음 도입됐고, 이제 이의 사용에 대한 동기를 부여할 도구를 갖고 있다. 계층 표본화는 적분 정의역 Λ을 세분해 n개의 중첩하지 않는 영역 $\Lambda_1, \Lambda_2, \cdots, \Lambda_n$으로 작동한다. 각 영역은 층[stratum]이라 불리고, 이들은 원래 정의역을 완벽히 덮어야 한다.

$$\bigcup_{i=1}^{n} \Lambda_i = \Lambda$$

Λ에서 표본을 뽑을 때 각 층 안의 밀도 p_i에 따라 n_i 표본을 각 Λ_i에서 뽑는다. 단순한 예는 픽셀의 초표본화다. 계층 표본화와 함께 픽셀 주변의 영역은 $k \times k$ 격자로 나뉘지며, 각 격자 셀에서 표본을 뽑는다. 이는 k^2의 무작위 표본을 뽑는 것보다 나은데, 표본 위치가 뭉칠 확률이 더 적어지기 때문이다. 여기서는 이 기술이 분산을 왜 감소시키는지 알아보자.

하나의 층 Λ_i에서 몬테카를로 예측기는 다음과 같다.

$$F_i = \frac{1}{n_i} \sum_{j=1}^{n_i} \frac{f(X_{i,j})}{p_i(X_{i,j})}$$

여기서 $X_{i,j}$는 밀도 p_i로 뽑은 j번째의 표본이다. 전체 예측은 $F = \sum_{i=1}^{n} v_i F_i$이고, v_i는 층 i의 부분 부피다($v_i \in (0, 1]$).

층 i에서 피적분 함수의 진짜 값은 다음과 같다.

$$\mu_i = E\left[f\left(X_{i,j}\right)\right] = \frac{1}{v_i} \int_{\Lambda_i} f(x)\,\mathrm{d}x$$

이 층의 분산은 다음과 같다.

$$\sigma_i^2 = \frac{1}{v_i} \int_{\Lambda_i} \left(f(x) - \mu_i\right)^2 \mathrm{d}x$$

그러므로 층의 n_i 표본으로 층별 예측기의 분산은 σ_i^2/n_i다. 이는 전체 예측기의 분산을 보여주는데, 다음과 같다.

$$\begin{aligned} V[F] &= V\left[\sum v_i F_i\right] \\ &= \sum V\left[v_i F_i\right] \\ &= \sum v_i^2 V\left[F_i\right] \\ &= \sum \frac{v_i^2 \sigma_i^2}{n_i}. \end{aligned}$$

n_i 표본수가 부피 v_i에 비례한다는 합리적인 가정을 한다면 $n_i = v_i N$이 되고, 전체 예측기의 분산은 다음과 같다.

$$V[F_N] = \frac{1}{N} \sum v_i \sigma_i^2$$

이 결과를 계층화 없는 분산과 비교하기 위해 비계층 표본을 선택하는 것이 무작위 층 I를 부피 v_i에 의해 정의된 비연속 확률 분포에 따라 선택한 후 무작위 표본 X를 Λ_I에서 선택하는 것과 같다는 것을 기억하자. 이 개념에서 X는 I에서 조건적으로 선택되고, 그러므로 이는 조건 확률을 사용해 다음을 보여줄 수 있다.

$$\begin{aligned} V[F] &= E_x V_i F + V_x E_i F \\ &= \frac{1}{N} \left[\sum v_i \sigma_i^2 + \sum v_i (\mu_i - Q) \right] \end{aligned}$$

Q는 f의 전체 정의역 Λ에 대한 평균이다. 이 결과의 유도를 보기 위해 Veach(1997)를 참고하라.

이 표현에 대해 알아둬야 할 두 가지 점이 있다. 첫째, 분산은 항상 음수가 아니기 때문에 우변의 합은 음수가 아니다. 둘째, 이는 계층 표본화가 결코 분산을 증가시키지 않는 것을 보여준다. 사실 계층화는 우변 합이 정확히 0이 아니면 항상 분산을 감소시킨다. 이는 함수 f가 각 층 Λ_i에 대해 모두 같은 평균을 가졌을 때만 0일 수 있다. 사실 계층 표본화가 제일 잘 도착하려면 우변 합을 최대화해야 하고, 그러므로 층이 가능한 한 다른 평균을 갖게 하는 것이 최선이다. 이는 함수 f에 대해 아무것도 모를 경우 조밀한 층이 필요한 이유를 설명해준다. 층이 넓으면 더 많은 변화를 포함하고 μ_i가 진짜 평균 Q에 가까워진다.

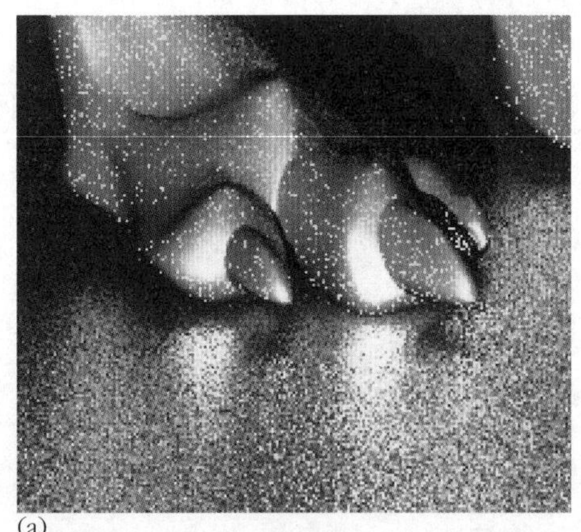
(a)

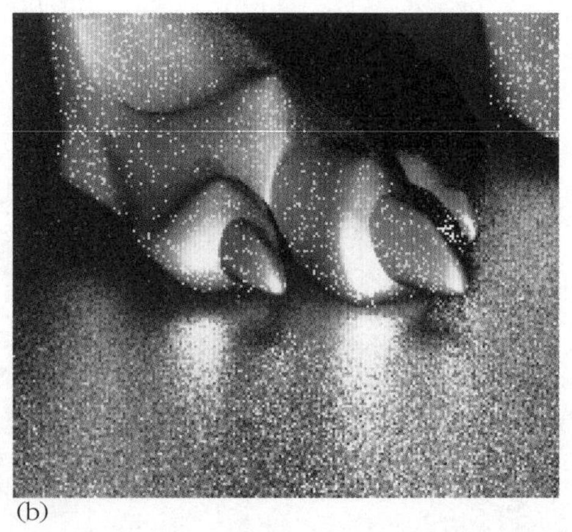
(b)

그림 13.17 분산이 더 높고 이미지가 더 잡음이 많다. (a) 광택 반사의 효과를 계산하는 데 무작위 표본화를 사용했을 경우, (b) 표본 방향에 대해 계층 분포를 사용했을 경우(예를 들어 바닥의 하이라이트의 가장자리를 비교해보자)

그림 13.17은 광택 반사를 위해 계층 표본화를 사용하는 효과와 균일 무작위 분포를 광선 방향 표본화에 사용하는 경우의 효과를 비교해서 보여준다. 수행 시간에 비용 없이 합리적으로 사실상 분산의 감소가 이뤄진다.

계층 표본화의 주된 단점은 표준 수치적 구적법과 같은 '차원의 저주'다. D 차원에 대한 차원별로 S개의 층에 대한 완전한 계층화는 S^D개의 표본을 요구하며, 이는 금세 엄두도 못낼 정도로 비싸진다. 다행히 7.3절에서 처리한 것처럼 대부분 일부 차원을 독립적으로 계층화하고 무작위로 다른 차원에서의 표본을 결합하는 것이 가능하다. 어떤 차원을 계층화할 것인지 선택하는 것은 피적분 함수의 값에서 효과가 더 높게 상관하는 경향의 차원을 계층화하는 방식으로 이뤄진다(Owen 1998). 예를 들어 14.1.1절의 직접 광의 예에서 (x, y) 픽셀 위치와 (θ, ϕ) 광선 방향을 계층화하는 것이 훨씬 효과적이다. (x, θ)와 (y, ϕ)를 계층화하는 것은 거의 확실히 효과가 없다.

계층화와 같은 많은 장점을 가진 차원의 저주의 다른 해법은 라틴 하이퍼큐브 표본화(7.3절에서 역시 도입한)를 사용하는 것으로, 이는 차원의 수에 무관하게 어떤 수의 표본도 생성할 수 있다. 불행히도 라틴 하이퍼큐브 표본화는 분산을 줄이는 데 계층 표본화처럼 효과적이지 않으며, 특히 표본 추출수가 많아질수록 그렇다. 그럼에도 불구하고 라틴 하이퍼큐브 표본화는 증명할 수 있게 균일 무작위 표본화보다 나쁘지 않으며, 훨씬 좋은 결과를 자주 보여준다.

13.8.2 의사 몬테카를로

7장에서 소개한 저불일치 표본화 기술은 의사 몬테카를로quasi Monte Carlo라고 불리는 몬테카를로의 분파의 기초다. 의사 몬테카를로 기술의 핵심 요소는 표준 몬테카를로에서 사용한 난수를 신중히 설계한 결정적 알고리즘이 생성하는 저불일치 점집합으로 교체하는 것이다.

많은 적분 문제에서 이 방식의 장점은 의사 몬테카를로 기술이 표준 몬테카를로에 기반을 둔 기술보다 점근적으로 빠른 수렴 속도를 가진다는 점이다. 정규 몬테카를로 알고리즘에서 사용한 많은 기술이 중요성 표본화를 포함해 의사 무작위 표본점에서 똑같이 잘 작동한다. 점근적 수렴률이 일반적으로 그래픽에서 비연속적 피적분 함수에 적용하기 어려운데, 이는 수렴률이 피적분 함수의 매끄러운 특성에 의존하기 때문으로, 실제로 의사 몬테카를로는 이런 적분에 대해 정규 몬테카를로에 비해 일반적으로 더 나은 성능을 보여준다. 13장 끝의 '더 읽을거리' 절에서 이 주제에 대해 더 많은 정보를 알아보자.

pbrt에서 일반적으로 이 두 방식의 차이를 대충 넘기고, 이를 7장의 Sampler에서 지역화했다. 이로 인해 Sampler가 의사 무작위 표본점을 생성해 Integrator가 부적절하게 이를 의사 몬테카를로에 적합하지 않은 알고리즘 구현에 일부로 사용하면 미세한 오류 가능성이 생긴다. Integrator가 이 표본점을 중요성 표본화나 둘 방식에 적용 가능한 다른 기술에서만 사용한다면 문제가 되지 않는다.

13.8.3 표본 뒤틀림과 왜곡

영역 광을 위한 적분을 위해 광원 위의 점을 선택하는 문제에 계층 표본화나 저불일치 표본화를 적용할 경우 pbrt는 정의역 $[0, 1)^2$에 대한 표본 (u_1, u_2)의 집합을 생성하고, 이를 13.5절과 13.6절에 도입한 표본들을 광원 위의 점으로 매핑하는 변환 방식에 기반을 둔 알고리즘에 사용한다. 이 과정에 내포된 것은 광원 위의 점으로의 변환이 일반적으로 $[0, 1)^2$에서의 표본 계층 특성을 유지한다는 기대다. 달리 말하면 근방 표본은 빛 표면의 근방으로 매핑돼야 하며, 멀리 떨어진 표본은 빛에서 멀리 떨어진 위치로 매핑돼야 한다. 매핑이 이 특성을 유지하지 못하면 계층화의 장점은 사라진다.

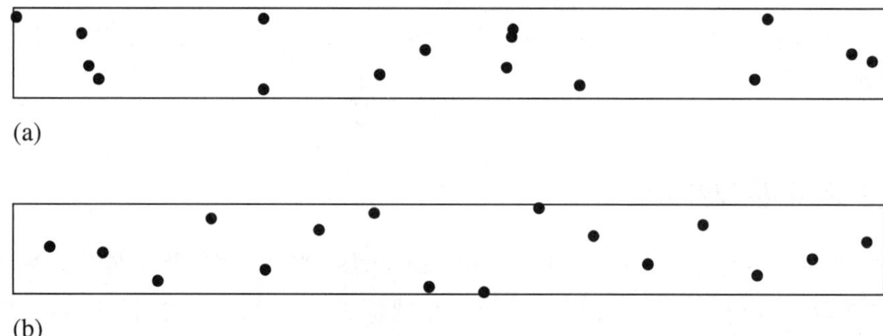

그림 13.18 (a) 4 x 4 계층 표본화 패턴을 길고 얇은 사각형 광원으로 변환하면 효과적으로 16개의 잘 분포된 표본으로 변환되지 않는다. 수직 방향의 계층화는 도움이 되지 않는다. (b) (0, 2)-시퀀스에서의 표본은 변환 이후에도 여전히 잘 분포돼 있다.

이는 Shirley의 정사각형에서 원 매핑(그림 13.13)이 직관적 매핑(그림 13.12)보다 좋은 이유를 설명하는데, 직관적 매핑은 중심에서 조밀한 층이 덜 떨어져 있기 때문이다. 이 문제는 또한 실전에서 왜 일반적으로 저불일치 시퀀스가 계층 패턴보다 효과적인지 설명해준다. 다른 영역으로 변환된 후에도 좋은 분포 특성을 유지하기 때문에 더 안정적이다. 그림 13.18은 16개의 잘 분포된 표본점의 집합을 얇은 사각형의 표면을 덮는 점으로 변환했을 때 어떤 일이 일어나는지 보여준다. (0, 2)-시퀀스는 여전히 잘 분포돼 있지만, 계층 패턴은 훨씬 못한 결과를 보여준다.

13.9 편향

분산 감소에 대한 다른 방식은 계산에서 편향을 도입하는 것이다. 종종 원하는 양과 같은 기댓값을 실제로 갖지 않은 것을 알고도 예측을 계산하는 것이 더 낮은 분산으로 이어지기도 한다. 예측기는 기댓값이 정확한 답과 같으면 편향되지 않은 것이다. 그렇지 않으면 다음과 같은 차이는 편향의 양이 된다.

$$\beta = E[F] - \int f(x)\,\mathrm{d}x$$

Kalos와 Whitlock(1986, pp. 36–37)는 편향이 가끔 어떻게 요구되는지에 대해 다음의 예제를 제공했다. 간격 0에서 1까지의 분포 $X_i \sim p$의 평균값 예측을 계산하는 문제를 고려해보자. 다음과 같은 예측기를 사용할 수 있다.

$$\frac{1}{N}\sum_{i=1}^{N} X_i$$

또는 다음의 편향된 예측기를 사용할 수 있다.

$$\frac{1}{2}\max(X_1, X_2, \ldots, X_N)$$

첫 예측기는 실제로 편향되지 않았지만, 분산은 $O(N^{-1})$을 가진다. 두 번째 예측기의 기댓값은 다음과 같다.

$$0.5\frac{N}{N+1} \neq 0.5$$

그러므로 이는 편향됐지만, 이의 분산은 $O(N^{-2})$이기에 훨씬 좋다. N의 큰 값에 대해 두 번째 예측기가 더 선호된다.

7.8절에 설명돼 있는 픽셀 재구성 방법 또한 편향 예측기로 생각할 수 있다. 이를 몬테카를로 예측 문제로 고려하면 이의 예측을 계산해야 하고, 이는 다음과 같다.

$$I(x, y) = \iint f(x - x', y - y')L(x', y')\, \mathrm{d}x'\, \mathrm{d}y'$$

여기서 $I(x, y)$는 최종 픽셀 값이고, $f(x, y)$는 픽셀 필터 함수(여기서 정규화돼 1로 적분된다고 가정한다), $L(x, y)$는 이미지 방사 함수다.

이미지면 표본을 균일하게 갖고 있다고 가정하면 모든 표본은 p_c로 표기하는 같은 확률 밀도를 가진다. 그러므로 이 방정식의 비편향 몬테카를로 예측기는 다음과 같다.

$$I(x, y) \approx \frac{1}{N p_c} \sum_{i=1}^{N} f(x - x_i, y - y_i) L(x_i, y_i)$$

이는 기존에 사용한 픽셀 필터링 방정식과 다른 결과를 제공하고, 방정식(7.12)는 다음과 같다.

$$I(x, y) = \frac{\sum_i f(x - x_i, y - y_i) L(x_i, y_i)}{\sum_i f(x - x_i, y - y_i)}$$

그럼에도 편향 예측기가 실제로 더 선호되는 것은 더 작은 분산을 가진 결과를 주기 때문이다. 예를 들어 모든 방사 값 $L(x_i, y_i)$가 1의 값을 가지면 편향 예측기는 항상 이미지를 모든 픽셀 값이 정확히 1인 이미지로 재구성하며, 명백히 원하는 특성이다. 하지만 비편향 예측기가 픽셀 값을 재구성하면 모두 1이 아닌데, 이는 다음과 같은 합이 일반적으로 p_c와 같지 않다.

$$\sum_i f(x - x_i, y - y_i)$$

그러므로 필터 함수의 픽셀에 사용한 특정 (x_i, y_i) 표본 위치에 의존하는 변화로 인해 다른 값을 갖게 된다. 더 복잡한 이미지에 대해서도 비편향된 예측기가 도입한 분산은 방정식 (7.4)의 편향보다 더 불쾌하다.

13.10 중요성 표본화

중요성 표본화는 분산 감소 기술로 다음과 같은 몬테카를로 예측기가 피적분 함수 $f(x)$와 비슷한 분포 $p(x)$로 추출되면 더 빨리 수렴하는 사실을 이용하는 기술이다.

$$F_N = \frac{1}{N}\sum_{i=1}^{N}\frac{f(X_i)}{p(X_i)}$$

기본 개념은 피적분 함수의 값이 상대적으로 높은 곳에 작업을 집중해서 정확한 예측을 좀 더 효율적으로 계산하는 것이다(그림 13.19).

예를 들어 산란 방정식(5.9)를 계산한다고 가정하자. 이 적분을 예측할 때 어떤 일이 일어나는지 고려하자. 방향이 표면 법선에 거의 수직하게 무작위로 표본화된다면 코사인 항은 0에 가까울 것이다. BSDF를 계산하는 모든 비용과 표본 위치에 대한 입사 방사를 찾기 위한 레이트레이싱은 실질적으로 낭비되며, 최종 결과에서의 기여는 극미하다. 그러므로 적도 근처의 방향을 선택하는 것을 줄이는 방향으로 구를 표본화하면 더 좋은 결과를 얻을 수 있다. 더 일반적으로 방향이 피적분 함수의 다른 인자와 맞는 분포로 표본화하면(BSDF, 입사 조명 분포 등) 효율성은 비슷하게 증가한다.

무작위 변수가 피적분 함수의 모양과 비슷한 확률 분포에서 표본화되기만 하면 분산은 감소한다. 이 사실에 대한 엄격한 증명은 제공하지 않지만 대신 약식과 직관적인 논의를 제공한다. 몬테카를로 기술을 어떤 적분 $f(x)\mathrm{d}x$를 계산하기 위해 사용한다고 가정하자. 표본화 분포를 선택함에 자유가 있으므로, 분포 $p(x) \propto f(x)$나, $p(x) = cf(x)$를 사용하는 효과를 고려하자. 정규화가 이를 강제하는 것은 명백하다.

$$c = \frac{1}{\int f(x)\,\mathrm{d}x}$$

이런 PDF를 찾는 것은 적분의 값을 알아야 하고, 처음에 예측하려고 했던 것이다. 그럼에도 불구하고 이 예제의 용도를 위해 이 분포에서 표본화할 수 있다면 각 예측은 다음의 값을 가진다.

$$\frac{f(X_i)}{p(X_i)} = \frac{1}{c} = \int f(x)\,\mathrm{d}x$$

c가 상수이므로 각 예측은 같은 값을 가지며, 분산은 0이다! 물론 이는 f를 직접 적분 가능하면 몬테카를로를 사용하지 않을 것이므로 터무니없다. 하지만 $f(x)$의 모양과 비슷한 밀도 $p(x)$를 찾을 수 있다면 분산은 감소한다.

(a)

(b)

그림 13.19 (a) 광선의 계층 균일 분포를 반구에 사용하면 (b)의 중요도 표본화를 적용하고 BRDF에 기반을 둔 분포에서 계층화된 광선을 선택한 경우보다 훨씬 높은 분산을 보여준다.

형편없이 선택한 분포를 사용하면 중요도 표본화는 분산을 증가시킬 수 있다. 피적분 함수와 잘 맞지 않는 PDF에서 표본화하는 효과를 이해하기 위해 다음과 같은 분포를 사용한다.

$$p(x) = \begin{cases} 99.01 & x \in [0, .01) \\ .01 & x \in [.01, 1) \end{cases}$$

그에 따라 다음의 $f(x)dx$의 예측을 사용하는 것을 고려하자.

$$f(x) = \begin{cases} .01 & x \in [0, .01) \\ 1.01 & x \in [.01, 1) \end{cases}$$

적분의 값은 1이고, $p(x)$를 사용해서 몬테카를로 예측을 계산하기 위해 표본을 뽑는 것은 끔찍한 결과를 가져온다. 거의 모든 표본이 범위 [0, .01) 안에 있으며, 예측기가 값 $f(x)/p(x) \approx 0.0001$을 갖는 범위다. 이 범위의 밖에 위치한 표본이 없는 어떤 예측에 대해서도 결과는 매우 부정확하고, 원래보다 10,000이나 작게 된다. 더더욱 안 좋은 경우는 일부 표본이 범위 [.01, 1) 안에서 추출되는 경우다. 이는 드물게 일어나지만, 일어나는 경우 상대적으로 높은 값의 피적분 함수와 상대적으로 낮은 값의 PDF의 조합을 갖게 돼 $f(x)/p(x) = 101$이 된다. 이 극단을 조율해 실제 값 1에 가까운 결과를 가질 만큼 분산을 낮추려면 많은 수의 표본이 필요하다.

다행히 그래픽스의 많은 적분 문제에 대해 중요도 표본화를 위한 좋은 표본화 분포를 찾는 것은 그렇게 어렵지 않다. 다음 3개의 장에서 `Integrator`를 구현하면서 BSDF, 빛, 카메라, 반투명 매질을 표본화하기 위한 다양한 분포를 유도할 것이다. 많은 경우에 피적분 함수는 하나 이상의 함수의 곱이다. 완전한 곱과 비슷한 PDF를 생성하는 것은 어려울 수 있지만, 하나의 피승수와 비슷한 것을 찾는 것은 도움이 된다.

실제로 중요도 표본화는 렌더링에서 가장 자주 사용되는 분산 감소 기술 중 하나로, 적용이 쉽고 좋은 표본 분포를 사용했을 때 매우 효과적이기 때문이다.

13.10.1 다중 중요도 표본화

몬테카를로는 $\int f(x)dx$ 같은 형태의 적분을 예측하는 도구를 제공할 것이다. 하지만 $\int f(x)g(x)dx$ 같은 둘 이상의 함수의 곱인 적분을 만나게 된다. 중요도 표본화 전략을 $f(x)$에서 사용하고 $g(x)$에도 사용하면 무엇을 사용해야 할까?($\int f(x)g(x)$의 곱에 비례하는 PDF를 계산하기 위해 PDF를 계산하려고 자체로 표본화가 쉬운 두 표본화 전략을 묶는 것이 불가능하다고 가정하자). 중요도 표본화의 토의에서 봤듯이 표본화 분포의 나쁜 선택은 균일 분포만을 사용한 것보다 훨씬 못할 수 있다.

예를 들어 직접 광 적분을 다음의 형태로 계산하는 문제를 고려해보자.

$$L_{\mathrm{o}}(\mathrm{p}, \omega_{\mathrm{o}}) = \int_{\mathbb{S}^2} f(\mathrm{p}, \omega_{\mathrm{o}}, \omega_{\mathrm{i}})\, L_{\mathrm{d}}(\mathrm{p}, \omega_{\mathrm{i}})\, |\cos\theta_{\mathrm{i}}|\, \mathrm{d}\omega_{\mathrm{i}}$$

이 적분을 L_{d}나 f_{r}에 기반을 둔 분포에 따라 예측하기 위해 중요도 표본화를 수행하면 둘 중 하나가 자주 형편없이 작동한다.

거의 거울에 근사한 BRDF가 영역 광으로 조명돼 L_{d}의 분포가 표본을 뽑기 위해 사용됐을 때를 고려해보자. BRDF가 거의 거울이므로 피적분 함수의 값은 완전 거울 반사 방향이 아닌 모든 ω_{i} 방향에 대해 거의 0에 가깝다. 이는 L_{d}가 표본화하는 거의 모든 방향이 0의 기여를 갖는 것이고, 분산은 매우 높아진다. 더욱 안 좋은 것은 광원이 커지면서 잠재적으로 표본화되는 방향의 집합이 커지면 PDF의 값은 감소하고, BRDF가 0이 아닌 희귀한 표본화 방향은 작은 PDF 값으로 나눠져 큰 피적분 함수를 갖게 된다. BRDF의 분포에서 표본화하는 것이 이 특정 경우에 대해 훨씬 나은 접근법이지만, 확산이나 광택 BRDF와 작은 광원들에서는 BRDF의 분포로 표본화하는 것이 빛의 분포로 표본화하는 것보다 훨씬 높은 분산을 갖게 된다.

불행히도 명백한 해결책인 각 분포에서 일부 표본을 얻어 두 예측기를 평균하는 것은 거의 나아지지 않는다. 이 경우 분산이 가산되므로, 이 방식은 도움이 되지 않는다. 한 번 분산이 예측기로 숨어 들어가면 이를 다른 예측기가 낮은 분산을 갖고 있더라도 이를 추가해 제거할 수 없다.

다중 중요도 표본화[MIS, Multiple Importance Sampling]는 정확히 이런 종류의 문제를 간단하고 구현이 편한 기술로 다룬다. 기본 개념은 적분을 예측하는 동안 다중 표본화 분포에서 표본을 뽑아 최소한 그중 하나가 피적분 함수의 모양과 합리적으로 잘 맞는 것을 기대하면서 어떤 것이 잘 맞을지 모르는 상황에서 선택한다. MIS는 각 기술에서의 표본을 가중하는 기술을 제공해 피적분 값과 표본화 밀도의 불일치로 인해 큰 분산 급증을 제거할 수 있다. 비일상적 특이 경우에 대해서만 고려한 특화된 표본화 루틴은 더욱 추천되며, 이는 이런 경우가 일어났을 때 분산을 줄일 수 있고, 일반적으로 상대적으로 저렴한 비용으로 가능하다. 14장의 그림 14.13에서 MIS를 사용해 직접 조명에서의 반사를 계산할 때 BSDF를 표본화하거나 빛의 분포를 표본화할 때만 비교해서 분산의 감소를 보여준다.

두 표본화 분포 p_f와 p_g가 값 $f(x)g(x)\mathrm{d}x$을 예측하기 위해 사용되면 MIS가 제공한 새로운 몬테카를로 예측기는 다음과 같다.

$$\frac{1}{n_f}\sum_{i=1}^{n_f}\frac{f(X_i)g(X_i)w_f(X_i)}{p_f(X_i)}+\frac{1}{n_g}\sum_{j=1}^{n_g}\frac{f(Y_j)g(Y_j)w_g(Y_j)}{p_g(Y_j)}$$

n_f는 p_f 분포 방식에서 추출한 표본의 수이며, n_g는 p_g에서 추출한 표본의 수, w_f와 w_g는 이 예측기의 기댓값이 $f(x)g(x)$의 적분 값이 되도록 선택한 특별한 가중 함수다.

가중 함수는 표본 X_i나 Y_j가 생성될 수 있는 모든 다른 방식을 고려해야 하며, 실제로 사용하는 특정 방식만을 생각하면 안 된다. 이 가중 함수의 좋은 선택은 휴리스틱 균형balance heuristic이다.

$$w_s(x)=\frac{n_s p_s(x)}{\sum_i n_i p_i(x)}$$

휴리스틱 균형은 분산을 줄이기 위해 표본을 가중하는 입증된 좋은 방법일 것이다.

이 항의 효과를 $p_f(X)$가 상대적으로 낮은 값인 점에서의 p_f 분포에서 뽑은 표본 X의 경우에 대해 고려하자. p_f가 $f(x)$의 모양에 잘 맞는다고 가정하면 $f(X)$의 값도 역시 상대적으로 낮을 것이다. 하지만 $g(X)$가 상대적으로 높은 값이라고 가정해보자. 표준 중요도 표본화는 다음의 값을 $p_f(X)$가 작기에 굉장히 큰 값으로 예측하고, 따라서 높은 분산을 가진다.

$$\frac{f(X)g(X)}{p_f(X)}$$

휴리스틱 균형을 적용하면 X의 분포는 다음과 같다.

$$\frac{f(X)g(X)w_f(X)}{p_f(X)}=\frac{f(X)g(X)\,n_f\,p_f(X)}{p_f(X)(n_f\,p_f(X)+n_g\,p_g(X))}=\frac{f(X)g(X)\,n_f}{n_f\,p_f(X)+n_g\,p_g(X)}$$

p_g의 분포가 $g(x)$에 합리적으로 맞다면 분모는 $n_g p_g(X)$ 항 덕분에 너무 작아지지 않고, 그로 인해 사실상 X가 피적분 함수와 잘 맞지 않는 분포에서 표본화했음에도 거대한 분산 스파이크가 제거된다. 또한 다른 분포가 표본을 생성하고 이 새로운 분포가 X에서 피적분 값이 큰 값을 찾을 가능성이 높은 사실이 가중 항에서 분산 문제를 줄이게 된다.

여기서는 특정 분포 p_f와 p_g에 대해 휴리스틱 균형의 구현을 제공한다. pbrt에서 더 일반적인 다중 분포 경우에는 필요 없다.

<Sampling Inline Functions> +≡

```
inline Float BalanceHeuristic(int nf, Float fPdf, int ng, Float gPdf) {
    return (nf * fPdf) / (nf * fPdf + ng * gPdf);
}
```

실제로 경험적 승수는 종종 분산을 더욱 줄인다. 지수 β에 대해 경험적 승수는 다음과 같다.

$$w_s(x) = \frac{(n_s p_s(x))^\beta}{\sum_i (n_i p_i(x))^\beta}$$

Veach는 경험적으로 $\beta = 2$가 좋은 값이라고 결정했다. $\beta = 2$를 구현에 하드 코딩하면 다음과 같다.

<Sampling Inline Functions> +≡

```
inline Float PowerHeuristic(int nf, Float fPdf, int ng, Float gPdf) {
    Float f = nf * fPdf, g = ng * gPdf;
    return (f * f) / (f * f + g * g);
}
```

더 읽을거리

몬테카를로에 대한 많은 책이 출간됐다. Hammersley와 Handscomb(1964), Spanier와 Gelbard(1969), Kalos와 Whitlock(1986)은 고전적인 참고 문헌이다. 이 주제의 더 최근 책은 Fishman(1996)과 Liu(2001)를 포함한다. Chib와 Greenberg(1995)는 접근 가능하지만 엄격한 메트로폴리스 알고리즘의 소개를 작성했다. 몬테카를로와 의사 몬테카를로 웹 사이트는 이 분야의 최근 작업에 대한 유용한 입구다(www.mcqmc.org).

몬테카를로에 대한 좋은 일반적인 참고 문헌과 컴퓨터 그래픽스에 대한 응용은 Lafortune(1996)과 Veach(1997)가 있다. Dutré의 『Global Illumination Compendium』(2003)은 이 주제에 관한 유용한 정보를 갖고 있다. SIGGRAPH의 몬테카를로 레이트레이싱에 관한 강의 또한 실제적 정보에 대한 많은 정보를 갖고 있다(Jensen et al. 2001a, 2003).

정사각형에서 원반 매핑은 Shirley와 Chiu(1997)가 설명했다. 여기서의 구현은 원래 알고리즘에서 논리가 상당히 단순화될 수 있다는 Cline와 'franz'의 관찰을 이용했다(Shirley 2011).

Marques et al.(2013)은 $[0, 1)^2$에서 잘 분포된 표본도 방향의 구에 매핑되면 여전히 왜곡이 생긴다는 것을 보여주고, 단위 구에서 어떻게 저불일치 표본을 생성하는지 보여줬다.

Steigleder와 McCool(2003)은 13.6.5절에서의 다차원 표본화 접근법에 대한 대안을 설명했다. 이들은 2D 이상의 차원 정의역을 힐베르트 곡선을 사용해 1D로 선형화해 1D 정의역에서 1D 표본을 사용해 표본화했다. 이는 더 단순한 구현으로 이어지면서도 힐베르트 곡선의 공간 응집 유지 특성 덕분에 여전히 표본 분포에서 원하는 계층 특성을 유지한다.

Lawrence et al.(2005)은 CDF의 적응적 표현을 설명하며, 이는 CDF가 완전한 CDF에 비해 더 적지만 불균일하게 간격을 가진 정점의 구간 선형 함수로 근사된다. 이 방식은 넓은 CDF의 범위를 효율적으로 하나의 선형 함수로 근사할 수 있는 사실상의 장점으로 인해 저장 요구치를 현저히 줄이고 검색 효율을 높일 수 있다.

Cline et al.(2009)은 미리 계산한 분포에서 표본화를 위해 이진 검색(`Distribution1D`처럼)을 위해 사용하는 시간을 관찰해 수행 시간의 상당량을 제거했다(사실 pbrt는 `Distribution1D::SampleContinuous()` 메서드의 `InfiniteAreaLight`로 조명된 TT 자동차 장면을 렌더링할 때 7% 근방의 시간을 이에 사용하고, `InfiniteAreaLight::Sample_L()`에서 이를 사용한다). 이들은 이런 종류의 검색을 위해 두 가지 개선된 메서드를 보여준다. 첫째로 n 정수 값의 검색표를 저장하고, $n\xi$로 색인해 CDF 배열에서 ξ보다 작거나 같은 첫 번째 항목을 제공한다. 이 오프셋에서 CDF 배열에 대해 선형 검색을 하는 것이 전체 배열에 대한 완전한 이진 검색보다 훨씬 빠르다. 또한 이들은 역CDF를 ξ의 부분 선형 함수로 근사하는 방식을 보여주며, 이로 인해 약간의 정확도를 희생하고(그리고 추가적인 분산) 상수 시간 검색을 가능케 했다.

앨리어싱 방식^alias method^은 불연속 분포에서 표본을 $O(1)$ 시간에 가능하게 해주는 기술이다(Walker 1974, 1977). 이는 불연속 분포를 표본화할 경우 사용하면 `Distribution1D`의 $O(\log n)$보다 훨씬 좋다. 이 방식의 문제점은 표본 계층화를 유지하지 않는다는 것이다. Schwarz의 기록(2011)에서 이 방식의 구현에 대한 정보를 알아보자.

산술 코딩은 분포에서 표본화 방식에 다른 재밌는 방법을 제공한다(MacKay 2003, p. 118; Piponi 2012). 표본을 생성하고 싶은 불연속 확률 집합을 갖고 있다면 이 문제에 접근하는 한 가지 방법은 CDF를 각 노드가 [0, 1) 구간의 일정 지점에서 분리되는 이진 트리로 부호화하는 것으로, 주어진 무작위 표본 ξ에 대해 어떤 표본 값이 대응하는지를 잎 노드에 도달할 때까지 횡단해 표본 값을 얻을 수 있다. 이상적으로 더 높은 확률을 가진 잎 노드가 트리에서 더 높이 있기를 바라며, 그래서 이를 찾는 데 더 적은 횡단 단계를 갖게 한다(그러므로 더 빈번하게 생성되는 표본이 더 빨리 찾을 수 있게 된다). 이 관점에서 문제를 보면 이런 트리에 대한 최적화된 구조체는 허프만Huffman 코딩으로, 이는 보통 압축에 사용된다.

Mitchell(1996b)은 그래픽스에서 적분 문제에 대한 계층화의 효과를 조사하는 논문을 작성했다(픽셀 안티앨리어싱의 2D 문제를 포함). 특히 적분되는 함수의 복잡도와 계층화의 효과 사이의 연관성을 조사했다. 일반적으로 함수가 더 부드럽거나 더 단순하면 계층화가 더 도움이 된다. 영역 안에서 더 부드러운 변화를 가진 픽셀이나 몇 개의 모서리만 이를 지나갈 때 계층화는 상당한 도움을 주지만, 픽셀 안의 복잡도가 올라가면 계층화의 이득은 줄어든다. 그럼에도 불구하고 계층화가 결코 분산을 증가시키지 않으므로 이를 하지 않을 이유는 없다.

Durand 등의 작업(2005)에서 시작해서 여러 연구자가 렌더링을 위한 몬테카를로에 대한 빛 전송과 분산의 분석을 푸리에 분석을 사용해서 시도했다. Pilleboue 등의 논문(2015)에서 이 분야의 최신 작업을 살펴보자. 다른 결과 중에서도 푸아송 원반 방식이 단순 지터링된 방식보다 더 높은 분산을 가진다는 것을 보여줬다. 또한 de Goes et al.(2012)의 푸른 잡음 패턴이 매우 효과적이라는 것을 발견했다. 이 분야의 다른 작업은 Subr와 Kautz (2013)가 있다.

다중 중요도 표본화는 Veach와 Guibas(Veach와 Guibas 1995; Veach 1997)가 개발했다. 일반적으로 미리 정해진 수의 표본을 각 표본화 기술을 사용해서 추출한다. Pajot et al.(2011)과 Lu et al.(2013)에서 피적분 함수에 가장 잘 맞는 것을 선택해 분산을 줄이기 위한 노력의 일환으로 표본을 적응적으로 분포시키는 방식을 살펴보자.

연습문제

❷ 13.1 몬테카를로와 하나 이상의 대체 수치 적분 기술을 비교하는 프로그램을 작성하라. 이 프로그램을 적분하는 특정 함수를 쉽게 교체 가능하게 구성하라. 다른 기술이 같은 결과(각각에 대해 주어진 충분히 많은 수의 표본에 대해)를 계산하는 것을 확인하라. 프로그램을 몬테카를로 예측기가 분포에서 표본을 균일 분포가 아니게 추출하도록 수정하고 방정식(13.3)의 정확한 예측기를 사용할 때 여전히 정확한 결과를 보여주는지 확인하라(어떤 다른 분포에 대해서도 주어진 $f(x) > 0$일 때 x의 어떤 값을 선택해도 0이 아닌 확률을 갖도록 확증하라).

❶ 13.2　주어진 함수의 적분에 대한 몬테카를로 예측을 계산하는 프로그램을 작성하라. 예측의 분산에 대한 예측치를 연속된 시도로 추출해 방정식(13.2)로 분산을 계산하라. 수치적으로 분산이 $O(\sqrt{n})$의 속도로 감소하는 것을 시연하라.

❶ 13.3　`ProjectiveCamera`에 대한 6.2.3절의 피사계 심도 코드는 원형 렌즈 위의 표본을 생성하는 데 `ConcentricSampleDisk()` 함수를 사용하며, 이 함수가 `UniformSampleDisk()`에 비해 덜 왜곡돼 있기 때문이다. `UniformSampleDisk()`를 교체해 이미지 품질의 차이를 비교해보라. 예를 들어 이미지의 오류를 각각의 접근법에 대해서와 상대적으로 낮은 수의 표본을 사용한 것과 많은 수의 표본을 추출한 참고 이미지와 비교해보고 싶을 것이다.

❷ 13.4　`Distribution1D` 구현을 Lawrence et al.(2005)이 설명한 적응적 CDF 표현을 사용해 이미지 결함을 일으키지 않고 얼마나 더 CDF 표현이 축약될 수 있는지 실험하라(좋은 테스트 장면은 `InfiniteAreaLights`를 사용한 것을 포함하며, 이는 `Distribution2D`와 `Distribution1D`를 표본화에 사용한다). 근사된 CDF를 사용해 더 효율적인 검색으로 인한 렌더링 속도의 개선을 측정할 수 있는가?

❸ 13.5　13장에서 다루지 않은 유용한 한 가지 기술은 표본을 추출할 때마다 동적으로 표본화 분포를 변경하고 피적분 함수의 실제 분포에 대한 정보가 이 표본의 값을 계산하는 결과로서 가용한 적응적 밀도 분포 함수의 개념이다. 표준 몬테카를로 예측기는 표본 X_i를 생성하는 데 변환 메서드로 사용한 난수의 비균일 분포를 사용하는 것으로 다음과 같다.

$$\sum_{i}^{N} \frac{f(X_i)}{p(X_i)p_r(\xi_i)}$$

마치 하나의 표본화 밀도를 다른 것으로 변환하는 것과 같이 작성할 수 있다. 이는 유용한 표본화 기술로 이어지며, 알고리즘이 어떤 표본 ξ_i가 $f(x)$의 큰 값을 찾는 데 효과적인지 아닌지 추적할 수 있으며, 그러므로 효과적인 것들에 대해서 확률을 조정할 수 있다(Booth 1986). 단순한 구현은 [0, 1]을 고정 너비의 통으로 쪼개서 각 통에 대한 피적분 함수의 평균값을 추적해서 이를 ξ_i 표본의 분포를 바꾸는 데 사용하는 것이다.

이런 표본화 접근법을 지원하는 자료 구조와 알고리즘을 연구하고 `pbrt`에 이를 적용할 표본화 문제를 찾아보라. 이 접근법이 선택한 문제를 얼마나 잘 처리하는지 측정하라. 이런 메서드에서 한 가지 난점은 표본화 영역의 다른 부분이 장면의 다른 부분에서 다른 시각에 가장 효과적인 것이라는 점이다. 예를 들어 영역 광원의 표면에 대해 점의 표본화 밀도를 적응적으로 변화시키려고 할 때 장면의 다른 부분에서 영역 광의 다른 부분이 보여서 중요한 영역이 될 수 있는 사실을 고민해야 한다. 이 주제에 대해 Cline 등의 논문(2008)을 읽는 것이 유용하다.

CHAPTER FOURTEEN

14 빛 전송 I: 표면 반사

14장에서는 이전의 장들에서 다룬 레이트레이싱 알고리즘, 방사 측정의 개념, 몬테카를로 표본화 알고리즘을 결합해 장면의 표면에서 산란된 방사를 계산하기 위한 적분기의 집합을 구현한다. 적분기는 환경에서 방사의 평형 분포를 설명하는 적분 방정식(빛 전송 방정식)을 계산하는 역할이므로 적분기라고 명명됐다.

5.6.1절에서의 산란 방정식을 기억해보자. 이 값은 몬테카를로로 예측할 수 있다.

$$
\begin{aligned}
L_o(\mathrm{p}, \omega_o) &= \int_{\mathbb{S}^2} f(\mathrm{p}, \omega_o, \omega_i)\, L_i(\mathrm{p}, \omega_i)\, |\cos\theta_i|\, \mathrm{d}\omega_i \\
&\approx \frac{1}{N} \sum_{j=1}^{N} \frac{f(\mathrm{p}, \omega_o, \omega_j)\, L_i(\mathrm{p}, \omega_j)\, |\cos\theta_j|}{p(\omega_j)}
\end{aligned}
$$

방향 ω_j는 PDF $p(\omega_j)$를 가진 입체각에 대응하는 분포에서 표본화했다. 실제로는 BSDF를 근사하는 분포에서 일부 표본을 추출하기를 원하며, 다른 일부는 광원에서 입사 방사를 근사하는 분포에서 추출해 표본들을 다중 중요도 표본화로 가중한다.

다음의 두 절은 BSDF와 광원에서 표본화 방법을 유도한다. 이 표본화 방법이 정의된 후 `DirectLightingIntegrator`나 `PathIntegrator`가 도입된다. 둘 다 카메라에서 시작하는 빛을 운반하는 경로를 찾으며, 모양에서 표면 산란을 고려한다. 이 방식을 반투명 매질의 산란에 대해서도 확장하고, 카메라에서와 광원 둘에서 시작하는 빛 운반 경로를 생성하는 양방향 방식을 15장에서 소개한다.

14.1 반사 함수 표본화

BxDF::Sample_f() 메서드는 대응하는 산란 함수와 비슷한 분포에 따라 임의로 방향을 선택한다. 8.2절에서 이 메서드는 완벽 거울 반사면의 반사와 투과된 광선을 찾기 위해 사용됐다. 이 절의 후반에서는 표본화 과정이 다른 종류의 BSDF에 대해 구현할 표본화 기술의 특별한 경우를 보여준다.

BxDF::Sample_f()는 두 개의 표본 값을 역전 기반 표본화 알고리즘에서 사용하기 위해 $[0, 1)^2$ 범위에서 추출한다(13.3.1절을 기억하자). 이를 호출하는 루틴은 표본 값 생성에 계층화나 저불일치 표본화 기술을 사용할 수 있고, 그러므로 표본화된 방향 자체가 잘 분포된 것을 보증한다. 배제 표본화처럼 다른 표본화 방식이 이론적으로 Sampler 인스턴스로 전달될 수 있지만, BSDF와 비슷한 분포의 계층 표본화가 일반적으로 더 우월한 결과를 배출하므로 pbrt에서는 이렇게 처리하지 않는다.

이 메서드는 선택된 방향에 대한 BSDF의 값과 함께 *wi에 표본화 방향을 반환하고 *pdf에 $p(\omega_i)$의 값을 반환한다. 주어진 방향의 BSDF 값은 반구의 입체각에 대해 계산돼야 하고, 나가는 방향 ω_o와 표본화된 입사 방향 ω_i는 둘 다 표준 반사 좌표계에 있어야 한다(8장의 '기하 설정' 절을 참고하자).

이 메서드의 기본 구현은 단위 반구를 코사인 가중된 분포로 표본화하는 것이다. 이 분포에서의 표본은 델타 분포로 설명되지 않는 어떤 BRDF에 대해서든 정확한 결과를 제공하고, 이는 BRDF 값이 0이 아닌 모든 방향에 대해 확률이 존재하기 때문이다. 반구 위의 모든 ω에 대해 $p(\omega) > 0$이다(그러므로 BTDF는 항상 이 메서드를 오버라이드해야 하며, 더 나은 표본화 메서드를 갖지 않으면 반대 구를 균일하게 표본화할 수 있다).

```
<BxDF Method Definitions> +≡
    Spectrum BxDF::Sample_f(const Vector3f &wo, Vector3f *wi,
            const Point2f &u, Float *pdf, BxDFType *sampledType) const {
        <Cosine-sample the hemisphere, flipping the direction if necessary 959>
        *pdf = Pdf(wo, *wi);
        return f(wo, *wi);
    }
```

여기서 반드시 고려해야 할 것으로 반사 좌표계에서 법선의 방향에 관련된 세부 사항이 있다. CosineSampleHemisphere()로 반환된 방향은 항상 반사 좌표계에서 (0, 0, 1) 근처의 반구 안에 있다. ω_o 방향이 반대 반구에 있다면 ω_i는 반드시 ω_o와 같은 반구에 위치하도록 뒤집어져야 한다. 이 사안은 pbrt가 법선이 ω_o 방향과 표면에서 같은 면에 있을 때 법선을 뒤집지 않는 사실의 직접적인 결과다.

<Cosine-sample the hemisphere, flipping the direction if necessary> ≡ 958, 968

```
*wi = CosineSampleHemisphere(u);
if (wo.z < 0) wi->z *= -1;
```

BxDF::Sample_f()가 선택한 방향에 대한 PDF의 값을 반환하면 BxDF::Pdf() 메서드는 PDF의 값을 임의의 주어진 방향 쌍에 대해 반환한다. 이 메서드는 다중 중요도 표본화에 유용하며, 다른 분포로 표본화한 방향에 대한 하나의 표본화 분포의 PDF를 찾는 것이 가능해야 할 필요가 있기 때문이다. 어떤 BxDF::Sample_f()를 오버라이드하는 BxDF 구현도 BxDF::Pdf()를 오버라이드해야 하는 것은 중대한 일로, 이에 따라 둘이 일관된 결과를 반환하게 된다.[1]

실제로 PDF를 코사인 가중된 표본화 방식(앞서 보여준 $p(\omega) = \cos\theta/\pi$)으로 계산하려면 우선 ω_o와 ω_i가 표면에 같은 면에 있는지 확인해야 한다. 그렇지 않으면 표본화 확률은 0이다. 다른 경우 메서드는 $|\mathbf{n} \cdot \omega_i|$를 계산한다. 이 메서드의 한 가지 잠재적 함정은 ω_o와 ω_i 매개변수의 순서가 중요하다는 것이다. 여기의 코사인 가중 분포에 대해, 예를 들어 일반적으로 $p(\omega_o) \neq p(\omega_i)$다. 이 메서드를 호출하는 코드는 반드시 정확한 매개변수 순서를 지켜야 한다.

<BxDF Method Definitions> +≡

```
Float BxDF::Pdf(const Vector3f &wo, const Vector3f &wi) const {
    return SameHemisphere(wo, wi) ? AbsCosTheta(wi) * InvPi : 0;
}
```

<BSDF Inline Functions> +≡

```
inline bool SameHemisphere(const Vector3f &w, const Vector3f &wp) {
    return w.z * wp.z > 0;
}
```

이 표본화 메서드는 램버트 BRDF에서 잘 작동하고 오렌-네이어 모델에서도 잘 작동하므로, 해당 클래스들에서는 오버라이드하지 않는다.

1. pbrt 배포의 소스코드에서 src/tests 안의 단위 테스트는 bsdf.cpp 테스트(이 책에서 다루지 않은)를 포함하며, 이는 χ^2 통계적 가설 테스트를 구현한다. 이 테스트는 BxDF의 BxDF::Sample_f()와 BxDF::Pdf() 메서드의 일관성을 확인하며, 새로운 BxDF를 구현할 때 표본화 루틴을 검증하는 데 유용하다.

14.1.1 미세면 BxDF

8.4절에 정의된 미세면 분포 함수에 기반을 둔 모델은 미세면의 분포 $D(\omega_h)$에서 기반하며, 이는 각 미세면이 완벽 거울 반사와 반사광 투과를 보여준다고 가정한다. $D(\omega_h)$ 함수가 주로 전체적인 토랜스-스패로우 BSDF(8.4.4절)에 대해 대응하므로 그 분포에서의 표본화 방식은 상당히 효과적이다. 이 방식에서는 우선 특정 미세면 방향을 미세면 분포에서 표본화하고, 그 후 입사 방향을 광택 반사나 투과 공식을 사용해서 찾는다.

그러므로 모든 `MicrofacetDistribution` 구현은 법선의 분포에서 표본화에 대한 메서드를 반드시 구현해야 한다.

<MicrofacetDistribution Public Methods> += 655

```
virtual Vector3f Sample_wh(const Vector3f &wo,
        const Point2f &u) const = 0;
```

미세면 방향을 표본화하는 고전적인 방식은 $D(\omega_h)$에서 직접 표본화하는 것이다. 우선 이 방식의 등방성 벡맨 분포에 대한 유도를 보여주고, 그 후 전체 분포에서 매우 다를 수 있는 주어진 나가는 방향에서 보이는 미세면의 분포에서 표본화하는 더 효과적인 표본화 방식을 설명한다.

`MicrofacetDistribution` 기본 클래스는 어떤 표본화 기술을 사용할지 결정하는 불리언 값을 저장한다. 실제로 보이는 미세면에 기반을 둔 표본화를 바탕으로 하는 기술이 전체 분포의 표본화에 기반을 두는 것보다 훨씬 더 효과적이므로, `pbrt` 장면 묘사 파일에서 두 전략 사이를 선택하는 것은 불가능하다. 전체 분포를 표본화하는 선택 사항은 테스트와 비교를 위해 사용할 수 있다.

<MicrofacetDistribution Protected Methods> ≡ 655

```
MicrofacetDistribution(bool sampleVisibleArea)
    : sampleVisibleArea(sampleVisibleArea) { }
```

<MicrofacetDistribution Protected Data> ≡ 655

```
const bool sampleVisibleArea;
```

`BeckmannDistribution`의 `Sample_wh()` 메서드 구현은 이 값을 사용해 어떤 표본화 기술을 사용할지 결정한다.

<MicrofacetDistribution Method Definitions> +=

```
Vector3f BeckmannDistribution::Sample_wh(const Vector3f &wo,
```

```
        const Point2f &u) const {
    if (!sampleVisibleArea) {
        <Sample full distribution of normals for Beckmann distribution 961>
    } else {
        <Sample visible area of normals for Beckmann distribution>
    }
}
```

벡맨-스피찌치노 분포에서 전체 법선의 분포를 위한 표본화 방식은 각 $\tan^2\theta$와 ϕ를 구좌표계에서 반환하며, 이는 정규화된 방향 벡터 wh로 변환된다.

```
<Sample full distribution of normals for Beckmann distribution> ≡          961
    <Compute tan² θ and ϕ for Beckmann distribution sample 962>
    <Map sampled Beckmann angles to normal direction wh 962>
    return wh;
```

벡맨-스피찌치노 분포는 방정식(8.10)에서 정의된다. 표본화 방식을 유도하기 위해 이를 구좌표계에서 표현하는 것으로 간주한다. 등방성 분포이므로 ϕ에 독립적이며, 그러므로 이 분포의 PDF $p_h(\theta, \phi)$는 $p_h(\theta)$와 $p_h(\phi)$로 분리 가능하다.

$p_h(\phi)$는 $1/(2\pi)$의 값으로 상수이고, 그러므로 ϕ 값은 $\phi = 2\pi\xi$으로 표본화할 수 있다. $p(\theta_h)$에 대해 다음과 같다.

$$p(\theta_h) = \frac{e^{-\tan^2\theta_h/\alpha^2}}{\pi\alpha^2\cos^4\theta_h}, \tag{14.1}$$

여기서 α는 거칠기 계수다. 역순 방식을 적용해 어떻게 방향 θ'를 균일 난수 ξ로 주어진 이 분포에서 표본화할지 찾을 수 있다. 먼저 방정식(14.1)에서의 PDF를 얻으며, CDF를 얻기 위해 적분하면 다음과 같다.

$$\begin{aligned} P(\theta') &= \int_0^{\theta'} \frac{e^{-\tan^2\theta_h/\alpha^2}}{\pi\alpha^2\cos^4\theta_h}\, d\theta_h \\ &= 1 - e^{-\tan^2\theta'/\alpha^2}. \end{aligned}$$

표본화 기술을 찾기 위해 θ'를 ξ의 항으로 다음의 해를 얻어야 한다.

$$\xi = 1 - e^{-\tan^2\theta'/\alpha^2}$$

이 경우 $\tan^2\theta'$는 미세면 방향을 찾는 데 충분하고 계산에 더 효율적이므로, 다음을 계산할 것이다.

$$\tan^2\theta' = -\alpha^2 \log \xi$$

표본화 코드는 직접 따라오지만, `u[0]`가 0인 경우 `std::log()`가 음의 무한대가 되므로 반드시 주의해야 한다.

<Compute $\tan^2\theta$ *and* ϕ *for Beckmann distribution sample>* ≡ 961

```
Float tan2Theta, phi;
if (alphax == alphay) {
    Float logSample = std::log(u[0]);
    if (std::isinf(logSample)) logSample = 0;
    tan2Theta = -alphax * alphax * logSample;
    phi = u[1] * 2 * Pi;
} else {
    <Compute tan2Theta and phi for anisotropic Beckmann distribution>
}
```

비등방성 벡맨-스피찌치노 분포에서 $\tan^2\theta$와 ϕ를 표본화하는 것은 다음과 비슷한 과정으로 유도 가능하며, 책에서는 유도나 구현을 포함하지 않는다.

주어진 $\tan^2\theta$에서 $\tan^2\theta = \sin^2\theta / \cos^2\theta$와 $\sin^2\theta + \cos^2\theta = 1$을 사용해서 $\cos\theta$를 계산할 수 있다. $\sin\theta$도 얻으면 구좌표계 공식을 사용해서 미세면 방향을 계산하는 데 충분한 정보를 가진다. pbrt가 법선을 반사 좌표계 (0, 0, 1)로 변환하므로, 구좌표계에서 계산된 방향을 거의 직접 사용할 수 있다. 마지막으로 처리할 세부 사항은 ω_o가 법선과 반대 반구에 있다면 반각 벡터가 뒤집어져서 같은 반구에 있게 해야 하는 것이다.

<Map sampled Beckmann angles to normal direction `wh`*>* ≡ 961

```
Float cosTheta = 1 / std::sqrt(1 + tan2Theta);
Float sinTheta = std::sqrt(std::max((Float)0, 1 - cosTheta * cosTheta));
Vector3f wh = SphericalDirection(sinTheta, cosTheta, phi);
if (!SameHemisphere(wo, wh)) wh = -wh;
```

완전한 미세면 분포에서 미세면 방향을 표본화하는 것이 정확한 결과를 주지만, 이 방식의 효율성은 한 항 $D(\omega_h)$만으로 전체 미세면 BSDF(방정식(8.19)에 정의된)가 의존하는 점에서 제한된다. 더 나은 방식은 주어진 방향에서 보이는 미세면의 분포가 전체 미세면 분포와 다르다는 사실을 사용해서 얻을 수 있다. 그림 14.1은 기하 설정을 보여주고 분포가 다른 이유를 설명한다.

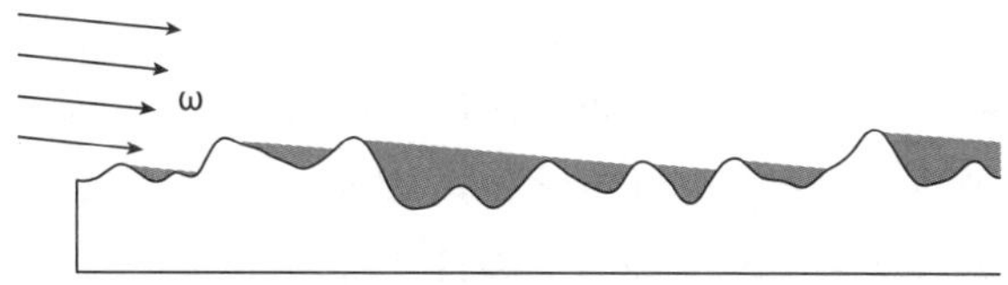

그림 14.1 기반을 둔 기하학적 법선에 비스듬한 방향에서 보이는 미세면의 분포는 분포 $D(\omega_h)$와 매우 다르다. 먼저 일부 미세면 방향은 뒤를 향해 결코 보이지 않는다. 나머지는 다른 미세면으로 가려진다. 마지막으로 투영된 보이는 미세면의 면적은 방향이 시야 방향에 다가가면서 증가한다. 이 인자들은 방향 ω에서 보이는 미세면의 분포 $D_\omega(\omega_h)$에서 고려된다.

8.4.2절에서의 방정식(8.13)은 주어진 방향에서의 보이는 미세면 면적과 미세면 방향 사이의 관계를 정의한다. 이 방정식은 방향 ω에서 보이는 법선의 분포를 얻기 위해 재배열할 수 있다.

$$D_\omega(\omega_h) = \frac{D(\omega_h)\, G_1(\omega, \omega_h) \max(0, \omega \cdot \omega_h)}{\cos\theta}. \tag{14.2}$$

여기서 G_1 항은 미세면 자체 그림자를 고려하며, $\max(0, (\omega \cdot \omega_h))/\cos\theta$ 항은 후방향 미세면과 그림 14.1에서 보여주는 미세면 방향과 시야 방향의 함수로써 투영된 면적 사이의 상호작용을 둘 다 고려한다.

그림 14.2는 벡맨-스피찌치노 모델에서 미세면의 전체 분포와 상당히 비스듬한 시야 방향에서의 보이는 분포를 비교한다. 많은 방향이 더 이상 전혀 보이지 않으며(후면을 바라보기에), 미세면 방향 중 나가는 방향 ω_o에 인접한 방향이 전체적인 분포 $D(\omega_h)$에서보다 더 높은 보이는 확률을 가진다.

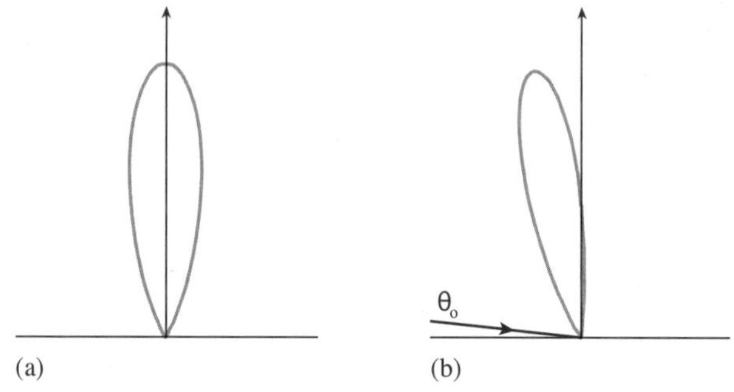

그림 14.2 $\alpha = 0.3$에 대한 전체 벡맨-스피찌치노 미세면 분포 $D(\omega_h)$와 $\cos\theta_o = 0.1$에 대한 보이는 미세면 분포 $D_{\omega_o}(\omega_h)$가 상대적으로 비스듬한 시야 방향에서 두 분포는 매우 다르며 $D_{\omega_o}(\omega_h)$에서 표본화하는 것이 훨씬 효과적이다.

방정식(14.2)에 정의된 분포에서 직접 표본을 추출할 수 있다는 게 밝혀졌다. 이 분포는 전체 토랜스-스패로우 모델(방정식 8.19)에 $D(\omega_h)$ 단독보다 더 잘 맞으며, 결과 이미지에 훨씬 적은 분산을 제공한다(그림 14.3을 보자). 이 분포를 어떻게 직접 표본화할지에 대한 더 자세한 세부 사항이나 코드는 여기에 수록하지 않는다. '더 읽을거리' 절과 소스코드를 각각 보고 더 많은 정보를 얻자(TrowbridgeReitzDistribution::Sample_wh( ) 메서드는 전체 미세면 법선이나 보이는 분포에서 비슷하게 표본을 얻는다. 세부 사항을 위해 소스코드를 참고하자).

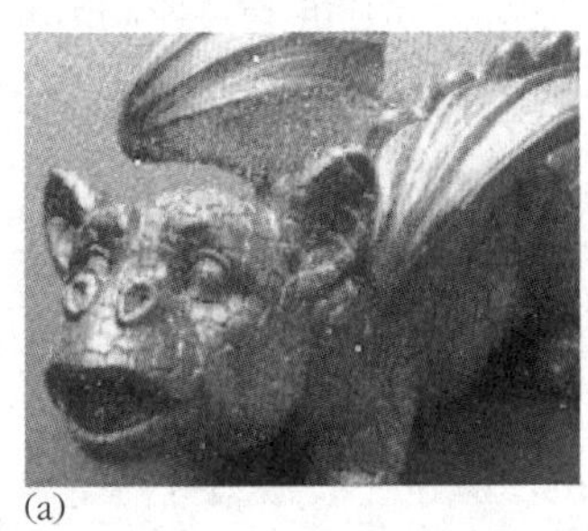

(a)

(b)

그림 14.3 미세면 표본화 기술의 비교. 픽셀당 같은 표본수가 추출됐을 때, (a) 전체 미세면 분포 $D(\omega_h)$에서 표본화할 때, (b) 보이는 미세면 분포 $D_{\omega_o}(\omega_h)$에서 표본화할 때보다 훨씬 높은 분산을 가진다.

MicrofacetDistribution::Pdf( ) 메서드의 구현은 바로 가능하다. 선택한 표본화 분포에서 밀도를 반환하기만 하면 된다.

<MicrofacetDistribution Method Definitions> +≡

```
Float MicrofacetDistribution::Pdf(const Vector3f &wo,
        const Vector3f &wh) const {
    if (sampleVisibleArea)
        return D(wh) * G1(wo) * AbsDot(wo, wh) / AbsCosTheta(wo);
    else
        return D(wh) * AbsCosTheta(wh);
}
```

주어진 미세면 방향의 분포에서 표본화하는 기능으로 MicrofacetReflection::Sample_f( )를 이제 구현할 수 있다.

<BxDF Method Definitions> +≡

```
Spectrum MicrofacetReflection::Sample_f(const Vector3f &wo, Vector3f *wi,
        const Point2f &u, Float *pdf, BxDFType *sampledType) const {
    <Sample microfacet orientation ωh and reflected direction ωi 965>
```

```
    <Compute PDF of wi for microfacet reflection 966>
    return f(wo, *wi);
}
```

구현은 먼저 Sample_wh()를 사용해서 미세면 방향을 찾고 나가는 방향을 미세면 법선에 대해 반사한다. 반사된 방향이 ω_o와 반대 반구면 방향은 표면 아래이고, 어떤 빛도 반사되지 않는다.[2]

```
<Sample microfacet orientation ωh and reflected direction ωi> ≡                964, 968
    Vector3f wh = distribution->Sample_wh(wo, u);
    *wi = Reflect(wo, wh);
    if (!SameHemisphere(wo, *wi)) return Spectrum(0.f);
```

표본화된 방향에 대한 PDF의 값을 계산하기 위해 중요한 세부 사항이 있다. 미세면 분포는 반각 벡터 주변에서 법선의 분포를 제공하지만, 반사 적분은 입사 벡터에 대응한다. 이 분포는 같지 않으며, 반드시 반각 PDF를 입사각 PDF로 변환해야 한다. 달리 말해 13.5절에 소개한 기술을 사용해 ω_h 항의 밀도를 ω_i 항으로 반드시 변경해야 한다. 이를 처리하는 것은 변수의 변화 $d\omega_h/d\omega_i$에 대한 조정의 적용을 요구한다.

단순한 기하학적 생성은 두 분포 사이의 관계를 제공한다. 구형 좌표계가 ω_o를 향한 것을 고려하자(그림 14.4). ω_h에 대해 측정된 미분 입체각 $d\omega_i$와 $d\omega_h$는 각각 $\sin\theta_i d\theta_i d\phi_i$와 $\sin\theta_h d\theta_h d\phi_h$다. 그러므로 다음과 같다.

$$\frac{d\omega_h}{d\omega_i} = \frac{\sin\theta_h \, d\theta_h \, d\phi_h}{\sin\theta_i \, d\theta_i \, d\phi_i}$$

ω_i는 ω_o를 ω_h에 대해 반사해서 계산하므로, $\theta_i = 2\theta_h$다. 더욱이 $\phi_i = \phi_h$이므로 원하는 변환 인자를 찾을 수 있다.

$$\begin{aligned}\frac{d\omega_h}{d\omega_i} &= \frac{\sin\theta_h \, d\theta_h \, d\phi_h}{\sin 2\theta_h \, 2 \, d\theta_h \, d\phi_h} \\ &= \frac{\sin\theta_h}{4\cos\theta_h \sin\theta_h} \\ &= \frac{1}{4\cos\theta_h}\end{aligned}$$

2. 더 일반적으로 이 광선은 실제로 다른 미세면과 교차하며, 결과적으로 반사되지만 토랜스-스패로우 모델은 미세면 상호 반사를 고려하지 않는다.

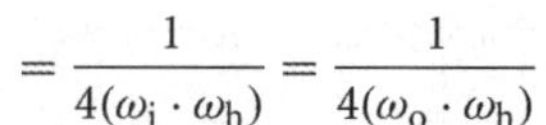

$$= \frac{1}{4(\omega_\mathrm{i} \cdot \omega_\mathrm{h})} = \frac{1}{4(\omega_\mathrm{o} \cdot \omega_\mathrm{h})}$$

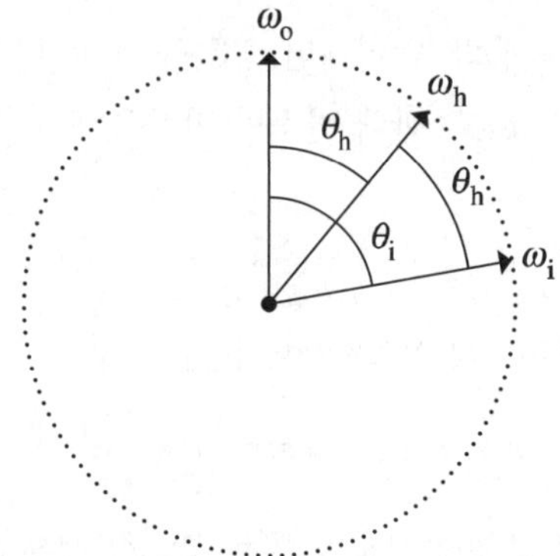

그림 14.4 입사 방향 분포에서 표본화하기 위한 반각 분포의 표본화에서 변수의 변화 조절은 상대 각 $\theta_\mathrm{i} = 2\theta_\mathrm{h}$를 관찰해 유도할 수 있다(표기법의 차이를 주의하자. 예를 들어 여기서는 θ_h를 ω_o와 ω_h 사이의 각으로 사용했다. 다른 곳에서 θ_h는 법선과 ω_h 사이의 각으로 사용된다).

그러므로 변환 이후의 PDF는 다음과 같다.

$$p(\theta) = \frac{p_\mathrm{h}(\theta)}{4(\omega_\mathrm{o} \cdot \omega_\mathrm{h})}$$

<Compute PDF of `wi` *for microfacet reflection>* ≡ 965

```
*pdf = distribution->Pdf(wo, wh) / (4 * Dot(wo, wh));
```

동일한 계산이 `MicrofacetReflection::Pdf()` 메서드에 구현됐다.

<BxDF Method Definitions> +≡

```
Float MicrofacetReflection::Pdf(const Vector3f &wo,
        const Vector3f &wi) const {
    if (!SameHemisphere(wo, wi)) return 0;
    Vector3f wh = Normalize(wo + wi);
    return distribution->Pdf(wo, wh) / (4 * Dot(wo, wh));
}
```

투과에 대한 방식도 비슷하다. 주어진 표본화된 ω_h 미세면 방향에 대해 나가는 방향은 법선 방향에 대해 표본화된 입사 방향을 얻기 위해 굴절된다. 전체 내부 반사의 경우에 대해 `Refract()`는 거짓을 반환하며, 검은 SPD가 반환된다.

<*BxDF Method Definitions*> +≡

```
Spectrum MicrofacetTransmission::Sample_f(const Vector3f &wo,
        Vector3f *wi, const Point2f &u, Float *pdf,
        BxDFType *sampledType) const {
    Vector3f wh = distribution->Sample_wh(wo, u);
    Float eta = CosTheta(wo) > 0 ? (etaA / etaB) : (etaB / etaA);
    if (!Refract(wo, (Normal3f)wh, eta, wi))
        return 0;
    *pdf = Pdf(wo, *wi);
    return f(wo, *wi);
}
```

투과된 방향에 대한 PDF 또한 변수의 변화에 대한 조정을 요구한다. 이 값은 dwh_dwi에 저장된다. 이 항을 여기서는 유도하지 않는다. 14장 마지막의 '더 읽을거리' 절에서 더 많은 정보를 얻자.

<*BxDF Method Definitions*> +≡

```
Float MicrofacetTransmission::Pdf(const Vector3f &wo,
        const Vector3f &wi) const {
    if (SameHemisphere(wo, wi)) return 0;
    <Compute ωh from ωo and ωi for microfacet transmission 967>
    <Compute change of variables dwh_dwi for microfacet transmission>
    return distribution->Pdf(wo, wh) * dwh_dwi;
}
```

투과의 경우 반각 벡터 ω_h는 ω_i에서 ω_o로 빛을 굴절하는 데 작용하는 미세면의 법선을 표시하는 것으로 일반화된다. 이 벡터는 그림 8.11에서 이어지는 설정을 유도할 수 있다.

<*Compute* ω_h *from* ω_o *and* ω_i *for microfacet transmission*> ≡ 967

```
Float eta = CosTheta(wo) > 0 ? (etaB / etaA) : (etaA / etaB);
Vector3f wh = Normalize(wo + wi * eta);
```

14.1.2 FresnelBlend 표본화

FresnelBlend 클래스는 확산광과 광택 항의 합체다. 이 BRDF를 표본화하는 직접적인 방식은 두 코사인 가중 분포에서 표본화를 미세 표면 분포처럼 하는 것이다. 여기의 구현은 ξ_1이 0.5보다 작거나 클 때에 기반을 두고 같은 두 확률 중에서 선택한다. 두 경우 모두 이 결정을 위해 사용한 뒤에 ξ_1이 범위 [0, 1)이 되도록 재매핑한다(그렇지 않으면 코사인 가중 표본화에 사용한 ξ_1의 값은 이 예에서 항상 0.5보다 작다). 표본 ξ_1을 이 방식의 두 용도에 대해 사용하는 것은 방향을 표본화하는 데 사용하는 (ξ_1, ξ_2) 값에서 계층화의 질을 약간 감소시킨다.[3]

<BxDF Method Definitions> +≡

```
Spectrum FresnelBlend::Sample_f(const Vector3f &wo, Vector3f *wi,
        const Point2f &uOrig, Float *pdf, BxDFType *sampledType) const {
    Point2f u = uOrig;
    if (u[0] < .5) {
        u[0] = 2 * u[0];
        <Cosine-sample the hemisphere, flipping the direction if necessary 959>
    } else {
        u[0] = 2 * (u[0] - .5f);
        <Sample microfacet orientation ωh and reflected direction ωi 965>
    }
    *pdf = Pdf(wo, *wi);
    return f(wo, *wi);
}
```

이 표본화 전략의 PDF는 단순하다. 두 PDF의 평균일 뿐이다.

<BxDF Method Definitions> +≡

```
Float FresnelBlend::Pdf(const Vector3f &wo, const Vector3f &wi) const {
    if (!SameHemisphere(wo, wi)) return 0;
    Vector3f wh = Normalize(wo + wi);
    Float pdf_wh = distribution->Pdf(wo, wh);
    return .5f * (AbsCosTheta(wi) * InvPi +
            pdf_wh / (4 * Dot(wo, wh)));
```

14.1.3 광택 반사와 투과

광택 반사를 위한 BRDF와 광택 투과를 위한 BTDF를 정의하는 데 예전에 사용한 디랙 델타 분포는 표본화와 PDF 함수를 사용할 때 몇 가지 규칙을 염두에 두는 한 표본화 프레임워크에 잘 맞는다.

디랙 델타 분포가 다음과 같이 정의된 것을 기억하자.

3. 대신 Sample_f()의 인터페이스를 변경해 BSDF::Sample_f() 안의 결정을 포함한 이런 불연속 선택의 경우에 추가적인 표본을 받도록 변경할 수 있다. 하지만 표본 벡터의 추가적인 차원을 소모하는데, 또한 결과적으로 더 높은 차원에서의 오는 것으로 인해 연속적인 표본의 품질에 부정적인 영향을 준다. 실제로는 어떤 방식이 더 선호되는지는 사용된 표본기에 관련된다.

$$\delta(x) = 0 \quad \text{for all } x \neq 0$$

그리고 다음과 같다.

$$\int_{-\infty}^{\infty} \delta(x)\, \mathrm{d}x = 1$$

그러므로 이는 확률 밀도 함수로 PDF가 모든 $x = 0$에 대해 0의 값을 가진다. 이런 분포에서 표본을 생성하는 것은 명백하다. 채용할 수 있는 가능한 값이 하나뿐이다. 이 방식으로 사용했을 때 SpecularReflection과 SpecularTransmission BxDF를 위한 Sample_f()의 구현은 몬테카를로 표본화 프레임워크에 자연스럽게 맞는다.

어떤 값을 PDF의 값으로 반환할지 결정하는 것은 그리 단순하지 않다. 엄격히 말해 델타 분포는 진짜 함수가 아니며, 다른 함수의 한계로만 정의돼야 한다. 예를 들어 너비가 0에 접근하는 단위 면적의 상자를 설명하는 경우다. 추가 논의와 참고 문헌은 Bracewell(2000)의 5장을 보자. 이 방식으로 생각하면 $\delta(0)$의 값은 무한대로 가는 경향이 있다. 분명히 PDF에 대해 무한이지만 매우 큰 값을 반환하는 것은 렌더러에서 정확한 결과로 이어지지 않는다.

하지만 델타 요소로 정의된 BSDF가 그의 함수 f_r에서 또한 델타 요소를 갖고 있으며, 8장의 Sample_f() 메서드에서 값을 반환할 때 세부 사항이 생략됐음을 기억하라. 그러므로 이런 BSDF를 가진 산란 방정식에 대한 몬테카를로 예측기는 다음과 같이 작성된다.

$$\frac{1}{N}\sum_{i}^{N} \frac{f_r(\mathrm{p}, \omega_o, \omega_i) L_i(\mathrm{p}, \omega_i) |\cos\theta_i|}{p(\omega_i)} = \frac{1}{N}\sum_{i}^{N} \frac{\rho_{\mathrm{hd}}(\omega_o) \frac{\delta(\omega - \omega_i)}{|\cos\theta_i|} L_i(\mathrm{p}, \omega_i) |\cos\theta_i|}{p(\omega_i)}$$

여기서 $\rho_{\mathrm{hd}}(\omega_o)$는 반구 방향 반사이며, ω는 완벽 광택 반사나 투과의 방향이다.

PDF $p(\omega_i)$가 델타 항을 가질 때 $p(\omega_i) = \delta(\omega - \omega_i)$이며, 두 델타 분포는 상쇄되고 예측기는 다음과 같다.

$$\rho_{\mathrm{hd}}(\omega_o) L_i(\mathrm{p}, \omega)$$

정확히 예를 들면 휘티트 적분기로 계산한 양과 같다.

그러므로 여기서의 구현은 Sample_f()를 사용해서 표본화할 때 광택 반사와 투과의 PDF에 대해 1의 상수 값을 반환하며, 광택 BxDF가 PDF 값에 내재된 델타 분포를 갖고 있어 BSDF에 내재된 델타 분포를 예측기가 계산할 때 상쇄한다는 규약을 가진다. 그러므로 각각의

Pdf() 메서드는 모든 방향에 대해 0을 반환하며, 이는 다른 표본화 메서드가 무작위로 델타 분포에서 방향을 찾을 때 0의 확률을 갖기 때문이다.

<SpecularReflection Public Methods> +≡ 640

```
Float Pdf(const Vector3f &wo, const Vector3f &wi) const {
    return 0;
}
```

<SpecularTransmission Public Methods> +≡ 640

```
Float Pdf(const Vector3f &wo, const Vector3f &wi) const {
    return 0;
}
```

이 규약의 잠재적 함정은 다중 중요도 표본화가 가중치를 계산하기 위해 사용되면 델타 분포를 내재한 PDF 값은 자유롭게 일반 PDF 값과 섞일 수 없다는 것이다. 이는 실제로는 문제가 되지 않으며, 피적분 함수에 델타 분포가 있을 때 MIS를 적용할 이유가 없기 때문이다. 15장과 16장에서 빛 전송 루틴은 이 오류를 확실히 회피하는 적절한 논리를 가진다.

FresnelSpecular 클래스는 유전 프레넬 항으로 조절되는 상대적인 기여를 통해 광택 반사와 투과를 둘 다 캡슐화한다. 이 둘을 하나로 합쳐 프레넬 항의 값을 나가는 방향 ω_o에 대해 어떤 요소를 표본화할지 결정하는 데 사용할 수 있다. 예를 들어 반사가 높은 비스듬한 각에서 이는 투과된 방향보다 반사된 방향을 반환할 가능성이 높다. 이 방식은 이런 종류의 표면을 가진 장면을 렌더링할 때 몬테카를로 효율을 높이는데, 표본화된 광선이 최종 결과에 더 높은 기여를 갖기 때문이다.

<BxDF Method Definitions> +≡

```
Spectrum FresnelSpecular::Sample_f(const Vector3f &wo,
        Vector3f *wi, const Point2f &u, Float *pdf,
        BxDFType *sampledType) const {
    Float F = FrDielectric(CosTheta(wo), etaA, etaB);
    if (u[0] < F) {
        <Compute specular reflection for FresnelSpecular 971>
    } else {
        <Compute specular transmission for FresnelSpecular 971>
    }
}
```

광택 반사는 F와 같은 확률로 선택된다. 선택될 경우 계산은 SpecularReflection에서의 계산과 동일하게 수행된다.

```
<Compute specular reflection for FresnelSpecular> ≡                          970
    <Compute perfect specular reflection direction 642>
    if (sampledType)
        *sampledType = BxDFType(BSDF_SPECULAR | BSDF_REFLECTION);
    *pdf = F;
    return F * R / AbsCosTheta(*wi);
```

그렇지 않을 경우 1-F의 확률로 반사광 투과가 선택된다.

```
<Compute specular transmission for FresnelSpecular> ≡                        970
    <Figure out which η is incident and which is transmitted 646>
    <Compute ray direction for specular transmission 646>
    Spectrum ft = T * (1 - F);
    <Account for non-symmetry with transmission to different medium 1140>
    if (sampledType)
        *sampledType = BxDFType(BSDF_SPECULAR | BSDF_TRANSMISSION);
    *pdf = 1 - F;
    return ft / AbsCosTheta(*wi);
```

*14.1.4 푸리에 BSDF

다양한 측정 및 합성된 BSDF를 간결하고 정확하게 표현할 수 있을 뿐만 아니라 FourierBSDF(8.6절)에서 사용한 표현은 상당히 효율적인 정확한 중요도 표본화 방식을 허용한다. 그림 14.5는 이 표본화 방식을 사용한 결과를 FourierBSDF에 균일 반구 표본화를 사용한 것과 비교한다.

(a)

(b)

그림 14.5 정확하게 FourierBSDF를 표본화하는 효과. 두 물체에서의 반사는 FourierBSDF를 사용해서 모델링됐으며, 픽셀당 32 표본을 사용해 렌더링됐다. (a) 균일 반구 표본화로 반사 계산, (b) FourierBSDF::Sample_f()에서 구현한 정확한 표본화 방식. 분산은 훨씬 더 낮으며 전체 렌더링 시간은 20%만 증가한다.

방정식(8.22)의 BSDF를 기억해보면 다음과 같다.

$$f(\mu_\mathrm{i}, \mu_\mathrm{o}, \phi_\mathrm{i} - \phi_\mathrm{o})\,|\mu_\mathrm{i}| = \sum_{k=0}^{m-1} a_k(\mu_\mathrm{i}, \mu_\mathrm{o}) \cos(k\,(\phi_\mathrm{i} - \phi_\mathrm{o}))$$

여기서 함수 a_k는 입사와 나가는 천정각 코사인을 $(\mu_\mathrm{i}, \mu_\mathrm{o}) \in \{\mu_0, \ldots, \mu_{n-1}\}^2$에 대해 종점 $\mu_0 = -1$과 $\mu_{n-1} = 1$로 이산화한다. 실수 계수를 가진 우함수 푸리에 확장이 천정각 차이 매개변수 $\phi = \phi_\mathrm{i} - \phi_\mathrm{o}$에 대한 의존도를 모델링하기 위해 사용됐다.

이제 작업은 우선 주어진 μ_o에 대해 μ_i를 표본화하고 그 후 각 ϕ_i를 ϕ_o에 상대적으로 표본화하는 것이다. 0차 푸리에 계수는 이 두 단계를 매우 단순화시킨다. 우함수 푸리에 기저 함수는 사각 적분 가능 우함수에서 벡터 공간의 직교 기저를 형성한다. 이는 이 규약을 따르는 어떤 함수 g의 기저 계수가 g와 유클리드 벡터 공간에의 직교 투영과 유사한 개별 기저 함수와의 내적을 사용해서 찾을 수 있다는 것을 의미한다. 여기서는 $[0, \pi]$에 대한 연속 함수를 다루며, 적절한 내적은 다음과 같이 정의할 수 있다.

$$\langle g, h \rangle = \frac{1}{\pi} \int_0^\pi g(\phi)\, h(\phi)\, \mathrm{d}\phi$$

차수 0과 연관된 푸리에 기저 함수는 단순히 단위 상수다. 그러므로 a_0의 계수는 코사인 가중 BSDF와 다음과 같이 관련된다.

$$a_0(\mu_\mathrm{i}, \mu_\mathrm{o}) = \frac{1}{\pi} \int_0^\pi f(\mu_\mathrm{i}, \mu_\mathrm{o}, \phi)\, |\mu_\mathrm{i}|\, \mathrm{d}\phi$$

이 양은 BSDF의 중요도 표본화에 대한 방법을 생성하는 데 매우 유용하다. 정규화 인자를 무시하면 이 ϕ에 대한 평균은 μ 각의 쌍에 대한 코사인 가중 BSDF의 주변 분포로 해석할 수 있다(13.6절은 주변 밀도 함수를 다룬다).

주어진 `FourierBSDFTable::a`의 배치에서 일반적으로 필요한 간접 참조 없이 차수 0 계수에 효율적으로 접근 가능하면 유용하다. 그러므로 이 값의 추가적인 복사본을 `nMu` × `nMu` 크기의 배열에 복사해 `FourierBSDFTable::a0`에 유지한다. 이 배열은 `FourierBSDFTable::a`에서 대응하는 항목을 `FourierBSDFTable::Read()` 메서드에서 장면을 읽어오는 시점에 초기화된다.

<FourierBSDFTable Public Data> +≡ 673

```
Float *a0;
```

가까운 주변 분포로 이제 표본화 연산을 두 개의 더 낮은 차원 단계로 분리할 수 있다. 첫째, a_0 계수를 사용해서 주어진 μ_o에 대해 μ_i를 표본화한다. 둘째, (μ_i, μ_o)를 얻었으므로 남은 천정각 차이 매개변수 ϕ에 대한 BSDF의 의존도를 설정하는 푸리에 계수를 보간하고 분포에서 표본화한다. 이 연산은 모두 소볼'이나 핼톤 시퀀스 같은 구조화된 점집합의 특성을 유지하는 매끄러운 매핑으로 구현된다. 주어진 이 각도로 마지막 단계는 대응하는 방향과 BSDF의 값을 계산하는 것이다.

```
<BxDF Method Definitions> +≡
    Spectrum FourierBSDF::Sample_f(const Vector3f &wo, Vector3f *wi,
            const Point2f &u, Float *pdf, BxDFType *sampledType) const {
        <Sample zenith angle component for FourierBSDF 973>
        <Compute Fourier coefficients a_k for (μi, μo) 676>
        <Importance sample the luminance Fourier expansion 974>
        <Compute the scattered direction for FourierBSDF 974>
        <Evaluate remaining Fourier expansions for angle ϕ>
    }
```

천정각을 표본화하는 것은 SampleCatmullRom2D()를 사용해 구현됐으며, 이는 이후 몇 페이지 뒤에서 정의된다. 이 도우미 함수는 단계별로 처리된다. 첫 균일 변이를 스플라인 세그먼트의 하나에 매핑한 후 선분 안의 특정 위치를 표본화한다. 선분을 선택하기 위해 함수는 사전 계산된 CDF의 배열을 필요로 하며, 다음과 같다.

$$I_{i,o} = \int_{-1}^{\mu_i} a_0(\mu', \mu_o)\, d\mu', \tag{14.3}$$

여기서 $0 \leq i, o < n$이다. 이 행렬의 각 열은 다른 (고정된) μ_o의 값에 대한 불연속 CDF를 저장한다. 위의 적분은 스플라인 보간에서 직접 계산되며, 그러므로 확실한 적분에 비례하는 스플라인 세그먼트를 효율적으로 선택하는 데 사용할 수 있다.

```
<FourierBSDFTable Public Data> +≡                                   673
    Float *cdf;
```

FourierBSDF의 경우 이 cdf 배열은 이미 입력 파일의 부분이며, 생성에 대해 고민할 필요가 없다.

```
<Sample zenith angle component for FourierBSDF> ≡                   973
    Float mu0 = CosTheta(wo);
    Float pdfMu;
```

```
Float muI = SampleCatmullRom2D(bsdfTable.nMu, bsdfTable.nMu,
        bsdfTable.mu, bsdfTable.mu, bsdfTable.a0, bsdfTable.cdf, muO,
        u[1], nullptr, &pdfMu);
```

SampleCatmullRom2D()가 반환한 후 muI는 표본화된 입사 천정각 코사인을 기록하며, pdfMu는 같은 영역 안의 연관된 확률 밀도를 포함한다.

이제 근처의 푸리에 계수를 보간할 수 있으며, 8.6절의 FourierBSDF::f()에서 코드 조각 <*Compute Fourier coefficients* a_k *for* (μ_i, μ_o)>를 재사용한다. 주어진 계수 a_k에 대해 천정각 차이를 표본화하는 것 또한 분리된 함수 SampleFourier()에서 구현됐으며, 역시 이후 페이지에서 정의된다. 14장은 표본화된 차이 각 phi, phi에서 계산된 휘도 푸리에 확장의 Y 값, 단위 라디안당 표본 확률인 pdfPhi를 반환한다. 단위 입체각당 최종 표본 확률은 방위각과 천정각 코사인 PDF의 곱이다(값이 8.6절의 푸리에 급수로 계산되므로, 음수는 반드시 0으로 잘라야 한다).

<*Importance sample the luminance Fourier expansion*> ≡ 973

```
Float phi, pdfPhi;
Float Y = SampleFourier(ak, bsdfTable.recip, mMax, u[0], &pdfPhi, &phi);
*pdf = std::max((Float)0, pdfPhi * pdfMu);
```

SampleFourier()는 모든 mMax 푸리에 차수에 대한 사전 계산된 정수의 역수 $1/i$를 포함한 추가 입력 배열 recip를 받는다. 이 역수는 함수 내에서 빈번히 접근된다. 이를 사전 계산하는 것은 계속 이를 생성하는 비싼 산술을 회피하는 최적화며, 현재 프로세서 아키텍처에서 나누기 연산의 높은 지연으로 인한 파이프라인 지연을 막는다. FourierBSDFTable::Read()에서 이 역수 배열은 초기화된다.

<*FourierBSDFTable Public Data*> +≡ 673

```
Float *recip;
```

이제 각도 $\mu_i = \cos\theta_i$와 ϕ를 얻었다. 표본화된 입사 방향의 xy 좌표는 ω_o의 xy 요소를 표면 법선에 대해 각 ϕ로 회전해서 주어지며, z 요소는 μ_i로 주어진다(구좌표를 사용해).

방향 ω_i의 계산에서 두 가지 세부 사항에 주목하자. 먼저 xy 요소는 $\sin\theta_i/\sin\theta_o$로 크기 조절됐으며, 이는 결과 벡터가 정규화되는 것을 보장한다. 두 번째로 계산된 방향은 *wi가 할당되기 전에 음수화된다. 이는 8.6절에서 설명된 FourierBSDF의 좌표계 규약을 따른다.

<*Compute the scattered direction for* FourierBSDF> ≡ 973

```
Float sin2ThetaI = std::max((Float)0, 1 - muI * muI);
```

```
Float norm = std::sqrt(sin2ThetaI / Sin2Theta(wo));
Float sinPhi = std::sin(phi), cosPhi = std::cos(phi);
*wi = -Vector3f(norm * (cosPhi * wo.x - sinPhi * wo.y),
                norm * (sinPhi * wo.x + cosPhi * wo.y), muI);
```

코드 조각 *<Evaluate remaining Fourier expansions for angle ϕ>*는 8.6절의 *<Evaluate Fourier expansion for angle ϕ>*와 동일하며, 위의 `SampleFourier()`에서 이미 계산된 휘도 채널을 계산하지 않는 점만 다르다.

`FourierBSDF::Pdf()` 메서드는 앞선 표본화 방식에 대한 입체각 밀도를 반환한다. 이 메서드가 정확히 곱 $f(\mu_i, \mu_o, \phi)\ |\mu_i|$를 따라 분포된 표본을 생성하므로, 단순히 $|\mu_i|$를 상쇄하는 나누기를 제외하고 `FourierBSDF::f()`의 구현을 복사하면 된다. 하지만 이는 BSDF가 모든 입사 조명을 반사하지 않을 때 확률을 예측 절하하게 된다.

이를 보정하기 위해 비정규화된 $f(\mu_i, \mu_o, \phi)\ |\mu_i|$를 적절한 정규화 인자 ρ^{-1}로 크기 조절해 곱 적분을 1로 보장한다.

$$\int_0^{2\pi} \int_0^{\pi} \frac{1}{\rho}\, f(\cos\theta_\mathrm{i}, \cos\theta_o, \phi)\, |\cos\theta_\mathrm{i}| \sin\theta_\mathrm{i}\, \mathrm{d}\theta_\mathrm{i}'\, \mathrm{d}\phi = 1$$

나가는 천정각 코사인 $\cos\theta_o = \mu_o$가 위의 방정식에서 설정되지 않은 채로 있다는 것을 기억하자. 일반적으로 정규화 인자 ρ는 상수가 아니며, 현재 μ_o의 값에 의존한다. $\rho(\mu_o)$는 단순한 번역을 가진다. 이는 천정각 $\cos^{-1}\mu_o$에서 조명된 표면의 반구 방향 반사다.

간단히 μ_o가 배열 `FourierBSDFTable::mu`에 저장된 천정각 코사인의 불연속 집합 $\mu_0, \ldots, \mu_{n-1}$의 일부였다고 가정하자. 그렇다면 다음과 같다.

$$\begin{aligned}
\rho(\mu_\mathrm{o}) &= \int_0^{2\pi} \int_0^{\pi} f(\cos\theta_\mathrm{i}, \cos\theta_\mathrm{o}, \phi)\, |\cos\theta_\mathrm{i}|\ \sin\theta_\mathrm{i}\, \mathrm{d}\theta_\mathrm{i}\, \mathrm{d}\phi \\
&= \int_0^{2\pi} \int_{-1}^{1} f(\mu_\mathrm{i}, \mu_\mathrm{o}, \phi)\, |\mu_\mathrm{i}|\, \mathrm{d}\mu_\mathrm{i}\, \mathrm{d}\phi \\
&= 2\pi \int_{-1}^{1} \left[\frac{1}{\pi} \int_0^{\pi} f(\mu_\mathrm{i}, \mu_\mathrm{o}, \phi)\, |\mu_\mathrm{i}|\, \mathrm{d}\phi\right] \mathrm{d}\mu_\mathrm{i} \\
&= 2\pi \int_{-1}^{1} a_0(\mu_\mathrm{i}, \mu_\mathrm{o})\, \mathrm{d}\mu_\mathrm{i} \\
&= 2\pi\, I_{n-1,\mathrm{o}},
\end{aligned} \tag{14.4}$$

여기서 I는 방정식(14.3)에서 정의됐다. 즉, 필요한 정규화 인자는 FourierBSDFTable::cdf 배열 안에 이미 준비돼 있다. μ_o의 중간 값에 대해 단순히 주변 I_{n-1}의 4개 이웃 항목을 통상의 스플라인 보간 방식으로 보간할 수 있다. 이 보간의 선형성은 방정식(14.4)의 해석적 적분에서 선형성과 함께 결과가 FourierBSDF::f()와 일관됨을 보장한다.

<BxDF Method Definitions> +≡

```
Float FourierBSDF::Pdf(const Vector3f &wo, const Vector3f &wi) const {
    <Find the zenith angle cosines and azimuth difference angle 676>
    <Compute luminance Fourier coefficients ak for (μi, μo)>
    <Evaluate probability of sampling wi 976>
}
```

두 번째 코드 조각은 여기 포함하지 않는다. 이는 *<Compute Fourier coefficients a_k for (μ_i, μ_o)>*와 거의 동일하며, 휘도 계수를 보간하는 것만 다르다(표본은 휘도에 비례해서 생성된다. 그러므로 다른 두 채널은 여기서 관련이 없다).

마지막 코드 조각은 방정식(14.4)에서 방향성 알베도를 보간하고 이를 사용해서 흡수에 대한 Fourier()의 결과를 보정한다.

<Evaluate probability of sampling wi*>* ≡ 976

```
Float rho = 0;
for (int o = 0; o < 4; ++o) {
    if (weightsO[o] == 0)
        continue;
    rho += weightsO[o] * bsdfTable.cdf[(offsetO + o) * bsdfTable.nMu +
            bsdfTable.nMu - 1] * (2 * Pi);
}
Float Y = Fourier(ak, mMax, cosPhi);
return (rho > 0 && Y > 0) ? (Y / rho) : 0;
```

1D 스플라인 보간자 표본화

앞서 살펴본 FourierBSDF::Sample_f() 메서드에서 사용한 SampleCatmullRom2D() 함수를 정의하기 이전에 더 단순한 1D 경우에 먼저 집중해보자. 함수 f가 n개의 위치 $x_0, \ldots, x_{n-1}$에 대해 계산되면 이를 구간별 3D 캣멀-롬 스플라인 보간자 $\hat{f}$의 $n - 1$ 스플라인 세그먼트 $\hat{f}_i(x)$ ($i = 0, \ldots, n - 2$)가 된다. 주어진 이 스플라인 세그먼트에 대한 사전 계산된 비연속 CDF는 다음과 같이 정의된다.

$$F_i = \begin{cases} 0, & \text{if } i = 0, \\ \sum_{k=0}^{i-1} \int_{x_k}^{x_{k+1}} \frac{1}{c} \hat{f}_k(x')\,\mathrm{d}x', & \text{if } i > 0, \end{cases} \quad (14.5)$$

여기서 c는 다음과 같은 정규화 항이다.

$$c = \int_{x_0}^{x_{n-1}} \hat{f}(x)\,\mathrm{d}x$$

역전법inversion method을 사용해 두 단계로 간단하게 중요도 표본화 $\hat{f}$를 수행하는 방법은 먼저 다음을 만족하는 구간 i를 찾는 것을 수반한다.

$$F_i \le \xi_1 < F_{i+1}$$

여기서 ξ_1은 구간 [0, 1)에서 무작위 변량이며, 그 후 x' 값을 i번째 구간에서 찾는다. 값 F_i는 단조적으로 증가하며, 구간은 효율적인 이진 검색을 사용해 찾을 수 있다.

이후에 실제로 F_i 값을 정규화하지 않으므로, $c = 1$로 설정할 수 있다. 표본 i를 먼저 무작위 변수 ξ를 모든 스플라인 세그먼트에 대한 전체 적분이므로 c와 같은 마지막 F_i 항인 F_{n-1}에 곱해 균일하게 i를 표본화할 수 있다. 그러므로 이진 검색은 다음을 찾는다.

$$F_i \le \xi_1 F_{n-1} \le F_{i+1}, \quad (14.6)$$

선택된 선분 i를 얻으면 오프셋하고 ξ_1를 다시 크기 조절해 두 번째 균일 변량을 [0, 1)에서 찾을 수 있다.

$$\xi_2 = \frac{\xi_1 F_{n-1} - F_i}{F_{i+1} - F_i}$$

그 후 ξ_2를 사용해 위치 x를 구간 $[x_i, x_{i+1}]$에서 세그먼트의 적분을 사용해서 표본화할 수 있다.

$$\hat{F}_i(x) = \int_{x_i}^{x} \hat{f}_i(x')\,\mathrm{d}x', \quad (14.7)$$

다시 적절히 정규화된 CDF를 찾지 않고 대신 ξ_2를 $\hat{F}_i(x_{i+1})$에 곱해 $\hat{F}_i$를 정규화하지 않는다. 그 후 반드시 다음을 계산해야 한다.

$$x = \hat{F}_i^{-1}\left(\hat{F}_i(x_{i+1})\,\xi_2\right) = \hat{F}_i^{-1}\left((F_{i+1} - F_i)\frac{\xi_1 F_{n-1} - F_i}{F_{i+1} - F_i}\right) = \hat{F}_i^{-1}\left(\xi_1 F_{n-1} - F_i\right). \quad [14.8]$$

이 방식은 `SampleCatmullRom()`에 구현됐으며, 다음의 입력을 받는다. 표본의 수 n, 원래 함수 f가 계산된 위치 $x_0, \ldots, x_{n-1}$을 포함하는 x, 각 점 x_i에서의 함수 값을 저장하는 f, 균일 변량 ξ를 전달하는 데 사용되는 u, 적분된 F_i 값은 반드시 `F` 매개변수를 통해 전달돼야 한다. 이 값들은 필요할 때 `IntegrateCatmullRom()`으로 사전 계산될 수 있다. `fval`과 `pdf`는 함수 값과 연결된 PDF 값을 반환하는 데 사용된다.

<Spline Interpolation Definitions> +≡

```
Float SampleCatmullRom(int n, const Float *x, const Float *f,
        const Float *F, Float u, Float *fval, Float *pdf) {
    <Map u to a spline interval by inverting F 978>
    <Look up xi and function values of spline segment i 978>
    <Approximate derivatives using finite differences 979>
    <Re-scale u for continous spline sampling step 979>
    <Invert definite integral over spline segment and return solution 981>
}
```

함수는 방정식(14.6)을 따라 균일 변량 `u`를 `F`의 마지막 항목으로 크기 조절하는 것으로 시작한다. 이를 따라 `u`는 `FindInterval()` 도우미 함수를 통해 스플라인 간격으로 매핑되며, 이는 `F[i] <= u`를 만족하는 마지막 간격을 반환하고 반올림 오차의 경우 배열 경계로 잘라낸다.

<Map `u` *to a spline interval by inverting* `F`*>* ≡ 978

```
u *= F[n - 1];
int i = FindInterval(n, [&](int i) { return F[i] <= u; });
```

다음 코드 조각은 연관된 함수 값과 노드 위치를 `f`와 `x`에서 읽는다. 변수 `width`는 선분 길이를 포함한다.

<Look up x_i and function values of spline segment `i`*>* ≡ 978, 1111

```
Float x0 = x[i], x1 = x[i + 1];
Float f0 = f[i], f1 = f[i + 1];
Float width = x1 - x0;
```

캣멀-롬 스플라인이 선분의 끝점에서 함수의 일차 미분의 근사를 필요로 함을 기억하자(8.6.1절). i에 의존해 이 미분은 순방향, 역방향, 혹은 중앙 유한 차분 근사를 사용해서 계산된다.

<Approximate derivatives using finite differences> ≡ 978, 1111

```
Float d0, d1;
if (i > 0)     d0 = width * (f1 - f[i - 1]) / (x1 - x[i - 1]);
else           d0 = f1 - f0;
if (i + 2 < n) d1 = width * (f[i + 2] - f0) / (x[i + 2] - x0);
else           d1 = f1 - f0;
```

함수의 나머지는 이제 방정식(14.8)의 연속 누적 분포 함수의 역을 찾아야 한다.

$$F_i^{-1}(\xi_1 F_{n-1} - F_i)$$

F_{n-1}을 크기 조절하는 것이 첫 코드 조각에 이미 적용됐으므로 F_i를 빼기만 하면 된다.

실제 역은 *<Invert definite integral over spline segment and return solution>*에서 처리됐으며, 이는 2D 경우를 다룰 때까지 다루지 않는다. 이 역의 내부는 크기 조절되고 이동된 간격 [0, 1]에서 정의된 선분에서 작동하며, 이는 width의 역수와 같은 연관된 변수 인자의 변화로 추가적으로 크기 조절돼야 한다.

<Re-scale u *for continous spline sampling step>* ≡ 978

```
u = (u - F[i]) / width;
```

2D 스플라인 보간자 표본화

pbrt에서의 스플라인 보간자의 주된 사용 예는 실제로 중요도 표본 2D 함수 $f(\alpha, x)$며, α는 표본화의 용도를 위해 고정된 매개변수로 고려된다(예, 내재된 재질의 알베도나 FourierBSDF의 경우 나가는 천정각 코사인 μ_o). 이 경우는 SampleCatmullRom2D()로 처리된다.

<Spline Interpolation Definitions> +≡

```
Float SampleCatmullRom2D(int size1, int size2, const Float *nodes1,
        const Float *nodes2, const Float *values, const Float *cdf,
        Float alpha, Float u, Float *fval, Float *pdf) {
    <Determine offset and coefficients for the alpha parameter 980>
    <Define a lambda function to interpolate table entries 980>
    <Map u to a spline interval by inverting the interpolated cdf>
    <Look up node positions and interpolated function values>
    <Re-scale u using the interpolated cdf>
```

```
        <Approximate derivatives using finite differences of the interpolant>
        <Invert definite integral over spline segment and return solution 981>
}
```

매개변수 size1, size2, nodes1, nodes2는 각 차원에서의 분리된 이산화를 설정한다. values 인자는 함수 값의 행렬을 행 우선으로 제공하며, 행은 첫 차원에서 동일한 위치를 갖는 표본들의 집합에 대응한다. 함수는 매개변수 alpha를 사용해 첫 차원 안에서 절편을 선택하며, 그 후 두 번째 차원에 대해 중요도 표본화가 이뤄진다. 매개변수 cdf는 불연속 CDF의 행렬을 제공하며, 각 행은 대응하는 values의 행에 IntegrateCatmullRom()을 실행해서 얻어진다.

SampleCatmullRom2D()의 첫 코드 조각은 CatmullRomWeights()를 호출해 보간된 가중치에 대한 values 배열에서 4개의 인접한 행을 선택한다.

<Determine offset and coefficients for the alpha *parameter>* ≡ 979

```
int offset;
Float weights[4];
if (!CatmullRomWeights(size1, nodes1, alpha, &offset, weights))
    return 0;
```

처리를 위해 이제 단순히 values와 cdf의 선택된 행을 보간하고 1D 표본화 함수 SampleCatmullRom()을 호출해서 마감할 수 있다. 하지만 values와 cdf의 몇 개 항목만이 실제로 표본을 생성하는 데 필요하므로, 이 방식은 필요 없이 느리다. 대신 이 배열의 항목을 필요할 때 보간하는 C++11의 람다 함수를 정의한다.

<Define a lambda function to interpolate table entries> ≡ 979

```
auto interpolate = [&](const Float *array, int idx) {
    Float value = 0;
    for (int i = 0; i < 4; ++i)
        if (weights[i] != 0)
            value += array[(offset + i) * size2 + idx] * weights[i];
    return value;
};
```

함수의 나머지는 SampleCatmullRom()과 동일하며, 모든 values[i]의 접근이 interpolate (values, i)에 의해 대체되고 cdf에 대해서도 유사하다. 간략성을 위해 이 코드는 책에서 생략한다.

이제 얼버무리고 넘어간 방정식(14.8)에서 적분의 역을 반환할 수 있다. $\hat{F}_i$가 3차 스플라인 세그먼트 $\hat{f}_i$에 대한 적분으로 정의되는 것을 기억하면 이는 4차 다항식이다. 이 함수를 해석적으로 역을 얻는 것은 가능하지만 부하가 크다. 대신 유용한 특성들로 용이화된 수치적 방식을 선호한다.

1. 함수 $\hat{F}_i$는 (음이 아니라고 가정된) 보간자 $\hat{f}_i$에 대한 정적분이므로, 단조 증가한다.
2. 함수 `FindInterval()`이 선택한 구간 $[x_i, x_{i+1}]$은 방정식(14.8)에 대한 정확히 하나의 해만 가진다.

이 경우 구간 $[x_i, x_{i+1}]$은 협차 구간bracketing interval으로 알려져 있다. 이런 구간의 존재는 이분 검색bisection search을 가능하게 하며, 이는 단순하게 반복적으로 근을 찾는 기술로서 해로 수렴하게 보장돼 있다. 각 반복 안에서 이분 검색은 구간을 두 부분으로 나누고 해를 포함하지 못하는 세부 구간을 버린다. 이 방법으로 이는 이진 검색의 연속적인 확장으로 간주할 수 있다. 이 방식의 안정성은 명백히 원하는 것이지만, 상대적으로 느린 (선형적) 수렴은 여전히 개선이 필요하다. 우리는 뉴턴 이분법을 사용하며, 이는 2차적으로 수렴하지만 잠재적으로 안정적이지 않은[4] 뉴턴의 방법을 이진 검색 안정성의 대비책으로 사용하는 것이다.

앞서 언급했듯이 모든 이후의 단계는 스플라인 세그먼트가 구간 [0, 1] 위에 정의됐다고 가정하며, 끝점 값 `f0` 및 `f1`과 미분 예측 `d0` 및 `d1`을 가진다고 간주한다. 변수 `t`를 사용해서 이동되고 크기 조절된 구간 안의 위치를 표시하고 값 `a`와 `b`로 현재 구간 범위를 저장한다. `Fhat`는 값 $\hat{F}(t)$를 저장하고, `fhat`은 $\hat{f}(t)$를 저장한다.

```
<Invert definite integral over spline segment and return solution> ≡      978, 980
    <Set initial guess for t by importance sampling a linear interpolant 982>
    Float a = 0, b = 1, Fhat, fhat;
    while (true) {
        <Fall back to a bisection step when t is out of bounds 982>
        <Evaluate target function and its derivative in Horner form 983>
        <Stop the iteration if converged 983>
        <Update bisection bounds using updated t 984>
        <Perform a Newton step 984>
    }
    <Return the sample position and function value 984>
```

4. 뉴턴의 방법은 진동적이거나 발산하는 행태를 보일 수 있으며, 해에 충분히 가까울 경우만 수렴하도록 보장된다. 실제의 경우 이런 보장을 제공하기가 보통 어렵다. 그러므로 무조건적인 안전한 이분 검색과 조합하는 것을 선호한다.

필요한 뉴턴 이분 반복의 수는 좋은 초기 추정으로 알고리즘을 시작해 줄일 수 있다. 스플라인 세그먼트가 선형적이라고 가정하는 휴리스틱을 사용하면 다음과 같다.

$$\hat{f}(t) = (1-t)f(0) + tf(1)$$

그러면 정적분은 다음과 같다.

$$\hat{F}(t) = \int_0^t \hat{f}(t')\,\mathrm{d}t' = \frac{t}{2}(tf(1) - (t-2)f(0))$$

이는 다음의 역을 가진다.

$$\hat{F}^{-1}(\xi) = \begin{cases} \frac{f(0)\pm\sqrt{f(0)^2-2f(0)\xi+2f(1)\xi}}{f(0)-f(1)} & f(0) \neq f(1) \\ \frac{\xi}{f(0)} & \text{otherwise,} \end{cases}$$

이는 2차 근의 하나만이 의미 있다(다른 근은 [0, 1] 밖의 값이 된다).

<*Set initial guess for t by importance sampling a linear interpolant*> ≡ 981

```
Float t;
if (f0 != f1)
    t = (f0 - std::sqrt(
        std::max((Float)0, f0 * f0 + 2 * u * (f1 - f0)))) / (f0 - f1);
else
    t = u / f0;
```

내부 반복문의 첫 코드 조각은 현재 반복이 협차 구간 [*a*, *b*] 안에 있는지를 확인한다. 그렇지 않으면 구간 중심을 재설정하고, 이는 표준 이분 단계가 된다(그림 14.6).

<*Fall back to a bisection step when* `t` *is out of bounds*> ≡ 981

```
if (!(t >= a && t <= b))
    t = 0.5f * (a + b);
```

다음으로 F는 방정식(14.7)에서의 4차 $\hat{F}(t)$를 계산해 초기화된다. 뉴턴의 방법에서 함수의 미분 또한 필요로 하며, 이는 단순히 원래 3차 스플라인이다. 그러므로 f는 t에서 계산한 스플라인으로 설정된다. 다음의 표현은 두 함수를 호너 형식Horner form으로 변환한 뒤에 결과를 얻는다.

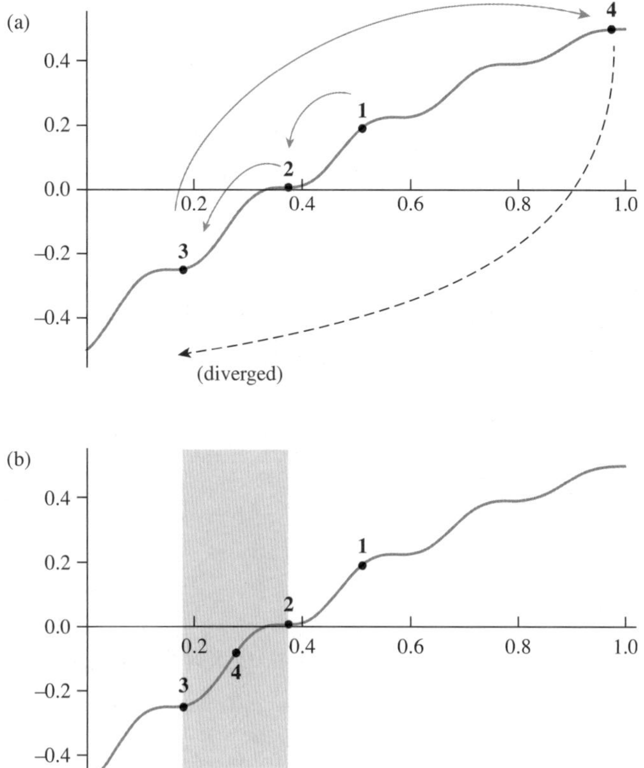

그림 14.6 뉴턴 이분의 안정성. (a) 이 함수는 단조 증가하며 보이는 구간에 단일 근을 포함하지만, 뉴턴 방법의 단순한 응용은 발산한다. (b) 안정적 근 검색기의 이분 기능은 3번째 뉴턴 단계에서 회복을 가능하게 하며, 이는 근에서 멀리 떨어지게 된 경우다(이분 구간은 색이 칠해져있다). 이 방법은 몇 반복 이후에 수렴한다.

<Evaluate target function and its derivative in Horner form> ≡ 981

```
Fhat = t * (f0 + t * (.5f * d0 + t * ((1.f/3.f) * (-2 * d0 - d1) +
          f1 - f0 + t * (.25f * (d0 + d1) + .5f * (f0 - f1)))));
fhat = f0 + t * (d0 + t * (-2 * d0 - d1 + 3 * (f1 - f0) +
          t * (d0 + d1 + 2 * (f0 - f1))));
```

반복은 Fhat - u가 0에 가깝거나 협차 구간이 충분히 작을 때 멈춘다.

<Stop the iteration if converged> ≡ 981

```
if (std::abs(Fhat - u) < 1e-6f || b - a < 1e-6f)
    break;
```

$\hat{F}(t) - u < 0$이면 $\hat{F}$의 단조성은 구간 [a, t]가 해를 포함할 수 없다는 것을 암시한다(또한 비슷한 선언이 b에 대해서 적용된다). 다음 코드 조각은 이 정보를 사용해 협차 구간을 갱신한다.

<*Update bisection bounds using updated* t> ≡ 981

```
if (Fhat - u < 0) a = t;
else b = t;
```

마지막으로 이 함수와 미분 값이 뉴턴 단계에서 사용된다.

<*Perform a Newton step*> ≡ 981

```
t -= (Fhat - u) / fhat;
```

한 번 수렴하면 마지막 코드 조각은 t를 원래 구간으로 다시 매핑한다. 함수는 선택적으로 이 위치의 스플라인 값과 확률 밀도를 반환한다.

<*Return the sample position and function value*> ≡ 981

```
if (fval) *fval = fhat;
if (pdf) *pdf = fhat / F[n - 1];
return x0 + width * t;
```

푸리에 확장 표본화

다음으로 푸리에 연속을 위한 표본 급수를 다루며, 방정식(8.22)를 SampleCatmullRom()에서 사용한 것과 매우 유사한 뉴턴 이분 형식 방법을 사용한다. 분포에서 주어진 푸리에 계수 a_k에 대해 다음을 만족하는 표본을 얻으려 한다.

$$f(\phi) = \sum_{k=0}^{m-1} a_k \cos(k\,\phi)$$

이를 적분하면 단순한 해석적 표현이 나온다.

$$F(\phi) = \int_0^{\phi} f(\phi')\,\mathrm{d}\phi' = a_0\,\phi + \sum_{k=1}^{m-1} \frac{1}{k}\sin(k\,\phi), \tag{14.9}$$

이것이 정규화된 CDF가 아니라는 것을 기억하자. $F(2\pi) = 2\pi a_0$이며, 이는 $\sin(k\phi)$ 항이 $\phi = 2\pi$에서 모두 0이기 때문이다.

함수 SampleFourier()는 역전법을 사용해 수치적으로 역 $F(\phi)$을 방위각으로 표본화한다. 이는 길이 m의 푸리에 계수의 배열 a_k를 입력으로 받는다. u 매개변수는 균일 변량을 전달하는 데 사용되며, recip는 m개 정수 역수의 배열에 대한 포인터다. SampleFourier()는 푸리에 확장의 값을 표본화된 위치에서 반환하며, 이는 *phiPtr에 저장되고 확률 밀도는 *pdf에 저장된다.

<*Fourier Interpolation Definitions*> +≡

```
Float SampleFourier(const Float *ak, const Float *recip, int m, Float u,
        Float *pdf, Float *phiPtr) {
    <Pick a side and declare bisection variables 985>
    while (true) {
        <Evaluate F(ϕ) and its derivative f(ϕ) 985>
        <Update bisection bounds using updated ϕ>
        <Stop the Fourier bisection iteration if converged>
        <Perform a Newton step given f(ϕ) and F(ϕ)>
        <Fall back to a bisection step when ϕ is out of bounds>
    }
    <Potentially flip ϕ and return the result 987>
}
```

SampleFourier()가 구간 [0, 2*π*]에 있는 주기적인 우함수에서 작동하므로 두 세부 구간 [0, *π*]와 [*π*, 2*π*]의 각각에서 표본을 생성할 확률은 정확히 1/2이다. 그러므로 첫 뉴턴 이분 반복을 생략하며 균일하게 u에서 세부 구간 중 하나를 선택해 이를 [0, 1] 범위에 재매핑한다. 그 후 항상 뉴턴 이분을 [0, *π*]에서 수행하고 두 번째 세부 구간이 선택됐을 때(예, flip==true) 함수의 끝에서 이 선택을 보정한다.

<*Pick a side and declare bisection variables*> ≡ 985

```
bool flip = (u >= 0.5);
if (flip)
    u = 1 - 2 * (u - .5f);
else
    u *= 2;
double a = 0, b = Pi, phi = 0.5 * Pi;
double F, f;
```

이 반복문의 첫 코드 조각은 적분된 $F(\phi)$ 값과 그 미분 $f(\phi)$를 계산하는 해석기의 반복문 안에 있다. 정규화된 함수가 $F(\pi) = 1$임을 가정하면 이 함수의 목적은 방정식을 $F(\varphi) - u = 0$의 형태로 푸는 것이다. 이 경우 F는 적절한 정규화가 없으므로 여전히 표본을 함수 f에 비례해서 생성하려 하며, 이는 크기 조절 항을 더해 얻을 수 있다. $F(\phi) - uF(\pi) = 0$이다. 그러므로 다음 코드 조각의 마지막 줄은 F에서 u 곱하기 $F(\pi)$를 빼는 것이다.

<*Evaluate F(ϕ) and its derivative f(ϕ)*> ≡ 985

```
<Initialize sine and cosine iterates 986>
<Initialize F and f with the first series term 986>
for (int k = 1; k < m; ++k) {
```

```
        <Compute next sine and cosine iterates 986>
        <Add the next series term to F and f 986>
    }
    F -= u * ak[0] * Pi;
```

Fourier() 함수의 구현에서 이런 경우가 있으므로, 다중 각 공식을 사용해서 방정식(14.9)를 계산할 때 비싼 삼각 함수 호출을 회피하는 데 성공한다.

$$\sin(k\,\phi) = (2\cos\phi)\sin((k-1)\phi) - \sin((k-2)\phi). \tag{14.10}$$

$f(\phi)$와 $F(\phi)$를 계산하기 위해 피가수에 대해 반복하기 이전에 초기 반복을 $\cos(k\phi)$와 $\sin(k\phi)$에 대해 k = −1과 k = 0로 초기화한다.

<Initialize sine and cosine iterates> ≡ 985

```
double cosPhi = std::cos(phi);
double sinPhi = std::sqrt(1 - cosPhi * cosPhi);
double cosPhiPrev = cosPhi, cosPhiCur = 1;
double sinPhiPrev = -sinPhi, sinPhiCur = 0;
```

$F(\phi)$의 첫 피가수는 약간 특별하므로, 대응하는 $f(\phi)$와 $F(\phi)$의 계산은 나머지 계수 a_k에 대한 반복문 이전에 처리된다.

<Initialize F *and* f *with the first series term>* ≡ 985

```
F = ak[0] * phi;
f = ak[0];
```

계수에 대한 반복문은 갱신된 코사인과 사인의 반복을 방정식(8.25)와 (14.10)을 사용해서 계산하는 것으로 시작한다.

<Compute next sine and cosine iterates> ≡ 986

```
double sinPhiNext = 2 * cosPhi * sinPhiCur - sinPhiPrev;
double cosPhiNext = 2 * cosPhi * cosPhiCur - cosPhiPrev;
sinPhiPrev = sinPhiCur; sinPhiCur = sinPhiNext;
cosPhiPrev = cosPhiCur; cosPhiCur = cosPhiNext;
```

다음 항인 함수 값과 미분에 대한 각각의 합을 이제 계산할 수 있다.

<Add the next series term to F *and* f*>* ≡ 986

```
F += ak[k] * recip[k] * sinPhiNext;
f += ak[k] * cosPhiNext;
```

남은 코드 조각은 SampleCatmullRom()에서 뉴턴 이분 알고리즘을 위해 사용한 것과 동일하며, phi 변수가 t 대신 사용될 뿐이다. 그러므로 여기에 수록하지 않는다.

phi가 계산된 후 함수의 값, PDF, 방위각이 반환된다. PDF는 $f(\phi)$를 $F(2\pi)$가 $2\pi a_0$와 같게 하는 정규화 인자로 나눠서 계산된다. 이전에 언급했듯이 SampleFourier()의 시작에서 구간 $[\pi, 2\pi]$가 선택될 때 phi는 바탕이 되는 대칭성을 사용해서 뒤집힌다.

<Potentially flip ϕ and return the result> ≡ 985

```
if (flip)
    phi = 2 * Pi - phi;
*pdf = (Float)f / (2 * Pi * ak[0]);
*phiPtr = (Float)phi;
return f;
```

14.1.5 응용: 반사 예측

이 시점에 pbrt에서 대부분의 BxDF에 대한 BxDF 표본화 루틴을 다뤘다. 이들의 응용 예로 BxDF 표본화 루틴이 임의의 BRDF에 대해 8.1.1절에 정의된 반사 적분의 예측을 계산하는 데 어떻게 사용되는지 보여줄 것이다. 예를 들어 반구 방향 반사는 다음과 같다.

$$\rho_{\mathrm{hd}}(\omega_{\mathrm{o}}) = \int_{\mathcal{H}^2(\mathbf{n})} f_{\mathrm{r}}(\omega_{\mathrm{o}}, \omega_{\mathrm{i}})\, |\cos\theta_{\mathrm{i}}|\, \mathrm{d}\omega_{\mathrm{i}}$$

8.1.1절에서 BxDF::rho() 메서드 구현이 두 개의 추가적인 매개변수 nSamples와 표본 값의 배열 u를 받은 것을 기억하자. 여기서 이들이 몬테카를로 표본화에 어떻게 사용되는지 볼 수 있다. 닫힌 형으로 반사를 계산할 수 없는 BxDF 구현의 경우 nSamples 매개변수는 얻어야 할 몬테카를로 표본의 수를 지정하고, 표본 값 자체는 u 배열로 제공된다.

일반 BxDF::rho() 메서드는 이 값의 몬테카를로 예측을 어떤 BxDF에 대해서든 계산하며, 예측 값을 중요도 표본화로 계산하기 위해 제공된 표본과 BxDF 표본화 메서드의 장점을 사용한다.

<BxDF Method Definitions> +≡

```
Spectrum BxDF::rho(const Vector3f &w, int nSamples,
        const Point2f *u) const {
    Spectrum r(0).;
    for (int i = 0; i < nSamples; ++i) {
        <Estimate one term of ρhd 988>
```

```
    }
    return r / nSamples;
}
```

실제로 예측기를 계산하는 것은 반사 함수의 분포를 표본화해서 값을 찾고, PDF의 값으로 나누는 문제다. 예측기는 다음의 각 항을 쉽게 계산할 수 있다.

$$\frac{1}{N}\sum_{j}^{N}\frac{f_{\mathrm{r}}(\omega, \omega_j)\,|\cos\theta_j|}{p(\omega_j)}$$

BxDF의 Sample_f() 메서드는 모든 ω_j, $p(\omega_j)$의 값과 $f_r(\omega_o, \omega_j)$의 값을 반환한다. 까다로운 부분은 $p(\omega_j) = 0$일 때 반드시 감지해야 하며, 그렇지 않으면 0으로 나누기가 r에 무한대의 값을 주게 된다는 것뿐이다.

<Estimate one term of ρ_{hd}> ≡ 987

```
Vector3f wi;
Float pdf = 0;
Spectrum f = Sample_f(w, &wi, u[i], &pdf);
if (pdf > 0) r += f * AbsCosTheta(wi) / pdf;
```

반구-반구 반사는 비슷하게 쉽게 예측할 수 있다. 다음과 같이 주어진다고 하자.

$$\rho_{\mathrm{hh}} = \frac{1}{\pi}\int_{\mathcal{H}^2(\mathrm{n})}\int_{\mathcal{H}^2(\mathrm{n})} f_{\mathrm{r}}(\omega', \omega'')\,|\cos\theta' \cos\theta''|\,\mathrm{d}\omega'\,\mathrm{d}\omega''$$

두 벡터 ω'와 ω''는 반드시 다음과 같은 예측의 각 항에 대해 표본화해야 한다.

$$\frac{1}{\pi N}\sum_{j}^{N}\frac{f_{\mathrm{r}}(\omega'_j, \omega''_j)\,|\cos\theta'_j \cos\theta''_j|}{p(\omega'_j)\,p(\omega''_j)}$$

<BxDF Method Definitions> +≡

```
Spectrum BxDF::rho(int nSamples, const Point2f *u1,
        const Point2f *u2) const {
    Spectrum r(0.f);
    for (int i = 0; i < nSamples; ++i) {
        <Estimate one term of ρhh 989>
    }
    return r / (Pi * nSamples);
}
```

여기서의 구현은 첫 번째 방향 ω′를 반구에 대해 균일하게 표본화한다. 이를 통해 두 번째 방향은 BxDF::Sample_f() 메서드로 표본화할 수 있다.[5]

<Estimate one term of ρ_{hh}*>* ≡ 988

```
Vector3f wo, wi;
wo = UniformSampleHemisphere(u1[i]);
Float pdfo = UniformHemispherePdf(), pdfi = 0;
Spectrum f = Sample_f(wo, &wi, u2[i], &pdfi);
if (pdfi > 0)
    r += f * AbsCosTheta(wi) * AbsCosTheta(wo) / (pdfo * pdfi);
```

14.1.6 BSDF 표본화

각각의 BxDF를 표본화하기 위해 주어진 메서드로 인해 이제 BSDF 클래스에 대해 표본화 메서드 BSDF::Sample_f()를 정의할 수 있다 이 메서드는 Integrator가 BSDF의 분포에 맞게 표본화하고 싶을 때 호출한다. 이는 개별 BxDF::Sample_f()를 호출해 표본을 생성한다. BSDF는 하나 이상의 개별 BxDF의 포인터를 개별적으로 표본화할 수 있도록 저장하지만, 여기서는 개별 밀도의 평균 밀도에서 표본화한다.

$$p(\omega) = \frac{1}{N} \sum_{i}^{N} p_i(\omega)$$

(14장 마지막의 연습문제 14.1는 BxDF의 각 반사에 기반을 둔 확률에 따른 대체 표본화에 대해 논의한다. 이 방식은 이의 변화가 급격할 경우 더 효율적이다)

BSDF::Sample_f() 메서드는 이 과정을 진행하기 위한 무작위 변수 두 개를 받는다. 전달되는 나가는 방향과 반환되는 들어오는 방향은 월드 공간에 있다.

<BSDF Method Definitions> +≡

```
Spectrum BSDF::Sample_f(const Vector3f &woWorld, Vector3f *wiWorld,
        const Point2f &u, Float *pdf, BxDFType type,
        BxDFType *sampledType) const {
    <Choose which BxDF to sample 990>
    <Remap BxDF sample u to [0, 1)^2 991>
    <Sample chosen BxDF 991>
    <Compute overall PDF with all matching BxDFs 991>
```

5. BxDF 표본화 인터페이스에서 $f_r(p, \omega, \omega')$의 사차원 분포에서 도입 점이 없다는 단점이 논쟁이 될 수 있다. 하지만 이는 pbrt로 구상 중인 응용에 대해 너무 심오한 경우다.

```
    <Compute value of BSDF for sampled direction 992>
}
```

이 메서드는 우선 어떤 BxDF의 표본화 메서드를 이 특정 표본에 사용할지 결정한다. 이 선택은 호출자가 선택한 BxDF가 반드시 일치해야 하는 플래그를 넘길 수 있으므로 복잡해진다(예, 확산 요소만 고려해야 한다고 명시한다). 그러므로 표본화 밀도의 부분집합만 실제로 사용된다. 따라서 구현은 먼저 얼마나 많은 요소가 제공된 BxDFType과 일치하는지 결정하고, 그 후에 제공된 u 표본의 첫 차원을 사용해서 동일한 확률을 가진 요소의 하나를 선택한다.

```
<Choose which BxDF to sample> ≡                                            989
    int matchingComps = NumComponents(type);
    if (matchingComps == 0) {
        *pdf = 0;
        return Spectrum(0);
    }
    int comp = std::min((int)std::floor(u[0] * matchingComps),
            matchingComps - 1);
    <Get BxDF pointer for chosen component 990>
```

두 번째 패스는 플래그에 일치하는 적절한 BxDF를 찾기 위해 필요하다.

```
<Get BxDF pointer for chosen component> ≡                                  990
    BxDF *bxdf = nullptr;
    int count = comp;
    for (int i = 0; i < nBxDFs; ++i)
        if (bxdfs[i]->MatchesFlags(type) && count-- == 0) {
            bxdf = bxdfs[i];
            break;
        }
```

u[0] 표본이 표본화할 BxDF 요소를 결정하므로 요소의 Sample_f() 메서드 호출에서 이를 직접 재사용할 수 없다. 이는 더 이상 균일하게 분포되지 않는다(예를 들어 두 개의 일치하는 요소가 있다면 이를 직접 재사용할 때 첫 번째 것은 u[0] 값을 0과 0.5 사이에서만 보고 두 번째는 0.5에서 1 사이에서만 보게 된다). 하지만 u[0]가 불연속 분포에서 표본화하는 데 사용되므로 균일 무작위 값을 여기서 복구할 수 있다. 다시 두 개의 일치하는 요소를 가정할 때 이를 첫 번째 BxDF가 표본화될 경우 [0, 0.5)에서 [0, 1)로 재매핑하며, 두 번째일 경우 [0.5, 1)에서 [0, 1)로 재매핑한다. 일반적인 이 재매핑은 다음에 구현됐다.

<*Remap BxDF sample u to* [0, 1)^2> ≡ 989

```
Point2f uRemapped(u[0] * matchingComps - comp, u[1]);
```

선택된 BxDF의 Sample_f() 메서드를 이제 호출할 수 있다. 이 메서드는 벡터를 BxDF의 지역 좌표계에서 받고 반환하므로, 제공되는 벡터는 반드시 BxDF의 좌표계로 변환되고 반환되는 벡터는 반드시 월드 좌표계로 다시 변환돼야 한다.

<*Sample chosen* BxDF> ≡ 989

```
Vector3f wi, wo = WorldToLocal(woWorld);
*pdf = 0;
if (sampledType) *sampledType = bxdf->type;
Spectrum f = bxdf->Sample_f(wo, &wi, uRemapped, pdf, sampledType);
if (*pdf == 0)
    return 0;
*wiWorld = LocalToWorld(wi);
```

방향 ω_i를 표본화하는 실제 PDF를 계산하기 위해 주어진 BxDFType에 대해 사용될 수 있는 BxDF의 모든 PDF에 대한 평균이 필요하다. *pdf가 이미 표본이 추출된 분포에 대한 PDF 값을 갖고 있으므로 다른 것의 기여를 추가하기만 하면 된다.

14.1.3절에서 다룬 것처럼 이 단계가 선택된 BxDF가 완벽히 거울 반사면 생략될 수 있는 것이 중요한데, PDF는 내재된 델타 분포를 갖고 있기 때문이다. 다른 PDF 값을 여기에 추가하는 것은 잘못됐으며, 이는 델타 항이 실제 델타 분포가 아닌 값 1로 표현되기 때문이다.

<*Compute overall PDF with all matching* BxDF*s*> ≡ 989

```
if (!(bxdf->type & BSDF_SPECULAR) && matchingComps > 1)
    for (int i = 0; i < nBxDFs; ++i)
        if (bxdfs[i] != bxdf && bxdfs[i]->MatchesFlags(type))
            *pdf += bxdfs[i]->Pdf(wo, wi);
if (matchingComps > 1) *pdf /= matchingComps;
```

주어진 표본화 방향에서 이 메서드는 BSDF의 값을 BSDF의 모든 연관된 요소를 고려한 방향의 쌍 (ω_o, ω_i)에 대해 계산해야 하며, 표본화된 방향이 광택 요소에서인 경우에 값은 Sample_f()에서 사용해 반환되므로 생략할 수 있다(광택 요소가 이 방향에 대해 생성되면 그 BxDF::f() 메서드는 표본화 루틴이 반환한 방향을 다시 전달해도 0을 반환한다).

이 메서드가 BSDF의 값을 계산하는 데 BSDF::f()만을 호출하지만, 값은 BxDF::f() 메서드를 직접 호출하는 것으로 더 효율적으로 계산할 수 있고, 이미 월드 공간과 반사 좌표계의 방향을 갖고 있다는 장점을 취할 수 있기 때문이다.

<*Compute value of BSDF for sampled direction*> ≡ 989

```
if (!(bxdf->type & BSDF_SPECULAR) && matchingComps > 1) {
    bool reflect = Dot(*wiWorld, ng) * Dot(woWorld, ng) > 0;
    f = 0.;
    for (int i = 0; i < nBxDFs; ++i)
        if (bxdfs[i]->MatchesFlags(type) &&
                ((reflect && (bxdfs[i]->type & BSDF_REFLECTION)) ||
                (!reflect && (bxdfs[i]->type & BSDF_TRANSMISSION))))
            f += bxdfs[i]->f(wo, wi);
}
return f;
```

BSDF::Pdf() 메서드는 비슷한 계산을 BxDF에 대해 반복적으로 Pdf() 메서드를 호출해 무작위 표본화된 방향에 대한 PDF를 찾는다. 구현은 명백하므로 여기에 수록하지 않는다.

<*BSDF Public Methods*> +≡ 675

```
Float Pdf(const Vector3f &wo, const Vector3f &wi,
        BxDFType flags = BSDF_ALL) const;
```

14.2 광원 표본화

직접 조명이 입사할 수 있는 광원 근처의 점을 얻어 주변의 방향들을 표본화하는 것이 가능한 것은 렌더링의 또 다른 중요한 표본화 연산이다. 작은 구형 영역 광원으로 조명되는 확산 표면을 고려하자(그림 14.7). BSDF의 표본화 분포를 사용한 표본화 방향은 매우 비효율적일 가능성이 높으며, 이는 빛이 점에서 작은 방향의 원뿔에 대해서만 보이기 때문이다. 훨씬 나은 접근법은 광원에 기반을 둔 표본화 분포를 대신 사용하는 것이다. 예를 들어 표본화 루틴은 구가 잠재적으로 보이는 방향에 대해서만 선택할 수 있다. 이 절에서는 Light::Sample_Li() 메서드를 소개하며, 이는 pbrt의 빛에 대해 이 연산을 위해서 구현해야 하는 메서드다.

Light가 반드시 구현해야 하는 두 가지 표본화 메서드가 있다. 첫째는 Sample_Li()이며, 빛에서 조명이 도달할 수 있는 입사하는 방향을 장면의 한 점에서 표본화한다. 둘째는 Light::Sample_Le()이며, 16.1.2절에서 정의될 것이다. 이는 광원을 떠나는 빛 운반 광선을 반환한다. 두 가지 모두 입사 방향이나 광선에 대한 PDF를 각각 반환한다.

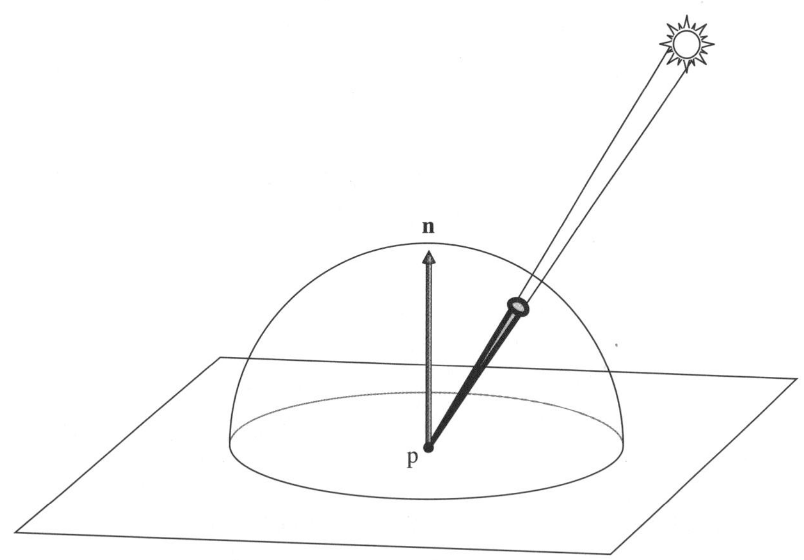

그림 14.7 점 p에서 직접 광 계산을 위한 입사 방향을 선택하는 효과적인 표본화 전략은 광원을 점에서의 입체각에 대한 방향의 분포를 정의하는 데 사용하는 것이다. 여기서는 작은 구체 광원이 점을 조명한다. 예를 들어 구가 대하는 방향의 원뿔은 균일 분포를 사용하는 것보다 훨씬 나은 표본화 분포다.

Light::Sample_Li() 메서드는 12.2절에서 소개됐다. 참조를 위해 그 선언은 다음과 같다.

```
virtual Spectrum Sample_Li(const Interaction &ref, const Point2f &u,
        Vector3f *wi, Float *pdf, VisibilityTester *vis) const = 0;
```

이제 u와 pdf 매개변수의 의미를 이해할 수 있다. u는 광원의 표본화를 위한 2D 표본을 저장하고, 선택된 방향을 표본화하기 위한 PDF는 *pdf에 반환된다.

Light의 Pdf_Li() 메서드는 빛의 Sample_Li() 메서드가 참조점 ref에서 방향 wi로의 표본화를 위한 입체각에 대해 확률 밀도를 반환한다.

<Light Interface> +≡ 853

```
virtual Float Pdf_Li(const Interaction &ref,
                     const Vector3f &wi) const = 0;
```

14.2.1 특이점이 있는 빛

완벽 광택 반사와 투과처럼 광원은 이 표본화 구조에 자연스럽게 맞는 델타 분포의 항으로 정의되지만, 반환하는 방사와 PDF 값 안에 내재된 델타 분포로 인해 루틴에서 일부에 표본화 메서드를 호출하는 데 주의해야 한다. 대부분 이 델타 분포는 자연스럽게 예측기가 계산할 때 상쇄되지만, BSDF의 경우처럼 다중 중요도 표본화 코드는 이런 경우를 주의해야 한다(IsDeltaLight() 유틸리티 함수는 광원이 델타 분포로 설명되는지 보기 위해 사용될 수 있다).

점광원은 한 방향에서만 점에 대한 조명을 받는 델타 분포로 설명된다. 그러므로 표본화 문제는 명백하다. PointLight::Sample_Li() 메서드는 이미 12.3절에 구현돼 있으며, 메서드가 몬테카를로 표본화를 델타 분포로 처리하므로 항상 한 방향을 반환해 무작위 표본값이 필요 없다는 식으로 얼버무렸다.

델타 분포로 인해 PointLight::Pdf_Li() 메서드는 0을 반환한다. 이 값은 다른 표본화 과정이 임의로 극소 광원과 교차할 수 있는 방향을 생성하는 가능성이 없다는 사실을 반영한다.

<PointLight Method Definitions> +≡

```
Float PointLight::Pdf_Li(const Interaction &, const Vector3f &) const {
    return 0;
}
```

SpotLights, ProjectionLights, GonioPhotometricLights, DistantLights를 위한 Sample_Li() 메서드는 12.3.1, 12.3.2, 12.3.3, 12.4절에서 각각 구현됐다. 또한 Pdf_Li() 메서드에서 0을 반환한다.

14.2.2 모양 표본화

pbrt에서 영역 광은 모양에 대해 발산 프로필을 붙이는 것으로 정의되는 것을 기억하자. 그러므로 이런 광원에 대해 입사 조명을 표본화하기 위해 모양의 표면 위에 있는 표본을 생성할 수 있다면 유용하다. 이를 가능하게 하기 위해 표면의 점을 표본화하는 Shape 클래스에 표본화 방식을 추가한다. 결과적으로 이 메서드를 호출하는 AreaLight 표본화 메서드는 바로 정의될 것이다.

두 가지 표본화 메서드의 이름은 모두 Shape::Sample()이다. 먼저 모양의 표면 위에 있는 점을 표면 면적에 대해 표본화 분포를 사용해서 표본화하고 선택한 점의 기하학적 정보를 Interaction에 반환한다. 표본화 점의 위치 p와 법선 n의 초기화에 더해 Sample() 메서드는 Interaction::pError를 계산된 p 값에서 부동소수점 반올림 오차의 경계를 위해 설정해야 한다. pError는 빛의 표면을 떠나는 광선의 안정적인 원점을 계산하는 데 사용된다. 3.9.5절을 참고하자.

<Shape Interface> +≡ 188

```
virtual Interaction Sample(const Point2f &u) const = 0;
```

Shape는 거의 항상 표면의 면적에 균일하게 표본화한다. 그러므로 이 표본화 방식에 대응하는 Shape::Pdf()의 기본 구현은 대응하는 PDF인 표면 면적의 역수를 반환한다.

<Shape Interface> +≡ 188

```
virtual Float Pdf(const Interaction &) const {
    return 1 / Area();
}
```

또한 두 번째 모양 표본화 방식은 적분되는 모양의 표면에서 매개변수로서 점을 추출한다. 이 메서드는 조명에 특히 유용하며, 호출자가 조명되는 점을 넘기고 모양 구현이 이 점에서 잠재적으로 보이는 모양의 부분에 대해서만 표본화하는 걸 보장할 수 있다. 기본 구현은 추가적인 점을 무시하고 앞선 표본화 메서드를 호출한다.

<Shape Interface> +≡ 188

```
virtual Interaction Sample(const Interaction &ref,
        const Point2f &u) const {
    return Sample(u);
}
```

표면 위의 점을 모양 위의 표면 면적에 따른 확률 밀도에 대해 생성하는 첫 Shape 표본화 메서드와 달리 두 번째는 참조점 ref에서 입체각에 대해 밀도를 사용한다. 이 차이는 영역광 표본화 루틴이 참조점에서의 방향에 대해 적분으로 직접 조명 적분을 계산한다. 이 표본화 밀도를 이 점에서의 입체각에 대해 표현하는 것이 편리하다. 그러므로 두 번째 Pdf() 메서드의 표준 구현은 밀도를 영역에 대해 정의된 입체각에 대해 정의된 것으로 변환한다.

<Shape Method Definitions> +≡

```
Float Shape::Pdf(const Interaction &ref,
        const Vector3f &wi) const {
    <Intersect sample ray with area light geometry 996>
    <Convert light sample weight to solid angle measure 996>
    return pdf;
}
```

주어진 참조점과 방향 ω_i에 대해 Pdf() 메서드는 점에서의 방향 ω_i으로의 광선이 모양과 교차하는지 판단한다. 광선이 모양과 전혀 교차하지 않으면 모양이 방향 ω_i를 선택할 확률은 0으로 가정할 수 있다(효과적인 표본화 알고리즘은 이런 표본을 생성하지 않으며 어떤 경우에도 이런 방향에 대해서는 빛이 기여하지 않으므로, 0의 확률 밀도를 사용하는 것은 문제없다).

이 광선 교차 테스트는 광선과 영역 광원이 하나의 모양 사이에서만 이뤄지는 것을 고려중이라는 것을 기억하자. 장면 기하의 나머지는 무시되며, 그러므로 교차 테스트는 상당히 효율적이다.

<Intersect sample ray with area light geometry> ≡ 995

```
Ray ray = ref.SpawnRay(wi);
Float tHit;
SurfaceInteraction isectLight;
if (!Intersect(ray, &tHit, &isectLight, false)) return 0;
```

PDF의 값을 참조점에서의 입체각에 대해 계산하려면 이 메서드는 PDF를 표면 면적에 대해 계산하는 것으로 시작한다. 면적에 대한 밀도에서 입체각에 대한 밀도로 변환은 다음 인자로 나누기를 필요로 한다.

$$\frac{\mathrm{d}\omega_\mathrm{i}}{\mathrm{d}A} = \frac{\cos\theta_\mathrm{o}}{r^2}$$

θ_o은 빛 위의 점에서 참조점으로 가는 광선의 방향과 빛의 표면 법선 사이의 각이며, r^2은 빛 위의 점과 음영되는 점 사이의 거리다(5.5절에서 면적과 방향 적분 영역 사이를 변환하는 것에 대한 설명을 상기하자).

<Convert light sample weight to solid angle measure> ≡ 995

```
Float pdf = DistanceSquared(ref.p, isectLight.p) /
        (AbsDot(isectLight.n, -wi) * Area());
```

표본화 원반

`Disk` 표본화 메서드는 동심 원반 표본화 함수로 단위 원반 위의 점을 찾아 크기 조절과 오프셋으로 주어진 반경과 높이의 원반에 위치하게 한다. 이 메서드가 `Disk::innerRadius`가 0이 아니거나 `Disk::phiMax`가 2π보다 작아져서 생기는 부분 원반을 고려하지 않는 것을 유념하자. 이 버그의 수정은 14장 끝의 연습문제에서 논의한다.

표본화된 점의 물체 공간 z 값이 `Disk::height`와 동일하므로 0 너비 경계가 표본점을 떠나는 광선에 대한 오차 경계로 사용될 수 있으며, 광선 원반 교차에 대해서다(하지만 이 경계는 나중에 물체에서 월드 변환에서 확장된다).

<*Disk Method Definitions*> +≡

```
Interaction Disk::Sample(const Point2f &u) const {
    Point2f pd = ConcentricSampleDisk(u);
    Point3f pObj(pd.x * radius, pd.y * radius, height);
    Interaction it;
    it.n = Normalize((*ObjectToWorld)(Normal3f(0, 0, 1)));
    if (reverseOrientation) it.n *= -1;
    it.p = (*ObjectToWorld)(pObj, Vector3f(0, 0, 0), &it.pError);
    return it;
}
```

원기둥 표본화

원기둥에 대한 균일 표본화는 명백하다. 높이와 ϕ 값은 균일하게 표본화된다. 직관적으로 이 방식은 원기둥이 말려 올라간 사각형이므로 작동한다고 이해할 수 있다.

<*Cylinder Method Definitions*> +≡

```
Interaction Cylinder::Sample(const Point2f &u) const {
    Float z = Lerp(u[0], zMin, zMax);
    Float phi = u[1] * phiMax;
    Point3f pObj = Point3f(radius * std::cos(phi), radius * std::sin(phi),
            z);
    Interaction it;
    it.n = Normalize((*ObjectToWorld)(Normal3f(pObj.x, pObj.y, 0)));
    if (reverseOrientation) it.n *= -1;
    <Reproject pObj to cylinder surface and compute pObjError 997>
    it.p = (*ObjectToWorld)(pObj, pObjError, &it.pError);
    return it;
}
```

시스템의 std::sin()과 std::cos()가 결과를 가능한 한 최대로 정확하게 계산한다면, 예를 들어 완전히 정확한 결과에 가까운 부동소수점 값을 항상 반환한다면 pObj의 x, y 요소가 실제 원기둥 표면의 γ_3의 인자 안에 있다는 것을 보여줄 수 있다. 이 함수의 많은 구현이 정확하지만 모두 그렇지는 않으며, 특히 GPU에서 그렇지 않다. 안전을 위해 여기서의 구현은 표본화된 점을 원기둥으로 다시 재투영한다. 이 경우 오차 경계는 3.9.4절의 재투영 광선-원기둥 교차점에 대해 유도된 것과 동일하다.

<*Reproject* pObj *to cylinder surface and compute* pObjError> ≡ 997

```
Float hitRad = std::sqrt(pObj.x * pObj.x + pObj.y * pObj.y);
pObj.x *= radius / hitRad;
```

```
pObj.y *= radius / hitRad;
Vector3f pObjError = gamma(3) * Abs(Vector3f(pObj.x, pObj.y, 0));
```

삼각형 표본화

UniformSampleTriangle() 함수는 13장에서 정의했으며, 삼각형 위에 균일하게 표본화된 점의 무게중심 좌표를 반환한다. 이 무게중심에 대한 특정 삼각형의 점은 쉽게 계산할 수 있다.

<Triangle Method Definitions> +≡

```
Interaction Triangle::Sample(const Point2f &u) const {
    Point2f b = UniformSampleTriangle(u);
    <Get triangle vertices in p0, p1, and p2 228>
    Interaction it;
    it.p = b[0] * p0 + b[1] * p1 + (1 - b[0] - b[1]) * p2;
    <Compute surface normal for sampled point on triangle 998>
    <Compute error bounds for sampled point on triangle 998>
    return it;
}
```

<Compute surface normal for sampled point on triangle> ≡ 998

```
if (mesh->n)
    it.n = Normalize(b[0] * mesh->n[v[0]] +
                     b[1] * mesh->n[v[1]] +
                     (1 - b[0] - b[1]) * mesh->n[v[2]]);
else
    it.n = Normalize(Normal3f(Cross(p1 - p0, p2 - p0)));
    if (reverseOrientation) it.n *= -1;
```

표본화된 점이 무게중심 보간으로 계산되므로 3.9.4절의 삼각형 교차점에서 계산한 것과 동일한 오차 경계를 가진다.

<Compute error bounds for sampled point on triangle> ≡ 998

```
Point3f pAbsSum = Abs(b[0] * p0) + Abs(b[1] * p1) +
                  Abs((1 - b[0] - b[1]) * p2);
it.pError = gamma(6) * Vector3f(pAbsSum);
```

구 표본화

Disk처럼 표본화 메서드는 부분 구를 처리하지 않는다. 14장의 마지막에서 이 사안을 좀 더 다룬다. 조명되는 외부 점이 주어지지 않는 표본화 메서드에 대해서는 구 위의 점을 표본화하는 것은 엄청나게 단순하다. Sphere::Sample()이 UniformSampleSphere() 함수를 사용해 단위 구 위의 점을 생성해서 점을 구의 반경으로 크기 조절하기만 하면 된다.

```
<Sphere Method Definitions> +≡
    Interaction Sphere::Sample(const Point2f &u) const {
        Point3f pObj = Point3f(0, 0, 0) + radius * UniformSampleSphere(u);
        Interaction it;
        it.n = Normalize((*ObjectToWorld)(Normal3f(pObj.x, pObj.y, pObj.z)));
        if (reverseOrientation) it.n *= -1;
        <Reproject pObj to sphere surface and compute pObjError 999>
        it.p = (*ObjectToWorld)(pObj, pObjError, &it.pError);
        return it;
    }
```

UniformSampleSphere()가 std::sin()과 std::cos()를 사용하므로 계산된 pObj 값의 오차 경계는 이 함수의 정확도에 의존한다. 그러므로 원기둥에서처럼 표본화된 점은 구의 표면에 재투영되며, 앞서 방정식(3.14)에서 유도된 오차 경계가 이 함수의 정확도와 관계없이 사용될 수 있다.

```
<Reproject pObj to sphere surface and compute pObjError> ≡                999, 1003
    pObj *= radius / Distance(pObj, Point3f(0, 0, 0));
    Vector3f pObjError = gamma(5) * Abs((Vector3f)pObj);
```

구 표본화 메서드가 조명되는 점을 받으면 구의 전체 표면에 대해 표본화하는 것보다 훨씬 잘 처리할 수 있다. 표면에 대한 균일 표본화가 정확한 예측으로 이어지지만, 더 나은 접근법은 음영점에서 절대로 보이지 않는 구 위의 점(점에서 봤을 때 구의 반대 면에 있는 것)을 표본화하지 않는 것이다. 표본화 루틴은 대신 참조점에서 구를 대하는 입체각에 대해 균일하게 방향을 표본화한 후 구 위에 표본화된 방향에 대응하는 점을 계산한다.

```
<Sphere Method Definitions> +≡
    Interaction Sphere::Sample(const Interaction &ref,
            const Point2f &u) const {
        <Compute coordinate system for sphere sampling 1000>
        <Sample uniformly on sphere if p is inside it 1000>
        <Sample sphere uniformly inside subtended cone 1000>
    }
```

이 과정은 먼저 구를 표본화하는 데 사용할 좌표계를 z축이 구의 중심과 조명되는 점 사이의 벡터인 좌표계를 계산하면 가장 쉽게 처리할 수 있다.

<*Compute coordinate system for sphere sampling*> ≡ 999

```
Point3f pCenter = (*ObjectToWorld)(Point3f(0, 0, 0));
Vector3f wc = Normalize(pCenter - ref.p);
Vector3f wcX, wcY;
CoordinateSystem(wc, &wcX, &wcY);
```

구 표면 안에 위치한 점에 대해 전체 구가 표본화돼야 하며, 이는 전체 구가 안에서 보이기 때문이다. 이 결정을 위해 사용되는 참조점 pOrigin은 OffsetRayOrigin() 함수를 사용해 계산할 수 있다. 이는 참조점이 구와 교차하는 광선에서 왔을 때 테스트되는 점이 구의 올바른 면에 있는 것을 보장한다.

<*Sample uniformly on sphere if* p *is inside it*> ≡ 999

```
Point3f pOrigin = OffsetRayOrigin(ref.p, ref.pError, ref.n,
        pCenter - ref.p);
if (DistanceSquared(pOrigin, pCenter) <= radius * radius)
    return Sample(u);
```

그렇지 않으면 원뿔 안에서 표본화가 진행된다.

<*Sample sphere uniformly inside subtended cone*> ≡ 999

```
<Compute θ and φ values for sample in cone 1000>
<Compute angle α from center of sphere to sampled point on surface 1003>
<Compute surface normal and sampled point on sphere 1003>
<Return Interaction for sampled point on sphere 1003>
```

참조점이 구의 밖에 있는 경우 음영 처리된 점 p에서 봤을 때 구는 다음 각을 갖는다.

$$\theta_{\max} = \arcsin\left(\frac{r}{|\mathrm{p} - \mathrm{p_c}|}\right) = \arccos\sqrt{1 - \left(\frac{r}{|\mathrm{p} - \mathrm{p_c}|}\right)^2}, \qquad [14.11]$$

여기서 r은 구의 반경이며, $\mathrm{p_c}$는 중심이다(그림 14.8). 여기서의 표본화 방법은 방정식(14.11)을 사용해 대각 $\theta_{\max}$의 코사인을 계산하고, 방향의 원뿔 안의 방향을 UniformSampleCone() 함수에서 유도한 것과 같은 방법인 중심 벡터 ω_c에서 오프셋 θ를 표본화하고, 그 후 벡터 주위로 회전 각 ϕ를 균일하게 표본화하는 방식을 사용해서 균일하게 표본화한다.

해당 함수는 여기서 사용하지 않지만, 다음의 코드 조각에서 일부 중간 값이 필요할 수 있다.

<*Compute θ and φ values for sample in cone*> ≡ 1000

```
Float sinThetaMax2 = radius * radius / DistanceSquared(ref.p, pCenter);
```

```
Float cosThetaMax = std::sqrt(std::max((Float)0, 1 - sinThetaMax2));
Float cosTheta = (1 - u[0]) + u[0] * cosThetaMax;
Float sinTheta = std::sqrt(std::max((Float)0, 1 - cosTheta * cosTheta));
Float phi = u[1] * 2 * Pi;
```

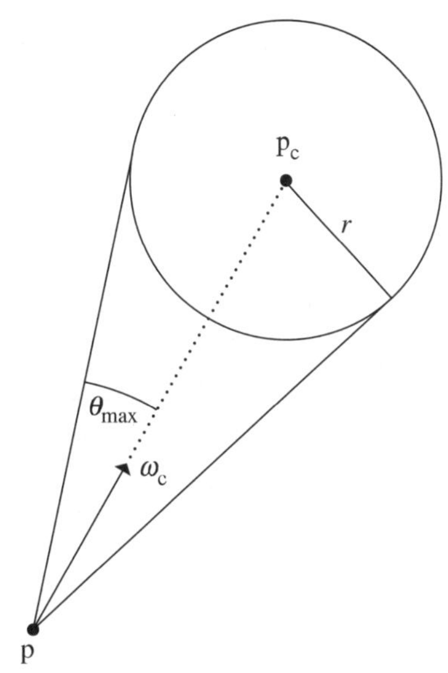

그림 14.8 구의 광원 위에 있는 점을 표본화하는 데는 중심 벡터 ω_c 주변의 방향 θ까지의 각 범위를 가진 원뿔 안에서 균일하게 표본화할 수 있다. 삼각법을 사용해 sin θ의 값 $r/|p_c - p|$를 유도할 수 있다.

앞서 계산한 표본화 좌표계에 대응하는 주어진 표본 각 (θ, ϕ)에 대해 직접 구 위의 대응하는 표본점을 계산할 수 있다. 이 방식의 유도는 3단계를 거치며, 그림 14.9에 묘사돼 있다.

먼저 참조점에서 구의 중심으로의 거리를 d_c로 표기하고 참조점에서 각 θ를 갖는 직각 삼각형을 가지면 그림 14.9(a)와 같이 삼각형의 다른 두 변의 길이가 $d_c \cos\theta$와 $d_c \sin\theta$임을 알 수 있다.

다음으로 그림 14.9(b)의 직각 삼각형을 고려하면 빗변이 구의 반경 r과 같은 길이의 선분이며, 이는 구의 중심에서 표본화된 각의 선이 구와 교차하는 점까지의 길이와 같다. 피타고라스 정리에서 삼각형의 세 번째 변의 길이가 다음과 같음을 알 수 있다.

$$\sqrt{r^2 - d_c^2 \sin^2\theta}$$

이 길이를 $d_c \cos\theta$에서 빼면 참조점에서 구 위에 있는 표본점까지의 선분 길이를 제공한다.

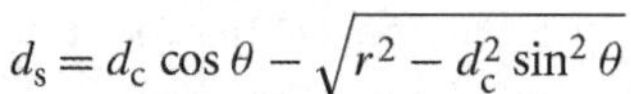

$$d_s = d_c \cos\theta - \sqrt{r^2 - d_c^2 \sin^2\theta}$$

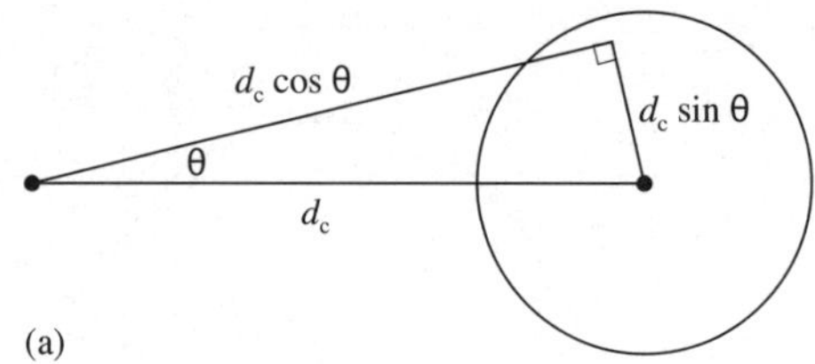

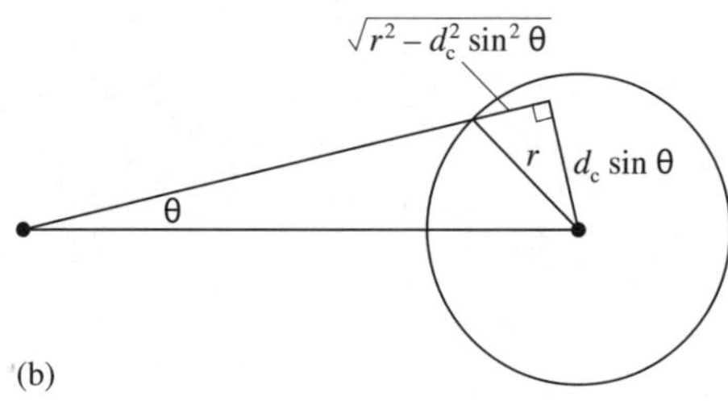

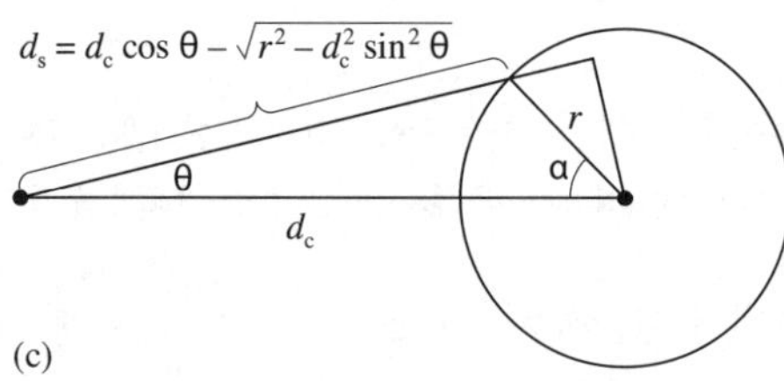

그림 14.9 표본화된 각 θ에 대응하는 구 위의 표본점을 계산하는 기하학적 설정. (a) 빗변 d_c와 각 θ를 가진 직각 삼각형. (b) 구의 중심에서 구 위의 표본점까지를 빗변으로 갖는 직각 삼각형. (c) 주어진 이 삼각형의 3가지 변의 길이에 대해 코사인 법칙이 표본점으로의 각도 α를 제공한다.

이제 구의 중심에서 구 위의 표본점까지의 각도 α를 코사인 법칙을 사용해서 계산할 수 있으며, 이는 삼각형에서 두 변의 제곱된 길이와 변 사이의 각도 α와 관련됐다.

$$d_s^2 = d_c^2 + r^2 - 2d_c r \cos\alpha$$

그림 14.9(c)를 보자. $\cos\alpha$에 대해 풀면 다음과 같다.

$$\cos\alpha = \frac{d_c^2 + r^2 - d_s^2}{2d_c r}$$

<Compute angle α from center of sphere to sampled point on surface> ≡ 1000

```
Float dc = Distance(ref.p, pCenter);
Float ds = dc * cosTheta -
std::sqrt(std::max((Float)0,
        radius * radius - dc * dc * sinTheta * sinTheta));
Float cosAlpha = (dc * dc + radius * radius - ds * ds) /
        (2 * dc * radius);
Float sinAlpha = std::sqrt(std::max((Float)0, 1 - cosAlpha * cosAlpha));
```

각도 α와 ϕ는 단위 구에서 표본점에 대한 구좌표를 제공하며, 구 중심에서 참조점으로의 벡터 주변을 중심으로 한 좌표계에 대응한다. 앞서 참조점에서 중심으로의 좌표계를 계산했으므로, 각 벡터를 뒤집어 여기서 사용할 수 있다.

<Compute surface normal and sampled point on sphere> ≡ 1000

```
Vector3f nObj = SphericalDirection(sinAlpha, cosAlpha, phi,
        -wcX, -wcY, -wc);
Point3f pObj = radius * Point3f(nObj.x, nObj.y, nObj.z);
```

다른 `Sphere::Sample()` 메서드처럼 표본점은 구의 표면으로 재투영된다. 결국 앞서 유도한 계산된 점에 대해 동일한 오차 경계를 사용할 수 있다.

<Return `Interaction` *for sampled point on sphere>* ≡ 1000

```
Interaction it;
<Reproject pObj to sphere surface and compute pObjError 999>
it.p = (*ObjectToWorld)(pObj, pObjError, &it.pError);
it.n = (*ObjectToWorld)(Normal3f(nObj));
if (reverseOrientation) it.n *= -1;
return it;
```

주어진 점에서 구를 향한 방향을 표본화하는 PDF의 값은 그 점에 대해 두 가지 표본화 전략 중 어떤 것을 사용하느냐에 따라 다르다.

<Sphere Method Definitions> +≡

```
Float Sphere::Pdf(const Interaction &ref, const Vector3f &wi) const {
    Point3f pCenter = (*ObjectToWorld)(Point3f(0, 0, 0));
    <Return uniform PDF if point is inside sphere 1004>
    <Compute general sphere PDF 1004>
}
```

구 안에 참조점이 있으면 균일 표본화 전략이 사용되며, 이 경우 구현은 입체각 변환을 처리하는 `Shape` 클래스의 `Pdf()` 메서드를 사용한다.

<Return uniform PDF if point is inside sphere> ≡ 1003

```
Point3f pOrigin = OffsetRayOrigin(ref.p, ref.pError, ref.n,
        pCenter - ref.p);
if (DistanceSquared(pOrigin, pCenter) <= radius * radius)
    return Shape::Pdf(ref, wi);
```

일반적인 경우 구에 대하는 각을 재계산해 `UniformConePdf()`를 호출한다. 여기서 표본화 방식의 변환이 필요 없는 것은 `UniformConePdf()`가 이미 입체각 측정에 대한 값을 반환하기 때문임을 기억하자.

<Compute general sphere PDF> ≡ 1003

```
Float sinThetaMax2 = radius * radius / DistanceSquared(ref.p, pCenter);
Float cosThetaMax = std::sqrt(std::max((Float)0, 1 - sinThetaMax2));
return UniformConePdf(cosThetaMax);
```

14.2.3 영역 광

주어진 모양 표본화 메서드에 대해 `DiffuseAreaLight::Sample_Li()` 메서드는 상당히 명료하다. 대부분의 어려운 작업은 `Shape`에서 처리되며, `DiffuseAreaLight`는 대부분 방출된 방사 값을 계산하기만 하면 된다.

<DiffuseAreaLight Method Definitions> +≡

```
Spectrum DiffuseAreaLight::Sample_Li(const Interaction &ref,
        const Point2f &u, Vector3f *wi, Float *pdf,
        VisibilityTester *vis) const {
    Interaction pShape = shape->Sample(ref, u);
    pShape.mediumInterface = mediumInterface;
    *wi = Normalize(pShape.p - ref.p);
    *pdf = shape->Pdf(ref, *wi);
    *vis = VisibilityTester(ref, pShape);
    return L(pShape, -*wi);
}
```

`Pdf_Li()`는 입체각에 대해 밀도를 반환하는 `Shape::Pdf()`의 변형을 호출하며, 따라서 값을 직접 반환할 수 있다.

<DiffuseAreaLight Method Definitions> +≡

```
Float DiffuseAreaLight::Pdf_Li(const Interaction &ref,
        const Vector3f &wi) const {
```

```
        return shape->Pdf(ref, wi);
    }
```

14.2.4 무한 영역 광

12.6절의 InfiniteAreaLight는 무한히 거대한 구가 전체 장면을 감싸고 있어 모든 방향에서 조명하는 것으로 간주할 수 있다. InfiniteAreaLight에서 사용하는 환경 맵은 종종 다른 방향에 대해 상당한 변화를 가진다. 예를 들어 낮 시간 동안 하늘의 환경 맵을 고려할 때 태양에 대하는 상대적으로 작은 수의 방향이 나머지 방향보다 수천 배 밝을 것이다. 이런 상당한 변화에 대해 InfiniteAreaLight의 조명 분포에 맞는 표본화 메서드를 구현하는 것은 이미지의 분산을 일반적으로 엄청나게 감소시킨다.

그림 14.10는 그림 12.21의 아침 천공광 환경 맵으로 조명되는 자동차 모델의 2개 이미지를 보여준다. 위쪽 이미지는 입사 조명 방향을 선택하는 데 단순한 코사인 가중치 표본화 분포를 사용해 렌더링한 것이고, 아래쪽 이미지는 이 절에서 구현한 표본화 메서드를 사용한 것이다. 두 이미지 모두 픽셀당 32개의 그림자 표본만을 사용했다. 같은 수의 표본을 추출할 때 무시할 만한 추가적인 계산 비용으로도 이 표본화 메서드는 훨씬 낮은 분산을 가진 훨씬 좋은 결과를 계산해낸다.

여기서 구현한 표본화 접근법에 대한 3가지 주요 단계가 있다.

1. 환경 맵으로 표현된 방사의 분포에 대응하는 구간 상수 2D 확률 분포 함수 $p(u, v)$를 (u, v) 이미지 좌표계에서 정의한다.
2. 13.6.7절의 표본화 메서드를 적용해 균일하게 분포된 2D 표본을 구간 상수 $p(u, v)$ 분포에서 뽑힌 표본으로 변환한다.
3. 단위구 위의 방향에 대한 확률 밀도 함수를 (u, v)에 대한 확률 밀도에 기반을 두고 정의한다.

이 3단계를 조합하면 방사 함수와 매우 밀접하게 일치하는 분포에 따라 구에서 표본을 생성할 수 있어 실질적으로 분산 감소로 이어진다.

InfiniteAreaLight 생성자의 끝에 <*Initialize sampling PDFs for infinite area light*> 코드 조각을 정의하는 것으로 시작한다.

<*Initialize sampling PDFs for infinite area light*> ≡ 881
<*Compute scalar-valued image* img *from environment map* 1008>

<*Compute sampling distributions for rows and columns of image* 1008>

(a)

(b)

그림 14.10 아침 천공광 환경 맵으로 조명된 자동차 모델. 두 이미지는 픽셀당 4개의 이미지 표본, 이미지 표본당 8개의 광원 표본으로 렌더링됐다. (a) 균일 표본화 분포를 이용해 렌더링한 결과, (b) 여기서 구현한 중요도 표본화 메서드로 개선된 결과다. 이 방식으로 픽셀당 32개의 광원 표본만으로 훌륭한 결과를 제공한다.

첫 단계는 환경 맵의 텍셀로 연속적으로 정의된 분광 방사 함수를 구간 상수 스칼라 함수로 변화하는 것으로, `Spectrum::y()` 메서드를 사용해 표본점 집합에서의 조명을 계산해 처리한다. 이 계산을 하는 다음의 코드에서 주의해야 할 3개의 것이 있다.

첫 번째로 원래 이미지 맵의 텍셀 수와 같은 수의 점에서 방사 함수의 값을 계산하는 것이다. 더 많거나 적은 점을 사용할 수 있는데, 대응하는 메모리의 증가나 감소로 이어지지만 여전히 유용한 표본화 분포를 생성한다. 이 값들은 잘 동작하지만, 적은 점이 원 함수에 잘 맞지 않는 표본화 분포로 이어지고, 더 많은 경우 대부분 작은 혜택의 증가로 대부분 메모리를 낭비하게 된다.

이 코드에서 두 번째로 유의할 점은 img에 저장되는 구간 상수 함수의 값이 방사 함수의 값을 MIPMap::Lookup( ) 메서드로 (대응하는 텍셀 값만을 복사하는 것보다) 살짝 뭉개준다는 점이다. 이에 대한 동기는 사소하다. 그림 14.11은 이 개념을 1D에서 묘사한다. 렌더링을 위해 사용된 연속된 방사 함수는 이미지의 텍셀 사이를 이중 선형 보간으로 재구성했으므로, 예를 들어 일부 텍셀만이 완전히 검은 경우 방사 함수는 이로부터 작은 거리에서 주변 텍셀의 영향으로 0이 아닌 값을 가진다. 표본화를 위해 구간 선형이 아닌 구간 상수 함수를 사용하기 때문에 방사 함수가 0이 아닌 어떤 점도 표본화 확률이 0보다 커야 하는 것을 보장하기 위해 반드시 이 문제를 고려해야만 한다.[6]

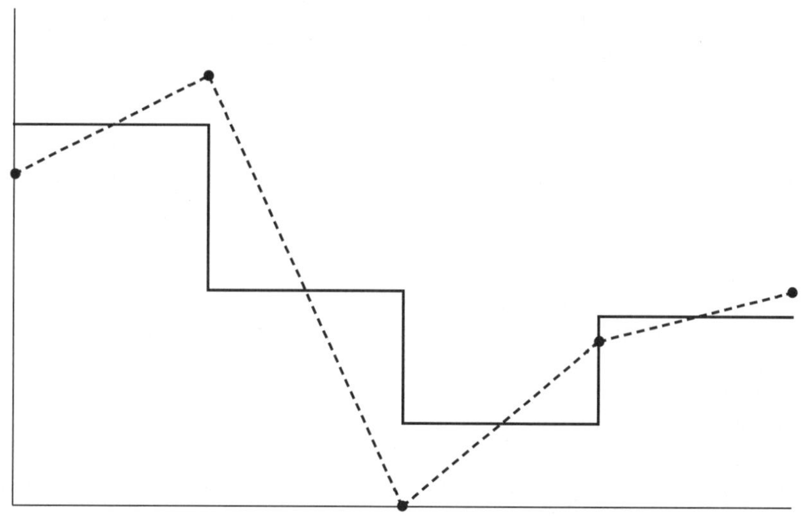

그림 14.11 표본화 분포로 사용하기 위해 구간 선형 함수(점선)를 근사하는 구간 상수 함수(실선)를 찾는 것이다. 구간 선형 함수를 정의하는 표본점(점)의 일부가 0의 값을 가질 수 있더라도 구간 상수 표본화 함수는 실제 함수가 0이 아닌 어떤 범위에서든 반드시 0이 아니어야 한다. 이 경우를 피하는 합리적인 방식은 여기서 보여주고 InfiniteAreaLight 표본화 루틴에서 구현한 것처럼 일정 범위에서 함수의 평균값을 얻어 이를 사용해서 구간 상수 함수를 정의하는 것이다.

마지막으로 img 버퍼의 각 이미지 값은 경도 위도 이미지를 구에 매핑할 때 각 행에 대응하는 θ 값으로서 $\sin\theta$의 값으로 곱해진다. 이 곱은 표본화 메서드의 정확도에 전혀 영향을

6. 대신 중요도 표본화를 위해 구간 선형 함수를 사용해서 방사 함수를 정확히 일치시킬 수도 있다. 하지만 표본을 구간 상수 함수의 분포에서 추출하는 것이 더 쉬우며, 환경 맵이 일반적으로 더 많은 수의 텍셀 표본을 가지므로 구간 상수 함수는 그 분포에 잘 맞추기 때문에 일반적으로 충분하다. 연습문제 14.5에서 이 문제를 더 안정적으로 처리하는 것을 논의한다.

주지 않는 것을 기억하자. sin θ의 값이 언제나 $[0, \pi]$ 범위에서 0보다 크므로 표본화 PDF만을 다시 변형한다. PDF를 조정하는 이유는 표본화 메서드에서 2D 이미지에서 단위 구로 변형하는 과정의 왜곡 효과를 제거하기 위함이다. 이 절의 뒤에서 세부 사항을 자세히 설명할 것이다.

<*Compute scalar-valued image* `img` *from environment map*> ≡ 1005

```
int width = resolution.x, height = resolution.y;
Float filter = (Float)1 / std::max(width, height);
std::unique_ptr<Float[]> img(new Float[width * height]);
for (int v = 0; v < height; ++v) {
    Float vp = (Float)v / (Float)height;
    Float sinTheta = std::sin(Pi * Float(v + .5f) / Float(height));
    for (int u = 0; u < width; ++u) {
        Float up = (Float)u / (Float)width;
        img[u + v * width] = Lmap->Lookup(Point2f(up, vp), filter).y();
        img[u + v * width] *= sinTheta;
    }
}
```

주어진 필터링되고 크기 조절된 이미지에 대해 `Distribution2D` 구조체가 2D PDF를 계산하고 저장하는 것을 처리한다.

<*Compute sampling distributions for rows and columns of image*> ≡ 1006

```
distribution.reset(new Distribution2D(img.get(), width, height));
```

<*InfiniteAreaLight Private Data*> +≡ 879

```
std::unique_ptr<Distribution2D> distribution;
```

주어진 미리 계산된 자료에서 표본화 메서드의 작업은 상대적으로 명백하다. 주어진 $[0, 1)^2$ 범위의 표본 u에 대해 함수의 분포에서 13.6.7절에 설명한 표본화 알고리즘을 사용해 표본을 추출하고, (u, v) 값과 이 표본을 추출하는 PDF의 값 $p(u, v)$를 제공한다.

<*InfiniteAreaLight Method Definitions*> +≡

```
Spectrum InfiniteAreaLight::Sample_Li(const Interaction &ref,
        const Point2f &u, Vector3f *wi, Float *pdf,
        VisibilityTester *vis) const {
    <Find (u, v) sample coordinates in infinite light texture 1009>
    <Convert infinite light sample point to direction 1009>
    <Compute PDF for sampled infinite light direction 1010>
    <Return radiance value for infinite light direction 1010>
}
```

<Find (u, v) sample coordinates in infinite light texture> ≡ 1008

```
Float mapPdf;
Point2f uv = distribution->SampleContinuous(u, &mapPdf);
if (mapPdf == 0) return Spectrum(0.f);
```

(u, v) 표본은 구좌표로 다음과 같이 매핑된다.

$$(\theta, \phi) = (\pi v, 2\pi u)$$

그 후 구좌표 공식이 방향 $\omega = (x, y, z)$를 제공한다.

<Convert infinite light sample point to direction> ≡ 1008

```
Float theta = uv[1] * Pi, phi = uv[0] * 2 * Pi;
Float cosTheta = std::cos(theta), sinTheta = std::sin(theta);
Float sinPhi = std::sin(phi), cosPhi = std::cos(phi);
*wi = LightToWorld(Vector3f(sinTheta * cosPhi, sinTheta * sinPhi,
          cosTheta));
```

광원 표본화 루틴이 반환하는 확률 밀도 값이 반드시 단위 구 위의 입체각 단위로 정의돼야 한다는 것을 기억하자. 그러므로 이 루틴은 반드시 사용된 표본화 밀도, 즉 $[0, 1]^2$에서의 이미지 함수와, 이미지를 경도 위도 매핑을 가진 단위 구로 매핑한 뒤에 대응하는 밀도 사이의 변환을 계산해야 한다(이미지 (θ, ϕ)의 경도-위도 매개변수화는 $x = r \sin\theta \cos\phi$, $y = r \sin\theta \sin\phi$, $z = r \cos\theta$임을 기억하라).

우선 (u, v)에서 (θ, ϕ)로 매핑하는 함수 g를 고려하자.

$$g(u, v) = (\pi v, 2\pi u)$$

자코비안 $|J_g|$의 행렬식의 절댓값은 $2\pi^2$이다. 13.5.1절에 있는 변수 방정식의 다차원 변화를 적용하면 밀도를 구좌표 (θ, ϕ)의 항으로 얻을 수 있다.

$$p(\theta, \phi) = \frac{p(u, v)}{2\pi^2}$$

구좌표의 정의에서 (r, θ, ϕ)에서 (x, y, z)로 매핑하는 자코비안 행렬식의 절댓값은 $r^2 \sin\theta$다. 단위원에 관심 있기에 $r = 1$이며, 다시 변수 방정식의 다차원 변화를 적용해 확률 밀도 사이의 최종 관계를 찾을 수 있다.

$$p(\omega) = \frac{p(\theta, \phi)}{\sin\theta} = \frac{p(u, v)}{2\pi^2 \sin\theta}$$

이는 이런 기술을 적용하는 데 핵심 관계로, 이미지 맵으로 정의된 구간 상수 분포에서 표본화하고 표본과 그 확률 밀도를 단위 구 위에 있는 방향의 항으로 변환하는 것을 가능하게 한다.

이제 초기화 루틴이 구간 상수 표본화 함수의 값을 $\sin\theta$ 항으로 곱하는 이유를 알아볼 수 있다. 예를 들어 상수 값 환경 맵을 생각해보자. $p(u, v)$ 표본화 기술로, 모든 (θ, ϕ) 값은 동일한 확률로 선택될 수 있다. 하지만 구 위에서 방향에 따른 매핑으로 인해 더 원하는 결과인 구 위에서 균일한 방향의 표본화가 아니라 구의 극점 근처에서 더 많은 방향이 표본화되게 된다. $p(\omega)$ PDF의 $1/\sin\theta$ 항이 이를 비균일 방향 표본화를 교정해 몬테카를로 예측에서 정확한 결과를 계산할 수 있게 한다. 하지만 주어진 이런 상황으로 인해 처음부터 극점 근처의 방향을 덜 선택하는 변경된 $p(u, v)$ 표본화 분포를 갖는 것이 더 낫다.

```
<Compute PDF for sampled infinite light direction> ≡                    1008
    *pdf = mapPdf / (2 * Pi * Pi * sinTheta);
    if (sinTheta == 0) *pdf = 0;
```

이 메서드는 최종적으로 `VisibilityTester`를 장면의 경계 밖에 있는 빛 표본점으로 초기화하고 선택한 방향에 대한 방사 값을 반환할 수 있다.

```
<Return radiance value for infinite light direction> ≡                  1008
    *vis = VisibilityTester(ref, Interaction(ref.p + *wi * (2 * worldRadius),
            ref.time, mediumInterface));
    return Spectrum(Lmap->Lookup(uv), SpectrumType::Illuminant);
```

`InfiniteAreaLight::Pdf_Li()` 메서드는 방향 ω를 표본화 분포에서 대응하는 (u, v) 좌표로 변환해야 한다. PDF $p(u, v)$는 `Distribution2D::Pdf()` 메서드에 의해 2개 1D PDF의 곱으로 계산될 수 있으며, 이는 `Sample_Li()`에서 했던 것처럼 구로의 매핑을 위해 조정됐다.

```
<InfiniteAreaLight Method Definitions> +≡
    Float InfiniteAreaLight::Pdf_Li(const Interaction &,
            const Vector3f &w) const {
        Vector3f wi = WorldToLight(w);
        Float theta = SphericalTheta(wi), phi = SphericalPhi(wi);
        Float sinTheta = std::sin(theta);
        if (sinTheta == 0) return 0;
        return distribution->Pdf(Point2f(phi * Inv2Pi, theta * InvPi)) /
               (2 * Pi * Pi * sinTheta);
    }
```

14.3 직접 광

빛 전송 방정식을 완전히 일반적으로 도입하기 전에 광원에서 음영점까지 진행하는 빛인 직접 광만 고려하는 적분기인 `DirectLightingIntegrator`를 구현하고, 자체로 발광하지 않는 물체에서의 간접 조명을 기본 거울 반사와 투과 효과를 제외하곤 무시할 것이다. 이 적분기로 시작하면 전체 빛 전송 방정식에 대해 고민할 필요 없이 직접 광의 일부 중요 세부 사항에 대해 집중할 수 있다. 더욱이 여기서 개발한 일부 루틴은 이후 적분기에서 완전한 빛 전송 방정식을 푸는 데 다시 사용할 수 있다. 그림 14.12는 산 미구엘 장면을 직접 광으로만 렌더링한 것을 보여준다.

그림 14.12 직접 광으로만 렌더링한 장면. 직접 광만 고려했기에 간접 조명으로만 조명되는 이미지의 일부분은 완전히 검은색이다(Guillermo M. Leal Llaguno 모델 제공).

```
<DirectLightingIntegrator Declarations> ≡
    class DirectLightingIntegrator : public SamplerIntegrator {
    public:
        <DirectLightingIntegrator Public Methods>
    private:
        <DirectLightingIntegrator Private Data 1012>
    };
```

여기서의 구현은 직접 광을 계산하는 데 두 가지 다른 전략을 제공한다. 각 메서드는 편향되지 않은 주어진 방향의 각 점에서 출사 방사의 추정치를 계산한다. LightStrategy 열거형은 어떤 방식이 선택됐는지 기록한다. 첫 전략은 모든 빛에 대해 반복되며, 각각에서 Light::nSamples에 기반을 둔 표본의 수를 추출해 결과를 합친다(13.7.1절의 분할에 대한 설명을 기억하자. UniformSampleAll 전략이 이 기술에 적용됐다). 두 번째 UniformSampleOne은 하나의 표본을 임의로 선택한 하나의 빛에서 하나의 표본만 추출한다.

<LightStrategy Declarations> ≡

```
enum class LightStrategy { UniformSampleAll, UniformSampleOne };
```

렌더링된 장면에 따라 이 접근법 중 하나가 더 적절하다. 예를 들어 많은 이미지 표본이 각 픽셀에서 추출되는 경우(예, 피사계 심도를 과도한 잡음 없이 완화하기 위해) 이미지 표본당 하나의 빛 표본이 좀 더 적절할 수 있으며, 이는 한 픽셀 안의 모든 이미지 표본이 집합적으로 고품질 이미지를 제공하기에 충분한 직접 광을 잘 표본화하기 때문이다. 반대로 픽셀당 적은 이미지 표본이 추출되는 경우 모든 빛에서 표본화하는 것이 잡음 없는 결과를 보장하기 위해 더 적절하다.

DirectLightingIntegrator 생성자는 여기 포함하지 않으며, Camera와 Sampler만을 SamplerIntegrator 기본 클래스 생성자에 전달해 두 멤버 변수를 초기화한다. 직접 광 전략에 추가해 DirectLightingIntegrator는 거울 반사나 반사광 투과에 대응하는 광선의 최대 재귀 깊이를 저장한다.

<DirectLightingIntegrator Private Data> ≡ 1011

```
const LightStrategy strategy;
const int maxDepth;
```

이 적분기가 필요한 표본의 수와 종류는 사용된 표본화 전략에 따라 다르다. 하나의 표본이 하나의 빛에서 추출되면 Sampler::Get2D()로 얻은 두 개의 2D 표본으로 충분하다. 하나는 광원 위의 위치를 선택하고, 다른 하나는 BSDF에서의 산란 방향 표본화를 위해서다.

빛당 여러 표본이 추출되며, 적분기는 표본기에서 표본 배열을 주 렌더링 과정이 시작되기 전에 요청한다. 표본 배열은 여러 분리된 Sampler::Get2D()의 호출보다 좋은데, 이는 표본기에서 개선된 표본 배치 기술을 사용할 수 있게 해서 전체 배열에 대한 표본의 분포를 최적화함으로써 현재 음영점에 대한 전체 광원 표본도 최적화한다.

<DirectLightingIntegrator Method Definitions> ≡

```
void DirectLightingIntegrator::Preprocess(const Scene &scene,
        Sampler &sampler) {
    if (strategy == LightStrategy::UniformSampleAll) {
        <Compute number of samples to use for each light 1013>
        <Request samples for sampling all lights 1013>
    }
}
```

LightStrategy::UniformSampleAll 전략에 대해 각 빛이 원하는 표본수를 Light::nSamples 멤버 변수의 표본수에 저장한다. 하지만 여기서 적분기는 시작점으로서 해당 값만을 사용하는 것을 기억하자. Sampler::RoundCount() 메서드는 해당 값을 특정 표본 생성 기술에 기반을 둔 더 적절한 값으로 변환하는 기회를 제공한다(예를 들어 많은 표본기는 2의 승수 크기의 표본 집합만 생성한다). 각 빛에 대한 표본의 최종 개수는 nLightSamples 멤버 변수에 저장된다.

<Compute number of samples to use for each light> ≡ 1013

```
for (const auto &light : scene.lights)
    nLightSamples.push_back(sampler.RoundCount(light->nSamples));
```

<DirectLightingIntegrator Private Data> +≡ 1011

```
std::vector<int> nLightSamples;
```

이제 표본 배열을 요청할 수 있다. 이 코드 조각에서 두 가지 중요한 세부 사항이 있다. 첫 번째는 구별된 표본 요청이 모든 광선 깊이에 대해 최대까지 생성되지만, 이는 모든 교차가 표본 배열이 가용하다는 것을 의미하지 않는다. 그보다는 한 번 표본 배열이 Sampler::Get2DArray()의 호출로 얻어지면 배열은 다시 반환되지 않는다. 거울 반사와 투과가 둘 다 존재하면 최대 $2^{\text{maxDepth}+1}-1$의 교차점이 각 카메라 광선 교차에 존재한다. 표본 배열이 모두 소모되면 적분기는 각 빛에서 단일 표본 추출로 전환한다.

두 번째로 배열이 적분기로 소모될 수 있게 요청되는 것이다. 각 교차점에서 두 배열이 각 광원에 사용되며, lights 배열과 같은 순서다.

<Request samples for sampling all lights> ≡ 1013

```
for (int i = 0; i < maxDepth; ++i) {
    for (size_t j = 0; j < scene.lights.size(); ++j) {
        sampler.Request2DArray(nLightSamples[j]);
        sampler.Request2DArray(nLightSamples[j]);
```

```
        }
    }
```

`SamplerIntegrator`로서 `DirectLightingIntegrator`가 반드시 구현해야 하는 주 메서드는 `Li()`다. 여기 구현의 일반적인 형태는 `WhittedIntegrator::Li()`와 유사하다. 교차점에서 BSDF를 계산하고 표면이 방출성이면 방출된 방사가 추가되며, 광선이 거울 반사와 반사광 투과를 위해 재귀적으로 추적된다. 여기서는 핵심 코드 조각인 <*Compute direct lighting for* `DirectLightingIntegrator` *integrator*>에 집중하기 위해 반사된 방사를 제공하는 적분 값을 예측하고, 이를 값 `L`에 누적해 `Li()`에서 반환하는 `DirectLightingIntegrator::Li()`의 완전한 구현을 포함하지 않는다.

다른 적분기에서도 유용할 수 있는 두 도우미 함수는 두 표본화 전략을 처리한다.

<*Compute direct lighting for* `DirectLightingIntegrator` *integrator*> ≡

```
if (strategy == LightStrategy::UniformSampleAll)
    L += UniformSampleAllLights(isect, scene, arena, sampler,
              nLightSamples);
else
    L += UniformSampleOneLight(isect, scene, arena, sampler);
```

두 전략에서 구현된 방식을 이해하기 위해 먼저 5.6절의 산란 방정식을 기억하자. 이 방정식은 표면 위의 점 p에서의 입사 방사로 인한 방향 ω_o로의 출사 방사 $L_o(\mathrm{p}, \omega_o)$는 구에 대한 입사 방사의 적분에 각 방향에 대한 BSDF와 코사인 항의 곱으로 주어지는 것을 알려준다. `DirectLightingIntegrator`에 대해 광원에서의 직접 입사 방사에만 관심이 있으며, 이는 $L_d(\mathrm{p}, \omega)$로 표기한다.

$$L_o(\mathrm{p}, \omega_o) = \int_{\mathcal{S}^2} f(\mathrm{p}, \omega_o, \omega_i)\, L_d(\mathrm{p}, \omega_i)\, |\cos\theta_i|\, \mathrm{d}\omega_i$$

이는 장면에서 빛의 합으로 나눠질 수 있으며, 다음과 같다.

$$\sum_{j=1}^{n} \int_{\mathcal{S}^2} f(\mathrm{p}, \omega_o, \omega_i)\, L_{d(j)}(\mathrm{p}, \omega_i)\, |\cos\theta_i|\, \mathrm{d}\omega_i, \qquad [14.12]$$

여기서 $L_{d(j)}$는 j번째 빛에서의 입사 방사를 나타내고, 다음을 얻을 수 있다.

$$L_d(\mathrm{p}, \omega_i) = \sum_j L_{d(j)}(\mathrm{p}, \omega_i)$$

한 가지 적법한 접근법은 방정식(14.12)에 따라 이 합의 각 항을 각각 예측해 결과를 합치는 것이다. 이는 가장 기본적인 직접 광 전략이며 UniformSampleAllLights()에 구현돼 있다.

교차점에 대한 정보와 직접 광을 계산하기 위해 필요한 추가적인 매개변수에 대해 UniformSampleAllLights()는 또한 handleMedia 매개변수를 받아 입체 감쇠의 효과가 직접 광 계산에서 고려되는지 여부를 알아본다(이 매개변수와 SurfaceInteraction 대신에 Interaction을 받는 세부 사항에 대해 이 함수는 실제로 반투명 매질 안의 점에서 반사된 방사를 계산할 수 있다. 이 기능에 관련된 코드 조각은 15장에서 정의된다).

```
<Integrator Utility Functions> ≡
    Spectrum UniformSampleAllLights(const Interaction &it,
            const Scene &scene, MemoryArena &arena, Sampler &sampler,
            const std::vector<int> &nLightSamples, bool handleMedia) {
        Spectrum L(0.f);
        for (size_t j = 0; j < scene.lights.size(); ++j) {
            <Accumulate contribution of jth light to L 1015>
        }
        return L;
    }
```

이 함수는 Preprocess() 메서드에서 이전에 요청한 표본 배열을 Sampler에서 받으려 시도한다.

```
<Accumulate contribution of jth light to L> ≡                                1015
    const std::shared_ptr<Light> &light = scene.lights[j];
    int nSamples = nLightSamples[j];
    const Point2f *uLightArray = sampler.Get2DArray(nSamples);
    const Point2f *uScatteringArray = sampler.Get2DArray(nSamples);
    if (!uLightArray || !uScatteringArray) {
        <Use a single sample for illumination from light 1015>
    } else {
        <Estimate direct lighting using sample arrays 1016>
    }
```

요청된 배열이 소모되면 코드는 단일 표본을 Sampler::Get2D()의 호출로 예측하도록 대비한다.

```
<Use a single sample for illumination from light> ≡                          1015
    Point2f uLight = sampler.Get2D();
    Point2f uScattering = sampler.Get2D();
```

```
L += EstimateDirect(it, uScattering, *light, uLight, scene, sampler,
        arena, handleMedia);
```

각 빛의 표본에서 바로 정의할 `EstimateDirect()` 함수가 기여에 대한 몬테카를로 예측기의 값을 계산한다. 표본 배열이 성공적으로 얻어지면 처리돼야 할 남은 것은 각 표본 값에서의 예측 값의 평균뿐이다.

<*Estimate direct lighting using sample arrays*> ≡ 1015

```
Spectrum Ld(0.f);
for (int k = 0; k < nSamples; ++k)
    Ld += EstimateDirect(it, uScatteringArray[k], *light, uLightArray[k],
            scene, sampler, arena, handleMedia);
L += Ld / nSamples;
```

많은 수의 빛을 가진 장면 안에서 음영이 되는 모든 점에서 모든 빛에서의 직접 광을 항상 계산하는 것을 원하지 않을 수도 있다. 몬테카를로 방식은 여전히 정확한 결과를 평균적으로 계산하면서 이를 처리하는 방법을 제공한다. 두 함수의 합의 기댓값 $E[f(x) + g(x)]$를 계산하는 예제를 고려하자. 임의로 $f(x)$나 $g(x)$ 중 하나만을 선택해서 결과를 2로 곱하면 결과의 기댓값은 여전히 $f(x) + g(x)$다. 이 개념은 또한 임의의 수를 갖는 항의 합을 일반화한다. 이는 조건 확률의 직접적인 응용이다. Ross(2002, p. 102)에서 증명을 살펴보자. 여기서 하나의 무작위로 선택한 빛의 직접 광만을 예측하고 보정하기 위해 결과를 빛의 수로 곱한다.

<*Integrator Utility Functions*> +≡

```
Spectrum UniformSampleOneLight(const Interaction &it,
        const Scene &scene, MemoryArena &arena, Sampler &sampler,
        bool handleMedia) {
    <Randomly choose a single light to sample, light 1016>
    Point2f uLight = sampler.Get2D();
    Point2f uScattering = sampler.Get2D();
    return (Float)nLights *
        EstimateDirect(it, uScattering, *light, uLight, scene, sampler,
        arena, handleMedia);
}
```

조명을 표본화하는 어떤 `nLights`를 결정하는 것은 `Sampler::Get1D()`로 얻은 1D 적분기 표본을 사용한다.

<*Randomly choose a single light to sample,* `light`> ≡ 1016

```
int nLights = int(scene.lights.size());
```

```
if (nLights == 0) return Spectrum(0.f);
int lightNum = std::min((int)(sampler.Get1D() * nLights), nLights - 1);
const std::shared_ptr<Light> &light = scene.lights[lightNum];
```

각각의 빛 표본화 확률을 선택하는 데 `UniformSampleOneLight()`에서 사용한 균일 메서드보다 더 창의적인 것을 사용할 수 있다. 사실 확률을 원하는 대로 자유롭게 설정할 수 있으며, 결과를 적절히 가중하고 점의 반사에 대한 기여가 있는 어떤 빛의 표본화 확률도 항상 0이 아니기만 하면 된다. 이 확률을 참조점에서의 반사된 방사에 대한 빛의 상대적인 분포를 잘 반영하게 더 잘 설정할수록 몬테카를로 예측기는 더욱 효율적이 되며, 수용할 만한 단계에 대한 더 낮은 분산에 대해 더 적은 광선이 필요하게 된다(이는 중요도 표본화의 비연속 인스턴스일 뿐이다).

이 작업에 대해 널리 쓰이는 방식 중 하나는 각 빛의 전체 출력에 기반을 두고 표본 분포를 사용하는 것이다. 비슷한 방식으로 이런 방식에서 하나 이상의 빛 표본을 추출할 수 있다. 사실 최종적으로 적절히 가중만 해주면 어떤 수의 표본도 추출할 수 있다.

14.3.1 직접 광 적분의 예측

직접 광을 예측하기 위해 특정 빛을 선택했으므로 다음과 같은 적분의 값을 예측해야 한다.

$$\int_{\mathcal{S}^2} f(\mathrm{p}, \omega_\mathrm{o}, \omega_\mathrm{i})\, L_\mathrm{d}(\mathrm{p}, \omega_\mathrm{i})\, |\cos\theta_\mathrm{i}|\, \mathrm{d}\omega_\mathrm{i}$$

이 예측을 계산하려면 하나 이상의 방향 ω_j를 선택해 몬테카를로 예측기를 적용한다.

$$\frac{1}{N}\sum_{j=1}^{N} \frac{f(\mathrm{p}, \omega_\mathrm{o}, \omega_j)\, L_\mathrm{d}(\mathrm{p}, \omega_j)\, |\cos\theta_j|}{p(\omega_j)}$$

분산을 줄이려면 중요도 표본화를 사용해 방향 ω_j를 선택한다. BSDF와 직접 방사 항 둘 다 각각 복잡하므로 그의 곱에 잘 맞는 표본화 분포를 찾는 것은 어렵다(하지만 '더 읽을거리' 절과 14장 끝의 연습문제 14.8에서 이 곱을 직접 표본화하는 방식을 참조하자). 여기서 BSDF의 표본화 분포를 일부 표본에 대해 사용하고, 나머지에 대해서는 빛의 분포를 사용하자. 각각의 특성에 기반을 둔 둘 중 한 가지 표본화 메서드가 다른 것보다 훨씬 효과적일 수 있다. 그러므로 둘 중 하나가 더 효과적인 경우에 대해 분산을 줄이려면 다중 중요도 표본화를 사용한다.

그림 14.13은 한 가지 표본화 메서드가 다른 것보다 훨씬 좋은 경우를 보여준다. 이 장면에서 4개의 사각 표면은 매우 부드러운(위)에서 매우 거친(아래) 경우가 크기를 증가시키는 구형 광원으로 조명되고 있다. 그림 14.13(a)와 (b)는 BSDF와 빛 표본화 전략을 각각 보여주며, 그림 14.13(c)는 이 조합을 다중 중요도 표본화를 사용해 계산한다. 예제가 묘사하듯이 BSDF를 표본화하는 것은 광원을 표본화해서 얻을 수 있는 방향의 집합보다 훨씬 좁은 방향의 집합에서 큰 값을 취할 때 훨씬 더 효과적이다. 이 경우는 왼쪽 위의 거대한 광원이 낮은 거칠기 표면에서 반사될 때 가장 잘 보인다. 한편 광원에서 표본화하는 경우는 반대의 경우에 더 효과적이다. 광원이 작고 BSDF 로브lobe가 덜 집중돼 있을 때다(이 경우는 오른쪽 아래 반사에서 가장 잘 보인다).

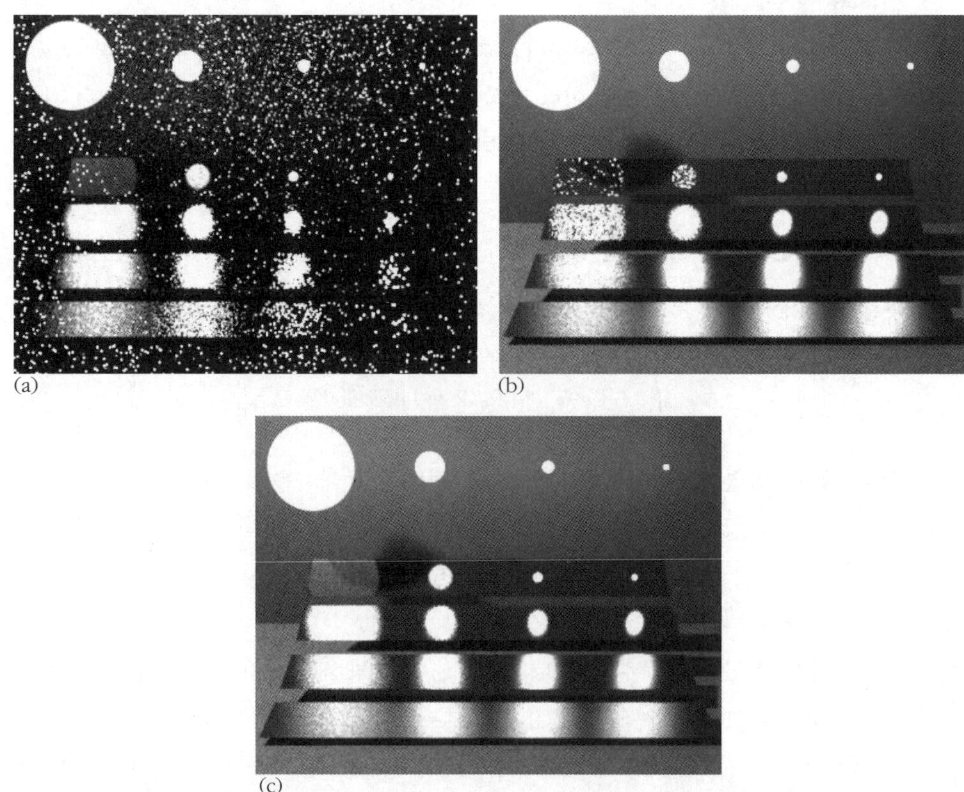

그림 14.13 매우 부드러운(위) 표면에서 매우 거친(아래) 표면까지 네 개의 표면이 크기가 줄어드는 구형 광원으로 조명되고 다른 표본화 기법으로 렌더링됐다(에릭 비치의 장면을 따라 모델링했다). (a) BSDF 표본화, (b) 빛 표본화, (c) 두 기법을 MIS로 합친 경우. BSDF를 표본화하는 것은 일반적으로 높은 광택 표면과 거대한 광원에서 더 효과적이며, 조명이 여러 방향에서 오지만 BSDF의 값은 오직 일부에서만 크다(왼쪽 위 반사). 역으로 작은 광원과 거친 표면(오른쪽 아래)의 경우 광원을 표본화하는 것이 더 효과적이다.

다중 중요도 표본화를 적용해서 두 표본화 메서드를 사용할 수 있는 것뿐 아니라, 또한 표본화 방식이 예상치 못한 고도로 기여하는 방향을 찾는 경우 MIS의 가중 항이 이런 기여를 상당히 감소시켜 극도의 분산을 제거할 수 있는 방법이다.

EstimateDirect()는 이 방식을 구현해 단일 광원 표본의 직접 광 예측을 계산한다. 이의 handleMedia 매개변수는 반투명 매질에서의 감쇠 효과를 고려할 것인지 나타내며, specular 매개변수는 직접 조명 예측에서 완벽 반사 로브를 고려할 것인지를 나타낸다. Specular와 handleMedia 인자의 기본값은 false로 함수 선언에서 설정되며, 여기서 보여주진 않는다.

```
<Integrator Utility Functions> +≡
    Spectrum EstimateDirect(const Interaction &it,
            const Point2f &uScattering, const Light &light,
            const Point2f &uLight, const Scene &scene, Sampler &sampler,
            MemoryArena &arena, bool handleMedia, bool specular) {
        BxDFType bsdfFlags = specular ? BSDF_ALL :
                BxDFType(BSDF_ALL & ~BSDF_SPECULAR);
        Spectrum Ld(0.f);
        <Sample light source with multiple importance sampling 1019>
        <Sample BSDF with multiple importance sampling 1021>
        return Ld;
    }
```

먼저 Sample_Li()를 사용해 빛의 표본화 분포에서 추출한 표본 하나는 빛의 방출된 방사와 표본화된 방향의 PDF 값도 반환한다.

```
<Sample light source with multiple importance sampling> ≡                    1019
    Vector3f wi;
    Float lightPdf = 0, scatteringPdf = 0;
    VisibilityTester visibility;
    Spectrum Li = light.Sample_Li(it, uLight, &wi, &lightPdf, &visibility);
    if (lightPdf > 0 && !Li.IsBlack()) {
        <Compute BSDF or phase function's value for light sample 1020>
        if (!f.IsBlack()) {
            <Compute effect of visibility for light source sample 1020>
            <Add light's contribution to reflected radiance 1020>
        }
    }
```

빛이 방향에 대해 효과적으로 표본화하고 0이 아닌 방출된 방사를 반환할 때만 EstimateDirect()는 더 진행해 두 방향에 대해 BSDF나 제공된 Interaction에서의 위상 함수를 계산한다. 그렇지 않으면 계산 비용을 감당할 이유가 없다(예를 들어 조명 원뿔 밖에 있는 점에 대해 어떤 방사도 반환하지 않는 스포트라이트를 고려하자).

<Compute BSDF or phase function's value for light sample> ≡ 1019

```
Spectrum f;
if (it.IsSurfaceInteraction()) {
    <Evaluate BSDF for light sampling strategy 1020>
} else {
    <Evaluate phase function for light sampling strategy 1068>
}
```

<Evaluate BSDF for light sampling strategy> ≡ 1020

```
const SurfaceInteraction &isect = (const SurfaceInteraction &)it;
f = isect.bsdf->f(isect.wo, wi, bsdfFlags) * AbsDot(wi, isect.shading.n);
scatteringPdf = isect.bsdf->Pdf(isect.wo, wi, bsdfFlags);
```

교차점에서의 위상 함수를 계산하는 매질 특화 코드 조각 *<Evaluate medium reflectance for light sampling strategy>*는 15장으로 미뤘다.

반투명 매질이 고려되면 빛에서 조명되는 점으로의 방사는 반투명 매질로 인한 감쇠를 고려해야 하는 두 점 사이의 빛줄기 투과로 크기 조절된다. 그렇지 않은 경우 `VisibilityTester`의 `Unoccluded()` 메서드를 호출해서 그림자 광선이 광원 위의 표본점이 보이는지 결정하기 위해 추적된다(이 단계는 BSDF나 위상 함수가 검은 SPD를 반환할 경우 생략된다).

<Compute effect of visibility for light source sample> ≡ 1019

```
if (handleMedia)
    Li *= visibility.Tr(scene, sampler);
else if (!visibility.Unoccluded(scene))
    Li = Spectrum(0.f);
```

빛 표본의 분포는 이제 누적할 수 있다. 14.2.1절에서 빛이 델타 분포로 설명되면 `Sample_Li()`에서 반환된 방출된 방사 값과 PDF에 둘 다 내재된 델타 분포가 있어 예측기를 계산할 때 상쇄하도록 기대하고 있다는 것을 기억하자. 이 경우 반드시 다중 중요도 표본화를 적용하지 말아야 하고, 대신 표준 예측기를 사용해야 한다. 델타 분포 광원이 아니면 `BSDF::Pdf()` 메서드가 반환한 BSDF의 PDF 값이 방향 ω_i의 표본화를 위해 MIS 예측기와 함께 사용되며, 출력 휴리스틱으로 가중치를 계산한다.

<Add light's contribution to reflected radiance> ≡ 1019

```
if (!Li.IsBlack()) {
```

```
        if (IsDeltaLight(light.flags))
            Ld += f * Li / lightPdf;
        else {
            Float weight = PowerHeuristic(1, lightPdf, 1, scatteringPdf);
            Ld += f * Li * weight / lightPdf;
        }
    }
```

다음으로 표본은 BSDF의 표본화 분포를 사용해 생성할 수 있다. 이 단계는 광원의 방출 특성이 델타 분포일 경우 생략할 수 있는데, 이 경우에 BSDF를 표본화해 광원에서 빛을 받는 방향을 찾는 경우가 없기 때문이다. 그렇지 않을 경우가 아니면 BSDF를 표본화할 수 있다.

<Sample BSDF with multiple importance sampling> ≡ 1019

```
    if (!IsDeltaLight(light.flags)) {
        Spectrum f;
        bool sampledSpecular = false;
        if (it.IsSurfaceInteraction()) {
            <Sample scattered direction for surface interactions 1021>
        } else {
            <Sample scattered direction for medium interactions 1068>
        }
        if (!f.IsBlack() && scatteringPdf > 0) {
            <Account for light contributions along sampled direction wi 1022>
        }
    }
```

다시 한 번 말하지만 매질에 관련된 코드를 15장으로 미룬다. 주어진 표면 상호작용에서 구현은 산란된 방향을 표본화해 델파 분포가 표본화됐는지 아닌지를 기록한다.

<Sample scattered direction for surface interactions> ≡ 1021

```
    BxDFType sampledType;
    const SurfaceInteraction &isect = (const SurfaceInteraction &)it;
    f = isect.bsdf->Sample_f(isect.wo, &wi, uScattering, &scatteringPdf,
            bsdfFlags, &sampledType);
    f *= AbsDot(wi, isect.shading.n);
    sampledSpecular = sampledType & BSDF_SPECULAR;
```

한 가지 중요한 세부 사항은 빛의 PDF와 다중 중요도 표본화 가중치는 ω_i를 표본화하는 데 사용한 BSDF 요소가 광택 반사가 아닌 경우에만 계산하는 것이다. 광택 반사의 경우 빛이 광택 반사 방향을 표본화할 가능성이 없으므로 MIS를 적용해서는 안 된다.

<*Account for light contributions along sampled direction* `wi`> ≡ 1021

```
Float weight = 1;
if (!sampledSpecular) {
    lightPdf = light.Pdf_Li(it, wi);
    if (lightPdf == 0)
        return Ld;
    weight = PowerHeuristic(1, scatteringPdf, 1, lightPdf);
}
<Find intersection and compute transmittance 1022>
<Add light contribution from material sampling 1022>
```

주어진 BSDF로 표본화된 방향이나 매질의 위상 함수에 대해 방향이 이 특정 광원에 교차하는지 찾아야 하며, 그렇다면 얼마나 많은 방사가 빛에서 표면으로 도달하는지 알아내야 한다. 반투명 매질이 고려될 때 빛에서 교차점까지의 투과가 기록된다.

<*Find intersection and compute transmittance*> ≡ 1022

```
SurfaceInteraction lightIsect;
Ray ray = it.SpawnRay(wi);
Spectrum Tr(1.f);
bool foundSurfaceInteraction = handleMedia ?
        scene.IntersectTr(ray, sampler, &lightIsect, &Tr) :
        scene.Intersect(ray, &lightIsect);
```

코드는 반드시 기하 구조가 연결된 정규 영역 광과 `InfiniteAreaLight`처럼 기하 구조가 없지만 `Light::Le()` 메서드를 통해 광선을 표본화해서 방사를 반환해야 하는 경우 모두 고려해야 한다.

<*Add light contribution from material sampling*> ≡ 1022

```
Spectrum Li(0.f);
if (foundSurfaceInteraction) {
    if (lightIsect.primitive->GetAreaLight() == &light)
        Li = lightIsect.Le(-wi);
}
else
    Li = light.Le(ray);
if (!Li.IsBlack())
    Ld += f * Li * Tr * weight / scatteringPdf;
```

14.4 빛 전송 방정식

빛 전송 방정식LTE, Light Transport Equation은 장면에서 방사의 평형 분포를 설명하는 지배 방정식governing equation이다. 이는 표면의 점에서 반사된 전체 방사를 표면의 방사, BSDF, 점에 도달하는 입사 조명의 분포 항으로 제공한다. pbrt에서 Integrator 객체의 핵심 작업은 수치적으로 LTE의 해를 계산해서 카메라에 도달하는 입사 방사를 찾는 것이다. 이제 장면에 반투명 매질이 없는 경우만을 계속 고려해보자(15장은 이 과정에서 반투명 매질이 있는 장면에 필요한 일반화를 설명한다).

LTE를 계산하는 것을 어렵게 하는 세부 사항은 점에서의 입사 방사가 장면의 모든 물체의 기하 구조와 산란 특성에 영향을 받는다는 점이다. 예를 들어 붉은 물체에 밝은 빛을 비추면 장면의 주변 물체에 붉은 색조가 나타나거나 유리는 탁자 위에 빛을 가성 패턴으로 집중시킬 수 있다. 이 복잡도를 고려한 렌더링 알고리즘은 종종 **전역 조명**global illumination 알고리즘으로 불리며, 음영 계산에서 지역 표면 특성에 대한 정보만 사용하는 **지역 조명**local illumination 알고리즘과 구분한다.

이 절에서는 LTE와 방정식을 수치적으로 풀기 더 쉽게 하는 변형에 대한 접근법을 먼저 설명한다. 그 후 LTE의 핵심 특성을 좀 더 깔끔히 하고 이를 16장에서 구현할 개선된 적분기의 일부 기반으로 사용하기 위한 두 가지 일반화를 설명한다.

14.4.1 기본 유도

빛 전송 방정식은 빛을 설명하기 위해 방사 측정을 사용하기로 이미 결정한 기본 가정에 따라 결정된다. 즉, 파동 광학 효과는 중요하지 않고 장면의 광도 분포는 평형이다.

LTE에 기반을 두는 핵심 원칙은 **에너지 균형**energy balance이다. 에너지의 어떤 변화든 어떤 과정을 통해 충전돼야 하며, 모든 에너지를 계속 추적해야 한다. 조명을 선형 과정으로 가정했으므로 들어오는 에너지의 양과 시스템의 밖으로 나가는 에너지의 차이는 반드시 방출되는 에너지와 흡수되는 에너지양의 차이와 같아야 한다. 이 개념은 많은 크기 단계에서 유지된다. 매크로 단계에서 에너지의 보존은 다음과 같다.

$$\Phi_o - \Phi_i = \Phi_e - \Phi_a$$

물체를 떠나는 에너지 Φ_o와 들어오는 에너지 Φ_i의 차이는 방출하는 에너지와 흡수하는 에너지의 차이 $\Phi_e - \Phi_a$와 같다.

표면에서 에너지의 균형을 강제하기 위해 출사 방사 L_o는 반드시 방출된 방사 더하기 산란된 입사 방사의 일부와 같아야 한다. 방출된 방사는 L_e로 주어지며, 산란된 방사는 산란 방정식으로 주어지므로 다음과 같다.

$$L_o(p, \omega_o) = L_e(p, \omega_o) + \int_{\mathcal{S}^2} f(p, \omega_o, \omega_i)\, L_i(p, \omega_i)\, |\cos\theta_i|\, d\omega_i$$

지금은 반투명 매질이 없다고 가정했기 때문에 방사는 장면의 광선을 따라 항상 일정하다. 그러므로 p에서의 입사 방사를 다른 점 p′에서의 출사 방사와 그림 14.14에서 보여주듯이 연결할 수 있다. 광선 사출 함수 $t(p, \omega)$를 p에서 ω 방향의 광선이 교차하는 첫 표면 점 p′를 계산하는 함수로 정의하면 p의 입사 방사를 p′에서 출사 방사의 항으로 다음과 같이 작성할 수 있다.

$$L_i(p, \omega) = L_o(t(p, \omega), -\omega)$$

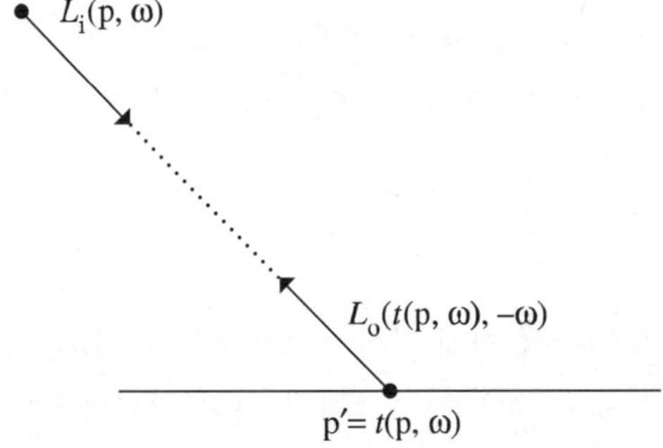

그림 14.14 자유 공간을 통한 광선을 따른 방사는 변화하지 않는다. 그러므로 점 p에서 방향 ω의 광선에 대한 입사 방사를 계산하려면 광선이 교차하는 첫 표면을 찾아 방향 $-\omega$의 출사 방사를 계산한다. 추적 연산 $t(p, \omega)$는 광선 (p, ω)가 첫 표면과 교차하는 점 p′를 제공한다.

장면이 닫히지 않은 경우 광선 사출 함수를 광선 (p, ω)가 장면의 어떤 물체와도 교차하지 않을 경우 $L_o(\Lambda, \omega)$가 항상 0인 특별한 값 Λ를 반환하게 정의할 수 있다.

간략화를 위해 L_o를 제거하면 이 관계는 LTE를 다음과 같이 작성할 수 있게 한다.

$$L(p, \omega_o) = L_e(p, \omega_o) + \int_{\mathcal{S}^2} f(p, \omega_o, \omega_i)\, L(t(p, \omega_i), -\omega_i)\, |\cos\theta_i|\, d\omega_i. \quad [14.13]$$

이 표현에 대한 핵심은 언제나 하나의 관심 양인 표면에 있는 점에서의 출사 방사만 존재하는 것이다. 물론 이는 방정식의 양측에서 나타나므로 작업은 여전히 단순하지 않지만, 반드시 기존보다는 낫다. 명심해야 할 중요한 점은 장면에서 단순히 에너지 균형을 강요하면 이 방정식에 도달하는 것이 가능하다는 점이다.

14.4.2 LTE에로의 분석적 해

LTE의 간결성은 일반적으로 분석적으로 해를 찾을 수 없다는 사실에 달려 있다. 물리 기반 BSDF 모델에서 오는 복잡도, 임의의 장면 기하 구조, 물체 간의 복잡한 시야 관계가 모두 합쳐져 수치적 해법 기술에 대한 강요로 이어진다. 다행히도 레이트레이싱 알고리즘과 몬테카를로는 이 복잡도를 LTE의 다양한 요소에 제한을 부여(예, 모든 BSDF가 램버트거나 지원하는 기하 표현을 심각히 제한하는 등)할 필요 없이 처리할 수 있는 강력한 도구 쌍을 제공한다.

극도로 단순한 설정에서 LTE의 분석적 해를 찾는 것이 가능하다. 범용의 렌더링에서 별로 도움이 되지 않지만, 이는 적분기의 구현을 디버깅하는 데 도움을 준다. 완전한 LTE를 해결하게 돼 있는 적분기가 분석적 해와 일치하는 해를 계산하지 않으면 명백히 적분기에 버그가 있는 것이다. 예를 들어 구의 표면 위에 있는 모든 점이 램버트 BRDF $f(\mathrm{p}, \omega_o, \omega_i) = c$를 갖고 모든 방향에 대해 균일 값을 방출하는 구의 내부를 생각해보자.

$$L(\mathrm{p}, \omega_o) = L_e + c \int_{\mathcal{H}^2(\mathbf{n})} L(t(\mathrm{p}, \omega_i), -\omega_i) \, |\cos\theta_i| \, \mathrm{d}\omega_i$$

구 안에 있는 어떤 점에서든 출사 방사 분포는 반드시 다른 점과 같아야 한다. 환경의 어떤 것도 다른 점 사이의 변화를 야기할 수 없다. 그러므로 입사 방사 분포는 반드시 모든 점에서 같아야 하며, 입사 방사의 코사인 가중된 적분은 반드시 모든 곳에서 같아야 한다. 예를 들어 방사 함수를 상수로 치환해 단순화시킬 수 있으며, LTE를 다음과 같이 작성할 수 있다.

$$L = L_e + c\pi L$$

바로 L에 대해 이 방정식을 풀 수 있지만, 오른쪽의 L 항에 연속적인 치환을 고려할 수 있다. πc를 램버트 표면의 반사율인 ρ_{hh}로 치환하면 다음을 얻는다.

$$L = L_e + \rho_{hh}(L_e + \rho_{hh}(L_e + \cdots$$

$$= \sum_{i=0}^{\infty} L_e \rho_{hh}^i.$$

달리 말해 출사 방사는 점에서 방출된 방사 더하기 방출 후 한 번 BSDF로 산란된 빛 더하기 두 번 이상 산란된 빛을 합친 것과 같다.

에너지 보존 법칙에 의해 $\rho_{hh} < 1$이므로 급수는 수렴하고 모든 방향으로 모든 점에서 반사되는 방사는 다음과 같다.

$$L = \frac{L_e}{1 - \rho_{hh}}$$

LTE의 오른쪽 항을 반복적으로 적분의 입사 방사 항으로 치환하는 이 과정은 더 일반적인 경우에도 유익할 수 있다.[7] 예를 들어 `DirectLightingIntegrator` 적분기는 효율적으로 단일 치환을 만드는 결과를 계산한다.

$$L(p, \omega_o) = L_e(p, \omega_o) + \int_{S^2} f(p, \omega_o, \omega_i) \, L_d \, |\cos \theta_i| \, d\omega_i$$

여기서 L_d는 다음과 같다.

$$L_d = L_e(t(p, \omega_i), -\omega_i)$$

그리고 더 이상의 산란은 무시한다.

다음 몇 페이지에서 이런 방식의 연속적인 치환을 수행하는 방법과 LTE를 표현하는 결과를 렌더링 알고리즘의 개발에 좀 더 자연스러운 방식으로 표현하기 위해 재조직하는 방법을 보여준다.

14.4.3 LTE의 표면형

방정식(14.13)로 작성된 LTE가 복잡한 한 가지 이유는 장면의 기하 물체 사이의 관계가 레이트레이싱 연산자 $t(p, \omega)$에 내포돼 있기 때문이다. 이 함수의 행태를 피적분 함수에서 명시적으로 표현하면 이 방정식의 구조에서 일부 빛을 제거할 수 있다. 이를 하려면 방정식

---

7. 사실 이 종류의 급수 전개와 역은 일반적인 경우에도 사용할 수 있으며, BSDF처럼 값이 입사 방사 함수에서 출사 방사 함수로 매핑하는 일반 연산자의 항으로 표현된 경우 등이다. 이 방식은 복잡한 도구를 분석에서 빛 전송 문제까지 적용하기 위한 기반을 형성한다. 더 많은 정보는 Arvo의 석사 논문(Arvo 1995)과 Veach의 석사 논문(Veach 1997)을 참고하자.

(14.13)을 구의 모든 방향에 대한 적분이 아닌 면적에 대한 적분으로 재작성한다.

먼저 출사 방사를 점 p′에서 점 p로, p′와 p가 상호 간에 보이고 $\omega = \widehat{\mathrm{p} - \mathrm{p}'}$일 때 다음과 같이 정의한다.

$$L(\mathrm{p}' \to \mathrm{p}) = L(\mathrm{p}', \omega)$$

또한 p′에서의 BSDF를 다음과 같이 작성할 수 있다.

$$f(\mathrm{p}'' \to \mathrm{p}' \to \mathrm{p}) = f(\mathrm{p}', \omega_\mathrm{o}, \omega_\mathrm{i})$$

여기서 $\omega_\mathrm{i} = \widehat{\mathrm{p}'' - \mathrm{p}'}$이고 $\omega_\mathrm{o} = \widehat{\mathrm{p} - \mathrm{p}'}$다(그림 14.15).

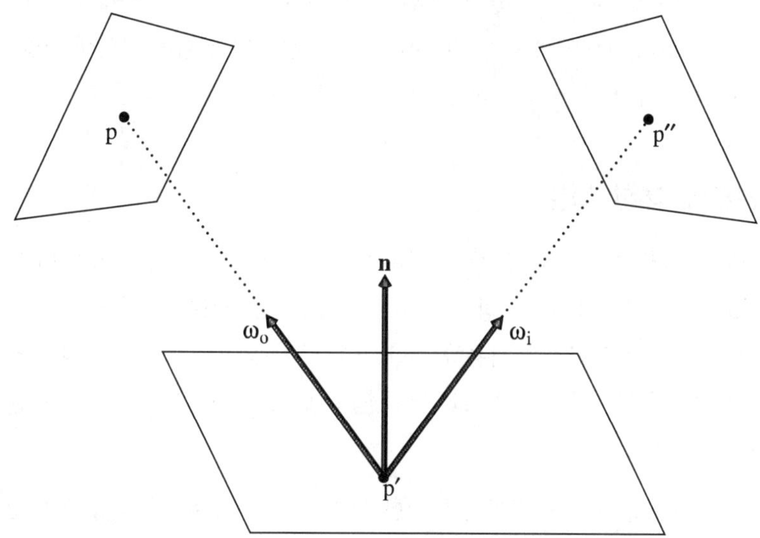

그림 14.15 빛 전송 방정식의 세 점 형태는 적분을 구 위의 방향이 아닌 장면에서 표면 위에 있는 점들의 정의역으로 변환한다. 이는 빛 전송 방정식의 경로 적분 형태를 유도하는 핵심 변환이다.

하지만 LTE의 항을 이 방식으로 재작성하는 것은 충분하지 않다. 또한 LTE를 방향에 대한 적분에서 표면 면적에 대한 것으로 변환하기 위해 입체각을 면적으로 변환하는 자코비안 행렬식으로 곱해야 한다. 이는 $|\cos\theta'|/r^2$임을 기억하자.

이 변수의 변화 항과 LTE의 원래 $|\cos\theta|$ 항, 이진 시야 함수 V(V = 1이면 두 점은 상호 간에 보이고, 그렇지 않으면 V = 0)을 묶어 하나의 기하 구조적 항 $G(\mathrm{p} \leftrightarrow \mathrm{p}')$를 만든다.

$$G(\mathrm{p} \leftrightarrow \mathrm{p}') = V(\mathrm{p} \leftrightarrow \mathrm{p}') \frac{|\cos\theta|\,|\cos\theta'|}{\|\mathrm{p}-\mathrm{p}'\|^2}. \tag{14.14}$$

이를 빛 전송 방정식에 대입해 면적 적분으로 변환하면 다음과 같다.

$$L(\mathrm{p}' \to \mathrm{p}) = L_e(\mathrm{p}' \to \mathrm{p}) + \int_A f(\mathrm{p}'' \to \mathrm{p}' \to \mathrm{p})\, L(\mathrm{p}'' \to \mathrm{p}')\, G(\mathrm{p}'' \leftrightarrow \mathrm{p}')\, \mathrm{d}A(\mathrm{p}''), \tag{14.15}$$

여기서 A는 장면의 모든 표면이다.

방정식(14.13)과 (14.15)가 동등하지만 빛 전송 접근의 두 가지 다른 방식을 보여준다. 방정식(14.13)을 몬테카를로로 계산하려면 피적분 함수를 계산하기 위해 구 위 방향의 분포에서 방향을 표본화해 광선을 사출해야 한다. 하지만 방정식(14.15)에 대해서는 피적분 함수를 계산하기 위해 표면에서 표면 면적에 대한 분포에 대한 점을 선택해 점들 간의 결합을 계산해서 이들 간의 광선을 추적해 시야 항 $V(\mathrm{p} \leftrightarrow \mathrm{p}')$를 계산한다.

14.4.4 경로에 대한 적분

방정식(14.15)의 면적 적분 형과 함께 빛 전송의 경로 적분 공식으로 알려진 LTE의 더 유연한 형을 유도할 수 있으며, 이는 방사를 고차원 경로 공간에서의 점으로 표현한 경로의 적분으로 표현한다. 경로 공간을 사용하는 한 가지 주된 동기는 에너지 균형 방정식(14.13)에서 나온 다루기 불편한 재귀적 정의와 달리 경로에 대한 명시적 적분으로 측정값의 표현을 제공하기 때문이다.

명시적 형은 이 경로를 어떻게 찾는지에 대한 고려할 만한 자유도를 허용한다. 본질적으로 임의의 경로를 선택하는 기술은 작업 가능한 렌더링 알고리즘으로 변환돼 주어진 충분한 표본에 대한 맞는 답을 계산한다. 이 형태의 LTE는 16장의 양방향 빛 전송 알고리즘의 기반을 제공한다.

면적 적분에서 LTE의 빛 전달 경로를 포함한 경로 적분에 대한 합으로 가기 위해 세 점에서 빛 전송 방정식의 확장을 시작하며, 반복적으로 방정식의 오른쪽 항에 있는 적분 안의 $L(\mathrm{p}'' \to \mathrm{p}')$로 치환한다. 다른 점 p_1에서 입사하는 방사를 점 p_0에 제공하는 처음 몇 항이 있으며, p_1은 p_0에서 광선을 따라 $\mathrm{p}_1 - \mathrm{p}_0$의 방향으로 나갈 때 표면 위의 첫 점이다.

$$
\begin{aligned}
L(\mathrm{p}_1 \to \mathrm{p}_0) = L_\mathrm{e}(\mathrm{p}_1 \to \mathrm{p}_0) \\
&+ \int_A L_\mathrm{e}(\mathrm{p}_2 \to \mathrm{p}_1) f(\mathrm{p}_2 \to \mathrm{p}_1 \to \mathrm{p}_0)\, G(\mathrm{p}_2 \leftrightarrow \mathrm{p}_1) \mathrm{d}A(\mathrm{p}_2) \\
&+ \int_A \int_A L_\mathrm{e}(\mathrm{p}_3 \to \mathrm{p}_2) f(\mathrm{p}_3 \to \mathrm{p}_2 \to \mathrm{p}_1)\, G(\mathrm{p}_3 \leftrightarrow \mathrm{p}_2) \\
&\quad \times f(\mathrm{p}_2 \to \mathrm{p}_1 \to \mathrm{p}_0)\, G(\mathrm{p}_2 \leftrightarrow \mathrm{p}_1)\, \mathrm{d}A(\mathrm{p}_3)\, \mathrm{d}A(\mathrm{p}_2) + \cdots
\end{aligned}
$$

이 방정식에서 우 변의 각 항은 증가하는 길이의 경로를 표현한다. 예를 들어 3번째 항은 그림 14.16에 묘사돼 있다. 이 경로는 3개의 선분으로 연결된 4개의 정점을 가진다. 이런 경로 중 길이가 4(예, 카메라의 정점, 장면의 표면 위의 점의 두 정점, 광원 위의 정점)인 모든 경로의 전체 기여는 다음의 항으로 주어진다. 여기서 경로의 첫 두 정점 p_0와 p_1은 카메라 광선 원점과 광선과 교차하는 점에 기반을 두고 미리 결정되지만, p_2와 p_3는 장면의 표면에 있는 모든 점에서 변화할 수 있다. 이런 p_2와 p_3에 대한 적분은 카메라에 도달하는 방사에 대한 4의 길이를 갖는 경로의 전체 기여를 제공한다.

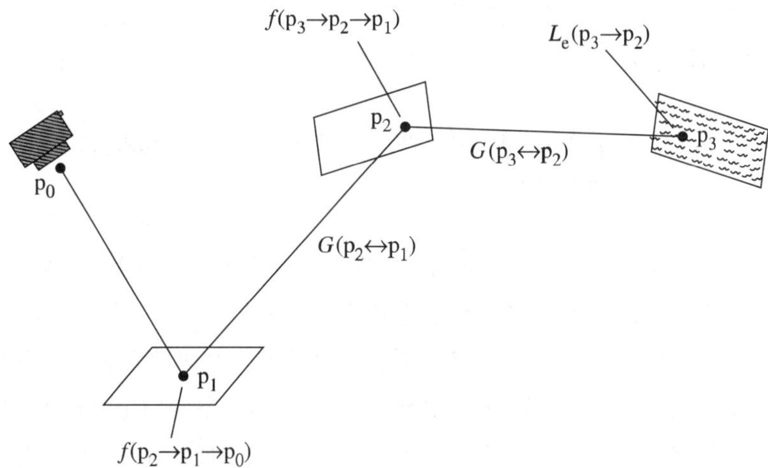

그림 14.16 장면에 표면 위에 있는 모든 점 p_2에 대한 적분은 p_0의 방향으로 p_1을 나가는 방사에서 반사 경로 두 번의 전체 기여를 제공하는 빛 전송 방정식으로 주어진다. 피적분 함수의 곱의 요소는 다음과 같다. 빛에서 방출된 방사 L_e, 정점 사이의 기하학적 항 G, BSDF의 산란 f다.

이 무한 합은 다음과 같이 간략히 작성할 수 있다.

$$
L(\mathrm{p}_1 \to \mathrm{p}_0) = \sum_{n=1}^{\infty} P(\bar{\mathrm{p}}_n). \tag{14.16}
$$

$P(\bar{\mathrm{p}}_n)$은 $n + 1$ 정점의 경로 $\bar{\mathrm{p}}_n$에 산란된 방사의 양을 제공한다.

$$\bar{p}_n = p_0, p_1, \ldots, p_n$$

p_0는 필름 면이나 전방 렌즈 요소이고 p_n은 광원 위에 있으며, 다음과 같다.

$$P(\bar{p}_n) = \underbrace{\int_A \int_A \cdots \int_A}_{n-1} L_e(p_n \to p_{n-1}) \times \left(\prod_{i=1}^{n-1} f(p_{i+1} \to p_i \to p_{i-1}) \, G(p_{i+1} \leftrightarrow p_i) \right) dA(p_2) \cdots dA(p_n). \quad [14.17]$$

더 진행하기 전에 추후의 논의에서 유용한 하나의 추가 항을 정의한다. 경로의 BSDF와 기하 구조 항의 곱은 경로의 투과량[throughput]이라고 불린다. 이는 광원에서 카메라 사이의 모든 정점에서 산란 이후에 남은 방사의 양을 묘사한다. 이를 다음과 같이 표기한다.

$$T(\bar{p}_n) = \prod_{i=1}^{n-1} f(p_{i+1} \to p_i \to p_{i-1}) \, G(p_{i+1} \leftrightarrow p_i), \quad [14.18]$$

그러므로 다음과 같다.

$$P(\bar{p}_n) = \underbrace{\int_A \int_A \cdots \int_A}_{n-1} L_e(p_n \to p_{n-1}) \, T(\bar{p}_n) \, dA(p_2) \cdots dA(p_n)$$

주어진 방정식(14.16)과 특정 길이 n에 대해 p_0에 길이 n의 경로로 도달하는 방사의 몬테카를로 예측을 계산하기 위해 필요한 것은 장면에서 경로를 생성하기 위해 적절한 표본화 밀도로 정점의 집합을 표본화하고 해당 정점을 사용해 $P(\bar{p}_n)$의 예측치를 계산하는 것뿐이다. 카메라에서 시작하는 경로로 해당 정점을 생성하거나, 빛에서 시작하거나 양 끝에서 시작하거나, 중간점에서 시작하는 것은 몬테카를로 예측을 계산할 때 어떻게 가중치를 줄이는지에만 영향이 있다. 이 공식이 실제로 14장과 이후 2개의 장에서 실제 빛 전송 알고리즘으로 이어지는지 알아본다.

14.4.5 피적분 함수에서의 델타 분포

델타 함수는 델타 분포로 설명되는 BSDF 요소와 광원의 특정 형태로 인해 $P(\bar{p}_i)$의 항으로 표현된다(예, 점광원과 방향 광). 이 분포는 존재할 경우 빛 전송 알고리즘에서 명시적으로 처리돼야 한다. 예를 들어 점광원에 교차할 표면 위의 점에서 나가는 방향을 임의로 선택하는 것은 불가능하다. 대신 기여를 포함하는 것이 가능하게 하려면 명시적으로 점에서 광원으로 하나의 방향을 선택할 필요가 있다(델타 요소를 가진 BSDF를 표본화할 경우도 마찬가지다). 이 경우를 처리하는 동안 적분기에 추가적인 복잡도가 도입되지만, 이는 일반적으로 계산할 적분의 차원을 줄여주므로 긍정적으로 도입되며, 일부를 단순한 합으로 변환한다.

예를 들어 하나의 점광원 `plight`를 가진 장면에서 직접 조명 항 $P(\bar{p}_2)$의 경우 델타 분포로 설명된다.

$$\begin{aligned} P(\bar{p}_2) &= \int_A L_e(p_2 \to p_1)\, f(p_2 \to p_1 \to p_0)\, G(p_2 \leftrightarrow p_1)\, dA(p_2) \\ &= \frac{\delta(p_{light} - p_2)\, L_e(p_{light} \to p_1)}{p(p_{light})} f(p_2 \to p_1 \to p_0)\, G(p_2 \leftrightarrow p_1) \end{aligned}$$

달리 말해 p_2는 반드시 장면에서 빛의 위치와 같아야만 한다. 분자의 델타 분포는 $p(p_{light})$에 내재된 델타 분포(14.5.4절의 델타 분포의 표본화에 대한 설명을 상기하자)로 상쇄되며, 직접 계산할 수 있는 항만 남으므로 몬테카를로가 필요 없다. 유사한 상황은 델타 분포를 경로 투과량 $T(\bar{p}_n)$를 가진 BSDF에도 해당된다. 각각은 계산해야 할 예측치의 면적에 대한 적분을 제거한다.

14.4.6 피적분 함수의 분할

LTE가 특정 상황에 대해 해를 얻는 데 특히 훌륭하지만, 다른 경우에 잘 작동하지 않는(혹은 전혀 작동하지 않는) 많은 렌더링 알고리즘이 개발됐다. 예를 들어 휘티드 적분기는 델타 BSDF의 거울 반사만 처리하며, 확산광과 광택 반사 BSDF에서 산란된 빛의 곱을 무시한다. 16.2.2절은 밀도 예측의 개념을 도입해서 **확률적 점진형 광자 매핑**SPPM, Stochastic Progressive Photon Mapping으로 알려진 렌더링 알고리즘을 구현하는 데 사용된다. 알고리즘이 사용하는 기반 밀도 예측은 확산 표면에서 잘 작동하는데, 산란된 방사는 이 경우 표면 위치에만 의존해 2D 방사 불연속을 저장하지만, 광택 표면의 경우 경로 추적 같은 다른 기술로 변경되는 것이 선호된다.

여기서 모든 산란의 방식을 어떤 기여도 무시하거나 이중 고려하지 않는 정확한 빛 전송 알고리즘을 유도하는 것이 가능하게 하려면 LTE의 어떤 부분을 특정 방식으로 고려할지 신중하게 살펴야 한다. 이 문제를 처리하는 좋은 방식은 LTE를 다양한 방식으로 분할하는 것이다. 예를 들어 경로의 합을 다음과 같이 확장해보자.

$$L(\mathrm{p}_1 \to \mathrm{p}_0) = P(\bar{\mathrm{p}}_1) + P(\bar{\mathrm{p}}_2) + \sum_{i=3}^{\infty} P(\bar{\mathrm{p}}_i)$$

첫 항은 명백히 p_1에서의 방출된 방사를 계산해 평가할 수 있으며, 두 번째 항은 정확한 직접 광 해결 기술로 풀 수 있지만, 나머지 항은 더 빠르지만 덜 정확한 방식으로 처리할 수 있다. 렌더링하는 장면에서 전체 반사 방사에 대한 이 추가 항의 기여가 상대적으로 작다면 이는 합리적인 접근 방식이다. 한 가지 세부 사항은 $P(\bar{\mathrm{p}}_3)$와 그 이후(비슷하게 다른 항에 대해서도)를 처리하는 알고리즘에서 $P(\bar{\mathrm{p}}_1)$ 와 $P(\bar{\mathrm{p}}_2)$를 신중히 무시하는 것이 중요하다는 것이다.

또한 개별 $P(\bar{\mathrm{p}}_n)$을 분할하는 것이 유용하다. 예를 들어 방출 항을 작은 광원 $L_{\mathrm{e,s}}$에서의 방출 항과 큰 광원 $L_{\mathrm{e,l}}$에서의 방출로 분리해 두 분리된 적분을 예측하길 원할 수 있다.

$$\begin{aligned}
P(\bar{\mathrm{p}}_n) &= \int_{A^{n-1}} (L_{\mathrm{e,s}}(\mathrm{p}_n \to \mathrm{p}_{n-1}) + L_{\mathrm{e,l}}(\mathrm{p}_n \to \mathrm{p}_{n-1}))\, T(\bar{\mathrm{p}}_n)\, \mathrm{d}A(\mathrm{p}_2) \cdots \mathrm{d}A(\mathrm{p}_n) \\
&= \int_{A^{n-1}} L_{\mathrm{e,s}}(\mathrm{p}_n \to \mathrm{p}_{n-1})\, T(\bar{\mathrm{p}}_n)\, \mathrm{d}A(\mathrm{p}_2) \cdots \mathrm{d}A(\mathrm{p}_n) \\
&\quad + \int_{A^{n-1}} L_{\mathrm{e,l}}(\mathrm{p}_n \to \mathrm{p}_{n-1})\, T(\bar{\mathrm{p}}_n)\, \mathrm{d}A(\mathrm{p}_2) \cdots \mathrm{d}A(\mathrm{p}_n).
\end{aligned}$$

두 적분은 독립적으로 계산할 수 있으며, 완전히 다른 알고리즘이나 다른 조건을 처리하는 방식에서 선택한 다른 표본수를 사용할 수 있다. $L_{\mathrm{e,s}}$ 적분의 예측이 큰 빛의 어떤 방출도 무시하고, $L_{\mathrm{e,l}}$ 적분의 예측은 작은 빛의 방출을 무시하고, 모든 빛이 큰 빛 혹은 작은 빛으로 분류되기만 한다면 최종적으로 정확한 결과가 계산된다.

최종적으로 BSDF 항 역시 분리가 가능하다(사실 이 응용은 8.1절에서 도입한 BSDF에서 BxDFType 값의 구분이 필요한 이유를 알려준다). 예를 들어 f_Δ가 델타 분포로 설명된 BSDF의 요소의 표기고 $f_{\neg\Delta}$가 나머지 요소를 표기한다면 다음과 같다.

$$\begin{aligned}
P(\bar{\mathrm{p}}_n) = \int_{A^{n-1}} & L_{\mathrm{e}}(\mathrm{p}_n \to \mathrm{p}_{n-1}) \\
& \times \prod_{i=1}^{n-1} \left(f_\Delta(\mathrm{p}_{i+1} \to \mathrm{p}_i \to \mathrm{p}_{i-1}) + f_{\neg\Delta}(\mathrm{p}_{i+1} \to \mathrm{p}_i \to \mathrm{p}_{i-1}) \right) \\
& \times G(\mathrm{p}_{i+1} \leftrightarrow \mathrm{p}_i)\, \mathrm{d}A(\mathrm{p}_2) \cdots \mathrm{d}A(\mathrm{p}_n).
\end{aligned}$$

이 곱에서 i - 1개의 BSDF 항이 있으므로, f 요소의 항만 고려하거나 f_Δ 요소만의 항을 고려하지 않도록 신중해야 한다. $f_\Delta f_{\neg\Delta} f_{\neg\Delta}$ 같은 모든 항이 이런 구분 방식을 사용했을 때 반드시 고려돼야 한다.

14.5 경로 추적

빛 전송 방정식의 경로 적분 형태를 유도했으므로, 어떻게 경로 추적 빛 전송 알고리즘을 유도하고 경로 추적 적분기를 보여주는 데 사용할지를 보여줄 수 있다. 그림 14.17은 다른 픽셀 표본의 수로 경로 추적 적분기를 사용해 렌더링한 장면의 이미지를 비교한다. 일반적으로 고품질 결과를 위해 픽셀당 수백 수천의 표본이 필요하며, 잠재적으로 상당한 계산 비용이 든다.

경로 추적은 그래픽에 사용된 첫 범용 비편향 몬테카를로 빛 전송 알고리즘이다. Kajiya (1986)는 이를 처음으로 빛 전송 방정식을 설명한 동일한 논문에서 소개했다. 경로 추적은 카메라에서 시작하고 장면의 광원에서 끝나는 점진적으로 산란 현상의 경로를 생성한다. 이를 생각하는 한 가지 방법은 휘티드의 방법의 델타 항만 고려하지 않고 델타 분포와 비델타 BSDF와 광원을 같이 포함하는 확장으로 생각할 수 있다.

기본 빛 전송 방정식에서 경로 추적을 직접 유도하는 것이 살짝 더 쉽더라도 대신 경로 적분의 형태로 접근해서 경로 적분 방정식에 대한 이해를 돕고 양방향 경로 추적을 이해하기 쉽게 한다. 양방향 경로 추적은 카메라뿐 아니라 빛에서도 시작하는 경로를 생성하는 기술이다. 이는 이 절의 마지막에서 다룬다(구현은 되지 않는다). `MetropolisRenderer`를 위한 단순 양방향 경로 추적을 가진 16.3절을 참고하라.

14.5.1 개요

주어진 LTE의 경로 적분 형태에 대해 카메라 광선의 교차점 점 p_1에서 출사 방사의 값을 추산하기 위해 p_1에서 처음으로 장면과 교차하는 주어진 카메라 광선 p_0에 대해 다음과 같다.

$$L(\text{p}_1 \to \text{p}_0) = \sum_{i=1}^{\infty} P(\bar{\text{p}}_i)$$

(a)

(b)

그림 14.17 산 미구엘 장면을 경로 추적으로 렌더링한 결과. (a) 픽셀당 1024개의 표본으로 렌더링한 경로 추적. (b) 픽셀당 8개의 표본만 사용해서 렌더링한 결과로, 분산의 특징인 거친 잡음의 특성의 보여준다.

이 예측을 계산하기 위해 반드시 풀어야 할 두 가지 문제가 있다.

1. 무한 수의 $P(\bar{p}_i)$ 항을 합한 값을 한정된 양의 계산으로 어떻게 예측할 것인가?
2. 주어진 특정 $P(\bar{p}_i)$ 항에 대해 하나 이상의 경로 $\bar{p}$를 다차원 적분의 몬테카를로 예측을 계산하기 위해 어떻게 생성할 것인가?

경로 추적을 위해서 물리적으로 유효한 장면에 대해 전체적으로 더 많은 정점이 산란할수록 더 적은 정점이 산란하는 경로보다 더 적은 빛이 산란하게 된다(이는 특정 경로의 쌍에 대해서는 반드시 참이진 않으며, 집합적으로 참일 뿐이다). 이는 BSDF의 에너지 보존 법칙에 따른 자연스러운 결과다. 그러므로 항상 첫 몇 개의 항 $P(\bar{p}_i)$를 예측한 후에 편향을 도입하지 않으면서 한정된 수의 항 이후에 표본화를 멈추기 위해 러시안 룰렛을 적용하기 시작한다. 13.7절에서 러시안 룰렛은 확률적으로 종료되지 않은 항을 재가중화하기에 충분히 긴 합의 항을 계산해서 계산을 멈추게 할 수 있다. 예를 들어 항상 $P(\bar{p}_1)$, $P(\bar{p}_2)$, $P(\bar{p}_3)$의 예측을 계산하지만 확률 q로서 더 이상의 항을 계산하지 않고 멈추게 되면 비편향적 합의 예측은 다음과 같다.

$$P(\bar{p}_1) + P(\bar{p}_2) + P(\bar{p}_3) + \frac{1}{1-q}\sum_{i=4}^{\infty} P(\bar{p}_i)$$

러시안 룰렛을 이런 식으로 사용하는 것은 무한 합의 계산 문제를 해결하지는 못하지만, 해결에 좀 더 가까워진다.

이 개념을 좀 더 채용해 대신 임의로 합의 계산 종료를 각 항에서 q의 확률로 고려하면 다음과 같다.

$$\frac{1}{1-q_1}\left(P(\bar{p}_1) + \frac{1}{1-q_2}\left(P(\bar{p}_2) + \frac{1}{1-q_3}\left(P(\bar{p}_3) + \cdots\right.\right.\right.$$

결과적으로 연속된 합의 계산을 멈추게 된다. 특정 값 i에 대해 $P(\bar{p}_i)$의 항을 계산하는 0보다 큰 확률이 있고, 계산할 때 적절히 가중되므로 최종 결과는 합이 비편향적인 합의 예측이 된다.

14.5.2 경로 표본화

주어진 무한 합의 한정된 수의 항만 계산하는 이 방식에서 특정 항 $P(\bar{p}_i)$의 기여를 예측하는 방식이 필요하다. 경로를 명시하는 $i + 1$ 정점이 필요하며, 광원 위의 마지막 정점은 p_i이며 첫 정점 p_0은 카메라 필름이나 렌즈 위의 점이다(그림 14.18). $P(\bar{p}_i)$의 형태로 봤을 때 장면에서 물체의 표면 면적에 대한 다중 적분이며, 이를 위한 가장 자연스러운 방식은 정점 p_i를 장면에서 물체의 표면 면적에 대응해 표본화하는 것으로, 어떤 다른 점 p_i에 대해 장면에서 물체 위의 특정 점을 표본화하는 것과 마찬가지다(나중에 설명할 이유로 이 방식을 실제로 PathIntegrator에 구현하지 않았지만, 이 표본화 기술은 기본 구현의 효율을 개선하고 경로 적분 LTE의 의미를 명시하는 데 도움을 준다).

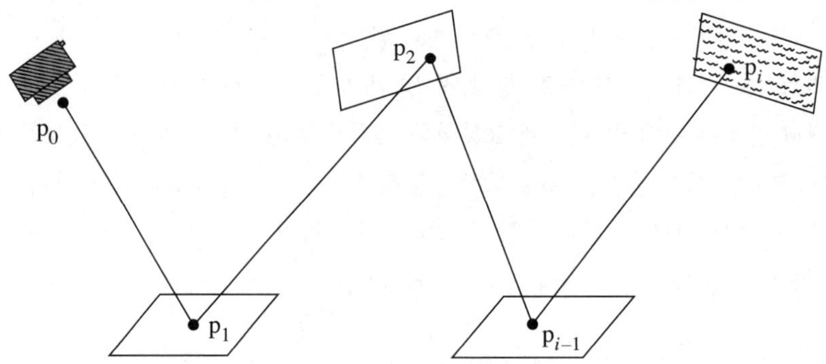

그림 14.18 카메라 p에서 빛 위의 점 p_i까지의 $i+1$ 정점의 경로 $\bar{p}_i$는 장면에서 표면 위에 있는 일련의 위치와 교차한다. 이 경로로 인해 카메라에 도달하는 방사 같이 BSDF에 대한 p_i에서 p_{i-1}까지의 각 경로 정점에서 일어나는 산란은 경로 투과량 $T(\bar{p}_i)$와 빛에서 방출된 방사의 곱을 경로 표본화 가중치로 나눈 것이다.

장면에서 n개의 물체에 대한 구분된 확률을 정의할 수 있다. 각각이 표면 면적 A_i를 가지면 i번째 물체의 표면에서 경로 정점을 표본화하는 확률은 다음과 같다.

$$p_i = \frac{A_i}{\sum_j A_j}$$

그 후 균일 확률을 가진 i번째 물체 위의 점을 표본화하는 주어진 방식에 대해 물체 i 위의 특정 점을 표본화하는 PDF는 $1/A_i$다. 그러므로 점을 표본화하는 전체적인 확률 밀도는 다음과 같다.

$$\frac{A_i}{\sum_j A_j} \frac{1}{A_i}$$

그리고 모든 표본 p_i가 같은 PDF 값을 가진다.

$$p_A(p_i) = \frac{1}{\sum_j A_j}$$

의도가 장면에서 표면 위의 모든 점을 같은 확률로 선택하는 것이므로 이는 모두 같은 가중치를 갖는 것을 다시 보증한다.

주어진 정점의 집합 p_0, p_1, ..., p_{i-1}이 다음의 방식으로 표본화되며, 그 후 마지막 정점 p_i를 장면의 광원 위에서 표본화하고 그 PDF를 같은 방식으로 정의한다. 빛 위의 점을 표본화하는 데 경로 정점을 표본화하는 것과 같은 기술을 사용할 수 있더라도 이는 p_i가 방출자의 표면 위에 있지 않은 모든 경로에서 경로가 0의 값을 갖게 돼 높은 분산으로 이어진다. 기댓값은 여전히 적분의 정확한 값이지만 수렴이 극도로 느리다. 더 나은 방식은 적절히 갱신되는 확률을 가진 방출하는 물체에 대한 영역에 대해서만 표본화하는 것이다. 주어진 완전한 경로에서 $P(\bar{p}_i)$의 예측을 계산하기 위한 모든 정보를 갖고 있다. 이는 각각의 항만을 계산하는 문제다.

이 일반적인 방식에 어떻게 표본화 확률을 설정할지에 대해 더 창의적이 되기는 쉽다. 예를 들어 장면에서 대부분의 조명이 몇 개 물체에서의 간접 조명이 기여한다는 것을 안다면 해당 물체에 대해 경로 정점 p_i를 생성하는 데 더 높은 확률을 설정할 수 있으며, 적절히 표본 가중치를 갱신할 수 있다.

하지만 이 방식의 경로 표본화와 상호 연관된 두 가지 문제가 있다. 첫 번째 문제는 높은 분산으로 이어지며, 두 번째 문제는 부정확한 결과로 이어진다. 첫 번째 문제는 많은 경로가 인접한 정점의 쌍이 상호 간에 보이지 않는 경우 어떤 기여도 하지 않는 것이다. 복잡한 건물 모델에서 이 영역 표본화 방식을 적용하는 것을 고려하자. 경로의 인접 정점은 거의 항상 이들 사이에 하나나 둘의 벽이 존재하며, 경로에 전혀 기여하지 않고 예측에서 과도한 분산을 제공한다.

두 번째 문제는 피적분 함수가 델타 함수를 내재한다면(예, 점광원이나 완벽 거울 반사 BSDF), 이 표본화 기술은 결코 델타 분포가 0이 아닌 경로를 찾을 수 없다. 또한 델타 분포가 아니라도 BSDF가 적은 기여를 가진 거의 모든 경로에서 점진적으로 광택이 되는데, 이는 $f(p_{i+1} \rightarrow p_i \rightarrow p_{i-1})$의 점이 BSDF가 작거나 0의 값을 갖고 다시 높은 분산에 시달리게 된다. 비슷한 방식으로 작은 영역 광원은 또한 명시적으로 표본화되지 않은 경우 분산의 근원이 될 수 있다.

14.5.3 점진적 경로 생성

이 두 문제에 대한 해결책은 경로를 점진적으로 생성하는 것으로, 카메라 정점 p_0에서 시작한다. 각 정점에서 BSDF는 새로운 방향을 생성하기 위해 표본화된다. 다음 정점 p_{i+1}은

p_i에서 표본화된 방향으로 광선을 추적해서 가장 가까운 교차점으로 찾아진다. 중요한 지역 기여를 가진 방향을 찾는 연속적인 선택으로, 전체적으로 높은 기여를 갖는 경로를 효과적으로 찾으려 한다. 이 방식이 효과적이지 않은 상황을 상상해 볼 수 있지만, 일반적으로 좋은 전략이다.

이 방식이 경로를 입체각에 대응해 BSDF를 표본화해 생성하고, 경로 적분 LTE가 장면의 표면 면적에 대해서이므로 입체각 p_ω에 대응하는 확률 밀도에서 영역 p_A에 대한 밀도로 변환하는 보정을 적용해야 한다(5.5절을 상기하자).

$$p_A = p_\omega \frac{|\cos\theta_i|}{\|\mathrm{p}_i - \mathrm{p}_{i+1}\|^2}$$

이 보정은 기하학적 항 $G(\mathrm{p}_i \leftrightarrow \mathrm{p}_{i+1})$의 모든 항이 $\cos\theta_{i+1}$ 항을 제외하고 $P(\bar{\mathrm{p}}_i)$가 상쇄되는 결과를 생성한다. 더욱이 이미 p_i와 p_{i+1}은 p_{i+1}을 찾기 위해 광선을 추적했으므로 반드시 상호적으로 보여야 하며, 따라서 시야 항은 명백히 1이다. 이를 생각하는 다른 방법은 레이 트레이싱이 G의 시야성 요소를 중요도 표본화하는 연산을 제공하는 것이다. 그러므로 이 표본화 기술을 사용하지만, 마지막 정점 p_i를 광원 $p_A(\mathrm{p}_i)$의 표면에 대한 어떤 분포에서 표본화하면 경로에 대한 몬테카를로의 값 예측은 다음과 같다.

$$\frac{L_\mathrm{e}(\mathrm{p}_i \to \mathrm{p}_{i-1}) f(\mathrm{p}_i \to \mathrm{p}_{i-1} \to \mathrm{p}_{i-2})\, G(\mathrm{p}_i \leftrightarrow \mathrm{p}_{i-1})}{p_A(\mathrm{p}_i)} \times \left(\prod_{j=1}^{i-2} \frac{f(\mathrm{p}_{j+1} \to \mathrm{p}_j \to \mathrm{p}_{j-1}) |\cos\theta_j|}{p_\omega(\mathrm{p}_{j+1} - \mathrm{p}_j)} \right). \quad [14.19]$$

14.5.4 구현

경로 추적 구현은 앞 절에서 설명한 방식을 사용해 경로 기여 $P(\bar{\mathrm{p}}_i)$에 대한 합의 예측을 계산하는 것이다. 장면 기하 구조와 카메라 광선의 첫 교차점 p_1에서 시작해 점진적으로 경로 정점을 현재 정점에서의 BSDF의 표본화 분포에서 표본화해 다음 정점으로 광선을 추적해 추출한다. 특정 경로의 장면에서 광원 위에 반드시 있어야 하는 마지막 정점 p_i를 찾기 위해 직접 광 적분기를 위해 개발된 다중 중요도 표본화에 기반을 둔 직접 광 코드를 사용한다. 앞서 설명한 것처럼 예측치를 계산할 때 다중 중요도 표본화 가중치를 $p_A(\mathrm{p}_i)$ 대신 사용하면 BSDF를 표본화하는 경우가 광원 위의 점을 찾는 데 더 나은 방식인 경우에 결과에서 더 낮은 분산을 나타낸다.

빛이 어떻게 표본화되는지를 차치하더라도 또 다른 작은 차이점은 경로 기여 항 $P(\bar{p}_i)$의 예측이 계산되는 동안, 이전 길이 $i - 1$의 경로에서 정점(방출자 위의 정점을 제외한 모든 것)이 길이 i의 경로를 생성하는 데 시작점으로도 다시 사용된다는 점이다. 이는 새 경로를 생성하기 위해 처음부터 시작했을 때 i개의 광선만이 필요한 것과 달리 하나의 추가 광선만을 추적하면 된다는 것이다. 이 방식으로 경로를 재사용하는 것은 합에 있는 모든 $P(\bar{p}_i)$ 항 사이에 연관성을 도입하게 되므로 살짝 결과의 질을 감소시키지만, 실제로는 더 적은 광선을 추적하는 것으로 인해 전체 효율성이 더 증가함으로써 보상된다.

<PathIntegrator Declarations> ≡

```
class PathIntegrator : public SamplerIntegrator {
public:
    <PathIntegrator Public Methods 1039>
private:
    <PathIntegrator Private Data 1039>
};
```

여기서 이전에 사용된 방식으로 경로 표본화를 끝내기 위해 러시안 룰렛이 사용됐더라도 적분기는 최대 깊이도 지원한다. 이는 경로를 종료하기 위해 러시아 룰렛만 사용해야 할 경우 큰 값으로 설정할 수 있다.

<PathIntegrator Public Methods> ≡ 1039

```
PathIntegrator(int maxDepth, std::shared_ptr<const Camera> camera,
        std::shared_ptr<Sampler> sampler)
    : SamplerIntegrator(camera, sampler), maxDepth(maxDepth) { }
```

<PathIntegrator Private Data> ≡ 1039

```
const int maxDepth;
```

경로의 현재 상태를 저장하는 여러 변수가 있다. beta는 경로 투과량 가중치를 가지며, 이는 함수 $T(\bar{p}_{i-1})$의 인자로 정의된다. 예를 들어 현재까지 생성된 정점에 대한 BSDF 값과 코사인 항의 곱을 각각의 표본화 PDF로 나눈 값을 가진다.

$$\beta = \prod_{j=1}^{i-2} \frac{f(p_{j+1} \to p_j \to p_{j-1})|\cos\theta_j|}{p_\omega(p_{j+1} - p_j)}$$

그러므로 경로의 최종 정점에서 직접 광으로 산란된 빛과 beta의 곱은 전체 경로의 기여를 제공한다(이 양은 다음 두 개의 장에서 빈번히 다시 마주치며, 이를 일관적으로 beta로 참조한다). 이 방식으로 앞선 경로 정점의 효과가 집합적이 되므로, 경로의 모든 정점의 위치와 BSDF

를 저장할 필요 없이 마지막에 대해서만 저장하면 된다.

다음의 구현에서 L은 $\Sigma P(\bar{p}_i)$의 실행 누계로 인한 방사 값을 저장하며, ray는 하나 이상의 정점으로 확장하기 위한 다음 광선을 저장하고, specularBounce는 표본화된 나가는 경로 방향이 거울 반사로 인한 것인지를 저장한다. 이를 저장해야 하는 이유는 나중에 설명할 것이다.

<PathIntegrator Method Definitions> ≡

```
Spectrum PathIntegrator::Li(const RayDifferential &r, const Scene &scene,
        Sampler &sampler, MemoryArena &arena, int depth) const {
    Spectrum L(0.f), beta(1.f);
    RayDifferential ray(r);
    bool specularBounce = false;
    for (int bounces = 0; ; ++bounces) {
        <Find next path vertex and accumulate contribution 1040>
    }
    return L;
}
```

적분기의 for문의 매 반복마다 경로의 다음 정점은 현재 광선을 장면 기하 구조와 교차시켜 경로의 직접 광 코드를 사용해 전체 방사 값에 대한 기여를 계산하는 것이다. 새 방향은 그 후 BSDF의 분포를 표본화해서 경로의 마지막 정점에서 선택된다. 몇 개의 정점이 표본화된 후 러시안 룰렛은 경로를 임의로 종료시키는 데 사용된다.

<Find next path vertex and accumulate contribution> ≡ 1040

```
<Intersect ray with scene and store intersection in isect 1040>
<Possibly add emitted light at intersection 1041>
<Terminate path if ray escaped or maxDepth was reached 1041>
<Compute scattering functions and skip over medium boundaries 1042>
<Sample illumination from lights to find path contribution 1042>
<Sample BSDF to get new path direction 1042>
<Account for subsurface scattering, if applicable 1085>
<Possibly terminate the path with Russian roulette 1043>
```

반복문의 첫 단계는 ray와 장면 기하 구조를 교차시켜 다음 경로 정점을 찾는 것이다.

<Intersect `ray` *with scene and store intersection in* `isect`*>* ≡ 1040, 1069

```
SurfaceInteraction isect;
bool foundIntersection = scene.Intersect(ray, &isect);
```

광선이 방출하는 물체에 충돌하면 방출은 보통 무시되는데, 이는 기존 경로 점점이 직접 광 계산에서 이 길이의 경로에 대한 모든 직접 광에 대해 이미 처리했기 때문이다. 이 경우에 2가지 예외가 있다. 첫 번째는 초기 카메라 광선의 교차점이며, 이는 직접 보이는 물체의 방사를 포함할 수 있는 유일한 기회이기 때문이다. 두 번째 예외는 마지막 경로 정점에서 표본화된 방향이 거울 반사 BSDF 요소에서 나왔을 때다. 이 경우 기존 반복에서 직접 조명의 예측은 연관된 디랙 델타 함수를 포함하는 피적분 함수를 계산할 수 없으므로, 반드시 여기에서 고려해야 한다.

<Possibly add emitted light at intersection> ≡ 1040

```
if (bounces == 0 || specularBounce) {
    <Add emitted light at path vertex or from the environment 1041>
}
```

교차를 찾을 수 없으면 광선은 장면을 빠져나오므로 경로 표본화 반복은 종료된다. 비슷하게 반복은 bounces가 최댓값을 초과하면 종료된다.

<Terminate path if ray escaped or maxDepth *was reached>* ≡ 1040

```
if (!foundIntersection || bounces >= maxDepth)
    break;
```

발산된 빛이 포함돼야 할 때 경로 투과량 가중치는 반드시 현재 경로 정점이 발산한 방사(교차를 찾았을 때)나 존재할 경우 무한 영역 광원에서 발산한 방사로 곱해져야 한다.

<Add emitted light at path vertex or from the environment> ≡ 1041

```
if (foundIntersection)
    L += beta * isect.Le(-ray.d);
else
    for (const auto &light : scene.lights)
        L += beta * light->Le(ray);
```

현재 정점에서의 직접 조명을 예측하기 전에 정점에서의 산란 함수를 계산할 필요가 있다. SurfaceInteraction::bsdf가 nullptr인 특별한 경우가 있으며, 이는 현재 표면이 빛에 어떤 효과도 갖지 않는다는 것을 알린다. pbrt는 이런 표면을 반투명 매질 사이의 전이를 표현하는 데 사용하며, 경계 자체는 광학적으로 비활성화된다(예, 양측에 동일한 굴절률을 가진다). 기본 PathIntegrator가 매질을 무시하므로, 이는 단순히 이런 표면을 bounces 계수기에서의 산란 현상으로 추가하지 않고 넘어간다.

<*Compute scattering functions and skip over medium boundaries*> ≡ 1040

```
isect.ComputeScatteringFunctions(ray, arena, true);
if (!isect.bsdf) {
    ray = isect.SpawnRay(ray.d);
    bounces--;
    continue;
}
```

직접 광 계산은 `UniformSampleOneLight()` 함수를 사용하며, 이는 현재 경로의 마지막 정점에서의 직접 광에서 나오는 방사의 예측치를 제공한다. 이 값을 경로 기여에 대한 누적 곱으로 크기 조절하는 것은 전체 방사 예측에의 전체적인 기여를 제공한다.

<*Sample illumination from lights to find path contribution*> ≡ 1040

```
L += beta * UniformSampleOneLight(isect, scene, arena, sampler);
```

이제 BSDF를 현재 경로의 마지막 정점에서 표본화해 다음에 추적할 광선에 대한 나가는 방향을 얻을 필요가 있다. 적분기는 경로 투과량 가중치를 전에 설명한 대로 갱신하고 `ray`를 `for` 반복문의 다음 반복에서 다음 정점을 찾기 위해 추적하는 광선으로 초기화한다.

<*Sample BSDF to get new path direction*> ≡ 1040

```
Vector3f wo = -ray.d, wi;
Float pdf;
BxDFType flags;
Spectrum f = isect.bsdf->Sample_f(wo, &wi, sampler.Get2D(),
        &pdf, BSDF_ALL, &flags);
if (f.IsBlack() || pdf == 0.f)
    break;
beta *= f * AbsDot(wi, isect.shading.n) / pdf;
specularBounce = (flags & BSDF_SPECULAR) != 0;
ray = isect.SpawnRay(wi);
```

광선이 BSSRDF를 가진 재질로 굴절되는 경우는 코드 조각 <*Account for subsurface scattering, if applicable*>에서 특별히 처리되며, 이는 표면 밑 산란이 더 자세히 다뤄진 후인 15.4.3절에서 구현된다.

경로 종료는 몇 번의 반사 이후 종료 경로 투과량 가중치에 기반을 두고 설정된 종료 확률 q를 바탕으로 처리된다. 일반적으로 낮은 기여 경로를 종료하는 더 높은 확률을 갖는 것은 가치가 있는데, 이는 이들이 상대적으로 최종 이미지에 적은 영향을 주기 때문이다(최소 종료 확률은 `beta`가 클 경우에 종료를 보장한다. 예를 들어 큰 BSDF 값이 낮은 표본화 확률로 나눠지는 경우다). 경로가 종료되지 않을 경우 beta은 러시안 룰렛 가중치로 갱신되고 모든 추후 $P(\bar{p}_i)$ 항은 적절히 영향을 받게 된다.

<Possibly terminate the path with Russian roulette> ≡ 1040, 1070

```
if (bounces > 3) {
    Float q = std::max((Float).05, 1 - beta.y());
    if (sampler.Get1D() < q)
        break;
    beta /= 1 - q;
}
```

더 읽을거리

합성 이미지를 생성하는 데 몬테카를로의 전역 조명을 첫 적용한 것은 Tregenza의 조명 디자인에 관한 논문에 설명돼 있다(Tregenza 1983). 쿡의 분포 레이트레이싱 알고리즘은 광택 반사, 영역 광에서의 부드러운 그림자, 몬테카를로 표본화로 피사계 심도를 계산했지만(Cook, Porter, Carpenter 1984; Cook 1986), 일반적인 형태의 빛 전송 방정식은 Kajiya (1986)와 Immel, Cohen, Greenberg(1986) 이전에는 공표되지 않았다. Kajiya의 논문은 또한 빛 전송 방정식을 푸는 데 경로 추적 알고리즘을 도입했다.

빛 전송에 대한 추가적인 중요 이론적인 작업은 Arvo(1993, 1995a)가 처리했으며, 이는 그래픽에서의 렌더링 알고리즘과 전체 행태를 예측하기 위해 고전 물리를 입자와 상호작용에 적용하는 전송 이론의 기존 작업 사이 관계를 연구했다. LTE의 경로 적분 형태의 설명은 Veach의 박사 학위 논문의 기반 구조를 따랐으며, 이는 다른 형태의 LTE와 수학적 구조를 포괄한다(Veach 1997).

몬테카를로 기술

러시안 룰렛과 분할은 그래픽스에서 Arvo와 Kirk(1990)에 의해 소개됐다. Hall과 Greenberg(1983)는 기존에 일정 최소 기여보다 작은 광선을 추적하지 않아서 적응적으로 광선 트리를 종료하는 방식을 제안했다. Arvo와 Kirk의 기술은 비편향이지만, 특정 상황에서는 편향되는 것이 더 적은 잡음으로 원치 않는 결함을 덜 갖게 된다.

쿡과 동료들은 처음으로 적분에 대한 무작위 표본화를 렌더링에 도입했으며(Cook, Porter, Carpenter 1984; Cook 1986), Kajiya(1986)는 범용 경로 추적 알고리즘을 개발했다. 렌더링에서 몬테카를로에 대한 다른 중요한 초기 작업은 Shirley의 박사 학위 논문(Shirley 1990)과 렌더링 알고리즘에서의 편향의 근원에 관한 아르보와 커크의 논문(Kirk와 Arvo 1991) 등이 있다. Shirley(1992)는 균일 난수를 렌더링에 유용한 분포로 변환하는 유용한 여러 방식을 설명했다.

켈러와 동료들은 그래픽에서 의사 몬테카를로의 응용에 대해 광범위하게 작성했다 (Keller 1996, 2001; Friedel과 Keller 2000; Kollig와 Keller 2000, 2002). 켈러의 'Quasi-Monte Carlo image synthesis in a nutshell^간단한 의사 몬테카를로 이미지 합성^'(2012)은 렌더링에서의 의사 몬테카를로에 대한 좋은 소개다.

Talbot et al.(2005)은 중요도 재표본화를 렌더링에 도입했으며, 표준 중요도 표본화의 이 변형이 그래픽스의 다양한 문제에 적용 가능함을 보여줬고, Pegoraro et al.(2008a)은 이미지를 렌더링하는 과정에서 전역 조명에 대한 표본화 PDF를 찾는 접근법을 구현했다.

많은 연구자가 피적분 함수의 복잡한 부분에 더 많은 표본을 추가하는 적응성 표본화와 7장에서의 단순한 재구성 필터보다 더 복잡한 기술로 잡음 있는 표본에서 최종 결과를 재구성하는 적응적 재구성을 연구했다. Zwicker et al.의 연구 문서(2015)에서 이 분야의 최근 작업에 대한 신중한 요약을 알아보자.

BSDF 표본화

14.1.1절에서 구현한 직접 미세면의 보이는 법선 분포에서 표본화하는 방식은 Heitz와 d'Eon(2014)이 개발했다. Heitz(2014a)를 보고 다양한 미세면 분포 함수에 대해 정규 $\mathcal{D}$ 함수를 직접 표본화하는 전통적인 표본화 기술의 전반을 살펴보자.

거친 유전체를 통한 굴절을 처리하기 위해 변수의 변경된 변화 항이 반각 벡터를 나가는 방향으로의 매핑을 고려하기 위해 필요하다. 이 방식에 기반을 둔 모델은 원래 Stam(2001)이 개발했다. Walter et al.(2007)은 개선안을 제안하고 반각 벡터 매핑의 다른 기하학적 합리화를 제공했다.

Lawrence et al.(2004)은 임의의 BRDF 모델을 표본화하는 방법을 개발했으며, 측정된 반사도 자료에 기반을 둔 것을 포함했다. 이들은 4D BRDF를 두 개의 2D 함수의 곱으로 인자화하는 방식을 적용했으며, 둘 다 항상 0보다 크다고 보장돼 이를 중요도 표본화 분포에 사용하는 것을 가능하게 했다. 8장의 '더 읽을거리' 절에서 설명된 더 최근의 BRDF를 적합시키는 매개변수 모델의 개발 대부분은 중요도 표본화를 고려해서 개발했다. `FourierBSDF`에서 사용한 표본화 기술은 Jakob et al.(2014a)이 개발했다.

여러 연구자가 머리카락 반사 모델(보통 Marschner 등의 모델(2003))의 효과적인 표본화를 연구했다. Ou et al.(2012), Hery와 Ramamoorthi(2012), d'Eon et al.(2013) 등을 참고하자. 더 최근에는 Pekelis et al.(2015)이 Marschner 모델을 표본화하는 더 효율적인 방식을 개발했다.

BSDF 모델 같이 그래픽에 관련된 몬테카를로 표본화 루틴의 정확성의 검증을 위해 통계적인 가정을 적용하는 개념은 Subr와 Arvo(2007a)가 소개했다. pbrt의 BSDF 모델 구현의 유효성을 위한 χ^2 테스트 변이는 원래 Jakob(2010)가 미츠바 렌더러의 일부로 개발했다.

직접 광

영역 광에서 부드러운 그림자를 렌더링하는 알고리즘은 먼저 Amanatides(1984), Cook, Porter, Carpenter(1984)가 개발했다. Shirley et al.(1996)은 영역 광원으로 사용하는 여러 모양의 표본화 방식을 유도했다. Arvo는 참조점에 대해 구 위에서 삼각형의 투영 방향을 어떻게 표본화하는지 보여줬다. 이 방법은 삼각형의 영역을 직접 표본화하는 것보다 더 나은 결과를 보여준다(Arvo 1995b). Ureña et al.(2013)과 Pekelis와 Hery(2014)는 투영된 사각형 광원을 표본화하는 비슷한 기술을 개발했다. 14.2.2절에서 구현된 원뿔 안의 각도 (θ, ϕ)를 구 위의 점으로 변환하는 방식은 Akalin(2015)이 유도했다.

Subr와 Arvo(2007b)는 환경 맵 광원의 표본화를 위한 산란 방정식의 cos θ 항을 고려하고 표면 법선 주변의 반구에서만 표본을 생성하는 효율적인 기술을 개발했다.

환경 맵이 집안 장면을 조명하기 위해 사용될 때 많은 입사 방향이 건물 구조체에 가로막힌다. Bashford-Rogers et al.(2013)은 투 패스 알고리즘을 개발해 첫 패스에서는 카메라가 환경 맵에 도달하는 방향을 찾고, 이 정보를 사용해 두 번째 렌더링 패스에서 사용할 표본화 분포를 생성한다. Bitterli et al.(2015)은 이 사안에 대한 흥미로운 해결책을 개발했다. 건물 안의 사각형 입구가 환경 맵의 사각 영역에 매핑되도록 환경 맵을 수정했다. 결과적으로 주어진 조명을 받는 점에서 입구의 투영을 밖으로 계산해 영역 합계표를 사용해서 효율적으로 환경 맵을 표본화했다.

12장의 '더 읽을거리' 절에서 설명했듯이 조명을 위한 환경 맵의 유용한 일반화는 방출된 방사가 위치와 방향에 따라 변할 수 있게 한다. Lu et al.(2015)은 이 광원에 대해 효율적으로 중요도 표본화를 위한 기술을 개발하고, 이 분야의 이전 작업을 설명했다.

그림자 광선을 광원으로 추적하는 비용은 상당히 비싸다. 렌더링 계산에서 이 부분의 효율성을 개선하기 위해 개발된 여러 가지 흥미로운 방식이 있다. Billen et al.(2013)은 잠재적인 차폐물의 임의의 부분집합만을 교차에 대해 테스트하는 기술을 제안했다. 보상 항이 결과가 편향되지 않도록 보장한다. 이어지는 작업은 일부 그림자 테스트를 위해 단순화된 기하 구조를 사용하면서 전체적으로 옳은 결과를 어떻게 계산하는지 보여준다(Billen et al. 2014). 그림자 광선의 비용을 줄이는 다른 방식은 시야성 캐싱으로, 점대점 시야성 함수의 값을 장면 안에 있는 표면 위의 점 뭉치들에 대해 캐싱하는 것이다(Clarberg와 Akenine-Möller 2008b; Popov et al. 2013).

수백 수천의 광원을 가진 장면을 효율적으로 렌더링하는 수많은 방식이 개발됐다(밀집돼 가려진 환경에서 장면의 많은 빛이 카메라에서 보이는 장면의 부분에 거의 기여하지 않게 된다). 이 사안에 대한 초기 작업은 Ward(1991a)와 Shirley et al.(1996)이 처리했다. Wald et al.(2003)은 이미지를 경로 추적과 매우 낮은 표본화율(예, 픽셀당 한 경로)로 렌더링하는 것을 제안했고, 어떤 광원이 이미지에 기여하는지의 정보를 저장했다. 이 정보는 그 후 각 빛의 표본화에 대한 확률을 설정하는 데 사용했다. Donikian et al.(2006)은 적응적으로 여러 빛 표본을 추출하는 반복적인 과정으로 빛을 표본화하기 위한 PDF를 찾는 과정을 제안했고, 어떤 것이 효과적인지 기록해 이 정보를 근처 픽셀에서 재사용했다. 16장의 '더 읽을거리' 절에서 설명할 라이트컷Lightcut 알고리즘 역시 이 문제를 처리했다.

pbrt의 직접 조명 루틴은 BSDF의 표본과 광원 표본화 분포를 조합한 다중 중요도 표본화를 바탕으로 한다. 많은 경우 잘 동작하지만, 이 두 함수의 곱이 현격하게 다를 경우 효과적이지 않다. 곱 분포에서 직접 표본화하기 위한 더 효과적인 다양한 방식이 개발됐다(Burke et al. 2005; Cline et al. 2006). Clarberg, Rousselle와 동료들은 BSDF와 조명을 웨이블릿 기저로 표현하는 것에 기반을 둔 기술을 개발해 그의 곱에서 효율적으로 표본화했다(Clarberg et al. 2005; Rousselle et al. 2008; Clarberg와 Akenine-Möller 2008a). 직접 조명 계산의 효율성은 BSDF, 조명, 시야의 3중 곱에서 표본화해 더욱 개선될 수 있다. 이 사안은 Ghosh 및 Heidrich(2006)와 Clarberg 및 Akenine-Möller(2008b)가 조사했다. 마지막으로 Wang과 Åkerlund(2009)는 이 방식들에 사용된 빛 표본화 분포에서의 간접 조명 분포에 대한 근사를 포함하는 기술을 개발했다.

Subr et al.(2014)은 다중 중요도 표본화와 직접 광 계산에서 표본화 지터링을 조합해 수렴률을 개선하는 표본화 개선 방안을 제안했다.

기타 주제

완전한 분광 렌더링에서 가끔은 단일 파장에 기반을 둔 광선에 대해 SPD에서 표본화하는 연산이 필요할 수 있다(예를 들어 파장 의존적 굴절률). 이런 경우 Radziszewski et al.(2009)은 분산을 줄이는 다중 중요도 표본화의 응용을 소개했다.

와드와 동료들은 방사 조도 캐싱 알고리즘을 개발했으며, 이는 여러 논문에서 설명됐다(Ward, Rubinstein, Clear 1988; Ward 1994b). 기본 개념은 간접 조명에서의 방사 조도를 장면 안의 표면 위에 있는 간헐적인 점의 집합에서 캐싱하는 것이다. 간접 조명은 일반적으로 변화가 느리므로 방사 조도는 안전하게 보간될 수 있다. Tabellion과 Lamorlette(2004)는 방사 조도 캐싱의 여러 추가적인 개선을 설명해 영화 제작에서의 렌더링에 적합하게 했다. Křivánek과 동료들은 방사 조도 캐싱을 방사 캐싱으로 일반화해서 입사 방사의 더 복잡한 방향성 분포를 저장해 광택 표면에서의 더 정확한 음영을 계산할 수 있게 했다(Křivánek et al. 2005). 최근의 Schwarzhaupt 등은 캐싱 점의 유효성을 평가하는 입사광의 2차 확장을 사용하는 더 나은 방법을 제안했다(Schwarzhaupt et al. 2012).

연습문제

❷ 14.1 `BSDF::Sample_f()` 메서드에서 현재 구현의 단점 중 하나는 `BxDF`의 일부가 다른 것보다 `BxDF`의 전체적인 결과에 훨씬 큰 기여를 한다면 그들을 균일하게 선택해 표본화 분포를 결정하는 것은 차선책이 될 수 있다. 이 메서드를 상대적인 반사도에 대신 대응해서 `BxDF`를 선택하게 변경하라(또한 이 변경을 고려해 `BSDF::Pdf()`를 갱신하는 것을 잊지 마라). 기존 메서드보다 이 방식이 훨씬 나은 `Material`에 대한 매개변수의 조정된 집합을 생성할 수 있는가? 이 변경이 특정 장면에서 몬테카를로의 효율성에 눈에 띄는 효과를 갖는가?

❶ 14.2 현재 표면의 점을 표본화할 때 적절히 부분 구와 원반에 대해 고려하지 않아서 버그가 있는 `Sphere::Sample()`과 `Disk::Sample()` 메서드를 수정하라. 현재 구현에서의 오류를 보여주는 장면을 생성하고 당신의 해법이 완전히 개선하는 것을 보여라.

❷ 14.3 14장의 개선된 구 표본화 메서드와 비슷하게 수신점에서 봤을 때 보이는 영역에 대해서만 점을 선택하는 원통 영역 광원에 대한 표본화를 유도할 수 있다(Gardner et al. 1987; Zimmerman 1995). 이 메서드에 대해 더 학습하거나 혹은

직접 재유도하고, 이런 알고리즘을 구현하는 Cylinder::Sample()의 새로운 구현을 작성하라. pbrt가 새 메서드로 여전히 정확한 이미지를 생성하고, 개선된 버전이 고정 수의 추출 표본에 대해 얼마나 많은 분산을 줄이는지 측정하라. 효율성이 얼마나 개선됐는가? 분산의 감소량과 효율성의 증가량 사이에 불일치를 어떻게 설명할 것인가?

❸ 14.4 InfiniteAreaLight::Sample_Li()에서 구현된 표본화 방식은 집안 환경 같은 장면에서 효과적이지 않으며, 이는 많은 방향이 건물 구조체에 가려지기 때문이다. 이 문제에 대한 하나의 방식은 창문 같은 빛이 지나가는 입구의 표현을 제공하는 것이다. 이 입구는 그 후 빛으로 이어지는 경로를 찾기 위한 영역으로 표본화된다. 하지만 이런 방식은 광원의 방향성 방사 분포를 고려하지 않는다.

Bitterli et al.(2015)은 사각형 입구가 환경 맵의 사각형 영역이 되는 개선된 방법을 제안했고, 이를 통해 결과적으로 직접 표본화할 수 있다. 이 방식을 pbrt의 새로운 InfiniteAreaLight 표본화 방식으로 구현하고, 효율성의 개선을 렌더링되는 장면의 일부를 무한 광원 사이에서 상당한 양의 차폐가 있는 장면을 렌더링해서 측정하라.

❷ 14.5 14장에서 구현한 무한 영역 광 중요도 표본화 메서드는 광원의 방사 분포와 완벽하게 일치하지 않는다. 방사 함수가 이중 선형 보간으로 이미지 표본 사이에서 계산되지만 표본화 분포는 살짝 흐려진 버전에 대한 텍스처 맵의 구간 상수 함수로 계산되는 것을 기억하자. 어떤 경우에 이 불일치는 지역적으로 극도로 밝은 텍셀이 있는 곳에서 높은 분산으로 이어진다(최악의 경우 1개를 제외한 모든 텍셀이 아주 작은 값을 갖고, 그 하나는 다른 것보다 10,000배 밝은 경우의 광원을 고려하자). 이 경우 함수의 값은 표본에 매우 가까운 점에서 표본화 PDF로 예측한 값보다 훨씬 높을 수 있으며, 이는 높은 분산으로 이어진다($f(x)/p(x)$가 크다).

이 문제가 pbrt에서 분명히 드러나는 환경 맵을 생성하고, 시스템을 수정해 과도한 분산이 사라지게 하라. 한 가지 방법은 시스템을 수정해 표본화 분포와 조명 함수가 이중 선형 필터링을 사용하지 않고 점 표본화로 찾아 환경 맵을 완벽히 일치시키는 것이지만 이는 환경 맵에서 원하지 않는 이미지 오류로 이어지며, 특히 카메라에서 직접 보일 때 그렇다. 점 표본화 환경 맵을 직접 광 계산에서만 사용하고 카메라 광선과 광택 반사를 겪은 광선만 이중 선형 필터링을 사용하는 방법을 찾을 수 있는가?

다른 방법은 표본화 분포를 수정해 이중 선형 필터링된 환경 맵 값이 완벽히 일치하게 하는 것이다. 이중 선형 함수의 완벽한 2D 표본화 분포를 계산할 수 있지만, 무작위 변수에 대응하는 표본 값을 찾는 것이 2차 방정식을 풀어야 하기에 계산적으로 비싸진다. 이 부하가 분산 저하의 결과로 인해 감수할 수 있을 만한 장면을 생성할 수 있는가?

❷ 14.6 효율성을 더 증대하기 위해 러시안 룰렛은 최종 이미지에 낮은 기여를 하는 많은 그림자 광선의 추적을 생각하기 위해 적용할 수 있다. 이 접근법을 구현하기 위해 광선을 추적하기 전에 각 그림자 광선의 최종 기여에 대한 잠재적 기여를 계산하라. 기여가 일정 기준 이하면 러시안 룰렛을 적용해 광선의 추적을 생략할 수 있다. 러시안 룰렛이 항상 분산을 증가시키는 것을 기억하라. 구현의 효과성을 계산할 때 특정 품질 단계에서 이미지를 렌더링할 때 얼마나 걸리는지에 대한 효율성을 고려해야 한다.

❷ 14.7 비치의 러시안 룰렛을 적용할 때 기준 값을 적응적으로 선택하는 효율성 최적화 러시안 룰렛의 설명을 읽자(Veach 1997; Section 10.4.1). 이 알고리즘을 pbrt에서 구현하고 효과성을 수동을 설정한 기준 값과 비교하라.

❸ 14.8 빛과 BSDF 분포의 곱에서 표본을 생성하는 기술을 구현하라. Burke et al.(2005), Ghosh et al.(2005), Cline et al.(2006), Clarberg et al.(2005), Rousselle et al.(2008)의 논문을 참고하자. 구현한 방식의 효과성을 현재 pbrt에 구현된 직접 조명 계산과 비교하라. 두 기술에서 장면 복잡도가 얼마나(그리고 얼마나 그림자 광선을 추적하는 데 비싼지) 몬테카를로 효율성에 영향을 주는지 조사하라.

❷ 14.9 Clarberg와 Akenine-Möller(2008b)는 시야 캐싱, 계산, 장면의 점에서 광원 시야에 관한 정보를 보간하는 알고리즘을 설명했다. 이 방식을 구현하고 사용해 pbrt의 직접 조명 계산을 개선하라. 어떤 종류의 장면이 특히 효과적인가? 전혀 도움이 되지 않는 장면이 있는가?

❷ 14.10 장면을 많은 수의 광원으로 렌더링하는 알고리즘을 조사하라. 예를 들어 이 주제에 대해 Ward(1991a), Shirley, Wang, Zimmerman(1996), Keller와 Wald(2000), Donikian et al.(2006)의 논문을 보라. 그중 한 가지 방식을 선택해 pbrt

에서 구현하라. 구현한 방식의 효율성을 계산하기 위해 여러 가지 장면으로 실험을 수행하라.

❸ 14.11 사용자가 장면에 특정 물체를 간접 조명의 중요 원천으로 pbrt를 설정할 수 있게 하고 PathIntegrator가 dA에 대해 생성하는 경로의 일부 정점을 생성하기 위해 해당 표면에서의 점을 표본화하도록 변경하라. 다중 중요도 표본화를 경로 표본의 가중치를 계산하기 위해 사용하고, 확률로 BSDF 표본화와 이 영역 표본화를 둘 다 사용하게 결합하라. 이 방식이 얼마나 많이 분산을 줄이고 상당한 간접 광을 가진 장면의 효율성을 증가시키는가? 사용자 설정 표면이 실제로는 거의 기여를 하지 않을 경우나 다중 중요도 표본화가 사용되지 않을 경우 얼마나 손실을 보는가? 렌더링이 진행되면서 어떤 물체가 간접 조명의 중요한 원천인지 학습해 사용자가 이 정보를 미리 제공할 필요가 없는 이 방식의 일반화를 연구하자.

CHAPTER FIFTEEN

15 빛 전송 II: 입체 렌더링

BSDF가 장면에서 표면으로부터의 반사로 특징지어지는 것처럼 medium 클래스 구현은 표면 사이에서 일어나는 산란을 표현한다. 이런 예들은 연무 같은 대기 산란 효과, 스테인드글라스 창문 안의 흡수, 우유병 안의 지방 덩어리로 인한 산란 등을 포함한다. 기술적으로 이런 모든 현상은 굉장히 많은 수의 미세 입자와의 표면 상호작용으로 인한 것으로, 개별적으로 간주하기보다는 이를 모델링하는 덜 번거로운 방식을 찾는 것이 선호된다. 입자들은 15장에서 설명할 모델로, 명시적인 열거 대신에 통계적인 분포를 사용해 표현할 수 있을 정도로 많은 양이라고 가정된다.

15장은 전송 방정식을 소개하는 것으로 시작하며, 반투명 매질과의 장면에서 방사 분포 평형을 설명하고, 그 후 반투명 매질과의 몬테카를로에 유용한 여러 표본화 방식을 표현한다. 이를 바탕으로 VolPathIntegrator를 소개할 수 있다. 이는 반투명 매질이 있을 때 빛 전송 방정식으로 풀 수 있도록 PathIntegrator를 확장한다.

15.4절 이후에는 BSSRDF 분포에서 표본화를 어떻게 할지 설명하며, 15.5절은 그 후에 굴절성 표면으로 한정된 매질 안의 집합적인 빛 산란을 모델링하는 BSSRDF의 구현을 설명한다. 이 방식이 표면에서 나가고 도달하는 방사의 항으로 표현됐더라도 구현은 반투명 매질 안에서 전송 방정식의 근사적인 해에 기반을 두기 때문에 15장에 포함했다.

15.1 전송 방정식

전송 방정식은 방사를 흡수, 발산, 산란하는 매질에서 빛의 행태를 주관하는 근본 방정식이다. 이는 11장에 설명된 모든 입체 산란 과정(흡수, 방출, 내산란, 외산란)을 고려해 환경에서 방사의 분포를 설명하는 방정식을 제공한다. 빛 전송은 실제로 전송 방정식의 특이한 경우로, 반투명 매질을 생략하고 표면에서의 산란에만 특화된 간략 버전이다.

가장 기본형에서 전송 방정식은 광선을 따라 방사가 공간의 한 점에서 어떻게 변화하는지에 대한 미적분 방정식이다. 이는 선을 따라 무한 수의 점에서 반투명 매질의 효과를 설명하는 순수 적분 방정식으로 변환할 수 있다. 이는 에너지를 증가시키는 산란 효과(방출과 내산란)에서 에너지를 감소시키는 산란 효과(흡수와 외산란)를 빼는 명백한 방식으로 유도할 수 있다.

11.1.4절에서의 근원 항 L_s를 생각해보자. 이는 매질의 다른 점에서 방출되고 내산란된 빛으로 인해 특정 방향 ω의 점 p에서 방사에 변화를 준다.

$$L_s(p, \omega) = L_e(p, \omega) + \sigma_s(p, \omega) \int_{\mathcal{S}^2} p(p, \omega', \omega)\, L_i(p, \omega')\, d\omega'$$

근원 항은 광선에 방사를 추가하는 모든 과정을 고려한다.

감쇠 계수 $\sigma_t(p, \omega)$는 한 점에서 방사를 감소시키는 모든 과정인 흡수와 외산란을 고려한다. 이 효과를 설명하는 미분 방정식은 다음과 같다.

$$dL_o(p + t\omega, \omega) = -\sigma_t(p, \omega)\, L_i(p, -\omega)\, dt$$

광선의 점 p'에서 방사의 전체 미분 변화는 이 두 효과를 합쳐 전송 방정식의 미적분 형식을 얻을 수 있다.[1]

$$\frac{\partial}{\partial t} L_o(p + t\omega, \omega) = -\sigma_t(p, \omega) L_i(p, -\omega) + L_s(p, \omega). \tag{15.1}$$

적절한 경계 조건으로 이 방정식은 순수하게 적분 방정식으로 변환할 수 있다. 예를 들어 장면에 표면이 없어서 광선이 결코 막히지 않고 무한의 길이를 갖게 되면 전송의 적분 방정식은 다음과 같다.

$$L_i(p, \omega) = \int_0^{\infty} T_r(p' \to p) L_s(p', -\omega)\, dt$$

여기서 $p' = p + t\omega$다(그림 15.1). 이 방정식의 나머지는 충분히 직관적이다. 주어진 방향에서 점에 도달하는 방사는 점에서 광선을 따른 모든 점에 대해 추가되는 방사가 기여한다는

1. 근원 항의 구 위에 대한 적분으로 인해 미적분 방정식이다.

것이다. 광선을 따라 광선의 원점에 도달하는 각 점에서 추가된 방사는 광선의 원점에서 지점까지의 전체 광선 투과로 감소한다.

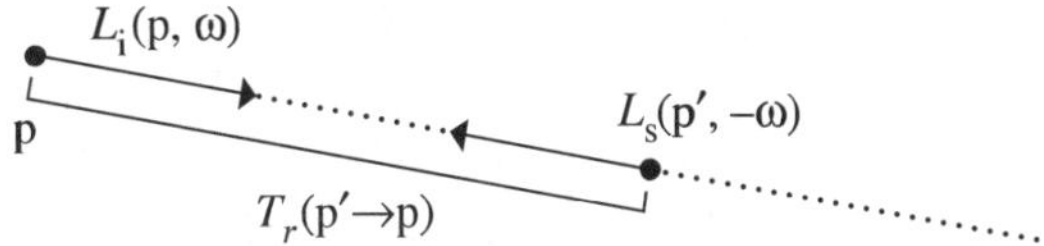

그림 15.1 전송 방정식은 점 $L_\mathrm{i}(\mathrm{p}, \omega)$에서 입사하는 방사를 반투명 매질의 효과를 고려해서 제공한다. 광선을 따라 각 점에 대해 근원 항 $L_\mathrm{s}(\mathrm{p}, -\omega)$는 점에 산란과 방출로 추가되는 미분 방사를 제공한다. 이 방사는 그 후 점 p'에서 광선의 원점으로의 광선 투과 $T_r(\mathrm{p}' \to \mathrm{p})$로 감쇠된다.

더 일반적으로 장면의 반사나 방출하는 표면이 있다면 광선은 무한의 길이를 가질 필요가 없고 광선이 부딪히는 방사는 표면에 영향을 주어 지점의 표면에서 나가는 방사를 추가하고 광선을 따라 교차점 이후 점들의 방사가 광선의 원점 방사에 기여하는 것을 막는다. 광선 (p, ω)가 표면과 거리 t의 어떤 점 p_0에서 교차한다면 전송의 적분 방정식은 다음과 같다.

$$L_\mathrm{i}(\mathrm{p}, \omega) = T_r(\mathrm{p}_0 \to \mathrm{p})L_\mathrm{o}(\mathrm{p}_0, -\omega) + \int_0^t T_r(\mathrm{p}' \to \mathrm{p})L_\mathrm{s}(\mathrm{p}', -\omega)\mathrm{d}t', \qquad (15.2)$$

여기서 $\mathrm{p}_0 = \mathrm{p} + t\omega$는 표면에서의 점이고, $\mathrm{p}' = \mathrm{p} + t'\omega$는 광선 위의 점들이다(그림 15.2).

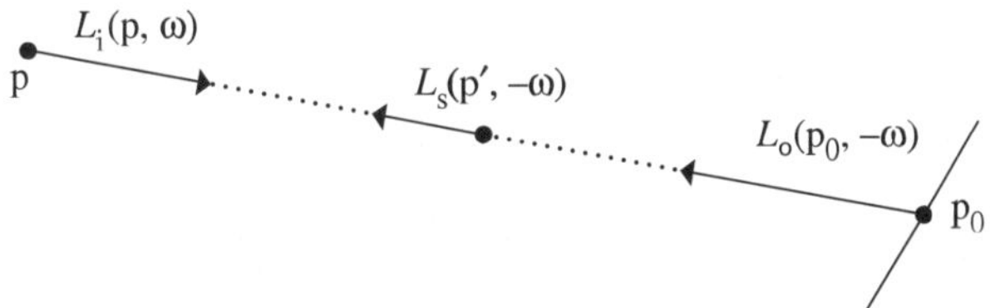

그림 15.2 표면을 교차하는 한정된 광선에 대해 입사 방사 $L_\mathrm{i}(\mathrm{p}, \omega)$는 표면에서 나가는 방사 $L_\mathrm{o}(\mathrm{p}_0, -\omega)$에 표면으로의 광선 투과를 곱하고 p에서 p_0까지의 모든 점에서 추가되는 방사를 더한 것과 동일하다.

이 방정식은 광선의 방사에 기여하는 두 가지 효과를 설명한다. 첫째, 반사된 방사가 표면에서 광선을 따라 돌아가는 효과는 L_o 항으로 주어지며, 이는 표면에서 방출되거나 반사된 방사다. 이 방사는 반투명 매질로 감쇠될 수 있다. 광선 원점에서 점 p_0로의 광선 투과는 이를 고려한다. 둘째, 입체 산란과 방출로 인해 광선을 따라 추가된 방사를 고려하고, 광선이 표면과 교차하는 점까지만 고려한다. 이 지점 이후의 점들은 광선을 따른 방사에 영향을 주지 않는다.

*15.1.1 일반화된 경로 공간

LTE를 산란 현상의 경로에 대한 합으로 표현하는 것이 유용했던 것처럼 전송 적분 방정식을 이런 형식으로 표현하는 것도 유용하다. 이는 16장에서 반투명 매질을 고려한 양방향 적분기를 생성하는 데 전제조건이다.

14.4.4절에서 어떻게 했는지 기억해보면 LTE의 표면 형식은 자신을 반복적으로 치환해 길이 n의 경로에 대한 경로 공간 기여 함수를 유도했다.

$$P(\bar{\mathrm{p}}_n) = \underbrace{\int_A \int_A \cdots \int_A}_{n-1} L_\mathrm{e}(\mathrm{p}_n \to \mathrm{p}_{n-1})\, T(\bar{\mathrm{p}}_n)\, \mathrm{d}A(\mathrm{p}_2) \cdots \mathrm{d}A(\mathrm{p}_n)$$

여기서 투과량 $T(\bar{\mathrm{p}}_n)$는 다음과 같이 정의된다.

$$T(\bar{\mathrm{p}}_n) = \prod_{i=1}^{n-1} f(\mathrm{p}_{i+1} \to \mathrm{p}_i \to \mathrm{p}_{i-1})\, G(\mathrm{p}_{i+1} \leftrightarrow \mathrm{p}_i)$$

이 기존 정의는 표면에만 작동하지만, 비슷한 방식으로 전송 적분 방정식을 치환하면 매질을 고려한 경로 적분을 유도할 수 있다. 유도는 상당히 복잡하므로 최종 결과만 여기서 보여준다. 완전한 유도를 위해 Pauly et al.(2000)과 Jakob의 박사 학위 논문(2013)을 참고하자.

이전에 적분은 표면 위치 A^n의 데카르트 곱에 대해 일어났다. 이제 2D 표면 위치 A와 반투명 매질 V 안의 3D 위치에 있는 임의의 시퀀스를 고려할 수 있는 적분을 작성하는 정식적인 방식이 필요하다. 먼저 n개의 표면과 매질 정점만이 이진 설정 벡터 c에 부호화된 특정한 배치에 집중하자. 경로의 연결된 집합은 표면 위치와 매질 위치의 데카르트 곱으로 주어지며, 다음과 같다.

$$\mathcal{P}_n^\mathrm{c} = \mathop{\times}_{i=1}^{n} \begin{cases} A, & \text{if } \mathrm{c}_i = 0 \\ V, & \text{if } \mathrm{c}_i = 1 \end{cases}$$

길이 n의 모든 경로 집합은 모든 가능한 설정 벡터에 대한 집합들의 합집합이다.

$$\mathcal{P}_n = \bigcup_{\mathrm{c} \in \{0,1\}^n} \mathcal{P}_n^\mathrm{c}$$

다음으로 적분에 필수적인 부분집합 $D \subseteq \mathcal{P}_n$의 부피에 대한 추상적인 개념을 제공하는 계측^measure^을 정의한다. 계측은 단순히 특정 설정의 경로 공간 각각에서 표면 면적과 개별 정점과 연결된 입체의 곱을 더한다.

$$\mu_n(D) = \sum_{c \in \{0,1\}^n} \mu_n^c \left(D \cap \mathcal{P}_n^c\right)$$

여기서 $\mu_n^c(D)$는 다음과 같다.

$$\mu_n^c(D) = \int_D \prod_{i=1}^{n} \begin{cases} dA(p_i), & \text{if } c_i = 0 \\ dV(p_i), & \text{if } c_i = 1 \end{cases}$$

일반화된 경로 기여 $\hat{P}(\bar{p}_n)$는 이제 다음과 같이 작성할 수 있다.

$$\hat{P}(\bar{p}_n) = \int_{\mathcal{P}_{n-1}} L_e(p_n \to p_{n-1})\, \hat{T}(\bar{p}_n)\, d\mu_{n-1}(p_2, \ldots, p_n)$$

앞서 정의한 계측으로 인해 이는 실제로 모든 가능한 표면과 입체 산란 현상의 시퀀스를 고려한 많은 적분의 합이다.

이를 바탕으로 경로 투과량 함수 $T(\bar{p}_n)$는 다음과 같이 정의된다.

$$\hat{T}(\bar{p}_n) = \prod_{i=1}^{n-1} \hat{f}(p_{i+1} \to p_i \to p_{i-1})\, \hat{G}(p_{i+1} \leftrightarrow p_i). \tag{15.3}$$

이제 일반화된 산란 분포 함수 $\hat{f}$와 기하학적 항 $\hat{G}$를 참조한다. 전자는 단순히 정점 p_i의 형식에 의존한 BSDF나 위상 함수(σ_s로 곱한)가 된다.

$$\hat{f}(p_{i+1} \to p_i \to p_{i-1}) = \begin{cases} \sigma_s\, p\,(p_{i+1} \to p_i \to p_{i-1}), & \text{if } p_i \in V \\ f\,(p_{i+1} \to p_i \to p_{i-1}), & \text{if } p_i \in A. \end{cases} \tag{15.4}$$

14.4.2절의 방정식(14.14)의 원래 기하학적 항 G는 다음과 같이 정의된다.

$$G(p \leftrightarrow p') = V(p \leftrightarrow p') \frac{|\cos\theta|\,|\cos\theta'|}{\| p - p' \|^2}$$

이 기하학적 항의 일반화된 형식은 다음과 같이 주어진다.

$$\hat{G}(p \leftrightarrow p') = V(p \leftrightarrow p')\, T_r(p \to p') \frac{C_p(p, p')\, C_{p'}(p', p)}{\| p - p' \|^2}, \tag{15.5}$$

또한 T_r 항은 이제 두 점 사이의 투과를 고려하며, 다음과 같다.

$$C_{\mathrm{p}}(\mathrm{p}, \mathrm{p}') = \begin{cases} \left| \mathbf{n}_{\mathrm{p}} \cdot \frac{\mathrm{p}-\mathrm{p}'}{\|\mathrm{p}-\mathrm{p}'\|} \right|, & \text{p가 표면 정점인 경우} \\ 1, & \text{그렇지 않은 경우} \end{cases}$$

기본 정점 p가 표면에 있을 때 연결 선분과 법선 방향 사이의 절대 각도 코사인만 통합한다.

15.2 입체 산란 표본화

반투명 매질 안의 빛 산란 효과를 모델링하는 알고리즘을 소개하기 전에 먼저 반투명 매질과 관련된 분포에서의 표본화와 공간에서 변화하는 매질에 대한 빛줄기 투과를 계산하기 위한 기능의 일부를 정의한다.

`Medium` 인터페이스는 `Sample()` 메서드를 정의하며, 이는 월드 공간 광선 (p, ω)를 받아 이를 따른 매질의 산란 상호작용을 표본화할 수 있다. 입력 광선은 일반적으로 장면 기하 구조와 교차한다. 그러므로 이 메서드의 구현은 광선의 $t_{\max}$ 값을 넘어가는 점에서의 매질 상호작용을 표본화해서는 안 된다. 일반성을 잃지 않고 다음의 논의는 언제나 일정 거리 $t_{\max} < \infty$에 표면이 있다고 가정한다.

<Medium Interface> +≡ 684

```
virtual Spectrum Sample(const Ray &ray, Sampler &sampler,
        MemoryArena &arena, MediumInteraction *mi) const = 0;
```

이 메서드의 목적은 전송 방정식의 적분 형식을 표본화하는 것이다. 방정식(15.2)는 표면과 매질 관련 항으로 이뤄진다.

$$L_{\mathrm{i}}(\mathrm{p}, \omega) = T_r(\mathrm{p}_0 \to \mathrm{p}) L_{\mathrm{o}}(\mathrm{p}_0, -\omega) + \int_0^t T_r(\mathrm{p} + t\omega \to \mathrm{p}) L_{\mathrm{s}}(\mathrm{p} + t\omega, -\omega)\, \mathrm{d}t$$

여기서 $\mathrm{p}_0 = \mathrm{p} + t_{\max}\,\omega$는 표면 위의 점이다. 매질 방출의 효과를 무시할 것이고 방향적으로 균일한 매질 특성을 가정하면 근원 항은 다음으로 주어진다.

$$L_{\mathrm{s}}(\mathrm{p}, \omega) = \sigma_{\mathrm{s}}(\mathrm{p}) \int_{\mathbb{S}^2} p(\mathrm{p}, \omega', \omega)\, L_{\mathrm{i}}(\mathrm{p}, \omega')\, \mathrm{d}\omega'. \qquad [15.6]$$

두 가지 경우가 일어날 수 있다. `Sample()`이 주어진 광선 간격 $[0, t_{\max}]$ 위에서 상호작용을 표본화할 수 없으면 표면에 관련된 항 $T_r(\mathrm{p}_0 \to \mathrm{p})L_{\mathrm{o}}(\mathrm{p}_0, -\omega)$는 예측돼야 한다. 이것이 상호작용을 표본화하면 두 번째 적분 항을 예측해야 하며, 제공된 `MediumInteraction`이 적절히 초기화돼야 한다.

$p_t(t)$가 위치 p + $t\omega$에서 상호작용을 생성하는 단위 거리당 확률이라고 하자. 확률이 매질 상호작용을 표본화하지 않으므로 이 함수는 일반적으로 1로 적분되지 않으며, p_{surf}를 표면 항 표본화의 연관된 불연속 확률이라고 정의한다.

$$p_{\text{surf}} = 1 - \int_0^{t_{\max}} p_t(t)\, \mathrm{d}t$$

이 정의와 함께 `Sample()`의 의미를 이제 설정할 수 있으며, 기존 `BSDF::Sample_f()` 같은 산란 함수를 위한 기술들과 호출자에게 표본 위치에서의 함수 값과 PDF에 대한 구분된 정보를 제공하지 않는 점에서 다르다. 이 정보는 일반적으로 필요 없으며, 일부 매질 모델(특히 불균일 매질)은 이 양의 비율을 대신 계산할 수 있을 때 더 효율적인 표본화 방식을 허용한다.

표면 항이 선택되면 메서드는 다음과 같은 가중치를 반환한다.

$$\beta_{\text{surf}} = \frac{T_r(\mathrm{p} \to \mathrm{p} + t\omega)}{p_{\text{surf}}}, \tag{15.7}$$

이는 첫 피가수의 표본화에 대응한다. 나가는 방사 $L_o(\mathrm{p}_0, -\omega)$의 값이 β_{surf}에 포함되지 않은 것을 기억하자. 이 항을 고려하는 것은 호출자의 몫이다. 매질의 경우 메서드는 다음을 반환한다.

$$\beta_{\text{med}} = \frac{\sigma_s(\mathrm{p} + t\omega)\, T_r(\mathrm{p} \to \mathrm{p} + t\omega)}{p_t(t)}, \tag{15.8}$$

이는 따로 처리해야 하는 방정식(15.6)의 내부 산란된 빛에 대한 적분을 제외한 모든 매질 관련 항에 대응한다.

산란 계수와 투과는 분광 변화를 위해 허용되며, 이 메서드가 `Spectrum` 값의 가중된 인자를 반환해 경로 투과량 가중치 β를 표면이나 매질 산란 현상까지 갱신하게 하기 때문이다.

일반적으로 몬테카를로의 경우처럼 β_{surf}나 β_{med} 같은 예측기는 원하는 분포를 생성하는 모든 다양한 표본화 기술을 허용한다. 불균일 매질의 구현은 이 사실을 사용해서 구현이 역전법에 기반을 둔 전통적인 표본화 방식보다 더 효율적이 될 수 있게 한다.

호출하는 코드가 제공되는 `MediumInteraction`이 `Sample()`로 초기화됐는지를 쉽게 확인하기 위해 MediumInteraction은 IsValid() 메서드를 제공해 매질 산란 현상이 표본화돼 위상 함수 포인터가 설정됐는지를 이용해 확인할 수 있게 한다.

```
<MediumInteraction Public Methods> +≡                                    823
    bool IsValid() const { return phase != nullptr; }
```

15.2.1 균일 매질

이 메서드의 HomogeneousMedium 구현은 아주 명백하다. 복잡한 부분은 파장에 따라 변화하는 감쇠 계수일 뿐이다.

```
<HomogeneousMedium Method Definitions> +≡
    Spectrum HomogeneousMedium::Sample(const Ray &ray, Sampler &sampler,
            MemoryArena &arena, MediumInteraction *mi) const {
        <Sample a channel and distance along the ray 1061>
        <Compute the transmittance and sampling density 1061>
        <Return weighting factor for scattering from homogeneous medium 1062>
    }
```

13.3.1절에서 [0, ∞)에 정의된 지수 분포에 대한 표본화 방식을 유도한다. $f(t) = e^{-\sigma_t t}$에 대해 다음과 같다.

$$t = -\frac{\ln(1-\xi)}{\sigma_t}, \quad (15.9)$$

PDF는 다음과 같다.

$$p_t(t) = \sigma_t e^{-\sigma_t t}. \quad (15.10)$$

하지만 감쇠 계수 σ_t는 일반적으로 파장에 따라 변화한다. 매질 안의 여러 지점에서 표본화하는 것을 원하지 않으므로 균일 표본이 우선 분광 채널 i를 선택하는 데 사용된다. 대응하는 스칼라 σ_t^i 값이 그 후에 다음과 같은 분포를 따른 거리를 표본화하는 데 사용되며, 방정식(15.9)의 기술을 사용한다.

$$\hat{p}_t^i(t) = \sigma_t^i e^{-\sigma_t^i t}$$

결과 표본화 밀도는 개별 전략 p_t^i의 평균이다.

$$\hat{p}_t(t) = \frac{1}{n}\sum_{i=1}^{n}\sigma_t^i e^{-\sigma_t^i t}. \tag{15.11}$$

표면 상호작용을 $t = t_{max}$에서 표본화하는 (불연속) 확률은 매질 산란 현상을 $t = 0$과 $t = t_{max}$ 사이에서 생성하는 보수다. 이는 모든 n 분광 채널에 대한 평균 투과와 동일한 확률에 대해서 작동한다.

$$p_{surf} = 1 - \int_0^{t_{max}} \hat{p}_t(t)\,dt = \frac{1}{n}\sum_{i=1}^{n} e^{-\sigma_t^i t_{max}}. \tag{15.12}$$

구현은 표본을 방정식(15.11)에 따라 추출한다. 표본화된 거리가 광선 기본체 교차(존재할 경우) 이전이면 매질 산란 현상은 MediumInteraction을 초기화해 저장된다. 그렇지 않으면 매질 안의 표본화된 점이 무시되며, 대응하는 표본 상호작용은 적분기의 다음 경로 정점으로 사용돼야 한다. 이 표본화 방식은 자연적으로 효율적이다. 표면 상호작용 대신 매질 상호작용을 생성하는 확률은 정확히 1에서 선택된 파장에 대한 빛줄기 투과와 같다. 그러므로 주어진 광학적으로 얇은 매질(혹은 짧은 광선 범위)에 대해 표면 상호작용이 더 많이 사용되며, 두꺼운 매질(혹은 더 긴 광선)의 경우 매질 상호작용이 더 많이 표본화된다.

<Sample a channel and distance along the ray> ≡ 1060

```
int channel = std::min((int)(sampler.Get1D() * Spectrum::nSamples),
        Spectrum::nSamples - 1);
Float dist = -std::log(1 - sampler.Get1D()) / sigma_t[channel];
Float t = std::min(dist * ray.d.Length(), ray.tMax);
bool sampledMedium = t < ray.tMax;
if (sampledMedium)
    *mi = MediumInteraction(ray(t), -ray.d, ray.time, this,
            ARENA_ALLOC(arena, HenyeyGreenstein)(g));
```

두 경우 모두 빛줄기 투과 Tr은 HomogeneousMedium::Tr() 메서드에서처럼 방정식(11.3)인 비어의 법칙을 사용해 쉽게 계산할 수 있다.

<Compute the transmittance and sampling density> ≡ 1060

```
Spectrum Tr = Exp(-sigma_t * std::min(t, MaxFloat) * ray.d.Length());
```

최종적으로 메서드는 방정식(15.11)이나 (15.12)를 사용해서 표본 밀도를 계산하고 sampledMedium의 값에 의존해 결과 표본화 가중치 β_{surf}와 β_{med}를 반환한다.

<Return weighting factor for scattering from homogeneous medium> ≡ 1060

```
Spectrum density = sampledMedium ? (sigma_t * Tr) : Tr;
Float pdf = 0;
for (int i = 0; i < Spectrum::nSamples; ++i)
    pdf += density[i];
pdf *= 1 / (Float)Spectrum::nSamples;
return sampledMedium ? (Tr * sigma_s / pdf) : (Tr / pdf);
```

15.2.2 불균일 매질

GridDensityMedium의 경우에 매질의 불균일 특성을 다루기 위해 추가적인 노력이 필요하다. 공간적 변화가 균일한 영역 안으로 분해될 수 있으면(예, 부분적 상수 복셀) **정규 추적**regular tracking으로 알려진 기술이 표준 균일 매질 기술을 개별 복셀에 적용한다. 이 방식의 단점은 많은 복셀이 있을 경우 비싸다는 점이다. GridDensityMedium이 선형 보간에 의존하므로 이 방식은 사용할 수 없다.

다른 기술은 균일 표본화 PDF를 방정식(15.10)에서 공간적으로 변화하는 감쇠 계수로 표본화하는 직접적인 일반화로 생성된다.

$$p_t(t) = \sigma_t(t)\, \mathrm{e}^{-\int_0^t \sigma_t(t')\mathrm{d}t'}, \tag{15.13}$$

$\sigma_t(t) = \sigma_t(\mathrm{p} + t\omega)$는 광선을 따라 거리 t에서의 감쇠를 계산한다. 방정식(15.13)의 중요도 표본화를 위해 가장 널리 사용되는 방법은 **광선 진행**ray marching이다. 이 방식은 범위 $[0, t_{max}]$를 여러 하위 간격으로 분할하고 각 간격의 적분을 근사화한 다음에 이 불연속 표현을 역전시켜 근사 누적 분포를 역전시킨다. 불행히도 이 방식으로 문제를 불연속화하는 것은 전체적인 통계적 편향을 생성하며, 이는 광선 진행을 사용하는 Integrator가 일반적으로 올바른 결과로 수렴하지 않는다는 것을 의미한다(심지어 픽셀당 무한 표본을 사용하더라도). 더욱이 이 편향은 그 자체로 거슬리는 시각적 오류의 형태로 나타난다.

이런 이유로 인해 원래 원자로 안의 중성자의 입체 산란을 시뮬레이션하기 위해 개발된 Woodcock et al.(1965)이 제안한 다른 비편향 방식을 선호한다. 이 기술은 델타 추적으로 알려져 있으며, 감쇠 계수 σ_t가 단색(파장에 따라 일정)일 경우 가장 쉽게 실현 가능하다. 구현은 단언 테스트(여기서 생략)로 실제로 이런 경우인지 검증한다. 산란과 흡수 계수는 여전히 파장에 따라 변할 수 있다. 하지만 이들의 합 $\sigma_t = \sigma_s + \sigma_a$는 반드시 균일해야 한다.

그림 15.3은 정규 추적, 광선 행진, 델타 추적을 비교한다. 델타 추적은 매질을 감쇠 계수가

모든 곳에서 상수가 될 때까지 추가적인 (가상) 입자로 채우는 것으로 해석할 수 있다. 결과 균일 매질을 표본화하는 것은 방정식(15.9)에서의 기본 지수 방식을 사용해서 쉽게 얻을 수 있다. 하지만 입자와의 상호작용이 일어날 때마다 여전히 '실제' 입자인지 '가상' 입자인지를 결정할 필요가 있다(가상의 경우 상호작용은 무시된다). 우드콕 등(Woodcock et al.)의 우아한 통찰력은 이 결정이 실제 입자의 지역 비율에 기반을 두고 무작위로 처리할 수 있다는 것으로, 이는 방정식(15.12)에 일치하는 표본의 분포로 이어진다.

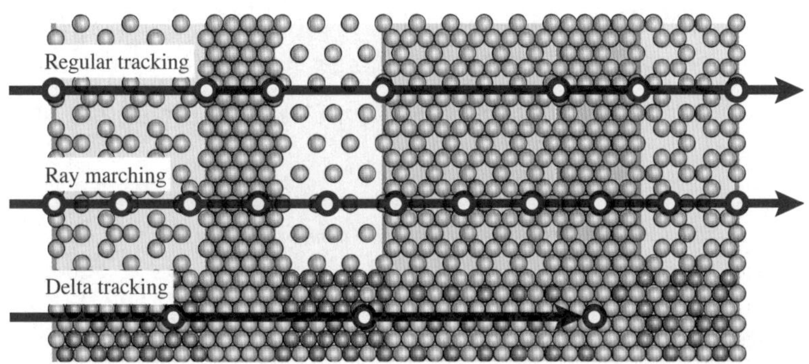

그림 15.3 수평축을 따라 밀도가 변하는 매질 안의 광선 진행과 델타 추적. (위) 일반 추적은 매질을 여러 개의 균일 세부 영역으로 나누고 개별 균일 영역을 처리하기 위해 표준 기술에 의존한다. (가운데) 광선 진행은 광선을 여러 개의 분리된 선분으로 나누고 각각의 투과를 근사한다. (아래) 델타 추적은 매질을 균일 밀도에 도달할 때까지 추가적인 가상 입자(붉은색)로 채운다. 이미지는 Novák et al.(2014)에서 가져왔다.

다음 코드 조각은 `GridDensityMedium::GridDensityMedium()` 생성자의 일부다. 이 생성자의 목적은 전체 매질에 대한 최대 밀도 크기 인자의 역수를 미리 계산하는 것으로, 다음에 다룰 델타 추적 구현에서 유용한 양이다.

```
<Precompute values for Monte Carlo sampling of GridDensityMedium> ≡    826
    sigma_t = (sigma_a + sigma_s)[0];
    Float maxDensity = 0;
    for (int i = 0; i < nx * ny * nz; ++i)
        maxDensity = std::max(maxDensity, density[i]);
    invMaxDensity = 1 / maxDensity;
```

```
<GridDensityMedium Private Data> +≡    825
    Float sigma_t;
    Float invMaxDensity;
```

`Sample()` 메서드는 광선을 매질 좌표계로 변환하는 것으로 시작해 광선 방향을 정규화한다. `ray.tMax`는 정규화를 고려해 적절하게 크기 조절됐다.

<*GridDensityMedium Method Definitions*> +≡
```
Spectrum GridDensityMedium::Sample(const Ray &rWorld, Sampler &sampler,
        MemoryArena &arena, MediumInteraction *mi) const {
    Ray ray = WorldToMedium(Ray(rWorld.o, Normalize(rWorld.d),
            rWorld.tMax * rWorld.d.Length()));
    <Compute [tmin, tmax] interval of ray's overlap with medium bounds 1064>
    <Run delta-tracking iterations to sample a medium interaction 1064>
}
```

다음으로 구현은 광선이 단위 정육면체 $[0, 1]^3$인 매질의 경계와 중첩되는 매개변수 범위를 계산한다. 이 단계는 기술적으로 정확한 연산을 위해 필요하지는 않지만 일반적으로 좋은 개념이다. 고려되는 광선 선분의 길이를 감소시키면 더 적은 수의 델타 추적 반복으로 이어진다.

<*Compute* [t_{min}, t_{max}] *interval of* `ray`*'s overlap with medium bounds*> ≡ 1064, 1066
```
const Bounds3f b(Point3f(0, 0, 0), Point3f(1, 1, 1));
Float tMin, tMax;
if (!b.IntersectP(ray, &tMin, &tMax))
    return Spectrum(1.f);
```

매질을 통한 최대 흡광 값이 $\sigma_{t,max}$로 주어진다고 가정하면 각 델타 추적 반복 i는 표준 지수적 단계를 균일한 매질에 대해 처리한다.

$$t_i = t_{i-1} - \frac{\ln(1 - \xi_{2i})}{\sigma_{t,\max}}$$

여기서 $t_0 = t_{min}$이다. 이 단계는 두 중단 기준 중 하나가 만족될 때까지 반복된다. 먼저 $t_i > t_{max}$라면 매질을 상호작용 없이 놔두고 `Medium::Sample()`은 산란 현상을 표본화하지 않는다. 다른 경우 반복문은 각 반복문 i를 확률 $\sigma_t(t_i)/\sigma_{t,max}$로 종료시키며, 이는 실제 입자의 지역 비율이다. 이 무작위 결정은 ξ_{2i+1}을 받으며, 이는 반복 i마다 두 균일 표본 중 두 번째다.

<*Run delta-tracking iterations to sample a medium interaction*> ≡ 1064
```
Float t = tMin;
while (true) {
    t -= std::log(1 - sampler.Get1D()) * invMaxDensity / sigma_t;
    if (t >= tMax)
        break;
    if (Density(ray(t)) * invMaxDensity > sampler.Get1D()) {
        <Populate mi with medium interaction information and return 1065>
    }
```

```
    }
    return Spectrum(1.f);
```

매질 상호작용을 표본화하지 않는 확률은 광선 선분 $[t_{\min}, t_{\max}]$의 투과도와 동일하다. 그러므로 방정식(15.7)에 대해 표본화 가중치 β_{surf}로 1.0을 반환한다. 매질 상호작용 경우는 코드 조각 <*Sample a channel and distance along the ray*>를 닮았다.

<*Populate* `mi` *with medium interaction information and return*> ≡ 1064

```
    PhaseFunction *phase = ARENA_ALLOC(arena, HenyeyGreenstein)(g);
    *mi = MediumInteraction(rWorld(t), -rWorld.d, rWorld.time, this, phase);
    return sigma_s / sigma_t;
```

마지막으로 반드시 광선 선분을 따라 투과도를 계산하기 위해 `Tr()` 메서드의 구현을 제공해야 한다. 다음의 `Sample()`을 호출하고 광선이 선분 $[0, t_{\max}]$을 지나면 1.0을, 그 과정에서 매질 상호작용이 있다면 0.0을 반환하는 단순한 구현의 의사 코드를 고려해보자. 이는 효과적으로 투과도 함수를 이진 무작위 변수로 변환한다.

```
Float Tr(ray, sampler) {
    if (Sample(ray, sampler, ..). fails)
        return 1.0;
    else
        return 0.0;
}
```

매질을 통해 지나가는 확률이 투과도와 같으므로 이 무작위 변수는 정확한 의미를 가지며, 비편향 몬테카를로의 맥락에서 사용할 수 있다. `Tr()`을 많이 호출하고 결과를 평균하는 것은 증가하는 더 정확한 투과도의 예측을 생성하지만, 이는 일반적으로 실사용에서는 너무 비싸다. 다른 방법으로 단순히 이진 구현을 사용하는 것은 높은 양의 분산으로 이어진다.

Novák et al.(2014)은 이 이진 값을 가진 함수가 러시안 룰렛의 인스턴스로 해석할 수 있다는 것을 관찰했다. 하지만 각 반복에서 무작위적으로 알고리즘을 0의 값으로 종료하는 대신, 러시안 룰렛 논리를 제거하고 단순히 연속의 확률로 투과도를 곱했다. 결과 예측은 확실히 낮은 분산과 같은 평균을 가진다. 이 방식을 `GridDensityMedium::Tr()`의 구현에 사용했다.

<*GridDensityMedium Method Definitions*> +≡

```
    Spectrum GridDensityMedium::Tr(const Ray &rWorld,
            Sampler &sampler) const {
        Ray ray = WorldToMedium(Ray(rWorld.o, Normalize(rWorld.d),
```

```
        rWorld.tMax * rWorld.d.Length()));
    <Compute [t_min, t_max] interval of ray's overlap with medium bounds 1064>
    <Perform ratio tracking to estimate the transmittance value 1066>
}
```

Tr() 메서드의 시작은 Sample()과 일치한다. 반복문의 본체는 또한 가상 입자에 대한 실제 입자의 비율에 의해 실행 곱으로 곱하는 마지막 줄을 제외하고는 완전히 동일하다(Novák은 이 방식을 비율 추적ratio tracking이라 참조했다).

<Perform ratio tracking to estimate the transmittance value> ≡ 1066

```
Float Tr = 1, t = tMin;
while (true) {
    t -= std::log(1 - sampler.Get1D()) * invMaxDensity / sigma_t;
    if (t >= tMax)
        break;
    Float density = Density(ray(t));
    Tr *= 1 - std::max((Float)0, density * invMaxDensity);
}
return Spectrum(Tr);
```

15.2.3 위상 함수 표본화

또한 위상 함수로 표현되는 분포에서 표본을 뽑는 것이 가능하다면 유용하다. 응용은 반투명 매질 안의 직접 조명을 계산하기 위해 다중 중요도 표본화를 적용하는 것을 포함하며, 또한 반투명 매질 안의 간접 조명 표본을 위해 산란된 방향을 표본화하는 것을 포함한다. 이 응용을 위해 PhaseFunction 구현은 반드시 Sample_p() 메서드를 구현해야 하며, 이는 입사 방향 ω_i를 주어진 나가는 방향 ω_o와 $[0, 1)^2$ 범위 안의 표본 값에 대해 표본화한다.

BxDF 표본화 방식과 달리 Sample_p()는 위상 함수 값과 그 PDF를 둘 다 반환하지 않는다. 그보다 pbrt는 위상 함수가 분포와 완벽히 일치하는 PDF로 표본화됐다고 가정한다. 위상 함수가 자체적으로 정규화돼야 하는 요구 사항과 함께(방정식 11.4) 단일 반환값은 두 값을 부호화한다. PDF의 값만이 단독으로 필요할 때 PhaseFunction::p()의 호출이면 충분하다.

<PhaseFunction Interface> +≡ 815

```
virtual Float Sample_p(const Vector3f &wo, Vector3f *wi,
        const Point2f &u) const = 0;
```

헤니에이-그린슈타인 위상 함수에 대한 PDF는 θ와 ϕ 요소로 분리 가능하며, $p(\phi) = 1/(2\pi)$다. 주된 작업은 $\cos\theta$를 표본화하는 것이다.

<HenyeyGreenstein Method Definitions> +≡
```
Float HenyeyGreenstein::Sample_p(const Vector3f &wo, Vector3f *wi,
        const Point2f &u) const {
    <Compute cos θ for Henyey-Greenstein sample 1067>
    <Compute direction wi for Henyey-Greenstein sample 1067>
    return PhaseHG(-cosTheta, g);
}
```

헤니에이-그린슈타인에 대해 θ의 분포는 다음과 같다.

$$\cos\theta = \frac{1}{2g}\left(1 + g^2 - \left(\frac{1-g^2}{1-g+2g\xi}\right)^2\right)$$

$g \neq 0$일 경우이다. 그렇지 않으면 $\cos\theta = 1 - 2\xi$는 방향의 구에 대해 균일 표본화를 제공한다.

<Compute cos θ for Henyey-Greenstein sample> ≡ 1067
```
Float cosTheta;
if (std::abs(g) < 1e-3)
    cosTheta = 1 - 2 * u[0];
else {
    Float sqrTerm = (1 - g * g) /
            (1 - g + 2 * g * u[0]);
    cosTheta = (1 + g * g - sqrTerm * sqrTerm) / (2 * g);
}
```

주어진 각 $(\cos\theta, \phi)$에 대해 이제 해야 할 것은 이를 방향 ω_i로 변환하는 익숙한 방식이다.

<Compute direction wi *for Henyey-Greenstein sample>* ≡ 1067
```
Float sinTheta = std::sqrt(std::max((Float)0,
        1 - cosTheta * cosTheta));
Float phi = 2 * Pi * u[1];
Vector3f v1, v2;
CoordinateSystem(wo, &v1, &v2);
*wi = SphericalDirection(sinTheta, cosTheta, phi, v1, v2, -wo);
```

15.3 입체 빛 전송

이 표본화 생성 덩어리들은 반투명 매질 안의 다양한 빛 전송 알고리즘을 구현하는 것을 가능하게 한다. 이제 14.3.1절의 반투명 매질과 관련된 경우를 처리하는 `EstimateDirect()` 함수 안의 코드 조각을 구현할 수 있다.

먼저 빛이 표본화된 후 상호작용이 반투명 매질 안의 산란 현상이면 나가는 방향과 입사 조명 방향에 대해 위상 함수의 값을 계산하고 해당 방향에 대해 다중 중요도 표본화를 사용해 PDF의 값을 계산해야 한다. 위상 함수가 완벽히 표본화된다고 가정했으므로 이 값은 동일하다.

<Evaluate phase function for light sampling strategy> ≡ 1020

```
const MediumInteraction &mi = (const MediumInteraction &)it;
Float p = mi.phase->p(mi.wo, wi);
f = Spectrum(p);
scatteringPdf = p;
```

직접 광 계산은 위상 함수의 분포에서 표본을 얻어야 한다. `Sample_p()`가 이 기능을 제공한다. 앞서 설명한 것처럼 반환하는 값은 위상 함수의 값과 PDF의 값을 둘 다 반환한다.

<Sample scattered direction for medium interactions> ≡ 1021

```
const MediumInteraction &mi = (const MediumInteraction &)it;
Float p = mi.phase->Sample_p(mi.wo, &wi, uScattering);
f = Spectrum(p);
scatteringPdf = p;
```

15.3.1 경로 추적

`VolPathIntegrator`는 반투명 매질에서의 산란과 감쇠 및 표면에서의 산란을 같이 고려하는 `SamplerIntegrator`다. 이는 integrators/volpath.h와 integrators/volpath.cpp 파일에 정의돼 있으며 `PathIntegrator`와 매우 유사한 일반적인 구조체를 가지므로, 여기서는 두 클래스의 차이만 다룬다. 이 적분기로 렌더링한 반투명 매질 안에서 다중 산란의 중요성을 보여주는 그림 15.4와 15.5의 이미지를 살펴보자.

`SamplerIntegrator`처럼 `VolPathIntegrator`의 주된 책임은 `Li()` 메서드를 구현하는 것이다. 구현의 일반적인 구조체는 `PathIntegrator::Li()`와 매우 유사하며, 반투명 매질과 관련된 몇 가지 작은 변화를 가진다.

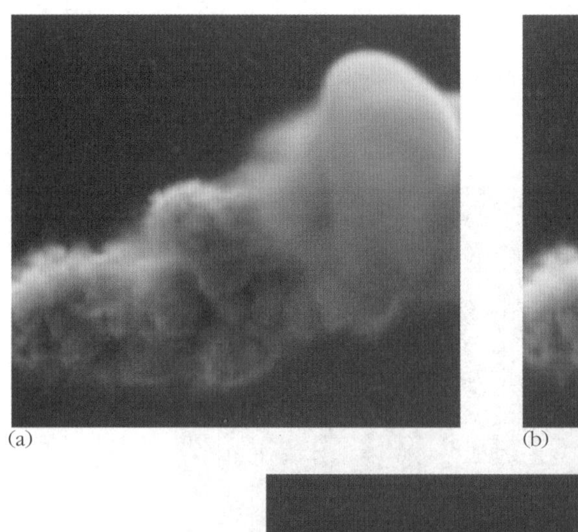
(a)

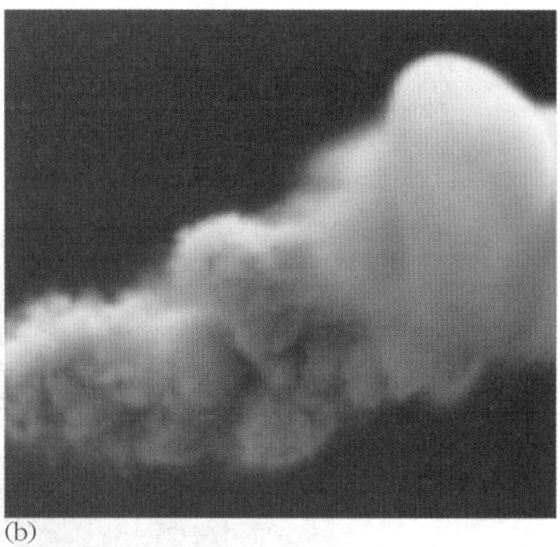
(b)

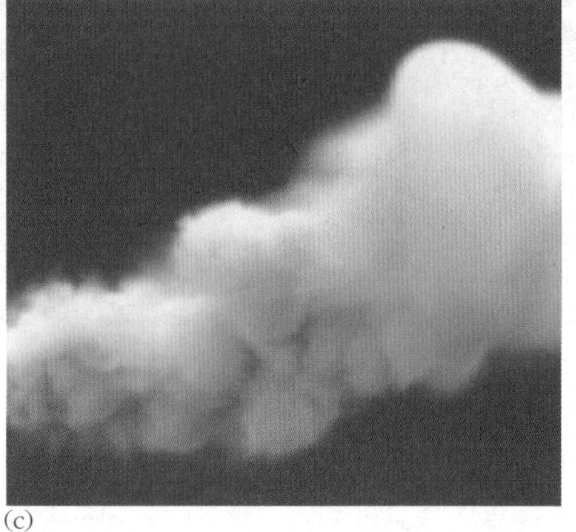
(c)

그림 15.4 입체 경로 추적. (a) 불균일 연기 자료 집합이 직접 광만으로 렌더링된 이미지. (b) 최대 깊이 5로 경로 추적으로 렌더링된 이미지. (c) 최대 깊이 25로 경로 추적한 이미지. 알비도 값 ρ = 0.7을 갖는 이 매질에 대해 다중 산란은 최종 결과에 상당한 효과를 가진다. (c)의 잡음 없는 결과를 위해 픽셀당 1,024개의 표본이 필요하다.

```
<VolPathIntegrator Method Definitions> ≡
    Spectrum VolPathIntegrator::Li(const RayDifferential &r,
            const Scene &scene, Sampler &sampler, MemoryArena &arena,
            int depth) const {
        Spectrum L(0.f), beta(1.f);
        RayDifferential ray(r);
        bool specularBounce = false;
        for (int bounces = 0; ; ++bounces) {
            <Intersect ray with scene and store intersection in isect 1040>
            <Sample the participating medium, if present 1070>
            <Handle an interaction with a medium or a surface 1071>
```

```
        <Possibly terminate the path with Russian roulette 1043>
    }
    return L;
}
```

그림 15.5 액체 안의 균일 입체 산란. 액체 안의 산란은 반투명 매질로 모델링돼 VolPathIntegrator로 렌더링된다.

산란 경로를 표본화하는 각 단계에서 광선은 장면의 표면과 가장 가까운 표면 교차를 찾기 위해 먼저 교차된다. 다음으로 반투명 매질에 대한 Medium::Sample() 메서드에 대한 호출이 필요하며, 이는 매질 상호작용이 경로의 다음 정점일 때 제공된 MediumInteraction을 초기화한다. 또한 두 경우 모두 Sample()은 빛줄기 투과도와 PDF의 표본화를 표면이나 매질 상호작용에 대해 고려하는 인자를 반환한다.

<Sample the participating medium, if present> ≡ 1069

```
MediumInteraction mi;
if (ray.medium)
    beta *= ray.medium->Sample(ray, sampler, arena, &mi);
if (beta.IsBlack())
    break;
```

매우 짙은 반투명 매질을 가진 장면에서 첫 번째 표면 교차점을 찾는 노력은 자주 낭비되며, Medium::Sample()이 보통 매질 상호작용을 대신 생성한다. 이런 장면에서 더 효율적인 구현은 먼저 매질 상호작용을 표본화하고, 광선의 tMax 값을 장면의 기본체와 광선이 교차하기 전에 그에 따라 갱신하는 것이다. 결과적으로 표면 교차 테스트는 훨씬 더 효율적이 되며,

이는 테스트되는 광선이 종종 매우 짧기 때문이다(이 문제에 대해 더 자세한 조사와 논의는 연습문제 15.5로 남겨둔다).

광선에 대한 표본화된 상호작용이 반투명 매질 안에 있는지 아니면 표면 위의 점인지에 따라 두 코드 조각 중 하나가 직접 조명을 해당 지점에서 계산하고 다음 방향을 표본화한다.

```
<Handle an interaction with a medium or a surface> ≡                                   1069
    if (mi.IsValid()) {
        <Handle scattering at point in medium for volumetric path tracer 1071>
    } else {
        <Handle scattering at point on surface for volumetric path tracer>
    }
```

이 절의 앞에서 정의한 코드 조각 덕분에 `UniformSampleOneLight()` 함수는 이미 반투명 매질 안에 위치한 직접 조명의 예측을 지원하며, 그러므로 `MediumInteraction`을 표본화된 상호작용에 전달하기만 하면 된다. 매질 상호작용을 떠나는 광선에 대한 방향은 그 후 쉽게 `Sample_p()`의 호출로 찾을 수 있다.

```
<Handle scattering at point in medium for volumetric path tracer> ≡                    1071
    L += beta * UniformSampleOneLight(mi, scene, arena, sampler, true);
    Vector3f wo = -ray.d, wi;
    mi.phase->Sample_p(wo, &wi, sampler.Get2D());
    ray = mi.SpawnRay(wi);
```

표면에서의 산란을 위한 계산은 표준 `PathIntegrator`와 거의 정확히 똑같으며, 광원에서 표면 상호작용 점으로의 방사 감쇠만 직접 조명 표본화할 때의 `VisibilityTester::Unoccluded()` 대신 `VisibilityTester::Tr()`를 호출한다는 차이가 있다. 이 차이는 사소하므로 해당 코드를 여기에 포함하지 않는다.

*15.4 표면 밑 반사 함수의 표본화

이제 5.6.2절에서 소개한 표면 밑 산란 방정식을 표본화하기 위한 기술을 구현하며, 이는 11.4절에서 소개된 `BSSRDF` 인터페이스 위에 작성한다. 이제 작업은 다음을 예측하는 것이다.

$$L_o(\mathrm{p_o}, \omega_o) = \int_A \int_{\mathcal{H}^2(\mathbf{n})} S(\mathrm{p_o}, \omega_o, \mathrm{p_i}, \omega_i)\, L_i(\mathrm{p_i}, \omega_i) |\cos\theta_i|\, \mathrm{d}\omega_i\, \mathrm{d}A$$

그림 15.6은 적분을 계산하는 복잡도를 제공한다. 이 방정식의 표준 몬테카를로 예측을 나가는 방사를 계산하는 위치인 점에서 계산하려면 표면 위의 표본점 p_i를 표본화하고 이 점들에 대해 입사 방사를 계산하는 기술이 필요하며, 또한 각 표본점 p_i와 입사 방향에 대한 BSSRDF $S(p_o, \omega_o, p_i, \omega_i)$의 특정 값을 계산하는 효율적인 방법이 필요하다.

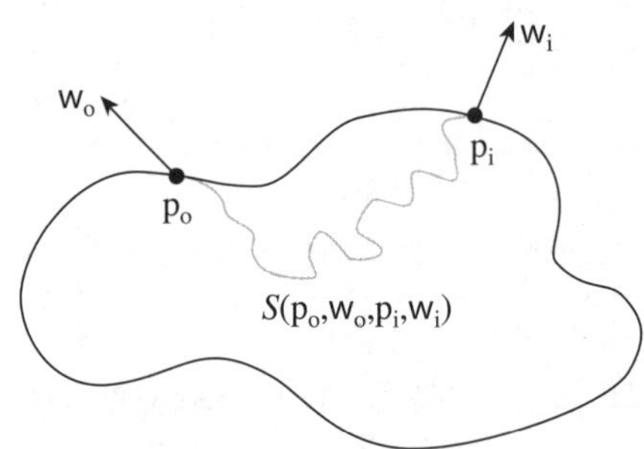

그림 15.6 표면 밑 반사 계산. 표면이 반투명할 때 점 p_o에서 방향 ω_o로 나가는 방사를 계산하기 위해 주변 점 p_i에서 방향 ω_i에서 도달하는 조명을 BSSRDF $S(p_o, \omega_o, p_i, \omega_i)$로 가중해서 적분할 필요가 있다. BSSRDF는 효율적으로 계산하기 어려운데, 빛이 한 점에서 들어오고 다른 점에서 나가는 입체 안의 모든 산란을 표현하기 때문이다.

`VolPathIntegrator`는 BSSRDF를 계산하는 데 사용될 수 있다. 주어진 표면 위에 있는 점의 쌍과 방향의 쌍에 대해 적분기는 점 p_i에서 방향 ω_i로 들어오는 입사광의 일부가 점 p_o에서 방향 ω_o로 매질에서 다중 산란 현상을 통해 추가되는 빛 전송 경로로 나가는 양을 계산하는 데 사용할 수 있다. 표준 경로 추적이나 양방향 경로 추적 기술을 넘어서 많은 현존 빛 전송 알고리즘은 이 작업에 적용 가능하다.

하지만 많은 반투명 물체가 아주 높은 알베도의 특성을 가진다면 고전적인 방식으로는 효율적으로 처리될 수 없다. 예를 들어 Jensen et al.(2001b)은 탈지 우유의 산란 특성을 측정하고 알베도가 0.9987임을 알아냈다. 본질적으로 모든 빛이 매질의 각 상호작용으로 산란되고 거의 모두가 흡수되지 않으면 빛은 처음 매질에 들어온 곳에서 쉽게 멀리 진행한다. 수백 혹은 수천의 산란 현상이 정확한 결과를 계산하기 위해 반드시 고려돼야 한다. 주어진 우유의 높은 알베도의 경우 100 산란 현상 이후에 입사광의 87.5%는 여전히 경로에서 보존되며, 500 산란 현상 이후에도 51%, 1000번 이후에도 여전히 26%다.

`BSSRDF` 클래스 구현은 이런 종류 매질의 집합적인 산란 행태를 표현해 이를 상당히 효율적으로 렌더링할 수 있게 한다. 그림 15.7은 BSSRDF로 렌더링한 용 모델의 예를 보여준다. 반드시 `BSSRDF` 인터페이스에서 제공돼야 하는 주 표본화 연산은 `BSSRDF::Sample_S()`이며, 광선이 이어지는 내부 산란에서 재병합되는 표면 위치를 결정한다.

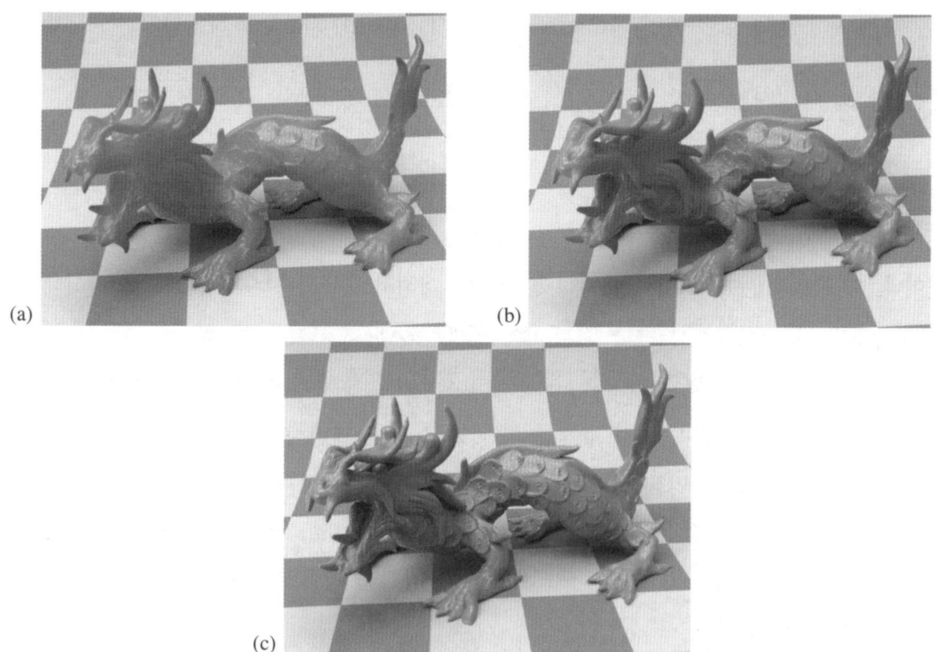

그림 15.7 다른 재질 밀도를 사용해 렌더링한 용 모델에서의 표면 밑 산란. (a)입사 조명이 모델 뒤에서 도달하더라도 모델의 전면에서도 표면 밑 빛 전송으로 인해 빛이 방출된다. (b) σ_s와 σ_a를 5로 크기 조절한 장면. (c) 25로 크기 조절한 장면. 용이 산란 계수가 어떻게 증가하면서 점점 불투명해지는지 살펴보자.

<BSSRDF Interface> +≡ 828

```
virtual Spectrum Sample_S(const Scene &scene, Float u1, const Point2f &u2,
        MemoryArena &arena, SurfaceInteraction *si, Float *pdf) const = 0;
```

두 점과 방향에 대한 BSSRDF의 값은 직접 반환되며, 연관된 표면 상호작용을 저장하고 확률 밀도를 si와 pdf 매개변수를 통해 반환한다. 두 표본이 반드시 제공돼야 하며, 불연속 표본화 결정을 위한 1D 표본(예, 특성profile의 특정 분광 채널 선택)과 si에 매핑되는 2D 표본이다. 바로 볼 수 있듯이 BSSRDF 구현이 장면 기하 구조에 대해 si를 찾기 위해서 레이트레이싱이 되면 유용하며, 그러므로 장면 또한 인자로 제공된다.

15.4.1 SeparableBSSRDF의 표본화

11.4.1절에서 소개한 단순화하는 가정은 BSSRDF를 공간과 방향 요소로 나눠 각각 개별적으로 표본화될 수 있게 했다. 구체적으로 방정식(11.6)은 S를 단일 공간 항과 입사 및 나가는 방향에 관련된 방향 항의 쌍의 곱으로 정의한다.

$$S(p_o, \omega_o, p_i, \omega_i) = (1 - F_r(\cos\theta_o))\, S_p(p_o, p_i)\, S_\omega(\omega_i). \quad [15.14]$$

공간 항 S_p는 방사형 특성 함수 S_r로 더 단순화할 수 있다.

$$S_p(p_o, p_i) = S_r(\|p_o - p_i\|)$$

이제 어떻게 이 각각의 인자가 SeparableBSSRDF의 표본화 루틴으로 처리되는지를 설명할 것이다. 이 클래스는 어떤 방사형 특성 함수 S_r에 대해서도 동작하는 추상 표본화 인터페이스를 구현한다. 15.4.2절에서 다룬 TabulatedBSSRDF 클래스는 SeparableBSSRDF에서 유도됐으며, 효율적인 계산과 정확한 중요도 표본화를 제공하는 특성의 표식화된 표현을 제공한다.

방정식(15.14)로 돌아가면 BSSRDF가 표면 경계를 통해 투과되는 광선에 대해서만 표본화한다고 했을 때 투과가 확률 (1- F_r(cos θ_o))로 선택되면 그 후 1 - F_r(cos θ_o)) 부분에 대해 처리할 것이 남지 않는다(이는 코드 조각 *<Account for subsurface scattering, if applicable>*에 해당하는 경우다). 이는 호출하는 코드에서의 합리적인 예측이며, 이 방식이 좋은 몬테카를로 효율을 제공한다.

이는 S_p와 S_ω 항을 남긴다. 전자는 SeparableBSSRDF::Sample_Sp()의 호출로 처리되며(조금 후에 설명한다), 위치 si를 반환한다.

<BSSRDF Method Definitions> +≡

```
Spectrum SeparableBSSRDF::Sample_S(const Scene &scene, Float u1,
        const Point2f &u2, MemoryArena &arena, SurfaceInteraction *si,
        Float *pdf) const {
    Spectrum Sp = Sample_Sp(scene, u1, u2, arena, si, pdf);
    if (!Sp.IsBlack()) {
        <Initialize material model at sampled surface interaction 1074>
    }
    return Sp;
}
```

위치의 표본화가 성공적이면 메서드는 si->bsdf를 클래스 SeparableBSSRDFAdapter의 인스턴스로 초기화하고, 이는 BxDF로서 방향 항 $S_\omega(\omega_i)$를 표현한다. 이 BxDF가 실제로 나가는 방향 si->wo에 의존하지는 않더라도 여전히 이를 특정 방향으로 초기화해야 한다.

<Initialize material model at sampled surface interaction> ≡ 1074

```
si->bsdf = ARENA_ALLOC(arena, BSDF)(*si);
si->bsdf->Add(ARENA_ALLOC(arena, SeparableBSSRDFAdapter)(this));
si->wo = Vector3f(si->shading.n);
```

SeparableBSSRDFAdapter 클래스는 SeparableBSSRDF::Sw() 주변의 얇은 감싸는 클래스다. 방정식(11.7)에서의 S_ω가 확산 같은 항을 정규화한 프레넬 투과도로 크기 조절하는 것으로 정의된 것을 기억하자. 이런 이유로 SeparableBSSRDFAdapter는 자신을 BSDF_DIFFUSE로 분류하고 BxDF::Sample_f()에서 제공하는 기본 코사인 가중 표본화 루틴만을 사용한다.

```
<BSSRDF Declarations> +≡
    class SeparableBSSRDFAdapter : public BxDF {
    public:
        <SeparableBSSRDFAdapter Public Methods 1075>
    private:
        const SeparableBSSRDF *bssrdf;
    };
```

```
<SeparableBSSRDFAdapter Public Methods> ≡                                    1075
    SeparableBSSRDFAdapter(const SeparableBSSRDF *bssrdf)
            : BxDF(BxDFType(BSDF_REFLECTION | BSDF_DIFFUSE)), bssrdf(bssrdf) { }
```

굴절 BSDF와 유사하게 빛 전송 방식에 관련된 크기 조절 인자는 반드시 S_ω 항으로 반환하는 f() 메서드의 값에 적용돼야 한다. 이 문제와 크기 조절을 적용하는 코드 조각 <*Update BSSRDF transmission term to account for adjoint light transport*>는 16.1절에서 더 자세히 다루고 정의한다.

```
<SeparableBSSRDFAdapter Public Methods> +≡                                   1075
    Spectrum f(const Vector3f &wo, const Vector3f &wi) const {
        Spectrum f = bssrdf->Sw(wi);
        <Update BSSRDF transmission term to account for adjoint light transport 1140>
        return f;
    }
```

공간 요소 S_p를 표본화하기 위해 2D 분포 함수를 임의의 표면에서 나가는 위치의 근방에서의 표면 매개변수화를 사용해 매핑해야 한다. 이런 매개변수화를 얻기 위해 개념적으로 명백한 방법은 측지선geodesic 방식이지만 이를 찾고 계산하는 것은 명백하지 않으며, 지원하는 각 모양에 대해 상당한 구현 노력이 필요하다. 여기서는 레이트레이싱을 사용해서 방사형 특성 S_r을 장면 기하 구조에 매핑하는 훨씬 더 단순한 방법을 사용했다.

그림 15.8은 기본 개념을 묘사한다. 위치 p_o와 연관된 법선 n_o는 표면에 대한 평면 근사치를 정의한다. 2D 극좌표를 사용해 우선 방위각 ϕ와 p_o를 중심으로 한 반경 값 r을 표본화하고, 그 후 이 위치를 실제 표면으로 기본체와 오프셋 이동한 수직한 광선으로 교차해 위치

p_i를 생성한다. `SeparableBSSRDF` 클래스는 방사형 대칭 특성 함수만 지원한다. 그러므로 ϕ는 균일 분포로 $[0, 2\pi)$에서 추출되며, r은 방사형 특성 함수 S_r을 따라 분포한다.

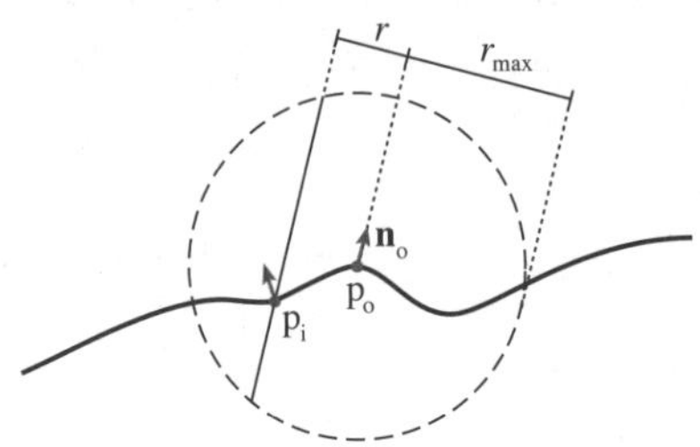

그림 15.8 분리 가능한 BSSRDF의 공간 요소를 표본화. 반투명 표면 위의 점 p_o에서 나가는 방사를 계산하기 위해 방사형 산란 특성에서 반경 r을 표본화하고 이를 표면으로 다시 추적하는 탐사 광선으로 표면 법선 $\mathbf{n}_o$의 반대 방향으로 다시 매핑한다. 효율성을 높이기 위해 탐사 광선은 반경 r_{max}의 구로 잘리며, 이보다 큰 범위에선 BSSRDF의 값이 무시할 만큼 작아진다.

이 기본 방식에 여전히 몇 가지 어려움이 있다.

- 방사형 특성 S_r은 파장에 대해 균일할 필요는 없다. 실제로 평균 자유 경로는 다른 분광 채널 사이에서 자리수가 차이난다.
- 표면 기하 구조가 평면으로 잘 근사되지 않고 $\mathbf{n}_i$는 p_i에서의 표면 법선일 때 $\mathbf{n}_o \cdot \mathbf{n}_i \approx 0$이면 탐사 광선은 표면을 비스듬한 각도로 충돌하게 돼 비교적 높은 $S(p_o, \omega_o, p_i, \cdot)$ 값의 위치 p_i가 너무 낮은 확률로 표본화된다. 이는 렌더링에서 높은 분산으로 나타난다(그림 15.9).
- 마지막으로 탐사 광선은 다중 표면 위치에서 길이에 대해 교차할 수 있으며, 모두 반사된 방사에 기여할 수 있다.

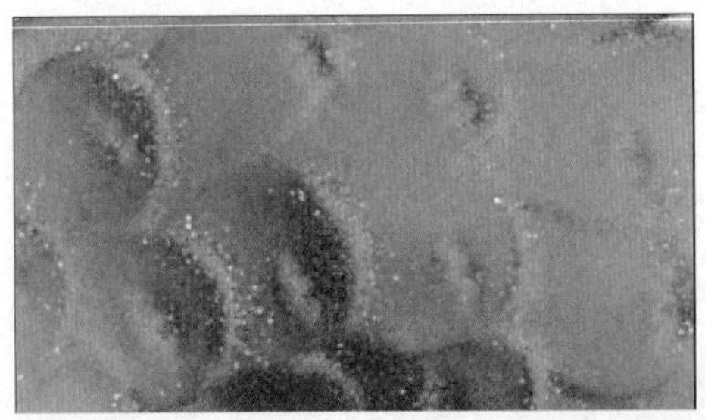
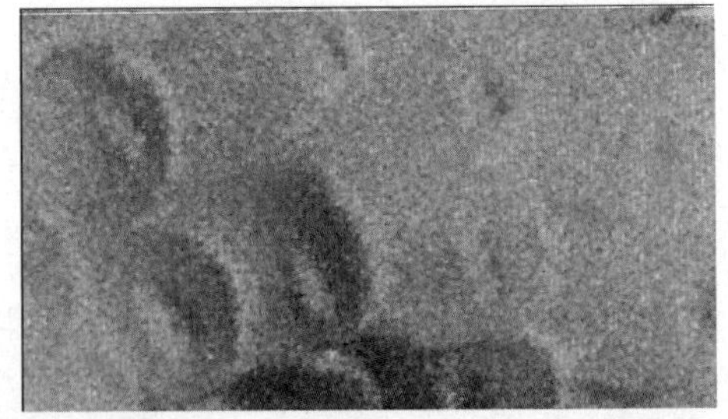

그림 15.9 산란 특성 투영의 비교. (a) 산란 특성을 현재 법선 방향에 수직하게 투영하는 것이 보통 잘 동작하지만, 종종 큰 대응하는 BSSRDF 값 S에도 불구하고 매우 작은 확률로 표본화되는 표면 영역이 있어 렌더링에서 큰 분산을 생성한다. (b) 다중 축을 따라 투영하고 결과 표본화 기술을 다중 중요도 표본화를 사용해 합치는 것은 잘 수렴된 영역에서의 전체적인 분산의 양을 증가시키는 대가로 최대 분산을 매우 감소시킨다. 더 많은 표본이 추출될수록 후자의 방식이 더 나은 전체적인 수렴을 보여준다.

첫 두 문제는 익숙한 방식으로 처리할 수 있다. 즉, 추가적으로 설계된 표본화 분포를 도입하고 이를 다중 중요도 표본화를 사용해 합하는 것이다. 세 번째 문제는 바로 알아본다.

분광 변화를 처리하기 위해 파장별로 다른 표본화 기술을 사용하며, 각 기술은 추가적으로 3번 지역 프레임의 기저 벡터로 주어지는 다른 투영 축에 대해 반복해 전체 3 * Spectrum::nSamples 표본화 기술이 된다. 이는 *S*가 취하는 무시할 수 없는 값에 대한 모든 지점이 합리적인 확률로 교차하는 것을 보장한다. 이 기술의 조합은 SeparableBSSRDF::Sample_Sp()에 구현됐다.

```
<BSSRDF Method Definitions> +≡
    Spectrum SeparableBSSRDF::Sample_Sp(const Scene &scene, Float u1,
            const Point2f &u2, MemoryArena &arena, SurfaceInteraction *pi,
            Float *pdf) const {
        <Choose projection axis for BSSRDF sampling 1077>
        <Choose spectral channel for BSSRDF sampling 1078>
        <Sample BSSRDF profile in polar coordinates 1078>
        <Compute BSSRDF profile bounds and intersection height 1079>
        <Compute BSSRDF sampling ray segment 1079>
        <Intersect BSSRDF sampling ray against the scene geometry 1080>
        <Randomly choose one of several intersections during BSSRDF sampling 1081>
        <Compute sample PDF and return the spatial BSSRDF term Sp 1081>
    }
```

투영 축을 선택하는 것으로 시작한다. 표면이 평면에 가까울 때 법선 SeparableBSSRDF::ns를 따라 투영하는 것이 명백히 최고의 표본화 전략이며, 이는 다른 두 축을 따라가는 탐사 광선이 표면을 놓치기 쉽기 때문이다. 그러므로 표본 예산의 상당히 큰 부분(50%)을 수직 광선에 할당한다. 나머지 반은 SeparableBSSRDF::ss와 SeparableBSSRDF::ts의 접선 투영 사이에서 동일하게 공유된다. 선택한 좌표계의 3축은 vx, vy, vz로 저장되며 *z*축에 대해 구형 좌표의 각 θ를 측정하는 일반적인 규약을 따른다.

이 불연속 표본화 연산 이후 크기 조절 후 u1 만큼 오프셋해서 추가적인 표본화 연산이 균일 변화처럼 재사용될 수 있게 한다.

```
<Choose projection axis for BSSRDF sampling> ≡                          1077
    Vector3f vx, vy, vz;
    if (u1 < .5f) {
        vx = ss;
        vy = ts;
        vz = Vector3f(ns);
```

```
        u1 *= 2;
    } else if (u1 < .75f) {
        <Prepare for sampling rays with respect to ss>
    } else {
        <Prepare for sampling rays with respect to ts>
    }
```

다른 두 축에 대한 코드 조각은 비슷하므로 여기에 수록하지 않는다.

다음으로 균일하게 분광 채널을 선택하고 다시 한 번 u1으로 크기 조절한다.

<Choose spectral channel for BSSRDF sampling> ≡ 1077

```
    int ch = Clamp((int)(u1 * Spectrum::nSamples),
            0, Spectrum::nSamples - 1);
    u1 = u1 * Spectrum::nSamples - ch;
```

2D 특성 표본화 연산이 그 후 극좌표에서 SeparableBSSRDF::Sample_Sr()을 사용해 처리된다. 이 메서드는 실패를 나타내기 위해 음의 반경을 반환한다(예, 채널 ch에서 산란이 없는 경우). 여기의 구현은 이 경우 BSSRDF 값을 0으로 반환한다.

<Sample BSSRDF profile in polar coordinates> ≡ 1077

```
    Float r = Sample_Sr(ch, u2[0]);
    if (r < 0)
        return Spectrum(0.f);
    Float phi = 2 * Pi * u2[1];
```

반경 표본화 메서드 SeparableBSSRDF::Sample_Sr()과 연관된 밀도 함수 SeparableBSSRDF::Pdf_Sr() 둘 다 순수 가상 함수로 정의된다. TabulatedBSSRDF의 구현은 다음 절에 있다.

<SeparableBSSRDF Interface> +≡ 829

```
    virtual Float Sample_Sr(int ch, Float u) const = 0;
    virtual Float Pdf_Sr(int ch, Float r) const = 0;
```

특성이 상당히 빨리 감소하므로 p_o에서 너무 멀리[2] 떨어진 위치 p_i에 대해 관심이 없다. 레이트레이싱 단계의 계산 비용을 감소시키기 위해 탐사 광선은 p_o 주변의 $r_{\max}$ 반경의 구로 잘라낸다. 다른 SeparableBSSRDF::Sample_Sr()의 호출은 $r_{\max}$를 결정하기 위해 사용된다. 이 함수가 역전법(13.3.1절)에 기반을 둔 완벽한 중요도 표본화 방식을 구현한다고 가정하면 Sample_Sr()은 표본 값 x를 산란되는 에너지의 부분 x를 포함한 구의 반경에 대해 매핑한다.

2. 이 가정은 재질이 매우 밝은 광원(예, 손전등 앞에 놓인 손)일 때 문제가 될 수 있으며, 이런 경우 원거리 빛 전송이 여전히 중요하다.

여기서 rMax를 그림 15.8의 구가 99.9%의 산란 에너지를 포함하도록 설정한다. r이 $r_{\max}$ 밖에 위치할 때 표본화는 실패한다. 이는 탐사 광선을 짧게 유지하는 것을 도와주며, 실시간 성능을 크게 향상시킨다. 주어진 r과 $r_{\max}$에 대해 탐사 광선과 반경 $r_{\max}$의 구와의 교차점 길이는 다음과 같다(그림 15.10을 보자).

$$l = 2\sqrt{r_{\max}^2 - r^2}.$$

<*Compute BSSRDF profile bounds and intersection height*> ≡ 1077

```
Float rMax = Sample_Sr(ch, 0.999f);
if (r > rMax)
    return Spectrum(0.f);
Float l = 2 * std::sqrt(rMax * rMax - r * r);
```

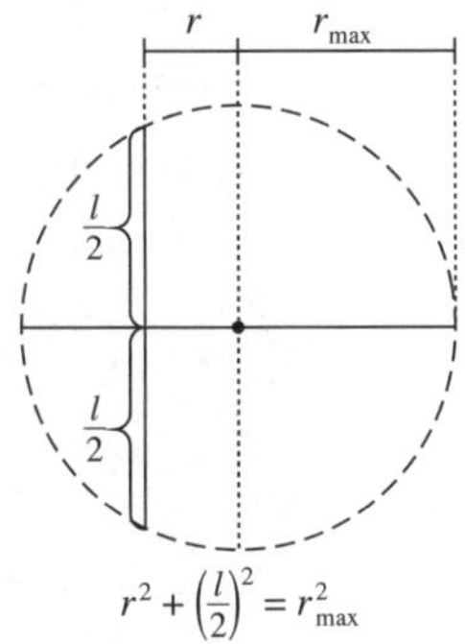

그림 15.10 주어진 최대 반경 $r_{\max}$보다 작은 표본화된 반경 r로, 구에서 광선의 전체 길이인 선분의 길이 l은 피타고라스의 정리로 얻을 수 있다.

주어진 표본화된 극좌표 값에서 구의 경계에 놓인 광선의 월드 공간 원점과 구를 빠져나가는 목표점 pTarget을 계산할 수 있다.

<*Compute BSSRDF sampling ray segment*> ≡ 1077

```
Interaction base;
base.p = po.p + r * (vx * std::cos(phi) + vy * std::sin(phi)) -
        l * vz * 0.5f;
base.time = po.time;
Point3f pTarget = base.p + l * vz;
```

실제로는 탐사 광선을 따라 하나의 교차점만 있는 것이 아니며, 여기서 모든 것을 합치길 원한다. 찾은 모든 상호작용의 연결된 목록을 생성한다.

<Intersect BSSRDF sampling ray against the scene geometry> ≡ 1077

```
<Declare IntersectionChain and linked list 1080>
<Accumulate chain of intersections along ray 1080>
```

IntersectionChain은 이 목록을 유지하게 해준다. 다시 한 번 MemoryArena는 효율적으로 할당하는 것을 가능하게 하며, 여기서는 목록 노드를 위해 사용한다.

<Declare IntersectionChain *and linked list>* ≡ 1080

```
struct IntersectionChain {
    SurfaceInteraction si;
    IntersectionChain *next = nullptr;
};
IntersectionChain *chain = ARENA_ALLOC(arena, IntersectionChain)();
```

이제 구 안의 선분을 따라 교차점을 찾기 시작한다. 목록에서 꼬리 노드의 SurfaceInteraction은 각 교차점의 정보로 초기화되며, baseInteraction은 갱신돼 다음 광선이 교차된 표면의 다른 면에서 생성될 수 있게 한다(그림 15.11을 보자).

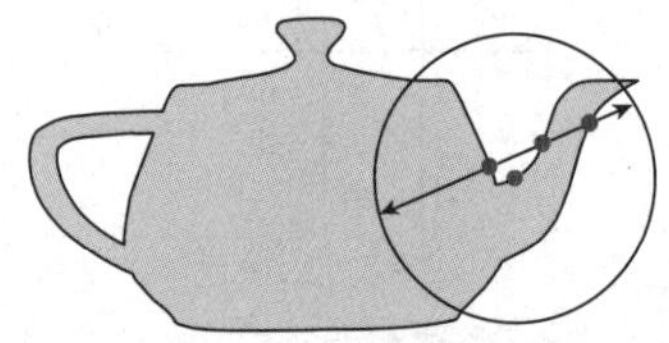

그림 15.11 표본 광선을 따라 표면 교차의 누적. SeparableBSSRDF::Sample_Sp() 메서드는 기본체의 표면과 광선의 모든 교차점을 찾으며, 광선 너비는 여기서 교차점(붉은 점) 주위의 구로 제한된다. 각 교차점(파란 점)에서 대응하는 SurfaceInteraction은 교차된 표면의 다른 면을 떠나는 새 광선이 생성되기 전에 연결된 목록 안에 저장된다.

<Accumulate chain of intersections along ray> ≡ 1080

```
IntersectionChain *ptr = chain;
int nFound = 0;
while (scene.Intersect(base.SpawnRayTo(pTarget), &ptr->si)) {
    base = ptr->si;
    <Append admissible intersection to IntersectionChain 1081>
}
```

기본체의 표면 위에 있는 근처 점을 표본화하기 위해 광선을 추적할 때 장면의 다른 기본체의 어떤 교차점이든 무시하는 것이 중요하다(기본체 사이의 산란이 적분기에 의해 처리된다는 내재된 가정이 있으며, BSSRDF는 단일 기본체의 산란만 고려하게 제한돼야 한다). 여기의 구현은 교차가 동일 기본체 위에 있다는 것을 결정하기 위한 대용품으로 Material 포인터의 동일성을 사용한다. 유효한 교차는 연쇄에 추가되며, 변수 nFound는 반복문이 종료될 때 전체 수를 기록한다.

<Append admissible intersection to IntersectionChain*>* ≡ 1080

```
if (ptr->si.primitive->GetMaterial() == material) {
    IntersectionChain *next = ARENA_ALLOC(arena, IntersectionChain)();
    ptr->next = next;
    ptr = next;
    nFound++;
}
```

가까운 교차점의 집합에서 이제 반드시 하나를 선택해야 하며, 이는 Sample_Sp()가 단일 위치 p_i만 반환하기 때문이다. 다음 코드 조각은 균일 확률을 가진 목록 항목의 하나를 선택하기 위해 변수 u1을 마지막으로 사용한다.

<Randomly choose one of several intersections during BSSRDF sampling> ≡ 1077

```
if (nFound == 0)
    return Spectrum(0.0f);
int selected = Clamp((int)(u1 * nFound), 0, nFound - 1);
while (selected-- > 0)
    chain = chain->next;
*pi = chain->si;
```

마지막으로 SeparableBSSRDF::Pdf_Sp()를 호출해 모든 표본화 전략을 고려하는 합쳐진 PDF를 계산한다. 반환하는 확률은 IntersectionChain에서 pi를 선택하는 불연속 확률을 고려하기 위해 nFound로 나눈다. 마지막으로 $S_p(p_i)$의 값이 반환된다.

<Compute sample PDF and return the spatial BSSRDF term S_p> ≡ 1077

```
*pdf = Pdf_Sp(*pi) / nFound;
return Sp(*pi);
```

SeparableBSSRDF::Pdf_Sp()는 SeparableBSSRDF::Sample_Sp()에서 가용한 전체 3 * Spectrum::nSamples의 표본화 기술을 사용해 위치 pi를 표본화하는 단위 면적당 확률을 반환한다.

<BSSRDF Method Definitions> +≡

```
Float SeparableBSSRDF::Pdf_Sp(const SurfaceInteraction &pi) const {
    <Express pi - po and ni with respect to local coordinates at po 1082>
    <Compute BSSRDF profile radius under projection along each axis 1082>
    <Return combined probability from all BSSRDF sampling strategies 1082>
}
```

먼저 nLocal은 p_i에서의 표면 법선으로 dLocal을 $p_o - p_i$로 초기화하며, 둘 다 p_o에서의 지역 좌표를 사용해 표현한다.

<*Express* $p_i - p_o$ *and* $\mathbf{n}_i$ *with respect to local coordinates at* p_o> ≡ 1081

```
Vector3f d = po.p - pi.p;
Vector3f dLocal(Dot(ss, d), Dot(ts, d), Dot(ns, d));
Normal3f nLocal(Dot(ss, pi.n), Dot(ts, pi.n), Dot(ns, pi.n));
```

합쳐진 PDF를 결정하기 위해 반드시 각 기술의 쌍 (p_o, p_i)에 일치하는 방사형 특성 반경을 표본화하는 확률을 질의해야 한다. 이 반경은 2D에서 측정되며, 그러므로 선택된 투영 축에 의존한다(그림 15.12). rProj 변수는 ss, ts, ns에 수직한 투영에 대한 반경을 기록한다.

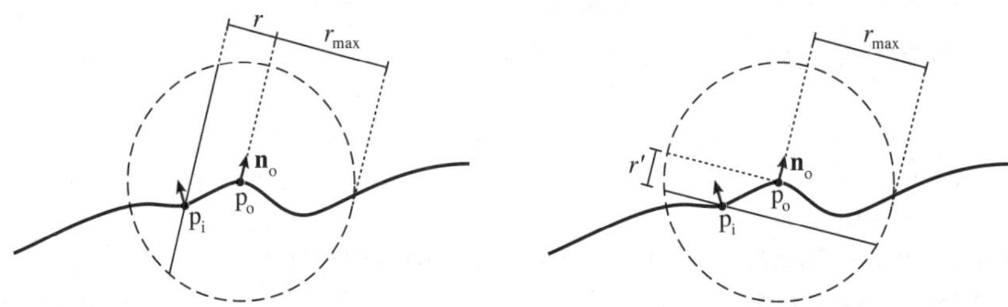

그림 15.12 다른 표본화 전략의 확률. BSSRDF 위치 표본 p_i(왼쪽)의 합쳐진 확률을 결정하기 위해 반드시 방사형 PDF를 각각의 다른 투영 축에 대응하는 반경 r'에 대해 계산해야 한다(오른쪽).

<*Compute BSSRDF profile radius under projection along each axis*> ≡ 1081

```
Float rProj[3] = { std::sqrt(dLocal.y * dLocal.y + dLocal.z * dLocal.z),
          std::sqrt(dLocal.z * dLocal.z + dLocal.x * dLocal.x),
          std::sqrt(dLocal.x * dLocal.x + dLocal.y * dLocal.y) };
```

구현의 나머지는 단순히 분광 채널과 투영 축의 모든 조합에 대해 반복해서 각 기술을 선택하는 확률과 p_o에서의 표면으로 투영에서 면적 밀도에 대한 곱의 합이다.

<*Return combined probability from all BSSRDF sampling strategies*> ≡ 1081

```
Float pdf = 0, axisProb[3] = { .25f, .25f, .5f };
Float chProb = 1 / (Float)Spectrum::nSamples;
for (int axis = 0; axis < 3; ++axis)
    for (int ch = 0; ch < Spectrum::nSamples; ++ch)
        pdf += Pdf_Sr(ch, rProj[axis]) * std::abs(nLocal[axis]) *
                chProb * axisProb[axis];
return pdf;
```

눈치 빠른 독자는 앞의 정의에서 미약한 불일치를 알아챘을 것이다. SeparableBSSRDF::Sample_Sp()에서 여러 (nFound) 교차점의 하나를 선택하는 확률은 코드 조각 *<Compute sample PDF and return the spatial BSSRDF term S_p>*에서 일어난 임의의 나누기가 아닌 SeparableBSSRDF::Pdf_Sp() 메서드에서 밀도 함수의 부분이다. 실제로는 추적된 교차점은 투영 축과 분광 채널에 대해 변화한다. 이를 정확하게 PDF 계산에서 고려하는 것은 모든 표본에 대한 3 * Spectrum::nSamples 탐사 광선의 전체에 대해 각 교차점의 수를 계산해야 한다! 이 문제를 무시하고 작은 양의 편향으로 더 효율적인 구현을 얻었다.

15.4.2 TabulatedBSSRDF 표본화

앞 절에서 BSSRDF 표본화를 SeparableBSSRDF 인터페이스에서 순수 가상 함수로 선언된 Pdf_Sr()과 Sample_Sr()만 제외하고 완성했다. TabulatedBSSRDF 하위 클래스는 이런 빠진 기능성을 구현한다.

TabulatedBSSRDF::Sample_Sr() 메서드는 방사형 특성 함수 S_r에 비례하는 반경 값을 표본화한다. 11.4.2절에서 특성이 현재 표면 위치에서 알베도 ρ에 내재적인 의존도를 갖고 TabulatedBSSRDF가 보간된 $S_r(\rho, r)$의 계산을 2D 텐서 곱 스플라인 기저 함수를 사용해 제공하는 것을 기억하자. TabulatedBSSRDF::Sample_Sr()은 그 후 주어진 분광 채널 ch에 대한 알베도 ρ를 결정하고 표본을 남은 1D 함수 $S_r(\rho, \cdot)$에 비례해 뽑는다. 산란이나 ch 채널의 흡수가 없을 경우 표본 생성은 실패한다(이 경우는 음수 반경을 반환해 알려진다).

11.4.2절에서처럼 FourierBSDF 구현과 상당한 양이 겹친다. 표본화 연산은 실제로 단일 CatmullRom2D() 호출로 감소하며, 이는 이전에 FourierBSDF::Sample_f()에서 사용됐다.

<BSSRDF Method Definitions> +≡

```
Float TabulatedBSSRDF::Sample_Sr(int ch, Float u) const {
    if (sigma_t[ch] == 0)
        return -1;
    return SampleCatmullRom2D(table.nRhoSamples, table.nRadiusSamples,
            table.rhoSamples.get(), table.radiusSamples.get(),
            table.profile.get(), table.profileCDF.get(),
            rho[ch], u) / sigma_t[ch];
}
```

BSSRDFTable가 생성될 때 초기화되는 사전 계산된 CDF 배열에 이 함수가 의존하는 것을 기억하자.

<*BSSRDFTable Public Data*> +≡ 834
```
std::unique_ptr<Float[]> profileCDF;
```

Pdf_Sr() 메서드는 Sample_Sr()로 얻은 표본의 PDF를 반환한다. 이는 특성 함수를 방정식 (11.11)에 정의된 정규화 상수 ρ_{eff}로 나눈다.

시작은 TabulatedBSSRDF::Sr()의 스플라인 계산 코드에 유사하다. 코드 조각 <*Compute spline weights to interpolate BSSRDF density on channel* ch>는 <*Compute spline weights to interpolate BSSRDF on channel* ch>와 해당 메서드에서 일치하며, 이 메서드는 광학 반경이 스플라인이 표현하는 범위 밖이면 즉시 0을 반환하는 것만 다르다.

<*BSSRDF Method Definitions*> +≡
```
Float TabulatedBSSRDF::Pdf_Sr(int ch, Float r) const {
    <Convert r into unitless optical radius r_optical 836>
    <Compute spline weights to interpolate BSSRDF density on channel ch>
    <Return BSSRDF profile density for channel ch 1084>
}
```

구현의 나머지는 코드 조각 <*Set BSSRDF value* Sr[ch] *using tensor spline interpolation*>와 거의 유사하며, 또한 ρ_{eff}를 표에서 보간해 이를 마지막 나누기에 포함하는 점만 다르다.

<*Return BSSRDF profile density for channel* ch> ≡ 1084
```
Float sr = 0, rhoEff = 0;
for (int i = 0; i < 4; ++i) {
    if (rhoWeights[i] == 0) continue;
    rhoEff += table.rhoEff[rhoOffset + i] * rhoWeights[i];
    for (int j = 0; j < 4; ++j) {
        if (radiusWeights[j] == 0) continue;
        sr += table.EvalProfile(rhoOffset + i, radiusOffset + j) *
                  rhoWeights[i] * radiusWeights[j];
    }
}
<Cancel marginal PDF factor from tabulated BSSRDF profile 837>
return std::max((Float)0, sr * sigma_t[ch] * sigma_t[ch] / rhoEff);
```

15.4.3 경로 추적기에서의 표면 및 산란

이제 5.6.2절의 산란 방정식(5.11)을 일반화하기 위해 몬테카를로를 적용하는 능력을 가진다. 다음 형식의 예측을 계산한다.

$$L_o(p_o, \omega_o) \approx \frac{S(p_o, \omega_o, p_i, \omega_i)\,(L_d(p_i, \omega_i) + L_i(p_i, \omega_i))\,|\cos\theta_i|}{p(p_i)\,p(\omega_i)}$$

여기서 L_d는 입사 직접 방사며 L_i는 입사 간접 방사다. 표본 (p_i, ω_i)는 두 단계로 생성된다. 먼저 주어진 p_o와 ω_o에 대해 `BSSRDF::Sample_S()`의 호출은 p_i에 대한 S의 주변 분포와 분포가 유사한 위치 p_i를 반환한다.

다음으로 입사 방향 ω_i를 표본화한다. `BSSRDF::Sample_S()` 인터페이스가 의도적으로 이 두 단계를 분리하는 것을 기억하자. p_i와 ω_i를 동시에 생성하는 대신 방향 표본화 단계에서 사용한 특별한 BSDF 인스턴스를 `si`의 `bsdf` 항목을 통해 반환한다. 이 방식에서 어떤 일반성도 손실되지 않는다. 반환한 BSDF는 완벽히 임의의 명시적으로 `BSSRDF::Sample_S()`에서 계산한 정보에 의존하는 것이 허용된다. 이득은 BSDF와 L_i의 적분 곱을 계산하는 데 기존 기반의 상당한 양을 재사용할 수 있는 것이다.

`PathIntegrator`의 *<Find next path vertex and accumulate contribution>* 코드 조각은 이 예측을 계산하기 위해 다음의 코드를 호출한다.

<Account for subsurface scattering, if applicable> ≡ 1040

```
if (isect.bssrdf && (flags & BSDF_TRANSMISSION)) {
    <Importance sample the BSSRDF 1085>
    <Account for the direct subsurface scattering component 1086>
    <Account for the indirect subsurface scattering component 1086>
}
```

BSSRDF 표본화 경우일 경우 경로 추적기는 `BSSRDF::Sample_S()`를 호출해 p_i를 생성하고 결과 표본화 가중치를 투과량 가중치 변수 `beta`에 결합하는 것으로 시작한다.

<Importance sample the BSSRDF> ≡ 1085

```
SurfaceInteraction pi;
Spectrum S = isect.bssrdf->Sample_S(scene, sampler.Get1D(),
        sampler.Get2D(), arena, &pi, &pdf);
if (S.IsBlack() || pdf == 0)
    break;
beta *= S / pdf;
```

`BSSRDF::Sample_S()`는 또한 `pi`의 `bsdf`를 ω_i에서 S의 의존도를 특성화하는 BSDF로 초기화하므로 기존 직접 조명 계산의 기반을 재사용할 수 있다. `pi`에서 직접 광의 기여를 계산하기 위한 한 줄의 코드만 `po`에서 반사된 방사를 계산하기 위해 바꾸기만 하면 된다.

<*Account for the direct subsurface scattering component*> ≡ 1085

```
L += beta * UniformSampleOneLight(pi, scene, arena, sampler);
```

비슷하게 새로 표본화된 입사점에서의 간접 조명을 고려하는 것은 PathIntegrator 안의 BSDF 간접 조명 계산과 거의 유사하며, isect 대신 pi가 다음 경로 정점으로 사용되는 것만 다르다.

<*Account for the indirect subsurface scattering component*> ≡ 1085

```
Spectrum f = pi.bsdf->Sample_f(pi.wo, &wi, sampler.Get2D(), &pdf,
        BSDF_ALL, &flags);
if (f.IsBlack() || pdf == 0)
    break;
beta *= f * AbsDot(wi, pi.shading.n) / pdf;
specularBounce = (flags & BSDF_SPECULAR) != 0;
ray = pi.SpawnRay(wi);
```

이것으로 경로 추적기(그리고 입체 경로 추적기)는 표면 밑 산란을 지원한다. 그림 15.13을 예로 살펴보자.

그림 15.13 PathIntegrator의 표면 밑 산란. 둘 다 내부의 표면 밑 산란을 설명하는 BSSRDF를 가진다.

*15.5 확산 방정식을 사용한 표면 밑 산란

표면 밑 산란 구현을 완료하기 위한 마지막 작업은 TabulatedBSSRDF를 주어진 산란 매질 특성(σ_a, σ_s, 위상 함수 비대칭 매개변수 g, 상대 굴절률 η)에 대한 표면 밑 산란을 정확히 설명하는 방사 특성 함수 S_r로 초기화할 수 있게 하는 것이다. 이 절에서 다룰 기술은 Habel et al.(2013)의 광자 줄기 확산PBD, Photon Beam Diffusion 기술이다. 결과 특성은 모든 차수의 산란을 고려해 표면 안에서 일어나는 모든 빛 전송을 효과적으로 고려한다.

빛줄기 확산은 상당한 가정과 근사를 가정한다. 먼저 빛의 반투명 매질 안의 분포는 확산 근사로 모델링되며, 이는 고도로 산란하는 광학적으로 두꺼운 반투명 매질 안의 조명 평형 분포를 설명한다. 다음으로 이는 매질 안의 균일 산란 특성을 가정하며, 암시적으로 매질이 반무한이라고 가정한다(무한한 측면 범위를 갖는 평면 표면 아래에서 무한히 지속된다). 마지막으로, PDF는 방정식(11.6)의 분리 가능한 BSSRDF 근사를 생성하며, 이는 공간과 방향 산란 분포에서 단순한 곱의 관계를 강제한다. 이 근사가 만족될 때 PBD가 계산한 해는 방정식(15.2)의 전송 방정식을 사용해서 처리한 근거 진리 시뮬레이션ground truth simulations과 매우 근접한다.

물론 이 가정의 많은 부분은 임의의 모양에 특성이 적용될 때 유효하지 않으며, 또한 잠재적으로 공간적으로 변화하는 재질 특성에서도 그렇다. 컴퓨터 그래픽스에서의 확산 형식 메서드의 매력은 우아한 방식으로 품질이 떨어지며, 기반 가정의 일부 혹은 전체가 위반되는 경우에도 시각적으로 합리적인 결과를 생성하는 것이다. 15장 끝의 '더 읽을거리' 절과 연습문제에서 더 넓은 범위의 설정을 좀 더 정확하게 처리하도록 일반화하는 이런 접근 방식의 개선 사항에 대한 참고 문헌을 살펴보자.

PBD가 특성 S_r을 어떤 반경이나 재질 매개변수에 대해서도 계산할 수 있지만, 특성 계산은 수치적 적분 단계를 포함하므로 상당히 비싸다. 더욱이 모델의 중요도 표본화를 위해 S_r의 CDF를 극좌표에서 반전할 수 있어야 하지만, 반전은 닫힌 형으로 가능하지 않다. 11.4.2절의 TabulatedBSSRDF는 근사하게 이 문제를 처리했으며, 효율적인 계산과 표본화 연산을 제공한다. 그러므로 S_r을 반경과 알베도 값의 범위에 대해 사전 계산하고 결과를 TabulatedBSSRDF의 BSSRDFTable을 생성하는 데 사용한다. 이 사전 계산은 장면 생성 동안 처리된다.

다음 절에서 PBD 방식의 핵심 부분을 다루며, 유사성의 원칙과 확산 이론으로 시작한다.

15.5.1 유사성의 원칙

많은 중요한 개념이 완전한 일반 전송 방정식을 확산 방정식으로 변환하는 과정에서 사용되며, 이는 표면 밑 산란을 위한 근사 해를 구할 수 있다. 첫째는 유사성 원칙으로, 높은 알베도를 가진 비등방성 산란 매질에 대해 매질은 적절하게 변환된 산란과 감쇠 계수를 가진 등방성 위상 함수phase function로 모델링될 수 있다. 빛 전송 해는 등방성 산란의 가정으로 인한 단순화가 가능해 원래 계수와 위상 함수와 잘 부합하는 변경된 계수를 바탕으로 계산될 수 있다.

유사성의 원칙은 높은 알베도를 가진 매질 안에서의 많은 산란 현상 후에 원래의 조명 분포나 위상 함수의 비등방성과 관계없이 점점 더 균일한 방향을 갖게 된다는 데 기반을 둔다. 이것이 어떻게 일어나는지 알아보는 한 가지 방법은 Yanovitskij(1997)가 유도한 표현을 고려하는 것이다. 이는 헤니에이-그린슈타인Henyey-Greenstein 위상 함수에서의 다중 산란 현상으로 인한 등방성화를 설명한다. 그는 n번 산란된 후 빛의 산란이 다음과 같음을 보여줬다.

$$p_n(\omega \to \omega') = \frac{1 - g^{2n}}{4\pi(1 + g^{2n} - 2g|g^{n-1}|(-\omega \cdot \omega')^{3/2})}$$

n이 커지면 커질수록 등방성 위상 함수 $1/4\pi$로 수렴한다. 그림 15.14는 n의 몇 가지 값에 대한 이 함수의 그래프다. 이는 15.4.1절의 높은 알베도 재질에서의 수십 수백 산란 이후에 얼마나 많은 빛의 에너지가 남아있는지의 관찰과 결합해서 직관적으로 높은 알베도 매질에 대한 등방성 위상 함수 근사로 작업하는 것이 합리적인 이유를 보여준다.

유사성 원칙이 위상 함수를 등방성으로 간주하게 적용되면 변형된 형태의 다양한 산란 특성이 사용돼야 한다. 감소된 산란 계수는 $\sigma'_s = (1 - g)\sigma_s$로 정의되며, g는 비등방성 매개변수이고, 감소된 소멸 계수는 $\sigma'_t = \sigma_a + \sigma'_s$다. 알베도 역시 $\rho' = \sigma'_s/\sigma'_t$로 정의되는 감소된 알베도로 변경해야 하며, 이는 일반적으로 ρ와 다르다. 이 새 계수들은 등방성 위상 함수 근사를 사용하는 효과를 고려한다.

이 계수가 구현한 개념을 이해하기 위해 강하게 전방 산란하는 위상 함수 $g \to 1$인 경우를 고려하자. 실제 위상 함수에서는 각 산란 현상에서 빛은 한 번 산란할 때 대부분 같은 방향으로 다음 산란 현상으로 넘어간다. 이 예의 경우 감소된 산란 계수 $\sigma'_s = (1 - g)$는 σ_s보다 훨씬 작으며, 이는 빛이 산란 전에 매질에서 더 긴 거리를 진행한다는 것을 의미한다. 매질은 효과적으로 더 얇게 근사될 수 있어 빛이 더 진행하게 허용하고, 높은 전방 산란 위상 함수와 같은 효과를 가진다.

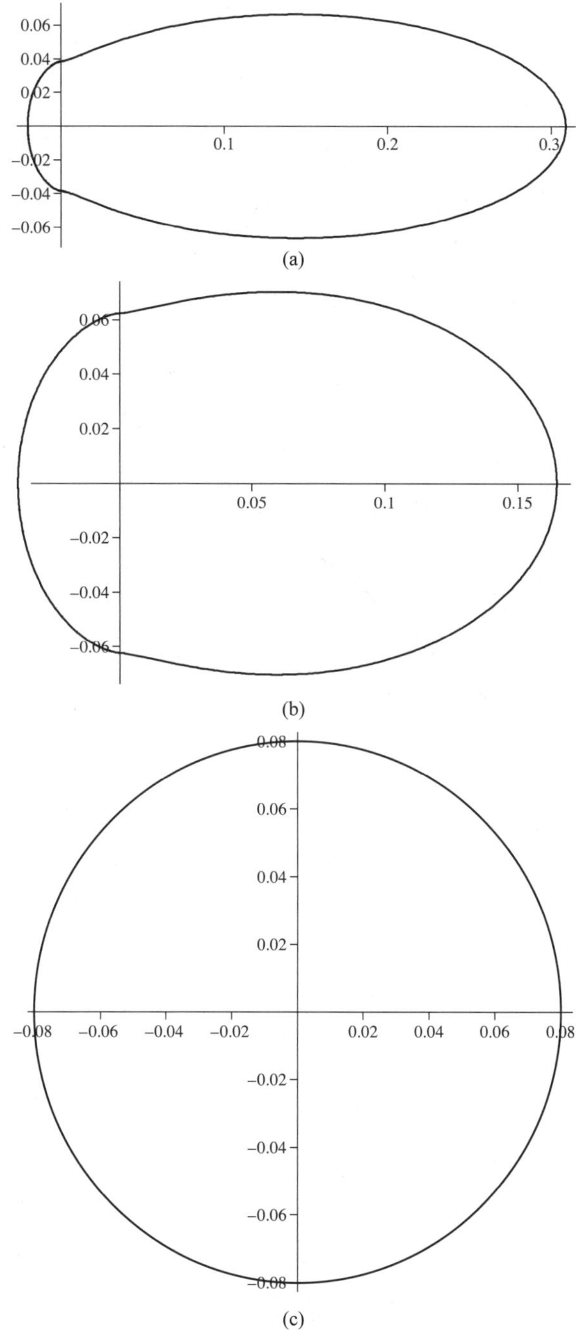

그림 15.14 많은 산란 현상 이후의 빛 분포. (a) g = 0.9를 가진 고도로 비등방성 매질 안에서 10번의 산란 현상 이후 하나의 입사광선의 방향 분포. (b) 100번의 산란 현상 이후, (c) 1000번의 산란 현상 이후. 이 분포는 초기에 매우 비등방성이더라도 점점 등방성으로 변한다.

역으로 $g \to -1$인 경우를 생각해보자. 이 경우 산란 이벤트에서 빛이 들어온 방향으로 산란해서 돌아간다. 하지만 그 후 다음번에 산란할 때 일반적으로 다시 역방향으로 진행된다. 계속 앞뒤로 반사되면서 실제로 전방 진행은 거의 하지 못한다. 이 경우 감소된 산란 계수는 원래 산란 계수보다 크며, 산란 상호작용의 더 큰 확률을 가리킨다. 달리 말해 매질은 실제보다 더 두껍게 간주되며, 빛이 진행할 때 상대적으로 더 문제를 겪는 것을 근사한다. 그림 15.15는 이 개념을 보여주며, 고도로 전방 산란되거나 고도로 후방 산란되는 매질에서 산란 상호작용의 표면 경로를 보여준다.

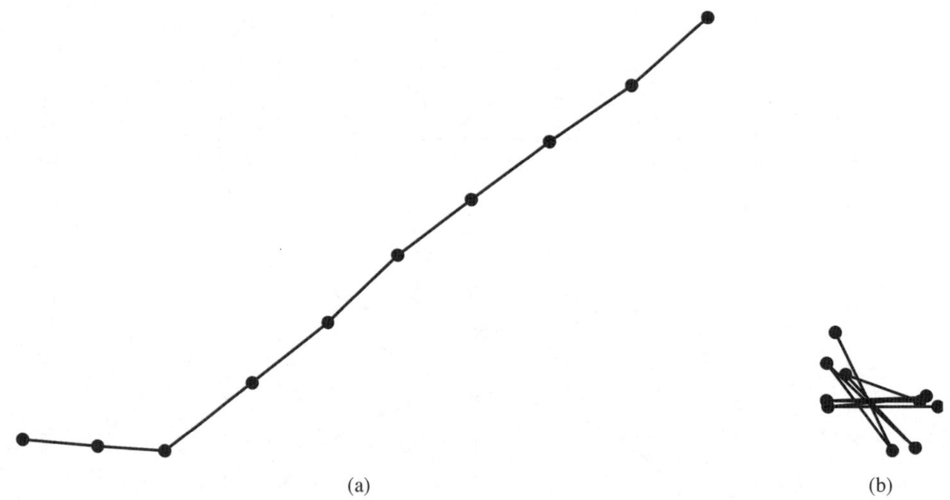

그림 15.15 고도의 비등방성 산란 매질에 대한 빛의 경로 표현. (a) g = 0.95인 순방향 산란 매질. 빛은 일반적으로 원래 진행하던 방향과 같은 방향으로 산란된다. (b) g = −0.95인 역방향 산란 매질. 빛은 빈번하게 앞뒤로 반사되며, 상대적으로 원래 방향으로 거의 가지 않는다.

15.5.2 확산 이론

확산 이론은 전송 방정식에서 더 단순한 확산 방정식으로 전환하는 방법을 제공하며, 이는 균일하고 광학적으로 두꺼운 고도로 산란하는 재질(예, 상대적으로 높은 알베도를 가진 것들)에 대한 경우 전송 방정식의 해를 제공한다. pbrt에서의 표면 밑 산란의 응용에 대해 감소된 산란 및 소멸 계수와 등방성 위상 함수로 전송 방정식을 작성해 유도할 수 있다.

방정식(15.1)에서 전송 방정식의 미적분 형식으로 시작하면 다음과 같다.

$$\frac{\partial}{\partial t} L_o(\mathrm{p} + t\omega, \omega) = -\sigma_t(\mathrm{p}, \omega) L_i(\mathrm{p}, -\omega)$$

$$+\sigma_s(p,\omega)\int_{S^2} p(p,-\omega',\omega)L_i(p,\omega')\,d\omega' + L_e(p,\omega)$$

공간적으로 균일한 재질 매개변수를 가정했고, 유사성 이론을 사용해서 등방성 위상 함수 $p = 1/4\pi$로 전환해 산란과 감쇠 계수에 대응한 변화를 생성했다. 또한 $L_o(p, \omega) = L_i(p, -\omega)$를 단일 함수 $L(p, \omega)$로 치환했다.

$$\frac{\partial}{\partial t}L(p+t\omega,\omega) = -\sigma_t'\,L(p,\omega) + \frac{\sigma_s'}{4\pi}\int_{S^2} L(p,\omega')\,d\omega' + L_e(p,\omega). \quad [15.15]$$

확산 이론의 핵심 가정은 각 산란 현상이 입사 조명을 효과적으로 흐리게 하며, 고주파가 각 방사 분포에서 빛이 매질에 대해 더 진행할수록 사라지게 된다는 것이다. 조밀한 등방성 산란 매질 안에서 모든 방향성은 결과적으로 사라진다. 이 관찰에서 동기 부여돼 방사 함수는 구형 모멘트에 기반을 둔 단순 이항 확장으로 제한된다. 형식적으로 함수 $f: S^2 \rightarrow \mathbb{R}$에 대해 단위 구 위의 n번째 모멘트는 다음과 같이 정의된다.[3]

$$(\mu_n[f])_{i,j,k,\ldots} = \int_{S^2} \underbrace{\omega_i\,\omega_j\,\omega_k\cdots}_{n \text{ factors}} f(\omega)\,d\omega$$

달리 말해 n 텐서 $\mu_n[f]$의 i, j, k, ... 항목을 얻기 위해 f와 데카르트 좌표로 쓰여진 방향 ω의 i, j, k 요소의 곱을 적분해야 한다. 8.6절의 각 코사인 μ_k와 일부 표기가 중첩되는 것을 주의하자. 15장의 나머지에서는 앞의 정의에만 독점적으로 사용한다.

0번째 모멘트를 예로 들면 함수의 구에 대한 적분이 주어졌을 때 1차 모멘트는 '질량 중심' 3 벡터로 해석할 수 있으며, 2차 모멘트는 3×3 양정치 행렬이다. 더 고차 모멘트는 많은 대칭을 가진다. 예를 들어 색인의 어떤 쌍을 교환해도 값은 변하지 않는다. 고차 모멘트는 더 확연한 방향적 행태를 허용하는 확산 이론의 확장된 형을 유도하는 데 유용하다. 여기서는 $n \leq 1$ 차에 대해서만 집중한다.

방사 함수의 모멘트는 특별한 형식이다. 0번째 모멘트 ϕ는 플루언스율[fluence rate]을 참조한다.

$$\phi(p) = \mu_0\left[L(p,\cdot)\right] = \int_{S^2} L(p,\omega)\,d\omega$$

3. 확산 이론을 유도하는 다른 방법은 방사 함수를 낮은 차수의 구형 조화 확장으로 치환하는 것이다. 모멘트 방식의 단순성으로 인해 더 선호하지만, 두 방식은 수학적으로 동일하다.

이 표현이 방정식(6.6)에서 시간에 대한 표면 경계에서의 플루언스율로 정의되는 플루언스 함수 H(p)와 다른 것에 유의하자.

1차 모멘트는 벡터 방사 조도다.

$$\mathrm{E}(\mathrm{p}) = \mu_1\left[L(\mathrm{p}, \cdot)\right] = \int_{\mathbb{S}^2} \omega\, L(\mathrm{p}, \omega)\, \mathrm{d}\omega$$

앞에서 언급한 이항 확장은 다음으로 정의된다.

$$L_{\mathrm{d}}(\mathrm{p}, \omega) = \frac{1}{4\pi}\phi(\mathrm{p}) + \frac{3}{4\pi}\omega \cdot \mathrm{E}(\mathrm{p}), \tag{15.16}$$

그러므로 모멘트는 정확히 재현된다.

$$\mu_0\left[L_{\mathrm{d}}(\mathrm{p}, \cdot)\right] = \phi(\mathrm{p}),\ \ \mu_1\left[L_{\mathrm{d}}(\mathrm{p}, \cdot)\right] = \mathrm{E}(\mathrm{p})$$

여기서 'd' 첨자는 확산 근사를 표기하며, 14.3절에서의 직접 광 항이 아니다.

전송 방정식에서 확산 방정식을 유도하기 위해 단순히 이항 방사 함수 L_{d}를 방정식(15.15)로 치환한다. 결과 표현은 불행히도 해를 갖는 것이 보장되지 않지만, 이 문제는 단순한 기법으로 처리할 수 있다. 모멘트의 등식만을 강요해서 처리하면 다음과 같이 i = 0, i = 1에 대해 성립한다.

$$\begin{aligned}\mu_i\left[\frac{\partial}{\partial t}L_{\mathrm{d}}(\mathrm{p}+t\omega, \omega)\right] = \mu_i\Big[&-\sigma_{\mathrm{t}}'\, L_{\mathrm{d}}(\mathrm{p}, \omega)\\ &+\frac{\sigma_{\mathrm{s}}'}{4\pi}\int_{\mathbb{S}^2} L_{\mathrm{d}}(\mathrm{p}, \omega')\, \mathrm{d}\omega' + L_{\mathrm{e}}(\mathrm{p}, \omega)\Big]\end{aligned} \tag{15.17}$$

이 모멘트를 계산하는 것은 상당히 길고 기계적인 삼각함수 미적분이 필요하므로 생략한다.[4] 결과는 등식으로 0의 모멘트가 다음과 같게 된다.

$$\operatorname{div} \mathrm{E}(\mathrm{p}) = (-\sigma_{\mathrm{t}}' + \sigma_{\mathrm{s}}')\, \phi(\mathrm{p}) = -\sigma_{\mathrm{a}}\, \phi(\mathrm{p}) + Q_0(\mathrm{p})$$

여기서 $\operatorname{div} \mathrm{E}(\mathrm{p}) = \frac{\partial}{\partial x}\mathrm{E}(\mathrm{p}) + \frac{\partial}{\partial y}\mathrm{E}(\mathrm{p}) + \frac{\partial}{\partial z}\mathrm{E}(\mathrm{p})$는 발산 연산자다. 다음은 매질 방출의 i번째 모멘트다.

4. 세부 사항을 위해 5장의 '더 읽을거리' 절에서 다룬 Donner의 박사 학위 논문(2006)이나 Jakob et al.(2010)을 참고하자.

$$Q_i(\mathrm{p}) = \mu_i \left[L_\mathrm{e}(\mathrm{p}, \cdot) \right]$$

이 방정식은 방사 조도 벡터 필드 E의 발산이 흡수가 있을 경우(예, 빛이 제거된다) 음이며, 빛이 Q_0에 추가될 경우 양이다.

1차 모멘트 상태에 대한 다른 유사 방정식은 방사 조도 벡터 필드 E는 에너지의 전체적인 흐름을 표현하며, 더 높은 플루언스율을 가진 영역에서 더 낮은 플루언스율의 영역으로 향한다.

$$\frac{1}{3} \nabla \phi(\mathrm{p}) = -\sigma_\mathrm{t}' \, \mathrm{E}(\mathrm{p}) + Q_1(\mathrm{p}), \tag{15.18}$$

이 지점의 합리적인 단순화는 매질 안의 광원이 빛을 모든 방향에 대해 균일하게 방출하는 것을 가정하며, 이 경우 $Q_1(\mathrm{p}) = 0$이다.

전통적인 유도의 다음 단계는 앞의 방정식을 E에 대해 풀고 이를 0번째 모멘트에 관계되는 방정식으로 치환하는 것이다. 치환은 E(p)를 제거하고 확산 방정식으로 유도되며, 이는 이제 플루언스율 $\phi(\mathrm{p})$만 포함한다.

$$\frac{1}{3\sigma_\mathrm{t}'} \operatorname{div} \nabla \phi(\mathrm{p}) = \sigma_\mathrm{a} \, \phi(\mathrm{p}) - Q_0(\mathrm{p}) + \frac{1}{\sigma_\mathrm{t}'} \nabla \cdot Q_1(\mathrm{p})$$

$Q_1(\mathrm{p}) = 0$이라고 가정할 때 확산 방정식은 더 간략하게 다음과 같이 작성할 수 있다.

$$D \nabla^2 \phi(\mathrm{p}) - \sigma_\mathrm{a} \, \phi(\mathrm{p}) = -Q_0(\mathrm{p}), \tag{15.19}$$

여기서 $D = 1/3\sigma_\mathrm{t}'$는 고전적 확산 계수classical diffusion coefficient며, ∇^2은 div ∇의 더 짧은 표기로 라플라스 연산자Laplace operator다.

확산 방정식을 이용해 다음과 같이 진행할 것이다. 매질이 모든 방향으로 무한히 확장되는 공간에서만 정확한 점광원을 위한 해에서 시작해 해의 정밀도를 향상시키는 방법을 고려한다. 더 어려운 경우에 개선하는 방법을 고려해 굴절 경계에서의 효과를 고려하는 근사치를 도입한다.

처음에는 표면 아래에 위치한 점광원으로 표면에 부딪치는 입사 조명의 효과를 근사하는 데 집중한다. 이후에 더 정확한 광원 근사로 전환하고 빛줄기 확산 해를 다중 산란 요소와 고전적 전송 방정식에 기반을 둔 단일 산란 보정으로 유도할 것이다.

15.5.3 단극 해

단위 동력을 가진 점광원(단극)이 원점에 위치한 무한한 균일 매질을 고려해보자. 방출된 방사 함수 L_e는 이 설정에서 다음과 같이 주어진다.

$$L_e(\mathrm{p}, \omega) = \frac{1}{4\pi}\delta(\mathrm{p})$$

대응하는 모멘트는 다음과 같다.

$$Q_i(\mathrm{p}) = \begin{cases} \delta(\mathrm{p}), & i = 0 \\ 0, & i = 1. \end{cases}$$

이 형식의 광원으로 인한 플루언스율은 단순 분석 표현을 가진다.

$$\phi_\mathrm{M}(r) = \frac{1}{4\pi D}\frac{\mathrm{e}^{-\sigma_\mathrm{tr} r}}{r}, \tag{15.20}$$

여기서 r은 광원에서의 거리다. 상수 $\sigma_\mathrm{tr} = \sqrt{\sigma_\mathrm{a}/D}$는 실질 전송 계수로 불린다. 이는 매질 안의 흡수를 고려하는 지수 감소 항에서 나타난다. $\sigma_\mathrm{tr} \neq \sigma'_\mathrm{t}$임을 확인하자. 대신 이 변형된 감쇠 계수는 추가적으로 알베도에 의존해 매질 안의 다중 산란 효과를 모델링하므로 실질적인 항을 가진다.

이 표현이 플루언스가 극 특이성pole singularity을 갖는 원점에서 떨어짐에 따라 확산 방정식을 만족하는지 확인하자. 구좌표에서의 반경에만 의존하는 함수 f의 라플라스 연산자 ∇^2은 다음과 같다.

$$\nabla^2 f = r^{-2}\frac{\partial}{\partial r}\left(r^2 \frac{\partial}{\partial r} f(r)\right)$$

$\phi_\mathrm{M}(r)$의 내부 미분을 취하고 이를 r^2으로 곱하면 다음을 얻는다.

$$r^2 \frac{\partial}{\partial r}\phi_\mathrm{M}(r) = -r\phi_\mathrm{M}(r)\left(1 + \sigma_\mathrm{tr}\, r\right)$$

외부 미분을 취하고 이를 r^{-2}으로 곱한 후 단순화하면 다음을 얻는다.

$$r^{-2}\frac{\partial}{\partial r}\left(-r\phi_\mathrm{M}(r)(1 + \sigma_\mathrm{tr}\, r)\right) = \sigma_\mathrm{tr}^2\, \phi_\mathrm{M}(r) = \frac{\sigma_\mathrm{a}}{D}\phi_\mathrm{M}(r)$$

이는 정확히 방정식(15.19)에서 예측한 비율이다. $D\nabla^2\phi_\mathrm{M} - \sigma_\mathrm{a}\phi_\mathrm{M} = 0$이다.

방정식(15.18)에서의 동일성을 사용하면 또한 ϕ_{M}으로 유도된 방사 조도 벡터 필드를 찾을 수 있으며, 이는 나중에 유용하다.

$$\begin{aligned} \mathrm{E}_{\mathrm{M}}(\mathrm{p}) &= -D\nabla\phi_{\mathrm{M}}(\mathrm{p}) \\ &= \left[-D\frac{\partial}{\partial r}\phi_{\mathrm{M}}(r)\right]\hat{\mathbf{r}} \\ &= \frac{1+r\sigma_{\mathrm{tr}}}{4\pi r^2}\,\mathrm{e}^{-\sigma_{\mathrm{tr}}r}\,\hat{\mathbf{r}}, \end{aligned} \tag{15.21}$$

여기서 $\hat{\mathbf{r}}$은 광원에서 멀어지는 단위 벡터다.

15.5.4 비고전 확산

앞서 봤듯이 방정식(15.20)의 단극 플루언스율 ϕ_{M}은 정확히 확산 방정식을 풀어낸다. 그럼에도 불구하고 해는 여전히 기반 확산 근사의 가정들이 위반될 때 원래 전송 방정식과 현격한 오차를 가진다.

두 가지 중요한 경우가 있다. 첫 번째는 방사가 등방성 평형 분포의 도달을 방해할 때 흡수가 발생하는 경우다. 두 번째는 광원에 가까운 경우로, 실제 방사 함수가 (매우 비등방성인) 구형 디랙 델타 함수가 우세한 경우다.

여러 변형된 확산 이론이 여타 경우에 정확도를 개선하기 위해 제안됐다. 효과적인 방법은 Grosjean(1956)이 중성자 전송 분야에서 개발한 변형된 단극 해로 전환하는 것이다.

$$\phi_{\mathrm{G}}(r) = \frac{\mathrm{e}^{-\sigma_t' r}}{4\pi r^2} + \tilde{\phi}_{\mathrm{M}}(r). \tag{15.22}$$

이 해의 첫 항은 감쇠된 광원 항을 표준 방사 전송을 사용해 모델링해서 분리하는 것이다. 이는 효과적으로 확산에서 쉽게 처리할 수 없는 부분을 제거한다. 나머지는 크기 조절된 확산 항으로, 최소한 한 번 이상 산란된 빛을 고려하며, 감소된 알베도 ρ'가 추가적인 산란 현상으로 인한 에너지 감소를 고려한다.

$$\tilde{\phi}_{\mathrm{M}}(r) = \rho'\,\phi_{\mathrm{M}}(r). \tag{15.23}$$

이 표현은 기존의 단극 해 ϕ_{M}을 사용하며, 확산 계수 D가 반드시 비고전 형식인 다음으로 치환돼야 한다.

$$D_G = \frac{2\sigma_a + \sigma_s'}{3(\sigma_a + \sigma_s')^2}. \tag{15.24}$$

그림 15.16은 흡수 우세 경우와 산란 우세 매질 안에서 그로장[Grosjean]의 해의 우월한 정확도를 보여준다.

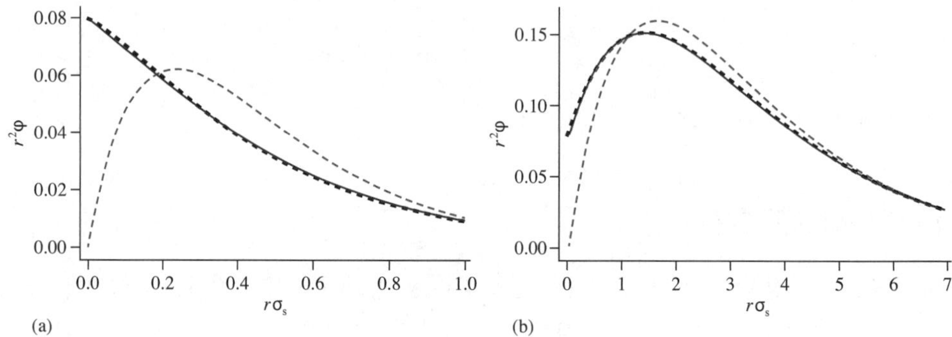

그림 15.16 고전과 비고전 확산 해. 두 그래프는 점광원에 대한 플루언스율을 비교하며, (a) 낮은 알베도(ρ = 1/3)의 경우와 (b) 높은 알베도(ρ = 0.9)의 경우로 인한 경우다. 두 경우 모두 그로장의 비고전 단극(파랑)이 정확한 해(검정)로 고전 확산 해(빨강)에 비해 훨씬 더 일치한다.

다음의 절에서 비고전 확산 부분 $\tilde{\phi}_M$만 고려하며, 방정식(15.22)의 감쇠 광원 항을 무시하고, 이는 나중에 따로 처리하기 간단하기 때문이다.

15.5.5 양극 해

이 결과를 렌더링에서 표면 밑 산란에 사용하려면 해가 반드시 표면의 존재를 고려해야 함이 분명하다. 이제 이 요구 사항을 만족시키는 가장 단순한 기하학적 설정으로 전환해야 한다. 반무한 반공간의 예로 매질이 무한 측면 범위를 갖는 평면 아래의 모든 공간을 채우는 경우다. 이런 영역은 어떤 종류의 산란 없이 양극으로 모델링된다(예, 진공).

단순성을 위해 경계가 z = 0에 법선 $\mathbf{n}(0, 0, -1)$을 갖고 위치해 z축의 양의 값이 매질 안의 점에 대응하게 하자. η가 경계의 상대적 굴절률을 표기한다. 여전히 임의의 z축 위의 위치 $(0, 0, z_r)$에 위치한 점광원으로 인한 플루언스율에 관심을 가진다. $z_r > 0$이라고 가정하면 예를 들어 광원은 매질 안에 위치하게 된다(이에 대해 나중에 더 알아보자). 새로 추가된 경계로 인해 위로 올라가는 빛의 일부가 z = 0에서 거울 반사하게 된다. 방정식(15.20)의 단극 해는 이 효과를 고려하지 않으므로 더 이상 정확한 결과를 생성하지 못한다.

경계의 영향은 영상법method of images으로 근사될 수 있으며, 이는 음의 광원이 위치 (0, 0, z_v), z_v < 0에서 경계의 진공 측에 위치한다고 가정하는 것이다. 이 '가상'의 광원에서 음의 기여는 '실제' 광원의 부분에서 빼어 합쳐진 내부 반사의 합쳐진 효과로 매질 안에 남아 더 이상 산란하지 않는 조명의 효과를 고려한다. 가상 깊이 z_v의 선택은 이것이 작동하기 위해 매우 중요하다. 이 단계는 바로 알아보자.

양과 음의 광원의 배치는 양극으로 알려져있다(그림 15.17). 확산 방정식의 선형성으로 인해, 해의 중첩은 여전히 확산 방정식을 풀 수 있다. 그러므로 경계 위의 점 (r, 0, 0)의 양극 플루언스율은 단순히 음과 양의 $\tilde{\phi}_M$의 항이다.

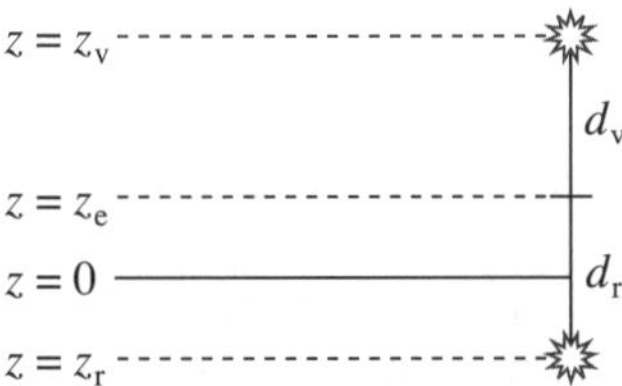

그림 15.17 확산 방정식의 해에 대한 양극 근사의 기본 설정. 양의 플루언스를 가진 광원이 위치 $z = z_r$인 매질 안에 위치하면 해당 점 아래에서 입사 조명이 도달하며, 두 번째 빛은 동일한 음의 플루언스를 갖고 매질 위에 $z = z_v$인 곳에 위치한다. 이 광원들은 둘의 플루언스 합이 경계 위 z_e 높이에서 상쇄되도록 위치하며, 이는 선형화된 경계 조건을 만족한다. 각각의 닫힌 형의 해를 뺀 결과의 플루언스율인 방정식(15.25)는 매질의 경계 $z = 0$에서 표면 밑 산란으로 인한 플루언스율의 합리적인 근사다.

$$\phi_D(r) = \tilde{\phi}_M(d_r) - \tilde{\phi}_M(d_v) \tag{15.25}$$

여기서 $d_r = \sqrt{r^2 + z_r^2}$r이고 $d_v = \sqrt{r^2 + z_v^2}$인 것은 실제와 가상 광원의 계산점에서 직선 거리다. 다시 한 번 일치하는 벡터 방사 조도 값을 방정식(15.21)의 단극 해를 사용해 얻을 수 있다.

$$\mathrm{E}_D(r) = \tilde{\mathrm{E}}_M(d_r) - \tilde{\mathrm{E}}_M(d_v) \tag{15.26}$$

$\tilde{\mathrm{E}}_M$의 물결은 그로장의 변형된 확산 계수의 사용을 표시한다. 이후에 이 표현의 z 요소가 필요하며, 이는 다음과 같다.

$$-\mathbf{n} \cdot \mathrm{E}_D(r) = \frac{1}{4\pi}\left[\frac{z_r(1 + d_r\sigma_{tr})}{d_r^3}\,\mathrm{e}^{-\sigma_{tr}d_r} - \frac{z_v(1 + d_v\sigma_{tr})}{d_v^3}\,\mathrm{e}^{-\sigma_{tr}d_v}\right]. \tag{15.27}$$

경계 조건

정의된 확산 양극을 가지면 반드시 어떻게 두 광원이 서로 간에 적절한 경계 조건(내부 반사, 산란이 $z < 0$에선 존재하지 않는)을 만족시키는 관계로 배치되는지 설정해야 한다. 여기서 실제 광원 깊이 z_r이 설정되면 z_v는 반드시 경계에 대해 정확히 설정된다고 가정한다.

Moulton(1990)은 합리적인 답을 얻기에 충분한 아주 단순한 가정을 보여줬다. 경계에서 진공으로 채워진 영역으로 이동할 때 플루언스율이 산란하지 않는 공간의 영역에서 제곱의 역으로 감소하므로 매우 빨리 감소해야 하는 것을 직관적으로 알 수 있다. 플루언스율을 z축을 따라 $z = 0$에서의 경계 조건을 1차 테일러 전개를 사용해 모델링하면 이 선형 함수는 결과적으로 선형 외삽 깊이 $z_e < 0$에 대해 0에 도달한다(그 후에 음의 값).

이 방식의 개념은 실제 광원을 거울 면 가상 광원 깊이 $z_v = 2z_e - z_r$을 얻기 위한 외삽 깊이 $z = z_e$에 대해 반사시키는 것이다. 양극의 플루언스율은 정확히 $z = z_e$의 반공간 위에서 0이 되는 것을 보장해준다. 일반적으로 매질 밖의 점이 매질을 떠나는 방사로 인해 0이 아닌 양의 플루언스율을 갖는 것을 기대하는 것을 기억하자. 여기서는 경계에서의 좋은 해를 계산하는 데에만 관심이 있으며, 비물리적인 음의 광원은 문제를 제기하지 않는다.

내부 프레넬 반사를 가진 접촉면에 대한 개선된 변화된 근사는 Pomraning과 Ganapol (1995)이 유도했다. 이 방식에서 선형 외삽 깊이는 다음으로 주어진다.

$$z_e = -2D_G \frac{1 + 3\bar{F}_{r,2}(\eta)}{1 - 2\bar{F}_{r,1}(\eta)}, \tag{15.28}$$

$\bar{F}_{r,1}$과 $\bar{F}_{r,2}$는 방정식(11.8)에서 처음 나오는 프레넬 모멘트다.

방사 발산도

이 지점에서 표면 안의 점광원으로 인한 플루언스율을 반공간 기하 구조를 고려한 보정 및 내부 반사와 함께 계산하기 위한 모든 구성 요소를 갖고 있다. 이 해를 빛 전송 시뮬레이션에서 사용하기 위해 실제로 얼마나 많은 빛이 표면을 떠나는지 알아보자.

방정식(15.16)을 기억해보면 방사를 플루언스율 및 벡터 방사 조도와 관련시킨다. 양극 해를 이 표현에 도입하면 다음을 얻는다.

$$L_d(p, \omega) = \frac{1}{4\pi}\phi_D(\|p\|) + \frac{3}{4\pi}\omega \cdot E_D(\|p\|), \tag{15.29}$$

하지만 이는 표면 안에서만 유효하다. 확산적으로 산란하는 빛이 경계에서 떠나는 양을 찾기 위해 내부 방사 분포 L_d를 프레넬 투과와 방사의 정의 안에서 $dA^{\perp}$ 항으로 인한 코사인 인자에 대해 적분해야 한다(5.4절).

적분을 플루언스율과 벡터 방사 조도에 관련된 두 부분으로 분리하기 위해 선형성을 사용하면 다음을 얻는다.

$$\begin{aligned} E_{\mathrm{d}}(\mathrm{p}) &= \int_{\mathcal{H}^2(\mathbf{n})} \left(1 - F_{\mathrm{r}}\left(\eta^{-1}, \cos\theta\right)\right) L_{\mathrm{d}}(\mathrm{p}, \omega)\ \cos\theta\, \mathrm{d}\omega \\ &= E_{\mathrm{d},\phi_{\mathrm{D}}}(\|\mathrm{p}\|) + E_{\mathrm{d},\mathrm{E_D}}(\|\mathrm{p}\|). \end{aligned} \tag{15.30}$$

플루언스 관련 부분이 구좌표로 써질 때 방위각에 대한 적분은 어떤 항도 의존하지 않으므로 2π에 대한 곱으로 바뀌며, $\phi_D(r)$은 적분 밖으로 이동될 수 있다. 남은 표현은 상수 더하기 크기 조절된 프레넬 모멘트로 축소된다(방정식 11.8).

$$\begin{aligned} E_{\mathrm{d},\phi_{\mathrm{D}}}(r) &= \int_0^{2\pi} \int_0^{\frac{\pi}{2}} \left(1 - F_{\mathrm{r}}\left(\eta^{-1}, \cos\theta\right)\right) \frac{1}{4\pi} \phi_{\mathrm{D}}(r) \cos\theta \sin\theta\, \mathrm{d}\theta\, \mathrm{d}\phi \\ &= \frac{1}{2} \phi_{\mathrm{D}}(r) \int_0^{\frac{\pi}{2}} \left(1 - F_{\mathrm{r}}\left(\eta^{-1}, \cos\theta\right)\right) \cos\theta \sin\theta\, \mathrm{d}\theta \\ &= \phi_{\mathrm{D}}(r) \left(\frac{1}{4} - \frac{1}{2} \bar{F}_{\mathrm{r},1}\right). \end{aligned} \tag{15.31}$$

$\mathrm{E_D}$에 의존하는 부분에 대해 다음을 얻는다.

$$\begin{aligned} E_{\mathrm{d},\mathrm{E_D}}(r) &= \int_0^{2\pi} \int_0^{\frac{\pi}{2}} \left(1 - F_{\mathrm{r}}\left(\eta^{-1}, \cos\theta\right)\right) \left(\frac{3}{4\pi} \omega \cdot \mathrm{E_D}(r)\right) \cos\theta \sin\theta\, \mathrm{d}\theta\, \mathrm{d}\phi \\ &= \int_0^{\frac{\pi}{2}} \left(1 - F_{\mathrm{r}}\left(\eta^{-1}, \cos\theta\right)\right) \left(\frac{3\cos\theta}{2} \mathbf{n} \cdot \mathrm{E_D}(r)\right) \cos\theta \sin\theta\, \mathrm{d}\theta \\ &= \mathbf{n} \cdot \mathrm{E_D}(r) \left(\frac{1}{2} - \frac{3}{2} \bar{F}_{\mathrm{r},2}\right). \end{aligned} \tag{15.32}$$

요약하면 모든 조각을 하나로 묶은 후에 깊이 z_r에서의 내부 광원으로 인한 경계 위의 위치 p에서 방사 발산도를 계산하는 방법을 갖게 됐다. 이제까지 이 깊이는 고정된 매개변수로 가정됐지만, 이제 이를 유도한 방사 발산도의 인자로 승격시킬 것이다.

15.5.6 빛줄기 해

이 지점에서 이제 모델을 구현할 준비가 거의 다 됐지만, 한 가지 여전히 반드시 처리해야 할 빠진 조각은 양의 점광원의 깊이 z_r이다. 이 선택은 최종 해의 정확도에 명백히 영향을 끼친다.

Jensen et al.(2001b)이 제안한 컴퓨터 그래픽스의 첫 양극 기반 BSSRDF 모델은 매질 안에서 하나의 평균 자유 경로의 깊이(예를 들어 $z_r = 1/\sigma'_t$)에 광원을 위치시키는 것으로, 이는 표면에 들어간 이후 빛이 진행하는 예상 거리다. 이는 합리적인 근사지만, 광원에 근접할수록 상당한 오차로 이어진다.

PBD 방식에서 점광원 해는 반무한 간격 $z_r \in [0, \infty)$에 대해 적분되며, 이는 수직으로 입사한 평행 빛줄기가 산란할 수 있는 모든 위치를 고려한다. 이런 공간 방향적 디랙 델타 함수에 대한 매질의 충격 반응은 반사 행태에 대한 더 신뢰할 수 있는 설명을 제공한다. 이 모델의 더 발전된 변형은 수직하지 않도록 입사하는 광선에 대해서도 가능하다. 정식적으로 이 방식은 다음을 계산한다.

$$E_d(p) = \int_0^\infty \sigma'_s\, e^{-\sigma'_t z_r}\, E_d(p, z_r)\, dz_r \tag{15.33}$$

입사 빛줄기의 동력이 매질에 의한 소멸로 인해 어떻게 감수하는지는 지수적으로 모델링된다. 이 적분에 대한 다양한 고정밀도 근사에서 pbrt의 구현 경우 몇 개의 표본만 사용하지만, 확산 해가 한 번만 계산되기에 성능이 덜 치명적이다. 이런 이유로 방정식(15.33)의 지수 항에 기본적이지만 더 단순한 중요도 표본화 방법을 사용한다.

함수 BeamDiffusionMS( )는 매질 특성 σ_s, σ_a, g, η과 반경 r을 받고 평균 100 표본의 피적분 함수의 평균을 반환한다.

```
<BSSRDF Utility Functions> ≡
    Float BeamDiffusionMS(Float sigma_s, Float sigma_a, Float g, Float eta,
            Float r) {
        const int nSamples = 100;
        Float Ed = 0;
        <Precompute information for dipole integrand 1101>
        for (int i = 0; i < nSamples; ++i) {
            <Sample real point source depth zr 1102>
            <Evaluate dipole integrand Ed at zr and add to Ed 1102>
        }
```

```
        return Ed / nSamples;
    }
```

z_r에 의존하지 않는 여러 계수는 반복문의 밖에서 미리 계산할 수 있다.

<Precompute information for dipole integrand> ≡ 1100

<Compute reduced scattering coefficients σ'_s, σ'_t and albedo ρ' 1101*>*
<Compute non-classical diffusion coefficient D_G using Equation (15.24) 1101*>*
<Compute effective transport coefficient σ_{tr} based on D_G 1101*>*
<Determine linear extrapolation distance z_e using Equation (15.28) 1101*>*
<Determine exitance scale factors using Equations (15.31) *and* (15.32) 1101*>*

15.5.1절에서의 유사성 원칙을 사용해 감소된 산란과 감쇠 계수, 단일 산란 알베도를 설정하는 것을 시작한다.

<Compute reduced scattering coefficients σ's, σ't and albedo ρ'> ≡ 1101

```
    Float sigmap_s = sigma_s * (1 - g);
    Float sigmap_t = sigma_a + sigmap_s;
    Float rhop = sigmap_s / sigmap_t;
```

이후에 방정식(15.24)에서 그로쟝의 비고전적 확산 계수를 계산하고, 대응하는 실질 전송 계수(15.5.3절)를 계산한다.

<Compute non-classical diffusion coefficient D_G using Equation (15.24)*>* ≡ 1101

```
    Float D_g = (2 * sigma_a + sigmap_s) / (3 * sigmap_t * sigmap_t);
```

<Compute effective transport coefficient σ_{tr} based on D_G> ≡ 1101

```
    Float sigma_tr = std::sqrt(sigma_a / D_g);
```

선형 외삽의 깊이 z_e나 방사 방출도 계산에서의 크기 조절 인자가 z_r에 의존하지 않으므로 역시 계산할 수 있다. 11.4.1절에서 이미 봤던 `FresnelMoment1()`과 `FresnelMoment2()` 함수는 $\bar{F}_{r,1}$과 $\bar{F}_{r,2}$를 계산한다.

<Determine linear extrapolation distance z_e using Equation (15.28)*>* ≡ 1101

```
    Float fm1 = FresnelMoment1(eta), fm2 = FresnelMoment2(eta);
    Float ze = -2 * D_g * (1 + 3 * fm2) / (1 - 2 * fm1);
```

<Determine exitance scale factors using Equations (15.31) *and* (15.32)*>* ≡ 1101

```
    Float cPhi = .25f * (1 - 2 * fm1), cE = .5f * (1 - 3 * fm2);
```

이로써 사전 계산이 끝난다. 다음의 모든 코드 조각은 표본에 대해 반복문에서 일어난다. 점광원 깊이 z_r을 선택하려면 15.2절에서와 같은 방식을 균일 감쇠 항을 중요도 표본화해 다음으로 설정한다.

$$z_{\mathrm{r}} = -\frac{\ln(1-\xi_i)}{\sigma'_{\mathrm{t}}} \tag{15.34}$$

$\xi_i \in [0, 1)$이다. 매끈한 1D 함수에서 적분하기 때문에 몬테카를로는 필요하지 않다. 그러므로 동일 간격 위치 $(i + 1/2)/N$을 사용하며, $0 \leq i < N$이다.

<*Sample real point source depth* z_{r}> ≡ 1100

```
Float zr = -std::log(1 - (i + .5f) / nSamples) / sigmap_t;
```

주어진 z_{r}에 대해 다음으로 실제와 가상 광원에 대한 직선거리를 결정할 수 있으며, 그 위치는 실제 광원을 깊이 $z = z_{\mathrm{e}}$에서 거울 반사를 시켜 얻을 수 있다.

<*Evaluate dipole integrand* E_{d} *at* z_{r} *and add to* Ed> ≡ 1100

```
Float zv = -zr + 2 * ze;
Float dr = std::sqrt(r * r + zr * zr), dv = std::sqrt(r * r + zv * zv);
<Compute dipole fluence rate ϕD(r) using Equation (15.25) 1102>
<Compute dipole vector irradiance -n · ED(r) using Equation (15.27) 1102>
<Add contribution from dipole for depth zr to Ed 1103>
```

양극 플루언스율과 방사 조도의 법선 요소는 방정식(15.25)와 (15.27)에서 이미 다뤘다.

<*Compute dipole fluence rate* $\phi_D(r)$ *using Equation* (15.25)> ≡ 1102

```
Float phiD = Inv4Pi / D_g *
        (std::exp(-sigma_tr * dr) / dr - std::exp(-sigma_tr * dv) / dv);
```

<*Compute dipole vector irradiance* $-\mathbf{n} \cdot E_D(r)$ *using Equation* (15.27)> ≡ 1102

```
Float EDn = Inv4Pi *
        (zr * (1 + sigma_tr * dr) * std::exp(-sigma_tr * dr) / (dr*dr*dr) -
         zv * (1 + sigma_tr * dv) * std::exp(-sigma_tr * dv) / (dv*dv*dv));
```

마지막 코드 조각은 방정식(15.30)을 사용해 양극으로 인한 확산 방사 방출도 E를 계산하고 이를 크기 조절해서 Ed 안의 실행 합에 더한다. 이 계산에서 크기 조절 안의 첫 rhop 인자가 방정식(15.34)에서 표본화 전략의 중요도 표본화 가중치 비율과 방정식(15.33) 안의 σ'_{s} 인자로 인해 필요하다. 두 번째 rhop 인자는 방정식(15.23)에서 그로쟝의 비고전 단극 안의 추가적인 산란 현상을 고려한다. 최종적으로 다음과 같은 실증적인 보정 인자가 있다.

$$\kappa = 1 - \mathrm{e}^{-2\sigma'_{\mathrm{t}}(d_{\mathrm{r}}+z_{\mathrm{r}})}$$

이는 r이 작고 광원이 표면에 가까울 때 일어나는 과다 예측을 보정한다(Habel et al. 2013에서 자세한 내용을 알아보자).

<Add contribution from dipole for depth z_r to Ed> ≡ 1102
```
Float E = phiD * cPhi + EDn * cE;
Float kappa = 1 - std::exp(-2 * sigmap_t * (dr + zr));
Ed += kappa * rhop * rhop * E;
```

15.5.7 단일 산란 항

확산 다중 산란 항을 고려할 때 확산 근사에서 잘 처리되지 않는 단일 산란을 고려할 필요가 있다. 단일 산란은 $r = 0$에 가까운 산란 특성에서 상당한 양의 에너지에 기여한다. 다중 산란이 없으므로 기여도를 원래 전송 방정식에서 직접 계산하기에 충분히 단순하다.

15.1.절에서의 일반화된 경로 적분을 사용하면 매질 안에 있는 입체 안의 위치 p_1에서 이전에 한 번 산란한 후에 위치 p_0를 향하는 방사는 다음과 같다.

$$L_{\mathrm{ss}}(\mathrm{p}_1 \to \mathrm{p}_0) = \hat{P}(\bar{\mathrm{p}}_2) = \int_{\mathcal{P}_1} L_{\mathrm{e}}(\mathrm{p}_2 \to \mathrm{p}_1)\, \hat{T}(\mathrm{p}_0, \mathrm{p}_1, \mathrm{p}_2)\, \mathrm{d}\mu_1(\mathrm{p}_2), \quad (15.35)$$

여기서 $\hat{T}$는 방정식(15.3)에서의 일반화된 투과량 함수다. 고정된 위치 p_i에서 음의 법선 방향을 향한 평행화된 빛줄기에서 오는 조명을 모델링해 다음과 같다.

$$L_{\mathrm{e}}(\mathrm{p}, \omega) = \delta(\mathrm{p} - \mathrm{p}_i)\, \delta(\omega + \mathbf{n}). \quad (15.36)$$

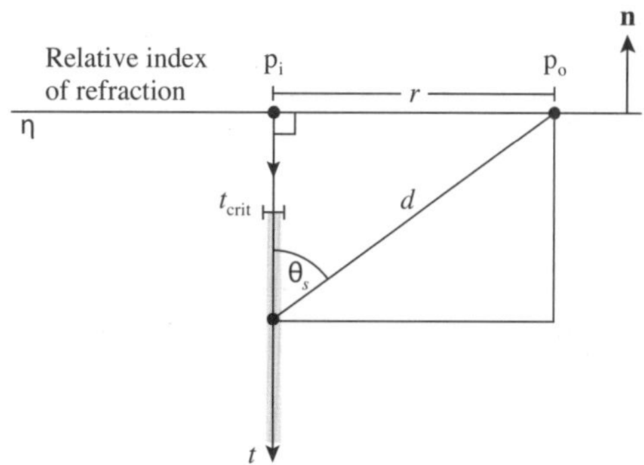

그림 15.18 BSSRDF 특성에서 단일 산란 부분의 계산. 수직 입사에서의 조명은 재질 안에서 한 번 산란한다. 깊이 t_{crit} 이전의 산란 위치는 내부 반산를 겪으며 직접 단일 산란에 기여할 수 없다. 그러므로 광원 함수를 남은 깊이 $t \in [t_{\mathrm{crit}}, \infty)$에 대해 적분해서 단일 산란의 전체 효과를 고려한다.

앞 절과 비슷하게 소멸하는 빛줄기로 인해 반공간 경계에서는 점 p_o에서 나가는 방사 조도에 관심 있다. 이런 설정에서의 관련 거리와 각도는 간단한 삼각형 ID를 통해 얻을 수 있다(그림 15.18). 유도를 단순화하기 위해 $z = 0$에서의 굴절 효과를 무시하지만 이를 최종 결과에서 고려할 것이다.

p_o에서 방사 조도는 단일 산란된 방사 L_{ss}와 방정식(15.5)의 일반화된 기하 구조 항을 입체에 대해 적분해서 얻을 수 있다. 방정식(15.35)의 L_{ss} 정의를 확장하면 길이 2의 경로에 대한 적분을 생성한다.

$$\begin{aligned} E_{ss}(p_o) &= \int_{\mathcal{P}_1} L_{ss}(p_1 \to p_o)\, \hat{G}(p_1 \leftrightarrow p_o)\, d\mu_1(p_1) \\ &= \int_{\mathcal{P}_2} L_e(p_2 \to p_1)\, \hat{T}(p_o, p_1, p_2)\, \hat{G}(p_1 \leftrightarrow p_o)\, d\mu_2(p_1, p_2). \end{aligned} \tag{15.37}$$

L_e를 확장한 후에 방정식(15.36)에서 공간 델타 함수는 p_2에 대한 적분을 제거하며, 방향 항은 방정식(15.37)을 광선 (p_i, $-\mathbf{n}$)를 따른 1D 적분으로 감소한다.

$$E_{ss}(p_o) = \int_0^\infty t^2\, \hat{T}(p_o, p_i - t\mathbf{n}, p_i)\, \hat{G}((p_i - t\mathbf{n}) \leftrightarrow p_o)\, dt$$

추가 t^2 항은 중간 단계(여기서 생략한)의 결과로 인한 변수 인자의 변경이며, p_1에 대한 입체 적분은 구좌표 (t, ϕ, θ)의 항으로 표현된다. ϕ와 θ 변수는 L_e에서 방향 델타 함수 $\delta(\omega + \mathbf{n})$으로 인해 상당히 제거된다.

일반화된 투과량 $\hat{T}$를 방정식(15.3)을 이용해 확장하면 다음을 얻는다.

$$\begin{aligned} E_{ss}(p_o) = \int_0^\infty t^2\, &\hat{G}(p_i \leftrightarrow (p_i - t\mathbf{n}))\, \hat{f}(p_i \to (p_i - t\mathbf{n}) \to p_0) \\ &\times \hat{G}((p_i - t\mathbf{n}) \leftrightarrow p_o)\, dt \end{aligned} \tag{15.38}$$

방정식(15.4)의 일반화된 산란 함수의 정의와 위상 함수가 산란 각의 코사인 $\cos\theta_s$에만 의존한다는 가정은 $\hat{f}$가 다음과 같이 작성된다는 것을 암시한다.

$$\hat{f}(p_i \to (p_i - t\mathbf{n}) \to p_o) = \sigma_s\, p(-\cos\theta_s). \tag{15.39}$$

p를 위해 헤니에이-그린슈타인 위상 함수를 사용할 것이다. 각도의 코사인 $\cos\theta_s$는 삼각형 모서리 길이에서 얻을 수 있다(그림 15.18).

$$\cos\theta_s = \frac{t}{d}. \quad [15.40]$$

빗변 d는 산란 위치 $p_i - t\mathbf{n}$에서 탈출 지점 p_o까지의 거리며, 피타고라스 정리로 얻을 수 있다.

$$d = \sqrt{r^2 + t^2}, \quad [15.41]$$

여기서 $r = \|p_i - p_o\|$다.

내부 차폐가 없는 균일 매질이라는 가정 덕분에 방정식(15.38)의 첫 기하학적 항은 더 단순한 형식을 받는다.

$$\hat{G}(p_i \leftrightarrow (p_i - t\mathbf{n})) = \frac{e^{-\sigma_t t}}{t^2}. \quad [15.42]$$

방정식이 15.5.1절의 감소된 버전인 σ'_t가 아닌 원래 감쇠 계수 σ_t를 사용하는 것을 주의하자. 확산 이론과 반대로 전송 방정식은 쉽게 비등방성을 고려할 수 있다. 그러므로 이 근사에 대한 필요는 없다.

두 번째 기하학 항에 대해 반드시 광선 선분과 표면 법선 $\mathbf{n}$이 p_o에서 경계를 교차할 때 생성하는 각도를 고려하는 코사인 항을 포함해야 한다.

$$\hat{G}((p_i - t\mathbf{n}) \leftrightarrow p_o) = \frac{e^{-\sigma_t d}}{d^2} |\cos\theta_o|. \quad [15.43]$$

두 번째 코사인 항 $\cos\theta_o$와 $\cos\theta_s$는 동일하며 부호만 다른데, 이는 그림 15.18의 삼각기하에서 볼 수 있다.

방정식(15.42), (15.43), (15.39)를 방정식(15.38)에 넣으면 단일 산란으로 인한 방사 조도에 대한 다음 표현을 얻을 수 있다.

$$E_{ss}(p_o) = \int_0^\infty \frac{\sigma_s\, e^{-\sigma_t (t+d)}}{d^2}\, p(\cos\theta_s)\, |\cos\theta_o|\, dt$$

이 시점에서 다시 프레넬 투과 인자 $(1 - F_r(\eta, \cos\theta_o))$를 추가해 굴절 경계의 효과를 재도입한다. 내부적으로 경계에서 반사되는 빛은 이미 확산 해에 포함돼 있으므로 단일 산란 특성에서 제거해야 한다. 15.5.6절에서처럼 p_i에서의 첫 굴절은 `Material`의 BSDF가 맡았으므로 단일 프레넬 투과 항만 있다.

$$E_{\mathrm{ss},F_\mathrm{r}}(\mathrm{p_o}) = \int_0^\infty \frac{\sigma_\mathrm{s}\,\mathrm{e}^{-\sigma_\mathrm{t}(t+d)}}{d^2}\, p(\cos\theta_\mathrm{s})\,(1 - F_\mathrm{r}(\eta, \cos\theta_\mathrm{o}))\,|\cos\theta_\mathrm{o}|\,\mathrm{d}t. \quad (15.44)$$

이 적분의 구현을 시작하기 전에 한 가지 효과가 더 고려돼야 한다. 경계에서의 상대 굴절률 η이 1보다 크면 완전 내부 반사로 인해 중요 각 θ_crit 이하의 각도로는 어떤 빛도 직접 재질을 떠날 수 없으며, 여기서 다음과 같다.

$$\theta_\mathrm{crit} = \sin^{-1}\frac{1}{\eta}$$

기여할 수 없는 산란 위치에 대한 불필요한 계산을 회피하려면 적분을 다음을 만족하는 범위로 한정한다.

$$\cos\theta_\mathrm{o} < -\cos\theta_\mathrm{crit} = -\sqrt{1 - \frac{1}{\eta^2}}$$

이를 방정식(15.41)과 합쳐 t에 대해 풀면 다음과 같다.

$$t > t_\mathrm{crit} = r\sqrt{\eta^2 - 1}. \quad (15.45)$$

15.5.6절에서처럼 이 적분을 지수 분포(이제 깊이 t_crit에서 시작하는)에 따르는 균일한 거리 t_i로 표본화해 계산하고 모든 균일한 간격 $\xi_i \in [0, 1)$에 대해 다음을 설정한다.

$$t_i = t_\mathrm{crit} - \frac{\ln(1 - \xi_i)}{\sigma_\mathrm{t}} \quad (15.46)$$

연관된 PDF는 다음과 같다.

$$p_t(t) = \sigma_\mathrm{t}\,\mathrm{e}^{-\sigma_\mathrm{t}(t - t_\mathrm{crit})}$$

그리고 방정식(15.44) 안의 피적분 함수를 이 PDF로 나누면 다음과 같은 투과량량 가중치를 얻는다.

$$\beta = \frac{\rho\,\mathrm{e}^{-\sigma_\mathrm{t}(t_\mathrm{crit} + d)}}{d^2}\, p(-\cos\theta_\mathrm{o})\,(1 - F_\mathrm{r}(\eta, -\cos\theta_\mathrm{o}))\cos\theta_\mathrm{o}, \quad (15.47)$$

여기서 ρ는 이전에 $\sigma_\mathrm{s}/\sigma_\mathrm{t}$로 정의됐다.

PBD 단일 산란 특성 계산은 `BeamDiffusionSS()`에 구현돼 있으며, 이는 매질 산란 특성과 반경 r을 입력으로 받는다. BeamDiffusionMS()에서처럼 100개의 표본이 적분 예측에 사용된다.

<BSSRDF Utility Functions> +≡
```
Float BeamDiffusionSS(Float sigma_s, Float sigma_a, Float g, Float eta,
        Float r) {
    <Compute material parameters and minimum t below the critical angle 1107>
    Float Ess = 0;
    const int nSamples = 100;
    for (int i = 0; i < nSamples; ++i) {
        <Evaluate single-scattering integrand and add to Ess 1107>
    }
    return Ess / nSamples;
}
```

함수는 유도된 재질 매개변수를 사전 계산하고 tCrit를 방정식(15.45)에서 설정된 중요각 아래의 최소 거리로 설정한다.

<Compute material parameters and minimum t below the critical angle> ≡ 1107
```
Float sigma_t = sigma_a + sigma_s, rho = sigma_s / sigma_t;
Float tCrit = r * std::sqrt(eta * eta - 1);
```

반복문 내용은 거리 t_i를 방정식(15.46) 안의 표본화 방식에 따라 생성한다.

<Evaluate single-scattering integrand and add to Ess*>* ≡ 1107
```
Float ti = tCrit - std::log(1 - (i + .5f) / nSamples) / sigma_t;
<Determine length d of connecting segment and cos θo 1107>
<Add contribution of single scattering at depth t 1107>
```

다음으로 함수는 방정식(15.41)을 사용해서 연결 선분의 길이를 계산한다. $\cos\theta_o$는 방정식(15.40)으로 주어지며, 반공간 법선 $\mathbf{n}$이 매질에서 떠나는 방향이기에 부호 뒤집기만 필요하다.

<Determine length d of connecting segment and cos θ_o> ≡ 1107
```
Float d = std::sqrt(r * r + ti * ti);
Float cosThetaO = ti / d;
```

마지막 반복문 문장은 방정식(15.47)의 투과량 가중치 β를 실행 합 Ess에 누적한다.

<Add contribution of single scattering at depth t> ≡ 1107
```
Ess += rho * std::exp(-sigma_t * (d + tCrit)) / (d * d) *
```

```
        PhaseHG(cosTheta0, g) * (1 - FrDielectric(-cosTheta0, 1, eta)) *
        std::abs(cosTheta0);
```

15.5.8 BSSRDFTable 채우기

BeamDiffusionMS()와 BeamDiffusionSS()의 정의로 인해 이제 이 함수들로 BSSRDFTable의 TabulatedBSSRDF를 특성 자료로 채우는 함수 ComputeBeamDiffusionBSSRDF()를 구현할 수 있다.

ComputeBeamDiffusionBSSRDF()는 매질의 비등방성 매개변수 g와 상대 굴절률 η을 입력으로 받아 이 값들을 반경과 알베도의 함수로 저장하는 BSSRDFTable을 초기화한다. 이 함수는 SubsurfaceMaterial과 KdSubsurfaceMaterial의 초기화 루틴에서 100 알베도 표본과 64 반경 표본을 가진 기본 BSSRDFTable을 사용해 호출된다.

<BSSRDF Utility Functions> +≡

```
void ComputeBeamDiffusionBSSRDF(Float g, Float eta, BSSRDFTable *t) {
    <Choose radius values of the diffusion profile discretization 1108>
    <Choose albedo values of the diffusion profile discretization 1109>
    ParallelFor(
        [&](int i) {
            <Compute the diffusion profile for the ith albedo sample 1110>
        }, t->nRhoSamples);
}
```

특성 함수 $S_r(r)$의 단일과 다중 산란 요소는 둘 다 증가하는 반경 r에 대해 지수적으로 감소하는 특성을 가진다. 높은 값의 영역 안에 많은 표본을 배치하고 낮은 값 영역에 상대적으로 적은 표본을 배치해 실제 특성의 더 나은 스플라인 근사를 얻을 수 있다. 이어지는 코드 조각은 첫 반경 표본을 0에 배치하고 남은 표본을 지수적으로 증가하는 거리에 배치한다. (반경 값이 단위가 없으며, 실제 매질 밀도 σ_t와 독립적인 것을 주의하자. 이 단위 없는 광학 반경은 11.4.2절에서 이전에 도입했다).

<Choose radius values of the diffusion profile discretization> ≡ 1108

```
t->radiusSamples[0] = 0;
t->radiusSamples[1] = 2.5e-3f;
for (int i = 2; i < t->nRadiusSamples; ++i)
    t->radiusSamples[i] = t->radiusSamples[i - 1] * 1.2f;
```

다음으로 간격 [0, 1] 안의 N 알베도 표본 ρ_i의 위치를 결정해야 한다. 일부 주의가 필요한데,

재질의 산란 특성이 고도로 비선형적인 의존성을 ρ 매개변수에 갖고 있기 때문이다.

단일 산란 알베도 ρ = 0.8를 가진 매질의 예를 고려해보자. 이는 놀랍게도 0.15보다 작은 실질 알베도 ρ_{eff}를 가진 흡수하는 BSSRDF를 생성한다. 이 행태의 이유는 대부분의 입사 조명이 최종적으로 반공간을 떠나기 전에 많은 횟수로 산란되기 때문이다. 각 산란 현상은 ρ로 에너지 감소가 일어나며, 이는 이런 현저한 비선형성으로 이어진다. 그림 15.19의 왼쪽은 ρ_{eff}를 ρ의 함수 그래프로 그리며, 대부분의 흥미로운 행태는 $\rho \approx 1$ 근처의 작은 영역에 몰려있다.

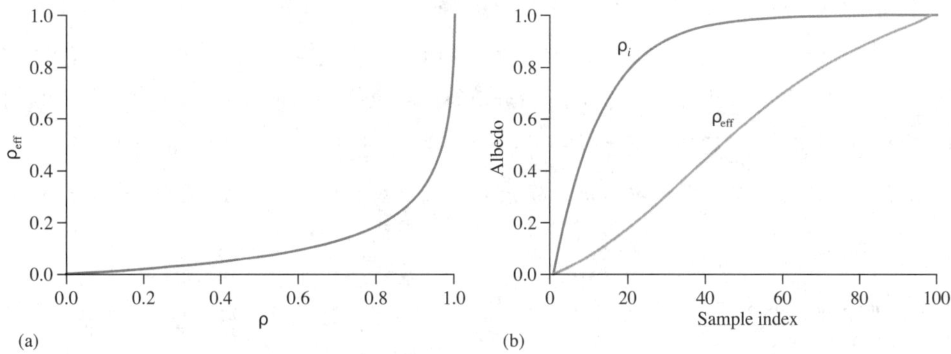

그림 15.19 (a) 단일 산란 알베도 ρ와 실질 알베도 ρ_{eff} 사이의 관계는 매우 비선형적이다. (b) 방정식(15.48) 안의 재매개변수화를 사용해 실질 알베도 공간 안에서 근사 균일 표본 간격으로 더 효과적인 표본 배치를 얻는다.

명백히 균일 표본 배치 $\rho_i = i/(N - 1)$은 이 행태를 만족할 만한 방식으로 포착하지 않는다. 대신 ρ와 ρ_{eff} 사이의 비선형 매핑을 근사적으로 반전하는 경험적 방법을 사용한다.

$$\rho_i = \frac{1 - e^{-8i/(N-1)}}{1 - e^{-8}}, \tag{15.48}$$

<Choose albedo values of the diffusion profile discretization> ≡ 1108

```
for (int i = 0; i < t->nRhoSamples; ++i)
    t->rhoSamples[i] =
            (1 - std::exp(-8 * i / (Float)(t->nRhoSamples - 1))) /
            (1 - std::exp(-8));
```

이 결과는 알베도 표본의 인지적으로 더 균일한 배치로 나타나며, 이는 그림 15.19의 우측에서 볼 수 있다. 완벽한 직선은 아니지만 증가하는 표본 색인 i와 연관된 실질 알베도는 이제 합리적으로 선형에 가깝다.

반복문 안은 그 후 알베도 표본에 대해 반복하며, 확산 특성을 계산하고 각각의 연관된 실질 알베도를 계산한다.

<*Compute the diffusion profile for the* i*th albedo sample*> ≡ 1108
<*Compute scattering profile for chosen albedo* ρ 1110>
<*Compute effective albedo* ρ_{eff} *and CDF for importance sampling* 1110>

첫 코드 조각은 산란 특성 $S_r(r)$을 극좌표 (r, ϕ)에서의 분포로 해석한다. 반경 매개변수 주변 분포가 $2\pi r S_r(r)$로 주어지며, $S_r(r) = S_{r,ss}(r) + S_{r,ms}(r)$은 단일 산란 특성과 다중 산란 특성의 합이다.

특성 자체보다 주변 분포를 표식화하는 이유는 표본 생성을 촉진하기 위해서다. 이 방식으로 BSSRDFTable::profile은 SampleCatmullRom2D() 같은 기존 도구를 사용해 표본화할 수 있는 1D 분포의 매개변수 시퀀스다(TabulatedBSSRDF::Sample_Sr()에서 처리한 것처럼). 하지만 반드시 법선 특성 계산 동안 $2\pi r$의 추가 인자를 상쇄하기 위해 조심해야만 한다. 이는 11.4.2절의 코드 조각 <*Cancel marginal PDF factor from tabulated BSSRDF profile*>에서 구현됐다.

<*Compute scattering profile for chosen albedo* ρ> ≡ 1110

```
for (int j = 0; j < t->nRadiusSamples; ++j) {
    Float rho = t->rhoSamples[i], r = t->radiusSamples[j];
    t->profile[i * t->nRadiusSamples + j] = 2 * Pi * r *
            (BeamDiffusionSS(rho, 1 - rho, g, eta, r) +
             BeamDiffusionMS(rho, 1 - rho, g, eta, r));
}
```

(비정규화된) 주변 PDF를 구간 $r \in [0, \infty)$에서 적분하면 실질 알베도가 나오며, 이는 방정식(11.11)에 정의돼 있다. 실제로는 적분을 한정 구간 $[0, r_{\max}]$로 제한한다. 이는 $r > r_{\max}$에서 $S_r(r)$이 무시할 만하기에 문제가 되지 않는다. IntegrateCatmullRom() 함수는 이 적분을 중요도 표본화를 위한 예비 CDF를 추가해 계산한다.

<*Compute effective albedo* ρ_{eff} *and CDF for importance sampling*> ≡ 1110

```
t->rhoEff[i] =
        IntegrateCatmullRom(t->nRadiusSamples, t->radiusSamples.get(),
        &t->profile[i * t->nRadiusSamples],
        &t->profileCDF[i * t->nRadiusSamples]);
```

pbrt는 역전법을 사용해 구간 삼차 스플라인 함수를 중요도 표본화한다. 이는 우선 불연속 확률 질량 함수에 따라 스플라인 구간을 선택하고, 해당 구간 안의 위치를 선택한다.

IntegrateCatmullRom() 함수는 이 표본화 연산을 효율적으로 구현하는 데 유용한 누적 분포 함수를 계산한다.

<Spline Interpolation Definitions> +≡
```
Float IntegrateCatmullRom(int n, const Float *x, const Float *values,
        Float *cdf) {
    Float sum = 0;
    cdf[0] = 0;
    for (int i = 0; i < n - 1; ++i) {
        <Look up xi and function values of spline segment i 978>
        <Approximate derivatives using finite differences 979>
        <Keep a running sum and build a cumulative distribution function 1111>
    }
    return sum;
}
```

반복문은 각 스플라인 구간에 대해 반복하고 연결된 방정식(8.27)에서 삼차 스플라인 보간자의 정적분을 연결된 구간에 대해 계산한다. 이 정적분은 단순 해석 해를 가진다.

$$\int_{x_i}^{x_{i+1}} p_i(x)\,\mathrm{d}x = (x_{i+1} - x_i)\left[\frac{f(x_i) + f(x_{i+1})}{2} + \frac{f'(x_i) - f'(x_{i+1})}{12}\right]$$

p_i는 구간 $[x_i, x_{i+1}]$에 정의된 스플라인 보간자이며, 값 $f(x_i)$와 $f(x_{i+1})$은 끝점에서의 함수 계산이고, $f'(x_i)$와 $f'(x_{i+1})$은 미분 예측이다.

반복문 내용의 첫 두 코드 조각은 이전에 다뤘다. 현재 구간 안의 함수 값(f0과 f1로 표기)과 미분 예측(d0과 d1로 표기)을 찾고 구간 길이로 width를 초기화한다.

이제 정적분을 계산하고 이를 실행 합에 추가할 수 있다. 부분 합은 cdf 배열에 써진다.

<Keep a running sum and build a cumulative distribution function> ≡ 1111
```
sum += ((d0 - d1) * (1.f / 12.f) + (f0 + f1) * .5f) * width;
cdf[i + 1] = sum;
```

15.5.9 산란 특성 설정

흡수와 산란 계수 σ_a와 σ_s의 값을 원하는 시각적 결과를 얻기 위해 설정하는 것은 매우 비직관적이다. 이 매개변수의 측정값이 가용하지 않으면(예, 11.4.3절의 GetMediumScatteringProperties() 유틸리티 함수에서의 값), 아티스트가 표면 밑 산란을 렌더링하는 작업이 어려울 수 있다.

이 절에서는 KdSubsurfaceMaterial이 사용하는 편의 함수 SubsurfaceFromDiffuse()를 정의하며, 이는 매질의 산란 특성을 유도하기 위해 BSSRDFTable에 저장된 정보를 사용해서 역으로 문제를 푼다. 함수는 상당히 더 직관적인 매개변수를 입력으로 받는다. BSSRDFTable에 추가로, 이는 실질 알베도와 매질 안에서 빛이 산란 전에 진행하는 평균 거리(평균 자유 경로 길이)를 요구한다.

이 매질은 평균 자유 경로 길이를 증가시켜 더 투명하게 하거나 감소시켜 더 진하게 할 수 있다. 다중 산란의 양은 실질 알베도가 1에 얼마나 가까운지로 조절할 수 있다. 남은 매질 특성(굴절률과 산란 비등방성)은 고정됐다고 가정한다.

역전법은 각 파장에 대해 개별적으로 InvertCatmullRom()를 사용해 실질 알베도에서 단일 산란 알베도 ρ로 매핑했다. ρ를 알 때 원하는 계수는 $\sigma_s = \rho/\sigma_t^{-1}$와 $\sigma_s = (1 - \rho)/\sigma_t^{-1}$로 주어지며, σ_t는 평균 자유 경로 길이의 역수다.

<BSSRDF Utility Functions> +≡

```
void SubsurfaceFromDiffuse(const BSSRDFTable &t, const Spectrum &rhoEff,
        const Spectrum &mfp, Spectrum *sigma_a, Spectrum *sigma_s) {
    for (int c = 0; c < Spectrum::nSamples; ++c) {
        Float rho = InvertCatmullRom(t.nRhoSamples, t.rhoSamples.get(),
                t.rhoEff.get(), rhoEff[c]);
        (*sigma_s)[c] = rho / mfp[c];
        (*sigma_a)[c] = (1 - rho) / mfp[c];
    }
}
```

InvertCatmullRom()은 이미 정의된 SampleCatmullRom() 함수와 매우 비슷하며, 스플라인 함수를 직접 반전한 것으로 정적분이 아니라는 점만 다르다. 그렇지 않다면 동일한 뉴턴 이분법 알고리즘을 적용할 수 있다(또한 많은 코드 조각을 재활용할 수 있다). 그러므로 구현은 여기에 포함하지 않는다. 이 방식을 사용하려면 기반 함수가 단조 증가하거나 단조 감소해야 한다. SubsurfaceFromDiffuse()의 경우 함수는 단조 증가한다.

<Spline Interpolation Declarations> ≡

```
Float InvertCatmullRom(int n, const Float *x, const Float *values,
        Float u);
```

더 읽을거리

Lommel(1889)은 명백히 전송 방정식을 처음으로 유도했다. 전송 방정식을 유도한 것뿐 아니라 실세계 표면(대리석과 종이를 포함)에서 반사 함수를 예측하기 위한 단순화된 일부 경우에 대해 해를 구하고, 해를 이 표면에 대한 측정된 반사 자료와 비교했다.

Lommel의 작업을 보지도 못한 채 Schuster(1905)는 방사 전송에서 다중 산란의 효과를 고려한 다음 연구자다. 그는 자기 조명selfillumination이라는 항을 사용해서 각 매질의 부분이 매질의 모든 다른 부분에 의해 조명되는 사실을 설명하고, 등방성 산란을 가정해 판에서 법산 방향을 따른 반사를 설명하는 미분 방정식을 유도했다. 그가 개발한 개념적 기반은 방사 전송 분야에서 본질적으로 변하지 않고 남아있다.

바로 그 후에 Schwarzschild(1906)는 방사 평형의 개념을 도입했고, Jackson(1910)은 Schuster의 방정식을 적분 형태로 표현했으며, 또한 이를 '명백한 물리적 형태의 해는 Liouville의 메서드의 연속적인 치환'(예, 노이만 급수 해)이라고 명기했다. 마지막으로 King(1913)은 전송 평형을 일반적인 적분 형식으로 표현해 재발견을 완료했다. Yanovitskij(1997)는 전송에서 적분 방정식의 원점을 Chvolson(1890)으로 추적했지만, 이 논문의 사본을 찾을 수 없었다.

Chandrasekhar(1960), Preisendorfer(1965, 1976), van de Hulst(1980)의 책이 입체 빛 전송을 자세히 다룬다.

Blinn(1982b)은 기본 입체 산란 알고리즘을 컴퓨터 그래픽스에서 먼저 사용했다. 전송 방정식은 우선 Kajiya와 Von Herzen(1984)에 의해 도입됐다. Rushmeier(1988)는 처음으로 이를 일반적인 설정에서 해를 찾았다. Arvo(1993)는 처음으로 기존 그래픽의 빛 전송 형식화들 사이와 전송 방정식 및 일반적인 방사 전송 사이의 본질적인 연결을 만들었다. Pauly, Kollig, Keller(2000)는 입체 산란의 경우에 빛 전송 방정식에서 경로 적분의 일반화를 유도했다.

또한 11장의 '더 읽을거리' 절에서 반투명 매질 안의 빛 산란에 대한 추가적인 참조를 알아보자.

구성 요소

Raab et al.(2006)의 논문은 반투명 매질을 렌더링하는 중요한 표본화 구성 요소를 그래픽스에 소개했으며, Woodcock et al.(1965)의 비균일 매질에 대한 델타 추적 알고리즘을 포함한다(pbrt는 이 알고리즘을 GridDensityMedium::Sample( )에서 사용한다). 더 최근에는 Novák et al.(2014)은 비율 추적과 잔여 비율 추적을 유도했으며, 이는 비균일 매질 안에서 투과 함수의 비편향 예측을 델타 추적에 비해 상당히 낮은 분산으로 제공한다. 더 단순한 비율 추적 알고리즘은 GridDensityMedium::Tr( )에서 사용한다.

밀도가 상당히 변화하는 매질에서 델타 추적은 상당히 비효율적이다. 많은 작은 단계가 반드시 광학적으로 얇은 부분을 통해 처리돼야 한다. Danskin과 Hanrahan(1992)은 계층적 자료 구조를 사용해 효율적인 입체 광선 진행에 대한 기술을 소개했다. 이 문제를 처리하는 다른 방식은 Szirmay-Kalos et al.(2011)에 나타나며, 이는 산란 입체를 구획으로 나눠 최대 밀도 구획을 사용해서 광선이 지나갈 때의 델타 추적을 적용한다. Yue et al.(2010)은 비슷한 방식을 적용했지만 kd-트리를 사용했으며, 이는 공간적으로 변화하는 밀도에 적용하기에 더 낫다. 후속 작업에서 공간 분할의 효율성을 예측하는 방식을 유도해 이를 사용해서 더 효율적으로 생성했다(Yue et al. 2011).

Kulla와 Fajardo(2012)는 빛줄기 투과를 표본화하는 데 기반을 둔 기술이 다른 중요한 인자를 무시한다고 알렸다. 산란 계수 안의 공간 변화다. 이들은 반투명 매질을 지나가는 각 광선에 대한 표식화된 1D 표본화 분포를 지나가는 여러 점에서의 빛줄기 투과율과 산란 계수의 곱에 기반을 두고 계산하는 방법을 개발했다. 그 후 이 분포에서 표본을 그렸으며, 좋은 결과를 보여줬다.

많은 효과에서 방출성 매질에서의 조명을 고려하는 것은 중요하며, 불꽃과 폭발을 포함한다. Villemin과 Hery(2013)에서 이런 종류의 방출체에서 조명을 표본화하는 알고리즘을 살펴보자.

연구자들은 최근에 특정 가정하에서 반투명 매질에서의 산란을 묘사하는 닫힌 형식의 표현을 유도하는 데 성공했다. 이 방식은 여러 점 표본에서 적분하는 것보다 훨씬 효율적이다. Sun et al.(2005), Pegoraro와 Parker(2009), Pegoraro et al.(2009)에서 이 방식의 예를 보자(특히 페고라로와 연구자들의 작업은 점광원에서의 비등방성 위상 함수를 가진 균일 반투명 매질을 통한 광선을 따른 산란의 닫힌 형식의 표현을 제공한다).

빛 전송 알고리즘

Rushmeier와 Torrance(1987)는 반투명 매질을 렌더링하는 데 유한 요소 방식을 사용했다. 컴퓨터 그래픽에서 다른 입체 산란의 초기 작업은 Max(1986)와 Nishita, Miyawaki, Nakamae(1987)의 작업, Bhate와 Tokuta의 구형 조화에 기반을 둔 방식(Bhate와 Tokuta

1992), Blasi et al.의 첫 단계에서 빛에서 에너지를 발사하고 이를 격자에 저장하고 두 번째 단계에서 장면 안에 있는 점에서의 조명을 예측하는 데 격자를 사용해 최종 렌더링을 처리하는 두 단계 몬테카를로 알고리즘(Blasi, Säec, Schlick 1993)을 포함한다. Glassner(1995)는 이 주제와 그래픽에서의 기존 응용에 대한 빈틈없는 개요를 제공하고, 맥스의 연구 논문(Max 1995) 또한 이 주제를 잘 다뤘다. Cerezo et al.(2005)에서 2005년까지의 반투명 매질을 렌더링하기 위한 광범위한 방법의 조사를 살펴보자.

더 최근에는 Szirmay-Kalos et al.(2005)은 매질 안에서 표본점 사이의 상호작용을 미리 계산해 더 빨리 다중 산란을 계산한다. Pegoraro et al.(2008b)에서 반투명 매질의 몬테카를로 렌더링을 기존 표본을 사용해 앞으로의 표본화를 유도하도록 개선하기 위한 흥미로운 방식을 보자.

Georgiev et al.(2013)은 점진적 경로 표본화가 반투명 매질에서 특히 나쁜 경로를 생성할 수 있다는 것을 관찰했다. 전송 방정식 안의 모든 관련된 항을 더 잘 고려하는 새로운 다중 정점 표본화 방식을 제안했다.

기본체로 둘러싸인 매질 안에 있는 점에서 빛에서의 직접 조명을 표본화하는 것은 어렵다. 전통적인 직접 조명 알고리즘은 매질 안의 점에 적용할 수 없는데, 이는 기본체의 경계를 지나는 굴절이 그림자 광선의 경로를 변경시키기 때문이다. Walter et al.(2009)은 이 문제를 고려하고 굴절을 고려한 빛의 경로를 효율적으로 찾는 알고리즘을 개발했다.

구름 같은 높은 알베도 물체의 시각적 표현은 매력적이지만, 좋은 결과를 위해 많은 반사가 필요하다. Wrenninge et al.(2013)은 첫 몇 번의 반사 후의 근사를 설명했으며, 산란 계수, 그림자 광선의 감쇠 계수, 위상 함수의 이심률이 계속해서 감소했다(이 방식은 15.5.1절의 유사성 원칙 뒤에 개념을 그려낸다).

16장에 소개된 모든 양방향 빛 전송 알고리즘은 반투명 매질을 처리하기 위해 확장됐다. 대부분의 구현은 이 확장을 포함한다. 16장의 '더 읽을거리' 절에서 이 주제의 기존 작업에 대한 참조를 살펴보자. Jarosz의 석사 학위 논문(2008)에서 이 주제의 광범위한 배경 지식을 살펴보자(또한 다양한 중요 기여를 포함한다).

표면 밑 산란

표면 밑 산란은 그래픽에서 Hanrahan과 Krueger(1993)가 처음 소개했으며, 이들의 방식은 음영된 점 이외의 점에서 물체에 들어온 빛을 모사하려는 시도를 하지 않았다. Dorsey et al.(1999)은 이 효과를 포함한 표면 밑 산란을 모사하는 데 광자 맵을 적용했으며, Pharr와 Hanrahan(2000)은 BSSRDF를 임의의 산란 매질에 대해 매질에 대한 적분으로 계산하는 데 기반을 둔 방식을 소개했다.

Kajiya와 Von Herzen(1984)은 먼저 그래픽에 확산 근사를 도입했으며, Stam(1995)은 처음으로 명확히 렌더링에서의 많은 장점을 명시했다. Ishimaru의 책(1978)과 Donner의 논문(2006)에서 확산 근사의 유도를 참고하고, 유사성의 원리를 소개하기 위해 Wyman et al.(1989)을 참고하자. 더 최근에는 Zhao et al.(2014)이 비슷한 관계를 더 조사했으며, 더 고차 관계를 유도하고 렌더링의 응용을 보여줬다.

표면 밑 산란에 대한 양극 근사는 Farrell et al.1992)에 의해 개발됐다. 이는 Jensen et al.(2001b)에 의해 컴퓨터 그래픽스에 도입됐다. Jensen과 Buhler(2002)는 기본체의 표면 위에 있는 점의 집합에서 입사 방사 조도를 사전 계산하는 데 기반을 둔 효율적인 계층적 적분 방식을 개발했다. 양극 근사는 스캔 라인 구현을 통한 프로덕션 렌더링에 초기 적용됐다(Hery 2003).

Contini et al.(1997)은 한정된 산란 판을 더 정확히 모델링하기 위해 양극 방식을 일반화해 다중 극으로 일반화했다. 이 방식은 Donner와 Jensen(2005)이 표면 밑 산란에 적용했다. 하지만 다중 극 방식도 모든 형태의 산란 매질을 잘 처리할 수 없다. 이종 매질과 상대적으로 높은 알베도의 가정은 많은 흥미로운 물체에 대해 너무 제한적이다. Li et al.(2005)은 처음 몇 번의 빛 반사를 몬테카를로 경로 추적으로 처리하고 나머지를 양극 근사로 처리하는 복합 방식을 개발했다. Tong et al.(2005)은 전체 균일 모습에서 작은 편차를 가진 재질을 포착하고 렌더링하는 방식을 개발했다. Haber et al.(2005), Wang et al.(2008b)은 지원되는 매질을 더 일반화해서 이 확산 방정식을 표면 점의 격자에서 해를 구했다. Fattal(2009)은 분리된 종좌표 방식을 적용했으며, 이 기술의 직접 응용에 대한 많은 단점을 논의했다. Arbree et al.(2011)은 사면체 메시 위의 확산 방정식을 푸는 유한 요소 방식을 개발했으며, 이는 기존 격자 기반 방식에 비해 수치적으로 더 안정적이다.

15.5절에 구현된 광자 빛줄기 확산 방식은 Habel et al.(2013)이 개발한 방식에 기반을 둔다. 이는 d'Eon과 Irving(2011)이 개발한 양자화된 확산 모델에 기반을 두고 개발했으며, 이들은 그로장Grosjean 단극(Grosjean 1956), 방정식(15.28)에서의 양극 깊이를 계산하는 Pomraning과 Ganapol(1995)의 방식, Kienle와 Patterson(1997)이 제안한 방식을 사용한 방사 발산도의 계산을 소개했다.

Frisvad et al.(2014)은 입사 빛줄기로 인한 표면 밑 산란을 모델링하는 다른 확산 기술을 개발했다. 연속된 빛줄기를 따라 등방성 광원을 적분하는 광자 빛줄기 확산과 달리 비등방성(예, $Q_1 \neq 0$) 단극 해의 불연속 배치에 기반을 둔다.

더 정확한 확산 특성을 위한 많은 노력을 하는 동안 Christensen과 Burley(2015)는 이 특성에 대한 단순 지수 근사가 매우 잘 일치하며, 계산이 매우 효율적임을 보여줬다.

Donner et al.(2009)은 BSSRDF를 다양한 산란 특성(위상 함수, 산란 계수 등)에 대한 몬테카를로 시뮬레이션으로 계산했으며, 결과 자료를 저차원 모델에 맞췄다. 이 모델은 훨씬 더 산란된 빛의 방향 변화와 중간 알베도 매질의 특성을 잘 고려한다.

현실적인 사람 피부의 렌더링은 어려운 문제다. 이 문제는 초기 양극 작업 이후에 피부층의 모델링과 층 사이 산란을 더 정확히 모사하기 위한 계산에 대한 이슈로 많은 다양한 방식의 개발을 유도했다. 이 이슈의 좋은 개요를 위해 Igarashi et al.'s(2007)의 피부 아래 산란 메커니즘과 피부를 측정하고 렌더링하는 방법을 살펴보자. 이 분야의 주목할 만한 연구는 Donner와 Jensen(2006), d'Eon et al.(2007), Ghosh et al.(2008), Donner et al.(2008) 등이 있다. 도너의 논문은 고품질 피부 렌더링을 위한 정확한 분광적 표현의 중요성에 대한 논의를 포함한다(Donner 2006, Section 8.5).

15.4.1절에 구현된 BSSRDF에 대한 입사 조명을 위한 표본점을 찾는 알고리즘은 King et al.(2013)이 개발했다.

기타 주제

컴퓨터 그래픽스에서 입체 산란의 한 가지 핵심 응용은 대기 산란을 모사하는 것이다. 이 분야의 작업은 Klassen(1987), Preetham, Shirley, Smits(1999)의 논문을 포함하며, 이들은 물리적으로 엄격하고 계산적으로 효율적인 대기와 천광 모델을 소개했다. Haber et al.(2005a)은 황혼에 대한 모델을 개발했으며, Hošek와 Wilkie(2012, 2013)는 하늘과 태양광에 대한 종합적인 모델을 개발했다.

의학과 공학 응용에 대한 입체적 자료 모음을 시각화하는 다양한 응용이 있다. 이 영역은 입체 렌더링으로 불린다. 이런 많은 응용에서 방사적 정확도는 자료를 명백히 보이게 하는 구조체를 만드는 것을 돕는 기술을 개발하는 것보다 훨씬 덜 중요하다(예, CT 스캔 자료에서 뼈가 어디 있는지). 이 분야의 초기 논문은 Levoy(1988, 1990a, 1990b), Drebin, Carpenter, Hanrahan(1988) 등이 있다.

Moon et al.(2007)은 전송 방정식의 사용에 내포된 가정의 일부인 매질 안의 산란 입자는 산란 현상이 통계적으로 독립적이라고 고려되기 위해서는 너무 가까우면 안 된다는 가정이 사실은 작은 크리스털, 얼음, 많은 작은 유리 조각 더미를 포함한 흥미로운 장면에 대해 참이 아니라는 중요한 관찰을 했다. 이런 종류의 비연속 무작위 매질에 대한 새로운 빛 전송 알고리즘을 사전 계산한 산란 해를 조합하는 것에 기반을 두고 개발했다.

Jakob et al.(2010)은 방향성 입사의 분포에 의한 산란을 설명한 일반화된 전송 방정식을 유도했다. 이들은 미세 조각microflake 산란 모델을 입자 분포의 특정 예로 제안했으며(미세 조각이 표면에 있는 미세 표면의 입체적 비유), 이 방정식을 몬테카를로, 유한 요소, 양극 모델에 기반을 두고 푸는 다양한 방법을 보여줬다. 더 최근에는 Heitz et al.(2015)이 일반화된 미세 조각 분포를 유도했으며, 이는 표본화하고 계산하는 데 매우 효율적이다. 이 모델은 지역 산란 특성을 다른 방향에서 관찰되는 투영된 영역을 사용해 수량화하며, 이는 잘 정의된 입체 세부 단계의 개념을 추가한다.

전송 방정식은 매질의 굴절률이 구분된 경계에서만 변화한다는 가정을 하고 있으며, 실제 매질은 연속적으로 변화하는 굴절률을 가진다. Ament et al.(2014)은 이런 경우를 허용하는 전송 방정식의 변종을 유도했으며, 이를 사용해 이미지를 렌더링하기 위해 광자 매핑을 적용했다.

연습문제

❷ 15.1 광학적으로 짙은 비균질 입체 영역에서 `GridDensityMedium::Tr()` 입체 적분기는 빛과 교차점 사이의 감쇠를 계산하기 위해 많은 시간을 사용할 수 있다. 이 계산을 감소시키는 한 가지 방법은 근처 광선에 대한 감쇠의 양이 일반적으로 부드럽게 변화하고, 점이나 방향성 광원은 명시적인 2D 영역에 대해 매개변수화될 수 있다는 점이다. 주어진 이 조건에서 감쇠를 위한 사전 계산된 근사를 사용할 수 있다.

예를 들어 Kajiya와 Von Herzen(1984)은 3D 공간에서 점의 격자에에 대한 방향 광원의 감쇠를 계산하고 어떤 특정 점에서의 감쇠를 근처 격자 표본을 보간해서 얻었다. 좀 더 메모리 효율적인 방식이 Lokovic과 Veach(2000)에 의해 깊은 그림자 맵의 형태로 구현됐으며, 감쇠의 연속성을 이용해 현명하게 압축하는 기술을 기반으로 한다. 이 방식 중 하나를 `pbrt`에 구현하고 `VolPathIntegrator` 적분기의 속도를 얼마나 개선하는지 측정하라. 어떤 종류의 상황에서 이런 방식의 결과가 이미지 오류로 나타나는가?

❷ 15.2 `GridDensityMedium::Tr()`의 속도 개선을 위한 다른 효과적인 방식은 러시안 룰렛을 사용하는 것이다. 누적된 투과도 `Tr`이 일정 임계치 이하로 내려가면 무작위로 종료하고 0 투과도를 반환하는 것이다. 그렇지 않으면 생존 확률에 대해 1에 기반을 두고 이를 크기 조절한다. 이 방식을 추가적으로 사용하도록 `pbrt`를 변경하고 몬테카를로 효율성의 변화를 측정하라. 변화하는 종료 임계치가 결과에 어떻게 영향을 주는가?

❸ 15.3 Yue et al.(2010, 2011)의 비균일 매질을 공간 자료 구조를 사용해 분리한 후에 델타 추적으로 각 공간의 영역에 개별적으로 적용해서 델타 추적의 효율성을 개선하는 논문을 읽어보라. 이 방식을 `GridDensityMedium`에 적용하고 현재 구현과 효율성에서의 변화를 측정하라.

❸ 15.4 `GridDensityMedium`의 현재 표본화 알고리즘은 순수하게 누적된 감쇠에 기반을 둔 표본화를 바탕으로 한다. 이것이 균일 표본화보다 더 효율적이지만, 산란 계수가 상대적으로 큰 점이 전체 결과에 더 기여하므로 이 점에서 산란 현상을 표본화해야 하는 점을 처리하지 못한다. Kulla와 Fajardo(2012)는 매질을 각 광선 위의 여러 점에서 표본화하고 PDF를 투과성과 산란 계수의 곱에 대해 계산한다. 이 분포에서의 표본화는 투과성에만 기반을 둔 표본화에 비해 훨씬 더 나은 결과를 제공한다.

Kulla와 Fajardo의 기술을 `pbrt`에 구현하고 현재 `GridDensityMedium`의 구현과 몬테카를로 효율성을 비교하라. 이 방식이 덜 효과적인 장면이 있는가?

❸ 15.5 15.3.1절에서 설명했듯이 현재 `VolPathIntegrator` 구현은 광학적으로 짙은 산란 매질에 대해 불필요한 장면 안의 광선-기본체 교차를 계산하는 데 비용을 지불한다. 종종 표면 상호작용이 더 가까운 매질 상호작용이 표본화된다. 광선-기본체 교차가 테스트되기 전에 매질의 상호작용이 표본화되도록 시스템을 변경하라. 매질 상호작용이 기본체 교차를 처리하기 전에 표본화될 때 광선의 `tMax` 범위를 줄여라. 광학적으로 얇은 반투명 매질과 두꺼운 매질을 가진 장면에 대해 성능의 변화를 측정하라(상당히 기하학적으로 복잡한 장면을 사용해 광선-기본체 교차를 무시할 수 없게 하라). 결과가 가장 효율적인 방식이 매질 산란

특성에 대해 변화하는 것을 보여주면 자동으로 매질의 특성에 기반을 두고 실행 시간에 두 전략 사이에서 선택하게 하는 방식을 구현하라.

❸ 15.6 `Medium` 추상화는 현재 방출성 매질을 표현할 수 없으며, 입체 대응 적분기는 입체 방출을 고려하지 않는다. 3D 입체에서의 방출을 설명할 수 있도록 시스템을 변경하고, 방출성 매질을 조명 계산에서 고려하도록 하나 이상의 `Integrator` 구현을 개선하라. 입사 방사를 표본화하는 코드에 대해 Villemin과 Hery (2013)의 3D 방출성 입체에 대한 몬테카를로 표본화에 대한 논문을 읽어볼 만하다.

❸ 15.7 표면 밑 산란을 BSSRDF로 렌더링하는 것과 `VolPathIntegrator`로 단순 적분하는 것을 같은 기반 매질 특성에 대해 비교하라(높은 알베도 매질에서, 수백 수천의 반사가 정확한 결과를 계산하기 위해 필요하다는 것을 기억하자). 다양한 산란 특성, 특히 낮고 높은 알베도를 가진 장면을 비교하라. BSSRDF 근사가 눈에 띄는 오차를 도입하지만 몬테카를로로는 정확한 결과를 계산하는 경우를 보여주는 이미지를 렌더링하라. BSSRDF가 정확한 경우 몬테카를로 방식이 얼마나 더 느린가?

❸ 15.8 Donner et al.(2009)은 다양한 산란 특성의 매질에서 표면 밑 산란의 광범위한 수치적 시뮬레이션을 수행하고 결과 자료에 대해 해석적 모델에 맞는 계수를 계산했다. 이 모델로 렌더링하는 것이 전체 몬테카를로보다 더 효율적이라는 것을 보여주고, 또한 BSSRDF 모델의 근사를 허용하지 못하는 많은 경우를 잘 처리하는 것을 보여줬다. 예를 들어 이 모델은 산란 방사에서의 방향 변화를 고려하고 낮거나 중간 알베도의 매질도 잘 처리한다. 이 논문을 읽고 계수의 자료 파일을 받아라. 이 모델을 사용하는 새로운 BSSRDF를 `pbrt`에 구현하고, 현재 BSSRDF 구현보다 더 나은 결과를 보여주는 경우를 보여주는 이미지를 렌더링하라.

CHAPTER SIXTEEN

16 빛 전송 III: 양방향 방법

14, 15장의 적분기는 모두 카메라에서 시작하는 빛 운반 경로를 찾는 것에 기반하며, 그러므로 광원을 경로의 마지막 정점에 연결하려고만 시도한다. 16장에서는 카메라와 빛에서 시작하는 경로를 둘 다 표본화해 그 후 이를 중간 정점에 연결하는 알고리즘을 소개한다. 이 알고리즘은 카메라에서 시작하는 경로를 생성하는 방식보다 훨씬 더 효율적일 수 있으며, 특히 까다로운 조명 상황에서 그렇다.

양방향 빛 전송의 기반은 환상적이다. 한쪽에는 빛 산란의 물리학이 빛 전송의 방향에 대해 일반적으로 가역하므로 빛에서 시작한 산란 경로의 수학적 표현은 카메라에서 시작한 경로의 표현과 매우 유사하다. 다른 한편으로는 경로 방향에 의존하는 이 두 방식 사이의 작지만 중요한 차이가 있다. 16.1절은 이 주제를 자세히 다룬다. 기초가 확립된 후에 확률적 점진적 광자 매핑[SPPM, Stochastic Progressive Photon Mapping] 알고리즘이 16.2절에서 소개된다. SPPM은 빛 전송 입자가 입사 조명을 표면과 교차하는 곳과 가까운 지점에서 제공하는 것을 가능하게 한다. 이 조정은 편향이 발생하지만 많은 어려운 설정의 경우에 수렴률을 개선한다.

다음으로 양방향 경로 추적은 16.3절에서 소개된다. 이 비편향 방식은 정규 경로 추적에 비해 양방향 본성과 함께 경로 기여를 재가중하기 위해 다중 중요도 표본화를 적용해 더 많은 분산 감소를 얻을 수 있기 때문에 훨씬 더 효율적이다. 최종적으로 16.4절에서 메트로폴리스 표본화(13.4절에서 소개한)가 가장 중요한 빛 운반 경로에 대해 계산 노력을 집중하게 해서 양방향 경로 추적의 효율성을 더 개선하는 데 어떻게 사용될 수 있는지 보여준다.

16.1 경로-공간 측정 방정식

방정식(14.16)에서 LTE의 경로 적분 형태에 비추어 우리가 이미지의 픽셀 값을 계산할 때 예측되는 값을 정식으로 설명하는 것이 유용하다. 이를 통해 LTE를 2D 이미지가 아닌 더 넓은 문제 집합에 적용하는 것을 가능하게 하는 것뿐 아니라(예를 들어 폴리곤 모델의 정점에서의 산란 방사 분포를 미리 계산할 수 있다), 또한 이 과정은 16장의 양방향 경로 추적과 광자 매핑 알고리즘을 이해하는 데 핵심적인 메커니즘으로 이끈다. 단순성을 위해 15.1.1절에서의 일반화된 변종이 아닌 표면에 대한 기본 경로 적분을 사용할 것이지만, 결론은 두 LTE의 버전에 모두 적용할 수 있다.

측정 방정식은 방사를 운반하는 광선의 집합에 대한 적분으로 찾는 추상 측정값을 설명한다.[1] 예를 들어 이미지의 픽셀 j의 값을 계산할 때 픽셀의 주변에서 시작하는 광선들을 이미지 재구성 필터로 가중한 기여도로 적분하길 원한다고 하자. 피사계 심도를 지금은 무시하면(그러므로 필름의 각 점이 카메라에서 하나의 나가는 방향에 대응한다), 픽셀의 값을 필름 면 위에 있는 점의 가중 함수와 대응하는 카메라 광선의 입사 방사의 곱에 대한 적분으로 계산할 수 있다.

$$\begin{aligned} I_j &= \int_{A_{\text{film}}} \int_{\mathbb{S}^2} W_{\text{e}}^{(j)}(\text{p}_{\text{film}}, \omega)\, L_{\text{i}}(\text{p}_{\text{film}}, \omega)\, |\cos\theta|\, \mathrm{d}\omega\, \mathrm{d}A(\text{p}_{\text{film}}) \\ &= \int_{A_{\text{film}}} \int_{A} W_{\text{e}}^{(j)}(\text{p}_0 \to \text{p}_1)\, L(\text{p}_1 \to \text{p}_0)\, G(\text{p}_0 \leftrightarrow \text{p}_1)\, \mathrm{d}A(\text{p}_1)\, \mathrm{d}A(\text{p}_0) \end{aligned}$$

여기서 I_j는 j번째 픽셀의 측정값이고, p_0는 필름 면의 점이다. 이 설정에서 $W_{\text{e}}^{(j)}(\text{p}_0 \to \text{p}_1)$ 항은 픽셀 주변의 필터 함수 f_j와 p_0에서 표본화한 적절한 광선 방향 $\omega_{\text{camera}}(\text{p}_1)$을 선택하는 델타 함수의 곱이다.

$$W_{\text{e}}^{(j)}(\text{p}_0 \to \text{p}_1) = f_j(\text{p}_0)\, \delta(t(\text{p}_0, \omega_{\text{camera}}(\text{p}_1)) - \text{p}_1)$$

이 공식은 처음에는 괜히 복잡해 보일 수 있지만, 중요한 통찰력을 제공한다. LTE 합계의 $P(\bar{\text{p}}_n)$ 항을 전개하면 다음을 얻는다.

1. 6.4.7절의 카메라 측정 방정식은 측정 방정식의 특정한 경우다.

$$
\begin{aligned}
I_j &= \int_{A_{\text{film}}} \int_A W_e^{(j)}(p_0 \to p_1)\, L(p_1 \to p_0)\, G(p_0 \leftrightarrow p_1)\, dA(p_1)\, dA(p_0) \\
&= \sum_i \int_A \int_A W_e^{(j)}(p_0 \to p_1)\, P(\bar{p}_i)\, G(p_0 \leftrightarrow p_1)\, dA(p_1)\, dA(p_0) \\
&= \sum_i \underbrace{\int_A \cdots \int_A}_{i+1 \text{ times}} W_e^{(j)}(p_0 \to p_1)\, T(\bar{p}_i)\, L_e(p_{i+1} \to p_i)\, G(p_0 \leftrightarrow p_1) \\
&\qquad dA(p_{i+1}) \cdots dA(p_0),
\end{aligned} \tag{16.1}
$$

여기서 $T(\bar{p}_i)$는 방정식(14.18)에서 소개한 경로 투과량 함수다.

방출된 방사 L_e(광원 방출 특성의 정량화)와 가중 함수 $W_e^{(j)}$(카메라의 픽셀 j에 대한 민감도의 정량화)의 훌륭한 대칭성이 이 방정식에 나타나는 것을 주목하자. 어떤 항도 특별히 처리되지 않으며, 이를 통해 방출과 측정의 개념이 수학적으로 교환 가능하다는 것을 추론할 수 있다.

이 대칭성의 영향은 중요하다. 이는 렌더링 과정을 두 가지 다른 방식으로 생각할 수 있다는 것을 의미한다. 첫 번째 해석은 빛이 광원에서 방출돼 장면을 반사하면서 다니다가 W_e가 측정의 기여를 설명하는 센서에 도달할 수 있다는 것이다. 다른 방식으로는 센서가 광원에 도달할 때 측정을 생성하는 가상의 양을 방출한다고 생각할 수 있다. 이 개념은 단지 이론적 구상이 아니다. 이는 실제로 적용된다. 좋은 예는 Sen et al.(2005)의 이중 사진술로, 다른 카메라로 찍은 입력 사진들을 처리해 비디오 프로젝터의 시점에서 사진을 찍는 것이 가능하다는 보여줬다. 이는 프로젝터를 카메라로 변환한 것으로 해석할 수 있으며, 장면을 조명하는 '광원'으로 원래 카메라를 사용한 것이다.

이 방식으로 단순히 카메라와 광원의 역할을 교환하는 것으로 입자 추적$^{\text{particle tracing}}$이라고 알려진 방법을 생성할 수 있으며, 이는 광원에서의 광선을 표면 위에 도달하는 입사 중요도를 예측하기 위해 재귀적으로 추적한다. 이 자체로는 특별히 유용한 렌더링 기술은 아니지만, 양방향 경로 추적과 광자 매핑 같은 다른 방법의 핵심 요소를 이룬다.

장면의 p_0와 p_1 사이의 광선에 대한 중요도로 알려진 값이 W_e 항으로 설명된다.[2] 픽셀 측정을 계산하는 데 측정 방정식을 사용할 때 중요도는 예전 예에서 알려진 대로 종종 부분적으로 혹은 완전히 델타 분포로 설명된다. 이미지 형성을 포함한 다른 많은 측정 종류가 중요도 함수로 적절히 설명되며, 그러므로 여기서 설명한 정형화는 측정 방정식으로 설명되는

2. 중복된 항을 주의하자. 카메라에서 나온 중요도는 통계적 분포의 중요도 표본화의 개념과 관련돼 있지 않다. 이는 일반적으로 둘 중 어떤 의미인지 명백하다. 하지만 나중에 이 두 개념을 합쳐 카메라의 중요도 함수를 중요도 표본화하는 코드를 구현한다.

경로에 대한 적분이 어떻게 이를 계산하기 위해 예측돼야 하는 적분인지를 보여주는 데 사용할 수 있다.

16.1.1 카메라 표본화

양방향 빛 전송 알고리즘은 장면에 있는 임의의 점에 대한 중요도 함수의 값을 계산할 수 있는 능력을 요구한다. 예를 들어 광원에서 시작한 경로를 따른 한 점의 중요도를 계산하는 데 유용하다. `Camera::We()` 메서드는 원점 p에서 시작한 방향 ω의 광선을 받아 카메라 p 위의 점에 방향 ω에 대해 방출된 중요도를 계산한다. `pRaster2` 매개변수는 필름 위의 광선에 연관된 래스터 위치를 반환한다. 개념적으로 이는 $W_e^{(j)}(\mathrm{p}, \omega)$가 최댓값에 도달하는 불연속 인자 j로 이해할 수 있다. 실제로 함수는 래스터 위치를 더 정확히 특정하기 위해 소수점 값을 반환한다.

<Camera Interface> +≡ 452

```
virtual Spectrum We(const Ray &ray, Point2f *pRaster2 = nullptr) const;
```

이 메서드의 기본 구현은 에러 메시지를 생성한다. 이는 현재 pbrt의 원근 투영 카메라 모델에 대해서만 구현됐다. 이를 다른 Camera 모델에 구현하는 것은 16장의 연습문제 16.1로 준비해뒀다.

<PerspectiveCamera Method Definitions> +≡

```
Spectrum PerspectiveCamera::We(const Ray &ray, Point2f *pRaster2) const {
    <Interpolate camera matrix and check if ω is forward-facing 1127>
    <Map ray (p, ω) onto the raster grid 1127>
    <Return raster position if requested 1127>
    <Return zero importance for out of bounds points 1128>
    <Compute lens area of perspective camera 1130>
    <Return importance for point on image plane 1130>
}
```

제공된 주어진 시각에 대한 카메라에서 월드로의 변환으로, 메서드는 카메라가 카메라 공간 시선 방향 (0, 0, 1)을 월드 공간으로 변환한 방향과 같은 반구에 방향 ω가 있는지 확인하기 위해 둘 사이 각의 코사인을 계산한다. 이 방향이 90도 이상 떨어져 있으면 카메라는 `GenerateRay()` 메서드에서 이 방향으로 광선을 결코 반환하지 않으며, 그러므로 중요도 값 0이 즉시 반환된다.

<*Interpolate camera matrix and check if* ω *is forward-facing*> ≡ 1126

```
Transform c2w;
CameraToWorld.Interpolate(ray.time, &c2w);
Float cosTheta = Dot(ray.d, c2w(Vector3f(0, 0, 1)));
if (cosTheta <= 0)
    return 0;
```

다음으로 약간 더 연관된 테스트가 광선이 필름 영역에서 시작한 것과 대응하는지 확인한다. 원점이 필름의 범위 밖이면 점 p는 카메라의 시야 입체 밖에 있으므로 역시 0의 중요도 값이 반환된다.

한정된 구경을 가진 카메라에 대해 렌즈 위의 점과 방향을 가진다(그림 16.1). 아직 필름 위의 점이 이 광선에 대응하는지 알 수 없지만, 해당 점을 떠나는 모든 광선은 평면 z = 초점거리에 초점이 맞는다는 것을 알 수 있다. 그러므로 초점면과 광선의 교차를 계산할 경우 해당 점을 원근 투명 행렬로 변환하면 필름 위의 대응하는 점을 얻을 수 있다. 핀홀 구경의 경우 임의로 z = 1에 설정한 평면과의 교차를 계산해 투영 수행 이전에 카메라를 떠나는 광선을 따르는 점을 얻을 수 있다.

<*Map ray (p,* ω*) onto the raster grid*> ≡ 1126, 1130

```
Point3f pFocus = ray((lensRadius > 0 ? focalDistance : 1) / cosTheta);
Point3f pRaster = Inverse(RasterToCamera)(Inverse(c2w)(pFocus));
```

<*Return raster position if requested*> ≡ 1126

```
if (pRaster2) *pRaster2 = Point2f(pRaster.x, pRaster.y);
```

주어진 래스터 공간 점에서 이미지 범위 안인지 확인하는 것은 쉽다.

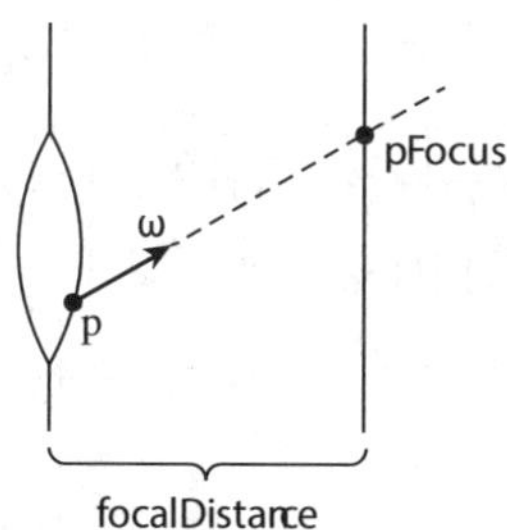

그림 16.1 렌즈를 떠나는 광선에 대한 초점 pFocus 계산. 중요도 함수 W_e의 값을 이 광선에 대해 계산하기 위해 필름 면에 대응하는 점을 찾아야 한다. 이를 위해 우선 광선이 초점면과 교차하는 점 pFocus를 찾는다. 이 점은 카메라의 원근 투영 행렬로 투영돼 필름 면 위에 대응하는 래스터 공간 점을 찾을 수 있게 한다.

<*Return zero importance for out of bounds points*> ≡ 1126

```
Bounds2i sampleBounds = film->GetSampleBounds();
if (pRaster.x < sampleBounds.pMin.x || pRaster.x >= sampleBounds.pMax.x ||
        pRaster.y < sampleBounds.pMin.y || pRaster.y >= sampleBounds.pMax.y)
    return 0;
```

pbrt의 원근 투영 카메라는 필름 영역에 대해 균일 분포로 표본을 생성하므로 이상적인 센서다. 이제 이런 사실을 사용해서 대응하는 방향 표본화 분포를 유도한다. 먼저 모든 카메라 광선이 지나가는 카메라 공간 이미지 사각형을 정의하고 (임의로) $z = 1$ 평면 위의 하나를 찾는다. 다음 코드 조각은 PerspectiveCamera 생성자의 일부로, RasterToCamera 변환을 사용해 사각형의 모서리를 계산하기 위해서 z 좌표로 나누며, 이는 결과적으로 사각형의 면적 A다.

<*Compute image plane bounds at z = 1 for PerspectiveCamera*> ≡ 462

```
Point2i res = film->fullResolution;
Point3f pMin = RasterToCamera(Point3f(0, 0, 0));
Point3f pMax = RasterToCamera(Point3f(res.x, res.y, 0));
pMin /= pMin.z;
pMax /= pMax.z;
A = std::abs((pMax.x - pMin.x) * (pMax.y - pMin.y));
```

<*PerspectiveCamera Private Data*> +≡ 462

```
Float A;
```

중요도 함수는 어떤 정규화 제한(영역 광에서의 방출된 방사처럼)을 따를 필요가 없다. 하지만 PerspectiveCamera의 중요도 함수를 광선 공간에서의 정규화된 PDF로 정의하며, 이는 다음의 편의를 위해서며, 또한 PerspectiveCamera::GenerateRay()에서 반환하는 가중 값이 1이 되도록 일관되게 하기 위함이다.

PerspectiveCamera의 중요도 함수는 지원 집합($W_e(\omega) > 0$)에 대해 부드럽게 변화한다. 이 변화는 실제 핀홀 카메라가 갖는 비네팅을 상쇄하게 정의돼 픽셀이 방사도 단위의 값을 저장하는 것을 보장한다(이는 PerspectiveCamera::GenerateRay()가 가중 값 1을 반환하는 또 다른 이유다).

카메라는 균일하게 이미지 면의 면적 A에 대해 표본을 생성한다. 그러므로 이미지 면 위의 점에 대한 면적 측정된 PDF는 $p(\mathrm{p}) = 1/A$이다. 이제 이미지 면 위의 미분 면적에 대응하는 렌즈 위의 점(혹은 카메라의 핀홀)에서의 방향 PDF를 고려하자(그림 16.2). 방정식(5.6)을 적용해 방향 밀도를 변환하면 다음을 얻는다.

$$p(\omega) = \begin{cases} \frac{d^2}{A \cos\theta}, & \omega\text{가 절두체 내부에 있는 경우} \\ 0, & \text{그렇지 않은 경우} \end{cases}$$

여기서 θ는 ω가 이미지 사각형 법선과 갖는 각도며, d는 렌즈 위의 점과 광선의 $z = 1$ 면과의 교차점 사이의 거리다. 이미지 면 위의 점의 거리는 다음과 같다.

$$d = \left\| \frac{\omega}{\cos\theta} \right\| = \frac{1}{\cos\theta}$$

$\cos\theta$는 ω의 지역 카메라 좌표계에서 z 좌표며, $\|\omega\| = 1$이다. 그러므로 다음과 같다.

$$p(\omega) = \begin{cases} \frac{1}{A \cos^3\theta}, & \omega\text{가 절두체 내부에 있는 경우} \\ 0, & \text{그렇지 않은 경우} \end{cases} \tag{16.2}$$

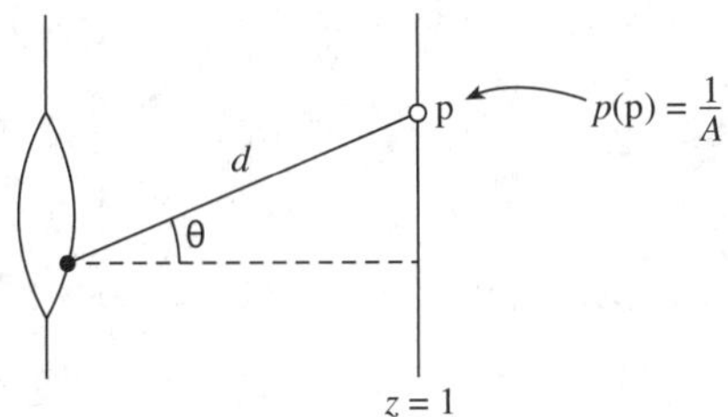

그림 16.2 PerspectiveCamera의 정규화된 중요도 함수의 유도. 주어진 $z = 1$에 위치한 이미지 면의 가시 영역 위에 있는 점이 PDF $p(\mathrm{p}) = 1/A$를 가질 때 렌즈 위의 점에 대한 거리 d와 p에서 렌즈 위에 있는 점 사이의 벡터와 이미지 면의 표면 법선 사이 각도 θ를 고려해 방정식(5.6)을 적용해 점에서의 방향 PDF를 계산할 수 있다.

이 생성으로 인해 앞의 밀도 함수 $p(\omega)$는 방향에 대해 적분될 때 정규화된다. 하지만 초기에 카메라 광선 공간 $A_{\mathrm{lens}} \times \mathcal{S}^2$에 정의된 정규화된 중요도 함수 $W_e(\mathrm{p}, \omega)$를 생성하도록 설정했으며, A_{lens}는 원근 투영 카메라의 렌즈 요소와 연관된 표면 영역이다. 이 함수는 반드시 다음의 광선 공간 정규화 기준을 만족해야 한다.

$$\int_{A_{\mathrm{lens}}} \int_{\mathcal{S}^2} W_e(\mathrm{p}, \omega) |\cos\theta| \, \mathrm{d}\omega \, \mathrm{d}A(\mathrm{p}) = 1. \tag{16.3}$$

면적에 대한 추가 적분과 위의 적분 안의 추가 코사인 인자로 인해 직접 $W_e(\mathrm{p}, \omega)$를 $p(\omega)$와 같도록 직접 설정할 수 없다.

원근 투영 카메라의 렌즈 면적 A_{lens}는 πr^2과 같으며, r은 렌즈 반경이다. 점 카메라에 대해 렌즈 면적은 1로 설정되며, 디랙 델타 함수로 해석된다.

<Compute lens area of perspective camera> ≡ 1126, 1131, 1132

```
Float lensArea = lensRadius != 0 ? (Pi * lensRadius * lensRadius) : 1;
```

그 후 광선 공간 위의 $W_e(\mathrm{p}, \omega)$를 다음과 같이 정의한다.

$$W_e(\mathrm{p}, \omega) = \frac{p(\omega)}{\pi\, r^2\, \cos\theta} = \begin{cases} \frac{1}{A\, \pi\, r^2\, \cos^4\theta}, & \omega\text{가 절두체 내부에 있는 경우} \\ 0, & \text{그렇지 않은 경우} \end{cases} \qquad [16.4]$$

이는 p를 렌즈 면적으로 나눈 후 방정식(16.3)에서의 코사인 인자를 상쇄하기 위한 항으로 나눈다. 이 시점에서 구현은 이미 ω가 절두체 안에 있다는 것을 보장하며, 그러므로 오직 남은 것은 방정식(16.4)의 첫 번째 경우에 해당하는 중요도 값을 반환하는 것이다.

<Return importance for point on image plane> ≡ 1126

```
Float cos2Theta = cosTheta * cosTheta;
return Spectrum(1 / (A * lensArea * cos2Theta * cos2Theta));
```

원근 투영 카메라의 중요도 함수의 정의를 고려해서 이제 광선 생성 함수 `Camera::GenerateRay()`를 `We()`에 대한 중요도 표본화 기술로 재해석할 수 있다. 그러므로 16.1.2절에 소개될 광원에 대한 `Light::Pdf_Le()`와 유사하게 `Camera` 메서드를 카메라를 떠나는 특정 광선을 표본화하기 위한 공간과 방향 PDF를 개별적으로 반환하도록 정의하는 것이 적절하다. 이전과 같이 이 메서드는 현재 `PerspectiveCamera`에만 정의돼 있으며, 기본 구현은 에러 메시지를 생성한다.

<Camera Interface> +≡ 452

```
virtual void Pdf_We(const Ray &ray, Float *pdfPos, Float *pdfDir) const;
```

`PerspectiveCamera::GenerateRay()`에 구현된 이상적 표본화 전략 방향 밀도를 이미 다뤘으며, 방정식(16.2) 안에 정의된 $p(\omega)$와 같다. 공간 밀도는 렌즈 면적의 역수다. 그러므로 이 중첩으로 인해 `PerspectiveCamera::Pdf_We()`의 첫 4개 코드 조각은 `PerspectiveCamera::We()`의 비슷한 이름을 가진 코드 조각과 동일하거나 거의 유사하며, 실패 시 `*pdfPos`와 `*pdfDir`를 통해 0 확률을 반환하는 것만 다르다.

<PerspectiveCamera Method Definitions> +≡

```
void PerspectiveCamera::Pdf_We(const Ray &ray, Float *pdfPos,
        Float *pdfDir) const {
    <Interpolate camera matrix and fail if ω is not forward-facing>
    <Map ray (p, ω) onto the raster grid 1127>
    <Return zero probability for out of bounds points>
```

```
        <Compute lens area of perspective camera 1130>
        *pdfPos = 1 / lensArea;
        *pdfDir = 1 / (A * cosTheta * cosTheta * cosTheta);
    }
```

마지막 Camera 추가 메서드는 광원과 카메라 사이의 대칭성을 완성시킨다. 카메라 렌즈 위의 한 점을 표본화하고 입사 방향을 따라 장면의 주어진 참조 위치에 어떤 중요도가 도달하는지를 계산한다. 그러므로 이는 Light::Sample_Li()에 대한 카메라와 동등이다.

Sample_Li()처럼 이 메서드의 PDF 값은 참조점에서의 입체각에 대응해서 정의된다.

```
<Camera Interface> +≡                                                    452
    virtual Spectrum Sample_Wi(const Interaction &ref, const Point2f &u,
            Vector3f *wi, Float *pdf, Point2f *pRaster,
            VisibilityTester *vis) const;
```

이 메서드의 PerspectiveCamera 구현은 렌즈 위의 점을 표본화해 참조점에서의 입사 중요도를 계산한다.

```
<PerspectiveCamera Method Definitions> +≡
    Spectrum PerspectiveCamera::Sample_Wi(const Interaction &ref,
            const Point2f &u, Vector3f *wi, Float *pdf, Point2f *pRaster,
            VisibilityTester *vis) const {
        <Uniformly sample a lens interaction lensIntr 1131>
        <Populate arguments and compute the importance value 1132>
}
```

u를 사용해서 렌즈를 표본화한 후 이 점을 월드 공간으로 변환해 렌즈 위의 점에 대한 Interaction을 계산할 수 있다. 핀홀 카메라에 대해 lensRadius는 0이며, pLens는 언제나 원점에 있도록 설정된다.

```
<Uniformly sample a lens interaction lensIntr> ≡                        1131
    Point2f pLens = lensRadius * ConcentricSampleDisk(u);
    Point3f pLensWorld =
            CameraToWorld(ref.time, Point3f(pLens.x, pLens.y, 0));
    Interaction lensIntr(pLensWorld, ref.time, medium);
    lensIntr.n = Normal3f(CameraToWorld(ref.time, Vector3f(0, 0, 1)));
```

주어진 렌즈 위의 점에 대해 Sample_We()의 출력 매개변수 대부분은 명시적으로 초기화할 수 있다.

<Populate arguments and compute the importance value> ≡ 1131

```
*vis = VisibilityTester(ref, lensIntr);
*wi = lensIntr.p - ref.p;
Float dist = wi->Length();
*wi /= dist;
<Compute PDF for importance arriving at ref 1132>
return We(lensIntr.SpawnRay(-*wi), pRaster);
```

표본의 PDF는 렌즈 위에 있는 점의 표본화 확률 (1 / lensArea)은 참조점에서의 단위 입체각당 확률로 변환된다. 핀홀 카메라에 대해 내재된 델타 분포가 PDF와 중요도 함수에 둘 다 있고, 나중에 서로 상쇄된다(이는 14.1.3절과 14.2.1절에서 BSDF와 광원에 사용한 것과 같은 규약이다).

<Compute PDF for importance arriving at ref*>* ≡ 1132

```
<Compute lens area of perspective camera 1130>
*pdf = (dist * dist) / (AbsDot(lensIntr.n, *wi) * lensArea);
```

16.1.2 광선 표본화

양방향 빛 전송 알고리즘의 경우 빛을 떠나는 광선의 분포에서 광선을 표본화해 광선을 *ray로 반환하고, *nLight(실질적으로 Camera::GenerateRay()와 은유다)의 광원 점에서 표면 법선을 반환하는 빛 표본화 메서드 Sample_Le()를 추가해야 한다. 전체 4개 표본 값이 이 메서드의 u1과 u2 매개변수에 전달돼 두 개는 광선의 원점을 표본화하고 나머지 둘은 방향을 표본화하는 것을 가능하게 한다. 모든 빛 구현이 이 값을 필요로 하지는 않는다. 예를 들어 점광원을 떠나는 모든 광선의 원점은 동일하다.

이 메서드는 두 PDF 값을 반환한다. 광선 원점에서 빛 위의 표면 면적에 대한 확률 밀도와 그 방향의 입체각에 대한 확률 밀도다. 광선 표본화의 결합 확률은 이 두 확률의 곱이다.

<Light Interface> +≡ 853

```
virtual Spectrum Sample_Le(const Point2f &u1, const Point2f &u2,
        Float time, Ray *ray, Normal3f *nLight,
        Float *pdfPos, Float *pdfDir) const = 0;
```

그러므로 다중 중요도 표본화가 적용될 수 있으며, 주어진 광선에 대한 위치와 방향 PDF를 반환하는 메서드도 있다.

<Light Interface> +≡ 853

```
virtual void Pdf_Le(const Ray &ray, const Normal3f &nLight,
        Float *pdfPos, Float *pdfDir) const = 0;
```

점광원

점광원에서 나가는 광선을 생성하는 표본화 메서드는 간단하다. 광선의 원점은 반드시 빛의 위치에 있어야 한다. 이 밀도의 부분은 델타 분포로 설명된다. 방향은 구에 대해 균일하게 표본화되며, 전체적인 표본화 밀도는 이 두 밀도의 곱이다. 평소처럼 델타 분포가 실제 PDF에 있다는 것을 표본화 루틴이 반환하는 Spectrum의 방사 값에 대응하는 (숨겨진) 델타 항이 상쇄시키므로 이를 무시한다.

<PointLight Method Definitions> +≡

```
Spectrum PointLight::Sample_Le(const Point2f &u1, const Point2f &u2,
        Float time, Ray *ray, Normal3f *nLight, Float *pdfPos,
        Float *pdfDir) const {
    *ray = Ray(pLight, UniformSampleSphere(u1), Infinity, time,
            mediumInterface.inside);
    *nLight = (Normal3f)ray->d;
    *pdfPos = 1;
    *pdfDir = UniformSpherePdf();
    return I;
}
```

<PointLight Method Definitions> +≡

```
void PointLight::Pdf_Le(const Ray &, const Normal3f &, Float *pdfPos,
        Float *pdfDir) const {
    *pdfPos = 0;
    *pdfDir = UniformSpherePdf();
}
```

스포트라이트

스포트라이트에 대한 나가는 광선을 합리적인 분포로 표본화하는 메서드는 더 흥미롭다. 점광원처럼 구에 균일하게 방향을 표본화하는 것이 가능하지만, 이 분포는 스포트라이트의 실제 분포에 잘 맞지 않는다. 예를 들어 빛이 매우 좁은 빛줄기 각을 가지면 많은 표본이 빛이 조명을 투사하지 않는 방향에서 추출된다. 대신 빛이 조명을 투사하는 방향의 원뿔에 대해 균일 분포로 표본화한다. 표본화 분포가 광선의 경계에 대한 감쇠를 고려하지 않더라도 실제로는 작은 단점일 뿐이다.

스포트라이트의 조명에 대한 PDF $p(\theta, \phi)$는 $p(\phi) = 1/(2\pi)$로 분리 가능하다. 그러므로 θ에 대한 표본화 분포만 찾으면 된다. 13.6.4절의 UniformSampleCone() 함수가 이런 기능을 제공한다.

<SpotLight Method Definitions> +≡

```
Spectrum SpotLight::Sample_Le(const Point2f &u1, const Point2f &u2,
        Float time, Ray *ray, Normal3f *nLight, Float *pdfPos,
        Float *pdfDir) const {
    Vector3f w = UniformSampleCone(u1, cosTotalWidth);
    *ray = Ray(pLight, LightToWorld(w), Infinity, time,
            mediumInterface.inside);
    *nLight = (Normal3f)ray->d;
    *pdfPos = 1;
    *pdfDir = UniformConePdf(cosTotalWidth);
    return I * Falloff(ray->d);
}
```

표본화된 광선을 위한 SpotLight의 Pdf_Le() 메서드는 반드시 방향이 조명된 방향의 원뿔 안에 있는지 원뿔 표본화 PDF를 반환하기 전에 확인해야 한다.

<SpotLight Method Definitions> +≡

```
void SpotLight::Pdf_Le(const Ray &ray, const Normal3f &, Float *pdfPos,
        Float *pdfDir) const {
    *pdfPos = 0;
    *pdfDir = (CosTheta(WorldToLight(ray.d)) >= cosTotalWidth) ?
            UniformConePdf(cosTotalWidth) : 0;
}
```

ProjectionLight와 GonioPhotometricLight의 표본화 루틴은 근본적으로 각각 SpotLight 및 PointLight와 같다. 나가는 광선을 표본화하기 위해 ProjectionLight는 투영된 이미지 맵을 둘러싸는 원뿔에서 균일하게 표본화하며(이런 이유로 생성자에서 ProjectionLight::cosTotalWidth를 계산해야 한다), GonioPhotometricLight는 단위 구에 대해 균일하게 표본화한다. 16장의 연습문제 16.2에서는 이런 빛의 방향 변화를 좀 더 잘 설명하는 표본화 메서드의 개선 사항을 설명한다.

영역 광

영역 광을 떠나는 광선을 표본화하는 메서드도 14.2.2절의 모양 표본화 메서드로 쉽게 구현할 수 있다.

<DiffuseAreaLight Method Definitions> +≡

```
Spectrum DiffuseAreaLight::Sample_Le(const Point2f &u1, const Point2f &u2,
        Float time, Ray *ray, Normal3f *nLight, Float *pdfPos,
        Float *pdfDir) const {
    <Sample a point on the area light's Shape, pShape 1135>
    <Sample a cosine-weighted outgoing direction w for area light 1135>
    *ray = pShape.SpawnRay(w);
    return L(pShape, w);
}
```

표면 면적 기반 Shape::Sample()의 변종이 광선 원점을 찾기 위해 사용되고, 표면에 대한 일정 밀도에서 표본화된다.

<Sample a point on the area light's Shape, pShape*>* ≡ 1135

```
Interaction pShape = shape->Sample(u1);
pShape.mediumInterface = mediumInterface;
*pdfPos = shape->Pdf(pShape);
*nLight = pShape.n;
```

광선의 방향은 표본화된 점에서의 표면 법선에 대한 코사인 가중된 분포에서 표본화된다. 이 코사인 가중치를 고려하는 것은 빛을 떠나는 광선이 균일한 미분 출력을 갖는 것을 의미하며, 이는 양방향 빛 전송 알고리즘에서 더 선호된다. CosineSampleHemisphere()에서 반환된 이 방향이 고전 좌표계이므로 반드시 표본화된 점에서의 표면 법선에 대한 좌표계로 변환돼야 한다.

<Sample a cosine-weighted outgoing direction w *for area light>* ≡ 1135

```
Vector3f w = CosineSampleHemisphere(u2);
*pdfDir = CosineHemispherePdf(w.z);
Vector3f v1, v2, n(pShape.n);
CoordinateSystem(n, &v1, &v2);
w = w.x * v1 + w.y * v2 + w.z * n;
```

원거리 광

나가는 광선에 대한 DistantLight의 분포에서 광선을 표본화하는 것은 더 흥미로운 문제다. 광선의 방향은 델타 분포로 이미 결정돼 있다. 이는 빛의 역방향과 동일해야 한다. 원점에 대해 시작할 수 있는 무한대의 수의 3D 점이 존재한다. 어떻게 우리가 적절한 값을 찾아 어떻게 그 밀도를 계산할 것인가?

원하는 특성은 장면의 점에 교차하는 광선이 균일한 확률로 원거리 빛으로 조명되는 것이다. 이를 위한 한 가지 방법은 장면의 경계 구와 같은 반경을 갖고, 법선이 빛의 방향을 향한 원반을 생성한 후 ConcentricSampleDisk() 함수를 사용해 이 원반 위에 있는 무작위의 점을 선택하는 것이다(그림 16.3). 이 점이 한 번 선택되면 점이 빛의 방향을 따라 장면의 경계 구 반경으로 위치 이동해 빛이 광선의 원점으로 사용됐을 때 광선의 원점은 장면의 경계 구 밖에 있지만 그와 교차할 것이다.

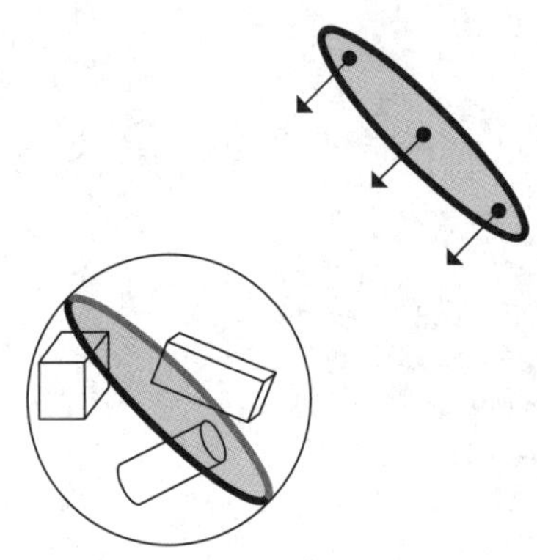

그림 16.3 원거리 광원의 나가는 광선 방향을 표본화하기 위해 DistantLight::Sample_L() 메서드는 빛의 방향을 향한 전체 장면이 원반을 빛의 방향으로 나가는 광선들로 교차할 수 있을 만큼 큰 원반을 찾는다. 광선의 원점은 이 원반 위의 영역에서 균일하게 표본화되고, 광선 방향은 빛의 방향에서 직접 주어진다.

이는 정당한 표본화 접근법이며, 생성 시부터 방향 광으로 인한 구로의 입사광선의 표본화 확률이 0이 아니기 때문이다. 표본화 밀도의 영역 요소는 균일하며, 그러므로 표본화되는 원반의 면적의 역과 같다. 방향 밀도는 빛의 방향에 기반을 둔 델타 분포로 주어진다.

```
<DistantLight Method Definitions> +≡
    Spectrum DistantLight::Sample_Le(const Point2f &u1, const Point2f &u2,
            Float time, Ray *ray, Normal3f *nLight, Float *pdfPos,
            Float *pdfDir) const {
        <Choose point on disk oriented toward infinite light direction 1137>
        <Set ray origin and direction for infinite light ray 1137>
        *nLight = (Normal3f)ray->d;
        *pdfPos = 1 / (Pi * worldRadius * worldRadius);
        *pdfDir = 1;
        return L;
    }
```

방향을 가진 원반 위의 점을 선택하는 것은 벡터 대수학의 단순한 응용이다. 원반 법선(빛의 방향)에 대해 수직인 두 벡터로 좌표계를 생성한다(그림 16.4). 표준 단위 원반 위의 무작위의 점이 주어지면 좌표계 벡터와 관련해 원반 중심에서 오프셋을 계산하면 대응하는 점을 제공한다.

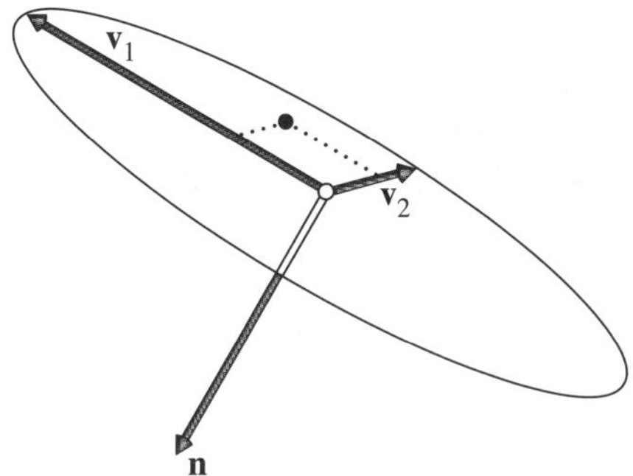

그림 16.4 표준 단위 원반 위의 주어진 표본점 (d_1, d_2)는 임의의 방향과 크기를 갖는 법선 $\mathbf{n}$의 원반 위에 있는 점으로 임의의 좌표계 $(\mathbf{v}_1, \mathbf{v}_2, \mathbf{n})$를 계산해서 찾을 수 있으며, 그 후 원반 위의 점을 원반 중심에서 $d_1\mathbf{v}_1 + d_2\mathbf{v}_2$의 오프셋으로 점을 계산할 수 있다.

<Choose point on disk oriented toward infinite light direction> ≡ 1136

```
Vector3f v1, v2;
CoordinateSystem(wLight, &v1, &v2);
Point2f cd = ConcentricSampleDisk(u1);
Point3f pDisk = worldCenter + worldRadius * (cd.x * v1 + cd.y * v2);
```

최종적으로 점은 빛의 방향에 따라 오프셋되고 광선이 초기화될 수 있다. 12.4절에서 `DistantLight`가 진공이 아닌 어떤 매질 안에도 포함될 수 없다는 것을 기억하자. 그러므로 광선에 대해 어떤 매질도 설정할 필요가 없다.

<Set ray origin and direction for infinite light ray> ≡ 1136

```
*ray = Ray(pDisk + worldRadius * wLight, -wLight, Infinity, time);
```

무한 영역 광

무한 광원에서 떠나는 무작위의 광선을 생성하는 것은 앞서 `InfiniteAreaLight::Sample_Li()` 메서드에서 직접 광을 위해 사용되는 것과 같은 방식으로 처리할 수 있다. 표본화된 광선의 원점은 그 후 `DistantLight`에서 사용된 것과 같은 장면의 경계 구를 덮는 광선의 방향을 향한 원반의 접근법을 사용해서 설정한다(그림 16.3을 참고하자). 그러므로 *<Compute direction for infinite light sample ray>*나 *<Compute origin for infinite light sample ray>* 코드 조각은 여기에 포함하지 않는다.

<*InfiniteAreaLight Method Definitions*> +≡

```
Spectrum InfiniteAreaLight::Sample_Le(const Point2f &u1,
        const Point2f &u2, Float time, Ray *ray, Normal3f *nLight,
        Float *pdfPos, Float *pdfDir) const {
    <Compute direction for infinite light sample ray>
    <Compute origin for infinite light sample ray>
    <Compute InfiniteAreaLight ray PDFs 1138>
    return Spectrum(Lmap->Lookup(uv), SpectrumType::Illuminant);
}
```

이 광선에 대한 PDF는 방향을 표본화하는 PDF(14.2.4절에서 유도한 것과 같이)와 원반 위의 점을 표본화하는 PDF다.

<*Compute* InfiniteAreaLight *ray PDFs*> ≡ 1138

```
*pdfDir = sinTheta == 0 ? 0 : mapPdf / (2 * Pi * Pi * sinTheta);
*pdfPos = 1 / (Pi * worldRadius * worldRadius);
```

Pdf_Le() 메서드는 동일한 공식을 적용하므로, 여기에 구현을 포함하지 않는다.

16.1.3 비대칭 산란

입력 장면의 재질과 기하 구조 설정의 특정 측면은 빛 전송 시뮬레이션에서 비대칭적 행태로 이어질 수 있으며, 이는 입사 방사와 중요도가 점에서 다른 방법으로 산란하는 것이다. 이 차이가 고려되지 않으면 방사와 중요도 전송에 기반을 둔 렌더링 알고리즘은 다르게 생성돼 동일한 입력 장면을 렌더링할 때 일관되지 않는 결과를 생성한다. 방사와 중요도 전송을 합치는 양방향 기술이 특히 영향을 받으며, 이 디자인이 근본적으로 대칭성 원칙에 기반을 두기 때문이다.

이 절에서는 간략히 비대칭으로 이어지는 경우를 열거하고, 어떻게 양방향 예측기의 일관된 집합으로 도달할 수 있게 처리되는지 설명한다.

방정식(16.1)의 경로 투과량 항 $T(\bar{p}_i)$을 기억하면 다음과 같이 정의된다.

$$T(\bar{p}_n) = \prod_{i=1}^{n-1} f(p_{i+1} \to p_i \to p_{i-1})\, G(p_{i+1} \leftrightarrow p_i)$$

정점은 p_i가 카메라에서 봤을 때 i번째 산란 현상으로 순서가 매겨진다.

중요도 운반 경로를 찾는 것을 바탕으로 한 표본화 기술은 광원에서 시작하는 광선을 추적해 빛에서의 입사 중요도를 예측하며, 이는 정점이 앞의 순서와 반대로 생성된다는 것을 의미한다. 그러므로 BSDF의 입사와 방사 방향 인자는 (부정확하게) 역순이 되므로 특별한 조치가 필요하다. 그러므로 보조 BSDF f^*를 정점 p_i에서 정의하고, 유일한 역할은 원래 BSDF를 교환swap된 인자로 계산하는 것이다.

$$f^*(\mathrm{p}, \omega_\mathrm{o}, \omega_\mathrm{i}) = f(\mathrm{p}, \omega_\mathrm{i}, \omega_\mathrm{o})$$

그러므로 중요도 전송에 기반을 둔 모든 표본화 단계는 원래 버전보다는 BSDF의 보조 형식을 사용해야 한다. 대부분 pbrt의 BSDF는 대칭적이므로 f와 f^* 사이의 실질적 차이는 없다. 하지만 음영 법선과 다른 굴절률을 가진 매질로 들어가는 빛 굴절은 추가적인 주의가 필요하다.

TransportMode 열거형은 전송된 양에 대한 비대칭 BSDF를 알려줘 보조와 비보조 형식 사이에 정확하게 변환할 수 있게 한다.

<TransportMode Declarations> ≡

```
enum class TransportMode { Radiance, Importance };
```

굴절로 인한 비대칭성

빛이 입사 매질의 굴절률보다 더 높은 굴절률을 가진 재질로 굴절될 때 에너지는 더 작은 각의 집합으로 압축된다. 예를 들어 조용한 야외 수영장 안의 수중에서 하늘을 볼 때 쉽게 볼 수 있다. 임계각(물의 경우 ~48.6도) 이하로 굴절되는 빛이 없으므로 입사 빛의 반구는 반구의 더 작은 부분집합으로 압축되며, 각의 나머지 집합을 포함한다. 그러므로 굴절하는 광선을 따라오는 방사는 증가해서 빛이 접점을 지날 때 에너지를 보존할 수 있게 한다. 더 정확하게는 입사(L_i)와 투과(L_t) 방사는 다음과 같이 연관된다.

$$L_\mathrm{i} = \frac{\eta_\mathrm{i}^2}{\eta_\mathrm{t}^2} L_\mathrm{t}, \tag{16.5}$$

여기서 η_i와 η_t는 각각 입사와 투과 방면의 굴절률이다. BTDF로 만족되는 대칭성 관계는 다음과 같다.

$$\eta_\mathrm{t}^2 f(\mathrm{p}, \omega_\mathrm{o}, \omega_\mathrm{i}) = \eta_\mathrm{i}^2 f(\mathrm{p}, \omega_\mathrm{i}, \omega_\mathrm{o}), \tag{16.6}$$

그러므로 다음과 같은 보조 BTDF를 얻을 수 있다.

$$f^*(\mathrm{p}, \omega_\mathrm{o}, \omega_\mathrm{i}) = f(\mathrm{p}, \omega_\mathrm{i}, \omega_\mathrm{o}) = \frac{\eta_\mathrm{t}^2}{\eta_\mathrm{i}^2} f(\mathrm{p}, \omega_\mathrm{o}, \omega_\mathrm{i})$$

이 방정식은 효과적으로 방정식(16.5)의 크기 조절 인자를 상쇄한다. 이제 이 방정식으로 SpecularTransmission::Sample_f() 구현의 마지막 빠진 조각을 정의할 수 있다. 방사가 굴절 경계에 전송될 때마다 방정식(16.5)의 크기 조절 인자를 적용한다. 중요도 전송에 대해 보조 BTDF를 사용하며, 이는 방정식(16.5)와 (16.6)의 조합으로 인한 크기 조절 인자가 빠져있다.

<Account for non-symmetry with transmission to different medium> ≡ 646, 971

```
if (mode == TransportMode::Radiance)
    ft *= (etaI * etaI) / (etaT * etaT);
```

비슷한 조절은 굴절의 경우 FourierBSDF::f()에도 필요하다. 이 경우 FourierBSDFTable::eta는 상대 굴절률을 제공한다. 이 모델이 편의를 위해 빛이 반사 대신 굴절됐을 때를 확인하기 위해 muI * mu0 > 0를 사용하고자 $\mu_\mathrm{i} = \cos\theta_\mathrm{i}$의 부호가 뒤집힌 규약을 따르고 있다는 것을 기억하자.

<Update scale *to account for adjoint light transport>* ≡ 678

```
if (mode == TransportMode::Radiance && muI * mu0 > 0) {
    float eta = muI > 0 ? 1 / bsdfTable.eta : bsdfTable.eta;
    scale *= eta * eta;
}
```

마지막으로 SeparableBSSRDF의 투과 항 S_ω는 빛이 매질을 두 번째 굴절(첫 번째는 재질의 BSDF에서 처리한다) 이후에 떠날 때 비슷한 조정이 필요하다.

<Update BSSRDF transmission term to account for adjoint light transport> ≡ 1075

```
if (bssrdf->mode == TransportMode::Radiance)
    f *= bssrdf->eta * bssrdf->eta;
```

음영 법선으로 인한 비대칭성

음영 법선은 비대칭적 산란의 다른 원인이다. 3.6.3절에서 설명했듯이 음영 법선은 폴리곤 표면을 실제 분할보다 더 부드럽게 보여주기 위해 주로 사용한다. 이는 '실제' 기하 법선 $\mathbf{n}_\mathrm{g}$를 보간된 음영 법선 $\mathbf{n}_\mathrm{s}$로 BSDF나 빛 전송 방정식의 코사인 항마다 치환하는 것을 수반한다. 범프나 법선 매핑은 다른 종류의 음영 법선으로 해석할 수 있으며, $\mathbf{n}_\mathrm{s}$가 텍스처 맵에서 얻어진다.

이런 종류의 표면 교차점에 대한 법선의 변경은 기반 반사 모델에 대응하는 변환을 일으키며, 일반적으로 비대칭적인 실질 BSDF를 생성한다. 추가적인 조치 없이 이 비대칭성은 부가 기술에 기반을 둔 렌더링에서 시각적 오류로 이어지며, 이는 보간된 법선을 원래 피하려고 하는 평면 음영된 폴리곤 같은 음영 효과에서의 불연속성을 포함한다.

표면의 입사와 출사 방사와 관계된 빛 전송 방정식(14.13)을 기억하자.

$$L_o(p, \omega_o) = L_e(p, \omega_o) + \int_{S^2} f(p, \omega_o, \omega_i)\, L_i(p, \omega_i)\, |\mathbf{n}_g \cdot \omega_i|\, d\omega_i$$

여기서 코사인 인자는 ω_i와 기반 기하 구조의 실제 법선을 포함한 내적으로 표현된다. 이제 $\mathbf{n}_g$를 음영 법선 $\mathbf{n}_s$로 치환하고 싶다고 가정하자. 산란 방정식을 변경하는 대신 다른 수학적으로 동일한 방법으로 이런 변화를 표현하는 것은 새로운 BSDF f_{shade}로의 변경을 수반하며, 다음과 같이 정의된다.

$$f_{shade}(p, \omega_o, \omega_i) = \frac{|\mathbf{n}_s \cdot \omega_i|}{|\mathbf{n}_g \cdot \omega_i|} f(p, \omega_o, \omega_i)$$

위 표현의 첫 인자는 이 BSDF를 ω_i와 ω_o에 대해 비대칭성을 생성한다. 양방향 렌더링 알고리즘에서의 오류와 불균일성을 피하기 위해 중요도 전송이 사용될 때마다 보조 BSDF f^*_{shade}가 시뮬레이션에서 사용돼야 한다. 이는 다음과 같다.

$$f^*_{shade}(p, \omega_o, \omega_i) = \frac{|\mathbf{n}_s \cdot \omega_o|}{|\mathbf{n}_g \cdot \omega_o|} f^*(p, \omega_o, \omega_i)$$

이 특별한 경우를 모든 `BxDF` 하위 클래스에 통합하는 것보다 적분기에서 감지해 교정 인자를 적용하는 것이 더 깔끔하다.

$$C_{shade}(p, \omega_o, \omega_i) = \begin{cases} \frac{|\mathbf{n}_s \cdot \omega_o||\mathbf{n}_g \cdot \omega_i|}{|\mathbf{n}_g \cdot \omega_o||\mathbf{n}_s \cdot \omega_i|} & \text{중요성이 전송되는 경우} \\ 1 & \text{빛이 전송되는 경우} \end{cases}$$

이는 중요성 전송이 `mode` 매개변수로 지시될 때 비보조 형식의 일반 의존성을 보조 형식의 것으로 교정한다. 이 조정은 다음의 도우미 함수 `CorrectShadingNormal()`로 구현된다.

<BDPT Utility Functions> ≡
```
Float CorrectShadingNormal(const SurfaceInteraction &isect,
        const Vector3f &wo, const Vector3f &wi, TransportMode mode) {
    if (mode == TransportMode::Importance)
```

```
        return (AbsDot(wo, isect.shading.n) * AbsDot(wi, isect.n)) /
                (AbsDot(wo, isect.n) * AbsDot(wi, isect.shading.n));
    else
        return 1;
}
```

16.2 확률적 점진적 광자 매핑

광자 매핑은 빛에서 시작하는 경로를 생성해 카메라까지의 경로에서 필름 위에 에너지를 저장하기 위해 각 정점을 연결하는 개념에 기반을 둔 입자 추적 알고리즘의 한 종류다. 이 절에서는 입자 추적 알고리즘의 이론을 도입하는 것으로 시작해서 임의의 측정이 알고리즘에서 생성된 입자를 사용해서 정확하게 계산할 수 있기 위해 반드시 충족돼야 할 조건을 알아본다. 그 후 음영되는 점 주변의 입자에서 조명의 기여를 보간해서 조명을 예측하기 위해 입자를 사용하는 광자 매핑 적분기의 구현을 설명한다.

16.2.1 입자 추적을 위한 이론적 기반

컴퓨터 그래픽스의 입자 추적 알고리즘은 종종 장면의 광원에서 발사된 에너지의 다발로 설명되는데, 이 다발은 새 방향으로 산란 전에 교차하는 표면에 에너지를 비축한다. 이는 입자 추적을 생각하는 직관적인 방법이지만, 이 직관이 전파나 산란이 입자에 어떻게 영향을 미치는지에 대한 기본 질문을 쉽게 대답하게 해주진 않는다. 예를 들어 기여가 유속 밀도처럼 거리의 제곱에 비례해서 감쇠하는가? 혹은 cos θ 항이 있을 때 표면에서 산란된 뒤 어떤 cos θ 항이 입자에 영향을 주는가?

입자 추적에 대한 확실한 이론적 기반을 제공하기 위해 Veach(1997, Appendix 4.A)가 도입한 기반 구조로 설명하며, 이는 저장된 입자 기록을 장면에서 평형 방사 분포의 표본으로 해석한다. 분포와 입자 가중치의 특정 조건에서 입자는 장면의 빛 분포에 기반을 둔 거의 모든 측정의 예측을 계산하는 데 사용할 수 있다. 이 이론을 개발한 이후에 남은 부분은 광자 매핑의 응용을 설명한다.

입자 추적 알고리즘은 점 p_j에서 조명의 N 표본 집합을 장면의 다음 표면 위에 생성한다.

$$(p_j, \omega_j, \beta_j)$$

여기서 각 표본은 방향 ω_j에서의 입사 조명을 기록하고 이와 결합된 투과량 가중치 β_j를 가진다(그림 16.5). 이미 표기가 지시하듯이 이 가중치 β_j는 투과량 함수 T의 항과 연관된 표본화 PDF와의 비율을 경로 추적기의 β 변수처럼 포함한다(14.5.4절). 가중치와 입자 위치의 분포에 대한 조건을 결정해 임의의 측정에 대한 예측을 정확하게 계산하는 데 사용할 수 있게 한다.

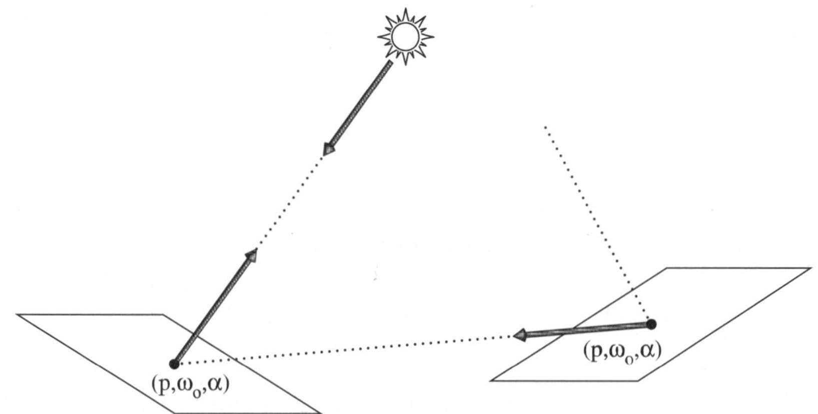

그림 16.5 입자가 광원에서 경로를 따라 추적될 때 입자 기록의 항목이 교차하는 각 표면에 대해 저장된다. 각 기록의 항목은 위치 p, 광선이 도착한 방향인 ω_o, 입자 가중치 α다.

주어진 중요도 함수 $W_e(p, \omega)$는 추출된 측정을 설명하며, 충족시킬 자연 조건은 입자가 예측치를 이용하는 데 사용할 때 같은 중요도 함수의 측정 방정식과 같은 기댓값을 갖는 분포와 가중치를 가져야 한다.

$$E\left[\frac{1}{N}\sum_{j=1}^{N}\beta_j W_e(p_j, \omega_j)\right] = \int_A \int_{\mathbb{S}^2} W_e(p, \omega) L_i(p, \omega)\,|\cos\theta|\,dA\,d\omega. \qquad (16.7)$$

예를 들어 벽의 전체 유속을 계산하기 위해 입자를 사용할 수 있다. 다음과 같은 유속의 정의를 사용한다.

$$\Phi = \int_{A_{\text{wall}}} \int_{\mathcal{H}^2(\mathbf{n})} L_i(p, \omega)\,|\cos\theta|\,dA\,d\omega$$

다음의 중요도 함수는 벽에 위치하고 법선 주변의 반구에서 도달하는 입자를 선택한다.

$$W_e(\mathrm{p}, \omega) = \begin{cases} 1 & \text{p가 벽면이고 } (\omega \cdot \mathbf{n}) > 0\text{이면} \\ 0 & \text{그렇지 않으면} \end{cases}$$

방정식(16.7) 같은 임의의 중요도 함수에 대해 입자 가중치와 위치의 분포에 대한 조건이 참이면 유속 예측은 벽의 입자에 대한 입자 가중치의 합만으로 직접 계산할 수 있다. 원래 벽의 부분집합 같은 다른 벽에 대해 유속을 예측하고 싶다면 갱신된 중요도 함수로 가중 합을 재계산하기만 하면 된다. 입자와 가중치는 재사용 가능하며, 이 모든 측정에 대한 비편향 예측을 가진다(예측은 상호 연관돼 잠재적으로 오류의 근원이다).

어떻게 다음 조건을 만족하는 입자를 생성하고 가중치를 주는지 보기 위해 측정 방정식 적분의 계산을 고려하자.

$$\begin{aligned} &\int_A \int_{\mathcal{S}^2} W_e(\mathrm{p}_0, \omega)\, L(\mathrm{p}_0, \omega)\, |\cos\theta|\, \mathrm{d}\omega\, \mathrm{d}A(\mathrm{p}_0) \\ &= \int_A \int_A W_e(\mathrm{p}_0 \to \mathrm{p}_1)\, L(\mathrm{p}_1 \to \mathrm{p}_0)\, G(\mathrm{p}_0 \leftrightarrow \mathrm{p}_1)\, \mathrm{d}A(\mathrm{p}_0)\, \mathrm{d}A(\mathrm{p}_1) \end{aligned}$$

정점 밀도 $p(\mathrm{p}_{i,j})$는 단위 면적당 확률로 표현되며, 측정을 설명하는 중요도 함수 W_e는 블랙박스며, 그러므로 적분의 표본화를 유도하는 데 전혀 사용할 수 없다. 적분의 예측치를 여전히 몬테카를로로 계산할 수 있지만, 장면의 모든 표면에서 점 p_0와 p_1의 집합을 반드시 표본화해야 하며, W_e에 의존하지 않는 표본화 분포를 사용해야 한다(예, 표면 면적으로 균일한 표본화 위치들).

피적분 함수의 LTE를 확장하고 N 표본에 대한 표준 몬테카를로 예측기를 적용하면 이 측정의 예측을 찾을 수 있다.

$$E\left[\frac{1}{N}\sum_{i=1}^{N} W_e(\mathrm{p}_{i,0} \to \mathrm{p}_{i,1}) \left\{\frac{L(\mathrm{p}_{i,1} \to \mathrm{p}_{i,0})\, G(\mathrm{p}_{i,0} \leftrightarrow \mathrm{p}_{i,1})}{p(\mathrm{p}_{i,0})\, p(\mathrm{p}_{i,1})}\right\}\right]$$

경로에 대한 합에서 L 항을 확장하고 $E[ab] = E[aE[b]]$와 특정 표본에 대한 사실을 이용하면 다음과 같은 기댓값을 경로 추적의 가중된 경로 정점의 한정 합을 생성하는 것과 같은 방식으로 n_i 항의 한정 합으로 작성할 수 있다.

$$E\left[\frac{L(\mathrm{p}_{i,1} \to \mathrm{p}_{i,0})}{p(\mathrm{p}_{i,0})}\right]$$

러시안 룰렛으로 잘라질 때 j 항 뒤의 합을 지속하는 확률이 $q_{i,j}$이면 i번째 표본의 j번째 항은 다음의 분포를 가진다.

$$\beta_{i,j} = \frac{L_e(\mathrm{p}_{i,n_i} \to \mathrm{p}_{i,n_i-1})}{p(\mathrm{p}_{i,n_i})} \prod_{j=1}^{n_i-1} \frac{1}{1-q_{i,j}} \frac{f(\mathrm{p}_{i,j+1} \to \mathrm{p}_{i,j} \to \mathrm{p}_{i,j-1})\, G(\mathrm{p}_{i,j+1} \leftrightarrow \mathrm{p}_{i,j})}{p(\mathrm{p}_{i,j})}. \tag{16.8}$$

경로 적분 기반이 입자를 생성할 때 모든 종류의 다른 방식으로 할 수 있는 자유를 제공하는 것을 인지하자. 예를 들어 다른 종류의 기반 정점 확률 밀도 $p(\mathrm{p}_{i,j})$를 사용하는 것이 가능하다. 자연스러운 방식은 빛의 점에서 시작해서 점진적으로 경로 정점에서 BSDF를 사용해 경로를 표본화하는 경로 추적 적분기가 경로를 생성할 때와 비슷한(여기선 카메라가 아닌 빛에서 시작하지만) 방식이더라도 분자가 0이 아닌 어떤 점에서 0이 아닌 입자 생성 확률이 있고, 입자 가중치 $\beta_{i,j}$가 앞의 정의로 계산할 수 있다면 어떤 다른 표본화 전략으로도 생성할 수 있다.

하나의 측정만 생성할 필요가 있다면 W_e에 대한 정보를 사용해 예측을 좀 더 지능적으로 계산할 수 있으며, 이는 여기서 설명한 일반적인 입자 추적 방식이 W_e가 장면 물체에서의 점의 작은 부분집합만 포함할 경우 필요 없는 많은 표본을 생성하기 때문이다. 하지만 많은 측정을 계산해야 한다면 입자 추적의 핵심 장점은 표본과 가중치를 한 번만 생성하고 많은 수의 측정에 대해 재사용이 가능해서 측정을 처음부터 계산하는 것보다 잠재적으로 훨씬 효율적으로 결과를 계산할 수 있다.

16.2.2 광자 매핑

광자 매핑 알고리즘은 장면에 대해 입자를 추적해서 이의 기여를 흐리게 함으로써 음영점에서 입사 조명을 근사하는 것에 기반을 둔다. 알고리즘의 다른 설명과의 일치성을 위해 광자 매핑을 위해 생성된 입자를 광자로 참조할 것이다.

점에서 반사 방사를 계산하기 위해 출사 방사 방정식을 점 p에서 방향 ω_o로 예측해야 하며, 이는 동일하게(또 복잡하게) 디랙 델타 분포가 p에서 입자만을 선택할 때 장면에서 표면의 모든 점에서의 측정으로 다시 작성할 수 있다.

$$\begin{aligned}
&\int_{\mathcal{S}^2} L_i(\mathrm{p}, \omega_i)\, f(\mathrm{p}, \omega_o, \omega_i)\, |\cos\theta_i|\, d\omega_i \\
&= \int_A \int_{\mathcal{S}^2} \delta(\mathrm{p}-\mathrm{p}')\, L_i(\mathrm{p}', \omega_i)\, f(\mathrm{p}', \omega_o, \omega_i)\, |\cos\theta_i|\, d\omega_i\, dA(\mathrm{p}')
\end{aligned}$$

그러므로 방정식(16.7)에서 측정을 설명하는 함수는 다음과 같다.

$$W_e(p', \omega) = \delta(p' - p)\, f(p, \omega_o, \omega). \tag{16.9}$$

불행히도 델타 분포가 W_e에 있기 때문에 입자 추적 단계에서 생성된 모든 입자 기록은 방정식(16.7)이 측정값을 예측하는 데 사용됐을 때 0이 아닌 기여를 갖고 0의 확률을 가진다(마치 점광원과 교차하는 확산 표면에서 광원의 위치에 기반을 두고 표본화하지 않으면 방향을 선택할 수 없듯이).

여기서 편향이 광자 매핑 알고리즘으로 도입된다. 근처 지점의 조명에 대한 정보를 음영점에서의 조명을 합리적인 예측을 제공한다는 가정하에서 광자 매핑은 근처 광자에서 음영되는 점의 조명에 대한 정보를 보간한다. 방정식(16.9)에서 위치의 델타 함수는 효과적으로 필터 함수로 변환된다. 주어진 방정식(16.7)에서 점 주변에 광자가 더 많고 더 높은 가중치를 가질수록 더 많은 방사가 점에 입사하는 것으로 예측된다.

광자 매핑의 효율성에 기여하는 한 가지 인자는 이 광자의 재사용이다. 빛 전송 경로를 계산하는 어려움이 사라지므로 이를 허용하는 것은 잠재적으로 다중점에서의 조명에 기여해 생성 비용을 분할한다. 광자 매핑이 이 효율성 증대의 일부 장점을 유도하는 동안 점 주변의 광자를 사용하는 것에서 오는 세부적이지만 훨씬 더 중요한 장점이 있다. 일부 빛 전송 경로는 점진적 경로 생성에 기반을 둔 비편향 알고리즘(경로 추적과 양방향 경로 추적을 포함)으로 표본화하는 것이 불가능하지만, 광자 매핑에서는 잘 처리된다. 이 경로는 매우 흔한 상황에서 일어난다.

예를 들어 유리판이 앞에 있는 사진의 이미지를 렌더링하는 작업을 고려해보자. 핀홀 카메라 모델과 점광원이 장면을 조명한다고 가정하고, 또한 단순성을 위해 유리가 투과성일 뿐이라고 가정하자(그림 16.6). 유리를 지나는 카메라에서 시작하는 경로를 생성하면 사진과 교차하는 점은 완전히 굴절의 효과로만 결정된다. 이 점에서 현재 가용한 어떤 직접광 전략도 빛에 도달하는 입사 방향을 표본화할 확률이 없다. 확산 표면을 떠나는 표본화된 입사 방향은 유리를 지나면서 굴절되므로 굴절된 광선이 점광원을 교차할 가능성이 없는 것이다.[3] 심지어 영역 광원에서도 일부 굴절된 광선들이 운 좋게 빛과 교차할 수 있지만, 일반적으로 대부분이 교차하지 않으므로 분산이 높게 된다.

3. 유리 평면의 경우 이 굴절을 고려한 특수화된 표본화 기술을 구현할 수 있지만, 이를 처리하는 것은 이제까지 사용한 점진적 경로 생성 기반을 넘어설 필요가 있다. 이런 방식은 더 복잡한 장면 기하 구조에서 더욱 어렵다.

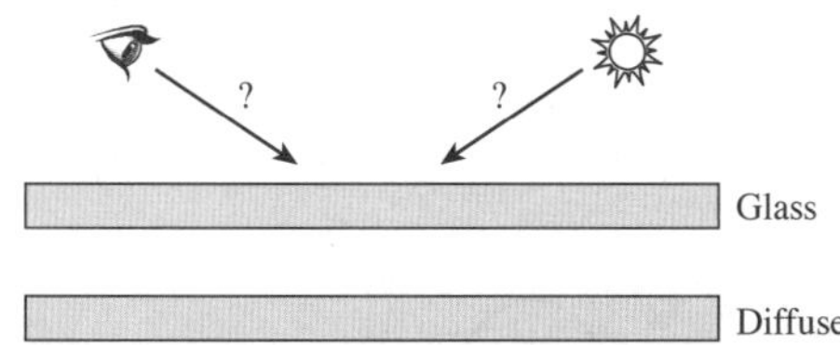

그림 16.6 경로 추적이나 양방향 경로 추적에서 표본화가 불가능한 경로. 점광원, 핀홀 카메라, 유리판 뒤의 확산 표면을 포함한 장면이다. 주어진 광선이 카메라를 떠날 때 확산 표면과 교차하는 점은 유리를 지나는 굴절을 바탕으로 결정된다. 이 점에서 단일 방향이 점광원에 조명을 제공하지만, 표면을 떠나는 방향이 빛을 교차하게 표본화할 수 있는 방법이 없다. 대응하는 문제는 빛에서 시작하는 경로에서도 일어난다. 카메라로 돌아오는 경로를 찾을 방법이 없다.

광자 매핑이라면 빛을 떠나는 광자를 추적할 수 있으며, 이를 유리에 대해 굴절시키고 조명을 확산 표면에 저장한다. 충분한 수의 광자가 있다면 표면은 촘촘히 채워질 것이며, 점 주변의 광자는 입사 조명에 대한 좋은 예측을 제공한다.

밀도 예측density estimation[4]이라 불리는 통계적인 기술은 이 보간을 처리하는 수학적인 도구를 제공한다. 밀도 예측은 PDF를 주어진 표본점에서 생성하는데, 표본들이 일부 관심 함수의 전체 분포에 따라 분포돼 있다는 가정하에서 생성한다. 히스토그램이 이런 개념의 명시적인 예다. 1D에서 선은 어떤 너비를 가진 간격으로 나눠지며, 얼마나 많은 표본이 각각의 간격에 위치하는지 계산한 후 간격의 면적 합이 1이 되도록 정규화할 수 있다.

커널 방식Kernel methods은 더 복잡한 밀도 예측 기술이다. 이는 일반적으로 더 나은 결과를 제공하고 히스토그램이 겪는 비연속에 고통 받지 않는 더 부드러운 PDF다. 1로 적분되는 다음과 같은 커널 함수 $k(x)$가 주어졌다고 하자.

$$\int_{-\infty}^{\infty} k(x)\,\mathrm{d}x = 1$$

위치 x_i에서 N 표본의 커널 예측기는 다음과 같다.

$$\hat{p}(x) = \frac{1}{Nh}\sum_{i=1}^{N} k\left(\frac{x - x_i}{h}\right)$$

여기서 h는 윈도우 너비(평활화 매개변수smoothing parameter 혹은 커널 대역폭kernel bandwidth으로 알려진)다. 커널 방식은 연속적인 돌기를 관찰점에 놓고, 돌기의 합이 PDF를 형성하도록 개별적

4. 엄격히 말하자면 밀도 예측은 비가중된 표본 집합의 (정규화된) 밀도 함수를 예측하는 데만 사용할 수 있다. 가중된 표본과 일반 비정규화 함수로 작업 시에는 커널 평활화라는 명칭이 더 자주 사용된다. 후자의 경우가 광자 매핑과 관련 있지만, 컴퓨터 그래픽스에서 자주 사용하므로 계속 밀도 예측으로 사용할 것이다.

으로 1로 적분되고 합이 정규화된다. 그림 16.7은 밀도 예측의 예를 1D에서 보여주며, 평활 PDF는 표본점의 집합에서 계산된다.

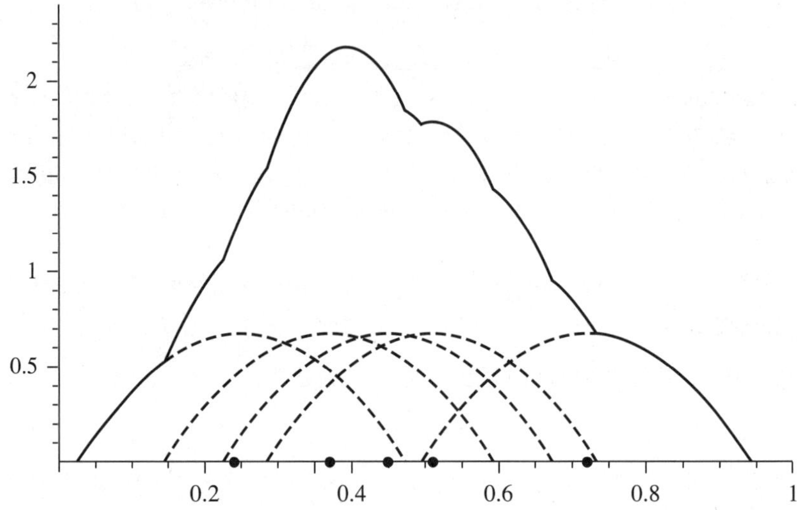

그림 16.7 밀도 예측의 1D 예로, $t < \sqrt{5}$일 경우 $k(t) = .75(1 - .2t2)/\sqrt{5}$이며, 다른 경우엔 0이고, 너비가 0.1인 에파네치니코프 커널(Epanechnikov kernel)을 사용했다. 검은 점은 표본점이며, 커널의 인스턴스(점선)는 각각에 위치한다. 커널의 합은 점이 어떻게 분포될지에 대한 분포를 모델링하려는 적절히 정규화된 PDF를 제공한다.

커널 방식의 핵심 문제는 윈도우 너비 h를 어떻게 선택하느냐이다. 너무 넓으면 PDF는 많은 표본에서 영역의 연관된 세부 사항을 뭉개버린다. 너무 좁으면 PDF는 표본이 적은 분포의 가장자리에서 너무 거칠다. 가장 가까운 이웃 기술은 이 문제를 표본의 지역 밀도에 기반을 두고 h를 적합적으로 선택한다. 많은 표본이 있을 때 너비는 작다. 표본이 적을 때 너비가 넓어진다. 예를 들어 한 방식은 숫자 N을 선택해 점 x에서 N번째 가까운 표본에 대한 거리를 찾아 해당 거리 $d_N(x)$를 윈도우 너비로 사용한다. 이것이 일반화된 N번째 가까운 이웃 예측이다.

$$\hat{p}(x) = \frac{1}{N d_N(x)} \sum_{i=1}^{N} k\left(\frac{x - x_i}{d_N(x)}\right)$$

d차원에서 이는 다음으로 일반화된다.

$$\hat{p}(x) = \frac{1}{N(d_N(x))^d} \sum_{i=1}^{N} k\left(\frac{x - x_i}{d_N(x)}\right). \tag{16.10}$$

측정 방정식에 치환하면 계산하고 싶은 측정에 대한 적절한 예측인 점 p에서 방향 ω에 대한 출사 방사가 다음으로 나타난다.

$$L_o(\mathrm{p}, \omega_o) \approx \frac{1}{N_\mathrm{p}\, d_N(\mathrm{p})^2} \sum_j^{N_\mathrm{p}} k\left(\frac{\mathrm{p}-\mathrm{p}_j}{d_N(\mathrm{p})}\right) \beta_j\, f(\mathrm{p}, \omega_o, \omega_j), \tag{16.11}$$

전체 방출된 광자의 수를 표기하기 위해 N_p를 사용하는 것으로 바꿨으며, 모든 광자의 합과 광자에 대한 크기 인자가 방정식(16.10)의 밀도 예측에 기반을 둔다. 커널 함수가 N번째 가까운 이웃 거리 $d_N(x)$보다 먼 점에서 0인 것을 알기 때문에 이 합의 구현은 N개의 가까운 이웃에 대해서만 합치면 된다.[5]

이 보간으로 도입된 오류는 정량화하기 어려울 수 있다. 더 많은 광자를 추적하는 것은 일반적으로 광자 밀도를 증가시키기 때문에 거의 항상 결과를 개선시킨다. 광자가 더 밀접하게 붙어있을 경우 가장 가까운 근접 예측에서 멀리 떨어진 광자를 사용할 필요가 없기 때문이다. 일반적으로 오류는 점의 근처에서 조명이 얼마나 빨리 바뀌는지에 의존한다. 이 오류가 용인할 수 없는 병리학적인 경우를 항상 생성할 수 있지만, 일반적으론 그렇게 나쁘지 않다. 보간 단계가 조명을 흐릿하게 하므로 조명의 고주파 변화는 종종 광자 매핑으로 좋지 않게 재구성된다. 정통적인 방법들이 직접 조명에 사용되면 간접 조명은 저주파일 가능성이 높기 때문에 일반적으로 큰 문제는 아니다.

광자 매핑의 원래 공식은 두 단계 알고리즘이며, 광자들이 우선 광원에서 추적된다. 광자 교차는 장면의 표면에서 저장되며, 렌더링 시점에서 사용하기 위해 공간적 자료 구조(일반적으로 kd 트리)로 정리된다. 두 번째 단계는 카메라에서 시작하는 경로를 따라간다. 각 경로 정점에서 근처 광자가 간접 조명을 예측하기 위해 사용된다.

이 방식이 효과적이지만 이는 모든 광자가 반드시 저장돼야 하기 때문에 가용 메모리로 광자의 수가 제한된다. 메모리가 가득 차면 어떤 개선도 가능하지 않으며, 더 많은 광자를 사용해 더 높은 품질을 원할 때도 그렇다(반대로 경로 추적의 경우, 예를 들어 증가하는 저장 비용 없이 항상 픽셀당 더 많은 표본을 추가할 수 있다. 계산 비용만 증가한다).

5. 최근접 이웃 검색의 N번째 광자를 포함하는 것이 추가적인 편향을 제공한다. Garcíaet al.(2012)에서 이 문제를 회피하기 위한 대체 예측기를 포함한 논의를 살펴보자.

점진적 광자 매핑

점진적 광자 매핑progressive photon mapping 알고리즘은 알고리즘을 재구성해 이 문제를 해결했다. 먼저 카메라 단계는 카메라에서 시작하는 경로를 추적한다. 각 픽셀은 범위 안에서 시작하는 경로를 생성할 때 나오는 모든 비반사 경로 정점의 표현을 저장한다(예를 들어 카메라 광선이 확산 표면과 교차하면 교차점과 확산 반사도에 대한 기하학적 정보를 저장해야 한다. 완전 반사 표면에 교차하고 그 후에 확산 표면이면 확산 반사도를 반사 BSDF로 크기 조절해서 저장하는 것이다). 이 저장된 경로 정점인 가시점visible points을 다음과 같이 편집한다.[6] 두 번째 단계는 광원에서의 광자를 추적한다. 각 광자-표면 교차에서 광자는 인근 가시점에 대한 반사된 방사 예측에 기여한다.

점진적 광자 매핑이 어떻게 작동하는지 이해하기 위해 LTE를 직접 입사 방사 L_d와 간접 입사 방사 L_i로 분리해 각 정점에서 개별적으로 적분하는 것을 고려한다(14.4.6절의 LTE의 분할에 대한 설명을 기억하자).

$$\begin{aligned} L(\mathrm{p}, \omega_o) &= L_e(\mathrm{p}, \omega_o) + \int_{\mathcal{S}^2} f(\mathrm{p}, \omega_o, \omega_i)\, L(\mathrm{p}, \omega_i)\, |\cos\theta_i|\, d\omega_i \\ &= L_e(\mathrm{p}, \omega_o) + \int_{\mathcal{S}^2} f(\mathrm{p}, \omega_o, \omega_i)\, L_d(\mathrm{p}, \omega_i)\, |\cos\theta_i|\, d\omega_i \\ &\quad + \int_{\mathcal{S}^2} f(\mathrm{p}, \omega_o, \omega_i)\, L_i(\mathrm{p}, \omega_i)\, |\cos\theta_i|\, d\omega_i. \end{aligned} \tag{16.12}$$

방출된 항은 명백하며, 직접 조명은 14.3절에서의 일반 방식을 사용해 처리할 수 있다.[7] 간접 항 L_i에 대한 적분은 두 방식 중 하나로 처리된다. 첫째, 광선이 BSDF의 표본화 분포에서 표본화돼 경로의 다음 정점을 찾기 위해 추적되며, 이 경우 출사 방사를 어떻게 예측하는가에 대한 레이트레이서와 같은 동일한 문제에 맞닥뜨린다. 대신 현재 점을 광자에서 조명을 받기 위해 저장한다. 이런 점에서 필름 면에서의 방사에 대한 최종 기여는 광자 가중치와 이 점 이전 경로에서 정점 시퀀스의 경로 투과량 가중치의 곱을 합해 얻을 수 있다.

완벽히 반사하는 BSDF에 대해 유일한 합리적인 선택은 다른 광선을 추적하는 것이다. 광자는 결코 정확히 BSDF에서의 델타 분포와 일치하는 정확한 방향에 도달하지 않는다. 고도로 광택이 있는 표면에 대해서도 광선을 추적하게 요구되며, 이는 정확한 예측을 계산하기

6. 광자 매핑 문헌에서 충돌점이 종종 이 점을 지칭하는 명칭으로 사용된다. 여기서는 이 점들이 최소한 카메라에서 간접적으로라도 보이는 개념을 포함하기 위해 이 명칭을 사용한다.

7. 다른 분해도 가능하다. 예를 들어 일부 구현은 광자 밀도 예측을 사용해서 직접 조명 요소를 처리한다.

위해 좁은 반사 곡면에 충돌하도록 많은 광자가 요구되기 때문이다.

확산 표면에 대해 일반적으로 광자를 사용하는 것이 마지막 반사를 추적하는 데만 의미 있다. 이 방식은 **최종 수집**final gathering으로 불린다. 광자가 확산 반사 이후에만 사용된다면 불충분한 광자 밀도로 인한 어떤 오류도 일반적으로 덜 시각적이지만, 잡음을 제거하기 위해 카메라 경로를 더 추적할 필요가 있다(연습문제 16.8에서 최종 수집에 대한 추가 논의를 살펴보자).

이 방식으로 어떤 광자 저장소도 필요하지 않으며, 임의의 수의 광자가 추적될 수 있다. 메모리 제한은 대신 가시점과 반사 정보에 연결된다. 고해상도 이미지나 모션 블러나 피사계 심도 등을 얻기 위해 픽셀당 많은 표본이 필요한 이미지의 경우 메모리가 여전히 제한된다.

확률적 점진적 광자 매핑

확률적 점진적 광자 매핑은 이런 메모리 제한에도 영향 받지 않는 점진적 광자 매핑의 변형이다. 점진적 광자 매핑처럼 이는 카메라로부터 가시점 집합을 생성하지만 낮은 표본화율로 생성한다(예, 픽셀당 하나의 카메라 경로). 다음으로 여러 광자가 빛에서 발사되며, 기여를 인접 가시점에서 누적한다. 이 과정은 반복된다. 가시점은 버려지고 새로운 집합이 다른 위치에 생성되며, 새로운 광자 단계가 추적된다.

SPPM은 광자 예측 방정식(16.11)로 시작하며, 두 가지 조정을 생성한다. 첫 번째 조정은 상수 커널 함수를 사용한다. 예측이 2D에 있다는 사실(가시점 주변의 지역 접선 면)에 결합해 다음을 얻는다.

$$L_o(\mathrm{p}, \omega_o) \approx \frac{1}{N_\mathrm{p} \pi r^2} \sum_{i}^{N_\mathrm{p}} \beta_j \, f(\mathrm{p}, \omega_o, \omega_j)$$

이전처럼 여기서 N_p는 광원에서 방출된 광자의 수며, πr^2은 원반 모양 커널 함수의 표면 면적이다.

두 번째 조절은 점진적 광자 매핑에서 먼저 구현된 방식에 기반하며, 더 많은 광자가 가시점에 기여할 때 점진적으로 광자 검색 반경을 감소시키는 것이다. 일반적인 개념은 더 많은 광자가 검색 반경에서 찾아지면 입사 방사 분포를 예측하기에 충분한 광자 밀도에 도달하고 있다는 더 많은 증거를 갖게 된다. 반경을 감소시킴으로써 이후 사용되는 광자가 점에 더 가까워지는 것을 보장해 입사 방사 분포의 더 정확한 예측에 기여한다.

반경을 감소시키는 것은 반사된 방사 예측이 어떻게 계산되는지에 대한 조정을 필요로 하며, 이제 방정식(16.11)에서 합 안의 광자가 다른 반경에서 오기 때문이다. 이어지는 3가지 갱신 법칙은 어떻게 반경과 의존하는 변수를 갱신하는지 설명한다.

$$\begin{aligned} N_{i+1} &= N_i + \gamma M_i \\ r_{i+1} &= r_i \sqrt{\frac{N_{i+1}}{N_i + M_i}} \\ \tau_{i+1} &= (\tau_i + \Phi_i) \frac{r_{i+1}^2}{r_i^2}, \end{aligned} \tag{16.13}$$

여기서 N_i는 i번째 반복 이후의 점에 기여하는 광자의 수이고, M_i는 현재 반복 동안 기여하는 광자의 수이고, r_i는 i번째 반복에 사용하는 검색 반경이고, τ는 광자와 BSDF 값의 곱의 합을 유지하고, i는 i번째 반복에서 다음과 같이 계산된다.

$$\Phi_i = \sum_j^{M_i} \beta_j \, f(\mathrm{p}, \omega_\mathrm{o}, \omega_j). \tag{16.14}$$

γ 매개변수는 일반적으로 2/3 근방이며, 얼마나 빨리 초기 반복에서 넓은 검색 반경을 가진 광자에서의 기여도가 감소하는지를 결정한다(Hachisuka와 Jensen의 원래 SPPM에 대한 논문(2009)은 이 양에 대해 α를 사용했다. 여기서는 이미 α를 다른 양에 사용해 γ를 도입했다).

(a)

(b)

그림 16.8 (a) 경로 추적기와 (b) 확률적 점진적 광자 매핑으로 렌더링한 장면으로, 근사적으로 동일한 계산량을 사용했다. 이 경우 광자 매핑은 광원에서 유리 빛 설치물을 지나는 빛 경로를 처리하는 데 효과적이고, 경로 추적은 높은 분산의 결과를 나타낸다.

반경이 픽셀당 특성이므로 가시점당 특성이 아닌 걸 기억하자. 놀랍게도 반사된 방사에 대한 일관된 예측은 이 단일 반경이 픽셀 안의 모든 가시점에 대해 공유돼도 계산 가능하다. 이 유도를 여기서 보여주진 않겠지만 방정식(16.13) 안의 법칙과 함께 추적되는 광자의 수 $N_p \to \infty$, $r \to \infty$, 그리고 반사되는 방사 예측이 일관되면 정확한 값으로 수렴한다.

그림 16.8은 경로 추적과 SPPM으로 렌더링한 장면을 보여준다. SPPM은 유리 빛 구조체를 지나는 빛을 처리하는 데 경로 추적 알고리즘보다 훨씬 더 효과적이다.

16.2.3 SPPMIntegrator

`SPPMIntegrator`는 integrators/sppm.h와 integrators/sppm.cpp 파일에 있으며, SPPM 빛 전송 알고리즘을 구현한다.

```
<SPPM Declarations> ≡
    class SPPMIntegrator : public Integrator {
    public:
        <SPPMIntegrator Public Methods>
    private:
        <SPPMIntegrator Private Data 1154>
    };
```

`SPPMIntegrator` 생성자는 특별히 흥미롭지 않다. 단지 다양한 멤버 변수에 전달된 값을 저장한다. 그러므로 여기에 포함하지 않지만 `SPPMIntegrator`의 연산을 설정하는 다양한 멤버 변수에 대해 다음에 나타나는 대로 설명할 것이다.

`SPPMIntegrator`는 `SamplerIntegrator`가 아니며, 그러므로 자체 `Render()`를 구현한다. 일부 초기 설정이 처리되면 SPPM 알고리즘의 여러 반복을 실행해서 가시점의 집합을 찾고, 광자에서의 조명을 이에 누적한다. 각 반복은 각 픽셀당 카메라에서의 새로운 경로 시작을 생성하며, 이는 안티앨리어싱 기하학적 모서리 및 모션 블러와 피사계 심도의 표본화 역시 도와준다.

```
<SPPM Method Definitions> ≡
    void SPPMIntegrator::Render(const Scene &scene) {
        <Initialize pixelBounds and pixels array for SPPM 1154>
        <Compute lightDistr for sampling lights proportional to power 1155>
        <Perform nIterations of SPPM integration 1155>
    }
```

pixels 배열은 SPPMPixel(바로 정의할 것이다)을 최종 이미지의 각 픽셀에 대해 저장한다.

```
<Initialize pixelBounds and pixels array for SPPM> ≡                        1153
    Bounds2i pixelBounds = camera->film->croppedPixelBounds;
    int nPixels = pixelBounds.Area();
    std::unique_ptr<SPPMPixel[]> pixels(new SPPMPixel[nPixels]);
    for (int i = 0; i < nPixels; ++i)
        pixels[i].radius = initialSearchRadius;
```

사용자 제공 반경 initialSearchRadius는 r_0로 사용되며, 광자에 대한 초기 검색 반경이다. 제공된 반경이 너무 커서 너무 많은 광자가 초기 반복에 가시점에 기여하면(반경이 자동적으로 감소하기 이전) 비효율적이 된다. 너무 작을 경우 입사 방사를 잘 예측하므로 충분하지 않은 광자가 얻어진다. 최종 이미지의 몇 개 픽셀에 대응하는 반경이 일반적으로 좋은 시작점이다.

```
<SPPMIntegrator Private Data> ≡                                              1153
    std::shared_ptr<const Camera> camera;
    const Float initialSearchRadius;
```

SPPMPixel 구조체는 3가지 목적으로 사용된다. 첫째, 픽셀의 범위에서 보이는 현재 예측된 평균 방사를 저장한다(조리개가 열리는 시점과 피사계 심도를 고려한다). 둘째, 픽셀에 대한 광자 밀도 예측에 관련된 매개변수를 저장한다(예, 방정식(16.13)의 다양한 양). 셋째, 카메라 패스 이후의 픽셀 안에 있는 가시점에 대한 기하학적 정보와 반사 정보를 저장한다.

```
<SPPM Local Definitions> ≡
    struct SPPMPixel {
        <SPPMPixel Public Methods>
        <SPPMPixel Public Data 1154>
    };
```

```
<SPPMPixel Public Data> ≡                                                    1154
    Float radius = 0;
```

가중된 광자와 작업하는 것은 매우 다른 두 가지 전체 표본화 방식을 허용한다. 한편으로는 표면 위의 방사 조도를 근사하는 가중치로 광자를 불연속과 다른 중요한 기하학적이고 조명적 기능을 고려하면서 균일하게 분포하려 시도할 수 있다. 하지만 이런 종류의 광자 분포는 일반적인 입력에 대해 현실화하기엔 매우 어렵다. 그러므로 대신 광자를 동일한(혹은 비슷한) 가중치로 생성해 장면에 대해서 변화하는 밀도가 조명에서의 반화를 표현하게 하는 것이다.

더욱이 광자 가중치가 표면 위에서 방사 조도에 관련되지 않은 상당한 변화를 가지면 이는 불편한 이미지 오류로 나타날 수 있다. 한 광자가 다른 광자에 비해 훨씬 더 큰 가중치를 가지면 빛나는 원형 오류가 광자가 보간된 방사에 기여하는 장면의 영역에서 일어난다.

그러므로 더 밝은 빛에 대해서는 더 많은 광자를 발사해 모든 빛을 떠나는 광자의 가중치가 비슷한 크기가 되게 하며, 그러므로 각 광자 경로를 시작하는 빛이 빛의 상대적인 출력으로 정해지는 PDF에 기반을 두고 선택돼야 한다. 그러므로 더 밝은 빛에서 더 많은 수의 광자는 장면 안의 조명에 대한 더 큰 기여를 고려하며, 더 고출력 빛에 대한 더 높은 가중치를 갖고 동일한 수의 광자를 방출하지 않는다.

<*Compute* `lightDistr` *for sampling lights proportional to power*> ≡ 1153

```
std::unique_ptr<Distribution1D> lightDistr =
        ComputeLightPowerDistribution(scene);
```

<*Integrator Utility Functions*> +≡

```
std::unique_ptr<Distribution1D> ComputeLightPowerDistribution(
        const Scene &scene) {
    std::vector<Float> lightPower;
    for (const auto &light : scene.lights)
        lightPower.push_back(light->Power().y());
    return std::unique_ptr<Distribution1D>(
        new Distribution1D(&lightPower[0], lightPower.size()));
}
```

SPPM 알고리즘의 각 반복은 각 픽셀에서 카메라에서의 새 경로를 추적하며, 그 후 입사 광자를 각 경로의 종단점에서 수집한다. 그림 16.9는 SPPM의 반복 수 증가 효과를 보여준다. 여기서 빛에서의 유리를 지나는 코스틱이 점점 선명해지는 것을 볼 수 있다. 일반적으로 더 많은 반복은 보이는 모서리, 모션 블러, 피사계 심도의 표본화를 개선하며, 각 픽셀당 더 많은 광자가 누적되므로 간접 조명 예측이 더 정확해진다. 여기서 과소 표본화로 인한 오차가 저주파 얼룩이 되며, 경로 추적에서의 과소 표본화로 인한 고주파 잡음과 매우 다른 시각적 오차다.

<*Perform* `nIterations` *of SPPM integration*> ≡ 1153

```
HaltonSampler sampler(nIterations, pixelBounds);
<Compute number of tiles to use for SPPM camera pass 1156>
for (int iter = 0; iter < nIterations; ++iter) {
    <Generate SPPM visible points 1157>
    <Trace photons and accumulate contributions 1165>
```

```
    <Update pixel values from this pass's photons 1172>
    <Periodically store SPPM image in film and write image>
}
```

<SPPMIntegrator Private Data> +≡ 1153

```
const int nIterations;
```

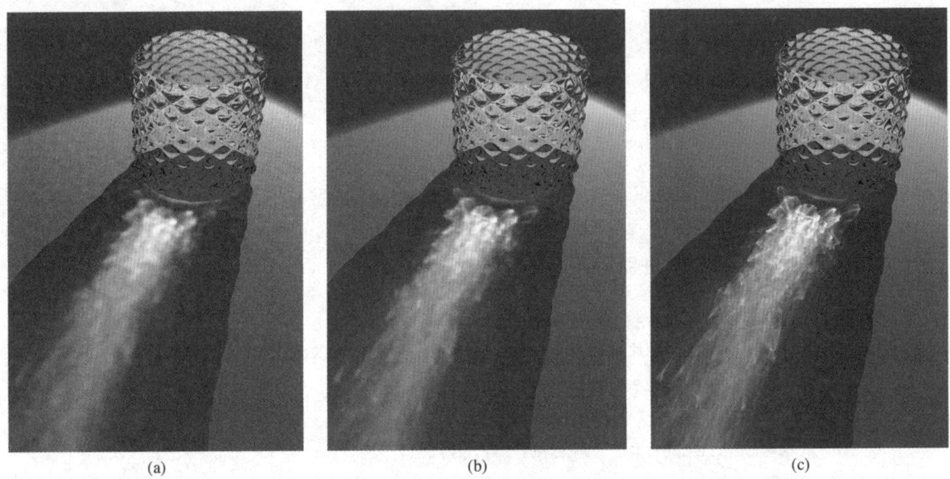

그림 16.9 SPPMIntegrator에서의 반복 수의 효과. 반복 수가 증가되면서(그러므로 더 많은 광자가 추적된다) 최종 결과의 품질이 향상된다. 특히 보이는 원형 얼룩의 크기가 어떻게 작아지는지 살펴보자. (a) 10번 반복, (b) 100번 반복, (c) 10000번 반복

16.2.4 가시점의 누적

SamplerIntegrator와 비슷하게 SPPMIntegrator는 이미지를 16픽셀 정사각형의 타일로 쪼개 카메라 경로와 가시점의 생성을 병렬화한다. 타일의 수는 코드 조각 *<Compute number of tiles,* nTiles, *to use for parallel rendering>*과 같은 방식으로 계산한다.

<Compute number of tiles to use for SPPM camera pass> ≡ 1155

```
Vector2i pixelExtent = pixelBounds.Diagonal();
const int tileSize = 16;
Point2i nTiles((pixelExtent.x + tileSize - 1) / tileSize,
        (pixelExtent.y + tileSize - 1) / tileSize);
```

BSDF가 직접 조명을 예측한 후에 버려지고 각 정점에서 나가는 방향을 표본화하는 경로 추적기와 달리, 여기서는 가시점에 대한 BSDF를 현재 반복의 광자 단계가 끝날 때까지 저장해야 한다. 그러므로 카메라 경로 추적 동안 BSDF를 할당하는 데 사용한 MemoryArena

는 반복문의 끝에서 재설정하지 않는다.

또한 작업 스레드당 하나의 아레나만 할당해 for 반복문을 병렬로 수행하고 ThreadIndex를 벡터에 대한 색인으로 전역적으로 사용하며, 각 반복문에 대해 분리된 아레나를 할당하지 않는다. 이 방식으로 많은 개별 MemoryArena를 갖는 부하를 피하면서도 여전히 각 아레나가 하나 초과의 프로세싱 스레드를 사용하지 않는다(하나 초과의 경우 MemoryArena 메서드에서 경쟁 상황으로 이어진다).

<Generate SPPM visible points> ≡ 1155

```
std::vector<MemoryArena> perThreadArenas(MaxThreadIndex());
ParallelFor2D(
        [&](Point2i tile) {
    MemoryArena &arena = perThreadArenas[ThreadIndex];
    <Follow camera paths for tile in image for SPPM 1157>
}, nTiles);
<Create grid of all SPPM visible points 1161>
```

또한 타일을 처리하는 스레드에 대한 고유 Sampler가 필요하다. 예전처럼 Sampler::Clone()이 하나를 제공한다.

<Follow camera paths for tile *in image for SPPM>* ≡ 1157

```
int tileIndex = tile.y * nTiles.x + tile.x;
std::unique_ptr<Sampler> tileSampler = sampler.Clone(tileIndex);
<Compute tileBounds for SPPM tile>
for (Point2i pPixel : tileBounds) {
    <Prepare tileSampler for pPixel 1158>
    <Generate camera ray for pixel for SPPM 1158>
    <Follow camera ray path until a visible point is created 1158>
}
```

코드 조각 *<Compute* tileBounds *for SPPM tile>*은 1.3.4절의 *<Compute sample bounds for tile>*과 매우 유사하므로 여기에 수록하지 않는다.

SamplerIntegrator에서 각 픽셀의 표본 벡터는 마지막 픽셀이 소모될 때까지 순차적으로 요청되며 그 시점에서 다음 픽셀에 대한 작업이 시작된다. 반대로 첫 SPPM 반복은 각 픽셀에 대한 첫 표본 벡터를 사용한다. 이후에 두 번째 반복은 두 번째 표본 벡터를 사용하고, 계속 그렇게 진행된다(다른 말로 반복문이 '각 픽셀당 각 표본수에 대해서'에서 '각 표본수당 각 픽셀에 대해서'로 순서가 변경된 것이다). 이는 Sampler가 각 픽셀의 주어진 표본 벡터에서 표본을 제공하는 표본기를 설정하는 SetSampleNumber() 메서드를 제공하는 사용의 경우에만 해당한다.

```
<Prepare tileSampler for pPixel> ≡                                        1157
    tileSampler->StartPixel(pPixel);
    tileSampler->SetSampleNumber(iter);
```

이제 일반적인 방식을 따라 카메라에서의 경로를 시작할 수 있다. PathIntegrator처럼 beta 변수는 현재 경로 투과량 가중치 β를 가진다.

```
<Generate camera ray for pixel for SPPM> ≡                                1157
    CameraSample cameraSample = tileSampler->GetCameraSample(pPixel);
    RayDifferential ray;
    Spectrum beta = camera->GenerateRayDifferential(cameraSample, &ray);
```

이제 경로 추적을 진행할 수 있다. 대부분의 다른 Integrator처럼 경로 길이는 미리 정의된 최대 깊이로 제한된다.

```
<Follow camera ray path until a visible point is created> ≡               1157
    <Get SPPMPixel for pPixel 1158>
    bool specularBounce = false;
    for (int depth = 0; depth < maxDepth; ++depth) {
        SurfaceInteraction isect;
        if (!scene.Intersect(ray, &isect)) {
            <Accumulate light contributions for ray with no intersection 1159>
            break;
        }
        <Process SPPM camera ray intersection 1159>
    }
```

```
<SPPMIntegrator Private Data> +≡                                          1153
    const int maxDepth;
```

현재 픽셀에 대한 pixels 배열 안의 SPPMPixel을 찾으려면 최소 픽셀 좌표로 오프셋한 후 선형 색인으로 변환해야 한다.

```
<Get SPPMPixel for pPixel> ≡                                              1158
    Point2i pPixelO = Point2i(pPixel - pixelBounds.pMin);
    int pixelOffset = pPixelO.x +
            pPixelO.y * (pixelBounds.pMax.x - pixelBounds.pMin.x);
    SPPMPixel &pixel = pixels[pixelOffset];
```

16.2.2절에서 설명했듯이 정규 직접 조명 계산은 카메라 경로의 각 정점에서 처리된다. 그러므로 어떤 장면 기하 구조에도 교차하지 않는 광선에 대해 무한 영역 광이 Light::Le()

를 통해 반드시 직접 조명에 기여할 수 있어야 한다.

<Accumulate light contributions for ray with no intersection> ≡ 1158

```
for (const auto &light : scene.lights)
    pixel.Ld += beta * light->Le(ray);
```

SPPMPixel::Ld는 방출된 가중 합과 반사된 직접 조명을 픽셀에 대한 모든 카메라 경로 정점에 대해 기록한다(달리 말해 방정식(16.12)의 첫 두 항이다). 이 항들이 또한 세 번째 항을 위해 BSDF를 표본화하고 광선을 추적해 찾아진 정점에서도 계산되는 것을 기억한다. 이 나가는 방사의 합이 픽셀 안의 모든 표본의 기여를 포함하므로 이 값을 반드시 SPPMIntegrator::nIterations로 나눠 최종 픽셀 방사 예측에 대한 평균 직접 조명을 얻는다.

<SPPMPixel Public Data> +≡ 1154

```
Spectrum Ld;
```

더 일반적으로 광선이 표면과 교차하고 *<Process SPPM camera ray intersection>*을 실행한다.

<Process SPPM camera ray intersection> ≡ 1158

<Compute BSDF at SPPM camera ray intersection **1159***>*
<Accumulate direct illumination at SPPM camera ray intersection **1160***>*
<Possibly create visible point and end camera path **1160***>*
<Spawn ray from SPPM camera path vertex>

우선 교차점에서의 BSDF가 필요하다. 11.3절에서 nullptr 값의 BSDF*가 교차한 표면이 단지 반투명 매질의 경계를 장면에서 기술하기 위한 것이므로 교차를 무시해야 한다는 것을 의미하는 것을 기억해라. SPPMIntegrator는 반투명 매질에 대해 고려하지 않는다. 그러므로 단순히 교차를 넘기고 현재 루프 반복을 재시작한다.

<Compute BSDF at SPPM camera ray intersection> ≡ 1159

```
isect.ComputeScatteringFunctions(ray, arena, true);
if (!isect.bsdf) {
    ray = isect.SpawnRay(ray.d);
    --depth;
    continue;
}
const BSDF &bsdf = *isect.bsdf;
```

다른 적분기처럼 표면에서 방출된 방사는 카메라에서의 첫 교차나 반사광 반사 이후에만 포함되며, 이는 직접 조명 계산이 불가능하다.

<Accumulate direct illumination at SPPM camera ray intersection> ≡ 1159

```
Vector3f wo = -ray.d;
if (depth == 0 || specularBounce)
    pixel.Ld += beta * isect.Le(wo);
pixel.Ld += beta *
        UniformSampleOneLight(isect, scene, arena, *tileSampler);
```

여기서의 구현은 처음으로 찾은 확산 표면에서나 경로가 최대 길이에 임박했고 광택 표면을 가질 경우에 가시점을 생성한다. 앞서 설명한 대로 완벽히 광택 표면에서의 가시점은 입사 광자에 결코 대응하지 않으며, 광택 표면은 광택엽specular lobe이 좁고 입사 방사 분포를 잘 표현하므로 충분하지 않은 광자가 도달했을 때 높은 분산을 가질 수 있다.

<Possibly create visible point and end camera path> ≡ 1159

```
bool isDiffuse =
        bsdf.NumComponents(BxDFType(BSDF_DIFFUSE | BSDF_REFLECTION |
                                    BSDF_TRANSMISSION)) > 0;
bool isGlossy =
        bsdf.NumComponents(BxDFType(BSDF_GLOSSY | BSDF_REFLECTION |
                                    BSDF_TRANSMISSION)) > 0;
if (isDiffuse || (isGlossy && depth == maxDepth - 1)) {
    pixel.vp = {isect.p, wo, &bsdf, beta};
    break;
}
```

`VisiblePoint` 구조체는 광자 발사 경로 동안에 근접한 광자를 찾을 카메라 경로를 따라 찾은 점을 기록한다. 이는 입사 광자로 인한 반사 방사를 계산하기에 충분한 정보를 저장하고, 가시점의 경로 투과량 가중치로 크기 조절해 원래 이미지 표본에 대한 전체 기여를 찾는다.

<SPPMPixel Public Data> +≡ 1154

```
struct VisiblePoint {
    <VisiblePoint Public Methods>
    Point3f p;
    Vector3f wo;
    const BSDF *bsdf = nullptr;
    Spectrum beta;
} vp;
```

정점을 떠나는 광선을 표본화하는 것은 `PathIntegrator` 안의 <*Sample BSDF to get new path direction*>과 같은 형태를 따르며, 그러므로 여기에 수록하지 않는다.

16.2.5 가시점 격자 생성

광자 경로 동안 광자가 표면을 교차할 때마다 가시점에서 광자의 교차점까지의 거리가 현재 가시점의 픽셀에 대한 검색 반경 r_i보다 작은 가시점을 효율적으로 찾아야 한다. 여기서의 구현은 모든 가시점에 대한 경계 상자에 대한 균일 격자를 사용한다. 여기서의 구현은 균일 격자를 모든 가시점의 경계 상자에 대해 사용한다. 16장의 연습문제 16.7은 격자를 대신할 다른 자료 구조를 구현하고 손익을 조사하게 한다.

<*Create grid of all SPPM visible points*> ≡ 1157
<*Allocate grid for SPPM visible points* 1161>
<*Compute grid bounds for SPPM visible points* 1162>
<*Compute resolution of SPPM grid in each dimension* 1163>
<*Add visible points to SPPM grid* 1163>

격자는 일반적으로 희박하게 채워진다. 많은 복셀은 자신의 범위에 가시점이 존재하지 않는다(격자 안에 있는 자신의 입체 안에 표면이 없는 복셀은 결코 가시점을 갖지 않는다). 그러므로 모든 복셀에 저장 공간을 할당하기보다 격자를 해시 표로 표현해 해시 함수가 3D 복셀 좌표를 `grid` 배열 안으로의 색인으로 변환하게 한다.

다음으로 다중 스레드를 사용해 격자를 생성한다. 이 스레드는 격자를 갱신하기 위해 원자 연산을 사용하므로 `std::atomic`이 격자 복셀 요소형으로 사용된다.

<*Allocate grid for SPPM visible points*> ≡ 1161

```
int hashSize = nPixels;
std::vector<std::atomic<SPPMPixelListNode *>> grid(hashSize);
```

각 격자 셀은 링크드 리스트를 가지며, 각 노드가 가시점의 검색 입체가 격자 셀에 중첩되는 `SPPMPixel`을 가리킨다. 가시점은 다중 격자 셀에 중첩되므로 노드 표현을 조밀하게 해서 `SPPMPixel`에로의 포인터만 저장하고 중첩하는 각 셀의 복사를 생성하지 않는다.

<*SPPM Local Definitions*> +≡

```
struct SPPMPixelListNode {
    SPPMPixel *pixel;
    SPPMPixelListNode *next;
};
```

현재 반복에서 픽셀에 대한 가시점이 없다면 픽셀은 경로 투과량 가중치 $\beta = 0$를 가진다(그리고 해당 픽셀에 대한 격자 안의 가시점을 배치하려는 어떤 시도도 없게 된다). 이 경우는 카메라에서의 경로가 확산 표면에 교차하기 전에 장면을 떠나거나 종료되는 경우다.

그렇지 않은 경우 여기서의 구현은 현재 픽셀에 대한 광자 검색 반경인 너비 $\pm r_i$의 가시점을 중심으로 한 경계 상자를 계산한다. 결국 이후에 광자 교차점을 가질 때 광자가 포함된 격자 방에 대한 가시점만을 고려하면 되며, 이는 그림 16.10처럼 광자가 기여할 수 있는 가시점을 찾는 것이다. 다른 가시점이 그 픽셀에 대해 이제까지 얼마나 많은 광자가 기여했는지에 따라 다른 검색 반경을 가질 수 있으므로, 광자에 잠재적으로 연관된 가시점을 찾을 때 가시점이 광자가 온 공간의 입체 면적을 고려하지 않고 저장될 경우 굉장히 통제하기 어려워진다.

<Compute grid bounds for SPPM visible points> ≡ 1161

```
Bounds3f gridBounds;
Float maxRadius = 0.;
for (int i = 0; i < nPixels; ++i) {
    const SPPMPixel &pixel = pixels[i];
    if (pixel.vp.beta.IsBlack())
        continue;
    Bounds3f vpBound = Expand(Bounds3f(pixel.vp.p), pixel.radius);
    gridBounds = Union(gridBounds, vpBound);
    maxRadius = std::max(maxRadius, pixel.radius);
}
```

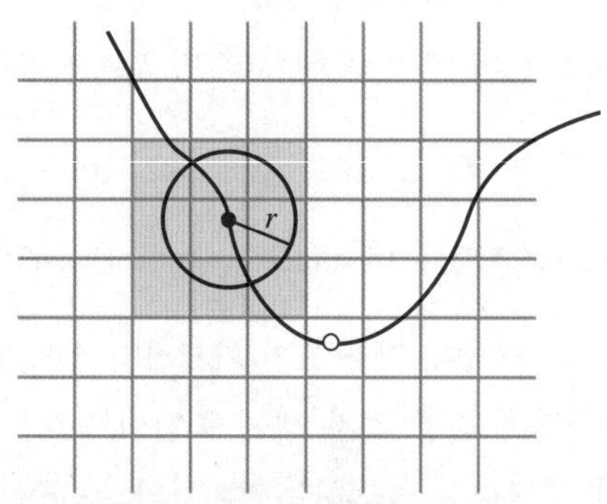

그림 16.10 주어진 가시점(검은 원)이 검색 반경 r을 가지면 가시점은 반경 r의 구와 경계 상자가 중첩되는 모든 격자 셀 안의 링크드 리스트에 추가된다. 장면의 표면에 입사하는 주어진 한 광자에 대해(흰 점) 광자가 위치한 복셀 안의 가시점만을 확인하면 기여하는 가시점을 찾을 수 있다.

주어진 전체적인 격자의 경계에 대해 얼마나 복셀이 커야 하는지 결정해야 하며, 그러므로 얼마나 공간을 잘게 분할할지를 결정해야 한다. 한편으로 복셀이 너무 크면 광자 발사 단계가 비효율적이 될 것이며, 각 광자가 각각이 기여하는 수많은 가시점을 확인해야 하기 때문이다. 너무 작으면 각 가시점이 많은 복셀에 중첩돼 격자를 표현하는 데 필요한 메모리가 과도하게 된다.

여기서는 가장 큰 격자 차원 안의 복셀 너비가 대략 모든 가시점의 현재 검색 반경과 동일한 초기 해상도를 계산한다. 이는 어떤 가시점이 중첩할 수 있는 최대 복셀 수를 제한한다. 결과적으로 격자의 다른 두 차원에 대한 해상도가 설정돼 복셀은 모든 차원에 대해 대략 같은 너비를 갖게 된다.

<Compute resolution of SPPM grid in each dimension> ≡ **1161**

```
Vector3f diag = gridBounds.Diagonal();
Float maxDiag = MaxComponent(diag);
int baseGridRes = (int)(maxDiag / maxRadius);
int gridRes[3];
for (int i = 0; i < 3; ++i)
    gridRes[i] = std::max((int)(baseGridRes * diag[i] / maxDiag), 1);
```

가시점은 이제 격자에 추가될 수 있다. 격자와 카메라 경로에서의 가시점에 대한 BSDF는 반드시 광자 추적 단계의 끝까지 유지돼야 하므로, 앞서 BSDF에서 `SPPMPixelListNodes`를 할당하기 위해 생성한 스레드당 `MemoryArena`를 재사용할 수 있다.

<Add visible points to SPPM grid> ≡ **1161**

```
ParallelFor(
    [&](int pixelIndex) {
        MemoryArena &arena = perThreadArenas[ThreadIndex];
        SPPMPixel &pixel = pixels[pixelIndex];
        if (!pixel.vp.beta.IsBlack()) {
            <Add pixel's visible point to applicable grid cells 1163>
        }
    }, nPixels, 4096);
```

각 가시점은 경계 상자가 중첩하는 모든 격자 셀에 추가된다.

<Add pixel's visible point to applicable grid cells> ≡ **1161**

```
Float radius = pixel.radius;
Point3i pMin, pMax;
ToGrid(pixel.vp.p - Vector3f(radius, radius, radius),
       gridBounds, gridRes, &pMin);
```

```
    ToGrid(pixel.vp.p + Vector3f(radius, radius, radius),
            gridBounds, gridRes, &pMax);
    for (int z = pMin.z; z <= pMax.z; ++z)
        for (int y = pMin.y; y <= pMax.y; ++y)
            for (int x = pMin.x; x <= pMax.x; ++x) {
                <Add visible point to grid cell (x, y, z) 1164>
            }
```

ToGrid( )는 주어진 점이 위치한 격자 안의 복셀의 좌표를 반환한다. 불리언 반환값은 점 p가 격자 경계 안에 있는지를 표시한다. 그렇지 않은 경우 반환된 좌표 pi는 유효한 좌표의 범위 안으로 잘라낸다.

```
<SPPM Local Definitions> +≡
    static bool ToGrid(const Point3f &p, const Bounds3f &bounds,
            const int gridRes[3], Point3i *pi) {
        bool inBounds = true;
        Vector3f pg = bounds.Offset(p);
        for (int i = 0; i < 3; ++i) {
            (*pi)[i] = (int)(gridRes[i] * pg[i]);
            inBounds &= ((*pi)[i] >= 0 && (*pi)[i] < gridRes[i]);
            (*pi)[i] = Clamp((*pi)[i], 0, gridRes[i] - 1);
        }
        return inBounds;
    }
```

hash( )는 복셀의 좌표를 해싱하며, 앞서 정의된 grid 배열의 색인을 반환한다. 이는 단순한 해시 함수로, 구현은 여기에 수록하지 않는다.[8] 새로운 SPPMPixelListNode가 할당되고 이제 작업이 이 리스트 노드에 grid[h]에서 링크드 리스트의 헤드로 추가된다.

```
<Add visible point to grid cell (x, y, z)> ≡                                1164
    int h = hash(Point3i(x, y, z), hashSize);
    SPPMPixelListNode *node = arena.Alloc<SPPMPixelListNode>();
    node->pixel = &pixel;
    <Atomically add node to the start of grid[h]'s linked list 1165>
```

주어진 격자 색인에 대해 원자 연산이 다중 스레드가 어떤 락도 가질 필요 없이 가시점을 격자에 동시에 추가할 수 있게 한다(부록 A.6.2절에서 원자 연산에 대한 추가적인 설명을 살펴보

8. 해시 충돌이 일어날 수 있음을 주의하자. 격자 안의 다른 셀이 같은 색인으로 해시될 수 있다. 이는 대부분 괜찮다. 광자는 필요한 것보다 더 많은 가시점을 확인하지만, 픽셀의 검색 반경과의 테스트는 너무 멀리 떨어진 가시점을 제거한다. 하지만 연습문제 16.9에서 충돌과 관련된 내용을 살펴보자.

자). 동시성을 제외하면 node->next가 grid[h] 안의 리스트의 헤드만을 가리키게 설정하고 node를 grid[h]로 할당하고 싶다. 이 방식은 다중 스레드가 리스트를 동시에 갱신할 경우 작동하지 않는다. 첫 할당이 오염될 수 있기 때문이다. grid[h]를 현재 스레드가 node->next를 초기화하고 node를 grid[h]에 할당하려는 사이에 다른 스레드가 변경할 수 있다.

std::atomic의 compare_exchange_weak() 메서드가 이 문제를 해결한다. 첫 번째 매개변수는 grid[h]가 가질 것이라 예측한 값이며, 두 번째 매개변수는 설정하려는 값이다. 이는 예측이 맞을 때만 할당을 처리한다. 그러므로 일반적인 경우 node->next와 grid[h]는 동일 포인터 값을 가지며, 할당이 일어나고, true가 반환된다. 노드는 리스트에 추가됐다.

grid[h]에 저장된 포인터가 다른 스레드에서 변경되면 compare_exchange_weak()가 실제로 false를 반환하기 전에 첫 매개변수 node->next를 grid[h]의 현재 값으로 갱신한다. 그러므로 모두 원자 비교를 시도하고 다시 교환하도록 설정하며, 이는 node->next가 리스트의 새 헤드이기 때문이다. 이 과정은 할당이 성공할 때까지 지속된다.

<*Atomically add* node *to the start of* grid[h]*'s linked list*> ≡ 1164

```
node->next = grid[h];
while (grid[h].compare_exchange_weak(node->next, node) == false)
    ;
```

16.2.6 광자 기여의 누적

주어진 가시점의 격자에 대해 SPPMIntegrator는 이제 장면을 통해 광자 경로를 따라갈 수 있다. photonsPerIteration개의 광자가 현재 반복에 대해 다중 스레드를 사용해서 추적된다. 개별 MemoryArena를 작업 스레드에 대해 사용할 수 있다. 이 아레나는 각 광자 경로 이후에 재설정돼 스레드당 아레나의 새로운 풀이 할당되고, BSDF와 격자 링크드 리스트 노드에서 사용된 것을 재사용하지 않는다.

<*Trace photons and accumulate contributions*> ≡ 1155

```
std::vector<MemoryArena> photonShootArenas(MaxThreadIndex());
ParallelFor(
    [&](int photonIndex) {
        MemoryArena &arena = photonShootArenas[ThreadIndex];
        <Follow photon path for photonIndex 1166>
        arena.Reset();
    }, photonsPerIteration, 8192);
```

각 SPPM 반복에 대해 추적할 광자의 수를 선택하는 데 균형이 필요하다. 너무 많으면 픽셀의 반경이 더 많은 광자가 도착하면서 감소할 확률이 없으며, 너무 많은 멀리 떨어진 광자가 사용된다. 너무 적으면 가시점을 찾는 부하와 격자를 만드는 오버헤드가 충분한 광자에 대해 분할되지 않는다. 실제로는 반복당 몇 십만 개에서 몇 백만 개가 일반적으로 잘 동작한다(그림 16.11을 보자).

<SPPMIntegrator Private Data> +≡  973

```
const int photonsPerIteration;
```

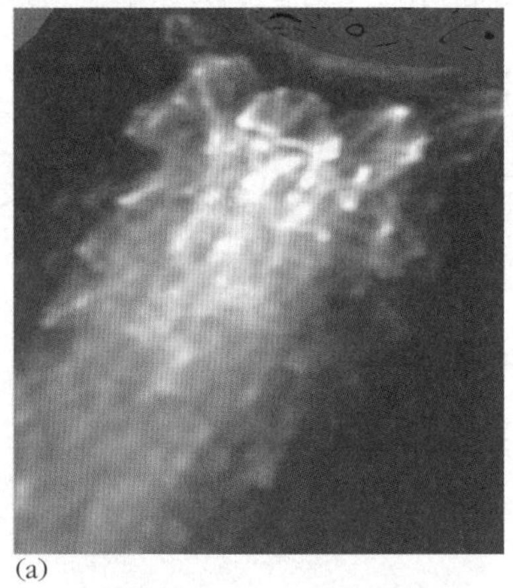
(a)

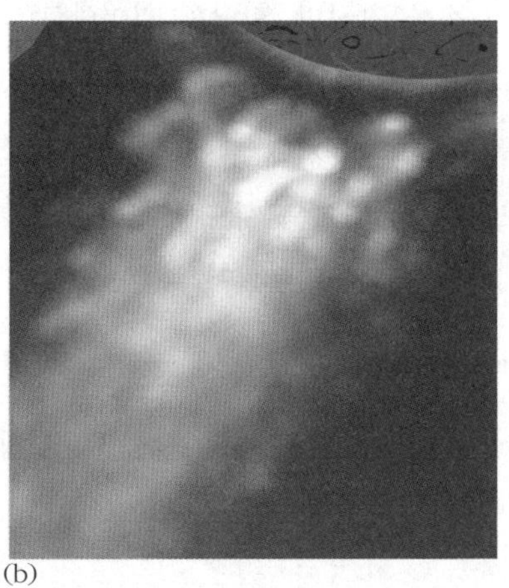
(b)

그림 16.11 반복당 추적되는 광자 수의 변화에 따른 효과. 반복의 수는 전체 광자 추적의 수(1천만)가 같게 설정됐다. (a) 1만 광자(1000 반복): 결과는 좋으며, 렌더링 시간은 137초다. 가시점을 생성하는 데 사용된 시간은 전체의 68%다. (b) 1백만 광자(10 반복): 결과는 훨씬 흐리지만 렌더링 시간은 50초로 줄었으며, 대부분은 카메라 단계에서 훨씬 적은 시간을 사용해서다.

헬톤 시퀀스는 모든 반복에 대한 모든 광자 경로에 대해 잘 분포된 표본점을 제공한다. `haltonIndex`는 현재 광자에 대한 헬톤 시퀀스의 색인을 저장한다(방정식(7.7) 안의 *a*에 대응). 이는 또한 추적되는 광자의 전역 색인으로 볼 수 있다. 달리 말해 첫 광자에 대해 0에서 시작하고 이후의 광자에 대한 모든 이후 정수 값을 통해 진행된다. 이 값에 대해 64비트 정수를 사용하는 것이 중요한데, 32비트 `int`는 대략 20억 광자 이후에 오버플로우하기 때문이다. 고품질 이미지에 대해서는 훨씬 더 많은 광자가 필요하다.

표본의 차원은 방정식(7.7)의 *b*번째 소수에 대응하며, `haltonDim`에 유지된다.

<Follow photon path for `photonIndex`*>* ≡ 1165

```
uint64_t haltonIndex = (uint64_t)iter * (uint64_t)photonsPerIteration +
```

```
        photonIndex;
    int haltonDim = 0;
    <Choose light to shoot photon from 1167>
    <Compute sample values for photon ray leaving light source 1167>
    <Generate photonRay from light source and initialize beta 1168>
    <Follow photon path through scene and record intersections 1168>
```

어떤 빛에서 경로를 시작하는지는 기존에 계산한 빛의 출력에 기반을 둔 PDF를 표본화해 결정한다. 핼톤 시퀀스의 첫 차원은 표본 값에 사용된다.

```
<Choose light to shoot photon from> ≡                                        1167
    Float lightPdf;
    Float lightSample = RadicalInverse(haltonDim++, haltonIndex);
    int lightNum = lightDistr->SampleDiscrete(lightSample, &lightPdf);
    const std::shared_ptr<Light> &light = scene.lights[lightNum];
```

핼톤 시퀀스에서의 다음 표본의 5개 차원은 광원을 떠나는 광선을 생성하는 데 사용되는 표본 값으로 사용된다.

```
<Compute sample values for photon ray leaving light source> ≡                 1167
    Point2f uLight0(RadicalInverse(haltonDim, haltonIndex),
            RadicalInverse(haltonDim + 1, haltonIndex));
    Point2f uLight1(RadicalInverse(haltonDim + 2, haltonIndex),
            RadicalInverse(haltonDim + 3, haltonIndex));
    Float uLightTime = Lerp(RadicalInverse(haltonDim + 4, haltonIndex),
            camera->shutterOpen, camera->shutterClose);
    haltonDim += 5;
```

빛이 선택된 이후 `Sample_Le()` 메서드는 나가는 광선을 표본화하는 데 사용된다. 주어진 빛에 대해 광원에서의 광선이 표본화되며, 그 β 값은 방정식(16.8)을 바탕으로 초기화된다.

$$\beta = \frac{|\cos \omega_0|\, L_e(p_0, \omega_0)}{p(\text{light})\, p(p_0, \omega_0)}, \tag{16.15}$$

$p(\text{light})$는 이 특정 빛을 표본화하는 확률이며, $p(p_0, \omega_0)$는 아레나와 빛을 떠나는 이 특정 광선을 표본화하기 위한 방향 밀도와의 곱이다. 이 광선을 장면 기하에 대해 교차해 p_1을 얻는 것은 또한 기하학 항 $G(p_0 \leftrightarrow p_1)$의 일부를 표본화하고, 명시적으로 입자 가중치 β에서 적분돼야 하는 코사인 인자만을 제외한다.

<*Generate* photonRay *from light source and initialize* beta> ≡ 1167

```
RayDifferential photonRay;
Normal3f nLight;
Float pdfPos, pdfDir;
Spectrum Le =
        light->Sample_Le(uLight0, uLight1, uLightTime,
        &photonRay, &nLight, &pdfPos, &pdfDir);
if (pdfPos == 0 || pdfDir == 0 || Le.IsBlack()) return;
Spectrum beta = (AbsDot(nLight, photonRay.d) * Le) /
                (lightPdf * pdfPos * pdfDir);
if (beta.IsBlack())
    return;
```

이제 적분기는 장면을 지나는 경로를 따라 시작하며, β는 각 산란 현상 이후에 갱신된다. 광자는 광원을 떠난 첫 교차점에서 기여를 생성하지 않으며, 이는 해당 교차점이 직접 광을 표현하므로 카메라에서 시작한 경로를 추적할 때 이미 고려됐기 때문이다. 이후 교차에 대해 조명은 인근 가시점에 기여한다.

<*Follow photon path through scene and record intersections*> ≡ 1167

```
SurfaceInteraction isect;
for (int depth = 0; depth < maxDepth; ++depth) {
    if (!scene.Intersect(photonRay, &isect))
        break;
    if (depth > 0) {
        <Add photon contribution to nearby visible points 1168>
    }
    <Sample new photon ray direction 1170>
}
```

주어진 광자 교차에서 ToGrid()의 반환값은 격자의 범위 안인지를 나타낸다. 그렇지 않다면 생성 방식으로 인해 이 광자의 기여에 연관된 가시점은 없다. 그렇지 않으면 격자 셀 안의 모든 가시점이 광자가 반경 안에 있는지를 확인해야 한다.

<*Add photon contribution to nearby visible points*> ≡ 1168

```
Point3i photonGridIndex;
if (ToGrid(isect.p, gridBounds, gridRes, &photonGridIndex)) {
    int h = hash(photonGridIndex, hashSize);
    <Add photon contribution to visible points in grid[h] 1169>
}
```

grid가 SPPMPixelListNode에 대한 std::atomic 포인터를 저장하는 것을 기억하자. 일반적으로 std::atomic 값을 읽는 것은 컴파일러가 grid[h]의 값을 읽는 근처의 메모리 읽기나 쓰기의 명령어 순서를 바꾸지 않도록 반드시 조심해야 한다. 이 제한은 락프리lock-free 알고리즘이 작동하기 위해 필요하다. 이 경우 격자가 생성되며 다른 어떤 스레드도 동시에 변경할 수 없다. 그러므로 std::atomic.load()를 사용하고 '느슨한' 메모리 모델이라는 것을 알릴 가치가 있으며, 이는 이런 제한 없어 초기 격자 포인터를 읽는 데 사용할 수 있다. 이 방식은 엄청난 성능 개선을 제공한다. 몇 백 개 삼각형의 단순한 장면에 대해(레이트레이싱에 너무 많은 시간을 사용하지 않는) 광자 경로는 2015년대 CPU에서 이 메모리 모델을 사용해 20% 적은 시간으로 동작한다.

```
<Add photon contribution to visible points in grid[h]> ≡                    1168
    for (SPPMPixelListNode *node = grid[h].load(std::memory_order_relaxed);
    node != nullptr; node = node->next) {
        SPPMPixel &pixel = *node->pixel;
        Float radius = pixel.radius;
        if (DistanceSquared(pixel.vp.p, isect.p) > radius * radius)
            continue;
        <Update pixel Φ and M for nearby photon 1169>
    }
```

주어진 광자 기여에 대해 방정식(16.14)에서 픽셀의 산란된 방사 예측을 위한 합을 갱신해야 한다. 이 단계의 기여하는 전체 광자의 수는 M에 저장되며, 입자 가중치와 BSDF 값의 곱의 합은 Phi에 저장된다.

```
<Update pixel Φ and M for nearby photon> ≡                                   1169
    Vector3f wi = -photonRay.d;
    Spectrum Phi = beta * pixel.vp.bsdf->f(pixel.vp.wo, wi);
    for (int i = 0; i < Spectrum::nSamples; ++i)
        pixel.Phi[i].Add(Phi[i]);
    ++pixel.M;
```

각 픽셀의 Φ와 M 값은 원자 변수를 사용해 저장되며, 이는 다중 스레드가 안전하게 값을 동시에 갱신하도록 허용한다. pbrt의 Spectrum 클래스가 원자 갱신을 허용하지 않으므로 Phi는 대신 각 분광 표본에 대한 AtomicFloat 계수의 배열로 표현된다. 이 표현은 일부 값의 Phi에서 Spectrum형 변수로의 수동 복사를 필요로 하지만, 예를 들어 이런 작은 이상함이 새로운 AtomicSpectrum형과 같은 복잡성보다 바람직하다고 생각한다.

<*SPPMPixel Public Data*> +≡ 1154

```
AtomicFloat Phi[Spectrum::nSamples];
std::atomic<int> M;
```

저장된 광자의 기여도로 적분기는 교차점에서 나가는 새로운 방향을 선택하고 β 값을 산란의 효과를 고려하도록 갱신해야 한다. 방정식(16.7)은 산란 현상 이후에 입자 가중치를 어떻게 점진적으로 계산하는지를 보여준다. 주어진 새로운 정점 $\mathrm{p}_{i,j+1}$에서의 산란 현상 이후 i번째 입자 기록의 j번째 교차에 대한 가중치를 표현하는 일부 가중치 $\beta_{i,j}$에 대해 가중치는 다음과 같이 설정돼야 한다.

$$\beta_{i,j+1} = \beta_{i,j} \frac{1}{1-q_{i,j+1}} \frac{f(\mathrm{p}_{i,j+1} \to \mathrm{p}_{i,j} \to \mathrm{p}_{i,j-1})\, G(\mathrm{p}_{i,j+1} \leftrightarrow \mathrm{p}_{i,j})}{p(\mathrm{p}_{i,j+1})}$$

경로 추적 적분기처럼 경로에서 다음 정점을 선택하는 데 광선을 직접 장면 표면의 영역을 표본화하지 않고 해당 방향으로 광선을 추적하기 위해 교차점에서 방향 ω'를 얻고자 BSDF의 분포를 표본화하는 여러 이유가 있다. 그러므로 이 변환을 고려하기 위해 자코비안 변환을 다시 적용하며, G의 모든 항 중 상쇄되는 단일 $|\cos\theta|$ 항을 제외하고 적용하고, 표현은 다음과 같다.

$$\beta_{i,j+1} = \beta_{i,j} \frac{1}{1-q_{i,j+1}} \frac{f(\mathrm{p}, \omega, \omega')\, |\cos\theta'|}{p(\omega')}. \quad [16.16]$$

<*Sample new photon ray direction*> ≡ 1168

```
<Compute BSDF at photon intersection point 1170>
<Sample BSDF fr and direction wi for reflected photon 1171>
Spectrum bnew = beta * fr * AbsDot(wi, isect.shading.n) / pdf;
<Possibly terminate photon path with Russian roulette 1172>
photonRay = (RayDifferential)isect.SpawnRay(wi);
```

이전과 같이 `nullptr` 값의 `BSDF*`는 무시할 수 있는 교차점을 나타낸다.

<*Compute BSDF at photon intersection point*> ≡ 1170

```
isect.ComputeScatteringFunctions(photonRay, arena, true,
        TransportMode::Importance);
if (!isect.bsdf) {
    --depth;
    photonRay = isect.SpawnRay(photonRay.d);
    continue;
}
```

```
const BSDF &photonBSDF = *isect.bsdf;
```

BSDF를 표본화해서 산란된 광자 방향을 찾는 것은 일반 모델을 따른다.

```
<Sample BSDF fr and direction wi for reflected photon> ≡                    1170
    Vector3f wi, wo = -photonRay.d;
    Float pdf;
    BxDFType flags;
    <Generate bsdfSample for outgoing photon sample 1171>
    Spectrum fr = photonBSDF.Sample_f(wo, &wi, bsdfSample,
            &pdf, BSDF_ALL, &flags);
    if (fr.IsBlack() || pdf == 0.f) break;
```

핼톤 표본 벡터의 다음 두 차원은 BSDF 표본에 사용된다.

```
<Generate bsdfSample for outgoing photon sample> ≡                          1171
    Point2f bsdfSample(RadicalInverse(haltonDim, haltonIndex),
            RadicalInverse(haltonDim + 1, haltonIndex));
    haltonDim += 2;
```

광자 산란 단계는 광자 가중치를 서로 가능한 한 비슷하게 유지하기 위해 신중하게 구현돼야 한다. 모든 광자가 같은 가중치를 갖는 분포가 Jensen(2001, Section 5.2)에 의해 제안됐다. 우선 반사는 교차점에서 계산된다. 그 후 광자의 경로를 계속 진행할지 말지에 대한 무작위의 결정이 반사도에 비례한 확률로 결정된다. 광자가 지속되면 산란된 방향은 BSDF 분포에서 표본화해 찾을 수 있지만, 표면의 색에 기반을 둔 분광 분포를 조정하는 것 외에 가중치를 변경하지 않는다. 그러므로 매우 적은 빛을 반사하는 표면은 도달한 광자를 거의 반사하지 않으며, 산란된 것들은 변화하지 않은 분포로 계속 진행한다.

이 특정 방식은 pbrt에서는 사소한 구현 세부 사항으로 인해 불가능하다(이전에 광원 표본에서 일어나는 비슷한 문제다). pbrt에서 BxDF 인터페이스는 BSDF를 중요도 표본화하는 데 사용한 분포가 반드시 표본화되는 함수의 실제 분포와 완벽히 부합할 필요는 없다. 이것이 가능하면 모든 면에서 낫지만 많은 복잡한 BSDF를 정확히 분포에 맞춰 표본화하는 것은 어렵거나 불가능하다.

그러므로 여기서는 일반적으로 비슷한 결과로 이어지지만 더 유연함을 제공하는 방식을 사용한다. 각 교차점에서 나가는 방향은 BSDF의 표본화 분포로 표본화되며, 광자의 갱신된 가중치 $\beta_{i,j+1}$은 방정식(16.16)을 사용해서 계산한다. 그러므로 광자의 옛 가중치 $\beta_{i,j}$의 휘도에 대한 $\beta_{i,j+1}$의 휘도 비율은 러시안 룰렛을 적용한 이후에 경로를 진행할 확률로 설정된다.

그러므로 종료 확률 q는 광자의 가중치가 산란 점에서 상당히 감소하도록 설정되며, 종료 확률은 높으므로 광자의 가중치가 본질적으로 변하지 않는다면 종료 확률은 낮다. 특히 가중치를 종료 확률에 대해 조정한 후에 광자가 진행할 경우 휘도가 산란 전과 같도록 종료 확률을 선택한다. 이 특성을 다음의 코드 조각에서 검증하는 것은 쉽다(이 특성은 BSDF의 값과 PDF의 비율이 1보다 큰 경우에 생기는 $\beta_{i,j+1} > \beta_{i,j}$인 경우에는 실제로 성립하지 않는다).

<Possibly terminate photon path with Russian roulette> ≡ 1170

```
Float q = std::max((Float)0, 1 - bnew.y() / beta.y());
if (RadicalInverse(haltonDim++, haltonIndex) < q)
    break;
beta = bnew / (1 - q);
```

반복에 대한 모든 광자가 추적된 이후 각 픽셀 영역 안에 보이는 입사 방사의 예측이 이제 현재 단계 안의 광자에서의 기여를 바탕으로 갱신할 수 있다.

<Update pixel values from this pass's photons> ≡ 1156

```
for (int i = 0; i < nPixels; ++i) {
    SPPMPixel &p = pixels[i];
    if (p.M > 0) {
        <Update pixel photon count, search radius, and τ from photons 1172>
        p.M = 0;
        for (int j = 0; j < Spectrum::nSamples; ++j)
            p.Phi[j] = (Float)0;
    }
    <Reset VisiblePoint in pixel 1173>
}
```

방정식(16.13)은 검색 반경과 다른 광자 예측에 관련된 양을 갱신하는 규칙을 제공한다.

<Update pixel photon count, search radius, and τ from photons> ≡ 1172

```
Float gamma = (Float)2 / (Float)3;
Float Nnew = p.N + gamma * p.M;
Float Rnew = p.radius * std::sqrt(Nnew / (p.N + p.M));
Spectrum Phi;
for (int j = 0; j < Spectrum::nSamples; ++j)
    Phi[j] = p.Phi[j];
p.tau = (p.tau + p.vp.beta * Phi) *
          (Rnew * Rnew) / (p.radius * p.radius);
p.N = Nnew;
p.radius = Rnew;
```

픽셀 N에 기여한 광자의 수가 실제로 Float으로 저장되는 것을 기억하자. 이 양은 반드시 연속된 값으로 간주돼야 하며 불연속 정수가 아니어야 하는데, 이는 한계에서 정확한 값으로 수렴하기 위한 점진적 방사 예측을 위해서다.

<*SPPMPixel Public Data*> +≡ 1154

```
Float N = 0;
Spectrum tau;
```

다음 SPPM 반복이 시작되기 전에 픽셀 안의 가시점을 0으로 해 다음 반복에서 가시점이 없고 BSDF*가 있을 경우에 이 값을 재사용하지 않도록 한다.

<*Reset* VisiblePoint *in pixel*> ≡ 1172

```
p.vp.beta = 0.;
p.vp.bsdf = nullptr;
```

대부분의 <*Periodically store SPPM image in film and write image*> 코드 조각은 Film::SetImage()로 넘기기 위한 Spectrum 값의 이미지를 할당하고 이미지 안의 픽셀을 Film::WriteImage()의 호출 전에 초기화하는 단순한 내용이다. 여기에 그런 표준안을 포함하진 않으며, 이는 직접과 간접 방사 예측을 결합하는 SPPM 알고리즘의 마지막 단계에 집중하기 위해서다.

앞서 설명한 것처럼 직접 조명 예측은(이는 결과적으로 얼마나 많은 반복이 이 지점에서 완료됐는가이다) 픽셀 표본의 수로 나눠져서 평균값을 얻는다. 간접 광자 항은 방정식(16.11)을 사용해서 계산된다. 두 값은 그 후 함께 더해질 뿐이다.

<*Compute radiance* L *for SPPM pixel* pixel> ≡

```
const SPPMPixel &pixel = pixels[(y - pixelBounds.pMin.y) * (x1 - x0) +
        (x - x0)];
Spectrum L = pixel.Ld / (iter + 1);
L += pixel.tau / (Np * Pi * pixel.radius * pixel.radius);
```

16.3 양방향 경로 추적

14.5절에서 설명한 경로 추적 알고리즘은 그래픽스에서 다양한 기하학 물체 및 영역 광과 범용 BSDF 모델을 처리하는 첫 일반 빛 전송 알고리즘이다. 이는 많은 장면에서 잘 동작하지만, 까다로운 특정 조명 조건이 있을 경우 높은 분산을 나타낸다. 예를 들어 그림 16.12에

서 보여주는 설정을 고려하자. 광원은 천장 위의 작은 영역만을 조명하며, 방의 나머지는 그 영역에서 반사된 간접 광으로만 조명된다. 카메라에서 시작하는 경로만 추적할 경우 그림자 광선을 빛에 대해 추적하기 전에 천장의 조명된 영역 안의 경로 정점을 표본화하는 것은 거의 불가능하다. 대부분의 경로는 기여가 없으며, 극히 일부만이 우연히 천정의 작은 영역에 충돌해 높은 기여를 갖고, 결과 이미지는 높은 분산을 갖게 된다.

이와 같은 어려운 조명 설정은 한쪽 끝의 카메라에서 시작하고 다른 쪽 끝을 빛에서 시작하고, 시야 광선으로 중간이 연결된 경로를 생성해 더 효과적으로 처리할 수 있다. 이 양방향 경로 추적bidirectional path-tracing 알고리즘(앞으로 BDPT로 표기)은 표본 경로 추적 알고리즘의 일반화다. 확률적 점진적 광자 매핑과 달리 BDPT는 편향되지 않으며, 그러므로 장면 조명을 흐리게 하지 않는다.

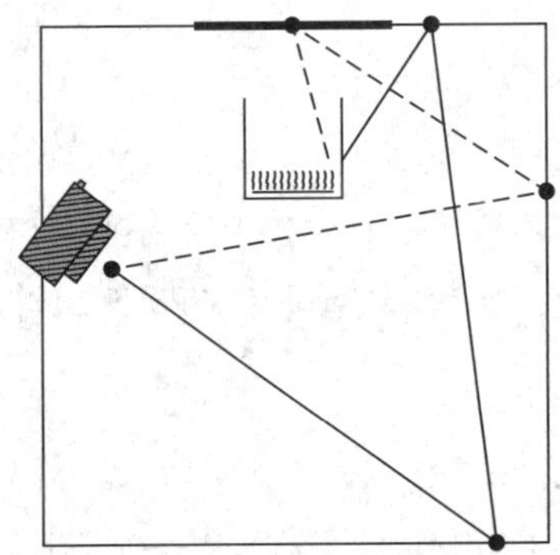

그림 16.12 카메라에서 시작하는 경로 추적의 어려운 경우. 천장의 작은 영역에만 조명하는 광원은 두 번째에서 마지막 정점이 표시된 영역에 있는 경로에서만 빛의 조명을 찾을 수 있다. 양방향 방식의 경우 경로가 빛에서 시작하고 카메라에서의 경로와 연결돼 이와 같은 상황을 좀 더 안전하게 처리할 수 있다.

BDPT는 점진적으로 카메라 위의 점 p_0에서 시작하는 카메라 세부 경로를 생성한다. 다음 정점 p_1은 카메라 광선을 따라 계산한 첫 교차점으로 찾는다. 다음 정점은 BSDF를 p_1에서 표본화해 찾으며, p_2를 찾기 위해 광선을 추적하는 식을 반복한다. t 정점의 결과 경로는 $p_0, p_1, \cdots, p_{t-1}$이다. 같은 과정을 광원 위의 점 q_0에서 시작하면(그리고 수반 BSDF를 간 정점에서 사용해) s 정점의 빛 세부 경로 $q_0, q_1, \cdots, q_{s-1}$을 생성한다.

주어진 두 세부 경로에서 완전한 빛 전송 경로는 각 경로에서 정점의 쌍을 연결해서 찾을 수 있다.

$$\bar{p} = q_0, \ldots, q_{s'-1}, p_{t'-1}, \ldots, p_0$$

여기서 $s' \le s$이고 $t' \le t$다(여기서의 표기는 $\bar{\mathrm{p}}$의 정점을 빛의 전파에 따른 순서로 배치한다). $\mathrm{q}_{s'}$와 $\mathrm{p}_{t'}$ 사이의 가시성 광선이 가려지지 않으면 연결 정점에서의 BSDF를 계산해서 경로 기여를 찾을 수 있다(그림 16.13을 보자). 더 일반적으로 이 세부 경로는 14.4.4절에서의 경로 공간 적분의 이론을 사용해서 합쳐질 수 있다.

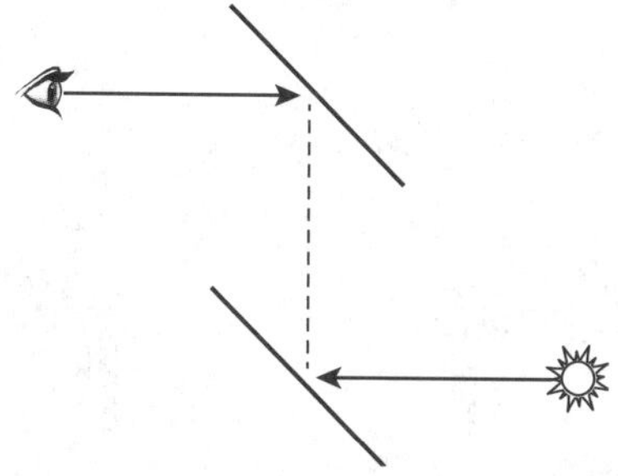

그림 16.13 양방향 경로 추적은 빛에서의 하나와 카메라에서의 하나라는 두 개의 세부 경로를 생성하는 것에 기반을 둔다. 빛 전송 경로는 각 경로에서의 정점의 쌍을 연결하는 시도로 찾을 수 있다. 둘 사이의 시야성 광선(점선)이 차폐되지 않으면 경로의 기여는 방사 예측에 추가될 수 있다.

피상적으로 이 방식은 광자 매핑의 두 단계의 모습을 일부 지닌다. 핵심적인 차이는 BDPT는 밀도 예측 없이 비편향 예측을 계산한다는 점이다. 또한 다양한 방법으로 생성된 주어진 빛의 경로를 처리할 수 있다는 사실에서 상당한 차이가 있다.

이제까지 설명한 알고리즘에 대한 실사용에서의 성능 향상을 위해 3가지 개선점이 있다. 첫 두 가지는 경로 추적에서 사용한 개선과 유사하며, 세 번째는 빛에서 방금 시작한 개선과 함께 강력한 분산 감소 기술이다.

- 첫째, 세부 경로를 재사용할 수 있다. 주어진 경로 $\mathrm{q}_0, \ldots, \mathrm{q}_{s-1}, \mathrm{p}_{t-1}, \ldots, \mathrm{p}_0$에 대한 전송을 모든 다양한 두 경로의 초기 일부 경로의 조합을 연결해서 주어진 모든 경로에 대해 계산할 수 있다. 두 경로가 각각 s와 t 정점을 가지면 2에서 $s + t$ 정점 길이의 범위에서 다양한 고유 경로를 생성할 수 있다. 그림 16.14는 직접 광에 대한 이런 전략을 보여준다.
- 두 번째 최적화는 빛의 세부 경로에서 하나의 정점만 사용하는 경로를 연결하지 않으려는 것이다. 이 경로를 카메라와 광원에서 제공되는 최적화된 표본화 루틴을 사용해서 생성하는 것을 추천한다. 광원에 대해서는 14.3절에서 소개된 직접 광 기술이다.
- 세 번째 최적화는 같은 길이의 경로를 생성하는 모든 전략을 평균하는 대신 주어진 길이의 경로를 생성할 때 다양한 전략에 가중치를 주는 것이다. BDPT의 세부 경로의

연결 방식은 n개 산란 현상을 포함한 경로가 n + 3개의 다른 방법을 생성할 수 있다는 것을 의미한다. 일부 전략은 특정 형태의 경로를 생성하는 데 좋은 선택이 되지만 다른 것에서는 매우 좋지 않다는 것을 예상할 수 있다. 다중 중요도 표본화는 연결 전략의 집합을 각각의 전략이 최상일 때 사용하는 단일 예측기로서 합치는 데 적용할 수 있다. 이 MIS의 적용은 BDPT의 효율성에 중대한 영향을 준다.

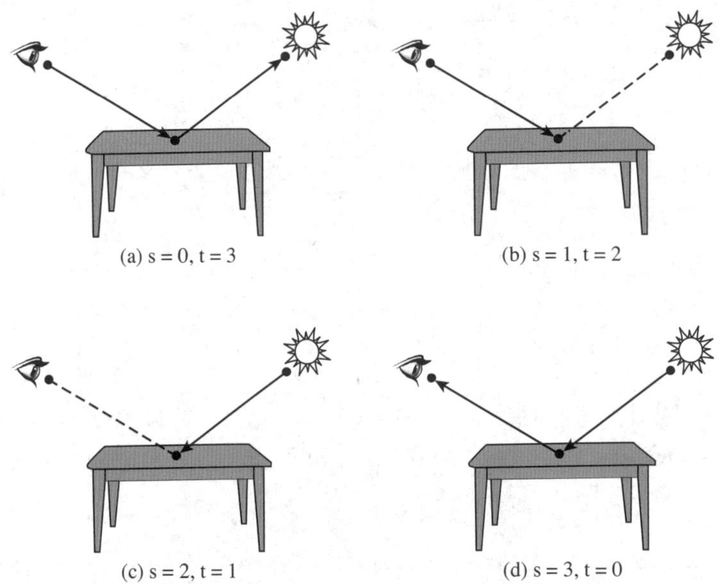

그림 16.14 양방향 경로 추적이 직접 조명 경로를 생성할 수 있는 4가지 다른 방법. (a) 직접 조명 표본화 없는 표준 경로 추적으로, 광선이 광원과 교차하는 표면 위의 점에서 BSDF 표본화를 사용해 생성한다. (b) 직접 조명 표본 없는 경로 추적으로 명시적 그림자 광선이 점선으로 표시됐다. (c) 광원으로부터 입자 추적이며, 표면 위의 점과 카메라 사이의 명시적 시야성 테스트를 가진다. (d) 입자 추적으로, 입자가 카메라의 렌즈와 교차한다.

BDPT의 연결 전략 중 하나는 직접 빛의 세부 경로 정점을 카메라에 연결하는 것이다. 이 경로는 대부분이 래스터 좌표가 현재 렌더링되는 픽셀과 다른 기여를 항상 생성하며, 이는 `SamplerIntegrator` 인터페이스의 예측을 위반한다. 그러므로 `BDPTIntegrator`는 더 일반적인 `Integrator` 인터페이스에서 유도돼 이미지를 어떻게 갱신하는지에 더 많은 유연성을 가질 수 있다. 이 구현은 integrators/bdpt.h와 integrators/bdpt.cpp 파일에 있다.

<BDPT Declarations> ≡

```
class BDPTIntegrator : public Integrator {
public:
    <BDPTIntegrator Public Methods 1177>
```

```
private:
    <BDPTIntegrator Private Data 1177>
};
```

BDPTIntegrator 생성자는 명백하므로 여기에 포함하지 않으며, 제공된 카메라, 표본기, 최대 경로 깊이로 멤버 변수를 초기화한다.

<BDPTIntegrator Private Data> ≡ 1177

```
std::shared_ptr<Sampler> sampler;
std::shared_ptr<const Camera> camera;
const int maxDepth;
```

모든 세부 경로 생성과 연결 과정은 BDPTIntegrator::Render() 안의 픽셀에 대한 감싸진 병렬 반복문으로 처리된다. 이 메서드의 전체 구조체는 SamplerIntegrator::Render()와 매우 유사하다.

- 이미지는 16 × 16 픽셀의 조각으로 세분되며, 이는 병렬로 처리된다.
- 각 조각에서 메서드는 MemoryArena인 arena를 선언하고 Sampler::Clone() 호출을 통해 BDPTIntegrator::sampler에서 Sampler 인스턴스를 얻는다.
- 각 조각에서 픽셀에 대해 반복하고, 다음 픽셀로 진행하는 Sampler::StartNextSample()이 false를 반환할 때까지 각각에 대해 표본을 취한다.

여기에 코드를 포함하지 않으며, 세부 사항은 이제 익숙할 것이다. 대신 픽셀 표본의 세부 경로를 생성하고 연결하는 데 관련된 코드 조각으로 넘어가자.

<BDPTIntegrator Public Methods> ≡ 1176

```
void Render(const Scene &scene);
```

단일 BDPT 표본을 생성하는 것은 이미지 안에 픽셀 위치를 표본화하고, 카메라와 빛 세부 경로를 생성하고, 그 후 이를 다양한 특화된 연결 전략을 사용해 연결하는 것을 포함한다.

<Generate a single sample using BDPT> ≡

```
Point2f pFilm = (Point2f)pPixel + tileSampler->Get2D();
<Trace the camera and light subpaths 1178>
<Execute all BDPT connection strategies 1178>
```

Vertex 클래스는 16.3.1절에서 소개될 것이며, 이는 세부 경로를 따른 정점을 나타낸다. 두 세부 경로에 대한 정점의 두 배열을 할당하는 것으로 시작한다. 표면 위의 정점에 추가적으로 Vertex는 반투명 매질 안의 산란 현상에 대한 정점, 광원 위의 정점, 혹은 카메라 렌즈 위의 정점을 나타낼 수 있다.

각 세부 경로에 대해 최대 경로 길이에 추가된 하나의 정점이 반드시 빛이나 카메라에서의 시작 정점을 저장하기 위해 반드시 할당돼야 한다. 카메라 세부 경로 역시 하나의 정점이 추가로 필요하며, 이는 카메라 경로가 무작위로 광원에 교차할 수 있게 한다. 예를 들어 이 전략은 광택 표면에서만 나오는 반사로 보이는 영역 광을 렌더링하는 데 중요하다(빛의 세부 경로를 무작위로 카메라 렌즈에 교차하는 대응하는 전략은 실제로는 덜 유용하다).

GenerateCameraSubpath()와 GenerateLightSubpath() 함수는 이 두 세부 경로를 생성하며, Vertex 표현에 관련된 일부 선행 지식 이후에 16.3.2절에서 정의될 것이다.

<*Trace the camera and light subpaths*> ≡ 1177

```
Vertex *cameraVertices = arena.Alloc<Vertex>(maxDepth + 2);
Vertex *lightVertices = arena.Alloc<Vertex>(maxDepth + 1);
int nCamera = GenerateCameraSubpath(scene, *tileSampler, arena,
        maxDepth + 2, *camera, pFilm, cameraVertices);
int nLight = GenerateLightSubpath(scene, *tileSampler, arena,
        maxDepth + 1, cameraVertices[0].time(), *lightDistr, lightVertices);
```

세부 경로가 생성된 후에 감싸진 for 반복문이 두 세부 경로에서 모든 정점의 쌍에 대해 반복하며, 이를 연결하려 시도한다. 이 반복문에서 s와 t는 대응하는 세부 경로에서 정점의 수로 사용된다. 0의 색인은 산란 현상이 대응하는 세부 경로에서 사용되지 않았다는 것을 의미한다. 여기의 구현에서 이 전략은 $s = 0$의 경우에만 지원되며, 이는 cameraVertices[t]가 광원을 포함한 표면 교차임을 요구한다. 이중의 경우(카메라가 $t = 0$에 교차하는)가 지원되지 않으므로, 카메라에 대한 반복은 $t = 1$에서 시작한다.

경로 길이 1은 카메라 렌즈 위의 점이나 광원 위의 점이 다른 세부 경로로 연결되는 것을 의미한다. 빛의 종점에서 이는 14.3.1절에서 처음 사용된 Light::Sample_Li()가 제공하는 표준 빛 표본화 방식과 동일하다. 구현은 이 기존 함수를 사용한다. 카메라 종점의 경우 대칭 개념인 Camera::Sample_Wi()에 의존한다. Camera::Sample_Wi()와 Light::Sample_Li()가 동시에 사용될 수 없으므로, $s = t = 1$의 경우를 생략한다.

<*Execute all BDPT connection strategies*> ≡ 1177

```
Spectrum L(0.f);
for (int t = 1; t <= nCamera; ++t) {
    for (int s = 0; s <= nLight; ++s) {
        int depth = t + s - 2;
```

```
        if ((s == 1 && t == 1) || depth < 0 || depth > maxDepth)
            continue;
        <Execute the (s, t) connection strategy and update L 1179>
    }
}
filmTile->AddSample(pFilm, L);
```

ConnectBDPT() 함수는 두 세부 경로를 주어진 정점의 수로 연결하려고 시도한다. 이는 결과 경로를 따라 운반된 방사의 가중 기여도를 반환한다(이는 16.3.3절에서 바로 정의될 것이다). 대부분의 경우 이 기여는 모든 세부 경로 연결이 시도된 이후에 FilmTile에 제공되는 변수 L에 누적된다. 하지만 $t = 1$ 연결은 빛 세부 경로의 정점을 직접 카메라에 연결하며, 그러므로 매 반복에서 다른 래스터 위치를 생성한다. 이 경우 구현은 Film::AddSplat()를 호출해 표본 기여를 즉시 저장한다.

<Execute the (s, t) connection strategy and update L> ≡ 1179

```
Point2f pFilmNew = pFilm;
Float misWeight = 0.f;
Spectrum Lpath = ConnectBDPT(scene, lightVertices, cameraVertices, s, t,
        *lightDistr, *camera, *tileSampler, &pFilmNew, &misWeight);
if (t != 1)
    L += Lpath;
else
    film->AddSplat(pFilmNew, Lpath);
```

16.3.1 정점 추상화 레이어

경로 공간 렌더링 기술의 일반적인 장점은 경로를 수많은 다른 방법으로 생성할 수 있다는 것이지만 이 특성은 종종 뒤죽박죽이며, 디버그하기 어려운 구현으로 이어진다. 빛과 카메라 세부 경로에서 정점의 쌍 사이 연결을 설립하는 것은 표면 상호작용만이 포함됐을 때는 간단한 연산이지만, 예를 들어 하나나 둘의 정점이 반투명 매질 안의 산란 현상을 표현할 경우 급속히 통제가 어려워진다.

핵심 BDPT 안의 불편한 많은 수의 조건 선언 대신 Vertex형을 선언해 어떤 경로 정점이든 표현할 수 있게 한다. BDPT 구현을 통해 일어나는 다양한 조건을 처리하는 모든 필요한 조건 논리는 이 메서드 안에 캡슐화된다.

<BDPT Declarations> +≡

```
struct Vertex {
```

```
        <Vertex Public Data 1180>
        <Vertex Public Methods 1181>
    };
```

<Vertex Public Data> ≡ 1180

```
    VertexType type;
```

pbrt에서는 4가지 유형의 경로 정점이 지원된다.

<BDPT Helper Definitions> ≡

```
    enum class VertexType { Camera, Light, Surface, Medium };
```

beta 멤버 변수는 입체 경로 추적기의 β 변수(16.3.1절)나 SPPMIntegrator 안의 입자로 운반되는 가중치를 뜻한다. 이는 BSDF의 곱이나 위상 함수 값, 투과율, 코사인 항을 이제까지 생성된 경로 안의 정점에 대해 포함하며, 각각의 표본화 PDF로 나눈다. 빛 세부 경로에 대해 이는 또한 방출된 방사를 방출 위치와 방향의 밀도로 나누는 것을 포함한다. 카메라 세부 경로에 대한 방사는 중요도로 대체된다.

<Vertex Public Data> +≡ 1180

```
    Spectrum beta;
```

다양한 Interaction형의 인스턴스는 정점에 대한 형 특화 자료를 나타낸다. 이 정보는 공간 효율적인 C++ 공용체로 나타내며, 한 번에 하나의 항목만 사용되기 때문이다.

<Vertex Public Data> +≡ 1180

```
    union
    {
        EndpointInteraction ei;
        MediumInteraction mi;
        SurfaceInteraction si;
    };
```

EndpointInteraction은 PDPT에서만 사용되는 새로운 상호작용 구현이다. 예를 들어 광원 위의 위치나 카메라 렌즈 위의 위치인 경로 종점의 위치를 기록하고 처리하는 카메라나 빛의 포인터를 저장한다.

<EndpointInteraction Declarations> ≡

```
    struct EndpointInteraction : Interaction {
        union {
            const Camera *camera;
            const Light *light;
```

```
    };
    <EndpointInteraction Public Methods 1181>
};
```

포인터와 기존 Interaction이나 표본화된 광선을 사용해 EndpointInteraction의 내용을 초기화하는 다중 생성자가 있다. 간략성을 위해 빛 종점에 대한 생성자만 보여주겠다.

```
<EndpointInteraction Public Methods> ≡                                    1181
  EndpointInteraction(const Light *light, const Ray &r, const Normal3f &nl)
          : Interaction(r.o, r.time, r.medium), light(light) { n = nl; }
```

```
<EndpointInteraction Public Methods> +≡                                   1181
  EndpointInteraction(const Interaction &it, const Light *light)
          : Interaction(it), light(light) { }
```

여러 정적 도우미 함수가 Vertex 인스턴스를 경로 정점의 다양한 형에 대해 생성한다. 선언만 여기에 포함할 것이며, 이는 구현이 단순하기 때문이다. 대신 다양한 Interaction형을 매개변수로 받는 다양한 오버로드된 생성자를 제공할 수도 있지만, 정점의 형 이름을 함수 호출에서 명시적으로 갖는 것이 이후 코드를 읽기 편하게 한다고 생각했다.

```
<Vertex Public Methods> ≡                                                 1180
  static inline Vertex CreateCamera(const Camera *camera, const Ray &ray,
          const Spectrum &beta);
  static inline Vertex CreateCamera(const Camera *camera,
          const Interaction &it, const Spectrum &beta);
  static inline Vertex CreateLight(const Light *light, const Ray &ray,
          const Normal3f &nLight, const Spectrum &Le, Float pdf);
  static inline Vertex CreateLight(const EndpointInteraction &ei,
          const Spectrum &beta, Float pdf);
  static inline Vertex CreateMedium(const MediumInteraction &mi,
          const Spectrum &beta, Float pdf, const Vertex &prev);
  static inline Vertex CreateSurface(const SurfaceInteraction &si,
          const Spectrum &beta, Float pdf, const Vertex &prev);
```

모든 정점의 형에 공통인 Interaction의 핵심 부분에 접근할 필요가 종종 있다. Vertex::GetInteraction() 메서드는 이 공유 부분을 추출한다. Vertex::mi, Vertex::si, Vertex::ei가 모두 Interaction에서 유도되며, 동일한 공용체의 일부다. 기반 Interaction이 메모리에서 동일한 위치이므로 다음의 조건 논리는 컴파일러에서 제거할 수 있다.

```
<Vertex Public Methods> +≡                                                1180
  const Interaction &GetInteraction() const {
```

```
        switch (type) {
            case VertexType::Medium:    return mi;
            case VertexType::Surface:   return si;
            default:                    return ei;
        }
    }
```

편의 함수 Vertex::p()는 정점 위치를 반환한다. Vertex::time(), Vertex::ng(), Vertex::ns()의 정의는 유사하게 정의할 수 있어 생략하며, 이는 정점의 시각, 기하학적 법선, 음영 법선을 각각 반환한다.

<Vertex Public Methods> +≡ 1180

```
const Point3f &p() const { return GetInteraction().p; }
```

delta 특성은 표면 상호작용에만 사용되며, 디랙 델타 함수가 표본화됐는지를 기록한다(예, 빛이 완벽 거울 반사 재질에 산란됐을 때).

<Vertex Public Data> +≡ 1180

```
bool delta = false;
```

정점(종점 포함)이 표면 위에 위치하는지 확인하는 단순한 방법은 Vertex::ng()가 0이 아닌 결과를 반환하는지 확인하는 것이다.

<Vertex Public Methods> +≡ 1180

```
bool IsOnSurface() const { return ng() != Normal3f(); }
```

Vertex::f()는 측정 방정식(16.1)의 정점에 관련된 일부를 계산한다. 이 메서드는 표면과 매질 정점만 처리하면 되며, BDPT 구현이 이 경우에만 호출되기 때문이다. 경로에서 다음 정점이 이 메서드로 전달되는 유일한 것이라는 점을 기억하자. 이전 정점의 방향이 BRDF나 위상 함수를 계산하기 위해 필요하더라도 이 정보는 이미 Vertex가 처음 생성될 때의 Interaction::wo에서 사용할 수 있다.

<Vertex Public Methods> +≡ 1180

```
Spectrum f(const Vertex &next) const {
    Vector3f wi = Normalize(next.p() - p());
    switch (type) {
        case VertexType::Surface: return si.bsdf->f(si.wo, wi);
        case VertexType::Medium: return mi.phase->p(mi.wo, wi);
    }
}
```

Vertex::IsConnectible() 메서드는 불리언 값을 반환하며, 현재 정점을 포함하는 연결 전략이 원칙적으로 성공했는지를 나타낸다. 예를 들어 정점이 BSDF가 디랙 델타 요소로만 이뤄진 표면 상호작용인 경우 다른 경로의 하위 경로 정점에 결코 연결할 수 없다. 델타 분포가 0이 아닌 곳에서 0의 확률로 방향을 선택해야 한다. 구현은 매질과 카메라 정점이 항상 연결 가능하다고 가정한다(후자의 가정은 정사영 카메라의 지원이 추가될 경우 변경돼야 한다).

<Vertex Public Methods> +≡ 1180

```
bool IsConnectible() const {
    switch (type) {
        case VertexType::Medium: return true;
        case VertexType::Light: return
                (ei.light->flags & (int)LightFlags::DeltaDirection) == 0;
        case VertexType::Camera: return true;
        case VertexType::Surface: return si.bsdf->NumComponents(
                BxDFType(BSDF_DIFFUSE | BSDF_GLOSSY |
                        BSDF_REFLECTION | BSDF_TRANSMISSION)) > 0;
    }
}
```

몇 개의 도우미 메서드는 빛에 작업하는 데 유용하다. 이는 pbrt가 지원하는 광원의 다양성을 처리하기 위해 필요하다.

예를 들어 표면 상호작용 정점 아래의 Primitive가 자체로 영역 광이면 정점은 BDPT 연결 전략에 의존하는 다른 역할을 가진다. 광원으로 재해석돼 경로 종점으로 사용되거나, 더 긴 길이의 경로를 생성하기 위한 일반적인 산란 현상으로 사용될 수 있다. 그러므로 Vertex::IsLight() 메서드는 정점이 광원으로 해석될 수 있는지에 대한 종합적인 테스트를 제공한다.

<Vertex Public Methods> +≡ 1180

```
bool IsLight() const {
    return type == VertexType::Light ||
            (type == VertexType::Surface && si.primitive->GetAreaLight());
}
```

디랙 델타 분포를 포함하는 방출 특성을 갖는 광원은 반드시 다중 중요도 표본화 가중치의 계산에서 특별히 처리돼야 한다. Vertex::IsDeltaLight()는 이 경우를 확인한다.

<Vertex Public Methods> +≡ 1180

```
bool IsDeltaLight() const {
```

```
        return type == VertexType::Light && ei.light &&
                ::IsDeltaLight(ei.light->flags);
    }
```

Vertex::IsInfiniteLight() 메서드는 정점이 무한 영역 광원과 연결됐는지를 표시한다. 이런 정점은 InfiniteAreaLight에서 방출된 광선을 표본화해 생성하거나 환경을 빠져나가는 광선을 추적해 생성할 수 있다. 후자의 경우 정점은 VertexType::Light의 형으로 표시되지만 ei.light는 nulltptr이 되며, 어떤 특정 광원도 교차하지 않기 때문이다.

<Vertex Public Methods> +≡ 1180

```
    bool IsInfiniteLight() const {
        return type == VertexType::Light &&
                (!ei.light || ei.light->flags & (int)LightFlags::Infinite);
    }
```

마지막으로 Le()는 교차된 광원에서 다른 정점을 향해 방출된 방사를 찾는 데 사용할 수 있다.

<Vertex Public Methods> +≡ 1180

```
    Spectrum Le(const Scene &scene, const Vertex &v) const {
        if (!IsLight()) return Spectrum(0.f);
        Vector3f w = Normalize(v.p() - p());
        if (IsInfiniteLight()) {
            <Return emitted radiance for infinite light sources 1184>
        } else {
            const AreaLight *light = si.primitive->GetAreaLight();
            return light->L(si, w);
        }
    }
```

<Return emitted radiance for infinite light sources> ≡ 1184

```
    Spectrum Le(0.f);
    for (const auto &light : scene.lights)
        Le += light->Le(Ray(p(), -w));
    return Le;
```

확률 밀도

BDPT의 다중 중요도 표본화 코드는 다양한 다른 경로 표본화 전략에 대한 빛 운송 경로의 확률 밀도에 대한 세부적인 정보를 필요로 한다. 이 밀도가 동일 확률 측정으로 표현돼 확률 간의 비율이 의미 있게 하는 것이 중요하다. 구현은 면적 곱 측정[area product measure]을 경로 확률에 대해 사용한다. 이는 경로의 밀도를 개별 정점의 밀도의 곱으로 표현하며, 결과적으로 단순히 공통된(그리고 일관된) 측정도인 단위 면적당 확률probability per unit area[9]로 주어진다. 이는 14.4.3절에서 LTE를 표면 형식으로 유도할 때 초기에 사용한 것과 같은 측정도다.

5.5절의 입체각에서 표면 면적으로의 매핑의 자코비안이 거리의 제곱의 역과 next 및 wn에서의 기하 법선 사이 각의 코사인(next가 표면 정점이라고 가정한다. 반투명 매질 안의 점이면 코사인 항이 없다(15.1.1절))을 포함하는 것을 기억하자. ConvertDensity() 메서드는 이 (정점 특성에서 계산한) 자코비안의 곱을 반환하며, pdf 매개변수는 정점에서의 입체각 밀도로 표현된다(무한 영역 광원은 여기서 특별한 처리가 필요하다. 이 경우는 16.3.6절에서 다룬다).

```
<Vertex Public Methods> +≡                                                    1180
    Float ConvertDensity(Float pdf, const Vertex &next) const {
        <Return solid angle density if next is an infinite area light 1208>
        Vector3f w = next.p() - p();
        Float invDist2 = 1 / w.LengthSquared();
        if (next.IsOnSurface())
            pdf *= AbsDot(next.ng(), w * std::sqrt(invDist2));
        return pdf * invDist2;
    }
```

각 정점은 두 가지 밀도를 가진다. 첫 번째 밀도는 pdfFwd며, 현재 정점의 전향 밀도를 저장하고, 이는 경로 표본화 알고리즘을 생성된 현재 정점의 단위 면적당 확률이다. 두 번째 밀도 pdfRev는 빛 전송의 방향이 반대가 될 경우의 가상적 확률 밀도다. 이는 카메라 경로에 사용된 중요도 전송에 방사 전송이 사용되거나 반대의 경우다. 이 역밀도는 16.3.4절에서 MIS 가중치를 계산하는 데 결정적이다.

```
<Vertex Public Data> +≡                                                       1180
    Float pdfFwd = 0, pdfRev = 0;
```

Vertex::Pdf() 메서드는 주어진 정점과 연결된 표본화 기술의 단위 면적당 확률을 반환한다. 주어진 이전 정점 prev에서 정점 *this를 떠나는 광선에 대한 정점 next를 표본화하는 밀도를 계산한다. prev 인자는 경로 종점(카메라나 광원)에서 nullptr과 같을 수 있으며, 이는 이전이 없기 때문이다. 광원은 일부 특별한 처리가 필요하며, 바로 다룰 PdfLight() 메서드에서 따로 처리한다.

9. 비슷하게 정의된 '곱 입체각 측정도'는 공통되고 일관된 측정도의 요구 사항을 만족하지 못한다. 입체각 밀도는 항상 특정 정점 위치을 표현한다. 다른 정점에서 보이는 밀도는 추가적인 자코비안 인자를 고려해 기반 변수의 변화를 고려해야 한다.

<Vertex Public Methods> +≡ 1180

```
Float Pdf(const Scene &scene, const Vertex *prev,
        const Vertex &next) const {
    if (type == VertexType::Light)
        return PdfLight(scene, next);
    <Compute directions to preceding and next vertex 1186>
    <Compute directional density depending on the vertex type 1186>
    <Return probability per unit area at vertex next 1186>
}
```

모든 다른 정점형에 대해 함수는 우선 이전과 다음 정점(존재할 경우)에 대한 정규화된 방향을 계산한다.

<Compute directions to preceding and next vertex> ≡ 1186

```
Vector3f wp, wn = Normalize(next.p() - p());
if (prev)
    wp = Normalize(prev->p() - p());
```

정점형에 의존적으로 `Pdf()`는 적절한 PDF 메서드를 호출하고 `next`에 대한 방향을 변수 `pdf`에 표본화하는 단위 입체각당 확률을 저장한다.

<Compute directional density depending on the vertex type> ≡ 1186

```
Float pdf, unused;
if (type == VertexType::Camera)
    ei.camera->Pdf_We(ei.SpawnRay(wn), &unused, &pdf);
else if (type == VertexType::Surface)
    pdf = si.bsdf->Pdf(wp, wn);
else if (type == VertexType::Medium)
    pdf = mi.phase->p(wp, wn);
```

마지막으로 입체각 밀도는 `next`에서 단위 면적당 확률로 변환된다.

<Return probability per unit area at vertex `next`*>* ≡ 1186

```
return ConvertDensity(pdf, next);
```

빛 방출 정점은 다른 두 가지 방법으로 생성할 수 있다. `Light::Sample_Le()` 같은 표본화 루틴을 사용하거나 레이트레이싱을 통한 방출성 표면에 교차하는 것이다. 이런 다른 전략을 다중 중요도 표본화 방식의 일부로 비교할 수 있으려면 빛 정점에 대한 단위 면적당 대응하는 확률을 알 수 있어야 한다. 이 작업은 `PdfLight()` 메서드로 처리된다.

정의는 `Vertex::Pdf()`와 유사하다. 이는 현재 정점에서 제공된 정점으로의 방향을 계산하고 Light::Pdf_Le()를 호출해 기반 표본화 전략의 입체각 밀도를 받으며, 이는 이후에 v에서의 단위 면적당 밀도로 변환된다. 또한 Vertex::Pdf()와 달리 이 메서드는 영역 광 위에 위치한 표면 정점을 광원 정점인 것으로 간주한다. 무한 영역 광의 특수한 경우가 하나 더 있으며, 이에 대한 설명은 16.3.5절로 미룬다.

<*Vertex Public Methods*> +≡ 1180

```
Float PdfLight(const Scene &scene, const Vertex &v) const {
    Vector3f w = v.p() - p();
    Float invDist2 = 1 / w.LengthSquared();
    w *= std::sqrt(invDist2);
    Float pdf;
    if (IsInfiniteLight()) {
        <Compute planar sampling density for infinite light sources 1209>
    } else {
        <Get pointer light to the light source at the vertex 1187>
        <Compute sampling density for non-infinite light sources 1187>
    }
    if (v.IsOnSurface())
        pdf *= AbsDot(v.ng(), w);
    return pdf;
}
```

정점 종류에 따라 광원 구현에 대한 포인터는 반드시 두 개의 다른 위치 중 하나에서 얻어야만 한다.

<*Get pointer* light *to the light source at the vertex*> ≡ 1187, 1188

```
const Light *light = type == VertexType::Light ?
        ei.light : si.primitive->GetAreaLight();
```

<*Compute sampling density for non-infinite light sources*> ≡ 1187

```
Float pdfPos, pdfDir;
light->Pdf_Le(Ray(p(), w, time()), ng(), &pdfPos, &pdfDir);
pdf = pdfDir * invDist2;
```

이제 대칭적으로 카메라 종점에 적용되는 Vertex::PdfCamera()의 상호 루틴을 기대한다. 하지만 pbrt에서의 카메라는 명시적 기하 구조를 사용해 표현되지 않는다. 그러므로 광선 교차로 결코 도달되지 않으며, 전용 질의 함수의 필요성을 제거한다. 필요하면 완벽히 대칭적인 구현이 영역 광에 대응하는 '영역 카메라'로 태그된 장면 기하 구조를 인스턴싱해 얻을 수 있다. 이는 가능한 BDPT 연결 전략의 집합을 증가시키지만, 대부분 장면의 경우 카메라와 교차의 낮은 확률로 인해 혜택은 미미하다.

Pdf()와 PdfLight() 메서드가 현재 정점에서 구현된 중요도 전략의 방향 확률 밀도를 다른 주어진 정점의 위치에서 측정된 것으로 사용한다. 하지만 이는 4D 분포에서 광선을 생성하는 표본화 루틴의 경로 종점에서 행태를 완벽히 특성화하기엔 부족하다. 추가적인 PdfLightOrigin() 메서드는 광원 자체에서 표본의 공간 분포의 정보를 제공하는 것의 간극을 채운다. 이전과 같은 이유로 카메라 종점을 위한 전용 PdfCameraOrigin()는 필요하지 않다.

<Vertex Public Methods> +≡ 1180

```
Float PdfLightOrigin(const Scene &scene, const Vertex &v,
        const Distribution1D &lightDistr) const {
    Vector3f w = Normalize(v.p() - p());
    if (IsInfiniteLight()) {
        <Return solid angle density for infinite light sources 1209>
    } else {
        <Return solid angle density for non-infinite light sources 1188>
    }
}
```

<Return solid angle density for non-infinite light sources> ≡ 1188

```
Float pdfPos, pdfDir, pdfChoice = 0;
<Get pointer light to the light source at the vertex 1187>
<Compute the discrete probability of sampling light, pdfChoice 1188>
light->Pdf_Le(Ray(p(), w, time()), ng(), &pdfPos, &pdfDir);
return pdfPos * pdfChoice;
```

가용한 광원 사이에서 light를 선택하는 불연속 확률을 결정하기 위해 반드시 광원에 대한 포인터를 찾아 대응하는 항목을 lightDistr에서 찾아야 한다. 너무 많은 광원이 있을 경우 선형 검색은 비효율적이다. 이 경우 이 계산은 이 확률을 직접 광원 클래스에 저장해 더 효율적으로 구현할 수 있다.

<Compute the discrete probability of sampling light, pdfChoice*>* ≡ 1188

```
for (size_t i = 0; i < scene.lights.size(); ++i) {
    if (scene.lights[i].get() == light) {
        pdfChoice = lightDistr.DiscretePDF(i);
        break;
    }
}
```

16.3.2 카메라와 빛의 세부 경로 생성

대칭 함수 쌍 GenerateCameraSubpath()와 GenerateLightSubpath()는 각각의 두 형태의 세부 경로를 생성한다. 둘 다 시작된 경로를 얻기 위해 일부 초기 작업을 처리한 후 두 번째 함수 RandomWalk()를 호출하며, 이는 따라오는 정점을 표본화하고 path 배열을 초기화한다. 이 함수 둘 다 세부 경로 안의 정점의 수를 반환한다.

<BDPT Utility Functions> +≡

```
int GenerateCameraSubpath(const Scene &scene, Sampler & sampler,
        MemoryArena &arena, int maxDepth, const Camera &camera,
        const Point2f &pFilm, Vertex *path) {
    if (maxDepth == 0)
        return 0;
    <Sample initial ray for camera subpath 1189>
    <Generate first vertex on camera subpath and start random walk 1189>
}
```

카메라 경로는 Camera::GenerateRayDifferential()에서 카메라 광선으로 시작한다. 광선의 미분은 SamplerIntegrator에서처럼 크기 조절돼 실제 픽셀 표본화 밀도를 반영한다.

<Sample initial ray for camera subpath> ≡ 1189

```
CameraSample cameraSample;
cameraSample.pFilm = pFilm;
cameraSample.time = sampler.Get1D();
cameraSample.pLens = sampler.Get2D();
RayDifferential ray;
Spectrum beta = camera.GenerateRayDifferential(cameraSample, &ray);
ray.ScaleDifferentials(1 / std::sqrt(sampler.samplesPerPixel));
```

위치 path[0]에서의 정점은 카메라 렌즈나 핀홀 위의 특별한 종점 정점(한정된 구경을 가진 카메라에 대해서)으로 초기화된다. 그런 다음 RandomWalk() 함수는 나머지 정점 생성을 처리한다. TransportMode는 경로의 원점으로 다시 전달되는 양을 반영하므로 TransportMode::Radiance가 사용된다. path의 첫 요소가 이미 종점 정점으로 사용됐으므로 RandomWalk()는 위치 path[1]에서 시작하는 표본화된 정점을 최대 깊이 maxDepth - 1로 쓰도록 호출된다. 함수는 전체 표본화 정점의 수를 반환한다.

<Generate first vertex on camera subpath and start random walk> ≡ 1189

```
Float pdfPos, pdfDir;
path[0] = Vertex::CreateCamera(&camera, ray, beta);
```

```
    camera.Pdf_We(ray, &pdfPos, &pdfDir);
    return RandomWalk(scene, ray, sampler, arena, beta, pdfDir,
            maxDepth - 1, TransportMode::Radiance,
            path + 1) + 1;
```

함수 GenerateLightSubpath()는 비슷한 방식으로 작동하며, 경로가 광원에서 시작하는 것으로 인한 사소한 차이들이 있다.

<*BDPT Utility Functions*> +≡

```
    int GenerateLightSubpath(const Scene &scene, Sampler &sampler,
            MemoryArena &arena, int maxDepth, Float time,
            const Distribution1D &lightDistr, Vertex *path) {
        if (maxDepth == 0)
            return 0;
        <Sample initial ray for light subpath 1190>
        <Generate first vertex on light subpath and start random walk 1190>
    }
```

이 적분기에서 일반적으로 제공되는 Distribution1D에서 표본화해 특정 빛을 선택한다. 다음으로 빛의 Light::Sample_Le()의 구현을 통해 방출된 광선을 표본화한다.

<*Sample initial ray for light subpath*> ≡ 1190

```
    Float lightPdf;
    int lightNum = lightDistr.SampleDiscrete(sampler.Get1D(), &lightPdf);
    const std::shared_ptr<Light> &light = scene.lights[lightNum];
    RayDifferential ray;
    Normal3f nLight;
    Float pdfPos, pdfDir;
    Spectrum Le = light->Sample_Le(sampler.Get2D(), sampler.Get2D(), time,
            &ray, &nLight, &pdfPos, &pdfDir);
    if (pdfPos == 0 || pdfDir == 0 || Le.IsBlack())
        return 0;
```

beta 변수는 연관된 표본화 가중치로 초기화되며, 이는 방출된 방사를 빛 전송 방정식에서의 코사인으로 곱하고 광선 공간 안의 표본 확률로 나눈 것이다. 이 단계는 방정식(16.15)에 대응하며, 구현된 방식은 SPPM 적분기의 입자 추적 단계에서의 코드 조각 <*Generate* photonRay *from light source and initialize* beta>에 구현된 방식이다.

<*Generate first vertex on light subpath and start random walk*> ≡ 1190

```
    path[0] = Vertex::CreateLight(light.get(), ray, nLight, Le,
            pdfPos * lightPdf);
```

```
    Spectrum beta = Le * AbsDot(nLight, ray.d) / (lightPdf * pdfPos * pdfDir);
    int nVertices = RandomWalk(scene, ray, sampler, arena, beta, pdfDir,
            maxDepth - 1, TransportMode::Importance,
            path + 1);
    <Correct subpath sampling densities for infinite area lights 1208>
    return nVertices + 1;
```

RandomWalk()는 초기 정점에서 시작하는 경로를 추적한다. 이는 위치에 대응하는 경로 종점에서의 나가는 방향이 이미 표본화돼 있고, 이 정보는 입력 인자 ray, 경로 투과량 가중치 beta, ray.d의 단위 입체각당 광선 표본화 확률을 제공하는 매개변수 pdfFwd로 제공된다. 매개변수 mode는 중요도와 방사 전송 사이를 선택한다(16.1절). 경로 정점은 제공된 path 배열 안에서 최대 maxDepth 정점의 수까지 저장되며, 실제 생성된 정점이 끝에서 반환된다.

```
<BDPT Utility Functions> +≡
    int RandomWalk(const Scene &scene, RayDifferential ray, Sampler &sampler,
            MemoryArena &arena, Spectrum beta, Float pdf, int maxDepth,
            TransportMode mode, Vertex *path) {
        if (maxDepth == 0)
            return 0;
        int bounces = 0;
        <Declare variables for forward and reverse probability densities 1191>
        while (true) {
            <Attempt to create the next subpath vertex in path 1191>
        }
        return bounces;
    }
```

두 변수 pdfFwd와 pdfRev는 매 루프 반복에서 갱신되며, 다음과 같은 불변 항을 가진다. 매 반복의 시작에서 pdfFwd는 표본화된 광선 방향 ray.d의 단위 입체각당 확률을 저장한다. 반면 pdfRev는 매 반복의 마지막에서 역확률을 표기한다. 즉, 같은 광선 선분을 따라 단위 입체각당 반대 빛 전송 방식의 밀도다.

```
<Declare variables for forward and reverse probability densities> ≡        1191
    Float pdfFwd = pdf, pdfRev = 0;
```

```
<Attempt to create the next subpath vertex in path> ≡                      1191
    MediumInteraction mi;
    <Trace a ray and sample the medium, if any 1192>
    if (mi.IsValid()) {
        <Record medium interaction in path and compute forward density 1192>
```

```
        <Sample direction and compute reverse density at preceding vertex 1192>
    } else {
        <Handle surface interaction for path generation 1193>
    }
    <Compute reverse area density at preceding vertex 1194>
```

반복문의 본체는 현재 광선을 장면 기하 구조와 교차하는 것으로 시작한다. 광선이 반투명 매질을 통해 지나가면 Medium::Sample()의 호출은 광선과 표면 사이의 산란 현상을 표본화한다. 이는 매질의 표본화 가중치를 반환하며, 경로 기여도 가중치 beta에 포함된다.

<Trace a ray and sample the medium, if any> ≡ 1191

```
SurfaceInteraction isect;
bool foundIntersection = scene.Intersect(ray, &isect);
if (ray.medium)
    beta *= ray.medium->Sample(ray, sampler, arena, &mi);
if (beta.IsBlack())
    break;
Vertex &vertex = path[bounces], &prev = path[bounces - 1];
```

Medium::Sample()이 매질 산란 현상을 생성할 때 대응하는 Interaction은 Vertex에 저장되며, path 배열의 끝에 추가된다. Vertex::CreateMedium() 메서드는 pdfFwd의 입체각 밀도를 단위 면적당 확률로 변환하고 결과를 Vertex::pdfFwd에 저장한다.

<Record medium interaction in path *and compute forward density>* ≡ 1191

```
vertex = Vertex::CreateMedium(mi, beta, pdfFwd, prev);
if (++bounces >= maxDepth)
    break;
```

최대 경로 깊이가 초과되지 않았다면 산란 방향은 위상 함수에서 표본화돼 다음 반복문의 반복에서 처리할 새로운 광선을 생성하는 데 사용된다.

이 시점에서 역순서로 동일한 산란 상호작용을 생성하는 가상의 무작위 이동에 대한 이전 정점에서의 표본화 밀도를 얻기 위해 위상 함수를 치환된 인자로 계산할 수 있다. 위상 함수가 일반적으로 인자에 대해 대칭이므로 pdfFwd에 대해 계산한 값을 단순히 재사용할 수 있다.

<Sample direction and compute reverse density at preceding vertex> ≡ 1192

```
Vector3f wi;
pdfFwd = pdfRev = mi.phase->Sample_p(-ray.d, &wi, sampler.Get2D());
ray = mi.SpawnRay(wi);
```

표면에 대한 전체적인 구조체는 비슷하지만, 비대칭 산란을 처리하거나 매질 사이의 전이를 표시하는 표면에 대한 일부 특수한 처리가 필요하다.

```
<Handle surface interaction for path generation> ≡                                1192
    if (!foundIntersection) {
        <Capture escaped rays when tracing from the camera 1208>
        break;
    }
    <Compute scattering functions for mode and skip over medium boundaries 1193>
    <Initialize vertex with surface intersection information 1193>
    if (++bounces >= maxDepth)
        break;
    <Sample BSDF at current vertex and compute reverse probability 1194>
    ray = isect.SpawnRay(wi);
```

코드 조각 <*Capture escaped rays when tracing from the camera*>는 무한 영역 광을 지원할 필요가 있다. 이는 16.3.5절에서 다룬다. 다음 코드 조각 <*Compute scattering functions for* `mode` *and skip over medium boundaries*>는 기본 경로 추적기의 <*Compute scattering functions and skip over medium boundaries*>와 유사하며, 산란 함수가 현재 빛 전송 방식(방사나 중요도 전송)에 대해 `mode` 매개변수를 사용해서 요청되는 점만 다르다.

```
<Compute scattering functions for mode and skip over medium boundaries> ≡         1193
    isect.ComputeScatteringFunctions(ray, arena, true, mode);
    if (!isect.bsdf) {
        ray = isect.SpawnRay(ray.d);
        continue;
    }
```

주어진 유효한 교차점에서 현재 경로 정점은 대응하는 표면 교차 정점으로 초기화되며, 디시 입체각 밀도 `pdfFwd`가 면적 밀도로 `Vertex::pdfFwd`에 저장되기 전에 변환된다.

```
<Initialize vertex with surface intersection information> ≡                       1193
    vertex = Vertex::CreateSurface(isect, beta, pdfFwd, prev);
```

최대 경로 깊이가 초과되지 않았다면 산란 방향은 BSDF에서 표본화돼 `beta` 안의 경로 기여가 갱신된다. 표면의 경우에 `BSDF::Pdf()`가 대칭적이라고 일반적으로 가정하지 않는다. 그러므로 반드시 `pdfRev`를 얻기 위해 치환된 인자로 표본화 밀도를 재계산해야 한다. 반사광 표본화 사건의 경우 정점을 `Vertex::delta` 플래그를 사용해 표시하고 `pdfFwd`와 `pdfRev`를 0으로 설정해 기반 상호작용이 연속 밀도 함수가 없다는 것을 표시한다. 마지막으로 음영 법선의 사용에 관련된 비대칭성을 보정한다(16.1.3절에서 자세한 내용을 보자).

<Sample BSDF at current vertex and compute reverse probability> ≡ 1193

```
Vector3f wi, wo = isect.wo;
BxDFType type;
Spectrum f = isect.bsdf->Sample_f(wo, &wi, sampler.Get2D(), &pdfFwd,
        BSDF_ALL, &type);
if (f.IsBlack() || pdfFwd == 0.f)
    break;
beta *= f * AbsDot(wi, isect.shading.n) / pdfFwd;
pdfRev = isect.bsdf->Pdf(wi, wo, BSDF_ALL);
if (type & BSDF_SPECULAR) {
    vertex.delta = true;
    pdfRev = pdfFwd = 0;
}
beta *= CorrectShadingNormal(isect, wo, wi, mode);
```

반복문은 역밀도 pdfRev를 단위 면적당 확률로 변환하고 이를 이전 정점의 Vertex 자료구조 안에 저장한다.

<Compute reverse area density at preceding vertex> ≡ 1192

```
prev.pdfRev = vertex.ConvertDensity(pdfRev, prev);
```

16.3.3 세부 경로 연결

ConnectBDPT() 함수는 빛과 카메라의 세부 경로와 정점의 수 s, t를 각각 갖는다. 이는 해당 전략의 기여를 반환한다.

$t = 1$의 연결 전략은 단일 카메라 정점과 카메라의 위치만을 사용한다. 경로 기여의 래스터 위치는 빛 세부 경로의 마지막 정점이 보이는 (존재한다면) 픽셀에 기반을 둔다. 이 경우 결과 위치는 pRaster 인자로 결과 위치가 반환된다.

<BDPT Method Definitions> ≡

```
Spectrum ConnectBDPT(const Scene &scene, Vertex *lightVertices,
        Vertex *cameraVertices, int s, int t,
        const Distribution1D &lightDistr, const Camera &camera,
        Sampler &sampler, Point2f *pRaster, Float *misWeightPtr) {
    Spectrum L(0.f);
    <Ignore invalid connections related to infinite area lights 1208>
    <Perform connection and write contribution to L 1195>
```

```
        <Compute MIS weight for connection strategy 1198>
        return L;
    }
```

연결을 처리할 때 다양한 경우를 반드시 고려해야 한다. 0이나 하나의 정점을 가진 짧은 세부 경로를 포함할 경우 특별한 처리가 필요하다. 일부 전략은 동적으로 추가적인 정점을 표본화할 수 있으며, 임시 변수 `sampled`에 저장된다.

<Perform connection and write contribution to L*>* ≡ 1194

```
    Vertex sampled;
    if (s == 0) {
        <Interpret the camera subpath as a complete path 1195>
    } else if (t == 1) {
        <Sample a point on the camera and connect it to the light subpath 1195>
    } else if (s == 1) {
        <Sample a point on a light and connect it to the camera subpath>
    } else {
        <Handle all other bidirectional connection cases 1197>
    }
```

첫 번째 경우 (`s = 0`)은 빛 세부 경로의 어떤 정점도 사용되지 않고 카메라 세부 경로 p_0, p_1, ..., p_{t-1}이 이미 완전한 경로일 때만 성공한다. 이는 정점 p_{t-1}이 광원으로 해석될 수 있는 경우다. 이 경우 `L`은 경로 투과량 가중치와 p_{t-1}에서 방출의 곱이다.

<Interpret the camera subpath as a complete path> ≡ 1195

```
    const Vertex &pt = cameraVertices[t - 1];
    if (pt.IsLight())
        L = pt.Le(scene, cameraVertices[t - 2]) * pt.beta;
```

두 번째 경우는 $t = 1$일 때 적용 가능하다. 이는 빛 세부 경로의 전반이 카메라에 직접 연결되는 경우다(그림 16.15). 광원에 대한 직접 조명 루틴에 대응해 최적화된 중요도 표본화 전략을 허용하기 위해 실제 카메라 정점 p_0를 무시하고 `Camera::Sample_Wi()`를 사용해서 새로운 것을 표본화한다. 이 최적화는 16.3절의 시작에서 두 번째 총알에 대응한다. 이 종류의 연결은 빛 세부 경로 q_{s-1}이 표본화된 연결을 지원할 때만 성공한다. 그렇지 않은 경우 q_{s-1}의 BSDF는 확실히 0을 반환하며 연결을 시작할 이유가 없다.

<Sample a point on the camera and connect it to the light subpath> ≡ 1195

```
    const Vertex &qs = lightVertices[s - 1];
    if (qs.IsConnectible()) {
```

```
        VisibilityTester vis;
        Vector3f wi;
        Float pdf;
        Spectrum Wi = camera.Sample_Wi(qs.GetInteraction(), sampler.Get2D(),
                &wi, &pdf, pRaster, &vis);
        if (pdf > 0 && !Wi.IsBlack()) {
            <Initialize dynamically sampled vertex and L for t = 1 case 1196>
        }
    }
```

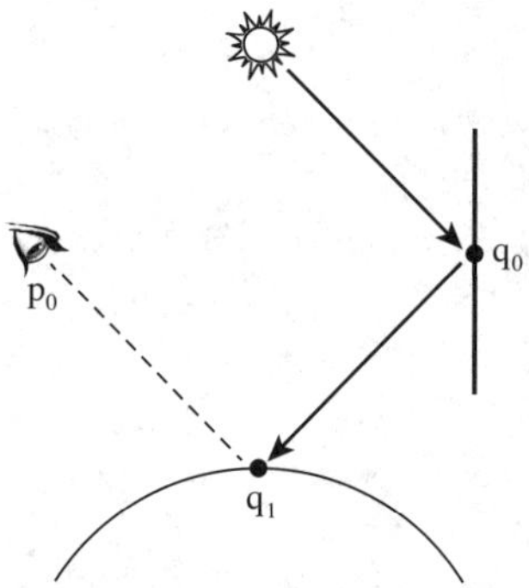

그림 16.15 BDPT를 위한 t = 1 표본화 전략. 카메라로의 빛 세부 경로의 부분집합을 연결하려 한다. 주어진 빛 세부 경로의 마지막 정점에서 Camera::Sample_Wi()는 렌즈 p_0에서 카메라를 떠나 빛 경로 정점으로의 광선에 대응하는 정점을 표본화한다(이런 광선이 필름에 교차할 경우).

카메라 정점이 성공적으로 생성되면 pRaster가 초기화되고 vis는 연결 선분을 가진다. 방정식(16.1)에서 최종 기여를 세부 경로 가중치, 연결 선분에 대한 투과도, BRDF나 위상 함수, q_{s-1}가 표면 정점일 경우 코사인 인자의 곱으로 계산할 수 있다.

```
<Initialize dynamically sampled vertex and L for t = 1 case> ≡                    1196
    sampled = Vertex::CreateCamera(&camera, vis.P1(), Wi / pdf);
    L = qs.beta * qs.f(sampled) * vis.Tr(scene, sampler) * sampled.beta;
    if (qs.IsOnSurface())
        L *= AbsDot(wi, qs.ns());
```

여기서 다음 경우 s = 1을 생략한다. 이는 카메라 세부 경로의 마지막 정점에서의 직접 조명 계산 처리에 대응한다. 구현은 t = 1 경우와 유사하다. 주된 차이는 빛과 카메라가 교환되며, 광원은 반드시 lightDistr을 사용해 빛 표본이 생성할 수 있기 전에 선택돼야 한다는 것이다.

마지막 경우 <*Handle all other bidirectional connection cases*>는 대부분 종류의 연결에

대응한다. 이는 카메라와 빛 세부 경로 전반부가 충분히 길어 특별한 경우가 발동하지 않는 경우에 적용된다(예, s, $t > 1$). 15.5.1절에서의 일반화된 경로 기여 방정식을 고려할 경우 카메라와 빛 세부 경로를 정규 경로 추적에서 14.5.3절에서 사용된 점진적 경로 생성 방식으로 생성할 수 있다. 주어진 현재 정점까지 이 경로들의 투과량은 각각 $\hat{T}(\bar{q}_s)$와 $T(\bar{p}_t)$며, 여기서 다음과 같다.

$$\bar{p}_t = p_0, p_1, \ldots, p_{t-1}$$

$\bar{q}_s$에서도 유사하다. t 빛 정점과 s 카메라 정점에서 경로의 기여를 다음으로 얻을 수 있다.

$$\hat{P}(\bar{q}_s \bar{p}_t) = L_e \, \hat{T}(\bar{q}_s) \Big[\hat{f}(q_{s-2} \to q_{s-1} \to p_{t-1}) \hat{G}(q_{s-1} \leftrightarrow p_{t-1}) \\ \hat{f}(q_{s-1} \to p_{t-1} \to p_{t-2}) \Big] \hat{T}(\bar{p}_t) \, W_e.$$

처음과 마지막 곱은 방출, 중요도, 카메라 경로에 대해 $L_e\hat{T}(\bar{q}_s)$와 빛 경로에 대한 $\hat{T}(\bar{p}_t)W_e$인 일반화된 투과량 항을 포함하며, 이미 연결 정점의 `Vertex::beta` 항목 안에 사용할 수 있다. 그러므로 괄호 안의 항만 계산하면 경로의 전체 기여를 찾을 수 있다. BDPT의 대칭적 본질은 이미 명백하다. 최종 기여는 세부 경로 가중치의 곱과 동일하며, BRDF나 위상 함수, 그리고 (대칭적) 일반화된 기하 구조 항의 곱이다. 이 전략은 연결 정점의 하나가 연결 가능하지 않다고 표시될 경우 성공할 수 없다. 이 경우 어떤 연결 시도도 생성되지 않는다.

세부 경로 가중치와 두 BSDF의 곱은 종종 0이다. 이 경우는, 예를 들어 연결 선분이 두 표면 중 하나를 통해 투과되고 대응하는 표면이 투과성이 아닐 때에 일어난다. 이 경우 불필요한 `G()` 함수의 호출을 피하는 것이 가치가 있으며, 이는 가시성을 테스트하기 위해 그림자 광선을 추적하는 함수다.

<Handle all other bidirectional connection cases> ≡ 1195

```
const Vertex &qs = lightVertices[s - 1], &pt = cameraVertices[t - 1];
if (qs.IsConnectible() && pt.IsConnectible()) {
    L = qs.beta * qs.f(pt) * pt.f(qs) * pt.beta;
    if (!L.IsBlack()) L *= G(scene, sampler, qs, pt);
}
```

일반화된 기하 구조 항인 방정식(15.5)는 개별 함수 `G()` 안에서 계산된다.

<BDPT Utility Functions> +≡

```
Spectrum G(const Scene &scene, Sampler &sampler, const Vertex &v0,
        const Vertex &v1) {
```

```
        Vector3f d = v0.p() - v1.p();
        Float g = 1 / d.LengthSquared();
        d *= std::sqrt(g);
        if (v0.IsOnSurface())
            g *= AbsDot(v0.ns(), d);
        if (v1.IsOnSurface())
            g *= AbsDot(v1.ns(), d);
        VisibilityTester vis(v0.GetInteraction(), v1.GetInteraction());
        return g * vis.Tr(scene, sampler);
    }
```

연결된 경로에 대한 다중 중요도 표본화 가중치의 계산은 개별 함수 MISWeight()로 구현되며, 다음과 같다.

<Compute MIS weight for connection strategy> ≡ 1195

```
    Float misWeight = L.IsBlack() ? 0.f :
        MISWeight(scene, lightVertices, cameraVertices, sampled, s, t,
                  lightDistr);
    L *= misWeight;
    if (misWeightPtr) *misWeightPtr = misWeight;
```

16.3.4 다중 중요도 표본화

천장에서 위로 향한 빛이 방을 간접적으로 조명하는 경우를 기억하자. 심지어 다중 중요도 표본화가 없어도 양방향 경로 추적이 기여 없는 경로의 수를 줄이는 것보다 훨씬 잘 동작하는데, 이는 빛에서의 경로가 연결 선분에 충돌하기 위한 더 많은 빛 전송 대상을 카메라 경로 정점에 제공하기 때문이다(그림 16.17을 보자. 이는 양방향 연결의 다양한 형태의 효과를 보여준다). 하지만 천장에서 밝은 지점을 찾기 위해 발생하는 카메라 세부 경로의 정점으로 인해 예상 못한 큰 기여도를 가진 경로로 인한 편차로 인해 이미지가 여전히 손상된다. 이 문제를 해결하기 위해 MIS를 적용할 수 있다. 이는 자동으로 최소한 빛 세부 경로 위에서 하나 이상의 산란 현상을 포함하는 연결 전략이 이런 경우 우월한 표본화 전략으로 이어진다는 것을 인지한다. 이 능력은 모든 가용한 전략에 대한 경로를 생성하는 확률을 알고 있기에 가능하며, 이는 앞서 Vertex::pdfFwd와 Vertex::pdfRev 값을 캐싱하는 이유다.

이 절에서 특정 BDPT 표본화 전략에 연관된 다중 표본화 가중치를 계산하는 MISWeight() 함수를 설명할 것이다. 이는 빛과 카메라 세부 경로와 성공적인 BDPT 연결 시도에서 사용된 전반부를 확인하기 위한 정수 쌍 (s, t)을 받아 완전한 경로 $q_0, \ldots, q_{s-1}, p_{t-1}, \ldots, p_0$를 생성한다. 이는 가설적으로 동일한 입력 경로를 생성하지만 빛과 카메라 세부 경로 사이의 더 빠르거나 느린 교차점을 가진 모든 대안 전략에 대해 반복한다(그림 16.16). 함수는 그 후 경로 기여를 13.10.1절에서의 휴리스틱 균형을 사용해 재가중하며, 고려 가능한 모든 표본화 전략을 받는다.[10] 원할 경우 다른 MIS 변형(예, 경험적 출력에 기반)으로의 전환은 손쉽다.

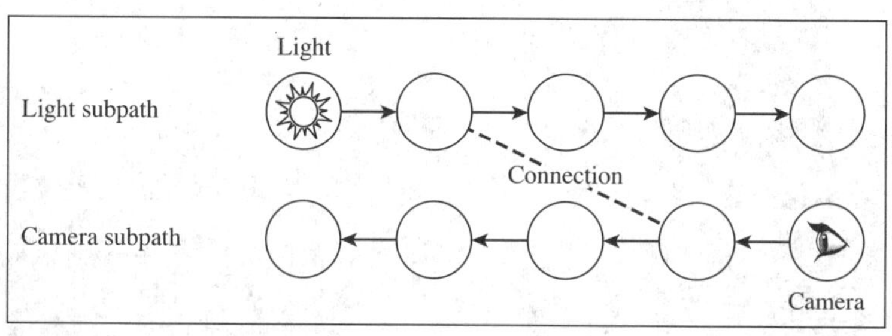

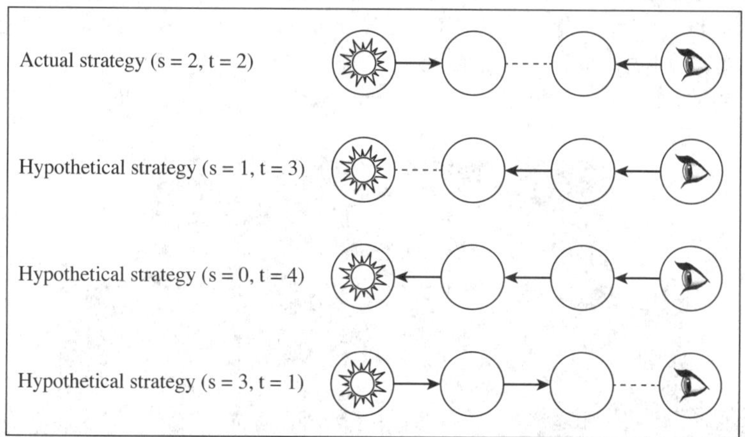

그림 16.16 BDPT의 맥락에서의 다중 중요도 표본화. 주어진 특정 연결 전략 ($s = 2$, $t = 2$)가 위에서 보이며, MISWeight( )는 동일한 경로를 생성하는 다른 전략을 고려한다(아래쪽). $t = 0$일 경우는 단순성을 위해 생략됐다(이는 카메라의 센서가 광선에 교차할 수 있는 시스템에서만 의미가 있다).

(s, t)가 현재 고려된 연결 전략이라고 하면 빛 세부 경로의 전반부 $q_0, \ldots, q_{s-1}$와 카메라 세부 경로의 (역)전반부 $p_{t-1}, \ldots, p_0$를 연결해 길이 $n = s + t$의 경로 $\bar{x}$를 생성하며 x_i로 표기한다($0 \leq i < n$).

10. 구현을 단순화하기 위해 각 정점은 2D 확률 분포에서 표본화됐다고 가정한다. 이는 광선을 따른 거리 표본화가 정점을 3차원 안에 분포하게 하는 반투명 매질 안의 근접 최적 가중치로 이어지며, 이 부정확성에도 불구하고 여전히 비편향돼 있다.

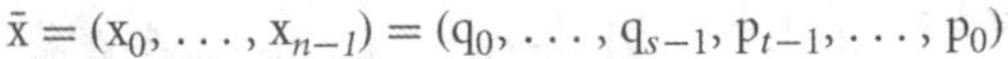

$$\bar{x} = (x_0, \ldots, x_{n-1}) = (q_0, \ldots, q_{s-1}, p_{t-1}, \ldots, p_0)$$

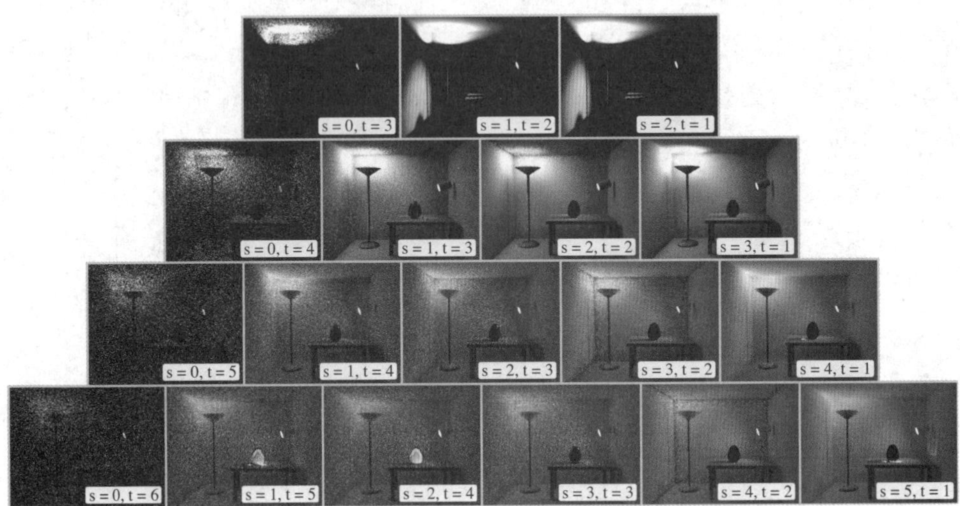

그림 16.17 개별 BDPT 전략. 각 행은 특정 길이를 갖는 빛의 경로에 대응한다. 거의 대부분의 표본화 전략이 일종의 결손이 있다는 것이 이미지에서 높은 분산의 형태로 보이는 것에 주의하다(정규 경로 추적은 s = 1 경로만 표본화한다). 경로 기여에 다중 중요도 표본화를 적용하는 것은 이 분산을 감소시키는 효율적인 방법이다.

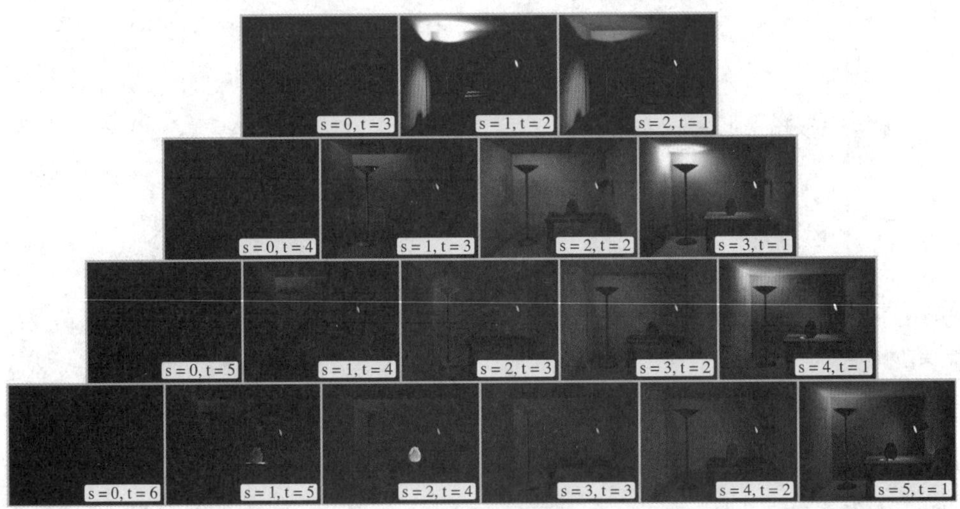

그림 16.18 다중 중요도 표본화로 인한 분산 감소. 그림 16.17에서와 같은 표본화 전략이지만, 이제 다중 중요도 표본화를 사용해서 가중한다. 이는 효과적으로 잘 작동하지 않는 전략을 제거한다. 최종 결과는 이 이미지를 모두 합해 계산한다.

정점 x_i의 단위 면적당 확률이 각각 중요도와 방사 전송에 기반을 둔 표본화 전략인 $p^{\rightarrow}(x_i)$와 $p^{\leftarrow}(x_i)$로 주어진다고 가정하자. 그 후 현재 경로의 면적 곱 밀도는 단순히 x_{s-1}까지 중요도 전송 밀도의 곱이며, 나머지에 대한 방사 전송 밀도다.

$$p_s(\bar{x}) = p^{\rightarrow}(x_0) \cdots p^{\rightarrow}(x_{s-1}) \cdot p^{\leftarrow}(x_s) \cdots p^{\leftarrow}(x_{n-1})$$

구현상 위의 표현은 계산하기 명백하다. 중요도 전송 밀도 $p^{\rightarrow}(x_i)$는 이미 빛 세부 경로의 `Vertex::pdfFwd` 항목 안에 캐시돼 있으며, 카메라 세부 경로 위의 방사 전송 밀도에 대해서도 동일하게 참이다.

또한 더 일반적으로 이론적으로 이 경로를 생성할 수 있는 다른 연결 전략 (i, j)에 대한 경로 밀도에 관심이 있다. 이는 호환 가능한 길이의 경로를 생성할 필요가 있다(예를 들어 $i + j = s + t$). 대응하는 경로 밀도는 다음과 같다.

$$p_i(\bar{x}) = p^{\rightarrow}(x_0) \cdots p^{\rightarrow}(x_{i-1}) \cdot p^{\leftarrow}(x_i) \cdots p^{\leftarrow}(x_{n-1}), \qquad [16.17]$$

여기서 $0 \le i \le n$이다. 이를 계산하는 것은 또한 `Vertex::pdfRev`의 역확률을 포함한다.

13.10.1절에서 균일한 표본 할당을 가진 n개의 표본화 전략 중에서 전략 s에 대한 휴리스틱 균형 가중치가 다음으로 주어지는 것을 기억하자.

$$w_s(\bar{x}) = \frac{p_s(\bar{x})}{\sum_i p_i(\bar{x})}. \qquad [16.18]$$

이는 `MISWeight()`에서 계산하고 싶은 표현이지만, 먼저 반드시 언급해야 할 두 가지 실질적인 문제가 있다.

첫째, 경로 밀도는 쉽게 단일 혹은 배정밀도에서도 표현 가능한 값의 범위를 벗어난다. 개별 정점의 면적 밀도는 장면 차원의 제곱에 역으로 비례한다. 예를 들어 균일하게 장면의 크기를 반으로 줄이면 정점 밀도를 4배로 늘리게 된다. 10개 정점에서 경로의 면적 곱 밀도를 계산할 때 동일 크기 조절 연산이 경로 밀도를 대략 백만 배 증가시킨다. 매우 작거나 큰 장면에서 작업 시(단일 부피의 상자에 비교해서) $p_i(\bar{x})$의 부동소수점 지수는 재빨리 유효 범위를 벗어난다.

둘째, 단순한 MIS 구현은 시간 복잡도 $O(n^4)$을 가지며, n은 최대 경로 길이다. 방정식(16.17)에 기반을 둔 $p_i(\bar{x})$의 계산은 n 정점에 대한 선형 검사를 포함하며, 방정식(16.18)에서의 MIS 가중치는 n 전략에 대해 또 다른 검사가 필요하다. 이 처리가 세부 경로 길이의 제곱에 비례하는 수의 전략에 대한 각 연결 전략에 대해 한 번씩 반드시 처리해야 하므로, 4차 복잡도의 알고리즘을 갖게 된다.

이런 두 문제를 더 나은 수치적, 그리고 실시간 행태를 얻기 위한 확률 밀도의 비율로 작동하는 더 효율적인 점진적 계산을 사용해 피할 수 있다.

방정식(16.18)에서의 분자와 분모를 $p_s(\bar{x})$로 나누면 다음을 얻는다.

$$w_s(\bar{x}) = \frac{1}{\sum_i \frac{p_i(\bar{x})}{p_s(\bar{x})}} = \left(\sum_{i=0}^{s-1} \frac{p_i(\bar{x})}{p_s(\bar{x})} + 1 + \sum_{i=s+1}^{n} \frac{p_i(\bar{x})}{p_s(\bar{x})} \right)^{-1}. \quad \text{[16.19]}$$

위의 두 합을 각각 카메라나 빛 세부 경로 위의 추가적인 단계를 취하는 대체 전략으로 고려한다. 개별 피가수 항에 대해 더 간결한 표기를 정의하자.

$$r_i(\bar{x}) = \frac{p_i(\bar{x})}{p_s(\bar{x})}$$

이는 다음의 재귀 관계를 만족한다.

$$\begin{aligned} r_i(\bar{x}) &= \frac{p_i(\bar{x})}{p_{i+1}(\bar{x})} \frac{p_{i+1}(\bar{x})}{p_s(\bar{x})} = \frac{p_i(\bar{x})}{p_{i+1}(\bar{x})} r_{i+1}(\bar{x}) \quad (i < s), \\ r_i(\bar{x}) &= \frac{p_i(\bar{x})}{p_{i-1}(\bar{x})} \frac{p_{i-1}(\bar{x})}{p_s(\bar{x})} = \frac{p_i(\bar{x})}{p_{i-1}(\bar{x})} r_{i-1}(\bar{x}) \quad (i > s). \end{aligned} \quad \text{[16.20]}$$

위 방정식의 재귀 가중치는 두 인접 표본화 전략에서 경로 밀도의 비율이며, 어떻게 단일 정점이 생성되는지만 다르다. 그러므로 영향 받는 정점의 확률 비율로 감소할 수 있다.

$$\begin{aligned} \frac{p_i(\bar{x})}{p_{i+1}(\bar{x})} &= \frac{p^{\rightarrow}(x_0) \cdots p^{\rightarrow}(x_{i-1}) \cdot p^{\leftarrow}(x_i) \cdot p^{\leftarrow}(x_{i+1}) \cdots p^{\leftarrow}(x_{n-1})}{p^{\rightarrow}(x_0) \cdots p^{\rightarrow}(x_{i-1}) \cdot p^{\rightarrow}(x_i) \cdot p^{\leftarrow}(x_{i+1}) \cdots p^{\leftarrow}(x_{n-1})} = \frac{p^{\leftarrow}(x_i)}{p^{\rightarrow}(x_i)}, \\ \frac{p_i(\bar{x})}{p_{i-1}(\bar{x})} &= \frac{p^{\rightarrow}(x_0) \cdots p^{\rightarrow}(x_{i-2}) \cdot p^{\rightarrow}(x_{i-1}) \cdot p^{\leftarrow}(x_i) \cdots p^{\leftarrow}(x_{n-1})}{p^{\rightarrow}(x_0) \cdots p^{\rightarrow}(x_{i-2}) \cdot p^{\leftarrow}(x_{i-1}) \cdot p^{\leftarrow}(x_i) \cdots p^{\leftarrow}(x_{n-1})} = \frac{p^{\rightarrow}(x_{i-1})}{p^{\leftarrow}(x_{i-1})} \end{aligned}$$

이 결과를 방정식(16.20)과 합치면 다음의 r_i에 대한 재귀 표현을 얻는다.

$$r_i(\bar{x}) = \begin{cases} 1, & \text{if } i = s \\ \dfrac{p^{\leftarrow}(x_i)}{p^{\rightarrow}(x_i)} r_{i+1}(\bar{x}), & \text{if } i < s. \\ \dfrac{p^{\rightarrow}(x_{i-1})}{p^{\leftarrow}(x_{i-1})} r_{i-1}(\bar{x}), & \text{if } i > s. \end{cases} \quad \text{[16.21]}$$

`MISWeight()` 함수의 주요 부분은 이 확률 비율을 방정식(16.21)에 기반을 둔 점진 계산 방식을 사용해 임시 변수 `sumRi`에 누적한다. 마지막 줄은 r_i 항의 역수를 방정식(16.19)에

따라 반환한다. 또한 시작에서 특수한 경우를 가지며, 직접 가중치 1을 단일 전략만 생성할 수 있는 두 정점의 경로에 대해 반환한다.

<BDPT Utility Functions> +≡
```
Float MISWeight(const Scene &scene, Vertex *lightVertices,
        Vertex *cameraVertices, Vertex &sampled, int s, int t,
        const Distribution1D &lightPdf) {
    if (s + t == 2)
        return 1;
    Float sumRi = 0;
    <Define helper function remap0 that deals with Dirac delta functions 1203>
    <Temporarily update vertex properties for current strategy 1205>
    <Consider hypothetical connection strategies along the camera subpath 1204>
    <Consider hypothetical connection strategies along the light subpath 1204>
    return 1 / (1 + sumRi);
}
```

도우미 함수 remap0()은 0 값의 인자를 1로 매핑할 때의 인자를 반환한다. 이는 경로 안의 디랙 델타 함수의 특수한 경우를 처리하는 데 사용되며, 연속 밀도 0을 가진다. 이런 퇴화된 정점은 어떤 결정적 연결 전략을 사용해도 합칠 수 없으며, 이들의 구별 확률은 남아있는 전략의 집합에 대해 반복할 때 상쇄되는데, 방정식(16.19)에서 피가수 안의 분자와 분모에서 둘 다 일어나기 때문이다. 도우미 함수의 목적은 이런 밀도를 0이 아닌 값으로 임시 매핑해 0으로 나누지 않고 취소가 발생하도록 보증하는 것이다.

<Define helper function remap0 *that deals with Dirac delta functions>* ≡ 1203
```
auto remap0 = [](float f) -> float { return f != 0 ? f : 1; };
```

다양한 Vertex PDF 함수에 대한 과도하게 많은 수의 호출을 피하기 위해 가중치 계산은 Vertex::pdfFwd와 Vertex::pdfRev에 확률을 캐싱한다. 이 값이 원래 카메라와 빛의 세부 경로에 대한 정보만 포착하므로 교차점 근처에서 전체 경로 설정에 일치하도록 반드시 갱신해야 한다. 특히 q_{s-1}과 p_{t-1} 및 그의 이전 정점에 대해서 그렇다. 이는 다소 기술적 코드 조각 *<Temporarily update vertex properties for current strategy>*에서 구현되며, 마지막에 다룬다.

빛의 방향에서 추가적인 단계를 취하는 가설적 전략을 반복하며, 현재 반복 r_i를 저장하기 위해 임시 변수 ri를 사용한다. 코드 조각 이름은 카메라 세부 경로에 대한 참조를 생성하며, 이 추가적인 단계가 실제로는 카메라 측에서 표본화된 정점을 포함하기 때문이다. 모든 정점 밀도는 함수 remap0()을 통해 통과되며, 비율은 현재 가설 연결 전략의 종점이 퇴화되지 않은 것으로 설정됐을 때만 실행 합에 추가된다. 반복문은 $(n, 0)$ 전략에 도달하기 전에 종료되며, 이는 카메라가 교차되지 않았으므로 고려돼서는 안 된다.

<Consider hypothetical connection strategies along the camera subpath> ≡ 1203

```
Float ri = 1;
for (int i = t - 1; i > 0; --i) {
    ri *= remap0(cameraVertices[i].pdfRev) /
            remap0(cameraVertices[i].pdfFwd);
    if (!cameraVertices[i].delta && !cameraVertices[i - 1].delta)
        sumRi += ri;
}
```

다음 단계는 빛의 세부 경로를 따라 추가적인 단계를 고려하며, 이전 경우와 매우 유사하다. 현재 전략이 광원의 교차를 포함할 때 특별한 경우가 생성된다(예 $s = 0$인 경우). 이는 종점이 디랙 델타 분포를 포함할 때 실패하며, 그러므로 다음과 같은 추가적인 테스트가 필요하다.

<Consider hypothetical connection strategies along the light subpath> ≡ 1203

```
ri = 1;
for (int i = s - 1; i >= 0; --i) {
    ri *= remap0(lightVertices[i].pdfRev) /
            remap0(lightVertices[i].pdfFwd);
    bool deltaLightvertex = i > 0 ? lightVertices[i - 1].delta
            : lightVertices[0].IsDeltaLight();
    if (!lightVertices[i].delta && !deltaLightvertex)
        sumRi += ri;
}
```

마지막으로 빠진 코드 조각 *<Temporarily update vertex properties for current strategy>*를 정의하며, 이는 Vertex 특성을 현재 연결 전략 (s, t)에 특화된 새 값으로 변경한다. 갱신과 이후의 정리 연산에 필요한 코드의 양을 줄이기 위해 임시로 주어진 변수를 변경한 후에 프로그램 실행이 정의된 영역을 떠날 때 원래의 값으로 복원하는 도우미 클래스 ScopedAssignment를 도입한다. 이는 포인터 ScopedAssignment::target을 임의의 형(Type 템플릿 매개변수로 설정된)의 메모리 위치에 저장하고, 원래 값을 ScopedAssignment::backup에 저장한다.

<BDPT Helper Definitions> +≡

```
template <typename Type> class ScopedAssignment {
```

```
public:
    <ScopedAssignment Public Methods 1205>
private:
    Type *target, backup;
};
```

ScopedAssignment 생성자는 목표 메모리 위치에 포인터를 받아 백업 복사본을 만든 후 이를 value 값으로 덮어쓴다. 소멸자는 단순히 변경을 되돌린다.

<ScopedAssignment Public Methods> ≡ 1205

```
ScopedAssignment(Type *target = nullptr,
        Type value = Type()) : target(target) {
    if (target) {
        backup = *target;
        *target = value;
    }
}
~ScopedAssignment() { if (target) *target = backup; }
```

주 갱신 연산은 그 후에 연결 정점과 이전 정점을 찾아 정점 확률을 갱신하고, 다른 특성들을 갱신해 두 Vertex 배열이 선택한 연결 전략을 반영하도록 구성돼 있다.

<Temporarily update vertex properties for current strategy> ≡ 1203

 <Look up connection vertices and their predecessors 1205*>*
 <Update sampled vertex for $s = 1$ *or* $t = 1$ *strategy* 1206*>*
 <Mark connection vertices as non-degenerate 1206*>*
 <Update reverse density of vertex p_{t-1} 1206*>*
 <Update reverse density of vertex p_{t-2} 1207*>*
 <Update reverse density of vertices q_{s-1} *and* q_{s-2}*>*

영향 받는 연결 정점 q_{s-1} 및 p_{t-1}과 이들의 이전 정점의 포인터를 얻는 것으로 시작한다.

<Look up connection vertices and their predecessors> ≡ 1205

```
Vertex   *qs       = s > 0 ? &lightVertices[s - 1]   : nullptr,
         *pt       = t > 0 ? &cameraVertices[t - 1]  : nullptr,
         *qsMinus  = s > 1 ? &lightVertices[s - 2]   : nullptr,
         *ptMinus  = t > 1 ? &cameraVertices[t - 2]  : nullptr;
```

$s = 1$이나 $t = 1$의 전략이 카메라와 광원 표본화를 처리하고 새로운 종점을 생성하는 것을 기억하자. 구현은 이를 *qs나 *pt를 MISWeight()의 smapled 인자를 통해 제공된 표본화된 정점으로 임시로 덮어쓴다.

<*Update sampled vertex for* $s = 1$ *or* $t = 1$ *strategy*> ≡ 1205

```
ScopedAssignment<Vertex> a1;
if (s == 1)        a1 = { qs, sampled };
else if (t == 1)   a1 = { pt, sampled };
```

pbrt의 특정 재질(예, UberMaterial)은 광택이나 비광택 BxDF 곡면을 초기화하며, 이 지점에서 일부 추가적인 고려가 필요하다. 이런 재질의 광택 곡면이 카메라나 빛 세부 경로를 생성하는 동안 표본화된다고 가정하자. 이 경우 연관된 Vertex는 Vertex::delta 플래그를 true로 설정해 MISWeight()가 (정확하게) 이를 다른 전략의 밀도와 비교할 때 가설적 연결 정점으로 무시한다. 다른 면으로는 BDPT 전략이 이후에 이 퇴화된 정점을 다른 세부 경로 위의 정점과 비광택 요소를 사용해 연결하는 것이 가능하다. 이 경우 반드시 임시로 퇴화되지 않은 정점을 변경해야 한다. 항상 연결 정점의 Vertex::delta 특성을 false로 강제해 이 가능성으로 고려해야 한다.

<*Mark connection vertices as non-degenerate*> ≡ 1205

```
ScopedAssignment<bool> a2, a3;
if (pt) a2 = { &pt->delta, false };
if (qs) a3 = { &qs->delta, false };
```

다음으로 p_{t-1}에서 시작하는 연결 정점과 이전 정점의 역표본화 밀도를 갱신한다. 이 정점은 원래 카메라 세부 경로 위에서 표본화되지만, 또한 빛 측면에서 추가적인 단계를 사용해 도달할 수 있다($q_{s-2} \rightarrow q_{s-1} \rightarrow p_{t-1}$의 3점 형식). p_{t-1}에서의 결과 밀도는 Vertex::Pdf()를 사용해 계산됐다.

$s = 0$인 경우는 특별하다. 여기서 p_t는 카메라 세부 경로 위에서 찾은 광원과의 교차다. 대체 역표본화 전략은 Light::Sample_Le()을 사용해 빛 표본을 생성하며, Vertex::PdfLightOrigin()의 도움으로 공간 밀도를 계산한다.

<*Update reverse density of vertex* p_{t-1}> ≡ 1205

```
ScopedAssignment<Float> a4;
if (pt)
    a4 = { &pt->pdfRev,
        s > 0 ? qs->Pdf(scene, qsMinus, *pt) :
            pt->PdfLightOrigin(scene, *ptMinus, lightPdf) };
```

다음 코드 조각은 p_{t-2}의 pdfRev 항목을 역전략 $q_{s-1} \rightarrow p_{t-1} \rightarrow p_{t-2}$의 밀도로 초기화한다. 한 번 더 이는 $s = 0$의 특별 경우로 대체 역전략이 Light::Sample_Le()를 통해 방출된 광선을 표본화하고 장면 기하 구조에 대해 교차한다. 대응하는 밀도는 Vertex::PdfLight()를 사용해 계산된다.

<*Update reverse density of vertex* p_{t-2}> ≡ 1205

```
ScopedAssignment<Float> a5;
if (ptMinus)
    a5 = { &ptMinus->pdfRev,
        s > 0 ? pt->Pdf(scene, qs, *ptMinus) :
            pt->PdfLight(scene, *ptMinus) };
```

마지막 코드 조각 <*Update reverse density of vertices* q_{s-1} *and* q_{s-2}>는 여기에서 포함하지 않는다. 이는 비슷한 특별 경우를 t = 0에서 요구하지 않는 점 이외에는 유사하다.

16.3.5 무한 영역 광과 BDPT

무한 영역 광은 12.6절에서 소개했으며, 장면을 사실적인 포착된 조명으로 조명하는 간편한 방법을 제공한다. 불행히도 무한히 멀리 떨어진 방향 광원으로 정의하는 것은 BDPT의 경로 적분 공식과 조정하기 다소 어려우며, 이는 영역 밀도 측면에서 확률을 표현해 결과적으로 유한 크기의 방출 표면이 필요하다.

일부 고난이도 처리 이후에 무한 영역 광을 유한 모양으로 표현할 수 있다. 예를 들어 무한 영역 광의 방사 방출 분포는 장면을 둘러싼 유한 방출 구로 설명되며, 구 내부의 각 점에서 방출된 방사의 방향 분포가 같은 방향에 대해 무한 영역 광의 방출된 방사와 같게 하면 된다. 이 방식은 `InfiniteAreaLight`의 구현을 엄청나게 더 어렵게 하며, BDPT 호환성을 제외하고는 실질적인 이득이 없다.

`InfiniteAreaLight`의 기능성을 변경하는 대신 무한 영역 광을 BDPT의 특별한 경우로 만든다. 이 빛에서의 조명이 대부분 입체각에 대해 자연스럽게 적분되므로, 정점 추상화 레이어에서 입체각 적분에 대한 적분의 지원을 추가할 것이다. 실제로 장면은 다중 무한 영역 광을 포함할 수 있다. 이를 방출된 방사를 계산하거나 표본 확률을 계산할 때 하나의 조합된 빛으로 처리한다.

먼저 카메라 경로 광선이 장면을 빠져나갈 때마다 특별한 종점을 만든다. 코드 조각 <*Capture escaped rays when tracing from the camera*>는 카메라 세부 경로를 생성하는 동안 표면 교차가 없을 경우 `RandomWalk()`에 의해 호출된다. `Vertex::CreateLight()` 메서드의 구현은 여기서 호출되며, `pdfFwd` 변수는 단위 입체각당 확률을 저장해 `Vertex::ConvertDensity()`로 변환하지 않고 `Vertex::pdfFwd`에 직접 저장한다.

<Capture escaped rays when tracing from the camera> ≡ 1193

```
if (mode == TransportMode::Radiance) {
    vertex = Vertex::CreateLight(EndpointInteraction(ray), beta,
             pdfFwd);
    ++bounces;
}
```

카메라 세부 경로에서 빛 정점이 존재하면 무의미한 특정 연결 전략으로 이어진다. 예를 들어 카메라 세부 경로 위의 빛 정점을 빛 세부 경로 위의 다른 정점과 연결할 수 없다. 다음과 같은 ConnectBDPT()에서 확인해 찾아서 이런 연결 시도를 무시한다.

<Ignore invalid connections related to infinite area lights> ≡ 1194

```
if (t > 1 && s != 0 && cameraVertices[t - 1].type == VertexType::Light)
    return Spectrum(0.f);
```

코드의 일부 부분에서 여전히 next Vertex가 무한 영역 광을 참조할 때 ConvertDensity()를 호출한다. 다음 코드 조각은 이런 경우를 ConvertDensity() 시작에서 검출해 변환 없이 직접 제공된 입체각 밀도를 반환한다.

<Return solid angle density if next is an infinite area light> ≡ 1185

```
if (next.IsInfiniteLight())
    return pdf;
```

다음으로 빛 세부 경로 표본화 루틴을 적응시켜 광선 표본화 함수 InfiniteAreaLight::Sample_Le()가 반환하는 확률 값을 교정해야 한다. 이 경우는 GenerateLightSubpath()의 끝에 있는 추가적인 코드 조각에서 검출된다.

<Correct subpath sampling densities for infinite area lights> ≡ 1191

```
if (path[0].IsInfiniteLight()) {
    <Set spatial density of path[1] for infinite area light 1209>
    <Set spatial density of path[0] for infinite area light 1209>
}
```

InfiniteAreaLight::Sample_Le()가 광선 방향(대응하는 밀도 pdfDir로)과 장면의 경계 구와 교차하는 수직 원반 위의 광선 원점(대응하는 밀도 pdfPos)을 표본화하는 것을 기억하라. 단축 효과로 인해 결과 광선은 장면 기하 구조와 첫 교차점에서의 대응하는 공간 밀도 pdfPOs $|\cos\theta|$를 가지며, θ는 ray.d와 기하 법선과의 각도다.

<*Set spatial density of* path[1] *for infinite area light*> ≡ 1208

```
if (nVertices > 0) {
    path[1].pdfFwd = pdfPos;
    if (path[1].IsOnSurface())
        path[1].pdfFwd *= AbsDot(ray.d, path[1].ng());
}
```

새 규약에 따르면 이제 무한 영역 광 종점의 공간 밀도는 단위 입체각당 확률로 표현된다. 다른 무한 영역 광의 존재를 고려하는 이 값을 결정하는 도우미 함수 InfiniteLightDensity()를 생성한다.

<*Set spatial density of* path[0] *for infinite area light*> ≡ 1208

```
path[0].pdfFwd = InfiniteLightDensity(scene, lightDistr, ray.d);
```

이 함수는 모든 무한 영역 광에서 lightDistr 안의 빛 확률을 사용해서 방향 밀도의 가중합을 처리한다.

<*BDPT Helper Definitions*> +≡

```
inline Float InfiniteLightDensity(const Scene &scene,
        const Distribution1D &lightDistr, const Vector3f &w) {
    Float pdf = 0;
    for (size_t i = 0; i < scene.lights.size(); ++i)
        if (scene.lights[i]->flags & (int)LightFlags::Infinite)
            pdf += scene.lights[i]->Pdf_Li(Interaction(), -w) *
                       lightDistr.func[i];
        return pdf / (lightDistr.funcInt * lightDistr.Count());
}
```

남은 두 변경은 유사하며 PdfLightOrigin()과 PdfLight() 메서드 안의 확률 계산을 처리한다. 전자의 경우 무한 영역 광이 검출될 때 연결된 입체각 밀도를 유사하게 반환한다.

<*Return solid angle density for infinite light sources*> ≡ 1188

```
return InfiniteLightDensity(scene, lightDistr, w);
```

PdfLight()에서 장면의 경계 구와 동일한 반경을 가진 원반에서 광선 원점 표본화의 확률을 계산한다. PdfLight()의 나머지는 이미 필요한 코사인 단축 요소를 고려하므로 여기서 곱하지 않는다.

<*Compute planar sampling density for infinite light sources*> ≡ 1187

```
Point3f worldCenter;
Float worldRadius;
```

```
scene.WorldBound().BoundingSphere(&worldCenter, &worldRadius);
pdf = 1 / (Pi * worldRadius * worldRadius);
```

16.4 메트로폴리스 빛 전송

1997년에 Veach와 Guibas는 메트로폴리스 빛 전송^MLT, Metropolis Light Transport^이라고 명명한 고전적이지 않은 렌더링 기술을 제안했으며, 이는 13.4절에서의 메트로폴리스-헤이스팅스 알고리즘을 방정식(16.1)의 경로 공간 적분에 적용했다. 이제까지 다룬 모든 렌더링 기술이 몬테카를로와 독립 표본 생성의 원칙에 기반을 두지만, MLT는 표본을 통계적으로 연관시킬 수 있는 다른 도구들을 채택한다.

MLT는 장면을 통해 빛 전송 경로의 시퀀스를 생성하며, 각 경로가 기존 경로를 어떤 방식으로 변이시켜 생성한다. 이 변이는 표본화된 경로의 전체적인 분포가 생성된 이미지에 대한 경로의 기여에 비례하는 것을 보장하는 방식으로 처리된다. 이런 경로의 분포는 차례차례 장면의 이미지를 생성하는 데 사용될 수 있다. 주어진 메트로폴리스 표본화 방식의 유연성으로, 허용되는 변이 법칙의 종류에 상대적으로 적은 제한이 적용될 수 있다. 고도로 전문화된 표본화 기술을 사용해 표준 몬테카를로 맥락에서 편향을 도입하지 않고는 빛 전송 경로를 찾기 매우 어렵거나 현실화하기 불가능한 빛 전송 경로 계열을 표본화할 수 있다.

MLT의 연관 특성은 독립 표본 생성에 기반을 둔 방식에 대해 중요한 장점을 제공하며, MLT가 경로 공간에서 지역 탐색을 처리할 수 있게 한다. 이미지에 큰 기여를 하는 경로가 찾아지면 이에 작은 변동을 적용해서 비슷한 경로를 찾는 것이 용이하다(이 방식으로 이전 상태 값에 기반을 두고 상태를 생성하는 표본화 과정을 마르코프 체인이라고 한다). 결과 단기 메모리는 종종 이득이다. 함수가 정의역 대부분에 대해 작은 값을 갖고 작은 부분집합에서만 큰 기여를 가질 때 지역 탐색은 경로 공간의 이 부분에 대해 많은 표본을 추출해 중요 영역에 대한 검색의 비용을 표본들에 분할한다. 이 특성은 MLT를 특히 어려운 장면의 렌더링에 대한 좋은 선택이 되게 한다. 일반적으로 상대적으로 명백한 조명 문제에 대해 연결되지 않은 적분기의 성능과 비교할 수 없지만, 대부분의 빛 전송이 장면의 모든 가능한 경로의 작은 일부에서만 일어나는 더 어려운 설정에서 차별화한다.

Veach와 Guibas의 원래 MLT 기술은 경로 공간 빛 전송 이론 위에 생성했으며, 이는 13.4.4절에 다룬 이전의 단순한 예제에 추가적인 도전 과제를 제공한다. 경로 공간은 일반적으로 유클리드 영역이 아니며, 표면 정점이 $\mathbb{R}^3$의 2D 부분집합에 위치하도록 제한되기 때문이다.

광택 반사나 굴절이 일어날 때마다 3개의 인접 정점은 반드시 정확한 기하학적 관계를 만족시켜야 하며, 이는 가능한 자유도를 감소시킨다.

MLT는 각각이 특정 빛 경로 계열을 목표로 한 5개의 변이 법칙의 집합 위에 생성된다. 변이 중 3개는 코스틱이나 반사-확산-반사 상호작용의 시퀀스를 포함하는 특별히 어려운 경로 종류에 대한 지역적인 탐색을 처리하며, 나머지 둘은 대응하는 더 낮은 전체적인 수용률을 갖는 더 큰 단계를 처리한다. 완전한 MLT 변이의 집합을 구현하는 것은 상당한 작업이다. 어려움의 일부는 어떤 변이도 대칭적이지 않다는 것이다. 그러므로 추가적인 전이 밀도 함수가 각각에 대해 구현돼야만 한다. 시스템에서 어떤 부분의 실수가 엄청나게 디버그하기 어려운 세밀한 수렴 오류를 일으킨다.

16.4.1 주 표본 공간 MLT

2002에 Kelemen 등은 역시 메트로폴리스-헤이스팅스 알고리즘에 기반을 둔 렌더링 알고리즘을 선보였다. 이를 주 표본 공간 MLT^PSSMLP, Primary Sample Space MLT^이라 부를 것이며, 그 이유는 바로 명백해질 것이다. MLT와 같이 PSSMLT 방식은 빛 경로의 공간을 탐색하며, 광원에서 카메라로 상당한 양의 에너지를 운반하는 경로를 검색한다. 주된 차이는 PSSMLT가 경로 공간을 직접 사용하지 않는 것이다. 이는 빛 경로를 간접적으로 탐색하며, 단일 혹은 양방향 경로 추적 같은 기존 몬테카를로 렌더링 알고리즘에 편승하고, 이는 장단점을 가진다. 주된 장점은 PSSMLT가 유클리드 영역에서 대칭적 이동을 사용할 수 있으며, 이 이유로 훨씬 구현하기 쉽다는 점이다. 단점은 PSSMLT가 구성된 빛 경로의 구조체에 대한 세부 정보가 없고 원래 MLT 방식에서 찾을 수 있는 복잡한 변이 전략의 종류를 재생성하는 것을 불가능하게 한다는 점이다.

이 방식의 세부 사항은 구현 중심의 관점에서 동기 유발이 가장 쉽다. 래스터 공간에서 (의사)무작위 표본을 생성해서 필름 위의 시작점을 얻고, 이를 광선으로 변환한 후 `PathIntegrator::Li()`를 호출해 대응하는 방사 예측을 얻는 14.5.4절에서의 경로 적분을 가진 장면을 렌더링하는 경우를 고려하자. `PathIntegrator::Li()`는 일반적으로 `Sampler`에서 광원이나 재질 모델을 표본화하기 위해 추가적인 1D나 2D 표본을 요구하고, 러시안 룰렛 테스트를 처리하게 된다. 개념적으로 이 표본은 미리 생성돼 추가적인 인자를 사용해 `PathIntegrator::Li()`에 전달될 수 있는데, 그러므로 어떤 (의사)무작위성을 다른 순수하게 결정적 함수에서 완전히 제거한다.

L이 무한 차원 표본 시퀀스 $\mathbf{X}_1, \mathbf{X}_2, \ldots$를 방사 예측 $L(\mathbf{X}_1, \mathbf{X}_2, \ldots)$으로 매핑하는 결과 결정적 함수라고 하자. 여기서 $(\mathbf{X}_1, \mathbf{X}_2)$는 래스터 위치를 표기하며, 남은 인자 $\mathbf{X}_3, \mathbf{X}_4, \ldots$는 L이 소모하는 표본이다.[11] 많은 표본을 추출해 L의 다중 계산 결과를 평균하면 본질적으로 '하이퍼큐브' (의사)난수 $\mathbf{X}_1, \mathbf{X}_2, \ldots$에 대한 L의 고차원 적분을 계산하게 된다.

주어진 영역에 대한 모든 가능한 입력 표본에 대한 방사 예측 함수의 적분 해석을 통해 동일 영역에서의 표본화 과정을 생성하기 위해 L에 비례하는 분포를 갖고 메트로폴리스-헤이스팅스 알고리즘을 적용할 수 있다(그림 16.19). 이 분포는 직관적으로 필요하다. 더 많은 표본화 노력이 자연스럽게 더 많은 빛 전송이 일어나는 표본화 공간의 부분에 위치해야 한다. 이 문제에 대한 상태 공간 Ω는 무한 차원 표본 벡터 $(\mathbf{X}_1, \mathbf{X}_2, \ldots) \in [0, 1)^\infty$으로 이뤄져 있으며, 주 표본 공간primary sample space으로 불린다. 다음 방정식을 간략화하기 위해 상태 벡터를 다음과 같이 작성한다.

$$\mathrm{X} = (\mathrm{X}_1, \mathrm{X}_2, \ldots)$$

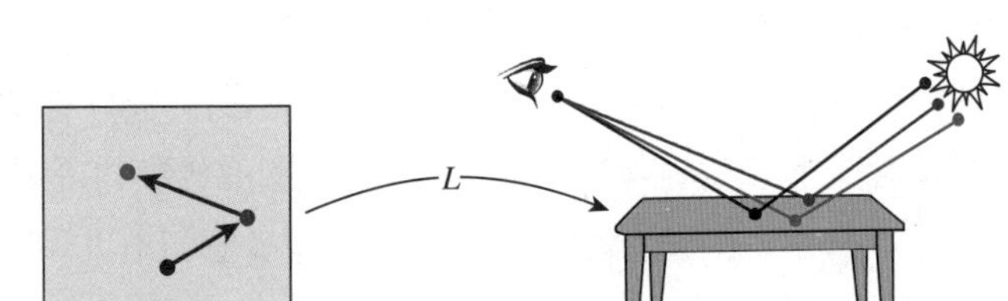

그림 16.19 주 표본 공간 MLT. PSSMLT는 무한 차원 '난수 벡터'의 가성 공간에서 변이를 처리한다. 결정적 매핑 L은 대응하는 경로 공간 위의 빛 경로를 생성하며, 이의 방사를 예측한다.

이 표기 규약은 [0, 1) 범위의 모든 요소(래스터 좌표를 포함)에 사용하며, 필요할 때 L 안에서 적절히 다시 크기 조절된다.

PSSMLT는 주 표본 공간을 두 가지 다른 종류의 변이를 사용해 탐색한다. 첫 번째 변이('큰 단계' 변이)는 벡터 $\mathbf{X}$의 모든 요소를 새로운 균일 분포된 표본으로 변경하며, 이는 내재된 몬테카를로 렌더링 메서드를 평소처럼 호출한다(예, PSSMLT 없이).

13.4.2절에서 어떤 가능한 표본 값에 대해 0보다 큰 확률이 제안되는 것이 중요하다. 이는 큰 단계 변이를 처리한다. 일반적으로 큰 단계 변이는 지역 '섬'에 갇히지 않고 전체 경로

11. L이 무한 차원 함수지만 X_i 표본의 한정된 수만이 필요하며, 이는 러시안 룰렛 경로 종료로 인한다.

공간을 탐색하도록 도와준다.

두 번째 변이('작은 단계' 변이)는 각 표본 값 X_i에 대해 작은 변동을 생성한다. 이 변이는 현재 경로에 가까운 빛 전송 경로를 탐색하며, 특히 어려운 빛 설정을 마주쳤을 때 중요하다.

이는 둘 다 대칭적인 변이이며, 그러므로 전이 확률은 허용률이 계산될 때 상쇄돼 계산할 필요가 없고, 방정식(13.8)에 나타나 있다.

바깥 메트로폴리스-헤이스팅스 반복과 내부 Integrator 사이의 접점은 추상 표본 벡터의 교환만 포함하며, 이를 극도로 일반적인 접근으로 만든다. PSSMLT는 이론적으로 몬테카를로에 기반을 둔 어떤 종류의 렌더링 방식이든 개선할 수 있다. 사실 렌더링 문제와 전혀 관련 없는 일반 몬테카를로 문제에도 작동한다.

실제로 PSSMLT는 종종 존재하는 양방향 경로 추적기의 위에 구현된다. 결과 알고리즘은 새로운 주 표본 공간 상태를 모든 반복에서 생성해 BDPT에 전달하며, 이는 연결 전략의 집합을 호출하고 결과를 MIS를 사용해 재가중한다. 이 설정에서 변이는 개별 연결 전략을 처리하지 않고 효과적으로 경로 연결의 한 집합에서 다른 집합으로 뛰어넘는다. 하지만 단점이 있다. 많은 경우에 있어 전략의 작은 부분집합만 효과적이며, MIS는 이 부분집합에 대해서만 큰 가중치를 할당할 것이다. 이는 알고리즘이 여전히 낮은 가중치를 가져서 렌더링된 이미지에서 매우 작은 기여를 하는 전략들 사이의 연결을 생성하는 데 상당한 시간을 소모한다는 것을 의미한다.

16.4.2 다중화 MLT

2014년에 Hachisuka 등은 PSSMLT의 확장인 다중화 MLT^MMLT, Multiplexed Metropolis Light Transport^를 이 문제를 처리하기 위해 선보였다. MMLT는 '외부' 메트로폴리스-헤이스팅스 반복을 개념적으로 변경 없게 하고, 작지만 효과적인 변경을 '내부' BDPT 적분기에 적용한다. 항상 모든 BDPT 연결 전략을 호출하는 대신 알고리즘은 추가적인 상태 차원에 대한 단일 전략을 선택해 그 기여를 선택에서 불연속 확률의 역으로 크기 조절해 반환한다. 전략 선택에 대한 추가적인 차원은 작거나 큰 단계를 $\mathbf{X}$의 다른 주 표본 공간 요소에서와 동일하게 사용해 변이할 수 있다.

의도하지 않은 큰 구조적 경로 변이를 예방하기 위해 Hachisuka 등은 마르코프 체인을 고정해 고정된 깊이 값을 가진 경로만 탐색하게 했다. 일반 빛 전송 문제는 그 후 많은 개별 마르코프 체인을 수행해 처리된다.

현실적인 결과는 메트로폴리스 표본기가 이미지에 더 큰 MIS 가중된 기여를 생성하는 효과적인 전략에 대해 더 많은 계산을 사용하게 하는 것이다. 더욱이 개별 반복은 단일 연결 전략만 포함하므로 훨씬 더 빠르다. 이 두 측면의 조합은 결과 예측기의 몬테카를로 효율성을 개선한다.

그림 16.20은 양방향 추적기와 MMLT를 대략 동일한 계산 시간을 사용해 렌더링한 최신 집안 장면이며, 그림 16.21은 이를 산 미구엘 장면에 대해 비교했다. 둘 다 MMLT가 더 나은 결과를 생성했지만 차이는 특히 집 장면에서 확연하며, 이는 집안에 본질적으로 직접 조명이 없으므로 빛 전송 알고리즘에 대해 특히 어려운 장면이다. 모든 빛 전송 경로는 반드시 유리 창문을 통해 광택 반사를 따른다. 표 16.1은 이 효율성 차이를 묘사한다. 이 장면들에 대해 경로 추적과 BDPT는 방사를 운반하는 경로를 찾는 데 많은 어려움을 겪으며, 메트로폴리스는 경로 재사용으로 인해 훨씬 더 효과적이다.

(a)

(b)

그림 16.20 양방향 경로 추적과 다중화 메트로폴리스 빛 전송. (a) 양방향 경로 추적을 픽셀당 128개의 표본으로 렌더링한 결과. 많은 표본을 사용했지만 이미지는 여전히 잡음이 많다. (b) 픽셀당 평균 420번의 변이를 이용한 다중화 메트로폴리스 빛 전송으로 렌더링한 결과(대략 같은 수행 시간을 가진다). MLT는 동일 작업 양에 대해 훨씬 더 나은 이미지를 생성한다. BDPT는 이미지의 일부 지역화된 부분에서 더 좋은 결과를 보여준다. 예를 들면 창문 밖에 직접 조명된 표면이다. 여기서 잘 분포된 표본점을 직접 광 계산에 대해 사용하는 능력이 더 낮은 분산을 가진 결과를 제공한다.

그림 16.21 경로 추적, BDPT, 다중화 메트로폴리스 빛 전송의 비교. (a) 픽셀당 200개의 표본으로 렌더링한 경로 추적. (b) 픽셀당 128개의 표본으로 렌더링한 양방향 경로 추적. (c) 픽셀당 평균 950번의 변이의 메트로폴리스로 렌더링한 결과(대략 동일한 수행 시간). BDPT는 경로 추적보다 훨씬 더 효과적이며, 그림 16.20에서처럼 MLT가 가장 효과적이다.

표 16.1 0 방사를 가진 경로의 추적 비율. 이 두 장면에서 경로 추적과 BDPT는 빛 전송 경로를 찾는 데 어려움을 겪는다. 생성된 경로의 대부분은 방사를 갖지 않는다. 지역 탐색 덕분에 메트로폴리스는 하나가 발견된 뒤에 추가적인 빛 전송 경로를 더 잘 찾을 수 있다. 이는 경로 추적보다 효율적인 이유다.

	경로 추적	BDPT	MMLT
현대 주택	98.0%	97.6%	51.9%
산 미구엘	95.9%	97.0%	62.0%

16.4.3 렌더링에의 적용

메트로폴리스 표본화는 주어진 스칼라 함수의 분포에서 표본을 생성한다. 이를 렌더링에 적용하기 위해 두 가지 문제를 반드시 다뤄야 한다. 첫째는 각 픽셀에 대한 개별 적분을 예측해 생성된 표본을 이미지로 변경해야 하며, 둘째는 L이 분광적 값을 가진 함수이지만 메트로폴리스는 허용 확률을 계산하기 위해 스칼라 함수를 필요로 한다(방정식 13.7).

메트로폴리스를 빛 전송 문제에 적용하기 위해 13.4.5절의 개념을 적용할 수 있다. 먼저 j 픽셀을 가진 이미지에 대해 이미지 기여 함수image contribution function를 정의하며, 각 픽셀 I_j는 픽셀 이미지 재구성 필터 h_j와 이미지에 기여하는 방사 L에 대한 곱의 적분 값을 가진다.

$$I_j = \int_\Omega h_j(\mathrm{X})\, L(\mathrm{X})\, \mathrm{d}\Omega$$

필터 함수 h_j는 $\mathbf{X}$의 두 요소 중 래스터 위치에 관련된 표본에만 의존한다. 더욱이 어떤 특정 픽셀의 h_j 값은 대부분의 표본 $\mathbf{X}$에 대해 필터의 한정된 너비로 인해 보통 0이다. N 표본 $\mathbf{X}_i$가 특정 분포 $\mathbf{X}_i \sim p(\mathbf{X})$에서 생성되면 I_j의 표준 몬테카를로 예측은 다음과 같다.

$$I_j \approx \frac{1}{N} \sum_{i=1}^{N} \frac{h_j(\mathrm{X}_i)\, L(\mathrm{X}_i)}{p(\mathrm{X}_i)}$$

메트로폴리스 표본화가 알고리즘으로 생성된 표본의 원하는 분포를 정의하는 스칼라 함수를 요구하는 것을 기억하자. 불행히 L은 분광된 값의 함수며, 그러므로 L에 비례하는 표본을 생성하는 부분에서 모호한 부분이 없다. 이 문제를 해결하기 위해 메트로폴리스 반복 안에서 사용할 스칼라 기여 함수scalar contribution function $I(\mathbf{X})$를 정의한다. 이 함수가 L이 클 때 큰 것이 바람직하므로 표본의 분포가 L의 중요한 영역에 대한 일부 관계를 가진다. 비슷하게 방사 값의 휘도를 사용하는 것은 스칼라 기여 함수에 대해 좋은 선택이다. 일반적으로 L이 0이 아닐 때 0이 아닌 어떤 함수는 올바른 결과를 내며, 좀 더 직접적으로 L에 비례하는 함수에 비해 잠재적으로 효율적이지 못할 수 있다.

주어진 적합한 스칼라 기여 함수 $I(\mathbf{X})$로 메트로폴리스는 표본 $\mathbf{X}_i$의 시퀀스를 I의 분포에서 생성하며, I의 정규화된 버전이다.

$$p(\mathrm{X}) = \frac{I(\mathrm{X})}{\int_\Omega I(\mathrm{X})\, \mathrm{d}\Omega}$$

그러므로 픽셀 값은 다음과 같이 계산할 수 있다.

$$I_j \approx \frac{1}{N} \sum_{i=1}^{N} \frac{h_j(\mathrm{X}_i)\, L(\mathrm{X}_i)}{I(\mathrm{X}_i)} \left(\int_\Omega I(\mathrm{X})\, \mathrm{d}\Omega \right)$$

I의 전체 정의역 Ω에 대한 적분은 양방향 경로 추적 같은 전통적인 방식으로 계산할 수 있다. 이 값이 $b = \int I(\mathbf{X})$로 표기되면 각 픽셀 값은 다음으로 주어진다.

$$I_j \approx \frac{b}{N} \sum_{i=1}^{N} \frac{h_j(\mathrm{X}_i)\, L(\mathrm{X}_i)}{I(\mathrm{X}_i)}. \qquad [16.22]$$

다른 표현으로는 메트로폴리스 표본화를 표본 X_i를 스칼라 기여 함수 I의 분포에서 생성하는 데 사용할 수 있는 것이다. 각 표본에 대해 기여하는 픽셀은 (픽셀 필터 함수 h의 너비에 기반을 두고) 다음의 값을 가진다.

$$\frac{b}{N} \frac{h_j(\mathrm{X}_i)\, L(\mathrm{X}_i)}{I(\mathrm{X}_i)}$$

그러므로 밝은 픽셀은 어두운 픽셀에 비해 더 많은 표본이 기여하므로($L(\mathrm{X}_i)/I(\mathrm{X}_i)$의 비율이 일반적으로 같은 크기라면) 더 큰 값을 갖게 된다.

16.4.4 주 표본 공간 표본기

`MLTIntegrator`는 메트로폴리스 표본화와 MMLT를 이미지 렌더링에 적용하며, 16.3절의 양방향 경로 추적기를 사용한다. 구현은 integrators/mlt.h와 integrators/mlt.cpp 파일에 들어 있다. 그림 16.22는 이 적분기의 효과성을 까다로운 특정 조명 상황에서 사용하는 것을 보여준다. 구현을 설명하기 이전에 먼저 주 표본 공간 상태 벡터, 변이, 허용과 거부 단계를 책임지는 `MLTSampler`를 소개한다.

```
<MLTSampler Declarations> ≡
    class MLTSampler : public Sampler {
    public:
        <MLTSampler Public Methods 1218>
    protected:
        <MLTSampler Private Declarations 1219>
        <MLTSampler Private Methods>
        <MLTSampler Private Data 1218>
    };
```

`MLTIntegrator`는 `MLTSampler`가 3개의 개별 표본 벡터를 실제로 포함할 때 최고로 잘 작동한다. 하나는 카메라 세부 경로, 하나는 빛 세부 경로, 마지막은 연결 단계를 위해서다. 이를 3개의 표본 흐름[sample streams]이라 한다. 생성자의 `streamCount` 매개변수는 호출자가 이런 표본 흐름의 특정 수를 요청하게 한다.

(a)

(b)

그림 16.22 입체 코스틱. 구를 지나가는 빛이 뒤의 매질에 집중돼 입체 코스틱을 생성한다. (a) 양방향 경로 추적, (b) MLTIntegrator로 렌더링한 결과로, 대략 같은 시간을 사용했다. MMLT가 더 낮은 분산 결과를 생성하며, 이는 한 번 높은 기여 경로가 찾아지면 효율적으로 지역 경로 공간을 탐색할 수 있기 때문이다.

이후 MLTIntegrator의 초기화 단계 동안 메트로폴리스 표본화를 위한 적절한 시작 상태의 집합을 선택하는 데 사용되는 많은 개별 MLTSampler 인스턴스를 생성한다. 중요한 것은 이 과정이 각 MLTSampler가 구별된 상태 벡터의 시퀀스를 생성하는 것을 요구한다는 점이다. pbrt에서 사용하는 RNG 의사 난수 생성기는 이를 쉽게 수행할 수 있는 편리한 기능을 갖고 있다. RNG 생성자는 2^{63}개의 고유 의사 무작위 시퀀스 중 하나를 선택하는 시퀀스 색인sequence index을 허용한다. 따라서 내부 RNG에서 고유 흐름 색인을 제공하는 데 사용되는 rngSequenceIndex 매개변수를 MLTSampler 생성자에 추가한다.

<MLTSampler Public Methods> ≡ 1217

```
MLTSampler(int mutationsPerPixel, int rngSequenceIndex,
        Float sigma, Float largeStepProbability, int streamCount)
    : Sampler(mutationsPerPixel), rng(rngSequenceIndex), sigma(sigma),
        largeStepProbability(largeStepProbability),
        streamCount(streamCount) { }
```

largeStepProbability 매개변수는 '큰 단계' 변이를 취하는 확률이며, sigma는 '작은 단계' 변이의 크기를 조절한다.

<MLTSampler Private Data> ≡ 1217

```
RNG rng;
const Float sigma, largeStepProbability;
const int streamCount;
```

MLTSampler::X 멤버 변수는 현재 표본 벡터 **X**를 저장한다. 일반적으로 얼마나 많은 **X**의 차원이 표본기의 생애 동안 필요할지 모르므로 빈 벡터로 시작해 렌더링 과정에서 일어나는 MLTSampler::Get1D()와 MLTSampler::Get2D()의 호출마다 확장된다.

<MLTSampler Private Data> +≡ 1217

```
std::vector<PrimarySample> X;
```

이 배열의 요소는 PrimarySample형을 가진다. PrimarySample의 주된 작업은 [0, 1) 범위에서 X의 단일 요소의 현재 값을 저장하는 것이다. 이후에 제안된 변이를 표현하는 기능과 제안된 변이가 거부됐을 때 원래 표본 값을 복구하는 기능을 추가한다.

<MLTSampler Private Declarations> ≡ 1217

```
struct PrimarySample {
    Float value = 0;
    <PrimarySample Public Methods 1223>
    <PrimarySample Public Data 1221>
};
```

Get1D() 방식은 MLTSampler::X의 단일 요소의 값을 반환하며, 위치는 GetNextIndex()로 제안된다. 지금은 이 방식을 매번 호출마다 증가하는 실행 계수기의 값을 반환한다고 생각할 수 있다. EnsureReady()는 MLTSampler::X를 필요한 만큼 확장하고 내용물이 일관된 상태로 있도록 보장한다. 이 방식의 자세한 내용은 몇 가지 예비 단계 이후에 명확해지므로, 아직 구현을 소개하진 않을 것이다.

<MLTSampler Method Definitions> ≡

```
Float MLTSampler::Get1D() {
    int index = GetNextIndex();
    EnsureReady(index);
    return X[index].value;
}
```

2D 버전은 단순히 Get1D()를 두 번 호출하는 것이다.

<MLTSampler Method Definitions> +≡

```
Point2f MLTSampler::Get2D() {
    return Point2f(Get1D(), Get1D());
}
```

다음으로 공식 Sampler 인터페이스의 일부가 아닌 여러 MLTIntegrator 메서드를 정의한다. 첫째, MLTSampler::StartIteration()은 각 메트로폴리스-헤이스팅스 반복의 시작에서 호출된다. 이는 currentIteration 계수기를 증가시키고 어떤 종류의 변이(작거나 큰)가 현재 반복 안의 표본 벡터에 적용될지를 결정한다.

<MLTSampler Method Definitions> +≡
```
void MLTSampler::StartIteration() {
    currentIteration++;
    largeStep = rng.UniformFloat() < largeStepProbability;
}
```

currentIteration은 실행 계수기로, 현재 메트로폴리스-헤이스팅스 반복 색인을 추적한다. 거부된 제안의 반복은 이 계수에서 제외되는 것을 기억하자.

<MLTSampler Private Data> +≡ 1217
```
int64_t currentIteration = 0;
bool largeStep = true;
```

MLTSampler::lastLargeStepIteration 멤버 변수는 성공적인 큰 단계가 이뤄진 마지막 반복의 색인을 저장한다. 구현은 초기 상태 $\mathbf{X}_0$가 주 표본 공간 $[0, 1)^\infty$에서 균일하게 분포되도록 선택한다. 그러므로 첫 반복 상태는 반복 0의 마지막 단계의 결과로 해석할 수 있다.

<MLTSampler Private Data> +≡ 1217
```
int64_t lastLargeStepIteration = 0;
```

MLTSampler::Accept() 메서드는 제안이 수락될 때마다 호출된다.

<MLTSampler Method Definitions> +≡
```
void MLTSampler::Accept() {
    if (largeStep)
        lastLargeStepIteration = currentIteration;
}
```

이 지점에서 빠진 주요 부분은 MLTSampler::EnsureReady()와 MLTSampler::X의 실제 변이에 적용된 논리다. 이 간극을 채우기 위해서 약간 되돌아가보자.

이론적으로 $\mathbf{X}$ 벡터의 모든 항목은 반드시 메트로폴리스 표본기의 모든 반복 안에서 작거나 큰 변이로 갱신돼야만 한다. 하지만 이렇게 처리하는 것은 종종 비효율적이다. MLTSampler::X가 충분히 커지지 않아서 대부분의 반복이 $\mathbf{X}$의 작은 수의 차원만 질의하는 경우를 생각해보자. 이후 반복이 Get1D()나 Get2D()의 많은 호출을 생성하면 동적 배열 MLTSampler::X는 대응해서 확장하며, 이 추가적인 항목은 모든 차후 메트로폴리스 반복의 비용을 증가시킨다($\mathbf{X}$의 요소가 결코 다시 참조되지 않더라도!).

대신 PrimarySample 항목을 필요할 때만 갱신하는 것이 더 효율적이다. 이는 실제 Get1D()와 Get2D() 호출로 참조될 때다. 이렇게 처리하면 앞서 언급한 비효율성을 회피할 수 있지만, 활동하지 않는 일정 기간이 지나면 주어진 PrimarySample이 놓친 모든 변이를 신중하게 재적용해야 한다. 이 정보를 추적하기 위해 추가적인 멤버 변수가 PrimarySample이 변경된 마지막 반복을 기록하는 것이 유용하다.

<*PrimarySample Public Data*> ≡ 1219

```
int64_t lastModificationIteration = 0;
```

이제 개별 표본 값이 접근될 때 갱신하는 MLTSampler::EnsureReady() 메서드의 구현을 진행하기 위한 충분한 배경 지식이 있다.

<*MLTSampler Method Definitions*> +≡

```
void MLTSampler::EnsureReady(int index) {
    <Enlarge MLTSampler::X if necessary and get current Xi 1221>
    <Reset Xi if a large step took place in the meantime 1221>
    <Apply remaining sequence of mutations to sample 1222>
}
```

먼저 요청한 항목이 얻어지기 전까지의 간극은 0으로 초기화된 PrimarySample로 채운다.

<*Enlarge* MLTSampler::X *if necessary and get current* $\mathbf{X}_i$> ≡ 1221

```
if (index >= X.size())
    X.resize(index + 1);
PrimarySample &Xi = X[index];
```

Xi의 마지막 변경이 마지막 큰 단계보다 앞서면 현재 Xi.value의 내용은 적절하지 않으며, 이는 반복 lastLargeStepIteration에서 새로운 균일 표본으로 덮어써졌기 때문이다. 이 경우 단순히 빠진 변이를 재적용하고 마지막 변경 반복 색인을 적절히 갱신해야 한다.

<*Reset* $\mathbf{X}_i$ *if a large step took place in the meantime*> ≡ 1221

```
if (Xi.lastModificationIteration < lastLargeStepIteration) {
    Xi.value = rng.UniformFloat();
    Xi.lastModificationIteration = lastLargeStepIteration;
}
```

다음으로 Backup()에 대한 호출이 PrimarySample에게 변이가 제안될 것이라 알려준다. 이는 변이가 거부됐을 때를 위해 $\mathbf{X}_i$의 표본 값의 복사를 만들 수 있게 한다. 반복 lastLargeStepIteration과 currentIteration 사이의 모든 남은 변이가 적용된다. 두 가지 다른 경우가 생길 수 있다. 현재 반복이 큰 단계면 단순히 PrimarySample::value를 균일 표본으로 초기화할 수 있다. 그렇지 않으면 모든 반복은 마지막 큰 단계가 (정의에 의해) 반드시 다시 적용해야 하는 작은 단계다.

<Apply remaining sequence of mutations to sample*>* ≡ 1221

```
Xi.Backup();
if (largeStep) {
    Xi.value = rng.UniformFloat();
} else {
    int64_t nSmall = currentIteration - Xi.lastModificationIteration;
    <Apply nSmall small step mutations 1222>
}
Xi.lastModificationIteration = currentIteration;
```

작은 단계를 위해 각 요소에 대해 정규 분포된 변동을 적용한다.

$$\mathbf{X}_i' \sim N(\mathbf{X}_i, \sigma^2)$$

σ는 MLTIntegrator::sigma로 주어진다. 이와 같이 기하급수 분포로 표본화하는 장점은 자연스럽게 다양한 변이 크기를 시도하는 것이다. 이는 우선적으로 현재 상태에 가까운 작은 변이를 생성하며, 이는 큰 변이가 거부하기 쉬운 높은 기여를 가진 작은 영역의 경로 공간을 탐색하는 데 도움을 준다. 반면에 더 큰 변이를 만들 수도 있으므로, 더 큰 변이가 허용하기 쉬운 경로 공간의 작은 부분에 너무 많은 시간을 소비하지 않는다.

여기서의 구현은 nSmall 변동의 시퀀스를 단일 갱신으로 합치고 단일 간격에 대한 결과로 잘라내며, 필요할 경우 영역의 다른 끝에 대해 감아 돌아온다. 감아 돌아오는 것은 표본의 모든 표본에 대해 전이 확률이 대칭적이라는 것을 보장한다.

<Apply nSmall *small step mutations>* ≡ 1222

```
<Sample the standard normal distribution N(0, 1) 1223>
<Compute the effective standard deviation and apply perturbation to Xi 1223>
```

정규 분포 $N(\mu_1, \sigma_1^2)$와 $N(\mu_2, \sigma_2^2)$에서의 두 표본이 더해지면 합 역시 $N(\mu_1 + \mu_2, \sigma_1^2 + \sigma_2^2)$로 정규 분포된다. 그러므로 n 변동이 $\mathbf{X}_i$에 적용될 때 시퀀스에서 n 변동을 적용하는 대신, 직접 다음과 같이 표본화해 표준 정규 분포를 중요도 표본화하고 $\sqrt{n}\sigma$로 크기 조절하는 것이 동일하고 더 효율적이다.

$$\mathbf{X}_i' \sim N(\mathbf{X}_i, n\sigma^2), \qquad [16.23]$$

PDF에 역과정을 적용하면 다음과 같다.

$$p(x) = \frac{1}{\sqrt{2\pi}} e^{-x^2/2}$$

이는 균일 표본 $\xi \in [0, 1)$에 대해 다음의 표본화 방식을 제공한다.

$$P^{-1}(\xi) = \sqrt{2}\, \mathrm{erf}^{-1}(2\xi - 1)$$

여기서 erf는 오차 함수 $\mathrm{erf}(x) = 2/\sqrt{\pi} \int_0^x e^{-x'^2} \mathrm{d}x'$이고, erf^{-1}은 역이다. `ErfInv()`는 여기에 포함하지 않았지만, erf^{-1}를 다항식으로 근사한다.

<Sample the standard normal distribution N(0, 1)> ≡ 1222

```
Float normalSample = Sqrt2 * ErfInv(2 * rng.UniformFloat() - 1);
```

방정식(16.23)에서 효과적인 분산으로 표본화한 결과를 크기 조절해 이를 표본 $\mathbf{X}_i$를 소수점 요소만 유지하기 전에 변동하는 데 사용하면 [0,1) 범위에 유지된다.

<Compute the effective standard deviation and apply perturbation to $\mathbf{X}_i$*>* ≡ 1222

```
Float effSigma = sigma * std::sqrt((Float)nSmall);
Xi.value += normalSample * effSigma;
Xi.value -= std::floor(Xi.value);
```

`MLTSampler::Reject()`는 제안된 변이가 거부될 때 반드시 호출돼야 한다. 이는 현재 반복에서 변경된 모든 `PrimarySample`을 복구하고 반복 계수를 되돌린다.

<MLTSampler Method Definitions> +≡

```
void MLTSampler::Reject() {
    for (auto &Xi : X)
        if (Xi.lastModificationIteration == currentIteration)
    Xi.Restore();
    --currentIteration;
}
```

`Backup()`과 `Restore()` 메서드는 `PrimarySample`의 값이 변이 이전에 저장되고 변이가 거부될 때 되돌리는 것을 가능하게 한다.

<PrimarySample Public Methods> ≡ 1219

```
void Backup() {
    valueBackup = value;
    modifyBackup = lastModificationIteration;
```

```
    }
    void Restore() {
        value = valueBackup;
        lastModificationIteration = modifyBackup;
    }
```

<PrimarySample Public Data> +≡ 1219

```
    Float valueBackup = 0;
    int64_t modifyBackup = 0;
```

MLTSampler를 마무리하기 전에 BDPT와 표본기가 사용될 때 문제의 여지가 있는 세부 사항을 반드시 언급해야 한다. 각 픽셀 표본에 대해 BDPTIntegrator 구현은 GenerateCameraSubpath()와 GenerateLightSubpath()를 연속으로 호출해 세부 경로의 쌍을 생성하며, 각 함수는 제공된 Sampler에 1D와 2D 표본을 요청한다.

MLT의 맥락에서 결과 표본 요청의 시퀀스는 **X**의 요소 사이 매핑을 생성하고 카메라나 빛 세부 경로 위의 정점을 생성한다. 이런 과정으로 $\mathbf{X}_0, \ldots, \mathbf{X}_n$의 요소는 카메라 세부 경로(일부 $n \in \mathbb{Z}$에 대해)를 결정하고, 남은 값 $\mathbf{X}_{n+1}, .., \mathbf{X}_m$은 빛 세부 경로를 결정한다. 카메라 세부 경로가 변동 이후에 다른 수의 표본을 필요로 하면(예, 무작위 이동이 더 적은 정점을 생성한 경우) 주 표본 공간 요소의 빛 세부 경로에 대한 할당의 이동이 생겨난다. 이는 빛 경로의 의도하지 않는 대규모의 변경으로 이어진다.

이 문제를 더 신중하게 색인된 방식으로 회피하는 것은 쉽다. MLTSampler가 **X**를 서로 간섭할 수 없는 떨어진 다중 흐름으로 분할하는 것이다. MLTSampler::StartStream() 메서드는 주어진 색인의 흐름에서 이후의 표본이 와야 한다는 것을 알려준다. 이는 또한 sampleIndex를 재설정하며, 흐름 안에서 현재 표본의 색인이다(이런 흐름의 개수인 MLTSampler::streamCount는 MLTSampler 생성자에서 설정된다).

<MLTSampler Method Definitions> +≡

```
    void MLTSampler::StartStream(int index) {
        streamIndex = index;
        sampleIndex = 0;
    }
```

<MLTSampler Private Data> +≡ 1225

```
    int streamIndex, sampleIndex;
```

흐름이 선택된 이후 MLTSampler::GetNextIndex() 메서드는 주 표본 벡터 요소에 대응하는 단계를 처리한다. 이는 흐름을 전역 표본 벡터로 나눈다. 달리 말해 **X** 안의 첫 streamCount

차원은 각 흐름의 첫 차원에 대해 사용되며, 계속 그렇게 이어진다.

<MLTSampler Public Methods> +≡ 1217

```
int GetNextIndex() {
    return streamIndex + streamCount * sampleIndex++;
}
```

16.4.5 MLT 적분기

주어진 모든 기반 구조(명시적인 n차원 표본 $\mathbf{X}$의 표현, 이에 변이를 적용하는 함수, 주어진 표본 값에 대한 방사를 계산하는 BDPT의 정점 추상화 층)로 MLTIntegrator 구현의 핵심을 진행할 수 있다.

<MLT Declarations> ≡

```
class MLTIntegrator : public Integrator {
public:
    <MLTIntegrator Public Methods>
private:
    <MLTIntegrator Private Data 1227>
};
```

MLTIntegrator 생성자는 여기에 표기하지 않지만, 다양한 멤버 변수를 제공된 매개변수로 초기화하는 것뿐이다. 이 멤버 변수는 사용되는 순서대로 소개할 것이다.

메서드 MLTIntegrator::L()의 정의로 시작하며, 이는 MLTSampler가 제공한 표본 값 $\mathbf{X}$의 벡터에 대한 방사 $L(\mathbf{X})$를 계산한다. 매개변수 depth는 특정 경로 깊이를 설정하며, pRaster는 경로가 성공적으로 빛을 광원에서 필름 면으로 운반할 경우 경로의 래스터 위치를 반환한다. 초기 선언문은 기반을 둔 MLTSampler 안에서 첫 3개의 흐름을 활성화한다.

<MLT Method Definitions> ≡

```
Spectrum MLTIntegrator::L(const Scene &scene, MemoryArena &arena,
        const std::unique_ptr<Distribution1D> &lightDistr,
        MLTSampler &sampler, int depth, Point2f *pRaster) {
    sampler.StartStream(cameraStreamIndex);
    <Determine the number of available strategies and pick a specific one 1226>
    <Generate a camera subpath with exactly t vertices 1226>
    <Generate a light subpath with exactly s vertices 1227>
    <Execute connection strategy and return the radiance estimate 1227>
}
```

구현은 MLTSampler에서 3개의 표본 흐름을 사용한다. 앞의 두 개는 카메라와 빛의 세부 경로를 위한 것이며, 세 번째는 ConnectBDPT()에서 $s = 1$이거나 $t = 1$인 경우(16.3.3절에서 세부 사항을 살펴보자)에 따른 연결 전략에서 처리되는 Camera::Sample_Wi()나 Light::Sample_Li()의 호출을 위한 것이다.

<MLTSampler Constants> ≡

```
static const int cameraStreamIndex = 0;
static const int lightStreamIndex = 1;
static const int connectionStreamIndex = 2;
static const int nSampleStreams = 3;
```

MLTIntegrator::L()의 본체는 우선 제공된 depth 값에 대해 개별 BDPT 전략을 선택한다. 이는 PSSMLT에 대한 MMLT 변형이다. 그리고 양방향 경로 추적 메커니즘을 호출해 대응하는 방사 예측을 계산한다. 0의 산란 현상을 가진 경로에 대해(예, 직접 관찰되는 광원) 기반 BDPT 구현이 제공하는 유일하게 성공적인 전략은 카메라에서의 추적된 광선과의 교차를 수반한다. 더 긴 경로에 대해 depth+2 가능한 전략이 있다. 다음의 코드 조각은 균일하게 첫 주 표본 공간 차원을 이 전략 집합에 매핑한다. 변수 s와 t는 빛과 카메라 세부 경로 표본화 단계를 BDPTIntegrator의 규약을 따라 표기한다.

<Determine the number of available strategies and pick a specific one> ≡ 1225

```
int s, t, nStrategies;
if (depth == 0) {
    nStrategies = 1;
    s = 0;
    t = 2;
} else {
    nStrategies = depth + 2;
    s = std::min((int)(sampler.Get1D() * nStrategies), nStrategies - 1);
    t = nStrategies - s;
}
```

다음 세 개의 코드 조각은 방사 예측을 계산한다. 이는 BDPT와 매우 유사하며, MMLT 특화 변형을 포함한다. 첫 번째는 필름 위치 $[0, 1)^2$에서 표본화해 래스터 좌표로 매핑하며, 정확히 t 정점을 가진 대응하는 카메라 세부 경로를 생성하려 시도하며, 불가능할 경우 L을 위한 0의 값 예측을 가진다.

<Generate a camera subpath with exactly t *vertices>* ≡ 1225

```
Vertex *cameraVertices = arena.Alloc<Vertex>(t);
```

```
Bounds2f sampleBounds = (Bounds2f)camera->film->GetSampleBounds();
*pRaster = sampleBounds.Lerp(sampler.Get2D());
if (GenerateCameraSubpath(scene, sampler, arena, t, *camera,
                          *pRaster, cameraVertices) != t)
    return Spectrum(0.f);
```

camera 멤버 변수는 장면 묘사 파일 안에 설정된 Camera를 가진다.

<MLTIntegrator Private Data> ≡ 1225

```
std::shared_ptr<const Camera> camera;
```

다음 코드 조각은 빛 세부 경로에 대한 유사 연산을 구현한다. MLTSampler::StartStream()의 호출에 대응하고, 표본의 두 번째 흐름으로 전환한다.

<Generate a light subpath with exactly s *vertices>* ≡ 1225

```
sampler.StartStream(lightStreamIndex);
Vertex *lightVertices = arena.Alloc<Vertex>(s);
if (GenerateLightSubpath(scene, sampler, arena, s,
                         cameraVertices[0].time(),
                         *lightDistr, lightVertices) != s)
    return Spectrum(0.f);
```

마지막으로 마지막 표본 흐름으로 전환해 (s, t) 전략을 ConnectBDPT()의 호출로 불러온다. 최종 방사 예측은 현재 전략 (s, t)를 선택하는 확률의 역으로 크기 조절되며, nStrategies와 동일하다.

<Execute connection strategy and return the radiance estimate> ≡ 1225

```
sampler.StartStream(connectionStreamIndex);
return ConnectBDPT(scene, lightVertices, cameraVertices, s, t,
        *lightDistr, *camera, sampler, pRaster) * nStrategies;
```

주 렌더링 반복문

MLTIntegrator::Render() 안에 구현된 렌더링 과정은 두 단계다. 첫 번째 단계는 마르코프 체인의 초기 상태에 대한 후보인 시작 표본의 집합을 생성하고 정규화 상수 $b = I(\mathrm{X})\mathrm{d}\Omega$를 방정식(16.22)에서 계산한다. 두 번째 단계는 일련의 마르코프 체인을 수행하며, 각 체인은 시작 표본의 하나를 초기 표본 벡터로 선택해 메트로폴리스 표본화를 적용한다.

<MLT Method Definitions> +≡

```
void MLTIntegrator::Render(const Scene &scene) {
    std::unique_ptr<Distribution1D> lightDistr =
```

```
            ComputeLightPowerDistribution(scene);
        <Generate bootstrap samples and compute normalization constant b 1228>
        <Run nChains Markov chains in parallel 1229>
        <Store final image computed with MLT 1232>
}
```

다음 방식은 13.4.3절에서 설명했으며, 시작 표본의 집합을 표준 몬테카를로 예측기로 계산해 이를 마르코프 체인의 초기 상태로 제공해서 분포를 생성해 시작 편향의 문제를 회피한다. 이 과정은 표본 생성 위에 생성되며, 계산 루틴은 이전에 구현됐다.

각 시작 표본은 기술적으로 다른 경로 깊이를 가진 maxDepth+ 1 표본의 시퀀스다. 다음 코드 조각은 배열 bootstrapWeights에 대응하는 휘도 값으로 초기화한다. 마지막에 Distribution1D 인스턴스를 생성해 시작 경로를 휘도에 비례하게 표본화하고, 상수 b를 각 깊이에 대한 평균 휘도의 합으로 설정한다. 다른 경로 표본 깊이의 기여를 구분해서 보관하므로 우선적으로 이미지에 가장 큰 기여를 하는 경로 길이를 표본화할 수 있다. 시작 표본을 병렬로 계산하는 것은 명료하며, 이는 모든 루프 반복이 서로 독립적이기 때문이다.

```
<Generate bootstrap samples and compute normalization constant b> ≡                 1228
    int nBootstrapSamples = nBootstrap * (maxDepth + 1);
    std::vector<Float> bootstrapWeights(nBootstrapSamples, 0);
    std::vector<MemoryArena> bootstrapThreadArenas(MaxThreadIndex());
    ParallelFor(
        [&](int i) {
            <Generate ith bootstrap sample 1229>
        }, nBootstrap, 4096);
    Distribution1D bootstrap(&bootstrapWeights[0], nBootstrapSamples);
    Float b = bootstrap.funcInt * (maxDepth + 1);
```

평소처럼 maxDepth는 고려해야 할 내부 반사의 최대 수를 나타낸다. nBootstrap은 반복을 시작하고 스칼라 기여 함수(방정식 16.22)의 적분을 계산하는 데 사용하는 시작 표본의 수다.

```
<MLTIntegrator Private Data> +≡                                                      1225
    const int maxDepth;
    const int nBootstrap;
```

각 반복에서는 주 표본 공간 안에 균일하게 분포된 고유 표본 벡터를 제공하는 색인 rngIndex를 가진 전용 MLTSampler를 초기화한다. 다음으로 현재 경로 깊이 depth에 대한 대응하는 방사 예측을 얻기 위해 L을 계산하고, 휘도를 bootstrapWeights에 저장한다. 래스터 공간 위치 pRaster는 전처리 단계에서 필요 없으므로 무시한다.

<*Generate* i*th bootstrap sample*> ≡ 1228

```
MemoryArena &arena = bootstrapThreadArenas[ThreadIndex];
for (int depth = 0; depth <= maxDepth; ++depth) {
    int rngIndex = i * (maxDepth + 1) + depth;
    MLTSampler sampler(mutationsPerPixel, rngIndex, sigma,
            largeStepProbability, nSampleStreams);
    Point2f pRaster;
    bootstrapWeights[rngIndex] =
            L(scene, arena, lightDistr, sampler, depth, &pRaster).y();
    arena.Reset();
}
```

mutationsPerPixel 매개변수는 Sampler::samplesPerPixel에 대응하며, MLT가 각 픽셀에 사용한 반복문의 (평균) 반복수를 나타낸다. 개별 픽셀은 밝기에 관련된 표본의 실제 수를 받으며, 이는 함수의 값이 높은 영역에 더 많은 표본을 추출하는 메트로폴리스의 특성으로 기인한다. 추출된 메트로폴리스 표본의 전체 수는 픽셀의 수와 mutationsPerPixel의 곱이다.

sigma와 largeStepProbability 멤버 변수는 MLTSampler의 대응하는 설정 매개변수를 제공한다.

<*MLTIntegrator Private Data*> +≡ 1225

```
const int mutationsPerPixel;
const Float sigma, largeStepProbability;
```

이제 주 렌더링 작업으로 진행 가능하며, 전체 nTotalMutations 변이 단계를 nChains개의 병렬 마르코프 체인에 대해 분산시킨다.

변이 단계의 실제 수가 반드시 nTotalMutations와 동일하도록 조심해야 하며, 특히 병렬 체인의 수로 nTotalMutations가 나눠지지 않을 때 그렇다. 해결책은 단순하다. 잠재적으로 마지막 마르코프 체인을 몇 번 반복이 적게 하는 것이다. 교정된 체인당 반복문의 수는 nChainMutations로 주어진다.

<*Run* nChains *Markov chains in parallel*> ≡ 1228

```
Film &film = *camera->film;
int64_t nTotalMutations = (int64_t)mutationsPerPixel *
        (int64_t)film.GetSampleBounds().Area();
ParallelFor(
    [&](int i) {
        int64_t nChainMutations =
                std::min((i + 1) * nTotalMutations / nChains,
```

```
                    nTotalMutations) - i * nTotalMutations / nChains;
            <Follow ith Markov chain for nChainMutations 1230>
    }, nChains);
```

nChains는 각자 독립적으로 실행돼야 하는 마르코프 체인의 수를 설정한다. 기본값은 100이며, 이는 충분한 병렬화와 각 체인이 긴 시간에 대해 수행되도록 하는 사이의 균형이다.

<*MLTIntegrator Private Data*> +≡ 1225

```
const int nChains;
```

MLT 적분기는 필름 안에 있는 임의의 픽셀에 기여를 퍼뜨린다. 이는 잘 정의된 이미지면의 조각 안에 채워지지 않는다. 그러므로 FilmTile은 필요 없으며, Film::AddSplat()이 이미지를 갱신하는 데 충분하다.

<*Follow ith Markov chain for* nChainMutations> ≡ 1230

```
MemoryArena arena;
<Select initial state from the set of bootstrap samples 1230>
<Initialize local variables for selected state 1231>
<Run the Markov chain for nChainMutations steps 1231>
```

모든 마르코프 체인은 고유한 흐름에 따라 주어진 의사 난수 생성기를 소유한다. RNG 인스턴스가 MLTSampler 안의 것과 구분되는 것을 기억하자. 초기 상태를 선택하고 이후에 메트로폴리스 제안을 허용하거나 거부하는 데 사용한다. bootstrap 배열의 항목을 초기화하는 데 앞서 사용된 순서로 인해 즉시 표본화된 색인 bootstrapIndex의 경로 깊이를 감소시킬 수 있다. bootstrap 분포를 생성하는 데 사용되는 메서드의 중요한 결과는 주어진 깊이 값을 가진 표본화된 초기 상태의 예측된 수가 이들의 이미지 기여에 비례한다는 것이다.

<*Select initial state from the set of bootstrap samples*> ≡ 1230

```
RNG rng(i);
int bootstrapIndex = bootstrap.SampleDiscrete(rng.UniformFloat());
int depth = bootstrapIndex % (maxDepth + 1);
```

선택된 시작 표본으로 이제 대응하는 주 표본 공간 벡터 **X**를 반드시 얻어야 한다. 이를 성취하는 한 가지 방법은 모든 MLTSampler 인스턴스를 전처리 단계에서 저장하는 것이다. 더 효율적인 접근 방식은 MLTSampler 생성자 안의 초기화가 완전히 결정적이며, rngSequenceIndex 매개변수에만 의존한다는 특성을 바탕으로 생성할 수 있다. 그러므로 여기서 MLTSampler를 색인 bootstrapIndex로 생성할 수 있으며, 이는 원래 생성된 bootstrap 분포의 표본화된 항목과 정확히 동일한 표본기를 재생성한다.

이 표본기로 현재 L의 값과 필름 위의 위치를 계산할 수 있다.

<*Initialize local variables for selected state*> ≡ 1230

```
MLTSampler sampler(mutationsPerPixel, bootstrapIndex, sigma,
        largeStepProbability, nSampleStreams);
Point2f pCurrent;
Spectrum LCurrent =
        L(scene, arena, lightDistr, sampler, depth, &pCurrent);
```

다음 코드 조각에서 메트로폴리스 표본화 루틴의 구현은 13.4.1절의 기댓값 기술을 따라간다. 한 변이가 제안되면 변이된 표본의 함수 값과 허용 확률이 계산되며, 새 표본과 옛 표본의 가중된 기여가 둘 다 기록되고, 제안된 변이는 허용 확률에 따라 무작위로 허용된다.

다른 메트로폴리스형 메서드와 비교했을 때 MMLT(16.4.2절)의 한 가지 고유한 특성은 각 마르코프 체인이 고정된 depth 값으로 제한됐다는 것이다. 첫 표본 차원은 다양한 다른 전략 사이에서 선택하지만 동일한 경로 깊이를 생성하는 것만 고려되며, 더 지역적으로 제안을 해서 메서드의 성능을 향상시킨다. 모든 경로 깊이의 기여는 다른 초기 상태를 가진 많은 마르코프 체인을 시작하는 것으로 고려된다.

<*Run the Markov chain for* nChainMutations *steps*> ≡ 1230

```
for (int64_t j = 0; j < nChainMutations; ++j) {
    sampler.StartIteration();
    Point2f pProposed;
    Spectrum LProposed =
            L(scene, arena, lightDistr, sampler, depth, &pProposed);
    <Compute acceptance probability for proposed sample 1231>
    <Splat both current and proposed samples to film 1232>
    <Accept or reject the proposal 1232>
}
```

주어진 스칼라 기여 함수의 값으로 허용 확률은 주 표본 공간 위의 변이에 대한 대칭성 덕에 방정식(13.8)에서의 단순화된 표현으로 주어진다.

이 절의 시작에서 설명했듯이 분광 방사 값 $L(\mathrm{X})$는 반드시 스칼라 기여 함수로 주어진 값으로 변환돼 허용 확률이 메트로폴리스 표본화 알고리즘에 대해 계산할 수 있게 해야 한다. 여기서 경로의 분광을 계산하고, 이는 합리적인 선택이다.

<*Compute acceptance probability for proposed sample*> ≡ 1231

```
Float accept = std::min((Float)1, LProposed.y() / LCurrent.y());
```

두 표본은 이제 이미지에 추가할 수 있다. 여기서 13.4.1절에 도입된 기대 값 최적화에 기반을 둔 가중치로 크기 조절된다.[12]

<*Splat both current and proposed samples to* `film`> ≡ 1231

```
if (accept > 0)
    film.AddSplat(pProposed, LProposed * accept / LProposed.y());
film.AddSplat(pCurrent, LCurrent * (1 - accept) / LCurrent.y());
```

마지막으로 제안된 변이는 허용되거나 거절되며, 계산된 허용 확률 `accept`에 기반을 둔다. 변이가 허용되면 값 `pProposed`와 `LProposed`는 현재 상태의 특성이 된다. 두 경우 모두 `MLTSampler`는 결과를 전달받아 `PrimarySample`을 적절히 갱신할 수 있어야 한다.

<*Accept or reject the proposal*> ≡ 1231

```
if (rng.UniformFloat() < accept) {
    pCurrent = pProposed;
    LCurrent = LProposed;
    sampler.Accept();
} else
    sampler.Reject();
```

메트로폴리스 표본화는 표본의 상대적인 빈도만을 고려하며, 절댓값으로 정확하게 크기 조절된 이미지를 생성할 수 없다. 그러므로 값 b는 중요하다. 이는 이 모호성을 제거하는 데 사용할 `Film`의 평균 휘도의 예측을 포함한다. <*Run nChains Markov chains in parallel*> 안의 각 메트로폴리스 반복은 `Flim`에 가중된 단위 휘도로 뿌려진 기여를 가지며, 그러므로 `Film::WriteImage()` 이전의 최종 평균 필름 휘도는 정확히 `mutationsPerPixel`과 동일하다. 따라서 반드시 이 인자를 상쇄해 b로 곱해 이미지에 쓸 때 실제 필름의 입사 방사로 변환한다.

<*Store final image computed with MLT*> ≡ 1228

```
camera->film->WriteImage(b / mutationsPerPixel);
```

더 읽을거리

광원에서 일반적인 빛 전송 경로의 추적 개념은 Arvo(1986)가 최초로 조사했으며, 빛을 표면 위의 텍스처 맵에 저장해 코스틱을 렌더링했다. Heckbert(1990b)는 이 방식을 기반으로

12. Kelemen et al.(2002)은 여기에 거절된 표본이 필름에 뿌려질 때 약간 더 효율적인 구현을 제안했다. 허용된 표본의 기여가 결과적으로 거절될 때까지 지역 변수에 누적된다. 이 방식은 `Film::Splat()`의 호출을 반으로 줄이면서 같은 결과를 계산한다.

일반 레이트레이싱 기반 전역 조명 알고리즘을 생성했으며, Pattanaik과 Mudur(1995)는 초기 입자 추적 기술을 개발했다. Christensen(2003)은 수반 함수의 응용 및 LTE와 관련된 문제를 푸는 것의 중요성을 조사했다.

비대칭 산란의 근원과 이의 양방향 빛 전송 알고리즘에의 효과는 Veach(1996)가 처음으로 확인했다.

Pharr와 Humphreys(2004)는 16장에서 사용한 환경 맵 광원에서 방출된 광선을 표본화하는 방법을 제안했다. Dammertz와 Hanika(2009)는 지향성 원반 대신 장면 경계 상자의 보이는 면 위의 점을 표본화하는 이런 방식의 변형을 설명했으며, 이는 더 적은 낭비 표본으로 이어진다.

광자 매핑

Arvo의 코스틱 렌더링 알고리즘(Arvo 1986) 같은 방식은 Collins(1994)가 개발한 표면 위의 텍스처 맵에 조명을 저장하는 코스틱을 위한 개선된 기술의 기반이 됐다. 전역 조명에 대한 밀도 예측 기술은 Shirley, Walter와 동료들에 의해 처음 소개됐다(Shirley et al. 1995; Walter et al. 1997).

Jensen(1995, 1996)은 광자 매핑 알고리즘을 개발했으며, 이는 표면에서의 텍스처 맵으로 저장하지 않고 일반적인 3D 자료 구조로 빛 기여를 저장하는 데 핵심적인 혁신을 소개했다. 광자 매핑에 대한 중요한 개선은 젠슨과 동료들, 그리고 젠슨의 광자 매핑에 대한 책(1996, 1997, 2001)의 추가 논문에 설명됐다.

유한 요소 라디오시티 알고리즘을 위한 최종 수집은 Reichert의 논문(Reichert 1992)에서 처음 설명했다. 전체 광자 맵이 메모리에 저장돼 있다면 광자의 방향 분포가 큰 기여를 가질 방향을 중요도 표본화하는 최적화된 최종 수집 기술을 생성하는 데 사용될 수 있다. 더 최근에는 Spencer와 Jones(2009a)가 횡단이 트리의 높은 단계에서 멈출 수 있는 광자의 계층적 kd 트리를 어떻게 생성하는지 설명하고, 광선 차분을 사용해 계산한 최종 수집 광선의 자취를 사용하면 일반적인 방식보다 더 나은 결과로 이어진다는 것을 보여줬다. 다른 논문에서 Spencer와 Jones(2009b)는 단순한 반복적 완화 방식이 광자 맵에서의 뭉침을 감소시켜 밀도 예측의 품질에 극적인 개선으로 이어진다는 것을 보여줬다.

Havran et al.(2005b)은 장면의 kd 트리 안에서 최종 수집 교차점을 저장하고 그 후 빛에서 광자를 발사하는 것에 기반을 둔 최종 수집 광자 매핑 알고리즘을 개발했다. 광자가 표면과 교차하면 근처 최종 수집 교차점 기록을 찾고 광자의 에너지는 대응하는 최종 수집 광선의 원점에 분포된다. 광자는 전혀 저장할 필요가 없다. Herzog et al.(2007)은 카메라에서 보이는 모든 점을 저장하고 이에 광자 기여를 뿌리는 방식에 기반을 둔 방법을 설명했으며, Hachisuka et al.(2008b)은 카메라에서 보이는 지점을 저장해 고정된 수의 광자를 추적하고 점에 분포하는 수행의 반복을 진행하는 점차적 광자 매핑 알고리즘을 개발했다. 확률적 점진적 포톤 매핑을 Hachisuka와 Jensen(2009)이 개발했다.

전통 포톤 매핑에 대한 SPPM의 장점은 상당하며, 이 방식은 도입 이후에 빠르게 적용됐다. Hachisuka et al.(2010)은 임의의 밀도 예측 커널을 어떻게 사용하는지, 렌더링 과정에서 더 이상의 반복을 멈추기 위한 결정을 자동으로 하기 위한 오차 예측을 어떻게 계산하는지를 보여줬다. Knaus와 Zwicker(2011)는 다른 방식을 따르는 SPPM을 다시 유도했으며, 각 픽셀에 대해 개별 값을 저장하지 않고 현재 검색 반경 같은 전역 통계만 유지하는 것이 가능하다는 것을 보여줬다. SPPM의 수렴률에 대한 집중적인 연구와 각 반복 이후에 SPPM 예측의 갱신을 위한 개선된(하지만 더 복잡한) 방식을 위해 Kaplanyan과 Dachsbacher (2013a)를 보자.

광자 매핑에서 가중 효과적인 광자의 집합을 어떻게 찾을 것인지에 대한 질문은 매우 중요하다. 빛 주도 입자 추적 알고리즘은 모든 장면에 대해서는 잘 동작하지 않는다(예를 들어 모든 방에 빛이 있지만 카메라가 하나의 방만 보는 복잡한 건물 모델을 생각해보자). 포톤 매핑에 가장 빠른 메트로폴리스 표본화의 적용은 Wald의 학위 논문(1999)에서 제안됐다. Fan et al.(2005)은 Veach의 입자 추적 이론에서 광자 매핑에의 적용이 카메라에서 시작하는 광자 경로를 생성하기 위한 메커니즘을 제공했다. 이 방식을 광자 분포를 생성하는 데 메트로폴리스 표본화 알고리즘을 사용하는 것과 합쳐 사용했다. Hachisuka와 Jensen(2011)은 메트로폴리스 표본화를 카메라에서 보이는 광자 경로를 찾기 위해 사용했다. 이 알고리즘은 효과성과 구현의 용이함으로 주목할 만하다. Chen et al.(2011)은 비슷한 방식을 사용했지만 경로 분포 함수의 추가적인 항을 표본화하고 더 높은 오류를 가진 이미지의 부분에 추가적인 광자를 분포했다.

Jensen과 Christensen(1998)은 처음으로 반투명 매질을 렌더링할 수 있도록 광자 매핑 알고리즘을 일반화했다. Knaus와 Zwicker(2011)는 반투명 매질을 SPPM을 사용해서 어떻게 렌더링하는지 보여줬다. Jarosz et al.(2008)은 매질을 통과하는 광선에 대한 산란 적분을 입자 추적 알고리즘의 입자로 계산한 측정으로 표현하는 것이 광자 매핑의 수렴률이 여러 점 광자 예측을 각 광선에 대해 추출할 때보다 훨씬 빠르다는 중요한 착상을 제공했다. 5.6절에서 Hachisuka의 석사 학위 논문(2011)과 Jarosz et al.(2011a, 2011b)은 이 방식을 어떻게 점진적으로 적용할지를 보여줬다. 또 다른 표현을 위해 비등방성 가우스 함수의 합을 반투명 매질 안의 평형 방사 분포에 맞춘 Jakob et al.(2011)을 보자.

양방향 경로 추적

양방향 경로 추적은 Lafortune 및 Willems(1994)와 Veach 및 Guibas(1994)에 의해 독립적으로 개발됐다. 다중 중요도 표본화의 개발은 양방향 경로 추적의 효과에 대한 필수불가결한 요소였다(Veach와 Guibas 1995). Lafortune과 Willems(1996)는 양방향 경로 추적을 어떻게 반투명 매질 렌더링에 적용하는지 보여줬으며, Kollig와 Keller(2000)는 양방향 경로 추적이 의사 무작위 표본 패턴과 작동하게 변경하는 방식을 보여줬다.

최근의 흥미로운 개발은 Hachisuka et al.(2012)과 Georgiev et al.(2012)의 동시 작업이었으며, 광자 매핑과 양방향 경로 추적에 대한 통합된 기반을 개발했다. 이 방식은 광자 매핑이 빛 전송 방정식의 경로 공간 형성에 포함되도록 허용하며, 결과적으로 경로를 생성하는 방식과 다중 중요도 표본화를 사용해 이를 결합하는 방식을 모두 사용하는 빛 전송 알고리즘을 유도하는 것을 가능하게 만들었다.

Kaplanyan과 Dachsbacher(2013b)는 비편형 방식이 효과적인 경우에도 광자 매핑 알고리즘이 근처 지점의 조명을 사용하는 것을 알려줬다. 이들은 빛 전송 경로를 정규화하는 기술을 개발해 비편형 경로 추적기나 양방향 경로 추적기가 델타 분포를 표본 불가능한 설정 대신 작은 방향의 원뿔에 대해 0이 아닌 값을 갖는 것으로 간주하게 변경했다. 그러므로 편향은 어려운 설정에서만 도입된다.

Vorba et al.(2014)은 전처리가 아닌 렌더링 과정에서 어려운 조명 설정 효과적인 표본화 분포를 계산하는 방식을 개발해 이를 양방향 경로 추적에 적용했다.

메트로 폴리스 빛 전송

Veach와 Guibas(1997)는 처음으로 빛 전송 방정식을 푸는 데 메트로폴리스 표본화 알고리즘을 사용했다. 이들은 이 방식이 어떻게 이미지 합성에 적용될 수 있으며, 결과가 전통적으로 어려운 조명 설명(빛이 살짝 열린 문 사이로 빛날 때)에 안정적인 빛 전송 알고리즘임을 보여줬다. Pauly, Kollig, Keller(2000)는 MLT 알고리즘을 일반화해 입체 산란을 포함했다. Pauly의 석사 학위 논문(Pauly 1999)은 입체 빛 전송에 대한 양방향, 그리고 메트로폴리스 기반 알고리즘의 이론과 구현을 설명했다.

Fan et al.(2005)은 사용자가 명시적으로 여러 중요한 경로(예를 들어 까다로운 기하학적 설정을 지나는)를 제공해 메트로폴리스 변이의 목표 상태로 사용할 수 있는 방식을 개발했다. Cline et al.(2005)의 에너지 재분배 경로 추적 알고리즘은 하나 이상의 마르코프 체인을 이미지의 각 픽셀에서 시작해 이를 작은 수의 반복만 수행한다. 이 방법은 에르고드적이지 않아 경로 공간의 부분집합만 탐색할 수 있는 마르코프 체인의 사용에도 불구하고 비편향적이라는 점이 주목할 만하다.

Hoberock의 박사 학위 논문은 스칼라 기여 함수의 여러 대안에 대해 논의했으며, 특정 빛 전송 방식에 더 많은 관심을 쏟기 위해 표본화 밀도를 적응하는 것과 최종 이미지에서 잡음을 줄이는 데 중점을 둔 것을 포함한다(Hoberock 2008).

Kelemen et al.(2002)은 메트로폴리스 빛 전송의 '주 표본 공간 MLT' 공식을 개발했다. 또한 `MLTSampler` 안에 구현된 변이 수행 시에 표본 벡터 요소의 느슨한 갱신 방식을 제안했다. Hachisuka et al.(2014)은 16장의 `MLTIntegrator`에 구현한 MMLT 방식을 개발했다.

큰 단계 확률의 최적화된 선택은 장면 의존적이다. 표본화하기 어려운 전송 경로를 가진 장면에 대해서는 더 낮은 것이 좋으며, 한 번 좋은 경로가 찾아지면 작은 단계로 더 성공적인 변이가 일어나기 때문이다. 더 단순한 빛 전송을 가진 장면에 대해 확률은 더 높아야 하며, 전체 경로 공간이 더 철저히 탐색되기 때문이다. Zsolnai와 Szirmay-Kalos(2013)는 시작 단계 동안의 경로에 대한 통계를 수집하는 기술을 개발했으며, 이 매개변수를 거의 최적 값으로 자동 설정하는 것을 가능하게 했다.

기타 렌더링 방식

여러 알고리즘이 광원에서의 경로를 추적하기 위해 '가상 광'을 생성하는 계산의 첫 단계를 바탕으로 했으며, 이 빛은 그 후에 두 번째 단계에서 간접 조명을 근사하는 데 사용한다. 이 방식의 원리의 기반은 Keller의 순간 라디오시티(1997)에 대한 작업에서 처음 소개됐다. 더 일반적인 순간 전역 조명 알고리즘은 Wald, Benthin와 동료들이 개발했다(Wald et al. 2002, 2003; Benthin et al. 2003). Dachsbacher et al.의 최신 연구 논문(2014)에서 이 분야의 최신 작업의 요약을 보자.

가상 점광원 개념에 기반을 두고 Walter와 collaborators(2005, 2006)는 라이트컷을 개발했으며, 이는 수천 개의 가상 광원을 생성한 후 가까운 것들끼리 묶어 순차적으로 계층 구조를 생성하는 데 기반을 둔다. 한 점이 음영될 때 빛 계층 구조의 탐색은 점을 조명하기 위해 묶은 값을 사용한 결과와 계층 구조를 계속 내려갔을 때의 오차 한계를 계산해 처리되며,

보장된 오차 한계와 좋은 효율성을 둘 다 가진 방식이다.

양방향 라이트컷(Walter et al. 2012)은 카메라에서 빛 연결 전략 계열을 얻기 위한 더 긴 세부 경로를 추적한다. 다중 표본화를 사용해 전략을 조합하면 가상 점광원 방식으로 일반적으로 생성되는 편향 오차를 제거할 수 있다.

Jakob과 Marschner(2012)는 광택 재질을 포함한 빛 전송을 경로 공간 안에 포함된 고차원 다양체[manifold]에 대한 적분으로 표현했다. 단일 광 경로는 다양체 위의 점에 대응하며, 인접 경로는 뉴턴 방식을 닮은 지역 매개변수화를 사용해 찾을 수 있다. 메트로폴리스 형식 방식을 이 매개변수화를 통해 적용해서 어려운 광택 반사와 근사 광택 반사 설정의 인근을 탐색했다.

Hanika et al.(2015a)은 순수 몬테카를로 맥락에서의 지역 경로 매개변수화의 개선된 판을 적용해 하나 이상의 유전 경계를 통한 직접 조명을 예측했다. 이는 유리로 감싸진 물체나 물방울로 적셔진 표면을 렌더링할 때 훨씬 더 나은 수렴으로 이어진다.

Kaplanyan et al.(2014)은 경로가 종점과 중간 정점에서의 반 방향[half-direction] 벡터를 사용해서 매개변수화될 때 경로 기여 함수가 분리 가능하다는 것을 발견했으며, 이는 미세면 반사도 모델의 맥락에서 미세면 법선과 동일하다. 메트로폴리스 표본화를 이 반 벡터 영역에서 수행하면 광택 상호반사를 렌더링하는 데 특히 좋다. Hanika et al.(2015b)의 확장은 이 방식의 안정성을 개선했고, 이미지 공간에서 표본의 뭉침을 감소시키기 위한 변이 크기를 선택하기 위해 최적화된 방식을 제안했다.

또 다른 흥미로운 방식이 Lehtinen와 동료 연구자들(Lehtinen et al. 2013, Manzi et al. 2014)에 의해 개발됐다. 이상적으로 경로 공간에서의 대부분 표본이 비연속성 근처에서 추출된다는 (이미지의 매끈한 영역이 아닌 곳에서) 관찰을 바탕으로 이미지 안의 경사도에 집중한 메트로폴리스 표본화를 위한 측정 기여 함수를 개발했다. 그 후 고품질 최종 이미지를 수평 및 수직 경사도 이미지와 거칠고 잡음이 낀 이미지에서 재구성했다. 더 최근에는 Kettunen et al.(2015)이 메트로폴리스 표본화 없이 정규 경로 추적에 이 방식을 적용할 수 있다는 것을 보여줬다. Manzi et al.(2015)은 양방향 경로 추적에서 응용을 보여줬다.

머리카락은 특히 렌더링하기 어렵다. 기하학적으로 극도로 복잡할 뿐만 아니라 머리카락 사이에서 일어나는 다중 산란이 최종 모습에 상당한 기여를 생성하기 때문이다. 전통적인 빛 전송 알고리즘은 종종 이 경우를 처리하는 데 어려움을 겪는다. 머리카락을 위한 특화된 렌더링 알고리즘에 대한 최신 작업을 위해 Moon과 Marschner(2006), Moon et al.(2008),

Zinke et al.(2008)을 참고하자.

지금까지 다룬 렌더링 문제가 충분히 어렵지만, Jarabo et al.(2014a)은 정상 상태steady-state 가정을 포함하지 않은 경로 적분의 확장을 보여줬다. 예를 들어 빛의 무한하지 않은 속도를 고려하는 것이다. 시간이 극도의 고주파수로 이어지게 돼서 렌더링을 어렵게 한다. 이 문제에 대한 밀도 예측의 성공적인 응용도 보여줬다.

연습문제

❷ 16.1 중요도 함수를 유도하고 Camera We( ), Pdf_We( ), Sample_Wi( ), Pdf_Wi( ) 메서드를 EnvironmentCamera, OrthographicCamera, RealisticCamera 등에 구현하라. 양방향 경로 추적을 사용하거나 MMLT를 사용해서 이미지를 렌더링하고 주어진 충분한 표본에 대해 이들이 표준 경로 추적으로 렌더링한 장면과 동일한 이미지로 수렴하는 것을 보여주라.

❷ 16.2 ProjectionLight와 GonioPhotometricLight에서 나가는 표본화 광선에 대한 현재 메서드가 극단적으로 비효율적인 상황인 많은 광선이 조명을 광원이 전혀 투사하지 않는 방향에서 선택되는 상황을 설명하라. Distribution2D 구조체를 사용해 2D 이미지 맵의 밝기를 기반으로 한 분포에서 표본화해 2D 이미지 맵 표본화 분포에서 구 위의 방향 분포로의 변환을 적절히 설명해서 각각에 대해 향상된 표본화 가술을 구현하라. Integrator가 해당 메서드를 호출할 때 새로운 표본화 기술을 사용해도 여전히 같은 이미지(나머지 분산)를 시스템이 계산하는지 검증하라. 원래의 것 대신 이 표본화 메서드를 사용해 얼마나 효율성이 증가되는지 판별하라.

❸ 16.3 Walter et al.의 라이트컷 알고리즘(Walter et al. 2005, 2006)을 pbrt에서 구현하라. 라이트컷의 오류 항을 계산하기 위해 pbrt의 BSDF 인터페이스를 어떻게 일반화해야 하는가? 다른 핵심 시스템 인터페이스도 변화해야 하는가? 전역 조명으로 이미지를 렌더링할 때의 효율성을 구현과 다른 적분기와 비교하라.

❶ 16.4 렌더링 시간과 최종 이미지의 표현에 어떻게 영향을 주는지에 대한 감을 얻을 때까지 SPPMIntegrator의 매개변수에 대해 실험하라. 최소한 검색 반경, 추적된 광자의 수, 반복의 수를 변경해 실험하라.

❷ 16.5 광자 발사의 효율성을 증가시키는 다른 방식은 빛에서 모든 방향으로 같은 확률로 광자를 발사하고, 어떤 방향이 높은 투과량 가중치를 갖고 결국 가시점에 사용되는 빛 경로로 이어지고 어떤 방향이 덜 효과적인지에 기반을 두고 동적으로 확률을 갱신하는 방법이다. 광자는 그 후 반드시 특정 방향의 광자를 발사하는 확률에 기반을 두고 재가중해야 한다(어떤 방향에도 0보다 큰 확률이 항상 존재하므로, 이 방식은 발사 알고리즘에 추가적인 편향을 도입하지 않는다). 이런 방식을 유도하고 구현하라. 한계 지점에서 변경된 `SPPMIntegrator`가 원래와 같은 결과를 계산하는지 보여라. 이런 변경이 수렴률을 얼마나 개선시켰는가?

❷ 16.6 `SPPMIntegrator`는 카메라 경로를 따라 첫 가시점에 대한 모든 BSDF를 저장하게 되지만, 사실 마지막 BSDF만 필요하다. 우선 얼마나 많은 메모리가 다양한 장면에 대한 현재 구현에서의 불필요한 BSDF를 저장하는 데 사용되는지 측정하라. 그 후 `VisiblePoint` 구현을 가시점에서의 반사도와 `BSDF::rho()`를 저장하게 변경하고, 램버트 BSDF를 가정한 반사를 계산하라. 이 근사가 테스트 장면에서 보이는 오차를 발생시키는가? 얼마나 많은 메모리를 아낄 수 있는가?

❷ 16.7 광자-표면 교차 주변에서 `VisiblePoint`를 찾기 위해 `SPPMIntegrator`는 반경으로 확장된 가시점의 경계 상자를 저장하기 위해 균일 격자를 사용한다. 효율적인 광자/인접 가시점 질의를 지원하는 가시점을 저장하는 다른 공간 자료 구조를 조사하고, 다른 방식을 구현하라(특히 팔방 트리와 kd 트리를 고려할 수 있다). 현재 구현과 비교해서 성능과 메모리에서 어떤 차이가 있는가?

❷ 16.8 `SPPMIntegrator`에서 카메라 광선이 확산 표면과 충돌한 이후에 한 번 더 반사될 때에 '최종 수집'을 구현하라. 현재 구현과 비교해서 다양한 장면에 대해 이 방식으로 좋은 결과를 얻기 위해 얼마나 많은 반복과 반복당 얼마나 많은 광자가 필요한지 조사하라.

❷ 16.9 `SPPMIntegrator`가 사용하는 `hash()` 함수에서의 충돌이 문제를 일으키는 한 가지 경우가 있다. 예를 들어 인접 복셀에서 충돌이 일어나고, 그 후 `VisiblePoint`가 링크드 리스트에서 두 번 위치하도록 중첩되면 이와 근접한 광자는 픽셀의 값이 잘못되도록 두 번 기여하게 된다. 현재 해시 함수에서 이런 경우가 결코 일어나지 않는 것을 증명할 수 있는가? 일어난다면 오차가 최종 이미지에서 의미 있는 차이를 생성하는 장면을 생성할 수 있는가? 이 문제를 어떻게 처리해야 할까?

❸ 16.10 입체 산란을 지원하도록 SPPM 적분기를 확장하라. 우선 Knaus와 Zwicker(2011) 및 Jarosz et al.(2011b)의 논문을 읽고 그중 한 가지 방식을 선택하자. 구현으로 렌더링된 이미지의 효율성과 정확성을 양방향 경로 추적기나 MMLT 적분기를 사용한 렌더링과 비교하라.

❷ 16.11 현재 `SPPMIntegrator` 구현의 단점은 카메라가 전체 장면의 작은 부분만 볼 때 비효율적이라는 것이다. 카메라에 보이는 것을 찾기 위해 많은 광자가 필요하다. Hachisuka와 Jensen(2011)에서 적응성 마르코프 체인 표본화를 사용해 광자 경로를 생성하는 방법을 읽고 구현하라. 현재 구현이 비효율적이고 새 구현이 훨씬 더 잘 하는 장면을 구성하고 동일한 양의 계산을 사용한 비교 이미지를 렌더링하라. 새 구현이 더 못한 결과를 계산하는 장면이 있는가?

❸ 16.12 BSSRDF로 표면 밑 산란을 지원하도록 BDPT 적분기를 확장하라. 기하학적 항과 BSDF를 계산해 정점의 쌍을 연결하는 것에 추가해 변경된 적분기는 또한 두 점이 `nullptr` 값이 아닌 `BSSRDF`를 가진 동일 `Material`을 가진 물체에 위치할 경우 BSSRDF $S(\mathrm{p}_\mathrm{o}, \omega_\mathrm{o}, \mathrm{p}_\mathrm{i}, \omega_\mathrm{i})$도 계산해야 한다. 두 연결 기술이 본질적으로 다른 설정의 경로로 이어지므로(직선 전송 대 p_i에서 p_o로의 추가적인 표면 밑 산란 상호작용), 다중 중요도 표본화 가중치를 계산할 때 서로에 대해 면적 곱 밀도는 비교해선 안 된다.

❷ 16.13 `ConnectBDPT()` 함수 안에서의 세부 경로 사이의 저기여도 연결에 대한 가시성 레이트레이싱을 무작위로 생략하는 러시안 룰렛을 구현하라. 몬테카를로 효율성을 현재 `BDPTIntegrator` 구현과 비교해 측정하라.

❷ 16.14 BDPT 적분기를 Kaplanyan과 Dachsbacher(2013b)가 설명한 경로 공간 정규화 기술을 사용해 변경하라(이 방법은 점증적 경로 생성에 기반을 둔 빛 전송 알고리즘이 광택 상호작용의 체인에 기반을 둔 어려운 표본화 경우를 처리할 수 있게 한다). 이 방식이 유용한 장면을 생성하고 이 방식과 SPPM, 그리고 변경되지 않은 양방향 경로 추적기로 이미지를 렌더링해 결과를 비교하라.

❷ 16.15 모든 표본 값 X_i를 변경할 필요 없는 변이 전략을 추가해 `MLTIntegrator`의 기존 표본에서 생성한 경로의 일부 혹은 전부를 재사용할 수 있다. 예를 들어 빛 세부 경로에 대한 `PrimarySample` 값만 변이한다면 카메라 세부 경로는 재사용할 수 있다(빛 세부 경로에 대해서도 반대 경우가 성립한다). 세부 경로에 대해 변이

가 제안됐어도 카메라의 처음 몇 정점의 표본이나 광 경로가 변하지 않고 유지되면 경로의 일부는 재추적될 필요가 없다.

`MLTIntegrator`를 하나 이상의 표본화 전략을 추가하도록 변경하고, 구현이 새 변이를 사용했을 때 여전히 유효한 기존 표본에서 부분 결과를 재사용하도록 변경하라. 새 변이에 대해 작은 단계와 큰 단계 모두 추가할 필요가 있을 것이다. 변경된 구현이 렌더링한 이미지의 평균 제곱 오류를 원래 구현으로 렌더링한 이미지와 수많은 표본으로 렌더링된 참조 이미지의 MSE와 비교하라. 같은 수의 표본에 대해 새 구현이 빠르지만 표본 간의 추가적인 연관성 때문에 살짝 높은 오차를 갖게 된다. 변경된 버전이 원래 구현보다 몬테카를로 효율이 더 높은가?

❸ 16.16 Hoberock은 박사 학위 논문에서 메트로폴리스 빛 전송에 대한 다양한 대체 스칼라 기여 함수를 제안했으며, 특정 종류의 빛 전송에 집중하는 것과 렌더링 과정 중 인지적 오류를 줄이기 위해 표본 밀도를 렌더링 과정 중에 적응하는 것들을 포함시켰다(Hoberock 2008). 논문의 6장을 읽고 다단계 MLT나 잡음 고려 MLT 알고리즘을 구현하라.

CHAPTER SEVENTEEN

17 회고와 미래

pbrt는 렌더링 시스템 디자인의 공간에서 단일 지점을 표현한다. 레이트레이싱은 기하학적 가시성 알고리즘을 사용하고, 물리적 정확성은 시스템의 초석이 될 것이며, 몬테카를로는 수치적 통합에 사용되는 주요 접근 방식이라는 초기 결정은 시스템 설계에 널리 영향을 미쳤다. 예를 들어 pbrt가 실시간 성능을 위한 직접 조명만을 가진 장면을 위해 디자인된 렌더러였다면 완전히 다른 장단점을 가진 집합이 생겨났을 것이다.

17장은 우선 완전한 시스템의 세부 사항 일부를 돌아보고, 일부 디자인 대안에 대해 토의하고, 연습문제에서 설명한 것보다 훨씬 복잡한 잠재적인 시스템의 주요 확장도 알아본다. 그 후 그래픽 하드웨어 아키텍처의 최신 동향과 pbrt 같은 렌더링 시스템에 미치는 영향을 알아본다.

17.1 디자인 회고

pbrt의 디자인에서 한 가지 기본 가정은 렌더링하기에 가장 흥미로운 이미지의 종류가 복잡한 기하 구조와 조명을 가지며, 다양한 모양, 재질, 광원, 빛 전송 알고리즘을 지원한다는 것이다. 또한 이런 이미지를 좋은 표본화 패턴, 광선 미분, 안티앨리어싱 텍스처로 잘 렌더링하는 것이 계산적인 비용에 따른 가치가 있다고 가정했다. 이런 가정의 결과로 pbrt는 상대적으로 더 특화된 시스템이 훨씬 더 잘할 수 있는 단순한 이미지를 렌더링하는 데 비효율적이다.

예를 들어 디자인 우선의 성능 영향은 광선 교차에서 BSDF를 찾는 것이 텍스처를 필터링 및 광선 차분 계산에 많은 노력을 기울이지 않는 렌더러보다 계산 비용이 더 비싸다는 것이다. 이 노력이 텍스처 앨리어싱을 처리하기 위해 더 많은 카메라 광선을 추적해야 하는 필요를 감소시켜 전반적으로 보상한다고 믿지만, 단순한 장면에 대해서는 텍스처 앨리어싱은 크게 문제가 되지 않는다. 다른 한편으론 pbrt의 대부분 적분기는 고품질의 전역 조명을 위해 각 픽셀 안에서 수백 혹은 수천 개의 표본을 추출한다고 가정한다. 고품질 필터링의 장점은 이 경우 감소되는데, 이는 높은 픽셀 표본화율이 결국 텍스처를 높은 비율로 표본화하기 때문이다.

시스템에서 일부 인터페이스의 단순성은 필요 없는 작업의 처리로 이어질 수 있다. 예를 들어 Sampler는 항상 렌즈와 시각 표본으로 계산하는데, 심지어 Camera에서 필요 없을 때도 계산한다. Camera가 필요한 표본화에 대해 알려줄 수 있는 방법은 없다. 비슷하게 Integrator가 일부 광선에서 Request1DArray()와 Request2DArray() 메서드로 요청한 모든 표본 배열을 사용하지 않을 때 Sampler의 표본을 생성하는 작업은 낭비된다(예를 들어 이 경우는 광선이 어떤 기하 구조와 교차하지 않을 때 일어난다). 이와 같은 경우 독자가 시스템을 이해하기 쉽게 만드는 것이 상대적으로 작은 효율 손실보다 크다고 믿는다.

책의 전반에 걸쳐 중요한 디자인 대안이나 상용 렌더링 시스템과 다른 구현으로 절충했을 때 각 장의 마지막에 항상 연습문제를 추가하려고 시도했다(예를 들어 연습문제 7.2는 앞 문단에서 다룬 Samplers와의 첫 번째 문제를 다뤘다). 연습문제를 풀 계획이 없더라도 읽어보는 것은 가치가 있다.

17.1.1 삼각형 전용

pbrt에서 선택한 추상화가 전체 시스템 효율에 영향을 주는 다른 부분은 렌더러가 지원하는 기하 구조 기본체의 범위다. 다양한 모양을 처리할 수 있는 레이트레이싱의 능력이 우아하지만, 이 특성은 실제로는 초기에 기대한 만큼 유용하지는 않다. 대부분의 실세계 장면은 폴리곤이나 스플라인 조각 같은 부드러운 표면이거나, 구현하기 어렵거나, 상대적으로 광선-모양 교차 알고리즘이 비효율적인 세분 표면으로 직접 모델링됐다. 그러므로 실제로는 광선 교차를 위해 삼각형으로 쪼개진다. 실세계 장면에서 보통 마주치는 물체 중 구와 원뿔로 정확하게 표현할 수 있는 모양은 별로 없다.

레이트레이서를 삼각형 같은 단일 저수준 모양 표현 주변에서 디자인하고 대부분의 처리 단계에서 이 표현에 대해서만 작동하는 것은 장점이 있다. 이런 렌더러는 여전히 장면 설명에서의 다양한 기본체를 지원하지만 항상 교차 테스트를 수행하기 전의 어떤 지점에서 이를 쪼개야 한다. 이 디자인의 장점은 다음과 같다.

- 렌더러는 삼각 정점이 미리 월드 공간으로 변환될 수 있다는 사실에 의존할 수 있으며, 광선을 물체 공간으로 변환할 필요가 없어진다(물체 인스턴싱이 사용된 경우를 제외하면).
- 가속 구조가 노드에서 중첩하는 삼각형을 직접 저장하도록 특화될 수 있다. 이는 메모리에서 기하 구조의 지역성을 증가시키고 광선-기본체 교차 테스트를 직접 횡단 루틴에서 처리할 수 있어 pbrt에서 처리하는 방식처럼 두 단계의 가상 함수 호출 등이 필요 없다.
- 기하 구조가 작은 삼각형으로 세분된 후에 정점을 절차적으로 혹은 텍스처 맵으로 변화시키는 변위 매핑은 모든 기본체가 자체로 쪼개질 수 있다면 더 쉽게 구현할 수 있다.

이 장점은 성능 향상과 시스템에서의 많은 부분의 복잡도 제거에서 상당한 효과가 있다. 교육적 목적을 가진 pbrt가 아닌 상용 렌더러에서 이런 대안은 신중하게 고려하기에 충분한 가치가 있다(대신 다른 모양이 덜 효율적인 일반 용도의 코드 경로로 처리되는 동안 삼각형 전용은 가속 구조에 직접 저장하는 등의 주어진 특별한 처리가 필요하다).

17.1.2 증가된 장면 복잡도

주어진 잘 설계된 가속 구조에서 레이트레이싱의 장점은 장면 복잡도가 추가될 때 광선-기본체 교차에서 사용되는 시간이 느리게 증가한다는 점이다. 그러므로 레이트레이서가 처리할 수 있는 최대 복잡도는 계산보다는 메모리로 제한되기 쉽다. 광선이 짧은 시간 내에 장면의 다른 많은 지역을 지나면 레이트레이싱이 복잡한 장면을 지날 때 가상 메모리는 두서없는 메모리 접근 패턴으로 인해 종종 낮은 성능을 보인다.

렌더러가 처리할 수 있는 잠재적인 복잡도를 증가시키는 한 가지 방법은 장면을 저장하는 데 사용되는 메모리를 줄이는 것이다. 예를 들어 pbrt는 표지와 그림 4.1의 생태계 장면에서 2천4백만 삼각형에 대해 약 4GB의 메모리를 사용한다. 이는 삼각형당 평균 167바이트가 된다. 이전에 작성한 레이트레이서는 이런 장면에 대해 모든 메모리 부하를 포함해 삼각형당 평균 40바이트를 사용하며, 더 많은 감소가 가능하고, 최소 4배의 감소가 가능하다.

메모리 오버헤드의 감소는 시스템의 메모리 사용에 대한 신중한 주의가 필요하다. 예를 들어 앞서 언급한 시스템의 경우 3개의 다른 Triangle 구현을 제공하며, 하나는 8비트 uint8_t로 정점 색인을 저장하고, 다른 하나는 16비트 uin16_t를 사용하고, 다른 것은 32비트 uin32_t를 사용한다. 메시에서 정점 색인의 범위를 표현하기에 충분한 가장 작은 색인 크기가 실시간에 선택된다. 기하 구조 압축에 대한 디어링의 논문(Deering 1995)과 워드의 밀집한 색 포맷(Ward 1992)은 이런 방식에 대해 생각할 때 좋은 영감을 제공한다. 4장의 '더 읽을거리' 절에서 메모리 효율적인 가속 구조 표현에 대한 정보를 살펴보자.

더 복잡한 구현 방식은 기하 구조 캐싱(Pharr와 Hanrahan 1996)으로, 렌더러가 메모리에 고정된 양의 기하 구조를 유지하고 최근에 접근되지 않은 기하 구조를 버리는 것이다. 이 방식은 세부 분할 표면 같은 작은 고수준 모양 표현이 많은 수의 삼각형으로 폭발할 수 있는 엄청나게 쪼개진 기하 구조를 가진 장면에서 유용하다. 가용한 메모리가 적으면 이 기하 구조의 일부를 버리고 나중에 필요할 때 재생성할 수 있다. 디스크에 저장된 기하 구조 또한 기하 구조 캐시에 불러올 수 있다. 경제적인 플래시 저장 장치의 출현이 초당 수백 메가바이트의 읽기 대역폭을 제공하므로, 이 방식은 더욱 매력적이다.

이런 캐시의 성능은 레이트레이싱의 순서를 공간과 메모리 일관성을 증가시키기 위해 재순서화할 때 상당히 향상된다(Pharr et al. 1997). 캐시의 행태를 개선하는 더 쉬운 구현과 더 효과적인 방식을 Christensen et al.(2003)이 소개했으며, 단순화된 장면 기하 구조의 표현을 기하 구조 캐시에서 사용하는 레이트레이서를 사용했다. 더 최근에는 Yoon et al.(2006)과 Budge et al.(2009), Moon et al.(2010), Hanika et al.(2010)이 이런 문제에 대해 개선된 방식을 개발했다. Rushmeier, Patterson, Veerasamy(1993)에서 단순화된 장면 표현을 사용해서 간접 조명을 어떻게 계산하는지의 예를 살펴보자.

17.1.3 상용 렌더링

영화를 위한 고품질 이미지 렌더링은 이 책에서 다루는 주제를 넘어선 수많은 도전 과제를 도입한다. 기하학적으로나 텍스처 복잡도와 함께 매우 복잡한 장면을 렌더링할 수 있어야 한다. 대부분의 상용 렌더러는 지연된 텍스처와 기하 구조의 로딩과 캐싱을 구현의 핵심에 갖고 있다. 프로그램 가능한 표면 셰이더 또한 복잡한 재질 표현을 사용자가 특정할 수 있게 하는 데 매우 중요하다.

또 다른 실질적 도전 과제는 실시간 모델링과 음영 툴이다. 아티스트가 모델, 표면 빛에 대한 변화의 효과를 빨리 볼 수 있게 하는 것이 중요하다. 이 기능이 제대로 작동하려면 도구와의 긴밀한 통합이 필요하다. pbrt에서처럼 장면이 렌더링될 때마다 장면 설명을 텍스트 파일로 처음부터 전달하는 것은 실행 가능한 방법이 아니다.

불행히도 대부분의 현재 상용 렌더링 시스템의 개발자들은 레이스Reyes와 그 디자인을 매우 자세히 설명한 Cook et al.(1987)의 방향을 따르지 않는다. 웨타 디지털Weta Digital이 사용하고 Pantaleoni et al.(2010)이 설명한 PantaRay나 디즈니의 하이페리온 렌더러Disney's Hyperion renderer(Eisenacher et al. 2013) 등이 예외다.

17.1.4 특수한 컴파일

Parker et al.(2010)이 설명한 OptiX 레이트레이싱 시스템은 매우 흥미로운 시스템 구조를 갖는다. 이는 기존 기능의 조합(예를 들어 가속 구조를 생성하고 광선이 이를 횡단하기 위한)이며, 사용자가 제공한 코드(기본체 구현, 표면 음영 함수 등)로 확장할 수 있다. 많은 렌더러가 최근에 이런 종류의 사용자 확장성을 허용했으며, 보통 일종의 플러그인 아키텍처를 통해 처리했다. 옵틱스는 이 코드를 모두 한 번에 컴파일하는 실시간 컴파일 시스템을 사용해 생성되므로 독특하다.

컴파일러가 코드를 생성할 때 전체 시스템의 관점을 가지므로, 결과 특화 렌더러는 자동으로 다양한 방식으로 특수화된다. 예를 들어 표면 음영 코드가 결코 (u, v) 텍스처 좌표를 사용하지 않으면 삼각형 모양 교차 테스트에서 이를 계산하는 코드는 죽은 코드로 최적화해 제외될 수 있다. 혹은 광선의 시간 항목이 결코 접근되지 않으면 이를 설정하는 코드와 심지어는 구조체 멤버 자체가 제거될 수 있다. 그러므로 이 방식은 수동으로 얻기 어려운 상당한 특수화를 허용하며(또한 결과 성능), 최소한 단일 시스템 변수보다 더욱 그렇다.

17.2 대안 하드웨어 아키텍처

이 책에서 초점은 전통적인 멀티코어 CPU를 시스템의 대상으로 가정했다. 더욱이 CPU SMID 하드웨어를 사용해 8개의 부동소수점 연산까지 처리할 수 있는 잠재성을 무시했다. GPU나 특수화된 레이트레이싱 하드웨어와 같은 다른 계산 아키텍처가 렌더러의 대상으로 매력적이지만 이의 특성은 빠르게 바뀌며, 프로그래밍 언어와 모델이 CPU에서의 C++같은 언어보다 덜 널리 알려져 있다. pbrt에서 이런 아키텍처에 대해 대상으로 처리하지 못했더라도 그들의 특성을 논의하는 것은 유용하다.

레이트레이싱의 초기에는 멀티프로세서(Cleary et al. 1983; Green과 Paddon 1989; Badouel과 Priol 1989)나 컴퓨터 클러스터(Parker et al. 1999; Wald et al. 2001a, 2002; Wald, Slusallek,

Benthin 2001; Wald, Benthin, Slusallek 2003)에 집중했다. 최근에는 단일 컴퓨터 시스템에서 실질적인 기능을 사용할 수 있게 됐으며, 이를 통해 CPU SIMD 장치 및 GPU의 기능으로 초점이 이동됐다.

CPU는 긴 기간 동안 단일 스레드에서 최대한 효율적으로 계산하도록 디자인됐다. 이 프로세서는 대기 시간에 집중해서 고려됐으며, 하나의 계산을 최대한 빨리 끝내는 것을 목표로 한다(겨우 2005년경에야 CPU 디자인의 이런 초점이 변하기 시작했으며, 하나의 칩에서 다중 코어 CPU가 작은 수의 독립적인 대기 시간 집중 프로세서로 제공됐다). 2003년경 프로그램 가능한 그래픽 프로세서의 출현으로 시작해 많은 컴퓨터 시스템에서 처리량 프로세서^throughput processors^(예, GPU)가 계산 기능의 원천이 됐다. 이 프로세서는 단일 스레드 성능이 아니라 개별 계산 시간을 최소화하지 않고 높은 집계 계산 처리량과 동시에 수백 수천 개의 계산을 효율적으로 실행하는 데 중점을 둔다.

단일 스레드 성능에 집중하지 않으므로 처리량 프로세서는 캐시, 분기 예측 하드웨어, 비순차 실행 유닛 등 단일 스레드 성능을 CPU에서 향상시키기 위해 개발된 기능들을 칩에 훨씬 적은 공간으로 할애할 수 있다. 그러므로 주어진 고정된 칩 공간에서 이 프로세서는 CPU보다 훨씬 많은 산술 연산 장치^ALU^를 제공할 수 있다. 상당한 양의 독립적인 병렬 작업을 제공할 수 있는 계산의 종류에 대해 처리량 프로세서는 ALU를 계속 바쁘게 유지해서 매우 효율적으로 계산을 수행할 수 있다. 이 책의 작성 시점에 GPU는 대략 최신 CPU에 대해 10배나 많은 최대 FLOPS를 제공한다. 이는 많은 처리 집약 작업(레이트레이싱 포함)에 대해 매우 매력적이다.[1]

프로세싱 장치가 단일 명령을 다중 자료 요소에 대해 수행하는 단일 명령 다중 데이터^SIMD, Single Instruction, Multiple Data^ 처리는 처리량 프로세서가 효율적으로 계산을 하는 핵심 메커니즘이다. 현대의 CPU와 GPU 둘 다 SMID 벡터 장치를 프로세싱 코어에 갖고 있다. 현대 CPU는 일반적으로 작은 프로세싱 코어를 가지며, 4개나 8개의 32비트 부동소수점 연산을 벡터 연산 집합(예, SSE, NEON, AVX)에서 지원한다. GPU는 현재 수십 프로세싱 코어[2]를 가지며, 각각은 8에서 64 요소 너비 사이의 SIMD 벡터 장치를 가진다(인텔의 제온 Phi 아키텍처의 경우 상대적으로 단순한 50개 이상의 CPU 코어를 가지며, 16개 너비의 32비트 부동소수점 SIMD

---

1. 하지만 그래픽 프로세서는 보통 CPU보다 더 많은 전력을 먹고 물리적으로 더 넓은 칩을 가진다. 개선된 성능의 일부는 순수히 더 많은 전력과 더 넓은 칩의 면적으로도 이뤄진다. 공정한 비교는 와트당 성능이나 실리콘의 mm^2당 성능이 돼야 할 것이며, 이 경우 GPU보다 최고 성능에서 3~5배의 능력을 가진다.

2. 처리량 프로세서의 코어 정의는 까다롭기로 악명이 높으며, 다른 하드웨어 공급자가 다른 정의를 홍보하기 때문이다. 여기서는 Fatahalian(2008)이 제안한 상대적으로 공급자 중립적인 용어를 따른다.

장치를 각각이 가져 이 두 지점 사이에 놓여있다). 이 모든 프로세서 아키텍처에서 프로세싱 코어의 수와 벡터 장치의 너비가 시간이 지나면서 늘어날 것이며, 이는 무어의 법칙으로 인해 하드웨어 디자이너들이 추가적인 트랜지스터의 사용이 가능하기 때문이다.

17.2.1 GPU 레이트레이싱

Purcell et al.(2002, 2003)과 Carr, Hall, Hart(2002)는 처음으로 일반 용도의 레이트레이싱을 처리량 그래픽 프로세서로 매핑했다. 자료 구조의 GPU 기반 생성은 어려울 가능성이 높다. Zhou et al.(2008)과 Lauterbach et al.(2009)은 각각 kd 트리와 BVH를 자료 병렬 처리량 아키텍처에 대해 생성하는 기술을 소개했다. 처리량 프로세서가 자료 병렬 처리에 추가해 작업 병렬 처리를 제공하기 시작하면서 이 작업은 프로그래머들에게 좀 더 쉬워졌다.

Aila와 Laine(2009)는 신중하게 그래픽 프로세서에서의 SIMD 레이트레이싱 성능을 연구했으며, 이들의 통찰을 사용해 기존의 최고로 알려진 방법보다 훨씬 더 효율적인 새로운 SIMD 친화적인 횡단 알고리즘을 개발했다. 이 통찰은 고성능 렌더링 시스템의 구현자가 신중하게 검토할 만한 것이다.

현재 렌더링 시스템에서 처리량 프로세서를 사용할 때의 어려운 점은 SIMD 벡터 요소를 효율적으로 사용하는 일관된 자료 병렬 계산의 집합을 찾는 것이다. 몬테카를로 경로 추적기가 n 광선의 패킷을 추적하는 것을 고려해보자. 첫 반사에서 무작위 표본화가 일어난 후 각각의 광선은 일반적으로 완전히 다른 물체와 교차하며, 완전히 다른 표면 셰이더를 가질 가능성이 높다. 이 지점에 대해 표면 셰이더를 수행하는 것은 각 광선이 다른 계산을 처리하므로 SIMD 하드웨어의 좋지 않은 사용이 되기 쉽다. 효율적 음영의 특정한 문제는 Hoberock et al.(2009)이 연구했으며, 이는 표면 셰이더를 수행하기 전에 일관된 작업의 집합을 만들기 위해 많은 수의 교차점에 의존했다.

또 다른 어려운 점은 GPU에서 상대적으로 제한된 지역 메모리양이 각 광선에 대해 작은 양의 저장 공간 이상을 필요로 하는 빛 전송 알고리즘을 구현하기 어렵게 하는 것이다(예를 들어 심지어 양방향 경로 추적 알고리즘에서 세부 경로 쌍의 모든 정점을 저장하는 것도 쉽지 않다). Davidovič et al.(2014)의 논문은 이 문제 및 이전의 작업에 대한 신중한 개요와 함께 GPU에서 복잡한 여러 빛 전송 알고리즘의 구현에 대한 논의를 포함했다.

렌더러 개발자들에게 흥미로운 장단점 교환은 Hachisuka의 경로 추적기에서 보여줬으며, 이는 래스터라이저를 병렬 투영으로 광선을 추적하는 데 사용하고, 효과적으로 모든 음영되는 점에 대한 같은 방향의 시야성을 계산한다(Hachisuka 2005). 그의 통찰은 이 방식이 특별히 몬테카를로 경로 추적에 대해 좋은 표본화 분포를 제공하진 않더라도 나가는 방향을 선택하기 위한 중요도 표본화를 수행할 수 없는 각 점에서 시야성을 계산해 증가된 효율성이 전체적으로 훨씬 일관된 광선의 집합을 제공한다. 달리 말해 고정된 양의 계산에서 많은 표본을 추출할 수 있는 래스터라이징을 사용할 것인지, 훨씬 더 많은 수의 조금 덜 좋게 분포된 표본을 사용하는 것이 잘 선택된 작은 수의 표본을 사용하는 것보다 더 나은 이미지를 생성하는 레이트레이싱을 사용할 것인지의 선택이다. 정확히 지역적으로 원하는 결과를 한 점에서 계산하는 것과 매우 효율적으로 많은 지점에서 전역적으로 계산하는 것 사이의 일반적인 트레이드오프 문제가 미래의 SIMD 프로세서에서의 개발자들이 중요하게 고려해야 할 사항이 될 것이라 예상한다.

17.2.2 패킷 추적

CPU에서의 좁은 SIMD 너비(4 요소 SSE처럼)에 대해 SIMD 장치를 사용하면 일부 성능 향상을 얻을 수 있다. 예를 들어 `pbrt`를 `Spectrum` 클래스에 정의된 연산에 대해 SSE 명령을 사용하도록 변경하고 싶을 것인데, 일반적으로 연산당 3개의 부동소수점 연산(RGB 분광에 대해)을 할 수 있으며, SIMD를 사용하지 않을 때는 1개만 가능하다. 이 방식은 해당 명령에 대해 75%의 SSE 장치 활용이 가능하지만, 시스템의 나머지는 성능에 도움을 주지 않는다. 일부 경우에는 컴파일러가 단일 SIMD 연산을 사용해 함께 수행 가능한 다중 스칼라 코드 계산을 인지해 최적화할 수 있다.

하지만 SIMD 벡터 장치의 훌륭한 활용을 위해 처리량 프로세서의 SMID 벡터에 대해서는 일반적으로 전체 계산을 자료 병렬 방식으로 표현해야 하며, 많은 자료 요소에서 같은 계산이 동시에 수행될 수 있어야 한다. 레이트레이서에서 자료 병렬화를 추출하는 자연스러운 방식은 각 프로세싱 코어가 한 번에 n 광선을 추적하는 것으로, n은 SIMD 너비의 최소다. 그러므로 각 SIMD 레인lane은 대응하는 하나의 광선만을 담당하며, 하나의 스칼라 계산만이 각 연산에서 각각의 n 광선에 수행된다. 그러므로 일부 광선은 다른 광선과 다른 계산이 필요한 경우를 제외하고 높은 SIMD 활용률이 자연스럽게 나타난다.

이 방식은 고성능 CPU 레이트레이서에서 성공했다(일반적으로 패킷 추적packet tracing이라고 불린다). Wald et al.(2001a)은 이 방식을 도입했으며, 그 후에 넓게 채용됐다. 패킷 추적기에서 카메라는 n 광선의 패킷을 생성해 하나의 단위로 처리한다. 패킷의 광선이 통과할 때 노드를 방문하도록 가속 구조 횡단 알고리즘이 수정됐으며, 잎의 기본체는 패킷의 모든 광선과의 교차에 대해 테스트한다. 패킷 추적은 상당한 속도 향상을 보여주며, 이는 추적되는 광선이 덜 일관될수록 덜 효율적이다. 이는 지역화된 광원에 대한 눈 광선과 그림자 광선에 대해 잘 동작하며, 이는 광선의 패킷이 장면의 비슷한 영역을 지나기 때문이지만, 일반적으로 효율은 다중 반사 빛 전송 알고리즘에 대해 감소한다. 패킷 추적에 대한 좋은 효율성을 얻는 방식을 찾는 것은 활발한 연구 분야다.

CPU에서의 패킷 추적은 보통 SIMD 벡터화로 명시적으로 구현된다. 교차점 함수는 명시적으로 단일 광선이 아닌 일정 수의 광선을 매개변수로 받는다. 반면 GPU를 위한 프로그램의 벡터화는 일반적으로 암시적이다. 코드는 단일 광선이 한 번에 처리되는 식으로만 작성돼 있으며, 기반 컴파일러와 하드웨어가 실제로 프로그램의 한 인스턴스를 각 SIMD 레인에 대해 수행한다.

명령 집합에서 자신의 SIMD 특성을 직접 노출하는 프로세서(CPU나 인텔의 제온 파이)에 대해 프로그래밍 모델의 디자이너는 암시적이나 명시적인 모델을 사용자에게 제공한다. Parker et al.(2007)의 레이트레이싱 음영 언어는 암시적인 자료 병렬 언어를 CPU의 SIMD 명령 집합으로 컴파일하는 예다. 또한 Georgiev와 Slusallek(2008)의 방식인 제네릭 프로그래밍generic programming 방식을 C++에서 구현해 고성능 레이트레이서의 구현에서 패킷 같은 세부 사항이 잘 감춰지도록 하는 것을 살펴보자. Pharr와 Mark(2012)의 논문에서 설명한 `ispc` 역시 이 모델을 제공하는 CPU 벡터 장치에 대한 범용의 '단일 프로그램 다중 데이터SPMD, Single Program Multiple Data' 언어를 제공한다.

Reshetov et al.(2005)은 패킷 추적을 일반화했으며, 하나의 원점에서 많은 광선을 모아 절두체로 수집하고, 이를 이용해 가속 구조 횡단을 하면 매우 고성능의 레이트레이싱이 가능하다. 이들은 절두체를 세부 절두체로 세분하고 결과적으로 개별 광선이 트리의 더 낮은 단계에 도달한다. Reshetov(2007)는 이후에 효율적으로 광선의 집합을 가속 구조 잎 노드에 있는 삼각형 집합에 대해 교차하기 위해 광선 주변에 절두체를 생성하고, 이를 사용해 첫 단계 선별을 하는 기술을 도입했다. Benthin과 Wald(2009)에서 효율적인 그림자 광선을 위해 광선 절두체와 패킷을 사용하는 최신 기술을 알아보자.

패킷 추적이 일반적으로 가속 구조를 통해 동일한 경로를 따르는 일관된 광선의 모음에 대해 효과적이지만, 전역 조명 알고리즘에서 더 일반적인 비일관적인 광선의 모음에 대해 훨씬 덜 효과적이다. 이 문제를 처리하기 위해 Ernst와 Greiner(2008), Wald et al.(2008), Dammertz et al.(2008)은 한 번에 단일 광선만이 가속 구조를 횡단하고 대신 SIMD의 효율성을 각 단계에서 계층 구조에서의 여러 경계 상자에 대해 각 광선을 동시에 테스트해 증가시켰다.

광선 비일관성 문제의 다른 처리 방식은 비일관성 광선에서 작은 연속된 순서를 재배치해 SIMD 효율성을 높이는 것이다. 이 분야의 대표적인 작업은 Mansson et al.(2007), Boulos et al.(2008), Gribble과 Ramani(2008), Tsakok(2009) 등을 포함한다. 더 최근에는 Barringer와 Akenine-Möller(2014)가 주어진 거대한 수의 광선에 대한 상당한 성능 향상을 보여주는 SIMD 광선 횡단 알고리즘을 개발했다.

Wald et al.(2014)의 논문에서 설명한 엠브리 시스템은 고성능 오픈소스 렌더링 시스템으로, 패킷 추적과 단일 광선의 고효율 횡단을 둘 다 지원한다. 이 두 방식 사이의 균형을 찾는 주제에 대한 Benthin et al.(2011)의 논문을 참고하자.

`pbrt`는 '한 번에 한 광선' 레이트레이서다. 렌더링 시스템이 한 번에 교차 테스트에 대한 많은 광선을 제공하면 패킷 추적을 넘어서는 더 효율적인 다양한 구현이 가능해진다. 예를 들어 Keller와 Wächter(2011), Mora(2011)는 가속 구조가 전혀 없을 때 장면 기하 구조에 대한 많은 수의 광선을 교차하는 알고리즘을 설명했다. 대신 기본체와 광선은 둘 다 작은 광선과 기본체의 모음이 남을 때까지 재귀적으로 쪼개지며, 이 시점에서 교차 테스트를 처리한다. 이 방식에 대한 개선은 Áfra(2012)와 Nabata et al.(2013)이 설명했다.

17.2.3 레이트레이싱 하드웨어

현대 PC에서 삼각형 래스터라이제이션과 음영을 위해 특화된 하드웨어의 널리 퍼진 성공으로 인해 광선 추적을 위한 특화된 하드웨어 디자인에 대한 관심이 오래 지속됐다. 다양한 단계의 계산을 하는 레이트레이싱 알고리즘이 반드시 완전한 시스템에서 논의돼야 하며, 카메라 광선 생성, 가속 계층 구조 생성, 계층 구조 횡단, 광선-기본체 교차, 음영, 조명, 적분 계산 등을 포함한다.

이 분야의 초기 출판 작업은 Woop et al.(2005)을 포함하며, 이는 광선 처리 장치[RPU, Ray Processing Unit]의 디자인을 설명했다. 더 최근에는 Aila와 Karras(2010)가 비일관성 광선의 처리에 관련된 일반적인 구조적 문제에 대해 설명했으며, 이는 전역 조명 알고리즘에서 일반적이다. Nah et al.(2011) 및 Lee et al.(2013, 2015)은 모바일 GPU 아키텍처에서 레이트레이싱하는 여러 편의 논문을 작성했으며, 계층 구조 횡단, 광선 생성, 교차 계산, 더 나은 메모리 일관성을 위한 광선 재순서의 문제를 포함했다. 특별한 하드웨어에서의 SAH BVH 생성에 대한 Doyle et al.(2013)의 논문을 살펴보자.

이 분야에서 상당한 연구 작업이 있지만, 불행하게 어떤 아키텍처도 시장에서 많은 점유율을 갖지 못했지만, 코스틱 레이트레이싱 아키텍처(McCombe 2013)는 모바일 GPU 벤더 이미지네이션이 인수했다. 이 아키텍처를 전통 GPU와의 통합에 기반을 둔 생산물에 대한 계획이 발표됐다. 효율적인 레이트레이싱 하드웨어를 위한 시간이 다가올 것이라 기대한다.

17.2.4 미래

그래픽을 위한 고성능 아키텍처에서의 혁신은 계속 이어질 것이다. CPU가 점차 SIMD의 너비를 증가시키고 더 많은 프로세싱 코어를 추가하면서 점점 더 처리량 프로세서와 비슷해지며, 처리량 프로세서는 작업 병렬화와 순수하게 자료 병렬한 것이 아닌 비정규 작업에 대한 성능을 개선할 것이다. 미래의 컴퓨터 시스템이 두 종류의 프로세싱 코어의 이종 집합이거나 다양한 범위의 애플리케이션에 대해 잘 동작하는 한 가지 종류의 프로세서에서 중간 지점일지는 열린 문제로 남아있다.

미래 시스템의 특화된 고정 함수 그래픽 하드웨어의 역할은 점점 중요해질 가능성이 높다. 고정 함수 하드웨어는 일반적으로 프로그램 가능한 하드웨어보다 훨씬 전력 효율적이 됐다. 미래 그래픽 시스템의 핵심 계산 커널이 명백해지면서 이의 고정 함수 구현이 널리 퍼질 수 있다.

17.3 결론

pbrt의 개념은 1999년 10월에 생겨났다. 그 후의 5년간 시스템 디자인을 스탠포드의 CS348b 강의를 듣는 학생들만을 위한 시스템 디자인에서 안정적이고 풍부한 기능을 갖고, 확장성이 있는 렌더링 시스템으로 진화했다. 이 시간동안 예쁜 그림을 만드는 렌더링 시스템을 생성하는 것뿐 아니라, 다른 사람들이 사용하고 변경하는 것을 즐길 수 있도록 생성하는데 있어 많은 것을 배웠다. 가장 어려웠던 점은 다른 사람이 읽기에 즐거운 소프트웨어의 큰 조각을 디자인하는 것이었다. 이는 렌더링 알고리즘을 구현하는 것보다 훨씬 더 어렵고 (또한 보람된) 작업이었다.

첫 출판 이후 이 책은 세계적으로 고급 그래픽스 강의에서 널리 채용되는 즐거움을 얻었으며, 매우 흐뭇한 일이었다. 하지만 pbrt가 렌더링 연구에 사용되는 영향에는 준비되지 못했다. 레이트레이서를 처음부터 작성하는 것은 가공할 만한 일이며(많은 학부의 그래픽스 강의를 듣는 학생들이 증명했듯이), 안정적인 물리 기반 렌더러를 생성하는 것은 훨씬 더 힘들다.

pbrt가 렌더링의 미래 연구자들의 진입 장벽을 낮추고, 연구자들이 실험하고 렌더링에서의 새로운 개념적 가치를 시연하는 것을 쉽게 했다는 것에 자부심을 느낀다. 여전히 SIGGRAPH, 유로 그래픽스 렌더링 심포지엄, 고성능 그래픽스, 그리고 다른 그래픽스 연구 기구에서 목표를 이루기 위해 pbrt를 사용하거나 pbrt를 검증 자료로서 이미지를 비교하는 것에서 즐거움을 느낀다.

더 최근에는 물리 기반 방식이 오프라인 렌더러와 더불어 최근 게임과 상호작용 애플리케이션에서 빠르게 적용되는 것을 보면서 또다시 기쁘다. 우리가 공식적으로 비일반적인 사람들이긴 하더라도 화면 위의 엄청난 그래픽과 수십억의 의사 무작위(혹은 준무작위) 표본, 수십억의 추적된 광선, 그리고 복잡한 수학이 각각의 지나가는 이미지로 들어간 경이를 보는 것은 더욱 즐겁다.

우리는 이에 대한 연구를 통해 자신의 작업을 구축하고, 새로운 커리큘럼을 구축하고, 놀라운 영화나 게임을 제작하고, 또는 렌더링에 대해 더 배우고자 하는 모든 사람에게 진심으로 감사한다. 이 책의 새로운 판이 여전히 그래픽스 공동체를 이전 판과 같은 방식으로 지원하기를 바란다.

A 유틸리티 함수

이제까지 보여준 모든 그래픽 관련 코드에 추가로, pbrt는 다양한 일반 유틸리티 루틴과 클래스를 사용한다. 이들이 pbrt의 핵심 연산이더라도 시스템의 나머지에서 작동하기 위해 이들의 구현을 세부적으로 알 필요는 없다. 부록 A는 이런 루틴에 대한 인터페이스를 설명하며, 오류 보고 처리, 메모리 관리, 다중 CPU 코어에서의 병렬 처리를 위한 스레드 시스템, 다른 기본 기반 구조를 포함한다. 이 기능 중 일부(구체적으로 살펴볼 가치가 있는 부분)의 구현 또한 다룬다.

A.1 주 포함 파일

core/pbrt.h 파일은 시스템의 다른 모든 소스 파일에 인클루드된다. 이는 모든 전역 변수 선언과 인라인 함수, 매크로와 수치적 상수, 다른 전역 접근 자료를 포함한다. pbrt.h를 인클루드한 모든 파일은 다른 프로세스에 인클루드된 여러 파일을 얻게 된다. 거의 모든 것이 이 추가 헤더에 접근하고 싶어 하므로 새로운 소스 파일의 생성을 단순화한다. 하지만 컴파일 시간의 효율성을 위해 이렇게 자동으로 인클루드되는 파일의 수를 최소화하고 싶다. 거의 모든 모듈에 필요한 것들만 여기에서 보여준다.

<Global Include Files> ≡

```
#include <algorithm>
#include <cinttypes>
#include <cmath>
#include <iostream>
#include <limits>
#include <memory>
```

```
#include <string>
#include <vector>
```

pbrt의 거의 모든 부동소수점 값은 Float으로 선언된다. 유일한 예외는 32비트 float이나 64비트 double이 필요한 경우다(예, 파일에 이진 값을 저장할 때). Float은 실제로 float이나 double로 PBRT_FLOAT_AS_DOUBLE 매크로를 통해 컴파일 시에 결정된다. 이는 pbrt가 두 표현을 사용하는 경우에 대한 버전을 생성할 수 있게 한다. 32비트 float은 거의 항상 레이트레이싱을 위해 충분하지만, float의 반올림 오차가 주어진 장면에 대해 오류를 유발하지 않는다는 것을 검증하는 등의 수치적으로 까다로운 상황에서 double로 전환할 수 있다면 도움이 된다.

<Global Forward Declarations> +≡

```
#ifdef PBRT_FLOAT_AS_DOUBLE
    typedef double Float;
#else
    typedef float Float;
#endif // PBRT_FLOAT_AS_DOUBLE
```

A.1.1 유틸리티 함수

일부 간단한 수학적 함수가 pbrt에서 유용하게 사용된다.

클램핑

Clamp()는 주어진 값 val을 low와 high 사이로 잘라낸다. 편의를 위해 Clamp()는 잘라내는 형과 다른 범위의 값을 허용한다(하지만 구현은 잘라내는 형에 적법한 내재 변환을 필요로 한다). 이 방식으로 구현됐으므로 구현은 Clamp(floatValue, 0, 1)처럼 C++의 템플릿 형 해석 규칙에서 허용하지 않는 호출도 허용한다.

<Global Inline Functions> +≡

```
template <typename T, typename U, typename V>
inline T Clamp(T val, U low, V high) {
    if (val < low) return low;
    else if (val > high) return high;
    else return val;
}
```

나머지 계산

Mod( )는 a/b의 나머지Modulus를 계산한다. pbrt는 자체 형식을 가지며(% 사용 대신), 음수에 대한 나머지가 항상 양이 되는 행태를 제공하기 위해서다. C++11에서부터 %의 행태는 이 경우 음수를 반환해 (a/b)*b + a%b == a 등식이 항상 성립하게 하고 있다.

<Global Inline Functions> +≡

```
template <typename T> inline T Mod(T a, T b) {
    T result = a - (a/b) * b;
    return (T)((result < 0) ? result + b : result);
}
```

Float의 전문화는 해당 표준 라이브러리 함수를 호출한다.

<Global Inline Functions> +≡

```
template <> inline Float Mod(Float a, Float b) {
    return std::fmod(a, b);
}
```

유용한 상수

대부분 π에 관련된 여러 상수가 쉽게 제공될 가치가 있을 만큼 충분히 사용된다.

<Global Constants> +≡

```
static const Float Pi       = 3.14159265358979323846;
static const Float InvPi    = 0.31830988618379067154;
static const Float Inv2Pi   = 0.15915494309189533577;
static const Float Inv4Pi   = 0.07957747154594766788;
static const Float PiOver2  = 1.57079632679489661923;
static const Float PiOver4  = 0.78539816339744830961;
static const Float Sqrt2    = 1.41421356237309504880;
```

각도 측정 사이의 변환

단순한 두 개의 함수로 도degree와 라디안radian으로 표현된 각도 사이를 변환한다.

<Global Inline Functions> +≡

```
inline Float Radians(Float deg) {
    return (Pi / 180) * deg;
}
inline Float Degrees(Float rad) {
```

```
        return (180 / Pi) * rad;
    }
```

밑수 2 연산

수학 라이브러리가 밑수 2의 로그 함수를 제공하지 않으므로 여기서 제공하고, $\log_2(x) = \log x / \log 2$의 등식을 사용한다.

<Global Inline Functions> +≡

```
    inline Float Log2(Float x) {
        const Float invLog2 = 1.442695040888963387004650940071;
        return std::log(x) * invLog2;
    }
```

가끔 정수 값 밑수 2의 로그가 있으면 유용하다. (비싼) 부동소수점 로그를 계산하고 정수로 변환하기보다는 값의 32비트 2진 표현에서 첫 번째 1까지 선행하는 0의 수를 계산하고 이 값을 31에서 빼면 설정된 첫 비트의 색인을 제공하며, 이는 정수 밑수 2 로그가 된다(이 효율성은 대부분의 CPU에서 이런 0을 세는 명령이 있다는 사실에서 비롯된다).

이 코드는 `__builtin_clz()` 내장 함수를 사용하며, g++와 clang 컴파일러에서 사용할 수 있다. MSVC에서는 비슷한 기능을 구현하는 `_BitScanReverse()`가 사용되며, 여기서는 보여주지 않는다.

<Global Inline Functions> +≡

```
    inline int Log2Int(uint32_t v) {
        return 31 - __builtin_clz(v);
    }
```

주어진 정수가 정확히 2의 승수인지 결정하거나, 정수를 다음으로 높거나 같은 2의 승수로 반올림하는 데 사용할 수 있는 영리한 기술이 있다(이 두 함수가 어떻게 작동하는지에 대해 차분히 생각해볼 가치가 있다).

<Global Inline Functions> +≡

```
    template <typename T> inline bool IsPowerOf2(T v) {
        return v && !(v & (v - 1));
    }
```

<Global Inline Functions> +≡

```
    inline int32_t RoundUpPow2(int32_t v) {
        v--;
```

```
        v |= v >> 1;   v |= v >> 2;
        v |= v >> 4;   v |= v >> 8;
        v |= v >> 16;
        return v+1;
    }
```

int64_t에 대한 RoundUpPow2()의 변형 역시 제공되지만, 여기에 수록하지 않는다.

일부 7장의 저불일치 표본화 코드는 값의 이진 표현 안에서 연속된 0의 개수를 효율적으로 얻을 필요가 있다. CountTrailingZeros()는 대부분 아키텍처에서 단일 연산자로 매핑되는 컴파일러 특화 고유 연산에 대한 함수다.

<*Global Inline Functions*> +≡

```
    inline int CountTrailingZeros(uint32_t v) {
        return __builtin_ctz(v);
    }
```

구간 검색

FindInterval()은 std::upper_bound()의 행태를 묘사하는 도우미 함수지만, 실제 배열에 대한 접근 요구 대신 다양한 색인에서의 값을 얻기 위해 함수 객체를 사용한다. 이 방식으로 점 표본에서의 보간된 것 같은 절차적으로 생성된 배열을 이분할 수 있다. 또한 여기서의 구현은 모서리 경우에 대한 일부 경계 확인을 추가하며(예, 모든 항목에 대해 서술부가 true나 false로 계산되는 경우에도 가용한 구간을 보장), 이는 일반적으로 std::upper_bound() 호출 이후에 이어져야 한다.

<*Global Inline Functions*> +≡

```
    template <typename Predicate> int FindInterval(int size,
            const Predicate &pred) {
        int first = 0, len = size;
        while (len > 0) {
            int half = len >> 1, middle = first + half;
            <Bisect range based on value of pred at middle 1259>
        }
        return Clamp(first - 1, 0, size - 2);
    }
```

<*Bisect range based on value of pred at* middle> ≡ 1259

```
    if (pred(middle)) {
        first = middle + 1;
        len -= half + 1;
```

```
} else
    len = half;
```

A.1.2 의사 난수

pbrt는 PCG 의사 난수 생성기(O'Neill 2014)의 구현을 사용해 의사 난수를 생성한다. 이 생성기는 현재 알려진 것 중 최고의 난수 생성기 중 하나다. 초기 의사 난수 생성기의 단점이던 다양하고 엄격한 통계 테스트를 통과할 뿐만 아니라, 구현도 매우 효율적이다.

이 구현을 작은 난수 생성기 클래스 RNG에 넣었다. 이를 통해 나머지 시스템 전체에서 약간 덜 자세한 호출로 사용할 수 있게 만들었다. 난수 생성기 구현은 난해한 예술이다. 그러므로 여기에 구현을 포함하거나 다루진 않지만 제공하는 API를 기술하겠다.

RNG 클래스는 2개의 생성자를 제공한다. 첫 번째는 인자를 받지 않으며 내부 상태를 합리적인 기본값으로 설정한다. 두 번째는 단일 인자를 받아 의사 난수 값의 시퀀스를 선택한다.

PCG 난수 생성기는 실제로 사용자가 2개의 64비트 값을 제공해 작동을 설정할 수 있도록 헌다. 첫 번째는 2^{64}개의 난수로 구성된 2^{53}개의 서로 다른 시퀀스 중 하나를 선택하며, 두 번째는 그런 시퀀스 안에서 시작점을 효과적으로 선택한다. 많은 의사 난수 생성기는 이 두 번째 형식의 설정을 허용하며, 단독으로는 그리 좋지 않다. 다른 시작점을 단일 시퀀스에서 갖는 것보다 독립적인 겹치지 않는 값의 시퀀스를 갖는 것이 생성된 값에서 더 큰 비균일성을 제공한다.

pbrt의 필요에 의해 다른 시퀀스를 선택하는 것으로 충분하며, 그러므로 RNG 구현은 시퀀스에서 시작점을 선택하는 메커니즘을 제공하지 않는다.

<RNG Public Methods> ≡

```
RNG();
RNG(uint64_t sequenceIndex) { SetSequence(sequenceIndex); }
```

RNG는 pbrt에서 생성자나 SetSequence() 메서드의 호출로 초기 시퀀스 색인의 제공 없이 사용해선 안 된다. 그렇지 않을 경우 시스템의 다른 부분이 무심코 연관된 의사 난수를 사용하게 되며, 이는 놀라운 오류로 이어진다.

<RNG Public Methods> +≡

```
void SetSequence(uint64_t sequenceIndex);
```

UniformUInt32() 메서드에는 2가지 변형이 있다. 첫 번째는 [0, 2^{32}-1] 범위의 의사 난수를 반환한다.

```
<RNG Public Methods> +≡
    uint32_t UniformUInt32();
```

두 번째는 주어진 경계 *b*에 대해서 [0, *b* - 1]의 범위에 균일하게 분포된 값을 반환한다. pbrt의 이전 두 버전은 UniformUInt32() % b를 이 두 번째 계산에서 사용했다. 이 방식은 살짝 오류가 있다. b가 2^{32}을 균일하게 나누지 못할 경우 하위 범위 [0, 2^{32} mod *b*] 안의 값을 선택할 확률이 살짝 높다.

여기서의 구현은 우선 나머지 2^{32} mod *b*를 32비트 산술만을 사용해 효율적으로 계산하고 변수 threshold에 저장한다. 그 후 UniformUInt32()가 반환한 의사 난수 값이 threshold보다 작으면 버리고 새 값을 생성한다. 결과 값의 분포는 나머지 연산 이후에 균일 분포를 갖지만, 균일하게 분포된 표본 값을 제공한다.

```
<RNG Public Methods> +≡
    uint32_t UniformUInt32(uint32_t b) {
        uint32_t threshold = (~b + 1u) % b;
        while (true) {
            uint32_t r = UniformUInt32();
            if (r >= threshold)
                return r % b;
        }
    }
```

UniformFloat()는 반개[half-open] 구간 [0, 1)에서 의사 부동소수점 난수를 생성한다.

```
<RNG Public Methods> +≡
    Float UniformFloat() {
        return std::min(OneMinusEpsilon, UniformUInt32() * 0x1p-32f);
    }
```

A.2 이미지 파일 입력과 출력

많은 이미지 파일 포맷이 몇 년간 개발됐지만, pbrt의 목적은 주로 부동소수점 픽셀 값이 지원되는 이미지를 지원하는 것이다. pbrt에서 생성된 이미지는 자주 넓은 동적 범위를 가지며, 이런 포맷은 계산된 방사 값을 직접 저장하는 데 중요하다.

고전 이미지 파일 포맷인 색을 표현하기 위해 각 빨강, 초록, 파랑 요소가 범위 [0, 1]을 가진 8비트 자료를 저장하는 것은 물리 기반 렌더링의 필요에 잘 맞지 않는다.

pbrt는 OpenEXR과 PFM의 두 가지 부동소수점 포맷을 지원한다. OpenEXR은 영화 제작에 사용하기 위해 Industrial Light와 Magic에서 원래 설계한 부동소수점 파일 포맷이다 (Kainz et al. 2004). 이 포맷을 고른 이유는 깔끔한 디자인과 쓰기 쉽고, 부동소수점 이미지 자료의 일급 지원을 제공하기 때문이다. 포맷을 읽고 쓰는 라이브러리를 무료로 사용할 수 있고, 여러 도구에서 지원된다.

PFM은 PPM 파일 포맷에 기반을 둔 부동소수점 포맷이다. 매우 쉽게 읽고 쓸 수 있지만 OpenEXR은 널리 지원되지 않는다. OpenEXR과 달리 압축을 지원하지 않으므로 파일은 상당히 클 수 있다.

또한 편의를 위해 pbrt는 TGA와 PNG 포맷의 파일을 읽고 쓸 수 있도록 지원한다. 둘 다 OpenEXR 같은 고명암비HDR, High-Dynamic-Range 포맷은 아니지만, 특히 저명암비LDR, Low-Dynamic-Range 텍스처 맵의 입력 포맷으로 사용하기 편리하다.

ReadImage() 함수는 읽어올 파일명과 이미지 해상도로 초기화된 Point2i의 포인터를 받는다. 이는 새롭게 할당된 RGBSpectrum 객체 배열을 반환하고, 주어진 파일을 파일명의 확장자 기준으로 OpenEXR, PFM, PNG, TGA로 읽는다.

<ImageIO Declarations> ≡

```
std::unique_ptr<RGBSpectrum[]> ReadImage(const std::string &name,
        Point2i *resolution);
```

ReadImage()는 Spectrum이 아닌 RGBSpectrum을 반환값으로 사용한다. 이 함수의 주 사용자는 pbrt의 이미지 텍스처 매핑 코드로 텍스처 맵을 RGBSpectrum 값으로 저장하며, pbrt가 전체 분광 렌더링을 처리하게 컴파일됐을 때도 마찬가지이므로 RGBSpectrum 값을 반환하는 것은 자연스러운 방식이다(또한 읽힌 이미지 파일이 RGB나 다른 3채널 포맷이라는 가정하에서 결정됐으므로 RGB 값을 반환하는 것은 분광 정보를 손실하지 않는다. 호출 코드가 전체 Spectrum 값을 저장하고 싶다면 정보의 손실 없이 RGB에서 전체 분광 표현으로 변환할 수 있다). pbrt가 텍스처에 대해 전체 분광 이미지 포맷를 지원하도록 확장되면 이 함수의 Spectrum 값을 반환하는 변종이 필요할 수 있다.

WriteImage() 함수는 써야 할 파일명, 픽셀 자료의 시작 포인터, 이미지의 해상도에 대한 정보를 받는다. 픽셀 자료는 분할된 RGBRGB... 값으로 구성된다. ReadImage()처럼 주어진 파일명의 확장자가 사용할 이미지 형식을 결정한다.

WriteImage()에서 쓰여진 픽셀이 더 큰 이미지의 세부 영역을 표현하도록 설정할 수 있다. 일부 이미지 포맷(예, OpenEXR)은 이미지 파일 헤더 안에 이 정보를 저장할 수 있으며, 개별적으로 렌더링된 세부 이미지를 단일 이미지로 쉽게 결합할 수 있다. totalResolution 매개변수는 주어진 픽셀 값이 포함된 전체 이미지의 전체 해상도를 제공하며, outputBounds는 주어진 픽셀을 덮는 픽셀 경계 상자를 제공한다. outputBounds는 (0, 0) → totalResolution 범위 안에 있어야 하며 rgb가 가리키는 RGB 픽셀 값의 수가 outputBounds.Area()와 동일해야 한다.

부동소수점이 아닌 이미지 포맷이 출력으로 사용되면 픽셀 값은 sRGB 표현(10.4.1절)으로 변환되며, 파일에 써지기 전에 [0, 255] 범위로 잘려나간다.

<ImageIO Declarations> +≡
```
void WriteImage(const std::string &name, const Float *rgb,
const Bounds2i &outputBounds, const Point2i &totalResolution);
```

다양한 이미지 쓰기 라이브러리에 붙은 코드나 파일 포맷 특화 I/O를 구현하는 코드는 보여주지 않겠다. 이 코드는 core/imageio.cpp 파일과 ext/ 디렉터리에서 볼 수 있다.[1]

A.3 사용자 인터페이스

여러 함수와 클래스는 정보를 사용자에게 중계하는 데 유용하다. 진행 그래프를 출력하는 것 같은 기능을 강화하는 데 추가해 작은 API 뒤에 사용자 인터페이스를 숨기는 것은 사용자와의 소통 메커니즘의 쉬운 변경을 가능하게 한다. 예를 들어 pbrt가 그래픽 사용자 인터페이스를 가진 애플리케이션을 포함했다면 오류는 대화상자나 상위 애플리케이션에서 제공하는 루틴으로 보고될 것이다. 시스템에서 printf() 호출이 뿌려졌으면 두 시스템을 함께 잘 작동하게 하는 것이 더 어려워질 수 있다.

A.3.1 오류 보고

pbrt는 비정상 상태를 보고하는 4개의 함수를 갖고 있다. 심각성의 증가 순서에 따라

1. TGA 구현은 Emil Mikulic의 오픈소스 TGA 코드에 기반을 둔다. Jiawen 'Kevin' Chen은 PFM 읽기와 쓰기를 제공했다. PNG는 lodepng 라이브러리를 사용해 처리된다.

Info(), Warning(), Error(), Severe()가 있다. 이 함수들은 core/error.h와 core/error.cpp 파일에 저장돼 있다. 이들 모두가 첫 인수로 포맷 문자열을 받고, 추가적인 인수의 수가 포맷의 값으로 제공된다. 문맥은 함수의 printf 계열에서 사용되는 것과 동일하다. 예를 들어 변수 rayNum이 int 형을 가지면 다음의 호출이 가능해진다.

```
Info("Now tracing ray number %d", rayNum);
```

core/pbrt.h는 이 헤더 파일을 포함하며, 이 함수들은 시스템의 거의 모든 부분에서 유용하다.

```
<Global Include Files> +≡
    #include "error.h"
```

이 함수들의 구현을 여기서 보여주지 않는 것은 이들이 명백한 C++ 변수 인자 처리 함수의 응용으로 일반적인 함수를 호출해 완전한 오류 문장을 출력하는 것이기 때문이다. 충분히 심각한 오류에 대해서는 프로그램이 중단된다.

pbrt는 또한 표준 assert() 매크로의 자체 버전인 Assert()를 가진다. 이는 주어진 표현의 값을 참으로 계산하는지를 확인한다. 그렇지 않다면 단언[assertion]이 실패한 위치의 정보를 갖고 Severe()가 호출된다. Assert()는 실패가 회복의 작은 가능성을 보여줄 때 기본 새니티 확인[basic sanity checks]을 위해 사용된다. 일반적으로 단언은 코드의 내부 버그를 찾는 데 사용되고 오류 조건(유효하지 않은 장면 파일 입력)을 찾기 위해 사용되지 않는데, 이는 출력되는 메시지가 개발자가 아닌 사람에게는 너무 난해해 보이기 때문이다.

```
<Global Inline Functions> +≡
    #ifdef NDEBUG
    #define Assert(expr) ((void)0)
    #else
    #define Assert(expr) \
        ((expr) ? (void)0 : \
            Severe("Assertion \"%s\" failed in %s, line %d", \
                #expr, __FILE__, __LINE__))
    #endif // NDEBUG
```

A.3.2 보고 진행

ProgressReporter 클래스는 얼마나 많은 작업이 완료됐는지, 얼마나 더 길게 수행돼야 하는지에 대한 사용자 피드백을 제공한다. 예를 들어 Integrator::Render()의 구현은 ProgressReporter

를 사용해 렌더링 진행을 보여준다. 구현은 플러스 기호의 줄, 지나간 시간, 예측되는 남은 시간을 출력한다. 구현은 core/progressreporter.h와 core/progressreporter.cpp 파일에 있다.

생성자는 처리돼야 할 전체 작업의 수(추적해야 할 카메라 광선의 전체 수)를 받고, 수행되는 작업에 대한 설명을 가진 짧은 문장을 받는다.

<ProgressReporter Public Methods> ≡

```
ProgressReporter(int64_t totalWork, const std::string &title);
```

ProgressReporter가 한 번 생성되면 Update() 메서드의 각 호출은 하나의 작업이 완료된 것을 나타낸다. 다중 작업이 처리됐다는 것을 알리기 위해 추가적인 정수 값이 넘겨진다.

<ProgressReporter Public Methods> +≡

```
void Update(int64_t num = 1);
```

ProgressReporter::Done() 메서드는 측정되는 모든 작업이 완료됐을 때 호출된다. 결과적으로 사용자에게 작업이 완료된 것을 알려준다.

<ProgressReporter Public Methods> +≡

```
void Done();
```

A.3.3 단순 부동소수점 파일 읽기

pbrt 코드의 여러 위치에서 부동소수점 값이 저장된 단순한 텍스트 포맷 파일을 읽어야 할 필요가 있다. 이 예들은 측정된 분광 분포 자료를 읽는 것과 6.4절의 렌즈 설정 파일을 읽는 코드 둘 다 ReadFloatFile() 함수를 사용하며, 빈칸으로 분리된 단순한 텍스트 파일을 파싱하고, 주어진 vector에 찾은 값을 반환한다. 파싱하는 코드는 해시 마크 # 이후의 그 줄에 있는 모든 텍스트를 무시해 주석을 가능하게 한다.

<floatfile.h>* ≡

```
bool ReadFloatFile(const char *filename, std::vector<Float> *values);
```

A.4 메모리 관리

메모리 관리는 종종 가비지 컬렉션garbage collection이 없는 언어로 작성된 시스템에서 복잡한 문제다. 상황은 대부분 pbrt에서 단순한데, 장면 설명 파일이 파싱되면서 대부분의 동적 메모리 할당이 일어나고, 이 메모리의 대부분이 렌더링이 끝날 때까지 계속 사용되기 때문이다. 그럼에도 보증warrant 클래스와 유틸리티 루틴이 처리하는 메모리 관리에 관련된 일부 문제(대부분이 성능에 관련된)들이 있다.

A.4.1 변수 스택 할당

가끔 하나의 함수에서 임시로 사용하지만 함수의 반환 후에는 사용하지 않는 다양한 양의 메모리를 할당할 필요가 있다. 작은 양의 메모리가 필요하면 new와 delete(혹은 malloc()와 free())의 부하는 상대적으로 실제 계산 처리에 비해 높을 수 있다. 대신 종종 alloca()를 사용하는 것이 더 효율적이며, 이는 스택에 몇 개의 기계어만으로 메모리를 할당한다. 이 메모리는 함수가 끝나면 자동으로 제거되며, 이를 사용하는 루틴에서 기록하는 작업이 필요 없다.

alloca()는 극도로 유용한 도구지만, 사용할 때에 주의할 두 가지 위험이 있다. 첫째, alloca()를 호출한 함수가 반환될 때 메모리가 제거되므로 포인터를 함수에서 반환되거나 할당한 함수보다 긴 생애를 가진 자료 구조에 저장해서는 결코 안 된다(하지만 포인터는 할당된 함수가 호출된 함수에는 전달될 수 있다). 둘째, 스택 크기는 제한적이며, 그러므로 alloca()는 결코 수 킬로바이트 이상의 저장 공간을 사용해서는 안 된다. 불행히도 alloca()에서 스택에 사용할 수 있는 메모리보다 많은 공간을 요청하면 오류 상황을 감지할 방법이 없으므로 보수적으로 사용해야 한다.

pbrt는 주어진 형을 가진 주어진 수의 객체를 위한 공간을 쉽게 할당할 수 있는 매크로를 제공한다.[2]

<Global Macros> ≡
```
#define ALLOCA(TYPE, COUNT) (TYPE *)alloca((COUNT) * sizeof(TYPE))
```

A.4.2 캐시 친화적 메모리 사용

메모리가 읽기 요청에 대응할 수 있는 속도는 연간 10% 정도 증가하고 있지만, 현대 CPU의 계산 능력은 훨씬 더 빠르게 증가하고 있다. 그러므로 CPU는 보통 메인 메모리로부터 읽기 위해 수백 수행 주기를 기다려야 한다. 보통 CPU는 이 시간의 대부분 쉬고 있으며, 따라서

2. 이 기능을 inline 함수로 구현하는 것이 불가능한 이유는 잠깐 생각해보면 알 것이다.

상당한 양의 계산 잠재력을 잃게 된다.

이런 문제를 가장 효과적으로 처리하는 한 가지 방법은 CPU 안에 있는 작고 빠른 캐시 메모리를 적절히 사용하는 것이다. 캐시는 최근에 접근한 자료를 갖고 있으며, 메인 메모리보다 훨씬 빠르게 메모리 요청을 처리할 수 있으므로 CPU에서 지연 빈도를 크게 감소시킬 수 있다.

메인 메모리 접근의 커다란 부담으로 인해 알고리즘과 자료 구조에서 캐시를 잘 사용하게 만들면 전체적인 시스템 성능을 상당히 향상시킨다. 이 절에서는 캐시 성능을 개선하기 위한 일반 프로그래밍 기술에 대해 알아본다. 이 기술은 pbrt의 많은 부분에서 사용되며, 특히 KdTreeAccel, BVHAccel, MIPMap, Film에서 사용된다. 독자가 컴퓨터 아키텍처와 캐싱 기술에 대한 기본적인 지식이 있다고 가정한다. 복습이 필요한 독자는 Hennessy와 Patterson(1997) 같은 컴퓨터 아키텍처 교과서를 참고하라. 특히 일반적으로 캐시 라인, 캐시 결합cache associativity, 강제compulsory, 용량capacity, 충돌 미스conflict miss 사이의 차이점에 익숙해야 한다.

pbrt에서 일어나는 캐시 미스의 수를 줄이는 한 가지 쉬운 방법은 일부 핵심 메모리 할당을 캐시가 관리하는 메모리 블록과 정렬하는 것이다(pbrt의 전체 성능은 4.4절의 kd 트리 가속기의 할당을 캐시 정렬cache-aligned 할당으로 변경하면 약 3% 가량 향상된다). 그림 A.1은 기본 기술을 묘사한다. AllocAligned()와 FreeAligned() 함수는 캐시 정렬 메모리 블록의 할당과 해제를 위한 인터페이스를 제공한다. 전처리기 상수 PBRT_L1_CACHE_LINE_SIZE가 설정되지 않으면 기본 캐시 라인 크기는 64바이트가 되며, 현재 많은 아키텍처에서 사용하는 대표값이다.

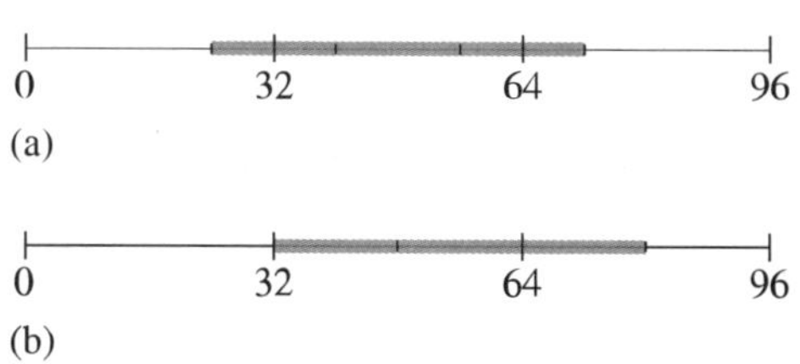

그림 A.1 32바이트 캐시 라인을 가진 시스템의 메모리에서 3개의 16바이트 객체의 배치. 캐시 정렬 메모리 할당은 메모리 할당 루틴에서 반환하는 주소가 캐시 라인의 시작과 정렬되는 것을 보장한다. (a) 시작 주소가 캐시 정렬되지 않은 경우 세 객체의 처음과 마지막은 두 개의 캐시 라인에 퍼지게 되며, 이 요소에 접근할 때 두 개의 캐시 미스가 발생한다. (b) 시작 주소가 캐시 정렬되면 객체당 최대 한 개의 캐시 미스만 일어나도록 보장된다.

<Global Constants> +≡

```
#ifndef PBRT_L1_CACHE_LINE_SIZE
#define PBRT_L1_CACHE_LINE_SIZE 64
#endif
```

불행히도 특정 크기 단위[granularity]로 정렬해 메모리를 할당하는 여러 플랫폼에서 사용할 수 있는 메서드는 없다. 그러므로 AllocAligned()는 이런 할당을 위해 다양한 운영체제 특화 함수를 호출해야 한다.

<Memory Allocation Functions> ≡

```
void *AllocAligned(size_t size) {
#if defined(PBRT_IS_WINDOWS)
    return _aligned_malloc(size, PBRT_L1_CACHE_LINE_SIZE);
#elif defined (PBRT_IS_OPENBSD) || defined(PBRT_IS_OSX)
    void *ptr;
    if (posix_memalign(&ptr, PBRT_L1_CACHE_LINE_SIZE, size) != 0)
        ptr = nullptr;
    return ptr;
#else
    return memalign(PBRT_L1_CACHE_LINE_SIZE, size);
#endif
}
```

또한 편의 루틴이 객체의 집합을 할당하기 위해 제공되며, AllocAligned<Foo>(n)처럼 작성돼 Foo의 n 인스턴스를 할당할 수 있다.

<Memory Declarations> +≡

```
template <typename T> T *AllocAligned(size_t count) {
    return (T *)AllocAligned(count * sizeof(T));
}
```

정렬된 메모리를 해제하는 루틴은 운영체제 특화 루틴을 호출한다. 여기서 구현은 수록하지 않았다.

<Memory Declarations> +≡

```
void FreeAligned(void *);
```

캐시 성능의 또 다른 기술 계열은 자료 구조 자체를 재구성하는 것이다. 예를 들어 비트 필드[bit field]를 사용하면 자주 사용되는 자료 구조의 크기를 줄이는 데 도움이 된다. 이 방식은 실시간 메모리 접근의 공간 구역성[spatial locality]을 향상시키는데, 다중 포장된 값에 접근하는 코드가 모두를 얻는 데 하나 초과의 캐시 미스를 생성하지 않기 때문이다. 더욱이 구조체의 전체 크기를 감소시켜서 이 기술은 구조체를 저장하는 데 연속적으로 필요한 캐시 라인이 더 적어지므로 용량 미스를 줄인다.

구조체의 모든 요소가 빈번히 접근되지 않으면 캐시 성능을 개선할 몇 가지 가능한 전략이 있다. 예를 들어 구조체가 128바이트 크기이고 컴퓨터가 64바이트 캐시 라인이면 이에 접근하는 데 두 번의 캐시 미스가 필요하다. 빈번히 사용되는 부분이 전체에 퍼지지 않고 첫 64바이트에 몰려있다면 그 부분만 필요할 때 최대 하나의 캐시 미스만 일어나게 된다(Truong, Bodin, Seznec 1998).

관련된 기술은 분할splitting이며, 자료 구조가 뜨거운 부분과 차가운 부분으로 나뉘며, 각각이 메모리의 분리된 영역에 저장된다. 예를 들어 주어진 일부 구조체 형의 배열에 대해 이를 두 개의 배열로 분할해서 하나는 더 빈번히 접근되는(또는 뜨거운) 부분이고, 다른 하나는 덜 빈번히 접근되는(차가운) 부분이다. 이 방법으로 차가운 자료는 캐시에서 실제로 필요할 때를 제외하곤 유용한 정보를 대체하지 않는다.

캐시 친화 프로그래밍은 복잡한 공학적 작업으로, 모든 변종을 여기서 소개하지는 않는다. 독자들은 부록 A의 '더 읽을거리' 절에서 더 많은 정보를 볼 수 있다.

A.4.3 메모리 풀 기반 할당

일반적으로 시스템의 메모리 할당 루틴(예, `malloc()`이나 `new()`)은 느리다고 알려져 있으며, 자주 할당되거나 해제되는 객체에 대한 사용자 정의 할당 루틴은 측정 가능한 성능 향상을 제공한다고 알려져 있다. 하지만 이러한 기존 인식은 틀린 것으로 보인다. Wilson et al. (1995), Johnstone과 Wilson(1999), Berger, Zorn, McKinley(2001, 2002)는 실세계 에플리케이션에서 메모리 할당의 성능 영향을 모두 연구했으며, 사용자 정의 할당기가 거의 항상 잘 조절된 일반 시스템 메모리 할당에 비해 수행 시간과 메모리 사용량에서 둘 다 더 낮은 성능을 보인다.

특정 상황에 유용하도록 증명된 사용자 정의 할당 기술의 한 가지 형태는 아레나 기반 할당arena-based allocation으로, 사용자가 큰 연속된 메모리 영역에서 객체를 빠르게 할당할 수 있다. 이 방식에서 개별 객체는 결코 명시적으로 해제되지 않는다. 전체 메모리 영역은 모든 할당된 객체의 생애가 끝날 때 해제된다. 이 종류의 메모리 할당기는 `pbrt`의 많은 객체에 자연스럽게 적용할 수 있다.

아레나 기반 할당을 사용하는 두 가지 주요 장점이 있다. 첫째, 할당은 매우 빠르고 일반적으로 포인터 증가만 필요하다. 둘째, 할당된 객체가 메모리에서 연속적이기 때문에 참조의 지역성을 개선하고 캐시 미스를 줄일 수 있다. 더 일반적인 동적 메모리 할당기는 보통 반환하는 각 블록에 대한 기록 구조체를 앞에 붙이는데, 이는 참조의 지역성을 저해한다.

pbrt는 MemoryArena 클래스로 이 방식을 구현했다. 이는 가변 크기 할당을 메모리 풀에서 지원한다.

MemoryArena는 빠르게 다양한 크기를 가진 객체의 메모리를 미리 할당한 블록 안으로 포인터를 처리해 할당한다. 이는 개별 메모리 블록의 해제를 지원하지 않으며, 전체 메모리를 한 번 해제할 수만 있다. 그러므로 수많은 할당을 빨리 수행해야 하고 할당된 모든 객체의 수명이 비슷할 때 유용하다.

```
<Memory Declarations> +≡
    class MemoryArena {
    public:
        <MemoryArena Public Methods 1270>
    private:
        <MemoryArena Private Data 1270>
    };
```

MemoryArena는 메모리를 MemoryArena::blockSize 크기의 덩어리로 할당하며, 값은 생성자에서 매개변수로 넘겨진다. 이는 현재 메모리의 블록에 대한 포인터와 블록에서의 첫 자유로운 위치의 오프셋을 유지한다. 생성자에 값이 제공되지 않으면 기본 256kB가 사용된다.

```
<MemoryArena Public Methods> ≡                                        1270
    MemoryArena(size_t blockSize = 262144) : blockSize(blockSize) { }
```

```
<MemoryArena Private Data> ≡                                          1270
    const size_t blockSize;
```

구현은 현재 메모리의 블록인 currentBlock과 블록에서 첫 자유 공간의 오프셋인 currentPos를 유지한다. currentAllocSize는 currentBlock 할당의 전체 크기를 저장한다. 이는 일반적으로 blockSize의 값을 갖지만 특정 경우에 더 크다(다음에 다룬다).

```
<MemoryArena Private Data> +≡                                         1270
    size_t currentBlockPos = 0, currentAllocSize = 0;
    uint8_t *currentBlock = nullptr;
```

할당 요청을 처리하기 위해 할당 루틴은 우선 요청한 메모리의 양을 반올림해서 컴퓨터의 워드 정렬 요구에 맞춘다.[3] 루틴은 그 후 현재 블록이 요청을 처리하기에 충분한 공간을 갖고 있는지 확인하고, 필요하면 새 블록을 할당한다. 마지막으로, 포인터를 반환하고 현재 블록의 오프셋을 갱신한다.

```
<MemoryArena Public Methods> +≡                                                1270
    void *Alloc(size_t nBytes) {
        <Round up nBytes to minimum machine alignment 1271>
        if (currentBlockPos + nBytes > currentAllocSize) {
            <Add current block to usedBlocks list 1271>
            <Get new block of memory for MemoryArena 1272>
        }
        void *ret = currentBlock + currentBlockPos;
        currentBlockPos += nBytes;
        return ret;
    }
```

대부분의 현대 아키텍처는 메모리에서 객체의 위치에 대한 정렬 요구를 강제한다. 예를 들어 `float` 값이 워드 정렬된 메모리 위치에 저장돼야 하는 것이 빈번한 요구 사항이다. 안전을 위해 구현은 항상 16바이트 정렬된 포인터를 사용한다(예, 주소가 항상 16의 배수).

```
<Round up nBytes to minimum machine alignment> ≡                               1271
    nBytes = ((nBytes + 15) & (~15));
```

메모리의 새로운 블록을 동적으로 할당하는 것이 할당 요청에서 필요할 때 MemoryArena는 메모리의 현재 블록에 대한 포인터를 usedBlocks 목록에 저장해 잃어버리지 않게 한다. 그 후 MemoryArena::Reset()이 호출되면 다음 일련의 할당에 블록을 재활용할 수 있다.

```
<Add current block to usedBlocks list> ≡                                       1271
    if (currentBlock) {
        usedBlocks.push_back(std::make_pair(currentAllocSize, currentBlock));
        currentBlock = nullptr;
    }
```

MemoryArena는 두 개의 링크드 리스트를 사용하며, 이전에 할당됐지만 현재 사용 중이 아닌 사용 가능한 블록뿐만 아니라 완전히 사용된 메모리 블록에 대한 포인터를 유지한다.

---

3. 일부 시스템(인텔 프로세서에 기반을 둔 것들)은 워드 정렬되지 않은 메모리 접근을 처리할 수 있지만, 워드 정렬된 메모리 읽기/쓰기에 비해 엄청나게 느리다. 다른 아키텍처는 이런 기능을 아예 지원하지 않으며, 정렬되지 않은 접근이 수행되면 버스 오류를 발생시킨다.

<*MemoryArena Private Data*> +≡ 1270

```
std::list<std::pair<size_t, uint8_t *>> usedBlocks, availableBlocks;
```

적절한 크기의 메모리 블록이 availableBlocks에서 사용할 수 없으면 새 것이 할당된다.

<*Get new block of memory for* MemoryArena> ≡ 1271

```
<Try to get memory block from availableBlocks 1272>
if (!currentBlock) {
    currentAllocSize = std::max(nBytes, blockSize);
    currentBlock = AllocAligned<uint8_t>(currentAllocSize);
}
currentBlockPos = 0;
```

할당 루틴은 우선 이미 할당된 자유 블록이 availableBlocks에 있는지 확인한다.

<*Try to get memory block from* availableBlocks> ≡ 1272

```
for (auto iter = availableBlocks.begin(); iter != availableBlocks.end();
        ++iter) {
    if (iter->first >= nBytes) {
        currentAllocSize = iter->first;
        currentBlock = iter->second;
        availableBlocks.erase(iter);
        break;
    }
}
```

또한 MemoryArena는 주어진 형의 객체 배열을 할당하는 편의 템플릿 메서드도 제공한다.

<*MemoryArena Public Methods*> +≡ 1270

```
template<typename T> T *Alloc(size_t n = 1, bool runConstructor = true) {
    T *ret = (T *)Alloc(n * sizeof(T));
    if (runConstructor)
        for (size_t i = 0; i < n; ++i)
            new (&ret[i]) T();
    return ret;
}
```

모든 메모리에 대해 사용이 끝나면 메모리 풀은 오프셋을 현재 블록에서 재설정하고 모든 메모리를 usedBlocks 리스트에서 availableBlocks 리스트로 옮길 뿐이다.

<*MemoryArena Public Methods*> +≡ 1270

```
void Reset() {
    currentBlockPos = 0;
```

```
        availableBlocks.splice(availableBlocks.begin(), usedBlocks);
    }
```

A.4.4 블록화된 2D 배열

C++에서 2D 배열은 메모리에서 그림 A.2(a)에서처럼 전체 값의 행이 메모리에서 연속이 되도록 배치된다. 하지만 이는 항상 최적의 배치는 아니다. (u, v)로 색인되는 배열에 대해서 근처 (u, v) 배열 위치는 종종 멀리 떨어진 메모리 위치로 매핑된다. 가장 작은 배열에 대해 v 방향의 인접한 값은 다른 캐시 라인에 위치하게 된다. 그러므로 특정 위치 (u, v)를 참조하는 데 드는 캐시 미스의 비용이 발행하면 해당 미스가 값 (u, v + 1), (u, v - 1)의 값을 갖는 메모리를 읽을 확률이 없다. 그러므로 (u, v)에서 공간적으로 연관된 배열 색인은 현대 메모리 캐시가 의존하는 공간적으로 연관된 메모리 접근 패턴으로 이어지지 않는다.

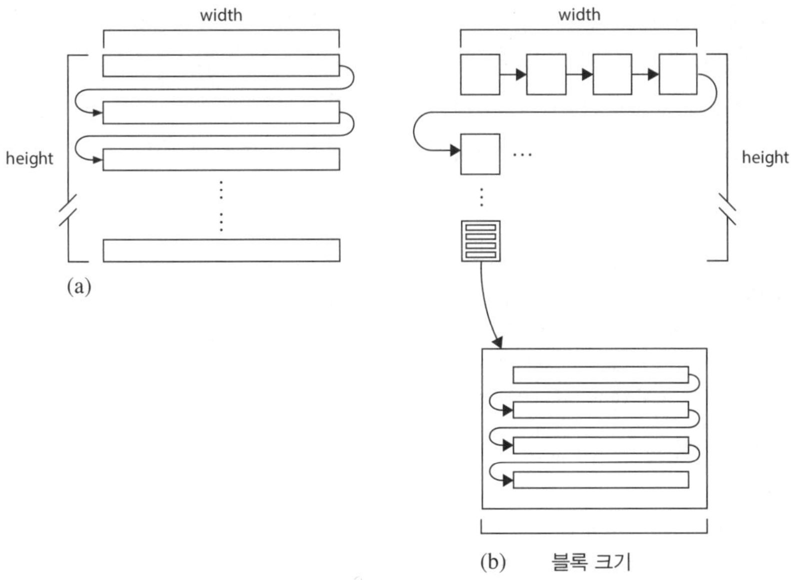

그림 A.2 (a) C++에서 자연스러운 크기 width*height의 2D 배열 배치는 width*height 항목의 한 블록으로, (u, v) 배열 요소는 u+v*width 오프셋에 있다. (b) 블록된 배열은 더 작은 정사각 블록으로 쪼개지며, 각각 선형적으로 배치된다. 블록 방식의 주어진 (u, v) 배열 위치와 연결된 메모리 위치를 찾는 것이 살짝 더 어렵더라도, 더 연관된 메모리 접근 패턴으로 인한 캐시 성능의 개선은 전체적으로 더 빠른 성능으로 이를 보상하고도 남는다.

이런 문제를 해결하기 위해 `BlockedArray` 템플릿이 일반적인 2D 배열의 값을 구현하고, 메모리에 블록화된 배치를 사용해 그림 A.2(b)와 같이 배치된다. 배열은 2의 승수 크기를 가진 작은 고정 크기의 정사각 블록으로 나눠진다. 각 블록은 행별로 분리된 2D C++ 배열처럼 배치된다. 이 구성은 실제로 2D 배열 참조의 메모리 연관성을 상당히 향상시키며, 특정 위치의 메모리 주소를 결정하기 위해 작은 양의 추가 계산만이 필요하다(Lam, Rothberg, Wolf 1991).

블록 크기가 2의 승수인 것을 보장하기 위해 호출자는 이의 로그(밑수 2)를 설정해서 템플릿 매개변수 `logBlockSize`로 주어진다.

<Memory Declarations> +≡

```
template <typename T, int logBlockSize> class BlockedArray {
public:
    <BlockedArray Public Methods 1274>
private:
    <BlockedArray Private Data 1274>
};
```

생성자는 배열을 위한 공간을 할당하고, 선택적으로 표준 C++ 배열에 대한 포인터에서 값을 초기화한다. 배열 크기가 블록 크기의 정확한 배수가 아닐 수 있으므로, 1차원 혹은 2차원의 방향에서 블록화된 배열에 필요한 전체 메모리양을 찾기 위해 반올림할 필요가 있다. `BlockedArray::RoundUp()` 메서드는 양쪽 차원에서 블록 크기의 배수가 되도록 반올림한다.

<BlockedArray Public Methods> ≡ 1274

```
BlockedArray(int uRes, int vRes, const T *d = nullptr)
        : uRes(uRes), vRes(vRes), uBlocks(RoundUp(uRes) >> logBlockSize) {
    int nAlloc = RoundUp(uRes) * RoundUp(vRes);
    data = AllocAligned<T>(nAlloc);
    for (int i = 0; i < nAlloc; ++i)
        new (&data[i]) T();
    if (d)
        for (int v = 0; v < vRes; ++v)
    for (int u = 0; u < uRes; ++u)
        (*this)(u, v) = d[v * uRes + u];
}
```

<BlockedArray Private Data> ≡ 1274

```
T *data;
const int uRes, vRes, uBlocks;
```

<BlockedArray Public Methods> +≡ 1274

```
constexpr int BlockSize() const { return 1 << logBlockSize; }
int RoundUp(int x) const {
    return (x + BlockSize() - 1) & ~(BlockSize() - 1);
}
```

<BlockedArray Private Data> ≡ 1274

```
T *data;
const int uRes, vRes, uBlocks;
```

<BlockedArray Public Methods> +≡ 1274

```
constexpr int BlockSize() const { return 1 << logBlockSize; }
int RoundUp(int x) const {
    return (x + BlockSize() - 1) & ~(BlockSize() - 1);
}
```


편의를 위해 BlockedArray는 각 차원의 크기를 보고할 수 있다.

<BlockedArray Public Methods> +≡ 1274

```
int uSize() const { return uRes; }
int vSize() const { return vRes; }
```

배열의 특정 (u, v) 위치에서 값을 찾으려면 그 값의 메모리 위치를 찾기 위한 일부 색인 작업이 필요하다. 이 과정의 두 단계가 있다. 어떤 블록이 그 값을 갖고 해당 블록에서 어떤 오프셋을 갖고 있는지 찾는 것이다. 이 블록 크기는 항상 2의 승수이므로, u와 v 배열 위치의 logBlockSize 하위 비트는 블록 내에서 오프셋을 제공하고, 상위 비트는 블록 번호를 제공한다(그림 A.3).

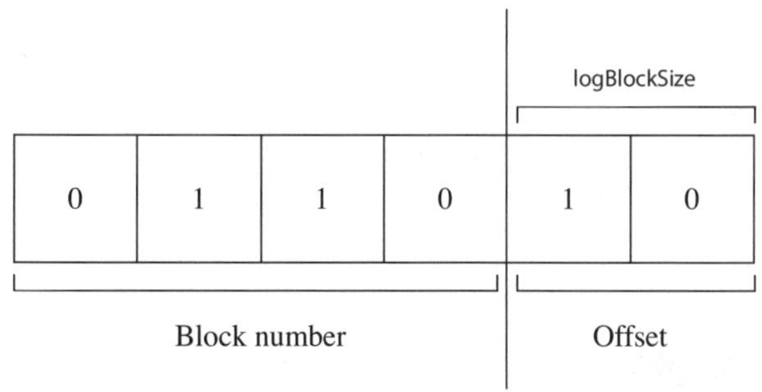

그림 A.3 주어진 배열 좌표에서 (u, v) 블록 수는 u와 v에서 logBlockSize개의 하위 비트를 비트 시프트해 찾을 수 있다. 예를 들어 logBlockSize가 2라면 블록 크기가 4이므로, 1D 배열 위치를 0에서 3까지를 블록 0에, 4에서 7까지를 블록 1에 정확하게 넣게 된다. 특정 블록에서의 오프셋을 찾기 위해 상위 비트만 제거하면 되고, logBlockSize 하위 비트를 남기면 된다. 블록 크기가 2의 승수이므로, 이 계산은 효율적인 비트 연산으로 처리된다.

<*BlockedArray Public Methods*> +≡ 1274

```
int Block(int a) const { return a >> logBlockSize; }
int Offset(int a) const { return (a & (BlockSize() - 1)); }
```

그 후 주어진 블록 번호 (b_u, b_v)와 블록 안의 오프셋 (o_u, o_v)로 블록 배열 배치에서 어떤 메모리 위치를 가리키는지 계산해야 한다. 먼저 블록의 시작 주소를 찾아야 한다. 블록이 행별로 배치되므로, 블록 번호 bu + bv * uBlocks에 대응하며, uBlocks는 u 방향에서 블록의 수다. 각 블록이 BlockSize()*BlockSize() 값을 갖고 있으므로, 블록 수와 이 값의 곱은 블록의 시작에 대한 오프셋을 제공한다. 그 후 블록의 시작에서 추가적인 오프셋만 고려하면 되고, ou + ov * BlockSize()다.

<*BlockedArray Public Methods*> +≡ 1274

```
T &operator()(int u, int v) {
    int bu = Block(u), bv = Block(v);
    int ou = Offset(u), ov = Offset(v);
    int offset = BlockSize() * BlockSize() * (uBlocks * bv + bu);
    offset += BlockSize() * ov + ou;
    return data[offset];
}
```

A.5 수학적 루틴

이 절은 pbrt에서 기존 연산을 지원하는 다양하고 유용한 수학적 함수와 클래스를 설명하고 작은 선형계의 해를 구하거나 행렬을 변환하는 것, 또는 선형 보간 등이다.

Lerp() 함수는 제공된 두 값 사이를 보간한다.

<*Global Inline Functions*> +≡

```
inline Float Lerp(Float t, Float v1, Float v2) {
    return (1 - t) * v1 + t * v2;
}
```

A.5.1 2차 방정식 풀이

Quadratic() 함수는 2차 방정식 $at^2 + bt + c = 0$의 해를 찾는다. 불리언 반환값은 해가 찾아졌는지 여부를 나타낸다.

<*Global Inline Functions*> +≡

```
inline bool Quadratic(Float a, Float b, Float c, Float *t0, Float *t1) {
    <Find quadratic discriminant 1277>
    <Compute quadratic t values 1277>
}
```

구현은 항상 Float의 형과 상관없이 배정밀도 부동소수점 값을 사용해 결과의 최소 부동소수점 오차를 제공한다. 판별식 (b^2 - $4ac$)가 음수면 실수해가 없으므로 함수는 거짓을 반환한다.

<*Find quadratic discriminant*> ≡ 1277

```
double discrim = (double)b * (double)b - 4 * (double)a * (double)c;
if (discrim < 0) return false;
double rootDiscrim = std::sqrt(discrim);
```

2차 방정식의 일반 버전은 $b \approx \sqrt{b^2 - 4ac}$일 때 상쇄 오차로 인해 나쁜 수치 정밀도를 제공할 수 있다. 이는 대수적으로 더 안정적인 형식으로 재작성할 수 있다.

$$t_0 = \frac{q}{a}$$
$$t_1 = \frac{c}{q}$$

여기서 q는 다음과 같다.

$$q = \begin{cases} -.5(b - \sqrt{b^2 - 4ac}) & b\text{가 0보다 작으면} \\ -.5(b + \sqrt{b^2 - 4ac}) & \text{그렇지 않으면} \end{cases}$$

<*Compute quadratic* t *values*> ≡ 1277

```
double q;
if (b < 0) q = -.5 * (b - rootDiscrim);
else       q = -.5 * (b + rootDiscrim);
*t0 = q / a;
*t1 = c / q;
if (*t0 > *t1) std::swap(*t0, *t1);
return true;
```

A.5.2 2 x 2 선형계

pbrt에는 x_0와 x_1의 값에 대한 다음과 같은 형식의 2 × 2 선형계 $Ax = B$를 풀어야 하는 경우가 많다.

$$\begin{pmatrix} a_{00} & a_{01} \\ a_{10} & a_{11} \end{pmatrix} \begin{pmatrix} x_0 \\ x_1 \end{pmatrix} = \begin{pmatrix} b_0 \\ b_1 \end{pmatrix}$$

SolveLinearSystem2x2() 루틴은 닫힌 형식의 해를 해당 계에서 찾는다. 성공할 경우 true를 반환하고, 시스템을 수치적으로 조절할 수 없고 해결할 수 없거나 허용할 수 없는 부동소수점 오류가 있음을 나타내는 A의 행렬식이 매우 작은 경우 false를 반환한다. 이 경우 해가 반환되지 않는다.

<Matrix4x4 Method Definitions> ≡

```
bool SolveLinearSystem2x2(const Float A[2][2],
        const Float B[2], Float *x0, Float *x1) {
    Float det = A[0][0] * A[1][1] - A[0][1] * A[1][0];
    if (std::abs(det) < 1e-10f)
        return false;
    *x0 = (A[1][1] * B[0] - A[0][1] * B[1]) / det;
    *x1 = (A[0][0] * B[1] - A[1][0] * B[0]) / det;
    if (std::isnan(*x0) || std::isnan(*x1))
        return false;
    return true;
}
```

A.5.3 4 x 4 행렬

Matrix4x4 구조체는 4 × 4의 저수준 표현을 제공한다. 이는 Transform 클래스의 적분 부분이다.

<Matrix4x4 Declarations> ≡

```
struct Matrix4x4 {
    <Matrix4x4 Public Methods 1278>
    Float m[4][4];
};
```

여기서 보여주지 않은 기본 생성자는 행렬을 단위행렬로 설정한다. 또한 사용자가 float의 배열이나 16개의 개별 float를 넘겨서 Matrix4x4를 초기화하는 생성자를 제공한다.

<Matrix4x4 Public Methods> ≡ 1278

```
Matrix4x4(Float mat[4][4]);
Matrix4x4(Float t00, Float t01, Float t02, Float t03,
        Float t10, Float t11, Float t12, Float t13,
        Float t20, Float t21, Float t22, Float t23,
```

```
        Float t30, Float t31, Float t32, Float t33);
```

동일성과 비동일성을 테스트하는 연산자의 구현은 명백하므로 여기에 포함하지 않는다.

Matrix4x4 클래스는 몇 개의 저수준 행렬 연산을 지원한다. 예를 들어 Transpose( )는 원래 행렬의 새 전치행렬을 반환한다.

<Matrix4x4 Method Definitions> +≡

```
Matrix4x4 Transpose(const Matrix4x4 &m) {
    return Matrix4x4(m.m[0][0], m.m[1][0], m.m[2][0], m.m[3][0],
                     m.m[0][1], m.m[1][1], m.m[2][1], m.m[3][1],
                     m.m[0][2], m.m[1][2], m.m[2][2], m.m[3][2],
                     m.m[0][3], m.m[1][3], m.m[2][3], m.m[3][3]);
}
```

두 행렬 M_1과 M_2의 곱은 결과의 (i, j) 요소를 M_1의 i번째 행과 M_2의 j번째 열의 내적으로 설정해 계산된다.

<Matrix4x4 Public Methods> +≡ 1278

```
static Matrix4x4 Mul(const Matrix4x4 &m1, const Matrix4x4 &m2) {
    Matrix4x4 r;
    for (int i = 0; i < 4; ++i)
        for (int j = 0; j < 4; ++j)
    r.m[i][j] = m1.m[i][0] * m2.m[0][j] +
                m1.m[i][1] * m2.m[1][j] +
                m1.m[i][2] * m2.m[2][j] +
                m1.m[i][3] * m2.m[3][j];
    return r;
}
```

최종적으로 Inverse( )는 행렬의 역을 반환한다. 이 구현(여기에는 포함하지 않는다)은 수치적으로 안정적인 가우스-조단 소거법을 사용해서 역행렬을 계산한다.

<Matrix4x4 Public Methods> +≡ 1278

```
friend Matrix4x4 Inverse(const Matrix4x4 &);
```

A.6 병렬화

1.4절에서 병렬 프로그래밍에 대한 일부 기본 원리를 소개하고 pbrt에서 이의 응용을 설명했다. 여기서는 멀티스레딩에 관련된 성능 사안에 대해 좀 더 자세히 다루고, 시스템에

걸쳐 반복문의 다른 반복이 다른 스레드에서 동시에 수행될 수 있는 for 반복문을 병렬로 처리하는 pbrt의 ParallelFor() 함수의 구현을 설명한다.

A.6.1 메모리 일관성 모델과 성능

캐시 일관성은 모든 현대 멀티코어 CPU의 기능이다. 이를 통해 한 프로세서가 쓰는 메모리는 자동으로 다른 프로세서에 보이게 된다. 이는 엄청나게 유용한 기능으로 pbrt와 같은 시스템의 구현에 있어 이 기능이 가능하다고 가정하면 프로그래머에게 엄청나게 유용하다. 하지만 이 기능의 세부 사항과 성능 특성을 이해하는 것이 중요하다.

한 가지 중요한 문제는 다른 프로세서가 보는 쓰기는 실제 쓰는 프로세서와 다른 순서로 보일 수 있다는 점이다. 이에는 두 가지 주요 원인이 있다. 컴파일러의 최적화는 성능을 개선하기 위해 쓰기 연산을 재배치할 수 있으며, CPU 하드웨어는 수행된 기계어 스트림과 다른 순서로 메모리에 값을 쓸 수 있다. 단일 스레드의 경우 두 경우 모두 무해하다. 설계상으로 컴파일러와 하드웨어는 각각 단일 스레드의 수행으로 프로그램을 수행할 때 이런 경우가 일어나면 감지하는 것이 불가능하다. 하지만 다중 스레드 코드의 경우 보장되지 않는다. 이를 처리하는 것은 엄청난 성능 감소를 일으키므로 하드웨어 아키텍처들은 문제가 될 경우 이런 문제의 처리를 소프트웨어에게 넘긴다.

메모리 장벽Memory barrier 연산은 장벽 이전의 모든 쓰기 연산이 메모리에서 이후의 연산이 수행되기 전에 보이게 한다. 실제로는 일반적으로 메모리 장벽 연산을 명시적으로 발동할 필요가 없는데, 운영체제 스레드 동기화가 이를 처리하기 때문이다. 다중 스레드 사이에 수행을 조정하기 위해 이 호출을 사용할 때 처리하게 돼 있으며, 동기화 지점 이후에 일관된 메모리의 관점을 갖게 된다.

캐시 일관성이 프로그래머에게 유용하지만, 가끔 여러 프로세서에서 변경되고 접근되는 자료에 대한 엄청난 성능 감소가 일어난다. 읽기 전용 자료는 성능 감소가 적게 일어난다. 모든 프로세서에서 지역 캐시에 사본이 저장돼 이에 접근하므로, 모두 단일 스레드의 경우와 같은 캐시의 성능 향상이 가능하다. 읽기-쓰기 자료에 대해 너무 많은 캐시 일관성을 이용할 경우의 단점을 이해하려면 캐시 일관성이 일반적으로 프로세서에서 어떻게 구현되는지 이해하는 것이 중요하다.

CPU는 캐시 일관성 프로토콜을 구현하며, 캐시 일관성을 유지하기 위해 모든 프로세서가 사용하는 메모리 트랜잭션을 추적해야 한다. 고전적인 프로토콜은 MESI로, 각 캐시 라인이 가능한 4개의 상태를 나타내는 두문자어다. 각 프로세서는 지역 캐시에서의 각 캐시 라인에 대한 현재 상태를 저장한다.

- **변경**Modified: 현재 프로세서가 메모리 위치에 저장했지만, 결과는 캐시에만 저장된다. 더러운dirty 상태로 주 메모리에 저장되지 않았다. 다른 프로세서는 캐시에서 해당 위치를 갖지 않는다.
- **독점**Exclusive: 현재 프로세서는 캐시에 대응하는 메모리 위치의 자료를 가진 유일한 프로세서다. 캐시에서의 값은 메모리에서의 값과 일치한다.
- **공유**Shared: 다중 프로세서가 각각의 캐시에 대응하는 메모리 위치를 갖고 있지만, 읽기 연산만 처리한다.
- **비유효**Invalid: 캐시 라인이 유효한 자료를 갖고 있지 않다.

시스템 시작 시점에 캐시는 비어있으며, 모든 캐시 라인은 비유효 상태다. 프로세서가 메모리 위치를 처음 읽을 때 해당 위치의 자료가 캐시에 로드되고, 캐시 라인이 '독점' 상태로 표시된다. 다른 프로세서가 다른 캐시에서 '독점' 상태인 위치에 대한 메모리 읽기를 수행하는 경우 두 캐시 모두 해당 메모리 위치의 상태를 '공유'로 기록한다.

프로세서가 메모리 위치에 기록할 때 성능 영향은 대응하는 캐시 라인의 상태에 의존한다. '독점' 상태에 있고 이미 쓰는 프로세서의 캐시에 있으면 쓰기는 저렴하다. 자료는 캐시에서 변경돼 캐시 라인의 상태는 '변경'으로 바뀐다(이미 '변경' 상태라면 쓰기는 비슷하게 효율적이다). 이들 경우에서 값은 결과적으로 주 메모리에 저장되며, 이때 대응하는 캐시 라인은 '독점' 상태로 돌아간다.

하지만 캐시가 공유 상태이거나 다른 프로세서의 캐시에서 변경이나 독점 상태인 메모리 위치에 프로세서가 저장할 경우 코어 사이의 비싼 통신이 필요하다. 이 모든 과정은 성능에 영향이 있지만 하드웨어에서 투명하게 처리된다. 이 경우 쓰는 프로세서는 반드시 읽기 권한RFO, Read For Ownership을 요청해야 하며, 다른 프로세서의 캐시에서 해당 메모리 위치를 비유효로 설정한다. RFO는 수십에서 수백 사이클 동안 병목현상을 일으키며, 단일 메모리 쓰기로 인해 엄청난 비용이 발생한다.

그러므로 일반적으로 다중 프로세서가 동시에 같은 메모리 위치에 저장하는 것과 마찬가지로 불필요하게 다른 프로세서가 쓰려고 하는 메모리를 읽는 것을 피해야 한다. 조심해야 할 중요한 경우는 '가짜 공유'이며, 단일 캐시 라인이 일부 읽기 전용 자료와 빈번히 변경되는 일부 자료를 갖는 것이다. 이 경우 하나의 프로세서만이 변경된 캐시 라인의 일부에 저장하려 하고 여러 프로세서가 읽기 전용 부분을 읽으려고 하면 빈번한 RFO 연산이 불필요하게 발생한다.

많은 프로세서가 같은 혹은 인접 메모리 위치에 동시에 쓰는 다른 상황은 최종 이미지에 이미지 표본 값을 누적할 때 일어난다. 이미지 갱신이 RFO 비용을 지불하지 않도록 보장하기 위해 `SamplerIntegrator`의 `ParallelFor()` 반복문 안에서 각 렌더링 스레드는 비공개 `FilmTile`을 생성해 작업하고 있는 이미지의 일부에 대해 표본 값을 누적하는 데 사용한다. 그 후 `FilmTile` 픽셀 값을 다른 스레드의 메모리 위치에 대한 경쟁을 걱정할 필요 없이 변경할 수 있다. 이미지의 일부만 종료되는 경우는 주 이미지로 타일이 합쳐질 경우인데, 그러므로 상호 배제 및 RFO 연산은 적은 수의 더 큰 갱신의 일부로 분할된다.

A.6.2 원자 연산

1.4절의 설명에서 다중 스레드가 동시에 동일 메모리 위치를 갱신하지 않는 것을 보장하는 데 뮤텍스[mutex]가 사용될 수 있다는 것을 기억하자. 하지만 현대 CPU와 GPU는 특정 연산을 원자적으로 처리하는 특별화된 하드웨어 연산을 제공하며, 다중 스레드가 이를 사용해서 동일 위치를 동시에 변경할 때 일관된 결과를 생성한다. 적용 가능할 때 원자 연산은 일반적으로 뮤텍스를 획득하고, 메모리 위치를 갱신하고, 뮤텍스를 해제하는 것보다 더 효율적이다. 원자 연산은 제한된 양의 메모리(현재 아키텍처에서 최대 8바이트)에서만 동작하며, 몇 개의 연산(더하기, 교환 등)만 지원한다. 원자 갱신이 더 많은 자료나 다른 연산에 대해 필요하다면 일반적으로 뮤텍스를 사용해야만 한다.

C++11은 표준 라이브러리에서 다양한 원자 연산을 제공하며, `<atomic>` 헤더 파일을 통해 가능하다. 예를 들어 주어진 정수 값의 선언이 다음과 같이 `std::atomic`으로 선언하면 `Counter`의 증가는 원자 연산이다.

```
std::atomic<int> counter(0);
.
.
.
counter++;
```

원자 연산은 추가적인 부하를 생성하므로, 실제로 필요할 때만 사용해야 한다.

다른 유용한 원자 연산은 '비교와 교환'이며, 역시 C++ 표준 라이브러리에서 제공한다. 메모리 위치와 호출자가 해당 위치를 저장한다고 믿는 값을 받는다. 메모리 위치가 원자 비교와 교환이 수행될 때 여전히 해당 값을 갖고 있다면 값 newValue가 저장되고 true가 반환된다. 그렇지 않으면 메모리는 번경되시 않은 채로 남게 되며, false가 반환된다.

비교와 교환은 다른 원자 연산을 생성하는 데 사용할 수 있는 블록을 생성한다. 예를 들어 다음 코드는 여러 스레드에서 계산된 값의 최댓값을 계산한다(이 특정한 경우에 대해 특수화된 원자 최대 함수가 더 나은 선택이지만, 이 예제는 사용법을 알려주는 데 도움이 된다).

```
std::atomic<int> maxValue;
int localMax = ...;
int currentMax = maxValue;
while (localMax > currentMax) {
    if (maxValue.compare_exchange_weak(currentMax, localMax))
        break;
}
```

단일 스레드가 메모리 위치를 갱신하려고 하고 지역 값이 더 크다면 반복문은 처음에 성공적으로 진행된다. currentMax에 로드되는 값은 compare_exchange_weak()가 수행될 때 여전히 maxValue에 있는 값이므로 newMax가 성공적으로 저장되고 true가 반환된다.[4] 다중 스레드가 동시에 수행되면 다른 스레드는 maxValue의 값을 스레드가 maxValue를 읽을 때와 compare_exchange_weak()를 하는 동안에 갱신할 수 있다. 이 경우 비교와 교환은 실패하며, 메모리는 갱신되지 않고 다른 단계가 반복문에서 다시 처리된다. 실패의 경우 compare_exchange_weak()는 currentMax를 maxValue의 새 값으로 갱신한다.

원자 비교와 교환의 중요한 응용은 자료 구조의 생성이다(16.2.5절의 광자 매핑에서 처리한 방식). 예를 들어 트리 자료 구조에서 각 노드의 자식 노드 포인터가 nullptr로 초기화돼 있는 경우를 고려하자. 트리 횡단 코드가 노드에서의 새로운 자식을 생성하길 원하면 코드는 다음과 같이 작성된다.

```
// atomic<Type *> node->firstChild
if (!node->firstChild) {
    Type *newChild = new Type ...
    Type *current = nullptr;
    if (node->firstChild.compare_exchange_weak(current, newChild) == false)
        delete newChild;
}
```

4. 비교/교환 연산의 '약한'은 기반 하드웨어에 공유 메모리 모델이 필요하다는 것을 의미한다. 여기서의 용도에선 '약한'보다 더 낮은 요구치로 충분하며, 일부 아키텍처에서 요구되는 강하게 순서화된 메모리 모델보다 훨씬 더 효율적일 수 있다. 이 선택으로 인해 비교와 교환은 종종 부정확하게 실패하며, 여기서 구현한 것과 같은 재시도 반복문이 필요하다.

```
// node->firstChild != nullptr now
```

개념은 자식이 nullptr이면 스레드가 추측으로 자식 노드를 다른 스레드에서 보이지 않는 지역 변수로 생성하고 완전히 초기화시키는 것이다. 원자 비교와 교환은 자식 포인터를 초기화시키는 데 사용된다. 여전히 nullptr이면 새 자식이 저장되고 모든 스레드에게 가용하게 된다. 자식 포인터가 더 이상 nullptr이 아니면 현재 스레드가 처음 nullptr일 때 봤을 경우와 현재 스레드가 이를 갱신하려는 시간 사이에 다른 스레드가 초기화한 것이다. 이 경우 현재 스레드에서 처리되는 작업은 낭비됐지만, 이는 지역적으로 생성된 자식 노드를 치우고 다른 스레드가 생성한 노드를 사용해서 수행을 계속할 수 있다.

이 트리 생성 방법은 락프리[lockfree] 알고리즘의 단순한 예다. 예를 들어 이 방식은 읽기-쓰기 뮤텍스로 트리의 갱신을 관리하는 방식에 비해 몇 가지 장점이 있다. 첫째, 일반 트리 횡단에 대해 읽기 뮤텍스를 얻는 데 대해 부하가 없다. 둘째, 다중 스레드가 자연스럽게 동시에 트리의 다른 부분을 갱신할 수 있다. 하나의 읽기-쓰기 뮤텍스로 한 스레드가 트리의 한 노드를 갱신하기 위해 뮤텍스를 얻으면 다른 스레드는 다른 노드를 갱신할 수 없다. 부록 A 끝의 '더 읽을거리' 절에서 락프리 알고리즘에 대한 더 많은 정보를 갖고 있다.

A.6.3 원자 부동소수점 값

std::atomic 템플릿은 부동소수점 형과 함께 사용할 수 없다. 원자 연산이 지원되지 않는 주요 이유 중 하나는 부동소수점 연산이 3.91절에서 설명한대로 일반적으로 교환 가능하지 않기 때문이다. 부동소수점으로 계산할 때 (a+b)+c가 a+(b+c)와 반드시 같을 필요는 없다. 결과적으로 다중 스레드 계산이 특정 값을 계산하기 위해 원자 부동소수점 더하기 연산을 사용하면 결과는 다중 프로그램 수행 사이에서 같지 않을 수 있다(반대로 정수형의 경우 모든 지원되는 연산은 교환 가능하며, 그러므로 원자 연산은 어떤 순서로 스레드가 수행돼도 일관된 결과를 제공한다).

pbrt의 사용에 대해 이 비일관성은 일반적으로 감내할 만하며, Float에 대해 원자 연산을 사용할 수 있는 것이 잠금을 사용하는 것보다 선호된다(한 가지 예는 Film::AddSplat() 메서드 안에서 픽셀 분포를 퍼트리는 것이다). 이런 용도로 작은 AtomicFloat 클래스를 제공한다.

```
<Parallel Declarations> ≡
    class AtomicFloat {
    public:
        <AtomicFloat Public Methods 1285>
```

```
    private:
        <AtomicFloat Private Data 1285>
};
```

AtomicFloat는 부동소수점 값에서 초기화할 수 있다. 여기의 구현에서 부동소수점 값은 실제로 부호 없는 정수와 같은 비트의 값으로 FloatToBits() 함수로 반환된다.

<AtomicFloat Public Methods> ≡ 1284

```
explicit AtomicFloat(Float v = 0) { bits = FloatToBits(v); }
```

uint32_t를 사용해 값을 표현할 때 std::atomic형을 사용해서 이를 메모리에 저장함으로써 결과적으로 컴파일러가 메모리 안의 값이 자동으로 업데이트된다는 것을 알게 한다(pbrt가 64비트 double을 Float 값으로 사용할 때 uint64_t가 대신 사용되지만, 이 코드는 여기에 수록하지 않는다).

<AtomicFloat Private Data> ≡ 1285

```
std::atomic<uint32_t> bits;
```

값을 할당하거나 Float로 반환하는 것은 부호 없는 정수 표현으로/에로의 변환일 뿐이다.

<AtomicFloat Public Methods> +≡ 1284

```
operator Float() const { return BitsToFloat(bits); }
Float operator=(Float v) { bits = FloatToBits(v); return v; }
```

원자 부동소수점 더하기는 원자 비교와 교환 연산으로 구현된다. 다음의 do 반복문에서 메모리 비트 표현을 Float로 변환하고, v에서 제공된 차이를 더하고, 자동으로 결과 비트를 저장하려고 시도한다. bits에서 메모리로부터 읽은 이후에 메모리 값이 다른 스레드에서 변경되면 구현은 메모리의 값이 예상되는 값(oldBits)과 일치할 때까지 재시도하며, 그 시점에서 원자적 갱신이 성공한다.

<AtomicFloat Public Methods> +≡ 1284

```
void Add(Float v) {
    uint32_t oldBits = bits, newBits;
    do {
        newBits = FloatToBits(BitsToFloat(oldBits) + v);
        } while (!bits.compare_exchange_weak(oldBits, newBits));
}
```

pbrt는 현재 AtomicFloat에서의 다른 연산을 수행할 필요가 없기 때문에 추가적인 메서드를 제공하지 않는다.

A.6.4 루프의 병렬

pbrt의 모든 다중 코어 병렬화는 병렬 for 루프로 ParallelFor() 함수를 사용해서 구현되며, 이는 core/parallel.h와 core/parallel.cpp 파일에 구현돼 있다.[5] ParallelFor()는 각 루프의 반복에 대해 호출되는 함수의 형태와 실행할 총 루프 반복 횟수로 루프 본문을 가져온다. 이는 일반적으로 다른 CPU 코어에서 병렬로 여러 루프를 수행하며 모든 루프 반복이 끝날 때만 반환한다. ParallelFor()의 사용으로 호출자는 다중 루프 반복으로 동시에 실행하는 것이 안전하다는 암시적인 약속을 하는 것이다. 이 약속의 중요한 암시는 루프 반복의 실행 순서는 계산된 최종 결과에 결코 영향을 주지 않아야 한다는 것이다.

ParallelFor()를 사용한 간단한 예는 다음과 같다. C++ 람다 표현은 루프 내용을 정의하는 데 사용된다. 반복 색인은 인자로 재전달된다. 람다는 지역 array 변수에 접근 가능하며, 내용의 각 배열 요소를 두 배로 한다. 값 1024는 루프 본문의 실행 횟수로, ParallelFor()에서 람다 이후의 두 번째 매개변수에 전달됐다.

```
Float array[1024] = { ... };
ParallelFor(
    [array](int index) {
        array[index] *= 2.;
    }, 1024);
```

ParallelFor()에 함수 포인터를 전달하는 것도 가능하지만, 람다는 보통 지역적으로 보이는 변수를 포착해서 가용하게 만드는 능력으로 인해 훨씬 더 편리하다.

상대적으로 반복당 작업이 작은 많은 반복 횟수를 가진 루프에 대해 더 많은 작업을 하기 이전에 다중 반복을 처리하기 위한 루프 반복을 수행하는 스레드를 갖는 것이 의미가 있다(이를 처리하는 것은 어떤 루프에 스레드를 할당하는지 결정하는 부하를 분산시킨다). 그러므로 ParallelFor()는 추가적인 chunkSize 매개변수를 받아 루프 반복을 처리하는 스레드에 할당하는 크기를 조절한다.

```
<Parallel Definitions> ≡
    void ParallelFor(const std::function<void(int)> &func,
            int count, int chunkSize) {
        <Run iterations immediately if not using threads or if count is small 1287>
        <Launch worker threads if needed 1287>
```

5. 여기의 구현은 이전 pbrt의 작업 시스템보다 더 효율적이며, Jonathan Ragan-Kelley, Andrew Adams, Zalman Stern가 작성한 Hlide에서의 병렬 for 루프 구현에 기반을 둔다.

```
        <Create and enqueue ParallelForLoop for this loop 1288>
        <Notify worker threads of work to be done 1290>
        <Help out with parallel loop iterations in the current thread 1290>
    }
```

ParallelFor()는 일반적으로 다중 스레드 사이의 루프 반복을 분산한다. 하지만 시스템이 하나의 CPU(혹은 사용자가 렌더링을 위해 오직 한 스레드만 사용하도록 설정한 경우)만 갖거나, 루프에서 반복이 작을 경우 반복은 즉시 현재 스레드에서 병렬화없이 실행될 뿐이다.

<Run iterations immediately if not using threads or if count is small> ≡ 1286

```
    if (pbrtOptions.nThreads == 1 || count < chunkSize) {
        for (int i = 0; i < count; ++i)
            func(i);
        return;
    }
```

병렬 수행은 작업 스레드의 집합을 사용해 구현되며(스레드 풀), 이는 ParallelFor()의 첫 번째 호출에 생성된다. 스레드는 ParallelFor()의 반환에도 종료되지 않는다. 대신 더 많은 작업을 알리는 조건 변수를 기다린다. 이 방식은 스레드를 병렬 작업에 사용하는 것이 상당히 가벼운 연산이 된다는 것을 의미한다. 스레드를 생성하기 위한 수많은 운영체제 호출의 부하가 한 번만 필요하다(이 구현의 방식은 종종 지속 스레드로 불린다). 그러므로 스레드 풀을 매우 잘게 쪼개진 작업에 대해 사용하는 것이 가능해지며, 결과적으로 작업이 다양한 양의 계산을 가질 때 시스템이 부하 조율을 잘하도록 가능하게 하고 미래에 더 많은 코어가 가용할 때 잘 확장될 수 있게 한다.

<Parallel Local Definitions> ≡

```
    static std::vector<std::thread> threads;
    static bool shutdownThreads = false;
```

pbrt의 초기 실행 스레드 또한 루프 반복의 실행을 도와주며, 그러므로 발주된 작업 스레드의 수는 가용한 CPU 코어의 수보다 하나 적다. 그러므로 코어와 작업 스레드 간에 일대일 관계가 성립된다. 시스템에서 실행되는 다른 프로세스에도 불구하고 pbrt의 스레드는 가용한 코어보다 많은 수의 스레드가 실행돼 불필요한 스레드 전환 부하의 도입 없이 집합적으로 CPU 전체를 차지한다(NumSystemCores()는 시스템 안에 있는 프로세싱 코어의 수를 반환한다).

<Launch worker threads if needed> ≡ 1286, 1293

```
    if (threads.size() == 0) {
        ThreadIndex = 0;
```

```
    for (int i = 0; i < NumSystemCores() - 1; ++i)
        threads.push_back(std::thread(workerThreadFunc, i + 1));
}
```

작업 스레드가 실행하는 workerThreadFunc() 함수는 큐에 대해 병렬 처리된 for 루프의 상태를 어떻게 표현하는지 보여준 후에 소개한다.

다음으로 스레드는 자신이 어떤 실행 스레드인지 결정해야 한다. ThreadIndex 변수는 스레드 지역 저장소가 할당돼야 하는지를 알려주는 한정자로 선언되며, 그러므로 각 스레드별로 개별 인스턴스가 존재한다. 이 변수는 주 스레드에서 0으로 초기화되며, 작업 스레드는 1에서 전체 스레드의 수까지 증가한다.

<Parallel Declarations> +≡

```
extern thread_local int ThreadIndex;
```

worklist 변수는 종료되지 않은 병렬 for 루프 리스트의 헤드에 대한 포인터를 가진다. 일반적으로 이 리스트에는 하나가 넘는 루프가 없으며, 오직 하나의 병렬 for 루프 반복의 내용이 다른 병렬 for 루프를 포함하는 중첩 병렬화nested parallelism가 존재할 때만 예외다. workListMutex는 workList에 접근하거나 그 안의 ParallelForLoop 객체에 저장된 값에 접근할 때 항상 반드시 갖고 있어야 한다.

<Parallel Local Definitions> +≡

```
static ParallelForLoop *workList = nullptr;
static std::mutex workListMutex;
```

작업 큐에 새 루프를 추가하는 것은 매우 간단하다. 루프의 작업을 표현하는 객체인 ParallelForLoop를 초기화한 후에 여기서의 구현은 뮤텍스를 잠그고 리스트의 헤드에 루프를 추가한다. 여기서 두 가지 중요한 세부 사항이 있다. 첫째, ParallelFor() 호출이 루프의 모든 작업이 끝나기 전까지 반환하지 않으므로, 스택에 loop를 할당해도 안전하다. 동적 메모리 할당이 필요 없다.

둘째, 루프는 작업 리스트의 앞에 추가된다. 이렇게 하는 것은 중첩 병렬화가 존재할 때이며, 내부 루프가 외부 루프보다 먼저 실행되는 것이다. 이는 중첩 반복문의 깊이 우선 처리(너비 우선이 아닌)로 이어지고, 결과적으로 작업 리스트의 루프 수에서 폭발을 막는다.

<Create and enqueue ParallelForLoop *for this loop>* ≡ 1287

```
ParallelForLoop loop(func, count, chunkSize, CurrentProfilerState());
workListMutex.lock();
```

```
loop.next = workList;
workList = &loop;
workListMutex.unlock();
```

ParallelForLoop 클래스는 병렬 for 루프 내용에 연관된 정보를 포함하며, 수행하는 함수, 반복의 수, 이미 처리된 반복의 수 등을 포함한다.

<Parallel Local Definitions> +≡

```
class ParallelForLoop {
public:
    <ParallelForLoop Public Methods 1289>
public:
    <ParallelForLoop Private Data 1289>
    <ParallelForLoop Private Methods 1290>
};
```

ParallelForLoop는 1D와 2D 영역에 대한 루프를 표현할 수 있는 둘 다에서 ParallelFor() 함수에 대응하는 변형이다. 다음은 1D 경우의 코드만 보여준다.

<ParallelForLoop Public Methods> ≡ 1289

```
ParallelForLoop(std::function<void(int)> func1D,
        int64_t maxIndex, int chunkSize, int profilerState)
    : func1D(std::move(func1D)), maxIndex(maxIndex),
        chunkSize(chunkSize), profilerState(profilerState) { }
```

<ParallelForLoop Private Data> ≡ 1289

```
std::function<void(int)> func1D;
const int64_t maxIndex;
const int chunkSize, profilerState;
```

nextIndex 멤버 변수는 실행해야 할 다음 반복 색인을 추적한다. 이는 스레드에서 실행할 루프 반복마다 작업 스레드를 증가시킨다. activeWorkers에 저장된 값은 얼마나 많은 작업 스레드가 현재 루프의 실행 반복에서 수행되는지를 기록한다. next는 중첩된 반복문의 링크드 리스트를 유지한다.

<ParallelForLoop Private Data> +≡ 1289

```
int64_t nextIndex = 0;
int activeWorkers = 0;
ParallelForLoop *next = nullptr;
```

병렬 for 루프는 색인이 루프 범위의 끝까지 진행됐을 때만 종료되며, 현재 작동하는 스레드는 없다. 작업이 진행 중일 때 이 조건에 처음으로 도달하는 것을 기억하자.

<ParallelForLoop Private Methods> ≡ 1289

```
bool Finished() const { return nextIndex >= maxIndex &&
                        activeWorkers == 0; }
```

반복문이 작업 리스트에 추가되면 작업 스레드는 깨워져 리스트에서 작업을 얻어오기 시작한다.

<Notify worker threads of work to be done> ≡ 1287

```
std::unique_lock<std::mutex> lock(workListMutex);
workListCondition.notify_all();
```

<Parallel Local Definitions> +≡

```
static std::condition_variable workListCondition;
```

마지막으로 ParallelFor()라 불리는 스레드(주 스레드, 혹은 작업 스레드 중 하나)는 루프에서 작업을 시작한다. 중첩된 병렬화가 존재할 때 이는 이 루프를 큐에 넣은 스레드가 반환 전에 독점적으로 작업하다는 것을 의미한다. 제출한 스레드가 더 많은 작업을 하기 전에 루프가 종료되게 하기 위해 구현은 큐된 작업의 양을 제한해 호출자가 이후의 코드를 진행할 수 있게 하며, 루프의 작업이 ParallelFor()의 반환 이후에 종료되는 것을 알려준다.

workListMutex에 대한 잠금은 언제나 while 루프 안에서 잠긴다. 잠금이 Finished() 메서드의 호출에도 필요하다는 것을 기억해야 하며, 그렇지 않으면 loop가 workList에 저장돼 있어서 다른 스레드가 접근할 수 있기 때문이다.

<Help out with parallel loop iterations in the current thread> ≡ 1287

```
while (!loop.Finished()) {
    <Run a chunk of loop iterations for loop 1290>
}
```

while 루프를 실행할 때마다 스레드는 병렬 루프 내용을 한 번 이상 수행한다.

<Run a chunk of loop iterations for loop*>* ≡ 1290, 1292

```
<Find the set of loop iterations to run next 1291>
<Update loop to reflect iterations this thread will run 1291>
<Run loop indices in [indexStart, indexEnd) 1291>
<Update loop to reflect completion of iterations 1291>
```

반복의 범위는 현재 색인에서 chunkSize만큼 전체 반복 횟수보다 작은 정도까지 진행한다.

<*Find the set of loop iterations to run next*> ≡ 1290

```
int64_t indexStart = loop.nextIndex;
int64_t indexEnd = std::min(indexStart + loop.chunkSize, loop.maxIndex);
```

스레드가 수행할 반복을 찾으면 loop는 반드시 갱신해야 한다. 이 스레드가 최종 반복을 받으면 루프는 작업 리스트에서 지워져 다른 스레드가 다음 루프(존재할 경우)에서 시작할 수 있게 한다.

<*Update* loop *to reflect iterations this thread will run*> ≡ 1290

```
loop.nextIndex = indexEnd;
if (loop.nextIndex == loop.maxIndex)
    workList = loop.next;
loop.activeWorkers++;
```

주어진 루프 반복의 수행 범위에 대해 루프 내용을 표현하는 std::function으로 호출하는 것은 확실하다. 이는 닫고 있는 while 루프가 잠금을 포기할 때뿐이며, 이 루프 반복을 수행하는 데 사용한 시간이 일반적으로 while 루프 안에서 사용된 시간의 대부분이므로, 다른 작업 스레드가 일반적으로 잠금에 대해 오래 기다릴 필요가 없다. <*Handle other types of loops*> 코드 조각은 ParallelForLoop가 지원하는 2D 루프이며, 여기 수록하진 않는다.

<*Run loop indices in* [indexStart, indexEnd)> ≡ 1290

```
lock.unlock();
for (int index = indexStart; index < indexEnd; ++index) {
    if (loop.func1D) {
        loop.func1D(index);
    }
    <Handle other types of loops>
}
lock.lock();
```

여러 루프 반복의 집합을 수행하고 다시 잠금을 얻으면 동적인 작업자 수가 이를 반영하도록 갱신해 (최소한) 현재 스레드가 loop에 대해 더 이상 작업하지 않아야 한다.

<*Update* loop *to reflect completion of iterations*> ≡ 1290

```
loop.activeWorkers--;
```

ParallelFor()를 호출한 스레드는 루프에 대해 작업하며, 다른 스레드 또한 반복을 수행한다. workerThreadFunc()는 이를 각 작업 수행 스레드 안에서 수행한다. 구조는 코드 조각

<*Help out with parallel loop iterations in the main thread*>와 유사하지만 3가지 주요 차이점이 있다. 첫째, 단일 병렬 for 루프만이 아닌 workList에 있는 어떤 ParallelForLoops의 루프도 수행한다. 둘째, 처리할 일이 없을 경우 스레드를 재운다. 셋째, 프로그램 수행 종료에만 일어나는 shutdownThreads 변수가 설정될 때까지 더 많은 루프를 기다린다.

이전과 같이 workListMutex에 대한 잠금은 while 루프의 시작에서 얻어져야 한다.

```
<Parallel Local Definitions> +≡
static void workerThreadFunc(int tIndex) {
    ThreadIndex = tIndex;
    std::unique_lock<std::mutex> lock(workListMutex);
    while (!shutdownThreads) {
        if (!workList) {
            <Sleep until there are more tasks to run 1292>
        } else {
            <Get work fromworkList and run loop iterations 1292>
        }
    }
    <Report thread statistics at worker thread exit 1293>
}
```

가용한 작업이 없을 경우 작업 스레드는 workListCondition 조건 변수를 기다린다. 조건 변수 문맥의 흐름은 우선 잠금을 해제하지만, 이 스레드는 이후에 조건 변수가 켜졌을 때 깨워지면 다시 잠금을 얻게 된다.

```
<Sleep until there are more tasks to run> ≡                                   1292
workListCondition.wait(lock);
```

그렇지 않으면 일정 범위의 루프 반복이 workList의 시작에서 추출된다. 반복을 실행하는 코드는 앞서 정의된 <*Run a chunk of loop iterations for* loop> 코드 조각에서 재사용된다.

```
<Get work fromworkList and run loop iterations> ≡                             1292
ParallelForLoop &loop = *workList;
<Run a chunk of loop iterations for loop 1290>
if (loop.Finished())
    workListCondition.notify_all();
```

A.7.1절에서 간단히 다루겠지만, 작업 스레드는 종료 전에 반드시 ReportThreadStats()를 호출해 스레드별 통계가 종합 통계에 합쳐질 수 있게 해야 한다.

<Report thread statistics at worker thread exit> ≡ 1292

```
ReportThreadStats();
```

`ParallelFor()`의 변형은 (0, 0)에서 주어진 지점까지의 2D 반복을 묘사하기 위해 `Point2i`를 받는다. 이 버전은 예를 들어 1.3.4절에서의 이미지 버킷에 대해 반복할 때 사용된다.

<Parallel Declarations> +≡

```
void ParallelFor2D(std::function<void(Point2i)> func,
        const Point2i &count);
```

`ThreadIndex` 변수는 병렬 `for` 루프 안의 코드가 미리 할당된 임시 버퍼를 사용하거나 `MemoryArena` 등의 객체를 사용할 수 있게 해서 각 작업 스레드에 대해 개별 인스턴스를 주어 자료 경쟁에 대해 걱정할 필요가 없게 했다(예를 들어 *<Generate SPPM visible points>*를 참고하자). 이런 사용법에 대해 최대 가능 스레드 색인을 찾을 수 있는 코드가 있으면 유용하다.

<Parallel Definitions> +≡

```
int MaxThreadIndex() {
    if (pbrtOptions.nThreads != 1) {
        <Launch worker threads if needed 1287>
    }
    return 1 + threads.size();
}
```

`TerminateWorkerThreads()`는 여기 수록되지 않았지만 스레드에 대해 할당된 자원을 처리한다.

A.7 통계

시스템의 실행 시간 동작에 대한 데이터를 수집하면 해당 동작 및 성능을 개선하기 위한 많은 기회에 대한 상당한 통찰력을 제공한다. 예를 들어 모든 광선에 대해 처리되는 기본체 교차 테스트의 평균수를 추적하고 싶을 수 있다. 이 수가 엄청나게 크다면 시스템의 어떤 부분에 잠재된 버그가 있을 수 있다. `pbrt`의 통계 시스템은 이런 종류의 데이터를 다양한 방법으로 측정하고 모을 수 있게 한다.

시스템의 실행 시간 행태를 추적하는 새로운 측정 방식을 추가하려면 가능한 한 쉽게 하는 것이 중요하다. 쉬울수록 추가적인 측정이 시스템에 추가되고, '재미있는' 데이터가 더 발견되기 쉬워져 새로운 통찰과 개선으로 이어진다. 그러므로 시스템에 대한 새로운 측정을 추가하는 것은 매우 간단하다. 예를 들어 다음 코드는 대응하는 사건이 얼마나 많이 일어나는지 기록하는 데 사용되는 두 카운터를 선언한다.

```
STAT_COUNTER("Integrator/Regular ray intersection tests",
        nIntersectionTests);
STAT_COUNTER("Integrator/Shadow ray intersection tests",
        nShadowTests);
```

적절하게 카운터는 다음과 같이 단순한 문장으로 증가시킬 수 있다.

```
++nIntersectionTests;
```

개발자로부터의 추가적인 개입이 없다면 지금까지의 내용으로 통계 시스템이 자동으로 렌더링이 종료됐을 때 훌륭히 규격화된 결과를 출력하기에 충분하다.

```
Integrator
   Regular ray intersection tests              752982
   Shadow ray intersection tests              4237165
```

통계 시스템은 다음과 같은 측정을 지원한다.

- STAT_COUNTER("name", var): 사건의 인스턴스 수를 단순히 센다. 카운터 변수 var는 정규 int 변수로 가정하고 갱신된다. 예를 들어 ++var나 var += 10은 둘 다 유효하다.
- STAT_MEMORY_COUNTER("name", var): 메모리 사용을 기록하기 위한 특수화된 카운터다. 특히 렌더링 끝에서 보고되는 값은 필요에 따라 킬로바이트, 메가바이트, 기가바이트 등으로 보고된다. 카운터는 정규 카운터가 갱신되는 것과 동일한 방식으로 갱신된다. var += count * sizeof(MyStruct) 같은 방식이다.
- STAT_INT_DISTRIBUTION("name", dist): 일부 값의 분포를 추적한다. 렌더링 종료 시에 최소, 최대, 평균값이 보고된다. ReportValue(dist, val)을 호출해 분포에서 val을 포함한다.
- STAT_FLOAT_DISTRIBUTION("name", dist): 이 계수는 값의 분포를 추적하지만 부동소수점 값을 기대한다. ReportValue(dist, val)이 값을 보고하는 데 사용된다.
- STAT_PERCENT("name", num, denom): 주어진 사건이 얼마나 자주 일어나는지 추적한다. 합쳐진 값은 num/denom의 %로 통계가 출력될 때 보고된다. num과 denum은 정수처럼 증가시킬 수 있다. 예를 들어 if (event) ++num;이나 ++denom으로 작성할 수 있다.
- STAT_RATIO("name", num, denom): 이는 얼마나 자주 사건이 일어나는지 추적하지만 결

과를 %가 아닌 num/denom의 비율로 보고한다. 이는 num이 denom보다 클 때 유용하다(예를 들어 교차에서 일어나는 광선-삼각형 교차 테스트는 %로 지장하면시 전체 추적된 광신의 수에 대한 삼각형 교차 테스트의 비율로 저장할 수 있다).

- STAT_TIMER("name", timer): 타이머는 주어진 코드의 구획에서 얼마나 많은 시간을 사용했는지 기록하는 데 사용할 수 있다. 타이머를 실행하기 위해 StatTimer t(&timer); 와 같은 선언을 추가할 수 있다. 코드 구획의 시작에서 타이머는 선언된 t 변수가 범위를 벗어나고 StatTimer의 소멸자가 실행될 때까지 실행된다. 현재 시스템 시간을 얻어오는 데 부하가 약간 있으므로, 타이머는 매우 작은 코드의 구획에서 사용해선 안 된다.

통계 추적기를 정의하는 모든 매크로는 파일 범위에서만 사용될 수 있으며, .cpp 파일 안에서만 사용돼야 한다(구현을 파면서 이유는 명확해질 것이다). 이는 특히 헤더나 함수, 클래스 정의에서 사용돼서는 안 된다.

각 측정에 대해 제공되는 문자열 이름은 '범주/통계'로 제공돼야 한다. 값이 보고될 때 동일 범주 아래는 함께 보고된다(앞선 예제와 같이).

A.7.1 구현

통계 시스템을 효율적이면서도 동시에 사용하기 편하게 만드는 데는 다양한 도전 과제가 있다. 효율성 문제는 pbrt를 멀티스레딩하는 데 방해가 된다. 어떤 병렬화도 없다면 정규 정수나 부동소수점 변수를 각 측정에 사용하고, 이를 정규 변수처럼 갱신하기만 하면 된다. 하지만 다중 동시 수행 스레드의 존재에서는 두 스레드가 이 변수를 동시에 변경하지 않는다는 것을 보장해야 한다(1.4절의 상호 배제에 대한 설명을 기억하자).

A.6.2절에서 설명된 이런 원자 연산이 뮤텍스를 사용하지 않고 계수를 안전하게 증가시키는 데 사용될 수 있지만, 메모리의 동일 위치를 다중 스레드가 변경할 때 성능에 영향이 있다. A.6.1절에서 캐시 일관성 프로토콜이 이런 경우 상당한 부하를 도입한다는 것을 기억하자. 통계 측정이 렌더링의 과정에서 매우 자주 갱신되므로 원자 기반 구현이 전체 렌더러를 다중 스레드가 빈번하게 동일 메모리 위치를 변경하는 것을 피하는 현재 구현보다 10~15% 느리게 할 수 있다.

여기서의 구현은 각 실행 스레드마다 개별 카운터를 가져서 카운터가 원자 연산 혹은 캐시 일관성 부하 없이 갱신될 수 있게 한다(각 스레드는 자신의 카운터를 증가시킨다). 이 방식은 통계를 보고하기 위해 모든 스레드당 카운터를 최종 종합 값에 합쳐야 할 필요가 있으며, 약간 까다로워 보일 수 있다.

어떻게 이렇게 작동하는지 정규 카운터의 구현을 살펴보자. 측정의 다른 형은 모두 비슷한 방식이다. 먼저 STAT_COUNTER 매크로가 여기 있으며, 이는 정의에 3가지 다른 것을 합쳤다.

<Statistics Macros> ≡

```
#define STAT_COUNTER(title, var)                          \
static thread_local int64_t var;                          \
static void STATS_FUNC##var(StatsAccumulator &accum) {    \
    accum.ReportCounter(title, var);                      \
    var = 0;                                              \
}                                                         \
static StatRegisterer STATS_REG##var(STATS_FUNC##var)
```

첫째로 그리고 가장 확실하게 매크로는 64비트 정수 변수 var를 정의하고, 두 번째 인자로 매크로에 전달한다. 변수 정의는 thread_local 한정자를 가지며, 이는 각 수행 스레드에 대해 변수의 개별 복제본이 있다는 것을 지시한다. 주어진 스레드당 인스턴스에 대해 스레드당 값을 같이 합치고 모든 개별 카운터를 종합해서 최종 프로그램 출력을 만들 수 있어야 한다.

이를 위해 다음의 매크로는 함수를 정의하며, var에서 유도된 고유한(하다고 바라는) 이름을 제공한다. 호출했을 때 이 함수는 현재 스레드에 대해 var의 값을 StatsAccumulator 클래스의 인스턴스로 전달한다. StatsAccumulator는 측정 통계 카운터의 값을 고유한 저장소에 누적한다. 여기에 ReportCounter() 메서드가 있으며, 이는 주어진 값을 전체 합해 각각의 문자 이름으로 연결한다.

<StatsAccumulator Public Methods> ≡

```
void ReportCounter(const std::string &name, int64_t val) {
    counters[name] += val;
}
```

<StatsAccumulator Private Data> ≡

```
std::map<std::string, int64_t> counters;
```

이제 필요한 건 렌더링이 끝났을 때 각 스레드별 각 카운터 변수 인스턴스에 대해 STATS_FUNC##var() 함수를 호출하는 것이다. StatRegisterer 생성자가 프로그램 시작 시에 실행되므로 funcs 벡터(다른 전역 static)에 대한 생성자는 아직 실행되지 않았을 수 있다. 그러므로 funcs는 벡터라기보다는 벡터에 대한 포인터로, 처음 사용되기 전에 명시적으로 생성될 수 있다.

<StatRegisterer Public Methods> ≡
```
StatRegisterer(std::function<void(StatsAccumulator &)> func) {
    if (!funcs)
        funcs = new std::vector<std::function<void(StatsAccumulator &)>>;
    funcs->push_back(func);
}
```

<StatRegisterer Private Data> ≡
```
static std::vector<std::function<void(StatsAccumulator &)>> *funcs;
```

이제 모든 조각이 하나로 맞춰졌다. pbrt의 멀티스레딩을 위해 발주된 각 스레드는 함수 workerThreadFunc()를 실행한다. 이 함수가 프로그램 수행 마지막에 종료될 때 메서드 ReportThreadStats()를 호출하며, 결과적으로 해당 스레드의 스레드당 측정을 주어진 StatsAccumulator로 합치게 된다(초기화 처리 스레드 또한 렌더링이 끝났을 때 이 함수를 호출해 값을 보고하게 한다).

ReportThreadStats() 메서드는 뮤텍스를 사용해서 다른 스레드가 StatsAccumulator를 동시에 갱신하지 못하게 하며, 그 후 StatRegisterer::CallCallbacks()를 실행해 모든 종합된 값을 저장할 단일 StatsAccumulator를 전달한다.

<Statistics Definitions> ≡
```
void ReportThreadStats() {
    static std::mutex mutex;
    std::lock_guard<std::mutex> lock(mutex);
    StatRegisterer::CallCallbacks(statsAccumulator);
}
```

<Statistics Local Variables> ≡
```
static StatsAccumulator statsAccumulator;
```

마지막으로 CallCallbacks()는 각 함수 포인터를 프로그램 시작 시에 엮은 STATS_FUNC##var() 함수로 호출한다. 여기가 마법이 일어나는 곳이다. 이 함수가 반복적으로 각 스레드에서 한 번 호출되기 때문에 각 STATS_FUNC##var() 함수의 호출은 각 스레드의 스레드별 값을 보고하게 된다. 마지막으로 모든 다양한 측정값을 종합하게 된다.

<*Statistics Definitions*> +≡
```
void StatRegisterer::CallCallbacks(StatsAccumulator &accum) {
    for (auto func : *funcs)
        func(accum);
}
```

PrintStats() 함수는 StatsAccumulator에 누적된 모든 통계를 출력한다. 이 함수는 렌더링의 종료 시에 pbrtWorldEnd()에서 호출된다. 작업은 간단하다. 측정을 범주별로 정렬하고 값을 구성해 수의 열이 정렬되게 한다.

A.7.2 프로파일링

어떤 종류의 소프트웨어 시스템의 성능을 최적화하기 위해 상당한 작업을 할 때 독립적인 프로파일러의 사용은 불가피하다. 현대 프로파일러는 프로그램 수행에 대한 다양한 정보를 제공한다. 어떤 함수, 심지어 코드의 어떤 행이 가장 많은 수행 시간을 사용했는지 알려준다. 마찬가지로 컴퓨터 시스템과 프로그램 간의 상호작용에 대한 수많은 유용한 정보를 제공하는데, 코드의 어떤 행이 CPU의 캐시 미스에 대해 가장 고통 받는지, 캐시 일관성 오버헤드가 가장 높은 프로그램 안의 위치 등이다.

독립 프로파일러에 대한 유용한 대체제는 pbrt 안에 포함된 단순 프로파일링 시스템을 갖는 것이다.[6] 이 시스템은 시스템의 다양한 부분에서 소비하는 전체 수행 시간의 비율에 대한 고수준의 정보를 제공한다. 이 정보는 pbrt가 시간을 쏟는 장면 간의 차이점을 이해하고 좀 더 집중된 프로파일링 조사를 안내하는 데 유용하다. 고수준 정보만을 제공하므로 이는 최소한의 부하를 추가한다. 실제로 측정 시 대략 2.5%의 수행 시간 증가를 겪었다.

다음은 테스트 장면 중 하나의 프로파일 출력의 예다.

```
Integrator::Render()                              95.0 %
  Sampler::StartPixelSample()                     10.1 %
  SamplerIntegrator::Li()                         81.1 %
    Accelerator::Intersect()                       3.6 %
      Triangle::Intersect()                        1.1 %
    BSDF::f()                                      0.1 %
    Direct lighting                               75.1 %
      Accelerator::Intersect()                    16.4 %
        Triangle::Intersect()                      4.3 %
```

6. 설계는 Selle(2015)의 설명에 따라 Disney의 Hyperion 렌더러에 사용된 접근 방식을 따른다.

이 출력을 이해하려면 알아야 할 몇 가지가 있다. 첫째, 보고되는 모든 %는 시스템의 전체 실행 시간에 대한 것이다. 그러므로 장면 파일을 파싱하고 장면을 생성하는 데 5%의 실행 시간을 사용하는 것을 볼 수 있으며, 나머지를 렌더링하는 데 사용한다. 대부분의 렌더링 시간은 직접 조명 계산에서 사용된다.

둘째, 보고된 결과에 계층이 있다. 예를 들어 `Accelerator::Intersect()`는 두 번 나타나며, 3.6%의 수행 시간이 `Li()`에서 가속기의 횡단 메서드 호출에서 사용되는 것을 볼 수 있지만, 16.4%의 수행 시간이 직접 조명 코드에서 사용됐다. 이 계층의 각 수준에 대해 보고된 %는 그 아래의 모든 들여 쓴 항목의 시간을 포함한다.

프로그램 코드 안에 명시적인 주석에 기반을 둔 프로파일링 시스템은 실행의 이 단계를 표시한다(단순성을 위해 책 안의 프로그램 소스코드에서는 해당 주석을 포함하지 않았다). 결과적으로 `pbrt`는 주기적으로 시스템을 중단하고 어떤 단계가 현재 활성화 중인지 기록하기 위해 운영체제 특화 기능을 사용한다. 실행의 끝에서 얼마나 많은 횟수로 각 단계가 활성화되는지 카운트하고 해당 수치를 앞처럼 전체에 대해 보고한다.

프로파일링 결과에서 제안됐듯이 실행의 단계가 담당할 수 있는 일련의 범주가 있다. 이는 `Prof` 열거형으로 표현된다.

<Statistics Declarations> ≡

```
enum class Prof {
    IntegratorRender,      SamplerIntegratorLi,   DirectLighting,
    AccelIntersect,        AccelIntersectP,       TriIntersect,
    <Remainder of Prof enum entries>
};
```

보고된 %의 계층 구조는 암시적으로 이 열거형에서 값의 순서로 정의된다. 다중 실행 단계가 활성화될 때 열거형에서 이후의 값은 앞선 값의 자식으로 가정한다.

`ProfilerState` 변수 안에 있는 하나의 비트가 `Prof`의 각 범주가 현재 활성화됐는지를 가리키는 데 사용된다. 이 변수가 `thread_local` 한정자를 갖는 것을 기억하자. 개별 인스턴스는 각 프로그램 실행 스레드를 위해 관리된다.

<Statistics Declarations> +≡

```
extern thread_local uint32_t ProfilerState;
```

`CurrentProfilerState()`는 `ParallelFor()` 구현에 대한 상태를 가용하게 한다. 이는 병렬 `for` 루프의 내용에서 처리되는 작업이 `ParallelFor()`가 호출될 때 활성화된 실행 단계를

담당하게 한다.

```
<Statistics Declarations> +≡
    inline uint32_t CurrentProfilerState() { return ProfilerState; }
```

결과적으로 BVHAccel::Intersect() 같은 메서드는 프로파일링 시스템의 혜택을 위한 코드 한 줄로 시작한다.

```
ProfilePhase p(Prof::AccelIntersect);
```

ProfilePhase 도우미 클래스 생성자는 제공된 실행 단계가 시작됐는지 기록한다. 이후에 ProfilePhase 인스턴스가 범위 밖으로 갈 때 실행되면 대응하는 단계가 더 이상 활성화되지 않는다고 소멸자가 기록한다.

```
<Statistics Declarations> +≡
    class ProfilePhase {
    public:
        <ProfilePhase Public Methods 1300>
    private:
        <ProfilePhase Private Data 1300>
    };
```

생성자는 제공된 단계를 비트에 매핑해서 해당 비트를 ProfilerState에서 가용하게 한다. 재귀(SamplerIntegrator::Li()에 대한 재귀 호출을 통해)가 있으므로, 더 높은 수준의 재귀가 이미 실행 단계의 시작에서 지시되는 것이 가능하다. 이 경우 reset은 false로 설정되고, ProfilePhase 소멸자는 실행할 때 대응하는 비트를 지우지 않으며, 해당 작업을 해당 비트를 처음 설정한 ProfilePhase 인스턴스의 소멸자가 처리하게 한다.

```
<ProfilePhase Public Methods> ≡                                        1300
    ProfilePhase(Prof p) {
        categoryBit = (1 << (int)p);
        reset = (ProfilerState & categoryBit) == 0;
        ProfilerState |= categoryBit;
    }
```

```
<ProfilePhase Private Data> ≡                                          1300
    bool reset;
    uint32_t categoryBit;
```

```
<ProfilePhase Public Methods> +≡                                       1300
    ~ProfilePhase() {
```

```
        if (reset)
            ProfilerState &= ~categoryBit;
    }
```

InitProfiler() 함수는 두 가지 작업을 한다. 첫째, profileSamples 배열을 할당한다. 이 배열은 실행 활성화 단계의 가능한 조합에 대해 하나의 항목을 가진다. 많은 조합이 실제로 가능하지 않으므로 이런 단순한 자료 구조는 현재 실행 단계의 표본수를 매우 효율적으로 기록할 수 있다(하지만 n이 Prof 열거형 안에서 구분된 실행 단계의 수일 때 항목의 수가 2^n으로 증가하는 것을 기억하자. 그러므로 이 구현은 프로파일링 범주를 극도로 잘게 분해했을 때 잘 맞지 않는다).

둘째, InitProfiler()는 시스템 의존적인 기능을 사용해 pbrt가 주기적으로 현재 실행 단계를 저장하도록 중단하게 할 수 있다. 해당 코드는 여기에 수록하지 않는다.

<Statistics Definitions> +≡

```
    void InitProfiler() {
        profileSamples.reset(new std::atomic<uint64_t>[1 << NumProfEvents]);
        for (int i = 0; i < (1 << NumProfEvents); ++i)
            profileSamples[i] = 0;
        <Set timer to periodically interrupt the system for profiling>
    }
```

<Statistics Local Variables> +≡

```
    static std::unique_ptr<std::atomic<uint64_t>[]> profileSamples;
```

시스템 중단이 스레드에 대해 요구될 때마다 ReportProfileSample()이 호출된다. 이 함수는 아주 단순하며, 현재 활성화된 단계만을 ProfilerState에 부호화된 상태로 증가시킨다.

<Statistics Definitions> +≡

```
    static void ReportProfileSample(int, siginfo_t *, void *) {
        if (profileSamples)
            profileSamples[ProfilerState]++;
    }
```

렌더링의 마지막에서 ReportProfilerResults() 함수가 호출된다. 이는 프로파일 카운터를 종합하고 앞에서 다룬 형식의 보고서를 생성한다. 구현은 길이에 비해 특별히 흥미롭지 않으므로 여기에 포함하지 않는다.

더 읽을거리

Hacker's Delight(Warren 2006)에서는 이 부록에 있는 일부 유틸리티 루틴에서 사용한 것 같은 비트 변환 알고리즘에 대한 즐겁고 시사하는 바가 많은 탐색을 한다. Sean Anderson(2004)은 `IsPowerOf2()`와 `RoundUpPow2()` 같은 비트 변환 함수의 집합으로 채워진 웹 페이지를 stanford.edu/~seander/bithacks.html로 제공한다.

Press et al.(1992)의 Numerical Recipes와 수치 분석에 대한 Atkinson의 책(1993)은 둘 다 행렬의 역과 선형계의 해를 구하는 알고리즘을 다룬다.

PCG 난수 생성기는 O'Neill(2014)이 개발했다. 이 논문은 구현에 대한 자세한 설명과 함께 다양한 범위의 기존 난수 생성기에 대한 광범위한 논의와 함께 품질에 대한 엄격한 테스트를 통과하는 동안 맞닥뜨린 도전 과제를 설명한다(L'Ecuyer와 Simard 2007).

많은 논문이 캐시 친화적 프로그래밍 기술로 작성됐으며, 일부만이 여기서 조사됐다. Ericson(2004)의 고성능 프로그래밍 기술은 이 주제에 대한 폭넓은 범위를 잘 다루고 있다. Lam, Rothberg, Wolf(1991)는 캐시 성능을 개선하려는 블록(타일)화에 대해서 연구했으며, 주어진 배열과 캐시 크기에 대해 적절한 블록 크기를 선택하는 기술을 개발했다. Grunwald, Zorn, Henderson(1993)은 메모리 할당 알고리즘과 애플리케이션의 캐시 행태 사이의 상호작용을 연구한 첫 번째 연구자들 중 하나다.

`pbrt`에서 동적으로 할당되는 자료에 대한 캐시 배치에 대해서만 고민했다. 하지만 Calder et al.(1998)은 프로필 기반 시스템으로 전역 변수, 상수 값, 스택의 자료, 힙에서 동적으로 할당된 자료의 메모리 배치를 최적화해서 이들 사이의 캐시 충돌을 줄여 연구한 애플리케이션에서 평균 30%의 자료 캐시 미스를 감소시켰다.

트리 자료 구조의 블록화는 Chilimbi et al.(1999b)이 연구했다. 이들은 트리의 노드와 몇 단계의 자식들이 연속적으로 할당되도록 확정했다. 다른 애플리케이션 사이에서 이들은 방사 렌더러에서의 가속 팔방 트리의 배치에 대해 해당 기술을 적용했으며, 42%의 실시간 성능 향상을 보고했다. 또한 Chilimbi et al.(1999a)에서 구역성을 향상시키기 위해 구조체 내부의 자료 영역을 재배치하는 효율성을 계산했다.

Drepper의 논문(2007)은 특히 다중 코어 시스템에서 캐시, 캐시 일관성, 주 메모리 접근에 관련된 성능 문제를 이해하는 데 유용한 정보를 제공한다.

Boehm의 논문 "Threads Cannot Be Implemented as a Library"(2005)는 멀티스레딩이 예

상된다는 사실을 컴파일러가 명시적으로 알지 못하면 멀티스레딩을 안정적으로 구현할 수 없다는 놀라운 (그리고 당혹스러운) 관찰을 보여줬다. 보엠은 2005년 당시의 컴파일러와 C나 C++같은 언어 표준이 스레딩에 대한 의식이 없이 생기는 위험을 보여줬다. 다행히 C++11과 C11 표준은 그가 식별한 문제를 다룬다.

pbrt의 병렬 for 루프 기반 멀티스레딩 방식은 널리 사용되는 기술이다. OpenMP 표준은 비슷한 구조체(그리고 훨씬 더 많이)를 지원한다(OpenMP Architecture Review Board 2013). 멀티코어 병렬화에 대한 약간 더 일반적인 모델은 태스크 시스템에서 사용할 수 있으며, 이는 계산을 동시에 실행 가능한 독립적인 작업의 집합으로 분해하는 것이다 Blumofe et al.(1996)은 Cilk, Blumofe와 Leiserson(1999)에서의 작업 스케줄러를 설명했으며, 이는 현재 고성능 작업 시스템에서의 중추인 작업 가로채기 알고리즘을 설명했다.

연습문제

❶ A.1 단순히 new를 각 메모리 할당에서 호출하도록 MemoryArena를 변경하라(또한 이 new 호출로 인해 반환되는 모든 포인터를 기록해 메모리가 Reset( ) 메서드에서 해제될 수 있어야 할 것이다). 몇 장면의 이미지를 렌더링하고 pbrt가 얼마나 느려지는지 측정하라. 얼마나 많은 부분이 달라진 캐시 행태로 인한 것인지, 얼마나 많은 부분이 동적 메모리 관리 루틴의 부하로 인한 것인지 수량화할 수 있는가?

❶ A.2 BlockedArray 클래스를 변경해 블록화를 사용하지 않고 단순히 선형 주소 방식을 배열에서 사용하게 하라. 이 변경이 pbrt의 성능에 미치는 결과를 측정하라(많은 이미지 맵 텍스처를 가진 장면이 가장 많은 차이를 보여줄 것이며, 이는 MIPMap 클래스가 BlockedArray의 핵심 사용자이기 때문이다).

❷ A.3 성능 교환에 대한 다양한 시도를 통해 A.7절에서 설명한 통계 시스템의 몇 가지 대체 구현을 시도해보라. 원자 연산으로 여러 스레드에서 공유되는 단일 카운터를 갱신하기 위해 원자 연산을 사용할 수도 있고, 혹은 뮤텍스를 사용해서 다중 스레드에 공유되는 계수를 안전하게 갱신하도록 허용할 수도 있다. pbrt의 현재 구현과 비교해 성능을 측정하고 결과에 대한 가능한 설명을 논의하라.

B 장면 설명 인터페이스

부록 B는 pbrt에서 렌더링할 장면을 설명하는 데 사용하는 애플리케이션 프로그래밍 인터페이스API, Application Programming Interface를 설명한다. 렌더러의 사용자들은 보통 이 인터페이스를 직접 호출하지 않지만, 대신 장면을 pbrt 웹 사이트(pbrt.org)의 문서에서 설명한 텍스트 파일 형식을 사용해 설명한다. 이 텍스트 파일의 선언은 여기서 설명하는 API 함수와 직접 관련돼 있다.

렌더러에서 이런 인터페이스의 필요성은 확실하다. 렌더링될 장면의 모든 특성이 렌더러에게 전달될 편리한 방법이 반드시 필요하기 때문이다. 인터페이스는 잘 정의되고 범용적이어야 하며, 추후 시스템의 확장이 구조와 깔끔하게 맞아야 한다. 너무 복잡해서도 안 되며, 장면을 설명하는 데 쉬워야 하지만, 렌더러의 어떤 능력도 숨겨지지 않도록 충분히 표현적이어야 한다.

렌더링 API를 디자인할 때 핵심 선택은 시스템의 내부 알고리즘과 구조체를 노출할지, 아니면 장면을 설명하는 고단위 추상화를 제공할지이다. 이는 그래픽에서의 장면 설명에 대해 역사적으로 두 가지 핵심적인 접근이라고 할 수 있다. 인터페이스는 어떻게 장면을 렌더링할지 구체화하고, 저수준에서 렌더러의 내부 알고리즘에 대한 깊은 지식을 이용해 렌더링 파이프라인을 설정하거나, 혹은 어떤 장면의 물체, 빛, 재질 특성이 있는지 설정하고 렌더러가 이 설명을 가능한 최고의 이미지로 어떻게 변환할지 선택하게 할 수 있다.

첫 번째 방식은 실시간 그래픽에서 성공적으로 사용됐다. OpenGL®이나 Direct3D® 등의 API에서 물체를 거울로 설정하고 자동으로 반사가 나타나게 할 수만은 없다. 그보다 사용자는 반드시 반사를 렌더링할 알고리즘을 선택해서 장면을 여러 번 렌더링하고(예, 환경 맵의 생성), 이미지를 텍스처에 저장하고, 그 후 반사 물체를 렌더링할 때 환경 맵을 사용하는 그래픽 파이프라인을 설정한다. 이 방식의 장점은 렌더링 파이프라인의 완전한 유연성이 사용자에게 노출되고, 실제 계산을 신중하게 조절해 파이프라인이 매우 효율적이게 할 수 있다는 점이다. 더욱이 이런 API는 매우 얇은 추상화 계층만 사용자와 렌더러 사이에 있기 때문에 사용자는 API로 인한 예상치 못한 비효율성이 없다는 것을 확신할 수 있다.

두 번째 방식의 장면 설명은 기하 구조, 재질, 빛을 고수준 추상화에서 설명하는 것에서 기반하며, 고품질 오프라인 렌더링의 응용에서 가장 성공적이었다. 여기서 사용자는 일반적으로 저수준 렌더링 세부 사항의 조정을 렌더러에게 이양해 장면의 특성을 고수준에서 설정하는 능력을 얻는다. 고수준 방식의 중요한 장점은 이런 렌더러의 구현에 대해 시스템 내부의 알고리즘에서 거대한 변경을 할 수 있는 자유를 주는 것으로, API가 덜 노출되기 때문이다.

pbrt에서는 설명적 방식에 기반을 둔 인터페이스를 사용한다. pbrt가 본질적으로 물리 기반이기에 API는 많은 비물리 기반 렌더링 패키지에 대한 API보다 어떤 면에서 덜 유연하다. 예를 들어 장면의 일부 물체만 조명하는 일부 조명을 갖는 것이 불가능하다.

그래픽 API 디자인의 다른 핵심 선택은 즉시 모드를 사용할 것인지, 아니면 유지 모드를 사용할 것인지 여부다. 즉시 모드 API는 사용자가 장면을 렌더러가 도착하면 처리하는 명령어의 스트림을 통해 구체화한다. 일반적으로 사용자는 이미 설정된 장면 설명 자료에 대해 변경을 할 수 없다(예, 기존에 설명한 구의 재질을 플라스틱에서 유리로 바꾼다). 정보가 한 번 렌더러에 전달되면 더 이상 사용자가 접근할 수 없다. 유지 모드 API는 사용자에게 장면을 표현하기 위해 렌더러가 생성한 자료 구조에 대해 어느 정도의 접근을 제공한다. 사용자는 그 후 최종적으로 렌더러가 장면을 렌더링하기 전에 장면 설명을 다양한 방법으로 변경할 수 있다.

즉시 모드는 실시간 그래픽 API에서 매우 성공적인데, 이는 그래픽 하드웨어가 장면의 물체를 그리는 데 사용자가 제공하는 대로 그릴 수 있기 때문이다. 장면을 저장할 자료 구조를 생성할 필요가 없고 사용자가 렌더링 전에 카메라 위치를 바꿀 걱정이 없으므로 시야 절두체 밖의 물체를 즉시 잘라내는 기술 등을 적용할 수 있다. 따라서 이 API는 고성능 실시간 그래픽에서 핵심이 됐왔다.

pbrt같은 레이트레이싱 기반 렌더러의 경우 렌더링 전에 전체 장면이 반드시 설명되고 메모리에 저장돼야 하므로, 즉시 모드 인터페이스의 장점 중 일부가 적용될 수 없다. 그럼에도 불구하고 API에서 즉시 모드의 문맥을 사용할 것인데, 이는 장면 설명 언어가 깔끔하고 명백해지기 때문이다. 이 선택은 약간의 변경을 한 후(예, 광원의 이동) 빨리 장면을 다시 렌더링하는 애플리케이션에서 pbrt를 사용하기 어렵게 하고 애니메이션의 렌더링을 덜 간단하게 하는데, 이는 전체 장면이 애니메이션의 각 프레임에서 다시 설정돼야 하기 때문이다. 유지 모드 인터페이스를 pbrt에 추가하는 것은 도전적이지만 유용한 프로젝트다.

pbrt의 렌더링 API는 40여개의 신중히 선택한 함수만으로 구성돼 있으며, core/api.h 헤더 파일에 모두 선언돼 있다. 이 함수의 구현은 core/api.cpp 파일에 있다. 부록 B에서는 API 함수의 호출은 장면을 표현하는 클래스의 인스턴스로 변환하는 일반적인 과정에 중점을 둔다.

B.1 매개변수 집합

반드시 처리해야 할 렌더링 API의 핵심 문제는 확장성이다. 시스템에 새 기능이 추가될 때 사용자에게 보이는 API 변화와 구현의 어떤 부분이 변화하는가? pbrt에선 사용자가 Shape, Camera, Integrator 등의 새로운 구현을 쉽게 추가할 수 있는 것이 중요하다. 이 목표를 갖고 API를 설계했다.

이를 위해 호출자에게 보이는 API와 구현은 둘 다 어떤 특정 매개변수와 문맥에 대해 알 필요가 없어야 한다. pbrt는 ParamSet 클래스로 이 문제를 처리한다. 이 클래스는 명명된 매개변수의 집합과 그 값을 일반적인 방식으로 처리한다. 예를 들어 "radius"이라는 이름의 단일 부동소수점 값이 2.5의 값으로 있다는 것을 저장하고, 4가지 색상 값의 배열이 "specular"이라는 이름으로 다양한 SPD를 갖고 있는 것을 저장한다. ParamSet은 이런 종류의 일반 매개변수 목록에서 값을 설정하고 읽어오는 메서드를 제공한다. 이 메서드는 core/paramset.h와 core/paramset.cpp 파일에 정의돼 있다.

대부분 pbrt의 API 루틴은 ParamSet을 매개변수의 하나로 받는다. 예를 들어 모양 생성 루틴 pbrtShape()는 모양의 이름만을 문자열로 받고 ParamSet를 매개변수로 받는다. 해당하는 모양을 생성하는 루틴의 구현은 매개변수로 넘겨진 ParamSet으로 호출된다. 그에 따라 ParamSet에서는 클래스의 생성자에서 사용하는 매개변수를 얻기 위해 값을 추출한다.

```
<ParamSet Declarations> ≡
    class ParamSet {
    public:
        <ParamSet Public Methods 1310>
```

```
private:
    <ParamSet Private Data 1308>
};
```

ParamSet은 11 종류의 매개변수를 받는다. 불리언, 정수, 부동소수점 값, 점(2D와 3D), 벡터(2D와 3D), 법선, 분광, 문자열, Material의 매개변수로 사용되는 Texture와 다른 Texture의 이름이다. 내부적으로는 이름을 가진 값을 vector로 각각의 형태에 대해 저장한다. 각각의 매개변수는 적절한 형의 ParamSetItem으로 표현된다. shared_ptr이 이 포인터를 위해 사용된다. 이는 매개변수가 다중 ParamSet을 쉽게 저장하도록 허용하며, 편리하다.

매개변수를 vector에 정렬하지 않고 저장하는 것은 주어진 매개변수를 찾는 것에 대해 $O(n)$ 시간이 걸리는 것을 의미하며, n은 해당 매개변수의 형에 대한 매개변수의 개수다. 실제로는 어떤 함수든 몇 개의 매개변수만 사용하므로 이보다 더 시간 효율적인 표현이 필요 없다.

<ParamSet Private Data> ≡ 1308

```
std::vector<std::shared_ptr<ParamSetItem<bool>>> bools;
std::vector<std::shared_ptr<ParamSetItem<int>>> ints;
std::vector<std::shared_ptr<ParamSetItem<Float>>> floats;
std::vector<std::shared_ptr<ParamSetItem<Point2f>>> point2fs;
std::vector<std::shared_ptr<ParamSetItem<Vector2f>>> vector2fs;
std::vector<std::shared_ptr<ParamSetItem<Point3f>>> point3fs;
std::vector<std::shared_ptr<ParamSetItem<Vector3f>>> vector3fs;
std::vector<std::shared_ptr<ParamSetItem<Normal3f>>> normals;
std::vector<std::shared_ptr<ParamSetItem<Spectrum>>> spectra;
std::vector<std::shared_ptr<ParamSetItem<std::string>>> strings;
std::vector<std::shared_ptr<ParamSetItem<std::string>>> textures;
```

B.1.1 ParamSetItem 구조체

ParamSetItem 구조체는 단일 매개변수에 대한 관련 정보의 모두를 저장하며, 이름, 기본형, 값 등이다. 예를 들어 (pbrt 입력 파일의 구문을 사용해) 다음과 같은 foo 매개변수는 기본형 float을 갖고, 6개의 값을 갖고 있다.

```
"float foo" [ 0 1 2 3 4 5 ]
```

이는 단일 ParamSetItem<Float>으로 표현될 수 있다.

<ParamSet Declarations> +≡

```
template <typename T> struct ParamSetItem {
    <ParamSetItem Public Methods>
    <ParamSetItem Data 1309>
};
```

ParamSetItem은 직접 인자에서 멤버를 초기화하고 값을 복사한다.

<ParamSetItem Methods> ≡

```
template <typename T>
ParamSetItem<T>::ParamSetItem(const std::string &name, const T *v,
        int nValues)
    : name(name), values(new T[nValues]), nValues(nValues) {
    std::copy(v, v + nValues, values.get());
}
```

불리언 값 lookedUp은 ParamSet에서 값이 추출된 후에 true로 설정된다. 이는 어떤 매개변수가 매개변수 집합에 추가됐지만 사용되지 않을 경우 경고 메시지를 출력하는 것을 가능하게 하며, 보통 장면 설명 파일의 오타나 기타 사용자 오류를 나타낸다.

<ParamSetItem Data> ≡ 1309

```
const std::string name;
const std::unique_ptr<T[]> values;
const int nValues;
mutable bool lookedUp = false;
```

B.1.2 매개변수 집합에의 추가

매개변수 집합에 항목을 추가하기 위해 사용자는 적절한 ParamSet 메서드를 호출하고, 매개변수의 이름, 자료의 포인터, 자료 항목의 수를 넘긴다. 이 메서드는 우선 이 매개변수에 기존 값이 있다면 제거한다.

<ParamSet Methods> ≡

```
void ParamSet::AddFloat(const std::string &name, const Float *values,
        int nValues) {
    EraseFloat(name);
    floats.emplace_back(new ParamSetItem<Float>(name, values, nValues));
}
```

ParamSet에 자료를 추가하는 나머지 메서드를 수록하지 않았지만, 참고를 위해 원형만 수록한다. 삭제 메서드 또한 명백하므로 여기에 수록하지 않는다.

<ParamSet Public Methods> ≡ 1307

```
void AddInt(const std::string &, const int *, int nValues);
void AddBool(const std::string &, const bool *, int nValues);
void AddPoint2f(const std::string &, const Point2f *, int nValues);
void AddVector2f(const std::string &, const Vector2f *, int nValues);
void AddPoint3f(const std::string &, const Point3f *, int nValues);
void AddVector3f(const std::string &, const Vector3f *, int nValues);
void AddNormal3f(const std::string &, const Normal3f *, int nValues);
void AddString(const std::string &, const std::string *, int nValues);
void AddTexture(const std::string &, const std::string &);
```

분광 자료를 추가하는 다양한 메서드가 제공되며, 자료를 다양한 표현으로 공급하기 쉽게 한다. RGB와 XYZ 변형은 3개의 부동소수점 값을 각 스펙트럼에 대해 받는다. AddBlackbodySpectrum()은 켈빈 단위로 온도의 쌍과 크기 조절 인자를 받는다. 이는 BlackbodyNormalized()를 사용해 SPD를 계산하고, 이를 주어진 크기 인자로 조절한다. 최종적으로 AddSampledSpectrumFiles()는 SPD를 디스크의 파일에서 읽는다. 이와 AddSampledSpectrum()은 둘 다 구간 선형 SPD를 주어진 파장과 각 파장에서의 SPD 값으로 생성한다.

<ParamSet Public Methods> +≡ 1307

```
void AddRGBSpectrum(const std::string &, const Float *, int nValues);
void AddXYZSpectrum(const std::string &, const Float *, int nValues);
void AddBlackbodySpectrum(const std::string &, const Float *,
        int nValues);
void AddSampledSpectrumFiles(const std::string &, const char **,
        int nValues);
void AddSampledSpectrum(const std::string &, const Float *, int nValues);
```

B.1.3 매개변수 집합에서 값의 검색

매개변수 값을 집합에서 추출할 때 원하는 형의 항목을 반복하면서 적절한 값이 있다면 반환하는 처리가 필요하다. 각 매개변수 형에 대해 두 가지 버전의 검색 메서드가 있다. 단일 자료 값을 갖는 매개변수에 대한 단순한 메서드와 더 복잡한 형태에서 배열 매개변수 형에 대한 다중 값이 가능할 경우의 포인터를 넘기는 더 일반적인 버전이 있다. 첫 메서드는 대부분 매개변수 값을 추출하는 루틴에서 필요한 코드의 양을 줄이도록 도와준다.

단일 항목을 검색하는 메서드(예, FindOneFloat())는 매개변수의 이름과 기본값을 받는다. 매개변수를 찾지 못하는 경우 기본값이 반환된다. 이는 초기화 코드를 다음과 같이 작성하기 쉽게 한다.

```
float radius = params.FindOneFloat("radius", 1.f);
```

이 경우에 사용자가 "radius" 매개변수를 제공하지 않아도 오류가 아니다. 기본값이 대신 사용된다. 호출 코드가 빠진 매개변수를 감지해서 오류를 발생하는 것을 원하지 않으면 적절한 두 번째 검색 메서드가 사용돼야 하며, 이는 매개변수가 없으면 nullptr 포인터를 반환하기 때문이다.

<ParamSet Methods> +≡

```
Float ParamSet::FindOneFloat(const std::string &name, Float d) const {
    for (const auto &f : floats)
        if (f->name == name && f->nValues == 1) {
            f->lookedUp = true;
            return f->values[0];
        }
    return d;
}
```

남은 형에 대한 비슷한 메서드의 선언(FindOneInt(), FindOnePoint3f() 등)은 여기에 수록하지 않는다. 이들은 모두 FindOneFloat()과 동일한 형태를 따른다. 각각 매개변수 이름과 기본값을 받아 대응한 형의 값을 반환한다.

두 번째 검색 메서드는 자료가 존재하면 자료에 대한 포인터와 자료 항목의 수를 n에 반환한다.

<ParamSet Methods> +≡

```
const Float *ParamSet::FindFloat(const std::string &name, int *n) const {
    for (const auto &f : floats)
        if (f->name == name) {
            *n = f->nValues;
            f->lookedUp = true;
            return f->values.get();
        }
    return nullptr;
}
```

다른 형에 대한 일반적인 검색 함수의 원형은 동일한 형이므로 여기 수록하지 않는다.

사용자가 장면 설명 파일에서 오타를 칠 수 있으므로 ParamSet은 ReportUnused() 함수를 제공하며(여기엔 수록하지 않음), 이는 매개변수 집합에 대해 존재하는 매개변수가 한 번도 검색되지 않았을 경우 ParamSetItem::lookedUp 멤버 변수의 값을 확인해 보고한다. 이 변수가 false로 저장된 어떤 항목에 대해서도 사용자가 잘못된 매개변수를 제공했을 가능성이 높다.

<ParamSet Public Methods> +≡ 1307

```
void ReportUnused() const;
```

ParamSet::Clear() 메서드는 모든 개별 매개변수 벡터를 정리한다. 대응하는 ParamSetItem은 참조 횟수가 0이 되면 차례로 해제된다.

<ParamSet Public Methods> +≡ 1307

```
void Clear();
```

B.2 초기화와 렌더링 선택 사항

이제 렌더링 API를 만드는 루틴을 설명하는 기관을 가진다. 다른 API 함수를 부를 수 있기 전에 렌더링 시스템은 반드시 pbrtInit() 호출로 초기화돼야 한다. 비슷하게 렌더링이 끝난 후에 pbrtCleanup()이 반드시 호출돼야 한다. 이는 최종 시스템의 정리를 처리한다. 이 두 함수의 정의는 부록 B의 나머지 부분에서 다룬다.

몇 가지 시스템 전역 선택 사항이 pbrtInit()으로 Options 구조체를 통해 전달된다.

<Global Forward Declarations> +≡

```
struct Options {
    int nThreads = 0;
    bool quickRender = false;
    bool quiet = false, verbose = false;
    std::string imageFile;
};
```

<API Function Definitions> ≡

```
void pbrtInit(const Options &opt) {
    PbrtOptions = opt;
    <API Initialization 1314>
```

```
        <General pbrt Initialization 415>
    }
```

전역 변수에 저장된 선택 사항은 시스템의 다른 부분에 쉬운 접근을 제공한다. 이 변수는 시스템에서 pbrtInit()의 초기화가 끝난 뒤에 읽기 전용으로만 사용된다.

```
<API Global Variables> ≡
    Options PbrtOptions;
```

```
<API Function Definitions> +≡
    void pbrtCleanup() {
        <API Cleanup 1314>
    }
```

시스템이 초기화된 이후에 API 루틴의 부분집합을 사용할 수 있다. 이 지점에서의 합법적인 호출은 카메라나 표본기 특성, 사용되는 필름의 형태 등과 같은 일반 렌더링 선택 사항이지만, 사용자는 장면의 빛, 모양, 재질 등의 설정이 아직 허용되지 않는다.

전체 렌더링 선택 사항이 설정된 후에 pbrtWorldBegin() 함수가 이를 잠근다. 이를 설정하는 루틴을 호출하는 것은 더 이상 적절하지 않다. 이 시점에서 사용자는 장면의 기하 구조 기본체와 빛을 설명하기 시작한다. 이 전역 정보와 장면 특화 정보의 분리는 렌더러의 구현을 단순화하는 것을 도와줄 수 있다. 예를 들어 자신을 삼각형으로 세분하는 스플라인 조각 모양을 생각해보자. 이 모양은 생성되는 삼각형의 필요한 크기를 화면에서 차지하는 면적에 기반을 두고 계산한다. 카메라 위치와 이미지 해상도가 모양이 생긴 후에 변경되지 않도록 고정되면 모양은 잠재적으로 생성 시간에 바로 세분 작업을 할 수 있다.

장면이 한 번 완전히 명시되면 pbrtWorldEnd() 루틴이 호출된다. 이 지점에서 렌더러는 장면 설명이 완료되고 렌더링을 시작할 수 있음을 알고 있다. 이미지는 렌더링되고 pbrtWorldEnd()가 반환하기 전에 파일에 저장된다. 사용자는 그 후 애니메이션의 다른 프레임에 대해 새로운 선택 사항을 명시할 수 있으며, 그 후 다른 pbrtWorldBegin()/pbrtWorldEnd() 블록이 다음 프레임의 기하 구조를 설명하며, 원하는 만큼 많이 반복된다. 이 절의 남은 부분은 렌더링 선택 사항을 설정하는 데 관련된 루틴을 다룬다. B.3절은 월드 블록 안에 장면을 명시하는 루틴을 설명한다.

B.2.1 상태 추적

렌더러의 API가 가질 수 있는 세 개의 구분된 상태가 있다.

- **비초기화:** pbrtInit() 호출 전이나 pbrtCleanup()의 이후에 다른 API 호출은 불법이다.
- **선택 사항 블록:** pbrtWorldBegin()과 pbrtWorldEnd() 쌍 외부에서 장면 전체의 전역 선택 사항을 설정할 수 있다.
- **월드 블록:** pbrtWorldBegin()과 pbrtWorldEnd()의 안으로 장면이 설명된다.

모듈 정적 변수 currentApiState는 값 APIState::Uninitialized로 시작하며, API 시스템이 아직 초기화되지 않았다는 것을 가리킨다. 이 값은 pbrtInit(), pbrtWorldBegin(), pbrtCleanup()으로 적절히 갱신된다.

<API Static Data> ≡

```
enum class APIState { Uninitialized, OptionsBlock, WorldBlock };
static APIState currentApiState = APIState::Uninitialized;
```

이제 pbrtInit() 구현의 정의를 시작할 수 있다. pbrtInit()은 우선 이미 호출되지 않았다는 것을 확인하고 currentApiState 변수를 OptionsBlock으로 설정해서 장면 선택 사항들이 설정될 수 있다는 것을 가리킨다.

<API Initialization> ≡ 1312

```
if (currentApiState != APIState::Uninitialized)
    Error("pbrtInit() has already been called.");
currentApiState = APIState::OptionsBlock;
```

유사하게 pbrtCleanup()은 pbrtInit()이 호출됐고, 비초기화 상태로 상태를 초기화하기 전에 현재 pbrtWorldBegin()/pbrtWorldEnd() 블록 중간에 있지 않다는 것을 확정한다.

<API Cleanup> ≡ 1313

```
if (currentApiState == APIState::Uninitialized)
    Error("pbrtCleanup() called without pbrtInit().");
else if (currentApiState == APIState::WorldBlock)
    Error("pbrtCleanup() called while inside world block.");
currentApiState = APIState::Uninitialized;
```

모든 API 함수는 currentApiState가 적절한 값을 갖는 것을 보증하기 위해 특정 상태에서 INITIALIZED() 같은 상태 확증 매크로를 호출할 때만 유효하다. 상태가 일치하지 않으면 에러 메시지가 출력되고 함수가 바로 반환된다.

<API Macros> ≡

```
#define VERIFY_INITIALIZED(func)                                   \
if (currentApiState == APIState::Uninitialized) {                  \
```

```
        Error("pbrtInit() must be before calling \"%s()\". "    \
            "Ignoring.", func);                                 \
        return;                                                 \
    } else /* swallow trailing semicolon */
```

VERIFY_OPTIONS()와 VERIFY_WORLD()의 구현은 유사하다.

B.2.2 변환

장면이 설명되면 pbrt는 각 시점들의 한 점에 대해 현재 변환 행렬CTMs, Current Transformation Matrices을 유지한다. 변환이 다르면 애니메이션되는 변환이다(예를 들어 2.9.3절에 정의된 AnimatedTransform이 두 주어진 시각에서 두 변환 행렬을 저장하는 것을 기억하자). CTM을 변경하기 위해 여러 API 호출을 사용할 수 있다. 모양, 카메라, 빛 같은 객체가 생성되면 CTM이 생성자에 넘겨져 지역 좌표계에서 월드 공간으로의 변환을 정의한다.

다음의 코드는 두 개의 CTM을 모듈 지역 curTransform 변수에 저장한다. 이들은 고정된 수의 변환을 저장하는 바로 정의될 TransformSet 클래스로 표현된다. activeTransformBits 변수는 비트 벡터로 어떤 CTM이 활성화됐는지 알려준다. 활성화된 변환은 변환 관련 API가 호출될 때 갱신되며, 나머지는 변하지 않는다. 이 메커니즘은 사용자가 일부 CTM만 선택적으로 애니메이션되는 변환을 정의하기 위해 변경할 수 있게 해준다.

```
<API Static Data> +≡
    static TransformSet curTransform;
    static int activeTransformBits = AllTransformsBits;
```

여기의 구현은 두 변환 행렬만을 저장하며, 하나는 시작 시점의 CTM(pbrtTransformTimes() 호출을 통해 제공되며, 몇 페이지 뒤에서 정의한다), 다른 것은 끝 시점이다.

```
<API Local Classes> ≡
    constexpr int MaxTransforms = 2;
    constexpr int StartTransformBits = 1 << 0;
    constexpr int EndTransformBits = 1 << 1;
    constexpr int AllTransformsBits = (1 << MaxTransforms) - 1;
```

TransformSet은 작은 유틸리티 클래스로 변환의 배열을 저장하고, 이를 관리하는 일부 유틸리티 루틴을 제공한다.

<*API Local Classes*> +≡

```
struct TransformSet {
    <TransformSet Public Methods 1316>
private:
    Transform t[MaxTransforms];
};
```

접근 함수는 개별 Transform의 접근을 제공한다.

<*TransformSet Public Methods*> ≡ 1316

```
Transform &operator[](int i) {
    return t[i];
}
```

Inverse() 메서드는 개별 Transform의 역을 갖는 TransformSet을 반환한다.

<*TransformSet Public Methods*> +≡ 1316

```
friend TransformSet Inverse(const TransformSet &ts) {
    TransformSet tInv;
    for (int i = 0; i < MaxTransforms; ++i)
        tInv.t[i] = Inverse(ts.t[i]);
    return tInv;
}
```

실제 변환 함수는 간단하다. CTM이 렌더링 선택 사항과 장면 설명 단계에서 둘 다 사용되므로 이 루틴은 pbrtInit()을 호출하기만 하면 된다.

<*API Function Definitions*> +≡

```
void pbrtIdentity() {
    VERIFY_INITIALIZED("Identity");
    FOR_ACTIVE_TRANSFORMS(curTransform[i] = Transform();)
}
```

FOR_ACTIVE_TRANSFORMS() 매크로는 어떤 CTM가 활성화됐는지 결정하고 주어진 연산이 이를 적용하는 논리를 캡슐화한다. 주어진 표현은 활성 변환에만 계산된다.

<*API Macros*> +≡

```
#define FOR_ACTIVE_TRANSFORMS(expr)                      \
    for (int i = 0; i < MaxTransforms; ++i)              \
        if (activeTransformBits & (1 << i)) { expr }
```

<*API Function Definitions*> +≡

```
void pbrtTranslate(Float dx, Float dy, Float dz) {
```

```
    VERIFY_INITIALIZED("Translate");
    FOR_ACTIVE_TRANSFORMS(curTransform[i] =
            curTransform[i] * Translate(Vector3f(dx, dy, dz));)
}
```

나머지의 대부분 함수는 비슷하게 정의되며, 그러므로 여기에 정의를 수록하지 않는다. pbrt는 또한 pbrtConcatTransform()과 pbrtTransform() 함수를 제공해서 사용자가 임의의 행렬에 대해 사후 곱셈을 하거나 활성 CTM으로 교체한다.

<API Function Declarations> ≡

```
void pbrtRotate(Float angle, Float ax, Float ay, Float az);
void pbrtScale(Float sx, Float sy, Float sz);
void pbrtLookAt(Float ex, Float ey, Float ez,
        Float lx, Float ly, Float lz,
        Float ux, Float uy, Float uz);
void pbrtConcatTransform(Float transform[16]);
void pbrtTransform(Float transform[16]);
```

이는 이름 있는 CTM의 복사를 만들 때 유용할 수 있으며, 나중에 참조할 수 있다. 예를 들어 카메라 위치에 빛을 놓기 위해 우선 카메라 좌표계로의 변환을 먼저 적용하고, 그 후 빛은 원점 (0, 0, 0)에만 위치할 수 있다. 이 방식으로 카메라 위치가 변경되고 장면이 다시 렌더링되면 빛은 함께 움직이게 된다. pbrtCoordinateSystem() 함수는 현재 TransformSet을 namedCoordinateSystems 조합 배열로 복사하며, pbrtCoordSysTransform()은 CTM의 이름을 가진 집합을 불러온다.

<API Static Data> +≡

```
static std::map<std::string, TransformSet> namedCoordinateSystems;
```

<API Function Definitions> +≡

```
void pbrtCoordinateSystem(const std::string &name) {
    VERIFY_INITIALIZED("CoordinateSystem");
    namedCoordinateSystems[name] = curTransform;
}
```

<API Function Definitions> +≡

```
void pbrtCoordSysTransform(const std::string &name) {
    VERIFY_INITIALIZED("CoordSysTransform");
    if (namedCoordinateSystems.find(name) !=
            namedCoordinateSystems.end())
        curTransform = namedCoordinateSystems[name];
    else
```

```
            Warning("Couldn't find named coordinate system \"%s\"",
                    name.c_str());
    }
```

pbrt에서 모든 형이 애니메이션 변환을 지원하지는 않는다(텍스처가 하나의 예다(B.3.2절). 이를 지원하기 위한 추가적인 코드 복잡도가 가치가 없으며, 특히 애니메이션 텍스처 변환의 활용도가 명확하지 않다). 이런 경우 `WARN_IF_ANIMATED_TRANSFORM()` 매크로가 CTM이 다를 경우 경고해서 애니메이션 변환이 특정됐다는 것을 가리킨다.

<API Macros> +≡

```
#define WARN_IF_ANIMATED_TRANSFORM(func)                          \
do { if (curTransform.IsAnimated())                               \
     Warning("Animated transformations set; ignoring for \"%s\" " \
             "and using the start transform only", func);         \
} while (false) /* swallow trailing semicolon */
```

<TransformSet Public Methods> +≡ 1316

```
bool IsAnimated() const {
    for (int i = 0; i < MaxTransforms - 1; ++i)
        if (t[i] != t[i + 1]) return true;
    return false;
}
```

B.2.3 선택 사항

모든 렌더링 선택 사항은 `pbrtWorldBegin()` 호출 이전에 `RenderOptions` 구조체에 저장된다. 이 구조체는 API 호출로 설정되는 공용 자료 멤버와 pbrt의 나머지에서 렌더링을 위해 사용되는 객체를 생성하는 데 도움을 주는 메서드를 포함한다.

<API Local Classes> +≡

```
struct RenderOptions {
    <RenderOptions Public Methods 1338>
    <RenderOptions Public Data 1319>
};
```

`RenderOptions`의 단일 `static` 인스턴스를 API 함수의 나머지에서 사용할 수 있다.

<API Static Data> +≡

```
static std::unique_ptr<RenderOptions> renderOptions;
```

pbrtInit()이 호출될 때 RenderOptions 구조체를 할당해 모든 선택 사항을 기본값으로 초기화한다.

<API Initialization> +≡ 1312

```
renderOptions.reset(new RenderOptions);
```

renderOptions 변수는 pbrtCleanup()으로 해제된다.

<API Cleanup> +≡ 1313

```
renderOptions.reset(nullptr);
```

몇 개의 호출이 CTM 중 어떤 것이 활성화돼 있는지 알려주는 걸 가능하게 한다.

<API Function Definitions> +≡

```
void pbrtActiveTransformAll() {
    activeTransformBits = AllTransformsBits;
}
void pbrtActiveTransformEndTime() {
    activeTransformBits = EndTransformBits;
}
void pbrtActiveTransformStartTime() {
    activeTransformBits = StartTransformBits;
}
```

두 CTM이 정의된 두 시점은 함수 pbrtTransformTimes()의 호출을 통해 제공된다. 기본적으로 시작 시점은 0이고 끝 시점은 1이다.

<API Function Definitions> +≡

```
void pbrtTransformTimes(Float start, Float end) {
    VERIFY_OPTIONS("TransformTimes");
    renderOptions->transformStartTime = start;
    renderOptions->transformEndTime = end;
}
```

<RenderOptions Public Data> ≡ 1318

```
Float transformStartTime = 0, transformEndTime = 1;
```

렌더링 선택 사항의 나머지를 설정하는 API 함수는 대부분 인터페이스나 구현에서 비슷하다. 예를 들어 pbrtPixelFilter()는 이미지 표본을 필터링하는 데 사용될 Filter의 종류를 명시한다. 이는 두 매개변수를 받으며, 사용할 필터의 이름과 필터에 제공할 매개변수들인 ParamSet이다. 이 함수가 호출될 때 필요한 모든 것은 API가 호출될 pbrtPixelFilter()에 대해 적절한 상태인지 확인하는 것, renderOptions에 필터의 이름과 매개변수를 저장하는 것이다.

Filter 클래스의 인스턴스가 pbrtPixelFilter()의 호출로 즉시 생성되지 않는 것을 기억하자. 대신 해당 함수는 필터의 이름만을 저장하고 매개변수를 renderOptions에 저장한다. 이 방식에 대한 두 가지 이유가 있다. 첫째, 월드 구획의 시작 이전에 pbrtPixelFilter() 이후에 다른 필터를 설정하는 연속된 호출이 있을 수 있으며, 이 경우 첫 Filter를 생성하는 (작은) 비용이 낭비된다.

둘째, 더 중요한 것으로 다양한 객체 생성 순서 의존도가 다양한 생성자에 받는 매개변수로 생성된다. 예를 들어 Film 생성자는 Filter의 포인터가 사용될 것을 예상하며, Camera 생성자는 Film의 포인터를 예상한다. 그러므로 카메라는 필름보다 이전에 생성될 수 없으며, 필름은 필터 이전에 생성될 수 없다. 사용자가 장면 선택 사항을 이 내부 세부 사항에 영향 받은 순서로 설정하고 싶지 않으므로, 대신 항상 객세 치름과 매개변수 집합만을 선택 사항 구획의 끝까지 저장한다(여기서의 Filter는 실재로 바로 생성될 수 있으며, 다른 객체에 대해 의존하지 않기 때문이지만 일관성을 위해 동일한 방식을 따랐다).

<API Function Definitions> +≡

```
void pbrtPixelFilter(const std::string &name, const ParamSet &params) {
    VERIFY_OPTIONS("PixelFilter");
    renderOptions->FilterName = name;
    renderOptions->FilterParams = params;
}
```

기본 필터 함수는 상자 필터로 설정된다. 장면 설명 파일에서 어떤 특정 필터도 설정되지 않으면 기본 ParamSet이 어떤 매개변수 값도 갖지 않으므로, 필터는 기본 매개변수 설정으로 생성된다.

<RenderOptions Public Data> +≡ 1318

```
std::string FilterName = "box";
ParamSet FilterParams;
```

API 호출에서 대부분의 나머지 렌더링 선택 사항의 설정은 비슷하다. 단순히 인수를 renderOptions에 저장한다. 그러므로 이 함수의 선언만 여기에 수록한다. 각 함수가 조절하는 선택 사항은 이름에서 분명히 알 수 있어야 한다. 각 루틴의 합법적인 매개변수에 대한 더 많은 정보는 pbrt의 입력 파일 형식에 대한 문서에서 찾을 수 있다.

<API Function Declarations> +≡

```
void pbrtFilm(const std::string &type, const ParamSet &params);
void pbrtSampler(const std::string &name, const ParamSet &params);
void pbrtAccelerator(const std::string &name, const ParamSet &params);
void pbrtIntegrator(const std::string &name, const ParamSet &params);
```

pbrtCamera( )는 다른 선택 사항과 조금 다르며, 이는 카메라에서 월드로의 변환이 저장돼야 하기 때문이다. pbrtCamera( )가 사용하는 CTM은 이 값을 초기화하며, 카메라 좌표계 변환 역시 pbrtCoordSysTransform( )에 의해 가능한 미래의 사용을 위해 저장된다.

<API Function Definitions> +≡

```
void pbrtCamera(const std::string &name, const ParamSet &params) {
    VERIFY_OPTIONS("Camera");
    renderOptions->CameraName = name;
    renderOptions->CameraParams = params;
    renderOptions->CameraToWorld = Inverse(curTransform);
    namedCoordinateSystems["camera"] = renderOptions->CameraToWorld;
}
```

기본 카메라는 원근 투영을 사용하도록 설정된다.

<RenderOptions Public Data> +≡ 1318

```
std::string CameraName = "perspective";
ParamSet CameraParams;
TransformSet CameraToWorld;
```

B.2.4 매질 설명

장면에서 반투명 매질의 설정은 pbrtMakeNamedMedium( )으로 이뤄진다. 이 함수는 사용자가 특정 형의 반투명 매질(11.3절에서)을 임의의 이름과 연결한다. 예를 들어 다음과 같다.

```
MakeNamedMedium "highAlbedo" "string type" "homogeneous"
    "color sigma_s" [5.0 5.0 5.0] "color sigma_a" [0.1 0.1 0.1]
```

여기서 HomogeneousMedium 인스턴스를 highAlbedo의 이름으로 생성한다.

<API Function Declarations> +≡

```
void pbrtMakeNamedMedium(const std::string &name, const ParamSet &params);
```

대응하는 Medium 인스턴스는 나중에 접근하기 위해 연관 배열에 저장한다.

<RenderOptions Public Data> +≡ 1318

```
std::map<std::string, std::shared_ptr<Medium>> namedMedia;
```

한 번 명명된 매질이 생성되면 pbrtMediumInterface()는 현재 '안'과 '밖'의 매질을 특정한다. 모양에 대해서는 모양 표면의 안과 밖의 매질을 설정하며, 모양의 안팎은 표면의 법선이 밖으로 향하는 곳이 '밖'이다. 연관된 기하 구조가 없는 카메라와 광원에 대해 '안' 매질은 무시되고 '밖'은 객체를 포함하는 모양이 제공된다. 현재 매질은 GraphicsState 클래스에 저장되며, 바로 소개하겠다.

변환 관련 API 함수의 경우 이 함수는 선택 사항과 월드 구획에서 둘 다 호출될 수 있다. 전자는 카메라에 대해 설정된 매질이고, 후자는 장면 안의 빛과 모양을 설정할 수 있게 한다.

<API Function Definitions> +≡

```
void pbrtMediumInterface(const std::string &insideName,
        const std::string &outsideName) {
    VERIFY_INITIALIZED("MediumInterface");
    graphicsState.currentInsideMedium = insideName;
    graphicsState.currentOutsideMedium = outsideName;
}
```

<Graphics State> ≡ 1323

```
std::string currentInsideMedium, currentOutsideMedium;
```

B.3 장면 정의

사용자가 전체 렌더링 선택 사항을 설정한 후에 pbrtWorldBegin() 호출이 장면에서 모양, 재질, 빛의 설명 시작을 표시한다. 이는 현재 렌더링 상태를 APIState::WorldBlock으로 설정해서 CTM을 단위행렬로 재설정하고, 모든 CTM을 가능하게 한다.

<API Function Definitions> +≡

```
void pbrtWorldBegin() {
    VERIFY_OPTIONS("WorldBegin");
    currentApiState = APIState::WorldBlock;
    for (int i = 0; i < MaxTransforms; ++i)
        curTransform[i] = Transform();
    activeTransformBits = AllTransformsBits;
    namedCoordinateSystems["world"] = curTransform;
}
```

B.3.1 계층적 그래픽 상태

장면의 빛, 기하 구조, 반투명 매질이 설정됨에 따라 다양한 특성이 함께 설정돼야 한다. CTM에 추가해서 텍스처와 현재 재질에 대한 정보를 포함한다. 기하학적 기본체나 광원이 장면에 추가되면 현재 사용되는 특성은 대응하는 객체를 생성할 때 사용된다. 이 자료는 그래픽 상태graphics state로 알려져 있다.

렌더링 API에 대해 그래픽 상태를 관리하는 일부 기능을 제공하면 유용하다. pbrt는 현재 그래픽 상태를 속성 스택attribute stack으로 관리할 수 있는 API 호출을 갖는다. 사용자는 현재 속성의 집합을 넣고 값을 변경한 후 나중에 기존 속성 값에 다시 넣는다. 예를 들어 장면 설명 파일은 다음을 가질 수 있다.

```
Material "matte"
AttributeBegin
   Material "plastic"
   Translate 5 0 0
   Shape "sphere" "float radius" [1]
AttributeEnd
Shape "sphere" "float radius" [1]
```

첫 구는 전송에 영향 받으며, 플라스틱 재질에 묶이며, 두 번째 구는 무광이라 전송하지 않는다. pbrtAttributeBegin()/pbrtAttributeEnd() 블록 안에서 속성의 변경은 블록의 마지막에서 잊는다. 속성을 이런 방식으로 저장하고 복구하는 것은 컴퓨터 그래픽의 장면 설명에서 전형적인 관용구다.

그래픽 상태는 GraphicsState 구조체에 저장된다. RenderOptions로 기존에 처리된 것처럼 이 절을 통해 멤버를 추가한다.

```
<API Local Classes> +≡
   struct GraphicsState {
        <Graphics State Methods 1331>
        <Graphics State 1322>
   };
```

pbrtInit()이 호출될 때 현재 그래픽 상태는 기본값을 갖도록 초기화된다.

```
<API Initialization> +≡                                    1312
   graphicsState = GraphicsState();
```

GraphicsStates의 vector가 계층적 상태 관리를 처리하기 위해 스택으로 사용된다. pbrtAttributeBegin()이 호출될 때 현재 GraphicsState가 복사되고 이 스택에 넣어진다. pbrtAttributeEnd()는 그 후 단순히 이 스택에서 상태를 뽑는다.

<API Function Definitions> +≡

```
void pbrtAttributeBegin() {
    VERIFY_WORLD("AttributeBegin");
    pushedGraphicsStates.push_back(graphicsState);
    pushedTransforms.push_back(curTransform);
    pushedActiveTransformBits.push_back(activeTransformBits);
}
```

<API Static Data> +≡

```
static GraphicsState graphicsState;
static std::vector<GraphicsState> pushedGraphicsStates;
static std::vector<TransformSet> pushedTransforms;
static std::vector<uint32_t> pushedActiveTransformBits;
```

pbrtAttributeEnd()는 또한 스택 언더플로우가 생기지 않도록 스택에 항목이 있는지 확인한다.

<API Function Definitions> +≡

```
void pbrtAttributeEnd() {
    VERIFY_WORLD("AttributeEnd");
    if (!pushedGraphicsStates.size()) {
        Error("Unmatched pbrtAttributeEnd() encountered. "
              "Ignoring it.");
        return;
    }
    graphicsState = pushedGraphicsStates.back();
    pushedGraphicsStates.pop_back();
    curTransform = pushedTransforms.back();
    pushedTransforms.pop_back();
    activeTransformBits = pushedActiveTransformBits.back();
    pushedActiveTransformBits.pop_back();
}
```

또한 pbrtTransformBegin()과 pbrtTransformEnd() 호출을 제공한다. 이 함수들은 CTM을 넣고 뽑는 것만 제외하면 pbrtAttributeBegin()이나 pbrtAttributeEnd()와 비슷하다. 텍스처에 변환을 빈번히 적용하고 싶지만 명명된 텍스처의 목록이 그래픽 상태에 저장되므로, 변환 행렬을 저장하기 위해 pbrtAttributeBegin()을 사용할 수 없다. pbrtTransformBegin()

과 pbrtTransformEnd()의 구현이 각각 pbrtAttributeBegin()이나 pbrtAttributeEnd()와 매우 유사하므로 여기에 수록하지 않는다.

<API Function Declarations> +≡
```
void pbrtTransformBegin();
void pbrtTransformEnd();
```

B.3.2 텍스처와 재질 매개변수

pbrt의 모든 재질은 매개변수의 모두를 설명하기 위해 텍스처를 사용하는 것을 기억하자. 예를 들어 비광택 재질 클래스의 확산 색상은 재질이 균일 반사도를 갖게 의도됐더라도 항상 텍스처에서 얻게 된다(이 경우 ConstantTexture가 사용된다).

재질이 생성되기 전에 이 텍스처를 재질 생성 함수에 넘길 필요가 있다. 텍스처는 명시적으로 생성되거나, 이름으로 나중에 참조되거나, 상수 매개변수를 캡슐화하기 위해 암시적으로 동적으로 생성된다. 이 텍스처 생성의 두 메서드는 TextureParams 클래스로 숨겨진다.

<TextureParams Declarations> ≡
```
class TextureParams {
public:
    <TextureParams Public Methods 1327>
private:
    <TextureParams Private Data 1325>
};
```

TextureParams 클래스는 기존에 정의된 명명된 Float과 Spectrum 텍스처의 조합 배열에 대한 참조를 저장하며, 명명된 텍스처를 찾기 위한 두 ParamSet도 가진다. 생성자는 여기에 수록하지 않고, 참조를 전달된 매개변수로만 초기화한다.

<TextureParams Private Data> ≡ 1325
```
std::map<std::string, std::shared_ptr<Texture<Float>>> &floatTextures;
std::map<std::string,
        std::shared_ptr<Texture<Spectrum>>> &spectrumTextures;
const ParamSet &geomParams, &materialParams;
```

여기서는 Spectrum형의 텍스처를 찾는 코드를 보여줄 것이다. Float 텍스처를 찾는 코드도 유사하다. TextureParams::GetSpectrumTexture() 메서드는 매개변수 이름(예, 'Kd') 및 기본 Spectrum 값과 함께 받는다. 매개변수를 위해 어떤 텍스처도 명시적으로 정의되지 않으면 기본 분광 값을 반환하는 상수 텍스처가 생성된다.

텍스처 검색은 여러 단계에서 수행된다. 이 단계의 순서는 매우 중요하다. 먼저 Shape에서 생성되는 Material에 대한 매개변수 목록이 명명된 참조로 명시적으로 정의된 텍스처를 찾는다. 해당 텍스처를 찾지 못하면 재질 매개변수를 찾는다. 최종적으로 어떤 명시적 텍스처도 찾지 못하면 두 매개변수 목록은 각각 제공된 상수 값에 대해 찾는다. 해당 상수 값을 찾지 못하면 기본값이 사용된다.

이 단계의 순서는 매우 중요한데, pbrt가 모양이 연결된 재질의 개별 요소를 무시하는 것을 허용하기 때문이다. 예를 들어 사용자는 다음과 같은 행을 가진 장면 설명을 생성할 수 있다.

```
Material "matte" "color Kd" [ 1 0 0 ]
Shape "sphere" "color Kd" [ 0 1 0 ]
```

이 두 명령어는 녹색 무광 구를 생성한다. 모양의 매개변수 목록이 먼저 찾아지므로 MatteMaterial 생성자가 호출될 때 Shape 명령에서 Kd 매개변수가 사용된다.

<TextureParams Method Definitions> ≡

```
std::shared_ptr<Texture<Spectrum>>
TextureParams::GetSpectrumTexture(const std::string &n,
        const Spectrum &def) const {
    std::string name = geomParams.FindTexture(n);
    if (name == "") name = materialParams.FindTexture(n);
    if (name != "") {
        if (spectrumTextures.find(name) != spectrumTextures.end())
            return spectrumTextures[name];
        else
            Error("Couldn’ find spectrum texture named \"%s\" "
                  "for parameter \"%s\"", name.c_str(), n.c_str());
    }
    Spectrum val = materialParams.FindOneSpectrum(n, def);
    val = geomParams.FindOneSpectrum(n, val);
    return std::make_shared<ConstantTexture<Spectrum>>(val);
}
```

TextureParams 클래스의 인스턴스가 비텍스처 매개변수 값에 접근해야 하는 재질 생성 루틴에 넘겨지므로, 다른 매개변수 목록 형에 접근할 수 있는 방법도 제공해야 한다. 이 메서드는 기하 구조 매개변수 목록에서 찾으면 매개변수를 반환한다. 그렇지 않으면 재질 매개변수 목록이 검색되고, 최종적으로 기본값이 반환된다.

TextureParams::FindFloat() 메서드는 다음과 같다. 다른 접근 메서드는 비슷하므로 생략한다.

<TextureParams Public Methods> ≡ 1325

```
Float FindFloat(const std::string &n, Float d) const {
    return geomParams.FindOneFloat(n, materialParams.FindOneFloat(n, d));
}
```

B.3.3 표면과 재질 설명

pbrtTexture() 메서드는 나중에 참조될 명명된 텍스처를 생성한다. 텍스처 이름에 추가해서 이 형이 명시된다. 현재 pbrt는 '부동소수점'과 '색'을 텍스처형으로 지원한다. 제공된 매개변수 목록은 TextureParams 객체를 생성하는 데 사용되고, 이는 원하는 텍스처 생성 루틴으로 넘겨진다.

<API Function Definitions> +≡

```
void pbrtTexture(const std::string &name, const std::string &type,
        const std::string &texname, const ParamSet &params) {
    VERIFY_WORLD("Texture");
    TextureParams tp(params, params, graphicsState.floatTextures,
            graphicsState.spectrumTextures);
    if (type == "float") {
        <Create Float texture and store in floatTextures 1328>
    }
    else if (type == "color" || type == "spectrum") {
        <Create color texture and store in spectrumTextures>
    }
    else
        Error("Texture type \"%s\" unknown.", type.c_str());
    }
```

텍스처의 생성은 단순하다. 이 함수는 우선 같은 이름과 형의 텍스처가 이미 존재하는지 알아보고, 그렇다면 경고를 한다. 그 후 MakeFloatTexture() 루틴이 적절한 Texture 구현에 대해 호출되며, 반환된 텍스처 클래스는 GraphicsState::floatTextures 조합 배열에 추가된다. 분광 텍스처를 생성하는 코드는 비슷하므로 여기에 수록하지 않는다.

<*Create* Float *texture and store in* floatTextures> ≡ 1327

```
if (graphicsState.floatTextures.find(name) !=
        graphicsState.floatTextures.end())
    Info("Texture \"%s\" being redefined", name.c_str());
WARN_IF_ANIMATED_TRANSFORM("Texture");
std::shared_ptr<Texture<Float>> ft =
        MakeFloatTexture(texname, curTransform[0], tp);
if (ft) graphicsState.floatTextures[name] = ft;
```

<*Graphics State*> +≡ 1323

```
std::map<std::string, std::shared_ptr<Texture<Float>>> floatTextures;
std::map<std::string,
        std::shared_ptr<Texture<Spectrum>>> spectrumTextures;
```

현재 재질은 pbrtMaterial()에 대한 호출로 명시된다. ParamSet은 나중에 모양을 지정할 때 Material 객체를 생성할 필요가 있을 때까지 저장된다.

<*API Function Declarations*> +≡

```
void pbrtMaterial(const std::string &name, const ParamSet &params);
```

기본 재질은 비광택이다.

<*Graphics State*> +≡ 1323

```
ParamSet materialParams;
std::string material = "matte";
```

pbrt는 또한 주어진 매개변수의 집합에 대해 Material을 생성하고, 그 후 임의의 이름을 재질의 조합과 매개변수 설정과 연결한다. pbrtMakeNamedMaterial()은 이런 연결을 생성하며, pbrtNamedMaterial()은 현재 재질과 기존에 정의된 명명된 재질에 기반을 둔 재질 매개변수를 설정한다.

<*API Function Declarations*> +≡

```
void pbrtMakeNamedMaterial(const std::string &name,
        const ParamSet &params);
void pbrtNamedMaterial(const std::string &name);
```

<*Graphics State*> +≡ 1323

```
std::map<std::string, std::shared_ptr<Material>> namedMaterials;
std::string currentNamedMaterial;
```

B.3.4 광원

pbrt의 API는 사용자에게 장면의 광원을 설정하는 두 가지 방식을 제공한다. 첫째는 pbrtLightSource( )로, 연결된 기하 구조를 갖지 않는 광원을 정의한다(예, 점광원과 방향 광).

<API Function Definitions> +≡

```
void pbrtLightSource(const std::string &name, const ParamSet &params) {
    VERIFY_WORLD("LightSource");
    WARN_IF_ANIMATED_TRANSFORM("LightSource");
    MediumInterface mi = graphicsState.CreateMediumInterface();
    std::shared_ptr<Light> lt =
            MakeLight(name, params, curTransform[0], mi);
    if (!lt)
        Error("LightSource: light type \"%s\" unknown.", name.c_str());
    else
        renderOptions->lights.push_back(lt);
}
```

<RenderOptions Public Data> +≡ 1318

```
std::vector<std::shared_ptr<Light>> lights;
```

두 번째 광원을 설정하는 API 호출인 pbrtAreaLightSource( )는 영역 광원을 명시한다. 영역 광원 호출에서 현재 속성 블록 끝까지의 모든 모양 설정은 방사로 간주된다. 그러므로 영역 광이 pbrtAreaLightSource( )를 통해 설정되면 이는 즉시 생성될 수 없는데, 광원의 기하 구조를 정의하기 위해 필요한 모양들이 필요하기 때문이다. 그러므로 이 함수는 영역 광원 형의 이름을 저장하고 매개변수를 제공할 뿐이다.

<Graphics State> +≡ 1323

```
ParamSet areaLightParams;
std::string areaLight;
```

<API Function Definitions> +≡

```
void pbrtAreaLightSource(const std::string &name,
                         const ParamSet &params) {
    VERIFY_WORLD("AreaLightSource");
    graphicsState.areaLight = name;
    graphicsState.areaLightParams = params;
}
```

B.3.5 모양

pbrtShape() 함수는 하나 이상의 새로운 Shape 객체를 생성하고 이를 장면에 추가한다. 이 함수는 상대적으로 복잡하며 영역 광이 정의될 경우 영역 광원을 생성해야 하고, 애니메이션되는 물체와 정적 물체를 다르게 처리해야 한다. 또한 필요한 객체 인스턴스를 생성해야 한다.

```
<API Function Definitions> +≡
    void pbrtShape(const std::string &name, const ParamSet &params) {
        VERIFY_WORLD("Shape");
        std::vector<std::shared_ptr<Primitive>> prims;
        std::vector<std::shared_ptr<AreaLight>> areaLights;
        if (!curTransform.IsAnimated()) {
            <Initialize prims and areaLights for static shape 1330>
        } else {
            <Initialize prims and areaLights for animated shape 1332>
        }
        <Add prims and areaLights to scene or current instance 1334>
    }
```

애니메이션되는 모양은 AnimatedTransform을 사용하는 추가 기능을 포함하는 TransformedPrimitive로 표현되며, 애니메이션되지 않는 모양의 경우 GeometricPrimitive를 사용한다. 그러므로 두 경우에 대해 두 코드 경로가 있다.

정적 모양의 경우 대부분 문제는 GeometricPrimitive를 생성하기 위한 적절한 Shape와 Material, MediumInterface를 생성하고 GeometricPrimitive를 할당하는 것이다.

```
<Initialize prims and areaLights for static shape> ≡                                  1330
    <Create shapes for shape name 1331>
    std::shared_ptr<Material> mtl = graphicsState.CreateMaterial(params);
    params.ReportUnused();
    MediumInterface mi = graphicsState.CreateMediumInterface();
    for (auto s : shapes) {
        <Possibly create area light for shape 1332>
        prims.push_back(
        std::make_shared<GeometricPrimitive>(s, mtl, area, mi));
    }
```

코드는 TransformCache를 사용해서(바로 정의한다) 각각의 고유한 변환을 단일 Transform에 할당하고 저장해 Lookup() 메서드에 넘길 수 있게 한다. 이 방식으로 장면의 많은 모양이 같은 변환 행렬을 가지면 단일 Transform 포인터가 모두와 공유될 수 있다.

<Create shapes for shape name*>* ≡ 1330

```
Transform *ObjToWorld, *WorldToObj;
transformCache.Lookup(curTransform[0], &ObjToWorld, &WorldToObj);
std::vector<std::shared_ptr<Shape>> shapes =
    MakeShapes(name, ObjToWorld, WorldToObj,
               graphicsState.reverseOrientation, params);
if (shapes.size() == 0) return;
```

TransformCache는 변환에서 Transform의 포인터로 조합 배열을 감싸는 작은 클래스다. 첫 번째 포인터는 변환과 같고, 두 번째 포인터는 역과 같다. Lookup() 메서드는 캐시에서 지정된 변환을 찾아 공간을 할당하고 찾지 못할 경우 역수를 저장한 다음 적절한 포인터를 반환한다.

<TransformCache Private Data> ≡

```
std::map<Transform, std::pair<Transform *, Transform *>> cache;
MemoryArena arena;
```

<API Static Data> +≡

```
static TransformCache transformCache;
```

MakeShape() 함수는 생성돼야 할 모양의 이름, CTM, ParamSet을 받는다. 이는 적절한 모양 생성 함수를 제공된 모양의 이름을 기반으로 호출한다(예를 들어 '구'의 경우 CreateSphereShape()를 호출하며, 이는 B.4절에 정의돼 있다). 모양 생성 루틴은 여러 모양을 반환할 수 있다. 삼각형 메시를 예로 들면 생성 루틴은 Triangle의 벡터를 반환한다. 이 함수의 구현은 명백하므로 여기에 수록하지 않는다.

<API Forward Declarations> ≡

```
std::vector<std::shared_ptr<Shape>> MakeShapes(const std::string &name,
        const Transform *ObjectToWorld, const Transform *WorldToObject,
        bool reverseOrientation, const ParamSet &paramSet);
```

모양에 대한 Material은 MakeMaterial() 호출로 생성된다. 이 구현은 MakeShape()와 유사하다. 특화된 재질을 찾을 수 없다면(보통 재질 이름의 오타로 인함) 무광택 재질이 생성되고 경고가 생성된다.

<Graphics State Methods> ≡ 1323

```
std::shared_ptr<Material> CreateMaterial(const ParamSet &params);
```

동일한 기본 방식으로 CreateMediumInterface()는 MediumInterface를 pbrtMediumInterface()로 구축한 현재 명명된 '안'과 '밖' 매질에 기반을 두고 생성한다.

<Graphics State Methods> +≡ 1323

```
MediumInterface CreateMediumInterface();
```

영역 광이 현재 그래픽 상태에서 pbrtAreaLightSource()로 설정되면 새 모양은 방출기로서 AreaLight는 이로 만들어져야 한다.

<Possibly create area light for shape> ≡ 1330

```
std::shared_ptr<AreaLight> area;
if (graphicsState.areaLight != "") {
    area = MakeAreaLight(graphicsState.areaLight, curTransform[0],
                         mi, graphicsState.areaLightParams, s);
    areaLights.push_back(area);
}
```

변환 행렬이 애니메이션되면 작업은 좀 더 복잡하다. 기본 Shape와 GeometricPrimitive의 생성 후에 TransformedPrimitive가 생성된 모양(들)을 위해 생성된다.

<Initialize prims *and* areaLights *for animated shape>* ≡ 1330

```
<Create initial shape or shapes for animated shape 1332>
<Create GeometricPrimitive(s) for animated shape 1333>
<Create single TransformedPrimitive for prims 1333>
```

Shape 클래스가 애니메이션되는 변환을 처리할 필요가 없으므로, 애니메이션되는 기본체를 위한 초기 Shape가 생성 루틴에 넘겨진 단위 변환으로 생성된다. 모양의 변환에 관련된 모든 세부 사항은 모양을 갖고 있는 TransformedPrimitive로 관리된다. 그러므로 애니메이션되는 변환이 영역 광원으로 명시되면 경고가 생성된다.

<Create initial shape or shapes for animated shape> ≡ 1332

```
if (graphicsState.areaLight != "")
    Warning("Ignoring currently set area light when creating "
            "animated shape");
Transform *identity;
transformCache.Lookup(Transform(), &identity, nullptr);
std::vector<std::shared_ptr<Shape>> shapes =
        MakeShapes(name, identity, identity,
                   graphicsState.reverseOrientation, params);
if (shapes.size() == 0) return;
```

주어진 모양의 초기 집합의 경우 각각에 대해 GeometricPrimitive를 생성하는 것은 간단하다.

```
<Create GeometricPrimitive(s) for animated shape> ≡                    1332
    std::shared_ptr<Material> mtl = graphicsState.CreateMaterial(params);
    params.ReportUnused();
    MediumInterface mi = graphicsState.CreateMediumInterface();
    for (auto s : shapes)
        prims.push_back(
            std::make_shared<GeometricPrimitive>(s, mtl, nullptr, mi));
```

다중 GeometricPrimitive가 있을 경우 이를 모아 집합으로 만들어 TransformedPrimitive에 저장하는 것이 다중 TransformedPrimitive를 생성하는 것보다 유용하다. 이런 방식으로 변환은 한 번만 보간되며, 광선은 한 번만 변환되고, 이를 광선이 경계를 교차하는 각각의 기본체에 대해 둘 다 적용하는 것보다 낫다. 교차 효율 역시 장점이다. 연습문제 B.5의 논의를 살펴보자.

```
<Create single TransformedPrimitive for prims> ≡                       1333
    <Get animatedObjectToWorld transform for shape 1333>
    if (prims.size() > 1) {
        std::shared_ptr<Primitive> bvh = std::make_shared<BVHAccel>(prims);
        prims.clear();
        prims.push_back(bvh);
    }
    prims[0] = std::make_shared<TransformedPrimitive>(prims[0],
                                                      animatedObjectToWorld);
```

다시 TransformCache가 사용되며 시작과 끝 시점에서의 변환을 받고, 이는 AnimatedTransform 생성자에 전달된 것이다.

```
<Get animatedObjectToWorld transform for shape> ≡                      1333
    Transform *ObjToWorld[2];
    transformCache.Lookup(curTransform[0], &ObjToWorld[0], nullptr);
    transformCache.Lookup(curTransform[1], &ObjToWorld[1], nullptr);
    AnimatedTransform animatedObjectToWorld(
        ObjToWorld[0], renderOptions->transformStartTime,
        ObjToWorld[1], renderOptions->transformEndTime);
```

사용자가 물체 인스턴스의 정의 중간에 있을 때 pbrtObjectBegin()(다음 절에 정의)이 renderOptions의 currentInstance 멤버가 인스턴스를 정의하는 모양을 수집하는 vector를 가리키도록 설정된다. 이 경우 새 모양(들)이 배열에 추가된다. 그렇지 않으면 모양은

RenderOptions::primitives 배열이 사용된다. 이 배열은 결과적으로 Scene 생성자가 전달된다. 이 기본체 역시 영역 광이면 대응하는 areaLights가 또한 RenderOptions::lights 배열에 추가되며, 바로 pbrtLightSource()가 하는 것처럼 처리된다.

<Add prims *and* areaLights *to scene or current instance>* ≡ 1330

```
if (renderOptions->currentInstance) {
    if (areaLights.size())
        Warning("Area lights not supported with object instancing");
    renderOptions->currentInstance->insert(
        renderOptions->currentInstance->end(), prims.begin(),
            prims.end());
} else {
    renderOptions->primitives.insert(renderOptions->primitives.end(),
            prims.begin(), prims.end());
    if (areaLights.size())
        renderOptions->lights.insert(renderOptions->lights.end(),
                areaLights.begin(), areaLights.end());
}
```

<RenderOptions Public Data> +≡ 1318

```
std::vector<std::shared_ptr<Primitive>> primitives;
```

B.3.6 물체 인스턴싱

pbrtObjectBegin()과 pbrtObjectEnd() 쌍 사이에 설정되는 모든 모양은 명명된 물체 인스턴스를 생성하는 데 사용된다(물체 인스턴싱의 설명과 4.1.2절의 TransformedPrimitive 클래스를 살펴보자). pbrtObjectBegin()은 RenderOptions::currentInstance를 설정해 이후의 pbrtShape() 호출이 기본체 참조의 인스턴스 벡터에 모양을 추가할 수 있게 한다. 이 함수는 또한 그래픽 상태를 넣어 인스턴스를 정의하는 동안 생기는 CTM이나 다른 상태가 인스턴스 정의 이후에 유지되지 않도록 한다.

<API Function Definitions> +≡

```
void pbrtObjectBegin(const std::string &name) {
    pbrtAttributeBegin();
    if (renderOptions->currentInstance)
        Error("ObjectBegin called inside of instance definition");
    renderOptions->instances[name] =
            std::vector<std::shared_ptr<Primitive>>();
    renderOptions->currentInstance = &renderOptions->instances[name];
```

```
    }
```

<RenderOptions Public Data> +≡ 1318

```
    std::map<std::string, std::vector<std::shared_ptr<Primitive>>> instances;
    std::vector<std::shared_ptr<Primitive>> *currentInstance = nullptr;
```

<API Function Definitions> +≡

```
    void pbrtObjectEnd() {
        VERIFY_WORLD("ObjectEnd");
        if (!renderOptions->currentInstance)
            Error("ObjectEnd called outside of instance definition");
        renderOptions->currentInstance = nullptr;
        pbrtAttributeEnd();
    }
```

인스턴스가 장면에서 사용될 때 Primitive의 인스턴스 벡터는 RenderOptions::instances 맵에서 발견돼야 하며, TransformedPrimitive가 생성되고 인스턴스가 장면에 추가된다. pbrtObjectInstance()가 호출될 때 TransformedPrimitive 생성자가 현재 변환 행렬을 받는 것을 기억하자. 인스턴스의 완전한 월드 변환은 원래 생성된 CTM으로 인스턴스화된 CTM의 조합이다.

pbrtObjectInstance()는 먼저 일부 오류를 확인해 인스턴스가 다른 인스턴스의 정의 안에서 사용되지 않고, 또한 명명된 인스턴스가 정의됐는지를 보장한다. 오류 확인은 단순하므로 여기에 수록하지 않는다.

<API Function Definitions> +≡

```
    void pbrtObjectInstance(const std::string &name) {
        VERIFY_WORLD("ObjectInstance");
        <Perform object instance error checking>
        std::vector<std::shared_ptr<Primitive>> &in =
                renderOptions->instances[name];
        if (in.size() == 0) return;
        if (in.size() > 1) {
            <Create aggregate for instance Primitives 1336>
        }
        <Create animatedInstanceToWorld transform for instance 1336>
        std::shared_ptr<Primitive> prim(
            std::make_shared<TransformedPrimitive>(in[0],
                    animatedInstanceToWorld));
        renderOptions->primitives.push_back(prim);
    }
```

<*Create* `animatedInstanceToWorld` *transform for instance*> ≡ 1335

```
Transform *InstanceToWorld[2];
transformCache.Lookup(curTransform[0], &InstanceToWorld[0], nullptr);
transformCache.Lookup(curTransform[1], &InstanceToWorld[1], nullptr);
AnimatedTransform animatedInstanceToWorld(InstanceToWorld[0],
        renderOptions->transformStartTime,
        InstanceToWorld[1], renderOptions->transformEndTime);
```

인스턴스에 하나 이상의 기본체가 있으면 집합체가 생성돼야 한다. 이는 `TransformedPrimitive` 생성자 안이 아닌 반드시 여기서 처리돼야 하며, 그래야만 장면에서 인스턴스가 여러 번 사용될 때 결과 집합체가 재사용될 수 있다.

<*Create aggregate for instance* `Primitives`> ≡ 1335

```
std::shared_ptr<Primitive> accel(
    MakeAccelerator(renderOptions->AcceleratorName, in,
                    renderOptions->AcceleratorParams));
if (!accel) accel = std::make_shared<BVHAccel>(in);
in.erase(in.begin(), in.end());
in.push_back(accel);
```

B.3.7 월드 끝과 렌더링

`pbrtWorldEnd()`가 호출되면 장면은 완전히 설정돼 렌더링이 시작될 수 있다. 이 루틴은 과도한 그래픽 상태 구조체가 상태 스택으로 넣어지는 것을 방지하며(그럴 경우 경고 출력), `Scene`과 `Renderer` 객체를 생성하고 `Renderer::Render()` 메서드를 호출한다.

<*API Function Definitions*> +≡

```
void pbrtWorldEnd() {
    VERIFY_WORLD("WorldEnd");
    <Ensure there are no pushed graphics states 1336>
    <Create scene and render 1337>
    <Clean up after rendering 1338>
}
```

그래픽 상태와 변환(혹은 둘 중 하나)이 각각의 스택에 남아있으면 각각에 대해 경고가 출력된다.

<*Ensure there are no pushed graphics states*> ≡ 1336

```
while (pushedGraphicsStates.size()) {
    Warning("Missing end to pbrtAttributeBegin()");
```

```
        pushedGraphicsStates.pop_back();
        pushedTransforms.pop_back();
    }
    while (pushedTransforms.size()) {
        Warning("Missing end to pbrtTransformBegin()");
        pushedTransforms.pop_back();
    }
```

이제 RenderOptions::MakeRenderer()와 RenderOptions::MakeScene() 메서드는 사용자가 제공한 설정에 기반을 두고 대응하는 객체를 생성하고 렌더링을 할 수 있게 된다.

<*Create scene and render*> ≡ 1336

```
    std::unique_ptr<Integrator> integrator(renderOptions->MakeIntegrator());
    std::unique_ptr<Scene> scene(renderOptions->MakeScene());
    if (scene && integrator)
        integrator->Render(*scene);
    TerminateWorkerThreads();
```

Scene 객체의 생성은 대부분 모든 기본체의 Aggregate를 생성하고 Scene 생성자를 호출하는 것이다. MakeAccelerator() 함수는 여기에 수록하지 않는다. 이는 구조가 MakeShape()와 비슷하며, 넘겨진 문자열을 사용해서 어떤 가속기 생성 함수를 호출할지 결정한다.

<*API Function Definitions*> +≡

```
    Scene *RenderOptions::MakeScene() {
        std::shared_ptr<Primitive> accelerator =
                MakeAccelerator(AcceleratorName, primitives, AcceleratorParams);
        if (!accelerator)
            accelerator = std::make_shared<BVHAccel>(primitives);
        Scene *scene = new Scene(accelerator, lights);
        <Erase primitives and lights from RenderOptions 1337>
        return scene;
    }
```

장면이 생성된 이후 RenderOptions는 기본체, 빛, 입체 영역의 벡터를 정리한다. 이는 차후의 장면이 정의될 경우 이 프레임의 장면 설명이 부주의로 포함되지 않도록 보장한다.

<*Erase primitives and lights from* RenderOptions> ≡ 1337

```
    primitives.erase(primitives.begin(), primitives.end());
    lights.erase(lights.begin(), lights.end());
```

MakeIntegrator() 안의 Integrator 생성은 모양과 다른 명명된 객체가 생성되는 방식과 비슷하다. 문자열 이름이 물체 특화된 생성 함수를 호출하기 위해 사용된다.

<RenderOptions Public Methods> ≡ 1318

```
Integrator *MakeIntegrator() const;
```

렌더링이 한 번 종료되면 API 전이는 다시 '선택 사항 구획' 렌더링 상태로 돌아가며, 렌더링 동안에 수집된 어떤 통계든 출력하고, CTM과 명명된 좌표계를 지워 다음 프레임(존재할 경우)이 깨끗한 상태로 시작할 수 있게 한다.

<Clean up after rendering> ≡ 1336

```
currentApiState = APIState::OptionsBlock;
ReportThreadStats();
if (pbrtOptions.quiet == false) {
    PrintStats(stdout);
    ReportProfilerResults(stdout);
}
for (int i = 0; i < MaxTransforms; ++i)
    curTransform[i] = Transform();
activeTransformBits = AllTransformsBits;
namedCoordinateSystems.erase(namedCoordinateSystems.begin(),
        namedCoordinateSystems.end());
```

B.4 새로운 객체 구현의 추가

pbrt가 Shape, Camera, Integrator 등의 다양한 추상 인터페이스 클래스 구현의 인스턴스를 수행 시간에 생성하는 전체 과정을 간단히 살펴봤다. 다른 형태도 비슷하게 처리되므로 이 절에서는 Shape 클래스의 세부 사항에 집중하겠다.

API가 모양을 생성해야 할 때 모양의 문자열 이름과 입력 파일에 대응하는 정보를 표현하는 ParamSet을 받는다. 이는 명명된 모양의 특정 인스턴스를 생성하기 위해 함께 사용돼야 한다. MakeShape()는 일련의 if 테스트로 어떤 모양 생성 함수를 호출할지 결정한다. Sphere, CreateSphereShape()에 대한 코드는 다음과 같다.

<Sphere Method Definitions> +≡

```
std::shared_ptr<Shape> CreateSphereShape(const Transform *o2w,
        const Transform *w2o, bool reverseOrientation,
        const ParamSet &params) {
    Float radius = params.FindOneFloat("radius", 1.f);
```

```
    Float zmin = params.FindOneFloat("zmin", -radius);
    Float zmax = params.FindOneFloat("zmax", radius);
    Float phimax = params.FindOneFloat("phimax", 360.f);
    return std::make_shared<Sphere>(o2w, w2o, reverseOrientation, radius,
                                    zmin, zmax, phimax);
}
```

적절한 명명된 매개변수 값이 매개변수 목록에서 추출되면 존재하지 않는 것에는 합리적인 기본값이 사용되며, 적절한 값이 Sphere 생성자에 넘겨진다. 다른 대안으로 Sphere 생성자가 ParamSet만을 매개변수로 받고 거기서 매개변수를 추출하게 할 수 있다. 다른 사용에서 구를 생성할 때 완전한 ParamSet으로 매개변수를 명시하지 않고 생성하기 쉽게 하기 위해 이런 방식을 대신 사용했다.

그러므로 pbrt에 새로운 구현을 추가하면 새로운 소스 파일을 빌드 과정에 추가해 컴파일하고 실행 파일에 링크할 수 있어야 하며, core/api.cpp의 적절한 생성 함수(MakeShape(), MakeLight() 등)로 새로운 형의 이름을 찾고 생성 함수를 호출하도록 변경하며, 추가로 매개변수를 추출하고 객체의 생성자를 호출해 객체의 새로운 인스턴스를 반환하는 생성 함수(CreateSphereShape() 같은)를 구현해야 한다.

더 읽을거리

RenderMan® API는 여러 책(Upstill 1989; Apodaca와 Gritz 2000)과 인터넷에 가용한 세부 문서(Pixar Animation Studios 2000)에서 설명했다. 렌더링 API에 대한 다른 방식은 멘탈 레이 렌더링 시스템에서 채용됐으며, 이는 시스템의 구현에 관한 훨씬 더 많은 내부 정보를 사용자에게 제공해서 다른 시스템보다 더 많은 방향에서 확장 가능하게 했다. Driemeyer와 Herken(2002)에서 더 많은 정보를 확인하자.

연습문제

❸ B.1 렌더러의 시작 시간을 줄이는 방식 하나는 내부 자료 구조의 이진 표현을 지원해서 디스크에 쓸 수 있게 하는 것이다. 예를 들어 복잡한 장면에 대해 광선 가속 집합체를 생성하는 것은 장면 파일의 초기 파싱보다 더 많은 시간이 들 수 있다. 대안은 시스템을 변경해 초기에 생성된 후에 가속 구조와 내부의 모든

기본체의 표현을 바로 쓸 수 있게 하는 것이다. 결과 파일은 추후에 메모리에 읽어 자료 구조를 처음부터 생성하는 것보다 훨씬 빠르게 할 수 있다. 하지만 C++가 임의의 객체를 디스크에 저장해 추후 프로그램의 수행 시 이를 읽는 지원을 갖지 않으므로(다른 언어에서 직렬화나 피클링pickling이라고 알려진 기능), 이 기능을 추가하는 것은 pbrt의 많은 객체가 자체로 이 기능을 지원하기 위해 확장돼야 하는 것이다.

이런 방식의 추가 장점 하나는 계산의 상당한 양이 고품질 가속 구조를 생성하는 데 투자될 수 있으며, 이 비용이 장면이 메모리에 로드될 때마다 일어나는 비용이 아니라는 것을 알기 때문이다. 장면 표현을 직렬화하고 이를 장면의 다중 렌더링에 대해 재사용하는 지원을 구현하라. pbrt의 시작 시간(렌더링이 시작되기 이전까지)이 어떻게 영향 받는가? 전체 렌더링 시간은 어떤가?

❷ B.2 객체 인스턴스에 할당된 재질은 `pbrtObjectBegin()`/`pbrtObjectEnd()` 블록 안에서 인스턴스가 정의될 때의 현재 재질이다. 이는 사용자가 장면에서 같은 기하 구조를 여러 번 사용하면서 다른 재질을 사용하고 싶을 때 불편하다. `TransformedPrimitive` 클래스의 API와 구현을 수정해 재질이 인스턴스화될 때 현재 재질로 할당되도록 하거나, 사용자가 재질을 설정하지 않을 경우 현재 재질이 인스턴스가 생성될 때로 하라.

❸ B.3 애니메이션을 설정할 수 있도록 pbrt의 API를 일반화하라. 현재 구현은 사용자가 두 변환 행렬을 제공하게 하며, 정해진 시간 범위의 시작과 끝에서 뿐이다. 더 복잡한 움직임을 설정하기 위해 더 유연한 방식이 유용하다. 한 가지 개선은 사용자가 임의의 시각과 연결되는 임의의 수의 키프레임 변환을 명시할 수 있게 하는 것이다.

더 일반적으로 시스템은 시간의 명시적인 함수인 변환을 지원하도록 확장될 수 있다. 예를 들어 회전은 `Rotate (time * 2 + 1) 0 0 1` 형태로 표현돼 z축에 대해 시간에 따라 변화하는 회전을 묘사할 수 있다. pbrt를 더 일반적인 행렬 애니메이션 설계를 지원하도록 확장하고 현재 구현에서 불가능한 결과를 보이는 이미지를 렌더링하라. 구현의 일반화가 필요 없는 애니메이션 물체를 가진 장면에 대한 변경의 성능 영향은 어떤가?

❸ B.4 pbrt의 API를 확장해 일부 유지 모드 문맥을 갖게 해서 이미지의 애니메이션 시퀀서가 매 프레임당 전체 장면을 재설정할 필요 없게 렌더링될 수 있게 하라. 장면에서 일부 물체를 제거하고, 다른 것을 추가하고, 물체의 재질과 변환을 프레임별로 변경할 수 있는 것을 가능하게 하라.

❷ B.5 현재 구현에서 고유한 TransformedPrimitive가 각 Shape에서 애니메이션 변환으로 생성된다. 많은 모양이 완전히 같은 애니메이션 변환을 가지면 이는 좋지 않은 선택이 된다. 애니메이션 변환을 가진 수백만 삼각형 메시와 수백만의 독립된 삼각형이 전체적으로 같은 애니메이션 변환을 갖는 경우의 차이를 고려하자.

첫 번째의 경우 메시의 모든 삼각형은 하나의 TransformedPrimitive에서 애니메이션되는 변환을 가진다. 광선이 프레임 시간 동안 모든 물체의 움직임을 감싸는 보수적인 경계 상자와 교차할 경우 이는 메시의 물체 공간으로 광선의 시각에 보간된 변환에 따라 변환된다. 이 지점에서 교차 계산은 정적 기본체와의 교차 테스트와 다르지 않다. 애니메이션으로 인한 유일한 부하는 더 큰 경계 상자로 인해 광선이 경계 상자와 충돌하지만 움직이는 기본체와 충돌하지 않아 추가적인 행렬 보간과 변환이 시각에 따라 각 광선마다 한 번 더 일어나는 것이다.

두 번째의 경우 각 삼각형은 자신의 TransformedPrimitive에 저장되며, 모두가 같은 AnimatedTransform을 갖게 된다. 각 TransformedPrimitive의 인스턴스는 각 삼각형의 움직임을 감싸는 큰 경계 상자를 가지며, 다루기 힘든 입력의 집합을 처리하는 가속 구조를 제공한다. 많은 기본체가 엄청나게 중복되는 경계 상자를 갖기 때문이다. 광선-기본체 교차의 효율성 영향은 매우 크다. 광선은 같은 재계산된 보간 변환을 가져 많은 수의 중복된 변환을 하게 되며, 많은 교차 테스트가 큰 경계 상자로 인해 일어난다. 전체 성능은 첫 경우보다 훨씬 좋지 않을 것이다.

이 경우를 처리하기 위해 pbrt의 API 호출을 구현하는 코드를 수정해 많은 독립된 모양이 같은 애니메이션된 변환을 제공하면 단일 애니메이션 변환으로 하나의 가속 구조로 모두 모으게 한다. 위에서 설정한 최악의 경우에 대해 성능 향상은 어떤가? 좀 더 전형적인 애니메이션되는 기본체에 대한 영향은 있는가?

C 코드 조각 찾아보기

굵은 숫자는 코드 조각 정의의 첫 페이지를 가리키고, ***굵은 기울임체*** 숫자는 정의의 확장을 가리킨다. 로만 숫자는 코드 조각의 사용을 가리킨다.

D 클래스, 메서드 및 다양한 식별자 찾아보기

이 시스템에서 사용되는 클래스, 메서드, 함수, 모듈 지역 변수, 전처리기 정의 등 기타 다양한 식별자의 찾아보기다.

참고 문헌

Acton, M. 2014. Data-oriented design and C++. http://www.slideshare.net/cellperformance/data-oriented-design-and-c.

Adams, A., and M. Levoy. 2007. General linear cameras with finite aperture. In Proceedings of the 2007 Eurographics Symposium on Rendering, 121-6.

Áfra, A. 2012. Incoherent ray tracing without acceleration structures. Eurographics 2012 Short Paper.

Akalin, F. 2015. A better way to sample a sphere (w.r.t. solid angle). https://www.akalin.com/sampling-isible-phere.

Aila, T., and T. Karras. 2010. Architecture considerations for tracing incoherent rays. In Proceedings of High Performance Graphics 2010, 113-22.

Aila, T., T. Karras, and S. Laine. 2013. On quality metrics of bounding volume hierarchies. In Proceedings of High Performance Graphics 2013, 101-07.

Aila, T., and S. Laine. 2009. Understanding the efficiency of ray traversal on GPUs. In Proceedings of High Performance Graphics 2009, 145-50.

Akenine-Möller, T. 2001. Fast 3D triangle-box overlap testing. Journal of Graphics Tools 6(1), 29-33.

Akenine-Möller, T., E. Haines, and N. Hoffman. 2008. Real-Time Rendering. Natick, MA: A. K. Peters.

Akenine-Möller, T., and J. Hughes. 1999. Efficiently building a matrix to rotate one vector to another. Journal of Graphics Tools 4(4), 1-4.

Alim, U. R. 2013. Rendering in shift-invariant spaces. In Proceedings of Graphics Interface 2013, 189-96.

Amanatides, J. 1984. Ray tracing with cones. Computer Graphics (SIGGRAPH '84 Proceedings), 18, 129-35.

Amanatides, J. 1992. Algorithms for the detection and elimination of specular aliasing. In Proceedings of Graphics Interface 1992, 86-93.

Amanatides, J., and D. P. Mitchell. 1990. Some regularization problems in ray tracing. In Proceedings of Graphics Interface 1990, 221-28.

Amanatides, J., and A. Woo. 1987. A fast voxel traversal algorithm for ray tracing. In Proceedings of Eurographics '87, 3-10.

Ament, M., C. Bergmann, and D.Weiskopf. 2014. Refractive radiative transfer equation. ACM Transactions on Graphics (Proceedings of SIGGRAPH 2014) 33(2), 17:1-17:22.

Anderson, S. 2004. graphics.stanford.edu/~seander/bithacks.html.

Anton, H. A., I. Bivens, and S. Davis. 2001. Calculus (7th ed.). New York: JohnWiley & Sons.

Apodaca, A. A., and L. Gritz. 2000. Advanced RenderMan: Creating CGI for Motion Pictures. San Francisco: Morgan Kaufmann.

Appel, A. 1968. Some techniques for shading machine renderings of solids. In AFIPS 1968 Spring Joint Computer Conference, 32, 37-45.

Arbree, A., B. Walter, and K. Bala. 2011. Heterogeneous subsurface scattering using the finite element method. IEEE Transactions on Visualization and Computer Graphics 17(7), 956–69.

Arnaldi, B., T. Priol, and K. Bouatouch. 1987. A new space subdivision method for ray tracing CSG modeled scenes. The Visual Computer 3(2), 98–108.

Arvo, J. 1986. Backward ray tracing. Developments in Ray Tracing, SIGGRAPH '86 Course Notes.

Arvo, J. 1988. Linear-time voxel walking for octrees. Ray Tracing News 12(1).

Arvo, J. 1990. Transforming axis-aligned bounding boxes. In A. S. Glassner (Ed.), Graphics Gems I, 548–50. San Diego: Academic Press.

Arvo, J. 1993. Transfer equations in global illumination. In Global Illumination, SIGGRAPH '93 Course Notes, Volume 42.

Arvo, J. 1995a. Analytic methods for simulated light transport. Ph.D. thesis, Yale University.

Arvo, J. 1995b. Stratified sampling of spherical triangles. In Proceedings of SIGGRAPH 1995, 437–38.

Arvo, J., and D. Kirk. 1987. Fast ray tracing by ray classification. Computer Graphics (SIGGRAPH '87 Proceedings) 21(4), 55–64.

Arvo, J., and D. Kirk. 1990. Particle transport and image synthesis. Computer Graphics (SIGGRAPH '90 Proceedings) 24(4), 63–66.

Ashdown, I. 1993. Near-field photometry: a new approach. Journal of the Illuminating Engineering Society 22(1), 163–80.

Ashdown, I. 1994. Radiosity: A Programmer's Perspective. New York: JohnWiley & Sons.

Ashikhmin, M., and P. Shirley 2000. An anisotropic Phong light reflection model. Technical Report UUCS-00-014. University of Utah.

Ashikhmin, M., and P. Shirley 2002. An anisotropic Phong BRDF model. Journal of Graphics Tools 5(2), 25–32.

Ashikhmin, M., S. Premoze, and P. S. Shirley. 2000. A microfacet-based BRDF generator. In Proceedings of ACM SIGGRAPH 2000, 65–74.

Atcheson, B., I. Ihrke, W. Heidrich, A. Tevs, D. Bradley, M. Magnor, and H.-P. Seidel. 2008. Time-resolved 3d capture of non-stationary gas flows. ACM Transactions on Graphics (Proceedings of SIGGRAPH Asia) 27(5), 132:1–132:9.

Atkinson, K. 1993. Elementary Numerical Analysis.New York: JohnWiley & Sons.

Badouel, D., and T. Priol. 1989. An efficient parallel ray tracing scheme for highly parallel architectures. In Fifth Eurographics Workshop on Graphics Hardware.

Bagher, M., C. Soler, N. Holzschuch. 2012. Accurate fitting of measured reflectances using a shifted gamma micro-facet distribution. Computer Graphics Forum 31(4), 1509–18.

Bahar, E., and S. Chakrabarti. 1987. Full-wave theory applied to computer-aided graphics for 3D objects. IEEE Computer Graphics and Applications 7(7), 46–60.

Banks, D. C. 1994. Illumination in diverse codimensions. In Proceedings of SIGGRAPH '94, Computer Graphics Proceedings, Annual Conference Series, 327–34.

Barkans, A. C. 1997. High-quality rendering using the Talisman architecture. In 1997 SIGGRAPH/ Eurographics Workshop on Graphics Hardware, 79–88.

Barringer, R., and T. Akenine-Möller. 2014. Dynamic ray stream traversal. ACM Transactions on Graphics (Proceedings of SIGGRAPH 2014) 33(4), 151:1–151:9.

Barzel, R. 1997. Lighting controls for computer cinematography. Journal of Graphics Tools 2(1), 1-20.

Bashford-Rogers, T., K. Debattista, and A. Chalmers. 2013. Importance driven environment map sampling. IEEE Transactions on Visualization and Computer Graphics 20(6), 907-18.

Bauszat, P., M. Eisemann, E. Eisemann, and M. Magnor. 2015. General and robust error estimation and reconstruction for Monte Carlo rendering. Computer Graphics Forum (Procedings of Eurographics 2015) 34(2), 597-608.

Bauszat, P., M. Eisemann, and M. Magnor. 2010. The minimal bounding volume hierarchy. Vision, Modeling, and Visualization (2010).

Becker, B. G., and N. L. Max. 1993. Smooth transitions between bump rendering algorithms. In Proceedings of SIGGRAPH '93,Computer Graphics Proceedings, Annual Conference Series, 183-90.

Beckmann, P., and A. Spizzichino. 1963. The Scattering of Electromagnetic Waves from Rough Surfaces. New York: Pergamon.

Belcour, L., C. Soler, K. Subr, N. Holzschuch, and F. Durand. 2013. 5D covariance tracing for efficient defocus and motion blur. ACM Transactions on Graphics 32(3), 31:1-31:18.

Benthin, C. 2006. Realtime ray tracing on current CPU architectures. Ph.D. thesis, Saarland University.

Benthin, C., and I.Wald. 2009. Efficient ray traced soft shadows using multi-frusta tracing. In Proceedings of High Performance Graphics 2009, 135-44.

Benthin, C., S. Boulos, D. Lacewell, and I. Wald. 2007. Packet-based ray tracing of Catmull-Clark subdivision surfaces. SCI Institute Technical Report, No. UUSCI-2007-011. University of Utah.

Benthin, C., I. Wald, and P. Slusallek. 2003. A scalable approach to interactive global illumination. In Computer Graphics Forum 22(3), 621-30.

Benthin, C., I. Wald, and P. Slusallek. 2004. Techniques for interactive ray tracing of Bézier surfaces. Journal of Graphics, GPU, and Game Tools 11(2), 1-16.

Benthin, C., I.Wald, S.Woop, M. Ernst, andW. R. Mark. 2011. Combining single and packet ray tracing for arbitrary ray distributions on the Intel(r) MIC architecture. IEEE Transactions on Visualization and Computer Graphics 18(9), 1438-48.

Berger, E. D., B. G. Zorn, and K. S. McKinley. 2001. Composing high-performance memory allocators. In SIGPLAN Conference on Programming Language Design and Implementation, 114-24.

Berger, E. D., B. G. Zorn, and K. S.McKinley. 2002. Reconsidering custom memory allocation. In Proceedings of ACM OOPSLA 2002.

Betrisey, C., J. F. Blinn, B. Dresevic, B. Hill, G. Hitchcock, B. Keely, D. P. Mitchell, J. C. Platt, and T. Whitted. 2000. Displaced filtering for patterned displays. Society for Information Display International Symposium. Digest of Technical Papers 31, 296-99.

Bhate, N., and A. Tokuta. 1992. Photorealistic volume rendering of media with directional scattering. In Proceedings of the Third Eurographics Rendering Workshop, 227-45.

Bigler, J., A. Stephens, and S. Parker. 2006. Design for parallel interactive ray tracing systems. IEEE Symposium on Interactive Ray Tracing, 187-95.

Billen, N., B. Engelen, A. Lagae, and P. Dutré. 2013. Probabilistic visibility evaluation for direct illumination. Computer Graphics Forum (Proceedings of the 2013 Eurographics Symposium on Rendering) 32(4), 39-47.

Billen, N., A. Lagae, and P. Dutré. 2014. Probabilistic visibility evaluation using geometry proxies. Computer Graphics Forum (Proceedings of the 2014 Eurographics Symposium on Rendering) 33(4), 143-52.

Bitterli, B., J. Novák, and W. Jarosz. 2015. Portal-masked environment map sampling. Computer Graphics Forum (Proceedings of the 2015 Eurographics Symposium on Rendering) 34(4).

Bittner, J., M. Hapala, and V. Havran. 2013. Fast insertion-based optimization of bounding volume hierarchies. Computer Graphics Forum 32(1), 85-100.

Bittner, J., M. Hapala, and V. Havran. 2014. Incremental BVH construction for ray tracing. Computers & Graphics 47, 135-44.

Bjorke, K. 2001. Using Maya with RenderMan on Final Fantasy: The Spirits Within. SIGGRAPH 2001 RenderMan Course Notes.

Blasi, P., B. L. Sa¨ec, and C. Schlick. 1993. A rendering algorithm for discrete volume density objects. Computer Graphics Forum (Proceedings of Eurographics '93) 12(3), 201-10.

Blinn, J. F. 1977. Models of light reflection for computer synthesized pictures. Computer Graphics (SIGGRAPH '77 Proceedings), 11, 192-98.

Blinn, J. F. 1978. Simulation of wrinkled surfaces. In Computer Graphics (SIGGRAPH '78 Proceedings), 12, 286-92.

Blinn, J. F. 1982a. A generalization of algebraic surface drawing. ACM Transactions on Graphics 1(3), 235-56.

Blinn, J. F. 1982b. Light reflection functions for simulation of clouds and dusty surfaces. Computer Graphics 16(3), 21-29.

Blinn, J. F., and M. E. Newell. 1976. Texture and reflection in computer generated images. Communications of the ACM 19, 542-46.

Bloom, C., J. Blow, and C. Muratori. 2004. Errors and omissions in Marc Alexa's "Linear combination of transformations." www.cbloom.com/3d/techdocs/lcot_errors.pdf

Blow, J. 2004. Understandling slerp, then not using it. Game Developer Magazine. Also available from number-none.com/product/Understanding Slerp, Then Not Using It

Blumofe, R., and C. Leiserson. 1999. Scheduling multithreaded computations by work stealing. Journal of the ACM 46(5), 720-48.

Blumofe, R., C. Joerg, B. Kuszmaul, C. Leiserson, K. Randall, and Y. Zhou. 1996. Cilk: an efficient multithreaded runtime system. Journal of Parallel and Distributed Compututing 37(1), 55-69.

Boehm, H.-J. 2005. Threads cannot be implemented as a library. ACM SIGPLAN Notices 40(6), 261-68.

Bolz, J., and P. Schröder. 2002. Rapid evaluation of Catmull-Clark subdivision surfaces. In Web3D 2002 Symposium.

Booth, T. E. 1986. A Monte Carlo learning/biasing experiment with intelligent random numbers. Nuclear Science and Engineering 92, 465-81.

Borges, C. 1991. Trichromatic approximation for computer graphics illumination models. In Computer Graphics (Proceedings of SIGGRAPH '91), 25, 101-04.

Boulos, S., and E. Haines. 2006. Ray-box sorting. Ray Tracing News 19(1), tog.acm.org/resources/RTNews/html/rtnv19n1.html.

Boulos, S., I. Wald, and C. Benthin. 2008. Adaptive ray packet reordering. In Proceedings of IEEE Symposium on Interactive Ray Tracing, 131-38.

Bracewell, R. N. 2000. The Fourier Transform and Its Applications. New York: McGraw-Hill.

Brady, A., J. Lawrence, P. Peers, and W. Weimer. 2014. genBRDF: discovering new analytic BRDFs with genetic programming. ACM Transactions on Graphics (Proceedings of SIGGRAPH 2014) 33(4), 114:1-114:11.

Bronsvoort, W. F., and F. Klok. 1985. Ray tracing generalized cylinders. ACM Transactions on Graphics 4(4), 291-303.

Bruneton, E., and F. Neyret. 2012. A survey of nonlinear prefiltering methods for efficient and accurate surface shading. IEEE Transactions on Visualization and Computer Graphics 18(2), 242-60.

Buck, R. C. 1978. Advanced Calculus. New York: McGraw-Hill.

Budge, B., D. Coming, D. Norpchen, and K. Joy. 2008. Accelerated building and ray tracing of restricted BSP trees. In IEEE Symposium on Interactive Ray Tracing, 167-74.

Budge, B., T. Bernardin, J. Stuart, S. Sengupta, K. Joy, and J. D. Owens. 2009. Out-of-core data management for path tracing on hybrid resources. Computer Graphics Forum (Proceedings of Eurographics 2009) 28(2), 385-96.

Buhler, J., and D.Wexler. 2002. A phenomenological model for Bokeh rendering. SIGGRAPH 2002 Sketch.

Burke, D., A. Ghosh, and W. Heidrich. 2005. Bidirectional importance sampling for direct illumination. In Rendering Techniques 2005: 16th Eurographics Workshop on Rendering, 147-56.

Burley, B. 2012. Physically-based shading at Disney. Physically Based Shading in Film and Game Production, SIGGRAPH 2012 Course Notes.

Buss, S., and J. Fillmore. 2001. Spherical averages and applications to spherical splines and interpolation. ACM Transactions on Graphics 20(2), 95-126.

Cabral, B., N.Max, and R. Springmeyer. 1987. Bidirectional reflection functions from surface bump maps. Computer Graphics (SIGGRAPH '87 Proceedings), 21, 273-81.

Calder, B., K. Chandra, S. John, and T. Austin. 1998. Cache-conscious data placement. In Proceedings of the Eighth International Conference on Architectural Support for Programming Languages and Operating Systems (ASPLOS-VIII), San Jose.

Cant, R. J., and P. A. Shrubsole 2000. Texture potential MIP mapping, a new high-quality texture antialiasing algorithm. ACM Transactions on Graphics 19(3), 164-84.

Carr, N., J. D. Hall, and J. Hart. 2002. The ray engine. In Proceedings of Graphics Hardware 2002.

Catmull, E., and J. Clark. 1978. Recursively generated B-spline surfaces on arbitrary topological meshes. Computer-Aided Design 10, 350-55.

Cazals, F., G. Drettakis, and C. Puech. 1995. Filtering, clustering and hierarchy construction: a new solution for ray-tracing complex scenes. Computer Graphics Forum 14(3), 371-82.

Cerezo, E., F. Perez-Cazorla, X. Pueyo, F. Seron, and F. Sillion. 2005. A survey on participating media rendering techniques. The Visual Computer 21(5), 303-28.

Chandrasekhar, S. 1960. Radiative Transfer. New York: Dover Publications. Originally published by Oxford University Press, 1950.

Chen, J., K. Venkataraman, D. Bakin, B. Rodricks, R. Gravelle, P. Rao, and Y. Ni. 2009. Digital camera imaging system simulation. IEEE Transactions on Electron Devices 56(11), 2496-05.

Chen, J., B. Wang, and J.-H. Yong. 2011. Improved stochastic progressive photon mapping with Metropolis sampling. Computer Graphics Forum (Proceedings of the 2011 Eurographics Symposium on Rendering 30(4), 1205-13.

Chib, S., and E. Greenberg. 1995. Understanding the Metropolis-Hastings algorithm. The American Statistician 49(4), 327-35.

Chilimbi, T. M., B. Davidson, and J. R. Larus. 1999a. Cache-conscious structure definition. In SIGPLAN Conference on Programming Language Design and Implementation, 13-24.

Chilimbi, T. M., M. D. Hill, and J. R. Larus. 1999b. Cache-conscious structure layout. In SIGPLAN Conference on Programming Language Design and Implementation, 1-12.

Chiu, K., P. Shirley, and C.Wang. 1994.Multi-jittered sampling. In P.Heckbert (Ed.), Graphics Gems IV, 370-74. San Diego: Academic Press.

Choi, B., R. Komuravelli, V. Lu, H. Sung, R. L. Bocchino, S. V. Adve, and J. C. Hart. 2010. Parallel SAH k-D tree construction. In Proceedings of High Performance Graphics 2010, 77-86.

Choi, B., B. Chang, and I. Ihm. 2013. Improving memory space efficiency of kd-tree for real-time ray tracing. Computer Graphics Forum 32(7), 335-44.

Christensen, P. H. 2003. Adjoints and importance in rendering: an overview. IEEE Transactions on Visualization and Computer Graphics 9(3), 329-40.

Christensen, P. 2015. The path-tracing revolution in the movie industry. SIGGRAPH 2015 Course.

Christensen, P. H., and B. Burley. 2015. Approximate reflectance profiles for efficient subsurface scattering. Pixar Technical Memo 15-04.

Christensen, P. H., D. M. Laur, J. Fong, W. L. Wooten, and D. Batali. 2003. Ray differentials and multiresolution geometry caching for distribution ray tracing in complex scenes. In Computer Graphics Forum (Eurographics 2003 Conference Proceedings 22(3), 543-52.

Chvolson, O. D. 1890. Grundzüge einer matematischen Theorie der inneren Diffusion des Lichtes. Izv. Peterburg. Academii Nauk 33, 221-65.

CIE Technical Report. 2004. Colorimetry. Publication 15:2004 (3rd ed.), CIE Central Bureau, Vienna.

Clarberg, P., and T. Akenine-Möller. 2008a. Practical product importance sampling for direct illumination. Computer Graphics Forum (Proceedings of Eurographics 2008) 27(2), 681-90.

Clarberg, P., and T. Akenine-Möller. 2008b. Exploiting visibility correlation in direct illumination. Computer Graphics Forum (Proceedings of the 2008 Eurographics Symposium on Rendering) 27(4), 1125-36.

Clarberg, P., W. Jarosz, T. Akenine-Möller, and H. W. Jensen. 2005. Wavelet importance sampling: efficiently evaluating products of complex functions. ACMTransactions on Graphics (Proceedings of SIGGRAPH 2005) 24(3), 1166-75.

Clark, J. H. 1976. Hierarchical geometric models for visible surface algorithms. Communications of the ACM 19(10), 547-54.

Cleary, J. G., and G. Wyvill. 1988. Analysis of an algorithm for fast ray tracing using uniform space subdivision. The Visual Computer 4(2), 65-83.

Cleary, J. G., B. M. Wyvill, R. Vatti, and G. M. Birtwistle. 1983. Design and analysis of a parallel ray tracing computer. In Proceedings of Graphics Interface 1983, 33-38.

Cline, D., D. Adams, and P. Egbert. 2008. Table-driven adaptive importance sampling. Computer Graphics Forum (Proceedings of the 2008 Eurographics Symposium on Rendering) 27(4), 1115-23.

Cline, D., J. Talbot, and P. Egbert. 2005. Energy redistribution path tracing. ACM Transactions on Graphics (Proceedings of SIGGRAPH 2005) 24(3), 1186-95.

Cline, D., P. Egbert, J. Talbot, and D. Cardon. 2006. Two stage importance sampling for direct lighting.

Rendering Techniques 2006: 17th Eurographics Workshop on Rendering, 103-14.

Cline, D., A. Razdan, and P. Wonka. 2009. A comparison of tabular PDF inversion methods. Computer Graphics Forum 28(1), 154-60.

Cohen, J., A. Varshney, D. Manocha, G. Turk, H. Weber, P. Agarwal, F. P. Brooks Jr., and W. Wright. 1996. Simplification envelopes. In Proceedings of SIGGRAPH '96, Computer Graphics Proceedings, Annual Conference Series, 119-28.

Cohen, M., and D. P. Greenberg. 1985. The hemi-cube: a radiosity solution for complex environments. SIGGRAPH Computer Graphics 19(3), 31-40.

Cohen, M., and J.Wallace. 1993. Radiosity and Realistic Image Synthesis. San Diego: Academic Press Professional.

Collins, S. 1994. Adaptive splatting for specular to diffuse light transport. In Fifth Eurographics Workshop on Rendering, Darmstadt, Germany, 119-35.

Contini, D., F. Martelli, and G. Zaccanti. 1997. Photon migration through a turbid slab described by a model based on diffusion approximation. I. Theory. Applied Optics 36(19), 4587-4599.

Cook, R. L. 1984. Shade trees. Computer Graphics (SIGGRAPH '84 Proceedings), 18, 223-31.

Cook, R. L. 1986. Stochastic sampling in computer graphics. ACM Transactions on Graphics 5(1), 51-72.

Cook, R., and T. DeRose. 2005. Wavelet noise. ACM Transactions on Graphics (Proceedings of SIGGRAPH 2005) 24(3), 803-11.

Cook, R. L., and K. E. Torrance. 1981. A reflectance model for computer graphics. Computer Graphics (SIGGRAPH '81 Proceedings), 15, 307-16.

Cook, R. L., and K. E. Torrance. 1982. A reflectance model for computer graphics. ACM Transactions on Graphics 1(1), 7-24.

Cook, R. L., T. Porter, and L. Carpenter. 1984. Distributed ray tracing. Computer Graphics (SIGGRAPH '84 Proceedings), 18, 137-45.

Cook, R. L., L. Carpenter, and E. Catmull. 1987. The Reyes image rendering architecture. Computer Graphics (Proceedings of SIGGRAPH '87), 95-102.

Crow, F. C. 1977. The aliasing problem in computer-generated shaded images. Communications of the ACM 20(11), 799-805.

Crow, F. C. 1984. Summed-area tables for texture mapping. Computer Graphics (Proceedings of SIGGRAPH '84), 18, 207-12.

Cuypers, T., T. Haber, P. Bekaert, S. B. Oh, and R. Raskar. 2012. Reflectance model for diffraction. ACM Transactions on Graphics 31(5), 122:1-122:11.

Dachsbacher, C., J. Křivánek, M. Hašan, A Arbree, B. Walter, and J. Novák. 2014. Scalable realistic rendering with many-light methods. Computer Graphics Forum 33(1), 88-104.

Dammertz, H., and J. Hanika. 2009. Plane sampling for light paths from the environment map. journal of graphics, gpu, and game tools 14(2), 25-31.

Dammertz, H., J. Hanika, and A. Keller. 2008. Shallow bounding volume hierarchies for fast SIMD ray tracing of incoherent rays. Computer Graphics Forum 27(4), 1225-33.

Dammertz, H., and A. Keller. 2006. Improving ray tracing precision by object space intersection computation. IEEE Symposium on Interactive Ray Tracing, 25-31.

Dammertz, H., and A. Keller. 2008a. The edge volume heuristic-robust triangle subdivision for improved

BVH performance, In IEEE Symposium on Interactive Ray Tracing, 155-58.

Dammertz, S., and A. Keller. 2008b. Image synthesis by rank-1 lattices. Monte Carlo and Quasi-Monte Carlo Methods 2006, 217-36.

Dana, K. J., B. van Ginneken, S. K. Nayar, and J. J. Koenderink. 1999. Reflectance and texture of real-world surfaces. ACM Transactions on Graphics 18(1), 1-34.

Danskin, J., and P. Hanrahan. 1992. Fast algorithms for volume ray tracing. In 1992Workshop on Volume Visualization, 91-98.

Daumas, M., and G. Melquiond. 2010. Certification of bounds on expressions involving rounded operators. ACM Transactions on Mathematical Software 37(1), 2:1-2:20.

Davidovič, T., J. Křivánek, M. Hašan, and P. Slusallek. 2014. Progressive light transport simulation on the GPU: survey and improvements. ACM Transactions on Graphics 33(3), 29:1-29:19.

de Goes, F., K. Breeden, V. Ostromoukhov, and M. Desbrun. 2012. Blue noise through optimal transport. ACM Transactions on Graphics (Proceedings of SIGGRAPH Asia) 31(6), 171:1-171:11.

de Voogt, E., A. van der Helm, andW. F. Bronsvoort. 2000. Ray tracing deformed generalized cylinders. The Visual Computer 16(3-4), 197-207.

Debevec, P. 1998. Rendering synthetic objects into real scenes: bridging traditional and imagebased graphics with global illumination and high dynamic range photography. In Proceedings of SIGGRAPH '98, 189-98.

Deering, M. F. 1995. Geometry compression. In Proceedings of SIGGRAPH '95, Computer Graphics Proceedings, Annual Conference Series, 13-20.

d'Eon, E., G. Francois., M. Hill, J. Letteri, and J.-M. Aubry. 2011. An energy-conserving hair reflectance model. Computer Graphics Forum 30(4), 1181-87.

d'Eon, E., and G. Irving. 2011. A quantized-diffusion model for rendering translucent materials. ACM Transactions on Graphics (Proceedings of SIGGRAPH 2011) 28(3), 56:1-56:14.

d'Eon, E., D. Luebke, and E. Enderton. 2007. Efficient rendering of human skin. In Rendering Techniques 2007: 18th Eurographics Workshop on Rendering, 147-58.

d'Eon, E., S. Marschner, and J. Hanika. 2013. Importance sampling for physically-based hair fiber models. In SIGGRAPH Asia 2013 Technical Briefs, 25:1-25:4.

Delbracio, M., P. Musé, A. Buades, J. Chauvier, N. Phelps, and J.-M. Morel. 2014. Boosting Monte Carlo rendering by ray histogram fusion. ACM Transactions on Graphics 33(1), 8:1-8:15.

DeRose, T. D. 1989. A Coordinate-Free Approach to Geometric Programming. Math for SIGGRAPH, SIGGRAPH Course Notes #23. Also available as Technical Report No. 89-09-16, Department of Computer Science and Engineering, University ofWashington, Seattle.

Deussen, O., P. M. Hanrahan, B. Lintermann, R. Mech, M. Pharr, and P. Prusinkiewicz. 1998. Realistic modeling and rendering of plant ecosystems. In Proceedings of SIGGRAPH '98, Computer Graphics Proceedings, Annual Conference Series, 275-86.

Devlin, K., A. Chalmers, A. Wilkie, and W. Purgathofer. 2002. Tone reproduction and physically based spectral rendering. In D. Fellner and R. Scopignio (Eds.), Proceedings of Eurographics 2002, 101-23. The Eurographics Association.

Dick, J., and F. Pillichshammer. 2010. Digital Nets and Sequences: Discrepancy Theory and Quasi-Monte Carlo Integration. Cambridge: Cambridge University Press.

Dippé, M. A. Z., and E. H. Wold. 1985. Antialiasing through stochastic sampling. Computer Graphics (SIGGRAPH '85 Proceedings), 19, 69-78.

Dobkin, D. P., and D. P.Mitchell. 1993. Random-edge discrepancy of supersampling patterns. In Proceedings of Graphics Interface 1993, Toronto, Ontario, 62-69. Canadian Information Processing Society.

Dobkin, D. P., D. Eppstein, and D. P. Mitchell. 1996. Computing the discrepancy with applications to supersampling patterns. ACM Transactions on Graphics 15(4), 354-76.

Donikian, M., B. Walter, K. Bala, S. Fernandez, and D. P. Greenberg. 2006. Accurate direct illumination using iterative adaptive sampling. IEEE Transactions on Visualization and Computer Graphics 12(3), 353-64.

Donnelly, W. 2005. Per-pixel displacement mapping with distance functions. In M. Pharr (Ed.), GPU Gems 2. Reading, Massachusetts: Addison-Wesley.

Donner, C. 2006. Towards realistic image synthesis of scattering materials. Ph.D. thesis, University of California, San Diego.

Donner, C., and H. W. Jensen. 2005. Light diffusion in multi-layered translucent materials. ACM Transactions on Graphics (Proceedings of SIGGRAPH 2005) 24(3), 1032-39.

Donner, C., and H. W. Jensen. 2006. A spectral BSSRDF for shading human skin. Rendering Techniques 2006: 17th Eurographics Workshop on Rendering, 409-17.

Donner, C., T. Weyrich, E. d'Eon, R. Ramamoorthi, and S. Rusinkiewicz. 2008. A layered, heterogeneous reflectance model for acquiring and rendering human skin. ACM Transactions on Graphics (Proceedings of ACM SIGGRAPH Asia 2008) 27(5), 140:1-140:12.

Donner, C., J. Lawrence, R. Ramamoorthi, T. Hachisuka, H. W. Jensen, and S. Nayar. 2009. An empirical BSSRDF model. ACM Transactions on Graphics (Proceedings of SIGGRAPH 2009) 28(3), 30:1-30:10.

Doo, D., and M. Sabin. 1978. Behaviour of recursive division surfaces near extraordinary points. Computer-Aided Design 10, 356-60.

Dorsey, J. O., F. X. Sillion, and D. P. Greenberg. 1991. Design and simulation of opera lighting and projection effects. In Computer Graphics (Proceedings of SIGGRAPH '91), 25, 41-50.

Dorsey, J., and P. Hanrahan. 1996.Modeling and rendering of metallic patinas. In Proceedings of SIGGRAPH '96, 387-96.

Dorsey, J., H. K. Pedersen, and P. M. Hanrahan. 1996. Flow and changes in appearance. In Proceedings of SIGGRAPH '96, Computer Graphics Proceedings, Annual Conference Series, 411-20.

Dorsey, J., A. Edelman, J. Legakis, H. W. Jensen, and H. K. Pedersen. 1999. Modeling and rendering of weathered stone. In Proceedings of SIGGRAPH '99, Computer Graphics Proceedings, Annual Conference Series, 225-34.

Doyle, M. J., C. Fowler, and M. Manzke. 2013. A hardware unit for fast SAH-optimised BVH construction. ACM Transactions on Graphics (Proceedings of SIGGRAPH 2013) 32(4), 139:1-139:10

Drebin, R. A., L. Carpenter, and P. Hanrahan. 1988. Volume rendering. Computer Graphics (Proceedings of SIGGRAPH '88), 22, 65-74.

Drepper, U. 2007. What every programmer should know about memory. people.redhat.com/drepper/cpumemory.pdf.

Drew, M., and G. Finlayson. 2003. Multispectral rendering without spectra. Journal of the Optical Society of America A 20(7), 1181-93.

Driemeyer, T., and R. Herken. 2002. Programming mental ray.Wien: Springer-Verlag.

Du, S.-P., S.-M. Hu, and R. R. Martin. 2013. Semiregular solid texturing from 2D image exemplars. IEEE Transactions on Visualization and Computer Graphics 19(3), 460-69.

Duff, T. 1985. Compositing 3-D rendered images. Computer Graphics (Proceedings of SIGGRAPH '85), 19, 41-44.

Dunbar, D., and G. Humphreys. 2006. A spatial data structure for fast Poisson-disk sample generation. ACM Transactions on Graphics (Proceedings of SIGGRAPH 2006) 25(3), 503-08.

Dungan,W. Jr., A. Stenger, and G. Sutty. 1978. Texture tile considerations for raster graphics. Computer Graphics (Proceedings of SIGGRAPH '78), 12, 130-34.

Dupuy, J., E.Heitz, J.-C. Iehl, P. Poulin, F.Neyret, and V. Ostromoukhov. 2013. Linear efficient antialiased displacement and reflectance mapping. ACM Transactions on Graphics 32(6).

Dupuy, J., E. Heitz, J.-C. Iehl, P. Poulin, and V. Ostromoukhov. 2015. Extracting microfacetbased BRDF parameters from arbitrary materials with power iterations. Computer Graphics Forum (Proceedings of the 2015 Eurographics Symposium on Rendering) 34(4), 21-30.

Durand, F., N. Holzschuch, C. Soler, E. Chan, and F. X. Sillion. 2005. A frequency analysis of light transport. ACM Transactions on Graphics (Proceedings of SIGGRAPH 2005) 24(3), 1115-26.

Dutré, P. 2003. Global illumination compendium. www.cs.kuleuven.ac.be/~phil/GI/.

Ebeida, M., A. Davidson, A. Patney, P. Knupp, S. Mitchell, and J. D. Owens. 2011. Efficient maximal Poisson-disk sampling. ACM Transactions on Graphics 30(4), 49:1-49:12.

Ebeida, M., S.Mitchell, A. Patney, A. Davidson, and J. D. Owens. 2012. A simple algorithm for maximal Poisson-disk sampling in high dimensions. Computer Graphics Forum (Proceedings of Eurographics 2012) 31(2), 785-94.

Eberly, D. H. 2001. 3D Game Engine Design: A Practical Approach to Real-Time Computer Graphics. San Francisco: Morgan Kaufmann.

Eberly, D. 2011. A fast and accurate algorithm for computing SLERP. Journal of Graphics, GPU, and Game Tools 15(3), 161-76.

Ebert, D., F. K. Musgrave, D. Peachey, K. Perlin, and S.Worley. 2003. Texturing and Modeling: A Procedural Approach. San Francisco: Morgan Kaufmann.

Edwards, D., S. Boulos, J. Johnson, P. Shirley, M. Ashikhmin, M. Stark, and C.Wyman. 2005. The halfway vector disk for BRDF modeling. ACM Transactions on Graphics 25(1), 1-18.

Egan, K., Y.-T. Tseng, N. Holzschuch, F. Durand, and R. Ramamoorthi. 2009. Frequency analysis and sheared reconstruction for rendering motion blur. ACM Transactions on Graphics (Proceedings of SIGGRAPH 2009) 28(3), 93:1-93:13.

Eisemann, M., M. Magnor, T. Grosch, and S. Müller. 2007. Fast ray/axis-aligned bounding box overlap tests using ray slopes. Journal of Graphics, GPU, and Game Tools 12(4), 35-46.

Eisenacher, C., G. Nichols, A. Selle, and B. Burley. 2013. Sorted deferred shading for production path tracing. Computer Graphics Forum (Proceedings of the 2013 Eurographics Symposium on Rendering) 32(4), 125-32.

Eldar, Y. C., and T. Michaeli. 2009. Beyond bandlimited sampling. IEEE Signal Processing Magazine 26(3), 48-68.

Elek, O., P. Bauszat, T. Ritschel, M. Magnor, and H.-P. Seidel. 2014. Spectral ray differentials. Computer Graphics Forum (Proceedings of the 2014 Eurographics Symposium on Rendering) 33(4), 113-22.

Ericson, C. 2004. Real-Time Collision Detection. Morgan Kaufmann Series in Interactive 3D Technology. San Francisco: Morgan Kaufmann.

Ernst, M., and G. Greiner. 2007. Early split clipping for bounding volume hierarchies. IEEE Symposium on Interactive Ray Tracing, 73–78.

Ernst, M., and G .Greiner. 2008. Multi bounding volume hierarchies. In Proceedings of the IEEE Symposium on Interactive Ray Tracing 2008, 35–40.

Evans, G., and M. McCool. 1999. Stratified wavelength clusters for efficient spectral Monte Carlo rendering. In Proceedings of Graphics Interface 1999, 42–49.

Fabianowski, B., C. Fowler, and J. Dingliana. 2009. A cost metric for scene–interior ray origins. In Short Paper Proceedings of the 30th Annual Conference of the European Association for Computer Graphics (Eurographics 2009), 49–50.

Fan, S., S. Chenney, and Y.–C. Lai. 2005. Metropolis photon sampling with optional user guidance. In Rendering Techniques 2005: 16th Eurographics Workshop on Rendering, 127–38.

Fante, R. L. 1981. Relationship between radiative–transport theory and Maxwell's equations in dielectric media. Journal of the Optical Society of America 71(4), 460–468.

Farin, G. 2001. Curves and Surfaces for CAGD: A Practical guide, (5th ed.). San Francisco: Morgan Kaufmann.

Farmer, D. F. 1981. Comparing the 4341 and M80/40. Computerworld 15(6).

Farrell, T., M. Patterson, and B. Wilson. 1992. A diffusion theory model of spatially resolved, steady–state diffuse reflectance for the noninvasive determination of tissue optical properties in vivo. Med. Phys. 19(4), 879–88.

Fatahalian, K. 2008. Running code at a teraflop: how GPU shader cores work. In Beyond Programmable Shading, SIGGRAPH 2008 Course Notes.

Fattal, R. 2009. Participating media illumination using light propagation maps. ACM Transactions on Graphics 28(1), 7:1–7:11.

Faure, H. 1992. Good permutations for extreme discrepancy. Journal of Number Theory 42, 47–56.

Fedkiw, R., J. Stam, and H. W. Jensen. 2001. Visual simulation of smoke. In Proceedings of ACM SIGGRAPH 2001, Computer Graphics Proceedings, Annual Conference Series, 15–22.

Feibush, E. A., M. Levoy, and R. L. Cook. 1980. Synthetic texturing using digital filters. Computer Graphics (Proceedings of SIGGRAPH '80), 14, 294–301.

Fernandez, S., K. Bala, and D. P. Greenberg. 2002. Local illumination environments for direct lighting acceleration. In Rendering Techniques 2002: 13th EurographicsWorkshop on Rendering, 7–14.

Ferwerda, J. A. 2001. Elements of early vision for computer graphics. IEEE Computer Graphics and Applications 21(5), 22–33.

Fisher, M., K. Fatahalian, S. Boulos, K. Akeley,W. R.Mark, and P. Hanrahan. 2009. DiagSplit: parallel, crack–free, adaptive tessellation for micropolygon rendering. ACM Transactions on Graphics (Proceedings of ACM SIGGRAPH Asia 2009) 28(5), 150:1–150:10.

Fishman, G. S. 1996. Monte Carlo: Concepts, Algorithms, and Applications. New York: Springer–Verlag.

Fleischer, K., D. Laidlaw, B. Currin, and A. H. Barr. 1995. Cellular texture generation. In Proceedings of SIGGRAPH '95, Computer Graphics Proceedings, Annual Conference Series, 239–48.

Foley, T., and J. Sugerman. 2005. KD–tree acceleration structures for a GPU raytracer. In Proceedings of the ACM SIGGRAPH/EUROGRAPHICS Conference on Graphics Hardware, 15–22.

Fournier, A. 1992. Normal distribution functions and multiple surfaces. In Graphics Interface '92 Workshop on Local Illumination, 45-52.

Fournier, A., and E. Fiume. 1988. Constant-time filtering with space-variant kernels. Computer Graphics (SIGGRAPH '88 Proceedings), 22, 229-38.

Fournier, A., D. Fussel, and L. Carpenter. 1982. Computer rendering of stochastic models. Communications of the ACM 25(6), 371-84.

Fraser, C., and D. Hanson. 1995. A Retargetable C Compiler: Design and Implementation. Reading, Massachusetts: Addison-Wesley.

Friedel, I., and A. Keller. 2000. Fast generation of randomized low discrepancy point sets. In Monte Carlo and Quasi-Monte Carlo Methods 2000, 257-73. Berlin: Springer-Verlag.

Frisvad, J., N. Christensen, and H. W. Jensen. 2007. Computing the scattering properties of participating media using Lorenz-Mie theory. ACM Transactions on Graphics (Proceedings of SIGGRAPH 2007) 26(3), 60:1-60:10.

Frisvad, J. R., T. Hachisuka, and T. K. Kjeldsen. 2014. Directional dipole model for subsurface scattering. ACM Transactions on Graphics 34(1), 5:1-5:12.

Fuchs, C., T. Chen, M. Goesele, H. Theisel, and H.-P. Seidel. 2007. Density estimation for dynamic volumes. Computers and Graphics 31(2), 205-11.

Fujimoto, A., T. Tanaka, and K. Iwata. 1986. Arts: accelerated ray-tracing system. IEEE Computer Graphics and Applications 6(4), 16-26.

Galerne, B., A. Lagae, S. Lefebvre, and G. Drettakis. 2012. Gabor noise by example. ACM Transactions on Graphics (Processings of SIGGRAPH 2012) 31(4), 73:1-73:9.

Garanzha, K. 2009. The use of precomputed triangle clusters for accelerated ray tracing in dynamic scenes. Computer Graphics Forum (Proceedings of the 2009 Eurographics Symposium on Rendering) 28(4), 1199-1206.

García, R., C. Ureña, and M. Sbert. 2012. Description and solution of an unreported intrinsic bias in photon mapping density estimation with constant kernel. Computer Graphics Forum 31(1), 33-41.

Gardner, G. Y. 1984. Simulation of natural scenes using textured quadric surfaces. Computer Graphics (SIGGRAPH '84 Proceedings), 18, 11-20.

Gardner, G. Y. 1985. Visual simulation of clouds. Computer Graphics (Proceedings of SIGGRAPH '85), 19, 297-303.

Gardner, R. P., H. K. Choi, M. Mickael, A. M. Yacout, Y. Yin, and K. Verghese. 1987. Algorithms for forcing scattered radiation to spherical, planar circular, and right circular cylindrical detectors for Monte Carlo simulation. Nuclear Science and Engineering 95, 245-56.

Garanzha, K., J. Pantaleoni, D.McAllister. 2011. Simpler and faster HLBVHwith work queues. In Proceedings of High Performance Graphics 2011, 59-64.

Gershbein, R., and P. M. Hanrahan. 2000. A fast relighting engine for interactive cinematic lighting design. In Proceedings of ACM SIGGRAPH 2000, Computer Graphics Proceedings, Annual Conference Series, 353-58.

Gershun, A. 1939. The light field. Journal of Mathematics and Physics 18, 51-151.

Georgiev, I., J. Křivánek, T. Davidovič, and P. Slusallek. 2012. Light transport simulation with vertex connection and merging. ACM Transactions on Graphics (Proceedings of SIGGRAPH Asia 2012) 31(6), 192:1-192:10.

Georgiev, I., J. Křivánek, T. Hachisuka, D. Nowrouzezahrai, and W. Jarosz. 2013. Joint importance sampling of low-order volumetric scattering. ACM Transactions on Graphics (Proceedings of SIGGRAPH Asia 2013) 32(6), 164:1-164:14.

Georgiev, I., and P. Slusallek. 2008. RTfact: generic concepts for flexible and high performance ray tracing. In Proceedings of IEEE Symposium on Interactive Ray Tracing, 115-22.

Ghosh, A., andW. Heidrich. 2006. Correlated visibility sampling for direct illumination. The Visual Computer 22(9-10), 693-701.

Ghosh, A., T. Hawkins, P. Peers, S. Frederiksen, and P. Debevec. 2008. Practical modeling and acquisition of layered facial reflectance. ACM Transactions on Graphics (Proceedings of ACM SIGGRAPH Asia 2008) 27(5), 139:1-139:10.

Gijsenij, A., T. Gevers, J. van de Weijer. 2011. Computational color constancy: survey and experiments. IEEE Transactions on Image Processing 20(9), 2475-89.

Gilet, G., B. Sauvage, K. Vanhoey, J.-M. Dischler, and D. Ghazanfarpour. 2014. Local random-phase noise for procedural texturing. ACM Transactions on Graphics (Proceedings of SIGGRAPH Asia 2014) 33(6), 195:1-195:11.

Gkioulekas, I., S. Zhao, K. Bala, T. Zickler, and A. Levin. 2013a. Inverse volume rendering with material dictionaries. ACM Transactions on Graphics (Proceedings of SIGGRAPH Asia 2013) 32(6), 162:1-162:13.

Gkioulekas, I., B. Xiao, S. Zhao, E. H. Adelson, T. Zickler, and K. Bala. 2013b. Understanding the role of phase function in translucent appearance. ACM Transactions on Graphics 32(5), 147:1-147:19.

Glassner, A. 1984. Space subdivision for fast ray tracing. IEEE Computer Graphics and Applications 4(10), 15-22.

Glassner, A. 1988. Spacetime ray tracing for animation. IEEE Computer Graphics & Applications 8(2), 60-70.

Glassner, A. (Ed.) 1989a. An Introduction to Ray Tracing. San Diego: Academic Press.

Glassner, A. 1989b. How to derive a spectrum from an RGB triplet. IEEE Computer Graphics and Applications 9(4), 95-99.

Glassner, A. 1993. Spectrum: an architecture for image synthesis, research, education, and practice. Developing Large-Scale Graphics Software Toolkits, SIGGRAPH '93 Course Notes, 3, 1-14-1-43.

Glassner, A. 1994. A model for fluorescence and phosphorescence. In Proceedings of the Fifth Eurographics Workshop on Rendering, 57-68.

Glassner, A. 1995. Principles of Digital Image Synthesis. San Francisco: Morgan Kaufmann.

Glassner, A. 1999. An open and shut case. IEEE Computer Graphics and Applications 19(3), 82-92.

Goesele, M., X. Granier,W. Heidrich, and H.-P. Seidel. 2003. Accurate light source acquisition and rendering. ACM Transactions on Graphics (Proceedings of SIGGRAPH 2003) 22(3), 621-30.

Goesele, M. H. Lensch, J. Lang, C. Fuchs, and H.-P. Seidel. 2004. DISCO-Acquisition of translucent objects. ACM Transactions on Graphics (Proceedings of SIGGRAPH 2004) 23(3), 844-53.

Goldberg, A., M. Zwicker, and F. Durand. 2008. Anisotropic noise. ACM Transactions on Graphics (Proceedings of SIGGRAPH 2008) 27(3), 54:1-54:8.

Goldberg, D. 1991. What every computer scientist should know about floating-point arithmetic. ACM Computing Surveys 23(1), 5-48.

Goldman, D. B. 1997. Fake fur rendering. In Proceedings of SIGGRAPH '97, Computer Graphics Proceedings, Annual Conference Series, 127-34.

Goldman, R. 1985. Illicit expressions in vector algebra. ACM Transactions on Graphics 4(3), 223-43.

Goldsmith, J., and J. Salmon. 1987. Automatic creation of object hierarchies for ray tracing. IEEE Computer Graphics and Applications 7(5), 14-20.

Goldstein, R. A., and R. Nagel. 1971. 3-D visual simulation. Simulation 16(1), 25-31.

Goral, C. M., K. E. Torrance, D. P. Greenberg, and B. Battaile. 1984. Modeling the interaction of light between diffuse surfaces. In Proceedings of the 11th Annual Conference on Computer Graphics and Interactive Techniques (SIGGRAPH '84), 213-22.

Gortler, S. J., R. Grzeszczuk, R. Szeliski, and M. F. Cohen. 1996. The lumigraph. In Proceedings of SIGGRAPH '96, Computer Graphics Proceedings, Annual Conference Series, 43-54.

Gray, A. 1993.Modern Differential Geometry of Curves and Surfaces. Boca Raton, Florida: CRC Press.

Green, S. A., and D. J. Paddon. 1989. Exploiting coherence for multiprocessor ray tracing. IEEE Computer Graphics and Applications 9(6), 12-26.

Greenberg, D. P., K. E. Torrance, P. S. Shirley, J. R. Arvo, J. A. Ferwerda, S. Pattanaik, E. P. F. Lafortune, B. Walter, S.-C. Foo, and B. Trumbore. 1997. A framework for realistic image synthesis. In Proceedings of SIGGRAPH '97, Computer Graphics Proceedings, Annual Conference Series, 477-94.

Greene, N. 1986. Environment mapping and other applications of world projections. IEEE Computer Graphics and Applications 6(11), 21-29.

Greene, N., and P. S. Heckbert. 1986. Creating raster Omnimax images from multiple perspective views using the elliptical weighted average filter. IEEE Computer Graphics and Applications 6(6), 21-27.

Gribble, C., and K. Ramani. 2008. Coherent ray tracing via stream filtering. In Proceedings of IEEE Symposium on Interactive Ray Tracing, 59-66.

Gritz, L., and E. d'Eon. 2008. The importance of being linear. In H. Nguyen (Ed.), GPU Gems 3. Boston, Massachusetts: Addison-Wesley.

Gritz, L., and J. K. Hahn. 1996. BMRT: a global illumination implementation of the RenderMan standard. Journal of Graphics Tools 1(3), 29-47.

Gritz, L., C. Stein, C. Kulla, and A. Conty. 2010. Open Shading Language. SIGGRAPH 2010 Talks.

Grosjean, C. C. 1956. A high accuracy approximation for solvingmultiple scattering problems in infinite homogeneous media Nuovo Cimento 3(6), 1262-75.

Grünschloß, L., J. Hanika, R. Schwede, and A. Keller. 2008. (t, m, s)-nets and maximized minimum distance. In A. Keller, S. Heinrich, and H. Niederreiter (eds.), Monte Carlo and Quasi-Monte Carlo Methods 2006. Berlin: Springer Verlag.

Grünschloß, L., and A. Keller. 2009. (t, m, s)-nets and maximized minimum distance, Part II. In P. L'Ecuyer and A. Owen (Eds.), Monte Carlo and Quasi-Monte Carlo Methods 2008.

Grünschloß, L., M. Raab, and A. Keller. 2012. Enumerating quasi-Monte Carlo point sequences in elementary intervals. In H. Wozniakowski and L. Plaskota (Eds.), Monte Carlo and Quasi-Monte Carlo Methods 2010.

Grünschloß, L., M. Stich, S. Nawaz, and A. Keller. 2011. MSBVH: an efficient acceleration data structure for ray traced motion blur. In Proceedings of High Performance Graphics 2011, 65-70.

Grunwald, D., B. G. Zorn, and R. Henderson. 1993. Improving the cache locality of memory allocation. In SIGPLAN Conference on Programming Language Design and Implementation, 177-86.

Gu, J., S. K. Nayar, E. Grinspun, P. N. Belhumeur, and R. Ramamoorthi. 2013a. Compressive structured light for recovering inhomogeneous participating media. IEEE Transactions on Pattern Analysis and

Machine Intelligence 35(3).

Gu, Y., Y. He, K. Fatahalian, and G. Blelloch. 2013b. Efficient BVH construction via approximate agglomerative clustering. Proceesings of High Performance Graphics 2013, 81-88.

Guertin, J.-P., M. McGuire, and D. Nowrouzezahrai. 2014. A fast and stable feature-aware motion blur filter. In Proceedings of High Performance Graphics 2014.

Günther, J., T. Chen, M. Goesele, I. Wald, and H.-P. Seidel. 2005. Efficient acquisition and realistic rendering of car paint. In Proceedings of Vision, Modeling, and Visualization (VMV), 487-94.

Günther, J., S. Popov, H. P. Seidel, and P. Slusallek. 2007. Realtime ray tracing on GPU with BVH-based packet traversal. In IEEE Symposium on Interactive Ray Tracing, 113-18.

Guthe, S., and P. Heckbert 2005. Non-power-of-two mipmapping. NVIDIA Technical Report, developer.nvidia.com/object/np2_mipmapping.html.

Habel, R., P. H. Christensen, and W. Jarosz. 2013. Photon beam diffusion: a hybrid Monte Carlo method for subsurface scattering. Computer Graphics Forum (Proceedings of the 2013 Eurographics Symposium on Rendering) 32(4), 27-37.

Haber, J., M. Magnor, and H.-P. Seidel. 2005a. Physically-based simulation of twilight phenomena. ACM Transactions on Graphics 24(4), 1353-73.

Haber, T., T. Mertens, P. Bekaert, and F. Van Reeth. 2005b. A computational approach to simulate subsurface light diffusion in arbitrarily shaped objects. In Proceedings of Graphics Interface 2005, 79-86.

Hachisuka, T. 2005. High-quality global illumination rendering using rasterization. In M. Pharr (Ed.), GPU Gems 2: Programming Techniques for High Performance Graphics and General-Purpose Computation. Reading, Massachusetts: Addison-Wesley.

Hachisuka, T. 2011. Robust light transport simulation using progressive density estimation. Ph.D. thesis, University of California, San Diego.

Hachisuka, T., W. Jarosz, and H. W. Jensen. 2010. A progressive error estimation framework for photon density estimation. ACM Transactions on Graphics (Proceedings of SIGGRAPH Asia 2010) 29(6), 144:1-144:12.

Hachisuka, T., W. Jarosz, R. P. Weistroffer, K. Dale, G. Humphreys, M. Zwicker, and H. W. Jensen. 2008a. Multidimensional adaptive sampling and reconstruction for ray tracing. ACM Transactions on Graphics (Proceedings of SIGGRAPH 2008) 27(3), 33:1-33:10.

Hachisuka, T., and H. W. Jensen. 2009. Stochastic progressive photon mapping. ACM Transactions on Graphics (Proceedings of SIGGRAPH Asia 2009) 28(5), 141:1-141:8.

Hachisuka, T., and H. W. Jensen. 2011. Robust adaptive photon tracing using photon path visibility. ACM Transactions on Graphics 30(5), 114:1-114:11.

Hachisuka, T., A. S. Kaplanyan, and C. Dachsbacher. 2014. Multiplexed Metropolis light transport. ACM Transactions on Graphics (Proceedings of SIGGRAPH 2014) 33(4), 100:1-100:10.

Hachisuka, T., S. Ogaki, and H. W. Jensen. 2008b. Progressive photon mapping. ACM Transactions on Graphics (Proceedings of SIGGRAPH Asia 2008) 27(5), 130:1-130:8.

Hachisuka, T., J. Pantaleoni, and H. W. Jensen. 2012. A path space extension for robust light transport simulation. ACM Transactions on Graphics (Proceedings of SIGGRAPH Asia 2012) 31(6), 191:1-191:10.

Haines, E. A. 1989. Essential ray tracing algorithms. In A. Glassner (Ed.), An Introduction to Ray Tracing, 33-78. San Diego: Academic Press.

Haines, E. A. 1994. Point in polygon strategies. In P. Heckbert (Ed.), Graphics Gems IV, 24-46. San Diego:

Academic Press.

Haines, E. A., and D. P. Greenberg. 1986. The light buffer: a shadow testing accelerator. IEEE Computer Graphics and Applications 6(9), 6–16.

Haines, E. A., and J. R.Wallace. 1994. Shaft culling for efficient ray-traced radiosity. In Second Eurographics Workshop on Rendering (Photorealistic Rendering in Computer Graphics). Also in SIGGRAPH 1991 Frontiers in Rendering Course Notes.

Hakura, Z. S., and A. Gupta. 1997. The design and analysis of a cache architecture for texture mapping. In Proceedings of the 24th International Symposium on Computer Architecture, Denver, Colorado, 108–20.

Hall, R. 1989. Illumination and Color in Computer Generated Imagery. New York: Springer-Verlag.

Hall, R. 1999. Comparing spectral color computation methods. IEEE Computer Graphics and Applications 19(4), 36–46.

Hall, R. A., and D. P. Greenberg. 1983. A testbed for realistic image synthesis. IEEE Computer Graphics and Applications 3(8), 10–20.

Hammersley, J., and D. Handscomb. 1964. Monte Carlo Methods. New York: JohnWiley.

Han, C., B. Sun, R. Ramamoorthi, and E. Grinspun. 2007. Frequency domain normal map filtering. ACM Transactions on Graphics (Proceedings of SIGGRAPH 2007) 26(3), 28:1–28:11.

Hanika, J., and C. Dachsbacher. 2014. Efficient Monte Carlo rendering with realistic lenses. Computer Graphics Forum (Proceedings of Eurographics 2014) 33(2), 323–32.

Hanika, J., M. Droske, and L. Fascione. 2015a. Manifold next event estimation. Computer Graphics Forum (Proceedings of the 2015 Eurographics Symposium on Rendering) 34(4), 87–97.

Hanika, J., A. Kaplanyan, and C. Dachsbacher. 2015b. Improved half vector space light transport. Computer Graphics Forum (Proceedings of the 2015 Eurographics Symposium on Rendering) 34(4), 65–74.

Hanika, J., A. Keller, and H. P. A. Lensch. 2010. Two-level ray tracing with reordering for highly complex scenes. In Proceedings of Graphics Interface 2010, 145–52.

Hanrahan, P. 1983. Ray tracing algebraic surfaces. Computer Graphics (Proceedings of SIGGRAPH '83), 17, 83–90.

Hanrahan, P., and W. Krueger. 1993. Reflection from layered surfaces due to subsurface scattering. In Computer Graphics (SIGGRAPH '93 Proceedings), 165–74.

Hanrahan, P., and J. Lawson. 1990. A language for shading and lighting calculations. Computer Graphics (SIGGRAPH '90 Proceedings), 24, 289–98.

Hansen, J. E., and L. D. Travis. 1974. Light scattering in planetary atmospheres. Space Science Reviews 16, 527–610.

Hart, D., P. Dutré, and D. P. Greenberg. 1999. Direct illumination with lazy visibility evaluation. In Proceedings of SIGGRAPH '99, Computer Graphics Proceedings, Annual Conference Series, 147–54.

Hart, J. C. 1996. Sphere tracing: a geometric method for the antialiased ray tracing of implicit surfaces. The Visual Computer 12(9), 527–45.

Hart, J. C., D. J. Sandin, and L. H. Kauffman. 1989. Ray tracing deterministic 3-D fractals. Computer Graphics (Proceedings of SIGGRAPH '89), 23, 289–96.

Hasinoff, S.W., and K. N. Kutulakos. 2011. Light-efficient photography. IEEE Transactions on Pattern Analysis and Machine Intelligence 33(11), 2203–14.

Havran, V. 2000. Heuristic ray shooting algorithms. Ph.D. thesis, Czech Technical University. Havran, V., and J. Bittner. 2002. On improving kd-trees for ray shooting. In Proceedings of WSCG 2002 Conference, 209-17.

Havran, V., R.Herzog, and H.-P. Seidel. 2005. Fast final gathering via reverse photon mapping, Computer Graphics Forum (Proceedings of Eurographics 2005) 24(3), 323-34.

Havran, V., R. Herzog, and H.-P. Seidel. 2006. On the fast construction of spatial hierarchies for ray tracing. In IEEE Symposium on Interactive Ray Tracing, 71-80.

Hawkins, T., P. Einarsson, and P. Debevec. 2005. Acquisition of time-varying participating media. ACM Transactions on Graphics (Proceedings of SIGGRAPH 2005) 24(3), 812-15.

Hecht, E. 2002. Optics. Reading, Massachusetts: Addison-Wesley.

Heckbert, P. S. 1984. TheMathematics of Quadric Surface Rendering and SOID. 3-D Technical Memo,New York Institute of Technology Computer Graphics Lab.

Heckbert, P. S. 1986. Survey of texture mapping. IEEE Computer Graphics and Applications 6(11), 56-67.

Heckbert, P. S. 1987. Ray tracing JELL-O brand gelatin. Computer Graphics (SIGGRAPH '87 Proceedings), 21(4), 73-74.

Heckbert, P. S. 1989a. Image zooming source code. www-2.cs.cmu.edu/~ph/src/zoom/.

Heckbert, P. S. 1989b. Fundamentals of texture mapping and image warping. M.S. thesis, Department of Electrical Engineering and Computer Science, University of California, Berkeley.

Heckbert, P. S. 1990a. What are the coordinates of a pixel? In A. S. Glassner (Ed.), Graphics Gems I, 246-48. San Diego: Academic Press.

Heckbert, P. S. 1990b. Adaptive radiosity textures for bidirectional ray tracing. Computer Graphics (Proceedings of SIGGRAPH '90), 24, 145-54.

Heckbert, P. S., and P. Hanrahan. 1984. Beam tracing polygonal objects. In Computer Graphics (Proceedings of SIGGRAPH '84), 18, 119-27.

Heidrich, W., and H.-P. Seidel. 1998. Ray-tracing procedural displacement shaders. In Proceedings of Graphics Interface 1998, 8-16.

Heidrich,W., J. Kautz, P. Slusallek, and H.-P. Seidel. 1998. Canned lightsources. In Rendering Techniques '98: Proceedings of the Eurographics Rendering Workshop, 293-300.

Heitz, E. 2014a. Understanding the masking-shadowing function in microfacet-based BRDFs Journal of Computer Graphics Techniques (JCGT) 3(2), 32-91.

Heitz, E. 2015. Derivation of the microfacet (ω) function. Personal communication.

Heitz, E., C. Bourlier, and N. Pinel. 2013. Correlation effect between transmitter and receiver azimuthal directions on the illumination function from a random rough surface. Waves in Random and Complex Media 23(3), 318-35.

Heitz, E., and E. d'Eon. 2014. Importance sampling microfacet-based BSDFs using the distribution of visible normals. Computer Graphics Forum (Proceedings of The 2014 Eurographics Symposium on Rendering) 33(4), 103-12.

Heitz, E., J. Dupuy, C. Crassin, and C. Dachsbacher. 2015. The SGGX microflake distribution. ACM Transactions on Graphics (Proceedings of SIGGRAPH 2015) 34(4), 48:1-48:11.

Heitz, E., and F. Neyret. 2012. Representing appearance and pre-filtering subpixel data in sparse voxel octrees. In Proceedings of High Performance Graphics 2012, 125-34.

Heitz, E., D. Nowrouzezahrai, P. Poulin, and F. Neyret. 2014. Filtering non-linear transfer functions on surfaces. IEEE Transactions on Visualization and Computer Graphics 20(7), 996–1008.

Henyey, L. G., and J. L. Greenstein. 1941. Diffuse radiation in the galaxy. Astrophysical Journal 93, 70–83.

Hery, C. 2003. Implementing a skin BSSRDF. SIGGRAPH 2003 RenderMan Course Notes.

Hery, C., M. Kass, and J. Ling. 2014. Geometry into shading. Pixar Technical Memo 14-04.

Hery, R., and R. Ramamoorthi. 2012. Importance sampling of reflection from hair fibers. Journal of Computer Graphics Techniques (JCGT) 1(1), 1–17.

Herzog, R., V. Havran, S. Kinuwaki, K. Myszkowski, and H.-P. Seidel. 2007. Global illumination using photon ray splatting. Computer Graphics Forum (Proceedings of Eurographics 2007) 26(3), 503–13.

Higham, N. 1986. Computing the polar decomposition—with applications. SIAM Journal of Scientific and Statistical Computing 7(4), 1160–74.

Higham, N. J. 2002. Accuracy and Stability of Numerical Algorithms (2nd ed.). Philadelphia: Society for Industrial and Applied Mathematics.

Hoberock, J. 2008. Accelerating physically-based light transport algorithms. Ph.D. thesis, University of Illinois at Urbana-Champaign.

Hoberock, J., V. Lu, Y. Jia, J. Hart. 2009. Stream compaction for deferred shading. In Proceedings of High Performance Graphics 2009, 173–80.

Hoffmann, C. M. 1989. Geometric and SolidModeling: An Introduction. San Francisco:Morgan Kaufmann.

Hoppe, H., T. DeRose, T. Duchamp, M. Halstead, H. Jin, J. McDonald, J. Schweitzer, and W. Stuetzle. 1994. Piecewise smooth surface reconstruction. In Proceedings of SIGGRAPH '94, Computer Graphics Proceedings, Annual Conference Series, Orlando, Florida, 295–302.

Hošek, L., and A. Wilkie. 2012. An analytic model for full spectral sky-dome radiance. ACM Transactions on Graphics (Proceedings of SIGGRAPH 2012) 31(4), 95:1–95:9.

Hošek, L., and A.Wilkie. 2013. Adding a solar-radiance function to theHošek-Wilkie skylight model. IEEE Computer Graphics and Applications 33(3), 44–52.

Hullin, M. B., J. Hanika., and W. Heidrich. 2012. Polynomial optics: a construction kit for efficient ray-tracing of lens systems. Computer Graphics Forum (Proceedings of the 2012 Eurographics Symposium on Rendering) 31(4), 1375–83.

Hunt, W. 2008. Corrections to the surface area metric with respect to mail-boxing. In IEEE Symposium on Interactive Ray Tracing, 77–80.

Hunt,W., and B.Mark. 2008a. Ray-specialized acceleration structures for ray tracing. In IEEE Symposium on Interactive Ray Tracing, 3–10.

Hunt,W., and B. Mark. 2008b. Adaptive acceleration structures in perspective space. In IEEE Symposium on Interactive Ray Tracing, 117–17.

Hunt, W., W. Mark, and G. Stoll. 2006. Fast kd-tree construction with an adaptive errorbounded heuristic. In IEEE Symposium on Interactive Ray Tracing, 81–88.

Hurley, J., A. Kapustin, A. Reshetov, and A. Soupikov. 2002. Fast ray tracing for modern general purpose CPU. In Proceedings of GraphiCon 2002.

Igarashi, T., K. Nishino, and S. K. Nayar. 2007. The appearance of human skin: a survey. Foundations and Trends in Computer Graphics and Vision 3(1), 1–95.

Igehy, H. 1999. Tracing ray differentials. In Proceedings of SIGGRAPH '99,Computer Graphics Proceedings, Annual Conference Series, 179–86.

Igehy, H., M. Eldridge, and K. Proudfoot. 1998. Prefetching in a texture cache architecture. In 1998 SIGGRAPH/Eurographics Workshop on Graphics Hardware, 133–42.

Igehy, H., M. Eldridge, and P. Hanrahan. 1999. Parallel texture caching. In 1999 SIGGRAPH/Eurographics Workshop on Graphics Hardware, 95–106.

Illuminating Engineering Society of North America. 2002. IESNA standard file format for electronic transfer of photometric data. BSR/IESNA Publication LM-63-2002. www.iesna.org.

Immel, D. S., M. F. Cohen, and D. P. Greenberg. 1986. A radiosity method for non-diffuse environments. In Computer Graphics (SIGGRAPH '86 Proceedings), Volume 20, 133–42.

Institute of Electrical and Electronic Engineers. 1985. IEEE standard 754-1985 for binary floating-point arithmetic. Reprinted in SIGPLAN 22(2), 9–25.

Institute of Electrical and Electronic Engineers. 2008. IEEE standard 754-2008 for binary floating-point arithmetic.

International Electrotechnical Commission (IEC). 1999. Multimedia systems and equipment-Colour measurement and management-Part 2-1: Colour management-Default RGB colour space—sRGB. IEC Standard 61966-2-1.

Irawan, P. 2008. Appearance of woven cloth. Ph.D. thesis, Cornell University.

Irawan, P., and S. Marschner. 2012. Specular reflection from woven cloth. ACM Transactions on Graphics 31(1).

Ishimaru, A. 1978. Wave Propagation and Scattering in Random Media. Oxford: Oxford University Press.

Ize, T. 2013. Robust BVH ray traversal. Journal of Computer Graphics Techniques (JCGT) 2(2), 12–27.

Ize, T., and C. Hansen. 2011. RTSAH traversal order for occlusion rays. Computer Graphics Forum (Proceedings of Eurographics 2011) 30(2), 295–305.

Ize, T., P. Shirley, and S. Parker. 2007. Grid creation strategies for efficient ray tracing. In IEEE Symposium on Interactive Ray Tracing, 27–32.

Ize, T., I. Wald, and S. Parker. 2008. Ray tracing with the BSP tree. In IEEE Symposium on Interactive Ray Tracing, 159–66.

Ize, T., I. Wald, C. Robertson, and S. G. Parker. 2006. An evaluation of parallel grid construction for ray tracing dynamic scenes. IEEE Symposium on Interactive Ray Tracing, 47–55.

Jackson,W. H. 1910. The solution of an integral equation occurring in the theory of radiation. Bulletin of the American Mathematical Society 16, 473–75.

Jacobs, D. E., J. Baek, and M. Levoy. 2012. Focal stack compositing for depth of field control. Stanford Computer Graphics Laboratory Technical Report, CSTR 2012-1.

Jakob,W. 2010. Mitsuba renderer. http://www.mitsuba-renderer.org.

Jakob,W. 2013. Light transport on path-space manifolds. Ph.D. thesis, Cornell University.

Jakob,W., A. Arbree, J. T. Moon, K. Bala, and M. Steve. 2010. A radiative transfer framework for rendering materials with anisotropic structure. ACMTransactions on Graphics (Proceedings of SIGGRAPH 2010) 29(4), 53:1–53:13.

Jakob, W., E. d'Eon, O. Jakob, and S. Marschner. 2014a. A comprehensive framework for rendering layered materials. ACM Transactions on Graphics 33(4), 118:1–118:14.

Jakob, W., M. HaŠan, L.-Q. Yan, J. Lawrence, R. Ramamoorthi, and S. Marschner. 2014b. Discrete stochastic microfacet models. ACM Transactions on Graphics 33(4), 115:1–115:10.

Jakob, W., and S. Marschner. 2012. Manifold exploration: a Markov chain Monte Carlo technique for rendering scenes with difficult specular transport. ACM Transactions on Graphics (Proceedings of SIGGRAPH 2012) 31(4), 58:1-58:13.

Jakob, W., C. Regg, and W. Jarosz. 2011. Progressive expectation-maximization for hierarchical volumetric photon mapping. Computer Graphics Forum (Proceedings of the 2011 Eurographics Symposium on Rendering) 30(4), 1287-97.

Jansen, F.W. 1986. Data structures for ray tracing. In L. R. A. Kessener, F. J. Peters, and M. L. P. Lierop (Eds.), Data Structures for Raster Graphics, Workshop Proceedings, 57-73. New York: Springer-Verlag.

Jarabo, A., J. Marco, A. Muñoz, R. Buisan, W. Jarosz, and D. Gutierrez. 2014a. A framework for transient rendering. ACM Transactions on Graphics (Proceedings of SIGGRAPH Asia 2014) 33(6), 177:1-177:10.

Jarabo, A., H. Wu, J. Dorsey, H. Rushmeier, and D. Gutierrez. 2014b. Effects of approximate filtering on the appearance of bidirectional texture functions. IEEE Transactions on Visualization and Computer Graphics 20(6), 880-92.

Jarosz,W. 2008. Efficient Monte Carlo methods for light transport in scattering media. Ph.D. Thesis, UC San Diego.

Jarosz,W., D. Nowrouzezahrai, I. Sadeghi, and H.W. Jensen. 2011a. A comprehensive theory of volumetric radiance estimation using photon points and beams. ACM Transactions on Graphics 30(1), 5:1-5:19.

Jarosz, W., D. Nowrouzezahrai, R. Thomas, P.-P. Sloan, and M. Zwicker. 2011b. Progressive photon beams. ACM Transactions on Graphics (Proceedings of SIGGRAPH Asia 2011) 30(6), 181:1-181:12.

Jarosz, W., M. Zwicker, and H. W. Jensen. 2008. The beam radiance estimate for volumetric photon mapping. Computer Graphics Forum (Proceedings of Eurographics 2008) 27(2), 557-66.

Jensen, H. W. 1995. Importance driven path tracing using the photon map. In Eurographics Rendering Workshop 1995, 326-35.

Jensen, H. W. 1996. Global illumination using photon maps. In X. Pueyo and P. Schröder (Eds.), Eurographics Rendering Workshop 1996, 21-30.

Jensen, H. W. 1997. Rendering caustics on non-Lambertian surfaces. Computer Graphics Forum 16(1), 57-64.

Jensen, H. W. 2001. Realistic Image Synthesis Using Photon Mapping. Natick, Massachusetts: A. K. Peters.

Jensen, H. W., and J. Buhler. 2002. A rapid hierarchical rendering technique for translucent materials. ACM Transactions on Graphics 21(3), 576-81.

Jensen, H. W., and N. Christensen. 1995. Optimizing path tracing using noise reduction filters. In Proceedings of WSCG, 134-42.

Jensen, H. W., and P. H. Christensen. 1998. Efficient simulation of light transport in scenes with participating media using photon maps. In SIGGRAPH '98 Conference Proceedings, Annual Conference Series, 311-20.

Jensen, H. W., J. Arvo, M. Fajardo, P. Hanrahan, D. Mitchell, M. Pharr, and P. Shirley. 2001a. State of the art in Monte Carlo ray tracing for realistic image synthesis. In SIGGRAPH 2001 Course 29, Los Angeles.

Jensen, H. W., S. R. Marschner, M. Levoy, and P. Hanrahan. 2001b. A practical model for subsurface light transport. In Proceedings of ACM SIGGRAPH 2001, Computer Graphics Proceedings, Annual Conference Series, 511-18.

Jensen, H. W., J. Arvo, P. Dutré, A. Keller, A. Owen, M. Pharr, and P. Shirley. 2003. Monte Carlo ray tracing. In SIGGRAPH 2003 Course, San Diego.

Jevans, D., and B. Wyvill. 1989. Adaptive voxel subdivision for ray tracing. In Proceedings of Graphics

Interface 1989, 164-72.

Joe, S., and F.-Y. Kuo. 2008. Constructing Sobol sequences with better two-dimensional projections. SIAM J. Sci. Comput. 30, 2635-54.

Johnson, G. M., and M. D. Fairchild. 1999. Full spectral color calculations in realistic image synthesis. IEEE Computer Graphics and Applications 19(4), 47-53.

Johnson, M. K., F. Cole, A. Raj, and E. H. Adelson. 2011. Microgeometry capture using an elastomeric sensor. ACM Transactions on Graphics (Proceedings of SIGGRAPH 2011) 30(4), 46:1-46:8.

Johnstone, M. S., and P. R.Wilson. 1999. The memory fragmentation problem: solved? ACM SIGPLAN Notices 34(3), 26-36.

Jones, T. 2005. Efficient generation of Poisson-disk sampling patterns. Journal of Graphics Tools 11(2), 27-36.

Judd, D. B., D. L. MacAdam, and G. Wyszecki. 1964. Spectral distribution of typical daylight as a function of correlated color temperature. Journal of the Optical Society of America 54(8), 1031-40.

Kainz, F., R. Bogart, and D. Hess. 2004. In R. Fernando (Ed.), GPU Gems. Reading, Massachusetts: Addison-Wesley, 425-44.

Kajiya, J. T. 1982. Ray tracing parametric patches. In Computer Graphics (SIGGRAPH 1982 Conference Proceedings), 245-54.

Kajiya, J. T. 1983. New techniques for ray tracing procedurally defined objects. In Computer Graphics (Proceedings of SIGGRAPH '83), 17, 91-102.

Kajiya, J. T. 1985. Anisotropic reflection models. Computer Graphics (Proceedings of SIGGRAPH '85), 19, 15-21.

Kajiya, J. T. 1986. The rendering equation. In Computer Graphics (SIGGRAPH '86 Proceedings), 20, 143-50.

Kajiya, J. T., and T. L. Kay. 1989. Rendering fur with three dimensional textures. Computer Graphics (Proceedings of SIGGRAPH '89), 23, 271-80.

Kajiya, J., and M. Ullner. 1981. Filtering high quality text for display on raster scan devices. In Computer Graphics (Proceedings of SIGGRAPH '81), 7-15.

Kajiya, J. T., and B. P. Von Herzen. 1984. Ray tracing volume densities. In Computer Graphics (Proceedings of SIGGRAPH '84), Volume 18, 165-74.

Kalantari, N. K., S. Bako, and P. Sen. 2015. A machine learning approach for filtering Monte Carlo noise. ACM Transactions on Graphics (Proceedings of SIGGRAPH 2015) 34(4), 122:1-122:12.

Kalantari, N. K., and P. Sen. 2013. Removing the noise in Monte Carlo rendering with general image denoising algorithms. Computer Graphics Forum (Proceedings of Eurographics 2013) 32(2), 93-102.

Kalos, M. H., and P. A. Whitlock. 1986. Monte Carlo Methods: Volume I: Basics. New York: Wiley.

Kalra, D., and A. H. Barr. 1989. Guaranteed ray intersections with implicit surfaces. In Computer Graphics (Proceedings of SIGGRAPH '89), Volume 23, 297-306.

Kammaje, R., and B. Mora. 2007. A study of restricted BSP trees for ray tracing. In IEEE Symposium on Interactive Ray Tracing, 55-62.

Kaplanyan, A. S., and C. Dachsbacher. 2013a. Adaptive progressive photon mapping. ACM Transactions on Graphics 32(2), 16:1-16:13.

Kaplanyan, A. S., and C. Dachsbacher. 2013b. Path space regularization for holistic and robust light transport. Computer Graphics Forum (Proceedings of Eurographics 2013) 32(2), 63-72.

Kaplanyan, A. S., J. Hanika, and C. Dachsbacher. 2014. The natural-constraint representation of the path space for efficient light transport simulation. ACM Transactions on Graphics (Proceedings of SIGGRAPH 2014) 33(4), 102:1-102:13.

Kaplan, M. R. 1985. The uses of spatial coherence in ray tracing. In ACM SIGGRAPH Course Notes 11.

Karras, T., and T. Aila. 2013. Fast parallel construction of high-quality bounding volume hierarchies. In Proceedings of High Performance Graphics 2013, 89-99.

Karrenberg, R., D. Rubinstein, P. Slusallek, and S. Hack. 2010. AnySL: efficient and portable shading for ray tracing. In Proceedings of High Performance Graphics 2010, 97-105.

Kay, D. S., and D. P. Greenberg. 1979. Transparency for computer synthesized images. In Computer Graphics (SIGGRAPH '79 Proceedings), Volume 13, 158-64.

Kay, T., and J. Kajiya. 1986. Ray tracing complex scenes. In Computer Graphics (SIGGRAPH '86 Proceedings), Volume 20, 269-78.

Kelemen, C., L. Szirmay-Kalos, G. Antal, and F. Csonka. 2002. A simple and robust mutation strategy for the Metropolis light transport algorithm. Computer Graphics Forum 21(3), 531-40.

Keller, A. 1996. Quasi-Monte Carlo radiosity. In X. Pueyo and P. Schröder (Eds.), Eurographics Rendering Workshop 1996, 101-10.

Keller, A. 1997. Instant radiosity. In Proceedings of SIGGRAPH '97, Computer Graphics Proceedings, Annual Conference Series, Los Angeles, 49-56.

Keller, A. 1998. Quasi-Monte Carlo methods for photorealistic image synthesis. Ph.D. thesis, Shaker Verlag Aachen.

Keller, A. 2001. Strictly deterministic sampling methods in computer graphics. mental images Technical Report. Also in SIGGRAPH 2003 Monte Carlo Course Notes.

Keller, A. 2004. Stratification by rank-1 lattices. Monte Carlo and Quasi-Monte Carlo Methods 2002. Berlin: Springer-Verlag.

Keller, A. 2006.Myths of computer graphics. InMonte Carlo and Quasi-Monte Carlo Methods 2004, Berlin: Springer-Verlag, 217-43.

Keller, A. 2012. Quasi-Monte Carlo image synthesis in a nutshell. In Monte Carlo and Quasi-Monte Carlo Methods 2012, Berlin: Springer-Verlag.

Keller, A., and C. Wächter. 2011. Efficient ray tracing without auxiliary acceleration data structure. High Performance Graphics 2011 Poster.

Kensler, A., and P. Shirley. 2006. Optimizing ray-triangle intersection via automated search. In IEEE Symposium on Interactive Ray Tracing, 33-38.

Kensler, A. 2008. Tree rotations for improving bounding volume hierarchies. In IEEE Symposium on Interactive Ray Tracing, 73-76.

Kensler, A., A. Knoll, and P. Shirley. 2008. Better gradient noise. Technical Report UUSCI-2008-001, SCI Institute, University of Utah.

Kensler, A. 2013. Correlated multi-jittered sampling. Pixar Technical Memo 13-01.

Kettunen, M., M. Manzi, M. Aittala, J. Lehtinen, F. Durand, and M. Zwicker. 2015. Gradientdomain path tracing. ACM Transactions on Graphics (Proceedings of SIGGRAPH 2015) 34(4), 123:1-123:13.

Kider Jr., J. T., D. Knowlton, J. Newlin, Y. K. Li, and D. P. Greenberg. 2014. A framework for the experimental comparison of solar and skydome illumination. ACM Transactions on Graphics (Proceedings of SIGGRAPH Asia 2014) 33(6), 180:1-180:12.

Kienle, A., and M. Patterson. 1997. Improved solutions of the steady-state and the timeresolved diffusion equations for reflectance from a semi-infinite turbid medium. Journal of the Optical Society of America A 14(1), 246-54.

Kim, V. G., Y. Lipman, and T. Funkhouser. 2012. Symmetry-guided texture synthesis and manipulation. ACM Transactions on Graphics 31(3), 22:1-22:14.

King, L. V. 1913. On the scattering and absorption of light in gaseous media, with applications to the intensity of sky radiation. Philosophical Transactions of the Royal Society of London. Series A. Mathematical and Physical Sciences 212, 375-433.

King, A., K. Kulla, A. Conty, and M. Fajardo. 2013. BSSRDF importance sampling. SIGGRAPH 2013 Talks.

Kirk, D., and J. Arvo. 1988. The ray tracing kernel. In Proceedings of Ausgraph '88, 75-82.

Kirk, D. B., and J. Arvo. 1991. Unbiased sampling techniques for image synthesis. Computer Graphics (SIGGRAPH '91 Proceedings), Volume 25, 153-56.

Klassen, R. V. 1987. Modeling the effect of the atmosphere on light. ACM Transactions on Graphics 6(3), 215-37.

Klimaszewski, K. S., and T. W. Sederberg. 1997. Faster ray tracing using adaptive grids. IEEE Computer Graphics and Applications 17(1), 42-51.

Knaus, C., and M. Zwicker. 2011. Progressive photon mapping: a probabilistic approach. ACM Transactions on Graphics 30(3), 25:1-25:13.

Kniep, S., S. Häring, and M. Magnor. 2009. Efficient and accurate rendering of complex light sources. Computer Graphics Forum (Proceedings of the 2009 Eurographics Symposium on Rendering) 28(4), 1073-81.

Knoll, A., Y. Hijazi, C. D. Hansen, I. Wald, and H. Hagen. 2009. Fast ray tracing of arbitrary implicit surfaces with interval and affine arithmetic. Computer Graphics Forum 28(1), 26-40.

Knuth, D. E. 1984. Literate programming. The Computer Journal 27, 97-111. Reprinted in D. E. Knuth, Literate Programming, Stanford Center for the Study of Language and Information, 1992.

Knuth, D. E. 1986. MetaFont: The Program. Reading, Massachusetts: Addison-Wesley.

Knuth, D. E. 1993a. TEX: The Program. Reading, Massachusetts: Addison-Wesley.

Knuth, D. E. 1993b. The Stanford GraphBase. New York: ACM Press and Addison-Wesley.

Kolb, C., D.Mitchell, and P. Hanrahan. 1995. A realistic camera model for computer graphics. SIGGRAPH '95 Conference Proceedings, Annual Conference Series, 317-24.

Kollig, T., and A. Keller. 2000. Efficient bidirectional path tracing by randomized quasi-Monte Carlo integration. In Monte Carlo and Quasi-Monte Carlo Methods 2000, pp. 290-305. Berlin: Springer-Verlag.

Kollig, T., and A. Keller. 2002. Efficientmultidimensional sampling. Computer Graphics Forum (Proceedings of Eurographics 2002), Volume 21, 557-63.

Kontkanen, J., J. Räsänen, and A. Keller. 2004. Irradiance filtering forMonte Carlo ray tracing. Monte Carlo and Quasi-Monte Carlo Methods, 259-72.

Kopta, D., T. Ize, J. Spjut, E. Brunvand, A. Davis, and A. Kensler. 2012. Fast, effective BVH updates for animated scenes. In Proceedings of the ACMSIGGRAPH Symposium on Interactive 3D Graphics and Games, 197-204.

Křivánek, J., P. Gautron, S. Pattanaik, and K. Bouatouch. 2005. Radiance caching for efficient global illumination computation. IEEE Transactions on Visualization and Computer Graphics 11(5), 550–61.

Kulla, C., and M. Fajardo. 2012. Importance sampling techniques for path tracing in participating media. Computer Graphics Forum (Proceedings of the 2012 Eurographics Symposium on Rendering) 31(4), 1519–28.

Kurt, M., L. Szirmay-Kalos, and J. Křivánek. 2010. An anisotropic BRDF model for fitting and Monte Carlo rendering. SIGGRAPH Computer Graphics 44(1), 3:1–3:15.

Lacewell, D., B. Burley, S. Boulos, and P. Shirley. 2008. Raytracing prefiltered occlusion for aggregate geometry. In IEEE Symposium on Interactive Ray Tracing, 19–26.

Lafortune, E. 1996. Mathematical models and Monte Carlo algorithms for physically based rendering. Ph.D. thesis, Katholieke Universiteit Leuven.

Lafortune, E., and Y. Willems. 1994. A theoretical framework for physically based rendering. Computer Graphics Forum 13(2), 97–107.

Lafortune, E. P., and Y. D. Willems. 1996. Rendering participating media with bidirectional path tracing. In Eurographics Rendering Workshop 1996, 91–100.

Lagae, A., and G. Drettakis. 2011. Filtering solid Gabor noise. ACM Transactions on Graphics (Proceedings of ACM SIGGRAPH 2011) 30(4), 51:1–51:6.

Lagae, A., and P. Dutré. 2005. An efficient ray-quadrilateral intersection test. Journal of Graphics Tools 10(4), 23–32.

Lagae, A., and P. Dutré. 2008a. Compact, fast, and robust grids for ray tracing. In Computer Graphics Forum (Proceedings of the 2008 Eurographics Symposium on Rendering) 27(4), 1235–1244.

Lagae, A., and P. Dutré. 2008b. Accelerating ray tracing using constrained tetrahedralizations. In Computer Graphics Forum (Proceedings of the 2008 Eurographics Symposium on Rendering) 27(4), 1303–12.

Lagae, E., and P. Dutré. 2008c. A comparison of methods for generating Poisson disk distributions. Computer Graphics Forum 27(1), 114–29.

Lagae, A., S. Lefebvre, G. Drettakis, and P. Dutré. 2009. Procedural noise using sparse Gabor convolution. ACM Transactions on Graphics (Proceedings of SIGGRAPH 2009) 28(3), 54:1–54:10.

Lagae, A., S. Lefebvre, R. Cook, T. DeRose, G. Drettakis, D. S. Ebert, J. P. Lewis, K. Perlin, and M. Zwicker. 2010. A survey of procedural noise functions. Computer Graphics Forum 29(8), 2579–2600.

Laine, S. 2010. Restart trail for stackless BVH traversal. In Proceedings of High Performance Graphics 2010, 107–11.

Lam, M. S., E. E. Rothberg, and M. E. Wolf. 1991. The cache performance and optimizations of blocked algorithms. In Proceedings of the Fourth International Conference on Architectural Support for Programming Languages and Operating Systems (ASPLOS-IV), Palo Alto, California.

Lambert, J. H. 1760. Photometry, or, On the Measure and Gradations of Light, Colors, and Shade. The Illuminating Engineering Society of North America. Translated by David L. DiLaura in 2001.

Lang, S. 1986. An Introduction to Linear Algebra. New York: Springer-Verlag.

Lansdale, R. C. 1991. Texture mapping and resampling for computer graphics. M.S. thesis, Department of Electrical Engineering, University of Toronto.

Larson, G. W., and R. A. Shakespeare. 1998. Rendering with Radiance: The Art and Science of Lighting Visualization. San Francisco: Morgan Kaufmann.

Lauterbach, C., M. Garland, S. Sengupta, D. Luebke, and D. Manocha. 2009. Fast BVH construction on

GPUs. Computer Graphics Forum (Eurographics 2009 Conference Proceedings) 28(2), 422-30.

Lawrence, J., S. Rusinkiewicz, and R. Ramamoorthi. 2004. Efficient BRDF importance sampling using a factored representation. ACM Transactions on Graphics (Proceedings of SIGGRAPH 2004) 23(3), 496-505.

Lawrence, J., S. Rusinkiewicz, and R. Ramamoorthi. 2005. Adaptive numerical cumulative distribution functions for efficient importance sampling. Rendering Techniques 2005: 16th Eurographics Workshop on Rendering, 11-20.

L'Ecuyer, P., and R Simard. 2007. TestU01: a C library for empirical testing of random number generators. In ACM Transactions on Mathemathical Software 33(4).

Lee, M. E., R. A. Redner, and S. P. Uselton. 1985. Statistically optimized sampling for distributed ray tracing. In Computer Graphics (Proceedings of SIGGRAPH '85), Volume 19, 61-67.

Lee, M., and R. Redner. 1990. A note on the use of nonlinear filtering in computer graphics. IEEE Computer Graphics and Applications 10(3), 23-29.

Lee, W.-J., Y. Shin, J. Lee, J.-W. Kim, J.-H. Nah, S. Jung, S. Lee, H.-S. Park, and T.-D. Han. 2013. SGRT: a mobile GPU architecture for real-time ray tracing. In Proceedings of High Performance Graphics 2013, 109-19.

Lee,W.-J., Y. Shin, S. J. Hwang, S. Kang, J.-J. Yoo, and S. Ryu. 2015. Reorder buffer: an energyefficient multithreading architecture for hardware MIMD ray traversal. In Proceedings of High Performance Graphics 2015, 21-32.

Lefebvre, S., S. Hornus, and A. Lasram. 2010. By-example synthesis of architectural textures. ACM Transactions on Graphics (Proceedings of SIGGRAPH 2010) 29(4), 84:1-84:8.

Lehtinen, J., T. Aila, J. Chen, S. Laine, and F. Durand. 2011. Temporal light field reconstruction for rendering distribution effects. ACM SIGGRAPH 2011 Papers. 55:1-55:12.

Lehtinen, J., T. Aila, S. Laine, and F. Durand. 2012. Reconstructing the indirect light field for global illumination. ACM Transactions on Graphics 31(4). 51:1-51:10.

Lehtinen, J., T. Karras, S. Laine, M. Aittala, F. Durand, and T. Aila. 2013. Gradient-domain Metropolis light transport. ACM Transactions on Graphics (Proceedings of SIGGRAPH 2013) 32(4), 95:1-95:12.

Lehtonen, J., J. Parkkinen, and T. Jaaskelainen. 2006. Optimal sampling of color spectra. Journal of the Optical Society of America A 23(13), 2983-88.

Lessig, C., M. Desbrun, and E. Fiume. 2014. A constructive theory of sampling for image synthesis using reproducing kernel bases. ACM Transactions on Graphics (Proceedings of SIGGRAPH 2014) 33(4), 55:1-55:14.

Levine, J. R., T. Mason, and D. Brown. 1992. lex & yacc. Sebastopol, California: O'Reilly & Associates.

Levoy, M. 1988. Display of surfaces from volume data. IEEE Computer Graphics and Applications 8(3), 29-37.

Levoy, M. 1990a. Efficient ray tracing of volume data. ACM Transactions on Graphics 9(3), 245-61.

Levoy, M. 1990b. A hybrid ray tracer for rendering polygon and volume data. IEEE Computer Graphics and Applications 10(2), 33-40.

Levoy, M., and P. M. Hanrahan. 1996. Light field rendering. In Proceedings of SIGGRAPH '96, Computer Graphics Proceedings, Annual Conference Series, 31-42.

Levoy, M., and T. Whitted. 1985. The use of points as a display primitive. Technical Report 85-022. Computer Science Department, University of North Carolina at Chapel Hill.

Lewis, J.-P. 1989. Algorithms for solid noise synthesis. In Computer Graphics (Proceedings of SIGGRAPH '89), Volume 23, 263-70.

Li, H., L.-Y. Wei, P. Sander, and C.-W. Fu. 2010. Anisotropic blue noise sampling. ACM Transactions on Graphics (Proceedings of SIGGRAPH Asia 2010) 29(6), 167:1-167:12.

Li, K., F. Pellacini, and K. Torrance. 2005. A hybrid Monte Carlo method for accurate and efficient subsurface scattering. In Rendering Techniques (Proceedings of the 2005 Eurographics Symposium on Rendering), 283-90.

Liu, J. S. 2001. Monte Carlo Strategies in Scientific Computing. New York: Springer-Verlag.

Logie, J. R., and J. W. Patterson. 1994. Inverse displacement mapping in the general case. Computer Graphics Forum 14(5), 261-73.

Lokovic, T., and E. Veach. 2000. Deep shadow maps. In Proceedings of ACM SIGGRAPH 2000, Computer Graphics Proceedings, Annual Conference Series, 385-92.

Lommel, E. 1889. Die Photometrie der diffusen Zurückwerfung. Annalen der Physik 36, 473-502.

Loop, C. 1987. Smooth subdivision surfaces based on triangles. M.S. thesis, University of Utah.

Lu, H., R. Pacanowski, and X. Granier. 2013. Second-order approximation for variance reduction in multiple importance sampling. Computer Graphics Forum 32(7), 131-36.

Lu, H., R. Pacanowski, and X. Granier. 2015. Position-dependent importance sampling of light field luminaires. IEEE Transactions on Visualization and Computer Graphics 21(2), 241-51.

Lukaszewski, A. 2001. Exploiting coherence of shadow rays. In AFRIGRAPH 2001, 147-50. ACM SIGGRAPH.

MacDonald, J. D., and K. S. Booth. 1990. Heuristics for ray tracing using space subdivision. The Visual Computer 6(3), 153-66.

Machiraju, R., and R. Yagel. 1996. Reconstruction error characterization and control: a sampling theory approach. IEEE Transactions on Visualization and Computer Graphics 2(4).

MacKay, D. 2003. Information Theory, Inference, and Learning Algorithms. Cambridge: Cambridge University Press.

Malacara, D. 2002. Color Vision and Colorimetry: Theory and Applications. SPIE-The International Society for Optical Engineering.

Mann, S., N. Litke, and T. DeRose. 1997. A coordinate free geometry ADT. Research Report CS-97-15, Computer Science Department, University ofWaterloo.

Manson, J., and S. Schaefer. 2013. Cardinality-constrained texture filtering. ACM Transactions on Graphics (Proceedings of SIGGRAPH 2013) 32(4), 140:1-140:8.

Manson, J., and S. Schaefer. 2014. Bilinear accelerated filter approximation. Computer Graphics Forum (Proceedings of the 2014 Eurographics Symposium on Rendering) 33(4), 33-40.

Mansson, E., J. Munkberg, and T. Akenine-Möller. 2007. Deep coherent ray tracing. In Proceedings of IEEE Symposium on Interactive Ray Tracing, 79-85.

Manzi, M., M. Kettunen, M. Aittala, J. Lehtinen, F. Durand, and M. Zwicker. 2015. Gradientdomain bidirectional path tracing. Eurographics Symposium on Rendering-Experimental Ideas & Implementations.

Manzi, M., F. Rousselle, M. Kettunen, J. Lehtinen, and M. Zwicker. 2014. Improved sampling for gradient-domain Metropolis light transport. ACM Transactions on Graphics (Proceedings of SIGGRAPH Asia 2014) 33(6), 178:1-178:12.

Marques, R., C. Bouville, M. Ribardi`ere, L. P. Santos, and K. Bouatouch. 2013. Spherical Fibonacci point sets for illumination integrals. Computer Graphics Forum (Proceedings of the 2013 Eurographics Symposium on Rendering) 32(4), 134-43.

Marschner, S. 1998. Inverse rendering for computer graphics. Ph.D. thesis, Cornell University.

Marschner, S. R., H. W. Jensen, M. Cammarano, S. Worley, and P. Hanrahan. 2003. Light scattering from human hair fibers. ACM Transactions on Graphics 22(3), 780-91.

Marschner, S. R., and R. J. Lobb. 1994. An evaluation of reconstruction filters for volume rendering. In Proceedings of Visualization '94,Washington, D.C., 100-07.

Marschner, S., S. Westin, A. Arbree, and J. Moon. 2005. Measuring and modeling the appearance of finished wood. In ACM Transactions on Graphics (Proceedings of SIGGRAPH 2005) 24(3), 727-34.

Martin,W., E. Cohen, R. Fish, and P. S. Shirley. 2000. Practical ray tracing of trimmed NURBS surfaces. Journal of Graphics Tools 5(1), 27-52.

Mas, A., I. Mart´ın, and G. Patow. 2008. Compression and importance sampling of near-field light sources. Computer Graphics Forum 27(8), 2013-27.

Matusik, W., H. Pfister, M. Brand, and L. McMillan. 2003a. Efficient isotropic BRDF measurement. In Proceedings of the 14th Eurographics Workshop on Rendering, 241-47.

Matusik, W., H. Pfister, M. Brand, and L. McMillan. 2003b. A data-driven reflectance model. ACM Transactions on Graphics (Proceedings of SIGGRAPH 2003) 22(3), 759-69.

Max, N. L. 1986. Atmospheric illumination and shadows. In Computer Graphics (Proceedings of SIGGRAPH '86), Volume 20, 117-24.

Max, N. L. 1988. Horizon mapping: shadows for bump-mapped surfaces. The Visual Computer 4(2), 109-17.

Max, N. L. 1995. Optical models for direct volume rendering. IEEE Transactions on Visualization and Computer Graphics 1(2), 99-108.

McCluney,W. R. 1994. Introduction to Radiometry and Photometry. Boston: Artech House.

McCombe, J. 2013. Low power consumption ray tracing. SIGGRAPH 2013 Course: Ray Tracing Is the Future and Ever Will Be.

McCormack, J., R. Perry, K. I. Farkas, and N. P. Jouppi. 1999. Feline: fast elliptical lines for anisotropic texture mapping. In Proceedings of SIGGRAPH '99, Computer Graphics Proceedings, Annual Conference Series, Los Angeles, 243-250.

Meijering, E. 2002. A chronology of interpolation: from ancient astronomy to modern signal and image processing. In Proceedings of the IEEE 90(3), 319-42.

Meijering, E. H. W., W. J. Niessen, J. P. W. Pluim, and M. A. Viergever. 1999. Quantitative comparison of sinc-approximating kernels for medical image interpolation. In C. Taylor and A. Colchester (Eds.),Medical Image Computing and Computer-Assisted Intervention-MICCAI 1999, 210-17. Berlin: Springer-Verlag.

Meng, J., F. Simon, J. Hanika, and C. Dachsbacher. 2015. Physically meaningful rendering using tristimulus colours. Computer Graphics Forum (Proceedings of the 2015 Eurographics Symposium on Rendering) 34(4), 31-40.

Metropolis, N., A. Rosenbluth, M. Rosenbluth, A. Teller, and E. Teller. 1953. Equation of state calculations by fast computing machines. Journal of Chemical Physics 21(6), 1087-92.

Meyer, G. W., and D. P. Greenberg. 1980. Perceptual color spaces for computer graphics. In Computer Graphics (Proceedings of SIGGRAPH '80),Volume 14, Seattle,Washington, 254-261.

Meyer, G. W., H. E. Rushmeier, M. F. Cohen, D. P. Greenberg, and K. E. Torrance. 1986. An experimental evaluation of computer graphics imagery. ACM Transactions on Graphics 5(1), 30-50.

Mikkelsen, M. 2008. Simulation of wrinkled surfaces revisited. M.S. thesis, University of Copenhagen.

Miller, G. S., and C. R. Hoffman. 1984. Illumination and reflection maps: simulated objects in simulated and real environments. Course Notes for Advanced Computer Graphics Animation, SIGGRAPH '84.

Mitchell, D. P. 1987. Generating antialiased images at low sampling densities. Computer Graphics (SIGGRAPH '87 Proceedings), Volume 21, 65-72.

Mitchell, D. P. 1990. Robust ray intersection with interval arithmetic. In Proceedings of Graphics Interface 1990, 68-74.

Mitchell, D. P. 1991. Spectrally optimal sampling for distributed ray tracing. Computer Graphics (SIGGRAPH '91 Proceedings), Volume 25, 157-64.

Mitchell, D. P. 1992. Ray tracing and irregularities of distribution. In Third Eurographics Workshop on Rendering, Bristol, United Kingdom, 61-69.

Mitchell, D. P. 1996b. Consequences of stratified sampling in graphics. In Proceedings of SIGGRAPH '96, Computer Graphics Proceedings, Annual Conference Series, New Orleans, Louisiana, 277-80.

Mitchell, D. P., and P. Hanrahan. 1992. Illumination from curved reflectors. In Computer Graphics (Proceedings of SIGGRAPH '92), Volume 26, 283-91.

Mitchell, D. P., and A. N. Netravali. 1988. Reconstruction filters in computer graphics. Computer Graphics (SIGGRAPH '88 Proceedings), Volume 22, 221-28.

Möller, T., R.Machiraju, K.Mueller, and R. Yagel. 1997. Evaluation and design of filters using a Taylor series expansion. IEEE Transactions on Visualization and Computer Graphics 3(2), 184-99.

Möller, T., and B. Trumbore. 1997. Fast, minimum storage ray-triangle intersection. Journal of Graphics Tools 2(1), 21-28.

Moon, B., Y. Byun, T.-J. Kim, P. Claudio, H.-S. Kim, Y.-J. Ban, S. W. Nam, and S.-E. Yoon. 2010. Cache-oblivious ray reordering. ACM Transactions on Graphics 29(3), 28:1-28:10.

Moon, B., N. Carr, and S.-E. Yoon. 2014. Adaptive rendering based on weighted local regression. ACM Transactions on Graphics 33(5), 170:1-170:14.

Moon, J., and S. Marschner. 2006. Simulating multiple scattering in hair using a photon mapping approach. ACM Transactions on Graphics (Proceedings of SIGGRAPH 2006) 25(3), 1067-74.

Moon, J., B. Walter, and S. Marschner. 2007. Rendering discrete random media using precomputed scattering solutions. Rendering Techniques 2007: 18th Eurographics Workshop on Rendering, 231-42.

Moon, J., B. Walter, and S. Marschner. 2008. Efficient multiple scattering in hair using spherical harmonics. ACM Transactions on Graphics (Proceedings of SIGGRAPH 2008) 27(3), 31:1-31:7.

Moon, P., and D. E. Spencer. 1936. The Scientific Basis of Illuminating Engineering. New York: McGraw-Hill.

Moon, P., and D. E. Spencer 1948. Lighting Design. Reading, Masschusetts: Addison-Wesley. Moore, R. E. 1966. Interval Analysis. Englewood Cliffs, New Jersey: Prentice Hall.

Mora, B. 2011. Naive ray-tracing: A divide-and-conquer approach. ACM Transactions on Graphics 30(5), 117:1-117:12.

Moravec, H. 1981. 3D graphics and the wave theory. In Computer Graphics, Volume 15, 289-96.

Morley, R. K., S. Boulos, J. Johnson, D. Edwards, P. Shirley, M. Ashikhmin, and S. Premoze. 2006. Image synthesis using adjoint photons. In Proceedings of Graphics Interface 2006, 179-86.

Motwani, R., and P. Raghavan. 1995. Randomized Algorithms. Cambridge, U.K.: Cambridge University Press.

Moulin, M., N. Billen, P. Dutré. 2015. Efficient visibility heuristics for kd-trees using the RTSAH. Eurographics Symposium on Rendering-Experimental Ideas & Implementations.

Moulton, J. 1990. Diffusion modeling of picosecond laser pulse propagation in turbid media. Master's thesis, McMaster University.

Müller, K., T. Techmann, and D. Fellner. 2003. Adaptive ray tracing of subdivision surfaces. Computer Graphics Forum 22(3), 553-62.

Müller, G., J. Meseth, M. Sattler, R. Sarlette, and R. Klein. 2005. Acquisition, synthesis and rendering of bidirectional texture functions. Computer Graphics Forum (Eurographics State of the Art Report) 24(1), 83-109.

Munkberg, J., K. Vaidyanathan, J. Hasselgren, P. Clarberg, and T. Akenine-Möller. 2014. Layered reconstruction for defocus and motion blur. Computer Graphics Forum 33, 81-92.

Musbach, A., G. W. Meyer, F. Reitich, and S. H. Oh. 2013. Full wave modelling of light propagation and reflection. Computer Graphics Forum 32(6), 24-37.

Museth, K. 2013. VDB: high-resolution sparse volumes with dynamic topology. ACM Transactions on Graphics 32(3), 27:1-27:22.

Musgrave, K. 1992. A panoramic virtual screen for ray tracing. In D. Kirk (Ed.), Graphics Gems III, 288-94. San Diego: Academic Press.

Nabata, K., K. Iwasaki, Y. Dobashi, and T. Nishita. 2013. Efficient divide-and-conquer ray tracing using ray sampling. In Proceedings of High Performance Graphics 2013, 129-35.

Nah, J.-H., J.-S. Park, C. Park, J.-W. Kim, Y.-H. Jung, W.-C. Park, and T.-D. Han. 2011. T&I engine: traversal and intersection engine for hardware accelerated ray tracing. ACM Transactions on Graphics (Proceedings of SIGGRAPH Asia 2011) 30(6), 160:1-160:10.

Nakamaru, K., and Y. Ohno. 2002. Ray tracing for curves primitive. In Journal of WSCG (WSCG 2002 Proceedings) 10, 311-16.

Narasimhan, S., M. Gupta, C. Donner, R. Ramamoorthi, S. Nayar, and H. W. Jensen. 2006. Acquiring scattering properties of participating media by dilution. ACM Transactions on Graphics 25(3), 1003-12.

Nayar, S. K., K. Ikeuchi, and T. Kanade. 1991. Surface reflection: physical and geometrical perspectives. IEEE Transactions on Pattern Analysis and Machine Intelligence 17(7), 611-34.

Naylor, B. 1993. Constructing good partition trees. In Proceedings of Graphics Interface 1993, 181-91.

Neyret, F. 1996. Synthesizing verdant landscapes using volumetric textures. In Eurographics Rendering Workshop 1996, 215-24.

Neyret, F. 1998. Modeling, animating, and rendering complex scenes using volumetric textures. IEEE Transactions on Visualization and Computer Graphics 4(1), 55-70.

Nicodemus, F., J. Richmond, J. Hsia, I. Ginsburg, and T. Limperis. 1977. Geometrical Considerations and Nomenclature for Reflectance. NBS Monograph 160, Washington, D.C.: National Bureau of Standards, U.S. Department of Commerce.

Niederreiter, H. 1992. Random Number Generation and Quasi-Monte Carlo Methods. Philadelphia: Society for Industrial and Applied Mathematics.

Nishita, T., and E. Nakamae. 1985. Continuous tone representation of three-dimensional objects taking account of shadows and interreflection. SIGGRAPH Computer Graphics 19(3), 23–30.

Nishita, T., and E. Nakamae. 1986. Continuous tone representation of three-dimensional objects illuminated by sky light. In Computer Graphics (Proceedings of SIGGRAPH '86), Volume 20, 125–32.

Nishita, T., Y. Miyawaki, and E. Nakamae. 1987. A shading model for atmospheric scattering considering luminous intensity distribution of light sources. In Computer Graphics (Proceedings of SIGGRAPH '87), Volume 21, 303–10.

Ngan, A., F. Durand, andW.Matusik. 2005. Experimental analysis of BRDF models. Rendering Techniques 2005: 16th Eurographics Workshop on Rendering, 117–26.

Ng, R., M. Levoy, M. Brédif., G. Duval, M. Horowitz, and P. Hanrahan. 2005. Light field photography with a hand-held plenoptic camera. Stanford University Computer Science Technical Report, CSTR 2005-02.

Norton, A., A. P. Rockwood, and P. T. Skolmoski. 1982. Clamping: a method of antialiasing textured surfaces by bandwidth limiting in object space. In Computer Graphics (Proceedings of SIGGRAPH '82), Volume 16, 1–8.

Novák, J., A. Selle, and W. Jarosz. 2014. Residual ratio tracking for estimating attenuation in participating media. ACM Transactions on Graphics (Proceedings of SIGGRAPH Asia 2014) 33(6), 179:1–179:11.

O'Neill, M. 2014. PCG: A family of simple fast space-efficient statistically good algorithms for random number generation. Unpublished manuscript. http://www.pcg-random.org/paper.html.

Ogaki, S., and Y. Tokuyoshi. 2011. Direct ray tracing of Phong tessellation. Computer Graphics Forum (Proceedings of the 2011 Eurographics Symposium on Rendering) 30(4), 1337–44.

Ohmer, S. 1997. Ray Tracers: Blue Sky Studios. Animation World Network, http://www.awn.com/animationworld/ray-tracers-blue-sky-studios.

Olano, M., and D. Baker. 2010. LEAN mapping. In Proceedings of the 2010 ACM SIGGRAPH symposium on Interactive 3D Graphics and Games, 181–88.

OpenMP Architecture Review Board. 2013. OpenMP Application Program Interface. http://www.openmp.org/mp-documents/OpenMP4.0.0.pdf.

Ooi, B. C., K. McDonell, and R. Sacks-Davis. 1987. Spatial kd-tree: a data structure for geographic databases. In Proceedings of the IEEE COMPSAC Conference.

Oren, M., and S. K.Nayar. 1994. Generalization of Lambert's reflectance model. In Proceedings of SIGGRAPH '94, Computer Graphics Proceedings, Annual Conference Series, 239–46. New York: ACM Press.

Ou, J., and F Pellacini. 2010. SafeGI: type checking to improve correctness in rendering system implementation. Computer Graphics Forum (Proceedings of the 2010 Eurographics Symposium on Rendering) 29(4), 1267–77.

Ou, J., F. Xie, P. Krishnamachari, and F. Pellacini. 2012. ISHair: importance sampling for hair scattering. Computer Graphics Forum (Proceedings of the 2012 Eurographics Symposium on Rendering) 31(4), 1537–45.

Overbeck, R., C. Donner, and R. Ramamoorthi. 2009. Adaptive wavelet rendering. ACM Transactions on Graphics (Proceedings of ACM SIGGRAPH Asia 2009) 28(5), 140:1–140:12.

Owen, A. B. 1998. Latin supercube sampling for very high-dimensional simulations.Modeling and Computer Simulation 8(1), 71–102.

Pacanowski, R., O. Salazar-Celis, C. Schlick, X. Granier, P. Poulin, and A. Cuyt. 2012. Rational BRDF. IEEE Transactions on Visualization and Computer Graphics 18(11), 1824–35.

Pajot, A., L. Barthe, M. Paulin, and P. Poulin. 2011. Representativity for robust and adaptive multiple importance sampling. IEEE Transactions on Visualization and Computer Graphics 17(8), 1108-21.

Pantaleoni, J., L. Fascione, M. Hill, and T. Aila. 2010. PantaRay: fast ray-traced occlusion caching of massive scenes. ACM Transactions on Graphics (Proceedings of SIGGRAPH 2010) 29(4), 37:1-37:10.

Pantaleoni, J., andD. Luebke. 2010. HLBVH: hierarchical LBVHconstruction for real-time ray tracing of dynamic geometry. In Proceedings of the Conference on High Performance Graphics 2010, 87-95.

Papas, M., K. de Mesa, and H. W. Jensen. 2014. A physically-pased BSDF for modeling the appearance of paper. Computer Graphics Forum (Proceedings of the 2014 Eurographics Symposium on Rendering) 33(4), 133-42.

Parker, S., S. Boulos, J. Bigler, and A. Robison. 2007. RTSL: a ray tracing shading language. In Proceedings of IEEE Symposium on Interactive Ray Tracing.

Parker, S. G., J. Bigler, A. Dietrich, H. Friedrich, J. Hoberock, D. Luebke, D. McAllister, M.McGuire, K.Morley, A. Robison, and M. Stich. 2010. OptiX: a general purpose ray tracing engine. ACM Transactions on Graphics (Proceedings of SIGGRAPH 2010) 29(4), 66:1-66:13.

Parker, S., W. Martin, P.-P. J. Sloan, P. S. Shirley, B. Smits, and C. Hansen. 1999. Interactive ray tracing. In 1999 ACM Symposium on Interactive 3D Graphics, 119-26.

Patney, A., M. S. Ebeida, and J. D. Owens. 2009. Parallel view-dependent tessellation of Catmull-Clark subdivision surfaces. In Proceedings of High Performance Graphics 2009, 99-108.

Pattanaik, S. N., and S. P.Mudur. 1995. Adjoint equations and random walks for illumination computation. ACM Transactions on Graphics 14(1), 77-102.

Patterson, D., and J. Hennessy. 2006. Computer Architecture: A Quantitative Approach. San Francisco: Morgan Kaufmann.

Patterson, J.W., S. G. Hoggar, and J. R. Logie. 1991. Inverse displacement mapping. Computer Graphics Forum 10(2), 129-39.

Pauly, M. 1999. Robust Monte Carlo methods for photorealistic rendering of volumetric effects. Master's thesis, Universität Kaiserslautern.

Pauly, M., T. Kollig, and A. Keller. 2000. Metropolis light transport for participating media. In Rendering Techniques 2000: 11th Eurographics Workshop on Rendering, 11-22.

Peachey, D. R. 1985. Solid texturing of complex surfaces. Computer Graphics (SIGGRAPH '85 Proceedings), Volume 19, 279-86.

Peachey, D. R. 1990. Texture on demand. Pixar Technical Memo #217.

Pearce, A. 1991. A recursive shadow voxel cache for ray tracing. In J. Arvo (Ed.), Graphics Gems II, 273-74. San Diego: Academic Press.

Peercy, M. S. 1993. Linear color representations for full spectral rendering. Computer Graphics (SIGGRAPH '93 Proceedings), Volume 27, 191-98.

Peers, P., K. vom Berge, W. Matusik, R. Ramamoorthi, J. Lawrence, S. Rusinkiewicz, and P. Dutré. 2006. A compact factored representation of heterogeneous subsurface scattering. ACM Transactions on Graphics 25(3), 746-53.

Pegoraro, V., and S. Parker. 2009. An analytical solution to single scattering in homogeneous participating media. Computer Graphics Forum (Proceedings of Eurographics 2009) 28(2), 329-35.

Pegoraro, V., M. Schott, and S. Parker. 2009. An analytical approach to single scattering for anisotropic media and light distributions. In Proceedings of Graphics Interface 2009, 71-77.

Pegoraro, V., C. Brownlee, P. Shirley, and S. Parker. 2008a. Towards interactive global illumination effects via sequential Monte Carlo adaptation. IEEE Symposium on Interactive Ray Tracing, 107-14.

Pegoraro, V., M. Schott, and S. G. Parker. 2010. A closed-form solution to single scattering for general phase functions and light distributions. Computer Graphics Forum (Proceedings of the 2010 Eurographics Symposium on Rendering) 29(4), 1365-74.

Pegoraro, V., M. Schott, and P. Slusallek. 2011. A mathematical framework for efficient closed-form single scattering. In Proceedings of Graphics Interface 2011, 151-58.

Pegoraro, V., I. Wald, and S. Parker. 2008b. Sequential Monte Carlo adaptation in lowanisotropy participating media. Computer Graphics Forum (Proceedings of the 2008 Eurographics Symposium on Rendering) 27(4), 1097-1104.

Pekelis, L., and C. Hery. 2014. A statistical framework for comparing importance sampling methods, and an application to rectangular lights. Pixar Technical Memo 14-01.

Pekelis, L., C. Hery, R. Villemin, and J. Ling. 2015. A data-driven light scattering model for hair. Pixar Technical Memo 15-02.

Perlin, K. 1985a. An image synthesizer. In Computer Graphics (SIGGRAPH '85 Proceedings), Volume 19, 287-96.

Perlin, K. 1985b. State of the art in image synthesis. SIGGRAPH Course Notes 11.

Perlin, K. 2002. Improving noise. ACM Transactions on Graphics 21(3), 681-82.

Perlin, K., and E. M. Hoffert. 1989. Hypertexture. In Computer Graphics (Proceedings of SIGGRAPH '89), Volume 23, 253-62.

Pfister, H., M. Zwicker, J. van Baar, and M. Gross. 2000. Surfels: Surface elements as rendering primitives. In Proceedings of ACM SIGGRAPH 2000,Computer Graphics Proceedings, Annual Conference Series, 335-42.

Pharr, M., and P. Hanrahan. 1996. Geometry caching for ray-tracing displacement maps. In Eurographics Rendering Workshop 1996, 31-40.

Pharr, M., and P. M. Hanrahan. 2000. Monte Carlo evaluation of non-linear scattering equations for subsurface reflection. In Proceedings of ACM SIGGRAPH 2000, Computer Graphics Proceedings, Annual Conference Series, 75-84.

Pharr, M., and G. Humphreys. 2004. Physically Based Rendering: From Theory to Implementation. San Francisco: Morgan Kaufmann.

Pharr, M., C. Kolb, R. Gershbein, and P. M. Hanrahan. 1997. Rendering complex scenes with memory-coherent ray tracing. In Proceedings of SIGGRAPH '97, Computer Graphics Proceedings, Annual Conference Series, 101-08.

Pharr, M., and W. R. Mark. 2012. ispc: a SPMD compiler for high-performance CPU programming. In Proceedings of Innovative Parallel Computing (InPar).

Phong, B.-T. 1975. Illumination for computer generated pictures. Communications of the ACM 18(6), 311-17.

Phong, B.-T., and F. C. Crow. 1975. Improved rendition of polygonal models of curved surfaces. In Proceedings of the 2nd USA-Japan Computer Conference.

Pilleboue, A., G. Singh, D. Coeurjolly, M. Kazhdan, and V. Ostromoukhov. 2015. Variance analysis for Monte Carlo integration. ACM Transactions on Graphics (Proceedings of SIGGRAPH 2015) 34(4), 124:1-124:14.

Piponi, D. 2012. Lossless decompression and the generation of random samples. http://blog.sigfpe.com/

2012/01/lossless-decompression-and-generation.html.

Pixar Animation Studios. 2000. The RenderMan Interface. Version 3.2.

Pomraning, G. C., and B. D. Ganapol. 1995. Asymptotically consistent reflection boundary conditions for diffusion theory. In Annals of Nuclear Energy 22(12), 787-817.

Popov, S., I. Georgiev, P. Slusallek, and C. Dachsbacher. 2013. Adaptive quantization visibility caching. Computer Graphics Forum (Proceedings of Eurographics 2013) 32(2), 399-408.

Popov, S., J. Gunther, H. P. Seidel, and P. Slusallek. 2006. Experinces with streaming construction of SAH kd-trees. In IEEE Symposium on Interactive Ray Tracing, 89-94.

Popov, S., R. Dimov, I. Georgiev, and P. Slusallek. 2009. Object partitioning considered harmful: space subdivision for BVHs. In Proceedings of High Performance Graphics 2009, 15-22.

Porumbescu, S., B. Budge, L. Feng, and K. Joy. 2005. Shell maps. In ACM Transactions on Graphics (Proceedings of SIGGRAPH 2005) 24(3), 626-33.

Potmesil, M., and I. Chakravarty. 1981. A lens and aperture camera model for synthetic image generation. In Computer Graphics (Proceedings of SIGGRAPH '81), Volume 15, 297-305.

Potmesil, M., and I. Chakravarty. 1982. Synthetic image generation with a lens and aperture camera model. ACM Transactions on Graphics 1(2), 85-108.

Potmesil, M., and I. Chakravarty. 1983.Modeling motion blur in computer-generated images. In Computer Graphics (Proceedings of SIGGRAPH 83),Volume 17, Detroit,Michigan, 389-99.

Poulin, P., and A. Fournier. 1990. A model for anisotropic reflection. In Computer Graphics (Proceedings of SIGGRAPH '90), Volume 24, 273-82.

Poynton, C. 2002a. Frequently-asked questions about color. www.poynton.com/ColorFAQ.html.

Poynton, C. 2002b. Frequently-asked questions about gamma. www.poynton.com/GammaFAQ.html.

Preetham, A. J., P. S. Shirley, and B. E. Smits. 1999. A practical analytic model for daylight. In Proceedings of SIGGRAPH '99, Computer Graphics Proceedings, Annual Conference Series, 91-100.

Preisendorfer, R.W. 1965. Radiative Transfer on Discrete Spaces. Oxford: Pergamon Press.

Preisendorfer, R. W. 1976. Hydrologic Optics. Honolulu, Hawaii: U.S. Department of Commerce, National Oceanic and Atmospheric Administration.

Press, W. H., S. A. Teukolsky, W. T. Vetterling, and B. P. Flannery. 1992. Numerical Recipes in C: The Art of Scientific Computing (2nd ed.). Cambridge: Cambridge University Press.

Prusinkiewicz, P. 1986. Graphical applications of L-systems. In Proceedings of Graphics Interface 1986, 247-53.

Prusinkiewicz, P., M. James, and R. Mech. 1994. Synthetic topiary. In Proceedings of SIGGRAPH '94, Computer Graphics Proceedings, Annual Conference Series, 351-58.

Prusinkiewicz, P., L. Mündermann, R. Karwowski, and B. Lane. 2001. The use of positional information in the modeling of plants. In Proceedings of ACM SIGGRAPH 2001, Computer Graphics Proceedings, Annual Conference Series, 289-300.

Purcell, T. J., I. Buck, W. R. Mark, and P. Hanrahan. 2002. Ray tracing on programmable graphics hardware. ACM Transactions on Graphics 21(3), 703-12.

Purcell, T. J., C. Donner, M. Cammarano, H. W. Jensen, and P. Hanrahan. 2003. Photon mapping on programmable graphics hardware. In Graphics Hardware 2003, 41-50.

Purgathofer, W. 1987. A statistical mothod for adaptive stochastic sampling. Computers & Graphics 11(2),

157–62.

Qin, H., M. Chai, Q.Hou, Z. Ren, and K. Zhou. 2014. Cone tracing for furry object rendering. IEEE Transactions on Visualization and Computer Graphics 20(8), 1178–88.

Quilez, I. 2015. Distance estimation. http://iquilezles.org/www/articles/distance/distance.htm.

Raab, M., D. Seibert, and A. Keller. 2006. Unbiased global illumination with participating media. Proc. Monte Carlo and Quasi-Monte Carlo Methods 2006, 591–605.

Radziszewski, M., K. Boryczko, and W. Alda. 2009. An improved technique for full spectral rendering. Journal of WSCG 17(1–3), 9–16.

Ramamoorthi, R., and A. Barr. 1997. Fast construction of accurate quaternion splines. In Proceedings of SIGGRAPH '97, Computer Graphics Proceedings, Annual Conference Series, Los Angeles, 287–92.

Ramsey, S. D., K. Potter., and C. Hansen. 2004. Ray bilinear patch intersections. Journal of Graphics Tools 9(3), 41–47.

Ramshaw, L. 1987. Blossoming: a connect-the-dots approach to splines. Digital Systems Research Center Technical Report.

Reeves,W. T., D. H. Salesin, and R. L. Cook. 1987. Rendering antialiased shadows with depth maps. In Computer Graphics (Proceedings of SIGGRAPH '87), Volume 21, 283–91.

Reichert, M. C. 1992. A two-pass radiosity method driven by lights and viewer position. Master's thesis, Cornell University.

Reinert, B., T. Ritschel, H.-P. Seidel, and I. Georgiev. 2015. Projective blue-noise sampling. In Computer Graphics Forum.

Reinhard, E., T. Pouli, T. Kunkel, B. Long, A. Ballestad, and G. Damberg. 2012. Calibrated image appearance reproduction. ACM Transactions on Graphics (Proceedings of SIGGRAPH Asia 2012) 31(6), 201:1–201:11.

Reinhard, E., G. Ward, P. Debevec, S. Pattanaik, W. Heidrich, and K. Myszkowski. 2010.

High Dynamic Range Imaging: Acquisition, Display, and Image-Based Lighting. San Francisco: Morgan Kaufmann.

Reshetov, A., A. Soupikov, and J. Hurley. 2005. Multi-level ray tracing algorithm. ACM Transactions on Graphics (Proceedings of SIGGRAPH 2005) 24(3), 1176–85.

Reshetov, A. 2007. Faster ray packets-triangle intersection through vertex culling. In Proceedings of IEEE Symposium on Interactive Ray Tracing, 105–12.

Reshetov, A. 2009. Morphological antialiasing. In Proceedings of High Performance Graphics 2009.

Rogers, D. F., and J. A. Adams. 1990. Mathematical Elements for Computer Graphics. New York: McGraw-Hill.

Ross, S. M. 2002. Introduction to Probability Models (8th ed.). San Diego: Academic Press.

Roth, S. D. 1982. Ray casting for modeling solids. Computer Graphics and Image Processing 18, 109–44.

Roth, S. H., P. Diezi, and M. Gross. 2001. Ray tracing triangular Bézier patches. In Computer Graphics Forum (Eurographics 2001 Conference Proceedings) 20(3), 422–30.

Rougeron, G., and B. Péroche. 1997. An adaptive representation of spectral data for reflectance computations. In Eurographics Rendering Workshop 1997, 126–38.

Rougeron, G., and B. Péroche. 1998. Color fidelity in computer graphics: a survey. Computer Graphics Forum 17(1), 3–16.

Rousselle, F., P. Clarberg, L. Leblank, V. Ostromoukhov, and P. Poulin. 2008. Efficient product sampling using hierarchical thresholding. The Visual Computer (Proceedings of CGI 2008) 24(7-9), 465-74.

Rousselle, F., C. Knaus, and M. Zwicker. 2012. Adaptive rendering with non-local means filtering. ACM Transactions on Graphics 31(6), 195:1-195:11.

Rousselle, F., M. Manzi, and M. Zwicker. 2013. Robust denoising using feature and color information. Computer Graphics Forum (Proceedings of Pacific Graphics) 32(7), 121-30.

Rubin, S. M., and T. Whitted. 1980. A 3-dimensional representation for fast rendering of complex scenes. Computer Graphics 14(3), 110-16.

Ruckert, M. 2005. Understanding MP3.Wiesbaden, Germany: GWV-Vieweg.

Rushmeier, H. E. 1988. Realistic image synthesis for scenes with radiatively participating media. Ph.D. thesis, Cornell University.

Rushmeier, H. E., and K. E. Torrance. 1987. The zonal method for calculating light intensities in the presence of a participating medium. In Computer Graphics (Proceedings of SIGGRAPH '87), Volume 21, 293-302.

Rushmeier, H., C. Patterson, and A. Veerasamy. 1993. Geometric simplification for indirect illumination calculations. In Proceedings of Graphics Interface 1993, 227-36.

Rusinkiewicz, S. 1998. A new change of variables for efficient BRDF representation. In Proceedings of the Eurographics Rendering Workshop, 11-23.

Rusinkiewicz, S., and M. Levoy. 2000. Qsplat: a multiresolution point rendering system for large meshes. In Proceedings of ACM SIGGRAPH 2000, Computer Graphics Proceedings, Annual Conference Series, 343-52.

Sadeghi, I., O. Bisker, J. De Deken, and H. W. Jensen. 2013. A practical microcylinder appearance model for cloth rendering. ACM Transactions on Graphics 32(2), 14:1-14:12.

Sadeghi, I., H. Pritchett, H. W. Jensen, and R. Tamstorf. 2010. An artist friendly hair shading system. ACM Transactions on Graphics (Proceedings of SIGGRAPH 2010) 29(4), 56:1-56:10.

Salesin, D., J. Stolfi, and L. Guibas. 1989. Epsilon geometry: building robust algorithms from imprecise computations. In Proceedings of the Fifth Annual Symposium on Computational Geometry (SCG '89), 208-17.

Saito, T., and T. Takahashi. 1990. Comprehensible rendering of 3-D shapes. In Computer Graphics (Proceedings of SIGGRAPH '90), Volume 24, 197-206.

Sattler, M., R. Sarlette, and R. Klein. 2003. Efficient and realistic visualization of cloth. Eurographics Symposium on Rendering: 14th Eurographics Workshop on Rendering, 167-78.

Schaufler, G., and H. W. Jensen. 2000. Ray tracing point sampled geometry. In Rendering Techniques 2000: 11th Eurographics Workshop on Rendering, 319-28.

Schilling, A. 1997. Toward real-time photorealistic rendering: challenges and solutions. In 1997 SIGGRAPH/Eurographics Workshop on Graphics Hardware, 7-16.

Schwarzhaupt, J., H. W. Jensen, and W. Jarosz. 2012. Practical Hessian-based error control for irradiance caching. ACM Transactions on Graphics (Proceedings of SIGGRAPH Asia) 31(6), 193:1-193:10.

Schilling, A. 2001. Antialiasing of environment maps. Computer Graphics Forum 20(1), 5-11.

Schlick, C. 1993. A customizable reflectance model for everyday rendering. In Fourth Eurographics Workshop on Rendering, Paris, France, 73-84.

Schneider, P. J., and D. H. Eberly. 2003. Geometric Tools for Computer Graphics. San Francisco: Morgan

Kaufmann.

Schröder, K., R. Klein, and A. Zinke. 2011. A volumetric approach to predictive rendering of fabrics. Computer Graphics Forum (Proceedings of the 2011 Eurographics Symposium on Rendering) 30(4), 1277-86.

Schuster, A. 1905. Radiation through a foggy atmosphere. Astrophysical Journal 21(1), 1-22.

Schwarz, K. 2011. Darts, dice, and coins: sampling from a discrete distribution. http://www.keithschwarz.com/darts-dice-coins/.

Schwarzschild, K. 1906. On the equilibrium of the sun's atmosphere (Nachrichten von der Koniglichen Gesellschaft der Wissenschaften zu Gottigen). Göttinger Nachrichten 195, 41-53.

Segovia, B., and M. Ernst. 2010. Memory efficient ray tracing with hierarchical mesh quantization. In Proceedings of Graphics Interface 2010, 153-60.

Selle, A. 2015. Walt Disney Animation Studio's Hyperion renderer: engineering global illumination coherence at a production scale. High Performance Graphics 2015 Hot3D Session.

Sen, P., B. Chen, G. Garg, S. Marschner, H. Mark, M. Horowitz, and H. P. A. Lensch. 2005. Dual photography. ACM Transactions on Graphics (Proceedings of SIGGRAPH 2005) 24(3), 745-55.

Sen, P., and S. Darabi. 2011. Compressive rendering: a rendering application of compressed sensing. IEEE Transactions on Visualization and Computer Graphics 17(4), 487-99.

Shade, J., S. J. Gortler, L.W. He, and R. Szeliski. 1998. Layered depth images. In Proceedings of SIGGRAPH 98, Computer Graphics Proceedings, Annual Conference Series, 231-42.

Shevtsov, M., A. Soupikov, and A. Kapustin. 2007a. Ray-triangle intersection algorithm for modern CPU architectures. In Proceedings of GraphiCon 2007, 33-39.

Shevtsov, M., A. Soupikov, and A. Kapustin. 2007b. Highly parallel fast kd-tree construction for interactive ray tracing of dynamic scenes. In Computer Graphics Forum (Proceedings of Eurographics 2007) 26(3), 395-404.

Shinya, M. 1993. Spatial anti-aliasing for animation sequences with spatio-temporal filtering. In Proceedings of SIGGRAPH '93,Computer Graphics Proceedings, Annual Conference Series, 289-96.

Shinya, M., T. Takahashi, and S. Naito. 1987. Principles and applications of pencil tracing. In Computer Graphics (Proceedings of SIGGRAPH '87), Volume 21, 45-54.

Shirley, P. 1990. Physically based lighting calculations for computer graphics. Ph.D. thesis, Department of Computer Science, University of Illinois, Urbana-Champaign.

Shirley, P. 1991. Discrepancy as a quality measure for sample distributions. Eurographics '91, 183-94.

Shirley, P. 1992. Nonuniform random point sets via warping. In D. Kirk (Ed.), Graphics Gems III, 80-83. San Diego: Academic Press.

Shirley, P. 2011. Improved code for concentric map. http://psgraphics.blogspot.com/2011/01/improved-code-for-concentric-map.html.

Shirley, P., and K. Chiu. 1997. A low distortion map between disk and square. Journal of Graphics Tools 2(3), 45-52.

Shirley, P., and R. K. Morley. 2003. Realistic Ray Tracing. Natick, Massachusetts: A. K. Peters.

Shirley, P., B. Wade, P. Hubbard, D. Zareski, B. Walter, and D. P. Greenberg. 1995. Global illumination via density estimation. In Eurographics Rendering Workshop 1995, 219-31.

Shirley, P., C. Y.Wang, and K. Zimmerman. 1996. Monte Carlo techniques for direct lighting calculations.

ACM Transactions on Graphics 15(1), 1-36.

Shoemake, K. 1985. Animating rotation with quaternion curves, Computer Graphics (SIGGRAPH '85 Proceedings), Volume 19, 245-54.

Shoemake, K. 1991. Quaternions and 4x4 matrices. In J. Arvo (Ed.), Graphics Gems II, 351-54. San Diego: Academic Press.

Shoemake, K. 1994a. Polar matrix decomposition. In P. Heckbert (Ed.), Graphics Gems IV, 207-21. San Diego: Academic Press.

Shoemake, K. 1994b. Euler angle conversion. In P. Heckbert (Ed.), Graphics Gems IV, 222-29. San Diego: Academic Press.

Shoemake, K., and T. Duff. 1992. Matrix animation and polar decomposition. In Proceedings of Graphics Interface 1992, 258-64.

Sillion, F., and C. Puech. 1994. Radiosity and Global Illumination. San Francisco: Morgan Kaufmann.

Simonot, L. 2009. Photometric model of diffuse surfaces described as a distribution of interfaced Lambertian facets Applied Optics 48(30), 5793-801.

Sims, K. 1991. Artificial evolution for computer graphics. In Computer Graphics (Proceedings of SIGGRAPH '91), Volume 25, 319-28.

Slusallek, P. 1996. Vision-an architecture for physically-based rendering. Ph.D. thesis, University of Erlangen.

Slusallek, P., and H.-P. Seidel. 1995. Vision-an architecture for global illumination calculations. IEEE Transactions on Visualization and Computer Graphics 1(1), 77-96.

Slusallek, P., and H.-P. Seidel. 1996. Towards an open rendering kernel for image synthesis. In Eurographics Rendering Workshop 1996, 51-60.

Smith, A. R. 1984. Plants, fractals and formal languages. In Computer Graphics (Proceedings of SIGGRAPH '84), Volume 18, 1-10.

Smith, A. R. 1995. A pixel is not a little square, a pixel is not a little square, a pixel is not a little square! (and a voxel is not a little cube). Microsoft Technical Memo 6.

Smith, B. 1967. Geometrical shadowing of a random rough surface. IEEE Transactions on Antennas and Propagation 15(5), 668-71.

Smith, J. O. 2002. Digital audio resampling home page. www-ccrma.stanford.edu/~jos/resample/.

Smith,W. 2007. Modern Optical Engineering (4th ed.). New York: McGraw-Hill Professional.

Smits, B. 1999. An RGB-to-spectrum conversion for reflectances. Journal of Graphics Tools 4(4), 11-22.

Smits, B., P. S. Shirley, and M. M. Stark. 2000. Direct ray tracing of displacement mapped triangles. In Rendering Techniques 2000: 11th Eurographics Workshop on Rendering, 307-18.

Snow, J. 2010. Terminators and Iron Men: image-based lighting and physical shading at ILM. SIGGRAPH 2010 Course: Physically-Based Shading Models in Film and Game Production.

Snyder, J. M., and A. H. Barr. 1987. Ray tracing complex models containing surface tessellations. Computer Graphics (SIGGRAPH '87 Proceedings), Volume 21, 119-28.

Sobol, I. 1967. On the distribution of points in a cube and the approximate evaluation of integrals. Zh. vychisl. Mat. mat. Fiz. 7(4), 784-802.

Soupikov, A., M. Shevtsov, and A. Kapustin. 2008. Improving kd-tree quality at a reasonable construction cost. In IEEE Symposium on Interactive Ray Tracing, 67-72.

Spanier, J., and E. M. Gelbard. 1969. Monte Carlo Principles and Neutron Transport Problems. Reading, Massachusetts: Addison-Wesley.

Spencer, B., and M. Jones. 2009a. Hierarchical photon mapping. IEEE Transactions on Visualization and Computer Graphics 15(1), 49-61.

Spencer, B., and M. Jones. 2009b. Into the blue: better caustics through photon relaxation. Computer Graphics Forum (Proceedings of Eurographics 2009) 28(2), 319-28.

Stam, J. 1995. Multiple scattering as a diffusion process. In Rendering Techniques (Proceedings of the Eurographics Rendering Workshop), 41-50.

Stam, J. 1998. Exact evaluation of Catmull-Clark subdivision surfaces at arbitrary parameter values. In Proceedings of SIGGRAPH '98,Computer Graphics Proceedings, Annual Conference Series, 395-404.

Stam, J. 1999. Diffraction shaders. In Proceedings of SIGGRAPH '99, Computer Graphics Proceedings, Annual Conference Series, 101-10.

Stam, J. 2001. An illumination model for a skin layer bounded by rough surfaces. In Rendering Techniques 2001: 12th Eurographics Workshop on Rendering, 39-52.

Stam, J., and C. Loop. 2003. Quad/triangle subdivision. Computer Graphics Forum 22(1), 79-85.

Stark, M., J. Arvo, and B. Smits. 2005. Barycentric parameterizations for isotropic BRDFs. IEEE Transactions on Visualization and Computer Graphics 11(2), 126-38.

Steigleder, M., and M.McCool. 2003. Generalized stratified sampling using the Hilbert curve. Journal of Graphics Tools 8(3), 41-47.

Steinert, B., H. Dammertz., J. Hanika, and H. P. A. Lensch. 2011. General spectral camera lens simulation. Computer Graphics Forum 30(6), 1643-54.

Stephenson, I. 2006. Improving motion blur: shutter efficiency and temporal sampling. Journal of Graphics Tools 12(1), 9-15.

Stich, M., H. Friedrich, and A. Dietrich. 2009. Spatial splits in bounding volume hierarchies. In Proceedings of High Performance Graphics 2009, 7-14.

Stolfi, J. 1991. Oriented Projective Geometry. San Diego: Academic Press.

Stürzlinger, W. 1998. Ray tracing triangular trimmed free-form surfaces. IEEE Transactions on Visualization and Computer Graphics 4(3), 202-14.

Subr, K., and J. Arvo. 2007a. Statistical hypothesis testing for assessing Monte Carlo estimators: applications to image synthesis. In Pacific Graphics '97, 106-15.

Subr, K., and J. Arvo. 2007b. Steerable importance sampling. IEEE Symposium on Interactive Ray Tracing, 133-40.

Subr, K., and J. Kautz. 2013. Fourier analysis of stochastic sampling strategies for assessing bias and variance in integration. ACM Transactions on Graphics (Proceedings of SIGGRAPH 2013) 32(4), 128:1-128:12.

Subr, K., D. Nowrouzezahrai, W. Jarosz, J. Kautz, and K. Mitchell. 2014. Error analysis of estimators that use combinations of stochastic sampling strategies for direct illumination. Computer Graphics Forum (Proceedings of the 2014 Eurographics Symposium on Rendering) 33(4), 93-102.

Suffern, K. 2007. Ray Tracing from the Ground Up. Natick, Massachusetts: A. K. Peters.

Sun, B., R. Ramamoorthi, S. Narasimhan, and S. Nayar. 2005. A practical analytic single scattering model for real time rendering. ACM Transactions on Graphics 24(3), 1040-49.

Sun, B., K. Sunkavalli, R. Ramamoorthi, P. Belhumeur, and S. Nayar. 2007. Time-varying BRDFs. IEEE

Transactions on Visualization and Computer Graphics 13(3), 595–609.

Sun, Y., F. D. Fracchia, M. S. Drew, and T.W. Calvert. 2001. A spectrally based framework for realistic image synthesis. The Visual Computer 17(7), 429–44.

Sung, K., and P. Shirley. 1992. Ray tracing with the BSP tree. In D. Kirk (Ed.), Graphics Gems III, 271–274. San Diego: Academic Press.

Sung, K., J. Craighead, C. Wang, S. Bakshi, A. Pearce, and A. Woo. 1998. Design and implementation of the Maya renderer. In Pacific Graphics '98.

Sutherland, I. E. 1963. Sketchpad—a man-machine graphical communication system. In Proceedings of the Spring Joint Computer Conference (AFIPS), 328–46.

Suykens, F., and Y.Willems. 2001. Path differentials and applications. In Rendering Techniques 2001: 12th Eurographics Workshop on Rendering, 257–68.

Szirmay-Kalos, L., and G. Márton. 1998. Worst-case versus average case complexity of rayshooting. Computing 61(2), 103–31.

Szirmay-Kalos, L., B. Toth, and M. Magdic. 2011. Path sampling in high resolution inhomogeneous participating media. Computer Graphics Forum 30(1), 85–97.

Szirmay-Kalos, L., M. Sbert, and T. Umenhoffer. 2005. Real-time multiple scattering in participating media with illumination networks. Rendering Techniques 2005: 16th Eurographics Workshop on Rendering, 277–82.

Tabellion, E., and A. Lamorlette. 2004. An approximate global illumination system for computer generated films. ACM Transactions on Graphics (Proceedings of SIGGRAPH 2004) 23(3), 469–76.

Talbot, J., D. Cline, and P. Egbert. 2005. Importance resampling for global illumination. Rendering Techniques 2005: 16th Eurographics Workshop on Rendering, 139–46.

Tannenbaum, D. C., P. Tannenbaum, and M. J. Wozny. 1994. Polarization and birefringency considerations in rendering. In Proceedings of SIGGRAPH '94, Computer Graphics Proceedings, Annual Conference Series, 221–22.

Theußl, T., H. Hauser, and E. Gröller. 2000. Mastering windows: improving reconstruction. In Proceedings of the 2000 IEEE Symposium on Volume Visualization, 101–8. New York: ACM Press.

Tong, X., J. Wang, S. Lin, B. Guo, and H. Y. Shum. 2005. Modeling and rendering of quasi-homogeneous materials. ACM Transactions on Graphics (Proceedings of SIGGRAPH 2005) 24(3), 1054–61.

Torrance, K. E., and E. M. Sparrow. 1967. Theory for off-specular reflection from roughened surfaces. Journal of the Optical Society of America 57(9), 1105–14.

Tregenza, P. R. 1983. The Monte Carlo method in lighting calculations. Lighting Research and Technology 15(4), 163–70.

Trowbridge, S., and K. P. Reitz. 1975. Average irregularity representation of a rough ray reflection. Journal of the Optical Society of America 65(5), 531–36.

Trumbore, B., W. Lytle, and D. P. Greenberg. 1993. A testbed for image synthesis. In Developing Large-Scale Graphics Software Toolkits, SIGGRAPH '93 Course Notes, Volume 3, 4-7–4-19.

Truong, D. N., F. Bodin, and A. Seznec. 1998. Improving cache behavior of dynamically allocated data structures. In IEEE PACT, 322–29.

Tsakok, J. 2009. Faster incoherent rays: multi-BVH ray stream tracing. In Proceedings of High Performance Graphics 2009, 151–58.

Tumblin, J., and H. E. Rushmeier. 1993. Tone reproduction for realistic images. IEEE Computer Graphics and Applications 13(6), 42-48.

Turk, G. 1991. Generating textures for arbitrary surfaces using reaction-diffusion. In Computer Graphics (Proceedings of SIGGRAPH '91), Volume 25, 289-98.

Turkowski, K. 1990a. Filters for common resampling tasks. In A. S. Glassner (Ed.), Graphics Gems I, 147-65. San Diego: Academic Press.

Turkowski, K. 1990b. Properties of surface-normal transformations. In A. S. Glassner (Ed.), Graphics Gems I, 539-47. San Diego: Academic Press.

Turkowski, K. 1993. The differential geometry of texture-mapping and shading. Technical Note, Advanced Technology Group, Apple Computer.

Twomey, S., H. Jacobowitz, and H. B. Howell. 1966. Matrix methods for multiple-scattering problems. Journal of the Atmospheric Sciences 32, 289-96.

Unger, J., A.Wenger, T. Hawkins, A. Gardner, and P. Debevec. 2003. Capturing and rendering with incident light fields. In Proceedings of the Eurographics RenderingWorkshop 2003, 141-49.

Unger, J., S. Gustavson, P. Larsson, and A. Ynnerman. 2008. Free form incident light fields. Computer Graphics Forum (Proceedings of the 2008 Eurographics Symposium on Rendering) 27(4), 1293-1301.

Unser, M. 2000. Sampling—50 years after Shannon. In Proceedings of the IEEE 88(4), 569-87.

Upstill, S. 1989. The RenderMan Companion. Reading, Massachusetts: Addison-Wesley.

Ureña, C., M. Fajardo and A. King. 2013. An area-preserving parametrization for spherical rectangles. Computer Graphics Forum (Proceedings of the 2013 Eurographics Symposium on Rendering) 32(4), 59-66.

van de Hulst, H. C. 1980. Multiple Light Scattering. New York: Academic Press.

van de Hulst, H. C. 1981. Light Scattering by Small Particles. New York: Dover Publications. Originally published by JohnWiley & Sons, 1957.

Van Horn, B., and G. Turk. 2008. Antialiasing procedural shaders with reduction maps. IEEE Transactions on Visualization and Computer Graphics 14(3), 539-50.

van Swaaij, M. 2006. Ray-tracing fur for Ice Age: The Melt Down. ACM SIGGRAPH 2006 Sketches.

vanWijk, J. J. 1991. Spot noise-texture synthesis for data visualization. In Computer Graphics (Proceedings of SIGGRAPH '91), Volume 25, 309-18.

Veach, E. 1996. Non-symmetric scattering in light transport algorithms. In X. Pueyo and P. Schröder (Eds.), Eurographics Rendering Workshop 1996.Wien: Springer.

Veach, E. 1997. Robust Monte Carlo methods for light transport simulation. Ph.D. thesis, Stanford University.

Veach, E., and L. Guibas. 1994. Bidirectional estimators for light transport. In Fifth Eurographics Workshop on Rendering, Darmstadt, Germany, 147-62.

Veach, E., and L. J. Guibas. 1995. Optimally combining sampling techniques for Monte Carlo rendering. In Computer Graphics (SIGGRAPH '95 Proceedings), 419-28.

Veach, E., and L. J. Guibas. 1997. Metropolis light transport. In Computer Graphics (SIGGRAPH '97 Proceedings), 65-76.

Velázquez-Armendáriz, E., Z. Dong, B. Walter, D. P. Greenberg. 2015. Complex luminaires: illumination and appearance rendering. ACM Transactions on Graphics (Proceedings of SIGGRAPH 2015) 34(3), 26:1-26:15.

Verbeck, C. P., and D. P. Greenberg. 1984. A comprehensive light source description for computer graphics.

IEEE Computer Graphics and Applications 4(7), 66–75.

Villemin, R., and C. Hery. 2013. Practical illumination from flames. Journal of Computer Graphics Techniques (JCGT) 2(2), 142–55.

Vinkler, M., V. Havran, and J. Sochora. 2012. Visibility driven BVH build up algorithm for ray tracing. Computers & Graphics 36(4), 283–96.

Vorba, J., and O Karlík, M. Šik, T. Ritschel, and J. Křivánek. 2014. On-line learning of parametric mixture models for light transport simulation. ACM Transactions on Graphics (Proceedings of SIGGRAPH 2014) 33(4), 101:1–101:11.

Wächter, C. A. 2008. Quasi Monte Carlo light transport simulation by efficient ray tracing. Ph.D. thesis, University of Ulm.

Wächter, C. A., and A. Keller. 2006. Instant ray tracing: the bounding interval hierarchy. In Rendering Techniques 2006: 17th Eurographics Workshop on Rendering, 139–49.

Wald, I. 1999. Photorealistic rendering using the PhotonMap. Diploma thesis, Universität Kaiserslautern.

Wald, I. 2007. On fast construction of SAH-based bounding volume hierarchies. In IEEE Symposium on Interactive Ray Tracing, 33–40.

Wald, I. 2012. Fast construction of SAH BVHs on the Intel Many Integrated Core (MIC) architecture. IEEE Transactions on Visualization and Computer Graphics 18(1), 47–57.

Wald, I., C. Benthin, and S. Boulos. 2008. Getting rid of packets-efficient SIMD single-ray traversal using multibranching BVHs. In Proceedings of the IEEE Symposium on Interactive Ray Tracing 2008, 49–57.

Wald, I., C. Benthin, and P. Slusallek. 2003. Interactive global illumination in complex and highly occluded environments. In Eurographics Symposium on Rendering: 14th Eurographics Workshop on Rendering, 74–81.

Wald, I., and V. Havran. 2006. On building fast kd-trees for ray tracing and on doing that in O(n log n). In IEEE Symposium on Interactive Ray Tracing, 61–69.

Wald, I., P. Slusallek, and C. Benthin. 2001b. Interactive distributed ray tracing of highly complex models. In Rendering Techniques 2001: 12th Eurographics Workshop on Rendering, 277–88.

Wald, I., T. Kollig, C. Benthin, A. Keller, and P. Slusallek. 2002. Interactive global illumination using fast ray tracing. In Rendering Techniques 2002: 13th EurographicsWorkshop on Rendering, 15–24.

Wald, I., S. Boulos, and P. Shirley. 2007a. Ray tracing deformable scenes using dynamic bounding volume hierarchies. ACM Transactions on Graphics 26(1).

Wald, I.,W.Mark, J. Günther, S. Boulos, T. Ize,W. Hunt, S. Parker, and P. Shirley. 2007b. State of the art in ray tracing animated scenes. In Eurographics 2007 State of the Art Reports.

Wald, I., P. Slusallek, C. Benthin, and M. Wagner. 2001a. Interactive rendering with coherent ray tracing. Computer Graphics Forum 20(3), 153–64.

Wald, I., S.Woop, C. Benthin, G. S. Johnson, and M. Ernst. 2014. Embree: a kernel framework for efficient CPU ray tracing. ACM Transactions on Graphics (Proceedings of SIGGRAPH 2014) 33(4), 143:1–143:8.

Walker, A. J. 1974. New fast method for generating discrete random numbers with arbitrary frequency distributions. Electronics Letters 10(8): 127–28.

Walker, A. J. 1977. An efficient method for generating discrete random variables with general distributions. ACM Transactions on Mathematical Software 3(3), 253–56.

Wallis, B. 1990. Forms, vectors, and transforms. In A. S. Glassner (Ed.), Graphics Gems I, 533–38. San

Diego: Academic Press.

Walter, B., A. Arbree, K. Bala, D. Greenberg. 2006. Multidimensional lightcuts. ACM Transactions on Graphics (Proceedings of SIGGRAPH 2006) 25(3), 1081-88.

Walter, B., S. Fernandez, A. Arbree, K. Bala, M. Donikian, D. Greenberg. 2005. Lightcuts: a scalable approach to illumination. ACM Transactions on Graphics (Proceedings of SIGGRAPH 2005) 24(3), 1098-107.

Walter, B., P. M. Hubbard, P. Shirley, and D. F. Greenberg. 1997. Global illumination using local linear density estimation. ACM Transactions on Graphics 16(3), 217-59.

Walter, B., P. Khungurn, and K. Bala. 2012. Bidirectional lightcuts. ACM Transactions on Graphics (Proceedings of SIGGRAPH 2012) 31(4), 59:1-59:11.

Walter, B., S. Marschner, H. Li, and K. Torrance. 2007. Microfacet models for refraction through rough surfaces. In Rendering Techniques 2007 (Proc. Eurographics Symposium on Rendering), 195-206.

Walter, B., K. Bala, M. Kilkarni, and K. Pingali. 2008. Fast agglomerative clustering for rendering. In IEEE Symposium on Interactive Ray Tracing, 81-86.

Walter, B., S. Zhao, N. Holzschuch, and K. Bala. 2009. Single scattering in refractive media with triangle mesh boundaries. ACM Transactions on Graphics (Proceedings of SIGGRAPH 2009) 28(3), 92:1-92:8.

Wandell, B. 1995. Foundations of Vision. Sunderland, Massachusetts: Sinauer Associates.

Wang, J., S. Zhao, X. Tong, J. Snyder, and B. Guo. 2008a. Modeling anisotropic surface reflectance with example-based microfacet synthesis. ACM Transactions on Graphics (Proceedings of SIGGRAPH 2008) 27(3), 41:1-41:9.

Wang, J., S. Zhao, X. Tong, S. Lin, Z. Lin, Y. Dong, B. Guo, and H. Y. Shum. 2008b. Modeling and rendering of heterogeneous translucent materials using the diffusion equation. ACM Transactions on Graphics 27(1), 9:1-9:18.

Wang, R., and O. A° kerlund. 2009. Bidirectional importance sampling for unstructured illumination. Computer Graphics Forum (Proceedings of Eurographics 2009) 28(2), 269-78.

Wang, X. C., J.Maillot, E. L. Fiume, V. Ng-Thow-Hing, A.Woo, and S. Bakshi. 2000. Featurebased displacement mapping. In Rendering Techniques 2000: 11th Eurographics Workshop on Rendering, 257-68.

Ward, G. 1991. Adaptive shadow testing for ray tracing. In Second Eurographics Workshop on Rendering.

Ward, G. 1992. Real pixels. In J. Arvo (Ed.), Graphics Gems IV, 80-83. San Diego: Academic Press.

Ward, G. J. 1994. The Radiance lighting simulation and rendering system. In Proceedings of SIGGRAPH '94, 459-72.

Ward, G., and E. Eydelberg-Vileshin. 2002. Picture perfect RGB rendering using spectral prefiltering and sharp color primaries. In Proceedings of 13th Eurographics Workshop on Rendering, Pisa, Italy, 117-24.

Ward, G. J., F. M. Rubinstein, and R. D. Clear. 1988. A ray tracing solution for diffuse interreflection. Computer Graphics (SIGGRAPH '88 Proceedings), Volume 22, 85-92.

Ward, K., F. Bertails, T.-Y. Kim, S. R. Marschner, M.-P. Cani, and M. Lin. 2007. A survey on hair modeling: styling, simulation, and rendering. IEEE Transactions on Visualization and Computer Graphics 13(2), 213-34.

Warn, D. R. 1983. Lighting controls for synthetic images. In Computer Graphics (Proceedings of SIGGRAPH 83), Volume 17, 13-21.

Warren, H. 2006. Hacker's Delight. Reading, Massachusetts: Addison-Wesley.

Warren, J. 2002. Subdivision Methods for Geometric Design: A Constructive Approach. San Francisco: Morgan Kaufmann.

Weghorst, H., G. Hooper, and D. P. Greenberg. 1984. Improved computational methods for ray tracing. ACM Transactions on Graphics 3(1), 52-69.

Wei, L.-Y. 2008. Parallel Poisson disk sampling. ACM Transactions on Graphics (Proceedings of SIGGRAPH 2008) 27(3), 20:1-20:10.

Wei, L.-Y., S. Lefebvre, V. Kwatra, and G. Turk. 2009. State of the art in example-based texture synthesis. In Eurographics 2009, State of the Art Report.

Weistroffer, R. P., K.Walcott, G. Humphreys, and J. Lawrence. 2007. Efficient basis decomposition for scattered reflectance data. Eurographics Symposium on Rendering, 207-18.

Westin, S., J. Arvo, and K. Torrance. 1992. Predicting reflectance functions from complex surfaces. Computer Graphics 26(2), 255-64.

Weyrich, T., P. Peers, W. Matusik, and S. Rusinkiewicz. 2009. Fabricating microgeometry for custom surface reflectance ACM Transactions on Graphics (Proceedings of SIGGRAPH 2008) 28(3), 32:1-32:6.

Whitted, T. 1980. An improved illumination model for shaded display. Communications of the ACM 23(6), 343-49.

Weidlich, A., A. Wilkie. 2007. Arbitrarily layered micro-facet surfaces. In Proceedings of the 5th International Conference on Computer Graphics and Interactive Techniques in Australia and Southeast Asia (GRAPHITE '07), 171-78.

Wilkie, A., S. Nawaz, M. Droske, A. Weidlich, and J. Hanika. 2014. Hero wavelength spectral sampling. Computer Graphics Forum (Proceedings of the 2014 Eurographics Symposium on Rendering) 33(4), 123-31.

Wilkie, A., and A.Weidlich. 2009. A robust illumination estimate for chromatic adaptation in rendered images. Computer Graphics Forum (Proceedings of the 2009 Eurographics Symposium on Rendering) 28(4), 1101-09.

Wilkie, A., and A. Weidlich. 2011. A physically plausible model for light emission from glowing solid objects. Computer Graphics Forum (Proceedings of the 2011 Eurographics Symposium on Rendering)30(4), 1269-76.

Wilkie, A., A. Weidlich, C. Larboulette, and W. Purgathofer. 2006. A reflectance model for diffuse fluorescent surfaces. In Proceedings of GRAPHITE, 321-31.

Wilkinson, J. H. 1994. Rounding Errors in Algebraic Processes. New York: Dover Publications, Inc. Originally published by Prentice-Hall Inc., 1963.

Williams, L. 1978. Casting curved shadows on curved surfaces. In Computer Graphics (Proceedings of SIGGRAPH '78), Volume 12, 270-74.

Williams, L. 1983. Pyramidal parametrics. In Computer Graphics (SIGGRAPH '83 Proceedings), Volume 17, 1-11.

Williams, A., S. Barrus, R. K. Morley, and P. Shirley. 2005. An efficient and robust ray-box intersection algorithm. Journal of Graphics, GPU, and Game Tools 10(4), 49-54.

Wilson, P. R., M. S. Johnstone, M. Neely, and D. Boles. 1995. Dynamic storage allocation: a survey and critical review. In Proceedings International Workshop on Memory Management, Kinross, Scotland.

Witkin, A., and M. Kass. 1991. Reaction-diffusion textures. In Computer Graphics (Proceedings of

SIGGRAPH '91), Volume 25, 299-308.

Wolff, L. B., and D. J. Kurlander. 1990. Ray tracing with polarization parameters. IEEE Computer Graphics and Applications 10(6), 44-55.

Woo, A., and J. Amanatides. 1990. Voxel occlusion testing: a shadow determination accelerator for ray tracing. In Proceedings of Graphics Interface 1990, 213-20.

Woo, A., A. Pearce, and M. Ouellette. 1996. It's really not a rendering bug, you see .... IEEE Computer Graphics and Applications 16(5), 21-25.

Woodcock, E., T. Murphy, P. Hemmings, and T. Longworth. 1965. Techniques used in the GEM code for Monte Carlo neutronics calculations in reactors and other systems of complex geometry. Proc. Conference on the Application of Computing Methods to Reactor Problems, ANL-7050, 557-79.

Woop, S., C. Benthin, and I. Wald. 2013. Watertight ray/triangle intersection. Journal of Computer Graphics Techniques (JCGT) 2(1), 65-82.

Woop, S., C. Benthin, I. Wald, G. S. Johnson, and E. Tabellion. 2014. Exploiting local orientation similarity for efficient ray traversal of hair and fur. In Proceedings of High Performance Graphics 2014, 41-49.

Woop, S., G. Marmitt, and P. Slusallek. 2006. B-kd trees for hardware accelerated ray tracing of dynamic scenes. In Graphics Hardware 2006: Eurographics Symposium Proceedings, Vienna, Austria, 67-76.

Woop, S., J. Schmittler, and P. Slusallek. 2005. RPU: a programmable ray processing unit for realtime ray tracing. In ACM SIGGRAPH 2005 Papers, 434-44.

Worley, S. P. 1996. A cellular texture basis function. In Proceedings of SIGGRAPH '96, Computer Graphics Proceedings, Annual Conference Series, New Orleans, Louisiana, 291-94.

Wrenninge, M. 2012. Production Volume Rendering: Design and Implementation. Boca Raton, Florida: A. K. Peters/CRC Press.

Wrenninge, M. 2015. Field3D. http://magnuswrenninge.com/field3d.

Wrenninge, M., C. Kulla, and V. Lundqvist. 2013. Oz: the great and volumetric. In ACM SIGGRAPH 2013 Talks, 46:1-46:1.

Wu, H., J. Dorsey, and H. Rushmeier. 2011. Physically-based interactive bi-scale material design. ACM Transactions on Graphics (Proceedings of SIGGRAPH Asia 2011) 30(6), 145:1-145:10.

Wyman, D., M. Patterson, and B. Wilson. 1989. Similarity relations for anisotropic scattering in Monte Carlo simulations of deeply penetrating neutral particles. Journal of Computational Physics 81, 137-50.

Wyvill, B., and G. Wyvill. 1989. Field functions for implicit surfaces. The Visual Computer 5(1/2), 75-82.

Yan, L.-Q., M. Hašan, W. Jakob, J. Lawrence, S. Marschner, and R. Ramamoorthi. 2014. Rendering glints on high-resolution normal-mapped specular surfaces. ACM Transactions on Graphics (Proceedings of SIGGRAPH 2014) 33(4), 116:1-116:9.

Yanovitskij, E. G. 1997. Light Scattering in Inhomogeneous Atmospheres. Berlin: Springer-Verlag.

Yellot, J. I. 1983. Spectral consequences of photoreceptor sampling in the Rhesus retina. Science 221, 382-85.

Yoon, S.-E., S. Curtis, and D. Manocha. 2007. Ray tracing dynamic scenes using selective restructuring. In Proceedings of the Eurographics Symposium on Rendering, 73-84.

Yoon, S.-E., and P. Lindstrom. 2006. Mesh layouts for block-based caches. IEEE Transactions on Visualization and Computer Graphics, 12(5), 1213-20.

Yoon, S.-E., and D. Manocha. 2006. Cache-efficient layouts of bounding volume hierarchies. In Computer

Graphics Forum: Proceedings of Eurographics 2006 25(3), 507-16.

Yoon, S.-E., P. Lindstrom, V. Pascucci, and D. Manocha. 2005. Cache-oblivious mesh layouts. In ACM Transactions on Graphics (Proceedings of SIGGRAPH 2005) 24(3), 886-93.

Yoon, S.-E., C. Lauterbach, and D. Manocha. 2006. R-LODs: fast LOD-based ray tracing of massive models. The Visual Computer 22(9-11), 772-84.

Yue, Y., K. Iwasaki, B.-Y. Chen, Y. Dobashi, and T. Nishita. 2010. Unbiased, adaptive stochastic sampling for rendering inhomogeneous participating media. ACM Transactions on Graphics (Proceedings of SIGGRAPH Asia 2010) 29(5), 177:1-177:7.

Yue, Y., K. Iwasaki, B.-Y. Chen, Y. Dobashi, and T. Nishita. 2011. Toward optimal space partitioning for unbiased, adaptive free path sampling of inhomogeneous participating media. Computer Graphics Forum 30(7), 1911-19.

Zachmann, G. 2002. Minimal hierarchical collision detection. In Proceedings of the ACM Symposium on Virtual Reality Software and Technology, 121-28.

Zhao, S., W. Jakob, S. Marschner, and K. Bala. 2011. Building volumetric appearance models of fabric using micro CT imaging. ACM Transactions on Graphics 30(4), 44:1-44:10.

Zhao, S., W. Jakob, S. Marschner, and K. Bala. 2012. Structure-aware synthesis for predictive woven fabric appearance. ACM Transactions on Graphics 31(4), 75:1-75:10.

Zhao, S., R. Ramamoorthi, and K. Bala. 2014. High-order similarity relations in radiative transfer. ACM Transactions on Graphics 33(4), 104:1-104:12.

Zhou, K., Q. Hou, R. Wang, and B. Guo. 2008. Real-time kd-tree construction on graphics hardware. ACM Transactions on Graphics (Proceedings of SIGGRAPH Asia 2008) 27(5), 126:1-126:11.

Zickler, T., S. Enrique, R. Ramamoorthi, and P. Belhumeur. 2005. Reflectance sharing: imagebased rendering from a sparse set of images. Rendering Techniques 2005 (Proceedings of the Eurographics Symposium on Rendering), 253-65.

Zimmerman, K. 1995. Direct lighting models for ray tracing with cylindrical lamps. In Graphics Gems V, 285-89. San Diego: Academic Press.

Zinke, A., C. Yuksel, A. Weber, and J. Keyser. 2008. Dual scattering approximation for fast multiple scattering in hair. ACM Transactions on Graphics (Proceedings of SIGGRAPH 2008) 27(3), 32:1-32:10.

Zorin, D., P. Schröder, T. DeRose, L. Kobbelt, A. Levin, and W. Sweldens. 2000. Subdivision for Modeling and Animation. SIGGRAPH 2000 Course Notes.

Zsolnai, K., and L. Szirmay-Kalos. 2013. Automatic parameter control for Metropolis light transport. Eurographics 2013 Short Paper.

Zuniga, M., and J. Uhlmann. 2006. Ray queries with wide object isolation and the S-tree. Journal of Graphics, GPU, and Game Tools 11(3), 27-45.

Zwicker, M., W. Jarosz, J. Lehtinen, B. Moon, R. Ramamoorthi, F. Rousselle, P. Sen, C. Soler, and S.-E. Yoon. 2015. Recent advances in adaptive sampling and reconstruction for Monte Carlo rendering. Computer Graphics Forum (Proceedings of Eurographics 2015) 34(2), 667-81.

찾아보기

ㄹ

ㅁ

ㅅ

ㅇ

ㅈ

ㅊ

ㅋ

ㅌ

ㅍ

ㅎ

A

B

C

D

E

F

G

H

I

J

K

L

M

Q

R

S

T

U

물리 기반 렌더링 3/e

고급 그래픽스를 위한 이론, CG 영화에서 게임 엔진 렌더러까지

발　행 | 2020년 1월 7일

지은이 | 매트 파르 · 웬젤 제이콥 · 그렉 험프리스
옮긴이 | 이 상 우

펴낸이 | 권 성 준
편집장 | 황 영 주
편　집 | 조 유 나
디자인 | 박 주 란

에이콘출판주식회사
서울특별시 양천구 국회대로 287 (목동)
전화 02-2653-7600, 팩스 02-2653-0433
www.acornpub.co.kr / editor@acornpub.co.kr

ISBN 979-11-6175-374-4
http://www.acornpub.co.kr/book/physically-based-rendering-3e

이 도서의 국립중앙도서관 출판시도서목록(CIP)은 서지정보유통지원시스템 홈페이지(http://seoji.nl.go.kr)와
국가자료공동목록시스템(http://www.nl.go.kr/kolisnet)에서 이용하실 수 있습니다.(CIP제어번호: CIP2019052265)

책값은 뒤표지에 있습니다.